LE BON USAGE

GRAMMAIRE FRANÇAISE

AVEC DES REMARQUES SUR

LA LANGUE FRANÇAISE D'AUJOURD'HUI

MAURICE GREVISSE

LE BON USAGE

GRAMMAIRE FRANÇAISE

AVEC DES

REMARQUES SUR

LA LANGUE FRANÇAISE D'AUJOURD'HUI

HUITIÈME ÉDITION
REVUE

3ᵉ TIRAGE

ÉDITIONS J. DUCULOT, S. A.   LIBRAIRIE A. HATIER
GEMBLOUX (BELGIQUE)   8, RUE D'ASSAS, PARIS 6ᵉ

© Éditions J. Duculot, Gembloux. 1964.
Printed in Belgium

PRÉFACE
DE LA 6ᵉ ÉDITION (1955)

Il peut arriver qu'une préface soit un geste officieux de simple complaisance : l'auteur du livre ainsi préfacé ressent dès lors tout le poids de sa dette. Mais il arrive que le préfacier se trouve lui-même en posture d'exprimer sa propre gratitude ; c'est mon cas. Et je voudrais de prime abord, en tête de cette 6ᵉ édition « revue » du *Bon Usage*, proclamer avant toute autre chose combien cet ouvrage de consultation, qui n'a jamais cessé d'être à portée de la main sur ma table de travail, m'a procuré, depuis près de vingt ans que j'eus l'honneur de présenter au public la 1ʳᵉ édition, d'agréments choisis, de fines joies : agréments de la découverte ou du bon conseil, joies de la discussion de problèmes qui touchent à la correction du langage, joies plus fines de la nuance. Tant de dizaines de milliers de lecteurs devenus des familiers, des amis de M. Grevisse, ont partagé mon plaisir et mon profit que j'ai l'impression de leur servir ici de porte-parole.

Le titre — *Le Bon Usage* — est rendu plus explicite par un sous-titre : *Grammaire française avec des Remarques sur la langue française d'aujourd'hui*, qui dit fort bien, me semble-t-il, que les étudiants et les gens cultivés forment tout autant que les professeurs et les spécialistes le vaste public auquel s'adresse M. Grevisse. « La langue française *d'aujourd'hui* » : c'est, en effet, le miroir de la langue dont nous sommes priés d'user en 1955 que nous tend cette 6ᵉ édition, qui marque encore de très appréciables progrès sur la précédente (1953) et qui diffère tellement de celle de 1936. Le principal mérite de M. Grevisse est de se tenir, greffier vigilant et diligemment informé, aux écoutes des meilleurs écrivains contemporains, de ceux-là qui, par leur consentement sur tel point de lexicologie ou sur telle difficulté de syntaxe, fixent provisoirement le français dans un miraculeux état d'équilibre instable, menacé, mais qui doit être défendu. A cet égard, les listes d'exemples que multiplie M. Grevisse après l'exposé toujours clair et souvent élégant de chaque « vérité » grammaticale sont constamment mises à jour, tant se révèle exigeant le scrupule d'épouser la ligne fluctuante d'une évolution de la langue écrite qui, comme toutes les évolutions, connaît des poussées brusques et des ralentissements, des accès de fièvre et des moments d'hésitation.

Que la langue écrite, qu'influence d'ailleurs la langue parlée, soit en perpétuel devenir, nul grammairien n'en disconviendra. Encore le mécanisme des règles est-il agencé, dans trop de manuels, avec une si intransigeante rigueur qu'on hésiterait parfois à s'appuyer sur l'autorité plus souple du parfait styliste. M. Grevisse cultive avec un rare bonheur la vertu de mesure, de juste milieu. Son érudition n'a d'égale que son goût. Car, s'il faut des lectures pour réunir les éléments d'une Bibliographie aussi complète et qui nous renvoie à des ouvrages aussi récents, il faut du goût — un goût très affiné — pour choisir et en quelque sorte interpréter les exemples littéraires qui composent « le bon usage ». Quelqu'un se livrait un jour devant moi à cette passionnante récréation qui consiste à lire, sans autre forme de procès, un article du *Littré*. N'importe quelle incursion à travers les séries d'exemples recueillis par M. Grevisse offre un divertissement de la même qualité, s'il est vrai que « le bon usage » du français apparaît tout aussitôt comme cette subtile connivence, faite de mille et un mots de passe, qui permet aux écrivains authentiques de se reconnaître et de se distinguer.

Le Bon Usage est un gros livre, parce que son auteur n'a voulu éluder aucune des chausse-trapes de cette langue française dont Colette disait : « C'est une langue bien difficile que le français. A peine écrit-on depuis quarante-cinq ans qu'on commence à s'en apercevoir ». J'avais craint, jadis, que la masse même du volume n'en rebutât plus d'un. Appréhension vaine : l'ouvrage s'est étoffé à chaque réédition, la typographie — tout en restant d'une parfaite lisibilité — se présente dans une composition beaucoup plus serrée, et le succès du livre va croissant, à mesure que le lecteur a davantage le sentiment qu'il est aimablement conduit par la main, grâce surtout à un index infiniment précieux, et que les explications qu'on lui propose ne sont pas de sommaires ukases, mais le reflet patient, probe jusqu'à l'aveu des incertitudes, d'une actualité aussi mouvante que la vie.

A ceux qui songeraient à reprocher à M. Grevisse un certain laxisme à l'endroit des nouveautés réputées par eux dangereuses, je répondrais volontiers, avec Ferdinand Brunot, — grammairien plus « large », au demeurant, que l'auteur du *Bon Usage*, — qu'il ne faut s'opposer aux nouveautés de la langue que « pour de bonnes et solides raisons ». Les raisons, chez M. Grevisse, ne sont jamais des moines. C'est ce qui vaut au *Bon Usage* le crédit nonpareil dont il jouit à l'étranger autant qu'en Belgique. Un crédit dont nous aurions le droit de nous enorgueillir. « La meilleure grammaire française » : le jugement pourrait paraître hasardeux. Ce jugement n'est pas de moi ; il est — je l'ai rappelé maintes fois — d'André Gide, dans une lettre qu'il voulut bien m'adresser.

M. Grevisse, au moment que je signe cette préface et que la 6e édition va sortir de presse, a déjà entrepris de faire glane, la nouvelle glane qui prépare dès aujourd'hui la 7e édition qui viendra. Haute leçon de conscience professionnelle, témoignage éclatant de l'amour du langage, objet de vigilance de la part du grammairien comme il est objet de perfection de la part de l'artiste de la prose. Il est superflu de souhaiter au *Bon Usage* le succès. J'aurais voulu redire à M. Grevisse mon hommage de gratitude et lui mander tous les compliments que mérite une œuvre aussi exemplaire.

Fernand DESONAY,
professeur à l'Université de Liège.

BIBLIOGRAPHIE

I. — LINGUISTIQUE GÉNÉRALE
LINGUISTIQUE ROMANE. LINGUISTIQUE FRANÇAISE

BALLY, Ch., *Le Langage et la Vie*, 3ᵉ éd. augmentée. Lille, Giard, et Genève, Droz, 1952.

ID., *Linguistique générale et Linguistique française*. Paris, Leroux, 1932 ; 2ᵉ éd., refondue. Berne, Francke, et Paris, Droz, 1944.

BOURCIEZ, Éd., *Éléments de Linguistique romane*, 4ᵉ éd., Paris, Klincksieck, 1947.

BRUNOT, F., *La Pensée et la Langue*, 1922 ; 3ᵉ éd. Paris, Masson, 1936.

CLÉDAT, L., *Manuel de Linguistique romane*. Paris, Champion, 1925.

COHEN, M., *Le Langage*. Paris, Éditions sociales, 1950.

DAMOURETTE, J. et PICHON, Éd., *Des Mots à la Pensée. Essai de Grammaire de la Langue française*, 7 vol. Paris, d'Artrey, 1911-1950. (Il existe un *Glossaire des termes spéciaux employés dans l'ouvrage*, 1950, une *Table analytique*, 1952, et une *Table des auteurs cités*, 1956. Paris, d'Artrey.)

DAUZAT, A., *La Philosophie du Langage*, 7ᵉ édit. Paris, Flammarion, 1948.

ID., (sous la direction de ∼), *Où en sont les études de français*. (L'ouvrage donne une bibliographie critique des travaux relatifs à la langue française) : 1º Phonétique et Orthographe (P. FOUCHÉ et A. DAUZAT) — 2º Morphologie et Syntaxe (G. GOUGENHEIM) ; — 3º Sémantique (G. ESNAULT) ; — 4º Lexicologie et Dialectologie (O. BLOCH) ; — 5º Français régional, Français populaire, Onomastique (A. DAUZAT) ; — 6º La langue des Écrivains (Ch. GUERLIN DE GUER). — Nouv. édit. avec supplément. Paris, d'Artrey, 1949.

ID., *L'Europe linguistique*. Paris, Payot, 1940 ; 2ᵉ éd. refondue, 1953.

ID., *La Géographie linguistique*, nouv. éd. Paris, Flammarion, 1944.

DELACROIX, H., *Le Langage et la Pensée*, 2ᵉ éd. Paris, Alcan, 1930.

DESSAINTES, M., *Éléments de Linguistique descriptive en fonction de l'enseignement du français*. Namur et Bruxelles, La Procure ; Tournai, Casterman, 1960.

FREI, H., *La Grammaire des fautes*. Paris, Geuthner, 1929.

GRÉGOIRE, A., *La Linguistique*, 6ᵉ éd., revue. Paris, Delagrave, 1948.

GRŒBER, G., *Grundriss der romanischen Philologie*, 4 vol. Strasbourg, Trübner, 1897 ; 2ᵉ éd. 1904, continuée à Berlin, de Gruyter, 1933.

GUIRAUD, P., *La Grammaire*. Collection « Que sais-je ? ». Paris, Presses Universitaires de France, 1958.

IORDAN, I., *Einführung in die Geschichte und Methoden der romanischen Sprachwissenschaft*. Berlin, Akademie-Verlag, 1962.

KUKENHEIM, L., *Esquisse historique de la Linguistique française et de ses rapports avec la Linguistique générale*. Leyde, Universitaire Pers, 1962.

MAGNUSSON, R., *Studies in the Theory of the Parts of speech*, Lund, Gleerup, et Copenhague, Munksgaard, 1954.

MAROUZEAU, J., *La Linguistique ou Science du Langage*. Paris, Geuthner, 1921 ; 2ᵉ éd., 1944.

ID., *Lexique de la Terminologie linguistique*, 3ᵉ éd. Paris, Geuthner, 1951.

MARTINET, A., *Éléments de Linguistique générale*. Paris, Colin, 1960.

MEILLET, A., *Les Dialectes indoeuropéens*, 2ᵉ tirage. Paris, Champion, 1922.

ID., *Linguistique historique et Linguistique générale*, t. I, Paris, Champion, 1921 ; t. II, Paris, Klincksieck, 1936. Nouveau tirage, 1938.

MEYER-LÜBKE, W., *Einführung in das Studium der romanischen Sprachwissenschaft*, 3ᵉ éd. Heidelberg, Winter, 1920.

ID., *Grammatik der romanischen Sprachen*, 4 vol. Leipzig, Reisland, 1890-1902 [Traduct. franç. par E. Rabiet (t. I) et A. et G. Doutrepont (t. II-IV). Paris, Welter, 1890-1906].

MILLARDET, G., *Linguistique et Dialectologie romanes*. Montpellier, Société des Langues romanes, et Paris, Champion, 1923.

PERROT, J., *La Linguistique*. Collection « Que sais-je ? ». Paris, Presses Universitaires de France, 1953 ; 4ᵉ éd., 1961.

POHL, J., *Forme et Pensée*. Esquisse d'une Grammaire française fonctionnelle. Namur, Wesmael-Charlier, s. d. [1959].

REGULA, M., *Grundlegung und Grundprobleme der Syntax*. Heidelberg, Winter, 1951.

de SAUSSURE, F., *Cours de Linguistique générale*. Lausanne, 1916 ; 5ᵉ éd., Paris, Payot, 1955.

SECHEHAYE, A., *Programme et Méthodes de la Linguistique théorique*. Paris, Champion, 1908.

ID., *Essai sur la structure logique de la phrase*. Paris, Champion, 1926.

SERRUS, Ch., *La Langue, le sens, la pensée*. Paris, Presses Universitaires de France, 1941.

TAGLIAVINI, C., *Le origini delle lingue neolatine*, 3ᵉ éd. Bologna, Pàtron, 1959.

VAN GINNEKEN, J., *Principes de Linguistique psychologique*. Paris, Rivière, 1907.

VENDRYES, J., *Le Langage*. Paris, La Renaissance du Livre, 1921 ; 2ᵉ éd., 1939.

VIDOS, B. E., *Handboek tot de romaanse Taalkunde*. 's-Hertogenbosch, Malmberg, 1956. (Traduct. italienne par G. Francescato : *Manuale di Linguistica romanza*. Firenze, Olschki, 1959.)

WAGNER, R.-L., *Introduction à la Linguistique française*. Lille, Giard, et Genève, Droz, 1947. — *Supplément bibliographique* (1947-1953), 1955.

VON WARTBURG, W., *Einführung in Problematik und Methodik der Sprachwissenschaft*. Halle, Niemeyer, 1943 ; 2ᵉ éd., 1962. (Traduct. française : *Problèmes et Méthodes de la Linguistique*. Paris, Presses Universitaires de France, 1946.)

II. — LA LANGUE FRANÇAISE

A. — Le Français et son passé.

a) **Histoire et Évolution de la Langue française.**

BRUNEAU, Ch., *Petite Histoire de la Langue française ;* 2 vol. Paris, Colin, 1955-1958.

BRUNOT, F., *Histoire de la Langue française des origines à 1900.* Paris, Colin, 1905 suiv.

COHEN, M., *Histoire d'une langue : le français.* Paris, Édit. Hier et Aujourd'hui, s. d. [1947] ; 2e éd. Éditeurs français réunis, 1950.

DAUZAT, A., *La vie du Langage,* 4e éd. Paris, Colin, 1928.

ID., *Tableau de la Langue française.* Paris, Payot, 1939.

ID., *Le Génie de la Langue française,* 2e éd. Paris, Payot, 1944.

ID., *Études de Linguistique française,* 2e éd. Paris, d'Artrey, 1946.

ID., *Précis d'Histoire de la Langue et du Vocabulaire français.* Paris, Larousse, 1949.

DESONAY, F., *La Vivante Histoire du Français.* Bruxelles, Baude, 1946.

THÉRIVE, A., *Libre Histoire de la Langue française.* Paris, Stock, 1954.

VOSSLER, K., *Frankreichs Kultur und Sprache,* 2e éd. Heidelberg, Winter, 1929. Traduct. française : *Langue et culture de la France.* Paris, Payot, 1953.

von WARTBURG, W., *Évolution et Structure de la Langue française.* Leipzig et Berlin, Teubner ; Paris, Didier, 1934 ; 5e éd., Berne, Francke, 1958.

ID., *Die Entstehung der romanischen Völker.* Halle, Niemeyer, 1939 ; 2e éd., revue, Tübingen, Niemeyer, 1951. (Traduction française : *Les Origines des Peuples romans.* Paris, Presses Universitaires de France, 1941.)

b) **Grammaire historique.**

1. — *OUVRAGES GÉNÉRAUX*

ANGLADE, J., *Grammaire élémentaire de l'ancien français.* Paris, Colin, 1918 ; 5e éd., 1934.

BRUNOT, F. et BRUNEAU, Ch., *Précis de Grammaire historique de la Langue française.* Paris, Masson, 1933 ; 4e éd., 1956.

CLÉDAT, L., *Grammaire élémentaire de la vieille langue française.* Paris, Garnier, 1885 ; 3e éd., 1895.

ID., *Nouvelle Grammaire historique du français.* Paris, Garnier, 1889.

DARMESTETER, A., *Cours de Grammaire historique de la Langue française,* publié par L. Sudre, 4 vol., 1891-1897. Paris, Delagrave.

DAUZAT, A., *Phonétique et Grammaire historiques de la Langue française.* Paris, Larousse, 1950.

GOUGENHEIM, G., *Grammaire de la Langue française du seizième siècle.* Lyon et Paris, I.A.C., 1951.

MEYER-LÜBKE, W., *Historische Grammatik der französischen Sprache,* 2 vol. Heidelberg, Winter, 1908-1921 (1er vol. : 5e éd., 1934).

NYROP, Kr., *Grammaire historique de la Langue française,* 6 vol. (I Hist. générale de la langue française. Phonétique ; II Morphologie ; III Formation des mots ; IV Sémantique ; V Syntaxe : Noms et Pronoms ; VI Syntaxe : Particules et Verbes). Copenhague, Gyldendalske Boghandel, et Paris, Picard, 1899-1930 [t. I, 4e éd. rev. par P. Laurent, 1935 ; — t. II, 2e éd., rev. et augm., 1924 ; — t. III, 2e éd., revue, 1936].

REGULA, M., *Historische Grammatik des Französischen,* t. I : Lautlehre ;

t. II : Formenlehre. Heidelberg, Winter, 1955 et 1956.

RHEINFELDER, H., *Altfranzösische Grammatik*. Munich, Hueber, 1937 ; 2e éd., 1953 suiv.

SCHWAN-BEHRENS, *Grammaire de l'ancien français ;* trad. fr. par O. Bloch. Leipzig, Reisland, 1913 ; 4e éd., 1932.

VORETZSCH, K., *Einführung in das Studium der altfranzösischen Sprache.* Halle, Niemeyer, 1932 ; 8e éd., revue par G. ROHLFS. Tübingen, Niemeyer, 1955.

2. — *OUVRAGES SPÉCIAUX*
(Étymologie, Morphologie, Phonétique, Sémantique, Syntaxe, Toponymie, etc.)

BEAULIEUX, Ch., *Histoire de l'Orthographe française*, 2 vol. Paris, Champion, 1927.

BOURCIEZ, Éd., *Précis historique de Phonétique française*, 8e éd. Paris, Klincksieck, 1937.

BRÉAL, M., *Essai de Sémantique*, 7e éd. Paris, Hachette, 1930.

CARNOY, A., *Dictionnaire étymologique du nom des communes de Belgique.* Louvain, éd. Universitas, 1939-1940. Ouvrage réédité sous le titre : *Origines des noms des communes de Belgique, y compris les noms des rivières et principaux hameaux*, 2 vol., Louvain, éd. Universitas, 1948-1949.

ID., *Origines des noms de familles en Belgique.* Louvain, éd. Universitas, 1953.

CLÉDAT, L., *Manuel de Phonétique et de Morphologie historique du français.* Paris, Hachette, 1917.

ID., *Notions d'Histoire de l'Orthographe.* Paris, Le Soudier, 1910.

DARMESTETER, A., *La Vie des mots étudiée dans leurs significations*, 1887 ; 19e éd. Paris, Delagrave, 1937.

DAUZAT, A., *Les Noms de personnes.* Paris, Delagrave, 7e éd., 1950.

ID., *Les Noms de famille de France.* Paris, Payot, 1945 ; 2e éd., 1949.

ID., *Dictionnaire étymologique des noms de famille et prénoms de France.* Paris, Larousse, 1951. Nouv. édit. avec un Supplément, 1955. Réimpr., 1961.

ID., *Les Noms de lieux.* Paris, Delagrave, 7e édit., 1951.

ID., *La Toponymie française.* Paris, Payot, 1939 ; 2e éd., 1946.

FOUCHÉ, P., *Le Verbe français.* Paris, Les Belles Lettres, 1931.

ID., *Phonétique historique du français :* t. I : Introduction, 1952 ; — t. II : Les Voyelles, 1958 ; — t. III : Les Consonnes (et Index général), 1961. Paris, C. Klincksieck.

FOULET, L., *Petite Syntaxe de l'ancien français*, 3e éd. Paris, Champion, 1930.

GAMILLSCHEG, E., *Historische französische Syntax.* Tübingen, Niemeyer, 1958.

ID., *Französische Bedeutungslehre.* Tübingen, Niemeyer, 1951.

GARDNER, R. et GREENE, M. A., *A brief Description of Middle French Syntax.* Chapel Hill, The University of North Carolina Press, 1958.

GOUGENHEIM, G., *Étude sur les Périphrases verbales de la langue française.* Paris, Les Belles Lettres, 1929.

ID., *Les Mots français dans l'histoire et dans la vie.* Paris, Picard, 1962.

GUIRAUD, P., *La Sémantique.* Collection « Que sais-je ? ». Paris, Presses Universitaires de France, 1955.

ID., *La Syntaxe du français.* Collection « Que sais-je ? ». Paris, Presses Universitaires de France, 1962.

HAASE, A., *Syntaxe française du XVIIe siècle*, trad. et remaniée par M. Obert, 4e éd. Paris, Delagrave, 1935.

HUGUET, E., *L'Évolution du sens des mots depuis le XVIe siècle.* Paris, Droz, 1934.

IMBS, P., *Les Propositions temporelles en ancien français.* Paris, Les Belles Lettres, 1956.

LEBEL, P., *Les Noms de personnes en France.* Collection « Que sais-je ? ».

Paris, Presses Universitaires de France, 2ᵉ éd., 1949. Réimpress., 1962.

LERCH, E., *Historische· französische Syntax*, 3 vol. parus. Leipzig, Reisland, 1925, 1929, 1934.

LONGNON, A., *Les Noms de lieux de la France*. Paris, Champion, 1929.

ORR, J., *Essais d'Étymologie et de Philologie française*. Paris, C. Klincksieck, 1963.

POPE, M. K., *From Latin to Modern French, with especial Consideration of Anglo-Norman. Phonology and Morphology*. Manchester, University Press, 1934 ; 2ᵉ éd., 1952 ; réimpress., 1956.

RAT, M., *Grammairiens et Amateurs de beau langage*. Paris, Albin Michel, 1963.

SAINÉAN, L., *Les Sources indigènes de l'Étymologie française*, 3 vol. Paris, E. de Boccard, 1925-1930.

SCHÖNE, M., *Vie et Mort des Mots*. Collection « Que sais-je ? ». Paris, Presses Universitaires de France, 1947.

SNEYDERS DE VOGEL, K., *Syntaxe historique du français*, 2ᵉ éd. Groningue et La Haye, Wolters, 1927.

STREICHER, L., *Remarques sur la Langue française, de Cl. Favre de Vaugelas*. Fac-similé de l'édition originale. Paris, Droz, 1934.

ID., *Commentaires sur les Remarques de Vaugelas*, par Lamothe le Vayer, Scipion Dupleix, Ménage, Bouhours, Conrart, Chapelain, Patru, Thomas Corneille, Cassagne, Andry de Boisregard et l'Académie française, 2 vol. Paris, Droz, 1936.

THOMAS, A., *Essais de Philologie française*. Paris, Bouillon, 1897.

ID., *Nouveaux Essais de Philologie française*. Paris, Bouillon, 1904.

ID., *Mélanges d'Étymologie française*, 1ʳᵉ sér., 2ᵉ éd. Paris, Champion, 1927.

de THOMASSON, (Lᵗ-colonel), *Naissance et Vicissitudes de 300 mots et locu-*

tions. Essai de sémantique. Paris, Delagrave, 1935.

ID., *Les Curiosités de la Langue française*. Paris, Larousse, 1938.

THUROT, Ch., *De la Prononciation française depuis le commencement du XVIᵉ siècle d'après les témoignages des grammairiens*, 2 vol. et un Index. Paris, Imprimerie nationale, 1881-1883.

ULLMANN, S., *Précis de Sémantique française*. Berne, Francke, 1952 ; 2ᵉ éd., 1959.

VALKHOFF, M., *Étude sur les mots français d'origine néerlandaise*. Amersfoort, Valkhoff et Cⁱᵉ, 1931.

VAN DAELE, H., *Phonétique historique du français*. Paris, Hatier, 1929.

VINCENT, A., *Les Noms de lieux de la Belgique*. Bruxelles, Librairie générale, 1927.

ID., *Toponymie de la France*. Bruxelles, Librairie générale, 1937.

ID., *Que signifient nos noms de lieux ?* Bruxelles, Office de publicité, 1947.

ID., *Les Noms de familles de la Belgique*. Bruxelles, Librairie générale, 1952.

c) Dictionnaires.

BLOCH, O. et von WARTBURG, W., *Dictionnaire étymologique de la Langue française*. Paris, Presses Universitaires de France, 1932 ; 3ᵉ éd., 1960.

CAYROU, G., *Le Français classique. Lexique de la langue du XVIIᵉ siècle*. Paris, Didier, 1923.

DAUZAT, A., *Dictionnaire étymologique de la Langue française*. Paris, Larousse, 1938 ; 6ᵉ éd., 1954. Revu et mis à jour par DUBOIS, J. et MITTERAND, H. sous le titre *Nouveau Dictionnaire étymologique et historique*. Larousse, 1964.

DUBOIS, J. et LAGANE, R., *Dictionnaire de la Langue française classique*. Paris, Belin, 1960.

GAMILLSCHEG, E., *Étymologisches Wörterbuch der französischen Sprache*. Heidelberg, Winter, 1927.

GODEFROY, F., *Dictionnaire de l'ancienne langue française et de tous ses dialectes du IXe au XVe siècle*, 10 vol. Paris, Vieweg (I-IV), et Bouillon (V-X), 1881-1902. (Réimpression. Paris, Librairie des Sciences et des Arts.)

ID., *Lexique de l'ancien français* (Abrégé du précédent). Publié par les soins de Bonnard, J. et Salmon, A. Leipzig et Paris, Welter, 1901.

GRANDSAIGNES D'HAUTERIVE, R., *Dictionnaire d'ancien français, Moyen âge et Renaissance*. Paris, Larousse, 1947.

HUGUET, E., *Petit Glossaire des classiques français du XVIIe siècle*. Paris, Hachette, 1919.

ID., *Dictionnaire de la Langue française du XVIe siècle*. En cours de publication depuis 1925. Paris, d'abord Champion, puis Didier.

LA CURNE DE SAINTE-PALAYE, *Dictionnaire historique de l'ancien langage français, jusqu'au temps de Louis XIV*, 10 vol. Paris, Champion, 1875-1882.

MEYER-LÜBKE, W., *Romanisches etymologisches Wörterbuch*, 3e éd. Heidelberg, Winter, 1935.

TOBLER-LOMMATZSCH, *Altfranzösisches Wörterbuch*. En cours de publication depuis 1925. D'abord Berlin, Weidmann ; puis Wiesbaden, Steiner.

VAN DAELE, H., *Petit Dictionnaire de l'ancien français*. Paris, Garnier, s.d. [1940].

von WARTBURG, W., *Französisches etymologisches Wörterbuch*. En cours de publication depuis 1928. D'abord Bonn, Klop ; puis Leipzig et Berlin, Teubner ; puis Bâle, Helbing et Lichtenhahn ; puis Bâle, Zbinden.

B. — Le Français moderne.

a) Grammaire.

I. — *OUVRAGES GÉNÉRAUX*

ACADÉMIE FRANÇAISE, *Grammaire de l'Académie française*. Paris, Firmin-Didot, 1932 ; nouv. éd. revue, 1933.

AYER, C., *Grammaire comparée de la Langue française*, 1851 ; 4e éd., 1900. Paris, Fischbacher.

BLOCH, O. et GEORGIN, R., *Grammaire française*. Paris, Hachette, 1937.

BONNARD, H., *Grammaire française des Lycées et Collèges*. Paris et Guéret. Éd. S.U.D.E.L. Presses du Massif Central, 1950.

BRUNEAU, Ch. et HEULLUY, M., *Grammaire pratique de la Langue française à l'usage des honnêtes gens*. Paris, Delagrave, 1937.

CHEVALIER, J.-Cl., BLANCHE-BENVENISTE, Cl., ARRIVÉ, M. et PEYTARD, J., *Grammaire Larousse du français contemporain*. Paris, Larousse, 1964.

CLÉDAT, L., *Grammaire raisonnée de la Langue française*. Paris, Le Soudier, 1897.

COHEN, M., *Grammaire française en quelques pages*. Paris, Istra, 1948. 2e éd. remaniée. Paris, Soc. d'édit. d'enseignem. supér., 1963.

DAUZAT A., *Grammaire raisonnée de la Langue française*. Lyon, I.A.C., 1947 ; 4e éd. Paris et Lyon, 1955.

FISCHER, M. et HACQUARD, G., *A la découverte de la grammaire française*. Paris, Hachette, 1959.

GAIFFE, F., MAILLE, E., BREUIL, E., JAHAN, S., WAGNER, L., MARIJON, M., *Grammaire Larousse du XXe siècle*. Paris, Larousse, 1936.

GALICHET, G., *Essai de Grammaire psychologique*. Paris, Presses Universitaires de France, 1947.

GOUGENHEIM, G., *Système grammatical de la Langue française*. Paris, d'Artrey, 1939 ; réimpress., 1962.

KLEIN, H.-W. et STROHMEYER, F.,

Französische Sprachlehre (refonte de la grammaire de Strohmeyer). Stuttgart, Klett, 1958.

LANUSSE, M. et YVON, H., *Cours complet de Grammaire française*. Paris, Belin, 1920.

MICHAUT, G. et SCHRICKE, P., *Grammaire française.* Paris, Hatier, 1934.

PLATTNER, Ph., *Ausführliche Grammatik der französischen Sprache*, 5 vol. Freiburg im Brisgau, Bielefeld, 1899-1908.

de RIEDMATTEN, A. et KERBER, R., *Leichtfassliche Grammatik der französischen Sprache*. Wien, Herder, 1950.

WAGNER, R.-L. et PINCHON, J., *Grammaire du français classique et moderne*. Paris, Hachette, 1962.

2. — *ÉTUDES SPÉCIALES ET SYNTAXE*

ANDERSSON, S., *Études sur la syntaxe et la sémantique du mot français « tout »*. Études romanes de Lund, XI, Thèse. Lund, Gleerup ; Copenhague, Munksgaard ; Paris, Boyveau et Chevillet, 1954. — *Nouvelles Études* [sur le même sujet], mêmes édit., 1961.

ANTOINE, G., *La Coordination en français*, 2 vol. Paris, d'Artrey, 1958-1962.

BESCHERELLE (Le nouveau ～), *L'Art de conjuguer*, 37e éd., renouvelée et mise à jour. Paris, Hatier, 1959.

BLINKENBERG, A., *L'Ordre des Mots en français moderne*, 2 vol. Copenhague, Munksgaard, 1928 et 1933.

ID., *Le Problème de l'accord en français moderne*. Copenhague, Munksgaard, 1950.

ID., *Le Problème de la transitivité en français moderne*. Copenhague, Munksgaard, 1960.

de BOER, C., *Essais de Syntaxe française moderne*. Groningen. Noordhoff, 1922.

ID., *Essai sur la Syntaxe moderne de la phrase en français*. Paris, Champion, 1923.

ID., *Introduction à l'étude de la Syntaxe du français*. Groningue, N. V. Erven, et Paris, Droz, 1933.

ID., *Syntaxe du Français moderne*. Leiden, Universitaire Pers, 1947 ; 2e éd., 1954.

BOILLOT, F., *Psychologie de la construction dans la phrase française moderne*. Paris, Presses Universitaires de France, 1930.

CLÉDAT, L., *En marge des grammaires*. Paris, Champion, 1933.

COHEN, M., *Grammaire et Style*. Paris, Éditions sociales, 1954.

ID., *Le Subjonctif en français contemporain*. Paris, Centre de documentation universitaire, s.d. [1960] ; 2e éd., Sedes, 1963.

CORNU, M., *Les Formes surcomposées en français*. Berne, Francke, 1953.

DESSAINTES, M., *La Construction par insertion incidente*. Paris, d'Artrey, 1960.

DURAND, M., *Le Genre grammatical en français parlé à Paris et dans la région parisienne*. Paris, d'Artrey, 1936.

ETTMAYER, K., *Analytische Syntax der französischen Sprache*, 2 vol. Halle, Niemeyer, 1932.

GUILLAUME, G., *Le Problème de l'Article et sa solution dans la Langue française*. Paris, Hachette, 1919.

ID., *Temps et Verbe*. Paris, Champion, 1929.

HAAS, J., *Neufranzösische Syntax*. Halle, Niemeyer, 1909.

ID., *Französische Syntax*. Halle, Niemeyer, 1916.

ID., *Abriss der französische Syntax*. Halle, Niemeyer, 1922.

HŒYBYE, P., *L'Accord en français contemporain*. Copenhague, Hœst, 1944.

IMBS, P., *Le Subjonctif en français moderne*. Mayence, Publications de « La Classe de Français », 1953.

ID., *Les Temps du verbe français*. Paris, C. Klincksieck, 1959.

KJELLMAN, H., *Mots abrégés et tendances d'abréviation en français*.

Uppsala, Akademiska Bokhandeln, 1920.

LE BIDOIS, G. et R., *Syntaxe du Français moderne*, 2 vol. Paris, Picard, 1935-1938.

LE BIDOIS, R., *L'Inversion du sujet dans la prose contemporaine, étudiée plus spécialement dans l'œuvre de M. Proust*. Paris, d'Artrey, 1952.

LERCH, E., *Hauptprobleme der französischen Sprache*, 2 vol. Braunschweig, Westermann, 1930-1931.

ID., *Die Bedeutung der Modi in Französischen*. Leipzig, Reisland, 1919.

LIPS, M., *Le Style indirect libre*, Paris, Payot, 1926.

LOMBARD, A., *Les Constructions nominales dans le français moderne*. Uppsala et Stockholm, Almqvist et Wiksells Boktryckeri-A-B, 1930.

MATSUBARA, H., *Essai sur la Syntaxe de l'Article en français moderne*. Paris, Recueil Sirey, 1932.

NICOTA, A. N., *A Dictionary of French irregular and defective Verbs*. Montréal, Centre éducatif et culturel, 1958.

NYROP, Kr., *Études de Grammaire française*, 7 fascicules (Acad. royale danoise). Copenhague, Hœst, 1919-1929.

REMACLE, L., *Syntaxe du parler wallon de La Gleize*, 3 vol. Paris, Les Belles Lettres 1952-1956-1960.

SANDFELD, Kr., *Syntaxe du Français contemporain*, t. I (Les Pronoms). Paris, Champion, 1928 ; t. II (Les Propositions subordonnées). Paris Droz, 1936 ; t. III (L'Infinitif). Copenhague, Gyldendalske Boghandel Nordisk Forlag, et Paris, Droz, 1943.

SAUVAGEOT, A., *Les Procédés expressifs du français contemporain*. Paris, C. Klincksieck, 1957.

SOLTMANN, H., *Syntax der Modi im modernen Französisch*. Halle, Niemeyer, 1914.

STEHLI, W., *Die Femininbildung von*

Personenbezeichnungen im neuesten Französisch (Romanica Helvetica, vol. 29). Berne, Francke, 1949.

STEN, H., *Les Temps du Verbe fini (indicatif) en français moderne*. Copenhague, Munksgaard, 1952.

TANASE E., *Essai sur la valeur et les emplois du Subjonctif en français*. Montpellier, Rouvière, 1943.

TESNIÈRE, L., *Éléments de Syntaxe structurale*, Paris, Klincksieck, 1959.

TOBLER, Ad., *Vermischte Beiträge zur französischen Grammatik*, 5 vol. Leipzig, Hirzel, 1886-1912 [t. I : 3e éd., 1921 ; — t. II : 2e éd., 1906 ; — t. III : 2e éd., 1908].

ID., *Mélanges de Grammaire française* (1re série), traduct. franç. de la 2e éd. par M. Kuttner, avec la collaboration de L. Sudre. Paris, Picard, 1905.

VAN DER MOLEN, W., *Le Subjonctif, sa valeur psychologique et son emploi dans la langue parlée*. Amsterdam, Van de Garde, 1923.

von WARTBURG, W., et ZUMTHOR, P., *Précis de Syntaxe du Français contemporain*. Berne, Francke, 1947 ; 2e éd., entièrement remaniée, 1958.

3. — PHONÉTIQUE ET PRONONCIATION

BONNARD, G., *Manuel de Phonétique française*. Paris, Payot, 1927.

BRUNEAU, Ch., *Manuel du Phonétique pratique*, 2e éd. Paris. Berger-Levrault, s.d. [1931].

D'HARVÉ, G.-O., *Euphémie ou la Biendisance*. Bruxelles, Office de publicité, 1925.

FOUCHÉ, P., *Études de Phonétique générale*. Paris, Les Belles Lettres, 1927.

ID., *Traité de Prononciation française*. Paris, C. Klincksieck, 1956 ; 2e éd., 1959.

GOUGENHEIM, G., *Éléments de Phonologie française*. Paris, Les Belles Lettres, 1935.

GRAMMONT, M., *Traité de Phonétique*. Paris, Delagrave, 1933 ; 2e éd., 1939.

ID., *Traité pratique de Prononciation française*, 10e éd. Paris, Delagrave, 1941.

GRÉGOIRE, A., *Les Vices de la parole*, 4e éd. Namur, Wesmael-Charlier, 1956.

HAGOND, H., *Traité pratique de Diction française*, 5e éd. Bruxelles, Office de publicité, 1951.

LANGLARD, H., *La Liaison dans le français*. Paris, Champion, 1928.

LE ROY, G., *Traité pratique de la Diction française*. Paris, Mellottée, s.d. [1949].

MARTINET, A., *La Prononciation du français contemporain*. Paris, Droz, 1945.

MARTINON, Ph., *Comment on prononce le français*. Paris, Larousse, 1913.

MICHAËLIS, H. et PASSY, P., *Dictionnaire phonétique de la Langue française*, Hanovre, Meyer, 1927.

NUCELLY, L., *Manuel de Prononciation de la Langue française*. Paris, Hatier, 1934.

NYROP, Kr., *Manuel phonétique du français parlé*, trad. et remanié par E. Philipot, 6e éd. revue par G. SKOV. Paris, Picard, 1951.

PASSY, P., *Les Sons du français*. Paris, Didier, 1929.

PEYROLLAZ, M. et BARA DE TOVAR, M.-L., *Manuel de Phonétique et de Diction françaises à l'usage des étrangers*. Paris, Larousse, 1954.

REMACLE, L., *Orthophonie française*. Conseils aux Wallons. Liège, Michiels, 1948.

ROSSET, Th., *Origines de la Prononciation moderne étudiées au XVIIe siècle*. Paris, Colin, 1911.

ROUDET, L., *Éléments de Phonétique générale*. Paris, Welter, 1910.

ROUSSELOT (Abbé) et LACLOTTE, F., *Précis de Prononciation française*, 3e éd. Paris, Didier, 1927.

TROUBETZKOY, N., *Principes de Phonologie*, trad. fr. par J. Cantineau. Paris, Klincksieck, 1949.

VAN DAELE, H., *Phonétique du français moderne*. Paris, Colin, 1927.

WARNANT, L., *Dictionnaire de la Prononciation française*. Gembloux, Duculot, 1962.

4. — *PURETÉ ET ESTHÉTIQUE DE LA LANGUE FRANÇAISE*

ALBALAT, A., *Comment il ne faut pas écrire*. Paris, Plon, 1921.

ANCIEN PROFESSEUR (Un ~), *Flandricismes, Wallonismes et Expressions impropres dans la langue française*. Éd. revue et mise à jour par L. Quiévreux. Anvers et Bruxelles, Moorthamers, 1928.

ART, G., *Pour parler correctement*. Paris, Delagrave, 1930.

ID., *Du bon Usage oral et écrit*. Paris, Delagrave, 1932.

BOISSON, J., *Les Inexactitudes et Singularités de la langue française moderne*. Bruxelles, Lamertin, et Paris, Fischbacher, 1930.

BOISTE, J., *Dictionnaire des difficultés de la langue française*, nouvelle éd. Paris, Figuière, 1935.

BOTTEQUIN, A., *Le Français contemporain*. Bruxelles, Office de publicité, 1937.

ID., *Difficultés et Finesses de langage*. Gand, Éditions Daphné, 1945.

ID., *Subtilités et Délicatesses de langage*. Paris et Bruxelles, Baude, s.d. [1946].

CHANTAL (R. de ~), *Chroniques de français*. Éditions de l'Université d'Ottawa, 1956.

COHEN, M., *Regards sur la Langue française*. Paris, Sedes, 1950.

ID., *Nouveaux Regards sur la Langue française*. Paris, Éditions sociales, 1963.

DAUZAT, A., *La Défense de la langue française*. Paris, Colin, 1912.

ID., *Le Guide du bon usage*. Paris, Delagrave, 1954.

DEBATY, A., *Les Vendredis d'Agénor Tograff*. Bruxelles, Collection « Voilà », s.d. [1943].

DEHARVENG, J., *Corrigeons-nous !* 6 vol. Bruxelles, Félix (t. Ier) et Dewit (t. II à VI), 1922-1928.

ID., *Corrigeons-nous ! Aide-mémoire et Additions*. Bruxelles, Dewit, 1928.

ID., *Scrupules de grammairiens*. Bruxelles. Dewit, 1929.

DEJEAN, A., *Les Incorrections du langage*. Brive, Chastrusse, 1936.

DESCHANEL, É., *Les Déformations de la langue française*. Paris, Calmann-Lévy, 1898.

D'HARVÉ, G.-O., *Parlons mieux !* Bruxelles, Lebègue, 1922.

ID., *Parlons bien !* Bruxelles, Office de publicité, 1923.

DORY, I., *Wallonismes*. Liège, Vaillant-Carmanne, 1878 et 1880.

ENGLEBERT, O. et THÉRIVE, A., *Ne dites pas... Dites...* (Belgicismes). Paris-Bruxelles, Édit. «Labor», 1939.

ETIEMBLE, *Parlez-vous franglais ?* Paris, Gallimard, 1964.

FEUGÈRE, F., *Savez-vous ce que vous dites ?* Paris, Flammarion, 1963.

GEORGIN, R., *Pour un meilleur français*. Paris, Bonne, 1951.

ID., *Difficultés et Finesses de notre langue*. Paris, Bonne, 1952.

ID., *Le Langage de l'administration et des affaires*. Paris, Éditions sociales françaises, 1954.

ID., *La Prose d'aujourd'hui*. Paris, Bonne, 1956.

ID., *Jeux de mots : De l'orthographe au style*. Paris, Bonne, 1957.

ID., *Le Code du bon langage*. Paris, Éditions sociales françaises, 1959.

ID., *Consultations de grammaire, de vocabulaire et de style*. Paris, Éditions sociales françaises, 1964.

de GOURMONT, R., *Esthétique de la langue française*. Paris, Mercure de France, 1923 ; nouv. éd., avec une étude de R.-L. WAGNER et une note de M. SAILLET, 1955.

GREVISSE, M., *Problèmes de langage*, Ire série, 1961 ; 2e série, 1962 ; 3e série, 1964. Gembloux, Duculot ; Paris, Presses Universitaires de France ; Lausanne, Payot.

HANSE, J., *Dictionnaire des difficultés grammaticales et lexicologiques*. Bruxelles et Paris, Baude, s.d. [1949].

HERMANT, A., *Xavier ou les Entretiens sur la grammaire française*. Paris, « Le Livre », 1923 ; réédit. Grasset, 1928.

ID., *Lettres à Xavier sur l'art d'écrire*, Paris, Hachette, 1925.

ID., *Remarques de M. Lancelot pour la défense de la Langue française*. Paris, Flammarion, 1929.

ID., *Nouvelles Remarques de M. Lancelot pour la défense de la Langue française*. Paris, Flammarion, 1929.

ID., *Les Samedis de Monsieur Lancelot*. Paris, Flammarion, 1931.

ID., *Ainsi parla Monsieur Lancelot*. Paris, Albin Michel, 1932.

ID., *Chroniques de Lancelot du «Temps»*, t. I, 1936; t. II, 1938. Paris, Larousse.

ID., *Savoir parler*. Paris, Albin Michel, 1936.

ID., *Lancelot 1937*. Paris, Éd. de la Nouvelle Revue critique, 1939.

JORAN, Th., *Le Péril de la Syntaxe et la Crise de l'Orthographe*, 6e éd. Paris, Savaète, 1916.

ID., *Les Manquements à la langue française*, 3e éd. Paris, Beauchesne, 1928.

[*Exercices pratiques*. Paris, Beauchesne, 1930].

LE GAL, Ét., *Ne confondez pas...* Paris, Delagrave, 1927.

ID., *Ne dites pas... Mais dites...* Paris, Delagrave, 1928.

ID., *Écrivez... N'écrivez pas...* Paris, Delagrave, 1928.

ID., *Vous pouvez dire... Mais dites mieux...* Paris, Delagrave, 1935.

ID., *Cent manières d'accommoder le*

français. Paris, Nouvelle Librairie franç., 1932.

ID., *Parlons mieux*. Paris, Delagrave, 1953.

ID., *Le parler vivant au XXᵉ siècle*. Paris, Denoël, 1961.

LETALLE, A., *Comment on traite la langue française*, Paris, Jouve, 1934.

MARTINON, Ph., *Comment on parle en français*. Paris, Larousse, 1927.

MOUFFLET, A., *Contre le massacre de la langue française*. Paris, Didier, 1931.

ID., *Encore le massacre de la langue française*. Paris, Didier, 1935.

ID., *Au Secours de la langue française*. Paris, Denoël, 1947.

STAPFER, P., *Récréations grammaticales et littéraires*, 5ᵉ éd. Paris, Colin, 1927.

THÉRIVE, A., *Querelles de langage*, 1ʳᵉ série, 1929 ; 2ᵉ série, 1933 ; 3ᵉ série, 1940. Paris, Stock.

ID., *Clinique du langage*. Paris, Grasset, 1956.

ID., *Procès de langage*. Paris, Stock, 1962.

THOMAS, Ad. V., *Dictionnaire des difficultés de la langue française*. Paris, Larousse, 1956.

VINCENT, Cl., *Le Péril de la langue française*, 3ᵉ éd. Paris, J. de Gigord, 1925.

b) Le Vocabulaire : Dictionnaires, etc.

Atlas linguistique de la Wallonie. Ont paru : t. I, par L. REMACLE, 1953 ; t. III, par É. LEGROS, 1955. Liège, Vaillant-Carmanne.

ACADÉMIE FRANÇAISE, *Dictionnaire de l'Académie française*, 2 vol., 8ᵉ éd. Paris, Hachette, 1932-1935.

BESCHERELLE aîné, *Dictionnaire national ou Dictionnaire universel de la Langue française*, 2 vol., 1843-1846. Paris, Garnier, 14ᵉ éd., 1871.

GILLIÉRON, J. et EDMONT, E., *Atlas linguistique de la France*. Paris, Champion, 1902-1910.

HATZFELD, A., DARMESTETER, A. et THOMAS, A., *Dictionnaire général de la Langue française*, précédé d'un *Traité de la formation de la Langue française*, 2 vol. Paris, Delagrave, 1890-1900. Réimpression, 1964.

LAROUSSE, P., *Grand Dictionnaire universel du XIXᵉ siècle*, 15 vol. Paris, Larousse, 1866-1876. (Suppléments : 1877 et 1890.)

Larousse universel, 2 vol. Paris, Larousse, 1922-1923 ; nouv. éd., 1948-1949.

Larousse du XXᵉ siècle, 6 vol. Paris, Larousse, 1927-1933. (Supplément, 1953.)

Grand Larousse encyclopédique, 10 vol. Paris, Larousse, 1959-1964.

LITTRÉ, É., *Dictionnaire de la Langue française*, 4 vol. Paris, Hachette, 1863-1872. (Supplément, 1877). Rééditions : en 7 vol. : J.-J. Pauvert (puis Éditions classiques et contemporaines, Paris, Gallimard-Hachette), Paris, 1956 suiv. ; — en 4 vol. : Éditions du Cap, Monte-Carlo, 1956 suiv.

LITTRÉ, É. et BEAUJEAN, A., *Dictionnaire de la Langue française* (Abrégé en 1 vol. de l'ouvrage précédent). Paris, Hachette, s. d. [1874]. Réimpression, Paris, Gallimard et Hachette, 1959. — Nouv. éd. revue sous la direct. de Géraud-Venzac. Paris et Bruxelles, Éditions universitaires, 1960.

PINLOCHE, A., *Vocabulaire par l'image de la Langue française* (6 000 figures avec légendes). Paris, Larousse, 1923.

Dictionnaire encyclopédique QUILLET, 6 vol. Paris, Quillet, 1946.

Dictionnaire QUILLET *de la Langue française*. Dictionnaire méthodique et pratique rédigé sous la direction de Raoul Mortier. « L'Art d'écrire et de bien rédiger », 3 vol. Paris, Quillet, 1946.

ROBERT, P., *Dictionnaire alphabétique et analogique de la Langue française.* 6 vol. Paris, Société du Nouveau Littré, 1953-1964.

SNYCKERS, A., *Duden français.* Dictionnaire illustré de la langue française. Leipzig, Bibliographisches Institut AG, 1937.

c) **Varia** (Argot, Orthographe, Ponctuation, Stylistique, Synonymes, etc.).

BAILLY, R. (sous la direction de M. de Toro), *Dictionnaire des Synonymes de la Langue française.* Paris, Larousse, 1946.

BALLY, Ch., *Traité de Stylistique française,* 2 vol. Paris, Klincksieck, 1909 ; 3e éd. (nouv. tirage). Genève, Georg, et Paris, C. Klincksieck, 1951.

BAUCHE, H., *Le Langage populaire.* Paris, Payot, 1920 ; nouvelles édit. rev. et corrig. : 1946 ; 1951.

BÉNAC, H., *Dictionnaire des Synonymes.* Paris, Hachette, 1956.

BOISSIÈRE, P., *Dictionnaire analogique de la Langue française.* Paris, Larousse et Boyer, 1862.

BOULENGER, J. et THÉRIVE, A., *Les Soirées du Grammaire-Club.* Paris, Plon, 1924.

BRUNOT, F., *Observations sur la Grammaire de l'Académie française,* 2e éd. Paris, Albin Michel, 1946.

CATHERINE, R., *Le Style administratif.* Paris, Albin Michel, 1946 ; nouv. éd. revue et complétée, 1961.

CHAUTARD, Ém., *La Vie étrange de l'Argot.* Paris, Denoël et Steele, 1931.

CLÉDAT, L., *Précis d'Orthographe française.* Paris, Hatier, 1930.

CRESSOT, M., *Le Style et ses techniques.* Paris, Presses Universitaires de France, 1947.

CURNONSKY et BIENSTOCK, J.-W., *Le Musée des Erreurs ou le français tel qu'on l'écrit.* Paris, Albin Michel, s.d. [1925].

DAMOURETTE, J., *Traité moderne de Ponctuation.* Paris, Larousse, 1939.

DAUZAT, A., *La Langue française d'aujourd'hui,* 4e éd. Paris, Colin, 1927.

ID., *L'Argot de la guerre* (de 1914-1918), 2e éd. Paris, Colin, 1919.

ID., *Les Argots,* 2e éd. Paris, Delagrave, 1946.

ID., *Les Patois,* 4e éd. Paris, Delagrave, 1946.

DUPUIS, H., *Dictionnaire des Synonymes et des Antonymes.* Montréal et Paris, Fides, 1961.

ESNAULT, G., *Le Poilu tel qu'il se parle.* Paris, Bossard, 1919.

GEORGIN, R., *Le Langage de l'administration des affaires.* Paris, Éditions sociales françaises, 1954.

ID., *L'Inflation du style.* Paris, Éditions sociales françaises, 1963.

GOTTSCHALK, W., *Französische Synonymik für Studierende und Lehrer,* 3 vol. Heidelberg, Winter, 1925.

GOURIOU, C., *Mémento typographique.* Paris, Hachette, 1961.

GREVISSE, M., *Code de l'Orthographe française.* Bruxelles, Baude, 1948.

GUIRAUD, P., *L'Argot.* Collection « Que sais-je ? ». Paris, Presses Universitaires de France, 1956.

HAUST, J., *Dictionnaire liégeois.* Liège, Vaillant-Carmanne, 1933.

ID., *Dictionnaire français-liégeois.* Publié sous la direction d'É. LEGROS. Liège, Vaillant-Carmanne, 1948.

LANSON, G., *L'Art de la prose.* Paris, Payot, s. d. [1908].

LAFAYE, B.-M., *Dictionnaire des Synonymes de la langue française,* 1858 ; 8e éd., Paris, Hachette, 1903.

LE GAL, Ét., *Apprenons à ponctuer.* Paris, Delagrave, 1933.

LEGRAND, E., *Méthode de Stylistique française à l'usage des élèves,* 4e éd. Paris, J. de Gigord, 1935.

MAQUET, Ch., *Dictionnaire analogique.* Paris, Larousse, 1936.

MAROUZEAU, J., *Précis de Stylistique*

française. Paris, Masson, 1941 ; 2ᵉ éd., revue et augmentée, 1946.

ID., *Aspects du français*. Paris, Masson, 1950.

ID., *Notre Langue*. Paris, Delagrave, 1955.

de NOTER, R., VUILLERMOZ, P., LÉCUYER, J., *Dictionnaire des Synonymes*. Paris, Presses Universitaires de France, 1947.

QUADRI, B., *Aufgaben und Methoden der Onomasiologischen Forschung*. Berne, Francke, 1952.

RAMEAU, M. et YVON, H., *Dictionnaire des Antonymes ou Contraires* (avec indication des synonymes). Paris, Delagrave, 1933.

ROTY, C. et RIGOT, F., *Le Langage de l'Oncle Jean*, 2ᵉ éd. Bruxelles, Vanderlinden s. d.

ROUAIX, P., *Dictionnaire-manuel-illustré des idées suggérées par les mots*, 19ᵉ édit. Paris, Colin, 1941.

SAINÉAN, L., *Le Langage parisien au XIXᵉ siècle*. Paris, E. de Boccard, 1920.

ID., *Les Sources de l'argot ancien*, 2 vol. Paris, Champion, 1912.

SARDOU, A.-L., *Nouveau Dictionnaire des Synonymes français*, 18ᵉ mille. Paris, Delagrave, 1935.

SAUVAGEOT, A., *Français écrit, Français parlé*. Paris, Larousse, 1962.

ID., *Portrait du vocabulaire français*. Paris, Larousse, 1964.

SENSINE, H., *La Ponctuation en français* (avec 60 dictées-exercices dans le texte). Paris, Payot, 1930.

SÈVE, A., *Ortho*. Dictionnaire orthographique : Ortho jaune (1ᵉʳ degré), 1947 ; Ortho rouge (2ᵉ degré), 1946 ; Ortho vert (3ᵉ degré) [par A. Sève et J. Perrot], 1950. Chambéry, Éditions scolaires.

SIMONIN, A., *Le Petit Simonin illustré* (petit dictionnaire d'argot). Paris, Amiot, 1957.

SOMMER, E., *Petit Dictionnaire des Synonymes français*. Paris, Hachette, s. d.

SPITZER, L., *Stilstudien*, 2 vol. München, Hueber, 1928.

STROHMEYER, F., *Der Stil der französischen Sprache*. Berlin, Weidmann, 1910 ; 2ᵉ éd., 1924.

THÉRIVE, A., *Le Français, langue morte ?...* Paris, Plon, 1923.

TIMMERMANS, A., *L'Argot parisien*. Paris, Victorion, 1922.

VANNIER, A., *La Clarté française*, 7ᵉ éd. Paris, Nathan, 1923.

C. — Périodiques.

Le Français moderne. Revue consacrée à l'étude de la langue française du XVIᵉ siècle à nos jours. Paraissant en janvier, avril, juillet et octobre. Fondateurs : A. Dauzat et J. L. L. d'Artrey. Directeurs (depuis janv. 1956) : P. Fouché et J. Pignon. Paris d'Artrey, 1933 suiv.

La Classe de français. Revue bimestrielle pour l'enseignement du français, fondé par l'Institut français de Mayence ; a paru (Paris, Librairie des Méridiens) de 1950 à 1959, sous la direction de Ch. Muller.

Revue belge de Philologie et d'Histoire. Recueil trimestriel publié par la Société pour le progrès des études philologiques et historiques. Bruxelles, Van Campenhout, 1922 suiv.

Revue de Philologie française. Revue trimestrielle consacrée spécialement à l'étude du français à partir de 1500. Fondée par L. Clédat. Paris, Champion, 1887-1933.

Revue des Langues romanes. Revue annuelle publiée par la Société de Langues romanes. Montpellier, 1870 suiv.

Revue de Linguistique romane. Revue annuelle publiée par la Société de

Linguistique romane. Paris, Champion, 1925 suiv. Publication interrompue pendant la guerre de 40. Reprise en 1946.

Romania. Revue trimestrielle consacrée à l'étude des langues et des littératures romanes. Fondée en 1872 par Paul Meyer et Gaston Paris. Publiée par F. Lecoy.

Vie et Langage. Revue mensuelle. Paris, Larousse, 1952 suiv.

Défense de la Langue française. Bulletin trimestriel. Fondé par Paul Camus. Paris, 1959 suiv.

Le Français dans le monde. Revue de l'enseignement du français hors de France. Mensuel. Paris, Hachette et Larousse, 1961 suiv.

Culture française. Rassegna di Lingua e Letteratura Francese. Revue bimestrielle. Fondée par Luigi Losito. Bari, 1953 suiv.

Vox Romanica. Annales helvetici explorandis linguis romanicis destinati. Berne, Francke, 1936 suiv.

French Studies. Oxford, Blackwell, 1947 suiv.

Neophilologus. Revue trimestrielle. Groningen, Wolters, 1916 suiv.

Romanische Forschungen. Revue trimestrielle. Frankfurt am Main, Klostermann, 1883 suiv.

Zeitschrift für romanische Philologie. Tübingen, Niemeyer, 1877 suiv.

Zeitschrift für französische Sprache und Literatur. Fondée en 1879 par G. Kœrting et E. Koschwitz. Publication interrompue en 1944. Reprise en 1956 (t. LXVI) par E. Gamillscheg et J. Wilhelm. Wiesbaden, Steiner.

Romance Philology. Berkeley and Los Angeles, University of California Press, 1947 suiv.

Studia neophilologica. Uppsala, Lundequistska Bokhandeln, 1928 suiv.

LE BON USAGE

INTRODUCTION

NOTIONS PRÉLIMINAIRES

Le Langage. La Science du Langage.

1. L'homme exprime généralement ses idées, ses sentiments, ses volontés et ses sensations par la parole, et c'est le **langage parlé,** — ou par l'écriture, et c'est le **langage écrit.**

Il peut aussi exprimer sa pensée au moyen des gestes, des attitudes, du jeu de la physionomie, etc., et c'est le **langage mimique** [a].

2. C'est par **phrases** que nous pensons et que nous parlons ; la phrase est un assemblage logiquement et grammaticalement organisé en vue d'exprimer un sens complet : elle est la véritable unité linguistique.

La phrase du langage parlé est constituée par des **mots,** c'est-à-dire par des **sons** ou assemblages de sons formant un sens et exprimant des actions, des sensations, des sentiments, des idées, ou marquant leurs rapports.

3. Le langage écrit représente les sons constitutifs des mots au moyen d'un système de signes ou caractères appelés **lettres.**

Il n'est pas inutile de faire observer qu'on ne doit pas confondre les *sons* avec les *lettres*. Ainsi, dans *verre*, il y a trois sons : *v, è, r*, et cinq lettres ; dans *eaux*, quatre lettres, mais un seul son : *ó*.

4. La **grammaire** [b] est l'étude systématique des éléments constitutifs d'une langue. Elle comprend :

1º La **phonétique** [c] ou science des sons du langage ;

Éтым. — [a] *Mimique*, emprunté du lat. *mimicus*, grec μιμικός, de μῖμος, im tateur.
 [b] *Grammaire*, empr. du lat. *grammatica*, grec γραμματική, de γράμμα, lettre.
 [c] *Phonétique*, empr. du grec φωνητικός, qui concerne le son, de φωνή, son, voix.

2° La **lexicologie** [a] ou science des mots. A la lexicologie se rapporte la **sémantique** [b] (§ 154), qui a pour objet les changements de sens des mots, est la **morphologie** [c] ou science des diverses formes dont les mots sont susceptibles (préfixes, suffixes, flexions).

On peut y rattacher aussi l'art de la **prononciation,** appelé parfois *orthoépie* [d] ou *orthophonie* [e], l'**orthographe** [f], ou art d'écrire correctement les mots d'une langue, et l'**étymologie** [g], qui étudie l'origine des mots et recherche leur filiation par rapport à un ou plusieurs autres mots dont ils dérivent.

3° La **syntaxe** [h] ou ensemble des règles qui régissent l'arrangement des mots et la construction des propositions.

Parmi les rapports dont s'occupe la syntaxe, ceux qui concernent l'accord ont, au point de vue de la correction et des règles orthographiques, une importance particulière. On entend par **accord** la convenance établie, quant à une ou plusieurs des catégories morphologiques de genre, de nombre, de personne, entre deux ou plusieurs termes se rapportant à un même énoncé ou à une même chose. De ces termes, l'un, plus fort (par exemple, le nom), impose à un ou plusieurs autres, plus faibles (par exemple, l'épithète), situés dans sa sphère d'influence, la nécessité de prendre la même position que lui dans les catégories morphologiques.

Les règles d'accord sont fondées sur la logique et découlent nécessairement des relations créées par l'esprit entre les choses (pour l'accord par *syllepse* : voir § 466, Rem. 3, note 1). Cependant la convenance que ces règles supposent ne s'établit pas nécessairement dans tous les cas d'une manière identique dans toutes les langues : à *nous parlons* correspond dans certains patois *je parlons* : Martine : *Et* JE PARLONS *tout droit comme on parle cheux nous* (MOL., *F. sav.*, II, 6). — Lisette : JE REPASSERONS *pour savoir les nouvelles* (MARIVAUX, *Le Préjugé vaincu*, 3) ; — à *les animaux courent* répond en grec τὰ ζῷα τρέχει [littér. : les animaux court] (cf. PASCAL, *Pens.*, 70).

5. La **grammaire descriptive** expose l'usage linguistique d'un groupement humain à une époque donnée. Elle se borne ordinairement à constater et à enregistrer le « bon usage », c'est-à-dire l'usage constant des personnes qui ont souci de bien parler et de bien écrire. C'est alors la grammaire *normative* ou, selon la définition habituelle, « l'art de parler et d'écrire correctement ».

ÉTYM. — [a] *Lexicologie*, composé (d'après *lexicographie*) avec le grec λέξις, mot, λόγος, discours, et le suffixe *-ie*.

[b] *Sémantique*. Mot créé par M. Bréal, d'après le grec σημαντική, féminin de l'adjectif σημαντικός, « qui indique », de σημαίνειν, signifier.

[c] *Morphologie*, composé avec le grec μορφή, forme, λόγος, discours, et le suffixe *-ie*.

[d] *Orthoépie*, empr. du grec ὀρθοέπεια, langage correct, de ὀρθός, droit, et ἔπος, parole.

[e] *Orthophonie*, composé avec le grec ὀρθός, droit, φωνή, son, voix, et le suffixe *-ie*.

[f] *Orthographe*, empr. du lat. *orthographia*, grec ὀρθογραφία, de ὀρθός, droit, et γράφω, j'écris. On disait autrefois *orthographie*.

[g] *Étymologie*, emprunté du lat. *etymologia*, grec ἐτυμολογία, de ἔτυμος, vrai, et λόγος, mot.

[h] *Syntaxe*, empr. du lat. *syntaxis*, grec σύνταξις, de σύν, avec, et τάξις, arrangement.

6. La **grammaire historique** étudie la langue dans son développement et dans ses transformations. Elle expose les changements qui se sont produits dans l'usage linguistique entre deux époques plus ou moins éloignées l'une de l'autre. Elle juxtapose les grammaires descriptives de plusieurs époques successives et recherche les rapports existant entre les faits grammaticaux qu'elle y observe.

7. La **grammaire comparée** étudie les rapports et les différences des diverses langues comparées entre elles, et notamment des différentes langues qui dérivent d'une source commune. Il y a, par exemple, une grammaire comparée des langues indo-européennes, une grammaire comparée des langues romanes, etc.

8. La science du langage trouve son couronnement dans la **linguistique générale** (appelée autrefois *grammaire générale*), qui en utilisant les données de la grammaire descriptive, de la grammaire historique et de la grammaire comparée, — c'est-à-dire des faits particuliers —, s'efforce de dégager, par induction, les lois générales auxquelles obéit le langage humain. Elle fait appel d'ailleurs à la psychologie, à la physique (acoustique), à l'anatomie, à la physiologie et à la sociologie.

9. A la science du langage se rattache aussi la **philologie** [a], qui étudie les langues comme organes de la vie intellectuelle des peuples. La philologie s'occupe des faits linguistiques en tant qu'ils servent à connaître le génie des civilisations disparues ; ses observations portent non seulement sur les faits du langage, mais aussi sur l'histoire, la philosophie, la jurisprudence, les sciences, le folk-lore, etc., et, d'une manière générale, sur tout ce qui peut aider à la pleine intelligence des écrivains du passé.

ÉTYM. — [a] *Philologie,* empr. du lat. *philologia,* grec φιλολογία, de φιλέω, j'aime, et λόγος, langage.

PREMIÈRE PARTIE

LES ÉLÉMENTS DE LA LANGUE

CHAPITRE I

NOTIONS DE PHONETIQUE

§ 1. — DÉFINITION

10. La **phonétique** étudie les sons du langage, la façon de les produire, leurs espèces et les nuances qui les distinguent.

La phonétique expérimentale, en soumettant les sons du langage à des observations objectives, les analyse avec une précision merveilleuse. Elle emploie notamment l'enregistreur à membrane, inventé par l'abbé Rousselot en 1886.

11. La **phonologie** [a] (au sens où Saussure et après lui Grammont ont pris
le mot) est l'étude des sons du langage en eux-mêmes, indépendamment des
langues ou des éléments du langage dans lesquels ils peuvent entrer ; c'est la
« physiologie des sons ».

Le mot *phonologie* est pris parfois comme synonyme de *phonétique*. — Souvent
aussi on lui fait désigner l'étude des relations fonctionnelles entre les faits phoniques
et les significations intellectuelles (par exemple : opposition de la consonne sonore
à la sourde : *gale, cale*) ou entre les faits phoniques et la constitution de l'énoncé
(par exemple : liaisons, accentuations, intonations, etc.).

§ 2. — LES SONS

12. Les **sons** du langage ou **phonèmes** [b] sont des émissions [1] d'air
produites par l'appareil phonateur.

---

1. Les phonèmes sont donc produits par le souffle *expiratoire*. Cependant les phonèmes *inspirés* (appelés aussi *clics*) sont possibles : ils correspondent seulement à
Étym. — [a] *Phonologie*, composé avec le grec φωνή, son, voix, et λόγος, discours.
[b] *Phonème*, empr. du grec φώνημα, son de voix.

Le souffle ou courant d'air expiratoire est chassé des *poumons*, traverse la *trachée-artère* et arrive dans le *larynx*, où se trouvent les *cordes vocales*, qui sont deux paires de replis membraneux bordant une fente appelée *glotte*. Si la glotte est fermée, le souffle force le passage et fait vibrer les cordes vocales : il produit alors un phonème *sonore* (*b*, *d*, *g*, etc.) ; si la glotte est ouverte, il passe librement, sans faire vibrer les cordes vocales ; dans ce cas, il produit un phonème *sourd* (*p*, *t*, *k*, etc.). La glotte franchie, le souffle débouche dans le *pharynx*, d'où il s'échappe, soit par la *bouche*, soit par le *nez*, soit par la bouche et par le nez à la fois, suivant que le *voile du palais* est relevé, abaissé ou maintenu dans une position intermédiaire. La *langue*, les *dents*, les *lèvres* et le *palais* (dur et mou) jouent aussi leur rôle dans la formation des sons.

13. On distingue deux catégories principales de phonèmes : les *voyelles* et les *consonnes*. Il y a aussi des *semi-voyelles* (ou *semi-consonnes*).

Les *voyelles* sont caractérisées par une tenue plus stable, par la prédominance de la résonance et par un maximum d'effort laryngien et un minimum de travail articulatoire, le canal vocal étant assez ouvert pour qu'aucun frottement spécial ne vienne se mêler au bourdonnement que produisent les vibrations des cordes vocales [1]. — Les *consonnes* présentent des caractères inverses et surtout la prédominance du bruit de frottement ou d'explosion du souffle.

En dépit des caractéristiques qui opposent les unes aux autres les voyelles et les consonnes, les phonéticiens estiment généralement que la limite n'est pas absolument nette entre les unes et les autres.

N. B. — Il faut prendre garde, dans les pages qui vont suivre, à ne pas confondre les *sons* avec leurs *représentations orthographiques*. L'orthographe usuelle, en effet, représente certains phonèmes simples par des groupes de lettres (*ou*, *en*, *an*, *ain*, etc.) ; elle utilise parfois une seule et même notation pour représenter des phonèmes distincts (ɢare, ɢivre ; cʜronique, cʜou, etc.) ; enfin, elle représente souvent un même phonème par des notations différentes (ᴘeine, *tête*, ʀaymond ; ꜰable, ᴘʜare ; *si*, *ce*, *façon*, ʀaᴛion, *scène*, etc.).

14. Notation phonétique des sons du français. Selon le système de l'*Association phonétique internationale* [2], les sons du français sont notés comme suit :

---

un mouvement de succion. « Le français a un *t* inspiré pour exprimer le doute ou attirer l'attention ; en inspirant un *t* alvéolaire on marque l'admiration, la surprise ; l'inspiration de *f* exprime tantôt la satisfaction du gourmet, tantôt la sensation d'un effort ou d'une douleur vive et légère ; le mot *oui*, quand il s'agit d'un « oui » douteux ou complaisant, est souvent prononcé par inspiration, et de même le mot *non*, quand il est dit à voix basse et négligemment. » (J. Vᴇɴᴅʀyᴇs, *Le Langage*, p. 39.)

1. Du moins le léger frottement du souffle traversant le canal vocal ne se perçoit pas dans l'émission ordinaire des voyelles ; il ne s'entend que quand les voyelles sont *chuchotées*, l'air expiratoire ne déterminant alors aucune vibration des cordes vocales.

2. Fondée par Paul Pᴀssy (1886). — Autre système de transcription phonétique : celui de l'abbé Rousseʟoᴛ (1887), complété par Jules Gɪʟʟɪéʀoɴ, pour son *Atlas linguistique de la France* (1902-1910).

1º VOYELLES :

[i]		*image*	[y]	u	*mur*
[e]	é fermé	*église*	[ø]	eu fermé	*peu*
[ɛ]	è ouvert	*père*	[œ]	eu ouvert	*peur*
[a]	a ouvert	*bac*	[ə]	e muet	*fermeté*
[ɑ]	a fermé	*base*	[ɛ̃]	in	*fin*
[ɔ]	o ouvert	*pot*	[ɑ̃]	an	*élan*
[o]	o fermé	*repos*	[ɔ̃]	on	*monde*
[u]	ou	*cou*	[œ̃]	un	*brun*

2º SEMI-VOYELLES :

[j]	*lieu*		[ɥ]	*huile*	[w]	*ouate*

3º CONSONNES :

[p]	*père*	[f]	*feu*		[l]	*lame*
[t]	*table*	[v]	*vite*		[R]	*règle*
[k]	*canard*	[s]	*sol*		[m]	*mère*
[b]	*bal*	[z]	*zèbre*		[n]	*nid*
[d]	*dormir*	[ʃ]	*chèvre*		[ɲ]	*agneau*
[g]	*gomme*	[ʒ]	*jour*			

N. B. — Les deux points après une voyelle signifient que cette voyelle est
longue : *Gémir* [ʒe-mi:ʀ], *alors* [a-lɔ:ʀ], *monseigneur* [mɔ̃-sɛ-ɲœ:ʀ].

Art. 1. — VOYELLES

15. On appelle **voyelles** [a] des sons produits par le souffle expiratoire qui, portant les vibrations des cordes vocales, se trouve modifié
diversement suivant les variations de forme de la cavité buccale (ou
bucco-nasale) servant de caisse de résonance, et, sans avoir été arrêté
nulle part, s'échappe, soit uniquement par la bouche, soit par la bouche
et par le nez à la fois.

16. On distingue, d'après la voie d'échappement du souffle, les
voyelles **orales** [b] et les voyelles **nasales**. Si le souffle, traversant le
canal vocal largement ouvert, s'échappe uniquement par la bouche, il
produit les voyelles *orales* (ou *pures* ou *buccales*) ; s'il s'échappe par la
bouche et par le nez à la fois, il produit les voyelles *nasales*.

ÉTYM. — [a] *Voyelle*, anc. franç. *voiel*, francisation du latin des grammairiens *voca-
lis*, adj. de *vox*, voix.

[b] *Oral*, dérivé du lat. *os, oris*, bouche.

TABLEAU DES VOYELLES

VOYELLES ORALES			
ANTÉRIEURES :		**POSTÉRIEURES :**	
a ouvert	*mal, patte*	a fermé	*vase, pâte*
è ouvert	*mère, perte*	o ouvert	*col, porte*
é fermé	*curé, thé*	o fermé	*repos, chameau*
i	*idole, ami*	ou	*boule, fou*
Labialisées :			
eu ouvert	*peur, bœuf*		
eu sourd	*grenier, frelon*		
eu fermé	*feu, creuse*		
u	*dur, pilule*		
VOYELLES NASALES			
an	*plan, chambre*	on	*monde, tombe*
in	*pin, main, feinte*	un	*brun, humble*

Remarques. — 1. L'*eu* sourd, demi-ouvert, demi-fermé est souvent dit *e muet* (notation phonétique : [ə]). Qualification équivoque [1] : elle ne convient qu'aux cas où cet *eu* ne se prononce pas : *Rapp(e)ler, un(e) fenêtre ;* — quand il ne tombe pas, cet *eu* se prononce pleinement : *GRedin, brEbis, fermEté.*

2. On constate, dans la région parisienne, une forte et très fâcheuse tendance à prononcer [œ̃] comme [ɛ̃] : *in lindi, in beau brin,* pour : *un lundi, un beau brun.*

17. Pour les voyelles orales, on établit, d'après l'ouverture des lèvres et d'après la position de la langue [2] et des lèvres, la classification suivante :

1º Prenons comme point de départ le son fondamental *a* moyen : la langue, étendue dans la bouche, se trouve à peu près dans la position d'indifférence ; les lèvres sont largement ouvertes.

2º Si la partie antérieure de la langue se relève peu à peu vers le palais, dans la région des dents supérieures, tandis que les lèvres se ferment et s'écartent de plus en plus en fente horizontale, on obtient les voyelles **a, è, é, i** (notations phonétiques : [a], [ɛ], [e], [i]). Ce sont

---

1. Damourette et Pichon et, après eux, G. Gougenheim, substituent à l'appellation d'*e muet* celle d'*e instable.* M. Grammont emploie l'appellation d'*e caduc.* D'autres disent *e sourd* ou encore *e féminin.*

2. La *zone d'articulation* (appelée souvent *point d'articulation*) est l'endroit de la voûte palatine en face duquel la langue se gonfle et se masse.

les voyelles de la **série antérieure** (ou *palatales* ª *non arrondies* ou *voyelles d'avant*).

3º Si la partie antérieure de la langue reste abaissée et que sa partie postérieure se relève graduellement vers le voile du palais, tandis que les lèvres se ferment et s'arrondissent de plus en plus en entonnoir, on obtient les voyelles **á, ò, ó, ou** (notations phonétiques : [ɑ], [ɔ], [o], [u]). Ce sont les voyelles de la **série postérieure** (ou *vélaires* ᵇ *arrondies* ou *voyelles d'arrière*).

4º Si la partie antérieure de la langue se relève progressivement vers le palais, dans la région des dents supérieures, tandis que les lèvres se ferment et s'arrondissent de plus en plus en entonnoir, on obtient les voyelles **eu, eù, eú, u** (notations phonétiques : [œ], [ə], [ø], [y]). Ce sont les voyelles de la **série antérieure labialisée** ᶜ (ou *palatales arrondies*).

18. Les voyelles sont **ouvertes** ou **fermées** suivant que, pour leur émission, les mâchoires s'écartent plus ou moins l'une de l'autre. Ainsi *a* est ouvert (notation phonétique : [a]) dans *br*AS : pour l'émission de cette voyelle, l'ouverture buccale — ou *aperture* — est plus grande que pour l'émission de l'*a* de *ch*ASSE, qui est fermé (notation phonétique : [ɑ]). De même, *e, o, eu* sont ouverts (notations phonétiques : [ɛ], [ɔ], [œ]) dans *p*ÈR*e, m*OR*t, fl*EU*r :* ces voyelles s'émettent avec une ouverture buccale plus grande que pour l'émission de *e, o, eu* fermés (notations phonétiques : [e], [o], [ø]) comme dans *d*É*, p*OT*, f*EU.

Une analyse plus minutieuse du son permet de discerner une variété intermédiaire : la variété *moyenne*. Ainsi *a, o, e, eu* sont moyens respectivement dans *p*A*risien, p*O*litique, p*É*rir, cr*E*vette.*

Les voyelles *o, eu*, qui, d'une manière générale, sont fermées en position finale, s'ouvrent, dans bien des cas, si elles viennent à être suivies d'une consonne finale articulée : *S*OT [o]*, s*OTTE [ɔ] ; *cah*OT [o]*, il cah*OTE [ɔ] ; *je p*EU*x* [ø]*, ils p*EU*vent* [œ]*, des* ŒU*fs* [ø]*, un* ŒU*f* [œ].

De même, la voyelle *é* en position finale s'ouvre si elle vient à être suivie d'une consonne finale articulée : *Berg*ER [e]*, berg*ÈRE [ɛ] ; *j'*AI [e]*,* AI*-je* [ɛ].

19. Le **timbre,** qualité spécifique du son, due à la combinaison de la note fondamentale avec les harmoniques qui l'accompagnent, présente, dans les

ÉTYM. — ª *Palatal,* dérivé du lat. *palatum,* palais.
ᵇ *Vélaire,* empr. du lat. *velaris,* de *velum,* voile.
ᶜ *Labialisé,* dérivé de *labial,* du lat. *labium,* lèvre.

voyelles, des nuances résultant des modifications subies par le résonateur qu'est l'appareil vocal, et spécialement du point d'articulation (par exemple *a* n'a pas le même point d'articulation que *i*) et du degré d'aperture. — Les voyelles *a, e, o, eu,* tantôt ouvertes, tantôt fermées, en ont deux.

Art. 2. — CONSONNES

20. Les **consonnes** [a] sont des bruits de frottement ou d'explosion produits par le souffle qui, portant ou non les vibrations des cordes vocales, rencontre dans la bouche divers obstacles résultant de la fermeture ou du resserrement des organes.

TABLEAU DES CONSONNES

		LABIALES				DENTALES	PALATLES	VÉLAIRES
		Bila-biales	Labio-dentales	Bilabio-palatale	Bilabio-vélaire			
Occlusives ou EXPLOSIVES ou MOMENTANÉES	sourdes	p				t		k
	sonores	b				d		
	nasales (sonores)	m				n	gn	
Fricatives ou CONTINUES ou SPIRANTES	sourdes		f			s	ch	
	sonores		v			z	j	
Vibrantes ou LIQUIDES	sonores					l		r
Semi-voyelles ou SEMI-CONSONNES	sonores			u cons.	ou cons.		i cons.	

21. Les consonnes sont **sonores** ou **sourdes** suivant que le souffle qui les produit comporte ou non des vibrations des cordes vocales.

Les consonnes sourdes sont dites aussi *fortes,* parce qu'elles exigent un effort plus considérable que les consonnes sonores, dites aussi *faibles* ou *douces.*

ÉTYM. — [a] *Consonne,* empr. du lat. *consona,* proprement : qui sonne avec [la voyelle]. Les consonnes ont parfois besoin d'être unies à une voyelle pour sonner bien distinctement.

Une expérience très simple permet de constater que les consonnes *sonores* comportent des vibrations des cordes vocales et que les consonnes *sourdes* n'en comportent pas. Il suffit de toucher, du pouce et de l'index, la pomme d'Adam (saillie externe du larynx) ou de se boucher les oreilles en articulant. Si l'on prononce les sonores *b, d, g, m, n, gn, v, z, j, l, r, u* consonne, *ou* consonne, *i* consonne, on sent avec les doigts le branle glottal ou on perçoit un bourdonnement dans la tête. Mais on ne perçoit aucun branle glottal, aucun bourdonnement dans la tête, quand on prononce les sourdes *p, t, k, f, s, ch.*

22. Lorsque, à l'intérieur d'un mot ou entre deux mots, deux consonnes viennent en contact phonétique [1] :

a) Si les deux consonnes sont identiques elles produisent une consonne géminée, avec fléchissement de la tension musculaire et détente unique à la fin : *Ca*NN*ibale, co*LL*ègue, a*TT*icisme, œu*F F*rais, mo*D*(e) D*ésuète, ma*L L*éger, ro*B*(e) B*leue.*

b) Si les deux consonnes diffèrent par la sonorité (l'une sourde, l'autre sonore), mais ont même point et même mode d'articulation, la première **s'assimile** à la seconde quant à la sonorité : sourde, elle devient sonore si la seconde est sonore : *Ca*P(e) B*rune, rou*T(e) D*roite, cha*QU(e) G*are, bœu*F *volé, La Ro*CH(e) J*aquelein ;* — sonore, elle devient sourde si la seconde est sourde : *tom*B(e) P*rofonde, cor*D(e) T*endue, ba*G*U(e)-cachet, ca*V(e) F*roide, ro*S*(e) S*échée, villa*G(e) CH*armant.*

L'assimilation ne se produit qu'en ce qui concerne la sonorité ; pour ce qui est de la force de l'articulation, la première consonne reste distincte de la seconde : dans *rou*T(e) D*roite*, le *t*, devenu sonore, n'est pas un *d*, il reste un *t* (consonne *forte*, s'opposant à *d*, consonne douce) ; — dans *gran*D(e) T*able*, le *d*, devenu sourd, n'est pas un *t*, il reste un *d* (consonne *douce*, s'opposant à *t*, consonne forte). — Ainsi les consonnes *p, t, k, f, s, ch*, sourdes (= fortes) par nature, participant d'une consonne sonore qui suit, deviennent des « sonores-fortes », — et les consonnes *b, d, g, v, z, j*, sonores (= douces) par nature, participant d'une consonne sourde qui suit, deviennent des « sourdes-douces ».

c) Si les deux consonnes diffèrent par le point ou le mode d'articulation, mais ont même sonorité, la première ne subit pas de modification : D(e)M*an-der, a*CH(e)T*er, ba*S*cule, peti*T(e) P*omme, œu*F P*ourri, pi*P(e) *cassée ;* — a*DJ*u-dant, su*B*vention, ro*B(e) G*arnie, A*BB(e)ville, remè*D(e) *violent, visa*G(e) *P*âle.*

d) Si les deux consonnes diffèrent à la fois par le point ou le mode d'articulation et par la sonorité (l'une sourde, l'autre sonore), il y a assimilation *progressive :* la première devient sonore si la seconde est sonore, sourde si la seconde est sourde (elle devient donc tantôt « sonore-forte », tantôt « sourde-douce »), mais la force articulatoire ne change pas : *Ane*C*Dote, pa*QU(e)B*ot, di*S*G*râce, pi*P(e) D*roite, éto*FF(e) *zébrée, ta*CH(e) D*e vin, che*F D*e gare ;* —

---

1. Pour ces observations, nous suivons P. FOUCHÉ, *Traité de prononciation*, pp. XLVI-XLIX.

roʙ(e) ᴛᴀchée, *voɢu(e)* ᴘᴀssagère, *ros(e)* ᴛʀémière, *raɢ(e)* ꜰolle, *viᴅ(e)* complet, *cuv(e)* sale, *méᴅ(e)cin*[1].

23. Si l'on considère le **mode d'articulation**, c'est-à-dire le degré d'ouverture ou de fermeture des organes, on peut classer les consonnes en trois catégories :

1º ᴏʀɢᴀɴᴇs ꜰᴇʀᴍés. Les consonnes *occlusives*[a] sont celles qui se prononcent de telle manière que le souffle, d'abord arrêté complètement (c'est la « tenue ») en tel ou tel point du canal buccal, s'échappe après l'ouverture brusque du barrage qui le contenait. Ce sont : **p, t, k, b, d, g.**

On peut rattacher à ce groupe les *nasales* **m, n, n mouillé** (notation phonétique : [ɲ]), quoique leur prononciation ne comporte ni arrêt du souffle ni explosion : l'occlusion ici est buccale et, en même temps que le voile du palais s'abaisse, le souffle s'échappe librement par les fosses nasales (c'est pourquoi ces nasales pourraient aussi être rattachées aux *fricatives* ou aux *liquides*). Pour la prononciation de *m*, les lèvres sont disposées à peu près comme pour *b ;* pour *n* et pour *n* mouillé, la langue est disposée respectivement comme pour *d* et pour *g* (prononcé très en avant).

Les occlusives sont appelées aussi **explosives**, parce que le souffle, après avoir été arrêté dans la bouche, s'échappe avec un léger bruit d'explosion. On leur donne parfois aussi le nom de **momentanées**, parce que la légère explosion qu'elles produisent ne dure qu'un moment et que, par suite, ces consonnes ne peuvent se prolonger.

2º ᴏʀɢᴀɴᴇs ʀᴇssᴇʀʀés. Les consonnes *fricatives*[b] sont celles dans l'articulation desquelles le souffle s'écoule avec un bruit de frottement résultant d'un rétrécissement considérable du canal buccal. Ce sont : **f, v, s, z, ch, j** (notations phonétiques des deux dernières : [ʃ], [ʒ]).

De ces consonnes, **f, v** sont des *soufflantes ; —* **s, z,** des *sifflantes ; —* **ch, j,** des *chuintantes.*

---

1. Selon Martinon (*Comment on pron.*, pp. 202-203), *anecdote, paquebot, disgrâce, rosbif, médecine, clavecin, crèvecœur, rejeton, naïveté...* se prononcent : *aneɢdote, paɢbot, dizgrâce, rozbif, méʀsine, claʀcin, crèvcœur, recʜton, naïꜰté...* ; et même dans le langage très rapide, *ainsi de suite, chaque jour, voyages-tu ? tache de vin, il galope bien...* se prononcent : *ainsi* ᴛ*'suite, chaɢ' jour, voyacʜ' tu? taj' de vin, il galoʙ' bien...* Pour M. Grammont (*Prononc. fr.*, p. 97 ; *Traité de Phonét.*, p. 187) et pour P. Fouché (*Traité de pron.*, loc. cit.), ces façons de prononcer sont vicieuses.

ÉᴛYᴍ. — [a] *Occlusif*, dérivé du lat. *occludere*, fermer.
[b] *Fricatif*, dérivé du lat. *fricare*, frotter.

Les fricatives se nomment aussi **continues,** parce que, l'air n'étant pas arrêté dans son cours, elles peuvent être prolongées : on peut *continuer* de les faire entendre jusqu'à bout de souffle. On les appelle parfois aussi **spirantes** *ᵃ*, parce que le bruit qu'elles produisent rappelle celui de la respiration.

Les consonnes *vibrantes* **l, r** (dites aussi *liquides*) sont à rapprocher des fricatives parce que, comme ces dernières, elles s'articulent les organes resserrés, mais elles ont cela de particulier qu'elles sont produites par la *vibration* soit des côtés de la langue (pour *l*), soit de la luette (pour *r* uvulaire).

Dans l'articulation de l'*r apical* *ᵇ* ou *roulé*, la pointe de la langue se redresse vers le palais en arrière des incisives supérieures, puis s'en éloigne pour revenir, et ainsi de suite, en vibrant légèrement. — Dans l'articulation de l'*r grasseyé* ou *uvulaire* *ᶜ*, la pointe de la langue est arc-boutée contre les incisives inférieures, et les vibrations sont celles de la luette repliée sur le dos de la langue. — Dans l'articulation de l'*r parisien* ou *dorsal*, le dos de la langue se soulève, et le frottement se produit dans la région vélaire ; la luette ne se replie pas en avant et ne vibre pas. — Il existe aussi un *r pharyngal*, articulé par rapprochement et vibration des piliers postérieurs du pharynx.

L'*r roulé*, ordinaire en ancien français, disparaît peu à peu depuis le XVIIᵉ siècle. Comme il est très net et très sonore, il convient surtout au chant et est généralement admis dans le débit théâtral, mais, dans la prononciation courante, il est devenu rural ou méridional ; depuis le début du XXᵉ siècle, la prononciation parisienne de l'*r* s'est étendue de plus en plus.

Quant au phonème *l*, il s'articule la pointe de la langue très légèrement appuyée contre le palais en arrière des incisives supérieures ; les vibrations sont celles des bords de la langue.

3° ORGANES ASSEZ LARGEMENT OUVERTS. Les *semi-voyelles* (ou *semi-consonnes*) participent des voyelles et des consonnes. Elles se rapprochent des fricatives par le bruit de frottement qu'elles produisent et tiennent des voyelles par leur articulation, qui se fait les organes assez largement ouverts.

Les trois semi-voyelles, comme dans *lieu, huile, ouate,* répondent respectivement aux voyelles *i, u, ou,* dont elles ne sont que des variétés acoustiques. Ces semi-voyelles sont appelées *i consonne* (ou *yod* ¹), *u consonne, ou consonne* (notations phonétiques : [j], [ɥ], [w]).

---

1. *Yod,* nom de la dixième lettre de l'alphabet phénicien primitif.

ÉTYM. — *ᵃ Spirant,* tiré du lat. *spirare,* souffler, respirer.

ᵇ Apical, dérivé du lat. *apex, apicis,* sommet, pointe.

ᶜ Uvulaire, dérivé du lat. *uvula,* diminutif de *uva,* qui signifie « grain de raisin » et « luette ». (La luette — appelée anciennement *uette :* voir § 310, *Hist.* — est un appendice en forme de grain de raisin.)

24. D'après l'**endroit de leur articulation,** les consonnes des différentes catégories dont il vient d'être question peuvent être divisées en *labiales, dentales, palatales* et *vélaires.*

1º Les *labiales* sont des consonnes dans l'articulation desquelles l'arrêt ou l'étranglement du souffle est produit par l'action des lèvres. Si les deux lèvres se rapprochent, on a les *bilabiales* **p, b, m.** Si la lèvre inférieure se rapproche des incisives supérieures, on a les *labio-dentales* **f, v.** Si les deux lèvres se rapprochent et qu'en même temps la langue se relève, soit vers le palais, soit vers le voile du palais, on a respectivement la *bilabio-palatale* **u** consonne *(lui)* et la *bilabio-vélaire* **ou** consonne *(oui).*

2º Les *dentales* se forment entre la langue et la région alvéolaire des incisives supérieures. Ce sont : **t, d, n, s, z, l.**

3º Les *palatales* se produisent entre la langue et la partie anterieure du palais. Ce sont : **gn** (*n* mouillé), **ch, j, i** consonne ou *yod* (notations phonétiques : [ɲ], [ʃ], [ʒ], [j]).

4º Les *vélaires* se produisent entre la langue et le voile du palais. Ce sont : **k, g, r.**

25. La consonne *l*, en contact phonétique avec la semi-voyelle *y* (yod), a subi un mouillement : *travailler, sillon,* par exemple, se sont prononcés [tʀa-val-je], [sil-jɔ̃]. Cette prononciation a disparu dans la seconde moitié du XIXᵉ siècle, malgré les efforts obstinés de Littré pour la maintenir [1]. De nos jours, le son de l'*l* mouillé se confond totalement avec le simple yod : *travaiLLer, siLLon* se prononcent [tʀa-va-je], [si-jɔ̃].

26. Le son expiré *h* — qui avait disparu du latin parlé dès l'époque de Cicéron — a été introduit en français avec des mots germaniques comme *hardi, haubert,* etc. Cet *h*, dit *aspiré,* s'est effacé, dès le XVIᵉ siècle, dans le français de Paris et du Centre [2].

Ainsi la lettre *h*, dans *honte, héros,* etc., est improprement appelée « *h* aspiré » : elle a simplement pour effet d'empêcher l'élision et la liaison : *la* ʜonte, *les* ʜéros.

27. Une **diphtongue** ᵃ est produite par la fusion en un seul élément

---

1. L'*l* mouillé subsiste en Wallonie, en Lorraine et dans le midi de la France.
2. Toutefois il y a un véritable son expiré dans certaines interjections ou exclamations, telles que : *ha, hé, holà, hue ;* de même, il y a expiration dans *oh ! oh !* et dans *ah ! ah !* ainsi que dans certains mots commençant par un *h* aspiré, quand la syllabe initiale de ces mots est frappée d'un accent d'insistance : *Il est* ʜideux ! *C'est une* ʜonte ! — L'*h* aspiré s'entend encore dans certaines régions (Normandie, Bretagne, Gascogne, Lorraine, Wallonie).

Étʏм. — ᵃ *Diphtongue,* empr. du lat. *diphthongus,* grec δίφθογγος, de δι, indiquant dualité, et φθόγγος, son.

syllabique d'une voyelle et d'une semi-voyelle : *Œil* [œ + j], *yeux* [j + ø], *paille* [ɑ + j].

Une **triphtongue** [a] réunit dans une même syllabe une semi-voyelle, une voyelle et une semi-voyelle : *Ouaille* (w + a + j), *piaille* (y + a + y).

28. *a)* Il y a **synérèse** [b] lorsque, dans un même mot, la prononciation fond en une diphtongue deux voyelles contiguës, la première faisant fonction de semi-voyelle ; les deux voyelles sont donc réunies en une seule syllabe : DIAble, VIANde, écuElle, pluvIEUX. — *Même précaution nuisit au poète Eschyle* (LA F., *F.*, VIII, 16). — *Sous les cyprès an-cIENS que de saules nouveaux !* (MUSSET, *À la Malibran*, XV.)

b) Il y a **diérèse** [c] lorsque, dans un même mot, la prononciation dissocie les éléments d'une diphtongue et en fait deux voyelles autonomes, — ou fait entendre séparément, chacune dans sa syllabe, sans les fondre en une diphtongue, deux voyelles contiguës : *J'ai su tout ce détail d'un an-cI-EN valet* (CORN., *Ment.*, III, 4). — *Une dé-vo-tI-on à nulle autre pareille* (MOL., *Tart.*, III, 3). — *Le Po-ète est semblable au prince des nuées* (BAUDELAIRE, *Les Fleurs du mal*, L'Albatros). — *Meur-trI-ER, ou-blI-EUX.*

§ 3. — NOTIONS DE PHONÉTIQUE HISTORIQUE

29. Le français, dans son fonds essentiel, est issu du latin populaire. Mais les sons et les articulations des mots latins ont subi des changements successifs ; cette évolution des modes phonétiques ou articulatoires — qui n'a pas nécessairement affecté tous les sons ou toutes les articulations d'un mot — s'est opérée de façon *inconsciente* et *graduelle* ; de plus, elle s'est accomplie, pour chaque groupe de population formant une unité linguistique, selon des lois *constantes*, c'est-à-dire qu'un même son, les conditions étant les mêmes, a subi, quel que fût le mot, des modifications identiques dans le passage du latin au français : *c* inital, par exemple, devant un *a* latin, aboutit à *ch* en français : *cabállu(m)* [1] > cheval ; *cantáre* > chanter.

Les étapes successives de l'évolution phonétique des mots latins ont été nombreuses ; nous ne mentionnerons, en général, que les deux étapes extrêmes de cette évolution.

---

1. Comme les mots français proviennent, en général, de l'accusatif latin et que l'*m* final avait cessé, dès l'époque latine, d'être prononcé, nous mettrons entre parenthèses, dans les exemples, ces *m* finals de l'accusatif ou autres.

ÉTYM. — [a] *Triphtongue*, composé avec le grec τρι et φθόγγος, à l'imitation de *diphtongue*.

[b] *Synérèse*, empr. du grec συναίρεσις, de σύν, avec, et αἴρεσις, action de prendre.

[c] *Diérèse*, empr. du grec διαίρεσις, de διά, en séparant, et αἴρεσις, action de prendre.

I. — VOYELLES

30. La voix appuie avec une intensité particulière sur une des syllabes d'un mot prononcé : cet appui de la voix s'appelle **accent d'intensité.**

En latin, les mots de deux syllabes avaient l'accent d'intensité sur l'avant-dernière syllabe (= la *pénultième*) : *spína.* Les mots de plus de deux syllabes l'avaient sur la pénultième si elle était longue : *amáre ;* — sur l'antépénultième si la pénultième était brève : *gubernáculum* [1].

31. La voyelle de la syllabe accentuée est dite **tonique ;** toutes les autres sont dites **atones.** Les voyelles atones qui précèdent la voyelle tonique sont appelées **protoniques ;** celles qui la suivent sont appelées **posttoniques.**

32. Persistance de la voyelle tonique. — Dans les mots de formation populaire, l'accent d'intensité affecte en français la même syllabe qu'en latin, et la voyelle frappée de cet accent dans le mot latin persiste *toujours* (telle quelle ou modifiée) dans le mot français : *fábula(m)* > fable ; *placére* > plaisir ; *redemptióne(m)* > rançon.

Quant aux voyelles atones, elles disparaissent ou s'assourdissent.

33. Une voyelle est **libre** quand elle termine la syllabe : mE, mA-*re, vi-tA-re, in-tE-gru(m)* [2]. La syllabe qui renferme cette voyelle libre est dite **ouverte.**

34. Une voyelle est **entravée** quand elle ne termine pas la syllabe : *mor-te(m), hAs-ta(m), crEs-ce-re.* La syllabe renfermant cette voyelle entravée est dite **fermée.**

L'entrave est dite *latine* lorsqu'elle existe originairement dans le mot latin : *for-te(m)* ; elle est dite *romane* lorsque, plus récente, elle résulte de la chute d'une voyelle atone : *a-si-nu(m)* > As-*nu(m).*

1. — Voyelles posttoniques.

35. Dans la *syllabe finale,* a devient e muet : *tábula(m)* > table ; *rósa(m)* > rose. Mais les voyelles autres que a tombent dans les mots accentués sur la pénultième : *náve(m)* > nef ; *púros* > purs ; *dónu(m)* > don.

Toutefois ces voyelles finales autres que a se retrouvent sous forme d'*e* muet :
1° dans les mots accentués sur la pénultième, après certaines consonnes : *fébre(m)* > fièvre ; *sómniu(m)* > songe ; *simiu(m)* > singe ; *hórdeu(m)* [hordyu(m)] > orge ; — 2° dans les mots accentués sur l'antépénultième : *téndere* > tendre ; *púlice(m)* > puce.

---

1. Certains mots latins faisaient corps phonétiquement avec le mot voisin et n'avaient pas d'accent : *aut, nec, et, si, ubi, de, sine, in,* etc. Les uns, dits *proclitiques,* s'appuyaient sur le mot suivant ; d'autres, dits *enclitiques,* s'appuyaient sur le mot précédent.

2. Dans certains monosyllabes accentués : *cór, mél, trés,* etc., la voyelle suivie d'une seule consonne terminant le mot a été traitée comme *libre,* parce que « dans la phrase latine, la consonne finale des mots semble s'être déjà rattachée à une initiale vocalique suivante, et avoir formé syllabe avec elle : *co | r-exultat.* » (É. Bourciez, *Précis histor. de Phonét. franç.,* 8e éd., p. 39.)

36. Dans l'*avant-dernière syllabe*, la voyelle atone qui suit la syllabe accentuée disparaît toujours : *véndere* > vendre ; *ásinu(m)* > âne ; *árbore(m)* > arbre.

2. — Voyelles protoniques.

37. Dans une *syllabe non initiale*, **a** protonique s'affaiblit en *e* muet : *ornaméntu(m)* > ornement ; *Magdaléna(m)* > Madeleine ; *cantar(e)-hábeo* > chanterai ; *devota-ménte* > dévotement.

Cet *e* muet a souvent disparu dans l'orthographe moderne : *armatúra(m)* > armëure > armure ; *paradísu(m)* > parevis > parvis.

Mais les voyelles protoniques autres que *a* tombent : *claritáte(m)* > clarté ; *verecúndia(m)* > vergogne ; *simuláre* > sembler.

Toutefois elles se sont conservées (généralement sous la forme d'un *e* ou d'un *i*) devant ou après certains groupes de consonnes : *merc(u)ridie* > mercredi ; *gubernáculu(m)* > gouvernail ; — ou encore devant *l, n, t, c, + i +* voyelle : *Aveniónе(m)* > Avignon ; *quatrinióne(m)* > carillon.

38. Dans une *syllabe initiale*, régulièrement la voyelle persiste : *nepóte(m)* > neveu ; *civitáte(m)* > cité ; *judicáre* > juger.

1. **A,** libre ou entravé, reste généralement intact : *latróne(m)* > larron ; *partíre* > partir.

S'il est libre et précédé d'un *c*, il s'affaiblit en *e* muet : *cabállu(m)* > cheval ; *camísia(m)* > chemise.

2. **E fermé** (*ĕ, ē, ĭ* du lat. class.) libre s'affaiblit en *e* muet : *tĕnére* > tenir ; *dēbére* > devoir ; *pĭláre* > peler.

S'il est entravé, il devient *e* ouvert : *vĕstíre* > vêtir ; *vĭrtúte(m)* > vertu.

Toutefois *e* fermé libre ou entravé devient souvent *a* : *mĕrcátu(m)* > marché ; *pĭgrítia(m)* > paresse ; *zēlósu(m)* > jaloux.

3. **I** (*ī* du lat classique), libre ou entravé, reste généralement intact : *rīpária(m)* > rivière.

Suivi d'un *i* accentué, il devient *e* muet : *dīvínu(m)* > devin.

4. **O fermé** (*ŏ, ō* et *ŭ* du lat. class.), libre ou entravé, aboutit à *ou* : *dŏlóre(m)* > douleur ; *tōrnáre* > tourner ; *cŭbáre* > couver.

5. **U** (*ū* du lat. class., prononcé *ou*), libre ou entravé, devient *u* : *dūráre* > durer.

6. **Au** devient *o* généralement ouvert : *aurícula(m)* > oreille.

39. Ces différentes voyelles subissent, à l'initiale, des traitements particuliers quand elles sont **suivies d'un yod** [1] ou quand elles sont **en hiatus** :

---

1. Le *yod*, séparé par *r, t, s, ss, st, str*, de la voyelle qui précède, se transpose en avant, ce qui lui permet de se combiner avec cette voyelle : *ratióne(m)* > ratsyone > radzyone > rayzon > raison ; *angústia(m)* > angussye > anguysse > angoisse. D'autre part, les gutturales *c, g* peuvent se résoudre en *yod* ou dégager un *yod* : *plága(m)* > playe > plaie ; *vóce(m)* > votse > vodze > voyts > voiz > voix.

1º Devant un *yod* : a devient *e* ouvert (écrit *ai*) : *ratióne(m)* > raison ; — **e fermé et o fermé, au** (devenu *o* ouvert) aboutissent à *wa* (écrit *oi*) : *mĕssióne(m)* > moisson ; *ŏtiósu(m)* > oiseux ; *clausióne(m)* > cloison ; — **u** aboutit à *ui : lūcénte(m)* > luisant.

2º En hiatus, ces voyelles se sont généralement effacées : *pavóre(m)* > pĕeur > peur ; *vĭdére* > vĕoir > voir ; *cŏtóneu(m)* > cooin > coing. Cependant *a* devant *i* accentué s'est combiné avec lui pour former *e* ouvert long (écrit *ai*) : *fa(g)ina(m)* > faïne > faîne ; — *au* (devenu *o* ouvert) est passé à *ou : audire* > oïr > ouïr.

3. — Voyelles toniques.

40. *a)* **A** tonique libre devient *e* ouvert devant une consonne articulée : *fába)m)* > fève ; — il devient *e* fermé à la finale ou quand il est suivi, soit d'une consonne non prononcée, soit d'un *e* muet : *claritáte(m)* > clarté ; *cláve(m)* > clef ; *fáta(m)* > fée.

Toutefois *a* tonique s'est maintenu dans la désinence des troisièmes personnes du singulier au passé simple des verbes en -*er* : *cantávit* > chanta ; — dans *hábes* > as ; *hábet* > a ; *váde* > va ; *vádis* > vas ; *vádit* > va ; — dans *illa(m)* > la ; *ad* > à ; *illac* > là ; *quáre* > car ; *mále* > mal.

b) *A* tonique entravé persiste en français : *cármen* > charme.

41. *a)* **E ouvert** (*ĕ* du lat. class.) tonique libre devient *yè* devant une consonne articulée : *pĕtra(m)* > pierre ; — il devient *yé* à la finale ou quand il est suivi d'une consonne non prononcée : *pĕde(m)* > pied.

b) *E ouvert* tonique devant une entrave latine persiste : *hĕrba(m)* > herbe ; devant une entrave romane, il aboutit à *yè : tĕp(i)du(m)* > tiède.

42. *a)* **E fermé** (*ē, ĭ* du lat. class.) tonique libre devient *ey* et aboutit généralement à *wè* > *wa* (écrit *oi*) : *habēre* > aveir > avoir ; *pĭra(m)* > peire > poire.

Historique. — La diphtongue *wè*, dès le XVe siècle et même plus tôt, tendait, dans le peuple, à se prononcer *wa*. Cette prononciation s'est répandue à la cour vers la fin du XVIIe siècle : *moi* = mwa ; *voir* = vwar. Elle s'est imposée de plus en plus au XVIIIe siècle et a triomphé après la Révolution.

La diphtongue *wè* s'est réduite à *è* (écrit *ai*) dans certains mots : *crēta(m)* > croie > craie ; *habēbat* > avoit > avait ; etc.

b) *E fermé* tonique entravé devient *e* ouvert : *lĭttera(m)* > lettre ; *crĭsta(m)* > crête.

43. **I** (*ī* du lat. class.) tonique, libre ou entravé, se maintient intact : *vīta(m)* > vie ; *scrīptu(m)* > écrit.

44. *a)* **O ouvert** (*ŏ* du lat. class.) et **o fermé** (*ō, ŭ,* du lat. class.) deviennent *eu* devant une consonne articulée : *filiŏlu(m)* > filleul ; *flōre(m)* > fleur ; *gŭla(m)* > gueule ; — ils deviennent *eú* à la finale : *pŏtet* > peut ; *nōdu(m)* > nœud.

b) *O ouvert* tonique entravé reste généralement intact : *mŏrte(m)* > mort ;
— mais *o fermé* entravé devient *ou* : *cō(n)stat* > coûte ; *bŭcca(m)* > bouche.

45. **U** long (prononcé *ou*) tonique, libre ou entravé, devient *u* : *mūru(m)* >
mur ; *lūna(m)* > lune ; *fūste(m)* > fût.

46. **Au** tonique, libre ou entravé, devient généralement *o ouvert* : *áu-*
ru(m) > or ; *fáurga(m)* > forge.

47. Influence du yod sur les voyelles toniques.

a) Devant un *yod* pouvant se combiner avec la voyelle tonique [1] :

a devient *e ouvert* (écrit *ai*) : *májor* > maire.
Dans les suffixes *-ariu(m)*, *-aria(m)*, il devient *ier, ière* : *panáriu(m)* >
panier ; *ripária(m)* > rivière. — Entre deux *yods*, il devient *i* : *jácet* > gît.

e ouvert devient *i* : *dĕce(m)* > dix.

e fermé, o fermé, au deviennent *wa* (écrit *oi*) : *fēria(m)* > foire ; *rasō-*
riu(m) > rasoir ; *náusea(m)* > noise.

o ouvert et **u** deviennent *ui* : *cŏriu(m)* > cuir ; *nŏcte(m)* > nuit ; *pertŭ-*
siu(m) > pertuis ; *frŭctu(m)* > fruit.

b) Devant un *yod* qui se combine avec une autre consonne pour produire
une entrave : **a** reste intact : *áliu(m)* > ail ; — **e fermé** devient *e* ouvert :
consĭliu(m) > conseil ; *pigrĭtia(m)* > paresse ; — **o fermé** devant *l* devient
ou : *fenūc(u)lu(m)* > fenouil.

c) Après un *yod* ou après une consonne sur laquelle agit un *yod* (c'est-à-
dire après *i, j, c, g,* précédant immédiatement ou se trouvant dans la syllabe
précédente) : **a** devient *yé* (généralement réduit plus tard à *é*) : *basiáre* > baisier > baiser ; *cler(i)cátu(m)* > clergiet > clergé ; *purgáre* > purgier > purger ; *adjutáre* > aidier > aider ; *coag(u)láre* > caillier > cailler ; — **e fermé**
devient *i* : *cēra(m)* > cire ; *licēre* > loisir ; *pagē(n)se(m)* > pays.

48. Influence des nasales sur les voyelles.

Devant une des nasales *m, n,* les voyelles toniques subissent les traitements
suivants :

A. VOYELLES LIBRES :

1° Si la consonne nasale s'articule, étant suivie d'un *e* muet :

a et **e fermé** deviennent *e* ouvert (écrit respectivement *ai* et *ei*) : *lána(m)* >
laine ; *plēna(m)* > pleine.

i long, **u** long (prononcé *ou,* devenu *u*), **au** (devenu *o* ouvert) subsistent :
farīna(m) > farine ; *lūna(m)* > lune ; *sáuma* > somme.

o (ouvert ou fermé) reste ou devient *o* ouvert : *persōna(m)* > personne ;
tŏnat > tonne.

---

1. Voir la note de la page 38.

2º Si la consonne nasale est devenue finale, la voyelle se combine avec cette consonne nasale et se nasalise :

a, e fermé, i long aboutissent à *in* (écrit respectivement *ain, aim,* — *ein, eim,* — *in*) : *gránu(m)* > grain ; *dámu(m)* > daim ; *plénu(m)* > plein ; *Rēmis* > Reims ; *crīne(m)* > crin.

e ouvert aboutit à *yin* (écrit *ien*) : *běne* > bien.

o (ouvert ou fermé) aboutit à *on* (écrit *on, om*) : *dōnu(m)* > don ; *nōmen* > nom ; *bŏnu(m)* > bon ; *mōnte(m)* > mont ; *pŏnte(m)* > pont.

u long aboutit à *un : commūne(m)* > commun.

B. Voyelles entravées :

Si la voyelle est entravée par une nasale suivie d'une consonne, elle se combine avec cette consonne nasale et se nasalise :

a, e ouvert, e fermé aboutissent à *an* (écrit respectivement *an, am,* — *en, em,* — *en, em*) : *cántu(m)* > chant ; *cámpu(m)* > champ ; *věntu(m)* > vent ; *těmpus* > temps ; *vēndere* > vendre ; *sǐm(u)lat* > semble.

i long aboutit à *in* (écrit *in*) : *prīncipe(m)* > prince.

o (ouvert ou fermé) aboutit à *on* (écrit *on, om*) : *pŏnte(m)* > pont ; *cóm(i)-te(m)* > comte.

au aboutit à *on* (écrit *on*) : *a(v)únc(u)lu(m)* > oncle.

49. Devant *n* mouillé par un *yod :*

1º Si *n* mouillé s'articule, étant suivi d'un *e* muet :

a et i long restent intacts : *Hispánia(m)* > Espagne ; *līnea(m)* > ligne.

e ouvert devient *yè* (écrit *ie, iè*) : *věnia(m)* > viegne > vienne ; *Compěn-(d)ia* > Compiègne.

e fermé devient *e* ouvert : *tīnea(m)* > teigne.

o (ouvert ou fermé) reste ou devient *o ouvert : carōnea(m)* > charogne.

2º Si *n* mouillé devient final ou est suivi d'une consonne, ces différentes voyelles se combinent avec cet *n* et aboutissent à la voyelle nasale *in* (diversement orthographiée) : *bálneu(m)* > bain ; *pláng(e)re* > plaindre ; *ingě-niu(m)* > engin ; *sǐgnu(m)* > seing ; *pǐng(e)re* > peindre ; *scrǐniu(m)* > écrin.

Toutefois *o*, se combinant avec *n* mouillé, produit *win* (écrit *oin*) : *testi-mōniu(m)* > témoin ; *lōnge* > loin.

50. Vocalisation de *l*. — La consonne *l* intérieure suivie d'une autre consonne s'est vocalisée en *u* (prononcé *ou*) après *a, e, o ;* cet *u*, en se combinant généralement avec la voyelle qui le précède, lui fait subir certaines altérations :

1º **a** produit la diphtongue *aw* > *ao* et aboutit à *o fermé* (écrit *au*) : *ál-ba(m)* > aube ; *pálma(m)* > paume.

2º **e ouvert** produit la triphtongue *eaw* > *eao* > *eo* et aboutit à *o fermé* (écrit *eau*) : *castěllus* > château ; *péllis* > peau.

3º **e fermé** aboutit à *eú : capǐllos* > cheveux.

4° **o** (ouvert ou fermé) aboutit à *ou : pŏllice(m)* > pouce ; *sŏl(i)dáre* > souder ; *púl(ve)re(m)* > poudre.

L vocalisé après *u, i,* s'est fondu avec ces voyelles : *púl(i)ce(m)* > puce ; *fil(i)-célla(m)* > ficelle.

II. — CONSONNES

1. — Consonnes initiales
et consonnes intérieures après une consonne.

51. Les consonnes initiales et les consonnes intérieures après une consonne restent intactes. Toutefois :

1° **c** devant *e, i* devient *s* sourd (écrit *c*) : *céra(m)* > cire ; *cinere(m)* > cendre ; *rúmice(m)* > ronce ; *radicina(m)* > racine.

Devant *a,* il devient *ch : cabállu(m)* > cheval ; *fúrca(m)* > fourche.

2° **g** devant *a, e, i* devient *j* (écrit *j, g*) : *gálbinu(m)* > jaune ; *geláre* > geler ; *ginciva(m)* > gencive ; *purgáre* > purger ; *argéntu(m)* > argent ; *argílla(m)* > argile.

3° **i consonne** devient *j* (écrit *j, g*) : *júgu(m)* > joug ; *jácet* > gît.

4° Dans le groupe *t + yod,* le *t,* précédé d'une consonne, devient *s* (écrit *s, ss, c*) : *máttea(m)* > masse ; *infántia(m)* > enfance.

5° Dans le groupe *d + yod,* le *yod* devient *j* (écrit *j, g*), puis le *d* s'efface : *diúrnu(m)* > jour ; *hórdeu(m)* > orge.

Dans le groupe *n + d + yod,* le *yod* mouille l'*n : verecúndia(m)* > vergogne.

52. Dans les mots latins où *s* initial était suivi d'une consonne s'est développé un *e* fermé *prosthétique*[a] (ou *prothétique*[b]), qui facilitait la prononciation ; l'*s* s'est ensuite effacé (§ 55) : *spína(m)* > espine > épine ; *stéla(m)* > estoile > étoile ; *scála(m)* > eschiele > échelle.

Toutefois, dans un certain nombre de mots d'emprunt ou qui ont subi une influence savante, l'*s* après *e* prosthétique a été maintenu : *esprit, espace, espèce, espérer,* etc.

D'autre part, dans certains mots savants, l'*e* prosthétique ajouté anciennement ne s'est pas maintenu ; ainsi on a dit autrefois : *escorpiun, especial, espatule, esperme, espirituel, estile,* etc. : *Dieu a ce royaume en* ESPECIALLE *recommendation* (COMMYNES, t. II, p. 45). — Ce même *e* prosthétique, le langage populaire le fait encore entendre volontiers dans des mots savants et dit, par exemple : *especial, estatue, estation, esquelette,* etc. : *Où c'est qu'il est maintenant le peuple* ESPARTIATE ? *Il a disparu parce qu'il buvait rien de fortifiant pour se soutenir, tandis que les autres Grecs, ils sont encore là ; ils ont été conservés par les* ESPIRITUEUX (G. de LA FOUCHARDIÈRE, *La Résurrection du Bouif,* p. 5).

ÉTYM. — [a] *Prosthétique,* dérivé du grec πρόσθετος, ajouté.
[b] *Prothétique,* emprunté du grec προθετικός, placé devant.

2. — Consonnes intérieures après une voyelle.

53. Pour **c** et **g**, distinguons :

1º **Voyelle + c, g, + voyelle :**

a) *c* et *g* devant *o* et *u* tombent ; ils tombent aussi dans le cas de *o, u,* + *c, g,* + *a* : *lucóre(m)* > lueur ; *secúru(m)* > sûr ; *agústu(m)* > août ; *locáre* > louer ; *lactúca(m)* > laitue ; *sanguisúga(m)* > sangsue.

b) Dans le cas de *a, e, i* + *c, g,* + *a,* les consonnes *c, g* se résolvent en un *yod* qui se combine (ou se fond) avec la voyelle précédente : *báca(m)* > baie ; *necáre* > noyer ; *amíca(m)* > amie ; *plága(m)* > plaie ; *regále(m)* > royal ; *castígat* > châtie.

c) Devant *e, i,* la consonne *c* devient *z* (écrit *s ;* à la finale, on a *s* ou *x,* non prononcés) : *placére* > plaisir ; *vóce(m)* > voix ; — mais *g* aboutit le plus souvent à un *yod,* qui se combine ou se fond avec les sons voisins : *fagína(m)* > faîne ; *rége(m)* > roi.

2º **Voyelle + c, g, + consonne :**

a) Devant *l,* les consonnes *c, g* se résolvent en un *yod,* qui mouille *l* [1] : *mác(u)la(m)* > maille ; *coag(u)láre* > cailler ; — devant *n,* la consonne *g* se résout de même en un *yod,* qui mouille l'*n : agnéllu(m)* > agneau.

A la finale, le mouillement de l'*n* a disparu et a nasalisé la voyelle précédente : *púgnu(m)* > poing.

b) Devant une consonne autre que *l* ou *n,* le *c* et le *g* se résolvent en un *yod,* qui se combine avec la voyelle précédente : *lácrima(m)* > lairme > larme ; *flagráre* > flairer ; *nócte(m)* > nuit ; *légit* > lit ; *frig(i)du(m)* > froid ; *cóxa(m)* > cuisse.

54. *a)* **T** et **d** devant une voyelle ou une consonne disparaissent : *natívu(m)* > naïf ; *sudáre* > suer ; *mét(u)la(m)* > meule ; *testimóniu(m)* > témoin ; *mand(u)cáre* > manger.

Les groupes *tr, dr,* entre voyelles, se réduisent à *rr, r* : *pétra(m)* > pierre ; *cláudere* > clore.

b) Dans le groupe *t* + *yod,* le *t* devient *z* (écrit *s*) et le *yod* se combine avec la voyelle précédente : *potióne(m)* > poison ; *ratióne(m)* > raison ; *palátiu(m)* > palais.

c) Dans le groupe *d* + *yod,* le *d* tombe et le *yod* se combine avec la voyelle précédente : *gaúdia* > joie ; *inodiáre* > enoier > ennuyer.

55. **S** entre voyelles devient *z* (écrit *s*) : *ausáre* > oser.

Devant une consonne, il tombe : *ásperu(m)* > aspre > âpre ; *tésta(m)* > teste > tête ; *respónsa(m)* > response > réponse.

---

1. On sait que *l* mouillé se prononce comme un *yod* en français moderne (§ 25).

Hist. — L's des mots comme *aspre, teste,* etc., qui ne se prononçait plus depuis la fin du XIIᵉ siècle, n'a été supprimé dans l'écriture qu'au milieu du XVIIIᵉ siècle (Acad., 2ᵉ éd. du Dict., 1740). La chute de l's a allongé la voyelle précédente ; cet allongement a été généralement marqué dans l'orthographe moderne par un accent : aigu pour *e* fermé atone *(réponse)*, circonflexe pour les autres voyelles *(âpre)*. — L'orthographe a maintenu l's dans la forme verbale *est* et dans beaucoup de noms propres : *Chasles, Dufresnoy, Leconte de Lisle, Frasnes-lez-Buissenal.*

56. *a)* **P, b,** devant une voyelle ou devant *r,* deviennent *v* : *lúpa(m)* > louve ; *tabérna(m)* > taverne ; *cápra(m)* > chèvre ; *fébre(m)* > fièvre ; — quant à **v,** dans les mêmes conditions, il reste intact : *leváre* > lever ; *viv(e)re* > vivre.

Toutefois *b, v,* devant *o, u,* tombent : *vibúrna(m)* > viorne ; *tabóne(m)* > taon ; *pavóne(m)* > paon ; *avúnc(u)lu(m)* > oncle.

b) **P** devant *l* devient *b* : *dúplu(m)* > double ; — quant à **b,** devant *l,* il reste intact : *tábula(m)* > table.

c) Dans le groupe *p + yod,* le *yod* se transforme en *ch* : *sápia(m)* > sache. Dans les groupes *b + yod, v + yod,* le *yod* se transforme en *j* (écrit *j, g*) : *rábia(m)* > rage ; *gobióne(m)* > goujon ; *cávea(m)* > cage.

d) **P, b, v,** devant une consonne autre que *r, l,* tombent : *cápsa(m)* > châsse ; *cúb(i)tu(m)* > coude ; *nav(i)gáre* > nager.

57. R, l, m, n, entre voyelles, restent intacts : *cúra(m)* > cure ; *dolóre(m)* > douleur ; *plúma(m)* > plume ; *lána(m)* > laine.

Si *l* est en contact avec un *yod,* il subit un mouillement [1] : *fília(m)* > fille ; *melióre(m)* > meilleur.

M, n, devant une consonne, se combinent avec la voyelle précédente et la nasalisent ; *rúmpere* > rompre ; *sentíre* > sentir.

58. Consonnes transitoires.

a) Lorsque la chute d'une voyelle met en contact phonétique *s + r, l + r, n + r, n* mouillé *+ r,* un *d* transitoire s'intercale *cós(e)re* > cosdre > coudre ; *mól(e)re* > moldre > moudre ; *pón(e)re* > pondre ; *pláng(e)re* > plaindre.

b) Dans les groupe *ss + r, sc + r,* c'est un *t* qui s'intercale : *antecéss(o)r* > ancestre > ancêtre ; *nasc(e)re* > naistre > naître.

c) Enfin dans les groupes *m + r, m + l,* c'est un *b* qui s'intercale : *núm(e)ru(m)* > nombre ; *húm(i)le(m)* > humble.

3. — Consonne entre consonnes.

59. En général, les consonnes placées entre consonnes disparaissent : *vénd(i)ta(m)* > vente ; *mast(i)cáre* > mâcher ; *gálbi)nu(m)* > jaune ; *sérv(i)t* > sert ; *hosp(i)tále(m)* > hôtel ; *dórm(i)t* > dort ; *diúrn(o)s* > jours.

---

1. *L* mouillé se prononce comme un *yod* en français moderne (§ 25).

60. Devant *r* ou *l*, la consonne persiste : *circ(u)lum* > cercle ; *úng(u)la(m)* > ongle ; *ásp(e)ru(m)* > âpre ; *mémbru(m)* > membre ; *óstrea(m)* > huître ; *mórd(e)re* > mordre.

Dans le groupe *scl*, le *c* disparaît : *másc(u)lu(m)* > masle > mâle. — Dans les groupes *rcr, rgr, lgr*, le *c* et le *g* sont remplacés par une dentale : *tórc(e)re* > tortre > tordre ; *súrg(e)re* > sourdre ; *cárc(e)re(m)* > chartre ; *fúlg(e)re(m)* > foldre > foudre.

4. — Consonnes finales.

(ou devenues finales après la chute d'*m* final et des voyelles posttoniques sauf *a* de la dernière syllabe.)

61. *a)* **C, g,** après une consonne, se sont maintenus dans l'écriture, mais la prononciation moderne les a effacés dans certains cas : *árcu(m)* > arc ; *trúncu(m)* > tronc ; *lóngu(m)* > lonc > long.

b) Après une voyelle, le *c* s'est résolu en un *yod*, qui s'est combiné avec la voyelle : *amícu(m)* > ami ; **verdcu(m)* > veraiu(m) > vrai ; — si le *c* était déjà final en latin, il a disparu en français : *illac* > là ; *sic* > si.

62. T, d, après une voyelle ou après une consonne, tombent en principe, dans la prononciation, mais, dans l'orthographe, ils se maintiennent après une consonne : *virtúte(m)* > vertu ; *civitáte(m)* > cité ; *fíde(m)* > foi ; *léctu(m)* > lit ; *cál(i)du(m)* > chaud ; *gránde(m)* > grand.

63. S, après une voyelle ou après une consonne, tombe, en principe, dans la prononciation, mais persiste dans l'orthographe (et s'écrit parfois *x* ou *z*) : *ámas* > aimes ; *cúrsu(m)* > cours ; *c’rássu(m)* > gras ; *násu(m)* > nez ; *cabállos* > chevaus > chevaux.

64. P, b, après une consonne, tombent dans la prononciation : *cámpu(m)* > champ ; *plúmbu(m)* > plomb.

65. V, après une voyelle ou après une consonne, devient *f*, qui tantôt s'articule, tantôt non : *bréve(m)* > bref ; *vívu(m)* > vif ; *cérvu(m)* > cerf ; *sérvu(m)* > serf.

66. R, l persistent en général : *púru(m)* > pur ; *sólu(m)* > seul.

67. M, n, après une voyelle, se combinent avec elle et la nasalisent tout en persistant dans l'écriture pour marquer cette nasalisation : *fáme(m)* > faim ; *vínu(m)* > vin.

Après *r*, les consonnes *m, n* disparaissent dans certains mots : *vérme(m)* > verm > ver ; *fúrnu(m)* > forn > for > four ; *hibérnu(m)* > hiver.

CHAPITRE II

LES SIGNES DE LA LANGUE ÉCRITE

68. Les différents phonèmes — voyelles, consonnes, semi-voyelles — sont notés, dans la langue écrite, au moyen d'un système de signes appelés *lettres*. La langue écrite emploie en outre des *signes orthographiques* et des *signes de ponctuation*.

§ 1. — LES LETTRES

69. La langue écrite note les phonèmes au moyen de vingt-six lettres dont l'ensemble constitue l'**alphabet.** — Selon les proportions qu'on leur donne et souvent aussi selon les figures particulières qu'elles présentent, les lettres sont dites **majuscules** ou **minuscules.** En termes d'imprimerie, les majuscules s'appellent aussi *capitales*.

Majuscules : A, B, C, D, E, F, G, H, I, J, K, L, M, N, O, P, Q, R, S, T, U, V, W, X, Y, Z.

Minuscules : a, b, c, d, e, f, g, h, i, j, k, l, m, n, o, p, q, r, s, t, u, v, w, x, y, z.

70. Les lettres *a, e, i, o, u, y* sont souvent appelées **voyelles,** parce qu'elles représentent ordinairement les *sons-voyelles*. Les autres lettres sont souvent appelées **consonnes,** parce qu'elles représentent les *sons-consonnes*.

71. Toute lettre d'un mot ne figure pas un son : dans un grand nombre de mots, on écrit des lettres absolument muettes : *Com*p*te, doi*GT*, poi*DS*, deux mur*s*, tor*T*, je doi*s*, ils voi*ENT*, il ploi*ERAI*T*, etc.

Il est fréquent que deux ou même trois lettres soient groupées pour représenter un seul phonème : *eu, au, eau, ou, on, an, un, ch, th,* etc.

Certaines lettres peuvent être munies de l'un des signes orthographiques dont il est question plus loin : *â, ô, é, è, ï, ç,* etc.

Les lettres *o, e* se conjoignent parfois pour former un seul signe : *bœuf, œil ;* il en est de même des lettres *a, e* (dans quelques noms propres et dans quelques termes scientifiques) : *Philæ, ægipan, ægosome*.

La conjonction *et* est parfois représentée, en typographie, par la ligature & (autrefois nommée tout d'abord *ète,* dans les écoles, elle s'est appelée, par une sorte de jeu de mots amenant une rime plaisante, à la fin de l'alphabet, *perluète,* ou *pirlouète,* ou *esperluète*).

72. Selon l'épellation traditionnelle, les noms des lettres se prononcent *a, bé, cé, dé, e* (autrefois *é*), *effe, gé, ache, i, ji, ka, elle, emme, enne, o, pé, qu, erre, esse, té, u, vé, double vé, icse, i grec, zède*.

Parallèlement à l'épellation traditionnelle, Littré mentionne généralement pour les lettres-consonnes, la « nouvelle épellation » ou « épellation moderne » : be, ke, de, fe, gue, he, je, ke, le, me, ne, pe, ke, re, se, te, ve, we, kse, ze. — Cette épellation n'est jamais entrée dans la pratique.

Hist. — L'alphabet français, commun non seulement à toutes les langues romanes, mais encore aux langues scandinaves, germaniques, etc., procède de l'alphabet latin. Celui-ci ne possédait ni le *w* ni le *j* ; il représentait *i voyelle* et *i consonne* par un seul caractère : I ; de même, il notait *ou voyelle* et *ou consonne* par le seul caractère V. — L'alphabet latin a été lui-même emprunté aux alphabets en usage dans les colonies grecques de l'Italie méridionale et notamment à celui des Chalcidiens de Cumes. L'alphabet grec dérive de l'alphabet phénicien, soit directement, soit, comme le pense M. Bréal, par l'intermédiaire de l'étrusque.

Notre alphabet n'a compté d'abord que vingt-trois lettres. Ce n'est que dans la 4e édition de son Dictionnaire (1762) que l'Académie distingua le *j* de l'*i* (distinction proposée dès 1542 par Meigret) et le *y* de l'*u* (distinction déjà suivie par Ervé Fayard en 1548), mais le *j* et le *v* étaient couramment employés par les imprimeurs des Pays-Bas dès la seconde moitié du XVIe siècle. Le *w* a été introduit à une époque relativement récente avec certains mots d'origine étrangère. C'est vers la fin du XIVe siècle que l'usage de mettre un point sur l'*i* a été généralement suivi.

Il serait logique de représenter chacun des phonèmes du français par un signe propre. Déjà en 1694, Dangeau préconisait comme remède aux défauts de la vieille orthographe un alphabet de 33 signes ; dans le même esprit, Domergue, en 1805, avait imaginé un système bizarre de 40 caractères (21 lettres-voyelles et 19 lettres-consonnes). Il semble peu probable qu'on en vienne jamais à réaliser, dans notre alphabet, la réforme rêvée par certains grammairiens non seulement pour régler l'orthographe sur la prononciation, mais encore pour figurer par des signes distincts les multiples nuances des sons de la parole.

§ 2. — LES SIGNES ORTHOGRAPHIQUES

73. Pour indiquer exactement le son que certaines lettres représentent ou pour compléter l'orthographe des mots, la langue écrite emploie des **signes orthographiques**, qui sont : les *accents*, le *tréma*, la *cédille*, l'*apostrophe*, et le *trait d'union*.

74. Les **accents** sont des signes qui se placent sur certaines voyelles afin d'en indiquer exactement la prononciation ou d'empêcher, pour les yeux, la confusion de certains mots.

On distingue l'accent **aigu** (´), l'accent **grave** (`) et l'accent **circonflexe** (^).

75. L'accent **aigu** se met, en général, sur l'*e* fermé non suivi d'un

d, d'un *r*, d'un *f* ou d'un *z* finals [1] : *Vérité, blé, foulées, allée, coupés.*
(Mais : *pied, aimer, clef, venez.*)

76. L'accent **grave** se met :

1º Dans de nombreux cas, sur *e* ouvert, à la fin d'une syllabe : *Père, chère, sèmerai.*

2º Sur *e* ouvert devant *s* final : *Procès, succès.*

3º Sur *a* dans *deçà, déjà, delà, holà, voilà* (mais non dans *cela*).

4º Sur *a*, *u*, dans certains mots, qui peuvent, par ce moyen, être distingués d'autres mots homonymes [2] : *à, a ; là, la ; çà, ça ; où, ou.*

77. L'accent **circonflexe** se met sur *a, e, i, o, u*, et indique :

1º L'allongement résultant de la chute d'un *s* ancien ou la contraction de deux voyelles de l'ancienne orthographe : *Bâtir* (autrefois *bastir*) ; *tête* (autref. *teste*) ; *dû* (autref. *deu*) ; *âge* (autref. *eage* ou *aage*) ; *crûment* (autref. *cruement*) ; *sûr* (autref. *seur*).

2º La prononciation longue d'une voyelle (longue, soit en latin, soit en grec) : *Cône, diplôme, dôme, infâme, extrême.*

78. *a)* Dans certains mots, l'accent circonflexe est purement analogique : *Voûte* (cf. *coûte*), *traître* (cf. *maître*), *nous chantâmes* (cf. *vous chantâtes* : § 648, *Hist.*).

b) Dans un certain nombre de dérivés, l'accent circonflexe du mot simple disparaît ou se change en accent aigu : *Cône, conique ; côte, coteau ; jeûne, déjeuner ; diplôme, diplomatie ; grâce, gracier, gracieux ; sûr, assurer ; extrême, extrémité.*

On remarquera l'inconséquence de l'orthographe, qui met le circonflexe sur certains mots qui ont subi la suppression d'une lettre, et ne le met pas sur d'autres mots qui ont subi une suppression identique : *Dû* (autref. *deu*), *vu* (autref. *veu*) ; *crûment* (autref. *cruement*), *absolument* (autref. *absoluement*). — Même inconséquence dans l'emploi du circonflexe indiquant une syllabe longue (en latin ou en grec) : *Diplôme* (gr. δίπλωμα), *axiome* (gr. ἀξίωμα).

Hist. — L'ancien français n'employait pas les accents. C'est à l'époque de la Renaissance que les grammairiens et les imprimeurs commencèrent à en faire un emploi

---

1. Cependant, malgré l'accent aigu, l'*e* est ouvert dans *événement, aimé-je, abrègement, allégement, allègrement, empiétement, crèmerie, je protégerai*, etc. — Remarquez l'orthographe officielle *Liège* (avec l'accent grave) se substituant à l'orthographe traditionnelle *Liége* (avec l'accent aigu), conformément à l'arrêté du Régent du 17 septembre 1946 approuvant la délibération du Conseil communal de la ville de Liège du 3 juin 1946.

2. Quand il sert à empêcher, pour les yeux, la confusion des mots homophones, l'accent grave est un signe *diacritique* (grec διακριτικός, apte à distinguer, de διακρίνω, distinguer).

régulier. Ces accents furent empruntés aux Grecs, mais on leur attribua une valeur toute différente de celle qu'ils avaient dans l'orthographe grecque : celle-ci s'en servait, en effet, pour marquer la tension de la voix sur certaines syllabes.

L'**accent aigu**, introduit par l'imprimeur Robert Estienne (1530), fut placé d'abord sur l'*e* fermé final : *severité*, etc. ; au XVII\u1d49 siècle, on s'en servait pour marquer l'*e* ouvert : *aprés, dés*, etc. C'est P. Corneille qui, le premier, eut l'idée de distinguer par les accents l'*e* fermé de l'*e* ouvert : *verité, après*, etc. L'Académie, dans la 7\u1d49 édition de son Dictionnaire (1878), a remplacé par l'accent grave l'accent aigu des mots tels que *piége, siége*, etc.

L'**accent grave**, introduit au XVI\u1d49 siècle, fut d'abord d'un emploi très restreint et très incertain. Jacobus Sylvius [1] (auteur d'un ouvrage intitulé *In linguam Gallicam Isagωge*, 1531) le plaçait sur les *e* sourds : *gracè, vestèment*, etc. Dans la 3\u1d49 édition du Dictionnaire de l'Académie (1740), l'accent grave était placé sur l'*e* ouvert de la dernière ou de l'avant-dernière syllabe : *après, entière*, etc.

L'**accent circonflexe** a été introduit par le médecin Jacobus Sylvius (1531), qui s'en servit pour noter les diphtongues, comme dans *boîs*. Un certain Montflory (1533), puis l'imprimeur Étienne Dolet (qui publia en 1540 *De la Punctuation de la Langue françoyse, plus des accents d'ycelle*) l'employèrent notamment pour marquer la chute d'un *e* à l'intérieur d'un mot : *vrai\u02c8ment, pai\u02c8ra*, etc. Godard (1618) s'en servit le premier pour indiquer la suppression d'un *s : tôt, toûjours*, etc. ; cet emploi a été adopté, avec certaines restrictions toutefois, dans la 3\u1d49 édition du Dictionnaire de l'Académie (1740). Dans la 4\u1d49 édition du Dictionnaire (1762), l'Académie supprima l'accent aigu sur l'*e* suivi de *x (inflexible* au lieu de *infléxible)* et l'accent circonflexe sur l'*u* des participes : *vu, reçu*, au lieu de *vû, reçû*, etc.

79. Le **tréma** [a] (¨) se met sur les voyelles *e, i, u*, le plus souvent pour indiquer que, dans la prononciation, on les détache de la voyelle qui les précède ou qui les suit : *Haïr, aiguë, Saül, Moïse, ïambe*.

Dans certains noms propres, le tréma se met sur un *e* que la prononciation ne fait pas entendre : *Saint-Saëns, Mme de Staël*.

Hist. — L'usage du tréma a été introduit en 1531 par le médecin Jacobus Sylvius. En 1878, l'Académie a remplacé par l'accent grave l'ancien tréma dans les mots *poème, poète*, etc.

80. La **cédille** [b] (¸) se place sous le *c* devant *a, o, u*, pour indiquer que ce *c* doit être prononcé comme *s* sourd : *Aperçu, leçon, avança, gerçure*.

On dit elliptiquement : un *c cédille*.

---

1. Il s'appelait en réalité Jacques Dubois : comme les humanistes de son temps, il avait latinisé son nom. Il avait quitté l'enseignement des langues anciennes pour professer l'anatomie à la Faculté de Paris ; il publia divers traités de médecine. — Son ouvrage *In linguam Gallicam Isagωge*, rédigé en latin, comprenait outre l'*Isagωge* (qui est une sorte d'« initiation » à la prononciation française) une *Grammatica Latino-Gallica*.

Étym. — [a] *Tréma*, empr. du grec τρῆμα, point, proprement : trou.
[b] *Cédille*, empr. de l'espagnol *cedilla, zedilla*, proprement : « petit *z* ».

Hist. — Empruntée aux Espagnols par l'imprimeur Geofroy Tory [auteur de *Champ fleury* (1529), sorte de traité de calligraphie et de typographie], la cédille qui n'était autre chose qu'un *z* souscrit, ne s'est répandue que très lentement. Pour donner au *c* la prononciation de l's sourd, on écrivait autrefois *cz* ou *ce : façzon, il* reçeoit, etc.

81. **L'apostrophe** (') se place en haut et à droite d'une lettre pour marquer l'élision de *a, e, i: L'arme, d'abord, s'il pleut.*

Dans la notation du langage populaire, l'apostrophe marque aussi l'élision de l'*u* du pronom *tu* (§ 102, N. B., 1) : *Si t'as rien vu, t'es pas malin !*

Hist. — L'apostrophe a été empruntée par le médecin Jacobus Sylvius (1531) aux grammairiens anciens. Au XVIᵉ siècle, l'emploi en était plus répandu que de nos jours : beaucoup écrivaient : *cett'eau, douz' ans,* etc.

82. Le **trait d'union** (-) sert à lier plusieurs mots : *Coq-à-l'âne, dit-il, croyez-vous, dites-le-moi, toi-même, là-bas.*

Pour l'emploi du trait d'union, voir § 168.

Hist. — Le trait d'union tel qu'il était employé d'abord dans les textes latins imprimés avait la forme d'un oméga majuscule renversé. On le trouve dès 1530 employé par l'imprimeur Robert Estienne dans un texte français. — La 7ᵉ édition du Dictionnaire de l'Académie (1878) a supprimé le trait d'union dans un grand nombre de mots composés ; la 8ᵉ édition (1935) également, mais bien des anomalies subsistent.

§ 3. — LES SIGNES DE PONCTUATION

83. Les **signes de ponctuation** ou *signes syntaxiques* servent à distinguer, selon le sens, les phrases et les membres de phrases de la langue écrite ; ils indiquent non seulement les pauses à faire dans la lecture, mais aussi certaines modifications mélodiques du débit ou certains changements de registre dans la voix.

84. Les signes de ponctuation sont : le *point* (.), le *point d'interrogation* (?), le *point d'exclamation* (!), la *virgule* (,), le *point-virgule* (;), les *deux points* (:), les *points de suspension* (...), les *parenthèses* ( ), les *crochets* [ ], les *guillemets* (« »), le *tiret* (—) et l'*alinéa.*

Pour l'emploi des signes de ponctuation, voyez §§ 1058 et suivants.

CHAPITRE III

LES SYLLABES

85. Une **syllabe** [a] est un son ou un groupe de sons qu'on prononce par une seule émission de voix ; c'est, pour l'oreille, tantôt une voyelle simple, tantôt une diphtongue ou une triphtongue, tantôt une voyelle, une diphtongue ou une triphtongue combinée avec une ou plusieurs consonnes. Il y a donc, dans un mot prononcé, autant de syllabes que l'oreille perçoit de voyelles, de diphtongues et de triphtongues dans ce mot : *O, eau, oui, piaille, con-for-mi-té, pia-no, piail-lait.*

Dans la conversation et dans la lecture de la prose, on laisse tomber les *e* « muets » en plus ou moins grand nombre ; d'autre part, dans la lecture des vers, on fait entendre tous les *e* « muets », à moins qu'ils ne s'élident ou ne terminent le vers. Il en résulte que, pour l'oreille, le nombre des syllabes d'un mot ou d'un groupe de mots varie suivant qu'il s'agit de conversation ou de lecture de vers. Ainsi la phrase *Ce que l'on conçoit bien s'énonce clairement* comprend, en vers, douze syllabes, mais dans la conversation, elle n'en compte que neuf : *C'que l'on conçoit bien s'énonc' clair'ment.*

De même les finales *-sion*, *-tion*, qui n'ont qu'une syllabe dans la conversation, en ont deux dans les vers, par diérèse (§ 28, *b*) : *At-ten-*TION ; en vers : *at-ten-*TI-ON.

Hist. — Dans la mesure du vers, le nombre des syllabes de certains mots peut être plus ou moins grand suivant que la prononciation considère comme voyelles ou comme consonnes les anciens *i, u, ou*. Ainsi s'expliquent les différences de scansion entre les poètes d'autrefois et les poètes d'aujourd'hui : *J'ai su tout ce détail d'un* AN-CI-EN *valet* (CORN., *Ment.*, III, 4). — *Sous les cyprès* AN-CIENS *que de saules nouveaux !* (MUSSET, *À la Malibran*, XV.)

86. Les mots sont dits *monosyllabes, dissyllabes, trissyllabes*, et en général, *polysyllabes*, suivant qu'ils contiennent une, deux, trois, plusieurs syllabes.

87. Les syllabes, dans la prononciation, sont ouvertes ou fermées.
Une syllabe est *ouverte* lorsque, pour l'oreille, elle se termine par une voyelle : *La, ma-rin, vé-ri-té, rat, beau-coup.*
Une syllabe est *fermée* lorsque, pour l'oreille, elle se termine par une consonne : *Cor, vert, pour-tour, ram(e), pip(e).*

88. Pour **diviser les mots en syllabes,** on applique les règles suivantes :

ÉTYM. — [a] *Syllabe*, empr. du lat. *syllaba*, grec συλλαβή, de συλλαμβάνειν, prendre avec, de σύν, avec, et λαμβάνειν, prendre.

1º Une consonne placée entre deux voyelles introduit une nouvelle *syllabe* : *Cha-ri-té, la-mi-noir, ri-xe*.

2º De deux consonnes placées entre deux voyelles, la première appartient à la syllabe précédente, la seconde, à la syllabe suivante : *Ar-gent, mas-sif, ar-bus-te*.

Toutefois *l* ou *r*, précédés d'une consonne autre que *l* ou *r*, forment avec cette consonne qui les précède, un groupe inséparable *(bl, cl, fl, gl, pl, br, cr, dr, fr, gr, pr, tr, vr)*, qui commence une syllabe : *Li-bre, no-ble, en-tre-pren-dre*.

Les groupes *ch, ph, gn, th* sont inséparables : *A-che-ter, so-phis-me, a-gneau, or-tho-gra-phe, ryth-mer, isth-mi-que*.

3º Quand il y a trois consonnes consécutives à l'intérieur d'un mot, ordinairement les deux premières terminent une syllabe, l'autre commence une nouvelle syllabe. Toutefois les groupes *bl, cl, fl*, etc. dont il est parlé plus haut commencent ordinairement une syllabe : *Obs-ti-né, comp-ter, ap-plau-dir, ins-truit, es-clan-dre, af-flux, ag-gra-ver, ar-bris-seau*.

Remarque. — Il y a parfois hésitation. A la division suivante : *cons-tant, subs-tan-tif, ins-truit, trans-pi-rer*, on pourra préférer cette autre division (plus logique, parce qu'elle sépare le préfixe du radical) : *con-stant, sub-stan-tif, in-struit, tran-spi-rer*.

89. Si, à la fin d'une ligne, on doit diviser un mot, la séparation se fait entre deux syllabes et s'indique par un tiret au bout de la ligne (sans nouveau tiret au commencement de la ligne suivante).

Quand il y a plusieurs voyelles consécutives, elles ne se séparent jamais au bout de la ligne, alors même qu'elles appartiendraient, dans la prononciation, à deux syllabes différentes : *Boa, **lion, louaient, croyons,** cu-io-si-té, **poè-me, coa-gu-lé, théâ-tre,** ou-vriè-re*.

90. La **quantité** des syllabes est la durée relative qu'elles doivent avoir dans la prononciation.

Les syllabes sont *longues* ou *brèves* selon la durée des voyelles qu'elles contiennent. Une voyelle longue vaut à peu près deux voyelles brèves :

O est long dans *corps* et bref dans *roc*.

A	»	*mare*	»	*lac*.
I	»	*pire*	»	*vice*.
U	»	*ruse*	»	*brute*.
E	»	*fier*	»	*bec*.

91. *a)* On considère parfois une variété *moyenne* des voyelles. Ainsi *e* est moyen dans *appel ; a* est moyen dans *bague*.

b) La durée des voyelles et des syllabes n'a rien d'absolu : elle varie suivant la place relative du mot dans la phrase, la rapidité de l'élocution, le tempérament de la personne qui parle, les pauses du débit.

92. Il n'est pas possible de donner ici des règles complètes sur la quantité des voyelles. Cette quantité s'apprend surtout par l'usage. On recourra, le cas échéant, soit à certains dictionnaires (au *Dictionnaire général*, par exemple), soit à un traité de prononciation.

Voici quelques indications générales relatives aux syllabes **accentuées :**

1º Sont généralement **brèves** (ou *moyennes*) :

a) Les voyelles qui, pour l'oreille, terminent un mot, autrement dit, les voyelles finales non suivies d'une consonne *articulée : Voilà, chat, trompé, donnez, fini, remis, piano, panneau, impôt, fou, surtout, nœud, monsieur, couru, reflux, roman, exempt, chemin, instinct, baron, long, alun, défunt.*

b) Les voyelles suivies de deux consonnes articulées dont la seconde n'est ni *l* ni *r : Morte, ferme, ourse, comparse, boxe* (x = c + s).

2º Sont **longues :**

a) Les voyelles orales *á* (*a* fermé), *ó* (*o* fermé), *eú* (*eu* fermé), suivies d'une ou de plusieurs consonnes articulées : *Base, flamme ; rose, fosse, Vosges ; hideuse, feutre.*

b) En général, les autres voyelles orales suivies d'une des fricatives sonores *v, z* (écrite *z* ou *s*), *j* (écrite *j* ou *g*) ou de *r : Brave, rage, courtoise, mare ; sève, obèse, piège, sévère ; arrive, cerise, tige, rire ; corps, saur ; tour, recours ; cœur, pleur, veuve ; cuve, ruse, refuge, mur.*

c) Les voyelles nasales suivies d'une ou de plusieurs consonnes articulées : *Romance, ronge, emprunte, prince, tondre.*

CHAPITRE IV

L'ACCENT D'INTENSITÉ

93. L'**accent d'intensité** consiste dans la force plus grande avec laquelle on articule une des syllabes d'un mot ou d'un groupe de mots ; le retour à intervalles plus ou moins réguliers des syllabes *accentuées* produit une sorte de balancement qui constitue le *rythme* de la phrase.

Le français, à la différence des langues germaniques et des langues romanes méridionales, ne marque que faiblement l'accent d'intensité : comparez les mots *sabre, symbole, précision* avec les mots allemands correspondants **sä**bel, **sym**bol, **prä**zision.

Remarques. — 1. Il faut se garder de confondre l'accent d'intensité avec les *accents*, signes orthographiques.

2. L'accent d'intensité est tout autre chose que l'accent *musical*, ou accent *chromatique*, ou accent de *hauteur* [1], qui fait que certaines syllabes sont,

---

1. On connaît les quatre qualités du son : 1º l'*intensité*, qui dépend de l'amplitude des vibrations ; 2º la *hauteur*, qui dépend de la rapidité du mouvement vibratoire ; 3º la *durée* ; 4º le *timbre*, qui résulte de la combinaison de sons accessoires, appelés *harmoniques*, avec le son fondamental.

dans la prononciation, plus aiguës, plus élevées, tandis que d'autres sont plus graves, plus basses.

3. Il y a aussi un accent *de durée*, dont la déclamation et le débit oratoire se servent pour nuancer l'expression de la pensée ou du sentiment. (Pour l'accent *d'insistance*, voir ci-après § 95).

4. Notons encore que le mot *accent* peut, dans un sens plus général, désigner l'intonation et l'articulation particulières aux habitants d'un pays, d'une région : il y a l'accent italien, l'accent du Midi, l'accent flamand, l'accent verviétois, etc.

94. Dans les mots français prononcés isolément et sans mouvement affectif, l'accent d'intensité frappe la dernière syllabe à voyelle prononcée : QuesTION, *calami*TÉ, *inven*TAIR*(e)*.

Mais dans la phrase, l'accent d'intensité porte sur la dernière syllabe à voyelle prononcée de chaque *groupe phonétique* [1], c'est-à-dire de chaque mot ou groupe de mots prononcé en une seule émission vocale et constituant un seul élément rythmique (ou : une seule unité de sens) : *Il laissa tom*BER | *son chap*EAU. — *Le fleu*RIST*(e)* | *a un jar*DIN | *dans un fau*BOURG ; | *il y* COURT | *au le*VER | *du so*LEIL, | *et il en re*VIENT | *à son cou*CHER (LA BR., XIII, 2).

Remarques. — 1. Les **proclitiques** [a] sont des mots qui, s'appuyant sur le mot suivant, sont dépourvus d'accent [2]. Tels sont : les articles, les adjectifs possessifs et démonstratifs, certaines formes du pronom personnel, les prépositions, la plupart des conjonctions : LA *vertu*, MON *livre*, CE *jour*, JE *dis*, VERS *lui, toi* ET *moi*.

Les **enclitiques** [b] sont des mots qui, s'appuyant sur le mot précédent en font, pour la prononciation, réellement partie, et n'ont pas d'accent : *Que vois*-JE ? — *Qu'est*-CE ?

2. Un monosyllabe accentué désaccentue normalement le mot qui le précède : *Il chante*RA, *il chantera* BIEN ; *venez*-Y, *venez-y* DONC.

3. Comme l'accent porte toujours sur la dernière syllabe à voyelle prononcée, il ne garde pas, dans les dérivés, la place qu'il avait dans le mot primitif. Pour la même raison, la flexion aussi amène souvent un déplacement de l'accent : VALET, *vale*-TAILL*(e)* ; *cour*TOIS, *courtoi*SIE ; *numé*RO, *numéro*TER ; *tor*RENT, *torrentu*EUX ; *je* PARL*(e)*, *nous par*LONS ; *j'ap*PELL*(e)*, *j'appelle*RAI.

4. Le déplacement de l'accent résultant de la flexion ou de la dérivation entraîne souvent certaines alternances de voyelles dans les différentes formes dérivées d'un même radical ; ce phénomène porte le nom d'**alternance vocalique** ou d'**apopho-**

---

1. On dit aussi *mot phonétique*, ou *groupe respiratoire*, ou *groupe de souffle* (groupe séparé en effet du groupe suivant par une inspiration et une pause plus ou moins marquée), ou *groupe accentuel* (groupe affecté d'un accent unique).

2. Ils peuvent toutefois être frappés d'un accent d'insistance (§ 95) : *Un poète ne poursuit pas la vérité : il poursuit « SA » vérité* (G. DUHAMEL, *Paul Claudel*, p. 15).

ÉTYM. — [a] *Proclitique*, mot formé par *Hermann*, grammairien allemand, sur le modèle grec ἐγκλιτικός. *Proclitique* est dérivé de προκλίνειν, pencher en avant.

[b] *Enclitique*, emprunté du lat. *encliticus*, gr. ἐγκλιτικός, de ἐν, en, et κλίνειν, baisser.

nie *ª* : CLAIr, clAᴙté ; savᴀte, savᴇtier ; cède, cédons ; moi, mᴇ ; acquiᴇrs, acquérons ; serᴇIN, sérénité ; ŒUvre, ouvrage ; riguᴇUr, rigoureux ; vicAIre, vicAriat ; mᴇUrs, mourons ; gloire, glorieux.

L'analogie a établi l'identité de voyelles dans un grand nombre de cas où se produisait anciennement une apophonie ; tantôt c'est la voyelle atone qui l'a emporté, tantôt c'est la voyelle tonique ; *Je trouve* (autref. *truᴇf, trᴇuve*), *nous trouvons ; je lᴀve* (autref. *lᴇf*), *nous lᴀvons ; poire, poirier* (autref. *pᴇrier*) ; *chalᴇur, chalᴇureux* (autref. *chaloureux*) ; *j'ᴀime, nous ᴀimons* (autref. *ᴀmons*). (Voir § 623.)

95. L'**accent d'insistance** (ou *emphatique*, ou *affectif*) consiste dans une intensité plus grande de la voix sur une syllabe d'un mot qu'on veut mettre en relief. Cet accent augmente non seulement *l'intensité* de la syllabe qu'il affecte, mais encore sa *hauteur* et sa *durée ;* il porte essentiellement sur une consonne, dont l'allongement expressif (ou proprement : la gémination) [1] entraîne l'intensité de la voyelle qui suit.

96. En général, si le mot à mettre en relief commence par une consonne, l'accent d'insistance frappe la première syllabe : *Ah ! le* [m]ᴍɪsérable ! — si ce mot commence par une voyelle, l'accent d'insistance frappe la seconde syllabe : *Tu es a*[d]ᴅorable !

Si l'on examine les faits de plus près, on observera que certains mots sont frappés d'un accent d'insistance sur la première syllabe, même quand ils commencent par une voyelle, — et qu'il y a lieu de distinguer, avec J. Marouzeau (*Notre Langue*, pp. 14 sq.) un accent *affectif*, « qui met en jeu la sensibilité » (crainte, approbation, désapprobation, indignation, etc.) — et un accent *intellectif*, « qui a pour effet de mettre en valeur une notion, avec le souci de définir, de distinguer, de caractériser » :

a) L'accent *affectif* frappe toujours la première syllabe des mots commençant par une consonne : *C'est* [f]ꜰor*midable ! La* [c]ᴄanaille ! Oh ! les [b]ʙandits ! — Toujours aussi bête... Il prononce bbête, avec dégoût* (A. MALRAUX, *Les Conquérants*, p. 58). — Dans les mots commençant par une voyelle, l'accent affectif frappe la seconde syllabe (il coïncide donc avec l'accent d'intensité dans les mots de deux syllabes) : *C'est é*[p]ᴘatant ! Un spectacle in[v]ᴠraisemblable ! Procédé o[d]ᴅieux !*

b) L'accent *intellectif* frappe toujours la première syllabe : *Est-ce* oʙ[b]*jectif ou* sᴜʙ[b]*jectif ? Cela n'est pas* ᴀʀ[r]*ranger, mais* [d]ᴅé*ranger. Voilà qui est* ᴀʙ[b]*surde. Ce que nous voulons, c'est la* [l]ʟé*galité. Occasion* ᴜnique !*

---

1. Cf. : « On nous disait que ces Allemands c'était des assassins, des brigands, de vrais bandits, des bbboches... (si elle mettait plusieurs b à boches, c'est que l'accusation que les Allemands fussent des assassins lui semblait après tout plausible, mais celle qu'ils fussent des Boches, presque invraisemblable à cause de son énormité) » (M. Pʀᴏᴜsᴛ, *Le Temps retrouvé*, t. I, p. 205).

Éᴛʏᴍ. — *ª Apophonie*, formé de deux mots grecs : ἀπό, marquant le changement, et φωνή, voix, voyelle.

CHAPITRE V

LA LIAISON DES MOTS

97. Une consonne finale, muette dans un mot isolé, se prononce dans certains cas, devant la voyelle ou l'*h* muet initial du mot suivant et s'appuie même si intimement sur ce mot que, pour la division en syllabes, elle lui appartient : c'est ce qui s'appelle faire une **liaison**: *Tro(p)-p-aimable, peti(t)-t-homme.*

98. Certaines consonnes changent de prononciation dans les liaisons :

s et *x* se prononcent *z : Pa(s)-z-à pas, deu(x)-z-hommes ;*
d se prononce *t : Gran(d)-t-effort, quan(d)-t-on voit ;*
g se prononce *k : Lon(g)-k-oubli.*

On dit, avec liaison : *san(g)-k-et eau.* En vers seulement, on dit, en liant le *g : san(g)-k-impur. San(g)-k-humain,* avec liaison, ne se dit qu'en vers ou dans la lecture soignée.

Remarques. — 1. *F* se prononce *v* dans *neuf ans, neuf autres, neuf heures, neuf hommes* (parfois aussi dans *neuf enfants*).

Mais on ne dirait plus guère aujourd'hui : *neu(f)-v-arbres, vi(f)-v-argent, neu(f)-v-élèves ;* on prononce : *neu(f)-f-arbres, vi(f)-f-argent,* etc. (Voir aussi § 100, 1°, note).

2. Après les adjectifs qualificatifs en *-ain, -ein, -en, -on,* placés devant le nom, la liaison produit une dénasalisation de la voyelle nasale : *Certai(n)-n-espoir, plei(n)-n-air, moye(n)-n-âge, bo(n)-n-auteur.*

Dans les possessifs *mon, ton, son,* en liaison, la voyelle, généralement, reste nasale : *mon-n-ami, ton-n-espoir, son-n-image.* Cette prononciation, selon P. Fouché, est considérée pour le moment comme meilleure que celle qui dénasalise la voyelle : *mo(n)-n-ami, to(n)-n-espoir, so(n)-n-image.*

3. Après les adjectifs en *-in,* les uns font la liaison en dénasalisant la voyelle, les autres la font sans dénasalisation : *Divi(n)-n-Homère* ou *divin-n-Homère.*

4. Après *un, aucun, commun, on, rien, bien, en, combien, non,* la liaison se fait sans dénasalisation : *Un-n-ami, aucun-n-homme, d'un commun-n-accord, on-n-ira, bien-n-agréable, non-n-avenu.*

99. La liaison est loin d'être toujours demandée entre toutes les consonnes muettes finales et toutes les voyelles ou *h* muets initiaux[1]. Elle n'a lieu que dans les « groupes de souffle » (§ 94), c'est-à-dire entre les mots intimement unis par le sens et prononcés sans arrêt de respiration, et la moindre pause dans le débit l'empêche toujours. Il faut observer en outre que la conversation ordinaire rejette une foule de liaisons qui se font dans la langue littéraire et notamment dans le discours, dans la lecture des vers ou même de la prose.

100. La liaison se fait **toujours** :

1⁰ Entre l'article ou l'adjectif d'une part, et le nom ou l'adjectif d'autre part : *Les-z-années, les-z-hommes, aux-z-armes, les-z-anciens Belges, aux-z-autres mots, grand-t-enfant, trois-z-hommes, ces-z-arbres, tout-t-âge, certains-z-élèves, deux-z-anciens-z-amis.*

Deux, trois, dans les dates, peuvent être liés avec le nom du mois : *le deux-z-avril, le trois-z-octobre,* mais la prononciation « soignée » (ou recherchée) ne les lie pas : *le deu(x) avril, le troi(s) octobre*[2].

---

1. Familièrement, une fausse liaison s'appelle *cuir* quand elle est faite par addition d'un *t* : *Il va-ᴛ-à la foire* ; — *velours,* quand elle est faite par addition d'un *s* : *J'ai-z-obtenu.* — Un *pataquès* est une confusion de liaisons : *Ce n'est pas-ᴛ-à moi, ce n'est point-z-à vous.* (Dans un sens plus général, *pataquès* se dit de toute faute grossière de langage.)

2. Dans la prononciation soignée, la consonne finale de *cinq, six, sept, huit, neuf, dix,* muette devant un pluriel commençant par une consonne ou un *h* aspiré [*cin(q)* francs, *si(x)* livres, *se(pt)* villes, *hui(t)* héros, *neu(f)* pommes, *di(x)* maisons], s'articule dans tous les autres cas et en particulier dans les dates, même devant une consonne : *j'en ai cinq* [sink'], *cinq* [sink'] *pour cent, le cinq* [sink'] *janvier* ; *j'en ai six* [sis'], *le six* [sis'] *mai, le six* [sis' plutôt que siz'] *avril, six* [siz'] *arbres* ; *j'en ai sept* [sèt'], *le sept* [sèt'] *février, sept* [sèt'] *oranges* ; *j'en ai huit* [wit'], *le huit* [wit'] *mars, huit* [wit'] *élèves* ; *j'en ai neuf* [neûf'], *le neuf* [neûf'] *mai, le neuf* [neûf', et non neûv'] *avril* ; *j'en ai dix* [dis'], *le dix* [dis'] *juin, le dix* [dis' plutôt que diz'] *avril, dix* [diz'] *hommes.* — Selon P. Fouché, pour *six* et *dix,* devant *avril, août, octobre,* la prononciation avec *z* est beaucoup plus répandue que la prononciation avec *s* ; — pour *six, dix, huit,* devant les noms de mois commençant par une consonne, les prononciations sis', dis', wit', bien qu'existant encore, ne sont plus aujourd'hui les plus fréquentes : par exemple, dans *six mai, dix février, huit septembre,* le plus souvent, l'*x* ou le *t* sont muets. — Notons que, dans la prononciation courante, le *t* de *sept* et l'*f* de *neuf* se font entendre, tout aussi bien devant une consonne (ou un *h* aspiré) que devant une voyelle (ou un *h* muet) : *sept* [sèt'] *francs, sept* [sèt'] *héros, neuf* [neûf'] *personnes, neuf* [neûf'] *hameaux.*— La prononciation de la consonne finale de *cinq,* devant une consonne ou un *h* aspiré, généralement tenue pour populaire, s'introduit de plus en plus largement, et jusque dans l'usage « distingué » ; elle se justifie surtout quand on veut souligner le chiffre ou quand on veut se faire mieux comprendre : *cinq* [sink'] *francs, cinq* [sink'] *fois, cinq* [sink'] *harengs.* — Le *t* de *vingt* est muet à la pause et devant une consonne (ou un *h* aspiré), même dans les dates : *j'en ai vin(gt), vin(gt) francs, le vin(gt) mai, page vin(gt)* ; il sonne dans les liaisons avec une voyelle ou un *h* muet : *vingt-t ans, le vingt-t-octobre* ; il s'articule dans les nombres de 24 à 29.

2º Entre le pronom personnel ou *on* d'une part, et le verbe ou les pronoms *en, y*, d'autre part : *Nous-z-avons, vous-z-en croire, ils-z-y sont, je vous-z-entends, on-n-ira.*

3º Entre le verbe et le pronom personnel ou *on* : *Dit-t-il, prend-t-elle, courons-z-y, cueillez-z-en, dirait-t-on.*

4º Entre *c'est* et la préposition suivie de son régime : *C'est-t-après cela, c'est-t-envers vous.*

5º Entre le verbe et le nom ou l'adjectif attributs : *Je suis-z-homme, il est-t-élève, nous sommes-z-heureux.*

6º Entre les auxiliaires à la troisième personne et le participe passé : *Il est-t-allé, il avait-t-oublié, ils auront-t-enlevé, qu'ils soient-t-entrés.* — De même entre les formes verbales des troisièmes personnes et l'infinitif : *Il veut-t-aller, il vit-t-arriver.*

7º Après les adverbes, si peu qu'ils soient unis par le sens au mot suivant : *Pas-z-aujourd'hui, plus-z-ici, ne jamais-z-oublier, tout-t-entier, plus-z-important, moins-z-âpre, bien-n-aise, assez-z-ouvert, trop-p-heureux, point-t-encore.*

A noter, pour les adverbes en -*rd*, -*rs*, -*rt* : sans liaison : *Tar(d) éclos, ailleur(s) encore, alor(s) aussi, dehor(s) enfin, toujour(s) aimable, volontier(s) aussi ;* — avec liaison, dans l'usage distingué : *Fort-t-utile, toujours-z-aimable.*

8º Entre les prépositions *avant, devant, pendant, dans, dès, sans, chez, sous, en* et leur régime : *Avant-t-eux, devant-t-elle, dans-z-aucun cas, sans-z-âme, sous-z-un arbre, en-n-Asie.*
À travers, hors, hormis, selon, vers, envers ne se lient pas avec leur régime.

9º Après *quand, dont* : *Quand-t-on voit, dont-t-il est.*

10º Dans la plupart des expressions toutes faites et des mots composés : *De mieux-z-en mieux, de temps-z-en temps, vis-z-à-vis, mot-t-à mot, d'un bout-t-à l'autre, de haut-t-en bas, Champs-z-Élysées, Pyrénées-z-Orientales, États-z-Unis.*

101. La liaison ne se fait **jamais** :

1º Entre des mots qui ne sont pas unis par le sens. Par suite, elle ne peut avoir lieu, dans la langue parlée, après une pause, même légère, ni dans la lecture, après un signe de ponctuation.

2º Devant les mots commençant par un *h* « aspiré » (§ 26) : *Les haches, les héros, des hérissons, aux Hollandais.*

Ont l'*h* aspiré les mots suivants et leurs dérivés :

ha	haillon	haler	halot	han
habanera	Hainaut	haleter	halotechnie	hanap
hâbler	haine	hall	halte	hanche
Habsbourg	haïr	halle	halurgie	hand-ball
hache	haire	hallebarde	hamac	handicap
hagard	halage	hallier	hameau	hangar
haie	halbran	halo	hampe	hanneton

haïe	hâle	haloir	hamster	Hanovre
hanse [1]	haste	héron	honte	houssaie
hanter	hâte	héros [1]	hop !	housse
happe	hâtelet	herse	hoquet	housser
happelourde	hâtier	hêtre	hoqueton	houssine
happer	hauban	heurt	horde	houssoir
haquenée	haubert	hi !	horion	houx
haquet	hausse	hibou	hors	hoyau
hara-kiri	haut	hic	hospodar	huard
harangue	hautain	hideux	hotte	hublot
haras	hautbois	hie	Hottentot	huche
harasser	Hautesse	hiérarchie	hou !	hucher
harceler	havane	hile	houblon	hue
harde	hâve	hisser	houe	huer
hardes	havir	ho	houille	huette
hardi	havre	hobereau	houle	huguenot
harem	havresac	hoc	houlette	huhau
hareng	hayer	hoca	houlque	huis clos [1]
hargneux	hé	hocco	houp	huit
haricot	heaume	hoche	houper	hulan
haridelle	hein	hocher	houppe	hulotte
harnais	héler	hockey	houppelande	humer
haro	hem	holà	hourailler	Hun
harpe	henné	Hollande	hourd	hune
harper	hennir	hom	houret	huppe
harpie	Henriade	homard	houri	hure
harpon	héraut [1]	home	hourque	hurler
hart	hercher	honchets	hourra	Huron
hasard	hère	hongre	hourvari	hussard
haschich	hérisser	Hongrie	houscaux	hutin
hase	hernie	honnir	houspiller	hutte

Remarques. — 1. Quelques-uns, s'écartant de l'usage, considèrent comme aspiré l'*h* de *hiatus* : *C'est donc un sort que* CE « *hiatus* » (BARBEY D'AUREVILLY, *Lettres à Trébutien*, t. II, p. 176). — *Sans paraître s'apercevoir* DU *hiatus* (P. CLAUDEL, *L'Œil écoute*, p. 16). — *La même répugnance* AU *hiatus* (A. THÉRIVE, *Libre Histoire de la Langue franç.*, p. 247).

2. *Hallali* [a], selon Bescherelle, selon Littré, selon le Dictionnaire général, a un *h* aspiré : opinion plausible, si l'on considère l'étymologie du mot et l'usage d'autrefois. Mais au cours du XIXᵉ siècle, cet *h* est devenu muet. G. Tilander (*Nouv. Essais d'Étymol. cynégétique*, pp. 144-145) cite, entre autres exemples : LE *hallali annonce que la bête est sur ses fins* (Elzéar BLAZE, *Le Chasseur au chien courant*. Paris, IX, 1838, I, p. 327). — [Ajoutons : *J'entends* LE *hallali* (MÉRIMÉE, *Chron. du règne de Ch. IX*, 10).]

1. Ont l'*h* muet : *hanséatique* ; *héraldique*, *héraldiste* ; *héroïde*, *héroï-comique*, *héroïne*, *héroïque*, *héroïquement*, *héroïsme* ; *huis*, *huissier*.

ÉTYM. — [a] *Hallali* : dans le vocabulaire de la vénerie : *halle a li* = « halle à lui », c'est-à-dire « cours sus à lui », à l'animal qui est aux abois ; *haler* ou *harer* : vieux verbe signifiant « poursuivre, traquer ».

— *Depuis l'attaque jusqu'à* L'*hallali* (*La Chasse moderne*, Larousse [1900], p. 389). — *Sonner* L'*hallali* (Ac.).

Pour *Henri, Henriette, Hitler, Hubert, Hugo, hyène*, etc., voir § 103, Rem. 1.

3° Devant *un* (adj. numéral), *huit, huitième* (sauf *dix-z-huit, dix-z-huitième, vingt-t-huit, vingt-t-huitième*), *huitain, huitaine, onze, onzième, oui, uhlan, ululer, ululation, ululement, yacht, yak (yack), yankee, yaourt (yoghourt, yoghourth), yard, yatagan, yen, yeoman, yiddish (yiddich), yod, yogi, yole, youpin, youtre, youyou, yucca : sur les une heure ; les Onze, ils sont onze, deux uhlans, les yachts ; les oui.*

On peut dire cependant : *Il est-t-onze heures.*

4° Devant les interjections et, en général, devant tout mot cité comme mot : *Les* AH ! *et les* OH ! *Vous avez mis deux* AUSSI *dans cette phrase. Dans* APPAREMMENT, *il faut mettre deux m.*

Toutefois la liaison se fait devant *hélas : De grands-z-hélas.*

5° Après la consonne finale d'un nom au singulier, quand cette consonne ne s'articule pas dans le nom isolé : *Lou(p) affamé, suje(t) intéressant, regar(d) insolent, sor(t) affreux, ne(z) épaté, discour(s) agréable, poin(g) énorme, collie(r) admirable, Bruxelle(s) est grand, Charle(s) ira, Duma(s) était.*

6° Après l's intérieur dans le pluriel des mots composés : *Des char(s) à bancs, des guet(s)-apens, des arc(s)-en-ciel, des porc(s)-épics, des moulin(s) à vent, des ver(s) à soie.*

7° Sauf dans les vers, après la seconde personne du singulier de l'indicatif présent et du subjonctif présent quand cette personne est terminée par *-es : Tu porte(s) un fardeau, si tu continue(s) ainsi, tu chante(s) agréablement, que tu reste(s) ici.*

CHAPITRE VI

L'ÉLISION

102. L'**élision** [a] est l'amuïssement d'une des voyelles finales *a, e, i*, devant une initiale vocalique[1]. L'élision n'est pas toujours marquée dans

---

1. Il est clair qu'au point de vue phonétique, un mot commençant par un *h* muet

ÉTYM. — [a] *Élision*, emprunté du latin *elisio*, proprement « action d'écraser », de *elidere*, écraser.

l'écriture ; quand elle l'est, la voyelle qui s'élide [1] est remplacée par une apostrophe : *Faibl(e) escorte, fidèl(e) ami, honnêt(e) homme, moll(e) oisiveté, bonn(e) huile.* — *L'or, d'abord, l'âme, l'heure, s'il t'aperçoit, la bataille d'Hernani.* — Lorsqu'*après une longue absence* (A. Gide, *Le Retour de l'Enfant prodigue,* p. 198).

N. B. — 1. Dans la langue populaire ou très familière, l'*u* de *tu* est fréquemment élidé : T'*es pas fâchée ?... T'as pas été trop triste ?...* (Maeterlinck, *L'Oiseau bleu,* VI, 12.) — T'*as pas besoin d'avoir peur* (J.-P. Sartre, *Le Sursis,* p. 34).

2. Certains ont pu croire que dans les impératifs comme *donne*-m'*en, va-*t'*en, mène-*m'*y, jette-*t'*y* (§ 505, c), où le pronom personnel postposé est suivi d'un des adverbes pronominaux *en* ou *y,* c'était la diphtongue *oi* de *moi* ou *toi* qui se trouvait élidée. En réalité, les formes fortes *moi, toi* ont ici cédé la place aux formes faibles *me, te,* dont la voyelle s'élide [sauf dans la langue populaire, qui intercale un *z : donne-moi-z-en, jette-toi-z-y*]. Le phénomène est ancien : déjà dans la vieille langue (cf. Nyrop, *Gr. hist.,* t. V, § 186), c'était la forme faible qui s'employait en ce cas, et l'élision se faisait devant un mot à initiale vocalique : *Dunez* m'*un fleu* [= donnez-moi un fief] (*Rol.,* 866).

3. Un mot dont la voyelle finale est remplacée par une apostrophe ne se met pas au bout de la ligne d'écriture ; par exemple, si la phrase amène vers le bord de la ligne d'écriture les mots *un défaut d'attention,* on ne mettra pas *d'* au bord de la ligne ; le passage d'une ligne à l'autre se fera ainsi : *un défaut | d'attention,* ou bien ainsi : *un défaut d'at-| tention.*

103. L'élision est marquée par l'apostrophe :

1° Dans les articles *le, la :* L'*ouvrier,* L'*église.*

2° Dans les pronoms *je* (atone), *me, te, se, le* (atone), *la* (atone), *que :* J'*ai, il* m'*entend, je* l'*ai, ce* qu'*on a.*

3° Dans les mots invariables *de, ne, que, jusque, lorsque, puisque, quoique,* et dans les locutions conjonctives composées avec *que : Fables* d'*Ésope, il* n'*a pas, je veux* qu'*il parte* avant qu'*Albert revienne,* jusqu'*ici,* lorsqu'*il dit.* —Lorsqu'*en 1637...* (Ac., *Préf. du Dict.*). — Puisqu'*on veut.* — Quoi-qu'*issu d'une si bonne famille* (A. Thérive, *Fils du jour,* p. 58).

Selon certains grammairiens, l'*e* de *lorsque, puisque, quoique,* n'est remplacé par l'apostrophe que devant *il(s), elle(s), on, un(e), ainsi.*

4° Dans le pronom *ce* devant le pronom *en* et devant l'*e* ou l'*a* initial d'une forme simple ou composée du verbe *être* (§ 513, Rem. 1) : *C'en est fait, c'est, ç'a été, ç'aurait été.*

5° Dans *presqu'île, quelqu'un(e).* [Sans élision : *Un ouvrage* presque *ache-*

---

a l'initiale vocalique : *homme, hiver,* etc. — Il est clair également que, devant les mots commençant par un *h* aspiré, l'élision n'a jamais lieu (voir la liste du § 101, 2°).

1. Qui *se mange,* disaient les grammairiens d'autrefois.

vé (Ac.). — *Un habit* PRESQUE *usé* (ID.). — *Adressez-vous* à QUELQUE *autre* (ID.). — *Il y a* QUELQUE *apparence à cela* (ID.).]

L'usage, il est vrai, est ici assez flottant : PRESQU'*au même instant* (TAINE, *De l'Intelligence*, t. I, p. 101). — *Projet* PRESQU'*irréalisable* (R. MARTIN DU GARD, *Les Thibault*, IV, p. 114). — *C'était déjà* PRESQU'*un sourire* (A. GIDE, *Les Faux-Monnayeurs*, p. 396). — PRESQU'*aveugle* (J. COCTEAU, *La Difficulté d'être*, p. 58). — *Lorsqu'il m'arrive de lire* QUELQU'*article* (ID., *ib.*, p. 21). — *Je craignais toujours qu'elle ne fasse* QUELQU'*imprudence* (P. MORAND, *Champions du monde*, p. 207). — « *Elle est partie !* » *murmura* PRESQU'*aussitôt la servaute* (A. CHAMSON, *Adeline Vénician*, p. 210).

6° Dans *entre*, élément d'un des cinq verbes s'ENTR'*aimer*, ENTR'*apercevoir*, s'ENTR'*appeler*, s'ENTR'*avertir*, s'ENTR'*égorger*.

Mais on écrit sans apostrophe : *entre eux, entre amis, entre autres*, etc.

N. B. — L'Académie (8ᵉ édit.), abandonnant, dans les mots suivants, l'apostrophe qui marquait la suppression de l'*e* final de *entre*, a soudé les éléments composants : *s'entraccorder, s'entraccuser, entracte, s'entradmirer, entraide, s'entraider, entrouverture, entrouvrir*. — On ne voit pas pourquoi elle n'a pas fait de même pour les cinq verbes ci-dessus.

7° Dans *si*, conjonction ou particule interrogative (du lat. *si*, anc. fr. *se*), devant *il(s)* : S'*il vient*, s'*ils viennent, Dis-moi* s'*il part*.

Dans *si* adverbe (lat. *sic*, ainsi, tellement), l'*i* ne s'élide pas : *Il est* SI *adroit !*

Remarques. — 1. Pour *Hegel, Henri, Heredia, Hernani* (sauf *bataille d'Hernani*, où l'*h* est toujours muet), *Hitler* (et dérivés), *Hubert, Hugo, hyène*, l'usage est flottant : l'*h* est considéré tantôt comme muet, et on fait l'élision (ou la liaison), tantôt comme aspiré, et on ne fait pas l'élision (ni la liaison) :

a) H muet : *Aux funérailles* D'*Henri IV* (A. FRANCE, *Le Génie latin*, p. 38). — *La statue équestre* D'*Henri IV* (R. BOYLESVE, *Élise*, p. 84). — *Dans les défilés* D'*Hitler* (J. ROMAINS, *Les Hommes de b. vol.*, t. XXV, p. 110). — *L'hitlérisme* (G. BERNANOS, *Lettre aux Anglais*, p. 154). — *La femme* D'*Hubert* (Fr. MAURIAC, *Le Nœud de vipères*, p. 127). — *Le babil zézayant* D'*Hubert* (G. DUHAMEL, *Suzanne et les J. Hommes*, p. 197). — *La philosophie* D'*Hugo* (FLAUB., *Corr.*, t. III, p. 324). — *L'oreille* D'*Hugo* (É. FAGUET, *En lisant Molière*, p. 53). — *En même temps* QU'*Hugo* (BRUNETIÈRE, *L'Évol. de la poés. lyr.*, t. II, p. 76). — *Une des plus effrontées copies* D'*Hugo* (L. BLOY, *Le Désespéré*, p. 297). — *La maison* D'*Hugo* (É. HENRIOT, *Le Livre de mon père*, p. 214). — *L'hyène* (AC.). — *L'hyène rayée* (HUGO, *Orientales*, XXVII). — *Des chaussures en peau d'hyène* (FLAUB., *Salammbô*, p. 130). — *Celle* [la voix] *de* L'*hyène* (MAUPASS., *Au soleil*, p. 32). — *Cette pitance* D'*hyène* (L. BLOY, *La Femme pauvre*, p. 159). — *Le cor* D'*Hernani* (F. GREGH, *L'Âge de fer*, p. 101). — [Avec liaison : *Deux-z-Henri, tout-t-Hugo, trois-z-hyènes*, etc.]

b) H aspiré : *Fille* DE *Henri le Grand* (BOSS., *R. d'Angl.*). — *La situation* DE *Henri IV* (DIDEROT, *Paradoxe sur le comédien*). — *La mère* DE *Henri IV* (A. FRANCE, *Le Génie latin*, p. 35). — *Celui* [le marché] DE *Hitler* (P. CLAUDEL, *L'Œil écoute*, p. 84). — *Comment nier* QUE *Hitler...* (A. GIDE, *Journal 1939-1942*, p. 43). — *Dès le début* DU *hitlérisme* (ID., *Feuillets d'automne*, p. 221). — *La conversion* DE *Hubert*. — *Le vers de Lamartine et* DE *Hugo « chante »* (G. LANSON, *Hist. de la Litt. fr.*, p. 945). — *Un dessin* DE *Hugo* (A. MAUROIS, *Rouen*, p. 25). — *On remarquera* QUE *Hugo...* (A. THIBAUDET, *Hist. de la Litt. fr.*, p. 278). — *Les exécuteurs testamentaires* DE *Hugo* (H. GUILLEMIN, dans la Préf. de *Pierres*, de V. HUGO). — *Mallarmé aussi était tout imprégné* DE *Hugo* (F. GRECH, dans les *Nouv. litt.*, 21 févr. 1952). — *Les cris* DE *hyène* (BALZAC, *La Muse du département*, p. 170). — *Une chasse à* LA *hyène* (FLAUB., *Corr.*, t. I, p. 308). — *La Hyène enragée* (titre d'un livre de LOTI). — LA *hyène* (J. et J. THARAUD, *La Randonnée de Samba Diouf*, p. 278). — *Regarde* LA *hyène* (R. BENJAMIN, *Valentine*, p. 210). — *Le dénouement* DE *Hernani* (G. LANSON, *Hist. de la litt. fr.*, p. 979). — [Sans liaison : *Deux Henri, c'est Henri, tout Hugo, trois hyènes*, etc.]

N. B. — Dans *Henriette*, l'*h* a pu être aspiré : *L'histoire des malheurs* DE *Henriette* (BOSS., *Or. f. de la Reine d'Angl.*). — *Dans l'oraison* DE *Henriette de France* (É. FAGUET, *XVIIe Siècle*, p. 431). — L'usage de le faire muet s'est manifesté depuis longtemps et aujourd'hui il est général : *Et son cœur est épris des grâces* D'*Henriette* (MOL., *F. sav.*, II, 3). — *L'oraison funèbre* D'*Henriette de France* (F. BRUNETIÈRE, *Bossuet*, p. 59). — *Revoir* L'*Henriette d'autrefois* (E. JALOUX, *La Chute d'Icare*, p. 53). — *Au nom* D'*Henriette* (H. BERNSTEIN, *Le Secret*, II, 6).

2. L'élision n'a pas lieu devant *un* (chiffre ou numéro [1]), *oui* [2], *huit, huitain, huitaine, huitième, onzième* [3], *uhlan, ululer, ululation, ululement, yacht,*

---

1. On dira donc : LE *un de telle rue* (AC.). — LE *un de ce nombre est mal fait.* — *La clef* DU *un* [= de la chambre n° 1]. — Mais devant *un*, adjectif numéral, ou article, ou pronom, l'élision se fait : *Il n'en est resté* QU'*un* (AC.). — *Ces deux amis n'en font* QU'*un* (ID.). — *Pour le prix* D'*un franc cinquante* (R. BAZIN, *Terre d'Espagne*, p. 128). — *De petites brochures(...) qui ne coûtaient guère* QU'*un franc chacune* (G. DUHAMEL, *La Pesée des âmes*, p. 218). — *Les œuvres* D'*un auteur. Marcher* L'*un derrière l'autre.* — Cependant il arrive qu'on veuille souligner *un*, adjectif numéral : on le détache alors en faisant devant lui une légère pause, qui empêche l'élision : *Des enfants* DE *un à douze ans* (LITTRÉ, s. v. *un*, 1°). — *Une Société* DE *un million de capital* (H. LAVEDAN, *Irène Olette*, p. 230). — *La pension n'était même pas* DE *un franc, mais de une drachme par jour* (V. LARBAUD, *Barnabooth*, Journ. intime, 3e cahier, 19 juin). — *La petite pendule (...) marquait la demie* DE *une heure* (P. VIALAR, *La Grande Meute*, I, 8). — *Le lauréat d'un prix* DE *un million* (A. ROUSSEAUX, dans le *Figaro litt.*, 14 juill. 1951). — *Des bonds* DE *un mètre en l'air* (M. JOUHANDEAU, dans le *Figaro litt.*, 13 sept. 1951). — *Quatorze pièces* DE *un franc* (P. DANINOS, dans le *Figaro litt.*, 6 oct. 1951).

2. Parce que *oui* commence par une consonne, dit M. Grammont (*Le Vers français*, 3e éd., p. 345). Toutefois si l'on considère que l'*ou* de *oui* étant une semi-consonne est aussi une semi-voyelle (§ 23, 3°), il faut bien admettre que l'élision devant ce mot serait justifiée. En fait, elle a lieu parfois, et notamment dans le langage familier, surtout quand il s'agit de formules à peu près stéréotypées, avec *que* (comme *je crois qu'oui*) : *Il dit* QU'*oui* (SÉV., t. III, p. 135). — *Je pense* QU'*oui* (LA BR., XI, 7). — *Je lui fis signe* QU'*oui* (A. FRANCE, *L'Étui de nacre*, p. 196).

3. On a pu dire autrefois *l'onzième* : [Numa] *fit Janvier le premier* [mois], *qui, sous Romulus estoit* L'*onzième* (AMYOT, *Numa*, 8). — *L'onsieme de Septembre* (RONS.,

yak (yack), yankee, yaourt (yoghourt, yoghourth), yard, yatagan, yen, yeoman, yiddish (yiddich), yod, yogi, yole, youpin, youtre, youyou, yucca [1], ni devant des noms propres tels que *Yalou, Yang-tsé-kiang, Yémen, Yucatan* [1], etc. : *Le neuvième jour se passe, et le dixième, et* LE *onzième* (L. HALÉVY, *Criquette*, p. 191). — *Il suffit* DE *oui, de non* (HUGO, *Lég.*, t. I, p. 203). — *La bonne sœur fit signe* QUE *oui* (M. BARRÈS, *La Colline inspirée*, p. 161). — *Je répondis* QUE *oui* (H. BOSCO, *Le Sanglier*, p. 35). — *Je crois* QUE *oui* (AC.). — LE *oui est un plaisir rare* (ALAIN, *Entretiens au bord de la mer*, p. 114). — LE *uhlan,* LE *ululement,* LE *yacht,* LE *yatagan,* LA *yole.*

On dit : *Bouillon* D'*onze heures* (potion empoisonnée), *belle-*D'*onze-heures* ou *dame* D'*onze heures* (plante), LE *onze.* En dehors de ces locutions, l'élision devant *onze* est facultative : *La messe* D'*onze heures* ou DE *onze heures.* — DE *onze à dix-sept ans* (H. LAVEDAN, *Irène Olette*, p. 115). — *Encore qu'il ne soit* QUE *onze heures* (Fr. JAMMES, *M. le Curé d'Ozeron*, p. 97). — *Il n'était* QU'*onze heures* (A. THÉRIVE, *Sans âme*, p. 107). — *Le soleil* DE *onze heures* (P. LOTI, *La Mort de Philæ*, p. 72). — *Dans le soleil* D'*onze heures* (Fr. MAURIAC, *Préséances*, I, 3). — *Cette petite fille* DE *onze ans* (ID., *La Robe prétexte*, I). — *Les catholiques de messes* DE *onze heures* (ID., *Ce que je crois*, p. 101). — *Président* DE *onze compagnies* (J. GIRAUDOUX, *La Folle de Chaillot*, p. 17).

Devant *ouate, ouistiti*, l'élision est facultative : *Une déchirure de* L'*ouate* (R. MARTIN DU GARD, *Les Thibault*, VII, 3, p. 378). — *On a tout bourré avec de* L'*ouate* (P. CLAUDEL, *Visages radieux*, p. 78). — *Des paquets* D'*ouate* (A. SUARÈS, *Le Livre de l'Émeraude*, LIV). — *Le tampon* D'*ouate* (J. GIRAUDOUX, *La Folle de Chaillot*, p. 90). — *Dans ces épaisseurs* D'*ouate* (H. POURRAT, *La Tour du Levant*, p. 225). — *Passez-moi de* L'*ouate* (H. TROYAT, *Étrangers sur la terre*, p. 551). — *De la ouate* (A. DUMAS f., *Le Fils nat.*, Préf.). — *Un peu* DE *ouate* (J. RENARD, *Journal*, 5 sept. 1889). — *Derrière des treillis obscurs* DE *ouate* (A. SUARÈS, *Sur la vie*, t. I, p. 144). — *Des branches de sapin toutes couvertes* DE *ouate* (P. CLAUDEL, *La Rose et le Rosaire*, p. 124). — *Sous ce turban* DE *ouate et de linge* (R. MARTIN DU GARD, *Les Thibault*, VII, 1, p.

---

t. VI, p. 65). — *Peut-être que* L'*onzième* [entreprise] *est prête d'éclater* (CORN., *Cinna*, II, 1). — *Dès* L'*onzième ou douzième proposition* (VOLT., *Lett. phil.*, t. II, p. 67). — Littré admettait encore *l'onzième*, à côté de *le onzième, la onzième.* — De nos jours, *l'onzième* est purement archaïque : *L'onzième livre* (A. FRANCE, *Pierre Nozière*, p. 287). — *L'onzième volume* (A. THÉRIVE, dans le *Temps*, 15 avril 1937).

1. L'*y* initial est donc traité, au point de vue de l'élision, comme s'il était précédé d'un *h* aspiré. — Toutefois, devant *yeuse* et *ypérite*, l'élision a lieu : *Une feuille* D'*yeuse* (AC.). — *L'yeuse bronze les rocs* (H. BOSCO, *Le Roseau et la Source*, p. 29). — *L'ypérite* (AC.).

2. Devant le *yod* initial des noms propres sentis comme appartenant (ou comme agrégés) au vocabulaire proprement français, on fait l'élision : *Les gens* D'*Yonville* (FLAUB., *Mme Bov.*, III, IX). — *Il prit congé* D'*Yolande* (Th. GAUTIER, *Le Cap. Fracasse*, X). — *Le département de* L'*Yonne. Du jambon* D'*York.* — Il y a parfois du flottement : *Le regard* DE *Yolande* (Germ. BEAUMONT, *La Longue Nuit*, p. 203). — Quand ces noms propres sont sentis comme mots étrangers, on ne fait pas l'élision : *La république fédérative* DE *Yougoslavie, la ville* DE *Yokohama, les œuvres* DE *Young, le règne* DE *Yoshi Hito, la conférence* DE *Yalta.*

253). — *Ces gros paquets* DE *ouate* (R. VERCEL, *Capitaine Conan*, p. 110). — *Un tampon* DE *ouate* (M. VAN DER MEERSCH, *Corps et Âmes*, t. I, p. 35). — *Pourquoi descendrait-elle* [notre espèce] DU *ouistiti plutôt que de l'orang...* (R. KEMP, dans les *Nouv. litt.*, 9 oct. 1958). — *Des sortes* DE *ouistitis* (J. de LACRETELLE, *Les Maîtres et les Amis*, p. 142). — *L'ouistiti à pinceaux* (LAROUSSE DU XXᵉ s.). — *On dit plus volontiers* LE *ouistiti que* L'*ouistiti* (MARTINON, *Comment on pron. le fr.*, p. 153).

Devant *hier*, l'*h* étant muet, l'élision doit se faire : *Il n'est parti que* D'*hier* (AC.) ; — devant *hors*, l'*h* étant aspiré, l'élision ne doit pas se faire : *Bien* QUE *hors d'haleine*. — On constate, surtout dans la langue familière, une tendance à s'écarter de cet usage : *Je n'ai eu votre volume* QUE *hier au soir, seulement* (FLAUBERT, *Corr.*, t. III, p. 284). — *C'est ce qui ne sera réalisable* QU'*hors de ce monde* (A. ROUSSEAUX, *Le Monde classique*, t. I, p. 66). — *On peut dire* QU'*hors la Cour...* (LA VARENDE, *Les Belles Esclaves*, p. 30).

3. *a*) Devant les mots cités comme mots et devant les titres d'ouvrages, on peut faire l'élision : *L'e muet* D'« *empereur* » (MARTINON, *Comment on prononce...*, p. 184). — *Le genre* D'« *ongle* » *a été longtemps incertain* (LITTRÉ). — *Le* C D'« *avec* » (J. RENARD, *Journal*, 11 déc. 1901). — *Les raffinés affectent de ne retrouver dans son œuvre* [de Loti] QU'« *Au Maroc* » (A. THIBAUDET, *Hist. de la Litt. fr.*, p. 424). — *L'auteur* D'« *Amants* » (E. JALOUX, dans les *Nouv. littér.*, 8 janv. 1938). — *À l'époque des* « *Oberlé* » *et* D'« *Au service de l'Allemagne* » (A. THÉRIVE, dans le *Temps*, 27 janv. 1938). — *Aux premières pages* D'« *Un Début dans la Vie* » (É. HENRIOT, *Rencontres en Île de France*, p. 122).

Sans élision : *Certains morceaux des* « *Paysans* », DE « *Un grand homme de province à Paris* » (G. LANSON, *Hist. de la Litt. fr.*, p. 1004). — *Le* V DE « *avoir* » (M. GRAMMONT, *Traité prat. de Prononc. fr.*, p. 89). — *Un numéro spécial* DE « *Arts et Modes* » (A. BILLY, *Le Narthex*, p. 9). — *Les grandes beautés* DE « *Un Royaume de Dieu* », DE « *À l'ombre de la Croix* » [sic] (Fr. MAURIAC, dans le *Figaro litt.*, 7 févr. 1953).

b) Devant les noms des lettres-voyelles et des lettres-consonnes *f, h, l, m, n, r, s, x* (épellation traditionnelle : § 72), souvent l'élision se fait : *Une sorte* D'*a très bref* (M. GRAMMONT, *Traité pratique de Prononc. fr.*, p. 21). — *Deux variétés* D'*a accentué* (Ch. BRUNEAU, *Manuel de Phonét. pratiq.*, p. 79). — *L'n se continue* (ID., *ibid.*, p. 114). — *On notera que* L'R... (MARTINON, *Comment on pron. le fr.*, p. 298). — *Cet agrégé de mathématiques, admissible à* L'X (A. HERMANT, *Chroniques de Lancelot*, t. II, p. 287).

Sans élision : *Le mot est généralement suivi* DE *a* (MARTINON, *Comment on pron. le fr.*, p. 307). — *Un* n *ordinaire suivi* DE *i ou* DE *y* (M. GRAMMONT, *Traité pratiq. de Pron. fr.*, p. 64). — *La prononciation* DE *m* (ID. *ibid.*, p. 61). — *Ce hachis* DE *a et* DE *o* (M. BEDEL, *Traité du plaisir*, p. 164). — *Elle* [une salle] *était meublée de chaises et de chevalets en forme* DE *X* (A. CAMUS, *L'Étranger*, p. 13).

4. Les pronoms *le, la* n'admettent pas l'élision quand ils sont toniques : *Prends*-LE *aujourd'hui. Remets*-LA *ici.* (Voir § 475, Hist.)

5. On écrit parfois *jusques* au lieu de faire l'élision. (Voir § 939, Rem. 3.)

6. *Prud'homme, prud'homie* prennent une apostrophe, qui s'explique par

l'ancien français *preu d'homme*, cas sujet *preuz d'homme*, mot composé de *preux, d'* et *homme*[1].

7. Pour *grand'mère, grand'chose*, etc., voir § 350, *Hist.*

CHAPITRE VII

LES MOTS

§ 1. — CLASSIFICATION DES MOTS : LES PARTIES DU DISCOURS

104. Les mots du français sont traditionnellement rangés en *neuf* catégories ou **parties du discours**[2] : le *nom*, l'*article*, l'*adjectif*, le *pronom*, le *verbe*, l'*adverbe*, la *préposition*, la *conjonction* et l'*interjection*.

Discours signifie ici « suite, assemblage de mots, de phrases, qu'on emploie pour exprimer sa pensée, exposer ses idées ».

Certains grammairiens distinguent du *verbe* le *participe* ; il en est aussi qui font rentrer l'*article* dans la catégorie de l'*adjectif*.

105. Sont **variables** dans leur désinence (et parfois dans leur radical) : le *nom*, l'*article*, l'*adjectif*, le *pronom* et le *verbe*.

Le *nom* sert à désigner, à « nommer » les êtres et les choses.

L'*article* sert à marquer un sens complètement ou incomplètement détermi-né du nom qu'il précède.

L'*adjectif* se joint au nom pour le qualifier ou pour l'introduire dans le discours.

Le *pronom* désigne les êtres ou les choses en représentant, en général, un nom.

Le *verbe* exprime, en général, une action ou un état.

106. Sont **invariables** : l'*adverbe*, la *préposition*, la *conjonction* et l'*interjection*. On donne parfois à ces mots le nom générique de *particules*.

---

1. L'Académie écrit *prud'hommesque*, avec l'apostrophe. C'est à tort : cet adjectif a été tiré non pas du nom commun *prud'homme*, mais du nom propre *Prudhomme* (Joseph Prudhomme : type de bourgeois banal et sentencieux créé par Henri Monnier). Il faudrait donc écrire : *prudhommesque*, sans apostrophe.

2. On pourrait, avec A. Sauvageot (*Franç. écrit, franç. parlé*, pp. 45-52), ranger les mots en trois grandes classes : 1° les *noms* (substantifs et adjectifs) ; 2° les *verbes* ; 3° les *mots-outils* (déterminatifs nominaux : articles, démonstratifs, possessifs, etc. ; — déterminatifs verbaux : pronoms ; — particules rectives : prépositions ; — éléments articulatoires : conjonctions).

L'*adverbe* modifie le sens d'un verbe, d'un adjectif ou d'un autre adverbe.

La *préposition* introduit un mot qu'elle relie et subordonne, par tel ou tel rapport, à un autre élément de la phrase.

La *conjonction* unit deux mots, deux groupes de mots ou deux propositions.

L'*interjection* est un mot jeté brusquement dans le discours pour exprimer, en général, une émotion de l'âme.

§ 2. — ORIGINE DES MOTS

107. Le lexique français est constitué en majeure partie par des mots issus du latin ; ce vocabulaire fondamental s'est enrichi, au cours des siècles, d'un nombre considérable de mots fournis par d'autres langues.

108. Le fonds latin. — Dès les premiers siècles de notre ère, le latin des soldats, des colons et des marchands, c'est-à-dire le *latin populaire (sermo plebeius, rusticus)*, hellénisé et argotique, s'imposa peu à peu aux Gaulois. Ce latin, fort différent du latin classique [1] *(sermo urbanus, nobilis)*, supplanta les idiomes nationaux et se transforma progressivement en *roman* (ou *gallo-roman*), selon les lois de la phonétique. (Voir § § 29 sq.)

109. Formation populaire. Formation savante. — C'est le peuple qui a forgé, de manière progressive, par transformations phonétiques inconscientes, la langue romane. Mais, à partir du XIIᵉ siècle, le vocabulaire s'est enrichi par un apport sans cesse croissant de termes savants créés par les *clercs* ou lettrés : des mots furent transportés du latin en français, sans autre changement que celui de la terminaison.

110. Doublets. — 1° Les clercs, reprenant certains mots latins que la bouche du peuple avait déjà transformés, en tirèrent des termes nouveaux, tout différents, tant par le sens que par la forme, de leurs congénères populaires : ces mots, qui sont au nombre de 800 environ, s'appellent *doublets*. En voici quelques exemples :

Latin	Formation populaire	Formation savante	Latin	Formation populaire	Formation savante
auscultáre	écouter	ausculter	*navigáre*	nager	naviguer
delicátum	délié	délicat	*officínam*	usine	officine
exámen	essaim	examen	*potiónem*	poison	potion
factiónem	façon	faction	*praedicatórem*	prêcheur	prédicateur
masticáre	mâcher	mastiquer	*prehensiónem*	prison	préhension
nativum	naïf	natif	*redemptiónem*	rançon	rédemption

---

1. Le latin populaire ignorait une foule de mots du vocabulaire classique ; il employait, par contre, un grand nombre d'expressions étrangères au latin littéraire : *amicitas* pour *amicitia, bastire* pour *aedificare, caballus* pour *equus,* etc. Il faisait un usage très fréquent des prépositions, des formes passives et du futur périphrastique, employait peu le genre neutre et abandonnait la conjugaison déponente.

2º Certains doublets résultent de l'introduction de mots dialectaux ou étrangers à côté de leurs congénères français : lat. *cápsam*. fr. CHÂSSE, provençal *caissa*, d'où CAISSE ; — lat. pop. *cápum*, fr. CHEF, provençal *cap*, d'où CAP ; — lat. *nigrum*, fr. NOIR, espagn. ou portug. *negro*, d'où NÈGRE ; — lat. *scálam*, fr. ÉCHELLE, ital. *scala*, d'où ESCALE ; — lat. *dóminam*, fr. DAME, espagn. *dueña*, d'où DUÈGNE ; — lat. pop. *exquádra*, fr. ÉQUERRE, ital. *squadra* et espagn. *escuadra*, d'où ESCADRE.

Un bon nombre de mots de l'ancien français introduits en anglais sont rentrés dans notre vocabulaire avec une forme et un sens différents : anc. fr. *tonnelle* (= tuyau), *tunnel ;* — anc. fr. *bougette* (= petit sac), *budget ;* — *entrevue, interview ;* — *tenez, tennis ;* — anc. fr. *esquarre* (= équerre), *square*.

3º Quelques doublets présentent deux mots français de formation populaire, venus l'un de l'ancien cas sujet, l'autre de l'ancien cas régime : *On* (lat. *hómo*), *homme* (lat. *hóminem*) ; — *pâtre* (lat. *pástor*), *pasteur* (lat. *pastórem*).

4º Un nom latin neutre a pu donner en français, au singulier, un nom masculin, et au pluriel (en -*a*, pris comme féminin singulier), un nom féminin : *grain* (lat. sg. *gránum*), *graine* (lat. plur. *grána*).

5º Parfois une ancienne forme de nom ou d'adjectif en -*l* persiste à côté d'une forme où *l* s'est vocalisé (§ 50) : *Col, cou ; fol* (devant une voy.), *fou ; bel* (devant une voy.), *beau*.

6º Certaines formes participiales en -*ant (-ent)* viennent l'une par évolution du participe latin, l'autre par analogie dans la conjugaison française : *Savant* (nom ou adj.), *sachant* (partic.) ; *puissant* (adj.), *pouvant* (partic.) ; *sergent* (nom), *servant* (partic. ou nom).

7º Parfois enfin, certains noms ou adjectifs latins ont produit en français deux formes différentes selon qu'ils étaient en position accentuée ou en position atone : lat. *me*, fr. *moi* (accentué), *me* (atone) ; lat. *meum*, fr. *mien* (accentué), *mon* (atone).

111. Grammaire du roman. — Les tendances analytiques du latin populaire s'accentuèrent dans le gallo-roman et désorganisèrent la morphologie et la syntaxe de la langue classique. Les flexions peu à peu tombèrent en désuétude. Des six cas [1] du latin, l'ancien français ne garda que le cas *sujet*, tiré du nominatif, et le *cas régime*, tiré de l'accusatif [2].

---

1. Le *cas* est la désinence du nom ou encore des adjectifs et des pronoms qui s'y rapportent, désinence marquant le rôle que ces mots jouent dans la phrase comme sujets, compléments d'objet directs ou indirects, compléments circonstanciels.

2. L'ancien français mettait au *cas sujet :* le sujet du verbe, l'attribut du sujet et le mot en apostrophe. Il mettait au *cas régime :* le complément d'objet et le complément circonstanciel, construits sans préposition, le complément déterminatif joint sans préposition à un nom et tout complément introduit par une préposition.

Les *cinq* déclinaisons [1] classiques du nom se trouvèrent réduites à *trois* (la 5e absorbée par la 1re, la 4e par la 2de), uniformisées au XIIe siècle, selon la déclinaison suivante :

	CAS SUJET	CAS RÉGIME
Sing. :	*li murs* (lat. *murus*)	*le mur* (lat. *murum*)
Plur. :	*li mur* (lat. *muri*)	*les murs* (lat. *muros*)

Au XIIIe siècle, la forme du nominatif commença à disparaître ; au XIVe siècle, l'accusatif resta comme cas unique :

Sing. : *le mur*	Plur. : *les murs*

Le roman, d'autre part, a tiré du pronom *ille* un article ; il a combiné le verbe *avoir* avec le participe passé pour former les *temps composés ;* il a employé la périphrase de *habeo* avec l'infinitif pour exprimer le *futur* (*aimerai* remonte à *amare habeo :* j'ai à aimer), et la périphrase de *habebam* avec l'infinitif pour exprimer le *conditionnel* (*aimerais* remonte à *amare habebam :* j'avais à aimer).

112. Les dialectes. — Au IXe siècle, sinon plus tôt, les différents dialectes romans qui s'étaient développés sur le territoire gaulois formaient, de part et d'autre d'une ligne de démarcation qui irait approximativement de La Rochelle à Grenoble, deux grands domaines linguistiques : au nord, celui de la *langue d'oïl* [2], avec le wallon, le picard, le champenois, le lorrain, le franc-comtois, le bourguignon, le saintongeois, le poitevin, l'angevin, le normand, le dialecte de l'Ile-de-France ; au sud, celui de la *langue d'oc*, avec le provençal, le limousin, le languedocien, l'auvergnat, le gascon, etc. Du XIIe au XVIe siècle, le *français* ou *francien*, dialecte de l'Ile-de-France, en suivant la fortune de la puissance royale, prit le pas sur tous les autres dialectes.

Le français a fait, surtout depuis la guerre de Cent ans jusqu'à l'époque où Malherbe s'est acharné à épurer la langue, d'assez nombreux emprunts aux dialectes du Midi, mais, somme toute, les termes méridionaux sont en nombre relativement restreint dans le français proprement dit : *auberge, badaud, cadastre, cadenas, cap, cocon, fadaise, goujat, jarre, mistral, muscade, ortolan, tocsin, troubadour*, etc.

---

1. La *déclinaison* indiquait, dans les noms, dans les adjectifs et dans les pronoms, la série des désinences marquant le cas, le genre, le nombre. Par extension, on appelait *déclinaisons* les catégories de noms, d'adjectifs, de pronoms ayant un système commun de flexions.

2. Les appellations de *langue d'oïl*, *langue d'oc* s'expliquent par l'ancienne coutume de désigner les langues d'après le mot qui y exprimait l'affirmation : *oïl* = cela lui (lat. *hoc ille*), *oc* = cela (lat. *hoc*). [Le liégeois *awè* remonte à *oel* (= *o* + *el*, venant de *hoc* + *illum*, ce dernier mot étant employé pour *illud*).] Par des désignations analogues, l'italien, l'allemand s'appelaient respectivement langue de *si*, langue de *ja*.

Le français n'a pris aux dialectes du Nord que peu de mots : *armoire,*
benêt, bercail, béton, bocage, écaille, etc. En particulier, ont été empruntés du
wallon : *estaminet, fagne, faille, grisou, houille,* etc.

113. Le fonds gaulois. — Le *gaulois* (un des rameaux de la langue celtique) disparut à peu près totalement de la Gaule au IVᵉ siècle. Il a laissé
dans le roman, après leur passage par la forme latine, un petit nombre de mots,
surtout ruraux : *bec, bouc, braie, cervoise, changer, charrue, lieue, marne,* etc. [1]

Notre ancienne numération vicésimale nous venait des Gaulois [2] (*quatre-*
vingts, six-vingts, douze-vingts, etc. : voir § 402, *Hist.*).

Pour Brunot (*La P. et la L.*, p. 149), l'emploi de la préposition *à* marquant l'appartenance *(la cour* AU *roi)* paraît être d'origine celtique. — On admettra plutôt (cf.
Nyrop, *Gr. hist.*, t. V, § 103) qu'il s'agit là d'un usage bas latin (voir § 214, *Hist.*).

114. Mots grecs. — Le *grec* a fourni au français, par formation populaire, un certain nombre de mots qui ont passé par la forme latine. Tels sont :
baume, beurre, chère, corde, encre, horloge, moine, perdrix, trésor, etc.

Le grec a en outre donné au français, par formation savante, un grand
nombre de mots transportés dans la langue, soit indirectement à partir du
XIVᵉ siècle, en passant par le latin, soit directement, surtout au XIXᵉ siècle.
Ce n'est pas seulement la langue scientifique ou philosophique qui forge,
par le grec, une foule de termes nouveaux, tels que *cryptogame, dactylogra-*
phie, dolichocéphale, laryngoscope, orthopédie, paléontologie, photographie,
téléphone, etc. ; une formation maladroite jette dans notre vocabulaire nombre
de mots hybrides, dans lesquels l'esthétique de la langue française ne trouve
pas toujours son compte [3] : *autoclave, autorail, bureaucratie, monoplan,*
radiographie, radiophonie, télévision, etc.

115. Mots germaniques [4]. — L'invasion franque, au Vᵉ siècle, introduisit en Gaule les idiomes germaniques, mais la civilisation des Gallo-Romains

---

1. Darmesteter (*Traité de la formation de la l. fr.*, § 3) cite seulement 25 mots français dont la provenance gauloise ne laisse pas de doute. Selon A. Dauzat (*Tableau*
de la Lang. fr., p. 19), une soixantaine seulement de radicaux gaulois se retrouvent
dans le français courant [en joignant au lexique courant celui des dialectes, von
Wartburg (*Évolut. et Struct. de la L. fr.*, p. 17) arrive au chiffre de 180].

2. Des Normands, selon G. Rohlfs.

3. Sans être hybrides, bien des mots de la langue médicale se sont présentés, surtout au XVIIIᵉ siècle, sous des figures fort hétéroclites : *Acrochordon* = verrue ;
emprosthotonos = convulsions ; *alexipharmaques* = contrepoisons ; *eccoprotiques* =
purgatifs ; *tylosis* = cor ; *épistaxis* = saignement de nez ; *lagostome* = bec-de-lièvre
etc. (Il existe un *Comité consultatif du Langage scientifique* et un *Comité d'étude des*
termes techniques français : voir § p. 73, note.)

4. La famille germanique se divise en dialectes nombreux : le *gothique,* le *haut*
allemand, le *bas allemand (néerlandais, frison, anglo-saxon),* le *norois* ou *nordique,*
(islandais, danois, suédois, norvégien).

devait, par droit de supériorité, s'imposer aux vainqueurs, qui adoptèrent peu à peu la langue des vaincus. Cependant le latin populaire n'a pas laissé de s'assimiler un grand nombre de mots de l'ALLEMAND ANCIEN, que l'on retrouve, pour une part importante, dans le français [1] ; ce sont surtout des termes relatifs à la guerre, à la vie rurale, à la chasse, à la marine, aux institutions politiques et judiciaires : *alleu, banc, bannière, blé, crèche, dard, échanson, fauteuil, guerre, héron, honte, houx, orgueil*. etc.

L'ALLEMAND MODERNE, depuis le XVe siècle, a fait pénétrer dans notre langue un nombre assez considérable de mots [2], relatifs, pour une bonne part, aux choses militaires : *bivouac, chenapan, choucroute, ersatz, huguenot, képi, kirsch, obus, rosse, sabre, trinquer, valse*, etc.

L'ANGLAIS, à partir du XVe siècle, a fait entrer dans le français un notable contingent de termes, qui s'est accru singulièrement au XIXe siècle et à l'époque actuelle, surtout par le fait des « snobs » et des « sportsmen », dont l'anglomanie a fait trop bon marché de la pureté de la langue française [3] ; ces termes ont rapport notamment aux choses de la mode, des sports, de la politique, de la finance, du commerce, de la marine : *ballast, bluff, bouledogue, boxe, boy-scout, clown, club, dandy, détective, express, gentleman, handicap, interview, jury, partenaire, pipe-line, trust, tunnel, turf, wagon, week-end*, etc.

Quelques termes de marine ont été empruntés par le français aux LANGUES SCANDINAVES ou NORDIQUES, après l'établissement des *Vikings* ou *Normands*, au Xe siècle, dans la partie de la France appelée aujourd'hui Normandie : *cingler, étrave, hune, marsouin, nantir, rune, rutabaga, tolet, turbot, vague*, etc.

Le français doit au NÉERLANDAIS un certain nombre de mots [4], dont beaucoup ont rapport à la navigation : *affaler, bière, bouquin, cambuse, dune, foc, frelater, fret, gruger, kermesse, mannequin, matelot, vase* (nom fém.), *vrac*, etc.

116. Mots venus des langues néo-latines.

ITALIEN. — Ce n'est guère qu'au XVIe siècle que la littérature française a subi l'influence italienne. On vit alors pénétrer dans le vocabulaire français un contingent nombreux de termes italiens que les efforts de Henri Estienne et de Joachim du Bellay furent impuissants à refouler. Un millier de mots italiens environ sont restés dans la langue : *bagatelle, balcon, bambin, bandit, brave, burlesque, camisole, caporal, carnaval, dessiner, fiasco, infanterie, madrigal, poltron, ritournelle, saltimbanque, sonnet, soutane, valise*, etc.

ESPAGNOL. — L'apport espagnol dans le lexique français ne fut vraiment important que dans la seconde moitié du XVIe siècle et au XVIIe siècle. Après cette époque, il s'est réduit à quelques termes spéciaux. On évalue à

---

1. Darmesteter en donne 399.
2. Darmesteter en cite 121.
3. Il y a ce que R. Étiemble a plaisamment appelé un *sabir atlantique*, un *franglais*, contre lequel il faudrait réagir.
4. Darmesteter en cite 114.

plus de 280 le nombre des mots qui nous ont été fournis par l'espagnol : *abricot, adjudant, camarade, caparaçon, cédille, cigare, embarcadère, escamoter, guérilla, habler, moustique, peccadille, romance, sieste*, etc.

PORTUGAIS. — Le portugais n'a fait passer dans la langue française que très peu de mots, dont la plupart désignent des produits exotiques : *acajou, autodafé, banane, bayadère, coco, fétiche, macaque, pagode, pintade*, etc.

117. Apports divers. — Le vocabulaire a admis en outre, mais dans une minime proportion (sauf pour l'arabe [1]), des mots venus [2] :

de l'ARABE : *alcool, algèbre, camphre, carafe, chiffre, douane, gabelle, gourbi, luth, nuque, razzia, tasse, truchement, zénith, zouave*, etc.

des LANGUES SLAVES : du russe : *cosaque, knout, mazout, moujik, samovar, steppe, ukase, vodka, spoutnik*, etc. ; — du polonais : *mazurka, polka*, etc. ; — du tchèque : *calèche* (venu par l'allemand), *rédowa* (id.), etc. ;

de l'HÉBREU : *chérubin, éden, géhenne, jubilé, sabbat, tohu-bohu*, etc. ;

des LANGUES AFRICAINES : *baobab, bamboula, chimpanzé*, etc. ;

du TURC : *bey, chacal, chagrin* (cuir), *divan, tulipe*, etc. ;

des LANGUES DE L'INDE : *avatar, bengali, brahmane, cornac, jungle, paria*, etc.;

des LANGUES DE L'EXTRÊME-ORIENT (chinois, japonais, siamois, malais, etc.) : *bonze, gutta-percha, kaolin, orang-outang, tatouer, thé*, etc. ;

des LANGUES AMÉRICAINES : *ananas, caïman, caoutchouc, chocolat, curare, guano, totem*, etc.

de l'ARGOT : *cambrioleur, eustache* (gros couteau), *maquiller, matois, mioche, narquois, pinard*, etc. [3]

§ 3. — FORMATION DE MOTS NOUVEAUX

118. La langue française a subi, dès ses origines, et continue, en tant qu'organisme vivant, à subir des variations. Elle a perdu, au cours des siècles, un grand nombre de mots ; en compensation, avec une intensité de vie plus ou moins grande selon les périodes, elle a constam-

---

1. Les mots venus de l'arabe sont, pour un bon nombre, des termes scientifiques qui ont passé d'abord dans la traduction latine ; d'autres ont été versés dans le français par le provençal, par l'anglais et surtout par l'espagnol et par l'italien ; d'autres encore ont été empruntés directement, à l'époque des Croisades ou après la conquête de l'Algérie. Darmesteter cite 251 mots d'origine arabe qui sont passés dans la langue générale.

2. Pour la plupart, sauf en ce qui concerne les termes d'argot, par l'intermédiaire de l'italien, de l'anglais, de l'arabe, du turc, etc.

3. L'argot des tranchées a créé des termes ou consacré des sens dont un certain nombre sont entrés dans la langue générale. L'Académie a admis, dans la 8e édition de son Dictionnaire : *camoufler, gazer* (intoxiquer par un gaz asphyxiant), *poilu* ; elle note comme familiers : *as, avoir du cran, un embusqué.*

ment enrichi son vocabulaire non seulement par les emprunts faits aux langues étrangères ou aux dialectes gallo-romans, mais encore et surtout, par la création de termes nouveaux [1].

Cette création s'est opérée selon deux procédés principaux : *la dérivation* et la *composition*. On peut y ajouter la formation par *onomatopées* et l'*abréviation*.

Remarque. — On appelle **archaïsme** [a] un mot tombé en désuétude, un tour de phrase ou une construction hors d'usage : *Occire* (tuer), *idoine* [propre (à qq. ch.)], *moult* (beaucoup, très), *devant que* (avant que).

Le **néologisme** [b], au contraire, est un mot nouvellement créé ou un mot déjà en usage, mais employé dans un sens nouveau ; il y a donc des néologismes de mots : *Avion, limoger, gangster, parachutiste, cinémathèque, blazer, mazout, robot, pénicilline, cosmonaute* — et des néologismes de sens : *As* [de l'aviation], *couvrir* [des kilomètres].

---

1. Un *Office de la Langue française*, fondé à Paris, en 1937, sous la double présidence de F. Brunot, président « linguistique », et de P. Valéry, président « littéraire » (membres : A. Dauzat, J. Boulenger, A. Thérive, Ch. Bruneau, A. Billy ; secrétaire : M. Schöne), s'était proposé de préserver autant que possible de la corruption la langue française et de veiller au développement naturel de sa syntaxe et de son vocabulaire ; il s'occupait accessoirement des prononciations défectueuses et du perfectionnement de l'orthographe. Il comprenait un Conseil, qui se réunissait périodiquement, et un Bureau d'études et de consultations chargé des rapports avec le public. — Mario Roques avait succédé à F. Brunot comme président « linguistique » de l'Office. — Après la mort de F. Brunot (1938) et celle de P. Valéry (1945), l'*Office de la Langue française* a végété et il a fini par cesser toute activité.

En 1952, la *Revue scientifique* de Paris avait adjoint à sa direction scientifique un *Conseil du langage scientifique*. Ce Conseil, réorganisé en 1955, a pris le nom de *Comité consultatif du Langage scientifique* ; il est présidé par le prince Louis de Broglie et G. Duhamel et tient ses séances à l'Académie des sciences. — Signalons aussi qu'un *Comité d'étude des termes techniques français* (23, rue Philibert-Delorme, Paris, 17e) s'est constitué, en 1954, sous la présidence de G. Combet, directeur général du Gaz de France ; ce Comité délibère une fois par mois. — Mentionnons encore l'association *Défense de la Langue française* (35, rue du Louvre, Paris 2e), constituée en 1958 autour du *Cercle de presse Richelieu* (fondé par Paul Camus, en 1952) ; elle prend pour unique et souverain arbitre de l'usage l'Académie française — et l'*Office du Vocabulaire français*, créé en 1957 sous les auspices de la revue *Vie et Langage* (17, rue Montparnasse, Paris 6e) ; cet *Office*, présidé par G. Duhamel, se propose principalement de lutter contre la corruption du vocabulaire français ; les services de renseignements qu'il organise et les consultations qu'il lance auprès de personnalités diverses (linguistes, écrivains, avocats, médecins, ingénieurs, hommes de métier, membres du corps enseignant, journalistes, commerçants, diplomates, etc.) pourront exercer une action très salutaire.

ÉTYM. — [a] *Archaïsme*, empr. du grec ἀρχαϊσμός, dérivé de ἀρχαῖος, ancien. [b] *Néologisme*, composé avec le grec *νέos*, nouveau, *λόγos*, discours, et le suffixe *-isme*.

Nous étudierons successivement, dans la dérivation et la composition, la formation *populaire* et la formation *savante*.

Art. 1. — DÉRIVATION

119. La dérivation peut, sans rien changer à l'apparence externe des mots, leur attribuer des fonctions nouvelles : c'est la *dérivation impropre*.

D'autre part, elle peut créer des mots nouveaux par l'addition de certaines terminaisons spéciales appelées *suffixes*, qui modifient la signification du radical : c'est la *dérivation propre*.

Enfin, elle peut retrancher une syllabe finale d'un mot : c'est la *dérivation régressive* ou *rétrograde*.

I. — DÉRIVATION POPULAIRE

A. — Dérivation impropre.

120. La **dérivation impropre,** selon la définition qu'on vient d'en donner, ressortit en réalité à l'évolution de la signification des mots ou *sémantique* (§ 154) ; il a paru commode néanmoins d'en parler ici.

121. Fonctions nouvelles des noms.

1º Un *nom* peut devenir *pronom :* ON (lat. *homo*, homme : cf. § 587), PERSONNE, QUELQUE CHOSE, AUTRE CHOSE, RIEN (lat. *rem*, chose).

2º Un *nom commun* peut devenir *nom propre* quand il personnifie une chose : *La pâle* ENVIE.

Certains noms propres de personnes trouvent leur origine dans la désignation d'une profession : MARCHAND, LETOURNEUR, LEVERRIER, CHARPENTIER, CHARLIER, etc.

3º Un *nom propre* peut devenir *nom commun* pour désigner, par métaphore ou par métonymie, une personne ou une chose rappelant, soit un nom de lieu, soit un nom de personne attaché à une invention ou à une découverte, à une qualité, etc. : *Un* TARTUFE, *un* HARPAGON, *un* ADONIS, *un* CHAUVIN, *un* GAVROCHE, *un* ESPIÈGLE, *un* BENJAMIN, *une* PRALINE, *un* VANDALE, *une* BOUGIE, *du* TULLE, *un* CALEPIN, *un* MÉCÈNE, etc. [1]

---

1. *Tartufe, Harpagon*, personnages de deux comédies de Molière. — *Adonis*, personnage mythologique célèbre par sa beauté. — *Chauvin*, soldat des armées françaises sous la Révolution et sous Napoléon Ier, devenu le type de ceux qui ont une admiration excessive pour la gloire de leur patrie. — *Gavroche*, type de gamin de Paris, créé par V. Hugo dans les *Misérables*. — *Espiègle*, déformation de l'allemand *Eulenspiegel*, nom d'un personnage de roman, célèbre par ses tours d'adresse. — *Benjamin*, dernier fils de Jacob. — *Praline :* le cuisinier du maréchal de *Plessis-*

4⁰ Un *nom* peut devenir *adjectif* par l'apposition, notamment dans la désignation des couleurs : *Des rubans* ROSES, *des étoffes* POURPRES.

La plupart des noms ainsi employés pour désigner des couleurs gardent, pour l'orthographe, leur valeur étymologique (§ 381) : *Des robes* MARRON, *des gants* PAILLE

La langue populaire et l'argot abondent en tours tels que : *Un air* CANAILLE, *des façons* PEUPLE, *une affaire* CHOUETTE, *un dîner* MONSTRE, *un aplomb* BŒUF, etc. (voir § 377).

Une *locution substantive* peut aussi servir d'*adjectif : Il est vrai que le mot est bien* COLLET MONTÉ (MOL., *F. sav.*, II, 7). — *Des airs* BON ENFANT. — *Les grandes personnes qui le croiraient* [Walter Scott] *indignes d'elles et* BIBLIO-THÈQUE ROSE *se tromperaient fort* (H. BREMOND, *Pour le Romantisme*, p. 65). — *La dernière phrase est une des plus* LA BRUYÈRE *que je connaisse* (Ch. DU BOS, *Journal 1921-1923*, p. 121).

5⁰ Un *nom* peut devenir *particule :* ATTENTION ! DAME ! PESTE ! — *Le lundi 31, assez* MATIN (M. BARRÈS, *Le Cœur des Femmes de France*, p. 56).

122. Fonctions nouvelles des pronoms.

Un pronom peut devenir *nom : Le* MOI *est haïssable* (PASC., *Pens.*, 455). — *Ils sont d'autres* NOUS-MÊMES (CORN., *Hor.*, III, 4). — *Tes enfants, ces autres* TOI-MÊME (LITTRÉ). — *Un* VOUS *et un* MOI *séparés, au lieu du* NOUS *indivisible d'hier* (E.-M. de VOGÜÉ, *Jean d'Agrève*, p. 192).

123. Fonctions nouvelles des adjectifs.

1⁰ Un *adjectif* peut devenir *nom*, soit par ellipse du nom déterminé : *La* [ville] CAPITALE, *une* [lettre] CIRCULAIRE, *un* [costume] COMPLET, *la* [ligne] DIAGONALE, *une* [ondulation] PERMANENTE ; soit par mise en évidence de la qualité que l'on considère dans l'être ou l'objet nommé : *Un* MALADE, *un* ASPIRATEUR, *un* AVEUGLE ; soit encore par emploi du neutre pour désigner une notion abstraite [1] : *Le* BEAU, *le* VRAI, *la carte du* TENDRE. — *Le* RÉEL *est étroit, le* POSSIBLE *est immense* (LAMART., *Méd.*, II). — *Écrire a son* DOUX *et son* AMER (E. PÉROCHON, *Le Chemin de plaine*, p. 3).

Praslin inventa ce bonbon. — *Bougie*, ville d'Algérie, d'où l'on tirait beaucoup de cire. — *Tulle*, chef-lieu du département de la Corrèze ; c'est là que furent établies les premières fabriques de tulle. — *Calepino*, auteur d'un dictionnaire polyglotte célèbre (1502). — *Mécène :* chevalier romain, protecteur des lettres et des arts au siècle d'Auguste.

1. « Substantifs et adjectifs échangent ainsi leurs rôles dans toutes les langues ; grammaticalement il n'y a pas entre eux de limite tranchée. On peut les réunir tous deux dans une catégorie unique : celle du nom ». (J. VENDRYES, *Le Langage*, p. 138.)

L'*adjectif*, précédé ou non de l'article, peut encore devenir *nom propre* d'homme : LEGROS, LEBON, GRAS, DOUCET, etc.

L'*adjectif numéral* s'emploie parfois comme nom : *Les* QUARANTE, *le Conseil des* CINQ-CENTS, *les* QUINZE-VINGTS. — *Le 117 et le 83* [des trains] *sont signalés* (J. ROMAINS, *Lucienne*, p. 25).

2° Un *adjectif* peut devenir *adverbe : Parler* BAS, *sentir* BON, *chanter* FAUX.

3° Un *adjectif* peut devenir *préposition :* SAUF *votre respect,* PLEIN *ses poches, demeurer* PROCHE *(de) l'église.*

4° Un *adjectif* peut devenir *interjection :* BON ! FERME !

124. Fonctions nouvelles des verbes.

1° Un *infinitif* peut devenir *nom : Les* DIRES *de quelqu'un, le* DEVOIR, *le* PARLER, *le* REPENTIR.

Pour l'emploi qui s'est fait autrefois de l'infinitif substantivé, voir § 752, *Hist.*

2° Un *participe présent* peut devenir *adjectif, nom, préposition, adverbe : Spectacle* CHARMANT ; *un* TRAFIQUANT, *un* HABITANT ; CONCERNANT, SUIVANT, DURANT ; *ce*PENDANT, *main*TENANT.

3° Un *participe passé* peut devenir *adjectif, nom, préposition : Travail* ASSURÉ, *appartement* GARNI ; *un* ÉCRIT, *une* FLAMBÉE, *une* ISSUE, *un* RACCOURCI ; EXCEPTÉ *les enfants,* PASSÉ *cette date* (cf. § 784 et *Hist.*).

4° Un *impératif* peut devenir *nom* ou *interjection :* Un TIENS *vaut, ce dit-on, mieux que deux Tu l'auras* (LA F., F., V, 3). — *Le* VA-ET-VIENT. — *Un* RENDEZ-VOUS. — GARE ! ALLONS ! VOYONS !

5° Le *subjonctif présent, l'indicatif présent* peuvent prendre quelques fonctions nouvelles : SOIT (conj.), VIVAT (interj. ou nom), COMBLE (adjectif).

125. Fonctions nouvelles des particules.

1° Une *particule* peut devenir *nom : Le* POURQUOI, *le* COMMENT, *le* MIEUX, *le* POUR, *le* CONTRE, *prendre les* DEVANTS, *faire de grands* HÉLAS. — *Si ces* HIERS *allaient manger nos beaux* DEMAINS ? (P. VERLAINE, *Sagesse*, I, VII.)

2° Un certain nombre d'*adverbes* peuvent, surtout dans la langue familière, s'employer comme *adjectifs : Le lendemain, les gens* TRÈS BIEN *tuent un porc* (P. MILLE, *Le Monarque*, p. 3). — *Ma santé est* MIEUX, *mais non* BIEN (LAMARTINE, *À Canel*, 15 oct. 1823). — *Ce tableau n'est pas* MAL (DICT. GÉN.). — *C'est moi la* MIEUX (M. PRÉVOST, *Mon cher Tommy*, p. 19). — *Les hôtes aimables avec lesquels je viens de vivre dans une* PRESQUE-*intimité de quelques soirs* (P. LOTI, *Vers Ispahan*, p. 250). — *Dans la* PRESQUE *nuit* (M. DONNAY, *Le Torrent*, III, 8). — *À la* PRESQU'*unanimité* (BL. CENDRARS, *Rhum*, p. 123). — *Si ces* PRESQUE *hommes étaient arrivés jusqu'à nous* (J. ROSTAND, *Pensées d'un biologiste*, p. 86).

3° Certains *adverbes* peuvent devenir *prépositions* ou figurer dans des locutions prépositives : *Cherchez* DESSOUS *la table* (AC.). — *Il sauta* PAR-DESSUS *la barrière* (ID.). — *Elle regarde, enfouie* DESSOUS *les feuilles* (Fr.

JAMMES, *Le Roman du Lièvre*, p. 159). — AUSSITÔT *le jour* (LITTRÉ)[1]. — AUSSITÔT *mon arrivée* (R. BOYLESVE, *Le Meilleur Ami*, p. 101). — SITÔT *son dernier souffle, j'avais l'intention de lui boire le sang* (M. BARRÈS, *Les Déracinés*, p. 322). — SITÔT *le déjeuner* (J. SARMENT, *Jean Jacques de Nantes*, p. 213). — *Benjamin,* SITÔT *la lune de miel, notait...* (J. de LACRETELLE, *Les Maîtres et les Amis*, p. 40).

4° Une *préposition* peut devenir *adverbe ;* il y a d'ailleurs entre l'adverbe et la préposition des rapports tellement étroits que souvent la même particule peut jouer l'un ou l'autre rôle (§ 901) : *Vous poussez les affaires trop* AVANT (AC.). — *Elle avait repris ses habitudes d'*AVANT (P. LOTI, *Ramuntcho*, p. 10). — *L'on tourne la clef, l'on pousse* CONTRE (LA BR., XIV, 64). — *Le vent nous irrite et nous penche, Mais on marche plus vite* AVEC (Mme de NOAILLES, *Éblouissements,* La Course dans l'azur).

5° Certains *adverbes* peuvent s'employer comme *conjonctions :* AINSI (= par conséquent) *je conclus que...* (AC.). — *Il sert un maître qui le traite mal,* AUSSI (= c'est pourquoi) *le veut-il quitter* (ID.).

B. — Dérivation propre.

126. On a vu (§ 119) que la **dérivation propre** se fait par le moyen de *suffixes,* c'est-à-dire de syllabes spéciales qu'on ajoute à un *mot primitif* ou *radical* pour en modifier la signification.

Le **radical**[2] est, dans un mot, la partie essentielle, celle qui exprime le sens principal de ce mot. Dans TOUR*ner,* CON*TOUR,* DÉ*TOUR,* EN*TOURer,* DÉ*TOURnement,* EN*TOURage,* le radical est *tour.*

1. — Origine et Vie des suffixes.

127. Les suffixes du français sont venus pour la plupart du latin ; un certain nombre ont été empruntés aux langues germaniques ou aux langues

---

1. L'emploi de *aussitôt* et de *sitôt* comme prépositions « est maintenant très général », affirme Nyrop (*Gramm. hist.,* t. III, § 661), qui ajoute que « les grammairiens pédants ne laissent pas de protester contre cet usage établi depuis longtemps ». — « On est parti de formes comme *après le soleil couché* (équivalentes de *après que le soleil sera couché*) et on a construit de même *aussitôt* » (BRUNOT, *La Pens. et la L.,* p. 412).

2. On dit parfois aussi *racine.* Mais, strictement parlant, *radical* et *racine* ne sont pas synonymes. Tandis que le RADICAL est ordinairement un mot complet de la langue *(tour* dans *contour ; froid* dans *froidure ; vent* dans *éventail),* la RACINE n'est qu'un fragment de mot, un monosyllabe irréductible auquel on arrive en dépouillant un mot des préfixes, des suffixes et des flexions : *st* dans *stable ; struct* dans *instruction.* Il est fréquent que le radical s'identifie avec la racine : *port* dans *apport.*

méridionales ; d'autres encore ont été créés par le français. Ces suffixes sont soumis, comme les mots eux-mêmes, à l'incessante évolution du langage.

1° Certains suffixes sont *morts : Jalous*IE, *mair*IE sont dérivés de *jaloux, maire ;* mais on voit, par les formes populaires *jalous*ERIE, *mair*ERIE, que le suffixe *-ie* ne forme plus de mots nouveaux et a été remplacé par *-erie.*

2° Certains suffixes sont *vivants :* ils produisent actuellement encore des termes nouveaux : *Boycott*AGE, *lynch*AGE, *dirige*ABLE, *cycl*ABLE.

Dans un suffixe vivant, l'esprit aperçoit nettement une idée abstraite générale qui s'ajoute à l'idée exprimée par le radical : *périssable* présente à l'esprit l'idée de *périr,* à laquelle s'ajoute l'idée de possibilité. — Dans un suffixe mort, l'esprit ne reconnaît pas, en général, l'idée secondaire ajoutée à l'idée exprimée par le radical : on considère comme simple le mot dérivé : *corbeau* (vieux fr. *corp* + suffixe *-eau*).

3° Certains suffixes étendent leur emploi. Ainsi *-oir,* qui s'ajoute normalement à un verbe (*arroser, arros*OIR), peut s'ajouter à un nom : *Bougie, bou-ge*OIR. — Les dérivés en *-age* et en *-able* supposent, en général, l'existence d'un verbe (*bavarder, bavard*AGE ; *blâmer, blâm*ABLE) ; mais, sans s'appuyer sur un thème verbal, l'analogie a créé *pourcent*AGE, *charit*ABLE, etc.

4° Certains suffixes changent de forme : des lettres ou des suffixes secondaires peuvent s'intercaler entre le radical et le suffixe final : *Bijou*-T-*ier, Spa*-D-*ois, gant*-EL-*et.*

5° Certains suffixes changent de signification : *-asse* ou *-ace,* exprimant l'idée d'abondance et de grandeur : *Li*ASSE, *milli*ASSE, *ros*ACE, a indiqué ensuite la difformité, la grossièreté : *Paper*ASSE, *vin*ASSE, *bon*ASSE. — *-aille* indique une pluralité : *Pierr*AILLE, *victu*AILLE ; puis, du sens collectif découle un sens dépréciatif : *Antiqu*AILLE, *valet*AILLE.

6° Certains suffixes se substituent l'un à l'autre : les altérations phonétiques, l'homophonie, l'identité de signification, la parenté de sens ou de forme ont produit la confusion entre des suffixes d'origine différente : *Fau-ch*EUR, *fauch*EUX ; *fri*AND pour *fri*ANT (adject. participial de *frire*) ; *maill*OT pour *maill*OL ; *cop*AIN, *cop*INE (comme si le masculin était *cop*IN) [1].

2. — Classification des suffixes.

128. On peut distinguer trois catégories de suffixes, suivant qu'ils servent à former :

---

1. *Pécuniaire* a la même forme aux deux genres : *Intérêt* PÉCUNIAIRE (Ac.). — *Peine* PÉCUNIAIRE (Id.). — C'est par la confusion des suffixes *-aire* et *-ère* que s'est formé le féminin *pécuni*ÈRE (d'où le masculin *pécuni*ER) ; ces formes, que l'Académie ignore, sont assez fréquentes ; cf. : *Des indemnités* PÉCUNIÈRES (STENDHAL, *Corr.,* t. IX, p. 194.) Littré en note l'usage (sans le condamner) : « On dit quelquefois *pécunier.* »

1º Des noms ou des adjectifs : c'est la *dérivation nominale* [1] ;

2º Des verbes : c'est la *dérivation verbale ;*

3º Des adverbes : c'est la *dérivation adverbiale.*

a) DÉRIVATION NOMINALE

129. Les suffixes nominaux sont les plus nombreux. Ils peuvent s'ajouter à des *noms*, à des *adjectifs*, à des *verbes*. Voici les principaux :

-able (lat. *-abilem*) a le plus souvent un sens passif. Ce suffixe, encore vivant, se joint à un verbe ou à un nom, et marque la possibilité, la qualité : *Blâm*ABLE, *val*ABLE [2], *vérit*ABLE.

---

1. Le mot *nominal* est pris dans le sens général et a rapport tant aux *adjectifs* qu'aux noms proprement dits. Sous l'appellation générique de *nomen*, les grammairiens latins rangeaient le *nomen substantivum* (nom substantif) et le *nomen adjectivum* (nom adjectif).

2. *Valable*, dans l'usage classique, signifie : 1º « qui doit être reçu en justice, qui a la valeur requise pour être admis légitimement, pour produire son effet » : *Cet acte n'est pas* VALABLE (Ac.). — *Ce billet est* VALABLE *pendant quinze jours* (ID.). — *Le testament olographe ne sera point* VALABLE *s'il n'est écrit en entier, daté et signé de la main du testateur* (Code civ., art. 970) ; — 2º « acceptable, admissible, bien fondé » : *Ce serait au moins là une raison* VALABLE (STENDHAL, *Corr.*, t. III, p. 287). — *Une excuse* VALABLE (Ac.). — *Elle ne s'étonnait déjà plus d'avoir pu trouver quelque objection plus ou moins* VALABLE (L. BLOY, *La Femme pauvre*, p. 86). — *Il formule une vérité qui n'est* VALABLE *que pour une partie de l'Europe* (E. JALOUX, *Visages français*, p. 89). — Depuis le second quart du XXᵉ siècle, *valable*, — probablement sous l'influence de l'anglais *valuable*, marquant la valeur non matérielle de quelque chose, le cas qu'on fait de quelqu'un (cf. *valuable* assistance = aide précieuse ; *valuable collaborator* = collaborateur précieux) —, se prend assez fréquemment, surtout dans la langue des journalistes et des critiques, au sens laudatif de « de valeur ». Ce glissement de sens est accepté par A. THÉRIVE (*Procès de langage*, p. 56) ; mais jusqu'ici il n'a pas reçu, semble-t-il, la sanction du bon usage : un referendum de la revue *Vie et Langage* a fait voir que des 1781 membres consultants, 58,51 % le « refusent », 23,24 % le « subissent » et 18,25 % seulement le « ratifient » (Cf. *Vie et Langage*, nov. 1958, p. 598). — Quelques exemples : *On dit couramment que c'est* [La Cruche cassée, de Kleist] *une des seules comédies* VALABLES *dont puisse s'enorgueillir la littérature allemande* (G. MARCEL, dans les *Nouv. litt.*, 12 mai 1955). — *Sans doute y a-t-il des récits de voyages* VALABLES, *écrits par des explorateurs authentiques* (A. BILLY, dans le *Figaro*, 9 nov. 1955). — *Il* [Mauriac] *n'a jamais rien créé d'absolument beau ni rien de profondément* VALABLE *que dans le prolongement de ses vérités natales* (P.-H. SIMON, *Mauriac par lui-même*, p. 31). — [Pour Chestov] *un écrivain — et singulièrement un philosophe — se trouve perdu dans le courant de la vie. Intellectuellement* VALABLE, *il est socialement nul* (L. MARTIN-CHAUFFIER, dans le *Figaro*, 25 janv. 1956). — *On dirait que, selon vous, la seule puissance capitaliste* VALABLE (...), *ce sont les États-Unis* (S. GROUSSARD, *ib.*, 9 avr. 1958). — *Daurat sut leur faire comprendre ou croire* (...) *que leur tâche de paix était aussi belle, aussi* VALABLE (J. KESSEL, *Mermoz*, p. 76). — *Laissons de côté le terme de chef-d'œuvre, parlons d'œuvres, d'œuvres* VALABLES (M. COHEN, *Grammaire et Style*, p. 201). — *Le moyen âge a connu, dans la po-*

-ade (empr. aux idiomes du Midi et correspondant à *-ée* français), suffixe encore très vivant, a donné, surtout au XVIe siècle, de nombreux dérivés. Il indique une réunion d'objets de même espèce, un produit, une action ; dans certains cas, il marque une nuance caricaturale ou péjorative : *Colonn*ADE, *pomm*ADE, *gliss*ADE, *déband*ADE, *œill*ADE, *galop*ADE, *brav*ADE.

-age (lat. *-aticum*) marque une collection d'objets de même espèce, un état, une action ou le résultat de cette action : *Feuill*AGE, *serv*AGE, *brigand*AGE.

-aie (lat. *-eta*, pluriel de *-etum*) indique une collection de végétaux, une plantation ; *-eta* a donné régulièrement *-oie*, qui ne s'est maintenu que dans *charm*OIE, *orm*OIE. Dans les autres mots, on a *-aie* : *Aun*AIE, *chên*AIE, *saul*AIE (ou *sauss*AIE).

-eraie est la forme élargie de *-aie* : *Pin*ERAIE.

-ail (lat. *-aculum*) a donné des noms indiquant l'instrument : *Attir*AIL, *épouvant*AIL, *évent*AIL.

-aille (lat. *-alia*, neutre pluriel de *-alis*) exprime une idée collective ou péjorative ; il indique aussi une action ou le résultat de cette action : *Pier*rAILLE, *valet*AILLE, *trouv*AILLE.

-ain, -aine (lat. *-anum, -anam*) ne sont pour ainsi dire plus employés dans la langue moderne, qui les a remplacés par *-ien, -ienne* (§ 134). Ils ont donné des noms désignant des personnes ou des collections : *Châtel*AIN, *proch*AIN, *douz*AINE, *trent*AIN.

-ais et son collatéral **-ois** (lat. *-ensem*) se joignent à des noms de villes et de pays pour désigner les habitants : *Marseill*AIS, *Namur*OIS, *Dauphin*OIS.

-aison, -ison, -oison (lat. *-ationem, itionem, -otionem*). — *-aison* a donné des dérivés marquant ordinairement l'action, et tirés surtout de verbes en *-er* ; mais, ces verbes étant les plus nombreux, *-aison* a supplanté *-ison* et *-oison*, qui s'ajoutaient surtout aux autres verbes et qui n'ont subsisté que dans *guér*ISON, *garn*ISON, *trah*ISON, *pâm*OISON. — *-aison* ne produit plus guère de mots nouveaux (il a été remplacé par *-ation*) : *Fen*AISON, *cueill*AISON, *pend*AISON, *inclin*AISON [1].

---

litique extérieure, des idéaux universalistes infiniment plus VALABLES *et plus vivants que* ceux des quatorze points de Wilson (DANIEL-ROPS, *Ce qui meurt et ce qui naît*, p. 106).

1. Les dictionnaires font la distinction suivante : *a)* *inclinaison* : état de ce qui est incliné (*inclinaison* d'un mur, d'un toit, etc.) ; — *b)* *inclination* : au sens physique : action d'incliner, et particulièrement action de pencher la tête ou le corps en signe d'acquiescement ou de respect (faire une *inclination* de tête, de corps) ; au sens moral : mouvement de l'âme qui se sent portée vers qqn ou vers qq. ch. (sentir de l'*inclina-tion* pour qqn, un mariage d'*inclination*). — S'appuyant sur ces indications, les puristes condamnent « faire une *inclinaison* de tête ou de corps ». C'est à tort : dans l'usage moderne, *inclinaison*, en cet emploi, est en concurrence avec *inclination* (qui paraît destiné à n'avoir plus qu'un sens moral) : *De grandes* INCLINAISONS *de tête et de corps* (M. BARRÈS, *La Colline insp.*, p. 189). — *Répondre par une muette* INCLINAI-SON (M. PROUST, *Sodome et Gomorrhe*, II, 2, p. 195). — *Barois approuve d'une simple* INCLINAISON *de tête* (R. MARTIN DU GARD, *Jean Barois*, p. 241). — *Elle le salua* (...)

-ance (lat. *-antiam*) s'ajoute au radical du participe présent pour marquer l'action ou le résultat de l'action : *Alli*ANCE, *souven*ANCE, *puiss*ANCE, *gér*ANCE, *oblige*ANCE, *rutil*ANCE, *rouspét*ANCE (pop.).

-ande (lat. *-anda*, neutre plur. de *-andus*) s'ajoute à des radicaux de verbes pour former des noms impliquant en général l'idée d'obligation passive : *Offr*ANDE, *vi*ANDE.

-andier, -anderie, dérivés du précédent, se joignent à des radicaux de verbes pour désigner celui qui fait l'action, le lieu où elle se fait, l'industrie qui en résulte : *Lavan*DIÈRE, *bu*ANDERIE, *taill*ANDERIE.

-ant (lat. *-antem*) a été appliqué au participe présent de toutes les conjugaisons ; il a donné des participes, des adjectifs, des noms : *Apparten*ANT, *change*ANT, *lev*ANT.

-ard (german. *-hart*) s'est introduit par les noms propres (*Bernard, Évrard*), puis a donné et donne encore des noms communs et des adjectifs ; il est souvent péjoratif : *Montagn*ARD, *rich*ARD, *grogn*ARD, *vant*ARD, *chauff*ARD.

-as (lat. *-aceum*) et **-asse** ou **-ace** (lat. *-aceam*) se joignent à des radicaux de noms, d'adjectifs ou de verbes. Ces suffixes expriment, soit une idée d'abondance, soit une idée augmentative ou péjorative : *Plâtr*AS, *roș*ACE, *fad*ASSE, *lav*ASSE.

-âtre (lat. *-asterum*) a donné quelques noms et quelques adjectifs exprimant l'approximation, la diminution, la dépréciation : *Rouge*ÂTRE, *mar*ÂTRE, *gentill*ÂTRE.

-aud ou **-aut** (german. *-ald*) s'est trouvé d'abord dans des noms propres (*Arnaud*), puis a formé des noms communs et des adjectifs exprimant, en général, une idée péjorative : *Rust*AUD, *levr*AUT.

-é (lat. *-atum*) indique une dignité, un emploi : *Vicomt*É, *évêch*É. Comme terminaison d'adjectif, le même suffixe a donné de nombreux adjectifs : *Azur*É, *imag*É (voir plus loin *-u*).

-eau (lat. *-ellum*), autrefois *-el (agnel)*, se joint aux noms, aux adjectifs et aux verbes. La signification diminutive du suffixe latin a donné de nombreux dérivés en *-el* ou *-elle* dans l'ancienne langue, mais, dans la langue moderne, elle ne s'est guère conservée : *Drap*EAU, *taur*EAU, *ru*ELLE, *traîn*EAU, *dent*ELLE.

-ereau (-erelle) est la forme élargie de *-eau* : *Lap*EREAU, *tomb*EREAU.

---

d'une rapide INCLINAISON *de tête* (DANIEL-ROPS, *Mort, où est ta victoire ?* pp. 153-154). — *Il esquissa une* INCLINAISON *du buste* (VERCORS, *Le Silence de la mer*, p. 65). — *En saluant (...) d'une* INCLINAISON *de tête* (J. ROMAINS, *Les Hommes de bonne vol.*, t. VIII, p. 218). — *En faisant une légère* INCLINAISON *de tête au comédien* (A. BILLY, *Madame*, p. 85). — *Même emploi chez :* H. LAVEDAN, *Sire*, I, 2 ; Cl. FARRÈRE, *Les Condamnés à mort*, p. 31 ; A. de CHÂTEAUBRIANT, *La Réponse du Seigneur*, p. 37 ; M. AYMÉ, *Le Chemin des écoliers*, pp. 55 et 215 ; J.-L. VAUDOYER, *Laure et Laurence*, p. 139 ; Fr. AMBRIÈRE, *Le Solitaire de la Cervara*, p. 179 ; R. DORGELÈS, *Tout est à vendre*, p. 41 ; H. BOSCO, *Les Balesta*, p. 193 ; H. BAZIN, *La Mort du petit cheval*, p. 63 ; H. QUEFFÉLEC, *Un Recteur de l'île de Sein*, p. 22 ; etc.

-ée (lat. *-atam*) est la terminaison du participe passé féminin, mais ce suffixe s'est joint à des noms pour produire des dérivés nombreux indiquant l'abondance, la quantité contenue, la mesure, la durée, le produit, l'action sur le primitif : *Ond*ÉE, *cuiller*ÉE, *matin*ÉE, *araign*ÉE (autrefois : *araigne*), *ongl*ÉE.

-elet *(-elette)* est composée de *-el* et *-et* (vieux fr. *drap, drapel*). Devenu suffixe indépendant, il a formé, surtout chez les poètes de la Renaissance, de nombreux diminutifs, tant adjectifs que noms : *Aigr*ELET, *brac*ELET, *ode*-LETTE, *côt*ELETTE.

-ement (lat. *-amentum*) a le plus souvent un sens abstrait ; il ne s'ajoutait, dans le principe, qu'aux verbes en *-are (ornare)*, mais, grâce à l'influence prépondérante de ces verbes dans la conjugaison, *-ement* a été appliqué aux verbes de n'importe quelle catégorie. Ce suffixe, très productif encore, s'ajoute au thème du participe présent : *Log*EMENT, *recueill*EMENT, *batte*-MENT.

-eret (lat. *-aricium*) se trouve dans quelques mots avec la terminaison masculine *-eret* ou la terminaison féminine *-eresse* : *Dam*ERET, *chardonn*ERET, *coqu*ERET, *coup*ERET, *fort*ERESSE, *séch*ERESSE, *Porch*ERESSE (= porcherie).

-erie (tiré de mots comme *chevalerie, tuilerie*, formés eux-mêmes au moyen du suffixe *-ie*) donne, en s'ajoutant à des adjectifs, à des noms et à des verbes, un grand nombre de mots indiquant une qualité, une action, le résultat de cette action, le lieu où cette action s'exerce, une collection, une industrie : *Fourb*ERIE, *caus*ERIE, *brass*ERIE, *argent*ERIE, *biscuit*ERIE.

-esse (lat. *-itiam*), autrefois *-ece*, se présente aussi sous la forme **-ise**. *-esse* a donné des noms abstraits : *Fin*ESSE, *rich*ESSE, *soupl*ESSE. *-ise* indique une qualité morale, une dignité, un objet matériel : *Franch*ISE, *prêtr*ISE, *marchand*ISE.

-et (lat. *-ittum*), **-ette** (lat. *-ittam*), appliqués d'abord aux noms propres, se sont joints ensuite aux noms communs, aux adjectifs et aux verbes ; *-et* est le suffixe diminutif par excellence : *Propr*ET, *arch*ET, *jou*ET, *four*-*ch*ETTE, *sonn*ETTE.

-et a donné des formes élargies comme : *-etel, -eteau, -eton, -elet* (voir plus hàut), *-iculet, -iquet, -onnet*.

-eul (lat. *-olum*) n'a produit qu'un nombre restreint de mots, perdus depuis le moyen âge ; les termes où l'on trouve actuellement ce suffixe ont été tirés directement du latin : *Épagn*EUL, *glaï*EUL, *till*EUL.

Dans certains mots, *-euil* a remplacé *-eul* : *Chevr*EUIL, *écur*EUIL, pour *chevr*EUL, *écur*EUL.

Parallèlement à *-eul*, il faut noter **-ol(e)** (lat. *-olum, -olam*) et la forme élargie **-erole** : *Maill*OL (§ 127, 6º), *cass*OLE, *féver*OLE.

-eur (lat. *-orem*), autrefois *-our*, a produit un grand nombre de termes abstraits : *Blanch*EUR, *grand*EUR.

-eur, -euse (lat. *-orem* ou *-atorem*). Ce suffixe très fécond s'ajoute aux verbes ou aux noms et donne maintenant des noms d'agent ; le féminin s'emploie pour former des noms de machines : *Cherch*EUR, *torpill*EUR, *batt*EUSE.

-eux, -euse (lat. *-osum, -osam*), a fourni, surtout au XVIe siècle, de nombreux mots indiquant une qualité ou marquant l'abondance : *Courag*EUX, *boit*EUX, *bou*EUX.

-ie (lat. *-iam*) a formé, en s'ajoutant aux noms et aux adjectifs, des mots qui désignent une qualité, une collection, un pays : *Courtois*IE, *seigneur*IE, *Normand*IE, *Wallon*IE.

-ier, -ière (lat. *-arium, -ariam*) a produit, en s'attachant à des adjectifs, à des noms, à des verbes, une grande quantité de mots qui indiquent une personne agissante, un réceptacle, une qualité, un arbre ; il se réduit parfois à *-er : Chapel*IER, *herb*IER, *hospital*IER, *pomm*IER, *soup*IÈRE, *sapin*IÈRE, *ling*ÈRE, *arch*ER.

Le suffixe *-er* (lat. *-are* ou *-arem*) s'est confondu avec *-ier : Sengl*ER est devenu *sangl*IER.

-eron, tiré probablement des mots en *-ier*, est devenu un suffixe indépendant : *Laid*ERON, *puc*ERON, *forg*ERON.

-if (lat. *-ivum*) se joint aux verbes ou aux noms : *Tard*IF, *malad*IF, *instinct*IF, *explos*IF, *craint*IF.

-il (lat. *-ile*) indique un dépôt, un endroit où on loge des animaux : *Fen*IL, *fourn*IL, *chen*IL.

Un autre suffixe *-il* (lat. *-iculum* ou *-ilium*), à signification diminutive, a fourni très peu de mots : *Out*IL, *cout*IL, *grés*IL.

-ille (lat. *-iculam*) forme des diminutifs assez nombreux : *Brind*ILLE, *flott*ILLE, *chen*ILLE.

-in, -ine (lat. *-inum, -inam*) s'attache aux noms et aux adjectifs, parfois aussi aux verbes. Il a souvent une valeur diminutive ou péjorative : *Enfant*IN, *limous*IN, *moul*IN, *alp*IN, *argent*IN, *cheval*IN, *plaisant*IN.

Le suffixe *-ine* est fort employé dans la langue technique et dans le vocabulaire de l'industrie : *Glycér*INE, *brillant*INE, *velout*INE.

-is (lat. *-icium*), ajouté aux thèmes verbaux ou aux thèmes nominaux, sert à former des noms abstraits, des collectifs, des noms désignant le résultat ou la production d'une action, l'endroit où l'action a lieu : *Roul*IS, *éboul*IS, *fouill*IS, *patrouill*IS.

-oir, -oire (lat. *-orium, -oriam*) forment des mots désignant l'endroit où se passe l'action, l'instrument servant à accomplir l'action : *Parl*OIR, *arros*OIR, *baign*OIRE.

-on (lat. *-onem*) forme des noms de personnes, d'animaux ou de choses, auxquels il donne souvent une signification diminutive : *Espi*ON, *ân*ON, *bouch*ON, *Madel*ON, *vest*ON ; il a une valeur augmentative dans certains mots empruntés de l'italien ou dus à une imitation italienne : *Ball*ON, *can*ON, *milli*ON, *mousquet*ON.

-illon est une forme élargie de *-on ;* il a une valeur diminutive fortement marquée : Oi̇sILLON, *négr*ILLON.

-ot, -otte ou **-ote** (lat. vulg. *-ottum, -ottam,* pour *-ittum, -ittam*) forment, comme le suffixe *-et,* des diminutifs : *Pâl*OT, *bill*OT, *Pierr*OT, *men*OTTE.

-té (lat. *-itatem*) a formé jusqu'à la fin du moyen âge des noms abstraits tirés d'adjectifs : *Riche*TÉ, *simple*TÉ. Il s'est maintenu dans très peu de mots : *Fier*TÉ, *cher*TÉ. En général, il a été remplacé par *-eté* ou par le suffixe savant *-ité.*

-u (lat. *-utum*) se joint à des substantifs et sert à former un grand nombre d'adjectifs indiquant un développement particulier de la qualité exprimée par le radical : *Boss*U, *charn*U, *feuill*U, *ventr*U.

Un même nom a pu donner deux dérivés collatéraux, l'un en *-é,* l'autre en *-u,* ce dernier marquant une possession plus caractérisée que ne fait l'autre : *Feuill*É, *feuill*U.

-ure (lat. *-uram*) se joint à des noms, à des adjectifs, à des verbes, pour marquer, soit l'action subie, soit le résultat concret de l'action, soit encore un ensemble formé par la réunion de plusieurs choses de même espèce : *Brûl*URE, *piqû*RE, *meurtriss*URE, *chevel*URE, *dent*URE.

b) DÉRIVATION VERBALE

130. Les suffixes verbaux forment exclusivement des dérivés en *-er* ou en *-ir.* La dérivation est **immédiate** quand les suffixes sont simples comme dans *loge, log-er ;* elle est **médiate** quand les suffixes sont complexes, comme dans *vivre, viv-ot-er ; dent, dent-el-er.*

-er (forme élargie : *-ter*) s'ajoute à des noms ou à des adjectifs et forme un grand nombre de verbes : *Bas*ER [1], *box*ER, *log*ER, *bavard*ER, *gris*ER, *clout*ER, *numérot*ER.

---

1. *Baser* (attesté déjà en 1613, selon Bloch-Wartburg) est régulièrement formé. Venu en usage à la fin du XVIIIe siècle, il a été vivement combattu par les puristes (Royer-Collard, Deschanel, A. Hermant, Vincent, Joran, etc.) ; entré dans le Dictionnaire de l'Académie en 1798 (édit. publiée par la Convention sur les manuscrits de l'Académie, laquelle avait été supprimée en 1794, par décret), il en fut ôté en 1835, et n'a pu se faire admettre ni dans l'édition de 1878, ni dans celle de 1935. Nul doute pourtant que *baser, se baser sur* n'aient reçu la sanction de l'usage : *C'est là-dessus qu'il se* BASE (BESCHERELLE). — BASER *un système sur des faits* (LITTRÉ ; pour Littré, *baser* est un néologisme « qui n'a rien de condamnable en soi, puisque *baser* est formé par rapport à *base* comme *fonder* par rapport à *fond,* mais qui est peu utile », et « il vaudra donc toujours mieux, en écrivant, se servir de *fonder* que de *baser* »). — BASER : *Faire reposer par la base sur qqch.* (Syn. *fonder*) (DICT. GÉN.). — *Songe à te garnir la tête de faits qui puissent* BASER *tes jugements sur les hommes* (STENDHAL, *Corr.,* t. II, p. 34). — *Les pièces de comptabilité sur lesquelles M. Quilliet a dû sans doute se* BASER (ID., *ibid.,* t. VIII, p. 234). — *Il prétendait* BASER *sur ce faux principe*

-ir (forme élargie : *-cir*) est un suffixe à peu près mort aujourd'hui (§ 663). Il s'est joint à des noms et à des adjectifs : *Garant*IR, *meurtr*IR, *blanch*IR, *maigr*IR, *roug*IR, *noir*CIR, *obscur*CIR.

La dérivation médiate fournit, en général, des verbes exprimant une nuance diminutive, péjorative ou méprisante, et terminés exclusivement en *-er*.

-ailler, -iller, -ouiller (lat. *-culare*) ont un sens fréquentatif ou diminutif : *Cri*AILLER, *mord*ILLER, *chat*OUILLER.

-asser (voir dérivation nominale : *-asse*) est augmentatif ou péjoratif : *Écriv*ASSER, *rêv*ASSER.

-eler (lat. *-illare*) : *Boss*ELER, *craqu*ELER, *dent*ELER.

-eter, -oter (voir dériv. nominale : *-et, -ot*) sont diminutifs ou fréquentatifs : *Becqu*ETER, *vol*ETER, *grign*OTER, *viv*OTER.

-iner (lat. *-inare ?*) est diminutif : *Trott*INER.

-ocher, -nicher, -ifler sont d'origine inconnue : *Effil*OCHER, *flân*OCHER, *pleur*NICHER, *écorn*IFLER.

-onner (voir dériv. nominale : *-on*) est diminutif ou fréquentatif : *Chant*ONNER, *griff*ONNER, *mâch*ONNER.

-oyer [lat. *-izare* (d'après le grec *-ίζειν*), devenu *-idiare*, puis *-eier, -oier, -oyer*] : *Chat*OYER, *coud*OYER, *foudr*OYER, *nett*OYER.

c) *DÉRIVATION ADVERBIALE*

131. La dérivation adverbiale emploie le suffixe *-ons*, peu productif, et le suffixe *-ment*, qui a donné une grande quantité d'adverbes.

(Voir détails, § 825, *b*.)

---

la différence qu'on a établie entre le mot épidémique et le mot endémique (MUSSET, *Le Secret de Javotte*). — *Il ne s'agit pas ici d'ergoter, mais de se* BASER *sur des faits* (VILLIERS DE L'ISLE-ADAM, *Contes cruels*, p. 82). — *On s'est plu (...) à* BASER *sur ce dit une paradoxale étude* (R. de GOURMONT, *Le Livre des Masques*, p. 89). — *Ses espoirs du jour s'anéantissaient* BASÉS *sans doute sur d'instables riens* (P. LOTI, *Ramuntcho*, p. 265). — *Dès que les dramaturges ont* BASÉ *leurs ouvrages sur ce qui était ou ce qui est encore passager* (G. DUHAMEL, *Paul Claudel*, p. 109). — *Ils se* BASAIENT *sur les principes* (P. MORAND, *Bucarest*, p. 270). — *Une « collaboration » (...) ne saurait être « loyale »,* ainsi BASÉE *sur un mensonge* (A. GIDE, *Journal 1939-1942*, p. 104). — *Une paresse en robe de juge condamne dans nos entreprises de poésie ce qu'elle estime n'être pas poétique, se* BASANT, *pour son verdict, sur cette apparence de merveilleux dont je parle* (J. COCTEAU, *La Difficulté d'être*, p. 79). — *Sur quoi vous* BASEZ-VOUS... ? (Fr. de MIOMANDRE, *Mon Caméléon*, p. 102.) — *La renommée qu'ils lui font est* BASÉE *sur un malentendu* (H. TROYAT, *Dostoïevsky*, p. 299). — *Sa technique d'opération,* BASÉE *sur une philosophie ouvrant à l'intuition le même crédit que lui accorde Bergson, pouvait se définir ainsi : « Distraire pour soustraire »* (H. TORRÈS, *Accusés hors série*, pp. 282-283).

C. — Dérivation régressive.

132. La **dérivation régressive** (ou **rétrograde**) crée des mots nouveaux par élimination d'une syllabe finale. Tandis que la dérivation propre allonge ordinairement le mot primitif, la dérivation régressive le raccourcit toujours.

La dérivation régressive s'opère de différentes façons :

1º Dans la plupart des cas, elle se fait par formation **postverbale**, c'est-à-dire qu'en dépouillant certains verbes de leurs terminaisons, elle les réduit au radical (ordinairement le radical tonique du présent de l'indicatif : voir § 623) ; elle forme ainsi des *noms postverbaux*, qui sont des noms d'actions d'instruments ou d'agents.

Les noms postverbaux masculins présentent ordinairement le radical pur ; les noms postverbaux féminins allongent d'un *e* féminin le radical verbal.

MASCULINS : *Accord* (accorder), *coût* (coûter), *galop* (galoper), *labour* (labourer), *pli* (plier), *refus* (refuser), *dédain* (dédaigner), *soupir* (soupirer), *bond* (bondir), *choix* (choisir), *combat* (combattre), *refend* (refendre), etc.

FÉMININS : *Adresse* (adresser), *agrafe* (agrafer), *attaque* (attaquer), *chicane* (chicaner), *nage* (nager), *visite* (visiter), *transe* (transir), etc.

Dans la formation des noms postverbaux masculins, l'élimination de la terminaison amène parfois un changement phonétique dans le radical (comparez § 623). Ainsi *ou* peut devenir *eu* : avoUer, avEU ; — *ch* peut devenir *c* : accrocHer, accroC ; — la voyelle se nasalise devant une consonne nasale devenue finale : gAgner, gAIN ; — *gn* devient *(i)n* : dédaiGNer, dédaIN ; — *n*, après un *r*, tombe : retourNer, retour.

2º La dérivation régressive élimine parfois un suffixe : *Aristocrate* est tiré de *aristocratie* ; *bureaucrate* de *bureaucratie* ; *démocrate* de *démocratie* ; *diplomate* de *diplomatie* ; *mélomane* de *mélomanie* ; *capuche* de *capuchon* ; *litre* de *litron* ; *guigne* de *guignon*.

Après élimination des suffixes -*ant* ou -*ent*, elle forme des verbes en -*er* : *Arc-bouter* est tiré de *arc-boutant* ; *somnoler* de *somnolent*.

3º La dérivation régressive élimine parfois un *e* féminin final : *Médecin* est tiré de *médecine* ; *carrier* de *carrière* ; *châtain* de *châtaigne* ; *violet* de *violette*.

II. — DÉRIVATION SAVANTE

A. — Dérivation latine.

133. Les suffixes latins employés par la formation savante (§ 109) ont produit, par *dérivation nominale*, des noms et des adjectifs ; par *dérivation verbale*, ils ont fourni des verbes.

a) DÉRIVATION NOMINALE

134. Voici les principaux suffixes latins employés par la formation savante dans la dérivation nominale :

-acé (lat. *-aceus*) a donné de nombreux termes de botanique : *Renon-cul*ACÉES, *Ros*ACÉES, etc.

-aire (lat. *arius, -aris*), doublet des suffixes populaires *-ier, -er,* s'ajoute à des radicaux latins et surtout à des radicaux français, avec la significa-tion de *qui tient à, qui a : Lapid*AIRE, *mousquet*AIRE, *millionn*AIRE, *moscou-t*AIRE.

-al (lat. *-alis*) correspond au suffixe populaire *-el : Ban*AL, *médicin*AL.

Jusqu'au XVIIIe siècle, il y a eu, dans un grand nombre de cas, hésita-tion entre la forme en *-al* et la forme en *-el : Commun*EL, *commun*AL. Parfois les deux formes ont subsisté : *Origin*EL, *origin*AL ; *parti*EL, *parti*AL.

-an, -ane (lat. *-anus, -ana,* qui a donné en français *-ain, -aine :* § 129 ; et *-ien, -ienne :* voir ci-après) se trouve dans quelques mots d'emprunt et dans quelques mots tirés de noms propres géographiques ou historiques : *Gallic*AN, *padou*AN, *rhén*AN, *pers*AN, *castill*AN, *mahomét*AN.

Romand, romande (c.-à-d. qui appartient à la partie de la Suisse où l'on parle fran-çais) est le même mot que *roman, romane,* avec changement de suffixe d'après *alle-mand, allemande.*

-ana (lat. *-ana,* plur. neutre de *-anus*) s'ajoute à des noms propres d'au-teurs et forme des dérivés désignant des ouvrages faits d'anecdotes, de bons mots, etc. : *Ménagi*ANA, *Voltairi*ANA.

Ana peut s'employer comme nom pour désigner un recueil de bons mots, d'anec-dotes, etc. : *Cela traîne dans tous les* ANA (Ac.).

-at (lat. *-atus* ou *-atum*) : *Général*AT, *assassin*AT, *syndic*AT.

Le suffixe collatéral *-iat* forme des dérivés de mots en *-aire : Vicar*IAT, *secrétar*IAT, *prolétar*IAT.

-ateur (lat. *-ator* ; suff. pop. : *-eur*) se joint exclusivement à des verbes : *Admir*ATEUR, *explor*ATEUR.

-ature (lat. *-atura ;* suff. pop. :*-ure*) se trouve dans des mots d'emprunt latins : *Dict*ATURE, *littér*ATURE. — Il s'ajoute à des noms et à des verbes, et désigne ordinairement l'ensemble des caractères indiqués par le radical : *Oss*ATURE, *arc*ATURE, *fil*ATURE, *sign*ATURE.

-bond (lat. *-bundus*) se rencontre dans quelques mots pris du latin : *Mori*BOND, *nauséa*BOND, *furi*BOND.

-bus (emprunté à *omnibus,* ellipse de « voiture omnibus », c'est-à-dire « voiture pour tous ») est devenu suffixe[1] pour servir à former des noms de

---

1. La langue populaire ou familière a le nom *bus,* qui est le nom *autobus* abrégé par aphérèse (§ 152, 2°) : *Je quittai la troupe, grimpai sur un* BUS (G. DUHAMEL, *Le Temps de la Recherche,* XVI).

véhicules de transport en commun : *Auto*BUS, *aéro*BUS, *biblio*BUS, *électro*BUS, *trolley*BUS.

-é, -ié (lat. *-atus, -iatus*) se joignent à des radicaux de mots latins : *Con-stellé, foli*IÉ, *salar*IÉ.

-éen sert principalement à traduire les mots latins en *-eus, aeus ;* il se trouve aussi dans quelques dérivés français : *Chald*ÉEN, *marmor*ÉEN, *lyc*ÉEN, *vend*ÉEN.

-ence (lat. *-entia*) sert à former, sur le modèle des mots en *-ence* empruntés au latin, des noms tirés d'adjectifs en *-ent : Perman*ENCE, *adhér*ENCE.

-esque (ital. *-esco*, remontant au germanique) a pénétré au XVIe siècle dans le français par des mots italiens tels que *arabesque, pédantesque*, etc.

— Ce suffixe fait exprimer au dérivé, tantôt dans le sens laudatif, tantôt dans le sens dépréciatif, une idée de démesure, de caprice, de fantaisie ; il sert, en particulier, à former des adjectifs dérivés de noms de personnages popularisés par la politique, l'art, la littérature, le cinéma, etc. : *Funambul*ESQUE, *si-mi*ESQUE, *titan*ESQUE, *sardanapal*ESQUE, *dant*ESQUE, *moliér*ESQUE, *cheva-ler*ESQUE, *charlatan*ESQUE, *prudhomm*ESQUE (voir la note 1 au bas de la p. 66), *rocambol*ESQUE, *ubu*ESQUE, *charlot*ESQUE.

-ible (lat. *-ibilis*) se rencontre dans des mots d'emprunt : *Corrupt*IBLE, *vis*IBLE, *suscept*IBLE [1], etc., sur le modèle desquels on a formé quelques dérivés nouveaux : *Comest*IBLE, *élig*IBLE.

---

1. « Il ne faut pas, dit Littré, confondre *susceptible* et *capable*. On est susceptible de recevoir, d'éprouver, de subir ; mais on est capable de donner ou de faire. » — Distinction plausible sans doute, mais on observera, d'une part, que le suffixe *-ible* n'exprime pas nécessairement une possibilité passive : *terrible, horrible…* ; d'autre part, que *capable* et *susceptible* ne sont, en somme, que des doublets, procédant d'un ancêtre commun : *capère*, prendre. *Capable* vient du bas latin *capabilis* (du radic. de *capère* + suff. *-abilis*) ; — *susceptible* est issu du bas latin *susceptibilis* (le suff. *-ibilis* se joint au radic. de *suscipère*, qui est formé de *susum*, en haut, + *capère*). — Toute plausible qu'elle est, la distinction faite par Littré est souvent négligée, et les meilleurs auteurs font exprimer à *susceptible* une possibilité active : *La couleur qui est* SUSCEPTIBLE *d'exhausser le ton d'une autre couleur* (LITTRÉ, s. v. *couleur*). — *Caliban était* SUSCEPTIBLE *de faire des progrès* (RENAN, *Caliban*, V, 1). — *Une vérité* SUSCEP-TIBLE *d'affaiblir le bras qui combat* (A. GIDE, *Incidences*, p. 11). — *Un étalage de choses (…)* SUSCEPTIBLES *de s'envoler au moindre souffle* (P. LOTI, *Le Rom. d'un enf.*, XXXIX). — *Une profession nourricière,* SUSCEPTIBLE *de les libérer* (G. DUHAMEL, *Discours aux nuages*, p. 170). — *Nous avons tenté de démontrer (…) que rien n'était (…) plus* SUSCEPTIBLE *d'égarer le chercheur* (L. DAUDET, *Le Stupide XIXe Siècle*, p. 158). — *Les quelques généraux* SUSCEPTIBLES *de diriger une armée* (P. GAXOTTE, *La Révolut. franç.*, p. 313). — *Une figure* SUSCEPTIBLE *de me donner de l'inquiétude* (P. MILLE, *Mémoires d'un dada besogneux*, p. 76). — *Tout ce qui est* SUSCEPTIBLE *d'élever l'âme et d'ordonner l'esprit de ces enfants* (Fr. de MIOMANDRE, dans les *Nouvelles litt.*, 1er nov. 1945). — SUSCEPTIBLE *d'accomplir de très grandes choses* (É. HENRIOT, *Les Occasions perdues*, p. 25). — *Un objet* SUSCEPTIBLE *d'envoûter* (J. COCTEAU, *Poésie critique*, p. 167). — *Des maux* SUSCEPTIBLES *de leur valoir la liberté* (Fr. AMBRIÈRE, *Les Grandes Vacances*, p. 242). — *Une servante à la journée,* SUSCEPTIBLE *de seconder Josépha* (Ph.

-ien, -ienne : dans la formation populaire, le suffixe latin *-anus, -ana* a donné normalement *-ain, -aine ;* mais sous l'influence d'un yod, ou d'un *c* ou d'un *g* précédents, il est devenu, dans quelques mots, *-ien, -ienne : paganus* > païen, *decanus* > doyen ; *medianus* > moyen. Des mots à demi savants comme *chrétien* (de *christianus*), *ancien* (de *antianus*), ont amené l'extension de *-ien, -ienne*, qui a été considéré comme un suffixe nouveau ; il se joint à des noms pour former des adjectifs ou des noms désignant la profession, la secte, la nationalité, etc. : *Music*IEN, *napoléon*IEN, *physic*IEN, *collég*IEN, *kant*IEN, *pruss*IEN, *israél*IEN.

-ique (lat. *-ĭcus*) est le suffixe le plus employé pour former des adjectifs et notamment des adjectifs de la terminologie scientifique : *Chim*IQUE, *volcan*IQUE, *marot*IQUE, *jurass*IQUE.

-isme et **-iste** (lat. *-ismus, -ista ;* du grec *-ισμός, -ιστής*) ont trouvé une très grande extension dans le latin scolastique, d'où ils ont passé dans la langue vulgaire. Depuis la Renaissance jusqu'à l'époque actuelle, où ces suffixes sont plus vivants que jamais, la langue a créé une foule de dérivés en *-isme* et en *-iste*. — *-isme* indique, soit une notion abstraite, soit une doctrine, soit une tournure propre à une langue. *-iste* indique le plus souvent un homme qui, de manière ou d'autre, s'occupe de l'objet désigné par le radical : *Héro*ïSME, *calvin*ISME, *chauvin*ISME, *romant*ISME, *défait*ISME ; *archiv*ISTE, *journal*ISTE, *royal*ISTE, *grév*ISTE, *bolchev*ISTE.

-ité (lat. *-itas ;* suff. pop. : *-été*) a donné et donne encore, en très grand nombre, des noms abstraits tirés d'adjectifs : *Actual*ITÉ, *inviolabil*ITÉ, *mondan*ITÉ.

-itude (lat. *-itudo*) se trouve dans beaucoup de mots d'emprunt : *cert*ITUDE, *hab*ITUDE, etc., sur le modèle desquels la langue savante a créé des mots en petit nombre : *Plén*ITUDE, *décrép*ITUDE, *plat*ITUDE.

-ose (lat. *-osus ;* suff. pop. : *-eux*) forme surtout des dérivés dans la nomenclature scientifique : *Niv*ÔSE, *mor*OSE, *cellul*OSE.

-tion, -sion (lat. *-tio, -sio*) se joignent à des radicaux latins ou à des mots français pour donner des termes abstraits : *Igni*TION, *denti*TION, *bifurca*TION, *compromis*SION, *démoralisa*TION, *comparu*TION.

N. B. — 1. Deharveng, souscrivant à la remarque de Littré, déclare : « C'est une faute de dire une belle *dentition* pour une belle *denture. Denture* = ensemble des dents ; *dentition* = action par laquelle se forment et poussent les dents. » (*Corrig.-nous ! Aide-mém.*, p. 91). — Cette opinion est démentie par l'usage actuel : *dentition* peut s'employer aujourd'hui (et l'Académie le reconnaît) comme synonyme de *denture : La femme de l'apothicaire les croquait* [des pains] *comme eux, héroïquement, malgré sa détestable* DENTITION (FLAUB., *Mme Bov.*, p. 331). — *Son éclatante* DENTITION *est redevable aux progrès de la céramique* (M. PRÉVOST, *Lettres à Françoise mariée*, XII). — *La bouche profite d'une forte* DENTITION (COLETTE, *La Naissance du jour*, p. 93). — *Ses épaisses lèvres de Bambara découvraient une* DENTITION *canine* (Fr.

HÉRIAT, *Famille Boussardel*, XI). — Observons subsidiairement que Littré définit « incapable » en disant : *Qui n'est pas susceptible de...*

MAURIAC, *Préséances*, II, 3). — *Une Colombienne stupide, belle* DENTITION... (P. MORAND, *Papiers d'identité*, p. 94). — *James avait hérité (...) la* DENTITION *de Robert* (É. PEISSON, *Les Écumeurs*, p. 5). — *Ce large sourire invitant qui découvre une éclatante* DENTITION ! (D. de ROUGEMONT, *La Part du Diable*, p. 116.) — *Et Tania put admirer la régularité parfaite de sa* DENTITION (H. TROYAT, *Tant que la terre durera...*, p. 99). — *Les ruines d'une* DENTITION *imposante* (M. JOUHANDEAU, *Nouv. Images de Paris*, p. 43).

2. *Comparution* a été formé, d'après le participe *comparu*, sur le modèle de *solution*, *ablution*, etc. (*comparition*, d'après le lat. *apparitio*, s'est dit autrefois ; il est chez R. Estienne, 1539). — On observera, à ce propos, que *parution* (action de paraître en librairie, date de publication), formé d'après le participe *paru*, n'est ni dans Bescherelle, ni dans Littré, ni dans le Dictionnaire général, ni dans le Dictionnaire de l'Académie ; le Larousse du XX⁰ s. le signale, mais comme un « néologisme mal formé et superflu ». — Sans doute l'usage traditionnel est de dire : *publication, apparition, mise en vente : J'ai empêché la* PUBLICATION *du poëme* (Boss., dans Littré). — *La* PUBLICATION *d'un livre* (DICT. GÉN.). — *Je ne sais quelle cause a retardé la* PUBLICATION *de son livre* (AC.). — *Je n'ai su qu'il y a huit jours l'*APPARITION *du « Rouge »* (STENDHAL, *Corr.*, t. VII, p. 26). — *L'*APPARITION *d'un livre* (AC.). — *La* MISE EN VENTE *d'un ouvrage* (ID.). — Cependant *parution*, tout à fait courant dans la langue de la librairie, est aujourd'hui, en dépit des puristes, reçu dans l'usage, même littéraire : *S'il ne m'a pas prévenu plus tôt de la* PARUTION *de l'article* (R. ROLLAND, *Journ.*, dans la *Table ronde*, déc. 1952, p. 75). — *La* PARUTION *en librairie du premier volume de ses œuvres* [de James] (Ch. DU BOS, *Journ. 1921-1923*, p. 152). — *Dès sa* PARUTION [d'une revue] (G. BERNANOS, *Journ. d'un Curé de camp.*, p. 364). — *Dès sa* PARUTION, *ce choix s'imposa* (M. MEUNIER, dans les *Nouv. litt.*, 30 janv. 1937). — *La* PARUTION *d'un ouvrage illisible* (M. AYMÉ, *Le Confort intellect.*, p. 120). — *La* PARUTION *de la « Porte étroite »* (R. MALLET, dans la *Corresp. Claudel-Gide*, Introd.). — *La* PARUTION *du « Mystère de la charité »* (Mme SIMONE, dans les *Nouv. litt.*, 12 déc. 1950). — *Dès 1845, date de la* PARUTION *de l'« Unique et sa propriété »* (A. CAMUS, *L'Homme révolté*, p. 84). — *Dès avant la* PARUTION *de l'ouvrage* (R. LAS VERGNAS, dans *Hommes et Mondes*, mars 1953, p. 452). — *Un livre qui apparaît au lieu de paraître ; au lieu d'une* PARUTION, *une apparition* (J. COCTEAU, *Poésie critique*, p. 211). — *Un des livres d'avant la guerre qui, ayant compté dès leur* PARUTION, *n'ont rien perdu de leur prix* (Cl. MAURIAC, dans le *Figaro litt.*, 28 sept. 1955). — *Quelques mois après la* PARUTION [de « Jean Barois »] (R. MARTIN DU GARD, dans le *Figaro litt.*, 24 déc. 1955). — *Depuis la* PARUTION *du tome X* (A. BILLY, dans le *Figaro litt.*, 9 nov. 1957). — *Au cours d'une sorte de cocktail qui suivit la* PARUTION *de mes « Pincengrain »* (M. JOUHANDEAU, *Carnets de l'écrivain*, p. 350). — *La* PARUTION *du manifeste de Du Bellay* (M. COHEN, *Grammaire et Style*, p. 54).

-toire (lat. *-torius*) sert à former des adjectifs signifiant *qui est propre à, qui sert à : Blasphéma*TOIRE, *diffama*TOIRE.

-ueux (lat. *-uosus*), tiré de mots tels que *fruct*UEUX, *volupt*UEUX (lat. *fructuosus, voluptuosus*), se joint, comme suffixe indépendant, à certains mots français pour former des adjectifs indiquant la plénitude, l'abondance : *Torrent*UEUX, *délict*UEUX.

-ule (lat. *-ulus*) a donné, surtout dans la terminologie scientifique, des noms et des adjectifs à signification diminutive ou péjorative : *Glob*ULE, *ov*ULE, *libell*ULE.

-cule et *-icule* sont des formes élargies de *-ule : Animal*CULE, *princip*ICULE.

b) *DÉRIVATION VERBALE*

135. Les suffixes latins employés par la formation savante dans la dérivation verbale sont :

-er. Ce suffixe verbal, si fécond dans la formation populaire, est employé aussi dans la formation savante, qui le joint, non à des radicaux français, mais à des radicaux latins, réels ou fictifs : *Major*ER, *relat*ER.

-iser (form. pop. : *-oyer*, remontant à *-izare*, d'origine grecque : § 130) prend une extension de plus en plus grande et se joint tant à des noms et à des adjectifs français qu'à des radicaux latins : *Galvan*ISER, *réal*ISER [1], *monopol*ISER, *pasteur*ISER, *dramat*ISER, *neutral*ISER, *vulgar*ISER, *balkan*ISER.

B. — Dérivation grecque.

136. Voici les principaux suffixes grecs que la formation savante utilise pour créer des mots nouveaux ; ceux-ci appartiennent pour la plupart à la terminologie scientifique :

-ie (gr. *-ía*, se confondant avec le suffixe latin *-ia*) : *Agronom*IE, *photograph*IE.

-ique (gr. *-ικός*, se confondant avec le latin *-icus*) : *Anatom*IQUE, *anesthé*SIQUE.

---

1. *Réaliser*, dans l'acception de « se représenter, imaginer » (cf. angl. *to realize*), est aujourd'hui entré dans l'usage [« Il me paraît (...) vain, écrit A. Gide, de chercher à déposséder *réaliser* de la signification du *realize* anglais : nous en avons besoin. » (*Incidences*, p. 75)] : *Ce fut seulement en me retrouvant hors de la chambre où j'avais reçu cette tragique confession que j'en* RÉALISAI *la conséquence immédiate* (P. BOURGET, *Drames de famille*, p. 55). — *L'inintelligence ou l'indifférence des maîtres ne* RÉALISAIT *pas la valeur de ces œuvres d'art* (H. BORDEAUX, *Les Déclassés*, p. 48). — *Tous ces détails ne sont pas inutiles à qui veut* RÉALISER *les difficultés particulières auxquelles la vocation de l'abbé de Broglie se heurtait* (H. BREMOND, *Âmes religieuses*, p. 101). — *Ni Mlle de Bauret ni lui-même ne* RÉALISÈRENT *le désintéressement presque insensé de ce geste* (H. de MONTHERLANT, *Les Célibataires*, p. 59). — *Christiane sentait ces choses dans leur ensemble, mais n'en* RÉALISAIT *pas les détails* (E. JALOUX, *L'Alcyone*, IX). — *Une extraordinaire fatigue paralysait mon cerveau. Je continuais de ne pas* RÉALISER *le présent* (É. ESTAUNIÉ, *Le Labyrinthe*, p. 276). — *Époques géologiques que l'imagination ne* RÉALISE *pas* (J. et J. THARAUD, *Marrakech*, p. 63). — *Nous* RÉALISONS *que ce monde extérieur et notre monde intérieur, ils correspondent* (P. CLAUDEL, *L'Œil écoute*, p. 192). — *Cet amour d'un mourant, elle ne le* RÉALISAIT *pas* (J.-L. VAUDOYER, *La Reine évanouie*, p. 25). — *Ce fut donc dans l'insomnie qu'elle commença, couchée, de* RÉALISER *l'événement* (R. BOYLESVE, *Élise*, p. 186). — *L'homme est si surnaturel que ce qu'il* RÉALISE *le moins, ce sont les notions de temps et d'espace* (L. BLOY, *La Femme pauvre*, p. 136). — *Des badauds naïfs ne* RÉALISANT *pas l'horreur de la défaite les avaient regardés défiler* (F. GREGH, *L'Âge de fer*, p. 155).

-ose (gr. *-ωσις*) donne des termes médicaux : *Névr*OSE, *chlor*OSE.

-ite (gr. *-ῖτις*) fournit aussi des dérivés dans la terminologie médicale : *Bronch*ITE, *conjonctiv*ITE, *ot*ITE.

-ite (gr. *-ίτης*) donne des noms de minéraux : *Anthrac*ITE, *lign*ITE.

Art. 2. — COMPOSITION

137. Par la **composition**, la langue forme des mots nouveaux, soit en combinant des mots simples avec des mots déjà existants, soit en faisant précéder ces mots simples de syllabes sans existence propre : *Chou-fleur, gendarme, pomme de terre, contredire, désunir, paratonnerre*.

Un mot, quoique formé d'éléments graphiquement indépendants, est *composé* dès le moment où il évoque dans l'esprit, non les images distinctes répondant à chacun des mots composants, mais une image unique. Ainsi les composés *hôtel de ville*, *pomme de terre, arc de triomphe* éveillent chacun dans l'esprit une image unique, et non les images distinctes d'*hôtel* et de *ville*, de *pomme* et de *terre*, d'*arc* et de *triomphe*.

138. Parmi les éléments composants, il faut mentionner notamment les préfixes. Un **préfixe** est une particule (préposition ou adverbe) ou encore une simple syllabe qui, placée devant un nom, un adjectif, un verbe ou un participe, modifie le sens du mot primitif en y ajoutant une idée secondaire.

Certains préfixes, dits **séparables**, peuvent, en dehors de la composition, s'employer comme mots indépendants : *à, avant, bien, contre, en, entre, mal, moins, non, par, plus, pour, sous, sur, sus*.

D'autres, dits **inséparables**, sont empruntés presque tous au latin ou au grec et n'ont pas d'existence propre : *dé-, dés-, é-, for-, in-, mé-, més-, pré-, re- ; archi-, para-, anti-*, etc.

Remarques. — 1. Quand ils servent à former des verbes, les préfixes ont toujours la valeur adverbiale. Ailleurs, les uns ont la valeur prépositionnelle, les autres, la valeur adverbiale. Toutefois les préfixes *avant, contre, entre, par, sus* peuvent s'employer tantôt comme prépositions, tantôt comme adverbes.

2. Dans certains cas, la composition suppose une ellipse : *Timbre-poste* = timbre de la poste. Mais l'ellipse dans la composition n'est pas si fréquente qu'on pourrait le croire.

3. Tantôt les éléments composants sont soudés en un mot simple : *Bonheur, contredire, entracte ;* tantôt ils sont reliés entre eux au moyen du trait d'union : *Chou-fleur, coffre-fort ;* tantôt ils restent graphiquement indépendants : *Moyen âge, pomme de terre*.

4. Quand le radical commence par une consonne, la consonne finale du préfixe s'assimile ou s'accommode, dans certains cas, à la consonne initiale

du radical. Ainsi *ad-* se rencontre sous les formes *ac, af, ag, al, an, ap, ar, as, ar* : A*ccourir,* AF*faiblir,* AG*graver,* AL*longer,* etc. De même, *con-* se trouve sous les formes *com* (devant *b, m, p*), *col, cor* ; — *in-*, sous les formes *im* (devant *b, m, p*), *il, ir* ; — *sub-*, sous les formes *suc, suf, sug, sup* ; — *syn-*, sous les formes *sym* (devant *b, m, p*), *syl.*

5. Il arrive, mais assez rarement, que, suivant un procédé germanique, quand on a en coordination deux composés comme *bienfaisant, malfaisant,* ou *biennal, triennal,* etc., présentant le même élément fondamental, mais des éléments initiaux différents (généralement antithétiques), on se dispense d'exprimer, dans le premier composé, l'élément fondamental, qui se remplace ordinairement, dans l'écriture, par un tiret : *Son pouvoir* BIEN *ou* MALFAISANT *sur celui qui l'aime* (R. ROLLAND, *Jean-Chr.*, t. III, p. 207). — *Ou bien ces propriétés existaient déjà à l'état de* PRÉ- *ou* INFRA-VIE (J. ROSTAND, *Ce que je crois*, p. 43). — *La particule humaine, considérée dans ses déterminations* PHYSIO- *et* PSYCHOLOGIQUES (P. TEILHARD DE CHARDIN, *L'Apparition de l'Homme*, p. 350).

I. — *COMPOSITION POPULAIRE*

139. Nous examinerons d'abord les différents rapports syntaxiques qui peuvent exister entre les éléments composants, en indiquant en même temps la nature de ces éléments ; ensuite nous étudierons les préfixes de la composition populaire.

A. — Rapports existant entre les éléments composants.

140. Les éléments composants peuvent être unis par *coordination* ou par *subordination.*

1. — Coordination.

141. On reconnaît qu'il y a coordination quand on peut placer entre le déterminé et le déterminant l'expression *qui est.*

La composition par coordination utilise des noms, des adjectifs et des adverbes, selon les combinaisons suivantes :

1º NOM + NOM. — Le plus souvent le déterminant suit le déterminé : *Commis voyageur, chou-fleur* ; quelquefois le déterminant précède : *Aide-maçon, chef-lieu.*

Les composés par apposition abondent dans la langue d'aujourd'hui : *Wagon-restaurant, canne-parapluie, train-surprise,* etc.

2º ADJECTIF + NOM. — L'adjectif est, tantôt au premier rang, tantôt au second : *Bonheur, bas-relief, rond-point ; vinaigre, coffre-fort.*

Remarque. — L'adjectif possessif peut entrer en composition avec quelques noms : *Monsieur, madame, monseigneur, Notre-Seigneur,* etc.

3⁰ ADVERBE + NOM. — Les adverbes *arrière, avant, contre, entre, sous, sur,* combinés avec des noms, produisent de nombreux composés : *Avant-bras, arrière-pensée, contre-appel, entre-voie, sous-lieutenant,* etc.

4⁰ ADJECTIF + ADJECTIF (ou *participe*) : *Aigre-doux, ivre-mort, clairsemé, court-vêtu.*

Remarque. — Le premier adjectif joue parfois le role d'un adverbe : *Nouveau-né, clairvoyant.*

2. — Subordination.

142. La composition par subordination utilise des noms, des prépositions et des verbes. Le mot subordonné peut être complément d'un nom, complément d'objet ou régime d'une préposition.

On peut avoir les combinaisons suivantes :

1⁰ NOM + NOM. — Le complément du nom s'exprimait parfois, au moyen âge, par simple juxtaposition du cas régime, sans préposition : ce mode de composition, si fécond dans les langues germaniques, est assez rare en français : *Fête-Dieu, chiendent, Val-Saint-Lambert, timbre-poste.*

2⁰ NOM + VERBE. — Le nom est très rarement complément d'objet ; dans un petit nombre de cas, il est complément circonstanciel : *Lieutenant, bouleverser, colporter, maintenir, saupoudrer.*

Dans les composés tels que : *savoir-faire, savoir-vivre,* le second infinitif doit être regardé comme un nom, complément d'objet direct du premier infinitif.

3⁰ NOM + PRÉPOSITION + RÉGIME. — Ce mode de composition fournit, au moyen des prépositions *à, de, en, sur, lez,* un grand nombre de mots : *Pot-au-feu, pomme de terre, arc-en-ciel, Chalon-sur-Saône, Plessis-lez-Tours.*

4⁰ PRÉPOSITION + RÉGIME. — Le régime est ordinairement un nom : *Après-midi, contrepoison, enfin, surtout,* etc.

143. Outre la composition par coordination ou par subordination, il y a la composition par membres de phrases et même par propositions entières.

1⁰ THÈME VERBAL + COMPLÉMENT. — On trouve dans certains composés un thème verbal — sous la forme de la 3ᵉ personne du singulier de l'indicatif présent — combiné avec un complément d'objet ou avec un complément ayant valeur d'adverbe ; parfois le thème verbal entre en composition avec un autre thème verbal ou avec un infinitif : *Abat-jour, coupe-circuit, coupe-gorge, fainéant, fait-tout, porte-bagages, pousse-café, tord-boyaux ; boute-en-train, gagne-petit, meurt-de-faim ; va-et-vient, passe-passe, chantepleure.*

Selon l'interprétation traditionnelle, l'élément verbal, dans les composés de l'espèce, serait, à l'origine, un impératif. J. Marouzeau — à l'opinion de qui on se range ici — estime que « tout se passe comme si nous étions en présence d'un élément verbal extérieur au paradigme, étranger aux notions de personne, de temps, de mode, ayant pour base la forme la plus réduite du verbe, celle de la 3e personne de l'indicatif ». (Cf. *Franç. mod.*, avril 1952, pp. 81-86.)

Dans *laissez-passer, rendez-vous, ne m'oubliez pas*, on a un impératif combiné avec un complément.

2º Propositions. — Dans certains cas, des propositions exprimant des exclamations, des souhaits, des questions, des ordres, etc. équivalent à des mots simples et s'emploient comme noms, comme adjectifs ou comme adverbes : *Sot-l'y-laisse, vasistas* (allem. *was ist das ?*), *naguère* (= il n'y a guère, s.-ent. : de temps), *peut-être, un homme* COMME IL FAUT, *un* JE NE SAIS QUOI, *le* QU'EN-DIRA-T-ON, *un* SAUVE-QUI-PEUT, *un* ON-DIT, *le* QUI-VIVE, etc.

B. — Les préfixes dans la composition populaire.

144. Les principaux préfixes employés dans la composition populaire sont :

A- ou ad- (lat. *ad*), qui devient, en général, par assimilation, *ac, af, ag, al, an, ap, ar, as, at*. Il marque une idée de tendance, de direction vers un but déterminé : Abattre, Apercevoir, ADjoindre, AFfaiblir, ALlonger, ANnoter, APporter, ARrondir, ATtirer.

Après- (lat. *ad + pressum*) : APRÈS-*midi*, APRÈS-*demain*.

Arrière- (lat. *ad + retro*) : ARRIÈRE-*pensée*, ARRIÈRE-*garde*.

Avant- (lat. *ab + ante*) : AVANT-*coureur*, AVANT-*hier*.

Le latin *ante* ne se retrouve que dans quelques mots d'emprunt : ANcêtre, ANTan.

Be-, bé- (lat. *bis*, deux fois) : Brouette (pour *berouette*), BÉvue (pour *besvue*).

Bien- (lat. *bene*) : BIEN-*aimé*, BIENveillant.

Ca- (variantes : co-, cha-), péjoratif (l'origine de ce préfixe est contestée) : CAbosser, COlimaçon, CAmus (paraît composé de *ca* + radical de *museau*), CAmouflet (paraît composé de *ca + moufle*, museau), CHAmailler (paraît composé de *cha* + anc. fr. *mailler*, frapper), CAhute (influence possible du néerl. *kajuit*).

Contre- (lat. *contra*), qui marque la réciprocité, la réaction, l'opposition : CONTREbalancer, CONTREmander, CONTREcoup, CONTREpoids, CONTREcarrer, CONTREfaçon.

Dé-, dés- (lat. *dis*), indiquant séparation, division, négation : DÉcharger, DÉborder, DÉshonneur.

É- (lat. *ex*), qui indique extraction, augmentation, privation : Ébranler, Époumoner, Éclairer, Émouvoir.

En-, em- (lat. *in*), signifiant *dans* : ENterrer, EMpocher, EMporter, EMbrigader, ENjeu.

En-, em- (lat. *inde*), se combinant avec des verbes de mouvement : En*le-ver*, em*mener*.

Entr(e)- (lat. *inter*), qui indique la réciprocité ou signifie *au milieu de, à demi* : S'entr*aider*, entre*lacer*, entr*ouvrir*.

For-, hors- (lat. *foris*), signifiant *hors de* : For*clore*, for*ban*, hor*mis*.

Faubourg pourrait être mentionné ici. La forme ancienne était *fors borc* (XII e s.), c'est-à-dire « hors bourg ». C'est l'attraction paronymique de *faux* qui, au XIV e siècle, en a fait *faubourg*.

For- (german. *fir*, influencé par le latin *fors*), qui a une valeur péjorative ou augmentative : For*faire*.

Mal-, mau- (lat. *male*) : Mal*adroit*, mal*honnête*, mau*ssade*.

Mé-, més- (représente la particule négative ou péjorative du francique **missi- :* allem. *miss-* — et non pas le lat. *minus*) : Mé*plat*, més*aventure*, mé*content*.

Mi- (lat. *medius*) : Mi*-carême*, à mi*-voix*, mi*lieu*.

Non- (lat. *non*) : Non*-sens*, non*obstant*.

Outre- (lat. *ultra*) : Outre*passer*, outre*-Rhin*.

Par- (lat. *per*), qui signifie *jusqu'au terme*. Il indique l'augmentation, l'achèvement : Par*achever*, par*faire*.

Plus- (lat. *plus*) : Plus*-value*, la plu*part*.

Pour- (lat. *pro*) : Pour*chasser*, pour*parlers*.

Re-, r-, res-, ra- (lat. *re*). Ce préfixe, très vivant et très fécond, marque surtout la répétition [1] ; il peut marquer aussi l'augmentation, la rétrograda-tion, l'opposition, le rétablissement dans un état, la réciprocité ; il prend parfois la forme *ra*, empruntée à des mots comme *rabougrir (r + abougrir)* : Re*faire*, re*luire*, re*coin*, re*tourner*, re*voici*, res*saisir*, ra*fraîchir*, ra*cheter*.

Re- marque parfois l'action instantanée par opposition à l'action durative : *Ra-battre*, ra*lentir*, ré*veiller*, ra*masser*.

Parfois il y a concurrence entre le préfixe populaire *re-* et le préfixe savant *ré-*. Le Larousse du XX e siècle donne, par exemple : ra*ssortir* et ré*assortir*, ra*pprendre* et ré*apprendre*, ra*juster* et ré*ajuster*, re*mployer* et ré*employer*, etc.

Sans- (lat. *sine*) : Sans*-cœur*, sans*-gêne*.

Sou-, sous- (lat. *subtus*) : Sou*lever*, sous*-entendu*, sou*ligner*, sou*mettre*, sous*-bail*.

Sur- (lat. *super*) : Sur*charger*, sur*exciter*.

Tres-, tré- (lat. *trans*) : Tré*bucher*, tré*passer*, tres*saillir*.

Vi- (lat. *vice*, à la place de) : Vi*comte*, vi*dame*.

N. B. — Pour la composition dans les mots invariables (adverbes, prépositions, conjonctions, interjections), voyez §§ 825, *a* ; 898 ; 953 ; 989.

---

1. La langue familière ou populaire a des composés hardis et pittoresques comme : re*bonjour*. — *Un an de blé, un an de betteraves. Blé, betteraves.* Re*blé*, re*betteraves* (P. Claudel, *Le Pain dur*, II, 1).

II. — *COMPOSITION SAVANTE*

145. Comme la dérivation savante, la composition savante utilise des éléments latins et des éléments grecs. Des mots composés, empruntés du latin et du grec, ont été transportés tels quels en français, sans autre modification qu'une terminaison francisée : AQUEDUC (lat. *aquaeductus*), BÉNÉVOLE (lat. *benevolus*), ACROSTICHE (gr. ἀκρόστιχος), AMPHIBIE (gr. ἀμφίβιος).

Mais, sur le modèle de la composition latine ou grecque, les lettrés ont créé une foule de termes qui n'ont jamais existé en latin ni en grec. Ainsi FÉBRIFUGE est la combinaison de deux éléments latins : *febris*, fièvre, et *fugare*, mettre en fuite ; AÉROLITHE est la combinaison de deux éléments grecs : ἀήρ, air, et λίθος, pierre.

On s'est servi aussi, comme préfixes, de particules latines et de particules grecques.

Pour les composés dont le 1ᵉʳ élément présente la désinence -*o* ou -*i*, voyez § 293, Rem. *in fine*.

A. — Composition latine.

146. COMPOSÉS DE MOTS. — Il faut signaler notamment les adjectifs ou substantifs verbaux suivants, formant le second élément du composé :

-cide (lat. -*cida*, de *caedĕre*, tuer) : *Régi*CIDE, *insecti*CIDE.

-cole (lat. -*cola*, de *colĕre*, cultiver, adorer, habiter) : *Viti*COLE, *horti*COLE.

-culteur, -culture (lat. *cultor, cultura*) : *Api*CULTEUR, *ostréi*CULTURE.

-fère (lat. -*fer*, de *ferre*, porter) : *Calori*FÈRE, *auri*FÈRE, *pétroli*FÈRE, *carboni*FÈRE, *cruci*FÈRE.

-fique (lat. -*ficus*, de *facĕre*, faire) : *Frigori*FIQUE, *sopori*FIQUE.

-fuge (lat. -*fuga*, de *fugare*, mettre en fuite) : *Fébri*FUGE, *centri*FUGE.

-pare (lat. *parĕre*, mettre au monde) : *Ovi*PARE, *vivi*PARE.

-vore (lat. *vorare*, manger, dévorer) : *Grani*VORE, *fumi*VORE.

Sont à mentionner aussi des adjectifs formés d'un adjectif et d'un nom : *Rectiligne, multicolore, longicorne*, etc. ; — des adjectifs formés d'un nom auquel se joint l'élément -*forme : Piriforme, cunéiforme, vermiforme*, etc. ; — de nombreux verbes formés d'un attribut et de l'élément verbal -*(i)fier* (lat. -*ficare*, de *facĕre*, faire) : *Bonifier, codifier, électrifier, ossifier, aurifier, statufier*, etc.

147. COMPOSÉS PAR PARTICULES. — Parmi les préfixes savants d'origine latine, il faut citer :

Ab-, abs- (idée d'éloignement), qui se trouve presque exclusivement dans des mots empruntés : AB*stinence*, AB*diquer*.

Anté-, anti- (lat. *ante*), qui se trouve dans des mots empruntés et dans quelques composés français : ANTÉ*cédent*, ANTÉ*diluvien*, ANTI*dater*.

Bis-, bi- (lat. *bis*, deux fois), qui indique le redoublement : BI*pède*, BIS*sac*, BIS*sectrice*.

Circum-, circon-, circom- (lat. *circum*, autour), qui se rencontre dans des mots d'emprunt et dans quelques mots savants : CIRCON*locution*, CIRCUM*navigation*, CIRCOM*polaire* (l'Acad. écrit *circumpolaire*).

Cis- (lat. *cis*, en deçà) : CIS*rhénan*, CIS*alpin*.

Com-, col-, con-, cor-, co- (lat. *cum*, avec), qui marque réunion, adjonction. Il se trouve dans des mots d'emprunt : CO*llection*, CON*férer*, etc., et dans des composés français assez nombreux : CO*efficient*, CON*disciple*, COM*patriote*.

Dis- (lat. *dis*, forme pop. : *dé*), qui est dans des mots d'emprunt et dans quelques composés français ; il indique la séparation, l'intervalle, la négation : DIS*corde*, DIS*joindre*, DIS*semblable*, DIS*proportion*, DIS*continuité*, DIS*symétrie* [1].

Ex- (lat. *ex*, hors de), qui se trouve dans de nombreux composés latins : EX*citer*, EX*clure*, etc., et dans quelques composés français : EX*patrier*, EX*proprier*. — Il se place fréquemment, depuis la Révolution, devant un nom de profession, d'état, pour indiquer que la personne dont on parle n'exerce plus cette profession, n'est plus dans cet état : EX-*député*, EX-*ministre*.

Extra- (lat. *extra*, en dehors) : EXTRA*judiciaire*, EXTRA*vaser*, EXTRA*légal*, EXTRA*parlementaire*, EXTRA-*terrestre*.

Extra, abréviation familière de l'adjectif *extraordinaire*, a pu s'employer comme nom et aussi comme préfixe augmentatif (fin du XIXᵉ s.) : EXTRA-*fin*, EXTRA-*rapide*, EXTRA-*fort*.

In-, im-, il-, ir- (lat. *in*, dans ; ou particule latine *in*, marquant négation) se trouve dans quantité de mots venus de composés latins : IN*docile*, IM*plorer*, IM*peccable* [2], IL*licite*, IR*ruption* ; il a servi à former une foule de composés

---

1. Littré, Clédat *(Dict. étym.)*, le Dictionnaire général et le Larousse du XXᵉ s. écrivent *dyssymétrie* et voient dans ce mot le préfixe grec *dys* (§ 149). Mais il paraît préférable d'y voir, avec Nyrop (*Gr. hist.*, t. III, § 511), le préfixe latin *dis-* indiquant la négation, et d'écrire, comme le fait l'Académie : *dissymétrie*. Robert et le Grand Larousse encyclopédique mentionnent les deux orthographes.

2. On a prétendu que *impeccable*, puisqu'il signifie étymologiquement « incapable de pécher, de faillir », ne pouvait s'appliquer à des choses. Il n'est pas douteux que ce mot n'ait, dans l'usage moderne, étendu sa signification et ne puisse, au sens de « absolument régulier, correct, irréprochable, sans défaut », s'appliquer à des choses : *Sa conduite fut* IMPECCABLE (AC.). — *Tenue* IMPECCABLE (ID.). — *Toilette* IMPECCABLE (ID.). — *Un faux-col* IMPECCABLE (Ch. PÉGUY, *L'Esprit de système*, p. 31). — *Dans l'ordre le plus* IMPECCABLE (J. ROMAINS, *Les Copains*, p. 221). — *Demeure* IMPECCABLE (J. GREEN, *Journ.*, 25 oct. 1936). — *Dans un salut* IMPECCABLE (H. TROYAT, *Tant que la terre durera...*, p. 277). — *Par des démonstrations (...)* IMPECCABLES (DANIEL-ROPS, *Péguy*, p. V). — « *Faire réflexion que...* » *est* IMPECCABLE (A. THÉRIVE, *Clinique du lang.*, p. 173). — *Un appartement* IMPECCABLE (A. MAU-

français : IN*filtrer*, IN*conscient*, IN*exact*, IN*lassable* [1], IL*lettré*, IM*pardonnable*, IR*responsable*.

Inter- (lat. *inter*, entre) : INTER*ligne*, INTER*national*, INTER*jeter*, INTER-*poser*, INTER*tropical*.

Intra- (lat. *intra*, au-dedans) : INTRA*dos*, INTRA*veineux*.

Juxta- (lat, *juxta*, auprès de) : JUXTA*poser*, JUXTA*linéaire*.

Pén(é) (lat. *paene*, presque) : PÉN*ombre*, PÉNÉ*plaine*.

Post- (lat. *post*, après) : POST*face*, POST*communion*, POST*dater*.

Pré- (lat. *prae*, en avant, devant) : PRÉ*avis*, PRÉ*historique*, PRÉ*disposer*, PRÉ*séance*, PRÉ*supposer*.

Pro- (lat. *pro*, en avant) : PRO*jeter*, PRO*poser*, PRO*éminence*.

Quasi- (lat. *quasi*, comme si) : QUASI-*contrat*, QUASI-*délit*.

Ré- (lat. *re*) : RÉ*imprimer*, RÉ*armer*.

Simil(i)- (lat. *similis*, semblable) : SIMIL*or*, SIMILI-*marbre*, SIMILI-*gravure*.

Sub- (lat. *sub*, sous) : SUB*diviser*, SUB*ordonner*, SUB*urbain*.

Super- (lat. *super*, au-dessus) : SUPER*poser*, SUPER*fin*.

Trans- (lat. *trans*, au-delà) : TRANS*atlantique*, TRANS*percer*, TRANS*poser*.

Tri- (particule lat. *tri*, trois) et **quadri-** (rac. lat. *quadr(i)*, quatre) : TRI*folié*, QUADRI*jumeaux*.

Ultra- (lat. *ultra*, outre), qui indique l'exagération ou signifie *au-delà de* : ULTRA-*violet*, ULTRA*montain*, ULTRA-*libéral*, ULTRA-*comique*, ULTRA-*royaliste*.

Vice- (lat. *vice*, à la place de) : VICE-*roi*, VICE-*président*.

B. — Composition grecque.

148. COMPOSÉS DE MOTS. — Dans les composés de mots, la formation savante utilise notamment les éléments grecs suivants :

ROIS, *Les Roses de septembre*, p. 16). — *Dans une* IMPECCABLE *tenue d'escrimeur* (H. TORRÈS, *Accusés hors série*, p. 277)

1. « Dire *inlassable* est très *inlogique* », déclarait Faguet ; « *inlassable* n'est pas français ; je serai *illassable* à le dire » (*Annales pol. et litt.*, 27 avr. et 11 mai 1913). — *Inlassable* et *inlassablement*, tout irrégulièrement formés qu'ils sont, se sont, depuis la fin du XIXe siècle, solidement implantés dans l'usage, en dépit des puristes : *Son* INLASSABLE *curiosité* (P. de LA GORCE, *Au Temps du second Empire*, p. 201). — *L'*IN-LASSABLE *dévouement* (G. CLEMENCEAU, *Grandeurs et Misères d'une victoire*, p. 32). — *Avec une* INLASSABLE *vigilance* (Fr. de MIOMANDRE, *Mon Caméléon*, p. 71). — *Cette contemplation* INLASSABLE (A. de CHÂTEAUBRIANT, *La Réponse du Seigneur*, p. 204). — *Pareils à des insectes* INLASSABLES (G. DUHAMEL, *Géogr. cordiale de l'Europe*, p. 97). — *Cette chanson incompréhensible dont l'Alsacienne reprenait* INLASSABLEMENT *le refrain* (Fr. MAURIAC, *La Fin de la nuit*, I). — *La littérature française s'est proposé de peindre en pied,* INLASSABLEMENT, *l'homme* (G. DUHAMEL, *Défense des Lettres*, IV, 1). — *Cette obstination des faibles qui (...) recommencent* INLASSABLEMENT *la bataille* (J. GREEN, *Adrienne Mesurat*, p. 41). — *Considérant* INLASSABLEMENT *l'horizon marin* (Y. GAN-DON, *Terres chaudes*, p. 114).

1° COMME PRÉFIXES :

Aéro- (air) : AÉRO*plane*, AÉRO*drome*.

Anthropo- (homme) : ANTHROPO-*logie*, ANTHROPO*métrie*.

Archéo- (ancien) : ARCHÉO*logie*.

Auto- (soi-même) : AUTO*gène*, AUTO-*biographie*.

Baro- (pesanteur) : BARO*mètre*.

Biblio- (livre) : BIBLIO*phile*.

Bio- (vie) : BIO*logie*, BIO*graphie*.

Caco- (mauvais) : CACO*graphie*.

Chromo- (couleur) : CHROMO*litho-graphie*, CHROMO*sphère*.

Chrono- (temps) : CHRONO*mètre*.

Chryso- (or) : CHRYSO*cale*.

Cosm(o)- (monde) : COSMO*rama*, COSMO*polite*.

Crypto- (caché) : CRYPTO*game*.

Cyclo- (cercle) : CYCLO*stome*.

Dactylo- (doigt) : DACTYLO*graphie*.

Démo- (peuple) : DÉMO*graphie*.

Dynamo- (force) : DYNAMO*mètre*.

Gast(é)r(o)- (estomac) : GASTR*al-gie*, GASTÉRO*pode*.

Gé(o)- (terre) : GÉO*logie*.

Hélio- (soleil) : HÉLIO*gravure*, HÉ-LIO*thérapie*.

Hémo-, hémat(o)- (sang) : HÉ-MO*spasie*, HÉMAT*ologie*.

Hémi- (demi) : HÉMI*ptère*.

Hippo- (cheval) : HIPPO*phagie*.

Hom(é)o- (semblable) : HOMÉO*pa-thie*, HOMO*thétie*.

Horo- (heure) : HORO*graphie*.

Hydr(o)- (eau) : HYDR*avion*, HY-DRO*thérapie*.

Iso- (égal) : ISO*therme*.

Litho- (pierre) : LITHO*graphie*.

Macro- (long) : MACRO*pode*.

Méga(lo)- (grand) : MÉGA*lithique*, MÉGALO*manie*.

Méso- (milieu) : MÉSO*carpe*.

Métro- (mesure) : MÉTRO*nome*.

Micro- (petit) : MICRO*phone*, MICRO-*scope*.

Mono- (un seul) : MONO*théisme*.

Morpho- (forme) : MORPHO*logie*.

Nécro- (mort) : NÉCRO*phage*.

Néo- (nouveau) : NÉO*logisme*.

Neuro-, névr(o)- (nerf) : NEURO-*logie*, NÉVRO*tomie*, NÉVR*algie*.

Odont(o)- (dent) : ODONT*algie*, ODONTO*logie*.

Ophtalmo- (œil) : OPHTALMO*logie*.

Ortho- (droit) : ORTHO*pédie*.

Oro- (montagne) : ORO*graphie*.

Paléo- (ancien) : PALÉO*graphie*, PALÉO*lithique*.

Pan(to)- (tout) : PAN*germanisme*, PANTO*graphe*.

Patho- (douleur, maladie) : PATHO-*gène*.

Péd(o)- (enfant) : PÉD*iatrie*, PÉDO-*logie* [1].

Phago- (manger) : PHAGO*cyte*.

Phil(o)- (ami) : PHIL*harmonique*, PHILO*technique*.

---

1. *Pédologie* (du grec παῖς, παιδός, enfant, et λόγος, traité) : science de la conduite et de l'évolution de l'enfant : mot formé par O. Chrisman (fin du XIXᵉ s.). Ce mot entre en collision homonymique avec *pédologie* (gr. πέδον, sol, et λόγος, traité) : science du sol, étude du sol au point de vue de ses constituants chimiques et de sa fertilité : le mot date, lui aussi, de la fin du XIXᵉ siècle. Certains, pour éviter la confusion, ont préconisé d'adopter, quand il s'agit de la science de l'enfant, la graphie *paidologie* ; mais cette graphie (mentionnée par le *Supplément* du *Larousse du XXᵉ siècle*, à côté de l'autre) fait avec *pédagogie*, au point de vue orthographique, une disparate fâcheuse.

Phono- (son, voix) : PHONO*graphe.*
Photo- (lumière) : PHOTO*mètre,*
　PHOTO*graphie.*
Pneum(at)o- (souffle) : PNEUMO-
　coque, PNEUMATO*logie.*
Podo- (pied) : PODO*mètre.*
Poly- (plusieurs) : POLY*pétale.*
Prot(o)- (premier) : PROTO*type.*
Pseudo- (faux) : PSEUDO-*prophète.*
Psych(o)- (âme) : PSYCH*iatrie,* PSY-
　CHO*logie.*
Ptéro- (aile) : PTÉRO*dactyle.*
Pyro- (feu) : PYRO*gravure.*

Rhin(o)- (nez) : RHINO*plastie.*
Techno- (science, art) : TECHNO-
　logie.
Télé- (loin) : TÉLÉ*phone,* TÉLÉ-
　graphe, TÉLÉ*pathie.*
Théo- (dieu) : THÉO*dicée.*
Thermo- (chaleur) : THERMO*mètre.*
Top(o)- (lieu) : TOP*onymie,* TOPO-
　logie.
Typo- (caractère) : TYPO*graphie.*
Xéno- (étranger) : XÉNO*phobe.*
Xylo- (bois) : XYLO*phone.*
Zoo- (animal) : ZOO*lâtrie.*

2º COMME SUFFIXES :

-algie (douleur) : *gastr*ALGIE.
-bare (qui pèse) : *iso*BARE.
-carpe (fruit) : *péri*CARPE.
-céphale (tête) : *dolicho*CÉPHALE.
-cosme (monde) : *macro*COSME.
-crate (qui a le pouvoir) : *bureau*-
　CRATE.
-cratie (pouvoir) : *bureau*CRATIE.
-cycle (cercle) : *tri*CYCLE.
-dactyle (doigt) : *ptéro*DACTYLE.
-game (mariage) : *crypto*GAME.
-gène (qui engendre) : *hydro*GÈNE.
-gramme (lettre, poids) : *télé*-
　GRAMME.
-graphe (qui écrit) : *phono*GRAPHE.
-hydre (eau) : *an*HYDRE.
-id(e) (qui a la forme de) : *ovo*ÏDE,
　*cellulo*ÏD.
-lâtrie (culte) : *zoo*LÂTRIE.
-lithe (pierre) : *hippo*LITHE.
-logie (science) : *bio*LOGIE.
-logue (savant en) : *égypto*LOGUE.
-mancie (divination): *carto*MANCIE.
-mane (qui a la folie de) : *cocaïno*-
　MANE.
-manie (folie) : *mono*MANIE.
-mètre (mesure) : *gazo*MÈTRE.
-morphe (forme) : *iso*MORPHE.

-nome (règle) : *métro*NOME.
-onyme (nom) : *ant*ONYME.
-pathie (maladie) : *allo*PATHIE.
-pédie (éducation) : *ortho*PÉDIE.
-phage (qui mange) : *hippo*PHAGE.
-phagie (action de manger) : *aéro*-
　PHAGIE.
-phile (ami de) : *franco*PHILE.
-phobe (qui a de la crainte, de la
　répulsion) : *anglo*PHOBE.
-phobie (crainte, répulsion) : *ger-
　mano*PHOBIE.
-pode (pied) : *gastéro*PODE.
-ptère (aile) : *hélico*PTÈRE.
-scope (qui permet de regarder) :
　*spectro*SCOPE, *péri*SCOPE.
-scopie (action de regarder) : *hélio*-
　SCOPIE, *cardio*SCOPIE.
-sphère (sphère) : *strato*SPHÈRE.
-technie (science) : *pyro*TECHNIE.
-théisme (dieu) : *mono*THÉISME.
-thèque (armoire) : *disco*THÈQUE,
　*filmo*THÈQUE, *carto*THÈQUE.
-thérapie (guérison) : *hydro*THÉ-
　RAPIE.
-tomie (action de couper) : *gastro*-
　TOMIE.
-typie (impression) : *photo*TYPIE.

149. Composés par particules. — Voici les principaux préfixes grecs (prépositions ou adverbes) que l'on trouve en français, soit dans des mots d'emprunt, soit dans des mots de formation savante :

A-, an- marque privation ou négation : A*zote*, A*ptère*, A*naérobie*, A*moral*, A*normal*.

Amphi- signifie *autour, des deux côtés* : A*mphibie*, A*mphithéâtre*.

Ana- exprime l'idée d'inversion, de réduplication : A*nathème*, A*nachronisme*, A*nabaptiste*.

Anti-, anté- signifie *contre* : A*ntialcoolique*, A*ntireligieux*, A*ntiseptique*, A*ntéchrist*.

Apo- indique généralement l'éloignement : A*phélie*, A*postasie*.

Archi-, arch- exprime l'idée de suprématie, de haut degré : A*rchiduc*, A*rchevêque*, A*rchiprêtre*. — *Archi-* sert, dans la langue courante, à former quantité de superlatifs familiers et permet toutes sortes de néologismes expressifs : A*rchifou*, A*rchibête*, A*rchimillionnaire*, A*rchirusé*, A*rchiparesseux*, A*rchivieux*.

Cata- signifie *en bas, sur* : C*atastrophe*, C*ataplasme*, C*atacombes*.

Di-, dis- exprime l'idée de *double* : D*issyllabe*, D*iptère*, D*iptyque*.

Di(a)- indique la séparation, la distinction ou signifie *à travers* : D*iastase*, D*iacritique*, D*iamètre*, D*iaphragme*, D*iorama*.

Dys- indique la difficulté, le mauvais état : D*yspnée*, D*yspepsie*, D*ysenterie*, D*ysurie*.

En- veut dire *dans* : E*ncéphale*, E*ncrine*, E*ndémie*.

End(o)- marque l'idée de *dedans* : E*ndosmose*, E*ndocarpe*.

Épi- signifie *sur, vers* : É*pizootie*, É*picarpe*, É*piderme*.

Eu- équivaut à *bien, bon* : E*uphonie*, E*ucharistie*.

Hyper- veut dire *au-dessus, sur* : H*ypertrophie*, H*yperbole*, H*yperdulie*.

Hypo- signifie *au-dessous, sous* : H*ypocarpe*, H*ypogée*, H*ypothèque*.

Méta- marque le changement ou la succession : M*étamorphose*, M*étaphore*, M*étaphysique*, M*étagramme*.

Par(a)- signifie *contre, auprès, le long de* : P*aradoxe*, P*aramètre*, P*aronyme*, P*araphrase*, P*arallèle*.

Péri- veut dire *autour* : P*ériphrase*, P*érianthe*, P*érihélie*.

Pro- signifie *pour, devant, en avant* : P*rogramme*, P*rognathe*, P*rolepse*.

Syn- a le sens de *avec, ensemble* : S*ynthèse*, S*yllabe*, S*ystème*.

C. — Formation parasynthétique.

150. La formation **parasynthétique** [a] crée des mots nouveaux en ajoutant à un mot primitif *simultanément* un préfixe et un suffixe

---

Étym. — [a] *Parasynthétique*, dérivé du grec παρασύνθετος, dérivé d'un composé, de παρά, à côté, et σύνθετος, composé.

nominal ou verbal : ÉborgnER (é + borgne + er), ENcolURE (en + col + ure).

Il y a des **parasynthétiques verbaux,** formés de noms auxquels on ajoute simultanément un préfixe et un suffixe verbal (er ou ir) : AbordER, ACColER, AFfrontER, s'AgenouILLER, s'AlitER, AmerrIR, AplatIR, APpauvrIR, DÉballER, DÉboursER, ÉgrenER, etc.

Il y a aussi des **parasynthétiques nominaux :** ce sont des noms et des adjectifs formés de noms auxquels on ajoute simultanément un préfixe et un suffixe nominal : EMbrancheMENT, EMbrasURE, EMpaumURE, EMplaceMENT, ENcoignURE, ENcolURE, ENvergURE, etc.; EFfronté, ENjoué, ENsoleillé, éploré, INTERcostAL, INTERnationAL, SOUterrAIN, etc.

Art. 3. — ONOMATOPÉES

151. Les **onomatopées** [a] sont des mots imitatifs dont les phonèmes reproduisent de manière approximative certains sons ou certains bruits : cris des animaux, sons des instruments de musique, bruits des machines, bruits accompagnant certains phénomènes de la nature, etc. : *Cocorico, cricri, crincrin, flonflon, tic-tac, teuf-teuf, glouglou, frou-frou, pan, crac, patratras.* — *Un grand bel ange (...) écrivait,* CRA-CRA, *dans un grand livre* (A. DAUDET, *Lett. de m. moul.,* p. 128).

Comme elles n'imitent les bruits que d'une façon plus ou moins exacte, en général, les onomatopées diffèrent sensiblement d'une langue à l'autre. Ainsi le cri du canard, comme le note Nyrop (*Gramm. hist.,* t. III, p. 18), est rendu en français par *couin couin (couan couan, cancan),* en danois par *rap rap,* en allemand par *gack gack (gick gack, pack pack, quack quack),* en roumain par *mac mac,* en italien par *qua qua,* en russe par *kriak,* en anglais par *quack,* en catalan par *mech mech.*

En ce qui concerne leur fonction, les onomatopées servent souvent de NOMS : *Un coucou, un cricri ;* — d'INTERJECTIONS : *Chut, crac ;* — d'ADVERBES : *Aller cahin-caha.* Elles peuvent donner naissance à des VERBES : *Caqueter, chuchoter, claquer, haleter, miauler, ronronner, meugler, croasser, roucouler.*

Aux onomatopées peuvent se rattacher certains mots enfantins, formés par réduplication de syllabes : *Toutou, dada, coco,* etc. ; certains refrains vides de sens ou vaguement imitatifs : *Tra deri dera, lon lon laire, lanturlu, mironton tonton mirontaine, tonton tontaine tonton* (cor de chasse), *la faridondaine, la faridondon.*

Art. 4. — ABRÉVIATION

152. La langue parlée résiste naturellement aux mots trop longs, surtout à ceux dont la physionomie révèle une origine savante ou pédante, et elle

ÉTYM. — [a] *Onomatopée,* empr. du lat. *onomatopoeia,* grec ὀνοματοποιία, action de former un mot, de ὄνομα, nom, et ποιέω, je fais.

les abrège. Il y a là une tendance à économiser l'effort qui s'est manifestée dès les origines mêmes du français, mais c'est depuis la fin du XIXe siècle que l'abréviation a considérablement étendu son action.

1° Elle mutile les composés trop longs et réduit à leurs seules lettres ou syllabes initiales des noms de sociétés, de « firmes », de formations militaires, etc. : U. R. S. S. (Union des Républiques Socialistes Soviétiques), C. G. T. (Confédération Générale du Travail), P. T. T. (Postes, Télégraphes, Téléphones), G. Q. G. (Grand quartier général), J. O. C. (Jeunesse ouvrière chrétienne).

Ce mode d'abréviation est surtout professionnel ou administratif. G. Duhamel s'en amuse dans sa comédie L'Œuvre des Athlètes (II, 11) : *Et puis, ce n'est pas seulement l'appui du P. D. M. que je vous apporte ; c'est encore celui du J. D. J. et de la M. M. A. Je peux à peu près compter sur la Société des R. C. D. Q.*

La langue de l'administration militaire ou civile, de la politique, des groupements professionnels ou sportifs, etc. en fait un abus qui devient parfois agaçant.

L'assemblage des initiales auxquelles l'abréviation réduit certaines expressions se prononce souvent par épellation de ces initiales [1] : U.R.S.S. se dit *u-èr'-ès'-ès'* ; — C.G.T. se dit *sé-jé-té*. — Cependant quand l'assemblage des initiales s'y prête, il est parfois prononcé dans la langue familière comme s'il constituait un vrai mot : O.T.A.N. (pron. : *otan*) ; — U.R.S.S. (pron. : *urs'*) ; J.O.C. (pron. : *jok*).

2° Dans le vocabulaire argotique ou dans le vocabulaire usuel, elle mutile certains mots, soit par ablation de syllabes finales *(apocope)*, ou moins souvent, par ablation de syllabes initiales *(aphérèse)* : *Colon*[el], *mar*[échal des lo]*gis*, [ca]*piston*, *sous-off*[icier], *prof*[esseur], *math*[ématiques] ; — *auto*[mobile], *ciné(ma)*[tographe], *tram*[way], *pneu*[matique], [mar]*chand d'ail* (d'où *chandail*), *dactylo*[graphe], *micro*[phone], *bénéf*[ice], *métro*[politain], *radio*[phonie], *taxi*[mètre], *stylo*[graphe], *accu*[mulateur]. — *Et le* [garde muni]CIPAL *avait mis des gants blancs* (A. FRANCE, *Crainquebille*, p. 44). — *Il va chez le* [mas-] TROQUET *plus souvent que d'habitude* (ID., *ibid.*, p. 47).

Remarques. — 1. La langue populaire, empruntant à des termes abrégés comme *photo, vélo,* etc., la terminaison -*o*, se plaît à la substituer à la partie finale de certains mots, qu'elle rend ainsi, en les abrégeant, plus faciles à manier et plus pittoresques : *Proprio* (propriétaire), *camaro* (camarade), *apéro* (apéritif), *convalo* (convalescence), *anarcho* (anarchiste), *mécano* (mécanicien), *métallo* (métallurgiste).

2. On usait autrefois de *mons*, abréviation familière ou méprisante de *monsieur* (voir § 425, Rem. 2 *in fine*) : *Eh bien ! me dit-il,* MONS *Jacob, comment se comporte votre jeune maître ?* (MARIVAUX, *Le Paysan parvenu*, p. 22.) — MONS *de Louvois nous envoie de tous côtés des jésuites et des dragons* (VOLT., *L'Ingénu*, VIII). — *Qui m'avait mené là ?* MONS *Triboulet, je crois* (HUGO, *Le Roi s'amuse*, IV, 2).

---

1. C'est ainsi que G. Duhamel a formé plaisamment le nom *téhessef* [T.S.F. = télégraphie (ou téléphonie) sans fil] : *Je ne vais même pas vous prêcher une espèce de Saint-Barthélemy des appareils de* TÉHESSEF (*Paroles de médecin*, p. 205).

§ 4. — FAMILLES DE MOTS

153. Une **famille de mots** est l'ensemble des mots qui peuvent se grouper autour d'un radical commun d'où ils ont été tirés par la dérivation ou par la composition. Dans nombre de cas, ce travail de dérivation ou de composition s'est opéré en latin ou en grec, dès avant la formation du français ; dans d'autres cas, c'est le français lui-même qui a dérivé ou composé des termes nouveaux.

Tantôt le radical n'a subi aucune modification : *Dent*, DENT*ier*, DENT*ure*, DENT*ition*, *é*DENT*é*, *re*DENT, etc. ; tantôt il a été plus ou moins altéré selon les lois de la phonétique française :

Parfois la voyelle radicale du mot primitif a changé (§ 94, Rem. 4) : *Bœuf*, *bouvier* ; *faim*, *affamer* ;

Parfois la voyelle finale est tombée : *Charité, charitable ; nécessité, nécessiteux* ;

Parfois la consonne finale a changé : *Croc, crochet ; cheval, chevaucher* ;

Parfois la terminaison a disparu : *Bougie, bougeoir ;* ou s'est trouvée confondue avec une autre par addition, suppression ou changement d'une consonne : *Faisan, faisander* ; *faubourg, faubourien* ; *Verviers, Verviétois.*

Fréquemment le radical se présente sous des formes différentes selon qu'il est pris dans un mot purement latin, dans un mot roman ou français, ou dans un mot emprunté à une langue étrangère, selon aussi qu'il est de formation populaire ou de formation savante : CAPR*icant* (rad. latin) ; CHEVR*otant* (rad. français) ; CABR*iole* (rad. provençal).

Certains mots qui, en apparence, dérivent d'un même radical, se rattachent en réalité à des radicaux différents par l'origine ou par le sens : *Dé*RIV*er* (rad. *riv*, du lat. *rivus*, ruisseau) ; — *dé*RIV*er* (rad. *riv*, du lat. *ripa*, rive) ; — *dé*RIV*er* = défaire ce qui est rivé (rad. *riv*, d'origine incertaine) ; — DÉRIV*er* (rad. *dériv*, de l'anglais *to drive*).

§ 5. — CHANGEMENTS DE SIGNIFICATION

154. Le vocabulaire français n'a cessé, depuis ses origines, de subir des modifications de forme ; mais la plupart des mots ont subi aussi des changements de signification, indépendants de l'évolution phonétique. C'est que le langage, ne pouvant avoir autant de mots qu'il y a d'objets à désigner ou d'idées à exprimer [1], doit suppléer à cette insuffisance en donnant à un même mot plusieurs sens [2]. Les variations de sens dans les mots ressortissent à la

---

1. La 8e édition du Dictionnaire de l'Académie (1935) contient environ 33 000 mots.
2. Ces sens sont parfois fort nombreux : Littré distingue 24 sens ou emplois diffé-

sémantique, dont l'objet comprend non seulement les changements de signification des mots, mais, en général, tous les faits linguistiques et tous les phénomènes du langage étudiés à la lumière de la psychologie individuelle ou sociale.

155. Les causes générales des variations de sens dans les mots semblent être principalement, d'après Nyrop :

1º Le changement des choses mêmes désignées par le mot donné : *Boulevard : a)* autrefois, rempart de terre soutenu par des madriers ; — *b)* promenade plantée d'arbres, le rempart démoli ayant été remplacé par une promenade plantée d'arbres.

2º La connexité entre une chose et certaines circonstances accessoires : *Dessert : a)* action de desservir la table ; — *b)* ce que l'on dessert ; — *c)* dernier service d'un repas (servi au moment du dessert final).

3º Les groupements sociaux d'hommes de même langue : *Apéritif : a)* dans le langage des médecins, ce qui ouvre les pores aux liquides de l'organisme ; — *b)* boisson qui ouvre l'appétit.

4º La disposition d'âme du moment : *C'est du propre !* c.-à-d. du *malpropre.*

5º Certaines combinaisons verbales dans lesquelles le mot subit l'influence d'un autre et finit par prendre une valeur nouvelle : *Rien* est devenu négatif à force d'être employé dans des phrases négatives.

156. Le sens primitif d'un mot peut changer par *modification simple* ou par *modification complexe.*

1. — Modifications simples.

1º RESTRICTION DE SENS : *Pondre* (lat. *ponere,* poser) : *a)* déposer ; — *b)* déposer des œufs. — *Braire : a)* crier, pleurer ; — *b)* en parlant de l'âne, pousser le cri particulier à son espèce.

2º EXTENSION DE SENS : *Panier* (lat. *panarium,* corbeille à pain) : *a)* corbeille à pain ; — *b)* corbeille quelconque. — *Quartier : a)* quatrième portion d'un tout ; — *b)* portion d'un tout non divisé exactement en quatre parties.

3º MÉTONYMIE. La métonymie applique à un objet le nom d'un autre objet uni au premier par un rapport constant comme : cause — effet ; conte-

---

rents de *coup,* 67 de *main,* 82 de *faire.* — D'ailleurs, comme le fait remarquer Lanson, « les mots sont susceptibles d'une infinité de valeurs dont le dictionnaire n'indique que la partie commune et en quelque sorte irréductible. Tout ce qui fait, à vrai dire, la valeur individuelle du mot vient de la place et de l'entourage. C'est là qu'il prend sa forme et sa mesure précises, s'étendant ou se ramassant selon l'espace accordé, grâce à son élasticité naturelle et fixant dans un emploi unique sa multiple capacité. » (*Conseils sur l'art d'écrire,* pp. 171-172).

nant — contenu ; signe — chose signifiée ; abstrait — concret, etc. : *Boire la mort* = boire un breuvage qui cause la mort. *Boire un verre. Toute la salle applaudit.*

4º MÉTAPHORE. La métaphore applique à un objet le nom d'un autre objet grâce à des rapports d'analogie ou de ressemblance que l'esprit saisit entre eux : *Chétif* (lat. *captivum*, prisonnier) : *a)* anciennement : prisonnier ; — *b)* faible de corps.

5º EUPHÉMISME. L'euphémisme adoucit par l'expression ou par le tour ce que le mot propre pourrait avoir de choquant : *Belette*, c.-à.-d « belle petite », nom donné, par l'effet d'une crainte superstitieuse, à un animal que la vieille langue nommait *mosteile, moustoile, mutoille* (lat. *mustela*, belette).

6º RENFORCEMENT ou AFFAIBLISSEMENT : *Génie : a)* disposition, talent naturel ; — *b)* aptitude supérieure que tiennent de la nature les esprits créateurs. — *Gêne : a)* torture ; — *b)* douleur très vive ; — *c)* malaise qu'on éprouve quand on est serré, embarras.

2. — Modifications complexes.

1º RAYONNEMENT. — Un objet donne son nom à certains autres, grâce à un caractère commun : *Dent* (de scie), *dent* (de broderie), *dent* (de peigne), *dent* (de roue), *dent-de-lion, Dent du Midi.*

Parfois une première qualité considérée dans un objet explique un premier rayonnement, puis une seconde qualité explique un second rayonnement, etc. : *Cœur : a)* considéré comme siège du sentiment intérieur : *À cœur ouvert, abondance du cœur,* etc. ; — *b)* considéré comme siège du désir, de la souffrance : *Ronger le cœur, la joie au cœur ;* — *c)* considéré comme siège de l'affection : *Loin du cœur, peine de cœur ;* — *d)* considéré comme siège de la conscience : *Cœur pur, paix du cœur ;* — *e)* considéré comme siège de la force d'âme : *Avoir du cœur, cœur de lion.*

2º ENCHAÎNEMENT. — Un mot passe d'un objet *A* à un second objet *B*, grâce à un caractère commun *a*, qui finit par n'être plus perçu comme commun à *A* et à *B*, de sorte que, quand on nomme *B*, on oublie le sens primitif *A*. Puis le mot passe de *B* à un troisième objet *C*, grâce à un caractère commun *b*, qui finit par n'être plus perçu comme commun à *B* et à *C*, et ainsi de suite :

$$A \longrightarrow B \longrightarrow C \longrightarrow D...$$
$$a \smile ab \smile bc \smile cd$$

Ex. : *Toilette : a)* petite toile, morceau de linge dont on garnit le meuble sur lequel on pose les objets nécessaires pour se laver, se coiffer ; — *b)* le meuble lui-même ; — *c)* l'action de se laver, de se coiffer ; — *d)* l'action de s'habiller, de se parer ; — *e)* l'ensemble des vêtements, des ajustements qu'une femme met pour se parer ; — *f)* petite pièce où l'on se lave, se coiffe, etc. (abréviation de *cabinet de toilette*) ; — *g)* cabinet d'aisances, lavabo.

§ 6. HOMONYMES. PARONYMES. SYNONYMES. ANTONYMES

157. On appelle **homonymes** [a] des mots qui, sans avoir la même signification, se prononcent de la même manière : *Chair, chère, cher, chaire.*

Les changements de prononciation ont fait cesser l'homonymie qui existait dans l'ancienne langue entre certains mots : *grammaire* se prononçait autrefois comme *grand-mère*. D'autre part, bien des mots homonymes dans la langue actuelle ne l'étaient pas autrefois : *autel* et *hôtel* étaient, en ancien français, respectivement *altel* (ou *alter*) et *ostel*.

158. Dans les homonymes, on peut distinguer :

1º Les **homographes** [b], qui ont la même orthographe et la même prononciation : *Aire* (surface), *aire* (nid d'aigle).

Homographe peut prendre une signification plus restreinte et désigner des mots qui, sans avoir la même prononciation, ont une orthographe identique : [élève] *négligent*, [ils] *négligent*.

2º Les **homophones** [c], qui, sans nécessairement avoir la même orthographe, ont la même prononciation : *Écho, écot.*

159. Les **paronymes** [d] sont des mots presque homonymes, ne présentant qu'une ressemblance approximative de son ou d'orthographe : *Inculper, inculquer ; conjecture, conjoncture ; collision, collusion ; avènement, événement ; allocation, allocution ; acception, acceptation ; amnistie, armistice ; allusion, illusion ; justice, justesse ; gradation, graduation ; percepteur, précepteur,* etc.

160. Les **synonymes** [e] sont des mots qui ont entre eux des analogies générales de sens tout en différant l'un de l'autre par des nuances d'acception [1] : *Dénué, dépourvu, dépouillé, privé.*

Ces quatre mots expriment, dans leur sens général, l'idée de *manque*, mais chacun d'eux se prend avec une nuance particulière :

---

1. En un sens plus restreint, les *synonymes* sont des mots qui ont la même signification. Si l'on prend le terme dans ce sens restreint, on peut estimer que, pour l'écrivain soucieux de la parfaite propriété des termes, il n'y a pas de véritables synonymes : « Entre toutes les différentes expressions qui peuvent rendre une seule de nos pensées, dit La Bruyère (I, 17), il n'y en a qu'une qui soit la bonne. »

Étym. — [a] *Homonyme,* empr. du lat. *homonymus,* grec ὁμώνυμος, de ὁμός, semblable, et ὄνομα, nom.

[b] *Homographe,* composé avec le grec ὁμός, semblable, et γράφω, j'écris.

[c] *Homophone,* emprunté du grec ὁμόφωνος, de ὁμός, semblable, et φωνή, son.

[d] *Paronyme,* empr. du grec παρώνυμος, de παρά, à côté, et ὄνομα, nom.

[e] *Synonyme,* empr. du lat. *synonymus,* grec συνώνυμος, de σύν, avec, et ὄνομα, nom.

Dénué marque un manque absolu de ce qui, en général, est bon ou commode ;
Dépourvu marque l'insuffisance des choses qui seraient nécessaires pour agir, de telle sorte que celui qui est dépourvu est faible ou impuissant ;
Dépouillé indique que la chose manquante a été possédée, et se dit en parlant d'un être auquel on a enlevé ce qui l'ornait ou ce qui était sa propriété ;
Privé présente le sujet comme ne jouissant pas de ce qu'il devait normalement posséder.

161. On peut distinguer parmi les synonymes :

1º Ceux qui, ayant des radicaux identiques, se présentent avec des physionomies que des accidents de formation ont rendues différentes. De tels synonymes sont des *doublets*, dont le sens, comme on l'a vu (§ 110), diffère d'un mot à l'autre : *Aigre, âcre* (lat. *acrem*) ; — *naïf, natif* (lat. *nativum*) ; — *frêle, fragile* (lat. *fragilem*).

2º Ceux qui, ayant des radicaux identiques, se présentent avec la même physionomie, mais diffèrent par quelque accident grammatical : nombre, genre, emploi de l'article, place relative dans un groupe de mots, etc. : *Une manœuvre, un manœuvre* ; — *la bonté, des bontés* ; — *faire feu, faire du feu* ; — *un brave homme, un homme brave* ; — *participer à, participer de*.

3º Ceux qui, ayant des radicaux identiques, diffèrent par le préfixe ou par le suffixe : *simuler, dissimuler* ; — *variété, variation*.

4º Ceux qui ont des radicaux différents, mais portent des significations analogues : *Danger, péril* ; — *pâle, blafard, blême, hâve, livide* ; — *soumettre, assujettir, subjuguer, asservir*.

162. Les **antonymes** [a] ou *contraires*, sont des mots qui, pour le sens, s'opposent directement l'un à l'autre : *Riche, pauvre* ; — *loin, près* ; — *naître, mourir*.

§ 7. — L'ORTHOGRAPHE

1. — Considérations générales.

163. L'**orthographe** [b] est l'art d'écrire correctement les mots d'une langue. Outre qu'elle impose l'emploi exact des lettres par lesquelles l'usage figure chaque mot, elle règle l'emploi de certains signes auxiliaires — accents, point, cédille, tréma — et l'emploi du trait d'union et des majuscules.

On distingue l'orthographe *d'usage* ou *absolue* et l'orthographe *de règle* ou orthographe *grammaticale*.

ÉTYM. — [a] *Antonyme*, composé avec le grec ἀντί, contre, et ὄνομα, nom, d'après *synonyme*.
[b] *Orthographe*, empr. du lat. *orthographia*, grec ὀρθογραφία, de ὀρθός, droit, et γράφω, j'écris. On disait anciennement *orthographie*.

164. L'orthographe **d'usage** a pour objet les mots pris en eux-mêmes, tels que les donne le dictionnaire, sans égard à leur rôle dans le discours. Elle s'acquiert, dans une certaine mesure, par la connaissance de l'étymologie, mais elle relève avant tout de l'esprit d'observation : mémoire visuelle, mémoire auditive, mémoire musculaire concourent à graver dans l'esprit l'image de chaque vocable. Tel restera incurablement ignorant de l'orthographe aussi longtemps qu'il n'aura pas appris à observer la figure des mots.

165. L'orthographe **de règle** applique les règles relatives aux modifications grammaticales des mots ; elle suppose la connaissance des rapports existant entre les mots dans le discours.

166. L'orthographe actuelle est dite *étymologique :* elle ne représente pas la prononciation d'aujourd'hui ; elle peint plutôt celle du XIe, du XIIe et du XIIIe siècle.

L'orthographe est dite *phonétique* quand elle se fonde sur la prononciation et représente les sons tels qu'on les entend, et rien que ceux-là.

Hist. — Quand les clercs commencèrent d'écrire le roman, ils appliquèrent à la langue vulgaire l'orthographe latine : ainsi au XIIe siècle, l'orthographe était encore à peu près phonétique. L'évolution de la prononciation amena certaines modifications dans l'orthographe, mais la graphie fut bientôt en retard, de plusieurs siècles parfois, sur la prononciation : au XVIe siècle, par exemple, on écrivait encore *teste*, bien que, dès le XIIIe siècle, l's de ce mot ne se fît plus entendre.

Au XVe siècle et surtout au XVIe, les érudits et principalement les gens de justice, par influence étymologique, rétablirent des consonnes disparues et insérèrent même, par souci de « bele escripture », des lettres superflues : *doubter, sepmaine, prefferance, tallent, nepveu,* etc. — Une réaction se produisit en faveur d'une orthographe purement phonétique : Meigret, Peletier, Ramus, Perrot d'Ablancourt tentèrent de supprimer toutes les lettres étymologiques de provenance grecque et toutes les lettres inutiles : *besoin, crétien, dit,* au lieu de *besoing, chrétien, dict,* etc. — D'autres réformateurs après eux, tels que Poisson, Monet, Arnauld et Lancelot, P. Corneille, Somaize, les Précieuses, Ménage, Dangeau, essayèrent, avec plus ou moins de hardiesse, de mettre d'accord l'orthographe et la prononciation, mais l'Académie et les imprimeurs étaient pour le maintien des lettres étymologiques. Bref, le Dictionnaire de l'Académie (1694) reconnut « l'Usage pour le Maistre de l'Orthographe » et se montra systématiquement archaïque. Cependant, les tenants d'une orthographe réformée ne désarmèrent pas. — Au XVIIIe siècle, Girard, l'abbé de Saint-Pierre, Dumarsais, Beauzée, Duclos, d'Olivet, Voltaire, De Wailly, Domergue, etc. essayèrent de porter remède aux difficultés de l'orthographe, mais l'Académie ne s'est jamais montrée très accueillante à ces réformateurs. Depuis 1694, elle a cependant, dans les éditions successives de son Dictionnaire, admis certaines modifications : dans la 3e édition (1740), sous l'impulsion de l'abbé d'Olivet, elle supprima, dans plus de cinq mille mots, les lettres superflues dont on les avait encombrés, notamment le *c* dans les mots tels que *faict, sçavoir,* etc., l's dans *feste, maistre,* etc., le *t* dans les pluriels *enfants, parents,* etc. ; — dans la 4e édition (1762), outre qu'elle simplifia certains mots : *argile, détrôner,* etc. au lieu d'*argille, déthrôner,* etc., elle sépara l'*i* et le *j* l'*u* et le *v,* distinction déjà proposée et appliquée par P. Corneille ; — dans la 6e édition (1835), elle revint au *t* dans les pluriels *parents, enfants,* etc. et admit la réforme réclamée par Voltaire depuis sa jeunesse : *-ai* remplaça *-oi* dans les imparfaits et les conditionnels, dans quelques infinitifs en *-aître* et dans des noms de peuples comme *Français, Anglais,* etc. ; — dans la 7ᵉ édition (1878), elle retrancha quelques lettres doubles : *consonance* au lieu de *consonnance,* etc., supprima l'*h* dans des mots comme *r(h)ythme, pht(h)isie,* remplaça l'accent aigu par l'accent grave dans *piège,* etc., mit l'accent grave au lieu du tréma dans *poète, poème,* etc., supprima le trait d'union après *très* et dans nombre de mots composés : *contrefort, clairsemé,* etc ; — dans la 8ᵉ édition (1935), elle a admis de rares modifications : *abattage, grand-mère, entracte,* etc., et s'est montrée attachée à la tradition : « La tradition orthographique s'est établie et, en dépit de ses imperfections, s'est imposée à l'usage. C'est d'après elle qu'ont été imprimés des milliers de livres, qui ont répandu dans l'univers entier l'admiration pour les chefs-d'œuvre de notre littérature. La bouleverser serait, pour un bien mince profit, troubler des habitudes séculaires, jeter le désarroi dans les esprits. L'Académie se serait fait un scrupule de substituer à un usage, qui a donné des preuves si éclatantes de sa vitalité, un usage nouveau, qui mécontenterait la plus grande partie du public et ne satisferait certainement pas ceux qui en proclament le pressant besoin. » — La réforme audacieuse proposée par Marle en 1829 avait échoué ; celle qui fut préconisée en 1868 par Ambroise Firmin-Didot (soutenu par Édouard Raoux, professeur à l'Académie de Lausanne, et vigoureusement épaulé par Sainte-Beuve) connut le même sort. En 1893, Octave Gréard présenta à l'Académie un important rapport, qui ne fut même pas discuté.

Les projets de la commission Meyer (1903), appuyés par Émile Faguet (cf. sa *Simplification simple de l'orthographe*) et de la commission Brunot (1905) visaient à une simplification progressive et sans violence. Mais l'opposition des gens de lettres, des imprimeurs et des libraires décida le Ministère de l'Instruction publique à ne pas mettre ce projet en discussion. — De son côté, M. Grammont essaya, mais sans succès, de faire prévaloir une orthographe méthodiquement simplifiée (qu'il a mise en pratique dans de nombreux articles publiés dans la *Revue des Langues romanes* et ailleurs). — Néanmoins, sous l'impulsion de Paul Passy, plus d'un phonéticien et plus d'un linguiste (Gaston Paris, Louis Havet, Arsène Darmesteter, Michel Bréal étaient plus ou moins aux côtés de Paul Passy) continuèrent la lutte pour une orthographe rationnelle ; ils n'obtinrent, en somme, aucun résultat.

Cependant la question d'une simplification de notre orthographe n'a pas cessé d'être étudiée par certains pédagogues et par certains linguistes. A. Dauzat (cf. *Le Français moderne,* avril 1939 et avril 1940) a proposé une régularisation modérée portant sur les lettres doubles (verbes en *-eler* et en *-eter, garoter, taner, charriot,* etc.) — sur l'*x* des pluriels (on écrirait : *des bijous, des chevaus, des jeus,* etc.), — sur les prononciations amphibologiques (*ambiguïté, aiguïlle, argüer, substanciel, dizième,* etc.), — sur les lettres parasites (*domter* pour « dompter », *pois* pour « poids », etc.), — sur les erreurs d'étymologie (*forsené* et non « forcené », *herce* et non « herse », etc.).

En juin 1952, une commission, que le Conseil supérieur de l'Éducation nationale avait chargée d'examiner la question d'une réforme de l'orthographe, présenta un projet fort hardi ; elle proposait : de réduire les consonnes doubles à l'intérieur des mots : *honeur, sifler, soner,* etc. — sauf si le doublement résulte de la composition : *innocent, illisible, intelligence,* etc. ; — de supprimer les consonnes parasites de certains mots, et d'écrire : *sculteur, donteur, prontitude, pois* (au lieu de *poids*), *doit* (au lieu de *doigt*), etc. ; — de remplacer par un *s* l'*x* des mots comme : doux, roux, heureux, les genoux, les ruisseaux, et d'écrire : *dous, rous, heureus, les genous, les ruisseaus ;* — de substituer *j* à *g* chaque fois que ce *g* représente le son chuintant (comme dans *jour*) : *jénie, cajot, gajure,* etc. ; — de remplacer par les lettres simples *t, r, f, i* les *th, rh, ph, y* traditionnels dans les mots venus du grec, et d'écrire, par exemple : *téâtre, rétorique, falange, analise,* etc. ; — de modeler sur le participe présent les adjectifs et les noms verbaux en *-ent* et *-ence,* et d'écrire : *différant, présidant, patiance, fréquance, négligant* — et par suite : *prudament, évidament,* etc. ; — d'appliquer aux verbes en *-eler, -eter* les simplifications concernant les consonnes intérieures et le *g* : *j'appèle, je jète, vous manjez,* etc. ; — de supprimer certaines anomalies et d'écrire, par exemple : *abéie, condaner, confidanciel, beuf, euil, euf, ognon,* etc. — En matière de règles grammaticales, la commission estimait qu'il ne fallait plus enseigner les particularités relatives au genre de *aigle, automne, amour, délice, orgue, hymne, Pâques ;* — qu'il fallait considérer les noms propres et les noms d'origine étrangère comme susceptibles de la marque du pluriel français ; — qu'il ne fallait plus s'arrêter aux subtilités sur l'accord du verbe ayant plusieurs sujets et sur le pluriel des noms composés. — Un tel projet n'a pas manqué de rencontrer de vives oppositions et de provoquer des réactions très vigoureuses, de la part notamment d'E. Faral (du Collège de France) — et le Conseil supérieur de l'Éducation nationale, se défiant de « séductions trompeuses », a été d'avis que le projet d'une réforme de l'orthographe devait être renvoyé à un moment où l'étude en pourrait venir avec plus d'opportunité.

En janvier 1957, M. Aristide Beslais, directeur général de l'enseignement du premier degré, a présenté dans l'*Éducation nationale* un nouveau projet de réforme : 1° les mots à double consonne s'aligneraient sur ceux de même racine à consonne simple : *honeur* (honorer), *soner* (sonore), etc. ; — 2° les pluriels en *-x* seraient supprimés et on écrirait : *bijous, chevaus,* etc. ; — 3° l'accent circonflexe et le tréma marqueraient la prononciation correcte des mots : *zône, aigüe, gageüre* (mais sans circonflexe : *hopital...*), etc. ; — 4° on unifierait la conjugaison des verbes en *-eler* et en *-eter ;* — 5° on simplifierait les règles du pluriel des mots composés. — Ce projet, pas plus que les précédents, n'a eu d'effet pratique.

En juillet 1961, une commission, présidée par M. Beslais, a été chargée par le Ministère de l'Éducation nationale de reprendre les travaux de celle de 1952. Son *Rapport général* (déc. 1964) donne, pour une modification de l'orthographe, un délai assez long : ce qu'il propose, c'est une réforme pour l'an 2000. Quelques échantillons : *des chevaus, des bijous, fabuleus, ceus, les yeus, coléra, fosfore, téâtre, rétorique, sistème, squelète, èle-même, nouvèle, j'apèle, je jète, come, grèque, éfrayant, échaper, someil, donteur, territoir, prudant, grâcieus, solanèlement...*

167. Les différents phonèmes du français sont figurés dans l'orthographe par des notations très variées. Pour chacune des voyelles *o, an, è,* par exemple, on peut rencontrer, selon certaines statistiques, respectivement trente, cinquante-deux et cinquante-cinq graphies différentes. Si l'on ajoute qu'une même notation peut représenter des sons différents (baGNe, staGNant ; faMILLe, vILLe) et qu'on écrit, dans une foule de mots, des lettres absolument muettes, on doit reconnaître qu'il y a, dans notre système graphique du langage, une insuffisance qui rend singulièrement difficile l'étude de l'orthographe.

Cette étude se complique encore d'un grand nombre d'inconséquences, telles que les suivantes : AGrandir, aGGraver ; aPercevoir, aPPorter ; chaRiot, chaRRier ; honoRable, honNeur ; attraPer, traPPe ; épouMoner, bâtoNNer ; couRir, couRRier ; acolyte (gr. ἀκόλουθος), mytHe (gr. μῦθος) ; détoNer, détoNNer ; souFFler, boursouFler ; siFFler, persiFler ; buvoter, frisoTTer ; soNNer, soNore ; caractère (gr. χαρακτήρ), cHaos (gr. χάος) ; patroNage, patroNNer ; doNNer, doNateur ; cantoNNer, cantoNal ; je veux, je meuS ; j'assoirai, je surseoirai ; s'entr'aimer, s'entraider ; etc.

2. — Emploi du trait d'union.

168. On met un trait d'union :

1° Entre les différents éléments de certains mots composés : *Arc-en-ciel, vis-à-vis, sur-le-champ,* etc., et en particulier dans ceux qui commencent par *demi, mi, semi, nu* [1] et dans certains mots commençant par les préfixes *après, arrière, avant, contre, entre, extra, sans, sous, ultra, vice* : *Demi-heure, à mi-chemin, semi-circulaire, nu-tête, après-midi, arrière-garde, avant-coureur, contre-attaque, entre-voie, extra-léger, sans-gêne, sous-préfet, ultra-royaliste, vice-roi.*

Remarques. — 1. On met un trait d'union après *non* suivi d'un nom ou d'un infinitif, et après *quasi* suivi d'un nom : *Non-valeur, non-lieu, non-être, non-recevoir* (mais : *non avenu, non solvable, non seulement,* etc.) ; — *quasi-contrat, quasi-délit* (mais : *quasi mort, quasi jamais,* etc.).

L'Académie écrit : *soldat non-combattant, troupe non-combattante, non comparant, doctrine non-conformiste, nonpareil.*

2. Les composés commençant par les préfixes *anti-, archi-, co-, inter-, intra-* (sauf l'expression latine *intra-muros*), *sub-, super-* soudent ensemble, sans trait d'union, les éléments composants : *Antimilitarisme, archifou, colégataire, interplanétaire, intraveineux, suburbain, superfin.*

3. Des auteurs se plaisent parfois à lier par des traits d'union certains mots dont l'ensemble est présenté comme une espèce de formule : *Et c'est ainsi que le bonheur-satisfaction-de-la-vanité rentre dans le bonheur-qui-s'obtient-sans-qu'on-y-pense* (H. de MONTHERLANT, *Les Jeunes Filles,* pp. 161-162). — *La petite-femme-qui-aime-bien-les-bêtes* (COLETTE, *La Paix chez les Bêtes,* p. 33).

4. En France, l'administration des postes met le trait d'union dans les noms propres devenus noms de rues ; le même usage s'observe parfois sur les plaques officielles indiquant les noms des rues : *Rue de l'Abbé-de-l'Épée, rue Charles-Nodier, avenue du Maréchal-Lyautey.* — Selon l'Office de la Langue française (cf. *Figaro,* 2 juillet 1938), si une telle pratique peut être utile dans les travaux de l'administration des postes, elle n'est, dans l'usage ordinaire, d'aucune utilité.

« Pour le prénom et le nom dans les noms de rues, (...) l'usage administratif du trait d'union est fautif », déclare A. Dauzat (*Gramm. raisonnée,* p. 43). — Néanmoins les écrivains mettent souvent le trait d'union entre le prénom et le nom dans les noms de rues, de lycées, etc. : *M. Raphaël, fils du professeur au lycée Blaise-Pascal* (M. BARRÈS, *L'Union sacrée,* p. 200). — *Au coin de la rue Alphonse-de-Neuville* (É. HENRIOT, *Le Livre de mon père,* p. 214). — *J'ai vu, avenue Victor-Hugo, un Gaveau*

---

1. Voir à la fin du volume l'arrêté du 26 février 1901 : *Liste,* VI, 2. — Pour le trait d'union après *demi, mi, semi,* voir au § 387 certaines précisions. — Pour *nu,* cf. § 392.

d'occasion (G. Marcel, *La Chapelle ardente*, III, 3). — *La nouvelle rue Guillaume-Apollinaire* (A. Billy, dans le *Figaro litt.*, 7 avr. 1951). — *Au lycée Janson-de-Sailly* (Id., *ibid.*, 28 juill. 1951). — *Il est professeur au lycée Louis-le-Grand* (Ac., s. v. *professeur*).

5. *Né* se joint par un trait d'union à certains noms qu'il qualifie, pour exprimer que la qualification est si naturelle qu'elle semble être de naissance : *Écrivain-né.* — *Il est le protecteur-né des sciences et des arts* (Ac.). — *Sophie-Victoire était une artiste-née* (A. Maurois, *Lélia ou la Vie de George Sand*, p. 34).

On met aussi le trait d'union dans *aveugle-né, mort-né, nouveau-né, premier-né, dernier-né.*

2° Entre le verbe et le pronom personnel (ou *ce, on*) sujet postposé[1] : *Dis-je. Crois-tu ? Était-ce ? Voit-on ?*

3° Entre le verbe à l'impératif et le pronom personnel complément quand ils forment un seul groupe phonétique (c'est-à-dire quand le pronom est étroitement lié par le sens à l'impératif et fait avec lui une seule émission vocale, un seul groupe de souffle, sans la moindre pause possible) : *Crois-moi, dites-lui, prends-le.* (Mais sans trait d'union : *Veuille | me suivre, ose | le dire.*)

On applique le même principe lorsque l'impératif est suivi de deux pronoms personnels compléments et l'on met un second trait d'union si le second pronom avec le premier s'unissent à l'impératif pour former un seul groupe phonétique : *Dites-le-moi ; allez-vous-en.* — *Rends-nous-les* (Hugo, *Lég.*, t. IV, p. 153). — *Tiens-le-toi pour dit* (A. Gide, *Les Faux-Monnayeurs*, p. 463). — *Ce livre, laisse-le-moi lire ; cette fable, écoutez-la-moi réciter.* — *Faites-le-moi savoir.* (Mais, avec un trait d'union seulement entre l'impératif et le premier pronom : *Ce livre, laisse-moi | le lire en paix ; cet homme, entendons-le | nous raconter son histoire ; cette fable, écoutez-moi | la réciter, écoutez-moi | vous la réciter.* — Aucun trait d'union dans : *Viens | me le raconter ; daignez | nous le pardonner.*)

4° Entre le pronom personnel et l'adjectif *même*[2] : *Moi-même, lui-même, eux-mêmes.*

5° Devant les particules *ci, là*, jointes aux diverses formes du pronom démonstratif *celui* ou à un nom précédé d'un adjectif démonstratif : *Celui-ci, celle-là, cet homme-ci, ces choses-là ;* — et dans les expressions *ci-dessous, ci-dessus, ci-devant, ci-après, ci-contre, ci-joint, ci-annexé, ci-inclus, ci-présent, ci-gît, là-dedans, là-dessus, là-dessous, là-haut, là-bas, jusque-là ; de-ci, de-là ; par-ci, par-là.*

Remarques. — 1. On écrit sans trait d'union *là contre*[3], *de là, par là, dès là.*
2. Selon Littré, on ne met pas de trait d'union quand le nom auquel se joignent *ci* et *là* en est séparé par un complément : *Ce marchand de vin là* (Litt.). — *Ces preuves de bonté là* (Id.). — Mais cette règle n'est pas absolue : *Ce genre de réalité-là* (A. Thérive, dans le *Temps*, 17 févr. 1938).

---

1. Voir à la fin du volume l'arrêté du 26 février 1901 : *Liste*, VIII, 2.
2. Voir à la fin du volume l'arrêté du 26 février 1901 : *Liste*, VII, 2.
3. Quelques-uns écrivent *là-contre* (voir § 866, Rem.).

6° Dans les noms de nombre composés, entre les parties qui sont l'une et l'autre moindres que cent [1] : *Quatre-vingt-dix-huit, cinq cent vingt-cinq.*

Remarques. — 1. Règle analogue pour les ordinaux : *Cent trente-sixième.* Il y a cependant de l'hésitation : *La deux centième année* (Ac.). — *La trois centième partie* (ID.). — *Le numéro quatre-centième* (LITTRÉ, s. v. *cent*). — *L'année mil-sept-centième* (ID.). — *La dix-millionième partie* (Ac., s. v. *mètre*). — *La deux-millième place* (LITTRÉ, s. v. *millesimo*). — *Un deux-centième* (Ac.). — *Les deux cent-troisièmes* (LITTRÉ, s. v. *cent*, Rem. 1).

2. La conjonction *et* tient lieu de trait d'union : *Vingt et un, vingt et unième.*

7° Entre les prénoms : *Louis-Charles-Alfred de Musset.*

8° Entre le mot *saint* et le nom suivant, quand on désigne une localité, une fête, une rue, une époque, etc., mais non s'il s'agit du saint lui-même : *La Saint-Nicolas, la rue Saint-Jacques, la ville de Saint-Quentin.* (Mais : *la charité de saint Martin,* sans majuscule ni trait d'union.)

9° Dans certaines locutions invariables : *Pêle-mêle, avant-hier, après-demain, au-dessus, au-dedans, au-dehors, par-dedans, par-dehors, par-devant, au-devant de, au-delà, par-delà,* etc.

10° Avant et après le *t* analogique intercalé à la 3e personne du singulier entre le verbe (§ 640, Rem.) et le sujet postposé *il, elle, on* : *Répliqua-t-il, chante-t-elle, va-t-on. Vainc-t-il ? convainc-t-elle ?*

11° Dans quelques locutions anciennes composées de l'adjectif *grand* et d'un nom féminin commençant par une consonne : *Grand-chambre, grand-chose, grand-croix, grand-mère,* etc. (voir § 350). — *Nous avions grand-peur du feu* (G. DUHAMEL, *La Pesée des âmes,* p. 208).

169. On ne met pas de trait d'union :

1° Dans les locutions commençant par *tout* (sauf dans *tout-puissant*) : *Tout à coup, tout à fait, tout à l'heure.*

2° Dans les locutions formées de *en* et d'un des mots *dedans, dehors, deçà, delà, dessus, dessous* : *En dehors, en dedans, en deçà, en delà, en dessus, en dessous.*

3° Dans les noms propres composés d'un prénom et d'une épithète réunis par l'article : *Alexandre le Grand, Charles le Téméraire.*

La 7e édition du Dictionnaire de l'Académie (1878) avait supprimé le trait d'union dans nombre de mots composés ; la 8e édition (1935) a fait de même. Mais de très nombreuses anomalies subsistent : *Eau-de-vie,* mais *eau de rose ; porte-monnaie,* mais *portemanteau ; contre-pied,* mais *contrecoup ; quatre-vingts,* mais *quatre cents ;* etc.

3. — Emploi des majuscules.

170. On met une majuscule :

1° Au premier mot de toute phrase, de tout vers, de tout discours di-

---

1. Voir à la fin du volume l'arrêté du 26 février 1901 : *Liste,* VI, 7.

rect, de toute phrase citée : *Un homme dit : « Je passerai la mer...* » (La Br., XII, 118).

2º Après les points d'interrogation, d'exclamation ou de suspension, quand ils terminent la phrase : *Ah ! mon Dieu, miséricorde ! Qu'est-ce que c'est donc que cela ? Quelle figure !* (Mol., *Bourg. gent.*, V, 1.)

3º Dans les noms propres en général : *Jean, la Belgique, la Loire.*

Ainsi s'écrivent par la majuscule :

1) Les noms qui désignent Dieu, les trois personnes divines, Jésus-Christ : *Le Créateur, la Providence, l'Éternel, le Messie, le Père, le Seigneur, Notre-Seigneur, le Tout-Puissant.*

> **Remarque.** — Pour *ciel* désignant la Divinité, l'usage est indécis [1] : *C'est un arrêt du ciel* (Ac.). — *Le Ciel m'en préserve !* (É. Estaunié, *L'Appel de la route*, p. 154.)
>
> Le pronom représentant la Divinité ne prend pas la majuscule : *Dieu parle ; écoutons-le, il ne peut nous tromper.* — Mais cette règle n'est pas absolue : *Pourquoi Dieu donne-t-il la lumière à celui qui souffre, à celui qu'Il cerne de toute part ?* (E.-M. de Vogüé, *Jean d'Agrève*, p. 247.) — *Les affections légitimes, celles que Dieu a bénies et voulues, elles ne sont rien sans Lui* (L. Veuillot, *Hist. et Fant.*, p. 241).

2) Les noms des divinités mythologiques et des choses ou des abstractions personnifiées par la poésie ou la.mythologie ainsi que les noms des étoiles, des constellations, des planètes : *Jupiter, Mars, le Temps, les Furies, l'Envie, Borée, Sirius, le Cygne, Uranus.*

Dans l'usage courant, on écrit par la minuscule : *le soleil, la lune, la terre ;* — mais quand il s'agit des choses de la cosmographie, ordinairement on met la majuscule : *le Soleil, la Lune, la Terre.*

Les noms des divinités mythologiques qui présidaient aux mers, aux fleuves, aux bois, ainsi que les noms actuels des vents, s'écrivent sans majuscule : *Les tritons, les néréides, les naïades, les faunes, les sylvains ; le zéphyr, le sirocco.*

3) Les noms propres de peuples, de familles, de dynasties : *Les Américains, un Belge, les Anglo-Saxons, les Bourbons, les Mérovingiens.*

Mais ces noms pris adjectivement ont la minuscule : *L'État belge, la race anglo-saxonne, la dynastie mérovingienne, le drapeau français.*

L'article *la*, dans les noms de familles nobles, prend généralement une majuscule : *J'oubliais la famille de M. de La Mole* (Stendhal, *Le Rouge et le Noir*, t. II, p. 13). — *La douceur séduisante de M. de La Rochefoucauld* (Sainte-Beuve, *Causeries du Lundi*, t. I, p. 250). — *Le marquis Amélien Hordon de La Bare* (La Varende, *Le Centaure de Dieu*, p. 9). — *La mort de La Rochefoucauld accabla Mme de La Fayette* (J. Moréas, *Variations sur la vie et les livres*, p. 19).

Quelques-uns mettent la minuscule lorsque le nom de famille noble est employé après un prénom, une qualification ou un titre : *De madame de la Fayette à George*

---

1. Dans les 14 exemples qu'elle donne du mot *ciel* employé pour désigner la Divinité, l'Académie (8ᵉ éd.) met la minuscule. Mais ailleurs elle écrit *Ciel*, avec une majuscule : *Les biens et les maux que Dieu, que le* Ciel *nous envoie* (au mot *envoyer*). — *Le* Ciel *écouta nos vœux* (au mot *écouter*).

Sand (Taine, *Philos. de l'Art*, t. II, p. 226). — *La société de M. de la Rochefoucauld* (Éd. Herriot, *Dans la Forêt normande*, p. 212).

4) Les noms de fêtes : *La Toussaint, à Noël.*

Remarque. — Les noms des jours, des mois ont la minuscule : *Le dernier dimanche de mai.*

Cependant certains auteurs mettent volontiers aujourd'hui la majuscule : *Il a tombé tant d'eau au mois de Mai, que les premières couvées ont été noyées* (É. Henriot, *Le Livre de mon père*, p. 156).

5) Les noms communs qui, par antonomase [1], sont devenus noms propres : *L'Orateur romain* (Cicéron), *le Docteur angélique* (saint Thomas d'Aquin), *la Vierge* (la Vierge Marie).

Remarque. — S'il ne s'agit que de simples figures de mots ou de périphrases, on met la minuscule : *L'auteur des Géorgiques.* — D'autre part, les noms propres de personnes pris par antonomase comme noms communs gardent la majuscule, à moins qu'un long usage n'en ait fait de véritables noms communs : *Les Corneilles sont rares. C'est un vrai tartufe.* — *Il se prend pour un adonis* (Ac.). — *Quel harpagon !* (Id.)

Pour les noms *Japon, Chine, Saxe*, etc. désignant du papier, des objets de porcelaine, etc. voir § 269.

6) Les noms propres des sociétés religieuses, savantes ou politiques, des ordres de chevalerie, etc. : *L'Église, l'État, l'Institut de France, la Chambre des députés, la Chambre des représentants, le Sénat, le Ministère de la Justice, l'Université catholique de Paris, la Faculté de Médecine, l'Ordre de la Couronne.*

L'Académie écrit : *Le gouvernement a pris telles mesures. Arrangements proposés par la commission. Le congrès de la propriété littéraire. Le congrès de Vienne. La Constitution américaine.*

7) Ordinairement les noms des points cardinaux lorsque, désignant le territoire (ou, figurément, les habitants) d'une région, d'un pays, d'un ensemble de pays, ils sont employés absolument, c'est-à-dire sans complément déterminatif de lieu : *Les plus belles fourrures viennent du Nord* (Ac.). — *Les peuples de l'Orient* (Id.). — *Cette défense circula non seulement dans le Nord, mais dans le Midi* (Michelet, *Jeanne d'Arc*, p. 65). — *La loi fut déclarée applicable à douze départements de l'Ouest* (A. Vandal, *L'Avènement de Bonaparte*, t. I, p. 207). — *Le Midi royaliste frémit* (Id., *ibid.*, t. II, p. 384). — *Qu'est-ce que je venais faire dans le Midi ?* (A. Gide, *La Porte étroite*, p. 219.)

Mais généralement les noms des points cardinaux s'écrivent par la minuscule : 1° quand ils désignent les points de l'horizon situés dans les directions principales que marque la rose des vents : *Se tourner vers le midi* (Littré). — *Strasbourg est à l'est de Paris* (Id.). — *Le vent souffle du nord* (Ac.). — *Ce pays est à l'ouest de tel*

---

1. *L'antonomase* est une figure de langage désignant un personnage par le caractère dont il est le type, ou un individu qui a un certain caractère, par le personnage qui en est le type.

autre (ID.). — *La France est bornée à l'ouest par l'Atlantique* (DICT. GÉN., s. v. *borner*) ;
— 2° lorsque, désignant une région, un pays, un ensemble de pays, ils sont accompagnés d'un complément déterminatif de lieu : *Le nord de la France* (LITTRÉ). —
L'ouest de la France (DICT. GÉN.). — *Il a une propriété dans le Midi, dans le midi de
la France* (AC.).

Cette règle toutefois laisse bien de la latitude : *Le vent soufflant du Nord* (A. FRANCE,
Pierre Nozière, p. 204). — *La plupart des Juifs de l'Est de l'Europe* (J. et J. THARAUD,
Petite Histoire des Juifs, p. 194). — *Il me montre le Nord de l'autre main* (P. MILLE,
Sous leur dictée, p. 284). — *Faire une tournée dans l'Ouest de la France* (AC., au mot
ouest).

8) Les noms propres de rues, de monuments, d'édifices, de vaisseaux, etc. :
La rue du Bac, le Parthénon, la Bourse, le Titanic.

9) Les titres d'ouvrages, de poèmes, de tableaux, d'œuvres d'art, etc. :
Les Caractères, l'Expiation, les Glaneuses de Millet, le Discobole de Myron.

Avec des titres formés d'un groupe quelque peu long, quand on les cite dans le
discours, l'usage n'est pas constant : parfois on met la majuscule au premier mot
seulement : *Les progrès de la civilisation au XXe siècle ; — Essai sur l'indifférence
en matière de religion ;* — plus souvent on met la majuscule aux mots de valeur :
*Les Progrès de la Civilisation au XXe siècle ; Essai sur l'Indifférence en matière de
religion.*

10) Les titres honorifiques : *Sa Majesté, Son Excellence, Votre Grandeur.*

N. B. — 1. La majuscule se met aux noms des titres et dignités quand on s'adresse
à la personne même : *Monsieur le Préfet, Monsieur le Président, Monsieur l'Inspecteur,
Monsieur le Baron.* — *Mais, Sire, M. de Chateaubriand ?* (A. MAUROIS, *Chateaubriand*,
p. 367.) — *Vous aimez l'ordre, Monsieur...* (G. DUHAMEL, *Cri des profondeurs*, p. 202).
— *Mais vous, cher Monsieur Winterberg...* (ID., *ib.*, p. 133). — *Il est tard, Monsieur
Coûture* (Fr. MAURIAC, *Asmodée*, V, 7).

Mais on s'écarte parfois de cet usage : *Monsieur le vicomte* (A. MAUROIS, citant
Villèle, dans *Chateaubriand*, p. 358). — *Je désirerais, monsieur le directeur, vous
demander un conseil* (M. PAGNOL, *Topaze*, I, 15).

2. Ordinairement les pronoms *nous, vous, le nôtre, le vôtre,* et les adjectifs *notre,
votre,* dans les textes où l'on emploie le pluriel de majesté, s'écrivent par la minuscule.
Cependant il est d'usage de mettre la majuscule à ces mots dans les encycliques, les
mandements, etc. des hautes autorités ecclésiastiques : *Le dépôt de la vérité qui Nous
est confié d'En-Haut et la très grave obligation qui Nous incombe de promulguer, d'interpréter et de prêcher, en dépit de tout, la loi morale, soumettent également à Notre autorité
suprême l'ordre social et l'ordre économique* (Encycl. *Quadragesimo anno*, dans la
Nouvelle Revue théologique, t. 58, p. 622).

3. *Abbé, chanoine, doyen, curé,* etc., *père, mère, frère, sœur,* titres qu'on donne à
certains ecclésiastiques ou aux membres de certaines congrégations ou de certains
ordres religieux, s'écrivent facultativement par la minuscule ou par la majuscule
(le plus souvent, par la majuscule quand le titre est suivi d'un nom de famille ou
d'un prénom — ou quand il est au vocatif — ou quand on veut marquer de la déférence ; — quel que soit le cas, *père* s'écrit le plus souvent par la majuscule ; quand il
est abrégé, on met toujours la majuscule : *P.*) : *Le révérend père un tel* (AC.). —
La révérende mère supérieure (ID.). — *À cinq heures est arrivé chez moi le père Minéry,
S. J.* (A. MAUROIS, *Journal*, États-Unis 1946, p. 155). — *La vie de l'abbé de Rancé*

(ID., *Chateaubriand*, p. 447). — *La mère Agnès de Sainte-Thècle* (J. LEMAITRE, *Jean Racine*, p. 68). — *Il est déjà lié avec le futile abbé Le Vasseur* (ID., *ib.*, p. 33). — *Il assistait volontiers, dit l'Abbé de Mondésir...* (A. MAUROIS, *Chateaubriand*, p. 208). — *C'est l'élixir du Père Gaucher* (A. DAUDET, *Lettres de mon moulin*, p. 245). — *Qu'on ouvre les livres du Père Garasse* (SAINTE-BEUVE, *Portraits contemporains*, t. II, p. 287). — *Le Père Guerrier* (M. BARRÈS, *Les Maîtres*, p. 127). — *Le témoignage du Père Beurrier* (Fr. MAURIAC, *Blaise Pascal*, p. 227). — *Je sais bien que le P. Daniel est suspect* (R. de GOURMONT, *Le Chemin de velours*, p. 41).

4. L'Académie écrit : *Le mouvement de la Renaissance.* — *Histoire de la Réforme française.* — *La Réforme.* — Elle écrit, avec des minuscules (et sans trait d'union) : *le moyen âge.* — Cependant plus d'un auteur écrit : *Moyen-Âge*, ou *Moyen Âge*, ou *moyen-âge.* — *L'intelligence vive du moyen-âge* (SAINTE-BEUVE, *Caus. du Lundi*, t. I, p. 234).

5. Les métrologistes font observer que, sauf cas exceptionnels, pour les symboles d'unités, on emploie la majuscule quand le symbole provient d'un nom propre, et la minuscule quand il provient d'un nom commun : *34 h* [heures], *25 m* [mètres], *10 g* [grammes]. *20 l* [litres], *120 ha* [hectares] ; — *6 A* [ampères], *230 V* [volts], *40 W* [watts], *10 kW* [kilowatts], *20 kWh* [kilowattheures], *40 J* [joules], *une force de 50 N* [newtons].

171. L'*adjectif* prend la majuscule :

1° Quand il est joint intimement au nom propre et fait corps avec lui (entre autres cas, lorsque, précédé de l'article défini, il est joint comme surnom à un nom propre de personne) : *États-Unis, la Comédie-Française, Charles le Téméraire.*

En particulier, l'adjectif *saint* prend la majuscule quand il s'agit d'une localité, d'une fête, d'une rue, d'une époque, etc. : *Né à Saint-Cloud, la rue Saint-Paul, la Saint-Nicolas ;* — mais non quand on désigne le saint lui-même : *Le supplice de saint Pierre.*

L'Académie écrit : *le bon Dieu, la Sainte-Alliance, le Saint-Empire, le Saint-Esprit, l'Esprit-Saint, le Saint-Office, le Saint-Père, le Saint Sépulcre, le Saint-Siège, la Terre Sainte, la Sainte-Trinité, la Sainte Vierge* (Littré : *la sainte Vierge*).

Mais : *les saints anges, la sainte Bible, le saint chrême, le saint ciboire, l'Écriture sainte, les saintes Écritures, la sainte Église, les saintes espèces, la sainte Famille, la sainte hostie, les saintes huiles, les lieux saints, les livres saints, la sainte messe, les saints mystères, les saints Pères, le saint sacrifice, la Semaine sainte, la sainte table, la sainte vehme, le Vendredi saint.*

Pour plusieurs de ces expressions, l'Académie n'est pas conséquente avec elle-même ; ainsi elle écrit : au mot *jeudi : la semaine sainte ;* — au mot *vendredi : la Semaine Sainte ;* — au mot *lieu : la terre sainte.*

2° Dans une dénomination propre, quand il précède le nom : *La Divine Comédie, la Sublime Porte, la satire du Pauvre Diable.* (Mais : *l'Histoire naturelle de Buffon, l'hôtel du Mouton blanc, École militaire, École polytechnique, Académie française*).

3° Quand il accompagne, comme adjectif caractéristique, un terme géographique : *La mer Méditerranée, l'océan Atlantique, le lac Majeur, le mont Blanc, le cap Bon, le golfe Persique, la roche Tarpéienne.*

SECONDE PARTIE

LA PROPOSITION

§ 1. — DÉFINITION

172. Une **proposition** est tout mot ou tout système de mots au moyen desquels nous manifestons un acte de notre vie psychique : impression, sentiment, jugement, volonté[1] : *J'ai froid. Je suis triste. L'homme est mortel. Qu'il parte !*

Remarques. — 1. Le plus souvent la proposition comprend plusieurs mots, mais elle peut parfois ne présenter qu'un seul mot, tout en manifestant cependant (avec l'aide du geste, de l'intonation, du jeu de la physionomie, etc.) une pensée complète : *Sortez ! Partir ? Sauvé !*

Il y a, en effet, un rapport étroit entre l'expression grammaticale de la proposition et l'expressivité (tension émotionnelle quelconque) : si, dans la formule[2] « expression grammaticale + expressivité = 1 », on fait tendre l'expressivité vers zéro, l'expression grammaticale tend vers l'entier, c'est-à-dire que la structure de la proposition

---

1. Pour Alan H. GARDINER (cité par Le Bidois, *Synt. du Fr. cont.*, t. II, p. 222), la proposition est « un mot ou groupe de mots révélant un dessein intelligible de communication, suivi d'une pause. » — J. MAROUZEAU *(Lexique de la Terminologie linguistique)* la définit : « Énoncé constitué essentiellement par un prédicat, ordinairement verbal, mais qui peut être aussi nominal (quant à ce qu'il a dit, *sornettes !*), accompagné habituellement d'un sujet et de termes rapportés l'un à l'autre. »

En logique, on donne le nom de *jugement* à l'opération qui consiste à établir entre les objets de deux concepts (sujet et prédicat) un rapport d'identité ou de non-identité, d'appartenance ou de non-appartenance ; et on appelle *proposition* l'énonciation d'un jugement.

Le mot *proposition* prend alors un sens plus restreint que celui que nous avons indiqué : « Toute proposition est un groupement de mots, mais tout groupement de mots n'est pas une proposition. Pour qu'il y ait proposition, il faut en effet qu'il y ait énonciation, la proposition étant l'expression du jugement, qui est essentiellement une énonciation. Or toute phrase du langage n'énonce pas quelque chose ; plusieurs ne font que signifier quelque chose. C'est le cas de toutes les phrases qui sont impératives, optatives, interrogatives ou déprécatives. La phrase n'est donc une proposition que lorsqu'elle est indicative ou énonciative. » (P. NÈVE, *Leçons de Logique*, 1919, p. 49.)

2. Donnée par M. Guillaume (cf. *Le Français moderne*, juillet 1943, p. 232).

tend vers la parfaite régularité selon les lois de l'analyse. Mais plus on fait croître l'expressivité, plus l'expression grammaticale se libère de la régularité : à la limite, cette expression grammaticale se réduit à la simple interjection.

2. Tantôt la phrase contient une seule proposition : et c'est la *phrase simple ;* tantôt elle est formée d'un système de propositions : et c'est la *phrase composée.*

§ 2. — ESPÈCES. GROUPEMENT

173. Considérées dans leurs rapports réciproques, les propositions se divisent en propositions *indépendantes,* propositions *principales* et propositions *subordonnées.*

1º La proposition **indépendante** est celle qui ne dépend d'aucune autre et dont aucune autre ne dépend ; elle se suffit à elle-même : *La moquerie est souvent indigence d'esprit* (LA BR., V, 57). — *On m'élit roi,* | *mon peuple m'aime* (LA F., F., VII, 10). — *L'arbuste a sa rosée,* | *et l'aigle a sa pâture* (MUSSET, *La Coupe et les Lèvres,* IV).

2º La proposition **principale** est celle qui a sous sa dépendance une ou plusieurs autres propositions : *Le cœur a ses raisons* (principale) *que la raison ne connaît point* (PASCAL, *Pens.,* 277). — *On a perdu bien peu* (principale) *quand on garde l'honneur* (VOLT., *Adél. du Guesclin,* III, 1).

3º La proposition **subordonnée** (ou **dépendante,** ou *partielle,* ou *secondaire*) est celle qui est dans la dépendance d'une autre proposition, qu'elle complète [1] : *Lorsque l'enfant paraît* (prop. subordonnée), *le cercle de famille Applaudit à grands cris* (principale) (HUGO, F. d'aut., XIX). — *Le camp ressemblait à une ville* (principale), *tant il était rempli de monde et d'agitation* (subordonnée) (FLAUBERT, *Salammbô,* p. 85).

Remarques. — 1. Une proposition subordonnée peut dépendre d'une autre subordonnée : celle-ci est alors principale par rapport à celle-là : 1. *Vous voyez la perfection* (indép. principale) | 2. *où s'élève l'âme pénitente* (subordonnée à 1, principale par rapport à 3) | 3. *quand elle est fidèle à la grâce* (subordonnée à 2) (Boss., *A. de Gonz.*).

2. On fera attention que les différents éléments d'une proposition principale ou subordonnée peuvent se trouver séparés dans la construction de la phrase : 1. *Le regret* | 2. *qu'ont les hommes* | 1. *du mauvais emploi du temps* | 3. *qu'ils ont déjà vécu* | 1. *ne les conduit pas toujours à faire de celui* | 4. *qui leur reste à vivre* | 1. *un meilleur usage* (LA BR., XI, 46).

---

1. « Une proposition subordonnée est la transposition d'une phrase indépendante en terme de phrase (sujet, attribut, complément d'objet direct ou indirect, complément circonstanciel)... » (BALLY, *Linguistiq. génér. et Linguist. franç.,* § 242).

174. La proposition **incise** ou **intercalée** est une proposition généralement courte, tantôt insérée dans le corps de la phrase, tantôt rejetée à la fin de la phrase, pour indiquer qu'on rapporte les paroles de quelqu'un ou pour exprimer une sorte de parenthèse : *Vous voyez,* REPRIT-IL, *l'effet de la concorde* (LA F., *F.*, IV, 18). — *Allons, faites donner la garde,* CRIA-T-IL (HUGO, *Châtim.*, V, 13, 2). — *Un soir,* T'EN SOUVIENT-IL ? *nous voguions en silence* (LAMART., *Méd.*, Le Lac). — *Vous devez,* JE LE RÉPÈTE, *apprendre à bien vous connaître.*

175. Relativement à l'attitude de l'esprit dans l'appréhension du fait qu'elle exprime, la proposition est *affirmative,* ou *négative,* ou *interrogative.*

1º La proposition **affirmative** (ou *positive*) exprime qu'un fait est : *Les passions tyrannisent l'homme* (LA BR., VI, 50).

2º La proposition **négative** exprime qu'un fait n'est pas ; elle contient un adverbe de négation : *La Mort ne surprend point le sage* (LA F., *F.*, VIII, 1).

« La négation n'est qu'une attitude prise par l'esprit vis-à-vis d'une affirmation éventuelle. Quand je dis : « cette table est noire », c'est bien de la table que je parle : je l'ai vue noire, et mon jugement traduit ce que j'ai vu. Mais si je dis : « cette table n'est pas blanche », je n'exprime sûrement pas quelque chose que j'aie perçu, car j'ai vu du noir, et non pas une absence de blanc. Ce n'est donc pas, au fond, sur la table elle-même que je porte ce jugement, mais plutôt sur le jugement qui la déclarerait blanche. Je juge un jugement, et non pas la table (...) Une proposition affirmative traduit un jugement porté sur un objet ; une proposition négative traduit un jugement porté sur un jugement. *La négation diffère donc de l'affirmation proprement dite en ce qu'elle est une affirmation du second degré : elle affirme quelque chose d'une affirmation qui, elle, affirme quelque chose d'un objet.* » (H. BERGSON, *L'Évolution créatrice,* pp. 311-312.)

3º La proposition **interrogative** exprime une question portant sur l'existence d'un fait ou sur quelque aspect particulier de ce fait : *Rodrigue, as-tu du cœur ?* (CORN., *Cid,* I, 5.) — *Qui vient ? Qui m'appelle ?* (MUSSET, *N. de Mai.*)

Remarques. — 1. L'interrogation est dite **directe** lorsque la proposition interrogative est indépendante : *Que dites-vous ? Vous partez ?* — Elle est dite **indirecte** lorsque la proposition interrogative est exprimée en dépendance d'une proposition principale dont le verbe est proprement interrogatif (*demander, se demander, s'informer, s'enquérir,* etc.) ou dont le sens général implique l'idée de l'interrogation (*savoir, ignorer, comprendre, dire, raconter, sentir,* etc.) : *Je demande ce que vous dites. — Dites-moi si vous partez. — Je m'informe si vous partez. — Je ne sais, j'ignore ce que vous faites.*

2. L'interrogation directe est caractérisée, soit simplement par le ton : elle finit, en principe, sur une note montante : la voix s'élève progressivement

jusqu'à la syllabe accentuée du mot qui appelle la réponse : *Tu ne leur portes point à boire ?* (LA F., *F.*, III, 7.) — *Tu pars déjà ?* — soit par un changement de construction (voir détails § 186, B, 1°) et par le ton : *Pars-tu déjà ? Ton frère part-il ?* — soit par l'emploi de *est-ce que* et par le ton : *Est-ce que tu pars déjà ?*

N. B. — *a)* Dans l'écriture, l'interrogation directe est suivie du point interrogatif, l'interrogation indirecte, non.

b) La formule *est-ce que*, employée d'abord dans les cas où la question porte sur le verbe, s'est ajoutée aussi aux adverbes interrogatifs : *Quand* EST-CE QUE *vous partez ? Où* EST-CE QU'*il va ?* — et aux pronoms interrogatifs : *Qu'*EST-CE QUE *vous dites ?* (Voir § 570.) — Avec les pronoms interrogatifs sujets *qui* et *que*, la formule devient : *est-ce qui : Qui* EST-CE QUI *parle ? Qu'*EST-CE QUI *ne va pas ?*

3. L'interrogation est *disjonctive* quand elle énonce une alternative : *Puis-je compter sur vous ou dois-je m'adresser ailleurs ?*

Pour le tour *Puis-je compter sur vous ou si je dois m'adresser ailleurs*, voir § 984, *a.*

4. De l'interrogation véritable il faut distinguer *l'interrogation oratoire*, figure de rhétorique par laquelle on donne à entendre qu'il faut admettre comme évidente la proposition contradictoire à celle qu'on exprime fictivement sous la forme interrogative : *Est-il possible qu'il ait fait une telle faute ?* [= Il n'est pas possible...] — *Ne vous avais-je pas averti ?* [= Je vous avais averti.]

La proposition interrogative exprime parfois aussi un fait hypothétique ou éventuel : *Est-on sot, étourdi, prend-on mal ses mesures, On pense en être quitte en accusant son sort* (LA F., *F.*, V, 11).

176. Relativement à l'état affectif du sujet parlant, les propositions se divisent en propositions *énonciatives* et propositions *affectives.*

1° La proposition **énonciative** exprime sans tension affective un fait positif ou négatif ; elle est purement intellectuelle : *La lumière se propage en ligne droite.* — *La nature ne fait pas de sauts.*

2° La proposition **affective** présente en la colorant d'une nuance émotive l'expression d'un fait :

a) Exclamative, elle traduit, avec la force d'un cri, la joie, la douleur, l'admiration, la surprise, l'indignation, la pitié, la crainte, l'ironie, ou quelque autre sentiment du sujet parlant : *Que je suis content ! — Combien je souffre ! — Que la plaisanterie est de mauvaise grâce !* (MOL., *Mis.*, I, 1.)

Comme la proposition *interrogative* suppose généralement une certaine tension affective du sujet parlant, elle peut être rangée aussi parmi les propositions affectives. D'ailleurs la forme exclamative a une valeur fort peu différente de la forme interrogative dans des phrases au conditionnel, au subjonctif, à l'infinitif, où l'on exprime une hypothèse que l'on repousse avec indignation, ou un fait qu'on envisage avec étonnement : *Quoi ! je mettrais, dit-il, un tel chanteur en soupe !* (LA F., *F.*, III, 12.) — *Moi, Seigneur, que je fuie !* (RAC., *Mithrid.*, V, 5.) — *Un pâtre ainsi parler !* (LA F., *F.*, X, 15.)

b) Optative, elle exprime un souhait, un désir ; elle n'est, en somme, qu'une variété de la proposition exclamative : *Que Dieu vous entende !* — *Dieu veuille préserver maint et maint financier !* (La F., *F.*, XII, 3).

c) Impérative, elle exprime un ordre, un conseil, une prière ; elle n'est souvent, elle aussi, qu'une variété de la proposition exclamative : *Partez !* — *Fuyez le vice.* — *N'oubliez pas les malheureux.*

Groupement des propositions.

177. 1º Deux propositions de même nature, non dépendantes l'une de l'autre, peuvent être liées entre elles par une conjonction (ou locution conjonctive) : ce mode de groupement s'appelle **coordination** [a], et la conjonction qui lie ces propositions est une conjonction *de coordination : Ils ne mouraient pas tous,* | mais *tous étaient frappés* (La F., *F.*, VII, 1). — *[Je veux] que l'on soit homme* | et *qu'en toute rencontre Le fond de notre cœur dans nos discours se montre* (Mol., *Mis.*, I, 1).

2º D'une proposition (la *principale*) peut dépendre une autre proposition (la *subordonnée*), qui s'y rattache par une conjonction (ou une locution conjonctive ou un pronom relatif) : ce mode de groupement s'appelle **subordination** [1 et b], et la conjonction qui lie la subordonnée à la principale est une conjonction *de subordination : Je crains* (principale) | qu'*un songe ne m'abuse* (subordonnée) (Rac., *Phèdre*, II, 2). — 1. *Les rivières sont des chemins* (principale) | 2. qui *marchent* (1ʳᵉ subord. à 1) | 3. *et* qui *portent* (2ᵉ subord. à 1 ; coordonnée à 2) | 4. où *l'on veut aller* (subordonnée à 3) (Pascal, *Pens.*, 17). — *Petit poisson deviendra grand* (principale), | Pourvu que *Dieu lui prête vie* (subordonnée) (La F., *F.*, V, 3).

---

1. Strictement parlant, la *subordination* est le rapport de dépendance reliant une proposition, dite « subordonnée », à une autre, dite « principale ». *Subordination* est dit ici de l'expression, au moyen d'une conjonction, de ce rapport de dépendance ; on dit aussi *hypotaxe* (gr. ὑπόταξις, subordination, de ὑπό, sous, et τάξις, disposition). — A l'hypotaxe s'oppose la *parataxe* (gr. παράταξις, disposition en rang, côte à côte, de παρά, auprès, et τάξις, disposition), procédé syntaxique consistant à disposer côte à côte deux propositions, sans marquer par une conjonction, le rapport de dépendance qui unit l'une à l'autre (ce sont alors l'intonation ou la ponctuation qui indiquent ce rapport de dépendance) : *Albe vous a nommé, je ne vous connais plus* (Corn., *Hor.*, II, 3). — *Les délicats sont malheureux : Rien ne saurait les satisfaire* (La F., *F.*, II, 1).

Étym. — [a] *Coordination*, empr. du lat. *coordinatio*, de *cum*, avec, et *ordinatio*, action de mettre en ordre.

[b] *Subordination*, empr. du lat. *subordinatio*, de *sub*, sous, et *ordinatio*, action de mettre en ordre.

3° Dans la coordination, comme aussi dans la subordination, on se dispense souvent d'exprimer la conjonction qui lierait entre elles les propositions : celles-ci sont alors groupées par simple **juxtaposition** [a] : *Rien ne sert de courir ; | il faut partir à point* (LA F., F., VI, 10). — *L'habile homme est celui | qui cache ses passions, | qui entend ses intérêts, | qui y sacrifie beaucoup de choses, | qui a su acquérir du bien ou en conserver* (LA BR., XII, 55).

La langue parlée est, à cet égard, fort différente de la langue écrite : elle suit, en effet, une syntaxe affective qui, volontiers, désarticule l'expression de la pensée, et elle ne s'embarrasse guère de l'appareil complexe de la phrase périodique savamment cimentée de conjonctions subordonnantes, de pronoms conjonctifs et d'adverbes relatifs. Elle se passe d'autant plus facilement de termes conjonctifs qu'elle peut indiquer par le geste, par les inflexions de la voix, etc., les liens qui doivent joindre les idées.

Remarques. — 1. Certaines locutions conjonctives : *de sorte que, de manière que, si bien que, tandis que, au lieu que,* etc., sont aptes à marquer également la coordination et la subordination : *Conduisez-vous de manière qu'on n'ait rien à vous reprocher. — Vous me le promettez ? — Oui. — De manière que je puis compter sur vous ?* (de manière que = *donc* ou *ainsi*).

2. Dans un grand nombre de cas, il y a entre la coordination, la juxtaposition et la subordination une différence de forme ou de construction, non une différence de sens. Comparez : *Hâtons-nous, le temps fuit* (BOIL., *Ép.,* 3). *Hâtons-nous, car le temps fuit. Hâtons-nous, puisque le temps fuit. — La rime est une esclave et ne doit qu'obéir* (BOIL., *Art p.,* I). *La rime est une esclave : elle ne doit qu'obéir. Comme la rime est une esclave, elle ne doit qu'obéir.*

3. A côté de la coordination, de la subordination et de la juxtaposition, on peut, avec M. DESSAINTES (*La Construction par insertion incidente,* p. 19), considérer l'*insertion incidente* (dont l'incise n'est qu'un cas particulier): « insertion d'un mot ou d'un groupe de mots au sein d'une proposition ou d'une phrase dont il disjoint les termes, interrompant ainsi la ligne syntaxique et la ligne mélodique de cette proposition ou de cette phrase ». Les éléments insérés peuvent être : des propositions, des appositions, des adverbes de modalité ou d'opinion, des conjonctifs, des interjections, des interpellatifs, des exclamatifs.

178. Les pseudo-subordonnées. — En général, une conjonction (ou locution conjonctive) de subordination introduit une proposition subordonnée. Il arrive cependant que, en dépit de la conjonction de subordination qui les introduit, certaines propositions soient de véritables indépendantes, ou du moins prennent la valeur de propositions indépendantes. Le cas peut se présenter avec *que : La pluie avait cessé | que nous allions encore à toute vitesse* (G. DUHAMEL, *Les Hommes abandonnés,* p. 71). — *L'ennemi semblerait dispersé | que l'on devrait veiller encore* (= on devrait veiller encore, quand même l'ennemi...) (LITTRÉ).

ÉTYM. — [a] *Juxtaposition,* composé avec le lat. *juxta,* auprès de, et *position.*

Le cas se trouve aussi dans des propositions introduites par *puisque, quand, quand même, si, comme si, à peine si, pourvu que*, etc. Ces propositions — qui appartiennent surtout au langage familier — prennent la valeur de propositions indépendantes par suite de l'ellipse d'une principale facile à rétablir : *Quand je vous le disais* [j'avais raison] ! — *Mais puisque je vous dis que j'attends mon argent !* (A. FRANCE, *Crainquebille*, p. 23.) — *Si nous partions ?* — *Comme si d'occuper ou plus ou moins de place Nous rendait (...) plus ou moins importants !* (LA F., F., VIII, 15.) — *Quand même je l'aurais dit !* — *À peine si les branches des cimes étaient remuées* (P. BOURGET, *Lazarine*, p. 160).

Le cas se trouve encore dans certaines phrases populaires où *quoique* prend le sens de « et pourtant » (de là la possibilité du futur ou du conditionnel : voir § 1032, *a*, Rem. 2) : *Je suis bien forcé de croire ce que tu me dis de lui, quoique je ne l'aurais pas cru comme ça* (dans BRUNOT, *La P. et la L.*, p. 27).

179. Les pseudo-principales. — D'autre part, il arrive que certaines propositions se présentent sous les dehors de propositions principales, parce qu'elles ne sont introduites par aucun terme subordonnant, tout en étant, pour le sens, de vraies subordonnées. Ce sont notamment des concessives, des temporelles, des conditionnelles : ELLE L'AURAIT RECONNU (= quand même elle l'aurait reconnu) *qu'elle ne l'aurait pas avoué* (P. BOURGET, *Le Tribun*, p. 83). — VIENNENT TOUT À FAIT LES CHEVEUX GRIS (= quand viendront...), *ce seront de bonnes personnes* (P. MILLE, *Le Monarque*, p. 31). — À PEINE SAIT-IL ROULER SUR SES COURTES JAMBES, *le Dadou enfreint les lois* (G. DUHAMEL, *Les Plaisirs et les Jeux*, p. 152).

Le cas se trouve encore dans le discours indirect (§ 1056, Rem. 1), qui présente sous la *forme* d'indépendantes des propositions qui, pour le *sens*, dépendent d'un verbe déclaratif exprimé ou implicitement contenu dans la la phrase d'introduction : *C'était le roi des ours au compte de ces gens.* [Ils disaient que] *Le marchand à sa peau devait faire fortune :* [qu']*Elle garantirait des froids les plus cuisants*, etc. (LA F., F., V, 20).

En outre, dans un grand nombre de cas, deux propositions coordonnées ou juxtaposées affectent l'une et l'autre la *forme* de propositions indépendantes, quoique l'une d'elles soit, pour le *sens*, subordonnée à l'autre (voir § 177, Rem. 2).

180. Principales incomplètes. — Il arrive qu'une principale soit incomplète et se présente, sans verbe, sous forme d'une locution réduite exprimant notamment l'assurance, l'affirmation, la négation, la supposition. Une proposition introduite par *que* se trouve ainsi sous la dépendance d'un nom, d'un adjectif ou d'un adverbe. Le cas se rencontre avec :

Apparemment que	Heureusement que	Possible que (famil.)
Assurément que	Même que (fam. ou popul.)	Pour sûr que (fam.)
Avec ça que (famil.)	Non que	Probablement que
Bien entendu que (famil.)	Non pas que	Sans doute que
Bien sûr que (famil.)	Nul doute que	Sûrement que
Certainement que	Oui que	Voici (ou : voilà) que
Dommage que (fam.)	Peut-être que	Vraisemblablement que

APPAREMMENT QU'*il viendra* (AC.). — HEUREUSEMENT QU'*il n'a rien vu* (ID.). — ASSURÉMENT QUE *vous avez raison* (MOL., *Dom J.*, I, 2). — PEUT-ÊTRE QU'*Alexandre n'était qu'un héros* (LA BR., II, 31). — MÊME QU'*il m'a proposé (...) de m'accompagner sur la tombe* (R. BOYLESVE, *Le Meilleur Ami*, p. 31). — CERTAINEMENT, QUE *nous resterions amis* (MAUPASSANT, *Mont-Oriol*, p. 259).

181. Rapports existant entre propositions coordonnées.

Entre deux propositions coordonnées peuvent exister quatre rapports principaux, marqués chacun par des conjonctions appropriées :

1º La coordination **copulative** [a] indique que les faits sont simultanés ou successifs et s'ajoutent l'un à l'autre. Les propositions sont alors liées le plus souvent par *et* si le sens est positif, par *ni* si le sens est négatif ; elles peuvent l'être également par *aussi, encore, enfin, ensuite, puis, de plus, au surplus, bien plus, même*, etc. : *Bâtissons une ville,* ET *nous la fermerons* (HUGO, *Lég.*, t. I, p. 48). — *On ne sait qui vit* NI *qui meurt* (AC.). — *Il savait plus d'un tour ;* MÊME *il avait perdu sa queue à la bataille* (LA F., *F.*, III, 18).

2º La coordination **disjonctive** indique que deux faits s'excluent l'un l'autre ou traduit une alternative ; elle se marque par *ou, ou bien, soit que... soit que, soit que... ou que, que... que, tantôt... tantôt : Tu étais à ton poste* OU *tu n'y étais pas.* — *Il paiera* OU BIEN *il sera poursuivi* (AC.). — SOIT QU'*il le fasse*, SOIT QU'*il ne le fasse pas* (ID.).

3º La coordination **adversative** indique que deux faits sont mis en opposition l'un avec l'autre ; elle se marque par *mais, au contraire, cependant, toutefois, néanmoins, pourtant, par contre, d'ailleurs*, etc. : *Le conseil en est bon,* MAIS *il n'est pas nouveau* (LA F., *F.*, XI, 7). — *Il est riche,* NÉANMOINS *il n'est pas heureux.* — *Il veut les rappeler,* ET *sa voix les effraie* (RAC., *Phèdre*, V, 6). — *Il ne faisait en anglais aucun progrès sensible (...).* PAR CONTRE, *il se mettait à penser en anglais* (A. HERMANT, *Les Grands Bourgeois*, VIII).

4º La coordination **causale** indique qu'un fait est la cause d'un autre fait ; elle se marque par *car, en effet, effectivement, tant, bien : Il ne faut point de juge parmi eux,* CAR *leur propre conscience les juge* (FÉNEL., *Tél.*, t. I, p. 331). — *Je vais chercher son ombre jusque dans les enfers : Thésée y est* BIEN *descendu* (ID., *ibid.*, t. II, p. 312). — *Un loup n'avait que les os et la peau,* TANT *les chiens faisaient bonne garde* (LA F., *F.*, I, 5).

Remarques. — 1. A la coordination causale se rattache la coordination **consécutive,** indiquant qu'un fait est la conséquence d'un autre ; elle se marque par *donc, aussi, partant, par conséquent, conséquemment, c'est pourquoi, ainsi, alors, par suite,* etc. : *Je pense,* DONC *Dieu existe* (LA BR., XIV, 36). — *Il est bon,* AUSSI *tout le monde l'aime. Vous savez qu'il a agi par contrainte, que* PARTANT *il ne saurait être condamné.*

2. On peut distinguer aussi la coordination **transitive,** employée dans les syllo-

---

ÉTYM. — [a] *Copulatif*, emprunté du lat. *copulativus*, de *copulare*, unir.

gismes ; elle se marque par *or*, qui indique le passage de l'une à l'autre des prémisses : *Tout homme est mortel ; OR je suis un homme ; donc je suis mortel.*

   3. On peut distinguer enfin la coordination **comparative,** indiquant qu'un fait est comparé à un autre fait ; elle se marque au moyen des expressions doubles *autant... autant, tant... tant, plus... (et) plus, moins... (et) moins, plus...(et) moins, moins... (et) plus, tel... tel :* AUTANT *il a de vivacité,* AUTANT *vous avez de nonchalance* (Ac.). — TANT *vaut l'homme,* TANT *vaut la terre.* — TEL *fruit,* TEL *arbre, pour bien faire* (LA F., F., X, 4). — PLUS *on est de fous,* PLUS *on rit.* — PLUS *je médite* ET MOINS *je me figure...* (RAC., *Brit.,* I, 2).

§ 3. — TERMES ESSENTIELS DE LA PROPOSITION

   182. Considérée dans ses éléments essentiels, la proposition comprend *deux* termes [1] : un *sujet* et un *verbe : La terre tourne ; —* ou *trois* termes : un *sujet,* un *verbe* et un *attribut : Le vice est odieux.*

   Certains grammairiens distinguent dans la proposition : 1º le *sujet,* c'est-à-dire l'être ou l'objet dont on parle ; 2º le *prédicat,* c'est-à-dire tout ce qui est dit du sujet.

Art. 1. — LE SUJET

   183. Le **sujet** [a] est le terme point de départ de l'énoncé ; il désigne l'être ou l'objet dont on dit quelque chose et qui s'actualise dans un verbe : L'ÉLÈVE *écrit.* DIEU *existe.* L'HOMME *est mortel.*

   Pour trouver le sujet, on fait devant le verbe la question *qui est-ce qui... ?* pour les personnes, et *qu'est-ce qui... ?* pour les choses : MON FRÈRE *part* (Qui est-ce qui part ? MON FRÈRE). LE FEU *brûle* (Qu'est-ce qui brûle ? LE FEU).

   184. Le sujet est exprimé le plus souvent par un nom ou par un pronom (personnel, possessif, démonstratif, relatif, interrogatif, indéfini) : *L'ÂME est immortelle ;* NOUS *le croyons.*

   Peuvent être pris comme noms et, par suite, s'employer comme sujets : le pronom, l'adjectif, l'infinitif (qui n'est d'ailleurs que la forme nominale du verbe), le participe présent, le participe passé, les particules : *Le* MOI *est haïssable* (PASC., *Pens.,* 455). — *Le* VRAI *seul est aimable* (BOIL., *Ép.,* 9). — MENTIR *est honteux. Les* MANQUANTS *sont nombreux. Le* BLESSÉ *souffre. — Les* SI, *les cas, les contrats sont la porte Par où la noise entra dans l'univers* (LA F., *Contes,* V, 7).

   Parfois aussi une proposition entière remplit la fonction de sujet : QUI-CONQUE A BEAUCOUP VU *Peut avoir beaucoup retenu* (LA F., *F.,* I, 8). — QUI

---

   1. Voyez au § 597 des observations importantes.
   ÉTYM. — [a] *Sujet,* empr. du lat. scolast. *subjectum,* de *sub,* sous, et *jacere,* jeter.

A BU *boira*. — QUE LE BOMBARDEMENT EÛT CESSÉ *avait fait naître de l'espoir*
(J. de LACRETELLE, *La Bonifas*, XII).

Remarque. — Il est fréquent que, dans la langue parlée surtout, on mette au début
de la phrase, ou plutôt hors phrase, comme *sujet psychologique* ou comme *thème* de
l'énoncé, un nom ou un pronom dont l'idée se trouve reprise plus loin et dont le vrai
rôle syntaxique est révélé par un pronom complément *(en, y, lui...)* ou par un adjectif
possessif : MOI, *l'espérance amie est bien loin de* MON *cœur* (A. CHÉNIER, *Élég.*, XV). —
CETTE LOI SAINTE, *il faut s'y conformer* (HUGO, *Cont.*, I, 1). — CEUX-LÀ, *que* LEUR
a-t-il fait ? (J. et J. THARAUD, *L'Ombre de la croix*, p. 142.) — MOI, MON *âme est fêlée*
(BAUDELAIRE, *Les Fleurs du mal*, La Cloche fêlée). — NAPOLÉON, SA *campagne de
1813 est très contestée* (A. FRANCE, *Le Lys rouge*, p. 54).

185. Sujet « apparent », sujet « réel ». — Les verbes impersonnels ou employés impersonnellement sont accompagnés du pronom
il, parfois *ce*, que la tradition appelle sujet *apparent*, par opposition
au sujet *réel* (ou *logique*), qui répondrait à la question *qu'est-ce qui... ? :
Il convient de partir ; il faut du courage ; il est arrivé un malheur ; c'est
un crime de trahir (il, ce* = sujets « apparents » ; — *de partir, du courage, un malheur, de trahir* = sujets « réels » ou « logiques »).

La tradition, en cette matière, accommode la grammaire à la logique. Il
semble préférable de dire que, dans des phrases comme celles qui précèdent,
le pronom *il* ou *ce* est le **sujet** tout court, et que ce sujet vague, sorte de
sujet d'attente, est *complété* par le second élément (le prétendu sujet « réel ») [1].
Ce **terme complétif du sujet,** important quant à l'idée, est, dans ces
sortes de phrases, réservé pour la fin, et se trouve par là mis en pleine lumière.

Remarque. — Dans les verbes impersonnels proprement dits comme *il pleut, il
gèle*, etc., le sujet *il* n'est pas suivi de mots qui le complètent, sauf si ces verbes sont
pris figurément : *Il pleut des balles.*

PLACE DU SUJET

186. A. — Le sujet se place normalement **avant** le verbe [2] : LES
PASSIONS *tyrannisent l'homme* (LA BR., VI, 50).

---

1. C'est l'opinion de G. et R. Le Bidois (cf. *Syntaxe du Franç. moderne*, t. I,
§§ 319, 670, 671). Nous nous y rangeons, mais nous ne disconviendrons pas que cette
théorie ne puisse se ramener, au fond, à la théorie traditionnelle qui distingue *sujet
apparent* et *sujet réel.*

Selon F. Brunot, il faut « considérer comme un véritable complément d'objet les
séquences des verbes impersonnels : *Il faut du pain ; — il conviendra de vous décider ;
— il faut que vous choisissiez ; — il est utile que vous le fassiez le plus tôt possible.* »
(*La Pensée et la Langue*, p. 289.)

2. C'est une tradition d'affirmer que le français, dans la disposition des mots, suit
l'ordre *naturel* et *logique*. Rivarol a fait de ce principe le pivot de son *Discours sur*

Remarque. — Quand une proposition a plusieurs sujets, il arrive qu'on n'en place qu'un seul avant le verbe, et que les autres soient postposés. Cette division d'un sujet multiple sert parfois à donner plus de relief à la partie postposée ou à adapter le mouvement de la phrase au mouvement même de la pensée ; parfois aussi elle détache mieux les scènes successives de l'action ; parfois enfin elle ne s'explique que par le souci de varier la construction : *Albe le veut, et* ROME (CORN., *Hor.*, II, 6). — *Noyon est perdu, et* LASSIGNY (H. BORDEAUX, *Tuilette*, p. 93). — *Dans ces points de rencontre du génie latin et du génie germanique, les légendes fourmillent, et* LA SORCELLERIE (M. BARRÈS, *Les Maîtres*, p. 260). — *Mais la logique le veut, et* LA NÉCESSITÉ (J. BAINVILLE, *Napoléon*, p. 315).

B. — Le sujet se place **après** le verbe (après l'auxiliaire dans les temps composés, si ce sujet est un pronom ; après l'auxiliaire et le participe, si c'est un nom) :

1º Dans les propositions interrogatives directes (§ 175, Rem. 1), si ce sujet est un pronom personnel ou l'un des pronoms *ce, on : Comprenez*-VOUS ? *As*-TU *compris ? Où est*-IL ? *Est*-CE *possible ? Part*-ON ?

---

l'Universalité de la langue française : « Ce qui distingue, dit-il, notre langue des langues anciennes et modernes, c'est l'ordre et la construction de la phrase. (...) Le Français nomme d'abord le *sujet* du discours, ensuite le *verbe*, qui est l'action, et enfin l'*objet* de cette action : voilà la logique naturelle à tous les hommes, voilà ce qui constitue le sens commun. Or cet ordre si favorable, si nécessaire au raisonnement, est presque toujours contraire aux sensations, qui nomment le premier l'objet qui frappe le premier. (...) Le Français, par un privilège unique, est seul resté fidèle à l'ordre direct, comme s'il était tout raison. (...) C'est de là que résulte cette admirable clarté, base éternelle de notre langue. Ce qui n'est pas clair n'est pas français. » (*Disc. sur l'Universalité de la langue française*, éd. Suran, §§ 65-66). — Cette doctrine est trop absolue. Si le français suit souvent l'ordre *logique* (selon les idées), il suit souvent aussi l'ordre *affectif* (selon les passions) et l'ordre *esthétique* (selon l'harmonie). — D'ailleurs, dans le français écrit, l'inversion du sujet paraît être de plus en plus fréquente (cf. R. LE BIDOIS, *L'Inversion du sujet dans la prose contemporaine*, pp. 409 suiv.). — Il faut noter à ce propos, avec A. THÉRIVE (*Procès de langage*, p. 203), qu'« on met volontiers en queue de phrase le mot important, fût-ce par une sorte de répétition logique. Son rôle de sujet, de complément importe peu. L'essentiel est qu'on fasse porter sur lui l'accent principal de la phrase. Exemples : *Elle ne croyait pas que je rentrerais si tôt,* MA FEMME. (...) *Il ne l'a pas achetée bien cher,* SA MAISON ! » Remarquons néanmoins la tendance foncière du français à suivre l'ordre direct : la langue populaire répugne absolument à pratiquer l'inversion : *À quoi que tu réfléchis ? Pourquoi que vous riez ? Où (c'est) que tu vas ? Il viendra, je te dis.* — *Qui c'est qui commande ?* (R. DORGELÈS, *Le Cabaret de la Belle Femme*, p. 219.) — *Et vos deux pièces sont orientées comment ?* (A. BILLY, *Princesse folle*, p. 147.) — *À qui qu'ten as donc, la Malgaigne ?* (BARBEY D'AUREVILLY, *Un Prêtre marié*, t. II, p. 31.) — *Des princesses, on dit ?* (Fr. JAMMES, *L'Antigyde*, p. 56.)

Remarques. — 1. Dans les propositions interrogatives directes, quand le sujet n'est ni un pronom personnel ni *ce* ou *on*, il se place avant le verbe, mais on le reprend après le verbe par un pronom personnel : c'est l'*interrogation complexe* : L'ENFANT *comprend-*IL ? VOTRE MÈRE *viendra-t-*ELLE ? TOUT *est-*IL *prêt ?* — *Une difficulté surgissait-*ELLE : *il l'aplanissait.*

2. Si le sujet est ou contient un mot interrogatif (ou exclamatif), on le place avant le verbe sans le reprendre par un pronom personnel : *Combien de royaumes nous ignorent !* (PASC., *Pens.*, 207.) — *Quel peuple habita cette île ?* (CHATEAUBR., *Mém.*, I, 8, 5.) — *Combien d'hommes sont indifférents à ces événements ?* (ID., *ib.*) — *Qui vient ? Qui m'appelle ?* (MUSSET, *N. de Mai.*) — *Quel fruit me reviendra d'un aveu téméraire ?* (RAC., *Bérén.*, I, 2.) — *Laquelle dort le mieux ?* (HUGO, *F. d'aut.*, VI.) — *Qui donc le courbe ainsi* [un front] ? *Quelle sueur l'inonde ?* (ID., *ib.*, X.) — *De ces grands peuples rivaux, lequel lui était le moins cher ?* (R. ROLLAND, *Jean-Christophe*, t. X, p. 226.) — *Leque, leût osé lui adresser la parole devant témoin ?* (Fr. MAURIAC, *Les Anges noirs* p. 97.) — *Oh ! combien de marins, combien de capitaines (...) Dans ce morne horizon se sont évanouis !* (HUGO, *Ray. et Omb.*, XLII.) — *À son large festin que d'amis se récrient !* (ID., *F. d'aut.*, XXXII.) — *Quelle angoisse m'étreint !* — *Combien voudraient être à votre place !* (AC.)

On constate une tendance assez forte à reprendre le sujet interrogatif (ou exclamatif) par un pronom personnel après le verbe ; en particulier, après *combien,* la reprise est courante : *Combien de personnes en pourraient-*ELLES *profiter durant ce temps-là ?* (VAUGELAS, *Rem.*, Préf., X, 1.) — *Combien cette naïveté champêtre a-t-*ELLE *plus de grâce qu'un trait subtil et raffiné d'un bel esprit !* (FÉNEL., *Lett. à l'Ac.*, V.) — *Combien de gens en France ont-*ILS *le courage d'être corrects, d'être loués pour eux-mêmes?* (Fr. MAURIAC, *La Province*, p. 28.) — *Combien de mercantis milliardaires ont-*ILS *été, jusqu'ici, fouillés ?* (ID., *Journ.*, t. IV, p. 13.) — *Combien de femmes l'avaient-*ELLES *habité ?* [un château] DANIEL-ROPS, *Le Courtinaire*, p. 28.) — *Combien d'entre nous auraient-*ILS *droit au titre d'homme... ?* (VERCORS, *Les Animaux dénaturés*, pp. 304-305.) — *Combien de lâches sont-*ILS *morts avec courage dans la panique de toute leur chair, pour ne point paraître lâches ?* (Th. MAULNIER, *Jeanne et les juges*, p. 70.) — *Combien de grammaires donnent-*ELLES *le mot de l'énigme ?* (A. DAUZAT, dans le *Monde*, 13 juill. 1955.) — *Mais combien de nos soldats (...) avaient-*ILS *lu Gide... ?* (J. de LACRETELLE, *Les Maîtres et les Amis*, p. 163.) — *Combien d'autres ecclésiastiques se trouvent-*ILS *captifs, ici et là ?* (Wl. d'ORMESSON, dans le *Figaro*, 15 janv. 1958.)

La reprise se fait assez souvent aussi en dehors de ce cas : *Quel homme de prière a-t-*IL *pourtant jamais avoué que la prière l'ait déçu ?* (G. BERNANOS, *Journ. d'un Curé de campagne*, p. 131.) — *Lequel de vos ouvrages vous fit-*IL *connaître ?* (Question posée par II. Corbière faisant une enquête sur « Leurs débuts », dans les *Nouv. litt.*, 12 avr. 1951.) — *Quel homme de l'Occident comprendra-t-*IL *l'âme chinoise ?* (Titre d'un article de P. AUDIAT, dans le *Figaro litt.*, 11 août 1951.) — *Quel Brillat-Savarin, quel Berchoux, en leurs dissertations, t'ont-*ILS *appris à goûter la fraise des bois ?* (M. BEDEL, *Traité du plaisir*, p. 133.) — *Mais quel féroce magicien a-t-*IL *enfermé ton secret dans cette incommunicabilité profonde... ?* (É. HENRIOT, *Tout va recommencer sans nous*, p. 170.) [Voir p. 489, note, un autre exemple d'É. Henriot.] — *Ah ! Monsieur, dans quel univers les psychiatres nous font-*ILS *pénétrer !* (PASTEUR VALLERY-RADOT, *Rép. au disc. de récept. de Jean Delay à l'Ac. fr.*)

N. B. — La reprise du sujet interrogatif (ou exclamatif) est requise quand le verbe est accompagné d'une négation (sans le pronom de reprise, le sens serait faussé) : *Combien de femmes n'aimeraient-*ELLES *pas mieux voir leur amant mort qu'infidèle ?* (M. DONNAY, *L'Affranchie*, I, 3.) — *Et pourtant, quels grondements lointains n'annonçaient-*ILS *pas l'orage, mais qui voulait entendre ?* (J. GREEN, *Journ.*, 21 déc. 1940.) — *Quel homme, sensible aux beautés de ce monde (...) n'aurait-*IL *pas rêvé de ne plus s'en arracher ?* (A. CHAMSON, dans les *Nouv. litt.*, 21 janv. 1960.)

3. Quand l'interrogation directe comporte un verbe de forme impersonnelle, on met avant le verbe le « sujet réel » : pronom interrogatif ou nom précédé d'un adjectif interrogatif — et après le verbe, le « sujet apparent » *il : Que faut-il ? Qu'y a-t-il ? Qu'adviendra-t-il ? Que se passe-t-il ? — Que vaut-il mieux ?* [1] *Se donner la peine de monter la garde aux portes de Paris (...) ? ou déserter la Ville... ?* (A. SUARÈS, *Vues sur l'Europe*, p. 211.) — *Lequel faut-il ? Quelle somme faut-il ? — Quel fruit me revient-il de tous vos sacrifices ?* (RAC., *Ath.*, I, 1.) — *Quelle heure est-il ?*

Au lieu de *que* « sujet réel » on peut mettre *qu'est-ce que*, mais alors le « sujet apparent » *il* reste devant le verbe : *Qu'est-ce qu'il faut ? — Qu'est-ce qu'il adviendra ?*

Cas particuliers : *a)* On dit, avec ou sans *il* de reprise : *Que vous semble-t-*IL *de ce tableau ?* (AC.) — *Que vous semble de cette affaire ?* (ID.) — *Que vous en semble ?* (ID.) [2]

b) Semblablement dans les formules interrogatives *à quoi sert de..., que sert de...*, suivies d'un infinitif sujet logique, le pronom *il* se met facultativement après le verbe : 1° *Que nous sert de pleurer ?* (LA F., *F.*, X, 11.) — *Du zèle de ma loi que sert de vous parer ?* (RAC., *Ath.*, I, 1.) — *Que sert d'interdire ce qu'on ne peut empêcher ?* (A. GIDE, *Les Faux-Monn.*, p. 20.) — *À quoi sert de posséder un carnet de chèques, si on n'a pas de compte à la Banque ?* (Fr. de MIOMANDRE, *Écrit sur de l'eau*, p. 178.) — 2° *Que vous aura-t-*IL *servi de croire... ?* (MASSILLON, *Car.*, Vér. de la relig.) — *À quoi sert-*IL*, que sert-*IL *de s'emporter ?* (AC.) — *À quoi sert-*IL *de dissimuler ?* (MUSSET, *Fantasio*, II, 7.) — *À quoi servirait-*IL *de dire que je n'ai vu, dans toute ma vie que deux cas de variole... ?* (G. DUHAMEL, *Problèmes de l'heure*, p. 188.)

Pour les sujets interrogatifs neutres *qu'est ce qui ? lequel est-ce qui ? qui ? quoi ? lequel ?* voir §§ 570, et Rem. 1 ; 572, *Hist.* ; 575 ; 577.

4. Si la proposition interrogative directe commence par un mot interrogatif attribut ou complément d'objet direct, le sujet se place après le verbe [3] : *Quel sera* CET ENFANT *? Que veut* CET HOMME *? — Que disaient* LES FONTAINES *?* (HUGO, *Contempl.*, IV, 12.) — *Qu'a dit* LE DOCTEUR *?* (M. ACHARD, *Patate*, I.)

---

1. On peut dire aussi : *Qu'est-ce* QUI *arrive ? Qu'est-ce* QUI *se passe ? Qu'est-ce* QUI *vaut mieux ?* — mais alors le verbe n'a pas la forme impersonnelle (voir § 548, Rem. 2).

2. Certains grammairiens (entre autres E. Lerch) font de *que*, dans ces phrases, un sujet. D'autres (L. Foulet, J. Melander), à l'avis desquels on se range ici, en font un attribut (A comparer : *Il me* LE *semble.*)

3. Les phrases suivantes, avec interrogation complexe, sont insolites : *Que* PELLERIN *devrait-*IL *dire à Ermance ?* (LA VARENDE, *Cœur pensif...*, p. 209.) — *Que* CELA *change-t-il ?* (P. VIALAR, *Le Petit garçon de l'ascenseur*, p. 170.)

5. Si la proposition interrogative directe commence par un mot interrogatif non attribut ni complément d'objet direct, et que le sujet ne soit ni un pronom personnel, ni l'un des pronoms *ce*, *on*, ce sujet peut se placer, soit après le verbe : *Où conduit* CE CHEMIN *? Comment va* VOTRE MÈRE *? Combien a coûté* CECI *? À qui succède* CE PRINCE *?* — soit avant le verbe, mais alors il faut le reprendre par un pronom personnel : *Où* CE CHEMIN *conduit-*IL *? Comment* VOTRE MÈRE *va-t-*ELLE *? Combien* CECI *a-t-*IL *coûté ? À qui* CE PRINCE *succède-t-*IL *?*

L'interrogation complexe est obligatoire :

a) Avec un verbe accompagné d'un complément d'objet direct : *Quand* RACINE *écrivit-*IL *Andromaque ? En 1667.*

Toutefois, si le complément d'objet direct est *quel* + *un nom*, les deux constructions sont possibles : *Quel âge a* MON ONCLE *?* (M. PROUST, *Les Plaisirs et les Jours*, p. 21.) — *Quel âge* MON ONCLE *a-t-*IL *?* — Si l'équivoque est à craindre, l'interrogation complexe s'impose ; ainsi dans la phrase suivante (titre d'un article de Morris Bishop, dans les *Nouv. litt.*, 5 mai 1955) : *Quels écrivains français lisent les Américains ?* on ne voit pas nettement si le sujet est *écrivains français* ou bien *les Américains* ; il eût fallu dire, le sujet étant *les Américains* : *Quels écrivains français les Américains lisent-*ILS *?* — Autre exemple : *Quelle œuvre d'art évoque pour vous Noël ?* (titre dans les *Nouv. litt.*, 19 déc. 1957) ; pour éviter l'équivoque, il eût fallu dire : *Quelle œuvre d'art Noël évoque-t-*IL *pour vous ?*

b) Avec un verbe accompagné d'un attribut : *Comment* CET HOMME *serait-*IL *sage ? Quand* LA BRUYÈRE *devint-*IL *académicien ? En 1693.*

c) Avec *pourquoi* : *Pourquoi* L'OPIUM *fait-*IL *dormir ?*

6. Dans l'interrogation *directe*, on marque souvent le sens interrogatif par *est-ce que*[1], et on ne change pas alors l'ordre normal : sujet + verbe : EST-CE QUE *j'écris mal ?* (MOL., *Mis.*, I, 2.) — EST-CE QUE *ma cause est injuste ou douteuse ?* (ID., *ibid.*, I, 1.) — *Qu'*EST-CE QUE *j'entends ?* (RAC., *Mithr.*, IV, 6.) — *À quoi* EST-CE QUE *vous pensez ? Qu'*EST-CE QU'*il faut ?*

Après *qu'est-ce que*, si le sujet n'est ni un pronom personnel ni *ce* ou *on*, l'inversion est possible : *Qu'est-ce que m'apprendraient ces fameux journaux ?* (FLAUBERT, *Corr.*, t. I, p. 136.) — *Qu'est-ce que signifie « mentalité » ?* (A. HERMANT, *Les Samedis de Monsieur Lancelot*, p. 143.) — *Qu'est-ce que diront vos amis ?* (A. BILLY, *Le Narthex*, p. 55.) — *Qu'est-ce que fait cet homme ?* (AC., s. v. *faire*.) — *Qu'est-ce que va devenir mademoiselle Augustine, alors ?* (R. BAZIN, *De toute son âme*, p. 172.) — *Qu'est-ce que penserait l'oncle Alfred, s'il nous voyait ?* (M. AYMÉ, *Les Contes du chat perché*, p. 172.) — *Qu'est-ce que préparent les Allemands ?* (F. GREGH, *L'Âge de fer*, p. 178.)

Sauf après un pronom ou un adverbe interrogatifs, on peut, en supprimant *est-ce que*, marquer par la simple intonation le sens interrogatif de la phrase : *Vous voulez, ajoute Démocède, voir mes estampes ?* (LA BR., XIII, 2.) — *Je ne me pendrai pas ?* (LA F., F., IX, 15.)

---

1. Tour populaire, mais très fréquent, même dans la langue écrite. — *Est-ce que* se trouve aussi dans l'interrogation indirecte, mais seulement quand la proposition interrogative commence par un pronom ou un adverbe interrogatifs (exemples au § 570).

7. Dans les propositions interrogatives indirectes (§ 175, Rem. 1), quand le sujet est un pronom personnel ou un des pronoms, *ce, on*, il se place toujours avant le verbe : *Je demande où* TU *vas, comment* C'est *possible, quand* ON *part, qui* VOUS *êtes.*

Si le sujet n'est ni un pronom personnel ni l'un des pronoms *ce, on*, il se place de préférence avant le verbe, mais on peut aussi le placer après le verbe : *Je demande quand* LE SPECTACLE *commence, quand commence* LE SPECTACLE. *Dites-moi où* CE CHEMIN *conduit, où conduit* CE CHEMIN. *Je ne sais à quoi* CECI *aboutira, à quoi aboutira* CECI.

Dans les mêmes propositions, après les interrogatifs *qui, quel*, attributs, si le sujet n'est ni un pronom personnel ni *ce* ou *on*, il se place après le verbe : *Je demande qui était* CE PERSONNAGE [1]. — *Et quand je vous demande après quel est* CET HOMME... (MOL., *Mis.*, I, 1.)

Après *si* dans l'interrogation indirecte, quand le sujet est un pronom personnel ou *ce* ou *on*, il se place toujours avant le verbe : *Dites-moi si* VOUS *viendrez, si* ON *part, si* C'est *possible ;* — quand le sujet n'est ni un pronom personnel, ni *ce* ou *on*, normalement il se met aussi avant le verbe : *Je demande si* VOTRE PÈRE *viendra ; je ne sais pas si* CELA *convient*. — L'inversion est exceptionnelle : *Tu n'iras plus (...) voir si n'arrive pas* LE PRINTEMPS (A. GIDE, *Nourrit. terr.*, p. 155, cit. R. LE BIDOIS, *L'Inversion du suj.*, p. 287).

Hist. — L'ancienne langue disait : *Part votre père ?* comme *Dors tu ? Aime il ?* — *Las ! Est morte m'amie ? (Chastelaine de Vergi*, 872.) Cette construction a été remplacée dans la langue littéraire, en moyen français, par *Est-ce que votre père part ?* et par *Votre père part il ?* — C'est au XVIe siècle qu'un *t* accessoire s'est introduit à la 3e personne du singulier dans les formes comme *Aime il ?* Ce *t (aime-*T*-il ? aima-*T*-il ?)* est analogique : il s'est développé sous l'influence de formes telles que : *Dort-il ? Aimait-il ?* (Voir § 640, Rem.)

2o Dans certaines propositions au subjonctif marquant le souhait, l'hypothèse, le temps, non introduites par les conjonctions habituelles : *Puissiez-*VOUS *réussir ! Vive* LE ROI ! *Soit* LE TRIANGLE *ABC*. — *Tombe sur moi* LE CIEL *pourvu que je me venge !* (CORN., *Rodog.*, V, 1.) — *Vienne* L'AUTOMNE, *il s'en ira.*

Remarque. — Dans certaines propositions d'opposition où le subjonctif est employé sans *que*, deux constructions sont possibles : *Dût tout* CET APPAREIL *retomber sur ma tête* (RAC., *Iphig.*, III, 5). — *Tout* CET APPAREIL *dût-il retomber sur ma tête.*

3o Dans la plupart des propositions incises : *Vous voyez, reprit-*IL, *l'effet de la concorde* (LA F., *F.*, IV, 18). — *Ma vue s'affaiblit, dit* IRÈNE. — *Prenez des lunettes, dit* ESCULAPE (LA BR., XI, 35). — *Trop grand ! répliqua* JEANNE (R. BAZIN, *Gingolph l'abandonné*, p. 133).

---

1. On pourrait dire aussi : *Je demande qui ce personnage était*. Mais cette construction est moins employée.

Mais on a souvent comme incises : *je pense, je suppose, je crois, je parie, ce semble, il est vrai*, etc. : *Elle ne vit pas,* JE SUPPOSE, *de l'air du temps* (A. THÉRIVE, *Sans âme*, p. 127).

4° Dans les propositions où l'adjectif attribut est mis en inversion : *Fière est* CETTE FORÊT (MUSSET, *Souvenir*). — *Rares sont* LES JOURS *sans nuages*. — *Que béni soit* LE CIEL *qui te rend à mes vœux !* (RAC., *Esth.*, I, 1.) — *Telle est* MA VOLONTÉ.

5° Dans les propositions exclamatives non introduites par un adverbe ou par un adjectif exclamatif, si le sujet est un pronom personnel, ou *ce*, ou *on* : *Est-*IL *aimable ! L'ai-*JE *assez dit !*

Remarques. — 1. Dans ces propositions, si le sujet n'est ni un pronom personnel, ni *ce* ou *on*, il se place avant le verbe, et se répète obligatoirement après le verbe par un pronom personnel : CET ENFANT *est-*IL *aimable !*

2. Quand la proposition commence par un adverbe ou un adjectif exclamatifs, le pronom sujet se place presque toujours avant le verbe : *Qu'*IL *est aimable ! Combien de larmes* J'ai *versées ! Combien de larmes ai-*JE *versées ! Quelle énergie* IL *déploie !*

Si le sujet n'est ni un pronom personnel ni *ce* ou *on*, il se place soit avant le verbe (sans se répéter après lui par un pronom personnel), soit après le verbe : *Quelle énergie* CET HOMME *déploie !* CELUI-CI *déploie ! Quelle énergie déploie* CET HOMME ! *déploie* CELUI-CI !

Après la locution optative *que ne...*, si le sujet est un pronom personnel ou *ce*, ou *on*, il se met en inversion [1] : *Que n'ai-*JE *vu le monde à son premier soleil !* (LAMARTINE, *Médit.*, Dieu.) — *Que n'est-*CE *possible ! — Que ne peut-*ON *le voir !*

3. Avec la négation, lorsque le sujet n'est ni un pronom personnel ni *ce* ou *on*, il se place avant le verbe et se répète après le verbe par un pronom personnel : *Combien de larmes* CETTE MÈRE *n'a-t-*ELLE *pas versées ! Quelle énergie* CET HOMME *ne déploie-t-*IL *pas !*

187. Il faut signaler à part certains cas où la place relative du sujet n'est pas toujours rigoureusement fixée :

1° Dans les propositions commençant par certains adverbes ou certaines locutions marquant, pour la plupart, restriction ou opposition : *à peine, ainsi, aussi, au moins, difficilement, du moins, (et) encore, en vain, vainement, rarement, peut-être, à plus forte raison, aussi bien, sans doute,* si le sujet est un pronom personnel ou l'un des pronoms *ce, on,* il se place de préférence après

---

1. Quand le sujet est un nom placé entre *que* et *ne*, on le reprend par un pronom personnel ; cette construction est rare : *Que* SON FILS *n'était-*IL *présent !* (A. de CHÂTEAUBRIANT, *M. des Lourdines*, p. 108, cit. R. LE BIDOIS, *L'Invers. du suj.*, p. 81.) — A comparer : *Que n'est cet avantage Pour les ruines du visage !* (LA F., *F.*, VII, 5.)

le verbe, mais il peut aussi le précéder [1] : *À peine est-*IL *hors de son lit, à peine* IL *est hors du lit* (AC.). — *À peine semblait-*IL *entendre* (VERCORS, *Les Armes de la nuit,* p. 59). — *Aussi bien ne m'écouterait-*IL *pas* (AC.). — *Aussi bien,* IL *n'en fera rien* (ID.). — *Difficilement trouvera-t-*ON *des gens qui veuillent* (LITTRÉ, S.V. *difficilement*). — *S'il n'est pas fort riche, du moins* IL *a, du moins a-t-*IL *de quoi vivre honnêtement* (AC.). — *Vainement lui disait-*IL : « *C'est moi seul qui t'ai choisie...* » (Fr. MAURIAC, *Le Baiser au lépreux,* p. 132). — *Peut-être viendra-t-*IL (AC.). — *Peut-être* IL *obtiendra la guérison commune* (LA F., *F.,* VII, 1). — *Peut-être* IL *redoute mon contact* (M. JOUHANDEAU, *Carnet du Professeur,* p. 194). — *Rarement vit-*ON *victoire plus éclatante* (J. BAINVILLE, *Napoléon,* p. 289). — *Rarement se permettait-*IL *une pointe* (J. de LACRETELLE, *Disc. de récept. à l'Acad. fr.*).

Toujours (= en tout cas), *encore, mais encore* (= malgré cela), *tout au plus* exigent l'inversion du sujet, si celui-ci est un pronom personnel ou l'un des pronoms *ce, on* [2] : *Toujours est-*IL *que...* (AC.). — *Je n'y sais qu'un remède, encore est-*IL *fâcheux* (CORN., *Rodog.,* IV, 3).

Si le sujet n'est ni un pronom personnel ni *ce* ou *on,* il se place avant le verbe et se répète facultativement après lui par un pronom personnel : *À peine* LE SOLEIL *était-il levé, à peine* LE SOLEIL *était levé...* (AC.). — *Aussi* SES DESSEINS *ont été déjoués,... ont-*ILS *été déjoués. Sans doute* CELA *est nécessaire,...* CELA *est-il nécessaire.*

2° Sauf le cas des pronoms personnels ou des pronoms *ce, on,* il est parfois loisible de placer le sujet avant ou après le verbe : ce sont des raisons de style ou d'harmonie qui décident. Tel est le cas :

a) Dans les propositions introduites par un pronom relatif complément : *Les efforts que* CE TRAVAIL *a coûtés,... qu'a coûtés* CE TRAVAIL. — *L'héritage Que nous ont laissé* NOS PARENTS (LA F., *F.,* V, 9). — *... que* NOS PARENTS *nous ont laissé. — Ne déguises-tu rien de ce qu'a dit* MON PÈRE ? (CORN., *Cid,* I, 1.) — *... de ce que* MON PÈRE *a dit ? — La misère à laquelle* SES FOLIES *l'ont réduit, ... à laquelle l'ont réduit* SES FOLIES.

Mais on dira, en mettant obligatoirement le sujet avant le verbe : *Les livres que* J'*ai lus, dont* ON *parle, auxquels* VOUS *me renvoyez. Les cas où* C'*est possible.*

b) Dans les propositions commençant par un complément d'objet indirect, par un complément circonstanciel ou par un adverbe (surtout un adverbe de temps, de lieu, de manière), lorsque le verbe n'est pas suivi d'autres compléments : *Sur le bord d'un puits très profond Dormait (...)* UN ENFANT (LA

---

1. Après *à peine,* l'inversion se fait presque toujours ; après *peut-être* ou *sans doute,* elle se fait très fréquemment.

2. Tour insolite : *De cet état équivoque, ambigu qu'est celui de la vie suspendue, un naturaliste — qui se souvenait de Bossuet — a dit qu'il n'avait de nom dans aucune langue.* TOUJOURS IL Y A *que, pour le désigner, on a épuisé les ressources du vocabulaire* (J. ROSTAND, dans les *Nouv. litt.,* 2 nov. 1961).

F., F., V, 11). — *Aux pieds du trône était* LA MORT, *pâle et dévorante* (FÉNEL., *Tél.*, t. II, p. 325). — *Alors s'éleva* UNE CLAMEUR, ... UNE CLAMEUR *s'éleva.* — *Ici* NOS GENS *se campèrent* (MOL., *Amph.*, I, 1). — *Ici mourut* UN BRAVE. Mais on dira, en plaçant obligatoirement le sujet avant le verbe : *Au pied du trône,* ON *voyait la Mort. Alors* UNE CLAMEUR *ébranla l'air. Ici* CE *fut terrible.*

c) Dans des propositions commençant par certaines conjonctions, et notamment par certaines conjonctions de temps ou de comparaison : *Dès que* CET HOMME *parut, dès que parut* CET HOMME. — *Avant que se termine* LA FÊTE, *avant que* LA FÊTE *se termine.* — *Nous ferons comme* NOS PÈRES *ont fait,* ... *comme ont fait* NOS PÈRES.

Mais on dira, en plaçant obligatoirement le sujet avant le verbe : *Dès que* TU *parus, dès qu'*ON *verra, avant que* CE *soit fini.*

d) Dans les propositions d'opposition introduites par *quelque ... que, pour ... que, tout ... que, si ... que* : *Quelque grandes que soient* VOS RICHESSES, ... *que* VOS RICHESSES *soient.* — *Tout important que peut être* CET AVANTAGE, ... *que* CET AVANTAGE *peut être.*

Mais on dira, en plaçant obligatoirement le sujet avant le verbe : *Quelque grands qu'*ILS *soient. Tout instruits que* NOUS *pouvons être,* ... *qu'*ON *peut être.*

Avec *si ... que,* on peut dire : *Si grand qu'*IL *soit, si grand soit-*IL. — *Si impatient qu'*IL *fût* (A. HERMANT, *L'Aube ardente*, XIV). — *Si bonne soit-*ELLE (Cl. VAUTEL, *Mon Curé chez les riches,* p. 100). [La remarque s'applique aussi à *aussi grand qu'il soit, aussi grand soit-il* : voir § 1031, Rem. 3.]

e) Dans les propositions infinitives sans objet direct (sauf si leur sujet est un pronom personnel ou relatif) : *Il entend* UN ENFANT *crier* (LA F., *F.*, IV, 16). — *Je vois rêver* PLATON (MUSS., *Esp. en Dieu*).

Mais si la proposition infinitive dépend de *faire,* son sujet doit être postposé [1] : *J'ai fait taire* LES LOIS (RAC., *Esth.*, III, 1).

3° Le verbe est parfois mis en vedette, avant le sujet, pour des raisons de style : *Déjà prenait l'essor, pour se sauver dans les montagnes,* CET AIGLE *dont le vol hardi...* (FLÉCH., *Turenne*). — *Passaient et repassaient dans les rues* DES DÉPUTATIONS *populaires...* (CHAT., *Mém.*, I, 5, 14). — *Restent* LES FILMS *composés par des spécialistes modernes* (G. DUHAMEL, *Défense des Lettres,* p. 43). — *Vint* LE JOUR *fixé pour le départ* (M. BARRÈS, *L'Ennemi des lois,* p. 125). — *Cependant arriva* LE MOIS D'AOÛT (FLAUB., *L'Éd. sent.*, t. I, p. 105).

Hist. — Des six cas du latin, la langue du moyen âge n'avait conservé que le cas sujet et le cas régime, employés, le premier pour le sujet, l'attribut, le mot mis en apostrophe, le second pour les compléments en général. Ainsi la terminaison flexionnelle indiquant la fonction du nom, celui-ci se plaçait librement dans la phrase : on pouvait dire, par exemple, le mot *homs* étant sujet dans les deux cas : LI HOMS

---

1. Tour exceptionnel : *L'ancienne* [méthode] *suffit à quelqu'un qui a quelque chose à dire et qui l'exprime directement en faisant voir ses personnages et non en faisant* LES OBJETS *changer de place autour d'eux* (É. HENRIOT, dans *le Monde*, 9 sept. 1959).

mène le cheval ; le cheval mène LI HOMS. — Mais la tendance à adopter généralement l'ordre : sujet + verbe + complément ou attribut, rendit inutile la distinction des formes casuelles, et la déclinaison disparut vers la fin du XIII⁰ siècle, quoiqu'elle restât vivante un certain temps encore en Wallonie et en Lorraine. — On retrouve assez fréquemment chez les auteurs du XVIᵉ siècle, et plus tard encore, des inversions qui rappellent la construction ancienne : *Peu de prudence eurent* LES PAUVRES GENS (LA F., *F.*, VII, 8). — *Rome à qui vient* TON BRAS *d'immoler mon amant* (CORN., *Hor.*, IV, 5).

Art. 2. — LE VERBE

188. Le **verbe** *ᵃ* est le mot qui exprime l'action, l'existence ou l'état du sujet, ou encore l'union de l'attribut au sujet [1] : *Les oiseaux* VOLENT. *Que la lumière* SOIT ! *Le malade* SOUFFRE. *Le vice* EST *odieux*.

Voir au § 595 la note concernant le verbe, défini comme exprimant essentiellement un « procès ».

Les Compléments du verbe.

189. Les compléments du verbe sont : le complément *d'objet*, le complément *circonstanciel* et le complément *d'agent* du verbe passif.

A. — Complément d'objet.

190. Le **complément d'objet** énonce la personne ou la chose sur laquelle passe l'action du sujet ; cette personne ou cette chose est présentée comme supportant l'action, comme étant l'*objet* de l'action, comme marquant l'aboutissement, l'achèvement du procès : *J'éteins* LE FEU. *Le menteur nuit* À SON PROCHAIN.

Le complément d'objet est *direct* ou *indirect*.

Les expressions *complément direct, complément indirect* ont rapport non à la nature du complément, mais simplement à sa construction. Un complément est *direct* quand il se rattache directement, c'est-à-dire sans mot-outil, au mot complété ; il peut exprimer l'objet, mais aussi tout autre chose que l'objet : *Ce vin sent* LE BOUCHON ; *cela coûte* UN SOU ; *il sort* LE SOIR. — D'autre part, le complément appelé abusivement *complément indirect* se joint parfois au verbe sans l'aide d'un mot-outil : *Je* VOUS *nuis*. — Pour éviter l'équivoque on dira donc : *complément d'objet direct, complément d'objet indirect*.

On disait autrefois *régime direct, régime indirect*. Le terme *régime* exprimait la « dépendance d'un nom ou d'un pronom par rapport à un autre mot de la même phrase » (Littré). Comme ce terme a rapport non à l'idée, mais simplement à la forme grammaticale, il peut, à l'occasion, être encore fort commode à employer.

---

1. Le verbe unissant l'attribut au sujet s'appelle *copule* (cf. § 595, Rem.).

ÉTYM. — *ᵃ Verbe*, du lat. *verbum*, parole (= la *parole*, le *mot* par excellence).

191. Le *complément d'objet* **direct** (on dit aussi simplement *objet direct*) se rattache ordinairement au verbe *directement*, sans mot-outil, et exprime, soit l'objet même de l'action, soit le résultat de cette action ; avec quelques verbes, il exprime le contenu : *Raboter* UNE PLANCHE. *Enterrer* UN TRÉSOR. *Graver* UNE INSCRIPTION. *Enseigner* LA GRAMMAIRE.

Pour identifier le complément d'objet direct, on peut observer qu'il répond à une des questions ... *qui ?* ... *quoi ?* faite après le verbe, et en outre qu'il peut servir de sujet, quand la proposition est tournée par le passif.

Il est préférable, en somme, de consulter le sens, car les deux procédés indiqués ne sont pas toujours efficaces : l'attribut, en effet, répond lui aussi aux questions ... *qui ?* ... *quoi ?* — et la tournure par le passif ne s'opère pas toujours bien, par exemple avec *avoir*.

Remarque. — Quand le complément d'objet direct est un infinitif, il est parfois introduit par une des prépositions *à* ou *de* servant de mot-outil (prépositions *vides :* voir § 894, Rem.) : *Il aime* À *jouer.* — *Il essaie* DE *fuir.*

192. Le *complément d'objet* **indirect** (on dit aussi simplement *objet indirect*) est ordinairement rattaché au verbe *indirectement*, par le moyen d'une préposition ; il énonce, en général, la personne ou la chose vers laquelle se dirige l'action : *La paresse nuit* À LA SANTÉ. *Il lègue ses biens* À UN HOSPICE. *Cet enfant obéit* À SES PARENTS. *J'indique le chemin* À CE VOYAGEUR. *On doute* DE SA SINCÉRITÉ.

Pour identifier le complément d'objet indirect, on peut, en consultant le sens, faire après le verbe l'une des questions ... *à qui ?* ... *à quoi ?* ... *de qui ?* ... *de quoi ?* etc.

Remarques. — 1. En tant qu'il vient s'ajouter à un objet direct (exprimé ou implicite), l'objet indirect peut être appelé *objet secondaire ;* l'objet direct est dit alors *objet premier : Il enseigne* LA GRAMMAIRE (objet premier) AUX ENFANTS (objet secondaire).

2. Dans des phrases comme : *Qui donne au pauvre prête à Dieu ; Je cède la place à mon successeur*, les mots *pauvre, Dieu, successeur* sont parfois rangés parmi les compléments circonstanciels et appelés compléments *d'attribution*, en tant qu'indiquant à qui s'adresse l'action ou qui elle concerne. (A observer qu'on pourrait considérer parallèlement un complément *de privation : Paul prend un jouet* À SON FRÈRE.)

Il faut noter à ce propos que des verbes copules (*être, sembler, paraître, avoir l'air*, etc.) peuvent être accompagnés d'un complément au datif ; dans les phrases *Tout* VOUS *est aquilon ; tout* ME *semble zéphyr* (LA F., F., I, 22), — *Ce* NOUS *sera une joie de vous recevoir*, — *Cela* LUI *paraît impossible*, — les datifs *vous, me, nous, lui* sont des objets indirects (voir BRUNOT, *La Pens. et la Langue*, p. 382) ou des compléments d'attribution se rattachant aux verbes copules *est, semble, sera, paraît* (ou, si l'on veut, aux assemblages *est aquilon, semble zéphyr, sera une joie, paraît impossible*).

3. Le pronom personnel complément d'objet indirect se rattache parfois au verbe sans préposition : *Cette habitude* VOUS *nuit.*

193. La distinction établie entre le complément d'objet *direct* et le complément d'objet *indirect* est fondée sur des habitudes de la langue plutôt que sur des différences *essentielles* entre ces compléments : à telles enseignes que bien des verbes, dans l'ancienne langue, n'admettaient pas la même construction qu'aujourd'hui ; pour mieux dire, l'usage ne faisait pas de distinction bien nette entre ces compléments : *délibérer, marcher, ressembler, survivre*, etc. construisaient leur complément d'objet directement : *Délibérer une* DIFFICULTÉ, *marcher l'*HERBE, *ressembler* QUELQU'UN, *survivre son* PÈRE ; *entendre* construisait son complément d'objet indirectement : *Entendre* À QUELQU'UN ; d'autres verbes, comme *servir, oublier, savoir*, admettaient les deux constructions : *Servir l'*EMPEREUR, *servir* À DIEU ; *oublier* QUELQUE CHOSE, *oublier* DE QUELQUE CHOSE ; *savoir une* LANGUE, *savoir* DE L'ESCRIME.

Aujourd'hui encore certains verbes, avec des différences de sens plus ou moins grandes, il est vrai, construisent leur complément d'objet tantôt directement, tantôt indirectement : *Croire* QUELQU'UN, *croire* À QUELQU'UN, *croire* EN DIEU ; *aider* QUELQU'UN, *aider* À LA NATURE ; *traiter un* SUJET, *traiter* DE TELLE MATIÈRE ; *commander une* FLOTTE, *commander* À SES PASSIONS ; *applaudir* QUELQU'UN, *applaudir* À UN PROJET.

194. Le complément d'objet peut être exprimé par un nom, un pronom, un infinitif, une proposition : *Prenez ce* LIVRE, *ouvrez-*LE. *Vous savez* LIRE. *Nous croyons* QUE DIEU EXISTE. *Le menteur nuit à son* PROCHAIN. *Je* VOUS *parle. Je m'*EN *aperçois. Il s'attache à* REMPLIR *ses devoirs.* — *Vous souvenez-vous* QUAND JE VOUS EMMENAIS DANS LA CAMPAGNE ? (FLAUBERT, *L'Éducat. sentim.*, t. II, p. 8.)

Remarques. — 1. Lorsqu'un verbe a plusieurs compléments d'objet, ces compléments doivent, en principe, être tous de même nature grammaticale : ce peuvent être, soit des noms, soit des pronoms, soit des noms et des pronoms, soit des infinitifs, soit des propositions : *J'ai perdu ma* FORCE *et ma* VIE (MUSSET, *Tristesse*). — *Prenez* CECI *et* CELA. *On a désigné vos deux* FRÈRES *et* VOUS. *Il veut* PARTIR *et* LIBÉRER *son pays.* — *Comme il voit* QUE DANS LEURS TANIÈRES LES SOURIS ÉTAIENT PRISONNIÈRES, QU'ELLES N'OSAIENT SORTIR, QU'IL AVAIT BEAU CHERCHER... (LA F., *F.*, III, 18). A l'époque classique, le verbe admettait tout à fait couramment des compléments d'objet de nature grammaticale différente [1] : *Ah ! savez-vous le* CRIME *et* QUI VOUS A TRAHIE ? (RAC., *Iphig.*, I, 4.) — *Ceux qui passent* LE *voient, et* QU'IL SEMBLE TOUJOURS PRENDRE UN PARTI (LA BR., II, 40). — Cette construction a repris faveur chez les romantiques et elle se rencontre assez fréquemment chez les auteurs modernes : *Prouve-moi tes* TALENTS, *dit-elle, et* QUE JE NE ME SUIS PAS TROMPÉE (MICHELET, *L'Oiseau*, p. 249). — *Ils savent* COMPTER *l'heure et* QUE LEUR TERRE EST RONDE

---

1. C'est la construction ἀπὸ κοινοῦ des grammairiens grecs.

(MUSSET, *Namouna*, II, XLV). — *Songe* À TON PÈRE *et* À FAIRE *le bien* (ID., *Conf.*, V, 4). — *Elle savait (...)* LA DANSE, LA GÉOGRAPHIE, LE DESSIN, FAIRE *de la tapisserie et* TOUCHER *du piano* (FLAUBERT, *Mme Bov.*, p. 17). — *Tu veux* PARTIR *et* QUE JE TE SUIVE (M. BARRÈS, *Un Jardin sur l'Oronte*, p. 195). — *Certains enseignent* LA MODESTIE *et* QU'IL EST DOUX DE POSSÉDER UN PETIT JARDIN (G. DUHAMEL, *La Possession du monde*, p. 50). — *Il croyait (...)* À SON ÉTOILE, *et* QU'UN CERTAIN BONHEUR LUI ÉTAIT DÛ (A. GIDE, *Les Faux-Monnayeurs*, p. 233). — *On lui faisait des* TRANSFUSIONS *de sang et* RESPIRER *des ballons d'oxygène* (F. GREGH, *L'Âge de fer*, p. 227).

2. On peut ranger parmi les compléments d'objet directs certaines propositions substantives introduites par *que* et dépendant de noms tels que : *annonce, bruit, désir, espoir, idée, signe*, etc., dans lesquels il est aisé de découvrir l'idée d'un verbe [1] : *Ce sera le signe* QUE VOUS EXISTEZ (Fr. MAURIAC, *Pèlerins de Lourdes*, p. 65) (= Cela signifiera que...). (Voir § 996, 2°, Rem.)

195. Il arrive fréquemment que le complément d'objet ne soit pas exprimé, soit que le verbe ait un sens général : *J'écoute, j'attends, il s'est mis à boire, je ne fume pas, elle coud, cet enfant n'obéit pas ;* — soit que le contexte, les circonstances, etc. indiquent suffisamment l'objet particulier dont il s'agit : *Le prêtre consacre. Au nom de la loi, ouvrez ! Les juges prononcent. Mettre à la voile. Rompez !*

Certains verbes appellent nécessairement un complément d'objet (tantôt direct, tantôt indirect) et ne s'emploient jamais absolument ; ce complément d'objet peut être dit *objet essentiel : Alléguer* DES RAISONS. *Attenter* À SES JOURS.

196. Un complément d'objet peut être commun à plusieurs verbes, pourvu que chacun d'eux puisse séparément admettre ce complément : *Cet enfant aime et respecte ses* PARENTS.

Mais si les verbes sont de construction différente, le complément d'objet s'exprime avec le premier verbe selon la construction voulue par celui-ci, et se répète sous la forme d'un pronom avec les autres verbes, selon la construction demandée par chacun d'eux. — On ne dirait pas, par exemple : *Cet enfant aime et obéit* À SES PARENTS ; il faut dire : ... *aime ses parents et* LEUR *obéit*.

Hist. — Un complément d'objet pouvait autrefois être commun à des verbes de construction différente : *Les vers qui ont été inventés à Thèbes bien du temps après, c'est-à-dire les vers lyriques, accompagnent, ou répondent* À LA FLÛTE (RACINE, t. VI, p. 46). — D'une manière plus générale, on pouvait, en coordonnant des verbes qui se construisaient avec des prépositions différentes, se contenter d'exprimer une seule préposition, celle qui était demandée par le second verbe : *La dignité de l'homme consistait, dans son innocence, à* USER *et* DOMINER SUR *les créatures* (PASC., *Pens.*, 486). — *Le bon abbé a pensé périr en* ALLANT *et* REVENANT DE *la Trousse* (SÉV., t. VI, p. 365). — *Cet esprit inquiet et immonde, qui* SORT *et* RENTRE DANS *l'homme d'où il est sorti* (MASSILLON, *Pet. Car.*, Malheur des gr., dans Littré). — A l'époque moderne, cette construction est insolite : *Pour recevoir ceux qui* ENTRENT

---

1. Ces propositions substantives peuvent aussi être regardées comme des compléments déterminatifs des noms dont elles dépendent, ou encore comme des appositions à ces noms.

et ceux qui SORTENT DE *ce royaume des douleurs* (CHATEAUBR., *Génie*, IV, I, 8, dans Littré). — *De manière à être entendu de tous les individus qui* ENTRAIENT *et* SORTAIENT DE *la forteresse* (STENDHAL, *Corr.*, t. VIII, p. 159). — *Des femmes* ENTRAIENT *et* SORTAIENT DE *leurs caves* (R. DORGELÈS, *Le Réveil des morts*, p. 42). — *Mon aïeul, mon grand-père, ma mère* ENTRAIENT *et* SORTAIENT DE *cette vieille ruche* (Fr. MAURIAC, dans le *Figaro litt.*, 4 avr. 1959).

PLACE DU COMPLÉMENT D'OBJET

197. Le complément d'objet se place souvent **après** le verbe : c'est l'ordre logique de la pensée. Ce même ordre logique demande que le complément d'objet direct vienne, en principe, avant le complément d'objet indirect.

198. Mais en fait, l'usage, la syntaxe affective, le goût et l'harmonie dérangent souvent l'ordre grammatical et logique :

1º Le complément d'objet se place **avant** le verbe dans certaines tournures interrogatives ou exclamatives, ou encore dans certaines locutions figées : QUE *dites-vous ? À* QUOI *pensez-vous ? De quel* AUTEUR *parlez-vous ? Que de* DÉBOIRES *il a éprouvés ! À son* CORPS *défendant,* CHEMIN *faisant, sans* COUP *férir, à* TOUT *prendre, à* DIEU *ne plaise,* etc.

2º On donne parfois du relief à un complément d'objet placé après le verbe en l'annonçant, avant le verbe, au moyen d'un pronom personnel : *Vous me* LA *promettez, Votre* AMITIÉ *?* (MOL., *Mis.,* I, 2.) — *Hé ! messieurs, je* LE *sais trop que* L'HÉRÉDITÉ EXISTE (BOURGET, *Le Tribun*, p. 86). — *Ah! ah! tu t'*EN *avises, Traître,* DE T'APPROCHER DE NOUS *!* (MOL., *Amphitr.*, II, 3.)

3º Le complément d'objet direct que l'on veut renforcer[1] se place bien en tête de la phrase, mais on *doit* le reprendre à côté du verbe au moyen d'un pronom personnel : *Le bien, nous* LE *faisons* (LA F., *F.*, VII, 14). — *Des yeux de statue, on* EN *avait vu par milliers* (P. LOTI, *La Mort de Philæ*, p. 5). — *Et cette promesse, il* L'*accomplira* (J. BAINVILLE, *Le Dix-huit Brumaire*, p. 39).

4º Le complément d'objet indirect peut se placer par inversion en tête de la phrase ; parfois on le reprend par un des pronoms *en, y* ; cette reprise est obligatoire quand le complément d'objet indirect est une proposition : *À* CELA *non plus, on ne s'attendait pas* (P. LOTI, *Ramuntcho*, p. 6). — DE CEUX-LÀ, *monsieur, nous n'*EN *parlerons pas* (MUSSET, *Lett. de Dupuis et Cotonet,* 2e *lett.*). — *Que la chose soit difficile, j'*EN *conviens.*

5º Le complément d'objet indirect est quelquefois exprimé *sans préposition* en tête de la phrase, où il fait figure de sujet psychologique (voir § 184, Rem.), pour être repris plus loin par un des pronoms *en, y,* qui en révèle la

---

1. Ceci ne concerne, bien entendu, ni le pronom interrogatif ni le pronom relatif objets directs.

véritable fonction : *Cette* LOI *sainte, il faut s'*Y *conformer* (HUGO, *Cont.*, I, 1).
— *Et* CELA, *M. Macchi ne s'*EN *doutait pas* (E. JALOUX, *Le Voyageur*, p. 84).

6º Si le verbe a un complément d'objet direct et un complément d'objet
indirect de longueur égale, c'est d'ordinaire le complément d'objet direct
qui s'exprime le premier : *Il faut pardonner* BIEN DES TORTS *à un frère. On a
comparé* CE POÈTE *à Virgile.*

Si les deux compléments sont de longueur inégale, on place généralement,
pour l'harmonie, le plus court avant le plus long : *Il faut pardonner* À UN
FRÈRE *des torts même très graves. On a comparé* À VIRGILE *l'auteur de ces
poèmes.*

Cependant la clarté exige qu'on aille contre ces règles (ou qu'on change
la tournure) chaque fois qu'on peut par là éviter une équivoque. Ainsi, au
lieu de *Préférez* UN AMI DÉVOUÉ *à tous ces courtisans ; Il a emprunté* CE MOT
d'Homère, on dira : *Préférez* À TOUS CES COURTISANS *un ami dévoué ; Il a
emprunté ce mot à* HOMÈRE, ou : CE MOT, *il* L'*a emprunté d'Homère.*

Pour la place du *pronom personnel* complément d'objet, voir §§ 482 et suiv.

B. — Complément circonstanciel.

199. Le **complément circonstanciel** précise l'idée du verbe en
marquant la connexion de l'action avec un repère (temps, lieu, etc.)
situé *autour* d'elle dans le monde des phénomènes [1].

Pour identifier le complément circonstanciel, on fait, après le verbe,
une des questions *... où ? ... quand ? ... comment ? ... pourquoi ? ... combien ? ... avec quoi ? ... en quoi ? ... par quoi ? ... de combien ? ... par
où ?* etc.

200. Les circonstances marquées par ce complément sont extrêmement variées. Les principales sont :

La cause : *Agir* PAR JALOUSIE.
Le temps (époque) : *Nous partirons* DANS TROIS JOURS.
    »   (durée) : *Travailler* TOUTE SA VIE. — *Il resta là* TROIS MOIS.
Le lieu (situation) : *Restez* CHEZ VOUS.
    »   (direction) : *Je vais* AUX CHAMPS.
    »   (point de départ) : *Je viens* DE LA VILLE.
    »   (passage) : *Il s'est introduit* PAR LE SOUPIRAIL.

---

1. Il est d'usage de ranger le complément de *manière* au nombre des compléments
circonstanciels. Strictement parlant, la *manière* dont un événement se déroule lui est
essentielle ; elle n'existe pas en dehors de lui et ne peut se situer *autour* de lui que par
l'effet d'une abstraction. — J.-P. Golay propose de ne plus ranger le complément de
manière parmi les compléments circonstanciels, et de l'appeler « épithète du verbe ».
Cf. *Franç. moderne*, janv. 1959, pp. 65-71.)

La manière : *Il marche* À PAS PRESSÉS.

Le but : *Il fait cela* POUR NOTRE ÉDIFICATION.

L'instrument, le moyen : *Il le perça* DE SA LANCE. — *Réussir* PAR LA RUSE.

L'extraction : *Issu* DE JUPITER.

L'échange : *Rendre le bien* POUR LE MAL.

La destination : *Il travaille* POUR SES ENFANTS. *Mettre un terrain* EN VENTE.

Le prix : *Ce bijou coûte* MILLE FRANCS.

La distance : *Il recula* DE TROIS PAS.

Le poids : *Ce colis pèse* CINQ KILOS.

La partie : *Il le prend* PAR LA MAIN.

La matière : *Carreler* AVEC DE LA BRIQUE.

La mesure : *Allonger une robe* DE DEUX CENTIMÈTRES.

Le point de vue : *Égaler quelqu'un* EN COURAGE.

L'opposition : *Nager* CONTRE LE COURANT. *Agir* CONTRE SA CONSCIENCE.

La concession : *Je te reconnais* MALGRÉ L'OBSCURITÉ.

Le propos : *Discourir* D'UNE AFFAIRE.

L'accompagnement : *Il part* AVEC UN GUIDE.

La fréquence : *Il revient* TOUS LES HUIT JOURS.

La privation : *Vivre* SANS PAIN.

La proximité, l'éloignement : *Suivre* DE PRÈS, DE LOIN, *le voleur.*

La conséquence : *Cela m'ennuie* À LA MORT.

La supposition : EN CAS DE BESOIN, *appelez-moi.*

La relativité : POUR UN SAVANT, *il a fait une étrange erreur.*

Le changement : *Se transformer* EN PAPILLON. *Changer l'eau* EN VIN.

La séparation : *Distinguer le vrai* DU FAUX, *l'ami* D'AVEC LE FLATTEUR.

201. Le complément circonstanciel est, la plupart du temps, introduit par une préposition, mais il arrive aussi, comme on le voit dans plusieurs des exemples donnés plus haut, qu'aucune préposition ne rattache au verbe le complément circonstanciel ; c'est le cas pour un grand nombre de compléments de temps, de prix, de poids, de contenance, et pour le complément de manière du type *aller* NU-TÊTE : *Ils se mirent à travailler* NU-BRAS (FLAUBERT, *Salammbô*, p. 238). — *Le chêne* UN JOUR *dit au roseau...* (LA F., *F.*, I, 22). — *Il marcha* TRENTE JOURS, *il marcha* TRENTE NUITS (HUGO, *Lég.*, t. I, p. 48). — *Soit* RAISON, *soit* CAPRICE, *Rome ne l'attend pas pour son impératrice* (RAC., *Bérén.*, II, 2).

Remarques. — 1. Avec des verbes comme *parler*, *causer* (au sens de « s'entretenir de »), on peut avoir un complément circonstanciel de propos introduit par *de* : *Puisque nous parlions* DE *houilles* (FLAUBERT, *L'Éduc. sent.*, t. II, p. 227). — *Quand le marquis a à causer* D'*affaires* (R. BOYLESVE, *La Becquée*, p. 74). — Mais on dit aussi, sans *de* (§ 911) : *parler politique, causer affaires*, etc.[1] : *Parler affaires* (AC.). —

---

1. De ces expressions sans *de* rapprochez : *parler raison, parler chicane, parler proverbe*, etc. (voir § 378).

Causer littérature (LITTRÉ). — *Nous parlâmes littérature, musique et presque politique* (MUSSET, *Confess.*, III, 5). — *Il venait tous les soirs maintenant pour causer chasse* (MAUPASS., *La Rouille*). — *On causait art, philosophie, sports, politique et littérature* (A. GIDE, *Les Faux-Monnayeurs*, p. 11). — *Le soir, on parlait poésie ou religion* (A. MAUROIS, *Byron*, XIV).

2. Dans les compléments circonstanciels de temps ou de lieu indiquant la distribution, tels que *par moments, par instants, par intervalles, par endroits*, etc., le nom se met le plus souvent au pluriel, parce qu'on envisage généralement la pluralité des moments, des instants, des intervalles, etc. (sens collectif) : *Par* MOMENTS *ils échangeaient une parole* (FLAUB., *Mme Bov.*, p. 174). — *Par* INTERVALLES, *il soufflait un peu* (L. DAUDET, *Un Jour d'orage*, p. 27). — *Par* INSTANTS, *on entendait aboyer la meute* (ALAIN-FOURNIER, *Le Grand Meaulnes*, p. 259). — *Un grand tapis à fleurs, discrètement mité, par* PLACES (G. DUHAMEL, *La Nuit de la Saint-Jean*, p. 21).

Mais le nom se met parfois au singulier : c'est que l'on considère alors isolément chacun des moments, des intervalles, etc. dont il s'agit (sens distributif) : *Par* INTERVALLE, *un cri troublait ce champ muet* (HUGO, *Lég.*, t. IV, p. 76). — *Par* MOMENT, *une ombre passait sur sa physionomie* (J. CHARDONNE, *L'Épithalame*, III, 2). — *Par* MOMENT, *nous reculions* (E. JALOUX, *La Chute d'Icare*, p. 13). — *La colonne n'avançait plus que par* INSTANT (A. LAFON, *L'Élève Gilles*, p. 45).

202. Le complément circonstanciel peut être exprimé par un *nom : Il pleure de* RAGE ; — par un *pronom : Restez chez* VOUS ; — par un *infinitif : On commença par l'*INTERROGER. — C'est souvent aussi un *adverbe* de lieu, de temps, de manière, de quantité : *Partons d'*ICI ; *venez* DEMAIN ; *hâte-toi* LENTEMENT ; *il souffre* BEAUCOUP. — Ce peut être encore une *proposition* (ou un participe présent, un participe passé, un infinitif, un nom, un adjectif, un gérondif, équivalant à une proposition) : *Pardonnez* AFIN QU'ON VOUS PARDONNE. *Je l'ai trouvé* LISANT UNE LETTRE. — NOURRI DANS LE SÉRAIL, *j'en connais les détours* (RAC., *Bajaz.*, IV, 7). — *Il fut exilé* POUR AVOIR CONSPIRÉ. — GÉNÉRAL, *pour hochets il prit les Pyramides* (HUGO, *Crép.*, II, 1). — HONTEUX DE SON ÉCHEC, *il se tut. On s'instruit* EN VOYAGEANT.

PLACE DU COMPLÉMENT CIRCONSTANCIEL

203. Dans un grand nombre de phrases, le complément circonstanciel se place après le verbe et le complément d'objet : *Les alouettes font leur nid* DANS LES BLÉS, QUAND ILS SONT EN HERBE (LA F., *F.*, IV, 22). — Mais ce sont souvent certaines raisons de style (mise en relief, harmonie et équilibre de la phrase) ou la suite naturelle des idées qui assignent au complément circonstanciel la place qui lui convient relativement au verbe ou aux autres compléments : DANS TOUTES LES CONDITIONS, *le pauvre est bien proche de l'homme de bien* (LA BR., VI, 44). — LE MATIN, *elle fleurissait ;* AVEC QUELLES GRÂCES, *vous le savez ;* LE SOIR, *nous la vîmes séchée* (BOSS., *Duch. d'Orléans*). — *Dans* QUELQUES-UNES DE CES MAISONS, *on dit des nouvelles ;* DANS D'AUTRES, *on joue aux échecs* (MONTESQ., *L. pers.*, 36). — *Les carillons des cloches,* AU MILIEU DE NOS FÊTES, *semblaient augmenter l'allégresse publique* (CHAT., *Génie*, IV, I, 1).

Pour la place de l'adverbe, voir § 829.

C. — Complément d'agent du verbe passif.

204. Le **complément d'agent** du verbe passif désigne la cause efficiente de l'action, c'est-à-dire l'être ou l'objet par lequel l'action est accomplie ; il indique l'être ou l'objet qui *agit : Laissez-moi carpe devenir : Je serai* PAR VOUS *repêchée* (LA F., *F.*, V, 3). — *Je suis haï, dit-il ; et* DE QUI ? DE CHACUN (ID., *ibid.*, X, 5). — *Ce chêne a été renversé* PAR LE VENT. *Le fer est attiré* PAR L'AIMANT.

205. Construction du complément d'agent du verbe passif.
Le complément d'agent du verbe passif est introduit par une des prépositions *par* ou *de* [1]. L'usage n'a établi, pour l'emploi de chacune de ces prépositions devant le complément d'agent, aucune règle bien stricte. Toutefois on peut observer ce qui suit :

---

1. Dans *mangé aux vers, aux mites*, etc., le complément d'agent est introduit par *à : La bible en vos greniers pourrit mangée* AUX vers (HUGO, *Chât.*, IV, 4). — *Étoffe mangée* AUX mites (AC.). — *Un lit bateau mangé* AUX vers (A. DAUDET, *La Petite Paroisse*, p. 203). — *Une peau de mammouth (...) mangée* AUX mites (G. DUHAMEL, *Souvenirs de la vie du Paradis*, pp. 59-60). — *Il vit (...) mangé* AUX rats (A. SUARÈS, *Sur la vie*, t. I, p. 299). — *Deux paillasses mangées* AUX papillons (A. de CHÂTEAUBRIANT, *La Brière*, p. 76). — *Ce châle (...) était mangé* AUX mites (Fr. MAURIAC, *Galigaï*, IX). — On disait autrefois : « cela est connu *à* tous » : *Des vérités naturelles et connues à tout le monde* (PASC., *Pens.*, dans Littré). — *Dans une retraite ignorée du monde et connue* À *ses seuls amis* (VOLT., *L. XIV*, 37). — La locution *pour raison* À *moi connue,* À *vous connue*, etc. reste en usage aujourd'hui (à côté de : *pour raison* DE *moi connue,* DE *vous connue*, etc.) : *Pour raison* À *moi connue, de moi connue* (AC.). — *Je ne me lèverai pas avant huit heures, pour raisons* À *moi connues* (MÉRIMÉE, *Chron. du règne de Ch. IX*, 9). — *Je refusai pour des raisons* À *moi connues* (NERVAL, *Le Marquis de Fayolle*, II, 1). — En dehors de ces expressions, qui ressortissent à la syntaxe figée, le complément d'agent introduit par *à* est exceptionnel : *J'aime ma porte* AUX vents battue (HUGO, *Chât.*, II, 5). — *Son père* [de Virgile], *fermier, était riche, ayant (...) épousé la fille de son maître, un gros propriétaire de l'endroit, séduit* AUX qualités honnêtes et laborieuses du bon serviteur (É. HENRIOT, *Les Fils de la Louve*, p. 92). [Dans ce dernier exemple, on reconnaît l'influence du tour classique *se laisser séduire à* (§ 1008, *Hist.*, 3) : *Une partie de ces anges se laissa séduire* À *l'amour-propre* (BOSS., *Hist.*, II, 1).]

Plusieurs grammairiens estiment que, dans des phrases comme : *Je fais réciter sa leçon* À *mon frère* ou : *elle laisse tout faire* À *sa sœur*, c'est-à-dire dans les phrases où l'on a un des verbes *faire, laisser, voir*, etc., avec un infinitif objet (§ 1008), cet infinitif a un sens passif et que le terme introduit par *à* est un complément d'agent. Rien toutefois n'empêche d'appeler *sujet* de l'infinitif ce terme introduit par *à*. — Pour Brunot (*La P. et la L.*, p. 389) et pour G. et R. Le Bidois (*Synt.*, t. II, § 1816), ce terme introduit par *à* est plutôt un objet indirect. G. et R. Le Bidois voient même dans *habit mangé* AUX vers un objet indirect de *laisser*, sous-jacent, plutôt qu'un complément d'agent.

1º *De* s'emploie surtout quand le sens propre du verbe s'est affaibli et qu'on exprime, plutôt que l'action même, l'état résultant de l'action subie : ainsi la valeur du participe passé est voisine de celle de l'adjectif. *Par* s'emploie surtout quand le verbe garde son sens plein et présente à l'esprit l'idée de l'*action* : *Mazarin était fort détesté* DES *Parisiens* (A. FRANCE, *Le Génie latin*, p. 57). — *La peinture m'était enseignée* PAR *ma sœur* (P. LOTI, *Le Rom. d'un enf.*, XXVIII). — *Une longue et vaste rue (...) sillonnée* PAR *de beaux équipages, décorée* DE *riches boutiques* (L. VEUILLOT, *Historiettes et Fant.*, p. 201).

2º *De* s'emploie souvent avec les verbes pris au figuré. *Par* s'emploie plutôt avec les verbes pris au propre : *Il était accablé* DE *honte. Il était accablé* PAR *la charge.*

3º *De* s'emploie souvent avec les verbes marquant un sentiment, une émotion de l'âme. *Par* s'emploie plutôt avec les verbes indiquant une opération matérielle : *J'étais craint* DE *mes ennemis et aimé* DE *mes sujets* (FÉNEL., *Tél.*, t. I, p. 375). — *La charrue est tirée* PAR *les bœufs.*

4º *De* est souvent employé devant un complément non accompagné d'un déterminatif. *Par* s'emploie souvent devant un complément accompagné de l'article défini ou d'un mot déterminatif : *La place était encombrée* DE *curieux. Le peuple était accablé* D'*impôts.* — *La place était encombrée* PAR *les curieux du voisinage. Le peuple était accablé* PAR *ces impôts.*

Hist. — D'une manière générale, *de* était autrefois plus fréquent que *par* devant le complément d'agent du verbe passif. On pouvait dire, par exemple : *Je suis vaincu* DU *temps* (MALHERBE, t. I, p. 283). — *Excité* D'*un désir curieux* (RAC., *Brit.*, II, 2). — *L'esprit de curiosité donné* DE *Dieu à l'homme* (VOLT., *L. XIV*, 37). — *J'étais tourmenté* DE *la Muse* (CHATEAUBR., *Mém.*, I, 9, 1).

Pour la forme pronominale passive accompagnée d'un complément d'agent (*Par Baucis le festin* SE PRÉPARE), voir § 602, *Hist.*

Art. 3. — L'ATTRIBUT

206. L'**attribut** *a* ou *prédicat* *b* exprime la manière d'être que l'on affirme du sujet par le moyen d'un verbe exprimé ou sous-entendu.

L'attribut peut être rattaché au sujet non seulement par l'intermédiaire du verbe *être* ou d'un verbe similaire (§ 595, Rem.) : *Dieu* EST *juste.* — *Ces gens* ÉTAIENT *les fous, Démocrite* [était] *le sage* (LA F., *F.*, VIII, 26). — *Il* RESTAIT *muet. Vous* PARAISSEZ *content. La situation* DEVIENT *critique ;* — mais encore par l'intermédiaire de certains verbes d'action ou de certains verbes passifs : *Il* PART *furieux. Il* VIT *heureux.* — *Il* PLANE *cygne après* S'ÊTRE ENVOLÉ *corbeau* (HUGO, *Chât.*, VI, 13, 2). — *La neige* TOMBAIT *dense et affreuse* (ID., *L'Homme qui rit*, I, 3, 2). — *Ma barbe* POUSSE *blanche* (J. COCTEAU,

---

ÉTYM. — *a Attribut*, empr. du lat. *attributum*, qui est attribué.
b Prédicat, empr. du lat. *praedicatum*, énoncé.

La Difficulté d'être, p. 37). — *Il* FUT CHOISI *pour chef.* — *Il* SERA REGARDÉ *comme coupable.*

Voir au § 811 certaines considérations sur la distinction du sujet et de l'attribut dans des phrases comme *Sa nourriture sont des fruits ;* — *Le signal était deux fusées.*

207. Outre l'attribut du sujet, il y a l'**attribut de l'objet direct,** qui se trouve avec des verbes comme *appeler, avoir, choisir, connaître, consacrer, couronner, créer, croire, déclarer, dire, élire, estimer, faire, instituer, juger, nommer, ordonner, proclamer, rendre, réputer, saluer, savoir, trouver, vouloir,* etc. : *Il a* LES YEUX BLEUS. — *On* M'*élit* ROI, *mon peuple m'aime* (LA F., *F.*, VII, 10). — *Je* LES *peignis* PUISSANTS, RICHES, SÉDITIEUX (RAC., *Esth.*, II, 1). — *Vous* LA *voulez* SANGLANTE [la guérison] *et* LA *rendez* DOUTEUSE (CORN., *Cinna*, II, 2). — *De quel droit* SE *diraient-ils* HÉROS, *s'ils n'étaient point amoureux ?* (BOIL., *Héros de rom.*) — *Je* LES *sais* HONNÊTES (H. BERNSTEIN, *Le Cœur*, I, 8).

N. B. — *Se vouloir,* avec un attribut, s'emploie assez fréquemment de nos jours, au sens de *se croire, se dire, se déclarer, se montrer…*, ou de *vouloir être…, se donner pour… : Ceux qui s'emportent contre une institution qui* SE VEUT *pacifiste* (J. BENDA, *Précision, 1930-1937*, p. 203). — *Oui, tout cela qui* SE VEUT *jeune sent la poussière (…) Certes l'auteur (…)* SE VEUT *et se juge psychologue* (R. KEMP, dans le *Monde*, 17 déc. 1958). — *« Monsieur Vénus », roman qui* SE VEUT *pervers et qui est en réalité assez innocent* (J. GREEN, *Le Bel Aujourd'hui*, p. 223). — Le tour, dans beaucoup de cas, paraît un peu recherché.

208. L'attribut se construit le plus souvent directement ; parfois il est introduit par une des prépositions *de, en, pour,* ou par la conjonction *comme : Vous parlez* EN SOLDAT, *je dois agir* EN ROI (CORN., *Cid*, II, 7). — *Il est considéré* COMME ENNEMI. *Il fut traité* D'IGNORANT. *Il fut pris* POUR JUGE. *On l'a choisi* POUR CHEF.

Remarque. — Avec *considérer* signifiant « juger, réputer », l'attribut de l'objet direct doit être régulièrement introduit par *comme*[1] : *Je le considère* COMME *le meilleur écrivain de son temps* (AC.). — *Je me considère* COMME *engagée d'honneur* (J. LEMAITRE, *Flipote*, I, 5). — *Les soldats le considéraient* COMME *un père* (LITTRÉ). — *Je considère cette promesse* COMME *sacrée* (A. MAUROIS, *Meïpe*, p. 208). — *Celui que j'ai toujours considéré* COMME *un mainteneur du langage* (G. DUHAMEL, *Le Temps de la Recherche*, V).

N. B. — La construction *je le considère coupable*, sans *comme* — formée peut-être par analogie avec *je le crois coupable*, peut-être aussi par imitation du tour anglais — est aujourd'hui relativement fréquente ; elle est encore assez suspecte, mais déjà elle a la caution de plus d'un excellent auteur (à noter que l'attribut est toujours, dans les exemples qui vont suivre, un adjectif ou un participe) : [Gens] *qui ont dû*

---

1. Il a pu parfois être introduit par *en* : *Touchez à Monsieur dans la main Et le considérez désormais dans votre âme* EN *homme dont je veux que vous soyez la femme* (MOL., *F. sav.*, III, 6).

se considérer définitivement libérés du service (CHATEAUBR., dans Littré, Suppl.). — *Quant à l'amour, il le dédaignait, sans phrases, le considérant négligeable* (L. BLOY, *La Femme pauvre*, p. 10). — *Celui qui écrit comme il prononce est, en France, considéré inférieur à celui qui écrit comme on ne prononce pas* (P. VALÉRY, *Regards sur le monde actuel*, p. 183). — *Je ne pus me considérer dégagé d'un grand poids* (É. HENRIOT, *Les Temps innocents*, p. 45). — *Nous fourrions les mains dans les poches de nos pantalons, attitude spécifiquement française que je ne considère certes pas élégante* (G. DUHAMEL, *Le Temps de la Recherche*, VII). — *Barraille, considérant sa tâche accomplie, entra dans les ordres* (J. de LA VARENDE, *Les Belles Esclaves*, p. 209). — *Je ne le considérais* [un problème] *déjà plus si terrible* (A. GIDE, cité par Ch. Du Bos dans le *Dialogue avec André Gide*, p. 83). — *Le membre d'une société religieuse, qu'il considère divine* (J. GUITTON, dans la *Table ronde*, mai 1955, p. 184). — *Traiter par le mépris ce que vous considérez capital* (P. DANINOS, *Vacances à tous prix*, p. 156).

209. L'attribut peut être exprimé par :

Un nom : *La lumière est un* DON *de ses mains* (RAC., *Ath.*, I, 4).

Un pronom : *Si j'étais* VOUS. *Les députés ? Nous* LES *sommes*.

Un adjectif, un participe ou une locution adjective : *Il tomba* MALADE. *Le marché paraissait* CONCLU. *Nous sommes* À L'AISE. *Cela est* DE TRAVERS.

Un adverbe pris adjectivement : *Ce début n'est pas* MAL (MOL., *Mis.*, II, 5). — *Madeleine est très* BIEN (E. FROMENTIN, *Dominique*, XII).

Un infinitif : *Partir, c'est* MOURIR *un peu* (E. HARAUCOURT, *Seul*, Rondel de l'Adieu).

Une proposition[1] : *La vérité est* QUE JE M'EN FÉLICITAIS TROP LONGUEMENT (R. BOYLESVE, *Le Meilleur Ami*, p. 191). — *Le malheur est* QUE CELA NE T'INTÉRESSE PEUT-ÊTRE PAS (G. DUHAMEL, *Cécile parmi nous*, p. 40).

Remarque. — L'attribut peut se rapporter à un sujet non exprimé ; le cas se présente avec les verbes à l'impératif ou à l'infinitif : *Soyons* JUSTES. *Paraître* INSTRUIT *ne suffit pas.*

PLACE DE L'ATTRIBUT

210. L'attribut se place le plus souvent *après le verbe*.

Quand on veut souligner la valeur de l'attribut, on le place parfois avant le verbe, en tête de la proposition, surtout en poésie : *Que* BÉNI *soit le ciel qui te rend à mes vœux !* (RAC., *Esth.*, I, 1.). — VERTE *est la terre, le ciel bleu* (MICHELET, *Bible de l'Humanité*, p. 177). — MAIGRE *devait être la cuisine qui se préparait à ce foyer* (Th. GAUTIER, *Le Capitaine Fracasse*, I). — FIÈRE *est cette forêt* (MUSSET, *Souvenir*). — GRANDE *fut sa surprise* (Fr. JAMMES, *Janotpoète*, p. 53). — MAUVAIS ÉCOLIER *je suis, et je resterai* (ALAIN, *Propos*, Pléiade, p. 265).

---

1. Si, avec G. et R. Le Bidois (*Synt. du franç. mod.*, t. II, §§ 1280 et 1280*bis*), on admettait que des deux termes unis par la copule, c'est celui qui a le moins d'extension qui est le véritable sujet, la proposition donnée ici comme attribut serait le sujet de la proposition principale. (Voir § 811.)

Tel, attribut, se place souvent en tête de la proposition : TELLE *était la délicatesse, ou plutôt* TELLE *était la solidité de ce prince* (Boss., *Condé*).

L'inversion de l'attribut a lieu aussi dans des locutions consacrées et dans les propositions où cet attribut est ou contient un mot interrogatif : *Quand* BON *vous semblera*. — QUELS *sont donc vos plaisirs ?* (RAC., *Ath.*, II, 7.) — QUELLES GENS *êtes-vous ?*

Avec un verbe d'état, quand l'attribut mis en tête de la proposition doit être suivi d'une pause, on le reprend par le pronom neutre *le* : COMÉDIEN, *il* L'*est et* LE *restera* (R. DOUMIC, *Le Misanthrope de Mol.*, p. 22). — MODÉRÉ, *Jean Maillefer* LE *fut toujours* (H. BREMOND, *Âmes religieuses*, p. 82).

L'attribut ainsi mis en relief est parfois introduit par *pour, pour ce qui est d'être, quant à* : POUR SAUVAGE, *vous l'êtes* (SAINTE-BEUVE, *Volupté*, IV).

§ 4. — MOTS ACCOMPAGNANT LE SUJET, L'ATTRIBUT, LES COMPLÉMENTS DU VERBE

211. Le sujet, l'attribut, le complément d'objet et le complément circonstanciel sont, dans les propositions suivantes, exprimés chacun par un seul mot : DIEU *est* JUSTE. IL *voit* TOUT. JULES *plaît à* CHACUN. JE *pars* DEMAIN.

Mais souvent le nom, le pronom, l'adjectif qualificatif, l'adverbe, servant, soit de sujets, soit d'attributs, soit de compléments du verbe, sont accompagnés d'un mot ou d'un groupe de mots qui en complètent la notion ou en déterminent le sens : LE *mensonge est odieux*. LA *paix* DU CŒUR *est* UN GRAND *bien*. *Boileau avait* LA *haine d'*UN SOT *livre*. LES BELLES *histoires plaisent à* TOUT *enfant*. *Jules chante* FORT *bien*.

Dans ce cas, on peut distinguer le sujet *grammatical* du sujet *logique* : le premier est le mot sujet sans les mots qui l'accompagnent ; le second est l'ensemble du mot sujet et de tous les mots qui l'accompagnent. — On peut distinguer de même l'attribut *grammatical* de l'attribut *logique*, le complément d'objet *grammatical* du complément d'objet *logique*, etc.

Art. 1. — MOTS ACCOMPAGNANT LE NOM

212. Le nom peut être accompagné :

1º D'un article : LA *porte*. UNE *porte*. DE L'*eau*.

2º D'un ou de plusieurs adjectifs qualificatifs : *Rive* DROITE. GRANDE *et* NOBLE *figure*. — *La* SEREINE *beauté des* TIÈDES *horizons* (HUGO, *Crépusc.*, VIII).

Remarques. — 1. L'adjectif verbal (§ 769) et le participe passé pris adjectivement sont regardés comme adjectifs qualificatifs : *Étoile* FILANTE. — *Chef* RESPECTÉ.

2. L'adjectif qualificatif accompagnant le nom pour exprimer, sans l'intermédiaire d'un verbe (exprimé ou sous-entendu), une qualité de l'être ou de l'objet nommé s'appelle **épithète** [a].

3. On établit parfois, au sujet de l'adjectif qualifiant le nom, une distinction entre le qualificatif et l'épithète : le **qualificatif** est nécessaire au sens de la proposition : *Sur des pensers* NOUVEAUX *faisons des vers* ANTIQUES (A. CHÉNIER, *L'Invention*) ; — l'**épithète**, sans être indispensable au sens de la proposition, sert à mettre en relief tel ou tel caractère de l'être ou de l'objet dont on parle : *La* PÂLE *mort mêlait les* SOMBRES *bataillons* (HUGO, *Chât.*, V, 13, 2).

On distingue trois sortes d'épithètes : l'épithète *de nature*, qui exprime une qualité permanente, essentielle d'un être ou d'un objet, une propriété tenant à la nature de cet être ou de cet objet : *Peut-être qu'il est maintenant enseveli dans les* PROFONDS *abîmes de la mer* (FÉNEL., *Tél.*, t. I, p. 9) ; — l'épithète *de caractère*, qui exprime une qualité vraiment distinctive et individuelle : *Le* SAGE *Nestor, l'*ARTIFICIEUX *Ulysse ;* — l'épithète *de circonstance*, qui indique une qualité actuelle et transitoire de l'être ou de l'objet désigné : *D'où vous vient aujourd'hui cet air* SOMBRE *et* SÉVÈRE ? (BOIL., *Sat.*, 3).

4. L'**adjectif détaché**[1] (que plusieurs appellent *adjectif en apposition*) se joint au nom (ou au pronom) d'une façon beaucoup moins intime que l'épithète ; il se sépare par une pause, généralement indiquée par la virgule ; ainsi détaché du nom (ou du pronom), il est fort mobile à l'intérieur de la proposition : *Et derrière, s'ouvrait l'église,* IMMENSE *et* SOMBRE (Fr. COPPÉE, *Poèmes mod.*, La Bénédiction). — *La solitude,* VASTE, ÉPOUVANTABLE *à voir, Partout apparaissait* (HUGO, *Chât.*, V, 13, 1). — TRANQUILLES *cependant Charlemagne et ses preux Descendaient la montagne* (VIGNY, *Le Cor*). — *Il marchait,* SEUL, RÊVEUR, CAPTIF *des vagues sombres* (HUGO, *Chât.*, V, 13, 3). — *Et la morte semblait leur obéir,* DOCILE (DANIEL-ROPS, *Mort, où est ta victoire ?* p. 206).

Pour la place de l'adjectif épithète, voir § 397.

3° D'un adjectif déterminatif : DEUX *amis. Tome* SECOND. MA *porte.* CE *livre.* QUEL *homme ?* TOUT *arbre.*

4° D'un adverbe faisant fonction d'adjectif : *Le temps* JADIS. *Les* CI-DEVANT *nobles. La note* CI-DESSOUS. *Vent* ARRIÈRE. — *La maison* EN FACE (MARTINON, *Comment on parle en franç.*, p. 492). — *Le bois* DEBOUT *porte de très lourds fardeaux* (AC.).

---

1. Certains grammairiens tiennent cet adjectif détaché, dans certains cas du moins, pour un *attribut implicite*. — Pour Sandfeld, c'est un *prédicat indirect* ou *attribut indirect*. Pour P. Hœybye (*L'Accord en fr. cont.*, § 187), c'est une *apposition prédicative*.

ÉTYM. — [a] *Épithète*, empr. du lat. *epithetum*, grec ἐπίθετον, proprement : ce qui est ajouté à.

5° D'une apposition. L'**apposition** ᵃ est un nom, ou un pronom, ou un infinitif, ou une proposition, qui se joint à un nom pour indiquer, comme le ferait une épithète, une qualité de l'être ou de l'objet dont il s'agit, ou pour faire connaître dans quelle espèce on range cet être ou cet objet ; dans un sens plus large, elle ne sert parfois qu'à renforcer le nom. L'apposition désigne toujours le même être, le même objet, le même fait ou la même idée que le nom qu'elle complète ; elle est comparable à l'attribut, mais le verbe copule est absent : *Le lion*, TERREUR *des forêts* (LA F., *F.*, III, 14). — *Un enfant* PRODIGE. *Cicéron, l'*ORATEUR *romain.* — *Le Père,* LUI, *avait eu le temps de prescrire le costume des hommes* (A. THÉRIVE, *Sans âme*, p. 124). — *Il ne désire qu'une chose,* RÉUSSIR. *Je ne désire qu'une chose,* QUE VOUS SOYEZ HEUREUX.

L'apposition suit d'ordinaire le mot ou les mots qu'elle complète : *Le roi* SOLEIL. — Parfois elle précède : *Le* PHILOSOPHE *Platon.* — DAME *mouche* (LA F., *F.*, VII, 9). — SULTAN *léopard* (ID., *ibid.*, XI, 1). — *Mais pour mon* FRÈRE *l'ours, on ne l'a qu'ébauché* (ID., *ibid.*, I, 7). — *Un* FRIPON *d'enfant*[1] (ID., *ibid.*, IX, 2). — *Le* PÂTRE *promontoire* (HUGO, *Cont.*, V, 23). — *C'est l'heure où,* GAI DANSEUR, *minuit rit et folâtre* (ID., *Lég.*, t. IV, p. 152).

Habituellement l'apposition présente la construction directe, c'est-à-dire qu'elle se joint au nom par simple juxtaposition ; parfois le nom apposé présente la construction indirecte, c'est-à-dire qu'il se joint au nom par le moyen de la préposition *de* : *Le titre* DE *roi. La ville* DE *Paris. Le mois* DE *mai. La tragédie* D'*Horace.* — *Le mot* D'*ingénieur est assurément un beau mot* (G. DUHAMEL, *Manuel du protestataire*, p. 178). [On pouvait dire aussi : *le mot ingénieur...* : voir §§ 894, Rem. et 922, 1°.]

Dans des expressions telles que *la ville de Paris, le mois de mai*, etc., on a, selon la plupart des grammairiens, une apposition, avec un *de* qui n'est qu'une cheville syntaxique ou une préposition « vide ». Pour les uns, l'apposition est le nom introduit par *de* ; pour d'autres, c'est le premier nom. Cette dernière opinion semble la plus plausible, si du moins on admet que *Paris* et *mai* sont les mots dominants, *ville* et *mois* n'étant alors que des termes complétifs désignant l'espèce[2].

Une autre manière d'expliquer les expressions en question serait de considérer *Paris* et *mai*, non plus comme des appositions, mais comme des compléments déterminatifs de dénomination [(cf. en latin : l'apposition est la construction ordinaire : *urbs Roma, flumen Rhodanus*, mais on trouve aussi le génitif explicatif : *urbem Patavi* (VIRG., *Én.*, I, 247) ; — *flumen Loracinae* (T. LIVE, 43, 4, 6)]. « Meyer-Lübke (...) explique *la ville de Paris* comme sorti de *urbs Romae*, qui lui-même serait formé d'après le locatif *urbi Romae* > *in urbe Romae*. Winkler au contraire voit dans *la ville de Paris* un génitif partitif. » (SNEYDERS DE VOGEL, *Synt. hist.*, § 408.)

---

1. Pour l'accord de l'apposition dans les expressions de ce type, voir § 303, Rem. 2.
2. Pour Damourette et Pichon (*Ess. de Gramm.*, § 3032), « le substantif principal est le second, (...) le premier n'étant qu'un qualificatif ».

ÉTYM. — ᵃ *Apposition*, empr. du latin *appositio*, de *apponere*, placer à côté.

Remarques. — 1. L'apposition équivaut à une proposition relative elliptique : *L'hirondelle*, [qui est] MESSAGÈRE *du printemps*.

2. L'apposition se joint le plus souvent à un nom ; elle peut aussi se rattacher à un pronom, à un infinitif ou à une proposition : *Moi*, HÉRON, *que je fasse Une si pauvre chère !* (LA F., *F.*, VII, 4.) — CELA *l'eût choqué* QU'UN OFFICIER À QUATRE GALONS PARLÂT DE DÉPOSER LES ARMES (R. DORGELÈS, *Le Cabaret de la Belle Femme*, p. 115). — TRAVAILLER, GRAND DEVOIR, *est aussi une joie*. — *Et là je vis*, SPECTACLE ÉTRANGE, (...) PASSER DES SPECTRES EN PLEIN JOUR (Th. GAUTIER, *Ém. et Cam.*, Vieux de la Vieille).

3. Peuvent être regardés comme appositions l'énumération développant un terme synthétique qui précède, et le terme synthétique placé après une énumération qu'il résume : *Mais* TOUT *dort*, ET L'ARMÉE, ET LES VENTS, ET NEPTUNE (RAC., *Iphig.*, I, 1). — MON ARC, MES JAVELOTS, MON CHAR, TOUT *m'importune* (ID., *Phèdre*, II, 2).

4. Du nom en apposition il faut distinguer le nom complément non prépositionnel joint à un nom (ou à un pronom) pour dépeindre notamment l'attitude ou l'aspect et se rapportant logiquement à un verbe sous-jacent comme *ayant, portant*, etc. [1] : *Un homme en habit gris, les* MAINS *derrière le dos* (VIGNY, *Stello*, XXXV). — *Figurez-vous un bambin de sept ans, efflanqué (...), les* JAMBES *à l'air, une* TOQUE *à chardon d'argent et un* PLAID (A. DAUDET, *Jack*, t. I, p. 13). — *Une petite servante,* JUPON *court et* PIEDS *nus, s'empressait à nous servir* (J. et J. THARAUD, *La Bataille à Scutari*, p. 164).

6° D'un ou de plusieurs compléments déterminatifs.

213. Le **complément déterminatif** du nom est un nom, un pronom, un infinitif, un adverbe, se subordonnant à ce nom, le plus souvent à l'aide d'une préposition, pour en limiter l'extension.

Ce peut être aussi une proposition : *La foi* QUI N'AGIT POINT, *est-ce une foi sincère ?* (RAC., *Ath.*, I, 1.)

214. La préposition qui joint au nom le complément déterminatif est le plus souvent *de ;* ce peut être aussi *à, autour, en, envers, contre, par, pour, sans*, etc. Toutes ces prépositions servent à marquer des rapports très variés : elles peuvent indiquer, relativement au nom complété [2] :

Le possesseur : *La crinière* DU LION, *mon idée* À MOI.

L'espèce ou le genre : *Des œufs* DE MOUCHE, *un cor* DE CHASSE.

La matière : *Une statue* DE BRONZE, *une montre* EN OR.

---

1. On peut aussi, sans considérer aucun verbe sous-jacent, tenir ce complément pour un complément ayant la valeur d'un adjectif détaché, ou encore pour un complément circonstanciel de manière.

2. On observera que, dans beaucoup de cas, le complément déterminatif sans article joue le rôle d'une locution adjective équivalant à un qualificatif (§ 339*bis*).

La destination, le but : *Une salle* DE SPECTACLE, *un canon* CONTRE AVIONS, *un mot* POUR RIRE, *une table* À OUVRAGE.

La quantité, la mesure, la valeur : *Une rente* DE MILLE FRANCS, *un froid* DE DIX DEGRÉS, *un trajet* DE DEUX LIEUES, *un échantillon* SANS VALEUR.

L'origine : *Un jambon* D'ARDENNE, *le vent* DU NORD.

La qualité, la manière d'être : *Un homme* D'ESPRIT, *un homme* À PRÉJUGÉS, *une pièce* À TIROIRS, *un navire* AU REPOS, *un portrait* D'APRÈS NATURE.

Le complément déterminatif construit avec *à* ou *de* sert souvent à noter un trait descriptif et concret : *Un vase* À LONG COL *et* D'ÉTROITE EMBOUCHURE (LA F., *F.*, I, 18). — *Dame belette* AU LONG CORSAGE (ID., *ibid.*, VIII, 22). — *Deux coursiers* À LONGUES OREILLES (ID., *ibid.*, II, 10). — *L'homme* AUX RUBANS VERTS (MOL., *Mis.*, V, 4).

Le lieu : *Un banc* DE JARDIN, *la bataille* DE WATERLOO, *un séjour* À LA CAMPAGNE, *un appartement* SUR LE DEVANT, *une promenade* DANS PARIS.

Le temps : *La foi* DU MOYEN ÂGE, *les hommes* D'À PRÉSENT.

L'instrument, le moyen, la cause : *Un coup* DE BÂTON, *un signe* DE TÊTE, *un moulin* À VENT, *la traction* PAR L'ÉLECTRICITÉ, *la preuve* PAR NEUF, *une pluie* D'ORAGE.

L'auteur : *Les tragédies* DE RACINE.

Le contenu : *Une bouteille* DE VIN, *un panier* DE FRAISES.

Le tout, l'ensemble dont le nom déterminé désigne une partie : *La lame* D'UNE ÉPÉE, *les pieds* D'UNE TABLE, *le pire* DE TOUS.

Hist. — Jusque dans le XVIᵉ siècle, le complément déterminatif marquant la possession pouvait se rattacher au nom par simple juxtaposition du cas régime, sans préposition, mais seulement, en règle générale, lorsque ce complément désignait une personne. On disait : LE REI *gunfanuner* (gonfalonier du roi), *le corn* ROLLANT (le cor de Roland), *li chevaus* LE REI (le cheval du roi), *la mort* JESUS (la mort de Jésus), etc. — *Si violat le temple* SALOMON (*Rol.*, 1567). — *Par la* DIEU *grace* (VILLEHARDOUIN, § 86).

Cet ancien usage se retrouve aujourd'hui dans un certain nombre d'expressions : *Hôtel*-DIEU, *Fête*-DIEU, *bain*-MARIE, *les quatre fils* AYMON, *Nogent*-LE-ROI, *Pont*-L'ÉVÊQUE, *Château*-THIERRY, *le fils* DUPONT. — Sur le modèle de cette construction ancienne ont été créées de nombreuses locutions modernes, dans lesquelles, d'ailleurs, le second élément peut être tout autre chose qu'un génitif possessif : *La tour* EIFFEL, *la rue* CARNOT, *le musée* PLANTIN, *l'affaire* DREYFUS, *le match* FRANCE-BELGIQUE, *le franc* OR, *le ministère* UNTEL, *la méthode* MONTESSORI, *la question* MARIAGE, *le côté* AFFAIRES, etc. (cf. § 920, Rem. 2, N. B., *a*.)

La préposition *à* devant le complément déterminatif servait aussi, par continuation d'un usage qui remonte au bas latin (§ 113)[1], à marquer la possession : *Fille* AD *un conpta de Rome la ciptet* (*Alexis*, 42). — *Le filz* AL *rei Malcud* (*Rol.*, 1594). — *Et fille* A *un duc d'Alemaigne* (*Floire et Blancheflor*, 2151). — Il nous reste quelques traces de cette construction, devenue provinciale ou très familière (§ 913) : *La bête* À *bon Dieu, un fils* À *papa, sentir la vache* À *Colas* (le protestantisme), *la vigne* À *mon oncle* (une mauvaise excuse, une mauvaise défaite), *c'est un bon ami* À *moi*.

---

1. Cf. cette inscription (du VIIᵉ siècle, selon Allmer) : *Hic requiiscunt menbra* AD *duus fratres* [Ici reposent les membres *à* deux frères] (*Corpus Inscriptionum Latinarum*, XIII, 1, 2483).

215. Un complément déterminatif peut être commun à plusieurs noms juxtaposés ou coordonnés, pourvu que chacun d'eux puisse séparément admettre ce complément : *L'obéissance et la soumission* à L'AUTORITÉ.

Mais si ces noms n'admettent pas la même construction, il faut exprimer le complément après le premier nom, selon la construction voulue par celui-ci, et répéter ce complément ou le reprendre par un pronom avec les autres noms, selon la construction voulue par chacun d'eux : *Le respect* DE *l'autorité et la soumission* à *cette autorité. L'amour* DES *pauvres et la bonté* ENVERS *eux.*

216. Un grand nombre de noms d'action ou d'agent peuvent prendre un complément déterminatif *d'objet*, introduit, le plus souvent, par une des prépositions *de, à* : *L'oubli* DES INJURES, *la perte* D'UN AMI, *la chasse* AU TIGRE, *la construction* D'UN PONT, *l'obéissance* AUX LOIS, *les défenseurs* DU PAYS.

Remarques. — 1. Ce complément déterminatif d'objet peut être un infinitif ou une proposition : *Dans l'espoir* D'ÉLEVER *Bérénice à l'empire* (RAC., *Bérén.*, II, 2). — *Dans leur triste regard on devinait (...) la volonté* QUE LA VIE S'ADOUCÎT (M. BEDEL, *M. le Prof. Jubier*, p. 131).

2. Certains noms correspondant à des verbes transitifs directs peuvent avoir à la fois un complément déterminatif indiquant l'*objet*, et un autre indiquant le *sujet* ; le premier est construit avec *de*, l'autre, avec *par* : *La prise* DE *Jérusalem* PAR *les Croisés.* — Avec certains noms de cette catégorie, le complément déterminatif désignant un être animé indique, selon les phrases, l'objet ou le sujet de l'action : *Une mère poussée par un amour aveugle* DE SES ENFANTS ; *une mère entourée de l'amour* DE SES ENFANTS.

217. Le complément déterminatif peut quelquefois être remplacé par un adjectif (p. 153, note 2) : *Un ton* DE PÉDANT, *un ton* PÉDANTESQUE. *Un train* D'ENFER, *un train* INFERNAL.

Remarque. — La plupart du temps, il y a entre le complément déterminatif et l'adjectif correspondant une différence de sens telle qu'on ne peut substituer l'un à l'autre : *Un homme* DE LETTRES, *un homme* LETTRÉ. *Une condamnation* à MORT, *une blessure* MORTELLE. *Un poisson* DE MER, *une carte* MARINE.

218. Place du complément déterminatif. — Le complément déterminatif se place, en général, *après* le nom qu'il détermine. Mais, ordinairement avec le tour interrogatif, et très souvent en poésie, il se place *avant* ce nom : *La raison* DU PLUS FORT. DE QUEL AUTEUR *avez-vous lu les œuvres ?* — *En vain il a* DES MERS *fouillé la profondeur* (MUSSET, *N. de Mai*).

219. Nombre du complément déterminatif. — Il est souvent difficile de décider si le nom complément déterminatif sans article ni déterminatif et construit avec *à* ou *de*, doit être au singulier ou au pluriel[1]. D'une manière générale, en consultant le sens, on met le singulier ou le pluriel suivant que le complément éveille l'idée d'un seul être ou objet ou bien de plusieurs.

---

1. Voir à la fin du volume l'arrêté du 26 février 1901 : *Liste*, I.

Plus particulièrement, on peut observer :

a) que souvent le complément se met au *singulier* s'il désigne l'*espèce*, la *classe* en général, ou bien la *matière ;*

b) que souvent ce complément se met au *pluriel* s'il est joint à un *collectif* et s'il désigne des choses qui peuvent se compter.

SINGULIER

Des corps d'*armée*	Des coups d'*épingle*	Des plumes de *paon*
Des têtes d'*artichaut*	Des maîtres d'*étude*	Des peintres de *paysage*
Des chefs d'*atelier*	Des noms de *famille*	Des nids de *pie*
Des manches à *balai*	Des pères de *famille*	Des coups de *pied*
Des champs de *bataille*	Des chefs de *file*	Des têtes de *pipe*
Du sucre de *betterave*	Des termes de *finance*	Des lits de *plume*
Des terres à *blé*	Des coups de *fusil*	Des coups de *poing*
Des chefs de *bureau*	Des coups de *griffe*	Des peintres de *portrait*
Des garçons de *café*	Des habits d'*homme*	Des peaux de *renard*
Des coups de *canon*	Des verres à *liqueur*	Des coins de *rue*
Des crins de *cheval*	Des draps de *lit*	Des lits de *sangle*
Des voies de *communication*	Des projets de *loi*	Des années de *service*
Des matériaux de *construc-*	Des poignées de *main*	Des états de *service*
tion	Des gens de *métier*	Des vers à *soie*
Des étoffes de *couleur*	Des extraits de *naissance*	Des carnets à *souche*
Des portes à *coulisse*	Des fruits à *noyau*	Des salles de *spectacle*
Des manches de *couteau*	De l'huile d'*olive*	Des bateaux à *vapeur*
Des coups de *dent*	Des chefs d'*orchestre*	Des cartes de *visite*
Des cours d'*eau*	Des tintements d'*oreille*	Des points de *vue*

PLURIEL

Un homme d'*affaires*	Une ville d'*eaux*	Des jaunes d'*œufs*
De la pâte d'*amandes*	Un conte de *fées*	Des boucles d'*oreilles*
Des troncs d'*arbres*	Un pot à *fleurs*	Des noyaux de *pêches*
Une compagnie d'*assurances*	Un pot de *fleurs*	Un fruit à *pépins*
Des peaux de *bêtes*	Du papier à *lettres*	Des noms de *personnes*
Une levée de *boucliers*	Des noms de *lieux*	Une compote de *poires*
Des bouts de *chandelles*	Une cave à *liqueurs*	Des noms de *rivières*
Un état de *choses*	Un battement de *mains*	Des articles de *revues*
Un mal de *dents*	Un pays de *montagnes*	Du verre à *vitres*

Dans un grand nombre de cas, l'usage reste indécis : *Des chapeaux de femme*(s). — *Maison de brique ou de brique*s (Ac.). — *De la gelée de pomme*(s). — *Salle d'étude* (Ac.). — *Salle d'étude*s (DICT. GÉN.). — *Sirop de groseille* (Ac.). — *Sirop de groseille*s (DICT. GÉN.). — *Gelée de groseille*s (LITTRÉ). — *Gelée de groseille* (DICT. GÉN.). — *Gelée de groseille ou de groseille*s (Ac.). — *Lettre de condoléance ou de condoléance*s (Ac.). — *Des toiles d'araignée*s (Ac., au mot *toile*). — *Les toiles d'araignée* (ID., au mot *araignée*). — *Dans ces membres de phrase* (LITTRÉ, au mot *tout*, 44º). — *À ces membres de phrase*s (ID., au mot *ablatif*). — *Pain d'épice* (Ac. ; — même orthographe : LITTRÉ, LAROUSSE DU XXᵉ s., QUILLET, DICT. GÉN., au mot *épice*). — *Pain*

*d'épice*s (DICT. GÉN., au mot *pain ;* — même orthographe chez COLETTE, *La Vagabonde*, p. 163 ; chez A. MAUROIS, *Rouen*, p. 84). — *Pattes de mouche* (AC., au mot
patte). — *Pattes de mouche*s (ID., au mot *mouche*). — *La salle de bain* (AC., au mot
bain). — *Salle de bain*s (ID., au mot *salle*).

Remarque. — Le nom complément déterminatif des expressions *plusieurs espèces
de, plusieurs sortes de* et autres semblables, se met ordinairement au pluriel : *Les
diverses espèces d'*OISEAUX (AC.). — *Il y a deux genres de* COQUETTES (É. FAGUET,
En lisant Molière, p. 231). — *En littérature, je distingue deux sortes d'*IMITATEURS
(P. MORAND, *Papiers d'identité*, p. 154). — Quand le complément déterminatif est
un nom abstrait (§ 298), on le laisse souvent au singulier : *Les diverses espèces de*
DÉLIT (LITTRÉ, s. v. *espèce*). — *Toutes les sortes de* BONHEUR (J. de LACRETELLE,
Années d'espérance, p. 228). — *Le caractère ayant deux espèces de* PUISSANCE, *a deux
espèces de* VALEUR (TAINE, *Philos. de l'Art*, t. II, p. 345). — *Comme il y a deux sortes de*
PARALYSIE, *il y a deux sortes de* PEUR (L. DAUDET, *Le Rêve éveillé*, p. 196). — *L'impres-
sion, cependant, de la discordance des genres d'*AVARICE, *persiste chez le spectateur*
(É. FAGUET, *En lisant Molière*, p. 214). — *Il y a, pour l'esprit, deux sortes de* RICHESSE
(J. BENDA, *La France byzantine*, p. 36). — *Il y a plusieurs sortes de* COURAGE (G. BER-
NANOS, *Dialogues des Carmélites*, I, 3).

Art. 2. — MOTS ACCOMPAGNANT LE PRONOM

220. Le pronom peut être accompagné :

1º D'un article. Le cas se présente avec tous les pronoms possessifs et avec
les pronoms indéfinis L'*autre*, LES *autres*, UN(E) *autre*, LE *même*, LA *même*, LES
mêmes, L'*un(e)*, LES *un(e)s*, UN *tel*, UNE *telle*. (Pour *un chacun*, voir § 586,
Hist.)

Dans les pronoms relatifs ou interrogatifs LE*quel*, LA*quelle*, etc., l'article défini
s'est soudé avec l'élément pronominal.

2º D'un adjectif qualificatif ou d'un participe passé pris adjectivement.
Le cas se présente avec les pronoms *ceci, cela, quoi, personne, aucun, pas un,
autre chose, quelque chose, quelqu'un, quelques-uns, grand-chose, rien ;* l'adjectif
ou le participe qualifiant ces pronoms s'y joint au moyen de la préposition *de :
Il y a ceci* DE GRAVE. *Quoi* DE NOUVEAU ? *Beaucoup de livres, mais aucun, pas
un* D'INTÉRESSANT. *Rien* DE GRAVE. *Personne* DE BLESSÉ. — Le cas se présente
aussi dans les combinaisons *moi, toi, nous, vous, lui, eux, elle(s) + seul(s)* ou
seule(s) : *Moi* SEULE *en être cause* (CORN., *Hor.*, IV, 5). — *Eux* SEULS *seront
exempts...* (LA F., *F.*, XII, 18).

Remarquez aussi la formule juridique *Je soussigné*.

3º D'un adjectif déterminatif. Le cas se présente avec le pronom *autre ;*
il se présente aussi avec certains pronoms démonstratifs accompagnés de *tout*
ou de *même* : TOUT *autre que mon père* (CORN., *Cid*, I, 5). — NUL *autre ne l'a
dit.* QUEL *autre l'aurait fait ? Voyez* CET *autre ! Les* TROIS *autres. Cela* MÊME.

Tout *ce qu'on dit.* Tout *cela.* — Il se présente enfin avec les pronoms personnels *moi, toi, nous, vous, lui, eux, elle(s), soi,* suivis de *même(s) : Moi*-MÊME,
eux-MÊMES ; — avec *nous, vous, eux, elles,* suivis de *tous, toutes* ou d'un nom
de nombre : *Vous* TOUS, *elles* TOUTES, *nous* DEUX ; — avec *nous, vous,* suivis de
autres : Nous AUTRES, *vous* AUTRES.

Pour *tout qui,* employé incorrectement au lieu de *quiconque* ou de *tous ceux qui,*
voir § 544, *a.* — Pour *tout quoi* régi par une préposition, voir § 457, A, 1º, Rem. 5.

Remarquez les vieilles locutions *tout chacun, tout un chacun* (§ 586, *Hist.*), *eux
autres* (§ 458 *in fine, Hist.*).

4º D'une apposition (§ 212, 5º, Rem. 2).

5º D'un ou de plusieurs compléments déterminatifs (nom, pronom, infi-
nitif, adverbe) : *Ceux* DE SAMOS (LA F., *Vie d'Ésope*). — *Chacun d'*EUX.
Quiconque DE VOUS. *Ceux* D'À PRÉSENT. *Quelque chose* CONTRE LA FIÈVRE.
Quelque chose POUR RIRE. *Rien* DE TOUT CELA. — *Je n'ai pas le temps d'écrire,
mais j'ai celui* DE PARLER (MARTINON, *Comment on parle...,* p. 109). — *Aucun*
DES DEUX.

Remarque. — *Autre* et *le même* peuvent avoir un complément déterminatif de
comparaison introduit par *que : Tout autre* QUE MON PÈRE (CORN., *Cid,* I, 5). — *Le
même* QUE CELUI-CI.

Art. 3. — MOTS ACCOMPAGNANT L'ADJECTIF QUALIFICATIF

221. L'adjectif qualificatif ou le participe pris adjectivement peuvent
être accompagnés :

1º D'un adverbe ou d'un adjectif pris adverbialement : TRÈS *actif. Des
personnes* HAUT *placées.* TOUT *étonné. Des roses* FRAÎCHES *cueillies* (voir § 385).

2º D'un ou de plusieurs compléments déterminatifs. Le complément
déterminatif de l'adjectif qualificatif est un nom, un pronom, un infinitif,
un adverbe, se subordonnant à cet adjectif, par le moyen d'une préposition,
pour en préciser la signification. Ce peut être aussi une proposition introduite
par *que : Âpre* AU GAIN. *Rouge* DE HONTE. *Court* DE JAMBES. *Généreux* ENVERS
TOUS. *Agréable* À CHACUN. *Brave* ENTRE TOUS. *Apte* À NAGER. *Heureux* À TOUT
JAMAIS. — *Digne* QU'ON LE CONFONDE (MOL., *Mis.,* I, 1). — *Certains* QUE LE
SECOURS SERAIT PRÊT *dans quatre ou cinq jours* (LA F., *F.,* VII, 3). — *Un
devoir meilleur* QU'ON N'AURAIT CRU.

222. Le complément de l'adjectif est introduit dans la plupart des cas,
par une des prépositions *à* ou *de ;* il peut l'être aussi par *avec, dans, en, envers,
par, pour, sur,* etc. : *Apte* AUX *affaires. Digne* DE *vous. Froid* AVEC *ses amis.
Habile* DANS *son art. Pauvre* EN *blé. Ingrat* ENVERS *son bienfaiteur. Sévère* PAR

devoir. Bon POUR *les malheureux. Tranquille* SUR *son sort. Empressé* AUPRÈS DE *son maître.*

Pour le complément du comparatif, voir § 366.

223. Parfois un même adjectif peut admettre, selon l'occurrence, différentes prépositions : *Heureux* AU *jeu,* ~ D'*apprendre,* ~ EN *affaires. Bon* POUR *les pauvres,* ~ AUX *méchants,* ~ ENVERS *tous. Fort* DES *reins,* ~ EN *mathématiques,* ~ AUX *échecs.*

224. Plusieurs adjectifs juxtaposés ou coordonnés peuvent prendre un complément commun, pourvu que chacun d'eux puisse séparément admettre ce complément : *Charitable et généreux* ENVERS LES PAUVRES.

Mais si ces adjectifs n'admettent pas la même construction, il faut exprimer le complément après le premier adjectif, selon la construction voulue par celui-ci, et répéter ce complément ou le reprendre par un pronom avec les autres adjectifs, selon la construction demandée par chacun d'eux : *Désireux* DE *partir et prêt* À *le faire. Oublieux* DE *sa promesse ou fidèle* À *cette promesse.*

Remarques. — 1. La plupart des adjectifs peuvent avoir par eux-mêmes une valeur suffisamment déterminée et s'employer sans complément, dans un sens général ; mais ils demandent un complément quand on les prend dans un sens particulier ou figuré : *Un homme* RICHE. *Il est riche* EN VERTUS. — *Rome eût été du moins un peu plus tard* SUJETTE (CORN., *Hor.*, III, 6). — *Sujette* À CE POUVOIR (RAC., *Brit.*, IV, 1).

2. Quelques adjectifs ne présentent qu'un sens incomplet et exigent toujours quelque complément : *Enclin* À JOUER. *Désireux* DE GLOIRE, etc.

3. Certains adjectifs ont un sens absolu et n'admettent aucun complément : *Équestre, maritime, mortel, circulaire,* etc.

Art. 4. — MOTS ACCOMPAGNANT L'ADVERBE

225. L'adverbe peut être accompagné :

1º D'un autre adverbe : TRÈS *longtemps.* TROP *vite.*

2º D'un ou de plusieurs compléments déterminatifs. Le complément déterminatif de l'adverbe est un nom, un pronom, se subordonnant à cet adverbe au moyen d'une préposition ou de *que*, pour en préciser la signification. Ce complément se trouve :

a) Après des adverbes de quantité, et après *pas* ou *point : Beaucoup* DE GENS. *Peu* DE FAUTES. *Beaucoup* D'ENTRE EUX. *Assez* DE MALHEUREUX. *Ses paroles sont autant* DE SOTTISES. *Autant* DE CECI *que* DE CELA. *Trop* DE PRÉCAUTIONS. *Combien* D'ERREURS. *Pas* D'ARGENT. *Point* DE PITIÉ.

Dans *beaucoup de gens, peu de fautes,* etc., *beaucoup de, peu de* peuvent être regardés comme des adjectifs indéfinis déterminant le nom qui suit (§ 445, *N. B.*).

Remarque. — *Suffisamment,* affirmait Littré (s. v. *assez*), ne reçoit point de complément avec *de,* au moins dans le style correct. — Aujourd'hui *suffisamment de* est admis par le meilleur usage : *Nous n'avons pas accordé* SUFFISAMMENT D'*attention aux états d'âme si décisifs pour notre destinée* (M. BARRÈS, *Le Génie du Rhin*, p. XVI). — *Il faut que vous montriez si vous avez* SUFFISAMMENT DE *sang-froid dans les rues populeuses* (P. MILLE, *Mém. d'un dada besogneux*, p. 39). — *Il a* SUFFISAMMENT DE *bien pour vivre* (Ac.). — *Comme s'il n'y avait pas déjà* SUFFISAMMENT DE *magots et* DE *paltoquets sur la terre !* (A. GIDE, *Les Faux-Monnayeurs*, p. 237.)

Autrement, au sens de *plus*, et *médiocrement* peuvent, de la même façon, recevoir un complément avec *de* : [Boileau] *avait bien* AUTREMENT DE *latitude que son grand ami* (A. DUMAS f., *L'Étrangère*, Préf.). — *Il a* MÉDIOCREMENT D'*esprit* (LITTRÉ).

b) Après les adverbes de manière tels que : *antérieurement (à), conformément (à), conséquemment (à), convenablement (à), dépendamment (de), différemment (de), indépendamment (de), inférieurement (à), postérieurement (à), préférablement (à), proportionnellement (à), relativement (à), supérieurement (à)*, etc.

Chacun de ces adverbes peut être regardé comme formant avec la préposition une locution prépositive.

c) Après les adverbes marquant la comparaison, et après *ailleurs, autrement : Il est plus riche* QUE TOI, *moins pauvre* QUE MOI. — *Hermippe tire le jour de son appartement d'ailleurs* QUE DE LA FENÊTRE ; *il a trouvé le secret de monter et de descendre autrement* QUE PAR L'ESCALIER (LA BR., XIV, 64).

Le complément de *plus, moins* se construit avec *de* devant un nom de nombre : *Un homme de moins* DE *quarante ans*. [Voir cependant § 851, Rem. I.]

Remarque. — On applique au complément commun à plusieurs adverbes juxtaposés ou coordonnés une règle analogue à celle qui concerne le complément commun à plusieurs noms ou à plusieurs adjectifs (voir §§ 215 et 224) : *Antérieurement ou postérieurement* À *cette date*. Mais : *Indépendamment* DE *nous et autrement* QUE *nous. Conformément* À *cette opinion, mais indépendamment* D'*elle*.

§ 5. — MOTS DE LIAISON

226. Dans un grand nombre de cas, les éléments semblables d'une proposition, les compléments et les noms déterminatifs ne peuvent jouer leur rôle qu'à l'aide de certains termes de liaison, qui sont :

1° La *conjonction*, qui relie l'un à l'autre deux éléments semblables d'une proposition, ou joint une proposition à une autre : *La patience* ET *la persévérance sont deux forces* (*et* unit deux sujets). — *Cet élève est intelligent,* MAIS *paresseux* (*mais* unit deux attributs). — *Travaillez* AVANT QU'*il soit trop tard* (*avant que* unit deux propositions).

2° La *préposition*, qui unit le complément au mot complété, en marquant le rapport qui existe entre eux : *L'amour* DE *la patrie. Il est digne* D'*estime. Obéir* À *la loi. Il part* POUR *Rome. Agir* PAR *crainte. Cet appartement donne* SUR *le jardin*.

§ 6. — MOTS INDÉPENDANTS

227. On trouve parfois dans la proposition certains éléments qui ne déterminent ni ne complètent le sens d'aucun mot. Ce sont :

1º L'*interjection*, qui, sous la forme restreinte d'une exclamation, exprime un mouvement de l'âme, un état de pensée, un ordre, un appel : AH ! TOUT DOUX ! *laissez-moi de grâce respirer !* (MOL., *F. sav.*, III, 2.) — HÉLAS ! *que j'en ai vu mourir de jeunes filles !* (HUGO, *Orient.*, XXXIII, 1.)

2º Le *mot mis en apostrophe :* c'est un nom ou un pronom désignant la personne ou la chose personnifiée à qui on s'adresse directement : POÈTE, *prends ton luth* (MUSSET, *N. de Mai*). — VOUS, *avancez !* — *Donnez*, RICHES ! *L'aumône est sœur de la prière* (HUGO, *F. d'aut.*, XXXII).

3º Le *pronom personnel expressif d'intérêt atténué* (§ 481) : sous l'apparence d'un complément d'objet indirect, il marque l'intérêt que prend à l'action la personne qui parle, ou bien il indique qu'on sollicite l'interlocuteur ou le lecteur de s'intéresser à l'action : *Allons, curé, goûtez-*MOI *ce kirsch-là* (Cl. VAUTEL, *Mon Curé chez les riches*, p. 271). — *On* VOUS *happe notre homme* (LA F., *F.*, XII, 22).

4º La *préposition simplement introductrice* ou *vide* (§ 894, Rem.), ne marquant aucun rapport réel entre les mots qu'elle joint : *La ville* DE *Paris. Il aime à jouer.* — *Et flatteurs* D'*applaudir* (LA F., *F.*, VII, 1). — POUR *méchante, elle l'est* (AC.).

5º Les gallicismes *c'est... qui, c'est... que,* au moyen desquels on peut détacher et mettre en relief n'importe quel élément de la pensée, sauf le verbe à un mode personnel : C'EST *moi* QUI *suis Guillot* (LA F., *F.*, III, 3). — *Bon ?* C'EST *bonasse* QUE *vous êtes.* — C'EST *bénédictin* QUE *vous êtes, n'est-ce pas ?* (A. BILLY, *Madame*, p. 180.) — C'EST *l'erreur* QUE *je fuis* (BOIL., *Ép.*, 5). — C'EST *à lui* QU'*il faut obéir.* C'EST *ici* QU'*il mourut.* C'EST *des hommes* QU'*il est ennemi.* — *Vouloir n'est rien*, C'EST *pouvoir* QU'*il faudrait* (A. DAUDET, *Jack*, t. II, p. 112).

Dans une phrase comme *C'est une belle fleur que la rose*, on n'a pas affaire au gallicisme *c'est... que* dont on vient de parler. Pour la valeur de *que* dans cette phrase, voir § 547.

§ 7. — LA PROPOSITION
AU POINT DE VUE DE SON INTÉGRITÉ

228. Une proposition peut être complète ou incomplète.

Une proposition est *complète* lorsque tous les éléments de la pensée qu'elle exprime sont énoncés : *Dieu existe.* — *Le vrai peut quelquefois n'être pas vraisemblable* (BOIL., *Art p.*, III).

Une proposition est *incomplète* ou *elliptique* lorsque l'usage, ou le style, ou la syntaxe affective (voir § 172, Rem. 1), font que l'on n'exprime pas un ou plusieurs mots que l'esprit doit suppléer : il y a alors **ellipse** *a* du mot ou des mots que l'esprit doit suppléer [1].

Remarque. — Dans un sens plus restreint, on appelle *proposition elliptique* celle dont le verbe n'est pas exprimé ; en raccourcissant l'expression, elle traduit la pensée avec une spontanéité, une vivacité ou une énergie particulière (voir § 230).

Quand la phrase est composée d'un sujet et d'un complément prédicatif, sans verbe réel, les linguistes l'appellent *phrase nominale* (par opposition à la *phrase verbale*, comprenant un verbe réel) : *Bienheureux les pauvres en esprit ! — Délicieux vos gâteaux ! — Finies les vacances !*

Il y a tantôt ellipse du sujet, tantôt ellipse du verbe, tantôt ellipse du sujet et du verbe à la fois.

229. Il n'y a pas de **sujet** exprimé :

1º Dans les propositions à l'impératif [2] : *Creusez, fouillez, bêchez* (LA F., F., V, 9).

Remarque. — Quand, avec un impératif, on veut désigner l'être qui doit faire l'action, on emploie un mot en apostrophe : CIEUX, *écoutez ma voix* (RAC., *Ath.*, III, 7). — *Avancez*, LES HOMMES.

2º Dans certaines tournures archaïques (proverbes, dictons, poésie populaire, etc.) : *Fais ce que dois. Homicide point ne seras. Suffit ! À Dieu ne plaise. Grand bien vous fasse. Soit dit entre nous. Beau page, mon beau page, quell, nouvelle apportez ?*

Hist. — Le pronom sujet, qui manquait ordinairement dans la vieille langue, était encore fréquemment omis au XVe et au XVIe siècle. Voir détails, § 470, *Hist.*

---

1. L'*ellipse* est donc l'omission d'un ou de plusieurs mots que requerrait la régularité de la construction grammaticale et que l'on considère comme faciles à suppléer. — La *brachylogie* (grec βραχύς, court, et λόγος, discours) est une variété d'ellipse consistant, au sens large, à s'exprimer de façon concise, avec le moins de mots possible : *Loin des yeux, loin du cœur ;* — en un sens plus spécial, elle consiste à ne pas répéter un élément précédemment exprimé : *Donner cent francs, c'est une générosité ;* [donner] *mille* [francs], [c'est] *une largesse.*

2. L'impératif n'ayant jamais de sujet, il n'y a pas ici d'ellipse, à proprement parler. On observera toutefois que l'ancienne langue, jusque dans le XVIe siècle, avait des personnels sujets devant les impératifs : *E ! reis celeste,* TU *nus i fai venir* [Eh ! roi céleste, toi, fais-nous-y venir (en paradis)] (*Alexis,* 335). — *Ça venez, E avecques nos vos prenez A la querole* [danse] *s'il vos plaist* (*Rom. de la Rose,* 785-7). — En particulier, ce pronom sujet devant l'impératif était constant dans les formules de bienvenue, et c'est là qu'il s'est maintenu le plus longtemps : VOUS *soyez le bien venu, sire* (*Pathelin,* 1217). — TU *sois le bien venu* (RONSARD, t. X, p. 52). — TU *sois la bienvenue, Lisette !* (LE SAGE, *Turcaret,* II, 9.)

ÉTYM. — *Ellipse,* empr. du lat. *ellipsis,* grec ἔλλειψις, proprement : manque.

Remarques. — 1. Plusieurs propositions juxtaposées ou coordonnées peuvent avoir un sujet commun, exprimé une fois pour toutes avec le premier verbe : *L'attelage suait, soufflait, était rendu* (LA F., *F.*, VII, 9). — *Il s'est levé et a marché avec beaucoup d'aisance* (J. ROMAINS, *Lucienne*, p. 78).

Mais le sujet est repris quand on passe de la négative à l'affirmative, sans conjonction de coordination : *Il ne se pressa pas de quitter le comptoir :* IL *alluma une pipe...* (A. THÉRIVE, *Sans âme*, p. 73) ; — de même quand il y a inversion : *Peut-être viendra-t-*IL *et restera-t-*IL *avec nous ;* — et généralement aussi quand on passe d'un temps à un autre : *Je le jure devant vous et* JE *le soutiendrai devant Dieu !* (VIGNY, *Chatt.*, III, 8.)

Hist. — Au XVII⁰ siècle, le sujet pouvait, dans ce dernier cas, n'être pas répété : *J'ignore tout le reste, Et venais vous conter ce désordre funeste* (RAC., *Ath.*, II, 2).

2. Dans la rédaction des télégrammes, comme la taxe croît avec le nombre des mots employés, le plus souvent on n'exprime que les mots indispensables pour se faire comprendre ; ainsi, dans bien des cas, le pronom personnel sujet n'est pas exprimé : *Arriverons demain.* — Mais c'est là une langue artificielle.

230. Il y a ellipse **du verbe :**

1⁰ Dans certains proverbes, certaines maximes ou sentences, certaines inscriptions : *À chacun son métier. À père avare fils prodigue.* — *Amas d'épithètes, mauvaises louanges* (LA BR., I, 13). — *Aux grands hommes la patrie reconnaissante.*

2⁰ Dans certaines propositions interrogatives ou exclamatives : *Combien ce bijou ? À quand votre visite ?* — *Heureux le roi qui est soutenu par de sages conseils !* (FÉNEL., *Tél.*, t. I, p. 67.) — *Honneur aux braves !*

3⁰ Très souvent dans des propositions où le verbe n'a pas besoin d'être exprimé, parce que, figurant déjà dans une proposition précédente, il donnerait presque toujours, par la répétition, de la lourdeur au style : *Les mains cessent de prendre, Les bras d'agir, les jambes de marcher* (LA F., *F.*, III, 2).

Remarques. — 1. Le verbe à suppléer doit être à la même personne, au même nombre, au même temps et à la même voix que le verbe exprimé.

Pour ce qui est de la personne et du nombre, cette règle laisse bien de la latitude : *Nos amis ont grand tort, et tort qui se repose Sur de tels paresseux* (LA F., *F.*, IV, 22). — *Ma cour fut ta prison, mes faveurs, tes liens* (CORN., *Cinna*, V, 1). — *Tu seras dame, et moi comte* (HUGO, *Lég.*, t. II, p. 105). — *Les électeurs de Bavière en firent* [de Bonn] *une cité de plaisance, et Maximilien-Frédéric une ville universitaire* (H. BORDEAUX, *Sur le Rhin*, p. 30).

2. Semblable omission du verbe a souvent lieu dans les comparaisons : *Il travaille mieux que vous, autant que nous.* — *Des passereaux criblaient le ciel, comme les merlettes un blason* (P. MORAND, *Flèche d'Orient*, p. 126).

3. Dans la langue parlée surtout, après *dont, d'où, parmi lesquels,* on fait parfois ellipse du verbe : *Là il connut des jeunes gens instruits, parmi lesquels Maucroix* (É. FAGUET, *XVII⁰ S.*, p. 234). — *Le compartiment est complet : deux femmes, dont moi, et quatre officiers, dont un anglais* (M. PRÉVOST, *Mon cher Tommy*, p. 235). — *Il avait un égal amour pour le rêve et pour le réel. D'où ses tourments, d'où ses combats* (G. DUHAMEL, *Le Désert de Bièvres*, p. 188).

231. Il y a ellipse **du sujet et du verbe :**

1° Dans certains proverbes et certaines sentences : *Du cuir d'autrui large courroie. Loin des yeux, loin du cœur.*

2° Parfois dans les formules de politesse, les vœux, les exclamations, les réponses : *Mille amitiés. Bon voyage ! Malédiction ! Moins de bruit ! Qu'avez-vous dit ? Rien.*

3° Dans certaines propositions qui décrivent par notation rapide des traits essentiels, ou qui traduisent l'émotion éprouvée devant un spectacle physique ou moral dont on ne fait que nommer le trait ou les traits caractéristiques : *On raconta ce qu'on savait, ou ce qu'on croyait savoir, des dernières années de Lord Linnæus. Conjectures et légendes probablement* (HUGO, *L'Homme qui rit*, II, 1, 2, 3). — *Il était vêtu comme un fantassin, mais vif, nerveux, allègre, capote courte, casque bien planté, petite barbe dure, le regard chaleureux derrière ses lunettes* (G. DUHAMEL, *La Pesée des âmes*, p. 172).

4° Très souvent dans les comparaisons : *Faites pour moi comme pour vous.* — *Le grand prince, qui ne put voir égorger ces lions comme de timides brebis* (Boss., *Condé*). — *Il a plus de fermeté que de sagesse.*

5° Dans des propositions concessives introduites par *quoique, bien que, encore que : Il était,* QUOIQUE RICHE, *à la justice enclin* (HUGO, *Lég.*, t. I, p. 65). — *Elle* [ma grand-mère] *paraissait moins vieille qu'à l'ordinaire,* BIEN QUE DÉCOLORÉE (A. FRANCE, *Le Livre de m. ami*, p. 82). — *Vous en êtes la cause,* ENCOR QU'INNOCEMMENT (CORN., *Pol.*, IV, 5).

Remarques. — 1. L'ellipse du sujet et du verbe *être* après *aussitôt que*, surtout particulière à Corneille, est rare aujourd'hui : *J'en cache les deux tiers* AUSSITÔT QU'ARRIVÉS (CORN., *Cid*, IV, 3). — AUSSITÔT QUE LAVÉ ET NOURRI *à l'hôtel Sacher, il alla...* (P. HAMP, *Les Chercheurs d'or*, p. 9).

2. L'ellipse du sujet et du verbe *être* après *parce que, puisque*, est de plus en plus fréquente dans la langue moderne : *Après le fourrage, le soja fournit un engrais vert très actif,* PARCE QUE RICHE *en azote* (J. de PESQUIDOUX, *Sur la Glèbe*, p. 76). — *Le puritanisme est faux* (PARCE QUE CONTRAIRE *à la nature humaine*) (A. MAUROIS, *Mes songes que voici*, p. 151). — *Voilà l'histoire d'un homme autrefois heureux* PARCE QUE SAGE, *aujourd'hui malheureux (...)* PARCE QUE FOU (Cl. FARRÈRE, *Les Civilisés*, XXIV). — *Orgeron, professeur d'espagnol, mais français,* PUISQUE NÉ EN GASCOGNE, *avait fait éditer un recueil...* (Fr. JAMMES, *L'Antigyde*, p. 87).

3. Hors les expressions *si possible, si oui, sinon*, l'ellipse du verbe *être* dans une proposition conditionnelle introduite par *si* ne se rencontre qu'exceptionnellement : *Alors,* SI L'ÉTÉ, *mon père prenait le divertissement de la pêche* (CHATEAUBRIAND, *Mém.*, I, 3, 3). — *Elle l'eût pu vaincre* [la froideur de son amant] SI PLUS BELLE *ou* SI PLUS HARDIE (A. GIDE, *Les Faux-Monn.*, p. 232).

4. Pour la rapidité de la notation, on fait parfois, dans le passé composé, ellipse des sujets *je, nous* et de l'auxiliaire *avoir : Rencontré une nombreuse compagnie de taureaux noirs et de vaches noires, qu'aucun berger ne surveille* (P. LOTI, *Vers Ispahan*, p. 153). — *Le « Grand Marigot » est admirable ; encore rien vu de si étrange et de si beau dans ce pays* (A. GIDE, *Voy. au Congo*, p. 90).

232. Le **pléonasme** [a] est une abondance d'expression non exigée par l'énoncé strict de la pensée ; il peut servir à donner plus de force et de relief à tel ou tel élément de la proposition : *Je l'ai vu* DE MES YEUX. — *On cherche les rieurs, et* MOI *je les évite* (LA F., *F.*, VIII, 8). — *Et que m'a fait, à* MOI, *cette Troie où je cours ?* (RAC., *Iphig.*, IV, 6.)

Le pléonasme est à rejeter comme « vicieux » lorsqu'il n'ajoute rien à la force de l'expression : *Pégase s'effarouche et recule* EN ARRIÈRE (BOIL., *Ép.*, 4). — *Elle se suicidait* ELLE-MÊME (A. MAUROIS, *Journal*, États-Unis 1946, p. 144).

233. Le *sujet* se répète :

1º Sous la forme d'un pronom personnel tonique : *moi, toi, lui, elle, nous, vous, eux, elles,* ou d'un pronom démonstratif neutre : *ce, cela,* pour renforcer l'expression : *Je ferai ceci,* MOI ; TOI, *tu feras cela.* — NOUS, *nous ne l'étions pas, peut-être, fatigués ?* (E. ROSTAND, *L'Aiglon*, II, 9.) — *Soixante ans,* CELA *compte !*

2º Par anticipation, sous la forme implicite d'un pronom personnel atone de la 3e personne ou d'un des pronoms *ce, cela : C'est grave, cette affaire.* — ELLE *me fit peur, cette lettre* (VIGNY, *Serv. et Gr. m.*, I, 5). — ILS *approchaient de la rive, les contrebandiers* (P. LOTI, *Ramuntcho*, p. 27).

3º Parfois, sous la forme d'un pronom personnel atone, après un sujet explicite, pour souligner la valeur de ce sujet : *La très célèbre cathédrale, dès en arrivant,* ELLE *s'indique* (P. LOTI, *Figures et choses qui passaient*, p. 150). — *Cette sainte montagne, au milieu de nos pays de l'Est,* ELLE *brille comme un buisson ardent* (M. BARRÈS, *Au Serv. de l'Allem.*, p. 102).

Pour la répétition du pronom personnel sujet, voir § 473.

Hist. — L'ancienne langue rappelait souvent par un pronom personnel un sujet assez éloigné de son verbe : *Un noble, s'il vit chez lui dans sa province,* IL *vit libre* (LA BR., VIII, 67). — Elle rappelait souvent ainsi, en particulier, le relatif *qui* et le pronom *quiconque*, surtout quand les deux verbes étaient assez éloignés l'un de l'autre : *Qui délasse hors de propos,* IL *lasse* (PASC., *Pens.*, 24). — *Quiconque ne résiste pas à ses volontés,* IL *est injuste au prochain* (BOSS., *Serm.*, Quinquag., 1).

4º Sous la forme d'un pronom personnel dans des phrases interrogatives (ou exclamatives), quand ce sujet est de la 3e personne (§ 186, B, 1º, Rem. 1, 2, 3 et 5) : *Dieu laissa-t-*IL *jamais ses enfants au besoin ?* (RAC., *Ath.*, II, 7.)

234. Le verbe est parfois répété pour peindre la répétition de l'action ou pour exprimer un mouvement de l'âme : *Il entassait adage sur adage, Il* COMPILAIT, COMPILAIT, COMPILAIT (VOLT., *Pauvre Diable*).

———

ÉTYM. — [a] *Pléonasme*, lat. *pleonasmus*, grec πλεονασμός, de πλεονάζειν, surabonder.

TROISIÈME PARTIE

LES PARTIES DU DISCOURS

CHAPITRE I

LE NOM

§ 1. — DÉFINITION

235. Le **nom** ou *substantif* est le mot qui sert à désigner, à « nommer » les êtres animés et les choses ; parmi ces dernières, on range, en grammaire, non seulement les objets, mais encore les actions, les sentiments, les qualités, les idées, les abstractions, les phénomènes, etc. : *Louis, chien, table, livraison, colère, bonté, néant, absence, gelée.*

Tout mot du langage peut devenir *nom* dès que l'on considère ontologiquement, en le faisant passer sur le plan de l'« être », la notion qu'il exprime.

Remarque. — La **compréhension** de l'idée exprimée par le nom est le nombre plus ou moins grand des notes ou éléments que comprend cette idée. Son **extension,** ou l'*étendue* de la signification du nom, est le nombre plus ou moins grand des êtres auxquels l'idée peut s'appliquer.

L'idée de *vertébré* a plus d'extension que celle d'*ovipare*, car elle s'applique non seulement aux ovipares, mais aussi aux vivipares ; l'idée d'*ovipare* a plus d'extension que celle d'*oiseau*, car elle s'applique non seulement aux oiseaux, mais aussi aux reptiles, par exemple ; l'idée d'*oiseau* a plus d'extension que celle de *rapace*, car elle s'applique non seulement aux rapaces, mais aussi aux gallinacés, par exemple.

Inversement, l'idée de *vertébré* a moins de compréhension que celle d'*ovipare*, car celle-ci ajoute aux éléments de l'idée de vertébré ceux qui lui sont propres ; l'idée d'*ovipare* a moins de compréhension que celle d'*oiseau*, car celle-ci ajoute aux éléments de l'idée d'ovipare ceux qui lui sont propres ; l'idée d'*oiseau* a moins de compréhension que celle de *rapace*, car celle-ci ajoute aux éléments de l'idée d'oiseau ceux qui lui sont propres. — On le voit, plus la compréhension est grande, plus l'extension est restreinte, et vice versa.

§ 2. — ESPÈCES DE NOMS

236. Au point de vue de leur extension logique, les noms se divisent en noms *communs* et noms *propres*.

a) Le nom **commun** est celui qui s'applique à un être ou à un objet en tant que cet être ou cet objet appartient à une espèce ; ce nom est « commun » à *tous* les individus de l'espèce : *Cheval, maison, douceur, pays, récompense.*

Il peut se faire qu'une espèce ne comprenne qu'un seul individu : *Lune, soleil, nature, firmament.* Le nom qui désigne cet individu n'en est pas moins un nom commun.

b) Le nom **propre** est celui qui ne peut s'appliquer qu'à un seul être ou objet ou à une catégorie d'êtres ou d'objets pris en particulier ; il individualise l'être, l'objet ou la catégorie qu'il désigne : *Paris, Molière, Provence, Anglais.*

Les noms propres prennent toujours la majuscule.

D'une manière générale, les noms propres sont des prénoms, des noms de famille, des noms de dynasties, des noms de peuples, des noms géographiques désignant des pays, des contrées, des villes, des fleuves, des montagnes, etc.

Remarques. — 1. Le langage ne met pas de barrière entre le domaine des noms communs et celui des noms propres : le passage de l'un à l'autre est fréquent : *Autour de ces rois voltigeaient encore, comme des hiboux dans la nuit, les cruels* Soupçons, *les vaines* Alarmes, *les* Défiances... (Fénel., *Tél.*, t. II, p. 341). — *Un chassepot, un phaéton, un Judas* (un traître), *un judas* (ouverture pratiquée à un plancher, à une porte), *un jersey, une Citroën, un gibus, une poubelle, une amazone, un gavroche, un tartufe.*

2. Les noms de famille trouvent, pour un grand nombre, leur origine dans la désignation d'un trait physique ou moral[1] : *Lebrun, Lebon, Ledoux, Petit ;* — d'une profession : *Marchand, Leverrier, Letourneur, Charpentier ;* — d'un lieu d'habitation ou d'origine : *Dumont, Dupont, Lesuisse, Langlois, Lardinois.* — Beaucoup ne sont autres que des prénoms : *Louis, Vincent, Benoît, Mathieu.*

3. Le nom propre employé comme nom commun prend d'ordinaire la minuscule ; c'est généralement le cas quand il y a *catachrèse*[a], c'est-à-dire quand l'usage a fait oublier l'origine du nom ainsi employé. Par exemple, quand on dit *un barème*, le souvenir du personnage *Barrême*, auteur de « Comptes faits » (1670), ne vient aucunement à l'esprit.

237. Au point de vue de la réalité, de la « quiddité » signifiée, on distingue les noms *concrets* et les noms *abstraits*.

---

1. C'est du XIIIe au XVe siècle que nos noms de famille se sont formés ; avant cette époque, on ne portait qu'un nom de baptême.

Étym. — [a] *Catachrèse*, empr. du lat. *catachresis*, gr. κατάχρησις, proprement : abus, emploi abusif d'un mot.

a) Le nom **concret** est celui qui désigne un être réel (matériel ou immatériel), ayant une existence propre : *Plume, fleuve, nuage, navire, fumée, oxygène, ange, âme.*

b) Le nom **abstrait** est celui qui désigne une propriété ou une qualité séparée par notre esprit du sujet auquel elle est unie, et considérée comme existant indépendamment de ce sujet : *Patience, épaisseur, durée, intensité, consternation.*

La *patience*, l'*épaisseur*, par exemple, sont toujours, dans la nature, inhérentes à une personne ou à une chose : *un maître patient, un drap épais.* Mais si mon esprit, considérant ce maître ou ce drap, isole, tire à part *(abs-trahere)* la qualité de *patient* ou celle d'*épais*, il peut regarder cette qualité comme ayant une existence propre, indépendante du maître ou du drap auquel elle appartient. La *patience*, l'*épaisseur* sont donc des *êtres de raison.*

Remarque. — Un nom concret peut, par métonymie, être employé comme nom abstrait, et vice versa : *Un mal de* TÊTE. *Perdre la* TÊTE. — *La* DOUCEUR *d'un fruit. Acceptez ces* DOUCEURS (= sucreries). — *Avoir une* CORRESPONDANCE *avec quelqu'un. Lire la* CORRESPONDANCE *de quelqu'un.*

238. Au point de vue de leur signification numérale, les noms se divisent en noms *individuels* et noms *collectifs.*

a) Le nom **individuel** désigne un individu, un objet particulier : *Jardin, habit, pierre.*

b) Le nom **collectif** désigne un ensemble, une collection d'êtres ou d'objets : *Foule, tas, groupe, valetaille, ramassis, clientèle.*

Remarques. — 1. On distingue parfois le collectif *général* et le collectif *partitif.* Le premier indique une collection entière ou la totalité d'une partie déterminée de la collection. Le second indique une partie indéterminée de la collection. — Cette distinction semble présenter peu d'utilité dans la pratique.

2. Certains noms individuels peuvent, par figure, devenir collectifs ; inversement, dans la langue familière surtout, un nom collectif peut être employé par ellipse comme nom individuel : *La* CHAMBRE *s'est réunie. Un* CORPS *de troupes.* — *Le sang enivre le* SOLDAT (Boss., *Condé*). — *La patronne de l'hôtel, (…), le* CHEVEU *tiré et une broche au col, désignait de la main une banquette* (H. TROYAT, *Les Semailles et les Moissons*, p. 366). — *Je vais en finir avec cette barbe. Vous savez que c'est un supplice, car j'ai le* POIL *très dur* (G. DUHAMEL, *Vue de la terre promise*, IV). — *Un* QUINZE-VINGT.

239. Au point de vue de leur constitution graphique, les noms sont *simples* ou *composés.*

a) Le nom **simple** est formé d'un seul mot : *Ville, chef, portemanteau, contrecoup.*

b) Le nom **composé** est formé par la réunion de plusieurs mots éveillant à l'esprit une image unique, et non les images distinctes correspondant à chacun des éléments de l'ensemble : *Arc-en-ciel, garde-magasin, pomme de terre, ver à soie.*

Remarques. — 1. Les éléments constitutifs du nom composé sont ordinairement joints par le trait d'union.

2. Le nom composé, au sens étroit, présente des éléments non soudés en un mot unique. Dans l'acception large, l'appellation de *composé* s'applique aussi aux noms qui résultent de la soudure de deux ou plusieurs éléments en un mot unique (voir § 138, Rem. 3).

C'est souvent une difficulté de savoir si les éléments constitutifs d'un nom composé doivent être soudés *(contresens, portemanteau)*, ou bien s'ils doivent être joints par le trait d'union *(contre-porte, porte-plume)*, ou encore s'ils doivent rester graphiquement indépendants *(haut fourneau, château fort, moyen âge)*. Pour lever la difficulté, on recourra au dictionnaire[1].

3. Pour les combinaisons diverses que présentent les noms composés au point de vue de la nature des éléments composants, voir §§ 141, 142, 143.

§ 3. — GENRE DU NOM

240. Le **genre** est la propriété qu'ont les noms de désigner le sexe des êtres.

Le français distingue deux genres : le genre *masculin* et le genre *féminin*.

En général, on a attribué le genre masculin aux noms d'êtres animés mâles, le genre féminin aux noms d'êtres animés femelles. Cependant, même dans le cas d'êtres animés, il est fréquent qu'on ne fasse aucune distinction de sexe, par exemple en parlant de petits animaux, d'animaux sauvages, ou exotiques, ou fabuleux : *le ver, le putois, la panthère, le dragon.* — Quant aux noms d'êtres inanimés ou de notions abstraites, l'attribution du genre n'a rien à voir avec la distinction des sexes. Ainsi pour les noms d'êtres inanimés, et souvent aussi pour les noms d'êtres animés, l'attribution du genre s'explique par des raisons de forme, d'analogie ou d'étymologie.

Hist. — Le grec, le latin, l'allemand, l'anglais, le néerlandais, etc. ont un troisième genre : le *neutre.*

En général, les noms latins masculins ou féminins ont maintenu leur genre en passant dans la langue romane. Quant aux neutres, ils sont devenus en grande partie masculins ; quelques-uns sont devenus féminins.

Remarques. — 1. Le neutre a-t-il disparu en français ? Oui, si on le considère comme *forme* spéciale du nom ou de l'adjectif. Mais si on le considère dans sa *valeur linguistique,* il est vrai de dire qu'il continue de vivre en français ; il joue un rôle sémantique réel dans les pronoms : *Je vous* LE *dis. Je n'*EN *sais rien.* CELA *me plaît.* QUE *dites-vous ?* Sont neutres, par leur valeur sémantique, les infinitifs, les adjectifs et les adverbes substantivés : *Le boire, le manger, le vrai, le beau, le mieux,* etc.

Quant à la *forme,* tous ces neutres commandent en genre le même accord que les masculins : *Rien de* GRAND. *Cela est* FÂCHEUX. *Quoi de* MEILLEUR ?

---

1. Voir à la fin du volume l'arrêté du 26 février 1901 : *Liste,* IV.

2. Dans le langage familier, certaines appellations hypocoristiques présentent une curieuse interversion des genres : le masculin est mis pour le féminin : *mon poulet, mon petit, mon chéri, mon mignon*, etc. : *Elle s'effara : Ce soir ? (...) Il eût plutôt renoncé à sa bonne action que d'en différer d'un jour l'exécution :* « *Ce soir même,* MON PETIT » (R. MARTIN DU GARD, *Les Thibault*, III, 2, p. 180). — *Ah ! Suzon, vous êtes une bath copine,* MON PETIT (G. DUHAMEL, *Suzanne et les Jeunes Hommes*, p. 40). — *Nous nous traitions* [Colette et Marguerite Moreno] *de* « MON VIEUX » *comme des écoliers de la communale* (COLETTE, *Le Fanal bleu*, p. 174). — Rarement le féminin est mis pour le masculin : *ma belle, ma cocotte. — Tiens ! voilà Mathieu, comment vas-tu,* MA VIEILLE ? — Emmeline [à Bertrand] : *Mais,* MA PETITE MIGNONNE, *tu as une bonne figure* (Tr. BERNARD, *Le Poulailler*, I, 6).

Par un phénomène analogue, *bête, canaille*, dans le langage populaire ou très familier, passent parfois au masculin : *La vieille Louisa se débattait dans les bras de son fils, mouillé de neige qui fondait ; et elle l'appela :* « GROS BÊTE ! » *en riant d'un bon rire enfantin* (R. ROLLAND, *Jean-Christophe*, t. IV, pp. 7-8). — *Bien sûr oui, je te pardonne,* GROS BÊTE ! (G. COURTELINE, *Les Linottes*, II.) — *Il se mit à pleurer. — Ça t'avance bien, lui dit son père.* GROS BÊTE, va ! (M. AYMÉ, *Le Passe-muraille*, p. 138.)

FÉMININ DES NOMS

A. — Langue parlée.

241. Les variations en genre offrent, dans la langue parlée, un ensemble compliqué de phénomènes dont nous ne donnons ici qu'un bref aperçu. Entre le masculin et le féminin des noms, la langue établit des rapports tout différents de ceux qu'on observe dans la langue écrite.

1º Dans les noms terminés au masculin par une *voyelle orale* ou par une *consonne articulée*, la forme du féminin :

a) Tantôt se prononce exactement comme celle du masculin : *Un aïeul* [a-jœl], *une aïeule* [a-jœ-l(ə)]; *un martyr* [maʀ-ti:ʀ], *une martyre* [maʀ-ti:-ʀ(ə)] ; un *Grec* [gʀɛk], *une Grecque* [gʀɛ-k(ə)].

Hist. — Jusqu'au XVIIᵉ siècle, l'*e* sourd s'entendait à la fin des mots ; on distinguait, par exemple, *aïeul* de *aïeule*. De nos jours, l'*e* sourd du féminin ne s'entend jamais en prose, du moins dans les mots isolés ou avant une pause.

Pour ce qui est de la voyelle précédant cet *e* sourd du féminin, jusque vers le début du XIXᵉ siècle, elle était sensiblement plus longue qu'au masculin : *amie* avait un *i* plus long que celui d'*ami* ; *têtue*, un *u* plus long que celui de *têtu*, etc. Aujourd'hui, à Paris, la voyelle finale a la même quantité dans *amie* que dans *ami*, dans *têtue* que dans *têtu*. L'allongement de la voyelle se maintient dans la diction poétique, à la rime. — En province, cet allongement s'observe encore dans l'usage courant ; il est constant, par exemple, en Lorraine et en Belgique.

b) **Tantôt offre une prononciation distincte de celle du masculin. On remarquera que la voyelle tonique subit souvent une modification : la voyelle** peut changer de timbre : *e* fermé devient *e* ouvert devant *r ; o* fermé peut devenir *o* ouvert devant *t*. — Le féminin peut se faire :

1. Par l'addition d'une des consonnes *d, t, r, s* sourd, *s* sonore : *Un bavard* [ba-va:R],*une bavarde* [ba-vaR-d(ə)] ; *un sot* [so], *une sotte* [sɔ-t(ə)] ; *un berger* [bɛR-ʒe], *une bergère* bɛR-ʒɛ:R(ə) ; *un roux* [Ru], *une rousse* [Rus(ə)] ; *un marquis* [maR-ki], *une marquise* [maR-ki:z(ə)].

2. Par la modification de la consonne finale : *f* devient *v, r* devient *z : Un veuf* [vœf], *une veuve* [vœ:v(ə)] ; *un menteur* [mã-tœ:R], *une menteuse* [mã-tø:z(ə)].

3. Par l'addition de la terminaison [ɛs] (rarement [in] ou [ɛt]) : *Un âne* [ɑ:n(ə)] *une ânesse* [ɑ-nɛ-s(ə)] ; *un héros* [e-Ro], *une héroïne* [e-Rɔ-in(ə)] ; *Antoine* [ã-twa-n(ə)], *Antoinette* [ã-twa-nɛ-t(ə)].

4. Par le changement de la terminaison : *teur* devient [tRis] (ou [tRɛs], ou [tə-Rɛs]), *ó* devient [ɛl] : *Un acteur* [ak-tœ:R], *une actrice* [ak-tRi-s(ə)] ; *un enchanteur* [ã-ʃã-tœ:R], *une enchanteresse* [ã-ʃã-tRɛs] ; en vers : [ã-ʃã-tə-Rɛs] ; *un chameau* [ʃa-mo], *une chamelle* [ʃa-mɛl(ə)].

2⁰ Dans les noms terminés au masculin par une *voyelle nasale :*

a) Tantôt la voyelle nasale persiste au féminin et l'on ajoute une des consonnes *d, t* (rarement *ch, k*) : *un Flamand* [fla-mã], *une Flamande* [fla-mã:d(ə)]; *un saint* [sɛ̃], *une sainte* [sɛ̃:t(ə)]; *un blanc* [blã], *une blanche* [blã:ʃ(ə)]; *un Franc* [fRã], *une Franque* [fRã:k(ə)].

b) Tantôt la voyelle nasale devient orale et l'on ajoute *n* (rarement *gn*) : *Sultan* [syl-tã], *sultane* [syl-ta-n(ə)]; *un malin* [ma-lɛ̃], *une maligne* [ma-li-ɲ(ə)].

B. — Langue écrite.

Nous examinerons d'abord les noms qui marquent la distinction des genres par deux formes différentes du même mot ; puis ceux qui marquent cette distinction par deux mots de radical différent ; et enfin ceux qui ont une seule et même forme pour les deux genres.

1. — Deux formes différentes du même mot.

CAS GÉNÉRAL

242. On forme le féminin des noms en ajoutant un *e* muet (*e* féminin) à la forme du masculin : *Ami, ami*ᴇ ; *ours, ours*ᴇ ; *marchand, marchand*ᴇ ; *bourgeois, bourgeois*ᴇ.

Hist. — L'*e* du féminin trouve son origine dans l'*a* final des adjectifs latins du type *bona(m)* ; cet *a* s'est affaibli en *e* sourd (§ 35).

CAS PARTICULIERS ET EXCEPTIONS

243. L'adjonction de l'*e* muet entraîne parfois des modifications phonétiques ou orthographiques de la finale masculine :

A. **Redoublement** de la consonne finale :

1º Les noms en **-el** et en **-eau**[1] (autrefois *-el*) font leur féminin en *-elle* : *Colonel, colonelle ; Gabriel, Gabrielle ; chameau, chamelle ; agneau, agnelle ; jouvenceau, jouvencelle.*
Fou (autrefois *fol*) a pour féminin *folle.*

2º Les noms en **-en, -on,** ainsi que *paysan, Jean, Valaisan* et *Veveysan,* doublent l'*n* devant l'*e* du féminin : *Gardien, gardienne ; lycéen, lycéenne ; baron, baronne ; poltron, poltronne ; Breton, Bretonne ; paysan, paysanne ; Jean, Jeanne ; Valaisan, Valaisanne ; Veveysan, Veveysanne.*

Remarques. — 1. En général, le redoublement de l'*n* n'a lieu que dans les noms anciens. Les noms en *-an, -on* d'origine moderne s'écrivent au féminin par un seul *n*: *Courtisan, courtisane ; faisan, faisane*[2] ; *sultan, sultane ; gallican, gallicane ; Persan, Persane ; Mahométan, Mahométane ; Simon, Simone* (ou *Simonne*) ; *mormon, mormone.*
Pour *Lapon, Letton, Nippon,* l'usage hésite : Laponne (Larousse du XXᵉ s.). — Lapone (Grand Larousse encycl.). — *Ladite* Lapone (A. Thérive, *Opinions littéraires,* p. 19). — *Il voulait qu'on parlât (...) de ses* Laponnes (A. Bellessort, *Essai sur Voltaire,* p. 176). — *Au sujet des* Lapones (A. Arnoux, *Calendrier de Flore,* p. 336). — Lettone (Grand Larousse encycl.) ou Lettonne. — *Après avoir dansé avec tant de* Nippones (P. Loti, *Japoneries d'automne,* p. 98). — *Deux ou trois petites* Nipponnes (Id., *ib.,* p. 101). — *Plusieurs* Nipponnes (Cl. Farrère, *Les Civilisés,* VII). — *Les* Nippones (Id., *La Onzième Heure,* p. 308).
On donne parfois à *démon* le féminin *démone : Que faisait à cela mon élégante* Démone ? (Chateaubr., *Mém.,* I, 3, 13.) — *Déesses, anges,* démones, *(...) portent aux plis de leurs noms le magique reflet d'innombrables aurores* (M. Maeterlinck, *Le Double Jardin,* p. 184). — *Elle* [une chatte] *est la* démone *révérée de ce logis* (Colette, *La Paix chez les Bêtes,* p. 140). — *Votre « *démone* »* (É. Henriot, *Tout va finir,* p. 7). — *Une* démone *des bois ou des rivières* (E. Jaloux, *Visages français,* p. 246).

2. Les noms en *-ain, -in* ne doublent jamais l'*n* au féminin : *Châtelain, châtelaine ; voisin, voisine.*

Hist. — La voyelle de la forme féminine était autrefois nasalisée : *paysanne, lionne* se prononçaient *paysan-ne, lion-ne.* Quand, au XVIᵉ siècle, la prononciation eut cessé de nasaliser la voyelle au féminin, on garda cependant l'ancienne orthographe.

---

1. *Agneau, agnelle* (fém. archaïque) ; *chameau, chamelle ; damoiseau, damoiselle* (m. et f. archaïques) ; *jouvenceau, jouvencelle* (m. et f. arch.) ; *jumeau, jumelle ; Manceau, Mancelle ; Morvandeau, Morvandelle ; oiseau, oiselle* (fém. arch.) ; *pastoureau, pastourelle* (m. et f. arch.) ; *puceau, pucelle* (m. et f. arch.) ; *Tourangeau, Tourangelle ; tourtereau, tourterelle.*
2. On dit aussi *faisande* (Littré). — *Poule* faisane ou faisande (Dict. gén.).

Mais un mot comme *sultane,* dont l'emploi n'est pas antérieur au XVIe siècle, ne s'est jamais prononcé avec nasalisation de *a :* de là l'orthographe rationnelle *sultan-e.*

3° Les noms en **-et** — sauf *préfet* et *sous-préfet* — doublent le *t* devant l'*e* du féminin : *Cadet, cadette ; coquet, coquette ; muet, muette.* (Mais : *préfet, préfète.*)

Chat, boulot, linot, marmot, sot doublent aussi le *t* au féminin : *Chatte, boulotte, linotte, marmotte* (rare), *sotte.*

Les autres noms en *-at* ou en *-ot* ne doublent pas le *t* au féminin : *Candidat, candidate ; avocat, avocate ; dévot, dévote ; Hottentot, Hottentote ; huguenot, huguenote ; idiot, idiote ; manchot, manchote ; nabot, nabote.*

Favori fait au féminin *favorite* (de l'italien *favorita :* cf. § 348).

4° *Métis* et *roux* (anciennement *rous*) font au féminin *métisse* et *rousse.*

Les autres noms en *-s* prennent simplement un *e* au féminin. Précédé d'une voyelle, l'*s* est sonore (prononcé *z*) au féminin : *Marquis, marquise ; bourgeois, bourgeoise ; envieux, envieuse.* — Précédé d'une consonne, l'*s* est sourd au féminin : *Un relaps, une relapse.*

Andalou (anciennement *Andalous*) fait *Andalouse.*

Hist. — Voir l'*Historique* du § 345, A, 4°.

B. **Modification** de la voyelle ou de la consonne finale :

1° Les noms en **-er** prennent au féminin un accent grave sur l'*e* qui précède l'*r* : *Berger, bergère ; fermier, fermière ; écolier, écolière ; boulanger, boulangère.*

Hist. — Dans la terminaison masculine, l'*r* étant devenu muet, *e* se prononce fermé ; mais dans la terminaison féminine, l'*r* se prononçant, cet *e* se change naturellement en *e* ouvert.

2° La plupart des noms en **-x** changent *x* en *s* sonore (prononcé *z*) devant l'*e* du féminin : *Ambitieux, ambitieuse ; époux, épouse* [1].

_____

1. *Époux, épouse* ne s'emploient plus guère que dans la langue administrative ; ailleurs ils ont quelque chose de guindé, d'officiel, de convenu, avec parfois une teinte d'ironie (« mon épouse », comme le font observer Gisèle d'Assailly et Paul Baudry, dans leur *Savoir-vivre de tous les jours,* fait un peu épicier de vaudeville) : *Je le conduisis à l'appartement de mon* ÉPOUSE (MARIVAUX, *Le Paysan parvenu,* p. 446). — *Il a dit enveloppé au lieu de redingote absolument comme un portier appelle sa femme* « *mon épouse* » (HUGO [rapportant un mot de Royer-Collard], *Pierres,* p. 144). — *Et beaucoup de ces Messieurs étaient accompagnés de leurs* ÉPOUSES (F. GREGH, *L'Âge de fer,* p. 120). — Dans l'usage ordinaire, on dit : *mari, femme.* — Ne dites pas : J'ai rencontré un tel avec son *épouse,* avec sa *dame,* avec sa *demoiselle ;* dites : ... avec sa *femme,* avec sa *fille.*—En parlant à Monsieur Durand, ne dites pas : Comment va votre *dame ?* ni : Comment va *madame ?* Dites, selon le degré d'intimité : Comment va *votre femme ?* Comment va *Madame Durand ? — Je fais mes compliments à Madame votre*

Le féminin *épouse* s'explique par l'ancien masculin *espous*. (Sur le groupe *-us* noté par *x*, voir § 278, *Hist.*)

Vieux fait *vieille.*

3º Les noms en **-f** changent *f* en *v* devant l'*e* du féminin : *Juif, Juive ; veuf, veuve ; serf, serve.*

Hist. — On avait autrefois au masculin *jui(e)u*, d'où le féminin *juiue, juive*. De cette dernière forme on a refait le masculin *juif*, sur le modèle des mots comme *vif, vive.*

Veuve, jusqu'au XVIe siècle, n'a eu que la forme féminine. Le masculin *veuf* a été fait par analogie avec des mots comme *neuf, neuve.*

4º Un petit nombre de noms en **-c** changent *-c* en *-que* au féminin : *Turc, Turque* (voir § 244, 2º) ; *Frédéric, Frédérique ; Franc, Franque*. — *Grec* fait *Grecque.*

Hist. — L'addition de l'*e* sans modification du *c* aurait produit, comme syllabe finale, *-ce ;* dans cette syllabe, le *c*, selon les règles de notre graphie, aurait représenté le son de l'*s* sourd. C'est pour figurer le son *k* que l'on a changé *c* en *qu* au féminin.

244. Certains noms ont au féminin une **terminaison spéciale :**

1º Noms en **-eur.**

a) Les noms en *-eur* dérivés d'un verbe (on peut en tirer des participes présents en changeant *-eur* en *-ant*) ont leur féminin en *-euse*. Ces noms sont de formation populaire : *Menteur, menteuse ; buveur, buveuse ; danseur, danseuse.*

Exceptions : *Enchanteur, pécheur, vengeur* et quelques autres noms peu usités [voir *d*)] ont le féminin en *-eresse*. — *Exécuteur, inspecteur, inventeur, persécuteur* ont le féminin en *-trice.*

Hist. — Le féminin en *-euse* provient d'une confusion entre *-eur* et *-eux*. Dans la terminaison des mots en *-eur*, l'ancien langage ne faisait pas entendre l'*r* final : au XVe et au XVIe siècle, *mangeur* se prononçait *mangeu* [cf. des noms propres tels que *Lefaucheux ;* — cf. aussi : *Qu'on me chasse ce grand* PLEUREUX ! (BOIL., *Héros de rom.*) — *C'est un vrai* ENJÔLEUX (MOL., *Bourg. gent.*, III, 4)]. De là, sur le type *heureux, heur*EUSE, le féminin *mang*EUSE. — D'ailleurs, dans les mots d'origine ancienne, le féminin en *-euse* n'a fait que remplacer une forme en *-eresse :* on a dit autrefois : *menteresse, tromperesse*, etc. (cf. ci-après : *bailleresse, défenderesse*, etc.).

b) Un nombre considérable de noms en *-teur*, dont on ne peut tirer des participes présents en changeant *-eur* en *-ant* (sauf *exécuteur, inspecteur,*

---

femme (SÉV., *Au Président de Moulceau ;* t. VIII, p. 4). — *Au revoir, mon cher ami ; transmettez, je vous prie, mes respectueux souvenirs à votre femme* (R. ROLLAND, A L. Gillet, 19 sept. 1907). — Un homme, en parlant de sa femme, ne dira pas « Madame », mais « ma femme » (sauf s'il s'adresse à un domestique, à une servante, etc. : *Madame vous appelle*).

inventeur, persécuteur, dont on peut tirer *exécutant,* etc.), font leur féminin en *-trice.* Ces noms sont de formation savante.

Ce féminin en *-trice* est emprunté ou imité du féminin latin en *-trix* (ou parfois emprunté du féminin italien en *-trice,* lui-même venu du féminin latin en *-trix*) : *Accusatrice* (lat. *accusatrix*), *consolatrice* (lat. *consolatrix*), *cantatrice* (ital. *cantatrice*).

Ont le féminin en *-trice :*

accusateur	consolateur	éducateur	introducteur	protecteur
acteur	coopérateur	électeur	inventeur	réconciliateur
administrateur	correcteur	émancipateur	lecteur	rédacteur
admirateur	corrupteur	exécuteur	législateur	rédempteur
adorateur	créateur	expéditeur	libérateur	réformateur
adulateur	curateur	explorateur	médiateur	répétiteur
animateur	délateur	fascinateur	modérateur	restaurateur
auditeur	dénonciateur	fauteur	moniteur	séducteur
aviateur	déprédateur	fondateur	moteur	spectateur
bienfaiteur	destructeur	générateur	négociateur	spoliateur
calomniateur	détenteur	imitateur	observateur	tentateur
coadjuteur	directeur	indicateur	opérateur	testateur
collaborateur	dispensateur	innovateur	persécuteur	traducteur
compétiteur	dissipateur	inspecteur	préparateur	tuteur
compositeur	distributeur	instituteur	présentateur	usurpateur
conducteur	dominateur	interlocuteur	producteur	violateur
conservateur	donateur	interrogateur	promoteur	zélateur, etc.

Remarques. — 1. Certains noms en *-teur* n'ont pas de féminin usité (§ 247).

2. *Ambassadeur* fait au féminin *ambassadrice*[1]. — *Empereur* fait *impératrice*[2]. — *Autocrate* fait *autocratrice* (peu usité). — *Débiteur* fait *débitrice* ou *débiteuse* selon que le mot se rattache à *devoir* ou à *débiter* (raconter, en mauvaise part). — « *Débitrice* est employé abusivement pour *débiteuse,* pour désigner celle qui, dans les grands magasins, conduit les clients à la caisse[3]. » (Ac.). — *Chanteur* fait régulièrement

---

1. *Ambassadrice,* selon l'usage traditionnel, sert à désigner la femme d'un ambassadeur ou, familièrement, une femme chargée de quelque message : *Chez la comtesse de Wolkenstein,* AMBASSADRICE *d'Autriche à Paris* (Chan. MUGNIER, cité par A. Billy, dans le *Figaro litt.,* 14 janv. 1956). — *Je suis une* AMBASSADRICE *de joie* (MOL., *Bourg. gent.,* III, 8). — Pour désigner une femme envoyée en ambassade par un prince ou par un État, les uns disent *ambassadeur : Je lis dans « Combat »* que *Mrs Clare Booth Luce va être nommée* AMBASSADEUR *des États-Unis à Rome* (Fr. MAURIAC, dans la *Table ronde,* mars 1953, p. 122). — *Mme Clare Booth Luce,* AMBASSADEUR *des États-Unis, est arrivée en Italie* (dans le *Figaro,* 23 avr. 1953). — D'autres, et notamment des journalistes, disent *ambassadeur : Il est question que Mme Vijaya Lakshmi Pandit, sœur du Pandit Nehru, soit désignée comme première* AMBASSADRICE *de son pays qu'elle représentera à Moscou* (dans l'*Express,* 9 juill. 1947, cit. Stehli). — *Mme Luce (...) a été nommée le mois dernier* AMBASSADRICE *des U.S.A. à Rome* (dans *Hommes et Mondes,* mars 1953, p. 460). — *La première femme française nantie officiellement du titre d'*AMBASSADRICE *par Louis XIV* (R. REY, dans les *Nouv. litt.,* 21 janv. 1954).

2. Du lat. *imperatrix* (fin du XVe s.). Anciennement : *empereriz* et *emperiere.*

3. « Une employée qui débite s'appelle, paraît-il, *débiteuse* en Belgique, mais à

chanteuse au féminin ; *cantatrice* n'est pas, strictement parlant, un féminin de *chanteur* : c'est un mot emprunté de l'italien *(cantatrice)*, qui se dit des femmes ayant acquis quelque célébrité dans l'art du chant. — *Procureur* fait au féminin *procuratrice* quand il signifie celui qui a reçu, en vertu d'une procuration, pouvoir d'agir pour un autre. *Procureuse* se dit, dans le langage familier, de la femme du procureur (magistrat).

c) Quelques noms en *-eur* font leur féminin en *-eure* : ce sont des comparatifs pris substantivement : *Supérieur, supérieure ; mineur, mineure ; prieur, prieure ; inférieur, inférieure.*

d) Un petit nombre de noms en *-eur* font leur féminin en *-eresse.* Ce sont des mots juridiques, poétiques ou bibliques :

Bailleur[1], *bailleresse.* — *Défendeur*[2], *défenderesse.* — *Demandeur, vendeur* font *demandeuse, vendeuse*, dans l'emploi ordinaire, et *demanderesse, venderesse*, dans la langue de la procédure. — *Charmeur* fait *charmeuse* (*charmeresse* est vieilli). — *Chasseur* fait ordinairement *chasseuse ; chasseresse* s'emploie surtout en poésie[3]. — *Devineur* (qui juge par voie de conjecture, qui trouve le mot d'une énigme, d'une charade, etc.) fait *devineuse ; devineresse* (originairement féminin de *devineur*) sert de féminin à *devin.* — *Enchanteur, enchanteresse.* — *Pécheur, pécheresse.* — *Vengeur, vengeresse.*

2° Noms à féminin en ***-esse.***

Les noms suivants ont le féminin en *-esse :*

abbé, abbesse	bougre, bougresse (tri-	chef, cheffesse ou chéfesse
âne, ânesse	vial)	(pop.)
apothicaire, apothicai-	câpre, câpresse	clown, clownesse (rare)[7]
resse[4]	centaure, centauresse (peu	comte, comtesse
borgne, borgnesse (peu us.,	usité)[6]	diable, diablesse (Rem. 1)
péjor.)[5]	chanoine, chanoinesse	drôle, drôlesse (Rem. 1)

Paris on dit *débitrice* ; ce féminin, dû à une confusion entre *débiteur,* qui débite, et *débiteur,* qui a une dette, avait été signalé par Darmesteter en 1877. *Débiteuse* serait préférable, mais l'usage de *débitrice* est trop ancré pour qu'une substitution paraisse possible. » (A. DAUZAT, dans le *Français moderne*, janv. 1940, p. 3).

1. Qui baille (c.-à-d. donne) à ferme ou à loyer. S'oppose à *preneur.* Ne pas confondre avec *bâilleur* (qui bâille), *bâilleuse.*

2. A qui on fait une demande en justice, partie à laquelle le procès est intenté. S'oppose à *demandeur* = qui forme une demande en justice, qui intente un procès.

3. Cf. en prose : *La chasse est affaire d'hommes. (...) Cela n'exclut pas nécessairement les* CHASSERESSES (É. HENRIOT, *Rencontres en Ile de France,* p. 116). — A noter aussi : *Diane* CHASSERESSE.

4. *L'apothicairesse* était, autrefois, la religieuse qui préparait les remèdes pour les malades de son couvent.

5. On dit parfois : *une borgne.*

6. *Mme Worms-Clavelin eût voulu des* CENTAURESSES [sur un vase] (A. FRANCE, *L'Orme du Mail,* IV).

7. *Un pyjama orangé qui, avec ses cheveux platinés, la faisait ressembler à une* CLOWNESSE (A. BILLY, *Le Narthex,* p. 249).

druide, druidesse
duc, duchesse
faune, faunesse [1]
félibre, félibresse
gonze (gonce), gonzesse
   (pop.)
hôte, hôtesse (Rem. 2)
ivrogne, ivrognesse
jésuite, jésuitesse
ladre, ladresse
larron, larronnesse
maître, maîtresse (Rem. 3)
minime, minimesse [2]
petit-maître, petite-maîtresse

moine, moinesse (péjor.) [3]
mulâtre, mulâtresse
   (ou mulâtre)
nègre, négresse
ogre, ogresse
pair, pairesse
pape, papesse
patron, patronnesse (R. 4)
pauvre, pauvresse
piffre, piffresse (pop.)
poète, poétesse (Rem. 5)
prêtre, prêtresse
prince, princesse
prophète, prophétesse

quaker (quacre), quakeresse .
   (quacresse) [4]
sauvage, sauvagesse (ou
   sauvage) [5]
seigneur, seigneuresse
singe, singesse (archaïque :
   § 246, Rem. 5)
Suisse, Suissesse [6]
tigre, tigresse
traître, traîtresse [7]
Turc, Turquesse (rare)
type, typesse (fam. ou pop.)
vicomte, vicomtesse
vidame, vidamesse

Hist. — Le suffixe -esse remonte au latin -issa, emprunté du grec. Ce suffixe a donné dans la formation savante -isse, qui se retrouve dans pythonisse.

Remarques. — 1. Pour diable de, diablesse de, drôle de, drôlesse de, avec un nom féminin, voir § 303, Rem. 2.

   2. Hôtesse ne s'emploie que pour désigner celle qui reçoit [8] : La table était

---

1. Littré ne mentionne pas faunesse, mais au mot faune, il dit : « Au fém. Nymphe qui, dans les compositions des arts, du dessin, s'allie aux faunes, et qui en a les traits : Ce buste est celui d'UNE FAUNE. »

2. Religieux, religieuse de l'ordre de saint François de Paule.

3. Pour le féminin non péjoratif moniale, voir § 246, Rem. 4.

4. Quaker est emprunté de l'anglais. Il signifie « trembleur » et désigne un membre d'une secte de théistes philanthropes qui admettent une révélation intérieure de Dieu et prêchent la fraternité universelle.

5. Elle vit comme UNE SAUVAGE (G. SAND, Le Meunier d'Angibault, XII). — Quelle est donc CETTE jeune SAUVAGE qui a refusé mon eau bénite ? (A. THEURIET, Le Fils Maugars, I, 4.) — C'est que ce ne sont point des SAUVAGESSES qu'on a déguisées là (P. LOTI, Japoneries d'automne, p. 94).

6. Dans le langage courant, on dit souvent : une Suisse pour une Suissesse.

7. Si, avec Littré, on considère en traître comme une locution adverbiale, on écrira : Ils le prirent EN TRAÎTRE. Mais aucune raison grammaticale n'empêche de prendre là traître pour un nom attribut et de l'accorder [cf. : Parler en SOUVERAINE (RAC., Ath., II, 5) ; — Leur coutume étant de parler toujours en MAÎTRES (MONTESQ., Cons., 6)] ; c'est donc à tort, semble-t-il, que Littré blâme J.-J. Rousseau d'avoir écrit : Ils le prirent en TRAÎTRES (Lett. à M. de Saint-Germain, 26 févr. 1770) ; — cf. : Ils ne nous auront pas pris en TRAÎTRES (J. BAINVILLE, Journal, 11 janv. 1925). — Dans la phrase suivante, de Germaine Beaumont : Elle ne voulait pas prendre son pensionnaire en TRAÎTRE (La Roue d'infortune, Prologue), on eût pu écrire : ... en traîtresse. Si Germaine Beaumont a mis en traître, c'est qu'elle a pris l'expression comme une locution adverbiale — ou bien qu'elle a employé traître comme nom féminin (cf. § 349) — ou encore qu'elle a voulu laisser traître au masculin pour lui faire exprimer une idée générale (§ 304).

8. Cette forme entre dans l'expression hôtesse de l'air (traduction de l'anglais

*mise, Notre hôte l'avait façonnée du bois de ses arbres (...). Les liqueurs étaient composées par l'*HÔTESSE *en personne* (L. VEUILLOT, *Hist. et Fant.*, p. 181). — Quand il s'agit d'une femme qu'on reçoit, on dit *une hôte : Je rentrai au salon où dix minutes plus tard Alice et notre* HÔTE [Anna reçue comme proche parente] *me rejoignirent* (É. ESTAUNIÉ, *Le Labyrinthe*, p. 153).

3. *Maître,* titre qu'on donne, dans la langue du palais, aux avocats, avoués, etc., garde la forme du masculin quand on l'applique à une femme : MAÎTRE *une telle, inscrite au barreau de Paris* [1]. — Mais on dirait, en parlant d'une fermière, par exemple : *Dans les grandes occasions* MAÎTRESSE *Fruytier accompagnait son mari* (R. BAZIN, *Il était quatre petits enfants*, II).

4. La forme ordinaire du féminin de *patron* est *patronne. Patronnesse* est un adjectif féminin employé dans la locution *dame patronnesse,* désignant une dame qui se charge de diriger une fête, un bal, etc., au profit des pauvres : *Elle était dame* PATRONNESSE *de crèches nombreuses* (MAUPASS., *Fort comme la Mort*, II, 3). — Substantivement : *Les* PATRONNESSES *d'une fête* (LITTRÉ).

5. *Poétesse* est assez usité (parfois ironique ou péjoratif) : *Sapho est une* POÉTESSE *illustre* (AC.).—*L'épitaphe qu'une* POÉTESSE *grecque fit...* (A. FRANCE, *Pierre Nozière*, p. 222). — *Des* POÉTESSES *essoufflées, ruisselantes de sueur* (R. ROLLAND, *Jean-Christophe*, t. V, p. 153). — *Une* POÉTESSE *morte il y a peu d'années* (J. BENDA, *La France byzantine*, p. 240). — *La* POÉTESSE *Marceline Desbordes-Valmore* (J. MORÉAS, *Variations sur la vie et les livres*, p. 24). — *La bonne Christine de Pisan,* POÉTESSE *fort estimée* (A. THÉRIVE, *Le Retour d'Amazan*, p. 99). — On dit aussi *femme poète,* ou simplement *poète* [2] : [Fléchier] *qui nous a laissé un si fin portrait de lui-même (...) adressé à une* FEMME POÈTE (SAINTE-BEUVE, *Port-Roy.*, IV, VI). — *Madame Deshoulières était un* POÈTE *aimable* (AC.). — *Elle était* POÈTE (CHATEAUBRIAND, *Mém.*, I, I, 5). — *Elle n'était pas* POÈTE (R. BAZIN, *De toute son âme*, p. 85). — *Elle* [Gabriela Mistral] *ne fut longtemps, semble-t-il qu'un* POÈTE *élégiaque parmi d'autres* (Fr. de MIOMANDRE, dans les *Nouv. litt.*, 10 janv. 1946). — *Le* POÈTE *Renée Vivien* (COLETTE, *Paris de ma fenêtre*, p. 127).

245. Certains noms marquent le féminin au moyen d'une **forme spéciale.** Les deux genres présentent le même radical, mais des particularités diverses s'observent, soit dans le masculin, soit dans le féminin. Tantôt la forme masculine et la forme féminine remontent parallèlement à un masculin et à un féminin latins *(roi,* de *regem ;*

---

air hostess). — A remarquer qu'on emploie parfois aussi le mot anglais *stewardess* ou sa forme francisée *stewardesse.*

1. Flaubert, dans ses lettres à George Sand, emploie les appellations de *chère maître, chère bon maître, chère et vaillant maître* (cf. *Corresp.*, t. III, p. 300 ; t. IV, pp.. 7, 210, 212 et *passim*).

2. *Poète* avec l'article féminin est rare : *Ils avaient composé une ronde qu'*UNE *jeune* POÈTE *blanche a traduite* (CHATEAUBR., *Mém.*, I, 8, 10).

reine, de *reginam*) ; tantôt le féminin correspond à un masculin disparu *(mulet, mule :* l'ancien masculin était *mul) ;* tantôt encore le féminin a été formé au moyen d'un suffixe particulier *(tsar, tsarine)*.

bailli, baillive

bêta, bêtasse (famil.)

buffle, bufflonne[1]

butor, butorde (popul.)

canard, cane

Charles, Charlotte

chevreau, chevrette

chevreuil, chevrette

cochon, coche (vieilli) (Rem. 1)

coco, cocotte (famil.)

compagnon, compagne[2]

daim, daine (Rem. 2)

diacre, diaconesse

dieu, déesse

dindon, dinde[3]

docteur, doctoresse (Rem. 3)

doge, dogaresse

Émile, Émilie

Eugène, Eugénie

favori, favorite (§ 348)

fils, fille

gnome, gnomide

gosse, gosseline (pop.)

gouverneur, gouvernante

Henri, Henriette

héros, héroïne

Jacques, Jacqueline

Léon, Léonie

lévrier, levrette

loup, louve

loup-cervier, loup-cerve

Maure (More), Mauresque (Moresque)

merle, merlette[4]

mulet, mule

neveu, nièce

ouistiti, ouistitite[5]

perroquet, perruche

Philippe, Philippine

pierrot, pierrette

poney, ponette

poulain, pouliche

quidam, quidane[6]

rigolo, rigolote[7] (pop.)

roi, reine

sacristain, sacristine (Rem. 2)

serviteur, servante

speaker, speakerine

sphinx, sphinge[8]

sylphe, sylphide

taureau, taure (dial. ; = génisse)

tsar (czar), tsarine (czarine)

vieillard, vieille[9]

Yves, Yvette

---

1. C'est le féminin signalé par Littré. Le Grand Larousse encyclopédique donne les deux formes *bufflonne* et *bufflesse*.

2. *Compagnonne* est rare : *Une duègne, affreuse* COMPAGNONNE (HUGO, *Ruy Blas*, IV, 7). — *La* [chambre] *tannée reçut la duègne, comme assortie à l'âge de la* COMPAGNONNE (Th. GAUTIER, *Le Capit. Fracasse*, V). — *Sa* COMPAGNONNE (L. BLOY, *La Femme pauvre*, p. 269).

3. On a dit d'abord *coq d'Inde, poule d'Inde, poulet d'Inde*, d'où, par ellipse : *un dinde, une dinde*. — *Dindon* a désigné d'abord le petit de la dinde, puis le mâle. — Même de nos jours, comme le constate l'Académie, *dinde* « s'emploie souvent, mais abusivement, au masculin pour « dindon » : *Un gros dinde*. — *Le* DINDE *mâle* (J. RENARD, *Journal*, 15 avr. 1902).

4. Le féminin *merlesse* (signalé par le Dictionnaire général et par le Larousse du XXe s.) est vieilli et dialectal. On le trouve dans la phrase proverbiale : *C'est l'histoire du merle et de la* MERLESSE.

5. *Une* OUISTITITE *délicieuse* (COLETTE, *Journal à rebours*, p. 126).

6. *Quidane* est fort peu usité. L'Académie ne signale pas cette forme.

7. Le féminin *rigolote* est dû à l'analogie de *idiot, idiote*. Il s'écrit parfois avec deux *t* (cf. *sot, sotte*) : *Elle est rudement* RIGOLOTTE (R. VERCEL, *Remorques*, II).

8. Le mot grec σφίγξ est féminin. En français, on a dit anciennement : *la sphinx*.

9. L'Académie ne donne pas *vieillarde*. Ce féminin, selon Littré, est « employé seulement avec une nuance de mépris dans le style moqueur et satirique : *Pélopidas, que l'aspect de cette* VIEILLARDE *confite emplissait provisoirement de cocasseries...* (L. BLOY, *La Femme pauvre*, p. 114). — *Cette allusion à la fidélité du vieux garçon pour sa tante ranimait un temps la* VIEILLARDE (É. HENRIOT, *Aricie Brun*, III, 3). — *Les*

Remarques. — 1. Le féminin *cochonne* est trivial.

2. Le féminin *dine* est employé dans le langage des chasseurs. Cette forme a été amenée par la confusion entre les suffixes *-in* et *-ain*. La même confusion a produit le féminin *sacristine* et la forme populaire *copine* (de *copain*) [1].

3. *Docteur*, désignant une personne promue dans une université au grade le plus élevé de quelque faculté, n'a pas de féminin : *Une femme* DOCTEUR (AC.). — *Une fille* DOCTEUR *en philosophie* (A. BILLY, *Princesse folle*, p. 18). — *C'est un mot canadien* [vire-langue] *que Mlle Carmen Roy,* DOCTEUR *de l'Université de Paris, vient de nous apprendre* (Ch. BRUNEAU, dans le *Figaro litt.*, 18 juill. 1953). — Il n'a pas non plus de féminin quand il désigne une personne qu'on juge, ironiquement, habile en quelque chose : *Et les femmes* DOCTEURS *ne sont pas de mon goût* (MOL., *F. sav.*, I, 3). — *Cette femme dogmatise constamment : quel* DOCTEUR ! — *Docteur*, au sens de « médecin », a pour féminin *doctoresse ;* selon l'Académie, ce féminin « est toutefois peu employé ; on se sert plutôt de *Femme aocteur, Femme médecin* ou simplement *Docteur* ». En fait, *doctoresse*, au sens de « femme médecin » est assez courant : *Il a une sorte de maladie nerveuse que la* DOCTORESSE *soigne selon une méthode toute nouvelle* (A. GIDE, *Les Faux-Monnayeurs*, p. 219). — *Cependant qu'il était dans les meilleurs termes avec Mme R., la* DOCTORESSE, *sa collègue à l'hôpital Sadiki* (ID., *Journ. 1942-1949*, p. 152). — *La* DOCTORESSE *Terrail a donc fait cette rude expérience d'être un médecin campagnard* (É. HENRIOT, dans le *Monde*, 3 juin 1953). — A noter qu'en s'adressant à une femme médecin, c'est toujours *docteur* qu'on emploie.

2. — Deux mots de radical différent.

246. Les noms suivants marquent la distinction des genres par deux mots de radical différent :

---

oliviers regardent passer dans leur auto des VIEILLARDES *peintes* (Fr. MAURIAC, *La Province*, p. 21). — *Avant six mois, je t'aurai cassée comme une* VIEILLARDE (J.-P. SARTRE, *Les Mouches*, III, 1). — *Pour une complainte murmurée par quelque* VIEILLARDE (LA VARENDE, *Les Belles Esclaves*, p. 27). — *Mme Pian est une* VIEILLARDE *grotesque, édentée, chauve...* (R. KEMP, dans les *Nouv. litt.*, 24 juin 1954). — *Phèdre n'est pas une* VIEILLARDE *se traînant aux pieds d'un gigolo* (P. GUTH, *Le Naïf aux 40 enfants*, p. 219). — *Dans les traits de l'hilare* VIEILLARDE (J. GREEN, *Le Malfaiteur*, p. 61). — Il est rare que *vieillarde* soit pris en bonne part : *La mort de la première prieure,* VIEILLARDE *sainte (...) est d'une grande beauté* (R. KEMP, dans les *Nouv. litt.*, 17 nov. 1949).

1. *La* SACRISTINE *mourut la première* (RENAN, *Souven. d'enf. et de jeun.*, I, 4). — *Ah ! Suzon, vous êtes une bath* COPINE (G. DUHAMEL, *Suzanne et les J. Hommes*, p. 40). — Le féminin régulier *sacristaine* — déjà mentionné, à côté de *sacristine*, dans le Dictionnaire de Richelet (1680) — n'est pas inusité : *J'avais jadis (...) une* SACRISTAINE *épatante* (G. BERNANOS, *Journ. d'un Curé de campagne*, p. 12). — *La* SACRISTAINE *ne se décourage pas* (A. MAUROIS, *Un Art de vivre*, p. 180).

bélier, brebis	homme, femme	papa, maman
bouc, chèvre [1]	jars, oie	parrain, marraine
cerf, biche	lièvre, hase [2]	père, mère
confrère, consœur (Rem. 1)	mâle, femelle	sanglier, laie
coq, poule	mari, femme	singe, guenon (Rem. 5)
étalon, jument (Rem. 2)	matou, chatte	taureau (bœuf), vache
frère, sœur	moine, moniale (Rem. 4)	(génisse)
garçon, fille (Rem. 3)	monsieur, madame	verrat (porc), truie
gendre, bru	oncle, tante	

Remarques. — 1. *Consœur* se dit des femmes associées à une même confrérie et des religieuses du même couvent ou du même ordre. A ne regarder que l'étymologie (*cum*, avec, et *sœur*), il ne devrait se dire que si la femme ou les femmes désignées sont considérées par rapport à une ou plusieurs autres femmes de la même association. Ainsi un homme, membre d'une confrérie comprenant des hommes et des femmes, dirait : *mon* (ou *ma*) *confrère, Mme X...—Je suis bien en retard avec vous, mon cher* CONFRÈRE *et chère lectrice* (FLAUB., *Corresp.*, t. III, p. 84). — *Belle dame et cher* CONFRÈRE (ID., *ibid.*, t. IV, p. 150). — *Madame et chère* CONFRÈRE (ID., *ibid.*, t. IV, p. 165). — *Ma chère* CONFRÈRE (ID., *ibid.*, t. IV, p. 332). — *Il y avait aussi une jeune* CONFRÈRE (J. RENARD, *Journal*, 21 mai 1894). — *Mlle Danielle Hunebelle, notre dynamique et brillant* CONFRÈRE... (É. HENRIOT, dans le *Monde*, 21 sept. 1955). — Pourtant, même dans ce cas, *consœur* se dit : « *Poétesse* » *déplaît à nos* CONSŒURS (A. DAUZAT, dans le *Monde*, 13 déc. 1950). — *La plus brillante de nos* CONSŒURS *en critique* (R. KEMP, dans les *Nouv. litt.*, 21 déc. 1950). — *Ma* CONSŒUR *Odette Valabrègue et moi* (H. TORRÈS, *Accusés hors série*, p. 264). — *Et un journaliste dénonçait les « pulsions émotionnelles » d'un de ses confrères, qui était une* CONSŒUR (A. THÉRIVE, *Clinique du langage*, p. 18).

2. Le féminin *cavale* appartient au style poétique.

3. *Garce* (fém. de *gars*) est bas ; *garçonne* [mot lancé par V. Margueritte, dans son roman *La Garçonne* (1922)] est péjoratif. (V. § 247, Rem. 7 : *garçonnette*.)

4. Le féminin péjoratif *moinesse* (§ 244, 2°) a le même radical que *moine* (du bas lat. *monicus*, lat. ecclés. *monachus*, du gr. μοναχός, proprement « solitaire », de μόνος, seul). Mais le féminin non péjoratif *moniale* n'a pas le même radical que *moine* : il est venu, par aphérèse, du latin ecclésiastique *sanctimonialis* (de *sanctimonia*, sainteté), consacré, religieux ; la seconde partie de l'adjectif-nom *sanctimonialis* [*virgo* ou *mulier*], c'est-à-dire l'assemblage des deux suffixes *-monia-lis*, s'est affranchie pour devenir le mot indépendant *monialis*, religieuse, nonne, moniale. [Cette étymologie paraît mieux fondée que celle qui donnerait *moniale* (religieuse) pour le féminin de l'adjectif *monial*, antérieur à *monacal*, et dérivé de *monie*, forme ancienne de *moine*.]

5. Pour le féminin de *singe*, on emploie parfois, au figuré, l'ancienne forme *singesse : C'était vraiment une délicieuse petite* SINGESSE (A. DAUDET, *Port-Tar.*, II, 3).

3. — Une seule et même forme pour les deux genres.

247. Certains noms de personnes désignant des professions exercées ordinairement par des hommes ou ne s'appliquant habituellement qu'à des hommes n'ont pas de forme féminine. Le féminin s'indique parfois à

---

1. *Bique* (diminutif : *biquette*) se dit familièrement pour *chèvre*.
2. Pour le lièvre mâle (ou le lapin mâle), les chasseurs disent parfois : *bouquin*.

l'aide du mot *femme* placé devant le nom pris adjectivement, parfois aussi par l'article ou par ce qui en tient lieu [1]. Tels sont :

acolyte	avant-coureur	chevalier [4]	docteur (§ 245,	filou
agent (Rem. 6)	bandit	cocher	Rem. 3)	flandrin
agitateur	bâtonnier	condisciple	échevin	forçat
amateur [2]	bourgmestre	défenseur	écrivain	géomètre
apôtre	bourreau [3]	dentiste	émule	gourmet
architecte	censeur	déserteur	Esquimau [5]	grognon
assassin	champion (R. 2)	détracteur	exportateur	(Rem.8)
athlète	charlatan	diplomate	facteur (Rem. 5)	guide
auteur	chef (§ 244, 2°)	disciple	fat [6]	hurluberlu [7]

---

1. Parfois aussi le mot *femme* est placé en apposition après le nom : *Mon Leca-dieu ne cessa de parler (...) des intrigues des* PROFESSEURS-FEMMES (A. MAUROIS, *Meïpe*, p. 129). — *On apprend qu'au lycée de filles, trois* PROFESSEURS FEMMES *ont été tuées* (A. GIDE, *Journ. 1942-1949*, p. 125). — [Cf. : Ulric : *Ange que tu es !* — Bar-berine : *Je suis un ange, mais un* ANGE FEMME (MUSS., *Barberine*, I, 3). — A propos de ce dernier exemple, notons que la langue familière dit couramment : *une ange.*]

2. Le féminin *amatrice* a été employé par saint François de Sales : *Car Philothée veut dire* AMATRICE *ou amoureuse de Dieu* (*Introd. à la vie dévote*, Préf. 1641) ; — et par J.-J. Rousseau : *Cette capitale est pleine d'amateurs et surtout d'*AMATRICES (*Ém.*, III). — « Mot qui, bien que bon et utile, a beaucoup de peine à s'introduire », faisait observer Littré (à cause du bas calembour qu'il suscite, notait-il dans son *Supplé-ment*). — De fait, *amatrice* n'a pu entrer dans l'usage. Cf. : *Ces chrétiennes « AMA-TEURS » qui font de la propagande et de la tapisserie pour les évêques* (A. DUMAS f., *Les Idées de Mme Aubray*, Préf.). — *Elle venait à son hôpital, un peu en* AMATEUR (H. BORDEAUX, *Le Remorqueur*, XVII).

3. *Bourrelle* (du masculin ancien : *bourrel* : § 279, *Hist.*) a été employé autrefois pour désigner soit la femme du bourreau, soit une femme d'une grande cruauté. Ce mot est rare dans la langue d'aujourd'hui : *N'allez-vous pas me traiter de* BOURRELLE ? (COLETTE, *Paris de ma fenêtre*, p. 90.)

4. *Chevalière* a pu se dire pour désigner, soit une femme ayant rang de chevalier, ou vaillante comme un chevalier, soit l'épouse d'un chevalier : CHEVALIÈRE *de Saint-Jacques de l'Épée*. — *L'entretien s'animant de plus en plus, la sœur Eustoquie acheva de s'y dessiner en docte héroïne, en* CHEVALIÈRE *de la Grâce* (SAINTE-BEUVE, *Port-Roy.*, V, 111). — Il ne s'emploierait plus guère ainsi que par badinage. — A remarquer : *la chevalière d'Éon*. — De nos jours on dit : *Mme X... a été nommée* CHEVALIER *de la Légion d'honneur*. De même : *Mme X... est* COMMANDEUR *de la Légion d'honneur*, ou : OFFICIER *de l'ordre de Léopold*, ou : DOCTEUR « *honoris causa* ».

5. *Une* FEMME ESQUIMAU (LAROUSSE DU XXe s.). — Michaut et Schricke donnent pour le féminin, la forme *esquimaude*. — Cf. : *Les mamans* ESQUIMAUDES (R. KEMP, dans les *Nouv. litt.*, 4 déc. 1958). — ESQUIMAUDE *portant son bébé* (GRAND LAROUSSE ENCYCL.). — Damourette et Pichon (t. I, p. 303, note) signalent que la « parlure littérale » semble admettre le féminin *esquimale*, à côté d'*esquimaude* entendu quel-quefois. — Robert donne cet exemple : *Une femme* ESQUIMAU *ou* ESQUIMAUDE.

6. Voir § 352, *N. B.*, 5.

7. Le féminin *hurluberlue* est familier ou badin : *Une de ces délicieuses* HURLU-BERLUES (J. DUCHÉ, *Elle et Lui*, p. 83).

imposteur	magistrat	monstre [2]	précepteur	successeur
imprimeur	malfaiteur [1]	oppresseur	professeur	témoin
ingénieur	manœuvre	orateur (Rem.2)	sauveur	terrassier
journaliste	médecin	partisan [3]	sculpteur (Rem. 2)	tyran
juge	ministre	peintre [4]	sectateur	vainqueur
lauréat	(Rem. 1 et 2)	pionnier	snob [5]	valet
littérateur	modèle	possesseur	soldat (Rem. 2)	voyou, etc.

Ex. : *Cette dame est l'*AUTEUR *d'un fort joli roman* (AC.). — *Une* FEMME AUTEUR (ID.). — *Mme de Sévigné est un grand* ÉCRIVAIN (ID.). — *La marquise Raversi, cet habile* CHEF *de parti* (STENDHAL, *La Chartr. de Parme*, t. II, p. 190). — *Les femmes qui exercent un métier intellectuel ou se préparent à l'exercer, étudiantes, avocates,* FEMMES MÉDECINS, FEMMES PROFESSEURS, FEMMES ÉCRIVAINS (M. PRÉVOST, *Nouv. Lettres à Françoise*, p. 39). — *Une* DENTISTE. *Une* FEMME PEINTRE. *Une* FEMME SCULPTEUR. *Une* FEMME INGÉNIEUR. *Une* FEMME MAGISTRAT. — *C'était la première* FEMME-MAGISTRAT *que je rencontrais* (A. MAUROIS, *Chantiers américains*, p. 76). — *Une* FEMME PASTEUR. — *Elle a été mon* PROFESSEUR *de seconde* (Fr. MAURIAC, *Passage du Malin*, p. 30). — *Cette façon de concevoir la pensée et son expression a conduit naturellement la France à se faire* LE CHAMPION *des droits de l'homme* (A. SIEGFRIED, *L'Âme des peuples*, p. 75). — *Contre* UNE SNOB (M. PROUST, *Les Plaisirs et les Jours*, p. 77). — *Une femme nommée* BÂTONNIER *de cour d'appel* (dans le *Figaro*, 10 juill. 1957).

---

1. Littré estime que rien n'empêche de former et d'employer le féminin *malfaitrice*. — Ce féminin se rencontre : *Quel âge avez-vous,* MALFAITRICE ? (J. GREEN, *Minuit*, p. 71.)

2. *Monstre* pris comme nom féminin est une fantaisie de la langue familière : *C'est tout ce que ça te fait,* PETITE MONSTRE ? (COLETTE, *La Maison de Claudine*, V.)

3. *Je suis* PARTISAN *de la réforme* [de l'orthographe] — *mais dans l'autre sens* (COLETTE, dans le *Figaro litt.*, 2 août 1952). — Littré mentionne le féminin *partisane*. Cette forme, assez courante aujourd'hui dans la langue parlée, est ancienne : *Ceste saige et belle dame, (…) grande* PARTISANNE *de Françoys* (COMMYNES, t. III, p. 223). — Exemples modernes : *Elle vous rendait bien justice ; vous n'aviez pas de* PARTISANE *plus sincère* (VOLTAIRE, *À Mme du Bocage*, 12 oct. 1749 ; éd. de Kehl). — *Elle expliqua en quoi consistaient les loges grillées (…) dont elle était* PARTISANE *déclarée* (Ph. HÉRIAT, *Famille Boussardel*, XIX). — *Je reconnais (…) que son roman (…) est d'une* PARTISANE *modérée* (R. KEMP, dans les *Nouv. litt.*, 20 déc. 1956). — Un autre féminin, *partisante*, est de la langue populaire (cf. dans Littré cet exemple, de Ninon de Lenclos : *Comme femme, je suis* PARTISANTE *des modes*).

4. On dit parfois au féminin *une peintre*. *Peintresse* a été employé autrefois : *Il prendra voz filles, pour les faire* PEINCTRESSES (CALVIN, *Inst.*, IV, 20, 26). — Ce mot se retrouve parfois dans la langue actuelle : *C'est une* PEINTRESSE *française* (A. THÉRIVE, dans le *Temps*, 11 févr. 1937). — *Clotilde Cloris, la* PEINTRESSE, *dit Georges Sériac. Elle a beaucoup de talent* (A. BILLY, *Le Narthex*, p. 97). — Mais *peintresse* est aujourd'hui presque toujours ironique ou péjoratif.

5. La langue familière a, pour le féminin, *snobette* et *snobinette* : *Que la* SNOB *de lecture essaye d'en conter là-dessus à d'autres* SNOBETTES (M. PRÉVOST, *Nouv. Lettres à Françoise*, p. 63). — *Cathos et Madelon sont proprement des* SNOBINETTES (J. LEMAITRE, *Les Contemp.*, t. VII, p. 97). — *Il ne conviendrait pas d'oublier nos* SNOBINETTES *les plus connues* (M. BARRÈS, *Scènes et Doctrines du nationalisme*, t. I, p. 211).

On trouve parfois, pour certains de ces noms, des formes féminines créées en passant, par badinage, ou par fantaisie, ou par caprice individuel : *On l'eût dite sorcière* CHARLATANE (M. BARRÈS, *Mes Cahiers*, t. II, p. 256). — *La baronne de Poissy, la célèbre* AMPHITRYONNE *de tous les sexes* (L. BLOY, *Le Désespéré*, p. 18). — *Les guenilles de cette* BANDITE (ID., *La Femme pauvre*, p. 187). — *La modeste* VALETTE (J. de LA VARENDE, dans *Hommes et Mondes*, mars 1947, p. 519). — « *Vite mes savates ! je sens le poème !* » *s'écriait une* ÉCRIVAINE (COLETTE, *Trois... six... neuf...*, p. 34). — *O* FANTASSINES *qui ménagez les pneus de votre bicyclette* (EAD., *Paris de ma fenêtre*, p. 182). — *Un mot pour la* FORÇATE *qui a recommencé sept fois la fin de son livre de souvenirs* (EAD., *Lettre à Marguerite Moreno*, janv. ou févr. 1946, dans le *Figaro litt.*, 8 août 1959). — *Cette* PIONNIÈRE *du noir trafic* (EAD., *L'Étoile Vesper*, p. 89).

Remarques. — 1. Quelques noms de personnages investis d'une dignité ou exerçant une fonction ont une forme féminine qui sert à désigner la femme du personnage dont il s'agit : *Madame l'amirale, la maréchale, la générale, la commandante, la colonelle, la lieutenante* (familier), *la préfète* (famil.), *la sous-préfète* (famil.), *la baillive* (vieilli), *la procureuse* (famil.), *la rectrice* (famil.), *la ministresse, la pairesse, la notairesse* (ou *notaresse*), *la pastoresse ; la consulesse* (Cl. FARRÈRE, *La Seconde Porte*, p. 130).

2. Les progrès du féminisme et l'évolution de la vie sociale créeront et ont créé déjà des formes féminines nouvelles : *Artisane* (Ac.), *attachée, auditrice* (Ac.), *aviatrice* (ID.), *avocate* (ID.), *candidate* (ID.), *championne, chirurgienne, commandante, conseillère* (municipale, communale, etc.), *contredame* (ou *contre-dame*), *contremaîtresse, députée, électrice* (Ac.), *employée* (ID.), *lauréate, mairesse, la ministre* ou *la ministresse, oratrice, pharmacienne, préfète* [femme chargée de l'administration d'un département en France (Ac.) ; préfète de lycée, préfète des études], *sculptrice, sénatrice, technicienne*, etc. ; — *Julien vit une autre* SOLDATE *en uniforme* (A. THÉRIVE, *Sans âme*, p. 31). — *Elle était* COMMISE *dans un magasin de blanc* (P.-J. TOULET, *Béhanzigue*, p. 80). — *N'a-t-on pas vu, cette année, une jeune* AVOCATE *nommée secrétaire de la Conférence...* (HENRI-ROBERT, *L'Avocat*, p. 89). — *Qu'une* MINISTRESSE *jouât les Messalines, ils l'admettraient d'autant moins que le maroquin ne saurait échoir qu'à des femmes d'un âge canonique* (M. AYMÉ, *Silhouette du scandale*, p. 91). — *Je me croyais même capable de devenir un jour* CONTRE-DAME (M. VAN DER MEERSCH, *La Compagne*, pp. 64-65).

Toutefois le féminisme, ayant conquis l'accès à toutes les dignités ou fonctions jusque-là réservées à des hommes, se plaît à conquérir aussi l'usage des appellations masculines correspondant à ces dignités ou fonctions (même dans le cas où la langue possède une forme féminine) ; « Beaucoup de femmes, comme dit Brunot (*La Pens. et la L.*, p. 90), croiraient n'avoir rien obtenu, si l'assimilation n'était pas complète. Elles veulent porter tout crus des titres d'hommes » : *Madame le* MINISTRE *de la Santé. Madame le* CONSERVATEUR *de tel musée. Madame le* MAIRE. *Madame le* BOURGMESTRE. *Le* DOCTEUR *Louise Durand. Madame Dupont,* AVOCAT *à la Cour d'appel.* — *Je ne jure pas qu'il* [Léon-Paul Fargue] *fit illusion à nos amis* LE DOCTEUR *Marthe Lamy,* LE PROFESSEUR *Paulette Gauthier-Villars, à Chériane elle-même* (COLETTE, *Le Fanal bleu*, p. 67). — Ajoutons que la langue répugne à faire précéder de l'article féminin ces noms de forme masculine appliqués à des femmes (par exemple : *la*

Conservateur, une docteur) — et que divers cas particuliers restent embarrassants, comme l'atteste ce passage de G. DUHAMEL (*La Pesée des âmes*, p. 224) : « En 1927, alors que j'écoutais la représentation d'une pièce de Rimsky-Korsakov, à Moscou, j'avais pour voisine une de ces amazones. Elle portait les insignes de général — et je ne sais s'il convient de mettre ce mot au féminin dans ce cas particulier. »[1]

3. Certains noms ne s'appliquant qu'à des femmes n'ont pas de forme masculine : *Amazone, caillette, douairière, harengère, laborantine*[2], *lavandière, nonne, nourrice, matrone*, etc.

4. En dépit du genre logique, certains noms ne s'appliquant qu'à des hommes sont féminins ; d'autres, qui ne s'appliquent ordinairement qu'à des femmes, sont masculins : *Une estafette, une vigie, une sentinelle, une ordonnance* (§ 273, 9°), *une recrue, une clarinette solo*, etc. — *Eût-elle été* UN *laideron timide* (LA VARENDE, *Cœur pensif...*, p. 271). — *Un laideron* (AC.). [*Une laideron* (DICT. GÉN.)[3]]. — *Un tendron, un* (ou *une*) *souillon*[4], *un bas-bleu, un trottin*.

Pour le féminin de *tatillon*, il y a de l'hésitation : *Une tatillon* (LAR. DU XXᵉ s.; id. DICT. GÉN.) ; — *Une tatillonne* (LITTRÉ ; id. LAR. DU XXᵉ s. ; id. DICT. GÉN. avec mention : « familier »).

L'Académie ne signale *tatillon, -onne* que comme adjectif.

5. Quand le nom *facteur* désigne l'agent qui porte et distribue les lettres, objets et valeurs transmis par la poste, il a un féminin : *factrice : Attendre la factrice* (AC.). — Lorsque *agent* est pris en mauvaise part, on lui donne parfois le féminin *agente : Je découvris que, dans cette intrigue, elle était la principale* AGENTE (AC.).

6. *Garant* reste généralement invariable dans la locution archaïque *à garant* (= en garantie) : *Elle* [la Fortune] *est prise* À GARANT *de toutes aventures*

---

1. Ce cas particulier, Voltaire l'a résolu avec hardiesse : *Marguerite d'Anjou tire son mari de Londres et devient la* GÉNÉRALE *de son armée* (*Mœurs*, 114) ; — de même A. Daudet : *Sa tante Kérika,* GÉNÉRALE *en chef des amazones, prenait soin de lui* [de Mâdou, le négrillon, fils du roi de Dahomey] (*Jack*, t. I, p. 79).

2. On dit aussi : *préparatrice* (masc. : *préparateur*), *assistante* (masc. : *assistant*).

3. *S'il n'est pas croyable qu'un homme riche comme l'est M. Rigou (...) ait pu persécuter dès l'âge de douze ans* UNE *laideron* (BALZAC, *Les Paysans*, p. 222). — *Pour danser avec* UNE *laideron comme moi* (G. SAND, *La Petite Fadette*, XX).

4. *Des filles impossibles, de* VRAIS *souillons* (G. BERNANOS, *Journ. d'un Curé de campagne*, p. 194). — *C'est là qu'il reçut sans doute lorsqu'on la lui amena pour la première fois (...),* CE PETIT *souillon de Morphy* (L. LARGUIER, *Fâchés, Solitaires et Bourrus*, p. 121). — *Ma servante Mélanie qui est pourtant* UN *souillon* (M. AYMÉ, *Le Passe-muraille*, p. 238).— *La fille qui nous introduisait était* UNE *souillon ahurie* (Fr. MAURIAC, *La Robe prétexte*, IX). — MA *pauvre souillon* (M. ARLAND, *Les Plus beaux de nos jours*, p. 119). — *Tu pensais avoir épousé* UNE *souillon ?* (J.-J. GAUTIER, *Histoire d'un fait divers*, p. 54.) — *On rencontre parfois aussi le féminin souillonnette : Mise sans beaucoup de soin, — une jaquette qui bâillait, des boutons qui manquaient, de vilains souliers usés, l'air un peu* SOUILLONNETTE, — *elle charmait par sa grâce juvénile* (R. ROLLAND, *Jean-Chr.*, t. III, p. 90).

(La F., *F.*, V, 11). — Quand *garant* est appliqué à des personnes ou à des choses personnifiées, il a pour féminin *garante* [1] : *Cette marchande s'est rendue* garante (Littré). — *Cette dame est ma* garante (Id.). — *Il n'y a pas jusqu'à leur physionomie qui ne soit* garante *de toutes les bonnes qualités qu'on leur trouve* (Marivaux, *Jeu de l'am. et du has.*, I, 1). — Appliqué à des choses, *garant* signifie « sûreté, garantie » ; en cet emploi, il est toujours masculin et ne se met pas au féminin : *Sa signature ne peut être, pour le moment,* garant *d'un examen suffisant* (Stendhal, *Corresp.*, t. VII, p. 321). — Fabio : *Votre bouche ou votre main m'en voudrait si j'osais choisir.* — La Dame : *Que l'une soit* le garant *de l'autre* (Nerval, *Les Filles du feu*, Corilla). — *L'extrême distinction d'esprit des maîtres de maison m'était et m'est restée* un sûr garant *que...* (M. Proust, *Pastiches et Mélanges*, p. 213). — *Il* [le mot « répondre »] *se dit, dans un sens analogue, des choses qui servent de* garant (Littré, s.v. *répondre*, 15°). — *Sa conduite passée vous est* un sûr garant *de sa fidélité pour l'avenir* (Ac.).

7. Chateaubriand a donné à *garçonnet* le féminin *garçonnette : Voici une* garçonnette *de cinq à six ans assise sur le seuil de la porte d'une chaumière* (*Mémoires*, IV, 5, 10). — *Dans la vallée du Rhône, je rencontrai une* garçonnette... (*ibid.*, IV, 6, 4).

8. Le nom *grognon* n'a pas de forme particulière au féminin : *Un grognon, une grognon* (Dict. gén.). — Par apposition, on dit : *Un homme grognon, une femme grognon* (Dict. gén.). — *C'est une vraie mère grognon* (Ac.).

Pris adjectivement, *grognon* peut avoir un féminin : *Humeur* grognonne (Ac.).

9. La langue familière ou populaire dit : *une poison* (= une méchante femme) [2] : *C'est* une *poison* (Ac.).

248. Certains noms de personnes, terminés pour la plupart par *e*, changent de genre sans changer de forme ; c'est l'article (ou un déterminatif, ou parfois l'attribut) qui indique le genre. Tels sont :

adversaire	ancêtre [3]	artiste	bigame	collègue
aide	arbitre	Belge	camarade	complice

---

1. Parfois cependant *garant* appliqué à une femme, garde la forme du masculin, parce qu'il est pris dans un sens très général, sans acception de genre : *Que vous importe ce que vous direz à la fille, dès que la mère sera votre* garant ? (Marivaux, *Les Fausses Confidences*, I, 11.)

2. *Poison*, conformément au genre du nom latin *potio*, a été féminin jusqu'au début du XVIIe siècle : *Le vin pur, qui autrement est un certain remède contre* la poison *de la ciguë...* (Amyot, dans Littré). — *Domitius (...) commanda à un qui était son serviteur et son médecin tout ensemble* [de César] *de lui donner de* la poison (Malherbe, *Le « Traité des bienfaits » de Sénèque*, III, 24).

3. L'Académie ne signale pas l'emploi d'*ancêtre* au féminin. Cet emploi est rare : *La Ziggourat,* cette *ancêtre des grands travaux* (Daniel-Rops, *Hist. Sainte*, Le Peuple de la Bible, t. I, p. 101).

concierge	émule	libraire [1]	pensionnaire	Russe
convive	enfant	locataire	philosophe	secrétaire
copiste	esclave	novice	pianiste	Slave
cycliste	garde	partenaire	propriétaire	soprano
élève	hypocrite	patriote	pupille	touriste, etc.

Ex. : *Un artiste peintre, une grande artiste. Un bon élève, une jeune élève. Un jeune esclave, une jeune esclave. Un bel enfant, une aimable enfant.*

249. Un grand nombre de noms d'animaux ne désignent que l'espèce [2] ; en général, selon l'étymologie, les uns n'ont que la forme masculine, les autres n'ont que la forme féminine. Pour désigner l'individu et le sexe, on ajoute un mot déterminant : *Un éléphant femelle, une souris mâle, un héron mâle, le coq de la perdrix, le mâle de l'hyène.*

Remarque. — *Ascendant, conjoint,* termes de jurisprudence, n'ont pas de forme féminine ; ils se disent au masculin singulier pour désigner indistinctement un homme ou une femme, chacun des conjoints par rapport à l'autre ; ce sont des mots « hermaphrodites » [3] : *En cas d'absence de l'*ASCENDANT AUQUEL *eût dû être fait l'acte respectueux* (Code civ., art. 155). — *C'est l'*ASCENDANT LE *plus proche qui vient à la succession* (COLIN et CAPITANT, *Cours élém. de Droit civil français,* t. III, p. 385). — *À défaut de* CONJOINT SURVIVANT, *la succession est acquise à l'État* (Code civ., art. 768). — LE CONJOINT *qui était resté dans les mêmes sentiments pouvait valider la libéralité prohibée en léguant l'objet à* SON CONJOINT (P.-F. GIRARD, *Manuel élém. de Droit romain,* 4ᵉ éd., p. 941).

Noms homonymes distingués par le genre.

250. Certains noms homonymes dont l'étymologie et le sens sont absolument différents peuvent être distingués l'un de l'autre par le genre. Voici les principaux :

(La première acception indiquée est celle du mot masculin, la seconde, celle du mot féminin.)

Aune : 1. (lat. *alnus ?* francique **alira ?*) arbre. — 2. (francique **alina*) ancienne mesure de longueur.

Barbe : 1. (ital. *barbero*) cheval de Barbarie. — 2. (lat. *barba*) poil du menton, des joues, de la lèvre supérieure.

Barde : 1. (lat. *bardus,* mot gaulois) poète celtique. — 2. (arabe *barda'a* = bât, par l'interméd. de l'espagnol) selle, ancienne armure, tranche de lard.

---

1. Au féminin : *une libraire* ou *une marchande libraire* (LITTRÉ).

2. Ces noms sont dits *épicènes* (du lat. *epicoenus,* gr. ἐπίκοινος, commun).

3. Dans la phrase suivante, on a, contre l'usage, employé le féminin *conjointe* : *Or, seule,* LA CONJOINTE *est qualifiée pour s'en réclamer* [de l'argument de l'erreur dans la personne], *en arguant du fait qu'elle a épousé un fou sans le savoir* (H. BAZIN, *La Tête contre les murs,* p. 250).

Carpe : 1. (gr. καρπός) partie du membre supérieur. — 2. (bas lat. *carpa*) poisson.

Coche : 1. (allem. *kutsche*) voiture ; (anc. néerl. *cogge*) bateau. — 2. (orig. ?) entaille, femelle du cochon (vieilli).

Livre : 1. (lat. *liber*) ouvrage, volume. — 2. (lat. *libra*) ancienne unité de compte, de poids.

Moule : 1. (lat. *modulus*) modèle creux servant à donner une forme. — 2. (lat. *musculus*) mollusque.

Mousse : 1. (ital. *mozzo,* empr. de l'espagn. *mozo*) apprenti marin. — 2. (francique **mossa*) plante cryptogame ; — (bas lat. *mulsa*) écume.

Ombre : 1. (lat. *umbra,* sauf dans *ombre-chevalier* [ou *omble-chevalier*], mot de la Suisse romande, forme altérée de *omble,* lui-même altération de *amble,* du bas lat. *amulus*) poisson des lacs alpestres ; — (espagn. *hombre,* homme), ancien jeu de cartes [autre orthogr. : *hombre*]. — 2. (lat. *umbra*) espace privé de lumière.

Page : 1. (orig. ?) jeune garçon au service d'un prince. — 2. (lat. *pagina*) côté d'un feuillet.

Platine : 1. (espagn. *platina*) métal précieux. — 2. (de l'adj. *plat*) pièce plate de divers instruments.

Poêle : 1. (lat. *pallium*) voile, dais, drap couvrant un cercueil ; — [lat. *pe(n)silis*] fourneau. — 2. (lat. *patella*) ustensile de cuisine.

Somme : 1. (lat. *somnus*) sommeil. — 2. (bas lat. *sagma,* gr. σάγμα) bât ; — (lat. *summa*) total, ensemble de connaissances.

Souris : 1. (de *sourire*) sourire. — 2. (lat. pop. **soricem*) mammifère rongeur.

Tour : 1. (ital., espagn. *torno*) machine, mouvement circulaire, circonférence limitant un corps ou un lieu. — 2. (lat. *turris*) construction élevée cylindrique ou à plusieurs faces.

Vague : 1. (lat. *vagus*) indéfini. — 2. (moy. bas allemand *wâge*) masse qui s'élève et retombe à la surface des eaux.

Vase : 1. (lat. *vas*) réceptacle. — 2. (moy. néerl. *wase*) bourbe.

251. D'autres noms homonymes, issus d'un ancêtre commun, ont une signification particulière pour chacun des deux genres.

Une aide : secours, assistance ; femme qui aide. — *Un aide :* celui qui aide.

Une cartouche (de l'ital. *cartuccia,* nom fém. dérivé de *carta,* papier) : carton cylindrique renfermant la charge d'une arme à feu ; carte de congé d'un soldat[1]. — *Un cartouche* (de l'ital. *cartoccio,* nom masc. tiré de *carta,* papier) : encadrement sculpté, gravé, en forme de carte.

La couleur : sensation particulière que produit sur l'organe de la vue la lumière diversement réfléchie par les corps. — Vieilli : *Le couleur de rose, de feu, de chair,* etc. : ce qui est de cette couleur (voir § 381*bis, N. B.,* 2).

Une couple : lien dont on attache ensemble deux chiens de chasse, réunion accidentelle de deux choses de même espèce. — *Un couple :* réunion de deux personnes unies par le mariage, l'amitié, l'intérêt, etc. ; mâle et femelle des animaux ; en mécanique, système de forces.

Une crêpe : rondelle de pâte frite. — *Un crêpe :* étoffe de laine fine, à fil ondulé.

Une critique : art de juger des qualités ou des défauts d'une œuvre ; jugement porté sur l'œuvre. — *Un critique :* celui qui pratique la critique.

---

1. Les soldats, dit Littré, font ordinairement du masculin, *cartouche,* au sens de « carte de congé. » *Cartouche,* en ce sens, n'est plus en usage.

Une enseigne : signe, marque, étendard. — *Un enseigne :* officier porte-drapeau, officier de marine.

Une garde : action de garder ; celle qui garde ; personnes qui gardent, choses qui gardent. — *Un garde :* celui qui a la garde de qqn, de qq. chose.

Une espace : terme de typographie ou de musique. — *Un espace :* intervalle, étendue.

Une greffe : action de greffer, pousse d'un arbre, ente, scion. — *Un greffe :* lieu où l'on dépose les minutes des actes de procédure.

Une guide : lanière de cuir servant à diriger des chevaux attelés. — *Un guide :* personne qui conduit.

Une interligne : lame servant à séparer deux lignes dans la composition typographique. — *Un interligne :* espace blanc entre deux lignes écrites.

La laque : sorte de résine. — *Le laque :* beau vernis de Chine, ou noir, ou rouge ; matière enduite de ce vernis.

Une manche (du lat. *manica,* dérivé de *manus,* main) : partie d'un vêtement où l'on met le bras ; bras de mer. — *Un manche* (du lat. vulg. **manicum,* proprement « ce qu'on tient avec la main ») : partie adaptée à un instrument pour le tenir à la main.

Une manœuvre : suite de mouvements ordonnés, évolution militaire. — *Un manœuvre :* ouvrier qui ne fait que de gros ouvrages.

La mémoire : faculté de se souvenir. — *Un mémoire :* exposé par écrit de certains faits ; état de sommes dues à certaines personnes.

Une mode : usage passager dans la manière de vivre, de s'habiller, etc. — *Un mode :* manière d'être, forme d'un verbe.

Une office : lieu où les domestiques préparent le service de la table. — *Un office :* charge, emploi ; service divin ; organisme administratif.

Une paillasse : sac garni de paille. — *Un paillasse :* bateleur.

Une parallèle : droite dont la distance à une autre est toujours égale ; tranchée. — *Un parallèle :* comparaison suivie entre deux personnes, deux choses.

Une pendule : sorte d'horloge. — *Un pendule :* balancier dont les oscillations sont isochrones.

La physique : science qui étudie les principes généraux des corps. — *Le physique :* les avantages corporels.

La pourpre : matière colorante rouge ; dignité. — *Le pourpre* (vieilli) : maladie.

Une relâche : arrêt dans le cours de la navigation ; endroit où le vaisseau fait un séjour. — *Un relâche :* détente que produit l'interruption de ce qui est pénible [1] ; suspension des représentations dans un théâtre.

Une remise : action de remettre ; grâce faite à un débiteur ; rabais, délai ; lieu où on remet les voitures. — *Un remise :* voiture sans numéro louée à la journée, au mois, à l'année.

Une scolie (du gr. σχόλιον) : note de commentateur ancien ; (gr. σκόλιον) chanson de table chez les anciens Grecs. — *Un scolie* (gr. σχόλιον) : remarque sur un théorème.

Une solde : paie des soldats. — *Un solde :* ce qui reste à payer sur un compte ; article soldé, vente d'articles soldés.

---

1. Il y a, dans l'usage, une certaine confusion, et dans ce sens, *relâche,* à cause de sa terminaison féminine, passe parfois au féminin : *Fiévreuses années ! Nul répit,* NULLE *relâche* (R. ROLLAND, *Jean-Chr.,* t. II, p. 58). — *J'y pensais, sans* LA *moindre relâche, en faisant ma toilette du soir* (G. DUHAMEL, *Cri des profondeurs,* (p. 221).

La statuaire : art de faire des statues. — *Un statuaire :* celui qui fait des statues.
Une trompette : instrument de musique. — *Un trompette :* celui qui sonne de la trompette.
La vapeur : gouttelettes s'élevant de la surface des liquides dans certaines circonstances. — *Un vapeur :* bateau à vapeur.
Une voile : morceau de forte toile attaché aux vergues d'un navire. — *Un voile :* morceau d'étoffe qui cache.

Remarques particulières sur certains noms à double genre [1].

252. *a) Aigle* est masculin quand il désigne :

1° L'oiseau de proie : *L'aire d'*UN *aigle* (Ac.).

2° Un homme de génie, un homme qui a un esprit, un talent supérieur : *Cet homme-là est* UN *aigle* (Ac.).

3° Une décoration portant un aigle : *L'aigle* BLANC *de Pologne.*

4° Un pupitre d'église : *Debout devant* UN GRAND *aigle de cuivre (...), le Révérend Pelvey parlait de ces choses avec une enviable certitude* (A. MAUROIS, *Études anglaises,* p. 259).

5° Du papier d'un grand format : DU GRAND *aigle* (1,05 m × 0,75 m ; DU PETIT *aigle* (env. 0,94 m × 0,60 m).

b) Aigle est féminin : 1° quand il désigne expressément l'oiseau femelle : *L'aigle est* FURIEUSE *quand on lui ravit ses aiglons* (Ac.).

2° Dans le sens d'étendard, d'armoiries, de devises : *Les aigles* ROMAINES. *D'azur à l'aigle* ÉPLOYÉE *d'argent. L'aigle* IMPÉRIALE.

Hist. — Étymologiquement, *aigle* est féminin (empr. de l'anc. provençal *aigla* ou refait sur le lat. *aquila*). En ancien français, il était employé aussi bien au masculin qu'au féminin. Longtemps l'usage est resté flottant ; au XVII⁰ siècle, suivant Vaugelas (*Rem.,* p. 299), *aigle* était encore « hermaphrodite » et l'on disait : *un grand aigle* et *une grande aigle, à l'aigle noir* et *à l'aigle noire.*
Les distinctions actuelles ont été établies par les grammairiens du XVII⁰ et du XVIII⁰ siècle.

253. *a) Amour,* dans l'acception générale (affection profonde, personne aimée, attachement qu'on éprouve pour une chose), est masculin :

L'amour MATERNEL. — *Amour* SACRÉ *de la patrie* (ROUGET DE LISLE). — *La jalousie est mauvaise dans* TOUS *les amours, même dans* CEUX *que Dieu nous commande le plus* (G. SAND, *La Petite Fadette,* X). — *Je ne veux plus aimer que ma mère Marie,* TOUS *les autres amours sont de commandement* (P. VERLAINE, *Sagesse,* II, 11). — *Ce gros homme (...), toujours prêt à se donner avec un fond d'émotion naïve pour* TOUS *les amours (...), c'est le bon seigneur russe* (E.-M. de VOGÜÉ, *Le Roman russe,* p. 309). — CHER *amour, épanche ta douleur* (LAMART., *Nouv. Méd.,* 10). — UN VIOLENT *amour des richesses.*

---

1. Voir à la fin du volume l'arrêté du 26 février 1901 : *Liste,* II.

b) Quand il signifie « passion d'un sexe pour l'autre » :

1º Au singulier, il est généralement masculin ; ce n'est guère qu'en poésie qu'on le fait parfois féminin :

Masculin : CE MALHEUREUX *amour dont votre âme est blessée* (VOLT., *Zaïre*, V, 3). — UN *amour* ÉTERNEL *en un moment conçu* (ARVERS, *Sonn.*). — *Voilà* UN *amour sans trouble et sans peur* (VIGNY, *Chatt.*, III, 8). — *Peut-être l'amour* HEUREUX *s'épanouit-*IL *en vertus physiques et morales chez les descendants* (M. BARRÈS, *Le Jardin de Bérénice*, p. 109). — *Mais combien fait mal* UN *amour qui meurt !* (P. LOTI, *Les Désenchantées*, XXII.)

Féminin : *J'ai l'âme lourde encor d'amour* INEXPRIMÉE (E. ROSTAND, *Cyrano*, V, 5). — *Mais, pour désaltérer* CETTE *amour* CURIEUSE (P. VALÉRY, *Charmes*, Fragments du Narcisse, I). — *Pourquoi revenir si rien ne subsiste de l'amour* ANCIENNE ? (LA VARENDE, *Cœur pensif...*, p. 13.) — *Car j'aimais – d'*UNE *amour bien mal* RÉCOMPENSÉE *– le repos et même la fainéantise* (COLETTE, *L'Étoile Vesper*, p. 41). — UNE *amour* VIOLENTE (AC.).

2º Au pluriel, selon une règle traditionnelle, il est ordinairement féminin, même en prose ; en réalité, l'usage n'est pas fixé, et le pluriel *amours* est des deux genres :

Masculin : *Mais ces amours pour moi sont trop* SUBTILISÉS (MOL., *F. sav.*, IV, 3). — *Et mes* PREMIERS *amours et mes premiers serments* (VOLT., *Œdipe*, II, 2). — *Vous avez mis* TOUS *nos amours sens dessus dessous* (MARIVAUX, *L'Heureux Stratagème*, II, 12). — *Vous avez beau me plaisanter sur mes amours* PASSAGERS (STENDHAL, *Corresp.*, t. I, p. 64). — *De ces amours historiquement* CONSTATÉS, *avec une grande dame, il lui était resté ce drap de lit* (HUGO, *Les Misér.*, V, 2, 4). — *Beaucoup d'amours plus ou moins* PASSAGERS (MUSSET, *Conf.*, I, 5). — *L'histoire d'un cœur épris de deux amours* SIMULTANÉS (NERVAL, *Sylvie*, XIII). — QUELS *sont leurs amours* [des éléments invisibles] ? (MICHELET, *La Mer*, II, 3.) — *Je suis las des amours* MENTEURS (A. DUMAS f., *Diane de Lys*, V, 5). — *L'affreuse souffrance des amours* TRAHIS (MAUPASSANT, *Mont-Oriol*, p. 358). — *Ces amours* SILENCIEUX (FLAUB., *Corresp.*, t. III, p. 155). — *L'antique océan qui berça les* PREMIERS *amours de la terre* (A. FRANCE, *Le Livre de mon ami*, p. 56). — *Reprendrons-nous comme autrefois nos* BEAUX *amours* PLEINS *de mystère ?* (A. GIDE, *Le Retour de l'enf. prod.*, p. 62.) — TOUS *ces amours subissaient le même sort* (A. CHAMSON, *Adeline Vénician*, p. 156).

Féminin : *L'hymen va succéder à vos* LONGUES *amours* (RAC., *Bérén.*, I, 4). — *Il* [Adrien] *déshonora son règne par ses amours* MONSTRUEUSES (BOSS., *Hist.*, I, 10). — *Jeunes amours, si vite* ÉPANOUIES (HUGO, *Contempl.*, I, 11). — *Ces hommes de l'Empire (...) parlèrent de leurs* PREMIÈRES *amours* (MUSSET, *Conf.*, I, 2). — *J'aspirai secrètement à de* BELLES *amours* (BALZAC, *La Peau de chagrin*, p. 110). — *Qui ne sait, en effet, que de beaucoup moins que rien naissent parfois les très* GRANDES *amours ?* (R. BOYLESVE, *Le Dangereux Jeune Homme*, p. 18.) — *Les très* GRANDES *amours se reconnaissent (...) à la parfaite et durable harmonie de la vie quotidienne* (A. MAUROIS, *Un Art de vivre*, p. 83). — *Les amours qu'il a* NOUÉES *aux États-Unis* (R. KEMP, dans les *Nouv. litt.*, 28 août 1947). — *Entre tant d'amours* ESSAYÉES (É. HENRIOT, dans le *Monde*, 11 avr. 1951).

c) Amour est masculin, même au pluriel, quand il désigne, en peinture et en sculpture, les représentations du dieu Amour : *Peindre, sculpter de* PETITS

Amours (Ac.). — *Une guirlande de fleurs, parmi lesquelles on voit voleter de* PETITS *amours* (R. BENJAMIN, *Valentine*, p. 72).

Remarque. — Quand les tours *un de, un des, le plus beau des*, et autres semblables, comportent le pluriel *amours* (passion d'un sexe pour l'autre), on met ordinairement, au masculin les mots dont *amours* commande l'accord, afin d'éviter la disparate : *N'est-ce pas là un des plus* TOUCHANTS *amours qu'un romancier ait jamais racontés ?* — *Par cette raison qui veut que de* TOUS *les amours de femmes, le deuxième soit le plus long à finir* ((P. BOURGET, *Cruelle Énigme*, p. 139). — *Olivier (...) s'abandonnait à la douceur d'un de ces* PETITS *amours romanesques dont il était coutumier* (R. ROLLAND, *Jean-Chr.*, t. VI, p. 187). — *Le plus beau de* TOUS *les amours* (J.-L. VAUDOYER, *Laure et Laurence*, p. 50).

Hist. — *Amour* n'avait, dans l'ancienne langue, que le genre féminin. C'est pour concilier l'usage ancien et l'étymologie (*amor* est masculin en latin) que les grammairiens du XVIe et du XVIIe siècle ont établi, non sans subtilité, une différence de genre d'après le nombre. — Pour Vaugelas (*Rem.*, pp. 389-390), quand *amour* signifiait Cupidon ou quand il était dit de l'amour de Dieu, il était toujours masculin ; en dehors de ces deux cas, *amour* était, selon lui, indifféremment masculin ou féminin (mais il jugeait le féminin préférable).

254. Chose. *Quelque chose* (signifiant « une certaine chose »), *autre chose* (sans déterminatif), *grand-chose, peu de chose* s'emploient comme nominaux (ou pronoms) indéfinis, et sont du masculin (voir certains détails : § 589) : *Quelque chose de* FÂCHEUX (Ac.). — *Autre chose d'*IMPORTANT. *Pas grand-chose de* NOUVEAU. *Peu de chose a été* FAIT.

Quelque chose et *autre chose* ne sont pas des nominaux indéfinis, dans des phrases comme les suivantes, où *chose* doit être pris séparément comme nom féminin : *Quelque chose que je lui aie* DITE, *je n'ai pu le convaincre* (Ac.). — *Ceci est* UNE *autre chose.*

Hist. — Dès le XVIe siècle, et définitivement dans la seconde moitié du XVIIIe siècle, *chose* est devenu masculin dans l'expression *quelque chose*, sous l'influence du neutre latin *aliquid*. — *Quelque chose* a remplacé l'ancien français *auques* (lat. *aliquid*), qui survit dans certains dialectes, notamment en lorrain.

255. Délice. L'usage ordinaire ne connaît de ce mot que la forme plurielle, qui est du féminin : *Il fait* TOUTES *ses délices de l'étude* (Ac.). — *L'imagination m'apportait des délices* INFINIES (NERVAL, *Aurélia*, I, 1).

On emploie parfois le singulier *délice*, qui est du masculin : *La lecture de cet ouvrage est* UN PUR *délice* (Ac.). — *Cette prose de Racine est* UN *délice* (J. LEMAITRE, *Jean Racine*, p. 127). — *Dans* CET *extrême délice* (M. BARRÈS, *Au Service de l'Allemagne*, p. 106). — *La présence mystique de nos morts bien-aimés est* LE *délice de notre morne séjour planétaire* (L. DAUDET, *Un Jour d'orage*, p. 244). — *Manger des mûres est* UN *délice* (H. BOSCO, *Un Rameau de la nuit*, p. 9).

Remarque. — Après certaines expressions comme *un de, un des, le plus grand des*, etc., suivies du complément pluriel *délices*, on met au masculin l'adjectif ou le participe se rapportant à ce complément, afin de ne pas choquer l'oreille : UN *de mes plus* GRANDS *délices* (J.-J. ROUSS., *Rêveries*, 5e prom.).

Hist. — *Délice* et *délices* sont issus, le premier du neutre latin *delicium*, le second du féminin latin *deliciae*. Cela explique la variation du genre au pluriel, au XVIIe siècle. — Vaugelas (*Rem.*, p. 249) condamnait *délice* au singulier.

256. *Foudre* est féminin dans le sens de *feu du ciel* et aussi quand il désigne figurément ce qui frappe d'un coup soudain, irrésistible : LA *foudre est* TOMBÉE. *Les foudres de l'excommunication furent* LANCÉES *contre l'hérésiarque.*

Il est masculin dans les expressions figurées *foudre de guerre, foudre d'éloquence ;* il l'est aussi dans la langue du blason ou quand il désigne le faisceau enflammé qui, dans la mythologie, était l'attribut de Jupiter : *Je suis donc* UN *foudre de guerre* (LA F., *F.*, II, 14). — *D'argent à* UN *foudre de sable.* — *Jupiter (...) lance* UN *foudre à l'instant* (LA F., *F.*, VIII, 20).

Remarque. — *Foudre* (allem. *fuder*), grand tonneau, est masculin : UN *foudre de vin.*

Hist. — *Foudre* est issu du latin vulgaire **fulgerem* (lat. classique : *fulgur*). Le genre féminin de *foudre*, selon Bloch, peut venir de *fulgura*, pluriel neutre pris comme féminin singulier. — Tant au sens propre de « feu du ciel » qu'au sens figuré de « coup soudain, colère, etc. , *foudre* a pu autrefois, et jusque chez les auteurs classiques, être employé au masculin : *Car quelle raison y a il qu'Æsculapius (...) ait esté frappé* DU *foudre ?* (MONTAIGNE, II, 37 ; p. 861.) — *Les chapiteaux ne despitent pas les nuës pour en appeler* LE *foudre à leur destruction* (D'AUBIGNÉ, t. II, p. 137). — *Tu passes comme* UN *foudre en la terre flamande* (MALH., t. I, p. 26). — *Si* LE *foudre tombait sur les lieux bas* (PASC., *Pens.*, 39). — *Anastase mourut frappé* DU *foudre* (BOSS., *Hist.*, I, 11). — *Éteins entre leurs mains leurs foudres* DESTRUCTEURS (VOLT., *Alzire*, I, 4).

257. *a) Gens,* nom pluriel désignant un nombre indéterminé[1] de personnes prises collectivement, est du masculin : TOUS *les gens* QUERELLEURS

---

1. Autrefois, et jusque dans le XVIIIe siècle, *gens* a pu s'employer avec un nombre déterminé : *Pour ces* TROIS GENS *Qui ont pel de beste afublée* (*Le Dit du buef,* dans Littré). — *Il y a là* VINGT GENS *qui sont fort assurés de n'entrer point* (MOL., *Impr.*, 3). — DEUX GENS *qui auraient le malheur d'être sourds, aveugles et muets* (DIDEROT, *Lett. sur les aveugles*). — Dans l'usage actuel, *gens* « ne se dit jamais en parlant d'un nombre déterminé de personnes, à moins qu'il ne soit précédé de certains adjectifs, comme dans ces exemples : *Il y vint trois pauvres gens. Nous étions dix honnêtes gens.* — *Ces quatre frères étaient quatre braves gens.* » (AC.). — *Il approche du banc où étaient assis deux vieilles gens* (É. ESTAUNIÉ, *L'Ascension de M. Baslèvre*, Épilogue). — *Trois vieilles gens* (LITTRÉ, s. v. *gens*, Rem. 10). — Girault-Duvivier (*Gramm. des gramm.*, t. I, p. 103) donne cet exemple : *Une de ces vieilles gens.* Locution de grammairien qui raffine ; cela ne se dit pas. Mais on dirait bien : *deux, trois, dix... de ces gens.* — A remarquer que des nombres comme *trente-six, cent, cent et un, mille, mille et un, un millier de,* au sens indéterminé (§ 410), peuvent s'employer devant *gens :* *J'ai vu mille gens sur la place* (LITTRÉ, s. v. *gens*, Rem. 9). — *Il y a un millier de gens qui voudraient être à votre place* (ID., *ib.*). — Parfois aussi *quelques : Tous ceux qui avaient des noms ou des visages étaient là. Et même quelques gens en plus...* (Marie NOËL, *Petit-jour*, p. 91).

(LA F., *F.*, VII, 1). — *Quoique* DÉCHUS *de leurs honneurs et de leur fortune,*
ces gens paraissent HEUREUX (Ac.). — QUELS *sont ces gens ?* (J. ROMAINS, *Les*
Hommes de b. vol., t. VIII, p. 226.)

b) Cependant il veut au féminin tous les adjectifs placés avant lui, quand
l'adjectif qui le précède *immédiatement* n'a pas une forme unique pour les
deux genres et qu'il n'est pas suivi d'un complément ; mais les mots (adjectifs,
pronoms, participes) placés après lui et dont il commande l'accord se mettent
au masculin : TOUTES *les* VIEILLES *gens* (Ac.). — QUELLES *honnêtes et* BONNES
gens ! — QUELS BONS *et honnêtes gens !* — *Ce sont les* MEILEURES *gens que*
j'aie CONNUS. — *Il s'accommode de* TOUTES *gens* (Ac.). — *Plus* TELLES *gens*
sont PLEINS, *moins* ILS *sont* IMPORTUNS (LA F., *F.*, XII, 13). — *L'assemblée*
unique de TOUTES *les* PETITES *gens qu'il avait* CÉLÉBRÉS (H. BORDEAUX, *Paris*
aller et retour, p. 95). — *J'écris pour ces* PETITES *gens d'entre* LESQUELS *je suis*
sorti (G. DUHAMEL, *Défense des Lettres*, p. 47). — *Mes amis étaient de* VIEILLES
BONNES *gens* PLEINS *de saveur antique et fruste* (É. HENRIOT, *Les Temps*
innocents, p. 188).

Jeunes gens est toujours masculin : *De* NOMBREUX *jeunes gens.*

Remarque. — Si, avec *tous*, le mot *gens*, non précédé de l'article ou de ce qui en
tient lieu, est suivi d'une épithète ou de quelque mot déterminatif, généralement
on met *tous* au masculin : TOUS *gens bien connus* (Ac.). — TOUS *gens d'esprit et de*
mérite (ID.). — *Chiens, chevaux et valets,* TOUS *gens bien endentés* (LA F., *F.*, IV, 4).
— TOUS *gens ayant quelque chose à cacher* (M. PRÉVOST, *Le Scorpion*, p. 227). — TOUS
gens de foi ardente (P. LOTI, *Le Désert*, p. 5).

N. B. — Cependant, en cet emploi, *tous* se met parfois au féminin : *Le chat grippe-*
fromage, Triste oiseau le hibou, ronge-maille le rat, Dame belette au long corsage, TOUTES
gens d'esprit scélérat (LA F., *F.*, VIII, 22). — *On n'a vu chez nous cette année-là que mé-*
decins, pharmaciens, garde-malades [sic], TOUTES *gens qui, pour ruiner les maisons,*
en remontreraient au curé et au notaire (G. BERNANOS, *La Joie*, p. 123).

Pour le tour populaire *c'est* TOUT *gens malins*, voir § 457, A, 2°, Rem. 5.

c) Les adjectifs et les pronoms qui ne précèdent *gens* que par inversion
restent au masculin : INSTRUITS *par l'expérience, les* VIEILLES *gens sont* SOUP-
ÇONNEUX (Ac.). — *Qu'est-ce qu'*ILS *diraient* TOUTES *ces* BONNES *gens de ne*
pas me voir revenir ? (M. PROUST, *À l'ombre des J. Filles en fleurs*, I, p. 112, cit.
Le Bidois.)

d) *Gens*, suivi de la préposition *de* et d'un nom désignant une qualité,
une profession ou un état quelconque, veut toujours l'adjectif ou le participe
au masculin. Tel est le cas avec les expressions : *gens de robe, gens de cœur,*
gens de cour, gens d'honneur, gens de bien, gens du monde [1], *gens de main,*
gens de sac et de corde, gens d'Église, gens de guerre, gens d'épée, gens de justice,

---

1. On fera attention que, dans une phrase comme *Sans la peur nous eussions été*
les plus heureuses gens du monde (CHATEAUBR., *Mém.*, II, 6, 2), on n'a pas affaire
à l'expression *gens du monde* : le complément *du monde* sert à renforcer le superlatif.

gens de loi, gens de mer, gens de lettres [1], *gens de finance, gens d'affaires, gens de maison* [2] et autres semblables : *De* NOMBREUX *gens de lettres* (AC.). — CERTAINS *gens d'affaires* (ID.). — CERTAINS *gens du monde* (BOURDALOUE, *Restitution,* 1re part.).

Pour *les plus gens de bien, les plus gens d'esprit,* voir § 369.

e) Gent, mot vieilli ou familier signifiant *nation, race* [3], est féminin : LA *gent trotte-menu* (LA F., F., III, 18). — *Voilà, je pense, une amende honorable, payée à* LA *gent canine* (COLETTE, *Le Fanal bleu,* p. 211). — *Les aèdes homériques (...) appartenaient déjà (...) à* LA *gent littéraire* (J. BENDA, *La France byzantine,* p. 153).

L'expression *droit des gens* est la traduction récente du latin *jus gentium.*

Hist. — *Gens,* ancien pluriel de *gent,* était féminin à l'origine, selon l'étymologie (lat. *gens,* nation, peuple). De bonne heure, il a pris le sens général d'*hommes* (développement qui semble être en rapport avec celui de l'allemand *Leute*), et cela explique le passage, dès le XIIIe siècle, au genre masculin. Cependant on ne mettait guère au masculin que les adjectifs qui suivaient *gens ;* le féminin se maintint dans des expressions comme *vieilles gens, bonnes gens,* où l'adjectif fait corps avec le nom : de là, la règle actuelle, consacrée par Vaugelas (*Rem.,* pp. 397 et 462), et perfectionnée, si l'on peut ainsi parler, par Ménage et ses successeurs. — A noter que, pour Vaugelas, *tout* ne pouvait s'accommoder devant *gens* avec les autres adjectifs féminins que ce nom demandait ; on ne disait pas, selon lui : *toutes les bonnes gens.*

---

1. *Gendelettre,* au singulier et en un mot, est péjoratif : *L'âge de raison du gendelettre* (L. VEUILLOT, *Mél.,* 3e série, t. III, p. 123). — *Flaubert est le type même du « gentdelettres »* (L. DAUDET, *Le Stupide XIXe Siècle,* p. 145). — *Gendelettre dans l'âme* (M. PROUST, *Du côté de chez Swann,* II, p. 67). — *C'était à un déjeuner de gens de lettres, où il* [Marcel Pagnol] *était le moins « gendelettre » de tous, certainement* (A. ROUSSEAUX, dans le *Figaro litt.,* 11 janv. 1958). — *Même dans Montaigne un « faiseur de livres » (...) est déjà un triste* GENDELETTRE *plutôt qu'un grand écrivain* (A. THÉRIVE, *Procès de langage,* p. 109). — [*Gendelettre* n'est pas mentionné par l'Académie. Pour Bloch-Wartburg et pour A. Dauzat, ce néologisme (1843, Balzac) est issu de *gens de lettres* (cf. *gendarme,* issu de *gens d'armes*). Selon M. Cohen (*Regards sur la langue fr.,* p. 105), il est venu, par glissement psychologique, de *Jean de lettres* (= nigaud de lettres), expression appliquée à Ménage par Tallemant des Réaux *(Historiettes).*

2. A noter que *gens,* au sens de « domestiques », ne se dit guère qu'avec un adjectif possessif : *mes gens, ses gens, vos gens,* etc. — ou dans des expressions du type *les gens de M. un tel :* « alors, dit Littré, il est d'ordinaire sans épithète qui précède, et par conséquent masculin » : UN *de mes gens la garde au coin de ce détour* (MOL., *Éc. des f.,* V, 2). — *Elle mit* UN *de ses gens en quête de ces créatures* (DIDEROT, *Jacques le Fataliste,* éd. de la Pléiade, p. 605). — *Elle (...) fit partir* UN *de ses gens* (STENDHAL, *Chartr.,* t. II, p. 271). — UN *de mes gens, Monsieur, va vous reconduire* (R. ROLLAND, *Les Léonides,* I, 4). — « Mais, ajoute Littré, sans doute on dirait au féminin : *Les* MALADROITES *gens de M. un tel...* »

3. *Ço est une* GENT *ki Deu nen amat unkes* [C'est une *race* qui jamais n'aima Dieu] (*Rol.,* 3261).

258. *Hymne* est masculin dans l'acception ordinaire : *Les cieux sont* UN *hymne sans fin* (LAMART., *Harm.*, Hymne du matin). — *L'hymne* NATIONAL. — *Seigneur,* QUELS *hymnes sont dignes de vous ?* (AC.) — *Ce qu'un oiseau chante, un enfant le jase.* C'est LE *même hymne* (HUGO, *Quatrevingt-treize*, III, 3, 1). — Il est ordinairement féminin dans le sens de « cantique latin qui se chante ou se récite à l'église »[1] : *Santeul, fournisseur d'hymnes* ÉLÉ-GANTES *pour églises mondaines* (Éd. HERRIOT, *Dans la Forêt normande*, p. 222). — TOUTES *les hymnes de cet admirable office* (Fr. MAURIAC, *Le Jeudi-Saint*, p. 136).

Hist. — Selon l'étymologie, *hymne* (du masculin latin *hymnus*, gr. ὕμνος), est masculin. La présence de l'*e* final, caractéristique du féminin dans les noms, explique que l'on a fait passer le mot du masculin au féminin ; d'ailleurs, l'élision de l'article devant *h* muet a favorisé ce changement. — La distinction actuellement adoptée ne se justifie pas.

259. *Merci* est féminin dans le sens de « bon vouloir » ; il est masculin dans les formules de politesse : *À* LA *merci des vents et des flots* (FÉN., *Tél.*, t. I, p. 8) — *N'attendez de lui* AUCUNE *merci* (DICT. GÉN.). — *Le dauphin dit : Bien* GRAND *merci* (LA F., *F.*, IV, 7).

Hist. — *Merci* est féminin selon l'étymologie (du féminin latin *merces, mercedis*). *Grand* étant invariable en genre au moyen âge, on disait UNE GRAND *merci*, comme on disait UNE GRAND *mère*. Quand *grand* eut pris la forme *grande* au féminin, comme on continuait à dire GRAND *merci* dans la locution figée, on crut rendre toutes choses régulières en disant UN *grand merci*, alors qu'il eût fallu dire UNE GRANDE *merci*.

Merces, proprement « salaire » a pris en latin populaire le sens de « prix » : de là celui de « faveur », puis celui de « grâce qu'on accorde en épargnant », « bon vouloir ». Ces sens ne subsistent que dans quelques locutions telles que *se rendre à merci, à la merci de, sans merci, Dieu merci* (= par la merci de Dieu). — C'est depuis le XIVe siècle que *merci* est devenu un terme de politesse, d'après des locutions telles que *votre merci* = grâce à vous.

260. *Œuvre* est toujours féminin au pluriel ; il l'est généralement aussi au singulier : *Les plus* BELLES *œuvres de l'industrie humaine. Les* DERNIÈRES *œuvres de Cicéron. Faire de* BONNES *œuvres. Les œuvres* SOCIALES. — UNE *œuvre* INÉDITE. TOUTE *œuvre* HUMAINE *est* IMPARFAITE.

Il est masculin quand il désigne :

1° L'ensemble de la bâtisse : LE GROS *œuvre est presque* ACHEVÉ (É. FABRE,

---

1. Parfois aussi dans le sens plus large de « cantique religieux » : [La fantaisie d'Horace] *va (…) des hymnes* OFFICIELLES *au naturalisme le plus moderne* (É. HENRIOT, *Les Fils de la Louve*, p. 180). — *Toute la foule, hommes et femmes, exaltés et confiants, chantèrent avant la bataille* [un match de football] CETTE *hymne au Seigneur* (A. MAU-ROIS, *Les Silences du Col. Bramble*, p. 6). — À ces exemples on opposera celui-ci : *Les joueurs de flûte* [avant la bataille de Platées] *font entendre des hymnes* RELIGIEUX (FUSTEL DE COULANGES, *La Cité ant.*, III, 7).

Les Ventres dorés, I). — *En cinq années, Guillaume de Sens érigera la basilique,
au moins pour* LE GROS *œuvre* (Éd. HERRIOT, *Dans la Forêt normande*, p. 126).

2° L'ensemble des ouvrages d'un graveur, d'un artiste, parfois aussi d'un
écrivain : TOUT *l'œuvre de Callot* (AC.). — *L'œuvre* ENTIER *de Rembrandt* (ID.).
— *L'œuvre* ENTIER *de Beethoven* (R. ROLLAND, *Vie de Beethoven*, p. 13). —
L'œuvre COMPLET *de Rowlandson* [caricaturiste anglais] (A. FRANCE, *Le Man-
nequin d'osier*, p. 179). — *Presque* TOUT *l'œuvre de Musset* (G. LANSON, *Hist.
de la Litt. franç.*, p. 961). — *L'œuvre* COMPLET *de Gibbon* [historien anglais]
(A. THÉRIVE, *Fils du jour*, p. 36). — *L'œuvre* ENTIER *de Barrès* (M. ARLAND,
Essais crit., p. 73). — *Dans l'œuvre* ENTIER *de Flaubert* (Fr. MAURIAC, *Trois
Grands Hommes devant Dieu*, p. 82). — *L'œuvre* HUGOLIEN (F. GREGH, *L'Âge
de fer*, p. 45).

Il est toujours permis, cela va de soi, de faire féminin *œuvre* désignant l'ensemble
des ouvrages d'un artiste ou d'un écrivain [1] : *Tintoret, dont l'œuvre presque* ENTIÈRE
est à Venise (TAINE, *Voy. en Ital.*, t. II, p. 358). — *Je me suis mis à feuilleter son
œuvre* GRAVÉE *[de Watteau]* (L. GILLET, *Watteau*, p. 5). — *Dans* TOUTE *l'œuvre de
Dickens* (A. MAUROIS, *Les Silences du Colonel Bramble*, p. 139). — TOUTE *l'œuvre de
Claudel* (G. DUHAMEL, *Le Temps de la Recherche*, XIV). — TOUTE *l'œuvre de Hugo*
(F. GREGH, *L'Âge de fer*, p. 109). — Si l'on en juge par l'exemple suivant, le masculin
est, dans ce cas, une « servitude grammaticale » : *Cette haute pile inégale de cahiers
d'école* [dans la chambre mortuaire de Proust], *c'était, n'en déplaise aux amateurs de
catastrophe, l'œuvre* COMPLÈTE *ou, pour être grammatical, l'œuvre* COMPLET *de notre
ami* (J. COCTEAU, *Poésie critique*, p. 200).

3° La recherche de la pierre philosophale (le « grand œuvre ») [2] ou, figurément, quelque grande entreprise analogue : *Travailler* AU GRAND *œuvre* (AC.).
— *Il est bien beau à un homme comme lui de quitter* LE GRAND *œuvre pour ces
bagatelles* (VOLT., *À Frédéric, prince de Hesse-Cassel*, 14 mai 1754). — *Restreindre artificieusement le nombre des vies futures, c'est s'opposer* AU GRAND
œuvre de la transformation de la planète (J. LEMAITRE, *Opinions à répandre*,
p. 27). — *Une de ces unions libres où l'on vit comme frère et sœur en travaillant*
AU GRAND *œuvre* SOCIAL (E.-M. de VOGÜÉ, *Le Roman russe*, p. 188).

Œuvre est encore masculin dans l'expression juridique *dénonciation de nouvel
œuvre* (assignation à celui qui construit sur un terrain qui ne lui appartient pas

---

1. Selon A. Thérive, « c'est par affectation que certains auteurs mettent *œuvre* au
masculin quand il s'agit de *l'ensemble des œuvres d'un artiste*. En principe, (...) ce
masculin ne s'emploie que pour la production des *graveurs*, et si parfois on l'applique
à celle des peintres, voire des écrivains, l'analogie peut jouer certes, mais aussi un
certain pédantisme... » (*Querelles de lang.*, t. III, p. 91).

2. En travaillant au *grand œuvre* (appelé aussi *art sacré* ou *grand art*), les alchi-
mistes, les philosophes hermétiques du moyen âge, recherchaient un arcane propre
à obtenir la pierre philosophale (appelée parfois *ouvrage de patience*, à cause du temps
qu'elle exige pour être amenée à sa dernière perfection) ; cette pierre devait avoir la
propriété de transmuer en or ou en argent les métaux inférieurs.

ou au mépris d'une servitude) ; et aussi en termes de métallurgie quand il désigne
le plomb argentifère.

Hist. — *Œuvre*, du féminin latin *opera*, fut d'abord féminin. C'est sous l'influence
du neutre latin *opus*, au pluriel *opera*, qu'il commença, au XVI⁰ siècle, de passer au
masculin : *Or pour purger ses œuvres* VICIEUX (MAROT, t. IV, p. 428). — *Et au chemin
fist le pont du Guard et l'amphithéâtre de Nîmes en moins de troys heures, qui toutesfoys
semble œuvre plus* DIVIN *que* HUMAIN (RABELAIS, *Pant.*, 5). — Les grammairiens du
XVII⁰ siècle, conciliant l'étymologie et l'usage, ont établi les distinctions actuelles. —
Mais assez longtemps encore, *œuvre*, au sens général, a pu être employé au masculin,
surtout dans le style soutenu : *Sans cela, toute fable est* UN *œuvre* IMPARFAIT (LA F.,
F., XII, 2). — *Donnons à* CE GRAND *œuvre une heure d'abstinence* (BOIL., *Lutr.*, IV). —
Je sais qu'il est indubitable Que pour former œuvre PARFAIT *Il faudrait se donner au
diable* (VOLT., *Zaïre*, Épître dédicatoire à M. Falkener).

261. *Orge* est féminin, sauf dans les deux expressions *orge mondé, orge perlé*.

Hist. — *Orge* remonte au neutre latin *hordeum*, pluriel *hordea*. Dès le moyen âge,
il s'est employé aux deux genres. Il est probable que c'est sous l'influence de la terminaison en *e* féminin que le mot est devenu presque exclusivement féminin.

262. *Orgue* est du masculin au singulier. Le pluriel *orgues* est également du
masculin quand il désigne plusieurs instruments : *L'orgue de telle église est*
EXCELLENT (AC.). — *L'orgue* MAJESTUEUX *se taisait gravement* (HUGO, *Crép.*,
XXXIII). — UN PETIT *orgue de Barbarie* (M. PROUST, *Sod. et Gom.*, II, 1,
p. 220). — *Les deux orgues de telle église sont* EXCELLENTS. CET *orgue est* UN
des plus BEAUX *qu'on puisse voir*.

Le pluriel *orgues* est du féminin lorsqu'il désigne un instrument unique ;
le mot prend ordinairement alors un sens emphatique : *Les* GRANDES *orgues*
(AC.). — *Cela ressemblait aux sons d'orgues* LOINTAINES (R. BOYLESVE, *La
Becquée*, p. 57). — *Cette église a de* BELLES *orgues*. — *De* BONNES *orgues de
Barbarie* (H. TAINE, *Voy. aux Pyrénées*, p. 299).

Hist. — Le genre de *orgue* a été hésitant dès le moyen âge, à cause de l'initiale
vocalique. C'est par réaction étymologique (le latin *organum* est neutre) que ce nom
est devenu masculin, du moins au singulier.

263. *a) Pâque,* fête juive (avec l'article ou ce qui en tient lieu et avec
une majuscule ou une minuscule), est féminin : *Des gâteaux de* LA *Pâque*
JUIVE (A. MAUROIS, *Byron*, XXV). — *Le temps de* LA *Pâque est venu* (J. et
J. THARAUD, *L'Ombre de la Croix*, p. 175). — *Notre-Seigneur célébra* LA
pâque avec ses disciples (AC.).

On dit de même : LA *pâque russe.*

b) Pâques, désignant la grande fête chrétienne (sans article, avec une
majuscule et presque toujours avec *s* final) ou, elliptiquement, le jour,
l'époque de cette fête, est masculin et singulier : *Pâques fut* CÉLÉBRÉ *avec
beaucoup de pompe.* — *Quand Pâques sera* VENU (AC.). — *Je vous paierai à*

Pâques PROCHAIN (ID.). — *Quand Pâques était* TARDIF (Fr. MAURIAC, *Le Jeudi-Saint*, p. 48).

c) Pâques (avec l'article ou ce qui en tient lieu) est féminin et ne se dit qu'au pluriel lorsque, désignant le jour, la solennité de la grande fête chrétienne, il se trouve accompagné d'une épithète, ou encore quand il désigne la communion pascale, en particulier dans l'expression *faire ses pâques* (avec une minuscule ou une majuscule) : *Ils se rappelaient (...) les Noëls étincelants de flambeaux, les Pâques* ÉCLATANTES *de soleil* (HUGO, *Notre-Dame de Paris*, X, 4). — *Au souvenir de tant de Pâques* DOULOUREUSES (L. BLOY, *Le Mendiant ingrat*, t. I, p. 36). — *Depuis les Pâques* PRÉCÉDENTES (J. MALÈGUE, *Augustin*, t. I, p. 303). — *Faire de* BONNES *Pâques* (LITTRÉ).

Il est encore féminin dans les deux expressions anciennes *Pâques fleuries* [dimanche des Rameaux ; anciennement : *blanches Pâques : As* BLANCHES *pasques en font procession* (*Couronnem. de Louis*, 991)], *Pâques closes* (dimanche de Quasimodo, le 1ᵉʳ après Pâques). — De même dans *joyeuses Pâques :* JOYEUSES *Pâques, monsieur l'abbé !* (G. CESBRON, *Notre Prison est un royaume*, p. 281.)

Hist. — Au moyen âge et jusqu'au XVIᵉ siècle, les deux formes *Pasques* et *(la) Pasque* ont été employées pour désigner la fête chrétienne. Ces formes sont venues du latin populaire *pascua*, altération du latin ecclésiastique *Pascha* — parfois au pluriel *Paschae* — (sous l'influence de *pascua* = nourriture), qui, par le grec πάσχα, remonte à l'hébreu *Pesach*, proprement « passage ».

Le masculin singulier a été employé par ellipse du mot *jour* ou peut-être sous l'influence de *Noël*.

264. *Période* est féminin dans les acceptions ordinaires : LA *période quaternaire*. LA *période lunaire*. LA *période révolutionnaire*. *Arrondir* UNE *période*. UNE *période* MUSICALE. — *La maladie a passé par* TOUTES *ses périodes* (AC., s.v. *passer*).

Il est masculin lorsqu'il désigne le point, le degré où une chose, une personne, est arrivée ; dans ce sens, il appartient surtout au langage soutenu et ne s'emploie guère en dehors des expressions « le plus haut période », « le dernier période » : *Démosthène et Cicéron ont porté l'éloquence à* SON *plus* HAUT *période* (AC.). — *Cet homme est* AU DERNIER *période de sa vie* (ID.). — *Celui-ci dont la colère était arrivée à* SON DERNIER *période* (MÉRIMÉE, *Mosaïque*, p. 169). — *Il en était à* CE *période* HEUREUX *de la passion triomphante* (É. HENRIOT, *Les Occasions perdues*, p. 245). — *Que l'on prenne même ces races à* LEUR *plus* HAUT *période* (M. ARLAND, *Essais critiques*, p. 191).

Hist. — *Période* remonte au féminin latin *periodus ;* il a été employé au masculin peut-être sous l'influence de la terminaison latine *-us*, qu'on trouve dans des mots généralement masculins.

265. *Personne* est féminin quand il est pris comme nom ; dans ce cas, il est ordinairement précédé d'un déterminatif : *C'est* UNE *personne de mérite* (AC.). — UNE *personne de qualité* (ID.). — *Les voilà dans l'État d'*IMPORTANTES *personnes* (MOL., *F. sav.*, IV, 3).

Personne est masculin et ne s'emploie qu'au singulier, sans déterminatif, quand il est pris au sens indéterminé, comme nominal : *Y a-t-il personne d'assez* HARDI ? (AC.) — *Personne ne sera assez* HARDI *pour le faire* (ID.).

Pour les détails, voyez § 588.

Hist. — Dans l'ancienne langue et chez les auteurs classiques, le nom *personne* est parfois suivi d'un mot masculin en rapport avec lui dans des phrases où se placent, entre l'un et l'autre, quelques mots dont la présence fait oublier le rapport avec le nom *personne ;* un rapport sylleptique s'établit avec le nom *homme(s)* qu'on a dans la pensée : *Quant la grace de Dieu vient en une personne, lors* IL *est fort et puissant contre toutes choses contraires (Internelle Consolacion,* I, 8). — *Une personne me disait un jour qu'*IL *avait une grande joie et confiance en sortant de confession* (PASC., *Pens.,* 530). — *Jamais je n'ai vu deux personnes être si* CONTENTS *l'un de l'autre* (MOL., *Dom Juan,* I, 2). — *Les personnes d'esprit ont en* EUX *les semences de toutes les vérités et de tous les sentiments* (LA BR., I, 36). — Cet accord sylleptique est rare aujourd'hui : *Que voulez-vous qu'on devienne auprès des personnes dont on sait que, dès leur naissance et par leur naissance,* ILS *seront toujours* SÛRS *d'être plus que vous ?* (P. HERVIEU, *L'Armature,* VI.)

Quelques règles
pour reconnaître le genre de certains noms.

Ce n'est guère que par l'usage que l'on apprend à reconnaître le genre des noms. Il y a cependant, pour les noms de choses, quelques règles générales qui, en dépit des exceptions qu'elles comportent, peuvent fournir des indications utiles.

266. Sont **masculins :**

1º Les noms terminés par les suffixes *-ier, -age, -as, -ement, -ament, -in, -is, -on, -illon, -oir : Un encrier, le plumage, le plâtras, le logement, le testament, le rondin, le roulis, le coupon, le goupillon, le miroir.*

2º Les noms d'arbres : *Le hêtre, le chêne, le bouleau.*

EXCEPTIONS : *Une épine, une aubépine, la ronce, la vigne, la viorne, une yeuse.*

3º Les noms de métaux et de corps chimiques, les noms scientifiques latins des animaux et des plantes : *Le cuivre, le fer, l'argent* PUR, *l'or* FIN, *le cobalt, le soufre, le felis rubiginosa, le viola canina.*

4º Les noms désignant des langues : *Le français, le russe.*

5º Les noms des jours, des mois, des saisons : *Le lundi, le* RIANT *avril, le printemps.* (Pour *automne,* voir § 273, 3º.)

6º Les noms en *-a : Le choléra, le mimosa* (voir § 272), *le falbala.*

Les exceptions sont assez nombreuses : *agora, armada, chechia, guérilla, malaria, mazurka, pampa, polka, sierra, tombola, vendetta, véranda, villa* et autres noms en *-a,* d'origine étrangère, sont féminins.

267. Sont **féminins :**

1º Les noms terminés par les suffixes *-ade, -aie, -aille, -aine, -aison, -ison,*

-ande, -ée (lat. *-atam*), *-ence, -esse, -eur* (noms abstraits, sauf *honneur, labeur*), *-ie, -ille, -ise, -té, -ure* : *La colonnade, la chênaie, la pierraille, la douzaine, la cargaison, la trahison, une offrande, la poignée, une exigence, la richesse, la douleur, la jalousie, la brindille, la gourmandise, la bonté, la morsure.*

2⁰ Les noms de sciences : *La géologie, la chimie, la botanique, la grammaire, la paléographie.* — EXCEPTION : *Le droit.*

268. Genre des noms propres de villes.

Le genre des noms propres de villes peut donner lieu à certaines hésitations ; dans ce cas, il est aisé de tourner par « la ville de... ».

Le genre de certains noms de villes est indiqué évidemment par l'article : *Le Caire, Le Havre, La Plata, La Haye, La Rochelle.*

On pose parfois en règle que généralement les noms propres de villes sont masculins quand ils sont terminés par une syllabe sans *e* muet : *Gand était* INVESTI (RAC., t. V, p. 108). — *Qu'on fasse de l'Épire* UN SECOND *Ilion* (ID., *Andr.*, II, 2). — *Noyon est* PERDU (H. BORDEAUX, *Tuilette*, p. 93). — *Cadix n'est pas tout* BLANC (Cl. FARRÈRE, *La Seconde Porte*, p. 141) ; — et qu'ils sont féminins quand ils sont terminés par une syllabe muette : *Rennes* PRISE (HUGO, *Quatrevingt-treize*, II, 2, 2). — *Narbonne est* BELLE (ID., *Lég.*, t. I, p. 288). — LA BLANCHE *Oloossone (...)* LA BLANCHE *Camyre* (MUSSET, *N. de Mai*). — *Athènes est* ASSIÉGÉE (P. de LA GORCE, *Charles X*, p. 170). — *Compiègne est* SAUVÉE (H. BORDEAUX, *Tuilette*, p. 94). — Mais cette règle souffre de nombreuses exceptions : *Lyon n'avait pas d'*ÉGALE (A. VANDAL, *L'Avèn. de Bonaparte*, t. I, p. 43). — *Navarin est* OCCUPÉE (P. de LA GORCE, *Charles X*, p. 170). — *Namur* BOMBARDÉE (P. BOURGET, *Le Sens de la Mort*, p. 85). — *Bucarest* TRIOMPHANTE (R. VERCEL, *Capitaine Conan*, p. 33). — *Verdun*, TRAHIE (H. BORDEAUX, *Les Captifs délivrés*, p. 12).—Ce *Venise* (M. PROUST, *Le Temps retrouvé*, II, p. 19, cité par Hœybye). — LE VIEUX *Belleville* (J. ROMAINS, *Les Hommes de bonne volonté*, t. III, p. 315, *ib.*). — *Kairouan, dit-on, serait* TOMBÉE *aux mains des Alliés* (A. GIDE, *Journal 1942-1949*, p. 147). — *Strasbourg* BLESSÉE (Fr. AMBRIÈRE, *Les Grandes Vacances*, p. 376). — *Reims ou Soissons étaient* BOMBARDÉES (J. BAINVILLE, *Histoire de deux peuples continuée jusqu'à Hitler*, p. 8). — Il semble cependant que, dans la langue parlée du moins, le masculin tende à prévaloir (le neutre, proprement, comme s'il y avait désexualisation générale des noms propres de villes), et qu'on dise : *En* PLEIN *Marseille, Venise est* BEAU, *Trouville est* CHARMANT, TOUT *Charleville*, etc.

Pour *tout* devant un nom propre de ville, voir § 457, A, 1⁰, Rem. 2.

269. Noms employés par métonymie.

A certains noms qu'on emploie par métonymie (contenant et contenu, cause et effet, etc. employés l'un pour l'autre) on donne le genre d'un nom générique sous-jacent, qu'on a dans la pensée au moment où l'on s'exprime (il y a alors *ellipse* généralement) : DU *hollande* (du *fromage* de Hollande), UNE *lévite* (une *robe* de lévite), UN *Rosa Bonheur* (un *tableau* de Rosa Bonheur), DU *champagne* (du *vin* de Champagne), UN *havane* (un *cigare* de la Havane), DU *romanée* (du *vin* de la Romanée), DU *semois* (du *tabac* de la Semois), UN *terre-neuve* (un *chien* de Terre-Neuve).

Dans le cas de certains noms propres ainsi employés, le sujet parlant ou écrivant n'a, sous-jacent dans la pensée, aucun nom générique bien précis : *Le lustre en* VIEUX *Saxe* (FLAUB., *Éduc. sent.*, t. I, p. 201). — *Les* VIEUX *japon, les* VIEUX *chine abondent* (R. BAZIN, *Terre d'Espagne*, p. 213). — *Il (...) sortit des assiettes (...), il rit : Ce sont des* VIEUX *Japon* (J. de LA VARENDE, *Le Troisième Jour*, p. 99). — *Le morceau de lard fumé, couleur de* VIEUX *Chine* (G. BERNANOS, *Monsieur Ouine*, p. 102). — *C'est* DU *Colette tout* PUR. — [Pour la majuscule et pour la marque du pluriel, l'usage est indécis, mais on est fondé à écrire : *des japons* (LITTRÉ), *de vieux saxes, de vieux chines,* comme on écrit : *des bourgognes, des havanes,* etc. : *Au milieu de cette collection de* SAXES (J. GREEN, *Journ.*, 3 déc. 1949).]

Remarques. — 1. Dans la marine de guerre, en France, une circulaire du ministre François Piétri (13 août 1934) a prescrit de faire accorder l'article avec le nom du navire, en gardant à ce nom le genre qu'il a dans l'usage ordinaire. L'Académie française, sur la proposition de l'amiral Lacaze, a félicité le ministre (22 mars 1935) ; de même l'Académie de Marine. — Dans la marine marchande, le ministre Raymond Schmittlein, par sa circulaire du 25 février 1955, a rappelé que « la correction grammaticale et la véritable tradition veulent que l'article défini soit du genre qu'appelle le nom du navire et qu'il est particulièrement choquant de voir ou d'entendre une administration parler DU *Marseillaise*, DU *France*, ou DU *Jamaïque* ». — La question reste controversée : les uns [1] plaident pour l'accord grammatical et veulent qu'on dise : LA « *Liberté* » ; d'autres [2] sont pour l'accord logique, qui sous-entend *navire*, ou *bateau*, ou *paquebot*, ou *cuirassé* ; il faut dire, selon eux : LE « *Liberté* ». — En fait, il y a, dans l'usage, un certain flottement :

a) Accord grammatical : « LA *Claymore* », *habilement pilotée, côtoya, inaperçue dans le brouillard, le long escarpement nord de Jersey* (HUGO, *Quatrevingt-treize*, I, 11, 2). — *Dans deux mois,* « LA *Belle-Jenny* » *croisera dans ces parages* (Th. GAUTIER, *Partie carrée*, XVI). — LA « *Farandole* », *grand voilier de douze cents tonneaux, vient de quitter Marseille* (A. DAUDET, *Port-Tarascon*, I, 3). — « LA *Ville-de-Montereau* »,

---

1. Notamment : A. Dauzat, dans le *Monde*, 18 mai 1955 et 29 juin 1955 ; et dans le *Guide du bon usage*, pp. 92-97 ; — Ad. V. Thomas, *Dict. des diffic. de la langue fr.* ; et dans *Vie et Langage*, sept. 1956 ; — R. Georgin, *Jeux de mots*, pp. 67 et 321.

2. Spécialement : R. Le Bidois, dans *Combat*, 20 et 27 août 1953 et dans *Vie et Langage*, août 1956 ; — M. Desclaire, dans le *Journal de la Marine marchande*, 15 janv. 1953 ; — M. Galliot, dans les *Nouv. litt.*, 8 juillet 1954. — L'Office de la Langue française hésitait à recommander l'emploi de l'article masculin. Mais il condamnait formellement, comme contraire aux usages actuels de la langue, la suppression de l'article devant le nom du bateau (cf. *Figaro*, 12 févr. 1938). Exemple de cette suppression : *Mon père, en 1861, avait mis dix-sept jours, depuis le Havre, pour gagner New-York : en 1938, sur* « *Normandie* », *j'ai mis quatre jours et demi* (A. SIEGFRIED, *L'Âme des peuples*, p. 15). — A noter que, pour les noms d'avions, il y a également du flottement. Il y en a moins, semble-t-il, pour les noms de magazines ou de journaux (du type « Marie-Claire »), et l'on fait ordinairement l'accord logique : *Avez-vous* LE « *Marie-Claire* » *de cette semaine ?*

près de partir, fumait à gros tourbillons devant le quai Saint-Bernard (FLAUBERT, *L'Éduc. sent.*, t. I, p. 1). — *N'est-ce pas aujourd'hui que doit entrer* LA *« Normandie » ?* (MAUPASSANT, *Pierre et Jean*, I.) — *À bord de* LA *Médée* (P. LOTI, *Mon Frère Yves*, XXXI). — *Le vaisseau d'à côté*, LA *Bretagne, le voisin et le compagnon* DU *Borda* (ID., *ibid.*, XXX). — *Sur le pont de* LA *« Triomphante »* (E.-M. de VOGÜÉ, *Jean d'Agrève*, p. 260). — *Nous étions embarqués sur* LA *« France » qui préludait alors, timidement, aux succès actuels de* LA *« Normandie »* (G. HANOTAUX, *Réponse au Discours de récept. de l'amiral Lacaze à l'Acad. fr.*). — *C'était, pour l'époque, un paquebot très magnifique, (...) non pas certes* LA *« Normandie » d'hier* (Cl. FARRÈRE, *La Seconde Porte*, p. 177). — *Le canot d'Alain Gerbault et* LA *« Normandie »* (J. GIRAUDOUX, *Sans pouvoirs*, p. 149). — *À bord de* LA *« Normandie »* (A. MAUROIS, *Mém. 1885-1939*, p. 316). — *Ce bateau est* LA *« Marie-Jeanne »* (ALAIN, *Entretiens au bord de la mer*, p. 53). — LA *« Lusiade » accosta* (J.-L. VAUDOYER, *Laure et Laurence*, p. 92). — LA *« Galatée » était en partance* (R. VERCEL, *Ceux de la « Galatée »*, p. 11). — *J'étais sur* LA *Bourgogne », tu sais, le jour où elle a fait naufrage* (A. GIDE, *Les Faux-Monnayeurs*, p. 82). — *Le navire que je regrette (...) s'appelait :* « LA *Miséricorde* » (P. MAC ORLAN, *L'Ancre de miséricorde*, p. 91). — *Afin d'apercevoir* LA *« Romania » à sa sortie du port* (R. MARTIN DU GARD, *Les Thibault*, III, t. II, p. 239). — *Quant aux tortues, eh bien ! ce sont celles dont* LA *« Rose-de-Mahé », fin voilier à moteur, a pris un chargement* (A. BILLY, dans le *Figaro*, 26 sept. 1956). — *Un bateau aussi grand que l'était* LA *« Normandie »* (F. GREGH, *L'Âge de fer*, p. 111).

b) Accord logique : *L'« Étoile-des-Mers » est trop* LONG (É. PEISSON, *Parti de Liverpool...*, p. 95). — *Elle a dû s'embarquer hier, à Cherbourg, sur* LE *« Normandie »* (É. HENRIOT, *La Rose de Bratislava*, XIV). — LE *« Normandie »* (A. GIDE, *Journal 1939-1942*, p. 189). — *Après quinze jours de vie commune, sur* LE *« Normandie » par exemple* (G. BERNANOS, *Les grands Cimetières sous la lune*, p. 318). — *Le prochain départ* DU *Flandre est annulé* (titre d'un communiqué de la Compagnie transatlantique, dans le *Monde*, 6 août 1952). — *Il commanda successivement* LE *« Guadeloupe »*, *le « Washington »,* LE *« Colombie »,* L'*« Antilles » et enfin* LE *« Flandre »* (dans un article non signé du *Figaro*, 31 oct. 1956). — *Lors de l'achèvement* DU *« Normandie »* (M. GALLIOT, dans les *Nouv. litt.*, 8 juill. 1954). — *Je recalfaterai* LE *« Marie-Hélène »* (H. QUEFFÉLEC, *Un Feu s'allume sur la mer*, I, IX).

2. L'expression *prière d'insérer* [1], pour ceux qui, la considérant comme un terme unique, pensent à un « papier », est du masculin ; mais pour ceux qui, la prenant analytiquement, pensent à une « prière », elle est du féminin ; l'usage est assez indécis (le masculin cependant semble prévaloir [2]) :

---

1. Elle sert à désigner « des petits comptes rendus destinés aux journaux qui n'ont pas de critiques littéraires et que trop souvent des rubriquards pressés se contentent de démarquer pour s'épargner la peine de lire le bouquin ». (É. HENRIOT, dans le *Monde*, 10 déc. 1952.)

2. « Complexe de bigamie » dit *lo* ou *la* (je préfère le masculin) « prière d'insérer » (R. KEMP, dans les *Nouv. litt.*, 21 janv. 1954). — « *Le* Prière d'insérer, ou *la* Prière d'insérer ? Pour moi, je me range au parti du masculin, bien que le mot de *prière* semble entraîner le féminin à sa suite. Mais l'expression compose un tout, un mot d'un seul tenant, et l'usage à peu près établi des gens de métier s'accorde à mon

a) De toutes les institutions de la vie littéraire militante, la plus drôle et, soyons francs, la plus ridicule, est sans conteste celle DU « *prière d'insérer* » (Fr. AMBRIÈRE, dans le *Figaro litt.*, 16 août 1947). — *Je ne sais si ce nouveau roman d'André Dhôtel (...) est le meilleur de cet auteur, comme le dit selon l'usage* LE *prière d'insérer* (A. BILLY, dans le *Figaro*, 14 avr. 1954). — *Quand (voir* LE « *prière d'insérer* ») *on m'invite à comparer Doucin à des Grieux, Frédéric Moreau, René, je bondis* (R. KEMP, dans les *Nouv. litt.*, 5 mai 1955). — *Un genre littéraire méconnu :* LE « *Prière d'insérer* » (A. ARNOUX, dans le *Figaro litt.*, 12 mai 1956). — *Le rédacteur* DU « *prière d'insérer* » (R. LE BIDOIS, dans le *Monde*, 20 août 1958).

b) L'auteur qui rédige lui-même LA *prière d'insérer* (G. DUHAMEL, *Défense des Lettres*, p. 68). — LA *prière d'insérer, bien faite, qui accompagne le volume* (É. HENRIOT, dans le *Monde*, 16 mai 1956). — LA « *prière d'insérer* » *nous renseigne* (A. ROUSSEAUX, dans le *Figaro litt.*, 9 juin 1956). — *Étrange « prière d'insérer » bien* FAITE *pour rebuter le lecteur* (R. ESCHOLIER, *La Neige qui brûle*, p. 278). — LA *prière d'insérer (...) ne brille point par la modestie* (P.-H. SIMON, dans le *Monde*, 8 août 1962). — LA *prière d'insérer des « Bostoniennes »* (Fr. MAURIAC, *Mémoires intérieurs*, p. 237).

3. Dans *la mi-août* (c.-à-d. l'Assomption), c'est le nom *fête* sous-jacent qui rend raison de l'article féminin. Sur le modèle de cette expression, mais sans que le nom *fête* fût sous-jacent, on a formé *la mi-janvier, la mi-février*, et ainsi de suite avec les noms des divers mois ; on a formé de même *la mi-carême* et, en termes de sports, *la mi-temps* [1].

Dans *la Quasimodo* (dimanche qui suit Pâques ; l'introït de la messe de ce dimanche commence par *Quasi modo*), l'article féminin s'explique par l'influence du nom *fête* sous-jacent : *Renvoyer les gens à* LA *Quasimodo* (LITTRÉ). Littré fait le masculin *Oculi* (3ᵉ dimanche de carême, dont l'introït commence par ce mot) et *Laetare* (4ᵉ dimanche de carême, dont l'introït commence par ce mot) ; ici le masculin s'explique sans doute par l'influence du nom *dimanche* sous-jacent. Mais il y a inconséquence : le cas d'*Oculi* et celui de *Laetare* sont, pour l'origine, semblables à celui de *Quasimodo*. — Ajoutons que l'usage populaire, du moins en Belgique, est de dire : LA *Laetare ;* cf. liégeois : *al Létarêye ;* néol. *al Létaré* [= à la *Laetare*] (J. HAUST, *Dict. liég.*).

270. Genre des noms composés.

Les noms composés prennent ordinairement le genre du mot déterminé : *Un bateau-mouche, un bas-bleu, un sabre-baïonnette, une avant-scène, une basse-cour, une chauve-souris.*

Cependant on dit, peut-être sous l'influence du mot *oiseau : un rouge-gorge, un rouge-aile, un rouge-queue, un blanche-coiffe, un blanche-queue, un blanche-raie.*

---

opinion » (A. ARNOUX, dans le *Figaro litt.*, 12 mai 1956). — Pour A. Thérive (*Procès de langage*, p. 94), dans *prière d'insérer*, le mot « papier » n'est pas sous-entendu, et comme « prière » joue là le principal rôle, il faut dire : *la prière d'insérer.*

1. Selon Thérive (*Querelles de langage*, 3ᵉ sér., p. 142), « on ne s'avancerait pas trop en disant que la *mi-temps* a dû son genre à la conscience que l'instinct a gardée de cet élément *(mi)* comme d'un véritable substantif. »

Quand ils sont formés d'un verbe et d'un nom complément, ou d'une préposition et d'un nom, les noms composés sont ordinairement masculins : *Un porte-plume, un abat-jour, un en-tête, un sous-main.*

Sont cependant féminins : *Boute-roue, croque-abeille, garde-robe, perce-feuille, perce-neige* (voir § 273, 12°), *perce-pierre, contre-approches, contre-attaque,* etc.

271. Noms des lettres de l'alphabet : leur genre.

Les noms des voyelles sont du masculin : UN a *majuscule,* UN g *mal* FAIT. Quant aux noms des consonnes, dans l'épellation traditionnelle [1] (bé, cé, dé, effe, gé, ache, etc.), ils sont, selon Littré, selon le Dictionnaire général et selon l'Académie, masculins quand ils commencent par une consonne, et féminins quand ils commencent par une voyelle. On dit donc : *un b, un c, un d, un g, un j, un k, un p, un q, un t, un v, un w, un z.* Mais : *une f* [2], *une h, une l, une m, une n, une r, une s* :

Le pluriel met UNE S *à leurs meas culpas* (HUGO, *Cont.,* I, 23). — *Vilains, rustres, croquants, que Vaugelas leur chef Dans le bagne Lexique avait marqués d'*UNE F (ID., *ib.,* I, 7). — *« Cela » ne s'écrit qu'avec* UNE L, *lui dit le marquis* (STENDHAL, *Le Rouge et le N.,* t. II, p. 27). — *Ce mot* [honneur] *ne devrait s'écrire qu'avec* UNE n (LITTRÉ). — UNE h *un peu* ASPIRÉE (J. RENARD, *Journ.,* 12 juin 1898). — *« Deux cents » avec* UNE s (A. HERMANT, *Xavier,* p. 101). — *Devant une voyelle ou* UNE h *muette* (ID., *ib.,* p. 123). — *Deux M* ENTRELACÉES (LA VARENDE, *Le Roi d'Écosse,* p. 240). — *Comme s'il y avait* UNE h ASPIRÉE (J.-L. VAUDOYER, *Laure et Laurence,* p. 154).

Toutefois on dit : UN *x* (pron. : iks') : *Des xx* REDOUBLÉS *admirant la puissance* (VOLTAIRE, *Ép. à un Ministre d'État sur l'encouragement des Arts*). — *L'Académie écrit genoux par* UN *x au pluriel ; tandis qu'elle écrit des verrous par une s* (LITTRÉ).

N. B. — La règle qui vient d'être donnée est devenue précaire : l'usage est assez général, en effet, de donner aux noms des consonnes, quelles qu'elles soient (épellation traditionnelle), le genre masculin : *Votre lettre n'était ni datée ni signée d'*UN H (VOLT., *À Helvétius,* 27 oct. 1760). — *Avec toutes sortes d'l* MOUILLÉS (FLAUB., *Corresp.,* t. II, p. 156.) — *L'l double qui est* MOUILLÉ (A. HERMANT, *Xavier,* p. 105). — *On prononce l's* FINAL (AC., s.v. *sui generis*). — *L'n* FINAL *se fait sentir* (ID., s. v. *hymen*). — *Avec* UN s *sonore* (Tr. DERÈME, *La Libellule violette,* p. 113). — UN H *majuscule* (G. DUHAMEL, *Biographie de mes fantômes,* p. 54). — *Un V, qui peut aussi bien être* UN N (A. GIDE, *Les Faux-Monnayeurs,* p. 10). — *La prunelle bleu-pâle (...), porte* UN M *de sombre saphir sur sa glaçure* (LA VARENDE, *Le Centaure de Dieu,* p. 37). — *Il écrit toujours le mot avec* UN h ASPIRÉ (A. MAUROIS, *Cinq Visages de l'amour,* p. 132). — *L'h fortement* ASPIRÉ (COLETTE, *Le Fanal bleu,* p. 204). — *Un B et* UN F *entrelacés* (Fr. MAURIAC, *Le Mystère Frontenac,* p. 143). — *L's* FINAL *du mot* (MONTHERLANT, *La Petite Infante de Castille,* p. 15). — *Avec* UN l *ou avec deux l* (Ch. PÉGUY, *L'Esprit de système,* p. 265).

---

1. Dans l'« épellation nouvelle » (§ 72), les noms des consonnes étaient tous masculins : *un* be, *un* de, *un* fe, *un* se, etc.

2. Chose assez curieuse, à la seule consonne *f* l'Académie donne les deux genres : *Un grand* F. *Une petite* f.

Noms dont le genre est à remarquer.

272. On hésite quelquefois sur le genre des noms suivants :

NOMS MASCULINS

abaque	apogée	campanile	emplâtre	globule
abîme	apologue	capitule	empyrée	glomérule
acabit	apostème	capuce	encombre	granule
acrostiche	apostume [2]	caramel	en-tête	haltère [6]
adage	après-dîner	cénotaphe	entracte	harmonique [7]
aéronef	arcanes	centime	entrecolonne	hectare
aéroplane	armistice	cèpe	épeautre	héliotrope
age	aromate	cerne	épiderme	hémisphère
agrumes [1]	arpège	chrysanthème	épilogue	hémistiche
air	artifice	cippe	épisode	hiéroglyphe
alambic	asphalte	cloporte	épithalame	holocauste
albâtre	asphodèle	codicille	équilibre	hôpital
amadou	astérisque	colchique	équinoxe	horoscope
amalgame	asthme	concombre	ergastule	hospice
ambre	astragale	conifère [3]	érysipèle	humour
amiante	athénée	crabe	(érésipèle)	hyménée
anathème	atome	cytise	esclandre	hypogée
anchois	attique	décombres	escompte	imposte
anévrisme	augure	denticule	évangile	incendie
animalcule	auspice	drupe [4]	éventail	indice
anniversaire	autoclave	échange	exemple	insigne
anthracite	automate	élastique	exergue	intermède
antidote	balustre	ellébore	exode	interrogatoire
antipode	bastringue	éloge	exorde	interstice
antre	bow-window	élytre [5]	fastes	intervalle
apanage	braque	emblème	fuchsia	involucre
aphte	camée	émétique	girofle	isthme

---

1. Le Larousse du XXe s. fait *agrumes* féminin ; c'est à tort (voir un article d'A. Dauzat dans le *Franç. moderne*, oct. 1939, p. 300).

2. *Apostume* est masculin selon l'Académie, selon Robert et selon le Larousse du XXe s. ; Littré, le Dictionnaire général et le Grand Larousse encyclopédique le font féminin.

3. Les botanistes disent : UNE *conifère* (comme *une crucifère*).

4. UNE *drupe* (DICT. GÉN.).

5. Quelques-uns font ce mot féminin (Ac.) : *Les élytres* FENDUES (COLETTE, *La Paix chez les Bêtes*, p. 137). — UNE *élytre énorme brille et vibre* (EAD., *Journal à rebours*, p. 185).

6. L'usage est un peu hésitant : *Avec* UNE *haltère dans chaque main* (Fr. MAURIAC, *Plongées*, p. 110). — *Ses* PETITES *haltères d'une livre et demie* (COLETTE, *Chéri*, p. 30).

7. UN *harmonique* : un des sons harmoniques engendrés par le son fondamental. (Mais : UNE *harmonique* : une corde harmonique.)

ivoire	midi	orage	planisphère	stipe
jade	millefeuille	orbe	platine (métal)	tentacule
jujube (pâte) [1]	(gâteau)	orchestre	pore	thyrse
jute	mimosa [2]	organe	poulpe	trèfle
langes	minuit [3]	orifice	quadrige	trille
légume	monticule	ouvrage [4]	quinconce	triqueballe
leurre	moustique	ovale	quine	trope
libelle	naphte	ove	rail	trophée
lignite	narcisse	ovule	rifle	trottin
limbe	obélisque	pagne [5]	salamalec	tubercule
lobule	obstacle	parafe	scolie	tulle
losange	omnibus	(paraphe)	(géométrie)	ulcère
mânes	ongle	pastiche	sépale	ustensile
mastic	ophicléide	pénates	sévices	vestige
mausolée	opprobre	pétale	socque	viscère
méandre	opuscule	pétiole	stade	vivres

---

1. Pour Bescherelle, Littré, le Dictionnaire général, le Larousse du XXᵉ s., *jujube* est masculin quand il désigne le suc extrait du fruit du jujubier ; il est féminin quand il désigne le fruit du jujubier. — L'Académie ne fait pas cette distinction ; elle donne : « *Jujube*, n. m. Fruit du jujubier, qui s'emploie comme pectoral et adoucissant. *Pâte de jujube.* » — Pour le Grand Larousse encyclopédique, *jujube* est masculin aussi bien quand il désigne le fruit du jujubier que quand il désigne le suc ou la pâte extraits du jujube.

2. Dans la 7ᵉ édition de son Dictionnaire, l'Académie faisait *mimosa* féminin. Si on a pu dire ou écrire parfois *une mimosa* [*Les mimosas* DORÉES (P. BOURGET, *L'Écuyère*, p. 149, cité par Deharveng)], l'usage est maintenant général de faire *mimosa* masculin : *Les mimosas* CHARMANTS (É. HENRIOT, *Le Diable à l'hôtel*, I). — *Mimosas* PARFUMÉS (A. GIDE, *Nourrit. terrestres et Nouv. Nourrit.*, p. 155). — Du *mimosa* (MONTHERLANT, *Les Lépreuses*, p. 10). — Des mimosas PLUMEUX (COLETTE, *Journal à rebours*, p. 185). — Du *mimosa* (AC.).

3. L'ancien usage — et jusqu'au XVIIᵉ siècle — donnait à *minuit* (*mie nuit :* forme usuelle au moyen âge) le genre féminin : *Devant* LA *mie nuit* (*Amadas et Ydoine*, 5591). — *Et quant vint endroit* [à peu près] LA *mie nuit* (VILLEHARDOUIN, § 470). — UNE *mynuit tant de flambeaux n'a pas* (RONSARD, t. IV, p. 103). — Quelques écrivains se sont plu à reprendre cet ancien usage : *Je nous revois, vers* LA *minuit, réveillant un patron d'auberge* (G. DUHAMEL, *Biographie de mes fantômes*, p. 138). — *Avant* LA *mi-nuit* (ID., *Les Hommes abandonnés*, p. 153). — *Il sortait et vadrouillait jusqu'à* LA *mi-nuit* (MONTHERLANT, *Le Démon du bien*, p. 156). — *Vers* LA *mi-nuit* (M. GENEVOIX, *La Dernière Harde*, p. 177).

4. Le peuple fait volontiers *ouvrage* féminin ; cet usage est ancien : Vaugelas (*Rem.*, p. 445) observait que les femmes, parlant de leur ouvrage, disaient : *Voilà* UNE BELLE *ouvrage.* — Certains auteurs font parfois *ouvrage* féminin pour donner à la phrase la couleur du parler populaire : *Nous avons connu cette piété de* « *l'ouvrage bien* FAITE » (Ch. PÉGUY, *Cahier* XIV-6, 16 févr. 1913, L'Argent). — *Typo qui fait de* LA BELLE *ouvrage* (M. BARRÈS, *L'Union sacrée*, p. 202). — *Il a fait de* LA BELLE *ouvrage, ce sacré sidi !* (R. DORGELÈS, *Le Réveil des morts*, p. 27.)

5. Le Dictionnaire général fait observer que « quelques auteurs, parmi lesquels **Voltaire et Chateaubriand font** *pagne* **du féminin** ».

NOMS FÉMININS

abside	apothéose	bonace	écarlate	escarre
absinthe	appog(g)iature	campanule	ecchymose	estafette
acné	après-dînée	câpre	échappatoire	estompe
acoustique	arabesque	chausse-trape [5]	écharde	extase
affres	argile	clepsydre	écritoire	fourmi
agrafe	arrhes	clovisse	égide	gemme
alcôve	artère	conteste	énallage	glaire
ammoniaque [1]	astuce	coquecigrue	encaustique	hécatombe
amnistie	atmosphère	créosote	enclume	hydre
amorce	attache	dartre	éphémérides	hypallage
amulette [2]	auto(mobile) [3]	dent	épigramme	icône
anagramme	autostrade	dinde (cf. § 245)	épigraphe	idole
ancre	avant-scène	disparate	épitaphe	idylle
anicroche	azalée	drachme	épithète	immondice
ankylose	bakélite	dynamo	épître	impasse
antichambre	besicles	ébène	équerre	insulte
apostille	bodega [4]	ébonite	équivoque	malachite

---

1. *Ammoniaque* (synonyme : *alcali volatil*) : ce nom désigne la solution aqueuse du gaz ammoniac. Quelques-uns, dit l'Académie, le font masculin : CET *ammoniaque est très* FORT. — Pour désigner le *gaz ammoniac*, on emploie parfois substantivement, au masculin (puisqu'il y a ellipse de *gaz*) : *ammoniac : L'ammoniac brûle dans l'oxygène pur avec une flamme jaunâtre* (LAROUSSE DU XXᵉ s.).

2. *Amulette* (du lat. *amuletum*) a été longtemps d'un genre indécis : l'Académie, de 1762 à 1835, l'a fait masculin, selon son étymologie ; Boiste, Littré le donnent également comme masculin. D'Aubigné, Chateaubriand l'ont fait féminin (voir Littré).

3. Dans le langage courant, on emploie la forme abrégée *auto* (mais le terme vraiment vivant est *voiture ;* l'usage familier ou populaire dit : *bagnole*, et il appelle *guimbarde*, ou *tacot*, ou *clou*, une vieille bagnole). — *Auto(mobile)*, soit qu'on sous-entendît *véhicule* ou *engin*, soit que la terminaison *-o* de *auto* exerçât une attraction de genre, a été d'abord masculin et il l'est resté quelque temps : UN *automobile de maître* (P. BOURGET, *Lazarine*, p. 178). — *En auto* DÉCOUVERT (M. PRÉVOST, *Mon cher Tommy*, p. 33). — UN PETIT *automobile mécanique* (J. SARMENT, *Jean Jacques de Nantes*, p. 22). — LE *plus* BEL *auto d'Europe* (A. FRANCE, *L'Ile des Pingouins*, p. 324). — *Il se munit d'*UN *automobile* MOYEN (LA VARENDE, *Sa Femme*, dans *Hommes et Mondes*, mars 1947, p. 514). — Mais personne aujourd'hui ne dit ni n'écrit : UN *auto(mobile) ;* à cause de l'idée de « voiture », *auto(mobile)* ne s'emploie plus qu'au féminin : UNE *automobile* (AC.). — LA *splendide automobile* (P. BENOIT, *La Chaussée des Géants*, p. 85). — *Mais si je pense à* UNE *auto en général ?* (A. HERMANT, *Xavier*, p. 113.) — *J'imagine* CETTE *auto qui arrive* (ALAIN, *Propos sur le Bonheur*, IX).

4. Mot espagnol (du lat. *apotheca ;* cf. le franç. *boutique*) désignant un café où l'on vend du porto : UNE *bodega pleine d'Anglais* (J. LEMAITRE, *Les Contempor.*, t. I, p. 328). — *Trois hommes qui sortent de* LA *bodega* (R. VERCEL, *Capitaine Conan*, p. 47). — Quelques-uns font *bodega* du masculin : UN *bodega très bien* (VERLAINE, *Œuvres complètes*, t. V, p. 263).

5. L'Académie a adopté, pour la 9ᵉ édition (à paraître) de son Dictionnaire, l'orthographe rationnelle *chausse-trappe*.

mandibule	obsèques	outre	pulpe	urticaire
météorite [1]	ocre	palpe [4]	réglisse	varice
millefeuille	office (cuisine)	paroi	sandaraque	vêpres
(plante)	offre	patenôtre	scolopendre	vésicule
molécule	omoplate	patère	scorsonère	vicomté
montgolfière	once	périssoire	spore	virago
moufle [2]	opale	piastre	stalactite	vis
mousson	optique	prémices	stalagmite	volte-face
moustiquaire	orbite	prémisse	stèle	
nacre	oriflamme	primeur	ténèbres	
oasis [3]	ouïe	primevère	topaze	

273.   Noms douteux.

1º **Alvéole** (du lat. *alveolus*), selon Littré, le Dictionnaire général, l'Académie, Robert, le Grand Larousse encyclopédique, est masculin. Pour Bescherelle, il est féminin. En fait, plus d'un auteur d'autrefois et d'aujourd'hui, influencé par la finale en *e* muet, donne à ce nom le genre féminin :

*a) La grandeur et la figure de l'alvéole sont déterminées par celles des dents qu'*IL *loge* (LITTRÉ et ROBIN, *Dict. de médec.*, s. v. *alvéole*). — *Des alvéoles* RÉGULIERS (DICT. GÉN.). — [Dents] *retenues presque immobiles dans des alvéoles* OSSEUX (LACÉPÈDE, *Poissons*). — *Les alvéoles sont* PERCÉS *à leur extrémité de trous par lesquels passent les vaisseaux et les nerfs dentaires* (GRAND LAR. ENCYCL.). — *Des bruits confus s'échappaient de* TOUS *les alvéoles de cette termitière humaine* (G. DUHAMEL, *Cri des profondeurs*, p. 13). — *Chaque abeille a son* PETIT *alvéole* (AC.).

b) Les mouches construisent tel nombre d'alvéoles plus GRANDES *que les* PREMIÈRES (BUFFON, *Abeilles*, dans Littré). — *Une abeille fait son alvéole* HEXAGONALE (BERNARDIN DE SAINT-PIERRE, *Harm. de la nat.*, 5, dans le Dict. gén.). — *Ce cabinet de travail qui était maintenant comme* UNE *alvéole vide* (R. MARTIN DU GARD, *Les Thibault*, VI, p. 108). — TOUTES *les alvéoles* (J. COCTEAU, *Poésie critique*, p. 200). — *Sur l'alvéole* LAISSÉE *dans la terre* (A. MALRAUX, *La Voie royale*, p. 117). — *Dans l'alvéole* OBLONGUE (P. VIALAR, *Mons. Dupont est mort*, p. 12).

2º **Après-midi** est masculin selon l'Académie ; dans l'usage, il est des deux genres :

---

1. Littré signale que quelques-uns font *météorite* masculin.
2. Littré et l'Académie font *moufle* (système de poulies) du féminin, mais ils font observer que les mécaniciens emploient généralement ce nom au masculin. — *Moufle* au sens de « mitaine » est toujours du féminin. — En termes de chimie, *moufle* (récipient de terre) est masculin ; cependant les chimistes, comme le note Littré, font souvent ce mot féminin.
3. On fait quelquefois *oasis* masculin : *Une espèce d'oasis* CIVILISÉ (CHATEAUBR., *Itin.*, 2e part., dans Littré). — TOUS *les oasis* (MAUPASSANT, *Au Soleil*, p. 182). — *Comme* UN *oasis* (R. MARTIN DU GARD, *Les Thibault*, VII, 1, p. 48). — CE GRAND *oasis* (ARAGON, *Le Paysan de Paris*, p. 165).
4. Quelques naturalistes font ce mot du masculin (Ac.).

a) UN *après-midi* (FLAUB., *L'Éduc. sent.*, II, 2). — *Dès le début de* CET *après-midi* (M. BARRÈS, *Leurs Figures*, p. 183). — *Par* UN *après-midi très chaud* (P. LOTI, *Le Roman d'un enfant*, III). — *Les* COURTS *après-midi* (COLETTE, *La Paix chez les bêtes*, p. 131). — *Pendant* TOUT *l'après-midi* (A. CHAMSON, *La Neige et la Fleur*, p. 321). — LE LONG *après-midi de juin* (A. MAUROIS, *Les Roses de septembre*, p. 59). — *Des après-midi* ENTIERS (F. GREGH, *L'Âge de fer*, p. 269).

b) UNE COURTE *après-midi* (M. BARRÈS, *La Colline insp.*, p. 185). — TOUTES *les après-midi* (J. ROMAINS, *Knock*, II, 5). — TOUTE *l'après-midi* (A. THÉRIVE, *La Revanche*, II). — UNE PLEINE *après-midi* (G. DUHAMEL, *Deux Hommes*, p. 43). — *Ses* BONNES *après-midi* (R. ROLLAND, *Jean-Chr.*, t. I, p. 71). — *Ces après-midi* RADIEUSES (H. BORDEAUX, *Paris aller et retour*, p. 149). — TOUTE *l'après-midi* (H. TROYAT, *Tant que la terre durera...*, p. 733).

3° **Automne** est des deux genres selon Littré et selon le Dictionnaire général ; pour l'Académie, il est masculin. En fait, s'il se prend encore comme féminin, ce n'est qu'assez rarement ; l'usage ordinaire s'est prononcé pour le masculin :

a) UN *automne très* FROID (E. JALOUX, *Le Reste est silence*, XII). — *L'extrême automne était* SEREIN (G. DUHAMEL, *Tel qu'en lui-même...*, p. 60). — *Les plus* GLORIEUX *automnes* (M. PRÉVOST, *Lettres à Françoise mariée*, XXIII). — *Les pétales* DU VIEIL *automne* (A. SAMAIN, *Le Chariot d'or*, Soir). — *Les* BEAUX *automnes* (R. ROLLAND, *Jean-Christophe*, t. VII, p. 39). — UN CHAUD *automne* (COLETTE, *Paris de ma fenêtre*, p. 170).

b) *Aux précaires tiédeurs de* LA TROMPEUSE *automne* (LAMART., *Cours famil. de litt.*, La Vigne et la Maison). — CETTE *automne-là* (P. BOURGET, *Un Saint*, p. 5). — *Jouir de l'automne* TACHETÉE (P. MORAND, *Réflexes et Réflexions*, p. 66). — *L'automne est* DOUCE (A. de CHÂTEAUBRIANT, *La Brière*, p. 298). — *À partir de* CETTE *automne* (Ch. DU BOS, *Journal 1921-1923*, p. 76).

4° **Avant-guerre** et **après-guerre,** venus en usage après la guerre de 1914-1918, sont d'un genre indécis. Le Larousse du XXᵉ siècle et Robert les font masculins ; pour le Grand Larousse encyclopédique, ils sont des deux genres. On leur donne l'un ou l'autre genre selon qu'on a dans la pensée soit l'idée de « temps », soit celle de « période » ou d'« époque » :

a) *Dans* CET *avant-guerre* SEREIN. — LE DOULOUREUX *après-guerre.* — *Dire que l'avant-guerre était* SÉPARÉ *de la guerre par quelque chose d'aussi profond* (M. PROUST, *Le Temps retrouvé*, t. I, p. 51).

b) *Tous les remous de* LA NOIRE *après-guerre.* — *L'ombre commence à recouvrir les hommes de* LA DERNIÈRE *après-guerre* (Fr. MAURIAC, dans le *Figaro litt.*, 6 mai 1961). — *La période de* LA PREMIÈRE *après-guerre* (P. VIALAR, *Le Temps des imposteurs*, p. 112). — LA PREMIÈRE *après-guerre* (J. RUEFF, dans les *Nouv. litt.*, 11 mars 1965).

5° **Chromo** (abréviation de *chromolithographie*) est d'un genre indécis ; logiquement ce nom devrait être féminin, mais le masculin semble prévaloir :

a) CE *chromo* HUMAIN (J. RENARD, *Journ.*, 23 févr. 1898). — *On croit contempler* UN *chromo* (J. LEMAITRE, *Impress. de théâtre*, t. I, p. 137). — *Les* ÉTERNELS *chromos* (L. BLOY, *La Femme pauvre*, p. 107). — *C'est* UN *vulgaire chromo* (E. PSICHARI, *L'Appel des armes*, p. 48). — LE DIVIN *chromo du ciel* (A. de CHÂTEAUBRIANT, *Les*

Pas ont chanté, p. 49). — UN *chromo* JAUNI (E. JALOUX, *La Branche morte*, p. 138). — UN *assez* VILAIN *chromo* (G. BERNANOS, *Journ. d'un Curé de camp.*, p. 18). — *Dans* UN *chromo* (J. GIRAUDOUX, *L'Apollon de Bellac*, 9). — *C'est* UN *chromo !* (A. BILLY, *Madame*, p. 20.) — CERTAINS *chromos* (A. ARNOUX, *Bilan provisoire*, p. 218).

b) Des chromos JAUNIES (R. ROLLAND, *Jean-Christophe*, t. IV, p. 296). — LA *chromo* MORALISANTE (L. GILLET, *Watteau*, p. 98). — *Derrière* UNE *chromo* (M. BEDEL, *Jérôme 60° lat. Nord*, p. 160). — *Comme* UNE *chromo* (SAINT-EXUPÉRY, *Courrier Sud* p. 168). — UNE *chromo* PENDUE *dans les auberges* (A. THÉRIVE, *Procès de langage*, p. 182).

6° **Effluve** (du lat. *effluvium*) est masculin, disent les dictionnaires (Bescherelle, Littré, Dict. gén., Acad., Grand Larousse encyclopédique, Quillet) ; mais, à cause de sa terminaison féminine, il tend à passer au féminin :

a) Effluves ÉNERVANTS (LITTRÉ). — *Effluves* ODORANTS (AC.). — *Effluves* AMERS (E.-M. de VOGÜÉ, *Jean d'Agrève*, p. 45). — *De* PETITS *effluves* GLACIALS (L. BLOY, *Le Désespéré*, p. 187). — QUELQUES-UNS *des effluves d'antan* (J.-K. HUYSMANS, *La Cathédrale*, p. 86). — *Des effluves* CHAUDS (É. ZOLA, *Thérèse Raquin*, VII).

b) Les effluves du sombre et du profond, MÊLÉES À *vos effusions, astres de diamant* (HUGO, *Cont.*, I, 4). — *De* PÉNÉTRANTES *effluves* (BALZAC, *La Peau de chagrin*, p. 37). — À PLEINES *effluves* (FLAUBERT, *Corr.*, t. I, p. 139). — *Effluves* RAYONNANTES (Th. GAUTIER, *Voy. en Esp.*, p. 330). — *Les effluves* BLEUES (P. VERLAINE, *Sagesse*, III, 2). — *Effluves* AMOLLISSANTES (A. DAUDET, *Port-Tarascon*, I, 4). — *Des effluves* ENIVRANTES (R. ROLLAND, *Jean-Christophe*, t. IV, p. 512). — LOINTAINES *effluves* (Ch. DU BOS, *Journ. 1921-1923*, p. 123). — *Des effluves* LOURDES (M. GARÇON, *Plaidoyers chimériques*, p. 123).

7° **Entrecôte** est donné comme masculin par Bescherelle et par Littré (qui écrivent : *entre-côte*) ; de même par le Dictionnaire général et par le Larousse du XXᵉ siècle [1] ; dans la pratique, on le fait le plus souvent féminin :

a) UN *entre-côte bien tendre* (BESCHERELLE). — *Faire griller l'entrecôte,* LE *mettre sur un plat chaud* (LAROUSSE DU XXᵉ s.). — *J'ai mangé* UN BON *entrecôte* (J. DEHARVENG, *Corrigeons-nous !* t. II, p. 55).

b) UNE *entrecôte* GRILLÉE (AC.). — *L'entrecôte* ACHEVÉE (Tr. BERNARD, *Mémoires d'un Jeune Homme rangé*, X). — *L'entrecôte* DITE « *à la presse* » (A. BILLY, dans le *Figaro litt.*, 13 mai 1950). — UNE *entrecôte* JUTEUSE (P.-H. SIMON, dans le *Monde*, 8 août 1962).

8° **Interview** (mot anglais, tiré du franç. *entrevue*) [2], masculin selon le Dictionnaire général, est féminin selon l'Académie ; en fait, il est le plus souvent féminin :

a) CE NOUVEL *interview parut le lendemain* (A. HERMANT, *Les Grands Bourgeois*,

---

1. « Le mot est souvent fém. dans l'usage famil. » (DICT. GÉN.). — Le Grand Larousse encyclopédique note que le mot a été longtemps masculin.

2. G. Duhamel se raille du mot et de la chose : *Je ne goûte guère les « interviouves »*, *mais je finirai par les célébrer si vraiment elles obligent certains écrivains à parler de leur métier* (*Paroles de médecin*, p. 51).

XII). — *Interview* [sic] DONNÉ à *Frédéric Lefèvre* (P. MORAND, *Papiers d'identité*, p. 19). — *Dans* UN *interview* (M. HARRY, *La Vie de Jules Lemaître*, p. 216). — UN *interview bassement* INJURIEUX (G. CLEMENCEAU, *Grandeurs et Misères d'une victoire*, p. III). — UN *interview* PARTICULIER (G. COHEN, dans les *Nouv. litt.*, 14 août 1947). — *Dans* UN *interview* RÉCENT (J. GREEN, *Le Bel Aujourd'hui*, p. 96).

b) Donner UNE *interview* (AC.). — PETITES *interviews littéraires* (J. RENARD, *Journal*, 28 nov. 1893). — *Au cours d'*UNE *interview de presse* (R. MARTIN DU GARD, *Jean Barois*, p. 211). — *Dans* TOUTE *interview bien* ORDONNÉE (G. CLEMENCEAU, *Le Grand Pan*, p. 184). — UNE *interview de moi sur deux colonnes* (MONTHERLANT, *Service inutile*, p. 224). — UNE *interview sur le film* (J. COCTEAU, *La Belle et la Bête*, p. 150). — *Dans* UNE *interview* (H. BORDEAUX, *La Garde de la maison*, p. 44). — LA PREMIÈRE *de ses interviews* (É. HENRIOT, dans le *Monde*, 1ᵉʳ juill. 1959).

9° **Ordonnance** (domestique militaire d'un officier) est donné comme féminin par Littré, par l'Académie et par le Dictionnaire général. Les dictionnaires ajoutent que le mot s'emploie quelquefois au masculin [1] :

a) Un officier de spahis cherchait en vain UN *ordonnance* (MAUPASSANT, *Au Soleil*, p. 97). — *Un gars du village,* ANCIEN *ordonnance d'un capitaine* (M. BARRÈS, *Un Homme libre*, p. 29). — UN *des ordonnances* (A. MAUROIS, *Les Silences du Colonel Bramble*, p. 87). — PROVIDENTIEL, *mon ordonnance (...) apparut* (R. VERCEL, *Capitaine Conan*, p. 69). — LE MEILLEUR *ordonnance* (R. MERLE, *Week-end à Zuydcoote*, p. 120). — *J'ai pris* UN *ordonnance* (H. BORDEAUX, *Paris aller et retour*, p. 169).

*b) J'arrivais à cheval, suivi seulement d'*UNE *ordonnance* (Cl. FARRÈRE, *La Maison des Hommes vivants*, VIII). — *Il n'y avait pas de règlement qui autorisât un soldat à s'offrir* UNE *ordonnance* (G. CHÉRAU, *Valentine Pacquault*, t. I, p. 185). — *Vous avez connu Biggs, mon* ANCIENNE *ordonnance ?* (A. MAUROIS, *Les Discours du Doct. O'Grady*, p. 113.) — *Les ordonnances* OFFICIEUSES (Fr. AMBRIÈRE, *Les Grandes Vacances*, p. 52). — UNE ANCIENNE *ordonnance* PASSÉE *valet de chambre* (COLETTE, *Le Fanal bleu*, p. 202). — *Les ordonnances, rouges,* SUANTES, *poussaient à travers le jardin des brouettes* (H. TROYAT, *Le Sac et la Cendre*, p. 173). — *Ai-je dit que Didier (...) avait un secrétaire et* UNE *ordonnance ?* (G. DUHAMEL, *Cri des profondeurs*, p. 87.) — *Avoir* UNE *ordonnance* (M. GARÇON, *Louis XVII*, p. 144).

10° **Palabre** est étymologiquement féminin (espagnol : *palabra*, parole) ; selon l'Académie, il est des deux genres ; en fait, les écrivains le font le plus souvent féminin :

a) Pendant LE LONG *palabre* (J. et J. THARAUD, *Le Passant d'Éthiopie*, p. 159). — *Après de* LONGS *palabres* INTÉRIEURS (J. SARMENT, *Jean Jacques de Nantes*, p. 236). — *Sans* AUCUNS *palabres philosophiques* (P. CLAUDEL, dans la *Corresp. Claudel-Gide*, p. 157).

b) UNE TRACASSIÈRE *palabre* (G. DUHAMEL, *Défense des Lettres*, p. 225). — *J'en ai assez de* TOUTES *ces palabres !* (R. MARTIN DU GARD, *Les Thibault*, VII, 1, p. 95.) — LA *plus* PÉRILLEUSE *palabre* (J. LEMAITRE, *Opinions à répandre*, p. 257). — LA *pa-*

---

1. Selon A. Thérive (*Querelles de lang.*, 3ᵉ sér., p. 129), « *une ordonnance* s'écrit, mais ne se dit point. Le mot vivant c'est *un ordonnance.* »

labre CONFÉRENCIÈRE (L. BLOY, *La Femme pauvre*, p. 86). — CERTAINES *palabres révolutionnaires* (R. ROLLAND, *Jean-Christophe*, t. IX, p. 74). — *Elles tenaient* UNE *palabre* (M. BEDEL, *Le Mariage des couleurs*, p. 170). — *Quelle intensité de palabres, sombres ou* GOGUENARDES ! (A. ARNOUX, *Les Crimes innocents*, p. 18.) — *Moyennant de* LONGUES *et rudes palabres* (Gén. DE GAULLE, *Mém.*, t. II, p. 356).

11° **Pamplemousse**[1], nom d'arbre, est féminin, selon Bescherelle, selon le Dictionnaire général et selon l'Académie ; pour Littré, il est masculin, selon l'usage des lieux où croît cet arbre ; le Larousse du XXe siècle également le fait masculin. — Pour *pamplemousse*, nom de fruit, Littré le fait féminin ; l'Académie signale simplement, dans la définition de l'arbre : « ... dont le fruit, qui a l'apparence d'un énorme citron et qui est comestible et doux, porte le même nom ». — Dans l'usage, il y a quelque indécision, mais le masculin prévaut :

a) Mangé à midi (...) UN *pamplemousse* (M. AYMÉ, *Le Passe-muraille*, p. 76). — *Ce fruit est* LE *pamplemousse* (M. SCHÖNE, *Vie et Mort des mots*, p. 48). — *Exception faite de certains fruits, comme le melon et* LE « *pamplemousse* » (G. DUHAMEL, *Problèmes de l'heure*, p. 235). — LE *pamplemousse atteint la grosseur d'un melon* (PETIT LAROUSSE ILL.).

b) UNE *pamplemousse dérobée aux offrandes* (P. CLAUDEL, *Connaissance de l'Est, Le Temple de la conscience*). — *Pamplemousse :* ... 2° *S. f. Fruit du pamplemousse, qui est très gros* (LITTRÉ).

12° **Perce-neige** est féminin selon les dictionnaires (Bescherelle, Littré, Dict. gén., Acad., Larousse du XXe s., Grand Larousse encyclop.). Cependant l'usage est courant de le faire masculin :

*a) Elle avait l'air d'*UN *perce-neige* (CHATEAUBR., *Mém.*, II, 1, 6). — *De hâtifs perce-neige jaillissaient partout* (A. LAFON, *L'Élève Gilles*, p. 101). — *Voilà* LE *Perce-neige* (M. MAETERIINCK, *Le Double Jardin*, p. 183). — LE PREMIER *perce-neige* (COLETTE, citée dans le *Franç. mod.*, oct. 1940, p. 308). — LE *perce-neige en janvier* (A. ARNOUX, *Calendrier de Flore*, p. 10). — *Les* PREMIERS *perce-neige* (J. GIONO, *Batailles dans la montagne*, p. 258). — *Le fuseau vert et blanc* DU *perce-neige* (Germ. BEAUMONT, dans les *Nouv. litt.*, 11 févr. 1960).

b) Elle garda LA *perce-neige* (Colette YVER, *Comment s'en vont les reines*, p. 310, cit. Deharveng, *Corrig.-nous !* t. II, p. 94).

13° **Phalène** (du grec φάλαινα, nom féminin), féminin selon Bescherelle, selon Littré et selon l'Académie, est des deux genres selon le Dictionnaire général et selon Robert. L'usage est indécis :

---

1. Selon Dauzat, altération probable du tamoul *bambolmas*, par attraction de *pampre*. — Selon Wartburg, ce mot est attesté en 1666 sous la forme *pompelmous ;* il est emprunté du néerlandais *pompelmoes*, de *pompel*, gros, et *limoes*, citron. — Par confusion, le nom de *pamplemousse* est donné couramment, dans le commerce, au *pomélo* (le *citrus paradisi* des botanistes) ou *grape-fruit* (dont les fruits viennent en grappes).

a) L'œil DU *nocturne phalène* (HUGO, *Odes et Ball.*, Ball. 9). — LE *phalène* DORÉ (MUSSET, *Le Saule*, II). — *Comme l'aile d'*UN *phalène* (VILLIERS DE L'ISLE-ADAM, *Contes cruels*, p. 167). — *Comme* UN *phalène dans la nuit* (M. BARRÈS, *La Colline insp.*, p. 130). — *Comme* UN *phalène virevoltant autour de moi* (É. HENRIOT, *La Rose de Bratislava*, IV). — *L'aile d'*UN *phalène* (COLETTE, *La Maison de Claudine*, XIII).

b) Des vols de GRANDES *phalènes* (A. DAUDET, *L'Évangéliste*, p. 317). — UNE *énorme phalène* (P. LOTI, *Le Rom. d'un Enf.*, XXXIV). — *Des phalènes qui*, ATTIRÉES *par la lumière...* (H. BORDEAUX, *La Maison*, I, 3). — *Comme* UNE *phalène* ATTIRÉE *par une lampe nocturne* (G. MARCEL, dans les *Nouv. litt.*, 1ᵉʳ juillet 1954).

14⁰ **Sandwich** [1] est féminin selon le Dictionnaire général ; certains auteurs le font féminin, en effet (en sous-entendant : [tartine à la] Sandwich), mais le plus souvent on le fait masculin :

a) UN *sandwich au jambon* (AC.). — *On grignote* UN *sandwich* (O. MIRBEAU, *Le Calvaire*, VI). — *De* PETITS *sandwichs* (COLETTE, *Julie de Carneilhan*, p. 74). — UN *sandwich aux topinambours* (M. AYMÉ, *Le Passe-muraille*, p. 268).

b) EXCELLENTES *ces sandwiches* (H. LAVEDAN, *Nocturnes*, IX, 7). — UNE *sandwich au foie gras* (H. BORDEAUX, *Les Roquevillard*, Nels., p. 188). — *Deux sandwiches* JUMELLES (R. MARTIN DU GARD, *Les Thibault*, IV, p. 206).

15⁰ **Steppe** (du russe *stepj*, nom féminin) est masculin selon le Dictionnaire général, féminin selon l'Académie, mais le féminin prévaut :

a) Les steppes BLANCHIS (G. SAND, *Lélia*, XXX). — UN *steppe de Russie* (FLAUB., *Corr.*, t. III, p. 9). — *Les steppes* INFINIS *du désert* (BARBEY D'AUREVILLY, *Un Prêtre marié*, t. I, p. 197). — *Dans* LE *steppe* NATAL (P. LOTI, *Les Désenchantées*, III). — *Des steppes* HERBUS (J. et J. THARAUD, *Quand Israël est roi*, p. 226). — LE *steppe ne nous inspirait pas de mélancolie* (A. HERMANT, *Conf. d'un Homme d'auj.*, II). — *Dans* LE *steppe* (A. CAMUS, *Les Justes*, p. 123). — *Au milieu* DU *steppe torride* (A. ARNOUX, *Poésie du hasard*, p. 138).

b) [Des races de plantes] *habitantes des steppes* GLACÉES (CHATEAUBR., *Mém.*, I, 6, 5). — LA *steppe leur offrait partout des pâturages* (MÉRIMÉE, *Les Cosaques d'autrefois*, p. 29). — *Par* LA *steppe* NATALE (LECONTE DE LISLE, *Poèmes trag.*, La Chasse de l'Aigle). — UNE *steppe immense* (J. ROMAINS, *Lucienne*, p. 152). — LA *steppe* BOISÉE (A. GIDE, *Voy. au Congo*, p. 107). — *L'immense steppe* SIBÉRIENNE (P. BENOIT, *Le Soleil de minuit*, p. 130). — *À travers* LA *steppe* (R. ROLLAND, *Vie de Tolstoï*, p. 106). — LA *steppe* DÉSERTE (E.-M. de VOGÜÉ, *Le Roman russe*, p. 19). — LA *steppe rayonnait* (H. TROYAT, *Tant que la terre durera...*, p. 307). — *On retrouve* LA *steppe* (G. DUHAMEL, *La Turquie nouvelle*, p. 73). — UNE *steppe de cauchemar* (G. BERNANOS, *Dialogue d'ombres*, p. 32).

Hist. — L'usage a longtemps hésité sur le genre d'un grand nombre de noms, et de la langue d'autrefois à celle d'aujourd'hui, les changements de genre ont été très nombreux. *Affaire, alarme, apostille, comète, date, dette, ébène, épigramme, épithète,*

---

1. Mot anglais ; du nom du comte de Sandwich (XVIIIᵉ s.), qui imagina cette sorte de tartine, qu'on lui apportait à la table de jeu.

équivoque, erreur, estime, horloge[1], *image, marge, offre, ombre, orthographe, populace,* etc. ont été autrefois masculins. — *Acte, archevêché, caprice, carrosse, cloaque, comté, doute, duché, emplâtre, espace, évêché, horoscope, losange, mélange, mensonge, navire, négoce, orage, pleur, poison, reproche, reste, silence, soupçon,* etc. ont été féminins.

§ 4. — NOMBRE DU NOM

274. Le **nombre** est la propriété qu'ont les noms d'indiquer l'unité ou la pluralité.

Il y a en français deux nombres : le *singulier* et le *pluriel*.

Un nom est au **singulier** quand il désigne un seul être ou objet ou un seul ensemble d'êtres ou d'objets : *Une plume, une bande* (de voleurs).

Il est au **pluriel** quand il désigne plusieurs êtres ou objets ou plusieurs ensembles d'êtres ou d'objets : *Des plumes, des bandes* (de voleurs).

Remarque. — On emploie souvent au singulier, pour désigner une pluralité, des noms qui en soi n'impliquent pas l'idée de collection. C'est un trope très fréquent, surtout en poésie, que l'emploi du singulier pour le pluriel ou l'emploi d'un nom individuel pour désigner une espèce entière : *Protéger* LA *veuve et* L'*orphelin.* — *Ils se regardaient d'*UN *œil jaloux* (Boss., *Hist.*, I, 8). — *La Pologne se voit ravagée par* LE *rebelle Cosaque, par* LE *Moscovite infidèle* (ID., *Anne de Gonz.*). — *N'avoir rien à se mettre sous* LA *dent.*

PLURIEL DES NOMS

A. — Langue parlée.

275. Dans la grande majorité des cas, la forme du pluriel dans les noms ne diffère pas, pour l'oreille, de la forme du singulier : *La maison* [la mɛ-zɔ̃], *les maisons* [le mɛ-zɔ̃]. *Un moineau* [œ̃ mwa-no], *des moineaux* [de mwa-no]

Toutefois l's ou l'*x* du pluriel se prononcent (*s* sonore) devant une voyelle ou un *h* muet, quand on fait la liaison : *Des eaux amères* [de-zo-za-mɛːʀ]. *Des corps humains* [de-kɔːʀ-zy-mɛ̃].

En outre, la langue parlée a deux prononciations différentes selon le nombre pour quelques noms, qui sont :

---

1. *Horloge* (emprunté du lat. *horologium*, adaptation du grec ὡρολόγιον, littéralement « qui dit l'heure ») est encore masculin dans divers parlers régionaux : cf. : LE GROS *horloge de Rouen.*

1° Des noms en *-al* : *Cheval* [ʃ(ə)-val], *chevaux* [ʃ(ə)-vo]. — *Général* [ʒe-ne-ʀal], *généraux* [ʒe-ne-ʀo].

2° Quelques noms en *-ail* : *Bail* [baj], *baux* [bo]. — *Corail* [kɔ-ʀaj], *coraux* [kɔ-ʀo], etc.

3° Les noms *aïeul, ciel, œil* (ces trois noms, dans certains cas : voir § § 282, 284, 285), *œuf, bœuf, os, gentilhomme, bonhomme, madame, monsieur, mademoiselle, monseigneur* : *Aïeul* [a-jœl], *aïeux* [a-jø]. — *Ciel* [sjɛl], *cieux* [sjø]. — *Œil* [œj], *yeux* [jø]. — *Bœuf* [bœf], *bœufs* [bø]. — *Un os* [ɔs], *des os* [o]. — *Œuf* [œf], *œufs* [ø]. — *Gentilhomme* [ʒɑ̃-ti-jɔ-m(ə)], *gentilshommes* [ʒɑ̃-ti-zɔ-m(ə)].

CONCLUSION. — Pour l'oreille, la véritable marque du pluriel des noms est, non pas dans la terminaison, mais dans l'article ou dans les mots déterminatifs : *Un livre, des livres. Ce tableau, ces tableaux.*

B. — Langue écrite.

1. — Formation du pluriel.

RÈGLE GÉNÉRALE

276. On forme le pluriel des noms en ajoutant un *s* au singulier : *Un homme, des homme*s.

Hist. — On l'a vu (§ 111), le roman n'avait gardé des six cas du latin que le cas sujet et le cas régime. L'analogie ayant ramené à un type unique (sing. : *li murs, le mur* ; — plur. : *li mur, les murs*) les cinq déclinaisons latines, lorsque le cas régime resta comme cas unique au XIIIe et au XIVe siècle, on n'eut plus que les formes types *mur* pour le singulier, *murs* pour le pluriel. Ainsi s'explique que l'*s* est devenu le signe caractéristique du pluriel dans les noms.

Au moyen âge, dans les noms qui se terminaient par *p, f, c, m,* la consonne finale disparaissait devant l'*s* du pluriel : *Drap, dras. Chef, ches. Duc, dus. Verm, vers.*

Dans les noms terminés par *t* ou *n*, ces consonnes se combinaient avec l'*s* du pluriel et produisaient un *z* (pron. *ts*) : *Fruit, fruiz. Jorn, jorz.*

Dans les noms terminés par *l*, cette consonne, devant l'*s* du pluriel, se vocalisait en *u*, après *a, é, è, o* (§ 50) : *Cheval, chevaus* (pron. *chevaous'*, comme dans l'allemand *aus* ou dans le néerlandais *saus*). *Chevel, cheveus. Col, cous.* — *L* mouillé final avait perdu en ancien français son mouillement devant l'*s* du pluriel (transformé en *ts*, écrit *z*) et s'était vocalisé en *u* : *Travail, travalz, travaus.* Au XIIIe siècle, *z* s'est réduit à *s* : les pluriels *fruiz, jorz, travauz* sont devenus *fruis, jors, travaus.*

Un reste de l'ancien usage se retrouve dans les pluriels *tous* et *gens.*

EXCEPTIONS ET REMARQUES

277. Les noms terminés par **-s, -x** ou **-z** ne changent pas au pluriel : *Un pois, des pois. Une croix, des croix. Un nez, des nez.*

278. Les noms en **-al** forment leur pluriel en *-aux : Un journal, des journ*AUX.

Cependant les noms suivants ont leur pluriel en *-s : Bal, cal, carnaval, chacal, festival, régal.*

Il faut y ajouter les noms moins usités : *Aval, bacchanal* (pas de plur., selon Littré), *bancal, cantal, caracal, cérémonial, choral, copal, corral, final* (terme de musique ; on dit aussi *finale*), *galgal, gavial, gayal, mal* (nom vulgaire du silure d'Europe), *minerval* [1], *mistral, narval, nopal, pal* (*des pals* ou *des paux*, selon le Larousse du XXᵉ s.), *récital, rorqual, santal* (vieilli : *sandal*), *serval.*

Remarques. — 1. Les pharmaciens disent : *poudre des trois santaux.*

2. *Val* fait *vaux* dans *par monts et par vaux* (*vaux* se trouve en composition dans certains noms propres : *Les Vaux-de-Cernay*). Ailleurs on emploie *vals* au pluriel : *Les* VALS *d'un fleuve.* — *On sait la richesse des flancs du Vésuve, des* VALS *de l'Etna* (MICHELET, *La Mer*, II, 11). — *Parmi les* VALS *des Basses-Pyrénées* (J. de PESQUIDOUX, *Chez nous*, t. I, p. 26). — *Ça emplit les* VALS (J. GIONO, *Le Grand Troupeau*, p. 223).

3. *Étal* fait au pluriel *étaux : Ce boucher a plusieurs* ÉTAUX (LITTRÉ). — *Entre les* ÉTAUX *assignés à chaque marchand* (Éd. HERRIOT, *Dans la Forêt normande*, p. 36). — *Il fallait bien (...) des marchands et des* ÉTAUX (P. CLAUDEL, *Figures et Paraboles*, p. 83). — *D'innombrables* ÉTAUX *de victuailles* (LA VARENDE, *Le Troisième jour*, p. 199). — *Quelle foule alors ameutée au long des* ÉTAUX ! (É. HENRIOT, *Rencontres en Ile de France*, p. 123.)

Mais ce pluriel *étaux* (parce qu'il est homonyme du pluriel de *étau*) subit la concurrence de *étals : Dans la grande rue sale, les* ÉTALS *se dressèrent* (A. RIMBAUD, *Les Illuminations*, Après le déluge). — *Aux crocs des* ÉTALS *pendaient, festonnés et parés, des écorchés qui étaient des chiens, des chats* (P. et V. MARGUERITTE, *Les Tronçons du glaive*, p. 157). — *Devant les* ÉTALS *de boucherie* (H. BORDEAUX, *L'Affaire de la rue Lepic*, p. 42). — *Les* ÉTALS *des bouchers* (A. FRANCE, *Sur la Pierre blanche*, p. 4). — *Parmi les* ÉTALS *au marché* (Fr. AMBRIÈRE, dans le *Figaro litt.*, 14 juin 1947). — *Sur les* ÉTALS *du marché* (É. HENRIOT, *Le Diable à l'hôtel*, VI).

4. *Idéal* fait au pluriel *idéals* ou *idéaux :*

a) Et toujours leurs IDÉALS *se heurtèrent* (M. BARRÈS, *Les Maîtres*, p. 269). — *L'ironie qui est au fond de nos* IDÉALS (O. MIRBEAU, *Le Calvaire*, III). — *Les deux partis sont menés au combat par deux hauts* IDÉALS (R. ROLLAND, *Les Précurseurs*, p. 58). — *Tous les* IDÉALS (MONTHERLANT, *L'Équinoxe de septembre*, p. 29). — *Des* IDÉALS *pratiques* (F. STROWSKI, *La Sagesse française*, p. 25). — *La coexistence de doctrines, d'*IDÉALS*, de systèmes tout opposés* (P. VALÉRY, *Variété*, éd. Pléiade, t. I, p. 867).

b) Les concepts et les IDÉAUX *d'origine historique* (P. VALÉRY, *Regards...*, p. 95). —

---

1. *Minerval* se dit, en Belgique, de la rétribution payée par les élèves de certaines écoles (on disait autrefois *lendit*). — Littré, le Dictionnaire général, le Larousse du XXᵉ siècle donnent *écolage* (rétribution que paient les écoliers).

Un système dont les IDÉAUX *sont la justice et la raison* (J. BENDA, *La Trahison des Clercs*, p. 26). — *Cette harmonie de mouvements et d'*IDÉAUX (L. DAUDET, *Le Rêve éveillé*, p. 170). — *Plusieurs* IDÉAUX *contradictoires* (R. de GOURMONT, *Le Chemin de velours*, p. 168). — *Des* IDÉAUX *politiques* (DANIEL-ROPS, *Les Années tournantes*, p. 132). — *La plupart de nos* IDÉAUX (D. de ROUGEMONT, *La Part du Diable*, p. 122). — *L'humanité est certainement plus ample qu'aucun des* IDÉAUX *qu'elle s'est formés* (J. ROSTAND, *Pensées d'un biologiste*, p. 227).

Idéaux est employé plutôt dans la langue technique de la philosophie et des mathématiques ; *idéals*, dans le langage de la littérature, des beaux-arts et de la morale (Ac.).

5. *Universaux* (terme de philosophie scolastique), *matériaux* remontent aux anciennes formes du singulier *universal, matérial,* qui ont disparu devant les doublets *universel, matériel.*

6. Le singulier *matériau,* fréquent dans la langue des architectes, est entré dans l'usage courant :

Quel étrange MATÉRIAU ! *comme dirait mon beau-frère l'architecte* (G. DUHAMEL, *Souvenirs de la vie du Paradis*, p. 8). — *En quel* MATÉRIAU ! (M. BEDEL, dans les *Nouv. litt.*, 4 juill. 1946.) — *Le seul* MATÉRIAU *du pays est l'argile* (DANIEL-ROPS, *Hist. sainte*, Le Peuple de la Bible, t. I, p. 24). — *Le charpentier du village (...) ne « tombe » son* MATÉRIAU *qu'aux époques de maîtrise* (LA VARENDE, *La Normandie en fleurs*, p. 149). — *M. de Coëtquidan a fait refaire la tombe entière dans un* MATÉRIAU *d'une meilleure qualité* (MONTHERLANT, *Les Célibataires*, p. 309). — *La brique a été le* MATÉRIAU *de prédilection de Byzance* (P. MORAND, *Bucarest*, p. 191). — *Le* MATÉRIAU *est solide* (J. GIRAUDOUX, *La Folle de Chaillot*, p. 152). — *À supposer qu'on puisse trouver le* MATÉRIAU (É. HENRIOT, *Tout va recommencer sans nous*, p. 5). — *N'est-ce pas absence de valeur, ni la valeur elle-même, ni même le* MATÉRIAU *de la valeur* (A. CAMUS, *L'Homme révolté*, p. 306). — *Elle* [la coupole] *était en* MATÉRIAU *léger* (A. BILLY, *Pudeur*, p. 15). — [Les lisières des draps], MATÉRIAU *classique des cordes de l'évasion ou du suicide* (H. BAZIN, *La Tête contre les murs*, p. 88). — *Une révolution du* MATÉRIAU *et du style* (A. ARNOUX, *Géographie sentimentale*, p. 87).

7. *Listel* a pour pluriel *listeaux* [1] (d'un ancien singulier *listeau,* formé peut-être d'après *liteau*).

Hist. — On a vu (§ 276, *Hist.*) que, dans les noms terminés par *l,* cette consonne se vocalisait en *u* devant l's du pluriel. Or, au moyen âge, le groupe *-us* se notait ordinairement par un signe abréviatif qui ressemblait à la lettre *x* et qui finit par être confondu avec cette lettre. L'ancien pluriel *chevaus* s'écrivit donc *chevax.* Plus tard, on oublia la fonction du signe *x* et, comme la prononciation faisait entendre un *u,* on rétablit, dès la fin du XIIᵉ siècle, ce *u* dans l'écriture, tout en maintenant l'*x* : *chevaux.* Au XVᵉ et au XVIᵉ siècle, on introduisit même l'*l* étymologique et on écrivit *chevaulx* (comparez : des *aulx,* une *faulx*). C'est au XVIIᵉ siècle qu'on est revenu à l'orthographe *chevaux.*

---

1. C'est ce que disent Littré, le Dictionnaire général et l'Académie. Cependant l'Académie, au mot *côte,* écrit : *Il se dit également des* LISTELS *qui séparent les cannelures d'une colonne.*

279. Les noms en **-au, -eau, -eu** prennent un *x* au pluriel : *Un tuyau, des tuyaux. Un manteau, des manteaux. Un cheveu, des cheveux.*

EXCEPTIONS : *Landau, sarrau, bleu, pneu* et quelques noms peu usuels et relativement récents, comme *émeu* (oiseau coureur d'Australie), *lieu* (poisson) prennent un *s* [1] : *Des landaus, des pneus ; — des émeus, des lieus* (poissons).

Quelques-uns donnent à *sarrau* un pluriel en *-x : Une vingtaine de paysans (...) en* SARRAUX *de toile jaune* (NERVAL, *Le Marquis de Fayolle*, I, 15). — *Loin des* SAR-RAUX *médiocres* (A. de CHÂTEAUBRIANT, *Les Pas ont chanté*, p. 46). — *On les voyait circuler en longs* SARRAUX *de toile cirée* (F. FUNCK-BRENTANO, *La Régence*, p. 234). — *Ses amples* SARRAUX (M. PROUST, *Du côté de chez Swann*, I, p. 119). — *Des* SARRAUX *noirs* (V. LARBAUD, *Enfantines*, p. 18). — *Nous enfilâmes des* SARRAUX (G. DUHAMEL, *La Pesée des âmes*, p. 43).

Camaïeu, mot ancien, a un pluriel en *-x : Les* CAMAÏEUX, *les grisailles sont des peintures monochromes* (AC., au mot *monochrome*). — *Les affreux* CAMAÏEUX *bleus des fauteuils* (P. VIALAR, *Mons. Dupont est mort*, p. 312). — Mais on lui donne parfois un pluriel en *-s : Le rose des* CAMAÏEUS (Fr. MAURIAC, *L'Enfant chargé de chaînes*, XVI). — *Des* CAMAÏEUS *beiges d'une grâce parfaite* (J. COCTEAU, *Poésie critique*, p. 101).

Hist. — Les noms en *-eau* ainsi que *cheveu* avaient anciennement un singulier en *-el : bourrel, cervel, carrel, chastel, cisel, chevel,* etc. C'est des pluriels *bourreaux, cerveaux, carreaux,* etc. qu'on a tiré les singuliers *bourreau, cerveau, carreau,* etc.

280. Les noms en **-ail** prennent un *s* au pluriel : *Un éventail, des éventails. Un détail, des détails. Un chandail, des chandails.*

Cependant *aspirail, bail, corail, émail* (voir Rem. 3), *fermail, soupi-rail, travail* (voir § 286), *vantail, ventail, vitrail* changent *-ail* en *-aux.*

Remarques. — 1. *Bétail* n'a pas de pluriel. — Le pluriel *bercails* est fort peu usité [2].

Ni pour la forme ni pour le sens, *bestiaux* ne peut être regardé comme le pluriel de *bétail.* — Pour la forme, *bestiaux* est le pluriel de l'ancien nom *bestial, bestiail* (fait sur le lat. *bestia*), qui s'est employé jusque dans le XVIIe siècle, tandis que *bétail* est issu de l'ancien nom collectif *bestaille*, ensemble de bêtes. — Pour le sens, *bestiaux* désigne l'ensemble des animaux qu'on entretient dans une exploitation rurale, et qui comprennent à la fois le gros et le petit *bétail* [3]. Il peut désigner aussi simplement le gros bétail.

---

1. Littré écrit : *des alleus ;* c'est à tort, semble-t-il : *alleu*, mot ancien, prend nor-malement un *x* au pluriel : *Toutes ces terres étaient des francs-*ALLEUX (Ac.). — *Vos fiefs,* ALLEUX, *mouvances, pays et domaines* (HUGO, *L'Homme qui rit*, II, 5, 4). — *Des* ALLEUX (GRAND LAROUSSE ENCYCL.). — *Au-dessus de la poussière des fiefs et des* ALLEUX (P. GAXOTTE, *Histoire des Français*, t. I, p. 324).

2. *Elle* [la rue d'Ulm] *est loin de conduire tous les nourrissons vers les mêmes* BERCAILS (P.-H. SIMON, dans le *Monde*, 26 févr. 1964).

3. « On emploie indifféremment *bestiaux* et *bétail* pour désigner l'ensemble des bêtes d'une métairie, à la condition qu'elle aura des bêtes à cornes ou des chevaux ; car, si elle n'avait que des chèvres ou des moutons, il faudrait dire du *petit bétail*

2. *Apparaux*, engins nécessaires pour faire mouvoir un navire, engins de gymnastique, est un pluriel archaïque de *apparail*, forme dialectale de *appareil*.

3. *Émail* a pour pluriel *émaux* quand il désigne, soit la matière fondante, vitrifiée, qu'on applique par la fusion sur les poteries, les faïences, les métaux, soit un ouvrage émaillé : *Les* ÉMAUX *doivent être très fusibles* (Ac.). — *Un dais composé d'*ÉMAUX *translucides* (A. FRANCE, *Balthasar*, p. 220). — De même lorsque, en termes de blason, il est dit des couleurs et des métaux dont l'écu est chargé. — Mais *émail* a un pluriel moderne *émails*, qui convient quand on désigne certains produits « de beauté » (par exemple pour les ongles) ou certains produits employés dans les travaux de peinture ou dans certaines industries (carrosserie, bicyclettes, etc.). [C'est l'opinion de l'Office de la Langue française : cf. *Revue Universit.*, oct. 1937 ; — cf. aussi article de Ch. Bruneau dans *Combat.* 4 janv. 1950.]

281. Les noms en **-ou** prennent un *s* au pluriel : *Un clou, des clou*s. Cependant les sept noms *bijou, caillou, chou, genou, hibou, joujou* et *pou* prennent un *x*.

Hist. — Les noms en *-ou* viennent, pour la plupart, d'anciens noms en *-ol* ou en *-ouil* qui faisaient leur pluriel en *-oux (-ous)* : *Sol, sous* ; *genouil, genoux*.
Les uns ont refait leur singulier sur le pluriel : *Sou, sous* ; les autres ont refait leur pluriel sur le singulier : *Rossignol, rossignols* (au lieu de *rossignoux*).
Pour l'*x* de *choux, genoux*…, voir § 278, *Hist.*

2. — Noms à double forme au pluriel.

Certains noms ont au pluriel deux formes, avec des significations ou des emplois différents :

282. *a)* On dit au pluriel **aïeuls** quand on veut désigner précisément le grand-père paternel et le grand-père maternel ou encore le grand-père et la grand-mère : *Ses deux* AÏEULS *assistaient à son mariage* (Ac.). — *Les enfants ou leurs descendants succèdent à leurs père et mère,* AÏEULS, *aïeules, ou autres ascendants…* (*Code civ.*, art. 745). — *Ses* AÏEULS *paternels ont célébré leurs noces d'or.*

Régulièrement on dit : *les bisaïeuls* (LITTRÉ), *les trisaïeuls* (ID.). — Cependant les pluriels *bisaïeux, trisaïeux* sont aussi en usage : *Jusqu'à nos* TRISAÏEUX *il faut*

et non des *bestiaux*. De même, une foire a beaucoup de *bestiaux* ou de *bétail* s'il y a, dans la quantité, du gros bétail ; mais on ne dira pas qu'elle a beaucoup de *bestiaux*, s'il n'y a paru que des moutons et des chèvres ; et si l'on disait qu'il s'y trouvait de *petits bestiaux*, cela voudrait dire du bétail gros et menu, mais de petite taille. » (LITTRÉ.)

rétrograder (DESTOUCHES, *L'Homme singulier*, II, 1). — *On m'a dit que le jansénisme avait touché de l'ombre de son aile certains de ses* BISAÏEUX (R. ROLLAND, *Le Voyage intérieur*, p. 69). — *Nos* BISAÏEUX (A. MAUROIS, *Études anglaises*, p. 191). — *Dans les bouches de nos* BISAÏEUX (L. DAUDET, *Le Stupide XIXᵉ Siècle*, p. 249).

b) Le pluriel *aïeux* désigne, soit ceux qui ont vécu dans les siècles passés, soit les personnes dont on descend : *C'était la mode chez nos* AÏEUX (AC.). — *Ce droit lui vient de ses* AÏEUX (ID.).

Hist. — Quand *l* se fut vocalisé en *u* devant l's du pluriel (§ 50), le pluriel primitif *aïeuls* devint *aïeux*, qui s'employait tant au propre qu'au figuré. Sur le singulier *aïeul*, on a refait plus tard un pluriel *aïeuls*, à côté de *aïeux ;* ces deux formes se prononçaient d'ailleurs de la même façon : *a-yeû*. Au XVIIᵉ siècle, on commença de distinguer par la prononciation ces deux pluriels en faisant sentir l'*l* de *aïeuls ;* c'est par cette double prononciation qu'on a été conduit à établir une distinction de sens entre *aïeuls*, pour le sens propre, et *aïeux*, pour le sens figuré. « A ce point de vue, dit Littré, *aïeux* n'est pas le pluriel de *aïeul*, c'est un nom collectif qui n'a pas de singulier. Mais cela n'est vrai que pour l'idée, ce ne l'est pas pour la grammaire. Étymologiquement, *aïeux* est le véritable pluriel d'*aïeul*. »

La distinction de sens entre *aïeuls* et *aïeux* n'était pas encore établie au XVIIᵉ siècle : *S'ils n'ont point d'autre gloire que celle de leurs* AÏEULS (MASSILLON, *Pet. Car.*, Grandeur de J.-C.). — *Ils n'ont ni* AÏEULS *ni descendants* (LA BR., II, 22).

283. *Ail*, dans l'emploi ordinaire, fait au pluriel *aulx*, forme où se garde l'orthographe du XVᵉ et du XVIᵉ siècle (§ 278, *Hist.*), qui voulait éviter la confusion avec l'article *aux : Il y a des* AULX *cultivés et des* AULX *sauvages* (AC.). — *Long examen des* AULX *qui croissent en grande abondance dans le jardin de l'hôtel* (A. GIDE, *Journal 1939-1942*, p. 35). — *Il aidait sa mère à tresser les* AULX (COLETTE, *Journal à rebours*, p. 32).

En termes de botanique, on dit également des *ails* au pluriel.

284. *Ciel* fait au pluriel *cieux* quand il désigne l'espace indéfini dans lequel se meuvent tous les astres, ou encore le séjour des bienheureux, le paradis : *L'immensité des* CIEUX (AC.). — *Le royaume des* CIEUX (ID.).

Il fait *ciels* quand il signifie « couronnement d'un lit, partie d'un tableau qui représente le ciel, décoration imitant le ciel, plafond de carrière », ou encore quand il désigne l'atmosphère, le ciel comme aspect pittoresque [1] : *Des* CIELS *de lit. — Ce peintre fait bien les* CIELS (AC.). — *Je songe aux* CIELS *marins, à leurs couchants si doux* (J. MORÉAS, *Stances*, I, XVI). — *Chevrier était habitué à décoller à la minute imposée avec des* CIELS *bas et d'épais nuages*

---

1. De même quand il désigne chacune des sphères cristallines et concentriques à la terre que les anciens avaient supposées pour expliquer les mouvements apparents des astres : *Tous ces* CIELS *étaient supposés solides* (LITTRÉ). — *Au fond des sept* CIELS *ouverts en enfilade se coulait une brise tiède* (A. DAUDET, *Port-Tar.*, I, 5). — *Et l'espace où pendent sept* CIELS *Fit tourner sur mon front sept guirlandes de globes* (H. BOSCO, *Le Roseau et la Source*, p. 138). — L'Académie écrit cependant : *Les* CIEUX *des planètes.*

de givre à percer (J. Roy, *La Vallée heureuse*, p. 51). — *Les beaux* CIELS *sans nuages* (A. Maurois, *Ariel*, II, 9). — *Il revoit les* CIELS *d'été pesant sur la terre morte* (J.-L. Vaudoyer, *Laure et Laurence*, p. 70). — *De calmes miroirs d'eau reflètent des* CIELS *qui sont parfois voilés* (J. de Lacretelle, *Disc. de récept. à l'Acad. fr.*).

Remarque. — Dans l'acception de « climat », *ciel* fait au pluriel *ciels* ou, beaucoup plus fréquemment, *cieux* : *Un de ces* CIELS *perfides qui caressent et brûlent la peau tendre des citadins* (A. France, *Jocaste...*, p. 279). — *Les* CIELS *brûlants des tropiques* (Larousse du XXᵉ s.). — *Sur leur front par vingt* CIEUX *bronzé...* (Th. Gautier, *Ém. et Cam.*, Vieux de la Vieille). — *Le soleil de vingt* CIEUX *a mûri votre vie* (Hugo, *F. d'aut.*, VI). — *Victoires remportées très loin, sous des* CIEUX *ardents* (A. Vandal, *L'Avènem. de Bonaparte*, t. I, p. 249). — *On ne peut l'imaginer* [le peuple français] (...) *émigrant en bloc sous d'autres* CIEUX (P. Valéry, *Regards sur le monde actuel*, p. 120). — *Se reposer ou voyager sous des* CIEUX *désirés* (É. Fabre, *Les Ventres dorés*, V). — *Sans doute des contaminations exotiques menacent-elles, sous des* CIEUX *nouveaux, l'intégrité de la tradition initiale* (A. Siegfried, *L'Âme des peuples*, p. 31).

285. Œil, dans les acceptions ordinaires, fait *yeux* au pluriel : *Des* YEUX *bleus*. — *Un pain qui a des* YEUX (Ac.). — *Un fromage qui n'a point d'*YEUX (Id.). — *Ce bouillon est très gras, il a beaucoup d'*YEUX (Id.). — *Tailler à deux* YEUX, *à trois* YEUX (Id.).

Il fait *œils* dans certains noms composés, expressions techniques pour la plupart : *Des* ŒILS-*de-bœuf* (fenêtres rondes ou ovales). *Des* ŒILS-*de-chat* (pierres précieuses). *Des* ŒILS-*de-serpent* (id.). — *Des* ŒILS-*de-perdrix* [1] (cors entre les doigts des pieds). *Des* ŒILS-*de-bouc* (coquillages). *Des* ŒILS-*de-chèvre* (plantes). *Des* ŒILS-*d'or* (poissons), etc. — De même dans le vocabulaire des métiers ou de la marine, quand il désigne une ouverture, un trou, une boucle, une ganse, etc. : *Les* ŒILS *de ces grues, de ces voiles, de ces marteaux, de ces meules, de ces étaux.*

286. Travail fait au pluriel *travaux* dans les acceptions de « gêne, effort soutenu, résultat de cet effort » : *Au moins que les* TRAVAUX, *Les dangers, les soins du voyage, Changent un peu votre courage* (La F., *F.*, IX, 2). — *Les* TRAVAUX *des champs. Les* TRAVAUX *d'Hercule. Les* TRAVAUX *publics.*

Il fait *travails* quand il désigne une machine dans laquelle on assujettit les chevaux, les bœufs, etc. pour les ferrer ou pour les soumettre à certaines opérations chirurgicales : *Ce maréchal-ferrant a deux* TRAVAILS.

Travail, au sens de « compte qu'un ministre rend au prince des affaires de son département ou que les commis rendent aux ministres des affaires qui leur ont été renvoyées » est hors d'usage ; l'Académie (1935) n'en fait plus mention. En ce sens, le pluriel était *travails : Ce ministre a eu plusieurs* TRAVAILS *cette semaine avec le roi* (Littré).

---

1. Selon Littré : *des* YEUX *de perdrix* (sans traits d'union).

Hist. — *Travails* et *travaux* sont les pluriels de deux mots différents : *travail*, du latin populaire *tripalium* (composé de *tri*, qui signifie « trois » en composition, et *palus*, pieu) ; — *travail*, nom verbal tiré de *travailler* (lat. pop. **tripaliare*, qui a signifié d'abord « torturer avec le *tripalium* », puis « tourmenter », et qui, au XVIIᵉ siècle, a remplacé le vieux verbe *ouvrer*).

3. — Pluriel des noms propres [1]

287. Le pluriel des noms propres donne lieu à des règles assez subtiles sur lesquelles les grammairiens ne s'accordent guère. L'usage d'ailleurs reste, en cette matière, fort indécis. Ainsi on trouve : *Les* DON QUICHOTES *prêtent souvent à rire* (DICT. GÉN.). — DONS QUICHOTTES *de l'arbitraire* (BÉRANGER, *Christophe*). — *Les* DON QUICHOTTE *des temps féodaux* (TAINE, *Philosophie de l'Art*, t. I, p. 6). — La règle traditionnelle concernant les noms de familles illustres (§ 288, 1º) doit forcément amener des hésitations, parce que, dans beaucoup de cas, on ne voit pas si le degré d'illustration est suffisant pour qu'on applique ladite règle. — On hésite aussi sur le pluriel des noms propres désignant des ouvrages produits par les personnages nommés (§ 290) : *Ce musée possède plusieurs Raphaël* (?) ou *Raphaëls* (?). — On comprend que les grammairiens fassent des vœux pour qu'on adopte une règle logique qui ferait varier les noms propres dans tous les cas où l'on exprime une pluralité.

288. Les noms propres **prennent** la marque du pluriel [2] :

1º Quand ils désignent des familles royales ou princières, illustres dans l'histoire ou quand ils désignent des peuples : *Les Pharaons, les Ptolemées, les Gracques, les Horaces, les Curiaces, les Tarquins, les Scipions, les Sévères, les Constantins, les Antonins, les Césars, les Flaviens, les Capets, les Plantagenets, les Bourbons, les Guises, les Condés, les Montmorencys, les Stuarts, les Tudors.* — *Les Belges, les Italiens.*

2º Quand ils sont employés par antonomase pour désigner des espèces, des types : *Les Mécènes* (les personnes riches encourageaient les gens de lettres, les artistes). *Les Cicérons* (les grands orateurs). — *Une famille de* RENÉS-*poètes et de* RENÉS-*prosateurs a pullulé* (CHATEAUBR., *Mém.*, II, 1, 11). — *Je vis l'intérieur des vieilles* BABYLONES, *Les* CARTHAGES, *les* TYRS, *les* THÈBES, *les* SIONS (HUGO, *F. d'aut.*, XXIX). —

---

1. Voir à la fin du volume l'arrêté du 26 février 1901 : *Liste*, III, 1.
2. Pour les noms propres en -*al*, la marque du pluriel est simplement un *s* (ils ne changent pas -*al* en -*aux*) : *Bien des* JUVÉNALS (MONTESQ., *Espr.*, XIX, 27). — *De noirs* ESCURIALS (HUGO, *F. d'aut.*, XXVII). — Pour les noms propres en -*au* ou en -*eu*, la marque du pluriel est un *x* : *Des* BOILEAUX (VOLT., dans GIRAULT-DUVIVIER, *Gramm. des gramm.*, t. I, p. 137). — *Parce que nous avons trop de* MIRABEAUX (HUGO, *F. d'aut.*, Préf.). — *Que de* MIRABEAUX ! (É. HENRIOT, *Le Diable à l'hôtel*, XII.) — *Les* RICHELIEUX (P. VERLAINE, *Poèmes saturniens*, Caprices, La Chanson des ingénues).

Lamartine profile des Jocelyns *partout* (Sainte-Beuve, *Port-Roy.*, III, xv). — *Ce sont les* Mécènes *qui font les* Virgiles (É. Henriot, *Les Fils de la Louve*, p. 266). — *J'ai vu des dix mille* Césars (...), *des* Sophocles, *des* Archimèdes, *des* Platons, *des Confucius, des* Praxitèles *à foison* (P. Valéry, « *Mon Faust* », p. 47). — *Dans tous les genres, il nous faut des* Marseillaises (A. France, *Le Génie latin*, p. 345). — *Il est faux de dire (...) que les* Don Juans *qui se rangent font les meilleurs maris* (A. Maurois, *Nouv. Discours du Doct. O'Grady*, p. 43).

L'usage, il est vrai, est fort indécis : il n'est pas rare que les noms propres ainsi employés soient laissés invariables. Cet usage est assez plausible : la marque du pluriel en modifiant la physionomie du nom propre peut, dans certains cas, le rendre moins vite reconnaissable, parfois aussi faire naître une équivoque : *Les* Goliath *sont toujours vaincus par les* David (Hugo, *L'Homme qui rit*, II, 1, 12). — *Les faux* René *et les faux* Werther *ne doivent pas faire condamner les* Werther *et les* René *sincères* (Renan, *L'Avenir de la Science*, p. 439). — *Ceux qui annonçaient le danger passaient pour de tristes* Cassandre (Daniel-Rops, *Ce qui meurt et ce qui naît*, p. 3). — *Les* Jérémie *de la finance* (A. Maurois, *Mes songes que voici*, p. 248). — *Les rimailleurs sont des* Virgile *ou des* Hugo (J.-J. Brousson, *An. France en pantoufles*, p. 65). — *Il y a peut-être eu des* Shakespeare *dans la Lune* (G. Duhamel, *Défense des Lettres*, p. 57). — *Les* Boileau *de l'avenir* (A. Hermant, *Les Samedis de M. Lancelot*, p. 59). — *D'autres* Brichanteau *de province* (Montherlant, *Le Solstice de juin*, p. 65). — *Nous ne sommes pas des* Lénine (M. Bedel, *M. le Prof. Jubier*, p. 119). — *Nous ne sommes tous que de simples* Bouvard, *ou d'affreux* Pécuchet (Brunetière, *L'Art et la Morale*, II). — *Répondre, par avance, à tous les* Caïn *du monde* (A. Camus, *L'Homme révolté*, p. 50).

3° Quand ils désignent des œuvres d'art par le nom des personnages représentés : *Des statues en plâtre,* Hébés *ou* Cupidons (Flaubert, *Éduc. sent.*, t. I, p. 123). — *Rappelez-vous les œuvres italiennes que je vous ai décrites : tant (...) de* Madones (...), *tant de* Jupiters, *d'*Apollons, *de* Vénus *et de* Dianes (Taine, *Philos. de l'Art*, t. II, p. 230).

Dans ce cas encore, l'usage est chancelant : *Le Lorrain avait fait un certain nombre de statues (...), un certain nombre de* Vertumne *et de* Pomone (F. Funck-Brentano, *La Régence*, p. 179). — *Il (...) acheta d'un coup cinq cents* Saint-Joseph *en manteau bleu pâle* (A. Maurois, *Les Discours du Docteur O'Grady*, p. 231).

On écrit presque toujours aussi : *Des Descentes de croix, des Annonciations, des Déluges,* etc., pour désigner des tableaux : *Tant de* Crucifiements, *de* Nativités, *d'*Annonciations (Taine, *Philos. de l'Art*, t. II, p. 230). — *Les admirables* Vénus *du Titien ne sont égalées ou surpassées que par ses* Visitations *ou ses* Assomptions (F. Brunetière, *L'Évol. des genres*, t. I, p. 3). — *Les* Annonciations *des peintres chrétiens* (J. de Lacretelle, *Le Demi-Dieu*, p. 49). — *Comme dans les* Descentes de Croix (G. Duhamel, *La Pierre d'Horeb*, p. 182).

4° Quand ils désignent plusieurs pays, provinces, cours d'eau, portant le même nom : *les* Amériques, *les* Espagnes, *les* Gaules, *les* Russies, *les Calabres, les Abruzzes, les Castilles, les Flandres, les Carolines, les Florides, les Guyanes, les Géorgies, les Indes, les Romagnes, les Deux-Siciles, les deux Nèthes.*

Pour les noms de pays, si l'on met à part les noms comme ceux qu'on vient de citer (et qui désignent des pays considérés globalement), il y a, dans l'usage, beaucoup d'indécision (voir § 289, 2°).

Certains noms géographiques, et notamment des noms d'archipels ou de montagnes, n'ont que la forme du pluriel : *les Asturies, les Antilles, les Baléares, les Canaries, les Grisons, les Cévennes, les Carpathes,* etc.

289. Les noms propres **ne prennent pas** la marque du pluriel :

1° Quand ils désignent des familles entières, hors les noms de familles royales ou princières auxquels traditionnellement on fait prendre le signe du pluriel (§ 288, 1°) : *Les Bonaparte, les Châtillon, les Bernadotte, les Carnot, les Habsbourg, les Hohenzollern, les Borgia, les Sforza, les Visconti, les Leczinsky. Les Boussardel, les Thibault, les Roquevillard.* — *Les* VITART, *alliés des* RACINE (J. LEMAITRE, *Jean Racine,* p. 6). — *Les* DÉRIVAT *et les* MÉTIDIEU *s'aimaient beaucoup* (H. BOSCO, *Le Mas Théotime,* p. 12).

Pour certains de ces noms, il y a forcément des hésitations : *Aux* BONAPARTES *il manque une race* (CHATEAUBR., *Mém.,* IV, 2, 20). — *Metternich et les* HABSBOURG, *étaient chassés de Vienne* (J. BAINVILLE, *Hist. de trois générations,* p. 84). — *Le vœu de votre père Fut en cela conforme à celui des* HABSBOURG (E. ROSTAND, *L'Aiglon,* I, 12). — *Mais l'aigle des* HABSBOURGS *a des aiglons sans nombre* (ID., *ibid.,* III, 3). — *Le prognathisme des* HABSBOURG (J. COCTEAU, *Reines de la France,* p. 67).

2° Quand ils désignent, non des familles entières, mais des individus qui ont porté le même nom : *Cela est pour les deux* CORNEILLE (J. LEMAITRE, *Jean Racine,* p. 185). — *Les deux* VAN EYCK. *Les* GONCOURT. — *J'aurais certainement choisi une de ces* SUZANNE *qui font de nombreux héritages* (P. MORAND, *Papiers d'identité,* p. 124). — *Il a dû y avoir deux* DUPONT GASTON *à la 8ᵉ compagnie* (G. MARCEL, *La Chapelle ardente,* II, 1). — *Avec la moitié de Hugo, les Allemands auraient fait trois* GŒTHE (G. DUHAMEL, *Le Voyage de Patrice Périot,* p. 227).

Il en est de même pour les noms propres désignant des machines, des automobiles, des avions, des fusées, etc. : *Je te donne dix* CHRYSLER *pour une* VOISIN (M. ACHARD, *La Vie est belle,* III, 2). — *Les litières sont devenues au temps de Balzac, des coupés, après lui des* CADILLAC (A. MAUROIS, *Destins exemplaires,* p. 188). — *Acheter deux* VESPA, *deux* REMINGTON, *deux* LEICA. — *Plusieurs* CARAVELLE *et plusieurs* CONSTELLATION *atterriront à Orly.* — *Les «* MONICA *» viennent s'ajouter aux «* VÉRONIQUE *»* [= des fusées] (dans le *Parisien libéré,* 26 nov. 1957).

Règle analogue pour les noms de pays, de villes, etc. : *Les deux* JEMEPPE. — *Il y a deux* VILLENEUVE. *Ici c'est Villeneuve-sur-Claine* (A. FRANCE, *Crainquebille,*

p. 153). — *Il y a deux* FRANCE (A. HERMANT, *Les Grands Bourgeois*, I). — *Jamais je n'ai eu la naïveté de croire qu'il y avait deux* ALLEMAGNE (J. et J. THARAUD, *Quand Israël n'est plus roi*, p. 203). — *Faire la jonction des deux* MAROC (A. MAUROIS, LYAUTEY, p. 228). — *Le grand fleuve qui sépare les deux* FRANCE (LA VARENDE, *La Normandie en fleurs*, p. 151). — Cependant en ceci l'usage est fort indécis : *Il y avait deux* FRANCES (CHATEAUBR., *Mém.*, III, 1, 1, 10). — *Si l'on veut à tout prix distinguer deux* ALLEMAGNES (G. DUHAMEL, *Positions françaises*, p. 205). — *Mais y a-t-il réellement deux* ALLEMAGNES *distinctes ?* (H. BORDEAUX, *Sur le Rhin*, p. 156.) — *Il y a deux* MAROCS, *celui des gens comme nous (...). Puis il y a celui de l'administration* (P. HAMP, *Mektoub*, p. 174). — *Il ne faut pas croire qu'il y ait deux* EUROPES (P. MORAND, *Lewis et Irène*, III, 7). — *On aura l'image de deux* FRANCES (P. de LA GORCE, *Napol. III et sa politique*, p. 104). — *Les deux* SUISSES, *allemande et romande* (R. ROLLAND, *Les Précurseurs*, p. 32).

Traditionnellement, on écrit en mettant la marque du pluriel : *les Saintes Maries, les trois Maries* (saintes femmes dont parle saint Marc, XV, 40) : *C'est la chapelle, peu convenable, des graves* SAINTES MARIES (M. BARRÈS, *Le Jardin de Bérénice*, p. 171). — *Le phare des* SAINTES MARIES (Cl. FARRÈRE, *La Seconde Porte*, p. 178). — *Les trois* MARIES *apportèrent des onguents précieux pour embaumer le corps du Christ* (AC., s. v. *onguent*). — Mais il n'y a pas là de règle stricte : *Quand les trois* MARIE *abordèrent aux côtes provençales* (J.-J. BROUSSON, dans les *Nouv. litt.*, 8 janv. 1948).

A remarquer que, dans la phrase suivante, le signe du pluriel a été mis au nom des divinités : *On comptait des milliers de* JUPITERS *différents ; il y avait une multitude de* MINERVES, *de* DIANES, *de* JUNONS, *qui se ressemblaient fort peu* (FUSTEL DE COULANGES, *La Cité antique*, III, 2).

3° Quand, par emphase, on leur donne l'article pluriel, quoiqu'on n'ait en vue qu'un seul individu : *Les* BOSSUET, *les* BOURDALOUE, *les* FLÉCHIER, *les* MASCARON, *les* MASSILLON *ont illustré la chaire chrétienne au XVII*ᵉ *siècle. — Il n'y eut, en aucune province d'Italie, d'orateurs comme les* DÉMOSTHÈNE, *les* PÉRICLÈS, *les* ESCHINE (VOLT., *Mœurs*, 121). — *Des deux côtés de la frontière, encore imperceptibles et bien éloignés de l'éclat et de l'importance capitale que les événements leur donneront, les* KLUCK, *les* FALKENHAYN, *les* HINDENBURG, *les* LUDENDORF *là-bas ; ici, les* JOFFRE, *les* CASTELNAU, *les* FAYOLLE, *les* FOCH, *les* PÉTAIN (P. VALÉRY, *Variété*, éd. Pléiade, p. 1110).

4° Quand ils désignent des titres de revues, de journaux, de livres, etc. [1] : *J'ai acheté deux* TÉLÉMAQUE. — *Il y a, dans les deux* IPHIGÉNIE, *oracles, prodiges, sacrifices humains* (J. LEMAITRE, *Jean Racine*, p. 240).

---

[1]. L'usage est parfois hésitant : *Je te demande si tu as des «* CONSTITUTIONNELS *», reprit Julien (...). Ils se vendent trente sous le numéro ici* (STENDHAL, *Le Rouge et le Noir*, t. I, p. 307). — *Tandis que je feuilletais de vieux «* MAGASINS PITTORESQUES *»* (Fr. MAURIAC, *La Robe prétexte*, XXIX). — *Une collection de «* REVUES DES DEUX MONDES *»* (G. MARCEL, *Rome n'est plus dans Rome*, p. 140). — *De quoi alimenter vingt «* ILIADES *»* (R. ROLLAND, *Jean-Christophe*, t. V, p. 45).

— *Chacune des deux* « PHÈDRE » (R. de GOURMONT, *Le Chemin de ve-lours*, p. 133). — *Des tas de* « SOLEIL DU DIMANCHE » (DANIEL-ROPS, *Mort, où est ta victoire ?* p. 214). — *Trois* ALMANACH DU CHASSEUR FRAN-ÇAIS (MONTHERLANT, *Les Célibataires*, p. 19). — *Il attendit son tour en feuilletant des vieux* MONDE ILLUSTRÉ (M. BEDEL, *Jérome 60° latitude Nord*, p. 61).

On écrit : *Un Exercices syntaxiques.*

290. Le plus souvent, les noms propres de personnes désignant, par méto-nymie, des ouvrages produits par les personnages nommés, ne prennent pas la marque du pluriel [1] :

Il avait été revoir les TITIEN (FLAUB., *Éduc. sent.*, t. I, p. 376). — *La Caridad renferme des* MURILLO *de la plus grande beauté* (Th. GAUTIER, *Voy. en Esp.*, p. 337). — *J'étudiais les* VÉRONÈSE (M. BARRÈS, *Un Homme libre*, p. 169). — *Je regarde des* DAUMIER (J. RENARD, *Journal*, 8 mars 1891). — *L'un des plus beaux* COROT *du monde* (Fr. JAMMES, *Janot-poète*, p. 175). — *Ils se risquaient à acheter des* MATISSE (Fr. MAU-RIAC, *La Pharisienne*, p. 284). — *Moi aussi, j'en ai, des* CÉZANNE. *Et des* MONET, *donc !* (G. DUHAMEL, *La Passion de Jos. Pasquier*, I.) — *Aux premiers* UTRILLO *qu'on voit* (A. MAUROIS, *Bernard Quesnay*, p. 146). — *Il (...) m'a parlé de (...) ses* RACINE *princeps* (É. HENRIOT, *Le Livre de mon père*, p. 267). — *Cinq ou six* PROUST, *trois* BALZAC *sont très demandés* (COLETTE, *Journal à rebours*, p. 55). — *Possesseur de plusieurs* MAUPASSANT (Cl. FARRÈRE, *La Seconde Porte*, p. 123).

N. B. — L'invariabilité de ces noms propres s'explique par le fait qu'ils sont pensés comme compléments d'un nom commun sous-jacent : *des Titien* sont des [tableaux de] *Titien.* — Mais parfois ces noms propres, au lieu d'être pensés comme *compléments* d'un nom commun sous-jacent, sont pensés comme se superposant à ce nom com-mun et se fondant avec lui ; ainsi devenus de véritables noms communs, ils sont sus-ceptibles de la marque du pluriel : *Un certain nombre de* COROTS (A. MAUROIS, *Études anglaises*, p. 132). — *Des* CALLOTS *accrochés au mur* (É. ESTAUNIÉ, *L'Empreinte*, p. 158). — *Quand on lui montrait des* CHARDINS *au Louvre* (A. FRANCE, *M. Bergeret à Paris*, p. 49). — *On a vu de meilleurs* LATOURS (É. HENRIOT, *Le Diable à l'hôtel*, VII). — *Il y a trois ou quatre* TITIENS *à l'Ambrosienne* (TAINE, *Voy. en Italie*, t. II, p. 415). Ajoutons que l'article singulier, dans certains noms propres, n'admet guère qu'ils prennent la marque du pluriel : *Deux* LA BRUYÈRE, *deux* LA FONTAINE.

Pour *Japon, Chine, Saxe*, etc. désignant des variétés de papier, des objets de porcelaine, etc., voir § 269.

Hist. — L'ancienne langue mettait, dans tous les cas, la marque du pluriel aux noms propres, sauf à certains noms étrangers qui gardaient le pluriel de leur langue d'origine : *Les Visconti.* — *Les portraits des* DANDINS (RAC., *Plaid.*, I, 5). — *Des* PLATONS *l'éclairé paganisme* (BOIL., *Ép.*, 12). — *Se comparer déjà aux* VINCENTS *et aux* XAVIERS (LA BR., XV, 22). — *J'ai une grâce à vous demander ; c'est pour les*

---

1. Brunot (*La Pens. et la L.*, p. 96) leur donne la marque du pluriel : *Combien y a-t-il de* VÉRONÈSES *au Louvre ? (...) des* RODINS *(...) j'ai perdu l'un après l'autre deux* CHÉNIERS. — Cela n'est pas conforme à l'usage le plus général.

PICHONS (VOLT., *À Tronchin*, 29 juill. 1757). — L'usage moderne combine cet ancien usage et les règles des grammairiens de la seconde moitié du XVIIe siècle.

4. — Pluriel des noms composés.

291. Les noms composés qui s'écrivent comme des noms simples forment leur pluriel suivant les règles communes : *Des entresols, des passeports, des portemanteaux, des abrivents.*

Cependant *bonhomme, gentilhomme,* ainsi que les titres *madame, mademoiselle, monseigneur, monsieur,* forment leur pluriel en faisant varier chacun des éléments composants comme s'il était isolé : *Bonshommes* [1], *gentilshommes, mesdames, mesdemoiselles, messeigneurs (nosseigneurs), messieurs.*

Remarque. — Dans l'usage familier, par ironie ou par badinage, on dit parfois : *des madames, des mademoiselles, des monseigneurs, des monsieurs,* quand on se sert de ces mots non en parlant ou en écrivant aux personnes qu'ils désignent, mais en voulant simplement indiquer leur rang ou leur individualité : *Tous les plus gros* MONSIEURS *me parlaient chapeau bas* (RAC., *Plaid.*, I, 1). — *Les simples* MONSEI-GNEURS (LA F., *Contes*, III, 6). — *Les belles* MADAMES *ministérielles* (E.-M. de VOGÜÉ, *Les Morts qui parlent*, p. 45). — *Des jambes de grosses* MADAMES (Fr. MAURIAC, *La Robe prétexte*, X).

RÈGLE GÉNÉRALE

292. Dans les noms composés, les *noms* et les *adjectifs* peuvent seuls prendre le signe du pluriel ; les autres éléments : adverbes, verbes, prépositions, pronoms, restent invariables.

RÈGLES PARTICULIÈRES

293. 1° NOM + NOM. Dans les noms composés formés de deux noms coordonnés, les deux éléments prennent la marque du pluriel : *Des chefs-lieux, des oiseaux-mouches, des sabres-baïonnettes, des loups-garous.*

Remarque. — L'Académie écrit : *des porcs-épics* (prononc. : porképik), *des reines-claudes* (mais : *des prunes de reine-claude*), *des compères-loriot.*

Pour le pluriel de *pince-monseigneur,* l'usage hésite : le pluriel logique est : *des pinces-monseigneurs,* mais plus d'un auteur (A. ARNOUX, *Géographie sentimentale,*

---

1. Le pluriel populaire est *bonhommes* (prononc. bo-nom') : *Je lui déclare que mes dix-huit « BONHOMMES » me paraissent atteints de troubles gastro-intestinaux graves* (R. MARTIN DU GARD, *Les Thibault*, VIII, p. 318). — *J'ai vu mourir des tas de BON-HOMMES* (J. ROMAINS, *Les Hommes de b. vol.*, t. XVI, p. 34).

p. 70 ; M. JOUHANDEAU, *Essai sur moi-même*, p. 31 ; J. GIONO, *Voy. en Italie*, p. 114) écrit : *des pinces-monseigneur* (ou : *des pinces monseigneur :* il y a indécision aussi pour le trait d'union). — On écrit : *des bernard-l'ermite.*

Quand l'un des deux noms dépend de l'autre, auquel il se rattache ou non par une préposition, le nom dépendant reste invariable, l'autre varie : *Des bains-marie, des timbres-poste, des Hôtels-Dieu, des aides de camp, des chefs-d'œuvre, des arcs-en-ciel, des appuis-main, des clins d'œil* [1], *des cous-de-pied, des vers à soie, des eaux-de-vie, des pots-de-vin, des soutiens-gorge.*

Dans certains noms composés formés de deux noms dont le second dépend du premier, le sens exige pour le second nom — et parfois aussi pour le premier — une forme unique aux deux nombres :

Une *bête à cornes*, des *bêtes à cornes* [bête(s) ayant *des cornes*].

Une *année-lumière*, deux *années-lumière* [espace parcouru en une, en deux années par *la lumière*].

Un *coq-à-l'âne*, des *coq-à-l'âne* (propos incohérents où l'on passe *du coq à l'âne*).

Un *char à bancs*, des *chars à bancs* [char(s) muni(s) de *plusieurs bancs*].

Un *pied-à-terre*, des *pied-à-terre* [logement(s) où l'on ne fait que mettre *le pied à terre*].

Un *pot-au-feu*, des *pot-au-feu* [quantité(s) de viande destinée(s) à être mise(s) *au pot*].

Un *tête-à-tête*, des *tête-à-tête* [entrevue(s) où l'on est *tête à tête*].

L'Académie écrit : *des chênes-lièges*, et cette forme plurielle est, il est vrai, assez courante : *Quelques bois de* CHÊNES-LIÈGES (P. ARÈNE, *La Chèvre d'or*, XVI). — *Des forêts de* CHÊNES-LIÈGES (M. PAGNOL, *Topaze*, IV, 1). — *Ces paysages de sable, de pins et de* CHÊNES-LIÈGES *couverts de lichens* (A. MAUROIS, *Lélia ou la Vie de G. Sand*, p. 86) ; — mais comme *chêne-liège* signifie « chêne à liège », le nom *liège* est subordonné, et il paraît rationnel d'écrire : *des chênes-liège : Elles s'engagèrent donc*

---

1. *Des clins d'*ŒIL (A. THÉRIVE, *Fils du jour*, p. 222). — *De rapides clins d'*ŒIL (E. JALOUX, *La Branche morte*, p. 5). — *Les demi-sourires et clins d'*ŒIL (R. MARTIN DU GARD, *Les Thibault*, IV, p. 41). — *Entre deux clins d'*ŒIL (R. BOYLESVE, *L'Enfant à la balustrade*, IV, 10). — *Dans ses clins d'*ŒIL *précipités* (J. MALÈGUE, *Augustin*, t. I, p. 123). — *Aucun de ces clins d'*ŒIL (François-Régis BASTIDE, *Les Adieux*, p. 79). — On peut dire aussi, si l'on considère les deux yeux, des *clins d'yeux* (LITTRÉ). — *À prix de faux clins d'*YEUX (MOL., *Tart.*, I, 6). — *Faisant force clins d'*YEUX (HUGO, *Ruy Blas*, II, 4). — *Répondant aux clins d'*YEUX (Th. GAUTIER, *Le Capitaine Fracasse*, X). — *Entre deux clins d'*YEUX (VILLIERS DE L'ISLE-ADAM, *Contes cruels*, p. 21). — *À coups de clins d'*YEUX (J. RENARD, *Journal*, 13 mai 1898). — [L'intuition] *se nourrit de circonstances fortuites, de clins d'*YEUX, *d'illusions vagues* (L. DAUDET, *Le Partage de l'Enfant*, p. 90). — On trouve même *un clin d'yeux : On peut (...) saluer d'un clin d'yeux imperceptible la Figure* (V. LARBAUD, *Enfantines*, p. 83). — *Plus d'étoiles ; quelques-unes, après un doux clin d'yeux, ont disparu, timides* (A. SUARÈS, *Sur la vie*, t. I, p. 247). — A remarquer qu'on dit aussi *un clignement d'yeux* (rarement : *un clignement d'œil*) : *Il m'a fait un clignement d'yeux* (Ac.). — *Avec des clignements d'yeux* (A. DAUDET, *Tartarin de Tarascon*, II, 11).

dans un massif d'épicéas, de CHÊNES-LIÈGE *et d'arbousiers* (P. BOURGET, *Lazarine,* p. 160). — *Steppe de graminées hautes, semée de petits arbres semblables à des* CHÊNES-LIÈGE (A. GIDE, *Voy. au Congo,* 61e éd., p. 104). [Dans le même ouvrage, on lit, à la page 128 : *des* CHÊNES-LIÈGES.] — *À travers des bois de* CHÊNES-LIÈGE (M. GENEVOIX, *Afrique blanche, Afrique noire,* p. 93).

2⁰ NOM + ADJECTIF ou ADJECTIF + NOM. — Quand le nom composé est formé d'un nom et d'un adjectif, les deux éléments varient : *Des arcs-boutants, des coffres-forts, des États-majors, des pieds plats. Des basses-cours, des blancs-seings, des francs-maçons, des francs-tireurs, des petits-maîtres, des grands-pères, des quotes-parts* (voir § 298, N.B.).

Remarques. — 1. On écrit : *des chevau-légers* [1], *des Extrême-Orientaux, des Francs-Comtois, des Franc-Comtoises, des francs-maçons, des franc-maçon-neries* [2], *des libre-échangistes, des libres penseurs, des long-courriers, des patte-pelus, des pur sang (des demi-sang, des sang-mêlé), des saint-bernards* (chiens), *des Saint-Cyriens, des saint-germains* (chiens ou poires), *des saint-honorés* (gâteaux), *des saint-simoniens, des saintes nitouches, des sauf-conduits, des terre-neuves* (chiens), *des Terre-neuviens, des terre-neuviens* (chiens, ou pêcheurs, ou bateaux), *des terre-neuviers* (pêcheurs ou bateaux), *des terre-pleins* [lieux pleins de terre [3]]. [Pour plusieurs de ces noms, comparez : § 382, Rem. 1.]

2. Dans les noms composés féminins *grand-mère, grand-tante, grand-messe,* etc. (voir § 350), l'adjectif *grand,* traditionnellement, ne change pas au pluriel : *Les jeunes gens qui dansaient avec nos* GRAND'MÈRES (ALAIN-FOURNIER, *Le Grand Meaulnes,* p. 48). — *Mes* ARRIÈRE-GRAND'TANTES (R. BOYLESVE, *La Becquée,* p. 23). — *L'image de leurs* GRAND-MÈRES (J. BENDA, *Songe d'Éleuthère,* p. 134). — *Des costumes dignes de nos* GRAND-MÈRES (G. DUHAMEL, *Les Espoirs et les Épreuves,* p. 75). — *J'aime mieux ne pas savoir qu'elles sont* GRAND-MÈRES (É. HENRIOT, *Tout va recommencer sans nous,* p. 216). — *Le cercueil d'une de mes* GRAND-TANTES (Fr. MAURIAC, dans le *Figaro litt.,* 12 déc. 1959). — Mais comme l'Académie a remplacé dans ces noms, l'ancienne apostrophe par le trait d'union (§ 350, *Hist.*), il semble qu'on doive écrire de préférence : *des grands-mères, des grands-tantes, des grands-messes* [4], etc. :

---

1. Le singulier *chevau-léger* est tiré du pluriel ; on trouve au XVIe siècle : *un cheval-léger,* refait sur le singulier *cheval.*

2. *Aussi l'antisémite a-t-il soin de vous parler d'associations juives secrètes, de* FRANC-MAÇONNERIES *redoutables et clandestines* (J.-P. SARTRE, *Réflexions sur la question juive,* p. 58). — Mais l'usage est assez hésitant : *Les* FRANCS-MAÇONNERIES *par en bas* (M. ARLAND, *Essais critiques,* p. 39).

3. *Terre-plein* est emprunté de l'italien *terrapieno,* tiré du verbe *terrapienare* (de *pieno,* plein), remplir de terre, terrasser.

4. C'est l'orthographe de la Grammaire de l'Académie (p. 84). La même orthographe était préconisée par l'Office de la Langue française (cf. *Figaro,* 22 janv. 1938). — Le Dictionnaire de l'Académie n'indique pas, au mot *grand,* le pluriel des noms

Nos ARRIÈRE-GRANDS-MÈRES, *faute de poches, avaient des sacs* (A. HERMANT, dans le *Temps*, 27 juill. 1939). — *Au nom de tant de vieux grands-pères et de vieilles* GRANDS-MÈRES (H. BOSCO, *Malicroix*, p. 131). — *Le nom du gâteau que mangeaient nos* GRANDS-MÈRES (G. DUHAMEL, *L'Archange de l'aventure*, p. 71).

3. *Demi*, placé devant le nom, reste invariable (§ 387) : *Des demi-heures, des demi-mesures.*

4. *Guet-apens*[1], formant un bloc sémantique dont le second élément n'éveille plus, pour l'usager ordinaire, une idée distincte, pourrait rationnellement être invariable (opinion admise par le *Petit Larousse ill.* et par Quillet, et d'autant plus acceptable que le mot, au pluriel, se prononce non pas : ghè-za-pan, mais : ghè-ta-pan) ; cependant l'usage reste général, semble-t-il, d'écrire : *des guets-apens : On parle, on va, l'on vient ; les* GUETS-APENS *sont prêts* (HUGO, *Lég.*, Masferrer, III). — *Des* GUETS-APENS (BESCHERELLE ; LITTRÉ ; GRAND LAROUSSE ENCYCL. ; AC.).

3° ADJECTIF + ADJECTIF. Dans les noms composés formés de deux adjectifs, les deux éléments varient ; l'un des deux au moins est pris substantivement : *Des douces-amères, des clairs-obscurs, des sourds-muets, des toutes-bonnes, des toutes-saines, les derniers-nés.*

Cependant le premier adjectif reste invariable quand il est pris adverbialement : *Des nouveau-nés, des blanc-poudrés.* (Voir § 384.)

On écrit : *les sociaux-chrétiens, les chrétiens-démocrates, les sociaux-démocrates* (ou : *les social-démocrates*, transcription de l'allemand), etc. [cf. § 382].

4° VERBE + OBJET DIRECT. Dans les noms composés formés d'un verbe et d'un complément d'objet direct, tantôt le complément varie, tantôt il reste invariable. Faute de règle précise, il est souvent nécessaire de consulter le sens du nom composé.

a) Le complément reste invariable dans les noms composés suivants :

Des abat-foin	Des branle-queue	Des brûle-parfum	Des casse-cou
abat-jour	brèche-dent	brûle-tout	casse-croûte
abat-son	brise-bise	cache-cou	casse-tête
abat-vent	brise-glace	cache-nuque	chasse-bondieu
ayants cause	brise-vent	cache-pot	chasse-ennui
ayants droit	brûle-gueule	cache-poussière	chasse-marée

de l'espèce, mais il écrit, au mot *introït :* ... *au commencement des grand-messes ;* — et aux mots *arrière-grand-mère* et *arrière-grand-père : Des arrière-grand-mères, des arrière-grands-pères.* D'où l'on peut conclure qu'il adopte l'orthographe : *des grand-mères, des grand-tantes*, etc. — A remarquer : *Les* MÈRES GRAND *dotées de la toute-puissance* (Germaine BEAUMONT, dans les *Nouv. litt.*, 9 janv. 1947).

1. *Guet-apens* a été tiré de l'expression *de guet apens* (= par préméditation), qui a succédé à *de guet apensé* (ancien verbe *apenser :* former un projet).

Des	chasse-neige	Des	emporte-pièce	Des	porte-drapeau	Des	saute-ruisseau
	chasse-rage		gagne-pain		porte-étendard		serre-frein
	coupe-faim		garde-crotte		porte-feu		serre-tête
	coupe-file		garde-manger		porte-malheur		souffre-douleur
	coupe-gorge		garde-vue		porte-monnaie		trompe-l'œil
	coupe-paille		gratte-ciel		porte-plume		tire-bourre
	coupe-papier		mange-tout		porte-respect		tire-fond
	coupe-pâte		perce-neige		prie-Dieu		tire-laine
	crève-cœur		pèse-lait		rabat-joie		tire-moelle, etc.

b) Dans les noms composés suivants, le complément varie :

Des	accroche-cœurs	Des	couvre-pieds	Des	passe-canaux	Des	perce-pierres
	bouche-trous		couvre-plats		passe-cordons		perce-roches
	boute-selles		crève-chiens		passe-chevaux		pèse-lettres
	brûle-bouts		crève-vessies		passe-droits		pique-niques
	chasse-diables		croque-lardons		passe-lacets		porte-originaux
	chasse-pointes		croque-morts		passe-montagnes		prête-noms
	chausse-trapes [1]		croque-noisettes		passe-pieds		rince-bouches
	coupe-circuits		cure-dents		passe-volants		tire-balles
	coupe-jarrets		cure-môles		perce-cartes		tire-bottes
	coupe-queues		cure-oreilles		perce-crânes		tire-bouchons
	couvre-chefs		gagne-deniers		perce-feuilles		tire-boutons
	couvre-feux		garde-fous		perce-lettres		tire-clous
	couvre-lits		garde-meubles		perce-meules		tire-dents
	couvre-lumières		garde-robes		perce-murailles		tire-lignes
	couvre-nuques		passe-balles		perce-oreilles		tire-sous, etc.

c) Dans certains noms composés, même au singulier, le complément a toujours la marque du pluriel :

Un	brise-lames	Un	coupe-cors	Un	porte-avions	Un	porte-lettres
	casse-noisettes		coupe-légumes		porte-bagages		porte-liqueurs
	casse-pierres		coupe-racines		porte-billets		porte-parapluies
	chasse-mouches		lance-torpilles		porte-cigares (étui)		presse-papiers
	chasse-pierres		monte-plats		porte-cigarettes (id.)		serre-fils
	compte-gouttes		passe-boules		porte-clefs		tord-boyaux
	coupe-choux		porte-allumettes		porte-étriers		etc.

d) Dans certains noms composés, le complément peut varier ou non : *Des attrape-nigaud(s), des croque-note(s), des essuie-main(s), des essuie-plume(s), des garde-chaîne(s), des garde-nappe(s), des grippe-sou(s),* etc.

Remarque. — Dans les noms composés formés à l'aide du mot *garde,* ce mot prend un s au pluriel quand le nom composé désigne un être animé [*garde* équivaut alors à « gardien (ne) »] ; il reste invariable quand le nom composé désigne une chose [2] :

---

1. Pour l'orthographe rationnelle *chausse-trappe,* voir la note 5 au bas de la page 208.

2. Usage assez indécis. Pour Littré (s. v. 4 *garde*), dans *garde-côte, garde-magasin,*

Des gardes-barrière	Des gardes-malade(s)	Des garde-boue	Des garde-lait
gardes-bœuf(s)	gardes-môle(s)	garde-chaîne(s)	garde-manches [1]
gardes-charrue(s)	gardes-pêche	garde-corps	garde-manger
gardes-chasse	gardes-port(s)	garde-crotte	garde-meubles [1]
gardes-chiourme	gardes-rivière(s)	garde-feu	garde-nappe(s)
gardes-couche(s)	gardes-vente(s)	garde-fous [1]	garde-robes [1]
gardes-magasin(s)	gardes-voie(s)	garde-jupe	garde-vue

5° MOT INVARIABLE + NOM. Dans les noms composés formés d'un adverbe et d'un nom, ou d'une préposition et d'un nom, le nom seul prend la marque du pluriel ; parfois cependant le sens s'y oppose : *Des arrière-boutiques, des haut-parleurs, des non-valeurs, des non-lieux, des quasi-délits.* — *Des à-coups* (AC.). — *Tous les après-dîners* (ID.). — *Des avant-scènes* (ID.). — *Des sans-culottes* (ID.). — Mais : *Des sans-cœur* [gens qui n'ont pas de *cœur*], *des sans-patrie* [gens qui n'ont pas de *patrie*].

Dans certains cas, il peut y avoir de l'indécision : *Des* EN-TÊTES *de lettres* (AC.). — *Des* EN-TÊTE (R. ROLLAND, *Jean-Chr.*, t. I, p. 174). — *Des λ-côtés* ou : *des λ-côté.* — *Des* SANS-SOUCI(s). — En particulier, l'Académie écrit : *des après-midi* ; mais on trouve assez fréquemment chez les auteurs : *des après-midis* : *Mes* APRÈS-MIDIS *de Balbec* (M. PROUST, *Le Temps retr.*, t. II, p. 235). — *Parmi les vieilles* APRÈS-MIDIS *du siècle dernier* (P. CLAUDEL, *Figures et Paraboles*, p. 82). — *Trois* APRÈS-MIDIS (A. SIEGFRIED, *Savoir parler en public*, p. 84). — *Où traîner les* APRÈS-MIDIS *de dimanche ?* (J.-J. GAUTIER, *Histoire d'un fait divers*, p. 69.) — *Toutes les* APRÈS-MIDIS *du jeudi* (MONTHERLANT, *Les Olympiques*, p. 169). — *Ces sombres* APRÈS-MIDIS (Fr. MAURIAC, *Journal*, t. IV, p. 8). — *Toutes les* APRÈS-MIDIS (J. SCHLUMBERGER, *Le Camarade infidèle*, p. 100).

6° Dans les noms composés formés de deux verbes, ou d'un pronom et d'un verbe, ou d'un verbe et d'un complément autre qu'un complément d'objet direct, ou encore d'une phrase, aucun élément ne peut prendre la marque du pluriel : *Des laissez-passer, des ouï-dire, des on-dit, des passe-partout, des songe-creux, des meurt-de-faim, des pince-sans-rire, des revenez-y, des écoute s'il pleut.*

Pour le pluriel de *rien du tout, rien qui vaille,* employés substantivement, voir § 592, *c.*

7° Dans les noms composés, les mots étrangers restent invariables :

---

etc., ce n'est pas le nom *garde*, c'est le verbe *garder* qui est en composition ; il serait singulier selon lui, qu'on dût écrire : *des garde-meuble* (lieux où l'on garde les meubles), mais : *des gardes-meuble* (employés qui gardent les meubles). Il déclare qu'il faut laisser, en tous les cas, *garde* invariable.

1. Singulier : *un garde-fou, un garde-manche un garde-meuble(s), une garde-robe.*

Des ex-voto, des post-scriptum, des mezzo-termine, des aqua-tinta [1], *des meâ-culpâ, des nota bene, des in-folio, des in-quarto, des in-octavo, des statu quo, des vade-mecum, des veni-mecum, des in-douze, des in-seize, des in-dix-huit, des vice-rois, des ex-ministres, des ultra-royalistes, des volte-face, des pick-up.*

Remarques. — 1. Certains noms composés formés de mots étrangers peuvent être considérés comme vraiment francisés et devenir susceptibles de la marque du pluriel français : *Des* FAC-SIMILÉS (Ac.). — *Des* ORANGS-OUTANGS (ID.). — *Des* SÉNATUS-CONSULTES (ID.). — *Les coins écornés des* IN-FOLIOS *bâillaient* (A. FRANCE, *Jocaste et le chat maigre*, p. 217). — *Les vieux* IN-FOLIOS (P. MORAND, *Lewis et Irène*, II, 9). — *Deux grands* IN-FOLIOS (A. CHAMSON, *La Neige et la Fleur*, p. 161). — *Il sourit au-dessus de ses* IN-FOLIOS (LA VARENDE, *Le Roi d'Écosse*, p. 286). — *Beaucoup de ces petits* IN-QUARTOS (R. de GOURMONT, *Le Chemin de velours*, p. 65). — *La solennité du lauréat académique fabricant d'*IN-OCTAVOS (A. DAUDET, *L'Immortel*, I). — EX-VOTOS *ridicules* (L. BERTRAND, *Sanguis Martyrum*, p. 107). — *Pour se rapprocher de la famille des* EX-VOTOS (J. ROMAINS, *Les Hommes de bonne vol.*, t. XVIII, p. 131).

On écrit selon le pluriel anglais : *des boy-scouts, des girl-guides, des cow-boys, des music-halls, des pipe-lines.* Pour certains de ces mots, on s'écarte parfois de l'usage anglais : *Dans notre jardin sont venus camper des* BOYS-SCOUTS (A. MAUROIS, *Mes Songes que voici*, p. 130). — *La vue de la correspondance privée étant forcément inexistante pour des myopes, ou de peu d'intérêt pour des* BOYS-SCOUTS (P. DANINOS, *Sonia, les autres et moi*, p. 188).

2. Quand le premier élément d'un nom composé présente la terminaison -*o* [2], il reste invariable : *Les Gallo-Romains, les Anglo-Saxons, des électro-aimants, des néo-platoniciens, des pseudo-prophètes.*

On écrit : *des tragi-comédies.*

3. Dans les noms composés formés par assemblage d'éléments onomatopéiques, le dernier élément seul peut prendre la marque du pluriel : *Outre ces bruits divers, crépitements,* TIC-TACS, *sifflements, cris d'alarme (...), les termites ont encore (...) des mouvements d'ensemble* (M. MAETERLINCK, *La Vie des Termites*, p. 95). — *Les* TAM-TAMS *répandaient la nouvelle* (G. CESBRON, *Il est minuit, Dr Schweitzer*, I, 1).

---

1. De l'italien *acqua tinta* (proprement : « eau teinte »). On emploie plutôt la forme francisée *aquatinte : Des* AQUATINTES (AC.).

2. Cf. τοξοφόρος, μυθολόγος, πελτοφόρος, θεοειδής, et des composés latins empruntés au grec : *oenophorum, logographus, oeconomus,* etc. — Dans les composés qu'il formait au moyen d'éléments tirés de son propre vocabulaire, le latin préférait le vocalisme -*i : luctisonus, pomifer, laniger, armiger,* etc. — C'est d'après des composés savants comme *néo-latin, pseudo-prophète,* etc., où la terminaison -*o* est normale, qu'on a donné cette même terminaison à des éléments comme *gallo-, anglo-, russo-,* etc.

5. — Pluriel des noms empruntés aux langues étrangères [1].

294. En général, les noms empruntés aux langues étrangères prennent la marque du pluriel français quand un fréquent usage les a vraiment francisés : *Des accessits* (Ac.). — *Des Alléluias* (Id.). — *Des cicerones* (Id.).

Voici une liste de mots d'origine étrangère qui prennent un *s* au pluriel :

accessit	boni	fémur	obit	rémora
agenda	bravo	folio	opéra	sofa
album	camélia	guérilla	oratorio	solo
alcali	cicerone	hidalgo	ordo	spahi
aléa	concerto	hortensia	pacha	spécimen
alguazil	contralto	hosanna	palladium	tilbury
alibi	dahlia	hourra	pallium	toast
alinéa	débet	imbroglio	panorama	toréador
Alléluia	diorama	impromptu	paria	tory (§ 295, 3°)
alto	distinguo	lavabo	pensum	tréma
andante	duo	lord	piano	trio
aparté	écho	lumbago	placet	ultra
autodafé	embargo	macaroni	quatuor	vendetta
aviso	examen	magister	quidam	vertigo
bénédicité	fac-similé	meeting	quintette	villa
bengali	factotum	mémento	quiproquo	visa
bifteck	factum	mémorandum	quolibet	vivat
bill	falbala	Muséum	récépissé	whig
boa	fandango	musico	recto	zébu
boléro	fantasia	numéro	reliquat	zéro

295. Certains noms étrangers restent invariables ou gardent le pluriel de leur langue d'origine.

1° Mots latins. — Restent invariables :

addenda (Rem. 1)	credo	exequatur	Magnificat	stabat
admittatur	déficit [3]	extra	miserere	Tantum ergo
amen	deleatur	forum	Pater	Te Deum
ana [2]	duplicata [4]	Gloria	requiem	triplicata [4]
Avé	errata (Rem. 1)	intérim	Salvé	vade-mecum
confiteor	exeat	Kyrie	satisfecit	veto, etc.

---

1. Voir à la fin du volume l'arrêté du 26 février 1901 : *Liste*, III, 2.

2. Quelques-uns écrivent : *des anas.*

3. On écrit parfois : *des déficits*, de même qu'on écrit *des accessits* : *Le poker et les siestes remédiaient aux* DÉFICITS (Cl. FARRÈRE, *Les Civilisés*, XXXI). — *Ce ne suffit pas à combler les* DÉFICITS (G. BAUËR, dans le *Soir*, 4 nov. 1959).

4. *Duplicata*, mot du latin médiéval, ellipse de *duplicata littera*, lettre redoublée (Bloch-Wartburg ; id. Dauzat) : féminin singulier [c'est à tort que Littré dit : neutre pluriel] du participe passé *duplicatus*, redoublé. — A noter qu'on dit bien : « un duplicata, un triplicata » : *On dépêcha un second courrier avec* UN DUPLICATA (VOLT., *Rus-*

Remarques. — 1. *Addenda* et *errata* sont des noms collectifs désignant, le premier l'ensemble des additions inscrites à la fin d'un livre, le second la liste des fautes d'impression d'un ouvrage : *Un* ADDENDA (LITTRÉ). — *Des* AD-DENDA (ID.). — *Il a fait un* ERRATA *fort exact* (AC.).— [Je] *lui ai envoyé un assez honnête* ERRATA (VOLT., *À Cideville*, 8 déc. 1732). — *J'ai fondu l'*ERRATA *avec la table* (STENDHAL, *Corr.*, t. X, p. 226). — *Les* ERRATA *sont nécessaires dans les livres* (DICT. GÉN.). — Les singuliers *addendum, erratum* se disent quand il ne s'agit que d'une seule addition ou d'une seule faute à corriger.

2. *Maximum* et *minimum* peuvent avoir, surtout dans le langage scienti-fique, un pluriel en -*a*, à la manière latine : *Déterminer les* MAXIMA *et les* MINIMA *d'une fonction* (AC.). — *Nous distinguerions encore deux couleurs prin-cipales, leurs* MAXIMA, *leurs* MINIMA (TAINE, *De l'Intelligence*, t. I, p. 228). — De même on dit parfois : *des moratoria, des postulata, des preventoria, des sanatoria, des ultimata.* — Mais, dans le langage courant, on dira bien plutôt [1] : *des maximums, des minimums, des extremums, des moratoriums* (mieux : *des mo-ratoires*), *des postulatums* (mieux : *des postulats*), *des préventoriums, des aériums, des sanatoriums* (ou : *des sanas*) [2], *des ultimatums,* comme aussi : *des referen-dums, des consortiums, des criteriums* [3] (mieux : *des critères*), *des solariums,* etc. [4]

Maximum et *minimum* peuvent être pris adjectivement [5] : *Loi du travail* MAXIMUM

---

sie, II, 1 dans Littré). — *Délivrer* UN TRIPLICATA (AC.). — « On ne voit pas pour-quoi l'Académie, mettant un *s* dans *des opéras*, n'écrit pas aussi des *duplicatas*, des *triplicatas* ». (LITTRÉ.)

1. Au pluriel, selon l'Académie, les mathématiciens disent : *des maximums* ou : *des maxima*, — *des minimums* ou : *des minima*. — L'Académie des sciences, de Paris, après examen de la proposition du Comité consultatif du langage scientifique, recom-mande (Comptes rendus du 23 février 1959) d'écrire au pluriel : *des maximums, des minimums, des optimums, des extrémums.*

2. *Les* SANATORIA *de tuberculeux* (P. LÉAUTAUD, *Propos d'un jour*, p. 81). — *L'institution de* SANATORIA (É. HERRIOT, *Créer*, p. 160). — *La création des* PRÉVEN-TORIA *et des* SANATORIA (H. BORDEAUX, *Le Remorqueur*, VI). — *Judas aurait pro-bablement subventionné des* SANATORIA (G. BERNANOS, *Journal d'un Curé de campagne*, p. 78). — *Les grands* SANATORIA (DANIEL-ROPS, *La Maladie des sentiments*, p. 89). — *Des* PRÉVENTORIA (LA VARENDE, *La Normandie en fleurs*, p. 185). — *Dans les* SANA-TORIUMS (G. DUHAMEL, *Paroles de médecin*, p. 115). — *Les hôtes des* SANATORIUMS (J. MALÈGUE, *Augustin*, t. II, p. 514). — *On isole les* SANATORIUMS (H. BORDEAUX, *L'Abbé Fouque*, p. 156). — *Des terrains réservés à ces* « SANAS » (ID., *Le Remorqueur*, XI). — *On bâtit des asiles, des* SANAS (M. VAN DER MEERSCH, *Corps et Âmes*, t. I, p. 280). — *Les tuberculeux refusent de s'exiler dans les* SANAS (G. DUHAMEL, *Problèmes de l'heure*, p. 186). [On écrit parfois *des sana : Dans les* SANA (M. VAN DER MEERSCH, *Corps et Âmes*, t. I, p. 222).]

3. L'Académie écrit sans accent : *referendum, criterium.*

4. D'une manière générale, donner aux noms étrangers le pluriel de la langue d'origine, c'est affectation et pédanterie.

5. Cet emploi est tout naturel : *maximum* et *minimum* sont étymologiquement les superlatifs neutres des adjectifs latins *magnus*, grand, et *parvus*, petit.

(Ac.). — *Tarif* MINIMUM (ID.). — Au féminin, ils gardent ordinairement leur forme en *-um* : *La dépense* MINIMUM *sera de cent francs* (DICT. GÉN.). — *Production journalière* MAXIMUM (A. CHAMSON, *Héritages*, p. 125). — *La température* MAXIMUM (A. HERMANT, *Chron. de Lancelot*, t. I, p. 67). — *La valeur* MAXIMUM (J. ROSTAND, *Pensées d'un biologiste*, p. 164) ; mais ils ont aussi, surtout dans la langue technique, une forme féminine en *-a* comme en latin : *Pression* MAXIMA (AC.). — *Température* MINIMA (ID.). — *Une sécurité* MINIMA (Ch. DU BOS, *Journal 1921-1923*, p. 102). — *Une réforme orthographique* MINIMA (A. DAUZAT, dans le *Franç. mod.*, juillet 1943, p. 164). — *Des situations historiques, considérées d'ailleurs dans leur amplitude* MAXIMA (G. MARCEL, *Les Hommes contre l'humain*, p. 17).

Au pluriel, on a, aussi bien pour la forme en *-a* (hauteur *maxima*) que pour la forme en *-um* (prix *maximum*, hauteur *maximum*), une terminaison française en *-ums* ou une terminaison latine en *-a* [1] : *Les prix* MAXIMUMS OU MAXIMA. — *Les pressions* MAXIMUMS OU MAXIMA. — *Les hauteurs* MINIMUMS OU MINIMA. — *Il lui fixa des prix* MAXIMUMS (LA VARENDE, *Sa Femme*, dans *Hommes et Mondes*, mars 1947, p. 519). — *Les températures* MAXIMA (Emm. de MORTONNE, *Géogr. phys. de la France*, p. 306). — *Les conditions* MAXIMA *de la vitesse* (A. SIEGFRIED, dans les *Annales*, mars 1954, p. 7).

Tout ce qui vient d'être dit de l'accord des adjectifs *maximum* et *minimum* s'applique aussi à *optimum* (superlatif de *bonus*, bon) et à *extremum*, qui ne s'emploient guère que dans la langue technique : *Tantôt la nation semble faire effort pour atteindre ou reprendre sa composition* OPTIMA (P. VALÉRY, *Regards sur le monde actuel*, p. 123). — *Dans des conditions* OPTIMA (H. BAZIN, *La Tête contre les murs*, p. 197). — *Tu l'as placé dans les conditions* OPTIMA (DANIEL-ROPS, *L'Ombre de la douleur*, p. 179). [On pouvait dire : *conditions* OPTIMUMS.] — *Les conditions* EXTREMA (ou EXTREMUMS).

3. *Desideratum* s'emploie surtout à son pluriel qui est *desiderata* (AC.) : *Tous les* DESIDERATA *des âmes les plus sublimes* (L. BLOY, *Le Désespéré*, p. 373).

4. *Quantum, quotum*, termes scientifiques, font au pluriel *quanta, quota* : *La théorie des* QUANTA *de lumières, qu'on appelle des photons, a été très féconde en optique* (AC.). — *De ces gaillards qui jouent avec les racines cubiques, les cosinus, les* QUANTA *ou les photons...* (G. DUHAMEL, *Cri des profondeurs*, p. 83). — *Les* QUOTA *d'immigration sont, de nouveau, prêts à s'ouvrir* (R. LAS VERGNAS, dans les *Nouv. litt.*, 14 oct. 1948).

2° MOTS ITALIENS [2]. — Font ordinairement leur pluriel en *-i* : *Bravo*

---

1. Ce pluriel en *-a* (les prix *maxima*, les hauteurs *minima*) ne se justifie nullement du point de vue de la morphologie latine ; il faut donc préférer le pluriel en *-ums*. — Mais le mieux serait encore d'adopter les adjectifs *maximal* et *minimal* : *Volume* MINIMAL (LITTRÉ, *Suppl.*) ; *calibres* MINIMAUX (ID.). [Ces adjectifs sont dus, dit Littré, au docteur Foret, de Lausanne ; ils méritent, ajoute-t-il, d'être adoptés.] — L'Académie des sciences, de Paris a adopté, pour ces mots (Comptes rendus du 23 février 1959), les propositions du Comité consultatif du langage scientifique ; elle recommande d'employer les adjectifs *maximal, minimal, optimal, extrémal* (au féminin : *maximale, minimale, optimale, extrémale* ; au pluriel masculin : *maximaux, minimaux, optimaux, extrémaux*).

2. En italien, les noms terminés par *e* ou *o* font leur pluriel en *-i* ; les noms terminés par *a* le font en *-e*.

(assassin), *carbonaro, condottiere, dilettante*[1], *graffito, lazarone* (ou : *lazzarone*), *libretto, pizzicato, soprano : Bravi, carbonari,* etc.

Prima donna (littéralement : première dame = première chanteuse d'opéra) fait *prime donne* (pron. : primé don'né).

On dit : *des concetti, des confetti, des graffiti, des lazzi,* et, abusivement, au singulier : *un confetti, un graffiti, un lazzi :* UN LAZZI *suffit pour ouvrir le champ à l'inattendu* (HUGO, *Les Misér.,* III, 4, 5). — *Mais au beau milieu d'*UN LAZZI, *son nez de carton noir se détacha* (Th. GAUTIER, *Jettatura,* V). — *Le gavroche loustic qui dégonflait les baudruches sociales d'*UN LAZZI *n'existe plus* (P. LÉAUTAUD, *Propos d'un jour,* p. 75).

Sur les formes du singulier *un confetti, un graffiti, un lazzi,* on a refait les pluriels *des confettis, des graffitis, des lazzis :* Pons crachait des CONFETTIS (A. CHAMSON, *Héritages,* p 180). — *Il n'y aurait vu que de sauvages* GRAFFITIS (É. HENRIOT, *Au bord du temps,* p. 89). — *Ses* LAZZIS *sont des flammèches* (HUGO, *Les Misér.,* III, 1, 11). — *Des* LAZZIS *crapuleux* (A. DUMAS f., *Le Fils naturel,* Préf.). — *Sous les* LAZZIS *des camarades* (R. VERCEL, *Ceux de la « Galatée »,* p. 105). — *Quelques* LAZZIS *criards* (Cl. FARRÈRE, *Les Civilisés,* I). — *Les* LAZZIS *salés* (É. HENRIOT, *Les Fils de la Louve,* p. 166).

Certains termes de musique, adverbes de leur nature, s'emploient aussi comme noms pour indiquer le mouvement ou les nuances ; ils restent invariables : *Des crescendo, des forte, des piano, des smorzando.*

Quand il s'agit des airs mêmes joués dans le mouvement indiqué par certains de ces adverbes, on met *s* au pluriel : *De beaux andantes* (AC.). — *Des adagios* (ID.). — *Des allégros* (ID.).

3° MOTS ANGLAIS. — *Alderman, barman, cabman, clergyman, clubman, englishman, gentleman, policeman, recordman, sportsman, wattman, yeoman,* etc. font chez ceux qui savent l'anglais (ou affectent de le savoir), leur pluriel à la manière anglaise, en changeant -*man* en -*men : Aldermen, barmen, cabmen,* etc.

Baby, dandy, garden-party, gipsy, grizzly, lady, milady, tommy, tory, whisky, etc. changent, chez les mêmes catégories de personnes, -*y* en -*ies* au pluriel : *Des babies, des dandies,* etc. : *La reine vendit ces* LADIES *à Guillaume Penn* (HUGO, *L'Homme qui rit,* I, 2ᵉ chap. prélim., 4). — *Percy Allen attire les* GRIZZLIES (M. GENEVOIX, *Éva Charlebois,* p. 116).

---

1. Le pluriel à la française *des dilettantes* est fréquent : *On en fera des* DILETTANTES (TAINE, *Voy. en Italie,* t. II, p. 84). — *Une foule de* DILETTANTES (R. ROLLAND, *Jean-Christophe,* t. IV, p. 165). — *Quelques* DILETTANTES *de hasard* (A. THÉRIVE, *Le Retour d'Amazan,* p. 54). — *C'est (...) à des* DILETTANTES *de style (...) qu'on s'adresse* (M. MAETERLINCK, *Le Double Jardin,* p. 175). — *Nous ne sommes pas des bêtes féroces, et encore moins des* DILETTANTES (J. et J. THARAUD, *Quand Israël n'est plus roi,* p. 182).— *Il nous considère un peu comme des* DILETTANTES (G. DUHAMEL, *Les Maîtres,* p. 304).

N. B. — Ces noms peuvent former leur pluriel à la française : *Des barmans, des babys, des dandys, des ladys, des torys,* etc. — *La cohue (...) des jeunes* CLUBMANS (A. DAUDET, *L'Immortel,* p. 217). — *Des* WHISKYS *à l'eau* (J. ROMAINS, *Les Hommes de b. vol.,* t. XX, p. 161). — *Un de ces* DANDYS *du boulevard ou du grand monde* (A. BILLY, *Nathalie,* p. 129). — *Des gens fort distingués, des* DANDYS *même...* (A. THÉRIVE, *Procès de langage,* p. 123).

Box (loge, stalle d'écurie) fait au pluriel *boxes,* à l'anglaise : *Plusieurs compartiment de bois (...) rappelant la forme et la disposition des* BOXES *d'écurie* (Th. GAUTIER, *Partie carrée,* I). — *L'Art décoratif, plus chatouilleux, eût crié à l'assassinat comme un seul homme, lui qui isole avec amour ses œuvres de choix, dans des* BOXES *luxueux ou rustiques* (COLETTE, *La Paix chez les bêtes,* p. 205). — *Dans leurs* BOXES *de chêne, (...) les représentants des banques prenaient par fil spécial les derniers ordres* (P. MORAND, *Lewis et Irène,* III, 4). — *J'ai acheté (...) un admirable cheval anglais, (...) qui casse tous ses* BOXES (LA VARENDE, *Cœur pensif...,* p. 43).

Match fait, à l'anglaise : *matches : Il fut assidu (...) aux* MATCHES *de boxe* (R. ROLLAND, *Jean-Christophe,* t. X, p. 178). — *Il suit tous les* MATCHES *de tennis* (J.-L. VAUDOYER, *Laure et Laurence,* p. 206). — *Une organisation de* MATCHES (R. MARTIN DU GARD, *Les Thibault,* III, 1, p. 219). — Il peut faire aussi *matchs,* à la française : *J'assistais à des* MATCHS *de foot-ball* (A. MAUROIS, *Mémoires,* I, p. 157). — *Et pas de grands* MATCHS *en perspective* (P. MORAND, *Champions du monde,* p. 114). — *Je devais organiser des* MATCHS *de boxe* (L. MARTIN-CHAUFFIER, *L'Homme et la Bête,* p. 75).

Miss fait, à l'anglaise : *misses : De jeunes* MISSES (Th. GAUTIER, *Jettatura,* I). — *Voici les deux* MISSES *échappées de leur appartement* (P. LOTI, *Japoneries d'automne,* p. 23). — *Chez les* MISSES *Mapleson* (A. HERMANT, *Le Rival inconnu,* I). — Mais on écrit aussi : *des miss,* à la française : *Les deux* MISS *pensionnaires avaient repassé le détroit* (A. GIDE, *Si le Grain ne meurt,* I, 7). — *Un torero taquinait les jeunes* MISS (R. DORGELÈS, *Partir...,* p. 193).

Sandwich fait, à l'anglaise : *sandwiches : Une infinité (...) de* SANDWICHES (TAINE, *Philosophie de l'art,* t. I, p. 229). — *L'assiette de petits* SANDWICHES (COLETTE, *Julie de Carneilhan,* p. 74). — *Il avait apporté des* SANDWICHES (G. DUHAMEL, *L'Archange de l'aventure,* p. 208). — *Je vais chercher des* SANDWICHES (A. CHAMSON, *La Neige et la Fleur,* p. 211). — *Mariette préparait les thermos, les* SANDWICHES (J. COCTEAU, *Les Enfants terribles,* p. 150). — Plus d'un écrit : *des sandwichs,* à la française : *Il confectionna quelques* SANDWICHS *de saumon* (A. DAUDET, *Port-Tarascon,* III, 1). — *Deux ou trois* SANDWICHS (A. GIDE, *Les Faux-Monnayeurs,* p. 82). — *Quelques* SANDWICHS *au caviar* (Fr. JAMMES, *Pipe, chien,* p. 66). — *De petits* SANDWICHS (A. BILLY, *Le Narthex,* p. 262)

4° Le nom allemand *lied* fait au pluriel *lieder,* surtout dans le langage des musiciens : *Il choisit une trentaine de ses « LIEDER »* (R. ROLLAND, *Jean-Christophe,* t. IV, p. 176). — *Il écrivit pour elle deux ou trois* LIEDER (G. DUHAMEL, *Le Désert de Bièvres,* p. 237). — *Des* LIEDER *sen-*

---

1. *Box* est, comme en anglais, du masculin. On le francise parfois en *boxe* (et on le fait alors féminin) : *Comme il s'adressait (...) à chacun des jurés assis en face de lui dans leur* BOXE (A. SIEGFRIED, *Savoir parler en public,* pp. 89-90).

timentaux (A. MAUROIS, *Lyautey*, VII). — Dans l'usage courant, on dit plutôt : *des lieds : Celui qui avait écrit ces beaux* LIEDS (H. BORDEAUX, *Sur le Rhin*, p. 17). — *Passez ensuite à cet essai de « chansons populaires » ou de ballades, de* LIEDS... (A. THÉRIVE, dans le *Temps*, 24 juin 1927). — *Ses* LIEDS [du Rhin] (M. BARRÈS, *Mes Cahiers*, t. XII, p. 286). — *Les bateliers chantaient des* LIEDS *sentimentaux* (A. MAUROIS, *Ariel*, II, 1).

Leitmotiv fait au pluriel : *leitmotive : Des* LEITMOTIVE (Ac.). — *Deux* LEITMOTIVE *que l'on retrouve de siècle en siècle* (R. KEMP, dans les *Nouv. litt.*, 15 août 1946). — Quelques-uns écrivent : *des leit-motifs*, à la française : *Un des* LEIT-MOTIFS *du volume* (A. THÉRIVE, dans le *Temps*, 9 mars 1939).

Pour les locutions composées de mots étrangers, voir § 293, 7°.

6. — Pluriel des noms accidentels.

296. *a)* Les mots employés accidentellement comme noms : mots pris matériellement, pronoms personnels, adverbes, prépositions, conjonctions, interjections [1], noms des lettres [2], des chiffres [3], des notes de musique, etc., sont invariables : *Tes enfants, ces autres* TOI-*même* (LITTRÉ, s.v. *même*). — *D'autres* LUI-*même* (ID.). — *Les* MOI *divers qui meurent successivement en nous* (M. PROUST, *Le Temps retrouvé*, t. II, p. 51). — [Il] *disait les* NON *ou les* OUI *que le ministre n'osait prononcer* (BALZAC, *Les Employés*, p. 40). — *Il y a trois « QUI » et deux « FAIRE » dans cette phrase.* — *Des* POURQUOI *et des* COMMENT *embarrassants.* — *Les* SI, *les* CAR, *les* POURTANT *de la chicane.* — *Pousser des* AH ! *et des* OH ! — *Des* A *mal formés.* — *Les quatre* HUIT *d'un jeu de cartes.* — *Écrire deux* SEPT. — *Trois* FA.

b) Les infinitifs devenus noms, les prépositions *avant, devant, derrière*, employées substantivement, prennent la marque du pluriel : *Des* RIRES *étouffés. De vagues* REPENTIRS. *Des* PARLERS *étranges. Deux* AVANTS *furent blessés au cours de ce match de football. Les* DERRIÈRES *d'une armée.*

On écrit : *les* ATTENDUS, *les* CONSIDÉRANTS *d'un jugement.* — *Des* BONS À TIRER (LITTRÉ, s. v. *bon*, 18°). — *Mille* MERCIS (Ac.).

---

1. On écrit (§ 294) : *des adieux, des bravos, des hosannas, des hourras, des vivats.*
2. Les noms des lettres se notent par la simple figure de ces lettres mêmes : *Les B, les F voltigeaient sur son bec* (GRESSET, *Vert-Vert*, IV). — *On me tordait, depuis les ailes jusqu'au bec, Sur l'affreux chevalet des* X *et des* Y (HUGO, *Cont.*, I, 13). — Il est rare qu'on ait à les écrire en toutes lettres : *Des yods, des zèdes, des esses.*
3. *Zéro* est un nom et prend un *s* au pluriel : *Trois* ZÉROS *après un quatre font quatre mille* (Ac.).

7. — Noms n'ayant qu'un nombre. Particularités.

1° NOMS SANS SINGULIER

297. Certains noms ne s'emploient qu'au pluriel ; ils expriment, pour la plupart, des choses ou des idées que l'esprit ne conçoit guère au singulier. Tels sont :

accordailles	besicles	dépens	forces (ciseaux)	mœurs
affres	bestiaux	directives [2]	frais	mouchettes
agissements	biens-fonds	échecs (jeu)	frusques	nouilles
agrès	bonnes grâces	écrouelles	funérailles	obsèques
aguets	bouts-rimés	effondrilles	hardes	pierreries
alentours	braies	émoluments [3]	haubans	pourparlers
ambages	branchies	entrailles	houseaux	prémices
amers (marine)	brisées	environs	jonchets	proches
annales	broutilles	éphémérides	laissées	prolégomènes
appas	calendes	épousailles	laudes	quatre-temps
archives	catacombes [1]	errements	lupercales	ramilles
armoiries	cisailles	êtres (lieux)	mânes	relevailles
arrérages	complies	faisances	matassins	saturnales
arrhes	confins	fastes	matériaux	ténèbres [5]
assises	contre-ap-	fiançailles [4]	(§ 278, Rem. 6)	tricoises
(cour d' ~)	proches	fonts bap-	matines	vêpres
béatilles	décombres	tismaux	menottes	vivres, etc.

On peut y ajouter : *abois, appointements, atours [6], broussailles, débris, doléances, grègues, honoraires, immondices, mathématiques, nippes, ossements, pincettes, pleurs,*

---

1. Littré et l'Académie ne donnent que le pluriel. Le Dictionnaire général donne le mot au singulier.

2. Parfois au sing. : *Aucune* DIRECTIVE (Fr. MAURIAC, *Journ.*, t. IV, p. 135). — *Sous la* DIRECTIVE *d'Eisenhower* (É. HENRIOT, dans le *Monde*, 20 juin 1956). — *Je donnai comme* DIRECTIVE... (Gén. DE GAULLE, *Mém.*, Liv. de poche, t. I, p. 253).

3. Au singulier, *émolument* s'emploie dans la langue du droit.

4. Très rare au singulier : *Il était facile de voir qu'il s'agissait de quelque* FIANÇAILLE *consommée* (HUGO, *Notre-Dame de Paris*, VII, 1).

5. On rencontre pourtant, dans la littérature, le singulier *ténèbre : Aucune* TÉNÈBRE *ne recouvrait la terre* (Fr. MAURIAC, *Le Jeudi-saint*, p. 48) — *Le poisson abyssal qui, le phare au front, rôde dans la* TÉNÈBRE *liquide* (P. CLAUDEL, *L'Œil écoute*, p. 215). — *Je marche sur ma* TÉNÈBRE (J. COCTEAU, *Maalesh*, p. 83). — *Dans cette* TÉNÈBRE *massive* (H. BOSCO, *Malicroix*, p. 109). — *Petites lucioles dans la demi-*TÉNÈBRE (F. GREGH, *L'Âge de fer*, p. 75). — Hugo notait (mais en poète...) : *Dans la nuit il y a l'absolu ; il y a le multiple dans les ténèbres. La grammaire, cette logique, n'admet pas de singulier pour les ténèbres. La nuit est une, les ténèbres sont plusieurs* (*L'Homme qui rit*, II, 7).

6. On dit au singulier *dame d'atour*, dame qui présidait à la toilette d'une reine ou d'une princesse.

prémisses, représailles, semailles, dont le singulier est rare ou vieilli : *L'aboi de ce chien est fort importun* (Ac.). — *Ce qui lui reste encore n'est que* le débris *d'une grande fortune* (Id.). — *Là commencera* ce pleur *éternel* (Boss., *Anne de Gonz.*). — *Où donc est-il tombé,* ce *dernier* ossement ? (Musset, *Rhin allemand.*)

Assistant, quand il désigne celui qui est présent en un lieu, ne s'emploie généralement qu'au pluriel, selon l'Académie (Littré dit, plus catégoriquement : il ne s'emploie qu'au pluriel) : *Il y eut beaucoup d'*assistants *à cette cérémonie* (Ac.). — On dit : *un des assistants* et non pas : *un assistant* (Littré).

2° NOMS SANS PLURIEL

298. Certains noms, exprimant pour la plupart une idée générale ou abstraite, ne s'emploient ordinairement qu'au singulier. Tels sont :

1° Les noms de sciences ou d'arts : *La botanique, l'algèbre, la sculpture.*

2° Les noms de matières pris dans un sens général : *L'or, l'eau, le vin.*

3° Les noms abstraits désignant des vertus, des vices, des états moraux ou physiques : *La bonté, l'avarice, l'angoisse, la soif.*

4° Certains infinitifs et certains adjectifs employés comme noms : *Le boire, un perpétuel devenir ; le vrai, l'agréable.*

5° Les noms des sens, des points cardinaux et collatéraux : *L'odorat, le nord, le sud-ouest, le septentrion.*

N. B. — Quote-part, selon l'Académie et selon Robert, ne s'emploie qu'au singulier. On ne voit pas pourquoi on n'userait pas de ce nom au pluriel. Bescherelle donne cet exemple, de Raynal : *Si nous voyons toutes ces* quotes-parts *exigées pour le maintien de la force publique se fondre...*

299. Mais la plupart de ces noms admettent le pluriel quand on les emploie au figuré ou dans des acceptions particulières :

1° On emploie au pluriel les noms abstraits surtout pour leur donner plus d'intensité ou leur faire exprimer la répétition, ou encore pour désigner des choses concrètes ou des manifestations d'un état d'âme : *Pour réserver sa tête* aux hontes *du supplice* (Corn., *Pompée,* V, 3). — *Acheter* des douceurs *à un enfant* (Ac.). — Ces haines *vigoureuses* (Mol., *Mis.,* I, 1). — *Souffrez* quelques froideurs *sans les faire éclater* (Rac., *Brit.,* I, 2). — *Qu'ils connaissent toutes* les soifs, *toutes* les faims ! (E. Rostand, *La Samaritaine,* I, 4.)

2° Les noms de matières s'emploient au pluriel quand on désigne les objets fabriqués avec la matière nommée ou des espèces particulières de cette matière : *Nous nous avançâmes parmi* les bronzes, les marbres... (Chat., *Natchez,* VI). — Des aciers *anglais.* — *Un reflet* des ors *de l'intérieur tombait, vacillant, sur le collier* (Villiers de l'Isle-Adam, *Contes cruels,* p. 18).

3° NOMS QUI CHANGENT DE SENS EN CHANGEANT DE NOMBRE

300. Certains noms changent de sens en changeant de nombre :

a) *Appât* signifie : pâture qui sert à attirer les poissons, les oiseaux, ou, au figuré : ce qui attire ; dans ce dernier cas, il a le même sens que *appas* : *Le poisson a avalé l'*APPÂT (Ac.). — *L'*APPÂT *du gain* (Id.). — *C'est trop semer d'*APPÂTS (Corn., *Cinna*, II, 2).

Appas est un nom pluriel qui signifie *charmes, attraits ;* il ne s'emploie guère qu'au figuré : *Les* APPAS *de la volupté, de la gloire, de la vertu* (Ac.). — *Ces champs qui, l'hiver même, ont d'austères* APPAS, *Ne t'appartiennent point* (Hugo, *Voix int.*, XIX).

Hist. — *Appas* est une ancienne orthographe, ordinaire avant le XIXᵉ siècle, pour *appâts*, pluriel de *appât*. La faute, dit Littré, a été de faire de ce mot unique deux mots différents. De là, l'emploi, par erreur, de *appas* au singulier : *Son époux fidèle, Qui dort en sûreté sur un pareil* APPAS (Mol., *Éc. des f.*, I, 1). — *Je m'y trouve forcé par un secret* APPAS (Corn., *Pol.*, V, 6). — *J'enlevais un* APPAS *à ma beauté pour le remplacer par un autre* (Chateaubr., *Mém.*, I, 3, 11). — *Un* APPAS *de première classe* (A. Dumas f., *Un Père prodigue*, Préf.).

b) *Assise* = rang de pierres de taille qu'on pose horizontalement pour construire une muraille : *Les ouvriers sont à* LA *première* ASSISE (Ac.).

Assises = réunion de juges qui siègent, session d'une cour criminelle : *Il sera jugé* AUX *prochaines* ASSISES (Ac.).

c) *Ciseau* = instrument de fer plat et tranchant par un bout : *Ciseau de sculpteur, de maçon, de menuisier, d'orfèvre.*

Ciseaux = instrument formé de deux lames dont les tranchants se croisent et servent à couper les choses minces [1] : *Une paire de* CISEAUX (Ac.). — *Mettre* LES CISEAUX *dans une étoffe* (Id.).

d) *Lunette* = appareil formé de verres qu'on interpose entre l'œil et l'objet qu'on regarde : *Regarder avec* UNE LUNETTE (Ac.). — CETTE *longue* LUNETTE à *faire peur aux gens* (Mol., *F. sav.*, II, 7).

Lunettes = paire de verres enchâssés dans une monture disposée de manière à être placée devant les yeux : *Une paire de* LUNETTES (Ac.). — *Prendre, porter* DES LUNETTES (Id.).

---

1. Le mot se dit quelquefois au singulier, dans cette acception : *On n'a point encore mis* LE CISEAU *dans cette étoffe* (Littré). — LE *ou* LES CISEAUX *de la censure* (Id.). — LE *ou* LES CISEAUX *de la Parque* (Id.). — *Elle mit une robe dont le corsage, qui avait reçu un coup de* CISEAU *de trop...* (Hugo, *Misér.*, IV, 5, 6). — *La sûreté magistrale du coup de* CISEAU [du tailleur anglais] (P. Claudel, *L'Œil écoute*, p. 200). — *Aussi a-t-il pris soin de couper avec* UN CISEAU *l'étoffe de la tunique...* (Tr. Bernard, *L'Affaire Larcier*, XV). — *Un coup de* CISEAU *de trop que je m'étais donné* [dans la barbe] (J. Romains, *Les Hommes de bonne volonté*, t. XIV, p. 6). — *Plusieurs intrigues dans lesquelles on peut, sans grand dommage, porter* LE CISEAU (G. Duhamel, *Semailles au vent*, p. 49). — *Quand elle donnait dans le drap le coup de* CISEAU (J. Green, *Mont-Cinère*, II). — *Il coupait ses poils* AU CISEAU (J. Giono, *Le Grand Troupeau*, p. 185). — *Une barbe rousse (...) que* LE CISEAU *ne taillait certainement jamais* (A. Billy, *Madame*, p. 226).

Le nom présente des sens différents dans les exemples suivants pris deux à deux : *Avoir la vue nette, avoir des vues sur. Boire de l'eau, aller aux eaux. Un effet inattendu, négocier des effets. Un gage d'obéissance, casser aux gages. Montrer de l'humanité, faire ses humanités. L'organe de l'ouïe, les ouïes d'un poisson. La vacance du trône, être en vacances.* Etc.

4° NOMS DÉSIGNANT UN OBJET, TANTÔT PAR LE SINGULIER, TANTÔT PAR LE PLURIEL

301. Certains noms désignant des objets composés de deux parties semblables passent facilement du singulier au pluriel, et vice versa :

CULOTTE *de drap* (AC.) ; *une paire de* CULOTTES (ID.) ; *porter des* CULOTTES (ID.). — *Être en* CALEÇON (ID.) ; *porter des* CALEÇONS (ID.). — PANTALON *large* (ID.). — *Malgré des* PANTALONS *trop courts, il avait (...) une saisissante allure* (M. BARRÈS, *Les Déracinés*, p. 210). — *Apportez la* TENAILLE (LITTRÉ) ; plus usité au pluriel : *Arracher un clou avec des* TENAILLES (ID.). — *Jumelles* (ID.) ; s'emploie aussi au singulier : *Une* JUMELLE *marine* (AC.). — *Un* LORGNON (sing. selon l'AC., id. DICT. GÉN.). — *Je me pris du goût pour les* LORGNONS (P. BENOIT, *La Châtelaine du Liban*, p. 211). — *Couper, raser sa* MOUSTACHE (AC.) ; *porter des* MOUSTACHES (DICT. GÉN.). — *Des* MOUSTACHES *noires* (A. FRANCE, *Le Livre de mon ami*, p. 16). — *Un monsieur à* MOUSTACHE (ID., *ibid.*, p. 24). — *Il coupa* UNE *de ses* MOUSTACHES (MONTESQ., *Lettres pers.*, 78).

§ 5. — ACCORD DU NOM

302. Le nom attribut ou apposition est souvent (surtout s'il s'agit d'êtres animés) du même genre et du même nombre que le nom ou le pronom auquel il se rattache : *Les vertus devraient être* SŒURS *Ainsi que les vices sont* FRÈRES (LA F., F., VIII, 25). — *Ils se sont rendus* MAÎTRES *de la sédition.* — *Une âme guerrière est* MAÎTRESSE *du corps qu'elle anime* (BOSS., *Condé*). — *Elle n'est pas* MAÎTRESSE *de partir* (DICT. GÉNÉR.). — *Être* MAÎTRESSE *de soi* (ID.). — *La Déroute,* GÉANTE *à la face effarée* (HUGO, *Chât.*, V, 13, 2).

303. Le rapport dont il vient d'être parlé n'est pas un véritable *accord* (§ 4, 3°), mais une simple coïncidence fortuite, comme on le voit dans ces exemples, où il y a, entre le nom attribut ou apposition et le nom auquel il se rattache, discordance quant aux catégories morphologiques (genre, nombre) : *Cette jument est* UN BEL ANIMAL. *Ces souvenirs sont* MA CONSOLATION. — *Mme de Sévigné est* UN GRAND ÉCRIVAIN (AC.). — *Elle est* TÉMOIN *de ce qui s'est passé* (ID.). — *Nous fûmes* LA DUPE [1] *de son stratagème* (LITTRÉ). —

---

1. *Dupe*, au singulier, selon Littré, quand il s'agit d'un seul et même moyen employé pour tromper. — Mais on met *dupes*, au pluriel, quand il s'agit de duperies successives : *Nous avons été* DUPES *de ses stratagèmes* (LITTRÉ).

De Rome pour un temps Caïus fut LES DÉLICES (RAC., *Brit.*, I, 1). — [L'écolier] *Gâtait jusqu'aux boutons, douce et frêle* ESPÉRANCE (LA F., *F.*, IX, 5). — Voir aussi les exemples du § 811 et Rem.

Remarques. — 1. *Témoin* reste invariable dans l'expression « prendre à témoin », *à témoin* étant mis pour « en témoignage » (cf. *prendre à partie*) [1] : *Je les ai pris tous* À TÉMOIN (AC.). — *O bois, je vous prends* À TÉMOIN (HUGO, *Lég.*, t. II, p. 381). — *Messieurs, s'écria mon oncle, je vous prends* À TÉMOIN (Cl. TILLIER, *Mon Oncle Benjamin*, XIX). — *Mes camarades, je vous prends* À TÉMOIN (SAINT-EXUPÉRY, *Terre des hommes*, p. 213).

Il ne varie pas non plus quand il est employé au commencement d'un membre de phrase pour amener une chose servant à prouver ce qu'on vient d'avancer (il représente l'ablatif latin *teste* [2]) : *Suivant le diplomate, il n'était pas difficile d'affronter la mort,* TÉMOIN *ceux qui se battent en duel* (FLAUBERT, *L'Éducation sentim.*, t. II, p. 179). — TÉMOIN *Lucrèce et plusieurs d'entre les modernes* (É. FAGUET, *Hist. de la Poésie franç.*, t. VI, p. 6). — TÉMOIN *les blessures dont il est encore tout couvert* (AC).

Quelques-uns pourtant, dans les deux cas, donnent à *témoin* la valeur d'un nom attribut [3] et le font variable : *J'ai ouï dire que (...) vous preniez les passants* À TÉMOINS *de votre misère* (G. DUHAMEL, *Souvenirs de la vie du Paradis*, p. 129). — *C'était alors que Perrine s'était mise à crier et à les prendre tous* À TÉMOINS (H. POURRAT, *La Tour du Levant*, p. 270). — *Je vous prends* À TÉMOINS, *Messieurs* (M. GENEVOIX, *Forêt voisine*, p. 235). — *En prenant les autres* À TÉMOINS (J.-J. GAUTIER, *Histoire d'un fait divers*, p. 188). — *J'aurais pris* À TÉMOINS *tous les gens qui emplissaient le parloir* (P. GUTH, *Le Naïf aux 40 enfants*, p. 110). — *L'histoire, surtout l'histoire de France et d'Angleterre* (TÉMOINS *Essex, Biron, Strafford, Montmorency, Charles Ier, Louis XVI*), *est remplie de ces exécutions* (CHATEAUBRIAND, *Mém.*, II, 4, 9). — *On peut lui faire dire* [au droit rationnel] *tout ce qu'on veut.* TÉMOINS *les codes les plus cruels* (A. SUARÈS, *Vues sur l'Europe*, p. 73). — *Beaucoup de lecteurs tiennent encore plus à ce qu'ils imaginent qu'à la vérité.* TÉMOINS *ces cimetières d'éléphants...* (A. DEMAISON, *La Vie privée des bêtes sauvages*, p. 76). [Dans les cinq premières phrases, « prendre à témoins » équivaut à « prendre pour témoins » ; dans les trois dernières, « témoins » signifie elliptiquement « sont témoins » ou « je prends pour témoins...]

2. Dans les expressions du type *un fripon d'enfant* [4], si le premier terme

---

1. Vaugelas (*Rem.*, pp. 563-566) se déclarait nettement pour l'« adverbialité » de l'expression *à témoin*.

2. C'est l'opinion d'E. Lerch (*Neuphilologische Mitteilungen*, XLV, 1944, fasc. 5-6, pp. 105-111) : le texte *Teste David cum Sibylla* (= *et Sibylla*) du *Dies irae* a amené le maintien de *teste* au singulier.

3. Voir § 942, Rem. 5, *N. B.* 1 et la note.

4. Il est à remarquer que, dans ces expressions, le premier terme a toujours une valeur affective ; le plus souvent c'est un mot péjoratif : *Ce* COQUIN *de valet ;* — parfois c'est un juron : *Ces* SACRÉ NOM *de Prussiens* (MAUPASSANT, *Boule de suif*, p. 110) ; — *Une frimousse de femme au pastel (...) avec une* NOM D'UN PETIT BONHOMME *de nuque un peu grasse et dorée* (R. BOYLESVE, *La Becquée*, p. 163) ; — parfois c'est un mot laudatif: *Quels* AMOURS *de petits doigts !* (FLAUB., *Éduc. sent.*, t. I, p. 335.)

(qui est apposé : § 212, 5°) est susceptible de varier, il s'accorde avec le second [1] : *Une* COQUINE *de servante* (MOL., *Mal. im.*, I, 5). — *Une* CHIENNE *de migraine* (J. de LA VARENDE, *Le Troisième Jour*, p. 148). — Dans *Ce petit* CHAMEAU *de Léonie* (dans C.-M. Robert, cit. HŒYBYE, *L'Accord en fr. cont.*, § 345), il est normal que l'apposition soit au masculin parce que *chameau*, comme terme d'injure, est épicène.

Diable de, drôle de (au sens de « plaisant, singulier »), suivis d'un nom féminin, sont souvent invariables en genre (*diable* et *drôle* ont alors la valeur d'adjectifs) [2] : *Une* DIABLE *de tragédie* (VOLT., *À Cideville*, 10 mars 1752). — *Dans cette* DIABLE *de Vendée* (HUGO, *Quatrevingt-treize*, I, 2, 3). — *Quelle* DIABLE *d'idée !* (FLAUB., *Corr.* t. III, p. 336.) — *Quel emplâtre appliquer à cette* DIABLE *de blessure ?* (STENDHAL, *Corr.*, t. IX, p. 124.) — *À cause de ma* DIABLE *de figure* (BARBEY D'AUREVILLY, *Les Diaboliques*, Le Rideau cramoisi). — *Ta* DIABLE *de nièce* (E. et J. de GONCOURT, *Sœur Philomène*, II). — *Cette* DIABLE *de femme* (AC.). — *Une* DRÔLE *de femme* (LITTRÉ). — *Une* DRÔLE *de nation* (VOLT., *Candide*, XXII). — *La* DRÔLE *de guerre* [3]. Mais on dit aussi *diablesse de, drôlesse de* (*diablesse, drôlesse* sont alors des noms apposés ; *drôlesse* a le sens de « femme d'une conduite mal réglée ou scandaleuse ») :

1. On observera que l'adjectif déterminatif ou l'article précédant ces expressions s'accorde normalement avec le premier terme : SA *fripouille de mari* (P. VÉBER) ; CETTE *moule de Verdureau* (Cl. VAUTEL) ; CETTE *ordure de Georges Allory* (J. ROMAINS) ; CE *laideron de petite Jeanne Bourriès* (M. PRÉVOST). [Ex. cités par P. Hœybye, *L'Accord en fr. cont.*, § 350.] — QUEL *diable de femme !* (DIDEROT, *Jacques le fataliste*, éd. Pléiade, p. 620.) — CETTE *canaille de Briand* (P. LÉAUTAUD, *Propos d'un jour*, p. 60). — CETTE *saleté de taxi* (J. ROY, *La Vallée heureuse*, p. 25). — L'accord avec le second terme se rencontre parfois : CE *saloperie de vent* (dans DAMOURETTE et PICHON) ; UN *purée de jeu (ibid.)* ; CE *canaille de gamin* (cit. Hœybye).

2. De *diable de* on peut, pour ce qui est du genre, rapprocher l'expression *espèce de*, employée dans les dénominations par à peu près (cf. *une façon de poète, une manière de fête, une sorte de géant*) ; dans l'usage normal, *espèce de* demande alors au féminin l'article ou l'adjectif déterminatif : UNE *espèce de maure* (HUGO, *Lég.*, t. IV, p. 64). — UNE *espèce de fantôme* (J. BAINVILLE, *Napoléon*, p. 467). — Mais, dans le français populaire ou avancé, *espèce de* peut prendre la valeur simplement adjective de *certain* : c'est pourquoi *espèce* n'a plus là de genre par lui-même, et l'article ou l'adjectif déterminatif précédant l'expression *espèce de* prend le genre du nom auquel cette expression se rapporte : *On entend dire* « UN *espèce de vaurien* » (BRUNOT, *La P. et la L.*, p. 87). — UN *espèce de murmure* (G. BERNANOS, *Monsieur Ouine*, p. 89). — *Dans* CET *espèce de fourreau de soie* (ID., *ibid.*, p. 11). — *Et quant aux Arabes, à* TOUS *ces espèces de prophètes à la manque...* (P. CLAUDEL, dans le *Figaro litt.*, 5 févr. 1949). — TOUS *ces espèces d'Arabes* (J.-J. GAUTIER, *Histoire d'un fait divers*, p. 60). — CET *espèce de navet* (G. MARCEL, dans les *Nouv. litt.*, 10 nov. 1955). — Selon Nyrop (*Gr. hist.*, t. V, § 40), dans le tour « un espèce de vaurien », il y a « assimilation anticipante de genre ». — [Le tour *un bête de métier* est analogue : *Se laisser entraîner dans* UN *bête de mariage* (P.-H. SIMON, *Les Raisins verts*, p. 15).]

3. Dans le français populaire de Belgique, *drôle de* ainsi employé est si bien senti comme un adjectif qu'il donne naissance à l'adverbe *drôledement : Il était* DRÔLEDEMENT *habillé.* [Cf. liégeois : *drol'dimint.*]

Une grande DIABLESSE *de femme* (SÉV., t. II, p. 104). — *Votre* DIABLESSE *d'imagination* (VOLT., *Au roi de Pr.*, juin 1759). — *Sa* DIABLESSE *de femme* (STENDHAL, *Vie de Henri Brulard*, t. II, p. 17). — *Cette* DIABLESSE *d'île* (J. BAINVILLE, *Chroniques*, p. 38). — *Une grande* DIABLESSE *de jument* (G. BERNANOS, *Monsieur Ouine*, p. 224). — *Cette* DIABLESSE *de raison* (H. BREMOND, *La Poésie pure*, p. 92). — *Une* DRÔLESSE *de servante.*

3. *En personne*, apposition, reste invariable (l'expression prend, si l'on veut, une valeur adverbiale) : *Ils y sont allés* EN PERSONNE (AC.).

304. Dans certains cas, bien que le nom attribut ou apposition se rapporte à un nom ou à un pronom féminin, on le laisse au masculin, pour lui faire exprimer une idée générale :

La mort est le seul DIEU *que j'osais implorer* (RAC., *Phèdre*, IV, 6). — *Les femmes sont d'excellents* APPRÉCIATEURS *des choses délicatement belles* (G. SAND, *Mauprat*, XXV). — *L'homme est un apprenti, la douleur est son* MAÎTRE (MUSSET, *N. d'Oct.*). — *La mer fut là* UN *grand artiste* (MICHELET, *La Mer*, II, 11). — *La femme est, dans les choses de ce monde, l'*ENNEMI *de la raison* (RENAN, *L'Eau de Jouvence*, I, 6). — *Elle était* BON PRINCE, *la science moderne* (Ch. PÉGUY, *L'Esprit de système*, p. 241). — *C'est en ce sens que la nature est* LE MAÎTRE *des maîtres* (A. MAUROIS, *Alain*, p. 95).

Bien que l'on dise : *Votre Majesté* (ou *Sa Majesté*) *est*-ELLE CONTENTE ? — *Votre Éminence est*-ELLE SATISFAITE ?... etc. (§§ 378*bis* et 466, Rem. 5), le nom attribut ou apposition se rapportant à *Majesté*, *Éminence*, etc. se met au genre naturel, selon la personne que le titre désigne : *Votre Majesté, Sire, est* LE PÈRE *de son peuple. Sa Majesté le roi est* LE PROTECTEUR *des faibles. Sa Sainteté a été* LE CONSOLATEUR *des affligés. Votre Majesté, Madame, est vraiment* LA MÈRE *des pauvres,* LA PROTECTRICE *des malheureux. Nous rendons hommage à Votre Éminence,* GRAND BIENFAITEUR *des pauvres.* — On dirait : *Votre Majesté, Sire, est* LE MEILLEUR *et le plus* ÉCLAIRÉ *des rois* (= le meilleur [roi] des rois, le plus éclairé [roi] des rois).

305. Le nom attribut ou apposition se rapportant à plusieurs noms ou pronoms se met au pluriel : *G*** et H*** sont* VOISINS *de campagne* (LA BR., V, 47). — *Talent, goût, esprit, bon sens,* CHOSES *différentes, non incompatibles* (ID., XII, 56).

S'il se rapporte à plusieurs noms ou pronoms de genres différents, il se met au masculin pluriel : *Elle savait bien que l'ennui et la solitude étaient de mauvais* CONSEILLERS (E. FROMENTIN, *Dominique*, XIII).

S'il se rapporte à plusieurs noms ou pronoms dont l'ensemble exprime une idée unique, il reste au singulier : *Le lièvre et la tortue en sont* UN TÉMOIGNAGE (LA F., *F.*, VI, 1).

Pour le nombre du nom complément déterminatif, voir § 219.
Pour le nombre du nom dans les expressions telles que : *le XIX*e *et le XX*e *siècle, une grande et une petite maison*, etc., voir § 334, *a*. — Pour *l'un et l'autre parti*, voir § 458, B, Rem. 2. — Pour *tel et tel livre, tel ou tel livre*, voir § 460, A, 2°, Rem.

CHAPITRE II

L'ARTICLE

§ 1. — DÉFINITION

306. L'article *a* est un mot que l'on place devant le nom pour marquer que ce nom est pris dans un sens complètement ou incomplètement déterminé ; il sert aussi à indiquer le genre et le nombre du nom qu'il précède.

N. B. — L'article pourrait être rangé parmi les *adjectifs* servant à introduire le nom (voir § 340, Rem. et § 399 ; voir aussi la note 2 de la page 66).

Hist. — Le latin classique n'employait pas d'article et disait, par exemple : *Dux legatos misit :* le général envoya des députés. — L'article est, en français, une création originale. La très ancienne langue n'en faisait qu'un usage assez restreint, mais l'emploi de l'article alla sans cesse croissant. Quand les désinences nominales et adjectives eurent disparu, que l's du pluriel et l'*e* du féminin eurent cessé d'être prononcés, la langue dut recourir à l'emploi de l'article pour marquer les formes ; c'est au XVIᵉ siècle que l'article est devenu régulier en français.

§ 2. — ESPÈCES

307. On distingue deux espèces d'articles : l'article *défini* et l'article *indéfini*.

N. B. — On distingue souvent *trois* espèces d'articles : l'article *défini*, l'article *indéfini* et l'article *partitif*. Mais l'article partitif peut se rattacher, par la forme, à l'article défini, et par le sens, à l'article indéfini. Nous le considérerons comme une variété de l'article indéfini.

Art. 1. — ARTICLE DÉFINI

1. — Définition.

308. L'article **défini** est celui qui se met devant un nom pris dans un sens complètement déterminé ; il individualise l'être ou l'objet

---

Étym. — *a Article*, emprunté du latin *articulus*, petit membre.

nommé : *Donnez-moi* LA *clef* (c.-à-d. la clef que l'on sait). LE *livre de Paul. Aimer* LES *pauvres* (tous les individus de l'espèce *pauvres*).

2. — Formes.

309. L'article défini se présente sous les formes suivantes :

Pour le MASCULIN :

> au singulier : **le** ; — au pluriel : **les**.

Pour le FÉMININ :

> au singulier : **la** ; — au pluriel : **les**.

310. Élision. Les formes *le, la,* de l'article défini sont dites *élidées* lorsque leur voyelle s'élide (§ 102) devant un mot commençant par une voyelle ou un *h* muet : L'*or,* L'*arme,* L'*habit,* L'*heure.*

N. B. — Pour les cas particuliers : *onze, ouate,* etc., voir § 103, Rem. 2.

Hist. — Par un phénomène d'agglutination, l'article élidé s'est parfois soudé avec des noms qui autrefois commençaient par une voyelle. Ainsi *lierre, loriot* (autrefois *loriol*), *luette, lendemain* ont été formés par agglutination de l'article *l'* et des anciennes formes *ierre* (lat. *hedera*), *oriol* (lat. *aureolus*), *uette* (lat. **uvitta*), *endemain* (lat. **inde de mane*). Par un phénomène contraire, l'*a* initial d'un nom féminin a été pris, dans quelques cas, pour l'*a* de l'article *la*, et s'est déglutiné : *la griotte* (pour *l'agriotte* = cerise aigre) ; *la prêle* (pour *l'âprelle* = plante âpre au toucher).

311. Contraction. Les formes *le, les,* de l'article défini sont dites *contractées* lorsque, par suite de la chute de la voyelle, elles se combinent avec une des prépositions *à, de,* pour former un mot unique. Ainsi :

à le se contracte en **au** ;	*à les* se contracte en **aux** ;
de le » **du** ;	*de les* » **des**.

Remarques. — 1. Dans l'ancienne langue, *en les* se contractait en *ès*[1], qui se retrouve dans quelques locutions figées : *Maître* ÈS *arts ; bachelier, licencié, docteur* ÈS *lettres,* ÈS *sciences ; Saint-Pierre-ès-liens ; verser une somme* ÈS *mains de quelqu'un.*

Ès (aujourd'hui archaïque) ne peut régulièrement s'employer qu'avec un nom pluriel : *Je suis capitoul et maître* ÈS *jeux floraux !* (HUGO, *Les Misér.,* IV, 12, 3.) — *Tous ces docteurs* ÈS *sciences dramatiques* (É. FAGUET, *En lisant*

---

1. Aujourd'hui l'usage est de prononcer *ès* en faisant entendre l'*s*, sauf toutefois dans *Saint-Pierre-ès-liens*, où *ès* se prononce *é*. Devant une voyelle, l'*s* se lie et sonne comme *z : maître ès arts* (è-z-arts).

Corneille, p. 56). — *Il n'y a pas de canton qui n'ait sa douzaine de docteurs* ÈS *vignes* (R. BAZIN, *Récits de la plaine...*, p. 136). — *Le professeur* ÈS *idées générales* (Fr. JAMMES, *Janot-poète*, p.230). — On méconnaît l'étymologie de *ès* en disant : *docteur* ÈS *pédagogie*, ÈS *géographie*, etc. [1].

2. Quand un titre d'ouvrage, de tableau, etc., commençant par *le* ou *les* est amené par une des prépositions *à* ou *de*, le plus souvent la contraction se fait [2] : *L'auteur* DU « *Misanthrope* ». *Le succès* DES « *Croix de bois* ». *Molière songeait* AUX « *Précieuses ridicules* ». — *La comédie* DES « *Fâcheux* » (AC.) ·

Quand le titre contient deux noms coordonnés par *et, ou,* tantôt on fait la contraction (soit avec le premier article seulement, le second article restant libre ou étant supprimé, soit avec chacun des deux articles), — tantôt on ne la fait pas :

a) [Le recueil] DES « *Rayons et les Ombres* » (A. THIBAUDET, *Hist. de la Litt. fr.*, p. 147). — *Dans la dédicace* DU « *Coq et l'Arlequin* » (J. COCTEAU, *Poésie critique*, p. 83). — *La lecture* DU « *Rouge et Noir* » (R. KEMP, dans les *Nouv. litt.*, 31 mars 1949). — *Des « Feuilles d'automne »* AUX « *Rayons et les Ombres* » (A. MAUROIS, dans les *Annales*, mai 1953, p. 41). — *Gœtz, le héros* DU « *Diable et le Bon Dieu* » (ID., *Ce que je crois*, p. 133). — *À propos* DES « *Semailles et les Moissons* » (A. BILLY, dans le *Figaro*, 11 nov. 1953). — *Nous apprîmes par cœur celle* [la fable] DU « *Singe et* DU *Chat* » (SÉV., t. II, p. 195). — *Le héros* DU « *Rouge et* DU *Noir* » (P. GUTH, *Le Naïf aux 40 enfants*, p. 23).

b) Quand M. Victor de Tracy m'a parlé DE « *Le Rouge et le Noir* » (STENDHAL, *Vie de Henri Brulard*, t. I, p. 131). — *La fin* DE « *Le Rouge et le Noir* » (G. DUHAMEL, *Défense des Lettres*, p. 265). — *À propos* DE « *Le Rouge et le Noir* » (J. ROMAINS, *Les Hommes de b. vol.*, t. XVIII, p. 110). — *Jean Marais, créateur* DE « *Les Parents terribles* » (COLETTE, *Paris de ma fenêtre*, p. 70). — *Il manque* À « *Les Semailles et les Moissons* » *la dimension que lui auraient donnée un ou deux personnages d'un niveau supérieur* (A. BILLY, dans le *Figaro*, 26 mars 1958).

Ces façons de dire ont quelque chose de bizarre, même si l'on répète la préposition (§ 910, Rem. 1) : *La fable* DU *Loup et* DE *l'Agneau* (AC.). — Il semble que le mieux soit d'employer alors un terme générique (poème, fable, roman, etc.) avec le titre simplement juxtaposé : *Voyez la fin de la fable « Le Chêne et le Roseau »* (É. FAGUET, *XVIIᵉ S.*, p. 257).

---

1. Cet emploi, qui date de la première moitié du XIXᵉ siècle, Nyrop l'admet. Il dit : « Les grammairiens perdent leur temps à blâmer cet usage, qui montre que *ès*, pour le sens linguistique moderne, a tout à fait perdu sa valeur primitive ; il est devenu une préposition synonyme de *en*, et personne n'y voit plus une combinaison de *en* et *les*. » (*Gramm. hist.*, t. V, p. 61). — *Au parfait magicien* ÈS *langue française* (BAUDELAIRE, 1ʳᵉ rédaction de la Dédicace des *Fleurs du mal* ; — Baudelaire mit, dans le texte définitif : ... *ès lettres françaises*). — *Les Chinois, maîtres* ÈS *pensée...* (Cl. FARRÈRE, *Une Jeune Fille voyagea*, p. 59). — *À un étudiant* ÈS *philosophie* (J. BENDA, *La France byzantine*, p. 289). — *Ces maîtres* ÈS *incompréhension* (Ch. DU BOS, *Le Dialogue avec André Gide*, p. 243).

2. « Il est peu utile, écrit Nyrop (*Études de gramm. fr.*, 26, 3), de donner des règles absolues ; c'est le tact linguistique qui doit, dans chaque cas, trancher la question. »

Quand le titre est une proposition avec un verbe, l'usage ordinaire est de contracter l'article[1] : *Le « Dernier Civil » peut être comparé* AUX *« Dieux ont soif »* (A. THÉRIVE, dans le *Temps*, 16 sept. 1937). — *La reprise* DU *« Roi s'amuse »* (L. DAUDET, *Le Stupide XIXᵉ Siècle*, p. 105). — *La scène* DES *« Oiseaux s'envolent »* (É. HENRIOT, *La Rose de Bratislava*, III).

3. Lorsque les noms de lieux commençant par *le* ou *les* sont introduits par *à* ou par *de*, la contraction se fait toujours : *Aller* AU *Havre*, AU *Caire*, AUX *Andelys ; venir* DU *Touquet*, DES *Sables d'Olonne ; l'aérodrome* DU *Bourget ; la gare* DES *Aubrais*. — Mais les noms de famille commençant par l'article *le* non soudé avec le reste du nom n'admettent pas la contraction : *Les tableaux* DE *Le Nain ; la « Psychologie des foules »* DE *Le Bon ; ce que la biologie doit à Le Dantec*.

Hist. — Les articles contractés ont passé par les formes indiquées ci-après ; on remarquera, dans l'évolution de certaines de ces formes, la vocalisation de *l* en *u* (§ 50) : *a lo, al, au ; — de lo, del, deu, dou, du ; — a les, als, aus, ax, as, aux*, par analogie avec le singulier *au ; — de les, dels, des ; — en lo, enl, el, eu, ou*, (variante : *on*, chez Rabelais) : formes disparues, confondues avec *au ; — en les, enls, ens, els, es*.

3. — Emploi.

A. — Devant les noms communs.

CAS GÉNÉRAL

312. L'article défini s'emploie devant les noms communs pris dans un sens complètement déterminé, c'est-à-dire désignant un genre, une espèce, un type, un individu précis, particuliers : LES *oiseaux migrateurs*. LES *rois mages*. LA *plaine* DU *Pô*. L'*avare est malheureux*. — LES *passions tyrannisent* L'*homme* (LA BR., VI, 50).

Hist. — Dans la très ancienne langue, l'article défini a commencé de s'employer devant les noms concrets désignant des êtres ou des objets bien déterminés : LI *empereres est par matin levet* (*Rol.*, 163). — Mais quand le nom était pris dans toute son

---

1. Sans contraction : *L'Élémir Bourges de « Les Oiseaux s'envolent et les fleurs tombent »* (É. HENRIOT, dans le *Monde*, 5 déc. 1951). — *C'est plutôt à l'Abellio de « Les yeux d'Ézéchiel se sont ouverts » qu'il se rattacherait* (ID., dans le *Monde*, 11 juin 1952). — *Rien de plus dramatique et de plus surprenant que le début de « Les Cœurs gravitent »* (F. STROWSKI, *La Renaissance littér. de la France contempor.*, p. 142). — On peut éluder la difficulté en intercalant un nom comme *roman, fable, pièce*, etc. — *« Il [Faguet] avait raison de ne pouvoir souffrir que l'on dît Je vais au Roi s'amuse, Je viens du Roi s'amuse ; mais il avait tort d'écrire Je vais à le Roi s'amuse, Je viens de le Roi s'amuse, qui est peut-être correct, mais affreux. »* (LANCELOT = A. HERMANT, dans le *Temps*, 25 mars 1937.)

extension, on se passait ordinairement de l'article défini : *Paien unt tort e chrestiens unt dreit* (*Rol.*, 1015). — Peu à peu l'emploi de l'article s'est étendu par analogie ; toutefois il manquait souvent devant les noms abstraits : *Il a semblé à beaucoup de gens que paour et craincte luy faisoient faire ces choses* (COMMYNES, t. I, p. 250). — C'est au XVIᵉ et au XVIIᵉ siècle que l'article s'est imposé devant les noms abstraits.

CAS PARTICULIERS

313. L'article défini s'emploie :

1º Parfois comme *démonstratif*, devant des noms désignant un être ou un objet déjà présenté ou en présence duquel on se trouve : *Six forts chevaux tiraient un coche. (...) Après bien du travail,* LE *coche arrive au haut* (LA F., *F.*, VII, 9). — *Prenez garde* AU *chien* (c.-à-d. à ce chien-ci). — *Ah ! * LE *détour est bon !* (MOL., *Mis.*, IV, 3.) — *De* LA *sorte. À* L'*instant, Oh !* LE *beau papillon !* LE *9 août* (comparez : CE *9 août*).

Hist. — L'article défini a son origine dans le pronom ou adjectif démonstratif latin *ille* (lat. pop. *illi*), d'où sont issus à la fois le pronom personnel *il* et l'article *li*. *L'ami* remonte à LI *amis* (lat. classiq. ILLE *amicus*), qui signifiait à l'origine CET *ami*.

2º Devant des noms désignant quelque chose de bien connu ou quelque chose qui est l'objet d'un fait habituel (c'est l'*article de notoriété*) : *Donnez-moi* LA *clef* (c.-à-d. la clef que l'on sait). *Mettre* LA *table* (comme on le fait pour chaque repas).

3º Comme *possessif*, surtout devant des noms désignant certaines parties du corps ou du vêtement, ou les facultés de l'âme, quand l'idée de possession est suffisamment marquée par le sens général de la phrase (§ 427, *a*) : *Il ferme* LES *yeux. Il s'est cassé* LA *jambe. Saisir quelqu'un* AU *collet. Il perd* LA *mémoire.*

Cet emploi n'a rien d'absolu. Ainsi on dit, avec l'article indéfini : *avoir* UN *front haut,* DES *cheveux blonds.* D'autre part, on supprime l'article dans certaines locutions : *faible d'esprit, perdre pied, tenir tête,* etc.

Pour l'emploi de l'article défini devant le nom en apostrophe, voir § 336, 5º, Rem. 1.

314. Le nom complément du collectif général (§ 238, Rem.) prend l'article défini : *La foule* DES *ignorants.*

Le nom complément du collectif partitif ou d'un adverbe de quantité ne prend pas l'article : *Une foule d'ignorants. Peu de livres. Beaucoup de fruits. Que de craintes !*

Mais si le nom complément du collectif partitif ou de l'adverbe de quantité est bien déterminé, il doit prendre l'article (cf. § 329, *N.B.*, 2) : *Un grand nombre* DES *candidats qui se sont présentés ce matin ont été refusés. Beaucoup* DES *fruits que vous m'avez envoyés se sont trouvés gâtés.*

Remarque. — Le nom complément de *la plupart, le plus grand nombre, la plus grande partie, la majorité, la moitié,* etc. doit être précédé de l'article : *La plupart* DES *gens. La majorité* DES *hommes.*

N. B. — 1. *Les* se met devant les nombres de jours, d'heures, etc. pour indiquer une certaine approximation ou latitude (LITTRÉ) : *Sur* LES *deux heures* (AC.). — *Sur* LES *une heure* (LITTRÉ, s. v. *un,* 10°). — *Tu viendras déjeuner avec moi, vers* LES *une heure* (A. CHAMSON, *La Neige et la Fleur,* p. 293). — *Ils passent tranquillement* LES *dix et* LES *vingt ans sans seulement penser à lui* [à J.-C.] (BOSS., *États d'or.,* II, 5). — *De façon à être de retour chez eux vers* LES *deux heures de nuit* (STENDHAL, *L'Abbesse de Castro,* II). — *La tante est morte un soir d'avril, vers* LES *six heures* (M. BARRÈS, *L'Enne-mi des lois,* p. 120). — *Samson déjà a tué dans* LES *deux mille adultes* (J. GIRAUDOUX, *Sodome et Gomorrhe,* p. 108). — Mais on dit : *Sur* LE *midi* (LITTRÉ). — *Sur* LE *minuit*[1], *il se présenta chez elle* (STENDHAL, *Chartr.,* t. I, p. 216). — *On s'était mis à table (...) sur* LE *minuit* (Th. GAUTIER, *Fortunio,* I). — *Sur* LE *midi au plus tard vous serez à Châteauroux* (G. SAND, *François le Champi,* II). — *Faut-il croire que sur* LE *minuit il* [un asile] *ouvre une porte compréhensive à des hôtes frissonnants ?* (P. CLAUDEL, dans le *Figaro litt.,* 22 juill. 1950.) — *Il fila rapidement, vers* LE *midi s'arrêta dans une mai-son écartée* (STENDHAL, *Chartr.,* t. I, p. 262). — *Vers* LE *minuit* (ID., *ib.,* t. II, p. 227). — *Quand Mantes et Georget rentrèrent à la Louvardière, vers* LE *minuit* (LA VARENDE, *Le Troisième Jour,* p. 325). — Pour *la minuit,* voir p. 207, note 3.

2. En général, les noms des jours, des mois, ainsi que les noms *midi, minuit* (sauf les expressions dont on vient de parler), ne prennent pas l'article : *Venez mardi. Décembre est revenu. Midi est sonné.*

Cependant on met l'article quand ces noms sont déterminés : LE *riant avril,* LE *premier dimanche du mois,* LE *mardi 19 décembre.*

L'article se met aussi devant les noms de jours quand on indique un fait qui se répète (voir ci-dessus, § 313, 2°) : *Venez* LE *mardi, tous* LES *mardis. On ne travaille pas* LE *dimanche. Contes* DU *lundi.*

3. Les noms des fêtes religieuses prennent l'article féminin : *L'Ascension,* L'*Assomp-tion,* LA *Toussaint,* LA *Saint-Jean.* — *Pâques,* quand il désigne la fête chrétienne, rejette l'article. — On dit : *la Noël,* ou, plus couramment : *Noël : À l'approche de* LA *Noël* (LITTRÉ, s. v. *Noël,* 2°). — *Les agneaux nous vinrent en abondance vers* LA *Noël* (G. SAND, *Nanon,* XXII). — *On était (...) à la place même où Ravaillac, à* LA *Noël, avait déjà rencontré le Roi* (J. et J. THARAUD, *La Tragédie de Ravaillac,* p. 151). — *Peu*

---

1. Au sujet de « *sur le* minuit », Vaugelas (*Rem.,* p. 78) faisait observer : « C'est ainsi que depuis neuf ou dix ans toute la Cour parle, et que tous les bons Autheurs escrivent. » — Selon Littré, on ne dit pas *sur les midi, sur les minuit.* Cela se rencontre pourtant assez fréquemment chez de bons auteurs : *Le lendemain, vers* LES *minuit, il vint...* (STENDHAL, *Chartr.,* t. I, p. 351). — *Vers* LES *minuit, il me conduisit à la sortie de l'Eden* (M. BARRÈS, *Le Jardin de Bérénice,* p. 20). — *Nous sortons de la forêt vers* LES *minuit* (P. LOTI, *Vers Ispahan,* p. 64). — *Car Boleslas s'étant avisé de se mettre en banque vers* LES *minuit...* (P. BOURGET, *Cosmopolis,* p. 335). — *Je serai chez vous sur* LES *minuit* (E. de GONCOURT, *Les Frères Zemganno,* LXVIII). — *Je propose, vers* LES *minuit, d'aller souper à Dieppe* (J. SARMENT, *Bobard,* II). — *Vers* LES *midi un quart* (H. LAVEDAN, *Les Beaux Dimanches,* p. 95). — *Vers* LES *minuit* (L. DAUDET, *Le Stupide XIX*e *Siècle,* p. 259). — *Je pars vers* LES *minuit* (J. GIONO, *Le Grand Troupeau,* p. 80). — *C'est toujours dans* LES *midi* (ID., *Regain,* p. 9).

avant LA *Noël* (H. QUEFFÉLEC, *Un Recteur de l'île de Sein*, p. 118). — *Mais à Noël, qui peut savoir que l'hiver est fini ?* (ALAIN, *Propos sur le Christianisme*, p. 92.) — *Pendant les deux semaines qui précédaient Noël* (A. MAUROIS, *Chantiers américains*, p. 154). — *Je suis dans l'état des enfants à Noël* (J. COCTEAU, *La Belle et la Bête*, p. 151). — *Le soir de Noël, elle m'invita à dîner* (Germ. BEAUMONT, *L'Enfant du lendemain*, p. 259). — *À quelques jours de Noël* (F. GREGH, *L'Âge de fer*, p. 185). — *La veille de Noël* (AC., s. v. *Noël*).

4. Devant un nom complément indiquant l'ordre, la distribution, on n'emploie pas l'article si ce nom est précédé de *par* : *Ranger par tas. Distribuer par cantons. Payer tant par jour. Deux fois par semaine.*

Mais, devant un nom singulier indiquant l'unité de longueur, de poids, etc., ou marquant la périodicité, et non précédé de *par*, on met l'article défini : *Deux fois* LA *semaine* (AC.). — *Cela coûte six francs* LA *livre. Ces objets coûtent tant* LA *pièce.*

On dit familièrement, sans l'article : *Des oranges à trois sous pièce* (DICT. GÉN.).

B. — Devant les noms propres.

315. En général, les noms propres de personnes ou de villes s'emploient sans article : ils sont suffisamment déterminés par eux-mêmes.

Cependant les noms propres de personnes et les noms propres géographiques prennent l'article dans certains cas qui vont être indiqués.

NOMS PROPRES DE PERSONNES

316. L'article se met devant les noms propres de personnes :

1° Parfois pour exprimer le dédain ou le mépris : LA *Brinvilliers.* LA *Dubarry.* — *Le chef,* LE *Hernani, Que devient-il ?* (HUGO, *Hern.*, III, 2.) — *L'empereur aujourd'hui Est triste.* LE *Luther lui donne de l'ennui* (ID., *ibid.*, V, 1).

On dit aussi, dans la langue familière ou populaire, et quelquefois avec dénigrement : LA *Julie,* LA *Louise* (AC.). — LA *Léontine s'éloigna dans l'ombre vers les Halles* (M. BARRÈS, *Les Déracinés*, p. 372). — LA *Louise trempait la soupe* (H. POURRAT, *La Tour du Levant*, p. 274). — *Vous vous rappelez,* LE *Gaëtan, comme il montait à cheval ? (...) Et* LA *Gina (...), qu'elle le dise si elle en a vu un seul comme notre Gaëtan* (M. ARLAND, *L'Eau et le Feu*, p. 194).

2° À l'imitation de l'italien, dans quelques cas où l'on désigne des poètes ou des artistes italiens [1] : L'*Arioste, les tableaux* DU *Corrège.* — *Montaigne visita* LE *Tasse* (CHATEAUBR., *Mém.*, IV, 8, 2).

En italien, l'emploi de l'article défini est permis devant un nom de famille [2] (l'ar-

---

1. Voir à la fin du volume l'arrêté du 26 février 1901 : *Liste*, V, 1.
2. Il y a pourtant des noms devant lesquels l'italien, le plus souvent, ne met pas

ticle se met régulièrement quand il s'agit de noms illustres) : IL *Tasso*, IL *Petrarca*, IL *Manzoni*, IL *Carducci*, L'*Alighieri*, L'*Ariosto*, IL *d'Annunzio*, LA *Sand*, LA *Staël*, LA *Buondelmonti*. — De même devant un prénom féminin (chrétien ou moderne), surtout dans le langage familier : LA *Carlotta*, LA *Luisa*, LA *Teresa*, LA *Gina*. — Mais devant un prénom masculin, par exemple *Dante*[1] (nom de famille : *Alighieri*), *Guido* (nom de famille : *Reni*), *Tiziano* (nom de famille : *Vecellio*), on ne met jamais l'article défini : on ne dit pas : *il Dante, il Guido, il Tiziano*.

L'usage français concernant ces noms est le suivant : *a)* On dit le plus souvent *Dante*, sans l'article : DANTE *vient à Paris faire son premier vers* (HUGO, *L'Année terr.*, Mai, III). — *De beaux vers de* DANTE (SAINTE-BEUVE, *Caus. du Lundi*, t. IX, p. 304). — *Mon père ne savait pas moins* DANTE *que Virgile* (A. SUARÈS, *Vues sur l'Europe*, p. 230). — *J'ai jeté le volume de* DANTE (E.-M. DE VOGÜÉ, *Jean d'Agrève*, p. 164). — *Au point où fut* DANTE (A. FRANCE, *Le Livre de mon ami*, p. 3). — *Quel poète fut plus que* DANTE *le poète de l'amour ?* (L. GILLET, *Dante*, p. 233.) — *La Béatrice de* DANTE (MONTHERLANT, *Les Lépreuses*, p. 15). — *Eric Vidame ressemblait à* DANTE (G. DUHAMEL, *Suzanne et les J. Hommes*, p. 18). — *Il aime à lire* DANTE (A. MAUROIS, *Lyautey*, p. 39). — Cependant *le Dante*, avec l'article, est fréquent aussi : *Il n'est rien que* LE DANTE *n'exprimât* (VOLT., *Disc. de récept. à l'Ac. fr.*). — *Mon respect pour* LE DANTE (STENDHAL, *Vie de Henri Brulard*, t. I, p. 91). — *Dans le costume classique* DU DANTE (FLAUB., *L'Éduc. sent.*, t. I, p. 211). — *L'Ombre* DU DANTE (MAUPASSANT, *Fort comme la Mort*, I, 4). — *La « Divine Comédie »* DU *Dante* (NERVAL, *Aurélia*, I, 1). — *L'Irlandais Taaffe, traducteur* DU DANTE (A. MAUROIS, *Byron*, XXXII). — *Le menton* DU DANTE (COLETTE, *Journal à rebours*, p. 131). — *L'admirable cri de ce damné* DU DANTE (A. GIDE, *Journal 1942-1949*, p. 33). — *b)* On dit, avec ou sans l'article, *le Titien* ou *Titien : La « Danaé »* DU TITIEN (TAINE, *Voyage en Italie*, t. I, p. 77). — *Il s'y souvient* DU TITIEN (M. BARRÈS, *Un Homme libre*, p. 189). — *L'ambre* DU TITIEN (A. FRANCE, *Les Sept Femmes de la Barbe-bleue*, p. 240). — *Plusieurs tableaux de* TITIEN (TAINE, *Voy. en Italie*, t. I, p. 262). — *Un tableau de* TITIEN (A. MAUROIS, *Lélia ou la Vie de George Sand*, p. 44). — *Velasquez vénérait* TITIEN (A. MALRAUX, *Les Voix du silence*, p. 50). — *c)* On dit toujours, avec l'article, *le Guide : Guerchin ne copiait pas des antiques comme* LE GUIDE (TAINE, *Voy. en Italie*, t. I, p. 243). — *d)* On dit parfois *le Poussin* (Français d'origine, ce peintre a vécu longtemps en Italie).

En italien, les surnoms, d'ordre géographique ou autres, sont précédés de l'article : IL *Perugino*, L'*Aretino*, IL *Veronese* ; — IL *Tintoretto*, IL *Pinturicchio* ; selon cet usage nous disons : LE *Pérugin*, L'*Arétin*, LE *Véronèse*, LE *Tintoret*... : *Je vois tous les jours des tableaux (...)* DU *Tintoret*, DU *Véronèse* (TAINE, *Voy. en It.*, t. II, p. 289). — *Il s'y souvient (...)* DU *Tintoret*, DU *Véronèse* (M. BARRÈS, *Un Homme libre*, p. 189).

Dans l'usage italien, parfois des artistes sont désignés simplement par le lieu de leur naissance ; il y a alors ellipse : IL *Corregio* (= Antonio Allegri da Corregio), IL *Caravaggio* (= Michelangelo Merisi da Caravaggio). — Les Italiens disent parfois aussi : IL *Vinci* (= Leonardo da Vinci). — En suivant cet usage nous disons : LE

---

l'article : *Colombo, Lutero, Verdi, Cavour, Garibaldi*, etc. [cf. : TASSE *fut appelé à Ferrare* (CHAT., *Mém.*, IV, 8, 2)]. — Dans les journaux littéraires d'avant-garde et jusque dans la critique académique, il y a une tendance à omettre l'article devant le nom de famille : *Foscolo, Manzoni, Leopardi, Carducci, Papini, Montale*, etc.

1. *Dante* est l'abréviation de *Durante*.

Corrège, LE *Caravage*, et parfois LE *Vinci : Je songe au saint Jean* DU *Vinci* (M. BAR-RÈS, *Mes Cahiers*, t. XII, p. 317). — *Je ne pense pas que* LE *Vinci considérât très différemment ses tableaux* (A. GIDE, *Incidences*, p. 209).

3° Dans quelques cas où l'on désigne des femmes célèbres, notamment des cantatrices ou des actrices : LA *Champmeslé*, LA *Malibran*. — *Pensez-vous qu'elle fasse ce que ni* LA *Le Couvreur, ni* LA *Duclos, ni* LA *de Seine, ni* LA *Balincourt, ni* LA *Clairon, ni* LA *Dumesnil n'ont pu faire ?* (DIDEROT, *Paradoxe sur le comédien*, éd. Pléiade, p. 1079.)

Cet italianisme est aujourd'hui éteint.

4° Quand ces noms propres sont déterminés par un adjectif ou un complément : LE *grand Corneille*. LE *Racine des « Plaideurs »*.

Remarques. — 1. On n'emploie pas l'article quand l'adjectif, au lieu d'exprimer une qualité constante, a la valeur circonstancielle ou relative : *Néron naissant A toutes les vertus d'Auguste vieillissant* (RAC., *Brit.*, I, 1).

2. L'article ne s'emploie pas non plus quand le nom propre est précédé d'un des mots *saint* (employé en parlant du saint lui-même, voir § 168, 8°), *feu, défunt, maître, monseigneur, monsieur, madame, mademoiselle, lord, milord : Le supplice de saint Pierre. Maître Jacques.*

Oncle, tante, cousin, cousine, grand-père, grand-mère, suivis du prénom ou du nom de famille, peuvent prendre l'article : *Au milieu de ses deux frères et de* L'*oncle Xavier* (Fr. MAURIAC, *Le Mystère Frontenac*, p. 215). — *Sur cet écran* LA *tante Louise disposait les photographies* (J.-L. VAUDOYER, *La Reine évanouie*, p. 126). — *Il était pénétré d'amour pour* L'*oncle Gottfried* (R. ROLLAND, *Jean-Christophe*, t. I, p. 191). — L'*oncle Planté allumait son bougeoir* (R. BOYLESVE, *La Becquée*, p. 143). — Mais ils s'emploient aussi sans l'article : *La recette de tante Bégon* (A. DAUDET, *Lett. de m. m.*, p. 250). — *Oncle Xavier était très malade* (Fr. MAURIAC. *Le Mystère Frontenac*, p. 240). — *Une lettre d'oncle Francis* (G. MARCEL, *Un Homme de Dieu*, II, 2). — *Tante Louise est morte* (J.-L. VAUDOYER, *La Reine évanouie*, p. 144).

5° Quand ils désignent deux ou plusieurs individus du même nom : LES *deux Corneille*, LES *Goncourt*.

6° Quand ils désignent des types, ou des familles entières, ou des peuples, des races : *Tous* LES *Astyanax attendrissent Homère* (HUGO, *Lég.*, t. II, p. 195). — LES *Dupont*. LES *Belges*. LES *Anglo-Saxons*. LES *Achéménides*.

7° Quand ils désignent les œuvres des personnages nommés : *Jouer* DU *Mozart*. — *À mon gré*, LE *Corneille est joli quelquefois* (BOIL., *Sat.*, 3). — *J'étudiais* LES *Véronèse* (M. BARRÈS, *Un Homme libre*, p. 169).

Parfois aussi quand ils sont pris comme titres d'ouvrages : L'*« Émile » était partout poursuivi* (G. LANSON, *Hist. de la Litt. fr.*, p. 778). — *On voit apparaître, en 1532 (...)* LE *« Pantagruel », bientôt suivi* DU *« Gargantua »* (A. LEFRANC, *Rabelais*, t. I, Introd., p. 11). — [Sans l'article : *Il écrivit « Émile » avec amour* (LANSON et TUFFRAU, *Hist. de la Litt. fr.*, p. 454). — *Dans « Gargantua »* (A. LEFRANC, *ouvr. cité*, p. XLIV).]

8° Lorsqu'ils sont employés d'une façon emphatique dans une énumération ; chaque nom propre prend alors l'article pluriel, bien qu'il ne désigne qu'un seul individu : Les *Corneille*, LES *Racine*, LES *Molière ont illustré la scène française.*

NOMS GÉOGRAPHIQUES

317. L'article s'emploie :

1° Devant les noms propres de continents, de pays, de provinces, de montagnes, de mers, de cours d'eau, etc. : L'*Amérique*, LA *France*, LA *Bourgogne*, LE *Périgord*, LES *Vosges*, LA *Méditerranée*, LA *Loire*.

Israël, nom de pays, s'emploie sans article : *La longue frontière qui sépare* ISRAËL *de l'Égypte s'allonge à travers un désert* (G. DUHAMEL, *Israël, clef de l'Orient*, pp. 8-9).

2° Ordinairement devant un nom de ville déterminé par un adjectif ou un complément : LE *vieux Paris*. LE *Bruxelles d'autrefois*. — *Virgile a visité par l'imagination et par le cœur* LA *Rome qui n'existait pas encore* (A. BELLESSORT, *Virgile*, p. 211).

On dit cependant *Bruxelles entier, tout Paris*, etc.
L'article fait partie intégrante de certains noms de villes qui originairement étaient des noms communs : LA *Rochelle*, LE *Havre*, LA *Haye*.

3° En général, devant les noms de grandes îles : LA *Sardaigne*, L'*Islande*, LA *Nouvelle-Zélande*. — Mais les noms de petites îles d'Europe et les noms masculins d'îles lointaines ne prennent pas l'article : *Malte, Madagascar, Bornéo.*

318. C'est l'usage qui apprendra dans quels cas les noms propres de pays doivent être précédés de *en, de*, sans l'article, et dans quels cas il faut dire, *au, du, de la, dans le, dans la*, avec l'article.

On peut observer toutefois que, d'une manière générale :

1° Les noms masculins à initiale consonantique prennent l'article : *Aller* AU *Pérou*, AU *Congo*, AU *Canada*. *Une émeute* AU *Mexique. Revenir* DU *Brésil*, DU *Tonkin. Faire un voyage* AU *Maroc. Les volcans* DU *Japon.*

Danemark, Portugal admettent les deux constructions : EN *Danemark*, EN *Portugal*, et : AU *Danemark*, AU *Portugal :*
a) EN *Danemark, rien de pareil* (L. BLOY, *Mon Journal*, t. I, p. 164). — *Il est réfugié* EN *Danemark* (R. ROLLAND, *Les Précurseurs*, p. 182). — *Ce qui advint à Hamlet qui (...) avait passé pour un peu fou* EN *Danemark* (P. de LA GORCE, *Napol. III et sa polit.*, pp. 7-8). — *Si je retourne* EN *Portugal* (VOLT., *Candide*, XVII). — *Se faire roi* EN *Portugal* (SAINTE-BEUVE, *Le Général Jomini*, p. 97). — *Beaucoup allèrent chercher un refuge* EN *Portugal* (J. et J. THARAUD, *Petite Hist. des Juifs*, p. 78). — *Il y avait* EN *Portugal une vice-reine, lors de la révolution de 1640* (AC., s. v. *vice-reine*).

b) *En Norvège et* AU *Danemark* (H. BORDEAUX, *Le Remorqueur*, XVIII). — *J'avais promis de retourner* AU *Danemark* (G. DUHAMEL, *Les Espoirs et les Épreuves*, p. 170). — AU *Danemark*, *(...)* *il n'a pas été traité en hôte* (R. KEMP, dans les *Nouv. litt.*, 4 juill. 1957). — *Dans une maison de santé* AU *Portugal* (St. PASSEUR, *Défense d'afficher*, I, 1). — *Puisque je n'ai pas été* AU *Portugal* (P. VALÉRY, *Regards sur le monde actuel*, p. 78). — *Passer* AU *Portugal* (G. DUHAMEL, *Cri des profondeurs*, p. 147). — *Un vieux lui avait appris qu'*AU *Portugal on faisait des salaisons de homards* (H. QUEFFÉLEC, *Un Feu s'allume sur la mer*, I, IV).

2º Les noms masculins à initiale vocalique et les noms féminins ne prennent pas l'article, surtout s'ils sont employés comme adjectifs ou dans un sens indéterminé : En *Afghanistan*, EN *Iran* ; EN *Extrême-Orient*. *Aller* EN *France*, EN *Chine*, EN *Égypte*, EN *Suisse*. *Revenir* D'*Amérique*, DE *Tchécoslovaquie*. *Les vins* D'*Espagne*. *Du fromage* DE *Hollande*. *L'Histoire* DE *Belgique*. *L'ambassadeur* DE *France*.

Remarques. — 1. Devant les noms féminins de grandes îles proches ou lointaines, pour indiquer le lieu (situation ou direction), on emploie *en* : EN *Sardaigne*, EN *Islande*, EN *Nouvelle-Guinée*. — Toutefois on dit : à *Terre-Neuve*. — Devant les noms féminins de petites îles lointaines, on emploie *à la* : À *la Réunion*, à *la Martinique*. — Devant les noms de petites îles d'Europe et devant les noms masculins de grandes îles lointaines, on emploie *à* : À *Malte*, à *Chypre*, à *Cuba*, à *Madagascar*.

2. Pour marquer le lieu (situation ou direction), on emploie toujours *en* devant les noms d'anciennes provinces françaises, quel que soit leur genre : EN *Picardie*, EN *Limousin*. — Devant les noms féminins de provinces étrangères, on emploie *en* ou *dans la, dans l'* : EN *Lombardie* ou : DANS LA *Lombardie*. — On dit : EN *Flandre* (mais : DANS LES *Flandres* [1]), EN *Wallonie*, DANS LE *Brabant*, DANS LE *Hainaut*, DANS LE *Limbourg*, DANS LE *Luxembourg* province belge) [mais : EN *Brabant*, EN *Hainaut*, EN *Famenne*, EN *Condroz*, etc.,) après les noms de localités], AU (ou : EN) *Luxembourg* [grand-duché].

3. En général, devant les noms de départements français formés de deux termes coordonnés par, *et*, on emploie *en* : EN *Seine-et-Marne*. — Devant les noms des autres départements, on emploie *dans* et l'article : DANS LA *Gironde*, DANS L'*Ain*, DANS LA *Seine-Inférieure*.

Quand le nom du département est introduit par *de*, en principe, il prend l'article : *Les habitants* DE LA *Marne*, DU *Gard*, DE L'*Ain*, DES *Ardennes*. — Si le premier nom d'un nom composé de département est féminin, on supprime facultativement l'article devant une initiale vocalique : *Les habitants d'Eure-et-Loir* ou DE L'*Eure-et-Loir* ; — mais on doit supprimer l'article devant une initiale consonantique : *Les habitants de Saône-et-Loire*.

---

1. On a pu écrire autrefois *en Flandres* : *Pour aller* EN *Flandres* (RACINE, t. VI, p. 543).

4. En termes de marine, avec *pour* signifiant « à destination de », devant *France,* on supprime généralement l'article : *Ce paquebot partira demain pour France* (Ac.).

Hist. — 1. En ancien français, on employait généralement sans article les noms propres de lieux ou de fleuves, aussi bien que les noms propres d'hommes ou de peuples. On pouvait dire encore au XVIe et au XVIIe siècle : *À voir couler sur Marne les bateaus* (RONSARD, t. VI, p. 11). — *Aux bords de Charente*[1] (MALHERBE, t. I, p. 279). — *Presque tous ceux de delà Loire* (VAUGELAS, *Rem.*, p. 405). — *Il est tout à fait de l'intérêt d'Espagne de fortifier ce parti* (LA ROCHEF., t. III, p. 85). — *La puissance d'Autriche* (BOSS., *Le Tellier*).

Il reste des traces de l'ancienne construction dans des noms tels que *Arcis-sur-Aube, Châlons-sur-Marne,* etc.

2. Jusque dans le XVIIIe siècle, et même dans le XIXe, devant un nom féminin singulier de pays lointain, au lieu de *en,* on employait *à la, à l'* : *Allant* À L'*Amérique* (LA F., *F.*, XI, 8). — *À* LA *Chine, les voleurs cruels sont coupés en morceaux* (MONTESQ., *Espr.*, VI, 16). — *Tuer un homme* À LA *Chine* (CHAT., *Génie*, I, 6, 2). — *La céramie des salanganes dont on mange les nids* À LA *Chine* (MICHELET, *La Mer*, II, 11). — [Les salons de Paris] *où le don de « seconde vue » de la beauté vraie n'existe pas plus qu'*À LA *Chine* (BARBEY D'AUREVILLY, *Un Prêtre marié*, t. I, pp. 6-7). — Littré mentionnait encore : *aller* À LA *Chine ;* et il ajoutait : « mais on commence à dire de préférence : EN *Chine.* »

L'article devant le superlatif relatif[2].

319. Devant les adverbes **plus, moins, mieux,** suivis d'un adjectif ou d'un participe, l'article *le* reste invariable et forme avec ces adverbes une locution adverbiale quand il y a comparaison entre les différents degrés d'une qualité, quand un être ou un objet est comparé avec lui-même :

C'est au milieu de ses enfants qu'une mère est LE *plus heureuse* (c.-à-d. heureuse au plus haut degré). — *Les deux sœurs qui se montrèrent* LE *plus attachées à elle* (SAINTE-BEUVE, *Port Roy.*, V, III). — *Mais c'est sur l'Odyssée que ses notes (...) sont* LE *plus abondantes et significatives* (J. LEMAITRE, *Jean Racine*, p. 53). — *D'où vient que ceux-là mêmes qui semblent* LE *moins faits pour écrire des romans soient sollicités par cette forme d'invention littéraire ?* (H. MASSIS, *Réflexions sur l'art du roman*, p. 14.) — *C'est souvent lorsqu'elle est* LE *plus désagréable à entendre qu'une vérité est* LE *plus utile à dire* (A. GIDE, *Journal 1942-1949*, p. 223). — *Le matin, à l'heure où les enfants sont* LE *plus légers* (H. BOSCO, *Le Mas Théotime*, p. 14).

---

1. Comparez : liégeois : *aler bagni a Moûse* (= aller se baigner dans [la] Meuse) ; *toumer è Moûse* (= tomber dans [la] Meuse) ; *dji lî f'reû bate Moûse* (= je lui ferais battre [la] Meuse).

2. Voir à la fin du volume l'arrêté du 26 février 1901 : *Liste*, V, 4.

Dans ce cas, la proposition contient souvent quelque complément marquant la circonstance (temps, lieu, etc.) qui coïncide avec le degré extrême de la qualité considérée.

320. Mais l'article [1] s'accorde avec le nom exprimé ou sous-entendu lorsqu'on fait la comparaison entre des êtres ou des objets différents :

Cette femme est LA *plus heureuse des mères, la mère* LA *plus heureuse* (elle est comparée ici aux autres mères). — *Nous nous croyons bientôt* LES *plus éclairés et* LES *plus habiles quand nous sommes* LES *plus élevés et* LES *plus heureux* (Boss., *R. d'Angl.*). — *Les questions qui paraissent* LES *plus dangereuses se trouvent un jour résolues par les circonstances...* (A. Maurois, *Mes Songes que voici*, p. 217).

Remarques. — 1. Dans certains cas, on peut faire accorder l'article ou le laisser invariable, selon le point de vue où l'on se place : *Les hommes* LE *mieux doués ou* LES *mieux doués* (Littré). — *Les ouvrages qui nous été* LES *plus* (ou LE *plus*) *utiles*.

2. Il est parfois difficile de décider si la comparaison est établie entre les différents degrés d'une qualité ou si elle se fait entre des êtres ou objets différents. Dans la pratique, on peut observer :

a) que l'article varie si l'adjectif peut admettre après lui les mots *de tous, de toutes : Les ouvrages qui nous ont été* LES *plus utiles* (de tous) ;

b) que l'article reste invariable si l'on peut placer après l'adjectif les expressions *le plus possible, le moins possible, le mieux possible,* ou encore les expressions *au plus haut degré, au plus bas degré : Les ouvrages qui nous ont été* LE *plus utiles* (... utiles au plus haut degré).

Les deux cas se trouvent réunis dans la phrase suivante : *Nous sommes dans une époque prodigieuse où les idées* LES *plus accréditées et qui semblaient* LE *plus incontestables se sont vues attaquées, contredites, surprises et dissociées par les faits* (P. Valéry, *Regards...*, dans *Œuvres*, t. II, Pléiade, p. 942).

N. B. — Ces nuances d'ailleurs, que la langue moderne a voulu discerner par souci d'analyser plus exactement la pensée, les écrivains classiques ne les distinguaient pas : *Il est venu surprendre la reine dans le temps que nous la croyions* LA *plus saine, dans le temps qu'elle se trouvait* LA *plus heureuse* (Boss., *Marie-Th. d'Autriche*). Elles ne sont pas toujours observées par les écrivains modernes, et, dans le français parlé, l'usage courant fait varier l'article dans tous les cas : *Il faut aller à Chicago, l'une des villes des États-Unis où l'immigration allemande a été* LA *plus forte* (P. Bour-get, *Au Service de l'ordre*, p. 135). — *C'était naturellement autour du Théâtre-Français que (...) la fermentation était* LA *plus grande* (L. Madelin, *Danton*, p. 69). — *Elle (...) chercha la place d'où l'esquisse était* LA *mieux en lumière* (Maupassant, *Fort comme la*

_____

1. Article, selon les vues de la grammaire traditionnelle. En réalité, comme H. Yvon l'a montré (cf. *Français mod.*, oct. 1949, janv. 1950, oct. 1950, oct. 1957), *le la, les* sont alors des *pronoms* (le plus souvent représentant un nom ; parfois ils sont *nominaux*).

Mort, I, 1). — *C'est dans les periodes les plus troublées et les plus violentes que leur action* [de la parole et de l'écriture] *est* LA *plus puissante* (L. LAVELLE, *La Parole et l'Écriture*, p. 8). — *L'hiver, c'est la saison où les nuits sont* LES *plus longues* (J. GIONO, *La Femme du boulanger*, II, 2). — *Je me caressais la main là où la peau est* LA *plus douce, pour me réveiller* (H. BOSCO, *Malicroix*, p. 126). — *L'influence du curé de campagne sembla avoir été* LA *plus forte vers la fin du XVIII*e *siècle* (LA VARENDE, *La Normandie en fleurs*, p. 67).

321. L'article reste toujours invariable quand *le plus, le moins, le mieux* modifient un verbe, un adverbe ou une locution adverbiale : *Ce sont les raisons que nous avons nous-mêmes trouvées qui nous persuadent* LE *mieux.* — *Ceux mêmes qui s'y étaient* LE *plus divertis eurent peur de n'avoir pas ri dans les règles* (RAC., *Plaid.*, Préf.). — *Ceux qui sont venus* LE *plus souvent. C'est nous qui partons* LE *plus à regret.*

Lorsque l'adverbe modifié par *le plus, le moins, le mieux* modifie lui-même un adjectif ou un participe, l'article varie si la comparaison est établie entre des êtres ou objets différents : *Les Égyptiens et les Chaldéens sont les nations* LES *plus anciennement policées* (LITTRÉ).

Il reste invariable si c'est le degré que l'on a en vue et que la comparaison ne porte que sur ce degré plus ou moins élevé, envisagé dans un seul être ou objet, ou dans un seul ensemble d'êtres ou d'objets : *Les monuments des nations* LE *plus anciennement policées* (LITTRÉ) (c.-à-d. le plus anciennement qu'il est possible).

322. Quand le superlatif précède le nom, un seul article suffit pour l'un et pour l'autre ; s'il est placé après le nom, on doit répéter l'article, qui distingue l'idée superlative de l'idée comparative : LA *plus noble conquête que l'homme ait jamais faite* (BUFFON, *Cheval*). — LE *vers* LE *mieux rempli,* LA *plus noble pensée* (BOIL., *Art p.*, I).

Art. 2. — ARTICLE INDÉFINI

1. — Définition et Emploi général.

323. L'article **indéfini** indique que l'être ou l'objet désigné par le nom est présenté comme un certain être ou un certain objet distinct des autres êtres ou objets particuliers de l'espèce, mais dont l'individualisation reste indéterminée (cf. lat. *quidam*) : UN *agneau se désaltérait Dans le courant d'*UNE *onde pure* (LA F., *F.*, I, 10). — *Soit* UN *triangle ABC dont l'angle A mesure 60 degrés... etc.*

L'article indéfini peut indiquer aussi que l'être ou l'objet désigné par le nom est, soit celui qu'on voudra dans l'espèce à laquelle il appartient (cf. lat. *quivis* ou *quilibet*), — soit l'être ou l'objet représentant d'une façon tout à fait générale l'espèce ; dans ces cas, *un* signifie *n'importe quel* ou *tout :* UN *triangle a trois côtés et trois angles.* — UNE *mère peut-elle haïr son enfant ?* — UN *sonnet sans défaut vaut seul* UN *long poème* (BOIL., *Art p.*, II).

Hist. — L'article indéfini est venu du numéral latin *unus*, qui signifiait *un seul, un en particulier.* Il a pris peu à peu le sens de *un certain*, puis celui de *un quelconque.* L'article indéfini était assez rare en ancien français. C'est au XVIIe siècle seulement que l'emploi en est devenu vraiment régulier. A cette époque même, on l'omettait encore habituellement devant *autre, même, tel, tout*, et dans certaines locutions toutes faites : *Je serais jaloux Qu'autre bras que le mien portât les premiers coups* (CORN., *Pompée*, I, 1). — *C'est crime qu'envers lui se vouloir excuser* (ID., *Hor.*, V, 2). De l'usage d'autrefois nous sont restées certaines locutions : *C'est chose difficile. Quantité de gens. Ne dire mot. Par temps de pluie. En lieu sûr.* Etc.

2. — Formes.

324. L'article indéfini se présente sous les formes suivantes :

Pour le MASCULIN :

au singulier : **un** ; — au pluriel : **des.**

Pour le FÉMININ :

au singulier : **une** ; — au pluriel : **des.**

Hist. — Le pluriel *uns, unes* s'employait parfois, dans la vieille langue, et jusque dans le XVIe siècle, devant des noms n'ayant que la forme du pluriel ou n'ayant pas au pluriel le même sens qu'au singulier, ou encore devant des noms de choses allant ordinairement par paires ou considérées collectivement : *En* UNES *granz plaines* (WACE, *Brut*, 9271). — *Et le pendirent par les bras a* UNES *fourches* (JOINVILLE, § 536). — *Vestu de* UNES *brayes* (ID., § 321). — UNS *cisaux* (*Rom. de Renart*, XIV, 377). — *Une messe,* UNES *matines,* UNES *vespres bien sonneez sont à demy dictes* (RABELAIS, *Garg.*, 40). — Ces formes plurielles (qui se sont maintenues dans *quelques-uns, quelques-unes, les uns, les unes*) ont été remplacées par *des*, qui avait perdu son sens primitif d'article déterminé *(de les)*.

3. — Emplois particuliers.

325. L'article indéfini s'emploie parfois :

1° Avec la valeur des adjectifs indéfinis *certain, quelque : De Rome, pour* UN *temps, Caïus fut les délices* (RAC., *Brit.*, I, 1). — *L'opinion et l'avarice Viennent* UN *temps de m'emporter* (MUSSET, *N. d'Août*).

2° Devant un nom propre, tantôt pour exprimer le mépris, tantôt par emphase, tantôt encore pour faire du nom propre une sorte de nom commun : UN *Pamphile est plein de lui-même* (LA BR., IX, 50). — *Quand* UN *Lyautey arrive au Maroc, il y trouve un pays décomposé* (A. MAUROIS, *Un Art de vivre*, p. 98). — *Quand un pays a eu* DES *Jeanne d'Arc et* DES *Napoléon, il peut être considéré comme un sol miraculeux* (MAUPASSANT, *Sur l'Eau*, p. 181). — [Voltaire] *n'est point de ceux qui créent* DES *Panurge et* DES *Tartufe* (A. BELLESSORT, *Essai sur Voltaire*, p. 238). — *Ce qu'*UN *Napoléon peut laisser de poussière Dans le creux de la main* (HUGO, *Crép.*, II, 5).

L'article indéfini peut avoir une valeur analogue devant un nom commun, qu'il souligne en évoquant vivement les caractères fonciers, typiques, de l'être ou de l'objet nommé : *Il faut venger* UN *père et perdre* UNE *maîtresse* (CORN., *Cid*, I, 6). — *Quoi, Seigneur ! sans l'ouïr* [vous la faites emprisonner] *?* UNE *mère ?* (RAC., *Brit.*, III, 6.) — UN *soldat ne tremble pas.* — *Retourne à ton échoppe :* UN *savetier critiquer mes tableaux !*

3° Avec la valeur de l'article défini devant un superlatif relatif : *C'est* UNE *chose la plus aisée du monde* (MOL., *Av.*, III, 5).

4° Au pluriel, par emphase, devant un nom de nombre, même *un : Les premiers hommes (...) remplissaient* DES *neuf cents ans par leur vie* (BOSSUET, *Yolande de Monterby*). — *Marius rentre à présent à* DES *une heure du matin !* (HUGO, *Les Misér.*, IV, 8, 3.) — *Ces êtres qui ont traversé* DES *deux,* DES *trois,* DES *quatre formes d'existence* (P. BOURGET, *Cosmopolis*, p. 11). — *Il y a des endroits où vous avez jusqu'à* DES *un mètre, un mètre cinquante d'eau* (J. ROMAINS, *Les Hommes de bonne vol.*, t. VII, p. 164).

5° Familièrement, par emphase, dans des phrases exclamatives où il y a ellipse d'un adjectif comme « étonnant, extraordinaire » : *Vous nous avez dit ce rôle (...) avec* UNE *finesse,* UNE *grâce,* UNE *émotion !* (J. LEMAITRE, *Révoltée*, II, 1.)

ARTICLE PARTITIF

1. — Définition et Sens.

326. L'article **partitif** n'est autre chose, pour le sens, qu'un article indéfini placé devant le nom des objets qui ne peuvent se compter, pour indiquer que l'on ne considère qu'une partie de l'espèce désignée par le nom ; c'est essentiellement la préposition *de* détournée de sa fonction habituelle, qui est de marquer un rapport : *J'ai bu* DU *vin,* DE LA *bière,* DE L'*eau. Manger* DES *confitures.*

Dans les phrases : « *Buvez* DE *notre vin. Donnez-moi* DE *la liqueur de votre cave et non* DE *celle du voisin* », *de* garde sa valeur pleine de préposition et marque un rapport. — Mais dans « *Buvez* DU *vin,* DE LA *bière ;* DE L'*eau nous suffira* », *de* ne marque plus aucun rapport : il forme l'article partitif. — On reconnaît que *de* garde sa valeur pleine de préposition quand le nom est pris dans un sens particulier et que l'article, libre ou inclus dans la forme contractée, marque une détermination spéciale. Au contraire, *de* forme l'article partitif quand le nom est pris dans un sens général.

2. — Formes.

327. L'article partitif est formé de la préposition *de,* pure ou combinée avec l'article défini ; il a les formes suivantes :

Pour le MASCULIN :

au singulier : **du, de l' ;** — au pluriel : **des (de).**

Pour le FÉMININ :

au singulier : **de la, de l' ;** — au pluriel : **des (de).**

Remarques. — 1. On observera qu'au point de vue de la signification, *des* n'est presque jamais un véritable article partitif, mais doit être regardé, à peu près dans tous les cas, comme le pluriel de l'indéfini *un* ou comme la combinaison de la préposition *de* et de l'article défini. Le vrai singulier de *j'ai mangé* DES *pommes* est *j'ai mangé* UNE *pomme* (et non *de la pomme*)[1]. — Néanmoins, dans ce qui suivra, nous joindrons *des* (pluriel de *un*) aux partitifs *du, de la, de l', de*. Il n'y a pas d'inconvénient à le faire, puisque l'article partitif n'est, pour le sens, qu'un article indéfini, tout comme *un, des*.

2. De l'article partitif, qui se place devant des sujets ou des objets directs, il faut distinguer les formes semblables *du, de la, de l', de, des*, introduisant des compléments déterminatifs, des objets indirects ou des compléments circonstanciels, comme dans les exemples suivants : *La paix* DU *cœur, avoir pitié* DE L'*orphelin, parler* DE LA *guerre, tomber* DES *nues, un tableau* DE *Rubens.* Dans ces cas, l'analyse grammaticale doit indiquer séparément la fonction de l'article défini et celle de la préposition, qui exprime un rapport.

3. — Emploi.

328. L'article partitif s'emploie devant des noms de choses qui ne se comptent pas, pour marquer une quantité indéterminée : *Boire* DE LA *bière. Verser* DE L'*huile sur le feu. Vendre* DU *drap. Montrer* DU *courage. Manger* DES *épinards.*

---

1. « L'article partitif n'a pas de pluriel. Pour un Français, « DES croissants, DES radis », est le pluriel de « UN croissant, UN radis ». Il n'existe de forme plurielle de l'article partitif que dans un cas particulier, quand un nom susceptible d'être précédé de cet article n'a pas de singulier. Pour les personnes qui disent : « faire les confitures », « prenez DES confitures » (*de la* confiture) offre un « *des* » partitif. » (BRUNOT et BRUNEAU, *Précis de Gr. hist. de la langue franç.*, 4ᵉ éd., § 316.)

Remarque. — Les noms de choses qui se comptent sont parfois détournés de leur signification naturelle et employés, par figure, comme les noms de choses qui ne se comptent pas : ils peuvent alors prendre l'article partitif : *Manger* DU *cheval* (de la viande de cheval). — *Dans tout ancien professeur de philosophie, il y a* DE L'*apôtre* (P. BOURGET, *Le Tribun*, p. 32). — *Il y a du gibier authentique en Provence,* DU *lièvre,* DU *lapin,* DU *perdreau* (G. CLE- MENCEAU, *Le Grand Pan*, p. 64).

Hist. — La vieille langue disait, par exemple : *mangier pain* ou *mangier de pain.* Nous retrouvons cette dernière construction dans *assez de, beaucoup de, trop de, il n'y a pas de, point de, plus de, un morceau de,* etc.

L'ancienne langue employait aussi le tour *mangier del pain*, mais en donnant à *del* une valeur démonstrative et en lui faisant marquer une quantité indéterminée d'un pain déterminé : *Mes j'ai* DEL *pain avec moi aporté* [il s'agit du pain bénit dont il a été question quelques vers plus haut] (*Aliscans*, 819ᵉ). — *Perdre* DEL *sanc et* DE LA *char* (*Rol.*, 1119). — Mais à partir du XIIIᵉ siècle, dans les tours *del pain, de l'argent, des pois*, etc., l'article défini a pris peu à peu la valeur indéterminée et l'usage s'est progressivement établi de l'article partitif au sens qu'il a dans la langue moderne. — Cet usage cependant est resté indécis jusqu'à la fin du XVIᵉ siècle. Au XVIIᵉ siècle et même au XVIIIᵉ, on omettait parfois encore l'article partitif : *Je voulais gagner temps* (CORN., *Pol.*, V, 2). — *Ce sont là jeux de prince* (LA F., *F.*, IV, 4). — *Qu'importe à gens de cette étoffe ?* (BEAUMARCH., *Mar. de Fig.*, III, 4.)

329. Le nom complément de l'adverbe de quantité *bien* doit être précédé de *du, de la, de l', des* : *Bien* DU *monde, bien* DE LA *peine, bien* DES *gens.* — Toutefois *bien* demande simplement *de* dans la locution *bien d'autres* : *Il en est venu bien* D'*autres* (AC.). — *J'ai vu sous le soleil tomber bien* D'*autres choses* (MUSSET, *Souvenir*). — *Bien* D'*autres apparitions sombres ont hanté les premières années de ma vie* (P. LOTI, *Le Rom. d'un enfant*, XVIII).

N. B. — 1. Littré fait observer qu'avec *bien* on met simplement *de* si le nom complément est précédé d'un adjectif : *Cette contrée renferme bien* DE *fertiles prairies.* Cette observation est démentie par l'usage : *On dit que vous avez fait bien* DES *mauvais livres* (J.-J. ROUSS., À *Mme de Boufflers*, 30 oct. 1762). — *Bien* DES *tendres amitiés à François* (STENDHAL, *Corresp.*, t. IV, p. 126). — *Nous avons vu à Port-Royal bien* DES *grands pénitents* (SAINTE-BEUVE, *Port-Roy.*, IV, VI). — *Bien* DES *jolies têtes* (Th. GAUTIER, *Militona*, III). — *Bien* DES *pauvres mouches mutilées* (MUSSET, *Fantasio*, I, 1). — *J'ai pris bien* DES *petits verres* (FLAUB., *Corr.*, t. II, p. 106). — *Bien* DES *petites choses* (A. DAUDET, *L'Évangéliste*, p. 35). — *Bien* DES *petits faits* (P. CLAUDEL, *Figures et Paraboles*, p. 57). — *Bien* DES *petits services* (M. PROUST, *Sodome et Go- morrhe*, II, 2, p. 151). — *Bien* DES *menus faits* (O. MIRBEAU, *Dingo*, VII). — *Bien* DES *petits groupes fraternels* (Fr. AMBRIÈRE, *Les Grandes Vacances*, p. 274). — *Bien* DES *petits détails* (P. MAC ORLAN, *L'Ancre de miséricorde*, p. 186.)

2. Avec les adverbes de quantité *assez, beaucoup, combien, moins, pas mal, peu, plus, que, trop*, le nom complément s'introduit par le simple *de* : *Assez* DE *bruit, beaucoup* DE *fautes.* — Mais si ce nom est déterminé par un complément ou par une proposition relative ou, plus généralement, si l'on exprime vraiment l'idée partitive, il demande *du, de la, de l', des* : *Nous considérons beaucoup* DES *pensées de Valéry moins comme engageant leur auteur (…) que comme symptôme d'un certain esprit pu-*

blic (J. BENDA, *La France byzantine*, p. 233). — *Trop* DU *vin que vous m'avez envoyé est éventé*. — *Il me reste peu* DE LA *laine que vous m'avez fournie*. — *Quand cette amitié commença, beaucoup* DES « *Maximes* » *de La Rochefoucauld étaient déjà écrites* (A. MAUROIS, *Cinq Visages de l'amour*, p. 28). — *Beaucoup* DES *auditeurs étaient cyniques et aigres* (ID., *Chantiers américains*, p. 58). — *Elle constata (...) que beaucoup* DES *boutons manquaient* (J. GREEN, *Minuit*, p. 225).

330. Quand le nom est précédé d'un adjectif, au lieu de *du, de la, de l', des*, on emploie, selon la syntaxe rigide, le simple *de* [1] servant d'article partitif ou indéfini :

Manger DE *bonne viande* (AC.). — *J'ai* DE *bon tabac* (ID.). — *Pour boire* DE *bon vin, assis près d'un bon feu* (HUGO, *Châtiments*, I, 8, 3). — DE *jolies maisons blanches qu'entourent des bosquets* (VIGNY, *Cinq-Mars*, I). -- *Il partit en campagne avec* DE *grandes espérances* (A. FRANCE, *Le Génie latin*, p. 255). — *Je buvais* DE *bonne bière* (P. BENOIT, *Axelle*, p. 63). — *J'ai le plus grand plaisir, dit-il, à jouer* DE *bonne musique* (G. DUHAMEL, *La Musique consolatrice*, p. 82). — *Cela fait* DE *bonne viande de boucherie* (VERCORS, *Les Armes de la nuit*, p. 102). — *Nous enragions de voir* DE *si bonne poudre se perdre en de longs feux* (J. GIONO, *Le Moulin de Pologne*, p. 113). — *C'est* DE *bon bois* (Th. MAULNIER, *Jeanne et les juges*, 9). — *Je savoure au café Florian* D'*excellent café glacé à la crème* (É. HENRIOT, *Promenades italiennes*, p. 47).

Cependant on met *du, de la, de l', des*, devant les noms composés et les groupes de mots où l'adjectif fait corps avec le nom :

DES *grands-pères.* DES *jeunes gens.* DU *bon sens.* DE LA *bonne volonté.* — DES *honnêtes gens* (H. BECQUE, *Les Corbeaux*, I, 1). — *Donnez-moi* DES *petits pois* (LITTRÉ, s.v. *pois*). — *Dire* DES *bons mots* (AC., s.v. *mot*).

On emploie aussi les formes pleines *du, de la, de l', des*, devant l'adjectif quand le nom est suivi d'un complément déterminatif, ou encore quand on veut insister sur la qualité exprimée par l'adjectif : *J'ai bu* DU *bon vin que vous m'avez envoyé. Servez-nous* DE L'*excellent potage dont votre cuisinier a le secret. Ce marchand vend* DE LA *bonne et* DE LA *mauvaise toile : sachez choisir.*

Remarques. — 1. Dans l'usage ordinaire d'aujourd'hui :

a) Au singulier, *de bon pain, de bonne soupe* s'écrivent parfois encore, mais sont inusités dans la langue parlée ; les tours vraiment normaux sont : *du bon pain, de la bonne soupe : C'était* DE LA *bonne terre* (H. BORDEAUX, *Le Remorqueur*, XIX). — *Faire* DE LA *bonne besogne, de bonne besogne* (AC.). — DE LA *bonne encre et* DU *bon papier* (A. GIDE, *Journal 1942-1949*, p. 318). — *Tout le monde, dans la ville, savait que le père Rondet l'épicier avait* DU *bon café et* DE LA *bonne eau-de-vie* (Ch.-L. PHILIPPE,

---

1. Voir à la fin du volume l'arrêté du 26 février 1901 : *Liste*, V, 3.

Le Père Perdrix, p. 111). — DE LA *très belle musique* (F. GREGH, *L'Âge de fer*, p. 126).

b) Au pluriel, *de bons fruits* est le tour habituel dans la langue écrite ; il s'entend couramment chez les gens qui ont un langage soigné ; mais *des bons fruits* prévaut dans la langue parlée et se répand dans la langue écrite : DES *vieilles chansons* (NERVAL, *Les Filles du Feu*, Sylvie, XI). — DES *petits moblots alertes* (MAUPASSANT, *Boule de suif*, p. 7). — DES *petits rires muets* (A. DAUDET, *Tart. sur les Alpes*, p. 38). — DES *mauvaises gens* (M. BARRÈS, *La Colline inspirée*, p. 174). — DES *petits trous* (P. LOTI, *Aziyadé*, p. 5). — *J'ai reçu* DES *belles fleurs* (M. DONNAY, *L'Autre Danger*, II, 5). — DES *petits tas* (P. VIALAR, *La Grande Meute*, I, 11). — DES *petits yeux* (J. ROMAINS, *Les Copains*, p. 41). — DES *petits pains au « yucca »* (A. MAUROIS, *Les Roses de septembre*, p. 159). — DES *joyeux transports* (AC., s. v. *joyeux*).

N. B. — Dans des expressions telles que *jeunes gens, faux pas,* etc., la langue littéraire, au lieu de considérer l'adjectif comme faisant corps avec le nom, le considère comme bien distinct du nom, et partant le fait précéder, non de l'article partitif complet, mais du simple *de :* DE *grands seigneurs* ou *des grands seigneurs* (LITTRÉ). — DE *faux pas* ou *des faux pas* (ID.). — DE *jeunes gens* ou *des jeunes gens* (ID.). — *Dire* DE *bons mots* (AC., s. v. *de*). — DE *nouveaux venus* (ALAIN-FOURNIER, *Le Grand Meaulnes*, p. 266). — DE *petits enfants* (A. SAMAIN, *Le Chariot d'or*, Matin sur le port). — DE *petits garçons* (J. MALÈGUE, *Augustin*, t. I, p. 242). — *Une nation capable de produire* DE *grands hommes* (G. DUHAMEL, *Tribulations de l'espérance*, p. 52).

2. Quand le nom est représenté par *en*, s'il s'agit d'exprimer l'idée partitive, l'usage classique est de mettre devant l'adjectif le simple *de :*

Du vin, j'en ai DE *bon.* — *J'entre en des sentiments qui ne sont pas croyables : J'en ai* DE *violents, j'en ai* DE *pitoyables* (CORN., *Pol.*, III, 5). — *Les terres de ce petit royaume n'étaient pas de même nature : il y en avait* D'*arides et* DE *montagneuses* (MONTESQ., *L. pers.*, 11). — *C'est une bibliothèque de marbres. Il y en a* DE *blancs* (...), DE *roses* (...), DE *bruns...* (H. TAINE, *Voy. aux Pyrén.*, p. 268). — *Mon père acheta des chrysanthèmes ; il y en avait* DE *neigeux,* DE *lie-de-vin,* D'*orangés* (E. JALOUX, *Le Reste est silence*, II).

Mais on peut aussi mettre la forme pleine de l'article : *Ce serait encore de la rhétorique, mais j'ose dire que c'en serait encore* DE LA *bonne et* DE L'*excellente* (F. BRUNETIÈRE, *Essais sur la Litt. contemp.*, p. 296). — *Il y en avait* [des chiens] *de toutes les formes, de toutes les origines,* DES *grands et* DES *petits,* DES *blancs et* DES *noirs,* DES *rouges,* DES *fauves,* DES *bleus,* DES *gris* (O. MIRBEAU, *Dingo*, III). — *Des petits carrés de lumière s'allumaient. Il y en avait* DES *blancs,* DES *jaunes et* DES *rouges* (J. SARMENT, *Jean Jacques de Nantes*, p. 281).

3. *Faire du cas de...* est suspect d'incorrection[1] ; on dit, sans article partitif : *faire cas de... : Volontiers on fait cas d'une terre étrangère* (LA F., F., X, 2). — *Il me suffit de voir que d'autres en font cas* (MOL., *Mis.*, I, 2). — *Une dame qui ne fait point cas de vous* (MARIVAUX, *La Méprise*, 12). — *Faire grand cas d'un homme* (AC.). — *Gide fait cas de lui* (J. de LACRETELLE, *Le Pour et le Contre*, t. II, p. 229).

---

1. On le trouve chez Thérive (cf. O. ENGLEBERT et A. THÉRIVE, *Ne dites pas... Dites...*, p. 59).

Cependant on dit : *faire assez* DE *cas de, beaucoup* DE *cas de*[1], *peu* DE *cas de, trop* DE *cas de, trop peu* DE *cas de, suffisamment* DE *cas de, moins* DE *cas de*[2], *plus* DE *cas de, tant* DE *cas de...* : *Et de sa propre gloire il fait trop peu* DE *cas* (CORN., *Hor.*, V, 1). — *À Dieu ne plaise que je fasse peu* DE *cas de vos peines* (BOSS., *À Mme Cornuau*, dans Littré). — *Les Romains faisaient tant* DE *cas de la vie d'un grand comédien, et si peu de la vie d'un esclave !* (DIDEROT, *Paradoxe sur le comédien*.) — *Ce qui m'étonne, c'est qu'on fasse plus* DE *cas d'un bon écrivain que d'un bon serrurier ou d'un bon cordonnier* (M. JOUHANDEAU, *Essai sur moi-même*, p. 164).

4. Le pluriel de *un autre* (adjectif ou pronom) est toujours *d'autres* : *Tu en aimes* D'*autres, avoue-le* (FLAUBERT, *Mme Bov.*, III, VIII). — *Les étendues monotones réservées à* D'*autres rêves* (J. et J. THARAUD, *Marrakech*, p. 2). — *Pourquoi faut-il que j'apprenne de tes nouvelles par* D'*autres que par toi !* (MONTESQ., *L. pers.*, 51.) — *Hochedé ne rejette pas la défaite sur* D'*autres que lui* (SAINT-EXUPÉRY, *Pilote de guerre*, p. 210).

Pour l'omission de *de* partitif dans *Il n'est si bon cheval qui ne bronche*, voyez § 876, 1°, note.

Hist. — Avant le XVIIe siècle, on employait indifféremment la forme pleine ou la forme réduite de l'article partitif (ou indéfini) quand un adjectif précédait le nom. La règle « d'excellents hommes, des hommes excellents », formulée par Maupas, a été consacrée par Vaugelas (*Rem.*, pp. 330-331). — Cependant l'usage est resté flottant au XVIIe siècle : DES *petits poissons* (LA F., *F.*, VIII, 8). — DES *indignes fils* (RAC., *Mithr.*, I, 3). — DU *haut style* (MOL., *Préc.*, 4). — DE *jeunes gens* (FÉNEL., *Dial.*, 53). — DE *bons mots* (MOL., *Mis.*, II, 5).

L'ARTICLE PARTITIF ET LA NÉGATION

331. Devant un nom objet direct ou sujet « réel » dans les phrases négatives, on emploie le simple *de* servant d'article partitif ou indéfini, si la négation est *absolue*, c'est-à-dire si le nom peut être précédé de « aucun » ou de « aucune quantité de » : *Il ne fait pas* DE *fautes. Il n'y a plus* DE *vin. N'avez-vous pas* D'*amis ?* — *Vous ne m'avez jamais fait* DE *peine* (M. PROUST, *Du côté de chez Swann*, I, p. 210). — *Ne faites-vous jamais* DE *projets d'avenir, mon enfant ?* (J. GREEN, *Mont-Cinère*, XXVII.) — *Ils eussent voulu battre l'omelette sans casser* D'*œufs* (R. ROLLAND, *Jean-Christophe*, t. IX, p. 67).

Hist. — Dans la négation renforcée *ne pas, ne point*, les mots *pas* et *point* sont, à l'origine, des noms (voir § 875, *Hist.*) et, comme tels, prennent un complément déterminatif introduit par la préposition *de*. De même qu'on dit *une quantité* DE *fautes*,

---

1. Puisqu'on dit bien *faire beaucoup* DE *cas de*, on est fondé à dire : *faire bien* DU *cas de*.

2. On lit pourtant chez GIDE (*Journal 1942-1949*, p. 152) : *Succès, honneurs, acclamations, j'en fais moins cas que de la moindre parcelle de vraie gloire*.

un sac D'*argent*, on dit aussi *il ne fait* [un] *pas* DE *fautes, il n'a* [un] *point* D'*argent.* C'est l'analogie qui a amené l'emploi de la préposition *de* avec d'autres mots négatifs : *jamais, plus, sans.*

332. Mais on emploie *du, de la, de l', des*, si la négation *n'est pas absolue :* dans ce cas, la négation ne porte pas sur le nom, et la phrase, malgré le tour négatif, implique, quant au nom, une idée affirmative : *Je n'ai pas* DE L'*argent pour le gaspiller* (= J'ai de l'argent, mais non pour le gaspiller). — *Je ne prendrai point* DE LA *peine pour rien* (MONTESQ., *L. pers.*, 11). — *On n'y voyait presque jamais* DES *barques de pêche* (P. BENOIT, *Axelle*, p. 10). — *Je n'ai pas amassé* DES *millions pour envoyer mon unique héritier se faire casser la tête en Afrique !* (É. AUGIER, *Les Effrontés*, I, 2.)

Remarques. — 1. En général, quand le nom est suivi de *que* signifiant *si ce n'est*, on emploie simplement *de : Je n'ai* DE *volonté que la tienne* (AC.).

2. Après *être* négatif, on dit toujours *du, de la, de l', des : Ce ne sont pas* DES *amis. Ce n'est pas* DU *vin, ni* DE L'*eau.* — *Ce n'est pas seulement* DE L'*argent qu'il faut savoir donner* (O. MIRBEAU, *Les Mauvais Bergers*, II, 4).

3. Il faut, dans certains cas, considérer la nuance de style ou de sens, pour distinguer si l'on a la négation absolue ou la négation relative : *Il n'a* D'*argent que pour ses plaisirs* (négation absolue) = il n'a pas d'argent, excepté pour ses plaisirs. — *Il n'a* DE L'*argent que pour ses plaisirs* (négation relative) = il a de l'argent, mais seulement pour ses plaisirs. — *Il parle sans faire* DE *fautes* (nég. abs.). — *Il ne peut parler sans faire* DES *fautes* (nég. rel.). — Ces distinctions sont subtiles : aussi la langue courante les néglige et tend à employer l'article partitif complet dans tous les cas.

4. Quand l'objet direct est intimement uni au verbe pour former avec lui une sorte de locution verbale, comme dans *avoir faim, avoir honte, chercher querelle*, etc., le tour négatif n'amène pas l'emploi de la préposition *de : Il n'a pas faim.* — *N'avez-vous pas honte !* (MONTHERLANT, *Le Maître de Santiago*, II, 2) ; — sauf quelquefois en poésie, quand on veut marquer une nuance particulière : *N'avez-vous pas* DE *honte ?* (HUGO, *Hernani*, II, 2.)

§ 3. — RÉPÉTITION DE L'ARTICLE

333. *a)* Lorsque l'article est employé devant le premier nom d'une série, il doit l'être aussi devant chacun des autres : LE *courage*, LA *patience et* LA *prudence sont nécessaires dans* LES *difficultés et* LES *traverses de la vie.* — *Il sonna la charge, Fut* LE *trompette et* LE *héros* (LA F., *F.*, II, 9). — *Il boit* DE LA *bière et* DE L'*eau.*

b) L'article ne se répète pas quand le second nom est l'explication du premier, ou qu'il désigne le même être ou objet, ou encore, quand l'ensemble des noms forme un tout étroitement uni dans la pensée : *L'onagre ou âne sauvage.* UN *collègue et ami de mon père.* LES *arts et métiers.* LES *officiers, sous-officiers et soldats.*

Parfois l'article pluriel devant une série de noms (dont le premier peut être au singulier) s'applique à la pluralité des éléments constitutifs de la série (mais cette tournure appartient surtout au style commercial ou administratif : *Et il y a aussi* LES *père et mère du curé d'Abrecave* (Fr. JAMMES, *M. le Curé d'Ozeron,* p. 90). — LES *4 et 5 novembre.* — LES *bourgmestre et échevins.* — *Vous êtes prié d'assister* AUX *convoi, service et enterrement...* (AC., s. v. *service).* — *L'acte de décès contiendra* LES *prénoms, nom, âge, profession et domicile de la personne décédée* (*Code civ.,* art. 79).

Hist. — Dans l'ancienne langue, quand plusieurs noms étaient coordonnés, souvent l'article ne se mettait que devant le premier, avec lequel il s'accordait : LE *prix et hauteur de la vraye vertu est en* LA *facilité, utilité et plaisir de son exercice* (MONTAIGNE, I, 26 ; p. 196).
De l'usage d'autrefois il nous reste certaines expressions toutes faites : *Les eaux et forêts, les allées et venues, les voies et moyens, les us et coutumes, être au lieu et place de quelqu'un, les parents, amis et connaissances,* etc. — Mais des phrases comme les suivantes ont un cachet archaïque : *Ces « Éléments » d'Arnauld* [Éléments de Géométrie] *ont eu* UNE *longue utilité et célébrité* (SAINTE-BEUVE, *Port-Roy.,* IV, 111). — *Elle* [la discipline de la foi chrétienne] *implique (...)* UNE *prodigieuse accélération et élargissement de notre pulsation vitale* (P. CLAUDEL, *Seigneur, apprenez-nous à prier,* p. 64). — *Dans le mal, la logique touche à* LA *méchanceté et lâcheté suprêmes* (A. SUARÈS, *Vues sur l'Europe,* p. 138). — *Il y a* UNE *fierté et assurance du paysan* (ALAIN, *Propos,* éd. Pléiade, p. 208). — *À* LA *grande surprise et colère de Fontane, Dolorès se dirigea résolument vers la longue voiture américaine de Castillo* (A. MAUROIS, *Les Roses de septembre,* p. 140).

334. *a)* L'article se répète devant deux adjectifs unis par *et* ou par *ou,* lorsque ces adjectifs qualifient plusieurs êtres ou objets qui, quoique désignés par un seul nom, sont rangés dans des classes distinctes et en particulier lorsque les adjectifs expriment des qualités inconciliables [1] :

Il y a donc UN *bon et* UN *mauvais goût* (LA BR., I, 10). — *Il y a* UNE *bonne et* UNE *mauvaise honte* (AC.). — LES *bons et* LES *mauvais anges* (CHATEAUBR., Mém.,* II, 7, 2). — *Il définit* LA *vraie et* LA *fausse dévotion* (SAINTE-BEUVE, *Port Roy.,* III, XVI). — *Dans* LA *bonne et* LA *mauvaise fortune* (H. BORDEAUX, *Le Remorqueur,* XII). — AU *douzième et* AU *treizième siècle de notre ère* (A. MAUROIS, *Cinq Visages de l'amour,* p. 8). — *L'histoire ancienne ou* LA *moderne* (... *ou* L'*histoire moderne :* voir Rem. 3). — *Entre* LES *lignes allemandes et* LES *françaises* (J. ROMAINS, *Les Hommes de b. vol.,* t. XV, p. 83). — *Quand* LE *bon et* LE *mauvais parti étaient si difficilement discernables* (Th. MAULNIER, *Jeanne et les juges,* 4). — *Entre* LE *quinzième et* LE *dix-septième siècle* (J. COCTEAU, *Maalesh,* p. 187).

---

1. Voir à la fin du volume l'arrêté du 26 février 1901 : *Liste,* V, 2.

Remarquez que, dans des expressions telles que *un bon et un mauvais goût*, le nom, conformément à la logique formelle, se met au singulier. Cependant plus d'un écrivain, considérant dans ces expressions l'idée de conjonction qu'elles impliquent, met le pluriel : *Un grand et un petit* LITS (Fr. JAMMES, *M. le Curé d'Ozeron*, p. 102). — *Le dialogue du XVII*e *et du XVIII*e SIÈCLES (A. THIBAUDET, *Hist. de la Litt. fr.*, p. 30). — *Entre la Vingt-troisième et la Vingt-quatrième* RUES (P. MORAND, *New-York*, p. 101). — *Le roman se termine par une cinquième et une sixième* PARTIES (A. MAUROIS, *Cinq Visages de l'amour*, p. 80). — *Pendant le troisième et le quatrième* ACTES (ID., *Les Mondes imaginaires*, p. 240). — *Le neuvième et le dixième* ARRONDISSEMENTS (ARAGON, *Le Paysan de Paris*, p. 167). — *La première et la dernière* PHRASES (J. COCTEAU, *Maalesh*, p. 84). — *Un remaniement complet du troisième et du sixième* TABLEAUX (A. BILLY, *Madame*, p. 71). — *Au XV*e *et au XVI*e SIÈCLES (LITTRÉ, *s. v. savoir*, 1, Étym.). — *Au XVII*e *et au XVIII*e SIÈCLES (E. JALOUX, *Visages français*, p. 119). — *Au quatorzième et au quinzième* SIÈCLES (P. GAXOTTE, *Hist. des Français*, t. I, p. 447). — *Au XIV*e *et au XV*e SIÈCLES (A. THÉRIVE, *Libre Hist. de la langue franç.*, p. 102). — *Au XVII*e *et au XVIII*e SIÈCLES (AC., s. v. *sarabande*). (Voir §§ 458, B, Rem. 2 et 460, A, 2°, *Rem.* : cas analogues : *l'un et l'autre* CHALETS, *tel et tel* DÉTAILS.)

Remarquez en outre que si les adjectifs coordonnés sont des ordinaux, au lieu du tour *le XVII*e *et le XVIII*e *siècle*, on a parfois le tour *les XVII*e *et XVIII*e *siècles*, avec le nom au pluriel et un seul article (voir § 372) : *La Normandie des XI*e *et XII*e *siècles* (É. HERRIOT, *Dans la Forêt normande*, p. 25). — A noter qu'on peut dire aussi : *le XVII*e *siècle et le XVII*e, et rarement : *le XVII*e *et XVIII*e *siècle*.

b) Mais l'article ne se répète pas si les deux adjectifs qualifient, soit un seul être ou objet, soit plusieurs êtres ou objets que l'esprit range dans une même classe ou dans un seul ensemble :

UN *pitoyable et insupportable raisonnement* (Boss., *États d'or.*, IX, 2). — LES *menteurs et traîtres appas* (LA F., *F.*, IX, 2). — *Jusqu'à* LA *troisième et quatrième génération* (CHAT., *Mém.*, I, 10, 10) — *C'est le fils de* LA *charmante et triste Octavie* (A. BELLESSORT, *Virgile*, p. 244). — *Tout leur était bon*, LES *petits et gros profits* (LA VARENDE, *Les Belles Esclaves*, p. 216).

Remarques. — 1. Dans ce dernier cas, l'article est quelquefois répété : LA *douce et* L'*innocente proie* (LA F., *F.*, VII, 1). — L'*utile et* LA *louable pratique* (LA BR., VII, 18). — *C'est* UN *bon et* UN *honnête homme* (SÉV., t. VII, p. 469). — *J'étais* UN *honnête et* UN *bon mari* (DANIEL-ROPS, *La Maladie des sentiments*, p. 156). — *Pierre de Boisdeffre a tort de traiter* LA *pure et* LA *naïve Marie Noël de « fausse innocente »* (É. HENRIOT, dans le *Monde*, 11 fév. 1959). — Mais ces exemples ne sont pas à imiter, parce que généralement la répétition de l'article semble indiquer que l'on parle de deux êtres ou objets différents ou de classes différentes [1].

_____

1. Selon Littré (s. v. *de*, Rem. 8), il est loisible de prendre l'une ou l'autre des deux tournures : *Je me suis entretenu avec de bons et de sages personnages, ... avec de bons et sages personnages*. Mais, dans l'usage actuel, c'est la seconde tournure qui est normale.

2. Quand les deux adjectifs ne sont pas unis par *et* ou par *ou*, on doit répéter l'article : LA *grande,* LA *belle ville de Paris.* LE *grand,* LE *sublime Corneille.*

3. Si les adjectifs coordonnés sont placés après le nom, on peut avoir les tours suivants : 1⁰ LA *langue latine et* LA *langue grecque ;* — 2⁰ LA *langue latine et grecque ;* — 3⁰ LA *langue latine et* LA *grecque* [1] ; — 4⁰ LES *langues latine et grecque* [2] ; — en répétant l'article, on marque avec une netteté particulière qu'il s'agit d'êtres ou d'objets qu'on range dans des classes distinctes :

a) LE *chat domestique et* LE *chat sauvage* (AC., s. v. *domestique*). — *Il y a de grandes différences entre* LES *usages antiques et* LES *usages modernes* (ID., s. v. *antique*). — LA *poésie dramatique et* LA *poésie lyrique peuvent tout aussi bien souffrir d'une certaine érudition* (G. DUHAMEL, *Paul Claudel* suivi de *Propos critiques,* p. 126).

b) [Le sujet] *met à ma disposition* L'*antiquité profane et sacrée* (CHATEAUBR., *Mart.,* Préf.). — *Les principes de* LA *littérature ancienne et moderne* (ID., *Mém.,* II, 7, 4). — L'*antiquité grecque et latine* (RENAN, *L'Avenir de la science,* p. 204). — *L'antiquité grecque et romaine* (J. et J. THARAUD, *Notre cher Péguy,* t. I, p. 31). — LA *syntaxe latine et française* (A. MAUROIS, *Disc. de récept. à l'Ac. fr.*). — LA *jurisprudence ancienne et moderne* (LITTRÉ, s. v. *ancien*).

c) La pierre de touche pour juger si un esprit appartient à LA *civilisation française ou* L'*allemande* (M. BARRÈS, *Les Maîtres,* p. 268). — *Je ne considère ni* LA *République romaine, ni* LA *batave, ni* L'*helvétique, mais seulement* LA *française* (A. FRANCE, *L'Orme du Mail,* p. 271). — *On dit aussi bien « L'histoire ancienne et moderne » que « L'histoire ancienne et* LA *moderne »* (AC., s. v. *le,* art.).

d) LES *langues anglaise, portugaise, espagnole* (CHATEAUBR., *Mém.,* I, 7, 11). — LES *races bovine et chevaline* (BALZAC, *Le Curé de village,* p. 277). — LES *littératures grecque et latine* (RENAN, *L'Avenir de la science,* p. 204). — *Pour connaître les littératures anglaise et germanique* (G. DUHAMEL, *Défense des Lettres,* p. 89). — LES *polices espagnole et italienne* (G. BERNANOS, *Les Grands Cimetières sous la lune,* p. 106). — LES *statuaires grecque et chinoise* (A. MALRAUX, *Les Voix du silence,* p. 412).

N. B. — Il faut observer, à propos du tour « la langue latine et grecque », que l'omission de l'article devant le second élément peut, dans certains cas, nuire à la clarté de l'expression : *Dans cette bibliothèque, la littérature romanesque et policière manque* (une seule littérature, avec double caractérisation ? — ou bien : deux littératures distinctes, l'une romanesque, l'autre policière ?) ; dans de telles phrases, la répétition de l'article (et du nom, facultativement) dissiperait l'équivoque.

Hist. — Vaugelas (*Rem.,* pp. 493-494) condamnait les tours : *Il sçait la langue Latine et Grecque* et *Il sçait les langues Latine et Grecque ;* il fallait dire, selon lui, en

---

1. Façon de dire un peu vieillie, semble-t-il. — A observer que, dans ce tour, on ne peut avoir en coordination une locution jouant le rôle d'adjectif. Des expressions telles que *des cartes postales illustrées en couleur et des en noir ; la boîte en fer et la en bois ; les enfants qui rient et les qui pleurent* sont de la langue enfantine ou populaire. — Toutefois on dit bien : *Une boîte en fer et une en bois ; un enfant qui rit et un qui pleure :* le mot *un(e)* coordonné est alors pronominal.

2. Pour F. Brunot (*La Pens. et la L.,* p. 166), ce tour « n'est pas usuel » : opinion **sujette à caution.**

répétant l'article : *Il sçait la langue Latine et la langue Grecque* ou : *Il sçait la langue Latine et la Grecque.*

335. Dans une série de superlatifs relatifs se rapportant à un même nom, on doit répéter l'article devant chaque superlatif : *Je m'en vais vous mander la chose* LA *plus étonnante,* LA *plus surprenante,* LA *plus merveilleuse,* etc. (Sév., t. II, p. 25). — *Il paraît difficile Au regard* LE *plus dur et* LE *plus immobile De soutenir le sien* (Musset, *Le Saule,* I).

Hist. — C'est au XVIIᵉ siècle que l'expression complète du superlatif *le plus, la plus,* etc. devant chacun des adjectifs coordonnés est devenue obligatoire. Vaugelas (*Rem.,* p. *479) admettait cependant l'ellipse de l'article avec les adjectifs synonymes et « approchants » mais, même dans ce cas, la répétition de l'article a fini par s'imposer. — Exemple de l'ancien usage : *Pour les plus importants et plus nobles emplois* (Corn., *Cinna,* IV, 1). — Cet usage se retrouve parfois encore chez les poètes et même chez les prosateurs de notre époque : *Témoigner du plus fier et plus stoïque amour* (Mme de Noailles, *Les Forces éternelles,* I, Verdun). — Dans l'exemple suivant, il y a ellipse non seulement de l'article, mais aussi de *plus : La précision la plus savante et rigide, au service de l'imprécis* (H. Bremond, *La Poésie pure,* p 66).

§ 4. — OMISSION DE L'ARTICLE

336. Voici les principaux cas où l'on omet l'article :

1º Devant les compléments déterminatifs quand ils servent à caractériser, comme feraient des adjectifs : *Une table de marbre, un poète de génie, un adverbe de lieu, une besogne de portefaix, la gravure sur verre, une mesure de longueur, les transports par eau,* etc.

2º Dans certains dictons ou proverbes, dans certaines comparaisons ou expressions offrant quelque analogie avec les locutions sentencieuses : *Noblesse oblige. Contentement passe richesse. Blanc comme neige. Donner carte blanche. Il y a anguille sous roche. Erreur ne fait pas compte.*

3º Dans certaines énumérations, pour la vivacité de l'expression : *Vieillards, hommes, femmes, enfants, tous voulaient me voir* (Montesq., *L. pers.,* 30).

En particulier, l'omission de l'article est fréquente devant des noms allant par couples (souvent antithétiques) : *Patrons et ouvriers sont d'accord. Jeunes et vieux s'amuseront.* — *Routiers et capitaines Partaient...* (Heredia, *Troph.,* Les Conquérants). — *Pylônes et obélisques, ce sont bien les deux éléments qui donnent son caractère général à la construction égyptienne* (É. Herriot, *Sanctuaires,* p. 74). — *Grandeur et lenteur vont ensemble* (É. Henriot, *Rencontres en Ile de France,* p. 39).

4º Devant le nom apposé ou attribut quand ce nom n'a qu'une valeur d'épithète, de simple adjectif : *Soyez reine* (Rac., *Esth.,* I, 1). — *Vous êtes orfèvre* (Mol., *L'Amour méd.*, I, 1). — *Je vous en fais juge. Il est avocat.* — *Tubalcaïn, père des forgerons* (Hugo, *Lég.*, t. I, p. 48).

Mais on met l'article si le nom apposé ou attribut garde toute sa valeur substantive et marque quelque chose de bien à part, d'exclusif, une identification nettement soulignée : *Vous êtes* LA *reine.* — *Êtes-vous* LE *médecin ?* (Flaub., *Mme Bov.*, p. 13.) — *Celui-là est* UN *avocat !* — *Ils sont* DES *hommes* (La Br., XI, 128). — *Rome,* L'*unique objet de mon ressentiment* (Corn., *Hor.*, IV, 5). — *Chio,* L'*île des vins* (Hugo, *Orient.*, XVIII). — *Ulysse,* LE *prudent et fertile esprit de la Grèce* (Ch. Maurras, *Anthinéa*, p. 6). — *Cet homme confond « être artiste » et « être* UN *artiste »*, *ce qui en est souvent le contraire* (J. Benda, *La France byzantine*, p. 34).

5º Devant les noms mis en apostrophe : *Cieux, écoutez ma voix ; terre, prête l'oreille* (Rac., *Ath.*, III, 7). — *Ami, je t'aime pour ton caractère sérieux* (Vigny, *Chatt.*, I, 5).

Remarques. — 1. Surtout dans le style familier, le nom en apostrophe est parfois précédé de l'article défini, qui garde alors une certaine valeur démonstrative : *Il faut partir,* LES *amis !* (Ac.) — *Il y a des sauvages en Amérique,* L'*oncle Melchior ?* (É. Henriot, *Aricie Brun*, II, 5.) — *Dois-je entendre,* L'*abbé, que vous allez me soupçonner aussi ?* (É. Estaunié, *L'Appel de la route*, p. 154.) — *Dormez,* LES *tombes !* (Hugo, *Cont.*, VI, A Celle qui est restée en France, 8.)

2. Le nom mis en apostrophe prend l'article quand il désigne un titre et qu'il est précédé d'un des mots *monsieur, madame, mademoiselle, monseigneur* : *Monsieur* LE *comte.*

3. Si le nom mis en apostrophe est qualifié par un superlatif relatif, celui-ci doit être précédé de l'article : *Arrête, ô* LE *plus lâche de tous les hommes !* (Fénel., *Tél.*, t. II, p. 247.) — *Ô* LA *plus chère tombe et* LA *plus ignorée !* (Musset, *Souvenir.*)

6º Dans un grand nombre d'expressions où le complément reste intimement lié au verbe ou à la préposition : *Avoir peur, avoir raison, chercher noise, donner congé, rendre justice, garder rancune, imposer silence, prendre patience, tenir parole, demander pardon ; — avoir à cœur, aller à cheval, passer à gué, avec soin, sans gêne, sous clef* [1], *perdre de vue, être en province, par hasard, pour mémoire, contre nature, prêter sur gages, sauf correction, mettre une lettre sous enveloppe, affirmer sous serment, à travers champs, d'après nature*, etc.

---

1. On dit et on écrit en Belgique : *toute la région est sous eau, mettre une vallée sous eau*, etc. (néerland. : *onder water*). Le bon usage demande l'article : *Par suite des inondations, toute la campagne est sous* L'*eau* (Ac., s. v. *sous*). — *Séjourner sous* L'*eau* (Id., s. v. *scaphandre*).

Dans certains cas, l'expression change de sens selon qu'on emploie ou qu'on omet l'article : *Demander raison, demander* LA *raison. Faire feu, faire* DU *feu. Rendre justice, rendre* LA *justice*, etc.

Hist. — Le nombre de ces expressions où l'article est omis était bien plus grand autrefois qu'aujourd'hui. On disait, par exemple : *faire leçon, entreprendre guerre, souffrir mort, avoir joie, gagner temps, prendre médecine*, etc. : *Si je leur donne temps...* (RAC., *Plaid.*, I, 3). — *J'ai joie à vous voir de retour* (MOL., *Tart.*, I, 4).

Par contre, on employait l'article défini dans certains cas où on ne le met plus aujourd'hui : *Faire* LA *justice, faire* LA *raison*, etc. : *Ce foudre de* LA *guerre* (CORN., *Illus. com.*, V, 5). — *Il consume son bien en* DES *aumônes* (LA BR., XII, 25). — *Ayant lâché* LE *pied sans combattre* (LA ROCHEF., t. II, p. 187).

7º Dans certaines poésies familières et devant le sujet d'un infinitif de narration : *Quand reginglettes et réseaux Attraperont petits oiseaux* (LA F., *F.*, I, 8). — *Et grenouilles de se plaindre* (ID., *ibid.*, III, 4).

8º Souvent, devant les noms unis au moyen de *soit... soit, soit... ou, tant... que, (ni)... ni, (et)... et : Soit instinct, soit expérience* (LA F., *F.*, VIII, 21). — *Ni loups ni renards n'épiaient...* (ID., *ibid.*, VII, 1). — *Il y avait une centaine de personnes, tant hommes que femmes. — Tel le fougueux prélat (...) Querelle en se levant et valet et servante* (BOIL., *Lutr.*, I).

9º Dans les inscriptions, les titres d'ouvrages, les adresses, etc. : *Maison à vendre. Précis d'Arithmétique. Monsieur X..., 20, rue du Commerce.*

10º Parfois devant des noms exprimant non quelque individualité concrète, déterminée, mais une conception générale de l'esprit : *Tout ce qui n'est point vers est prose* (MOL., *Bourg.*, II, 4). — *Jamais menuisier, serrurier, vitrier, tourneur de profession, n'entra dans le pays* (J.-J. ROUSS., *Lett. à d'Alemb.*). — *Ce qu'on dit de soi est toujours poésie* (RENAN, *Souv. d'enf. et de jeun.*, p. 10). — *Jamais baigneurs n'étaient venus dans ces parages* (P. LOTI, *Le Roman d'un enfant*, XX).

Pour l'omission de l'article devant les noms des jours, des mois, — devant *Pâques, Noël*, — et dans des compléments distributifs comme *par cantons, par jour*, etc. — voir § 314, N. B.

Hist. — 1. Jusqu'au XVIIᵉ siècle, l'article défini faisait souvent défaut devant les noms précédés de *tout, même* ; il en était de même au XVIᵉ siècle devant *autre : De toutes amitiés il détache mon âme* (MOL., *Tart.*, I, 5). — *Digne de tous maux* (LA F., *F.*, VII, 1). — *César éprouvera même sort à son tour* (CORN., *Pomp.*, II, 2).

Cet usage se retrouve parfois dans la langue moderne : *Donner à tous même récompense. De part et d'autre. De toutes pièces. En toutes lettres.*

2. Dans l'ancienne langue et jusque dans le XVIIᵉ siècle, *premier*, attributif, se passait de l'article (mais Malherbe exigeait là l'article) : *Maudis soit qui* PREMIERS *l'amena el regné* [dans le royaume, dans le pays] (*Berte*, 1945). — *Ceux qui* PREMIERS *virent ce testament, s'en moquerent* (MONTAIGNE, I, 28 ; p. 227). — *Peste soit qui* PREMIER *trouva l'invention de s'affliger l'esprit de cette vision* (MOL., *Sgan.*, 17).

337. a) *Tous deux ; tous les deux.* On dit, selon l'usage ordinaire, avec l'article : *tous les deux, tous les trois, tous les quatre,* — ou (d'une manière qui paraît plus littéraire), sans l'article : *tous deux, tous trois, tous quatre :*

a) Tous les deux *sont morts depuis longtemps* (Littré, s. v. *tout*, 6°). — *Faut-il les tuer* tous les deux *?* (Mérimée, *À Mme Pigalle*, 1er nov. 1807.) — Tous les trois, *un instant après, nous étions installés au fond de la boutique* (Alain-Fournier, *Le Grand Meaulnes*, p. 20). — Tous les trois, *vous paierez les frais* (R. Benjamin, *Justices de paix*, p. 65, cit. Sandfeld). — *Nous partions donc* tous les quatre *dès le matin* (P. Loti, *Le Rom. d'un enf.*, XLIV). — *Des fous* tous les quatre (H. Queffélec, *Un Feu s'allume sur la mer*, II, 1).

b) *Ils partirent* tous deux *pour la ville* (Littré, s. v. *tout*, 6°). — Tous deux *sont morts* (Hugo, *Crép.*, V, 5). — Tous deux *blessés, et vivants* tous deux *!* (Vigny, *La Maréch. d'Ancre*, V, 12.) — *Ils travaillèrent* tous trois *à instruire la fille du calife dans la religion chrétienne* (A. France, *Pierre Nozière*, p. 268). — *Ils s'enfoncèrent* tous quatre *dans le maquis des rues* (La Varende, *Le Roi d'Écosse*, p. 173). — *Nous avons à prendre* toutes quatre *une décision* (J. Giraudoux, *La Folle de Chaillot*, p. 107). — *Une ambulance nous transporta* tous quatre *jusqu'au Val-de-Grâce* (G. Duhamel, *La Pesée des âmes*, p. 277). — *Et* tous quatre *nous tâchons de nous endormir* (F. Gregh, *L'Âge de fer*, p. 147).

Selon l'Académie, au-delà de quatre, on n'a plus la faculté de supprimer l'article. Cette observation semble être trop absolue. On souscrira plutôt à l'opinion de Littré, selon qui « au-delà de quatre jusqu'à dix, on supprime rarement l'article[1] ; au-delà de dix, on l'emploie toujours » : *Ils sont là* tous les dix, *les enfants d'Asturie* (Hugo, *Lég.*, Le Petit Roi de Galice, I). — *Ils se retrouvaient,* tous les sept (J. Romains, *Les Hommes de bonne vol.*, t. XXIV, p. 197). — *Nous remonterons là-haut* tous les cinq (H. Bosco, *Le Mas Théotime*, p. 75).

b) *Entre deux, entre les deux :* l'une et l'autre expression s'emploient adverbialement au sens de « ni bien ni mal », ou de « moyennement », ou de « entre les extrêmes » : *Ce mouton est-il dur ou tendre ? Entre deux* (Ac., s.v. *entre*). — *Fait-il froid ? Entre deux* (Id.). — *Voilà donc deux extrêmes, et le poète est entre deux* (Alain, *Propos de Littérature*, V). — *Est-elle laide ? Entre* les *deux* (Littré, s.v. *entre*, 1°). — *Quel temps fait-il ? chaud ou froid ?* — *Entre* les *deux* (A. Dumas f., *Diane de Lys*, I, 4).

§ 5. — PLACE DE L'ARTICLE

338. L'article se place immédiatement devant le nom ou devant l'adjectif qui précède le nom (cf. pourtant § 830, *b*) : *L'homme est* le *roi de* la *création.* — *Quittez* le *long espoir et* les *vastes pensées* (La F., *F.*, XI, 8).

---

1. Toutes huit [des sœurs] *accoururent* (La F., *Contes*, II, 16). — Tous six *séparément m'accablèrent des mêmes reproches* (Saint-Simon, *Mém.*, t. X, p. 59). — Toutes cinq, *en entendant la porte s'ouvrir, s'étaient brusquement levées* (J. Giraudoux, *Les Contes d'un matin*, p. 91).

Mais quand le nom est déterminé par l'adjectif *tout*, l'article se place entre cet adjectif et le nom : *Tous* LES *hommes. Tout* UN *siècle.*

Les titres se placent toujours avant l'article : *Monsieur* LE *directeur a signé cette pièce. Son Éminence* LE *cardinal un tel.*

Quand un nom propre de personne est suivi d'un adjectif employé comme surnom, l'article défini se place entre le nom et l'adjectif : *Charles* LE *Téméraire. Alexandre* LE *Grand.*

CHAPITRE III

L'ADJECTIF

§ 1. — DÉFINITION

339. L'**adjectif** [a] est un mot que l'on joint au nom pour exprimer une qualité de l'être ou de l'objet nommé ou pour introduire ce nom dans le discours.

339*bis.* Une **locution adjective** est une réunion de mots équivalant à un adjectif : *Un commissaire* BON ENFANT, *une femme* POT-AU-FEU, *un rocher* À PIC, *un poète* DE GÉNIE, *être tout* EN LARMES.

Pour l'affinité (ou l'identité) qu'on peut observer, dans beaucoup de cas, entre le *complément déterminatif* du nom et la *locution adjective*, voir p. 153, note 2.

§ 2. — ESPÈCES

340. On distingue deux espèces d'adjectifs : l'adjectif *qualificatif* et l'adjectif *non qualificatif* [1] (ce dernier appelé traditionnellement «adjectif déterminatif»).

Dans les exemples *Un vieux bûcheron, une onde pure, une folle vanité,* les adjectifs *vieux, pure, folle* indiquent une qualité, une manière d'être du bûcheron, de l'onde, de la vanité dont il s'agit : ce sont des adjectifs *qualificatifs.*

Dans les exemples *Certain renard, ma maison, deux livres, cet arbre, tout homme,* les adjectifs *certain, ma, deux, cet, tout* n'expriment pas une manière d'être, une qualité des êtres ou des objets désignés ; ils ont pour fonction essentielle d'introduire

---

1. C'est la distinction faite par Michaut et Schricke (*Gramm. fr.*, § 233).

ÉTYM. — [a] *Adjectif,* empr. du bas latin *adjectivum (nomen),* qui ajoute à.

dans le discours les noms devant lesquels ils sont placés, en présentant sous tel ou tel aspect les êtres ou les objets désignés par ces noms.

Remarque. — Les adjectifs qualificatifs diffèrent des adjectifs non qualifi-catifs par leur *rôle* — par leur *emploi* et leur *construction* — et en général aussi par leur *flexion* (genre et nombre).

a) Les adjectifs *qualificatifs*, tout en qualifiant, peuvent souvent détermi-ner. Ainsi dans *Il a écrit des romans historiques*, le qualificatif *historiques* distingue, parmi toutes les espèces de romans, une espèce particulière, à l'exclusion des autres espèces. Mais jamais le qualificatif ne sert à introduire le nom ; bien qu'il puisse accessoirement déterminer, sa fonction essentielle est de qualifier. — Les adjectifs *non qualificatifs* n'expriment pas une qualité des êtres ou des choses, ils ne qualifient **pas**. Parfois ils déterminent, d'une façon plus ou moins précise *(Trois hommes, plusieurs livres, ma maison, ce jardin)* ; parfois ils ne déterminent pas *(Quel livre désirez-vous ?)*, mais quel que soit le cas, leur fonction essentielle est d'introduire le nom.

b) Les adjectifs *qualificatifs* peuvent être épithètes ou attributs ; ils peuvent être pris substantivement et parfois adverbialement *(le beau ; haut placé)* ; ils sont, en principe, susceptibles d'être modifiés par un adverbe dans les degrés de comparaison *(plus savant, moins savant)* ; ils peuvent être deux ou plusieurs, soit juxtaposés, soit coordonnés, à qualifier un même nom : ils peuvent, pour des raisons de style, être détachés du nom (voir § 212, 2°, Rem. 4) *(Immobile, le condamné attendait. Le condamné restait là, immobile)*. — Jamais les adjectifs *non qualificatifs* n'admettent ces emplois ou construc-tions.

c) Les adjectifs *qualificatifs* prennent, pour marquer le féminin ou le pluriel des *désinences* particulières. — Les adjectifs *non qualificatifs* prennent, pour la plupart, des *formes* spéciales selon le genre et le nombre *(ce, cet, ces ; mon, ma, mes,* etc.).

N. B. — Il nous a paru logique d'adopter l'appellation d'adjectifs « non qualifica-tifs ». Toutefois nous ne nous interdirons pas, dans le cours de cet ouvrage, d'em-ployer l'appellation traditionnelle de « déterminatif ».

Art. 1. — ADJECTIF QUALIFICATIF

341. L'adjectif **qualificatif** est celui qui exprime une manière d'être, une qualité de l'être ou de l'objet désigné par le nom auquel il est joint : *Un livre* UTILE. *Un ouvrier* ACTIF.

342. Au point de vue de leur forme, les adjectifs qualificatifs sont simples ou composés.

L'adjectif *simple* est formé d'un seul mot : *Grand, fort.*

L'adjectif *composé* est formé de plusieurs mots, souvent unis au moyen du trait d'union, et équivalant à un seul adjectif : *Tout-puissant, avant-dernier.*

I. — FÉMININ DES ADJECTIFS QUALIFICATIFS

A. — Langue parlée.

343. La langue écrite donne une idée fausse des rapports que la langue parlée établit entre le masculin et le féminin des adjectifs. Ces rapports concernent un ensemble fort complexe de phénomènes sur lesquels nous ne pouvons donner ici que quelques indications sommaires. — C'est lorsque l'*e* sourd final et la consonne finale eurent cessé d'être prononcés (vers le XVIᵉ siècle) que la morphologie des adjectifs a subi des modifications profondes.

1° Dans les adjectifs terminés au masculin par une *voyelle orale* ou par une *consonne articulée*, la forme du féminin :

a) Tantôt se prononce identiquement comme celle du masculin : *Un homme poli* [pɔ-li], *une femme polie* [pɔ-li]. *Un mot vrai* [vRɛ], *une parole vraie* [vRɛ]. *Un cœur fier* [fjɛ:R], *une âme fière* [fjɛ:R]. *Un lieu public* [py-blik], *une place publique* [py-blik].

Hist. — Jusqu'au XVIIᵉ siècle, l'*e* sourd final se prononçait et l'on distinguait, par exemple, *subtile* de *subtil*. Aujourd'hui l'*e* sourd final ne se prononce jamais en prose, du moins dans les mots isolés ou avant une pause. — Pour ce qui est de l'allongement de la voyelle précédant cet *e* sourd du féminin, comme dans *polie, ingénue,* etc., voyez l'*Hist.* du § 241.

b) Tantôt demande une prononciation différente de celle du masculin Il est fréquent que la voyelle tonique subisse une modification : la voyelle peut changer de timbre : *e* fermé devient *e* ouvert devant *r* ; *o* fermé peut s'ouvrir devant *t*.

Le féminin peut se caractériser :

1. Par l'addition d'une des consonnes *d, t, r, s* sourd, *s* sonore, *ch* : *Lourd* [lu:R], *lourde* [luR-d(ə)]. *Petit* [p(ə)-ti], *petite* [p(ə)-ti-t(ə)]. *Léger* [le-ʒe], *légère* [le-ʒɛ:-R(ə)]. *Doux* [du], *douce* [du-s(ə)]. *Heureux* [œ-Rø], *heureuse* [œ-Rø:-z(ə)]. *Frais* [fRɛ], *fraîche* [fRɛ-ʃ(ə)].

2. Par le changement de la consonne finale : *f* devient *v*, *r* devient *z*, *k* devient *ch* : *Bref* [bRɛf], *brève* [bRɛ:v(ə)]. *Trompeur* [tRɔ̃-pœ:R], *trompeuse* [tRɔ̃-pø:z(ə)]. *Sec* [sɛk], *sèche* [sɛ-ʃ(ə)].

3. Par un changement de terminaison : *-teur* devient [tRis] (ou [tRɛs] ou [tə-Rɛs]) : *Consolateur* [kɔ̃-sɔ-la-tœ:R], *consolatrice* [kɔ̃-sɔ-la-tRi-s(ə)]. *Enchanteur* [ɑ̃-ʃɑ̃-tœ:R], *enchanteresse* [ɑ̃-ʃɑ̃-tRɛ-s(ə) ; en vers : ɑ̃-ʃɑ̃-tə-Rɛs].

Ou devient [ol], dans *fou, folle. O* devient [ɛl] dans *beau, belle,* etc. *Eu devient* [ɛj] dans *vieux, vieille.*

2º Dans les adjectifs terminés au masculin par une *voyelle nasale :*

a) Tantôt la voyelle nasale persiste et l'on ajoute une des consonnes *d, t* (rarement *g, ch, k*) : *Blond* [blɔ̃ɟ, *blonde* [blɔ̃-d(ə)]. *Clément* [kle-mɑ̃], *clémente* [kle-mɑ̃:-t(ə)]. *Long* [lɔ̃], *longue* [lɔ̃:g(ə)]. *Blanc* [blɑ̃], *blanche* [blɑ̃:-ʃ(ə)]. *Franc* [fʀɑ̃], *franque* [fʀɑ̃:-k(ə)].

b) Tantôt la voyelle nasale devient orale et l'on ajoute *n* (rarement *n* mouillé : [ɲ]) : *Plein* [plɛ̃], *pleine* [plɛ-n(ə)]. *Bon* [bɔ̃], *bonne* [bɔ-n(ə)]. *Bénin* [be-nɛ̃], *bénigne* [be-ni-ɲ(ə)].

B. — Langue écrite.

Nous examinerons d'abord les adjectifs qui marquent la distinction des genres par deux formes différentes. Puis nous mentionnerons certains adjectifs qui ont une forme unique pour les deux genres. Enfin nous signalerons quelques adjectifs inusités à l'un des deux genres.

1. — Deux formes différentes selon le genre.

CAS GÉNÉRAL

344. On forme le féminin des adjectifs en ajoutant un *e* muet (*e* féminin) à la forme du masculin : *Loyal, loyal*E. *Haut, haut*E. *Bleu, bleu*E. *Noir, noir*E. *Courtois, courtois*E.

CAS PARTICULIERS ET EXCEPTIONS

345. L'adjonction de l'*e* muet entraîne parfois des modifications phonétiques ou orthographiques de la finale masculine :

A. **Redoublement** de la consonne finale :

1º Les adjectifs en **-el, -eil,** ainsi que *nul* et *gentil,* doublent l'*l* devant l'*e* du féminin : *Cruel, cruelle ; vermeil, vermeille ; nul, nulle ; gentil, gentille.*

N. B. — 1. *Pénitentiaux* (psaumes *pénitentiaux*), *préjudiciaux* (frais *préjudiciaux*) et *sapientiaux* (livres *sapientiaux*) correspondent respectivement aux anciennes formes du singulier *pénitential, préjudicial, sapiential,* variantes de *pénitentiel, préjudiciel, sapientiel* (lat. *poenitentialis, praejudicialis, sapientialis*). — Au féminin : *œuvres pénitentielles* (Ac.) ; *questions préjudicielles.* [L'Académie ne signale pas le singulier *pénitentiel ;* ce singulier est rare : *Je ne sais quelle amertume* PÉNITENTIELLE (P. CLAUDEL, *L'Œil écoute,* p. 125). — *Sapientiaux* n'a pas de singulier usité.]

2. *Jumeau* (autrefois *jumel*), *manceau, morvandeau, tourangeau* font au féminin *jumelle, mancelle, morvandelle, tourangelle.*

3. *Beau nouveau, fou, mou*[1], *vieux* font au féminin *belle, nouvelle, folle, molle, vieille.* Ces formes féminines proviennent des masculins primitifs *bel, nouvel, fol, mol, vieil,* qui sont encore d'usage devant un nom masculin singulier commençant par une voyelle ou un *h* muet : *Un* BEL *ouvrage, un* NOUVEL *habit, un* FOL *espoir, un* MOL *abandon, un* VIEIL *avare.*

4. Sauf des appellations anciennes comme *Philippe le Bel, Charles le Bel,* et les locutions figées *bel et bon, bel et bien* [*Tout cela est* BEL ET BON, *mais...* (LITTRÉ) ; — *On l'a* BEL ET BIEN *mis en prison* (ID.) ; — *Tout cela est* BEL ET BIEN (AC.)] — les formes *bel, nouvel, fol, mol, vieil* ne s'emploient qu'immédiatement devant un nom masculin singulier commençant par une voyelle ou un *h* muet : *Un* BEL *enfant ; un* NOUVEL *habit ; un* FOL *orgueil ; un* MOL *abandon ; un* VIEIL *avare.* — Mais on dira : *Ce drap est* BEAU *et bon* (LITTRÉ). — *Cela est* BEAU *à voir* (AC.). — *Un* NOUVEAU *et rare moyen* (LITTRÉ). — VIEUX *et usé* (ID.). — *Un* VIEUX *et honnête fermier* (MUSSET, *Margot,* II). — *Un homme* MOU *et efféminé* (AC.). — *Le XIX*e *siècle est un* BEAU *et grand souvenir* (G. DUHAMEL, *Manuel du protestataire,* p. 29). — *Ce qui a été* BEAU *et bon* (M. ARLAND, *L'Eau et le Feu,* p. 82). — Toutefois la règle n'est pas absolue. Selon l'Office de la Langue française (cf. *Franç. mod.,* juin-juill. 1938, p. 212), quand une seconde épithète précédée de *et* s'intercale entre le premier adjectif et le nom, on a le choix entre *bel, nouvel,* et *beau, nouveau : Un* BEL *et charmant enfant* (forme quelque peu archaïque ; l'esprit, par anticipation, rapproche *bel* de *enfant*) — ou : *Un* BEAU *et charmant enfant* (forme plus moderne). L'Office fait observer que si le nom commence par une consonne, force est d'employer *beau, nouveau : Un* BEAU *et charmant garçon ;* — de même lorsque les épithètes sont postposées : *Un ami* NOUVEAU *et charmant.* — Ces observations se trouvent confirmées par les exemples suivants : *Le conte est* BEL *et bon* (HUGO, *Notre-Dame de Paris,* VI, 3). — *Ce* BEL *et grand homme* (E. de GONCOURT, *Les Frères Zemganno,* LIII). — *Le* BEL *et séduisant Antoine* (É. HENRIOT, dans le *Monde,* 18 avr. 1951). — *Un* NOUVEL *et fâcheux événement* (AC.). — *Le jeu du* VIEIL *et considérable acteur* (H. BORDEAUX, *La Robe de laine,* p. 222). — *Ce* VIEIL *et vigoureux organisme* (G. DUHAMEL, *Mémorial de la Guerre blanche,* p. 76). — Cependant plus d'un écrivain, tenant compte simplement du fait que le mot suivant commence par une voyelle, emploie librement les formes en -*l : Un* BEL *et pathétique récit* (G. DUHAMEL, *Défense des Lettres,* p. 42). — *Il entra, très* BEL *à voir encore* (ID., *ibid.,* p. 227). — *Un* BEL *et grand salon* (ID., *Le Temps de la recherche,* XIII). — *Ce* BEL *et joyeux garçon* (R. ESCHOLIER, *Cantegril,* III). — BEL *et grave (...) il* [l'été] *a, même en France, ses zones terribles* (COLETTE, *Journal à rebours,* p. 109). — *Mon or, si* BEL *et si clair* (MONTHERLANT, *Malatesta,* IV, 9). — *Le* BEL *et volumineux travail du professeur Jean Delay* (R. KEMP, dans les *Nouv. litt.,* 7 nov. 1957). — *Il est beau, son nom est plus* BEL *encore* (ID., *ibid.,* 2 avr. 1959). — *Un nez* MOL *et enfoncé* (A. THÉRIVE, *Sans âme,* p. 21). — *Un mouvement* MOL *et doux*

---

1. A l'exception de *fou, mou* et *andalou* (voir ci-après, 4°), les adjectifs en -*ou* (qui sont de création récente) forment leur féminin par l'adjonction d'un *e : Flou, floue ; hindou, hindoue ; mandchou, mandchoue ; papou, papoue ; tabou, taboue ; topinambou, topinamboue.* — Pour *tabou,* il y a parfois de l'indécision ; certains le font invariable : *Elle* [la place] *est comme en dehors de l'occupation, respectée,* TABOU (R. KEMP, dans les *Nouv. litt.,* 10 janv. 1946). — *L'appellation est* TABOU (R. GEORGIN, *Jeux de mots,* p. 50).

(M. Bedel, *M. le Prof. Jubier*, p. 70). — *Un flux* MOL *et désordonné de visions* (H. Bosco, *Malicroix*, p. 198). — *Son débit devenait* MOL *et discontinu* (G. Duhamel, *Cri des profondeurs*, p. 41). — *L'amour romanesque (…) lui paraissait toujours (…) un peu* FOL *et dangereux* (J.-L. Vaudoyer, *La Reine évanouie*, p. 32). — *Ce personnage est Édouard Wilner*, VIEIL *et illustre dramaturge* (M. Druon, dans les *Annales*, nov. 1951, p. 52). — En particulier, les anciennes formes masculines *fol* et *mol* se rencontrent parfois encore, même en prose, non seulement devant un mot commençant par une voyelle, mais aussi devant un mot commençant par une consonne ou à la pause : *Un* FOL *gaspillage* (G. Duhamel, *Biographie de mes fantômes*, p. 216). — *Un petit pétard le rend* FOL (Id., *Fables de mon jardin*, p. 87). — *Son* FOL *reniement* (R. Martin du Gard, *Les Thibault*, VII, 3, p. 251). — *Elle (…) se livrait au* MOL *bercement des mots* (M. Genevoix, *Jeanne Robelin*, p. 119). — *La buée au* MOL *balancement* (A. Suarès, *Le Livre de l'Émeraude*, XLII). — *Le Général (…) reçut Sturel avec un corps tout* MOL (M. Barrès, *L'Appel au soldat*, t. II, p. 195). — *Cet affreux mélange (…) du dur avec le* MOL (P. Valéry, *Eupalinos*, p. 121). — *De* MOLS *bouquets de graminées* (M. Bedel, *Tropiques noirs*, p. 143).

Vieux se dit parfois pour *vieil*, devant un nom à initiale vocalique ; dans la plupart des cas, il rend avec plus de relief que ne ferait *vieil* (qui tend à s'agglutiner au nom, perdant par là une part de sa force signifiante) l'idée de vieillesse ou de vétusté : *Le* VIEUX *usurier Polichinelle* (Mol., *Mal. im.*, I, 8). — *Un* VIEUX *officier* (Marivaux, *Le Paysan parvenu*, p. 200). — *M. de Revel,* VIEUX *honnête homme* (Stendhal, *Corr.*, t. V, p. 134). — *Montez les degrés du* VIEUX *archevêché* (Vigny, *Cinq-Mars*, VII). — *Un* VIEUX *âne* (Hugo, *Lég.*, t. IV, p. 168). — *Un* VIEUX *homme malheureux* (G. Sand, *Nanon*, XXII). — *Le* VIEUX *Oriol* (Maupassant, *Mont-Oriol*, p. 170). — *Un* VIEUX *adjudant* (H. Béraud, *Au Capucin gourmand*, p. 52). — *Un* VIEUX *homme* (R. Rolland, *Vie de Tolstoï*, p. 54). — *Un* VIEUX *appareil* (A. Gide, *Paludes*, p. 152).

Hist. — Ce sont des considérations étymologiques (lat. generaLis, beLLa, nuLLa, etc.) qui ont fait doubler ou non *l* au féminin. On hésitait jusque dans le XVIIIᵉ siècle entre *généraLe* et *généraLLe*, *natureLe* et *natureLLe*, etc. — *BeLLe* a entraîné le redoublement dans tous les adjectifs en *-el*. — Dans les adjectifs en *-eil* et dans *gentil*, *l* a été doublé pour rendre le son mouillé.

2⁰ Les adjectifs en **-en, -on,** ainsi que *paysan, rouan, valaisan, veveysan,* doublent l'*n* au féminin : *Ancien, ancienne ; bon, bonne ; paysan, paysanne ; rouan, rouanne ; valaisan, valaisanne ; veveysan, veveysanne.*

N. B. — 1. Pour *lapon, letton, nippon,* l'usage hésite : *La race* LAPONE (Littré). — *La littérature* LAPONE (A. Thérive, *Le Retour d'Amazan*, p. 17). — LAPONE (Grand Larousse encycl.). — LAPONNE (Larousse du XXᵉ s.). — *Deux sœurs* LAPONNES (A. Bellessort, *Essai sur Voltaire*, p. 175). — *Dans la forêt* LETTONE (M. Bedel, *Traité du plaisir*, p. 161). — *Une petite ville* LETTONE (A. Malraux, *Les Conquérants*, p. 25). — *La police* NIPPONE (P. Morand, *Rond-point des Champs-Élysées*, p. 101). — *Une famille* NIPPONE (P. Loti, *Japoneries d'automne*, p. 290). — *Les fêtes* NIPPONNES (Id., *ib.*, p. 85). — *Les trompettes* NIPPONNES (Cl. Farrère, *La Bataille*, XXVII). — *L'armée* NIPPONE (H. Troyat, *Tant que la terre durera…*, p. 467). — *L'offensive des flottes et des armées* NIPPONES (Gén. de Gaulle, *Mém.*, t. II, p. 348).

2. Pris adjectivement, *grognon* reste généralement invariable en genre : *Femme* GROGNON (LAROUSSE DU XXᵉ s.). — *Elle vieillit, glacée et* GROGNON (LA VARENDE, *Les Belles Esclaves*, p. 245) ; — mais il peut avoir pour féminin *grognonne* : *Humeur* GROGNONNE (AC.). — *La compagnie* GROGNONNE *des cochons* (SAINTE-BEUVE, dans le Grand Larousse encycl.).

3. *Mormon* fait au féminin *mormone : La doctrine* MORMONE. — *Si la bonne d'en-fant est* MORMONE (L. VEUILLOT, *Le Parfum de Rome*, VII, 14).

Bénin, malin font au féminin *bénigne, maligne* (lat. *benigna, maligna*).

Hist. — La voyelle précédant *n* était autrefois nasalisée au féminin comme au masculin : *bon, bon-ne* (comparez : *en-nui*) : c'est pour marquer cette prononciation que l'on a doublé l'*n*. Quand la voyelle eut cessé d'être nasalisée (XVIᵉ s.), on garda néanmoins l'ancienne orthographe. — *Bénin, malin* n'avaient au moyen âge qu'une forme : *bénigne, maligne,* pour les deux genres. On prononçait *bénine, maline :* de là, la création d'un masculin, *bénin, malin.* Mais le féminin primitif s'est maintenu.

3º La plupart des adjectifs en **-et** redoublent le *t* devant l'*e* du féminin : *Muet, muette ; net, nette ; propret, proprette.*

Mais *complet, incomplet, concret, désuet*[1], *discret, indiscret, quiet* (vieux), *inquiet, replet, secret* font leur féminin en *-ète.*

Bellot, boulot, maigriot, pâlot, sot, vieillot doublent le *t* au féminin : *Bellotte, boulotte, maigriotte, pâlotte, sotte, vieillotte.*

Les autres adjectifs en *-ot*, ainsi que les adjectifs en *-at* ne redoublent pas le *t :* *Idiot, idiote ; délicat, délicate.*

Hist. — Les adjectifs en *-et* qui ne doublent pas le *t* sont d'origine savante ; c'est par souci de conserver l'orthographe étymologique (lat. *completa*, etc.) que l'on a établi pour ces mots la règle actuelle. Jusqu'à la fin du XVIIIᵉ siècle, on écrivait muÈTE ou muETTE, discrÈTE ou discrETTE, etc. La règle actuelle est arbitraire.

4º L'**s** des adjectifs *bas, gras, las, métis, épais, gros* se double devant l'*e* du féminin : *Basse, grasse, lasse, métisse, épaisse, grosse.*

Les autres adjectifs en *-s* prennent simplement un *e.* Précédé d'une voyelle, l'*s* est sonore au féminin : *Gris, grise ; sournois, sournoise ; dispos, dispose*[2]. — Précédé d'une consonne, l'*s* est sourd : *Divers, diverse ; retors, retorse ; relaps, relapse.*

Faux (anciennement *faus*) et *roux* (anciennement *rous*) changent *x* en *-sse* au féminin : *Fausse, rousse.*

---

1. Le Dictionnaire de l'Académie (8ᵉ éd.) donne : *désuet, -ette* et produit l'exemple : *Locution, tournure* DÉSUÈTE ; contradiction qui est sans doute l'effet d'une distraction. L'usage a consacré, pour le féminin de *désuet* (repris vers la fin du XIXᵉ siècle au latin *desuetus*), la forme *désuète.*

2. Littré déclarait : « Cet adjectif n'a point de féminin. Il est dommage qu'on ne reprenne pas ce féminin qui est dans l'historique et il faut louer ceux qui tentent de le remettre en usage. » — L'Académie (8ᵉ éd.) a repris le féminin *dispose : Être en humeur* DISPOSE.

Exprès [1] et *profès* font *expresse, professe.* — *Préfix* [2] fait *préfixe.* — *Contumax* [3], vieux mot de jurisprudence, est des deux genres. Au lieu de ce mot on emploie le plus souvent *contumace.* — *Tiers* fait *tierce.* — *Frais* fait *fraîche.* — *Andalou* (autrefois *andalous*) fait *andalouse.*

Hist. — Le féminin des adjectifs en *-s* ou *-x* s'explique par l'étymologie : la syllabe finale du mot latin, laquelle était tombée dans le masculin français (lat. *clausum*, clos ; *bassum*, bas ; *falsum*, fals, faus, faux ; *russum*, rous, roux, etc.), reparaît, avec *s* ou *ss* au féminin (lat. *clausa*, clo**SE** ; *bassa*, ba**SSE** ; *falsa*, fau**SSE** ; *russa*, rou**SSE**). — *Frais*, emprunté du germanique occidental **frisk*, était autrefois *fres*, féminin *fresche.*

Les adjectifs toponymiques en *-ais, -ois* avaient anciennement un masculin en *-eis* (suffixe germanique *-isk*) et un féminin en *-esche : franceis, franc*ESCHE ; *daneis, dan*ESCHE. Sous l'influence d'autres adjectifs en *-eis, -eise* (plus tard *-ois, -oise*), ces adjectifs toponymiques ont pris au féminin *-eise* (plus tard *-oise*) : *franceis, fran*CEISE (plus tard *françois, franç*OISE). Ensuite, au XVIe siècle, en même temps que d'autres mots qui avaient *oi* à la syllabe finale (par ex. *monnoie*), un certain nombre de ces adjectifs ont changé *-ois* en *-ais* (écrit *-ois* jusqu'au XIXe siècle) : *franç*AIS, *angl*AIS, etc. — D'autres ont maintenu la graphie et la prononciation *-ois : dan*OIS, *suéd*OIS, etc. (Cf. des noms propres de personnes : *François, Lardin*OIS, *Langl*OIS, etc.)

---

1. *Exprès :* qui exprime formellement la pensée, la volonté de quelqu'un : *Un ordre exprès, une défense expresse.* — Il signifie aussi « qui est chargé spécialement de transmettre la pensée, la volonté de qqn » : *Un courrier* EXPRÈS ; substantivement : *un* EXPRÈS. — On dit donc : *Une lettre portée par un* EXPRÈS, *une lettre* PAR EXPRÈS (dans DEHARVENG, *Corrig.-nous !* t. VI, p. 77). — *Cette lettre a été portée* PAR EXPRÈS (AC.). — *Prends 500 fr. dans le petit coffre et envoie-les* PAR UN EXPRÈS *à Grenoble à M. Barthelon* (STENDHAL, *Corresp.*, t. IV, p. 310). — *Des moyens de correspondance, des services* PAR EXPRÈS *s'organisaient* (A. VANDAL, *L'Avènem. de Bonaparte*, t. I, p. 351), — *Il m'envoie,* PAR EXPRÈS (...) *mon passeport* (É. HENRIOT, *La Rose de Bratislava.* XIII). — *Voici une lettre de San Felipe qui vient d'arriver pour vous* PAR EXPRÈS (G. MARCEL, *Rome n'est plus dans Rome*, p. 132). — *Lettre* EXPRÈS, *colis* EXPRÈS (DICT. ROBERT). — A noter qu'à cause d'une association d'idées qui se fait immanquablement dans l'esprit du vulgaire (le courrier postal étant généralement transporté par chemin de fer, et un train *express* étant un train qui va plus vite qu'un train ordinaire), *express*, considéré comme adjectif invariable, prend le sens de « rapide », « transmis rapidement », et qu'on dit fréquemment, dans l'usage de tous les jours : *une lettre* EXPRESS, *un colis* EXPRESS. Cet usage est favorisé par le fait qu'à notre époque, il n'existe plus guère de « courriers exprès » (ou d'« exprès »), au sens originel de l'expression. — Cf. : *Il avait commandé* (...) *une toile d'assez grandes dimensions qui lui fut livrée, par* EXPRESS (G. DUHAMEL, *L'Archange de l'aventure*, p. 182). — *C'est moi, Lionel !... J'ai été rappelé par* EXPRESS (J. GIRAUDOUX, *Pour Lucrèce*, III, 1). — *Colis* EXPRESS (PETIT LAROUSSE ILL.).

2. *Préfix*, terme de droit signifiant « déterminé d'avance ». — Le mot est à distinguer de *préfixe*, qui s'emploie comme adjectif des deux genres et comme nom, en termes de grammaire : *Un adverbe, une particule* PRÉFIXE.

3. *Contumax :* qui s'est soustrait par la fuite aux recherches de la justice et auquel on fait son procès sans qu'il ait comparu. — L'Académie ne donne que *contumace.*

B. **Modification** de la voyelle ou de la consonne finale (ou addition d'un tréma sur l'*e* féminin) :

1º Les adjectifs en **-er** prennent au féminin un accent grave sur l'*e* qui précède l'*r* : *Léger, légère ; dernier, dernière.*

Hist. — L'*r* étant devenu muet au masculin, *e* se prononce fermé ; mais au féminin, l'*r* se prononçant, cet *e* se change naturellement en *e* ouvert.

2º La plupart des adjectifs en **-x** changent *x* en *s* sonore (prononcé *z*) devant l'*e* du féminin : *Heureux, heureuse ; jaloux, jalouse.* *Doux* fait *douce* (lat. *dulcis*). — *Vieux* fait *vieille*.

3º Les adjectifs en **-f** changent *f* en **-ve** au féminin : *Naïf, naïve ; vif, vive.*

Bref prend un accent grave sur l'*e* qui précède le *v* au féminin, pour marquer que cet *e* reste ouvert. De même *grief*, mais cet adjectif est à peu près sorti de l'usage.

Hist. — Le *v* du féminin est étymologique (lat. *vivam, vive*). C'est une loi phonétique (§ 65) que la consonne sonore *v* du latin s'assourdit en *f* à la fin des mots : le masculin latin *vivum*, après la chute de -*um*, a donné vi*f*.

4º Quelques adjectifs terminés par **-c** : *ammoniac, caduc, franc* (peuple), *public, turc*, remplacent *c* par *qu* devant l'*e* du féminin : *Ammoniaque, caduque, franque, publique, turque.*

Grec garde le *c* au féminin : *grecque* : trace d'une graphie ancienne (XVIᵉ s.), qui, dans les féminins en -*que*, maintenait parfois le *c*.

Blanc, franc (qui a de la franchise), *sec* remplacent au féminin *c* par -*che* : *Blanche, franche, sèche.*

Remarque. — *Laïque* a la même forme pour les deux genres : *Habit* LAÏQUE, *une personne* LAÏQUE. — On écrit quelquefois *laïc* au masculin (Ac.).

Hist. — Dans les féminins en -*que*, qui sont de formation récente, cette graphie est exigée uniquement par l'orthographe, pour conserver le son guttural. Dans les féminins en -*che*, qui sont de formation ancienne, une loi phonétique s'est appliquée selon laquelle *c* latin précédé d'une consonne et initial d'une syllabe se change en *ch* devant *a* : *siccam* devient *sèche*, comme *buccam* devient *bouche* (voir § 51, 1º).

5º Au **g** des adjectifs *long, oblong* on ajoute un *u* devant l'*e* du féminin : *Long, longue ; oblong, oblongue.*

Hist. — *Long* avait d'abord donné *longe*, qui a disparu devant *longue*, forme refaite d'après le féminin latin *longa*.

346. Les adjectifs en **-gu** ont sur l'*e* du féminin un tréma indiquant que l'*u* doit se prononcer : *Aigu, aiguë ; ambigu, ambiguë.*

347. En général, les adjectifs en **-eur** ont au féminin une **terminaison spéciale** :

a) Les adjectifs en *-eur* dérivés d'un verbe (on peut en tirer des par-
-ticipes présents en changeant *-eur* en *-ant*) font leur féminin en *-euse*.
Ces adjectifs sont de formation populaire : *Menteur, menteuse ; trompeur, trompeuse.*

EXCEPTIONS : *Enchanteur, pécheur, vengeur* ont le féminin en *-eresse.* —
Singeresse (fém. de *singeur*) est vieilli. — Pour *vainqueur*, voir § 352.

Hist. — Voir § 244, 1°, *a.*

b) Un nombre considérable d'adjectifs en *-teur*, dont on ne peut
tirer des participes présents en changeant *-eur* en *-ant* (sauf *exécuteur,
persécuteur*, dont on peut tirer *exécutant, persécutant*), font leur féminin
en *-trice*. Ce sont des mots de formation savante (voir la liste du § 244,
1° *b*) : *Consolateur, consolatrice ; destructeur, destructrice ; protecteur,
protectrice.*

Salvatrice (emprunté au latin ecclésiastique *salvatrix*) est une forme néologique
(fin du XIXe siècle) qui sert de féminin à l'adjectif *sauveur*[1] : *Elle* [la jeunesse alle-
mande] *avait longtemps attendu (...) quelque doctrine* SALVATRICE (G. DUHAMEL, *Positions françaises*, p. 201).—*Cette réflexion* SALVATRICE (L. BLOY, *Le Désespéré*, p. 406).
— *La piscine* SALVATRICE (É. HERRIOT, *Dans la Forêt normande*, p. 181). — *Une vertu*
SALVATRICE (P. CLAUDEL, *La Rose et le Rosaire*, p. 93). — *Le thème des fleurs* SALVA-
TRICES (É. HENRIOT, *Les Fils de la Louve*, p. 290). — *J'étudierai votre âme, je l'entou-
rerai de lectures* SALVATRICES (H. TROYAT, *Le Jugement de Dieu*, p. 60). — Une autre
forme néologique (mais plutôt rare) est *sauveuse : Une rigueur toute arbitraire, mais
pourtant* SAUVEUSE (P. de LA GORCE, *Louis-Philippe*, p. 37). — « *Journées* » *soi-
disant* SAUVEUSES (A. VANDAL, *L'Avènem. de Bonaparte*, t. I, p. 252).

Remarque. — Onze adjectifs en *-eur* font leur féminin en *-eure ;* ce sont
des comparatifs :

antérieur	citérieur	extérieur	majeur	supérieur	meilleur
postérieur	ultérieur	intérieur	mineur	inférieur	

348. Cas spéciaux.

1. *Bedeaude* a été tiré de *bedeau*, par analogie avec des adjectifs comme
chaud, chaude. Il ne s'emploie que dans quelques locutions : *chenille, cigale,
corneille bedeaude* (c.-à-d. mi-partie de deux couleurs).

2. *Coi* fait *coite*, probablement par analogie avec des mots comme *droit,
droite*. Jusqu'au XVIIIe siècle, on a dit *coie*.

---

1. De même qu'au féminin latin *salvatrix* correspond le masculin *salvator*, de même
au féminin français *salvatrice* répondrait, selon la formation savante, l'adjectif
masculin *salvateur* (doublet de *sauveur*) ; cette forme masculine se rencontre exceptionnellement, mais ce n'est qu'un caprice : *La gravité d'un acte qu'on espère* SALVA-
TEUR (dans le *Monde*, 28 oct. 1948, cit. Ad. V. Thomas).

Coi s'emploie dans les expressions familières *se tenir coi, coite, demeurer* (ou *rester*) *coi, coite : Là où les grandes personnes demeurent* COITES (Fr. MAURIAC, *Blaise Pascal,* p. 14) ; — rarement ailleurs : *Une jouissance plus* COITE *de notre profondeur et de notre sécurité* (P. CLAUDEL, *L'Œil écoute,* p. 21). — *Autant le cabinet de travail de Heredia, ouvert à tous, était bruyant, autant* COITE, *close et silencieuse était la petite salle à manger où Mallarmé recevait* (F. GREGH, *L'Âge de fer,* p. 229). — On a dit autrefois : *chambre coite* (c.-à-d. bien fermée, bien chaude).

3. *Favori* fait *favorite* (ital. *favorita*). Ce féminin a remplacé *favorie*, féminin régulier de *favori* (participe de l'ancien verbe *favorir*).

4. *Hébreu*. Pour le féminin, on se sert de *juive*, en parlant de personnes ; pour les choses, on se sert de *hébraïque*, qui est des deux genres, mais qui s'emploie rarement au masculin (caractères *hébraïques*) : *Histoire hébraïque*.

5. *Rigolo*, mot populaire, fait au féminin *rigolote* ou *rigolotte* (v. § 245, note 7, p. 179) : *Une petite amie (...)* RIGOLOTE ... *comme chausson* (G. COURTELINE, *Les Linottes*, VII). — *Victorine Demay, une énorme, ronde,* RIGOLOTE *chanteuse* (M. HARRY, *La Vie de J. Lemaître*, pp. 174-175).

Pour *maximum, minimum,* etc. pris adjectivement, voir § 295, 1°, Rem. 2.

2. — Une seule forme pour les deux genres.

349. Les adjectifs terminés au masculin par un *e* muet ont une forme unique pour les deux genres : *Un livre utile, une chose utile. Un homme honnête, une femme honnête.*

Drôle, ivrogne, mulâtre, nègre, pauvre, sauvage, suisse — qui font leur féminin en *-esse* (§ 244, 2°) quand ils sont pris comme noms — ont une forme unique pour les deux genres quand ils sont employés comme adjectifs : *Une histoire* DRÔLE, *une* DRÔLE *d'histoire* (cf. § 303, Rem. 2). *Une femme* IVROGNE. *Une servante* MULÂTRE. *Une tribu* NÈGRE[1]. — *La reine* NÈGRE (A. MAUROIS, *Les Silences du Col. Bramble*, IX). — *Une femme* PAUVRE. *Une peuplade* SAUVAGE. *Une femme* SUISSE.

Maître et *traître*, pris adjectivement, font au féminin *maîtresse* et *traîtresse* : *La* MAÎTRESSE *broche de la cuisine* (FLAUB., *Trois Contes,* p. 93). — *Il sut se défier de la liqueur* TRAÎTRESSE (LA F., *F.,* XII, 1). — On laisse parfois *traître* invariable en genre : *La Madelon, qui passait pour bonne, a été bien* TRAÎTRE (G. SAND, *La Petite Fadette,* XXIX). — *La pieuvre est* TRAÎTRE (HUGO, *Les Trav. de la Mer,* II, 4, 3). — *La vengeance* TRAÎTRE (ID., *Marie Tudor,* II, 7). — *La feuille* TRAÎTRE (ID., *Lég.,* t. II, p. 350). — *La Côte d'Azur est* TRAÎTRE (MONTHERLANT, *Fils de personne,* I, 1). — *La rive est* TRAÎTRE, *abrupte* (M. GENEVOIX, *Marcheloup,* II, 2). — *Pour indiquer les pentes* TRAÎTRES (Marie NOËL, *Petit-jour,* p. 162). [Cet usage est ancien : TRAISTRE *beauté* (LA BOÉTIE, *Sonnet* XIV). — De même pour *maître,* que la langue populaire laisse volontiers invariable en genre : *La* MAISTRE *rue* (*Amadas et Ydoine,* 4050). —

---

1. Comme adjectif féminin, *négresse* est peu usité : *Qu'on emplisse un sénat de plats-pieds Dont la servilité* NÉGRESSE *et mamelouque Eût révolté Mahmoud et lasserait Soulouque* (HUGO, *Châtim.,* VII, 13).—*Des esclaves* NÉGRESSES (LAROUSSE DU XXe s.).

La MAISTRE *tente* (*Berte*, 278). — *En la* MESTRE *eglise de Kamaalot* (*La Mort le roi Artu*, § 71). — *Sa* MAISTRE *forteresse* (*Rom. de Troie en prose*, § 38).]

Hist. — Dans ces adjectifs à forme unique, l'*e* féminin résulte tantôt du jeu des lois phonétiques de la formation populaire, comme dans *grêle* (lat. *gracilem*), *âpre* (lat. *asperum*), tantôt d'une action savante, comme dans *contraire* (lat. *contrarius*), *honnête* (lat. *honestus*), tantôt encore de la substitution à un masculin étymologique d'un masculin créé par analogie avec les adjectifs invariables en *-e* : *chauve, large, louche, vide*, par exemple, étaient anciennement au masculin *chau*F, *lar*C, *loi*S, *vui*T.

350. *Fort* et *grand* ont, dans certains cas, une forme unique pour les deux genres :

a) *Fort* garde sa forme unique dans certains noms propres (comme *Roche-fort*) et dans les expressions *se faire fort de*[1], *se porter fort pour* (littéralement se donner pour assez fort, se dire assez fort pour)[2] : *Elle se fait* FORT *d'obtenir la signature de son mari* (Ac.). — *Elles se font* FORT *de réussir* (DICT. GÉN.). — *Elle se faisait* FORT *de l'éclairer* (Fr. MAURIAC, *Thér. Desqueyroux*, p. 72). — *C'étaient de mauvaises herbes ; elle se faisait* FORT *de les arracher* (R. ROLLAND, *Jean-Chr.*, t. IV, p. 75). — *Désireuse (…) de rassurer la mère, dont elle se fait* FORT *de remporter l'assentiment* (A. GIDE, *Les Faux-Monnayeurs*, p. 269). — — *Une voyante extra-lucide se faisait* FORT, *si on lui remettait un objet ayant appartenu au général, de retrouver le lieu de sa cachette* (H. TROYAT, *Étrangers sur la terre*, p. 319). — *Elles se sont portées* FORT *pour nous.*

Littré fait remarquer à propos de *elle se fait fort de…* : « La locution était parfaitement régulière quand *fort* était des deux genres ; l'ancienne langue disait *uns hom fors, une femme fors*. Aujourd'hui que *fort* fait au féminin *forte*, il ne reste plus là qu'un archaïsme qui mériterait sans doute d'être conservé s'il s'était transmis sans variation, mais depuis longtemps, comme on peut voir à l'historique, l'analogie nouvelle de la langue l'a enfreint. » — On ne peut qu'approuver les auteurs qui, dans les expressions *se faire fort de, se porter fort pour*, font varier l'adjectif *fort*[3] :

---

1. Voir à la fin du volume l'arrêté du 26 févr. 1901 : *Liste*, VI, 1 ; — et § 396, Rem. 2.

2. Ces expressions forment des touts sémantiques, des locutions verbales dans lesquelles *fort* n'a plus de fonction distincte.

3. Ce n'est pas seulement en genre, mais aussi en nombre que, traditionnellement, *fort*, dans *se faire fort de, se porter fort pour*, reste invariable : *Ils se faisaient* FORT *d'une chose qui ne dépendait pas d'eux* (Ac.). — *Ils* [des bûcherons] *se faisaient* FORT, *à eux six, de raser le Feu-Jouant avant le plein été* (M. GENEVOIX, *Forêt voisine*, p. 207). — *Tous les habitants notables de Greux et de Domremy se portèrent* FORT *les uns pour les autres* (G. HANOTAUX, *Jeanne d'Arc*, II, 1). — Mais cette invariabilité en nombre n'est fondée, comme dit Littré, ni sur l'archaïsme ni sur la grammaire ; *fort* est ici adjectif et non adverbe. Il serait donc fort plausible de dire et d'écrire : « Ils se font *forts* de, ils se portent *forts* pour, elles se font *fortes* de, elles se portent *fortes* pour » : *Ils se font* FORTS *de pouvoir (…) contraindre militairement la Serbie à capituler* (R. MARTIN DU GARD, *Les Thibault*, VII, 1, p. 123). — *Ceux que les parents avaient confié à Malte en se portant* FORTS *pour les enfants en bas âge* (LA VARENDE, *L'Amour de M. de Bonneville*, p. 40).

Et quand la « Libre Parole » se fit FORTE *de prouver que...* (M. BARRÈS, *Leurs Figures,* p. 154). — *Je me fais* FORTE *d'avance de son acceptation* (É. ESTAUNIÉ, *Tels qu'ils furent,* p. 271). [cf. : *Ainsi est il, je m'en fais* FORTE, *De ce drap* (*Pathelin,* 454-5).]

b) Grand reste invariable dans quelques noms propres : GRAN(D)-*ville,* GRAND-*Couronne,* et devant un nom féminin commençant par une consonne, dans un certain nombre d'expressions anciennes consacrées par l'usage, comme : *grand-chambre, grand-chose, grand-croix, aller grand-erre, grand-faim, grand-garde, grand-hâte, grand-honte, grand-maman, grand-mère (mère-grand), grand-messe, grand-peine, grand-peur, grand-pitié, grand-poste, grand-route, grand-salle, grand-soif, grand-tante, grand-voile.*

Plusieurs de ces expressions : *grand-chambre, grand-croix, grand-garde, grand-salle,* sont cantonnées dans des vocabulaires spéciaux. Certaines autres, comme *aller grand-erre, la grand-porte, la grand-poste, la grand-voile, à grand-hâte, avoir grand-honte, avoir grand-peur, avoir grand-pitié, avoir grand-peine à,* ont un cachet archaïque, ou littéraire, ou provincial : *Au guichet de la* GRAND'PORTE (A. DAUDET, *La Petite Paroisse,* p. 18). — *À la* GRAND'POSTE (A. MAUROIS, *Les Roses de septembre,* p. 198). — *Capeler la* GRAND'VOILE (VERCORS, *Les Armes de la nuit,* p. 33). — *J'avais* GRAND-HÂTE *de toucher Paris* (G. DUHAMEL, *Les Espoirs et les Épreuves,* p. 209). — *J'aurais* GRAND-HONTE *d'avoir importuné tous ceux qui m'aiment* (ID., *ib.,* p. 151). — *Nous avions* GRAND-PEUR *du feu* (ID., *La Pesée des âmes,* p. 208). — *C'est* GRAND'PITIÉ *que...* (MONTHERLANT, *Le Solstice de juin,* p. 208). — *Dans ces régions surnaturelles où il se promène comme sur une* GRAND'ROUTE (J. GREEN, *Journ.,* 19 janv. 1946). — *Nous avons trouvé des places à* GRAND-PEINE (ID., *ib.,* 17 févr. 1949). — *J'ai* GRAND-PITIÉ *des jeunes filles* (A. MAUROIS, *Terre promise,* p. 134). — *Nous aurons* GRAND-PEINE *à nous en dégager* (H. BORDEAUX, *Paris aller et retour,* p. 259). — *On enregistre à* GRAND HÂTE (R. KEMP, dans les *Nouv. litt.,* 4 avr. 1957).

Dans ces expressions, qui sont de vrais noms composés, *grand* a un sens différant plus ou moins de son sens ordinaire : ainsi *la grand-rue* n'est pas la rue dont la caractéristique est d'être *grande,* c'est la rue principale. Parfois *grand* s'affranchit et varie comme une simple épithète : *Le spectacle de la* GRANDE *route* (A. DAUDET, *La Petite Paroisse,* p. 16). — *L'autre gravure nous le montre tel qu'il était sur les* GRANDES *routes* (J. et J. THARAUD, *La Tragédie de Ravaillac,* p. IV). — *La petite voiture de tourisme rejoignit la* GRANDE *route* (G. DUHAMEL, *Les Compagnons de l'Apocalypse,* p. 17). — *Par un chemin qui s'embranche à la* GRANDE *route* (F. GREGH, *L'Âge de fer,* p. 250). — *La* GRANDE *route* (AC.). — *Toute la section était rassemblée dans la* GRANDE *rue* (J. PERRET, *Bande à part,* p. 149). — *En quoi aurait-on si* GRANDE *peur...* ? (J. COCTEAU, *La Difficulté d'être,* p. 138.) — *C'est* GRANDE *pitié* (AC.). — *Vous n'aurez pas* GRANDE *peine à faire cet ouvrage* (ID.).

A remarquer qu'avec un article ou un déterminatif, on dit toujours, en faisant varier *grand : grande chose, grande peine, grande peur, grande pitié, grande faim, grande soif : Oh ! demain c'est la* GRANDE *chose !* (HUGO, *Crép.,* V, 2.) — *Il m'a fait une* GRANDE *peine* (AC.). — *Avoir une* GRANDE *peur du feu.* — *La* GRANDE *pitié de nos églises de campagne* (AC.). — *Pour cette* GRANDE *faim qu'à mes yeux on expose* (MOL., *F. sav.,* III, 2). — *Pour contenter sa* GRANDE *soif des honneurs.*

Hist. — La vieille langue, d'après la déclinaison latine, distinguait deux groupes d'adjectifs : le premier présentait deux formes distinctes selon le genre : *pur, pure* ; le second avait une forme unique pour les deux genres : *uns hom* FORS, *une femme* fors. Mais comme la plupart des adjectifs avaient un *e* au féminin, cet *e* caractéristique s'est, par analogie, étendu aux adjectifs du second groupe. Telle fut même la tendance à rendre uniforme la flexion des adjectifs qu'on élimina, au masculin de certains adjectifs, un *e* étymologique : *perplex, débonnair,* etc.

Les féminins *fort, grand,* dans les emplois indiqués plus haut, sont donc des survivances de l'ancien usage relatif aux adjectifs à forme unique.

Les grammairiens ont longtemps protesté contre l'apostrophe que l'on mettait à *grand* devant certains noms féminins : *chambre, mère, chose,* etc. Cette apostrophe semblait marquer la chute d'un *e* final. La 8ᵉ édition du Dictionnaire de l'Académie écrit : *Grand-Chambre, grand-garde, grand-mère,* etc.

351. *Adverse* [1], *angora, bath* (pop. ou arg.), *bengali, capot, chic* [2] (familier), *gnangnan* (familier), *kaki* (ou *khaki*), *mastoc, rococo, rosat, snob* n'ont qu'une forme pour les deux genres : *Une chèvre* angora (Ac.). — *Vous êtes une* bath *copine* (G. Duhamel, *Suzanne et les Jeunes Hommes,* p. 40). — *Une femme* bengali (Robert). — *Des villes* bengalis. — *Elle est demeurée* capot (Id.). — *Une toilette* chic (Id.). — *Les femmes* chic (M. Proust, *Le Temps retrouvé,* I, p. 92). — *Quelle* chic *idée tu as eue là !* (E. Jaloux, *Le Dernier Acte,* p. 216.) — *Une* chic *fille !* (A. Salacrou, *Dieu le savait !* p. 23.) — *Une personne* gnangnan (Larousse du XXᵉ s.). — *La ville est* kaki (A. Maurois, *Rouen,* p. 74). — *Ces petites troupes aux couleurs* kaki (H. Bordeaux, *Le Marchand de bonheur,* p. 91). — *Une pendule* rococo (Ac.). — *De l'huile* rosat. — *Elle est un peu* snob (Ac.). — *Cette femme est* mastoc (Id.).

N. B. — *Impromptu,* selon l'Académie, « s'emploie comme adjectif invariable ». La règle n'est pas sûre ; sans doute, quelques-uns ne le font pas varier au féminin : *Le bon effet que cette audience* impromptu *devait produire* (Stendhal, *Chartr.,* t. I, p. 200). — *Votre visite avait été si* impromptu (M. Prévost, *Lettres à Françoise mariée,* I) ; — mais la forme *impromptue* est fréquente chez les auteurs : *Il avait paru plus frappé que moi-même de l'originalité de cette aventure* impromptue (P. Mac Orlan, *L'Ancre de miséricorde,* p. 100). — *Sa vivacité* impromptue (A. Rousseaux, dans le *Figaro litt.,* 16 juin 1951). — *Des besognes* impromptues (R. Martin du Gard, dans le *Figaro litt.,* 24 déc. 1955). — *Ces excursions* impromptues (F. Gregh, *L'Âge de fer,* p. 65). — *Une correction heureuse, une solution* impromptue *se déclare, — à la faveur d'un brusque coup d'œil sur la page mécontente et laissée* (P. Valéry, *Tel quel I,* Pléiade, Œuvres, t. II, p. 552).

1. *Adverse* n'est guère usité que dans les locutions : *fortune adverse, partie adverse, avocat adverse* [abréviation de : *avocat de la partie adverse*] ; cf. cependant : *L'art radiophonique ne peut, à peine d'inanité, se passer de l'oreille réceptrice, de l'esprit* adverse (G. Duhamel, *Manuel du protestataire,* p. 151). — *Toute politique qui place la France et l'Italie dans des camps* adverses... (A. François-Poncet, dans le *Figaro,* 1ᵉʳ juill. 1959). — Le masculin *advers* (lat. *adversus*) a été employé dans l'ancienne langue.

2. Quelques-uns ont employé le féminin *chique.* P. Hœybye cite : *Elle doit être un peu* chique (Balzac, *La Rabouilleuse*). — chique, *très* chique (Labiche, *Deux Papas très bien,* 4). — *C'est une* chique *femme* (M. Proust, *Le Temps retrouvé,* I, p. 163).

3. — Adjectifs inusités à l'un des deux genres.

352. Sont inusités au masculin : [bouche] *bée*, [porte] *cochère, crasse, dive* [bouteille], [soie] *grège, mère* [goutte], *mère* [laine], [dent] *œillère*, [humeurs] *peccantes*, [Arabie] *Pétrée*, [pierre] *philosophale*, [œuvre] *pie*, [glande] *pinéale*, [veine] *porte*, [main] *pote*, [jument] *poulinière*, [toutes et] *quantes* [fois], [eau] *régale, salope*, [fièvre] *scarlatine, suitée*, [roche] *Tarpéienne*, [vertu] *théologale*, [notes] *tironiennes*, [rose] *trémière*, [noix] *vomique*.

Sont inusités au féminin : *benêt*, [pied] *bot, cabochard*, [vent] *coulis*, [œuf] *couvi*, [feu] *grégeois*, [bateau] *langoustier, muscat*[1], *pantois*, [hareng] *pec*, [bois] *pelard, pers, preux*, [acide] *pyroligneux*, [droit] *régalien, rubican*[2], [marais] *salant*, [hareng] *saur*, [courant] *triphasé*, [bleu] *turquin, vainqueur*[3], [œil] *vairon, vélin, violat, zain*.

N. B. — 1. *Aquilin* s'emploie surtout au masculin. On dit parfois au féminin *aquiline* : *Un nez d'une noble courbe* AQUILINE (Th. GAUTIER, *Jettatura*, I).

2. *Avant-coureur* n'est usité qu'au masculin[4] : *Symptômes* AVANT-COUREURS (Ac.).

3. *Canin* n'est guère usité qu'au féminin : *Race* CANINE, *faim* CANINE.

4. *Châtain*, selon la grammaire traditionnelle, ne se dit qu'au masculin[5]. — Littré estimait que le féminin *châtaine*, conseillé par plusieurs grammairiens, serait utile. Ce féminin, qu'on rencontre déjà, comme le fait observer J. Marouzeau (*Notre Langue*, p. 150), chez le chansonnier Pierre Dupont, au milieu du XIXᵉ siècle, est aujourd'hui tout à fait courant (et l'Académie, en notant qu'« on dit quelquefois au féminin *châtaine* » est trop réservée) : *Avec ses longues tresses* CHÂTAINES (HUGO, *Les Misér.*, II, 3, 8). — *La chevelure* CHÂTAINE (BALZAC, *Le Curé de village*, p. 183). — *Sa barbe* CHÂTAINE (R. MARTIN DU GARD, *Les Thibault*, III, 1, p. 220). — *Cette belle jeune femme* CHÂTAINE (V. LARBAUD, *Barnabooth*, Journ. intime, éd. Pléiade, p. 230). — *Une grande chevelure* CHÂTAINE (COLETTE, *Le Fanal bleu*, p. 170). — CHÂTAINES, *toutes deux, elles se ressemblaient* (H. de RÉGNIER, *Les Vacances d'un Jeune Homme sage*, p. 209). — *Des frisettes* CHÂTAINES (Germaine BEAUMONT, dans les *Nouv. litt.*, 25 sept. 1947). — *Il en a* [des perruques] *de brunes, de noires, de* CHÂTAINES (J. GIRAUDOUX, *Les Cinq Tentations de La Font.*, p. 74). — *Ses boucles* CHÂTAINES (LA VARENDE, *Le Troisième Jour*, p. 41). — *Cette tête* CHÂTAINE (H. POURRAT, *La Tour du Levant*, p. 284).

5. *Fat*, selon une certaine tradition des grammairiens, ne se dit qu'au masculin.— Le féminin *fate* (approuvé par Littré, *Suppl.*) se rencontre parfois : *Cette émigration*

---

1. Pour le féminin, on emploie *muscade*, nom pris adjectivement : *Noix muscade* (Ac.). *Rose muscade* (ID.).

2. En parlant d'un cheval noir, bai ou alezan : qui présente çà et là des poils blancs.

3. Pour le féminin, on emprunte à *victorieux* le féminin *victorieuse*.

4. Selon Michaut et Schricke, il emprunte à *avant-courrier* le féminin *avant-courrière*.

5. *Châtain*, joint à un nom féminin, a été parfois pris substantivement, et laissé invariable (§ 381, *a*) : *Un front encadré de boucles* CHÂTAIN (P. BENOIT, *La Dame de l'Ouest*, p. 10). — *Trois petites frisettes* CHÂTAIN (A. BILLY, *Pauline*, p. 10).

FATE *m'était odieuse* (CHATEAUBR., dans Littré, *Suppl.*). — *Dans une attitude à la fois très* FATE *et très génée* (ALAIN-FOURNIER, *Le Grand Meaulnes*, p. 169).

6. Pour le féminin de *nazi*, certains auteurs ont répugné à dire *nazie : Les troupes* NAZIS *franchirent le pont* (J. et J. THARAUD, *Quand Israël n'est plus roi*, p. 152). — *La propagande* NAZI (A. ARNOUX, *Poésie du hasard*, p. 209). — Pourtant le féminin *nazie* est courant : *La police* NAZIE (É. HENRIOT, *La Rose de Bratislava*, XIV). — *Les autorités* NAZIES (Fr. AMBRIÈRE, *Les Grandes Vacances*, p. 269).

7. *Sterling* est invariable et ne s'emploie plus aujourd'hui qu'avec le nom *livre : Cinquante livres* STERLING (AC.).

II. — *PLURIEL DES ADJECTIFS QUALIFICATIFS*

A. — Langue parlée.

353. Il n'y a généralement, pour l'oreille, aucune différence entre la forme plurielle des adjectifs et la forme du singulier : *Un homme timide* [ti-mi-d(ə)], *des hommes timides* [ti-mi-d(ə)]. *Une petite maison* [pə-ti-t(ə)], *de petites maisons* [pə-ti-t(ə)].

Toutefois l's du pluriel se prononce (*s* sonore) devant une voyelle ou un *h* muet quand il y a liaison : *Un jeune élève* [ʒœn], *de jeunes élèves* [ʒœ-n(ə)-ze-lɛ:v]. *Une plaisante histoire* [plɛ-zɑ̃:t], *de plaisantes histoires* [plɛ-zɑ̃:-t(ə)-zis-twa:ʀ].

La langue parlée a deux prononciations au masculin selon le nombre :

a) Pour certains adjectifs en *-al : Un homme loyal* [lwa-jal], *des hommes loyaux* [lwa-jo].

b) Pour *bel, nouvel, vieil : Un bel enfant* [bɛl], *de beaux enfants* [bo]. *Un nouvel habit* [nu-vɛl], *de nouveaux habits* [nu-vo]. *Un vieil ami* [vjɛj], *de vieux amis* [vjø].

B. — Langue écrite.

RÈGLE GÉNÉRALE

454. On forme le pluriel des adjectifs, comme celui des noms en a-joutant un *s* au singulier : *Pur, pur*s ; *pure, pure*s.

Tous les adjectifs féminins prennent un *s* au pluriel. Les exceptions et remarques qui suivent ne concernent que le pluriel masculin. [Pour l'*Hist.*, v. Plur. des noms.]

EXCEPTIONS ET REMARQUES

355. Les adjectifs terminés par **-s** ou **-x** ne changent pas au pluriel : *Un mot bas, des mots* BAS. *Un homme heureux, des hommes* HEUREUX.

356. Les adjectifs en **-eau:** *beau, nouveau, jumeau, manceau, morvandeau, tourangeau* prennent un *x* au pluriel : *Les* BEAUX *jours. Des frères* JUMEAUX. — *Tes malheurs te prêtaient encor de* NOUVEAUX *charmes* (RAC., *Phèdre*, II, 5).

357. *Bleu, feu* (défunt) prennent un *s* au pluriel : *Des contes* BLEUS. — *Les* FEUS *rois de Suède et de Danemark* (Ac.).

Feu ne se dit guère au pluriel (Ac.).

Hébreu prend un *x* : *Des mots* HÉBREUX.

358. Les adjectifs en **-al** forment, en général, leur pluriel en *-aux :* *Loyal,* LOYAUX. *Brutal,* BRUTAUX. — *Détails* TRIVIAUX (Ac.).

Un petit nombre d'adjectifs en *-al* ont le pluriel en *-als : Combats* NAVALS (Ac.). — *Les rocs* FATALS (VIGNY, *La Maison du berger*). — *Tous les êtres* FATALS *qui surviennent aux dénouements* (Th. GAUTIER, *Militona,* VII). — *Les pâturages* NATALS (Fr. MAURIAC, *Dieu et Mammon*, p. 122). — *Sons* FINALS (LITTRÉ). — *Des mendiants* BANCALS.

Remarques. — 1. *Banal,* employé comme terme de féodalité, fait au pluriel masculin *banaux : Fours* BANAUX. — Dans l'emploi ordinaire, il fait généralement *banals : Des compliments* BANALS (Ac.). — *Incidents* BANALS (E.-M. de VOGÜÉ, *Le Roman russe,* p. 295). — *Ces flacons remplis de* BANALS *parfums* (VILLIERS DE L'ISLE-ADAM, *Contes cruels*, p. 162). — *Les lettres de compliments* BANALS *qu'il avait reçues* (R. ROLLAND, *Jean-Chr.*, t. VI, p. 54). — *Les mots les plus* BANALS *lui conviennent* (LA VARENDE, *La Sorcière*, p. 136) ; — mais, dans cet emploi, on dit aussi *banaux : Un des* BANAUX *accidents* (Fr. JAMMES, *M. le Curé d'Ozeron*, p. 218). — *Anatole France (…) dit quelques mots* BANAUX (R. ROLLAND, *Journal*, dans les *Nouvelles litt.,* 6 déc. 1945). — *Dans tes propos les plus* BANAUX (Fr. de MIOMANDRE, dans les *Nouv. litt.*, 15 août 1946). — *Encore des mots* BANAUX (CRITICUS, *Le Style au microscope*, t. II, p. 134). — *Une mosaïque originale d'éléments* BANAUX (J. ROSTAND, *Pensées d'un biologiste*, p. 11).

2. *Marial* (relatif à la Vierge Marie), venu en usage vers la fin du XIXᵉ siècle, fait parfois au pluriel masculin *mariaux ;* ce pluriel est donné par le *Larousse universel* et par le *Dictionnaire* de Paul Robert. Mais le pluriel *marials* semble prévaloir nettement en France, dans les milieux ecclésiastiques : *Formulaires* MARIALS (A. CHAVASSE, *Le Sacramentaire gélasien*, pp. 390 et 397). — *Textes* MARIALS (P. LAURENTIN, dans *Initiation théologique*, t. IV, p. 251). — *Vocables* MARIALS (S. SALAVILLE, dans *Maria*, t. I, p. 310). — *Poètes* MARIALS (P. LORSON, *ibid.*, t. II, p. 89). — *Congrès* MARIALS (A. BOUCHER, *ibid.*, t. III, p. 615). — *Sanctuaires* MARIALS (H. du MANOIR, *ibid.*, t. IV, p. 115).

L'Académie mentionne comme inusités ou peu usités au pluriel masculin : *colossal, fatal, glacial, natal.* — Pour un très grand nombre d'adjectifs en *-al*, elle n'indique pas le pluriel masculin.

Littré note que le pluriel masculin de *brumal, causal, frugal, glacial, matinal, natal* n'est pas usité, mais il fait observer que *frugaux, glaciaux, matinaux, nataux* n'ont rien qui doive choquer, et il incite à user des pluriels : *colossaux, géniaux, ini-*

tiaux, pascaux, pastoraux, théâtraux. — Il signale les pluriels en *-als : bancals, fatals* [*fataux* s'est dit au XVIᵉ siècle : *Comme les lieux sont* FATAUX (D'AUBIGNÉ, t. II, p. 499)], *finals, navals* [*navaux* est dans Mme de Sévigné : *Il n'y a plus de combats* « NAVAUX » (t. IX, p. 193)], *tribals.* — D'une manière générale, pour les autres adjectifs en *-al*, il indique un pluriel masculin en *-aux.*

En résumé, on pourrait admettre la règle suivante : Sauf *bancal, fatal, final, naval, tribal*, auxquels un usage à peu près établi donne un pluriel masculin en *-als* [1] — *tonal*, dont le pluriel en *-aux* ne paraît pas possible, à cause de l'homonymie de *tonneaux* — et *causal*, dont le pluriel masculin ne semble pas usité, les adjectifs en *-al* forment leur pluriel masculin en *-aux* [2] : *Hommes* GÉNIAUX (G. DUHAMEL, *Les Maîtres*, p. 156). — *Propos* INITIAUX (ID., *Le Combat contre les ombres*, p. 40). — *Rapports* IDÉAUX (A. de CHÂTEAUBRIANT, *Les Pas ont chanté*, p. 95). — *Critiques* THÉÂTRAUX (J. GIRAUDOUX, *L'Impromptu de Paris*, III). — *Êtres* FILIAUX (ID., *ibid.*). — *Sacrifices* FAMILIAUX (A. LICHTENBERGER, *Biche*, p. 65). — *Hommages* MATINAUX (J. ROMAINS, *Le Dictateur*, II, 1ᵉʳ tabl., 3). — *De* MAGISTRAUX *raccourcis* (A. THÉRIVE, dans le *Temps*, 25 févr. 1937). — *Officiers* PARTIAUX (A. MAUROIS, *Mes Songes que voici*, p. 201). — *Climats* SIDÉRAUX (M. MAETERLINCK, *La Grande Féerie*, p. 210). — *Tracés* MACHINAUX (M. ZAMACOÏS, *M. Césarin*, I, 4). — *Touristes* ESTIVAUX (F. VANDÉREM, *Gens de qualité*, p. 59). — *Sarcasmes* GLACIAUX (ID., *ibid.*, p. 19). — *Romantismes* BORÉAUX (A. SIEGFRIED, *L'Âme des peuples*, p. 34). — *Les* COLOSSAUX *feuillages* (H. BOSCO, *Le Mas Théotime*, p. 227). — *Sons* NASAUX (LITTRÉ). — *Nerfs* DENTAUX (AC.). — *Sons* GUTTURAUX (ID.).

359. *Bath* (pop. ou argotique), *capot, chic, gnangnan, k(h)aki, mastoc, rococo, rosat, sterling* ne changent pas au pluriel : *Nous sommes demeurés* CAPOT (LITTRÉ). — *Des détails* CHIC (FLAUB., *Corr.*, t. III, p. 225). — *Les gens les plus* CHIC (H. LAVEDAN, *Le Vieux Marcheur*, p. 44). — *Quelques mots* CHIC (P. MORAND, *Champions du monde*, p. 88). — *Fréquenter des gens* CHIC (H. BERNSTEIN, *La Rafale*, I, 6). — *Les gens (...) les plus* CHIC (J. LEMAITRE, *Le Député Leveau*, I, 5). — *Les toilettes qu'elles avaient crues* CHIC (M. PROUST, *Le Temps retrouvé*, t. I, p. 58). — *Toutes les femmes* CHIC *de Saïgon* (Cl. FARRÈRE, *Les Civilisés*, XV). — *Elle* [la jeunesse] *a besoin (...) de vêtements* CHIC (H. TROYAT, *Tant que la terre durera...*, p. 113). — *Petites filles mystiques et* GNANGNAN (R. ROLLAND, *Jean-Chr.*, t. IV, p. 30). — *Les uniformes* KAKI (J. et J. THARAUD, *Le Chemin de Damas*, p. 56). — *Des chaussettes* KAKI

---

1. Encore faut-il faire des réserves pour *final : Des* b, d, g FINAUX (M. GRAMMONT, *Traité prat. de Pron. fr.*, p. 86). — *Les i et u atones* FINAUX *du roumain* (J. MAROUZEAU, *Lexiq. de la Terminologie ling.*, p. 92). — *Les groupes* FINAUX (Ch. BRUNEAU, *Manuel de Phonét. prat.*, p. 45). — *Les résultats* FINAUX (A. CARREL, *L'Homme, cet inconnu*, II, 5).

2. Règle non absolue naturellement : *De* GLACIALS *coups de vent* (ALAIN-FOURNIER, *Le Grand Meaulnes*, p. 20). — *De petits effluves* GLACIALS (L. BLOY, *Le Désespéré*, p. 187). — *Parmi les limbes* GLACIALS *et noirs* (LA VARENDE, *Le Roi d'Écosse*, p. 326). — *Cierges* PASCALS (ID., *ibid.*, p. 60). — *Les doigts* IDÉALS (VILLIERS DE L'ISLE-ADAM, *L'Ève future*, I, 8).

(A. MAUROIS, *Terre promise*, p. 126). — *Une de ces belles églises* ROCOCO (P. CLAUDEL, *La Messe là-bas*, p. 36). — *Cinquante livres* STERLING (Ac.).

N. B. — 1. A plusieurs de ces adjectifs (surtout à *chic*) l'usage, fort indécis, donne parfois un *s* au pluriel : *Tous les artistes* CHICS (A. DAUDET, *L'Immortel*, p. 24). — *Des gens* CHICS (J. RENARD. *Journ.*, 23 nov. 1896). — *Il a demandé que nous soyons* « CHICS » (É. HENRIOT, *Carnet d'un dragon*, p. 35). — *Des gens* CHICS (M. PROUST, *Le Temps retrouvé*, t. II, p. 134). — *Un tas d'œuvres très* CHICS (Cl. VAUTEL, *Mon Curé chez les riches*, p. 191). — *Tu vas chez ces gens* CHICS ? (Cl. FARRÈRE, *Les Civilisés*, XIV.) — *Chez les maîtresses de maison les plus* CHICS (H. TROYAT, *Les Semailles et les Moissons*, p. 399). — *Trois ou quatre étaient vêtus d'uniforme* KAKIS (J. et J. THARAUD, *Dingley*, p. 139).

2. *Angora* (du nom de la ville d'Angora, en Turquie, actuellement : Ankara) est invariable si l'on suppose l'ellipse du nom « race » : *des chèvres* [de la race d'] *angora*. — *Des chats* ANGORA (LITTRÉ). — *Des* ANGORA (ID.). — *D'adorables chattes* ANGORA (P. LOTI, *Le Roman d'un enf.*, XXXI). — Mais ordinairement on n'a plus conscience de l'ellipse et on fait suivre à *angora*, adjectif ou nom, la règle commune du pluriel : *Des chèvres* ANGORAS (LAROUSSE DU XXᵉ s.). — *Les trois chats* ANGORAS (J.-L. VAUDOYER, *Laure et Laurence*, p. 168). — *Chats, chèvres, lapins* ANGORAS (Dict. ROBERT). — *Des* ANGORAS (ID.). — *Deux beaux chats* ANGORAS (A. LICHTENBERGER, *Les Contes de Minnie*, p. 272).

3. *Impromptu* est parfois laissé invariable au pluriel (cf. § 351, *N. B.*) : *Pas mal de discours* IMPROMPTU (Ch. MAURRAS, *Les Secrets du soleil*, p. 56). — *Ces visites* IMPROMPTU (M. PRÉVOST, *Lettres à Françoise mariée*, XI). — Mais beaucoup d'auteurs, estimant avec raison que le mot est tout à fait francisé, lui font prendre un *s* au pluriel : *Des vers* IMPROMPTUS *ne sont jamais bons que pour celle en l'honneur de qui ils sont faits* (VOLT., *Zadig*, 4). — *Nos deux visiteurs* IMPROMPTUS (Fr. AMBRIÈRE, *Les Grandes Vacances*, p. 266). — *Il y a souvent des crimes dans la montagne et ils sont toujours* IMPROMPTUS (J. GIONO, *Voy. en Italie*, p. 35). — *Des vers* IMPROMPTUS (Ac.). [Il va de soi que le féminin *impromptue* doit prendre l's au pluriel.]

4. *Bredouille* et *snob*, adjectifs, prennent un s au pluriel : *Une de ces irresponsables chasseresses, ordinairement* BREDOUILLES (L. BLOY, *Le Désespéré*, p. 71). — *Si nous revenions* BREDOUILLES (Ch. SILVESTRE, *Manoir*, p. 116). — *Somme toute, nous reviendrons* BREDOUILLES (A. GIDE, *Voy. au Congo*, p. 235). — *Sans être le moins du monde* SNOBS, *nous connaissons des gens plutôt... bien* (H. BERNSTEIN, *Le Secret*, I, 1). — *Ils sont un peu* SNOBS (H. BORDEAUX, *Le Remorqueur*, XVI). — [Il y a un peu d'hésitation parfois : *Dans quelques cercles* SNOB (MONTHERLANT, *La Petite Infante de Castille*, p. 232). — *Ça prouve que (...) ces gens sont un peu* SNOB (M. PAGNOL, *Le Temps des secrets*, p. 138).]

III. — DEGRÉS DE SIGNIFICATION DANS LES ADJECTIFS QUALIFICATIFS

Une qualité peut apparaître comme possédée à un degré plus ou moins élevé. D'autre part, l'être ou l'objet dont on envisage la qualité peut être considéré ou bien sans comparaison ni avec lui-même ni avec un autre être ou objet : c'est le *degré absolu ;* ou bien par comparaison avec lui-même ou avec plusieurs autres êtres ou objets : c'est le *degré relatif*.

360. On exprime le degré plus ou moins élevé d'une qualité par le *positif*, le *comparatif* et le *superlatif* des adjectifs qualificatifs.

A. — Degré absolu.

1. — Positif.

361. Le **positif** énonce simplement la qualité : *Cet arbre est* HAUT.

Remarque. — Il arrive fréquemment que l'on précise le degré de la qualité, qui peut être présentée comme négative ou comme possédée à un degré assez faible ou approchant de la normale. On a recours alors, soit à des préfixes ou à des suffixes, soit à des adverbes, que l'on joint à l'adjectif : INcompris, ILlisible, NON solvable, MALadroit, bonASSE, grisÂTRE, sourdAUD, PEU instruit, PRESQUE aveugle, POUR AINSI DIRE ruiné, COMME inerte, etc.

2. — Superlatif absolu.

362. Le **superlatif absolu** [1] exprime la qualité à un très haut degré, mais sans comparaison ni avec l'être ou l'objet dont on parle ni avec un autre être ou un autre objet : *Une montagne* TRÈS HAUTE, FORT HAUTE.

On le forme habituellement en plaçant devant l'adjectif un des adverbes *très, fort, bien, tout à fait,* ou un adverbe en *-ment : divinement, extrêmement, grandement, infiniment,* etc. : *Une rue* TRÈS LARGE, FORT LARGE. *Il est.* BIEN MALHEUREUX. *Elle est* INFINIMENT AIMABLE.

Le superlatif absolu peut se marquer aussi :

1º Au moyen de certains préfixes comme *extra-, super-, sur-, ultra-, archi-,* surtout dans la langue parlée et familière, ou en termes de commerce : *Liqueur* EXTRA-*fine.* SUR*fin,* ARCHI*fou.* — *Des tableaux* ULTRA-*célèbres* (E. FROMENTIN, *Les Maîtres d'autrefois,* p. 60).

2º Au moyen du suffixe *-issime,* qui sert à former, soit des termes d'étiquette : *excellentissime, révérendissime, illustrissime, sérénissime, éminentissime,* soit des superlatifs plaisants ou familiers : *grandissime, richissime, rarissime, savantissime,* etc. : *Mascarille est un fourbe et fourbe* FOURBISSIME (MOL., *Ét.,* II, 5). — *J'ai eu ma petite audience de dix minutes au plus avec un Belge* IMPORTANTISSIME (L. VEUILLOT, *Corresp.,* t. II, p. 451). — *Une* LONGUISSIME *lettre* (FLAUBERT, *Corresp.,* t. II, p. 52).

3º Par des comparaisons toutes faites, et généralement familières : [amer]

---

1. On a dit parfois : l'*ampliatif.*

comme chicotin, [fort] *comme un Turc,* [blanc] *comme neige,* [noir] *comme jais,* [long] *comme un jour sans pain,* [froid] *comme glace,* [bon] *comme du bon pain,* [hardi] *comme un lion,* [bête] *comme une oie,* [malin] *comme un singe,* [fier] *comme Artaban,* [...] *comme tout* — ou encore par des locutions telles que : *on ne peut plus* [...], *on ne saurait plus* [...], *tout ce qu'il y a de (plus)* [...], [...] *au possible,* [...] *en diable,* [...] *entre les* [...], [...] *au dernier point : Cela est* NOIR COMME JAIS (LITTRÉ). — BRAVE ENTRE LES BRAVES (ID.). — *Il est* MAIGRE COMME TOUT, *ce paroissien-là !* (HUGO, *Les Misér.*, IV, 6, 2.) — *Elle est à bien prier* EXACTE AU DERNIER POINT (MOL., *Mis.*, III, 4). — *La police est* VIGILANTE EN DIABLE *en pays autrichien* (STENDHAL, *Chartr.*, t. I, p. 288). — *Je suis* ON NE PEUT PLUS SÉRIEUSE (A. DUMAS f., *Les Idées de Mme Aubray*, III, 2). — *Des détails* TOUT CE QU'IL Y A DE PLUS INTÉRESSANTS (M. PROUST, *Du côté de chez Swann*, t. I, p. 41). — *Les deux personnes (...) étaient d'une apparence* TOUT CE QU'IL Y A DE PLUS NORMALE (J. ROMAINS, *Violation de frontières*, p. 79). — *Il est* INGÉNIEUX AU POSSIBLE (AC.).

4° Par le redoublement de l'adjectif, ou encore, dans la langue parlée, par certaine intonation ; parfois même l'adjectif n'est pas exprimé : *Tapis dont les dessins* SERRÉS, SERRÉS, *ont pour nous je ne sais quoi d'énigmatique* (P. LOTI, *Vers Ispahan*, p. 235). — *La nuit était* NOIRE... — *Ces domestiques sont d'une paresse !* (M. ARLAND, *L'Ordre*, t. III, p. 132.)

La langue familière, dans des phrases emphatiques, marque le haut degré au moyen de *d'un* suivi d'un adjectif masculin pris comme neutre (§ 123, 1°) ou d'un nom employé adjectivement : *Il était* D'UN SALE (M. PROUST, *Sod. et Gom.*, t. II, p. 204). — *La tente-abri était* D'UN LOURD ! (A. DAUDET, *Tart. de Tar.*, II, VII.) — *Ces photos jaunies sont* D'UN TRISTE ! (P. DANINOS, *Vacances à tous prix*, p. 280.) — *Ça n'empêche pas qu'elle soit* D'UN RASOIR, D'UN SHEFFIELD ! (H. LAVEDAN, *Le Nouv. Jeu*, 7, cit. Brunot.)

5° Au moyen des combinaisons *des plus, des mieux*, employées au sens des adverbes d'intensité « extrêmement », « très », « bien » : *La situation était* DES PLUS EMBARRASSANTE (G. DUHAMEL, *Les Maîtres*, p. 260). (Voir § 379, *N. B.*, 2.)

Hist. — Pour exprimer le superlatif absolu, l'ancien français se servait déjà de *très*, mais aussi des adverbes *assez, beaucoup, durement, fort, grandement*, et surtout de l'adverbe *moult* (lat. *multum*) : *Il est* MULT *vielz* (*Rol.*, 523). — Il employait aussi *par*, généralement renforcé par un autre adverbe : *molt par, com par, tant par, si par, trop par*, etc. : TANT PAR *ert blancs cume flur en estet* (*Rol.*, 3162). — *Pinte, fait il,* MOLT PAR *es fole* (*Rom. de Renart*, II, 261). — *Il me desplaist* PAR TROP *de lever guerre* (RABEL., *Garg.*, 32). — De là : *c'est par trop fort.*

B. — Degré relatif.

1. — Comparatif.

363. Le **comparatif** indique une qualité égale, supérieure ou inférieure, soit à la même qualité considérée dans un autre être ou un autre objet, soit à une autre qualité. On distingue donc le comparatif *d'égalité*, le comparatif *de supériorité* et le comparatif *d'infériorité* : *Pierre est* AUSSI SAVANT *que Paul,* PLUS SAVANT *que Jean,* MOINS SAVANT *que Louis.*

Le comparatif s'exprime au moyen des adverbes *aussi, plus, moins* placés devant l'adjectif.

Remarques. — 1. On emploie parfois *mieux* devant un adjectif ou un participe pour marquer la supériorité, avec la nuance d'excellence : *Croyez que M. Abauzit (...) est non seulement un des plus savants hommes de l'Europe, mais à mon gré, le* MIEUX SAVANT (VOLT., *À d'Argental,* 14 nov. 1764). — *Rien (...) ne me paraît* MIEUX DIGNE *de ce nom* (A. GIDE, *La Porte étroite,* p. 34). — [Cf. dans le superlatif relatif : *Le bassin* [du Mississipi] *(...) le* MIEUX HUMAIN *de la planète* (Cl. FARRÈRE, *La Seconde Porte,* p. 133). — *L'emploi des mots les* MIEUX EXPRESSIFS (A. GIDE, *Feuillets d'automne,* p. 236).]

2. Le comparatif de supériorité s'exprime parfois aussi au moyen de *autrement : Armature morale* AUTREMENT VÉNÉRABLE *que les pierres gothiques* (H. BREMOND, *Pour le Romantisme,* p. 77). — *Ma poétique (...) Sera bien* AUTREMENT SAVANTE ET SALUTAIRE (MUSSET, *Après une lecture,* X).

Pour le tour *autrement plus précieux,* voir § 365.

3. Si plusieurs comparatifs se suivent, *aussi, plus, moins* s'expriment devant chaque adjectif : *Il est* PLUS *doux,* PLUS *patient et* PLUS *actif que son frère.*

Toutefois, dans la langue littéraire, on se borne parfois à mettre *aussi, plus, moins* devant le premier adjectif : *Par son ardente inquiétude Lucrèce est des nôtres —* AUSSI *beau et grand que Pascal* (É. HENRIOT, *Les Fils de la Louve,* p. 80). — *Je n'en vois point* [de ville] *où la diversité des occupations, des industries, des fonctions, des produits et des idées soit* PLUS *riche et mêlée qu'ici* (P. VALÉRY, *Regards sur le monde actuel,* p. 141). — *Claudel était beaucoup* PLUS *fin et intelligent que M. Roy ne le dit* (R. KEMP, dans les *Nouv. litt.,* 10 avr. 1958). — *La vieillesse du poète-historiographe ne fut pas* MOINS *triste et morose que celle du monarque* (SAINTE-BEUVE, *Critiques et Portr. littér.,* t. I, p. 13).

4. Pour marquer le rapport d'une grandeur A à une grandeur B en se servant du nom *fois* et de *aussi, autant, plus, moins : a)* Si A est la moitié de B, on peut dire, pour la valeur de B, soit avec idée de multiplication : *B est deux fois aussi grand que A,* ou : *vaut deux fois autant,* ou : *est deux fois plus grand,* ou : *vaut deux fois plus,* — soit avec idée d'addition : *B est une fois plus grand* (rare : *une fois aussi grand*) *que A,* ou : *vaut une fois plus ;* — pour la valeur de A, on dira, soit avec idée de division : *A est deux fois moins grand que B,* soit avec idée de soustraction (formule rare) : *A est une fois moins grand que B ;* — *b)* Si A est le tiers ou le quart, etc. de B, on peut dire, pour la valeur de B, toujours avec idée de multiplication : *B est trois (quatre) fois aussi grand que A,* ou : *vaut trois (quatre) fois autant,* ou plus ordinairement : *est trois (quatre) fois plus grand,* ou : *vaut trois (quatre) fois plus ;* — et pour

la valeur de A, toujours avec idée de division : *A est trois (quatre) fois moins grand que B*, ou : *vaut trois (quatre) fois moins.*

Exemples : *Ce corps est une fois plus long que l'autre* (LITTRÉ, s. v. *fois*, 3°). — *Cet animal est de la grosseur d'un gros rat, mais une fois aussi long* (REGNARD, *Voy. en Laponie*, p. 173, cit. Damourette-Pichon). — *Son raisin revient une fois moins cher que celui du grand domaine* (P. HAMP, *Marée fraîche*, p. 139, *ibid.*). — *J'ai fait deux fois plus, deux fois moins, deux fois autant de chemin que vous* (LITTRÉ, s. v. *fois*, 3°). — *Il entre deux fois autant de monde dans cette salle que dans l'autre* (AC., s. v. *fois*). — *Il est deux fois plus grand que vous* (DICT. GÉN.). — *Lampe qui éclaire trois fois plus que les autres* (LAROUSSE DU XXᵉ s., s. v. *fois*). — *Décupler : rendre dix fois aussi grand* (LITTRÉ). — *Une part cinq fois plus grande que celle des autres* (CHATEAUBR., *Génie*, II, 5, 3). — *On ne s'inquiétera pas de savoir (...) si la longueur AB est égale à la longueur BC, ou si elle est deux fois plus grande* (H. POINCARÉ, *La Valeur de la science*, chap. III, La Géom. qualitative). — *De façon à ce qu'elles gagnassent deux fois plus qu'elles n'avaient gagné* (SAINT-EXUPÉRY, *Citadelle*, LXVIII). — *La petite maison (...) dont le toit était deux fois plus haut que la façade* (LA VARENDE, *La Sorcière*, p. 20). — *L'infanterie (...) représentait alors des effectifs au moins trois fois supérieurs à ceux de la cavalerie* (P. GAXOTTE, *Hist. des Français*, t. I, p. 440).

A noter que *une fois et demie plus grand* est à éviter, comme équivoque : on pourrait comprendre : « augmenté de moitié » (idée de multiplication) ou : « augmenté d'un entier et demi » (idée d'addition) : *Cette poutre* [2 m], *il la faudrait une fois et demie plus longue* [3 m ? ou 5 m ?].

Hist. — Le latin disait : *altero tanto longior* (littéralement : « plus long d'encore une fois autant » ; ce que nous exprimons par « deux fois aussi long », « deux fois plus long »), *bis tanto longior* (« plus long d'encore deux fois autant » ; donc : trois fois aussi long, trois fois plus long), *sexies tanto longior* (« plus long d'encore six fois autant » ; donc : sept fois aussi long, sept fois plus long) ; ainsi il *ajoutait* à la quantité regardée comme unité le produit marqué par le numéral multiplicatif. — En ancien français, on considérait simplement la multiplication : on employait *tans* (ou *tanz*) joint comme nom pluriel à un numéral cardinal, pour exprimer une quantité à prendre autant de fois que l'indiquait le nom de nombre : *trois tans* signifiait : « trois fois autant », « trois fois plus » : *Qu'ele m'aime* MIL TANS [mille fois autant, mille fois plus] *que vous* (*Roman du comte de Poitiers*, 15, dans Tobler, p. 229). — *Il i avoit d'oisiaus* TROIS TANS [trois fois autant, trois fois plus] *Qu'en tout le remanant* [le reste] *de France* (*Rom. de la Rose*, 176).

364. Le français possède trois comparatifs synthétiques : *meilleur, moindre, pire* : *Ma gloire n'est pas* MOINDRE (CORNEILLE, *Cinna*, IV, 4). — *Les femmes sont extrêmes : elles sont* MEILLEURES *ou* PIRES *que les hommes* (LA BR., III, 53).

a) Meilleur (du lat. *meliorem*, comparatif de *bonus*, bon) est le comparatif de supériorité de *bon : Ce vin-ci est* MEILLEUR *que celui-là*. — *Trouver bon ce qui est bon, et* MEILLEUR *ce qui est* MEILLEUR (LA BR., I, 21). — *Cela est un peu* MEILLEUR (AC.). — *Ce vin est beaucoup* MEILLEUR (ID.).

En principe, *plus bon* ne se dit pas dans la langue cultivée. — Toutefois quand *bon* a pour corrélatif, dans la comparaison, un autre adjectif, il peut s'accommoder (mais le tour n'est pas courant) de l'adverbe *plus : Il est* PLUS BON *que juste.* De même quand, dans le langage familier, *bon* est pris au sens de « simple, crédule » : *Vous êtes bon de croire cela ! Et vous, vous êtes encore* PLUS BON *de croire ceci !* — En outre, *plus* peut être employé avec *bon* quand il en est séparé par un verbe : PLUS *une pierre de voûte est* BONNE *pour sa place, moins elle peut convenir ensuite pour tout autre bâtiment* (STENDHAL, *Corr.*, t. V, p. 75). — PLUS *une œuvre est* BONNE, *plus elle attire la critique* (FLAUBERT, *Corresp.*, t. II, p. 231). — PLUS *la nature est belle et* BONNE, *moins l'homme est obligé d'être actif et soigneux* (TAINE, *Voy. en Italie*, t. I, p. 12) [1].

Il faut mettre à part des phrases telles que les suivantes, où *plus* et *bon* n'ont pas entre eux le rapport qu'on observait dans le comparatif *plus bon :* 1° *Il est bon plus que juste ; plus il est bon, plus on le dupe ; il est bon, plus qu'on ne le croit ; il est, plus que son frère, bon pour ses parents. — Ce robuste appétit, pour qui toute musique est bonne, d'autant plus qu'elle est substantielle* (R. ROLLAND, *Jean-Christophe*, t. I, p. 128) [dans ces phrases, *plus* est étroitement lié à *que*] ; — 2° *Cette phrase sera plus ou moins bonne selon que...* (LITTRÉ, s. v. *plus*, Rem. 2) [*plus ou moins* est une locution adverbiale dont les éléments sont inséparables] ; — 3° *On ne saurait être plus bon enfant, plus bon vivant* [ici *bon* est inséparable du nom avec lequel il forme un nom composé, pris adjectivement et modifié par *plus*].

Dans la langue familière, on emploie parfois le superlatif *tout meilleur* [2] : *C'est un de nos* TOUT MEILLEURS *acteurs de composition* (G. MARCEL, dans les *Nouv. litt.*, 26 sept. 1957). — A noter cet exemple curieux : PLUS *leur fortune devenait* MEILLEURE, *plus ils commençaient à avoir part au malheur commun* (MONTESQ., *Consid.*, 11).

N. B. — Beaumarchais, en écrivant *Tout s'est changé, pour nous, dans* LA PLUS BONNE *des mères* (*Mar. de Fig.*, IV, 1), a eu peut-être dans la pensée la locution *bonne mère*, où *bonne* fait plus ou moins corps avec *mère*. — Notons, à ce propos, que *bon*, quoiqu'il fasse plus ou moins corps avec le nom dans certaines expressions comme *bon ami, bon apôtre, bonne foi, bonne fortune, bon garçon, bonne grâce, de bonne heure, bonne humeur, bonne mine, bon vivant, bonne volonté...*, a encore pour comparatif *meilleur* et qu'on dit : *Il vous assure cela de la* MEILLEURE FOI *du monde* (LITTRÉ, s. v. *foi*, 4°). — *Nous le recevrons lors de bien* MEILLEURE GRÂCE (CORN., *Rodog.*, II, 3). — *Demain je viendrai de* MEILLEURE HEURE (STENDHAL, *L'Abbesse de Castro*, IV). — *Avec la* MEILLEURE VOLONTÉ *du monde. Être de* MEILLEURE HUMEUR. *Avoir* MEILLEURE MINE [3].

1. Cf. dans l'ancienne langue : *Et il troeve que ce est vins, li* PLUS BONS *et li plus forz dont il onques* [jamais] *bust* (*La Queste del Saint Graal*, p. 109). — PLUS *est* BONS *clers qui plus est riches* (RUTEBEUF, *Les Plaies du Monde*, 39). — *Et le meilleur et le* PLUS BON *conseil que on vous puist donner* (FROISSART, dans Littré). — A comparer : *plus* avec *bien :* § 828, *N.B.*, 4.

2. Ne pas confondre ce tour avec celui-ci : *Je vous demande une amitié* TOUTE DES MEILLEURES *pour M. de Pellisson* (SÉV., 11 sept. 1684).

3. Cependant pour certaines de ces expressions, comme *bon ami* (= amant), *bon apôtre, bonne foi, bon mot, bon sens, bon vivant, bonne volonté*, il peut y avoir quelque doute ; si l'on admet que, dans ces cas, *bon* fait avec le nom comme un terme unique, *le meilleur bon ami, le meilleur bon apôtre, la meilleure bonne foi, le meilleur bon mot* [un *mauvais bon mot* est dans Beschcrelle], *le meilleur bon sens, le meilleur bon vivant la meilleure bonne volonté* sont-ils des monstruosités ? Il ne paraît pas ; cf. : *Situations incroyables, susceptibles de conduire le magistrat le plus scrupuleux et de la* MEILLEURE BONNE VOLONTÉ *à se tromper lourdement* (M. GARÇON, dans *Lectures pour tous*, mars

b) Moindre (lat. *minorem*, comparatif de *parvus*, petit) est un comparatif de supériorité de *petit*. — Ce mot n'est guère employé en dehors de la langue littéraire ; il a surtout le sens de « moins grand » : *Son mal n'est pas* MOINDRE *que le vôtre* (AC.). — *Une étoffe de* MOINDRE *prix* (ID.). — *Des rois* MOINDRES *que vous* (RAC., *Mithr.*, III, 1). — *On dirait que ce qui importe à quelques-uns, c'est qu'un homme ait été* MOINDRE *qu'on ne pensait* (P. VALÉRY, *Remerc. à l'Ac. fr.* ; éd. Pléiade, t. I, p. 724).

Au sens concret, on dit toujours *plus petit : Cette chambre-là est* PLUS PETITE *que celle-ci*. — *Moindre* signifie parfois *moins bon*. *Ce vin-là est* MOINDRE *que l'autre* (LITTRÉ).

c) Pire (lat. *pejorem*, comparatif de *malus*, mauvais) est, dans l'usage ordinaire, beaucoup moins courant que *plus mauvais*. Il se trouve dans des phrases proverbiales : *Il n'y a* PIRE *eau que l'eau qui dort*. *Il n'y a* PIRE *sourd que celui qui ne veut pas entendre*. *Le remède est* PIRE *que le mal*. — D'une manière générale, il a une teinte plutôt littéraire : *Le* PIRE *des États, c'est l'État populaire* (CORN., *Cinna*, II, 1). — *Il y a des exemples qui sont* PIRES *que les crimes* (MONTESQ., *Consid.*, 8). — *Deux ennemis ! le czar, le nord. Le nord est* PIRE (HUGO, *Chât.*, V, 13, 1). — *On me fait voir une toile récente de Bérard (...). C'est bien* PIRE *que mauvais, c'est quelconque* (J. GREEN, *Journ.*, 10 mars 1949).

Dans la plupart des cas, on peut employer l'un pour l'autre *pire* ou *plus mauvais*, mais, en général, on se sert de *plus mauvais* quand *mauvais* a le sens de « fâcheux, importun, impropre » : *Cette excuse est* PIRE (ou : PLUS MAUVAISE) *que la faute. Sa vue est* PLUS MAUVAISE *que jamais*.

Remarque. — De *pire* on peut rapprocher le neutre *pis* (lat. *pejus*). Les deux mots peuvent s'employer comme adjectifs et comme noms : *C'est bien la* PIRE *peine* (P. VERLAINE, *Romances sans paroles*, Ariette). — *Il n'y a rien de* PIS *que cela* (AC.). — *Il n'est point de degrés du médiocre au* PIRE (BOIL., *Art p.*, IV). — *Le* PIS *du destin* (LA F., *F.*, IX, 2). — *En mettant tout au* PIS (AC.). — *En mettant tout au* PIRE (Fr. MAURIAC, *Les Anges noirs*, p. 215). — *J'avais fait* PIRE *qu'oublier son nom* (ID., *Mém. intérieurs*, p. 31).

En particulier ils peuvent s'employer l'un et l'autre comme adjectifs se rapportant à un pronom neutre : *C'est bien* PIS (AC.). — *Dans un sens c'était* PIRE (J.-J. GAUTIER, *Histoire d'un fait divers*, p. 95). — *Rien de* PIS, *rien de* PIRE. — *Ce qu'il y a de* PIRE (AC., s. v. *pis*). — *Ce qu'il y a de* PIS.

Mais ils diffèrent en ceci que *pis* ne se joint jamais à un nom et qu'il peut être adverbe ou nominal : *Aller de mal en* PIS. *Dire* PIS *que prendre de quelqu'un*.

Plus pire et *tant pire* appartiennent à la langue populaire.

1960, p. 41). — Ces assemblages ne choquent guère, semble-t-il, du moins dans la langue de tous les jours — et notamment quand *meilleur* et *bon* sont séparés l'un de l'autre : *Les* BONS MOTS *les* MEILLEURS *peuvent blesser. La* BONNE VOLONTÉ *la* MEILLEURE *ne suffit pas toujours*. — Il va de soi que si l'on admet *le meilleur bon ami, le meilleur bon mot*, etc., il faut admettre également *le pire bon ami, le pire bon mot*, etc.

365. Le comparatif de supériorité ou d'infériorité peut être renforcé au moyen de *bien* ou de *beaucoup* (parfois : *de beaucoup* : voir § 844, *a*, Rem. 1), *un peu, autrement, infiniment*, etc. : *L'honneur est* BIEN (ou BEAUCOUP) *plus précieux que l'argent.* — *Vous êtes plus savant* DE BEAUCOUP (Ac.). — *Ce vin est* BEAUCOUP *meilleur* (ID.). — *Cet homme, cet enfant est devenu pire,* BIEN *pire qu'il n'était* (ID.). — *Dans ces conditions, l'inconvénient sera* BEAUCOUP *moindre, sera moindre* DE BEAUCOUP (ID.). — *Il est* BEAUCOUP (ou DE BEAUCOUP) *plus savant.* — *Un discours* UN PEU *moins long.*

L'usage s'est introduit assez récemment de renforcer le comparatif de supériorité au moyen de *autrement*. Cet usage de *autrement plus*, André Gide (*Journal 1939-1942*, p. 128) le trouve « déplorable » : « *autrement*, dit-il, suffisait, ou *bien plus* ». — Cependant *autrement plus* s'impatronise de plus en plus : *Les belles déceptions, les échecs grandioses sont* AUTREMENT PLUS *précieux que ce qu'on nomme le succès* (A. THÉRIVE, dans le *Temps*, 8 déc. 1938). — *Il était devenu* AUTREMENT PLUS *souple* (J. et J. THARAUD, dans *Conferencia*, 15 avr. 1947, p. 157). — *Un « merveilleux »* AUTREMENT PLUS *vaste* (R. MARTIN DU GARD, *Les Thibault*, VIII, p. 290). — *Pour voir mon rôle et mon apport réduits à des proportions* AUTREMENT PLUS *modestes que celles que vous leur prêtez* (MONTHERLANT, *La Petite Infante de Castille*, p. 178). — *Vous oubliez, dit lentement Grant, que l'enjeu était* AUTREMENT PLUS *cher* (VERCORS, *Les Yeux et la Lumière*, p. 126).

Dans les phrases exclamatives, le comparatif peut se renforcer au moyen de *tellement* : *C'est* TELLEMENT PLUS *beau* [de jouer du piano] *quand on est seul !* (R. ROLLAND, *Jean-Christophe*, t. I, p. 123.)

366. Complément du comparatif. Le second terme de la comparaison s'introduit généralement par la conjonction *que* (lat. *quam*) : *Meilleur* QUE *son frère. Moins long* QUE *vous ne pensiez.*

Remarques. — 1. *Antérieur, supérieur, postérieur, inférieur*, qui étymologiquement sont des comparatifs, introduisent par *à* le second terme de la comparaison : *Ce contrat est antérieur à l'autre* (Ac.).

Majeur, mineur n'admettent pas de complément.

2. Quand l'adjectif est précédé de *à demi, à moitié*, etc., le comparatif de supériorité s'exprime par *plus de* ou, plus souvent, par *plus que* (§ 851, *a*, Rem. 2) : *Cela est* PLUS D'*à demi fait* (Ac.). — *Cela est* PLUS QU'*à demi fait* (ID.).

Hist. — L'ancienne langue, jusqu'au XVIe siècle, employait régulièrement *de* pour amener le nom ou le pronom complément du comparatif ; ce tour correspondait à l'ablatif latin de comparaison : *Meillors vassals* DE *vos unkes ne vi* [Jamais je ne vis meilleurs vassaux que vous] (*Rol.*, 1857). — *Nul plus vaillant* DE *lui* (ADAM LE BOSSU, *Jeu de la Feuillée*, 715). — *Car* DE *moi n'est plus amoureux en France* (E. DESCHAMPS, t. III, p. 262). — De là le tour actuel avec un nom de nombre : *moins* DE *deux ans, plus* DE *cent francs ;* de là aussi la locution *à moins de*. (Voir aussi : *Je suis le même* D'*hier* : § 459, A, 1°, Hist.)

On se servait parfois aussi, dans la vieille langue, de *sur, dessus* (lat. *super ceteros*), pour marquer la comparaison : *Beaux, bien faits et jolis* SUR *tous leurs compagnons* (LA F., *F.*, V, 18).

2. — Superlatif relatif.

367. Le **superlatif relatif** exprime la qualité au degré le plus élevé ou le plus bas, par comparaison soit avec l'être ou l'objet dont il s'agit, considéré dans des circonstances différentes, soit avec un ou plusieurs autres êtres ou objets. — On distingue donc le superlatif *de supériorité* et le superlatif *d'infériorité*.

Le superlatif relatif est formé du comparatif précédé de l'article défini : *Le vers* LE MIEUX REMPLI, LA PLUS NOBLE *pensée* (BOIL., *Art p.*, I). — LE PLUS DOUX *des hommes. C'est au sein de sa famille qu'il est* LE PLUS HEUREUX. — LE MOINDRE *d'entre nous* (BOIL., *Lutr.*, III).

Remarques. — 1. Le comparatif servant à former le superlatif relatif peut être placé avant le nom : LE MEILLEUR *ami*, LE MEILLEUR *des amis*, *mon* MEILLEUR *ami*. — Il peut aussi être placé après le mot auquel il se rapporte : *L'ami* LE MEILLEUR, *son ami* LE MEILLEUR. *Lequel de vos amis est* LE MEILLEUR ? *Ce qu'il y a de* MEILLEUR.

Les superlatifs *le moindre, le pire* se placent avant le nom auquel ils se rapportent : LE MOINDRE *obstacle l'arrête* (AC.). — AU MOINDRE *bruit, il s'éveille* (ID.). — LES PIRES *ennemis sont les flatteurs. — Votre* PIRE *ennemi, c'est ce flatteur* (LITTRÉ). — Ce n'est qu'exceptionnellement qu'on le met après le nom : *Je l'examinais chaque jour* [une chrysalide], *mais sans découvrir le changement* LE MOINDRE (A. GIDE, cité par Ch. Du Bos dans *Le Dialogue avec André Gide*, p. 29).

2. Ce comparatif est toujours précédé de l'article défini, sauf dans deux cas : quand il est précédé d'un adjectif possessif : *mon meilleur ami ;* et quand il est précédé de la préposition *de : ce qu'il y a de meilleur.*

Il est exceptionnel qu'il soit précédé d'un adjectif déterminatif autre qu'un possessif : *La folie de ce* PLUS DOUX *des hommes* [Nerval] *était brutale quelquefois* (É. HENRIOT, dans le *Monde*, 21 mai 1958).

Hist. — L'expression de l'article devant le superlatif relatif postposé, attestée déjà au XIIIᵉ siècle, ne s'est imposée qu'à la fin du XVIIᵉ. Exemples de l'ancien usage : *Mais je vais employer mes efforts plus puissants* (MOL., *Ét.*, V, 7). — *Chargeant de mon débris les reliques plus chères* (RAC., *Bajaz.*, III, 2).

3. Le superlatif relatif peut être renforcé par *de beaucoup, de (bien) loin, du monde*, etc. : *Le fabuliste* DE BEAUCOUP *le plus célèbre. C'est le plus méchant homme* DU MONDE.

C. — Adjectifs sans degrés de comparaison.

368. Certains adjectifs ne comportent pas de degrés de comparaison, parce qu'ils ont une signification absolue, qui rejette toute modification en plus ou en moins ou parce qu'ils sont déjà eux-mêmes des comparatifs ou des superlatifs : *aîné, cadet, carré, circulaire, double, équestre, excessif, premier, dernier, principal, triple, unique, majeur, mineur, citérieur, ultérieur, ultime,* etc.

Remarques. — 1. Quoique impliquant l'idée d'un haut degré d'éminence, certains adjectifs comme *absolu, achevé, divin, énorme, essentiel, éternel, excellent, extrême, immense, indispensable, parfait, suprême, universel,* etc., peuvent, à l'occasion, prendre les degrés de comparaison :

Le parti le plus cruel, LE PLUS ABSOLU *dans la poursuite de ses buts* (A. ARNOUX, *Bilan provisoire,* p. 232). — *Jamais on n'a vu tyran* PLUS ACHEVÉ (CORN., *Perth.,* IV, 2). — *L'auteur* LE PLUS DIVIN (BOIL., *Art p.,* I). — *Il se portait d'ailleurs aux crimes* LES PLUS ÉNORMES (BOURDALOUE, *Hypocrisie*). — *Les témoins* LES PLUS ESSENTIELS *s'étaient dérobés* (H. TORRÈS, *Accusés hors série,* p. 159). — *Des monuments* PLUS ÉTERNELS (HUGO, *Odes,* IV, 6, 3). — *C'était une femme et une mère dans* LA PLUS EXCELLENTE *acception de ces deux mots* (E. FROMENTIN, *Dominique,* I). — *Je crois qu'ils n'auraient pas pris une résolution* AUSSI EXTRÊME (M. BARRÈS, *Un Homme libre,* p. XVIII). — *Dans nos* PLUS EXTRÊMES *démences* (A. CAMUS, *L'Été,* p. 110). — *Le pouvoir* LE PLUS IMMENSE (MONTESQ., *Cons.,* 22). — *La folie humaine,* PLUS IMMENSE *que la mer* (R. ROLLAND, *Les Précurseurs,* p. 59). — *Sa présence était* PLUS INDISPENSABLE *que la nôtre* (H. TORRÈS, *Accusés hors série,* p. 159). — *Ravi d'une conversion (...)* AUSSI PARFAITE (BOSS., *Anne de Gonz.*). — LE PLUS SUPRÊME *des souffles* (L. BLOY, *La Femme pauvre,* p. 114).

2. *Antérieur, extérieur, inférieur, intérieur, postérieur, supérieur* (qui sont étymologiquement des comparatifs), ainsi qu'*infime, intime* et *minime* (qui sont étymologiquement des superlatifs), ont pu prendre la valeur de positifs ; on les trouve avec des degrés de comparaison dans de bons auteurs :

La vocation du naturaliste est chez lui TRÈS ANTÉRIEURE *à celle du psychologue* (Ch. DU BOS, *Le Dialogue avec André Gide,* p. 28). — *Les plaisirs* PLUS EXTÉRIEURS (J. et J. THARAUD, *Notre cher Péguy,* t. I, p. 69). — *Il serait* TRÈS INFÉRIEUR *à ces Iroquois* (VOLT., *Dict. philos.,* Homme). — *On pourrait dire :* LA PLUS INFÉRIEURE *de ces couches* (LITTRÉ). — [*Des espèces*] TRÈS INFÉRIEURES (Ch. MAURRAS, *Mes Idées politiques,* p. 116). — *Il y a une salle* PLUS INTÉRIEURE (J. ROMAINS, *Les Hommes de bonne vol.,* t. III, p. 168). — *Ce n'est pas une religion* TRÈS INTÉRIEURE (A. THIBAUDET, *Hist. de la Littérature franç.,* p. 27). — *Une époque* TRÈS POSTÉRIEURE *à celle de l'intaille* (A. FRANCE, *Crainquebille,* p. 212). — *Une langue (...)* AUSSI SUPÉRIEURE *à la langue (...) de Lamartine qu'à celle de Vigny* (A. BELLESSORT, *V. Hugo,* p. 12). — *Des moyens techniques* TRÈS SUPÉRIEURS *à ceux de l'antiquité* (A. SIEGFRIED, *Savoir parler en public,* p. 151). — *Dans le fond* LE PLUS INTIME *du cœur* (BOSS., *États d'or.,* V, 24). — *Aide-major de classe* TRÈS INFIME (A. DAUDET, *Port-Tarascon,* II, 3). — *Un accident* DES PLUS INFIMES (J. ROMAINS, *Violation de frontières,* p. 141). — *L'intérêt était* DES PLUS MINIMES (STENDHAL, *Corresp.,* t. IX, p. 269). — *Chacun des épisodes* LES PLUS MINIMES *de notre existence temporelle* (P. CLAUDEL, *La Rose et le Rosaire,* p. 192). — *Il se produisit un incident* TRÈS MINIME (G. DUHAMEL, *La Passion de Jos. Pasquier,* XI). — *Leurs techniciens (...) tirent parti des moindres circonstances qui permettent* LA PLUS MINIME *économie de travail et de matière première* (M. MAETERLINCK, *La Vie des Termites,* p. 52).

D. — Comparaison des noms.

369. En principe, les adjectifs seuls sont susceptibles des degrés de comparaison. Quant aux noms, ils expriment la substance d'une manière absolue, sans qu'ils puissent éveiller aucune idée de graduation : une table n'est pas plus ou moins table.

Cependant les noms, et principalement les noms d'êtres animés, reçoivent parfois la marque du comparatif ou du superlatif. Ils tiennent alors de la nature de l'adjectif et peuvent servir d'épithètes ou d'attributs : *Le* PLUS ÂNE *des trois* (LA F., *F.*, III, 1). — *Il semble même vouloir contenter les* PLUS GENS DE BIEN (BOSS., *Pol.*, VII, 3, 9). — *Après avoir en notre vie amusé les* PLUS GENS DE BIEN (Th. GAUTIER, *Cap. Fracasse*, VI). — *La cour où sont les* PLUS GENS DE GOÛT (ID., *ib.*, XV). — *Guise (...) Fut plus grand*, PLUS HÉROS (VOLT., *Henr.*, III). — *Une Sévigné* PLUS SÉVIGNÉ *qu'elle ne l'avait jamais été jusqu'ici* (SAINTE-BEUVE, *Nouv. Lundis*, t. I, p. 285). — *Il* [Numa] *se montra fort religieux*, PLUS PRÊTRE *que guerrier* (FUSTEL DE COULANGES, *La Cité antique*, IV, 3). — *Malgré que (...)* LES PLUS GENS D'ESPRIT *d'Europe y fussent réunis* (M. PROUST, *Les Plaisirs et les Jours*, p. 33). — *Un vieillard malheureux est* PLUS VIEILLARD *qu'un autre* (A. SUARÈS, *Sur la vie*, t. I, p. 177). — *Jamais Salavin ne fut* PLUS SALAVIN *que pendant ces saisons amères* (G. DUHAMEL, *Semailles au vent*, p. 17). — *La France a été (...) une patrie* PLUS PATRIE *que les autres* (G. BERNANOS, *La Liberté, pour quoi faire ?* p. 47).

Parfois le nom est intimement uni au verbe et forme avec lui une locution verbale. Mais alors on n'a pas affaire à un comparatif du nom : la locution verbale est globalement modifiée par *plus, très, trop*, etc. · *J'ai bien soif et bien faim* (MUSSET, *La Coupe et les Lèvres*, I, 1). — *Elle eut bien peur* (FLAUBERT, *L'Éduc. sentim.*, t. II, p. 148). — *Il a raison, très raison* (MAUPASSANT, *Mont-Oriol*, p. 343). — *Je n'avais pas très envie de parler* (A. LICHTENBERGER, *Les Contes de Minnie*, p. 235). — *Il avait aussi hâte que quiconque de savoir Christophe en France* (R. ROLLAND, *Jean-Christophe*, t. IV, p. 309). — *A-t-il si tort ?* (LA VARENDE, *La Normandie en fleurs*, p. 94.) — *Jamais elle n'avait eu si envie de les tenir* [des cahiers] *dans ses mains* (J.-L. VAUDOYER, *La Reine évanouie*, p. 171). — *La tranquillité d'esprit dont j'aurais pourtant si besoin* (Ch. DU BOS, *Journal 1921-1923*, p. 101). — *J'avais très mal à la tête* (A. FRANCE, *Le Jardin d'Épicure*, p. 192). — *Il avait eu bien raison de ne pas acheter ces terrains* (MONTHERLANT, *L'Équinoxe de septembre*, p. 30). — *Il faut prendre très garde ici aux paroles qu'on prononce* (J. COCTEAU, *Maalesh*, p. 54). — *La plus digne d'amour* [une âme] *qui a le plus besoin d'amour* (Th. MAULNIER, *Le Profanateur*, III, 2). — *Les gens avaient trop besoin d'un prêtre* (H. QUEFFÉLEC, *Un Recteur de l'île de Sein*, p. 168).

Hist. — Le latin exprimait les degrés de comparaison au moyen de flexions spéciales. L'adjectif *doctus*, par exemple, donnait, au comparatif, *doctior*, et au superlatif, *doctissimus*. — *Doctior* signifiait « plus savant », mais aussi « assez savant, fort savant ». — *Doctissimus* signifiait « très savant » ou encore « le plus savant ». Il y avait là insuffisance de formes pour marquer les nuances de degré. Aussi le gallo-roman abandonna le système latin et employa des adverbes au lieu de terminaisons spéciales. Néanmoins il possédait encore quelques formes comparatives telles que *graignor* (plus grand), *genzor* (plus beau, plus « gent »), etc., qui n'ont pas survécu au moyen âge : *Mes peres* [mon père] *avoit deus enfanz, moi et un autre* MENOR *de moi* [plus petit que moi] (*Vie de s. Eustache*, XXVIII, 17-18). — *La* GRIGNEUR [plus grande] *partie des Communautés de l'ost* [de l'armée] (FROISSART, t. X, p. 395). — *Par mon serment, c'est le* GRIGNEUR *Trompeur* (*Pathelin*, 1361).

La langue n'a gardé que *meilleur, moindre* et *pire* (au neutre : *mieux, moins, pis*) et quelques comparatifs de formation savante cités au § 244, 1°, c.

Quelques anciennes formes comparatives ont pris un sens technique ou sont devenues des noms. Les voici avec leur valeur étymologique : *Majeur, major, maire, maïeur* [1] (lat. *major*) = plus grand. *Sire, seigneur, sieur* (lat. *senior*) = plus vieux. *Juveigneur*, terme féodal (lat. *juvenior*) = plus jeune. *Gindre* (lat. *junior*) = plus jeune.

Quant aux superlatifs latins, la langue populaire n'en a gardé aucun avec sa valeur propre. — Ajoutons qu'au XVIᵉ siècle, des poètes et des grammairiens ont fait de stériles efforts pour faire revivre en français les comparatifs et les superlatifs latins.

IV. — ACCORD DE L'ADJECTIF QUALIFICATIF

370. Règle générale. — L'adjectif qualificatif (épithète, adjectif détaché, attribut) s'accorde en genre et en nombre avec le nom ou le pronom auquel il se rapporte : *Une* BONNE *parole. De* BEAUX *discours. Les troupes,* FURIEUSES, *saccagèrent la ville. Ils paraissent* CONTENTS.

N. B. — 1. On laisse au singulier l'adjectif (ou le participe) se rapportant à *nous, vous* employés comme pronoms de modestie, de majesté, de politesse ou de société (§§ 493 et suiv.) pour désigner une seule personne : voir § 495, Rem. 2.

2. L'adjectif attribut joint à un infinitif dépendant d'un verbe ou d'un nom s'accorde avec le mot auquel, dans le contexte ou dans la pensée, il se rapporte logiquement : *Nous sommes sérieusement lus et discutés ; (...) il faut en être* FIERS (R. MARTIN DU GARD, *Jean Barois*, p. 208). — *Albertine : Il fallait être* POLIE *avant tout* (M. PROUST, *Sodome et Gomorrhe*, II, 2, p. 13). — *L'époque où les gens bien élevés observaient la règle d'être* AIMABLES (ID., *ib.*, p. 213). [Exemples cités par P. Hœybye.] — *C'est ainsi que la Providence en agit (...) avec nous pour nous rendre* IDÉALISTES (M. BARRÈS, *Un Homme libre*, p. XIX). — *Mes amis, apprenez à être* LOYAUX. — Il ne serait pas illogique, dans certains cas, de rapporter l'adjectif à un terme vague, comme *on*, et de le laisser au masculin singulier.

3. Pour l'accord de l'adjectif se rapportant à un titre d'ouvrage, cf. § 813, *a*, note.

371. Quand un adjectif qualificatif se rapporte à plusieurs noms ou pronoms, il se met au pluriel et prend le genre des mots qualifiés : *Un livre et un cahier* NEUFS *Servitude et grandeur* MILITAIRES. — *La charrue et la faux* PATERNELLES (A. FRANCE, *Le Génie latin*, p. 380). — *Un homme d'une honnêteté, d'une loyauté* PARFAITES (H. BERNSTEIN, *Le Cœur*, I, 5). — *La figure, sans âge, est d'une laideur, mais d'une intelligence* SATANIQUES (R. MARTIN DU GARD, *Jean Barois*, p. 170). — *La misère et la ruine* GÉNÉRALES (G. DUHAMEL,

---

1. En Belgique, wallon ou familier, pour « bourgmestre ».

Manuel du protestataire, p. 18). — *Une faim, une soif* INCONNUES *la ravagèrent* (J. GREEN, *Minuit*, p. 271).

Si les mots qualifiés sont de genres différents, l'adjectif se met au masculin pluriel [1] ; quand l'adjectif a pour les deux genres des terminaisons de prononciations fort différentes, l'harmonie demande que le nom masculin soit rapproché de l'adjectif : *Avec une gaîté et un accent* GASCONS (STENDHAL, *Chartr.*, t. II, p. 183). — *Ta tombe et ton berceau sont* COUVERTS *d'un nuage* (LAMART., *Nouv. Méd.*, Bonap.). — *Une tête et un buste* HUMAINS (A. FRANCE, *L'Ile des Pingouins*, p. 39).

Quand l'adjectif a au masculin et au féminin des terminaisons ne différant pas pour l'oreille, quoique différentes pour l'œil, le voisinage immédiat de l'adjectif masculin pluriel et du nom féminin est plausible : *Jamais je n'avais vu réveil du jour sur un silence et une solitude* PAREILS (E. JALOUX, *Le Voyageur*, p. 82). — *C'étaient trois jeunes femmes d'un esprit et d'une beauté* EXCEPTIONNELS (VILLIERS DE L'ISLE-ADAM, *Contes cruels*, p. 100). — *Ils* [des livres] *m'offraient alors un sens, une émotion* INCONNUS (M. ARLAND, *La Vigie*, p. 37). — Mais si l'adjectif a au féminin une terminaison différant nettement, pour l'oreille, de celle du masculin, le voisinage dont il vient d'être parlé a quelque chose de choquant. Cependant certains auteurs s'en accommodent volontiers : *À tous ses instincts naturels ce penchant donne une forme, un caractère et une énergie* PARTICULIERS (É. FAGUET, *Politiq. et Moralistes du XIXᵉ s.*, t. III, p. 4). — *Des occupations qui ont leurs temps et leurs élégances* PARTICULIERS (P. VALÉRY, *Eupalinos*, pp. 192-193). — *Avec un savoir et une adresse* MERVEILLEUX (M. PROUST, *Du côté de chez Swann*, t. I, p. 180). — *C'est une chance d'avoir eu un père et une mère* EXCELLENTS (É. HENRIOT, *Le Livre de mon père*, p. 9). — *Ce misérable exode de pères et de mères* COURAGEUX (H. BORDEAUX, *Le Remorqueur*, VI). — *Un relief et une solidité* ÉTONNANTS (ALAIN, *Propos*, éd. Pléiade, p. 520). — *Un courage et une consolation* PASSAGERS (M. PRÉVOST, *Mlle Jaufre*, III, 2).

Quand un ou plusieurs mots s'intercalent entre l'adjectif masculin pluriel et le nom féminin, l'oreille n'a plus guère de sujet de se trouver offensée : *Il racontait avec un charme et une facilité vraiment* DÉLICIEUX (A. MAUROIS, *Études anglaises*, p. 233). — *Une littérature qui les parait* [les femmes] *d'un mystère et d'une profondeur aussi* AVANTAGEUX (M. AYMÉ, *Le Confort intellectuel*, p. 132).

Remarques. — 1. Parfois l'adjectif, quoique se rapportant à plusieurs noms, ne s'accorde qu'avec le plus rapproché [2] :

Tant elles [les lettres] *étaient mortifiantes pour la vanité et la jalousie* PERSANE (MONTESQ., *L. pers.*, Préf.). — *Ses moindres actions étaient d'une correction et d'une gravité* ADMIRABLE (TAINE, *Voy. aux Pyrénées*, p. 275). — *Il s'épanche sans réserve avec une abondance, une sensibilité* FÉMININE *qui fait sourire* (MICHELET, *La Mer*, IV, VII). — *Des agissements et des correspondances* TROUBLANTES *avec l'ennemi* (L. BATIFFOL, *Richelieu et Corneille*, p. 138). — *Le rythme de la pensée et de la sensibilité*

---

1. Voir à la fin du volume l'arrêté du 26 février 1901 : *Liste*, VI, 2.

2. Dans la phrase suivante, de Maeterlinck, l'accord est fait avec le nom le plus éloigné (faute typographique ?) : *Je n'ai donc pas avancé un fait, rapporté une observation qui ne soit* INCONTESTÉ *et facilement vérifiable* (*La Vie des Termites*, Bibl. Charpentier, Fasquelle, 1926, p. 12).

BARRÉSIENNE (H. BREMOND, *Pour le Romantisme*, p. 152). — *L'Académie royale de langue et de littérature* FRANÇAISE *de Belgique* (P. VALÉRY, *Disc. sur É. Verhaeren* ; éd. Pléiade, t. I, p. 756). — *L'être qui pouvait me jeter dans un désespoir et une agitation* PAREILLE (M. PROUST, *Albertine disparue*, t. I, p. 37). — *C'est l'influence, la volonté, le génie* NAPOLÉONIEN *qui se faisaient partout sentir* (J. BAINVILLE, *Bismarck et la France*, p. 187). — *Se constituer une pensée et une conduite* PERSONNELLE (Fr. MAURIAC, *Paroles catholiques*, p. 26). — *Elle était la bizarrerie et la bonne humeur* MÊME (ALAIN-FOURNIER, *Le Grand Meaulnes*, p. 238). — *Toute guerre autrefois avait été pour les peuples européens un moyen de conquérir (...) un goût et une aise* NOUVELLE (J. GIRAUDOUX, *Sans pouvoirs*, p. 129). — *Avec une verve et une gaieté* COMMUNICATIVE (É. HENRIOT, dans le *Monde*, 21 sept. 1955). [Voir § 459, A, 2°, Rem.]

Dans la formule reçue *bonne vie et mœurs*, il est d'usage de faire cet accord par voisinage : *Certificat de* BONNE *vie et mœurs* (Ac.). — *Un homme de* BONNE *vie et mœurs* (Fr. MAURIAC, *Vie de Jésus*, p. 88). — *Il avait demandé un certificat de* BONNE *vie et mœurs* (M. GARÇON, *Louis XVII*, p. 320). — *Il ne s'agit pas de savoir si Benjamin Constant mérite un certificat de* BONNE *vie et mœurs* (J. de LACRETELLE, *Les Maîtres et les Amis*, p. 67). — *Même accord dans : Quelle ivresse (...) de distribuer des certificats définitifs de* MAUVAISE *vie et mœurs* (A. CAMUS, *La Chute*, p. 165).

2. Quand l'accord du verbe ayant plusieurs sujets postposés est fait avec le premier seulement de ces sujets (§ 805, Rem. 4), l'adjectif attribut s'accorde forcément lui aussi avec le premier sujet : TEL *était le courage et le dévouement des marins...* (J. et J. THARAUD, *Le Rayon vert*, p. 149). — Voir aussi au § 805, Rem. 4, l'exemple de Michelet.

S'il n'y a pour les deux noms qu'un article singulier (tour archaïque : voir § 333, *Hist.*), l'adjectif se rapportant à ces deux noms se met au singulier [1] : *La naïveté et malice* GAULOISE (SAINTE-BEUVE, *Caus. du Lundi*, t. I, p. 257).

3. Le sens exige parfois que l'accord n'ait lieu qu'avec le dernier nom : *Venez avec votre père et votre frère* AÎNÉ. *Son air et son œil* ÉTINCELANT *indiquaient une colère terrible.*

Hist. — La langue du moyen âge faisait ordinairement l'accord de l'adjectif avec le nom le plus proche. Les auteurs du XVIIᵉ siècle suivaient encore assez souvent cet usage : *Consacrer ces trois jours et ces trois nuits* ENTIÈRES (RAC., *Ath.*, I, 2). — *Ils semblent avoir tout l'esprit et tout le cœur* APPLIQUÉ (LA BR., VIII, 74). — *Le bras et le pied* NU (CORN., *Médée*, IV, 2). — Vaugelas (*Rem.*, p. 82) préférait l'accord avec le dernier nom ; Malherbe, au contraire, voulait l'accord simultané.

372. Plusieurs adjectifs qualificatifs, tous au singulier, peuvent se rapporter à un même nom, qui ne se trouve exprimé qu'une fois, mais au pluriel : *Aux* SEPTIÈME, HUITIÈME *et* NEUVIÈME *siècles* (VOLT., *Mœurs*, LXXXI). — *Ils donnent aux deux minorités* JUIVE *et* PROTESTANTE *un traitement de faveur* (M. BARRÈS, *L'Appel au soldat*, t. II, p. 83). — *Il y fallait l'ambiance des philosophies* ARYENNE, CHINOISE *et* MALAISE (Cl. FARRÈRE, *Les Civilisés*, X). — *Il faudra bien de toute urgence organiser les* DEUXIÈME *et* TROISIÈME *positions* (J. ROMAINS, *Les Hommes de b. vol.*, t. XVI, p. 87). — *Les littératures* ESPA-

---

1. On trouve parfois le pluriel (mais cela se justifie mal) : *Dans le mal, la logique touche à la méchanceté et lâcheté* SUPRÊMES (A. SUARÈS, *Vues sur l'Europe*, p. 138).

GNOLE *et* ITALIENNE (G. DUHAMEL, *Refuges de la lecture*, p. 241). — *Les statuaires* GRECQUE *et* CHINOISE (A. MALRAUX, *Les Voix du silence*, p. 412).

Le plus souvent on laisse le nom au singulier, mais on le répète avec chaque adjectif : *Le* CODE *civil et le* CODE *pénal*. (Pour les divers tours possibles, voir § 334, *a* et Rem. 3).

373. Quand l'adjectif est en rapport avec plusieurs noms joints par une conjonction de comparaison : *comme, ainsi que*, etc., il s'accorde avec le premier terme de la comparaison si la conjonction garde sa valeur comparative ; mais on fait l'accord simultané si la conjonction est copulative : *L'aigle a le bec, ainsi que les serres,* PUISSANT *et* ACÉRÉ (conjonction comparative). — *Il avait la main ainsi que l'avant-bras tout* NOIRS *de poussière* (conj. copulative).

374. Quand l'adjectif est en rapport avec des noms synonymes ou placés par gradation, il s'accorde avec le dernier, qui exprime l'idée dominante : *Un courage, une énergie peu* COMMUNE. — *Je revenais (…) à une soumission, à une tendresse, à une vénération* IDOLÂTRE (B. CONSTANT, *Adolphe*, III).

375. Quand l'adjectif est en rapport avec deux noms joints par *ou*, il s'accorde le plus souvent avec le dernier : *Autour d'eux, une indifférence ou une hostilité* PROFONDE (J. et J. THARAUD, *Le Passant d'Éthiopie*, p. 21). — Cet accord est obligatoire si l'adjectif ne qualifie évidemment que le dernier nom : *Une statue de marbre ou de bronze* DORÉ.

On fait l'accord avec les deux noms si l'on veut marquer que l'adjectif qualifie chacun d'eux : *On demande un homme ou une femme* ÂGÉS. — *Les Samoïèdes se nourrissent de chair ou de poisson* CRUS (LITTRÉ, s. v. *ou*, 3°). — *On doit voir un rouge ou un violet plus* INTENSES *que ceux du spectre* (TAINE, *De l'Intelligence*, t. I, p. 229). — *Par une ambition ou une rancune* INDIGNES *de son grand cœur* (J. BAINVILLE, *Hist. de trois générations*, p. 91).

Littré ne fait pas de distinction ; pour lui, « l'adjectif se rapportant à deux ou plusieurs substantifs construits avec *ou* se met au pluriel » (s. v. *ou*, 3°). — Cette règle est souvent démentie par l'usage.

376. Quand l'adjectif suit un complément déterminatif, il s'accorde avec le nom déterminant ou avec le nom déterminé, suivant le sens : *Des pièces de drap* NOIR. *Un tas de fagots très* HAUT. *Du poisson de mer* FRAIS. *Un groupe de soldats* BLESSÉS.

N. B. — 1. L'adjectif se rapportant à une des expressions *espèce de, façon de, manière de, sorte de*, au moyen desquelles on marque que l'être ou l'objet désigné par le nom qui suit n'est nommé que par à peu près, s'accorde avec ce nom qui suit, parce que *espèce de, façon de, manière de, sorte de* n'ont qu'une valeur adjective (§ 303, Rem. 2) : *Une espèce d'avocat se déclara* PRÊT *à me servir*. — *Espèce de balcon (…)* GARNI *d'un premier rang de spectateurs* (BESCHERELLE, s. v. *podium*). — *Une sorte de nain,* FURIEUX, *m'interpella*.

2. Souvent l'adjectif en rapport avec un collectif (ou un terme quantitatif) suivi de son complément s'accorde avec ce complément mais il peut se faire que la pensée

l'arrête sur le collectif (ou le terme quantitatif) : l'adjectif se met alors au masculin singulier :

a) Une partie du linge est BLANC ; *une partie du capital reste* IMPRODUCTIF. *La moitié (une moitié) du terrain est* FANGEUX. *Plus de la moitié (plus d'une moitié, une bonne moitié) du pays est* MONTAGNEUX. *Le tiers de la population est* LÉPREUSE. *Un peu de patience serait* PRÉCIEUSE *en cette occasion. — Voilà pourquoi (...) Tant d'angoisse est* EMPREINTE *au front des cénobites !* (HUGO, *Cont.*, VI, 26.) — *Tant de politesse devient extrêmement* SUSPECTE (Ch. PÉGUY, *Notre Jeunesse*, p. 153). — *Tant de beauté est* EFFRAYANTE *à méditer aujourd'hui* (Fr. JAMMES, *Solitude peuplée*, p. 197). — *Trop de bonté est* CRUELLE *à la vanité d'autrui* (VERCORS, *La Marche à l'étoile*, p. 80). — *Tant de richesse est bien* BELLE (M. PROUST, *Jean Santeuil*, t. I, p. 330). — *Tant de vigilance est* PERDUE ! (MONTHERLANT, *Les Olympiques*, p. 284.)

b) Une partie du linge est BLANCHE ; *une partie du capital reste* IMPRODUCTIVE. *La moitié (une moitié, cette moitié) du terrain est* FANGEUSE. *Plus de la moitié (plus d'une moitié) du pays est* MONTAGNEUSE. *Le tiers (un bon tiers) de la population est* LÉPREUX. *Un peu de patience serait* PRÉCIEUX *en cette occasion. — Sur les cent mille et quelques habitants du Birobidjan, un peu plus du tiers est* JUIF (S. GROUSSARD, dans le *Figaro*, 9 avr. 1958). — *Tant d'indifférence et de coquetterie ne semblait pas* AISÉ *à comprendre* (MUSSET, *Croisilles*). — *Beaucoup de sagesse serait bien* SURPRENANT *de sa part* (MARTINON, *Comm. on parle en fr.*, p. 324). — *Trop de précipitation pourrait devenir* DANGEREUX (ID., *ib.*, p. 325).

A comparer, pour l'accord du participe : *Un peu de neige était* TOMBÉ(E) : § 791, *in fine.*

377. Certains noms, simples ou composés, que, par dérivation impropre, la langue familière ou populaire emploie adjectivement (§ 121, 4°), sont invariables lorsque, la dérivation impropre étant restée incomplète, ces noms sont encore sentis comme expressions elliptiques : *Des manières* CANAILLE (LITTRÉ) (= des manières semblables à celles de la canaille). — *Oh ! j'ai des goûts très bourgeois, très* POT-AU-FEU... (J. LEMAITRE, *Flipote*, I, 2). — *Une exaltation qui se manifestait en gestes* BON ENFANT (P. et V. MARGUERITTE, *Les Tronçons du glaive*, p. 193). — *Leur nage* [des grenouilles] *allègre et* BON ENFANT (M. GENEVOIX, *Forêt voisine*, p. 143). — *Les formules les plus* RÉGENCE (P. LOTI, *L'Exilée*, p. 258). — *Des fauteuils* EMPIRE. — *Ces étoffes sont* MAUVAIS TEINT. — *Ils savent bien qu'ils sont trop* PURÉE (L. FRAPIÉ, *L'Écolière*, p. 55).

Mais lorsque, la dérivation impropre étant complète, ces noms ne sont plus sentis comme expressions elliptiques, ils varient comme épithètes ou comme attributs : *J'aurais eu peine à croire qu'il y eût des spectateurs assez* ENFANTS *pour aller voir cette imitation* (J.-J. ROUSS., *Nouv. Hél.*, II, 23). — *Des paroles* FARCES (LITTRÉ). — *C'étaient des hommes* GÉANTS *sur des chevaux* COLOSSES (HUGO, *Misér.*, II, 1, 9). — *Ses diables* [de Gogol] *sont* BONS ENFANTS, *et le diable bon enfant m'ennuie* (E.-M. de VOGÜÉ, *Le Roman russe*, p. 82). — *Dans les meetings* MONSTRES (J. et J. THARAUD, *Quand Israël n'est plus roi*, p. 109). — *Une Allemagne (...) philosophique, musicale,* BONNE ENFANT (A. SIEGFRIED, *L'Âme des peuples*, p. 133).

On écrit : *des éditions princeps.*

378. Un bon nombre d'adjectifs neutres s'emploient adverbialement après certains verbes : ils restent alors invariables. Tels sont : *bas, bon, cher, clair, court, creux, doux, droit, dru, dur, faux, ferme, fort, franc, gras, gros, haut, juste, lourd, mauvais, net, profond, sec,* etc. : *Voler* BAS, *sentir* BON, *voir* CLAIR, *marcher* DROIT, *chanter* FAUX. — *Les amendes tombèrent* DRU *comme grêle* (A. DAUDET, *Trente ans de Paris,* p. 216). — *Les cuivres, ciselés* FIN *comme des dentelles* (P. LOTI, *La Galilée,* p. 138). — *De la pierre pilée* MENU (MAU-PASS., *Au Soleil,* p. 135). — *Ses idées s'arrêtaient* COURT (A. FRANCE, *Crainque-bille,* p. 207). — *Ses cheveux frisottants, coupés* COURT (R. MARTIN DU GARD, *Les Thibault,* VII, 2, p. 292). — *Roide moustache, coupée* COURT (MONTHER-LANT, *Le Démon du bien,* p. 127). — *Une moustache coupée* RAS (J. ROMAINS, *Violation de frontières,* p. 10). — *Une bergerie d'enfant, aux arbres posés* DROIT (SAINT-EXUPÉRY, *Courrier Sud,* p. 20). — *Des coups de feu claquèrent* SEC (H. TROYAT, *Le Jugement de Dieu,* p. 127). — *Il écrivait* CLAIR *et* SOLIDE, *Leriche* (R. KEMP, dans les *Nouv. litt.,* 18 oct. 1956).

Dans l'usage ordinaire, ce sont surtout des adjectifs courts et très usuels qui s'emploient ainsi, et le plus souvent dans des expressions consacrées comme *voir clair, parler haut, chanter juste,* etc. Mais la langue littéraire a fait de ce genre de construction un emploi fort large et parfois fort hardi : *La multitude voit* BÊTE (FLAUB., *Éduc. sent.,* I, 4). — *Des feux de joie qui flambent* ROUGE (P. LOTI, *Vers Ispahan,* p. 63). — *S'efforcer de penser* UNIVERSEL (G. BERNANOS, *La Liberté, pour quoi faire ?* p. 16). — *Renan pensait* COSMIQUE (M. BARRÈS, *Cahiers,* t. XIV, p. 196). — *Je défiais les défenseurs de la prohibition de nommer six États qui voteraient* HUMIDE (A. MAUROIS, *Chantiers américains,* p. 98). — *Nous connaissons beaucoup d'hommes de sang mêlé (...). Ils pensent* BLANC, *ils agissent* BLANC (M. BEDEL, *Le Mariage des couleurs,* p. 101). — *Des cierges innombrables brûlent* JAUNE (F. GREGH, *L'Âge de fer,* p. 78). — A noter que, dans les constructions de l'espèce, l'adjectif n'a pas toujours la valeur syntaxique d'un adverbe en *-ment* ; en plus d'un cas, il fait avec le verbe une expression raccourcie où sans doute il a en gros la valeur adverbiale, mais où tout se passe comme s'il qualifiait un complément neutre implicitement contenu dans le verbe : *penser humain,* par exemple, serait censément *penser* [quelque chose d'] *humain* (cf. LE BIDOIS, *Synt.,* § 1675).

Dans *parler français, parler chrétien, parler chicane, parler raison, parler proverbe, parler phébus, parler Vaugelas,* le verbe est complété par un nom ayant, si l'on veut, la valeur adverbiale (on peut estimer aussi qu'il y a là un raccourci hardi par lequel le nom complément circonstanciel se joint à son verbe sans le secours d'aucun terme de liaison). — Sur le modèle *parler français,* la langue littéraire (ou commerciale, ou politique) a pu créer des expressions comme *boire français, acheter français, voter français,* etc. : *Tout ce monde (...) parlait* ANGLAIS, *buvait* ANGLAIS, *dansait* ANGLAIS (P. BOUR-GET, *Le Danseur mondain,* p. 32). — *L'idée qu'un Chinois voit* CHINOIS *comme il parle* CHINOIS (A. MALRAUX, *Les Voix du silence,* p. 272).

Remarques. — 1. En général, il y a une différence de sens assez nette entre ces adverbes et les adverbes correspondants en *-ment :* ces derniers ont souvent un sens figuré : *Parler hautement* = hardiment, librement ; *parler haut* = à haute voix. — D'autre part, les adjectifs pris adverbialement se lient intimement au verbe, tandis que les adverbes en *-ment* y sont rattachés d'une façon moins étroite. — Il faut obser-ver enfin que ces adjectifs qui peuvent servir d'adverbes sont parfois attributs ou adjectifs détachés ; ils restent alors variables : *Jane ! relevez votre tête, tenez-vous* DROITE *là* (HUGO, *Marie Tudor*, III, 1, 7). — *Cette grêle d'insectes tomba* DRUE *et bruyante* (A. DAUDET, *Lett. de m. moul.*, p. 241). — *Une graine d'une nature à pousser* HAUTE *et* DROITE (M. BARRÈS, *Au Service de l'Allemagne*, p. 78). — *Les bougies de l'autel montèrent plus* DROITES (É. ESTAUNIÉ, *L'Empreinte*, p. 10). — *La route s'allongea*, DROITE *et boueuse, en pleine campagne* (Cl. FARRÈRE, *La Maison des Hommes vivants*, III). — *Il avait les cheveux coupés* COURTS (G. DUHAMEL, *Le Temps de la Recherche*, XIII).

2. Dans *se faire fort de, se porter fort pour*, le mot *fort* est invariable (§ 350, *a*). Il en est de même de *court* dans *demeurer court, rester court, se trouver court* (= manquer de mémoire, être arrêté tout à coup dans une entreprise, faute de moyens) : *Elle est demeurée* COURT *après les premiers mots de son compliment* (Ac.). — *On l'accabla tellement de raisons qu'il demeura* COURT, *qu'elle resta* COURT (ID.). — *Mademoiselle resta* COURT (CHATEAUBR., *Mém.*, IV, 4, 12). — *Je tremblais de les voir rester* COURT (A. HERMANT, *Platon*, p. 195). — *Je* [c'est Colette enfant] *restais* COURT *et préférais jouer « à la maison »* (COLETTE, *Paris de ma fenêtre*, p. 214).

Pour *à court de, à court*, voir § 916, 12.

3. *Tout court* mis après un nom pour signifier que ce nom est une appellation qu'on a réduite à sa plus simple expression, est une locution adverbiale et reste invariable (cf. *tout simplement*) : *Là n'est peut-être pas la « vérité dramatique », mais la vérité* TOUT COURT (MONTHERLANT, *Fils de personne*, Préf.). — *Puisqu'il y a cent mille personnes à Paris qui disent, en parlant de vous, Suzanne*, TOUT COURT (G. DUHAMEL, *Suzanne et les Jeunes Hommes*, p. 46). — *L'égalité fiscale me paraît l'une des formes essentielles de l'égalité* TOUT COURT (Fr. AMBRIÈRE, dans le *Mercure de Fr.*, mai 1947, p. 141). — On emploie semblablement *tout net, tout sec, tout rond*, etc. : *Dire* TOUT NET *sa pensée* (LITTRÉ). — *Je dirai notre Suzanne*, TOUT NET *et* TOUT ROND *comme une prune* (G. DUHAMEL, *Suzanne et les J. Hommes*, p. 52).

4. L'adjectif en rapport avec *il n'y a de... que..., il n'y a pas plus... que..., tout ce qu'il y a de..., tel être ou telle chose n'a de... que...* se met au masculin singulier (= neutre) : *Il n'y a d'*IMPORTANT *que la vérité* (STENDHAL, *Corr.*, t. V, p. 90). — *Il n'y a de* RIANT *que l'apparence* (SAINTE-BEUVE, *Port-Roy.*, III, III). — *Il n'y a de* VRAI *que la richesse* (MUSSET, *Conf.*, I, 2). — *Il n'y a de* DIVIN *que la pitié* (L. BLOY, *Le Désespéré*, p. 28). — *Il n'y a d'*OBSCUR *ici que la merveilleuse rencontre du corps et de l'idée* (ALAIN, *Propos de Littérature*, IV). — *Il n'y a pas plus* PURITAIN *que certains de leurs libres-penseurs* (A. GIDE, *Les Faux-Monnayeurs*, p. 81). — *Il n'y a pas plus* DOUILLET *que les hommes* (J. GIRAUDOUX, *La Folle de Chaillot*, p. 127). — *Ces poires sont tout ce qu'il y a de* BON. — *La médecine n'a de* CERTAIN *que les espoirs trompeurs qu'elle nous donne* (J. RENARD, *Journal*, 15 févr. 1901). — *Toute émotion n'a d'*EXQUIS *que sa surprise* (A. GIDE, *Le Roi Candaule*, II, 1).

Quelquefois l'adjectif n'est pas regardé comme neutre : *Brieux, un brave homme qui dit qu'il n'y a d'*HONNÊTES *que les auteurs dramatiques* (J. RENARD, *Journal*, 16 févr. 1909). — *Il n'y a de* PURS *que l'ange et que la bête* (P. VALÉRY, « *Mon Faust* », p. 126).— *Il n'y avait d'*UTILES *que les formules des sorcières* (FUNCK-BRENTANO, *Le Drame des poisons*, p. 75). — *C'est une femme mariée, tout ce qu'il y a de* SÉRIEUSE (M. PROUST, *Le Temps retrouvé*, I, p. 162). — *L'occasion te viendra dans les doigts, Aoustin, tout ce qu'il y a de plus* MIGNONNE (A. de CHÂTEAUBRIANT, *La Brière*, p. 111). — *C'est une mort tout ce qu'il y a de plus* NATURELLE (P. VIALAR, *Monsieur Dupont est mort*, p. 361). — *C'étaient des embuscades tout ce qu'il y a de plus* CLASSIQUES (J. PERRET, *Bande à part*, p. 238). — *Ce sont des gens tout ce qu'on fait de plus* GENTILS (A. CHAMSON, *Désordres*, I, 2).

L'exemple suivant est assez curieux : *Quand je me mets en colère, je montre la seule chose que j'ai de* PARFAIT, *mes dents* (J. GIRAUDOUX, *L'Apollon de Bellac*, 3). L'adjectif *parfait*, quoique se rapportant comme attribut à *que* (= chose), est traité comme neutre : l'auteur a considéré *la seule chose que* comme équivalant à *ce que*.

379. L'adjectif précédé de **des plus, des moins, des mieux,** dans des expressions telles que « une vie des plus nobles » ou « cette vie est des plus nobles », s'accorde presque toujours avec le nom pluriel logiquement appelé par *des ;* ce *des* se résout, en effet, en « parmi les » ou « entre les », et amène un superlatif relatif (§ 367) : *Une vie des plus* NOBLES = une vie entre les plus nobles :

L'intérêt était des plus MINIMES (STENDHAL, *Corr.*, t. IX, p. 269). — *Notre souper fut des plus* SIMPLES (Th. GAUTIER, *Voy. en Esp.*, p. 268). — *Le défaut, en effet, est des plus* CHOQUANTS (É. FAGUET, *Hist. de la Poésie fr.*, t. VI, p. 253). — *Une circonstance des plus* VULGAIRES (E. FROMENTIN, *Dominique*, I). — *C'est un ménage des plus* UNIS (H. BERNSTEIN, *Le Cœur*, I, 8). — *L'opération était des plus* DÉLICATES (A. FRANCE, *Pierre Nozière*, p. 195). — *La nuit est des plus* OBSCURES (A. GIDE, *Voy. au Congo*, p. 33). — *La traversée fut des plus* AGITÉES (J. et J. THARAUD, *Le Rayon vert*, p. 163). — *Cette latitude est des plus* FAVORABLES *à la poésie* (P. VALÉRY, *Trad. des Bucoliques de Virg.*, p. 19). — *La question est des plus* SIMPLES (G. DUHAMEL, *Défense des Lettres*, p. 92). — *L'outillage des praticiens qui taillaient ces meubles est des plus* SIMPLES (P. GAXOTTE, *Hist. des Français*, t. I, p. 223). — *L'enterrement fut des plus* SIMPLES (A. BILLY, *Le Narthex*, p. 209). — *Ce travail est des plus* DÉLICATS (AC.). — *Un portrait au naturel, et des moins* FLATTEURS (SAINTE-BEUVE, *Le Général Jomini*, p. 19). — *N'est-ce pas que cet homme est des moins* ORDINAIRES ? (E. ROSTAND, *Cyrano*, I, 2.) — *Chose assurément mystérieuse et des moins* FACILES *à expliquer* (L. BLOY, *Belluaires et Porchers*, p. 246). — *Quoique latiniste des moins* SÛRS *de soi* (P. VALÉRY, *Trad. des Bucoliques de Virg.*, p. 26). — *Car le bonhomme est un braque des mieux* CONDITIONNÉS (É. AUGIER, *Les Effrontés*, I, 2). — *Un toast des mieux* RÉDIGÉS (A. THÉRIVE, *Fils du jour*, p. 222).

N. B. — 1. La règle s'applique également à *des meilleurs, des moindres, des pires :* *L'exemple n'est pas des* MEILLEURS (A. MAUROIS, *Nouv. Disc. du Dr O' Grady*, p. 169).— *L'entreprise n'est pas des* MOINDRES (R. de GOURMONT, *Le Chemin de velours*, p. 159).

2. Dans des phrases où il est question d'une seule personne ou d'une seule chose, on met parfois au singulier l'adjectif précédé de *des plus, des moins, des mieux.* On peut expliquer cette orthographe en disant que *des plus, des moins, des mieux* équivalent alors aux adverbes d'intensité *extrêmement, très, très peu,* et qu'on veut exprimer, sans comparaison, que la qualité est portée à son plus haut (ou plus bas) degré : *L'état sanitaire de cette ville* [Marseille] *et de Lyon est des plus* SATISFAISANT (STENDHAL, *Corr.*, t. VIII, p. 14). — *Bien que ma cuisine soit des plus* SIMPLE (A. THÉRIVE, *Sans âme*, p. 176). — *M. Coutre était des plus* SATISFAIT *de sa femme* (É. HENRIOT, *Aricie Brun*, I, 3). — *La situation était des plus* EMBARRASSANTE (G. DUHAMEL, *Les Maîtres*, p. 260). — *L'exemple est des mieux* CHOISI (Ch. DU BOS, *Le Dialogue avec André Gide*, p. 178). — « *Plus d'une* » *n'est pas des plus* EXACT (CRITICUS, *Quatre Études de style au microscope*, p. 34). — Quand l'adjectif se rapporte à un pronom neutre, c'est le singulier qui, logiquement, est demandé [1] : *Il s'est vraiment voué à ne rien faire, ce qui n'est*

---

1. Mais, même dans ce cas, l'adjectif est parfois au pluriel : *Ce n'est pas des plus*

pas des plus AISÉ (E. JALOUX, dans les *Nouv. litt.*, 7 juillet 1934). — *Il lui était des plus*
PÉNIBLE *de recevoir leurs adieux* (A. de CHÂTEAUBRIANT, *M. des Lourdines*, p. 132).
— *C'était, en effet, des plus* INTÉRESSANT (P. VIALAR, *Mons. Dupont est mort*, p. 176).

380. L'adjectif (ou le participe) se rapportant à un titre comme *Majesté,
Éminence, Excellence, Altesse*, etc. s'accorde avec ce titre [1] : *Votre Majesté
en se donnant à Dieu, se rendra plus que jamais* ATTENTIVE *à l'obligation très
étroite qu'il vous impose de veiller à lrur misère* (BOSSUET, *Lett. à Louis XIV*,
10 juill. 1675). — *Peut-être d'ailleurs Sa Sacrée Majesté pousserait l'indulgence jusqu'à n'être pas* MÉCONTENTE (VOLT., *À Francois Ier*, emper. d'Allem.,
5 juin 1753). — *Je prie Votre Excellence d'être* PERSUADÉE *que...* (STENDHAL,
Corr., t. VII, p. 171). — *Nous espérons tous que S. M. sera* CONTENTE *de nous*
(ID., *ib.*, t. VII, p. 194). — *Milord, Votre Seigneurie est trop* BONNE (VIGNY,
Chatt., III, 6). — *Sa Sainteté n'est pas si* OMBRAGEUSE *de s'en formaliser* (A.
HERMANT, *Les Samedis de Mons. Lancelot*, p. 250). — *Votre Éminence est
trop* BONNE (J. COCTEAU, *Bacchus*, I, 8). — [A un prince :] *Votre Altesse,
toujours si* BIENVEILLANTE...
Quand le titre est suivi d'un nom avec lequel il fait corps, c'est avec ce nom
que l'adjectif (ou le participe) s'accorde : *Sa Majesté le roi en serait* HEUREUX.
— *Sa Majesté Baudouin, roi des Belges,* ATTENTIF *au bien de l'État...* — *Sa
Sainteté le pape Paul VI,* SOUCIEUX *du bien spirituel des fidèles...* — *Leurs
Altesses le prince de X... et le prince de Y... se sont* MONTRÉS *fort* BONS. —
Son Éminence le cardinal sera CONDUIT *solennellement à la cathédrale.*

Dans l'exemple suivant, c'est par un accord sylleptique (on a dans l'esprit l'idée
d'*homme*) que l'adjectif est au masculin : *La Barbe-bleue était constamment* MALHEU-
REUX *à ces divers jeux* (A. FRANCE, *Les Sept Femmes de la Barbe-bleue*, p. 34).
Cependant on dirait : *La sentinelle Dupont a été* SURPRISE. — *La recrue Durand
est* NAÏVE. — *La clarinette Dubois est* EXCELLENTE. — *La basse Dumont est* ENRHUMÉE.

Mots désignant une couleur.

381. L'*adjectif* désignant la couleur est simple ou composé.

a) S'il est simple, il s'accorde évidemment avec le nom qu'il qualifie :
Des cheveux NOIRS. *Des étoffes* VERTES. *De la soie* CRAMOISIE.

Châtain, selon une certaine tradition, ne se dit qu'au masculin ; tradition abolie :

COMMODES (J. ROMAINS, *Les Hommes de b. vol.*, t. III, p. 221). — *Ceci, qui me paraît
des plus* IMPORTANTS, *il ne le dit pas* (A. GIDE, *Journal 1942-1949*, p. 259). — *Ce que
je connais du meilleur nom est des plus* FRANCS *sur ses intérêts* (MONTHERLANT, *Le
Maître de Santiago*, II, 1). — *C'est aussi des plus* EXCITANTS (É. HENRIOT, dans le
Monde, 23 avr. 1958).
  1. Pour l'accord du nom attribut ou apposition se rapportant à *Majesté, Éminence*,
etc., voir § 304. — Pour l'accord du pronom, voir § 466, Rem. 5.

voyez, au § 352, *N. B.*, 4, quelques détails, et une série d'exemples de la forme féminine *châtaine*, tout à fait courante de nos jours.

b) Si, pour désigner la couleur, on emploie un adjectif qualifié par un autre
adjectif ou complété par un nom, l'ensemble reste invariable [1], parce que le
premier adjectif est pris substantivement, et suppose l'ellipse de « d'un » [2] :
Des yeux BLEU CLAIR (= d'un bleu clair). *Des gants* JAUNE PAILLE. *Des robes*
BLEU DE CIEL. *Des tissus* VERT POMME. *Des tenues* BLEU HORIZON. — *On a coupé ses cheveux* CHÂTAIN CLAIR (É. HERRIOT, *Dans la Forêt normande*, p. 366).

Lorsque, pour indiquer que l'objet ou les objets dont il s'agit ont chacun plusieurs couleurs, on emploie une combinaison formée par coordination copulative
ou parfois par juxtaposition, selon l'un des types : adjectif + adjectif(s) — adjec-
tif(s) + nom(s) — nom(s) + adjectif(s) — souvent les adjectifs, comme les noms,
restent invariables : *Les gros bouquins* ROUGE ET OR [où l'on voit *du* rouge et *de l'*or]
(R. MARTIN DU GARD, *Les Thibault*, I, p. 149). — *Ces grandes nappes somptueuses,*
POURPRE ET OR (P. CLAUDEL, *L'Œil écoute*, p. 52). — *Un revêtement de vieilles faïences*
BLEU, VERT ET OR BRUN (M. BARRÈS, *Greco*, p. 101). — *Des étoffes de Perse* NOIR ET
OR (Fr. MAURIAC, *La Robe prétexte*, XXX). — *Presque tous mes autres chiens sont* NOIR
ET BLANC (P. VIALAR, *La Grande Meute*, I, 7). — *Elle tapissait pour lui des fauteuils*
ROUGE ET NOIR (A. THÉRIVE, *La Revanche*, III). — *Les constructions* NOIR ET OR
(SAINT-EXUPÉRY, *Un Sens à la vie*, p. 36). — Mais il n'est pas rare que ces adjectifs
soient soumis à l'accord : *Les arcades étaient ornées de cinq cents girandoles* VERTES
et argent (VOLT., *L. XIV*, 25). — *La statue neuve, toute* BLANCHE *et or* (RENAN, *Souv.
d'enf. et de jeun.*, I, 1). — *La ceinture aurore et* BLEUE (H. BÉRAUD, *Le Bois du
Templier pendu*, p. 253). — *L'atmosphère* BLEUE *et or* (M. BARRÈS, *Un Homme libre*,
p. 174). — *Une large bordure rouge et* NOIRE (A. GIDE, *Les Faux-Monnayeurs*, p. 482).
— *Les petits rideaux* ROUGES *et* BLANCS (G. BERNANOS, *Monsieur Ouine*, p. 86). —
Des perches VERTES *et or* (M. BEDEL, *Traité du plaisir*, p. 51). — *Une écharpe rouge
et* BLANCHE (A. THÉRIVE, *Fils du jour*, p. 221). — *Jeunes Anglais portant la « Military
Cross »*, VIOLETTE *et* BLANCHE (A. MAUROIS, *Terre promise*, p. 127). — *La grosse coque*
ROUGE *et* NOIRE *avançait* (LA VARENDE, *Le Troisième Jour*, p. 37).

381*bis*. Le *nom* employé pour désigner une couleur peut être simple ou
composé ; dans les deux cas, il reste invariable, parce qu'il est le complément
du mot «couleur» sous-entendu ou qu'il y a une comparaison implicite [3] :
Des étoffes MARRON (= de la couleur du marron ; pareilles, par la couleur, au
marron). *Des rubans* ORANGE. *Des foulards* CERISE. *Des vestes* VENTRE DE
BICHE. *Des favoris* POIVRE ET SEL.

---

1. Voir à la fin du volume l'arrêté du 26 février 1901 : *Liste*, VI, 4.
2. Cf. : *Elles* [deux îles] *ressemblent à deux jardins* D'UN *vert sombre poussés dans
l'eau* (MAUPASSANT, *Sur l'Eau*, p. 11).
3. «On dit bien : *des esclaves ou courtiers* MARRONS, mais on écrit : *des paletots*
MARRON. Les grammairiens justifient cette dérogation aux règles générales en disant
que *marron* conserve ici son caractère de nom (...). Il semble bien qu'on viole ici le
principe classique et général de l'accord suivant la fonction. » (F. BRUNOT, *La Pensée
et la Langue*, p. 647).

N. B. — 1. *Écarlate, mauve, pourpre, rose,* désignant la couleur, sont devenus de véritables adjectifs, et sont variables [1] : *Des rubans* ÉCARLATES (DICT. GÉN.). — *Des rubans* MAUVES (AC.). — *Ses joues étaient* POURPRES (E. JALOUX, *Figures étrangères,* p. 61). — *Des étoffes* ROSES. — Pour *k(h)aki,* voir §§ 351 et 359.

2. *Couleur* a été employé comme nom masculin (emploi aujourd'hui vieilli) dans des expressions telles que : *le couleur de rose, le couleur de feu,* etc. : *Leur plumage (...) tire sur* LE *couleur de rose* (LA F., *Psyché,* 1). — *Je vous trouve (...) les lèvres d'*UN *couleur de feu surprenant* (MOL., *Impromptu,* 4). — Après un nom, ces expressions s'emploient comme des adjectifs invariables : *Des souliers* COULEUR DE ROSE (AC.). — *Une grosse redingote* COULEUR MASTIC (FLAUBERT, *L'Éduc. sentim.,* I, 5). — *Là-bas les arbres sont* COULEUR DU TEMPS (M. GENEVOIX, *Rroû,* p. 149). — *Sur l'eau* COULEUR D'OCRE (LA VARENDE, *Le Troisième Jour,* p. 37). — *De fins souliers* COULEUR D'ORANGE MÛRE (G. DUHAMEL, *Souvenirs de la vie du Paradis,* p. 12). — *Une calotte de nuages* COULEUR DE MER (É. HERRIOT, *Dans la Forêt normande,* p. 33). — *Des bas* COULEUR DE CHAIR OU COULEUR CHAIR.

3. *Pie,* en termes de zootechnie ou d'élevage, se dit d'un cheval, d'une vache, d'un pigeon, etc., qui a le poil ou le plumage blanc, marqué de taches noires, baies, rouges, etc. Le mot est traité comme nom et laissé invariable : *Un attelage de six chevaux* PIE (LITTRÉ). — *Chevaux* PIE, *vaches* PIE (LAROUSSE DU XXe s.). — *Un coupé fermé, attelé de chevaux* PIE (H. TROYAT, *Tant que la terre durera...,* p. 498). — Quelquefois cependant on le traite comme adjectif et on le fait varier au pluriel : *Les chevaux* PIES (BUFFON, dans Littré). — *On inventait les chevaux* PIES (HUGO, *L'Homme qui rit,* I, 2e chap. prélim., 2). — *Les robes* PIES (P. DIFFLOTH, *Zootechnie,* Races chevalines, p. 67). — *Les robes conjuguées ou robes* PIES (LAROUSSE AGRIC., t. II, p. 495). — Si c'est le blanc qui domine et qu'on veuille préciser la couleur qui s'y associe, on fait suivre le mot *pie* de la désignation de la seconde couleur : *Le bétail* PIE-NOIR, PIE-ROUGE ; si c'est la couleur foncée qui domine, parfois on met en premier lieu la désignation de cette couleur foncée : *noir-pie, rouge-pie,* etc. ; mais cet usage n'est pas général : *Robe pie-noire avec prédominance du noir* (LAROUSSE AGRIC., t. I, p. 829). — Pour ce qui est de l'accord, il est logique de laisser, dans les deux cas, les deux mots invariables : *Des vaches* PIE-NOIR [= d'un pie noir, c.-à-d. où il y a du noir]. *Des vaches* NOIR-PIE [= d'un noir marqué de blanc, comme dans le plumage de la pie]. Mais l'usage des zootechniciens est très indécis : *La sous-race* PIE NOIR (LAROUSSE DU XXe s., s. v. *hollandais*). — *La sous-race* PIE-NOIRE *de la Frise* (LAROUSSE AGRIC., t. I, p. 829). — *Robe* PIE-NOIR (ID., t. II, p. 496). — *Robe* PIE-NOIRE (ID., t. I, p. 215). — *Robes* PIE-NOIR (P. DECHAMBRE, *Traité de Zootechnie,* t. III, Les Bovins, p. 21). — *La robe* PIE-NOIRE (ID., *ib.,* p. 145). — *Dans le cas des robes* PIE-NOIR (P. DIFFLOTH, *Zootechnie,* t. II, Les Bovidés, p. 160). — *La robe* PIE-NOIRE (ID., *ib.,* p. 253). — *La race hollandaise* PIE-NOIRE (LASNIER-LACHAISE, *La Vache laitière, le Lait, les Produits laitiers,* p. 78). — *Sa robe est* PIE-NOIR *moucheté* (ID., *ib.,* p. 86). — *Quelques animaux* PIE-ROUGE (P. DECHAMBRE, ouvr. cité, p. 145). — *Des animaux rouges et* PIE-ROUGES (P. DIFFLOTH, *Zootechnie,* Races bovines, p. 62). —

---

1. On constate une tendance à traiter comme adjectifs tous les noms employés pour désigner la couleur et à faire l'accord du mot selon sa fonction : *Quelques Turcs (...) vêtus de robes rouges, vertes ou* ORANGES (P. LOTI, *Aziyadé,* p. 23). — *À côté, d'autres musiciens, vêtus ceux-là de tuniques* JONQUILLES, *violettes,* AMARANTES, ORANGES (J. et J. THARAUD, *Rabat,* p. 136).

On dit que la robe est NOIRE-PIE (ID., *ib.,* p. 22). — *Dans le cas de robes* PIE-NOIRES (ID., *ib.,* p. 22).

Adjectifs composés.

382. Quand un adjectif composé est formé de deux adjectifs quali-fiant l'un et l'autre le même nom, les deux éléments sont variables : *Des paroles* AIGRES-DOUCES (AC.). — *Des enfants* SOURDS-MUETS. *Les voix* CHRÉTIENNES-DÉMOCRATES. *Les sénateurs* SOCIAUX-CHRÉTIENS, *les opinions* SOCIALES-CHRÉTIENNES. *Les listes* LIBÉRALES-DÉMOCRATES, RADICALES-DÉMOCRATES, SOCIALES-DÉMOCRATES [1].

Pour le pluriel des adjectifs composés désignant une couleur, voir § 381, *b.*

Remarques. — 1. On laisse invariable en genre et en nombre le premier élément des adjectifs composés *grand-ducal, libre-échangiste, extrême-orien-tal, saint-simonien* : *La cour* GRAND-DUCALE (LITTRÉ). — *Les cours* GRAND-DUCALES (ID.). — *Les officiers* GRAND-DUCAUX (ID.). — *Les théories* LIBRE-ÉCHANGISTES. — *Les grandes écoles de peinture* EXTRÊME-ORIENTALES (A. MAL-RAUX, *Les Voix du silence,* p. 40). — *Les idées* SAINT-SIMONIENNES. — Il en est ordinairement de même pour les adjectifs *bas allemand, haut allemand, bas breton, bas grec, bas latin, bas normand* et autres semblables [2], ainsi que pour *long-courrier* : *Les formes* BAS ALLEMANDES, HAUT ALLEMANDES ; *les populations* BAS BRETONNES ; *des formes* BAS LATINES. — *Des navires* LONG-COURRIERS. — *La rondeur bourrue des officiers* LONG-COURRIERS (R. VERCEL, *Ceux de la « Galatée »,* p. 21).

Dans *franc-comtois, franc-maçonnique* (on dit aussi adjectivement : *franc-maçon*) [3], le premier élément n'admet pas la flexion en genre : *La population* FRANC-COMTOISE (FUNCK-BRENTANO, dans la *Biblioth. de l'Éc. des Chartes,* t. XLIX, p. 19). — *Histoire* FRANC-COMTOISE (LAR. DU XXᵉ s.). — *Un parler gras, pesant, où perce l'origine* FRANC-COMTOISE (R. MARTIN DU GARD, *Jean Barois,* p. 195). — *Une association* FRANC-MAÇONNIQUE. — *La Tchécoslo-vaquie* FRANC-MAÇONNE (G. BERNANOS, *Lettre aux Anglais,* p. 114) ; — quant à la flexion en nombre, *franc,* dans ces adjectifs, l'admet au masculin, mais

---

1. Pour le trait d'union dans ces qualifications politiques, l'usage est assez indécis, — Parfois *social-démocrate* est simplement transcrit de l'allemand *sozial-demokrat,* et le premier élément est laissé invariable : [Les] *deux fractions* SOCIAL-DÉMOCRATES (H. TROYAT, *Tant que la terre durera...,* p. 817).

2. On écrit aussi, avec trait d'union : *bas-allemand* ; *haut-allemand* (LITTRÉ) ; *bas-breton* (ID.) ; *bas-grec* (ID.) ; *bas-latin* (ID.) ; *bas-normand.* L'usage n'est pas bien fixé.

3. Au lieu de *franc-comtois, franc-maçonnique (franc-maçon),* on emploie souvent les adjectifs simples *comtois, maçonnique (maçon)* : *Les érudits* COMTOIS (G. DUHEM, dans *Visages de la Franche-Comté,* p. 112, Collect. « Provinciales »). — *Cuvier est* COMTOIS (G. DUHAMEL, *Civilisation française,* p. 16). — *Emblèmes* MAÇONNIQUES.

non au féminin : *Une ambassade de seigneurs* FRANCS-COMTOIS (FUNCK-BREN-
TANO, *loc. cit.*, p. 20). — *Une vieille ferme (...) meublée de sièges* FRANCS-
COMTOIS (J. de LACRETELLE, *Le Pour et le Contre*, t. I, p. 271). — *La volonté
des populations* FRANC-COMTOISES (L. FEBVRE, *Hist. de Franche-Comté*, p. 303).
— *Les associations* FRANC-MAÇONNIQUES.—*Vous êtes* FRANC-MAÇONNE ! (J. RE-
NARD, *Journ.*, 5 mai 1902.) — *Diverses loges* FRANC-MAÇONNES (É. HENRIOT,
Aricie Brun, II, 4).

L'usage, en tout ceci, est assez hésitant ; ainsi on rencontre : *la population* HAUTE
SILÉSIENNE, *la population* BASSE-BRETONNE (ce serait là la forme ordinaire, selon
Damourette et Pichon), *forme* BASSE-ALLEMANDE, *les pays* BLANCS-RUSSIENS, *les*
HAUTS-ALLEMANDS, *la république* PETITE-BOURGEOISE [cas signalés par Hœybye,
L'Accord en fr. cont., § 238]. — *Les amis* FRANC-COMTOIS *de l'auteur de « Trilby »* [Ch.
Nodier] (E. JALOUX, *Visages français*, p. 165). — *Quelques cantons (...)* FRANC-COM-
TOIS (COLETTE, *Paris de ma fenêtre*, p. 30). [Cf. : *Chez les* FRANC-COMTOIS (M. PIQUARD,
dans *Visages de la Franche-Comté*, p. 97, Collect. « Provinciales »). — *Les* FRANCS-MA-
ÇONNERIES (M. ARLAND, *Essais critiques*, p. 39). — *Les* LONGS COURRIERS (Cl. FAR-
RÈRE, *La Seconde Porte*, p. 178)]. — *Un conte qu'il faudrait imaginer relaté un soir de
veillée par quelque ma mère l'Oye* BASSE-BRETONNE (É. HENRIOT, dans le *Monde*, 5 déc.
1951). — *Les revues* SUISSES-ALLEMANDES (G. MARCEL, *Rome n'est plus dans Rome*,
p. 16).

2. Dans les adjectifs composés de deux éléments dont le premier présente
la désinence -*o* ou -*i* (§ 293 *in fine*, Rem. 2), le second élément seul varie :
La population GALLO-ROMAINE, *des traditions* SACRO-SAINTES, *des poèmes*
HÉROÏ-COMIQUES.

383. Si l'adjectif composé est formé d'un mot invariable et d'un adjectif,
évidemment l'adjectif seul varie : *L'*AVANT-DERNIÈRE *page. Clause* SOUS-
ENTENDUE. *Rayons* ULTRA-VIOLETS. — *Les maigres vaches* NORD-AFRICAINES
(M. GENEVOIX, *Afrique blanche, Afrique noire*, p. 93). — *Ces rivages* SUD-
OCCIDENTAUX *de l'Europe* (A. SIEGFRIED, *L'Âme des peuples*, p. 208). — *À
l'étage supérieur vivent trente étudiants* SUD-AMÉRICAINS (A. MAUROIS, *Journal*,
États-Unis 1946, p. 57).

384. Quand un adjectif composé est formé de deux adjectifs, si le premier
a la valeur adverbiale, on le laisse invariable [1] : *Une fillette* NOUVEAU-NÉE
(P. ARÈNE, *La Chèvre d'or*, XI). — *Une petite fille* NOUVEAU-NÉE (COLETTE,
Trois... Six... Neuf..., p. 58). — *D'autres beautés* NOUVEAU-NÉES (Ch. MAUR-
RAS, *Les Secrets du soleil*, p. 35). — *Cette gloire* NOUVEAU-NÉE (G. DUHAMEL,
Les Espoirs et les Épreuves, p 179). — *Des vins* NOUVEAU PERCÉS (LITTRÉ). —
Des personnes HAUT PLACÉES (ID.). — *Légère et* COURT-VÊTUE (LA F., *F.*, VII,
10). — *Une brebis* MORT-NÉE [2] (AC.). — *Deux tragédies* MORT-NÉES. — *Au*

---

1. Voir à la fin du volume l'arrêté du 26 février 1901 : *Liste*, VI, 4.
2. *Né mort* ne se dit que rarement (les deux mots sont alors variables) : *Une littérature rachitique et malsaine*, NÉE MORTE (A. DUMAS f., *Le Fils naturel*, Préf.). — *Je*

diable chefs-d'œuvre MORT-NÉS ! (Th. GAUTIER, *Ém. et Camées*, Après le Feuilleton). — *Des juments* COURT-JOINTÉES, LONG-JOINTÉES, COURT-MONTÉES.

N. B. — *Nouveau*, placé devant un participe passé pris substantivement, a un sens adverbial et signifie « récemment » ; néanmoins il s'accorde, sauf, dans *nouveau-né* (Ac.)[1] : *Des* NOUVEAUX *mariés* (Ac.). — *Les* NOUVEAUX *convertis* (ID.). — *Une* NOUVELLE *convertie* (LITTRÉ). — *La compagnie des* NOUVEAUX *venus* (FLAUB., *Mme Bov.*, p. 87). — *Il y eut un court colloque entre les* NOUVELLES *venues* (R. MARTIN DU GARD, *Les Thibault*, III, 2, p. 20). — *Les* NOUVEAUX *arrivés* (A. GIDE, *Incidences*, p. 117). — *Les* NOUVEAU-*nés* (LITTRÉ).

Nouveau s'accorde également dans nouveau riche, nouveau pauvre : Avant 1914, l'Allemagne était orgueilleuse comme une NOUVELLE *riche. Depuis 1918, elle se fait humble comme une* NOUVELLE *pauvre* (J. BAINVILLE, *Journal*, 21 janv. 1919).

385. Dans certains cas, le premier adjectif, bien qu'employé adverbialement, s'accorde, suivant un ancien usage, comme le participe passé ou l'adjectif qui le suit :

Une maison toute FRAÎCHE *bâtie* (LITTRÉ). — *Des roses* FRAÎCHES *cueillies* (Ac.). — *Une fleur* FRAÎCHE *éclose* (ID.). — *La trique est là,* FRAÎCHE *coupée* (HUGO, *Chât.*, IV, 4). — *Une feuille de papier* FRAÎCHE *écrite* (FLAUBERT, *Mme Bov.*, p. 196). — *Des fleurs* FRAÎCHES *écloses* (A. HERMANT, *Xavier*, p. 146). — *Une blouse bleue en toile de Vichy, toute* FRAÎCHE *repassée* (F. GREGH, *L'Âge de fer*, p. 66). — *Les profondeurs du ciel toutes* GRANDES *ouvertes* (HUGO, *F. d'aut.*, XXXIV, 1). — *Les deux pages* GRANDES *ouvertes* (J. ROMAINS, *Lucienne*, p. 77). — *Vos yeux sont* GRANDS *ouverts* (J.-L. VAUDOYER, *Laure et Laurence*, p. 8). — *Le blessé aux yeux* GRANDS *ouverts* (G. DUHAMEL, *Paroles de méd.*, p. 227). — *Joseph regardait la fenêtre les yeux* GRANDS *ouverts* (J. GREEN, *Moïra*, p. 232). — *Les yeux et la bouche* LARGES *ouverts* (J. COCTEAU, *Les Enfants terribles*, p. 49). — *Je soignais les* GRANDS *brûlés* (G. DUHAMEL, *Positions françaises*, p. 189). — *Ils sont arrivés* BONS *premiers. — Les enfants* PREMIERS-*nés* (LITTRÉ)[2], DERNIERS-*nés*.

---

pense bien comme vous qu'une langue littéraire et fabriquée est une langue NÉE MORTE (A. HERMANT, *Savoir parler*, p. 95).

1. Plus d'un auteur toutefois écrit *des nouveaux-nés : De dix* NOUVEAUX-NÉS, *il reste un adulte* (TAINE, *Thomas Graindorge*, p. 264). — *Les tendres* NOUVEAUX-NÉS (A. ARNOUX, *Calendrier de Flore*, p. 295). — *Mademoiselle était fort coquette des siens* [de ses pieds], *qui étaient faits comme ceux des* NOUVEAUX-NÉS (R. MARTIN DU GARD, *Les Thibault*, III, 1, p. 193). — *La nature (...) pousse à la vie ces* NOUVEAUX-NÉS (A. SUARÈS, *Sur la vie*, t. II, p. 63). — *Deux sacs grands comme des* NOUVEAUX-NÉS (COLETTE, *Sido*, p. 141). — *Elle* [une poupée] *ressemblait aux marottes incassables, grossières qu'on donne tout de suite aux* NOUVEAUX-NÉS (M. JOUHANDEAU, *Essai sur moi-même*, p. 187). — Le féminin *nouvelle-née* n'est pas sans exemple : *Cette fille qu'il nous apporta un jour à la maison,* NOUVELLE-NÉE (COLETTE, *La Maison de Claudine*, XII). — *Une si belle* NOUVELLE-NÉE (ID., *ib.*, XII). — *Une petite* NOUVELLE-NÉE « *pratensis* » [une fourmi] (R. ROLLAND, *Les Précurseurs*, p. 202). — *Les fleurs* NOUVELLES-NÉES (Ch. PÉGUY, *Ève*, p. 12).

2. Littré dit : « Dans l'usage il n'y a point de féminin et l'on ne trouve ni ne dit : *une première-née.* » — En fait, *première-née, dernière-née* sont fréquents : *La* DERNIÈRE

N. B. — Il n'est pas rare qu'on laisse invariables *grand* (dans *grand ouvert*), *large* (dans *large ouvert*), *frais* ainsi employés : *Ses yeux gris* LARGE *ouverts* (A. DAUDET, *Sapho*, I). — *Ses yeux d'émail* GRAND-*ouverts sur sa face d'or* (A. FRANCE, *Les Sept Femmes de la Barbe-bleue*, p. 107). — *Il se réveille en sursaut, les yeux* GRAND *ouverts* (P.-J. TOULET, *Béhanzigue*, p. 105). — *Leurs épis* LARGE *ouverts* (R. BAZIN, *La Closerie de Champdolent*, p. 207). — *Mère de toutes ces bouches* GRAND *ouvertes* (P. CLAUDEL, *Écoute, ma fille*, p. 27). — *Les fenêtres étaient* GRAND *ouvertes* (P. BOURGET, *Lazarine*, p. 7). — *Toutes ces portes-là (…) lui étaient* GRAND *ouvertes* (LA VARENDE, *Le Roi d'Écosse*, p. 44). — *La porte du midi était* GRAND *ouverte* (H. BOSCO, *Malicroix*, p. 154). — *Les hautes fenêtres du tribunal* GRAND *ouvertes* (É. PEISSON, *Dieu te juge*, p. 202). — *Six fenêtres* GRAND'*ouvertes* (H. BAZIN, *La Mort du petit cheval*, p. 25). — *Élites naguère encore* LARGE *ouvertes au cosmopolitisme du XVIII*ᵉ [siècle] (F. GREGH, *L'Âge de fer*, p. 255). — *Que de peaux* FRAIS *écorchées enguirlandèrent le portail rustique de la demeure des Gazan !* (P. ARÈNE, *La Chèvre d'or*, L.) — *Une boîte de croquet* FRAIS *repeinte* (A. THÉRIVE, *La Revanche*, p. 23). — *De ces originaux, en voici une botte* FRAIS *cueillie* (R. KEMP, dans les *Nouv. litt.*, 1ᵉʳ mars 1951). — *Les magasins où toute denrée semble* FRAIS-*pondue* (COLETTE, *Le Fanal bleu*, p. 23). — *Ses dents brillaient comme des amandes* FRAIS *épluchées* (Germ. BEAUMONT, *Silsauve*, p. 35). — *À la porte* FRAIS *vernissée de la maison où se retirèrent les Jouhandeau* (M. JOUHANDEAU, *Carnets de l'écrivain*, p. 131).

Remarques. — 1. Dans *tout-puissant, tout* varie au féminin seulement : *Vos charmes* TOUT-*puissants* (RAC., *Andr.*, I, 4). — *Des personnes* TOUTES-*puissantes*.

2. *Fin*, pris adverbialement devant un adjectif, est ordinairement invariable. *Nous sommes seuls,* FIN *seuls* (J. RICHEPIN, *Le Chemineau*, I, 8). — *Quand elle était* FIN *prête* (H. DUVERNOIS, *Morte la Bête*, I). — *Ils sont rentrés à l'aube, tous* FIN *saouls* (G. BERNANOS, *Nouv. Hist. de Mouchette*, p. 140). — FIN *prêts ! dit Regnoult* (M. VAN DER MEERSCH, *Corps et Âmes*, t. I, p. 110).

Parfois *fin* s'accorde avec l'adjectif, selon l'usage ancien : *Elle* [une balle] *était* FINE *bonne, celle-là* (G. DUHAMEL, *Vie des Mart.*, p. 203). — *Ils étaient* FINS *saouls* (J. de LA VARENDE, *Man' d'Arc*, p. 212). — *Elle* [la bête, c.-à-d. un cochon] *est* FINE *grasse* (J. de PESQUIDOUX, *Sur la Glèbe*, p. 47). — *Aussi* FINS *saouls les uns que les autres* (R. VERCEL, *Ceux de la « Galatée »*, p. 25).

3. Dans *raide mort* (où le premier terme modifie le second), dans *ivre mort* (où le second terme modifie le premier) et dans *mort ivre* (où le premier terme modifie le second), les deux éléments sont variables : *Elles tombent* RAIDES MORTES. — *Une*

NÉE *des trois* (HUGO, *Quatrevingt-treize*, III, 3, 1). — *La plante sacrée,* PREMIÈRE-NÉE *du sol* (J. de PESQUIDOUX, *Sur la Glèbe*, p. 6). — *La* PREMIÈRE NÉE *d'entre les princesses vierges* (M. MAETERLINCK, *La Vie des Abeilles*, II, 1). — *L'Italie,* PREMIÈRE NÉE *de l'Europe à l'État, au droit civil, à l'ordre et aux routes* (A. SUARÈS, *Vues sur l'Europe*, p. 98). — *Sa* DERNIÈRE-NÉE (É. BOURGES, *Le Crépuscule des dieux*, X). — *La* DERNIÈRE-NÉE (M. GENEVOIX, *Raboliot*, p. 58). — *Mme Pasquier disait parfois à sa petite fille* DERNIÈRE NÉE… (G. DUHAMEL, *Suzanne et les Jeunes Hommes*, p. 258). — *Ernestine, la* DERNIÈRE NÉE (M. AYMÉ, *Le Passe-muraille*, p. 62). — *La* DERNIÈRE NÉE *de leur race antique* (G. BERNANOS, *Journ. d'un Curé de camp.*, p. 265). — *Elle était la* DERNIÈRE-NÉE (Ph. HÉRIAT, *Les Enfants gâtés*, V, 2). — *Dans une famille dont la fille* DERNIÈRE-NÉE *serait la plus gâtée* (F. GREGH, *L'Âge de fer*, p. 72). — *Ma* DERNIÈRE-NÉE (H. BORDEAUX, *La Garde de la maison*, p. 187).

bordée de marins qui se saoulent jusqu'à s'entretuer et à rester dans le ruisseau IVRES-MORTS (A. SUARÈS, *Sur la vie*, t. I, p. 126). — *Elles sont* MORTES IVRES.

Hist. — L'usage existait au moyen âge d'employer deux adjectifs dont le second était modifié par le premier : celui-ci s'accordait comme le second. On disait : *perdrix* FRAÎCHES *tuées, chair* MENUE *hachée, connaissances* PURES *livresques*, etc.

Observations particulières.

386. *Avoir l'air*[1]. — Lorsqu'un adjectif est en rapport avec l'expression « avoir l'air », dans la plupart des cas, on a la liberté de faire accorder cet adjectif avec *air* ou avec le sujet. Toutefois la tendance actuelle est de faire l'accord avec le sujet.

a) Quand on fait l'accord avec *air*, c'est qu'on donne à ce nom le sens de « mine, physionomie » ; on pourrait dire alors : « avoir un air... » :

Elle a l'air FAUX (AC.). — *La reine d'Espagne a l'air* BON *et* BIENVEILLANT (STENDHAL, *Corr.*, t. X, p. 311). — *Elle avait l'air* HARDI *et* CONTENT *d'elle-même* (G. SAND, *La Mare au diable*, XII). — *Elle avait l'air très* FÂCHÉ (HUGO, *Choses vues*, p. 175). — *Tous ont l'air* TRISTE (FLAUBERT, *La Tentat. de saint Antoine*, p. 118). — *C'est drôle, comme les gens ont l'air* CONTENT (R. ROLLAND, *Pierre et Luce*, p. 50). — *Laure n'avait pas du tout l'air* VIEUX (J.-L. VAUDOYER, *Laure et Laurence*, p. 89). — *Les brebis elles-mêmes ont l'air* TRISTE (É. HENRIOT, *Les Fils de la Louve*, p. 101).

b) Quand on fait l'accord avec le sujet, c'est qu'on prend « avoir l'air » comme synonyme de « sembler, paraître »[2] :

La ville a l'air ILLUMINÉE (STENDHAL, *Corr.*, t. VII, p. 15). — *La lumière a l'air* NOIRE *et la salle a l'air* MORTE (HUGO, *Lég.*, t. II, p. 93). — *Ils n'ont point l'air* INDIGENTS (TAINE, *Voy. en Italie*, t. II, p. 425). — *Ils m'avaient l'air terriblement* HARDIS (A. FRANCE, *L'Étui de nacre*, p. 184). — *L'église avait l'air toute* NEUVE (Fr. JAMMES, *L'Antigyde*, p. 110). — *Seule Mme Hoc avait l'air* INQUIÈTE (M. PRÉVOST, *Mlle Jaufre*, II, 5). — *Tu as l'air bien* SÉRIEUSE (COLETTE, *L'Étoile Vesper*, p. 22). — *Elle n'avait pas l'air trop* FÂCHÉE (A. MAUROIS, *Bernard Quesnay*, p. 166).

Remarques. — 1. Dans certaines phrases, la latitude n'est pas donnée de faire l'accord indifféremment avec *air* ou avec le sujet : le sens exige l'accord avec l'un ou avec l'autre : *Elle a l'air* HAUTAIN, *mais le cœur compatissant. Cette femme a l'air* BOSSUE. — En particulier l'accord se fait nécessairement avec *air* quand ce nom est accompagné d'un complément : *La ville a l'air tout à la fois* ANIMÉ *et* DÉSŒUVRÉ *d'un dimanche* (J. et J. THARAUD, *Quand Israël n'est plus roi*, p. 12). — *Aucune* [rose] *n'a l'air* SUSPECT *de l'orchidée* (É. HERRIOT, *Dans la Forêt normande*, p. 32).

---

1. Voir à la fin du volume l'arrêté du 26 février 1901 : *Liste* VI, 6.

2. Dans la phrase suivante, au lieu de *avoir l'air*, au sens de « paraître », on a employé *se donner l'air*, suivi d'un adjectif accordé avec le sujet : *L'état de défense désespérée d'une place qui se sent faible et ne peut que* SE DONNER L'AIR FORTE (M. JOUHANDEAU, *Carnet du Professeur*, p. 193). — Cela est contre l'usage.

2. Quand le sujet est un nom de chose, c'est le plus souvent avec lui que l'adjectif s'accorde, parce qu'il n'arrive guère que l'on prête aux choses une certaine mine : *Ces propositions ont l'air* SÉRIEUSES (AC.). — *Leur vitesse n'avait pas l'air* EXCESSIVE (FLAUBERT, *L'Éduc. sentim.*, t. I, p. 360). — *La croyance de Françoise avait l'air* FONDÉE *sur autre chose* (M. PROUST, *Albertine disparue*, t. I, p. 83).

L'accord avec *air* n'est pas incorrect : *Elle* [la tuile] *a l'air plus propre et plus* GAI *que le chaume* (J.-J. ROUSS., *Ém.*, IV). — *Ces clochers même ont l'air* GAUCHE *et* PROVINCIAL ! (HUGO, *Marion de Lorme*, II, 1.) — *On les conduit à leurs petites chambres qui ont l'air* HONNÊTE (P. LOTI, *Ramuntcho*, I, xv). — *Sur ces fines pelouses qui n'ont pas l'air* RÉEL (ID., *Les Désenchantées*, XLI). — *Une malle énorme et qui (...) avait l'air* BLINDÉ (Fr. de MIOMANDRE, *Olympe et ses amis*, p. 85).

D'ailleurs, qu'il s'agisse de personnes ou de choses, on peut intercaler le verbe *être : Il parle de maisons de bois blanc qui ont toujours l'air d'être neuves* (Cl. FARRÈRE, *Les Civilisés*, XII). — *La maman avait l'air d'être si sûre de ce qu'elle disait !* (R. BAZIN, *Il était quatre petits enf.*, IV.) — *Lorsqu'on a scruté tant de lippes qui ont de loin l'air d'être vivantes* (G. BERNANOS, *La Joie*, p. 226).

386bis. Bon est invariable dans la locution toute faite « à quoi bon ? », qui s'emploie adverbialement dans le sens de « pourquoi ? » ou de « qu'importe ? » : *À quoi* BON *des paroles ?* (E.-M. de VOGÜÉ, *Jean d'Agrève*, p. 114.) — *À quoi* BON *la beauté charmante des ravins ?* (HUGO, *Lég.*, t. II, p.351.)

Si l'on détache l'adjectif *bon* de la locution toute faite, évidemment il rentre dans le cadre de la règle d'accord des adjectifs : *À quoi les richesses sont-elles* BONNES ?

Remarque. — L'adjectif *bon* précédé d'une expression numérale de pluralité se met au féminin pluriel devant *mille livres* (de rente)[1] : *Heureusement que la Providence nous a donné vingt-deux* BONNES *mille livres de rente* (LABICHE, *La Poudre aux yeux*, I, 2). — *Cinquante* BONNES *mille livres de rente au soleil* (P. BOURGET, *Laurence Albani*, p. 66).

Pour *vingt et une bonnes mille livres*, voir § 405, Rem. 2.

387. Demi. Semi. Mi.

a) **Demi** reste invariable quand il précède le nom qu'il qualifie ; il s'y rattache par un trait d'union[2] : *Une* DEMI-*lieue. Deux* DEMI-*douzaines.* — *Le sang des* DEMI-*dieux* (VOLT., *Mér.*, IV, 2).

Quand il suit le nom, il s'y joint par *et*, et s'accorde en genre seulement : *Deux heures et* DEMIE.

Remarques. — 1. *Demi*, employé comme nom en termes d'arithmétique, est masculin et varie : *Quatre* DEMIS *valent deux unités* (AC.). — *Demie*, féminin, s'emploie absolument comme nom pour signifier « demi-heure » (dans l'indication de l'heure, ou sonnerie d'horloge) : *Vous partirez à la* DEMIE. — *Cette montre sonne les heures et les* DEMIES (AC.).

---

1. A remarquer que *bon* peut aussi se placer entre le numéral et *livres* : *Monsieur Purgon est un homme qui a huit mille bonnes livres de rente* (MOL., *Mal. im.*, I, 5).
2. Voir à la fin du volume l'arrêté du 26 février 1901 : *Liste*, VI, 3.

2. *Demi*, selon les dictionnaires et les grammaires, reste au masculin dans *midi et demi, minuit et demi : Il est midi et* DEMI (HUGO, *Choses vues*, p. 21). — *Midi et* DEMI *avait déjà donné* (STENDHAL, *Chartr.*, t. II, p. 144). — *À minuit et* DEMI (ID., *L'Abbesse de Castro*, V). — *Il est minuit et* DEMI (G. DUHAMEL, *Tribulations de l'espérance*, p. 407). — *Midi et* DEMI (AC.). — *À minuit et* DEMI (ID.). — *Vers midi et* DEMI (H. TROYAT, *Le Sac et la Cendre*, p. 355). — *À midi et* DEMI *sans faute !* (A. BILLY, *Le Narthex*, p. 53.) — Littré *(Suppl.)* explique le cas en disant que ces expressions sont pour « midi et demi-heure », « minuit et demi-heure » ; mais il semble préférable d'admettre que, sans s'arrêter à analyser la structure logique de ces expressions, on fait ici instinctivement l'accord par voisinage.

D'ailleurs, on rencontre fréquemment *midi et demie, minuit et demie : Jusqu'à midi et* DEMIE (STENDHAL, *Corr.*, t. II, p. 140). — *Viens déjeuner chez les parents, à midi et* DEMIE (G. DUHAMEL, *Les Maîtres*, p. 9). — *Il est bientôt midi et* DEMIE (M. GENEVOIX *Rroû*, p. 240). — *À midi et* DEMIE *il put aller à son lavabo* (MONTHERLANT, *Les Lépreuses*, p. 87). — *Il était minuit et* DEMIE (V. LARBAUD, *Barnabooth*, Journ. intime, 3e cahier, 21 juin). — *Il est midi et* DEMIE (A. GIDE, *Journal 1942-1949*, p. 296). — *À midi et* DEMIE (A. CAMUS, *L'Étranger*, p. 40). — *Il était à peu près midi et* DEMIE (J. GIONO, *Batailles dans la montagne*, p. 60). — [Ce pli] *lui notifiait le désir de la princesse de le voir à midi et* DEMIE (P. BENOIT, *La Toison d'or*, p. 253). — *Elle est revenue à midi et* DEMIE (P. VIALAR, *Mons. Dupont est mort*, p. 81). — *À la récréation de midi et* DEMIE (M. PAGNOL, *Le Temps des secrets*, p. 398). — *L'express de minuit et* DEMIE (VILLIERS DE L'ISLE-ADAM, *L'Ève future*, II, 7). — *À minuit et* DEMIE *des torches débouchent au coin de la rue de la Vannerie* (A. FRANCE, *Les Dieux ont soif*, p. 339). — *Antoine (...) regarda l'heure : minuit et* DEMIE (R. MARTIN DU GARD, *Les Thibault*, VI, p. 195). — *À minuit et* DEMIE *je vis s'avancer en rampant une forme allongée* (A. GIDE, *Paludes*, p. 146). — *Minuit et* DEMIE (A. MALRAUX, *La Condition humaine*, p. 11). — *Vers minuit et* DEMIE (J. ROMAINS, *Violation de frontières*, p. 107). — On peut expliquer cet accord en disant que les expressions en question sont pour « midi et une demie », « minuit et une demie » et en observant que, dans l'indication de l'heure, onze fois sur douze (ou vingt-deux fois sur vingt-quatre), *demie* est au féminin : l'analogie exerce donc son influence quand il s'agit de la demie de midi ou de la demie de minuit.

b) **Demi, semi**, placés devant un adjectif, s'y joignent par un trait d'union et restent invariables, comme adverbes ; *à demi* peut s'employer de même, mais rejette le trait d'union ; il se place parfois après l'adjectif : *Ses ais* DEMI-*pourris* (BOIL., *Lutr.*, III). — *La volatile malheureuse (...)* DEMI-*morte et* DEMI-*boiteuse* (LA F., *F.*, IX, 2). — *Ah ! je suis* DEMI-*morte !* (E. ROSTAND, *La Princesse lointaine*, II, 6.) — *Des fêtes* SEMI-*doubles — Il existe une classe* à DEMI *vertueuse,* à DEMI *vicieuse,* à DEMI *savante, ignorante* à DEMI, *qui sera toujours le désespoir des gouvernements* (BALZAC, *Le Médecin de campagne*, p. 85). — *La statue était* à DEMI *voilée* (AC.). — *Les rares images qui demeurent sont* à DEMI *muettes* (G. DUHAMEL, *La Pesée des âmes*, p. 164).

Demi, semi, combinés avec l'adjectif *grand* suivi d'un nom, ne prennent pas de trait d'union : *Diviser le demi grand arc* (LITTRÉ, s. v. *grand*, Rem. 1). — *Je le concède : vous n'êtes pas un grand menteur, vous n'êtes qu'un demi grand menteur, un semi, grand menteur.*

À demi placé devant un *nom* veut le trait d'union : *à demi-mot, à demi-corps.*
Demi est alors adjectif.

Semi s'emploie aussi comme mot invariable devant le nom ; il s'y joint par
le trait d'union : *Les* SEMI-*voyelles.*

c) **Mi** est toujours invariable : il ne s'emploie pas seul [1] et demande le trait
d'union. Il se place comme adjectif devant un nom d'époque ou de mois pour
former un nom composé. qui prend l'article féminin (§ 269, Rem. 3) : *La*
MI-*carême. La* MI-*janvier. La* MI-*été.*

Mi se place comme adverbe devant des adjectifs ou des participes ou encore
devant certains noms : *Les yeux* MI-*clos. — Les avis ont été* MI-*partis* (Ac.). —
De l'étoffe MI-*soie. — Une étoffe* MI-*fil et* MI-*coton* (ou : MI-*fil et coton*) (LITTRÉ).

Mi, précédé de la préposition *à*, se place devant certains noms, sans article :
À MI-*corps, à* MI-*jambes. Jusqu'à* MI-*jambes. Jusqu'à* MI-*chemin. À* MI-*hauteur.*
— Des confitures à MI-*sucre* (LITTRÉ).

Hist. — Voir l'*Hist.* du § 392.

388. 1° *N'avoir d'égal que.* — Lorsque les termes mis en rapport par
cette expression sont de genres ou de nombres différents, l'accord de l'adjectif
substantivé *égal* se fait avec le premier terme du rapport (sujet de *avoir*) ou
avec le second : l'usage est indécis. Soient les phrases : *Pour l'ingéniosité,*
*Pierre n'a d'*ÉGAL(E) *que sa sœur ; Pierre n'a d'*ÉGAL (ou : *d'*ÉGAUX) *que ses*
frères ; — elles peuvent se résoudre en : « *Pierre* n'a pas d'*égal,* sinon sa sœur,
sinon ses frères » : l'esprit regarde vers le terme déjà énoncé du rapport, et fait
l'accord avec lui : *Pierre n'a d'*ÉGAL *que sa sœur, que ses frères.* — Mais ces
phrases peuvent aussi se résoudre en : « *sa sœur* est la seule *égale, ses frères* sont
les seuls *égaux* de Pierre », — ou en : « *Pierre* n'a que *sa sœur* pour *égale,* que
ses frères pour *égaux* » : l'esprit alors regarde vers le terme qu'on va énoncer
en second lieu, et accorde *égal* avec lui : *Pierre n'a d'*ÉGALE *que sa sœur, n'a*
*d'*ÉGAUX *que ses frères* [2].

a) *Une estime qui n'a d'*ÉGALE *que mon amour* (V. SARDOU, *Rabagas,* I, 10, cit. Le
Bidois). — *Avec un intérêt qui n'a d'*ÉGAL *que l'attention de mon petit chien* (Ch. MAUR-

---

1. Ou guère : *Ils ne connaissent pas les ouvriers et ont peur d'eux. Ils se les repré-*
sentent comme des campagnards qui ont mal tourné, MI *par leur faute,* MI *par celle des*
circonstances (J. ROMAINS, *Les Hommes de b. vol.,* t. VIII, p. 229). — MI *par respect*
du mort, MI *par indifférence* (Fr. AMBRIÈRE, dans les *Annales,* févr. 1953, p. 43).
2. On trouve parfois *égal* invariable, comme si le neutre *rien* était sous-jacent dans
l'expression : *Son zèle n'a* [rien] *d'*ÉGAL *que sa patience. — La grande maison d'édition*
Scribner, dont le chef, Charles Scribner, était connu pour son raffinement et son puri-
*tanisme, qui n'avaient d'*ÉGAL *que la timidité de Perkins* (dans les *Nouv. litt.,* p. 3,
31 juill. 1947). — *Un homme dont la fermeté n'a d'*ÉGAL *que la sagesse et la hauteur des*
vues (Wl. d'ORMESSON, dans la *Croix,* 8-9 mai 1960). — A comparer : *Sa courtoisie*
à mon égard était sans ÉGAL (M. JOUHANDEAU, *Carnets de l'écrivain.* p. 89).

RAS, *La Musique intérieure*, Préf.). — *Son désintérêt n'a d'*ÉGAL *que sa courtoisie* (Ch. DU BOS, *Journal 1921-1923*, p. 65). — *Edmont, dont le dévouement n'avait d'*ÉGAL *que la conscience scientifique* (A. DAUZAT, dans les *Nouv. litt.*, 19 déc. 1949). — *Son étonnement n'a d'*ÉGAL *que sa conviction* (Genev. TABOUIS, *Albion, perfide ou loyale*, p. 118). — *Son incompréhension (...) n'a d'*ÉGALE *que son zèle* (A. ROUSSEAUX, dans le *Figaro litt.*, 4 nov. 1950). — *L'attrait irrésistible qu'exerçait Lion n'avait d'*ÉGAL *que l'aversion qu'il inspirait* (M. JOUHANDEAU, dans le *Figaro litt.*, 15 sept. 1951). — *Le « parfait détachement » du brillant causeur qui n'a d'*ÉGAL *que la coupe de son habit* (P. DANINOS, dans le *Figaro litt.*, 7 mars 1953). — *François Coppée connut de son vivant une gloire dont la disproportion n'a d'*ÉGALE *que l'oubli où sa mémoire est tombée* (H. BORDEAUX, *Paris aller et retour*, p. 91).

*b) La prétention de penser par soi-même n'a d'*ÉGAL *que le peu de souci de penser en effet et une certaine impuissance à le faire* (É. FAGUET, *Politiques et Moralistes du XIX*e s., t. II, p. XIII, cit. Le Bidois). — *Il* [Molière] *n'a d'*ÉGAUX *en puissance sereine que Montaigne et Shakespeare* (A. SUARÈS, *Sur la vie*, t. II, p. 37). — *Avec un tact et une souplesse qui n'ont d'*ÉGALE *que sa superbe loyauté* (Cl. FARRÈRE, *La Seconde Porte*, p. 43). — *Le sérieux de l'événement n'avait d'*ÉGALE *que la forme légère, bénigne qu'il empruntait* (M. JOUHANDEAU, dans *Hommes et Mondes*, juill. 1950, p. 377). — *Ces États jeunes dont l'inorganisation n'a d'*ÉGAL *que le supernationalisme* (Genev. TABOUIS, *Albion, perfide ou loyale*, p. 186). — *La fièvre et la hardiesse des improvisations n'ont d'*ÉGALE *que la brièveté de leurs agonies* (A. ARNOUX, *Bilan provisoire*, p. 265). — *Votre modestie n'a d'*ÉGAL *que votre orgueil* (J. GREEN, *Chaque homme dans sa nuit*, p. 19).

2° **D'égal à égal. Seul à seul.** — Ces locutions peuvent être considérées comme des groupes figés, dans lesquels chaque adjectif reste invariable :

a) Le roi, disaient-ils, traite avec les Tartares D'ÉGAL À ÉGAL (MÉRIMÉE, *Les Cosaques d'autrefois*, p. 143). — *Vous permettez ainsi que je vous parle* D'ÉGAL À ÉGAL (P. HERVIEU, *Le Dédale*, II, 9). — *La seule façon de s'affirmer (...) était de traiter audacieusement* D'ÉGAL À ÉGAL *les puissances à conquérir* (É. HENRIOT, *Aricie Brun*, II, 1). — [La Reine à Stanislas :] *J'ai décidé (...) de vous traiter* D'ÉGAL À ÉGAL (J. COCTEAU, *L'Aigle à deux têtes*, I, 6).

b) [Tartuffe :] *Il m'est doux, Madame, de me voir* SEUL À SEUL *avec vous* (MOL., *Tart.*, III, 3). — *Mademoiselle, lui dit-il, (...) je vous ai dit que je ne vous aimais plus je vous l'ai dit* SEUL À SEUL (DIDEROT, *Ceci n'est pas un conte*, éd. Pléiade, p. 795). — *Il* [le Japon] *allait pouvoir se mesurer* SEUL À SEUL *avec la Russie* (R. GROUSSET, *Le Réveil de l'Asie*, p. 184). — *Le Curé : Madame la Comtesse, il faut que je vous parle* SEUL À SEUL (A. GIDE, *Le Treizième Arbre*, 3). — *Ils* [Daniel et Berthe] *étaient trop impatients de déjeuner* SEUL À SEUL (Tr. BERNARD, *Mém. d'un Jeune Homme rangé*, XXIX). — *La vieille fille (...) laissait les époux* SEUL À SEUL (DANIEL-ROPS, *L'Ombre de la douleur*, p. 173).

Les auteurs modernes font souvent accorder, selon le sens, chaque adjectif avec le mot auquel il se rapporte (mais, pour *d'égal à égal*, ils évitent, semble-t-il, le pluriel masculin) :

a) SEULS *à* SEULS (J. GIRAUDOUX, *L'Impromptu de Paris*, IV). — *Elle sut éviter de le voir* SEULE *à* SEUL (P. MILLE, *La Détresse des Harpagon*, p. 189). — *Un petit bout de causette*, SEUL *à* SEULE, *avec madame Cardinal* (L. HALÉVY, *Les Petites Cardinal*, p. 17). — *Ma mère (...) me conta*, SEULE *à* SEUL, *sa vie mystérieuse* (R. ROLLAND,

Le Voyage intérieur, p. 114). — *Madame Sun la seconde le verra*, SEULE *à* SEUL (Cl. FARRÈRE, *La Onzième Heure*, p. 272). — *Elle* [Marguerite Moreno] *aimait me voir* SEULE *à* SEULE (COLETTE, *Le Fanal bleu*, p. 186). — *C'était la première fois qu'il se trouvait* SEUL *à* SEULE *avec Élise* (R. BOYLESVE, *Élise*, p. 86). — *J'ai cherché à la rencontrer* SEUL *à* SEULE (J. ROY, *La Femme infidèle*, p. 87). — *J'ai causé avec elle*, SEUL *à* SEULE, *du problème religieux* (P.-H. SIMON, *Les Raisins verts*, p. 139).

*b) D'*ÉGAL *à* ÉGALE (H. BORDEAUX, *Tuilette*, p. 184). — *Au milieu de merveilles qu'il traitait d'*ÉGAL *à* ÉGALES (J. GIRAUDOUX, *L'École des Indifférents*, p. 187). — *Ce qui l'empêchait* [Justin] *de traiter Renée d'*ÉGAL *à* ÉGALE (M. ARLAND, *L'Ordre*, t. II, p. 48). — *Ce que les femmes ont obtenu de plus clair depuis qu'elles ont demandé d'être traitées d'*ÉGALE *à* ÉGAL (É. HENRIOT, dans le *Monde*, 3 juin 1953).

389. *Feu* [1] et [a], adjectif, signifie « qui est mort depuis peu de temps », et ne se dit guère au pluriel. Il varie quand il est placé entre l'article (ou l'adjectif possessif) et le nom : *La* FEUE *reine* (Ac.). — *N'es-tu pas filleul de la* FEUE *reine ?* (MUSSET, *Fantasio*, I, 2.) — *La* FEUE *Henriette d'Angleterre* (J. LEMAITRE, *Jean Racine*, p. 277). — *Ma* FEUE *mère* (Ac.). — *Les* FEUS *rois de Suède et de Danemark* (ID.). — *La* FEUE *impératrice a gardé la Hongrie* (HUGO, *Théâtre en lib.*, La Grand'Mère, 2). — *L'enfant de ma* FEUE *sœur* (H. LAVEDAN, *Nocturnes*, XI). — *Toute votre* FEUE *famille* (J.-P. SARTRE, *Le Diable et le Bon Dieu*, V, 2).

Il est invariable dans les autres cas [2] : FEU *Bélise, sa mère* (MOL., *Mélic.*, II, 7). — *Je trouve, comme vous, que Bétomas ressemble à Lauzun, (...) et Mlle des Pennes à* FEU *Mlle de Cossé* (SÉV., 26 janv. 1673). — *J'ai ouï dire à* FEU *ma sœur...* (MONTESQ., *L. pers.*, 52). — *Voici* FEU *Mme Jory* (M. BARRÈS, *La Colline insp.*, p. 129). — *Je peux vivre encore vingt-cinq ans, comme* FEU *ma mère* (G. DUHAMEL, *La Nuit de la Saint-Jean*, p. 108). — FEU *mon excellente mère me le disait bien* (J.-J. BROUSSON, dans les *Nouv. litt.*, 8 janv. 1948). — *Avancez, enchanteresse plus dangereuse que* FEU *madame Armide* (A. SALACROU, *Le Soldat et la Sorcière*, I, 1). — *Les portraits de* FEU *les trois maris de Mme Polin* (H. BAZIN, *La Mort du petit cheval*, p. 76). — FEU *mes oncles* (LITTRÉ). — FEU *la reine* (Ac.). — FEU *Madame Henriette* (ID.).

« *Feu* ne se dit que des personnes que nous avons vues ou que nous avons pu voir ; on ne dit pas FEU *Platon*, FEU *Cicéron*, si ce n'est en plaisantant ou en style burlesque. — Quand on dit *le* FEU *pape, le* FEU *roi*, etc., on entend toujours le pape dernier mort, le roi dernier mort, etc. — On dit FEU *la reine* s'il n'y a pas de reine vivante, et *la* FEUE *reine* si une autre l'a remplacée. » (LITTRÉ.)

---

1. Voir à la fin du volume l'arrêté du 26 février 1901 : *Liste* VI, 3.
2. L'usage est un peu hésitant : FEUE *Mme de Cambremer* (M. PROUST, *Le Temps retrouvé*, I, p. 167). — FEUE *madame de Clergerie* (G. BERNANOS, *La Joie*, p. 179). — FEUE *ma mère* (ID., *Un Mauvais Rêve*, I, 4).

ÉTYM. — [a] L'adjectif *feu* est venu du latin vulgaire **fatutus*, dérivé de *fatum*, destin ; il a signifié d'abord « qui a une bonne ou une mauvaise destinée », puis il a pris (XIIIᵉ s.) le sens euphémique de « qui a accompli sa destinée ».

N. B. — Aujourd'hui l'adjectif *feu* est désuet, mais il garde des positions dans la langue littéraire et aussi dans la langue juridique et administrative. Dans l'usage courant, on le remplace souvent par *pauvre* : *Mon* PAUVRE *père le disait toujours. Si ma* PAUVRE *mère vivait encore… — Quand nous disons :* « *Ce* PAUVRE *Untel* », *tout le monde comprend qu'il est passé de vie à trépas* (A. HERMANT, *Chroniq. de Lancelot*, t. II, p. 354). — *Je me rappelle que ton* PAUVRE *arrière-grand-père me disait…* (Fr. MAURIAC, *Journ. 1932-1939*, p. 162). — On emploie aussi : *mon défunt père, ma défunte mère, mes défunts oncles, mes défuntes tantes*, etc., ou encore : *défunt mon père, défunte ma mère, défunts mes oncles, défuntes mes tantes, défunte madame X…, défunte la mère de…*[1], mais ces derniers tours sont surtout provinciaux : DÉFUNT *mon père* (AC.). — *Une femme de chambre de* DÉFUNTE *la mère de mon épouse* (MARIVAUX, *Le Paysan parvenu*, p. 207). — *Du temps de* DÉFUNT *mon homme* (BALZAC, *Le Médecin de campagne*, p. 15). — DÉFUNT *mon pauvre homme* (G. SAND, *Le Meunier d'Angibault*, V). — *Le petit dernier, qui s'appelle Salomé, comme* DÉFUNT *mon père…* (A. THÉRIVE, *Fils du jour*, p. 70). — DÉFUNT *mon père aussi en était adepte* (R. MARTIN DU GARD, *Les Thibault*, VII, 3, p. 13). — *Il a une barbe douce, bien plus douce que celle de* DÉFUNT *mon vieux* (J. RENARD, *Ragotte*, La Veuve Laure). — *Mon grand-père était sonneur à Lyon,* DÉFUNTE *ma mère servante chez M. le curé de Wilman* (G. BERNANOS, *Journ. d'un Curé de camp.*, p. 241). — *La maison de* DÉFUNTE *Mme la chanoinesse* (M. PRÉVOST, cit. Damourette et Pichon, t. II, p. 91).

Hist. — Anciennement *feu* s'accordait devant le nom : FEUE *sa femme* (É. PASQUIER, *Recherches de la France*, VI, 11). — En 1694, l'Académie écrivait encore : FEUE *la reine*. Les grammairiens du XVIIe siècle, mal éclairés sur l'origine de ce mot, le tiraient, soit de *felicem* (heureux), soit de *fuit* (il ou elle fut).

389*bis.* ***Franc de port***[2] reste invariable comme locution adverbiale quand, selon l'idée de celui qui parle ou écrit, l'expression est rapportée au verbe : *Recevoir* FRANC DE PORT *une lettre et un paquet* (AC.). —*Je vous envoie une bourriche* FRANC DE PORT (LITTRÉ). — *Vous recevrez cette caisse* FRANC DE PORT.

Mais si l'on fait rapporter au nom cette expression, *franc* varie comme adjectif : *Envoyez-moi les deux volumes anglais,* FRANCS *de port* (STENDHAL, *Corr.*, t. V, p. 104). — *Recevoir une caisse* FRANCHE *de port* (AC.). —*Je vous renvoie aujourd'hui* FRANCHES *de port les caisses que vous m'avez fait parvenir.* — *Des colis* FRANCS *de port.*

La règle qui précède est pratiquement de fort peu d'intérêt : *franc de port* est une expression vieillie. Aujourd'hui on dit le plus souvent *affranchi : une lettre* AFFRANCHIE. S'il s'agit de paquets, de colis etc., on emploie couramment l'expression italienne *franco*, abréviation de *porto franco : Envoyer des paquets* FRANCO. FRANCO *de port et d'emballage.*

390. *Haut* et *bas*. — *Haut* s'emploie adverbialement et est invariable

---

1. Suivant un usage dialectal (Touraine, Angoumois, etc.), dans les expressions du type *défunt ma mère*, on laisse parfois *défunt* invariable : *Dans les temps,* DÉFUNT *madame m'en a payé jusqu'à vingt francs* [d'une loutre] (BALZAC, *Les Paysans*, p. 32). — *La v'là (…) qui appelle* DÉFUNT *la mère Ribotteau* (R. BOYLESVE, *La Becquée*, p. 86).

2. Voir à la fin du volume l'arrêté du 26 février 1901 : *Liste*, VI, 5.

dans *haut la main* : *J'en viendrai à bout* HAUT *la main* (Ac.). — *Haut et bas* s'emploient de même dans certaines exclamations elliptiques : HAUT *les fu- sils !* (BARBEY D'AUREVILLY, *L'Ensorcelée*, p. 65.) — HAUT *la patte ! courez en chats maigres* (Th. GAUTIER, *Le Cap. Frac.*, VII). — HAUT *les mains !* HAUT *les cœurs !* BAS *les armes !*—BAS *les pattes !* (R. BOYLESVE, *La Becquée*, p. 100).

390bis. De guerre lasse. — Dans cette expression, l'adjectif est au fémi- nin, même quand il s'agit d'un homme. Selon Littré, on a là une figure hardie où la lassitude est transportée de la personne à la guerre ; pour G. Gougenheim (*Syst. gramm. de la l. fr.*, p. 125, note 1) et pour C. de Boer (*Synt. du fr. mod.*, 1re part., VI, A, § 9), il semble qu'il y ait, dans cette locution, un faux accord, qui s'explique par le fait qu'anciennement l's de *las* était prononcé à la pause [1] : *Il s'est longtemps refusé à cet arrangement ; enfin, de guerre* LASSE, *il y a consenti* (Ac.). — *Le chauffeur, de guerre* LASSE, *avait sans doute accepté de charger un piéton persuasif* (J. COCTEAU, *Les Enfants terribles*, p. 37). — *De guerre* LASSE, *je quitte l'endroit (...). Tout seul, je vais et viens* (ALAIN-FOURNIER, *Le Grand Meaulnes*, p. 338).

391. Meilleur marché. — Dans *acheter des pommes (à) meilleur marché* (§ 916, 3), *une étoffe (à) meilleur marché me plairait mieux*, on doit écrire *meilleur* au masculin singulier, parce qu'il se rapporte à *marché* [2].

392. Nu [3] reste invariable devant les noms *tête, bras, jambes, pieds, pattes*, employés sans article ; il s'y joint par un trait d'union et constitue avec eux des expressions toutes faites où *nu* est une sorte de préfixe : *Ne sais-tu pas qu'il faut paraître* NU-*tête devant M. le juge ?* (VOLT., *Lett. philos.*, 3.) — *Elle s'était levée* NU-*jambes,* NU-*pieds* (MAUPASS., *Boule de suif*, p. 282). — *Ils se mirent à travailler* NU-*bras* (FLAUB., *Salammbô*, p. 238). — *Ça vaut mieux que d'aller* NU-*pattes* (HUGO, *Quatrevingt-treize*, I, 4, 1).

Il varie quand il est placé après le nom : *Aller la tête* NUE. — *Il lui parle tête* NUE (Ac.). — *Marcher pieds* NUS (ID.).

Remarque. — *Nue-propriété* (propriété d'un fonds dont un autre a l'usufruit), *nu-propriétaire* sont des termes de la langue juridique.

Littré écrit au pluriel *nus propriétaires*. Selon Nyrop, il faut écrire *les nu-proprié- taires*. L'Académie donne le pluriel *nues-propriétés ;* elle ne dit rien du pluriel de *nu- propriétaire*. — Les lexicographes écrivent généralement *nue propriété, nu proprié- taire*, sans traits d'union. L'Académie écrit, au mot *nu* : « *Nue propriété, nu proprié- taire*. Voyez *Nue-propriété, Nu-propriétaire.* »

---

1. É. Henriot écrit : *En 1880, de guerre* LAS, *Henri Brun partit pour Paris* (*Aricie Brun*, III, 2). — C'est aller contre l'usage.

2. Dans la phrase suivante, l'accord est faux : *Il faut aller à la ville chercher la* MEILLEURE *marché des tarlatanes bleues* (Ève CURIE, *Madame Curie*, p. 47).

3. Voir à la fin du volume l'arrêté du 26 février 1901 : *Liste*, VI, 3.

Hist. — L'ancienne langue accordait presque toujours *demi* et *nu* devant le nom, comme après le nom : *Il ne s'en fault que* DEMIE *aulne* (*Pathelin*, 264). — *Si elle accourt* NUE *teste* (CALV., *Inst.*, IV, 10, 31). — C'est pour une raison phonétique que ces adjectifs ont été laissés invariables devant le nom, dans *demie aune, nue tête*, par exemple, quand l'*e* féminin eut cessé de se prononcer et que l'*i* et l'*u* se furent abrégés parce que l'adjectif et le nom ne formaient qu'un seul mot phonétique, il devint naturel de laisser *demi* et *nu* invariables. — Vaugelas (*Rem.*, pp. 66 et 358) imposait l'invariabilité. Cependant jusqu'à la fin du XVII⁰ siècle et même (mais exceptionnellement) au XVIIIᵉ et au XIXᵉ siècle, on trouve des restes de l'ancien usage : *Elle y alla* NUS *pieds* (RAC., t. IV, p. 509). — *Elle monta seule et* NUS *pieds sur l'échelle* (SÉV., t. IV, p. 533) [1]. — *Une bonne grosse* DEMIE *heure* (MOL., *Pourc.*, I, 2). — *Une* DEMIE *heure de temps* (RAC., t. VI, p. 443). — *Une* DEMIE *lieue* (LA BR., t. II, p. 261, note 3). — *En une* DEMIE *heure* (VOLT., *Lett. phil.*, 10). — *Donner chaque jour dans la classe une* DEMIE *heure à cette étude* (ROLLIN, *Traité des études*, II, II, 2). — *La* DEMIE *obscurité* (STENDHAL, *Corr.*, t. IX, p. 364).

392bis. *Passé* et *précis*, après une indication d'heure, s'accordent avec l'élément essentiel de cette indication [c'est-à-dire avec le nom *heure(s)*, ou *midi*, ou *minuit*] : *Il est dix heures et demie* PASSÉES (G. MARCEL, *Rome n'est plus dans Rome*, p. 54). — *Il est midi et demi* PASSÉ. — *Neuf heures et demie* PRÉCISES (H. BECQUE, *Les Corbeaux*, I, 1). — *À une heure et quart* PRÉCISE. — *Il est une heure vingt* PRÉCISE. — *À minuit* PRÉCIS (MUSSET, *Lorenzaccio*, IV, 1). — *À midi* PRÉCIS, *il arrivait* (P. LOTI, *Le Roman d'un Enfant*, XXI).

Mais : PASSÉ *dix heures*, PASSÉ *cinq heures et demie :* cf. § 784.

393. *Plein* et *sauf.* — *Plein*, devant un nom précédé d'un déterminatif et signifiant « autant que la chose dont on parle peut en contenir », est préposition et reste invariable : *Avoir de l'argent* PLEIN *ses poches.* — *J'avais des fleurs* PLEIN *mes corbeilles* (HUGO, *Crép.*, XXVI). — *Des roses* PLEIN *leurs plateaux* (P. LOTI, *Vers Ispahan*, p. 192).

Sauf, devant un nom précédé ou non d'un déterminatif, est préposition et invariable : *Je pense*, SAUF *correction, qu'il a le diable au corps* (MOL., *Av.*, I, 3). — *Pas un feu à terre*, SAUF *la lueur qui venait de ma maison* (E.-M. de VOGÜÉ, *Jean d'Agrève*, p. 106).

Hist. — Dès le moyen âge, *plein*, ainsi employé, a été laissé invariable. Quant à *sauf*, il a été d'abord adjectif, souvent placé devant le nom : *Sire, fet il*, SAUVE *vostre grace, non ferai* (*La Queste del Saint Graal*, p. 6). — *Son honneur* SAUVE (*Cent Nouv. nouv.*, cit. SNEYDERS DE VOGEL, *Synt. hist.*, § 414). — SAUVE *l'honneur de toute la compaignie !* (RABEL., IV, 7.) — Dès le XVᵉ siècle, il est devenu invariable devant le nom : SAUF *vostre grace* (*Cent Nouv. nouv.*, dans SNEYDERS DE VOGEL, *loc. cit.*).

394. *Possible,* selon la règle traditionnelle, reste invariable après une

---

1. Dans ces exemples, l'édition des Grands Écrivains porte *nu-pieds*. Comme Haase le fait observer (*Synt.*, § 56, Rem. II), les éditions originales ont *nus pieds*, avec accord.

locution superlative comme *le plus, le moins, le mieux, le meilleur*, etc., s'il se rapporte au pronom impersonnel *il* sous-entendu : *Faites le moins d'erreurs* POSSIBLE (= qu'il sera possible de faire). — *Courir le moins de risques* POSSIBLE (STENDHAL, *Chartr.*, t. I, p. 22). — *Il lui adressait les compliments les plus justes* POSSIBLE (FLAUB., *L'Éduc. sent.*, t. II, p. 217). — *Abattre le plus de quilles* POSSIBLE (J. de PESQUIDOUX, *Chez nous*, t. II, p. 29). — *Je suis sûr que vous ferez ici le moins de dégâts* POSSIBLE (Fr. MAURIAC, *Asmodée*, III, 6). — *Je pose le moins de questions* POSSIBLE (J. GREEN, *Moïra*, p. 138).

Il est variable quand il se rapporte à un nom : *Vous pouvez tirer sur tous les gibiers* POSSIBLES (MÉRIMÉE, *Colomba*, I). — *Ce monde n'est ni le meilleur ni le plus mauvais de tous les mondes* POSSIBLES (A. MAUROIS, *Mes Songes que voici*, p. 228). — *On croit avoir reçu tous les coups* POSSIBLES (Fr. MAURIAC, *Le Feu sur la terre*, p. 161).

Dans certaines phrases, *possible*, accompagné d'une locution superlative *le plus, le moins*, etc., peut varier ou non selon qu'on le fait rapporter au nom ou bien au pronom *il* sous-entendu : *Tout est pour le mieux dans le meilleur des mondes* POSSIBLE(s), c.-à-d. *le meilleur des mondes qu'il est* POSSIBLE *d'imaginer*, ou bien : *le meilleur parmi les mondes* POSSIBLES. — *C'est certainement le Nouveau Monde qui est le meilleur des univers* POSSIBLES (VOLT., *Candide*, X). — D'ailleurs, plus d'un auteur, sans se soucier de la distinction établie par les grammairiens, met *possible* au pluriel dans tous les cas où il vient après un nom pluriel : *Faites cent exemplaires les plus jolis* POSSIBLES (STENDHAL, *Corr.*, t. V, p. 304). — *Envoie-moi les plus longues lettres* POSSIBLES (FLAUBERT, *Corr.*, t. I, p. 298). — *Ayant donc fait le monde par les lois et dans les lois les plus parfaites* POSSIBLES... (É. FAGUET, *XVIIᵉ S.*, p. 96). — *Il fallait y montrer* [du côté de Pékin] *le plus de forces* POSSIBLES (Cl. FARRÈRE, *La Seconde Porte*, p. 241). — *Je mets immédiatement entre lui et moi le plus grand nombre de milles* POSSIBLES (M. CONSTANTIN-WEYER, *Un Homme se penche sur son passé*, III). — *Avec le plus de liberté et le moins de risques* POSSIBLES (R. ROLLAND, *Jean-Chr.*, t. V, p. 177). — *Tout va de mieux en mieux dans le meilleur des régimes* POSSIBLES (P. VALÉRY, *Regards sur le monde actuel*, p. 213). — *Il voulait lui donner le plus de choses* POSSIBLES (J. GIONO, *Le Moulin de Pologne*, p. 188). — *Il fait charger le plus de machines* POSSIBLES *sur des péniches* (A. MAUROIS, *Terre promise*, p. 325). — *L'humanité a droit aux meilleurs gènes* POSSIBLES (J. ROSTAND, *Pensées d'un biologiste*, p. 44).

N. B. — Quand *possible* est placé immédiatement après *le plus, le moins*, etc., évidemment il est invariable : *Certains tâcheront d'entretenir des équivoques ou des malentendus pour garder sous leur obéissance le plus* POSSIBLE *d'éléments armés* (Gén. DE GAULLE, *Mém.*, t. II, p. 386). — *Voir le plus* POSSIBLE *de gens de toutes sortes* (M. ACHARD, *Disc. de récept. à l'Ac. fr.*). — *Faire le moins* POSSIBLE *de dépenses*.

395. Proche est adjectif et varie quand il signifie « voisin », « qui est près d'arriver » : *Ces deux maisons sont fort* PROCHES (Ac.). — *Des malheurs si* PROCHES (CORN., *Andromède*, II, 3).

Il est invariable quand il signifie « à peu de distance dans le temps ou dans l'espace » ; il est alors adverbe ou bien il forme avec *de* une locution prépositive : *Mes amis demeurent ici* PROCHE. *Ces gens habitent* PROCHE DE *chez moi*.

Ils sont PROCHE DE *mourir.* — *J'ai vu là-haut,* PROCHE DE *la route, des ronces toutes noires de mûres* (A. FRANCE, *Balthasar,* p. 191).

Pour *proche* employé comme préposition, sans *de*, voir § 912, *a*.

396. Sec. — On écrit : *en cinq* SECS, ou, plus souvent : *en cinq* SEC (= rapidement ; en termes de jeu de cartes : une partie d'écarté en cinq *secs* = en cinq [points] secs, — ou : en cinq *sec* (*cinq* est alors pris comme nom) : *Les marier en cinq* SECS (COLETTE, *La Maison de Claudine,* XXIII). — *Vider l'affaire en cinq-*SECS (G. DUHAMEL, *Cécile parmi nous,* p. 42). — *Je te joue cela en cinq* SEC *ou* SECS (LITTRÉ, *Suppl.*). — *Ça s'est décidé en cinq* SEC (A. GIDE, *Les Faux-Monn.,* p. 217). — *La destinée d'un peuple ne se règle pas en cinq* SEC (A. HERMANT, *Trains de luxe,* p. 131). — *Régler une affaire en cinq* SEC (AC.).

V. — *PLACE DE L'ADJECTIF ÉPITHÈTE*

397. *PRINCIPES GÉNÉRAUX* [1]

L'adjectif épithète se place *avant* le nom lorsque, sans être entrée dans la syntaxe figée, la combinaison *adjectif + nom* est très fortement sentie comme une unité de pensée : il y a alors un seul accent d'intensité. Mais lorsque la combinaison du nom et de l'adjectif n'est pas sentie comme une seule unité de pensée et que chacun de ces mots est frappé d'un accent d'intensité, l'adjectif épithète se place *après* le nom ; toutefois il peut le précéder s'il a beaucoup de force affective.

Ajoutons que la prose littéraire et la langue poétique changent souvent la place ordinaire de l'épithète pour produire des effets de style fort variés.

J. Marouzeau (dans le *Français moderne,* oct. 1953, pp. 241-243) fait une distinction qui se rapproche fort de celle qui vient d'être exposée : pour lui, essentiellement, l'adjectif se place *avant* le nom quand il a une valeur *qualitative*, exprimant un jugement, une impression, une réaction subjective, souvent affective : *une charmante soirée, une noble initiative, un vilain personnage ;* — il se place *après* le nom quand il a une valeur *discriminative*, énonçant un caractère spécifique, une catégorie, une qualité physique, une appartenance locale ou temporelle, etc. : *la nature humaine, un fonctionnaire civil, les métaux ferreux, la langue française, une cérémonie nocturne, une arrestation arbitraire.*

398. *REMARQUES PARTICULIÈRES*

1° Certaines expressions sont devenues des groupes figés, de véritables noms composés, dans lesquels l'adjectif garde une place fixe. Parfois même

---

1. Ces principes sont empruntés à C. DE BOER, *Essais de Synt. fr. mod.,* pp. 19-20.

l'orthographe soude l'adjectif avec le nom ou l'y joint par un trait d'union :
Un bonhomme, un amour-propre, un pauvre homme, un cousin germain, un conseiller municipal, un directeur spirituel.

2° On place **avant** le nom :

a) En général, l'adjectif monosyllabique qualifiant un nom polysyllabique : *Un bel appartement. Un long trajet. Un bref aperçu.*

b) L'adjectif considéré comme épithète de nature : *La pâle mort. Le bouillant Ajax.*

c) En général, l'adjectif ordinal (§ 419) : *Le vingtième siècle. La cinquième colonne.*

d) Certains adjectifs qui s'unissent intimement au nom en dépouillant leur valeur propre et objective pour prendre une signification figurée et subjective. Comparez :

Un simple soldat, un soldat simple	Un méchant livre, un livre méchant
Un pauvre homme, un homme pauvre	Un triste personnage, un personnage triste
Un ancien patron, un patron ancien	Un bon chef, un chef bon.

3° On place **après** le nom :

a) En général, l'adjectif polysyllabique qualifiant un nom monosyllabique : *Un champ stérile. Un cœur sensible. Un vers harmonieux.*

b) Beaucoup d'adjectifs qui expriment des qualités physiques, occasionnelles, accidentelles : *Un front haut. Une démarche lente. Une porte secrète.*

c) Les adjectifs exprimant la forme ou la couleur [1] : *Un champ carré. Une ligne courbe. Le tapis vert. Un vêtement noir.*

Dans le style poétique ou soutenu, l'adjectif de couleur se place souvent avant le nom : *La* BLANCHE *colombe* (LAMART., *Méd.*, Le Désespoir). — *Le* NOIR *cormoran* (HUGO, *Orient.*, X). — *Sous les* VERTS *pommiers* (MUSSET, *N. de Déc.*). — *Ah ! Cordouan, Cordouan, ne sauras-tu donc,* BLANC *fantôme, nous amener que des orages ?* (MICHELET, *La Mer*, I, VIII.) — *La ligne des* JAUNES *solitudes* (P. LOTI, *La Mort de Philœ*, p. 34). — *L'ornement suprême de ces* BLANCS *boutons* [d'aubépine] (M. PROUST, *Du côté de chez Swann*, I, p. 164).

Il en est de même quand l'adjectif de couleur est pris au figuré : *D'où vient le* NOIR *chagrin que je lis dans tes yeux ?* (BOIL., *Lutr.*, II.) — *Faire* GRISE *mine à quelqu'un.* — *Une* VERTE *vieillesse.*

---

1. Dans l'ancienne langue, et même encore au XVIe siècle, les adjectifs de couleur se plaçaient habituellement, semble-t-il, avant le nom : *Unes chauces de* BLANC *acier* (CHRÉTIEN DE TROYES, *Érec et Énide*, 2638). — *Les* NOIRES *mouches vos ont point* [vous ont piqué] (RUTEBEUF, *Li Diz des Ribaux de Greive*, 11). — *Ung* NOIR *lion* (*Perceforest*, dans Bartsch, 98, 74). — *Si estoit li roys de Franche montés sour ung* BLANCQ *courssier et tenoit ung* BLANCQ *baston* (FROISSART, t. V, p. 408). — Cet usage s'observe encore en Wallonie : cf. liégeois : *dè* NEÛR *pan*, du pain noir ; *on* RODJE *vizèdje*, un visage rouge ; *del* VÈTE *sope*, de la soupe verte. — *Èle vèyt on djône ome assiou à dreûte, mousst d'ine* BLANKE *rôbe* [Elles virent un jeune homme assis à droite vêtu d'une robe blanche] (J. MIGNOLET, *Li Bone Novèle*, Marc, XVI, 5).

d) Les adjectifs dérivés d'un nom propre et ceux qui marquent une catégorie religieuse, sociale, administrative, technique, historique, géographique, etc. : *Une tragédie cornélienne. Le peuple juif. Les prérogatives royales. L'électricité statique. Le principe monarchique. Les climats froids.*

e) Les participes passés pris adjectivement et beaucoup d'adjectifs verbaux en *-ant* : *Un homme estimé. Un monarque redouté. Une musique éclatante. Des sables mouvants.*

f) Les adjectifs suivis d'un complément : *Une blessure large de deux doigts. Un jardin grand comme la main.*

Remarques. — 1. Quand un nom est suivi de son complément, c'est l'oreille surtout qui doit juger de la place à donner à l'adjectif épithète. Si l'épithète est placée après le complément, on doit veiller à éviter toute équivoque : *Le Nil a vu sur ses rivages Les* NOIRS *habitants des déserts Insulter par leurs cris sauvages L'astre* ÉCLATANT *de l'univers* (LE FRANC DE POMPIGNAN, *Odes*, III, 1). — MAUDIT *instrument Du plaisir* BARBARE *des hommes* (LA F., *F.*, XII, 15).

2. Quand un nom forme avec l'adjectif qui le précède ou qui le suit une sorte de groupe, on peut placer, sans particule coordonnante, un autre adjectif (parfois deux) à côté du premier : *Un bon jeune homme. — Ces chères vieilles gens. — Il caressait de la langue et des lèvres cette jolie petite longue phrase comme un miel délicieux* (VIGNY, *Stello*, XXX). — *Une vieille petite malle longue et basse* (ALAIN-FOURNIER, *Le Grand Meaulnes*, p. 330). — *Une claire petite brochure* (G. DUHAMEL, *Manuel du protestataire*, p. 94). — *Des soins médicaux gratuits.*

Mais si le nom et l'adjectif ne forment pas une sorte de groupe, on ne peut accoler au nom deux ou plusieurs épithètes successives sans particule coordonnante ni virgule : *Une vieille basse maison. — Un mendiant bancal aveugle. — Une longue triste journée. — Ses longs clairs rameaux* (A. de CHÂTEAUBRIANT, *Les Pas ont chanté*, p. 14). — *Ne parlons point de ces idoles (..), le lourd luisant câble noir de queue suspendu à l'occiput* (P. CLAUDEL, dans le *Figaro litt.*, 5 févr. 1949). — *Car c'est une vieille absurde querelle que celle qui s'élève en traitant à part « forme » et « fond »* (A. GIDE, *Attendu que...*, pp. 63-64).

D'autre part, il n'est guère conforme aux habitudes du français que le nom soit à la fois précédé et suivi d'une épithète : *Un expressif et distingué visage batailleur* (Myriam HARRY, *La Vie de J. Lemaître*, p. 134). — *Elle restait là, (...) fixant de temps en temps sur lui son vif œil noir impénétrable* (R. BRASILLACH, *Le Voleur d'étincelles*, p. 204).

Hist. — L'usage d'autrefois plaçait l'adjectif épithète plus souvent avant le nom qu'après le nom : *La* GRECQUE *beauté* (LA F., *F.*, IX, 7). — *Nos* SACRÉS *ongles* (ID., *ibid.*, VIII, 14). — *Ma* SANGLANTE *mort* (RAC., *Bajaz.*, II, 1). — *Le sort, lui déclarant la guerre, L'obligea de sortir de sa* NATALE *terre* (MOL., *Éc. des f.*, V, 9).

Quand un même nom était qualifié par deux épithètes coordonnées par *et*, l'ancienne langue pouvait placer une des épithètes avant le nom, l'autre après : *On les void souvent se relascher à cette* BASSE *façon, et* POPULAIRE, *de dire et traiter les choses* (MONTAIGNE, II, 17 ; p. 720).

À l'époque actuelle, depuis la fin du XIXe siècle, certains écrivains placent parfois avant le nom — peut-être sous l'influence de l'anglais — plusieurs adjectifs juxtaposés (voir exemples : Rem. 2) ou coordonnés : *Une* SEULE *et* OBSTINÉE *et* RAYONNANTE *pensée* (Mme de NOAILLES, *Exactitudes*, p. 153).

Art. 2. — ADJECTIFS NON QUALIFICATIFS
(traditionnellement : **ADJECTIFS DÉTERMINATIFS**, voir § 340.)

399. L'adjectif **non qualificatif** sert à introduire dans le discours le nom auquel il est joint : CET *arbre*, MA *montre*, QUEL *jour ?* TOUS *les élèves.*

Il y a six espèces d'adjectifs non qualificatifs : les adjectifs *numéraux*, les adjectifs *possessifs*, les adjectifs *démonstratifs*, les adjectifs *relatifs*, les adjectifs *interrogatifs* (ou *exclamatifs*) et les adjectifs dits *indéfinis.*

En réalité, l'article est aussi un adjectif non qualificatif. — C'est parce que la nomenclature officielle le distingue de l'adjectif dans la liste des parties du discours que nous en avons fait l'objet d'un chapitre spécial.

Les adjectifs possessifs, démonstratifs, relatifs, interrogatifs et indéfinis étant, par la forme, analogues ou parfois même identiques à certains pronoms des catégories correspondantes, quelques grammairiens les rangent sous l'appellation d'*adjectifs pronominaux.*

I. — ADJECTIFS NUMÉRAUX

400. Les adjectifs **numéraux** [a] expriment d'une façon précise le nombre ou le rang des êtres ou des objets désignés par le nom.

Les adjectifs numéraux proprement dits ne sont, strictement parlant, ni noms ni adjectifs : ils appartiennent à la science mathématique et forment une catégorie à part.

On distingue les adjectifs numéraux *cardinaux* et les adjectifs numéraux *ordinaux.*

Hist. — Le latin distinguait, outre les cardinaux et les ordinaux, les adjectifs multiplicatifs (*simplex, duplex, triplex*, etc.) et les adjectifs distributifs (*terni* = chacun trois, etc.). Nous n'avons conservé qu'un petit nombre de multiplicatifs : *double, triple*, etc. (voir § 420, 1°), et nous n'avons gardé aucun distributif. Pour marquer la nuance distributive, le français se sert de mots indéfinis : *chacun, chaque.*

A. — Adjectifs numéraux cardinaux.

1. — Sens.

401. Les adjectifs numéraux **cardinaux** [b] (ou *noms de nombre*) in-

---

ÉTYM. — [a] *Numéral*, empr. du lat. *numeralis*, de *numerus*, nombre.
[b] *Cardinal*, du lat. *cardinalis*, de *cardo, cardinis*, gond, pivot. Les nombres cardinaux sont donc les nombres fondamentaux.

diquent le nombre précis des êtres ou des objets désignés par le nom :
DEUX *livres*, TROIS *hommes*.

2. — Formes.

402. Un certain nombre d'adjectifs cardinaux sont simples : *un, deux, trois, quatre, cinq, six, sept, huit, neuf, dix, onze, douze, treize, quatorze, quinze, seize, vingt, trente,... cent, mille.*

Les autres sont composés par juxtaposition ou par coordination et indiquent, soit une addition : *dix-sept, dix-huit, vingt et un, trente et un, trente-deux, soixante-dix,* etc. ; soit une multiplication : *quatre-vingts, cinq cents, deux mille,* etc.

Dans *quatre-vingt-dix*, il y a à la fois multiplication et addition.

Remarques. — 1. Pour énoncer les nombres (et aussi les dates) entre 1000 et 2000 :

a) Si le nombre des centaines ne dépasse pas seize, on dit : *onze cent(s)..., douze cent(s)..., treize cent(s)..., quatorze cent(s)..., quinze cent(s)..., seize cent(s)...,* bien plutôt que : *mil(le) cent...* [rare], *mil(le) deux cent(s)..., mil(le) trois cent(s)..., mil(le) quatre cent(s)..., mil(le) cinq cent(s)..., mil(le) six cent(s)...* [1] :
ONZE CENT *quatre-vingt-dix-sept hommes* (HUGO, *Misér.*, II, 1, 9).—*De* DOUZE CENTS *hommes qui exécutaient cette charge* (MICHELET, *Jeanne d'Arc*, p. 46). — QUATORZE CENTS *ans plus tard* (A. FRANCE, *Le Jardin d'Épicure*, p. 154). — QUINZE CENTS *dossiers* (ID., *Les Sept Femmes de la Barbe-bleue*, p. 286). — SEIZE CENTS *personnes périrent* (MICHELET, *J. d'Arc*, p. 71).
L'an de grâce MIL *trois cent cinquante* (CHATEAUBR., *Mém.*, I, 3. 4). — *Le premier tirage devait être de* MILLE *cinq cents exemplaires* (G. DUHAMEL, *La Pesée des âmes*, p. 209). — *Il y a* MILLE *cinq cent quatre-vingts jours que cela dure* (VERCORS, *Le Sable du temps*, p. 103). — *L'an de grâce* MIL *six cent et tant* (A. DAUDET, *Lett. de m. moul.*, p. 190).

b) Si le nombre des centaines dépasse seize, on dit indifféremment [2] : *mil(le) sept cent(s)..., mil(le) huit cent(s)..., mil(le) neuf cent(s)...,* ou : *dix-sept cent(s)..., dix-huit cent(s)..., dix-neuf cent(s)...* :

---

1. La raison en est peut-être que la langue courante aime par là à faire l'économie d'une syllabe et à user d'un rythme plus coulant (avis de P. Claudé, dans *Vie et Langage*, juin 1954, p. 250) : comparez : *douz(e) cent(s)...* et *mil(le) deux cent(s)...,* etc. — A partir de 1700, le nombre des syllabes (ou le groupe rythmique) est le même dans les deux façons de compter : comparez : *dix-sept cent(s)...* et *mil(le) sept cent(s)...,* etc. — Selon Damourette et Pichon (*Essai de Gr. de la L. fr.*, t. VI, p. 492), « recourir, dans la conversation, aux formes avec *mille* pour les centaines de 1100 à 1600, est un prétentionnisme, donc fait vulgaire ».

2. Ou à peu près indifféremment : il semble que, dans la langue écrite, la première forme [avec *mil(le)*] soit préférée, et que, dans la langue parlée, la seconde forme (avec *dix*) soit la plus fréquente.

L'an MIL *sept cent* (AC., s. v. *mille*). — MILLE *sept cents mètres* (SAINT-EXUPÉRY, *Vol de nuit*, p. 107). — *Je suis né (...) en l'an de grâce 1733,* — *oui, monsieur :* MIL *sept cent trente-trois* (Cl. FARRÈRE, *La Maison des Hommes vivants,* XVII). — *Nous étions en* MIL *huit cent cinq* (E. ROSTAND, *L'Aiglon,* I, 12). — MIL *huit cent onze !* (HUGO, *Crép.,* V, 1.) — *Nous sommes en* MIL *huit cent quarante-six* (É. AUGIER, *Le Gendre de M. Poirier,* IV, 4). — *En* MIL *huit cent soixante-cinq* (A. DUMAS f., *Une Visite de noces,* 3). — *Autour de* MIL *huit cent soixante-quinze* (Ch. MAURRAS, *Les Secrets du soleil,* pp. 38-39). — *Dix-neuf janvier* MIL *neuf cent douze* (P. VIALAR, *La Grande Meute,* I, 1). — MILLE *neuf cent cinquante-cinq exemplaires* (A. BILLY, dans le *Figaro litt.,* 8 juin 1957).

Une ville de DIX-SEPT CENT *cinquante habitants* (A. HERMANT, *Phili,* p. 8). — *La révolution de* DIX-SEPT CENT *quatre-vingt-neuf.* — *Depuis* DIX-HUIT CENTS *ans* (HUGO, *Chât.,* IV, 4). — *Un budget de* DIX-HUIT CENTS *francs* (M. BARRÈS, *Les Déracinés,* p. 133). — *Ravissant citronnier* DIX-HUIT CENT *trente !* (COLETTE, *Julie de Carneilhan,* p. 45.) — *Aujourd'hui cinq mai* DIX-HUIT CENT *trente-six* (STENDHAL, *Corr.,* t. X, p. 34). — DIX-NEUF CENTS *feux* (BALZAC, *Le Médecin de campagne,* p. 69). — *Ces mouchoirs que Gabrielle payait* DIX-NEUF CENTS *écus* (J. COCTEAU, *Reines de la France,* p. 59). — *Le onze mars* DIX-NEUF CENT *trois* (Fr. JAMMES, *Pomme d'anis,* VI).

2. Le nombre *mille* s'exprime souvent par le nom *millier* : *Un* MILLIER *d'épingles* (AC.). Ce nom sert couramment à désigner un nombre indéfini, mais considérable : *Je pourrais vous en citer un* MILLIER *d'exemples* (AC.).

3. Pour les très grands nombres, on a les noms suivants, désignant des nombres de mille en mille fois plus grands : *million* (= mille fois mille), *milliard* (ou : *billion*), *trillion* (autrefois : *milliasse*), *quatrillion* (ou : *quadrillion*), *quintillion, sextillion, septillion, octillion, nonillion.* Sauf *million* et *milliard,* ces noms sont pour ainsi dire inusités.

Dans les textes scientifiques, les très grands nombres s'expriment généralement au moyen des puissances de 10 : au lieu de 30 000 000 000 000, on écrit : 3×10^{13}, — qui se lit : trois multiplié par 10 puissance 13 (l'exposant exprime le nombre de zéros après le dernier chiffre caractéristique) : *Il nous faut tourner vers l'âge du soleil, qui, selon toute apparence, (...) n'excède pas* 5×10^{12} *années* (LECOMTE DU NOÜY, *L'Homme et sa destinée,* p. 40).

Hist. — Sauf *dix-sept, dix-huit, dix-neuf* et les composés de *cent* (*deux cents, trois cents,* etc.), les adjectifs cardinaux dérivent directement des cardinaux latins correspondants. — Pour les noms de dizaines, le français a hésité entre la numération décimale et la numération vicésimale, plus ancienne, d'origine gauloise [normande, selon G. Rohlfs] (§ 113).

L'ancien français exprimait l'idée de « tous les deux » ou celle de « paire » par *anz* au masculin, par *ambes* au féminin (lat. vulg. **ambi* pour *ambo*) : *Chil* [ceux] *qui d'*AMBES *pars le tenoient* (J. BODEL, *Jeu de s. Nicolas,* 70). — Avec ces formes se soudait souvent *dui* (*deus, dous) :* ANDEUS *ses mains vers le ciel tent* (*Piramus et Tisbé,* 309). — AMBEDUI *s'assient iloc* [là] *Si mangerent* ANDUI *ensanble* (*Rom. de Renart,* XIV, 296-7). — *D'*AMBEDOUS *parz granz cops dunerent* (WACE, *Brut,* 7406).

C'est la numération vicésimale qui a donné, au moyen âge, les formes *vingt et dix, deux vingts, trois vingts, trois vingts et dix, quatre vingts, quatre vingts et dix, six vingts, sept vingts, huit vingts, neuf vingts, onze vingts, douze vingts, treize vingts, quatorze vingts, quinze vingts, seize vingts, dix sept vingts, dix huit vingts, dix neuf vingts :* QUATORZE-VINS *homes de lour gens* (JOINVILLE, § 322). — SET VINS *filles ou plus* (RUTEBEUF, *Des Ordres,* 55). — *Ensemble* SEPT VINGT *faisans* (RABELAIS, *Garg.,* 37). —

Un certain nombre de ces formes ont persisté jusque dans le XVII⁰ siècle : « Il est à remarquer, notait l'Académie en 1694, que, dans la manière ordinaire de compter, on dit *quatre-vingt, six-vingt,* et même quelquefois *sept vingt, huit vingt, onze vingt,* et ainsi du reste jusques à *dix-neuf vingt,* mais qu'on ne dit jamais *deux vingt, trois vingt* ni *dix vingt.* » — *Six-vingts,* en particulier, se maintint avec une certaine vigueur : *Et l'on dit* six vints (VAUGELAS, *Rem.,* p. 392). — *Vous passerez les* six-vingts (MOL., *Av.,* II, 5). — *Il y eut cent ou* six-vingts *hommes de tués* (LA ROCHEF., t. II, p. 202). — Six vingt *mille hommes* (RAC., t. VII, p. 34). — *Des vieillards de cent et de* six vingts *ans* (FÉNEL., *Tél.,* t. I, p. 337). — *Il y a ailleurs* six-vingts *familles indigentes* (LA BR., VI, 26). — *C'est par badinage que* Voltaire a repris *six-vingts : Remarquez (...) que la pièce est faite depuis* six-vingts *ans* (Commentaire sur *Cinna,* I, 2, *in fine*).

Ainsi des diverses formes du système vicésimal, nous n'avons gardé que *quatre-vingts* et *quatre-vingt-dix* (et l'expression figée *les Quinze-Vingts,* désignant un hospice fondé par saint Louis en 1260 pour 300 chevaliers revenus aveugles de la Terre Sainte).

On avait autrefois *septante, uitante (octante), nonante :* ces formes encore usuelles au XVII⁰ siècle, ont été condamnées par Vaugelas (*Rem.,* p. 420) ; elles ont été supplantées par *soixante-dix*[1], *quatre-vingts, quatre-vingt-dix.* Toutefois *septante* et *nonante* persistent en Belgique, en Suisse romande et, plus généralement, à l'Est, de la Provence à la Belgique. — *Huitante,* refait sur *huit,* est courant en Suisse romande, sauf à Genève ; il est d'un usage régulier (même à Genève) dans les services officiels (armée, téléphones, etc.) ; il a persisté également dans le parler wallon de quelques localités de la région liégeoise, sous la forme *ûtante* (à Malmedy) ou *yûtante* (à Argenteau).

403. Dans les adjectifs numéraux composés, on met le trait d'union entre les éléments qui sont l'un et l'autre moindres que cent[2], sauf s'ils sont joints par la conjonction *et,* qui remplace alors le trait d'union : *Dix-huit, soixante-dix-neuf, dix-neuf mille trois cent vingt-sept francs.* — MAIS : *vingt et un, cent deux, douze cents.*

Remarques. — 1. La conjonction *et* ne s'emploie dans les noms de nombre que pour joindre *un* aux dizaines [sauf *quatre-vingt-un* (Ac.)], et dans *soixante et onze : Vingt et un, trente et un, cent quarante et un,* etc. — *À soixante et onze ans* (A. MAUROIS, *Un Art de vivre,* p. 203). — (Pour *soixante et dix,* voir ci-dessous : *Hist.*)

---

1. On dit encore les *Septante* pour désigner les 70 interprètes qui, par ordre de Ptolémée Philadelphe, roi d'Égypte (3⁰ s. av. J.-C.), traduisirent d'hébreu en grec les livres de l'Ancien Testament. — Certains auteurs emploient, à l'occasion, *septante* et *nonante* pour donner à la phrase une teinte archaïque ou provinciale : *Le moins flatteur d'entre nous ment* septante *fois par répétition générale* (J. RENARD, *Journ.,* 11 mai 1902). — *Une femme (...) qui se dirige allègrement vers ses* septante *et quelques années* (Ch. PÉGUY, *Souvenirs,* p. 28). — *Félicité, la mendiante aveugle de* nonante *ans* (A. ARNOUX, *Géographie sentimentale,* p. 127). — *Il était encore bel homme malgré ses* septante-*deux ans* (É. HENRIOT, *Les Temps innocents,* p. 250). — *Il leur ordonne de pardonner non pas jusqu'à sept fois, mais* septante *fois sept fois* (Fr. MAURIAC, *Vie de Jésus,* p. 149).

2. Voyez pourtant § 168, 6⁰, Rem. 1. — Voir à la fin du volume l'arrêté du 26 février 1901 : *Liste,* VI, 7.

Mais on dira, sans *et* : *Quatre-vingt-onze, cent un, cent deux, deux cent un, trois cent un, mille un, deux mille un,* etc.[1] — *Dans cent un ans* (Ac.). — *J'ai atteint l'âge de cent deux ans* (BALZAC, *La Peau de chagrin,* p. 44). — *Cent un coups de canon* (J. BAINVILLE, *Napoléon,* p. 422). — *Cent quatre ans avant Jésus-Christ* (Ch. MAURRAS, *Les Secrets du soleil,* p. 13). — *Je disais donc cinq cent un millions* (SAINT-EXUPÉRY, *Le Petit Prince,* XIII). — *La naissance de l'héritier fut saluée par trois cent un coups de canon* (H. TROYAT, *Tant que la terre durera...,* p. 501). — *Cent un ans après la mort de Gérard de Nerval* (A. ROUSSEAUX, dans le *Figaro litt.,* 26 sept. 1956). — *Mille un fagots* (LITTRÉ). — *Mil huit cent onze !* (HUGO, *Crép.,* V, 1.)

On dit, avec *et,* « cent *et* quelques », « mille *et* quelques » : *J'avais dans ma bourse cent* ET *quelques francs* (J. VALLÈS, *Les Réfractaires,* p. 36). — *Une vitesse de mille* ET *quelques kilomètres par heure.*

2. *Et* s'emploie dans *Les Mille* ET *une nuits,* titre d'un recueil de contes arabes, et dans *Les Mille* ET *un jours,* titre d'un recueil de contes orientaux.

On dit *mille et trois* en parlant de don Juan et de ses conquêtes : *Don Juan a mille* ET *trois secrets* (R. KEMP, dans les *Nouv. litt.,* 20 mai 1948). — *Hugo a donc été un vrai don Juan, rachetant sur le tard par plus de mille* ET *trois conquêtes l'étonnante régularité de ses trente premières années* (A. BILLY, dans le *Figaro litt.,* 20 oct. 1951).

3. *Et* s'emploie encore dans *mille et un,* pris dans un sens indéterminé pour exprimer un grand nombre : *À peine trouve-t-on quelques renseignements exacts dans les* MILLE ET UNE *brochures écrites sur cet événement* (Ac.). — *Sur* MILLE ET UNE *conjectures, une seule se trouverait-elle vraie ?* (CHATEAUBR., *Mém.,* IV, 11, 2.) — MILLE ET UN *ouvriers frappeurs (...) martellent et cisellent votre insomnie* (P.-J. TOULET, *Béhanzigue,* pp. 134-135). — *J'entends bien qu'il ne s'agit pas ici des* MILLE ET UNE *démarches de l'humble vie quotidienne* (G. DUHAMEL, *Manuel du protestataire,* p. 225).

Cent et un peut s'employer dans le même sens : *Il y a* CENT ET UNE *fariboles qui réjouiront plus tard les veillées de Paimpol à Vannes* (M. BARRÈS, *L'Âme française et la guerre,* t. VI, p. 100, cit. Deharveng). — *Les avocats de la famille ont allégué* CENT ET UNE *causes de nullité* (G. HANOTAUX, *Jeanne d'Arc,* p. 247, *ib.*). — Mais cet emploi de *cent et un* est assez rare ; on dit plutôt *cent* tout court, ou *cent et cent* : *Il a* CENT *moyens de se tirer d'affaire* (LITTRÉ). — *Vous trouverez* CENT *occasions plus favorables* (Ac.). — *Ni sur l'éclat du nom* CENT ET CENT *fois vainqueur* (CORN., *Nicom.,* I, 1).

4. Pour le non-emploi et l'emploi de *et* dans les nombres complexes, voir § 965, N. B., 3.

Hist. — Ordinairement, dans les noms de nombre composés, la vieille langue,

---

1. Quelques-uns, dans ces cas, mettent *et* (archaïsme : voir l'*Hist.*) : *Pour le pauvre « Bajazet », de 1730 à 1800, il est donné cent* ET *une fois* (É. FAGUET, *Propos de théâtre,* 2ᵉ sér., p. 37). — *Cent* ET *un ans après cette vente* (J. BAINVILLE, *Chroniques,* p. 211). — *Les « Fleurs du Mal » comprenaient originairement cent* ET *une poésies* (LANSON et TUFFRAU, *Hist. de la Litt. fr.,* 2ᵉ éd., p. 660). — *C'est lui qui (...) porte son cachet* [d'une vedette] *à deux cent* ET *un francs* (L. JOUVET, *Réflexions du comédien,* p. 171). — *Il veut devenir derviche : pendant mille* ET *un jours, il doit d'abord travailler dans la cuisine* (M. BARRÈS, *Une Enquête aux pays du Levant,* t. II, p. 119). — *Il y a mille* ET *trois jours que dure la guerre* (J. GREEN, *Journ.,* 16 juill. 1942). — *Alors ce paquet d'actions ? Aucun changement ? Mille ! Vous m'avez bien dit mille. — Mille* ET *trois exactement* (G. DUHAMEL, *Cri des profondeurs,* p. 158). — A comparer : *Un festin qui dura cent quatre-vingt* ET *un jours* (J. et J. THARAUD, *Vieille Perse et Jeune Iran,* p. 22).

continuant l'usage du latin vulgaire (*decem et octo, decem et novem*, etc.), mettait *et* entre les dizaines et les unités s'y ajoutant et, plus généralement, entre les éléments unis par addition : *Quarante* ET *deux anz* (*La Queste del Saint Graal*, p. 32). — *Trente* E *quatre anz* (WACE, *Brut*, 105). — *Plus de mil* ET *sept cent* (*Berte*, 252). — *Vint* ET *deus sols* (*Rom. de Renart*, IX, 57). — *Sachiez que .M.* ET *.C.* ET *quatre vinz* ET *.XVII. anz après l'incarnation Nostre Sengnor Jesu Crist...* (VILLEHARDOUIN, § 1). — *Chascune aulne vous coustera Vingt* ET *quattre solz* (*Pathelin*, 237-8). — *Soixante* ET *quinze jours* (AMYOT, *Lysander*, 4). — *Vingt* ET *six ou trente messes* (RABEL., *Garg.*, 21). — *Cent* ET *six ans* (MONTAIGNE, I, 20 ; p. 104). — Quoique la tendance à omettre *et* se fût manifestée de bonne heure [*Trente quatre anz* (*Aloxis*, 276). — *Dix-huit engins* (JOINVILLE, § 193)], l'emploi de la conjonction entre dizaines et unités est resté général jusque vers la fin du XVIIe siècle : *La règle des vingt* ET *quatre heures* (CORN., t. III, p. 96). — *Quoique ignorante à vingt* ET *trois carats* (LA F., *F.*, VII, 15). — *Soixante* ET *trois livres* (MOL., *Mal. im.*, I, 1). — C'est Antoine Oudin qui, dans sa *Grammaire françoise* (1632), a formulé la règle selon laquelle *et* ne se met que pour joindre *un* aux dizaines : « ...après les nombres composez, nous ne mettons point de copulative qu'avec le nom d'unité. Par exemple, vingt et un, vingt-deux, vingt-trois ; trente et un, trente-deux, trente-trois... et ainsi des autres jusques à cent, qui n'en reçoit jamais ; car nous disons cent un, cent deux, cent trois ». — Cette règle ne s'est établie que peu à peu dans la seconde moitié du XVIIe siècle et a été généralement suivie au XVIIIe siècle ; cependant l'usage est resté flottant longtemps encore : Bescherelle, dans son *Dictionnaire national* (1843-46) déclarait (s. v. *un*) : « On dit *vingt et un* ou *vingt-un, trente et un* ou *trente-un*, et ainsi jusqu'à *soixante* inclusivement ». La seconde manière de dire (sans *et*) s'est maintenue jusque vers le milieu du XIXe siècle (elle est courante chez Stendhal) : TRENTE-UN *ans après m'être embarqué* (CHATEAUBR., *Mém.*, I, 6, 1). — *Comme elle avait* TRENTE-UN *ans* (STENDHAL, *Chartr.*, t. I, p. 33). — *J'ai ici trois cent* VINGT-UN *aspirants à l'état le plus saint* (ID., *Le Rouge et le Noir*, t. I, p. 295). — *Les chapitres trente,* TRENTE-UN *et trente-deux du quart livre de Rabelais* (A. FRANCE, *Crainquebille*, p. 70). — Le même Bescherelle affirmait (s. v. *un*) qu'« on s'exprime également bien en disant : *cent un* ou *cent et un, deux cent un* ou *deux cent et un*, etc. : Paris, ou le livre des cent et un. Une période de deux cent et un ans ». [Cf. : *Ce bon vieux prêtre (...) Qui s'éteignit à cent* ET *un ans* (DIDEROT, *Entretien d'un père avec ses enf.*).] — L'emploi de *et* s'est maintenu même après le XVIIe siècle dans *soixante et dix, soixante et douze, soixante et treize*, etc., qui se sont dits — et se disent parfois encore [1] — au lieu des formes régulières *soixante-dix, soixante-douze*, etc. : *Soixante* ET *douze canons* (VOLT., *Ch. XII*, 4). — À *soixante* ET *dix-neuf ans* (ID., *Lett. à d'Argental*, 19 avr. 1773). — *Je dois soixante* ET *quinze francs* (BALZAC, *Le Médecin de campagne*, p. 15). — *Voici soixante* ET *dix centimes* (ID., *Ursule Mirouet*, p. 285). — *Soixante* ET *quinze francs* (FLAUBERT, *Mme Bovary*, p. 21). — *Soixante* ET *douze idiomes* (Th. GAUTIER, *Histoire de l'Art dram. en France*, t. I, p. 328). — *Soixante* ET *douze ans* (A. DAUDET, *Contes du Lundi*, Nels., p. 353). — *Soixante* ET *dix ans de profession* (L. BLOY, *Le Désespéré*, p. 143).

3. — Accord.

404. En général, les adjectifs numéraux cardinaux, même employés

---

1. Littré tenait *soixante-dix* pour moins courant que *soixante et dix*.

substantivement, sont invariables. Seuls *un, vingt, cent* peuvent varier. Il faut joindre à ces mots *mille,* qui fait l'objet de certaines remarques.

405. *Un* fait au féminin *une ;* la forme plurielle de ce mot ne s'emploie que comme pronom *(les uns, quelques-uns) : Les Mille et* UNE *nuits. Trente et* UN *francs.*

Remarques. — 1. Dans l'indication de la page d'un livre, de la strophe d'un poème, de la scène d'une pièce de théâtre, etc., *un* pris comme ordinal est invariable : *La page* UN (DICT. GÉN.). — *Strophe trente et* UN. — *Idylle vingt et* UN *de l'aïeul Théocrite* (J. RICHEPIN, *La Mer*, Étude moderne d'après l'antique).

Il y a dans l'usage une certaine indécision : *Nous avons envie de tout reprendre à la page* UNE (R. KEMP, dans les *Nouv. litt.*, 5 juin 1947). — *Il n'était plus question de rêver sur le tome quatre du Grand Larousse, à la page quarante et* UNE (A. CHAMSON, *La Neige et la Fleur*, p. 24).

2. On dit, en laissant *un* au masculin : *vingt et* UN *mille livres de rente, trente et* UN *mille cartouches, quarante et* UN *mille tonnes,* etc. : dans ces cas, comme Littré le fait observer (s. v. *un,* Rem. 14), « c'est *un* qu'il faut. *Un* porte non pas sur le nom féminin, mais sur *mille.* » — Toutefois puisqu'on dit *vingt* BONNES *mille livres de rente* (§ 386, Rem.), il faut bien qu'on mette le féminin *une* dans *vingt et* UNE *bonnes mille livres de rente.*

On constate une certaine tendance à dire *vingt et* UNE *mille livres de rente, trente et* UNE *mille cartouches, quarante et* UNE *mille tonnes,* etc., comme si, par-dessus le mot « mille », *vingt et une, trente et une, quarante et une…* étaient attirés par le nom féminin. Littré cite cette phrase de Mme de Sévigné : *C'est avec les deux mille écus de dame de la reine… vingt-*UNE *mille livres de rente qu'elle aura tous les ans,* 25 déc. 1676, éd. Regnier. [Il ajoute : D'autres éditions portent : *vingt-un mille.*] — C'est cette même attraction qu'on observe dans *vingt* BONNES *mille livres de rente* (§ 386, Rem.). — Thérive (*Querelles de lang.*, t. III, p. 96) approuve *vingt et* UNE *mille* avec un nom féminin et donne tort à la règle selon laquelle il faudrait *un*. Une telle opinion paraît aller contre l'usage, du moins contre l'usage littéraire.

3. On dit elliptiquement, dans le langage familier : *et d'un* ou *et d'une,* au sens de : première personne, première circonstance, premier fait, etc., d'une série d'êtres ou de choses que l'on compterait (et l'on continuerait en disant : *et de deux, et de trois,* etc.) : ET D'UNE, *cela commence bien* (LITTRÉ). — *Un faisan part ; je tire.* ET D'UN !

4. Dans l'indication de l'heure, s'il s'agit d'*une* minute après ou avant le chiffre de l'heure, et que l'on n'exprime pas le nom *minute,* on emploie toujours le féminin *une : Il est trois heures* UNE. — *Entre minuit et minuit* UNE (Ch. PÉGUY, *Notre Jeunesse,* p. 30). — *Départ à dix heures moins* UNE. — *À minuit moins* UNE (M. AYMÉ, *Le Passe-muraille,* p. 77). — *Dermithe accourt à moins* UNE (J. COCTEAU, *Maalesh,* p. 25). — S'il s'agit de 21, 31, 41, 51 minutes s'ajoutant au chiffre de l'heure (et que le nom *minutes* ne soit pas exprimé),

on dit : *vingt et une, trente et une, quarante et une, cinquante et une* [1] : *Le train partira à dix heures trente et* UNE. — *Qu'aura-t-il de plus s'il ne meurt qu'à onze heures vingt-deux du matin, au lieu de mourir à onze heures vingt et* UNE *?* (H. TROYAT, *Tant que la terre durera...*, p. 750.)

Hist. — Dans la vieille langue, après *vingt et un, trente et un*, etc., le nom se mettait au singulier. Mais l'usage se modifia peu à peu ; au XVIIe siècle, il était très indécis, comme le constate Vaugelas (*Rem.*, p. 147). L'Académie écrivait : *Ce mois a trente et un* JOUR ; mais (le mot *jour* s'appuyant sur les mots qui le suivent) : *Il y a trente et un* JOURS *passés qu'on a reçu de ses lettres.* — L'usage s'est décidé pour le pluriel : *Une artillerie dont vingt et un* CANONS *sur trente étaient démontés* (HUGO, *Quatrevingt-treize*, I, II, 7). — *Vingt et une* MAINS *surgirent ensemble* (M. GENEVOIX, *Forêt voisine*, p. 248).

406. *Vingt* et *cent* [2] prennent un *s* quand ils sont multipliés par un autre nombre et qu'ils terminent l'adjectif numéral : *Quatre-*VINGTS *francs.* — *Nous partîmes cinq* CENTS (CORN., *Cid*, IV, 3). — *Sait-il bien ce que c'est que cinq* CENTS *écus ?* (MOL., *Scap.*, II, 7.) — *Trois* CENTS *millions* [3] *de francs.* — *Trois* CENTS *millions quatre* CENT *mille francs* [4].

Mais : *Les* VINGT *livres reçus, les* CENT *pages lues. Tous les* CENT *ans. Quatre-*VINGT-*deux francs. Six* CENT VINGT *mètres. Trois* CENT *mille hommes.*

L'idée d'un multiplicateur indéterminé est parfois exprimée par *des* ou par un adjectif indéfini : *Je fis quelques* CENTS *mètres* (ALAIN-FOURNIER, *Le Grand Meaulnes*, p. 263). — *Depuis des* CENTS *et* CENTS *années* (LA VARENDE, *Le Troisième jour*, p. 281). Remarquez : *Quatre* CENTS *et quelques députés* (J. BAINVILLE, *Chroniques*, p. 135). Dans des phrases comme les suivantes, *cent* est invariable parce que l'idée de pluralité est relative, non au seul mot *cent*, mais à l'ensemble des deux mots *cent mille :* *Qu'un fabricant ait la fantaisie d'ajouter cette année quelques* CENT *mille francs à son revenu...* (VIGNY, *Serv. et Grand. mil.*, I, 2). — *Mais il y a des* CENT *et* CENT *mille ans que cette tempête est finie* (P. LOTI, *Vers Ispahan*, p. 58). Dans ces vers de Hugo (*Lég.*, Booz end.) : *Comment se pourrait-il que de moi ceci vînt ? Le chiffre de mes ans a passé quatre-*VINGT, c'est par licence, pour que l'œil fût content (tradition classique), que le poète a écrit *quatre-vingt* sans *s.* En prose, il eût écrit : *quatre-vingts.*

---

1. Selon Martinon (qui donne : *deux heures cinquante et* UN), « quoique *minutes* soit sous-entendu en fait, on se borne généralement à énoncer le nombre » (*Comment on parle en fr.*, p. 206, note 1). On pourrait donc dire : *à dix heures vingt et* UN, *trente et* UN, etc.

2. Voir à la fin du volume l'arrêté du 26 février 1901 : *Liste*, VI, 7.

3. *Million* n'est pas un adjectif numéral, mais un nom (§ 407, Rem.).

4. Ici l'expression numérale comprend deux parties : 1° *trois* CENTS *millions ;* 2° *quatre* CENT *mille francs*. Chacune de ces parties doit, pour ce qui concerne l'accord de *cent*, être considérée à part. — On écrirait semblablement : *quatre-*VINGTS *milliards cinquante millions trois cent mille francs.* (A comparer : *trois* CENTS *kilomètres deux hectomètres ; deux* CENTS *pieds dix pouces ; quatre-*VINGTS *livres huit onces.*)

Remarques. — 1. *Vingt* et *cent*, employés par abréviation pour *vingtième* et *centième*, sont invariables : *Page quatre-*VINGT (AC.). — *Chant premier, vers deux* CENT (ID.). — *L'an huit* CENT.

2. *Cent*, employé comme nom au lieu de *centaine* ou pour désigner certaines monnaies, prend un *s* au pluriel : *Deux* CENTS *d'œufs, de fagots* (LITTRÉ). — *Des mille et des* CENTS (AC.). — *Trois* CENTS *de paille, de foin* [= trois cents bottes de paille, de foin] (LITTRÉ). — *Cinq* CENTS [le *cent* (pron. : sènn't) = le centième du florin].

Hist. — *Vingt* et *cent*, quoique invariables en latin, variaient ordinairement autrefois dans les multiples, même s'ils étaient suivis d'un adjectif numéral : *Ce premier de Mars mille cinq* CENS *quatre vingts* (MONTAIGNE, *Ess.*, Au lecteur). — *Mil cinq* CENTS *quatre-*VINGTS *neuf* (BALZAC, *Dissert. critiq.*, VI, 3). — L'Académie, en 1762, écrivait encore : *neuf* CENTS *mille*. — La règle actuelle, inventée au XVIIIe siècle, a été arbitrairement imposée par les grammairiens et par les manuels.

407. *Mille,* adjectif numéral, est toujours invariable : *Deux* MILLE *francs. Le chiffre des* MILLE, *des dizaines de* MILLE.

Dans la date des années, quand *mille* est suivi d'un ou de plusieurs autres nombres, on met de préférence *mil* (AC.)[1] : *L'an* MIL *sept cent* (ID.). — MIL *huit cent onze !* (HUGO, *Crép.*, V, 1.) — *Autour de* MIL *huit cent soixante-quinze* (Ch. MAURRAS, *Les Secrets du soleil*, pp. 38-39). — *En cet an de grâce* MIL *neuf cent deux* (Fr. JAMMES, *Janot-poète*, p. 63). — Mais on écrit, du moins selon la règle traditionnelle[2] : *Vous allez me parler (...) de l'an* MILLE (A. THÉRIVE, *Le Retour d'Amazan*, p. 121). — *Aux environs de l'an* MILLE (É. HERRIOT, *Dans la Forêt normande*, p. 75). — *Vers l'an Mille* (DANIEL-ROPS, *Missa est*, Préf.). — *Les peuples de l'An* MILLE (G. BERNANOS, *Lettre aux Anglais*, p. 167). — *À la veille de l'an* MILLE (MONTHERLANT, *L'Équinoxe de septembre*, p. 75). — *Les épouvantes de l'An* MILLE (A. ARNOUX, *Bilan provisoire*, p. 102). — *Quand l'an deux* MILLE *arrivera* (A. ROUSSEAUX, dans le *Figaro litt.*, 4 oct. 1947).

---

1. Voir à la fin du volume l'arrêté du 26 février 1901 : *Liste*, VI, 7.
2. Cette règle est très précaire : l'orthographe « l'an *mil* » est fréquente : *Aux approches de l'an* MIL, *on crut à la fin du monde* (TAINE, *Philos. de l'Art*, t. I, p. 79). — *Un des croyants de l'An* MIL *n'était pas plus fervent* (P. BOURGET, *Un Saint*, p. 55). — *Dans cette église de Cherbourg, nous sommes au lendemain de l'an* MIL (E. PSICHARI, *L'Appel des armes*, p. 103). — *À partir de l'an* MIL (LITTRÉ, *Complém. de la Préf.*, p. LII). — [Péguy] *croyait toucher l'an* MIL *de la révolution sociale* (J. et J. THARAUD, *Notre cher Péguy*, t. I, p. 102). — *Depuis l'an* MIL (P. LOTI, *Japoneries d'automne*, p. 67). — *Comme un Anglais de l'an* MIL, *Turner a remonté la Seine* (P. MORAND, *Papiers d'identité*, p. 242). — *Une sorte de nuit, tout à fait comparable à celle qui précéda l'an* MIL (Ch. MAURRAS, *Le Chemin de Paradis*, Préf.). — *Vers l'an* MIL (M. BARRÈS, *Mes Cahiers*, t. XII, p. 195). — *L'An* MIL (titre d'une pièce de J. ROMAINS). — *Les terreurs de l'an* MIL (Fr. MAURIAC, *Journ.*, t. IV, p. 92). — *Un crâne à la mode de l'an* MIL (A. SUARÈS, *Sur la vie*, t. II, p. 242). — *Vers l'an* MIL (A. THÉRIVE, *Libre Hist. de la Langue fr.*, p. 72). — On trouve aussi : « l'an deux mil » : *La grande peur de l'an* DEUX MIL (F. GREGH, *L'Âge de fer*, p. 8).

Dans les dates étrangères à l'ère chrétienne, on garde l'orthographe *mille* : *L'an deux* MILLE *avant J.-C.* (LAROUSSE DU XXᵉ S.). — *L'an* MILLE *cinq cent avant J.-C.*

Mille est un nom et prend un *s* au pluriel quand il désigne une mesure itinéraire : *Ce navire parcourt tant de* MILLES *à l'heure* (AC.). — *On mit la chaloupe en mer : elle nagea au rivage dont nous étions à environ deux* MILLES (CHATEAUBR., *Mém.*, I, 6, 4).

Mille est un nom également, mais reste invariable, dans l'expression « des mille et des cents » et quand il désigne un ensemble de mille objets d'une certaine nature[1] : *Il a des* MILLE *et des cents* (LITTRÉ, s. v. *cent*, 6°). — *Ce vieux mercier en a vendu, des* MILLE *d'épingles !* — *Deux* MILLE *de paille* [= deux mille bottes de paille]. — *Il y a deux* MILLE *de foin à charger* (Ch. SILVESTRE, *La Prairie et la Flamme*, p. 49).

Hist. — Pour un seul millier, le latin employait *mille :* de là, en vieux français, la forme *mil ;* pour plusieurs milliers, on employait en latin *milia :* de là notre mot *mille*, prononcé autrefois comme dans *famille*, et parfois écrit *milie : Baptizet sunt asez plus de .C.* MILIE [Bien plus de cent mille sont baptisés] (*Rol.*, 3671). Cependant dès la très ancienne langue, les deux formes *mil* et *mille* ont été concurremment employées au singulier et au pluriel. — La règle actuelle, fixée par Oudin, est arbitraire ; elle s'est imposée au XVIIIᵉ siècle.

Remarque. — *Millier, million, milliard, milliasse, billion, trillion,* etc. (voir § 402, Rem. 3) sont des noms et prennent un *s* au pluriel : *Je vois dans cette affaire des* MILLIERS *d'inconvénients* (AC.). — *Huit* MILLIONS *d'habitants. Cinq* MILLIARDS *de francs.*

<h2 style="text-align:center">4. — Emploi.</h2>

408. Les adjectifs numéraux cardinaux sont souvent précédés d'un article ou d'un adjectif déterminatif : *Les deux Corneille. La semaine des quatre jeudis. Ces dix hommes.*

Ils sont généralement tenus pour des noms quand ils expriment la quotité d'une manière absolue, c'est-à-dire sans aucune désignation d'être ou d'objet : DEUX *plus* DEUX *font* QUATRE.

Ils peuvent, par métonymie, désigner des êtres ou des objets : *Les* ONZE. *Faire un* CENT *de piquet.* — *Attendant son destin d'un* QUATORZE *ou d'un* SEPT (BOIL., *Sat.*, 4). — *Les* SOIXANTE-QUINZE *tonnent. Nous partons le* DOUZE. — *Le 117 et le 83* [des trains] *sont signalés* (J. ROMAINS, *Lucienne*, p. 25).

409. Les adjectifs cardinaux s'emploient souvent par abréviation pour les adjectifs ordinaux, soit après le nom d'un souverain ou d'un pape, pour marquer son rang dans la dynastie ou dans la série des souverains pontifes, soit pour indiquer le quantième du mois, l'heure, l'année, soit encore pour désigner

---

1. Du moment qu'on écrit : *deux* CENTS *de fagots*, il serait rationnel d'écrire : *deux* MILLES *de fagots*. Cf. : *Sur la grande table à rallonges s'empilaient les derniers* MILLES *de faire-part, d'enveloppes* (R. MARTIN DU GARD, *Les Thibault*, VI, p. 158).

quelque division d'un ouvrage, la page, etc. : *Léopold* DEUX (on écrit ordinairement : *Léopold II*). *Léon* TREIZE. *Le* VINGT-SIX *août. À* TROIS *heures. L'an* HUIT CENT. *Chapitre* CINQ, *page* DIX. — « *Art poétique* » *de Boileau, chant* QUATRE (AC.).

Remarques. — 1. Dans l'indication de l'année, on supprime quelquefois le nombre des mille et celui des centaines, surtout pour désigner des années historiques : *En* QUATRE-VINGT-TREIZE. *En* QUATORZE. — *Notre père racontait la guerre de* 70 (A. MAUROIS, *Rouen*, p. 7). — *C'est en mai* 84 *qu'elle nous quitta* (A. GIDE, *Si le Grain ne meurt*, I, 9).

2. On dit toujours, avec l'adjectif ordinal : *Léopold* PREMIER (ou Iᵉʳ), *le* PREMIER *août* ; mais, pour marquer le rang d'un chant, d'un tome, d'un livre, d'un acte, d'une scène, d'une ode, d'un chapitre, d'un paragraphe, d'une strophe, d'une année, on emploie, après le nom, soit *premier*, variable : *Chant* PREMIER. — *Scène* PREMIÈRE (AC.). — *Chapitre* PREMIER. — *An* PREMIER [de la République] (AC.) ; — soit *un*, invariable : *Chant* UN ; *scène* UN. — *Chapitre* UN (AC.). — *L'an* UN *de la République*.

En parlant d'une page, d'une note, d'une remarque, d'un vers, on dira : *page* UN, *note* UN, *remarque* UN, *vers* UN (rarement : *page* PREMIÈRE, *note* PREMIÈRE, *remarque* PREMIÈRE, *vers* PREMIER). — Avec les nombres composés, on dira : *Chapitre vingt et* UN *ou vingt et* UNIÈME ; *strophe trente et* UN *ou trente et* UNIÈME ; *page vingt et* UN (moins souvent : *vingt et* UNIÈME). — Remarquez : *Charles-Quint, Sixte-Quint*.

3. Les gens de théâtre disent : *le un, le deux, la une, la deux*, etc., au lieu de : *le premier acte* (ou *l'acte un*), *le deuxième acte* (ou *l'acte deux*), *la première scène* (ou *la scène un*), *la deuxième scène* (ou *la scène deux*), etc. : *Surtout que ma robe du* UN *est en gros ottoman aigue-marine* (COLETTE, *Le Fanal bleu*, p. 113). — *Répétition du* DEUX *en costumes* (J. RENARD, *Journal*, Iᵉʳ mai 1903). — *Quelle scène ?* — *La* UNE *du* TROIS (A. BILLY, *Madame*, p. 13).

Semblablement ceux qui s'occupent de la rédaction, de la publication ou de l'impression des journaux, revues, etc., disent : *la une, la deux*, etc., pour : la première page, la deuxième page, etc. : *Un hebdomadaire soucieux de bien garnir la* UNE... (H. BAZIN, dans les *Nouv. litt.*, 12 janv. 1956). — *Le destin de Paule était devenu un grand sujet de conversation, le gros titre de la « UNE » du journal parlé de l'atelier* (A. CHAMSON, *La Neige et la Fleur*, p. 336).

410. Certains adjectifs numéraux perdent quelquefois leur valeur précise et désignent une quantité approximative ou indéterminée : *À moi, Comte,* DEUX *mots* (CORN., *Cid*, II, 2). — *Un œuf gros comme* QUATRE (LA F., *F.*, VIII, 6). — VINGT *fois sur le métier remettez votre ouvrage* (BOIL., *Art p.*, I). — *On l'a dit* TRENTE-SIX *fois,* CENT *fois,* MILLE *fois. — À* CENT *et* CENT *reprises* (G. DUHAMEL, *Le Voyage de Patrice Périot*, p. 149).

Remarque. — *Zéro* est un nom et ne s'emploie pas comme adjectif. Pour exprimer la négation absolue devant un nom, on emploie *nul, aucun, pas un*.

Cependant on dit bien : ZÉRO *faute.* ZÉRO *franc,* ZÉRO *centime.* ZÉRO *degré. — Depuis* ZÉRO *franc,* ZÉRO *centime* (H. LAVEDAN, *Leur Cœur*, p. 35). — *L'usage tend à s'introduire de numéroter les heures de* 0 *heure à* 24 (AC.). — *À* 0 *heure, cette nuit, les cheminots devaient se mettre en grève* (dans le *Figaro*, 17 avr. 1957). — *À* 0 h 20 (...), *M. Mitterrand expliquait les raisons de son refus* (dans le *Monde*, 12 juin 1957).

Hist. — L'adjectif numéral cardinal précédé de l'article défini servait anciennement à exprimer le nombre partiel des objets : *Des .XII. pers* LI *.X. en sunt ocis*

[Des douze pairs *les dix* en sont occis] (*Rol.*, 1308). — *Des trois* LES DEUX *sont morts* (CORN., *Hor.*, III, 6). — Pour marquer le rang d'un souverain dans une dynastie, l'ancienne langue se servait du nombre ordinal, précédé ou non de l'article : *Charles* HUITIÈME, *Édouard* LE QUINT, etc. C'est à partir du XVIᵉ siècle que les adjectifs cardinaux sans article ont commencé de remplacer les ordinaux. L'usage moderne n'emploie plus ainsi que l'ordinal *premier*. — Dans l'indication du quantième du mois, comme aussi dans les citations et les renvois, on employait autrefois l'ordinal : *C'était le* DIXIÈME *d'août* (Boss., *Hist.*, II, 21). — *Devant le* QUINZIÈME *janvier* (SÉV., t. VI, p. 164). — *Chapitre* NEUVIÈME. — Vers la fin du XVIIᵉ siècle, l'emploi du cardinal, en dépit de Vaugelas (cf. *Rem.*, pp. 123-124), s'est généralisé.

5. — Place.

411. L'adjectif cardinal se place généralement *avant* le nom : *Trois hommes*. — Il se place *après* le nom :

1º Quand il indique le rang d'un souverain dans la dynastie, d'un pape dans la série des souverains pontifes : *Louis quatorze. Paul six*.

2º Quand il indique une citation ou un renvoi : *Livre cinq, chapitre sept. Acte quatre, scène huit.*

3º Quand il indique l'année : *L'an mille.*

4º Quand il sert d'apposition : *Le chiffre huit.*

B. — Adjectifs numéraux ordinaux.

1. — Sens.

412. Les adjectifs numéraux **ordinaux** [a] indiquent *l'ordre*, le rang des êtres ou des choses : *Le* CINQUIÈME *jour. Le* VINGTIÈME *siècle. Le* QUARANTE ET UNIÈME *fauteuil*.

En réalité, les adjectifs numéraux ordinaux sont *qualificatifs* et ne servent jamais à introduire le nom. Mais, comme ils s'apparentent étroitement, par leur origine et par leur forme, aux adjectifs numéraux cardinaux, il a paru commode de les placer ici.

2. — Formes.

413. Les adjectifs ordinaux, sauf *premier* et *second*, ont été formés des adjectifs cardinaux correspondants, au moyen du suffixe -*ième :* deux*IÈME*, trois*IÈME*, ... vingt*IÈME*, *vingt et un*IÈME*,... cent*IÈME* [1], etc.

Les adjectifs ordinaux, par conséquent, sont simples ou composés, comme les adjectifs cardinaux.

---

1. Pour les ordinaux correspondant aux cardinaux 1 000 001, 1 000 002, 1 000 003, etc., 1 000 000 001, 1 000 000 002, 1 000 000 003, etc., il faut prendre un détour et dire : *le premier (le deuxième, le troisième...) après le millionième, après le milliardième* (ou : *le billionième*), etc.

ÉTYM. — [a] *Ordinal*, empr. du lat. *ordinalis*, de *ordo, ordinis*, rang, ordre.

Remarque. — Pour ajouter -*ième*, on supprime l'*e* final dans *quatre, trente, quarante*, etc. ; on ajoute *u* à *cinq ;* on change *f* en *v* dans *neuf*.

Pour l'emploi de *et*, la règle est la même que celle qui concerne les numéraux cardinaux (§ 403, Rem. 1) : *Vingt et unième, soixante et onzième*, etc. Mais sans *et : quatre-vingt-onzième, cent unième, cent deuxième, mille unième*, etc. — *Cinquante fois, cent fois on réussissait. À la* CENT UNIÈME, *on gagnait* (J. Roy, *La Vallée heureuse*, p. 43). — Toutefois on dit *cent et unième, mille et unième*, pour exprimer indéterminément l'idée d'une longue série : *C'est la cent* ET *unième fois, la mille* ET *unième fois que je vous le dis !* — Pour le trait d'union, voyez § 168, 6°, Rem. 1.

Hist. — Des dix premiers adjectifs ordinaux latins : *primus, secundus* (proprement : « suivant », de *sequi*, suivre), *tertius, quartus, quintus, sextus, septimus, octavus, nonus, decimus*, l'ancienne langue avait tiré respectivement : *prin (prime)* (remplacé ensuite par *premier, premier*), *second, tierz, quart, quint, siste, setme, octave* (liturgie ou musique), *none* (liturgie), *disme*. — Au lieu de *second*, l'ancienne langue employait aussi *altre* (lat. *alter*, autre). — L'ancienne forme *oidme, oitme*, issue du latin vulgaire *octimus* (réfection de *octavus*), a été supplantée par *uitisme* (XIIIᵉ s.). Semblablement l'ancienne forme *noefme, nuefme*, venue du latin vulgaire *novimus* (réfection de *nonus*), a été supplantée par *noefvisme, novime* (XIIIᵉ s.).

Les autres ordinaux ont été formés à l'aide du suffixe -*ième*, dont l'origine, longtemps controversée, s'explique aisément par la loi de Fouché (selon laquelle la voyelle tonique longue des proparoxytons s'abrège généralement) : -*ēsimus* a passé à -*ēsimus*, qui est devenu -*iesme*, puis -*ième*.

Prime était rare comme adjectif ordinal ; la forme masculine *prin* a survécu dans PRIN*temps ;* la forme féminine *prime* (employée pour les deux genres) se retrouve dans PRIME *abord*, A PRIME, *de* PRIME *saut, de* PRIME *face*[1]. Comme nom, *prime* se trouve dans des locutions techniques.

Tiers, tierce ont été conservés comme adjectifs dans quelques expressions figées : *tiers état*, TIERCE *épreuve, fièvre* TIERCE, *en main* TIERCE, etc.[2]. — Il en est de même de *quart : fièvre* QUARTE, *consulter le tiers et le* QUART, *se moquer du tiers et du* QUART. — *Quint* persiste dans *Charles*-QUINT, *Sixte*-QUINT, *fièvre* QUINTE, QUINT*essence*, etc. — Le latin *sextum* se retrouve dans *sexte, sixte, sieste* [esp. *siesta*, du lat. *sexta (hora)*]. — *Decimum* survit dans *dîme, décime*. — Remarquez aussi : *Quadragésime, Quinquagésime, Sexagésime, Septuagésime*.

La vieille langue possédait aussi des adjectifs ordinaux en -*ain : premer*AIN, *tier*ÇAIN, etc. : *Li* PREMERAINS *hom fu Adans* (HUON LE ROI DE CAMBRAI, *Ave Maria*, 19).

3. — Emploi.

414. *Unième* s'emploie exclusivement dans les adjectifs ordinaux composés après *vingt, trente, quarante, cinquante, soixante, (septante), quatre-vingts, (nonante), cent, mille : Vingt et* UNIÈME, *cent* UNIÈME, etc.

415. *Second* ne s'emploie jamais dans les adjectifs ordinaux composés ; on dit : *vingt*-DEUXIÈME, *trente*-DEUXIÈME, etc.

---

1. Rare ailleurs : *Le* PRIME *vent du soir* (M. GENEVOIX, *Marcheloup*, II, 2).
2. *Tiers* est très vivant dans l'expression néologique *le tiers monde*.

En dehors des adjectifs ordinaux composés, on peut employer indifféremment *second* ou *deuxième*, aussi bien en parlant de plus de deux êtres ou objets qu'en parlant de deux : *Le* DEUXIÈME *jour, le* SECOND *jour du mois.* — *Le* SECOND *jour de la semaine* (AC., s. v. *lundi*). — *Le* SECOND *mois de l'année* (ID., s. v. *février*). — *Qui sont-elles, ces trois opérations de l'esprit ?* — *La première, la* SECONDE *et la troisième* (MOL., *Bourg.*, II, 4). — *Le* SECOND *approcha ; le troisième osa faire Un licou pour le dromadaire* (LA F., *F.*, IV, 10). — *Le loriot siffle, l'hirondelle gazouille, le ramier gémit ; le premier (...) défie notre merle qui ne le cède en rien à cet étranger ; la* SECONDE *(...) fait entendre son ramage confus ainsi qu'au temps d'Évandre ; le troisième (...) prolonge ses roucoulements* (CHATEAUBR., *Génie*, I, 5, 5). — *Tout le* SECOND *acte* [d'Andromaque] (É. FAGUET, *XVIIe S.*, p. 311). — *Entre le* SECOND *et le VIIIe siècle* (A. THÉRIVE, *Libre Hist. de la langue fr.*, p. 48).

«*Deuxième*, dit Littré, ne se dit guère (si ce n'est dans les nombres composés : *vingt*-DEUXIÈME, *cent*-DEUXIÈME, etc.) ; c'est *second* qu'on emploie le plus souvent. En faveur de *deuxième* on a prétendu qu'il valait mieux que *second*, pourvu que le nombre des objets dépassât deux, *second* terminant une énumération après *premier*, et *deuxième* indiquant qu'il serait suivi de *troisième*, etc. Mais cette raison, tout arbitraire, laisse prévaloir l'usage.»

416. Quand deux ou plusieurs adjectifs ordinaux se suivent, soit coordonnés par *et* ou *ou*, soit juxtaposés, on peut donner au dernier seulement la forme en *-ième*, les autres gardant la forme du cardinal : *Le* SEPT *ou* HUITIÈME (pour : le septième ou le huitième) (LITTRÉ, s. v. *ordinal*, Rem.). — *La langue des* DOUZE *et* TREIZIÈME *siècles.* — *À la* CINQ *ou* SIXIÈME *entrevue* (STENDHAL, *Le Rouge et le Noir*, t. II, p. 416). — *Les façons brusques et un peu sauvages de la* DOUZE *ou* TREIZIÈME [année] (P. BENOIT, *La Chaussée des Géants*, p. 125). — *Des hommes, des messieurs qui m'avaient l'air pourtant pressés (...) croisent pour la* TROIS, QUATRIÈME *fois le stationnaire* (ARAGON, *Le Paysan de Paris*, p. 101).

417. L'adjectif ordinal s'emploie parfois comme nom : *Être le* SECOND *à Rome. Les* DOUZIÈMES *provisoires.*

Les adjectifs **cardinaux** tendent à supplanter, dans le langage parlé, les adjectifs ordinaux lorsque l'idée de rang n'est pas essentielle : *Un officier du* DOUZE (c.-à-d. du *douzième*).

Pour l'adjectif ordinal remplacé parfois par l'adjectif cardinal, voyez § 409. Pour l'adjectif ordinal après *moi, toi, lui, elle*, voyez § 497, *Hist.*

4. — Accord.

418. L'adjectif ordinal s'accorde en genre et en nombre avec le nom auquel il se rapporte : *Les* PREMIÈRES *places. Les* SECONDES *classes.*

Premier et *second* sont les seuls adjectifs ordinaux qui ont au féminin une forme différente de celle du masculin.

Première, seconde, troisième, etc., employés pour désigner des places de première, de seconde, de troisième classe, deviennent de véritables noms et prennent un *s* au pluriel : *Prendre des* TROISIÈMES (AC.).

5. — Place.

419. L'adjectif ordinal se place *avant* le nom : *La* VINGTIÈME *année.*
Cependant, quand on parle d'un tome, d'un livre, d'un chant, etc., l'adjectif ordinal peut se placer aussi *après* le nom : *Le tome* SECOND ou *le* SECOND
tome (LITTRÉ). — *Le chapitre* TROISIÈME ou *le* TROISIÈME *chapitre.* — *Ce livre*
QUATRIÈME (CHATEAUBR., *Mém* , I, 4, 11).

C. — Supplément aux adjectifs numéraux.

420. Aux adjectifs numéraux il faut rattacher :
1° Les mots *multiplicatifs*, indiquant les multiplications d'une grandeur
prise comme unité. Ils s'emploient comme adjectifs et comme noms. Ce sont :
simple, double, triple, quadruple, sextuple, septuple, octuple, nonuple, décuple,
centuple : Une somme DOUBLE. *Le* DOUBLE *de la somme.*

2° Les noms de fractions de l'unité. Sauf *demi, tiers* et *quart*, ils se confondent, quant à la forme, avec les adjectifs ordinaux : *Une pomme et* DEMIE.
Deux DEMIS. *Le* TIERS, *le* QUART *de la somme. Le* DIXIÈME *du capital.*

Le nom *demi* s'emploie, en arithmétique, quand l'objet n'est pas désigné : *quatre*
plus un DEMI. — Si l'objet est désigné, on dit *la moitié : Dix francs plus* LA MOITIÉ
de trente francs. LA MOITIÉ *du revenu.*

3° Certains dérivés des noms de nombre, formés au moyen des suffixes
-ain, -aine, -aire.

Les mots en *-ain* désignent surtout des strophes d'un nombre déterminé
de vers : *quatrain, sixain* (ou *sizain*), *huitain, dizain*, etc. Citons aussi : un
trentain de messes.

Les mots en *-aine* indiquent une quantité approximative et les unités d'un
certain ordre : *dizaine, douzaine, vingtaine, centaine, neuvaine*, etc.

Les mots en *-aire : quadragénaire, quinquagénaire, sexagénaire, septuagénaire, octogénaire, nonagénaire, centenaire* indiquent l'âge et signifient : qui a
40, 50, 60, 70, 80, 90, 100 ans ; ils s'emploient comme adjectifs ou comme noms :
Un vieillard OCTOGÉNAIRE (AC.). — *Un* OCTOGÉNAIRE (ID.). — L'adjectif
millénaire signifie « qui a 1000 unités » ou « qui a mille ans et plus » : *Le nombre*
MILLÉNAIRE. — *Les oliviers* MILLÉNAIRES *de la plaine d'Athènes* (AC.). —
Les raisons de ces MILLÉNAIRES *pratiques ?* (É. HENRIOT, dans le *Monde*, 18
déc. 1957) ; — il s'emploie comme nom en termes de chronologie, pour désigner un espace de mille ans : *Depuis des* MILLÉNAIRES (AC.).

Les adjectifs *trentenaire, quarantenaire, cinquantenaire* s'emploient dans la langue
de la jurisprudence, au sens de « qui dure trente, quarante, cinquante ans » : *Prescriptions* TRENTENAIRES. — A noter encore les adjectifs *binaire, ternaire, tertiaire,*
quaternaire, employés surtout dans la langue des mathématiques ou des sciences
— et des noms d'anniversaires : *cinquantenaire*, [rare : *soixantenaire : À l'occasion*
du SOIXANTENAIRE *de l'École supérieure d'électricité* (dans le *Figaro*, 12 mai 1954)],
centenaire, cent cinquantenaire, bicentenaire, tricentenaire, millénaire, bimillénaire, etc.

N. B. — A. Hermant (*Chroniques de Lancelot*, t. II, p. 52 et p. 319) condamne *tricentenaire* et veut qu'on dise « troisième centenaire ». Sans doute on dit fort bien : « deuxième centenaire », « troisième centenaire », etc., mais *bicentenaire, tricentenaire* (et aussi *cent cinquantenaire*) sont courants aujourd'hui : *La célébration du* CENT-CIN-QUANTENAIRE *de George Sand* (A. BILLY, dans le *Figaro litt.*, 3 juill. 1954). — *À l'oc-casion du* CENT CINQUANTENAIRE *de la naissance de Hugo* (F. GREGH, *L'Âge de fer*, p. 90). — *Le* BICENTENAIRE *de la naissance de Marie-Antoinette* (dans le *Figaro litt.*, 8 janv. 1955). — *Le* TRICENTENAIRE *de la fameuse nuit mystique de Pascal* (A. BILLY, dans le *Figaro litt.*, 30 janv. 1954). — On trouve aussi *quadricentenaire : Les articles publiés jusqu'ici à l'occasion du* QUADRICENTENAIRE [de Rabelais] (M. COHEN, *Gram-maire et Style*, p. 25).

II. — *ADJECTIFS POSSESSIFS*

1. — Sens.

421. Les adjectifs **possessifs** marquent, en général, que l'on pré-sente comme appartenant à quelqu'un ou à quelque chose les êtres ou les objets désignés par les noms auxquels ils sont joints : MON *livre*, VOTRE *chien*. — *Il vendit* SON *tabac*, SON *sucre*, SA *cannelle*, Ce *qu'il voulut*, SA *porcelaine encor* (LA F., F., VII, 14).

L'adjectif possessif indique la *possession*. Mais ce dernier mot doit s'entendre dans un sens très large. Ainsi dans MON *bon monsieur ; il sentait* SON *renard d'une lieue ; on s'élança à* SA *poursuite ; il est bien bon*, VOTRE *Dupont*, les « possessifs » *mon, son, sa, votre* expriment, non la possession réelle, mais divers rapports de connexité (§ 425).

2. — Formes.

422. Les adjectifs possessifs ne se présentent guère aujourd'hui que sous les formes *non accentuées* que voici :

		Un seul possesseur		Plusieurs possesseurs	
		Un seul objet	Plus. objets	Un seul objet	Plus. objets
1re PERS.	MASCUL.	**mon**	**mes**	**notre**	**nos**
	FÉMININ	**ma**			
2e PERS.	MASCUL.	**ton**	**tes**	**votre**	**vos**
	FÉMININ	**ta**			
3e PERS.	MASCUL.	**son**	**ses**	**leur**	**leurs**
	FÉMININ	**sa**			

Il reste cependant certaines formes *toniques* de l'adjectif possessif : *mien, tien, sien, nôtre, vôtre*, dont l'emploi est d'ailleurs assez rare. (Voyez § 424.)

423. Devant un mot féminin commençant par une voyelle ou un *h* muet, on emploie les formes masculines *mon, ton, son*, au lieu de *ma, ta, sa* : MON *erreur*, TON *habitude*, MON *âme*, SON *éclatante victoire*.

Remarque. — Cependant devant les mots féminins *huitaine, huitième, yole*, *Yolande* (qui sont considérés comme commençant par une semi-*consonne*), et devant *ulula-tion* (considéré comme s'il commençait par un *h* aspiré), on emploie les formes fémi-nines *ma, ta, sa* : MA *huitaine d'œufs* ; TA *huitième victoire* ; SA *ululation*. — SA *yole fut submergée* (Ac.). — *Pourvu que* SA *Yolande épouse un duc enjuivé* (Fr. MAURIAC, *Le Sagouin*, p. 55). — Il en est de même devant *onzième* (bien qu'on dise parfois encore L'*onzième* : § 103, Rem. 2, note 3, p. 63) : *Dans* SA *onzième année* (Ac.).

Pour *hyène, ouate*, etc. (cf. § 103, Rem. 1 et 2), si l'on estime qu'ils commencent par une semi-*consonne* (c'est le cas de ceux qui disent : LA *hyène*, LA *ouate*), on dira : MA (ou TA, ou SA) *hyène*, MA (ou TA, ou SA) *ouate* : *La terre, si timide en* SA *ouate d'azur* (J. LAFORGUE, *Le Sanglot de la Terre*, Fantaisie). — *Je poussais* MA *yole entre les roseaux* (A. DAUDET, *Trente ans de Paris*, p. 288). — C'est là l'usage le plus suivi. — Mais si l'on estime que *hyène, ouate*… commencent par une semi-*voyelle* (c'est le cas de ceux qui disent : L'*hyène*, L'*ouate*), on dira : MON (ou TON, ou SON) *hyène*, MON (ou TON, ou SON) *ouate* : *Le couvent m'accueillit, m'enveloppa ; je m'enfonçai dans* SON *ouate* (Ph. HÉRIAT, *Famille Boussardel*, XXI).

Hist. — L'usage d'employer *mon, ton, son* devant un mot féminin commençant par une voyelle ou un *h* muet date de la fin du XIIe siècle. Jusqu'à cette époque, on élidait l'*a* de *ma, ta, sa* : M'*âme*, T'*espee*, S'*enfance*, etc., mais ces possessifs élidés ont paru trop minces, inexpressifs, et ont été évincés, à partir du XIIe siècle, et d'a-bord en wallon et en lorrain, par *mon, ton, son*. Au XIVe siècle, les formes masculines et les formes élidées s'employaient concurremment. Au XVe et au XVIe siècle, les formes élidées ne subsistaient plus que dans quelques expressions figées : *Et quant à moi je te donne* M'*amour* (E. DESCHAMPS, t. I, p. 49). — *Car tu fléchis* T'*amie au dous bruit de tes sons* (RONSARD, t. VII, p. 160). — L'ancien usage nous reste dans M'*amie* (que l'on a écrit, par déglutination : MA *mie*) et dans M'*amour* (MAMOUR). De *m'amie* le français du Midi a tiré un masculin analogique *m'ami* : *Te gêne pas*, M'*ami* (A. DAUDET, *Jack*, t. II, p. 269). — *Ne te presse donc pas*, M'*ami* (R. ROLLAND, *Jean-Chr.*, t. III, p. 232). — On aurait encore, selon Damourette et Pichon (*Ess. de Gr. de la L. fr.*, t. VI, p. 573), une survivance de l'ancien usage dans *tante* (= *t'ante* ; lat. *amita*, sœur du père). [Pour Bloch-Wartburg, de même pour Dauzat, *tante* est une altération enfantine de l'ancien français *ante*.]

Leur (du lat. *illorum*, d'eux, génitif pluriel masculin du démonstratif *ille*) est devenu adjectif possessif dès la très ancienne langue : *De* LUR *tresors* (*Alexis*, 526). — *Desur* LUR *bronies* LUR *barbes unt getees* [Sur leurs brognes ils ont jeté leurs barbes] (*Rol.*, 3318). — *Monterent (…) sor* LOR *chevax* (VILLEHARDOUIN, § 211). — *Et nous pi-quoient de* LOUR *glaives* (JOINVILLE, § 224). — Anciennement, comme on le voit, il était invariable ; c'est vers le XIIe siècle qu'il a commencé à prendre l'*s* du pluriel, mais l'ancien usage ne s'est perdu qu'au XVIIe siècle ; Racine, par exemple, écrivait encore : *Ils abandonnent* LEUR *biens* (t. V, p. 542, note 4).

3. — Emploi.

424. Les formes toniques du possessif s'emploient surtout comme noms ou comme pronoms. Cependant *mien, tien, sien, nôtre, vôtre, leur*

se trouvent comme adjectifs qualificatifs aux deux genres et aux deux
nombres (voir § 508, *Hist.*). On les emploie, soit comme épithètes
(devant le nom, rarement après), soit après les verbes *être, faire, rendre,
vouloir, devenir, regarder comme, se figurer,* etc., comme attributs :

Il m'est mort un MIEN *frère* (LA F., *F.*, XII, 9). — *Une conséquence de cette* MIENNE
position (J. BENDA, *Exercice d'un Enterré vif*, p. 17). — *J'ai retrouvé l'autre jour un*
MIEN *article* (MONTHERLANT, *Le Solstice de juin*, p. 222). — *Tout était présent et tout
était* MIEN (H. BOSCO, *Un Rameau de la nuit*, p. 29). — *Je fais* MIENNE *cette réponse*
(Ac.). — *Les chers yeux qui étaient tout* MIENS (E.-M. de VOGÜÉ, *Jean d'Agrève*, p. 230).
— *Il essaie de faire* SIENNES *les connaissances acquises avant lui par l'humanité* (A.
MAUROIS, *Un Art de vivre*, p. 93). — *Je suis* VÔTRE (HUGO, *Marion de Lorme*, IV, 4). —
Ce que nous avons de plus NÔTRE (P. VALÉRY, *Monsieur Teste*, p. 99). — *Les Soviets
déclaraient faire* LEURS *toutes les revendications turques* (R. GROUSSET, *Le Réveil de
l'Asie*, p. 22). — *La beauté de la cause qu'on demandait à ces messieurs, à toute la
population de la ville de vouloir bien faire* LEUR (M. GENEVOIX, *Forêt voisine*, p. 248).

Remarque. — Après *être*, au lieu de *mien, tien,* etc., (qui ne s'emploient
guère ainsi que par badinage), on dit ordinairement, selon le sens : *à moi,
à toi* (§ 214, *Hist., in fine*),... ou bien *de mes, de tes,*... ou encore *mon propre,
ton propre,*... : *C'est une maison* À MOI. *C'est un* DE TES *amis. C'est* MON PROPRE
bien.

L'adjectif *propre* après le possessif sert non seulement à éviter une amphibologie,
mais encore à marquer avec plus de force le rapport de possession : *Il aimait mieux
suivre les voltes de sa* PROPRE *émotion que convaincre* (M. BARRÈS, *Un Homme libre*,
p. 84). — *Parfois il lui arrivait de vous réciter votre* PROPRE *opinion comme sienne*
(A. GIDE, *Si le Grain ne meurt*, I, 6).

Propre peut aussi se placer après le nom ; il signifie alors « appartenant en propre
à » : *La poésie a son charme* PROPRE (Ac.). — *J'en fais mon affaire* PROPRE (ID.).

425. L'adjectif possessif n'exprime pas seulement la possession réelle,
il sert encore à marquer des rapports variés :

1º Il a la valeur d'un complément déterminatif exprimant, soit le sujet,
soit l'objet de l'action : *Depuis* MON *arrivée.* SA *descente aux Enfers.* LEUR
course à l'abîme. — *La révolte bat* SON *plein* [1] (Ac.). — *Venir à* VOTRE *aide.*
MON *fournisseur.* SON *assassin.*

---

1. Dans *battre son plein*, — cela n'est pas douteux, — *son* est un adjectif possessif
(et non pas un nom, comme certains l'ont prétendu). Selon Littré, le *plein* de la mer
est le moment où la marée est arrivée à sa plus grande hauteur, et *battre son plein* se
dit de la marée qui, arrivée à son plus haut point, reste stationnaire quelque temps
avant de redescendre. Du langage des gens de mer, l'expression a passé dans l'usage
général, avec le sens métaphorique de « être complet, entier, être au plus haut point ».
— A. Hermant (*Chron. de Lancelot*, t. II, pp. 120 et 127), A. Thérive (*Querelles
de lang.*, t. I, p. 210 : il se rétracte un peu dans *Quer. de lang.*, t. II, pp. 108-109), A.
Bottequin (*Le Franç. contemp.*, pp. 115 suiv.), Guerlin de Guer (sous le pseudonyme
de Ménage, dans le *Franç. mod.*, oct. 1936, pp. 363 suiv.), A. Dauzat (*Le Guide du bon*

2° Dans un sens atténué, il exprime un certain intérêt ou une certaine sympathie à l'égard du sujet principal du récit : NOTRE *souffleur à gage Se gorge de vapeur* (LA F., F., VI, 3). — *Voilà* MON *loup par terre* (ID., *ibid.*, XII, 17).

3° De même, dans un sens atténué, il peut marquer divers rapports entre l'être ou la chose dont il introduit le nom et le « possesseur » ; il traduit alors l'affection, le mépris, la soumission, l'ironie, etc. de la personne qui parle : MON *Polyeucte touche à son heure dernière* (CORN., *Pol.*, IV, 5). — *Voilà de* VOS *chrétiens les ridicules songes* (ID., *ibid.*, IV, 3). — *Voici* VOTRE *Mathan* (RAC., *Ath.*, II, 4). — *Mais enfin,* MON *Alphonse, vous n'avez pas de raison de vouloir la mort de cet homme ?* (HUGO, *Lucrèce Borgia*, II, 1, 4.) — MON *capitaine. Fermez* VOTRE *porte !*

Remarques. — I. Devant *père, mère, oncle, tante*, employés comme interpellatifs, l'adjectif possessif marque la déférence, la soumission respectueuse, mais généralement avec quelque chose de raide, de conforme à la « civilité puérile et honnête » : *Je dois faire,* MON *père, tout ce qu'il vous plaira de m'ordonner* (MOL., *Mal. im.*, I, 5). — *S'il dort, il ne doit pas être bien malade (...).* — *Non,* MON *père... il est très malade* (A. CHAMSON, *La Neige et la Fleur*, p. 320). — MON *oncle, je n'avais pas l'intention de vous manquer de respect* (J. de LA BRÈTE, *Mon Oncle et mon Curé*, XII). — *Devinez,* MA *tante, ce que j'ai fait* (É. HENRIOT, *Aricie Brun*, III, 3). — Ordinairement, *père, papa, mère, maman, oncle, tante*, sans possessif, marquent plus de familiarité affectueuse, tendre, confiante : *Mère, je propose que nous continuions nos adresses* (R. BAZIN, *De toute son âme*, XI). — *Je vous comprends, oncle Mathieu* (H. BOSCO, *Malicroix*, p. 287). — *Écoutez, tante Henriette, je vais vous parler franchement* (A. MAUROIS, *Terre promise*, p. 193). — *Grand-père, grand-papa, bon-papa, grand-mère, grand-maman, bonne-maman, parrain, marraine*, interpellatifs, s'emploient normalement sans possessif ; — *frère, sœur, cousin, cousine, neveu, nièce* peuvent également s'en passer ; quand on le met (c'est l'usage à peu près constant avec les deux derniers), on exprime une cordialité, une affection franche et sans façon : *Qui donc es-tu,* MON *frère ?* (MUSSET, *N. de déc.*) — *Eh bien !* MA *sœur, je viens d'apprendre ton mariage* (É. HENRIOT, *Aricie Brun*, III, 3). — *Est-ce vrai,* MON *cousin ?* (J. de LA BRÈTE, *Mon Oncle et*

usage, pp. 201-202), Ch. Bruneau (dans le *Figaro litt.*, 28 févr. 1953), unanimement voient dans cette expression le nom *plein* précédé du possessif *son*. Il faut rejeter comme fantaisistes les explications suivant lesquelles *battre son plein* serait dit métaphoriquement d'après « le tambour bat son plein » [= un son plein] ou d'après « la cloche bat son plein » [= un son non voilé] : de telles formules sont sans fondement dans l'usage : « un tambour (aussi bien qu'une cloche) qui bat un son, plein ou non, dit A. Dauzat, c'est du charabia, qu'on ne rencontre nulle part, et qui n'a pu germer que dans les volutes d'un cerveau tarabiscoté ». — On dira donc : *Les fêtes battent* LEUR *plein.* — *La frénésie californienne, la prostitution et le jobardisme civilisateur battaient* LEUR *plein* (L. BLOY, *Le Désespéré*, p. 42). — *En état de transe, je bats* MON *plein* (A. GIDE, *Journal 1942-1949*, p. 85). — *Ces dimanches de Mme Laudet battaient* LEUR *plein* (M. PROUST, *Jean Santeuil*, t. I, p. 233). — *Les grèves russes battent* LEUR *plein* (H. TROYAT, *Tant que la terre durera...*, p. 825). — *Les réceptions du palais Farnèse battaient* LEUR *plein* (A. FRANÇOIS-PONCET, dans le *Figaro litt.*, 15 oct. 1960).

mon Curé, VI.) — Ma *cousine, je ne désire que votre bonheur* (Id., *ib.*, XVII). — Devant
ami, garçon, fils, fille, chéri, chérie, cher, chère, etc., en apostrophe, d'une manière générale, le possessif est facultatif. Immédiatement devant un prénom, le possessif exprime
une tendresse profonde : Mon *Victor, je suis heureuse au moins de me dire que tu ne te
sépares pas de moi* (R. Bazin, *De toute son âme*, XI). — A noter que, dans tous les
cas qu'on vient d'examiner, la nuance affective se marque bien plutôt par le ton,
l'accent, l'inflexion de la voix, le geste, le jeu de la physionomie, etc., que par l'emploi
ou le non-emploi du possessif.

2. Un militaire, parlant à un supérieur militaire, dit : mon *lieutenant*, mon *capitaine*,
et de même pour les autres grades jusqu'à mon *général* (cependant on dit : monsieur
le maréchal, et non : *mon maréchal*). Un supérieur, parlant à un inférieur, dit, sans
possessif : *colonel, major*, etc. L'inférieur dit, sans possessif : *caporal, sergent* [et, en
Belgique : *adjudant* ; mais en France : mon *adjudant : Qu'est-ce que ça veut dire, ad
hoc*, mon *adjudant ?* (R. Vercel, *Capitaine Conan*, p. 31)]. — Dans la marine, on ne
met jamais *mon* devant l'appellation du grade employée comme terme allocutif[1].

Un civil s'adressant à un officier, ne met pas, en principe le *mon* devant l'appellation du grade : *Vous comprenez maintenant, général* [c'est le préfet qui parle],
pourquoi nous ne sommes pas pressés de faire marcher vos hommes (A. Daudet, *Contes
du Lundi*, p. 80). — *Général, lui dit Clemenceau, voici pourquoi nous vous avons appelé*
(A. Maurois, *Lyautey*, p. 168). — S'il y a, dans les relations, une certaine intimité,
l'appellation du grade est, à l'occasion, précédée de « mon cher » ou de « cher » :
*Je compte, mon cher général, que vous accepterez notre invitation. — Alors, à demain,
cher capitaine.* — Assez souvent les hommes d'un rang social inférieur à celui de
l'officier emploient le *mon*, particulièrement s'ils ont été militaires. Mais les femmes,
même d'un rang social inférieur à celui de l'officier, ne doivent jamais employer ce
possessif ; elles diront : *lieutenant, capitaine*, etc. : *Voulez-vous voir la faisanderie,
général ! demanda madame de Bonmont* (A. France, *Crainquebille*, p. 162). — Toutefois une femme jeune s'adressant à un officier d'un âge respectable ou d'un grade
élevé mettra « monsieur » devant l'appellation du grade, ou dira « monsieur » tout court.

Notons que quelques-uns voient dans le *mon* du protocole militaire non un mot
possessif originellement, mais le mot *mons*, abréviation de *monsieur* (voir § 152,
Rem. 2) : « ce procès étymologique, disent Damourette et Pichon (*Ess. de Gr. et de la
L. fr.*, t. VI, p. 557), est pendant ; mais comment qu'on le résolve, il reste que synchroniquement, à notre époque, *mon* est compris comme un possessif par tous les locuteurs ».

426. *Notre, nos, votre, vos* s'emploient au lieu de *mon, ma, mes, ton, ta,
tes*, selon l'usage du pluriel de majesté, de modestie ou de politesse (§ 494) :
Seigneur, si j'ai trouvé grâce devant vos *yeux* (Rac., *Esth.*, II, 7). — *Tel est*
notre *bon plaisir*.

---

1. Dans la littérature, les règles qu'on vient d'indiquer ne sont pas toujours exactement suivies : Montaiglin [commandant de vaisseau, s'adressant à un matelot :]
No t'éloigne pas, Rémy, j'aurai peut-être besoin de toi. — Rémy : *Oui*, mon commandant (A. Dumas f., *Monsieur Alphonse*, III, 1). — *C'est toi, Hornus ? — Oui, mon
colonel, je... — Tous les drapeaux sont à l'Arsenal..., tu n'as qu'à y aller, on te donnera
un reçu... — Un reçu ?... Pourquoi faire ?... — C'est l'ordre du maréchal... — Mais,
colonel...* (A. Daudet, *Contes du Lundi*, p. 127).

426*bis*. S'il faut exprimer un possessif se rapportant à *on* (ou à quelque autre mot indéterminé, exprimé ou simplement suggéré par le sens), c'est, en principe, *son, sa, ses, le sien, la sienne, les siens, les siennes* que l'on emploie : *On ne sent vraiment bien que* SA *peine.* — *À chacun selon* SES *œuvres.* — *Il faut laver* SON *linge sale en famille.* — *Qu'on évite d'être vu seul avec une femme qui n'est point* LA SIENNE, *voilà une pudeur qui est bien placée* (LA BR., XIV, 35). — *On ne court pas après le bonheur quand* LES SIENS *souffrent* (J. MALÈGUE, *Augustin*, t. II, p. 210).

Quand la clarté le demande, on emploie *notre, nos, le nôtre, la nôtre, les nôtres* (si le locuteur se met dans la collectivité : d'autres + moi) — ou *votre, vos, le vôtre, la vôtre, les vôtres* (si le locuteur s'efface et ne se met pas dans la collectivité) : *On ressent tous les jours que cette violence excite* NOS *désirs* (BOSSUET, dans Nyrop, *Gr. hist.*, t. V, § 373). — *Il venait près d'elle et s'y trouvait bien, confortable, exactement comme un chien qui s'installe à* VOS *pieds* (J. de LA VARENDE, *Le Troisième Jour*, p. 128). — *On ne refuse pas le bonheur quand il frappe à* VOTRE *porte* (A. CHAMSON, *Adeline Vénician*, p. 94). — *Pour remplir* VOTRE *verre, ce garçon prenait des précautions infinies.* — *On ne va pas éteindre l'incendie chez le voisin quand* VOTRE *maison* (ou : NOTRE *maison*) *brûle.* — *On ne va pas garder la maison du voisin quand les cambrioleurs sont dans* LA VÔTRE (ou : *dans* LA NÔTRE).

427. *a)* On remplace l'adjectif possessif par l'article défini quand le rapport de possession est assez nettement indiqué par le sens général de la phrase, notamment devant les noms désignant les parties du corps ou du vêtement, les facultés de l'âme, et dans certaines expressions toutes faites d'un sens général : *Un grand (...) lui tirait* LES *oreilles* (J. COCTEAU, *Les Enf. terribles*, p. 13). — *Elle avait une flèche d'or dans* LES *cheveux* (AC., s. v. *flèche*). — *Il leva* LA *tête, ouvrit* LES *yeux. Saisir quelqu'un* AU *collet. Il perd* LE *jugement,* LA *mémoire. Il a* LA *fièvre.*

On a souvent alors, devant le verbe, un pronom personnel objet indirect exprimant l'idée de possession : *On* LUI *lia* LES *pieds* (LA F., *F.*, III, 1).

Remarque. — Cette règle n'a rien d'absolu. L'adjectif possessif est parfois employé, alors que l'idée de possession serait assez marquée sans lui (usage assez fréquent à l'époque classique) : *Monsieur Purgon, Monsieur, m'a défendu de découvrir* MA *tête* (MOL., *Mal. im.*, II, 5). — *J'ai beau frotter* MON *front, j'ai beau mordre* MES *doigts* (BOIL., *Sat.* 7). — *Il frotte* SES *mains* (LA BR., XIII, 2). — *Je voudrais bien savoir (...) si le grand Cyrus et le grand Attila Se sont graissé* LEURS *peaux avec cet onguent-là* (HUGO, *Lég.*, t. II, p. 301). — *Elle avait une flèche d'or dans* SES *cheveux* (LITTRÉ, s. v. *flèche*, 4°). — *Celle-ci recevra l'ordre de séduire le général ennemi et de lui couper* SA *tête* (J. GIRAUDOUX, *Sodome et Gomorrhe*, p. 128). — *Des gens, pour me montrer des ivoires, me tirent par* MA *manche* (P. LOTI, *Japoneries d'automne*, p. 246). — *Il la tire familièrement par* SA *manche* (M. PRÉVOST, *La Nuit finira*, t. II, p. 133). — *Il avait sans le savoir réuni* SES *pieds, croisé* SES *mains sur* SA *poitrine* (A. MALRAUX, *Le Temps du mépris*, p. 50). — *J'ai mal dans* MES *jointures* (COLETTE, *Le Fanal bleu*, p. 94).

N. B. — On dit : *aller* (ou : *marcher*) *sur* SES *trente ans*, ou, sans le possessif : *sur trente ans* (voir des exemples : § 946, Rem. 4).

b) On doit employer le possessif, non l'article défini, quand il faut éviter l'équivoque quand on parle d'un mal bien connu ou quand le nom est accompagné d'une épithète ou d'un complément[1] : Sganarelle (qui va tâter le pouls à Lucinde) : *Donnez-moi* VOTRE *bras* (MOL., *Méd. m. lui*, II, 4) [cf. : *Donnez-moi* LE *bras*]. — *C'est* VOTRE *léthargie* [REGNARD, *Lég. univ.*, V, 7]. — *Elle a* SA *migraine* (A. FRANCE, *Balthasar*, p. 133). — *Un Saxon étendu*, SA *tête blonde hors de l'eau* (A. DAUDET, *Rob. Helmont*, p. 103). — *Ils t'ont coupé les cheveux*, TES *beaux cheveux* (H. BORDEAUX, *La Neige sur les pas*, p. 118). — *Ils t'ont coupé* TES *cheveux d'ange*. — *Il se passa, plusieurs fois*, SES *longues mains sur le visage* (G. DUHAMEL, *La Nuit de la Saint-Jean*, p. 110).

c) Dans les expressions du type *faire le malin*, la langue familière remplace fréquemment l'article par l'adjectif possessif, pour marquer que la qualité dont il s'agit est habituelle ou caractéristique : *Et avec cela elle faisait* SA *sotte !* (HUGO, *L'Homme qui rit*, II, 1, 10). — *Vous faites* VOTRE *coquet* (A. DUMAS f., *Un Père prodigue*, III, 8). — *Il fait bien* SON *têtu quelquefois* (P. LOTI, *Pêch. d'Islande*, p. 59). — *Nous n'avons pas à faire* NOS *malins* (M. BEDEL, *Tropiques noirs*, p. 199).

Phénomène analogue avec *sentir* (mais le tour ici est de mise même dans le style soutenu) : *Certain enfant qui sentait* SON *collège* (LA F., *F.*, IX, 5). — *Un vieux renard (...) Sentant* SON *renard d'une lieue* (ID., *ib.*, V, 5). — *Ce n'en est plus la mode* [de la ballade], *elle sent* SON *vieux temps* (MOL., *F. sav.*, III, 3). — *Il marchait repoussant sa caisse du genou avec un mouvement automatique et rhythmé qui sentait fort* SON *soldat* (Th. GAUTIER, *Le Capit. Fracasse*, VII). — *Cela sent* SON *pédant* (AC.).

428. *Chacun* et l'adjectif possessif[2].

1° Quand *chacun* ne correspond pas dans la phrase à un pluriel qui précède, on emploie *son, sa, ses* : *Chacun a* SON *défaut* (LA F., *F.*, III, 7).

2° Quand il renvoie à un pluriel qui précède (ou qui vient après par l'effet d'une inversion), pour exprimer l'idée distributive, on emploie tantôt *son, sa, ses* (possessifs de l'unité), — tantôt *notre, nos, votre, vos, leur(s)* (possessifs de la pluralité) :

a) Lorsque le mot pluriel est de la 1re ou de la 2e personne, l'usage ordinaire est de mettre *notre, votre*, si chaque possesseur a un seul être ou objet[3], — et *nos, vos*, si chaque possesseur a plusieurs êtres ou objets : *Nous suivions chacun* NOTRE *chemin* (LAMARTINE, *Raphaël*, 6). — *Nous nous faisions vis-*

---

1. Mais non quand le nom est complément du verbe *avoir* et accompagné d'un attribut : *Il a* LES *yeux bleus*.

2. Voir à la fin du volume l'arrêté du 26 février 1901 : *Liste*, VII, 5.

3. On s'étonne de trouver *nos* dans la phrase suivante : *Nous gagnâmes chacun* NOS *places* (G. DUHAMEL, *Le Désert de Bièvres*, p. 131). [Usage ordinaire : ... *chacun* NOTRE *place*.]

à-vis, avec chacun NOTRE *lampe et* NOTRE *fauteuil Voltaire* (M. BARRÈS, *Un Homme libre*, p. 29). — *Allons chacun de* NOTRE *côté* (P. MILLE, *Trois Femmes*, p. 64). — *Nous quittâmes Genève, Romains et moi, pour suivre chacun* NOTRE *route* (G. DUHAMEL, *Les Espoirs et les Épreuves*, p. 59). — *Vivez chacun de* VOTRE *côté* (AC.). — *Nous défendons chacun* NOS *intérêts.* — *Vous vous retirerez (...) Chacun dans* VOS *États* (HUGO, *Ruy Blas*, III, 2).

Il n'est pas rare que l'on mette aussi *son, sa, ses* (en particulier, l'expression *chacun de son côté*[1] est fréquente) : *Ainsi quand nous nous mettrons M. Claude et moi à soutenir chacun* SON *récit...* (BOSS., *Confér. avec M. Claude*, Avertissem.). — *Débrouillons-nous chacun de* SON *côté* (M. PRÉVOST, *Les Anges gardiens*, p. 344). — *Allons, toi et moi, chacun de* SON *côté, faire une cure de pays neutre* (ID., *Sa Maîtresse et moi*, II). — *Il faut que nous nous mettions devant la nécessité absolue (...) de nous débrouiller ensuite chacun de* SON *côté* (MONTHERLANT, *Les Célibataires*, p. 26). — *Nous nous promenâmes quelques instants, chacun de* SON *côté* (H. BORDEAUX, *Le Pays sans ombre*, p. 294). — *Nous vivons bien à l'aise, chacun dans* SON *absurdité* (P. VALÉRY, *Monsieur Teste*, p. 86). — *Voici ce que nous allons faire (...). Demain, préparatifs chacun selon* SON *humeur et* SES *occupations* (L. DAUDET, *Un Jour d'orage*, p. 101). — *Nous sommes six cents (...) chacun sur* SON *cheval* (A. de CHÂTEAUBRIANT, *Les Pas ont chanté*, p. 52). — *Nous sommes, chacun à* SA *mesure, le cerveau de ce monde* (A. SUARÈS, *Sur la vie*, t. I, p. 172). — *Nous sommes tous partis, chacun de* SON *côté* (G. DUHAMEL, *La Nuit de la Saint-Jean*, p. 96). — *Ayant mangé solidement et bien bu, chacun selon* SA *taille, nous ressortons* (Fr. JAMMES, *Solitude peuplée*, p. 221).

b) Lorsque le mot pluriel est de la 3ᵉ personne, on emploie, à son gré, *son, sa, ses* (c'est l'usage le plus suivi, semble-t-il) ou *leur(s)* :

Comme les peuples marchaient chacun en SA *voie* (BOSS., *Hist.*, I, 3). — *Les deux clercs écrivaient, chacun à* SA *table* (HUGO, *L'Homme qui rit*, II, 8, 1). — *Les guerriers (...) rentraient chacun dans* SA *guérite* (MICHELET, *La Mer*, II, x). — *Les goums dissidents se séparèrent emmenant chacun* SES *prisonniers* (MAUPASSANT, *Au Soleil*, p. 55). — *Ils étaient, chacun dans* SA *province, plus originaux que les déracinés de maintenant* (H. BORDEAUX, *Le Marchand de bonheur*, p. 94). — *Abeille et Georges pleuraient encore, chacun devant* SON *arbre* (A. FRANCE, *Balthasar*, pp. 158-159). — *Ils auront chacun* SON *chauffeur* (P.-J. TOULET, *Béhanzigue*, p. 76). — *Le mari, la femme ont chacun* SON *département* (M. PRÉVOST, *Lettres à Françoise mariée*, IV). — *Ils fondent chacun* SON *existence sur l'inexistence des mots* (P. VALÉRY, *Monsieur Teste*, p. 64). — *Les trois souverains s'installèrent, chacun dans* SON *royaume* (V. LARBAUD, *Enfantines*, p. 117). — *Ils travaillaient chacun de* SON *côté* (A. MAUROIS, *Byron*, t. I, p. 148).

Tous les domestiques avaient fui chacun de LEUR *côté* (VOLT., *Jeannot et Colin*). — *Ma mère et ma sœur déjeunaient chacune dans* LEUR *chambre* (CHATEAUBR., *Mém.*, I, 3, 3). — *Tous deux étaient arrivés rue de l'Homme-Armé (...) absorbés chacun dans* LEUR *préoccupation personnelle* (HUGO, *Les Misér.*, IV, 15, 1). — *Ils gagnèrent chacun* LEUR *place* (ID., *Notre-Dame de Paris*, I, 4). — *Des paysages qui font contraste lui*

---

1. Selon G. Tilander, « au lieu de *chacun de son côté*, les chasseurs disent volontiers *de chacun son côté*, construction qui s'observe aussi dans la langue ordinaire, où elle appartient à la langue de tous les jours » (*Mélanges d'Étymologie cynégétique*, p. 111).

dirent chacun LEUR *mot* (M. BARRÈS, *L'Appel au soldat,* t. I, p. 4). — *Quand les instruments s'essaient chacun de* LEUR *côté...* (V. LARBAUD, *Enfantines,* p. 224). — [Le chien] *marchait auprès des deux petites qui le tenaient chacune à* LEUR *tour par sa ficelle* (M. AYMÉ, *Les Contes du Chat perché,* p. 90). — *Presque tous nos régiments d'infanterie ont eu chacun* LEUR *soldat Bayet* (M. GENEVOIX, *La Joie,* p. 163).

Avec *chacun,* sujet d'un participe qui suit, c'est toujours *son, sa ses* que l'on emploie : *Celtes, Saxons, Normands remontaient le fleuve, chacun apportant* SON *secret* (J. et J. THARAUD, *Dingley,* p. 34).

429. Après un nom d'être inanimé, pour déterminer le nom de la chose possédée :

1º On emploie l'adjectif possessif *son, sa, ses, leur(s),* si les deux noms se trouvent dans la même proposition : *Vous puis-je offrir mes vers et* LEURS *grâces légères ?* (LA F., *F.,* VIII, 4.) — *Le ciel et* SA *beauté, le monde et* SES *souillures, Ne vous dérangent pas* (MUSSET, *Souvenir*).

2º Si les deux noms ne se trouvent pas dans la même proposition, on emploie, selon la clarté et la justesse du sens, ou bien l'adjectif possessif, ou bien, plus fréquemment, l'article défini et le pronom *en : Quel était donc ce bonheur et en quoi consistait* SA *jouissance ?* (J.-J. ROUSS., *Rêv.,* 5e Prom.) — *C'était une pauvre boîte verte de naturaliste. On m'avait expliqué* SON *usage* (Fr. JAMMES, *De l'âge divin à l'âge ingrat,* p. 49). — *Je tâte votre habit ; l'étoffe* EN *est moelleuse* (MOL., *Tart.,* III, 3). — *Le château était fermé ; on m'*EN *a ouvert les portes* (CHATEAUBR., *Mém.,* IV, 2, 21).

Les deux constructions se trouvent réunies dans les vers suivants : ... *Plantez un saule au cimetière. J'aime* SON *feuillage éploré, La pâleur m'*EN *est douce et chère, Et* SON *ombre sera légère À la terre où je dormirai* (MUSSET, *Poés. nouv.,* Lucie).

N. B. — L'usage n'autorise pas l'emploi de l'adjectif possessif avec *en* tel qu'il est fait dans la phrase suivante : *L'homme est comme l'arbre qu'on secoue pour* EN *faire tomber* SES *fruits* (LAMARTINE, *Graziella,* II, XVI).

Dans certains cas, on doit employer *en* pour éviter l'équivoque : *Ce qui l'accablait encore plus que la souffrance du monde, c'*EN *était l'imbécillité* (R. ROLLAND, *Pierre et Luce,* p. 24).

Remarque. — C'est toujours l'adjectif possessif que l'on emploie quand le nom de la chose possédée est sujet d'un verbe d'action ou quand il est précédé d'une préposition : *Le soleil se leva :* SES *rayons caressèrent la cime de la montagne.* — *Je revoyais (...) l'antique château (...), la rivière qui baignait le pied de* SES *murailles* (B. CONSTANT, *Adolphe,* VII). — *Si cette pièce était un tableau, comme on s'extasierait sur* SA *matière* (A. GIDE, *Journal 1939-1942,* p. 132).

Hist. — L'emploi du pronom adverbial *en* remplaçant l'adjectif possessif remonte au moyen âge, mais il ne devint général qu'après la Renaissance. C'est vers 1660 que des distinctions commencèrent à s'établir : selon Port-Royal, *son, sa, ses* devaient être réservés aux personnes, *en* aux choses. Condillac, au XVIIIe siècle, posa en règle qu'il fallait se servir de *en* toutes les fois qu'il pouvait entrer dans la construction de la phrase, et que, lorsqu'il était impossible de faire usage de ce pronom, on devait employer l'adjectif possessif. — En fait, les règles établies ne se sont jamais imposées avec rigueur.

430. Répétition de l'adjectif possessif. — On peut appliquer à l'adjectif possessif les règles de la répétition de l'article (voir §§ 333 et suiv.) : *Revenu chez soi, il reprend* SES *mœurs,* SA *taille et* SON *visage, qu'il y avait laissés* (LA BR., VII, 8). — VOS *bons et loyaux services.* TES *grands et* TES *petits défauts.* — *La mémoire de* NOS *père et mère disparus* (É. HENRIOT, *Le Diable à l'hôtel*, VI). — *Flatter* SON *seigneur et maître* (A. MAUROIS, *Lélia ou la Vie de G. Sand*, p. 78).

Hist. — Dans l'ancienne langue, souvent l'adjectif possessif n'était exprimé que devant le premier nom d'une série, principalement si les noms étaient du même genre et du même nombre, mais aussi lorsque les noms différaient de genre et de nombre. On disait, par exemple : *Nos saints et martyrs,* son *salut et guérison.*

On retrouve, surtout dans la langue de la jurisprudence, des restes de l'usage d'autrefois, avec des noms voisins par le sens : *À* SES *risques et périls. En* MON *âme et conscience.* — *Les créanciers de celui qui renonce au préjudice de leurs droits peuvent se faire autoriser en justice à accepter la succession du chef de leur débiteur, en* SON *lieu et place* (*Code civ.*, art. 788). — *Tu n'avais pas le droit de faire le délicat en* SON *lieu et place* (M. BARRÈS, *Les Déracinés*, p. 352). — Par imitation de ce tour, la langue moderne dit : LEURS *amis et connaissances,* SES *faits et gestes,* etc.

4. — Accord.

431. *Leur, notre, votre,* et les noms qu'ils accompagnent, prennent, selon le sens, la forme du singulier ou la forme du pluriel :

1° Ils restent au **singulier** :

a) Devant les noms qui n'ont pas de pluriel et, en général, devant les noms abstraits ou devant les noms qui, dans l'emploi particulier que l'on en fait, n'admettent pas le pluriel : *Vous préparez tous* VOTRE *avenir. Le malheur a abattu* LEUR *orgueil. Nous gagnons* NOTRE *vie.* — *Ces nues (...) formaient (...) des bancs d'une ouate éblouissante, si doux à l'œil qu'on croyait ressentir* LEUR *mollesse et* LEUR *élasticité* (CHATEAUBR., *Génie*, I, 5, 12).

b) Quand il n'y a qu'un seul être ou objet possédé par l'ensemble des possesseurs : *Tous deux s'étant trouvés différents pour la cure,* LEUR *malade paya le tribut à nature* (LA F., F., V, 12).

2° Ils prennent la forme du **pluriel** :

a) Devant les noms qui n'ont pas de singulier : *Nous avons ri à* LEURS *dépens. Ils ont réformé* LEURS *mœurs.*

b) Quand la phrase implique l'idée de réciprocité, de comparaison ou de jonction : *Les brasse-carré et les matelots avaient échangé* LEURS *coiffures* (R. VERCEL, *Ceux de la « Galatée »*, p. 25). — *Après avoir lu Hugo et Lamartine, nous comparerons* LEURS *poétiques.* — *J'avais mis cette bague en des mains assez bonnes Pour la rendre à Don Sanche et joindre* NOS *couronnes* (CORN.,

Don Sanche, V, 8). — *J'ai feint de réunir* NOS *causes criminelles* (VOLT., *Sémi-ramis*, V, 2). — *Elle regardait* NOS *existences comme indissolublement unies* (B. CONSTANT, *Adolphe*, IX). — *Unissons* NOS *voix.*

c) Quand il y a plusieurs êtres ou objets possédés par chaque possesseur : *De* LEURS *champs dans* LEURS *mains portant les nouveaux fruits* (RAC., *Ath.*, I, 1).

3° Lorsque chacun des possesseurs ne possède qu'un seul objet, on emploie[1] :

a) le *singulier* si, dans l'ensemble des possesseurs, on envisage l'individu en général, le type, plutôt que la collection : *Les alouettes font* LEUR *nid...* (LA F., *F.*, IV, 22). — *Mes compagnons, ôtant* LEUR *chapeau goudronné...* (CHATEAUBR., *Génie*, I, 5, 12). — *De hardis compagnons sifflaient sur* LEUR *échelle* (SULLY PRUDHOMME, *Les Épreuves*, Un Songe). — *Tous les hommes (...) fumaient* LEUR *narguilhé* (P. LOTI, *Aziyadé*, p. 248). — *Ils restaient debout, sans bouger, ne pensant même pas à ôter* LEUR *chapeau et* LEUR *manteau* (R. ROLLAND, *Jean-Christophe*, t. VI, p. 77).

b) le *pluriel* si on envisage la pluralité ou la variété du détail : *Tous penchés en avant et appuyés sur* LEURS *lances* (CHATEAUBR., *Mart.*, IX). — *Cependant les marchands ont rouvert* LEURS *boutiques* (HUGO, *Lég.*, t. I, p. 234). — *Les deux lords parrains ôtèrent* LEURS *chapeaux* (ID., *L'Homme qui rit*, II, 8, 1). — *Nous pendîmes* NOS *casques,* NOS *hauberts et* NOS *piques aux clous* (ID., *Lég.*, t. II, p. 220). — *Si ce soir, à huit heures sonnant, tous ces gars-là ne sont pas au chaud dans* LEURS *lits (...), vous prendrez les arrêts huit jours* (G. COURTELINE, *Les Gaietés de l'escadron*, II, 3). — *Nous pouvons encore nous appeler par* NOS *noms* (M. ARLAND, *Les Plus beaux de nos jours*, p. 78).

Remarque. — On a disputé si, dans les phrases comme *Ils sont allés se promener avec* LEUR(s) *femme(s)*, il fallait écrire *leur femme*, au singulier, ou bien *leurs femmes*, au pluriel ; — « avec *leur femme* », dit Martinon (*Comm. on parle en fr.*, p. 146, note 2), ne signifierait-il pas qu'ils n'en ont qu'une pour tous ? » — Quelqu'un répliquera : « avec *leurs femmes* » ne donnerait-il pas à penser que chacun en a plusieurs ? — La dispute est vaine : les auteurs, dans de telles phrases, mettent, à leur choix, le pluriel (avec le possessif de la pluralité) ou le singulier (avec le possessif de l'unité) : *Nous laissons* NOS *chères compagnes* (LA F., *F.*, XI, 7). — *Ils aimaient* LEURS *femmes, et ils en étaient tendrement chéris* (MONTESQ., *L. pers.*, 12). — *Les fonctionnaires sortent par habitude avec* LEURS *dames* (Fr. MAURIAC, *La Robe prétexte*, IX). — *Je me suis promené avec deux de mes amis et* LEURS *femmes* (M. ARLAND, *La Vigie*, p. 181). — — *Des hommes libres, libres de tout, sauf de* LEURS *femmes* (COLETTE, *L'Étoile Vesper*, p. 176). — *Beaucoup de ces Messieurs étaient accompagnés de* LEURS *épouses* (F. GREGH, *L'Âge de fer*, p. 120). — *Ils monteront en grade, ils lutteront contre* LEUR *femme* (TAINE, *Thomas Graindorge*, p. 150). — *Des ouvriers flanqués de* LEUR *épouse* (A. ARNOUX, *Géographie sentimentale*, p. 65). — *Sur cinq hommes mariés (...) trois avaient déjà retrouvé* LEUR *femme* (A. CHAMSON, *Adeline Vénician*, p. 165).

---

1. Voir à la fin du volume l'arrêté du 26 février 1901 : *Liste*, I.

III. — ADJECTIFS DÉMONSTRATIFS

1. — Sens.

432. Les adjectifs **démonstratifs** marquent, en général, que l'on montre (réellement ou par figure) les êtres ou les objets désignés par les noms auxquels ils sont joints : *Prenez* CE *livre.* — *Ne saurait-on ranger* CES *jougs et* CES *colliers ?* (LA F., *F.*, IV, 21.)

L'adjectif démonstratif s'emploie souvent avec une valeur atténuée, sans qu'il exprime précisément l'idée démonstrative (§ 436) : *À* CET *effet. Je l'ai vu* CE *matin.*

2. — Formes.

433. L'adjectif démonstratif a les formes suivantes :

Pour le SINGULIER : au masculin : **cet, ce ;**
                au féminin   : **cette.**

Pour le PLURIEL des deux genres : **ces.**

434. Pour le masculin singulier, on emploie la forme réduite *ce* devant un mot commençant par une consonne ou un *h* aspiré : CE *livre*, CE *héros*, CE *grand arbre*, CE *pauvre homme.*

Cet s'emploie devant un mot commençant par une voyelle ou un *h* muet : CET *arbre*, CET *honneur*, CET *autre livre.*

Remarque. — Devant les mots masculins *onzième*, *yacht*, *yatagan*, etc. (voir § 103, Rem. 2), on emploie la forme *ce* : CE *onzième mois.*

Hist. — *Cet* vient du latin *ecce istum*, qui a donné *cest* (cas régime de *cist*), *cet*, *ce.* La forme *cet* est donc plus voisine de l'ancêtre latin : le *t*, qui est tombé devant une consonne, persiste devant une voyelle ou un *h* muet.

435. L'adjectif démonstratif est souvent renforcé par l'une des particules adverbiales *ci*, *là*, que l'on place après le nom, en l'y rattachant par un trait d'union [1].

Ci s'emploie quand on ajoute à l'idée d'indication celle de proximité ; il sert à former l'adjectif démonstratif prochain : *Ce livre*-CI.

Là s'emploie quand on ajoute à l'idée d'indication celle d'éloignement ; il sert à former l'adjectif démonstratif lointain : *Ces gens*-LÀ.

Hist. — L'ancienne langue avait des démonstratifs venus des combinaisons *ecce iste, ecce ille, ecce hoc* ; c'étaient : 1° les démonstratifs prochains : masc. *(i)cist,*

---

1. Voir à la fin du volume l'arrêté du 26 février 1901 : *Liste*, VII, 1.

fém. (i)ceste [cas rég. : *cestui, ceste*] ; — 2° les démonstratifs lointains : masc. (i)cil, *fém.* (i)cele [cas rég. : (i)celui, (i)cele] ; — 3° neutre (i)ço, ce. — Jusque dans le XVIe siècle, les formes des deux premières catégories se sont employées aussi bien comme pronoms que comme adjectifs : CEL *corn ad lunge aleine !* [Ce cor a longue haleine !] (*Rol.*, 1789). — *De* CELS *de France les corns avuns oït* [De ceux de France nous avons ouï les cors] (*ibid.*, 2132). — *Jusques à* CELLE *heure dont j'ay parlé* (COMMYNES, t. II, p. 136). — *Pour contempler* CELLE *beauté cachée* (J. du BELLAY, t. I, p. 144). — *Les hommes et femmes de* CELLUY *temps* (RABELAIS, *Pant.*, 1). — *Saint Gregoire donc exhorte* ICEUX *Evesques à luy obeir* (CALVIN, *Inst.*, IV, 11, 16). — ICEUX (...) *ont affecté une apparence* (ID., *ib.*, III, 6, 1). — CESTE *bataille* (*Rol.*, 1238). — *La tresgrande beaulté de* CESTE, *sa femme* (*Cent Nouv. nouv.*, I). — Les adjectifs *cestui* et (i)celui ont disparu à la fin du XVIe siècle. Cependant *icelui, iceux, icelle(s)* se sont maintenus long temps dans la langue de la jurisprudence (où ils se trouvent parfois encore, même de nos jours). — Notre locution *à seule fin de* (ou *que*) est une altération de l'ancienne expression *à celle fin de* (ou *que*) : À CELLE FIN *que la race future Juge du mal que je soufre en aymant* (RONSARD, t. IV, p. 159). — À CELLE FIN *que le dormir mesme ne m'eschapat ainsi stupidement* (MONTAIGNE, III, 13 ; p. 1252).

3. — Emploi.

436. L'adjectif démonstratif possède, à côté de sa valeur proprement démonstrative, diverses valeurs figurées :

1° Il s'emploie fréquemment pour indiquer que le nom désigne un être ou une chose qu'on vient de nommer ou dont on va parler : *Un loup n'avait que les os et la peau (...).* CE *loup rencontre un dogue...* (LA F., *F.*, I, 5). — *Écoutez* CE *récit avant que je réponde : J'ai lu dans quelque endroit...* (ID., *ibid.*, III, 1).

2° Lorsque la phrase ne comprend aucune détermination contraire, il s'emploie comme démonstratif prochain, sans la particule *ci*, pour indiquer le lieu où l'on est, le temps où l'on vit, les circonstances actuelles : *Arrêtons-nous, dit-il, car* CET *asile est sûr* (HUGO, *Lég.*, t. I, p. 48). — *Le vin sera bon* CETTE *année.*

Remarque. — Des grammairiens ont contesté qu'on pût dire *ce midi* pour désigner le milieu du jour où l'on est. Sans doute cela ne se trouve guère, du moins dans l'usage littéraire, et l'on dit *(aujourd'hui) à midi, vers midi,* parfois *sur le midi* ou même *vers le midi* (§ 314, *N. B.*, 1), mais il semble bien que *ce midi*, tout à fait analogue à *ce matin* et à *ce soir*, ne doive pas être condamné sans appel : *Nous l'attendons pour* CE MIDI (A. GIDE, *La Symphonie pastorale*, p. 133). — CE MIDI, *on est parti de là-bas* (J. GIONO, *Regain*, p. 83). — *On m'avait promis un joli mouton pour* CE MIDI (J. PERRET, *Bande à part*, p. 120). — CE MIDI *même, on avait diné tous les trois* (M. GENEVOIX, *Marcheloup*, I, 1).

Comparez : *Dans les premières heures qui suivirent* LE MIDI *du 10 décembre* (STENDHAL, *Corr.*, t. IX, p. 355). — CHAQUE MIDI, *quinze personnes (...) prenaient place...* (MAUPASS., *Boule de suif*, p. 205). — L'AUTRE MIDI, *on s'informait* (Cl. FARRÈRE, *La Seconde Porte*, p. 21). — LE MIDI *du second jour* (G. DUHAMEL, *Tel qu'en lui-même...* p. 213). — *Presque* CHAQUE MIDI (...) *ils venaient bombarder la forêt de l'Isle-Adam* (ID., *Tribulations de l'espérance*, p. 148). — *La tablette de chocolat qu'Alexandre,*

CHAQUE MIDI, *donnait aux membres de la popote* (R. MERLE, *Week-end à Zuydcoote*, p. 121). — *Temps qui s'écoule depuis* LE MIDI *jusqu'au soir* (AC., au mot *après-midi*). — *Les privilèges de Bacchus joueront du dimanche midi* AU MIDI *du dimanche suivant* (J. COCTEAU, *Bacchus*, I, 8).

3° Il s'emploie au lieu de l'article pour mieux attirer l'attention en désignant le nom tantôt avec une certaine emphase ou un certain respect, tantôt avec une nuance péjorative : *Le mot propre,* CE *rustre, N'était que caporal, je l'ai fait colonel* (HUGO, *Cont.*, I, 6). — *Et Caïn répondit : Je vois* CET *œil encore !* (ID., *Lég.*, t. I, p. 48.) — *Notez que je ne suis pas sans religion,* CES *messieurs de la Paroisse me trouvent toujours quand ils ont besoin de moi* (Fr. MAURIAC, *Le Mystère Frontenac*, p. 221).

4° Il a parfois le sens possessif : CE (= mon) *malheureux visage D'un chevalier romain captiva le courage* (CORN., *Pol.*, I, 3).

5° Il s'emploie parfois avec la valeur de *quel* dans des expressions exclamatives traduisant la surprise, l'indignation, etc. : *Ah ! monsieur,* CETTE *perfidie ! — Tu demandes pourquoi je viens ?* CETTE *demande !*

N. B. — Les règles relatives à la répétition de l'adjectif démonstratif sont les mêmes que celles qui concernent la répétition de l'article. (§§ 333 et suiv.)

IV. — ADJECTIFS RELATIFS

1. — Sens.

437. Les adjectifs **relatifs** sont ceux qui se placent devant un nom pour indiquer que l'on rattache à un *antécédent*, c'est-à-dire à ce même nom exprimé (ou suggéré) précédemment, la subordonnée qu'ils introduisent : *On a entendu trois témoins,* LESQUELS *témoins ont dit...*

2. — Formes.

438. L'adjectif relatif est formé de l'adjectif *quel* précédé des différentes formes de l'article défini, qui se soudent avec lui. Ses formes sont :

Pour le SINGULIER :
   au masculin : **lequel, duquel, auquel ;**
   au féminin : **laquelle, de laquelle, à laquelle ;**

Pour le PLURIEL :
   au masculin : **lesquels, desquels, auxquels ;**
   au féminin : **lesquelles, desquelles, auxquelles.**

Les adjectifs relatifs ont les mêmes formes que les pronoms relatifs, mais ils s'en distinguent en ce qu'ils accompagnent un nom.

Hist. — *Quel*, adjectif relatif, s'est employé parfois pour *lequel* dans l'ancienne langue : *Et autres semblables resveries (...)*, QUELLES *choses tant s'en faut qu'elles nourrissent le corps de l'homme, qu'elles le corrompent* (N. du FAIL, *Propos rustiques*, dans SNEYDERS DE VOGEL, *Synt. hist.*, p. 89). — Cet emploi de *quel* se retrouve exceptionnellement dans la langue moderne : *Cette simple copie a dû être faite environ 1690-1696 ; à* QUELLE *époque Pascal était mort depuis trente ans* (É. HENRIOT, dans le *Monde*, 26 août 1959).

3. — Emploi.

439. Les adjectifs relatifs ne s'emploient guère que dans la langue de la procédure ou de l'administration : LEQUEL *Hiérome, après plusieurs rébellions, Aurait atteint, frappé, moi sergent, à la joue* (RAC., *Plaid.*, II, 4). — *Restaient 1666 livres de rente pour les deux cadets, sur* LAQUELLE *somme l'aîné prélevait encore le préciput* (CHATEAUBR., *Mém.*, I, 1, 2). — *Ces biens ont été mis en vente,* LESQUELS *biens comprennent...*

La langue littéraire en fait parfois usage, surtout par besoin de clarté :

De l'arbre, être collectif, sort l'individu, le fruit détaché, LEQUEL *fruit fera un autre arbre* (MICHELET, *La Mer*, II, VI). — *Rien n'advint de notable jusqu'au lundi de la semaine suivante,* AUQUEL *jour le prince avertit sa femme qu'il allait à Rome* (A. FRANCE, *Le Puits de sainte Claire*, p. 277). — *Fierce sut (...) qu'il s'agissait d'une brigade trahie et cernée sur la frontière marocaine,* LAQUELLE *brigade avait été miraculeusement sauvée* (Cl. FARRÈRE, *Les Civilisés*, X). — *Peut-être (...) compte-t-il les employer aux fouilles ?* AUQUEL *cas, il n'aurait pas tort* (P. ARÈNE, *La Chèvre d'or*, XXXVI). — *Pendant que les regards des Alliés étaient fixés sur Pétrograd, contre* LAQUELLE *capitale on croyait que les Allemands commençaient leur marche...* (M. PROUST, *Le Temps retrouvé*, I, p. 90).

V. — ADJECTIFS INTERROGATIFS ET EXCLAMATIFS

1. — Sens.

440. Les adjectifs **interrogatifs** indiquent que l'on questionne sur la qualité ou sur une détermination de l'être ou de l'objet dont ils précèdent le nom. Ils deviennent *exclamatifs* quand ils servent à traduire l'étonnement que l'on éprouve devant l'être ou l'objet désigné par le nom : QUELLES *gens êtes-vous ?* QUELLE *maison !*

2. — Formes.

441. L'adjectif interrogatif présente les formes **quel, quelle, quels, quelles,** qui ne sont autres que celles de l'adjectif relatif, sans l'article.

Hist. — *Quel* et *lequel* s'employaient primitivement comme adjectifs ou comme pronoms. Peu à peu une différence s'est établie entre les deux formes ; depuis la Renaissance, *quel* est surtout adjectif, et *lequel*, à peu près exclusivement pronom.

3. — Emploi.

442. L'adjectif interrogatif s'emploie pour interroger, directement ou indirectement, sur la qualité, sur l'identité ou sur le rang ; il peut être épithète ou attribut : QUELS *sont ces bruits sourds ?* (HUGO, *Voix int.*, XXIV.) — *Voilà* QUELLE *je suis et* QUELLE *je veux être* (CORN., *Hér.*, I, 2). — *Mais cet enfant (...)* QUEL *est-il ? De* QUEL *sang ? Et de* QUELLE *tribu ?* (RAC., *Ath.*, II, 5.) — *Je ne sais point* QUEL *il est ; mais je sais qu'il est fait d'un air à se faire aimer* (MOL., *Av.*, III, 4). — *On voudrait savoir* QUEL *il fut* (É. HENRIOT, *Les Livres du second rayon*, p. 59). — *J'ignore* QUELLE *tragédie vous avez lue.* QUELLE *heure est-il ?*

443. L'adjectif exclamatif sert à exprimer l'admiration, l'étonnement, l'indignation, etc. ; il peut être épithète ou attribut : QUELLE *ville qu'Athènes !* QUELLES *lois !* QUELLE *police !* QUELLE *valeur !* QUELLE *discipline !* (LA BR., *Disc. sur Théophraste.*) — *Dans l'Orient désert* QUEL *devint mon ennui !* (RAC., *Bérén.*, I, 4.)

VI. — ADJECTIFS « INDÉFINIS »

1. — Sens.

444. Les adjectifs dits **indéfinis** sont ceux qui se joignent au nom pour marquer, en général, une idée plus ou moins vague de quantité ou de qualité, ou une idée d'identité, de ressemblance, de différence : CERTAIN *renard gascon* (LA F., *F.*, III, 11). — *Il viendra* QUELQUE *jour.* PLUSIEURS *personnes. Les* MÊMES *vertus.*

N. B. — Parmi les adjectifs que la tradition grammaticale range sous la rubrique « adjectifs indéfinis », les uns sont véritablement indéterminants, mais d'autres ne répondent pas à l'idée d'indétermination. Ainsi, dans *Donnez-moi le* MÊME *cahier que celui-ci*, le mot *même*, loin d'exprimer l'indétermination, indique une parfaite détermination.

445. Les adjectifs « indéfinis » peuvent se ranger en deux groupes :

1º Les adjectifs indéfinis PROPREMENT DITS :

a) exprimant une idée de qualité :

certain [*certaine, certains, certaines*], **je ne sais quel**[1] [*... quelle, ... quels, ... quelles*], **n'importe quel** [*... quelle, ... quels, ... quelles*], **quelque, quel** (que) [*quelle* (que), *quels* (que), *quelles* (que)], **quelconque** [*quelconques*] ;

b) exprimant une idée de quantité :

aucun [*aucune, aucuns, aucunes*], **chaque, différents** [*différentes*], **divers** [*diverses*], **maint** [*mainte, maints, maintes*], **nul** [*nulle, nuls, nulles*], **pas un** [*pas une*], **plus d'un** [*plus d'une*], **plusieurs, quelque** [*quelques*], **tout** [*toute, tous, toutes*].

2° Les adjectifs indéfinis IMPROPREMENT DITS, qui expriment l'identité, la ressemblance ou la différence :

même [*mêmes*], **tel** [*telle, tels, telles*], **autre** [*autres*].

446. Certains adverbes de quantité comme : *assez, beaucoup, bien, combien, peu, pas mal, tant, trop*, etc., suivis d'un nom complément introduit par *de* ou *des*, peuvent être comptés au nombre des adjectifs indéfinis[2], parce qu'ils indiquent une quantité indéterminée : ASSEZ DE *malheureux ici-bas vous implorent* (LAMART., *Méd.*, Le Lac). — *Oh !* COMBIEN DE *marins,* COMBIEN DE *capitaines (...) Dans ce morne horizon se sont évanouis !* (HUGO, *Ray. et Ombres,* XLII.)

On peut aussi considérer comme adjectifs indéfinis les expressions *nombre de, quantité de, force, la plupart*, et autres semblables : FORCE *gens,* NOMBRE DE *gens ne connaissent pas leurs véritables intérêts.* — *J'ai dévoré* FORCE *moutons* (LA F., F., VII, I). — *J'ai barbouillé* FORCE *papier* (CHATEAUBR., *Mém.*, I, I, 2). — *Il avait copié* FORCE *assignations* (G. DUHAMEL, *Les Hommes abandonnés*, p. 187).

Hist. — La vieille langue avait encore *mult* (lat. *multus*), *alquant* (lat. *aliquantus*), *quant, quante, quanz, quantes* (lat. *quantus, quanta*). — *Quante,* employé jusqu'au XVIᵉ siècle, se retrouve dans les locutions archaïques QUANTES *fois, toutes et* QUANTES *fois.*

3. — Emploi.

447. *a) Aucun* a étymologiquement la valeur positive de « quelque, quelqu'un » (voir ci-après : *Hist.*). Cette valeur positive, il l'a conservée

---

1. Et aussi : *il ne sait quel, on ne sait quel, nous ne savons quel*, etc. (§ 451).

2. Mais on peut aussi estimer qu'ils restent alors des *adverbes* suivis d'un complément (§ 225, 2°, *a*) ; cela est plausible surtout pour les adverbes qui tirent leur origine de la catégorie des noms : *beaucoup* (beau + coup), *trop* [du francique **throp*, « entassement », qui prend en lat. médiéval le sens de « troupeau » *(troppus)* (Bloch-Wartburg, 2ᵉ éd.)] et aussi pour des expressions encore assez nettement nominales comme *nombre de, quantité de, la plupart*.

dans des phrases interrogatives ou dubitatives, ou après une principale négative (ou impliquant une idée négative), ou dans des phrases conditionnelles, ou après *sans*, *sans que*, ou encore après *que* comparatif, etc. (cf. § 588, *a*) : *Est-il* AUCUN *moment Qui vous puisse assurer d'un second seulement ?* (LA F., *F.*, XI, 8.) — *Croyez-vous que le pouvoir a* AUCUN *charme pour moi ?* (Ac.) — *Je doute, je ne crois pas qu'*AUCUN *homme soit pleinement heureux.* — *Il est interdit de jeter* AUCUN *objet en cet endroit.* — *Comme si la raison pouvait mépriser* AUCUN *fait d'expérience !* (M. BARRÈS, *La Colline inspirée*, p. 3.) — *Il a été nommé sans faire* AUCUNE *démarche, sans qu'*AUCUNE *démarche eût été faite. Il parle mieux qu'*AUCUN *orateur.*

b) Le plus souvent *aucun* est accompagné de la négation *ne :* c'est pourquoi, par contagion, il a pris la valeur négative de *nul :* AUCUN *chemin de fleurs ne conduit à la gloire* (LA F., *F.*, X, 13). — *Son élégance, froissée par* AUCUN *contact...* (M. BARRÈS, *Le Jardin de Bérénice*, p. 94).

Cette valeur négative de *aucun* apparaît surtout dans les réponses elliptiques : *Combien de fois l'avez-vous fait ?* AUCUNE *fois.*

c) Aucun et *nul* s'emploient le plus souvent au singulier [1]. Ils s'emploient au pluriel non seulement devant des noms qui n'ont pas de singulier ou qui prennent au pluriel un sens particulier : AUCUNS *frais* [2], NULLES *funérailles.* — *La république n'avait (...)* AUCUNES *troupes régulières aguerries* (VOLTAIRE, *L. XV*, 21). — *L'acquéreur n'est tenu d'*AUCUNS *dommages et intérêts* (*Code civ.*, art. 1750). — *Je n'irai à* AUCUNES *eaux désormais, ni à Aix, ni à Vichy, ni à celles du colonel* (LAMARTINE, *À Mlle Canonge*, 26 avr. 1818). — AUCUNS *apprêts !* (HUGO, *Ruy Blas*, IV, 6.) — *Elles non plus ne toucheraient* AUCUNS *gages* (J. SCHLUMBERGER, *Saint-Saturnin*, p. 336). — *Lui pouvait bien se permettre de n'avoir* AUCUNES *manières* (LA VARENDE, *Le Roi d'Écosse*, p. 260) ; — mais aussi, quoique moins souvent qu'à l'époque classique, devant des noms quelconques :

a) S'il n'a touché AUCUNS *fruits* (*Code civ.*, art. 1682). — *Je ne réclamai* AUCUNS

---

1. Voir à la fin du volume l'arrêté du 26 février 1901 : *Liste*, VII, 4.

2. Selon Martinon (*Comment on parle en fr.*, p. 165), l'usage de *aucun* au pluriel est rarement utile, et rien n'empêche même d'écrire *je n'ai fait aucun frais*, c'est-à-dire logiquement *aucun des frais* que j'aurais pu faire ». — Cette opinion ne paraît pas plausible : elle force le sens naturel de l'expression et ôte au nom le pouvoir de gouverner l'adjectif ; le nom *frais*, qui ne s'emploie qu'au pluriel, ne peut pas être contraint à régler son nombre sur celui de *aucun : aucun frais* n'est pas admissible ; [et l'on s'étonne de le rencontrer dans la phrase suivante : *Elle n'avait certes fait* AUCUN *frais de toilette* (Germ. BEAUMONT, *L'Enfant du lendemain*, p. 69).] ; — *aucune funéraille* l'est moins encore.

droits (A. DUMAS f., *La Femme de Claude*, Préf.). — *L'on n'entendait plus* AUCUNES
rumeurs (VILLIERS DE L'ISLE-ADAM, *Histoires insolites*, p. 20). — *On n'a pas le droit
de penser sans* AUCUNES *preuves...* (H. BORDEAUX, *La Maison morte*, p. 127). — *Les
nationalistes d'Allemagne vont se montrer capables de réactions qu'*AUCUNS *scrupules
d'humanité vivante ne peuven arrêter* (G. CLEMENCEAU, *Grandeurs et Misères d'une
victoire*, p. 328). — *Ils ne possédaient* AUCUNS *royaumes* (Ch. PÉGUY, *L'Esprit de
système*, p. 105). — *Admirables mains, plus minces et plus diaphanes qu'*AUCUNES
mains françaises ou espagnoles (Cl. FARRÈRE, *L'Homme qui assassina*, p. 74). — Au-
CUNES *choses ne méritent de détourner notre route* (A. GIDE, *Le Retour de l'Enfant
prodigue*, p. 64). — *On ne peut lui attribuer (...)* AUCUNES *ombres intérieures* (P.
VALÉRY, *Monsieur Teste*, p. 104).

b) NULLES *paroles n'égaleront jamais la tendresse d'un tel langage* (MUSSET, *Emme-
line*, V). — *On ne doit surcharger* NULLES *créatures* (A. FRANCE, *Les Sept Femmes
de la Barbe-Bleue*, p. 77). — NULS *hommes plus libres au monde* (R. ROLLAND, *Jean-
Chr.*, t. VII, p. 58). — NULS *pépiements d'oiseaux n'égayaient cette solitude* (H. LAVE-
DAN, *Sire*, II, 6). — NULS *chefs ne s'affrontaient derrière ni devant* (Ch. PÉGUY, *Les
Tapisseries*, p. 20). — *Entre eux,* NULLES *récriminations* (P. de LA GORCE, *Louis-
Philippe*, p. 41). — *Ils avaient souffert plus que* NULLES *autres populations de la France*
(G. HANOTAUX, *Jeanne d'Arc*, II, 1). — NULLES *murailles* (P. MILLE, *Mém. d'un
dada besogneux*, p. 100). — NULLES *créatures vivantes plus cruellement réduites au
plus fort* (É. HENRIOT, *Vers l'oasis*, p. 66).

Remarques. — 1. *Aucun* se place parfois après le nom quand celui-ci est
précédé de *sans : Sans réserve* AUCUNE (MOL., *Sgan.*, 7). — *De la bête humaine,
qu'on se procure sans frais* AUCUNS *(...) il n'y a rien à tirer que du rendement,
jusqu'à ce qu'elle crève* (Fr. MAURIAC, *Paroles catholiques*, p. 96).

2. Avec *aucun*, dans l'usage actuel (voir l'*Hist.*), on ne peut pas, dans une
même proposition, mettre *pas* ou *point ;* on ne dirait pas, par exemple : *Il n'a
pas aucun ami.* Mais *aucun* s'accommode parfaitement de *plus* ou de *jamais :
Je n'y vois plus aucun remède* (AC.). — *Il n'a jamais eu aucun ennemi.*

Hist. — *Aucun*, venu d'une forme supposée du latin populaire **alicunus*, composée du radical de *aliquis*, quelqu'un, et de *unus*, a signifié primitivement « quelque,
quelqu'un » : *Toute perfection a* AULCUNE *imperfection adjointe à soy* (*Internelle Consolacion*, III, 3). — *Salomon, ce voyant, fit apporter* AULCUNES *mousches à miel* (MAROT
t. II, p. 150). — Avec *aucun* (comme aussi avec *nul*) on a pu autrefois, dans une
même proposition, mettre *pas*, ou *point*, ou *pas un : Je ne vous connais* PAS *capable
d'*AUCUNE *infidélité* (FÉNEL., *Abrégé des Vies des Anc. Philos.*, Solon). — AUCUNE
dame assise ne se trouva à PAS UN *de ces festins* (SAINT-SIMON, *Mém.*, t. IV, p. 311). —
Des dépenses qui ne sont PAS *portées sur* AUCUN *budget* (STENDHAL, *Corr.*, t. IV, p. 16).
— *Cette construction est aujourd'hui insolite : Je n'ai* PAS *besoin d'*AUCUNE *preuve*
(P. CLAUDEL, *La Messe là-bas*, p. 46.) — *Ne te défends* POINT *contre* NUL *plaisir de
l'oreille* (M. BEDEL, *Traité du plaisir*, p. 169).

Aucun et *nul* se sont employés couramment au pluriel jusqu'au XVIIIᵉ siècle :
Il ne garda AUCUNES *mesures* (Boss., *Var.*, 7). — *Il n'y a* NULS *vices extérieurs et* NULS
défauts du corps qui ne soient aperçus par les enfants (LA BR., XI, 54). — *Mais Rome,
n'imposant* AUCUNES *lois générales...* (MONTESQ., *Consid.*, 6).

L'adjectif pluriel *aucuns* a pu, dans l'ancienne langue, être précédé de l'article
défini (§ 580, *Hist.*) : *En temps de nécessité ay-je bien veü que* LES AUCUNS *saiges se
sont bien sceü servir des plus apparens* (COMMYNES t. I, p. 130).

448. *Nul,* bien qu'ayant par lui-même un sens négatif (lat. *nullus,* de *ne + ullus*), se construit toujours avec *ne* ou avec *sans,* par analogie avec *aucun* : NUL *homme* NE *l'approuve.* — *Je vis libre et content* SANS NUL *soin qui me presse* (LA F., *F.*, XII, 1).

Remarque. — *Nul,* signifiant « qui est sans valeur ou sans mérite, qui se réduit à rien », est un adjectif qualificatif ; il s'emploie comme épithète (toujours après le nom) ou comme attribut : *Une pénitence* NULLE (BOSS., *Anne de Gonz.*). — *Lorsque le testateur aura légué la chose d'autrui, le legs sera* NUL (*Code civ.*, art. 1021). — *Le devoir de cet élève est* NUL (AC.). — *Et une des parties où j'étais le plus* NUL *était assurément la narration française* (P. LOTI, *Le Roman d'un Enfant*, LIX).

Pour *pas, point, plus, jamais,* avec *nul,* la règle est la même que celle qui concerne *aucun* (§ 447, Rem. 2). — Voir aussi l'*Hist.* du § 447.

Pour l'emploi de *nul* au pluriel, voir § 447, *c.*

449. *Pas un* exprime avec plus de force que *aucun* et que *nul* l'idée négative ; il ne s'emploie pas au pluriel et peut être renforcé par *seul* : *Et rien de vivant nulle part :* PAS UNE *bête,* PAS UN *oiseau,* PAS UN *insecte* (P. LOTI, *Le Désert,* p. 13). — PAS UN SEUL *petit morceau* (LA F., *F.*, I, 1).

Si on exprime l'idée d'un état de choses qui a cessé, on emploie *plus un* : PLUS UN *oiseau ne bouge* (H. BOSCO, *L'Âne Culotte,* p. 57).

Hist. — *Pas un* a pu s'employer avec *sans* : *Et lui (...) a laissé ruiner cette belle grande fortune,* SANS *tirer* PAS UN *coup* (D'AUBIGNÉ, t. II, p. 305). — *Cet homme extraordinaire* [César] *avait tant de grandes qualités* SANS PAS UN *défaut, quoiqu'il eût bien des vices, que...* (MONTESQ., *Consid.,* 11). — Puisqu'on dit bien *sans aucun défaut, sans nul défaut,* il n'y a aucune raison grammaticale pour condamner cette manière de parler ; mais en fait, elle n'est pas (ou n'est guère) dans l'usage actuel (voir § 582, *Hist.*).

450. *Certain,* placé devant le nom, a un sens indéterminé ; il n'est jamais précédé de l'article défini, mais il se place souvent entre l'article indéfini et le nom ; il peut servir à atténuer ce que l'expression aurait de trop absolu : CERTAIN *renard gascon* (LA F., *F.*, III, 11). — *Avoir un* CERTAIN *âge. Dans* CERTAINES *circonstances. Partir avec une* CERTAINE *crainte.*

Devant un nom propre, *un certain* exprime que l'on ne connaît pas le personnage ; parfois il marque le dédain [1] : *Le personnage intéressant de la foire était* UN CERTAIN *Nissim Tobler* (J. et J. THARAUD, *La Rose de Sâron,* p. 177). — *Nous en avons une autre* [une *Phèdre*] *d'*UN CER-

---

1. On dit aussi « un nommé... » : *Le théâtre du Châtelet dont le directeur était* UN NOMMÉ *Floury* (H. BORDEAUX, *Paris aller et retour,* p. 222).

TAIN *La Pinelière* (F. BRUNETIÈRE, *Les Époques du théâtre franç.*, p. 116).

Remarques. — 1. Non placé devant le nom, *certain* est qualificatif et signifie « qui est tenu pour vrai, qui est exactement déterminé, qui tient quelque chose pour vrai » : *Le fait est* CERTAIN. — *C'est de choisir toujours un but* CERTAIN *à suivre* (CORN., *Imit.*, I, 19). — CERTAINS *que le secours Serait prêt...* (LA F., *F.*, VII, 3).

2. *De* se met parfois devant un nom pluriel précédé de l'indéfini *certains*, *certaines : Il y a certaines choses* ou DE *certaines choses pour lesquelles on éprouve de la répugnance* (AC.). — *Il y a* DE *certaines choses que les bouffons eux-mêmes n'ont pas le droit de railler* (MUSSET, *Fantasio*, II, 1). — *À* DE *certains moments, son cœur débordait aussi* (R. BAZIN, *Les Noellet*, p. 22).

Hist. — La distinction de sens fondée sur la place relative de *certain* n'était pas encore établie au XVIIe siècle : *Taille-t-on vos avis à une* CERTAINE *mesure ?* (PASC., *Prov.*, 2.) — *Vous savez, Iris, de* CERTAINE *science* (LA F., *F.*, IX, 20).

451. Les locutions adjectives indéfinies *je ne sais quel, on ne sait quel, Dieu sait quel,* etc. s'emploient à peu près avec la même valeur que *certain* pris au sens indéterminé : ON NE SAIT QUEL *rayon de Dieu semble visible* (HUGO, *Lég.*, t. I, p. 276). — *Des brises chaudes montaient avec* JE NE SAIS QUELLES *odeurs confuses* (E. FROMENTIN, *Un Été dans le Sahara*, I). — *À* DIEU SAIT QUEL *âge !* (H. BERNSTEIN, *Le Cœur*, I, 8.) — *Dans le mystère d'*ON NE SAIT QUELLES *limbes* (A. LICHTENBERGER, *Les Contes de Minnie*, p. 7). — *Ce mariage, c'était (...) un point de départ vers* ELLE NE SAVAIT QUELLE *vie* (Fr. MAURIAC, *Le Sagouin*, p. 6).

452. A. — *Quel que* s'écrit en deux mots quand il est suivi du verbe *être* ou d'un verbe similaire (parfois précédés de *devoir, pouvoir*), soit immédiatement, soit avec l'intermédiaire d'un pronom [*il(s)*, *elle(s), en*, etc.] ; *quel* est alors attribut et s'accorde avec le sujet du verbe : QUELS QUE *soient les humains, il faut vivre avec eux* (GRESSET, *Sidney*, II, 2). — *Il affronte tous les dangers,* QUELS QU'*ils soient.* — QUELLE QU'*en soit la difficulté, j'accomplirai cette tâche.* — QUEL QUE *doive être le prix de cette noble liberté, il faut bien le payer aux dieux* (MONTESQ., *Sylla et Eucrate*).

Au lieu de *quel que soit*, on rencontre parfois *quel soit*, mais c'est là pur caprice d'écrivain : *Le reste des individus (...),* QUELLE SOIT *leur valeur et leur compétence personnelle* (P. VALÉRY, *Regards...*, p. 93). — *Toutes les autres émotions,* QUELLES SOIENT-*elles* (R. de GOURMONT, *Le Chemin de velours*, pp. 149-150). — *Rien que d'imaginer l'embarras où me jetterait une réponse,* QUELLE FÛT-ELLE, *je m'arrêtai, l'haleine courte, hérissé d'angoisse* (G. DUHAMEL, *La Pierre d'Horeb*, p. 24).

Parfois un mot s'intercale entre *quel* et *que* : QUELLES *d'ailleurs* QUE *fussent mes justifications* (Ab. HERMANT, *Chroniq. de Lancelot*, t. II, p. 368).

Remarques. — 1. Dans ces sortes de phrases, *quel* se rapporte parfois à l'attribut de l'objet direct (ou si l'on veut, au sujet du verbe *être* impliqué dans la proposition) : *Les candidats,* QUELS *que vous les supposiez* [être], *seront embarrassés.*

2. S'il y a plusieurs sujets coordonnés par *et*, l'accord se fait ordinairement avec l'ensemble des sujets, et l'on met le pluriel : QUELS QUE *soient le nombre et la valeur des ennemis, il ne s'effraye point.*

Il arrive que le premier sujet contienne l'idée dominante et que, par suite, il commande seul l'accord ; les autres sujets semblent n'être ajoutés que pour prolonger la pensée : QUEL *que soit le monde, et l'homme, et l'avenir* (HUGO, *F. d'aut.*, XV). — *Chacun de ces mondes, par rapport au tout, se trouve dans notre cas,* QUELLE *que soit son immensité et l'avance matérielle ou spirituelle qu'il puisse avoir sur nous* (M. MAETERLINCK, *La Grande Féerie*, p. 106). — QUEL *que fût le temps et la saison* (A. DAUDET, *Numa Roumestan*, p. 341).

3. Si les sujets sont synonymes, l'accord se fait avec le plus rapproché : QUELLE *que puisse être votre valeur, votre mérite, soyez modeste.*

4. Quand les sujets sont coordonnés par *ou*, l'accord se fait avec le plus rapproché ou avec l'ensemble des sujets, suivant que c'est l'idée de disjonction ou celle de conjonction qui domine dans l'esprit de celui qui parle ou écrit :

a) QUEL *que soit le plafond ou la voûte qu'un enfant a au-dessus de sa tête* (HUGO, *Quatrevingt-treize*, III, 3, 1). — QUEL *que fût le poil de la bête ou la plume* (BARBEY D'AUREVILLY, *Le Chevalier des Touches*, p. 20). — QUEL *que fût le temps ou la saison* (H. de RÉGNIER, *Le Bon Plaisir*, p. 43). — *Ce langage est de tous les hommes,* QUELLE *que soit leur langue ou la forme de leur bouche* (A. SUARÈS, *Vues sur l'Europe*, p. 110).— QUELLE *que fût la circonstance ou la personne* (Fr. JAMMES, *De l'âge divin à l'âge ingrat*, p. 109). — QUELLE *que soit la sensation ou l'idée, ou la relation* (P. VALÉRY, *Regards sur le monde actuel*, p. 60). — QUELLE *que soit la force de la pensée ou l'éclat du style* (A. SIEGFRIED, *Savoir parler en public*, p. 127). — QUEL *que soit son talent ou son inspiration* (L. JOUVET, *Réflexions du Comédien*, p. 181).

b) QUELS *que fussent le rang ou l'esprit de ses auditeurs* (BARBEY D'AUREVILLY, *Un Prêtre marié*, t. II, p. 6). — QUELS *que soient sa forme ou son déguisement* (MAETERLINCK, *Le Double Jardin*, p. 266). — QUELS *que soient la valeur du livre ou l'intérêt de la matière qu'il contient* (M. PRÉVOST, *Nouv. Lettres à Françoise*, p. 43). — QUELS *que soient leur qualité ou leur mérite* (MONTHERLANT, *Service inutile*, p. 267). — QUELS *que fussent leur âge ou leur sexe* (E. JALOUX, *La Branche morte*, p. 4).

Hist. — A côté de *quel que*, l'ancien français avait d'autres conjonctifs complexes formés par la combinaison de l'adjectif interrogatif *qui* et du conjonctif *que : qui qui, qui que, que que, quoi que*, etc. — Seuls *qui que, quoi que* ont subsisté : QUI QUE *tu sois, contemple* (HUGO, *Lég.*, t. I, p. 338).

On a employé autrefois *tel que* avec la valeur de *quel que* : *Faites donc, Seigneur, que,* TEL QUE *je sois, je me conforme à votre volonté* (PASC., *Prière pour demander à Dieu le bon usage des maladies*, XV). — Ce tour, condamné par Vaugelas (*Rem.*, p. 413), est cependant resté courant jusque vers la fin du XVIIIe siècle : *Comprenez-vous mieux comment une substance,* TELLE QU'*elle soit, a des idées ?* (VOLT., *Lett. philos.*, 13). — *Et ainsi des autres rapports,* TELS QU'*ils puissent être* (DIDEROT, *Traité du beau*, éd. Pléiade, p. 1131). — *Mon fils,* TEL QU'*il paraisse,* TEL QUE *vous le jugiez dans la suite, n'en sera pas moins un bon fils* (BESCHERELLE, s. v. *quel*). — Il se rencontre parfois encore à l'époque moderne ou contemporaine, mais il fait l'effet d'un archaïsme : *Il n'y a pourtant aucun être, de* TEL *sexe* QU'*il soit, qui ne doive (...) voir tout mis en question* (MUSSET, *Conf.*, V, 5). — TELS QUE *pussent être leurs sentiments à mon égard...* (A. HERMANT, *Platon*, p. 122).

B. — *Quelque*, dans l'expression *quelque ... que* marquant concession ou opposition, s'écrit en un mot :

1º Immédiatement devant un nom, il est adjectif, donc variable : QUELQUES *raisons que vous donniez, vous ne convaincrez personne.*

2º Devant un adjectif attribut, il est adverbe, donc invariable : QUELQUE *bonnes que soient vos raisons, vous ne convaincrez personne.* — QUELQUE *tristes que soient les suppositions où vous vous livrez (...), elles ne peuvent approcher de la réalité* (Th. GAUTIER, *Partie carrée*, VII).

3º Devant un adverbe, il est lui-même adverbe, donc invariable : QUELQUE *habilement que vous raisonniez, vous ne convaincrez personne.*

4º Devant un adjectif suivi d'un nom, il est adverbe et invariable quand il modifie l'adjectif, ce qu'on reconnaîtra sans peine en observant que, dans ce cas, le nom est *attribut* du sujet ou de l'objet direct (le verbe de la subordonnée est alors *être, sembler, paraître*, etc. unissant l'attribut au sujet — ou bien *croire, déclarer, dire, juger*, etc. unissant l'attribut à l'objet direct) : QUELQUE *bonnes raisons que soient la coutume et l'usage, vous ne convaincrez personne.* QUELQUE *bons juges que vous les croyiez, ces gens peuvent se tromper ;* — sinon il est adjectif et variable : QUELQUES *bonnes raisons que vous donniez, vous ne convaincrez personne.*

Remarquez que, dans ce dernier cas, l'adjectif est quelquefois placé après le nom : QUELQUES *titres nouveaux que Rome lui défère...* (RAC., *Brit.*, I, 1).

Remarque. — Dans la pratique, on essaie de supprimer l'adjectif : quand cette suppression est possible, on conclut que *quelque* est en rapport avec le nom, et on fait l'accord ; quand elle n'est pas possible, on conclut que *quelque* est en rapport avec l'adjectif, et on le laisse invariable. Dans ce dernier cas, on peut observer en outre que le nom peut être rejeté plus loin dans la proposition pour faire corps avec le sujet [1].

Autrement encore : On reconnaît que *quelque* est adjectif quand il signifie « quel que soit le, quelle que soit la, quel (le)s que soient les ».

Si l'on compare avec le néerlandais, on observera que *quelque ... que* se traduit par *welke ... ook* quand *quelque* est adjectif ; et par *hoe ... ook* quand *quelque* est adverbe.

---

1. Le procédé indiqué dans certains manuels, remplacer *quelque* par *si*, reste assez souvent peu efficace, parce qu'on ne se rend pas toujours bien compte de la pertinence de la substitution.

Hist. — 1. Dans les hauts temps, on employait *quel ... que,* en insérant entre les deux mots le nom qualifié : QUEL *part* QU'*il alt* (*Rol.*, 2034). — *An* QUEL *leu* QU'*ele soit* (CHRÉTIEN DE TROYES, *Lancelot,* 1064). — *Que* et *que* se trouvèrent ensuite rapprochés dans des phrases comme : QUEL QUE *soit le lieu où l'on aille,* ce qui amena, dès le XIIe siècle, la soudure des deux éléments et la répétition du relatif *que* de la locution primitive. L'expression *quelque ... que* prit peu à peu le pas sur *quel ... que,* et l'emploi en devint général vers la Renaissance.

Cependant la forme ancienne se trouve encore au XVIIe siècle : *En* QUEL *lieu* QUE *ce soit, je veux suivre tes pas* (MOL., *Fâch.,* III, 4). — Dans la langue actuelle, elle est insolite : *Le salut, de* QUEL *nom* QU'*on le nomme* (A. SUARÈS, dans la *Corresp. Suarès-Claudel,* p. 161). — *El* QUEL *monstre* QUE *tu fasses, tu ne veux pas l'avoir vu en vain* (P. VALÉRY, *Mélange,* éd. Pléiade, t. I, p. 352). — *Toute sa vie Jules Renard refusera la contrainte. De* QUELLE *nature* QU'*elle soit* (R. KEMP, dans les *Nouv. litt.,* 1er juill. 1954).

Quant à l'accord, après que les deux éléments se furent soudés, *quelque* s'accorda sans égard à sa fonction d'adjectif ou d'adverbe : QUELQUES *ardents qu'ils soient* (CORN., *Pulch.,* II, 1). — Ce sont les grammairiens du XVIIe siècle qui ont établi une distinction entre *quelque,* adjectif, variable, et *quelque,* adverbe, invariable. En particulier, l'Académie posait en règle que, dans l'expression *quelque ... que,* il fallait laisser *quelque* invariable devant les adjectifs pluriels : QUELQUE *désobligeantes paroles que vous m'ayez dites ;* — mais qu'il fallait l'accorder devant les noms pluriels : QUELQUES *paroles désobligeantes que vous m'ayez dites.*

2. La langue classique employait aussi *quelque ... qui* (avec un sujet) et *quelque ... dont, quelque ... où* (avec un objet indirect ou un complément circonstanciel) : *Travaillez à loisir* QUELQUE *ordre* QUI *vous presse* (BOIL., *Art p.*, I). — QUELQUE *indignation* DONT *leur cœur soit rempli* (LA F., *F.,* VIII, 14). — QUELQUE *part où il soit, il mange* (LA BR., XI, 122).

C. — ***Quelque,*** en dehors de l'expression *quelque ... que,* est un adjectif qui fait désigner au nom, d'une façon vague, indéterminée, soit un être ou une chose, soit une petite quantité, soit un petit nombre d'êtres ou de choses : *Vois s'il s'offre à tes yeux* QUELQUE *grand de ma cour* (RAC., *Esther,* II, 4). — QUELQUE *vaisseau perdu jetait son dernier cri* (HUGO, *Chât.,* VII, 9). — *Pendant* QUELQUE *temps.* — QUELQUES *crimes toujours précèdent les grands crimes* (RAC., *Phèdre,* IV, 2).

Quelques s'emploie après un nom de nombre rond égal ou supérieur à vingt, pour indiquer que ce nombre est augmenté de quelques unités : *Nous étions à cette réunion quarante et* QUELQUES (Ac.). Il se trouve parfois enclavé dans l'expression numérale : *Quarante et* QUELQUES *mille francs.*

Devant un nom de nombre, *quelque* peut prendre la valeur adverbiale et signifier « environ » ; il est invariable : *Il y a* QUELQUE *soixante ans.* — *Cependant Falcone marcha* QUELQUE *deux cents pas dans le sentier* (MÉRIMÉE, *Mateo Falcone*).

Il est aussi adverbe et marque l'approximation dans l'expression *quelque peu* : *Un loup* QUELQUE PEU *clerc* (LA F., *F.,* VII, 1).

Remarque. — *Quelque,* devant un nom de nombre, varie quand il indique une multiplication ou qu'il précède *cent, mille* employés substantivement : QUELQUES *mille livres de rente de plus ou de moins.* — *Je fis* QUELQUES *cents mètres* (ALAIN-FOURNIER, *Le Grand Meaulnes,* p. 263).

Hist. — Jusque dans le XVIIᵉ siècle, *quelque* signifiant « environ » pouvait prendre l's du pluriel : *Il peut y avoir* QUELQUES *huit jours* (CORN., *Clit.,* II, 2). — QUELQUES *neuf à dix mille hommes* (LA BR., X, 11). — Vaugelas (*Rem.,* p. 4) déclara que ce *quelque* devait être invariable.

Quelque signifiant « environ » est aujourd'hui archaïque et uniquement littéraire.

453. *Quelconque,* mot indéterminant par excellence, est toujours qualificatif et signifie « il n'importe lequel ». Il n'a plus aujourd'hui qu'une forme pour les deux genres ; on le place après le nom : *Donnez-lui une récompense* QUELCONQUE (LITTRÉ). — *Cherchez des prétextes* QUELCONQUES (ID.).

Remarques. — 1. *Quelconque,* dans le langage familier, peut prendre le sens de « médiocre, banal » : *Son palais moderne paraîtrait* QUELCONQUE *n'étaient les tapis merveilleux* (P. LOTI, *Vers Ispahan,* p. 229). — *Le papier de la lettre est* QUELCONQUE (P. BOURGET, *Le Tribun,* p. 64). — *C'est un homme très* QUELCONQUE (AC.). — Dans le même sens dépréciatif ou méprisant, *quel conque* se met familièrement comme épithète avant le nom : *Un* QUELCONQUE *pauvre diable* (Cl. FARRÈRE, *Le Chef,* p. 262). — *Il a été attaqué par de* QUEL-CONQUES *voyous* (A. MALRAUX, *Les Conquérants,* p. 83). — *Un Rothschild quelconque, qui aura doté un* QUELCONQUE *observatoire d'une lunette...* (O. MIR-BEAU, *Dingo,* VII). — *Préparer l'exécution d'un* QUELCONQUE *préfet de police* (H. TROYAT, *Tant que la terre durera...,* p. 820).

Lorsque *quelconque,* en ce sens, est mis comme épithète immédiatement après le nom (par ex. : *un bibelot quelconque*), c'est l'intonation ou le contexte qui en indiquent la valeur dépréciative.

2. *Quelconque,* employé avec la négation *ne* (sans *pas* ni *point*) et placé après le nom, comme dans les phrases suivantes, forme une construction vieillie : *Il n'a mal* QUELCONQUE (AC.). — *Il n'y a homme* QUELCONQUE *qui ne sache cela* (ID.).

3. *Quelconque* peut, surtout dans le style didactique, se placer entre un numéral et un complément déterminatif désignant la totalité ; il se rapporte au numéral (ou si l'on veut, au nom sous-jacent entre le numéral et lui) : *Prenons un* QUELCONQUE, *deux* QUELCONQUES *de ces nombres.* — *Trouver la distance de deux plans parallèles et l'une* QUELCONQUE *de leurs perpendiculaires communes* (Ch. BRISSE, *Géom. descriptive,* 2ᵉ éd., revue par C. Bourlet, p. 127). — *Le rapport anharmonique ne change pas si l'on échange deux* QUEL-CONQUES *des points et en même temps les deux autres* (J. HAAG, *Cours complet de Math. élém.,* Géom., Exerc. du t. III, p. 156).

4. *Quelconque*, au sens de « quel qu'il soit », bien qu'il exprime à lui seul une indétermination complète, se fait parfois précéder d'un des adverbes renforçants *tout à fait, généralement : Je suppose (...) que les coordonnées d'un point soient des fonctions continues, d'ailleurs* TOUT À FAIT QUELCONQUES, *des coordonnées du point correspondant* (H. POINCARÉ, *La Valeur de la science*, chap. 3, Introd.). — *Le traité du 22 avril porte (...) que tous les biens composant le lot de Sa Majesté le Roi de Westphalie seront grevés des rentes, dotations, pensions et autres dettes* GÉNÉRALEMENT QUELCONQUES *qui pourraient être réclamées en tout ou en partie des biens réservés à Sa Majesté Impériale* (STENDHAL, *Corr.*, t. III, p. 111). — *Un monde proprement philosophique étranger à toute planète* GÉNÉRALEMENT QUELCONQUE (E. GILSON, dans le *Monde*, 4 sept. 1957).

Hist. — *Quelconque* est de formation savante ; il a été calqué sur le latin *qualiscumque*. Anciennement le premier élément du mot, *quel*, pouvait varier : *quelleconque, quelsconques*, etc.

Quelconque pouvait, dans l'ancienne langue, se placer devant le nom : *Là les damnez n'auront* QUELCONQUE *repos ou consolacion* (*Internelle Consolacion*, III, 24). — Il servait parfois de pronom, au sens de *quiconque : Le Baptesme n'est point d'homme, mais de Dieu, par* QUELCONQUE *il ait esté administré* (CALVIN, *Inst.*, IV, 15, 16).

454. *Chaque* est exclusivement adjectif et ne s'emploie qu'au singulier[1] ; il exprime l'idée distributive en marquant que la personne, la chose qu'il détermine, fait partie d'une pluralité collective : *Le nom de* CHAQUE *plat, le rang de* CHAQUE *mets* (CORN., *Ment.*, I, 5).

Remarques. — 1. En principe, *chaque* doit être suivi immédiatement d'un nom[2] : néanmoins dans la conversation familière, dans le style épistolaire, dans la langue commerciale ou populaire, on l'emploie fréquemment d'une manière absolue, et on dit, par exemple : *Ces cravates coûtent cent francs* CHAQUE. — *Les femmes en général avec leurs téléphonages quotidiens ou biquotidiens, d'un quart d'heure* CHAQUE... (MONTHERLANT, *Les Jeunes Filles*, p. 121). — *Puis deux cafés au lait à un franc* CHAQUE [c'est une aubergiste qui parle] (J. ROMAINS, *Les Copains*, p. 107). — Mais c'est là une façon de parler que le bon usage n'a guère reçue jusqu'à présent[3]. On dit : *Ces cravates*

---

1. Il n'est donc pas permis de l'employer devant des noms qui n'ont pas de singulier (§ 297) ou devant des noms pluriels qui ont un sens différent de celui qu'ils ont au singulier, comme *vacances, lunettes*, etc. (§ 300). — Lamartine a employé le pluriel *chaques : L'âme des sons discords que rendent* CHAQUES *sons* (*Mort de Socrate*, 885) : c'est là un emploi tout à fait abusif.

2. Dans des expressions comme *chaque grand homme, chaque ancien élève, chaque faux pas, chaque jeune fille, chaque gros mot, chaque petit garçon, chaque nouvel avis, chaque vieux quartier*, l'adjectif précédant le nom fait corps avec lui ou est, pour le sens, en union étroite avec lui.

3. Elle se trouve parfois dans la langue littéraire : *Il y avait quatre-vingt-dix billets à 1.000 francs* CHAQUE (CHATEAUBR., *Mém.*, III, II, 1, 6). — *Deux lettres de change*

coûtent douze francs CHACUNE (AC.), ou : CHACUNE *douze francs,* ou : *douze francs* (LA) PIÈCE, ou : *douze francs* L'UNE.

2. Pour marquer la périodicité, la langue familière a pu, sur le modèle de « chaque jour », former les expressions *chaque trois jours, chaque dix pas, chaque troisième jour,* etc. Ces expressions tendent à pénétrer dans la langue littéraire : CHAQUE *cinq ans* (L. BLOY, *La Femme pauvre,* p. 286). — CHAQUE *vingt pas* (P. BOURGET, *Les Détours du cœur,* p. 125). — CHAQUE *dix minutes* (M. BARRÈS, *Col. Baudoche,* p. 39). — CHAQUE *trente secondes* (SAINT-EXUPÉRY, *Vol de nuit,* p. 109). — CHAQUE *trente-six jours, on relève l'effectif* (L. BATIFFOL, *Autour de Richelieu,* p. 72). — *Les commissaires de la Commune, changés* CHAQUE *vingt-quatre heures* (M. GARÇON, *Louis XVII,* pp. 496-497). — CHAQUE *deux jours* (M. VAN DER MEERSCH, *Car ils ne savent ce qu'ils font,* p. 188). — CHAQUE *septième année* (J. et J. THARAUD, *L'Ombre de la Croix,* p. 147). — CHAQUE *quatrième année* (Cl. FARRÈRE, *Les Condamnés à mort,* p. 29). — CHAQUE *dixième fera un pas en avant* (H. TROYAT, *Tant que la terre durera...,* p. 654). — Les tours classiques sont : *de trois (jours) en trois jours, tous les trois jours : Faites* DE TROIS ANS EN TROIS ANS *une assemblée générale* (FÉNELON, *Télém.,* t. II, p. 49). — DE DEUX EN DEUX ANS, *il va visiter sa terre* (LITTRÉ). — *On relève ces hommes* DE TROIS HEURES EN TROIS HEURES (HUGO, *Choses vues,* p. 213). — DE DEUX EN DEUX HEURES, *il faisait prendre à Olivier un bol de lait* (A. GIDE, *Les Faux-Monnayeurs,* p. 397). — TOUTES LES *deux heures* (LITTRÉ, s.v. *tout,* 3°). — TOUS LES *cent mètres* (A. THÉRIVE, *Sans âme,* p. 57). — *Nous devons à la mort* DE TROIS L'UN *en dix ans* (LA F., F., VI, 19). — *N'allant plus au café que* DE DEUX *jours* L'UN (J.-J. ROUSS., *Conf.,* VII). — UNE *semaine* SUR *deux.*

3. *Entre chaque,* avec un nom, s'emploie, non seulement dans la langue familière, mais aussi, en dépit des puristes, dans la langue littéraire, au sens distributif de « dans chaque intervalle de la série dont il s'agit » [le tour est déjà dans *Perceforest* (XIVe s.) : voir à l'*Historique*] :

Des exemplaires d'« Armance » avec une feuille blanche entre CHAQUE *feuillet imprimé* (STENDHAL, *Corr.,* t. VI, p. 232). — *Entre* CHAQUE *tableau* (CHATEAUBRIAND, *Mém.,* I, 7, 9). — *Entre* CHAQUE *tige de blé* (HUGO, *Choses vues,* p. 52). — *L'oblique clarté se glissait entre* CHAQUE *zone de coteaux, de forêts et de jardins* (G. SAND, *Lélia,* LVIII). — *Entre* CHAQUE *phrase de la femme* (BALZAC, *Ursule Mirouet,* p. 93). — *Les trophées ajustés entre* CHAQUE *panneau* (NERVAL, *Les Nuits d'octobre,* IX). — *Poussant*

---

de 300 fr. CHAQUE (STENDHAL, *Corr.,* t. VII, p. 177). — *Les carrosses de louage (...) taxés cinquante-deux livres par an* CHAQUE (HUGO, *L'Homme qui rit,* II, 8, 6). — *Allez courir tous les cabarets (...) et dans* CHAQUE, *Laissez un petit mot d'écrit l'avertissant* (E. ROSTAND, *Cyrano,* I, 3). — *150 kilos de* CHAQUE *à l'hectare* (J. de PESQUIDOUX, *Le Livre de raison,* t. I, p. 90). — *Et les uns se croyaient prêtres et pontifes, les autres prophètes, les autres Césars, ou bien martyrs, ou un peu de* CHAQUE (P. VALÉRY, *Monsieur Teste,* p. 75). — *Les grelots étaient les ferrures déclouées qu'il recloua d'un coup de marteau sur* CHAQUE (J. COCTEAU, *Poésie critique,* p. 120). — *Trois secteurs, trois jours dans* CHAQUE (M. GENEVOIX, *Routes de l'aventure,* p. 197).

des soupirs entre CHAQUE *mot* (FLAUBERT, *Mme Bovary*, p. 102). — *Entre* CHAQUE
pilier (Th. GAUTIER, *Une Nuit de Cléopâtre*, VI). — *Entre* CHAQUE *pavé de la même
rangée* (LITTRÉ, s. v. 2. *joint*, 8º). — *Entre* CHAQUE *ferme* (MAUPASSANT, *Une Vie*, VI).
— *Entre* CHAQUE *coup de mer* (A. DAUDET, *Lettres de m. moul.*, p. 119). — *Entre*
CHAQUE *étape* (M. MAETERLINCK, *Le Double Jardin*, p. 96). — *Entre* CHAQUE *dizaine
de son chapelet* (R. de GOURMONT, *Le Songe d'une femme*, p. 174). — *J'attendais
entre* CHAQUE *phrase* (A. GIDE, *Paludes*, p. 48). — *Il y avait un silence entre* CHAQUE
mot (M. PROUST, *Sodome et Gomorrhe*, II, 2, p. 192). — *Entre* CHAQUE *phrase* (R.
MARTIN DU GARD, *Les Thibault*, VI, p. 200). — *Entre* CHAQUE *maison* (A. CAMUS,
L'Été, p. 31). — *Elle se mit à boire en respirant fort entre* CHAQUE *gorgée* (H. TROYAT,
Les Semailles et les Moissons, p. 113).

Même emploi chez : A. DUMAS f., *La Princesse Georges*, I, 8 ; LAMARTINE, *La
Chute d'un ange*, VIII ; E. et J. de GONCOURT, *Sœur Philomène*, VI ; L. DAUDET,
Le Partage de l'enfant, p. 273 ; LAROUSSE DU XXᵉ s., s. v. *temps* ; Tr. BERNARD, *Mé-
moires d'un Jeune Homme rangé*, X ; R. ROLLAND, *Jean-Christophe*, t. IX, p. 135 ;
J.-L. VAUDOYER, *Laure et Laurence*, p. 153 ; R. ESCHOLIER, *Dansons la trompeuse*, p.
166 ; L. MADELIN, *Foch*, p. 172 ; P. MORAND, *Champions du monde*, p. 35 ; J. de LA
VARENDE, *Le Centaure de Dieu*, p. 167 ; L. BLOY, *Le Mendiant ingrat*, t. I, p. 228 ; J.
COCTEAU, *La Belle et la Bête*, p. 165 ; Fr. AMBRIÈRE, *Les Grandes Vacances*, p. 285 ; J.
de LACRETELLE, *Années d'espérance*, p. 227 ; ALAIN-FOURNIER, *Le Grand Meaulnes*,
p. 6 ; É. ESTAUNIÉ, *L'Ascension de M. Baslèvre*, III, 3 ; J.-J. BERNARD, *Madeleine
Landier*, p. 124 ; P. GAXOTTE, *Frédéric II*, p. 448 ; R. DORGELÈS, *Les Croix de bois*,
XI ; M. GENEVOIX, *Raboliot*, p. 156 ; VILLIERS DE L'ISLE-ADAM, *Contes cruels*, p.
102 ; H. BOSCO, *L'Âne Culotte*, p. 54 ; H. DUVERNOIS, *La Bête rouge*, p. 275 ; J.
PERRET, *Le Caporal épinglé*, p. 201 ; A. SALACROU, *Les Fiancés du Havre*, III ; Germ.
BEAUMONT, *L'Enfant du lendemain*, p. 88 ; A. BILLY, dans le *Figaro litt.*, 17 août 1957.

Hist. — *Chaque*, autrefois *chasque*, est un dérivé régressif (§ 132) de *chascun*, qui
pouvait s'employer comme adjectif : CHASCUNS *vaissiaus assailloit endroit* [devant]
lui (VILLEHARDOUIN, § 241). — *Et avoit entre* CHASCUN *arbre bien l'espace de dix
dextres* (*Perceforest*, XXXIV). — *Entre* CHASCUNE *tour estoit espace de troys cens
douze pas* (RABELAIS, *Garg.*, 53).

455. *a) **Différents, divers**,* employés *devant* un nom pluriel, perdent leur
valeur d'adjectifs qualificatifs et deviennent adjectifs indéfinis, pour indiquer,
avec un sens voisin de « plusieurs », la pluralité de personnes, de choses qui
ne sont pas les mêmes : *Sur* DIFFÉRENTES *fleurs l'abeille s'y repose* (LA F.,
F., IX, Disc. à Mme de La Sablière). — *Je l'ai entendu dire à* DIFFÉRENTS
témoins de l'accident (AC.). — *Il a parlé à* DIVERSES *personnes* (ID.).

*b) **Plusieurs*** (lat. pop. **plusiores*, réfection, d'après *plus*, de **pluriores*,
comparatif ayant remplacé le lat. class. *plures*), adjectif, indique un nombre
indéfini supérieur à un et le plus souvent à deux : *Il est arrivé* PLUSIEURS *bâti-
ments* (AC.). — *En* PLUSIEURS *occasions* (ID.).

Il s'emploie aussi comme nominal désignant des personnes ou des choses :
PLUSIEURS *pensent que...* (LITTRÉ). — *Ceci nous fut redit par* PLUSIEURS
(A. GIDE, *Voy. au Congo*, IV, 28 oct.). — *De toutes ces choses, il y en a* PLU-
SIEURS *à rejeter* (AC.).

Plusieurs étant essentiellement un comparatif, *deux ou plusieurs* se justifie tout aussi bien que *un ou plusieurs* (l'expression se résoudrait en *deux ou un nombre plus grand*) : [La vente] *peut aussi avoir pour objet* DEUX OU PLUSIEURS *choses alternatives* (*Code civ.*, art. 1584). — *La société est un contrat par lequel* DEUX OU PLUSIEURS *personnes conviennent de mettre quelque chose en commun* (ID., art. 1832).

456. Maint [a] exprime un grand nombre indéterminé. Ce mot, après avoir été à peu près abandonné, a repris faveur dans la langue littéraire. La langue familière l'emploie surtout dans les expressions *mainte(s) fois, mainte(s) et mainte(s) fois, à mainte(s) reprise(s)*. — *Maint* s'emploie au singulier et au pluriel : *Je l'ai rencontré en* MAINTE *occasion* (AC.). — MAINTES *gens vous diront que…* (ID.). — *Épaves de* MAINTS ET MAINTS *naufrages* (É. HENRIOT, *Le Livre de mon père*, p. 267). — MAINTES ET MAINTES *fois j'en avais entendu parler* (J. de LACRETELLE, *Silbermann*, p. 117).

Dans l'expression *maintes fois*, on n'emploie plus *maint* au singulier [1] (AC.).

Avec *maint et maint*, régulièrement le nom se met au singulier : *Dieu veuille préserver maint et maint* FINANCIER (LA F., *F.*, XII, 3). — *Je fis mainte et mainte* REMARQUE (G. DUHAMEL, *La Musique consolatrice*, p. 78). — Le pluriel se rencontre parfois : *J'ai reçu maint et maint* CONSEILS (J. et J. THARAUD, *Quand Israël est roi*, I). — *Calchas (…) prend mainte et mainte* PRÉCAUTIONS (G. DUHAMEL, *Refuges de la lecture*, p. 32).

Remarque. — *Maint*, nominal, est un archaïsme [2], qui trouve auprès de quelques écrivains d'aujourd'hui une certaine faveur : *Prions, entre les morts, pour* MAINTS *De la terre et du Purgatoire* (VERLAINE, *Liturgies intimes*, XVII). — *Une philosophie, dont se réclame* MAINT *d'entre eux* (J. BENDA, *La France byzantine*, p. 37). — *Comme* MAINTS *l'assurent* (ID., *Exercice d'un Enterré vif*, p. 34). — MAINT *de leurs coreligionnaires oublient* [sic]… (ID., *La Trahison des clercs*, p. 35). — *Un assez grand nombre de mythes dont* MAINTS *n'ont aucune chance de se réaliser bientôt* (DANIEL-ROPS, *Par delà notre nuit*, p. 95). — *Les difficultés temporelles augmentaient, pour* MAINT ET MAINT (G. DUHAMEL, *La Pesée des âmes*, p. 254).

457. Tout est adjectif, pronom, nom ou adverbe. — Comme adjectif et comme pronom, il s'écrit *tous* au masculin pluriel. (cf. § 276, *Hist.*)

A. **Adjectif.** — *Tout* est adjectif quand il qualifie ou détermine un nom ou un pronom.

---

1. MAINTE *fois à votre Opéra, j'ai regretté leur musique* [des cochons] (TAINE, *Thomas Graindorge*, p. 18).

2. *Ainsi en prent à* MAINS *et* MAINTES (VILLON, *Test.*, 532).

ÉTYM. — " Dauzat fait venir *maint* du gaulois **manti*, quantité. Selon Bloch-Wartburg, il est possible qu'il résulte du croisement du lat. *magnus*, grand, et de *tantus*, si grand. — G. Tilander a montré (*Maint, origine et histoire d'un mot*, p. 27) que *maint* tire son origine d'un terme germanique venu en Gaule avec les Francs, et qu'il doit être rapporté au moyen bas franc *manichte*, grand nombre.

1° Il est adjectif **qualificatif** quand il signifie « entier, plein, complet, unique ». Il indique alors un ensemble *intégral*, une masse complète (lat. *totus* ; gr. ὅλος) et se trouve devant un nom singulier seul ou précédé d'un article, d'un démonstratif ou d'un possessif — ou encore devant les pronoms *ceci, cela, ce* (suivi d'une relative), rarement devant *celui, celle* (suivis d'une relative ou d'un complément déterminatif) [1] ou devant des pronoms personnels [2] — rarement aussi devant *quoi* régi par une préposition (voir ci-après, Rem. 5) ; il est parfois « détaché » (§ 212, 2°, Rem. 4) :

Dieu est de TOUTE *éternité. Veiller* TOUTE *la nuit.* — TOUT *notre mal vient de ne pouvoir être seuls* (LA BR., XI, 99). — TOUTE *cette eau.* — TOUT *ceci.* — TOUT *ce qui brille.* — *Cette conversation, je la redirai* TOUTE. — *La belle liqueur de flamme rose s'en allait* TOUTE *dans le gosier de ces garnements* (A. DAUDET, *Lett. de m. moul.*, p. 84). — *Mon père était* TOUTE *intelligence,* TOUTE *clarté* (É. HENRIOT, *Le Livre de mon père*, p. 110).— *Je suis* TOUTE *à vous* (E.-M. de VOGÜÉ, *Jean d'Agrève*, p. 154). — *Elle demeurait sérieuse et impassible,* TOUTE *à son travail* (H. BORDEAUX, *Le Pays sans ombre*, p. 68). — *Elle était vêtue* TOUTE *en blanc* (A. GIDE, *La Porte étroite*, p. 149). — *Il fait de l'étude* TOUT *son plaisir.* — *Vous êtes* TOUTE *ma consolation* (MOL., *Mal. im.*, I, 6). — *Onuphre n'a pour* TOUT *lit qu'une housse de serge grise* (LA BR., XIII, 24). — *Pour* TOUTE *nourriture, il apporte son cœur* (MUSSET, *N. de Mai*). — *Le chêne colossal donne pour* TOUT *fruit un gland minuscule* (É. HENRIOT, *Les Temps innocents*, p. 204). — *Pour* TOUTE *récompense il eut des reproches* (AC., s. v. *pour*).

N. B. — 1. On observera que *tout*, qualificatif signifiant « entier », ne peut être employé au pluriel. Si l'on disait *Ces conversations, je les redirai* TOUTES ; *ils demeurent impassibles,* TOUS *à leur travail*, les mots *toutes, tous* s'imposeraient à l'esprit comme signifiant « les un(e)s et les autres sans exception ». On a alors comme recours les expressions « tout entiers », « tout entières » : *Ces conversations, je les redirai tout entières ; ils demeurent impassibles, tout entiers à leur travail.*

2. Dans l'expression *pour tout*, employée comme dans la phrase *Pour* TOUTE *nourriture, il apporte son cœur*, le sens de *tout* peut être (sans que la distinction soit toujours bien nette) : « seul, unique » ou « au lieu de ». — A noter que le tour s'emploie surtout au singulier ; le pluriel était courant autrefois : *Pour* TOUS *plaisirs il aymoit la chasse et les oyseaulx* (COMMYNES, t. II, p. 325, cit. Andersson). — *En voilà qui, pour* TOUTS *juges, employent en leurs causes le premier passant...* (MONTAIGNE, t. II, p. 457, éd. Leclerc ; *ibid.*). — *Ils n'avoient qu'un fils pour* TOUS *enfants* (LA FONT., *ibid.*) — *Moi*

1. *Pendant le temps qu'on mettra Mignon à la patache, j'aurai* TOUT *celui de m'arranger* (G. SAND, *Valentine*, p. 14, cit. Andersson). — *On y dit fort bien toute la puissance qu'elle* [la presse] *a prise, tout le mal qu'elle a fait, et* TOUT *celui qu'elle peut faire* (MÉRIMÉE, *Lett. à Mme de Beaulaincourt*, 24 mars 1867, cit. Damourette et Pichon, VII, § 2848). — *Moitepied recevait donc un afflux d'argent et il ne pouvait dépenser* TOUT *celui-ci en gueulctons et en fillettes* (P. VIALAR, *Le Temps des imposteurs*, pp. 247-248).

2. « Emploi littéraire et affecté », dit Sandfeld, qui cite, entre autres exemples : *Rien qu'à cette imagination,* TOUT *moi frémit* (M. PRÉVOST, *M. et Mme Moloch*, p. 236). — *Il n'y a rien (...) dans* TOUT *toi qui ne me soit précieux* (A. FRANCE, *Le Lys rouge*, p. 315). — *Ces choses-là, c'est* TOUT *moi-même* (P. GÉRALDY, *Aimer*, III, 1).

qui n'ai pour TOUS *avantages Qu'une musette et mon amour* (FONTENELLE, dans Girault-Duvivier, t. I, p. 428). — Dans l'usage moderne, ce pluriel est moins courant : *Une chambre basse, où il n'avait pour* TOUS *meubles qu'une table, une chaise et un commissaire* (A. DUMAS p., *Les Trois Mousq.*, XIII, cit. Damourette-Pichon). — Le pluriel serait évidemment demandé avec des noms qui ne s'emploient qu'au pluriel : *Il n'y eut, pour* TOUTES *fiançailles, que quelques vagues paroles.* — *Ce domestique n'avait pour* TOUS *gages, que deux ou trois cents francs par mois.* — A observer encore qu'on dit, dans le même sens : « pour seul » : *On entendait pour* SEUL *bruit (...) le tintement d'une clochette* (A. DAUDET, *Trente ans de Paris*, p. 185, cit. Sandfeld). — *Il avait pour* SEULS *outils un canif, une scie (...) un pot à colle* (ZOLA, *L'Assommoir*, p. 526, *ib.*).

3. *Tout*, construit avec l'article indéfini *un(e)*, marque une totalité massive et signifie « entier » : TOUTE *une nuit*, TOUT *un pays*, TOUTE *une pomme*, TOUTE *une longue journée.* — *Je te rebats ce mot, car il vaut* TOUT *un livre* (LA F., *F.*, VIII, 27). — Dans la langue moderne, l'assemblage *tout(e) un(e)* sert souvent à souligner le sens authentique et complet du nom devant lequel il est placé ; il prend alors à peu près le sens de « vrai », « véritable » : *C'est* TOUT *un roman ! C'est* TOUT *un problème.* — *Quand il part en voyage, c'est* TOUTE *une histoire* [1] (ROBERT).

Remarques. — 1. *Tout* reste invariable devant un nom propre de personne employé par métonymie pour désigner l'ensemble des œuvres produites par la personne nommée : *On a eu d'ailleurs des livres excellents, dès le début...* TOUT *madame de Ségur* (Cl. FARRÈRE, *La Seconde Porte*, p. 40). — *Il a lu* TOUT *Mme de Sévigné.*

Pour *tout* devant un titre (ou devant un nom ou une expression désignant le sujet d'un tableau, d'une sculpture, etc.), il y a lieu de distinguer :

a) Si le titre commence par un article (ou par un déterminatif) considéré comme faisant partie du titre — donc enfermé dans les guillemets —, l'ensemble est pris neutralement, et *tout* reste invariable : *J'ai lu* TOUT « *Les Martyrs* », TOUT « *Les Rayons et les Ombres* », TOUT « *Les Précieuses ridicules* », TOUT « *Une Vie* », TOUT « *Leurs Figures* », TOUT « *Mes Prisons* », TOUT « *Ces Dames aux chapeaux verts* ». — *J'ai pu reproduire* TOUT « *Les Glaneuses* ». — Mais si l'article (ou le déterminatif) n'est pas considéré comme faisant partie du titre — donc s'il n'est pas enfermé dans les guillemets —, *tout* est variable : *J'ai lu* TOUS *les* « *Martyrs* », TOUTE *la* « *Mare au diable* », TOUTES *les* « *Précieuses ridicules* », TOUTES *les* « *Lettres persanes* », TOUS *les* « *Rayons et les Ombres* ». — *J'ai récité* TOUTE *la* « *Carpe et les Carpillons* ». — *Ronsard voulait lire en trois jours* TOUTE *l'* « *Iliade* ».

b) Si le titre ne commence pas par un article (ou par un déterminatif), il est considéré neutralement, et *tout* reste invariable : *J'ai lu* TOUT « *Athalie* », TOUT « *Sagesse* », TOUT « *Dernières Chansons* », TOUT « *Émaux et Camées* », TOUT « *Maison de poupée* ». — *Il savait (...)* TOUT « *Phèdre* » (Ch. PÉGUY, *Souvenirs*, p. 66).

N. B. — Si l'on veut éluder la difficulté ou éviter certains effets bizarres, ou certaines équivoques, on peut rejeter le mot *tout* et se servir de l'expression invariable « en entier » : *Il a lu les* « *Misérables* » (ou « *Les Misérables* ») EN ENTIER. *Il a récité* EN ENTIER « *La Carpe et les Carpillons* ». — On peut aussi, en maintenant le mot *tout*,

---

1 Rarement, en ce sens, traité comme adverbe : *C'est* TOUT *une histoire* (A. FRANCE, *Crainquebille*, p. 227).

le rapporter à un nom comme *pièce, tragédie, comédie, recueil, fable,* etc., que l'on intercale : *Il a lu toute la comédie « Les Précieuses ridicules » ; il a récité toute la fable « La Carpe et les Carpillons ».*

2. *Tout* devant un nom propre de ville reste invariable, qu'il s'agisse des habitants ou qu'il s'agisse de la ville au sens matériel : Tout *Antioche s'étouffait au théâtre* (A. France, *Thaïs,* p. 102). — Tout *La Rochelle fut menacé d'envahissement* (M. Maeterlinck, *La Vie des Termites,* p. 134). — Tout *Rome remarquait qu'il semblait heureux* (A. Maurois, *Chateaubr.,* p. 384). — Tout *Thèbes sait ce qu'elle a fait* (J. Anouilh, *Antigone,* p. 106). — Tout *Athènes serait détruit.* — Tout *Jérusalem retentit de la canonnade.* — Tout *Les Andelys.*

Littré et l'Académie disent, sans faire de distinction, que *tout* est invariable devant un nom de ville. Selon Lemaire (dans la *Grammaire des grammaires,* t. I, p. 428), les noms de villes exigent l'accord de *tout* dès que le sens n'est plus restreint à l'idée d'un peuple personnifié : Toute *Rome est couverte de monuments ;* toute *Venise est sillonnée de canaux.* — En fait, il y a, dans l'usage, assez d'indécision, surtout quand le nom propre désigne la ville au sens matériel ; G. et R. Le Bidois notent (*Synt.,* t. I, § 445) que l'on rencontre parfois le féminin *toute* devant un nom de ville désignant le peuple de cette ville : Toute *Rome en causait* (Zola, *Rome,* p. 214) — et ils ajoutent : « Cet accord paraît peu selon le génie du français ; le féminin ne convient bien qu'au nom de la ville prise au sens matériel : *Presque* toute *Rome fut la proie des flammes ».* — Voir à la fin du volume l'arrêté du 26 février 1901 : Liste, VII, 3.

3. *Tout,* invariable, se met devant un nom propre de ville auquel il se joint par un trait d'union, pour former un nom composé désignant l'élite de la société de cette ville : *Dans les réunions du* Tout-Paris (A. Lichtenberger, *Biche,* p. 143). — *Le* Tout-Menton *mondain et tuberculeux* (Maeterlinck, *Le Double Jardin,* p. 132). — *Le* Tout-Paris *méprise le reste du monde* (J. Benda, *Le Rapport d'Uriel,* p. 157).

4. Dans *se faire tout à tous, être tout à tous, se donner tout à tous* (on dit aussi : *tout à chacun*), le premier *tout* est adjectif attribut et s'accorde avec le mot auquel il se rapporte : *Elle avait beaucoup d'esprit, plaisante, complaisante,* toute *à tous* (Saint-Simon, *Mém.,* t. III, p. 203). — *La vérité est* toute *à tous* (P.-L. Courier, *Pamphlet des Pamphlets*). — *Elle était* toute *à chacun et* toute *à tous* (J.-K. Huysmans, *La Cathédrale,* p. 34). — *Trop accoutumée (...) à se donner* toute *à tous* (H. Bordeaux, *Le Remorqueur,* VIII). — *Elles se font* toutes *à tous.* — Toutefois quand l'expression se rapporte à un pluriel masculin, on laisse *tout* invariable[1] : *Pasteurs charitables qui se sont faits* tout *à tous* (Boss., *Hist.,* II, 20). — *R... est tant soit peu « odioselto » ; si nous ne le devenons pas, que nous nous fassions* tout *à tous, on nous accorde de l'esprit* (Stendhal, *Corr.,* t. II, p. 131). — *Non qu'ils ne fussent* tout *à tous* (G. Bernoville, *Les Jésuites,* p. 243).

---

1. Cf. *Omnibus omnia factus sum* [littér. : j'ai été fait toutes choses à tous] (S. Paul, *I Cor.,* IX, 22) ; remarquez le neutre pluriel *omnia.*

5. Surtout dans la langue juridique, *tout* se met parfois devant le relatif *quoi* régi par une préposition et représentant globalement des éléments qui viennent d'être exprimés : *De* TOUT QUOI *nous avons dressé le présent constat pour la requérante en faire tel usage que de droit* (G. COURTELINE, *L'Article 330*). — *De* TOUT QUOI *on dressa authentique procès-verbal* (J. DELTEIL, *Jeanne d'Arc*, VI, cit. Damourette-Pichon, t. VII, p. 363). — *De* TOUT QUOI « *l'acte de lecture* » *doit donner notion sur le texte* (É. HENRIOT, dans le *Monde*, 11 janv. 1961).

2° Il est adjectif **« indéfini »** :

a) Quand il signifie « les uns et les autres sans exception ». Il a alors un sens *collectif* et indique un ensemble *universel* ou numérique, une réunion d'individus ou de parties formant une somme, un groupe (lat. *omnis ;* gr. πᾶς) ; il se place devant un nom pluriel seul ou précédé d'un article défini, d'un démonstratif ou d'un possessif — ou encore devant un pronom pluriel (dans *tous*, l's ne se prononce pas) : TOUS *les hommes. Voguer à* TOUTES *voiles.* TOUTES *ces raisons.* — TOUS *nos plaisirs ne sont que vanité* (PASC., *Pens.*, 194). — TOUS *ceux-ci.* — Le marquis : *Combien avez-vous d'enfants ?* — Aristide : *Neuf : le nombre des Muses.* — Le marquis : *Ce sont des filles ?* — Aristide : TOUS *garçons !* (A. DUMAS f., *Le Fils naturel*, III, 1.)

En cet emploi, sous la forme plurielle *tous* (avec s prononcé, sourd), *toutes*, il peut préciser, comme apposition, un nom ou un pronom exprimé dans la même proposition [1] : *Ils ne mouraient pas* TOUS (LA F., *F.*, VII, 1). — TOUS *ensemble ils renoncèrent aux charges qu'ils avaient* (BOSS., *Panég. de s. Bern.*, 2). — *Les journées se passèrent* TOUTES *ainsi* (AC.). — *Ce jeune homme nous a* TOUS *trompés* (VIGNY, *Chatt.*, II, 5).

b) Quand il signifie « chaque, n'importe quel, n'importe quelle espèce de » ; il a alors un sens *distributif*, ou *itératif*, ou *général* (lat. *quisque, quivis ;* gr. ἕκαστος) et se place devant un nom singulier sans article : TOUTE *peine mérite salaire. À* TOUT *péché miséricorde. À* TOUTE *heure. En* TOUTE *occasion.* — *Elle* [la Fortune] *est prise à garant de* TOUTES *aventures* (LA F., *F.*, V, 11). — TOUT *bourgeois veut bâtir comme les grands seigneurs* (ID., *ib.*, I, 3).

Remarques. — 1. Dans les expressions *toute affaire cessante, en tout cas, en toute chose, tout compte fait, de tout côté, de toute façon, de* (ou *en*) *tout genre, en tout lieu, de toute manière, à tout moment, en toute occasion, de toute part, de* (ou *en*) *tout point, à tout point de vue, toute proportion gardée, à tout propos, de toute sorte, en tout sens, de* (ou *en*) *tout temps, à tout venant*, etc., on met le singulier ou le pluriel selon que *tout* est pris au sens distributif ou au sens collectif ; le singulier, semble-t-il, tend à prévaloir [2]. — Mais on met le

---

1. Certains grammairiens considèrent alors *tous, toutes* comme pronoms.
2. Voir à la fin du volume l'arrêté du 26 février 1901 : *Liste*, VII, 3.

pluriel, parce que le sens est collectif, dans : *à tous crins, à tous égards, à toutes jambes, en toutes lettres, être à toutes mains, de toutes pièces, toutes voiles dehors,* etc. ; — on met le singulier dans : *à toute allure, contre toute attente, en tout bien tout honneur, à toute bride* [1], *de tout cœur, à toute force, à tout hasard, en toute hâte, à toute heure, en toute liberté, à toute minute, à tout prix, à toute vitesse,* etc.

Selon Vaugelas (*Rem.*, p. 130), dans *toute sorte de,* suivi d'un nom complément, ordinairement on met le singulier si le complément est au singulier : *Je vous souhaite* TOUTE SORTE *de bonheur ;* — et le pluriel si le complément est au pluriel : *Dieu vous préserve de* TOUTES SORTES *de maux.* — Tel est l'usage habituel, mais comme Littré (après Vaugelas) le fait observer, rien n'empêche d'écrire : *toute sorte de maux,* et même : *toutes sortes de bonheur :* TOUTES SORTES *de gibier* (R. BAZIN, *Terre d'Esp.,* p. 19). — *La victoire implique* TOUTE SORTE *de charges* (A. SUARÈS, *Vues sur l'Europe,* p. 145). — *On rencontre* TOUTE ESPÈCE *de gens dans ces pays* (H. BOSCO, *L'Âne Culotte,* p. 128). — *Des autos, des avions,* TOUTE ESPÈCE *de machines* (P. HAZARD, *Les Livres, les Enfants et les Hommes,* p. 79). — TOUTE SORTE *de livres* (AC., s. v. *sorte*). — *Il est prêt et apte à rendre* TOUTE SORTE *de services* (ID., s. v. *main*). — TOUTE SORTE *de gens de mauvaise vie* (ID., s. v. *vermine*).

2. Dans *tout le premier* (= le premier de tous), *tout* est variable [2] : *Nous avons cru à cette nouvelle, nous* TOUS *les premiers* (AC.). — *Je me souhaite à moi* TOUTE *la première toutes les grâces dont j'ai besoin* (SÉV., 1ᵉʳ janv. 1694). — *Je hais toute votre abominable famille des Borgia, et vous* TOUTE *la première* (HUGO, *Lucrèce Borgia,* II, 1, 4). — *Bette,* TOUTE *la première, (...) est une de ces exagérations* (SAINTE-BEUVE, *Caus. du Lundi,* t. II, p. 458). — *Je me dis cela dans ma haine des vies médiocres, comme la mienne* TOUTE *la première* (P. LÉAUTAUD, *Propos d'un jour,* p. 113).

3. *Tout* se répète ordinairement devant chacun des noms juxtaposés ou coordonnés, surtout quand ces noms sont de genre différent ou qu'on veut détacher chaque nom pour lui donner plus de force : *Rendre à ce mot* TOUTE *l'étendue,* TOUTE *l'ampleur de sa signification première* (A. FRANCE, *Le Génie latin,* p. 106). — TOUT *mal et* TOUTE *injustice* (LA F., *F.,* XI, 7).

4. Devant un nom pluriel de sens temporel ou local, *tous, toutes* peuvent marquer la périodicité : TOUS *les ans.* — TOUS *les cent mètres* (A. THÉRIVE, *Sans âme,* p. 57) [3].

---

1. Dans la phrase suivante (citée par S. Andersson), H. Bordeaux va certainement contre l'usage (et contre la logique) en mettant le pluriel : *Pascal et Laurence s'étaient lancés à* TOUTES BRIDES *dans le chemin de leur jeunesse* (*La Croisée des chem.,* Nels., p. 296).

2. Selon Littré : *tout le premier, toute la première,* TOUT *les premiers, toutes les premières.* — Cf. : *Les romanciers,* TOUT *les premiers, en profitent* (A. THÉRIVE, *Le Retour d'Amazan,* p. 67). — Tour équivalent (dans lequel *tout* est adverbe) : *le tout premier, la toute première, les tout premiers, les toutes premières : Toi, la* TOUTE *première, tu devrais dire : Maître Antoine* (J. GIONO, *Lanceurs de graines,* I, 4).

3. Notons l'expression populaire ou familière *tous les combien : Tu changes de linge*

5. *Tous* (*s* muet, sauf en liaison), *toutes* s'emploient devant un nom sans article[1], en apposition ou attribut, pour récapituler des noms ou des faits qui précèdent ou pour enfermer, sans exception, les êtres ou les choses dont il s'agit dans l'espèce désignée par le nom ; quoique se rapportant logiquement à ce qui précède (ce qui justifierait, semble-t-il, le neutre), *tous* récapitulatif est attiré par le nom qu'il précède, et s'accorde avec lui : *Il fut obligé de solliciter, d'avancer de l'argent, de répondre :* TOUTES *choses fort désagréables* (LITTRÉ, s.v. *tout*, 11°). — *Le « concerto en la mineur », la « sonate en fa », la « sonate en la »,* TOUS *chefs-d'œuvre que je commençais à connaître* (G. DUHAMEL, *La Pesée des âmes*, p. 143). — *Ses critères sont l'originalité, l'étrangeté et l'obscurité,* TOUTES *qualités qui sollicitent fort peu l'intelligence* (M. AYMÉ, *Le Confort intellectuel*, p. 53). — *Elle ne rappelait en rien l'énergumène, ni la propagandiste, ni même la « femme à idées »,* TOUTES *espèces que je redoute* (J. ROMAINS, *Violation de frontières*, p. 231). — *Je dois plaider l'agrément, la beauté,* TOUS *arguments qui me discréditent* (H. BORDEAUX, *La Garde de la maison*, p. 224). — *Ce sont* TOUTES *fables que vous contez là* (LITTRÉ, s.v. *tout*, 12°). — *C'étaient* TOUS *comtes, vicomtes, ducs et marquis* (FLAUBERT, *L'Éduc., sent.*, t. I, p. 362). — On peut dire aussi : *autant de, tout autant de : Le comte de Buondelmonte savait bien que c'étaient* AUTANT DE *calomnies* (G. SAND, *Metella*, I). — *Ce que vous dites là sont* TOUT AUTANT DE *fables* (LITTRÉ, s.v. *tout*, 34°).

Dans le tour *c'étaient tous comtes*, la langue populaire ou familière emploie volontiers *tout* invariable : *Les paysans de ce temps-ci c'est* TOUT *citadins* (H. LAVEDAN, *Les Beaux Dimanches*, p. 239, cit. Sandfeld). — *C'est* TOUT *espions, dans ce pays* (R. DORGELÈS, *Les Croix de bois*, p. 119, ibid.). — *C'est* TOUT *voleurs !* (M. GENEVOIX, *Afrique blanche, Afrique noire*, p. 54.) — *Une petite corne des Baléares, où c'est* TOUT *rochers, agaves et trucs qui piquent* (COLETTE, *Chambre d'hôtel*, p. 64).

Pour *tous gens*, v. § 257 *b*, Rem.

Hist. — On a souvent fait observer que, dans les hauts temps, le nom précédé de *tout* s'employait très fréquemment sans article : *tute gent, tutes teres* (*Rol.*, 393-4) ; *toute nuit* (*Chast. de Vergi*, 149) ; etc. — et que c'est quand l'article est devenu d'un emploi général (XVIᵉ s.) qu'il a été de règle après *tout* [cf. pourtant : *De* TOUTES AMITIÉS *il détache mon âme* (MOL., *Tart.*, I, 5)]. — Mais il ne paraît pas nécessaire de faire de ce phénomène un cas particulier ; *tout* n'a pas ici d'influence propre sur l'emploi ou le non-emploi de l'article : quand le nom sans *tout* a commencé de prendre l'article, le nom précédé de *tout* l'a pris également (cf. ANDERSSON, *Études sur la synt. et la sém. de « tout »*, pp. 113-132).

Vaugelas (*Rem.*, p. 559) a établi la règle de la répétition de *tout*. Au XVIIᵉ siècle,

---

TOUS LES COMBIEN ? (COLETTE et MARCHAND, *La Vagabonde*, III, 4, cit. Sandfeld, t. I, p. 401).

1. Certains Belges (à Bruxelles notamment) mettent *des* entre *tous (toutes)* et le nom : *Écartez les haches, les serpes, les couteaux,* TOUS DES *outils qui coupent ! Ce sont* TOUS DES *mensonges que vous dites là.* — On rencontre ce tour (non sans quelque étonnement) chez Thérive : *« Eûmes », « eussions », « eurent », « eussent », ce sont* TOUTES DES *formes raffinées que malheureusement des gazetiers ou des académiciens emploient, au petit bonheur la chance* (*Clinique du langage*, pp. 37-38).

une certaine liberté subsistait : Tous *les sentiments et les affections* (Boss., *Ét. d'or.*, VI, 42). — *J'ai vu* TOUS *les pays et hommes changeants* (PASC., *Pens.*, 375).

B. **Pronom**. — *a) Tous* (l's se prononce, sourd), *toutes* sont pronoms indéfinis quand, désignant des personnes ou des choses, ils représentent un ou plusieurs noms ou pronoms exprimés dans une proposition précédente : *Il y a plusieurs points de vue ravissants. Entre six et sept heures,* TOUS *sont déserts* (A. LICHTENBERGER, *La Petite*, p. 9). — *Le peuple des souris croit que c'est châtiment (...).* TOUTES *(...) Se promettent de rire à son enterrement* (LA F., F., III, 18). — *Il fut fêté par ses concitoyens,* TOUS *vinrent au-devant de lui* (AC.).

b) Tous, toutes, désignant des personnes, s'emploient comme nominaux (voir § 461, *b*), sans rapport avec aucun nom exprimé, pour indiquer, soit les hommes en général, soit la totalité d'une collectivité : *Jésus-Christ est mort pour le salut de* TOUS (AC.). — *Donnez à* TOUS. *Peut-être un jour* TOUS *vous rendront !* (HUGO, *Crép.*, XV.) —*Pour remercier le vieux passeur* [Phaon], *elle* [Aphrodite] *le transforma en un beau jeune homme qui plairait à* TOUTES (É. HENRIOT, dans le *Monde*, 4 avr. 1956).

En cet emploi, *tous, toutes* ne sont que très rarement objets directs : *J'aime* TOUS *et n'accuse aucun* (P. VERLAINE, *Sagesse*, I, 2).

N. B. — 1. Le singulier masculin *tout* (neutre quant au sens) s'emploie de même comme nominal pour exprimer la totalité des choses, parfois aussi (emploi vieilli) au sens de « tout le monde, tout ce qu'il y a de gens, de personnes » : *Vous mesurez* TOUT *à votre toise* (VIGNY, *Chatt.*, I, 2). — *Femmes, moine, vieillards,* TOUT *était descendu* (LA F., F., VII, 9). — TOUT *avait fui, même les médecins* (CHATEAUBR., *Mém.*, IV, 1, 15). — TOUT *fuyait devant lui* (AC.).
2. Ces nominaux peuvent résumer un ensemble qui précède : *Vieillards, hommes, femmes, enfants,* TOUS *voulaient me voir* (MONTESQ., *L. pers.*, 30). — *Les citernes, les bassins, les viviers,* TOUT *était infecté* (A. DAUDET, *Lett. de m. m.*, p. 242).

C. **Nom**. — *Tout* est nom quand il signifie « la chose entière, la somme des parties, le point capital ». Il est alors précédé de l'article ou d'un déterminatif [1] et s'écrit *touts* au pluriel : *La piété est le* TOUT *de l'homme* (Boss., *Condé*). — *Plusieurs* TOUTS *distincts les uns des autres* (AC.). — *Il s'agit de nous-mêmes et de notre* TOUT (PASC., *Pens.*, 194).

---

1. Toutefois il s'emploie sans article dans la locution *tout ou partie* : *La femme peut stipuler qu'en cas de renonciation à la communauté, elle reprendra* TOUT OU PARTIE *de ce qu'elle y aura apporté* (Code civ., art. 1514). — *On verra tel ou tel chef, officier de carrière ou non, prendre le commandement de* TOUT OU PARTIE *des maquis du secteur* (Gén. DE GAULLE, *Mém.*, t. II, p. 311).

D. Adverbe. — *Tout* est adverbe et invariable quand il signifie « entièrement, tout à fait ». Il se place devant un adjectif ou une locution adjective, un participe, un adverbe ou une locution adverbiale, une préposition ou une locution prépositive, un gérondif : *Se rencontrant un jour* TOUT *seuls et sans témoins* (LA F., *F.*, III, 1). — *La ville* TOUT *entière.* — *Les grands hommes ne meurent pas* TOUT *entiers* (AC.). — *Les confréries de femmes,* TOUT *de blanc vêtues* (A. DAUDET, *Port-Tar.*, I, 5). — *Elles sont* TOUT *en larmes,* TOUT *étonnées,* TOUT *hébétées.* — *Une science* TOUT *fraîchement acquise* (A. HERMANT, *Savoir parler*, p. 130). — *Je mange* TOUT *à loisir* (LA F., *F.*, I, 9). — TOUT *contre ce mur blanc* (G. DUHAMEL, *Les Plaisirs et les Jeux*, p. 133). — TOUT *à côté de son mari* (R. BAZIN, *Baltus le Lorrain*, p. 13). — *Il est* TOUT *en haut de la maison* (AC.). — TOUT *en marchant.*

Tout est encore adverbe dans la locution conjonctive *tout ... que* exprimant la concession ; il est suivi alors d'un attribut du sujet ou de l'objet ; cet attribut est un adjectif, ou un participe, ou un nom faisant fonction d'adjectif : TOUT *dissipé que je fusse* (É. FROMENTIN, *Dominique*, III). — TOUT *chrétiens qu'ils étaient restés* (É. HENRIOT, dans le *Monde*, 25 juill. 1951). — TOUT *habiles et* TOUT *artificieux qu'ils sont* (AC.). — TOUT *hôtelière qu'elle était* (LITTRÉ). — TOUT *le meilleur des hommes qu'on soit* (M. JOUHANDEAU, *Élise architecte*, p. 102). — TOUT *associé qu'il est,* TOUT *ancienne directrice que vous êtes.* — TOUT *sauvage qu'on me puisse dire* (H. BOSCO, *Malicroix*, p. 254). — TOUT *Nestor qu'on puisse me croire* (R. KEMP, dans les *Annales*, janv. 1953, p. 3).

N. B. — 1. *Tout*, adverbe, varie en genre et en nombre devant un mot féminin commençant par une consonne ou un *h* aspiré [1] : *La flamme est* TOUTE *prête* (RAC., *Iphig.*, III, 5). — *Elles sont* TOUTES *honteuses.* — TOUTES *raisonnables qu'elles sont...* (AC.).— TOUTE *femme qu'elle est* (LITTRÉ). — TOUTE *ma parente que vous êtes* (MARIVAUX, *Le Paysan parvenu*, p. 82). — TOUTE *peu éclairée que la prétendaient les adversaires* (SAINTE-BEUVE, *Port-Roy.*, V, 11). — TOUTE *vertueuse et* TOUTE *tendue à la sainteté qu'elle est* (J. de LACRETELLE, *Silbermann*, p. 118). — TOUTE *Véronique Pincengrain que je suis* (M. JOUHANDEAU, *Élise architecte*, p. 169). — TOUTES *hardies qu'elles sont,* TOUTES *hautaines qu'elles paraissent.*

---

1. Il serait absurde de dire, comme on l'a fait trop souvent, que c'est « par euphonie » que *tout,* dans ce cas, devient variable. Damourette et Pichon soulignent le fait (mis en lumière par l'abbé Girard, dans ses *Vrais Principes de la Langue française : 1717*) que *tout* modifiant un adjectif féminin est naturellement au féminin ; pour eux, le *tout* dont il s'agit ici est un *adjectif* étroitement accolé à l'adjectif qui le suit, comme *bonne* dans *soupe bonne chaude,* ou *grand* dans *fenêtre grande ouverte ;* à leur sens, il serait « raisonnable » (en se réglant sur la langue orale) de n'admettre de variation qu'en nombre, non en genre : *un homme* TOUT-*joyeux,* TOUT-*heureux, des hommes* TOUT-*joyeux,* TOUT-*heureux ; une femme* TOUTE-*joyeuse,* TOUTE-*heureuse, des femmes* TOUTE-*joyeuses,* TOUTE-*heureuses.*

2. Devant un adjectif féminin commençant par une semi-voyelle (§ 23, 3°), par exemple : *oisive, ointe*, ordinairement *tout*, adverbe, reste invariable : *Mains* TOUT *oisives*, TOUT *ointes ; peau* TOUT *huileuse ; étoffes* TOUT *ouateuses ; poses* TOUT *hiératiques*. — Mais comme une semi-voyelle est aussi une semi-consonne, il ne serait pas déraisonnable de faire varier *tout : Mains* TOUTES *oisives*, TOUTES *ointes ; peau* TOUTE *huileuse ; étoffes* TOUTES *ouateuses ; poses* TOUTES *hiératiques*.

3. Selon Littré, lorsque l'expression concessive *tout ... que* est construite avec un nom féminin commençant par une consonne ou un *h* aspiré, *tout* reste invariable si ce nom est un nom de chose ; sans doute cette règle a certains fondements dans l'usage : *Ce cœur se réveille*, TOUT *poudre qu'il est* (Boss., *R. d'Anglet.*). — *Mais* TOUT *rêverie que soit l'invisible, en existe-t-il moins pour cela ?* (É. HENRIOT, *Le Diable à l'hôtel*, XXIII.) — *Car*, TOUT *forte tête qu'elle est*, Mme Bergereau reste une femme (A. BILLY, dans le *Figaro*, 5 avr. 1961). — Cependant elle ne paraît pas très certaine : *Cette clarté, l'histoire, est impitoyable ; (...)* TOUTE *lumière qu'elle est et précisément parce qu'elle est lumière, elle met souvent de l'ombre là où l'on voyait des rayons* (HUGO, *Les Misér.*, II, 1, 4). — *Ces belles boules (...) sont battues, Monsieur l'abbé, battues,* TOUTES *boules bretonnes qu'elles sont* (L. VEUILLOT, *Corresp.*, t. IV, p. 423).

Remarques. — 1. *Tout* exprimant plénitude et renforçant un nom épithète ou attribut s'emploie comme adverbe et reste invariable dans les expressions consacrées *tout yeux, tout oreilles, — tout feu, tout flamme : Elles étaient* TOUT *yeux et* TOUT *oreilles* (AC.). — *Elles sont* TOUT *feu*, TOUT *flamme ;* — de même dans les locutions commerciales *tout laine, tout soie*, etc.

Ces cas exceptés, l'usage hésite sur la valeur syntaxique de *tout* renforçant placé devant un nom : *a)* tantôt il le prend adverbialement et le laisse invariable, même devant un nom féminin commençant par une consonne ou par un *h* aspiré : *Elle est* TOUT *force*, TOUT *hardiesse ;* — *b)* tantôt il le considère comme adjectif indéfini et l'accorde avec le nom qui suit : *Il est* TOUTE *patience ;* — *c)* tantôt encore (mais assez rarement, semble-t-il ; voir pourtant ci-après : N. B.) il le regarde comme un adjectif qualifiant le sujet et l'accorde avec lui : *Elle est* TOUTE *courage :*

a) La vie n'est pas TOUT *roses* (A. FRANCE, *Jocaste*, p. 23). — *Elle est tout amour et* TOUT *intuition* (E.-M. de VOGÜÉ, *Jean d'Agrève*, p. 88). — *Jeanne d'Arc fut* TOUT *piété et patriotisme* (G. HANOTAUX, *Jeanne d'Arc*, II, 1). — *Ces petits êtres* TOUT *spontanéité* (P. BOURGET, *Laurence Albani*, p. 290). — *Elle avait été à Venise* TOUT *force et* TOUT *orgueil* (Ch. MAURRAS, *Les Amants de Venise*, p. 230). — *Ça lui est bien égal !* « *Ganz wurst !* » *C'est* TOUT *saucisse pour elle !* (P. CLAUDEL, *Le Pain dur*, III, 4.) — *Moi* [Marie Ladouet] *qui suis* TOUT *antennes*, TOUT *nerfs*, TOUT *prémonitions* (J. GREEN, *Minuit*, p. 127).

b) De ces gens qui sont TOUS *coups d'épée* (MOL., *Scap.*, II, 5). — *La solitude est* TOUT *mouvement et* TOUTE *harmonie* (CHATEAUBR., *Mém.*, I, 8, 3). — *Cet homme (...) était* TOUTE *sagesse* (MONTHERLANT, *Les Célibataires*, p. 42). — *Mon père était* TOUTE *intelligence*, TOUTE *clarté* (É. HENRIOT, *Le Livre de mon père*, p. 110). — *L'abbé*, TOUTE *bonté, se fronce...* (LA VARENDE, *Le Roi d'Écosse*, p. 20). — *Il était* TOUTES *ténèbres* (M. BEDEL, *Le Mariage des couleurs*, p. 52). — *Ils* [ses yeux] *étaient à présent* TOUTE *prière et respect* (M. GENEVOIX, *Marcheloup*, III, 3).

c) Il faudrait que les femmes fussent encore (...) TOUTES *manches et* TOUTES *vertugadins* (GUEZ DE BALZAC, *Entretiens*, XXXVIII ; cit. Damourette-Pichon). — *Jeanne maintenant est* TOUTE *calme*, TOUTE *foi* [ici *calme* est un nom] (J. DELTEIL, *Jeanne d'Arc*, XVI, *ib.*).

N. B. — Dans de nombreux cas, *tout* a un rôle syntaxique susceptible de deux interprétations : parfois il peut être rapporté soit au nom qui suit, soit au sujet (quand le genre et le nombre sont les mêmes, de part et d'autre) : *Elle se montra d'abord* TOUTE *indulgence* (SAINTE-BEUVE, *Volupté*, VIII) ; — parfois il peut être ou bien regardé comme adverbe ou bien rapporté soit au nom qui suit, soit au sujet [ou au complément], l'un et l'autre se trouvant être au masculin singulier : *Elle était* TOUT *amour* (H. BORDEAUX, *Le Pays sans ombre*, p. 302). — *Un front* TOUT *innocence et des yeux* TOUT *azur* (HUGO, *Le Roi s'amuse*, II, 3). — *Aristote est* TOUT *liberté* (ALAIN, *Hist. de mes pensées*, p. 42).

2. Sur le modèle de certaines expressions comme *toute puissance* (calqué sur le lat. *omnipotentia*), *toute bonté* (MOL., *Tart.*, III, 3) [1], qui correspondent aux expressions adjectives *tout-puissant, tout bon*, ont été formés, dans la langue moderne, parallèlement aux tours adjectifs *tout jeune, tout enfant*, les locutions substantives *la toute jeunesse, la toute enfance* [2], dans lesquelles *tout* s'accorde avec le nom : *Dans la* TOUTE JEUNESSE *il y a quelque chose d'enivrant* (G. d'HOUVILLE, *Le Temps d'aimer*, p. 173). — *Depuis sa* TOUTE ENFANCE, *il avait regardé les mains de sa mère* (J. de LACRETELLE, *Années d'espérance*, p. 20).

3. Dans *tout d'une pièce, tout de travers, tout d'une traite, tout d'un bloc, tout d'une haleine, tout d'un jet, tout d'une venue*, etc., on laisse *tout* invariable quand ces expressions, prises comme locutions adverbiales, sont rapportées à un verbe : *Elle se dressa debout* TOUT *d'une pièce* (HUGO, *Misér.*, I, 5, 13). — *Cette sacro-sainte antiquité n'est peut-être pas à avaler* TOUT *d'une pièce* (É. HENRIOT, *Les Fils de la Louve*, p. 264). — *La phalange se mouvait* TOUT *d'une pièce* (AC.). — *Elles vont* TOUT *de travers.* — *Vous prenez les choses* TOUT *de travers.* — *Et lui-même, d'ailleurs, m'avait raconté l'histoire* TOUT *d'une traite* (J. de LACRETELLE, *Silbermann*, p. 152). — *Il la débita* [une phrase] TOUT *d'une haleine* (HUGO, *Notre-Dame de Paris*, VII, 8). — Quand ces expressions sont rapportées à un nom ou à un pronom, *tout* est souvent traité comme adverbe : *Je suis une femme, moi, (...) je ne suis pas* TOUT *d'une pièce* (HUGO, *Marie Tudor*, III, 1, 4). — *Des caractères* TOUT *d'une pièce* (FLAUBERT, *Corr.*, t. II, p. 259). — *Ces âmes* TOUT *d'une pièce* (R. ROLLAND, *Jean-Christophe*, t. VII, p. 68). — *Ces gens* TOUT *d'une pièce* (G. DUHAMEL, *Lettres au Patagon*, p. 137). — *Leur raison est* TOUT *d'une pièce* (A. HERMANT, *Les Samedis de monsieur Lancelot*, p. 23). — *Les hommes sont-ils* TOUT *d'une pièce ?* (MONTHERLANT, *Fils de personne*, Préf.) — *Des colonnes* TOUT *d'une pièce.* — *Des tentures* TOUT *de travers.* — *Une course* TOUT *d'une traite.* — *Il a la jambe* TOUT *d'une venue* (LITTRÉ).

---

1. On a, dans Littré : *tout-connaissant* (DESCARTES, *Méd.*, III, 5), *toute-présence, toute-science* ; — *tout-fécond* (VOLT., *Phil. Newton*, I, 3).

2. Comparez : *Dès sa* PETITE ENFANCE (AC., s. v. *tendre*). — *Dans ma* PETITE ENFANCE (M. PROUST, *Le Temps retrouvé*, t. II, p. 27). — *Depuis sa* PETITE ENFANCE (M. BARRÈS, *Les Déracinés*, p. 116). — *Dès sa* PETITE ENFANCE (Fr. MAURIAC, *Trois Grands Hommes devant Dieu*, p. 95).

Parfois quand ces expressions se rapportent à un nom (ou pronom) féminin, *tout* est considéré comme adjectif et varie : *Il* [Tourguénef] *prête à ces rudes natures,* TOUTES *d'une pièce, une délicatesse de sentiments qui les poétise* (E.-M. de VOGÜÉ, *Le Roman russe*, p. 189). — Sylvia : *Je suis* TOUTE *d'une pièce auprès d'elles* (MARIVAUX, *La Double Inconstance*, II, 1). — *Monique se leva soudain, froide, raide,* TOUTE *d'une pièce* (G. DUHAMEL, *Cri des profondeurs*, p. 219). — *Cette colonne, cette table de marbre est* TOUTE *d'une pièce* (AC.). — *Ces garnitures sont* TOUTES *de travers.* — *Une randonnée* TOUTE *d'une traite.* — *Une grosse femme* TOUTE *d'une venue.*

Hist. — 1. La langue du moyen âge, qui traitait les mots selon leur nature, non selon leur fonction, faisait toujours accorder *tout*, adverbe, avec l'adjectif qu'il modifiait. Le même usage existait encore au XVIIᵉ siècle : *C'est Vénus* TOUTE *entière à sa proie attachée* (RAC., *Phèdre*, I, 3). — *Il y a en dix* [des stances] TOUTES *entières que vous n'avez pas vues* (ID., t. VI, p. 379). — *Elle* [une pensée] *me blesse,* TOUTE *impossible que je la vois* (SÉV., t. VII, p. 405, note 11). — Vaugelas (*Rem.*, pp. 95 et suiv.) écrivait : *Ils sont* TOUT *estonnez, ils sont* TOUT *autres que vous ne les avez veus* ; mais au féminin, il faisait accorder *tout*, adverbe, même devant une voyelle : *Elles sont* TOUTES *estonnées ; j'ay veu l'estoffe que vous dites, elle est* TOUTE *autre que celle-cy* ; toutefois il laissait *tout* invariable, par exception, devant le pluriel *autres : Les dernieres figues que vous m'envoyastes, estoient* TOUT *autres que les premieres.* — La règle actuelle, consacrée par l'Académie en 1704, est un compromis entre la logique et les forces traditionnelles de la langue : à ne consulter que l'oreille, *tout* est toujours en accord avec l'adjectif qui le suit. Aussi, il n'est pas rare de rencontrer, dans l'usage d'aujourd'hui, même chez les écrivains, *toute*, avec un *e* (parfois même : *toutes*) devant un adjectif féminin commençant par une voyelle ou par un *h* muet : *La question est* TOUTE *autre* (L. GILLET, *Dante*, p. 185). — *C'était une* TOUTE *autre lettre,* TOUTE *éclairée* (G. DUHAMEL, *Les Maîtres*, p. 278). — *Médiatrice de l'humanité* TOUTE *entière* (J.-K. HUYSMANS, *La Cathédrale*, p. 34). — *La nature* TOUTE *entière est mythologique* (ALAIN, *Propos sur le Christianisme*, p. 67). — *Telle était la conversation qui revenait peu à peu* TOUTE *entière au cerveau de M. Aimé* (A. THÉRIVE, *Fils du jour*, p. 68). — *La nuit* TOUTE *entière passa* (R. MARTIN DU GARD *Les Thibault*, I, p. 29). — *Notre personne* TOUTE *entière* (M. PROUST, *Le Temps retrouvé*, II, p. 19). — *Les serpents boas avalent leur proie* TOUTE *entière* (SAINT-EXUPÉRY, *Le Petit Prince*, I). — *Elle devint une* TOUTE *autre personne* (A. MAUROIS, *Meïpe*, p. 216). — *Devant une récidive... d'une* TOUTE *autre nature* (A. GIDE, *Les Faux-Monnayeurs*, p. 430). — *S'il y a une philosophie chestovienne, je puis bien dire qu'elle est* TOUTE *entière ainsi résumée* (A. CAMUS, *Le Mythe de Sisyphe*, p. 53). — *Ces familles grecques qui se déplacent* TOUTES *entières* (P. MORAND, *Lewis et Irène*, II, 7). — *Les clefs — clefs* TOUTES *imaginaires — qui lui permettront d'entrer* (ID., *Réflexes et Réflexions*, p. 126). — *Le bonheur de l'humanité* TOUTE *entière* (É. HENRIOT, *Au bord du temps*, p. 170).

2. *Tout* pouvait, au moyen âge, renforcer un superlatif. La Fontaine a pu écrire encore : *Un bœuf (...)* TOUT LE PLUS GRAS *du pâturage* (F., XI, 1).

E. *Cas particuliers.*

1º *Tout* suivi de *autre* est adjectif et variable s'il se rapporte à un nom ; il signifie alors « n'importe quel » et peut être placé devant le nom : TOUTE *autre place qu'un trône eût été indigne d'elle* (Boss., *R. d'Angl.*) (c.-à-d. : toute place autre..., n'importe quelle place autre). — TOUTE *autre histoire est mutilée, la nôtre seule est complète* (MICHELET, *Le Peuple*, p. 246). — TOUTE *autre vue eût été mesquine* (J. BAINVILLE, *Bismarck et la France*, p. 159).

Tout suivi de *autre* est adverbe et invariable s'il modifie *autre* ; il signifie alors « entièrement, tout à fait » ct on ne peut le séparer de *autre* : *C'est* TOUT *autre chose* (c.-à-d. : tout à fait autre chose). *C'est une* TOUT *autre affaire* (c.-à-d. une affaire entièrement autre). — *Les villes et les villages ont ici une* TOUT *autre apparence* (CHATEAUBR., *Lett. à Joubert*, 21 juin 1803). — *Une* TOUT *autre idée vint traverser mon esprit* (NERVAL, *Les Filles du Feu*, Sylvie, XI). — *Le sanctuaire où aboutissent ces dédales a de* TOUT *autres proportions* (Th. GAUTIER, *Le Roman de la Momie*, p. 40). — *Il y a de* TOUT *autres aspects* (P. VALÉRY, *Regards...*, p. 58).

Tout est encore adverbe dans la tournure suivante, peu employée d'ailleurs : *Je trouvai* TOUT *un autre homme* (MONTESQ., *L. pers.*, 134). — *Ce serait* TOUT *une autre étude* (P. HAZARD, *Les Livres, les Enfants et les Hommes*, p. 60).

2° Dans certaines phrases, il faut consulter le sens pour reconnaître la valeur de *tout* : *Ils sont* TOUT *petits* (tout à fait petits). *Ils sont* TOUS *petits* (tous sont petits). — *Elles exprimaient* TOUTE *leur joie* (leur joie entière). *Elles exprimaient* TOUTES *leur joie* (toutes exprimaient leur joie). — *Cette mère est* TOUT *à son devoir* (tout à fait à son devoir). *Elle est* TOUTE *à ses enfants* (toute sa vie, toute sa tendresse sont à ses enfants) [1]. — *Demandez-moi* TOUTE *autre chose* (toute chose autre que celle qu'on demande). *Vous demandez* TOUT *autre chose* (tout à fait autre chose). — *J'ai parlé de* TOUTE *autre chose que des livres* (M. PROUST, *Pastiches et Mélanges*, p. 242). — *À nous cette grande Coopérative de guerre, pour détruire* TOUTE *autre chose que Dieu !* (P. CLAUDEL, *La Messe là-bas*, p. 14.)

3° TOUT *et la négation.* Dans les propositions où *tout* est accompagné d'une négation, celle-ci porte ordinairement sur le mot *tout* : TOUTE *la vie de Socrate n'a pas été sérieuse* (LA F., *F.*, Préf.) [c.-à-d. : non pas toute la vie...]. — TOUTE *musique n'est pas propre à louer Dieu* (LA BR., XVI, 23). — TOUTES *les taupes ne sont pas prises par le taupier* (HUGO, *L'Homme qui rit*, II, 1, 9).

Quand on veut faire porter la négation sur le verbe, il est préférable, pour éviter l'amphibologie, d'employer *aucun* : TOUS *les champs n'ont pas été ravagés* pourrait signifier : *non pas tous les champs...* Si l'on veut dire : « les champs, tous tant qu'ils sont, ont échappé au ravage », on s'exprimera ainsi : *Aucun champ n'a été ravagé.*

458. *Autre* indique une différence ou une distinction entre plusieurs êtres ou objets. Il peut s'employer comme adjectif qualificatif, comme adjectif « indéfini » ou comme pronom indéfini.

A. Comme **adjectif qualificatif,** il signifie « qui n'est pas de même

---

1. Voir à la fin du volume l'arrêté du 26 février 1901 : *Liste*, VII, 3.

que quelqu'un ou que quelque chose, qui en est différent », et se trouve parfois précédé de l'article indéfini : *Je suis toujours le même et mon cœur n'est point* AUTRE (CORN., *Cinna*, III, 4). — *Mais voici bien une* AUTRE *fête* (LA F., *F.*, III, 18). — *Mon avis est* AUTRE.

Autre, placé en tête de la phrase comme attribut, est parfois répété comme attribut en tête du second terme de la comparaison, au lieu d'être suivi de *que* : AUTRES *sont les temps de Moïse,* AUTRES *ceux de Josué* (BOSS., *Hist.*, II, 27). — AUTRE *est de savoir en gros l'existence d'une chose,* AUTRE *d'en connaître les particularités* (CHAT., *Mém.*, III, 1, 1, 16).

B. Comme **adjectif « indéfini »**, *autre* signifie « qui n'est pas le même que quelqu'un ou que quelque chose, qui en est distinct ». Il se place devant le nom et est précédé d'un article ou d'un déterminatif : *Donnez-moi cet* AUTRE *livre*. — *Certains* AUTRES *philosophes*. — *L'*AUTRE *animal (...) Servira quelque jour peut-être à nos repas* (LA F., *F.*, VI, 5).

Il s'emploie spécialement pour signifier un *second* individu semblable à celui qui est désigné par le nom : [Il] *parle comme un* AUTRE *Élie, Devant cette* AUTRE *Jézabel* (RAC., *Ath.*, II, 9).

Remarques. — 1. Devant une indication de temps, *l'autre* se rapporte, suivant le contexte, au passé ou à l'avenir : *J'étais* L'AUTRE *jour dans une société où je me divertis assez bien* (MONTESQ., *L. pers.*, 52). — *Je l'ai même encore vu à la fin de* L'AUTRE *semaine* (MAUPASS., *Pierre et Jean*, V). — *Mes infirmités me rendent si faible ! Cependant, j'aurais pu vivre jusqu'à* L'AUTRE *hiver, encore !* (FLAUB., *La Tentation de s. Antoine.* p. 119.) — L'AUTRE *soir, je l'ai surpris dans sa chambre* (MONTHERLANT, *Le Maître de Santiago*, I, 2).

2. *L'un et l'autre*, adjectif, se fait suivre régulièrement (cf. Littré, s.v. *un*, Rem. 12) d'un nom au singulier : *L'un et l'autre* CONSUL (RAC., *Brit.*, I, 2). — *L'un et l'autre* PARTI (C. JULLIAN, *Vercingétorix*, p. 66). — *L'un et l'autre* CRIME (J. LEMAITRE, *Opinions à répandre*, p. 226). — *L'une et l'autre* CIRCONSTANCE (J. ROMAINS, *Lucienne*, p. 208). — *L'une et l'autre* HYPOTHÈSE (M. BARRÈS, *Le Jardin de Bérénice*, p. 78). — *De l'un et l'autre* CÔTÉ (J. et J. THARAUD, *La Tragédie de Ravaillac*, p. 200). — *Sur l'une et l'autre* RIVE (M. ARLAND, *La Grâce*, p. 172).

Mais il n'est pas rare que l'idée de conjonction prévale dans la pensée et que le nom soit au pluriel : *L'un et l'autre* CHALETS (H. BORDEAUX, *La Maison morte*, p. 45). — *L'une et l'autre* DOCTRINES (H. BERGSON, *L'Évolution créatrice*, p. 48). — *Aux victimes de l'un et de l'autre* CAMPS (R. ROLLAND, *Au-dessus de la mêlée*, p. 116). — *Cependant ce magistrat (...) répétait à l'un et l'autre* MINISTRES... (M. BARRÈS, *Leurs Figures*, p. 34). — *Dans l'une et l'autre* ATTITUDES (DANIEL-ROPS, *Éléments de notre destin*, p. 195). — *L'un et l'autre* DOCUMENTS (P. de LA GORCE, *Charles X*, p. 220). — *À l'un et à l'autre* MOMENTS (M. PROUST, *Le Temps retrouvé*, II, p. 9). — *L'une et l'autre* DAMES (Cl. FARRÈRE, *La Seconde Porte*, p. 60). — *Toutes les hypothèses inté-*

ressant l'un et l'autre PATRONS (M. AYMÉ, *Le Chemin des écoliers*, p. 25). — *L'un et l'autre* MÉDECINS (R. DUMESNIL, *L'Âme du médecin*, p. 66). — *Dans l'une et l'autre* PRISES *de vues* (MONTHERLANT, *Le Solstice de juin*, p. 254). — Même accord dans : *De l'un à l'autre* PORTRAITS, *il n'y a guère de changement* (DANIEL-ROPS, *L'Église des temps classiques*, t. I, p. 305). (Voir des cas analogues : § 334, *a* et § 460, A, 2°, Rem.)

3. Avec *l'un ou l'autre, ni l'un ni l'autre*, adjectifs, le nom se met au singulier : *Dans l'un ou l'autre* BASSIN (CHATEAUBR., *Mém.*, IV, 11, 1). — *Pour l'un ou l'autre* RIVAL (R. ROLLAND, *Vie de Michel-Ange*, p. 48). — *Il reconnaissait l'un ou l'autre* VISAGE *du premier rang* (H. BORDEAUX, *Le Remorqueur*, XI). — *Dans l'une ou l'autre* CIRCONSTANCE (É. HENRIOT, *Le Livre de mon père*, p. 257). — *Il me faut déserter l'un ou l'autre* RIVAGE (M. JOUHANDEAU, *Essai sur moi-même*, p. 174). — *Ni l'une ni l'autre* MANIÈRE *n'est élégante* (VOLT., *Comment. sur Corn., Hor.*, vers 8, rem. 2). — *Ni l'un ni l'autre* ESCADRON *n'arriva* (MICHELET, *Jeanne d'Arc.*, p. 46). — *Ni l'une ni l'autre* PROSE (SAINTE-BEUVE, *Port Roy.*, III, XXI).

A noter aussi : *d'une ou d'autre* FAÇON, *d'une ou d'autre* MANIÈRE. — Au lieu de ces deux dernières expressions on emploie aussi *de façon ou d'autre, de manière ou d'autre* : *Ma destinée est d'avoir affaire à Rome,* DE FAÇON OU D'AUTRE (VOLT., *À Mme Denis*, 26 déc. 1750). — *En utilisant,* DE MANIÈRE OU D'AUTRE, *votre timbre à quittance* (L. BLOY, *Lett. à Léon Bellé*, 12 juillet 1908).

4. L'adjectif *autres* devant un nom pluriel coordonné, dernier terme d'une série, suppose, dans l'usage régulier, que ce nom pluriel a une valeur générique et englobe les termes précédents : *Il collectionne les papillons, fourmis, mouches et* AUTRES *insectes*. — Parfois, quand les termes de la série sont des noms de personnes, *autres*, pris comme pronom, termine la série, sans qu'un nom le suive : *On se demande pourquoi, de nos jours, on continue à ennuyer des gosses avec Virgile, Molière, Descartes et* AUTRES (M. AYMÉ, *Le Confort intellectuel*, p. 141).

Si, dans ces sortes de phrases, *autres* est mis devant un nom pluriel sans valeur générique (donc n'englobant pas les termes qui le précèdent), l'effet est ordinairement badin, ou vulgaire : *Il collectionne les papillons, fourmis, mouches et* AUTRES *sauterelles*. — *Pourquoi les René Guardi et* AUTRES *Canaletto occupent-ils (...) les moindres recoins de la cimaise de notre grand Musée ?* (dans le *Figaro litt.*, 24 mars 1951 ; article signé : P. Ms.) — *J'ai même (...) relu (...) ces doctes traités, essais, précis, mémoires et* AUTRES *discours qui vont désormais orner votre solitude* (G. DUHAMEL, *Lettres au Patagon*, p. 29). — *Emmanuel pensait que tout son petit monde en serait à l'installation, au soin de (...) ranger les paquets et* AUTRES *boîtes qui n'avaient pas trouvé place dans la cale* (ID., *Les Voyageurs de « L'Espérance »*, p. 50). — *Suppression radicale des « guillemets » et* AUTRES *« points d'exclamation »* (CRITICUS, *Le Style au microscope*, t. II, p. 182).

Pour *personne (d')autre*, voir § 588, Rem. 3. — Pour *quelqu'un (d')autre*, voir § 590, Rem. 1. — Pour *rien (d')autre*, voir § 592, Rem. 1.

Pour *quoi d'autre, qui d'autre*, voir §§ 572, 574, et 922, 2°. — Pour *Que fais-je d'autre ?* voir § 574.

C. Comme **pronom indéfini,** *autre* s'emploie sans rapport avec aucun nom exprimé [1], ou représente un nom ou un pronom précédemment énoncés. Il est alors précédé de l'article ou d'un déterminatif et peut exprimer, soit une *différence*, soit une *distinction : Si tu veux qu'on t'épargne, épargne aussi* LES AUTRES (LA F., *F.*, VI, 15). — *Adressez-vous à* D'AUTRES. — TOUT AUTRE [2] *que mon père* (CORN., *Cid.*, I, 5). — *J'en ai vu* BIEN D'AUTRES. — *Il se méfie toujours* DES AUTRES (AC.). — *Voici deux livres : je prends celui-ci ; prenez* L'AUTRE.

Remarques. — 1. Si *autre* est accompagné d'un nom de nombre, il se place après ce nom de nombre : *Nous observons le résultat (...) sur les deux* AUTRES (G. DUHAMEL, *Suzanne et les Jeunes Hommes*, p. 193). — *Les onze* AUTRES *n'ont rien deviné* (Fr. MAURIAC, *Vie de Jésus*, p. 234).

Entre *dix mille autres francs* et *dix autres mille francs,* il y a une nuance : dans le premier cas, on compte par *francs* ; dans le second, par *mille francs : Il vient réclamer ses dix mille francs, Plus dix* AUTRES MILLE *dont il a un pressant besoin* (P. CLAUDEL, *Le Pain dur*, I, 5).

Hist. — Dans l'ancienne langue et jusque dans le XVIIe siècle, *autre* avec un nom de nombre se plaçait avant ce nom de nombre : *Plus que nule des* ALTRES *trente* (WACE, *Brut*, 1562). — *Il (...) falloit (...) en faire fondre et forger* AUTRES *onze* [des boucliers] (AMYOT, *Numa*, 7). — *En ces* AUTRES *deux philosophes* (MONTAIGNE, I, 40 ; p. 290). — *Une quatriesme opinion differente des* AUTRES *trois* (VAUGELAS, *Rem.*, p. *466 [à propos de ce dernier exemple, il faut noter que Vaugelas, dans les « Fautes d'impression », qu'il a signalées après la Préface, dans l'édition originale de ses *Remarques*, déclarait : « Par tout où il y a *les autres deux,* ou *les autres trois,* lisez *les deux autres, les trois autres.*]). — Cette façon de dire est encore en usage dans le Midi.

2. *Autre* peut s'ajouter aux pronoms *nous, vous,* quand on veut distinguer plus précisément ceux qui parlent ou ceux à qui l'on s'adresse de ceux qui sont présents ou absents, et marquer une opposition entre eux ; *Nous n'avons pas lieu,* NOUS AUTRES, *de faire une révolution de cette sorte* (G. DUHAMEL, *La Turquie nouvelle*, p. 32). — *Il fait bien chaud chez* VOUS AUTRES (SÉV., 30 mai 1672). — VOUS AUTRES, *fortes têtes, Vous voilà !* (GRESSET, *Méch.*, I, 4.) — *Peut-être bien que chez* VOUS AUTRES *les mots n'ont pas le même sens qu'ici* (M. BEDEL, *Le Mariage des couleurs*, p. 45).

3. *Entre autres* s'emploie lorsqu'on veut désigner d'une façon particulière une personne ou une chose parmi d'autres personnes ou d'autres choses :

---

1. C'est alors un *nominal* (voir § 461, *b*).

2. L'expression pronominale *tout(e) autre* est assez rare au pluriel : *Des œuvres fortement caractérisées, distinguées de* TOUTES AUTRES *par elles-mêmes* (MICHELET, *Journal*, 30 janv. 1849). — *L'histoire dramatique de la France se résume mieux que* TOUTES AUTRES *en quelques grands noms* (P. VALÉRY, *Regards sur le monde actuel,* p. 123). — *La musique pure (...) nous donne ce que nous lui demandons, et c'est pourquoi je la préfère à* TOUTES AUTRES (G. DUHAMEL *La Musique consolatrice*, p. 182).

J'ai vu les plus beaux tableaux de Rome, ENTRE AUTRES *« la Transfiguration »
de Raphaël* (AC.).

Deharveng (*Corrigeons-nous !* Aide-mém., p. 113) enseigne que le tour *Il m'a
raconté,* ENTRE AUTRES, *ceci* n'est pas correct : l'expression *entre autres* ne pourrait
donc pas s'employer absolument et devrait toujours être en rapport avec un nom
ou un pronom exprimé avant ou après elle. — Cette règle semble précaire : de nos
jours, *entre autres* s'emploie absolument : *Je me souviens,* ENTRE AUTRES, *que M. Dubois nous récitait...* (STENDHAL, *Vie de Henri Brulard,* t. II, p. 23). — *Je lis ceci* ENTRE
AUTRES : *« Monsieur, au cours d'un voyage... »* (A. HERMANT, *Ainsi parla monsieur
Lancelot,* p. 134). — *Il n'est point de ces agrégés du dernier bateau qui professent* ENTRE
AUTRES, *l'invariabilité absolue du participe passé* (ID., *ibid.,* p. 209). — *Il fallait sans
trembler pour écrire,* ENTRE AUTRES : *Commandements de Dieu, Symbole des Apôtres...*
(M. ZAMACOÏS, *M. Césarin,* I, 5). — *J'y disais,* ENTRE AUTRES, *à l'usage des Vichys-
sois...* (Fr. AMBRIÈRE, *Les Grandes Vacances,* p. 118). — *Je vous renvoie au livre (...).
Vous y verrez,* ENTRE AUTRES *de quelle façon le calcul de la méchante Soubervielle sera
trompé* (É. HENRIOT, dans le *Monde,* 18 avr. 1951).

4. *Un autre* (au plur. : *d'autres :* § 330, Rem. 4) s'emploie d'une manière
absolue comme nominal indéfini, au sens de « une autre personne, en général » : *À votre place* UN AUTRE *se serait empressé de venir* (AC.). — UNE AUTRE
de César a surpris la tendresse (RAC., *Brit.,* III, 4). — D'AUTRES *vont maintenant passer où nous passâmes* (HUGO, *Ray. et Omb.,* XXXIV).

Les autres s'emploie également d'une manière absolue comme nominal indéfini,
au sens de « les autres personnes en général », « autrui » : *Vous rejetez toujours la faute
sur* LES AUTRES (AC.). — *Ne sentirons-nous jamais que le ridicule* DES AUTRES ?
(MONTESQ., *L. pers.,* 52.)

5. *a)* Quand *un autre* (pluriel : *d'autres*), pronom ou nominal, est employé
comme sujet réel, ou comme attribut, ou comme objet direct, il s'appuie
sur le pronom *en* qui précède (voir § 500, Rem.) : *Je rapporte ce livre ;
il m'*EN *faut* UN AUTRE ; EN *voici* UN AUTRE. *Pierre est un savant ; vous* EN
êtes UN AUTRE. — *Toujours avec un sens il* EN *présente* UN AUTRE (RAC., *Iphig.,*
II, 1). — *Votre habit est usé, il faut* EN *acheter* UN AUTRE (AC.). — *Il* EN
aimait UNE AUTRE ! (FLAUB., *Mme Bov.,* I, 1.) — *Tu* EN *aimes* UN AUTRE ? (A.
DAUDET, *Jack,* t. II, p. 328.) — *Une odeur trop douce dont on a peur qu'elle* EN
cache UNE AUTRE (Fr. MAURIAC, *La Robe prétexte,* XXX). — *Vous l'aimiez ?
La belle affaire ! Vous* EN *aimerez* UN AUTRE, *voilà tout* (ID., *Le Feu sur la
terre,* p. 159).

Il en est de même quand *autre,* pronom, vient après *de* partitif ou quand il est
dans une proposition négative : [Le bon Samaritain] *arrive le soir à l'auberge, laisse
le peu d'argent qu'il a sur lui ; il* EN *rapportera* D'AUTRE *lorsqu'il repassera* (Fr. MAU-
RIAC, *Vie de Jésus,* p. 174). — *Je demande ce livre ; il ne m'*EN *faut pas* D'AUTRE.
*Il tient à son secrétaire ; il n'*EN *veut aucun* AUTRE, *nul* AUTRE, *jamais* D'AUTRE.

b) Parfois cependant, il se passe de l'appui du pronom *en* (usage courant
dans l'ancienne langue : voir l'*Hist.*) :

Je revérifie beaucoup de mes idées ; j'aperçois beaucoup D'AUTRES *que je croyais neuves* (STENDHAL, *Corresp.*, t. II, p. 62). — *Quant à ses chansons, (...) elles célébraient* D'AUTRES *que Gabrielle* (NERVAL, *Les Filles du feu*, Angélique, 11ᵉ lett.). — *Nous aimions un objet ou un acte, c'est-à-dire que la pensée nous en était douce. Nous détestions* UN AUTRE (P. VALÉRY, *Variété*, Durtal ; éd. Pléiade, t. I, p. 747). — *Et si j'aimais* UN AUTRE, *tu m'aimerais toujours ?* (R. ROLLAND, *Jean-Chr.*, t. III, p. 210.) — *Il lui était indifférent qu'on aimât* D'AUTRES (ID., *ib.*, t. III, p. 126). — *Promène-toi ; tu promènes* UN AUTRE (J. GIRAUDOUX, *Les Contes d'un matin*, p. 40). — *Elle l'aurait aimé si elle avait pu aimer* UN AUTRE (LA VARENDE, *La Sorcière*, p. 33). — *Elle se fait une gloire de ce qui remplirait* D'AUTRES *de confusion* (M. GARÇON, *Plaidoyers chimériques*, p. 19). — *Sa sagesse personnelle (...) a aidé beaucoup* D'AUTRES *à établir leur équilibre* (É. HENRIOT, dans le *Monde*, 16 mai 1956). — *À l'angoisse du collège se substituait* UNE AUTRE *qu'enfantaient les heures vides et brûlantes* (Fr. MAURIAC, *Mémoires intérieurs*, p. 15). — *Lorsque celui qui parle invite* UN AUTRE *à l'accompagner* (Ac., s. v. *venir*).

Hist. — L'ancienne langue pouvait employer *autre* non précédé d'un déterminatif : AUTRE *n'a mieux que toi soutenu cette guerre* (CORN., *Hor.*, II, 5).

Elle employait couramment, sans l'appuyer sur le pronom *en* précédant, le pronom ou nominal *autre*, *un autre : Por* AUTRE *amer et moi lessier* [= pour aimer un autre et moi laisser] (*Chastelaine de Vergi*, 770). — *Hélas ! elle aime* UN AUTRE (CORN., *Pol.*, II, 1). — Malherbe (t. IV, p. 364), critiquant l'expression *pourchasser autres*, déclarait : « il devoit dire : *en pourchassait d'autres.* »

Autre, au XVIIᵉ siècle, pouvait s'ajouter aux pronoms personnels *eux, elles :* EUX AUTRES *rarement passent pour gens de bien* (MOL., *Ét.*, IV, 9). — Cette construction est aujourd'hui vulgaire : EUX AUTRES *ils ont discuté, avec le patron* (J. GIONO, *Lanceurs de graines*, II, 7).

459. **Même** peut être adjectif ou adverbe.

A. Il est **adjectif « indéfini »** et variable quand il signifie « qui n'est pas autre » :

1º Placé *devant* le nom, il exprime l'*identité* ou la *ressemblance* (lat. *idem*) et se trouve régulièrement précédé d'un article ou d'un déterminatif ; néanmoins l'ellipse de l'article a lieu quelquefois, surtout dans la langue familière : *Les* MÊMES *fautes ne méritent pas toujours les* MÊMES *châtiments.* — *Deux plantes de* MÊME *espèce* (Ac.). — *La cage et le panier avaient* MÊMES *pénates* (LA F., *F.*, XII, 2).

Lorsque *même* marquant l'identité ou la ressemblance n'est pas placé immédiatement à côté d'un nom, comme dans la phrase : *Ils ne sont plus* LES MÊMES, il est ordinairement considéré comme pronom.

Pour le tour haplologique *On vous fera le même traitement qu'on lui a fait*, voir § 1043, 2º, Rem. 4.

Hist. — Le déterminatif manquait devant *même* adjectif plus fréquemment au XVIᵉ et au XVIIᵉ siècle que de nos jours : MÊME *soin me regarde* (CORN., *Cid*, III, 4). — *Avec* MÊME *chaleur* (MOL., *Mis.*, V, 3). — D'autre part, l'ancienne langue plaçait parfois après le nom l'adjectif *même* marquant l'identité ou la ressemblance : *Nous aimons en lieu* MÊME (CORN., *Place Roy.*, V, 3) (c.-à-d. *en même lieu*).

Après *même*. le second terme de la comparaison a pu, jusque dans le XVIIIᵉ siècle, et parfois même dans le XIXᵉ, être introduit par *de : Je ne suis plus le même* ᴅ'*hier au soir* (Moʟ., *Dom Juan*, V, ɪ). — *Les mêmes errements* ᴅᴇꜱ *autres* (J.-J. Rouss., *Lett. à Moultou*, ɪ2 déc. ɪ768). — *Les renseignements que je réclame sont de la même forme* ᴅᴇ *ceux qui furent donnés à M. Ginoux* (Sᴛᴇɴᴅʜᴀʟ, *Corr.*, t. II, p. 3ɪ4).

De même s'est employé autrefois comme épithète ou comme attribut, au sens de « semblable », « pareil » : *À sot compliment il faut une réponse* ᴅᴇ ᴍᴇ̀ᴍᴇ (Moʟ., *Av.*, III, 7). — Cet emploi se retrouve dans certains dialectes (Anjou, Poitou, Nantes, Saintonge) et parfois aussi dans la littérature : *Les peuples étaient* ᴅᴇ ᴍᴇ̀ᴍᴇ (Mɪᴄʜᴇʟᴇᴛ, *La Mer*, III, ɪɪ). — *La plupart des ouvriers étaient* ᴅᴇ ᴍᴇ̀ᴍᴇ (R. Roʟʟᴀɴᴅ, *Jean-Christophe*, t. IX, p. 65). — *Les femmes ne sont pas* ᴅᴇ ᴍᴇ̀ᴍᴇ (A. Fʀᴀɴᴄᴇ, *Crainquebille*, p. ɪ95).

2º Placé immédiatement après un nom ou un pronom, *même* souligne ce nom ou ce pronom et marque que l'on désigne exactement l'être ou l'objet dont il s'agit (lat. *ipse*) : *Les Romains ne vainquirent les Grecs que par les Grecs* ᴍᴇ̂ᴍᴇꜱ (Aᴄ.). — *Les nuits* ᴍᴇ̂ᴍᴇꜱ *étaient lumineuses* (P. Loᴛɪ, *Mon Frère Yves*, XI). — *Cela* ᴍᴇ̂ᴍᴇ. *Celui-ci* ᴍᴇ̂ᴍᴇ.

Lorsque *même*, ainsi employé, est placé après un des pronoms personnels *moi, toi, nous, vous, lui, eux, elle(s), soi*, il s'y joint par un trait d'union : *Nous-*ᴍᴇ̂ᴍᴇꜱ. *Eux-*ᴍᴇ̂ᴍᴇꜱ. — *Cet homme est un autre moi-*ᴍᴇ̂ᴍᴇ (Aᴄ.). — *Tes enfants, ces autres toi-*ᴍᴇ̂ᴍᴇ (Lɪᴛᴛʀᴇ́, s.v. *même*, ɪ2º). — *Les enfants, ces autres nous-*ᴍᴇ̂ᴍᴇꜱ (Iᴅ., *ib.*). — *Ne serait-elle point jalouse de ces autres soi-*ᴍᴇ̂ᴍᴇ *qui auraient pour elles l'avenir ?* (J. Rosᴛᴀɴᴅ, *Pensées d'un biologiste*, p. 59.)

Quand *nous* et *vous* ne désignent qu'une seule personne, *même* reste au singulier : *Vous y croirez être vous-*ᴍᴇ̂ᴍᴇ (Lᴀ F., *F.*, IX, 2). — *Nous-*ᴍᴇ̀ᴍᴇ, *allons, précipitons nos pas* (Rᴀᴄ., *Bajaz.*, IV, 5).

Même, placé après un nom exprimant une qualité, indique qu'elle est au plus haut degré dans la personne dont on parle : *Dieu est la sagesse* ᴍᴇ̂ᴍᴇ, *la miséricorde* ᴍᴇ̂ᴍᴇ (Aᴄ.).

Hist. — *Même*, dans ce dernier emploi, a pu, jusque dans le XVIIᵉ siècle, précéder le nom : *Sais-tu que ce vieillard fut la* ᴍᴇ̀ᴍᴇ *vertu ?* (Coʀɴ., *Cid*, II, 2.)

Remarque. — *Même*, adjectif, placé après plusieurs noms juxtaposés ou coordonnés par *et* s'accorde, soit avec l'ensemble des noms, soit avec le dernier seulement : *Homère et Pindare* ᴍᴇ̂ᴍᴇꜱ *ne sont point parvenus tout à coup à cette haute perfection* (Fᴇ́ɴᴇʟ., *Lett. à l'Acad.*, X). — *Elle qui était la sagesse, la droiture et la vérité* ᴍᴇ̂ᴍᴇꜱ (E. Fʀᴏᴍᴇɴᴛɪɴ, *Dominique*, XII). — *Le premier-né ce fut la douceur et la patience* ᴍᴇ̂ᴍᴇꜱ (J. Suᴘᴇʀᴠɪᴇʟʟᴇ, *Premiers pas de l'univers*, p. ɪ38). — *Brave colonel ! La droiture et la loyauté* ᴍᴇ̂ᴍᴇ ! (Tᴀɪɴᴇ, *Thomas Graindorge*, p. 227.) — *Son fils était l'honneur et la bonté* ᴍᴇ̂ᴍᴇ (G. Boɪssɪᴇʀ, *Mme de Sévigné*, p. 29). — *Elle était la bizarrerie et la bonne humeur* ᴍᴇ̂ᴍᴇ (Aʟᴀɪɴ-Fᴏᴜʀɴɪᴇʀ, *Le Grand Meaulnes*, p. 238.)

B. *Même* est **adverbe** et invariable quand il marque l'*extension* ;
il signifie alors « aussi, de plus, jusqu'à » (lat. *etiam*) et indique la gradation, soit entre des termes semblables d'une proposition, soit entre
deux propositions ; parfois le terme extrême de cette gradation est
seul exprimé : *Sa femme, ses enfants, ses amis* MÊME *se sont dévoués
pour lui* (Ac.). — *Les plus sages* MÊME (ID.). — *Il lui dit des injures
et* MÊME *le frappa* (ID.). — *Les domestiques* MÊME *étaient insolents*
(L. DAUDET, *Le Partage de l'Enfant*, p. 264). — *Les pauvres* MÊME
n'étaient pas des pauvres à la manière russe (H. TROYAT, *Étrangers sur
la terre*, p. 271).

Remarques. — 1. *Même*, placé après un pronom démonstratif, ne s'y joint
pas par un trait d'union : *Ceci même. Cela même. Ceux mêmes.*

2. Dans un grand nombre de phrases où *même* est placé après un nom ou
après un pronom démonstratif, on peut le considérer comme adjectif ou
comme adverbe, suivant le point de vue où l'on se place : *Ces murs* MÊME(s)
ont des oreilles (ces murs eux-mêmes — ou bien : ces murs aussi). *Les malheurs* MÊME(s) *n'ont pas abattu son orgueil.* CEUX MÊME(s) *qu'il avait sauvés
l'ont trahi.* — *Les arbres fruitiers qui meurent, ceux* MÊMES *qui sont arrachés ou
brisés par accident, appartiennent à l'usufruitier* (Code civ., art. 594). — *L'acui-
té du regard, la dureté de la voix, cette volonté, cette réflexion tendues que l'on
devinait en lui (...) forçaient l'attention de ceux-là* MÊMES *que rebutaient ses
manières tranchantes* (R. MARTIN DU GARD, *Les Thibault*, VII, t. I, p. 75). —
Ceux MÊME *qui luttent comme nous (...) ne savent pas que nous existons* (R.
ROLLAND, *Jean-Chr.*, t. VII, p. 43). — [Hofmann] *essayait de dresser contre
l'auteur ceux* MÊME *qui avaient fait le succès du « Génie du christianisme »*
(A. MAUROIS, *Chateaubr.*, p. 243).

3. *Même* sert à former diverses locutions elliptiques : *de même, tout de même,
à même, à même de, au même, quand même . Il en va* DE MÊME. *Nous irons* TOUT
DE MÊME. *Boire* À MÊME *la bouteille* [1]. *Cela revient* AU MÊME. — *Rien n'empêche
de le mettre* À MÊME DE *justifier ce qu'il dit* (G. DUHAMEL, *Cri des profondeurs*
p. 197).

Tout de même a le même sens que *de même* : *Vous voyez celui-là, l'autre est* TOUT
DE MÊME (LITTRÉ). — *Voilà des choses que mon cœur avait dû accomplir dans leur
terrible intégralité et* TOUT DE MÊME *que si je n'avais pas dû revoir Albertine* (M. PROUST,
Albertine disparue, t. I, p. 55). — L'expression est vieille en ce sens, dit l'Académie.

« *Tout de même* s'emploie aujourd'hui abusivement dans le langage familier avec
le sens de « malgré ce qui vient d'être dit, en dépit de ce qui est arrivé ou pourrait
arriver » : « *Quoique vous soyez en retard, entrez* TOUT DE MÊME. » (AC.)

---

1. En ce sens, on a dit autrefois *à même de* : *Il (...) n'interrompait sa narration
que pour boire* À MÊME D'*une bouteille* (CHATEAUBR., *Mém.*, I, 9, 13). — *Et mord
à belles dents* À MÊME DU *prochain* (SAINTE-BEUVE, *Nouv. Lundis*, t. I, p. 65).

Quand même se dit dans un sens analogue : *Je le ferai* QUAND MÊME (AC.). — Dans la langue familière, *quand même* s'emploie aussi au sens de « il faut l'avouer », « à vrai dire », « on en conviendra » : *Une nuit de réflexion, c'est* QUAND MÊME *trop peu* (G. DUHAMEL, *Semailles au vent*, p. 79). — *Le méchant bougre n'a* QUAND MÊME *pas osé me traiter de renégat* (ID., *Le Voyage de Patrice Périot*, p. 119). — *Marc souhaite éperdument la guerre, qui lui donnera l'occasion* (QUAND MÊME *un peu chère*) *d'affirmer sa personnalité* (É. HENRIOT, dans le *Monde*, 7 nov. 1951). — *Tout à coup une femme hurla : Ils ne vont pas tirer,* QUAND MÊME ? (H. TROYAT, *Tant que la terre durera...*, p. 588.)

4 Les exigences de la métrique ou de la rime amènent parfois les poètes à laisser *même* invariable dans des expressions où la prose le ferait varier : *Pour juger par eux-*MÊME *et pour voir par leurs yeux* (VOLT., *Mahomet*, III, 6). — *Mourir ! Demandons-nous, à toute heure, en nous-*MÊME... (HUGO, *Cont.*, III, 26). — *Les spectres de la nuit sont eux-*MÊME *à tâtons* (ID., *Théâtre en liberté*, L'Épée, 1).

Hist. — Jusqu'au XVIIᵉ siècle, *même*, adverbe, pouvait prendre l's dit adverbial (voir § 827*bis*) : *Contre Jupiter* MÊMES (CORN., *Pol.*, III, 2). — *Que si* MÊMES *un jour le lecteur gracieux...* (BOIL., *Ép.*, 10).

Vaugelas (*Rem.*, pp. 23-24) admettait, dans le sens adverbial, *mesme* et *mesmes*, mais il préconisait une règle curieuse : « Quand il est proche d'un substantif singulier, ie voudrois mettre *mesmes* avec *s*, et quand il est proche d'un substantif pluriel, ie voudrois mettre *mesme* sans *s*, et pour empescher que *mesme*, adverbe ne soit pris pour *mesme*, pronom. (...) *Les choses* MESME *que ie vous ay dites (...), la chose* MESMES *que ie vous ay dite...* ».

460. *Tel* est adjectif ou pronom.

A. Comme **adjectif,** il exprime, soit la similitude, soit l'intensité, soit l'indétermination.

1º *Tel* est adjectif **qualificatif** quand il exprime la similitude ou l'intensité.

a) Tel exprimant la *similitude* signifie « pareil, semblable ». Il peut avoir une valeur démonstrative et renvoyer à une personne ou à une chose dont il vient d'être fait mention ou dont on va faire mention : *La pauvreté vaut mieux qu'une* TELLE *richesse* (LA F., *F.*, VII, 6). — TELS *sont les enseignements que Dieu donne aux princes* (BOSS., *Reine d'Angl.*). — TELLE *est la loi de l'univers : Si tu veux qu'on t'épargne, épargne aussi les autres* (LA F., *F.*, VI, 15).

Comme Littré le fait observer, le sens varie selon que *tel*, adjectif attribut, est mis en tête ou à la fin de la phrase : *Tel fut son langage* indique que le langage dont il s'agit vient d'être rapporté ; *son langage fut tel* indique qu'on va le rapporter.

Tel exprimant la similitude peut être suivi de *que* introduisant une subordonnée comparative (voir § 1043). Il s'accorde avec le premier terme de la comparaison : *Les faits sont* TELS QUE *je les ai exposés*. — *La voilà* TELLE QUE *la mort nous l'a faite* (Boss., *Duch. d'Orl.*). — *Cette étoffe est* TELLE QUE *vous la voulez* (Ac.). — *C'est un homme* TEL QU'*il vous le faut* (ID.).

Remarques. — 1. Dans le style soutenu et en poésie, *tel* suivi d'une subordonnée comparative se place souvent en tête de la phrase ; il peut se répéter dans la seconde proposition : TELS *que la haute mer contre les durs rivages À la grande tuerie ils se sont tous rués* (LECONTE DE LISLE, *Poèmes barbares*). — TEL *que Dieu est à l'égard de toute la matière*, TEL *a-t-il voulu que je fusse à l'égard de cette petite partie de la matière qu'il a·mise dans la dépendance de ma volonté* (Boss., *Serm.*, Lib. arb., 2).

2. Les poètes détachent parfois le second terme de la comparaison et emploient, en tête de la phrase, le simple mot *tel*, accordé avec ce second terme : *Et son corps entr'ouvert* [du lutrin] *chancelle, éclate, et tombe.* TEL (...) *Tombe un chêne battu des voisins aquilons* (BOIL., *Lutr.*, IV).

3. *Tel* est fréquemment employé par ellipse[1] dans la langue moderne comme conjonction de comparaison. Pour l'accord, l'usage est indécis :

a) Tantôt *tel* est accordé avec le nom (ou pronom) qui suit et auquel on le rattache comme attribut : *Sa voix claque,* TEL *un fouet* = ... *tel est un fouet.* — *La lune sur un paratonnerre,* TEL *un clown* (J. RENARD, *Journal*, 17 juill. 1894). — TEL *un amour qui fuit d'un cœur, la lumière abandonne le ciel* (E.-M. de VOGÜÉ, *Jean d'Agrève*, p. 211). — *Il parle aux Saintes qui,* TELLE *Madeleine, ont embaumé l'Église* (Fr. JAMMES, *M. le Curé d'Ozeron*, p. 105). — *Les boules entassées (...)* TELS *des pavés* (H. BARBUSSE, *Le Feu*, p. 171). — *La tête plongeait ou se relevait,* TEL *un canot* (R. BOYLESVE, *La Becquée*, p. 222). — *Les temps* [d'un verbe] *défilaient dans l'ordre,* TELLE *une garde d'honneur* (É. ESTAUNIÉ, *L'Empreinte*, p. 79). — *Il vivait là (...)* TELLE *une plante* (G. DUHAMEL, *La Nuit de la Saint-Jean*, p. 104). — *Son corps est, dans le vent,* TELLE *une banderole* (ALAIN, *Propos de Littérat.*, LXXV). — *Elle était* TEL *un pruneau* (R. BENJAMIN, *Aliborons et Démagogues*, p. 107). — *Il se tenait dans les environs du buffet, qu'il butinait inlassablement,* TELLE *une abeille diligente* (Tr. BERNARD, *Secrets d'État*, X). — *Oncle Rat,* TELLE *une fumée, avait disparu* (H. BOSCO, *Malicroix*, p. 97).

b) Tantôt *tel* est accordé avec l'autre terme de la comparaison[2] : *Sa voix claque,* TELLE *un fouet* = ... *telle qu'un fouet, pareille à un fouet.* — *Je regardais (...) cet attelage perdu qui nous revenait,* TEL *une épave* (ALAIN-FOURNIER, *Le Grand Meaulnes*, p. 35). — *L'omnibus était décrit,* TEL *la bête de saint Jean* (A. de CHÂTEAUBRIANT, *La Brière*, p. 51). — *Soudain le vent expira,* TEL *une bête hors d'haleine* (É. ESTAUNIÉ, *L'Appel de la route*, p. 155). — *Le vacarme s'assourdit, pour éclater tout à coup,* TEL *une fusée qui s'élève* (J. et J. THARAUD, *Rabat*, p. 70). — *Un peu d'écume y sautait* [dans une barque], TELLE *un oiseau tombé* (MONTHERLANT, *Les Bestiaires,*

---

1. Exemples de la construction pleine, avec *tel que : Il périssait, tel qu'une fleur* (FÉNELON, *Télém.*, t. I, p. 261).— *Quelquefois la pluie d'un orage, telle qu'une longue écharpe, pendait du ciel* (FLAUB., *Sal.*, p. 41). — *Le cyprès qui s'élance tel qu'une prière ardente et sombre* (M. MAETERLINCK, *Le Double Jardin*, p. 158).

2. Pour Nyrop (*Gr. hist.*, t. V, p. 406), c'est là l'accord correct. Pour P. Laurent (cité par NYROP, t. V, p. 437), c'est l'autre accord, au contraire, qui est correct.

Épilogue). — *Nous soupâmes dans une auberge où l'on entretenait, pieusement,* TELLE *un musée, une certaine chambre de Gœthe* (G. DUHAMEL, *Biographie de mes fantômes,* p. 240). — *Il bandait ses muscles,* TEL *une bête qui va sauter* (SAINT-EXUPÉRY, *Vol de nuit,* p. 37). — *Sous ses énormes sourcils noirs, découpés, ébouriffés,* TELS *des bogues de noisettes* (LA VARENDE, *Le Roi d'Écosse,* p. 247). — *L'automne apparaît,* TEL *une figure de proue* (P. MAC ORLAN, *Aux lumières de Paris,* p. 75). — *Un visage coupait les pénombres, de profil,* TEL *une hache dressée* (H. TROYAT, *Le Jugement de Dieu,* p. 181). — TEL *une bête, il semblait vivre* (H. BOSCO, *Les Balesta,* p. 289).

4. *Tel* est parfois redoublé, surtout dans les phrases sentencieuses, pour exprimer la comparaison : TEL *père,* TEL *fils.* — TEL *je le voyais,* TEL *le voyait un peuple immense* (A. FRANCE, *La Vie en fleur,* p. 69). — TELS *ils étaient alors,* TELS *je les vois aujourd'hui* (G. DUHAMEL, *Semailles au vent,* p. 231).

Tel quel s'emploie dans le sens de « tel qu'il est, comme il se trouve », ou encore dans le sens de « médiocre, peu satisfaisant » : *Je vous rends vos livres* TELS QUELS. — *Il y avait deux chambres* TELLES QUELLES (MÉRIMÉE, *Colomba,* I).

Littré signale qu'on dit aussi *tel que tel* (au sens de *tel quel*), mais, précise-t-il, « presque toujours avec l'idée d'une estime médiocre : *Comment trouvez-vous son livre ?* TEL QUE TEL. » — Cette expression est tout à fait inusitée aujourd'hui.

N. B. — Il est incorrect de dire *tel que* pour *tel quel,* au sens de « comme il est », « sans changement » [1]. Au lieu de : *J'ai laissé les choses* TELLES QUE, il faut dire : *J'ai laissé les choses* TELLES QUELLES.

5. *Tel,* dans des expressions comme *croire tel, reconnaître pour tel, considérer comme tel, traiter comme tel, tenir pour tel,* et aussi dans la locution de la langue philosophique *en tant que tel* (§ 1043, 2°, note 1, p. 1088), s'accorde avec le mot auquel il se rapporte comme attribut : *Ce sont des savantes ; du moins je les crois* TELLES = je les crois telles [que des savantes]. *Ce personnage est une sommité : il est réputé* TEL. — *Une femme infidèle, si elle est connue pour* TELLE... (LA BR., III, 25). — *Cette comédie est un chef-d'œuvre : tous les critiques la considèrent comme* TELLE. — *Certains jeunes de mes amis se réjouissent de voir leurs poèmes considérés par d'autres jeunes comme des œuvres accomplies ; ils les tiennent eux-mêmes pour* TELS (A. GIDE, *Attendu que...,* p. 145). — *C'est que ceux-là furent de brillants hommes de lettres et que leur gloire en tant que* TELS *a entièrement occulté aux yeux de leurs concitoyens leur état d'universitaire* (J. BENDA, *Précision,* p. 80). — *Cette ignorance rend seule possible l'espèce de pari perpétuel faute de quoi l'action, en tant que* TELLE, *se trouve radicalement inhibée* (G. MARCEL, *Les Hommes contre l'humain,* p. 17).

---

1. Cf. : *Si c'est un fait divers, par exemple, pourquoi ne serait-il pas possible de l'utiliser* TEL QUE *dans un roman ?* (A. BILLY, dans le *Figaro,* 23 mars 1955.) — *Eût-elle été un laideron, qu'on aurait pu sourire, mais* TELLE QUE, *elle ne suscita que l'envie et des dénigrements jaloux !* (LA VARENDE, *Cœur pensif...,* p. 271.)

Tel, suivi de *que,* peut annoncer une énumération ou un exemple, développant ou précisant un terme synthétique ; l'accord se fait alors avec ce terme synthétique [1] : *Plusieurs langues,* TELLES *que le grec, le latin, l'allemand, etc., divisent les noms en trois genres* (AC., S.V. *genre*). — *Il avait appelé autour de lui quelques jeunes gens d'un mérite distingué,* TELS *que M. de Montucla* (DIDEROT, *Ceci n'est pas un conte,* éd. Pléiade, p. 790). — *Quelques-uns avaient servi dans l'ancienne armée,* TELS *que Louis Davout* (HEREDIA, *Disc. de récept. à l'Ac. fr.*).

Parfois on fait ellipse de *que* (mais pour ce qui est de l'accord, il y a de l'indécision dans l'usage : cf. la Rem. 3 ci-dessus) : *Les algébristes qui,* TELS *Barrès, résolvaient les problèmes de la guerre sur le papier* (G. DUHAMEL, *La Pesée des âmes,* p. 245). — *Des hommes qui,* TEL *André Gide, (...) n'avaient pas trouvé le temps d'écrire à l'auteur de « Vie des Martyrs », avaient fait tenir, à l'obscur Denis Thévenin, une lettre fort chaleureuse* (ID., *ibid.,* p. 305). — *Les peintres de la Renaissance,* TEL *Véronèse, ne savaient faire l'effort d'imaginer Jésus et son entourage vêtus de costumes autres que les modernes* (R. HUYGHE, dans les *Nouv. litt.,* 15 févr. 1962).

b) Tel adjectif qualificatif exprimant l'*intensité,* signifie « si grand, si fort » : *Trouvez bon qu'un secret d'une* TELLE *importance, Puisque vous le mandez, s'explique en sa présence* (CORN., *Héracl.,* IV, 3). — *Il ne faut pas manquer à de* TELLES *grâces* (BOSS., *Anne de Gonz.*).

Tel exprimant l'intensité peut être suivi de *que* introduisant une subordonnée de conséquence (voir § 1028) : TELLE *était la discipline des premiers Romains qu'on y avait vu des généraux condamner à mourir leurs enfants* (MONTESQ., *Consid.,* 18).

2° *Tel* est adjectif **indéfini** quand il exprime l'indétermination, dans des phrases où l'on parle de personnes ou de choses qu'on ne veut ou ne peut désigner précisément : *Notre âme (...) Entre dans un ciron ou dans* TELLE *autre bête Qu'il plaît au sort* (LA F., *F.,* IX, 7). — *Il y a* TEL *hôtel à Mons où, le samedi, les gens des petites villes voisines viennent exprès dîner, pour faire un repas délicat* (TAINE, *Philosophie de l'Art,* t. I, p. 260).

Hist. — Dans ce sens, on employait autrefois *un tel,* qui ne peut plus aujourd'hui être que pronom : *Il y a* UN TEL *livre qui court...* (LA BR., I, 33). — *... Lui dire Qu'*UN TEL *trésor était en* UN TEL *lieu* (LA F., *F.,* IX, 13).

Remarque. — *Tel et tel, tel ou tel,* au singulier, suivis d'un nom qu'ils déterminent, veulent ce nom au singulier : *Il m'a dit telle et telle* CHOSE (AC.). —

---

1. Accord insolite : *Quelque chose d'un peu plus léger que tout le reste,* TELS *que des petits pots de crème ou des poires cuites* (FLAUBERT, *Mme Bov.,* I, 3).

Une dame (...) qui est faite de telle et telle MANIÈRE (MARIVAUX, *Marianne*, p. 262). — *On me désigne tel et tel* COMPAGNON (R. BENJAMIN, *Aliborons et Démagogues*, p. 27). — *Fontanes, au contraire, avait horreur de telle ou telle* DOCTRINE (CHATEAUBR., *Mém.*, II, 1, 7). — *Une certaine suite de quartiers moins attirants par telle ou telle* CURIOSITÉ *qu'ils pouvaient contenir* (J. RO-MAINS, *Les Hommes de b. vol.*, t. XIV, p. 191). — *Il reprenait telle ou telle* ŒUVRE (Fr. JAMMES, *L'Antigyde*, p. 23). — *Lorsqu'un coin du voile a été soulevé sur telle ou telle* PARTIE *de ce champ de douleur* (R. ROLLAND, *Les Précurseurs*, p. 12). — *Dans telle et telle* CIRCONSTANCE, *les abeilles se conduisent envers leur reine de telle ou telle* FAÇON (M. MAETERLINCK, *La Vie des Abeilles*, II, 21).

On peut expliquer le singulier après *tel et tel* en disant que *tel et tel livre* signifie « tel [livre] et tel livre » ou en présentant *tel et tel* comme assimilable à « un [quel-conque] ». — Quelques-uns, estimant que le nom qui suit est déterminé séparément par chacun des deux éléments de *tel et tel*, mettent ce nom au pluriel (comparez : § 334, *a* : *un grand et un petit* LITS ; et § 458, B, Rem. 2 : *l'un et l'autre* CHALETS) : *Elle s'acharnait à interpréter tel et tel* DÉTAILS *dans la conduite passée de sa mère* (R. ROLLAND, *Jean-Chr.*, t. VIII, p. 43).

Tel et tel, tel ou tel ont parfois la marque du pluriel ; évidemment le nom qu'ils déterminent se met alors au pluriel : *Si* TELS ET TELS *tableaux, si* TELS ET TELS *por-traits venaient à disparaître* (E. FROMENTIN, *Les Maîtres d'autrefois*, p. 302). — *La pré-sence de* TELS OU TELS *hommes* (Fr. MAURIAC, *Le Bâillon dénoué*, p. 127). — *Nous élisons, selon nos préférences individuelles,* TELS OU TELS *cristaux que, pour les mieux apprécier encore, nous élevons un moment dans la lumière* (Ch. DU BOS, *Le Dialogue avec André Gide*, p. 243). — *S'il est vrai aussi que* TELS OU TELS *de ses cardinaux travaillèrent ouvertement pour la cause espagnole, lui-même* [le pape Urbain VIII] *demeura sur la réserve* (DANIEL-ROPS, *L'Église des temps classiques*, t. I, p. 171).

B. Comme **pronom** (mieux : nominal : voir § 461, *b*), *tel* désigne une personne indéterminée ; il ne s'emploie guère qu'au singulier : TEL *est pris qui croyait prendre.* — TEL *brille au second rang qui s'éclipse au premier* (VOLT., *Henr.*, I).

Tel, pronom, ne représente que rarement un nom de chose (aucun dictionnaire ne signale le cas) : *Onze sections ! (...)* TELLE *concerne la géographie et la navigation,* TELLE *autre l'anatomie et la zoologie* (G. DUHAMEL, *Manuel du protestataire*, p. 112).
Il peut former les expressions doubles *tel et tel, tel ou tel : C'est de ces coups Qu'Amour fait ; témoin* TELLE ET TELLE (LA F., *F.*, IX, 7). — *Je sais bien que* TEL OU TEL *est avare* (H. de RÉGNIER, *Le Bon Plaisir*, p. 213). — *Un cercle se forme autour de moi, tandis que je picore* TEL OU TELLE (P. GUTH, dans le *Figaro litt.*, 7 juill. 1951).

Sous la forme *un tel*, il s'emploie au lieu d'un nom propre, pour dési-gner une personne qu'on ne veut ou ne peut nommer plus précisément : *Monsieur* UN TEL, *madame* UNE TELLE. — *En l'an 1600 ou en l'an 1500,* UN TEL, *de tel village, a bâti cette maison pour y vivre avec* UNE TELLE, *son épouse* (P. LOTI, *Ramuntcho*, p. 163).

Au pluriel, on dit : *Messieurs* TELS, *mesdames* TELLES *et* TELLES (LITTRÉ) ; — ou bien : *M.M. un tel et un tel* (DICT. GÉN.).

Aujourd'hui on dit souvent aussi : *Monsieur X, madame Z,* ou, par plaisanterie, *Monsieur trois étoiles* (M.***).

Hist. — Autrefois *tel* au singulier pouvait s'employer dans le sens de « un tel » : TEL *vient de mourir à Paris de la fièvre qu'il a gagnée à veiller sa femme, qu'il n'aimait point* (LA BR., XI, 64).

CHAPITRE IV

LE PRONOM

§ 1. — DÉFINITION

461. *a)* Le **pronom** [a] est un mot qui souvent représente un nom, un adjectif, une idée ou une proposition exprimés avant ou après lui : *Prenez ces cent écus : gardez*-LES *avec soin* (LA F., F., VIII, 2). — ILS *approchaient de la rive, les contrebandiers* (P. LOTI, *Ramuntcho*, p. 27). — *Brave, il* L'*est. S'il t'arrive malheur, tu* L'*auras mérité. Le travail est un trésor : retenez bien* CELA. *Retenez* CECI : *le travail est un trésor.*

Quand le pronom représente un nom, il est masculin ou féminin ; quand il représente autre chose qu'un nom, il est *neutre*.

b) Le pronom est parfois employé *absolument* : il ne représente alors aucun mot, aucun adjectif, aucune idée, aucune proposition exprimés, et c'est improprement qu'il est appelé « pronom » : l'appellation qui lui convient est celle de **nominal** : TOUT *est dit.* RIEN *n'est fait.* QUI *a parlé ?* ON *espère.* QUI *m'aime me suive.*

Ainsi employé le pronom peut servir de simple « outil » dans la conjugaison, avec le rôle de « flexion d'avant » : JE *lis,* TU *écoutes.*

ÉTYM. — [a] *Pronom,* empr. du lat. *pronomen,* de *pro,* à la place de, et *nomen,* nom. — Cette dénomination de « pronom », qui nous vient des Latins, lesquels l'avaient empruntée aux Grecs (ἀντωνυμία), n'est pas adéquate à son objet ; elle se trouve en contradiction avec les enseignements de linguistes éminents : « L'espèce de mot qui a dû se distinguer d'abord de toutes les autres, écrit M. Bréal, c'est, selon nous, le pronom. Je crois cette catégorie plus primitive que celle du substantif. » (*Essai de Sémantique,* p. 192.)

§ 2. — EMPLOI GÉNÉRAL ET ACCORD

462. Il est naturel que le pronom, comme représentant du nom ou comme nominal, puisse remplir toutes les fonctions du nom.

Il peut être :

Sujet : TOUT *passe.*

Attribut : *Votre avis est aussi* LE MIEN. *Tu te crois* QUELQUE CHOSE.

Objet direct : *Je* LE *veux. Prenez* CECI.

Objet indirect : *Ne nuisez à* PERSONNE.

Complément circonstanciel : *Venez avec* MOI.

Complément d'agent du verbe passif : *Il a été instruit par* VOUS.

Apposition : *Il écrivit une épigramme,* QUELQUE CHOSE *de virulent.*

Complément déterminatif : *L'amour de* SOI.

Complément de l'adjectif : *Apte à* TOUT.

Mot mis en apostrophe : *O* TOI *qui vois mes maux.*

Remarque. — *Je, tu, il(s), on, nul* ne peuvent être que sujets. — *Me, te, se, en, leur, y, dont* ne peuvent être que compléments.

463. En principe, pour qu'un nom puisse être représenté par un pronom, il faut que ce nom soit *déterminé,* c'est-à-dire précédé d'un article ou d'un adjectif déterminatif (voir § 539, 1°, Rem.) : *Vous demandiez les journaux d'aujourd'hui ; je vous* LES *apporte. Il a travaillé avec une ardeur* QUI *ne se dément pas. Vous m'avez demandé ce conseil : suivez-*LE.

On ne dirait pas : *Il a été condamné à mort,* QU'*il a endurée courageusement. J'ai obtenu satisfaction : je* LA *considère comme importante.*

Hist. — Dans l'ancienne langue, où l'emploi de l'article n'était pas généralisé, le pronom se rapportait souvent à un nom employé sans article ni déterminatif : *Allez lui rendre hommage et j'attendrai* LE SIEN (CORN., *Pomp.,* II, 3). — *Je demeurai sans voix et n'*EN *repris l'usage...* (RAC., *Iphig.,* I, 1). — *En langue hébraïque* où *vous prétendez que ces manières de parler sont ordinaires* (BOIL., *Réfl. critiques,* X). — *Si vous êtes si touchés de curiosité, exercez-*LA *du moins en un sujet noble* (LA BR., VIII, 50). — *Les dieux ont été lents à faire justice ; mais enfin ils* LA *font* (FÉNELON, *Tél.,* t. II, p. 322).

L'ancien usage se retrouve parfois au XVIIIᵉ siècle et même à l'époque actuelle — et il peut se justifier quand le sens est bien clair : *Ils manquèrent surtout d'eau douce :* ELLE *se vendit six sous la pinte* (VOLT., *L. XIV,* 10). — [Mirabeau] *couvrit ses gens de livrée quand tout le monde* LA *quitta* (CHAT., *Mém.,* I, 5, 12). — *Je le vois encore en redingote de molleton blanc* QU'*il n'avait pas ôtée pour aller à deux pas de la porte* (STENDHAL, *Vie de Henri Brulard,* t. I, p. 127). — *Il emplit nos oreilles de vacarme* QUI, *çà et là, a un sens* (J. RENARD, *Journal,* 27 mai 1893). — *Par grand vent* QUI *agite nos tentes* (P. LOTI, *Le Désert,* p. 11). — *Je ne me fais point illusion, et ne veux pas* EN *faire aux autres* (R. ROLLAND, *Le Voyage intérieur,* p. 42). — *Il est seulement fâcheux (..)*

qu'il ait parfois écrit en vers ; car CEUX-CI *sont affreux* (L. DAUDET, *Le Stupide XIX*e *S.*, p. 106). — *Le roi l'a surpris en robe de chambre de brocart : il* LA *lui a arrachée* (P. GAXOTTE, *Frédéric II*, p. 41). — *L'autre* [accusé] *en revanche (...) qui demandait grâce,* L'*eût obtenue si...* (Fr. MAURIAC, *Le Bâillon dénoué*, p. 206). — *Elle a d'abord perdu connaissance et ne* L'*a reprise que chez le pharmacien* (A. GIDE, *Journal 1942-1949*, p. 147).

464. En principe, on ne met pas dans la même proposition le pronom et le nom qu'il représente, lorsque l'un et l'autre ont la même fonction. Les grammairiens condamnent généralement des phrases telles que celles-ci : *La paresse, quand on en considère les conséquences,* ELLE *apparaît comme détestable. De ce vice, je vous* EN *ai bien souvent parlé.*

Cependant les auteurs placent souvent en tête de la phrase un nom sur lequel ils veulent attirer l'attention, sauf à le reprendre par un pronom. Souvent le nom ainsi mis en vedette se présente comme un sujet, même quand le pronom qui le reprend n'a pas cette fonction : *L'auteur de l'Adonis,* IL *ne peut-être qu'un esprit singulièrement attentif* (P. VALÉRY, *Variété*, p. 67). — *Brossette, qui trouvait sans doute les deux in-folio de Bernard Picart un peu familiers, s'il avait pu contempler le splendide in-quarto de Hachette,* IL *serait mort de plaisir* (H. BREMOND, *Pour le Romantisme*, p. 15). — *La vérité historique, celle des mœurs, du langage, du costume, Saint-Évremond* EN *parle continuellement* (J. LEMAITRE, *Jean Racine*, p. 153).

465. Quand une phrase doit contenir plusieurs pronoms, il faut que l'expression n'en souffre ni embarras ni obscurité : on doit pouvoir saisir sans peine le rapport existant entre chaque pronom et le terme qu'il représente. Si ce rapport n'apparaît pas clairement, il faut répéter le nom ou changer la tournure. On ne dira pas : *Peut-on croire celui qui dit à son ami qu'*IL LUI *est tout dévoué ?* Il faut dire, par exemple : *Peut-on croire celui qui assure son ami d'un entier dévouement ?*

466. Accord. *a)* Les pronoms neutres sont invariables : *Sera-t-il prêt ? Il* LE *sera.* — *Seront-ils prêts ? Ils* LE *seront.* (§ 485, Rem. 1.)

b) Les pronoms qui admettent les variations en genre, en nombre et en personne s'accordent en genre, en nombre et en personne avec le nom ou le pronom représenté : *Les fables ne sont pas ce qu'*ELLES *semblent être* (LA F., F., VI, 1).

Remarques. — 1. Le pronom représentant plusieurs noms ou pronoms se met au pluriel. Si ces noms ou pronoms sont de genres différents, le pronom se met au masculin pluriel : *La fortune et la gloire ?* ELLES *passent ! La fortune et le plaisir ?* ILS *passent !* — Si ces noms ou pronoms sont de personnes différentes, le pronom se met au pluriel et à la personne qui a la priorité : la 1re personne l'emporte sur les deux autres et la 2e sur la 3e : *Le roi, l'âne ou moi,* NOUS *mourrons* (LA F., F., VI, 19). — *Ces lévites et moi, prêts à vous* *secourir*, Nous *étions avec vous résolus de périr* (Rac., *Ath.*, II, 8). — *Ton frère et toi*, vous *ferez ce travail*.

2. Quoique représentant un nom singulier, le pronom se met parfois au pluriel, selon l'usage du pluriel de majesté, de politesse ou de modestie : *Maître baudet, ôtez-*vous *de l'esprit Une vanité si folle* (La F., *F.*, V, 14).

3. Le pronom représentant un nom collectif (ou générique) singulier s'accorde parfois, par syllepse [1] du nombre, non pas avec ce nom, mais avec le nom pluriel suggéré par lui : *Entre le pauvre et vous, vous prendrez Dieu pour juge, Vous souvenant, mon fils, que caché sous ce lin, Comme* eux *vous fûtes pauvre et comme* eux *orphelin* (Rac., *Ath.*, IV, 3). — *Ah ! vous avez un chat, je ne* les *aime pas* (P. Margueritte, *L'Eau qui dort*, p. 119, dans Sandfeld). — *Ça ne m'arrive pas souvent à moi de faire encadrer un tableau ; je ne* les *aime pas* (R. Bazin, *Une Tache d'encre*, p. 172, ibid.). — *Je ne saurais dire avec quel beau courage le peuple belge supporte cette situation angoissante.* Ils *sont terriblement gênés dans leur industrie et dans leur commerce* (G. Duhamel, *Positions françaises*, p. 173) [2].

Plus rarement le pronom représentant un nom individuel s'accorde, par syllepse du genre, non pas avec ce nom, mais avec un autre qui s'y substitue dans la pensée (cf. § 257, *Hist.* et § 265, *Hist.*) : *La pauvre Barbe-bleue se doutait bien de quelque chose, mais* il *ne savait pas de quoi* (A. France, *Les Sept Femmes de la Barbe-bleue*, p. 19). — *Il ne vit que des figures béates, convaincues à l'avance de la beauté de ce qu'*ils *entendaient* (R. Rolland, *Jean-Christophe*, t. IV, p. 25).

4. Le pronom représentant un adverbe de quantité suivi de son complément s'accorde ordinairement avec ce complément (cf. § 376, *N.B.*, 2) : *Peut-être tant de rigueur professionnelle était-*elle *louable* (A. Maurois, *Mémoires*, t. I, p. 114). — *Tant de curiosité n'atteignait-*elle *pas à l'impolitesse ?* (H. Bosco, *Le Renard dans l'île*, p. 86.) — Parfois cependant l'adverbe de quantité domine dans la pensée : le pronom représentant se met alors au masculin singulier : *Tant d'audace est-*il *concevable ? Trop de précautions ne nuirait-*il *pas ?*

5. Le pronom représentant un titre comme *Éminence, Excellence, Majesté*, etc., s'accorde avec ce titre [3] : *Que Votre Majesté Ne se mette pas en colère ;*

---

1. La *syllepse* (lat. *syllepsis*, grec σύλληψις, action de prendre ensemble) consiste à régler l'accord d'un mot non avec le mot auquel il se rapporte selon les règles grammaticales, mais avec un terme qu'on a dans l'idée (accord avec le sens ou accord logique). On distingue la syllepse du genre, la syllepse du nombre et la syllepse de la personne (pour cette dernière variété, voir § 468, N. B., 1 ; § 587, *b*).

2. Comparez : *Car qui pourrait souffrir un âne fanfaron ? Ce n'est pas là* leur *caractère* [= des ânes] (La F., *F.*, II, 19). — *Jamais, depuis son enfance, elle n'avait approché d'un homme en soutane ; elle éprouvait à* leur *égard la méfiance oppressive qu'infligent des êtres occultes* (É. Baumann, *Le Baptême de Pauline Ardel*, p. 52).

3. Dans les exemples suivants, on s'est écarté de l'usage régulier : *Sa Majesté fut inquiète, et de nouveau* il *envoya La Varenne à son ministre* (J. et J. Tharaud, *La Tragédie de Ravaillac*, p. 143). — *Son Altesse se tenait dans le salon. Adossé à la*

*Mais plutôt qu'*ELLE *considère...* (LA F., F., I, 10). — *Votre Majesté partira quand* ELLE *voudra* (VOLT., *Candide*, XXVI). — [Radet] *déclare à Pie VII (...) que si Sa Sainteté refuse d'obéir, il a ordre de* LA *conduire au général Miollis* (CHATEAUBR., *Mém.*, III, 1, 2, 9). — *Je me demande si Leurs Excellences vont se décider à partir. Nous ne pouvons tout de même pas filer avant* ELLES ! (Fr. de CROISSET, *La Dame de Malacca*, p. 111.) — *L'œil de Votre Majesté est aussi bon que lorsque j'ai eu l'honneur de* LA *voir, il y a quinze ans* (P. GAXOTTE, *Frédéric II*, p. 526). — *Je regrette, Monseigneur, que votre Éminence ne puisse rencontrer plus souvent l'abbé Delmas,* ELLE *serait immédiatement édifiée* (LA VARENDE, *Le Roi d'Écosse*, p. 265). – Si le titre est suivi d'un nom avec lequel il fait corps, c'est avec ce nom que s'accorde le pronom représentant [1] : *Je suis allé chez Sa Majesté le roi de Rome ; mais* IL *dormait* (STENDHAL, *Corr.*, t. IV, p. 54). — *Sa Majesté le roi viendra-t-*IL ? (LANCELOT = A. HERMANT, dans le *Temps*, 9 fév. 1939.) — *J'ai eu l'honneur d'être reçu par Sa Sainteté le pape Léon XIII en audience particulière. Ce qu'*IL *a bien voulu me dire...* (F. BRUNETIÈRE, *La Science et la Religion*, p. 9).

6. On dit indifféremment *le quant-à-moi* ou *le quant-à-soi* [réserve dans laquelle on se renferme], quelle que soit la personne grammaticale à laquelle l'expression se rapporte : *Il se met sur un pied et sur le quant-à-*MOI (RÉGNIER, *Sat.*, 10). — *Si elle se tient sur son quant-à-*MOI (LA F., *Psyché*, 2). — *Il se met sur son quant à* MOI (VAUGELAS, *Rem.*, p. 193). — *Voilà à quoi je mettrais ma gloire et non pas à me tenir douloureusement sur mon quant à* MOI (MARIVAUX, *Les Serments indiscr.*, III, 7). — *Elle* [la logique] *n'a qu'à rester sur son quant-à-*SOI (A. HERMANT, *Chron. de Lancelot*, t. II, p. 52). — *Je suis restée sur mon quant à* SOI (J. GREEN, *Minuit*, p. 128). — *Nous le savions capable de garder son quant-à-*SOI (É. HENRIOT, dans le *Monde*, 7 févr. 1951). — *Tu te tiens sur ton quant-à-*MOI, ou : *sur ton quant-à-*SOI.

§ 3. — ESPÈCES DE PRONOMS

467. On distingue six espèces de pronoms : les pronoms *personnels* les pronoms *possessifs*, les pronoms *démonstratifs*, les pronoms *relatifs*, les pronoms *interrogatifs* et les pronoms *indéfinis*.

---

cheminée, IL *fumait en causant avec ses hôtes* (R. ROLLAND, *Jean-Christophe*, t. IV, p. 155).

1. Il peut se faire pourtant que la pensée s'arrête surtout sur le titre et que ce titre commande l'accord du pronom représentant : *Sa Majesté l'Empereur et Roi a décidé que ceux de ses sujets à qui* ELLE *a accordé des dotations en Westphalie en toucheraient le revenu à partir du 1er janvier 1808* (STENDHAL, *Corr.*, t. III, p. 136). — Pour l'accord de l'adjectif, ou du participe, ou du nom, dans ces sortes de phrases, voir §§ 378bis et 304.

I. — *PRONOMS PERSONNELS*

1. — Sens.

468. Les pronoms **personnels** désignent les êtres en marquant la *personne grammaticale*, c'est-à-dire en indiquant qu'il s'agit, soit de l'être qui parle (1re personne), soit de l'être à qui l'on parle (2e personne), soit de l'être ou de la chose dont on parle (3e personne) : JE TE *plains* (1re, 2e pers.). JE L'*ai vu* (1re, 3e pers.).

Au pluriel, la 1re personne désigne une pluralité comprenant le locuteur et un ou plusieurs autres : *nous marchons* = moi + un ou plusieurs autres marchons [donc *nous* = moi + toi (ou vous) — ou : moi + lui ou eux (ou elles) — ou : moi + toi (ou vous) + lui ou eux (ou elles)]. — La 2e personne désigne une pluralité d'interlocuteurs : *vous marchez* = toi + un ou plusieurs autres à qui l'on parle, marchez ; ici le locuteur est exclu. — La 3e personne désigne une pluralité d'êtres ou de choses dont on parle ; ici le locuteur et l'interlocuteur (ou les interlocuteurs) sont exclus.

Les pronoms de la 1re et de la 2e personne n'admettent pas la distinction des genres. JE *parle*, TU ME *parles*, *c'est* MOI *qui* TE *parle*, NOUS *parlons*, JE VOUS *parle*. Dans ces phrases, les mêmes pronoms peuvent se rapporter au genre masculin ou au genre féminin, selon que l'indiquent les circonstances ; les pluriels *nous, vous* peuvent même se rapporter à la fois au masculin et au féminin.

Seul le pronom de la 3e personne peut admettre la distinction du masculin et du féminin : IL *parle. Je* LE *vois, je* LA *vois*.

Le pronom de la 3e personne est *neutre* quand il sert à annoncer ou à représenter un adjectif, une idée, une locution ou une proposition : *Je vous* LE *répète : il faut travailler. Généreux, vous* L'*êtes.* IL *est utile de travailler. Faut-*IL *partir ? J'*Y *pense. — Romains, j'aime la gloire et ne veux point m'*EN *taire* (CORN., *Rome sauvée*, V, 2). — *À Annecy j'étais dans l'ivresse, à Chambéry je n'*Y *étais plus* (J.-J. ROUSSEAU, *Confess.*, V).

Les adverbes *en* et *y* peuvent être *pronominaux*.

N. B. — 1. Par l'effet d'une syntaxe affective, il se produit parfois une transposition ou une indétermination de personnes grammaticales (syllepse de la personne) : *je* peut se substituer à *tu, il, elle* : Une mère pourra dire à son enfant : *Est-ce que* J'*aime* [= tu aimes] *toujours les gâteaux ? — Il bondit sur sa mitrailleuse : et* JE *t'en fauche,* JE *t'en fauche...* ; — *il, elle* peuvent se substituer à *tu* : La maman à son enfant : *Est-ce qu'*IL *aime* [= tu aimes] *bien sa maman ? —* Comparez : *Nous nous voyons si peu (...). Faites une risette à* SON *père...* (H. LAVEDAN, *Le Vieux Marcheur*, p. 72). — *Allons, Kiss* [une chienne], *revenez vite dans* SA *petite maison avec* SON *père !* (COLETTE, *La Paix chez les Bêtes*, p. 60) ; — *nous* peut se substituer à *je, tu, il, elle* (voir §§ 494-495) ; — la 3e personne peut se substituer à *vous* (voir § 496) ; — l'indéterminé *on* peut se substituer à *je, tu, nous, vous, il(s), elle(s)* (voir § 587, *b*). — Voir aussi *ils* indéterminé : § 470, Rem. 1 ; et la 1re personne du pluriel de l'impératif : § 743.

2. Dans la langue vulgaire ou argotique, le pronom personnel de la 1re personne du singulier est parfois remplacé par *bibi* ou par *mézigue* (l'un et l'autre de la 3e personne : celui qui parle considère son « moi » comme une personne distincte de lui-même) : *Qui vous a renseigné ? dit-elle épouvantée. Il porta un doigt vers sa poitrine.* — *Bibi* (J. de LACRETELLE, *Le Pour et le Contre*, t. II, p. 165). — *Faut voir comme y z'ameut'nt la foule Pendant qu'*BIBI *y fout son camp !* (J. RICTUS, *Les Soliloques du Pauvre*, Impressions de promenade.) — *Oui mais,* MÉZIGUE *a pas l' rond.* — De même le pronom personnel de la 2e personne du singulier est parfois remplacé par *tézigue*, aussi de la 3e personne : *Ben quoi ! tézigue fait son bourgeois ?*

2. — Formes.

469. Les pronoms personnels sont : *je, me, moi, nous, tu, te, toi, vous, il, le, ils, eux, elle, la, elles, lui, les, leur, se soi, en, y.*

N. B. — Le pronom personnel varie en genre, en nombre, en personne, et même en cas. On a vu[1] que le français avait abandonné la déclinaison des noms, des adjectifs et des pronoms. Cependant le pronom personnel a gardé une certaine déclinaison : il prend, en général, des formes différentes suivant qu'il est sujet ou complément : IL *commande ;* on LE *comprend ;* on LUI *obéit ;* on n'obéit qu'à LUI *;* on le comprend, LUI *; partez sans* LUI. ILS *commandent ;* on LES *comprend ;* on LEUR *obéit ;* on n'obéit qu'à EUX *; partez sans* EUX. Ainsi on peut distinguer, dans les pronoms personnels, un cas sujet, un cas objet direct, un cas objet indirect, et en outre, un cas prépositionnel (qui sert aussi pour les formes de renforcement et pour l'attribut placé après le verbe).

Le pronom personnel est dit *réfléchi* lorsque, comme complément désignant le même être ou la même chose que le sujet, il indique que l'action revient ou se réfléchit sur ce sujet : 1re pers. : *me, nous ;* — 2e pers. : *te, vous ;* — 3e pers. : *se, soi* (ces deux dernières formes sont toujours réfléchies) : *Je* ME *blesse, tu* TE *blesses, il* SE *blesse. Chacun travaille pour* SOI.

Remarques. — 1. Certaines formes du pronom personnel sont *atones ;* d'autres sont *toniques.* — *Je* (sauf dans JE *soussigné*), *me, te, se* sont toujours atones ; *moi, toi, soi, eux* sont toujours toniques[2]. Les autres formes sont atones ou toniques selon leur fonction et leur place par rapport au verbe (§§ 470, 471, 474, 475, 476).

2. Dans les formes atones *je, me, te, se, le, la,* la voyelle s'élide devant un verbe commençant par une voyelle ou un *h* muet, ainsi que devant *en, y :* J'*ouvre. Il* M'*appelle. Je* L'*honore. Tu* T'*en vas. Je* L'*y envoie.*

---

1. Cf. § 111.
2. A moins qu'ils ne perdent leur accent au profit d'un monosyllabe qui suit : *Moi seul, eux deux,* etc.

Voici le tableau des pronoms personnels (*en* et *y* mis à part) :

		1re PERS.	2e PERS.	3e PERSONNE		
		Masc. et Fém.	Masc. et Fém.	Masc.	Fém.	Pr. réfl.
SINGULIER	SUJET	je	tu	il	elle	
	OBJET DIRECT	me	te	le	la	se
		apr. impér. : **moi**	apr. impér. : **toi**			
	OBJET INDIR.	me	te		lui	se
	sans préposit.	apr. impér.: **moi**	apr. impér. : **toi**			
	RENFORCEMᵗ 1					
	COMPL.PRÉPOS.	moi	toi	lui	elle	soi
	ATTRIBUT 2					
PLURIEL	SUJET	nous	vous	ils	elles	
	OBJET DIRECT	nous	vous		les	se
	OBJET INDIR.	nous	vous		leur	se
	sans préposit.					
	RENFORCEMᵗ 1					
	COMPL.PRÉPOS.	nous	vous	eux	elles	soi
	ATTRIBUT 2					

Hist. — La langue parlée d'autrefois avait certaines formes réduites de *vous* [3] : *Av'ous mal aux dens, maistre Pierre ?* (*Pathelin*, 1256.) — *Avoûs peur d'estre nommées Pucelles mal renommées* (RONSARD, t. V, p. 14). — [Le paysan Pierrot :] *Testiguenne ! parce qu'ous êtes Monsieu,* OUS *viendrez caresser nos femmes à notre barbe ? Allez-*v's *en caresser les vôtres* (MOL., *Dom Juan*, II, 3). — Vaugelas (*Rem.*, p. 89) notait par occasion qu'on disait communément en parlant : *avous dit, avous fait,* pour *avez-vous dit, avez-vous fait,* mais il ajoutait que *avous* ne s'écrivait jamais.

3. — Emploi.

A. — Pronom personnel sujet.

470. Le pronom personnel sujet se présente le plus souvent sous l'une des formes *je, tu, il, elle, nous, vous, ils, elles,* atones.

---

1. Renforcement du sujet, de l'objet direct, de l'objet indirect : *Je dis,* MOI ; *on me voit,* MOI ; *on me nuit à* MOI, etc. — Complément prépositionnel : *Contre* MOI, *sans* MOI, etc.

2. Il s'agit de l'attribut placé après le verbe : *C'est* MOI ; *je suis encore* MOI, etc. — Mais, à la 3e personne, pour le personnel attribut précédant le verbe, on a les formes *le, la, les* (cf. §§ 484 et 485).

3. Pour *ous,* forme réduite de *vous,* on notera que, selon Behrens (*Zeitschr. für rom. Phil.*, XIII, pp. 408-9), le *v* de *vous* est tombé d'abord dans *que vous,* devenu *kvous,* après amuïssement de l'*e* atone ; le *v,* devenu semi-voyelle, est tombé après *k* [cf. lat. *qui* > fr. *qui,* prononc. *ki*]. Comme la combinaison *qu'ous* était fréquente, la forme *ous,* par l'effet de l'analogie, s'est ensuite généralisée.

Ces pronoms ont essentiellement pour fonction d'indiquer une forme particulière de conjugaison aux modes personnels et ils ne possèdent d'autre valeur que celle d'une désinence. Ainsi le pronom personnel sujet permet, dans la langue orale, de distinguer l'une de l'autre certaines formes verbales homonymes : *(Je) parle, (tu) parles, (il) parle. — (Je) parlais, (tu) parlais, (il) parlait. — (Tu) iras, (il) ira. — (Nous) serons blessés, (ils) seront blessés.*

Les formes atones du pronom personnel sujet sont *proclitiques* ou *enclitiques ;* elles font, pour ainsi dire, partie intégrante des formes verbales qu'elles accompagnent (§ 98, Rem. 1).

Remarques. — 1. *Ils* peut être employé comme indéfini, souvent dans un sens méprisant [1] ou euphémique : ILS *disent donc Que la bête est une machine* (LA F., *F.*, IX, Disc. à Mme de La Sablière). — *Du moins* ILS *n'ont pas pu mettre la main sur l'oncle Jacques.* « Ils », *c'étaient pour tante Dine les ennemis de la maison, du pays, de la société* (H. BORDEAUX, *Le Pays sans ombre*, p. 238). — *Je vois que vous ne savez pas comment* ILS *sont dans ce pays* (A. GIDE, *Les Caves du Vatican*, p. 212).

2. Placés immédiatement après le verbe (§ 186, B), les sujets *tu, il(s), elle(s), nous, vous* sont toniques : *Viens*-TU ? *Où va-t-il* ? *Puissiez*-VOUS *réussir !*

Hist. — Au moyen âge, le pronom sujet faisait ordinairement défaut, parce que les terminaisons verbales, étant encore sonores, indiquaient suffisamment les personnes grammaticales : *Adam, où es ?* (*Adam*, 386.) — *Que ferai donc ?* (*Eneas*, 8729.) — *Ma chiere amie, que avez ?* (BÉROUL, *Le Roman de Tristan*, 3175.) — *Où est ?* (*Floire et Blancheflor*, 676.) — *Feras ?* (*Pathelin*, 1390.) — Peu à peu le pronom sujet s'est imposé dans la conjugaison. Il était quelquefois encore omis au XVIᵉ siècle. Au XVIIᵉ siècle, cette omission était un archaïsme, quoiqu'elle fût fréquente encore dans les réponses : *Et le vais voir tantôt* (MOL., *Ét.*, V, 8). — *Leur ai dit la langueur* (LA F., *F.*, VIII, 3). — *Non ferai, de par tous les diables* (MOL., *Av.*, V, 3). L'ancien usage survit dans certaines expressions figées : *Fais ce que dois. Homicide point ne seras.*

Je, tu, il, séparés du verbe, se sont maintenus jusqu'au XVIᵉ siècle comme formes toniques : JE *et mi chevalier en loames Dieu* [Moi et mes chevaliers en louâmes Dieu] (JOINVILLE, § 210). — *Et* TU *meismes le sez bien* [Et toi-même le sais bien] (*La Queste del Saint Graal*, p. 113). — TU, *ta femme et tes enfants, mengiez vostre pain en sceurté* (A. CHARTIER, *Le Quadrilogue invectif*, p. 23). — *Et* IL *meismes y ala* (*Renart le Contrefait*, 13.137). — De cet usage il nous reste la formule *Je soussigné.*

471. *Moi, toi, lui, elle, nous, vous, eux, elles* [2], toniques, s'emploient comme sujets :

---

1. « *Ils*, c'est tout le monde : les patrons pour les employés, les employés pour les patrons, les domestiques pour les maîtres de maison, les maîtres de maison pour les domestiques, les automobilistes pour les piétons, les piétons pour les automobilistes et, pour les uns comme pour les autres, les grands ennemis communs : l'État, le fisc, l'étranger. » (P. DANINOS, *Les Carnets du Major Thompson*, pp. 32-33.)

2. Rarement *soi : Avec Vannoral, on lit à deux, et souvent à haute voix : car Vannoral lit très, très bien, et* SOI [= moi], *pas trop mal* (Cl. FARRÈRE, *La Seconde Porte*, p. 40).

1º Quand le personnel sujet est suivi d'une apposition ou d'un adjectif : *Si dom coursier voulait (...)* LUI, *loup, gratis le guérirait* (LA F., *F.*, V, 8). — MOI, *malade et languissant, j'étais...*

2º Quand le personnel sujet est antécédent d'un pronom relatif : TOI *qui parles, qu'es-tu ?* (LA F., *F.*, XII, 1.)

3º Quand on veut exprimer une forte opposition ou une nette distinction entre deux sujets et spécialement quand on décompose un sujet considéré d'abord globalement : EUX *le sentaient vaguement,* LUI, *plus nettement* (R. BAZIN, *Les Noellet,* p. 15). — *La nuit des temps ! nous la saurons dompter,* MOI *par écrire, et* VOUS *par réciter* (LA F., *Contes,* V, 7).

De même quand on veut souligner un sujet par le pléonasme : *Je le sais bien,* MOI. — *Sais-tu,* TOI, *le prix d'un tel sacrifice ?*

Ces sujets pléonastiques sont parfois introduits par *pour, pour ce qui est de, quant à,* servant à marquer l'opposition : POUR MOI, *je croyais que le nom seul de Néron faisait entendre quelque chose de plus que cruel* (RAC., *Brit.,* 1re Préf.). — *Il n'est pour voir que l'œil du maître.* QUANT À MOI, *j'y mettrais encor l'œil de l'amant* (LA F., *F.,* IV, 21). — POUR CE QUI EST DE VOUS, *vous ferez bonne garde.*

4º Dans les propositions où il y a ellipse du verbe, notamment dans les réponses et les propositions comparatives : *Qui vient ?* — MOI. — *Comme* EUX *vous fûtes pauvre et comme* EUX *orphelin* (RAC., *Ath.,* IV, 3).

5º Quand le personnel sujet est joint par coordination ou par juxtaposition à un ou plusieurs autres sujets : *J'espère que ni* MOI *ni mes enfants ne verrons ces temps-là* (VIGNY, *Cinq-Mars,* I). — *Ton père,* TOI, *tes enfants, serez honorés à jamais.*

Remarque. — Les tournures *Nous deux mon frère, nous l'avons fait ; nous l'avons fait avec mon frère* sont courantes dans le français populaire ou familier : *Nous avons,* NOUS DEUX ACHILLE, *causé tantôt de ce brave Leplay* (FLAUBERT, *Corr.*, t. III, p. 37). — *Quel voyage d'artistes vous allez faire,* VOUS DEUX GUERARD ! (ID., *ib.,* t. III, p. 3.) — *Ma femme nous avait envoyés,* NOUS DEUX L'ENFANT, *faire un tour* [c'est Bélisaire, un menuisier, qui parle] (A. DAUDET, *Contes du Lundi,* p. 83). — Ces tournures sont généralement condamnées par les amateurs de beau langage, qui veulent qu'on dise : *Nous l'avons fait, mon frère et moi,* ou : *Mon frère et moi, (nous) l'avons fait,* ou : *Je l'ai fait avec mon frère.* Pourtant elles se rencontrent parfois aussi dans la langue soignée : *Nous l'avons fait à* NOUS DEUX LE ROI (HUGO, *L'Homme qui rit,* II, 5, 1). — *Nous remontions l'avenue des Champs-Élysées avec le docteur V...* (A. DAUDET, *Contes du Lundi,* p. 44). — *Nous marchons côte à côte avec Norette, la main dans la main* (P. ARÈNE, *La Chèvre d'or,* XXIX). — *Nous avions, je l'ai dit, parlé de ce grave problème avec mon ami Georges Rebière* (G. DUHAMEL, *Le Temps de la recherche,* XI). — *Elle* [Thyde Monnier] *a un tempérament de romancière ardent et juteux. Nous en parlions avec André Billy, qui est de mon avis* (R. KEMP, dans les *Nouv. litt.,* 20 déc. 1956).

6º Avec l'infinitif exclamatif ou interrogatif et avec l'infinitif de narration : MOI *l'emporter !* (LA F., *F.,* VI, 10.) — MOI *! le faire empereur ?* (RAC., *Brit.,* IV, 2.) — EUX *de recommencer la dispute à l'envi* (LA F., *F.,* IX, 14).

7º Dans les propositions participes absolues : VOUS *partis, j'ai perdu le soleil, la gaîté* (HUGO, *Voix int.,* XXII).

8° Avec la formule présentative *c'est ... qui* : *C'est* LUI *qui rassembla ces colombes timides* (RAC., *Esth.*, Prol.). — *C'est* TOI *qui l'as nommé* (ID., *Phèdre*, I, 3).

9° Quand le personnel sujet est suivi d'un mot qui le renforce ou le souligne [1] : EUX *seuls seront exempts...* (LA F., *F.*, XII, 18). — LUI-*même l'a promis*. — TOI *seule nous convaincs de notre bassesse* (BOSS., *Mort*). — LUI *aussi pressentait le péril* (Fr. MAURIAC, *Le Sagouin*, p. 38).

472. Le pronom *il* s'emploie comme sujet *neutre* [2] avec les verbes impersonnels ou pris impersonnellement : IL *neige*. — IL *fut des Juifs,* IL *fut une insolente race* (RAC., *Esth.*, I, 1). — IL *s'avance déjà sur le théâtre d'autres hommes* (LA BR., VIII, 99). — IL *convient que vous veniez.* IL *est deux heures.* IL *est temps.* IL *est tard.*

N. B. — Le pronom personnel tenant la place du nom complétif du sujet d'un verbe impersonnel (traditionnellement : sujet réel, cf. § 185) se présente sous les formes, *le, la, les,* accordées avec ce nom : *Te faut-il ce livre, cette clef, ces livres ? Il me* LE *faut, il me* LA *faut, il me* LES *faut.* — *Est-il sept heures ? Il* LES *est* (LITTRÉ).

Hist. — A l'époque classique, *il* s'employait comme sujet neutre, avec la valeur de *cela, ce* — ou comme représentant d'un autre pronom neutre (*cela, ce qui, ce que, rien, tout,* etc.) : *Quoi que l'on donne (...), rien n'est contemptible quand* IL *est rare* (MALHERBE, t. II, p. 20). — *Ce que tu m'as dicté, Je veux de point en point qu'*IL *soit exécuté* (RAC., *Esth.*, II, 5) — *Tout cela ne convient qu'à nous.* — IL *ne convient pas à vous-mêmes, repartit le vieillard* (LA F., *F.*, XI, 8). — *Un dernier point détruit tout comme si jamais* IL *n'avait été* (BOSS., *Serm. sur la mort*, 1). — *De vous dire de quels traits tout cela était orné,* IL *est impossible* (SÉV., t. VIII, p. 49). — *Je le veux* [que vous demeuriez]. — *Non,* IL *m'est impossible* (MOL., *Mis.*, II, 4). — *On prend ce qui se présente, quelque étrange qu'*IL *soit* (MARIVAUX, *Le Paysan parvenu*, p. 212). — *La langue moderne n'a pas entièrement renoncé à cet emploi* : *Cela n'est pas toujours si simple qu'*IL *le paraît* (NERVAL, *Lorely*, Du Rhin au Mein, II). — *Qu'est-ce que vous avez dans le corps, pour chanter ainsi ? — Elle répondit : J'ai ce que vous me faites chanter. — Oui ? Eh bien,* IL *n'y est pas déplacé* (R. ROLLAND, *Jean-Chr.*, t. IX, p. 180). — *Tout serait comme s'*IL *n'avait jamais été* (MAETERLINCK, *La Grande Féerie*, p. 142). — IL *est incroyable la clarté que donnait cet amas de diamants* (É. BOURGES, *Le Crépuscule des dieux*, IV). — *Ce qui me déplaît, je dis qu'*IL *me déplaît* (R. KEMP, dans les *Nouv. litt.*, 2 juin 1955).

On dit encore : IL *est vrai,* IL *se peut,* IL *est possible,* IL *suffit,* IL *n'empêche,* IL *n'importe,* IL *n'y paraît pas.*

473. En général, quand plusieurs verbes ont un même sujet, on l'exprime une fois pour toutes avec le premier verbe, sans le reprendre par un pronom devant les autres verbes : ELLE *s'en attribue uniquement la gloire, Va, vient, fait l'empressée* (LA F., *F.*, VII, 9). — IL *ne lit ni n'écrit.* — JE *plie et ne romps*

---

1. L'accent du pronom personnel passe alors sur le mot renforçant.
2. Devant les verbes pris impersonnellement, *il* est un sujet d'attente complété ensuite. (Voir § 185.)

pas (La F., *F.*, I, 22). — Je *n'exagère rien et pèse mes mots au plus juste* (G. Duhamel, *Cécile parmi nous*, p. 61).

Cependant le sujet se répète souvent par un pronom personnel devant chaque verbe, surtout pour produire quelque effet de style. La reprise du sujet est ordinaire quand on passe d'un temps à un autre ; elle est nécessaire quand on passe de la négative à l'affirmative, sans conjonction de coordination, dans des propositions qui s'opposent l'une à l'autre : Il *ouvre de grands yeux,* il *frotte ses mains,* il *se baisse,* il *la voit de plus près* [une tulipe], il *ne l'a jamais vue si belle,* il *a le cœur épanoui de joie* (La Br., XIII, 2). — *J'avais réfléchi et* je *pris la résolution de partir.* Il *ne menace plus,* il *supplie.*

Hist. — Au XVII⁰ siècle, l'usage était, dans des phrases semblables, plus libre, qu'aujourd'hui : *Je n'ai rien exigé de vous, et vous tiendrai ce que j'ai promis* (Mol., *Dom Juan,* III, 4). — *J'ignore tout le reste, Et venais vous conter ce désordre funeste* (Rac., *Ath.*, II, 2). — Remarquez qu'à l'époque moderne, une certaine liberté persiste : *J'ai retrouvé hier son nom, et vous le montrerai...* (Vigny, *Stello*, XXVI). — *Je ne cause pas volontiers, mais voudrais causer avec vous* (A. Gide, *L'Immor.*, II, 2).

B. — Pronom personnel complément.

474. Avant le verbe, le pronom personnel objet se présente sous les formes *me, te, se, le, la, lui, nous, vous, les, leur,* atones : *On* me *voit. Tu* lui *obéis. Ne* me *trahis pas. Ne* leur *dites rien.*

Les formes atones *me, te, lui, nous, vous, leur* marquent un rapport de possession dans les phrases du type : *Le cœur* lui *battait* (R. Boylesve, *Mlle Cloque*, X).

Hist. — Certains verbes, comme *parler,* ont donné lieu autrefois à des hésitations. On disait : *je* lui *parle, je parle* à lui. — Au XVII⁰ siècle, on disait encore couramment : *parler* à lui, à moi, etc. : *Tu parles* à moi (Corn., *Pol.*, III, 2). — *Il croyait même parler* à elle (Fénel., *Tél.*, t. I, p. 279). — *Voilà un homme qui veut parler* à vous (Mol., *Mal. im.*, II, 2).

475. Après le verbe, le pronom personnel objet se présente sous les formes *moi, toi, soi, lui, elle, nous, vous, eux, elles,* toniques. Il s'emploie :

1⁰ Quand le personnel objet est coordonné à un nom ou à un pronom ayant même fonction que lui : *Il contemplait la foule sans distinguer ni* moi *ni personne* (A. France, *L'Étui de nacre*, p. 219). — *Je rends ces lettres à* vous *ou à* lui (Vigny, *Mar. d'Ancre*, III, 3).

2⁰ Dans les propositions où il y a ellipse du sujet et du verbe, notamment dans les réponses et dans les propositions comparatives : *Qui blâme-t-on ?* — Toi. — *Ceci me convient moins qu'à* lui.

3⁰ Après *ne... que* (= seulement) : *On n'admire que* lui. *Je plais qu'à* eux.

4⁰ Avec la formule présentative *c'est... que* : *C'est* toi *que je bénis dans toute créature* (Lamart., *Méd.*, La Prière).

Remarque. — Les pronoms personnels objets d'un impératif affirmatif sont : *moi, toi, le, la, les, lui, nous, vous, leur,* toniques [1] : *Crois-*MOI. *Retournez-*VOUS. *Obéis-*LEUR.

Quand l'impératif affirmatif est suivi d'un pronom personnel de la 1re ou de la 2e personne du singulier, suivi lui-même d'un des pronoms *en, y,* le pronom personnel prend les formes atones *me, te,* réduites par élision à *m', t' : Donne-*M'*en. Va-*T'*en. Garde-*T'*en bien. Mène-*M'*y. Jette-*T'*y.*

Hist. — Jusque vers la Renaissance, le pronom *le,* après un impératif sans négation, pouvait être inaccentué : *perds-*LE, par exemple, pouvait rimer avec *perle.* — Cet usage se retrouve encore au XVIIe siècle et même plus tard chez les poètes qui, soit recherche de l'archaïsme, soit badinage, mettent parfois le pronom *le* devant une voyelle, en faisant l'élision : *Mettons-*LE *en notre gibecière* (LA F., F., V, 3). — *Laissez-*LE *en paix. S'il faut à deux genoux...* (MOL., *Tart.,* III, 6). — *Rendez-*LE *à mon amour, à mon vain désespoir* (VOLT., *Mérope,* IV, 2). — *Coupe-*LE *en quatre* [le cœur de Rafaël] *et mets les morceaux dans la nappe* (MUSSET, *Marrons du feu,* VI).

476. Les pronoms personnels soulignant par pléonasme un complément d'objet et, plus généralement, les pronoms personnels compléments prépositionnels se présentent sous les formes *moi, toi, soi, lui, elle, nous, vous, eux, elles,* toniques : *D'abord parce que cela me ferait plaisir, à* MOI ; *puis parce que cela lui ferait plaisir, à* ELLE (A. DUMAS f., *Un Père prodigue,* III, 8). — *Mais je ne sais pas ce qu'il lui a dit, à* ELLE (Cl. FARRÈRE, *Le Chef,* p. 58). — *Il finissait par l'accuser,* ELLE, *de l'ignominie qu'il avait eue ; de se féliciter,* LUI, *de tant de puissance* (A. THÉRIVE, *Sans âme,* p. 231). — *Nous pensons à* TOI. *Renoncer à* EUX. *Venir vers* NOUS. *Sans* LUI.

N. B. — Avec quelques verbes : *aller, avoir affaire, courir, croire, en appeler, habituer, penser, prendre garde, recourir, renoncer, rêver, songer...* et avec tous les pronominaux (*se fier, se joindre,* etc. ; cf. § 483, 3°, *N. B.*), pour exprimer par un pronom personnel l'idée de « à qqn », c'est la forme tonique du pronom personnel, précédée de *à,* qu'on emploie : *Je pense* À LUI, *je recours* À EUX, *je me joins* À TOI.

477. Le pronom personnel objet indirect placé devant un participe passé pris adjectivement doit toujours revêtir la forme tonique *(moi, toi, soi, lui, elle, nous, vous, eux, elles)* et être précédé de *à : Si l'un des copermutants a déjà reçu la chose* À LUI *donnée en échange...* (*Code civ.,* art. 1704). — *Les juges ne seraient plus que les greffiers d'une sentence* à EUX *dictée* (CHATEAUBR., *Mém.,* II, 4, 9). — *La sentence du prisonnier* à LUI *transmise* (STENDHAL, *La Chartr. de Parme,* t. II, p. 157). — *On a quantité de lettres* à ELLE *adressées (...) par son fils* (SAINTE-BEUVE, *Port-Royal,* t. V, p. 67). — *Ces ruines (...)* à MOI *signalées* (P. LOTI, *Vers Ispahan,* p. 113). — *L'interdiction* à MOI *faite de consolider ma baraque* (G. COURTELINE, *Les Balances*). — *Porteur d'une mission* à LUI *confiée par le syndicat* (A. de CHÂTEAUBRIANT, *La Brière,* p. 196). — *Les choses* à LUI *destinées* (G. DUHAMEL, *Deux Hommes,* p. 89). — *Des maux extraordinaires* à NOUS *depuis longtemps annoncés* (L. DAUDET, *Un Jour d'orage,*

---

1. Sauf s'ils perdent leur accent au profit d'un monosyllabe qui suit : *Dis-le* [*le* est tonique] ; *dis-le-lui* [*le* est atone, *lui* est tonique]. *Prenez-le donc.*

p. 63). — *Dans une lettre* à NOUS *adressée* (J. BENDA, *La France byzantine,*
p. 208). — *On trouve fort peu d'anecdotes* à ELLE *attribuées* (LA VARENDE, *Les
Belles Esclaves,* p. 217). — *Ce troupeau de petits garçons* à EUX *confié* (DANIEL-
ROPS, *Les Années tournantes,* p. 188).

N. B. — 1. Il serait incorrect de supprimer *à* et d'employer la forme atone du pronom personnel objet indirect (comme on fait souvent en Belgique) : *Les documents*
NOUS *envoyés,* LEUR *envoyés, la charge* LUI *confiée, la lettre* VOUS *transmise, la somme* ME
due, etc. — La meilleure manière de redresser ces expressions, c'est de mettre *à* avec
la forme tonique du pronom personnel : *La lettre à vous transmise,* etc. ; on peut aussi
employer la proposition relative (construction plus lourde et plus traînante) : *La
lettre qui vous a été transmise ; la somme qui m'est due,* etc.

2. De la construction *une lettre à moi adressée* on rapprochera les expressions
juridiques formées du participe présent *appartenant* (souvent variable : § 768, *Hist.*)
précédé de *à* régissant un des pronoms personnels toniques *moi, toi, soi, lui, elle,
nous, vous, eux, elles* : *Les immeubles* à ELLE *appartenant* (*Code civ.,* art. 1493). — *Ils
l'ont trouvé au dépôt des cadavres, à la municipalité, tout nu et ayant à côté de lui sept à
huit lettres de change* à LUI *appartenant* (STENDHAL, *Corr.,* t. VII, p. 278). — *Dans
une terre* à LUI *appartenant* (SAINTE-BEUVE, *Port-Roy.,* V, IV). — *Domaines* à LUI
appartenants (LITTRÉ). — *Maison* à LUI *appartenante* (AC.). — Dans l'usage moderne,
devant *appartenant,* au lieu de *à* et d'une forme tonique du pronom personnel, on
met simplement (sans *à*) une des formes atones *m', t', lui, nous, vous, leur* : *Noble
Melchior Gazan (...) a permis aux ermites (...) de conduire la source* LUI *appartenant*
(P. ARÈNE, *La Chèvre d'or,* XIX). — *C'est la veuve même de Sainte-Croix qui (...)
fit prévenir Mme de Brinvilliers, à Picpus, que des objets* LUI *appartenant étaient sous
scellés* (FUNCK-BRENTANO, *Le Drame des poisons,* 1). — *Des droits, qu'on considérait
du reste comme* LEUR *appartenant virtuellement auparavant* (GIRARD, *Cours élémentaire
de Droit romain,* 4ᵉ éd., p. 142). — *Les biens* M'*appartenant,* T'*appartenant,* NOUS
appartenant, VOUS *appartenant.*

478. *Le* s'emploie comme pronom *neutre* objet :

1° Pour représenter ou pour annoncer, soit une idée contenue dans un
verbe de la phrase, soit une proposition entière : *Tu te justifieras après si tu
LE peux* (CORN., *Cinna,* V, 1). — *Nous LE jurons tous : tu vivras !* — *Le matin,
elle fleurissait ; avec quelles grâces, vous LE savez* (BOSS., *Duch. d'Orl.*). — *Si je
vous LE disais, pourtant, que je vous aime* (MUSSET, *Emmeline,* A Ninon).

2° Dans certains gallicismes où il représente un terme vague : *Vous LE
prenez bien haut. Je vous LE donne en cent. Vous L'emportez. LE disputer à
quelqu'un. — Crois-tu qu'elle vient de me LE faire à la vertu offensée ?* (Fr.
MAURIAC, *Passage du Malin,* p. 85.)

Dans LA *bailler* (ou *donner,* ou *garder*) *belle à qqn,* LA *lui bailler* (ou *donner,* ou
garder) *bonne,* LA *manquer belle,* L'*échapper belle,* le pronom *la,* aujourd'hui neutre,
représentait à l'origine le nom *balle ;* ces expressions ont été empruntées au langage
des joueurs de paume.

Le pronom *la* s'emploie parfois aussi comme une sorte de pronom neutre, dans la
langue familière : *Je* LA *connais, celle-là ! Il se* LA *coule douce. — Vous venez trop tard ;
on me* L'*a déjà faite, celle-là* (J. LEMAITRE, *Le Député Leveau,* III, 3). — *Ah ! tu* LA
connais dans les coins ! (Ch.-L. PHILIPPE, *Le Père Perdrix,* p. 47.) — *Vous êtes tous*

de mon avis, et vous aussi, les dames, ou vous me LA *faites en large !* (J. GIRAUDOUX, *La Folle de Chaillot*, p. 153.)

3° Facultativement dans les propositions comparatives amenées par *autre, autrement, aussi, comme, plus, moins, mieux*, etc. (comparez : § 485, REM. 3) : *Il est autre que je croyais, que je ne croyais, que je ne* LE *croyais* (AC.). — *Il est fait autrement que vous croyez, que vous ne croyez, que vous ne* LE *croyez* (ID.). — *Je vaux moins que vous ne* LE *pensez* (Fr. MAURIAC, *Asmodée*, III, 6). — *Vous devriez l'admirer, Monsieur, au lieu de le dénigrer comme vous* LE *faites* (H. TROYAT, *Étrangers sur la terre*, p. 442). — *Je vous entends ici mieux que vous ne pensez* (RAC., *Mithrid.*, II, 4) [on pourrait dire aussi : ... *mieux que vous ne* LE *pensez*]. — *Il n'est pas aussi pauvre qu'on* LE *croit, qu'on croit*. — *Il a vécu plus longtemps qu'on n'aurait cru, qu'on ne* L'*aurait cru*.

479. Dans les propositions comparatives, l'omission du pronom neutre *le*, objet, est assez fréquente avec des verbes très courants, tels que *dire, faire, pouvoir, savoir* : *On conviendra que, comme vous dites, l'affaire est sérieuse*. — *Il a travaillé pendant cette saison plus qu'il n'avait fait depuis dix ans*. — *Ma mère me déshabilla (...) comme elle eût fait d'un très petit enfant* (G. DUHAMEL, *Biographie de mes fantômes*, p. 101). — *Il m'a aidé autant qu'il a pu*. — *Il est très avare, comme chacun sait*.

Cette omission du pronom neutre *le*, objet, a lieu parfois aussi dans des propositions temporelles ou conditionnelles, avec *pouvoir, vouloir* : *Je ferai ce travail quand vous voudrez. Viens chaque fois que tu pourras*. — A remarquer également : *si j'ose dire*.

La même omission est courante dans des formules négatives servant à exprimer une opinion : *je ne pense pas, je ne crois pas, je ne dis pas, je ne vois pas*. De même dans : *je ne veux pas*.

On observera que, dans tous ces cas, le pronom neutre *le*, objet, reparaît dès qu'on veut insister sur l'idée ou souligner l'expression : ... *comme vous* LE *dites*, ... *plus qu'il ne* L'*aurait fait*..., ... *quand vous* LE *pourrez, je ne* LE *pense pas*, etc.

480. Lorsque des verbes coordonnés ou juxtaposés ont pour complément d'objet un même pronom personnel :

a) Si ce pronom a la même fonction (soit objet direct, soit objet indirect) :

1° Devant un temps simple, il se répète indispensablement, même si le sujet n'est pas répété : *Je* LES *vois et (je)* LES *entends. Il* NOUS *parle et (il)* NOUS *pardonne*.

2° Devant un temps composé, il se répète si l'auxiliaire est répété ; autrement, non : *Je* LES *ai vus et* LES *ai entendus. Je* LES *ai vus et entendus*. — *Elle* M'*a écrit de Florence et envoyé son livre* (A. FRANCE, *Le Lys rouge*, p. 8). — *Moinel* LUI *a pris son billet à la gare et donné un peu d'argent* (ALAIN-FOURNIER, *Le Grand Meaulnes*, p. 245).

b) Si ce pronom a deux fonctions différentes (objet direct d'une part, objet indirect d'autre part) :

1° Devant un temps simple, il se répète indispensablement : *Il* ME *blesse et (il)* ME *nuit. Il* SE *blesse et* SE *nuit. Il* NOUS *jugera et* NOUS *pardonnera.*

2° Devant un temps composé, selon la règle des grammairiens, on le répète (et l'auxiliaire aussi) : *Il* NOUS *a jugés et (il)* NOUS *a pardonné. Ils* VOUS *ont abordés et (ils)* VOUS *ont parlé.*

Cette règle n'est pas absolue : d'excellents auteurs se dispensent — et moins rarement qu'on ne pourrait croire — de répéter, dans ce dernier cas, le pronom (et l'auxiliaire), faisant ainsi cumuler au pronom, exprimé une seule fois devant le premier verbe, deux fonctions différentes : *Elle le trouva dans sa cuisine, où il s'était introduit, et accommodé une vinaigrette qu'il mangeait tranquillement* (FLAUBERT, *Trois Contes*, p. 60). — *Quand personne ne* M'*avait regardée ou marché sur le pied* (Th. GAUTIER, *Mlle de Maupin*, X). — *Leverdet, qui s'est éveillé, frotté les yeux et levé* (A. DUMAS f., *L'Ami des Femmes*, I, 5). — *Il songe amèrement qu'il ne s'est jamais amusé, jamais donné un beau soir comme celui-là* (A. DAUDET, *L'Immortel*, XVI). — *Il ne s'est point soumis dans la suite, ni repenti, ni donné la discipline* (A. SUARÈS, *Sur la vie*, t. II, p. 293). — *Il* M'*a pris par le cou et demandé pardon* (G. DUHAMEL, *Les Plaisirs et les Jeux*, p. 150). — *Ces dames* NOUS *ont reçus et donné toutes les clartés possibles sur leurs activités* (ID., *La Turquie nouvelle*, p. 78). — *Je* T'*eusse donné la main et conduit merveilleusement* (É. HENRIOT, *Les Temps innocents*, p. 304). — *Quels sont aussi les livres qui* M'*ont le plus touché ou plu* (P. LÉAUTAUD, *Journal littér.*, I, 22 mai 1904). — *S'étant réunies et communiqué réciproquement leur double provision de littérature...* (Cl. FARRÈRE, *La Seconde Porte*, p. 60). — *La Compagnie* M'*avait bien traité et même versé une allocation* (H. BORDEAUX, *Paris aller et retour*, p. 307). — *Quand vous* NOUS *avez vus et fait signe* (L. MARTIN-CHAUFFIER, *L'Épervier*, p. 55).

Hist. — Autrefois, lorsque des verbes coordonnés ou juxtaposés avaient pour complément d'objet un même pronom personnel, on pouvait se dispenser de le répéter, même devant un temps simple : *Cet hymen m'est fatal, je* LE *crains et souhaite* (CORN., *Cid*, I, 2). — *Songez-vous que je tiens les portes du Palais, Que je puis vous* L'*ouvrir ou fermer pour jamais ?* (RAC., *Baj.*, II, 1.) — *La nation française, qui* SE *décrie et déshonore par lesdits abus* (MOL., *Fâch.*, III, 2). — D'autre part, l'ancienne langue admettait que des verbes coordonnés ou juxtaposés, se construisant différemment (d'une part avec un régime direct, d'autre part avec un régime indirect) eussent un pronom personnel complément commun, exprimé avec un seul auxiliaire, devant le premier verbe seulement : *Celui qui m'a pu tuer et ne l'a pas fait, ne* M'*a ni sauvé la vie ni obligé* (MALHERBE, t. II, p. 35). — *Arnolphe : Nous ne* NOUS *sommes vus depuis quatre ans ensemble. — Horace : Ni, qui plus est, écrit l'un à l'autre, me semble* (MOL., *Éc. des f.*, I, 4). — *Je* L'*en ai remercié et recommandé de continuer* (Mme de MAINTENON, *Corr.*, t. I, p. 362). — *Toute cette tristesse* M'*a réveillée et représenté l'horreur des séparations* (SÉV., t. VI, p. 313) [exemples cités par Haase].

481. PRONOM EXPRESSIF D'INTÉRÊT ATTÉNUÉ. La langue familière joint assez souvent à un verbe le pronom personnel de la 1re ou de la 2e personne, qui, sous la forme d'un objet indirect, exprime l'intérêt que prend à l'action la personne qui parle, ou indique qu'on sollicite l'interlocuteur ou le lecteur de s'intéresser à l'action [1] : *Qu'on* ME *l'égorge tout à l'heure* (MOL., *Av.*, V, 2). —

---

1. C'est, dans la syntaxe latine, le *dativus ethicus.*

Et elle vous *lui détacha un coup de sabot si terrible, si terrible, que de Pampérigouste même on en vit la fumée* (A. DAUDET, *Lett. de m. moul.*, p. 93). — *Sa personne entière* vous *avait une bonhomie relevée par un grain de folie* (A. FRANCE, *Le Livre de mon ami*, p. 73). — *Allez-*MOI *mettre votre blouse* (G. COURTELINE, *Les Gaietés de l'escadron*, I, 1). — *Regardez-*MOI *cette misère* (A. THÉRIVE, *Sans âme*, p. 31).

La langue populaire emploie parfois ainsi deux pronoms expressifs conjoints : *Avez-vous vu comme je* TE VOUS *lui ai craché à la figure ?* (HUGO, *Les Misér.*, I 5, 13.) — *Je* TE VOUS *les prends* (COLETTE, *Le Voyage égoïste*, p. 158).

PLACE DU PRONOM PERSONNEL COMPLÉMENT

(Pour *en* et *y*, voir §§ 505 et 506.)

AVEC UN IMPÉRATIF

482. 1° Le pronom personnel objet d'un impératif *sans négation* se place *après* le verbe : *Regarde-*MOI. *Prenez-*LE. *Obéissez-*LUI. *Voyez-*LES *partir.*

Quand l'impératif d'un des verbes *voir, entendre, écouter, sentir, laisser, faire, regarder, envoyer, mener*, etc. régit un infinitif, le pronom personnel objet de cet infinitif se met en interposition : *Cette romance, écoute-*LA *chanter. Ce paquet, faites-*LE *prendre. Ces arbres, regardez-*LES *abattre. Ces brebis, mène-*LES *égorger.*

2° Avec un impératif *négatif*, le pronom personnel objet se place *avant* le verbe : *Ne* ME *livrez pas. Ne* LEUR *obéissez pas.*

Quand l'impératif d'un des verbes *voir, entendre, écouter*, etc., régit un infinitif, le pronom personnel objet de cet impératif (et en même temps sujet de l'infinitif) se met à l'accusatif (forme du complément d'objet direct) si l'infinitif est un verbe intransitif ou transitif indirect : *Ne* LES *laissez pas partir. Ne* LA *faites pas venir. Ne* LA *laissez pas nuire à sa famille.* — Il se met, soit à l'accusatif, soit au datif (forme du complément d'objet indirect) si l'infinitif est un verbe transitif direct : *Ne* LES *laissez pas lire ce livre, ne* LEUR *laissez pas lire ce livre.*

3° *a)* Quand un impératif sans négation a deux pronoms personnels objets, l'un direct, l'autre indirect, on place le pronom objet direct avant l'autre : *Dites-*LE-*moi. Envoyez-*LES-*lui.* — *Tiens-*LE-*toi pour dit* (A. GIDE, *Les Faux-Monnayeurs*, p. 463).

Remarque. — On trouve parfois les objets directs *le, la, les* après le pronom personnel objet indirect : *Donnons-*NOUS-LE (Boss., *Honn. du monde*). — *Rends-*NOUS-LES (HUGO, *Lég.*, t. IV, p. 153). — *Épargnez-*NOUS-LA (É. AUGIER, *Les Effrontés*, V, 6). — *Ah ! la fille de la Sonate ? Montrez-*MOI LA (M. PROUST, *La Prisonnière*, t. II, p. 58). — *Zépha, dis-*NOUS-LE (Ph. HÉRIAT, *Famille Boussardel*, X). — *Rendez-*NOUS-LA [la victoire] (G. BERNANOS, *Lett. aux Anglais*, p. 59).

N. B. — 1. *Tiens-*LE-TOI *pour dit* est, semble-t-il, plus fréquent que *tiens-*TOI-LE *pour dit : Tiens*-LE-TOI *pour dit* (R. MARTIN DU GARD, *Les Thibault*, II, p. 109 ; — id. : A. GIDE, *Les Faux-Monnayeurs*, p. 463). — Aux deux personnes du pluriel, on peut dire : *tenons*-LE-NOUS *pour dit, tenez*-LE-VOUS *pour dit : Une phrase comme :* « *Tenez*-LE-VOUS *pour dit* » *s'analyse de même* (G. et R. LE BIDOIS, *Synt. du fr. mod.*, t. II, p. 712) ; — mais on dit bien plutôt : *tenons*-NOUS-LE *pour dit, tenez*-VOUS-LE *pour dit : Tenez*-VOUS-LE *pour dit !* (J. LEMAITRE, *Révoltée*, III, 5 ; — id. : J. RENARD, *L'Écornifleur*, XLII ; — A. GIDE, *Thésée*, p. 94 ; — Fr. MAURIAC, *Passage du Malin*, p. 62 ; — St. PASSEUR, *L'Acheteuse*, I, 7 ; — J. COCTEAU, *L'Aigle à deux têtes*, I, 1 ; — AC₉, s. v. *tenir*).

2. Lorsque l'impératif non négatif d'un des verbes *voir, entendre, écouter, etc.* régit un infinitif transitif direct, si cet impératif et cet infinitif ont chacun un pronom personnel complément, on peut joindre les deux pronoms immédiatement après l'impératif (d'abord le pronom objet de l'infinitif : accus. *le, la, les ;* puis le pronom complément de l'impératif : datif *moi, toi, lui, nous, vous, leur*) : *Ce livre, laisse*-LE-MOI *lire, Ces livres, regardez*-LES-LUI *relier.* — On peut aussi mettre immédiatement après l'impératif son pronom complément (accus. *moi, toi, le, la, nous, vous, les*), et placer le pronom objet de l'infinitif *(me, te, le, la, nous, vous, les)* immédiatement devant cet infinitif : *Ce livre, laisse*-MOI LE *lire. Ces livres, regardez*-LE LES *relier.* — [Cette main] *laissez*-MOI LA *poser contre ma joue* (VERCORS, *Les Armes de la nuit*, p. 61). — *Cette bonne grand-mère, voyez*-LA ME *caresser, voyez*-MOI LA *caresser. Ce travail, regardez*-MOI L'*achever.*

b) Si l'impératif est négatif, on place le pronom personnel objet indirect le premier : *Ne* ME LE *répétez pas.* — Toutefois *lui* et *leur* font exception : *Ne* LE LUI *dites pas. Cette gloire, ne* LA LEUR *envions pas.*

Quand l'impératif négatif d'un des verbes *voir, entendre, écouter*, etc. régit un infinitif transitif direct, si cet impératif et cet infinitif ont chacun un pronom personnel complément, on peut joindre les deux pronoms immédiatement devant l'impératif (d'abord le pronom complément de l'impératif : datif *me, te, nous, vous*, à l'exception de *lui, leur ;* puis le pronom objet direct de l'infinitif : *le, la, les*) : *Ce livre, ne* ME LE *laisse pas oublier. Cette valise, ne* TE LA *regarde pas porter. Ces plaintes, ne* NOUS LES *écoutons pas exhaler.* Mais : *Ce livre, ne* LE LUI *laisse pas lire, ne* LE LEUR *laisse pas lire.* — On peut aussi mettre immédiatement devant l'impératif son pronom complément (accus. *me, te, le, la, nous, vous, les*) — et le pronom personnel objet de l'infinitif immédiatement devant celui-ci : *Ce livre, ne* ME *laisse pas* L'*oublier. Cette valise, ne* TE *regarde pas* LA *porter. Ces plaintes, ne* NOUS *écoutons pas* LES *exhaler. Ces paquets, ne* M'*envoyez pas* LES *expédier. Surveillez les enfants ; cette porte, ne* LES *laissez pas* L'*ouvrir.*

4° Quand deux impératifs sans négation sont coordonnés par *et, ou, mais*, parfois aussi par *puis*, le pronom personnel objet du second impératif se place régulièrement après lui : *Viens et suis*-MOI. *Chantenous une romance ou dis*-NOUS *des vers. Raconte l'histoire, mais épargne*-MOI *les détails.*

Hist. — Jusqu'au XVIIIᵉ siècle, dans ce cas, le pronom personnel objet du second impératif se plaçait généralement avant lui : *Porte-lui ma réponse et* NOUS *laisse en repos* (CORN., *Hor.*, II, 2). — *Peignez-les-moi, dit l'aigle, ou bien* ME *les montrez* (LA

F., *F.*, V, 18). — Au XIXᵉ siècle et de nos jours, ce tour est archaïque ou poétique : *Poète, prends ton luth et* ME *donne un baiser* (MUSSET, *N. de Mai*). — *Mettez une arme aux mains d'un adolescent, et* LE *fuyez* (P. VALÉRY, *Trad. des Bucoliques de Virg.*, p. 29).

AVEC UN MODE AUTRE QUE L'IMPÉRATIF

483. 1º Le pronom personnel objet direct — ou indirect sans préposition — se place ordinairement *avant* le verbe (avant l'auxiliaire dans les temps composés) ; il est alors atone : *On* LE *voit. On* NOUS *a vus. Nous* LEUR *obéirons. Qu'on* VOUS *obéisse ! Moi* LES *aimer !*

Remarque. — Le pronom personnel objet employé par insistance (toujours tonique) se met avant ou après le verbe ; la place à lui donner est affaire de style : LUI, *je le connais. Je le connais,* LUI. — MOI, *cela me convient. Cela me convient,* MOI.

Hist. — L'usage de placer avant le verbe, et surtout avant l'infinitif ou le participe présent, les formes toniques du pronom personnel objet était général au moyen âge ; il s'est maintenu jusque dans le XVIᵉ siècle : *En* LUI *tirant hors de la bataille* (FROISS., t. III, p. 287). — *Et contraignoient les pouvres gens de* EULX *cacher en leur caves* (COMMYNES, t. I, p. 95). — *Contrains de* SOY *retirer* (AMYOT, *Fabius Max.*, 1). — *Occasion de* TOY *contenter* (RAB., *Garg.*, 31).

2º Le pronom personnel complément prépositionnel se place ordinairement *après* le verbe ; il est toujours tonique : *Vous allez à* LUI. *Qu'on parte sans* EUX ! *Je plaiderais pour* MOI.

Le pronom personnel complément prépositionnel se place avant le verbe quand il est mis en relief par *c'est ... que* ou quand on veut le mettre en vedette : *C'est de* LUI *qu'il s'agit.* — *À* TOI *(...) Je ne cèlerai rien* (CORN., *Ment.*, IV, 1).

3º Quand le verbe est précédé de deux pronoms personnels objets, l'un direct, l'autre indirect, celui-ci se place le premier : *Tu* ME LE *dis. Ces fautes, je* TE LES *pardonne.* — Toutefois *lui* et *leur* font exception (voir l'*Hist.*) : *Nous* LE LUI *dirons. Qu'on* LES LEUR *envoie.*

N. B. — Les compléments d'objet *me, te, se, nous, vous* ne peuvent jamais, sauf s'ils sont expressifs d'intérêt atténué (§ 481), se trouver juxtaposés deux à deux[1], ni se joindre aux pronoms *lui, leur*. — Au lieu de *Tu* ME LUI *présenteras ; je* ME VOUS *joins ; vous* ME LEUR *recommanderez*, on dira : *Tu* ME *présenteras* À LUI ; *je* ME *joins* À VOUS ; *vous* ME *recommanderez* À EUX. — *J'écris au baron de T*** (...) pour vous recommander* À LUI (B. CONSTANT, *Adolphe*, VII). — *Le ciel fut sans pitié de* TE *donner* À MOI ! (HUGO, *Le Roi s'am.*, V, 4.) — *Celui qui osera* VOUS *disputer* À MOI (G. SAND, *Mauprat*, XIII). — *Il m'offrit de* ME *présenter* À VOUS (A. DUMAS f., *Le Fils nat.*, I, 3). — *Dieu*

---

1. Cf. des tours plaisants ou comiques comme : *on se m'arrache, on se t'arrache*, etc.: *Je ne peux pas me dispenser d'y aller* [dans le monde] ; *on* SE M'*arrache* (H. BECQUE, *Les Corbeaux*, I, 11). — *Elles* SE T'*arracheront* (LA VARENDE, *Cœur pensif...*, p. 276).

veuille VOUS *garder à* NOUS, *ma Mère !* (G. BERNANOS, *Dialogues des Carmélites*, II, 4.) — *Vous m'avez fait l'honneur de* ME *présenter à* LUI (A. BILLY, *Madame*, p. 180).

Hist. — 1. Dans l'ancienne langue, et jusqu'au début du XVII° siècle, quand on avait à placer conjointement avant un verbe un des pronoms objets directs *le, la, les,* et un pronom personnel objet indirect, on mettait le pronom objet direct avant le pronom objet indirect : LA TE *vueil je doner* [Je veux te la donner (une couronne)] (*Couronnement de Louis*, 64). — *Je* LE TE *di* (*Rom. de Renart*, IV, 311). — *Je* LES VOUS *monstre* (FROISSART, t. V, p. 408). — *Si tu* LE ME *conseilles* (J. du BELLAY, t. II, p. 78). — *Comme je* LE VOUS *dis* (MALHERBE, t. II, p. 515). — Cela se fait encore de nos jours lorsque le pronom personnel objet indirect est de la 3° personne *(lui, leur)*.
2. Dans les combinaisons *le lui, la lui, le leur, la leur, les lui, les leur,* au moyen âge, on omettait ordinairement le premier pronom ; en dépit de Vaugelas (*Rem.,* p. 33), cela se faisait parfois encore au XVII° siècle : *Je leur savais bien dire* (LA F., *F.,* VII, 2). — *Il promettait de ne point prêcher jusqu'à ce que le roi lui permettrait* (BOSS., *Var.,* X, 36). — *Il y a trois quarts d'heure que je lui dis* (MOL., *D. Juan,* IV, 2) ; — et même au XVIII° et au XIX° : *Je ne suis point ingrate et je lui rendrai bien* (GRESSET, *Le Méch.,* I, 2). — *Elle me fit promettre que, deux mois après, je reviendrais près d'elle, ou que je lui permettrais de me rejoindre : je lui jurai solennellement* (B. CONSTANT, *Adolphe,* V). — Cette haplologie est restée courante dans le langage populaire ou familier : *Tu peux même le dire à papa (...). Tiens ! Veux-tu lui dire tout de suite ?* (É. BOURDET, *L'Heure du Berger,* II.) — *Mes parents ne me permettent pas d'aller au théâtre. — C'est malheureux. Vous devriez leur demander* (M. PROUST, *Du côté de chez Swann,* I, p. 143). — *Tu entends ! Je ne lui ai pas fait dire* (J. GIRAUDOUX, *L'Apollon de Bellac,* 8).

4° Quand un infinitif est objet d'un verbe qui précède, le pronom personnel objet de cet infinitif se place immédiatement avant ce dernier : *Je veux* LE *voir. — Il saura* ME *comprendre. — J'ai voulu* M'*exiler de France* (MUSS., *N. de Déc.*). (Voir cependant ci-après : *Hist.*)

Toutefois, si l'infinitif dépend d'un des verbes *écouter, entendre, faire, laisser, mener, regarder, sentir, voir,* le pronom personnel objet de cet infinitif se place avant le verbe principal : *Ce paquet, je* LE *ferai prendre, je* LE *laisserai prendre. Cette maison, je* L'*ai vu bâtir. Ces brebis, je* LES *mène égorger.*

Quand l'infinitif dépend de *envoyer*, les deux constructions sont possibles : *Nous* L'*enverrons chercher, nous enverrons* LE *chercher* (dans L. FOULET, *Petite Synt. de l'anc. fr.,* § 197). — *Ils voulurent associer leur chère fille à leur bonheur. Ils* L'*envoyèrent chercher* (A. HERMANT, *Le Roman de Loup,* p. 168, cit. Sandfeld). — *S'il vous convient de* L'*envoyer prendre* (G. DUHAMEL, *Lettres au Patagon,* p. 106, *ib.*).
N. B. — Le pronom personnel objet du verbe principal se place devant celui-ci : *Ces hommes, je* LES *vois venir, je* LES *écoute parler. — On* LE *vit briser ses meubles* (G. SAND, *Lélia,* VIII). — *Cette rivière, je* LA *regarde couler. Je* LE *laisse lire ce livre, je* LUI *laisse lire ce livre.*
Si le verbe principal et l'infinitif ont chacun un pronom personnel complément, on place chaque pronom devant son verbe : *On* ME *voit* ME *lever. On* ME *voit* VOUS *suivre. Je* LES *vois* ME *suivre. Je* LES *entends* TE *parler. On* LE *laisse* SE *lever. Ce paquet, je*

TE *vois* LE *prendre. Ce livre, on* NOUS *laisse* LE *lire. Ces paroles, je* L'*entends* LES *prononcer, je* LES *entends* LES *prononcer. Cette chanson, je* VOUS *écoute* LA *chanter. Cet ami, je* VOUS *laisse* LE *reconduire. On* NOUS *envoie* LA *voir,* LES *chercher.* — *Elle ne* ME *laissait jamais* LA *quitter* (B. CONSTANT, *Adolphe*, IV). — *Tu* LES *laisses* M'*insulter* (Fr. MAURIAC, *Passage du Malin*, p. 27). — *La curiosité* ME *fit* ME *décider* (A. BILLY, *Le Narthex*, p. 112). — *Elle* M'*a fait* LA *quitter* (P. LÉAUTAUD, *Journal litt.*, I, 25 août 1903).

Toutefois quand le pronom personnel complément de l'infinitif est *le, la, les*, on peut le juxtaposer, devant le verbe principal, au pronom complément de ce verbe principal, selon une des combinaisons *me le, me la, me les, te le, te la, te les, le lui, a lui, les lui, nous le, nous la, nous les, vous le, vous la, vous les, le leur, la leur, les leur : Ce paquet, je* TE LE *vois prendre. Ce livre, on* NOUS LE *laisse lire. Ces paroles, je* LES LUI *entends prononcer, je* LES LEUR *entends prononcer. Cette chanson, je* VOUS L'*écoute chanter. Cet ami, je* VOUS LE *laisse reconduire.*

Hist. — L'ancienne langue plaçait très souvent devant le verbe principal le pronom personnel objet de l'infinitif ; c'était encore l'usage habituel au XVIIe siècle (cf. VAUGELAS, *Rem.*, p. 376) : *D'autres aiment la vie, et je* LA *dois haïr* (CORN., *Hor.*, V, 2). — *Vous* L'*osâtes bannir* (RAC., *Phèdre*, III, 1). — *Il faut encore* LE *vouloir faire* (LA BR., *Car.*, Préf.). — *On* NOUS *veut attraper* (LA F., *F.*, X, 13).
La langue littéraire moderne n'a pas abandonné ce tour ; il se trouve notamment avec *pouvoir, aller, vouloir, devoir, falloir, venir, savoir, oser, croire, penser*, etc. — et plus fréquemment avec les adverbes pronominaux *en* et *y* qu'avec les pronoms personnels proprement dits [§ 505, *N. B.*] (cf. A. GOOSSE, dans la *Rev. des Langues vivantes*, XVIII, 1952, fasc. 4, pp. 258-275) : *Elle ne* ME *voulut pas quitter* (CHATEAUBR., *Mém.*, III, 1, 6, 17). — *Christian (…)* ME *vint voir* (ID., *ib.*, III, 11, 9, 15). — *Le président de cette société* LE *vint voir* (HUGO, *Les Misér.*, IV, 9, 3). — *Il fut question de s'aller coucher* (Th. GAUTIER, *Mlle de Maupin*, V). — *Pascal* LE *va faire à son tour* (SAINTE-BEUVE, *Port-Royal*, III, XXI). — *Louis XI (…) s'était venu mettre au pouvoir de Charles* (ID., *Causeries du Lundi*, t. I, p. 249). — *Je* VOUS *veux contenter* (G. SAND, *Les Maîtres Sonneurs*, XXVII). — *J'avais un tort récent envers une personne ; (…) je commençai par* M'*en aller excuser* (NERVAL, *Aurélia*, II, 4). — *On* LES *peut vaincre* (MAUPASSANT, *Au Soleil*, p. 58). — *Il avait dû s'aller changer* (R. MARTIN DU GARD, *Les Thibault*, III, 2, p. 20). — *Si cela* SE *peut faire* (AC.). — *Rien de condamnable ne* S'*y pouvait découvrir* (A. FRANCE, *L'Orme du Mail*, p. 325). — *Un parc (…) où* SE *peuvent chasser toutes sortes de gibier* (R. BAZIN, *Terre d'Espagne*, p. 19). — *Ils* LA *peuvent apercevoir* (H. BORDEAUX, *Les Captifs délivrés*, p. 231). — *Si on* LA *devait perdre* (R. BOYLESVE, *Sainte-Marie-des-Fleurs*, p. 53). — *Quels sujets* LES *auraient pu tenter ?* (É. ESTAUNIÉ, *La Vie secrète*, p. 13.) — *Une voiture* TE *peut broyer* (ALAIN, *Entretiens au bord de la mer*, p. 179). — *Ce qui* NOUS *doit occuper* (G. DUHAMEL, *Paroles de médecin*, p. 207). — *Je pensais* M'*aller coucher* (ID., *Cri des profondeurs*, p. 201). — *Tu* TE *veux parfumer ?* (M. BEDEL, *Traité du plaisir*, p. 143.) — La langue populaire a conservé ce tour dans le midi de la France, en Lorraine et dans la Wallonie liégeoise (cf. L. REMACLE, *Synt. du parler wallon de La Gleize*, t. I, pp. 261 sv.) — A l'époque classique, quand le verbe principal était complété par un infinitif pronominal, si ce verbe principal était à un temps composé, la transposition du pronom réfléchi était admise (l'auxiliaire *avoir* était alors remplacé par *être*) : *Je* M'ÉTAIS *voulu appliquer à cela* (PASC., *Pens.*, 54). — *S'*ÉTANT *su lui-même avertir* (LA F., *F.*, VIII, 1). — *Jamais M. Coeffeteau ne s'en* EST *voulu servir* (VAUGELAS, *Rem.*, p. 251). — *De quelque façon que je* M'*y* SOIS *pu prendre* (J.-J. ROUSS., *Rêv.*, VIII, cit. A. Goosse). —

Cela se rencontre parfois encore dans l'usage moderne : *L'Allemagne* s'est *voulu venger* (CHAT., *Mém.*, IV, 9, 2). [Chateaubriand a mis parfois l'auxiliaire *avoir : Je* m'aurais *voulu battre* (*Mém.*, I, 2, 4). — *Je* m'aurais *pu contenter* (*ib.*, I, 5, 5).] — *Lui (...)* s'était *venu jeter entre les bras de M. Singlin* (SAINTE-BEUVE, *Port-Roy.*, III, 1). — *Il ne* s'est *pas voulu dédire* (A. SUARÈS, *Sur la vie*, t. II, p. 245).

C. — Pronom personnel attribut.

483 *bis.* *Moi, toi, lui, elle, soi, nous, vous, eux, elles,* toniques, peuvent être attributs, surtout après *c'est*, mais aussi autrement : *Mon meilleur ami, c'est* TOI. — *S'il est* LUI *quand il joue, comment cessera-t-il d'être* LUI *?* (DIDEROT. *Paradoxe sur le comédien.*) — *Pourquoi suis-je* MOI *?* (STENDHAL, *Le Rouge et le N.*, t. II, p. 323.) — *Ah ! insensé, qui crois que je ne suis pas* TOI *!* (HUGO, *Cont.*, Préf.) — *Parlez-nous de tous ces Fierce qui ne sont plus* VOUS *?* (Cl. FARRÈRE, *Les Civilisés*, XII.) — *Vous êtes papa et maman. Vous êtes bien* VOUS ! *Alors pourquoi faites-vous comme si vous n'étiez pas* VOUS *?* (G. DUHAMEL, *Les Plaisirs et les Jeux*, p. 163.)

484. Pour représenter soit un nom précédé de l'article *défini* ou d'un déterminatif démonstratif ou possessif, soit un nom propre sans article ni déterminatif, la langue écrite emploie comme pronoms attributs *le, la, les*, en accord avec ce nom :

La reine ! vraiment oui : je LA *suis en effet* (LA F., *F.*, X, 2). — *Je ne* LA *suis plus, cette Rosine que vous avez tant poursuivie !* (BEAUMARCH., *Mar. de Fig.*, II, 19.) — *J'étais son ennemie, et je ne* LA *suis plus* (MARIVAUX, *Les Fausses Confidences*, III, 10). — *Je me regarde comme la mère de cet enfant ; je* LA *suis de cœur* (AC.). — *Vous ne voulez donc pas être ma petite femme ?* — *Elle murmura (...) : Est-ce que je ne* LA *suis pas ?* (MAUPASS., *Une Vie*, IV.) — *Il n'est pas vrai que le symbolisme soit l'âme de toute poésie (...) ; et quand il* LA *serait...* (F. BRUNETIÈRE, *L'Évolut. de la poés. lyr.*, t. II, p. 248). — *Je ne serai jamais sa maîtresse (...), je.ne* LA *serai jamais de personne* (É. HENRIOT, *Les Occasions perdues*, p. 60). — *J'ai été cette pauvre chose-là. Tu* LA *seras toi aussi* (MONTHERLANT, *Le Solstice de juin*, p. 256). — *Tout ce qui s'appelle Marie est un peu ma mère.* — [Marie :] *Je* LA *suis* (M. JOUHANDEAU, *Carnets de l'écrivain*, p. 305). — *J'ai défini les bons citoyens ; ces bons citoyens, vous* LES *serez.* — *Êtes-vous Pierre et Paul ? Nous* LES *sommes.*

N. B. — La langue parlée n'observe guère cette syntaxe. Elle ignore absolument, comme dit Martinon, *la* et *les* pris comme attributs. Dans l'usage courant, à des questions comme : *Êtes-vous la mère ?... les parents ?* elle répond par *oui* ou par *non*, en ajoutant quelque précision appropriée : *Êtes-vous les députés ?* — *Oui (oui, c'est nous ; — certainement, nous sommes les députés).* — Dans la langue écrite même, on met parfois le neutre *le* (au lieu du pronom accordé avec le nom) : *Je passe ici pour votre maîtresse (...), mais je ne* LE *suis point* (HUGO, *Angelo*, I, 1). — *Si j'étais vraiment la chrétienne que je croyais être, à cette heure, mon fils serait l'époux de cette malheureuse enfant ; je ne* LE *suis pas* (A. DUMAS f., *Les Idées de Mme Aubray*, IV, 4). — *Vos sujets ? Ils ne* LE *sont plus* (R. ROLLAND, *Les Léonides*, II, 3). — *Vous n'êtes pas ma mère.* — *Il me semble que je* LE *suis, en vous entendant parler* (ID., *Les Tragéd. de la foi*, Aërt, p. 43).

Pour *c'est lui, c'est elle, ce sont eux, c'est eux, ce sont elles, c'est elles* — et *ce l'est, ce la fut, ce les sont,* etc., voir § 486 et *Hist.*

485. Pour représenter soit un adjectif, ou une locution adjective, ou un participe, soit un nom sans article *défini* ou sans déterminatif démonstratif ou possessif, on emploie comme pronom attribut *le*, neutre, équivalant à « cela » :

Êtes-vous chrétienne ? Je LE *suis* (VOLT., *À Mme du Deffand,* 30 mars 1775). — *Pourquoi êtes-vous tous rois ? Pour moi, je vous avoue que ni moi ni Martin ne* LE *sommes* (ID., *Candide,* XXVI). — *Vous voulez que nous soyons chrétiens et vous ne voulez pas* L'*être* (MONTESQ., *Espr.,* XXV, 13). — *Ma sœur est une enfant, — et je ne* LE *suis plus* (MUSSET, *À quoi rêvent les j. f.,* I, 3). — *Pour en retard, ils* LE *sont* (P. LOTI, *Mme Chrysanthème,* IV). — *Une femme compatissante et qui ose* LE *paraître* (R. ROLLAND, *Les Précurseurs,* p. 24). — *Ce ne sont pas des soldats — (ils ne veulent pas* L'*être)* (ID., *ib.,* p. 65). — *Nous ne serons pas vaincus (...). Nous ne* LE *serons pas* (Cl. FARRÈRE, *La Bataille,* XXVI). — *J'étais mère et je ne* LE *suis plus* (A. MAUROIS, *Ariel,* II, 4). — *Je les appelle assassins parce qu'ils* LE *sont* (A. SUARÈS, *Vues sur l'Europe,* p. 169). — *Servantes ? elles ne* L'*avaient donc jamais été* (LA VARENDE, *Le Troisième Jour,* p. 237). — *Des amis, nous* LE *fûmes bientôt en effet* (Fr. AMBRIÈRE, *Le Solitaire de la Cervara,* p. 75). — *Comme si trop de paroles n'avaient pas été dites qui auraient dû* L'*être* (J. GREEN, *Le Malfaiteur,* p. 4). — *Nous sommes des meurtriers et nous avons choisi de* L'*être* (A. CAMUS, *Les Justes,* p. 79). — *Nous n'avons pas à être des logiciens, même quand nous affectons de* L'*être* (J. BENDA, *Précision 1930-1937,* p. 73). — *Il y a des monstres ; nous ne* LE *sommes pas* (É. HENRIOT, dans le *Monde,* 11 déc. 1957). — *Ne sommes-nous pas de la poussière ou ne* LE *deviendrons-nous pas ?* — *Oui, des dieux, et donc des fils de Dieu. Nous* LE *sommes* (Fr. MAURIAC, dans le *Figaro litt.,* 26 sept. 1959). — *Êtes-vous deux espions ? — Non, nous ne* LE *sommes pas.*

Hist. — Déjà Maupas (cf. Brunot, *Hist. de la l. fr.,* t. III, p. 483) mettait le neutre *le* dans : *Trouvez-vous ceste femme belle ? Si elle ne* L'*est, elle* LE *pense estre.* Mais c'est Vaugelas (*Rem.,* p. 27) qui a nettement établi la règle de *le* attribut neutre. Cependant elle ne s'est imposée que longtemps après lui. Au XVIIe siècle, on mettait encore couramment le pronom variable : *Vous êtes satisfaite et je ne* LA *suis pas* (CORN., *Pomp.,* V, 2). — *La voyant si sincère, je* LA *suis aussi* (SÉV.[1], t. VII, p. 103). — *Je ne veux point être liée (...) Je ne* LA *serai point* (RAC., *Plaid.,* I, 7). — *Je veux être mère, parce que je* LA *suis* (MOL., *Les Amants magn.,* I, 2). — Même au XVIIIe siècle, l'ancien usage n'était pas complètement abandonné : *J'étais née, moi, pour être sage, et je* LA *suis devenue...* (BEAUMARCHAIS, *Mar. de Figaro,* III, 16). — Dans le français d'aujourd'hui, il est exceptionnel : *J'étais folle. Je ne* LA *suis plus* (P. BOURGET, *L'Étape,* p. 285). — *Je n'étais pas perverse ; je* LA *deviens* (A. SUARÈS, *Sur la vie,* t. I, p. 82). — *Je n'ai jamais été vraiment amoureuse, à présent je* LA *suis* (COLETTE, *Mitsou,* Le Liv. de dem., p. 66, cit. Hœybye).

N. B. — 1. Dans la langue familière ou populaire, pour représenter un nom indéter-

---

1. Ménage rapporte que Mme de Sévigné, à qui il avait dit : « Madame, je suis enrhumé », répondit : « Je *la* suis aussi ». — « Il me semble, madame, fit observer Ménage, que, selon les règles de notre langue, il faudrait dire : « Je *le* suis ». — « Vous direz comme il vous plaira, ajouta Mme de Sévigné, mais pour moi je croirais avoir de la barbe si je disais autrement. » (Cf. SNEYDERS DE VOGEL, *Synt. hist.,* § 72.)

miné, sans article, ou précédé d'un article partitif, on met parfois comme pronom attribut *en : Peut-être faut-il distinguer ici ce qui est poésie de ce qui n'*EN *est pas* (A. ROUSSEAUX, dans le *Figaro litt.*, 15 mars 1958). — *Il avait la sereine douceur (...) des hommes qui ne sont pas nés pour être des amants, veulent pourtant* EN *être et n'*EN *seront jamais* (COURTELINE, *Boubouroche*, II). — *J'appelle « histoires » ce qui n'*EN *est pas* (G. DUHAMEL, *Confess. de minuit*, p. 115). — *On les appelle assassins, et ils* EN *sont, en effet.* — *Voyons si ce liquide est de l'eau ou si ce n'*EN *est pas.* — *Des amis, nous* EN *serons, si vous voulez.*

2. On reprend parfois après coup, pour donner plus de vigueur à la pensée, l'adjectif représenté par *le*, attribut : *Nous, nous* ne *l'étions pas, peut-être,* FATIGUÉS ? (E. ROSTAND, *L'Aiglon*, II, 9.)

Remarques. — 1. Entre le nom ou l'adjectif qu'on trouve sous la figure du neutre *le*, et le nom ou l'adjectif qu'il représente, il y a souvent identité de genre et de nombre : *Vos parents sont bons* (masc. plur.) : *les miens* LE (= cela = *bons*, masc. plur.) *sont aussi.* — *Les Mérovingiens ont été despotes autant qu'ils ont pu* L'*être* (P. GAXOTTE, *Hist. des Français*, t. I, p. 185). — Mais le genre et le nombre peuvent aussi être différents : [C'est Adolphe qui parle :] *Elle demeura tout interdite ; je* L'*étais beaucoup moi-même* (B. CONSTANT, *Adolphe*, II). — *Elle était chrétienne. Son père et sa mère* L'*avaient été* (É. HENRIOT, *Aricie Brun*, III, 3). — *Mais si le père n'était pas exact à l'ouvrage, la fille* L'*était pour deux* (R. BAZIN, *Les Noellet*, p. 19). — *Êtes-vous nudiste ? Ma foi, je ne* LE *suis point* (M. BEDEL, *M. le Prof. Jubier*, p. 24).

2. Littré condamne le tour *Je le traiterai comme il mérite de* L'*être* et pose en règle « absolue » que le neutre *le* ne peut représenter, en le faisant sous-entendre au passif, un verbe qui précède, à l'actif (la règle date de Bouhours, *Doutes*, p. 147). — Sans doute il est plus logique de reprendre le verbe en le mettant au passif : *Tu m'irrites, autant que je peux être irrité* (RENAN, *Caliban*, I, 1). — *Il n'étudiait que ce qui lui semblait digne d'être étudié* (M. PRÉVOST, *Sa Maîtresse et moi*, I). — Mais la construction incriminée a, tant chez les auteurs classiques que chez les auteurs modernes, d'excellents répondants :

Jusqu'à vous marier quand je sais que vous L'*êtes ?* (CORN., *Le Menteur*, III, 5.) — *Si nous établissons la confiance, comme elle* L'*est déjà de mon côté...* (SÉV., t. VIII, p. 43). — *On paya alors avec cet argent tous ceux qui voulurent* L'*être* (VOLT., *L. XIV*, X). — *On avait déplacé tout ce qui pouvait* L'*être ou* L'*avoir été* (DIDEROT, *La Religieuse*, dans les Œuvres, Pléiade, p. 303). — *Ce rejeton, ils l'admirent, le choient et le gâtent comme peu de fils de riches* LE *sont* (J. de PESQUIDOUX, *Sur la Glèbe*, p. 25). — *Que de gens guillotinaient pour ne pas* L'*être !* (L. MADELIN, *Danton*, p. 286.) — *Que je vous plains ! murmurai-je.* — *C'est mon frère, plus que moi, qui mérite de* L'*être* (É. ESTAUNIÉ, *L'Infirme...*, p. 87). — *Il a sauvegardé ce qui pouvait* L'*être* (G. HANOTAUX, *Rép. au Disc. de récept. de l'amir. Lacaze à l'Ac. fr.*). — *Notre rôle n'est pas de justifier la misère aussi longtemps que la misère peut* L'*être* (G. BERNANOS, *Monsieur Ouine*, p. 190). — *Qui peut se vanter d'aimer Dieu autant qu'Il le demande de* L'*être ?* (P. CLAUDEL, *La Rose et le Rosaire*, p. 73.) — *En ne la traitant pas comme elle mérite de* L'*être* (Fr. MAURIAC, *La Pharisienne*, p. 190). — *Pour sauver ce qui peut* L'*être* (G. DUHAMEL, *Paroles de médecin*, p. 13). — *Cela permet de ne pas punir ce qui ne doit pas* L'*être* (MONTHERLANT, *L'Équinoxe de Septembre*, p. 265). — *De manière à n'éditer rien qui*

ne nous paraisse digne de L'*être* (A. GIDE, dans la *Corresp. Claudel-Gide*, p. 162). —
Le succès de cet homme adroit avait ébloui, autant que Bordeaux pouvait L'*être* (É. HEN-
RIOT, *Aricie Brun*, II, 1). — *J'ai grand peur de vous aimer comme vous voudriez bien
ne pas* L'*être* (E. JALOUX, *Le Dernier acte*, p. 93). — *Était-ce (...) par dégoût de ses camarades qui ne savaient pas l'aimer comme il espérait* L'*être ?* (J. ROY, *La Femme infidèle*,
p. 164.) — *Que lui dire des pages 243 et 244 ? Elles ne persuadent que ceux qui veulent*
L'*être* (R. KEMP, dans les *Nouv. litt.*, 26 juill. 1951). — *Pour sauver ce qui peut* L'*être
encore* (M. ARLAND, *L'Eau et le Feu*, p. 66). — *Il demandait une décoration et achetait
celles qui pouvaient* L'*être* (A. MAUROIS, dans les *Annales*, juill. 1955, p. 51). — *Est-ce
que de tels artistes ne méritent pas aujourd'hui qu'on les chérisse, qu'on les admire plus
qu'ils ne* L'*ont, hélas ! été de leur vivant ?* (Fr. CARCO, dans les *Nouv. litt.*, 6 juin 1957.)

3. Dans les propositions comparatives amenées par *autre, autrement, aussi,
comme, plus, moins, mieux*, etc., le pronom neutre *le*, attribut, est facultatif
(comparez : § 478, 3°) :

a) Il est plus riche qu'il ne L'*était* (LITTRÉ, s. v. *ne*, 15°). — *Entêté comme vous*
L'*êtes des préjugés de l'Orient* (MONTESQ., *L. pers.*, 48). — *Il n'est pas plus assassin
que je ne* LE *fus à Reims* (VIGNY, *Serv. et Grand. mil.*, IX). — *Sa vie fut plus dissipée
qu'elle ne* L'*avait été jusqu'alors* (Fr. MAURIAC, *Le Mystère Frontenac*, p. 208). — *L'eau,
plus glacée encore qu'elle ne* L'*était pendant la nuit...* (M. GENEVOIX, *Rroû*, p. 174).
b) Il est plus riche qu'il n'était (LITTRÉ, s. v. *ne*, 15°). — *Je pars plus amoureux
que je ne fus jamais* (RAC., *Bérén.*, I, 4). — *Nous sommes plus nerveux que nous ne
fûmes jamais* (MICHELET, *La Mer*, IV, v). — *Il n'est pas plus grand que vous n'êtes*
(HUGO, *Lég.*, t. II, p. 287). — *Paris était alors plus aimable qu'il n'est aujourd'hui*
(A. FRANCE, *La Vie en fleur*, p. 45). — *Yves parut plus amer qu'il n'avait jamais été*
(Fr. MAURIAC, *Le Mystère Frontenac*, p. 226).

486. Avec *ce* et le verbe *être*, le pronom personnel attribut de la 3ᵉ personne
se met après le verbe et s'exprime par *lui, elle(s), eux*, même quand il s'agit
d'animaux ou de choses : *Est-ce votre mère ? Oui, c'est* ELLE. — *Vos parents ?
Ce sont* EUX. — *Est-ce votre chien ? C'est* LUI, *c'est* LUI *qui aboie.* — *Est-ce
votre maison ? C'est* ELLE, *c'est* ELLE *que vous voyez.*

Hist. — Avec les noms d'animaux ou de choses, l'usage littéraire classique mettait comme attributs de la 3ᵉ personne les pronoms personnels *le, la, les* (avant le
verbe) : *Ne* LES *sont-ce pas là* [vos tablettes] *? Oui, ce* LES *sont là elles-mêmes* (BOIL.,
Héros de rom.). — Lucile : *N'est-il pas vrai, Cléonte, que c'est là le sujet de votre dépit ?*
— Cléonte : *Oui, perfide, ce* L'*est* (MOL., *Bourg. gent.*, III, 10). — *Voyons donc, donne-
la-moi* [une lettre] *;* L'*est-ce-là ?* (DANCOURT, *Le Chev. à la mode*, II, 9.) — Littré (s. v.
ce, 2°, et *le, la, les*, 5°) écrit encore : *Est-ce là votre voiture ? oui ce* L'*est. Est-ce là votre
maison ? ce* LA *fut. Sont-ce là vos souliers ? ce* LES *sont. Est-il sept heures ? il* LES *est.* —
Ces façons de dire sont livresques ; elles sont tout à fait inusitées dans la langue parlée,
sauf la formule *il les est*, relative à l'indication de l'heure : cf. cet exemple curieux :
Mais une heure, il LES *est bientôt* (M. PROUST, *Les Plaisirs et les Jours*, p. 249).

D. — Pronom personnel réfléchi *soi*.

487. *Soi* est des deux genres et des deux nombres. Il est rarement sujet
(§ 471) ou attribut : *Prendre* SOI-*même une décision est parfois difficile.* — *On*

est SOI *de nature ; on est un autre d'imitation* (DIDEROT, *Paradoxe sur le comédien*). — *Il faut toujours être* SOI (AC.). — *Je crois qu'on n'est plus* SOI, *quand on chante* (R. ROLLAND, *Jean-Christophe*, t. IX, p. 180).

Il s'emploie généralement comme complément d'objet et surtout comme complément prépositionnel : *N'aimer que* SOI. *Nuire à* SOI-*même. Veiller sur* SOI.

Il peut n'être en rapport avec aucun sujet exprimé : *La pente vers* SOI *est le commencement de tout désordre* (PASC., *Pens.*, 477).

488. *Soi peut se rapporter à des personnes ou à des choses.*

A. — *PERSONNES*

489. *a)* Quand il est dit des personnes, *soi* (seul ou bien renforcé par *même*) se rapporte en général à un sujet *indéterminé*, le plus souvent singulier [1]. Il s'emploie :

1° Avec un sujet de sens vague, général, comme : *on, plus d'un, nul, personne, tel, chacun, quiconque, tout le monde, celui qui... : Heureux qui vit chez* SOI ! (LA F., *F.*, VII, 12.) — *Chaque homme renferme en* SOI *un monde à part* (CHATEAUBR., *Mém.*, II, 3, 6). — *Chacun travaille pour* SOI (AC.). — *On ne peint bien que* SOI *et les siens* (A. FRANCE, *Pierre Nozière*, p. 175).

Cependant avec *chacun, aucun, celui qui*, on emploie couramment le personnel non réfléchi pour représenter le sujet : *C'est tout un monde que chacun porte en* LUI ! (MUSSET, *Fantasio*, I, 2.) — *Chacun prenait soin de* LUI-*même* (A. HERMANT, *Confess. d'un Homme d'aujourd'hui*, Lett. IV). — *Et aucun n'était en peine de prouver, à* LUI-*même et aux autres...* (J. et J. THARAUD, *L'Ombre de la Croix*, p. 17). — *Ceux qui se jugent les plus maîtres d'*EUX-*mêmes* (L. DAUDET, *Le Rêve éveillé*, p. 142). — *Chacun porte au fond de* LUI *comme un petit cimetière de ceux qu'il a aimés* (R. ROLLAND, *Jean-Christophe*, t. III, p. 163).

Le pronom personnel non réfléchi est même normal quand *aucun, chacun*, etc. sont accompagnés d'un complément déterminatif : *Chacun de nous porte en* LUI *ses propres menaces* (DANIEL-ROPS, *Vouloir*, p. 127). — *Chacun de nous laisse derrière* LUI *son œuvre* (É. HENRIOT, *Le Livre de mon père*, p. 274).

2° Avec un infinitif, et, plus généralement, quand le sujet auquel il a rapport n'est pas exprimé : *Rester* SOI, *c'est une grande force* (MICHELET, *Le Peuple*, p. 155). — *N'écrire jamais rien qui de* SOI *ne sortît* (E. ROSTAND, *Cyrano*,

---

1. Voici des exemples de *soi* représentant un sujet pluriel : *Ils ne pensent guère qu'à* SOI (A. THÉRIVE, *La Revanche*, III). — *Ceux qui passent sans répit du labeur au cinéma (...) sans jamais se mettre en face de* SOI (DANIEL-ROPS, *Vouloir*, p. 128). — *Ils avaient, l'un et l'autre, trop de confiance en* SOI *pour être jaloux* (A. MAUROIS, dans les *Annales*, juill. 1955, p. 49). — *Ceux qui détiennent l'énergie et la probité nécessaires pour exiger des autres un peu moins que ce qu'ils exigent de* SOI (R. VERCEL, *La Peau du diable*, p. 15).

II, 8). — *Il fut tout près de faire quelques-unes de ces choses étonnantes qui n'étonnent jamais que* SOI (E. JALOUX, *La Fête nocturne*, V). — *Mais que sert de conter aux autres ce qui n'a de sens que pour* SOI ? (R. ROLLAND, *Jean-Christophe*, t. VIII, p. 217.) — *Vivre obscur quand il ne tient qu'à* SOI *de resplendir...* (MONTHERLANT, *Le Maître de Santiago*, I, 4).

3° Avec un verbe impersonnel : *Il faut toujours pour* SOI-*même une juste sévérité.*

4° Avec des noms marquant une action réfléchie : *L'amour de* SOI.

b) Pour représenter, dans l'emploi réfléchi, un sujet de sens précis, *déterminé*, en parlant de personnes, on se sert généralement de *lui, elle(s), eux* (seuls ou renforcés par *même*) : *Racine avait contre* LUI *toute la vieille génération* (J. LEMAITRE, *Jean Racine*, p. 260). — *Mlle Cloque revint doucement à* ELLE (R. BOYLESVE, *Mlle Cloque*, III). — *Parce qu'elle se plaît à* ELLE-*même plus que tout* (MAUPASS., *Notre Cœur*, II, 3).

Cependant on emploie *soi(-même)* :

1° Pour éviter une équivoque : *Cependant doña Manuela, laissant comme toujours sa fille s'occuper de* SOI... (O. AUBRY, *L'Impératrice Eugénie*, p. 74).

2° Souvent quand le sujet désigne un type : *L'égoïste ne vit que pour* SOI.

Remarque. — Les auteurs modernes, continuant l'usage d'autrefois, emploient encore assez souvent, en parlant de personnes, le pronom *soi(-même)* représentant un sujet de sens bien déterminé, singulier ou pluriel [1] :

C'est quand le philosophe parla de soi-même (M. BARRÈS, *Les Déracinés*, p. 192). — *Elle hochait la tête, regardant droit devant* SOI (ALAIN-FOURNIER, *Le Grand Meaulnes*, p. 241). — *Elle pensait à* SOI (Cl. FARRÈRE, *Le Chef*, p. 113). — *Et Ramuntcho sentait s'éveiller au fond de* SOI-*même les vieilles aspirations ancestrales* (P. LOTI, *Ramuntcho*, p. 4). — *Pouvait-il priver d'un pareil soldat et la France et* SOI-*même ?* (H. HOUSSAYE, *1815*, Waterloo, p. 53.) — *Il s'obligeait* SOI-*même à ne jamais capituler devant eux* (H. BREMOND, *Pour le Romantisme*, p. 109). — *Les gens qui parlent devant le miroir sont encore plus contents de* SOI *que les gens qui dansen devant le miroir* (A. HERMANT, *Les Samedis de monsieur Lancelot*, p. 148). — *Ce miraculeux vivant qui avait tenté à* SOI *seul de réinventer la Poésie* (H. de RÉGNIER, *Nos Rencontres*, p. 90). — *Elle se repliait sur* SOI-*même* (E. JALOUX, *L'Alcyone*, XI). — *Elle a dit quelque chose pour* SOI *seule* (P. VALÉRY, *Eupalinos*, p. 179). — *Mais à quoi bon, pour une religieuse, être détachée*

---

1. Quand *soi* représente un pluriel, on ne peut guère y joindre *même* (qui réclamerait alors l'*s*). Quelques-uns le font cependant : *La toute-puissance dominatrice de ces esprits latins, qui savent non seulement vaincre, mais se vaincre* SOI-MÊMES (R. ROLLAND, *Jean-Christophe*, t. X, p. 63). — *Les plus profonds humains, incompris de* SOI-MÊMES, *D'une certaine nuit tirent des biens suprêmes* (P. VALÉRY, *Poésies*, p. 232). — *Elles* [les machines-mains] *n'ont pas besoin, elles, d'ouvrier qui les guide : elles se guident* SOI-MÊMES (Cl. FARRÈRE, *Les Condamnés à mort*, p. 178). — *Sans s à même : Ils s'annulent* SOI-MÊME (Ch. PÉGUY, *L'Esprit de système*, p. 20).

de tout, si elle n'est pas détachée de SOI-*même ?* (G. BERNANOS, *Dialogues des Carmélites*, II, 1.)

À part soi est une locution adverbiale (où l'on a une altération graphique de l'ancienne expression *par soi* signifiant « soi seul, seul avec soi » : *Et Louis croyait,* À PART SOI (...) *que le héros sortirait encore de sa tente* (G. DUHAMEL, *Tel qu'en lui-même...*, p. 172). — *Nous nous le disions, chacun* À PART SOI (M. ARLAND, *Les Vivants,* p. 37). — On dit aussi : *à part moi, à part lui, à part nous,* etc. : À PART NOUS, (...) *nous rêvons un peu* (G. DUHAMEL, *Les Plaisirs et les Jeux,* p. 170). — *Elle entendait le vieux grommeler* À PART LUI (G. BERNANOS, *Nouv. Histoire de Mouchette,* p. 219). — À PART ELLE, *elle songeait...* (R. BOYLESVE, *Élise,* p. 126).

Hist. — La concurrence de *soi* et de *lui, elle(s), eux* s'est manifestée dès les origines de la langue : on peut l'observer déjà dans la *Chanson de Roland ;* mais c'est au début du XVIIe siècle que *soi* a commencé de reculer devant *lui, elle(s), eux.* Cependant *soi,* dit des êtres animés et représentant un sujet de sens déterminé, était, au grand siècle, bien plus fréquent que de nos jours : *Charmant, jeune, traînant tous les cœurs après* SOI (RAC., *Phèdre,* II, 5). — *Qu'en tout avec* SOI-*même il se montre d'accord* (BOIL., *Art p.,* III). — *Gnathon ne vit que pour* SOI (LA BR., XI, 121). — *Le porc revient à* SOI (LA F., *F.,* VIII, 27).

B. — CHOSES

490. Pour représenter, dans l'emploi réfléchi, un sujet de sens déterminé, singulier ou pluriel, en parlant de choses, on se sert généralement de *lui, elle(s), eux* (seuls ou renforcés par *même*) : *Le mont Icare (...) laissait voir derrière* LUI *la cime sacrée du Cithéron* (CHATEAUBR., *Mart.,* 15). — Mais l'emploi de *soi(-même),* quoique vieilli, est aussi très correct ; en particulier, il se rencontre fréquemment dans les locutions figées *en soi, de soi* : *La paix est fort bonne de* SOI (LA F., *F.,* III, 13). — *Le feu s'était de* SOI-*même éteint* (FLAUBERT, *Salammbô,* p. 121). — *Cet extraordinaire tableau ne ressemblait qu'à* SOI-*même* (G. DUHAMEL, *La Pierre d'Horeb,* p. 55). — *L'humus à* SOI *tout seul ne suffirait pas à réaliser l'herbe verte* (P. CLAUDEL, *Figures et Paraboles,* p. 117). — *La population de la Chine est à* SOI *seule au moins égale à celle de l'Europe* (P. VALÉRY, *Regards...,* p. 28). — *Les remords que le crime traîne après* SOI (AC.). — *Le repos est agréable en* SOI (ID.). — *Cette foule n'est pas mauvaise en* SOI (MICHELET, *Le Peuple,* p. 65).

491. *Soi-disant* est le dernier reste d'une ancienne construction, qui plaçait souvent devant l'infinitif ou le participe présent les formes toniques du pronom personnel complément (voir § 483, 1°, *Hist.*). Cette expression signifie « qui se dit tel ou telle ». Elle s'emploie en termes de pratique *(un soi-disant héritier)* et se dit aussi par raillerie ou par mépris dans l'usage courant : *La tourbe vulgaire des* SOI-DISANT *grands* (J.-J. ROUSS., *Conf.,* VIII).

Remarque. — Les puristes prétendent que *soi-disant* ne peut s'appliquer qu'à des personnes : *De* SOI-DISANT *docteurs* (AC.). — *Beaucoup de mères* SOI-DISANT *chrétiennes* (L. VEUILLOT, *Le Parfum de Rome*, VII, 16). — *La plupart des femmes* SOI-DISANT *artistes* (A. HERMANT, *Les Grands Bourgeois*, III). — Avec Littré ils tiennent que c'est une « grosse faute » que de l'employer en parlant de choses et de dire, par exemple : *accorder de* SOI-DISANT *faveurs ;* ils veulent qu'on se serve alors de *prétendu* [1] : *La copie de* PRÉTENDUES *instructions secrètes* (CHATEAUBR., *Mém.*, III, 11, 9, 5). — Cela est conforme à la logique. Mais *soi-disant* appliqué à des choses a pour lui la caution de très nombreux écrivains modernes [2] :

Tels étaient les agréments, SOI-DISANT *innocents, de cet ecclésiastique* (MARIVAUX, *Le Paysan parvenu*, p. 58). — *Zizimi crut tout, et reçut (...) un* SOI-DISANT *contrepoison* (HUGO, *Lucrèce Borgia*, I, 2, 3). — *Les choses* SOI-DISANT *sérieuses* (FLAUB., *Lett. à sa nièce Caroline*, p. 434). — *Au fond de mes* SOI-DISANT *ambitions* (E. FROMENTIN, *Dominique*, XVI). — *Une promesse ou* SOI-DISANT *promesse* (MONTHERLANT, *Les Célibataires*, p. 135). — *Ce* SOI-DISANT *défaut* (M. BARRÈS, *Au serv. de l'Allem.*, p. 26). — *Les* SOI-DISANT *occupations de cette soi-disant élite* (R. ROLLAND, *Jean-Christ.*, t. V, p. 291). — *Une* SOI-DISANT *expérience* (AC., s. v. *empirique*). — *Ces* SOI-DISANT *devoirs* (M. MAETERLINCK, *Le Double Jardin*, p. 124). — *Ce* SOI-DISANT *bureau* (J. et J. THARAUD, *Notre cher Péguy*, t. I, p. 214). — *Dans les enterrements* SOI-DISANT *religieux* (L. BLOY, *Le Désespéré*, p. 142). — *Je rentrais d'une de ces courses* SOI-DISANT *pressées* (M. PROUST, *Le Temps retrouvé*, I, p. 233). — *Les* SOI-DISANT *précisions de la calomnie* (G. CLEMENCEAU, *Démosthène*, p. 94). — *Une* SOI-DISANT *apparition de la Vierge* (Fr. JAMMES, *De l'âge divin à l'âge ingrat*, p. 81). — *La* SOI-DISANT *faute dont elle se gausse* (A. de CHÂTEAUBRIANT, *La Réponse du Seigneur*, p. 135). — *Ses* SOI-DISANT *inventions* (J. COCTEAU, *Les Parents terribles*, I, 2). — *La matière* SOI-DISANT *inerte* (A. ARNOUX, *Bilan provisoire*, p. 147). — *Elles ne se sont jamais plaintes de leur* SOI-DISANT *réclusion* (H. TROYAT, *Tant que la terre durera...*, p. 221). — *Mistral (...) détourne encore l'homme du* SOI-DISANT *progrès de la ville* (H. BORDEAUX, *La Garde de la maison*, p. 268). — *Une monnaie* SOI-DISANT *française* (Gén. DE GAULLE, *Mém.*, t. II, p. 274).

D'autre part, *soi-disant* est pleinement reçu par le bon usage actuel dans l'emploi absolu au sens de « prétendument, censément » [3] :

Elle ajoute un g *à tambourg* SOI-DISANT *parce que sa plume crache* (BALZAC, *Ursule Mirouet*, p. 331). — *Je passais aussi de longues heures, hélas ! à faire* SOI-DISANT *mes*

---

1. Martinon (*Comment on parle en fr.*, p. 304) déclare : « *soi-disant* renvoie mal aux choses, qui ne parlent pas ; et sans doute on dit bien en français qu'*une chose se dit*, au sens de *est dite*, mais non pas qu'elle *se dit service*, de sorte qu'*un soi-disant service* est fort discutable, et puisqu'on dispose en pareil cas de *prétendu*, le meilleur est de s'en tenir à ce mot. » — Cependant lui-même écrit (*ibid.*, p. 136) : « On dit fort élégamment (...) *je vous envoie des pêches de Montreuil ou soi-disant telles.* »

2. Résultat du referendum de la revue *Vie et Langage* (nov. 1958, p. 598) : des 1781 membres consultants, 57,22 pour cent « refusent » *soi-disant* appliqué à des choses, 22,86 pour cent le « subissent » et 19,02 pour cent le « ratifient ».

3. Littré signalait déjà l'emploi absolu de *soi-disant* au sens de « prétendument ».

devoirs (P. Loti, *Le Roman d'un Enfant*, XXVIII). — *Il était entré chez un joaillier,* soi-disant *pour faire estimer la broche* (P. Bourget, *Le Danseur mondain*, p. 187). — *Vous m'avez consulté* soi-disant *au sujet de votre femme de chambre* (M. Prévost, *La Princesse d'Erminge*, p. 165).—*Ils trouvèrent une grenouille dont Règletout s'empara,* soi-disant *pour la galvaniser* (Fr. Jammes, *Janot-poète*, p. 51). — *Valdo jouait* soi-disant *pour faire travailler Cécile* (G. Duhamel, *Le Jardin des bêtes sauvages*, VI). — *Elle* [une lettre] *est* soi-disant *écrite par l'attaché militaire italien* (R. Martin du Gard, *Jean Barois*, p. 274). — *Un plan de vie qui* soi-disant *doit me soustraire à toute espèce d'oppression* (J. Romains, *Musse*, III, 2). — *Chercher à voyager de nuit,* soi-disant *pour gagner du temps* (J.-L. Vaudoyer, *Laure et Laurence*, p. 213). — *Il venait de publier des vers* (soi-disant *traduits du français*) (A. Maurois, *Byron*, XXV). — Soi-disant *pour aboutir plus vite* (É. Estaunié, *L'Appel de la route*, p. 101). — *Elle était dans la chambre de Gradère,* soi-disant *pour le soigner* (Fr. Mauriac, *Les Anges noirs*, p. 230). — *Il se coucha en travers du lit,* soi-disant *pour contempler à son aise la poignée d'étoiles énormes qui remplissaient le cadre de la fenêtre* (J. Giono, *Le Hussard sur le toit*, p. 36). — *Pendant qu'elle resterait à la maison pour s'occuper,* soi-disant, *de rangements et de raccommodages* (H. Troyat, *Les Semailles et les Moissons*, p. 264). — *Il chantait avec Angélique une scène d'un petit opéra,* soi-disant *pour divertir Argan* (P. Guth, *Le Naïf aux 40 enfants*, p. 196). — *Elle eut le bonheur, cette année-là, de voir notre père venu à Paris,* soi-disant *pour affaires* (H. Bordeaux, *Paris aller et retour*, p. 57).

E. — Formes de politesse [1] ou de modestie.

492. Quand on s'adresse à une seule personne, la forme théorique du pronom personnel « allocutif » est celle de la seconde personne du singulier : *tu, te, toi*. En général, *tu, te, toi* et les possessifs correspondants expriment l'intimité, la supériorité, l'arrogance ou le dédain. Ils peuvent aussi prendre un caractère pathétique ou noble : *Viens-*tu *avec moi ?* — *O* toi *qui fis lever cette seconde aurore, (...) Règne à jamais, ô Christ, sur la raison humaine !* (Lamart., *Harm.*, Hymne au Christ.) — *O mon souverain Roi ! Me voici donc tremblante et seule devant* toi *!* (Rac., *Esth.*, I, 4.)

493. *Vous*, désignant une seule personne, a généralement quelque chose de cérémonieux, de poli, de respectueux : Vous *nous disiez donc, monsieur le président...*

L'alternance de *vous* et de *tu* exprime parfois un mouvement de passion : *Sire,* vous *pouvez prendre à votre fantaisie, L'Europe à Charlemagne, à Mahomet l'Asie,*

---

1. On prendra garde que l'expression traditionnelle « pluriel de politesse » appliquée aux formes « allocutives » dont il s'agit ici ne répond pas strictement à la valeur que ces formes prennent dans la langue parlée actuelle : *tu* peut être parfaitement « poli » : *Qu'en penses-*tu*, papa ? — Vous* peut être « supérieur » sans marquer la déférence : *Joseph,* vous *porterez mes bagages à la gare.*

Mais TU *ne prendras pas demain à l'Éternel !* (HUGO, *Crép.*, V, 2.) — *Si je* TE *voyais jouer avec une margoton ficelée comme celle-là, monsieur le fils de ma sœur, je ne* VOUS *reconnaîtrais plus pour mon neveu* (A. FRANCE, *Le Crime de S. Bonnard*, p. 30).

Hist. — En ancien français, on passait couramment — et sans aucune raison d'ordre affectif — du *tu* au *vous* et vice versa : PREN *la corone, si* SERAS *coronez ; O se ce non, filz,* LAISSIEZ *la ester : Je* VOS *defent que* VOS *n'i adesez* [Prends la couronne, et tu seras couronné ; ou sinon, fils, laissez-la là : je vous défends que vous y touchiez] (*Couronnem. de Louis*, 69-71).

494. *Nous*, mis pour *je*, est un pluriel dit « de majesté » ou « de modestie ». Cette forme est employée dans le style officiel par les souverains, par les é- vêques, et, en général, par les personnes qui ont caractère et autorité ; dans les préfaces et ailleurs, elle permet à certains auteurs d'éviter le « moi » haïs- sable : NOUS *avons ordonné et ordonnons ce qui suit* (Ac.). — NOUS, *Christian XVI, par la grâce de Dieu roi d'Alfanie…* (J. LEMAITRE, *Les Rois*, p. 5). — NOUS *ne prétendons rien établir ici de rigoureux* (HUGO, *Ruy Blas*, Préf.).

495. *Nous* s'emploie encore, pour *tu, il, elle*, comme pluriel de société, dans la langue familière, surtout pour teinter un reproche de quelque bienveillance : *Avons-*NOUS *étudié notre leçon, mon ami ?* — NOUS *sommes donc toujours triste, pauvre ange !* (FLAUBERT, *Corr.*, t. I, p. 138.) — *On l'a fait apercevoir plusieurs fois de sa faute, mais* NOUS *sommes opiniâtre,* NOUS *ne voulons pas* NOUS *corriger* (AC.).

Remarques. — 1. *Moi* et *nous*, coordonnés à un nom ou à un autre pronom, doivent, d'après les convenances de notre politesse, n'être placés qu'en dernier lieu : *Mon père et* MOI ; à moins que le mot auquel ils sont joints ne désigne une ou plusieurs personnes qui doivent le respect à celles qui sont désignées par *moi* ou *nous :* NOUS *et nos domestiques.*

2. L'adjectif ou le participe qui se rapportent à *nous, vous* désignant une seule personne, se mettent au singulier (cf. § 459, A, 2°) : *Êtes-vous* CONTENT, *monsieur ? Nous serons* PRUDENT, *se dit-il. Avons-nous été* SAGE, *mon enfant ? — Nous, juge de paix soussigné, sommes* CONVAINCU… (LITTRÉ). — *Il y a tout lieu de croire, et nous en sommes* CONVAINCU, *que Saurin n'était pas l'auteur des « Couplets infâmes »* (É. FAGUET, *Hist. de la Poés. fr.*, t. VI, p. 289). — *Nous sommes* PERSUADÉ *que la révolution mexi- caine aura été pour lui fertile en occasions de refaire sa fortune* (J. BAINVILLE, *Chro- niques*, p. 197). — *C'est la musique qui vous met dans cet état-là ? murmurait-elle. Nous sommes donc si* SENSIBLE ? (J. GREEN, *Minuit*, p. 96.)

Hist. — L'emploi du pluriel dit « de majesté », qui substitue *nous* à *je*, remonte à l'époque des empereurs romains : ceux-ci, à partir de Gordien III (238-244), disaient *nos* en parlant d'eux-mêmes ; cet usage a amené naturellement un *vos* de politesse, surtout depuis Dioclétien, l'empire étant alors partagé entre plusieurs personnages [1].

---

1. Selon F. BRUNOT, cette 2e personne plurielle « est venue probablement de l'usage de s'adresser aux empereurs qui étaient deux » (*La Pensée et la Langue*, p. 271). — D'après W. SCHMID (dont l'opinion est mentionnée par G. GARITTE, dans les *Études classiques*, t. XI, n° 1, p. 12), ce pluriel « allocutif » est beaucoup plus ancien et au-

— L'emploi du *nous* de majesté, imité ensuite par les autorités administratives et ecclésiastiques, a passé dans la langue officielle des souverains et de certaines personnes constituées en dignité [1]. — Le *vous* de politesse, désignant le souverain à l'origine, a fini par s'employer dans la langue courante pour exprimer la déférence.

Dans l'ancienne langue, aucune règle fixe ne délimitait l'emploi de *tu* et celui du *vous* de politesse ; souvent même les deux pronoms alternaient dans un même passage. C'est au XVIIe siècle que l'influence de la cour fit prévaloir le *vous* de politesse.

— Sous l'ancien régime, les « honnêtes gens » ne se tutoyaient pas entre eux, mais ils tutoyaient l'homme du peuple. — La République établit en l'an II le tutoiement général, mais on en revint sous l'Empire à l'usage d'avant la Révolution.

496. Quand on s'adresse révérencieusement à un ou plusieurs personnages de haut rang, au lieu du pronom allocutif *vous*, on emploie le titre qui est d'étiquette : *Votre Sainteté, Votre Majesté, Votre Excellence*, etc., et l'on met à la 3e personne les mots qui, pour l'accord en personne, ont rapport à ce titre ; toutefois on peut employer, tantôt le titre, tantôt *vous*, et même mêler la 2e et la 3e personne :

Sire, répond l'agneau, que VOTRE MAJESTÉ *Ne se mette pas en colère ; Mais plutôt qu'*ELLE *considère Que je me vas désaltérant Dans le courant, Plus de vingt pas au-dessous d'*ELLE *; Et que par conséquent, en aucune façon, Je ne puis troubler* SA *boisson* (LA F., F., I, 10). — *On savait que* VOTRE ALTESSE ROYALE *avait daigné prendre soin de ma tragédie. On savait que* VOUS *m'aviez prêté quelques-unes de vos lumières* (RAC., *Androm.*, Dédic.). — *Je supplie* VOTRE MAJESTÉ *de daigner lire avec attention cet ouvrage, qui est en partie l'exposition de* VOS *idées et en partie celle des exemples que* VOUS *donnez au monde* (VOLT., *Au Roi de Prusse*, 5 sept. 1752). — *Il ne tiendrait qu'à* VOTRE ALTESSE ROYALE *de s'environner d'hommes en rapport avec les idées et les sentiments de la France.* VOTRE *petite cour servirait de contrepoids dans l'opinion* (CHATEAUBR., *Mém.*, IV, 10, 6).

N.B. — Si l'on veut prendre le ton de l'extrême révérence, au lieu de *Votre Sainteté, Votre Majesté*, etc., on dit : *Sa Sainteté, Sa Majesté*, etc. (de même : *Monsieur l'Ambassadeur, Monsieur le Ministre*, etc.), et l'on met, pour ce qui est de l'accord en personne, la 3e personne (mais ce discours à la 3e personne n'est pas possible évidemment dans les phrases où l'on a un vocatif, comme *Très Saint-Père, Sire, Madame, Monseigneur*, etc.) : *Sa sacrée Majesté me permettra d'abord de lui faire voir comment le roi de Prusse me fit quitter ma patrie, ma famille, mes emplois dans un âge avancé (...). Sa Sacrée Majesté a mille moyens de protéger les lois de l'Empire et de Francfort (...).*

---

rait une origine orientale. — Pour expliquer, par une raison psychologique, l'origine de cet usage, il convient d'estimer avec A. ZAUNER (cité par G. GARITTE) qu'en considérant une personne comme une pluralité, on a voulu lui attribuer plus d'importance, plus de poids — et, plus généralement, il faut observer que l'emploi des formes « allocutives » de politesse ou de majesté répond à un besoin d'user, dans certaines circonstances, d'une forme différente de la forme courante.

1. C'est là l'explication traditionnellement reçue. Toutefois il faut observer que le « voussoiement » apparaît déjà en latin dans les lettres de Symmaque (2e moitié du IVe siècle ap. J.-C.) et même chez Ovide.

Je supplie Sa Majesté Impériale de me pardonner la liberté que je prends de lui écrire (VOLT., *À François Ier, empereur d'Allem.*, 5 juin 1753).

Les domestiques, les vendeurs, les vendeuses, les garçons de café, etc., quand ils parlent avec révérence, emploient d'une manière analogue les qualifications de *Monsieur, Madame, Mademoiselle*, etc. : MONSIEUR *m'a appelé ?* — MADAME *pourra choisir* — MADAME *comprendra en me voyant que je ne peux plus me montrer et c'est pourquoi je voulais demander à* MADAME... (J. GREEN, *Léviathan*, II, 6). — *Monsieur, c'est un monsieur anglais qui dit qu'il connaît* MONSIEUR (A. MAUROIS, *Nouv. Discours du docteur O'Grady*, p. 13).

F. — Renforcement des pronoms personnels.

497. On peut renforcer ou préciser *moi, toi, nous, vous, lui, eux, elle(s), soi,* en y ajoutant tantôt *même* (variable), tantôt *seul* (variable) : *Moi-même, eux-mêmes. Lui seul, nous seuls.* — A *nous, vous* on peut joindre *autres : Nous autres, vous autres* (§ 458 *in fine, Hist.*). — A *nous, vous, eux, elles* on peut joindre un nombre cardinal ou encore *tous, toutes* [1] : *Nous deux, vous trois.* — *Ils représentaient à* EUX TROIS *le chœur de la tragédie* (A. MAUROIS, *Ariel*, II, 15). — *Vous tous.*

Hist. — Dans la vieille langue, on avait le tour *moi troisième, lui quatrième*, etc., où l'ordinal était joint à un pronom personnel tonique : *Et l'endemain quant jors apert Monta ses oncles* LUI SEPTIME [Et le lendemain quand le jour se leva, son oncle monta lui septième] (HUON LE ROI, *Le Vair Palefroi*, 506-7). — *Une nef en un port trouva*, SEI [soi] DOZIME *dedenz entra* (WACE, *Brut*, 2561-62). — *Et si y alai*, MOI DISIESME *de chevaliers* (JOINVILLE, § 112). — Ce tour se retrouve parfois à l'époque classique et même exceptionnellement à l'époque moderne : *Il échappe à peine* LUI QUATRIÈME (VOLT., *L. XIV*, 12). — *M. le prince de Joinville était obligé de coucher,* LUI VINGTIÈME, *dans une chambre commune, sur une table* (HUGO, *Choses vues*, p. 32). — *Il joue le whist avec trois morts,* LUI QUATRIÈME (A. SUARÈS, *Sur la vie*, t. I, p. 100). — *Monsieur le curé, d'ailleurs, s'en régala* [d'un lapin], LUI, TROISIÈME (H. POURRAT, *Gaspard des montagnes*, p. 186). — *Il admit immédiatement,* LUI TROISIÈME, *mon point de vue* (LA VARENDE, *L'Amour de M. de Bonneville*, p. 129).

Remarque. — Il est incorrect de dire comme on fait parfois dans le pays de Liège : *Ils étaient leur trois ;* — *on leur a donné vingt francs pour leur deux* [2]. Dites : *Ils étaient trois* (voir § 916, 18) ; — *on leur a donné vingt francs pour* EUX *deux, pour* ELLES *deux.*

---

1. *Nous, vous*, déjà renforcés par *autres*, peuvent l'être encore par un nombre cardinal ou par *même, seul, tous, toutes : Nous autres quatre* (J. GIONO, *Voy. en Italie*, p. 110). — *Vous autres mêmes. Nous autres seuls. Vous autres tous.*

2. *C'èst-insi qu'i n'sont pus* LEÛ *deûs, mins i n'sont pus qu'on cwér* [C'est ainsi qu'ils ne sont plus *leur* deux, mais ils ne sont plus qu'un corps] (J. MIGNOLET, *Li Bone Novèle*, Marc, X, 8). — *On l'zî a n'né vint francs po* LEÛ *deûs* [On leur a donné vingt francs pour *leur* deux] (J. HAUST, *Dict. liég.*, s. v. *leû*). — Brunot (*Hist. de la L. fr.*, t. X, 1, p. 299) estime que cette tournure est lorraine. — Godefroy (t. IV, p. 748, 2e col.) note qu'elle s'emploie encore dans la **Bourgogne** (Yonne).

G. — Adverbes pronominaux.

498. *En* et *y* sont étymologiquement des adverbes de lieu signifiant, le premier, *de là* (lat. *inde*), le second, *là* (lat. *ibi*). Sans cesser d'être employés comme adverbes, ils ont pris, dès les temps anciens de la langue, la valeur de pronoms personnels compléments équivalant, le premier à *de lui, d'elle(s), d'eux, de cela,* — le second à *à lui, à elle(s), à eux, à cela*. C'est pourquoi on les appelle *adverbes pronominaux* (ou *pronoms adverbiaux*).

N. B. — Employés comme pronoms personnels, *en* et *y* représentent le plus souvent des animaux, des choses ou des idées abstraites.

Cependant, en parlant d'animaux ou de choses, on emploie parfois *lui, leur, de lui, d'elle(s), d'eux, à lui, à elle(s), à eux,* surtout quand on personnifie les animaux ou les choses ou quand il s'agit d'animaux ou de choses déterminés et individuels ou encore pour éviter une équivoque : *Ces vacances ! il jouissait* D'ELLES... (V. LARBAUD, *Fermina Márquez*, XVI). — *Ces journées de Catharona, qu'on me laisse un instant m'attarder* À ELLES (P. BENOIT, *La Dame de l'Ouest*, p. 196). — *Quelles années ! Elle ajouta en riant : Je ne les regrette pas, je ne pense jamais* À ELLES (E. JALOUX, *L'Alcyone*, I). — *Pour amortir les secousses du volant (...), il s'était cramponné* À LUI, *de toutes ses forces. Il s'y cramponnait toujours* (SAINT-EXUPÉRY, *Vol de nuit*, p. 139). — *Le sentiment de la possession des choses m'est d'ailleurs inconnu ; je jouis* D'ELLES *comme si elles m'étaient prêtées* (J. BENDA, *Exercice d'un Enterré vif*, p. 204). — *J'avais toutes les peines du monde, je l'avoue, à écouter un texte immobile et à* LUI *consacrer mon attention* (J. COCTEAU, *La Difficulté d'être*, p. 65). — *Le théâtre où Paule devait jouer n'était vraiment pas un grand théâtre. Je n'avais jamais entendu parler* DE LUI (A. CHAMSON, *La Neige et la Fleur*, p. 279). — *Ce cuir ne vaut rien, on* LUI *a donné un mauvais apprêt* (Ac., s. v. *apprêt*). — *D'autre part, c'est toujours lui, leur* qu'on emploie quand, en parlant d'animaux ou de choses, on a un vrai datif, comme avec les verbes *donner, demander, devoir, préférer*, etc. : *Le cheval rua et le charretier* LUI *donna un coup de fouet* (LITTRÉ). — *Ces arbustes vont périr si on ne* LEUR *donne de l'eau* (Ac.). — *Je peux bien avouer ces larmes-là ; je* LEUR *dois le meilleur instant de ma vie* (G. DUHAMEL, *Confess. de minuit*, p. 53).

499. *En* a une valeur adverbiale lorsque, représentant un adverbe de lieu, il signifie « de là, de l'endroit dont il s'agit » : *Vient-il de là-bas ? Oui, il* EN *vient. — Sors-tu d'ici ? Oui, j'*EN *sors.* — Semblablement *y* est adverbe quand, représentant un adverbe de lieu, il signifie « là, à l'endroit dont il est question » : *N'allez pas là, il* Y *fait trop chaud* (Ac.). — *Va-t-il partout ? Oui, il* Y *va. — Est-il ici ? Oui, il* Y *est.*

500. *En* est un pronom personnel relatif quand il correspond à un nom construit avec la préposition *de ;* il exprime alors les principaux rapports marqués par cette préposition (possession, provenance, cause, etc.) et est complément d'un verbe, d'un nom, d'un adjectif ; il peut être en rapport avec une expression quantitative (voir la Rem. ci-après) ; il peut avoir une signification partitive : *Vient-il de la ville ? Oui, il* EN *vient* (AC.). — *De ce lieu-ci je sortirai, Après quoi je t'*EN *tirerai* (LA F., *F.*, III, 5). — *On a voulu lui donner une mission officielle, il s'*EN *est dispensé* (AC.). — *Il demande du pain ; on lui* EN *donne. Cet événement, j'*EN *prévois les conséquences. Ses richesses, il* EN *est fier.*

En est un pronom neutre lorsqu'il représente une idée, une action, un fait quelconque ; il équivaut alors à « de cela » : *Il a été clément jusqu'à être obligé de s'*EN *repentir* (Boss., *R. d'Angl.*). — *Vous chantiez ? J'*EN *suis fort aise* (LA F., *F.*, I, 1). — *Je ne ferai pas ce voyage, je n'*EN *ai pas la force.*

Remarque. — Les expressions quantitatives *un, deux, quelques-uns, aucun, beaucoup, certains, plusieurs, peu, plus d'un, un autre, d'autres, une foule, un grand nombre,* etc., employées comme sujets réels avec les formes impersonnelles, comme attributs ou comme objets directs, s'appuient sur le pronom *en* qui précède (voir pourtant § 458, C, Rem. 5) : *Et s'il n'*EN *reste qu'un, je serai celui-là* (HUGO, *Châtiments*, VII, 16). — *On manquait de porteurs ; il s'*EN *présenta un* (LITTRÉ). — *Pierre est un savant ; vous* EN *êtes un autre.* — *Oh ! les beaux fruits que vous avez, donnez-m'*EN *quelques-uns* (AC.). — *Il y a des truites ; j'*EN *ai pris cinq, j'*EN *ai pris plusieurs, j'*EN *ai pris beaucoup.* — *On* EN *attaque certains de ne pas souffrir assez* (MONTHERLANT, *Le Solstice de juin*, p. 120). — *Parmi ces conditions, l'expérience* EN *a dévoilé quelques-unes* (TAINE, *de l'Intelligence*, t. I, p. 263). — *De ces quatre formes essentielles du drame, les Anciens* EN *ont connu trois* (É. FAGUET, *En lisant Corneille*, p. 173). — A remarquer aussi l'expression « *en voilà un qui...* ».

501. *Y* est un pronom personnel relatif quand il correspond à un nom construit avec *à* ou avec une préposition de sens local (*en, dans, sur, sous*, etc.) ; il est alors complément d'un verbe ou d'un adjectif :

*Le vase où meurt cette verveine D'un coup d'éventail fut fêlé (...) N'*Y *touchez pas, il est brisé* (SULLY PRUDHOMME, *Stances et Poèmes*, Stances, La Vie intérieure, III). — *Voici une lettre, vous* Y *répondrez. Le mal est grave : peut-on* Y *remédier ? La défiance ? je n'*Y *suis pas enclin.* — *Dès que vous aurez fait une dépense, vous me ferez parvenir l'état* Y *relatif* (STENDHAL, *Corr.*, t. VIII, p. 301). — *Quelle grande maison ! on* Y *vit à l'aise.* — *Il a un grand jardin ; il* Y *cultive toutes sortes de légumes.* — *Quittez les bois, (...) Vos pareils* Y *sont misérables* (LA F., *F.*, I, 5). — *Mon trône vous est dû (...) Je vous* Y *place* (RAC., *Mithr.*, III, 5). — *J'ai visité sur le front de Madrid une école installée à cinq cents mètres des tranchées (...). Un caporal* Y *enseignait la botanique* (SAINT-EXUPÉRY, *Terre des hommes*, p. 210). — *La table était grise de poussière ; il* Y *écrivit son nom avec l'index.*

Y est un pronom neutre quand il représente une idée, une action, un fait quelconque ; il signifie alors « à cela » : *Je voulais vous apporter ce livre, je n'*Y *ai plus pensé. Je ne partirai pas : rien ne m'*Y *oblige. Rien ne sert de courir, réfléchissez-*Y.

502. *En* et *y* s'emploient parfois pour désigner des personnes :

Heureux le roi qui aime son peuple, qui EN *est aimé* (FÉN., *Tél.*, t. II, p. 49). — *Être aimé de Mme de Vambures,* EN *être servi avec zèle, voilà ce qui me transportait* (MARIVAUX, *Le Paysan parvenu*, p. 367). — *[Louis XIV] l'aima assez [Marie Mancini] pour être tenté de l'épouser et fut assez maître de lui-même pour s'*EN *séparer* (VOLT.

L. XIV, 25). — *A-t-il des amis ? Il n'*EN *a qu'un seul* (Ac.). — *C'est un véritable ami, je ne pourrai jamais oublier les services que j'*EN *ai reçus* (ID.). — *Quitter une femme te coûtait quelques larmes ;* EN *être quitté te coûtait un sourire* (MUSSET, *La Nuit vénitienne,* I). — *Trois fois la semaine elle* EN *recevait une lettre* [de sa fille] (FLAUB., *Trois Contes,* p. 35). — *Guisolphe avait le désir de parler de Mme Ambrière et d'*EN *entendre parler* (E. JALOUX, *La Fête nocturne,* V). — *Pascal plaisait peut-être à quelques femmes, il* EN *était admiré* (Fr. MAURIAC, *Blaise Pascal,* p. 121). — *La vue du Roi avait suscité en lui une ardeur généreuse et un violent désir d'*EN *être distingué* (H. de RÉGNIER, *Le Bon Plaisir,* p. 119). — *Si mon prince le désirait, moi, barbier du roi et médecin, qui* EN *approche tous les jours, je pourrais...* (A. GIDE, *Saül,* III, 2). — *Je n'obtenais jamais d'eux* [des coiffeurs] *la coupe ni les soins que j'*EN *demandais* (G. DUHAMEL, *La Pierre d'Horeb,* p. 119). — *C'est un homme équivoque, ne vous* Y *fiez pas* (Ac.). — *Vous vous intéressez à lui ? Je ne m'*Y *intéresse pas* (É. AUGIER, *Les Effrontés,* II, 10). — *Pourquoi t'intéresses-tu à lui ? Il y a des milliers d'enfants comme celui-là, tu n'*Y *arrêtes même pas ta pensée* (Fr. MAURIAC, *L'Agneau,* p. 85).

Au lieu de *en,* pour représenter des personnes, on emploie le plus souvent le pronom personnel proprement dit (sauf toutefois quand *en* a une valeur partitive) : *Les services que j'ai reçus* DE LUI. — Quant à *y,* il ne se rapporte guère à des personnes qu'avec des verbes comme *penser, se fier, croire, s'intéresser,* etc.

Pour *en* et *y* se rapportant, dans l'usage classique, à des personnes, voir § 504, *Hist.*

503. *En* et *y* ont une valeur très imprécise, tantôt vaguement pronominale, tantôt vaguement adverbiale, dans un grand nombre d'expressions telles que : *s'en aller, s'en venir, s'en retourner, en vouloir à qqn, s'en prendre à qqn* (§ 504, 7), *je n'en reviens pas, ce qu'il en coûte, c'en est fait, en imposer, s'en tenir à qq. ch., en rester là, en être, il en est* (ainsi, de même, autrement, etc.), *en finir, en avoir assez, c'en est trop, il en a menti, en prendre à son aise, en user avec qqn, en croire qqn, s'en tirer, s'en faire, en user mal avec qqn, il s'en faut de beaucoup ; — il y a, il y va de l'honneur, il n'y paraît pas, n'y voir goutte, vous n'y êtes pas, y regarder à deux fois, il s'y prend mal,* etc.

OBSERVATIONS

504. — 1. *Y* se supprime, pour l'euphonie, devant les temps *irai* et *irais* [1] : *Avez-vous été à Paris ? J'*IRAI (Ac.). — *Quand il* IRAIT *de tout mon bien* (ID.). — *Non, vous n'irez pas à cette porte ! Non, vous n'*IREZ *pas !* (HUGO, *Angelo,* II, 5.)

2. *a) Je n'*EN *peux rien,* qui s'emploie en Belgique[2] , et aussi en France,

---

1. Certains auteurs n'ont pas craint de mettre *y* devant *irai(s)* : *Quand il verra qu'il* Y *ira de sa vie* (AMYOT, *Thém.,* 32). — *Non, je n'*Y *irai pas* [à cette chasse] ; *ils n'*Y *iront pas eux-mêmes* (FÉNEL., *Tél.,* t. I, p. 267). — *Vous n'*Y *irez pas?* (LITTRÉ, s. v. *si* adv., 15°.) — *Il* Y *irait non seulement de l'empire, mais de la vie* (É. FAGUET, *En lisant Corneille,* p. 221).

2. Cf. liégeois : *Dji n'*È *pou rin,* littér. : « je n'*en* peux rien » [= ce n'est pas ma

dans les provinces de l'Est, au sens de « je n'en suis pas responsable », est à proscrire. Ce tour pourra, selon l'occurrence, être remplacé par : *ce n'est pas ma faute, ce n'est pas de ma faute* (§ 923, 1), *il n'y a pas de ma faute, je ne suis pas en faute, je ne suis pas fautif, ce n'est pas à moi qu'en est la faute, je n'y suis pour rien.*

*b) Je n'*Y *peux* (ou *puis*) *rien* marque l'impuissance ou la non-responsabilité ; le sens de cette locution est : « je suis hors d'état de m'opposer à cela, je ne puis l'empêcher ou y remédier, je ne peux rien changer à cela » — ou encore : « ce n'est pas ma faute » :

Si c'est principalement dans les yeux qu'elle réside [la physionomie], *le toucher n'*Y *peut rien* (DIDEROT, *Lettre sur les Aveugles*). — *Je suis ainsi ; je n'*Y *peux rien* (ALAIN, *Propos sur le Bonheur*, XXIV). — *Tu vois bien que je n'*Y *peux rien. Rien à faire contre ma « cruelle destinée »* (A. GIDE, *Attendu que...*, p. 194). — *Cela ne m'intéresse plus ; je suis dégoûté ; je n'*Y *peux rien* (A. MAUROIS, *Bernard Quesnay*, p. 219). — *Je n'*Y *peux rien, je n'ai pas peur* (G. DUHAMEL, *Suzanne et les Jeunes Hommes*, p. 8). — *Comment puis-je les en empêcher* [d'attaquer] *?* (...) *Ils cognent avec des bancs contre la porte du couvent* (...). *Je n'*Y *puis rien* (J.-P. SARTRE, *Le Diable et le Bon Dieu*, I). — *Comme il semblait vilain* (...) *! Elle n'*Y *pouvait rien, elle l'aimait* (J. GREEN, *Le Malfaiteur*, p. 149). — *Il ouvrit les bras et les laissa retomber, comme renonçant à prendre son essor : Je n'*Y *peux rien* (H. TROYAT, *La Grive*, p. 202). — *Ce n'était pas sa faute ! Il n'*Y *pouvait rien* (FLAUB., *Salammbô*, VII). — *À mesure que le soleil s'élève sur l'horizon, les vents du pôle nous arrivent ; de là ces vagues de froid qui suivent les beaux printemps. Vous voyez que le soleil n'*Y *peut rien ; il nous chauffe honnêtement ; c'est un dieu juste et raisonnable* (ALAIN, *Propos*, Pléiade, pp. 50-51). — *Si on vous révoque, dit le garde, ce sera de votre faute. Moi, je n'*Y *puis rien !* (M. PAGNOL, *Le Château de ma mère*, p. 266).

*c) Je n'*EN *peux* (ou *puis*) *mais* [1] est une expression archaïque, qui ne s'emploie guère que dans la langue littéraire (parfois par badinage dans la langue parlée), avec une négation ou une interrogation, à la 1re et à la 3e personne du présent et de l'imparfait de l'indicatif. Elle peut signifier : 1º en marquant la non-responsabilité : « ce n'est pas ma faute, je n'y suis pour rien » [seule signification mentionnée par Bescherelle et par Littré] : *Souvent nous imputons nos fautes au malheur Qui n'*EN *peut* MAIS (RÉGNIER, *Satires*, XIV). — *Le malheu-*

---

faute] ; È *pou-dj'ine saqwè ?* littér. : « *en* puis-je quelque chose ? » [= y suis-je pour quelque chose ?] ; *èst-ce qui dj'*È *pou ?* littér. : « est-ce que j'*en* peux ? » [= est-ce ma faute ?] (J. HAUST, *Dict. liég.*, s.v. *poleur*).

1. *Mais* est ici le latin *magis*, plus, qui n'a subsisté que dans l'expression *n'en pouvoir mais*. Il était courant dans l'ancienne langue : *Ne povoit* MAIS *aler, car forment ert* [était] *lassee* (ADENET LE ROI, *Berte*, 1163). — *C'est son parler, ne moins ne* MAIS (VILLON, *Test.*, 215). — On rencontre parfois *n'y pouvoir mais* employé au sens de *n'y rien pouvoir : Elle lui fait faire ses courses. Le pauvre homme, sanguin et replet,* N'Y PEUT MAIS (TAINE, *Thom. Graindorge*, p. 180). — *M. Zéraffa* N'Y PEUT MAIS (É. HENRIOT, dans le *Monde*, 26 nov. 1958).

*reux lion (...) Bat l'air qui n'*EN *peut* MAIS (LA F., *F.*, II, 9). — *Voilà comme
je suis fait : ce n'est pas être bien fait sans doute, mais que voulez-vous ? la faute
en est aux dieux, et non à moi, pauvre diable, qui n'*EN *peux* MAIS (Th. GAUTIER,
Mlle de Maupin, VI). — *Et puis-je* MAIS *des soins qu'on ne va pas vous rendre ?*
(MOL., *Mis.*, III, 4.) — 2° en marquant l'impuissance : « je n'y peux rien,
je ne peux rien faire à cela » [seule signification signalée par le Dict. gén. et
par l'Acad.] : *Sur la tentation ai-je quelque crédit, Et puis-je* MAIS, *chétif, si le
cœur leur en dit ?* (MOL., *Dép. am.*, V, 3.) — *Je suis désolé de ce qui arrive :
je n'*EN *peux* MAIS, *je n'*EN *puis* MAIS (AC.). — 3° en marquant l'épuisement :
« je n'en peux plus, je suis à bout de forces » [signification non mentionnée par
les dictionnaires ; dans l'usage actuel, caprice de style, semble-t-il] : *Tandis
qu'elle* [Jeanne d'Arc] *proteste de son innocence et invoque la Vierge et les saints,
la foule qui n'*EN *peut* MAIS, *fond en larmes* (J. CALMETTE, cité par Ph. Baiwir,
dans le *Soir*, 30 nov. 1955). — *Rapporté par Alain, qui n'*EN *peut* MAIS *d'admiration* (J. BENDA, *ibid.*).

3. ***C'en est fait de* ...** est blâmé par Littré (s.v. *fait*, 16°) et par plusieurs
grammairiens. De fait, *en* et le complément introduit par *de* forment là pléonasme. L'emploi de *en* ne se justifie logiquement que quand *c'en est fait* est
pris d'une manière générale et signifie « la chose est accomplie » ou « la chose
est décidée irrévocablement » : *Puisque c'*EN *est fait, le mal est sans remède*
(CORN., *Cid*, II, 1). — *C'*EN *est fait, je m'expatrie* (LITTRÉ). — Cependant le bon
usage a admis *c'en est fait de moi* tout aussi bien que *c'est fait de moi* (= je
suis perdu) : *C'*EN *est fait d'Israël* (RAC., *Esth.*, I, 3). — *C'*EN *est fait de nous*
(AC.). — *C'*EN *est fait alors pour toujours de cette éducation tant vantée de Port-
Royal* (SAINTE-BEUVE, *Port-Royal*, t. V, p. 185). — *C'*EN *était fait de l'heureux
fonctionnement de toute société humaine* (H. BREMOND, *Pour le Romantisme*,
p. 80). — *C'*EN *était fait de lui* (BAUDELAIRE, *Les Paradis artificiels*, Un Mangeur d'opium, II). — *Si je pense à toi, c'*EN *est fait de mon repos* (COLETTE, *Les
Vrilles de la vigne*, p. 19).

4. ***Imposer ; en imposer.*** L'Académie signale que *imposer*, pris absolument, signifie « inspirer du respect, de l'admiration, de la crainte » ; — elle
ajoute que *en imposer* a été pris souvent dans le sens précédent, mais qu'il
signifie plus exactement « tromper, abuser, surprendre, en faire accroire ». —
Cette opinion ne paraît pas fondée : « L'usage des auteurs et aussi l'usage du
public, dit Littré, ne permettent aucune distinction » : *imposer* et *en imposer*
veulent dire, soit « commander le respect », soit « faire illusion, tromper » :

a) Sens de « commander le respect, la soumission, la crainte » : *Il* IMPOSAIT *par
la taille et par le son de la voix* (Boss., *Var.*, III, 3). — *La majesté du sacerdoce m'*IMPO-
SAIT (CHATEAUBR., *Mém.*, I, 3, 16). — *La richesse ne lui* IMPOSAIT *pas. Devant la
richesse, le sentiment le plus ordinaire n'est pas le respect, c'est l'envie* (FUSTEL DE
COULANGES, *La Cité antique*, IV, 10). — *Elle* IMPOSE *par un ton de simplicité noble,
et de dignité discrète* (SAINTE-BEUVE, *Causeries du Lundi*, t. IV, p. 369). — *Il a des
breloques, il* IMPOSE *aux gens de menu* (BALZAC, *L'Illustre Gaudissart*, p. 10). —
Magistral, Barrès l'était partout (...). Il IMPOSAIT (A. GIDE, *Feuillets d'automne,*

p. 190). — *La fortune ni la naissance ne lui* IMPOSENT (M. BARRÈS, *Les Déracinés*, p. 219). — *Les navires trônant dans la majesté du soleil* EN IMPOSAIENT *à Janot* (Fr. JAMMES, *Janot-poète*, p. 74). — *Le caractère insolite de la circonstance lui* EN IMPOSAIT (R. BOYLESVE, *Élise*, p. 153). — *Sa gloire* [de Brahms] *lui* EN IMPOSAIT (R. ROLLAND, *Jean-Christophe*, t. IV, p. 78).—*La carrure et l'autorité de son gendre lui* EN IMPOSAIENT (É. HENRIOT, *Aricie Brun*, I, 4). — *Il ne s'*EN *laissait nullement* IMPOSER *par la majesté royale* (J. et J. THARAUD, *Le Rayon vert*, p. 195).

b) Sens de « faire illusion, tromper » : *Le fourbe qui longtemps a pu vous* IMPOSER (MOL., *Tart.*, V, 6).—*Ils* IMPOSÈRENT *par ces artifices au pape Honorius I* (BOSS., *Hist.*, I, 11). — *C'est chercher à* IMPOSER *aux yeux, et vouloir paraître selon l'extérieur contre la vérité* (LA BR., III, 5). — IMPOSONS *quelque temps à sa crédulité* (VOLT., *Orph. de la Chine*, II, 2). — *L'homme ne peut-il pas selon sa coutume, s'*EN IMPOSER *à lui-même ?* (BOSS., *Anne de Gonz.*) — [Catherine II] *ne put qu'*EN IMPOSER *à Voltaire en lui vantant les pâles imitateurs de ses œuvres* (E.-M. de VOGÜÉ, *Le Roman russe*, p. 23). — *Ma débile raison s'*EN *laissait* IMPOSER *par mes désirs* (A. GIDE, *Le Retour de l'Enf. prod.*, p. 229). — *Cet envers invisible de la beauté* EN IMPOSE *aux personnes qui ne distinguent que l'endroit* (J. COCTEAU, *Poésie critique*, p. 122).

5. *En agir*, « condamné par Racine et Bouhours, l'est justement, dit Littré (*Suppl.*, s.v. *agir*, Rem. 1) ; car on ne peut pas dire *agir de*, tandis qu'on dit *user de*, ce qui justifie *en user*. » — Sans doute on peut préférer *agir* (sans *en*) ou *en user*, mais, en dépit de la logique, *en agir* a été reçu par le bon usage :

C'est ainsi qu'on EN AGIT *dans toute la terre* (VOLT., *Cand.*, XVI). — *Ils* EN AGIRENT *de même avec Viriate* (MONTESQUIEU, *Considér.*, 6). — *À propos de quoi* EN AGIT-*elle si mal avec une jeune personne… ?* (MARIVAUX, *Marianne*, p. 248.) — *Il eût cru manquer de respect d'*EN AGIR *autrement* (STENDHAL, *Chartr.*, t. I, p. 20). — *Quelle noble vengeance d'*EN AGIR *avec M. de Chateaubriand comme avec un de ces commis voyageurs si suspects aux espions* (CHATEAUBR., *Mém.*, éd. Biré, t. VI, p. 43). — *Elle n'*EN AGIRAIT *pas si familièrement avec moi* (MUSSET, *Barberine*, III, 9). — *L'exemple des gardiens, qui* EN AGISSENT *avec les bêtes féroces comme des piqueurs avec les chiens* (J. VALLÈS, *Les Réfractaires*, p. 277). — *Vous* EN AGISSEZ *bien mal avec moi !* (A. DAUDET, *Port-Tarascon*, II, 1.) — *Le général Favé n'*EN *veut* AGIR *qu'à sa tête* (P. et V. MARGUERITTE, *Les Tronçons du glaive*, p. 187). — *Joseph n'*EN AGIT *pas ainsi avec moi* (Fr. JAMMES, *Le Livre de saint Joseph*, p. 61). — *C'est ainsi que la Providence* EN AGIT *encore aujourd'hui pour nous rendre idéalistes* (M. BARRÈS, *Un Homme libre*, p. XIX). — *Je me rends compte qu'avant la guerre j'*EN AGISSAIS *ainsi avec l'acte même d'écrire* (Ch. DU BOS, *Journal 1921-1923*, p. 46). — *On n'avait cru pouvoir* EN AGIR *autrement avec M. Léon Meyer* (P. MILLE, *La Détresse des Harpagon*, p. 149). — *J'ai toujours cru que les gens de notre état devaient* EN AGIR *honnêtement avec Dieu* (G. BERNANOS, *Dialogues des Carmélites*, I, 3).

6. *Se connaître à* ou *en*, *s'y connaître en* (= pouvoir bien juger de). De ces deux tours, le tour classique, seul mentionné par les dictionnaires, est *se connaître à* ou *en* :

Je ne me connais pas à ces choses-là (MOL., *Mal. im.*, II, 5). — *Il se connaissait fort bien en étoffes* (ID., *Bourg.*, IV, 3). — *Ceux qui ne se connaissent point en pierreries* (BOSS., *Honn. du monde*, 2). — *Se connaître en bonheur* (HUGO, *Pierres*, p. 193). — *Vous qui vous connaissez à la fièvre…* (G. SAND, *François le Champi*, I). — *Je ne me connais pas à tout cela* (MUSSET, *La Mouche*, VII). — *Il prétendait se connaître en artillerie* (FLAUB., *Éd. sent.*, t. I, p. 102). — *Je me connais en physionomies* (A. FRANCE, *Crainquebille*, p. 88). — *Je (...) me connais mal aux questions qui te tourmentent* (G. DUHAMEL, *Lettres au Patagon*, p. 127). — *Se connaître aux délices* (P. VALÉRY, *Monsieur Teste*, p. 91).

On dit aussi : *s'y connaître en* [1] : *C'était un vieux singe qui s'*Y *connaissait en grimaces* (A. MAUROIS, *Les Discours du Dr O' Grady*, p. 61). — *[Il] s'*Y *connaît en prolétaires* (M. BEDEL, *M. le Prof. Jubier*, p. 125). — *Il s'*Y *connaissait en décors* (J. COCTEAU, *Maalesh*, p. 218). — *Je m'*Y *connais en âmes* (Fr. MAURIAC, *Asmodée*, II, 4). — *Lauzun, qui s'*Y *connaissait en bravoure* (LA VARENDE, *Les Belles Esclaves*, p. 95). — *Joseph, qui s'*Y *connaissait en bois d'œuvre et de menuiserie* (A. ARNOUX, *Calendrier de Flore*, p. 187). — *Ce huron s'*Y *connaît en peinture* (R. KEMP, dans les *Nouv. litt.*, 22 avril 1954).

N. B. — *S'entendre à* ou *en* se dit dans le même sens que *se connaître à* ou *en : Il s'entend à la culture* (LITTRÉ). — *S'entendre en tableaux* (AC.). — *Comme il ne s'entendait guère plus en culture qu'en indienne...* (FLAUBERT, *Mme Bovary*, I, 1). — D'après cela, puisqu'on dit bien (sans pause après le verbe) *s'*Y *connaître en peinture*, le tour *s'*Y *entendre en peinture* est plausible : *Un « taxi » s'*Y *entend en popularité* (D. ARBAN, dans le *Figaro litt.*, 9 juill. 1955). — *Dire à un homme (...) qu'il ne s'*Y *entend pas en peinture* (R. KEMP, dans les *Nouv. litt.*, 31 juill. 1958). — Dans les expressions familières *s'*Y *entendre comme à ramer des choux, comme à faire un coffre, comme une truie à dévider de la soie*, il semble bien que *y* représente la chose dont il s'agit (*s'y entendre = s'entendre à cela*) et ne puisse pas être regardé comme faisant partie intégrante du verbe.

7. **Se prendre à qqn,** c'est l'attaquer : *Tu te prends à plus dur que toi* (LA F., *F.*, V, 16). — *Il ne faut pas se prendre à plus fort que soi* (AC.) ; — **s'en prendre à qqn,** c'est lui attribuer quelque faute, vouloir l'en rendre responsable : *Mais puisqu'il est vaincu, qu'il s'*EN *prenne au destin* (CORN., *Pomp.*, I, 1). — *Si vous fussiez tombé, l'on s'*EN *fût pris à moi* (LA F., *F.*, V, 11). — *Je m'*EN *prendrai à vous de tout ce qui pourra arriver* (AC.).

8. **S'y retrouver,** au sens de « faire ses frais, rentrer dans ses débours », appartient à la langue familière : *Il s'*Y *retrouve* [un habitué du marché aux puces, qui faisait des acquisitions à première vue peu avantageuses] (M. ZAMACOÏS, dans *Candide*, 10 mai 1928). — *C'est elle qui dirigea la première tournée de Mistinguett ; les mauvaises langues disent même qu'elle y perdit beaucoup d'argent, mais que Mistinguett s'*Y *retrouva fort bien* (L. TREICH, dans le *Soir*, 19 janv. 1954) [exemples cités par Ph. Baiwir, dans le *Soir*, 19 sept. 1956]. — *S'*Y *retrouver : rentrer dans ses débours* (NOUV. LAROUSSE UNIV.).

9. Il faut se garder de mettre, dans la subordonnée introduite par l'adverbe relatif *où*, le pronom *y* faisant pléonasme, comme dans la phrase : *Il recherche des plaisirs où l'âme n'y trouve nulle paix.* Dites : ... *où l'âme ne trouve nulle paix.*

Pour l'emploi de *en* déterminant le nom de la chose possédée, voir § 429, 2°.

---

1. Le tour est tout à fait naturel quand on fait une pause après le verbe : *y* est alors l'expression anticipée du complément, précisé après le verbe ; mais souvent on ne fait aucune pause et tout se passe comme si *y* faisait partie intégrante du verbe.

Hist. — *En* et *y* étaient autrefois d'un emploi beaucoup plus large que de nos jours ; en particulier, ils se rapportaient à des personnes bien plus librement qu'ils ne font dans l'usage moderne : *Marius battit (...) les Teutons, les Cimbres (...). Les victoires qu'il* EN *remporta...* (Boss., *Hist.*, I, 9). — *Images de Dieu, vous* EN *imitez l'indépendance* (ID., *Le Tellier*). — *Son époux* EN *cherchait le corps* [de sa femme, noyée] (LA F., *F.*, III, 16). — *Est-ce peu de Camille ?* Y *joignez-vous ma sœur ?* (CORN., *Hor.*, II, 6.) — *Ils ont trompé le diable à force de s'*Y *abandonner* (PASC., *Prov.*, 4). — *Rien ne peut me distraire de penser à vous, j'*Y *rapporte toutes choses* (SÉV., t. VI, p. 318). — *Vouloir oublier quelqu'un, c'est* Y *penser* (LA BR., IV, 38). — *L'on me dit tant de mal de cet homme et j'*Y *en vois si peu* (ID., VIII, 39). — *Je romps avecque vous et j'*Y *romps pour jamais* (MOL., *Dép. am.*, IV, 3). — *Et savent* Y *donner* [à des défauts] *de favorables noms* (ID., *Mis.*, II, 5). — *On se fait un plaisir de vivre avec eux* [les comédiens] *et on ne veut pas* Y [avec eux] *être enterré* (VOLT., *À Damilaville*, 18 juill. 1762).

En faisait souvent pléonasme : *Et de cela, les animaux* EN *sont capables comme nous* (Boss., *Conn.*, V, 5). — *Dans la milice de Jésus-Christ, c'est* EN *être déserteur que de cesser un instant de combattre* (MASSILLON, *Profess. rel.*, 2).

PLACE DE *EN* ET DE *Y*

505. *a) En* et *y* se placent *avant* le verbe (avant l'auxiliaire si le verbe est à un temps composé) : *Il* EN *rit. Il* EN *a ri. J'*Y *crois. J'*Y *ai cru. N'*EN *parle pas. N'*Y *va plus.* — Toutefois, avec un impératif sans négation, ils se placent *après* le verbe et s'y joignent par un trait d'union : *Prends-*EN. *Pensez-*Y.

b) En et *y*, construits avec des pronoms, doivent se placer après eux [1] :

Il vous EN *parlera. Je leur* EN *parlerai. Parlez-nous-*EN. *Allons-nous-*EN. — *Viens-nous-*EN (HUGO, *Marie Tudor*, III, 1, 7). — *Ne nous* EN *parlez pas. Soyons-leur-*EN *reconnaissants. Ils n'ont pas d'argent : donnez-leur-*EN. *Instruisez-l'*EN. *Je veux vous* EN *récompenser. Vous m'*EN *entendrez parler.* — *Retirez-les-*EN (LITTRÉ, s. v. *en*, Rem. 4). — *Il est tombé dans le fossé : retire-l'*EN. — *Je n'ai pas voulu qu'il s'*EN *soit agi* (LITTRÉ, s. v. *agir*). — *Menez-nous-*Y (ID., s. v. *y*). — *Menez-les-*Y (ID.). — *Si cet enfant aime le cirque, menez-l'*Y. — *Il a sa chambre : mène-l'*Y. — *Laissons-l'*Y *en paix* (Ch. BRUNEAU, dans *Combat*, 25 avr. 1949). — *J'ai lu ce livre : il s'*Y *agit de géographie.* — *Ne nous* Y *menez pas. Il nous* Y *a conduits. On les* Y *contraindra. Je vous* Y *verrai venir. Vous les* Y *faites penser.*

c) Quand *en* et *y* accompagnent un impératif ayant pour complément le pronom personnel de la 1re ou de la 2e personne du singulier, ils se placent *après* ce pronom personnel, qui prend alors la forme atone *(me, te)*, réduite par élision, à *m', t'* (§ 102, N. B., 2) : *Donnez-*M'EN (AC.). — *Croyez-*M'EN (LA F., *F.*, VIII, 21). — *Garde-*T'EN *bien* (ID., *ibid.*, XII, 13). — *Souviens-*T'EN (HUGO, *Lég.*, t. IV, p. 329). — *Jouez-*VOUS-Y (MOL., *G. Dandin*, I, 6). — *Mène-*M'Y (LITTRÉ). — *Jette-*T'Y (ID.). — *Réfugie-*T'Y (ID., s. v. *tu*, Rem. 3).

Si l'impératif est négatif, l'assemblage du pronom complément et de *en* ou de *y* précède le verbe (§ 482, 2°) : *Ne* T'EN *vante pas. Ne* M'EN *parle pas. Ne* T'Y *fie pas.*

---

1. Criticus heurte l'usage quand il écrit : *Félicitons-*EN-LE ; *félicitons-*EN-NOUS (*Le Style au microscope*, t. III, p. 181).

On évite généralement les constructions *m'y*, *t'y*, après un impératif (cf. VAUGELAS, *Rem.*, p. 95), et l'on préfère *y-moi*, *y-toi* : *Mènes-y-moi* (LITTRÉ). — *Confies-y-toi* (ID.). — *Prépares-y-toi* (CORN., *Imit.*, I, 23). — D'ailleurs, les constructions *mènes-y-moi*, *confies-y toi* ne sont pas elles-mêmes fort usitées. La plupart du temps on prend une autre tournure : *Je vous prie de… ; je vous conseille de …*, etc.

N. B. — Lorsque *en* ou *y* d'une part, et d'autre part un des pronoms *tout, rien*, ou un des adverbes *assez, tant, trop, beaucoup, peu, bien, mieux*, etc. sont conjoints devant un infinitif, on les place, soit après, soit avant ces mots : *Je crains d'*EN *trop raconter, de trop* EN *raconter. Il avoue n'*Y *rien comprendre, ne rien* Y *comprendre.* — *Il m'était interdit d'*Y *rien prendre* (A. FRANCE, *Le Livre de m. ami*, p. 43).

Lorsque *en* ou *y* sont compléments soit d'un infinitif non prépositionnel régi par un verbe, soit d'un mot qui suit, ils se placent devant cet infinitif : *Je veux* EN *parler, vous* EN *parler. Ce mal, on peut* EN *deviner la cause. Je désire* Y *revenir, les* Y *ramener. Ce sentiment, je voudrais* Y *être enclin.* — Toutefois la langue littéraire les met encore assez souvent devant le verbe principal (cf. § 483, *in fine*, Hist.) : *J'*EN *veux parler.* — *Ce mieux mensonger disparaissait, sans que l'art* EN *pût deviner la cause* (B. CONSTANT, *Adolphe*, X).— *Donne-moi ce manteau. J'ai une idée.* — *Qu'*EN *vas-tu faire ?* (COLETTE, *La Maison de Claudine*, XX.) — *J'*EN *voudrais savoir davantage* (A. GIDE, *Attendu que…*, p. 99). — *Elles* [les limaces] *coupent un jeune dahlia, puis, quand il est tombé, plutôt que de s'en repaître, elles* EN *vont couper un autre* (G. DUHAMEL, *Fables de mon jardin*, XXIV). — *J'*Y *puis prétendre.* — *Rien de condamnable ne s'*Y *pouvait découvrir* (A. FRANCE, *L'Orme du Mail*, p. 325). — *Ce désert (…), je n'*Y *saurais rien découvrir* (SAINT-EXUPÉRY, *Courrier Sud*, p. 200).

Si *en* ou *y* sont compléments d'un infinitif régi par un des verbes *voir, entendre, écouter, sentir, laisser, faire, regarder, envoyer, mener*, etc., ayant lui-même un pronom personnel complément, ils peuvent se joindre à ce pronom personnel complément immédiatement avant le verbe principal, ou bien se placer immédiatement devant l'infinitif : *Vous m'*EN *entendrez parler, vous m'entendrez* EN *parler, vous m'entendrez vous* EN *parler. Je vous* Y *verrai venir, je vous verrai* Y *venir.* — *Le médecin était inquiet de la voir* Y *participer* [à une chasse] (P. VIALAR, *La Grande Meute*, I, 10). — A l'impératif : *Écoute-moi* EN *parler, écoute-m'*EN *parler. Laisse-nous-*EN *parler, laisse-nous* EN *parler. Ne m'*EN *laisse pas parler, ne me laisse pas* EN *parler.*

506. Quand un verbe est accompagné à la fois des deux adverbes pronominaux *en* et *y*, on place *y* devant *en* : *Il s'*Y EN *donna* (LITTRÉ). — *Je m'*Y EN *vais* (SÉV., 28 août 1675). — *Je n'*Y EN *ai point vu* (MOL., *Crit. de l'Éc. des f.*, 3). — *L'on me dit tant de mal de cet homme, et j'*Y EN *vois si peu…* (LA BR., VIII, 39). — *Il y a, je crois, plus de philosophie dans cette réponse qu'il ne prétendait* Y EN *mettre lui-même* (DIDEROT, *Lettre sur les Aveugles*). — *Mettez-*Y*-*EN (LITTRÉ). — *Il n'y a pas de soieries en cette ville (…) ; expédiez-y-*EN (ID.). — *Mettant de l'orgueil dans une chose où jamais il n'aurait dû* Y EN *entrer un brin* (G. SAND, *La Petite Fadette*, VII). — *Tout en méprisant l'amour au théâtre, il était forcé par le goût du public d'*Y EN *mettre toujours* (É. FAGUET, *En lisant Corneille*, p. 101).

Littré fait observer qu'avec des verbes comme *s'en retourner, s'en aller, s'en revenir*, on dit, à l'impératif : *retournez-vous-en, allez-vous-y-en*, etc. Il cite : *Venez-vous-y-en* (*Francion*) ; — *Retourne-t'y-en* (BOIL., *Héros de rom.*) ; — *Va-t'y-en* (DANCOURT, *Gal. jard.*, 10) — et il ajoute : « Il n'y a aucune raison pour ne pas s'exprimer comme ces auteurs. » — En fait, l'usage ignore tout à fait ces constructions. — Ajoutons, à propos de formes comme *il s'y en donna*, *mettez-y-en*, *expédiez-y-en*, que l'assemblage *y-en*, en dehors des locutions *il y en a*, *y en a-t-il*, est rare ; il est même à peu près inusité à l'impératif ou après un pronom personnel.

II. — *PRONOMS POSSESSIFS*

1. — Sens.

507. Les pronoms **possessifs** représentent le nom en ajoutant à l'idée de ce nom une idée de possession : *Cette maison est plus confortable que* LA MIENNE, *que* LA TIENNE, *que* LA SIENNE.

N. B. — Le pronom dit « possessif » marque souvent d'autres rapports que le rapport de possession (cf. § 421) : *Ma disgrâce entraînera* LA TIENNE. *Tu as ta migraine, dis-tu ; j'ai aussi* LA MIENNE. *J'ai récité ma leçon ; avez-vous récité* LA VÔTRE ? *Les funérailles de son père avaient été simples ;* LES SIENNES *furent solennelles.*

2. — Formes.

508. Les formes du pronom possessif ne sont autres que les formes toniques de l'adjectif possessif précédées de l'article défini.

		Un seul possesseur		Plusieurs possesseurs	
		Un seul objet	Plusieurs objets	Un seul objet	Plus. objets
1re PERS. {	MASC. FÉM.	le mien la mienne	les miens les miennes	le nôtre la nôtre	les nôtres
2e PERS. {	MASC. FÉM.	le tien la tienne	les tiens les tiennes	le vôtre la vôtre	les vôtres
3e PERS. {	MASC. FÉM.	le sien la sienne	les siens les siennes	le leur la leur	les leurs

Remarque. — Le pronom possessif peut être renforcé par l'addition de *propre* : *Un homme est plus fidèle au secret d'autrui qu'au sien* PROPRE (LA BR., III, 58). — *Préoccupé du bien public autant ou plus que du mien* PROPRE (A. GIDE, *Thésée*, p. 92).

Il admet un numéral cardinal entre l'article et l'élément possessif : LES DEUX NÔTRES [des hirondelles] *vivaient perchées sur l'épaule, sur la tête* (COLETTE, *La Maison de Claudine*, Le Liv. mod. ill., p. 70). — *C'est le cas de M. Mégret avec ses quatre voix, tandis que Mme Sainte-Soline, avec* LES QUATRE SIENNES, *va marquer le pas de l'infortune et de l'insuccès* (É. HENRIOT, dans le *Monde*, 11 déc. 1957).

Hist. — L'ancienne langue employait comme adjectifs les formes toniques du possessif et disait, par exemple : *le* MIEN *visage, le* SIEN *corps, ce* MIEN *livre, le courage du père* SIEN, *un* MIEN *frère*, etc. : *Par ceste* MEIE *barbe* [Par cette mienne barbe] (*Rol.*, 1719). — *Dieus vous rende la* VOSTRE *amie !* (*Floire et Blancheflor*, 1294.) — C'est au XVIᵉ siècle seulement que la distinction s'est établie entre les *adjectifs* possessifs et les *pronoms* possessifs. — La langue actuelle a gardé certaines traces des constructions anciennes (voir § 424).

Dans l'ancienne langue, le numéral cardinal accompagnant le pronom possessif se plaçait après lui : *Et par ainsi messire Enguerrant n'en rompit que quatre* [de lances], *et Saintré* LES SIENNES CINQ (Ant. de LA SALE, *Jehan de Saintré*, XXVII, cit. Damourette-Pichon).

3. — Emploi.

509. Le pronom possessif renvoie en général à un nom exprimé et déterminé : *Les injustices des pervers Servent souvent d'excuse aux* NÔTRES (LA F., *F.*, VI, 15). — *L'auteur de tes maux et des* MIENS (RAC., *Iphig.*, II, 1). — *Je n'ai de volonté que* LA TIENNE (AC.).

510. Cependant le pronom possessif peut s'employer d'une manière absolue :

1º Au masculin pluriel, pour désigner les proches, les parents, les partisans : *Il est plein d'égards pour moi et pour* LES MIENS (AC.). — *Ne serez-vous pas des* NÔTRES ? (ID.) — *On ne peint bien que soi et* LES SIENS (A. FRANCE, *Pierre Nozière*, p. 175).

2º Au neutre singulier, pour désigner le bien, le talent de chacun, les concessions que l'on fait : *Je ne demande que le* MIEN (AC.). — *Si j'ajoute du* MIEN *à son invention* (LA F., *F.*, IV, 18). — *J'y mets du* MIEN (= je fais des concessions) (LITTRÉ).

3º Au féminin pluriel, dans les expressions familières « faire des miennes, des tiennes, des siennes » signifiant « faire de mes (de tes, de ses) fredaines ou tours habituels » : *Il a encore fait des* SIENNES.

511. *Le nôtre, la nôtre, les nôtres, le vôtre, la vôtre, les vôtres* remplacent *le mien,… le tien*, etc. dans les cas où l'on emploie le pluriel de majesté, de politesse ou de modestie (voir § 494) : *La dignité de l'État et la* NÔTRE (dira un souverain). *Monsieur le directeur, nous joindrons nos efforts aux* VÔTRES. *Cette opinion n'est pas la* NÔTRE (dira un auteur).

III. — *PRONOMS DÉMONSTRATIFS*

1. — Sens.

512. Les pronoms **démonstratifs** désignent les êtres ou les choses, ou représentent un nom, une idée, comme avec un geste d'indication ;

ils *montrent* en quelque sorte les êtres ou les choses qu'ils désignent ou ce dont ils représentent l'idée : *Prenez* CECI. *Comment appelez-vous* CELA *? Ce sont deux beaux livres, mais je préfère* CELUI-CI *à* CELUI-LÀ. — *Moi, votre ami ? Rayez* CELA *de vos papiers* (MOL., *Mis.*, I, 1).

N. B. — 1. Le pronom démonstratif n'implique pas toujours l'idée démonstrative : cette idée est oblitérée dans *celui, ceux, celle(s)* et dans *ce* (sauf généralement devant le verbe *être* et dans certaines expressions : *ce semble, ce dit-on, sur ce,* etc.) : CEUX (c.-à-d. *les personnes,* et non *ces personnes) que j'ai loués dans mon ouvrage* (LA BR., XII, 67). — *J'aime* CE (c.-à-d. *la chose,* et non *cette chose) qu'il me donne* (CORN., Hor., II, 3). — *L'un n'avait en l'esprit nulle délicatesse, L'autre avait le nez fait de cette façon-là, C'était* CECI (c.-à-d. *telle chose), c'était* CELA (c.-à-d. *telle autre chose)* (LA F., *F.*, VII, 5).

2. Quand le pronom démonstratif ne représente pas un nom ou une idée, c'est proprement un *nominal* (§ 461, *b*).

2. — Formes.

513. Les pronoms démonstratifs présentent des formes *simples* et des formes *composées ;* ces dernières résultent de l'adjonction des adverbes *ci* (= ici) et *là* aux formes simples. *Ci* sert à former le démonstratif *prochain ; là* sert à former le démonstratif *lointain.*

Ces diverses formes sont indiquées dans le tableau suivant :

			Masculin	Féminin	Neutre
FORMES SIMPLES		SING.	celui	celle	ce
		PLUR.	ceux	celles	
FORMES COMPOSÉES	DÉMONSTR. PROCHAIN	SING.	celui-ci	celle-ci	ceci
		PLUR.	ceux-ci	celles-ci	
	DÉMONSTR. LOINTAIN	SING.	celui-là	celle-là	cela, ça
		PLUR.	ceux-là	celles-là	

Remarques. — 1. Le pronom *ce* subit l'élision devant toute forme du verbe *être* commençant par une voyelle ; devant un *a,* on écrit *ç',* avec la cédille ; *ce* subit aussi l'élision devant le pronom *en* et devant le semi-auxiliaire *aller : C'est ici ; c'eût été difficile. — Ç'a été la cause de bien des malheurs* (AC.). — *Ç'avait été rude ; ç'aurait été préférable. — C'en est fait. — Il y en a qui sont* *tellement pressés et expéditifs que* c'*en devient comique* (J.-L. VAUDOYER, *Laure et Laurence*, p. 224). — Ç'*allait être gai* (ID., *ib.*, p. 4). — *Une porte a claqué ; et* ç'*a été tout* (M. ARLAND, *Les Plus beaux de nos jours*, p. 105). — Ç'*aura été encore un bienfait que nous aurons dû à Foch* (F. GREGH, *L'Âge de fer*, p. 84).

2. *Ça* est une forme seconde ou réduite de *cela* (cf. dans la langue populaire : *plus* > *pus ; celui* > *çui*), qui s'est établie à la faveur d'une certaine fusion avec *çà*, adverbe de temps ou de lieu [1]. Il n'apparaît dans les textes qu'au XVIIe siècle ; il est alors populaire (cf. le langage des paysans de Molière), puis familier. On le trouve, note Brunot [2], chez La Fontaine, dans une lettre du 10 septembre 1661, à M. de Maucroix [*Si* ÇA *est, c'est encore un grand surcroît de malheur*] et chez Mme de Sévigné, dans une lettre du 13 mai 1680 [mais Mme de Sévigné ne prend pas *ça* à son compte : elle rapporte, sur un ton moqueur, une phrase d'un fâcheux : *Je crains M. de Molac, qui est ici, et qui viendra encore me dire vingt fois de suite, comme il fit une fois que vous y étiez :* « *Vous deviez bien m'avertir de* ÇA, *vous deviez bien m'avertir de* ÇA ». *Vous souvient-il de cette sottise ?*]. — C'est seulement au XIXe siècle, en particulier avec Chateaubriand, Stendhal, Béranger, Hugo, Flaubert, Dumas fils, Zola, qu'il s'est impatronisé dans la langue littéraire. Au XXe siècle, il s'est largement et solidement installé dans l'usage général, tout en restant cependant moins « distingué » que *cela : Donnez-moi* ÇA (LITTRÉ). — ÇA *ira. À part* ÇA. ÇA *y est. Il ne manquait plus que* ÇA. *Il n'y a pas de mal à* ÇA. — *La cantinière, après avoir regardé le mort, dit (...) :* « ÇA *n'est pas de notre division* » (STENDHAL, *Chartr.*, III). — *Je suis roi.* ÇA *suffit* (HUGO, *Théâtre en liberté*, Mangeront-ils ? II, 3). — ÇA *n'est pas nouveau* (A. DUMAS f., *Le Demi-monde*, Avant-prop.). — ÇA *ne sert à rien d'injurier ses adversaires* (ZOLA, *Travail*, p. 262). — ÇA *n'est pas dans le contrat* (P. LOTI, *Vers Ispahan*, p. 190). — *Vous verrez comme* ÇA *sera amusant* (J.-L. VAUDOYER, *Laure et Laurence*, p. 239). — ÇA *n'était pas la réponse de Dieu* (M. BARRÈS, *La Colline insp.*, p. 62). — *J'élèverai la voix si* ÇA *me plaît* (Fr. MAURIAC, *Le Sagouin*, p. 54).

Ça, devant une forme verbale, ne subit pas l'élision : ÇA *allait mal ?* (A. DUMAS f., *La Question d'argent*, II, 5.) — ÇA *a passé en un clin d'œil* (FLAUB., *Corr.*, t. II, p. 99). — *Je t'assure que* ÇA *a un bon côté* (ID., *ib.*, t. II, p. 272). — ÇA *obtient tout ce que ça veut* (A. DAUDET, *L'Évangéliste*, p. 247). — ÇA *a des bérets à cause de ses mèches* (MONTHERLANT, *Les Olympiques*, p. 225). — *Oh !* ÇA *arrive, dit Saint-Jean* (J. GIONO, *Batailles dans la montagne*, p. 235). — ÇA *aurait été une charité* (J. de LACRETELLE, *Le Pour et le Contre*, t. I, p. 191). — ÇA *a l'air d'une blague féroce* (R. VERCEL, *Ceux*

---

1. Voir A. HENRY, dans la *Revue de Linguistique romane*, janv.-juin 1955, pp. 4 suiv., et J. ORR, dans les *Mélanges Bruneau*, pp. 29 suiv. — Gile Vaudelin, dans sa *Nouvelle manière d'ecrire comme on parle en France* (1713), écrivant « il sera toujours vrai de dire qu'ils [les mots français] se prononçoient comme cela en 1712 », donnait, comme notation phonétique de *cela*, la graphie *sa* (voir M. COHEN, *Gramm. et Style*, p. 74).

2. *La Pensée et la Langue*, p. 146.

de la « Galatée », p. 87). — Voir au § 534 d'autres exemples où *ça* est sujet de *être*.

Parfois, par une sorte d'hypercorrection, *ça*, sujet d'un verbe autre que *être*, subit l'élision[1] : *Quel bonheur que* ç'*ait attendu !* (R. ROLLAND, *Jean-Chr.*, t. IV, p. 260.) — Ç'*avait l'air d'une blague !* (Fr. MAURIAC, *Les Anges noirs*, p. 212.) — Ç'*avait fait une flamme verte* (H. POURRAT, *La Tour du Levant*, p. 113). — Ç'*avait débuté par la fameuse commode de laque* (LA VARENDE, *Sa femme*, dans *Hommes et Mondes*, mars 1947, p. 525).

Le pronom *ça* ne doit pas être confondu avec *çà*, adverbe ou interjection, qui prend l'accent grave : ÇÀ *et là*. — ÇÀ, *messieurs les chevaux, payez-moi de ma peine* (LA F., *F.*, VII, 9).

3. Le pronom *ça* s'est créé, dans la langue populaire ou familière, une sorte de « satellite » : *ci*[2], venu par le balancement apophonique de *i* et *a* (cf. *prêchi-prêcha, et patati et patata, et caeteri et caetera, bredi-breda ;* liégeois *insi-insa* = couci-couça) : *On sort de là-bas, ils disaient, il faut faire* CI, *il faut faire ça* (M. AYMÉ, *Gustalin*, p. 45, cit. Damourette-Pichon, § 2474). — *Et de commencer à raconter (…) que l'Adèle c'était jamais qu'une* CI *et une là* (G. CHEVALLIER, *Clochemerle*, p. 309, *ibid.*).

4. Dans la langue familière, *comme ça* s'emploie comme épithète ou attribut. *C'est éreintant, un métier* COMME ÇA ! — *Que voulez-vous ? je suis* COMME ÇA ! — *Une* [valise] *comme on n'en fait plus, sûrement, puisque, d'après elle, on n'en faisait déjà plus de* COMME ÇA (P. DANINOS, *Vacances à tous prix*, p. 84). — Dans la langue populaire, il s'emploie fréquemment aussi comme expression de soulignement ou de remplissage, notamment entre un verbe déclaratif et son complément d'objet : *Faut* COMME ÇA *de temps en temps, que je boive un verre pour me donner des forces* (A. FRANCE, *Crainquebille*, p. 56). — *Monsieur m'a dit* COMME ÇA *de lui mettre le lit de fer dans son cabinet* (ID., *Le Mannequin d'osier*, p. 146).

Pour *ça* servant à renforcer un mot interrogatif (*qui ça ? où ça ?* etc.), voir § 570, Rem. 4.

Hist. — Pour la distinction qui, au XVIe siècle, s'est établie, dans les démonstratifs, entre les adjectifs et les pronoms, voyez § 435, *Hist.*

Les anciens démonstratifs *icelui, iceux, icelle(s)*, encore courants au XVIe siècle, ont été conservés jusqu'à nos jours dans la langue de la procédure : *L'idée universelle De ma cause, et des faits renfermés en* ICELLE (RAC., *Plaid.*, III, 3). — *La maison et les prés attenant à* ICELLE (AC.). — *Dans la maison d'*ICELUI (ID.).

---

1. Il arrive même que *ça*, sujet d'un verbe autre que *être*, subisse l'élision devant le pronom *en* (influence probable de *c'en est fait*) : *C'est tellement hors de toute proportion avec le vraisemblable et la réalité que* c'*en perd toute portée* (A. BILLY, dans le *Figaro litt.*, 20 déc. 1952). — Mais cela est insolite. [Si l'on estime que dans *c'en perd*, on a le pronom *ce*, et non *ça*, on aura donc le tour *ce perd toute portée* — et cela aussi semble insolite (comparez pourtant : § 522, 2°, note 1).

2. Voir A. HENRY, dans la *Revue de Linguistique romane*, janv.-juin 1955, pp. 19 suiv.

3. — Emploi.

A. — *FORMES SIMPLES*

Celui, celle(s), ceux.

514. *Celui, celle(s), ceux* demandent toujours après eux, soit un participe, soit un complément prépositionnel, soit une proposition relative : *Les tragédies de Corneille et* CELLES *de Racine.* — *Les amis de ce pays-là Valent bien, dit-on,* CEUX *du nôtre* (LA F., *F.*, VIII, 11). — CEUX *qui vivent, ce sont* CEUX *qui luttent ; ce sont* CEUX *dont un dessein ferme emplit l'âme et le front* (HUGO, *Châtim.*, IV, 9).

515. *Celui, celle(s), ceux* ne peuvent, selon la grammaire sévère, être suivis ni d'un adjectif, ni d'un participe (présent ou passé), ni d'un complément introduit par une préposition autre que *de*. Les phrases suivantes seraient donc incorrectes : *Les personnes ignorantes, et surtout celles étrangères à la philosophie. Les raisons données par autrui nous persuadent moins que celles trouvées par nous-mêmes. Le transport par avion est plus rapide que celui par camion.* — Il faudrait corriger en employant le relatif : *... celles qui sont étrangères... ; ... celles qui ont été trouvées... ;* ou en reprenant le nom : *... que le transport par camion.*

Remarques. — 1. L'emploi après *celui, celle(s), ceux* d'un participe ou d'un complément introduit par une préposition autre que *de* est blâmé par Littré [1] et par la plupart des grammairiens. Cet emploi — admis par Bescherelle, par F. Brunot, par Nyrop, par l'Office de la langue française (*Figaro*, 31 déc. 1938) — a reçu la sanction du bon usage. — Il se rencontre déjà, rarement il est vrai, au XVIIᵉ et au XVIIIᵉ siècle : *Je joins à ma lettre* CELLE ÉCRITE *par le prince* (RACINE, dans LITTRÉ). — *La blessure faite à une bête et* CELLE FAITE *à un esclave* (MONTESQ., *ibid.*). — *Les immeubles, même* CEUX POSSÉDÉS *par des étrangers, sont régis par la loi française* (*Code civ.*, art. 3). — CELLE [la stance] SUR *la plume blanche du Roi est encore un peu au maillot* (BOIL., *À Racine*, 9 juin 1693). — *Nous sommes incertains si le paquet pour votre altesse royale et* CELUI POUR *votre aimable ambassadeur...* (VOLT., dans LITTRÉ).

A noter que l'assemblage de *celui* + participe, dans ce tour, s'appuie sur quelque complément qui le suit. On ne dirait pas : *Ces livres et* CELUI PERDU. *Les voyageurs arrivés et* CEUX PARTANT.

---

1. Littré fait observer toutefois que *celui, celle(s), ceux* peuvent être suivis d'un adjectif ou d'un participe quand l'adjectif ou le participe appartiennent à une incise après laquelle vient *qui, que, don! : Votre exemple et* CELUI, *si généreux,* QU'A DONNÉ VOTRE LETTRE (LITT.). — *Ma lettre et* CELLE, *écrite par mon ami,* QUI VOUS SERA REMISE (ID.).

Le tour incriminé est fréquent dans la littérature moderne :

a) Avec le participe passé : *Tant pis pour* CEUX CULBUTÉS *dans le fossé ou* ÉCRA-SÉS *en route* (CHATEAUBRIAND, *Guerre d'Esp.*, XXXVIII). — *Cette douleur est-elle comparable à* CELLE OCCASIONNÉE *par Métilde ?* (STENDHAL, *Vie de Henri Brulard*, t. I, p. 20.) — *J'eus l'idée de prendre d'abord mon chocolat, et ensuite* CELUI DESTINÉ *à mon camarade* (Th. GAUTIER, *Voy. en Espagne*, p. 189). — *Je fus frappé d'un chapitre qui traitait à fond des amitiés, de* CELLES PRÉTENDUES *solides et de* CELLES PRÉTENDUES *innocentes* (SAINTE-BEUVE, *Volupté*, XV). — *Il n'est pas de plus grands crimes que* CEUX COMMIS *contre la foi* (A. FRANCE, *L'Orme du Mail*, p. 22). — *Une niche gros-sière, un peu plus grande que* CELLES CREUSÉES *dans le mur* (P. LOTI, *La Mort de Philæ*, p. 123). — *Les masses les plus nombreuses furent vraisemblablement* CELLES APPORTÉES *par les courants de l'Est* (P. VALÉRY, *Regards sur le monde actuel*, p. 121). — *Choisir entre la position chrétienne et* CELLE PRISE *par Gœthe* (A. GIDE, *Attendu que…*, p. 131). — *Tous ceux assis, de* CELLES *ou debout priaient bas* (Fr. JAMMES, *Les Géor-giques chrét.*, I). — *Les séquelles dépendant de l'ypérite, comparées à* CELLES DUES *aux autres gaz* (R. MARTIN DU GARD, *Les Thibault*, VIII, p. 273). — *Aucune autre limite que* CELLES ASSIGNÉES *par la santé de l'enfant* (Fr. MAURIAC, *La Pharisienne*, p. 45). — *Politique toute contraire, à* CELLE SUIVIE *en Indo-Chine* (A. MAUROIS, *Lyautey*, p. 83). — *Un autre empire que* CELUI PROMIS *aux Latins* (É. HENRIOT, *Les Fils de la Louve*, p. 117). — *Une autre nature que* CELLE IMPOSÉE *par le monde* (A. MALRAUX, *Les Voix du silence*, p. 275).

b) Avec le participe présent : *Je voulais chercher au lieu des jeunes filles que j'avais connues* CELLES POSSÉDANT *maintenant la jeunesse que les autres avaient alors* (M. PROUST, *Le Temps retrouvé*, t. II, p. 179). — *Ici c'est un instinct brutal et plat qui opère :* CELUI TENDANT *à secouer un fardeau trop lourd pour une conscience trop petite ou trop faible* (L. DAUDET, *Le Rêve éveillé*, p. 194). — *Mais quelle voie avait-il suivie d'ici là ? Peut-être* CELLE, *si poétique,* DÉVALANT *de ce village des Angles ?* (Fr. JAMMES, *M. le Curé d'Ozeron*, p. 117.) — *Comme* CEUX CACHANT *un secret* (A. GIDE, *Le Retour de l'Enf. prodigue*, p. 110). — *Tous* CEUX AYANT *la même maladie* (P. VALÉRY, *Mon-sieur Teste*, p. 37). — *C'est un état proprement anarchique, de même que* CELUI RÉSUL-TANT *de la constitution militaire aboutit à l'autocratie* (É. ESTAUNIÉ, *La Vie secrète*, p. 175). — *Aucun des protagonistes de ce théâtre, et même* CELUI TENANT *l'emploi de spectateur, n'avait conscience de jouer un rôle* (J. COCTEAU, *Les Enfants terribles*, p. 70). — *Les souvenirs que je gardais de cette existence illusoire n'étaient ni moins sûrs, ni moins attachants que* CEUX SE RAPPORTANT *à la période antérieure* (M. AYMÉ, *Le Passe-muraille*, p. 99) [1].

---

1. Même emploi (avec participe passé ou participe présent) chez : MÉRIMÉE, *Portr. hist. et litt.*, p. 24 ; BALZAC, *La Muse du département*, p. 228 ; MAUPASSANT, *Boule de suif*, p. 20 ; BAUDELAIRE, *Les Paradis artificiels*, Le Poème du haschisch, IV ; R. ROLLAND, *Beethoven*, La 9e Symphonie, p. 53 ; M. PROUST, *Albertine disparue*, p. 231 ; G. CLEMENCEAU, *Grandeurs et Misères d'une victoire*, p. 84 ; Ch. DU BOS, *Journ. 1921-1923*, p. 113 ; HENRI-ROBERT, *L'Avocat*, p. 26 ; E.-M. de VOGÜÉ, *Le Roman russe*, p. 4 ; L. BLOY, *Le Désespéré*, p. 317 ; É. ESTAUNIÉ, *Mme Clapain*, p. 145 ; MONTHERLANT, *Les Célibataires*, p. 188 ; G. BERNANOS, *Sous le Soleil de Satan*, p. 270 ; J. de PESQUIDOUX, *Sur la Glèbe*, p. 7 ; P. CLAUDEL, *La Ville*, III ; L. MADELIN, *Danton*, p. 34 ; LA VARENDE, *Le Roi d'Écosse*, p. 202 ; M. GARÇON, *Louis XVII*,

c) Avec un complément prépositionnel : *Mon père et Séraphie avaient comprimé les deux* [passions] *(...),* CELLE POUR *la chasse (...) devint une fureur* (STENDHAL, *Vie de Henri Brulard*, t. I, p. 209). — *Tauzin compta les piles de blé,* CELLES POUR *la vente...* (J. de PESQUIDOUX, *Chez nous,* t. I, p. 65). — *Elle avait pris* CEUX À *dix sous* [des cahiers] (J. SARMENT, *Jean Jacques de Nantes,* p. 231). — *La sonate en C dur de Beethoven (op. 53) et le rondo de* CELLE EN *mi (op. 90)* (A. GIDE, *Si le Grain ne meurt,* I, 6). — *La distinction (...) est aussi confuse que* CELLE ENTRE *forme et contenu* (A. MALRAUX, *Les Voix du silence,* p. 52). — *Une comparaison établira mieux les précautions rurales prises contre l'ébranlement communiqué par les toitures :* CELLE AVEC *le clocher* (LA VARENDE, *La Normandie en fleurs,* p. 153). — *Je n'ai pas parlé de la plus malaisée des patiences :* CELLE ENVERS *soi-même* (A. MAUROIS, dans les *Nouv. litt.,* 12 juill. 1956). — *Je ne savais pas que son érudition en droit civil égalait* CELLE EN *astronomie* (H. BORDEAUX, *La Garde de la maison,* p. 21).

2. On trouve aussi, mais beaucoup moins souvent, *celui, celle(s), ceux* suivis d'un adjectif :

Cette remarque ainsi que toutes CELLES *purement* GRAMMATICALES *sont pour les étrangers* (VOLT., *Comm. sur Corneille, Nicomède,* v. 1409). — *Ce gouvernement (...) ne fait aucune dépense, pas même* CELLE NÉCESSAIRE *à l'entretien des routes* (STENDHAL, *Corr.,* t. VIII, p. 163). — *Tout ceci se passa dans un temps moins long que* CELUI NÉCESSAIRE *pour l'écrire* (Th. GAUTIER, *Le Capit. Fracasse,* XV). — *Nul n'a été plus méconnu de la génération qui l'a suivi (je ne dis pas de la mienne, mais de* CELLE INTERMÉDIAIRE) *que le vieux Edme* (R. ROLLAND, *Le Voyage intérieur,* p. 73). — *Les régions dont je parlais ne sont pourtant pas inhabitées ; ce sont* CELLES SUJETTES *à d'importantes évaporations, (...)* CELLES VOISINES *des embouchures des grands fleuves* (A. GIDE, *Les Faux-Monnayeurs,* p. 194). — CELUI CAPABLE *de devenir tant d'êtres devient à jamais incapable d'une réelle sincérité* (ID., *Journal 1939-1942,* p. 155). — *Si j'avais souci d'autres lecteurs que de* CEUX *assez* INTÉRIEURS *pour le comprendre* (P. VALÉRY, *Trad. des Bucoliques de Virg.,* p. 28).

Cette construction ne saurait être admise dans les cas où il est possible de mettre l'article, parce que celui-ci précisément permet de substantiver l'adjectif : *Lisez les bons auteurs et non* LES *médiocres.* (A proscrire : *... et non ceux médiocres*).

516. On fait parfois ellipse de *celui, celle(s), ceux* devant le complément déterminatif : *Tes destins sont d'un homme et tes vœux sont d'un Dieu* (VOLT., 2d *Disc. sur l'Homme*). — *Mes sentiments n'étaient point d'un esclave* (A. FRANCE, *Le Liv. de m. ami,* p. 157). — *Sa maigreur était d'un ascète* (H. BORDEAUX, *Le Pays sans ombre,* p. 41).

517. En principe, le complément de *celui, celle(s), ceux* se place immé-

p. 316 ; A. SIEFGRIED, *Aspects du XXe siècle,* p. 119 ; M. BEDEL, *Tropiques noirs,* p. 174 ; H. TROYAT, *L'Araigne,* p. 273 ; DANIEL-ROPS, *Éléments de notre destin,* p. 206 ; P. LÉAUTAUD, *Journ. littér.,* 10 mars 1904 ; F. GREGH, *L'Âge de fer,* p. 45 ; H. BORDEAUX, *Paris aller et retour,* p. 134 ; A. ARNOUX, *Les Crimes innocents,* p. 47 ; R. KEMP, dans les *Nouv. litt.,* 24 juin 1954 ; J.-P. SARTRE, *Les Jeux sont faits,* p. 176 ; J. GUITTON, *L'Église et l'Évangile,* p. 77 ; etc.

diatement après ces pronoms. Cependant on intercale parfois un adjectif entre le pronom et le complément : *Sans aucun autre sentiment de privation ni de jouissance (...) que celui seul de notre existence* (J.-J. ROUSS., *Rêv.*, 5ᵉ Promen.). — *Ils passaient là, chaque jour, une heure bénie qu'ils avaient l'impression d'arracher à toutes les tyrannies conjurées : celle, farouche, de l'argent, et celle, caressante et souveraine, du foyer* (G. DUHAMEL, *Deux Hommes*, p. 131). — *Au souci de rajeunir son Dictionnaire l'Académie a joint celui, non moins vif, de lui conserver sa physionomie* (AC., 8ᵉ éd., Préf.).

518. On peut placer entre *celui, celle(s), ceux* et la relative qui suit, un complément partitif : *Il a récompensé ceux de ses domestiques qui l'avaient bien servi* (AC.). — *Ceux des Grecs qui parlaient ainsi d'un homme si sage passaient pour fous* (LA BR., XII, 66). — *Il me paraît que celui des deux qui évite de se rencontrer aux assemblées est celui qui cède* (ID., XIV, 61).

Parfois même toute une proposition s'intercale entre *celui, celle(s), ceux* et la proposition relative : *Comment ne pas dire à* CEUX, *si munis qu'ils soient de savoir humain et quelque importance qu'ils aient ou qu'ils s'attribuent, qui s'érigent avec tant d'assurance en juges du christianisme...* (P. SANSON, *L'Inquiétude humaine*, p. 12).

Mais si la proposition intercalée est quelque peu longue, comme dans la phrase qui vient d'être citée, la clarté de l'expression en souffre.

519. *Celui, celle(s), ceux* peuvent être *nominaux* (ne représentant aucun nom exprimé : cf. § 461, *b*), mais seulement pour désigner des personnes : *Heureux* CELUI *qui craint le Seigneur !* (AC.) — CEUX *qui ont vécu avant nous* (ID.). — CELLES *de ma naissance ont horreur des bassesses* (CORN., *Rod.*, III, 6). — CEUX *de Samos* (LA F., *Vie d'Ésope*). — CEUX *de Crotone ont perdu contre lui deux batailles* (FÉN., *Tél.*, t. II, p. 53). — *Elle enviait* CELLES *du peuple* (A. DAUDET, *L'Immortel*, p. 274).

N. B. — 1. *Faire celui* [ou *celle(s)*, ou *ceux*], suivi d'une proposition relative, se dit, en parlant d'êtres animés, dans le sens de « jouer le rôle de celui, de celle(s), de ceux » ou de « se donner les apparences de celui, de celle(s), de ceux » : FAITES *donc* CELUI *qui ne se doute de rien !* (A. DUMAS f., *Un Père prodigue*, II, 2.) — *J'ai pourtant voulu tâcher de la bousculer en* FAISANT CELLE *qui ne se doutait de rien* (J. SCHLUMBERGER, *Saint-Saturnin*, p. 89). — *Le chien qui* FAIT CELUI *qui boite pour n'être pas battu* (MONTHERLANT, *Fils de personne*, III, 3). — *Et tu* FERAS CELUI *qui passait par hasard* (M. PAGNOL, *César*, p. 12).

2. Le caractère nominal du démonstratif dans des expressions comme *ceux de Crotone* est tel que la langue populaire les fait volontiers précéder de l'article ; le tour *les ceux de Paris* est attesté dès le XVIᵉ siècle (RAMUS, 1587, p. 153, cit. BRUNOT et BRUNEAU, *Gramm. hist.*, 4ᵉ éd., p. 261). — LES CEUX *qui ont énormément du talent* (Ch. PÉGUY, *L'Esprit de système*, p. 180).

520. *Celui, celle* peuvent être en rapport avec un nom pluriel ; *ceux, celles*, avec un nom singulier : *On peut distinguer trois sortes de politesse :* CELLE *de l'esprit,* CELLE *des manières,* CELLE *du cœur. Cette scène et* CELLES *qui la suivent.*

521. Les tours *Il y en a de ceux..., de celles..., j'en connais de ceux...,* etc., avec une relative, sont incorrects (voir l'*Hist.,* 3). Dites : *Il y en a... J'en connais...*

Hist. — 1. Jusqu'au XVIIᵉ siècle, on pouvait se dispenser d'exprimer le pronom démonstratif ou le nom qui, dans la langue moderne, sert à rappeler, devant un complément déterminatif, un nom précédemment énoncé : *Prenons (...) Vous la place d'Hélène et moi d'Agamemnon* (RAC., *Andr.,* IV, 3). — *Vos médecins, Fagon, et de toutes les facultés, avouez-le, ne guérissent pas toujours* (LA BR., XIV, 68). — *La gloire ou le mérite de certains hommes est de bien écrire ; et de quelques autres, c'est de n'écrire point* (ID., 1, 59).

2. On employait autrefois, après la conjonction de comparaison *comme* ou dans des phrases négatives, *celui qui,* au sens de « une personne qui » ou « personne qui », avec une nuance de cause (lat. *ut qui*) : CEL *nen i ad* KI *de pitet ne plurt* [Il n'y a celui qui de pitié ne pleure] (*Rol.,* 822). — *Il n'y eut* CELLUY QUI *ne beust vingt cinq ou trente muys* (RABELAIS, *Pant.,* 20). — *Prenant garde qu'ils marcheoyent en desordre comme* CEUX QUI *cuidoient* [pensaient] *bien estre hors de tout dangier* (MONTAIGNE, I, 45 ; p. 311). — *Elle vous parle comme* CELLE QUI *n'est pas savante* (LA BR., XII, 28). — Ce tour, aujourd'hui vieilli, figure encore dans Littré.

3. L'ancienne langue avait le tour *il y en a de ceux... : Assez i ot* DE CEUS *qui blasmerent la reïne* [Il y en eut beaucoup qui...] (*La Mort le roi Artu,* § 74). — *Assez en i ot* DE CEUS *qui en retinrent* [du butin] (VILLEHARDOUIN, § 254).

4. Jusque dans le XVIᵉ siècle, *celui* et *cettui* pouvaient à eux seuls, sans l'adjonction de *ci* ou *là,* aujourd'hui nécessaire, désigner la personne dont il était question : *Heureux qui peut par les traces errer :* CELUY *se doit d'une docte parole Hors du tombeau tout vif se deterrer* (RONSARD, *Odes,* II, 2, cit. Gougenheim). — CESTUY *parloit à celle plus long temps que les autres* (AMYOT, *Eumène,* 13, *ib.*). — Jusque dans le XVIIᵉ siècle, *celui* pouvait être séparé du pronom relatif : CELUY *seul se tient pour surmonté, qui sçait l'avoir esté ny par ruse ny de sort, mais par vaillance* (MONTAIGNE, I, 5 : p. 45). — CELLUY *est trespovre qui vit sans Jesus* (*Internelle Consolacion,* I, 8). — CELUI *vraiment les a perdus qui les a estimés perdus* (MALHERBE, t. II, p. 6). — Vaugelas, dans ces sortes de phrases, exigeait *celui-là :* CELUI-LÀ *est homme de bien qui...* (dans Sneyders de Vogel, *Synt. hist.,* § 106).

Ce.

Ce, pronom démonstratif neutre, peut être sujet, attribut ou complément. (Pour l'élision de l'*e,* voir § 513, Rem. 1.)

1. " CE „ SUJET

522. *Ce* s'emploie comme **sujet :**

1° Immédiatement devant une proposition relative commençant par *qui, que, quoi* prépositionnel, *dont :* CE *qui vient de la flûte s'en retourne au tambour.* — CE *que l'on conçoit bien s'énonce clairement* (BOIL., *Art p.,* I). — CE *à quoi je pense ne saurait vous concerner* (AC.). — CE *dont vous me parlez est intéressant* (ID.).

2⁰ Devant le verbe *être*[1] (parfois précédé de *devoir, pouvoir, aller*) :
CE *fut une grande joie* (Ac.). — *Une porte a claqué ; et ç'a été tout* (M.
ARLAND, *Les Plus beaux de nos jours*, p. 105). — *Ç'avait été terrible.
C'eût été une catastrophe.* — CE *doit être un beau spectacle* (Ac.). — CE
pourrait être grave. — *Ç'allait être gai* (J.-L. VAUDOYER, *Laure et Lau-
rence*, p. 4).

Deux séries de cas sont à examiner :

A. — Devant le verbe *être*, très souvent *ce* reprend un sujet déjà exprimé :
Le premier des biens, C'est *la vertu.* — *Rire des gens d'esprit*, C'est *le privilège
des sots* (LA BR., V, 56). — En particulier, il s'emploie ainsi :

a) Indispensablement quand l'attribut est un pronom personnel ou quand,
après un sujet singulier, l'attribut est un pluriel : *Mon meilleur auxiliaire,
c'est vous.* — *Le gibier du lion*, CE *ne sont pas moineaux* (LA F., F., II, 19).

Hist. — A l'époque classique, cet emploi de *ce* n'était pas obligatoire : *Tout ce
qu'il y a d'agréable sont effectivement les idées qui ont été prises de Molière* (MOL.,
Impromptu, 3). — *L'effet du commerce sont les richesses* (MONTESQ., *Espr.*, XXI, 6).

b) A peu près indispensablement quand l'attribut est une proposition introduite par *que : Une chose regrettable*, C'est *qu'il a manqué de politesse.*

c) A peu près indispensablement quand la phrase commence par *ce* + relative : *Ce que je sais le mieux*, C'est *mon commencement* (RAC., *Plaid.*, III, 3).
— *Ce que je crains*, (c')est *d'être surpris* (LITTRÉ). — Sans reprise : *Ce qui m'a
frappé est de voir cette insistance presque lassante sur la nécessité de l'unité*
(J. GUITTON, *L'Église et l'Évangile*, p. 183).

d) A peu près indispensablement quand l'attribut est un infinitif : *L'héroïsme du pauvre*, C'est *d'immoler l'envie* (MICHELET, *Le Peuple*, p. 210). —

---

1. Parfois aussi devant *sembler, paraître, devenir, pouvoir*, etc. : CE *devient là
pour eux un objet important* (MARIVAUX, *Marianne*, p. 46). — *C'était devenu sa
tâche favorite* (SAINTE-BEUVE, *Port-Royal*, t. I, p. 406). — CE *devenait une manie*
(R. ROLLAND, *Jean-Christophe*, t. III, p. 27). — *Jusqu'à ce moment* CE *lui avait semblé
un jeu* (ID., *ib.*, t. IX, p. 117). — CE *devient une grande difficulté* (M. BARRÈS, *Le
Jardin de Bérénice*, p. 74). — CE *pourrait se corriger adroitement à la plume* (BARBEY
D'AUREVILLY, *Lettres à Trébutien*, t. I, p. 105). — CE *pourrait, à la longue, devenir
désespérant* (G. DUHAMEL, *Le Bestiaire et l'Herbier*, LXXXI). — CE *nous parut un
travail tout aisé* (ID., *Le Désert de Bièvres*, p. 146). — CE *n'a pas la moindre importance* (ID., *Refuges de la lecture*, p. 226). — CE *resta longtemps le grand secret de nos
adolescences* (ALAIN-FOURNIER, *Le Grand Meaulnes*, p. 55). — CE *n'aurait pas l'air
sérieux* (St. PASSEUR, *Défense d'afficher*, III, 1). — CE *ne m'était pas adressé* (VERCORS,
Les Armes de la nuit, p. 121). — CE *ne veut pas dire du tout qu'on soit généreux* (LA
VARENDE, *Don Bosco*, IV). — CE *ne suffit pas à combler les déficits* (G. BAUËR, dans
le *Soir*, 4 nov. 1959). — CE *peut signifier que le ciel est vide* (R. KEMP, dans les *Nouv.
litt.*, 19 févr. 1953). — *Il faudrait*, CE *(me) semble, user d'indulgence* (Ac.).

Pour *ç'ont été, eussent-ce été, c'eussent été ont-ce été*, etc., voir § 809, *b*, 2⁰.

B. — Devant le verbe *être*, très souvent aussi *ce* exprime une idée vague, précisée ensuite par :

a) Un nom ou un pronom, tantôt précédés de *que*, tantôt non : *C'est une belle fleur que la rose* (voir la note 2 ci-dessous). *C'est une noble cause que celle-là.* — *C'est un coupe-gorge qu'une table remplie de trop de viandes* (MOL., *Av.*, III, 1). — *C'est bizarre, la vie* (J. LEMAITRE, *Flipote*, I, 3). — *C'est un homme, celui-là !*

Ce peut être précisé par *ce* + relative : *C'est aimable, ce que Lydie t'écrit là* (J. LEMAITRE, *Flipote*, I, 3).

b) Une proposition introduite par *que* [1], parfois par *comme, si, quand*, etc. : *C'est une dure loi (...) Qu'il nous faut du malheur recevoir le baptême* (MUSS., *N., d'Oct.*). — *C'est bien rare si quelque chose ne tombe pas du ciel* (M. ARLAND, *Terre natale*, p. 101). — *C'est fort rare quand il se grise* (P. LOTI, *Pêch. d'Isl.*, p. 59). — *C'est singulier comme je savoure les minutes qui me restent* (J. LE-MAITRE, *Mariage blanc*, I, 3).

c) Un infinitif introduit par *de, que de* (parfois : *que* : voir *Hist.*) [2] : *C'est beau d'être la puce d'un lion* (HUGO, *L'Homme qui rit*, II, 1, 10). — *C'est le propre du génie de découvrir la splendeur des choses* (A. FRANCE, *L'Étui de nacre*, p. 164). — *C'est imiter quelqu'un que de planter des choux* (MUSS., *Namouna*, II, IX). — *C'est une grande force pour un homme politique que de bien écrire* (A. MAUROIS, *Chantiers américains*, p. 65). — *C'est horrible que de haïr* (Fr. MAURIAC, *Asmodée*, II, 4).

Hist. — Les classiques mettaient souvent le simple *que* devant cet infinitif : *C'est l'acheter trop cher* QUE *l'acheter d'un bien...* (LA F., *F.*, IV, 13). — Ce tour est aujourd'hui archaïque : *C'est une grande erreur* QUE *faire une confiance illimitée à la méchanceté des hommes* (H. de MONTHERLANT, *Les Célibataires*, p. 307). — *Est-ce diminuer une chose* QU'*en montrer les difficultés ?* (J. et J. THARAUD, *Petite Histoire des Juifs*, p. 253.) — *C'est manquer d'amour envers une femme* QUE *ne pas lui laisser l'illusion de son pouvoir bien ou malfaisant sur celui qui l'aime* (R. ROLLAND, *Jean-Christophe*, t. III, p. 207). — *C'est bien mal traiter cette boisson merveilleuse* QUE *la jeter ainsi dans le gosier* (M. BEDEL, *La-Touraine*, p. 134). — *Serait-ce résoudre la difficulté (...)* QUE *nous livrer...* (Fr. MAURIAC, *Journal*, t. IV, p. 84). — *C'est un bel hommage rendu à sa pensée* [de Malraux] QUE *se contenter seulement de l'exposer* (É. HENRIOT, dans le *Monde*, 25 nov. 1959).

523. Quand un infinitif sujet a pour attribut un autre infinitif, *ce* est

---

1. Dans ce cas, la construction *logique* demanderait deux *que* : *C'est dommage* QUE QU'*il ait échoué*. Par haplologie, on réduit ces deux *que* à un seul.

2. *Que de* résulte de la contamination des deux constructions par *de* + infinitif et par *que de* + infinitif (cf. SANDFELD, *Synt.*, t. III, p. 49). — Dans ces tours, comme aussi dans *c'est une belle fleur que la rose*, le mot *que*, parfois senti comme relatif neutre attribut (voir § 547), est généralement considéré comme conjonction (cf. MICHAUT et SCHRICKE, pp. 375 et 537 ; LANUSSE et YVON, § 287 ; BLOCH et GEORGIN, classe de 4ᵉ, § 346, Rem. 4° ; DE BOER, *Synt. du Fr. mod.*, p. 127).

indispensable devant le verbe *être* ; toutefois, si le second infinitif est négatif, l'emploie de *ce* est facultatif : *Partir, c'est mourir un peu* (E. HARAUCOURT, *Seul*, Rondel de l'Adieu). — *Bien écrire, c'est tout à la fois bien penser, bien sentir et bien rendre* (BUFFON, *Style*). — *Promettre,* (CE) *n'est pas tenir*.

Mais si l'attribut de l'infinitif sujet n'est pas un infinitif, l'emploi de *ce* est facultatif ; il se fait surtout quand on veut insister sur l'attribut : *Les oublier, (*CE*) serait un crime. — Mourir pour son pays, c'est une belle mort* (AC.). — *Mourir pour le pays est un si digne sort...* (CORN., *Hor.*, II, 3).

524. D'une manière générale, quand l'attribut est un adjectif, si la phrase demande qu'on donne au verbe *être* un sujet neutre, l'usage littéraire est de mettre *il* pour annoncer quelque chose qui suit, et *ce* pour représenter quelque chose qui précède : IL *est doux de voir ses amis par goût et par estime* (LA BR., IV, 57). — IL *est évident qu'il a raison. Faut-il vous aider ?* C'est inutile. (Voyez § 534 : *cela*.)

Comme sujet neutre, on emploie *ce* dans un sens emphatique pour annoncer quelque chose qui suit, quand on veut appuyer sur l'adjectif attribut : *C'est odieux d'opprimer le faible. — Et c'est vrai que je suis vieux et fatigué* (M. AYMÉ, *Les Contes du Chat perché*, p. 164). (Voyez § 534 : *cela*). — D'ailleurs, quand l'attribut est un adjectif, la langue parlée préfère généralement *ce* pour annoncer ce qui va suivre.

525. *Ce*, suivi du verbe *être* et d'une des formes du pronom relatif ou de la conjonction *que*, a servi à former les gallicismes **c'est ... qui, c'est ... que,** etc., qui s'emploient très souvent pour mettre en relief, en le détachant et en le plaçant en tête de la phrase, non seulement l'attribut, mais n'importe quel élément de la pensée, sauf le verbe à un mode personnel :

C'EST *moi* QUI *suis Guillot* (LA F., *F.*, III. 3). — CE FUT *un magnifique orateur* QUE *Cicéron* (AC.). — C'EST *l'erreur* QUE *je fuis*, C'EST *la vertu* QUE *j'aime* (BOIL., *Ép.*, 5). — C'ÉTAIT *bien de chansons* QU'*alors il s'agissait !* (LA F., *F.*, VIII, 9.) — CE N'EST *donc pas des hommes* QU'*il est ennemi* (J. J. ROUSS., *Lettre à d'Alemb.*). — C'EST *demain* QUE *nous partirons* (AC.). — C'EST *en badinant,* C'EST *sérieusement* QU'*il dit cela*.

Remarques. — 1. Le gallicisme *c'est ... que* se trouve dans la formule interrogative *est-ce que*, avec inversion de *ce* : *Quand* EST-CE QUE *vous partirez ?* (AC.) — *À qui* EST-CE QUE *je dois m'adresser ?* (ID.)

2. Si le complément mis en vedette au moyen de *c'est ... que* est indirect, on doit mettre en tête de la phrase avec lui la préposition qui l'introduit : *C'est à vous que je parle. C'est* DE *lui que je parle*.

Toutefois on dit aussi, mais rarement aujourd'hui : *C'est vous à* QUI *je parle. C'est lui* DONT *je parle. — C'est l'idole à* QUI *cet honneur se rend* (LA F., *F.*, V, 14). — *Si c'est mon portefeuille* DONT *il s'agit* (CHATEAUBR., *Mém.*, III, II, 6, 11). — *On eût pu croire que c'était moi* DE QUI *l'absence la faisait souffrir* (R. BOYLESVE, *Le Meilleur Ami*, p. 70). — *Ce n'était pas tout à fait cela* DONT *il s'agissait* (J. MALÈGUE, *Augustin*, t. I, p. 170). — *C'est bien de la maison que je parle. C'est elle à* QUI *tu passes la mission de m'empêcher de partir* (J. GIRAUDOUX, *Sodome et Gomorrhe*, p. 66). — *C'est votre cœur seul* OÙ *j'aspire* (H. BOSCO, *Les Balesta*, p. 293).

Hist. — Autrefois, dans ce dernier tour, la préposition se plaçait souvent à la fois devant le relatif et devant l'antécédent : *C'est proprement à la vérité à* QUI *il appartient de rire* (PASC., *Prov.*, 11). — *C'est à vous, mon esprit, à* QUI *je veux parler* (BOIL., *Sat.*, 9). — *Ce n'est pas* D'*un saint* DONT *un dévot sait dire du bien* (LA BR., XII, 8). — *C'est à sa table à* QUI *l'on rend visite* (MOL., *Mis.*, II, 4). — *Ce n'est pas* DE *vous* DONT *je veux parler* (REGNARD, *Le Retour imprévu*, 12). — Dans l'usage moderne, cela est archaïque : *C'est* DE M. *de Féronce* DONT *je parle* (B. CONSTANT, *Journal intime*, p. 198). — *Ce n'est pas* D'*épées* DONT *ils ont besoin, mais de foi* (Fr. MAURIAC, *Vie de Jésus*, p. 240).

2. " CE „ ATTRIBUT OU COMPLÉMENT

526. *Ce* s'emploie comme **attribut** ou comme **complément** immédiatement devant une proposition commençant par *qui, que, quoi* prépositionnel, *dont : Cette affaire n'est pas* CE *qui me préoccupe,* CE *à quoi je donne mes soins,* CE *dont je me préoccupe.* — *Vous êtes aujourd'hui* CE *qu'autrefois je fus* (CORN., *Cid,* I, 4). — *Prenez* CE *qui vous convient,* CE *que vous voulez,* CE *à quoi vous avez droit,* CE *dont vous avez besoin. Réfléchissez à* CE *que vous dites. La cause de* CE *que vous voyez. Attentif à* CE *qu'on dit.*

527. *Ce,* bien que non suivi d'une des formes du pronom relatif *qui, que, quoi, dont,* est encore complément dans certains tours anciens : *ce dit-on, et ce, ce disant, ce faisant, pour ce, pour ce faire, sur ce, de ce non content : Il avait dessein d'attaquer, et* POUR CE, POUR CE FAIRE, *il commanda…* (AC.). — *Je lui ai dit de faire telle et telle chose,* ET CE *pour le persuader de…* (ID.). — SUR CE, *il partit* (ID.). — CE DISANT, *il ramassa le pistolet* (J. ROMAINS, *Les Hommes de b. vol.*, t. XXV, p. 111). — *Il me regardait,* CE DISANT, *d'un air où je crus voir une sollicitation* (G. DUHAMEL, *La Pesée des âmes*, p. 171).

Hist. — *Ce que* était employé au XVIIᵉ siècle et même au XVIIIᵉ avec une valeur augmentative, pour *la personne que : Il peut, dans ce désordre extrême, Épouser* CE QU'*il hait et perdre* CE QU'*il aime* (RAC., *Andr.*, I, 1). — *Mais me voir à ce point trompé par* CE QUE *j'aime* (VOLT., *Zaïre*, V, 8). — Anatole France écrit encore : *Il est doux de faire du bien à* CE QU'*on aime* (*Génie latin*, p. 235). — Et M. Proust : *Être dur et fourbe envers* CE QU'*on aime est si naturel !* (*La Prisonnière*, t. I, p. 151.)

Ce s'employait couramment dans l'ancienne langue comme objet direct, sans être suivi d'une des formes du pronom relatif : *L'Antichrist est desja né,* CE *m'a lon dict* (RABEL., III, 26). — Cet emploi devint rare au siècle classique : *Sortons,* CE *m'a-t-il dit* (MOL., *Fâch.*, I, 1). — *Je devais,* CE *dis-tu, te donner quelque avis…* (LA F., *F.*, VIII, 1).

Ce s'employait autrefois absolument, surtout devant un adverbe de lieu : *ce devant, ce derrière, ce dessus, ce dessous* [1]*, ce néanmoins, ce nonobstant* (ou : *nonobstant ce*)*, ce*

---

1. *Sens dessus dessous, sens devant derrière* sont des altérations, par fausse étymologie, des anciennes formes *cen dessus dessous, cen devant derrière*, dans lesquelles *cen* est une variante de *ce* (cf. *nen, ne* : § 873, *Hist.*). On a écrit aussi autrefois *s'en*

durant, ce pendant [1] (de là la conjonction *cependant*) : Ce *néanmoins, Messieurs, L'ancre de vos bontés nous rassure d'ailleurs* (Rac., *Plaid.*, III, 3).

528. *Ce,* représentant une proposition entière, s'emploie parfois comme **apposition** : *Mais,* ce *qu'il n'eût point fait, la Grèce avec douleur Vous voit du sang troyen relever le malheur* (Rac., *Andr.*, I, 2). — *Le lendemain, Mme Bartier se leva, bien avant le jour,* ce *qui ne lui était pas arrivé depuis des années* (Ch. Silvestre, *La Prairie et la Flamme*, p. 177). — *Le vieillard,* ce *qui ne lui était jamais arrivé, leva les mains et fit mine de le chasser* (H. Queffélec, *Un Recteur de l'île de Sein*, p. 191).

B. — *FORMES COMPOSÉES*

529. Les démonstratifs *prochains* **ceci, celui-ci, celle(s)-ci, ceux-ci** s'emploient en opposition avec les démonstratifs *lointains* **cela, celui-là, celle(s)-là, ceux-là,** pour distinguer nettement l'un de

---

dessus dessous, s'en devant derrière ou encore *sans dessus dessous, sans devant derrière ;* on a dit également : *ce dessus dessous, ce devant derrière.* — Vaugelas (*Rem.*, p. 44) était pour l'orthographe *sans dessus dessous.* Littré engageait à écrire *c'en dessus dessous, c'en devant derrière ;* quelques auteurs ont cru pouvoir le faire : *Tout va* c'en *dessus dessous* (É. Faguet, *En lisant Molière*, p. 82). — *La maison était* c'en *dessus dessous* (H. Pourrat, *Gaspard des montagnes*, p. 124). — Mais c'est là une graphie contre laquelle l'usage s'est très nettement déclaré ; on écrit : *sens dessus dessous, sens devant derrière : Tous mes papiers sont* sens *dessus dessous* (Ac.). — *Il a mis son chapeau* sens *devant derrière* (Id.). — *Jamais le village n'a été plus* sens *dessus dessous* (G. Bernanos, *Monsieur Ouine*, p. 222). — *La nuit, il se relève et met* sens *dessus dessous la cuisine* (A. Gide, *Les Faux-Monnayeurs*, p. 204). — *Tout est* sens *dessus dessous* (A. Hermant, *Trains de luxe*, p. 183). — On trouve aussi, mais rarement, *sens dessous dessus : Pas un porteur sur vingt ne prend soin de ne point placer* sens dessous dessus *les valises, dans les filets* (J.-L. Vaudoyer, *Laure et Laurence*, p. 214).

1. *Ce durant, ce pendant* (ou *cependant*, au sens adverbial : § 854, *N. B.*), *ce néanmoins, ce nonobstant, nonobstant ce* (voir § 899, note 2) sont archaïques dans l'usage moderne : *Nous nous amusons, et* cependant [= pendant cela] *la nuit vient* (Ac.). — Cependant, *le char des pauvres (...) s'engagea sur la pente des Champs-Élysées* (M. Barrès, *Les Déracinés*, p. 445). — *Ils sentent (...) que vos armées,* ce durant, *leur feront une terrible retraite* (Id., *L'Union sacrée*, p. 137). — *On poussait ; et,* ce pendant, *Mangin organisait son attaque de Lorraine* (L. Madelin, *Foch*, p. 196). — *Et si la guerre éclatait,* ce pendant (Cl. Farrère, *La Seconde Porte*, p. 178). — *Une affaire montée de toutes pièces par le gouvernement afin de détourner l'attention des bévues du traité de Versailles qui se négociait* cependant (M. Aymé, *Silhouette du scandale*, p. 53). — *Qu'il eût mieux fait,* ce pendant, *de rêver de mots...* (R. Kemp, dans les *Nouv. litt.*, 1er août 1957). — *Et,* ce néanmoins, *les ordres reçus étaient des ordres* (Cl. Farrère, *La Onzième Heure*, p. 166). — Ce pendant *la réputation de notre petit pensionnaire s'était répandue dans tout le pays* (Fr. de Miomandre, *Mon Caméléon*, p. 42).

l'autre deux êtres, deux objets, ou deux groupes d'êtres ou d'objets dont il est question et qu'on a devant soi : CECI *est beau*, CELA *est laid* (AC.). — *Voici deux tableaux, préférez-vous* CELUI-CI *ou* CELUI-LÀ ? (ID.)

530. Le plus souvent, quand il y a opposition d'une idée à une autre, les démonstratifs prochains désignent l'être ou les êtres les plus rapprochés ou nommés en dernier lieu ; les démonstratifs lointains désignent l'être, l'objet, ou les êtres, les objets les plus éloignés ou nommés en premier lieu :

Démocrite et Héraclite étaient de nature bien différente ; CELUI-CI *pleurait toujours,* CELUI-LÀ *riait sans cesse* (AC.). — *Capitaine renard allait de compagnie Avec son ami bouc des plus haut encornés.* CELUI-CI *ne voyait pas plus loin que son nez ; L'autre était passé maître en fait de tromperie* (LA F., F., III, 5). — *Le lièvre et la tortue en sont un témoignage. Gageons, dit* CELLE-CI... (ID., *ibid.*, VI, 10).

S'il n'y a pas opposition d'une idée à une autre, les démonstratifs prochains s'appliquent à ce qui va être dit, à l'être, à l'objet, ou aux êtres, aux objets que l'on a devant soi, ou dont on parle, ou dont on va parler : les démonstratifs lointains représentent ce qui a été dit, l'être, l'objet, ou les êtres, les objets dont on a parlé :

Dites CECI *de ma part à votre ami: qu'il se tienne tranquille* (AC.). — *Tout* CECI *n'annonce rien de bon* (LITT.). — CELUI-CI, *dit le Vent, prétend avoir pourvu À tous les accidents* (LA F., F., VI, 3). — *La tête avait toujours marché devant la queue. La queue au ciel se plaignit Et lui dit: Je fais mainte et mainte lieue, Comme il plaît à* CELLE-CI (ID., *ibid.*, VII, 17). — *Il m'a demandé une devise ; je lui ai proposé* CELLE-CI: *Repos ailleurs.* — *Que votre ami se tienne tranquille : dites-lui* CELA *de ma part* (AC.). — *On ne prend là-dessus que trop d'autres leçons sans* CELLE-LÀ (J.-J. ROUSS., *Lett. à d'Alembert*).

Remarques. — I. S'il s'agit, non de paroles prononcées ou à prononcer, mais seulement de quelque chose à quoi on se réfère, on peut employer ou *ceci* ou *cela* : *Il faut songer dans la jeunesse aux besoins de la vieillesse ;* CECI (ou CELA) *s'adresse aux prodigues* (LITTRÉ). — *Un héritier gênant, en bas âge, qu'ils prenaient et qu'ils maniaient, perdait sa forme.* CECI *facilitait les confiscations* (HUGO, *L'Homme qui rit*, I, 2e chap. prélim., 6). — CELA *dit, tout en lui semblait fait pour m'indisposer* (G. DUHAMEL, *Cri des profondeurs*, p. 31).

Selon A. Thérive (*Querelles de lang.*, t. III, p. 95), « *ceci dit* a presque évincé *cela dit*. C'est que le paragraphe précédent est considéré non pas comme fini, mais comme encore tout proche. » — Cf. : CECI *dit, j'ajoute que Pereda est, comme écrivain, le plus révolutionnaire de nous tous* (R. BAZIN, *Terre d'Espagne*, p. 69). — CECI *dit, que le gouvernement prenne ses responsabilités* (J. ROMAINS, *Les Hommes de b. vol.*, t. XXIV, p. 253). — CECI *dit, on peut faire correspondre à chaque individu un domaine remarquable de son existence* (P. VALÉRY, éd. Pléiade, t. I, p. 1406).

2. *Celui-là, celle(s)-là, ceux-là* peuvent servir à désigner un être ou un objet,

un groupe d'êtres ou d'objets plus fortement que ne le feraient les simples pronoms personnels : CELUI-LÀ *a de la chance.* CEUX-LÀ *s'y connaissent.* — *Et s'il n'en reste qu'un, je serai* CELUI-LÀ ! (HUGO, *Chât.,* VII, 16.)

531. Les pronoms démonstratifs composés prennent quelquefois une valeur indéfinie plutôt que démonstrative : *Je la vois* [la Fortune] *tous les jours entrer Chez* CELUI-CI, *chez* CELUI-LÀ (LA F., *F.,* VII, 12) (c.-à-d. chez l'un, chez l'autre). — *Un ignorant (…) vous eût été dire :* « *C'est* CECI, *c'est* CELA » (MOL., *Méd. malgré lui,* II, 4).

532. Le plus souvent les pronoms démonstratifs composés s'emploient sans complément déterminatif ni proposition relative. Ils peuvent cependant être suivis d'une proposition relative ou d'une proposition substantive introduite par *que* quand on veut les justifier ou les mettre en relief : *De* CEUX-LÀ *qui sont morts à* CEUX-CI *qui sont lâches* (HUGO, *Lég.,* t. I, p. 295). — *Elle finit par dire* CECI, *qui ne répond pas aux derniers mots d'Alain* (M. PRÉVOST, *La Nuit finira,* t. II, p. 148). — *Or, il arriva* CECI *que la fête fut très belle* (G. DUHAMEL, *Le Désert de Bièvres,* p. 206). — CELA *seul lui importait que Paule ne rouvrît pas le débat* (Fr. MAURIAC, *Le Sagouin,* p. 37).

Celui-là, ceux-là s'emploient au lieu de celui, ceux si la proposition relative est reje-
tée après la principale (voir § 521, Hist., 4) : CELUI-LÀ *fut sans doute Armé de diamant,*
qui tenta cette route (LA F., *F.,* VII, 12). — CELUI-LÀ *seul pouvait être propriétaire*
du sol, qui avait un culte domestique (FUSTEL DE COULANGES, *La Cité ant.,* IV, 4). —
CEUX-LÀ *furent des cuistres qui prétendirent donner des règles pour écrire* (A. FRANCE,
Pierre Nozière, p. 146).

533. *Cela* et *ceci* sont quelquefois suivis d'un qualificatif introduit par *de* et d'une proposition substantive apposée :

La vertu a CELA *d'heureux qu'elle se suffit à elle-même* (LA BR., XIII, 5). — *Les*
récits de famille ont CELA DE BON *qu'ils se gravent plus fortement dans la mémoire que les*
narrations écrites (VIGNY, *Serv. et Gr. mil.,* I, 1). — *Ils ont* CELA DE CHARMANT *qu'ils*
sont pauvres (A. FRANCE, *Le Liv. de mon ami,* p. 263). — *Car la bêtise a* CECI DE TER-
RIBLE *qu'elle peut ressembler à la plus profonde sagesse* (V. LARBAUD, *Fermina Már-*
quez, XIII). — *Il y avait* CECI D'ÉTRANGE *dans ces négociations que les concessions*
successives ne rapprochaient pas de l'état de paix (A. MAUROIS, *Bernard Quesnay,* p. 81).
— *Ce tripot avait* CECI DE PERFIDE, *que tout s'y passait entre gens du monde* (A. GIDE,
Les Faux-Monnayeurs, p. 52). — *L'écriture a* CECI DE MYSTÉRIEUX *qu'elle parle*
(P. CLAUDEL, *Connaissance de l'Est,* Religion du signe).

534. Avec *être* suivi d'un attribut ou d'un complément, on prend comme sujet *cela* au lieu de *ce,* si l'on veut accentuer ou souligner l'expression : CELA *est admirable* (comparez : c'*est admirable*). CELA *est sans importance* (compar. : c'*est sans importance*). — CELA *est une affaire grave.* CELA *est dans les jour-*
naux. CELA *est partout.* — CELA *seul est important.* CELA *aussi est nécessaire.*

Remarques. — 1. *Cela* devant le verbe *être* peut s'employer au lieu de *ce* (mais c'est souvent un tour archaïque) comme sujet, précisé ensuite au moyen d'un nom, ou d'une proposition subordonnée (le plus souvent introduite par *que*), ou d'un infinitif introduit par *de* : CELA *est beau, la franchise.* — CELA *est étrange que mes propres enfants me trahissent* (MOL., *Av.*, I, 4). — *Que* CELA *est vilain de jurer de la sorte !* (ID., *Escarb.*, 8.) — A noter qu'on a le choix entre *cela* et *ceci* lorsque la précision après coup doit être marquée par une subordonnée : CELA ou CECI *est vrai que Galilée fut condamné par l'inquisition* (LITTRÉ, s.v. *ceci*, Rem. 2).

Cela s'emploie aussi au lieu de *ce* comme sujet du verbe *être*, pour représenter ce qui vient d'être dit : *Il a fait cette démarche*, CELA *est certain* (ou : *c'est certain*). (Voy. § 524 : *il, ce.*) — Avec l'adjectif *vrai*, on peut aussi employer le sujet neutre *il* : *J'ai fait cette démarche*, IL *est vrai*.

Devant *être* pris au sens absolu de « exister, être vraiment », on met nécessairement comme démonstratif neutre sujet *cela, ça* ou *ceci* (*ce* ferait avec *être* une simple formule) : *Je vous dis que* CELA *est, que* CELA *sera. Puisque* CECI *est, ne chicanons pas.* — *Il faut qu'une femme aime toujours un homme qui lui soit supérieur, ou qu'elle y soit si bien trompée que ce soit comme si* ÇA *était* (BALZAC, *Lett. à l'Étrangère*, t. I, p. 466). — ÇA *est, ou* ÇA *n'est pas* ; ÇA *n'a pas besoin d'être expliqué* (A. DUMAS f., *Une Visite de noces*, 3). — *Il y a des choses qui ne se discutent pas plus que la vie ou que la mort.* ÇA *est ou* ÇA *n'est pas* (P. BOURGET, *Drames de famille*, p. 75).

2. *Ça*, sujet d'une forme composée du verbe *être* suivie d'un attribut ou d'un complément, est de la langue populaire ou familière [1] (la langue « distinguée » emploie *ce* ou *cela*) : ÇA *aura été plus vite que je ne croyais* (A. DUMAS f., *L'Ami des Femmes*, IV, 7). — ÇA *a été une excellente étude* (FLAUB., *Corr.*, t. II, p. 99). — ÇA *a été un succès* (J. RENARD, *Journal*, 15 mars 1898). — ÇA *a été une belle fête* (J. GIONO, *Regain*, p. 222). — ÇA *aurait été tellement plus chic* (St. PASSEUR, *Défense d'afficher*, II, 1). — *Mais tu disais tout à l'heure que* ÇA *a été un ratage* (Fr. MAURIAC, *Passage du Malin*, p. 114). — ÇA *a été pareil* (G. MARCEL, *La Chapelle ardente*, II, 4). — ÇA *a été pour lui une vie nouvelle* (P. GAXOTTE, dans le *Figaro litt.*, 23 avr. 1960).

En particulier, quand il s'intercale un pronom personnel, ou *ne*, ou l'un des semi-auxiliaires *devoir, pouvoir*, ou encore quand on a le groupe *tout ça*, la langue familière, aussi bien aux temps simples qu'aux temps composés, emploie comme sujet *ça* : ÇA *m'est agréable* ; ÇA *n'était pas possible* ; ÇA *doit être pénible* ; ÇA *peut être dangereux*.

---

1. A Bruxelles et dans les régions flamandes de la Belgique (rarement en Wallonie), le français populaire ou courant emploie le sujet *ça* même devant les formes simples *est, était* [*ça* devant une forme plurielle de *être* est propre au français des Flamands] : ÇA *est beau*, ÇA *est agréable*, ÇA *était possible.* — En France aussi, cet usage a existé et il peut se constater encore dans le langage populaire : *Si* ÇA *est* (LA FONT., *Lett. à M. de Maucroix*, 10 sept. 1661). — [Le paysan Lucas :] ÇA *est si biau, que je n'y entends goutte* (MOL., *Méd. m. lui*, II, 4). — *On verra voir si* ÇA *est vrai, ça !* (dans H. BAUCHE, *Le Lang. popul.*, p. 153.) — ÇA *était d'une violence inouïe* [une fièvre] (BARBEY D'AUREVILLY, *Lettres à Trébutien*, t. I, p. 106).

— Ça *n'est pas nouveau*, ça *n'est pas original* (A. Dumas f., *Le Demi-monde*, Av.-propos). — *Cinquante mille francs,* ça *n'aura pas été cher !* (Id., *Un Père prodigue,* IV, 1.) — Ça *doit être bien sûr la chèvre d'or* (A. Daudet, *Lett. de m. moul.*, p. 62). — Ça *pourrait devenir dangereux pour elle* (A. Maurois, *Les Roses de septembre*, p. 21). — *Tout* ça *est si neuf* (J.-P. Sartre, *L'Âge de raison*, p. 241 ; cit. A. Henry). — De même quand la forme verbale est *soit, sera, serait : Il faut que* ça *soit vrai ;* ça *sera magnifique ;* ça *serait réussi.*

3. Quand l'attribut est un adjectif, la langue parlée, pour annoncer soit un infinitif introduit par *de,* soit une proposition subordonnée introduite par *que,* préfère le démonstratif neutre *cela,* ou *ça,* ou *ce,* au personnel neutre *il* (employé dans la langue littéraire : § 524) : *Comme* cela *doit être doux et consolateur d'être malade...* (O. Mirbeau, *Les 21 jours d'un neurasthénique*, p. 204, cit. Sandfeld). — Ça *leur est désagréable de donner leur argent* (Tr. Bernard, *Le Danseur inconnu,* I, 13, *ib.*). — *C'est inutile de nous revoir* (A. France, *Hist. comique,* p. 275). — Ça *n'est pas étonnant qu'il ait changé d'avis.*

535. *Cela, ça* peuvent, dans la langue familière, désigner des personnes ; dans ce cas, ils traduisent parfois le mépris, la tendresse ou quelque autre mouvement affectif : *Une fée,* cela *va sur les eaux* (A. France, *Le Liv. de m. ami,* p. 48). — *Alors, c'est* ça *M. Clarkson ?* (A. Dumas f., *L'Étrangère,* III, 3.) — *Elle allait et venait dans un gai rayon d'or ;* Cela *jouait toujours, pauvre mouche éphémère* (Hugo, *Lég.,* t. II, p. 254). — *Un roi,* ça *!* (Id., *ibid.,* t. II, p. 57.) — *Et* ça *se voit déjà chez soi, comme des riches* (J. Richepin, *Le Chemineau,* I, 6). — *Ces vieux,* ça *n'a qu'une goutte de sang dans les veines* (A. Daudet, *Lett. de m. m.,* p. 140). — *Un juge,* ça *a des hauts et des bas* (A. Camus, *Les Justes,* p. 120).

535bis. Les démonstratifs neutres *cela, ça* s'emploient fréquemment soit pour désigner un être ou une chose qu'on ne veut ou ne peut nommer avec précision : *Devant moi, quelque chose apparaissait (...) ;* ça *semblait instable, perfide, engloutissant ;* ça *remuait et* ça *se démenait partout à la fois* (P. Loti, *Le Rom. d'un enf.,* IV). — *Un point noir à l'horizon ;* cela *grossissait et se rapprochait rapidement.* — Ça *avait glissé dans mes jambes,* ça *avait frôlé mes mollets, et c'étaient des vipères* (Saint-Exupéry, *Terre des hommes,* p. 86) ; — soit pour récapituler : *Les serviteurs s'élancèrent dehors en faisant résonner avec des bâtons, des fourches, des fléaux, tous les ustensiles de métal qui leur tombaient sous la main, des chaudrons de cuivre, des bassines, des casseroles. Les bergers soufflaient dans leurs trompes de pâturage. D'autres avaient des conques marines, des cors de chasse.* Cela *faisait un vacarme effrayant* (A. Daudet, *Lett. de m. m.,* p. 240) ; — soit encore pour représenter un nom de façon plus expressive qu'on ne ferait en mettant le pronom personnel : *J'aimais les histoires fantastiques :* cela *me ravissait, m'effrayait, m'emportait.*

Ils s'emploient aussi comme des espèces de sujets vagues ayant de l'analogie avec le pronom *il* des verbes impersonnels, ou comme des sujets « internes » (estompant la personnalité de l'être qui agit et donnant ainsi à l'expression verbale un relief d'autant plus accusé) : Ça *se brouille*. *Il va pleuvoir* (H. LAVEDAN, *Les Beaux Dimanches*, p. 202, cit. Sandfeld). — Ça *sent la résine, la menthe, l'écorce brûlée* (Fr. MAURIAC, *Asmodée*, II, 1). — *Eh bien !* ça *marche ?* — *Quelle activité dans l'atelier !* CELA *frappe*, CELA *lime*, CELA *ajuste*, CELA *forge*, CELA *taraude...*

IV. — PRONOMS RELATIFS

1. — Sens.

536. Les pronoms **relatifs** [a], appelés aussi *conjonctifs* [b], servent à rapporter, à joindre à un nom ou à un pronom qu'ils représentent une proposition subordonnée dite *relative,* qui explique ou détermine ce nom ou ce pronom : *Un loup survient à jeun* QUI *cherchait aventure* (LA F., *F.,* I, 10). — *Je laisse à penser la vie* QUE *firent les deux amis* (ID., *ibid.,* I, 9). — *Ceux* QUI *vivent, ce sont ceux* QUI *luttent ; ce sont Ceux* DONT *un dessein ferme emplit l'âme et le front* (HUGO, *Chât.,* IV, 9).

Le nom ou le pronom représenté par le pronom relatif s'appelle **antécédent** [c].

2. — Formes.

537. Les pronoms relatifs présentent des formes simples et des formes composées.

Les formes *simples : qui, que, quoi* sont invariables en genre et en nombre ; ce ne sont que des formes différentes du même pronom *qui.*

Les formes *composées : lequel, duquel, auquel* sont variables en genre et en nombre : *lequel, laquelle, lesquels, lesquelles,* etc. ; ce ne sont que des formes différentes du même pronom *lequel,* qui résulte de la soudure de l'article défini avec l'adjectif interrogatif *quel,* et qui peut se combiner avec les prépositions *à* ou *de.*

On range parmi les formes simples : 1° le relatif *dont,* originairement adverbe (lat. *de unde,* d'où), qui, en général, équivaut à un pronom relatif introduit par *de ;* 2° l'adverbe *où* (lat. *ubi,* où), qui a souvent la valeur d'un pronom relatif précédé d'une préposition et qui, dans ce cas, est un *adverbe relatif* (ou *adverbe conjonctif).*

ÉTYM. — [a] *Relatif,* empr. du lat. *relativus,* de *relatum,* supin de *referre*, rapporter.
[b] *Conjonctif,* empr. du lat. *conjunctivus,* de *conjunctus*, part. passé de *conjungere,* joindre ensemble.
[c] *Antécédent,* empr. du lat. scolastique *antecedens,* marchant en avant.

Toutes ces formes sont résumées dans les tableaux suivants

			Masc. et Fém.	Neutre
FORMES SIMPLES	SUJET	SING.	qui	qui
		PLUR.		
	OBJET DIRECT ET ATTRIBUT	SING.	que	que
		PLUR.		
	OBJET INDIRECT ET COMPL. PRÉP.	SING.	qui	quoi
		PLUR.		
			dont où (adv. relatif)	

		Masculin	Féminin
FORMES COMPOSÉES	SINGULIER	lequel duquel auquel	laquelle de laquelle à laquelle
	PLURIEL	lesquels desquels auxquels	lesquelles desquelles auxquelles

3. — Accord.

538. Le pronom relatif est considéré comme étant du même genre et du même nombre que son antécédent : *L'homme* QUI *rit* (masc. sing.). — *Les femmes* QUI *pleurent* (fém. plur.). — *La voie par* LAQUELLE *vous cheminez* (fém. sing.). — *Ce à* QUOI *vous pensez* (neutre sing.).

Quand l'antécédent est un pronom personnel, *qui* est de la même personne que lui (et fait comme un bloc avec lui) : *Toi* QUI *parles* (2e pers. sing.). — *Vous* QUI *pleurez* (2e pers. plur.).

N. B. — Cette observation est importante : il est indispensable, en effet, de se rendre compte des rapports existant quant au genre, au nombre et à la personne, entre le relatif et son antécédent pour s'expliquer l'accord de l'attribut, du verbe, du participe passé, dans la proposition relative, quand le pronom relatif y remplit la fonction de sujet ou de complément d'objet direct : *Les personnes* QUI *sont* MAÎTRESSES *d'elles-mêmes. C'est moi* QUI IRAI. — *Toi* QUI SÈCHES *les pleurs des moindres graminées* (E. ROSTAND, *Chantecler*, I, 2). — *Toute la peine* QUE *vous vous êtes* DONNÉE.

4. — Emploi.

Nature de l'antécédent.

539. L'antécédent du pronom relatif peut être :

1º Un *nom : Le* LIVRE *que je t'ai prêté. Votre* AMI *est là qui attend.*

Remarque. — Le pronom relatif ne peut, en général, avoir pour antécédent un nom indéterminé (§ 463). On ne dirait pas : *Il demande* JUSTICE, QUI *ne lui a pas été faite. Il parla sans* COLÈRE, À LAQUELLE *il n'était d'ailleurs pas enclin.* Il faudrait dire, par exemple : *Il demandait justice, mais il n'a rien obtenu. Il parla sans colère,* PASSION *à laquelle il n'était d'ailleurs pas enclin.*

Cependant l'antécédent est parfois un nom indéterminé : c'est que ce nom équivaut alors, dans la pensée, à une expression déterminée ; on peut remarquer en outre qu'il admet l'idée de pluralité : *Il agit en* POLITIQUE QUI *sait gouverner* (LITTRÉ). — *Il est coupable de* CRIMES QUI *méritent châtiment* (ID.). — *Ce sont* GENS *habiles* QUI *m'ont dit cela* (ID.). — *Ce qui ne va point sans* MÉPRISES, DONT *le peuple rit* (ALAIN, *Propos de Littérature,* V).

2º Un *pronom* (personnel, possessif, démonstratif, interrogatif, indéfini) : MOI, *qui, grâce aux dieux, de courage me pique* (LA F., F., VI, 5). — *Il* EN *est qui le font. Nous avons tous nos peines :* LES VÔTRES, *qui sont légères...* — CELUI *qui règne dans les cieux* (BOSS., *R. d'Angl.*). — *Qu'ai-je dit qui doive vous émouvoir ?* — TEL *qui rit vendredi, dimanche pleurera* (RAC., *Plaid.,* I, 1).

3º Une *expression numérale* ou *quantitative* prise comme nominal : *Vous êtes* DEUX, BEAUCOUP, PLUSIEURS *qui disputez ce poste.* — *Nous sommes, Dieu merci,* QUELQUES-UNS *qui sacrifieraient sans marchander leur peau !* (R. MARTIN DU GARD, *Les Thibault,* VII, 2, p. 127.)

4º Un *adjectif* ou un *participe-adjectif* (l'un et l'autre substantivés), lorsque le relatif est attribut : ÉCHAUFFÉ *d'ailleurs que j'étais...* (B. CONSTANT, *Adolphe,* II). — INQUIETS *et* AGITÉS *que nous sommes* (H. BREMOND, *Âmes religieuses,* p. 82).

5º Un *adverbe,* mais seulement avec l'adverbe relatif *où* [1] : ICI *où vous êtes* (LITTRÉ). — *Je l'ai laissé* LÀ *où vous l'avez rencontré* (ID.).

6º Une *proposition :* cette proposition doit aujourd'hui être annoncée ou représentée devant le relatif par le pronom neutre *ce* ou par un nom général comme *chose, fait,* etc., en apposition : FRANÇOISE, EN MANGEANT, BUT DU VIN, *ce qu'elle ne faisait pas d'ordinaire* (H. de RÉGNIER, *Le Mariage de minuit,* X). — *Puis il me pria* DE DONNER MON ADRESSE, *ce que je fis* (G. DUHAMEL, *Cri des*

---

[1]. Dans le passage suivant, le pronom relatif *qui* a pour antécédent l'adverbe *là* (ce qui est tout à fait exceptionnel) : *Il* [un journaliste] *commença (...) par les chiens écrasés, les commissariats et les faits divers. Nous avons tous passé par* LÀ, *qui mène, un degré au-dessus, à l'interview des personnages illustres* (É. HENRIOT, dans le *Monde,* 1er juill. 1959).

profondeurs, p. 105). — *Il se leva et, chose qu'il n'avait pas faite depuis long-temps*, IL ALLA L'EMBRASSER (A. de CHÂTEAUBRIANT, *M. des Lourdines*, p. 142).

Dans les expressions archaïques *qui plus est, qui mieux est, qui pis est*, le relatif neutre *qui* (autrefois *que*) se rapporte à une proposition, sans intercalation de *ce : On fait ici de très bonne musique et qui plus est, on y mange à merveille* (H. BERNSTEIN, *Le Secret*, I, 1).

Hist. — Le relatif se rapportant à une proposition entière ou à un groupe de mots pouvait, au moyen âge et jusque dans le XVIIᵉ siècle, s'y rattacher sans intercalation d'aucun mot : *Vous pensâtes même ne me pas trouver*, QUI *eût été une belle chose* (SÉV., t. V, p. 127). — *Trois ou quatre mille Allemands*, QUI *fut tout ce qu'il put obtenir de l'Empereur* (RAC., t. V, p. 144). — Cette construction est aujourd'hui exceptionnelle : *Elle passa à son tour sa main dans les cheveux de Julien, elle les embroussailla, les tira :* DONT *il avait horreur* (A. THÉRIVE, *Sans âme*, p. 23). — *Elle voudrait bien être la plus forte, mais elle ne peut pas,* DONT *elle rage !* (P. CLAUDEL, *Le Pain dur*, I, 3.) — *Elle ne connaissait pas encore l'amour. Peu de temps après, elle en souffrit,* QUI *est la seule manière dont on apprenne à la connaître* (M. PROUST, *Les Plaisirs et les Jours*, p. 55). — *Le premier corps d'armée s'en allait, remplacé justement par le troisième.* DONT *nos Normands paraissaient fort émus* (G. DUHAMEL, *La Pesée des âmes*, p. 156). — On trouve un vestige de l'ancien usage dans l'expression elliptique *dont acte*, fréquemment employée dans la langue juridique ou administrative, au sens de « de laquelle opération je vous donne acte ».

Qui.

540. Le relatif *qui* s'emploie comme sujet ou comme complément.

Qui, sujet, peut s'appliquer à des personnes ou à des choses : *L'homme* QUI *travaille. Les discours* QUI *charment.* — *Vraie image de ceux* QUI *profanent l'asile* QUI *les a conservés* (LA F., *F.*, V, 15).

541. *Qui*, pris d'une manière absolue, l'antécédent étant implicite, s'emploie parfois comme sujet masculin singulier dans les proverbes et les expressions sentencieuses ou comme sujet neutre dans les locutions archaïques *qui plus est, qui mieux est, qui pis est*, ou après *voici, voilà :*

Qui vivra verra. — *Écrive* QUI *voudra* (BOIL., *Sat.*, 9). — *Qui veut mourir ou vaincre est vaincu rarement* (CORN., *Hor.*, II, 1). — *Heureux* QUI *frissonne aux miracles de cette poésie* (A. FRANCE, *Le Génie latin*, p. 295). — *Le plus grand esprit de ce temps ! Et,* QUI *mieux est, grand esprit et grand cœur* (G. DUHAMEL, *Cécile parmi nous*, p. 40). — *La présence de cette lampe, qui resta allumée jusqu'au lever du jour, changea radicalement l'aspect des Aubignettes.* QUI *pis est, on y vit un signe, et néfaste* (H. BOSCO, *Les Balesta*, p. 174). — *Voilà* QUI *est fait.*

Hist. — Au moyen âge et jusqu'au XVIᵉ siècle, on employait communément un *qui* indéfini au sens de « si l'on » ou de « si quelqu'un » : KI *lui veïst Sarrazins desmembrer (...) De bon vassal li poüst remembrer* [Si quelqu'un l'avait vu démembrer les Sarrasins, il aurait pu se représenter un bon vassal] (*Rol.*, 1970-72). — QUI *me paiast, je m'en alasse* (*Pathelin*, 603). — *C'est un vain estude,* QUI *veut ; mais* QUI *veut aussi, c'est un estude de fruit inestimable* (MONTAIGNE, I, 26 ; p. 189). — Au XVIIᵉ siècle, on trouve encore : QUI *seroit contraint d'y vivre* [en un Palais], *on trouveroit moyen d'y avoir du repos* (MALHERBE, t. II, p. 373). — *Bonne chasse, dit-il,* QUI *l'aurait à son croc !* (LA F., *F.*, V, 8.) — Et au XVIIIe siècle : QUI *serait entre la Lune et la Terre, ce serait la vraie place pour les bien voir* (FONTENELLE, *Entret. sur la Pluralité des mondes*, 2d Soir).

Cet usage se retrouve dans la locution *comme qui dirait* et dans l'ancien dicton *Tout vient à point* QUI *sait attendre.* La valeur de *qui* n'étant plus comprise, on a dit : *Tout vient à point* À QUI *sait attendre.* — L'ancien usage se rencontre encore sporadiquement à l'époque moderne : QUI *est une fois entré dans la grâce de Lisieux, dans la grâce de Lourdes, on peut dresser devant lui l'armée misérable des mercantis qui pullulent alentour* (Fr. MAURIAC, *Pèlerins de Lourdes*, p. 56). — *Bah !* QUI *prévoirait tous les risques, le jeu perdrait tout intérêt* (A. GIDE, *Les Caves du Vatican*, p. 230).

Il était courant autrefois de rappeler par le pronom personnel le relatif *qui* employé absolument dans une proposition sujet, ou le démonstratif *celui (celle, ceux, celles)* antécédent de *qui* (phénomène analogue pour *quiconque* : cf. § 591, *Hist.*) : QUI *délasse hors de propos,* IL *lasse* (PASC. *Pens.*, 24). — CELUI QUI *cherche,* IL *le trouve infailliblement* (BOSS., *Serm. profess. de Mlle de La Vallière*, 2). — Dans l'usage moderne, cela est exceptionnel : QUI *descend jusque-là,* IL *touche le roc* (ALAIN, *Propos*, éd. Pléiade, p. 560).

542. *Qui* répété s'emploie parfois dans un sens distributif et signifie « celui-ci... celui-là, ceux-ci... ceux-là » : *L'auditoire gémit, en voyant, dans l'enfer tout ouvert,* QUI *son père et* QUI *sa mère,* QUI *sa grand'mère et* QUI *sa sœur* (A. DAUDET, *Lett. de m. m.*, p. 132). — *Les clients de l'hôtel prenaient,* QUI *du thé,* QUI *du porto,* QUI *un cocktail,* QUI *un whisky au soda* (P. BOURGET, *Le Danseur mondain*, p. 32).

Comme on le voit, *qui* distributif développe un terme qui précède, dans la proposition même où il se trouve, et il n'est pas suivi d'un verbe. On rencontre aussi cependant, mais rarement, *qui* distributif suivi d'un verbe : QUI *cherche un sarment,* QUI *fend du bois,* QUI *fourbit les chaudrons* (J. de PESQUIDOUX, *Chez nous*, t. I, p. 80).

543. *Qui*, complément, est toujours introduit par une préposition et s'applique à des personnes ou à des choses personnifiées : *L'homme* À QUI *je parle. Ceux* POUR QUI *je travaille,* CONTRE QUI *je lutte.* — *Pour toi,* DE QUI *la main sème ici les forfaits* (VOLT., *Le Fanat.*, II, 5). — *L'autre divinité des gymnases et de la jeunesse était Hermès,* DE QUI *la baguette changeait en or ce qu'elle touchait* (MONTHERLANT, *Les Olympiques*, p. 17). — *Mais qu'est-ce qu'un esprit* DE QUI *les pensées ne s'opposent aux pensées ?* (P. VALÉRY, *Remerc. à l'Ac. fr.* ; éd. Pléiade, t. I, p. 727.) — *Rochers* À QUI *je me plains* (AC.).

Il s'emploie parfois aussi en parlant des animaux (surtout des animaux domestiques) : *Un chien* À QUI *elle fait mille caresses* (AC.). — *La Bretonnière dit qu'il a découvert (...) une espèce de cochon sauvage* À QUI *la barbe vient comme aux oiseaux les plumes* (MUSSET, *Le Secret de Javotte*, II). — *Le chien basset* DE QUI *l'appétit ne s'éveille que parmi les éclairs et le tonnerre d'une fureur qu'il simule* (COLETTE, *Le Fanal bleu*, p. 165). — *Les rossignols* DE QUI *l'on crève les yeux* (M. BARRÈS, *Les Déracinés*, p. 116). — [*Le*] *chevreuil mort dont j'ouvre moi-même la gorge et* SUR QUI *je verse l'hémoglobine* (J. COCTEAU, *La Belle et la Bête*, p. 112).

Remarque. — Dans la langue littéraire, *qui* prépositionnel est parfois rapporté à un nom de chose : cela peut se justifier quand le nom se prête plus ou moins à la personnification ; mais quand le nom ne répond, dans la pensée, qu'à quelque chose de purement matériel, l'emploi de *qui* prépositionnel est un caprice d'archaïsme (voir l'*Hist.*) ou une singularité de style : *La dorure du baromètre, sur* QUI *frappait un rayon de soleil...* (FLAUB., *Mme Bov.*, p. 170). — *Il est un air pour* QUI *je donnerais Tout Rossini, tout Mozart et tout Weber* (NERVAL, *Odelettes*, Fantaisie). — *Cette eau limpide à* QUI *l'ombre, le silence, la solitude semblaient avoir refait une vraie physionomie d'eau vivante* (A. DAUDET, *Jack*, t. I, p. 149). — *Un cirque de montagnes, de* QUI *les noms si durs leur échappèrent* (M. BARRÈS, *L'Ennemi des lois*, p. 205). — *Cette vieille ville pour* QUI *j'ai une prédilection* (R. ROLLAND, *Les Léonides*, Préf.). — *Ce château de* S***, *à* QUI *l'automne prêtait de nobles parures* (G. DUHAMEL, *Civilisation*, p. 71). — *L'ombrelle sur* QUI *elle s'appuyait* (E. JALOUX, *La Fête nocturne*, IV). — *Le nouveau* [carnet] *sur* QUI *j'écris ceci* (A. GIDE, *Les Faux-Monn.*, p. 202). — *La nation française fait songer à un arbre greffé plusieurs fois, de* QUI *la qualité et la saveur de ses fruits résultent d'une heureuse alliance de sucs et de sèves très divers* (P. VALÉRY, *Regards sur le monde act.*, p. 122). — *On sait qu'il y a des fleurs de* QUI *l'épanouissement est nocturne* (COLETTE, *Paris de ma fenêtre*, p. 49). — *Elle n'a vu de tableaux et de paysages que ceux devant* QUI *je l'ai mise* (J. GIRAUDOUX, *Pour Lucrèce*, I, 5). — *Des murs solides et sur* QUI *les balles les plus violentes ne marquent pas* (J. COCTEAU, *Poésie critique*, p. 67).

Hist. — Il était courant, dans l'ancienne langue, de rapporter *qui* prépositionnel à un nom de chose : *Et se partirent par une autre porte que par celle devant* QUI *li Flammencq estoient* (FROISSART, t. III, p. 297). — *La ville de* QUI *parle Sophocles* (AMYOT, *Antonius*, 6). — *Le mestier en* QUI *l'homme est expert* (RONSARD, t. X, p. 292, note 3). — Cet usage était encore assez suivi à l'époque classique, même après que Vaugelas l'eut condamné (*Rem.*, p. 55) [à noter que Vaugelas lui-même le suit : *Toute cette* PURETÉ *à* QUI *ils en veulent tant* (*Rem.*, Préf., IX, 2). — *Afin qu'«oblige» regisse le* « DE », *avec* QUI *le verbe « porte », ne s'accommoderoit pas* (*ib.*, p. 216)] : *Un* FAIX *sous* QUI *Rome succombe* (CORN., *Pompée*, I, 1). — *Deux* PIVOTS *sur* QUI *roule aujourd'hui notre vie* (LA F., *F.*, V, 1). — *Un* LIVRE (...) *de* QUI *la lecture est même condamnable* (MOL., *Mis.*, V, 1). — *C'était ma coiffe à* QUI *j'avais recours* (MARIVAUX, *Marianne*, p. 50).

544. *a) Qui* employé absolument (cf. § 541) comme nominal (§ 461, *b*) non prépositionnel ou précédé de *à, de, pour, envers*, a dans des phrases telles que les suivantes, sa fonction (sujet ou complément) dans la proposition même qu'il introduit — et c'est cette proposition tout entière qui est complément du verbe ou d'un autre mot de la principale :

Aimez QUI *vous aime* (Ac.). — *Ne lapidez pas* QUI *vous ombrage* (HUGO, *Préf. de Cromwell*). — *Choisis* QUI *tu voudras* (CORN., *Cid*, IV, 5). — *J'imite* QUI *je veux* (J. RENARD, *Journal*, 19 nov. 1898). — *Dieu choisit ou réserve* QUI *lui plaît* (G. BERNANOS, *Dialogues des Carmélites*, V, 16). — *À* QUI *perd tout Dieu reste encore* (MUSSET, *N. d'Août*). — *Il le raconte à* QUI *veut l'entendre. Il gagne l'estime de* QUI *le connaît bien. Pour* QUI *sait réfléchir, cet événement est plein d'enseignements.* — *La clientèle de choix se montre toujours reconnaissante envers* QUI *ne la brusque point* (P. BENOIT, *Le Soleil de Minuit*, p. 66).

Qui employé d'une manière absolue n'est que rarement attribut : *Comment je devins* QUI *je suis* (A. GIDE, *L'Immoraliste*, p. 240, cit. Sandfeld). — *Deviens* QUI *tu es* (G. MARCEL, *Le Déclin de la sagesse*, p. 70).

Tout qui, assez courant dans le français de Belgique [cf. liég. : TOT QUI *l'creût enn' èst trompé* (dans Haust) = litt. « *tout qui* le croit en est trompé], est incorrect. Au lieu de *tout qui le croit*, on dira : *quiconque le croit*, ou : *tous ceux qui le croient*.

b) Suivi de *que* relatif et du verbe *être*, *qui* sert à former la locution *qui que*, regardée comme pronom indéfini : *À* QUI QUE *ce soit que nous parlions, nous devons être polis* (LITTRÉ). — *Je n'y ai trouvé* QUI QUE *ce soit* (AC.).

Hist. — Le relatif *qui* introduit par une préposition représente l'ancienne forme *cui : Biau sire Diex, de* CUI *mort je port le signe* [Beau sire Dieu, de la mort de qui je porte le signe] (*La Queste del Saint Graal*, p. 32). — *Li Troïens qui m'a traïe Par* CUI *amor ge perc la vie* [Le Troyen qui m'a trahie, par l'amour de qui je perds la vie] (*Eneas*, 2061-62). — Ce *cui*, au XIIIᵉ siècle, étant prononcé *ki*, a été confondu avec *qui*.

Que.

545. Le relatif *que* s'applique à des personnes ou à des choses et peut être sujet, attribut ou complément. Il peut aussi avoir la valeur d'un adverbe relatif, et s'emploie parfois d'une manière absolue.

546. Le relatif neutre *que* peut être sujet dans les expressions figées : *Faites ce* QUE *bon vous semblera* (= ce qui vous semblera bon). *Advienne* QUE *pourra. Vaille* QUE *vaille. Coûte* QUE *coûte.*

Hist. — On a, dans ces expressions figées, une survivance d'un vieil usage : le relatif *que* s'est employé comme sujet, en concurrence avec *qui*, dans l'ancienne langue : *Choisissiez des deus le quel* QUE *miauz vos plest* (CHRÉTIEN DE TROYES, *Lancelot*, 290-291). — *A cele* QUE *plus l'amereit* [à celle qui l'aimerait le plus] (WACE, *Brut*, 1684). — *Une cité* QUE *Penelope fu apelee* (*Roman de Troie en prose*, § 5). — *Par la prée* [prairie] QUE *fu florie* (*Roman de Thèbes*, 3364). — *Or dites ce* QUE *vos plaira* (VILLEHARDOUIN, § 16). — Peu à peu il a été supplanté par *qui*, mais il s'est maintenu jusque dans le XVIᵉ siècle, notamment quand l'antécédent était le neutre *ce* ou un nom de chose : *Là son precepteur repetoit ce* QUE *avoit esté leu* (RAB., *Garg.*, 23). — *Tout ce* QUE *leur estoit servy à table* (ID., ibid.). — *Les plus grands honneurs* QUE *jamais eussent auparavant esté decretez et ottroyez à personne* (AMYOT, *Cicér.*, 23, cit. Gougenheim, *Gramm. XVIᵉ S.*, p. 90). — *Ce* QUE *s'executoit* (D'AUBIGNÉ, t. I, p. 25).

547. *Que*, relatif, peut être attribut neutre (cf. § 1011, 2º, Rem.) :

L'obscurité devint complète, augmentée QU'*elle était par l'ombre portée des arbres* (Th. GAUTIER, *Mlle de Maupin*, V). — *Deux rangées de hautes maisons centenaires qui se taisent comme des vieillards* QU'*elles sont* (HUGO, *Les Misér.*, IV, 15, 1). — *Échauffé d'ailleurs* QUE *j'étais par mon propre style, je ressentais, en finissant d'écrire, un peu de la passion que j'avais cherché à exprimer* (B. CONSTANT, *Adolphe*, II). — *Insensé*

QUE *je suis !* (Muss., *Namouna*, II, xxxix.) — *En bon juge* QU'*il est.* — *Le vieillard* QUE *je suis devenu* (Fr. Mauriac, *Le Nœud de vipères*, p. 14). — *Il se passait de manteau, fier* QU'*il était de sa poitrine large* (H. Duvernois, *Morte la Bête*, I). — *C'est donc à la grâce de Dieu que j'accumule ces feuillets, privés* QU'*ils sont du trait déformant et agréable...* (Colette, *L'Étoile Vesper*, p. 179). — *Elles ne l'aiment point passionnément, incapable* QU'*elles le sentent de leur rendre la pareille* (A. Billy, dans le *Figaro*, 24 déc. 1958).

N. B. — On peut considérer qu'on a le même *que* attribut neutre (dont la fonction n'est plus sentie, parce que ces expressions sont figées) dans : *Qu'est-ce* QUE... ? et dans : *Si j'étais* QUE *de vous ; ce que c'est* QUE *de nous !* — De même dans l'adverbe *presque : La viande est presque cuite = ...près* [de ce] *que* [est] *cuite* (cf. Tobler, *Mél.*, p. 17, note 3). — De même encore dans : *C'est une belle fleur* QUE *la rose* [qui s'analyserait, selon Nyrop (*Gramm. hist.*, t. V, § 23) : *c'est une belle fleur* (ce) *que* (est) *la rose*] ou dans : *C'est horrible* QUE *de haïr.* — Mais on peut aussi, avec plus d'un grammairien (cf. Michaut et Schricke, pp. 375 et 537 ; Lanusse et Yvon, § 287 ; de Boer, *Synt. du Fr. mod.*, pp. 127 et 238), estimer que dans *c'est une belle fleur* QUE *la rose ; — c'est horrible* QUE *de haïr ; — si j'étais* QUE *de vous ; — ce que c'est* QUE *de nous,* — le *que* est conjonction. — Pour Frei (*Gramm. des fautes*, p. 272), dans *c'est une belle fleur que la rose,* il n'y a pas lieu de supposer une ellipse du verbe *être,* et le *que* est un séparatif (sorte de pause prononcée), simple signe d'inversion. — Selon A. Dauzat (*Phonét. et Gramm. histor. de la L. fr.*, p. 290), dans *folle que tu es !* le mot *que* est conjonction et ce tour est le renversement de l'exclamation normale *que tu es folle !* [Dauzat, à la p. 267 du même ouvrage, signale que dans *imbécile que tu es !* le mot *que* est senti comme relatif.]

548. Le relatif *que* est le plus souvent objet direct : *L'enfant* QUE *le Seigneur aime* (Rac., *Ath.*, II, 9). — *Et chacun croit fort aisément Ce* QU'*il craint et ce* QU'*il désire* (La F., *F.*, XI, 6).

Remarques. — 1. Devant les verbes impersonnels ayant pour sujet le neutre *il,* le relatif *que* est un élément complétif du sujet *il* (§ 185 et note) : *Les orages* QU'*il y a eu. L'argent* QU'*il a fallu.*

2. Avec les verbes susceptibles d'être construits impersonnellement, il y a parfois hésitation entre *qu'il* (construction impersonnelle) et *qui* (construction personnelle) [1] ; dans la construction impersonnelle, *que* est tantôt complément d'un infinitif exprimé ou sous-entendu après lui : *Nous ferons le chemin* QU'*il reste à parcourir. Je fais ce* QU'*il me plaît* [de faire], — tantôt sujet logique : *Il arrivera ce* QU'*il arrivera.* — 1° Avec *falloir,* verbe toujours impersonnel, on emploie obligatoirement *qu'il* [la construction avec *qui (ce* QUI *faut)* est vulgaire ; à noter cependant que *qu'il* se prononce souvent *qui,* dans le langage familier] ; — 2° Avec *rester,* on emploie *qu'il* ou *qui,* à son choix ; — 3° Avec *plaire,* strictement parlant, il y aurait lieu de distinguer : *choisis ce* QU'IL *te plaît* signifie « choisis ce que tu voudras » — et *choisis ce* QUI *te plaît* signifie

---

1. L'*l* de *il* s'étant, dès le moyen français, amuï devant une initiale consonantique il a été impossible de discerner l'une de l'autre, dans la langue parlée, les valeurs syntaxiques de *qu'il* et de *qui.*

« choisis ce qui te donne du plaisir », mais, dans la pratique, on ne tient guère compte de cette distinction ; — 4° Avec *advenir, arriver,* le choix entre *qu'il* et *qui* est assez libre, mais avec d'autres verbes : *convenir, importer, prendre, résulter, se passer,* etc., on met généralement *qui.*

a) Construction impersonnelle *(qu'il) :* 1° Avec *falloir : Il ne sait ce* QU'IL *lui faut* (Ac.). — *J'ai l'homme* QU'IL *vous faut, ce* QU'IL *vous faut* (ID.). — *Ne dire que ce* QU'IL *faut* (VOLT., *Lett. sur Zaïre*) ; — 2° Avec *rester : Ce* QU'IL *restait de fromage d'Auvergne dans son assiette* (A. DAUDET, *L'Immortel,* I). — *Tous les livres* QU'IL *me reste à lire* (J. RENARD, *Journal,* 25 juin 1902). — *Durant les trente années* QU'IL *lui restait à vivre* (A. FRANCE, *Crainquebille,* p. 181). — *Ce* QU'IL *lui restait à faire* (R. ROLLAND, *Jean-Chr.,* t. VI, p. 60). — *Tout ce* QU'IL *vous reste à découvrir* (G. DUHA-MEL, *Paroles de médecin,* p. 176). — *C'est tout ce* QU'IL *restait de l'ancienne chapelle de Royaumont* (É. HENRIOT, *Les Temps innocents,* p. 2) ; — 3° Avec *plaire : Il fait de ses amis tout ce* QU'IL *lui plaît* (Ac.). — *L'État fait les lois* QU'IL *lui plaît* (A. de CHÂTEAUBRIANT, *La Brière,* p. 35). — *Ceci est mon trésor ; choisissez-y tout ce* QU'IL *vous plaira* (A. FRANCE, *Balthasar,* p. 220). — *Faites ce* QU'IL *vous plaira !* (É. ES-TAUNIÉ, *La Vie secrète* p. 48.) — *Vous pouvez me dire tout ce* QU'IL *vous plaira* (M. ARLAND, *L'Ordre,* t. II p. 71). — *Des maximes générales où chacun peut comprendre ce* QU'IL *lui plaît* (J. BAINVILLE, *Napoléon,* p. 111). — *Il ne dit jamais rien qu'à l'instant* QU'IL *lui plaît* (A. GIDE, *Incidences,* p. 175). — *Nous avions le droit de lire ce* QU'IL *nous plaisait* (Fr. MAURIAC, dans le *Figaro litt.,* 12 déc. 1959) ; — 4° Avec d'autres verbes : *Quelque chose* QU'IL *en advienne* (Ac.). — *Quoi* QU'IL *advienne* (ID.). — *Voici ce* QU'IL *advint* (É. HENRIOT, *Aricie Brun,* I, 3). — *Il en arrivera ce* QU'IL *pourra* (Ac.). — *Quoi* QU'IL *arrive, je ferai mon devoir* (ID.). — *Qu'est-ce* QU'IL *t'arrive ?* (A. DAUDET, *Les Rois en exil,* p. 272.) — *Ce* QU'IL *lui était arrivé* (A. FRANCE, *Les Sept Femmes de la Barbe-bleue,* pp. 158-159). — *Arrivera ce* QU'IL *pourra !* (G. DUHAMEL, *Fables de mon jardin,* p. 84.) — *Elle dit en somme ce* QU'IL *convenait pour que chacun de nous trouvât à peu près naturelles sa propre présence et celle des autres* (J. ROMAINS, *Lucienne,* p. 69). — *Ce* QU'IL *se passa, je l'ignore* (É. HENRIOT, *Le Livre de mon père,* p. 256). — *Qu'est-ce* QU'IL *s'est passé ?* (ID., dans le *Monde,* 15 déc. 1954.) — *Il satisfait le désir* QU'IL *lui prend. — Ce* QU'IL *résultait d'un entretien si important* (R. BOYLESVE, *Élise,* p. 163).

b) Construction personnelle *(qui) :* 1° Avec *rester : Le peu d'argent* QUI *lui restait* (STENDHAL, *Chartr.,* t. I, p. 37). — *Ce* QUI *me restait à tenter* (A. DAUDET, *La Petite Paroisse,* p. 198). — *Le peu d'énergie* QUI *lui reste* (R. MARTIN DU GARD, *Jean Barois,* p. 312). — *Le peu d'heures* QUI *me restent à vivre* (J. BENDA, *Exercice d'un Enterré vif,* p. 69). — *Ce* QUI *lui reste de sainteté* (A. MAUROIS, *Ce que je crois,* p. 134). — *Le peu de courage* QUI *lui reste* (J. ROMAINS, *Les Hommes de b. vol.,* t. XVIII, p. 56) ; — 2° Avec *plaire : Tu prétends faire ici de moi ce* QUI *te plaît* (RAC., *Plaid.,* II, 13). — *Je tombe d'accord de tout ce* QUI *vous plaît* (MOL., *Mis.,* V, 1). — *Un notaire montre ce* QUI *lui plaît !* (É. ESTAUNIÉ, *Les Choses voient,* p. 320, cit. Sandfeld.) — *Je dis ce* QUI *me plaît* (G. DUHAMEL, *Le Notaire du Havre,* p. 46, *ib.*) ; — 3° Avec d'autres verbes : *Voyez ce* QUI *m'arrive* (Ac.). — *Qu'est-ce* QUI *arrive ?* (J. LEMAITRE, *Mariage blanc,* II, 8.) — *Quoi* QUI *arrivât dans sa vie* (MONTHERLANT, *Les Célibataires,* p. 118). — *Il m'arriverait ce* QUI *arriva au héros du fabliau* (J.-J. BROUSSON, *An. France en pan-toufles,* p. 237, cit. Sandfeld). — *Arrivera ce* QUI *arrivera* [1] (R. DORGELÈS, *Partir,*

---

1. Littré (s. v. *arriver,* Rem.) condamne *en arrive ce* QUI *pourra :* « Il faut, déclare-

p. 25, *ib.*). — *Tout ce* QUI *adviendra. Faites ce* QUI *convient, ce* QUI *importe.* — *Va voir ce* QUI *se passe* (RAC., *Mithr.*, IV, 1). — *Tout ce* QUI *se passe en Allemagne ou en Flandre* (VOLT., *L. XV*, 28). — *Je ne saurais dire ce* QUI *se passait en moi* (AC.). — *Qu'est-ce* QUI *vous prend ?* (ID.) — *Qu'est-ce* QUI *lui a pris ?* (M. AYMÉ, *Le Chemin des écoliers*, p. 97.) — *Ce* QUI *résulte de ce raisonnement.*

3. Avec les verbes impersonnels, *que* peut se rapporter à autre chose que le neutre *il* : *L'argent* QU'*il a fallu dépenser* (objet direct de *dépenser*). *Du temps* QU'*il y avait des fées* (compl. circonst.).

4. Lorsqu'une proposition infinitive est amenée par la construction relative, comme dans la phrase : *Le train* QUE *j'entends siffler est loin*, le relatif *que* est à la fois sujet de l'infinitif et objet direct du verbe dont l'infinitif dépend [1].

549. *Que* s'emploie parfois comme une sorte d'adverbe conjonctif avec la valeur de *où, dont, duquel, durant lequel, dans lequel*, etc., pour marquer le lieu, le temps, la manière, l'instrument, etc. :

Et, rose, elle a vécu ce QUE *vivent les roses* (MALHERBE, t. I, p. 40). — *L'hiver* QU'*il fit si froid. La première fois* QUE *je l'ai vu. Il y a deux ans* QUE *je ne vous ai écrit.* — *Du temps* QUE *j'étais écolier* (MUSSET, *N. de Déc.*). — *Ils (...) la faisaient toujours* [la guerre] *dans le temps, de la manière et avec ceux* QU'*il leur convenait* (MONTESQ., *Consid.*, 6). — *Les jours* QU'*elles réglaient leurs comptes* (FLAUBERT, *L'Éduc.* sent., t. II, p. 211). — *Le noble souvenir du temps* QU'*on n'avait rien* (Ch. PÉGUY, *Ève*, p. 88). — *Jusqu'à l'instant* QUE *le cordonnier (...) montait sonner l'angélus* (M. ARLAND, *Antarès*, p. 66). — *Au moment* QUE *je pénétrais dans la clarté d'un lampadaire* (G. DUHAMEL, *Biogr. de mes fantômes*, p. 26).

Cette particule relative *que* est d'un emploi assez restreint dans la langue actuelle, on la remplace souvent par *où, dont, duquel*, etc.

Hist. — *Que*, adverbe relatif, d'emploi très courant à l'époque de la Renaissance, était encore fréquent au XVIIe siècle : *Au moment* QUE *j'ouvre la bouche* (BOSS., *Condé*). — *Me voyait-il de l'œil* QU'*il me voit aujourd'hui ?* (RAC., *Andr.*, II, 1.) — *Un certain loup dans la saison* QUE *les tièdes zéphyrs ont l'herbe rajeunie...* (LA F., *F.*, V, 8).

550. Le relatif *que* est parfois employé avec une valeur neutre, surtout dans des expressions figées, non seulement comme sujet (§ 546) ou comme attribut (§ 547), mais aussi comme complément : *Il n'est point de destin plus cruel*, QUE *je sache* (MOL., *Amphitr.*, III, 1). — *Ma tête encore est belle, Et vaut bien*, QUE *je crois, la tête d'un rebelle* (HUGO, *Hern.*, III, 6).

On le retrouve aussi comme complément dans l'ancienne construction du type *faire que sage* (déjà archaïque au XVIIe siècle), qui peut s'expliquer par « *faire* [ce] *que* [fe-

---

t-il : *ce* QU'IL *pourra*. Car l'ellipse étant remplie, on a : *en arrive ce* QU'IL *pourra arriver* ». — La raison est vaine : en remplissant l'ellipse, on peut tout aussi bien avoir : *en arrive ce* QUI *pourra arriver*.

1. Il y a, en réalité, un objet double, qui est en même temps une action (l'infinitif) et un être ou une chose (le relatif *que*).

rait un] *sage* » : *Il fist* QUE *beste* (BÉROUL, *Le Roman de Tristan*, 1309). — *Vous dites* QUE *sages* (RUTEBEUF, *Théophile*, 62). — *Disant qu'il ferait* QUE *sage* (LA F., F., V, 2).

Quoi.

551. Le relatif *quoi*, forme tonique de *que*, ne peut s'appliquer qu'à des choses ; il s'emploie uniquement comme complément prépositionnel [1].

Il se rapporte généralement comme neutre à un mot de sens vague, indéterminé, comme *ce, rien, chose, point*, ou à un antécédent implicite (par exemple *ce* ou *chose*), ou à une idée précédemment énoncée :

Il arrive très rarement qu'ils renoncent dans un moment à ce à QUOI *ils ont réfléchi pendant toute leur vie* (MONTESQ., *Consid.*, 13). — *Ce sont des choses à* QUOI *vous ne prenez pas garde* (AC.). — *Il n'y a rien sur* QUOI *l'on ait tant disputé* (ID.). — *Voici sur* QUOI *je veux le questionner* (ID.). — *Cléopâtre a de* QUOI *vous mettre tous en poudre* (CORN., *Pomp.*, II, 2). — *C'est en* QUOI *vous vous trompez* (AC.). — *C'est à* QUOI *je n'avais pas songé* (A. FRANCE, *La Rôtisserie...*, p. 97). — *Elle (...) partit sans me dire adieu, à* QUOI *je fus très sensible* (H. BORDEAUX, *Le Pays sans ombre*, p. 68).

Pour *tout quoi* (régi par une préposition), voir § 457, A, 1°, Rem. 5.

Remarque. — *Quoi* sert à former le relatif indéfini *quoi que* : QUOI QUE *vous ayez à me dire, je ne m'en offenserai pas* (J. ROMAINS, *Lucienne*, p. 165). On a aussi la combinaison *quoi qui*, rarement employée : QUOI QUI *vous afflige, ne vous laissez pas abattre* (DICT. GÉN.).

552. La langue littéraire d'aujourd'hui, reprenant un ancien usage (v. ci-dessous : *Hist.*), emploie fréquemment (au lieu de *lequel*) *quoi* représentant un nom, singulier ou pluriel, de sens précis, déterminé :

La grosse rose d'après QUOI *j'avais fait tant d'aquarelles* (Th. GAUTIER, *Mlle de Maupin*, V). — *Le dos, avec* QUOI *l'on repose, le dos aussi a trahi* (G. DUHAMEL, *Vie des Martyrs*, p. 40). — *Bernis regarde cette montre par* QUOI *s'opère un tel miracle* (SAINT-EXUPÉRY, *Courrier Sud*, p. 204). — *Un vaste appareil pulmonaire par* QUOI *l'échange s'établit entre nos poitrines et l'immense ciel d'été* (R. BOYLESVE, *Souvenirs du jardin détruit*, p. 68). — *Cette quantité de caractères intimes et de réalités invisibles par* QUOI *s'accomplit le mystère de l'union profonde de millions d'hommes* (P. VALÉRY, *Regards...*, p. 117). — *Une familiarité à* QUOI *il n'a pas pris garde* (H. BORDEAUX, *La Revenante*, p. 158). — *En dépit d'une migraine à* QUOI *elle n'attachait aucune importance* (A. HERMANT, *Le Caravansérail*, VI). — *Les vérités d'emprunt sont celles à* QUOI *l'on se cramponne le plus fortement* (A. GIDE, *Incidences*, p. 95). — *Ne pouvant me résoudre à la pensée détachée pour* QUOI *j'ai peu d'estime* (J. BENDA, *Exercice d'un Enterré vif*, p. 109). — *Je m'asseyais sur une de ces bornes à* QUOI *l'on amarre les bateaux* (Fr. MAURIAC, *La Robe prétexte*, XIV). — *Les volte-face par* QUOI *un homme de génie se renouvelle* (J. COCTEAU, *Poésie critique*, p. 78). — *Le jardin paraissait*

---

1. On ne le trouve sans préposition que dans les relatifs indéfinis *quoi que, quoi qui*.

rempli d'une vapeur bleue à travers QUOI *jouait la lune* (É. HENRIOT, *Les Temps innocents*, p. 218). — *Cette case, vers* QUOI *convergeaient les regards de presque tous les joueurs, le fascinait lui aussi* (A. MALRAUX, *La Condition humaine*, p. 290). — *J'ai constitué un herbier, à* QUOI *j'ai réservé tout un grenier bien clos* (H. BOSCO, *Le Mas Théotime*, p. 28).

N. B. — Au même usage il faut rattacher *pourquoi* (primitivement : *pour quoi*) employé au sens de *pour lequel* [emploi qui vieillit, selon l'Académie] : *La raison* POURQUOI... (AC., s. v. *pourquoi*). — *La raison* POUR QUOI (ID., s. v. *quoi*). — *Savez-vous (...) qu'il est élégant d'écrire :* « *Les raisons* POURQUOI *j'aime bien Xavier sont de ces raisons que la raison ne connaît pas* », *plutôt que* « *les raisons pour lesquelles, etc. ?...* » (A. HERMANT, *Xavier*, p. 136). — *C'est le motif* POURQUOI *je vous interroge si curieusement* (ID., *ib.*, p. 187). — *C'est une des raisons* POURQUOI *j'ai eu quelquefois du plaisir à la guerre* (MONTHERLANT, *Les Olympiques*, p. 137). — *Là serait peut-être la raison* POUR QUOI *son travail sur les Souris n'a jamais été publié* (J. ROSTAND, *Aux Sources de la Biologie*, p. 190).

Hist. — Au moyen âge, *quoi* pouvait avoir pour antécédent un nom de chose déterminé désignant un objet ou une qualité. Les auteurs du siècle classique usaient souvent encore de ce tour : *Est-ce un sujet pour* QUOI *Vous fassiez sonner vos mérites ?* (LA F., *F.*, VI, 3.) — *Ce n'est pas le bonheur après* QUOI *je soupire* (MOL., *Tart.*, III, 3). — *La barricade derrière* QUOI *ils étaient retranchés* (SÉV., t. III, p. 135).

C'est au XVIIIe siècle que, dans ces cas, *lequel* a supplanté *quoi*.

Jusque vers le début du XVIIe siècle, *quoi* a pu parfois représenter un nom de personne : *On vous obéira,* QUOI *qu'il vous plaise élire* (CORN., *Don Sanche*, I, 2). — Vaugelas (*Rem.*, pp. 54 et 118) déclare que *quoi* ne se met jamais pour *lequel*, quand on parle de personnes, mais seulement quand il s'agit des animaux et des choses inanimées.

Lequel.

553. Le relatif *lequel* peut s'appliquer à des personnes ou à des choses, et s'emploie comme sujet ou comme complément prépositionnel (*auquel, duquel, sur lequel, pour lequel*, etc.).

554. Comme sujet, *lequel* appartient surtout à la langue écrite ; souvent il s'emploie pour éviter une équivoque ou une répétition : *Il semble que la logique est l'art de convaincre de quelque vérité ; et l'éloquence un don de l'âme,* LEQUEL *nous rend maîtres du cœur et de l'esprit des autres* (LA BR., I, 55). — *Il y a une édition de ce livre* LAQUELLE *se vend fort bon marché* (AC.). — *Elle était avec son mari, madame Homais et le pharmacien,* LEQUEL *se tourmentait beaucoup sur le danger des fusées perdues* (FLAUB., *Mme Bov.*, p. 167). — *Vous vous penchez sur votre avenir et en même temps sur celui de la bourgeoisie cossue,* LEQUEL *n'est peut-être pas aussi sombre que vous le prétendez* (M. AYMÉ, *Le Confort intellectuel*, p. 204).

Parfois *lequel* aide à la clarté de la phrase en ce qu'il permet d'indiquer que l'antécédent est pris dans toute son extension : *Pourquoi se borne-t-il* [Sartre] *à l'engagement visible ? L'invisible engage plus loin. C'est exclure les poètes* LESQUELS *s'engagent sans autre cause que de se perdre* (J. COCTEAU, *La Difficulté d'être*, p. 116). [Si l'on disait :

les poètes QUI *s'engagent...*, on pourrait comprendre : ceux qui, parmi les poètes, s'engagent... Il est vrai que, si l'on mettait la virgule (C'est exclure les poètes, qui s'engagent...), on marquerait assez nettement que l'antécédent est pris dans toute son extension ; néanmoins pour l'oreille, *lequel* indique cette extension d'une façon plus concrète.]

Lequel sujet s'est conservé dans la langue juridique ou administrative : *On a entendu trois témoins,* LESQUELS *ont dit...* (AC.). — *Nous avons enfin cédé à la multitude des requêtes qu'ils nous ont présentées,* LESQUELLES *ont fait jusqu'ici la plus grande sollicitude du trône* (MONTESQ., *L. pers.*, 124).

Dans la langue littéraire, il se rencontre assez fréquemment, même là où aucune équivoque n'est à craindre, mais il a quelque chose d'archaïque et d'un peu rigide ; l'avantage qu'il peut offrir, c'est de représenter l'antécédent avec plus de relief tout en liant (avec la valeur de *et il, et celui-ci*) la relative d'une façon plus souple que ne ferait *qui*, et en laissant un certain jeu, comme pour une sorte de décrochage de la pensée : *Il rencontra un médecin de sa connaissance* LEQUEL *était aux gages de madame de Sablé* (A. FRANCE, *Le Génie latin*, p. 45). — *Le brouillard d'hiver (...) s'enhardit à envelopper le grand visage muet,* LEQUEL *persiste à regarder cette lune morte* (P. LOTI, *La Mort de Philæ*, p. 14). — *La lettre était déposée dans un coffret clos,* LEQUEL *se dissimulait dans la mousse* (A. GIDE, *Si le Grain ne meurt*, I, 6). — *Que de fois juge-t-on sans conséquence un acte,* LEQUEL *suit cependant la courbe implacable du destin !* (É. ESTAUNIÉ, *Mme Clapain*, p. 199.) — *Alors Simon le saisit par une de ses mains,* LAQUELLE *s'arracha aussitôt à cette étreinte* (J. GREEN, *Moïra*, p. 18). — *La petite fille,* LAQUELLE *était l'aînée, tenait par la main son frère* (J.-L. VAUDOYER, *La Reine évanouie*, p. 14).

N. B. — 1. *Lequel* ne s'emploie pas après *et ;* il ne figure jamais dans une proposition déterminative.

2. Considérant que *lequel* contient l'article, on a pu penser qu'il ne pouvait avoir pour antécédent un nom propre ne s'accommodant pas de l'article ; cette opinion, toute théorique, n'a pas de fondement dans l'usage : *Il n'a pas aperçu Jeannette, ma fillole,* LAQUELLE *a tout ouï* (MOL., *L'Étourdi*, IV, 7). — *Ce mécanisme (...) amusa beaucoup Sigognac,* LEQUEL, *bien que spirituel par nature, était fort neuf en beaucoup de choses* (Th. GAUTIER, *Le Capit. Fracasse*, XI). — *Il amena plusieurs fois avec lui (...) le Père Esprit de l'Oratoire,* LEQUEL, *en cette circonstance, disaient les Jansénistes, fit peu d'honneur à son nom* (SAINTE-BEUVE, *Port-Roy.*, V, 11). — *Damien avait une sympathie particulière pour Jean-Pierre,* LEQUEL *était employé de banque* (DANIEL-ROPS, *Deux Hommes en moi*, p. 205).

555. *Lequel* est fréquemment employé, même dans la langue parlée, comme complément prépositionnel et renvoie le plus souvent à un nom de chose ou d'animal : *La patrie,* POUR LAQUELLE *chacun doit se sacrifier, exige ce nouveau sacrifice* (AC.). — *Un homme* DANS LEQUEL *je crois voir plusieurs Marius* (MONTESQ., *Sylla et Eucrate*). — *Cette religion* DANS LAQUELLE *j'avais eté élevé* (CHATEAUBR., *Mém.*, I, 11, 7). — *Une retraite* APRÈS LAQUELLE *je soupire* (VIGNY, *Cinq-Mars*, 8). — *Quelque chose* POUR LEQUEL *je ne trouve que le mauvais qualificatif d'« ineffable »* (Fr. MAURIAC, *Ce que je crois*, p. 125).

N. B. — 1. Pour plus de clarté, on reprend parfois le nom et on le fait précéder de *lequel*, qui est alors *adjectif* relatif (§ 437).

2. Dans l'usage courant, *lequel* est rarement introduit par *en*, mais dans l'usage littéraire, il ne l'est pas si rarement qu'on pourrait croire : *Une sorte de souffrance d'élection* EN LAQUELLE *lui surtout se complut* (J. RENARD, *Journ.*, 1ᵉʳ nov. 1887). — *Cette poussière* EN LAQUELLE *toutes formes terrestres se perdent* (A. FRANCE, *Pierre Nozière*, p. 85). — *Quelque vieux poisson sacré (...)* EN LEQUEL *s'incarnait le Génie protecteur de la famille Guermantes* (M. PROUST, *Le Temps retrouvé*, II, p. 92). — *L'effigie* EN LAQUELLE *il s'imaginait pouvoir incarner l'amour* (L. MARTIN-CHAUFFIER, dans les *Nouv. litt.*, 1ᵉʳ juill. 1948). — *Le monde* EN LEQUEL *nous avions placé toutes nos aveugles espérances* (G. DUHAMEL, *Le Temps de la recherche*, XVII). — *Ce travail* EN LEQUEL *on serait tenté de saluer un succès américain* (ID., *Manuel du protestataire*, p. 135). — *Elle (...) prononça le « Je t'aime »* EN LEQUEL *il n'espérait plus* (M. GARÇON, *Plaidoyers chimériques*, p. 69).

3. Il est rare, dans l'usage actuel, que *lequel* soit complément non prépositionnel : *Le cheval de Troie n'était précisément que la même machine*, LAQUELLE *on armait d'une tête de cheval en métal* (VOLT., *Mœurs*, 25). — *Ce détail grotesque ne fut pas remarqué par ces spectateurs naïfs, tout occupés de l'affabulation de la comédie et du jeu des personnages*, LESQUELS *ils tenaient pour véritables* (Th. GAUTIER, *Le Capit. Fracasse*, VII). — *J'ai cédé, me dit-il, à un mouvement de fureur, il est vrai ;* LAQUELLE *je ne pouvais tourner que contre moi* (A. GIDE, *Thésée*, p. 106). — *Il ne jouait que de bonnes choses et il les jouait avec respect ; les sonates de Bach pour violon seul, les sonates pour violon et piano*, LESQUELLES *il esquissait, on le devine, sans accompagnement* (G. DUHAMEL, *La Pesée des âmes*, p. 133).

4. Après *parmi*, c'est toujours *lequel* qu'on emploie comme pronom relatif régime, tant en parlant de personnes qu'en parlant de choses (*qui* produirait, en effet, une cacophonie) : *Là, il connut des jeunes gens instruits, parmi* LESQUELS *Maucroix* (É. FAGUET, *XVIIᵉ S.*, p. 234).

Hist. — *Lequel*, sujet ou complément, a été, à l'époque de la Renaissance, d'un emploi très fréquent, confinant même à l'abus. — Au XVIIᵉ siècle, on s'en servait encore assez souvent, mais en général, on le jugeait lourd et on le laissait à la langue juridique : *Un chien vient dans une cuisine ; Il y trouve un chapon,* LEQUEL *a bonne mine. Or celui pour* LEQUEL *je parle est affamé ; Celui contre* LEQUEL *je parle autem plumé ; Et celui pour* LEQUEL *je suis prend en cachette Celui contre* LEQUEL *je parle* (RAC., *Plaid.*, III, 3). — *Un trésor plus précieux que celui* LEQUEL *nous avons trouvé* (LA F., *Vie d'Ésope*). — *Il n'y avait que ceux de cette famille* LESQUELS *pussent exercer la sacrificature* (RAC., Préf. d'*Ath.*).

Dont.

556. *Dont*, qui marquait primitivement l'origine, le lieu de départ (lat. *de unde*, d'où), marque aujourd'hui, comme équivalent d'un complément introduit par *de*, la possession, la cause, la manière, la matière ; il peut représenter des personnes ou des choses : *Dieu,* DONT *nous admirons les œuvres* (Ac.). — *L'homme* DONT *les biens ont été vendus.* — *La maladie* DONT *il est mort* (Ac.). — *Je trouve, Ibben, la Providence admirable dans la manière* DONT *elle a distribué les richesses* (MONTESQ., *L. pers.*, 98). — *Être du bois* DONT *on fait les généraux.*

Dont s'employait couramment, dans l'usage classique, pour exprimer le moyen, l'instrument ; dans l'usage littéraire moderne, cet emploi n'est pas tout à fait abandonné : *Le collier* DONT *je suis attaché* (LA F., *F.*, I, 5). — *Les raisons* DONT *il peut se défendre* (CORN., *Toison d'or*, II, 2). — *L'étonnante barrière* DONT *le ciel sépara l'enfer et la lumière* (VOLT., *Sémiramis*, III, 2). — *Sans quitter son épée,* DONT *enfin il acheva ce furieux animal* (MARIVAUX, *Le Paysan parvenu,* p. 227). — *Ces pêcheurs sont armés d'une baguette pointue* DONT *ils piquent adroitement leur proie* (A. FRANCE, *Pierre Nozière,* p. 203). — *La pierre* DONT *il repassait le fil de son outil* (A. de CHÂTEAUBRIANT, *La Brière,* p. 275). — *Schlemer sortit de sa poche un journal* DONT *il commença par s'éventer* (G. DUHAMEL, *Le Voyage de Patrice Périot,* p. 124). — *Elle regardait (...) les grands caoutchoucs* DONT *son compagnon protégeait ses chaussures* (J. GREEN, *Minuit,* pp. 137-138). — *Elle-même s'aidait d'une canne assez longue* DONT *elle tâtait le sol devant elle* (H. BOSCO, *Les Balesta,* p. 172). — *La colonne* DONT *est soutenue le toit du perron* (R. KEMP, dans les *Nouv. litt.,* 12 sept. 1957).

Dont, complément d'agent du verbe passif, se trouve surtout dans le style poétique ou soutenu : *L'ennemi* DONT *je suis opprimé* (RAC., *Brit.,* II, 6). — *Ceux* DONT *il se croyait attaqué* (É. FAGUET, *XVII*e *S.,* p. 304).

557. Dans la plupart des cas, *dont* peut être remplacé par *de qui, de quoi, duquel, par lequel, avec lequel,* etc. : *La maison* DONT (ou DE LAQUELLE) *vous êtes propriétaire. Un homme* DONT (ou DE QUI) *la grande affaire est de s'enrichir.* (Voir au § 543 des exemples de *de qui.*)

Toutefois, quand l'antécédent est *ce, cela, rien,* on ne peut remplacer *dont* par *duquel, de quoi : C'est ce* DONT *il s'agit. C'est cela* DONT *vous m'avez parlé* (tour vieilli, voy. § 525, Rem. 2). *Ne faites rien* DONT *vous ayez à rougir.*

558. *Dont* peut être complément d'un nom, d'un pronom, d'un adjectif, d'un verbe, d'une expression partitive : *Le livre* DONT *j'ai lu quelques* PASSAGES. *Il parle d'une chose* DONT *il ignore* TOUT. — *Il n'est rien* DONT *je sois plus* CERTAIN (AC.). — *Les faveurs* DONT *vous m'*AVEZ COMBLÉ. *Des livres* DONT LA PLUPART *sont insignifiants.*

Dont peut être complément d'un nom de nombre ou d'un indéfini numéral, sujets : *Vous m'avez prêté des romans* DONT *trois m'ont fort intéressé,* DONT *plusieurs m'ont plu,* DONT *quelques-uns m'ont charmé.*

On a mis en doute que *dont* pût, de même, être complément d'un nom de nombre ou d'un indéfini numéral, objets directs. C'est à tort ; l'usage, sur ce point, est bien déclaré : *Des adorateurs,* DONT *on a droit de nommer quelques-uns* (SAINTE-BEUVE, *Caus. du Lundi,* t. I, p. 205). — *Il (...) possède sept ou huit villas* DONT *il habite une* (TAINE, *Voy. en Italie,* t. II, p. 93). — *Pour beaucoup de raisons (...)* DONT *je ne puis me dispenser de vous donner deux ou trois* (BRUNETIÈRE, *Bossuet,* p. 66). — *Différentes subdivisions* DONT *j'omettrai quelques-unes* (BAUDELAIRE, *Les Paradis artific.,* Un Mangeur d'opium, I). — *Puis on répandit devant eux des saphirs* DONT *il fallut choisir quatre* (MAUPASSANT, *Fort comme la Mort,* II, 4). — *Est-il donc si terrible à cent trente ans,* DONT *il passa soixante-quinze dans une pyramide ?* (A. FRANCE, *La Rôtisserie...,* p. 172.) — *Un groupe de quarante jeunes drôles* DONT *je blessai deux ou trois* (L. BLOY, *Le Désespéré,* p. 42). — *Trop méprisé les journaux* DONT *je lis quatre ou cinq chaque jour* (J. RENARD, *Journal,* 1er janv. 1895). — *Les plus estimés des publicistes contemporains,* DONT *Sturel aimait trois ou quatre pour leur générosité* (M. BARRÈS, *Les Déraci-*

nés, p. 332). — *Elle me nommait ses amies*, DONT *je connaissais quelques-unes* (Ch. MAURRAS, *La Musique intérieure*, p. 21). — *J'ai reçu deux lettres*, DONT *voici l'une* (A. HERMANT, *Les Samedis de mons. Lancelot*, p. 159). — *L'abondance de mes écrits a son excuse dans quelques idées inépuisables*, DONT *voilà une* (ALAIN, *Histoire de mes pensées*, p. 84). — *Des souvenirs (...)* DONT *nous avons noté quelques-uns* (A. THÉRIVE, dans le *Temps*, 24 mars 1938). — *À propos de quelques points de détail* DONT *je citerai quelques-uns* (A. BILLY, dans le *Figaro*, 19 août 1939). — [Ils] *tombent sur une douzaine de tirailleurs, d'enfants-perdus,* DONT *ils tuent deux* (LA VARENDE, *Les Belles Esclaves*, p. 149). — *Ceci n'ira pas sans de terribles conséquences,* DONT *nous ne connaissons encore que quelques-unes* (A. CAMUS, *L'Homme révolté*, p. 42). — *Des pauvretés assez surprenantes,* DONT *je montrerai quelqu'une* (P. VALÉRY, *Trad. des Bucol. de Virg.*, p. 31). — *Cette foule souvent enthousiaste des vers que je citais, et* DONT *je lui révélais quelques-uns* (F. GREGH, *L'Âge de fer*, p. 45).

Semblablement *dont* peut être complément d'un nom de nombre ou d'un indéfini numéral précisant le pronom *il* d'une forme impersonnelle : *Mes tableaux,* DONT *il reste trois,* DONT *il reste quelques-uns, ont été brûlés.* — *Je vous envoie deux livres* DONT *il y a un pour vous* (RACINE, t. VII, p. 73). — *Les gens (...)* DONT *il n'y a pas un sur cent mille à qui je voudrais ressembler* (P. VIALAR, *M. Dupont est mort*, p. 278). Pour le tour *dont il y en a deux*, voir l'*Hist.* à la fin du § 560.

559. *Dont* peut être complément du sujet, du verbe, de l'attribut ou de l'objet direct : *Vous voyez ici les romans* DONT *les auteurs* (les auteurs desquels) *sont des espèces de poètes* (MONTESQ., *L. pers.*, 137). — *Toutes les liqueurs* DONT *il a bu* (desquelles il a bu) (LA BR., XI, 122). — *Ces étoiles extraordinaires* DONT *on ignore les causes* (les causes desquelles) (ID., II, 22). — *Une catastrophe* DONT *nous sommes nous-mêmes les victimes* (les victimes de laquelle) (CHATEAUBRIAND, *Génie*, II, 1, 3).

Remarques. — 1. *Dont* peut joindre à une proposition principale une subordonnée relative complétée par une subordonnée substantive, même lorsqu'il n'est complément que d'un terme de la subordonnée substantive : *La maison* DONT *je sais que vous êtes propriétaire* (LITTRÉ, s.v. *dont*, Rem. 5). — *Cet homme* DONT *j'ignore si vous êtes l'ami.* — *Un homme* DONT *on sait que le talent se double de caractère* (A. SIEGFRIED, *Savoir parler en public*, p. 40).

Dans ces sortes de phrases, *dont* peut être complément circonstanciel de propos signifiant « au sujet duquel »[1] :

Ce sont particulièrement ces dernières pour qui je suis, et DONT *je sens fort bien que je ne pourrai me taire quelque jour* (MOL., *Éc. des femmes*, Ép. déd.). — *Ces étoiles extraordinaires (...)* DONT *on sait encore moins ce qu'elles deviennent* (LA BR., II, 22). —

---

1. Construction condamnée par Ab. Hermant (*Chroniq. de Lancelot*, t. II, p. 308) : « C'est, entre les horreurs d'aujourd'hui l'une de celles qui attristent le plus aux champs élysées les trépassés d'une certaine culture et qui datent déjà d'un certain temps » : condamnation injuste. — Pour d'autres tournures possibles : *cet enfant que je dis que j'ai vu* (ou : *que je dis avoir vu*), *le mal que je dis qui me possède* (ou : *que je dis me posséder*), voir § 1014, *b*, N. B., 2.

Deux armées DONT *je suppose fort qu'elles se battaient sans savoir pour quoi* (MONTHER-LANT, *Le Solstice de juin*, p. 305). — *Un luxe* DONT *j'imagine aujourd'hui qu'il devait être affreux* (Fr. MAURIAC, *Le Nœud de vipères*, p. 35). — *Celui* DONT *nous savons qu'un feu étrange le dévore* (M. BEDEL, *Le Mariage des couleurs*, p. 27). — *Cet homme* DONT *je ne doute plus (...) qu'il soit un ennemi intime* (A. ARNOUX, *Les Crimes innocents*, p. 86). — *Décide-toi à habiter ta propre maison* DONT *tu t'es aperçu à la fin qu'elle n'était pas vide* (P. CLAUDEL, *Seigneur, apprenez-nous à prier*, p. 53). — *Une monstrueuse erreur* DONT *me demande si elle ne lui avait pas été soufflée (...) par le diable* (A. BILLY, *Madame*, p. 252). — *Une sentence* DONT *ils savent (...) qu'elle pourrait être provisoire* (G. DUHAMEL, *Refuges de la lecture*, p. 102).

2. Le nom sujet, attribut ou objet direct ayant *dont* pour complément ne reçoit pas, en principe, l'adjectif possessif qui ferait pléonasme avec *dont*. On ne dira pas : *L'homme dont sa maison brûle ; une catastrophe dont nous sommes ses victimes ; c'est un livre dont j'ignore son auteur ;* — mais : ... *dont* LA *maison brûle ;* ... *dont nous sommes* LES *victimes ;* ... *dont j'ignore* L'*auteur*. — *Un vieux poète grec* DONT, *depuis deux mille ans, on ignore* LA *patrie* ((MONTESQ., *L. pers.*, 36). — *C'était un vieillard* DONT LA *barbe blanche couvrait* LA *poitrine* (A. FRANCE, *Balthasar*, p. 32). — *Un homme jeune (...)* DONT LA *chemise ouverte fort bas laissait voir* LA *poitrine lisse* (A. MAUROIS, *Bern. Quesnay*, p. 137).

La règle n'est pas absolue et, dans certains cas, le possessif peut aider à la clarté de la phrase : *Cette malheureuse créature*, DONT *la mort prématurée attriste aujourd'hui* SA *famille* (E. HELLO, *Contes extraordinaires*, Le Regard du Juge). — *Un puits rempli de cadavres de petites filles* DONT LEURS *parents ne sont débarrassés* (P. CLAUDEL, *Connaissance de l'Est*, Pagode). — *Venu à Thonon voir ma mère toujours malade, mais* DONT *la maladie n'a pas interrompu* SON *activité* (H. BORDEAUX, *La Garde de la maison*, p. 272). — Dans l'exemple suivant, on ne voit pas bien pourquoi l'auteur a employé le possessif *leurs :* l'article n'eût provoqué aucune amphibologie : *Ainsi chuchotaient au chevet de Mathilde Cazenave, son mari et sa belle-mère* DONT, *entre les les cils, elle guettait sur le mur* LEURS *deux ombres énormes et confondues* (Fr. MAURIAC, *Genitrix*, I).

560. *Dont* ne peut, en principe, dépendre d'un complément introduit par une préposition. Au lieu de *Les traités* DONT *il se repose sur la foi ; le prochain* DONT *le calomniateur nuit à la réputation*, on dira : *Les traités sur la foi* DESQUELS *il se repose ; le prochain à la réputation* DE QUI (ou DUQUEL) *le calomniateur nuit*.

Hist. — *Dont* pouvait, au XVIIe siècle, dépendre quelquefois d'un nom précédé d'une préposition : *Il est des nœuds secrets, il est des sympathies* DONT *par le doux rapport les âmes assorties S'attachent l'une à l'autre* (CORN., *Rodog.*, I, 7). — *Lui* DONT *à la maison Votre imposture enlève un puissant héritage* (MOL., *Dép. am.*, II, 1).

Remarques. — 1. On trouve parfois *dont* dépendant d'un complément prépositionnel :

Il y a ceux (...) DONT *on lit la pensée dans les yeux* (A. DUMAS f., *Le Fils nat.*,

Prologue, 5). — *L'autre*, DONT *les cheveux flottent sur les épaules...* (A. FRANCE, *Pierre Nozière*, p. 187). — *Des cavaliers (...)* DONT *le manteau flotte en beaux plis sur les épaules* (L. BERTRAND, *Les Villes d'or*, p. 147). — *Ces hommes* DONT *les vingt-cinq ans d'uniforme sont collés à la peau* (R. MARTIN DU GARD, *Jean Barois*, p. 311). — *Ce garçon (...)* DONT *l'énergie se lisait dans les yeux bleus* (J. et J. THARAUD, *Le Passant d'Éthiopie*, p. 90). — *La vieille marquise du Badoul*, DONT *les mèches grises pendaient sous le tricorne* (P. VIALAR, *La Grande Meute*, I, 6). — *Les professeurs des Facultés* DONT *les épitoges de couleur flottent sur les simarres sombres* (LA VARENDE, *Le Roi d'Écosse*, p. 281).

Cette syntaxe ne paraît plausible que si *dont* dépendant du complément prépositionnel dépend en même temps du sujet de la relative.

2. Lorsque le complément prépositionnel en rapport avec *dont* est un complément de nom, ou de pronom, ou d'adjectif, il peut prendre l'adjectif possessif, mais il admet aussi simplement l'article :

a) Celui DONT *les larmes ont effacé l'histoire de* SES *péchés* (MASSILLON, *Avent*, Bonheur). — *Les vrais grands écrivains sont ceux* DONT *la pensée occupe tous les recoins de* LEUR *style* (HUGO, *Pierres*, p. 195). — *Les trois invitées, personnes (...)* DONT *la tenue, froidement correcte, contrastait avec l'exubérance de* LEUR *mise* (E. JALOUX, *Sous les Oliviers de Bohême*, p. 119). — *Le vœu confiant du poète* DONT *tant de lecteurs fêtent, en 1947, le 150ᵉ anniversaire de* SA *naissance* (R. LALOU, dans les *Nouv. litt.*, 1ᵉʳ mai 1947). — *Un écrivain* DONT *l'œuvre est inséparable de* SA *vie*.

b) Tremblez donc, pécheurs endurcis, (...) DONT *l'endurcissement a presque étouffé les remords de* LA *conscience* (BOSS., *Bonté et Rigueur de Dieu*). — *L'autre corps*, DONT *les cheveux blancs masquaient une partie de* LA *figure* (FLAUBERT, *Trois Contes*, Nelson, p. 168). — *Ceux* DONT *les soucis ont dévoré les premières années de* LA *vie* (J. GREEN, *Léviathan*, I, 1). — *Un écrivain* DONT *l'œuvre (...) est à peu près inséparable de* LA *vie* (M. ARLAND, *Essais critiques*, pp. 86-87). — *L'abbé Firmin*, DONT *le bréviaire gonflait la large poche de* LA *soutane* (A. ARNOUX, *Les Crimes innocents*, p. 15).

N. B. — 1. Dans les exemples qu'on vient de donner, *dont* est complément déterminatif du sujet de la proposition relative ; le possessif devant le complément prépositionnel se justifie bien : *cet homme dont les larmes ont effacé l'histoire de* SES *péchés* se résout en « les larmes *de cet homme* ont effacé l'histoire de *ses péchés* » ; quand on met l'article au lieu du possessif, *dont* est complément déterminatif à la fois du sujet de la proposition relative et du complément prépositionnel : *ces pécheurs dont l'endurcissement a étouffé les remords de la conscience* se résout en « l'endurcissement *de ces pécheurs* a étouffé les remords de la conscience *de ces pécheurs* ». — Dans ces sortes de phrases, lorsque *dont* n'est pas complément déterminatif du sujet de la proposition relative, le possessif devant le complément prépositionnel fait pléonasme avec *dont* : *ce roi dont nous voyons les marques de* SES *combats* se résout en « nous voyons les marques de *ses combats de ce roi* » ; cela n'empêche pas que d'excellents auteurs mettent le possessif ; le plus souvent cependant, on met simplement l'article :

a) Osymanduas, DONT *nous voyons (...) de si belles marques de* SES *combats* (BOSS., *Hist.*, III, 3). — *Un vieux poète grec* DONT *(...) on ignore (...) le temps de* SA *mort* (MONTESQ., *L. pers.*, 36). — *Une figure* DONT *la diversité de* SES *parties s'arrangent...* (P. VALÉRY, *Regards sur le monde actuel*, p. 133). — *L'insecte*, DONT *l'innombrable vibration de* SES *ailes soutient indéfiniment la fanfare, le poids et le courage* (ID., *Eupalinos*, p. 154). — *Le papillon* DONT *on voit miroiter au soleil la diaprure de* SES *ailes* (É.

HENRIOT, *Aricie Brun*, I, 6). — *Notre temps, celui* DONT *je sens encore la tiédeur de* SES *midis* (M. PROUST, *Jean Santeuil, t. I, p. 184).

b) Il y a ceux (...) DONT *on lit la pensée dans* LES *yeux* (A. DUMAS f., *Le Fils naturel,* Prol., 5). — *Une personne* DONT *on ne connaît que (...) la couleur* DES *yeux* (A. DAUDET, *Tart. de Tar.*, II, 8). — *La grève fuit jusqu'au Ploc'h,* DONT *on aperçoit (...) le toit* DES *premières maisons* (O. MIRBEAU, *Le Calvaire,* IX). — *La bouchère,* DONT *elle a élevé un* DES *petits* (J. RENARD, *Ragotte,* I, En ménage). — *La banque,* DONT *il était l'un* DES *directeurs* (J.-L. VAUDOYER, *La Reine évanouie,* p. 196). — *La propre maison* DONT *elle ignorait le nom* DES *locataires* (R. ROLLAND, *Jean-Chr.,* t. VI, p. 214). — *Un cheval (...)* DONT *l'artiste a seulement retenu la forme* DU *contour* (J. DENDA, *Le Rapport d'Uriel,* p. 143). — *Ce petit livre (...)* DONT *je ne sais plus le titre ni le nom de* L'*auteur* (A. GIDE, *Les Nourr. terr. et les Nouv. Nourr.,* p. 293). — *Le jeu de puzzle* DONT *la moitié* DES *pièces étaient d'ailleurs perdues* (G. DUHAMEL, *Les Voyageurs de « L'Espérance »,* p. 46).

2. Si le complément déterminatif forme avec le nom un vrai composé, l'adjectif possessif ne saurait être de mise (§ 559, Rem.) : *Le roi dont les gardes du corps s'étaient mutinés... Un homme dont on admire la force d'âme.*

3. Il ne paraît guère correct de placer après *dont* et le sujet qu'il complète un pronom personnel représentant l'antécédent : *J'ai l'intention (...) de réunir ici quelques-uns de ses amis,* DONT *les parents ne manqueront certainement pas de* LES *accompagner* (É. HENRIOT, *Aricie Brun,* II, 1). — *Une jeune fille* DONT *les cheveux* LUI *retombaient sur le dos* (P. MAC ORLAN, *L'Ancre de miséricorde,* p. 204). — *Au lieu de* Les élèves DONT l'application LEUR a valu des succès. Le poète DONT les œuvres L'ont rendu illustre, *on dira :* ... À QUI *leur application a valu... ;* ... QUE *ses œuvres ont rendu illustre.*

4. A *dont* on ne peut associer, dans la même proposition, le pronom *en* formant superfétation (voir cependant l'*Hist.*) : *Mes amis* DONT *j'*EN *connais la fidélité. Des pays* DONT *l'Angleterre* EN *était le principal.*

Dans la phrase suivante, *en* est associé à *dont,* mais il n'y a pas superfétation : *dont* est complément circonstanciel de *sent,* tandis que *en* est complément déterminatif de *frais : C'était (...) un de ces livres* DONT [= au sujet duquel] *on sent immédiatement que l'auteur peu fortuné* EN *a fait les frais* (A. BELLESSORT, *Vict. Hugo,* p. 1).

5. Après un antécédent contenant une indication numérale, *dont,* au sens de « parmi lesquels », peut introduire une relative dans laquelle on fait ellipse du verbe *être : Nous avons eu des bals masqués,* DONT *quatre charmants* (STENDHAL, *Corresp.,* t. V, p. 298). — *Il avait huit enfants,* DONT *six filles* (É. FAGUET, *Hist. de la Poés. fr.,* t. VI, p. 147). — *Deux personnes attendent,* DONT *Marcel Boulenger* (J. ROMAINS, *Amours enfantines,* XVIII, p. 250, cit. Le Bidois). — *Il y a là six personnes,* DONT *l'ancêtre* (CRITICUS, *Le Style au microscope,* t. II, p. 77). — *Trois juges,* DONT *moi, décerneront des prix* (J. GREEN, *Journ.,* t. III, p. 89).

Hist. — L'usage classique admettait qu'un nom fût, dans une même proposition, représenté à la fois par *dont* et par le pronom *en : Elle demandoit cinq villes,* DONT *Metz* EN *étoit l'une* (MALHERBE, t. III, p. 582). — *Il faut faire un grand choix pour lire ses lettres* [de Voiture] DONT *il y* EN *a plusieurs qui ne vous feraient pas grand* *plaisir* (RAC., t. VII, p. 71). — *J'en trouvai une* [une voiture] *à quatre places*, DONT *il y* EN *avait déjà trois de remplies* (MARIVAUX, *Le Paysan parvenu*, p. 200). — Cela se trouve parfois encore dans la langue moderne, avec *il y en a, il en est* : *L'introduction aux photographies a 25 à 26 pages in-folio* DONT *il n'y* EN *a pas trois de Du Camp* (FLAUB., *Corr.*, t. II, p. 261). — *De toutes ces raisons,* — DONT *il n'y* EN *a pas une qui résiste à l'examen (...)* — *on conclut...* (BRUNETIÈRE, *Bossuet*, p. 70). — *Tu ne te serviras point de tous les mots,* DONT *il* EN *est de rares et de baroques qui tirent à eux toute l'attention* (P. VALÉRY, *Remerc. à l'Ac. fr.* ; éd. Pléiade, t. I, p. 741).

561. *Dont* peut être, dans la relative, complément à la fois du sujet, d'une part, et de l'objet (direct ou indirect), ou de l'attribut, ou du complément circonstanciel, d'autre part :

Il plaignit les pauvres femmes DONT *les époux gaspillent la fortune* (FLAUB., *L'Éduc. sent.*, t. II, p. 5). — *Je plains les jeunes gens* DONT *la conduite nuit à la réputation.* — *L'Amérique est semblable à un enfant précoce* DONT *l'adresse et l'audace ont fait oublier l'âge* (A. MAUROIS, *Mes songes que voici*, p. 257). — *Le sulfatage* DONT *l'opportunité fait l'efficacité* (J. de PESQUIDOUX, *Sur la Glèbe*, p. 18). — *Vous avez trop de raison pour un âge* DONT *l'ingénuité est à la fois le seul attrait et la seule excuse* (E. FROMENTIN, *Dominique*, VI). — *Il prit un calepin usagé, dépenaillé,* DONT *l'élastique détendu s'enlevait en courbe longue sur la reliure* (R. BAZIN, *La Closerie de Champdolent*, p. 142).

562. *a)* Avec des verbes comme *sortir, descendre,* etc., quand il s'agit de l'éloignement (au propre ou au figuré), on emploie *d'où* pour représenter *de* et le nom de chose marquant le point de départ ; de même dans les expressions *d'où je conclus, d'où il suit, d'où il résulte,* etc. : *La ville* D'OÙ *vous êtes parti.* — *Le principe d'autorité* D'OÙ *sortent les deux forces sociales* (A. FRANCE, *L'Orme du Mail*, p. 221). — *Une harmonie* D'OÙ *résulte le bonheur* (MONTESQ., *Cons.*, 9). — *À côté de l'armoire minuscule* D'OÙ *il avait sorti les lettres* (A. GIDE, *Si le Grain ne meurt*, I, 5). — *La chambre* D'OÙ *je sortais* (COLETTE, *Le Fanal bleu*, p. 203).

b) Mais en parlant de personnes, de descendance, d'extraction, on emploie *dont* pour représenter *de* et le nom marquant le point de départ : *Daignez considérer le sang* DONT *vous sortez* (CORN., *Pol.*, IV, 3). — *Le sang des demi-dieux* DONT *on me fait sortir* (VOLT., *Mér.*, IV, 2). — *L'archidruide* DONT *elle était descendue* (CHAT., *Mart.*, 9). — *La famille distinguée* DONT *il sortait* (M. PROUST, *Du côté de chez Swann*, I, p. 292). — *Je sais qu'il est peu convenable (...) de prendre avantage du sang* DONT *je sors* (G. BERNANOS, *Dialogues des Carmélites*, I, 3).

Remarques. — 1. Cette distinction est rejetée par Littré. La langue littéraire moderne se sert encore assez souvent de *dont*, tout archaïque que peut être cet emploi, dans les cas où, en parlant de choses, on marque l'éloignement : *L'état* DONT *(...) elle avait voulu sortir* (B. CONSTANT, *Adolphe*, V). — *Elle rentra lentement dans l'allée sombre et étroite* DONT *elle était sortie* (MUSSET, *Mimi Pinson*, 5). — *L'obscurité* DONT *nous sortions* (J. ROMAINS, *Lucienne*, p. 139). — *Le jardin* DONT *vous venez de sortir* (E. JALOUX, *Le Voyageur*, p. 62). — *Une automobile s'arrêta* DONT *Claudie Fallex sortit* (H. DUVERNOIS, *La Bête rouge*, p. 97). — *Dans la chambre* DONT *Justin* *se retirait* (G. Duhamel, *Le Désert de Bièvres*, p. 106). — *Quelle douceur aujourd'hui répandait cette lampe* dont *coulait une lumière d'huile* (Saint-Exupéry, *Courrier Sud*, p. 27). — *Une période de demi-perplexité, d'examen, de doutes, où peut-être vous êtes encore ;* dont, *à présent, vous voyez qu'il est sorti* (A. Gide, *Attendu que...*, p. 76). — *Ces turbines* dont *s'échappaient des gerbes de cristal* (Fr. Jammes, *M. le Curé d'Ozeron*, p. 224). — *Il a dû attraper ça dans les pays* dont *il sort* (M. Arland, *L'Ordre*, t. III, p. 143). — D'autre part, on met parfois *d'où* dans des phrases où il s'agit de descendance, d'extraction : *La famille* d'où *il est sorti* (Ac., s. v. *sortir*). — *La race* d'où *ils tirent leur origine* (Dict. gén.). — *La race de marins* d'où *elle sortait* (P. Ginisty, *Un Petit Ménage*, p. 27). — *Elle tient à la nuit* d'où *elle est née* (H. Bosco, *Malicroix*, p. 209).

2. Si la phrase est interrogative ou s'il n'y a pas d'antécédent exprimé, on ne peut pas employer *dont* : *Quel rang ? Que sommes-nous ?* D'où *sortons-nous ?* (R. Boylesve, *La Becquée*, p. 108.) — D'où *descend-il ? Rappelez-vous* d'où *vous êtes issu.*

Hist. — Jusque dans le XVIe siècle, avec les verbes marquant sortie ou extraction, on employait indifféremment *dont* ou *d'où* : Dont *es tu ?* (Rabel., *Pant.*, 6.) — *Je retourne faire scale au port* dont *suis yssu* (Id., *Garg.*, 9). — *Il s'en retourna* dont *il estoit parti* (Amyot, *Thes.*, 5). — Vaugelas (*Rem.*, p. 344), après Malherbe, a établi la distinction marquée plus haut. Cependant l'usage classique ne s'y est guère conformé : *Le mont Aventin* Dont *il l'aurait vu faire une horrible descente* (Corn., *Nicom.*, V, 2). — *La grandeur de la maison* d'où *elle était sortie* (Boss., *Duch. d'Orl.*). — *Ménélas trouve sa femme en Égypte,* dont *elle n'était point partie* (Rac., *Androm.*, 2e Préf.). — *Abîmes redoutés* dont *Ninus est sorti* (Volt., *Sémir.*, V, 5). — *Une auberge* dont *j'aurais dû partir* (J.-J. Rouss., *Rêv.*, 5e Prom.). — *Afin que l'on connaisse la main* dont *elles* [des flèches] *partent* (Montesq., *Espr.*, XII, 24).

Où.

563. *Où*, adverbe relatif, ne peut s'appliquer qu'à des choses. Il s'emploie, précédé ou non d'une des prépositions *de, par, jusque,* (rarement *sur* [1], *pour* [2] ou *vers* : voir l'*Hist.*), pour *auquel, dans lequel,* etc., et sert à marquer le lieu, le temps, la situation : *La ville* où *vous habitez. Le pays d'*où *vous venez. Le chemin par* où *il a passé. Le passage jusqu'*où *il faut lire. Dans l'état* où *vous êtes.* — *Le temps* où *nous sommes* (Ac.).

Remarques. — 1. *D'où* s'emploie au lieu de *de quoi* dans des formules conclusives comme : d'où *je conclus que...,* d'où *il résulte que...*

---

1. *Le Ravitaillement, déjà évacué de Paris sur Pougues, va être replié de nouveau.* Sur où ? (F. Gregh, *L'Âge de fer*, p. 144.)
2. *Je lui ai dit que je viens de recevoir une dépêche qui me force de partir tout de suite.* — *Tu ne lui as pas dit* pour où ? (A. Dumas f., *Une Visite de noces*, 7.) — *Je ne songe plus qu'au départ, mais* pour où ? (A. Gide, *Journ. 1942-1949*, p. 177.) — *Il est parti, dit-il.* Pour où ? (H. Troyat, *Tant que la terre durera...*, p. 651.) — *Partir* pour où ? (M. Achard, *Patate*, III.) — D'après ces exemples, on pourrait dire, ce semble : *Le pays* pour où *je pars.*

2. *Où* sert à former le relatif indéfini *où que :* Où QUE *vous alliez, confor-mez-vous aux mœurs du pays* (Ac.).

3. *Où* s'emploie parfois absolument : *C'est* où *je mets aussi ma gloire la plus haute* (MOL., *Tart.*, II, 1). — *N'ayant plus* où *se prendre* (CORN., *Cinna*, III, 1).

4. *Où* peut avoir pour antécédents les adverbes *ici, là, partout :* ICI où *vous êtes* (LITTRÉ). — *Je l'ai laissé* LÀ où *vous l'avez rencontré* (ID.). — PARTOUT où *je trouverai des hommes, je me choisirai des amis* (MONTESQ., *L. pers.*, 67).

Pour *où* avec *y* faisant pléonasme, voir § 504, 9.

Hist. — *Où* était, dans l'ancienne langue, d'un emploi beaucoup plus étendu qu'aujourd'hui et se mettait dans des phrases où, parlant de choses, on emploie main-tenant *auquel, duquel, dans lequel, chez lequel, dont*, etc. : *C'est l'unique bonheur* où *mon âme prétend* (CORN., *Cid*, III, 2). — *C'est une chose* où *je suis déterminée* (MOL., *Méd. m. lui*, III, 6). — *L'estime* où *je vous tiens* (ID., *Mis.*, I, 2). — *C'est là l'unique étude* où *je veux m'attacher* (BOIL., *Ép.*, 5). — *C'est un mal* où *mes amis ne peuvent porter remède* (MONTESQ., *L. pers.*, 6). — L'Académie donne encore ces exemples : *Le but* où *il tend. Les affaires* où *je suis intéressé.* Ces phrases ont un cachet archaïque.

Où pouvait autrefois avoir pour antécédent un nom de personne ; cet emploi est tombé en désuétude au XVIIe siècle. Cependant on le trouve parfois encore chez les auteurs classiques : *Vous avez vu ce fils* où *mon espoir se fonde ?* (MOL., *Ét.*, IV, 2.) — *Ce commissaire* où *il nous renvoyait* (SÉV., t. VII, p. 267). — *Les Égyptiens sont les premiers* où *l'on ait su les règles du gouvernement* (BOSS., *Hist.*, III, 3).

Vers où a cherché, au XVIIe siècle, à s'introduire : *Le bien* VERS où *vous alliez* (SCUDÉRY, *Cyrus*, IX, 11, dans Littré). Vaugelas (*Rem.*, p. 355), Ménage, Th. Cor-neille, l'Académie ont condamné cette expression. Elle est cependant en usage : *Fongueusemare,* VERS où *revolait sans cesse ma pensée* (A. GIDE, *La Porte étroite*, p. 33). — *Il s'en allait maintenant,* VERS où *?* (S. GROUSSARD, *La Ville de joie*, II, 3, dans *Hommes et Mondes*, mars 1952, p. 341.) — *Elles* [les nébuleuses] *nous fuient — pourquoi ?* VERS où *? — à des vitesses prodigieuses* (R. KEMP, dans les *Nouv. litt.*, 26 mars 1953). — *La souffrance est certainement ce qui va le plus loin, mais* VERS où *?* (J. ROSTAND, *Pensées d'un biologiste*, p. 196.)

5. — Place.

564. En général, la clarté demande que le pronom relatif se place immédiatement après son antécédent, quand la chose est possible : *Il y a dans la vie des* MAUX QU'*il faut supporter avec patience.*

On ne dirait pas : *On vit paraître un* CHEF *à la tête de l'armée* DONT *la bravoure rani-ma les courages abattus. Je signalerai un* CHAPITRE *dans ce livre* QUI *me paraît beau.* Pour éviter toute amphibologie, on dira : *On vit paraître à la tête de l'armée* UN CHEF DONT *la bravoure... Je signalerai dans ce livre* UN CHAPITRE QUI *me paraît beau.*

565. Si le relatif ne peut se placer immédiatement après son antécédent, et que l'emploi de *qui, que, dont, à qui*, etc. fasse tort à la clarté de la phrase, on peut remplacer ces pronoms par *lequel, auquel*, etc., ou mieux, prendre un autre tour. Au lieu de : *Il y a une édition de ce livre* QUI *se vend fort bon* *marché. Il s'agit d'une étude sur Corneille* DONT *je vous recommande la lecture,* on dira : *Il y a une édition de ce livre,* LAQUELLE *se vend fort bon marché* (AC.). — *Il s'agit d'une étude sur Corneille ; vous la lirez avec profit,* ou bien, le sens étant autre : *Il s'agit d'une étude sur Corneille, — lisez le grand Corneille.*

566. Le pronom relatif peut ne pas être en contact immédiat avec son antécédent quand la clarté de la phrase n'en souffre en aucune façon. Le cas se présente assez souvent quand l'antécédent est *celui-là, ceux-là, tel, quelqu'un* ou un pronom personnel atone : *Un* LOUP *survient à jeun,* QUI *cherchait aventure* (LA F., *F.*, I, 10). — CELUI-LÀ *est riche,* QUI *reçoit plus qu'il ne consume* (LA BR., VI, 49). — TEL *est pris* QUI *croyait prendre* (LA F., *F.*, VIII, 9). — QUELQU'UN *passait dans le corridor* QUI *s'éloigna* (P. BOURGET, *Le Sens de la Mort,* p. 120). — IL *est là* QUI *dort.* — *Nous* LE *vîmes* QUI *avait jeté à terre sa belle chemise blanche* (P. LOTI, *Mon Frère Yves,* XLVIII).

Remarque. — Parfois, dans la langue littéraire, pour donner à la proposition relative plus de pittoresque ou de relief, on la place avant l'antécédent du pronom relatif (par cette anticipation, l'antécédent devient un « post-cédent ») :

Elle me montra, QUI JOUAIT, *dans son jardin, un de ces ânes charmants de Provence, aux longs yeux résignés* (M. BARRÈS, *Le Jardin de Bérénice,* p. 49). — *L'on vit, vers onze heures,* QUI SE FAUFILAIENT AVEC D'INFINIES PRÉCAUTIONS, *les dames Missourat, Juriat, Mègue et une Vidoulet-Bargeotte* (H. BOSCO, *Les Balesta,* p. 174).

Dans l'exemple suivant, la proposition relative est placée, très hardiment, en tête de la phrase : QUI L'ACCOMPAGNAIT *il y avait une belle panthère à la robe jaune tachetée de noir et aux yeux dorés* (M. AYMÉ, *Les Contes du chat perché,* p. 184).

Hist. — C'est Vaugelas (*Rem.*, p. 585) qui demanda, au nom de la clarté, que le pronom relatif fût toujours en contact immédiat avec son antécédent. — Il n'est pas rare de trouver, à l'époque classique, le relatif éloigné de son antécédent dans des phrases qui, aujourd'hui, ne sembleraient pas suffisamment claires : *Bien des* GENS *vont jusques à sentir le mérite d'un manuscrit qu'on leur lit,* QUI *ne peuvent se déclarer en sa faveur* (LA BR., I, 21). — *Mme Foucquet la mère a donné un* EMPLÂTRE *à la Reine,* QUI *l'a guérie de ses convulsions* (SÉV., t. I, p. 443).

567. Le pronom relatif doit se placer en tête de la proposition relative, sauf quand il est complément d'un nom introduit par une préposition : *Elle* [l'armée] *ne fera point cas des ordres* QUI *lui seront envoyés de la part d'un corps composé de gens* QU'*elle croira timides* (MONTESQ., *Espr.,* XI, 6). — *Il alluma une chandelle à la clarté de* LAQUELLE *il put retrouver son chemin.*

V. — *PRONOMS INTERROGATIFS*

1. — Sens.

568. Les pronoms **interrogatifs** servent à interroger sur la personne ou la chose dont ils expriment, rappellent ou annoncent l'idée :

Qui donc es-tu, morne et pâle visage, Sombre portrait vêtu de noir ?
Que me veux-tu, triste oiseau de passage ? (MUSSET, *N. de Déc.*) —
De ces deux chemins LEQUEL *devons-nous suivre ?*

2. — Formes.

569. Les pronoms interrogatifs présentent les formes suivantes :

FORMES SIMPLES :

> Pour les personnes : **qui ?**
> Pour les choses : **que ?**

FORMES COMPOSÉES :

> **lequel ?** [*laquelle ? lesquels ? lesquelles ?*],
> **auquel ?** [*à laquelle ? auxquels ? auxquelles ?*],
> **duquel ?** [*de laquelle ? desquels ? desquelles ?*].

Remarques. — 1. Sauf *dont*, qui n'est jamais interrogatif, et *où*, qui comme
mot interrogatif, est toujours adverbe, toutes les formes du pronom relatif
peuvent servir de pronoms interrogatifs.

2. Les formes simples *qui ? que ? quoi ?* ne représentent aucun nom : ce
sont donc des *nominaux* interrogatifs (§ 461, *b*) ; les formes composées rappellent ou annoncent un nom exprimé.

570. Au lieu du simple pronom interrogatif, on emploie fréquemment
comme formes d'insistance, les périphrases suivantes, qui sont un
peu lourdes, sans doute, mais qui ont l'avantage d'être très nettes ;
elles sont devenues d'ailleurs, dans la langue courante, les formes normales de l'interrogation :

1° Pour les personnes : *qui est-ce qui ?* (sujet), *qui est-ce que ?* (objet direct,
attribut, compl. prépositionnel) : QUI EST-CE QUI *te l'a dit ?* — *Mais* QUI EST-
CE QUE *tu entends par là ?* (MOL., *Av.*, I, 3.) — *Dites-nous donc* QUI EST-CE
QUE *nous pouvons choisir pour notre roi* (FÉNEL., *Tél.*, t. I, p. 231). — *À* QUI
EST-CE QU'*il faut demander cette autorisation ?*

2° Pour les choses : *qu'est-ce qui ?* (sujet), *qu'est-ce que ?* (objet direct,
attribut, complément circonstanciel sans préposition), *à quoi est-ce que ? de
quoi est-ce que ? sur quoi est-ce que ?* etc. (compl. prépositionnel) : QU'EST-CE
QUI *s'est passé ?* (RAC., *Mithr.*, II, 3.) — *Ah !* QU'EST-CE QUE *j'entends ?*
(ID., *ibid.*, IV, 6.) — *Je ne sais pas alors* QU'EST-CE QU'ON *pourra appeler de ce
nom* (P. SANSON, *L'Inquiétude humaine*, p. 120). — QU'EST-CE QUE *tout cela ?*
(LA F., *F.*, VIII, 1.) — QU'EST-CE QUE *nous allons devenir maintenant ?* (HU-
GO, *Lég.*, t. III, p. 97.) — QU'EST-CE QUE *cela vaut ?* À QUOI EST-CE QUE *cela*

sert ? — Il faut voir DE QUOI EST-CE QU'*elle est malade* (MOL., *Méd. m. lui*, III, 2).

3° Pour les personnes ou pour les choses : *lequel est-ce qui ? lequel est-ce que ? duquel est-ce que ?* etc. : LEQUEL EST-CE QUI *l'emportera ? Par* LEQUEL EST-CE QU'*on commence ?*

Remarques. — 1. Dans quelques interrogations directes de tournure elliptique, on *doit* mettre *quoi* comme sujet neutre : QUOI *de plus beau ?* — Dans les interrogations directes de forme impersonnelle, on peut avoir les tours : QUE *faut*-IL ? QU'*arrive-t-*IL ? — ou bien : QU'EST-CE QU'*il faut ?* QU'EST-CE QU'*il arrive ?* — On dit aussi, avec la forme personnelle : *Qu'est-ce* QUI *arrive ?* [Sur ces divers tours, voir § 186, B, Rem. 3.]

En dehors des tournures elliptiques ou impersonnelles dont il vient d'être question, au lieu de *que, quoi*, sujets neutres, on emploie, dans l'interrogation directe, *qu'est-ce qui*, obligatoirement (cf. p. 489, note) : QU'EST-CE QUI *vous agite ?* QU'EST-CE QUI *règle sa conduite ?*

Pour *lequel*, sujet neutre, voir § 577, Rem.

2. Devant un infinitif avec ellipse du verbe *pouvoir, que* attribut ou complément d'objet direct n'est jamais remplacé par la périphrase : QUE *devenir ?* QUE *faire ?*

Avec le verbe *être*, on peut avoir *que* attribut : Qu'*est ce bruit ?* (HUGO, *Hern.*, III, 5.) — Qu'*était cela ? de l'amour ?* (MAUPASS., *Fort comme la Mort*, I, 1.) — Qu'*est la difficulté de l'automobile aujourd'hui...?* (G. DUHAMEL, *Scènes de la vie future*, p. 100.) — Qu'*était ma vie si tout cela était vrai ?* (DANIEL-ROPS, *Mort, où est ta victoire ?* p. 279.) — Qu'*est cela, sinon le crime aimé et détesté ?* (ALAIN, *Propos sur le Christianisme*, p. 115.) — Qu'*est Laurence, en dehors de l'idée que je me fais d'elle ?* (J.-L. VAUDOYER, *Laure et Laurence*, p. 153.) — Qu'*est le plaisir ?* (G. COURTELINE, *Les Boulingrin*, 1.) — Mais on dit le plus souvent : Qu'*est-ce que...?* — Cette périphrase est même obligatoire avec un infinitif sujet : QU'EST-CE QUE *mentir ?*

3. La langue parlée renforce souvent les périphrases en question et dit : *qui est-ce-que c'est qui ? qu'est-ce que c'est que ? lequel est-ce que c'est qui ? à qui est-ce que c'est que ?* etc. Cela se trouve parfois dans la langue littéraire : QU'EST-CE QUE C'EST QUE *ceci ?* (MOL., *Bourg. gent.*, V, 1.) — QU'EST-CE QUE C'EST QUE *ce bruit ?* (HUGO, *Marie Tudor*, III, 1, 7.) — QU'EST-CE QUE C'EST QU'*un bourgeois ?* (C. MAUCLAIR, *Servitude et Grandeur littéraires*, p. 121.)

4. Les pronoms interrogatifs (et les mots interrogatifs en général) sont souvent renforcés par l'addition de *cela, ça, donc, diable, diantre, par hasard*, etc. : QUI DONC *es-tu ?* (MUSS., *N. de Déc.*) — *Et* QUI DIANTRE *vous pousse à vous faire imprimer ?* (MOL., *Mis.*, I, 2.) — QUE DIABLE *allait-il faire dans cette galère ?* (ID., *Scap.*, II, 7.) — QUI ÇA, *épouser ?* (J. LEMAITRE, *Flipote*, I, 1.) — QUI CELA...? (ID., *Révoltée*, I, 1.)

3. — Emploi.

Qui ?

571. *Qui* interrogatif est ordinairement du masculin singulier (voyez cependant ci-dessous : Rem.). Il sert à interroger sur la personne et peut remplir les fonctions suivantes, tant dans l'interrogation indirecte que dans l'interrogation directe :

1º Sujet : *Après un tel,* QUI *sera chancelier ?* (LA BR., XII, 92.) — *Je demande* QUI *a fait cela.* — 2º Attribut : QUI *es-tu ? Dis-moi* QUI *tu es.* — 3º Objet : QUI *désignera-t-on ? J'ignore* QUI *on désignera. À qui obéirons-nous ? Vous demandez à* QUI *nous obéirons.* — 4º Complément circonstanciel : *Sur* QUI *compter ? Nous ne savons sur* QUI *compter.* — 5º Complément déterminatif : *De* QUI *demandez-vous l'avis ? Dites-moi de* QUI *vous demandez l'avis.* — 6º Complément de l'adjectif : *De* QUI *est-il digne ? Il sait de* QUI *il est digne.* — 7º Complément d'agent : *Par* QUI *fut-il battu ? J'ignore par* QUI *il fut battu.*

Remarque. — *Qui* interrogatif est rarement du féminin :

QUI *fut bien* EMPÊCHÉE *? Ce fut Clitie* (LA F., *Contes*, III, 5). — *Il avait observé et jugé la pauvre Jeanne (…) ; si cette créature-là devait être perdue,* QUI *donc serait* SAUVÉE *?* (A. THÉRIVE, *Fils du jour*, p. 107.) — *Agnès : Quelles idiotes !* — *Le Secrétaire général :* QUI *est idiote ? Ma sœur, ma mère, ma nièce ?* (J. GIRAUDOUX, *L'Apollon de Bellac*, 5.) — QUI *pouvait être plus glorieuse ?* (M. VAN DER MEERSCH, *La Compagne*, p. 114.) — *Mme de Noailles descend au jardin, Colette en est. Et* QUI *des deux sut aimer le mieux les paysages de France ? Colette, assurément* (P. REBOUX, *Petits Secrets de l'art d'écrire*, p. 211).

Il peut s'employer au pluriel quand il est attribut, avec le verbe *être* :

Ces méchants, QUI *sont-ils ?* (RAC., *Ath.*, II, 7.) — *Dites-moi (…)* QUI *sont ces jeunes gens* (J.-J. ROUSS., *Olinde et Sophronie*). — *Il ne sait pas* QUI *sont les ennemis du roi* (MÉRIMÉE, *Chronique du règne de Charles IX*, 20). — QUI *ont été nos guides ?* (R. ROLLAND, *Au-dessus de la Mêlée*, p. 41.) — QUI *sont ces gens-là ?* (É. ESTAUNIÉ, *Les Choses voient*, p. 8.) — QUI *étaient mes prétendants ?* (M. PAGNOL, *Topaze*, III, 2.) — QUI *étaient ces garçons ?* (VERCORS, *Les Armes de la nuit*, p. 73.) — *Je ne saurais vous dire* QUI *sont les plus vilains* (J.-P. SARTRE, *Les Mouches*, III, 5). — QUI *étaient ces dames et d'où venaient-elles ?* (H. BOSCO, *Les Balesta*, p. 179.) — *J'ignore* QUI *sont les plus méprisables* (J. ROSTAND, *Pensées d'un biologiste*, p. 188). — QUI *sont ces aveugles, coupables d'avoir amputé les vacances de ces jours d'une sombre initiation ?* (Fr. MAURIAC, dans le *Figaro litt.*, 1er oct. 1960.) — *De grands missionnaires,* QUI *donc le furent jamais, sinon Monsieur Vincent et ses fils ?* (DANIEL-ROPS, *L'Église des temps classiques*, t. I, p. 29.)

572. *Qui* interrogatif peut être déterminé par un complément partitif (ou de la totalité) : *Qui* D'ENTRE VOUS *oserait ?* (Ac.) — *Qui* DE NOUS *n'a trouvé du charme à suivre des yeux les nuages du ciel ?* (VIGNY, *Cinq-Mars*, XXIII.)

— Il peut être qualifié par *d'autre* : *Sur qui* D'AUTRE *jetteriez-vous les yeux ?*
(G. CESBRON, *Il est minuit, Dr Schweitzer*, II, 1.)

Hist. — L'usage était courant, du XVᵉ au XVIIᵉ siècle, d'employer *qui* comme
sujet neutre là où nous mettons aujourd'hui *ce qui* (interrogation indirecte) ou
qu'est-ce qui ? (interrogation directe) : Qui *faict les coquins mandier ? C'est qu'ilz n'ont
en leur maison dequoy leur sac emplir* (RABEL., III, 14). — *On demandoit à un Lacede-
monien* QUI *l'avoit fait vivre sain si long temps : L'ignorance de la medecine, respondit-il*
(MONTAIGNE, II, 37 ; p. 859). — Qui *vous retient ?* (CORN., *Hor.*, II, 6.) — Qui *fait
l'oiseau ? c'est le plumage* (LA F., *F.*, II, 5).

Cet emploi de *qui* se trouve parfois encore dans la langue moderne : Qui *t'amène
à cette heure ?* (MUSSET, *N. d'Octobre.*) — Qui *nous vaut cette bonne visite ?* (A. DAU-
DET, *La Petite Paroisse*, p. 73.) — *Je ne sais* QUI *m'émeut davantage : la colère d'être
joué ou le danger que courait Étienne* (M. ARLAND, *Étienne*, p. 127). — Qui *donc,
sinon cet amour, nous soutient... ?* (COLETTE, *Le Fanal bleu*, p. 225.) — Qui *de la
terre ou du soleil tourne autour de l'autre, cela est profondément indifférent* (A. CAMUS
Le Mythe de Sisyphe, p. 16). — *Qui* interrogatif pouvait autrefois s'employer au
pluriel, même quand il s'agissait d'animaux ou de choses, là où nous mettrions
actuellement *quels* ou *lesquels* : *Je ne sais* QUI (= lesquels) *sont plus redevables...*
(LA BR., I, 12). — *Entre tant d'animaux* QUI *sont ceux qu'on estime ?* (BOIL., *Sat.*, 5.) —
Qui *sont-elles, ces trois opérations de l'esprit ?* (MOL., *Bourg.*, II, 4.)

Que ?

573. *Que* interrogatif (forme atone issue du latin *quid ?*) est du
neutre singulier.

a) Dans l'interrogation directe, il peut être :

1º Sujet, devant quelques verbes impersonnels[1], suivis ordinairement de *il*
neutre : Que *s'est-il passé ?* — Que *faut-il ?* (voir § 185, note 1.) Qu'*y a-t-il ?*
Que *se passe-t-il ?* Qu'*adviendra-t-il ?* Que *manque-t-il ?* Que *vous importe ?* —
Dans un si grand revers, QUE *vous reste-t-il ?* (CORN., *Méd.*, I, 5.) — 2º Attribut
(§ 570, Rem. 2) : Qu'*est-ce ?* — *Toi qui parles,* QU'*es-tu ?* (LA F., *F.*, XII, 1.),
— *Mais* QU'*est une foi sans les œuvres ?* (DANIEL-ROPS, *L'Église des temps
classiques*, t. I, p. 107.) — Que *devenir ?* Que *vous en semble ?* (voir p. 132,
note 2.) — 3º Objet direct : Que *murmuraient les chênes ?* (HUGO, *Cont.*,
IV, 12.) — Que *faire ?* — 4º Complément circonstanciel (ayant la valeur de

---

1. Il est exceptionnel qu'on l'emploie (au lieu de *qu'est-ce qui ?* sans *il* de reprise)
dans des phrases comme : Qu'*est-il plus difficile, de produire un homme ou un animal,
ou de le reproduire ?* (PASCAL, *Pens.*, 223.) — *Que doit-il* [Dieu] *aux hommes ?* QUE
leur appartient-il ? (SÉVIGNÉ, 14 juill. 1680, cit. Sainte-Beuve, *Port-Roy.*,
III, XIV). — Que *me vaut tant d'honneur ?* (M. GARÇON, *Disc. de récept. à l'Ac. fr.*,
cit. Gide, dans le *Littéraire*, 8 févr. 1947.) — Qu'*appartient-il en propre à Épicure
dans le poème de Lucrèce ?* (É. HENRIOT, *Les Fils de la Louve*, p. 68.) [Pour la reprise
du sujet par *il*, voir § 186, B, 1º, Rem. 2.]

pourquoi ? pour quoi ? en quoi ? à quoi ? combien ?) : QUE *tardez-vous, Seigneur, à la répudier ?* (RAC., *Brit.*, II, 2.) — QUE *lui servirent ses rares talents ?* (BOSS., *Anne de Gonz.*) — QUE *nous sert de pleurer ?* (LA F., *F.*, X, 12.) — QUE *me sert ton sang ?* (VIGNY, *La Maréchale d'Ancre*, V, 12.) — *Si la Wehrmacht s'a-vance le long du Danube ou de l'Elbe,* QUE *n'irions-nous au Rhin ?* (Gén. DE GAULLE, *Mém.*, L'Appel, p. 27.) — QUE *gagnez-vous par an ?* (LA F., *F.*, VIII, 2.)

b) Dans l'interrogation indirecte, *que* s'emploie comme attribut ou comme complément d'objet direct après *avoir, savoir, pouvoir* pris négativement et suivis d'un infinitif, parfois aussi après des verbes comme *chercher, se demander,* etc., suivis d'un infinitif [1] : *Je ne sais* QUE *devenir. — Il ne pouvait* QUE *dire* (LA F., *F.*, VII, 7). — *Je n'ai* QUE *faire de vos dons* (MOL., *Av.*, IV, 5). — *Je ne savais* QUE *répondre* (CHATEAUBR., *Mém.*, III, II, II, 9). — *La pauvre mère ne sait plus* QU'*inventer* (A. DAUDET, *Contes du Lundi*, p. 95). — *Je cherchais* QUE *lui répondre* (G. DUHAMEL, *Les Maîtres*, p. 118). — *Elle vacilla sous le coup, ne sut* QUE *répondre* (Fr. MAURIAC, *Genitrix*, II). — *Je ne savais plus* QUE *penser* (P. MAC ORLAN, *L'Ancre de miséricorde*, p. 111). — *Ils ne savent* QU'*inventer sur nous égoutiers* (J. GIRAUDOUX, *La Folle de Chaillot*, p. 101).

En dehors de ce cas, dans l'interrogation indirecte, on doit aujourd'hui, au lieu du simple *que,* employer *ce que,* suivi d'un mode personnel : *Je me demande* CE QUE *je deviendrai. Vous savez* CE QUE *c'est.*

N. B. — L'interrogatif *que,* forme atone, se fait suivre immédiatement du verbe (ou du groupe verbal, qui peut comprendre, devant le verbe : la négation *ne,* un ou plusieurs pronoms personnels atones, y compris *en* et *y*) : QUE *sais-je ?* QUE *ne parliez-vous ?* QUE *ne le disiez-vous ?* QUE *ne le lui dites-vous ?* QUE *me voulez-vous ?* QU'*y faire ?* QU'*en dites-vous ?* — Parfois l'interjectif *diable* vient s'accoler immédiatement à *que* (§ 570, Rem. 4) : QUE DIABLE *allait-il faire dans cette galère ?* (MOL., *Scap.*, II, 7.)

Hist. — Dans l'interrogation indirecte, on pouvait anciennement employer *que* là où nous mettons aujourd'hui *ce que : Socrates demandoit à Memnon* QUE *c'estoit que vertu* (MONTAIGNE, III, 13 ; p. 1200). — *Il n'y a point de loi qui nous apprenne* QUE *c'est qu'ingratitude* (MALHERBE, t. II, p. 58). — *Le roi ne sait* QUE *c'est d'honorer à demi* (CORN., *Hor.*. IV, 2). — Cet emploi a disparu au XVIIe siècle.

574. *Que* interrogatif est parfois précisé, après le verbe, par *autre chose* ou par *d'autre :* QUE *dis-je* AUTRE CHOSE ? (BOIL., *Sat.*, 9.) — QUE *fais-je* D'AUTRE ? (COLETTE, *Paris de ma fenêtre*, p. 237.)

---

1. Dans l'usage ordinaire et même dans la langue littéraire, *que,* ainsi employé, le cède de plus en plus à *quoi,* qui est plus étoffé, plus expressif (§ 575) : *Ne sachant* QUOI *faire* (A. GIDE, *Journal 1942-1949*, p. 75). — *Je n'aurais pas su* QUOI *répondre* (H. BOSCO, *L'Âne Culotte*, p. 124). — D'ailleurs *que,* dans certains cas, peut être équivoque ; par exemple : *Il ne sait que chercher* peut signifier : 1° il ne sait quelle chose chercher ; 2° il ne sait rien faire d'autre que chercher.

Quoi ?

575. *Quoi ?* (forme tonique issue du latin *quid ?*) est du neutre singulier.

a) Dans l'interrogation directe, il peut être :

1º Sujet, dans des phrases elliptiques[1] : QUOI *de plus beau ?* — QUOI *de plus heureux que ce qui vous arrive ?* (AC.) — 2º Attribut, devant un infinitif délibératif : QUOI *devenir ?* (H. LAVEDAN, *Les Jeunes*, p. 69) ; — ou après le verbe : *Tu seras* QUOI ? *Un gratte-papier !* — 3º Objet direct, surtout dans le langage familier, soit *après* un verbe à un mode personnel, soit avant un infinitif délibératif, soit dans l'expression *en quoi faisant*[2] : *Il t'a dit* QUOI *donc, mon fils ?* (P. LOTI, *Ramuntcho*, p. 268.) — QUOI *répondre ?* (DANIEL-ROPS, *Le Cœur complice*, p. 77.) — 4º Objet indirect : *À* QUOI *cela nuit-il ?* —Complément prépositionnel : *À* QUOI *vous divertissez-vous ?* (LA BR., XII, 104.) — EN QUOI *peut un pauvre reclus Vous assister ?* (LA F., F., VII, 3.) — SUR QUOI *faut-il compter à présent ?*

L'orthographe hésite entre *pourquoi faire ?* et *pour quoi faire ?* (cette dernière orthographe, plus rationnelle, prévaut) : POURQUOI *faire ?* (J. RICHEPIN, *Le Chemineau*, I, 8.) — POURQUOI *faire ?* (P. BENOIT, *La Dame de l'Ouest*, p. 213.) — POUR QUOI *faire ?* (H. TAINE, *Voy. aux Pyrénées*, p. 178.) — *Gottfried répondit :* POUR QUOI *faire ?* (R. ROLLAND, *Jean-Christophe*, t. I, p. 189.) — POUR QUOI *faire ?* (MONTHERLANT, *Malatesta*, I, 8.) — *À l'église ?* POUR QUOI *faire ?* (Fr. MAURIAC, *Le Feu sur la terre*, p. 155.) — *La liberté,* POUR QUOI *faire ?* (titre d'un livre de G. BERNANOS.)

b) Dans l'interrogation indirecte, il peut être :

1º Objet direct, surtout dans la langue familière, principalement après le verbe *savoir* pris négativement devant un infinitif (voir p. 490, note), ou encore dans l'expression toute faite *je ne sais quoi : Elle ne sait plus* QUOI *inventer* (A. GIDE, *Les Faux-Monnayeurs*, p. 156). — *Je ne sais* QUOI *dire* (V. LARBAUD, dans les *Nouv. litt.*, 8 mars 1951). — *Je n'étais jamais embarrassé pour savoir* QUOI *donner à mon fils* (J.-L. VAUDOYER, *Laure et Laurence*, p. 214). — *Il allait, rêvant à je ne sais* QUOI. — 2º Attribut : *Il ne sait* QUOI *devenir ;* — 3º Objet indirect : *Savez-vous à* QUOI *cela nuirait ?* — 4º Complément prépositionnel : *Dites-moi* DE QUOI *vous avez à vous plaindre. J'ignore* SUR QUOI *il se fonde. Je me demande* CONTRE QUOI *cet homme s'emporte avec*

---

1. En dehors des phrases elliptiques, *quoi* sujet est rare : QUOI *donc t'étonne ?* (FLAUB., *Mme Bov.*, p. 228.) — QUOI *de nouveau allait apparaître dans leur vie ?* (M. BARRÈS, *Les Déracinés*, p. 197.) — QUOI *a détourné, un moment, le théâtre français de son caractère original ?* (P. LÉAUTAUD, *Propos d'un jour*, p. 122.)

2. Expression assez peu courante : *Prouve-le !* En QUOI *faisant ?* (É. BOURDET, *La Prisonnière*, p. 77.) — *En* QUOI *faisant ?* demanda le singe (J. SUPERVIELLE, *Premiers pas de l'univers*, p. 152).

tant de violence. Il ne sait PAR QUOI *commencer.* — *Dites-moi* EN QUOI *je puis vous servir* (AC.).

Remarque. — *Quoi* interrogatif prend fréquemment la valeur d'une simple interjection ; il est souvent précédé de *eh* ou de *hé :* QUOI ? *mes plus chers amis !* QUOI ? *Cinna !* QUOI ? *Maxime !* (CORN., *Cinna,* IV, 1.) — *Hé* QUOI ! *votre haine chancelle ?* (RAC., *Andr.,* IV, 3.)

Quoi ? employé pour faire répéter quelque chose dont on n'a pas saisi le sens est une vulgarité (voir § 948, Rem. 5, note). — Dans la langue très familière, on se sert de *quoi ?* pour faire achever ou compléter une phrase par l'interlocuteur ; souvent ce *quoi ?* s'ajoute après la reprise d'un ou de plusieurs mots de la phrase que l'interlocuteur vient de prononcer : *Le croyez-vous, à présent, ce que vous ne vouliez pas croire l'autre jour ?* — QUOI ? (J. LEMAITRE, *Révoltée,* II, 6.) — *Même si...* — *Même* QUOI ? (...) *Il y eut un silence, au bout duquel, d'une voix profonde, elle répéta : Même si* QUOI ? (P. BENOIT, *La Dame de l'Ouest,* p. 222.) — *Son mari, surpris, demanda : Comment, un troisième* QUOI ? (MAUPASS., *Mont-Oriol,* p. 14.) — *Oh ! une simple grille, une grille avec une plaque de cuivre. C'est propre, tu sais, et puis ça fait moins...* — *Moins* QUOI ? (M. ARLAND, *Terre natale,* p. 226.)

576. *Quoi* interrogatif peut être qualifié par un adjectif, par un participe, par une locution adjective, qui s'y rattachent par le moyen de la préposition *de : Quoi* D'ÉTONNANT ? *Quoi de plus* BEAU ? — *Quoi* D'AUTRE *pourrait m'amener chez toi, à cette heure ?* (O. MIRBEAU, *Les 21 jours d'un neurasthénique,* p. 183, cit. Sandfeld.) — *Quoi* DE *plus* CHANGEANT *que la fortune ? Quoi* DE *moins* DISCUTÉ *que l'art de La Fontaine ? Quoi* DE *plus* EN VOGUE ?

Lequel ?

577. *Lequel* interrogatif varie en genre et en nombre et se trouve toujours, au moins implicitement, déterminé par un complément partitif (ou de la totalité). Il se dit des personnes et des choses, et peut remplir les fonctions suivantes, tant dans l'interrogation indirecte que dans l'interrogation directe :

1° Sujet : *De ton cœur ou de toi* LEQUEL *est le poète ?* (MUSSET, *N. d'Août.*) — *Parmi ces étoffes, voyez* LAQUELLE *vous plairait le plus* (AC.). — LEQUEL *faut-il ?* — 2° Attribut : LEQUEL *es-tu ? Dis-moi* LEQUEL *tu es.* — 3° Objet : LAQUELLE *de ces étoffes choisis-tu ? Dis-moi* LAQUELLE *tu choisis.* AUQUEL *donner la préférence ?* — 4° Complément prépositionnel : DUQUEL *de ces auteurs avez-vous lu les œuvres ?* PAR LEQUEL *commencerons-nous ? Je ne sais* SUR LEQUEL *des deux il faut compter. Ces propositions sont honnêtes ; on se demande* CONTRE LAQUELLE *vous vous élèveriez.*

Remarque. — *Lequel* peut s'employer comme neutre : *Partir ou rester :* LE-QUEL *vous plaît le mieux ?* — LEQUEL *préférez-vous, partir ou rester ?* (AC.) — *Dans les coins d'une roche dure, Ou dans les trous d'une masure (Je ne sais* *pas* LEQUEL *des deux)* (LA F., *F.*, V, 18). [Voir à l'*Hist.* un exemple (HUGO) de *quel* neutre.]

Hist. — L'interrogatif *quel* pouvait anciennement servir de pronom : *Je viens vous annoncer la meilleure nouvelle du monde.* — QUELLE ? (MOL., *Bourg.*, IV, 3.) — QUELS *de vos diamants me faut-il lui porter ?* (CORN., *Suite du Ment.*, II, 3.) Cet usage se retrouve sporadiquement à l'époque moderne : *Il eût été difficile de dire* QUEL *était le plus rose du pied de Georgette ou de l'aurore* (HUGO, *Quatrevingt-treize*, III, 3, 1). — *Je vous livre un secret.* — QUEL ? (E. ROSTAND, *Cyrano*, I, 3.) — *On ne savait jamais* QUEL *des deux serait vainqueur* (R. ROLLAND, *Jean-Christophe*, t. X, p. 108). — *Quel traitement aurait-il dû suivre ?* QUEL *a-t-il suivi ?* (H. BREMOND, *Pour le Romantisme*, p. 56.) — *Quel emploi fait-on d'une gomme à effacer ?* QUEL, *d'une règle ?* (COLETTE, *Le Fanal bleu*, p. 127.) — QUELLE, *de ces causeries, préférer ?* (R. KEMP, dans les *Nouv. litt.*, 10 avr. 1958.) — QUEL *des deux mots faut-il préférer ?* (A. THÉRIVE, *Procès de langage*, p. 11.)

VI. — *PRONOMS INDÉFINIS*

1. — Sens.

578. Les « pronoms **indéfinis** » servent à désigner d'une manière vague, indéterminée, les personnes ou les choses dont l'idée est exprimée ou non avant ou après eux : *Il est deux routes dans la vie (...).* L'UNE *est bornée, et* L'AUTRE *immense* (MUSSET, *La Coupe et les Lèvres*, I, 3). — AUCUNE *de ces explications ne le satisfait.* — *Chez* PLUSIEURS, *savant et pédant sont synonymes* (LA BR., XII, 17). — *Mais à grands pas vers vous je vois* QUELQU'UN *marcher* (RAC., *Esth.*, III, 1). — CHACUN *se dit ami ; mais fol qui s'y repose.* RIEN *n'est plus commun que ce nom,* RIEN *n'est plus rare que la chose* (LA F., *F.*, IV, 17). — ON *n'aime point à louer et* ON *ne loue jamais* PERSONNE *sans intérêt* (LA ROCHEF., *Max.*, 144).

Remarque. — La plupart des mots que la tradition range sous le titre de « pronoms indéfinis » ne représentent aucun nom exprimé dans le discours : ce sont, non pas des pronoms au sens exact du mot, mais des *nominaux* (§ 461, *b*).

2. — Formes.

579. Les « pronoms indéfinis » sont :

Aucun [*aucune, (d')aucuns*], **autre** [*autres ;* toujours précédés d'un article ou d'un déterminatif], **autrui, chacun** [*chacune*], **grand-chose, peu de chose, je ne sais qui, je ne sais quoi, le même** [*la même, les* *mêmes*], **n'importe qui, n'importe quoi, nul** [*nulle* (rare), *nuls* (rare), *nulles* (rare)], **on, pas un** [*pas une*], **personne, plus d'un** [*plus d'une*], **plusieurs, quelqu'un** [*quelqu'une, quelques-uns, quelques-unes*], **quelque chose, quiconque, qui que, quoi que, tel** [*telle, tels* (vieilli), *telles* (vieilli)], **tout** [*tous, toutes*], **l'un** [*l'une, les uns, les unes*].

Remarques. — 1. Certains adverbes de quantité comme : *assez, beaucoup, combien, peu, trop*, etc., employés d'une manière absolue, peuvent être mis au nombre des « pronoms indéfinis », puisqu'ils désignent une quantité indéterminée d'êtres ou de choses : COMBIEN *ont disparu !* (HUGO, *Ray. et Ombres*, XLII.) — BEAUCOUP *par un long âge ont appris comme vous Que le malheur succède au bonheur le plus doux :* PEU *savent comme vous s'appliquer ce remède* (CORN., *Hor.*, V, 2). — *Quiconque ne voit* GUÈRE N'*a* GUÈRE *à dire aussi* (LA F., *F.*, IX, 2). — *Qui* TROP *embrasse mal étreint.*

2. Parmi les « pronoms indéfinis » on trouve des mots de provenances et de valeurs diverses, que l'on peut classer ainsi [1] :

a) Le personnel indéfini *on ;*

b) Les indéfinis de valeur mixte (positive-négative) : *aucun, nul, pas un, personne, quelque chose, rien ,*

c) Les indéfinis relatifs à la quantité et les distributifs : *quiconque, quelques-uns, peu de chose, grand-chose, certains, chacun ;*

d) Les indéfinis de la totalité ou de la pluralité : *tout, plusieurs, plus d'un.*

e) Les indéfinis relatifs à l'identité : *l'autre, les autres, un autre, d'autres, l'un... l'autre, les uns... les autres, l'un et l'autre, l'un ou l'autre, ni l'un ni l'autre, je ne sais qui, je ne sais quoi* [2], *n'importe qui, n'importe quoi, qui que, quoi que, quelqu'un, autrui, le même, tel.*

3. *Aucun, certains, le même, nul, pas un, plus d'un, plusieurs, tel, tout, autre* peuvent être adjectifs ou « pronoms » :

a) AUCUN *chemin de fleurs ne conduit à la gloire* (LA F., *F.*, X, 13). — *Il coûte moins à* CERTAINS *hommes de s'enrichir de mille vertus que de se corriger d'un seul défaut* (LA BR., XI, 98). — *On vous fera le* MÊME *traitement qu'on lui a fait* (LITTRÉ). — *Que m'avaient-ils fait ?* NULLE *offense* (LA F., *F.*, VII, 1). — PAS UNE *expérience ne lui a réussi* (AC.). — PLUS D'UN *passant, à voir les deux chiennes distinguer si promptement leur droite de leur gauche et se ranger à la dextre de ma machine, restait planté de stupeur, un bon moment* (COLETTE, *Le Fanal bleu*, pp. 205-206). — *Je crois cela pour*

---

1. C'est la classification de G. et R. LE BIDOIS : *Synt. du Fr. mod.*, t. I, pp. 211 sq.

2. Dans *je ne sais qui, je ne sais quoi*, le sujet *je* peut, selon les phrases, être remplacé par un autre pronom : *on ne sait qui, il ne sait quoi*, etc. : IL NE SAIT QUOI *se passe au plus secret de sa chair* (Fr. MAURIAC, *Journal 1932-1939*, p. 96). — *Son regard avait* ON NE SAIT QUOI *de fuyant.* — NOUS NE SAVONS QUOI *de grave se prépare.* — Le sujet peut être aussi le nom *Dieu : Après cela nous devons nous attendre à* DIEU SAIT QUOI.

PLUSIEURS RAISONS (AC.). — *Une* TELLE *action ne saurait s'excuser* (MOL., *Mis.*, I, 1). — *Il nomme* TOUS *les vins et* TOUTES *les liqueurs dont il a bu* (LA BR., XI, 122). — *On se voit d'un* AUTRE *œil qu'on ne voit son prochain* (LA F., *F.*, I, 7).

b) AUCUN *ne me soutient au bord de cet abîme,* AUCUN *ne m'encourage ou ne m'arrache au crime* (VOLT., *Mort de César*, III, 2). — *Il ne sera donc pas question d'interdire les gestes, comme le voudraient* CERTAINS, *mais seulement de les contrôler* (A. SIEGFRIED, *Savoir parler en public*, p. 155). — *Je suis allé dans plusieurs théâtres, tour à tour (...). Puis j'ai fini par aller toujours dans* LE MÊME (J. ROMAINS, *M. Le Trouhadec saisi par la débauche*, I, 1). — NUL *n'est exempt de mourir* (AC.). — PAS UN *ne le croit* (ID.). — PLUS D'UN *se rappela des matinées pareilles* (FLAUB., *Sal.*, p. 256). — *Il ne faut pas que* PLUSIEURS *pâtissent pour un seul* (AC.). — TEL *qui rit vendredi dimanche pleurera* (RAC., *Plaid.*, I, 1). — TOUS *sortaient plus éclairés d'avec lui* (BOSS., *Condé*). — *Et je faisais claquer mon fouet tout comme* UN AUTRE (RAC., *Plaid.*, I, 1).

3. — Emploi.

580. *Aucun.*

Aucun, conformément à son étymologie[1], a signifié, à l'origine, et jusque dans le XVIIᵉ siècle, *quelque, quelqu'un.*

a) Sa valeur pleinement positive apparaît bien dans les expressions *aucuns* (vieilli), *d'aucuns,* signifiant « quelques-uns » ou « certains » : AUCUNS, D'AUCUNS *croiront...* (AC.). — *Si parmi vous, pourtant,* D'AUCUNES *Le comprenaient différemment, Ma foi tant pis, voilà comment Nous nous aimâmes pour des prunes* (A. DAUDET, *Les Amoureuses*, Les Prunes). — *Je m'engageai, sous l'espoir d'un salaire, À travailler à son hebdomadaire, Qu'*AUCUNS *nommaient alors patibulaire* (VOLT., *Pauvre Diable*).

Il a encore le sens positif dans des phrases interrogatives ou dubitatives, ou après une principale négative, ou dans des propositions conditionnelles, ou après *sans, sans que,* etc. (§ 588, *a*), ou encore après *que* comparatif : *Penses-tu qu'*AUCUN *d'eux veuille subir mes lois ?* (BOIL., *Ép.*, 2.) — *Je doute qu'*AUCUN *d'eux réussisse.* — *Je ne crois pas qu'*AUCUN *puisse y parvenir* (LITTRÉ). — *Si vous le révélez jamais à* AUCUN *de vos amis... Il est venu sans* AUCUN *de ses amis. Il a parlé sans qu'*AUCUN *des auditeurs osât l'interrompre. Il travaille mieux qu'*AUCUN *de ses frères.*

b) Le plus souvent *aucun* est accompagné de la négation *ne :* ainsi, par contagion, il a pris la valeur négative de *nul :* AUCUN *de nous* NE *serait téméraire...* (CORN., *Rod.*, IV, 1). — *De toutes vos raisons,* AUCUNE NE *me convainc.*

Cette valeur négative de *aucun* apparaît surtout dans des propositions elliptiques, où le verbe n'est pas exprimé : *Lui connaissez-vous des ennemis ?* AUCUN (AC.).

---

1. *Aucun* est venu d'une forme supposée du latin populaire **alicunus,* quelqu'un, composée du radical de *aliquis,* quelqu'un, et de *unus.*

Remarques. — 1. Le pronom *aucun* est presque toujours accompagné d'un complément partitif (cf. § 500, Rem.). — Il ne s'emploie guère qu'au singulier [1], mais peut varier en genre.

2. Le pronom *aucun* (sauf les expressions vieillies *aucuns, d'aucuns* = quelques-uns) ne s'emploie qu'assez rarement d'une façon absolue (on dit normalement : *personne*) : *J'aime tous et n'accuse* AUCUN (P. VERLAINE, *Sagesse*, I, 2). — *Il n'oubliait la fête d'*AUCUN *de la famille* (R. ROLLAND, *Jean-Chr.*, t. I, p. 184). — En cet emploi absolu, il se rencontre parfois au féminin : *Plus qu'*AUCUNE *Mme de Burns se sentait née pour le rôle de fétiche* (MAUPASSANT, *Notre Cœur*, p. 169, cit. Sandfeld).

3. La préposition *de* est facultative devant l'adjectif ou le participe qui qualifient le pronom *aucun* (voir détails : § 922, 8º) : *Il a des amis, mais il n'en a aucun* DE *fidèle, aucun fidèle.* — *Que de fruits ! mais je n'en trouve aucun* DE *mûr, aucun mûr.* — *Parmi tant de livres, je n'en ai aucun* DE *relié* (AC.) ; *je n'en vois aucun* D'*intéressant, aucun intéressant.*

4. Avec le pronom *aucun* on ne peut pas, dans une même proposition, mettre *pas* ou *point ;* on ne dirait pas : *Mes amis ? Aucun n'est pas venu, je n'en ai pas vu aucun.* — Mais on peut fort bien mettre *plus* ou *jamais* (voir § 447, Rem. 2) : *Mes amis ? Aucun ne m'a plus fait visite, je n'en ai plus vu aucun ; aucun ne m'a jamais secouru, je n'en ai jamais vu aucun.*

5. Dans la langue familière, *aucun* est parfois apposé au sujet : *Robert veut partir : vous n'osez* AUCUN *le prier de rester* (Fr. de CUREL, *Les Fossiles*, III, 9, cit. Sandfeld).

Hist. — Autrefois *aucun*, employé d'une manière absolue, sans complément partitif, servait couramment de sujet dans des cas où l'on met presque toujours aujourd'hui *personne, nul, pas un : On entreprend assez, mais* AUCUN *n'exécute* (CORN., *Cinna*, II, 1). — AUCUN *n'est prophète chez soi* (LA F., *F.*, VIII, 26). — *Qu'*AUCUN *(…) Ne sorte avant le temps et ne se précipite* (RAC., *Ath.*, IV, 1). — Cela est exceptionnel dans l'usage actuel : *Je ne crois pas qu'*AUCUN *en connaisse l'entrée* [d'une grotte] (A. GIDE, *Saül*, IV, 1).

Jusque dans le XVIe siècle, le pluriel *aucuns* a pu être précédé de l'article défini (cf. *les aucuns* adjectif : § 447, *Hist.*) : LES AULCUNS *le plaindoient* (FROISSART, t. XVII, p. 260). — LES AUCUNS *sont mors et roidis* (VILLON, *Test.*, 229). — *Car* LES AULCUNS *disoient que…* (RABELAIS, *Pant.*, 2).

581. *Nul.*

Bien qu'il ait par lui-même un sens négatif (lat. *nullus*, de *ne* +

---

1. Sauf les expressions vieillies *aucuns, d'aucuns*, signifiant « quelques-uns » ou « certains », le pluriel est exceptionnel : *Je vous permets d'aller et de venir dans ma vie extérieure, de telle façon que certaines gens croient et que vous finissiez peut-être par croire vous-même que vous avez des droits chez moi et sur moi ; mais vous savez bien que vous n'en avez* AUCUNS (A. DUMAS f., *L'Étrangère*, III, 3). — *Ces yeux (…) n'étaient comparables à* AUCUNS (P. LOTI, *Les Désenchantées*, XLIII).

ullus), *nul,* par analogie avec *aucun,* se construit toujours avec une négation (*ne* ou *sans que*). Il exprime l'idée négative avec plus de force que *personne* ou *aucun.* Il appartient à la langue littéraire ; dans la langue parlée, il est presque toujours remplacé par *personne.*

Il est presque toujours au singulier et ne peut guère être que sujet [1] :

a) Dans l'emploi absolu, il ne se dit que des personnes et le plus souvent au masculin [2] : NUL *n'est tenu d'accepter une succession qui lui est échue* (*Code civ.,* art. 775). — NUL *n'est exempt de mourir* (AC.). — NUL *ne sait votre sort* (HUGO, *Ray. et Omb.,* XLII). — *À meilleur titre que* NUL, *j'aurais le droit (...) de récuser le reproche d'exagération* (P. CLAUDEL, *Figures et Paraboles,* p. 69).

b) Quand il renvoie à un nom (ou pronom) exprimé, il se dit des personnes et des choses et s'emploie aux deux genres : *Plusieurs explorateurs sont allés dans ces régions ;* NUL *n'en est revenu.* — NULLE, *parmi les femmes françaises n'a possédé à ce degré l'imagination et l'esprit* (SAINTE-BEUVE, *Nouv. Lundis,* t. I, p. 287). — *Ces maisons se présentent à l'œil comme les branches d'un éventail grand ouvert.* NULLE *ne masque l'autre* (Ch. MAURRAS, *Anthinéa,* p. 137).

Hist. — Le nominal *nul* a pu s'employer couramment au pluriel jusque dans le XVIIe siècle : *Afin que* NULS *de ceux qui ont de la justesse, de la vivacité (...) ne se reprochent pas même ce petit défaut* (LA BR., *Discours sur Théophraste*).

582. *Pas un.*

Pas un traduit aussi avec une force particulière l'idée négative. Il est le plus souvent accompagné de *ne ;* parfois, dans les propositions comparatives, cette particule n'est pas exprimée : *Et* PAS UN, *d'aventure, N'aperçut ni cors ni ramure* (LA F., *F.,* IV, 21). — PAS UN *ne recula* (HUGO, *Chât.,* V, 13, 2). — *Il* [Boileau] *décrit gauchement son*

---

1. Exemples de *nul* employé au pluriel ou comme complément : NULS *ne furent plus constants dans leur haine du nazisme* (Fr. AMBRIÈRE, *Les Grandes Vacances,* p. 193). — *Pierre se croyait seul avec elle* [sa souffrance] *sans* NUL *à qui s'ouvrir* (R. ROLLAND, *Pierre et Luce,* p. 20). — *Il* [ton avenir] *est déjà si grand que tu ne peux empêcher* NUL *de le voir* (A. GIDE, *Saül,* III, 7). — *Il est certain qu'il ne se serait adressé à* NULS *autres qu'à Barrault et à sa troupe* (G. BAUËR, dans le *Soir,* 4 nov. 1959). — Ces cas sont exceptionnels (voir l'*Hist.*).

2. Voici quelques exemples du féminin *nulle* employé absolument : NULLE *ne sait mieux éconduire un galant* (Th. GAUTIER, *Le Capit. Fracasse,* VIII). — *Imaginez le plus laid des hommes.* NULLE *ne l'aimera* (J. RENARD, *Journal,* 10 déc. 1896). — NULLE *ne fut dans de meilleures conditions que cette petite fille* (M. BARRÈS, *Le Jardin de Bérénice,* p. 100). — NULLE *n'était, comme elle, consolatrice auprès des malades* (P. de LA GORCE, *Louis-Philippe,* p. 234). — NULLE *donc plus que vous ne serait inexcusable de n'être pas simple* (A. HERMANT, *Savoir parler,* p. 66). — *Un monarque à qui* NULLE *ne résistera longtemps* (LA VARENDE, *Les Belles Esclaves,* p. 246).

délire, mais il délire comme PAS UN (H. BREMOND, *Pour le Romantisme,*
p. 26). — *Il est aussi habile que* PAS UN.

Comme objet direct, *pas un* est normalement accompagné d'un complément partitif [1] (cf. § 500, Rem.) : *Que de personnes ! Et je n'en connais* PAS UNE ! — *En agissant ainsi vous ne garderez* PAS UN *de vos amis.*

Remarque. — La préposition *de* est facultative devant l'adjectif ou le
participe qui qualifient *pas un* (voir détails : § 922, 8°) : *Il a des amis, mais il
n'en a pas un* DE *fidèle, pas un fidèle.* — *De tous ces fruits, il n'en reste pas
un* DE *mûr, pas un mûr.* — *Parmi tant de livres, je n'en vois pas un* D'*intéressant, pas un intéressant.* — *De tous les dictons, proverbes ou adages, dont nos
paysans de Provence passementent leurs discours, je n'en sais pas un plus pittoresque ni plus singulier que celui-ci* (A. DAUDET, *Lett. de m. moul.*, p. 77).

Hist. — *Pas un* était d'un emploi très fréquent chez les auteurs classiques, qui
s'en servaient dans des phrases où nous mettrions aujourd'hui, selon les cas, *aucun,
personne, un seul : Mon cœur n'est à* PAS UN, *et se promet à tous* (CORN., *Place Royale,*
I, 1). — *À* PAS UN *d'eux elle* [une couronne] *ne convenait* (LA F., *F.*, VI, 6). — *Si j'en
connais* PAS UN, *je veux être étranglé* (RAC., *Plaid.*, II, 5). — *Ceux des Pays-Bas ne se
sont tenus à* PAS UNE *de celles* [des confessions de foi] *qu'on avait faites devant eux*
(BOSS., *Variat.*, Préf., XIV). — *On permuta cent fois, sans permuter* PAS UNE (LA F.,
Contes, IV, 4).
    Cet emploi classique de *pas un* (qui s'accommodait de la préposition *sans*) se re-
trouve parfois dans la langue moderne (cf. § 449, *Hist.*) : *Je vous les cite* [les orateurs de la chaire] *sans en omettre* PAS UN (BRUNETIÈRE, *Bossuet*, p. 60).

583. *Autrui.*

Autrui (ancien cas régime de *autre*) ne se trouve guère que dans la
langue littéraire (la langue courante dit : *un autre, les autres*) ; il s'emploie généralement comme complément prépositionnel :

*Dans le bonheur d'*AUTRUI *je cherche mon bonheur* (CORN., *Cid*, I, 3). — *La vente de la
chose d'*AUTRUI *est nulle : elle peut donner lieu à des dommages-intérêts lorsque l'acheteur
a ignoré que la chose fût à* AUTRUI (*Code civ.*, art. 1599). — *Il ne faut pas désirer le
bien d'*AUTRUI (AC.). — *Vivre, s'amuser aux dépens d'*AUTRUI (ID.). — *Ne fais pas à*
AUTRUI *ce que tu ne voudrais pas qu'on te fît.* — *Il n'est pas plus exigeant pour* AUTRUI
que pour soi-même (G. DUHAMEL, *Le Prince Jaffar*, p. 18).

Remarque. — L'emploi de *autrui* comme sujet ou comme objet direct
n'est pas si rare que certains grammairiens le disent :

---

1. Cette observation s'applique aussi à *plus d'un : Nous en savons* PLUS D'UN,
dit-il, en les gobant (LA F., *F.*, III, 18). — *Il m'est venu une idée, qui tourmente* PLUS
D'UN *de notre race, c'est de combler les lacunes de notre tradition* (A. DUMAS f., *La
Femme de Claude*, II, 1). [Dans ce dernier exemple, *de notre race* équivaut à un complément partitif comme *de nous.*]

a) Autrui *nous est indifférent* (M. Proust, *La Prisonnière*, t. I, p. 151). — *Là où* autrui *nous croit coupables, nous nous trouvons innocents* (E. Jaloux, *La Chute d'Icare*, p. 55). — *La joie que nous donne* autrui, autrui *ne nous la donne que si nous sommes en état de grâce* (Id., *L'Alcyone*, III). — *Je ne fais rien de ce qu'*autrui *peut faire à ma place* (J. Malègue, *Augustin*, t. I, p. 365). — *Si on n'a pas la conviction qu'*autrui *est dans des embêtements sans nombre, on n'est pas soi-même très heureux* (J. Giono, dans la *Table ronde*, oct. 1951, p. 38). — *C'était à moi d'éviter ces déviations (...) ou (...) l'utilisation qu'*autrui *essaye d'en faire* (J. Romains, *Violation de frontières*, p. 260). — *Il existe une sympathie triste et ardente devant le monde qu'*autrui *porte en soi* (Fr. Mauriac, *Journal*, t. V, p. 137).

b) *Pour consumer* autrui, *le monstre se consume* (Boil., *Lutr.*, V). — *Causer, c'est amuser* autrui *en s'amusant soi-même* (Taine, *Orig. de la France cont.*, t. I, p. 160, cit. Le Bidois). — *C'est* autrui *qu'on a doté d'un pouvoir réfrigérant* (J.-P. Sartre, *Baudelaire*, p. 137). — *Il ne faut jamais traiter* autrui *comme un objet* (A. Maurois, *Ce que je crois*, p. 131). — *Si attentive à observer* autrui *(...), je me demande comment elle est si désintéressée d'elle-même* (É. Henriot, dans le *Monde*, 8 mai 1957). — *On qualifie volontiers d'égoïstes ceux qui n'utilisent pas* autrui *à se faire valoir* (J. Rostand, *Pensées d'un biologiste*, p. 251).

Hist. — *L'autrui* a été employé autrefois dans le sens de « le bien d'autrui, le droit d'autrui » : *La violence et la convoitise d'usurper à force* l'autruy (Amyot, *Numa*, 3). — *C'est cele* [Convoitise] *qui fait* l'autrui *prendre* (*Rom. de la Rose*, 180). — *On nous duict* [dresse] *à nous servir plus de* l'autruy *que du nostre* (Montaigne, III, 12 ; p. 1164). — Cette locution était encore usitée au XVIIᵉ siècle en termes de chancellerie dans la formule *sauf en autres choses notre droit et* l'autrui *en toutes.*

584. Autre. Sur *autre*, pronom, voyez § 458, C.

585. Certains.

Le pluriel *certains* s'emploie nominalement ou pronominalement comme sujet masculin [1] :

Certains *prétendent que...* (Littré). — Certains *se figurent et prétendent que l'esprit humain est illimité* (L. Daudet, *Un Jour d'orage*, p. 65). — Certains *m'ont reproché, par la suite, ma conduite envers Ariane* (A. Gide, *Thésée*, p. 88). — *Depuis un temps,* certains *se sont mis en devoir de découvrir l'Amérique* (J. Benda, *Le Rapport d'Uriel*, p. 162). — *Il ne sera donc pas question d'interdire les gestes, comme le voudraient* certains (A. Siegfried, *Savoir parler en public*, p. 155). — Certains *ont tous les talents* (M. Jouhandeau, *Carnets de l'écrivain*, p. 37).

Remarques. — 1. Ni Littré, ni le Dictionnaire général, ni l'Académie ne mentionnent la forme féminine *certaines*, pronom ou nominal. On la trouve parfois cependant : *Danjou gardait une attitude à l'écart, amusant la duchesse de ses potins de coulisses, la faisant rire, ce qui, avec* certaines, *réussit quelquefois très bien* (A. Daudet, *L'Immortel*, p. 283). — *Mesdemoiselles, il faut que les femmes se préparent à la*

1. L'emploi du pronom *certains* comme sujet n'est attesté ni par l'Académie ni par le Dictionnaire général, du moins au mot *certain* ; au mot *de*, le Dictionnaire général donne l'exemple : De certains *disent que* ...

vie, puisque, si beaucoup pourront se marier, CERTAINES *ne le pourront pas* (F. BRUNOT, *Observ. sur la Gram. de l'Ac.*, pp. 50-51). — *Elle avait cette élégance subtile qui s'attache à* CERTAINES (É. ESTAUNIÉ, *La Vie secrète*, p. 149).

2. Ni Littré, ni le Dictionnaire général, ni l'Académie ne signalent l'emploi du « pronom » *certains* comme complément. Cet emploi pourtant est courant, même dans la langue littéraire : *Pour* CERTAINS *il* [Aristote] *est comme une transition entre le génie grec (...) et le génie romain* (É. FAGUET, *Initiation philos.*, p. 23). — *Chez* CERTAINS *même les cheveux n'avaient pas blanchi* (M. PROUST, *Le Temps retrouvé*, II, p. 104). — *Le souvenir de ses extraordinaires confidences est encore trop vivant au cœur de* CERTAINS (G. BERNANOS, *Sous le Soleil de Satan*, p. 149). — *Une rougeur monte au front de* CERTAINS (R. BENJAMIN, *Aliborons et Démagogues*, p. 46). — *Cette secrète euphorie que provoque chez* CERTAINS *une situation excessive* (MONTHERLANT, *Les Célibataires*, p. 221). — *Elle* [la souffrance] *ne guette que* CERTAINS (É. ESTAUNIÉ, *L'Appel de la route*, p. 69). — *Le non-acquiescement à des dogmes a pu mener* CERTAINS *jusqu'au martyre* (A. GIDE, *Attendu que...*, p. 132). — *Je ne puis partager l'indignation de* CERTAINS (ID., *Journal 1942-1949*, p. 143). — *L'expression « col tenant » qui pourrait déconcerter* CERTAINS (CRITICUS, *Quatre Études de « Style au microscope »*, p. 16). — *Et cela semble si étrange à* CERTAINS (J. SUPERVIELLE, *Premiers pas de l'univers*, p. 163). — *Toutes ces maisons vont à la ruine, et* CERTAINES *ferment leurs portes* (G. DUHAMEL, *Manuel du protestataire*, p. 191).

586. *Chacun.*

Chacun n'a pas de pluriel[1]. On l'emploie pour désigner chaque personne, chaque chose d'un tout, d'un ensemble dont il est question. Dans ce cas, il est en rapport avec un nom ou un pronom exprimé avant ou après lui et avec lequel il s'accorde en genre : *Logez ces voyageurs* CHACUN *à part* (AC.). — CHACUNE *d'elles a refusé* (ID.).

Chacun s'emploie aussi comme *nominal* pour désigner toute personne sans distinction, tout le monde, et, dans cette acception, il est toujours du masculin[2] : CHACUN *pense à soi* (AC.). — CHACUN *se trompe ici-bas* (LA F., F., VI, 17). — *Vous iriez dire à la vieille Émilie (...) que le blanc qu'elle a scandalise* CHACUN ? (MOL., *Mis.*, I, 1.)

---

1. Il a pu autrefois être employé exceptionnellement au pluriel : *Encore que* CHACUNES *à part puissent subsister par leurs propres forces, elles* [des preuves] *se prêtent la main* (BOSS., *Déf. Trad.*, II, 6). — Comparez : *D'Olympe les jeux tant illustres Qui retournoyent par* CHASCUNS *Lustres Anoblir les bords Piseans* (RONS., t. III, p. 108).

2. Dans le langage familier, *sa chacune* désigne la femme avec qui un homme est uni : *À voir chacun se joindre à* SA CHACUNE *ici...* (MOL., *Ét.*, V, 11). — *Chacun avait l'air de retrouver* SA CHACUNE (LA VARENDE, *La Sorcière*, p. 121). — Dans l'ancienne langue, *sa chacune* a pu signifier « la maison de chacun » : *Et s'en allèrent chacun à* SA CHACUNE (*Cent Nouvelles nouv.*, XXIX). — On disait aussi, dans le même sens, *sa chacunière* (création probable de Rabelais), qui peut parfois encore s'employer de nos jours : *Ainsi chacun s'en va à* SA CHACUNIÈRE (RABELAIS, *Pant.*, 14). — *Les comédiens, comme il se faisait tard, se retirèrent chacun en* SA CHACUNIÈRE (Th. GAUTIER, *Le Capit. Fracasse*, IX). — *Ils retournèrent chacun dans* SA CHACUNIÈRE (AC.).

Remarques. — 1. De même qu'on peut dire *entre chaque* (§ 454, Rem. 3), on peut dire *entre chacun : Il faisait des pauses* ENTRE CHACUNE *de ses phrases* (Th. GAUTIER, *Jettatura*, V). — *Mettez,* ENTRE CHACUNE *de ses « Pensées »* [de Pascal], *de terribles crises de souffrance* (M. BARRÈS, *Mes Cahiers*, t. XII, p. 297). — *Ici que d'espace, que d'air,* ENTRE CHACUN *des mouvements,* ENTRE CHACUN *des pensées...* (SAINT-EXUPÉRY, *Courrier Sud*, p. 191). [Comparez : *Un sanglot séparant chacun de ses mots* (DIDEROT, *Jacques le Fataliste*, éd. de la Pléiade, p. 631). — *Une pause séparait chacun des cris* (Th. GAUTIER, *Le Capit. Fracasse*, IV).]

2. Les locutions archaïques *un chacun, tout chacun, tout un chacun* (voir l'*Hist.*) se rencontrent encore dans la langue littéraire (les deux dernières moins souvent que la première) : *Celui (...) qui sait les dessous de cartes d'*UN CHACUN (SAINTE-BEUVE, *Caus. du Lundi*, t. I, p. 50). — *Elle* [une doctrine] *est à la portée d'*UN CHACUN (L. BLOY, *Mon Journal*, t. I, p. 166). — *Quelques chinoiseries, auxquelles je n'attache, comme* UN CHACUN *le sait, aucune importance* (A. HERMANT, *Chron. de Lancelot*, t. II, p. 293). — *Grâce à la bonne volonté d'*UN CHACUN (R. ESCHOLIER, *Cantegril*, XI). — *L'usage voulait qu'*UN CHACUN *pût venir dans les domaines demander de menus services* (H. POURRAT, *Gaspard des Montagnes*, p. 155). — *Persuadez-vous (...) que cet homme unique, pour* UN CHACUN *de nous, c'est : Soi* (A. GIDE, *Œdipe*, II). — *Il faut que* TOUT CHACUN *te croie cette Hélène que le Ravisseur entraîna* (P. CLAUDEL, *Protée*, II, 3, cit. Damourette-Pichon). — *Nous (...) recevions les compliments de* TOUT CHACUN (Cl. FARRÈRE, *La Seconde Porte*, p. 178). — *Elle vantait sa belle mine à* TOUT UN CHACUN (H. DUVERNOIS, *La Fugue*, II). — *Accusons-en les circonstances et la nature humaine, de quoi les prisonniers dépendent au même titre que* TOUT UN CHACUN (Fr. AMBRIÈRE, *Les Grandes Vacances*, p. 215). — TOUT UN CHACUN *(...) peut ici s'asseoir...* (COLETTE, *Le Fanal bleu*, p. 21). — *Moussu Caille, le docteur (...) adoré de* TOUT UN CHACUN (É. HENRIOT, *Les Temps innocents*, p. 160).

3. *Chacun* peut se mettre en apposition à un terme qui le précède ou qui le suit : *De toutes ces beautés diverses qui* CHACUNE *avaient leur défaut, il fit une beauté unique* (MUSSET, *Conf.*, I, 5). — *La fenêtre et la petite porte se font face et sont* CHACUNE *précédées d'une légère architecture de poutres* (J. COCTEAU, *Bacchus*, indic. du décor). — [*Votre père*] *a bien travaillé pour vous donner à* CHACUN *une situation* (G. DUHAMEL, *L'Œuvre des athlètes*, I, 3, dans Sandfeld). — CHACUN, *avec nos pensées, nous étions dans notre inévitable rôle* (H. LAVEDAN, *Mon Filleul*, p. 292, *ibid.*).

Pour *chacun* suivi du possessif, voyez § 428. — Pour le tour : *Ces objets coûtent dix francs* CHACUN, voyez § 454, Rem. 1. — Pour *chacun*, adjectif, voyez § 454, *Hist.*

Hist. — *Chacun* résulte de la contamination de *cescuns* (venu de la combinaison *quisque + unus*, du latin vulgaire, proprement : chaque un) et de *chaün* (venu de la combinaison hybride κατά + *unum*, proprement : un à un ; cf. Serm. de Strasbourg: *in cadhuna cosa*, en chacune chose). — Au XVe et au XVIe siècle, et même encore au XVIIe, *chacun* était souvent précédé de l'article indéfini : *Allons* UN CHACUN *selon son petit pouvoir* (CALVIN, *Inst.*, III, 6, 5). — UNE CHASCUNE *de ces femmes* (VILLON, *Test.*, 596). — *La verité et la raison sont communes à* UN CHACUN (MONTAIGNE, I, 26 ; p. 184). — *Hautement d'*UN CHACUN *elles blâment la vie* (MOL., *Tart.*, I, 1). — On employait aussi *tout chacun, tout un chacun : Comme telles personnes sont saluées de* TOUT CHACUN (DES PÉRIERS, *Nouv. Récréations*, 27). — *Ce que fait un tout seul,* TOUT UN CHACUN *le sache* (RÉGNIER, *Élég.*, 2). — Richelet (1680) déclarait que *un chacun* n'était plus en usage. Pour Furetière (1690), *un chacun, tout chacun* étaient bas.

587. *On.*

a) On, ancien cas sujet du nom *homme* [1], a pris peu à peu un sens indéterminé. Il est régulièrement de la troisième personne du masculin singulier et ne s'emploie que comme sujet. Il sert à désigner, d'une manière générale, une ou plusieurs personnes : ON *a souvent besoin d'un d'un plus petit que soi* (LA F., F., II, 11). — ON *fait la guerre* (AC.). — ON *guérit comme* ON *se console ;* ON *n'a pas dans le cœur de quoi toujours pleurer et toujours aimer* (LA BR., IV, 34).

b) On désigne parfois une ou plusieurs personnes bien déterminées et prend ainsi, par syllepse de la personne, la valeur d'un des pronoms personnels *je, tu, nous, vous, il(s), elle(s).* Il traduit alors la modestie, la discrétion, l'ironie, le mépris, l'orgueil, le reproche, etc. : *Vous (...) ne méritez pas l'amour qu'*ON (= je) *a pour vous* (MOL., *Mis.,* IV, 3). — *Et puis,* ON (= je) *est bourgeois de Gand* (HUGO, *Hern.,* I, 3). — *A-t-*ON (= tu) *été sage, mon enfant ? — Un couplet qu'*ON (= vous) *s'en va chantant Efface-t-il la trace altière Du pied de nos chevaux marqué dans votre sang ?* (MUSS., *Rhin allemand.*) — *Commandez qu'*ON (= *elle,* c.-à-d. Junie) *vous aime et vous serez aimé* (RAC., *Brit.,* II, 2).

Mais il faut prendre garde que certaines substitutions de *on* à *nous* ne sont parfois que des vulgarités de langage : *Quand nous autres,* ON *règle des alésages au dixième de millimètre...* (A. THÉRIVE, *Sans âme,* p. 105).

c) Quand les circonstances marquent précisément qu'on parle d'une femme, l'attribut de *on* se met au féminin, par syllepse du genre : *Quelque* SPIRITUELLE *qu'on puisse être* (MOL., *Préc.,* 9). — *On se plaît Toute* SEULE *en une forêt* (LA F., F., VIII, 13). — *Avez-vous jamais vu figure plus avenante et plus égayée que votre accordée ? Est-on plus* BLANCHE *et plus* BLONDE *?* (HUGO, *Notre-Dame de Paris,* VII, 1.) — *Qui regrette-t-on quand on est si* BELLE *?* (MUSSET, *Conf.,* V, 6.) — *Eh bien ! petite, est-on toujours* FÂCHÉE *?* (MAUPASSANT, *Notre Cœur,* III, 1.)

Quand les circonstances indiquent nettement qu'il s'agit de plusieurs personnes, l'attribut, l'apposition se rapportant à *on* se mettent au pluriel, par syllepse du nombre [2] ; toutefois le verbe reste au singulier : *On était resté*

---

1. Le latin *homo,* homme, a donné au cas sujet *huem,* qui a disparu devant *homme.* Le pronom *on* « représente le nominatif latin *homo,* développé en position atone » (Bloch-Wartburg, 2e éd.). Le cas régime était *ome* (lat. *hominem*). — Comparez en allemand le nom *Mann* (néerl. *man*) et le pronom indéfini *man* (néerl. *men*).

2. L'Académie n'admet cet emploi du pluriel que dans la langue familière, et seulement avec *des* et un *nom.*

bons CAMARADES (HUGO, *Les Misér.*, III, 5, 3). — *On n'est pas des* ESCLAVES *pour endurer de si mauvais traitements* (AC.). — *On dort* ENTASSÉS *dans une niche...* (P. LOTI, *Vers Ispahan*, Prélude). — *On était* PERDUS *dans une espèce de ville* (H. BARBUSSE, *Le Feu*, p. 90). — *On était* ANARCHISTES *parce que cela avait de l'allure* (C. MAUCLAIR, *Servitude et Grand. littéraires*, p. 115).—*Quand on est* SEULES *comme nous* (J. LEMAITRE, *Révoltée*, I, 1). — *Si je mets une signature à gauche, c'est qu'on aura été* BOMBARDÉS (MONTHERLANT, *Fils de personne*, IV, 1).

N. B. — 1. Quand les circonstances indiquent qu'il s'agit de plusieurs personnes, le participe passé des verbes pronominaux ayant pour sujet *on*, s'il doit s'accorder, se met généralement au pluriel, par syllepse du nombre [1] : *S'étant* SALUÉS, *on se tourna le dos* (FLAUB., *Mme Bov.*, p. 169). — *Sept longues années qu'on ne s'était* VUS ! (R. ROLLAND, *Léonides*, II, 6.) — *On ne s'était jamais* SÉPARÉS (G. CHÉRAU, *Valentine Pacquault*, t. I, p. 11). — *On ne se serait peut-être jamais* RENCONTRÉS (J.-P. SARTRE, *Les Jeux sont faits*, p. 89).

2. S'il faut exprimer un pronom personnel complément renvoyant à *on* (ou encore à une collectivité ou à une individualité indéterminée, dont l'idée est suggérée par le sens général de la phrase), on se sert de *nous* (quand le locuteur se met dans la collectivité : d'autres + moi), *vous* (quand le locuteur s'efface et ne se met pas dans la collectivité), *soi* : *Qu'on hait un ennemi quand il est près de* NOUS ! (RAC., *Théb.*, IV, 2.) — *Quand on se plaint de tout, il ne* VOUS *arrive rien de bon* (J. CHARDONNE, *Claire*, p. 13). — *Ce n'est pas* SOI *qu'on voit* (LA F., *F.*, VIII, 13). — *Se plaindre de tout ce qui* NOUS *afflige ou* NOUS *irrite, c'est se plaindre de la constitution même de l'existence* (FLAUB., *Corresp.*, t. II, p. 128). — *J'eus une émotion, — oh ! ce n'était pas le coup violent au cœur, qui arrête la respiration,* VOUS *casse les veines et* VOUS *étourdit* (O. MIRBEAU, *Le Calvaire*, III). — *Comme la musique* VOUS *approche de l'être qu'on aime !* (J.-L. VAUDOYER, *Laure et Laurence*, p. 157.)

Pour le possessif se rapportant à *on*, voir § 426*bis*.

Remarque. — En tant que nom, *on* était souvent, dans l'ancienne langue, précédé de l'article *l'*. Devenu nominal, il a conservé la faculté de prendre cet article [2]. — *L'on* est, dans la langue écrite, un substitut « élégant » de *on* [3] ; il n'est pas d'usage dans la langue parlée, sauf parfois chez les personnes qui surveillent leur langage et parlent comme elles écrivent. — Selon une règle traditionnelle des grammairiens, *l'on* est demandé, pour l'euphonie, après *et, ou, où, qui, que, quoi, si,* parfois aussi après *lorsque*. En fait, les auteurs en usent, en ceci, assez librement, soit qu'ils mettent le simple *on* là où la « règle » demanderait *l'on*, soit qu'ils emploient *l'on* après d'autres mots que ceux que la « règle » indique. Ce n'est d'ailleurs pas toujours pour éviter un hiatus qu'ils se servent de *l'on* : ils l'emploient parfois, sans aucune raison d'euphonie,

---

1. Au singulier : *On s'est* ENTRE-REGARDÉ (Cl. FARRÈRE, *La Seconde Porte*, p. 32).

2. Sur cette question, consulter A. GOOSSE, *Les emplois modernes de « l'on »*, dans la *Zeitschrift für romanische Philologie*, 75, 1959, pp. 269-305.

3. « Il s'est révélé une mode de *l'on* qui paraît sans doute plus élégant que *on* » (M. COHEN, *Gramm. et Style*, p. 147).

après un mot terminé par une consonne articulée ou par un *e* muet, ou encore (comme on faisait fréquemment à l'époque classique) en tête d'une phrase ou d'un membre de phrase :

a) Après *et, où, qui,* etc. : 1° *l'on : Jamais le sol n'en avait été défriché* [d'une bruyère], *et* L'ON *y avait semé des pierres* (CHATEAUBR., *Mart.,* 9). — *Le Monde où* L'ON *s'ennuie* (titre d'une comédie de PAILLERON). — *Les rossignols de qui* L'ON *crève les yeux* (M. BARRÈS, *Les Déracinés,* p. 116). — *Le dos, avec quoi* L'ON *repose* (G. DUHAMEL, *Vie des Martyrs,* p. 40). — *Si* L'ON *savait ce bonheur que j'ai* (VIGNY, *Chatt.,* III, 7). — *Lorsque* L'ON *était occupé à une grande guerre* (MONTESQ., *Consid.,* 6). — 2° *on : On lut un chapitre de la Bible et* ON *fit la prière en famille* (P. LOTI, *Le Rom. d'un Enf.,* XXII). — *Le premier des peuples où* ON *voie des bibliothèques* (Boss., *Hist.,* III, 3, dans Littré, s. v. *où,* 5°). — *Que vaudrait une foi pour qui* ON *ne risque rien ?* (R. ROLLAND, *Au-dessus de la Mêlée,* p. 114.) — [Les] *bonnes affaires à quoi* ON *prétendait l'intéresser* (Fr. MAURIAC, *La Fin de la nuit,* I). — *C'est à peine si* ON *se rappelle ce nom* (F. GREGH, *L'Âge de fer,* p. 270). — *Lorsqu'on se leva de table* (A. DAUDET, *Port-Tarascon,* III, 2).

b) L'ON après d'autres mots : *C'est pourquoi aussi* L'ON *rit...* (H. BERGSON, *Le Rire,* p. 85). — *Déjà* L'ON *ne peut s'en passer* [de l'amitié] (M. ARLAND, *L'Eau et le Feu,* p. 63). — *Éloi pardonne ; mais* L'ON *ne devrait pas avoir à pardonner* (ID., *ib.,* p. 79). — *Puis* L'ON *ne percevait que le chuintement d'une fontaine* (ID., *ib.,* p. 97). — *Et comme* L'ON *parle, qu'est-ce que c'est donc que cela ?* (MOL., *Bourg. gent.,* II, 4.) — *Ces zones obscures où le désir s'allie à* L'ON *ne sait quel goût secret de cruauté et de destruction* (DANIEL-ROPS, *L'Ombre de la douleur,* p. 45). — *Spontanément* L'ON *acclama l'orateur* (H. BORDEAUX, *Paris aller et retour,* p. 190).

c) L'ON en tête d'une phrase ou d'un membre de phrase : L'ON *espère de vieillir, et l'on craint la vieillesse* (LA BR., XI, 41). — L'ON *connaît beaucoup mieux les besoins de sa ville que ceux des autres villes* (MONTESQ., *Espr.,* XI, 6). — L'ON *m'apporta tous les papiers d'Ellénore* (B. CONSTANT, *Adolphe,* X). — L'ON *m'a pris le bras et l'on m'a serré la main* (TAINE, *Thomas Graindorge,* p. 43). — L'ON *comprend que lorsqu'il se tait, c'est pour penser* (A. GIDE, *Thésée,* pp. 51-52). — *Lorsqu'on se laisse aller,* L'ON *se plaît à croire que c'est au génie* (ID., *Attendu que...,* p. 62). — L'ON *parlait, ou du moins une voix humaine formait des sons* (H. BOSCO, *Malicroix,* p. 153). — L'ON *vient de livrer de chez Victorine la toilette...* (Ph. HÉRIAT, *Famille Boussardel,* XIII).

N. B. — Pour l'euphonie, on évite *l'on :* 1° après *dont : Les livres dont* ON *parle* (et non : *dont l'on parle*) ; — 2° devant un mot commençant par *l : Si* ON *lit* (plutôt que : *si l'on lit*). — Pour l'euphonie aussi, généralement on préfère *que l'on* à *qu'on* devant un mot commençant par une syllabe prononcée *kon : Ce que* L'ON *conçoit* (plutôt que : *ce qu'on conçoit*) [1].

---

1. Mais les écrivains, en ceci également, en usent librement : *Ce que je vous dis là,* L'ON *le dit à bien d'autres* (LA F., *F.,* III, 17). — *L'hôte habituel que* L'ON *logeait dans son cerveau* (E. JALOUX, *La Branche morte,* p. 4). — *Pourvu* QU'ON *convienne des qualités* (MONTESQ., *L. pers.,* LXVI). — *La pensée (...) qu'ON *combat contre des dieux étrangers* (FUSTEL DE COULANGES, *La Cité antique,* III, 15). — *Ce* QU'ON *condamne* (MONTHERLANT, *Le Solstice de juin,* p. 46). — *Et telle est son insistance* QU'ON *comprend...* (Fr. MAURIAC, *Vie de Jésus,* p. 184). — *Ce* QU'ON *concéderait à la vérité* (A. CAMUS, *L'Homme révolté,* p. 233). — *Qu'on comprenne bien ma pensée !* (G. BERNANOS,

Hist. — 1. On n'admet plus que *on* répété se rapporte à des personnes différentes ; autrefois, plusieurs *on* dans la même phrase pouvaient renvoyer à des personnes différentes : *Dès qu'*ON *voit* (= nous voyons) *qu'*ON *nous mêle avec tout l'univers* (MOL., *Mis.*, I, 1). — *Si ces personnes étaient en danger d'être assassinées s'offenseraient-elles de ce qu'*ON *les͞avertirait de l'embûche qu'*ON *leur dresse ?* (PASC., *Prov.*, 11.)

2. En ancien français, *on* pouvait prendre l'article *l'* après une forme verbale se terminant par une voyelle : à côté de *aime on* on avait *aime l'on : Et n'y toucha* L'ON *point de prime face* (COMMYNES, t. III, p. 169). — *Bien, me dira* L'ON, *vostre regle serve à la mort* (MONTAIGNE, I, 14 ; p. 75). — C'est au XVIIe siècle que *l'* a été remplacé, dans ce cas, par un *t* analogique (voir § 640, *Rem.*).

588. *Personne.*

a) Personne, employé d'abord exclusivement comme nom féminin, conformément à son étymologie [1], a pu servir ensuite de *nominal,* masculin singulier, avec le sens de « quelqu'un, qui que ce soit ».

Personne a donc par lui-même un sens positif, qui apparaît encore dans des phrases interrogatives ou dubitatives, ou après une principale négative, ou dans des propositions conditionnelles ou après *sans, sans que, avant que, trop pour que, assez pour que, suffisamment pour que, que* comparatif, ou encore après un infinitif introduit par *avant de, trop pour, assez pour, suffisamment pour : Y a-t-il* PERSONNE *d'assez hardi ?* (AC.) — *Je doute que* PERSONNE *y réussisse* (ID.). — *Il ne veut pas que* PERSONNE *soit lésé* (ID.). — *Si vous le révélez jamais à* PERSONNE... *Il est venu sans* PERSONNE *avec lui.* — *Il a parlé sans que* PERSONNE *le contredît* (AC.). — *Je suis meilleur juge que* PERSONNE (É. AUGIER, *Les Effrontés,* V, 4). — *Partez avant que* PERSONNE *vous voie. Il est trop juste pour que* PERSONNE *le soupçonne, trop bon pour soupçonner* PER-SONNE. *Avant de soupçonner* PERSONNE.

b) Le plus souvent *personne* est accompagné de *ne* ; ainsi, par contagion, il a pris la valeur négative de « nul » (ou du lat. *nemo*) : PER-SONNE NE *sera assez hardi pour le faire* (AC.). — *Non, l'avenir* N'*est à* PERSONNE (HUGO, *Crép.*, V, 2).

Cette valeur négative apparaît surtout dans des propositions elliptiques, où le verbe n'est pas exprimé : PERSONNE *dans les rues,* PERSONNE *aux portes de la ville* (CHATEAUBR., *Itinéraire,* éd. Garnier, p. 392). — *Qui vient ? qui m'appelle ?* PERSONNE (MUSSET, *N. de Mai.*)

La Liberté, pour quoi faire ? p. 84.) — *Et l'on s'alarma contre ce* QU'ON *considéra comme des incompatibilités* (M. GARÇON, *Louis XVII*, p. 17). — *Ces trois mots en disaient assez pour* QU'ON *comprît...* (H. BOSCO, *Les Balesta*, p. 241).

1. *Personne* est venu du latin *persona*, qui signifiait *rôle, masque de théâtre, personnage, homme.*

Remarques. — 1. Les grammairiens ont parfois fait observer que quand le sens général de la phrase ou bien un complément indiquent évidemment que le nominal *personne* exprime l'idée de « aucune femme », l'attribut de ce nominal se met au féminin : *Personne n'était plus* BELLE *que Cléopâtre* (JULLIEN, *dans* Littré). — *Personne n'est plus que moi votre* SERVANTE, *votre* OBLIGÉE (LITTRÉ). — *Personne de ces demoiselles n'est* SORTIE (SANDFELD, t. I, p. 355). — Même dans les cas où l'accord ne concerne pas un attribut, certains, reprenant l'opinion de Vaugelas, estiment que, s'il s'agit d'une femme, on peut dire : *Je ne vois personne si* HEUREUSE *que vous*, ou *si* HEUREUSE *qu'elle* (VAUGELAS, *Rem.*, p. 7). — *Je ne connais personne* HEUREUSE *comme cette femme* (G. et R. LE BIDOIS, *Synt.*, t. I, p. 216). — Toutes ces phrases sont, dans la pratique, d'assez peu d'intérêt : dans les divers cas qu'on vient de signaler, au lieu de *personne*, on emploierait le plus souvent aujourd'hui : *aucune femme* ou : *aucune personne*. — A noter qu'avec *personne de* le qualificatif qui suit se met toujours au masculin : *Je ne connais personne d'aussi* HEUREUX *que cette femme* (AC.).

2. *Personne* peut être suivi d'un complément partitif (ou de la totalité): *Personne* DE VOUS *ne m'a vu. Il ne croit personne* DES SIENS.

3. L'adjectif, le participe qui qualifient le nominal *personne* s'y rattachent au moyen de la préposition *de : Il n'y a personne* DE *vraiment heureux ici-bas* (DICT. GÉN.). — *Il n'y a personne* DE *blessé* (ID.).

Toutefois *de* est parfois omis : *Il n'y a personne si peu instruit des affaires qui ne sache...* (AC.).

Avec *autre* on dit, dans l'usage courant : *personne d'autre : Je n'ose m'adresser à* PERSONNE D'AUTRE (M. BARRÈS, *Au Serv. de l'Allem.*, p. 40). — PERSONNE D'AUTRE *que Frantz* (ALAIN-FOURNIER, *Le Grand Meaulnes*, p. 91). — Dans la langue littéraire, on dit aussi *personne autre : Saint François de Sales a aimé, senti, compris les symboles de la nature comme* PERSONNE AUTRE *en son temps* (SAINTE-BEUVE, *Port-Roy.*, I, IX). — PERSONNE AUTRE *que moi* (MAUPASS., *Mont-Oriol*, p. 61). — *Ne parlons plus jamais de M. Pauper, ni de* PERSONNE AUTRE (H. BECQUE, *Michel Pauper*, II, 2). — *Elle n'aimait* PERSONNE AUTRE (R. ROLLAND, *Jean-Chr.*, t. III, p. 213). — *Quelque chose que* PERSONNE AUTRE *ne lui donnerait* (E. JALOUX, *Le Dernier Acte*, p. 225). — *Il n'y tolérait* [au piano] PERSONNE AUTRE (É. HENRIOT, *Les Temps innocents*, p. 137).

4. Avec le nominal *personne* on ne peut, dans la même proposition, mettre *pas* ou *point* (voir l'*Hist.*) ; on ne dira pas : *Personne n'est pas venu ; je n'ai pas vu personne*. — Mais on peut mettre *plus* ou *jamais : Personne ne m'a plus fait visite, je ne vois plus personne ; personne ne m'a jamais secouru ; je n'ai jamais repoussé personne*.

Hist. — Le nominal *personne* a pu s'employer comme féminin jusque dans le XVIIᵉ siècle : *On l'enferme* [le pestiféré] *dedans sa maison sans qu'il puisse sortir, ny que personne y soit* ADMISE *pour le secourir* (A. PARÉ, *dans* Littré). — *Il n'y a personne au monde si bien* LIÉE *avec nous (...) qui n'ait en soi (...) des dispositions très proches à rompre avec nous* (LA BR., VI, 59).

Avec le nominal *personne* on pouvait autrefois, dans une même proposition, mettre *pas* ou *point : Nous n'avons* PAS *le pouvoir de faire mourir personne* (Boss., *Hist.*, II,

23). — *Il ne daigne* PAS *attendre personne* (LA BR., *Car. de Théophraste*, XV). — Cela est aujourd'hui exceptionnel : *Mais il* [Nietzsche] *ne recommandait* PAS *de tuer personne au nom de cette nouvelle suprématie* (É. HENRIOT, dans le *Monde*, 26 déc. 1951). [On dirait ordinairement, selon l'usage actuel : *Il ne daigne attendre personne*, ou : *il ne daigne pas attendre qui que ce soit* (ou, avec moins d'indétermination : *il ne daigne pas attendre quelqu'un*). — *Il ne recommandait pas de tuer qui que ce fût* (ou, avec moins d'indétermination : *il ne recommandait pas de tuer quelqu'un*).]

589. *Autre chose. Grand-chose. Quelque chose. Peu de chose.*

Chose se combine avec *autre, grand, quelque, peu de* pour former les nominaux neutres *autre chose, grand-chose, quelque chose, peu de chose,* dans lesquels *chose* a perdu sa valeur de nom et son genre étymologique : *Peut-il faire* AUTRE CHOSE ? *Parlons d'*AUTRE CHOSE. — AUTRE CHOSE *allait suivre* (J. GREEN, *Chaque homme dans sa nuit*, p. 339). — *Nous n'avons pas obtenu* GRAND-CHOSE. — QUELQUE CHOSE *a gémi dans ton cœur* (MUSS., *N. de Mai*). — PEU DE CHOSE *nous console parce que* PEU DE CHOSE *nous afflige* (PASC., *Pens.*, 136).

Remarques. — 1. *Chose* garde sa valeur de nom féminin dans des phrases telles que les suivantes : TOUTE *autre chose me plairait mieux.* QUELLE *autre chose désirez-vous encore ?* — *C'est assommant, quelque chose* INSIGNIFIANTE *qu'on fasse, de penser que des yeux vous voient* (M. PROUST, *Du côté de chez Swann*, I, p. 232). — *Il y a toujours (...) quelque chose* URGENTE *qui doit être* FAITE (A. MAUROIS, *Un Art de vivre*, p. 118).

Quelque chose a la valeur d'un nom quand il est précédé d'un article ou d'un adjectif démonstratif : *Il ruminait « in petto » un* QUELQUE CHOSE *qui ne venait pas* (G. COURTELINE, *Le Train de 8 h. 47*, p. 30, cit. Le Bidois). — *Ce* QUELQUE CHOSE *de gai, de rieur* (R. MARTIN DU GARD, *Les Thibault*, III, p. 199, *ib.*).

2. L'adjectif, le participe qui qualifient *autre chose, grand-chose, quelque chose* se mettent au masculin et se rattachent à ces expressions au moyen de la préposition *de : Autre chose* DE *beau. Pas grand-chose* DE *bon.* — *Quelque chose* DE *fâcheux* (AC.). — *Comment avais-je pu imaginer quelque chose* D'*autre?* (MONTHERLANT, *Malatesta*, I, 7.)

3. *Autre chose*, attribut, placé en tête de la phrase, est parfois répété comme attribut en tête du second terme de la comparaison au lieu d'être suivi de *que :* AUTRE CHOSE *est de dire ceci,* AUTRE CHOSE *d'affirmer cela* (AC.). — AUTRE CHOSE *est en effet une simple variation de grandeur,* AUTRE CHOSE *un changement de forme* (H. BERGSON, *L'Évolution créatrice*, p. 84).

4. *Quelque chose*, attribut, traduit parfois l'idée de « personnage ou chose considérable » : *Pour être plus qu'un roi, tu te crois* QUELQUE CHOSE (CORN., *Cinna*, III, 4). — *De loin c'est* QUELQUE CHOSE ; *et de près, ce n'est rien* (LA F., *F.*, IV, 10).

5. *Grand-chose* demande avec lui la négation (voir l'*Hist.*) : *Il* NE *possède*

PAS GRAND-CHOSE. *Je* N'*ai* PLUS GRAND-CHOSE. *Il* N'*a* JAMAIS *fait* GRAND-CHOSE. *Ce bibelot*, SANS *être* GRAND-CHOSE, *a sa valeur*.

La langue familière emploie *pas grand-chose* comme nom des deux genres, invariable, au sens de « homme de peu, femme de peu, gens de peu » : *Pour leur mettre le pied sur la gorge, à toutes ces* PAS GRAND-CHOSE (ZOLA, *Au Bonh. des Dames*, VI). — *Depuis qu'il avait eu le malheur de tuer une nuit, d'un coup de poing, un* PAS GRAND CHOSE (COURTELINE, *Boubouroche*, III). — *De la voir acheter des choux au petit Martin, un sale coco, un* PAS GRAND'CHOSE, *il en avait reçu un coup dans l'estomac* (A. FRANCE, *Crainquebille*, p. 53). — *C'était bien une* PAS GRAND-CHOSE (É. HENRIOT, *Le Livre de mon père*, p. 240).

Hist. — Au moyen âge, *chose* gardait, dans les expressions nominales, son genre étymologique. Corneille a pu écrire encore : *Je vous voulais tantôt proposer quelque chose, Mais il n'est plus besoin que je vous* LA *propose, Car* ELLE *est impossible* (*Ment.*, III, 5). Et Molière : *Cela n'est-il pas merveilleux que j'aie quelque chose dans la tête qui (...) fait de mon corps tout ce qu'*ELLE *veut ?* (*Dom Juan*, III, 1.) Vaugelas (*Rem.*, pp. 220 et *464 sq.), tout en admettant que l'oreille demande parfois qu'on donne un adjectif féminin à *quelque chose*, estimait qu'il était « beaucoup plus fréquent, plus François, et plus beau » de lui donner un adjectif masculin. — A l'époque actuelle, faire féminin *quelque chose* est un simple caprice : *On ne peut agrandir quelque chose qu'*ELLE *ne se transforme bientôt jusque dans sa « qualité »* (P. VALÉRY, *Regards...*, p. 173).

Grand-chose a pu, à l'époque classique, s'employer dans des phrases positives : *Je voudrais, m'en coûtât-il* GRAND-CHOSE, *Pour la beauté du fait avoir perdu ma cause* (MOL., *Mis.*, I, 1). — Dans l'usage moderne, cet emploi est exceptionnel : *Elles* [des comédies] *ne sont rien et paraissent* GRAND'CHOSE (A. SUARÈS, *Sur la vie*, t. II, p. 159).

590. *Quelqu'un.*

a) *Quelqu'un*, pris absolument, s'emploie pour les deux genres [1] et désigne indéterminément une personne : QUELQU'UN [homme ou femme] *est venu*. QUELQU'UN *qui était content, c'était maman.* — *Qu'il est difficile d'être content de* QUELQU'UN *!* (LA BR., IV, 65.)

Son pluriel *quelques-uns* a cela de particulier qu'il marque l'indétermination quant au nombre et non plus quant à l'individu (voir cependant ci-après : *Hist.*) : QUELQUES-UNS *affirment que ce poème est un chef-d'œuvre.* — *Il ne faut plus réserver ton enseignement (...) à* QUELQUES-UNS (BRIEUX, *La Foi*, II, 2).

b) *Quelqu'un*, en rapport avec *en* ou avec un mot pluriel ou collectif, se dit des personnes et des choses et s'emploie aux deux genres et aux

---

1. Le féminin *quelqu'une* n'est cependant pas sans exemple : *C'est une loi commune Qui veut que tôt ou tard je coure après* QUELQU'UNE (BENSERADE, dans LITTRÉ). — *Vous avez l'air de* QUELQU'UNE *qui ne soit pas loin de pleurer* (P. VALÉRY, « *Mon Faust* », p. 102).

deux nombres : *J'en connais* QUELQUES-UNS *à qui ceci conviendrait bien.* — *Est-il* QUELQU'UN *de vous de si peu de vertu ?* (VOLT., *Mort de Cés.*, III, 7.) — QUELQU'UNE *de vos compagnes* (LITTRÉ). — *Le peintre a voulu exprimer* QUELQU'UNE *de ses fantaisies* (MONTESQUIEU, *L. pers.*, 99). — *Il a fait de multiples découvertes, mais* QUELQUES-UNES *seulement sont connues ; il n'en a révélé que* QUELQUES-UNES.

Remarques. — 1. L'adjectif, le participe qui qualifient *quelqu'un(e)*, *quelques-un(e)s*, s'y rattachent au moyen de la préposition *de* [1] : *Quelqu'un* DE *grand va naître* (HUGO, *Crép.*, V, 1). — *Quelqu'un* DE *bien informé. Parmi ces livres j'en ai trouvé quelques-uns* D'*intéressants.* — *Entre les nouvelles qu'il a débitées, il y en a quelques-unes* DE *vraies* (AC.).

Cependant quand l'adjectif est suivi d'un complément, il peut être simplement juxtaposé : *Comme quelqu'un absorbé par une passion profonde* (Th. GAUTIER, *Le Capit. Fracasse*, V). — *J'étais donc quelqu'un semblable aux autres* (H. de RÉGNIER, *Le Divertissement provincial*, p. 29, cit. Sandfeld).

On dit généralement *quelqu'un d'autre*, mais, dans la langue littéraire, on dit aussi, sans *de*, *quelqu'un autre* : *Il me semblait que c'était* QUELQU'UN D'AUTRE (M. PROUST, *Le Temps retrouvé*, II, p. 119). — *Aimerais-tu* QUELQU'UN D'AUTRE ? (H. TROYAT, *Les Semailles et les Moissons*, p. 216.) — *Je vais vous faire voir* QUELQU'UN DE SANS IMPORTANCE (A. CHAMSON, *La Neige et la Fleur*, p. 28). — *Quand un Provençal se raille, il n'est jamais long à railler* QUELQU'UN AUTRE (P. ARÈNE, *La Chèvre d'or*, IV). — *Tu aurais épousé* QUELQU'UN AUTRE (E. JALOUX, *La Branche morte*, p. 71). — *Et si c'était* QUELQU'UN AUTRE ? (H. BREMOND, *Apologie pour Fénelon*, p. 264.)

2. *Quelqu'un*, attribut invariable en genre et en nombre, se prend parfois dans le sens de « personnage considérable » : *Il s'adressait l'éternel reproche de n'avoir pas su être* QUELQU'UN (MAUPASS., *Notre Cœur*, I, 1). — *Une femme, pour certains hommes, insupportable. Par ailleurs*, QUELQU'UN (Cl. FARRÈRE, *Le Chef*, p. 55). — *Elles* [les femmes en Angleterre] *sont* « QUELQU'UN » (P. de COULEVAIN, *L'Ile inconnue*, p. 329, cit. Sandfeld, I, p. 342). — *Mme Monge est* QUELQU'UN... (R. KEMP, dans les *Nouv. litt.*, 5 juin 1947).

3. Employé comme objet direct, le pronom (ou nominal) pluriel *quelques-uns* est normalement accompagné d'un complément partitif (cf. § 500, Rem.)[2] :

---

1. Cf. cependant : *Ambition, appétit, tous ces mots signifient quelqu'un sacrifié à quelqu'un satisfait* (HUGO, *L'Homme qui rit*, II, 1, 9).

2. Il arrive que *quelques-uns*, objet direct, ne soit pas accompagné d'un complément partitif : *Nous voulons belle l'idée révolutionnaire, qui a pu molester* QUELQUES-UNS (M. BARRÈS, *Les Déracinés*, p. 297). — *Ses habitudes* [d'Anatole France], *ses pensées, ses opinions, la politique enfin qu'il a suivie se composaient dans une harmonie assez complexe qui n'a pas laissé d'émerveiller ou d'embarrasser* QUELQUES-UNS (P. VALÉRY, *Remerciement à l'Acad. fr.* ; éd. Pléiade, t. I, pp. 726-727). — *Ainsi Nerval, par une sale nuit, s'est-il pendu deux fois, pour lui d'abord qui était dans le malheur, et puis pour sa légende, qui aide* QUELQUES-UNS *à vivre* (A. CAMUS, *L'Été*, p. 126).

J'ai lu QUELQUES-UNS *de ses livres* (Ac.). — *Voilà de belles roses ; donnez-m'en*
QUELQUES-UNES. — *Les gentils en soupçonnaient* QUELQUES-UNS *de vivre de*
brigandage (A. FRANCE, *Thaïs*, I, cit. Le Bidois).

4. *Quelqu'un,* reprenant généralement un *quelqu'un* qui précède, est parfois
introduit par un article ou par un adjectif démonstratif, ce qui lui donne
la valeur d'un nom : *Il faut bien que quelqu'un paie et personne ne veut être*
ce QUELQU'UN (J. BAINVILLE, *Journal,* 22 août 1922). — *Lors quelqu'un... un*
autre QUELQU'UN : *un* QUELQU'UN *masculin... s'est mis en travers de ma route*
(Cl. FARRÈRE, *Bêtes et Gens qui s'aimèrent,* p. 80, cit. Sandfeld, I, p. 343).

5. *Quelqu'un,* dans des phrases impliquant une idée négative ou subordonnées à une proposition négative, peut être mis pour *personne,* lorsqu'on veut
particulariser l'indication [1] : *Je ne comprends pas (...) que* QUELQU'UN *pense*
à autre chose qu'à se battre (P. BOURGET, *Le Sens de la mort,* p. 144, dans
Sandfeld). — *Jamais je n'ai rencontré* QUELQU'UN *qui vous vaille* (G. DUHAMEL,
Deux hommes, p. 93, *ib.*). — *Il en sait tant qu'il ne peut plus s'adresser à*
QUELQU'UN *en particulier* (P. VALÉRY, « *Mon Faust* », Lust, II, 3). — De même
dans les interrogations dubitatives : *Est-ce qu'il y avait* QUELQU'UN *autre, avec*
cette pauvre femme ? (A. DAUDET, *La Petite Paroisse,* p. 202.) — *Y a-t-il (...)*
QUELQU'UN *qui ait le cœur à la plaisanterie ?* (G. MICHAUT, *Les Luttes de*
Molière, pp. 121-122, dans Sandfeld).

Hist. — Au XVIIe siècle, *quelques-uns* pouvait marquer l'indétermination portant sur l'individu et servait ainsi de pluriel à *quelqu'un :* QUELQUES-UNS (= certains)
vous diront au besoin... (CORN., *Nicom.,* III, 2). — QUELQUES-UNS (= certains) *ont*
fait dans leur jeunesse l'apprentissage d'un certain métier, pour en exercer un autre (LA
BR., VI, 8). — Cet emploi n'est pas entièrement abandonné de nos jours.

591. *Quiconque.*

Quiconque ne se rapporte à aucun antécédent. Ce nominal [2] a la
valeur de « celui, quel qu'il soit, qui » ; il est donc de la 3e personne du
masculin singulier et appartient, du moins dans l'emploi classique (voir
la Rem. 3 ci-après), à deux propositions différentes ; il est toujours
sujet dans sa proposition, mais il peut être en même temps complément d'un verbe qui précède : QUICONQUE *ne sait pas souffrir n'a point*

---

1. On emploie aussi pour *personne : quiconque* (§ 591, Rem. 3), *qui que ce soit,*
n'importe qui : Je ne sollicite aucun regret de QUI QUE CE SOIT (H. de RÉGNIER, *Les*
Bonheurs perdus, p. 174, dans Sandfeld). — *Est-ce que Dieu préfère* QUI QUE CE SOIT
à l'humble ? (Colette YVER, *Vous serez comme des dieux,* p. 8, *ib.*) — *C'était un excel-*
lent homme et qui n'avait sur n'importe quoi et sur N'IMPORTE QUI, *aucune espèce d'idées*
(O. MIRBEAU, *Chez l'illustre écriv.,* p. 153, *ib.*).

2. De l'ancien composé *qui qui onques* ou *qui qu'onques :* KIKIUNKES *sunt paien*
[litt. : qui qui jamais sont païens] *ensi servent...* (*Job,* dans Littré) ; — *qui qu'onques*
a été influencé par le latin *quicumque* et le sens de *onques* (jamais) n'a plus été perçu.

un grand cœur (FÉNEL., *Tél.*, t. I, p. 359). — *Ils (...) vont vendre leurs
services à* QUICONQUE *veut les employer* (VOLT., *Dict. phil.*, Guerre). —
Et l'on crevait les yeux à QUICONQUE *passait* (HUGO, *Lég.*, t. I, p. 49). —
QUICONQUE *m'a fait voir cette route a bien fait* (MUSSET, *Sur la Paresse*).

Remarques. — 1. Lorsque *quiconque* a nettement rapport à une femme,
on met au féminin les mots dont il commande l'accord : *Quiconque sera*
PARESSEUSE *ou* BABILLARDE *sera* PUNIE (LITTRÉ).

2. *Quiconque* ne peut être antécédent du relatif *qui*. On ne dira pas :
Quiconque de vous QUI *restera en arrière sera regardé comme traître*. Il faut
dire : *Quiconque de vous restera...*

3. C'est à tort que les puristes condamnent l'emploi de *quiconque* n'appartenant qu'à une seule proposition et signifiant, comme sujet ou comme
complément : « qui que ce soit », « n'importe qui », « personne ». Cet emploi,
exceptionnel à l'époque classique [Littré et le Dictionnaire général signalent
l'exemple suivant, de Bourdaloue (*Retraite spirituelle*, 3e jour) : *Une envie de
railler de toutes choses et de* QUICONQUE], est incontestablement reçu aujourd'hui
par le meilleur usage :

Un valet de l'auberge (...) contenait la foule (...), ne laissant passer QUICONQUE
qu'il n'eût craché au bassinet [payé le prix de sa place] (Th. GAUTIER, *Le Capit.
Fracasse*, IX). — *Défense absolue de parler à* QUICONQUE (A. DAUDET, *Port-Tarascon*,
III, 3). — *Bien qu'il n'eût jamais rien donné dans sa vie à* QUICONQUE (O. MIRBEAU,
Dingo, IV). — *Aujourd'hui, Dumas fils aurait sans doute bien du talent, plus que*
QUICONQUE (J. RENARD, *Journal*, 31 oct. 1900). — *Christophe voyait mieux que*
QUICONQUE *les ridicules de la pièce* (R. ROLLAND, *Jean-Christophe*, t. VII, p. 143). —
La moindre nouvelle prenait toujours plus au dépourvu que QUICONQUE *cet homme*
(M. PROUST, *Du côté de chez Swann*, I, p. 290). — *On parlait (...) de couler tout chaland
que* QUICONQUE *s'aviserait de prêter aux chasseurs des environs* (A. de CHÂTEAUBRIANT,
La Brière, p. 51). — *Ce collège où n'était pas admis* QUICONQUE, *était dirigé par des
prêtres* (É. HENRIOT, *Les Temps innocents*, p. 33). — *Il est impossible à* QUICONQUE
de se procurer quoi que ce soit touchant cet ouvrage (G. DUHAMEL, *Lettres au Patagon*,
p. 154). — *Il enferma, sans en faire part à* QUICONQUE, *ce cahier...* (Fr. JAMMES, *M.
le Curé d'Ozeron*, p. 40). — *Le fait que la pièce est demeurée là, à portée de* QUICONQUE,
suffirait à me défendre (É. ESTAUNIÉ, *Le Labyrinthe*, p. 142). — *La vieille (...) ne lui
adressait jamais la parole, non plus qu'à* QUICONQUE (A. GIDE, *La Symphonie pastorale*,
p. 16). — *Et elle défie* QUICONQUE *parmi vous de se lever et de prétendre...* (J. GIRAU-
DOUX, *La Guerre de Troie n'aura pas lieu*, II, 12). — *Comme il se produit chez* QUI-
CONQUE *vivant à l'écart de la société* (J. de LACRETELLE, *La Bonifas*, IX). — *Qui
d'entre nous accorde à* QUICONQUE *le droit de juger ?* (SAINT-EXUPÉRY, *Pilote de guerre*,
p. 144.) — *J'aurais dû plus qu'à* QUICONQUE *ne lui rien révéler du secret de cette lettre*
(Fr. MAURIAC, *La Pharisienne*, p. 21). — *J'en sais jouir* [d'un dilettantisme] *aussi
bien que* QUICONQUE (J. BENDA, *Exercice d'un Enterré vif*, p. 162).

L'usage est si nettement déclaré qu'on pourrait citer une foule d'autres exemples :
VILLIERS DE L'ISLE-ADAM, *Contes Cruels*, p. 160 ; P. HERVIEU, *Les Tenailles*, I, 6 ;
J. ROMAINS, *Knock*, III, 3 ; G. CLEMENCEAU, *Démosthène*, p. 99 ; L. MADELIN, *Foch*,
p. 214 ; A. VANDAL, *L'Avèn. de Bonaparte*, t. I, p. 262 ; R. MARTIN DU GARD, *Les
Thibault*, VII, 2, p. 194 ; L. DAUDET, *Le Stupide XIXe Siècle*, p. 200 ; G. LECOMTE,

Le Mort saisit le vif, p. 255 ; J. MARITAIN, *Questions de conscience*, p. 65 ; MONTHER-LANT, *Malatesta*, I, 7 ; Ch. DU BOS, *Le Dialogue avec André Gide*, p. 47 ; P. GAXOTTE, *Frédéric II*, p. 99 ; P. MORAND, *Papiers d'identité*, p. 23 ; DANIEL-ROPS, *Les Années tournantes*, p. 233 ; A. THÉRIVE, dans le *Temps*, 13 avi. 1939 ; H. BÉRAUD, *Le Bois du Templier pendu*, p. 27 ; J.-J. BROUSSON, *La Chevalière d'Éon*, p. 102 ; J.-P. SARTRE, *Réflexions sur la Question juive*, p. 162 ; P. LÉAUTAUD, *Propos d'un jour*, p. 95 ; Cl. FARRÈRE, *La Onzième Heure*, p. 86 ; HENRI-ROBERT, *L'Avocat*, p. 43 ; M. GENEVOIX, *Afrique blanche, Afrique noire*, p. 38 ; Fr. AMBRIÈRE, *Les Grandes Vacances*, p. 93 ; Fr. CARCO, *Morsure*, p. 33 ; M. JOUHANDEAU, *Essai sur moi-même*, p. 194 ; Germ. BEAUMONT, *La Longue Nuit*, p. 203 ; Cl. FARRÈRE, *Les Condamnés à mort*, p. 157 ; J.-J. GAUTIER, *Hist. d'un fait divers*, p. 86 ; A. SIEGFRIED, *L'Âme des peuples*, p. 61 ; A. SALACROU, *Dieu le savait !* p. 48 ; A. ARNOUX, *Les Crimes innocents*, p. 106 ; Ch. PÉGUY, *L'Esprit de système*, p. 147 ; M. BEDEL, *Le Mariage des couleurs*, p. 155 ; Gén. DE GAULLE, *Mém.*, Le Salut, p. 43, etc.

4. De même qu'il faut proscrire *tout qui* (§ 544, *a*), il faut proscrire *tout quiconque*, d'autant plus choquant que l'extension qu'on veut exprimer par *tout* est déjà marquée par la valeur étymologique de *quiconque*. Ne dites pas : « Tout quiconque le connaît l'aime » ; dites : *Quiconque le connaît l'aime*.

Hist. — Après *quiconque*, la proposition principale prenait souvent autrefois le sujet *il* (phénomène analogue pour *qui, celui qui :* voir § 541, *Hist.*) : QUICONQUE *ne résiste pas à ses volontés,* IL *est injuste au prochain* (Boss., *Serm.*, Quinquag.). — QUICONQUE, *en pareil cas, se croit haï des Cieux, Qu'*IL *considère Hécube* (LA F., *F.*, X, 12).

Quiconque pouvait, dans les hauts temps, être traité comme pluriel ; on trouve encore au XVIIᵉ siècle : *Quiconque n'est pas d'accord avec la règle, elle* LES *repousse et* LES *condamne* (Boss., *Serm.*, Haine de la vérité, 3). — Il pouvait aussi, autrefois, s'employer au lieu de *quelconque : Je le puniz en tel exemple (...) que depuis ce temps caphart* QUICONQUES *n'est auzé entrer en mes terres* (RABEL., *Garg.*, 45) ; — ou encore au sens de « quel que » ou de « qui que » : QUICONQUES *sois, cruel, ne nous menace plus* (RONSARD, t. VIII, p. 307).

592. Rien.

a) Rien (du latin *rem*, accusatif de *res*, chose), employé jusque dans le XVIᵉ siècle comme nom féminin [1], a pu servir ensuite de nominal, avec le sens de « quelque chose ».

Il a donc par lui-même un sens positif, qui apparaît encore notamment dans des phrases interrogatives ou dubitatives, ou après une principale négative, ou dans des propositions conditionnelles, ou encore après *sans, sans que*, etc. (cf. § 588, *a*) :

---

1. *Amor veint tute* RIEN (*Proverbes franç.*, 89, éd. Morawski). — *Le conte d'Arondel qui désiroit la guerre sur toute* RIEN (FROISSART, t. XVI, p. 13). — *Car a nule* RIEN *je n'entens* (*Rom. de la Rose*, 586). — *Pour vous faire croire qu'il vous aime sur toutes* RIENS (*Satyre Ménippée*, Harangue de M. le Cardinal de Pelvé).

Y a-t-il RIEN *de si ridicule ?* (MONTESQ., *L. pers.*, 52.) — *Désespérant de rencontrer* RIEN *d'inconnu* (MÉRIMÉE, *Colomba*, I). — *Je ne veux pas qu'on en dise* RIEN. — *De peur qu'un téméraire acteur ne changeât* RIEN *aux paroles sacrées* (MICHELET, *Bible de l'Humanité*, p. 242). — *Vous me désobligeriez si vous touchiez à* RIEN (A. HERMANT, *Le Rival inconnu*, XVIII). — *Je vous rends responsable si* RIEN *s'ébruite dans la presse* (M. BARRÈS, *Au Serv. de l'Allemagne*, p. 189). — *Un homme de mon âge ne doit pas vivre sans* RIEN *faire* (A. DUMAS f., *La Question d'argent*, III, 1). — *Il partira sans qu'on en sache* RIEN. — *Il m'était interdit d'y* RIEN *prendre* [dans une table à ouvrage] (A. FRANCE, *Le Livre de mon ami*, p. 43). — *La bonne vieille est loin de* RIEN *soupçonner* (J. GREEN, *Journ.*, 30 août 1934).

b) Le plus souvent *rien* est construit avec *ne :* ainsi, par contagion, il a pris, vers le XVᵉ siècle, la valeur négative de « nulle chose » (lat. *nihil*) et est devenu masculin (neutre quant au sens) [1] : *Qui* NE *risque* RIEN *n'a* RIEN. — RIEN NE *me verra plus, je* NE *verrai plus* RIEN (HUGO, *Lég.*, t. I, p. 49).

Cette valeur négative apparaît surtout dans des propositions où *rien* n'est accompagné d'aucune négation : *Dieu a créé le monde de* RIEN. — *Je veux* RIEN *ou tout* (RAC., *Plaid.*, I, 7). — *Et comptez-vous pour* RIEN *Dieu qui combat pour nous ?* (RAC., *Ath.*, I, 2.) — *Qu'a-t-il répondu ?* RIEN.

La valeur négative de *rien* apparaît bien aussi dans les phrases où il est accompagné de la négation complète *ne ... pas* (voir la Rem. 3) : *Ne faites pas semblant de* RIEN (MOL., *Bourg.*, V, 6). — *Elle* [la nature] *n'est pas tout, et nous ne sommes pas* RIEN (F. BRUNETIÈRE, *L'Évol. de la poés. lyriq.*, t. II, p. 135).

Remarques. — 1. L'adjectif et le participe qui qualifient *rien* s'y rattachent au moyen de la préposition *de : Est-il rien* DE *plus beau ? Rien* DE *fâcheux n'est arrivé.*

On trouve *rien d'autre* et *rien autre ;* cette dernière construction (plus ancienne, datant de l'époque où *rien* était encore un nom ; cf. ci-après : *Hist.*) est beaucoup moins usitée que la première, mais elle est encore assez fréquente dans la langue littéraire : *Rien* D'AUTRE *nulle part que ces trois choses effarantes* (P. LOTI, *La Mort de Philæ*, p. 4). — *Est-ce que le Savant fait rien* D'AUTRE *?* (A. GIDE, *Le Retour de l'Enfant prodigue*, p. 23.) — *Antoine ne vit d'abord rien* D'AUTRE *qu'une lampe* (R. MARTIN DU GARD, *Les Thibault*, III, 1, p. 117). — *Je ne suis attentif à rien* AUTRE (STENDHAL, *Corr.*, t. III, p. 188). — *Tu n'as plus rien* AUTRE *?* (MAUPASS., *Boule de suif*, p. 178.) — *Je n'eus plus le courage de penser à rien* AUTRE (M. BARRÈS, *Un Homme libre*, p. 219). — *Elle (...) ne s'occupe de rien* AUTRE (É. ESTAUNIÉ, *Tels qu'ils*

---

1. Comme nominal négatif *rien* a évincé le nominal du vieux français *neient noient, nient* (du lat. vulg. *nec entem*, pas un « étant », c.-à-d. : pas un être) : *Jo n'en ferai* NIENT [Je n'en ferai rien] (*Rol.*, 787). — C'est l'ancien nominal négatif *nient* que l'on retrouve sous la forme *néant* dans *réduire à néant* et dans des formules elliptiques du langage administratif ou médical : *Signes particuliers :* NÉANT. — *Albumine :* NÉANT.

Jurent, p. 77). — *Le Monarque ne possédait rien* AUTRE *au monde* (P. MILLE, *Le Monarque*, p. 42). — *Il sait que ce n'est rien* AUTRE *que Notre-Seigneur* (P. CLAUDEL, *Visages radieux*, p. 58). — *Il n'a trouvé rien* AUTRE (A. MALRAUX, *Les Conquérants*, p. 163). — *La Maison n'entendait rien* AUTRE (Marie NOËL, *Petit-jour*, p. 23).

Au lieu de *rien (d')autre*, on dit parfois *rien autre chose : Vous n'avez* RIEN AUTRE CHOSE *à me proposer ?* (HUGO, *Marie Tudor*, I, 6.) — *N'avaient-ils donc* RIEN AUTRE CHOSE *à se dire ?* (FLAUB., *Mme Bov.*, p. 104.) — *Elle ne possède* RIEN AUTRE CHOSE (MAUPASS., *Au Soleil*, p. 189). — *Qui s'aveugle volontairement sur le prochain, sous prétexte de charité, ne fait souvent* RIEN AUTRE CHOSE *que de briser le miroir afin de ne pas se voir dedans* (G. BERNANOS, *Dialogues des Carmélites*, II, 1).

2. **Rien moins que,** selon l'interprétation traditionnelle (Littré, Acad., Dict. gén.), est négatif et signifie « nullement » : *Il tremble : il n'est* RIEN MOINS QU'*un héros* = il est tout plus qu'un héros, il n'est nullement un héros. — *C'est au contraire un logis fort joyeux, car le marquis n'est* RIEN MOINS QUE *féroce* (Th. GAUTIER, *Le Capit. Fracasse*, VIII). — *Molière n'est* RIEN MOINS QU'*un peintre de portraits, c'est un peintre de tableaux* (SAINTE-BEUVE, *Port-Roy.*, III, XVI). — *Je n'en suis peut-être pas aussi indigne* [de votre sympathie] *que vous pouvez le croire (...) : je ne suis* RIEN MOINS QU'*un spéculateur* (É. AUGIER, *Les Effrontés*, II, 6). — *Je ne suis* RIEN MOINS QUE *curieuse* (H. BERNSTEIN, *Le Secret*, II, 9). — *Je ne suis* RIEN MOINS *qu'un philosophe, je suis un biologiste anxieux* (J. ROSTAND, *Pensées d'un biologiste*, p. 111).

Rien de moins que donne à la phrase un sens positif et signifie « pas moins que » : *Quelle fermeté ! il n'est* RIEN DE MOINS QU'*un héros* = il n'est pas moins qu'un héros, il est bel et bien un héros. — *Ces premières escarmouches n'annonçaient* RIEN DE MOINS QU'*une orientation nouvelle* (H. BREMOND, *Pour le Romantisme*, p. 106). — *Il ne s'agit de* RIEN DE MOINS QUE *de changer une égalité en inégalité* (P. VALÉRY, *Regards...*, p. 54). — *Ce fut un éblouissement ! il ne s'agissait de* RIEN DE MOINS QUE *du plus beau musée de Paris* (P. CLAUDEL, *L'Œil écoute*, p. 198).

Cette distinction est loin d'être toujours observée : *rien moins que* est très souvent employé dans des phrases de sens positif, où on lui fait signifier « bel et bien » [ce qu'A. DAUZAT (dans le *Monde*, 20 févr. 1952) explique en disant que l'infériorité marquée par *moins que* est niée par *rien* : « Il n'est *rien*, aucunement, nullement, *moins que* brave » ; on aboutit donc normalement au sens positif : il est brave] : *Il* [Dieu] *ne se propose* RIEN MOINS QUE *d'instruire tout l'univers* (BOSS., *Anne de Gonz.*). — *Ce projet n'allait à* RIEN MOINS QU'*à éteindre le genre dramatique* (DIDEROT, *Paradoxe sur le coméd.*). — *Pour affirmer une aussi douloureuse vérité, il ne me fallait* RIEN MOINS QUE *le récit d'un témoin oculaire* (CHATEAUBR., *Mém.*, III, 1, 1, 16). — *Il ne s'agissait de* RIEN MOINS QUE *de faire parvenir à Clélia Conti un mouchoir de soie sur lequel était imprimé un sonnet de Pétrarque* (STENDHAL, *Chartr.*, t. II, p. 256). — *Le prince de Transylvanie ne prétendait à* RIEN MOINS QU'*à devenir roi de Pologne* (MÉRIMÉE, *Les Cosaques d'autref.*, p. 96). — *Il n'a fallu* RIEN MOINS QUE *l'expédition des croisés (...) pour que le nom d'une localité étrangère s'introduisît dans notre langue* (LITTRÉ, *Préf.*, p. XXXIV). — *Qui parle ainsi ? Ce n'est* RIEN MOINS QUE *Cervantès* (F. BRUNETIÈRE, *L'Évol. des genres*, t. I, p. 70). — *À moi qui n'attendais d'eux* RIEN MOINS QUE *la révélation de la vérité* (M. PROUST, *Du côté de chez Swann*, I, p. 134). — *Il ne s'agit de* RIEN

MOINS QUE *d'organiser (...) un vaste soulèvement de la classe ouvrière* (R. MARTIN DU GARD, *Les Thibault*, VII, 3, p. 125). — *Ce pléonasme qui ne tend à* RIEN MOINS QU'*à dénaturer (...) l'enseignement évangélique* (L. BLOY, *Le Sang du Pauvre*, p. 68). — *Tu ne parles de* RIEN MOINS QUE *de mourir avant moi* (COLETTE, *La Maison de Claudine*, XXIV). — *Il ne s'agissait de* RIEN MOINS QUE *de savoir si son âme à lui (...) était immortelle ou mortelle* (Ch. PÉGUY, *Souvenirs*, p. 39). — *Il ne s'agissait de* RIEN MOINS QUE *de sauver la république* (M. BEDEL, *M. le Prof. Jubier*, p. 90). — *Il ne fallait* RIEN MOINS QUE *sept ou huit valets à cheval* (H. de RÉGNIER, *Le Bon Plaisir*, p. 127).

On le voit, les deux locutions *rien moins que, rien de moins que* se trouvent mélangées au point qu'il devient impossible de les discerner l'une de l'autre et que (par inadvertance) on prend parfois *rien de moins* au sens de « nullement » : *Cette sorte de mensonge en acte qui fait croire à tant de gens, et parfois à des chrétiens eux-mêmes, que le christianisme a partie liée avec des comportements sociaux qui ne sont* RIEN DE MOINS *que chrétiens* (J. MARITAIN, *Questions de conscience*, p. 175). C'est pourquoi, « pour éviter toute équivoque, dit l'Académie, il est bon de réserver l'emploi de *rien moins que* au sens négatif, où il se justifie mieux ; et dans le sens positif, il convient de l'éviter et de se servir de préférence de *rien de moins que*, qui s'explique parfaitement ».

Ajoutons que l'on peut aussi éviter l'équivoque en se servant, pour le sens positif, de *rien de moindre que* : *Je n'ai prétendu à* RIEN DE MOINDRE QU'*à donner une monographie de chaque mot* (LITTRÉ, *Préf.*, p. XXXVIII). — *Il ne fallait* RIEN DE MOINDRE QU'*un homme du nouveau monde* (A. HERMANT, *L'Aube ardente*, VIII). — On peut dire aussi *pas moins que* : *Ce pays d'ennui et de brouillard où il ne faut* PAS MOINS QUE *toutes les agitations de la vie sociale et les plus violents exercices pour faire oublier la monotonie d'un sol sans accident* (MICHELET, *Jeanne d'Arc*, p. 55). — *Il ne faut* PAS MOINS QU'*un miracle pour le convaincre* [Tarquin] *de la science des augures* (FUSTEL DE COULANGES, *La Cité antique*, IV, 3). — *À ses yeux* [de F. Coppée], *Huysmans et lui-même ne réalisent* PAS MOINS QU'*une « Renaissance chrétienne »!* (L. BLOY, *Mon Journal*, t. I, p. 104.) — *Voilà un raisonnement qui ne vous a l'air de rien et qui pourtant ne représente* PAS MOINS QU'*une révolution dans les manières de penser du monde des lettrés* (J. BAINVILLE, *Chroniques*, p. 214). — *Tout ce pour quoi il affrontait un voyage hasardeux (...), ce n'était* PAS MOINS QUE *le Pont des Arts !* (VERCORS, *La Marche à l'étoile*, p. 25.) — *Cela même il ne faut* PAS MOINS QUE *les plus subtils discours pour nous conduire à le penser* (ALAIN, *Entretiens au bord de la mer*, p. 63). — On trouve aussi *pas moins de* : *Il ne faudrait* PAS MOINS D'*un dieu, en effet, pour donner une réalité à des apparences* (G. BERNANOS, *Les Enfants humiliés*, p. 123).

On notera que *rien de moins que, rien moins que*, qui s'emploient habituellement dans des phrases négatives, se trouvent aussi dans des phrases positives : *M. de Manissart ferma assez rudement la bouche à M. de Chamissy quand ce dernier parla, en plein conseil, de* RIEN MOINS QUE *d'abandonner Dortmüde* (H. de RÉGNIER, *Le Bon Plaisir*, p. 161). — *Les premiers résultats furent cependant* RIEN MOINS QU'*encourageants* (R. DORGELÈS, *Partir...*, p. 250). — *J'étais* RIEN MOINS QUE *sûr de lui faire plaisir* (VERCORS, *Les Armes de la nuit*, p. 89). — *J'accours vous demander* RIEN MOINS QU'*un faux témoignage* (LA VARENDE, *Le Roi d'Écosse*, p. 223). — *Mme de Gondi le menaçait de* RIEN MOINS QUE *de « le charger devant Dieu de tout le bien qu'elle manquerait à faire, faute d'être aidée »* (DANIEL-ROPS, *L'Église des temps classiques*, t. I, p. 18). — *La conduite de Naundorff à la prison était* RIEN DE MOINS QUE *suspecte* (M. GARÇON, *Louis XVII*, p. 317). — *Il* [Roosevelt] *est* RIEN MOINS QUE *sûr de la rénovation de notre régime* (Gén. DE GAULLE, *Mém.*, t. II, p. 293).

A noter aussi que si le verbe est à un temps composé, l'intercalation du participe passé n'est possible qu'avec *rien de moins que : Il n'avait rien* FALLU *de moins que la ruine du pays* (J. ROSTAND, *Disc. de récept. à l'Ac. fr.*). — *On n'a rien* EXIGÉ *de moins qu'une capitulation.*

3. *Ne ... pas rien* est généralement condamné par les puristes et par les grammairiens [1]. Sans doute ce tour appartient surtout au langage familier (qui emploie couramment *ce n'est pas rien*)*,* mais on le trouve aussi chez plus d'un excellent écrivain. Dans cet assemblage, *rien* a la valeur moderne de « nulle chose », et le sens littéral est « non pas nulle chose », « quelque chose » :

Elle [la nature] *n'est pas tout, et nous ne sommes* PAS RIEN (F. BRUNETIÈRE, *L'Évol. de la poés. lyriq.*, t. II, p. 135). — *Cette indépendance ne me coûte* PAS RIEN (J. RENARD, *Journ.*, 31 janv. 1898). — *Les femmes ne font* PAS *toutes* RIEN (ID., *ib.*, 7 sept. 1907). — *Ils obéissent sans doute à la forme humaine de cet instinct qui a rendu possibles la fourmilière, la ruche. Ce n'est* PAS RIEN (R. MARTIN DU GARD, *Les Thibault*, VI, p. 225). — *Qu'un maître nous enseigne à colorer une préparation et à inoculer correctement un virus, vraiment, ce n'est* PAS RIEN (G. DUHAMEL, *Les Maîtres*, p. 301). — *Un suprême vestige d'amour, ce n'est* PAS RIEN (H. BREMOND, *Pour le Romantisme*, p. 231). — *Comme on le voit, ce n'était* PAS RIEN ! (J. et J. THARAUD, *Notre cher Péguy*, t. I, p. 205.) — *Le Président a exactement les pouvoirs et le rôle du Roi d'Angleterre ; ce n'est* PAS RIEN (A. MAUROIS, *Le Cercle de famille*, p. 281). — *On ne lui enviera pas* [à Th. Gautier] *le titre de premier rapin des lettres françaises ; ce n'est* PAS RIEN (A. THIBAUDET, *Hist. de la Litt. fr.*, p. 182). — *J'ai ceci, dit-elle, et ceci à revoir. Ce n'est* PAS RIEN (A. HERMANT, *Les Grands Bourgeois*, VI). — *Mais que ces peintures soient accomplies, ça n'est* PAS RIEN (CRITICUS, *Le Style au microscope*, t. II, p. 136). — *150, peut-être 200 francs de plus chaque mois (...), ce n'est* PAS RIEN (Fr. MAURIAC, *Le Sagouin*, p. 61).

4. *Rien que* forme une locution adverbiale servant à marquer fortement, soit l'exclusion de toute autre personne ou de toute autre chose que celle dont il s'agit, soit le peu d'importance ou de valeur, l'insignifiance de l'être ou de la chose dont il s'agit :

RIEN QUE *la mort n'était capable D'expier son forfait* (LA F., F., VII, 1). — *Mon sang bout* RIEN QU'*à songer au temps où, rêveuse bourrique, Grand diable de seize ans, j'étais en rhétorique !* (HUGO, *Cont.*, I, 13.) — *L'homme n'est* RIEN QU'*un jonc qui tremble au vent* (ID., *ib.*, IV, 15). — RIEN QUE *le silence répond* (M. BARRÈS, *L'Union sacrée*, p. 154). — *L'autre,* RIEN QU'*à voir le camarade, comprit qu'il y avait du bon tabac* (H. POURRAT, *Gaspard des Montagnes*, p. 219). — RIEN QUE *ce petit vol d'oiseaux faisait mieux ressortir notre solitude* (J. GIONO, *Les Vraies Richesses*, p. 161). — *Je veux le voir,* RIEN QU'*une minute.*

5. *Rien* employé adverbialement au sens de « très » pour renforcer un adjectif est de la langue vulgaire : *À la sortie de l'église, il lui dit : « Tu es* RIEN *chouette là-dedans* (P.-J. TOULET, *Béhanzigue*, p. 52).

Hist. — Jusque dans le XVIIe siècle, l'adjectif qualifiant *rien* pouvait le suivre,

---

1. Cf. Bélise à Martine : *O cervelle indocile ! (...) De « pas » mis avec « rien » tu fais la récidive, Et c'est, comme on t'a dit, trop d'une négative* (MOL., *F. sav.*, II, 6).

sans être précédé de la préposition *de : Je veulx (mon cher Morel) croire plus que jamais Que dessous ce grand Tout rien ferme ne se fonde* (Du BELLAY, *Regrets*, CXI). — *Il n'est rien si gentil que les petits enfans en France* (MONTAIGNE, I, 26 ; p. 198). — *Rien trop indigne de vous* (CORN., *Théod.*, IV, 5). — *Il n'est rien si commun qu'un nom à la latine* (MOL., *Fâch.*, III, 2). — *Il n'est rien tel que les Jésuites* (PASC., *Prov.*, 4).

A l'époque moderne, cela est exceptionnel : *Mais il n'est rien tel que ces doux et ces humbles pour aller droit et haut* (SAINTE-BEUVE, *Port-Roy.*, IV, VII).

c) Rien s'emploie comme nom masculin signifiant « ce qui est sans aucune valeur, ou de peu d'importance » ; il prend un *s* au pluriel : *Tout ce qui n'est pas corps leur paraît un* RIEN (Boss., *Conn.*, V, 6). — *J'admire quelquefois les* RIENS *que ma plume veut dire* (SÉV., t. II, p. 529). — *Il dit toutes sortes de* RIENS (G. DUHAMEL, *Civilisation*, p. 244).

Rien du tout, rien qui vaille, pris substantivement pour désigner une personne ou une chose sans valeur, sans importance, ne changent pas au pluriel [1] : *Les enfants en meurent quelquefois de ces petits* RIEN DU TOUT *qui leur manquent* (A. DAUDET, *L'Évangéliste*, p. 37). — *Des* RIEN QUI VAILLE. — Quand ces expressions servent à désigner une femme, elles sont du féminin : UNE *rien du tout,* UNE *rien qui vaille.* — *Il avait été réduit à permettre à* CETTE *rien du tout de l'empêcher de crever de faim !* (HUGO, *L'Homme qui rit*, II, 1, 10.)

La langue familière prend adverbialement *un rien* au sens de « un peu », « légèrement » : *Elle chante juste, une voix chaude,* UN RIEN *canaille* (R. MARTIN DU GARD, *Les Thibault*, III, 1, p. 67). — Elle emploie aussi *un rien de*, suivi d'un nom au sens de « très peu de » : *M. Lepeautre semblait éprouver à mon égard* UN RIEN DE *jalousie* (J. ROMAINS, *Violation de frontières*, p. 172).

593. Tel. Tout. — Pour ces mots employés comme nominaux, voyez §§ 460, B, et 457, B.

594. L'un ... l'autre.

a) L'un(e)... l'autre, l'un(e)... un(e) autre, les un(e)s ... les autres, les un(e)s ... d'autres marquent l'opposition entre les personnes ou les choses qu'ils désignent : L'UN *n'a-t-il pas sa barque et* L'AUTRE *sa charrue ?* (HUGO, *Ray. et Omb.*, XLII.) — LES UNS *veulent des maladies,* D'AUTRES *la mortalité,* D'AUTRES *la guerre,* D'AUTRES *la famine* (J.-J. ROUSSEAU, *Inégalité*). — *Deux mulets cheminaient,* L'UN *d'avoine chargé,* L'AUTRE *portant l'argent de la gabelle* (LA F., *F.*, I, 4).

Remarques. — 1. Le pronom *un* construit avec un complément partitif (ou de la totalité) peut être précédé de l'article élidé, mais le plus souvent il s'emploie sans cet article (sauf *de deux choses l'une, de deux jours l'un*, où

---

1. Il y a pourtant, dans l'usage, une certaine indécision : *Il n'est plus question (...) de rentrer dans nos foyers comme des pleutres ou des* RIENS QUI VAILLENT (J. SANDEAU, *La Roche aux mouettes*, XIII).

l'article est indispensable) : L'un *de nous*, ou un *de nous*. — Un *d'eux le trahit* (Boss., *Hist.*, II, 19). — L'un *d'eux parla*. — *Henri IV fut* l'un ou un *des plus grands rois de France* (Littré). — Un *des consuls tué, l'autre fuit vers Linterne* (Heredia, *Après Cannes*). — L'un *de nous eut l'idée de fixer au mur de plancher d'une baraque une tringle* (G. Duhamel, *La Pesée des âmes*, p. 209). — Un *des deux bois du cerf est effacé* (J. Benda, *Songe d'Éleuthère*, p. 29). — L'un *des uhlans avait allumé une cigarette* (H. Troyat, *Le Sac et la Cendre*, p. 605).

2. *Un(e)*, sans article et non suivi d'un complément de la totalité, peut s'employer pronominalement, non seulement avec *en* (§ 500, Rem.), mais aussi autrement : *On manquait de porteurs ; il s'en présenta* un (Littré). — *Je voyais décroître Les ombres que j'avais autour de moi debout ;* Une *de temps en temps tombait* (Hugo, *Lég.*, t. IV, p. 73). — *De quel royaume prétend-il être le roi ? D'*un *qui n'est pas de ce monde* (P. Bourget, *Au Service de l'ordre*, p. 271). — *Les orchidées tourmentées se penchent anxieusement vers Honoré ;* une *a l'air méchant* (M. Proust, *Les Plaisirs et les Jours*, p. 86).

3. *L'un* ne peut être employé adjectivement avec un nom le suivant immédiatement. On ne dira pas : L'une *main ne sait pas ce que l'autre donne. Passer de* l'un *pays dans l'autre.* Il faut dire, sans *l'* : Une *main ne sait pas... Passer d'*un *pays...* [1]

L'un et l'autre, l'un ou l'autre, l'un comme l'autre, ni l'un ni l'autre, de l'un à l'autre, etc. peuvent se construire avec un nom les suivant immédiatement (pour le nombre du nom, voir § 458, B, Rem. 2 et 3) : *Dans l'un et l'autre camp* (H. Bernstein, *Le Secret*, II, 7). — *L'un ou l'autre soldat* (H. Bordeaux, *La Revenante*, p. 8). — *Ni l'un ni l'autre escadron* (Michelet, *Jeanne d'Arc*, p. 46). — *De l'une à l'autre mer* (Hugo, *Lég.*, t. II, p. 349). — *Dans l'un comme dans l'autre poste* (P. Chantraine, dans *Vie et Langage*, déc. 1957, p. 530).

Hist. — *L'un* pouvait autrefois, et jusque dans le XVIe siècle, être employé adjectivement avec un nom le suivant immédiatement : *De* l'une *mer a l'altre mer* (Wace, *Brut*, 5313). — *Mout en y ot de noiez* [Il y en eut beaucoup de noyés] *en* l'un *fleuve et en l'autre* (Joinville, § 201). — *On povoit aller de* l'ung *costé à l'autre* (Commynes, t. II, p. 61). — *Le moyne se deffist de tout son arnoys et getta* l'une *pièce après l'autre parmy le champ* (Rabelais, *Garg.*, 42). — L'un *asne appelle l'autre roigneux* (*Proverbes franç.*, 1123, éd. Morawski). — *L'un membre sera perclus, l'autre en vigueur* (Montaigne, III, 6 ; p. 1018). — Dans l'usage moderne, cela est insolite : L'une *hypothèse est somme toute aussi invraisemblable, aussi invérifiable que l'autre* (M. Maeterlinck, *La Vie des Termites*, p. 212).

b) L'un, l'autre, coordonnés par une des conjonctions *et, ou, ni*, donnent les expressions pronominales *l'un et l'autre, l'un ou l'autre, ni l'un ni l'autre :* L'un et l'autre *approcha* (La F., *F.*, VII, 16). — L'un ou l'autre *fit-il une tragique fin ?* (Boil., *Sat.*, 7.) — Ni l'un ni l'autre *ne viendra* (Ac.).

---

1. Les Flamands se mettront en garde contre le tour qui vient d'être signalé, d'autant plus que, dans leur langage, ils disent, par exemple : De eene *hand weet niet wat de andere geeft. Van* het eene *land naar het andere overgaan.*

c) Les combinaisons nominales ou pronominales *l'un l'autre, les uns les autres, l'un à l'autre, l'un de l'autre,* etc. indiquent la réciprocité ; si l'on considère ces assemblages comme des propositions elliptiques, *l'un* est soit sujet, soit objet direct, *l'autre* est toujours complément. Ces combinaisons se trouvent avec un verbe (réfléchi ou non), avec un adjectif, avec un nom, rarement avec une préposition :

À Paris, on voit plus d'un fripon qui se dupent L'UN L'AUTRE (MARMONTEL, *Incas,* 45). — *Il se faut* L'UN L'AUTRE *secourir* (LA F., F., VI, 16). — *Jaloux* L'UN DE L'AUTRE — *La morale et le savoir ne sont pas nécessairement liés* L'UN À L'AUTRE (A. FRANCE, *Pierre Nozière,* p. 145). — *Nous devons parler des ouvrages* LES UNS DES AUTRES *avec beaucoup de circonspection* (MOL., *Critiq.,* 7). — *Comme deux rois amis, on voyait deux soleils Venir au-devant* L'UN DE L'AUTRE (HUGO, *Orient.,* I, 4). — *Tout nous irrite* L'UN CONTRE L'AUTRE (M. PRÉVOST, *Monsieur et Madame Moloch,* p. 179, cit. Sandfeld).

Remarques. — 1. *L'un ou l'autre,* employé pronominalement ou adjectivement, a, selon l'usage classique, le sens disjonctif :

Le moyen de choisir de deux grandes beautés, Égales en naissance et rares qualités ? Rejeter L'UNE OU L'AUTRE *est un crime effroyable* (MOL., *Mélic.,* I, 5). — *La nature et l'art sont deux choses, sans quoi* L'UNE OU L'AUTRE *n'existerait pas* (HUGO, *Préf. de Cromwell*). — *Florence se divisa en deux camps pour* L'UN OU L'AUTRE *rival* (R. ROLLAND, *Vie de Michel-Ange,* p. 48). — *Il me faut déserter* L'UN OU L'AUTRE *rivage* (M. JOUHANDEAU, *Essai sur moi-même,* p. 174).

Mais, dans l'usage moderne, on donne couramment à *l'un ou l'autre* le sens indéterminé de « tel ou tel », lui faisant désigner un ou plusieurs êtres, une ou plusieurs choses qu'on ne veut ou ne peut désigner précisément (tour fréquent chez H. Bordeaux) :

Je sais seulement par L'UN OU L'AUTRE *de ses camarades, qu'il fut mis à l'ordre du jour de l'armée au Tonkin* (H. BORDEAUX, *Sur le Rhin,* p. 116). — *L'imagination éveillée me proposait sans fin mille curiosités, sur* L'UN OU L'AUTRE, *sur telle chose, tel événement, tel mystère* (É. HENRIOT, *Le Livre de mon père,* p. 197). — *En levant la main, en allumant une lampe, en accomplissant* L'UN OU L'AUTRE *des rites de notre profession...* (G. DUHAMEL, *Paroles de médecin,* p. 194). — *Les soirs où la veille est assurée par* L'UN OU L'AUTRE *des services voisins* (ID., *La Pesée des âmes,* p. 79). — *En longeant* L'UN OU L'AUTRE *des cafés de Solissane, il jetait un coup d'œil à l'intérieur* (E. JALOUX, *Sous les Oliviers de Bohême,* p. 32). — *Un bon accident, un petit scandale, une mort (...) chez* L'UN OU L'AUTRE *de nos collègues, si nous sommes employés, c'est une diversion agréable* (P. LÉAUTAUD *Propos d'un jour,* pp. 125-6). — *De temps en temps,* L'UN OU L'AUTRE *attrape la mort, comme ça, au chevet des miséreux* (M. VAN DER MEERSCH, *Corps et Âmes,* t. I, p. 71). — *J'obtiendrai sans doute la firme de* L'UN OU L'AUTRE *pontife de la librairie bondieusarde* (L. BLOY, *Lett. à Léon Bellé,* 2 janv. 1908, dans le *Mercure de Fr.,* 1er juill. 1951, p. 442).

2. Pour l'accord de *l'un* dans les expressions pronominales où cet élément est combiné avec *l'autre,* il y a lieu de distinguer :

a) Si l'expression renvoie à deux noms féminins, *l'un* se met ordinairement au féminin : *Étudiez la cour et connaissez la ville ;* L'UNE *et l'autre est toujours en modèles fertile* (BOIL., *Art p.*, III). — *Ma mère et ma tante sont très aimables* L'UNE *pour l'autre.* — Parfois, quand il s'agit de choses, l'expression est prise neutralement et *l'un* reste invariable : *Ouvrages dramatiques où il y a reconnaissance ou péripétie, ou* L'UN *et l'autre* (AC., s. v. *implexe*). — *Le nombre n'est rien sans l'organisation et la volonté. Nous avons* L'UN *et l'autre* (Cl. VAUTEL, *Je suis un affreux bourgeois*, p. 269, cit. Sandfeld, I, p. 450).

b) Si l'expression renvoie à deux noms de genres différents, souvent *l'un* est invariable (il représente le nom masculin — ou bien l'expression est prise neutralement) : *Le prince lui jeta une assiette à la tête, l'autre lui jeta un couteau ; ni* L'UN *ni l'autre ne porta* (SÉV., *À Bussy-Rabutin*, 25 nov. 1655). — *C'est plus que de l'amitié et mieux que de l'amour !* — *Alors si c'est plus que* L'UN *et mieux que l'autre, ce n'est ni* L'UN *ni l'autre* (PAILLERON, *Le Monde où l'on s'ennuie*, III, 4, cit. Sandfeld). — [Il est] *proposé pour la croix et pour un grade supérieur. Il n'obtient ni* L'UN *ni l'autre* (H. BORDEAUX, *Le Carnet d'un stagiaire*, p. 14, cit. Sandfeld). — *Ah ! comme elle eût voulu qu'il la regardât (...) ! Mais ils s'étaient promis* L'UN *l'autre* [sic]*, lui de ne point le faire, elle de ne pas le désirer* (VERCORS, *Les Animaux dénaturés*, p. 240). — Mais on peut aussi représenter par *l'une* le nom féminin : *L'ancienneté ne saurait composer avec l'usage ; il faut que* L'UNE *ou l'autre ait le dernier mot* (A. HERMANT, *Xavier*, p. 25). — *L'entreprise et l'État (...) réagissent* L'UNE *sur l'autre* (A. SIEGFRIED, dans les *Annales*, avr. 1954, pp. 47-48). — *Flaubert a la poésie et l'humour. Bourget n'a ni* L'UNE *ni l'autre* (G. DUHAMEL, *Refuges de la lecture*, p. 194). — [Voir ci-dessus, *c*, la phrase d'A. France, et Rem. 1, la phrase de Hugo.]

c) Si l'expression renvoie à des adjectifs, à des verbes, à des propositions, elle a un sens neutre, et *l'un* reste invariable : *Est-elle sévère et juste ? Ni* L'UN *ni l'autre.* — *Ont-elles menti ? Ont-elles trahi ? Elles ont fait* L'UN *et l'autre.*

Hist. — Jusque dans le XVIIe siècle, *un* s'est employé comme nominal, sans article, avec le sens de « quelqu'un », devant une proposition relative : UN *qu'on menoit au gibet* (MONTAIGNE, I, 14 ; p. 71). — *Ma fantaisie me fait haïr un croasseur et* UN *qui souffle en mangeant* (PASC., *Pens.*, 86).

Cet emploi de *un*, nominal, n'est pas entièrement abandonné, mais il appartient surtout à la langue familière : *Il y avait même Le Hir l'idiot,* UN *de l'île de Sein,* (P. LOTI, *Mon Frère Yves*, XXV). — *Ce n'est pas la tête d'*UNE *qui se repent* (J. RENARD, *Journal*, 27 juill. 1908). — *Cette dernière protestation orgueilleuse et ironique d'*UN *qui rentre dans le rang* (J. SARMENT, *Jean Jacques de Nantes*, p. 228).

CHAPITRE V

LE VERBE

§ 1. — DÉFINITION

595. Le **verbe** *a* est un mot qui exprime, soit l'action faite ou subie par le sujet, soit l'existence ou l'état du sujet, soit l'union de l'attribut au sujet [1].

Dans *L'élève écrit*, le verbe *écrit* indique une action faite par le sujet *l'élève*. Dans *Ton empire sera divisé*, le verbe *sera divisé* indique une action qui sera subie par le sujet *ton empire*. Dans *Ce mur penche*, le verbe *penche* indique un état du sujet *ce mur*. Dans *Que la lumière soit*, le verbe *soit* indique l'existence du sujet *la lumière*. Dans *L'homme est mortel*, le verbe *est* unit l'attribut *mortel* au sujet *l'homme*.

On peut observer subsidiairement que le verbe indique parfois le passage à un état : *Il grandit, il pâlit* ; la manière d'être ou d'agir : *Cet enfant boude, il minaude ;* une production : *Le poêle fume, ce pommier fleurit.*

On observera aussi que le mot « action » doit, dans la définition du verbe, être entendu dans un sens très large et conventionnel. Dans *Ce bijou coûte mille francs ; il hérite d'une maison ; cette question vous concerne*, il n'y a, en réalité, aucune action. Dans *le mur reçoit un choc*, il n'y a pas action du mur, et pourtant le verbe (à *l'actif*) a la même physionomie grammaticale que si le mur agissait.

Remarque. — En tant qu'il unit l'attribut au sujet, le verbe est appelé *copule* *b*. Les verbes copules : *être, sembler, paraître, avoir l'air, passer pour, devenir, se faire, se rendre, rester, demeurer, s'affirmer (comme), se montrer, s'avérer,* etc. servent à marquer l'état, l'apparence, le devenir, la continuité, l'entrée dans un état, etc.

596. On nomme **locution verbale** une réunion de mots qui exprime une idée unique et joue le rôle d'un verbe.

---

1. Le verbe est parfois défini comme exprimant essentiellement un *procès* (du lat. *processus*, ce qui « s'avance », ce qui se passe, ce qui se déroule dans le temps) ; ce terme de *procès* désigne alors la notion générale synthétisant les notions particulières d'action, d'existence, d'état, de devenir, rapportées à un sujet. — On peut ajouter que le verbe est susceptible de conjugaison (ce qui le distingue de certains *noms*, exprimant eux aussi l'action : *Le* DÉPART *de mon ami*).

ÉTYM. — *a Verbe*, empr. du latin *verbum*, mot, parole. Le verbe est le *mot* par excellence, l'âme du discours.

b Copule, emprunté du latin *copula*, proprement « ce qui sert à attacher ».

Une locution verbale comprend toujours un *verbe*, auquel se joint :

1° Un nom, presque toujours employé sans article et parfois précédé d'une pré-position : *Avoir besoin, avoir coutume, avoir envie, avoir l'air, avoir peur, avoir raison, ajouter foi, aller à cheval, donner lieu, faire face, faire défaut, faire montre, prendre à témoin, prendre garde, prendre à partie, savoir gré, tenir tête*, etc.

2° Un adjectif : *Avoir beau, se faire fort*, etc.

3° Un autre verbe : *Faire savoir, faire prendre, faire croire*, etc.

Remarques. — 1. Les locutions *avoir facile, avoir difficile, avoir bon, avoir meilleur, avoir mauvais, avoir dur*, courantes en Belgique, sont incorrectes[1]. Au lieu de *J'ai facile à* (ou *d'*) *élever des poulets ; avoir difficile à* (ou *de*) *marcher*, etc., dites : *Il m'est (...) facile d'élever des poulets* (LA F., F., VII, 10) *; j'élève facilement des poulets ;* — *éprouver de la difficulté à marcher* (Ac.) *; avoir de la difficulté, trouver de la difficulté à faire une chose* (ID.) *; marcher difficilement ; il m'est difficile de marcher.* — Au lieu de *J'ai bon de l'entendre rire ; j'ai bon ici près du feu*, dites, par exemple : *J'ai du plaisir à l'entendre rire ; je suis bien ici près du feu.* — Au lieu de *Il a dur de plier ; il a eu dur de* (ou *pour*) *terminer ses études ; on a dur (de) vivre aujourd'hui*, dites : *Il lui est dur de plier ; il a eu bien de la peine à terminer ses études ; il a fait de pénibles efforts pour terminer ses études ; il fait cher vivre aujourd'hui ; la vie est bien difficile aujourd'hui.*

2. *Faire long feu*, au propre, se dit (mais rarement aujourd'hui) d'une arme « dont le coup est lent à partir » (Littré), « dont l'amorce brûle sans que le coup parte »

---

1. Cette construction de *avoir* avec un adjectif est tenue pour lorraine par Brunot (*Hist. de la L. fr.*, t. X, p. 299). — On lit chez Duhamel : *Ne prononcez pas votre nom. J'*AURAI *plus* FACILE *à juger si je ne sais pas votre nom* (*Cécile parmi nous*, p. 252). Duhamel met cette phrase dans la bouche de l'abbé Scholaert, qui a passé son enfance dans la Flandre française. A noter que le tour en question s'entend parfois en France, ailleurs encore que dans le Nord. Cf. cette phrase d'une copine de music-hall : *Alors il* A EU FACILE *de me reprendre les bibelots* (COLETTE, *Chambre d'hôtel*, p. 63) — et cette réflexion d'Aragon : *On* A *trop* FACILE *à croire que dans le surréalisme le fond et la forme sont indifférents* (*Traité du style*, pp. 189-190, cit. Damourette-Pichon, § 1128). — Deharveng (*Corrig.-nous !* t. II, pp. 36-37) cite cette phrase de Lenôtre : *Les médecins* ONT BIEN FACILE, et celle-ci (tour semblable), de Veuillot : *On* A *plus* AISÉ *de deviner.* — Cf. : *Saint Gorgon ne l'*A *pas* EU *si* AISÉ (BOSS., *Panég. de saint Gorgon*, 2ᵉ p., cit. J. HANSE, *Dict. des diffic. gramm. et lexicol.*, p. 127). — *Le général* A *plus* COURT *de céder* (SAINT-SIMON, dans Littré, s. v. *court*, 7°). — *Il* A *plus* COURT *d'agir ainsi* (DICT. GÉN.). — *Si je voulais continuer à le voir, j'*AURAIS *plus* COURT *de rester à Paris* (A. DUMAS f., *Le Demi-monde*, IV, 1). — *Mais il* AVAIT MAUVAIS *marcher sur ces pentes de pierre* (H. POURRAT, *Le Pavillon des Amourettes*, p. 280, cit. Damourette-Pichon, § 1129). — Cf. liégeois : *Vos-avez âhèye viker* [litt. : vous avez aisé vivre] ; *dj'a mâlâhèye dè roter* [litt. : j'ai malaisé de marcher] ; *il èst malade d'avu trop bon* [litt. : il est malade d'avoir trop bon] ; *il a deûr dè ployî* [litt. : il a dur de plier] ; *on-z-a deûr (dè) viker oûy* [litt. : on a dur (de) vivre aujourd'hui] (J. HAUST, *Dict. liég.*). — Notons encore qu'on entend parfois dans la langue parlée et qu'on rencontre, mais exceptionnellement, dans la langue écrite, *avoir belle de* (ou : *à*) + inf. (= être dans une situation favorable pour, trouver des circonstances favorables pour) : *Les nationalistes* ONT BELLE *de dire qu'ils restent fidèles à leurs refus d'approuver le plan Young et d'affamer le peuple allemand* (J. BAINVILLE, dans l'*Action française*, 21 juill. 1930, cit. Damourette-Pichon).

(Dict. gén.), « dont le coup est lent à partir et n'atteint pas le but » (Ac.) — donc, d'une arme dont le coup *traîne* ou *manque son effet : Il paraît, dit le Pédant, que les arquebuses de ces messieurs* ONT FAIT LONG FEU *à cause de l'humidité de la nuit* (Th. GAUTIER, *Le Capit. Fracasse,* IV). — *Mais l'amorce était mouillée, le fusil* FIT LONG FEU (H. POURRAT, *La Tour du levant,* p. 280). — Au figuré, cette locution signifie : 1° « traîner en longueur » (idée de longue durée) : *La querelle* FIT LONG FEU, *le bruit en alla jusqu'à la Cour et l'Empereur voulut savoir l'affaire* (M. AYMÉ, *La Jument verte,* p. 11). — *Je saisis la bête par le cou vivement. Oui, par le cou, et, ceci, par le plus grand des hasards. Un petit miracle en somme et qui devait* FAIRE LONG FEU *dans les saints propos de la famille* (H. BAZIN, *Vipère au poing,* I) ; — 2° le plus souvent : « rater, échouer » : *Les « Lieder » envoyés de côté et d'autre semblèrent* AVOIR FAIT LONG FEU : *personne n'en parla* (R. ROLLAND, *Jean-Chr.,* t. IV, pp. 197-198). — *C'est* [le défaitisme] *l'état d'âme des gens (...) qui sont d'avance persuadés que tout ce qu'ils entreprendront* FERA LONG FEU (A. HERMANT, *Ainsi parla Monsieur Lancelot,* p. 98). — *Une tentative d'insurrection nationaliste marocaine (...) vient d'échouer, semble-t-il ;* A FAIT LONG FEU (A. GIDE, *Journ.* 1942-1949, p. 203). — *On n'a guère d'attention de nos jours que pour les explosifs et les écrits tempérés* FONT LONG FEU (ID., *Feuillets d'automne,* p. 222). — *Et qu'on ne nous sorte pas, de grâce, Mozart et Rimbaud* [à propos de Minou Drouet]. *Ce pétard* A *déjà* FAIT LONG FEU (J. COCTEAU, dans le *Figaro,* 22 févr. 1956). — Ainsi *ne pas faire long feu,* logiquement pourrait signifier soit « ne pas traîner en longueur », soit « ne pas rater » (= réussir) — mais l'usage a écarté cette dernière signification et n'a retenu que celle de « ne pas traîner en longueur, ne pas durer » : *Ils insinuaient qu'un garçon aussi faraud que celui-là* NE FAIT JAMAIS LONG FEU *au parti* (Fr. MAURIAC, *Journ.,* t. V, p. 17). — *Il laissait trop voir son amitié pour les malades. (...) Il* NE FIT PAS LONG FEU. *On l'envoya éprouver sa tendresse de cœur quelque part vers la frontière de son pays* (L. MARTIN-CHAUFFIER, *L'Homme et la Bête,* p. 213). — *Je vois d'ici que nous* NE FERONS PAS LONG FEU *dans cette maison* (G. MARCEL, *La Chapelle ardente,* I, 3). — *Les autres sans se douter que le grand-père les entendait parfois, se disaient tout haut qu'il* NE FERAIT PLUS LONG FEU (H. QUEFFÉLEC, *Un Recteur de l'île de Sein,* pp. 190-191).

3. *Faire montre de,* c'est proprement « montrer avec une sorte d'étalage, faire parade de » ; le sens est assez souvent péjoratif : FAIRE MONTRE DE *son esprit* (Ac.). — *Je ne pense pas qu'on puisse donner une idée plus juste de l'ostentation qu'en disant que c'est dans l'homme une passion de* FAIRE MONTRE D'*un bien ou des avantages qu'il n'a pas* (LA BR., *Car. de Théophr.,* XXIII). — *Le père Léonard aimait à* FAIRE MONTRE DE *sa richesse* (G. SAND, *La Mare au d.,* p. 109). — *Sa laideur lui plaît : il* EN FAIT MONTRE (A. SUARÈS, *Vues sur l'Europe,* p. 101). — *Il ne* FAIT *pas* MONTRE DE *ses prérogatives, il ne se tient pas sur un trône* (G. DUHAMEL, *La Musique consolatrice,* p. 177). — Dans l'usage moderne, cette locution tend à ne signifier rien de plus que « montrer, faire preuve de » : *Je souhaiterais (...) que nous* FASSIONS MONTRE D'*autant de prévisions que les circonstances l'exigent* (Fr. MAURIAC, *Journal* 1932-1939, p. 408, éd. La Table ronde). — *Aussi voit-on maint pauvre curé de paroisse* FAIRE MONTRE D'*un savoir bien supérieur aux besoins journaliers de ses ouailles* (A. BILLY, *Introïbo,* p. 83). — *Cette rencontre eut pour effet, me sembla-t-il, d'augmenter la nervosité* DONT *Creary* FAISAIT MONTRE *depuis un jour ou deux* (Éd. PEISSON, *L'Aigle de mer,* p. 248). — *Elle* [Mme de la Fayette] *y* FAIT *déjà* MONTRE [dans un récit] DE *ces dons rares d'analyse et d'observation qu'elle devait déployer plus tard dans la « Princesse de Clèves »* (Comte d'HAUSSONVILLE, *Mme de la Fayette,* p. 146). — *Parfois cependant mes parents* FAISAIENT MONTRE D'*un certain accord* (A. PERRIN, *Le Père,* p. 110). — *L'avo-*

cat John Smith plaide pendant plusieurs heures et FAIT MONTRE D'*une éloquence si persuasive que Cotton s'en tire avec une condamnation à deux ans de prison avec sursis* (G. MARCEL, dans les *Nouv. litt.*, 4 févr. 1960).

§ 2. — ESPÈCES DE VERBES

597. D'après leur nature, les verbes se divisent en verbes *transitifs* et verbes *intransitifs*. — Dans l'une et dans l'autre catégorie se rencontrent les verbes de forme *pronominale ;* dans la catégorie des intransitifs, on rencontre les verbes de forme *impersonnelle*.

Les grammairiens logiciens (Lancelot, Arnauld, Condillac, etc.) au XVIIᵉ et au XVIIIᵉ siècle, ont imposé la division des verbes en verbe *substantif (être)* et verbes *attributifs* (c.-à-d. contenant l'attribut combiné avec *être : L'élève* ÉCRIT = *l'élève* EST ÉCRIVANT). — Cette conception est ruinée [1] par la linguistique d'abord, dont les enseignements font voir qu'*être* est probablement, dans l'évolution historique du langage, le dernier venu des verbes ; — par la psychologie ensuite qui, en étudiant le processus de la pensée, découvre non seulement des phrases *d'état (L'élève est actif)* énonçant par un « jugement » que l'attribut convient ou ne convient pas au sujet, mais encore des phrases *d'action*, sans attribut *(L'élève écrit ; il étudie)*.

I. — *VERBES TRANSITIFS, VERBES INTRANSITIFS*

598. Les verbes **transitifs** [a], appelés parfois *objectifs*, sont ceux qui expriment une action sortant du sujet et *passant* sur un objet. Ce verbes appellent, en principe, un complément *d'objet*, désignant l'être qui est le terme de l'action ou l'objet auquel l'action tend.

Tantôt le verbe marque *directement*, c'est-à-dire sans le secours d'aucune préposition, le passage de l'action sur un objet : le verbe est dit alors *transitif* **direct** *: Je* PRENDS *ce livre.* J'HONORE *mes parents*. — Tantôt il marque ce passage *indirectement*, par le moyen d'une préposition : le verbe est dit alors *transitif* **indirect** [2] *: Cet enfant* OBÉIT À *son père. Tu* NUIS À *ta santé. Il* USE DE *son droit.*

---

1. Cf. G. et R. LE BIDOIS, *Synt.*, t. I, pp. 376 sq. ; — F. BRUNOT, *La P. et la L.*, p. 10.
2. La plupart des grammairiens d'aujourd'hui ont abandonné la tradition qui appelait *transitifs* les verbes qui ont un complément d'objet direct, et *intransitifs*, aussi bien les verbes qui font passer l'action indirectement sur un objet, que ceux qui ne la font passer sur aucun objet. — Voici le tableau de concordance :

DÉNOMINATION TRADITIONNELLE	DÉNOMINATION NOUVELLE
Verbes transitifs	Verbes transitifs directs
Verbes intransitifs	{ Verbes transitifs indirects { Verbes intransitifs

ÉTYM. — [a] *Transitif*, empr. du lat. *transitivus*, qui passe d'un lieu à un autre, de *trans*, au-delà, et *ire*, aller.

L'objet répondant à une des questions *à qui ? à quoi ?* peut être un pronom personnel non introduit par une préposition : *me, te, se,* avant le verbe, — *moi, toi,* après un impératif, — *nous vous, lui, leur,* avant ou après le verbe ; le verbe est cependant transitif *indirect,* parce que ce pronom correspond à un nom introduit par *à : On* ME *nuit = on nuit à ma personne. Ces gens, on* LEUR *nuit = on nuit à ces gens.*

599. Les verbes **intransitifs,** appelés parfois *subjectifs,* sont ceux qui expriment une action limitée au sujet et ne passant sur aucun objet ; cette action se suffit à elle-même : *Il* DORT. *Il* ARRIVE. *Sa réputation* DÉCHOIT. *La neige* TOMBE.

Remarques. — 1. Parfois le complément d'objet est si nettement indiqué par les circonstances qu'il devient inutile de l'exprimer ; le verbe n'est pas pour cela intransitif ; il reste transitif, mais il est employé d'une façon absolue : *Le tribunal* PRONONCE. *Cet homme* BOIT. *On* PORTE *à domicile. C'est à vous à* COUPER [les cartes]. *Cet enfant n'*OBÉIT *pas.*

2. Il y a des verbes transitifs doubles, qui ont un double objet : *Il enseigne la* GRAMMAIRE *aux* ENFANTS. *On livre le* CONDAMNÉ *au* BOURREAU.

3. Il n'existe pas de limites absolues entre les verbes transitifs et les verbes intransitifs : la plupart des verbes intransitifs (sauf les verbes d'état), peuvent en changeant ou non de signification, s'employer comme transitifs et recevoir un complément d'objet : l'action exprimée est alors pensée comme transitive :

INTRANSITIFS	TRANSITIFS
Le temps *passe.*	*Passer* les déserts.
Il aspire à *descendre.*	*Descendre* une malle du grenier.
Pleurez, mes yeux.	*Pleurer* quelqu'un.
Laissez-moi *réfléchir* un instant.	*Réfléchir* la lumière du soleil.
La mer *écume.*	*Écumer* la soupe.

4. Un certain nombre de verbes transitifs peuvent, en changeant plus ou moins de sens, s'employer tantôt comme transitifs directs, tantôt comme transitifs indirects : c'est qu'en effet il y a, entre ces deux catégories, une simple différence de construction, non une différence de nature.

TRANSITIFS DIRECTS	TRANSITIFS INDIRECTS
Dieu vous *aide !*	*Aider* à la nature.
Il *prétend* qu'on le trompe.	*Prétendre* aux honneurs.
Insulter quelqu'un.	*Insulter* à la misère de quelqu'un.
Manquer le but.	*Manquer* à sa parole.
Commander le feu.	*Commander* à ses passions.

N. B. — *a)* Des grammairiens ont voulu établir une distinction entre *aider qqn* et *aider à qqn* (l'Académie, par exemple, dit qu'*aider à qqn* marque une aide momentanée et le plus souvent des efforts physiques) ; ni cette distinction ni certaines autres semblables, suivant lesquelles *aider qqn* désignerait une aide morale, et *aider à qqn,* une aide matérielle, n'ont de fondement véritable dans l'usage. Ce qu'il faut observer, c'est que le tour *aider à qqn,* surtout avec *à* et un infinitif, était très fréquent à l'époque classique : *Pour* AIDER À *mon frère à vous persécuter* (CORN., *Nicom.,* I, 1). — *Sa femme*

LUI AIDA *fort en cela* (SAINT-SIMON, *Mém.*, t. III, p. 203). — *Aucun n'*AIDE AUX *chevaux à se tirer d'affaire* (LA F., *F.*, VII, 9). — *Ils* LUI AIDAIENT *à tromper le roi* (FÉNELON, *Tél.*, t. I, p. 135). — Selon l'Académie, on dit encore : AIDEZ-LUI *à soulever ce fardeau.* Le tour est vieilli : *Si la foi, pour absurde soit-elle, sert un grand homme ou même un homme de talent, si elle* LUI AIDE *à vivre...* (A. SUARÈS, *Sur la vie*, t. I, p. 79). — *Christine* LUI AIDA *beaucoup à maintenir ces nouvelles conventions de sérénité et de silence* (J. MALÈGUE, *Augustin*, t I, p. 111). — *Le marquis* LUI AVAIT AIDÉ *à remonter* (LA VARENDE, *Le Centaure de Dieu*, p. 31).

b) Prendre, servant à marquer les premières atteintes d'une maladie, les premiers mouvements d'un sentiment, d'une passion, etc., s'emploie comme transitif direct ou comme transitif indirect : *La faim* LE PRIT (LA F., *F.*, VII, 4). — *L'accès* LE PRIT *à telle heure* (Ac.). — *La frayeur, la colère, l'ennui, l'enthousiasme, etc.,* LE PRIT (ID.). — *Qu'est-ce qui* LES PREND ? (H. TROYAT, *Tant que la terre durera...*, p. 585.) — *La fièvre, la goutte* LUI A PRIS (Ac.). — *Cette délicatesse* LUI PRIT *un matin* (MARMONTEL, dans Littré). — Selon Littré (s. v. *prendre*, Rem. 3), *L'idée* LES *a pris d'aller à la campagne* n'est pas bon ; il faut dire : *L'idée* LEUR *a pris d'aller à la campagne.* — *La fantaisie* LEUR *a pris d'aller à Genève* (SÉV., 25 déc. 1675). — Le tour impersonnel n'admet que la construction indirecte : *Il* LUI *prit un étouffement* (MARIVAUX, *Marianne*, X).

5. Certains verbes intransitifs s'emploient parfois comme les verbes transitifs avec un objet direct exprimant l'idée nominale contenue dans la radical du verbe ou une idée analogue à celle de ce radical[1] ; cet objet direct est toujours accompagné d'une épithète ou d'un déterminatif : VIVRE *sa* VIE[2]. JOUER *gros* JEU. — DORMEZ *votre* SOMMEIL, *riches de la terre* (BOSS., *Le Tellier*). — *Quel* RÊVE, *grand Dieu, je* RÊVAI ! (LAMART., *Harm.*, Gethsémani.) — *Bien !* AIMEZ *vos* AMOURS *et* GUERROYEZ *vos* GUERRES ! (HUGO, *Odes*, II, 10.) — *Quand nous aurons* TREMBLÉ *nos derniers* TREMBLEMENTS (Ch. PÉGUY, *Les Tapisseries*, p. 179). — *Faut-il* MOURIR *une* MORT *qui n'est plus utile à personne ?* (Th. MAULNIER, *Jeanne et les juges*, 7.)

Par une construction analogue, on dit parfois : *trembler la fièvre* (tour populaire, selon l'Académie), *trembler le frisson, grelotter la fièvre, brûler la fièvre* : TREMBLER *la* FIÈVRE (LITTRÉ). — *Je les laisse* TREMBLER *leurs* FIÈVRES (HUGO, *Châtim.*, VI, 6). — *Seigneur évêque, répliqua Modernus, qui dans sa robe de chambre* GRELOTTAIT *la* FIÈVRE... (A. FRANCE, *Les Sept Femmes de la Barbe-bleue*, p. 82).

6. Dans les propositions incises, les expressions *dit-il, répondit-il*, etc. sont souvent remplacées par des verbes transitifs ou même intransitifs à la signification desquels vient se superposer l'idée de « dire »[3] :

---

1. Comparez l'accusatif complément interne des Grecs et des Latins : ἥδομαι μεγίστας ἡδονάς ; *vitam jucundam vivere.*

2. Comparez : *Je vais partout* BÂILLANT *ma* VIE (CHATEAUBR., *Mém.*, I, 8, 7).

3. Cet emploi ne saurait se justifier que si le sens du verbe se prête naturellement à la superposition de l'idée de « dire ». On n'admettra pas, par exemple : *C'est affreux, pâlit-il, s'enfuit-il, tomba-t-il*, etc. — Les exemples suivants ne semblent pas bons à imiter : *Monsieur, m'aborda-t-il cérémonieusement...* (H. BORDEAUX, *Le Pays sans ombre*, p. 294). — *Ah !... s'apaisa-t-elle tout à coup* (A. de CHÂTEAUBRIANT, *M. des*

Cérès, COMMENÇA-*t-il, faisait voyage un jour* (LA F., *F.,* VIII, 4).—*Si, si,* SOUPIRA-*t-elle* (A. THÉRIVE, *Sans âme,* p. 31). — *Hein ?* S'ÉTONNA *Vasco* (Cl. FARRÈRE, *Le Chef,* p. 16). — *Ma foi non, ma petite,* MENT-*il* (A. GIDE, *Les Caves du Vatican,* p. 27). — *Alors,* INSISTÈRENT *les disciples...* (J. et J. THARAUD, *Le Passant d'Éthiopie,* p. 8). — *O petite Cargèse, la* REMERCIAI-*je* (Ch. MAURRAS, *Anthinéa,* p. 126). — *Qu'est-ce que cela veut dire ?* S'INTERROGENT *les trois vieilles amies* (R. BOYLESVE, *Mlle Cloque,* IV). — *Je ne vous crois pas,* S'EMPORTA *enfin la femme* (R. DORGELÈS, *Saint Magloire,* p. 297). — *Paris est odieux,* MAUGRÉE-*t-il* (G. DUHAMEL, *Cécile parmi nous,* p. 139).

7. **Consentir** pouvait autrefois recevoir un complément d'objet direct : *Le consentiras-tu cet effort ?* (CORN., *Rodogune,* III, 3.) — Cette construction s'est maintenue dans la langue du palais ou de la diplomatie : *Consentir une vente. — Consentir un traité* (AC.).

Consentir quelque chose, en dehors de la langue du droit ou de la diplomatie, se rencontre parfois encore chez les écrivains modernes : *Elle ne les comprend ni ne les consent* [ses souffrances] (A. FRANCE, *L'Orme du Mail,* p. 219). — *Consentir une explication* (M. PRÉVOST, *Mon cher Tommy,* p. 208). — *N'ayant consenti qu'une sorte d'exercice d'assouplissement* (R. BOYLESVE, *Souvenirs du jardin détruit,* p. 19). — *Ces salaires (...) que les autres ne pouvaient consentir* (A. MAUROIS, *Bernard Quesnay,* p. 117). — *Il en consentira le prix* (A. GIDE, *Feuillets d'automne,* p. 96). — *Nous sommes tous à consentir des sacrifices* (G. DUHAMEL, *Tribulations de l'espérance,* p. 143).

Consentir est transitif direct quand il signifie « reconnaître (unanimement) comme vrai » : *Vérité consentie par tout le monde* (DICT. GÉN.).

8. **Déblatérer** (lat. *deblaterare,* criailler) n'admet pas d'objet direct et appelle la préposition *contre* (parfois *sur*) :

On DÉBLATÉRAIT CONTRE *la noblesse* (CHAT., *Mém.,* I, 4, 14). — *Mme Vermut (...) qui* DÉBLATÉRAIT CONTRE *son mari* (BALZAC, *Les Paysans,* p. 329). — *Frédéric se soulageait en* DÉBLATÉRANT CONTRE *le pouvoir* (FLAUB., *Éduc. sent.,* t. II, p. 54). — *Et il commença à* DÉBLATÉRER CONTRE *le directeur* (A. DAUDET, *Jack,* t. I, p. 332). — *En* DÉBLATÉRANT CONTRE *ses rivaux* (R. ROLLAND, *Jean-Chr.,* t. I, p. 69). — *Le routier un peu fou qui* DÉBLATÈRE CONTRE *sa famille* (Fr. JAMMES, *Solitude peuplée,* p. 128). — *Il* A DÉBLATÉRÉ SUR *l'impôt, sur les pauvres* (HUGO, *L'Homme qui rit,* II, 6, 1).

Ne dites pas : *déblatérer quelqu'un. —* Le *Larousse du XXᵉ siècle* donne *déblatérer des sottises ;* mais le tour *déblatérer qq. ch.* [le débiter, le dire avec quelque violence] n'est pas appuyé par l'usage des auteurs.

9. **Débuter** est intransitif : *Le poème* DÉBUTE *par une invocation à la Muse* (AC.). — DÉBUTER *dans une carrière* (ID.). — *Un comédien qui débute* (ID.).

Un certain usage, très incorrect, construit *débuter* (comme le synonyme

Lourdines, p. 81). — *Du secours ! sursauta la visiteuse* (A. BILLY, *Princesse folle,* p. 147). — « *Niera-t-on qu'il soit chasseur ?* » *se fût alors retourné notre homme, discernant dans un coin un fusil et une gibecière* (MONTHERLANT, *Les Célibataires,* p. 19). — *On se moque de nous, tremblent-ils* (H. BREMOND, *La Poésie pure,* p. 86). — *Pardon ! s'étrangla le bonhomme* (R. DORGELÈS, *Tout est à vendre,* p. 14). — *Je voudrais bien la permission de minuit, — sourit-il* (LA VARENDE, *Le Roi d'Écosse,* p. 70).

commencer) avec un objet direct. Ne dites pas : *On débute le programme par ...*
Nous débutons l'émission par ...

10. *Équivaloir* construit avec *à* le second terme de l'équivalence qu'il exprime : *En musique une blanche* ÉQUIVAUT À *deux noires* (Ac.). — *Cette réponse* ÉQUIVAUT À *un refus* (ID.).

La construction *ceci équivaut cela*, venue par l'analogie de *ceci vaut cela*, est incorrecte, et Criticus s'est écarté du bon usage quand il a écrit : *Une simple mention de lui équivaut son pesant d'or* (*Le Style au microscope*, t. IV, p. 195).

11. *Éviter quelque chose à quelqu'un* (au sens de *épargner qq. ch. à qqn*[1]). Littré fait observer que ce tour se trouve dans de bons auteurs (Saint-Simon, Marivaux, Buffon, Marmontel[2]) ; néanmoins « il ne paraît pas, ajoute-t-il, qu'*éviter* puisse avoir un régime indirect ». Le Dictionnaire général signale : « Abusivement : *éviter qq. ch. à qqn* ». L'Académie ignore le tour en question. Il n'est pas douteux que ce tour ne soit pleinement reçu par le bon usage :

M. Quilliet nous a évité de grands embarras (STENDHAL, *Corr.*, t. VII, p. 292). — *Une pente assez roide, au bas de laquelle quelques chaumines s'étaient accroupies, comme pour s'éviter la peine de la monter* (Th. GAUTIER, *Le Capit. Fracasse*, XV). — *Vous m'éviterez une course* (FLAUBERT, *Corr.*, t. IV, p. 214). — *Un nom (...) que Romain lui évita la peine de prononcer* (A. DAUDET, *L'Évangéliste*, p. 302). — *La douceur des mœurs nous évite le danger* (H. TAINE, *Voy. aux Pyrénées*, p. 76). — *Et cela vous évite Des ennuis* (E. ROSTAND, *L'Aiglon*, I, 13). — *Il avait évité à celui-ci bien des ennuis à la caserne* (J. et J. THARAUD, *Notre cher Péguy*, t. I, p. 112). — *Il avait voulu éviter à sa vieille mère les fatigues d'une longue station* (A. FRANCE, *Les Dieux ont soif*, p. 77). — *Pour s'éviter des tracas* (M. BARRÈS, *Les Déracinés*, p. 415). — *On pourra seulement lui éviter un peu la souffrance* (P. LOTI, *Le Liv. de la pitié et de la mort*, p. 159). — *Pour lui éviter un malheur* (M. PROUST, *Le Temps retrouvé*, I, p. 215). — *Mlle Cloque lui évita cette peine* (R. BOYLESVE, *Mlle Cloque*, V). — *Pour s'éviter le mal de la gouverner* (J. ROMAINS, *Lucienne*, p. 172). — *J'espérais vous éviter cette course* (R. MARTIN DU GARD, *Jean Barois*, p. 475). — *Pour éviter à la fleur le contact de la terre légère* (COLETTE, *Le Fanal bleu*, p. 153). — *Pour (...) lui éviter bien des misères* (É. HENRIOT, *Les Temps innocents*, p. 33). — *Cela m'éviterait beaucoup de souffrances* (A. MAUROIS, *Meïpe*, p. 181). — *Cette peine qu'il prenait d'éviter au patient toute souffrance inutile* (G. DUHAMEL, *La Pesée des âmes*, p. 272). — *Je t'éviterai le moindre faux pas* (Fr. MAURIAC, *Le Feu sur la terre*, p. 66). — *L'habitude nous évite cette dépense* (DANIEL-ROPS, *Vouloir*, p. 79). — *Vous leur éviterez de nouveaux ennuis* (A. CAMUS, *Les Justes*, p. 136).

12. *Hériter* construit avec *de* le complément de la personne : *Il a hérité* DE *son oncle* (AC.).

---

1. On disait aussi, à l'époque classique : *sauver qq. ch. à qqn* : *Sauvez-moi cette honte* (CORN., *Théod.*, III, 5). — *Il leur sauve la peine d'amasser de l'argent* (LA BR., V, 13). — L'Académie donne encore cet exemple : *Cela lui a sauvé beaucoup de dépense*, mais elle fait observer que le tour est vieux.

2. Le tour est déjà chez le continuateur anonyme (1663) du *Roman comique* de Scarron, III, 6 (cf. *Romanciers du XVIIe s.*, éd. de la Pléiade, p. 824).

Quand *hériter* n'a que le complément de la chose, il admet les deux constructions *hériter de qq. ch.* et *hériter qq. ch.* :

a) De *votre injuste haine il n'a pas hérité* (Rac., *Phèd.*, V, 3). — *Christian a hérité* du *caractère de fer de son aïeul paternel* (Chateaubr., *Mém.*, III, 11, 9, 15). — *Créon (...) a hérité* de *la violence,* des *soupçons déraisonnables et impétueux d'Œdipe* (A. Bellessort, *Athènes et son théâtre*, p. 181). — *Moi qui connaissais sa pudeur et qui* en *avais hérité* (A. Maurois, *Climats*, p. 60). — *Émilie n'a pas hérité* de *votre prudence* (Fr. Mauriac, *Passage du Malin*, p. 104). — *Nous avons hérité* des *croyances d'un autre siècle* (A. Chamson, *Héritages*, p. 125). — *Il a hérité* d'*une maison* (Ac.).

b) Il est naturel que tu aies hérité leurs mœurs et leurs inclinations (A. France, *L'Anneau d'améthyste*, p. 179). — *Cet enfièvrement que Pascal hérita* (M. Barrès, *Les Maîtres*, p. 79). — *Si Édouard III avait hérité la couronne de France* (A. Hermant, *Ainsi parla M. Lancelot*, p. 55). — *Pour hériter la dot* (A. Thérive, *La Revanche*, p. 88). — *Certains besoins mystiques qu'ils ont hérités* (R. Martin du Gard, *Jean Barois*, p. 152). — *Le secret, c'est moi qui l'hérite* (A. Gide, *Les Caves du Vatican*, p. 250). — *Le dénonciateur héritant les biens de sa victime* (É. Henriot, *Les Fils de la Louve*, p. 133). — *Nous avons hérité ce caractère* (A. Arnoux, *Poésie du hasard*, p. 203). — *Il hérita aussi un esprit séditieux* (J. Chardonne, *Romanesques*, p. 7).

Quand *hériter* a à la fois le complément de la personne et celui de la chose, on dit : *hériter qq. ch. de qqn* :

Il avait hérité de son père, avec d'immenses richesses, l'amour des lettres et de la philosophie (A. France, *Sur la pierre blanche*, p. 29). — *À sa mère il doit le goût des lettres qu'elle avait hérité de sa propre mère* (A. Maurois, *Chateaubr.*, p. 55). — *Il avait hérité de l'oncle Paul ses amitiés et ses dégoûts* (É. Henriot, *Aricie Brun*, III, 1). — *Les terres qu'il avait héritées de M. Henriot* (M. Arland, *L'Ordre*, t. III, p. 144). — *La maison de campagne qu'il avait héritée de ses parents* (H. Bordeaux, *Le Remorqueur*, XIX).

13. **Ignorer** a pu s'employer comme transitif indirect, surtout avec la négation : *Ceux-là même (...) n'ignorent point* de *cette vérité* (Guez de Balzac, *Le Prince*, 5, dans Littré). — *Elle me déclara ses sentiments en termes formels, afin que je n'*en *ignorasse* (Le Sage, dans Bescherelle). — L'Académie ne signale pas cet emploi. Dans l'usage moderne, il est archaïque ; il garde pourtant, non seulement dans le style juridique et dans le langage badin, mais aussi dans la langue littéraire, quelques positions :

Quant aux facultés intellectuelles, la phrénologie en *ignorera toujours* (Chateaubr., *Mém.*, II, 2, 1). — *Pour que personne (...) n'*en *ignore, voici ce que la reine ordonne* (Hugo, *Marie Tudor*, III, 1, 9). — *De peur qu'on n'*en *ignorât, ils auraient volontiers appendu leur bonnet aux rameaux du bouchon* [du cabaret] (Cl. Tillier, *Mon Oncle Benjamin*, I). — *Il annonça ses intentions, afin que personne n'*en *ignorât* (Littré). — *La peinture, j'*en *ignore, et une sculpture me ravit autant qu'une figure de cire chez un coiffeur* (J. Renard, *Journ.*, 2 févr. 1890). — *Pour cette excellente raison que vous en êtes le bienfaiteur* [de la ville], *ainsi que personne n'*en *ignore* (G. Courteline, *Le Gendarme est sans pitié*, 2). — *Et pour qu'on n'*en *ignore point, le voici qui nous en tretient de sa santé* (A. Suarès, *Sur la vie*, t. II, p. 304). — *Je voudrais que nul n'*en *ignore* (A. Gide, *Œdipe*, III). — *Les intuitions, nul n'*en *ignore, sont beaucoup plus* *l'apanage des femmes que des hommes* (Cl. FARRÈRE, *La Seconde Porte*, p. 149). — *Pourquoi me dis-tu tout cela ? fit enfin Patrice Périot dans un souffle. — Pour que tu* EN *ignores* (G. DUHAMEL, *Le Voyage de Patrice Périot*, p. 248). — *Pour que nul n'*EN *ignore, la « direction » a placé à ses pieds* [d'une statue] *un écriteau : « Vierge en bois »* (A. CAMUS, *L'Été*, p. 20).— *De façon que nul n'*EN *ignore* (Th. MAULNIER, dans *Hommes et Mondes*, mars 1951, p. 432). — *Les pavillons de chasse sont vétustes, essentiellement et nul n'*EN *ignore* (LA VARENDE, *La Sorcière*, p. 259). — *Pour que nul n'*EN *ignore* (H. BAZIN, *La Tête contre les murs*, p. 177). — *Nul n'*EN *ignorait, l'hôte du 3 partait en promenade* (H. BOSCO, *Les Balesta*, p. 153).

14. **Invectiver** (venu en usage au XVIe s. ; Vaugelas, *Rem.*, p. 119, déclarait : « *invectiver*, pour *faire des invectives*, n'est pas du bel usage »). La construction classique est *invectiver contre qqn*[1] : *Des hommes de robe (…) qui invectivent* CONTRE *le libertinage de la cour* (BOURDALOUE, *Zèle*, 1). — *Elle se mit à invectiver* CONTRE *son Dieu* (L. BLOY, *Le Désespéré*, p. 380). — *Je ne parle pas d'un Menken, qui invective chaque jour* CONTRE *l'Américain* (G. DUHAMEL, *Scènes de la vie future*, p. 73). — *Ils invectivent* CONTRE *tout* (A. SUARÈS, *Vues sur l'Europe*, p. 208). — *Chouettes et chevêches invectivent librement* CONTRE *la grande clarté incongrue* (COLETTE, *Journal à rebours*, p. 57). — La construction *invectiver qqn* (condamnée par Littré, accueillie par le Dictionnaire général et par l'Académie) est maintenant parfaitement reçue par le bon usage :

Le voilà qui invective (…) les nouvelles écoles d'art et de poésie (HUGO, *Pierres*, p. 143). — *Quand je le verrai (…) invectivant les dieux* (Th. GAUTIER, *Mlle de Maupin*, X). — *Il invectivait Charles Ier* (FLAUB., *Éd. sent.*, t. I, p. 305). — *Il invectivait volontiers les royalistes du département* (A. FRANCE, *L'Orme du Mail*, p. 242). — *Tandis qu'il invectivait Versailles* (M. BARRÈS, *Les Déracinés*, p. 158). — *Il (…) invectivait le chef de gare* (O. MIRBEAU, *Le Calvaire*, III). — *Elle invective le vainqueur* (J. LEMAITRE, *Jean Racine*, p. 115). — *Adeline Moreau invectiva ces sales socialistes* (A. HERMANT, *Les Grands Bourgeois*, II). — *On y entendait (…) invectiver la France* (M. BEDEL, *M. le Professeur Jubier*, p. 64). — *Il invectiva longtemps le cocher* (M. PROUST, *Les Plaisirs et les Jours*, p. 38). — *En invectivant Démosthène* (G. CLEMENCEAU, *Démosthène*, p. 68). — *Était-ce la peine de tant invectiver Sir Robert Peel pour en venir à l'imiter ?* (A. MAUROIS, *La Vie de Disraëli*, p. 197.) — *Il se mit à invectiver le jeune médecin* (R. MARTIN DU GARD, *Les Thibault*, VII, 2, p. 230). — *Le prophète Amos, invectivant les Israélites…* (DANIEL-ROPS, *Hist. sainte*, Le Peuple de la Bible, t. I, p. 144). — *Piarrouty invectivait les juges* (J. et J. THARAUD, *L'Oiseau d'or*, p. 86). — *Elles sont toutes à l'invectiver* (J. SUPERVIELLE, *Premiers pas de l'univers*, p. 133).

15. **Observer, remarquer,** employés pour *faire observer, faire remarquer*, sont généralement condamnés (cf. Bescherelle, Littré, Larousse du XXe s., etc.) ; au lieu de : *Je vous observe que…, on nous remarque que…*, il faut dire, en mettant *faire* comme auxiliaire de cause : *Je vous* FAIS *observer que…*,

---

1. *Invectiver* s'est employé parfois avec un accusatif interne ; Haase (p. 134) cite : *Il invective plusieurs malédictions contre leur fausse netteté extérieure* (PASCAL, *Abrégé*).

on nous FAIT *remarquer que*... : FAITES-*leur même observer que rien ne contribue plus à l'économie et à la propreté que de tenir chaque chose en sa place* (FÉNEL., *Éduc. des filles*, XI). — *Je vous* FAIS *observer que vous vous trompez* (AC.). — *Je pourrais vous* FAIRE *remarquer qu'elle connaissait si bien la beauté des ouvrages de l'esprit...* (BOSS., *Duch. d'Orl.*). — On peut aussi changer la tournure et dire, par exemple : *Je vous prie d'observer* (ou : *de remarquer*) *que... Veuillez observer* (ou : *remarquer*) *que... L'assemblée voudra bien observer* (ou : *remarquer*) *que...*

N. B. — L'emploi de *observer, remarquer* pour *faire observer, faire remarquer,* présente le même élargissement syntaxique qu'on rencontre dans *éviter qq. ch. à qqn* (cf. *supra*, Rem. 11)[1]. Cet emploi, fréquent dans la langue parlée, s'est glissé parfois dans la littérature[2] : *Je vous observe seulement son attention à le rendre utile* (L. RACINE, dans Littré). — *Je me contenterai de vous observer qu'il n'est pas fait mention dans le contenu de votre caisse du premier envoi que vous m'aviez fait* (J.-J. ROUSS., *ib.*). — *Il (...) me fait asseoir et m'observe qu'il est d'un homme sensé de connaître celui dont il se charge de plaider la cause* (DIDEROT, *Paradoxe sur le coméd.*). — *Je t'observerai que ce sont les bonnes* [pièces de Corneille] *qu'il faut lire* (STENDHAL, *Corr.*, t. I, p. 84). — *Je vous observe que le général Marchand est sur les lieux* (ID., *ib.*, t. IV, p. 176).

16. **Pallier** (du bas lat. *palliare,* proprement « couvrir d'un manteau, d'un *pallium* » ; de là : « couvrir d'un déguisement, d'une excuse ») s'emploie absolument ou avec un objet direct :

Ces remèdes ne font que pallier [= atténuer (le mal) sans le guérir] (DICT. GÉN.). — *Pallier le mal* (AC.). — *De quelque manière qu'il pallie ses maximes* (PASCAL, *Prov.*, 8). — *Cet honneur du monde qui palliait si bien tous vos crimes* (BOSS., *Honn. du monde*, 2). — *Circonstancier à confesse les défauts d'autrui, y pallier les siens* (LA BR., XIII, 21). — *Tout l'art dont un esprit délié sait pallier les sophismes de l'ambition* (DIDEROT, *Ceci n'est pas un conte*). — *Je n'aurais pas eu chaque matin à pallier des fautes* (CHATEAUBRIAND, *Mém.*, I, 10, 9). — *Pour pallier l'inégalité de leur initiative* (A. VANDAL, *L'Avèn. de Bonaparte*, t. I, p. 391). — *Pauline apporte tous ses soins à pallier les insuffisances et les défaillances d'Oscar, à les cacher aux yeux de tous* (A. GIDE, *Les Faux-Monnayeurs*, p. 351). — *Les deux grandes lois que je viens de citer, notamment, s'efforcent à pallier certaines infortunes* (G. DUHAMEL, *Paroles de médecin*, p. 18).

N. B. — La construction *pallier à,* due à l'analogie de *parer à, remédier à, obvier à,* cherche à s'introduire : *Tout ce que l'homme a inventé pour essayer de pallier* AUX *conséquences de ses fautes* (A. GIDE, *Isabelle*, p. 98). — *J'ai manœuvré tant que j'ai pu pour pallier à ses conséquences* [d'un esclandre] (Fr. de CROISSET, *La Dame de Malacca*, p. 328). — *Pour pallier à son infériorité physique* (LECOMTE DU NOÜY, *L'Homme et sa destinée*, p. 137). — *On pallie généralement* AU *manque de matériel par des hommes* (A. CAMUS, *La Peste*, p. 169). — *Les chefs de quartier (...) gueulaient de proche en proche pour pallier à toute défaillance du service* (H. BAZIN, *La Tête contre les murs*, p. 60). —

---

1. Cf. FREI, *Gramm. des fautes*, pp. 215-216.
2. Pour F. Brunot (*La P. et la L.*, p. 312), la « faute » *observer qq. ch. à qqn* « n'est peut-être pas impardonnable ». — A. Thérive (dans *Carrefour*, 2 janv. 1957 ; *Procès de langage*, p. 74) est d'avis que cet emploi peut être justifié.

Son indulgente compagne savait pallier à toutes les distractions (H. BORDEAUX, *Paris aller et retour*, p. 201).

17. **Pardonner quelqu'un.** On dit très régulièrement : *Vous êtes pardonné* (§ 611, 2), bien que — du moins en règle stricte — on ne dise plus [1] : *pardonner quelqu'un.* — Exemples modernes de cette dernière construction :

Vous m'avez pardonnée (A. DUMAS f., *La Femme de Claude*, II, 2). — *Tous l'avaient pardonnée* (P. LOTI, *Ramuntcho*, p. 10). — *Je vous ai pardonnés* (P. BENOIT, *Le Soleil de minuit*, p. 291). — *Pardonnez un amant* (J. BAINVILLE, *Jaco et Lori*, p. 268). — *On pardonne un coupable* (Cl. FARRÈRE, *Les Civilisés*, XXX). — *À la seconde même, il la pardonna* (R. DORGELÈS, *Partir...*, p. 203). — *Sans m'avoir pardonnée* (Fr. MAURIAC, *Les Chemins de la Mer*, p. 262). — *Mon Dieu, pardonnez-la, elle ne sait pas ce qu'elle dit* (J. SUPERVIELLE, *Premiers pas de l'univers*, p. 169).

18. **Préjuger,** selon l'usage classique, est transitif direct : *Sans préjuger le fond* (LITTRÉ). — *Pour faire préjuger la vérité de notre doctrine* (BOSSUET, *Conférence avec M. Claude*, II). — *Il courra les chances que l'historien même prudent peut préjuger* (M. BARRÈS, *L'Appel au soldat*, t. I, p. 253). — *Préjuger une question* (LITTRÉ). — *Sans préjuger le fond* (DICT. GÉN.). — *Je ne veux point préjuger la question* (Ac.). — *Cela arrivera ainsi autant qu'on peut le préjuger* (ID.).

Mais comme *juger*, au sens de « émettre une opinion par laquelle on approuve ou on blâme » ou de « être d'une certaine opinion sur une personne ou sur une chose », admet non seulement la construction directe, mais aussi la construction indirecte, avec de [2], l'analogie a fait naître, vers la fin du XIXe siècle, semble-t-il, la construction indirecte *préjuger de* [3], qui entre en concurrence avec la construction directe : *Pour préjuger* DE *mon acquiescement* (M. BARRÈS, *Leurs Figures*, p. 282). — *Je ne dois pas préjuger* DE *mes forces* (P. BENOIT, *Les Agriates*, pp. 41-42). — *Sans préjuger* DE *ce qu'il en pourra préciser quelque jour* (É. HENRIOT, dans le *Monde*, 20 juin 1956). — *Nous ne pouvons préjuger* DE *l'état de la mer sur la Basse-Froide* (H. QUEFFÉLEC, *Un Feu s'allume sur la mer*, I, 2). — *Ne préjuges-tu pas bien vite* DE *ton avenir ?* (LA VARENDE, *L'Amour de M. de Bonneville*, p. 45.) — *Sans préjuger* DE *facteurs plus profonds* (P. TEILHARD DE CHARDIN, *Le Phénomène humain*, p. 112).

19. **Se rappeler.** *Je me rappelle de cela ; je m'en rappelle ; la chose dont je me rappelle :* phrases incorrectes. Il faut dire, parce que *se rappeler* est transitif direct [4] : *Je me rappelle cela ; je me le rappelle ; la chose que je me rappelle.*

---

1. Pour *pardonner* employé autrefois comme transitif direct, voir § 611, 2, note.
2. *Juger mal* DE *son prochain* (LITTRÉ). — *Juger* DES *gens sur l'apparence, sur la mine* (Ac.). — *Il juge bien* DE *la poésie,* DE *la peinture* (ID.).
3. Ni Littré, ni le Dictionnaire général, ni l'Académie, ni le Larousse du XXe siècle ne signalent la construction *préjuger de.*
4. Stendhal écrit (et la construction, chez lui, est courante) : *Que l'on veuille bien se rappeler* DE *ma ridiculissime éducation* (*Vie de Henri Brulard*, t. II, p. 176) ; — *Rappelle-toi* DE *ma maxime* (*Corr.*, t. III, p. 313). Et Flaubert : *Remercie de ma part* Mme *Robert qui a bien voulu se rappeler* DE *moi* (*Lett. à sa nièce Caroline*, p. 2). — *Je ne*

— *C'était, je me* LE *rappelle, en plein carnaval* (L. VEUILLOT, *Çà et là*, t. II, p. 225).

Lorsque le complément de *se rappeler* est un infinitif, cet infinitif n'est pas, dans l'usage ordinaire d'aujourd'hui, précédé de *de* (§ 757, Rem. 6) : *Je me rappelle avoir vu, avoir fait telle chose* (AC.). — *Les vieillards ne se rappellent avoir vu qu'une fois une telle épouvante* (BRIEUX, *La Foi*, II, 1).

La construction *Je me rappelle* DE + infinitif, signalée encore par Littré et par la 7ᵉ édition du Dictionnaire de l'Académie (1878), est aujourd'hui vieillie.

20. **Réussir quelque chose** se dit, selon Littré, en termes de peinture : *Réussir un tableau, une figure.* Le Dictionnaire général et l'Académie mentionnent comme familier *réussi* pris adjectivement : *Un ouvrage réussi* (DICT. GÉN.). — *Un portrait réussi* (AC.) [1]. — *Un plat bien réussi* (ID.).

---

*m'*EN *rappelle guère* (*Corr.*, t. II, p. 136). Et Fr. Jammes : *Elle se rappelait* DE *sa demande* (*Le Roman du Lièvre*, p. 146). Et P. Nolhac : *Il recommanda à sa fille (...) de se bien rappeler* DE *tout ce qu'elle aurait vu à Versailles* (L. XV *et Marie Leczinska*, p. 229). Et R. Brasillach : *Je me rappelle* D'*un certain civet de sanglier...* (*Le Voleur d'étincelles*, p. 82). Et P. Claudel : *Quand il m'arrive de me rappeler* DE *mon âme* (*La Rose et le Rosaire*, p. 111). Et J.-L. Vaudoyer : *Te rappelles-tu* DE *Jeanne Fréron ?* [c'est Edmée qui parle, une personne de la bonne société] (*La Reine évanouie*, p. 144.) — Ces exemples montrent que la tournure populaire *je m'*EN *rappelle*, dans laquelle l'influence de *je m'*EN *souviens* est manifeste, est en voie de s'implanter dans la langue littéraire. Sans doute il lui manque actuellement la sanction nette du bon usage, mais il semble bien qu'elle doive finir par s'imposer : « *volente nolente*, dit Gide (*Journ. 1889-1939*, p. 985, éd. de la Pléiade), l'on sera forcé d'y venir ». « Notre langue contemporaine, écrit Vendryes (*Le Langage*, p. 188), réussit à imposer, malgré la grammaire, l'usage de certains tours condamnés jusqu'ici. Tout le monde dit *je m'en rappelle* au lieu de *je me le rappelle...* ». L'éminent linguiste ajoute que l'on doit constater, tout en le regrettant, que ce tour est « dans la tendance naturelle de la langue ». — Ce n'est, selon A. Thérive (*Procès de langage*, p. 277) qu'« une faute vénielle, peut-être fictive » et qui « ne mérite plus la guillotine ». Remarquez d'ailleurs que le tour *je m'en souviens* a été, lui aussi, à l'origine, un solécisme, et qu'il a cependant pris la place du tour autrefois seul régulier *il m'en souvient*. Remarquez en outre que *se rappeler de* s'imposera d'autant plus sûrement que l'emploi de *se rappeler* comme transitif direct n'est pas possible avec les compléments *me, nous, vous* (§ 483, 3°, N. B.) : on ne peut pas dire : *Je me te rappelle, tu te me rappelles, il se nous rappelle, je me vous rappelle*, etc., et cela favorise le progrès des tournures *je me rappelle* DE *toi, tu te rappelles* DE *moi*, etc. [Frei (*Gramm. des fautes*, p. 130) note que, dans une phrase comme *je ne me le rappelle pas*, « la répétition de la même voyelle entraîne une bouillie imprononçable » ; « d'où, ajoute-t-il : *je ne m'*EN *rappelle pas* ». — Raison bien spécieuse !]

1. Dans la Préface de la 7ᵉ édition de son *Dictionnaire* (1878), l'Académie déclarait : « Il n'est pas probable qu'un tableau *réussi* trouve jamais grâce devant une Académie française : la faute de français blesse trop la grammaire et l'oreille ; *réussir* n'a jamais été qu'un verbe neutre ».

L'emploi transitif de *réussir* est, depuis l'autre siècle, devenu très courant[1] :

Les premières [roses au crochet] *qu'on avait eu tant de mal à réussir* (R. BAZIN, *Les Noellet*, p. 117). — *Il* [Dante] *réussit cette gageure inouïe de vouloir rendre sensible le signe de la vie spirituelle* (M. BARRÈS, *Les Maîtres*, p. 36). — *M. Hilger, ayant réussi le plus beau de ses coups de Bourse* (J. BAINVILLE, *Jaco et Lori*, p. 147). — *Le docteur Baffier qui a si bien réussi l'opération* (M. PRÉVOST, *Mon cher Tommy*, p. 278). — *Il a réussi sa vie, celui-là* (P. LOTI, *Ramuntcho*, p. 233). — *Tant que la jeune reine n'aura pas accompli ou réussi son vol nuptial* (M. MAETERLINCK, *La Vie des Abeilles*, II, 28). — *Il réussissait cet exercice à merveille* (J. de LACRETELLE, *Silbermann*, p. 69). — *Je me préparai à essayer de réussir, tout seul, une réparation difficile* (SAINT-EXUPÉRY, *Le Petit Prince*, II). — *C'est ainsi que nous vîmes Liane de Pougy (...) réussir la vie la plus calme et la plus heureuse* (J. COCTEAU, *Reines de la France*, p. 144). — *M. Jean-Louis Barrault vient de réussir le tour de force le plus prestigieux de sa carrière* (Fr. AMBRIÈRE, *La Galerie dramatique*, p. 213). — *Depuis qu'il a réussi cette affaire* (M. PAGNOL, *Topaze*, IV, 1).

21. **Sortir.** L'emploi transitif de *sortir*, mentionné comme familier par le Dictionnaire général et par l'Académie, a été condamné par Faguet [2] et par certains puristes. Cet emploi est aujourd'hui reçu par le bon usage :

---

1. On dit bien, en prenant *réussir* intransitivement : *réussir à un examen : Il réussit assez bien cette fois à l'écrit* (R. ROLLAND, *Jean-Chr.*, t. VI, p. 170). — *J'ai réussi à mes examens* (H. BORDEAUX, *Les Roquevillard*, p. 22). — *Papa venait justement de passer des examens et d'y réussir* (G. DUHAMEL, *Le Notaire du Havre*, p. 261). — *Je me rendis dans cette ville pour un examen. J'y réussis assez brillamment* (H. BOSCO, *Le Mas Théotime*, p. 23). — *La nécessité de réussir à ses examens* (P.-H. SIMON, *Les Raisins verts*, p. 108). — On dit parfois aussi, en prenant *réussir* transitivement : *réussir un examen : Je réussissais l'examen* (Fréd. LEFÈVRE, dans les *Nouv. litt.*, cit. Ph. Baiwir, dans le *Soir*, 23 avr. 1958). — *Je le réussirai, cet examen* (Simone de BEAUVOIR, *ib.*). — Mais les expressions les plus courantes sont : *être reçu, être refusé* ou : *échouer) à un examen : Je FUS REÇU à mes examens* (O. MIRBEAU, *Le Calvaire*, I). — *Il venait d'ÊTRE REÇU à son examen avec mention* (A. GIDE, *Les Faux-Monn.*, p. 437). — *Si Roger EST REÇU à son examen* (J.-L. VAUDOYER, *Laure et Laurence*, p. 245). — *Des examens auxquels j'AI ÉTÉ REÇU* (R. BENJAMIN, *Aliborons et Démagogues*, p. 51). — *Il A ÉTÉ REÇU au concours d'entrée* (J. ROMAINS, *Les Hommes de b. vol.*, t. VII, p. 160). — *Notre camarade Louis Lazare AYANT ÉTÉ REFUSÉ aux examens de l'École...* (J. et J. THARAUD, *Notre cher Péguy*, t. I, p. 110). — *Tu sais que le pauvre garçon s'est fait REFUSER à son examen* (A. GIDE, *La Porte étroite*, p. 119). — *Je venais donc d'ÉCHOUER à l'examen de licence* (M. JOUHANDEAU, *Carnets de l'écrivain*, p. 82).

2. On connaît le distique dans lequel Faguet a ironiquement ramassé une demi-douzaine d'incorrections (réelles ou prétendues) : « Malgré qu'il pleut, on part à Gif, nous deux mon chien ; C'est pour sortir Azor, surtout qu'il n'est pas bien ». — L'emploi de *sortir* comme transitif était condamné par Vaugelas (*Rem.*, pp. 38-39) : « *Sortez ce cheval*, pour dire, *faites sortir ce cheval*, ou, *tirez ce cheval*, est très-mal dit, encore que cette façon de parler se soit rendue fort commune à la Cour, et par toutes les Provinces ». — Vaugelas signale qu'on dit bien cependant : *Sortez-moi de cette affaire ; j'espère qu'il me sortira d'affaire.*

Tâchez de me sortir de ce bourbier (STENDHAL, *Corr.*, t. III, p. 287). — *Sortez la voiture de la remise* (LITTRÉ). — *Sortez ce cheval de l'écurie* (Ac.). — *Cela nous sort des pitoyables histoires de péronnelles qui veulent vivre leurs vies* (M. BARRÈS, *Mes Cahiers*, t. XII, p. 158). — *Je vous ai sortis de ma bibliothèque, bouquins vénérables* (G. DUHAMEL, *Les Plaisirs et les Jeux*, p. 249). — *Cela n'a pas suffi à me sortir de ma torpeur angoissée* (M. PRÉVOST, *Mon cher Tommy*, p. 170). — *Cette lueur (...) qui (...) fait vibrer le sommet neigeux qu'elle désigne et sort de la nuit* (A. GIDE, *La Symphonie pastorale*, p. 43). — *Le fragment (...) que ses fouilles viennent chercher de terre* (P. MILLE, *La Détresse des Harpagon*, p. 23). — *Je sortis l'infirmier de son lit* (L. MARTIN-CHAUFFIER, *L'Homme et la Bête*, p. 193). — *Des cris tout proches nous sortirent de notre torpeur* (Fr. AMBRIÈRE, *Les Grandes Vacances*, p. 79). — *Ce n'est pas une grande merveille que de sortir une colombe d'un chapeau* (J. COCTEAU, *La Difficulté d'être*, p. 73).

N. B. — Au lieu de *sortir* (d'une difficulté, d'une affaire fâcheuse, etc.) ou, absolument : *en sortir*, la langue populaire ou très familière, par analogie avec les synonymes *se tirer de*, *s'en tirer*, dit : *se sortir de*, *s'en sortir* ; ces expressions cherchent à entrer dans l'usage littéraire : *Comment voulez-vous que je* M'EN SORTE ? (J. ROMAINS, *Les Copains*, p. 221.) — *On ne peut* SE SORTIR *de là que par la haine* (J. GIONO, *Voy. en Italie*, p. 185). — *Il* S'EST *également bien* SORTI *de l'une et de l'autre* [mise en scène] (J. LEMARCHAND, dans le *Figaro litt.*, 25 déc. 1954). — *Un jour, je pourrai* M'EN SORTIR (J. ANOUILH, *La Valse des toréadors*, p. 162). — *Un officier peut être tué à la guerre — celui-ci* S'EN ÉTAIT SORTI, *mais savait-on jamais ?* (P. VIALAR, *Les Robes noires*, p. 88.) — *Il a menti, disant n'importe quoi pour* SE SORTIR *d'affaire* (M. GARÇON, *Louis XVII*, p. 453). — *Je sentais que j'étais au bout de mes mensonges. Je ne pouvais plus* M'EN SORTIR (A. CHAMSON, *La Neige et la Fleur*, p. 99). — *Dans un engrenage tel qu'il ne puisse* S'EN SORTIR *que par une catastrophe* (DANIEL-ROPS, *Carte d'Europe*, p. 96).

22. **Vitupérer** (lat. *vituperare*, blâmer) est transitif direct : *Il vitupère la misère humaine* (H. BORDEAUX, *Paysages romanesques des Alpes*, p. 50). — *De Milliaud (...) vitupérait le monde* (G. CHÉRAU, *Valentine Pacquault*, t. II, p. 188).

La construction *vitupérer contre* (soutenue par l'analogie de *se fâcher contre*, *inveciver contre*, *s'emporter contre*) tend à pénétrer dans l'usage : *Des hommes de grande valeur ont vitupéré, par erreur,* CONTRE *la tradition du classicisme* (L. DAUDET, *Le Stupide XIXᵉ Siècle*, p. 204). — *La presse universelle a beau vitupérer* CONTRE *elle* [l'Allemagne] (J. et J. THARAUD, *Quand Israël n'est plus roi*, p. 143). — *Un furieux en tout cas, qui vitupère* CONTRE *l'univers* (R. KEMP, dans les *Nouv. litt.*, 29 août 1946).

23. **Vivre.** L'emploi transitif de *vivre* au sens de « passer » ou de « mener » ou de « traduire en actes dans sa vie » (§ 786, Rem. 1) est assez fréquent chez les auteurs modernes :

Ces deux jours sont des plus beaux que j'aie vécus (R. BOYLESVE, *Le Meilleur Ami*, p. 234). — *Cette journée du 9 juin, je l'ai vécue dans la détresse* (H. BORDEAUX, *Tuilette*, p. 131). — *La philosophie de l'acceptation, au contraire, M. Barrès l'a vécue* (H. BREMOND, *Pour le Romantisme*, p. 154). — *Après les nuits d'angoisse que je venais de vivre* (H. BOSCO, *Malicroix*, p. 245). — *Il a vécu une existence bien dure* (Ac.). — *Elle vivait son rêve* (J.-J. GAUTIER, *Hist. d'un fait divers*, p. 91). — *Les jours d'angoisse qu'ils avaient vécus semblaient avoir dépouillé leur existence de tout souci* (A. CHAMSON, *La Neige et la Fleur*, p. 115). — *Un apôtre, prêtre ou laïque, s'il vit vraiment sa foi...* (Fr. MAURIAC, *Paroles catholiques*, p. 65).

Hist. — Nombre de verbes aujourd'hui intransitifs ou transitifs indirects étaient autrefois transitifs directs, et vice versa : *Vos m'avez mort par le veu que vos avez jet* (*La Queste del Saint Graal*, p. 17). — *Il ameroit miex que li Sarrazin les eussent touz mors* (JOINVILLE, § 302). — *Vostre beauté passee Ressemblera un jardin à nos yeux* (RONSARD, t. V, p. 76). — *Les Bœotiens favorisoient à ceux de Lesbos* (AMYOT, *Alcib.*, 14). — *Ils jouyssent les autres plaisirs...* (MONTAIGNE, III, 13 ; p. 1252.) — *Ce que je trouve de surprenant, c'est que Canaples (...) survive ses frères* (SÉV., t. VIII, p. 22). — *Cette majesté infinie (...) qui ne ressemble pas les grandeurs humaines* (BOSSUET, 3ᵉ *Serm. Annonc.*).

A noter qu'avec *empêcher* on avait le tour *empêcher qq. ch. à qqn.* Ce tour, blâmé par Voltaire (*Comment. sur Corneille*), Littré l'admet (s. v. *empêcher*, Rem. 1) ; il cite entre autres exemples : *Cet orgueilleux esprit (...) Pense bien de ton cœur nous empêcher l'accès* (CORN., *Nicom.*, II, 4). — *La jeunesse à qui la violence de ses passions empêche de connaître ce qu'elle fait* (Boss., *Serm. quinq.*, 2). — *Philippe (...) s'écrie : tuez, tuez cette ribaudaille qui nous empêche le chemin* (CHATEAUBR., *Hist. de France*, dans Godefroy, *Lex. de Corneille*). — On pourrait citer encore : *Toutes les puissances de l'Europe ont réussi à lui empêcher de prendre Luxembourg* (BOIL., *À Racine*, 19 août 1687). — *Il pouvait leur empêcher le passage* (VAUGELAS, *Quinte-Curce*, III, 4). — En fait, *empêcher qq. ch. à qqn* n'est plus d'usage aujourd'hui ; on dit : *défendre* ou *interdire qq. ch. à qqn.*

II. — VERBES PRONOMINAUX

600. Les verbes **pronominaux** sont ceux qui sont accompagnés d'un des pronoms personnels *me, te, se, nous, vous,* représentant le même être ou la même chose que le sujet [1] : *Je me cache. Tu t'habilles. Il se nuit. Nous nous taisons. Vous vous plaignez. Ils se meurent. Elle s'évanouit. Les souffrances s'oublient.*

601. Au point de vue du *sens,* les verbes pronominaux se divisent en *réfléchis* et *subjectifs* (ou non réfléchis) [2].

---

1. Le langage populaire met souvent, dans les verbes pronominaux à l'infinitif et au participe présent (ou gérondif), le pronom *se* là où l'accord normal demanderait l'un des pronoms *me, te, nous, vous* : *Nous étions toujours à* SE *disputer. En* SE *pressant un peu, vous arriverez à temps.* — Cet usage irrégulier se manifeste parfois même dans la langue littéraire : *Sans s'emporter, prenez un peu souci De me justifier les termes que voici* (MOL., *Mis.*, IV, 3). — *Lorsque la fortune nous surprend en nous donnant une grande place (...), il est presque impossible de s'y bien soutenir* (LA ROCHEF., t. I, p. 196). — *Il y a des journées où nous faisons un quart de lieue et en* SE *donnant un mal de chien* (FLAUB., *Corresp.*, t. I, p. 313). — *Au bout de huit jours, elle* [l'occasion] *surgit, telle que ma hâte à* SE *déclarer non seulement n'eut rien de choquant, mais sembla impérieusement commandée* (É. ESTAUNIÉ, *Le Labyrinthe*, p. 99). — *Qu'est-ce qui nous empêche de divorcer et de* SE *remarier... ?* (P. MILLE, *Trois Femmes*, p. 13.) — *Je me plais... sans* SE *plaire. Ça dépend comme* (H. LAVEDAN, *Leur Cœur*, p. 101).

2. Dangeau divisait les verbes pronominaux en quatre classes : 1° les *identiques (se blesser)* ; 2° les *réciproques (se louer l'un l'autre)* ; 3° les *neutrisés* (qui perdent

A. Pronominaux réfléchis. — Le verbe pronominal est dit *réfléchi* lorsque l'action qu'il exprime retourne sur le sujet, se *réfléchit* sur lui ; le pronom *me, te,* etc. représentant, comme objet direct ou indirect, le sujet de l'action, doit alors, dans l'analyse, être distingué de la forme verbale : *Il* SE REGARDE. *Tu* T'IMPOSES *une pénitence. Je* ME SOUCIE [1] *de la vérité.* — *Nous* NOUS PARDONNONS *tout* (La F., F., I, 7). — *Ils* SE NUISENT *à eux-mêmes.*

Le terme où aboutit l'action du sujet d'un verbe pronominal réfléchi est tantôt le sujet lui-même (représenté par le pronom complément) : *Je me coupe, je m'adjoins à vous, je me réserve, je me nuis ;* — tantôt un être ou une chose autre que le sujet : *Je me coupe une tranche de jambon, je m'adjoins un aide, je me réserve ce droit.*

Le verbe pronominal est dit *réciproque* lorsqu'il exprime une action que plusieurs sujets exercent l'un sur l'autre ou les uns sur les autres : l'action est à la fois accomplie et reçue par chacun d'eux. La valeur réciproque du verbe pronominal est parfois renforcée par *l'un l'autre, l'un à l'autre, les uns les autres, mutuellement, réciproquement, entre eux,* etc. ; souvent elle est marquée par le préfixe *entre ;* elle peut aussi n'être indiquée que par le contexte : *Ils* SE BATTENT. — *Les soldats romains (...)* SE CHERCHAIENT *dans les ténèbres ; ils* S'APPELAIENT, *ils* SE DEMANDAIENT *un peu de pain ou d'eau* (Chateaubr., *Mart.,* VI). — *Il* SE *faut* ENTR'AIDER (La F., F., VIII, 17). — *Ils* SE LOUENT *l'un l'autre.*

Remarques. — 1. Les verbes réciproques ont identiquement la même forme que les verbes réfléchis, mais ils ne s'emploient qu'au pluriel.

2. *Se suicider* (de *suicide,* littéralement : meurtre de soi), venu en usage à la fin du XVIIIe siècle, est pléonastique, sans doute, puisqu'il contient deux fois le pronom réfléchi : *se* et *sui* (= de soi) ; c'est, littéralement : « se soi-tuer ». Cela n'empêche pas que Bescherelle l'a accueilli et fort bien justifié ;

---

la signification active qu'ils avaient par nature, et ne marquent plus une action tombant sur un objet : *se fâcher, se promener*) ; 4° les *passivés (ce livre se vend chez un tel).*

1. *Soucier* ne s'emploie plus aujourd'hui que comme verbe pronominal, au sens de « avoir souci » et parfois aussi comme verbe impersonnel : *Ce n'était pas qu'*IL LUI SOUCIÂT *de voir M. Bernard* (J. Green, *Minuit,* p. 184). — Autrefois il s'employait également sans pronom réfléchi, au sens de « donner souci » : *Je crois que cela faiblement vous* SOUCIE (Mol., *Dép. am.,* IV, 3). — *Penses-tu (...) que ton titre de roi* Me *fasse peur ni me* SOUCIE ? (La F., F., II, 9.) — Cet emploi n'est plus mentionné par l'Académie ; il n'est pas si « indéfendable » que Gide le croyait [*Je relève dans Proust : « Cela ne me souciait pas davantage ».* Indéfendable, je crois bien (*Journ.* 1942-1949, p. 305)] : il a simplement une teinte archaïque : *Les aînés que la langue française ne* SOUCIE *guère* (A. Hermant, *Chroniq. de Lancelot,* t. II, p. 327). — *Plus d'une fois, Mme Vasseur s'était ouverte à Jean de ce qui la* SOUCIAIT *si fort* (J. Green, *Le Malfaiteur* p. 124). — *Mon fils Jean (...) dont la santé ne laisse pas de me* SOUCIER (G. Duhamel, *Les Espoirs et les Épreuves,* p. 246).

que Littré lui a fait sa place, et le Dictionnaire général aussi ; que l'Académie, tout en faisant observer qu'il était incorrectement formé, a reconnu qu'il était d'un usage courant ; et que l'Office de la Langue française (*Figaro litt.*, 26 mars 1938) a déclaré qu'il fallait l'admettre. Il est incontestablement en plein usage [et ceux qui prétendraient le proscrire et maintenir les expressions classiques *se détruire, se défaire, se tuer, se tuer soi-même, se faire mourir, se donner (soi-même) la mort* perdraient leur peine] :

Ne te suicide *donc pas* (G. Sand, *Lélia*, XLVIII). — *C'était par désespoir, comme on* se suicide (Flaub., *L'Éduc. sent.*, t. II, p. 204). — *C'est* se suicider *que d'écrire des phrases comme celle-ci...* (Renan, *L'Avenir de la Science*, p. 474). — *Ceux qui* se sont suicidés (A. Daudet, *Lett. de m. m.*, p. 165). — *De me relire, c'est* me suicider (J. Renard, *Journal*, 28 nov. 1898). — *Des vieux qui parlent de* se suicider (É. Fabre, *Les Ventres dorés*, IV). — *Il savait qu'Aaron voulait* se suicider (R. Martin du Gard, *Les Thibault*, III, 2, p. 199). — *La mode était, alors, de* se suicider *au bain* (G. Duhamel, *Biogr. de mes fantômes*, p. 222). — *Il* s'est suicidé (M. Arland, *Étienne*, p. 39). — *Il* s'était suicidé (A. Maurois, *Journal*, États-Unis 1946, p. 142). — *Vous voudriez que M. Adolphe Réparaz* se suicidât (E. Jaloux, *Le Dernier Acte*, p. 16). — *Le bruit court que le docteur Delbende* s'est suicidé (G. Bernanos, *Journ. d'un Curé de camp.*, p. 140). — *Les gens qui vont* se suicider (J. Giraudoux, *Les Contes d'un matin*, p. 127). — *Ulrich* s'est suicidé (J. Cocteau, *Bacchus*, I, 1).

Suicider quelqu'un s'emploie parfois dans des phrases où l'on veut badiner ou produire un effet de style : *Vous n'osez plus vous suicider, ce qui manquerait de sublime, et vous avez voulu vous faire* suicider *par moi* (J. Cocteau, *L'Aigle à deux têtes*, II, 5).

3. Littré, considérant que *allonger* pris absolument signifie « retarder », « apporter des longueurs » et non « devenir plus long », condamne la locution *les jours allongent* et veut qu'on dise : *les jours s'allongent*. — En dépit de cette condamnation et de l'opposition des puristes, le tour *les jours allongent* entre de plus en plus dans l'usage :

Puis c'était le mois de mars, les jours allongeaient (Hugo, *Les Misér.*, IV, 4, 1). — *Il fera longtemps clair ce soir, les jours* allongent (Mme de Noailles, *Le Cœur innombrable*, p. 65). — *Faudra attendre que les jours* rallongent (M. Proust, *Jean Santeuil*, t. II, p. 316). — *Comme les jours* avaient allongé, *grand'mère ne voulut pas qu'on allumât la lampe* (Fr. Mauriac, *La Robe prétexte*, IV). — *Les jours* allongent (Saint-Exupéry, *Courrier Sud*, p. 180). — *Dis donc, fit Marion, les jours* allongent, *hein ?* (M. Arland, *Terre natale*, p. 126). — *Les jours* allongent (H. Bosco, *Un Rameau de la Nuit*, p. 182).

4. Des puristes rejettent *je m'excuse* employé pour *excusez-moi*. A tort : *s'excuser* au sens de « présenter ses excuses, ses raisons pour se disculper d'une faute, d'une maladresse, etc. » est correct :

[Perrette] *va* s'excuser *à son mari* (La F., F., VII, 10). — *La vieille bonne (...)* s'excusa *de ce que le dîner n'était pas prêt* (Flaub., *Mme Bov.*, I, 5). — *Je me suis jeté sur vous, Monsieur, comme sur une proie : je* m'en excuse (A. Hermant, *Xavier*, p. 28). — *Je* m'excuse *de parler encore de M. Massis* (G. Bernanos, *Les Enfants humiliés*, p. 114). — *Je* m'excuse *d'avoir employé (...) ce terme imposant* (P. Valéry, *Variété*, Pléiade, p. 916). — *Claude* s'excuse *de ne pas descendre* (A. Chamson, *La Neige et la Fleur*, p. 323).

B. Pronominaux subjectifs (ou non réfléchis). — Dans les verbes pronominaux *subjectifs* (ou *non réfléchis*), le pronom conjoint *me, te, se,* etc. — qu'on pourrait appeler *censément préfixé* ou *agglutiné* — est comme incorporé au verbe et n'a qu'une valeur emphatique, ou affective, ou vague : il ne joue aucun rôle de complément d'objet et sert simplement, du moins en certains cas, à mettre en relief l'activité personnelle du sujet ou à marquer un intérêt particulier de ce sujet dans l'action ; ce pronom conjoint *me, te, se,* etc. est une sorte de particule flexionnelle, de « reflet » du sujet, et ne doit pas, dans l'analyse, être distingué de la forme verbale : *s'apercevoir (de), se connaître (à), se douter, s'écrouler, s'emparer, s'évanouir, se jouer, se moquer, se mourir, se pâmer, se prévaloir, se repentir, se souvenir, se taire.* Certains verbes pronominaux subjectifs sont formés d'un verbe de mouvement précédé de l'adverbe *en,* soudé ou non avec le verbe : *s'en aller, s'en retourner, s'envoler, s'enfuir,* etc.

Sans doute, dans un grand nombre de verbes pronominaux qui se présentent comme subjectifs, on peut, en remontant à l'ancienne langue et à l'étymologie, découvrir un sens réfléchi : *se promener, se tromper, s'effrayer, s'apercevoir de* (littéralement : se mettre en possession de, par l'esprit), *se douter de, s'écrouler, se désister, s'attaquer à* (litt. : s'attacher à), *s'emparer de* (litt. : munir soi de), *s'abstenir de* (litt. : tenir soi éloigné de), *se plaire à* (plaire à soi en…), *s'attendre à* (tendre soi, son esprit à), etc. — Mais, pour le sens linguistique moderne, ces verbes ne sont plus pensés comme réfléchis : on peut donc les ranger au nombre des pronominaux non réfléchis.

Remarques. — 1. Un bon nombre de verbes se rencontrent exclusivement sous la forme pronominale : on les appelle *essentiellement pronominaux* : *s'abstenir, s'arroger, se désister, se repentir,* etc. Ils s'opposent aux verbes *accidentellement pronominaux,* dans lesquels un pronom de sens réfléchi s'adjoint à des verbes qui peuvent, dans un autre emploi, se passer de ce pronom : *se blesser, se nuire* (*blesser, nuire* existent aussi).

2. Les verbes pronominaux subjectifs ont souvent, s'ils sont accidentellement pronominaux, une signification plus ou moins différente de celle du verbe à l'état simple [1] :

---

1. A remarquer que, pour certains verbes, la forme pronominale et la forme non pronominale ne présentent pas de différence de sens : *moisir* ou *se moisir, pourrir* ou *se pourrir, guérir* ou *se guérir, grossir* ou *se grossir,* etc. (généralement la forme pronominale est moins fréquente que l'autre) : *On a gardé trop longtemps ce pâté, il* a moisi ou *il* s'est moisi (Ac.). — *Le bois de chêne ne* pourrit *pas dans l'eau aussi promptement que les autres bois* (Id.). — *Cette pièce de bois* s'est pourrie (Id.). — *La voûte en bois commence à* se pourrir *par le haut* (Flaub., Mme Bov., p. 77). — *Son cœur a trop souffert pour* guérir, *pour* se guérir *jamais* (Ac.). — *Son armée* grossit *tous les jours* (Id.). — *La foule* se grossissait (Id.). — *Le ballon* se gonfle, gonfle (Id.).

S'apercevoir de qq. ch. = remarquer qq. ch. qui n'avait pas d'abord frappé le regard ou l'esprit. — *Apercevoir qq. ch.* = le voir soudainement.

Se mourir = être sur le point de (ou en train de) mourir. — *Mourir* = cesser de vivre.

S'enfuir = fuir loin (de qqn ou de qq. ch.). — *Fuir* = s'éloigner à la hâte pour éviter qqn ou qq. ch.

Se plaindre de qqn = exprimer qu'on est mécontent de lui. — *Plaindre qqn* = le prendre en pitié.

S'oublier = ne plus penser à ce qu'on est, à ce qu'on a à faire. — *Oublier* = ne plus avoir présent à l'esprit, ne pas penser (à qqn ou à qq. ch.) par négligence.

3. Dans le verbe pronominal à l'infinitif après le semi-auxiliaire *faire*, on omet souvent le pronom réfléchi ; on l'omet assez souvent aussi après *envoyer, laisser, mener, emmener* :

La perspective d'un poker l'a fait sauver (M. DONNAY, *Le Torrent*, I, 6). — *Un acide pour faire en aller les taches* (AC.). — *De peur de faire en aller mon rêve* (A. DAUDET, *Lett. de m. moul.*, p. 63). — *Il cherchait des araignées qu'il faisait battre ensemble* (L. LARGUIER, *Fâchés, Solitaires et Bourrus*, p. 85). — *On a laissé échapper ce prisonnier* (AC.). — *Je lui conseillai d'envoyer promener sa famille* (M. ARLAND, *La Grâce*, p. 102). — *Qu'on me laisse ici promener toute seule* (MOL., *Am. magn.*, I, 5). — *Qui sait (...) si le susceptible Directeur ne l'enverrait pas promener ?* (J. BAINVILLE, *Le Dix-huit Brum.*, p. 36.) — *On menait les écoliers baigner...* (CHATEAUBR., *Mém.*, I, 3, 2). — *Papa nous emmène tous promener* (P. MILLE, *Mémoires d'un dada besogneux*, p. 21). — *Le vieux mène son chien promener* (A. CAMUS, *L'Étranger*, p. 42).

Mais dans ces divers cas, l'omission du pronom réfléchi n'est jamais obligatoire : *Nous essayons de le faire s'asseoir* (P. LOTI, *Mon Frère Yves*, p. 264). — *Tout à coup un mouvement de mes voisins (...) me fait ME retourner* (R. BAZIN, *Terre d'Espagne*, p. 15). — *Laisse-le donc plutôt SE coucher* (Ch.-L. PHILIPPE, *Le Père Perdrix*, p. 218). — *Le bruit de la serrure le fit SE lever* (R. MARTIN DU GARD, *Les Thibault*, VIII, p. 133).

4. Selon l'usage moderne, c'est la forme pronominale *se promener* (et non la forme simple *promener*) qu'on emploie pour exprimer l'idée de « marcher », « aller à pied ou à cheval », etc. On doit donc dire, comme Littré l'enseigne : *Allons NOUS promener* (et non pas : *Allons promener*). — *Aller SE promener* (AC.). — *Allons, dit-il, NOUS promener un peu sous bois* (G. DUHAMEL, *La Pesée des âmes*, p. 61). — *Nous fûmes NOUS promener au Bois* (J. de LACRETELLE, *Silbermann*, p. 41).

« Parler autrement, dit Littré, est une faute commise par J.-J. Rousseau, dans cette phrase : *J'ai toutes les peines du monde à obtenir cinq ou six fois l'année qu'elle* [Thérèse] *veuille bien venir promener avec moi* (*Lett. à Mme de Créqui*, sept. 1770). — Vaugelas (*Rem.*, p. 20) admettait *allons promener, il est allé promener*, aussi bien que *il s'est allé promener, je me promeneray*. — En fait, *aller promener* est donc un archaïsme : *J'ai même été promener cette après-dînée* (RAC., t. VII, p. 304). — *Je n'exige pas que tu aimes la musique (...). J'en ferai pendant que tu iras promener* (G. SAND, dans A. MAUROIS, *Lélia ou la Vie de George Sand*, p. 92). — *Elle* [mon imagination] *a, je ne sais comment, su à quelle heure, en quel lieu vous allez promener* (L. VEUILLOT, *Historiettes et Fantaisies*, pp. 35-36). — *Ils furent promener* (O. AUBRY, *Sainte-Hélène*, t. I, p. 276).

Hist. — L'adjonction du pronom réfléchi aux verbes intransitifs était fréquente dans l'ancienne langue. On avait : *se dormir, se penser, s'éclore, se blêmir, se vouloir, s'éclater, s'apparaître, se dîner, se consentir, se demeurer,* etc., à côté de *dormir, penser, éclore,* etc. : *Carles* SE GIST (*Rol.,* 2513). — *Par tuz les prez or* [maintenant] SE DORMENT *li Franc* (*ibid.,* 2521). — *Le premier qui les vit de rire* S'ÉCLATA (LA F., *F.,* III, 1). — *Plus je vois son mérite et plus mon feu* S'AUGMENTE (CORN., *Cid,* IV, 2).

Mais cet emploi du pronom réfléchi, on vient de la voir, était facultatif. C'est ainsi que, dans certains verbes pronominaux comme *s'évanouir, s'évader, se pâmer,* etc., le pronom, employé obligatoirement aujourd'hui, pouvait être omis : *La chaleur fut si grande qu'il en* ESVANOUÏT (D'AUBIGNÉ, t. II, pp. 497-8). — *Harley (...) pensa* ÉVANOUIR (SAINT-SIMON, *Mém.,* t. III, pp. 291-2). — *Il est temps d'*ÉVADER (CORN., *Illus. comiq.,* IV, 9).

Même le pronom de valeur proprement réfléchie pouvait n'être pas exprimé : *Combien je* RELÂCHAIS *pour vous de mon devoir !* (RAC., *Andr.,* III, 2.) — *Il* MASQUE *toute l'année* (LA BR., VIII, 48). Cet usage ne se retrouve qu'exceptionnellement dans le français moderne : *On lui donne à* LAVER (= à se laver) (CHAT., *Génie,* II, 5, 3). — *Quelques corneilles, quelques alouettes (...)* POSAIENT, *immobiles sur le cordon de pierres* (ID., *Mém.,* I, 10, 1). — *Je l'aurais tant moqué (...) qu'il s'en fût allé* PENDRE *au figuier de Vénus, avec ta ceinture* (A. SUARÈS, *Cressida,* p. 114).

Quand plusieurs verbes réfléchis se suivaient, on pouvait anciennement se contenter d'exprimer le pronom réfléchi une fois pour toutes devant le premier verbe : *Qu'il s'embrase, consume et transforme en toi-même* (CORN., *Imit.*). — SE *vautrant grattant et frottant* (LA F., *F.,* VI, 8). — Aujourd'hui cela est archaïque : *Je ne m'inquiète pas de demander à cette production spontanée de* SE *prolonger, organiser et achever sous les exigences d'un art* (P. VALÉRY, dans le *Figaro litt.,* 6 mai 1950). — *Ajoutez que ces passagers (...) passent le temps de cette brève navigation interstellaire à* SE *calomnier, déchirer, détripailler, torturer les uns les autres* (A. MAUROIS, *Nouv. Discours du Doct. O' Grady,* p. 168). — *Un auditoire lettré en voie de se réduire ou désagréger* (H. BORDEAUX, *La Garde de la maison,* p. 240).

602. PRONOMINAUX PASSIFS. — On emploie fréquemment la forme pronominale dans le ***sens passif*** mais à peu près uniquement à la 3e personne et toujours sans indication d'agent ; le sujet des pronominaux passifs désigne des choses, parfois aussi des personnes[1] ; ce tour permet de ne pas exprimer l'agent de l'action (cet agent implicite est *on* dans la plupart des cas) lorsqu'il est peu utile, peu intéressant, peu convenable de le faire[2] : *Un homme* S'EST RENCONTRÉ... (BOSS., *R. d'Angl.*). — *Jéricho* S'APERÇOIT (VIGNY, *Moïse*). — *Une voix du côté de*

---

1. L'emploi du pronominal passif avec un sujet de personne n'est pas possible dans les phrases où ce sujet risquerait d'être compris comme désignant celui qui *fait* l'action : la phrase *On jette à l'eau le coupable* ne saurait, à cause de l'équivoque, être tournée par le pronominal passif : *Le coupable se jette à l'eau.*

2. Plusieurs estiment que ces pronominaux, qui n'admettent pas l'indication de l'agent et dont le sujet n'est pas présenté comme subissant l'action, ne sauraient être considérés comme de véritables passifs (cf. VENDRYES, *Le Langage,* p. 122 ; v. WARTBURG et ZUMTHOR, *Précis de Synt.,* 2e éd., § 354).

Rhodes s'ENTENDIT (HUGO, *Lég.*, t. I,.p. 355). — *Ses premiers tableaux de fleurs* SE VENDIRENT *bien* (H. de RÉGNIER, *Le Mariage de Minuit*, III). — *Tu* T'APPELLERAS *Pierre*[1].

Remarque. — Le pronominal passif s'emploie fréquemment comme impersonnel : *Il* SE BRÛLE *par an dans la cathédrale mille livres de cire* (Th. GAUTIER, *Voyage en Esp.*, p. 329). — *Il* S'EFFEUILLAIT *d'innombrables carnets de chèques sur le Palais-Bourbon* (A. FRANCE, *Le Mannequin d'osier*, p. 239). — *Il* SE PENSE *toujours bien plus de choses qu'il ne* S'*en* DIT (É. HENRIOT, *Au bord du temps*, p. 1).

Hist. — Le tour pronominal, substitut de la forme passive, pouvait autrefois être accompagné d'un complément d'agent introduit par la préposition *par : L'élection s'en faisait* [des rois] PAR TOUT LE PEUPLE (Boss., *Hist.*, III, 6). — *Cependant* PAR BAUCIS *le festin se prépare* (LA F., *Philémon et Baucis*). — La langue contemporaine, pour indiquer l'agent, se sert normalement de la forme active ou de la forme passive non pronominale : *Baucis prépara... ; le festin fut préparé par Baucis.*

III. — *VERBES IMPERSONNELS*

603. Les verbes **impersonnels** sont ceux qui s'emploient à la troisième personne du singulier, sans relation à un sujet déterminé.

Comme les verbes impersonnels ne s'emploient qu'à la 3e personne du singulier, on leur donne parfois le nom de verbes *unipersonnels*.

En dehors de quelques formules proverbiales, comme *advienne que pourra*, et de certaines expressions toutes faites, telles que *peu importe, n'importe, n'empêche, peu s'en faut, mieux vaut, reste, suffit*, etc., les verbes impersonnels sont toujours accompagnés du neutre sujet *il* (parfois *ce*), ne représentant aucun agent : IL *pleut.* C'*est l'heure.* — C'*était midi* (A. GIDE, *Nourr. terr. et Nouv. Nourr.*, p. 160). — C'*est minuit ; on vient d'éteindre le gaz* (M. PROUST, *Du côté de chez Swann*, I, p. 12). — *La journée s'écoulait.* CE *fut deux heures puis* CE *fut trois heures* (A. de CHÂTEAUBRIANT, *La Brière*, p. 219). — C'*était sept heures du matin* (H. BOSCO, *Un Rameau de la nuit*, p. 9).

Hist. — En ancien français, les verbes impersonnels s'employaient sans sujet : au latin *pluit*, par exemple, correspondait *pluet*. On disait de même *estuet* (il faut), *m'en chaut* (il m'importe), etc. : *Tone et pluet, molt fet oscur* (*Eneas*, 1509). — A partir du XIIe siècle, le sujet *il* des verbes personnels s'est étendu aux verbes impersonnels, et l'emploi en est devenu général dès le XVIe siècle. Toutefois, à cette époque, l'ancien usage n'avait pas complètement disparu : *Sire, souvienne vous des Atheniens* (MONTAIGNE, I, 9 ; p. 55). — *Et ne se fauldra plus doresnavant trouver en place* (RAB.,

---

1. Ce cas est controversé : « Quelques-uns voient un passif dans *je m'appelle Pierre, tu t'appelles Martin*, etc. Ce serait alors le seul cas où la construction réfléchie s'emploie ainsi en dehors de la troisième personne. Mieux vaut y voir un intransitif. » (SANDFELD, *Synt.*, t. I, p. 133).

Pant., 8). — Au XVIIᵉ siècle même, il se trouve encore, surtout dans la langue familière : *Ce jargon n'est pas fort nécessaire, me semble* (MOL., *Dép. am.*, II, 7). — *Fallut
deviner et prédire* (LA F., *F.*, VII, 15).

604. Les verbes impersonnels proprement dits sont ceux qui n'ont
que l'infinitif et la troisième personne du singulier ; sauf *falloir*, ils
expriment des phénomènes de la nature : *Il pleut, il repleut. Il tonne,
il retonne. Il éclaire* (= il fait des éclairs). *Il gèle, il dégèle, il regèle.
Il grêle, il regrêle. Il neige, il reneige. Il vente. Il brume, il brumasse.
Il bruine. Il verglace* [1].

A ces verbes on peut assimiler le verbe *faire* formant avec un adjectif ou un nom
des locutions impersonnelles employées pour caractériser quelque état de l'atmosphère
ou du temps ou pour marquer diverses circonstances de certaines choses : *Il* FAIT
chaud, froid, bon, beau, frais, sec, doux, clair, sombre, étouffant, glissant [2]. *Il* FAIT *jour,
nuit.* — *Il* FAIT *déjà grand soleil* (AC.). — *Il* FAIT *du soleil* (ID.). — *Il* FAIT *soleil*
(LITTRÉ). — *Il* FAIT *du verglas* (ID.). — *Il* FAIT *soleil, maintenant* (Fr. MAURIAC, *Le
Sagouin*, p. 93). — *Il* FAIT *clair de lune* [3] (AC.). — *Il y a du verglas, il* FAIT *bien glissant*
(ID.). — *Il* FAIT *beau temps. Il* FAIT *du vent, de la pluie, du brouillard, de l'orage. Il* FAIT
noir. Il FAIT *bon vivre dans ce pays.* — *Il* FAIT *cher vivre dans cette ville* (AC., s. v. *cher*).

605. Certains verbes impersonnels ont un sujet personnel quand ils sont
employés figurément ; ils peuvent alors se mettre au pluriel et se conjuguer
à l'impératif, au participe présent et au gérondif, ce que ne font jamais les
verbes impersonnels pris au sens propre :

Notre homme Tranche du roi des airs, PLEUT, VENTE (LA F., *F.*, VI, 4). — *Dieu
A-t-il* TONNÉ *et* ÉCLAIRÉ ? (Boss., *Serm.*, 1ᵉʳ Pentec., 2.) — *Boulets, mitraille, obus,
mêlés aux flocons blancs,* PLEUVAIENT (HUGO, *Châtim.*, V, 13, 1). — *La mousseline*
PLEUT *abondamment devant les fenêtres* (BAUDELAIRE, *Petits Poèmes en prose*, 5). —
Des pétales NEIGENT *sur le tapis* (A. GIDE, *L'Immor.*, 3ᵉ part.). — TONNEZ, *canons.*

Surtout quand ils sont employés au figuré, quelques verbes impersonnels
peuvent être suivis d'un nom complétif du sujet *il* (cf. note p. 544) : *Il pleut
de grosses gouttes* (ROBERT). — *Il avait bruiné une poussière d'eau* (ZOLA,
Au Bonh. des Dames, IV). — *Il pleut de grosses pierres dans son jardin*
(A. FRANCE, *Pierre Nozière*, p. 205). — *Il neige lentement d'adorables pâleurs*
(A. SAMAIN, *Au Jardin de l'Infante*, Soir).

---

1. *Verglacer* est archaïque. Il est dans Littré et dans le Larousse du XXᵉ s., mais
ni le Dictionnaire général ni l'Académie n'en font mention. L'expression courante est :
il fait (ou : *il y a*) *du verglas.* — A noter le participe passé *verglacé : Pavé* VERGLACÉ
(LITTRÉ).

2. On dit, en Wallonie : *Il fait facile marcher, il fait difficile marcher* [cf. liégeois :
i n'fêt nin âhèye roter (litt. : il ne fait pas aisé marcher) ; *i fêt mâlâhèye roter* (litt. : il
fait malaisé marcher) (J. HAUST, *Dict. liégeois*)]. Cela est incorrect. Il faut dire : *On
marche aisément, facilement, sans peine,* — *difficilement, avec peine.*

3. H. BOSCO (*Le Mas Théotime*, p. 47) écrit hardiment : *Une nuit qu'il faisait
très chaud et qu'il* LUNAIT *doucement...*

Ils prennent parfois un complément d'objet direct : *Je* PLEUVRAI DES PAINS *du ciel* (Boss., *Œuv. orat.*, t. IV, p. 425). — *La lune* NEIGE SA LUMIÈRE *sur la couronne gothique de la tour du tombeau de Metella* (CHATEAUBR., *Mém.*, IV, 5, 5). — *N'allaient-elles pas* [les étoiles] NEIGER LEUR OR, *tout à l'heure, jusque sur le sol ?* (M. PRÉVOST, *La Nuit finira*, t. I, p. 193.)

606. Un grand nombre de verbes personnels (intransitifs, passifs, pronominaux, ainsi que *être* + adjectif attribut) peuvent être construits impersonnellement ; ils sont alors suivis d'un nom, d'un pronom d'un infinitif, d'une proposition complétant le sujet *il*[1] : *Tous les lundis, il* PART *maintenant pour Grenoble plus de soixante charrettes* (BALZAC, *Le Médecin de campagne*, p. 60). — *Il* SOUFFLE *un vent terrible* (J. ROMAINS, *Quand le Navire...*, p. 147). — *Il* EST VENU *quelqu'un.* — *Il* EST BON *de parler et meilleur de se taire* (LA F., F., VIII, 10). — *Il* CONVIENT *que vous veniez.* — *Il* SENT *le brûlé dans la cuisine* (LITTRÉ).

Remarques. — 1. Souvent la forme impersonnelle est un procédé de style qui permet de donner plus de valeur à l'action exprimée par le verbe, en diminuant d'autant l'importance du sujet ou même en l'éludant tout à fait (à remarquer que des verbes transitifs, intransitifs, pronominaux se prêtent à un impersonnel passif) : *Il* EST ARRIVÉ *du renfort* (cf. : *Du renfort est arrivé*). *Il se* DÉBITE *bien des sottises* (cf. : *Bien des sottises se débitent*). *Il* EST RAPPELÉ *au public que...* (cf. : *L'administration rappelle...*). — *Devant le singe il* FUT PLAIDÉ (LA F., F., II, 3). — *Il ne se* PARLERA *plus de tous ces faits éclatants* (Boss., *Condé*). — *Celui (...) auquel il* A ÉTÉ VOLÉ *une chose* (*Code civ.*, art. 2279). — *Il en* SERA PARLÉ (LITTRÉ, s.v. *parler*, 28º).

2. Les verbes impersonnels sont parfois accompagnés d'un objet indirect désignant la personne : *Il* ME *vient une idée.* — *Il n'importe* À LA RÉPUBLIQUE (LA F., F., VIII, 1). — *Il ne* ME *souvient pas de m'être ennuyé un jour avec toi* (A. MAUROIS, *Cours de bonheur conjugal*, p. 242). — *Il* LUI *prend des accès d'humeur* (Ac.) (cf. § 599, Rem. 4, *N. B.*, *b*).

Dans *Il me faut partir*, le pronom *me*, objet indirect, est en même temps sujet de l'infinitif *partir*. [Cet infinitif est regardé traditionnellement comme le sujet logique de *faut* ; selon Brunot (*La Pens. et la L.*, pp. 289-290), c'est un complément d'objet de *faut*.]

3. La locution très fréquente *il y a* s'emploie avec la valeur du verbe *être* pour marquer l'existence, ou avec la valeur d'une préposition pour amener l'indication d'un temps écoulé. Cette expression se remplace parfois, surtout dans le style élevé ou poétique, par *il est* : IL Y A *donc un bon et un mauvais*

---

1. Traditionnellement ce mot complétif du sujet *il* est regardé comme « sujet réel » : voy. § 185.

goût (LA BR., I, 10). — IL *n'* Y A *pas moyen*[1] *de faire cela* (AC.). — IL Y A *deux jours qu'il n'est venu.* — IL EST *des nœuds secrets,* IL EST *des sympathies...* (CORN., *Rodog.*, I, 7). — IL *n'*EST *pire douleur Qu'un souvenir heureux dans les jours de malheur* (MUSSET, *Le Saule,* I). — IL EST *aux bois des fleurs sauvages* (A. FRANCE, *Pierre Nozière*, p. 172).

4. *Il n'est que de,* suivi d'un infinitif, signifie, dans l'usage classique, « il n'y a rien de tel que de », « le mieux est de » : *L'éclat d'un tel affront l'ayant trop décriée,* IL N'EST, *à son avis,* QUE D'*être mariée* (CORN., *Suite du Ment.*, I, 1). — IL N'EST QUE DE *jouer d'adresse en ce monde* (MOL., *Mal. im.*, interm. 1). — IL N'EST QUE D'*être roi pour être heureux au monde* (A. CHÉNIER, *Élég.*, 24). — IL N'EST QUE DE *se soumettre aux usages dont la raison nous est cachée* (A. GIDE, *Feuillets d'automne*, p. 64). — Dans l'usage moderne, *il n'est que de,* avec un infinitif, prend aussi le sens de « il suffit de », « il n'y a qu'à » : IL N'ÉTAIT QUE DE *pousser la grille (...), et l'on se perdait dans un parc* (Tr. DERÈME, *La Libellule violette*, p. 13). — *Oui, c'est la vérité :* IL N'EST QUE DE *regarder ce moignon* (M. GENEVOIX, *Rroû*, p. 245). — *Quelques vers restaient à composer :* IL N'ÉTAIT QUE DE *s'y mettre et Romains s'y mit sans retard* (G. DUHAMEL, *Le Temps de la Recherche*, XII). — *Cet homme paisible* [Érasme] *n'est pas brave (...).* IL N'EST QUE DE *le voir du reste. De petite santé, souffrant de la gravelle, il est tenu à mille précautions* (L. LARGUIER, *Fâchés, Solitaires et Bourrus*, p. 63). — *Tout prenait une âme ;* IL N'ÉTAIT QUE DE *rester silencieux, immobile, pour la sentir* (M. ARLAND, *Terre natale*, p. 79). — *Il faut, en premier lieu, la participation d'une éminente personnalité. (...) M. Herriot semble l'homme nécessaire.* IL N'EST QUE DE *le décider* (Gén. DE GAULLE, *Mém.*, t. II, p. 352).

5. *Il est de besoin,* aujourd'hui encore courant dans le Midi, est archaïque : *J'aurai soin De vous encourager, s'*IL *en* EST DE BESOIN (MOL., *F. sav.*, V, 2). — *Il est besoin* est vieilli : IL EST BESOIN *de partir* (LITTRÉ). — IL EST BESOIN *que je parte bientôt* (ID.). — *Qu'*EST-IL BESOIN *de...?* (AC.) — *Qu'*EST-IL BESOIN *que...?* (ID.)

L'Académie fait observer que hors de l'interrogation, *il est besoin* ne se dit guère qu'avec la négation : *Il n'est pas besoin de... Il n'est pas besoin que...*

Hist. — L'ancienne langue employait à la forme impersonnelle certains verbes qui n'admettent plus aujourd'hui que la forme personnelle. On disait encore au XVIIe siècle : *Il leur* FÂCHE *d'avoir admiré sérieusement des ouvrages...* (BOIL., *Discours sur la Sat.*). — *Il vous* ENNUYAIT *d'être maître chez vous* (MOL., *G. Dandin*, I, 3).

Des formes impersonnelles comme *il m'ennuie de, il me fâche de*, etc. se disent encore de nos jours, mais leur emploi est vieilli : *Il m'*ENNUIE *d'être seul dans l'univers*

---

1. On dit aussi elliptiquement et par interrogation : *quel moyen... ?* ou : *le moyen...? Mais* LE MOYEN *de sauver des gens si obstinés à se perdre ?* (Boss., *Hist.*, II, 8.) — *Vous voulez que je fasse telle chose,* LE MOYEN ? QUEL MOYEN ? LE MOYEN *que j'y parvienne ?* (AC.) — LE MOYEN *qu'on pût le trouver là ?* (HUGO, *Les Misér.*, IV, 15, 1.)

(Th. Gautier, *Le Roman de la Momie*, p. 247). — *Il ne la* gênait *pas du tout de me laisser entendre...* (R. Boylesve, *Souven. du jardin détruit*, p. 89).

§ 3. — FORMES DU VERBE

607. Les verbes changent non seulement en *nombre* et en *personne*, mais encore en *voix*, en *mode* et en *temps*.

607*bis*. L'**aspect** du verbe est le caractère de l'action considérée dans son développement, l'angle particulier sous lequel le déroulement (le « procès ») de cette action est envisagé, l'indication de la phase à laquelle ce « procès » en est dans son déroulement ; c'est donc, en somme, la manière dont l'action se situe dans la durée ou dans les parties de la durée. — Les principaux aspects sont :

L'instantanéité (aspect momentané) : *La bombe éclate.*

La durée (aspect duratif) : *Je suis en train de lire. Je le pourchasse.*

L'entrée dans l'action (aspect inchoatif ou ingressif) : *Il se met à rire. Il s'endort.*

La répétition (aspect itératif) : *Je relis la lettre. Il buvote son vin.*

La continuité, la progression (aspect progressif) : *Il ne fait que rire. Le mal va croissant.*

L'achèvement (aspect perfectif) : *Elle a vécu, Myrto. J'ai trouvé.*

L'inachèvement (aspect imperfectif) : *Je cherche une solution.*

La proximité dans le futur : *Il va lire, il est sur le point de lire.*

La proximité dans le passé : *Je viens de le voir.*

L'aspect est parfois exprimé intrinsèquement par le verbe lui-même : *pour-chasser* ; — souvent il est marqué au moyen d'expressions auxiliaires (cf. § 655) ou d'adverbes ; — parfois il est indiqué par un préfixe ou par un suffixe : *relire, buvoter.*

En général, le français, dans ses formes verbales (et notamment dans les temps composés) considère le procès depuis le moment initial jusqu'au moment final, sans faire apparaître d'une manière spéciale sa durée ou les parties de sa durée.

N. B. — La définition de l'*aspect* reste assez controversée. Parmi les formules qu'on a proposées, il faut surtout signaler celle-ci, donnée comme « définition généra-lisée de l'aspect » par G. Guillaume : « L'aspect est une forme qui, dans le système même du verbe, dénote une opposition transcendant toutes les autres oppositions du système et capable ainsi de s'intégrer à chacun des termes entre lesquels se mar-quent lesdites oppositions » (*Temps et Verbe*, p. 109). — Considérant la *tension* du verbe (c'est-à-dire « l'impression de mobilité progressive qui en est inséparable »), G. Guillaume distingue trois aspects : 1° un aspect *tensif* (temps simples : *marcher, il marche...*) ; — 2° un aspect *extensif* (temps composés : *avoir marché, il a marché...*) ; — 3° un aspect *bi-extensif* (temps surcomposés : *avoir eu marché, il a eu marché...*). — A signaler aussi que, pour Vendryes, « on appelle du nom d'*aspect* la catégorie de la durée. Nos temps du français expriment le moment où une action s'est accomplie, s'accomplit ou s'accomplira ; ils ne tiennent pas compte de la durée de l'accomplisse-ment. C'est pourtant là une notion importante et qui même dans certains verbes domine toute autre considération de sens. » (*Le Langage*, p. 117.)

1 — NOMBRE ET PERSONNE

608. Nombre. Le verbe prend des formes différentes suivant que le sujet est au singulier ou au pluriel : *Je lis. Nous lisons.*

609. Personne. Le verbe prend des formes différentes suivant que le sujet est de la première, de la seconde ou de la troisième personne. Dans les verbes, comme dans les pronoms personnels (voir § 468), il y a trois personnes à chacun des deux nombres :

	SINGULIER	PLURIEL.
1re pers.	*Je plante.*	*Nous plantons.*
2e pers.	*Tu plantes.*	*Vous plantez.*
3e pers.	*Il plante.*	*Ils plantent.*

Parfois, au singulier, les formes de la 1re et de la 2e personne, ou de la 1re et de la 3e personne, s'écrivent identiquement de la même manière : *Je lis, tu lis ; je reçus, tu reçus ; que je sois, que tu sois ; je chante, il chante.*

II. — VOIX

610. Les **voix** sont les formes que prend le verbe pour exprimer le rôle du sujet dans l'action. Il y a deux voix du verbe :

1° La voix **active** (on dit aussi l'*actif*), indiquant que le sujet *fait* l'action ; celle-ci est considérée à partir de l'agent du procès : *Le maître* PARLE ; *l'élève* ÉCOUTE.

2° La voix **passive** [a] (on dit aussi le *passif*), indiquant que le sujet *subit* l'action ; celle-ci est considérée à partir de l'objet du procès : *L'élève* EST INSTRUIT *par le maître.* — *Aucun juge par vous ne* SERA VISITÉ ? (MOL., *Mis.*, I, 1.)

Il arrive très fréquemment que la forme passive n'exprime pas, à proprement dire, une *action subie* par le sujet : le participe passé n'est pas, dans ces cas, une forme verbale, mais un simple adjectif attribut : *La rue était* OBSTRUÉE. *Le magasin est* FERMÉ *le dimanche.* — *Que les temps sont* CHANGÉS ! (RAC., *Ath.*, I, 1.)

Remarques. — 1. On distingue souvent une troisième voix : la voix *réfléchie*, ou *moyenne*, ou *pronominale*, indiquant que l'action faite par le sujet revient, se réfléchit sur ce sujet. — Mais on peut considérer cette troisième voix comme un cas particulier de la voix active.

2. On discernera aisément un verbe passif d'avec un verbe actif conjugué avec *être* en observant : 1° que, dans la forme passive, le sujet subit l'action, tandis que, dans la forme active, le sujet fait l'action ; 2° qu'une forme passive,

---

ÉTYM. — [a] *Passif*, empr. du lat. *passivus*, qui souffre, de *pati*, souffrir, supporter.

par ex. *Il est admiré*, peut être tournée par *On l'admire*, tandis qu'une forme active conjuguée avec *être*, par ex. *Il est venu*, ne se prête pas à ce changement de tournure.

611. Observations sur le passif.

1. En principe, on peut mettre au passif tout verbe transitif direct : l'objet direct du verbe actif devient le sujet du verbe passif, et le sujet du verbe actif devient le complément d'agent du verbe passif : *Le juge interroge l'accusé ; l'accusé* EST INTERROGÉ *par le juge.*

Toutefois, dans certains cas, le verbe transitif direct ne peut être tourné par le passif : *La Meuse prend sa source en France. Nous avons* [1] *un verger. Il peut tout sur les peuples.*

Ajoutons que si le sujet du verbe transitif direct est *on*, ce pronom disparaît dans la phrase mise au passif, qui, dès lors, ne comporte pas de complément d'agent : *On interrogea l'accusé. L'accusé fut interrogé.*

N. B. — *a)* Comme on dit bien *répondre une requête, un mémoire, une pétition*, etc., et aussi *répondre la messe*, le verbe *répondre*, dans ces expressions, admet la tournure passive : *La pétition n'a pas encore été répondue* (Ac.). — *La messe a été fort bien répondue.* — On a pu dire autrefois *répondre une lettre* (= faire réponse à une lettre) : *Les lettres (...) que je réponds* (VOLT., *À Damilaville*, 11 déc. 1767). — *Ma lettre est aisée à répondre* (STENDHAL, *Corr.*, t. I, p. 12). — Quoique ce tour soit hors d'usage à l'actif, il subsiste au passif : *Toutes ces lettres ont été répondues.* — *Je l'ai mise* [une lettre] *ce matin dans le dossier des lettres non répondues* (G. MARCEL, *Un Homme de Dieu*, I, 6).

b) Bien que *montrer* et *apprendre*, au sens d'*enseigner*, n'admettent de nos jours, à l'actif, avec un nom de personne, que le tour *montrer* ou *apprendre à qqn* [un art, une science, etc.] (et non : *montrer* ou *apprendre qqn* [2]), ils s'emploient bien au passif avec le nom de personne pour sujet : *Avoir été bien montré, mal montré* (LITTRÉ). — *Dès*

---

1. *Avoir*, dans l'usage ordinaire n'a pas de passif : il « ne passe au passif, dit BRUNOT (*La P. et la L.*, p. 362, note 1), que dans la langue des philosophes ou dans celle des écrivains qui cherchent un effet de style : *Autrefois ils avaient des danseuses, aujourd'hui... ils* SONT EUS *par elles* (A. KARR, *Guêpes*, 1ʳᵉ série, 34). » — La langue populaire, ou badine, ou familière sait user, à l'occasion, du passif de *avoir* dans des sens spéciaux comme « attraper », « duper », « posséder ». — Rappelant que Mme Marguerite Yourcenar, qui pouvait espérer obtenir, pour ses *Mémoires d'Hadrien*, le prix des critiques (100 000 anciens francs), a été choisie par les dames du prix Femina qui, prenant les devants, lui ont décerné le prix Vacaresco (5 000 anciens francs), É. HENRIOT (dans le *Monde*, 28 mai 1952) écrit plaisamment : *C'est ainsi que Mme Marguerite Yourcenar a été kidnappée, enlevée au prix des critiques par un brusque coup de main du jury féminin. Il s'agissait de l'avoir avant les autres. Elle* A ÉTÉ EUE. — On peut imaginer la phrase fameuse *On les aura* passant, par un effet du même genre, au passif : *Quand ils* SERONT EUS, *que ferons-nous ?*

2. *Apprendre quelqu'un* a été en usage autrefois : *La douceur de sa grace (...) apprend les hommes de s'esmerveiller avec crainte* (CALVIN, dans Littré, s. v. *apprendre*, Hist.). — *Qui apprendroit les hommes à mourir leur apprendroit à vivre* (MONTAIGNE, I, 20 ; p. 114).

l'enfance appris à cela [mendier] (P.-L. COURIER, dans Littré). — *Cet enfant a été bien appris.*

c) On a contesté que *concerner* pût s'employer au passif. Littré affirme que, grammaticalement, cet emploi ne fait aucune difficulté et qu'on dit très communément des phrases comme celles-ci : *Votre ami est* CONCERNÉ *dans cette affaire ; Les intérêts* CONCERNÉS *par cette mesure.* — De fait, *concerné* n'est pas si rare qu'on pourrait croire : *Les camarades ne se sentirent pas* CONCERNÉS *dans cet épisode* (G. DUHAMEL, *La Pesée des âmes,* p. 161). — *Elle* [la peinture] *cessa de se sentir* CONCERNÉE *par ce qui s'était appelé sublime ou transcendance* (A. MALRAUX, *Les Voix du silence,* p. 110). — *Cette part de lui-même (...) n'est en rien* CONCERNÉE *par ces écrous qu'il serre* (Fr. MAURIAC, *Paroles catholiques,* p. 54). — *Je n'étais* CONCERNÉ *par aucun jugement* (A. CAMUS, *La Chute,* p. 32). — *Un Grec était* CONCERNÉ *par ses héros historiquement* (A. MAUROIS, *Ce que je crois,* p. 21). — *Toute activité sociale, collective, peut être appelée « vie », tandis qu'autrefois l'existence individuelle semblait seule* CONCERNÉE *dans cette syllabe prestigieuse* (A. THÉRIVE, *Clinique du langage,* p. 309).

d) *Usité* est couramment employé comme adjectif : *Quels mots sont* USITÉS *dans une langue morte* (PASCAL, *Vide,* Préf.). — *Cela était fort* USITÉ *en ce temps-là* (DICT. GÉN.). — *Ce mot n'est guère* USITÉ (AC.). — Le verbe *usiter* (de *usitare,* de basse latinité, fréquentatif de *uti,* user de), qui s'est employé dans l'ancienne langue, n'est plus d'usage[1]. On le retrouve parfois cependant, au participe passif *usité,* généralement accompagné d'un complément d'agent[2] : *Enfin « de vrai » est* USITÉ *par les meilleurs auteurs* (LITTRÉ, *Suppl.,* s. v. *juste*). — *« Multum », ancêtre de l'ancien français « moult », déjà* USITÉ *par Cicéron* (A. DAUZAT, *Les Étapes de la langue franç.,* p. 24). — *Les « il y a », « il y eut » tant* USITÉS *par les romanciers actuels* (CRITICUS, *Le Style au microscope,* t. II, p. 132). — *Il* [Montherlant] *ne redoutera pas des mots comme « luisance »* (USITÉ, *on le reconnaît, par Chateaubriand, mais proscrit par Littré*) (Y. GANDON, *Le Démon du style,* p. 193). — *La langue* USITÉE *à Metz par les « amans » ou notaires* (Ch. BRUNEAU, *Petite Hist. de la langue franç.,* t. I, p. 40). — *Certaines* [formations] *deviennent cocasses et abusives, par exemple aéro-paquet* USITÉ *par une compagnie de chemins de fer de l'Algérie* (A. THÉRIVE, *Querelles de lang.,* 2e sér., p. 186).

2. Les verbes transitifs indirects ne peuvent s'employer à la forme passive : *Il nuit à sa réputation. Le fat nous déplaît. Il ressemble à son frère.* — Toutefois

---

1. A. Thérive, très hardiment, s'en sert encore, à l'occasion : *... quel mot on devrait créer et* USITER *pour désigner une copie à la machine, ou un texte dactylographié* (*Querelles de lang.,* 2e sér., p. 201, cité par H. Glättli, *Rev. de ling. rom.,* juill.-déc. 1958, p. 321).

2. Il était courant autrefois. Le voici chez Calvin : *C'est merveille si quelcun trouve ceste maniere de parler estrange laquelle n'a nulle absurdité, et a esté* USITÉE *des anciens docteurs* (dans Littré) ; — chez J. du Bellay : *Certaines manieres de parler, peu ou point encor'* USITÉES *des Francoys* (*Déf. et Illustr.,* éd. Chamard, p. 290, cité par H. Glättli, *Rev. de ling. rom.,* juill.-déc. 1958, p. 319) ; — chez Nicot : *Bailler à aucun tout du long de l'aulne, est une manière proverbiale de parler,* USITÉE *par le François* (s. v. *aulne*) ; — chez Vaugelas : *Cette façon de parler a esté fort* USITÉE *autrefois par les meilleurs Escrivains* (*Rem.,* p. 348).

obéir, désobéir, pardonner [à qqn], sont susceptibles de la tournure passive [1] : *Quand vous commanderez, vous* SEREZ OBÉI (RAC., *Iphig.*, IV, 4). — *Votre Altesse* SERA OBÉIE (STENDHAL, *Chartr.*, t. II, p. 193). — *Je savais (...) que ses larmes n'*AURAIENT *pas* ÉTÉ DÉSOBÉIES (B. CONSTANT, *Adolphe*, V). — *Il vit qu'il* ÉTAIT PARDONNÉ (A. MAUROIS, *Bernard Quesnay*, p. 136).

3. Les verbes intransitifs ne peuvent avoir de passif : *Il jeûne. Ils ont insisté. Il tousse.* — Toutefois certains verbes intransitifs admettent le passif quand ils sont pris transitivement ou quand ils sont employés au passif impersonnel (voir § 606, Rem. 1) : *Ces heures d'angoisse* ONT ÉTÉ VÉCUES *par d'autres que nous.* — *Il* SERA SURSIS *à toute procédure... (Code de procéd. civ.*, art. 357). — *Il* AVAIT ÉTÉ PROCÉDÉ *à la cérémonie le plus discrètement possible* (G. BERNANOS, *L'Imposture*, p. 39).

4. Les verbes pronominaux ne peuvent s'employer au passif : *Il se vante. Il se lève.*

Se moquer fait exception : bien que la forme active *moquer quelqu'un* soit devenue assez rare [2] et soit, dans l'usage normal, remplacée par la forme pronominale *se moquer de quelqu'un*, on dit fort correctement *être moqué, se faire moquer :*

*Il craignit d'*ÊTRE MOQUÉ *par les jeunes gens et les gars de la Priche* (G. SAND, *La Petite Fadette*, V). — *Les superstitions* FURENT MOQUÉES (L. VEUILLOT, *Hist. et Fant.*, p. 288). — MOQUÉ *à l'envi par ses maîtres et ses camarades* (A. FRANCE, *La Vie en fleur*, p. 140). — *Thalès aussi* FUT MOQUÉ *d'une servante* (ALAIN, *Propos de Littérat.*, V). — *Nous craindrions de* NOUS FAIRE MOQUER (A. HERMANT, *Chroniques de Lancelot*, t. II, p. 171). — *Vous vous* FEREZ MOQUER (AC.).

Notons ici la construction curieuse *se faire moquer de soi*, dans laquelle *moquer* garde en même temps une valeur transitive directe, comme dans « se faire blâmer » (et alors *de soi* est inexplicable logiquement), et une valeur intransitive, comme dans « faire rire de soi » (et alors *se* est inexplicable logiquement) : *Nos poètes se feraient moquer d'eux* (BOIL., *Réflex. critiq.*, VI). — *Ne compte pas que je reviendrai ici pour me faire moquer de moi* (MAUPASS., *Boule de suif*, p. 117). — *Il se ferait moquer de lui* (J. BAINVILLE, *Napoléon*, p. 247).

A noter aussi le tour *se faire obéir*, dans lequel *se* est inexplicable logiquement : *Les rois normands réalisèrent le miracle de* SE FAIRE *accepter et* OBÉIR *par tous* (P. GAXOTTE, *Hist. des Français*, t. I, p. 267).

---

1. Ces verbes ont pu autrefois être transitifs directs ; Haase (p. 135) cite : *L'Infante lui dit que la plus grande beauté d'une femme étoit d'obéir son mari* (MALH., t. III, p. 125). — *Dieu pardonne ceux qui y ont répandu cet esprit* (Mme de MAINTENON, *Corresp.*, t. III, p. 172).

2. Quelques exemples modernes de *moquer qqn* (ou *qq. ch.*) : *Des vols de corbeaux qui passaient en croassant, elle (...) les* MOQUAIT (M. BARRÈS, *La Colline insp.* pp. 98-99). — *À une heure (...) où l'action* MOQUE *la pensée* (A. GIDE, *Incidences*, p. 51). — *Pauvres immortels* [les académiciens] ! *On les* A *toujours* MOQUÉS (J. CHASTENET, dans les *Nouv. litt.*, 28 mai 1959). — *Il arrive qu'on* MOQUE *Flaubert de jouer au crucifié* (R. KEMP, dans les *Nouv. litt.*, 25 juin 1959).

5. Les expressions dans lesquelles un infinitif complète un verbe des types *achever* ou *commencer* peuvent être tournées par le passif, comme si le verbe avec l'infinitif complément formaient un seul bloc verbal : ainsi à « on *achèvera de garnir* cette pièce demain » répond, au passif : « cette pièce *sera achevée de garnir* demain » [1] :

*Il n'*EST *pas encore* ACHEVÉ *d'habiller* (AC.). — *Le château n'*ÉTAIT *pas* ACHEVÉ *de meubler* (CHATEAUBR., *Mém.*, II, 2, 1). — *Le petit volume in-12 des « Pensées »,* ACHEVÉ *d'imprimer le 2 janvier 1670, parut dans le mois* (SAINTE-BEUVE, *Port-Roy.*, III, XIX). — *Et les funérailles de Ripault-Babin qui n'*ÉTAIENT *pas* FINIES *de régler* (A. DAUDET, *L'Immortel*, p. 349). — *L'« Art poétique » de Vauquelin de la Fresnaye (...) dont nous savons qu'il* ÉTAIT ACHEVÉ *d'écrire dès 1590* (F. BRUNETIÈRE, *L'Évol. des genres*, t. I, p. 41). — *Les lettres* FINIES *de lire* (P. LOTI, *Pêch. d'Isl.*, p. 71). — *J'ai une nouvelle petite Fiat qui est juste* FINIE *de roder* (J.-L. VAUDOYER, *Laure et Laurence*, p. 238). — *Le Dôme,* COMMENCÉ *à bâtir en 1294* (MONTESQ., *Voyages*, Florence, II). — *Ma robe est* COMMENCÉE *de garnir* (BRUNOT, *La P. et la L.*, p. 363).

Pour le tour *dîner prêt à servir*, voir § 751.

6. L'idée passive n'est pas nécessairement exprimée par la voix passive : la forme pronominale traduit parfois cette idée (§ 602) : *Sur quelque préférence une estime* SE FONDE (= est fondée) (MOL., *Mis.*, I, 1). — *Il* SE FAIT *une nouvelle estimation du cheptel* (*Code civ.*, art. 1817).

Pour la forme pronominale passive accompagnée d'un complément d'agent *(Par Baucis le festin se prépare)*, voir § 602, *Hist.*

III. — MODES

612. Les **modes** [a] expriment l'attitude prise par le sujet à l'égard de l'énoncé ; ce sont les diverses *manières* dont ce sujet conçoit et présente l'action [2], selon qu'elle fait l'objet d'un énoncé pur et simple ou qu'elle est accompagnée d'une interprétation.

Par extension, on donne aussi le nom de *modes* aux *formes* spéciales servant à indiquer les différentes manières dont on envisage l'action exprimée par le verbe.

613. On distingue en français *quatre* modes proprement dits : l'*indicatif*, le *conditionnel*, l'*impératif* [3] et le *subjonctif*. Ces quatre modes

---

1. « Ce tour, dit Brunot (*La Pens. et la L.*, p. 363), devient de plus en plus usuel ». Brunot ajoute : « Flaubert a fait de l'analyse logique en écrivant : *Il n'était pas* ACHEVÉ D'ÊTRE BÂTI » (*Mme Bov.*, II, 5).

2. Il faudrait dire, strictement parlant, *l'action, l'état ou l'existence*. Pour alléger l'expression, nous supprimons délibérément, dans cette définition et dans celles qui suivent, les mots *état* et *existence*, que le lecteur pourra toujours suppléer.

3. Pour M. GUILLAUME (*Temps et Verbe*, pp. 56-57), le *conditionnel* n'est pas un mode, c'est simplement, dans le mode indicatif, un temps de l'époque future, un

ÉTYM. — [a] *Mode*, du lat. *modus*, manière. L'ancienne terminologie disait *mœuf*.

sont dits **personnels,** parce qu'ils marquent par des désinences spéciales la distinction des personnes grammaticales.

1º L'*indicatif* [a] présente l'action comme considérée dans sa réalité : il la situe sur le plan des faits constatés et affirmés : *Cet ouvrier* TRAVAILLE, *il* TRAVAILLERA *demain.*

2º Le *conditionnel* [b] présente l'action comme une éventualité ou comme la conséquence possible ou irréelle d'un fait supposé, d'une condition : *Cet ouvrier* TRAVAILLERAIT *nuit et jour. Si je gagnais le gros lot, je le* PARTAGERAIS *avec vous. Ce mutilé* TRAVAILLERAIT *s'il avait encore ses deux bras.*

3º L'*impératif* [c] présente l'action sous la forme d'un ordre, d'une exhortation, d'une prière : *Travaillez ! Veuillez travailler.*

4º Le *subjonctif* [d] présente l'action comme simplement envisagée dans la pensée, comme n'étant pas placée sur le plan de la réalité : *Je veux que tu* TRAVAILLES. *Moi, que je* TRAVAILLE !

614. Abusivement, on appelle aussi *modes,* l'*infinitif* (voir pourtant § 750), le *participe* et le *gérondif,* qui n'expriment par eux-mêmes aucune modalité de l'action, et qui prennent la valeur modale des verbes de la phrase [1]. Ces trois modes sont dits **impersonnels,** parce qu'ils n'ont pas de désinences spéciales pour distinguer les personnes grammaticales.

1º L'*infinitif* [e], forme nominale du verbe, exprime simplement l'idée de l'action, à la façon d'un nom abstrait et sans relation nécessaire à un sujet : *Travailler. Avoir travaillé.*

2º Le *participe* [f], forme adjective du verbe, exprime l'action à la manière d'un adjectif : *Un homme* TRAVAILLANT *jour et nuit. Une faute* AVOUÉE.

3º Le *gérondif* [g], forme adverbiale du verbe, exprime l'action tout en

---

« futur hypothétique », qui s oppose au futur proprement dit, le « futur catégorique ». — Pour le même linguiste (*ouvr. cité,* p. 47), l'*impératif* est, en français, non pas un mode de pensée, mais un mode de parole, qui emprunte sa flexion, soit à l'indicatif, soit au subjonctif ; c'est « une certaine manière de parler qui vise à provoquer, chez le sujet écoutant, l'accomplissement d'un acte que le verbe indique. »

1. *Il croit* ÊTRE *heureux* (= qu'il *est* heureux : indicatif). — REMANIÉE (= si elle *était remaniée :* donnée d'hypothèse), *cette copie serait passable.* — EN *le* REGARDANT (= quand je le *regarde :* indicatif), *je me rappelle son père.*

ÉTYM. — [a] *Indicatif,* empr. du lat. *indicativus (modus),* qui indique.
[b] *Conditionnel,* empr. du lat. *condicionalis (modus),* de *condicio,* condition.
[c] *Impératif,* empr. du lat. *imperativus (modus),* qui impose un ordre.
[d] *Subjonctif,* empr. du lat. *subjunctivus (modus),* de *subjungere,* attacher sous.
[e] *Infinitif,* empr. du lat. *infinitivus (modus),* de *infinitus,* indéfini.
[f] *Participe,* empr. du lat. *participium,* de *pars,* partie, et *capere,* prendre.
[g] *Gérondif,* empr. du lat. *gerundivum* (mieux : *gerundium*), de *gerere,* faire.

L'Académie, dans la Préface de son Dictionnaire (8e éd.) écrit, à propos de la dénomination de *gérondif :* « Le terme de *gérondif,* que l'on rencontre sans cesse dans les

indiquant telle ou telle circonstance relative à un autre verbe de la phrase :
En travaillant, *vous réussirez.*

615. Les faits du langage ne vérifient pas toujours les différentes défi-
nitions des modes telles qu'elles viennent d'être données : en effet, les *formes*
que possèdent ces modes ne correspondent pas dans tous les cas aux modalités
de pensée qu'ils expriment :

1º Un même mode peut présenter l'action de plusieurs manières parfois toutes
différentes. Ainsi le conditionnel exprime l'éventualité dans *Vous le* prendriez *pour
un avocat ;* il marque l'atténuation de la pensée dans *Je* voudrais *vous demander un
service.* — L'impératif exprime un ordre dans Sortez ! ; il marque une supposition
dans Haranguez *de méchants soldats, Ils promettront de faire rage* (La F., F., IX, 18).

2º Certaines manières de présenter l'action peuvent être indiquées, parfois sans
différence de sens appréciable, par des modes différents : l'ordre peut être exprimé
par l'impératif, le subjonctif, l'infinitif : Entrez ! *Que l'on* entre ! Entrer *sans
sonner.* — L'étonnement, l'indignation peuvent être exprimés par le conditionnel,
le subjonctif, l'infinitif : *Moi, j'*oublierais *vos bienfaits ! Moi, que j'*oublie *vos
bienfaits ! Moi,* oublier *vos bienfaits !*

D'autre part, certains *temps* peuvent prendre une valeur modale et indiquer, non
une localisation dans la durée, mais une manière de présenter l'action : le futur de
l'indicatif peut exprimer un commandement : *Père et mère* honoreras. — L'imparfait peut marquer, comme le conditionnel, l'atténuation de la pensée : *Je* voulais
vous proposer ceci (= je *voudrais*). — Le futur antérieur indiquant une action passée
peut présenter cette action comme douteuse : *Vous* aurez appris *par les journaux
que...* (= vous avez probablement appris...).

Ajoutons que les modalités de l'action peuvent encore être exprimées par le ton,
par divers compléments (*peut-être,* etc.), par l'ordre des mots.

IV. — TEMPS

616. On appelle **temps** les formes que prend le verbe pour indiquer
à quel moment de la durée on situe le fait dont il s'agit.

Par rapport au moment actuel — qui est le point de contact de
la série des moments écoulés et de la série des moments à venir — un
fait peut se situer, soit au moment où l'on parle : et c'est le temps
présent ; — soit à un des moments écoulés : et c'est le temps *passé ;*

» grammaires françaises du XVIIᵉ et du XVIIIᵉ siècle, figurait encore dans l'édi-
» tion de 1835 qui le définissait très justement « Espèce de participe indéclinable
» auquel on joint souvent la préposition *En* », et dont elle donnait comme exemples :
» *En allant, En faisant.* L'édition de 1877 déclare abusif l'emploi de ce terme dans la
» grammaire française. Mais peut-on admettre que dans *En forgeant on devient for-*
» *geron,* qui est l'exact équivalent du latin *Fabricando fit faber, En forgeant* soit un
» participe présent ? L'Académie a cru devoir employer de nouveau ce terme,
» suivant son ancienne définition. »

— soit à un des moments à venir : et c'est le temps *futur : Nous ne pouvons pas dire toutefois que ces astres n'*ONT *pas* PORTÉ, *ne* PORTENT *pas, ou ne* PORTERONT *jamais des êtres sur leur surface* (A. FRANCE, *La Vie en fleur*, p. 264).

617. Le *présent* indique que le fait s'accomplit au moment de la parole : *Il* CHANTE *en ce moment.*

Sans doute on peut concevoir un fait localisé rigoureusement dans l'instant actuel, mais comme cet instant tombe dans le passé au moment même où l'esprit entre en contact avec lui, et que les actions réelles s'étendent plus ou moins en deçà et au-delà de cet instant actuel, on considère pratiquement le moment présent comme s'il avait une certaine étendue.

618. Le *passé* indique que le fait a eu lieu avant le moment de la parole : *Il* A CHANTÉ.

La durée passée forme une époque très étendue dans laquelle un fait peut se situer non seulement par rapport au moment présent, mais encore par rapport à tel moment du passé. Ce fait a pu être simultané par rapport à ce moment du passé, ou bien lui être antérieur, ou encore lui être postérieur. A ces rapports divers répondent divers temps du passé.

On distingue cinq temps dans l'époque passée : l'imparfait, le passé simple, le passé composé, le plus-que-parfait et le passé antérieur.

L'*imparfait* exprime un fait qui était en train de se dérouler (mais n'était pas encore achevé) au moment du passé auquel se reporte le sujet parlant ; le plus souvent ce fait se déroulait au moment où un autre fait s'est produit : *La cigale* CHANTAIT *au temps chaud. Il* CHANTAIT *quand je suis entré.*

Le *passé simple* et le *passé composé*[1] expriment l'un et l'autre un fait passé relativement au moment présent : *Il* CHANTA *alors une romance. Il* A CHANTÉ *deux fois cette romance.*

Voir aux §§ 719 et suiv. des précisions sur l'emploi de l'un et de l'autre temps.

Le *plus-que-parfait* et le *passé antérieur* expriment l'un et l'autre un fait passé relativement à un moment du passé : *Il* AVAIT CHANTÉ *le premier couplet lorsque des murmures s'élevèrent dans la salle. Dès qu'il* EUT CHANTÉ, *il partit.*

Voir aux §§ 725 et suiv. des précisions sur l'emploi de chacun de ces temps.

619. Le *futur* indique la postériorité d'un fait par rapport au moment où se place le sujet parlant : *Il* CHANTERA.

---

1. On lit dans la Préface du Dictionnaire de l'Académie (8e éd.) : « Elle [l'Académie] a substitué la dénomination *complément* à celle de *régime* et celles de *passé simple, passé composé* à celles de *passé défini, passé indéfini.* »

Le futur, comme le passé, forme une époque très étendue dans laquelle un fait à venir peut se situer par rapport à un moment à venir. Mais, comme les faits à venir appartiennent à une époque que nous ne connaissons pas encore, la variété des temps relatifs à cette époque est beaucoup moins grande que celle des temps relatifs au passé, époque que nous connaissons mieux.

a) Localisés par rapport au moment où l'on parle, les faits à venir sont au *futur simple* ou au *futur antérieur :*

Le *futur simple* marque la simple postériorité d'un fait par rapport au moment où l'on parle : *Il* CHANTERA *aujourd'hui, demain, le mois prochain.*

Le *futur antérieur* exprime un fait qui, à tel moment maintenant à venir, sera accompli : *À dix heures, il* AURA CHANTÉ. — Quand ce fait accompli est en relation avec un autre fait à venir, le futur antérieur marque l'antériorité du fait accompli : *Quand il* AURA CHANTÉ, *il partira.*

b) Localisés par rapport à un moment du passé où se place en esprit le sujet parlant, les faits à venir sont au *futur du passé* (correspondant au futur simple) ou au *futur antérieur du passé* (correspondant au futur antérieur) :

Le *futur du passé* marque la simple postériorité d'un fait par rapport au moment du passé où se place en esprit le sujet parlant : *Je savais qu'il* CHANTERAIT *le lendemain.*

Le *futur antérieur du passé* indique qu'un fait, vu du point du passé où se place en esprit le sujet parlant, serait, à tel moment alors à venir, accompli : *Je savais qu'à dix heures il* AURAIT CHANTÉ. — Quand ce fait accompli est en relation avec un autre fait à venir, le futur antérieur du passé marque l'antériorité du fait accompli : *Je savais qu'il* AURAIT CHANTÉ *quand vous arriveriez.*

Le futur du passé et le futur antérieur du passé présentent les formes du *mode* conditionnel ; le conditionnel sert alors à localiser un fait dans la durée : il a donc une valeur de *temps* (voir § 737, Rem. 2).

Remarques. — 1. TEMPS FICTIFS. Si, au lieu de situer le présent au moment où se trouve effectivement celui qui parle ou écrit, on le situe, par l'imagination, à un moment du passé réel, ou à un moment du futur réel, on a un présent *fictif*. Les faits antérieurs ou postérieurs à ce présent fictif appartiennent alors à un *passé fictif* ou à un *futur fictif*. (Voir p. 651, note.)

Représentons par une ligne indéfinie les instants successifs de la durée se suivant dans le sens indiqué par la flèche. Soient alors les phrases : *L'empereur* PLEURE *de la souffrance D'*AVOIR PERDU *ses preux (...) Et surtout de songer, lui, vainqueur des Espagnes, Qu'on* FERA *des chansons dans toutes ces montagnes* (HUGO, *Lég.*, t. I, p. 286). — [Perrette, faisant des rêves d'avenir] : *Il était, quand je l'*EUS, *de grosseur raisonnable ; J'*AURAI, *le revendant, de l'argent bel et bon. Et qui m'empêchera de mettre en notre étable, Vu le prix dont il* EST, *une vache et son veau ?* (LA F., *F.*, VII, 10.)

Les diverses actions de ces deux phrases pourront graphiquement se situer ainsi :

PASSÉ RÉEL			PRÉSENT RÉEL	FUTUR RÉEL		
Passé fictif	Prés. fictif	Futur fictif		Passé fictif	Prés. fictif	Futur fictif
↓	↓	↓	↓	↓	↓	↓
avoir perdu	*pleure*	*fera*		*eus*	*est*	*aurai*

2. Une certaine tradition distingue les temps *absolus*, qui datent l'événement par rapport au moment de la parole, et les temps *relatifs*, qui le datent par rapport au moment où se déroule un autre procès. Cette tradition est mal fondée : il faut reconnaître, avec H. Yvon [1], qu'il n'y a pas lieu d'en tenir compte dans l'étude des temps du verbe français.

3. Si l'on considère qu'on peut localiser par des temps particuliers une action passée relativement à une action présente, passée ou future ; qu'en outre, un temps donné peut exprimer les nuances temporelles variées ; et qu'enfin certains temps deviennent aptes à marquer des nuances particulières de sens ou de sentiment (voir par ex. l'emploi de l'imparfait, du futur antérieur, du conditionnel), il faut reconnaître que le français possède un système de temps éminemment riche.

620. Les temps dans chaque mode. (Pour les temps surcomposés : § 661.)

L'*indicatif* possède dix temps : le présent, l'imparfait, le passé simple, le passé composé, le plus-que-parfait, le passé antérieur, le futur simple, le futur antérieur, le futur du passé (qui a les mêmes formes que le conditionnel présent) et le futur antérieur du passé (mêmes formes que le conditionnel passé).

Le *conditionnel* possède deux temps : le présent (dont les formes marquent aussi le futur) et le passé. [Le plus-que-parfait du subjonctif exprime parfois,

---

1. Voici, sur la question des temps absolus et des temps relatifs, quelques indications empruntées à H. Yvon (cf. *Français moderne*, juill. 1951, pp. 265-276) : La distinction des temps absolus et des temps relatifs a été imaginée par Girard (auteur des *Vrais principes de la Langue française*, 1747) ; ce grammairien appelait *absolus* les temps qui représentent le temps de l'événement par la seule comparaison avec celui où l'on parle : *je fais, j'ai fait, je fis, je ferai, que je fasse, que j'aie fait ;* — il appelait *relatifs* les temps qui représentent le temps de l'événement par une double comparaison, faite non seulement avec le temps de la parole, mais avec celui de quelque autre événement : *je faisais, j'avais fait, j'eus fait, j'aurai fait, je ferais, j'aurais fait, que je fisse, que j'eusse fait.* — Cette distinction a été reprise par différents grammairiens et diversement accommodée à leurs vues personnelles. Comme le fait observer H. Yvon dans la conclusion de son article, « les événements rapportés dans le discours sont datés tantôt par rapport au moment de la parole, tantôt par rapport au moment d'un autre événement ; on peut donc, en faussant le sens du mot *absolu*, parler de *dates absolues* et de *dates relatives* ; mais il n'y a pas dans le verbe français de tiroirs adaptés spécialement les uns à la chronologie absolue, les autres à la chronologie relative. »

comme le conditionnel passé, une supposition relative au passé : *j'eusse aimé* (§ 740, *b*)].

L'*impératif* possède deux temps : le présent (dont les formes marquent aussi le futur) et le passé.

Le *subjonctif* possède quatre temps : le présent (dont les formes marquent aussi le futur), l'imparfait, le passé et le plus-que-parfait.

L'*infinitif* possède trois temps : le présent (dont la forme peut aussi marquer le futur), le passé et le futur (ce dernier temps est rare : *devoir aimer*).

Le *participe* possède trois temps : le présent, le passé et le futur (ce dernier temps est rare : *devant aimer*).

Le *gérondif* ne possède qu'un temps, marquant la simultanéité par rapport à un moment quelconque.

LA CONJUGAISON

621. Conjuguer [a] un verbe, c'est réciter ou écrire, dans un ordre convenu, les différentes formes que prend ce verbe d'après les voix, les modes, les temps, les nombres et les personnes. L'ensemble de ces différentes formes s'appelle **conjugaison**.

On donne aussi le nom de *conjugaisons* aux différentes catégories dans lesquelles on peut ranger les verbes selon les désinences qu'ils présentent à certains temps simples.

Art. 1. — RADICAL ET DÉSINENCES

622. Il faut distinguer dans toute forme verbale deux éléments : le *radical* et la *désinence*.

a) Le **radical** [b] est l'élément fondamental, généralement invariable, qui exprime l'idée du verbe. Dans CHANT*er*, GÉM*ir*, ENTEND*re*, les radicaux sont respectivement *chant*, *gém*, *entend*.

On verra (§§ 623 et suivants) que le radical verbal est sujet à des altérations plus ou moins profondes principalement dans certains verbes en -*ir* et dans les verbes en -*oir*, et en -*re*.

b) La **désinence** [c] est l'élément qui termine la forme verbale ; elle est essentiellement variable et marque les flexions de personne, de nombre de temps, de mode et parfois de genre. Dans *je chant*E, *nous plant*ONS,

---

ÉTYM. — [a] *Conjuguer*, empr. du lat. *conjugare*, réunir par couples, composé de *cum*, avec, et *jugum*, joug, couple.

  [b] *Radical*, empr. du bas lat. *radicalis*, de *radix, radicis*, racine.

  [c] *Désinence*, empr. du lat. scolastique *desinentia*, de *desinere*, se terminer.

*guérir*AIT, *entend*ANT, les désinences sont respectivement -*e*, -*ons*, -*ait*, -*ant*.

En général, la désinence s'ajoute immédiatement au radical : *Plant*-ER, *je plant*-AIS, *nous plant*-IONS.

Dans certains verbes et à certaines formes (§ 662, *b*), la syllabe -*iss*- vient s'intercaler entre le radical et la désinence : *Fin-ir, nous fin*-ISS-*ons. Rempl-ir, que je rempl*-ISS-*e*.

I. — *OBSERVATIONS SUR LE RADICAL*

623. Remarque préliminaire. — Dans un grand nombre de verbes, au présent de l'indicatif, du subjonctif et de l'impératif, la voyelle (ou diphtongue) du radical présentait, au moyen âge, des développements différents suivant qu'elle était accentuée ou atone. De là, des radicaux *toniques* ou *forts* (avec voyelle accentuée) et des radicaux *atones* ou *faibles* (avec voyelle non accentuée). Ainsi l'on avait :

parol	pleur	lef	aim
paroles	pleures	leves	aimes
parole(t)	pleure(t)	leve(t)	aime(t)
parlons	plorons	lavons	amons
parlez	plorez	lavez	amez
parolent	pleurent	levent	aiment

Par les forces de l'analogie, la plupart des verbes ont pris la même forme de radical à toutes les personnes.

Dans la majorité des cas, c'est la voyelle atone qui a été généralisée : l*E*f, j*U*e, c*UE*vre, tr*UE*f, etc. se sont modifiés sous l'influence de l*A*vons, j*O*uons, c*O*uvrons, tr*O*uvons, etc.

Parfois c'est la voyelle accentuée qui a supplanté la voyelle atone : pl*O*rons, *A*mons, dem*O*rons, etc. se sont modifiés sous l'influence de pl*EU*r, *AI*m, dem*EU*r, etc.

Un certain nombre de verbes, et surtout des verbes en -*ir* (sans -*iss*-), -*oir*, -*re*, ont gardé cependant le changement de voyelle (ou de diphtongue) [1] selon les personnes : *je* m*È*ne, *nous* m*E*nons ; *je* c*È*de, *nous* c*É*dons ; *j'*acqu*IE*rs, *nous* acqu*É*rons ; *je* b*OI*s, *nous* b*U*vons ; *je* m*EU*rs, *nous* m*OU*rons ; *je* d*OI*s, *nous* d*E*vons ; *je* p*EU*x, *nous* p*OU*vons, etc.

Hist. — Pour certains verbes comme *trouver, prouver, éprouver, pleuvoir*, la généralisation des formes a.pu se faire dans deux sens et, au XVIIᵉ siècle encore, existaient concurremment deux séries complètes de formes, les unes avec *ou* : *trouver, prouver, éprouver, plouvoir* — les autres avec *eu* : *treuver, preuver, épreuver, pleuvoir*. — Cf. : *J'en* TREUVAI *l'occasion fort honnête* (RAC., t. VI, p. 457). — VAUGELAS (*Rem.*, p. 133)

---

1. Ce changement de voyelle s'appelle *alternance vocalique* (ou *apophonie*). Voir § 94, Rem. 4.

déclarait : « *Trouver*, et *treuver*, sont tous deux bons, mais *trouver* avec *o*, est sans comparaison meilleur, que *treuver* avec *e*. » — Les poètes, à l'occasion, se servaient de la forme que demandait la rime : *Dans la citrouille je la* TREUVE [une preuve] (LA F., *F.*, IX, 4). — *Quant à la somme de la veuve, Voici, leur dirent-ils, ce que le conseil* TREUVE (ID., *ib.*, II, 20). — *Non, l'amour que je sens pour cette jeune veuve Ne ferme point mes yeux aux défauts qu'on lui* TREUVE (MOL., *Mis.*, I, 1).

A. — Verbes en -er.

624. Les verbes en **-cer** prennent une cédille sous le *c* devant *a* et *o*, afin que ce *c* garde la même prononciation qu'à l'infinitif : *Nous avançons. Je plaçais. Il acquiesça.*

625. Les verbes en **-ger** prennent un *e* après le *g* devant *a* et *o*, afin que ce *g* garde la même prononciation qu'à l'infinitif : *Je partagEais. SongEant. Nous rédigEons.*

626. Les verbes en **-yer** changent l'*y* en *i* devant un *e* muet : *Je nettoie. Nous déploierons. Qu'ils appuient.*

Toutefois les verbes en **-ayer** *peuvent* conserver l'*y* dans toute leur conjugaison, mais la prononciation varie, suivant qu'on garde l'*y* ou qu'on le change en *i* : dans le premier cas seulement, on doit faire entendre un « yod » : *Je paye* (pron. *pèy'*) ou *je paie* (pron. *pè*). *Je bégaYerai* ou *bégaIerai. Nous balaYerons* ou *balaIerons.*

Les verbes en **-eyer** conservent toujours l'*y* : *Je grasseYe, je grasseYerai.* — *Le vent barbeYe.* — *Le vétérinaire langueYe le porc.* — *Je brasseYe.* — *Cet enfant susseYe.*

627. Les verbes qui ont un **e sourd** (ou parfois *muet*) à l'avant-dernière syllabe de l'infinitif changent cet *e* sourd en *e* ouvert (avec accent grave) devant toute syllabe muette : *Semer, je sème, je sèmerai. Enlever, il enlève, ils enlèveraient.*

C'est le déplacement de l'accent d'intensité qui entraîne cette alternance vocalique. Quand l'accent d'intensité frappe la désinence, l'*e* de la syllabe finale du radical est sourd (ou muet) : *nous sEmons, vous enlEvez* ; mais on a *e* ouvert chaque fois que l'accent d'intensité tombe sur le radical : *je sème, j'enlève.*

Pour les formes du futur et du conditionnel, où l'on a un *è* ouvert, quoique l'accent d'intensité tombe sur la désinence, tout s'explique par la formation moderne de ces deux temps, laquelle ajoute à la 1re personne du présent de l'indicatif les désinences *-rai* ou *-rais : je sème-rai, je sème-rais.* (Voir § 653, *Hist.*)

628. Parmi les verbes qui ont un *e* sourd (ou muet) à l'avant-dernière syllabe de l'infinitif, il faut mentionner à part les verbes en-*eler* et en

-eter : dans ces verbes, la prononciation ouverte de l'*e* est notée tantôt par *è*, tantôt par le redoublement de la consonne *l* ou *t*.

1º Le plus grand nombre des verbes **-eler** et en **-eter** redoublent la consonne *l* ou *t* devant un *e* muet[1] : *Appeler, j'appeLLe, j'appeLLerai.* — *Bourreler, je bourreLLe, je bourreLLerai.* — *Renouveler, je renouveLLe, je renouveLLerai.* — *Cacheter, je cacheTTe, je cacheTTerai.* — *Jeter, je jeTTe, je jeTTerai.*

2º Au lieu de redoubler la consonne *l* ou *t*, quelques verbes en *-eler* ou en *-eter* changent l'*e* en *è* devant une syllabe muette : *Celer, je cèle, je cèlerai.* — *Geler, je gèle, je gèlerai.* — *Acheter, j'achète, j'achèterai.*

Indications de l'Académie et de Littré touchant les verbes en *-eler* ou en *-eter* :

[*N. B.* — La croix + signifie : « ne signale pas ce verbe ». — Le tiret signifie : « n'indique pas si le passage de l'*e* muet à l'*e* ouvert se marque par *-elle (-ette)* ou par *-èle (-ète)* ».]

A. — Verbes en -eler :

	Acad.	Littré		Acad.	Littré
agneler	*-elle*	*-èle*	bourreler	*-elle*	*-elle*
amonceler	*-elle*	*-elle*	bretteler	+	*-elle* ou *-èle*
anneler	*-elle*	*-elle*	canneler	*-elle*	*-elle* ou *-èle*
appeler	*-elle*	*-elle*	capeler	+	—
atteler	*-elle*	*-elle*	carreler	*-elle*	*-elle*
bateler	—	—	celer	**-èle**	*-èle*
bosseler	*-elle*	*-elle*	chanceler	*-elle*	*-elle*
botteler	*-elle*	*-elle* ou *-èle*	chapeler	*-elle*	*-elle*

---

1. Si l'on excepte quelques verbes usuels, tels que *appeler, chanceler, geler* (et composés), *peler, rappeler, renouveler, ruisseler, acheter, racheter, jeter, rejeter*, pour lesquels l'usage est bien fixé, il y a, dans la pratique, une grande indécision, comme le font voir les exemples suivants, où des verbes en *-eler* ou en *-eter* sont traités autrement que ne l'indiquent Littré ou l'Académie : *Au milieu des guerres et des dislocations désastreuses qui (...)* DÉMANTELLENT *les États* (TAINE, *Voy. en Italie*, t. II, p. 77). — *Je ne* DÉTÈLERAI *d'une façon un peu amusante qu'à Paris* (H. LAVEDAN, *Le Vieux Marcheur*, p. 84). — *Il* DÉCACHÈTE *la lettre en riant* (ID., *Leur Cœur*, p. 94). — *Il* PANTÈLE *presque* (M. GENEVOIX, *Rroû*, p. 23). — *Le plumeau, l'éponge ou la brosse à parquets (...)* ÉPOUSSÈTENT *le vide* (ID., *ib.*, p. 243). — *On* DÉCHIQUÈTE *tout* (FLAUBERT, *Corr.*, t. I, p. 252). — *Nous sommes de la terre en tas qui se* CRAQUÈLE (J. ROMAINS, *La Vie unanime*, p. 243). — *Tous les livres de Jean-Pierre, il les* FEUILLÈTERAIT *un à un* (Fr. MAURIAC, *Le Sagouin*, p. 128). — *Des cicindèles* VOLÈTENT (A. GIDE, *Les Nourrit. terrestres et les Nouv. Nourr.*, p. 166). — *Le paysage s'anime et se* BOSSÈLE (F. GREGH, *L'Âge de fer*, p. 242). — *On* FICÈLE *les armes* (LA VARENDE, *Cœur pensif...*, p. 264).

　La tendance populaire est de généraliser, dans la conjugaison de plusieurs de ces verbes, et notamment dans celle des verbes en *-eter*, la forme brève dans laquelle l'*e* précédant la consonne *l* ou *t* ne se fait aucunement entendre. Comme *décolleter* se prononce « décolter », le langage populaire dit : *elle se décolte* (pour : *elle se décollette*) ; ainsi encore : *j'empacte* (pour : *j'empaquette*), *j'épouste* (pour : *j'époussette*), *je déchicte* (pour : *je déchiquette*), etc.—*Oui-da, très volontiers je l'*ÉPOUSTERAI *bien* (MOL., *Ét.*, IV, 7).

	Acad.	Littré		Acad.	Littré
ciseler	**-èle**	*-elle* ou *-èle*	enjaveler	*-elle*	*-elle*
congeler	**-èle**	*-èle*	ensorceler	*-elle*	*-elle*
cordeler	+	*-elle*	épanneler	+	*-elle*
craqueler	+	*-elle*	épeler	*-elle*	*-elle* ou *-èle*
créneler	*-elle*	*-elle*	épinceler	+	—
crételer	+	—	étinceler	*-elle*	*-elle*
cuveler	—	*-elle*	fardeler	+	+
débateler	+	*-elle*	ficeler	*-elle*	*-elle*
débosseler	+	*-elle*	fuseler	+	—
décapeler	+	*elle*	gabeler	+	*-elle*
décarreler	*-elle*	*-elle*	*geler*	**-èle**	*-èle*
déceler	**-èle**	*-èle*	grappeler	+	—
décerveler	+	+	gratteler	+	*-elle*
décheveler	+	*-elle*	greneler	—	*-elle*
défardeler	+	—	griveler	*-elle*	*-èle*
déficeler	*-elle*	*-elle*	grommeler	*-elle*	*-elle*
dégeler	**-èle**	*-èle*	se grumeler	*-elle*	*-elle*
dégraveler	+	*-elle*	harceler	*-elle*	*-èle*
démanteler	**-èle**	*-èle*	javeler	*-elle*	*-elle*
démuseler	*-elle*	*-elle*	jumeler	—	*-elle*
déniveler	*-elle*	*-elle*	*marteler*	**-èle**	*-èle*
denteler	*-elle*	*-elle*	*modeler*	**-èle**	*-èle*
dépuceler	—	*-elle*	morceler	—	*-elle*
désensorceler	*-elle*	*-elle*	museler	*-elle*	*-elle*
dessemeler	+	*-elle*	nickeler	—	*-èle*
dételer	*-elle*	*-elle*	niveler	*-elle*	*-elle*
détonneler	+	*-elle*	oiseler	+	*-elle*
ébiseler	+	*-elle*	paisseler	+	*-elle*
écarteler	**-èle**	*-èle*	panteler	—	*-elle*
écerveler	+	*-elle*	*peler*	**-èle**	*-èle*
écheler	—	*-elle*	se pommeler	—	*-elle*
écheveler	+	*-elle*	rappeler	*-elle*	*-elle*
écocheler	+	*-elle*	râteler	—	*-elle*
embreler	+	*-èle*	réatteler	+	—
embotteler	+	*-elle*	*receler*	**-èle**	*-èle*
emmanteler	+	*-èle*	*regeler*	**-èle**	*-èle*
emmuseler	+	*-elle*	renouveler	*-elle*	*-elle*
empasteler	+	—	ressemeler	—	*-elle*
empenneler	+	*-elle*	ruisseler	*-elle*	*-elle*
s'encasteler	—	*-èle*	sauteler	+	+
enchanteler	—	*-elle*	taveler	—	*-elle*
enficeler	+	*-elle*	tonneler	+	*-elle*
engrumeler	*-elle*	*-elle*	tourteler	+	+

B. — Verbes en -eter :

	Acad.	Littré		Acad.	Littré
acheter	**-ète**	*-ète*	arbreter	+	*-ette*
aiguilleter	*-ette*	*-ette* ou *-ète*	banqueter	*-ette*	*-ette* ou *-ète*

	ACAD.	LITTRÉ		ACAD.	LITTRÉ
bareter	+	+	étiqueter	-ette	-ète
bêcheveter	+	—	feuilleter	-ette	-ette
becqueter	-ette	-ète	fileter	—	-ète
bégueter	—	+	fleureter	+	+
billeter	+	-ette	floqueter	+	—
biqueter	+	-ette ou -ète	forjeter	-ette	-ette
bonneter	+	-ette ou -ète	*fureter*	**-ète**	-ette ou -ète
breveter	-ette	-ette ou -ète	gileter	+	-ette
briqueter	—	-ette	gobeter	-ette	-ette
ᵇuffeter	+	-ette ou -ète	goreter	+	—
cacheter	-ette	-ette	greneter	+	-ette
cailleter	+	—	guéreter	+	-ette
caqueter	-ette	-ette ou -ète	guillemeter	-ette	-ette
chèvreter	+	—	*haleter*	**-ète**	-ette
chiqueter	+	—	hoqueter	+	—
claqueter	+	-ette	interjeter	—	-ette
claveter	+	+	jarreter	+	-ette
cliqueter	-ette	-ette	jeter	-ette	-ette
colleter	-ette	-ète	langueter	+	-ette
coqueter	-ette	-ette	louveter	—	-ette
corneter	+	—	marqueter	—	-ette
corseter	**-ète**	+	moucheter	-ette	-ette
coupeter	+	+	mugueter	-ette	-ette
coupleter	+	-ette	niqueter	+	—
craqueter	-ette	-ète	noqueter	+	+
crocheter	**-ète**	-ette ou -ète	pailleter	+	+
cureter	—	+	paleter	+	—
débonneter	+	-ette	paqueter	+	-ette
déboqueter	+	-ette	parqueter	—	-ette
décacheter	-ette	-ette	pelleter	+	—
déchiqueter	-ette	-ette	perroqueter	+	-ette
déclaveter	+	+	pinceter	+	-ette
décliqueter	+	—	piqueter	—	-ette
décolleter	-ette	-ette	planeter	+	—
déjeter	-ette	-ette	pocheter	—	-ette
démoucheter	-ette	-ette	projeter	-ette	-ette
dépaqueter	-ette	-ette ou -ète	*racheter*	**-ète**	-ète
dériveter	+	+	rapiéceter	+	-ète
ébouqueter	+	-ette	recacheter	-ette	-ette
ébûcheter	+	—	rejeter	-ette	-ette
écolleter	+	-ette	riveter	+	-ette
écoqueter	+	—	saveter	—	-ette
émoucheter	+	-ette	simpleter	+	—
empaqueter	-ette	-ette	souffleter	—	-ette
encliqueter	+	-ette	surjeter	—	-ette
encolleter	+	—	tacheter	-ette	-ette
encorneter	+	-ette	tripleter	+	—
épinceter	+	—	trompeter	-ette	-ette ou -ète
épousseter	-ette	-ette	valeter	—	-ette

	ACAD.	LITTRÉ		ACAD.	LITTRÉ
vergeter	+	-ette	violeter	+	-ette
vigneter	+	—	voleter	—	-ette

629. *a)* Les verbes qui ont un **é** (avec accent aigu) à l'avant-dernière syllabe de l'infinitif changent cet *é* en *è* (avec accent grave) devant une syllabe muette *finale*. Au futur simple et au conditionnel, ces verbes gardent donc l'*é* avec accent aigu : *Altérer, j'altÈre, j'altérerai, Révéler, je révÈle, je révélerais. Répéter, il répÈte, nous répéterons, vous répéteriez.*

C'est le déplacement de l'accent d'intensité qui entraîne cette alternance vocalique. La voyelle s'ouvre ou se ferme, selon que l'accent d'intensité tombe sur le radical *(je cède)* ou sur la désinence *(je céderai, nous cédons)*.

Il y a lieu de faire, à propos de cette règle, une distinction entre l'orthographe et la prononciation. « Un changement a lieu, cela est certain, l'*e* s'ouvre. Mais il n'est pas vraiment fermé dans *céder,* sauf chez les Français de l'Est. Il me paraît encore plus contestable que dans *je céderai,* l'*e,* même surmonté de l'accent aigu, s'entende comme l'*e* de *monté* ou le second *é* de *été.* » (F. BRUNOT, *Observ. sur la Gram. de l'Ac.,* pp. 72-73.)

N. B. — Il y a, pour ces verbes, une tendance assez marquée à conformer la graphie à la prononciation et à mettre un *è* au futur et au conditionnel : *Et c'est ce nom d'Athènes que les races futures (…)* RÉVÈRERONT (A. GIDE, *Thésée,* p. 94). — *Je ne* LÈGUERAI *pas mon nom à un Français qui ne sera que moyen* (MONTHERLANT, *Fils de personne,* III, 3). — *Je ne* BLASPHÈMERAI *pas les morts* (G. BERNANOS, *Les Grands Cimetières sous la lune,* p. 11). — *Pour décider s'il* PERSÉVÈRERAIT *dans l'orgueil* (L. MARTIN-CHAUFFIER, *L'Épervier,* p. 64). — *J'*ESPÈRERAIS, *même en enfer !* (LA VARENDE, *Cœur pensif…,* p. 273.)

b) Les verbes en **-éer** conservent l'*é,* avec accent aigu, dans toute leur conjugaison : *Créer, je crée, je créerai. Agréer, tu agrées, il agréerait.*

629bis. Quelques grammairiens ont recommandé de mettre, dans la conjugaison des verbes en **-uer** et en **-ouer,** un tréma sur l'*i* de la désinence aux deux premières personnes du pluriel de l'imparfait de l'indicatif et du présent du subjonctif, mais ce tréma n'est pas d'usage : *Nous* ÉVOLUIONS. *Que vous vous* DÉVOUIEZ. — *Que vous ne* SALUIEZ *pas mes galons* (É. HENRIOT, *Tout va recommencer sans nous,* p. 39). — *Nous* SALUIONS *au passage Chateauneuf* (F. GREGH, *L'Âge de fer,* p. 65).

Arguer (l'*u* se prononce) est un cas particulier. L'Académie ne conjugue pas ce verbe et ne dit pas s'il prend un tréma. Selon Littré, il faut écrire avec tréma ; *j'arguë, tu arguës, il arguë.* Cette opinion est fondée ; cependant les auteurs se dispensent le plus souvent de mettre ce tréma (ou parfois ils le mettent sur l'*u*) : *Mais il n'en argue pas pour conclure…* (A. THÉRIVE, dans le *Temps,* 18 mai 1939). — *Il argua de son amitié* (E. JALOUX, *Sous les Oliviers de Bohême,* p. 111). — *Ils arguent des bénéfices qu'ils pourraient retirer…* (ARAGON, *Le Paysan de Paris,* p. 34). — *Cependant*

Évariste, le fin critique, argua... (A. GIDE, *Paludes*, p. 100). — *Car, argûait-il...* (ID., *Thésée*, p. 94).

B. — Verbes en *-ir, -oir, -re.*

630. *Fleurir* a, pour l'imparfait de l'indicatif et pour le participe présent ou adjectif verbal, les formes directes *fleurissait, fleurissant,* et les formes collatérales *florissait, florissant,* empruntées à l'ancien verbe *florir* [1] (lat. *florēre*).

1° Quand *fleurir* signifie, au propre, « produire des fleurs, se couvrir de fleurs, être en fleurs » ou quand il est pris transitivement au sens de « orner » ou de « parer de fleurs, de bouquets », il fait, à l'imparfait de l'indicatif, *fleurissait,* et au participe présent ou adjectif verbal, *fleurissant : Les hautes bruyères blanches* FLEURISSAIENT (E.-M. de VOGÜÉ, *Jean d'Agrève*, p. 43). — *Voyez ces cerisiers* FLEURISSANT *dans le verger.* — *Les prés* FLEURISSANTS (AC.). — *Je* FLEURISSAIS *ma boutonnière.* — *Cet auteur,* FLEURISSANT *trop son style, fatigue.*

2° Quand il signifie, au figuré, « prospérer, être dans un état de splendeur, être en honneur », il fait, à l'imparfait de l'indicatif, *florissait* ou, moins souvent, *fleurissait : Les sciences et les beaux-arts* FLEURISSAIENT ou FLORIS-SAIENT *sous le règne de ce prince* (AC.). — *Homère* FLEURISSAIT *deux générations après la guerre de Troie* (VOLT., *Essai sur la poés. épiq.*, 2). — *Ce style roman qui* FLEURISSAIT *encore en Aquitaine au XIIe siècle* (A. FRANCE, *Balthasar*, p. 84). — *Au temps où les arts et la licence* FLORISSAIENT (BALZAC, *La Peau de chagrin*, p. 24). — *Le professeur Charcot, qui* FLORISSAIT *à la Faculté de Médecine autour de 1880-1890* (L. DAUDET, *Le Rêve éveillé*, p. 112). — *Athènes* FLORISSAIT *sous Périclès* (AC.). — Au participe présent, il fait *florissant* ou, moins souvent, *fleurissant : La paix,* FLORISSANT ou FLEURISSANT *de nouveau dans le pays.* — *Raoul pouvait citer tel parlementaire de sa famille,* FLORISSANT *sous la Régence* (J. GREEN, *Le Malfaiteur*, p. 42). — L'adjectif verbal est toujours [2] *florissant : Dans le cours d'un règne* FLORISSANT (RAC.,

---

1. *Florir* n'est pas entièrement sorti de l'usage : *Ce n'est donc pas une raison (...) pour que l'art (...) ne continue pas de verdoyer et de* FLORIR (HUGO, *F. d'aut.*, Préf.). — *Encore aujourd'hui, en Belgique,* FLORISSENT *une infinité d'associations pareilles* (TAINE, *Philos. de l'Art*, t. I, p. 240). — *Cette aire illuminée où* FLORIRENT *nos morts* (Ch. MAURRAS, *Les Secrets du Soleil*, p. 11). — *La France est un pays où le conte moral et la tragédie ont* FLORI *comme rosiers sur les haies* (A. THÉRIVE, *Le Retour d'Amazan*, p. 50). — *Le style « esthète » qui* FLORIT *il y a bientôt quarante ans* (ID., *Querelles de langage*, t. Ier, p. 126). — *Pendant les grandes époques où elle* [l'architecture française] *a* FLORI (P. VALÉRY, *Regards...*, p. 130). — *Le « Siècle d'Or », celui qui a vu* FLORIR *tous les grands peintres* (P. CLAUDEL, *L'Œil écoute*, p. 19).

2. Ou presque toujours : quelques-uns prennent parfois encore la liberté, comme à l'époque classique (voir l'*Hist.*), d'employer l'adjectif verbal *fleurissant,* pour le

Brit., I, 2). — *Une santé* FLORISSANTE. — *Il rend son royaume* FLORISSANT
(VOLT., *Mœurs*, 118).

Selon l'Académie, *fleurir*, au figuré, « fait souvent *florissait* à l'imparfait de l'indicatif et toujours *florissant* au participe présent ou adjectif verbal. » « On dit plutôt
florissait, ajoute l'Académie, lorsqu'on parle d'une personne ou d'une collection de
personnes, comme d'un peuple, d'une ville, d'une république. »

Hist. — « Dans le propre, notait Vaugelas (*Rem.*, p. 472), on dit plus souvent *fleurissant (…)*, et dans le figuré on dit plustost *florissant (…)*. Le verbe *fleurir*, a aussi
de certains temps, où l'on employe plustost l'*o*, que l'*eu*, dans le figuré, comme dans
l'imparfait on dira *un tel florissoit sous un tel regne, l'eloquence* ou *l'art militaire florissoit en un tel temps*. I'ay dit *dans le figuré*, parce que dans le propre on diroit par
exemple, *cet arbre fleurissoit tous les ans deux fois*, et non pas *florissoit.* » — Comme on
le voit, la règle de Vaugelas n'est pas catégorique. Il n'est pas rare, en effet, de trouver
au XVIIᵉ siècle, *fleurissait, fleurissant*, pour le sens figuré : *Notre siècle me semblait
aussi* FLEURISSANT (DESCARTES, *Méth.*, I). — *Hésiode* FLEURISSAIT *trente ans avant
lui* (Boss., *Hist.*, I, 6). — *La réputation toujours* FLEURISSANTE *de ses écrits* (ID.,
Disc. à l'Ac.).

631. **Haïr** perd le tréma aux trois personnes du singulier de l'indicatif
présent et à la seconde personne du singulier de l'impératif présent : ces
formes sont donc monosyllabiques : *Je hais, tu hais, il hait. Hais.*

Au passé simple et à l'imparfait du subjonctif, à cause du tréma, on écrit sans accent circonflexe : *nous haïmes, vous haïtes, qu'il haït*. (Ces formes sont d'ailleurs à peu
près inusitées.)

632. Dans les verbes **croire, fuir, traire, voir** et leurs composés, l'*i* du
radical se change en *y* devant une voyelle sonore : *Croire, nous* cro**y**ons, *il*
cro**y**ait. *Fuir, nous* fu**y**ons, fu**y**ant. (Mais : *qu'il* cro**i**e, *ils* fu**i**ent, *ils* vo**i**ent, etc.)

Dans les formes où l'on trouve un *y*, la prononciation fait entendre un « yod ». Il
faut se garder de faire entendre de même un « yod » en prononçant les formes dans
lesquelles *i* est suivi d'un *e* muet : *Ils voient* (ne pas prononcer *vway*', mais *vwa*).
Cette façon de prononcer de telles formes (comme aussi *que j'aie, que tu aies, qu'il ait,
qu'ils aient ; que je sois, que tu sois, qu'il soit, qu'ils soient*), en faisant entendre un yod,
est vulgaire : *Le sergot répondit avec une austère douceur : Que ce* SOYE *pour une idée
ou pour autre chose, ce n'était pas à dire* (A. FRANCE, *Crainquebille*, p. 63). — *Que
je les* VOYE *un peu ces téméraires !* (J. PERRET, *Bande à part*, p. 279.)

Remarque. — On a aussi un *y* dans les formes : *que nous* a**y**ons, *que vous*
so**y**ons, *que vous* a**y**ez, *que vous* so**y**ez, a**y**ant.

Pour l'*y* dans *seoir, asseoir, surseoir*, voyez § 679, 1, *Hist.*

633. *a)* Les verbes en **-indre** et en **-soudre** ne gardent le *d* qu'au
futur simple et au conditionnel présent : *Peindre, je peins, il peint,*

---

sens figuré : *Elles* [les mœurs antiques] *différaient notablement des mœurs bourgeoises*
FLEURISSANTES *alors en la bonne ville d'Orléans* (Ch. PÉGUY, *Souvenirs*, p. 35).

je pein**d**rai. *Plaindre, tu plains, il plaint, il* plain**d**rait. *Résoudre, je résous, il résout, tu* résou**d**ras.

Hist. — A -*indre* et à -*soudre* correspondent en latin -*ngĕre* et -*solvĕre*. Or c'est une loi phonétique que, dans le passage du latin au français, un *d* transitoire se développe régulièrement dans les groupes *n mouillé* + *r*, *l* + *r* (§ 58, *a*) : ce *d* se trouve donc dans les verbes qui nous occupent, à l'infinitif, au futur et au conditionnel, où se rencontrent ces combinaisons de consonnes : *cing(ĕ)re* a donné *cign(ĕ)re* (avec *n* mouillé), puis *cein-*d*-re*. *Sólvĕre* a donné *sól(ve)re*, puis *sol-*d*-re*, puis (§ 50, 4°) *sou-*d*-re*. — Voir aussi § 640, *Hist.*

b) Dans les verbes en -*indre*, les consonnes *nd* du radical de l'infinitif se changent en -*gn* (*n* mouillé) devant une désinence commençant par une voyelle : *Peindre, nous* pei**gn**-ons, *je* pei**gn**-ais, *vous* pei**gn**-iez, *qu'il* pei**gn**-e, etc.

Hist. — Au moyen âge, le *d* s'était généralisé dans ces verbes et se trouvait même devant une désinence commençant par une voyelle. On disait : *atein*d*oit, complain-*d*ons*, etc. Cette particularité s'observe encore en wallon : cf. liégeois : *Ni nos plin-*d*ans nin* [ne nous plaignons pas].

634. *Battre, mettre* et leurs composés ne gardent qu'un *t* au singulier du présent de l'indicatif et de l'impératif : *Mettre, je mets, tu mets, il met. Mets.*

635. Au singulier du présent de l'indicatif et de l'impératif, la consonne finale du radical de l'infinitif se maintient dans les verbes en **-dre** (autres que les verbes en -*indre* et en -*soudre*), dans **rompre, vaincre,** ainsi que dans les composés de ces verbes : *Prend-re, je* pren**d**-s. *Répond-re, tu* répon**d**-s. *Répandre, je* répan**d**-s. *Mord-re, il* mor**d**. *Moudre,* mou**d**-s. *Rompre, je* rom**p**-s, *il* rom**p**-t. *Vainc-re, je* vain**c**-s, *il* vain**c**.

Mais les autres verbes à radical terminé par une consonne (autre que *r* ou *n*) perdent cette consonne devant les désinences *s* ou *t* au singulier du présent de l'indicatif et de l'impératif : *Ment-ir, je* men-s, *il* men-t. *Craind-re, je* crain-s, *crain*-s. *Vivre, je* vi-s, *il* vi-t. *Bouill-ir* (*l* mouillé noté par *ill* et prononcé maintenant comme un yod), *je* bou-s, *il* bou-t.

636. Les verbes en **-aître** et en **-oître** ont l'accent circonflexe sur l'*i* du radical chaque fois que cette voyelle est suivie d'un *t* : *Il paraît. Tu connaîtras.* (Mais : *tu parais, je connais.*)

Croître a l'accent circonflexe non seulement quand la voyelle *i* est suivie d'un *t*, mais encore dans toute forme homonyme d'une forme correspondante du verbe *croire*, excepté *crus, crue, crues* (pour les composés de *croître*, voir § 652, *c*) : *Tu croîs en sagesse. Il crût en vertu. La rivière a crû.* [Mais : *Les ruisseaux sont crus.* — *La rivière est crue* (Ac.). — *Les rivières sont crues.*]

L'Académie écrit sans accent circonflexe l'imparfait du subjonctif *que je* cru**ss**e.

Au participe présent, au pluriel du présent de l'indicatif, à l'imparfait de l'indicatif, au présent du subjonctif, les verbes en *-aître* et en *-oître* remplacent par deux *s* le *t* du radical de l'infinitif : *Paraît-re, paraissant, vous paraissez, je paraissais, que je paraisse.*

636bis. Au présent de l'indicatif, *il clôt, il gît, il plaît (il déplaît, il complaît)* ont l'accent circonflexe sur la voyelle qui précède le *t*.

L'Académie ne met pas le circonflexe sur l'*o* dans *il éclot, il enclot :* elle est, en cela, inconséquente avec elle-même, puisqu'elle écrit *il clôt*.

637. En général, dans les verbes en **-ire** (sauf *rire, sourire* et *écrire*), le pluriel du présent de l'indicatif, l'imparfait de l'indicatif, le présent du subjonctif, le passé simple, l'imparfait du subjonctif ont un *s* sonore entre le radical et la désinence : *Conduire, condui-s-ant, nous condui-s-ons ; je condui-s-ais, que je condui-s-e, je condui-s-is, que je condui-s-isse.*

Rire, sourire ne prennent aucune consonne entre le radical et la désinence : *Ri-ant, nous ri-ons, que nous ri-ions,* etc.

Écrire et ses composés ont un *v* entre le radical et la désinence aux temps indiqués ci-dessus : *Nous écri-v-ons, qu'il décri-v-e, il inscri-v-ait.*

II. — *OBSERVATIONS SUR LES DÉSINENCES DE PERSONNE ET DE NOMBRE*

A. — Au singulier.

638. 1re **Personne.** La désinence de la 1re personne est :

1° Un *e* muet :

a) A l'indicatif présent de tous les verbes en *-er* et des verbes *assaillir, couvrir* (et composés), *cueillir* (et composés), *défaillir, offrir, ouvrir* (et composés), *souffrir, tressaillir : Je march*E*, je couvr*E*, je cueill*E*.

b) Aux temps simples du subjonctif de tous les verbes, sauf *être (que je sois) : Que je cèd*E*, que je finiss*E*, que je reçoiv*E*, que j'euss*E*, que je vinss*E*.

Remarque. — Dans les tournures interrogatives, optatives ou concessives et dans les propositions incises, où le sujet *je* est postposé, quand la 1re personne du singulier est terminée par un *e* muet, on remplace cet *e* par un *é*, qui, d'ailleurs, en dépit de l'accent aigu, se prononce ouvert (comme dans remède) : *Parl*É*-je ? puiss*É*-je, euss*É*-je, duss*É*-je.* — CHERCHÉ-je à me dérober au devoir ? (G. DUHAMEL, *Manuel du protestataire,* p. 11.) — « *Nous faisons la guerre !* » m'ÉCRIÉ-je (Gén. DE GAULLE, *Mém.,* Le Salut, p. 10).

Dans ce cas, il va de soi qu'on ne fait pas subir au radical les modifications qu'il subirait devant une syllabe muette ou devant un *e* muet (voir § § 626, 627, 629) : *Employé-je ? Semé-je ? Harcelé-je ? Acheté-je ? Altéré-je ?*

Toutes ces tournures appartiennent exclusivement à la langue littéraire.

Le pronom *je* postposé étant atone, fait, en quelque sorte, corps avec le verbe. Or, comme la langue n'admet, dans aucun cas, que l'accent d'intensité frappe l'antépénultième, on a dû, dans la combinaison du verbe et du pronom *je*, accentuer la pénultième, c'est-à-dire la syllabe finale du verbe : de là le changement de l'*e* muet en *e* ouvert (noté abusivement par *é*).

2⁰ Un *s* muet :

a) A l'indicatif présent de tous les verbes autres que les verbes en -*er* : *Je finis, je crois, je viens, je prends.*

Remarque. — Dans *je peux, je vaux* (et composés), *je veux,* on a un *x,* variante orthographique de *s* (§ 278, *Hist.*).

Au lieu de *je peux,* on dit aussi *je puis* (voir § 674, 12). La forme *je peux* a été refaite par analogie avec la seconde personne du singulier *tu peux.*

b) A l'imparfait de l'indicatif et au conditionnel de tous les verbes : *Je pensais, je disais, je voulais. Je mangerais, je croirais, je viendrais, je rendrais.*

c) Au passé simple des verbes autres que les verbes en -*er* : *Je dormis, je courus, j'aperçus, je pris, je craignis, je résolus, je perdis, je connus.*

EXCEPTIONS. — Cette désinence -*s* n'existe pas :

a) Dans *j'ai.* Par suite, -*s* fait également défaut dans tous les verbes à la 1ʳᵉ personne du singulier du futur. (Voir § 653, *Hist.*)

b) Au passé simple de tous les verbes en -*er* : *J'aimai, je plaçai.*

Hist. — En général, dans la vieille langue, il n'y avait pas de désinence à la 1ʳᵉ personne du singulier. Le présent de l'indicatif, par exemple, présentait des formes telles que : *port, aim, pri, dor, voi,* etc. Certains verbes en -*er* avaient cependant la désinence *e* servant de voyelle d'appui après un groupe de consonnes : *tremble, brusle,* etc. Dès le XIIᵉ siècle, les premières personnes sans *e,* comme *port, pri,* en prirent un par analogie avec les formes telles que *tremble, brusle,* et surtout par analogie avec les secondes et les troisièmes personnes : *tu portes, il porte.*

Dans les verbes autres que les verbes en -*er,* un *s* final s'est développé par analogie avec les quelques premières personnes qui présentaient un *s* étymologique (Ex. : *finis,* de *finisco*) : des formes comme *voi, dor* sont devenues *vois, dors.*

La désinence -*s,* vivement combattue encore au XVIᵉ siècle et même au XVIIᵉ, a fini par triompher. Néanmoins les poètes du grand siècle se servaient fréquemment encore des formes sans *s,* surtout à la rime : *Et je demande Achille à tout ce que je* VOI (RAC., *Iphig.,* II, 3). — *Et je n'attendais pas l'honneur que je* REÇOI (MOL., *Mis.,* I, 2). — L'explication qui précède fait voir que les « licences poétiques » dont il s'agit là sont des survivances d'anciennes formes étymologiques.

Les poètes, par fausse analogie, ont parfois ôté à certaines formes un -s auquel elles avaient droit par l'étymologie : *Je frémi* (issu de *fremisco*) : *Ah ! Monsieur, j'en* FRÉMI ! (Corn., *Ment.*, II, 5.)— Ces « licences », les poètes en ont usé encore au XVIIIe siècle et même au XIXe : *Je* voi *Ce présent qu'une épouse avait reçu de moi* (Volt., *Zaïre*, II, 3). — *Et puis, la ville est là ! je l'entends, je la* voi (Hugo, *F. d'aut.*, XXXV, 3). — *Puisque c'est dans mon cœur, eux, que je les* reçoi (E. Rostand, *Cyrano*, III, 7).

639. 2e Personne. La désinence de la seconde personne du singulier est un *s* muet : *Tu chantes. Tu lisais. Tu fus. Tu rendras. Tu voudrais. Que tu viennes.*

Excepté :

1° Dans *tu peux, tu vaux* (et composés), *tu veux* (cf. § 278, *Hist.*).

2° A l'impératif des verbes en -er et des verbes *assaillir, couvrir* (et composés), *cueillir* (et composés), *défaillir, offrir, ouvrir* (et composés), *souffrir, tressaillir, savoir, vouloir*[1] qui, comme les verbes en -er (sauf *aller*), se terminent, à la personne indiquée, par un *e* muet : *Plante. Marche. Va. Cueille. Ouvre. Souffre. Tressaille. Sache. Veuille.*

N. B. — Toutefois, par survivance d'un ancien usage (voir ci-dessous : *Hist.*), ces impératifs prennent un *s* final lorsqu'ils sont suivis immédiatement d'un des adverbes pronominaux *en* ou *y*, non suivis d'un infinitif : *Plantes-en. Donnes-en. Offres-en. Vas-y. Penses-y. Cherches-en les raisons. Parles-en à ton père.*

Mais ces impératifs s'écrivent sans *s* ni trait d'union devant *en* et *y* suivis d'un infinitif, comme aussi devant la préposition *en* ou devant tout autre mot commençant par une voyelle ou un *h* muet[2] : Ose *en dire du bien.* Daigne *en agréer l'hommage.* Va *y mettre ordre.* — Va *en savoir des nouvelles* (Ac.). — Laisse *y porter remède.* Parle *en maître.* Cherche *à en découvrir les raisons.* Va *ouvrir.* Va *en paix.* Avance *humblement.*

Remarques. — 1. Dans *va-t'en, retourne-t'en*, etc., on remarquera l'apostrophe :

---

1. *Savoir* et *vouloir* ainsi que *avoir* et *être* n'ont pas, à proprement parler, d'impératif (§ 649, *b*). Avec ces verbes, on recourt aux formes du subjonctif pour exprimer l'idée impérative : *sache, veuille, aie, sois.* — C'est l'influence des verbes en -er qui a fait supprimer l's final de *saches, veuilles, aies.*

2. Pour Littré (s. v. *aller*, Rem. 4), « cela est arbitraire ; du moment que *vas-y* est bon, comme il n'est fait que pour l'oreille, la règle euphonique s'applique à *y* même suivi d'un infinitif et à *en.* » Selon Littré, on doit donc écrire : Vas-*y chercher ta mère :* vas-*en savoir des nouvelles.* — Vas-*y voir !* (E.-M. de Vogüé, *Jean d'Agrève*, p. 11.) — Mais la bonne règle, c'est, semble-t-il, que quand *en* et *y* sont séparés ou peuvent être séparés de *va* par une pause, si brève soit-elle, le sens indique qu'ils ne font pas corps avec lui et qu'il n'y a pas lieu de mettre un *s : Des outils*, va *en prendre ;* va *y mettre ordre.* — Lorsque *y* ne peut être séparé de *va* par la moindre pause, c'est-à-dire quand on a affaire au verbe composé *y aller*, on met l's et le trait d'union : *On t'appelle à la campagne :* vas-*y sans tarder.* (On n'écrit jamais *vas-en*, parce qu'on ne fait jamais de pause après ces mots et qu'ils ne se rencontrent jamais isolément.)

le *t*, en effet, n'est pas un *t* analogique comme dans *aime*-T-*il*, c'est le pronom *te* dont l'*e* est élidé (comparez : *allez*-VOUS-*en* et voyez § 102, *N. B.*, 2). Vu l'apostrophe, on se dispense de mettre le second trait d'union.

2. La locution interjective *adieu-va !* (LITTRÉ) ou *À Dieu-va !* (ID., *Suppl.*) s'écrit le plus souvent : *À Dieu vat !* [1] : *On tiendra pendant x jours. Et puis après ? Après*, À DIEU VAT !... (R. DUMESNIL, *L'Âme du médecin*, p. 109.) — *Je jette à la Seine le trognon.* À DIEU VA ! (A. ARNOUX, *Calendrier de Flore*, p. 240.) — À DIEU VAT ! *Si je m'endors, il le verra bien* (P. BENOIT, *Le Soleil de minuit*, p. 113). — *Il déclarait sa guerre, lui aussi, inexpiablement...* « À DIEU VAT ! » *et Gaston piqua en plaine* (LA VARENDE, *Le Centaure de Dieu*, p. 275). — *Quel autre recours ?* À DIEU VAT ! (M. GENEVOIX, *Fatou Cissé* p. 120.) — À DIEU VAT ! (AC.)

Hist. — Dans les impératifs latins, la seconde personne du singulier n'avait jamais d'*s* final : *canta*, chante ; *vide*, vois ; *audi*, entends ; *fac*, fais, etc. La même particularité existait dans le vieux français : *voi, vien, fai, dor*, etc. — Vers la fin du XIVᵉ siècle, probablement par analogie avec la seconde personne du singulier de l'indicatif présent, on commença d'ajouter la désinence *s* à la seconde personne du singulier de l'impératif, sauf évidemment aux formes qui se terminaient déjà par un *s* étymologique (comme *finis*). Mais l'usage resta indécis jusque dans le XVIIᵉ siècle, comme on le voit dans Vaugelas (*Rem.*, p. 189) : « Les uns, écrit-il, croyent qu'il ne faut point d's à ceux [les impératifs] qui terminent en *i, ai, ain, ein, oy, en* et *üy*, et les autres, qu'il en faut. » Il donne les exemples : *beni(s), fini(s), di(s), li(s), ri(s) — fay, tay*, ou *fais, tais — crain(s) — fein(s) — pein(s) — voy, connoy*, ou *vois, connois — tien(s), vien(s) — suy(s) ;* — il signale que les formes *fais, tais, crains, feins, peins* sont plus suivies que les mêmes formes sans *s* — et que les form's *voy, connoy, tien, vien, fuy* sont plus suivies que les mêmes formes avec *s*. — Les poètes usaient volontiers, à la rime, des formes sans *s : Revien* (RAC., *Phèdre*, II, 4). — *Voi* (MOL., *Étourdi*, III, 2). — *Redevien* (LA F., *F.*, XII, 1).

Dans *voici, voilà*, ainsi que dans des noms propres comme *Boileau, Boirude*, etc., selon l'interprétation traditionnelle, on aurait, en composition, des formes anciennes de l'impératif. On admettra plutôt, avec J. Marouzeau (voir § 143, 1°), qu'on a là le thème verbal sous la forme de la 3ᵉ personne du singulier de l'indicatif présent.

---

1. L'expression *à Dieu vat !* traduit un sentiment complexe où se mêlent la résignation, la confiance, la conscience d'avoir fait tout ce qu'on devait ; elle signifie : « advienne que pourra ! à la grâce de Dieu ! ». Elle s'employait, dans l'ancienne marine, comme second commandement donné par le timonier à l'équipage pour virer de bord vent devant, quand le navire se trouvait en danger, près de récifs ou de brisants (le premier commandement concernait les opérations préparatoires). — Pour l'explication du *t* de *vat*, il ne semble pas indiqué de considérer l'ancienne forme *vat* (ou *vait*), qui a existé à côté de *va*, à la 3ᵉ personne du singulier du présent de l'indicatif : *vat*, dans *à Dieu vat*, est bien un impératif. Toutefois il y a lieu d'observer que *va* est commun à l'indicatif et à l'impératif ; le *t* de *vat* paraît bien être le même que celui qui s'ajoute, dans la langue populaire, à *va* (indicatif ou impératif) suivi d'une voyelle (cf. *Malbrough s'en va*-T-*en guerre ;* — les marins, dit Nyrop, prononcent souvent : *un va*-T-*et-vient*) ; on observera aussi que le *t* des formes interrogatives comme *va*-T-*il ? ira*-T-*il ?* a pu exercer son influence. — Ainsi *vat*, employé d'abord devant une voyelle, se serait ensuite employé aussi devant une pause. (Sur cette question, voir NYROP, *Études de gramm. fr.*, 19.)

[Pour ce qui est de *fainéant*, considéré traditionnellement comme composé de l'impératif *fai* et de *néant*, il faut y voir, selon Bloch-Wartburg (*Dict. étym.*, 2e éd.), le participe présent de *feindre*, au sens fréquent en ancien français et jusqu'au début du XVIIe siècle, de « rester inactif », « paresser ».]

640. 3e Personne. La désinence de la 3e personne du singulier est étymologiquement un *t* : *Il fini*T. *Il par*T. *Il fi*T. *Il couru*T.

Ce *t* s'est maintenu à l'imparfait et au conditionnel de tous les verbes : *Il planta*T. *Il vena*T. *Il chantera*T. *Il fera*T.

EXCEPTIONS. La 3e personne du singulier n'a pas la désinence -*t* :

1º Dans *il a, il va, il vainc, il convainc*.

2º A l'indicatif présent des verbes en -*er* et des verbes *assaillir, couvrir* (et composés), *cueillir* (et composés), *défaillir, offrir, ouvrir* (et composés), *souffrir, tressaillir*, qui (sauf *aller*) se terminent par *e* à la personne indiquée : *Il envoi*E. *Il pleur*E. *Il couvr*E.

3º Au subjonctif présent de tous les verbes, sauf les deux auxiliaires (*qu'il ai*T, *qu'il soi*T) : *Qu'il entre, qu'il meure. Qu'il croie. Qu'il exclue*.

4º Au futur simple de tous les verbes : *Il plantera. Il ira. Il fera. Il vendra*.

5º Au présent de l'indicatif des verbes en -*dre* autres que ceux qui se terminent pas -*indre* ou par -*soudre*. Ces verbes en -*dre* ont remplacé le *t* étymologique par un *d* analogique (voir ci-dessous : *Hist.*) : *Il défen*D. *Il fon*D. *Il répan*D. *Il mor*D. (Mais : *il plain*T, *il pein*T, *il résou*T, etc.)

6º Au passé simple de tous les verbes en -*er* : *Il aima, il alla*.

Remarque. — Quand un des sujets *il, elle, on* est postposé, comme il arrive dans les tournures interrogatives, optatives, et dans les propositions incises, on intercale un *t* accessoire (avec traits d'union) entre le verbe et le pronom, lorsque le verbe se termine par un *e* muet ou par un *a* (de même avec *vainc, convainc*) : *Chante*-T-*il, pense*-T-*il, puisse*-T-*il, ira*-T-*elle; a*-T-*on, vainc*-T-*il*, etc. — Ce *t* n'est pas étymologique, puisqu'on disait anciennement (avec élision facultative de l'*e*) : *aime il, pense il, a il, joue elle, aime on*[1], etc. : *Que m'en reste-il ?* (VILLON, *Testam.*, 484.) — *Rejettera-il* (CALVIN, *Instit.*, III, 2, 17.) — *Et bien ! Sire, luy demanda-il* (MONTAIGNE, I, 42 ; p. 305). — Ce n'est pas non plus l'euphonie qui en explique le développement. On a affaire, en réalité, à un *t* analogique : ce sont les formes telles que *est-il, aimait-il, sort-il*, etc. qui ont déterminé, au XVIe siècle, l'introduction d'un *t* dans les tournures *aime il, pense il*, etc., qui s'écartaient des autres formes interrogatives. Longtemps les grammairiens se sont opposés à la notation de ce *t* dans l'orthographe, quoiqu'il se fût implanté dans la prononciation. C'est Vaugelas (*Rem.*, p. 10) qui, rejetant les graphies *aime il, aime-t'il*, exigea le *t* entre deux traits d'union : *aime*-T-*il*.

Hist. — Le *t* était en latin la caractéristique de la 3e personne du singulier. Conservé à toutes les formes dans la très ancienne langue (qui notait d'ailleurs la dentale finale tantôt par *t*, tantôt par *d*), ce *t* a disparu vers la fin du XIe siècle, après *e* muet et après *a* : *chante*T, *va*T, sont devenus *chante, va*. Il n'a pas tardé non plus à

---

1. Pour *dira l'on, toucha l'on*, etc., voir § 587, *Hist.*, 2.

disparaître après *i* et *u* : *dormi*т, *couru*т sont devenus *dormi*, *couru*. — Mais il s'est constamment maintenu à l'imparfait et au conditionnel ainsi que dans toutes les formes où il était appuyé par une consonne : *chantoi*т, *chanteroi*т, *par*т, *pren*т, *fis*т. — C'est par analogie avec ces dernières formes qu'à partir du XIVe siècle le *t* a été repris, après *i* et *u* : *dormi*т, *couru*т. D'autre part, par analogie avec les formes de l'infinitif (*prendre, répondre*, etc.), tous les verbes en *-dre* ont pris, au XVe siècle, un *d* final au présent de l'indicatif : *il pren*D, *il répon*D, *il crain*D, etc. Mais cette orthographe analogique ne s'est pas maintenue dans les verbes en *-indre* et en *-soudre*. — *Il vain*C (autrefois *il veint*) a pris un *c* par analogie avec *vaincre*.

B. — Au pluriel.

641. 1re Personne. La 1re personne du pluriel se termine par **-ons**, désinence tonique, commune à tous les temps autres que le passé simple ; **-mes**, désinence atone, est propre au passé simple : *Nous attend*ONS. *Nous envoyi*ONS. *Nous suivr*ONS. *Que nous fussi*ONS. — *Nous eû*MES. *Nous plantâ*MES. *Nous prî*MES.

Il faut signaler à part le verbe *être*, qui offre au présent de l'indicatif la forme *sommes* (voir ci-dessous : *Hist.*).

Hist. — Le latin classique possédait quatre désinences différentes à la 1re personne du pluriel : *-amus, -emus, -ĭmus, -ĭmus* (+ *-ŭmus* et *-ūmus*, dans quelques verbes).

-ons, primitivement *-oms*, remonte probablement à la désinence accentuée *-ŭmus*. Cette dernière désinence, bien qu'elle ne se trouvât que dans la seule forme *sŭmus* (= nous sommes), aurait remplacé, dans la très ancienne langue, les autres désinences indiquées ci-dessus.

Sommes offre un reste de l'ancienne désinence *-omes*, qui a été employée parfois au lieu de *-ons* ou de *-oms*.

642. 2e Personne. La seconde personne du pluriel se termine par **-ez**, désinence tonique, commune à tous les temps autres que le passé simple ; ce dernier temps offre la désinence atone **-tes :** *Vous aim*EZ. *Vous ment*EZ. *Vous voyi*EZ. *Vous rendr*EZ. *Que vous déclari*EZ. — *Vous eû*TES. *Vous aimâ*TES.

Quelques formes isolées, celles que fournissent au présent de l'indicatif *être, dire, redire, faire* et les composés de ce dernier verbe, présentent la désinence *-tes :* *Vous ê*TES, *vous di*TES, *vous fai*TES, etc.

Hist. — Il y avait en latin classique cinq désinences différentes pour la 2e personne du pluriel : *-atis, -etis, -itis, -ĭtis, stis*.

-atis a donné *-ez* (après une palatale : *-iez*), qui a fini par supplanter les diverses désinences issues de *-etis, -ītis, -ĭtis*. Parmi ces dernières désinences, *-etis* avait donné *-eiz*, et plus tard *-oiz*. C'est à partir du XIIIe siècle que *-ez* a remplacé *-oiz*, qui n'a survécu que dans certains dialectes (cf. namurois : *savoz, alloz*, etc.).

Quant à *-stis*, cette désinence a donné *-stes :* *chanta*STES, d'où *chantâ*TES. L's

initial de la désinence, bien qu'il eût cessé depuis longtemps de se prononcer, ne
fut supprimé par l'Académie qu'en 1740 ; on en nota le souvenir par un accent circonflexe placé sur la voyelle précédente.

Êtes, dites, faites, etc. s'expliquent par les formes latines *estis, dicitis, facitis,* etc.,
auxquelles ces mots remontent directement.

643. 3ᵉ Personne. La 3ᵉ personne du pluriel se termine par *-ent,*
désinence atone, sauf au futur simple et dans les quatre formes *ont,
sont, font, vont,* où l'on a la désinence tonique *-ont : Ils mont*ENT.
*Ils cour*ENT. *Ils chantai*ENT. *Ils entrèr*ENT. *Qu'ils charg*ENT. *Qu'ils
rendiss*ENT. *— Ils entendr*ONT. *Ils fer*ONT. *Ils conserver*ONT. *Ils détourner*ONT.

Hist. — On avait, en latin classique, trois désinences différentes pour la 3ᵉ personne du pluriel : *-ant, -ent, -unt.* La 1ʳᵉ et la 3ᵉ ont donné régulièrement *-ent.* La 2ᵉ,
conservée dans certains verbes, a été supplantée dans d'autres par *-unt :* dans les
deux cas, on a abouti, en français, à la désinence *-ent.* Cette désinence française *-ent*
s'est réduite, dans la prononciation, à un simple *e* muet.

Sont remonte au latin *sunt. Ont, font, vont* dérivent des formes vulgaires supposées **aunt, *faunt, *vaunt.*

III. — OBSERVATIONS SUR LES DÉSINENCES
DE TEMPS ET DE MODE

644. Présent de l'indicatif.

a) Au *singulier,* le présent de l'indicatif se termine :

1° Par *-e, -es, -e,* dans les verbes en *-er* et dans les verbes *assaillir, couvrir* (et composés), *cueillir* (et composés), *défaillir, offrir, ouvrir* (et composés), *souffrir, tressaillir : Je plant*E, *tu plant*ES, *il plant*E.
*J'assaill*E, *tu assaill*ES, *il assaill*E. *Je couvr*E, *tu couvr*ES, *il couvr*E.
*Je souffr*E, *tu souffr*ES, *il souffr*E.

2° Par *-s, -s, -t,* dans les autres verbes : *Je fin*IS, *tu fin*IS, *il fin*IT.
*Je reço*IS, *tu reço*IS, *il reço*IT. *Je sa*IS, *tu sa*IS, *il sa*IT. *Je crain*S, *tu crain*S,
*il crain*T.

EXCEPTIONS : 1ʳᵉ personne : *J'ai, je peux* [1], *je vau*X (et composés), *je veu*X.
2ᵉ personne : *Tu peux, tu vaux* (et composés), *tu veux.*
3ᵉ personne : *Il a, il va, il vainc, il convainc,* et les verbes en *-dre* autres
que les verbes en *-indre* et en *-soudre : Il ren*D, *il mor*D.

b) Au *pluriel,* il se termine par *-ons, -ez, -ent : Nous plant*ONS,
*vous plant*EZ, *ils plant*ENT. *Nous rend*ONS, *vous rend*EZ, *ils rend*ENT.

---

1. Pour *je puis,* voyez §§ 638, 2° et 674, 12.

EXCEPTIONS : 1re personne : *Nous sommes.*
2e personne : *Vous êtes, vous faites* (et composés), *vous dites, vous redites.*
3e personne : *Ils ont, ils sont, ils vont, ils font.*

645. Présent du subjonctif.

Le présent du subjonctif se termine par *-e, -es, -e, -ions, -iez,
-ent : Que je plante, que tu plantes, qu'il plante, que nous plantions, que
vous plantiez, qu'ils plantent.*

EXCEPTIONS : *Avoir* et *être* ont un *t* à la 3e personne du singulier : *qu'il
ait, qu'il soit* ; aux deux premières personnes du pluriel, ils n'ont pas d'*i*
après l'*y* [1] : *que nous ayons, que nous soyons, que vous ayez, que vous soyez.*

Remarque. — Dans les verbes qui se terminent au participe présent par
-iant, -yant (sauf *avoir*), *-llant* (*l* mouillés), *-gnant*, on ne doit pas omettre,
aux deux premières personnes du pluriel du subjonctif présent, l'*i* des désinences *-ions, iez*, après l'*i*, ou l'*y*, ou les *l* mouillés, ou l'*n* mouillé du radical :
*Que nous priions, que vous liiez, que nous envoyions, que vous essuyiez, que nous
croyions* [2], *que vous riiez, que nous travaillions, que vous éveilliez, que nous
craignions.*

---

1. Pour les deux premières personnes du pluriel, les grammairiens d'autrefois
(Restaut, Domergue, etc.) recommandaient : *ayions, ayiez, soyions, soyiez.* Ces formes
se rencontrent aujourd'hui encore assez fréquemment dans l'usage courant et même
dans la littérature (il est vrai que c'est peut-être, dans certains cas, une simple faute
typographique) ; elles n'ont en soi rien de blâmable et elles ont même, si l'on veut,
l'avantage de représenter mieux que les autres la prononciation courante dans la
conversation : *Il m'est impossible de trouver que nous* AYIONS *tort* (E. JALOUX, *La Chute
d'Icare*, p. 151). — *Les conditions y sont les plus avantageuses que nous* AYIONS *jamais
accordées* (J. GIRAUDOUX, *La Folle de Chaillot*, p. 175). — *Je crains que vous n'*AYIEZ
eu un peu d'inquiétude (STENDHAL, *Corr.*, t. IV, p. 118). — *Parce qu'elle avait tout le
temps peur que vous n'*AYIEZ *de la méfiance* (M. PROUST, *Albertine disparue*, t. II,
p. 74). — *Je voudrais (…) que vous y* AYIEZ *votre bureau* (P. MORAND, *Champions
du monde*, p. 182).— *J'attends que vous en* AYIEZ *fait autant que moi* (J. KESSEL,
L'Équipage, p. 73). — *C'est une injustice que vous n'*AYIEZ *pas encore les palmes*
(M. PAGNOL, *Le Temps des secrets*, p. 303). — *Afin que (…) nous ne lui* SOYIONS *pas
tout à fait inutiles* (STENDHAL, *Corr.*, t. II, p. 134). — *Il faut (…) que nous* SOYIONS
d'accord (P. GÉRALDY, *Aimer*, II, 1). — *Il faut que nous* SOYIONS *bien aveugles* (J.-P.
SARTRE, *Réflexions sur la Question juive*, p. 197). — *Puisque vous êtes chargée de la
parole, il est juste que vous le* SOYIEZ *du mensonge* (J. GIRAUDOUX, *Pour Lucrèce*, I,
3). — *Je serais désolé que vous* SOYIEZ *coupable* (H. BOSCO, *Le Mas Théotime*, p. 200).—
C'est pitié que vous n'y SOYIEZ *pas venu !* (M. PAGNOL, *Le Château de ma mère*, p. 176.)

2. On ne doit, selon M. Grammont, faire entendre qu'un seul yod : *nous croyions*
se prononce exactement comme *nous croyons*, et c'est le contexte qui indique la
différence de valeur. « Le doublement du *y* dans les formes telles que *nous croyions,
vous voyiez*, est tout à fait artificiel et pédant. » (*Traité de Pron. franç.*, p. 90.) — Selon
Martinon, on fait, dans ces formes, entendre deux yods (cf. *Comment on prononce…*,
p. 190). P. Fouché (*Traité de pron.*, p. 34) est du même avis.

Hist. — Le latin avait, au subjonctif présent, trois désinences pour la 1ʳᵉ personne du singulier : *-em, -am (-eam), -iam*. Les subjonctifs latins du type en *-em* (1ʳᵉ conj.) ont donné, en vieux français, des formes sans *-e : chant, chanz, chant*. Peu à peu l'analogie avec des formes comme *tremble* (voir § 638, *Hist.*) a développé des formes en *-e : chant*E, *chant*ES, *chant*E.

Les formes primitives ont survécu cependant jusqu'au XVIᵉ siècle dans des locutions toutes faites. La forme *gard* s'est même employée jusque dans les XVIIᵉ et XVIIIᵉ siècles : *Dieu vous* GARD (MOL., *F. sav.*, II, 1). — *Dieu vous* GARD *en ces lieux* (REGNARD, *Le Lég. univ.*, II, 11). — [Notons en passant, pour le présent du subjonctif de *donner*, les deux séries d'anciennes formes : *que je doigne, que tu doignes, qu'il doignet* (réduit à *doint*), — et *que je doinse, que tu doinses, qu'il doinst* (*doint*, après amuïssement de *s*). — *Doint* se retrouve encore au XVIIᵉ siècle, comme archaïsme : *À tous époux Dieu* DOINT *pareille joie !* (LA FONT., *Contes*, IV, 9.) — *Cy dessous gist Monsieur l'Abbé Qui ne savoit ni A ni B. Dieu nous en* DOINT *bientôt un autre, Qui sache au moins sa patenôtre* (MÉNAGE, dans Trévoux, s. v. *concours*). — Et même au XVIIIᵉ siècle : *Or prions Dieu qu'il leur* DOINT *paradis* (J.-B. ROUSS. *Épigr.*, III, 24).]

A la 1ʳᵉ personne du pluriel, on avait, au moyen âge, les désinences *-ons* et *-iens*. C'est par un compromis entre ces deux désinences qu'on a abouti à *-ions*, qui a triomphé au XVᵉ siècle.

A la 2ᵉ personne du pluriel, on a eu d'abord *-eiz*, puis *-oiz*, remplacé à son tour par *-ez*. C'est à la fin du XVIᵉ siècle que s'est imposée la désinence *-iez*.

646. Imparfait de l'indicatif.

L'imparfait de l'indicatif se termine toujours par *-ais, -ais, -ait, -ions, -iez, -aient : Je plant*AIS, *tu plant*AIS, *il plant*AIT, *nous plant*IONS, *vous plant*IEZ, *ils plant*AIENT.

Remarque. — Dans les verbes qui se terminent au participe présent par *-iant, -yant* (sauf *avoir*), *-llant* (*l* mouillés), *-gnant*, il ne faut pas omettre, aux deux premières personnes du pluriel de l'imparfait de l'indicatif, l'*i* des désinences *-ions, -iez*, après l'*i*, ou l'*y*, ou les *l* mouillés, ou l'*n* mouillé du radical : *Nous pri*IONS, *vous ri*IEZ, *nous employ*IONS, *nous fuy*IONS, *nous travaill*IONS, *vous craign*IEZ (§ 645, Rem. et note).

Hist. — Le latin vulgaire avait trois types d'imparfaits : le 1ᵉʳ en *-abam*, le 2ᵉ en *-ebam*, le 3ᵉ en *-ibam*. — *-abam* a donné en ancien français *-eve* et *-oue* (cf. liégeois : *dji pwèrtéve* [je portais] ; gaumais : *i portout* [il portait]). — *-ebam* a donné *-eie*, qui, dès l'ancien français, a supplanté les deux autres désinences. Au XIIIᵉ siècle, on avait les désinences *-oie, -oies, -oit, -iens, -iez, -oient* ; et au XIVᵉ siècle : *-oi (-oy), -ois, -oit, -ions, -iez, -oient (-oint)*.

Dans ces désinences, la diphtongue *oi*, anciennement prononcée *wè*, puis (XVIᵉ s.) *è*, continuait, au XVIIᵉ et au XVIIIᵉ siècle, de s'écrire *oi : portoit, enfermoit*, etc. Les graphies *-ais, -ait, -aient*, déjà préconisées par Berain en 1675, puis par Voltaire, n'ont été adoptées par l'Académie qu'en 1835 (6ᵉ éd.).]

647. Imparfait du subjonctif.

L'imparfait du subjonctif offre, dans les verbes en *-er*, les désinences *-asse, -asses, -ât, -assions, -assiez, -assent*. Dans les autres verbes, la voyelle *a* de ces désinences est remplacée tantôt par *i*, tantôt par *u* : *Que je sort*ISSE, *que je pr*ISSE, *que je val*USSE, *que je conn*USSE, etc.

EXCEPTIONS : *Tenir, venir* et leurs composés : *Que je tinsse, que je vinsse, que je devinsse, que je retinsse,* etc.

N. B. — Dans tous les verbes, la 3ᵉ personne du singulier de l'imparfait du subjonctif a l'accent circonflexe sur la voyelle de la désinence : *Qu'il allât, qu'il eût, qu'il vînt.*

Dans les deux formes *qu'il haït, qu'il ouït,* à cause du tréma, on ne met pas l'accent circonflexe.

Hist. — L'imparfait du subjonctif dérive du plus-que-parfait du subjonctif latin : *chantasse* remonte à *cantassem (cantavissem)*. L'ancienne langue avait, pour l'imparfait du subjonctif, trois désinences, selon les verbes : *-asse, -isse, -usse*. A la 1ʳᵉ et à la 2ᵉ personne du pluriel, les formes avec *-iss-* étaient les seules existantes au moyen âge. Par analogie, l'*i* de la désinence des deux premières personnes du pluriel s'est même introduit, surtout au XVIᵉ siècle, dans les autres personnes pour certains verbes en *-er : que je donisse,* etc.

Remarque. — L'imparfait du subjonctif a disparu, ou peu s'en faut, de la langue parlée. Dans la langue écrite, l'emploi en est restreint. (Voir quelques précisions §§ 1053 et 1055.)

Des formes comme *naquissions, contentassiez, menaçassions, débarrassasse,* etc. étonneraient l'oreille, quoiqu'elles n'aient en soi rien d'offensant ; c'est à cause de leur rareté que les flexions de l'imparfait du subjonctif paraissent choquantes ou ridicules. — La défaillance de l'imparfait du subjonctif a entraîné celle du plus-que-parfait du même mode.

648. Passé simple.

Le passé simple présente, selon les verbes, trois systèmes de désinences :

1º **-ai, -as, -a, -âmes, -âtes, -èrent.** Ces désinences sont propres aux verbes en *-er.*

2º **-is, -is, -it, -îmes, -îtes, -irent.** Ces désinences appartiennent aux verbes en *-ir*, à la plupart des verbes en *-re*, ainsi qu'à *asseoir, surseoir, voir* et ses composés (sauf *pourvoir : je pourvus*) : *Je fini*s, *tu fin*IS, *il fin*IT, *nous fin*ÎMES, *vous fin*ÎTES, *ils fin*IRENT.

EXCEPTIONS : *Je tins, je vins* et leurs composés.

3º **-us, -us, -ut, -ûmes, -ûtes, -urent.** Ces désinences appartiennent aux verbes en *-oir*, à *courir* et à *mourir*, ainsi qu'à une quinzaine de verbes en *-re* et à leurs composés : *boire, conclure, connaître, croire, croître, être, exclure, lire, moudre, paraître, plaire, repaître, ré-*

soudre, taire, vivre : *Je* cour**us**, *tu* cour**us**, *il* cour**ut**, *nous* cour**ûmes**, *vous* cour**ûtes**, *ils* cour**urent**. *Je* par**us**, *tu* par**us**, *il* par**ut**, *nous* par**ûmes**, *vous* par**ûtes**, *ils* par**urent**.

Hist. — L'ancien français possédait des passés simples de type régulier et des passés simples de type irrégulier.

1º Les passés simples de type *régulier* avaient la désinence frappée de l'accent d'intensité ; cette désinence contenait une des voyelles *a, i, u* : *je* chant**ai**, *je* dorm**i**, *je* val**ui** (plus tard : *je* val**u**). C'est après la Renaissance que les formes telles que *je dormi, je valu* ont pris un *s* final : *je dormis, je valus*. — Les passés avec *i* ont été très employés au XVIᵉ siècle : *frappit, tombit,* etc. : *Lors d'un coup luy* TRANCHIT *la teste* (RABEL., *Garg.*, 44). — Cf. la remarque du paysan Lucas dans le *Médecin malgré lui*, I, 6, de Molière : *Un petit enfant de douze ans se* LAISSIT *choir du haut d'un clocher, de quoi il eut la tête, les jambes et les bras cassés : et vous, avec je ne sais quel onguent, vous fîtes qu'aussitôt il se* RELEVIT *sur ses pieds*. — Sans l'opposition des poètes et des grammairiens, ces passés avec *i* se seraient probablement généralisés.

A la 1ʳᵉ personne du pluriel on avait primitivement *-ames, -imes, -umes*, et à la 2ᵉ personne du pluriel : *-astes, -istes, -ustes*. Au XIIIᵉ siècle, un *s* analogique s'est introduit à la 1ʳᵉ personne du pluriel : *-asmes, -ismes, -usmes*. L'accent circonflexe, dans les formes modernes, note le souvenir de l'ancien *s* (supprimé par l'Académie en 1740).

2º Dans les passés simples de type *irrégulier*, l'accent d'intensité tombait sur la désinence à la seconde personne du singulier et aux deux premières personnes du pluriel (formes *faibles*), tandis qu'aux autres personnes, il tombait sur le radical (formes *fortes*): *dis, desis, dist, desimes, desistes, distrent*. Peu à peu ces passés simples irréguliers se sont modelés sur les passés simples réguliers.

Remarque. — Dans les désinences *-âmes, -âtes, -îmes, -îtes, -ûmes, ûtes* du passé simple, les voyelles *a, i, u*, quoique surmontées de l'accent circonflexe, sont brèves.

649. Impératif.

a) La seconde personne du singulier de l'impératif se distingue de la personne correspondante du présent de l'indicatif par l'absence d'*s* final, dans les verbes en *-er* et dans les verbes *assaillir, couvrir* (et composés), *cueillir* (et composés), *défaillir, offrir, ouvrir* (et composés), *souffrir, tressaillir* : *Avance. Commence. Marche. Ouvre. Cueille. Offre. Souffre.*

Pour *plantes-en, cherches-y*, etc., voir § 639, *N. B.*

Dans les autres verbes, il y a identité de formes à l'impératif et au présent de l'indicatif : *Finis, tu finis. Viens, tu viens. Prends, tu prends.*

Toutefois avec *être, avoir, savoir, vouloir*, qui n'ont pas d'impératif proprement dit, on emprunte au subjonctif présent les formes nécessaires pour exprimer l'idée impérative : *Sois, aie, sache, veuille.*

Pour l'impératif *veux, voulons, voulez*, voyez § 674, 13, Rem. 1.
Sur l'absence d'*s* final dans *aie, sache, veuille*, voyez § 639, Exc. 2º, note 1.

b) Aux deux personnes du pluriel, les formes de l'impératif se confondent avec les formes correspondantes du présent de l'indicatif : *Plantons, nous plantons. Allons, nous allons. Voyons, nous voyons. Buvez, vous buvez. Vivez, vous vivez.*

Cependant *avoir* et *être* empruntent au subjonctif présent les formes qui doivent exprimer l'idée impérative : *Ayons, ayez. Soyons, soyez.*

Savoir et *vouloir* font : *Sachons, sachez ; veuillons, veuillez.* (Voir § 674, 13, Rem. 1.)

Sachons, sachez sont de vieilles formes du subjonctif présent. On a dit anciennement : *que nous sachiens,* ou : *que nous sachions,* ou : *que nous sachons ; — que vous sachiez,* ou : *que vous sachez.*

650. Infinitif.

L'infinitif présente quatre désinences différentes : **-er, -ir, -oir, -re** : *Aim*ER. *Fin*IR. *Recev*OIR. *Rend*RE.

Cas curieux : l'infinitif *fiche* (XIXᵉ s.), du langage très familier ou populaire, ne se range, pour la désinence, dans aucune des catégories régulières. Ce *fiche* a supplanté *ficher* [forme décente, supplétive du très grossier *foutre,* qui se prononce généralement *foute* (§ 701, 23) ; parallèlement son participe *fichu* a été substitué, par euphémisme, à *foutu*] : *M. Dupuis va se* FICHE *en colère* (H. BECQUE, *Les Corbeaux,* IV, 10). — *Qu'est-ce que tu viens* FICHE *ici ?* (M. de SAINT PIERRE, *Les Écrivains,* IV.)

Hist. — En latin, l'infinitif présentait quatre désinences différentes caractérisant les quatre conjugaisons : *-are, -ēre, -ĕre, -ire.* — 1º *-are* a donné *-er : cantare* > chanter [*-are* précédé soit immédiatement, soit dans la syllabe placée devant lui, d'un *i* (ou *j*), d'un *c,* d'un *g,* a donné *-ier,* réduit plus tard à *-er* (§ 47, *c*) : *basiare* > baisier > baiser ; *manducare* > mangier > manger ; *purgare* > purgier > purger ; *adjutare* > aidier > aider ; *tractare* > traitier > traiter ; *coagulare* > caillier > cailler] ; — 2º *-ēre* a donné *-eir,* plus tard *-oir* (§ 42, *a*) : *habēre* > aveir > avoir [*-ēre* précédé d'un *c* a donné *-ir* (§ 47, *c*) : *jacēre* > gésir ; *placēre* > plaisir] ; — 3º *-ĕre* a donné *-re : perdĕre* > perdre ; — 4º *-ire* a donné *-ir : servire* > servir.

Au cours de l'histoire de la langue, nombre d'infinitifs ont pu passer d'un groupe à un autre ; de là des doublets qui ont vécu côte à côte un certain temps jusqu'au moment où l'une des deux formes l'a emporté sur l'autre : *Taisir, taire ; courir, courre ; nasquir, naître ; assaillir, assaudre,* etc.

651. Participe présent et Gérondif.

Le participe présent et le gérondif ont une désinence unique : **-ant** : *Part*ANT. *En part*ANT.

Hist. — Il y avait en latin trois désinences pour le participe présent : *-ans, -ens, -iens.* — *-ans* a donné *-ant,* qui, dès avant le Xᵉ siècle, s'est imposé à tous les participes présents (*-ens, -iens* auraient pu donner des participes présents en *-ent*).

Le gérondif latin avait aussi trois désinences, suivant les verbes, et présentait à l'ablatif *-ando, -endo, -iendo.* — *-ando* a donné *-ant,* désinence qui s'est imposée à tous les gérondifs.

652. Participe passé.

a) Le participe passé a, selon les verbes, trois désinences principales :

1° *-é* dans les verbes en *-er* et dans *naître : Chant*É. *Lou*É. *N*É.

2° *-i* dans la plupart des verbes en *-ir : Fin*I. *Part*I.

3° *-u* dans les verbes en *-oir* (sauf *seoir, asseoir, surseoir*), dans la plupart des verbes en *-re*[1], et dans quelques verbes en *-ir : courir, férir, tenir, venir, vêtir* et leur composés : *Reç*U. *V*U. *Rend*U. *Cour*U.

N. B. — Un certain nombre de participes passés se terminent par *-s* ou par *-t* (voir ci-dessous : *Hist.*) :

Participes en -s : *Acqui*s, *conqui*s, *enqui*s, *requi*s, *circonci*s, *mi*s, *occi*s, *pri*s, *si*s, *clo*s, *absou*s, *dissou*s, *réso*us. Il faut y ajouter des formes composées, telles que : *remi*s, *surpri*s, *assi*s, *sursi*s, etc. — et les participes-adjectifs *inclu*s, *intru*s, *occlu*s, *perclu*s, *reclu*s.

Participes en -T : *Confi*T, *di*T, *écri*T, *fri*T, *fai*T, *trai*T, *mor*T, *couver*T, *ouver*T, *souffer*T, *offer*T, et les participes des verbes en *-indre* et en *-uire* (sauf *fui, lui, nui*). Il faut y ajouter des formes composées, comme *redi*T, *défai*T, etc.

Remarque. — Pratiquement on peut trouver la lettre finale du participe passé masculin en retranchant l'*e* du féminin : *Acqui*SE, *acqui*s. *Confi*TE, *confi*T. *Offer*TE, *offer*T.

EXCEPTIONS : *Absous, dissous, résous* (§ 675, 6) sont terminés au masculin par *s*, quoique leur féminin soit en *-te : absou*TE, *dissou*TE, *réso*uTE.

Hist. — Les participes passés latins présentaient, d'une part, des formes *faibles* (accent sur la désinence) en *-átum, -étum, -útum, -ítum ;* d'autre part, des formes *fortes* (accent sur le radical) en *-sum* ou en *-tum*.

Les formes faibles ont donné des participes français relativement réguliers : *-átum* est devenu *-é*, en général ; *-étum* a disparu ; *-útum* a donné *-u*, qui s'est imposé par analogie, à beaucoup de participes ; *-ítum* a donné *-i*.

Les formes fortes en *-sum* ou en *-tum*, dont le nombre s'est constamment restreint, ont donné des participes irréguliers en *-s* ou en *-t*, comme *mor*s, *tor*s, *per*T, etc. Certaines de ces formes se sont maintenues (voir ci-dessus) ; d'autres, en bon nombre, ont été remplacées par des formes faibles analogiques : *mordu, tordu, perdu*, etc.

b) **Bénir** présente au participe passé les doublets *bénit, béni* :

1° *Bénit, -ite* se dit de certaines *choses* consacrées par quelque bénédiction rituelle, et s'emploie uniquement comme *adjectif* (épithète ou attribut) :

De l'eau BÉNITE. — *Offrir le pain* BÉNIT. — *Une saye blanche étendue sous l'arbre reçut la plante* BÉNITE [le gui] (CHATEAUBR., *Mart.*, IX). — *C'est ici une maison chrétienne, eau* BÉNITE *et buis* BÉNIT (MICHELET, *Le Peuple*, p. 176). — *Elles* [des images] *sont* BÉNITES (A. FRANCE, *La Rôtisserie...*, p. 285). — *Je veux qu'une branche*

---

1. A noter, dans le langage vulgaire, le participe *fichu* (§ 650) : *Il n'a rien* FICHU *de la journée. Il sera* FICHU *à la porte. Il a* FICHU *le camp.* — *Elle est* FICHUE (M. BARRÈS, *Les Déracinés*, p. 169). — *Que diable fait donc ce* FICHU *secrétaire ?* (P. VALÉRY, « *Mon Faust* », Lust, II, 2.)

BÉNITE *orne ma chambre* (Fr. JAMMES, *Solitude peuplée*, p. 210). — *La sonnerie éclatante des bronzes* BÉNITS (J. de PESQUIDOUX, *Chez nous*, t. II, p. 120). — *Cette cloche, que l'on croyait* BÉNITE, *ne l'est pas*. — *Son mariage n'est pas* BÉNIT (L. VEUIL-LOT, *Hist. et Fant.*, p. 155).

On reconnaît que l'on a affaire à l'adjectif *bénit* (par consécration rituelle) quand le mot peut être remplacé par l'adjectif *saint*, dont le sens est approchant.

2° *Béni, -ie* s'emploie dans tous les cas où le mot n'indique pas une béné-diction rituelle — et même quand il s'agit d'une bénédiction rituelle, chaque fois qu'il est appliqué à des personnes et chaque fois qu'il est pris non pas comme adjectif, mais comme *verbe*, tant avec l'auxiliaire *être* qu'avec l'auxi-liaire *avoir* :

Que BÉNI *soit le ciel qui te rend à mes vœux !* (RAC., *Esth.*, I, 1.) — *Ce roi est* BÉNI *par son peuple* (LITTRÉ). — *Qui a vu le pays basque veut le revoir. C'est la terre* BÉNIE (HUGO, *L'Homme qui rit*, I, 1, 1). — *C'est la sauge* BÉNIE *de nos pères pour ses grandes vertus* (MICHELET, *La Mer*, I, VII). — *Oh ! les bonnes, les délicieuses journées passées dans cette maison* BÉNIE *!* (A. DAUDET, *Jack*, t. II, pp. 185-186). — *La cérémonie se termine : l'abbesse, maintenant* BÉNIE, *s'avance...* « *Soyez donc en paix, ma fille* », *lui dis-je. Et je l'ai* BÉNIE (G. BERNANOS, *Journ. d'un Curé de camp.*, p. 212). — *Un curé catholique avait* BÉNI *le mariage* (A. MAUROIS, *Chateaubriand*, p. 188). — *En maint ménage* BÉNI *par le Nonce* (R. BOYLESVE, *Élise*, p. 291). — *Notre double mariage* BÉNI *par le pasteur Vautier* (A. GIDE, *La Porte étroite*, p. 82). — *Des sachets* BÉNIS *par le muphti* (É. HERRIOT, *Mme Récamier et ses amis*, p. 27). — *Un chapelet* BÉNI *par le pape* (M. BARRÈS, *Le Jardin de Bérénice*, p. 60). — *Prends cette médaille. Elle a été* BÉNIE *par le pape* (A. FRANCE, *Histoire comique*, X). — *Pourquoi voulez-vous que Chevalier soit* BÉNI *par l'Église ?* (ID., *ibid.*, VIII).

N. B. — En réalité, il y a, dans l'usage, une certaine confusion : *Il* [un crucifix] *a été* BÉNIT *par le pape* (L. VEUILLOT, *Hist. et Fant.*, p. 431). — *Une épée* BÉNITE *par un prêtre* (MÉRIMÉE, *Chron. du règne de Ch. IX*, XII). — *Les drapeaux ont été* BÉNITS (AC.). — *Les drapeaux furent* BÉNITS *par le prêtre* (DICT. GÉN.). — *Son chapelet de corail que le pape avait* BÉNIT (R. ROLLAND, *Jean-Christ.*, t. IX, p. 85). — *Auriez-vous un chapelet* BÉNIT *par Notre-Saint-Père le Pape ?* (F. FABRE, *Mon Oncle Célestin*, III, 8.) — *Après que les gouttes* BÉNIES [du baptême] *ont touché son front étroit...* (J. de PESQUIDOUX, *Le Livre de raison*, 1er vol., p. 19). — *Lamennais n'étant pas homme à se contenter de chapelets, fussent-ils* BÉNITS *au Vatican...* (P. de LA GORCE, *Louis-Philippe*, p. 219). — *Parmi ces créations pieuses* [c.-à-d. des cierges] *qui seront* BÉNITES, *qui s'épanouiront en fleurs de lumière, à l'entour des hosties* (LA VARENDE, *Le Roi d'Écosse*, p. 65). — *C'est moi qui ai* BÉNIT *les portraits* (ID., *Cœur pensif...*, p. 51). — *Il expliquait comment les objets* BÉNIS *sont transformés de ce fait en sacra-mentaux* (A. BILLY, *Le Narthex*, p. 57).

Hist. — Le latin *benedictum* a donné *benoît* et *benêt*. — *Béni*, créé sous l'influence de l'infinitif français *bénir*, se termine en *-i* par analogie avec les autres participes en *-i*. — Quant à *bénit*, il est issu du participe passé de *bénir*, mais il était, jusqu'au XVIe siècle, beaucoup moins usuel que *beneoit, benoist* ; on disait : *eau benoiste, pain benoist*. — La distinction entre *béni* et *bénit* ne date que du XIXe siècle : *Ce* BÉNIT *enfant* (Boss., *Hist.*, II, 2). — *Dieu promit au saint patriarche qu'en lui et en sa semence toutes ces nations aveugles (...) seraient* BÉNITES (ID., *ib.*). — *Charles et Carloman furent aussi oints et* BÉNITS (MONTESQ., *Espr.*, XXXI, 17).

c) Dû, redû, mû, crû (de *croître*), **recrû**[1] ont l'accent circonflexe au masculin singulier seulement : *L'honneur* DÛ. *Il m'est redû
dix francs. Mû par l'intérêt. La rivière a* crû. — *L'herbe a* recrû (DICT.
GÉN.). — *La somme* dUe. *Les intérêts* dUs. *Une volonté* mUe *par la
passion.* — *La rivière est* crUe (Ac.). — *Les ruisseaux sont* crUs.

Remarque. — On écrit sans accent circonflexe *accru, décru*[2]*, ému, indu,
promu : Les eaux ont bien décru* (Ac.). — *Ce que je puis avoir de bonté sera
encore accru* (R. BENJAMIN, *Le Palais*, p. 350).

Le nom *cru* signifiant « ce qui croît ou a crû dans un terroir déterminé » ou, au figuré « les facultés créatrices, le fonds personnel de qqn », n'est rien d'autre que le participe passé substantivé de *croître* ; cependant l'Académie (non conséquente en cela
avec elle-même, puisqu'elle écrit : *Je ne demande que mon* DÛ) l'écrit sans accent
circonflexe : *Les crus du Bordelais. Du vin de mon cru. Cette histoire est de votre cru.
Bouilleur de cru.*

Hist. — L'ancien français avait des formes *dĕu, mĕu, crĕu* (venant de **debutum,
*movutum, *crevutum,* du lat. vulgaire). L'*e* muet suivi d'un *u*, ayant cessé progressivement de s'articuler et de s'entendre, a fini par disparaître dans l'orthographe. Cette
suppression a été marquée par l'accent circonflexe : *dû, mû, crû.*

653. Futur et Conditionnel.

Le futur simple a toujours les désinences **-rai, -ras, -ra, -rons,
-rez, -ront.**

Le conditionnel a toujours les désinences **-rais, -rais, -rait, -rions,
-riez, -raient.**

Hist. — Le futur et le conditionnel étaient originairement des temps composés ;
on les a formés en ajoutant à l'infinitif respectivement l'indicatif présent et l'imparfait du verbe *avoir* (les formes dissyllabiques de *avoir* étant, par contraction, réduites
à une seule syllabe). *Chanter*AI (c.-à-d. *chanter-ai* = j'ai à chanter) remonte à *cantaraio*
de *cantare habeo* du latin vulgaire[3]. *Chanter*AIS (c.-à-d. *chanter-(av)ais* = j'avais
à chanter) remonte à *cantaravea*, de *cantare habebam* du latin vulgaire.

Dès l'époque prélittéraire, certaines formes du futur ou du conditionnel ont été
constituées, non par le développement phonétique du composé *infinitif + habeo*
(ou *habebam*), mais par addition des désinences *-ai, -ais* à l'infinitif français. Ainsi

---

1. Ne pas confondre avec *recru* (= excédé de fatigue), qui s'écrit sans accent
circonflexe. On a là le participe passé de l'ancien verbe *recroire*, du bas latin *recredere
(se)*, se confier à, se remettre à la merci, et, par conséquent, être rendu, las de corps.

2. On ne voit pas trop pourquoi l'Académie, qui dit, au mot *accroître :* « Se conjugue comme *croître* », signale au mot *décroître :* « Il se conjugue comme *croître*, sauf
au participe passé *Décru*, qui s'écrit sans accent circonflexe. »

3. Comparez une formation analogue de futurs périphrastiques dans d'autres
langues : Latin, *ama-bo*, forme dans laquelle la finale *-bo* remonte à *fuio* = je suis ;
Allemand : *Ich werde lieben* ; Anglais : *I shall love, I will love* ; Néerlandais : *Ik zal
beminnen.*

sentir, qui aurait donné régulièrement *sentrai, sentrais,* fait au futur, dès les plus anciens textes *sentir*AI, et au conditionnel *sentir*AIS. Pareillement, d'anciennes formes étymologiques comme *bevrai, crerai,* etc. ont été remplacées par des formes analogiques refaites sur l'infinitif : *boirai, croirai,* etc.

Dans la formation moderne (depuis 1620 environ), le futur et le conditionnel des verbes en *-er* apparaissent comme constitués, non plus de l'infinitif et des désinences *-ai, -ais,* mais de la Iʳᵉ personne du présent de l'indicatif et des désinences *-rai, -rais : Je jette-rai, j'appelle-rais.* — Quant aux verbes en *-ir* ou *-re,* ils forment encore leur futur et leur conditionnel sur l'infinitif : *Je finir-ai(s), je lir-ai(s), je mettr-ai(s).*

Remarques. — 1. Dans les verbes en *-éer, -ier, -ouer, -uer, -yer,* on ne doit pas omettre l'*e* devant les désinences *-rai, -rais,* du futur et du conditionnel : *Je cré*E*rai, tu pri*E*ras, nous échou*E*rions, il remu*E*rait, vous nettoi*E*rez.* — Il faut se garder d'introduire cet *e* au futur et au conditionnel des verbes *exclure, conclure : Je conclurai, il exclurait.*

2. *Acquérir, courir, envoyer, mourir, pouvoir, voir* [1] et leurs composés ont deux *r* au futur et au conditionnel : *J'acque*RR*ai. Nous cou*RR*ons. Vous enve*RR*iez. Ils mou*RR*aient. Tu pou*RR*ais. Je ve*RR*ai. Ils ve*RR*aient.*

Pourvoir, prévoir font *je pourvoirai(s), je prévoirai(s).*

Art. 2. — VERBES AUXILIAIRES

654. Les verbes **auxiliaires** [a] sont ceux qui, dépouillant leur signification propre, servent de simples éléments morphologiques en se construisant, soit avec un participe passé (dans les temps composés), soit avec un infinitif, soit avec un gérondif. (Pour les verbes passifs, v. § 656, Rem. 3.)

Les verbes auxiliaires par excellence sont *avoir* et *être : J'*AI *chanté. Il* AVAIT *parlé. Je* SUIS *venu. Tu* ÉTAIS *parti. Que vous* FUSSIEZ *tombés.*

N. B. — *Être* n'est pas toujours verbe auxiliaire : il est souvent verbe copule (§ 595, Rem.) : *L'homme* EST *mortel.* — Il est verbe intransitif quand il signifie « exister », ou « se trouver », ou « aller », ou « appartenir » : *Que la lumière* SOIT ! *Je pense, donc je* SUIS. — *Qui sait si nous* SERONS *demain ?* (RAC., *Ath.,* II, 9.) — *Il* EST, *près de ces lieux, une retraite ignorée* (AC.). — *Mon père* EST *au bureau.* — AVEZ-*vous* ÉTÉ *à Paris la semaine dernière ?* (AC.) — *Elle* FUT *ensuite trouver Madame qui buvait son chocolat* (J. GREEN, *Le Malfaiteur,* p. 18). — *Non, l'avenir n'*EST *à personne* (HUGO, *Crép.,* V, 2).

655. A côté des auxiliaires principaux *avoir* et *être,* qui sont toujours *auxiliaires de temps,* il faut mentionner certains verbes, appelés

---

1. Pour les futurs et conditionnels archaïques *je cherrai, je décherrai, il écherra, il écherrait,* voir § 701, 13.

ÉTYM. — [a] *Auxiliaire* empr. du lat. *auxiliaris,* de *auxilium,* secours.

parfois *semi-auxiliaires*, qui, construits avec un infinitif, servent à exprimer diverses nuances de temps, ou de mode, ou d'aspect (§ 607*bis*), et sont donc tantôt *auxiliaires de temps*, tantôt *auxiliaires de mode*, tantôt *auxiliaires d'aspect*.

Voici les principaux :

1º **Aller** (*s'en aller* : voir l'*Hist.*) s'emploie au présent ou à l'imparfait de l'indicatif pour marquer un futur très proche par rapport au moment présent ou par rapport à un moment du passé : *Je* M'EN VAIS *t'étonner* (RAC., *Mithr.*, I, 1). — *Montez, monsieur, il* VA *mourir* (VIGNY, *Chatterton*, III, 9). — *J'*ALLAIS *poser le sceau de cire noire Sur ce fragile et cher trésor* (MUSSET, *N. de Déc.*). — *Je* VAIS *vous la raconter, ma fièvre cérébrale* (M. ACHARD, *Patate*, I).

Aller n'étant pas courant au subjonctif[1] et au conditionnel comme auxiliaire du futur prochain, on le remplace par *être près de, être sur le point de, avoir l'intention de*, etc., parfois par *devoir* ; parfois aussi on recourt à un adverbe de temps : *Il va venir sans doute ? — Non, je ne crois pas qu'il soit près de venir, qu'il doive venir. — Préférez-vous que je vous fasse avertir dès qu'il sera là ? — Si vous pensez qu'il arrive bientôt ?* (J. ROMAINS, *Boën*, III, 2.) — *Restons ici : l'orage va éclater, je crois. — Eh bien ! quand même l'orage serait sur le point d'éclater, moi, je pars !*

Aller, auxiliaire, peut s'employer avec *aller*, verbe de mouvement (on évite toutefois des combinaisons comme *nous allons aller*[2], *vous allez aller, j'allais aller*, etc., désagréables à l'oreille — sauf s'il s'intercale un ou plusieurs mots : *nous allons maintenant aller*) : *Où* VAIS-*je aller à présent ?* (J.-P. SARTRE, *Les Mouches*, II, 1, 4.) — *Eh bien, si nous avons conseil, petit, nous* ALLONS *y aller* (J. ANOUILH, *Antigone*, p. 126). — *Ils doivent être en ce moment au pâturage, nous* ALLONS *y aller* (R. DORGELÈS, *Le Réveil des morts*, p. 31).

Remarques. — 1. *Aller*, avec un infinitif, est encore semi-auxiliaire et s'emploie à tous les temps et à toutes les personnes, quand il signifie « se disposer à », « se trouver dans la situation de » : *Quoi ! vous* IRIEZ *dire à la vieille Émilie Qu'à son âge il sied mal de faire la jolie ?* (MOL., *Mis.*, I, 1.) — *Par de nouveaux refus n'*ALLEZ *point l'irriter* (RAC., *Mithrid.*, IV, 2). — *Vous voyez bien que je n'*IRAI *pas lire tous ces livres pour les satisfaire* (MONTESQ., *Lettres pers.*, 133). — *Je n'*IRAI *pas vous fournir un prétexte* (LITTRÉ). — *N'*ALLEZ *pas vous imaginer...* (AC.). — *Pourvu qu'en ce moment Il n'*AILLE *pas me prendre un éblouissement !* (HUGO, *Hern.*, IV, 2.) — *Si les électeurs* ALLAIENT *en ce moment Le nommer empereur ?* (ID., *ib.*, IV, 3.) — *Et puis les grands couteaux (...) si tranchants que l'on craint que celui qui s'en sert n'*AILLE *se couper les doigts* (Ch.-L. PHILIPPE, *Le Père Perdrix*, pp. 186-187). — *Que n'*IRA-t-*il pas supposer ?* (J. ROMAINS, *Boën*, II, 3.) — *Vois-tu, dès qu'elle* [la maison] *sera couverte, que j'*AILLE *tomber malade et mourir ?* (M. JOUHANDEAU, *Élise architecte*, p. 80.)

---

1. Non inusité pourtant : *On croyait que son esprit* ALLÂT *revenir* (SÉV., 5 févr. 1672). — *Mais, penses-tu réellement que j'*AILLE *mourir ?* (Fr. JAMMES, *L'Antigyde*, p. 209.) — *Ah ! croyez-vous que j'*AILLE *dormir...* (P. VALÉRY, « *Mon Faust* », Lust, III, 7). — *Bien qu'elles n'y* AILLENT *probablement rien comprendre* [à des vers]... (É. HENRIOT, *Le Diable à l'hôtel*, XXVIII).

2. Cf. : *Nous* ALLONS ALLER *aux sources de la Hure* (Fr. MAURIAC, *Journ. 1932-1939*, éd. La Table ronde, p. 333).

2. *Aller (s'en aller)* est aussi semi-auxiliaire quand il est construit avec un participe présent[1] pour marquer l'aspect duratif, la continuité, la progression de l'action : *Cet homme s'*EN VA *mourant* (AC.). — *Le mal* VA *croissant* (ID.). — *L'aversion* ALLAIT *s'augmentant chez notre jeune abbesse* (SAINTE-BEUVE, *Port-Roy.*, I, IV). — *M. de Kermaheuc* ALLAIT *répétant à la Chambre et au cercle qu'il y avait quelque chose de détraqué dans le gouvernement du monde* (E.-M. de VOGÜÉ, *Les Morts qui parlent*, p. 151). — *Quelle fut cette musique mystérieuse et qui s'*EN VA *déclinant ?* (M. BARRÈS, *Les Maîtres*, p. 249.) — *Le canal* ALLAIT *se perdant* (A. GIDE, *Paludes*, p. 155). — *Elle* [l'idée de Chrétienté] ÉTAIT ALLÉE *se disloquant* (DANIEL-ROPS, *L'Église des temps classiques*, t. I, p. 175).

N. B. — *a)* La construction *aller* + gérondif (avec *en*) s'emploie d'une manière analogue, mais elle a ceci de particulier que le verbe *aller* y est moins nettement semi-auxiliaire : il conserve quelque chose de sa valeur de verbe d'action et par rapport à lui le gérondif énonce une circonstance de manière : *Un mal qui* VA EN AUGMENTANT (AC.). — *Un rhumatisme qui ne* VA *qu'*EN EMPIRANT (FLAUB., *Corr.*, t. II, p. 88). — *Mais l'impression de sa première rencontre avec la misère du monde,* IRA EN S'ATTÉNUANT (R. ROLLAND, *Vie de Tolstoï*, p. 114). — *Les affaires de la maison Coiffard* ALLAIENT EN EMPIRANT (M. AYMÉ, *Le Confort intellectuel*, p. 119).

Ajoutons que la périphrase *aller* + forme en *-ant*, qui s'employait anciennement même avec des verbes de repos (*aller dormant, aller s'arrêtant*, etc.), ne s'emploie plus qu'avec des verbes impliquant l'idée d'un mouvement réel ou figuré.

b) Aux temps composés (et, théoriquement du moins, au passé simple : cf. § 669, Rem. 3), le semi-auxiliaire *aller*, construit avec un participe présent pour marquer la continuité et la progression de l'action, est parfois remplacé par *être : La plupart de ces difficultés* ONT ÉTÉ *s'aggravant, de saison en saison* (G. DUHAMEL, *Paroles de médecin*, p. 130).

3. *Aller pour*, avec un infinitif, s'emploie comme semi-auxiliaire, généralement au présent et à l'imparfait (rarement au passé simple), pour marquer une action qu'on se dispose à faire, mais qui n'a pas lieu ; cet emploi est tout à fait courant dans des indications de jeux de scène : *Folle !* ALLA POUR *dire l'abbé,* — *mais il s'arrêta devant ce mot cruel* (BARBEY D'AUREVILLY, *Un Prêtre marié*, t. II, p. 97). — *Sélim* ALLA POUR *parler, mais se tut* (Fr. de CROISSET, *La Dame de Malacca*, p. 157). — *Il* VA POUR *saisir le poignet d'Isabelle* (J. ROMAINS, *Éros*, p. 39, cit. Sandfeld). — *Elle* VA POUR *sortir* (P. VALÉRY, « *Mon Faust* », Lust, III, 7). — *Georges,* ALLANT POUR *sortir* (J.-P. SARTRE, *Nekrassov*, IV, 2, cité par A.-J. Henrichsen, dans *Études romanes dédiées à A. Blinkenberg*, p. 47).

Hist. — Le semi-auxiliaire *s'en aller* construit avec un infinitif ne se trouve plus guère aujourd'hui qu'à la 1re personne du singulier de l'indicatif présent : *Je* M'EN VAIS *faire moi-même au lecteur les honneurs de ma personne* (TAINE, *Thomas Graindorge*, p. 12). Au XVIIe siècle, il s'employait à tous les temps et à toutes les personnes : *Tu* T'EN VAS *régner* (CORN., *Perth.*, V, 5). — *Le vautour* S'EN ALLAIT *le lier* (LA F., *F.*, IX, 2). — *Que de biens, que d'honneurs sur toi* S'EN VONT *pleuvoir !* (BOIL., *Sat.*, 8.) — L'Académie donne encore : *Cet homme* S'EN VA *mourir.* — On trouve chez M. Barrès : *Bientôt une partie de ceux que nous n'avons pu rompre (...)* S'EN VONT

---

1. Certains grammairiens tiennent, dans cette construction, la forme en *-ant* pour un gérondif. Il est difficile de décider si cette forme est un gérondif (sans *en*) plutôt qu'un participe présent.

être appelés par le péril russe (*L'Union sacrée*, p. 98). — *S'en aller*, avec un participe passé, servait autrefois à marquer l'accomplissement prochain de l'action : *La conjuration* s'en allait dissipée (Corn., *Cinna*, III, 4). — Littré (s. v. *aller*, 31⁰) mentionne encore : *La chose* s'en va faite, mais ce tour est hors d'usage.

2⁰ *Devoir* sert à présenter l'action comme vraisemblable, probable, plus ou moins certaine, obligatoire, convenable, nécessaire, souhaitable : *La campagne* doit *être belle maintenant* (Ac.). — *Il* a dû *partir ce matin* (Id.). — *Le courrier* doit *être ici dans peu de jours* (Ac.). — *Le bonheur que* doivent *goûter les élus* (Id.). — *Tu* dois *respecter tes parents.* — *Nous* devons *préparer notre avenir.* — *Tout homme* doit *mourir.* — *Les vertus* devraient *être sœurs* (La F., *F.*, VIII, 25).

3⁰ *Être en passe de, être sur le point de, être près de* servent à indiquer un futur proche ; la première de ces expressions ajoute ordinairement l'idée d'une situation favorable : *Il* est en passe de *devenir officier* (Ac.). — *Hélas ! ce sont ces mêmes hommes qui* sont en passe de *nous gouverner demain* (A. Gide, *Journ. 1942-1949*, p. 178). — *Il* est sur le point de *partir,* près de *partir.* (Voir § 943, *Hist.*)

4⁰ *Être en train de, être à, être après à* (ce dernier tour est vieilli) servent à marquer l'aspect duratif de l'action : *Il* est en train de *se ruiner* (Ac.). — *Elle* est à *s'habiller.* — *Il* est après à *bâtir sa maison* (Ac.). — *Être en voie de* peut servir non seulement à marquer l'aspect duratif d'une action, mais encore à indiquer qu'on est prêt à la faire, qu'on s'y dispose, qu'on y travaille : *Il* est en voie de *réussir, de s'accommoder.*

5⁰ *Être loin de* sert à exprimer qu'on est dans des dispositions toutes contraires à celles qui porteraient à faire l'action dont il s'agit : *Je* suis loin de *vanter ma victoire et mon zèle* (Volt., *Oreste*, III, 6). — *Je* suis loin, bien loin de *m'enorgueillir d'un si faible succès* (Ac.).

6⁰ *Être pour* peut servir à indiquer un fait prochain, à présenter une action comme convenue, préparée, ou encore à marquer la nuance qu'exprimeraient « être de nature à, être disposé à, destiné à » : *Son père n'*est pas pour *mourir* (R. Escholier. *Cantegril*, XIII). — *Cela n'*est pas pour *durer* (Mol., *Av.*, III, 8). — *Seul, ce silence des sables* était pour *impressionner* (P. Loti, *Reflets sur la sombre route*, p. 65). — *Quand le temps* est pour *changer* (J. Romains, *Lucienne*, p. 169). — *La compagnie qui m'est donnée n'*est pas pour *me déplaire* (G. Duhamel, *Défense des Lettres*, p. 45).

7⁰ *Faillir, manquer (de)* servent à exprimer qu'un fait a été tout près de se produire : *J'*ai failli *mourir.* (Pour « j'ai failli *de* mourir » : voir § 757, note 4, p. 675.) — *Il* a manqué (de) *tomber* (voir § 761, 6⁰).

Hist. — La langue classique employait ainsi *penser* : *Leur hôtel de Paris* a pensé *brûler* (Sév., t. VI, p. 179). — Dans la langue moderne, cela est archaïque : *Il se trouva dans une partie sur le lac, où il* pensa *périr* (Chateaubr., *Mém.*, III, II, 2, 3). — *Sur le trottoir, le directeur de la « Vraie République »* pensa *pleurer* (M. Barrès, *Les Déracinés*, p. 354).

8⁰ *a) Faire* sert à former une périphrase factitive, de sens causatif : *Je*

FERAI *venir cet homme* signifie : « je ferai en sorte qu'il viendra, je serai cause qu'il viendra » : *Et l'on* FIT *traverser tout Paris à ces femmes* (HUGO, *Chât.*, V, 11). — *Un coup de poing à la mâchoire la* FIT *lâcher prise* (M. AYMÉ, *Le Chemin des écoliers*, p. 76). — *Personne au monde ne le* FERA *changer d'avis* (J. COCTEAU, *Bacchus*, III, 7).

b) *Ne faire que de* sert à exprimer un passé très proche : *Le soleil* NE FAISAIT QUE DE *paraître à l'horizon lorsque le frère d'Amélie ouvrit les yeux* (CHATEAUBR., *Natchez*, II).

Remarque. — *Ne faire que de* ne doit pas être confondu avec NE FAIRE QUE. Cette dernière locution, suivie d'un infinitif, sert à marquer, soit la continuité, soit la restriction : *Il* NE FAIT QUE *jouer* (= il joue incessamment). — *La pauvre enfant* NE FAISAIT QUE *descendre de sa chambre et y remonter* (MUSSET, *Margot*, VII). — *Je* NE FIS QUE *le toucher, et il tomba* (AC.). — *Je* NE FAIS QU'*exécuter les ordres que j'ai reçus* (ID.). — *Ils expliqueront beaucoup de choses que nous* NE FAISONS *encore* QUE *sentir* (H. BREMOND, *La Poésie pure*, p. 99).

Au XVIIᵉ siècle, la distinction n'était pas encore établie : *Holà ! ne pressez pas si fort la cadence ; je* NE FAIS QUE *sortir de maladie* (MOL., *Préc.*, 12).

« Sans doute ces deux locutions *ne faire que* et *ne faire que de* sont très voisines, » et à l'origine elles ont pu être équivalentes. Mais, depuis que l'usage leur a assigné » un sens spécial, leur voisinage même commande qu'on fasse bien attention à ne » pas les confondre. » (LITTRÉ, *Supplém.*)

9° ***Laisser*** peut servir à marquer une action permise par le sujet : *Je* LAISSE *partir cet homme*. — LAISSEZ *faire Hermione* (RAC., *Andr.*, V, 5). — LAISSEZ *dire les sots : le savoir a son prix* (LA F., *F.*, VIII, 19).

Ici le lien qui unit l'auxiliaire et l'infinitif est beaucoup moins étroit qu'il n'est dans la périphrase factitive formée avec *faire ;* c'est pourquoi l'infinitif peut se détacher : *Je* LAISSE *cet homme* PARTIR. — *Il* LAISSA *le duc d'Enghien* REPRENDRE *ses esprits* (BOSS., *Condé*).

10° ***Paraître*** et ***sembler*** peuvent servir à indiquer que le fait dont il s'agit est présenté comme une apparence : *L'aveugle* PARUT *alors changer de voix et de visage* (BOSS., *Anne de Gonz.*). — *L'hiver* SEMBLE *charger l'été de lui garder le givre jusqu'à son prochain retour* (CHATEAUBR., *Mém.*, IV, 3, 14).

11° ***Passer pour*** sert à indiquer que le fait dont il s'agit est présenté comme un reflet de l'opinion publique : *S'il n'est savant, du moins il* PASSE POUR *l'être* (AC.). — *Il* PASSE POUR *avoir fait,* POUR *avoir dit telle chose* (ID.).

12° ***Pouvoir*** sert à exprimer une probabilité, une simple approximation, une action permise, ou qu'on est en état d'accomplir, une éventualité possible ou acceptable : *Il* PEUT *avoir quinze ans.* — *Il* POUVAIT *être une heure du matin* (STENDHAL, *La Chartr. de Parme*, t. I, p. 352). — *Vous* POUVEZ *partir.* — *Il est blessé, mais il* PEUT *marcher.* — *Attention ! un accident* PEUT *arriver.* — *Vous* POUVEZ *vous confier à lui.*

Le subjonctif *puisse*, avec sujet postposé, sert, aux différentes personnes, à exprimer le souhait : PUISSIEZ-*vous réussir dans vos projets !* (AC.) — PUISSENT *vos projets réussir !* (ID.)

13° **Sortir de,** surtout dans la langue populaire ou familière, sert à marquer un passé très récent[1] : SORTIR DE *dîner* (Ac.). — *Ah ! dit-il joyeusement, car il* SORTAIT DE *faire une expérience dont il était content* (BARBEY D'AUREVILLY, *Un Prêtre marié*, t. II, p. 16). — *Dans ces cas-là c'est moi qui suis le garde-malade. Vous comprenez que je* SORS D'*en prendre* (M. PROUST, *Sodome et Gom.*, II, 2, p. 151). — *Il* SORTAIT DE *lire Rousseau. Il était plein d'élans* (R. BENJAMIN, *La Prodigieuse Vie d'Honoré de Balzac*, p. 54). — *Dans des événements comme ceux que nous* SORTONS DE *vivre* (Fr. AMBRIÈRE, *Les Grandes Vacances*, p. 273).

14° **Venir à** sert à marquer un fait fortuit : *Un homme* VINT À *passer. S'il* VIENT À *mourir ; —* **venir de,** un fait achevé dans un passé très proche : *Je* VIENS DE *quitter un ami* (CHATEAUBR., *Mém.*, I, 11, 7).

15° **Vouloir** peut servir à indiquer une action qui est près de se réaliser et qui est présentée comme si elle dépendait de la volonté du sujet (volonté qui est, à l'occasion, prêtée aussi à des choses) : *On dirait que cet enfant* VEUT *faire une rougeole. — Tu portes au cœur une blessure qui ne* VEUT *pas guérir* (MUSSET, *Conf.*, IV, 3). — *La blessure semblait* VOULOIR *se fermer* (G. DUHAMEL, *Tel qu'en lui-même*, p. 234, cit. Sandfeld). — *Celle* [la peau] *des yeux, par exemple, ne* VEUT *pas se décoller* (Fr. de MIOMANDRE, *Mon Caméléon*, p. 200). — *Il* VEUT *pleuvoir* (dans BRUNOT, *La Pens. et la L.*, p. 465 ; selon Brunot, cette forme de « futur prochain » est « usitée seulement dans le Sud et dans l'Est ; elle n'est pas parisienne ».)[2].

On a pu rapprocher *cet enfant* VEUT *faire une rougeole* de *cet enfant* VA *faire une rougeole* (futur prochain) ; sans doute les idées de volonté et d'imminence sont généralement connexes, mais dans ces sortes de phrases, il n'est pas toujours nécessaire d'expliquer le sens par l'idée d'imminence : *vouloir* gardant sa valeur habituelle peut, dans bien des cas, rendre raison de l'expression.

N. B. — 1. *Vouloir* peut servir, dans la formule interrogative *voulons-nous... ?* avec un infinitif, à traduire l'idée de « être disposé à » ; ainsi VOULONS-*nous faire une*

---

1. Remarque de Littré : « On dit : Je sors d'entendre le sermon, je sors de dîner ; mais cette locution, admise dans les cas où effectivement on quitte un lieu après avoir entendu, dîné, ne doit pas être étendue au delà d'emplois analogues ; et on ne peut dire correctement : je sors de le voir. » — L'usage est contre cette opinion.

2. A. Thérive (*Procès de langage*, p. 167) affirme que, contrairement à ce que dit Brunot, elle a cours même à Paris. A comparer : ces phrases données par HAUST (*Dict. liég.*, s. v. *voleûr*) : *Vis* VOU-*dj'êdî ?* [littér. : vous veux-je aider ?) ; *ci meûr la* VOUT *toumer* [= ce mur-là veut tomber] ; *l'èfant* VOUT *dwèrmi* [= l'enfant veut dormir] ; *i* VOUT *ploûre* [= il veut pleuvoir] — et celle-ci, donnée par L. REMACLE (*Synt. du parler wallon de La Gleize*, t. II, p. 51) : *Èle vole cwand* VOUT *fé lêd* [= elle, c.-à-d. la chauve-souris, vole quand il veut faire laid]. — A noter aussi que *il veut pleuvoir* se rencontre dans la *Passion de Semur* (mystère de la région dijonnaise, 1ᵉʳ quart. du XVᵉ s., selon Ém. Roy) : *Je voy, le soloil plux ne luyt, il* VEULT *pleuvoir, le temps ce mue* (signalé par O. Jodogne, dans le *Franç. mod.*, oct. 1955, p. 280). Il se rencontre également chez A. Paré (IX, 5) : *Ils sont plus tourmentés sans comparaison de leurs douleurs quand il* VEUT *pleuvoir* (dans Littré, s. v. *vouloir*).

promenade ? signifie à peu près : « si nous sortions ? que vous en semble ? » : Célimène : VOULONS-*nous nous asseoir ?* — Arsinoé : *Il n'est pas nécessaire* (MOL., *Mis.*, III, 4). — Philinte : VOULONS-*nous nous asseoir ?* — Oronte : *Grand merci* (G. COURTELINE, *La Conversion d'Alceste*, 2). — VOULONS-*nous (...) faire provisoirement le point de la période considérée ?* (M. COHEN, *Grammaire et Style*, p. 122.)

2. *Vouloir, vouloir bien,* dans des phrases interrogatives ou exclamatives, servent à exprimer un ordre catégorique : VEUX-*tu te taire !* — VOULEZ-*vous* BIEN *vous taire,* VOULEZ-*vous* BIEN *finir !* (Ac.) — Ils s'emploient aussi pour atténuer l'expression d'une volonté, pour adoucir une demande : VEUILLEZ *me suivre. Je vous prie de* VOULOIR BIEN *me renseigner.* — (Pour la distinction entre *vouloir bien* et *bien vouloir,* v. § 829, Rem. 5.)

EMPLOI DES AUXILIAIRES

656. Se conjuguent avec l'auxiliaire **être** :

1° Tous les verbes pronominaux : *Il s'*EST *trompé. Ils se* SONT *évanouis.*

Les pronominaux *s'écouter, s'entendre, se faire, se laisser, se regarder, se sentir, se voir,* suivis d'un infinitif complément, se conjuguent normalement avec l'auxiliaire *être: Cette femme s'*EST *fait peindre* (Ac.). — *Je me* SUIS *entendu blâmer par mes amis. Ils se* SONT *laissés vivre ; ils se* SONT *laissé ravir leur place. Elle s'*EST *sentie mourir*[1].

Hist. — 1. L'ancien français, pour exprimer une idée comme « je me suis levé », outre la construction *sui levez* (lat. *sum levatus*), avait les constructions *ai levé* (lat. dostcl. *habeo levatum*), *m'ai levé* (lat. postcl. *me habeo levatum*), *me suis levez* (lat. vulg. *me sum levatus*). C'est cette dernière construction qui s'est généralisée, sous l'influence de *je suis levé* (résultat de l'action *je m'ai levé*). — Mais le tour *je m'ai levé* (est resté bien vivant dans la langue populaire : *Quand j'm'*AI *installé...* (H. BARBUSSE *Le Feu,* p. 97). — Cf. liégeois : *Èt après s'*AVU *moké d'lu, èl fat moussî d'in' blanke rôbe* [Et après s'*avoir* moqué de lui, il le fit vêtir d'une robe blanche] (J. MIGNOLET, *Li Bone Novèle,* Luc, XXIII, 11).

2. Dans le tour ancien *Les examinateurs s'*ÉTANT *voulu un peu écarter de cette méthode* (PASC., *Prov.,* 3), avec transposition du pronom réfléchi, les verbes *pouvoir, devoir, vouloir, oser, penser,* etc. complétés par un infinitif pronominal se comportaient eux-mêmes comme des verbes pronominaux et demandaient l'auxiliaire *être* cf. § 483, 4°, *Hist.*).

2° Un petit nombre de verbes intransitifs exprimant pour la plupart un mouvement ou un changement d'état : *aller, arriver, décéder, devenir, échoir*[2]*, éclore, entrer, mourir, naître, partir*[3] *repartir* (partir

---

1. Dans l'exemple suivant, on s'est écarté de l'usage : *Ces instruments de puissance, l'Europe se les* A *laissé ravir* (A. SIEGFRIED, dans le *Figaro litt.,* 26 mars 1960).

2. Pour *échoir* il y a parfois de l'hésitation ; le voici avec l'auxiliaire *avoir : Ce mordant et cette alacrité appartiennent en propre à la comtesse ; comme elle n'a pas d'autre expression, une part en* AURAIT *échu à sa fille* (LA VARENDE, *L'Amour de M. de Bonneville,* p. 88).

3. *Entrer, partir, repartir, rester, sortir, tomber* ont pu autrefois prendre *avoir* ou *être,* suivant que l'on voulait marquer l'action ou l'état. On trouve encore dans

de nouveau) [1], *rentrer, rester, retourner* (se diriger de nouveau vers un lieu), *sortir* [2], *tomber, retomber, venir, parvenir, revenir, survenir :*

> *Ce malade* EST *allé en des climats plus chauds* (LITTRÉ). — *Nous* SOMMES *arrivés hier soir.* — *Cette personne* EST *décédée la semaine dernière.* — *Combien en a-t-on vus Qui du soir au matin* SONT *pauvres devenus Pour vouloir trop tôt être riches !* (LA F., F., V, 13.) — *Cela lui* EST *échu en partage* (AC.). — *Ces fleurs* SONT *écloses cette nuit* (ID.). — *Vous* ÊTES *maigre entrée, il faut maigre sortir* (LA F., F., III, 17). — *Oh ! que de vieux parents, qui n'avaient plus qu'un rêve* SONT *morts en attendant tous les jours sur la grève Ceux qui ne* SONT *pas revenus !* (HUGO, *Ray. et Ombres*, XLII.) — *Victor Hugo* EST *né à Besançon en 1802.* — *Il* SERAIT *parti aujourd'hui, sans une affaire qui lui* EST *survenue* (AC.). — *On l'attendait à Paris, mais il* EST *resté à Lyon* (ID.). — *Nous* SOMMES *beaucoup sortis cet hiver* (ID.). — *Où donc* EST-*il tombé, ce dernier ossement ?* (MUSSET, *Rhin allemand*.) — *Ici même et du fond de cette auguste enceinte, D'affreux gémissements vers moi* SONT *parvenus* (VOLT., *Sémiramis*, I, 3).

Remarques. — 1. Les composés de *venir* se conjuguent avec *être*. Toutefois *contrevenir, subvenir, circonvenir* et *prévenir*, en tant que transitifs (directs ou indirects), demandent *avoir : Il* A *contrevenu à vos ordres* (LITTRÉ). — *Il* A *circonvenu ses juges* (AC.). — *Disconvenir*, au sens de « ne pas convenir d'une chose », se conjugue avec *être : Il n'*EST *pas disconvenu de cette vérité ;* — au sens de « ne pas convenir à », il se conjugue avec *avoir : Cette mesure* A *disconvenu à bien des gens.*

Pour *convenir*, voyez § 658, Rem. 3.

Littré : *Je lui demande quand le lièvre* A *parti. Le fusil* A *parti tout à coup. Il* A *reparti ce matin à six heures. Il* A *resté deux jours à Lyon. Il* A *sorti ce matin.* — Pour *tomber*, Littré dit : « Bien que l'auxiliaire *être* soit le plus fréquent, (…) il est des cas où *avoir* est absolument nécessaire pour rendre la nuance de la pensée. Cette phrase : *mon enfant est tombé*, ne peut signifier tout à la fois « mon enfant est par terre » et « il a fait une chute tout à l'heure ». Il faut dire dans ce dernier cas : *mon enfant* A *tombé.* » — Sans doute on serait fondé à suivre cette distinction, mais en fait, l'usage actuel n'en tient pas compte. Il est vrai que l'Académie donne encore cet exemple traditionnel : *Ce grand courage* A *tombé tout à coup ;* — et que, dans la littérature, *tomber* reçoit parfois encore l'auxiliaire *avoir : Comme une toile d'araignée sur laquelle la pluie* A *tombé* (HUGO, *Notre-Dame de Paris*, VII, 8). — *Il n'*AVAIT *pas tombé de pluie* (G. SAND, *La Petite Fadette*, XI). — *En cette année il* A *tombé tant d'eau…* (É. HENRIOT, *Le Livre de mon père*, p. 156). — *Pendant la nuit la neige* AVAIT *tombé* (M. ARLAND, *Étienne*, p. 155). — *Pendant sept heures, la neige qui brillait maintenant au soleil* AVAIT *tombé* (J. GREEN, *Moïra*, p. 232). — Mais cela semble archaïque. Il en est de même dans les phrases suivantes : *Par sa mort il* A *rentré dans l'ordre* (É. FAGUET, *Initiation philosophique*, p. 111). — *Je n'y* AI *resté que peu de jours* [dans une maison] (A. HERMANT, *Confession d'un Homme d'aujourd'hui*, I).

1. *Repartir* signifiant « répondre promptement » prend toujours *avoir*.

2. Dans la langue du droit, *sortir* signifiant « produire » se conjugue avec *avoir : Cette sentence* A *sorti son plein et entier effet.*

2. Quand *entrer, rentrer, tomber, sortir* sont employés transitivement, ils se construisent toujours avec *avoir* à l'actif : *Il* A *entré du tabac en fraude. On* A *entré ce piano par la fenêtre. On* A *rentré la récolte. Il* A *tombé son adversaire* (dans le langage des sports). *On* A *sorti la voiture.*

3. Tous les **verbes passifs** se conjuguent avec *être : Aucun juge par vous ne* SERA *visité ?* (MOL., *Mis.*, I, 1.)

Strictement parlant, dans les formes passives, *être* n'est pas un auxiliaire, car il n'abandonne pas sa valeur ordinaire de verbe copulatif ; d'autre part, il ne perd pas sa valeur temporelle. Comparez : *Je* SUIS *blâmé, je* SUIS *parti ;* dans la première forme, *suis* joint *blâmé* au sujet et marque un présent, ce n'est pas un auxiliaire ; dans la seconde, *suis* n'est plus copulatif et n'a plus sa valeur de présent, c'est un auxiliaire qui sert à marquer le passé.

657. Se conjuguent avec l'auxiliaire **avoir** :

1° Les verbes *avoir* et *être : J'*AI *eu. J'*AI *été.*

2° Tous les verbes transitifs : *Hélas ! ce peuple ingrat* A *méprisé ta loi ; La nation chérie* A *violé sa foi* (RAC., *Esth.*, I, 4). — *Il* A *obéi à ses parents.*

3° La plupart des verbes intransitifs : *Il* A *parlé. J'*AI *tremblé.*

Courir, intransitif, se conjugue, selon l'usage ordinaire, avec l'auxiliaire *avoir : J'*AI *couru vers le temple* (RAC., *Andr.*, V, 3). — *Ils* ONT *couru embrasser leur grand-père* (CHATEAUBR., *Mém.*, IV, 4, 5). — *Ils* ONT *couru à l'Hôtel de Ville* (HUGO, *Choses vues,* p. 8). — *Elle* A *couru chez le vétérinaire* (M. GENEVOIX, *Rroû,* p. 248). — *J'*AI *couru à la poste* (A. GIDE, dans la *Corr. Claudel-Gide,* p. 148). — *Silbermann* AVAIT *couru avec un air de triomphe au pied de la chaire* (J. de LACRETELLE, *Silbermann,* p. 12). — *J'*AI *couru pour ne pas manquer le départ* (A. CAMUS, *L'Étranger,* p. 10). — *J'*AI *couru au contrôle* (J. ROY, *La Vallée heureuse,* p. 46). — *Le cheminot* AVAIT *couru alerter les paysans* (Fr. AMBRIÈRE, *Les Grandes Vacances,* p. 244). — *J'*AI *couru ici à tout hasard* (Fr. MAURIAC, *Le Feu sur la terre,* p. 156). — « L'auxiliaire *être,* dit Littré, est très peu usité, mais est également correct » : *J'y* SUIS *couru* (RAC., *Bérén.,* II, 1).

Accourir et *apparaître* reçoivent également l'un ou l'autre des auxiliaires *avoir* et *être : J'*AI *accouru vers vous* (VOLTAIRE, *Zadig,* XVIII). — *Il* AVAIT *accouru pour la surprendre* (A. HERMANT, *Les Grands Bourgeois,* IX). — *Ses amis* ONT *accouru pour le féliciter de son succès* (AC.). — *Toute la population* ÉTAIT *accourue pour nous voir* (CHATEAUBR., *Mém.*, I, 8, 12). — *Je serais accouru vers vous* (A. GIDE, dans la *Corresp. Claudel-Gide,* p. 51). — *Je* SUIS *accouru pour la fête* (Ac.). — *C'est donc un nouvel ami qui nous* A *apparu tout d'un coup ?* (MARIVAUX, *La Dispute,* 14.) — *Enfin le soleil* A *apparu* (J. de LACRETELLE, *L'Âme cachée,* p. 229). — *C'est ici que le petit prince* A *apparu sur terre* (SAINT-EXUPÉRY, *Le Petit Prince,* XXVII). — *Le spectre qui lui* AVAIT *apparu, qui lui* ÉTAIT *apparu* (AC.). — *Votre digne moitié (...) Tout près d'ici m'*EST *apparue* (LA F., *F.,* VIII, 14). — *Ils* [ses souvenirs] *lui* SONT *apparus simplifiés* (A. BILLY, dans le *Figaro litt.,* 9 nov. 1955). — *Je le retrouve tel qu'il m'*EST *apparu la seule fois où je l'aie rencontré* (A. ROUSSEAUX, dans le *Figaro litt.,* 11 janv. 1958). — *Si la tige des primates avait été sectionnée à sa base par quelque accident géologique, la conscience réfléchie n'*AURAIT *jamais apparu sur la terre (...). Quoi qu'il en soit, l'homme* EST *apparu* (J. ROSTAND, *Pensées d'un biologiste,* p. 101).

4° Tous les verbes impersonnels proprement dits : *Il* A *plu. Il* AVAIT *neigé.*

Remarque. — Les verbes accidentellement impersonnels reçoivent le même auxiliaire que celui avec lequel ils se conjuguent comme verbes personnels : *Il* EST *arrivé un malheur. Il* A *circulé des bruits alarmants.* — *Ruiné depuis deux ans, il ne lui* EST *resté* [1] *que l'espérance* (LITTRÉ, s.v. *rester,* 5°). Le passif impersonnel se conjugue avec *être : Il en* SERA *parlé* (LA F., F., XI, 3). — *Il s'*EST *produit une fissure.*

On entend dire : *Quand il a s'agi de...* [2], *je ne crois pas qu'il ait s'agi de...,* etc. Ces façons de parler sont barbares : le verbe pronominal impersonnel *il s'agit de* [3] se conjugue avec l'auxiliaire *être : Il s'*EST *agi de cette affaire dans le Conseil* (AC.). — *Je ne voulais pas qu'il s'agît de cette affaire, qu'il s'en* FÛT *agi : je n'ai pas voulu qu'il s'en* SOIT *agi* (LITTRÉ). — *Il s'*ÉTAIT *agi de déclarer la déchéance de Louis XVI* (CHATEAUBR., *Mém.,* I, 9, 3). — *Quand il s'*EST *agi de ne pas déclarer au fisc tous tes bénéfices* (É. BOURDET, *Les Temps difficiles,* dans la *Petite Illustration,* 10 nov. 1934, p. 12).

658. Un certain nombre de verbes intransitifs ou pris intransitivement se conjuguent tantôt avec *avoir,* tantôt avec *être :* en général, ils prennent *avoir* quand on veut exprimer une action qui s'est passée à l'époque dont on parle, et *être* quand on veut exprimer l'état résultant de l'action antérieurement accomplie [4]. Tels sont :

---

1. Selon Littré, *rester,* dans ce sens, se conjugue aussi avec *avoir.* Cela paraît archaïque (cf. p. 588, note 3) : *Pour me punir de m'être laissé aller à mon ressentiment trop vif peut-être, il ne m'*A *resté qu'à m'immoler* (CHATEAUBR., *Mém.,* II, II, 1, 6). — *Dès lors, il ne m'*EÛT *plus resté qu'à abandonner Arles et la vie active* (M. BARRÈS, *Le Jardin de Bérénice,* p. 91).

2. Cf. liégeois : *Qwand il a sadji dè fé* [= quand il a s'agi de faire] (J. HAUST, *Dict. liégeois,* s. v. *sadji*).

3. Littré fait cette remarque : « Les grammairiens disent que *s'agir* n'est pas usité ; cependant on ne voit pas pourquoi on ne dirait pas : *Il doit* S'AGIR *d'affaires importantes dans cette réunion.* » — De fait, *s'agir* se dit : *Pour moi, il ne peut* S'AGIR *d'autre chose* (R. MARTIN DU GARD, *Les Thibault,* II, p. 123). — *Il peut* S'AGIR *d'une préparation chimique* (H. BREMOND, *La Poésie pure,* p. 62). — *Il va* S'AGIR *d'être oseur et prudent !* (MONTHERLANT, *La Petite Infante de Castille,* p. 68.) — *Peut-il* S'AGIR *pour moi de l'observer ?* (J.-L. VAUDOYER, *Laure et Laurence,* p. 153.) — *Il ne pouvait évidemment* S'AGIR *d'une âme* (H. BOSCO, *Un Rameau de la nuit,* p. 64).

4. Beaucoup de ces verbes ne se conjuguent, en fait, qu'avec *avoir : Il* A *changé, grandi, commencé, embelli, vieilli,* etc. Quand ils prennent *être,* c'est que le participe passé est employé comme un simple adjectif : *Il* EST *changé, grandi,* etc. — D'autre part, pour plusieurs de ces verbes *(descendre, monter, passer, ressusciter...),* l'usage, sans distinguer l'état d'avec l'action, semble faire prévaloir l'auxiliaire *être : Où le père n'*EST *pas passé, l'enfant imaginaire passera* (Fr. MAURIAC, *La Province,* p. 50). — *Il s'est alité et, en une semaine, il* EST *passé progressivement de ce monde dans l'autre* (H. BOSCO, *Malicroix,* p. 77). — *Le concierge me l'a remise* [une lettre]

aborder	cesser	dégeler	embellir	passer
accoucher	changer	dégénérer	empirer	pourrir
accourir	chavirer	déménager	enchérir	rajeunir
(§ 657, 3°)	crever	dénicher	enlaidir	récidiver
accroître	croître	descendre ¹	expirer	résulter
alunir	crouler	diminuer	faillir	ressusciter
apparaître	croupir	disparaître	grandir	sonner
atterrir	déborder	divorcer	grossir	stationner
augmenter	décamper	échapper (R. 2)	maigrir	trébucher
baisser	déchoir	échouer	monter	trépasser
camper	décroître	éclater	paraître	vieillir, etc.

Il A *descendu bien promptement* (Ac.). — *Dans un gouffre profond Sion* EST *descendue* (RAC., *Ath.*, III, 8). — *Nous* AVONS *assez monté, descendons à présent* (MONTESQ., *L. pers.*, 52). — *Ces actions* ONT *beaucoup monté* (Ac.). — *Et le cri de son peuple* EST *monté jusqu'à lui* (RAC., *Esth.*, I, 1). — *Où le père* A *passé passera bien l'enfant* (MUSSET, *Rhin allemand*). — *J'*AI *passé par là en 1914* (É. HENRIOT, *La Rose de Bratislava*, I). — *Je* SUIS *passée courageusement de Bretagne en Provence* (SÉV., t. IX, pp. 581-2). — *Elle avait (...) serré sa fille contre elle, et elle* AVAIT *expiré* (HUGO, *L'Homme qui rit*, I, 3, 2). — *Le traître* EST *expiré* (RAC., *Esth.*, III, 8). — *Les eaux* ONT *bien décru*, SONT *bien décrues* (Ac.). — *Les réflexions qui en* ÉTAIENT *résultées* [d'un entretien] (A. GIDE, *Les Faux-Monnayeurs*, p. 458). — *Ma conduite* N'A *pas résulté d'un calcul* (H. BOSCO, *Le Mas Théotime*, p. 38).

Remarques. — 1. Plusieurs de ces verbes se conjuguent exclusivement avec *avoir*, cela va de soi, quand ils sont employés transitivement à l'actif : *On* A *descendu plusieurs passagers dans cette île* (Ac.). — *Les épreuves l'*ONT *grandi.* — *Il* A *monté l'escalier* (Ac.).

2. **Échapper** prend toujours l'auxiliaire *avoir* quand il signifie « n'être pas saisi, remarqué » : *Le véritable sens* AVAIT *échappé à tous les traducteurs* (Ac.). — *Votre observation m'*AVAIT *d'abord échappé* (ID.). — *Pas un mot ni un geste ne lui* AVAIT *échappé* (R. MARTIN DU GARD, *Les Thibault*, V, p. 175). — *Je suppose néanmoins que ce qui s'est passé en moi ne lui* A *pas tout à fait échappé* (J.-L. VAUDOYER, *Laure et Laurence*, p. 221).

Quand il s'applique à ce qu'on dit, à ce qu'on fait par imprudence, par mégarde, etc., souvent il prend l'auxiliaire *être* : *Je ne crois pas qu'il me* SOIT *échappé un seul trait contre la religion* (VOLTAIRE, *Au Président Hénault*, 8 janv. 1752). — *Ces paroles* SERAIENT *échappées à Bonaparte* (CHATEAUBR., *Mém.*, II, 4, 6). — *Son secret lui* EST *échappé* (SAINTE-BEUVE, *Port-Roy.*,

---

quand je SUIS *passée devant la loge* (G. MARCEL, *Rome n'est plus dans Rome*, p. 10). — *C'est encore le thème d'un romancier dont le premier livre* EST *paru l'an dernier* (M. DRUON, dans les *Annales*, nov. 1951, p. 49). — *Quand* SERA *paru le second tome* (R. KEMP, dans les *Nouv. litt.*, 18 déc. 1958). — Cf. dans le *Credo* : ... EST *descendu aux enfers, le troisième jour*, EST *ressuscité d'entre les morts*, EST *monté aux cieux...*

1. Suivant l'Académie, *descendre* se conjugue avec *être* quand il désigne le résultat d'une action, avec *avoir* ou *être* quand il désigne une action.

III, xv). — *Il est impossible qu'une pareille bévue lui* SOIT *échappée* (Ac.). — *Quelques fautes, quelques négligences vous* SONT *échappées par-ci par-là* (ID.). — *Cette exclamation lui* ÉTAIT *échappée* (Fr. JAMMES, *M. le Curé d'Ozeron*, p. 219).

Avec *avoir* : *Ce mot ne m'*A *jamais échappé sans remords* (CORN., *Œdipe*, V, 7). — *Si quelques paroles désobligeantes m'*ONT *échappé, croyez bien, Monsieur, que j'en suis désolée* (NERVAL, *Le Marquis de Fayolle*, II, 9). — *Il lui* A *même échappé une bêtise* (L. HALÉVY, *Les Petits Cardinal*, p. 64). — *Cela lui* AVAIT *échappé ; il n'avait pas réfléchi...* (Fr. MAURIAC, *Thér. Desqueyroux*, p. 232). — *À peine ces mots lui* EURENT *ils échappé qu'il les regretta* (J. GREEN, *Moïra*, p. 103).

Dans les autres cas, il prend *avoir* ou *être*, et souvent l'un ou l'autre selon qu'il marque l'action ou l'état : *Cela m'*AVAIT, *m'*ÉTAIT *échappé de la mémoire* (Ac.). — *Un cri lui* A *échappé, lui* EST *échappé* (ID.). — *Leurs noms* SONT *échappés du naufrage du temps* (BOIL., *Sat.* 5). — *Comment à tant de coups* SE-RAIT-*il échappé ?* (RAC., *Mithr.*, V, 1.) — *Je jouais machinalement avec cette bague, quand elle m'*A *échappé des mains* (É. HENRIOT, *La Rose de Bratislava*, I).

3. *Convenir*, selon la règle traditionnelle, se conjugue avec *avoir* quand il signifie « être approprié à, plaire, être à propos » : *Cette maison m'*A *convenu* (Ac.). — *On délibéra sur ce qu'il* AURAIT *convenu de faire* (LITTRÉ). — *Ce régime lui* AURAIT *convenu parfaitement* (A. HERMANT, *Le Rival inconnu*, VI).

Il se conjugue avec *être*, quand il signifie soit : « reconnaître la vérité de, admettre », soit : « tomber d'accord, faire un accord » : *C'est une chose sans contestation, puisque vingt siècles en* SONT *convenus* (BOIL., *Réfl. crit.*, VII). — ÉTIONS-*nous convenus ensemble qu'il expliquerait nos principes ?* (BOSS., *Relation sur le quiét.*, I.) — *Des formules banales que leurs parents* SONT *convenus de leur répéter* (B. CONSTANT, *Adolphe*, II). — *N'oubliez pas ce dont nous* SOMMES *convenus* (A. DUMAS f., *Le Demi-Monde*, I, 5). — *Ils* SONT *convenus de passer un an à l'étranger* (É. AUGIER, *Les Effrontés*, V, 2). — *Nous* SOMMES *convenus de partir tous ensemble* (VILLIERS DE L'ISLE-ADAM, *Contes cruels*, p. 208). — *N'*ÉTIONS-*nous pas tacitement convenus de mener une existence paisible ?* (A. FRANCE, *Le Crime de S. Bonnard*, I, 10 oct. 1869.) — *Il* EST *convenu lui-même de sa méprise* (Ac.).

Cette distinction est « subtile et franchement arbitraire », disait l'Office de la Langue française (cf. *Revue Universit.*, févr. 1938, p. 127). — Il n'est pas douteux, en effet, que le bon usage n'autorise l'emploi de l'auxiliaire *avoir* avec *convenir* (déjà chez J.-J. Rousseau : cf. Littré, *Add.*) dans le cas où la règle officielle demande l'auxiliaire *être* : *Nous* AVONS *convenu que je ne t'écrirais qu'au bout d'un certain temps* (STENDHAL, *Corr.*, t. II, p. 123). — *Ils* AVAIENT *convenu de se retrouver à Rome* (R. ROLLAND, *Jean-Christophe*, t. X, p. 26). — *N'*AVAIT-*il pas convenu de quitter l'état militaire ?* (A. THÉRIVE, *Le Plus grand Péché*, p. 47.) — *Andromaque et moi* AVONS *déjà convenu de moyens secrets...* (J. GIRAUDOUX, *La Guerre de Troie n'aura pas lieu*, II, 6). — *Bien que de cela il n'*EÛT *jamais convenu* (H. de MONTHERLANT, *Les Célibataires*, p. 281). —

J'AVAIS *convenu avec Verbeke qu'on tirerait (...) tout le reste du livre* (A. GIDE, dans la *Corresp. Claudel-Gide*, p. 165). — *Il ne pouvait se défendre d'une tristesse dont il n'*EÛT *jamais convenu* (Fr. MAURIAC, *Thérèse Desqueyroux*, XIII). — *Mouchette* EÛT *volontiers convenu avec elle-même n'avoir jamais connu la douceur d'une caresse* (G. BERNANOS, *Nouvelle Histoire de Mouchette*, p. 210) — *Nous* AVIONS *convenu que mon départ coïnciderait avec celui des Haume* (COLETTE, *Chambre d'hôtel*, p. 70). — *Il* AVAIT *convenu avec Monsieur le curé d'Ozeron qu'il se confesserait au retour de Lourdes* (Fr. JAMMES, *M. le Curé d'Ozeron*, p. 127). — *Le commissaire* A *convenu que mon raisonnement était juste* (É. HENRIOT, *La Rose de Bratislava*, XIII). — *Nous* AVONS *convenu, Aquilina et moi, d'arriver tous deux un peu en avance* (P. BENOIT, *Les Agriates*, p. 59). — *Le signe d'une franc-maçonnerie dont ils* AVAIENT *convenu* (M. ARLAND, *Étienne*, p. 126). — *Nous* AVONS *convenu de nous retrouver le 14* (A. CHAMSON, *La Neige et la Fleur*, p. 218).

Même emploi de l'auxiliaire *avoir* chez : L. BATIFFOL, *Autour de Richelieu*, p. 153 ; P. HERVIEU, *L'Armature*, VIII ; G. CHÉRAU, *Valentine Pacquault*, t. I, p. 156 ; R. BENJAMIN, *La Prodigieuse Vie d'Honoré de Balzac*, p. 45 ; J. GREEN, *Journ.*, 4 sept. 1941 ; Fr. de MIOMANDRE, *Écrit sur de l'eau*, p. 16 ; DANIEL-ROPS, *Le Cœur complice*, p. 52 ; P. LÉAUTAUD, *Journ. litt.*, 14 juin 1926 ; St. PASSEUR, *L'Acheteuse*, III, 1 ; J. DUCHÉ, *Elle et Lui*, p. 175 ; M. AYMÉ, *Les Contes du Chat perché*, p. 176 ; J. BENDA, *La France byzantine*, p. 171 ; LA VARENDE, *Les Belles Esclaves*, p. 179 ; Th. MAULNIER, *Le Profanateur*, III, 1 ; J. GIONO, *Voy. en Italie*, p. 239 ; A. ARNOUX, *Calendrier de Flore*, p. 333 ; A. DHÔTEL, *Ce jour-là*, p. 95 ; etc.

4. **Demeurer** se conjugue avec *avoir* quand il signifie « habiter » ou « tarder » : *Pendant le temps que j'*AI *demeuré à Paris* (M. DONNAY, *Le Torrent*, I, 6). — *Sa plaie* A *demeuré longtemps à guérir* (Ac.). — Il se conjugue généralement aussi avec *avoir* quand il signifie « mettre du temps à faire qq. ch. » : *Il n'*A *demeuré qu'une heure à faire cela* (Ac.).

Il se conjugue avec *être* dans le sens de « s'arrêter, rester en quelque endroit, rester en un certain état » : *Mon cheval* EST *demeuré en chemin* (Ac.). — *Je reprends mon travail où j'en* ÉTAIS *demeuré* (ID.). — *Il* EST *demeuré muet* (ID.).

658bis. En général, lorsque, dans une même phrase, plusieurs verbes coordonnés ou juxtaposés sont à un même temps composé et ont même sujet, on exprime l'auxiliaire avec le premier verbe seulement, si les divers verbes se conjuguent avec le même auxiliaire [1] — et surtout quand ces verbes forment

---

1. Il est à peine besoin de faire observer que si deux verbes ne se conjuguent pas avec le même auxiliaire, chacun d'eux exige, dans les temps composés, l'auxiliaire qui lui convient : *J'*AI *déjeuné, puis je* SUIS *parti.* — Par un caprice très étrange, Montherlant, dans la phrase suivante, s'est écarté de l'usage : *Trois jours plus tôt (...) j'*AVAIS *en passant de cape un petit taureau,* ÉTÉ *renversé,* ÉTÉ *piétiné, et reçu une estafilade à la hauteur d'une omoplate* (*La Petite Infante de Castille*, p. 14). — De même J. GIONO : *Après s'*ÊTRE *gratté la tête, caressé le menton et regardé son interlocuteur du haut en bas* (*Le Hussard sur le toit*, p. 84). — Autre caprice non moins étrange, dans les phrases suivantes d'Ém. Henriot, où *avoir*, exprimé une seule fois, joue les deux rôles de verbe non auxiliaire et de verbe auxiliaire : *Mais Sextius* AVAIT *le bras cassé et perdu connaissance* (*Les Temps innocents*, p. 260). — *J'aime mieux ne pas savoir*

corps : *Après qu'il* EUT *brouté, trotté, fait tous ses tours, Jeannot lapin retourne aux souterrains séjours* (LA F., F., VII, 16). — *Nous* AVIONS *fait, selon l'habitude, la promenade au polygone, assisté à l'étude du tir à ricochet, écouté et raconté paisiblement les histoires de guerre* (VIGNY, *Serv. et Grand. mil.*, II, 2). — *Moinel lui* A *pris son billet à la gare et donné un peu d'argent* (ALAIN-FOURNIER, *Le Grand Meaulnes*, p. 245). — *L'auto* AVAIT *traversé la ville, traversé le fleuve et gagné la rive gauche* (G. DUHAMEL, *Cri des profondeurs*, p. 110). — *Il était ce petit enfant qu'elle* AVAIT *bercé, grondé, lavé, nourri, caressé jadis* (H. TROYAT, *Tant que la terre durera...*, p. 609). — *Je* N'AI *ni tué ni volé.*

En particulier, quand on passe d'une proposition affirmative à une proposition négative avec *ne*, la répétition de l'auxiliaire est nécessaire : *L'appareil militaire m'*A *toujours plu et ne m'*A *jamais imposé* (CHATEAUBR., *Mém.*, I, 4, 10). — *Elle* A *vu ta blessure et n'*A *pu la fermer* (MUSS., *N. d'Oct.*).

Mais quand on passe de l'affirmative à la négative au moyen de *non, non pas, et non, et non pas, mais non*, etc., l'auxiliaire ne peut pas se répéter : *Il* A *fui, mais non trahi.*

Quand on passe de la négative à l'affirmative, sans conjonction de coordination, dans des propositions qui s'opposent l'une à l'autre, on doit répéter l'auxiliaire : *Il n'*A *pas seulement menacé, il* A *frappé.*

Temps simples. Temps composés. Temps surcomposés.

Au point de vue de la *forme*, les temps sont *simples, composés* ou *surcomposés.*

659. Les temps **simples** sont les temps dans lesquels le verbe, sans l'aide d'un auxiliaire, se conjugue par lui-même, avec les désinences marquant le mode, le temps, la personne et le nombre. Ils n'ont à chaque personne qu'un seul mot : *Je chante. Je chanterai.*

Les temps simples ne se trouvent qu'à la voix active ; la voix passive toutefois a comme temps simple le participe passé sans auxiliaire : *Une faute* AVOUÉE. — Les temps simples sont :

Indicatif :	présent, imparfait, passé simple, futur simple, futur du passé.
Conditionnel :	présent.
Impératif :	présent.
Subjonctif :	présent, imparfait.
Infinitif :	présent.
Participe :	présent, passé sans auxiliaire.
Gérondif.	

660. Les temps **composés** sont ceux dans lesquels le verbe se con-

---

qu'elles sont grand-mères, ou qu'ils ONT *de la barbe, ou perdu la jambe, comme Denis* (*Tout va recommencer sans nous*, p. 216).

jugue à l'aide d'un auxiliaire. Ils sont formés, à l'actif, d'un des temps simples de l'auxiliaire *avoir* ou de l'auxiliaire *être*, suivi du participe passé du verbe à conjuguer. Au passif, ils sont formés d'un des temps simples ou composés de l'auxiliaire *être*, suivi du participe passé du verbe à conjuguer. Ils comprennent à chaque personne deux ou trois mots : *J'*AI *chanté. Que j'*EUSSE *chanté. Je* SUIS *venu. Je* SUIS *loué. J'*AI ÉTÉ *loué.*

A l'infinitif futur (rare) et au participe futur (rare), l'auxiliaire est *devoir* ; il précède l'infinitif du verbe : DEVOIR *chanter.* DEVANT *chanter.*

Les temps composés sont :

a) A l'ACTIF :

Indicatif :   passé composé, passé antérieur, plus-que-parfait, futur antérieur, futur antérieur du passé.
Conditionnel : passé.
Impératif :   passé.
Subjonctif :   passé, plus-que-parfait.
Infinitif :   passé, futur.
Participe :   passé avec auxiliaire, futur.

b) Au PASSIF : tous les temps de tous les modes.

N. B. — On range aussi parmi les temps composés ceux qui se forment à l'aide des semi-auxiliaires *aller, devoir...* et de l'infinitif ou du gérondif (§ 655).

661. Les temps **surcomposés** sont les temps dans lesquels certains verbes conjugués avec *avoir* (rarement avec *être*) ajoutent un auxiliaire de plus à un temps déjà composé : dans ce temps déjà composé, au lieu de laisser l'*auxiliaire* au temps *simple*, on le met au temps *composé* correspondant. Par exemple, les temps composés *j'ai planté, je suis arrivé*, deviennent surcomposés si l'on dit : *J'*AI EU *planté, j'*AI ÉTÉ *arrivé*. Les temps surcomposés marquent des faits *antérieurs* et *accomplis* par rapport à des faits qui s'exprimeraient par les temps composés correspondants (voir Rem. 1).

Exemples : *Après qu'ils* ONT EU CRUCIFIÉ *Jésus-Christ* (BOSSUET, *Hist.*, II, 20). — *Quand elle* A ÉTÉ VENUE [ma barbe], *je l'ai fait raser* (DIDEROT, *Le Neveu de Rameau* ; éd. Pléiade, p. 429). — *Quand il* A EU PAYÉ *tout ce qu'il devait, (...) il a demandé et obtenu à grand'peine une place de trois mille francs dans un chemin de fer étranger* (A. DUMAS f., *Un Père prodigue*, I, 9). — *Quand j'*AI EU GAGNÉ *mon procès, sans ma mère et Bouilhet, je m'en serais tenu là* (FLAUBERT, *Corr.*, t. III, p. 226). — *Ce petit vin nouveau (...)* A EU *vite* GRISÉ *tous ces buveurs de bière* (A. DAUDET, *Rob. Helmont*, p. 80). — *Aussitôt qu'elle* A EU CONNU *notre projet, Sa Sainteté a voulu l'encourager...* (F. BRUNETIÈRE, *Bossuet*, p. 217). — *Quand elle* A EU FERMÉ *la porte derrière elle, Biche a haleté* (A. LICHTENBERGER, *Biche*, p. 47). — *Quand nous* AVONS EU FAIT *le tour du propriétaire...* (M. PRÉVOST, *Mon cher Tommy*, p. 47). — *Quand il* A ÉTÉ PARTI, *Mademoiselle est rentrée* (ID., *L'Automne d'une femme*, p. 101). — *Quand Hugo* *nous* A EU DÉCRIT *son installation à Jersey (...), il ajoute...* (A. BELLESSORT, *Victor Hugo*, p. 240). — *Quand le cocher* A EU FAIT *trente mètres, alors seulement, je lui ai dit...* (H. LAVEDAN, *Le Nouveau Jeu*, IV, 1er tabl.). — *Et quand j'*AI EU FINI, *le baron est venu à moi* (P. MILLE, *Trois Femmes*, p. 67). — *Roland* AVAIT EU *vite* PERCÉ *à jour tout le truquage des démonstrations* (R. VERCEL, *Ceux de la « Galatée »*, p. 255). — *Quand je l'*AI EU VU... (A. CHAMSON, *Désordres*, III, 9). — *Comme elle* A EU *vite* FAIT *de ramasser toutes ses cartes et de se remettre au jeu !* (Fr. MAURIAC, *Le Feu sur la terre*, p. 127.) — *Quand j'*AI EU *bien* REGARDÉ *les étranges toupies plantées là comme des quilles (...), un malaise m'a pris* (A. BILLY, dans le *Monde*, 8 mai 1957).

Remarques. — 1. On peut établir entre les temps simples, les temps composés et les temps surcomposés les relations qu'indique le tableau suivant :

TEMPS SIMPLES	TEMPS COMPOSÉS	TEMPS SURCOMPOSÉS
Je plante	J'ai planté	J'ai eu planté
Je plantais	J'avais planté	J'avais eu planté
Je plantai	J'eus planté	—
Je planterai	J'aurai planté	J'aurai eu planté
Je planterais	J'aurais planté	J'aurais eu planté
Plante	Aie planté	—
Que je plante	Que j'aie planté	Que j'aie eu planté
Que je plantasse	Que j'eusse planté	—
Planter	Avoir planté	Avoir eu planté
Plantant	Ayant planté	Ayant eu planté

2. Les temps surcomposés (qui appartiennent surtout au langage parlé) ne s'emploient pas seulement dans la conjugaison active, ils existent aussi dans la conjugaison passive (voir § 702, *N. B.*) et dans la conjugaison pronominale (voir § 703, *N. B.*) ; de même dans la conjugaison impersonnelle (voir § 704, *N. B.*) et dans la conjugaison des verbes intransitifs comme *arriver*, *partir*, etc. (voir § 705, *N. B.*). Par exemple :

a) Dans la conjugaison passive, au passé composé (ou au passé antérieur) de la phrase *Quand j'*AI ÉTÉ NOMMÉ (ou *Quand j'*EUS ÉTÉ NOMMÉ), *on m'a félicité (on me félicita)* répond un passé surcomposé : *Quand j'*AI EU ÉTÉ NOMMÉ, *on m'a félicité* ; au plus-que-parfait de la phrase *En un clin d'œil j'*AVAIS ÉTÉ RENVERSÉ répond un plus-que-parfait surcomposé : *... j'*AVAIS EU ÉTÉ RENVERSÉ.

b) Dans la conjugaison pronominale, au passé composé (ou au passé antérieur) de la phrase *Quand je* ME SUIS ASSIS (ou *Quand je* ME FUS ASSIS), *ma respiration s'est calmée (se calma)* répond un passé surcomposé : *Quand je* ME SUIS EU ASSIS,... ; au passé du conditionnel de la phrase *En cas d'alerte chacun* SE SERAIT HABILLÉ (ou SE FÛT HABILLÉ) *en un rien de temps* répond un passé surcomposé du conditionnel : *... chacun* SE SERAIT EU HABILLÉ ...

c) Dans la conjugaison impersonnelle, au passé composé (ou au passé antérieur) des phrases : *Après qu'il* A NEIGÉ, *il a gelé ; après qu'il* EUT NEIGÉ, *il gela* répond un passé surcomposé : *Après qu'il* A EU NEIGÉ, *il a gelé ;* au plus-que-parfait de la phrase *S'il* AVAIT PLU, *mon foin aurait été gâté* répond un plus-que-parfait surcomposé : *S'il* AVAIT EU PLU,...

d) Dans la conjugaison des verbes intransitifs comme *arriver, partir,* etc., au passé composé (ou au passé antérieur) de la phrase *Quand il* EST ARRIVÉ (*quand il* FUT ARRIVÉ), *il a mangé (il mangea)* répond un passé surcomposé : *Quand il* A ÉTÉ ARRIVÉ, *il a mangé ;* au futur antérieur de la phrase *Dès qu'il* SERA PARTI, *vous m'avertirez* répond un futur antérieur surcomposé : *Dès qu'il* AURA ÉTÉ PARTI,...

Hist. — 1. Les formes surcomposées étaient déjà employées au moyen âge, mais ce n'est guère qu'au XVIIe siècle qu'elles se sont introduites dans la langue littéraire, où d'ailleurs elles sont restées d'un emploi assez restreint : ni Corneille, ni Boileau, ni La Fontaine, ni Racine, par exemple, ne s'en sont servis. En somme, les formes surcomposées appartiennent surtout à la langue parlée, mais elles y sont extrêmement vivantes, en particulier dans les subordonnées temporelles.

2. Le latin possédait, au passif, des formes simples (*amor* = je suis aimé, etc.) et des formes composées (*amatus sum* = j'ai été aimé, etc.). De tout ce système de formes passives, le roman n'a gardé que le *participe passé*, qui, combiné avec les différentes formes de *être*, a servi à constituer, au VIe ou au VIIe siècle, une conjugaison passive originale, comprenant exclusivement des formes composées.

Le passif latin ayant disparu, tous les verbes déponents ont dû revêtir la forme active : *nascor, morior*, par exemple, avant de suivre l'évolution qui les a fait aboutir à *nais, meurs*, sont devenus *nasco, *morio.

Quant aux temps de l'actif latin, le roman les a maintenus en partie. Au point de vue de la *forme*, les temps suivants remontent aux temps latins correspondants : le présent de l'indicatif, du subjonctif, de l'impératif, de l'infinitif et du participe, l'imparfait de l'indicatif, le parfait de l'indicatif (= passé simple), le plus-que-parfait du subjonctif (devenu notre imparfait du subjonctif) le gérondif, le participe passé passif.

Ne se sont pas conservées les *formes* des temps latins suivants : l'imparfait et le parfait du subjonctif, le plus-que-parfait de l'indicatif, le futur de l'indicatif, le futur antérieur, le futur de l'impératif, le passé et le futur de l'infinitif, le participe futur et les deux supins.

Par contre, on a créé des formes nouvelles principalement en joignant *habere* à l'infinitif ou au participe passé du verbe à conjuguer : ainsi sont nées les formes du futur, du conditionnel présent (voir § 653, *Hist.*) et les temps composés.

Art. 3. — LES TYPES DE CONJUGAISON

662. Dans la conjugaison *active*, les verbes peuvent être rangés en trois groupes présentant les caractéristiques suivantes :

a) **1er Groupe :** Indicatif présent, 1re personne du singulier en *-e ;* infinitif en *-er :* J'aim-E, aim-ER.

Ce groupe, de loin le plus nombreux, compte près de 4 000 verbes, c'est-à-dire à peu près les neuf dixièmes des verbes français.

Parmi ces verbes, les uns sont d'origine latine et nous sont venus, soit par formation populaire (verbes latins en *-are*), soit par formation savante (verbes latins en *-are*, *-ĕre*, *-ēre*) ; d'autres sont d'origine étrangère[1] ; d'autres encore sont formés par dérivation, à l'aide de noms ou d'adjectifs français, parfois précédés d'un préfixe : *bois*ER, *chagrin*ER, *poignard*ER, *pioch*ER, *profit*ER, *meubl*ER, *activ*ER, *téléphon*ER, *débarqu*ER, *attrist*ER, *ensanglant*ER, *dédommag*ER, *empoisonn*ER, etc.

b) **2ᵉ Groupe** : Indicatif présent, 1ʳᵉ personne du singulier en *-is ;* infinitif en *-ir ;* radical allongé par l'insertion de l'infixe (ou syllabe intercalaire caractéristique de la conjugaison dite *inchoative* [a] : voir l'*Hist.*) *-iss-* au présent et à l'imparfait de l'indicatif, au présent de l'impératif, du subjonctif et du participe, et au gérondif : *Je fin*-IS, *nous fin*-ISS-*ons, je fin*-ISS-*ais, que je fin*-ISS-*e, fin*-ISS-*ant*. — *Je rav*-IS, *nous rav*-ISS-*ons, je rav*-ISS-*ais, que je rav*-ISS-*e, rav*-ISS-*ant.*

Ce groupe comprend un peu plus de 300 verbes.

Au singulier du présent de l'indicatif et de l'impératif, la syllabe *-iss-* se trouve réduite à *-is ;* à la 3ᵉ personne, l's a même disparu : *-it* était primitivement *-ist.*

Parmi les verbes de ce second groupe, les uns sont venus de verbes latins en *-ire*, *-ĕre*, *-ēre*, la plupart par formation populaire, un petit nombre par formation savante, surtout au XVᵉ et au XVIᵉ siècle ; d'autres sont issus de verbes germaniques[2] ; quelques-uns sont tirés de noms français : *meurtrir, garantir, atterrir, endolorir, lotir, aguerrir, enorgueillir, anéantir,* etc. ; d'autres enfin, plus nombreux, sont tirés d'adjectifs français : *chérir, jaunir, enrichir, aplatir, rancir, durcir, faiblir, maigrir, vieillir, aigrir, grandir, grossir,* etc.

Hist. — La syllabe intercalaire *-iss-* provient du latin *-esc-*, qui se trouve dans des verbes *inchoatifs*, comme *flor*ESCO, devenu *flor*ISCO, je fleuris. Cette syllabe n'a nullement conservé en français la valeur inchoative : ce n'est plus qu'une syllabe de flexion, sans influence aucune sur la signification du verbe.

c) **3ᵉ Groupe** : *Verbes irréguliers,* à radical variable.

Ce groupe, qui ne comprend que des verbes anciens, venus pour la plupart directement du latin, ne présente *pas de système régulier* de formes et de désinences. Il compte une trentaine de verbes dont l'infinitif est en *-ir* (mais n'intercalant pas *-iss-* à certaines formes)[3], une

---

1. Le francique **graban* a donné *graver ;* le germanique occidental **wardôn, garder ;* l'anglais *to hail, héler ;* le néerlandais *afhalen, affaler ;* l'italien *improvvisare, improviser ;* l'espagnol *escamotar, escamoter,* etc.

2. Le francique **bannjan* a donné *bannir ;* le germanique occidental **warnjan, garnir ;* le francique **haunjan, honnir ;* le germanique occidental **raustjan, rôtir,* etc.

3. Ce sont : *acquérir, assaillir, bouillir, conquérir, courir, cueillir, dormir, fuir, men-*

ÉTYM. — [a] *Inchoatif,* empr. du lat. *inchoativus,* de *inchoare,* commencer. — Les verbes inchoatifs latins expriment un commencement d'action.

trentaine dont l'infinitif est en *-oir* et une centaine dont l'infinitif est en *-re* : ces verbes ont pu se maintenir grâce à l'usage fréquent que la langue en a fait : *Je vien-s, je ven-ais, je vin-s, je viend-rai, que je vienn-e, ven-u, ven-ir. Je reçoi-s, je recev-ais, je reç-us, je recev-rai, que je reçoiv-e, reç-u, recev-oir. Je prend-s, je pren-ais, je pr-is, je prend-rai, que je prenn-e, pr-is, prend-re.*

663. Les verbes du 1er groupe constituent la vraie conjugaison régulière en français : c'est sur le modèle de cette conjugaison que la langue forme les verbes de création nouvelle : *téléphoner, radiographier, pasteuriser*, etc. Quant aux verbes du 2e groupe, leur nombre ne s'accroît pour ainsi dire plus [1].

Ces deux conjugaisons sont appelées CONJUGAISONS VIVANTES. Elles s'opposent à la CONJUGAISON MORTE, celle du 3e groupe, ainsi nommée non seulement parce qu'elle ne s'enrichit plus d'aucun verbe nouveau, mais encore parce qu'elle s'appauvrit peu à peu.

Hist. — La tradition a longtemps maintenu pour les verbes français la classification latine en quatre conjugaisons caractérisées par les désinences de l'infinitif : *-er, -ir, -oir, -re*. Cette classification est à peu près abandonnée aujourd'hui : elle est purement historique, en effet, et ne saurait s'appliquer à la langue moderne, qui ne présente pas, en réalité, quatre systèmes de flexion différents selon les quatre conjugaisons traditionnelles.

C'est un principe qu'un verbe irrégulier tend, par les forces de l'analogie, à se modeler sur la conjugaison régulière ou à disparaître. Aussi un certain nombre de verbes en *-ir*, qui n'intercalaient pas autrefois la syllabe *-iss-*, sont passés à la conjugaison du 2e groupe : *avertir, bénir, convertir, croupir, déguerpir, emplir, enfouir*, etc.

D'autre part, les verbes irréguliers tendent à devenir défectifs, puis à s'effacer devant des verbes de sens analogue, dont la flexion se présente plus aisément à l'esprit : *choir, faillir, poindre, querir, vêtir* ont cédé ou cèdent à *tomber, manquer, piquer, chercher, habiller*. — *Résoudre, émouvoir* reculent devant *solutionner, émotionner*.

---

tir, mourir, offrir, ouvrir, partir, requérir, sentir, servir, souffrir, tenir, tressaillir, venir ; il faut y joindre, bien entendu, les composés de certains de ces verbes. A noter que *saillir* (§ 701, 47), *sortir* (§ 673, 2), *ressortir* (§ 673, N. B., 3°) et parfois aussi *départir* (§ 673, N. B., 1°, a) présentent une double conjugaison, — et que *répartir, asservir* et *assortir* suivent la conjugaison inchoative.

1. On ne peut pas dire que la formation de verbes en *-ir* (avec *-iss-*) soit éteinte : témoin les néologismes *amerrir* et *alunir*. (L'Académie écrit *amerrir*, mais selon l'Office de la Langue française, *amérir* serait la forme correcte. Cf. *Rev. Universit.*, déc. 1937, p. 431 ; *Figaro*, 16 avr. 1938 et 27 mai 1939 ; *Revue de Paris*, 1er juin 1937, p. 528.)

Pour *alunir* (et *alunissage*), la question s'est posée de savoir s'il fallait mettre deux *l*. Sans doute il existe des composés où le *d* du préfixe latin *ad-* s'assimile à la consonne initiale du radical (§ 144) : *accoupler, affoler, allaiter, appauvrir, arrondir, assouplir, atterrir*, etc., mais le doublement de la consonne est généralement dû aux latiniseurs d'autrefois. Il existe d'ailleurs d'assez nombreux composés où la consonne n'est pas redoublée : *aboutir, acagnarder, s'acoquiner, agrandir, aguerrir, aligner, aliter, alourdir, amincir, apurer, atermoyer*, etc. — Le Grand Larousse encyclopédique a adopté les formes *alunir, alunissage*.

664.   Verbe AVOIR

Temps simples	Temps composés	Temps simples	Temps composés
Indicatif		**Impératif**	
Présent	*Passé composé*	*Présent*	*Passé*
J' ai	J'ai eu	Aie	Aie eu
Tu as	Tu as eu	Ayons	Ayons eu
Il (elle) a	Il a eu	Ayez	Ayez eu
Nous avons	Nous avons eu		
Vous avez	Vous avez eu	**Subjonctif**	
Ils (elles) ont	Ils ont eu	*Présent*	*Passé*
Imparfait	*Plus-que-parfait*	Que	Que
J' avais	J'avais eu	j' aie	j'aie eu
Tu avais	Tu avais eu	tu aies	tu aies eu
Il avait	Il avait eu	il ait	il ait eu
Nous avions	Nous avions eu	nous ayons	n. ayons eu
Vous aviez	Vous aviez eu	vous ayez	v. ayez eu
Ils avaient	Ils avaient eu	ils aient	ils aient eu
Passé simple	*Passé antérieur*	*Imparfait*	*Plus-que-parfait*
J' eus	J'eus eu	Que	Que
Tu eus	Tu eus eu	j' eusse	j' eusse eu
Il eut	Il eut eu	tu eusses	tu eusses eu
Nous eûmes	Nous eûmes eu	il eût	il eût eu
Vous eûtes	Vous eûtes eu	nous eussions	n. eussions eu
Ils eurent	Ils eurent eu	vous eussiez	v. eussiez eu
Futur simple	*Futur antérieur*	ils eussent	ils eussent eu
J' aurai	J'aurai eu	**Infinitif**	
Tu auras	Tu auras eu	*Présent*	*Passé*
Il aura	Il aura eu	Avoir	Avoir eu
Nous aurons	Nous aurons eu		
Vous aurez	Vous aurez eu	**Participe** [2]	
Ils auront	Ils auront eu	*Présent*	*Passé*
Fut. du passé	*Fut. ant. du passé*	Ayant	Eu, e [3]
J' aurais	J'aurais eu		Ayant eu
Tu aurais	Tu aurais eu	**Gérondif**	
Il aurait	Il aurait eu		
Nous aurions	Nous aurions eu	En ayant	
Vous auriez	Vous auriez eu		
Ils auraient	Ils auraient eu		

Conditionnel

Présent	*Passé* [1]
J' aurais	J'aurais eu
Tu aurais	Tu aurais eu
Il aurait	Il aurait eu
Nous aurions	Nous aurions eu
Vous auriez	Vous auriez eu
Ils auraient	Ils auraient eu

1. Une seconde forme du conditionnel passé *j'eusse eu* n'est autre que le plus-que-parfait du subjonctif.

2. Le futur du participe *devant avoir* est peu usité.

3. La forme variable du participe passé *-eu, -e* n'appartient à *avoir* qu'en dehors de l'emploi de ce verbe comme auxiliaire.

665.   VERBE ÊTRE

TEMPS SIMPLES	TEMPS COMPOSÉS	TEMPS SIMPLES	TEMPS COMPOSÉS
Indicatif		**Impératif**	
Présent	*Passé composé*	*Présent*	*Passé*
Je suis	J'ai été	Sois	Aie été
Tu es	Tu as été	Soyons	Ayons été
Il (elle) est	Il a été	Soyez	Ayez été
Nous sommes	Nous avons été		
Vous êtes	Vous avez été	**Subjonctif**	
Ils (elles) sont	Ils ont été	*Présent*	*Passé*
Imparfait	*Plus-que-parfait*	Que	Que
J' étais	J'avais été	je sois	j'aie été
Tu étais	Tu avais été	tu sois	tu aies été
Il était	Il avait été	il soit	il ait été
Nous étions	N. avions été	nous soyons	nous ayons été
Vous étiez	V. aviez été	vous soyez	vous ayez été
Ils étaient	Ils avaient été	ils soient	ils aient été
Passé simple	*Passé antérieur*	*Plus-que-parfait*	*Imparfait*
Je fus	J'eus été	Que	Que
Tu fus	Tu eus été	je fusse	j'eusse été
Il fut	Il eut été	tu fusses	tu eusses été
Nous fûmes	Nous eûmes été	il fût	il eût été
Vous fûtes	Vous eûtes été	nous fussions	n. eussions été
Ils furent	Ils eurent été	vous fussiez	v. eussiez été
Futur simple	*Futur antérieur*	ils fussent	ils eussent été
Je serai	J'aurai été	**Infinitif ²**	
Tu seras	Tu auras été	*Passé*	*Présent*
Il sera	Il aura été	Être	Avoir été
Nous serons	Nous aurons été	**Participe ²**	
Vous serez	Vous aurez été	*Présent*	*Passé*
Ils seront	Ils auront été	Étant	Ayant été
Futur du passé	*Fut. ant. du passé*	**Gérondif**	
Je serais	J'aurais été		
Tu serais	Tu aurais été	En étant	
Il serait	Il aurait été		
Nous serions	N. aurions été		
Vous seriez	V. auriez été		
Ils seraient	Ils auraient été		
Conditionnel			
Présent	*Passé ¹*		
Je serais	J'aurais été		
Tu serais	Tu aurais été		
Il serait	Il aurait été		
Nous serions	N. aurions été		
Vous seriez	V. auriez été		
Ils seraient	Ils auraient été		

1. Une seconde forme du conditionnel passé *j'eusse été* n'est autre que le plus-que-parfait du subjonctif.

2. Le futur de l'infinitif *devoir être* et le futur du participe *devant être* sont peu usités.

CONJUGAISON ACTIVE

666. 1er Groupe. — INDICATIF EN **-e** ; INFINITIF EN **-er.**

VERBE MODÈLE AIMER		
TEMPS SIMPLES	TEMPS COMPOSÉS	TEMPS SURCOMPOSÉS

Indicatif

Présent		*Passé composé*		*Passé surcomposé*	
J'	aim *e*	J'ai	aim *é*	J'ai eu	aim *é*
Tu	aim *es*	Tu as	aim *é*	Tu as eu	aim *é*
Il (elle)	aim *e*	Il a	aim *é*	Il a eu	aim *é*
Nous	aim *ons*	Nous avons	aim *é*	N. avons eu	aim *é*
Vous	aim *ez*	Vous avez	aim *é*	V. avez eu	aim *é*
Ils (elles)	aim *ent*	Ils ont	aim *é*	Ils ont eu	aim *é*

Imparfait		*Plus-que-parfait*			
J'	aim *ais*	J'avais	aim *é*	J'avais eu	aim *é*
Tu	aim *ais*	Tu avais	aim *é*	Tu avais eu	aim *é*
Il	aim *ait*	Il avait	aim *é*	Il avait eu	aim *é*
Nous	aim *ions*	Nous avions	aim *é*	N. avions eu	aim *é*
Vous	aim *iez*	Vous aviez	aim *é*	V. aviez eu	aim *é*
Ils	aim *aient*	Ils avaient	aim *é*	Ils avaient eu	aim *é*

Passé simple		*Passé antérieur*	
J'	aim *ai*	J'eus	aim *é*
Tu	aim *as*	Tu eus	aim *é*
Il	aim *a*	Il eut	aim *é*
Nous	aim *âmes*	Nous eûmes	aim *é*
Vous	aim *âtes*	Vous eûtes	aim *é*
Ils	aim *èrent*	Ils eurent	aim *é*

Futur simple		*Futur antérieur*			
J'	aim *er ai*	J'aurai	aim *é*	J'aurai eu	aim *é*
Tu	aim *er as*	Tu auras	aim *é*	Tu auras eu	aim *é*
Il	aim *er a*	Il aura	aim *é*	Il aura eu	aim *é*
Nous	aim *er ons*	Nous aurons	aim *é*	N. aurons eu	aim *é*
Vous	aim *er ez*	Vous aurez	aim *é*	V. aurez eu	aim *é*
Ils	aim *er ont*	Ils auront	aim *é*	Ils auront eu	aim *é*

Futur du passé		*Futur antérieur du passé*			
J'	aim *er ais*	J'aurais	aim *é*	J'aurais eu	aim *é*
Tu	aim *er ais*	Tu aurais	aim *é*	Tu aurais eu	aim *é*
Il	aim *er ait*	Il aurait	aim *é*	Il aurait eu	aim *é*
Nous	aim *er ions*	Nous aurions	aim *é*	N. aurions eu	aim *é*
Vous	aim *er iez*	Vous auriez	aim *é*	V. auriez eu	aim *é*
Ils	aim *er aient*	Ils auraient	aim *é*	Ils auraient eu	aim *é*

VERBE MODÈLE AIMER (suite)

TEMPS SIMPLES	TEMPS COMPOSÉS	TEMPS SURCOMPOSÉS

Conditionnel

Présent	*Passé* [1]	
J' aim *er ais*	J'aurais aim *é*	J'aurais eu aim *é*
Tu aim *er ais*	Tu aurais aim *é*	Tu aurais eu aim *é*
Il aim *er ait*	Il aurait aim *é*	Il aurait eu aim *é*
Nous aim *er ions*	Nous aurions aim *é*	N. aurions eu aim *é*
Vous aim *er iez*	Vous auriez aim *é*	V. auriez eu aim *é*
Ils aim *er aient*	Ils auraient aim *é*	Ils auraient eu aim *é*

Impératif

Présent	*Passé*	
Aim *e*	Aie aim *é*	
Aim *ons*	Ayons aim *é*	
Aim *ez*	Ayez aim *é*	

Subjonctif

Présent	*Passé*	
Que	Que	Que
j' aim *e*	j'aie aim *é*	j'aie eu aim *é*
tu aim *es*	tu aies aim *é*	tu aies eu aim *é*
il aim *e*	il ait aim *é*	il ait eu aim *é*
nous aim *ions*	nous ayons aim *é*	nous ayons eu aim *é*
vous aim *iez*	vous ayez aim *é*	vous ayez eu aim *é*
ils aim *ent*	ils aient aim *é*	ils aient eu aim *é*
Imparfait	*Plus-que-parfait*	
Que	Que	
j' aim *asse*	j'eusse aim *é*	
tu aim *asses*	tu eusses aim *é*	
il aim *ât*	il eût aim *é*	
nous aim *assions*	nous eussions aim *é*	
vous aim *assiez*	vous eussiez aim *é*	
ils aim *assent*	ils eussent aim *é*	

Infinitif [2]

Présent	*Passé*	
Aim *er*	Avoir aim *é*	Avoir eu aim *é*

Participe [2]

Présent	*Passé*	
Aim *ant*	Aimé, aimée. Ayant aimé	Ayant eu aim *é*

Gérondif

En aim *ant*

1. Une seconde forme du conditionnel passé *j'eusse aimé* n'est autre que celle du plus-que-parfait du subjonctif.

2. Le futur de l'infinitif *devoir aimer* et le futur du participe *devant aimer* sont peu usités.

667. 2e Groupe. — INDICATIF EN **-is** ; INFINITIF EN **-ir** ;
INSERTION DE **-iss-** À CERTAINS TEMPS

VERBE MODÈLE FINIR		
TEMPS SIMPLES	TEMPS COMPOSÉS	TEMPS SURCOMPOSÉS

Indicatif

Présent		*Passé composé*		*Passé surcomposé*	
Je	fin *is*	J'ai	fin *i*	J'ai eu	fin *i*
Tu	fin *is*	Tu as	fin *i*	Tu as eu	fin *i*
Il (elle)	fin *i t*	Il a	fin *i*	Il a eu	fin *i*
Nous	fin **iss** *ons*	Nous avons	fin *i*	Nous avons eu	fin *i*
Vous	fin **iss** *ez*	Vous avez	fin *i*	Vous avez eu	fin *i*
Ils (elles)	fin **iss** *ent*	Ils ont	fin *i*	Ils ont eu	fin *i*

Imparfait		*Plus-que-parfait*			
Je	fin **iss** *ais*	J'avais	fin *i*	J'avais eu	fin *i*
Tu	fin **iss** *ais*	Tu avais	fin *i*	Tu avais eu	fin *i*
Il	fin **iss** *ait*	Il avait	fin *i*	Il avait eu	fin *i*
Nous	fin **iss** *ions*	Nous avions	fin *i*	Nous avions eu	fin *i*
Vous	fin **iss** *iez*	Vous aviez	fin *i*	Vous aviez eu	fin *i*
Ils	fin **iss** *aient*	Ils avaient	fin *i*	Ils avaient eu	fin *i*

Passé simple		*Passé antérieur*			
Je	fin *is*	J'eus	fin *i*		
Tu	fin *is*	Tu eus	fin *i*		
Il	fin *it*	Il eut	fin *i*		
Nous	fin *îmes*	Nous eûmes	fin *i*		
Vous	fin *îtes*	Vous eûtes	fin *i*		
Ils	fin *irent*	Ils eurent	fin *i*		

Futur simple		*Futur antérieur*			
Je	fin *ir ai*	J'aurai	fin *i*	J'aurai eu	fin *i*
Tu	fin *ir as*	Tu auras	fin *i*	Tu auras eu	fin *i*
Il	fin *ir a*	Il aura	fin *i*	Il aura eu	fin *i*
Nous	fin *ir ons*	Nous aurons	fin *i*	Nous aurons eu	fin *i*
Vous	fin *ir ez*	Vous aurez	fin *i*	Vous aurez eu	fin *i*
Ils	fin *ir ont*	Ils auront	fin *i*	Ils auront eu	fin *i*

Futur du passé		*Futur antérieur du passé*			
Je	fin *ir ais*	J'aurais	fin *i*	J'aurais eu	fin *i*
Tu	fin *ir ais*	Tu aurais	fin *i*	Tu aurais eu	fin *i*
Il	fin *ir ait*	Il aurait	fin *i*	Il aurait eu	fin *i*
Nous	fin *ir ions*	Nous aurions	fin *i*	Nous aurions eu	fin *i*
Vous	fin *ir iez*	Vous auriez	fin *i*	Vous auriez eu	fin *i*
Ils	fin *ir aient*	Ils auraient	fin *i*	Ils auraient eu	fin *i*

VERBE MODÈLE FINIR (suite)

TEMPS SIMPLES	TEMPS COMPOSÉS	TEMPS SURCOMPOSÉS
Conditionnel		
Présent	*Passé* [1]	
Je fin *ir ais*	J'aurais fin *i*	J'aurais eu fin *i*
Tu fin *ir ais*	Tu aurais fin *i*	Tu aurais eu fin *i*
Il fin *ir ait*	Il aurait fin *i*	Il aurait eu fin *i*
Nous fin *ir ions*	Nous aurions fin *i*	Nous aurions eu fin *i*
Vous fin *ir iez*	Vous auriez fin *i*	Vous auriez eu fin *i*
Ils fin *ir aient*	Ils auraient fin *i*	Ils auraient eu fin *i*
Impératif		
Présent	*Passé*	
Fin *is*	Aie fin *i*	
Fin **iss** *ons*	Ayons fin *i*	
Fin **iss** *ez*	Ayez fin *i*	
Subjonctif		
Présent	*Passé*	
Que	Que	Que
je fin **iss** *e*	j'aie fin *i*	j'aie eu fin *i*
tu fin **iss** *es*	tu aies fin *i*	tu aies eu fin *i*
il fin **iss** *e*	il ait fin *i*	il ait eu fin *i*
nous fin **iss** *ions*	nous ayons fin *i*	nous ayons eu fin *i*
vous fin **iss** *iez*	vous ayez fin *i*	vous ayez eu fin *i*
ils fin **iss** *ent*	ils aient fin *i*	ils aient eu fin *i*
Imparfait	*Plus-que-parfait*	
Que	Que	
je fin *isse*	j'eusse fin *i*	
tu fin *isses*	tu eusses fin *i*	
il fin *ît*	il eût fin *i*	
nous fin *issions*	nous eussions fin *i*	
vous fin *issiez*	vous eussiez fin *i*	
ils fin *issent*	ils eussent fin *i*	
Infinitif [2]		
Présent	*Passé*	
Fin *ir*	Avoir fin *i*	Avoir eu fin *i*
Participe [2]		
Présent	*Passé*	
Fin **iss** *ant*	Fin*i*, fin *ie*. Ayant fin *i*	Ayant en fin *i*
Gérondif		
En fin **iss** *ant*		

1. Une seconde forme du conditionnel passé *j'eusse fini* n'est autre que celle du plus-que-parfait du subjonctif.

2. Le futur de l'infinitif *devoir finir* et le futur du participe *devant finir* sont peu usités.

668.   **3e Groupe.** — *VERBES IRRÉGULIERS :*
INFINITIF EN **-ir** (sans *-iss-* à certains temps), **-oir, -re.**

N. B. — 1. Il est peu logique de ranger les verbes de ce troisième groupe en trois catégories d'après les désinences de l'infinitif : *-ir, -oir, -re. Acquérir, mourir, ouvrir, sentir, tenir,* par exemple, offrent à certains temps des formes tellement dissemblables que la simple identité de désinence à l'infinitif ne saurait justifier le groupement de ces verbes sous une même rubrique :
Indicatif présent : *J'acquiers, je meurs, j'ouvre, je sens, je tiens.*
Passé simple : *J'acquis, je mourus, j'ouvris, je sentis, je tins.*
Participe passé : *Acquis, mort, ouvert, senti, tenu.*
Mieux vaut grouper ces verbes irréguliers suivant les analogies qu'ils présentent dans leur conjugaison.

2. Nous mentionnerons ici, en tant qu'*irréguliers*, deux verbes en *-er :* *aller* et *envoyer*[1] ; — et un verbe en *-ir* (avec *-iss-* à certains temps) : *haïr.*

Nous signalerons ensuite, parmi les verbes à infinitif en *-ir* (sans *-iss-* à certains temps), *-oir, -re,* ceux qui peuvent être groupés d'après certaines particularités communes.

Enfin nous donnerons, en général dans l'ordre alphabétique, les verbes irréguliers qui présentent des particularités propres.

669. *Aller* se conjugue sur trois radicaux. Ses formes se rapportent :

1º Les unes au verbe latin *ire :* FUTUR : *J'irai.* — CONDITIONNEL : *J'irais.*

2º D'autres au verbe latin *vadĕre :* INDIC. PRÉS. : 1re, 2e, 3e pers. du sing., 3e pers. du plur. : *Je vais*[2]*, tu vas, il va, ils vont.* — IMPÉRATIF PRÉS. : 2e pers. du sing. : *Va* (Pour *vas,* devant *en* et *y,* voir § 639, *N. B.*).

3º D'autres enfin au verbe **alare*[3], du latin vulgaire : INDICAT. PRÉS. : 1re, 2e pers. du plur. : *Nous allons, vous allez.* — IMPARF. : *J'allais,* etc. —

---

1. On pourrait y joindre *laisser* si l'on tient compte de l'observation suivante : Dans l'ancienne langue, *laisser* avait, pour le futur et le conditionnel, à côté de *je laisserai, je laisserois,* les formes *je lairai, je lairois (je leirai, je leirois ; je lerai, je lerois), je larai, je larois* (toutes formes qui s'écrivaient avec un ou deux *r*). — Ces formes se rencontraient encore au XVIIe siècle. Vaugelas les rejetait ; elles se sont maintenues dans le français populaire [cf. la chanson de *Compère Guilleri* (XVIIIe s.) : *Te* LAIRAS-*tu mouri ?*]. — Les poètes, à l'occasion, pourraient encore en user de nos jours, comme a fait Marie NOËL : *Comme un agneau perdu me* LAIREZ-*vous manger ?* (*Les Chansons et les Heures,* A Sexte.)
2. La forme *je vas* est vieillie et familière : *Je* VAS *lui parler, moi* (BRIEUX, *Les Remplaçantes,* I, 9). — L'Académie n'en fait plus mention.
3. Peut-être issu de *ambulare* par l'intermédiaire d'interjections : **allamus !* **allatis !* (cf. BOURCIEZ, *Élém. de Ling. rom.,* § 209, et FOUCHÉ, *Le Verbe fr.,* § 221). — Selon Dauzat (*Phon. et Gramm. hist. de la L. fr.,* p. 174), **alare* « représente probable-ment un type pré-latin, dont l'italien et l'espagnol *andar(e),* prov. *anar,* offrent des variantes ». Dauzat fait observer que « les explications proposées par le latin *ambulare*

IMPÉRATIF PRÉS. plur. : *Allons, allez.* — PASSÉ SIMPLE : *J'allai,* etc. — SUBJ. PRÉS. : *Que j'aille, que tu ailles, qu'il aille, que nous allions, que vous alliez, qu'ils aillent.* — SUBJ. IMPARF. : *Que j'allasse,* etc. — INFINIT. : *Aller.* — PARTICIPES et GÉRONDIF : *Allant ; allé, -e ; en allant.*

Remarques. — 1. Tous les temps composés de *aller* se forment au moyen de l'auxiliaire *être* : *Je suis allé ; j'étais allé,* etc.

2. Dans la conjugaison de *s'en aller* et de tous les autres verbes pronominaux contenant l'adverbe *en* non soudé avec le verbe (*s'en retourner, s'en venir,* etc.), cet adverbe doit, aux temps composés, se placer entre le pronom réfléchi et l'auxiliaire : *Je m'EN suis allé, ils s'EN sont retournés,* etc. — *Ma bonne aventurière s'EN était allée* (CHATEAUBR., *Mém.,* I, 10, 1). — *Où donc s'EN sont allés mes jours évanouis ?* (HUGO, *Cont.,* V, 13.) — *La douleur s'EN était allée* (MAUPASSANT, *Sur l'Eau,* p. 136). — *Elle s'EN était allée* (R. ROLLAND, *Jean-Christophe,* t. III, p. 151).

Il faut, selon beaucoup de grammairiens, rejeter la construction *je me suis en allé*[1]. On observera que, dans cette construction, tout se passe comme si *en* était soudé avec *aller,* de la même manière que cela s'est fait dans *je me suis enfui, il s'est envolé* [autrefois on avait, sans soudure : *je m'EN suis FUI, il s'EN est VOLÉ : Enz en un bois s'EN est FOÏE* (*Eneas,* 2654). — *Soudainement s'EN est vollé* (VILLON, *Test.,* 175). — *Ceste union (...) s'EN est FUIE* (D'AUBIGNÉ, t. I, p. 132). — *Ceux qui s'EN estoyent FUIS d'une bataille* (MONTAIGNE, I, 16 ; p. 93)]. — Dès le XVIIIe siècle, la construction *je me suis en allé* s'est introduite dans l'usage, même littéraire, et elle se répand de plus en plus : *Je désire plus mon retour que ceux qui me condamnent de m'être EN ALLÉ* (VOLT., *À Mme Denis,* 24 déc. 1751). — *Il s'est EN ALLÉ avec une ère entière du monde* (CHATEAUBR., *Mém.,* IV, 11, 9). — *Dieu ! comme il se sera brusquement EN ALLÉ* (HUGO, *Le Roi s'amuse,* V, 3). — *Il se serait peut-être EN ALLÉ* (FLAUB., *Salammbô,* p. 359). — *Il s'était EN ALLÉ...* (NERVAL, *Les Illuminés,* Hist. de l'abbé de Bucquoy, I). — *Quand le docteur se fut EN ALLÉ* (A. DAUDET, *Jack,* t. I, p. 222). — *Le gentilhomme (...) s'était à coup sûr EN ALLÉ* (Th. GAUTIER, *Partie carrée,* VI). — *Il ne s'était pas EN ALLÉ* (P. BOURGET, *L'Étape,* p. 147). — *Comment se fait-il que je me sois EN ALLÉE ?* (R. BOYLESVE, *Sainte-Marie-des-Fleurs,* p. 96.) — *Toi dont la femme s'est EN ALLÉE* (L. DAUDET, *Un Jour d'orage,* p. 253). — *Je me suis EN ALLÉ* (J. LEMAITRE, *Le Député Leveau,* I, 3). — *Il s'était EN ALLÉ* (J. et J. THARAUD, *Notre*

---

ou un type conjectural **ambitare* ne résistent pas à un examen impartial ». (Pour les détails, voir Dauzat, *Études de Linguistique fr.,* pp. 176 et suiv.) — Pour *andare,* A. Lanly (*Rev. de Ling. rom.,* XXIII, 1959) le fait venir de *aditare ;* M. Regula — comme Meyer-Lübke — suppose *ambitare.*

1. Le participe *en allé* pris adjectivement, est aujourd'hui assez fréquent : *Une âme EN ALLÉE* (P. VERLAINE, *Jadis et Naguère,* Art poét.). — *Il songeait (...) aux esprits* — EN ALLÉS *où ? — qui...* (P. BOURGET, *Le Danseur mondain,* p. 55). — *Le soleil des beaux jours EN ALLÉS* (A. SAMAIN, *Le Chariot d'or,* p. 102). — *Nous écoutons, l'esprit et les regards EN ALLÉS* (R. DORGELÈS, *Les Croix de bois,* VI). — *Avec les peines EN ALLÉES* (J. RICHEPIN, *Le Chemineau,* V, 5). — *Son épaule sentit le froid de cette tête EN ALLÉE* (M. GENEVOIX, *Raboliot,* p. 61). — *Je me souviens des heures EN ALLÉES* (A. GIDE, *Les Nourrit. terrestres et les Nouv. Nourr.,* p. 174).

cher Péguy, t. I, p. 115). — *Ils se sont* EN ALLÉS (H. BOSCO, *Un Rameau de la nuit*, p. 176).

3. Aux temps composés comme aussi au passé simple et au subjonctif imparfait, *aller* peut être remplacé par *être*, surtout quand un infinitif complément suit [1] : *Je* FUS *retrouver mon janséniste* (PASC., *Prov.*, 1). — *Il* FUT *jusques à Rome implorer le sénat* (CORN., *Pomp.*, I, 3, texte des 1res édit.). — *Je* FUS *le chercher dans sa retraite* (VOLT., *Lett. phil.*, I). — *Je ne reviens pas, car je n'*AI *pas* ÉTÉ (MOL., *Dép. am.*, I, 4). — *Elle se leva et* FUT *regarder à sa fenêtre* (Th. GAUTIER, *Fortunio*, XIII). — *Chacun* FUT *se coucher* (MÉRIMÉE, *Colomba*, I). — *Il* [Molière] FUT *dans la chambre de Baron et lui demanda ce que l'on pensait de la pièce* (A. FRANCE, *Le Génie latin*, p. 161). — *Je* FUS *le saluer le lendemain* (G. DUHAMEL, *La Pesée des âmes*, p. 202). — *Elle* FUT *ensuite trouver Madame* (J. GREEN, *Le Malfaiteur*, p. 18). — *Il était temps que chacun* FÛT *se coucher*. — AVEZ-*vous* ÉTÉ *à Paris la semaine dernière ?* (AC.)

Pour *s'en aller*, c'est seulement au passé simple et à l'imparfait du subjonctif que cette particularité s'observe ; *je m'en fus, que je m'en fusse* se disent pour *je m'en allai, que je m'en allasse : Il* (...) S'EN FUT *se mettre au lit* (E. JALOUX, *L'Alcyone*, III). — *Patrice* (...) S'EN FUT *au jardin* (G. DUHAMEL, *Le Voyage de Patrice Périot*, p. 95). — *C'est l'imagination qui veut que l'on s'en aille. C'est le fait qui voudrait qu'on ne* S'EN FÛT *pas* (A. SUARÈS, *Sur la vie*, t. II, p. 217). — *Il était temps que chacun* S'EN FÛT *se mettre au lit*.

C'est une opinion généralement reçue (c'est celle de Littré, du Dictionnaire général, de Faguet, etc.) qu'*être* ne se dit bien pour *aller* que quand on s'est rendu dans un lieu et qu'on en est revenu ; « il *est allé* à Rome, dit Littré (s. v. *être*, 19°), exprime simplement qu'il a fait le voyage de Rome, sans dire s'il est de retour ; il *a été* à Rome exprime qu'il est revenu » [2]. — Sans doute cette distinction est fondée en raison ; cependant (et Littré le reconnaît) on dit fréquemment, surtout dans la langue parlée, *je fus, j'ai été*, etc., au sens d'*aller*, avec un infinitif suivant, l'idée de retour n'étant aucunement dans l'esprit : *Et nous* FÛMES *coucher* (MOL., *Fâch.*, II, 7). — *Ils les* ONT ÉTÉ *chercher* [des exemples] *parmi les Juifs* (BOSS., *Hist.*, II, 5). — *Elle* AVAIT ÉTÉ *chercher deux œufs et deux côtelettes* (Tr. BERNARD, *Mémoires d'un Jeune Homme rangé*, XXIX). — *Il* FUT *d'abord dire adieu à Marcion* (J. GREEN, *Varouna*, p. 20). — Même dans des phrases où ils ne sont pas suivis d'un infinitif, *je fus, j'ai été*, etc. peuvent marquer simplement le déplacement (ou la présence dans un lieu), sans impliquer l'idée de retour : *Je* FUS *l'autre jour dans un couvent de ces dervis* (MONTESQ., *L. pers.*, 57). — *J'*AI ÉTÉ *à la messe* (FLAUBERT, *Corr.*, t. I, p. 78). — *Moi aussi je suis allé là où vous* AVEZ ÉTÉ. *J'assistais à cette fête extraordinaire* (ALAIN-FOURNIER, *Le Grand Meaulnes*, p. 154). — *Le cher ange* AURA ÉTÉ *tout droit au ciel*. — *Je n'*AI *jamais* ÉTÉ *au Japon*.

---

1. Cet emploi de *être* pour *aller* a été souvent regardé comme vulgaire et fautif ; il a été rejeté par Th. Corneille, par Voltaire (*Comment. sur Corn.*, *Pomp.*, I, 3), par Girault-Duvivier, entre autres.

2. L'Académie dit simplement : 1° au mot *Aller* : « On dit quelquefois *Je fus, j'ai été, j'avais été, j'aurais été*, pour *J'allai, je suis allé, je serais allé* » ; 2° au mot *être* : « Dans la langue familière, il signifie *Aller, se rendre*. »

D'autre part, *je suis allé* s'emploie fréquemment pour exprimer qu'on a fait un voyage dont on est de retour : *Ah ! pour être revenu de tout, mon ami, il faut* ÊTRE ALLÉ *dans bien des endroits* (MUSSET, *Fantasio*, I, 2). — *Paul et moi nous* SOMMES ALLÉS *à Baréges* (TAINE, *Voy. aux Pyrénées*, p. 183). — *Un jour, je suis parti pour la Suisse, non pas tant pour voir la Suisse que pour y* ÊTRE ALLÉ (A. KARR, *Voy. autour de mon jardin*, Lett. XXIV). — *J'y* SUIS ALLÉ *par un soir charmant* (M. BARRÈS, *Les Maîtres*, p. 158). — *Je sais, pour y* ÊTRE ALLÉ, *que le Caire a une certaine physionomie française* (A. HERMANT, *Chroniq. de Lancelot*, t. II, p. 146).

On observera que, dans divers cas particuliers que l'usage fera connaître, on ne peut employer aux temps composés qu'*avoir été*, quoique, aux temps simples, on se serve d'*aller : Cette horloge va bien. elle n'*A *jamais si bien* ÉTÉ. — *Cette robe vous allait bien, mais du jour où vous l'avez transformée, elle ne vous* A *plus* ÉTÉ. — *Le feu va trop fort ; toute la matinée il* A ÉTÉ *trop vite.* — *Vous demandez comment je vais ? j'*AI *déjà* ÉTÉ *mieux.* — [Les phrases suivantes, à cet égard, paraissent étranges : *Et tu as quitté librement Ferbannes ? — Oh ! ce n'*EST *pas* ALLÉ *tout seul !* (A. BILLY, *Madame*, p. 250.) — *Comme l'habit vert lui* SERAIT *bien* ALLÉ ! (ID., dans le *Figaro litt.*, 14 oct. 1961.)]

N. B. — *Raller* est défectif : voir § 701, 42.

670. Envoyer fait au futur *j'enverrai*, et au conditionnel *j'enverrais*.

Hist. — Autrefois on avait au futur *enveierai, envoyerai* ou *envoirai*, formes issues de *inviare habeo*, sous l'influence du nom *veie, voie*. La forme *enverrai*, faite sur le modèle de *verrai*, futur de *voir*, était déjà employée au XIVᵉ siècle, mais elle n'a triomphé qu'au XVIIIᵉ siècle : *Vous* ENVOIREZ *après* (CORN., *Nicom.*, V, 5). — *Je vous* ENVOIERAI (RACINE, t. VI, p. 515). — *Je t'*ENVOIRAI *d'ici des messagers fâcheux* (MOL., *Amphitr.*, III, 2).

671. Haïr perd le tréma aux formes suivantes : INDICAT. PRÉS. : *Je hais, tu hais, il hait.* — IMPÉRAT. PRÉS. : *Hais* (voir § 631).

Hist. — C'est à l'époque moderne que *haïr* a passé à la conjugaison du 2ᵉ groupe, sauf aux trois personnes du singulier du présent de l'indicatif. — Au moyen âge, on disait : *nous hayons, vous hayez, ils haient* (formes encore usitées au XVIIᵉ siècle, mais condamnées par Vaugelas, *Rem.*, p. 20). Imparf. : *Je hayeie (-oie).* Subj. prés. : *Que je haie.* Partic. prés. : *Hayant.*

672. Verbes en -*ir* (sans -*iss*- à certains temps) **qui ont au présent de l'indicatif, de l'impératif et du subjonctif les mêmes désinences que les verbes en -*er* :**

a) Avec participe passé en -*i* :

1. **Assaillir.** INDICAT. PRÉS. : *J'assaille, nous assaillons.* — IMPARF. : *J'assaillais, nous assaillions.* — PASSÉ SIMPLE : *J'assaillis.* — FUTUR : *J'assailli-rai*[1]. — IMPÉR. PRÉS. : *Assaille.* — SUBJ. PRÉS. : *Que j'assaille, que nous assail-*

---

[1]. Pour le futur et le conditionnel de *assaillir, défaillir, tressaillir*, l'usage hésite parfois un peu ; il arrive qu'il laisse les formes en -*erai(s)* se substituer aux formes régulières en -*irai(s) : Je ne* DÉFAILLERAIS *pas* (E. PSICHARI, *Le Voyage du centurion*, p. 90). — *Il ne* DÉFAILLERAIT *point !* (H. QUEFFÉLEC, *Un Recteur de l'île de Sein*, p.

lions. — SUBJ. IMP. : *Que j'assaillisse.* — PART. PRÉS. : *Assaillant.* — PARTI-
CIPE PASSÉ : *Assailli, -e.*

2. **Défaillir, tressaillir** se conjuguent comme *assaillir : Mon ardeur si in-
tense* DÉFAILLE (M. BARRÈS, *Un Homme libre,* p. 65). — *Lorsque son courage*
DÉFAILLE (G. BERNANOS, *Monsieur Ouine,* p. 196). — *Allons ! le voilà qui*
DÉFAILLE !* (A. GIDE, *Saül,* I, 7.) — *Cet homme qui (...)* DÉFAILLE *de bonheur*
(M. ARLAND, *Essais critiques,* p. 61). — *À les voir, je* DÉFAILLE (J. GIRAU-
DOUX, *L'Apollon de Bellac,* 2).

On disait autrefois : INDICAT. PRÉS. : *Je défaus, tu défaus, il défaut : À qui le désir
manque aucun bien ne* DÉFAUT (ROTROU, *Saint-Genest,* V, 2). — FUTUR : *Je défaudrai.*
— Ces formes se rencontrent encore dans l'usage littéraire : *L'inconnu ne* DÉFAUT
point (G. DUHAMEL, *La Possession du monde,* p. 75). — *Déjà le cœur lui* DÉFAUT
(H. BORDEAUX, *Tuilette,* p. 248). — *Si le cœur ne me* DÉFAUT (A. THÉRIVE, *Le Retour
d'Amazan,* p. 225). — *Si quelqu'un de ces humbles auxiliaires* DÉFAUT (LA VARENDE,
La Normandie en fleurs, p. 48). — *Un bras solide va me donner son secours qui ne*
DÉFAUT *point* (COLETTE, *Le Fanal bleu,* p. 71).

Selon l'Académie, *défaillir* n'est plus guère usité qu'au pluriel du présent de l'indicatif, à l'imparfait, au passé simple, au passé composé, à l'infinitif et au participe
présent.

3. **Cueillir (accueillir, recueillir).** INDICAT. PRÉS. : *Je cueille, nous
cueillons.* — IMPARF. : *Je cueillais, nous cueillions.* — PASSÉ SIMPLE : *Je
cueillis.* — FUTUR : *Je cueillerai.* — IMPÉRAT. PRÉS. : *Cueille, cueillons.* —
SUBJ. PRÉS. : *Que je cueille, que nous cueillions.* — SUBJ. IMP. : *Que je cueillisse.*
— PART. PRÉS. : *Cueillant.* — PARTIC. PASSÉ : *Cueilli, -e.*

b) Avec participe passé en **-ert** :

Offrir. INDICAT. PRÉS. : *J'offre, nous offrons.* — IMPARF. : *J'offrais.* —
PASSÉ SIMPLE : *J'offris.* — FUTUR : *J'offrirai.* — IMPÉR. PR. : *Offre.* — SUBJ.
PR. : *Que j'offre.* — SUBJ. IMP. : *Que j'offrisse.* — PART. PR. : *Offrant.* — PAR-
TICIPE PASSÉ : *Offert, -e.*

Couvrir, ouvrir, souffrir et leurs composés se conjuguent comme *offrir.*

673. Verbes en *-ir* (sans *-iss-* à certains temps) **qui perdent au singulier
du présent de l'indicatif la consonne finale du radical** (dorm-*i* , je dor-*s*).

I. **Dormir (s'endormir, se rendormir).** INDICAT. PRÉS. : *Je dors, tu dors,
il dort, nous dormons.* — IMPARF. : *Je dormais.* — PASSÉ SIMPLE : *Je dormis.*
— FUTUR : *Je dormirai.* — IMPÉRAT. PRÉS. : *Dors, dormons.* — SUBJ. PR. :
Que je dorme. — SUBJ. IMP. : *Que je dormisse.* — PART. PR. : *Dormant.* —
PARTICIPE PASSÉ : *Dormi.* — Le féminin *dormie* est rare : *Trois nuits mal
DORMIES* (MUSSET, *Marrons du feu,* 4). — Les féminins *endormie, rendormie*
sont courants.

251.) — *Je* TRESSAILLERAI *d'allégresse* (LE FRANC DE POMPIGNAN, dans Littré)
[L'Académie de 1798, dit Littré, avait admis cette forme]. — *Comme ils* TRESSAILLE-
RAIENT *les paternels tombeaux...* (MUSSET, *Sur la Paresse*).

2. *Mentir, sentir* (et leurs composés), *se repentir, servir, desservir, resservir, sortir, partir* se conjuguent comme *dormir*. — *Menti* n'a pas de féminin. Les féminins *démentie, sentie, repentie, servie, desservie, resservie, sortie, partie* sont courants.

Pour l'emploi de l'auxiliaire avec *partir, sortir*, voir § 656, 2⁰.

Sortir signifiant « produire » appartient au langage de la jurisprudence. Il ne s'emploie qu'aux 3ᵉˢ personnes et se conjugue comme *finir* : *Il sortit, il sortissait, qu'il sortisse, sortissant*. Ce verbe se conjugue avec l'auxiliaire *avoir*.

N. B. — 1⁰ Parmi les composés de *partir*, il faut distinguer :

a) Repartir (partir de nouveau), *repartir* (répondre), *départir,* qui se conjuguent comme *partir : Je repars, je dépars,* etc. — *Le sénat ne se* DÉPAR-TAIT *jamais des maximes anciennes* (MONTESQ., *Consid.*, 4). — *Cet air (...) de noble santé que la déesse* DÉPART *en récompense...* (M. PRÉVOST, *Nouv. Lettres à Françoise*, p. 128). — *Ferrati, se* DÉPARTANT *pour la première fois de son calme, recula* (Cl. FARRÈRE, *Les Condamnés à mort*, p. 160).

Repartir, dans le sens de « partir de nouveau », se conjugue avec l'auxiliaire *être ;* — dans le sens de « répondre », il se conjugue avec l'auxiliaire *avoir.*

Pour la conjugaison de *départir,* l'usage est assez chancelant : il n'est pas rare, en effet, de trouver, chez d'excellents auteurs, ce verbe conjugué comme *finir : Le Paradis, c'est la merveille. Dans aucune des parties de son poème, Dante ne se* DÉ-PARTIT *d'une façon tout à fait naturelle et humaine* (M. BARRÈS, *Les Maîtres*, p. 17). — *De tels hommes (...) sont avertis des parties de la réalité sur lesquelles leurs dons spéciaux leur* DÉPARTISSENT *une lumière particulière* (M. PROUST, *Pastiches et Mélanges*, p. 155)· — *Ce calme (...) dont surtout je ne me* DÉPARTISSAIS *pas...* (ID., *La Prisonnière*, t. I, p. 149). — *Quand Nicolas le réveille et s'informe comment il a dormi, sa réponse est celle dont il ne se* DÉPARTIT *jamais* (J. SCHLUMBERGER, *Saint-Saturnin*, p. 197). — *Si la jeune femme se* DÉPARTISSAIT *d'une courtoisie gentiment indifférente* (ID., *Plaisir à Corneille*, p. 185). — *Le Président même se* DÉPARTIT *de sa tenue ; il se laisse aller dans un fauteuil* (R. BENJAMIN, *Le Palais*, p. 68). — *Quant à notre administrateur, il ne se* DÉPARTIT *pas un instant de la règle qu'il s'est tracée ; il va droit son chemin* (H. BOR-DEAUX, *Sur le Rhin*, p. 304). — *L'être humain (...) se purifie inconsciemment au contact de ce que lui* DÉPARTISSENT *le ciel, la terre, la ville* (COLETTE, *L'Étoile Vesper*, pp. 26-27). — *Mais c'est justement ce sérieux, dont il ne se* DÉPARTIT *jamais (...), qui est un de ses grands avantages* (J. et J. THARAUD, *Vienne la Rouge*, p. 8). — *Mon père (...) se* DÉPARTISSANT *pour une fois de sa réserve...* (É. HENRIOT, *Les Temps innocents*, p. 126). — *Cette assurance satisfaite (...) dont il ne se* DÉPARTISSAIT *jamais* (R. MAR-TIN DU GARD, *Les Thibault*, II, p. 128). — *Je (...) regrettais alors Hilaire qui me* DÉPARTISSAIT *l'an d'avant de ce que mon honneur avait sinon de trop farouche* (A. GIDE, *Les Nourrit. terrestres et les Nouv. Nourr.*, p. 75).

b) Répartir (partager), *impartir* (terme de droit), qui se conjuguent comme *finir : Je répartis, nous répartissons,* etc.

2⁰ *Asservir* se conjugue comme *finir : J'asservis, nous asservissons,* etc

3⁰ Parmi les composés de *sortir* distinguez :

a) Ressortir (sortir de nouveau, sortir d'un lieu où l'on vient d'entrer, former relief, résulter), qui se conjugue comme *sortir* : *Je ressors, nous ressortons*, etc.

b) Ressortir (être du ressort de qq. juridiction), **assortir**, qui se conjuguent comme *finir* : *Cette affaire ressortit, ces affaires ressortissent à tel tribunal. Nous assortissons des fleurs.*

Remarque. — Quand *ressortir* signifie *être du ressort de...*, il veut la préposition *à* (et non *de*) :

Dans toutes les questions qui ressortissent à la souveraineté collective (HUGO, *Les Misér.*, IV, 10, 2). — *Son jeu correct, luisant, glacé, ressortissait plutôt à l'arithmétique qu'à l'art* (A. GIDE, *Si le Grain ne meurt*, I, 6). — *Pour tout ce qui ressortissait à la vie de l'âme* (M. PRÉVOST, *La Nuit finira*, t. I, p. 202). — *La doctrine repousse (...) tous les intelligibles, faciles ou non, du fait qu'ils ressortissent à la raison* (J. BENDA, *La France byzantine*, p. 104). — *Dans tout ce qui ressortit* AU *music-hall* (COLETTE, *L'Étoile Vesper*, p. 197). — *Le cas de Mme Chantelouve ne ressortit pas à la compétence d'un tribunal laïc* (M. GARÇON, *Plaidoyers chimériques*, p. 151). — *Mon affaire ressortit* AU *juge de paix*, AU *tribunal de première instance* (Ac.).

Certains auteurs s'écartent parfois de cet usage (ou suivant la pente de l'analogie, conjuguent ce verbe comme *sortir*, beaucoup plus usuel) : *Des conditions qui ne ressortissent pas* DU *programme de nos écoles spéciales militaires* (M. BARRÈS, *L'Ennemi des lois*, p. 2). — *Les troupes de trois nations, ressortissant* DE *trois commandements* (L. MADELIN, *Foch*, p. 104). — *Mais un tel sujet n'allait-il pas lui paraître ressortir* DU *roman plutôt que* DE *l'histoire naturelle ?* (A. GIDE, *Incidences*, p. 80.) — *Du Bureau Étranger ressortissaient aussi les Juifs* (Fr. AMBRIÈRE, *Les Grandes Vacances*, p. 100). — *À son début, Gide, j'en conviens, se livre à des appréciations sur son œuvre qui ressortiraient passablement* DE *la formule des préfaces habituelles* (CRITICUS, *Quatre Études de « Style lau microscope »*, p. 47). — *Cela ressortit* DE *la considération historique du monde actue* (DANIEL-ROPS, *Les Années tournantes*, p. 14). — *Et l'« Art poétique » de Caillois* RESSORTAIT *plus* DE *l'essai et* DE *la théorie que* DE *la critique directe* (É. HENRIOT, dans le *Monde*, 25 nov. 1959). — *Il* [le mot *relever*] *signifie, par extension, être dans une sorte de dépendance de quelqu'un, ressortir* DE (Ac., s. v. *relever*). — *Tout ce qui* RESSORT *au départ, à l'élan* (P. CLAUDEL, *L'Œil écoute*, p. 208). — *Le cryptomère* RESSORT *à la famille des pins* (ID., *Connaissance de l'Est*, L'Arche d'or dans la forêt).

674. Verbes en *-ir* (sans *-iss-* à certains temps) **et en *-oir* dans lesquels le radical varie suivant qu'il est accentué ou atone.**

1. ***Acquérir.*** INDICAT. PRÉS. : *J'acquiers, tu acquiers, il acquiert, nous acquérons, vous acquérez, ils acquièrent.* — IMPARF. : *J'acquérais.* — PASSÉ SIMPLE : *J'acquis.* — FUTUR : *J'acquerrai.* — IMPÉRAT. : *Acquiers, acquérons, acquérez.* — SUBJ. PRÉS. : *Que j'acquière, que tu acquières, qu'il acquière, que nous acquérions, que vous acquériez, qu'ils acquièrent.* — SUBJ. IMPARF. : *Que j'acquisse.* — PARTIC. PRÉS. : *Acquérant.* — PARTIC. PASSÉ : *Acquis, -e.*

2. ***Conquérir, s'enquérir, requérir*** se conjuguent comme *acquérir.*

3. ***Mourir.*** INDIC. PRÉS. : *Je meurs, tu meurs, il meurt, nous mourons, vous mourez, ils meurent.* — IMPARF. : *Je mourais.* — PASSÉ SIMPLE : *Je mourus.* — FUTUR : *Je mourrai.* — IMPÉRAT. : *Meurs, mourons, mourez.* — SUBJ. PRÉS. : *Que je meure, que tu meures, qu'il meure, que nous mourions,*

que vous mouriez, qu'ils meurent. — Subj. imparf. : *Que je mourusse.* — Part. pr. : *Mourant.* — Part. passé : *Mort, -e.*

Les temps composés se forment avec l'auxiliaire *être.*
Se mourir est défectif (§ 701, 48).

4. **Tenir** (et ses composés). Indicat. prés. : *Je tiens, tu tiens, il tient, nous tenons, vous tenez, ils tiennent.* — Imparf. : *Je tenais.* — Passé simple : *Je tins.* — Futur : *Je tiendrai.* — Impérat. : *Tiens, tenons.* — Subj. prés. : *Que je tienne, que nous tenions, qu'il tiennent.* — Subj. imparf. : *Que je tinsse.* — Part. pr. : *Tenant.* — Partic. passé : *Tenu, -e.*

5. **Venir** et ses composés se conjuguent comme *tenir.*

Pour l'emploi de l'auxiliaire, § 656, Rem. 1. — *Advenir* est défectif (§ 701, 4).

6. **Recevoir.** Indicat. prés. : *Je reçois, tu reçois, il reçoit, nous recevons vous recevez, ils reçoivent.* — Imparf. : *Je recevais.* — Passé simple : *Je reçus.* — Futur : *Je recevrai.* — Impérat. : *Reçois, recevons.* — Subj. prés. : *Que je reçoive, que nous recevions.* — Subj. imparf. : *Que je reçusse.* — Part. pr. : *Recevant.* — Partic. passé : *Reçu, -e.*

7. **Apercevoir, concevoir, décevoir, percevoir** se conjuguent comme *recevoir.*

8. **Devoir (redevoir).** Indicat. prés. : *Je dois, tu dois, il doit, nous devons, vous devez, ils doivent.* — Imparf. : *Je devais.* — Passé simple : *Je dus.* — Futur : *Je devrai.* — Impérat. (à peu près inusité) : *Dois, devons.* — Subj. prés. : *Que je doive, que nous devions, qu'ils doivent.* — Subj. imparf. : *Que je dusse.* — Part. pr. : *Devant.* — Partic. passé : *Dû, due.* (Pour l'accent circonflexe, voir § 652, *c.*)

9. **Mouvoir.** Indic. prés. : *Je meus, tu meus, il meut, nous mouvons, vous mouvez, ils meuvent.* — Imparf. : *Je mouvais.* — Passé simple (rare) : *Je mus.* — Futur : *Je mouvrai.* — Impératif : *Meus, mouvons.* — Subj. prés. : *Que je meuve, que tu meuves, qu'il meuve, que nous mouvions, que vous mouviez, qu'ils meuvent.* — Subj. imparf. (rare) : *Que je musse.* — Partic. prés. : *Mouvant.* — Partic. passé : *Mû, mue.* (Pour l'accent circonflexe, voir § 652, *c.*)

10. **Émouvoir** se conjugue comme *mouvoir.* Le participe passé *ému* ne prend pas d'accent circonflexe (voir § 652, *c*, Rem.).

11. **Promouvoir** ne s'emploie guère qu'à l'infinitif, au participe présent *promouvant,* et aux temps composés. Le participe passé *promu* s'écrit sans accent circonflexe (voir § 652, *c*, Rem.).

12. **Pouvoir.** Indic. prés. : *Je peux* (ou *je puis*), *tu peux, il peut*[1], *nous*

---

1. On a pu lire, non sans étonnement, dans un article de P. Claudel (*Figaro litt.,* 7 mars 1953) : *Face à l'ouragan il me manquait encore l'horreur et la joie sous mes pieds de ce bateau pourri qui n'en* puit *plus et qui craque et qui s'effondre !* — Si Claudel a usé là de *puit,* c'est, semble-t-il, avec intention ; cette forme a été en usage au moyen âge et elle s'employait encore au XVIe siècle. Meigret (1550) la déclarait « totallement

pouvons, vous pouvez, ils peuvent. — IMPARF. : *Je pouvais.* — PASSÉ SIMPLE :
Je pus. — FUTUR : *Je pourrai.* — IMPÉRATIF : (inusité). — SUBJ. PRÉS. :
Que je puisse. — SUBJ. IMPARF. : *Que je pusse.* — PARTIC. PRÉS. : *Pouvant*
(voir § 767, *Hist.*). — PARTIC. PASSÉ : *Pu* (sans féminin).

A la 1re personne du singulier de l'indicatif présent, *je puis* a quelque chose de plus
« distingué » que *je peux*. « Quand le pronom *je* suit le verbe, on dit mieux *puis-je*
que *peux-je* : PUIS-JE *vous être utile ?* » (LITTRÉ.) [Vaugelas (*Rem.*, p. 65) disait de
je peux : « Je ne pense pas qu'il le faille tout à fait condamner ; mais je sçay bien que
je puis, est beaucoup mieux dit, et plus en usage ».]

13. **Vouloir.** INDIC. PRÉS. : *Je veux, tu veux, il veut, nous voulons, vous
voulez, ils veulent.* — IMPARF. : *Je voulais.* — PASSÉ SIMPLE : *Je voulus.* —
FUTUR : *Je voudrai.* — IMPÉRATIF : *Veuille, veuillons, veuillez,* et : *Veux,
voulons, voulez* (voir Rem. 1 ci-après, et § 649, *a*). — SUBJ. PRÉS. : *Que je
veuille, que tu veuilles, qu'il veuille, que nous voulions, que vous vouliez* (voir
Rem. 2), *qu'ils veuillent.* — SUBJ. IMPARF. : *Que je voulusse.* — PARTIC. PRÉS. :
Voulant. — PARTIC. PASSÉ : *Voulu, -e.*

Remarques. — 1. A l'impératif, *vouloir* a deux séries de formes : 1° *veuille,
veuillons, veuillez* (formes modelées sur le subjonctif) ; — 2° *veux, voulons, voulez*
[formes modelées sur l'indicatif ; *veulx* déjà dans Palsgrave (1530), id. dans Maupas
(1625) ; *voulons* dans Parisot (1618) et dans Piat (1662)][1]. — Les formes de la 1re série,
construites avec un infinitif, s'emploient (à la réserve de *veuillons*, qui ne paraît
pas être usité), toujours affirmativement, surtout dans les formules de civilité :
VEUILLE *me dire au plus tôt ce que tu penses de tout cela* (LITTRÉ, s. v. *vouloir*, 5°). —
Je n'ai pas oublié le catéchisme, VEUILLE *le croire* (L. BLOY, *La Femme pauvre*, p. 161). —
— VEUILLEZ *agréer mes hommages.* — Les formes de la 2e série ne s'emploient que
rarement, pour donner le conseil de s'armer d'une ferme volonté. Littré condamne
ces formes (« récentes et à peine intelligibles », déclare-t-il) ; c'est à tort, semble-t-il,
car elles sont utiles, indispensables même pour exprimer à l'impératif l'idée de « faire
acte de volonté » (*veuille, veuillez,* réduits au rôle d'auxiliaires, sont devenus impuissants à le faire[2]) : *Puisque ton salut dépend de ta volonté,* VEUX *donc malheureux ! et tu
te sauveras* (dans BESCHERELLE, *Dictionn. nat.*). — *Pour apprendre, il ne faut que vouloir ;* VOULONS *donc, et nous parviendrons à nous instruire (ibid.).* — *Faites un effort,*
VOULEZ *seulement : celui qui donne le bon vouloir vous donnera aussi de l'accomplir,*
(LAMENNAIS, *ib.*).

---

inuzitée ». Cependant Marguerite Buffet écrivait dans ses *Observations sur la langue
française* (1668) : « On dira encore *il ne vous puit servir dans cette affaire*, pour dire
il ne vous peut servir ». (Cf. P. FOUCHÉ, *Le Verbe français*, p. 422.)

1. Cf. P. FOUCHÉ, *Le Verbe français*, p. 172.

2. Ainsi il semble que, dans les exemples suivants, *veuillez* n'ait pas la vigueur
signifiante qu'il faudrait : VEUILLEZ *être obéi, c'est tout ce que je veux* (MOL., *F. sav.*,
V, 2). — VEUILLEZ *fortement, et vous serez secourue* (A. DUMAS f., *L'Étrangère*, II, 4).
— *Vous êtes un consacré :* VEUILLEZ *ce que veut la vérité* (A.-D. SERTILLANGES, *La Vie
intellectuelle*, 3e éd., p. 22). — *Je fléchis. Soyez fort et bon.* VEUILLEZ *pour moi, Tandis
que je prierai, les yeux sur vos saints Livres* (J. MALÈGUE, *Augustin*, t. I, p. 286).

N. B. — L'expression *en vouloir à* [qqn ou qq.ch.] [1], prise négativement, a, dans la langue soignée, un impératif modelé sur le subjonctif : *Ne m'en* VEUILLE *pas trop d'avoir agi sans te consulter* (LITTRÉ, s. v., *vouloir*, 17°). — *Ne m'en* VEUILLEZ *pas* (HUGO, *Pierres*, p. 61). — *Ne m'en* VEUILLE *pas* (J. GIRAUDOUX, *L'Apollon de Bellac*, 9). — *Ne m'en* VEUILLEZ *pas de cette mythologie* (F. BRUNETIÈRE, *L'Évolution de la poés. lyr.*, t. II, p. 148). — *Mais ne m'en* VEUILLEZ *pas* (MALLARMÉ, *Lett. à E. Lefébure*, janv. 1865, dans la *Table ronde*, janv. 1951, p. 77). — *N'en* VEUILLEZ *pas à votre fils* (A. DUMAS f., *Le Fils naturel*, I, 5). — *Grondez-moi, mais ne m'en* VEUILLEZ *pas* (R. ROLLAND, *Jean-Christophe*, t. X, p. 127). — *Ne m'en* VEUILLEZ *pas* (Fr. de CUREL, *L'Invitée*, II, 11). — *Ne m'en* VEUILLEZ *pas trop* (Ch. DU BOS, *Le Dialogue avec André Gide*, p. 356). — *Ne m'en* VEUILLEZ *pas* (A. THÉRIVE, *Fils du jour*, p. 48). — *Ne m'en* VEUILLE *pas* (P. VALÉRY, « *Mon Faust* », p. 31).

Mais, dans la langue courante, les formes *n'en veux pas à…, n'en voulons pas à…, n'en voulez pas à…* sont fréquentes : elles se rencontrent parfois aussi dans la langue littéraire : *Ne m'en* VEUX *pas de fuir* (HUGO, *Hernani*, III, 4). — *Ne m'en* VEUX *pas* (FLAUB., *Corr.*, t. I, p. 122). — *Allons, dites oui, et ne m'en* VOULEZ *pas* (L. VEUILLOT, *Corr.*, t. I, p. 329). — *Ne m'en* VEUX *pas* (ID., *ib.*, t. IX, p. 118). — *Ne m'en* VOULEZ *pas !* (É. BOURGES, *Le Crépuscule des dieux*, VII.) — *Ne m'en* VEUX *pas d'être parti comme un fou* (R. ROLLAND, *Les Amies*, p. 161). — *Ne m'en* VOULEZ *pas, ma sœur* (M. BARRÈS, *La Colline inspirée*, p. 173). — *Ne m'en* VEUX *pas* (R. VERCEL, *Remorques*, VIII). — *Ne m'en* VOULEZ *pas* (St. PASSEUR, *Défense d'afficher*, II, 4). — *Ne m'en* VOULEZ *pas* (P. CLAUDEL, dans la *Corresp. Suarès-Claudel*, p. 122).

2. Pour le présent du subjonctif de *vouloir*, on avait autrefois, aux deux premières personnes du pluriel : *que nous veuill(i)ons, que vous veuill(i)ez* [2] : *Il faut dire* VEUILLIONS *pour dire « velimus »* (MALHERBE, t. IV, p. 286). — *Ne croyez pas que nous* VEUILLIONS *vous effrayer* (FLÉCHIER, *Traité des jeux de théâtre*, dans Littré). — *Pourvu que vous m'en* VEUILLIEZ *croire* (PIRON, *ibid.*). — *À moins que vous ne* VEUILLIEZ *perpétuer ma douleur et mes remords* (DIDEROT, *La Religieuse*, dans les *Œuvres*, éd. Pléiade, p. 284). — Mais dès le XVIIe siècle, *que nous veuill(i)ons, que vous veuill(i)ez* se sont trouvés en concurrence avec *que nous voulions, que vous vouliez* : *Ceux qui s'attachent à la règle générale disent* VEÜILLIONS, VEÜILLIEZ (…) *mais la plupart (…) dit* VOULIONS, VOULIEZ (RÉGNIER-DESMARAIS, cit. P. Fouché, *Le Verbe français*, p. 172). — VOULIEZ *ou non, elle aura son affaire* (LA F., *Contes*, III, 3). — Bientôt ces dernières formes l'ont emporté ; cependant les anciennes formes *que nous veuill(i)ons, que vous veuill(i)ez* (jugées préférables aux autres par Littré [3]) ont gardé chez des écrivains de l'autre siècle et du nôtre une certaine faveur : *Ce motif me fait vivement désirer que vous*

---

1. Non seulement quand elle est prise au sens de « avoir un sentiment de malveillance contre », mais aussi quand elle signifie « avoir quelque prétention sur », ou « désirer de rencontrer », ou « se plaindre de ».

2. L'ancien français disait au présent du subjonctif : *que nous voilliens, que vous voilliez*. Les formes *que nous veuill(i)ons, que vous veuill(i)ez* ont été modelées sur les formes à radicaux toniques *que je veuille, que tu veuilles, qu'il veuille, qu'ils veuillent*.

3. « C'est, disait Littré, un barbarisme assez récent et désormais autorisé par l'usage que de dire *voulions, vouliez* ; mais c'est un meilleur usage de dire *veuillions, veuilliez* ». — La Grammaire de l'Académie mentionne : « … que nous *veuillons* ou que nous *voulions*… ». Le Larousse du XXe siècle admet, lui aussi, les deux formes.

VEUILLEZ *bien presser un peu la Chambre des Domaines* (STENDHAL, *Corr.*, t. III, p. 18). — *Il me semble de la dernière importance que vous* VEUILLIEZ *bien prier Mgr Capacini de demander à S. E. M. le cardinal Gamberini l'envoi de toutes les pièces « en original »* (ID., *ib.*, t. IX, p. 337). — *Je désire, monsieur le Baron, que vous* VEUILLIEZ *bien me faire la réponse la plus prompte* (CHATEAUBR., dans A. Maurois, *Chateaubriand*, p. 319). — *Pour peu que vous* VEUILLIEZ *attendre* (VILLIERS DE L'ISLE-ADAM, *L'Ève future*, I, 13). — *Que vous le* VEUILLIEZ *ou non, nous travaillons tous en commun* (R. ROLLAND, *Jean-Chr.*, t. X, p. 45). — *Je suis profondément touché que vous* VEUILLIEZ *bien faire attention à moi* (M. PROUST, *Le Côté de Guermantes*, t. I, p. 256). — *Je me félicite encore que vous* VEUILLIEZ *bien lui rendre sa liberté* (A. THÉRIVE, *Fils du jour*, p. 271). — *En attendant que vous* VEUILLIEZ *vous décider* (É. HENRIOT, *La Rose de Bratislava*, XIII). — *Sans que nous* VEUILLIONS *écouter* (M. GENEVOIX, *Afrique blanche, Afrique noire*, p. 52). — *À moins que vous ne* VEUILLIEZ *faire prendre mesure de la veste qui vous attend* (R. VERCEL, *Ceux de la « Galatée »*, p. 259). — Mais, favorisées par l'action analogique de « nous *voulons* », « vous *voulez* », du présent de l'indicatif, les formes *que nous* VOULIONS, *que vous* VOULIEZ, ont prévalu : ce sont aujourd'hui les formes normales. (Dès le XVIIᵉ siècle, l'Académie condamnait « que nous *veuillions*, que vous *veuilliez* » et se prononçait pour *voulions, vouliez* : cf. J. STREICHER, *Commentaires sur les Remarques de Vaugelas*, t. I, pp. 76-77.)

675. Verbes en -*indre* (c.-à-d. en -*aindre*, -*eindre*, -*oindre*) **et en -*soudre*.**

1. ***Craindre.*** INDIC. PRÉS. : *Je crains, tu crains, il craint, nous craignons, vous craigniez, ils craignent.* — IMPARF. : *Je craignais, nous craignions.* — PASSÉ SIMPLE : *Je craignis.* — FUTUR : *Je craindrai.* — IMPÉRAT. : *Crains, craignons.* — SUBJ. PRÉS. : *Que je craigne, que nous craignions.* — SUBJ. IMPARF. : *Que je craignisse.* — PARTIC. PRÉS. : *Craignant.* — PARTIC. PASSÉ : *Craint, -e.*

2. ***Atteindre.*** INDIC. PRÉS. : *J'atteins, tu atteins, il atteint, nous atteignons, vous atteignez, ils atteignent.* — IMPARF. : *J'atteignais, nous atteignions.* — PASSÉ SIMPLE : *J'atteignis.* — FUTUR : *J'atteindrai.* — IMPÉRAT. : *Atteins, atteignons.* — SUBJ. PRÉS. : *Que j'atteigne, que nous atteignions.* — SUBJ. IMPARF. : *Que j'atteignisse.* — PARTIC. PRÉS. : *Atteignant.* — PARTIC. PASSÉ : *Atteint, -e.*

3. ***Joindre.*** INDIC. PRÉS. : *Je joins, tu joins, il joint, nous joignons, vous joignez, ils joignent.* — IMPARF. : *Je joignais, nous joignions.* — PASSÉ SIMPLE : *Je joignis.* — FUTUR : *Je joindrai.* — IMPÉRAT. : *Joins, joignons.* — SUBJ. PRÉS. : *Que je joigne, que nous joignions.* — SUBJ. IMPARF. : *Que je joignisse.* — PARTIC. PRÉS. : *Joignant.* — PARTIC. PASSÉ : *Joint, -e.*

Ainsi se conjuguent :

contraindre	dépeindre	épreindre	peindre	adjoindre
plaindre	déteindre	éteindre	repeindre	conjoindre
astreindre	empreindre	étreindre	restreindre	disjoindre
aveindre	enceindre	feindre	reteindre	enjoindre
ceindre	enfreindre	geindre	teindre	rejoindre

4. ***Absoudre.*** INDIC. PRÉS. : *J'absous, tu absous, il absout, nous absolvons,*

vous absolvez, ils absolvent. — IMPARF. : *J'absolvais.* — PASSÉ SIMPLE (rare) : *J'absolus.* — FUTUR : *J'absoudrai.* — IMPÉRAT. : *Absous, absolvons.* — SUBJ. PRÉS. : *Que j'absolve.* — SUBJ. IMPARF. (rare) : *Que j'absolusse.* — PARTIC. PRÉS. : *Absolvant.* — PARTIC. PASSÉ : *Absous, absoute.*

J'absolus et *que j'absolusse* sont peu usités, mais, comme dit Littré, on ne doit pas les exclure de l'usage, puisqu'on dit *je résolus* et *que je résolusse*[1]. — De même, selon Littré, «rien n'empêcherait l'Académie d'adopter *je dissolus*, et, par conséquent l'imparfait du subjonctif *que je dissolusse*. »

  5. *Dissoudre* se conjugue comme *absoudre.*
  6. *Résoudre* a aussi les mêmes flexions ; toutefois son PARTIC. PASSÉ ordinaire est *résolu, -e : J'ai résolu de partir. Un problème résolu. Le contrat est résolu.*

Une autre forme de participe passé, *résous*, se dit de choses changées en d'autres : *Brouillard* RÉSOUS *en pluie* (LITTRÉ). Ce participe est rare, et l'Académie ne le signale plus. Certains grammairiens enseignent que le féminin *résoute* est inusité, mais il n'y a, dit Littré, aucune raison pour ne pas employer ce féminin (analogue à *dissoute*) : *Vapeur* RÉSOUTE *en petites gouttes d'eau* (LITTRÉ).

Hist. — Les participes passés archaïques *absolu* (aujourd'hui nom ou adjectif), *dissolu* (aujourd'hui adjectif) et le participe *résolu* remontent aux participes passés latins *absolutum, dissolutum, resolutum.* — Dans *absous, dissous, résous*, on retrouve le participe ancien *sols* (§ 50), venu de *solsum* (pour *solutum*).
  Absoudre, dissoudre, résoudre sont de la famille du vieux verbe *soudre* (lat. *solvère*) qui s'est employé jusqu'au XVIIe siècle, dans le sens de *dissoudre* ou de *résoudre : Cette eau extrêmement forte qui peut* SOUDRE *l'or* (DESCARTES, dans LITTRÉ). — *Pour* SOUDRE *l'argument* (RÉGNIER, *Sat.*, X, *ib.*). — *Les rois d'alors s'envoyaient les uns aux autres des problèmes à* SOUDRE *sur toutes sortes de matières* (LA F., *Vie d'Ésope, ib.*).

676. Verbes en **-dre** (autres que les verbes en *-indre* et en *-soudre*), **rompre** et **vaincre**.

Ces verbes gardent au singulier du présent de l'indicatif et de l'impératif la consonne finale du radical de l'infinitif (voir § 635). — A la 3e personne du singulier de l'indicatif présent, ils ont remplacé le *t* étymologique par un *d* analogique (par un *c* dans *vaincre*). (Pour les détails, voir § 640, *Hist.*)

  1. **Rendre.** INDIC. PRÉS. : *Je rends, tu rends, il rend, nous rendons, vous rendez, ils rendent.* — IMPARF. : *Je rendais.* — PASSÉ SIMPLE : *Je rendis.* — FUTUR : *Je rendrai.* — IMPÉRAT. : *Rends, rendons.* — SUBJ. PRÉS. : *Que je rende.* — SUBJ. IMPARF. : *Que je rendisse.* — PARTIC. PRÉS. : *Rendant.* — PARTIC PASSÉ : *Rendu, -e.*

---

1. G. Apollinaire a employé, pour *absoudre*, un passé simple calqué sur le parfait latin : *Devant son tribunal l'évêque la fit citer D'avance il l'*ABSOLVIT *à cause de sa beauté* (*Alcools*, La Loreley).

Ainsi se conjuguent les verbes suivants en *-endre* [1], *-andre, -ondre* [2], *-erdre,*
-ordre, et leurs composés :

défendre	pendre	épandre	pondre	perdre [3]
descendre	tendre	répandre	répondre	mordre
fendre	vendre	fondre	tondre	tordre

2. **Coudre** (et ses composés). INDIC. PRÉS. : *Je couds, tu couds, il coud,*
nous cousons, vous cousez, ils cousent. — IMPARF. : *Je cousais.* — PASSÉ
SIMPLE · *Je cousis.* — FUTUR : *Je coudrai.* — IMPÉRAT. : *Couds, cousons,*
cousez. — SUBJ. PRÉS. : *Que je couse.* — SUBJ. IMPARF. : *Que je cousisse.* —
PARTIC. PRÉS. : *Cousant.* — PARTIC. PASSÉ : *Cousu, -e.*

3. **Moudre (émoudre, remoudre).** INDIC. PRÉS. : *Je mouds, tu mouds, il*
moud, nous moulons, vous moulez, ils moulent. — IMPARF. : *Je moulais.* — PASSÉ
SIMPLE : *Je moulus.* — FUTUR : *Je moudrai.* — IMPÉRAT. : *Mouds, moulons,*
moulez. — SUBJ. PRÉS. : *Que je moule.* — SUBJ. IMPARF. : *Que je moulusse.* —
PARTIC. PRÉS. : *Moulant.* — PARTIC. PASSÉ : *Moulu, -e* [4].

Moudre, dit l'Académie, n'est plus guère usité qu'aux trois premières personnes
de l'indicatif présent, à l'infinitif, à la première personne de l'impératif, au futur
et au participe passé. — *Émoudre* (= aiguiser) est vieux ; l'Académie, dans la 8ᵉ
édition de son Dictionnaire (1935), a supprimé ce verbe, dont elle ne garde que le
participe-adjectif *émoulu,* resté courant dans l'expression figurée *frais émoulu*
(= tout nouvellement sorti) : *Un jeune homme* FRAIS ÉMOULU *du collège* (Ac.). —
Être FRAIS ÉMOULU *d'une chose* (= l'avoir étudiée récemment) (ROBERT).

4. **Prendre** (et ses composés). INDIC. PRÉS. : *Je prends, tu prends, il prend,*
nous prenons, vous prenez, ils prennent. — IMPARF. : *Je prenais.* — PASSÉ
SIMPLE : *Je pris.* — FUTUR : *Je prendrai.* — IMPÉRAT. : *Prends, prenons.* —
SUBJ. PRÉS. : *Que je prenne, que nous prenions.* — SUBJ. IMPARF. : *Que je*
prisse. — PARTIC. PRÉS. : *Prenant.* — PARTIC. PASSÉ : *Pris, -e.*

5. **Rompre** (et ses composés). INDIC. PRÉS. : *Je romps, tu romps, il rompt,*
nous rompons, vous rompez, ils rompent. — IMPARF. : *Je rompais.* — PASSÉ
SIMPLE : *Je rompis.* — FUTUR : *Je romprai.* — IMPÉRAT. : *Romps, rompons.*

---

1. *Dépendre,* au sens de « dépenser » est vieux ; « il n'est plus employé, dit l'Académie, que dans le proverbe *Ami à pendre et à dépendre* ou *à vendre et à dépendre,*
Ami tout dévoué ».

2. *Contondre* (lat. *contundere,* frapper, meurtrir) est, depuis le XVIIIᵉ siècle, sorti de l'usage. Il subsiste au participe présent *contondant,* et au participe passé *contus,*
qui s'emploient l'un et l'autre comme adjectifs : *Instrument* CONTONDANT (Ac.). —
Une plaie CONTUSE (ID.). — Au lieu de *contondre,* on emploie aujourd'hui *contusionner.*

3. De l'ancien verbe *esperdre, éperdre* (perdre complètement, égarer par l'effet
d'une émotion violente ou d'une passion vive) il ne subsiste que le participe passé
éperdu, qui s'emploie comme adjectif. — Certains auteurs contemporains ont tenté
de faire revivre ce vieux verbe : *Je m'*ÉPERDS *dans la multitude* (A. GIDE, *Journ.*
1939-1942, p. 94). — *Ma propre personnalité s'*ÉPERDRAIT *en contours trop vagues*
(ID., *Les Faux-Monnayeurs,* p. 92). — [Le besoin] *de s'*ÉPERDRE *dans l'infini* (J.
BENDA, *Le Rapport d'Uriel,* p. 176).

4. *Vermoulu* (de *ver* et *moulu*) a servi à former *se vermouler.*

— SUBJ. PRÉS. : *Que je rompe.* — SUBJ. IMPARF. : *Que je rompisse.* — PARTIC.
PRÉS. : *Rompant.* — PARTIC. PASSÉ : *Rompu, -e.*

6. ***Vaincre (convaincre).*** INDIC. PRÉS. : *Je vaincs, tu vaincs, il vainc,
nous vainquons, vous vainquez, ils vainquent.* — IMPARF. : *Je vainquais.* —
PASSÉ SIMPLE : *Je vainquis.* — FUTUR : *Je vaincrai.* — IMPÉRAT. : *Vaincs,
vainquons.* — SUBJ. PRÉS. : *Que je vainque.* — SUBJ. IMPARF. : *Que je vain-
quisse.* — PARTIC. PRÉS. : *Vainquant.* — PARTIC. PASSÉ : *Vaincu, -e.*

677. Verbes en *-aître* et en *-oître*.

Dans ces verbes, le *t* de l'infinitif n'appartient pas au radical (voir § 58, *b*).

1. ***Connaître*** (et ses composés). INDIC. PRÉS. : *Je connais, il connaît,
ils connaissent.* — IMPARF. : *Je connaissais.* — PASSÉ SIMPLE : *Je connus.* —
FUTUR : *Je connaîtrai.* — IMPÉRAT. : *Connais, connaissons.* — SUBJ. PRÉS. :
Que je connaisse. — SUBJ. IMPARF. : *Que je connusse.* — PARTIC. PRÉS. :
Connaissant. — PARTIC. PASSÉ : *Connu, -e.*

2 ***Paraître*** et ses composés ainsi que ***repaître*** se conjuguent comme
connaître.

Pour *paître*, voir § 701, 34.

3. ***Naître.*** INDIC. PRÉS. : *Je nais, tu nais, il naît, nous naissons, vous
naissez, ils naissent.* — IMPARF. : *Je naissais.* — PASSÉ SIMPLE : *Je naquis.* —
FUTUR : *Je naîtrai.* — IMPÉRATIF : *Nais, naissons.* — SUBJ. PRÉS. : *Que je
naisse.* — SUBJ. IMPARF. : *Que je naquisse.* — PARTIC. PRÉS. : *Naissant.* —
PARTIC. PASSÉ : *Né, -e.*

Les temps composés prennent *être.*

4. ***Renaître*** se conjugue comme *naître*, mais il est aujourd'hui fort peu
usité au participe passé et aux temps composés.

Bescherelle cite ces deux exemples : *Te voici donc, ô mon âme,* RENÉE *encore une fois,
pour dormir de nouveau dans un corps* (MICHELET). — *Depuis ce temps, deux à deux,
les mélodieuses colombes,* RENÉES *dans le chant de l'homme, aiment et volent par toute
la terre* (ID.). — Littré donne cet exemple : *Les hommes* RENÉS *dans la vallée de Josa-
phat,* — et cite une phrase de Chaulieu : *Le bon maître Clément* [Marot] *qui,* RENÉ
dans ce lieu, Naguère fut Voiture, à présent est Chaulieu, — et une autre phrase, de
Nicole : *Il lui déclara que, pour entrer dans le royaume des cieux, il fallait* ÊTRE RENÉ
de l'eau et de l'esprit. — Ajoutons cet exemple, de Pascal : *Il (...) a communiqué la
vie à tous ceux qui* SONT RENÉS *en lui* (*Abrégé de la vie de Jésus-Christ,* Préf.).

5. ***Croître*** (et ses composés ; pour l'accent circonflexe, voir §§ 636 et
652, *c*). INDIC. PRÉS. : *Je croîs, tu croîs, il croît, nous croissons, vous croissez,
ils croissent.* — IMPARF. : *Je croissais.* — PASSÉ SIMPLE : *Je crûs, tu crûs,
il crût, nous crûmes, vous crûtes, ils crûrent.* — FUTUR : *Je croîtrai.* — IM-
PÉRAT. : *Croîs, croissons, croissez.* — SUBJ. PRÉS. : *Que je croisse.* — SUBJ.
IMPARF. : *Que je crusse.* — PARTIC. PRÉS. : *Croissant.* — PARTIC. PASSÉ :
Crû, crue.

Accroître. INDIC. PRÉS. : *J'accrois, tu accrois, il accroît, nous accroissons,
vous accroissez, ils accroissent.* — IMPARF. : *J'accroissais.* — PASSÉ SIMPLE :

J'accrus, tu accrus, il accrut, nous accrûmes, vous accrûtes, ils accrurent. — FUTUR : *J'accroîtrai.* — IMPÉRAT. : *Accrois, accroissons, accroissez.* — SUBJ. PRÉS. : *Que j'accroisse.* — SUBJ. IMPARF. : *Que j'accrusse.* — PARTIC. PRÉS. : *Accroissant.* — PART. PASSÉ : *Accru, -e.*

Décroître se conjugue comme *accroître.*

Recroître se conjugue également comme *accroître*, mais son participe passé est *recrû* (plur. : *recrus*), *recrue.* (Pour l'accent circonflexe, voir § 652, *c.*).

Aux temps composés, *croître* et ses composés prennent *avoir* ou *être* selon la nuance de la pensée (§ 658).

678. Verbes en -uire.

Ces verbes ont le passé simple en *-uisis* et le participe passé en *-uit.*

1. **Conduire (reconduire)**[1]. INDIC. PRÉS. : *Je conduis, tu conduis, il conduit. nous conduisons, vous conduisez, ils conduisent.* — IMPARF. : *Je conduisais.* — PASSÉ SIMPLE : *Je conduisis.* — FUTUR : *Je conduirai.* — IMPÉRAT. : *Conduis, conduisons.* — SUBJ. PRÉS. : *Que je conduise.* — SUBJ. IMPARF. : *Que je conduisisse.* — PARTIC. PRÉS. : *Conduisant.* — PARTIC. PASSÉ : *Conduit, -e.*

Les verbes suivants (et leurs composés) se conjuguent comme *conduire :*

construire	déduire	enduire	instruire	produire	séduire
cuire	détruire	induire	introduire	réduire	traduire

2. **Luire, reluire, nuire** suivent aussi la conjugaison de *conduire*, sauf que leur participe passé n'a pas de féminin et s'écrit sans *t : lui, relui, nui.*

Certains grammairiens ne donnent pas le passé simple *je (re)luisis* ni l'imparfait du subjonctif *que je (re)luisisse*, mais, comme dit Littré, rien n'empêche d'employer ces formes. Il est vrai qu'elles sont peu usitées et que, d'ailleurs, on tend à reprendre, pour le passé simple, les formes anciennes *je (re)luis, ...ils (re)luirent* (voir l'*Hist.*) : *Des fusils* RELUIRENT (VILLIERS DE L'ISLE-ADAM, *Contes cruels*, p. 211). — *Les yeux* LUIRENT *comme deux lampes* (Cl. FARRÈRE, *Les Civilisés*, IX). — *Ses yeux* LUIRENT *dans sa mince figure blême* (R. BENJAMIN, *Sous le ciel de France*, p. 175). — *Deux feux* LUIRENT *sur la montagne* (P. HAMP, *Mektoub*, p. 35). — *Les lampes à arc, toutes à la fois*, LUIRENT (SAINT-EXUPÉRY, *Courrier Sud*, p. 133). — *Il tira donc là-dessus un trait de crayon et un autre, en croix de Saint-André, qui s'étalèrent, plombèrent et* LUIRENT (LA VARENDE, *Le Troisième Jour*, p. 233). — Comparez : *Les servantes (...)* CUIRENT *un petit plum-pudding pour elles-mêmes* (A. MAUROIS, *Études anglaises*, p. 257). — *Puis ils* CUIRENT *le pain* (Fr. JAMMES, *Géorgiques.chrét.*, I).

Hist. — En moyen français, on avait, pour le passé simple des verbes en *-duire, -struire*, deux séries de formes : 1er paradigme : *luis, luis, luist, luisimes, luisistes, luirent ;* — 2e paradigme : *luisis, luisis, luisit, luisimes, luisistes, luisirent.* — Ces deux séries étaient encore employées concurremment au XVIe siècle, et même au XVIIe (cf. P. FOUCHÉ, *Le Verbe franç.*, §§ 147, *c*, 148, *b*, et 152).

679. 1. Asseoir (rasseoir). INDIC. PRÉS. : *J'assieds, tu assieds, il assied, nous asseyons, vous asseyez, ils asseyent,* ou, moins couramment (ces formes

---

1. *Se méconduire* (mentionné comme vieux par le Larousse du XXe siècle) est resté courant en Belgique. L'usage français ignore ce verbe et emploie *se conduire mal.*

sont plutôt vulgaires) : *J'assois* (voir N. B., 2), *tu assois, il assoit, nous assoyons, vous assoyez, ils assoient.* — IMPARF. : *J'asseyais,* ou moins couramment : *J'assoyais.* — PASSÉ SIMPLE : *J'assis.* — FUTUR : *J'assiérai* ou, moins bien : *J'assoirai*[1]. — IMPÉRATIF : *Assieds, asseyons, asseyez,* ou, moins couramment : *Assois, assoyons, assoyez.* — SUBJ. PRÉS. : *Que j'asseye, que nous asseyions,* ou, moins couramment : *Que j'assoie, que nous assoyions.* — SUBJ. IMPARF. : *Que j'assisse.* — PARTIC. PRÉS. : *Asseyant,* ou, moins couramment : *Assoyant.* — PARTIC. PASSÉ : *Assis, -e.*

N. B. — 1. La langue populaire donne à *rassis,* employé en parlant du pain, le féminin *rassie : Une miche* RASSIE. — Elle a même formé l'infinitif *rassir,* qui cherche à s'introduire dans la langue littéraire : [Je] *laisse* RASSIR *mon pain plusieurs jours* (G. BERNANOS, *Journal d'un Curé de campagne,* p. 120). — *En dépit de ses idées un peu follettes, qui se* RASSIRAIENT *avec l'âge* (É. HENRIOT, *Aricie Brun,* I, 4).

2. On constate une forte tendance à uniformiser la graphie des formes avec *-oi-* et à les écrire par *-eoi-,* comme on fait à l'infinitif : *On* s'ASSEOIT *par terre* (FLAUB., *Corr.,* t. I, p. 280). — *On* s'ASSEOIT *au café Florian* (TAINE, *Voy. en Italie,* t. II, p. 266). — *On* s'ASSEOIT, *et l'on regarde* (MICHELET, *La Mer,* IV, IV). — *Ils* s'ASSEOIRAIENT (P. de LA GORCE, *Charles X,* p. 200). — *Cher repos avec un sol sec pour que s'y* AS-SEOIENT *les loups* (Ch.-L. PHILIPPE, *Le Père Perdrix,* p. 211). — *Tout d'un trait, elle* s'ASSEOIT (A. SUARÈS, *Sur la vie,* t. I, p. 93). — *Il* s'ASSEOIT *sur une chaise* (M. MAE-TERLINCK, *La Vie des Termites,* p. 129). — *Elle sait très bien que toutes les petites filles de son âge ne* s'ASSEOIENT *pas au fond d'une voiture pour aller au cours* (J. RO-MAINS, *Les Hommes de b. vol.,* t. XVIII, p. 58). — *Tous ceux qui peuvent marcher* s'ASSEOIENT *sur des bancs* (G. DUHAMEL, *Lieu d'asile,* p. 132). — *Il (...)* s'ASSEOIT *en travers du seuil* (LA VARENDE, *Le Centaure de Dieu,* p. 195). — *Il l'*ASSEOIT *contre le talus* (G. BERNANOS, *Monsieur Ouine,* p. 130). — *Une femme* s'ASSEOIT *contre le siège de sangle* (COLETTE, *Paris de ma fenêtre,* p. 144). — *Le pape s'*ASSEOIT (MONT-HERLANT, *Malatesta,* III, 1). — *Elle* s'ASSEOIT *au sommet de la roche* (J. BENDA, *Songe d'Éleuthère,* p. 166). — *Elle* s'ASSEOIRAIT *près de Khéba* (M. GENEVOIX, *Fatou Cissé,* p. 204).

Hist. — Le présent de l'indicatif *j'assieds* s'explique par les formes anciennes (la flexion de *seoir* était : *sie, siez, siet, seons, seez, sieent*) : au singulier, un *d* étymologique a été intercalé ; aux deux premières personnes du pluriel, l'insertion d'un *y* a supprimé l'hiatus : de là, *asseyons, asseyez.* — Le présent *j'assois,* etc., a été fait par analogie avec l'infinitif. — Dans les autres temps, on a tantôt *-ey-* d'après *asseyons,* tantôt *-oi-* d'après l'infinitif. — Le futur *j'assiérai* est fait sur *il assied.*

2. **Surseoir.** INDIC. PRÉS. : *Je sursois, tu sursois, il sursoit, nous sursoyons, vous sursoyez, ils sursoient.* — IMPARF. : *Je sursoyais.* — PASSÉ SIMPLE : *Je sursis.* — FUTUR : *Je surseoirai.* — CONDITIONN. : *Je surseoirais.* — IMPÉ-RATIF : *Sursois, sursoyons, sursoyez.* — SUBJ. PRÉS. : *Que je sursoie, que nous sursoyions.* — SUBJ. IMPARF. : *Que je sursisse.* — PARTIC PRÉS. : *Sur-soyant.* — PARTIC. PASSÉ : *Sursis, -e.*

Seoir et *messeoir* sont défectifs : cf. § 701, 49.

---

1. On a dit aussi : *j'asseyerai : J'entrerai malgré elles, je m'*ASSEYERAI (DIDEROT, *Jacques le Fataliste,* Pléiade, p. 620). — Ce futur n'est plus guère en usage.

680. 1. *Battre* (et ses composés). Indic. prés. : *Je bats, tu bats, il bat, nous battons, vous battez, ils battent.* — Imparf. : *Je battais.* — Passé simple : *Je battis.* — Futur : *Je battrai.* — Impérat. : *Bats, battons, battez.* — Subj. prés. : *Que je batte.* — Subj. imparf. : *Que je battisse.* — Partic. prés. : *Battant.* — Partic. passé : *Battu, -e* [1].

2. *Mettre* (et ses composés). Indic. prés. : *Je mets, tu mets, il met, nous mettons, vous mettez, ils mettent.* — Imparf. : *Je mettais.* — Passé simple : *Je mis.* — Futur : *Je mettrai.* — Impérat. : *Mets, mettons, mettez.* — Subj. prés. : *Que je mette.* — Subj. imparf. : *Que je misse.* — Partic. prés. : *Mettant.* — Partic. passé : *Mis, -e.*

681. *Boire (emboire).* Indic. prés. : *Je bois, tu bois, il boit, nous buvons, vous buvez, ils boivent.* — Imparf. : *Je buvais.* — Passé simple : *Je bus.* — Futur : *Je boirai.* — Impérat. : *Bois, buvons.* — Subj. prés. : *Que je boive, que nous buvions, qu'ils boivent.* — Subj. imparfait : *Que je busse.* — Partic. prés. : *Buvant.* — Partic. passé : *Bu, -e.*

De la conjugaison de l'ancien verbe *imboire* il ne subsiste guère que le participe passé *imbu, -e*, qui s'emploie surtout comme adjectif : *Il est tout* imbu *de lui-même* (Ac.). — *Embu* s'emploie comme nom : *Il y a des* embus *dans ce tableau* (Ac.). — De l'ancien *fourboire* (boire à l'excès) il reste le participe *fourbu, -e*, qui se dit des solipèdes et des ruminants atteints d'une inflammation du tissu réticulaire du pied, et, dans l'usage général, de quelqu'un qui est harassé de fatigue.

682. *Bouillir.* Indic. prés. : *Je bous, tu bous, il bout, nous bouillons, vous bouillez, ils bouillent.* — Imparf. : *Je bouillais, nous bouillions.* — Passé simple : *Je bouillis.* — Futur : *Je bouillirai.* — Impérat. : *Bous, bouillons, bouillez.* — Subj. prés. : *Que je bouille, que nous bouillions, qu'ils bouillent.* — Subj. imparf. : *Que je bouillisse.* — Partic. prés. : *Bouillant.* — Partic. passé : *Bouilli, -e.*

682*bis.* *Chauvir,* verbe vieilli, usité seulement dans la locution *chauvir de l'oreille* ou *des oreilles* (= dresser les oreilles, en parlant d'animaux qui ont les oreilles longues et pointues, tels que les chevaux, les mulets, les ânes), a cela de particulier que, tout en ne prenant pas la syllabe intercalaire *-iss-* aux temps où les verbes comme *finir* la prennent (§ 662, *b*), il se conjugue comme *finir* au singulier du présent de l'indicatif et de l'impératif [2] : Indic.

---

1. *Courbatu*, selon Bloch-Wartburg, est pour *court-battu ;* selon Dauzat, il est de la famille de *courbé* (*courbature* viendrait du gascon ou du provençal *courbaduro*, francisé à la fin du moyen âge). A côté de *courbatu* s'est introduit, au XIXe siècle, *courbaturé ;* l'Académie ignore ce mot, mais il est courant aujourd'hui : *Il était écrasé de fatigue,* courbaturé (R. Rolland, *Jean-Chr.*, t. IV, p. 258). — *La débauche d'invention d'où l'on sort* courbaturé (Colette, *La Vagabonde*, p. 11). — *Elle rentrerait (...)* courbaturée (J. Romains, *Mort de quelqu'un*, p. 132).

2. A remarquer : *Il y en a qui* chauvissoient *les oreilles* (Beroalde de Verville, *Moyen de parvenir*, dans Godefroy). — *Ceulx qui (...)* chauvent *des aureilles comme asnes de Arcadie* (Rabel., III, Prol.). — Le wallon liégeois a *tchawer les* (ou : *des*) *orèyes* (dérivé de *tchawe*, qui répond à l'anc. fr. *choue*, chouette) [Haust, *Dict. liég.*].

PRÉS : *Je chauvis, tu chauvis, il chauvit, nous chauvons, vous chauvez, ils chauvent.* — IMPARF. : *Je chauvais.* — PASSÉ SIMPLE : *Je chauvis, nous chauvîmes.* — FUTUR : *Je chauvirai.* — CONDIT. : *Je chauvirais.* — IMPÉRAT. : *Chauvis, chauvons, chauvez.* — SUBJ. PRÉS. : *Que je chauve.* — SUBJ. IMPARF. : *Que je chauvisse.* — PARTIC. PRÉS. : *Chauvant.* — PARTIC. PASSÉ : *Chauvi* (sans féminin).

682*ter*. Circoncire. INDIC. PRÉS. : *Je circoncis, nous circoncisons, vous circoncisez, ils circoncisent.* — IMPARF. : *Je circoncisais.* — PASSÉ SIMPLE : *Je circoncis, nous circoncîmes.* — FUTUR : *Je circoncirai.* — IMPÉRAT. : *Circoncis, circoncisons, circoncisez.* — SUBJ. PRÉS. : *Que je circoncise.* — SUBJ. IMP. : *Que je circoncisse.* — PARTIC. PR. : *Circoncisant.* — PARTIC. PASSÉ : *Circoncis, -e.*

683. 1. **Conclure.** INDIC. PRÉS. : *Je conclus, tu conclus, il conclut, nous concluons, vous concluez, ils concluent.* — IMPARF. : *Je concluais, nous concluions.* — PASSÉ SIMPLE : *Je conclus.* — FUTUR : *Je conclurai.* — IMPÉRAT. : *Conclus, concluons.* — SUBJ. PRÉS. : *Que je conclue, que nous concluions.* — SUBJ. IMPARF. : *Que je conclusse.* — PARTIC. PRÉS. : *Concluant.* — PARTIC. PASSÉ : *Conclu, -e.*

2. **Exclure** se conjugue comme **conclure**.

3. **Occlure**[1] (lat. *occludĕre,* fermer) se conjugue comme *conclure,* mais son participe passé est en *-s : occlus, -e : Paupières* OCCLUSES (LITTRÉ). Ce verbe appartient au langage de la médecine ; il ne se rencontre que rarement dans la langue littéraire : *Mais si la nuit* OCCLUT *notre œil, c'est afin que nous écoutions plus* (P. CLAUDEL, *Connaissance de l'Est,* La Lampe et la Cloche).

N. B. — *Conclure* et *exclure* ont eu autrefois un participe passé en *s : conclus, concluse,* — *exclus, excluse* (comparez les anciens participes de la même famille, aujourd'hui adjectifs : *inclus, perclus*[2], *reclus*). La désinence *-u,* qui s'est imposée à un grand nombre de participes passés, a fait abandonner *conclus, exclus* pour *conclu, exclu.* On a encore chez Racine : *Pourquoi de ce conseil moi seule-je* EXCLUSE ? (*Bajaz.,* III, 3) ; — et chez La Fontaine : *Se voir* EXCLUSE *d'un asile* (*Psyché,* 2). — Les formes

1. « On a dit aussi *occlusionner* » (LITTRÉ et ROBIN, *Dict. de médecine,* s. v. *occlure*). — *Occlusionner* est dans le Larousse du XXe s. comme synonyme de *occlure.*
2. *Perclure* est signalé par Littré, qui note qu'on le conjugue comme *conclure ;* « ce verbe, ajoute-t-il, n'est plus dans les dictionnaires ; mais l'adjectif *perclus* permet de le faire rentrer sans peine dans l'usage. » — En fait, *perclure* n'est pas rentré dans l'usage. — Pour ce qui est de l'adjectif *perclus,* Brunot fait observer que « par analogie, le masculin *perclus,* sans aller jusqu'à *perclu,* a pris un féminin *perclue* » (*La Pens. et la L.,* p. 592) ; ce féminin est surtout populaire. Cf. cependant : *Il s'offrait le luxe de rentrer les poches pleines, en triomphateur, dans son obscure famille, d'éblouir ces vieilles femmes dédaigneuses qui,* PERCLUES *d'étonnement, l'écoutaient, bouche bée* (Fr. MAURIAC, *La Robe prétexte,* XI). — *Cette pauvre Jourdaine* PERCLUE *de respect* (J. SCHLUMBERGER, *Saint-Saturnin,* p. 245). — [Littré signale que *perclue* est usité à Genève.] — A noter que les formes *inclu, inclue,* dues également à l'analogie, sont fautives : *Les textes exacts des citations* INCLUES *dans le n° de mars* (dans les *Annales,* mars 1954, p. 57).

exclus, excluse ont persisté jusque dans le XVIII⁰ siècle, et l'Académie en 1811, les admettait encore à côté de *exclu, excluse.*

Pour *inclure, reclure,* voir § 701, 27.

684. *Courir* (et ses composés [1]). INDIC. PRÉS. : *Je cours, nous courons.* — IMPARF. : *Je courais.* — PASSÉ SIMPLE : *Je courus.* — FUTUR : *Je courrai.* — IMPÉRAT. : *Cours, courons.* — SUBJ. PRÉS. : *Que je coure, que nous courions.* — SUBJ. IMPARF. : *Que je courusse.* — PARTIC. PRÉS. : *Courant.* — PARTIC. PASSÉ : *Couru, -e.*

N. B. — *Courir* et ses composés se conjuguent avec l'auxiliaire *avoir* (voir cependant pour *courir :* § 657, 3⁰). — *Accourir* reçoit l'un ou l'autre des auxiliaires (§ 657, 3⁰).

Hist. — Le futur *courrai* remonte à *curreraio (du lat. vulgaire *currĕre habeo*). L'*e* non accentué de l'infinitif *(currĕre)* a disparu régulièrement au futur. Une autre forme de futur était anciennement *couerai.*

685. *Croire*. INDIC. PRÉS. : *Je crois, tu crois, il croit, nous croyons, vous croyez, ils croient.* — IMPARF. : *Je croyais, nous croyions.* — PASSÉ SIMPLE : *Je crus.* — FUTUR : *Je croirai.* — IMPÉRAT. : *Crois, croyons.* — SUBJ. PRÉS. : *Que je croie, que nous croyions, qu'ils croient.* — SUBJ. IMPARF. : *Que je crusse.* — PARTIC. PRÉS. : *Croyant.* — PARTIC. PASSÉ : *Cru, -e.*

686. *Dire (redire)*. INDIC. PRÉS. : *Je dis, tu dis, il dit, nous disons, vous dites, ils disent.* — IMPARF. : *Je disais.* — PASSÉ SIMPLE : *Je dis.* — FUTUR : *Je dirai.* — IMPÉRAT. : *Dis, disons, dites.* — SUBJ. PRÉS. : *Que je dise.* — SUBJ. IMPARF. : *Que je disse.* — PART. PRÉS : *Disant.* — PART. PASSÉ : *Dit, -e.*

N. B. — Parmi les composés de *dire,* seul *redire* se conjugue entièrement comme le verbe simple, et fait à la 2⁰ personne du pluriel de l'indicatif et de l'impératif : *vous redites, redites.* — Pour *redire,* défectif dans *à redire* (= à blâmer), cf. § 701, 44.

Mais **contredire, dédire, interdire, médire, prédire** présentent les formes *contredisez, dédisez, interdisez, médisez, prédisez :* CONTREDISEZ-*moi si vous pouvez* (É. AUGIER, *Les Effrontés,* I, 4). — Le participe passé *médit* n'a pas de féminin.

Maudire a modelé sa conjugaison sur celle de *bénir* et, sauf l'infinitif et le participe passé *maudit,* toutes ses formes se rattachent à la conjugaison de *finir : Nous maudissons, vous maudissez, je maudissais, que je maudisse, maudissant.*

---

1. Au nombre des composés de *courir,* il y avait autrefois le pronominal *s'en-courir* (ou : *s'en courir*) [= se mettre à courir] ; ce verbe, devenu rare après le XVII⁰ siècle, est aujourd'hui à peu près hors d'usage (il garde, en Belgique, certaines positions) : *Il te laisse au roi Jean et* S'ENCOURT *au roi Charles* (RÉGNIER, *Sat.,* 10). — *À la fin le pauvre homme* S'EN COURUT *chez celui qu'il ne réveillait plus* (LA F., *F.,* VIII, 2). — *Je* M'ENCOURUS, *comme un fuyard, chez mon colonel* (BARBEY D'AUREVILLY, *Les Diaboliques,* Le Rideau cramoisi). — *Ils pouffèrent et* S'ENCOURURENT (LA VARENDE, *Cœur pensif...,* p. 69).

Dans *maudire*, le radical terminé par *-ss* a dû être influencé par l'ancien nom *maudisson* (du lat. *maledictionem*).

Hist. — Au moyen âge, le subjonctif présent de *dire* était *die, dies, die(t), diions, diiez, dient*. Au XVIᵉ siècle, ces formes ont été supplantées par *dise, dises, dise*, etc. La forme *die* a persisté toutefois jusque dans le XVIIᵉ siècle : *Souffrez que je vous* DIE (CORN., *Cinna*, I, 2). — *Qu'on me* DIE (LA F., *F.*, XI, 7). — *Sans que je vous le* DIE (RAC., *Iphig.*, III, 6). — Vaugelas (*Rem.*, p. 349) admettait *quoy que l'on* DIE et *quoy que l'on* DISE, — *quoy qu'ils* DIENT et *quoy qu'ils* DISENT, mais *quoy que vous* DIIEZ pour *quoy que vous* DISIEZ lui semblait « insupportable ».

687. Écrire (et ses composés). INDIC. PRÉS. : *J'écris, nous écrivons.* — IMPARF. : *J'écrivais.* — PASSÉ SIMPLE : *J'écrivis.* — FUTUR : *J'écrirai.* — IMPÉRATIF : *Écris, écrivons.* — SUBJ. PRÉS. : *Que j'écrive.* — SUBJ. IMPARF. : *Que j'écrivisse.* — PARTIC. PRÉS. : *Écrivant.* — PARTIC. PASSÉ : *Écrit, -e.*

688. Faire (et ses composés). INDIC. PRÉS. : *Je fais, nous faisons* (prononcez : *fe-zon*), *vous faites, ils font.* — IMPARF. : *Je faisais* (prononcez : *fe-zè*). — PASSÉ SIMPLE : *Je fis.* — FUTUR : *Je ferai.* — IMPÉRAT. : *Fais, faisons* (prononcez : *fe-zon*), *faites.* — SUBJ. PRÉS. : *Que je fasse.* — SUBJ. IMPARF. : *Que je fisse.* — PARTIC. PRÉS. : *Faisant* (prononcez : *fe-zan*). — PARTIC. PASSÉ : *Fait, -e.*

Pour *forfaire, malfaire, méfaire, parfaire*, voir § 701, 22.

N. B. — *Stupéfait* (du lat. *stupefactus*, part. passé de *stupefacĕre*) s'emploie comme adjectif, et non comme forme de conjugaison : *Il demeura tout* STUPÉFAIT (AC.). — Il peut avoir pour synonyme le participe-adjectif *stupéfié : Je suis encore tout* STUPÉFIÉ *de votre intrépidité* (VOLT., *Lett. à Suard*, 16 juill. 1774, dans Littré). — Cette synonymie a donné naissance au verbe *stupéfaire*, qu'aucun dictionnaire ne signale ; ce verbe, fréquent dans l'usage vulgaire, se rencontre parfois chez de bons auteurs : *Cela me* STUPÉFAIT (FLAUB., *Corr.*, t. II, p. 282). — *Une chose par-dessus tout m'*A STUPÉFAIT (ID., *ib.*, t. III, p. 288). — *Le Maître l'*AVAIT STUPÉFAIT *par sa naïve perfidie* (Fr. MAURIAC, *L'Enfant chargé de chaînes*, XV). — *Le général de Gaulle aurait-il dû prévoir ce qu'a osé Habib Bourguiba ? Je suis le dernier à en pouvoir décider, moi que l'événement* A STUPÉFAIT *et consterné* (ID., dans le *Figaro litt.*, 12 août 1961). — *Maury livrait la raison profonde de ses confidences qui (...)* AVAIENT STUPÉFAIT *Herbillon* (J. KESSEL, *L'Équipage*, p. 89). — *On m'*EÛT *alors bien* STUPÉFAIT (Cl. FARRÈRE, *La Seconde Porte*, p. 176). — *Claire fut* STUPÉFAITE *par la richesse et par la hardiesse de ce linge* (A. MAUROIS, *Terre promise*, p. 48). — On se gardera pourtant de l'employer ; le verbe correct est *stupéfier : Cette nouvelle l'a* STUPÉFIÉ (AC.). — *Ce coup de théâtre* STUPÉFIE *un instant l'assemblée* (A. VANDAL, *L'Avèn. de Bonaparte*, t. I, p. 384). — *Vous me* STUPÉFIEZ (J. COCTEAU, *Bacchus*, I, 2).

688bis. Falloir, verbe impersonnel. INDIC. PRÉS. : *Il faut.* — IMPARF. : *Il fallait.* — PASSÉ SIMPLE : *Il fallut.* — FUTUR : *Il faudra.* — Pas d'IMPÉRATIF (cf. § 704). — SUBJ. PRÉS. : *Qu'il faille.* — SUBJ. IMPARF. : *Qu'il fallût.* — Pas de PARTIC. PRÉS. (pour *fallant*, dans l'usage ancien : voir § 803, *Hist.*) — PARTIC. PASSÉ : *Fallu* (sans féminin).

689. Fuir (s'enfuir). INDIC. PRÉS. : *Je fuis, nous fuyons, ils fuient.* — IMPARF. : *Je fuyais, nous fuyions.* — PASSÉ SIMPLE : *Je fuis.* — FUTUR : *Je* *fuirai.* — IMPÉRATIF : *Fuis, fuyons.* — SUBJ. PRÉS. : *Que je fuie, que nous fuyions, qu'ils fuient.* — SUBJ. IMPARF. : *Que je fuisse.* — PARTIC. PRÉS. : *Fuyant.* — PARTIC PASSÉ : *Fui, -e.*

690. Lire (élire, réélire, relire). INDIC. PRÉS. : *Je lis, nous lisons.* — IMPARF. : *Je lisais.* — PASSÉ SIMPLE : *Je lus.* — FUTUR : *Je lirai.* — IMPÉRAT. : *Lis, lisons.* — SUBJ. PRÉS. : *Que je lise.* — SUBJ. IMPARF. : *Que je lusse.* — PARTIC. PRÉS. : *Lisant.* — PARTIC. PASSÉ : *Lu, -e.*

691. Plaire (et composés). INDIC. PRÉS. : *Je plais, tu plais, il plaît, nous plaisons, vous plaisez, ils plaisent.* — IMPARF. : *Je plaisais.* — PASSÉ SIMPLE : *Je plus.* — FUTUR : *Je plairai.* — IMPÉRAT. : *Plais, plaisons.* — SUBJ. PRÉS. : *Que je plaise.* — SUBJ. IMPARF. : *Que je plusse.* — PARTIC. PRÉS. : *Plaisant.* — PARTIC. PASSÉ : *Plu* (sans fém. ; voir cependant : § 796, *b*, Except.).

691bis. Pleuvoir, verbe impersonnel. INDIC. PRÉS. : *Il pleut.* — IMPARF. : *Il pleuvait.* — PASSÉ SIMPLE : *Il plut.* — FUTUR : *Il pleuvra.* — IMPÉRAT. (seulement au sens figuré : § 605) : *Pleus, pleuvons, pleuvez.* — SUBJ. PRÉS. : *Qu'il pleuve.* — SUBJ. IMPARF. : *Qu'il plût.* — PARTIC. PRÉS. (seulement au sens figuré) : *Pleuvant.* — PARTIC. PASSÉ : *Plu* (sans féminin).

692. Rire (sourire). INDIC. PRÉS. : *Je ris, nous rions.* — IMPARF. : *Je riais, nous riions.* — PASSÉ SIMPLE : *Je ris*[1]. — FUTUR : *Je rirai.* — IMPÉRAT. : *Ris, rions.* — SUBJ. PRÉS. : *Que je rie, que nous riions.* — SUBJ. IMPARF. : *Que je risse.* — PARTIC. PRÉS. : *Riant.* — PARTIC. PASSÉ : *Ri* (sans fém.).

693. Savoir. INDIC. PRÉS. : *Je sais, nous savons.* — IMPARF. : *Je savais.* — PASSÉ SIMPLE : *Je sus.* — FUTUR : *Je saurai.* — IMPÉRAT. : *Sache, sachons, sachez.* — SUBJ. PRÉS. : *Que je sache, que nous sachions.* — SUBJ. IMPARF. : *Que je susse.* — PARTIC. PRÉS. : *Sachant.* — PARTIC. PASSÉ : *Su, -e.*

Pour *Je ne sache pas, que je sache*, etc., voir § 747, 6°.

694. 1. Suffire. INDIC. PRÉS. : *Je suffis, nous suffisons.* — IMPARF. : *Je suffisais.* — PASSÉ SIMPLE : *Je suffis.* — FUTUR : *Je suffirai.* — IMPÉRATIF : *Suffis, suffisons, suffisez.* — SUBJ. PRÉS. : *Que je suffise.* — SUBJ. IMPARF. : *Que je suffisse.* — PARTIC. PRÉS. : *Suffisant.* — PARTIC. PASSÉ : *Suffi* (sans fém.).

2. **Confire** se conjugue comme *suffire*, mais le participe passé *confit* se termine par *t* et a un féminin : *confite.*

695. Suivre (et ses composés). INDIC. PRÉS. : *Je suis, nous suivons.* — IMPARF. : *Je suivais.* — PASSÉ SIMPLE : *Je suivis.* — FUTUR : *Je suivrai.* —

---

1. Pour le passé simple et l'imparfait du subjonctif de *rire, sourire*, spécialement à la 3ᵉ personne du singulier, on se mettra en garde contre des formes aberrantes modelées sur la conjugaison des verbes en *-er : Qu'il s'agît en l'espèce de pauvreté ou de grandeur, ou qu'on* SOURIÂT *seulement de cette « jolie sucrée » dont un Maurras était possédé, Montherlant tenait dès lors à s'en éloigner comme de la pire tentation* (H. MASSIS, dans la *Table ronde*, nov. 1960, p. 92).

IMPÉRAT. : *Suis, suivons.* — SUBJ. PRÉS. : *Que je suive.* — SUBJ. IMPARF. : *Que je suivisse.* — PARTIC. PRÉS. : *Suivant.* — PARTIC. PASSÉ : *Suivi, -e.* *S'ensuivre* est défectif (voyez § 701, 18).

696. *Taire* se conjugue comme *plaire.* Toutefois la forme *il tait*, du présent de l'indicatif, n'a pas l'accent circonflexe, et le participe passé *tu* a un féminin : *tue.*

697. 1. ***Valoir (équivaloir, revaloir).*** INDIC. PRÉS. : *Je vaux, tu vaux, il vaut, nous valons, vous valez, ils valent.* — IMPARF. : *Je valais.* — PASSÉ SIMPLE : *Je valus.* — FUTUR : *Je vaudrai.* — IMPÉRAT. (peu usité) : *Vaux, valons, valez.* — SUBJ. PRÉS. : *Que je vaille, que tu vailles, qu'il vaille, que nous valions, que vous valiez, qu'ils vaillent.* — SUBJ. IMPARF. : *Que je valusse.* — PARTIC. PRÉS. : *Valant* (voir § 767, *Hist.*). — PARTIC. PASSÉ : *Valu, -e.* (*Équivalu* n'a pas de féminin.)

2. ***Prévaloir*** se conjugue comme *valoir*, sauf au SUBJONCTIF PRÉSENT : *Que je prévale, que tu prévales, qu'il prévale, que nous prévalions, que vous prévaliez, qu'ils prévalent.* — Le participe passé du pronominal *se prévaloir* a un féminin *prévalue : Elle s'est* PRÉVALUE *de ces avantages* (LITTRÉ).

Hist. — Au présent du subjonctif, on avait autrefois, pour les deux premières personnes du pluriel : *que nous vaillions, que vous vailliez ;* ces formes ont été supplantées par *que nous valions, que vous valiez*, refaites sur le présent de l'indicatif. Les anciennes formes reparaissent parfois sporadiquement, même à notre époque : *Il ne faut pas que nous* VAILLIONS *moins qu'en 1918* (COLETTE, *Paris de ma fenêtre*, p. 233). — D'autre part, il a existé, au XVIe et au XVIIe siècle, un présent du subjonctif *que je vale, que tu vales*, etc., qui se retrouve dans la conjugaison de *prévaloir* [et qui s'est maintenu dans l'usage populaire. Cf. : *De bien des gens il n'y a que le nom qui* VALE *quelque chose* (LA BR., II, 2)]. — A noter chez É. Henriot un *prévaille*, fait par analogie : *Il n'y a rien qui* PRÉVAILLE *contre cela* (*Les Temps innocents*, p. 178).

698. 1. ***Vêtir*** (et ses composés). INDIC. PRÉS. : *Je vêts, tu vêts, il vêt, nous vêtons, vous vêtez, ils vêtent.* — IMPARF. : *Je vêtais.* — PASSÉ SIMPLE : *Je vêtis.* — FUTUR : *Je vêtirai.* — IMPÉRAT. : *Vêts, vêtons, vêtez.* — SUBJ. PRÉS. : *Que je vête.* — SUBJ. IMPARF. : *Que je vêtisse.* — PARTIC. PRÉS. : *Vêtant.* — PARTIC. PASSÉ : *Vêtu, -e.*

N. B. — Il y a eu, dès le moyen âge, de l'hésitation dans la conjugaison de *vêtir* : les formes inchoatives (type : *finir*), rares en moyen français, se sont répandues à partir du XVIe siècle : *vestissent* est chez Rabelais (III, 51) ; *vestisse*, chez d'Aubigné (*Tragiques*, III, v. 221). — Oudin, Vaugelas (*Rem.*, pp. 232 et 234), Th. Corneille, l'Académie ont repoussé ces formes inchoatives. — Cependant elles ont gardé, même, jusqu'à notre époque, quelques positions : *Dieu leur a refusé le cocotier qui ombrage, loge,* VÊTIT, *nourrit, abreuve les enfants de Brama* (VOLT., dans Girault-Duvivier). — *Le poil du chameau (...) sert aux Arabes à faire des étoffes dont ils se* VÊTISSENT (BUFFON, *ib.*). — *De leurs molles toisons les brebis se* VÊTISSENT (DELILLE, *Parad. perdu*, VII, *ib.*). — *Ils achètent les habits des pestiférés, s'en* VÊTISSENT (MONTESQ., dans Littré). — *Ces haillons troués qui la* vêtissent *à demi* (Diderot, *Regrets sur ma vieille robe de chambre*). — *Les Sauvages vivaient et se* vêtissaient *du produit de leurs chasses* (Chateaubr., *Mém.*, I, 7, 10). — *Les sillons (...) se* vêtissent (Lamart., *Harm.*, Le Chêne). — *Ma mère (...)* vêtissait *l'indigence* (Id., *ibid.*, Milly). — *Les plus larges feuilles (...)* vêtissaient *les arbres* (Sainte-Beuve, *Volupté*, XI). — *Il se* vêtissait *de la nuit* (Hugo, *Misér.*, III, 5, 1). — *Et elle (...), prenait sa robe et se la* vêtissait (P.-L. Courier, *Pastorales de Longus*, I). — *Ils* [les magistrats] revêtissent *les apparences du journaliste, du député, de l'orateur* (P. Adam, *Contre l'Aigle*, p. 93). — *Un vêtement de soleil* vêtissait *son âme* (É. Estaunié, *La Vie secrète*, p. 254). — *Courir chercher l'abbé ? Toutes ses perplexités aboutissaient là, en temps ordinaire. Mais le réveiller, qu'il se* vêtisse ! (La Varende, *Le Roi d'Écosse*, p. 79.) — « *Vêtissait*, dit André Gide, est assez difficile à défendre ; mais dans certains cas, il paraît tellement plus expressif et plus beau que *vêtait*, qu'on ne s'étonne pas qu'il ait été préféré par Lamartine (...) ; je ne le repousserai pas s'il vient naturellement sous ma plume. » (*Incidences*, p. 75.)

2. *Investir, travestir* se conjuguent comme *finir*.

699. *Vivre* (et ses composés). Indic. prés. : *Je vis, nous vivons.* — Imparf. : *Je vivais.* — Passé simple : *Je vécus.* — Futur : *Je vivrai.* — Impérat. : *Vis, vivons.* — Subj. prés. : *Que je vive.* — Subj. imparf. : *Que je vécusse.* — Partic. prés. : *Vivant.* — Partic. passé : *Vécu, -e.*

700. 1. *Voir (revoir, entrevoir).* Indic. prés. : *Je vois, nous voyons, ils voient.* — Impare. : *Je voyais, nous voyions.* — Passé simple : *Je vis.* — Futur : *Je verrai.* — Impérat. : *Vois, voyons.* — Subj. prés. : *Que je voie, que nous voyions, qu'ils voient.* — Subj. imparf. : *Que je visse.* — Partic. prés. : *Voyant.* — Partic. passé : *Vu, -e.*

2. *Prévoir* se conjugue comme *voir*, sauf au Futur : *Je prévoirai*, et au Conditionnel : *Je prévoirais.*

3. *Pourvoir* se conjugue comme *voir*, sauf aux temps suivants : Futur : *Je pourvoirai.* — Conditionn. : *Je pourvoirais.* — Passé simple : *Je pourvus.* — Subj. imparf. : *Que je pourvusse.*

N. B. — *Dépourvoir*, selon Littré, peut se conjuguer à tous ses temps comme *pourvoir*. En fait, il n'est guère usité, comme le dit l'Académie, qu'à l'infinitif, et au participe passé *dépourvu*, qui s'emploie adjectivement.

Art. 4. — VERBES DÉFECTIFS

701. Les verbes **défectifs** [a] sont des verbes qui manquent de certains temps ou de certaines personnes.

Certains verbes comme *défaillir, pouvoir* ne manquent que d'un très petit nombre

Étym. — [a] *Défectif*, empr. du lat. *defectivus*, de *deficere*, manquer. — On a dit autrefois *verbes défectueux*.

de formes ; ils sont, à proprement dire, défectifs. Nous avons cru néanmoins pouvoir les faire figurer dans la liste des verbes irréguliers.

N.B. — La plupart des verbes défectifs sont condamnés à disparaître ou du moins à ne subsister que dans des locutions toutes faites. Déjà, parmi les formes que la tradition maintient pieusement dans les grammaires, il en est beaucoup que la langue parlée ignore absolument et auxquelles la langue écrite ne conserve qu'artificiellement un, certain souffle de vie.

Remarque préliminaire. — Quand le *futur* est usité, le *conditionnel* l'est aussi. De même, si le *passé simple* existe, *l'imparfait du subjonctif* existe aussi. Si le *participe passé* existe, on peut former les *temps composés*.

1. **Absoudre, dissoudre** (voir § 675, 4 et 5) ne sont pas défectifs à proprement parler ; si l'on en fait mention ici, c'est parce qu'ils ne s'emploient pour ainsi dire jamais au passé simple et à l'imparfait du subjonctif.

2. **Accroire** n'est usité qu'à l'infinitif avec le verbe *faire* : *Depuis qu'il a cette place, il s'en fait* ACCROIRE (Ac.).

3. **Adirer** (peut-être formé, selon Tobler, d'après la locution *estre... a dire*, manquer, faire défaut), qui signifie « perdre, égarer », a été usuel jusqu'au XVIIᵉ siècle ; il s'emploie parfois encore dans la langue administrative ou juridique, mais seulement à l'infinitif ou au participe passé pris adjectivement : ADIRER *les pièces d'un procès* (LAR. DU XXᵉ S.). — *Titre* ADIRÉ (Ac.). — *Pièce* ADIRÉE (ID.).

4. **Advenir** n'est employé qu'à l'infinitif et aux troisièmes personnes ; il prend *être* aux temps composés : *Quoi qu'il puisse* ADVENIR. *Quoi qu'il* ADVIENNE. — *Il en* ADVIENDRA *ce qu'il pourra* (Ac.). — *On ne peut prévoir tous les cas qui* ADVIENDRONT.

Le gérondif *advenant* s'emploie dans les contrats et autres actes publics, au sens de « s'il arrive ». — Dans le même sens, on emploie parfois encore la forme archaïque *avenant* (de l'ancien verbe *avenir*, remplacé aujourd'hui par *advenir*).

5. **Apparoir** (lat. *apparēre*, apparaître) n'est usité qu'à l'infinitif et, impersonnellement, à la 3ᵉ personne du présent de l'indicatif : c'est un terme de palais signifiant « être évident, être manifeste » : *Il a fait* APPAROIR *de son bon droit* (Ac.). — *Ainsi qu'il* APPERT *de tel acte* (ID.).

6. **Arder** ou **ardre** (forme primitive : *ardoir*, du lat. *ardēre*, brûler), vieux verbe signifiant « brûler », est sorti de l'usage courant depuis le XVIIᵉ siècle.

Il s'est conservé longtemps dans la phrase populaire *Le feu Saint-Antoine vous* ARDE ! — On le retrouve parfois dans la littérature moderne soit chez des poètes, soit chez des prosateurs qui aiment, à l'occasion, l'archaïsme : *La Terre sent la flamme immense* ARDRE *ses flancs* (HEREDIA, *Troph.*, La Chasse). — *Je payais les enfants un franc l'heure pour faire* ARDER *la braise toute la journée* (V. LARBAUD, *Barnabooth*, Journ. intime, 2ᵉ cahier, 4 juin). — *Signez ce dessin. — Il n'en vaut pas la peine, dit Serge, dont toute la figure* ARDAIT *de contentement* (H. TROYAT, *Étrangers sur la terre*, p. 216). — Le vieux français le conjuguait ainsi : INDIC. PRÉS. : *Ards, ards, ard, ardons, ardez, ardent.* — IMPARF. : *Ardois.* — PASSÉ s. : *Ardis.* — FUTUR : *Arderai.* — SUBJ. PR. : *Arde.* — SUBJ. IMP. : *Arsisse,* puis *ardisse.* — PART. PRÉS. : *Ardant.* — PART. PASSÉ : *Ars* (ou *ards*), *arse.*

7. **Avérer** (de l'ancien adjectif *voir,* vrai, lat. *verus*) n'est plus guère employé qu'à l'infinitif et au participe passé *avéré : C'est une chose qu'on ne peut* AVÉRER (AC.). — *C'est un fait* AVÉRÉ (ID.).

La forme pronominale *s'avérer,* au sens de « se montrer, se révéler, se manifester, apparaître », pénètre de plus en plus dans l'usage : *Il y allait de la carrière des jeunes agrégés, admis à vérifier la branlante certitude, et des médecins des hôpitaux, qui auraient eu la velléité de la contredire, en* S'AVÉRANT *ainsi « calotins »* (L. DAUDET, *Le Stupide XIXᵉ Siècle,* p. 267). — *Renonçons même un moment au libéralisme, ce dépuratif* S'AVÈRE *trop inefficace* (P. MORAND, *Rond-Point des Champs-Élysées,* p. 15). — *Plus elles* [des affaires] S'AVÉRAIENT *absurdes et plus elles le séduisaient* (ID., *Lewis et Irène,* I, 4). — *La tâche* S'AVÉRAIT *difficile* (Germaine BEAUMONT, *Agnès de rien,* p. 3). — *Voici que, devant cet être de chair et de sang, tous ses préparatifs* S'AVÉRAIENT *illusoires* (H. TROYAT, *L'Araigne,* p. 262). — *Les médecins (...) envisageaient tour à tour maints procédés de traitement, qui* S'AVÉRÈRENT, *à l'usage, aussi inopérants les uns que les autres* (DANIEL-ROPS, *Le Cœur complice,* p. 68). — *La soif* S'AVÉRAIT *redoutable* (M. GENEVOIX, *Rroû,* p. 192). — *C'est alors que Pirithoüs sut inventer (...) un subterfuge où* S'AVÉRA *sa fertile ingéniosité* (A. GIDE, *Thésée,* p. 79). — *J'ai une forte répulsion pour qui* S'AVÈRE *ainsi capable d'abandonner un idéal...* (J. BENDA, *Exercice d'un Enterré vif,* p. 177). — *Le petit bateau (...)* S'AVÉRAIT *digne de remplacer le vieux remorqueur* (H. BORDEAUX, *Le Remorqueur,* XVIII). — *Certaines réalités* S'AVÈRENT *plus proches* (Cl. FARRÈRE, *La Seconde Porte,* p. 79). — *Celle-ci* [la machine administrative] S'ÉTANT AVÉRÉE *irréparable, on lui a substitué, faute de mieux, de simples hommes* (SAINT-EXUPÉRY, *Pilote de guerre,* p. 86). — *Il advint même (...) que le nouveau camp* S'AVÉRÂT *préférable à l'ancien* (Fr. AMBRIÈRE, *Les Grandes Vacances,* p. 269). — *La précaution avait beau* S'AVÉRER *inutile* (M. JOUHANDEAU, *Essai sur moi-même,* p. 36). — *Les poètes anglais usent plus volontiers de termes anglosaxons que de termes latins, qui au fond* S'AVÈRENT *encore étrangers à leur terroir* (A. THÉRIVE, *Libre Hist. de la Langue franç.,* p. 95). — *Le malheureux* S'AVÉRA *impuissant à contester (...) la sincérité des procès-verbaux enregistrant ses aveux* (H. TORRÈS, *Accusés hors série,* p. 49). — Certains auteurs, en dépit de l'étymologie de *s'avérer,* associent à ce verbe l'adjectif *faux : Bien que ses calculs* S'AVÉRASSENT FAUX *sans jamais d'exception* (MONTHERLANT, *L'Hist. d'amour de la Rose de sable,* p. 107). — *Quand tous les calculs compliqués* S'AVÈRENT FAUX, *(...) il est excusable de se tourner vers le babillage fortuit des oiseaux* (Marg. YOURCENAR, *Mémoires d'Hadrien,* Le Liv. de poche, p. 44). — *Les vues de l'homme* S'AVÈRENT *toujours* FAUSSES (Fr. MAURIAC, cité par R. Georgin, *Le Code du bon langage,* p. 74).

8. **Béer** (variante de **bayer,** anciennement : *baer ;* du lat. vulg. **batare*) « ne s'emploie plus guère, dit le Larousse du XXᵉ s., que dans les formes de participe *béant, bée,* qui sont devenues des adjectifs » ; en fait, il n'est pas si rare qu'on pourrait croire, et rien n'empêche de l'employer dans toute sa conjugaison : *Là, je m'amusais à voir voler les pingouins et les mouettes, à* BÉER *aux lointains bleuâtres* (CHATEAUBR., *Mém.,* I, 1, 7). — *Une salle à manger (...) dont tout Claquebue* BÉA *d'admiration* (M. AYMÉ, *La Jument verte,*

p. 13). — *Cette sorte de trappe* [un catafalque] *dont (...) on voyait* BÉER *la petite gueule quadrangulaire* (P. VIALAR, *Mons. Dupont est mort*, p. 22). — *On a l'impression que l'enfer s'ouvre tout à coup et* BÉE (J. GREEN, *Journ.*, 18 avr. 1949). — *Au flanc de la maison* BÉAIENT *la porte neuve, et deux autres fenêtres...* (COLETTE, *La Chatte*, éd. Grasset, p. 107). — *Les narines* BÉAIENT *sous l'arête du nez décharné* (M. GENEVOIX, *Fatou Cissé*, p. 177). — *La sage-femme en* BÉAIT *d'admiration* (LA VARENDE, *Cœur pensif...*, p. 25).

Bayer (prononc. : ba-yé ; on eût dû prononcer : bé-yé, mais une confusion avec *bâiller* s'est produite depuis longtemps) ne survit guère que dans l'expression *bayer aux corneilles*.

9. *Bienvenir* ne se dit qu'à l'infinitif *Se faire* BIENVENIR *de quelqu'un, se faire* BIENVENIR *dans une société*. — *Bienvenu* s'emploie comme nom : *Soyez le* BIENVENU.

10. *Braire* (lat. vulgaire *bragĕre, crier) ne s'emploie guère qu'à l'infinitif et aux troisièmes personnes du présent de l'indicatif, du futur et du conditionnel : *Il brait, ils braient. Il braira, ils brairont. Il brairait, ils brairaient.*

Les formes suivantes sont peu usitées : IMPARF. : *Il brayait, ils brayaient.* — SUBJ. PR. : *Qu'il braie.* — PARTIC. PRÉS. : *Brayant.* — PARTIC. PASSÉ : dans les temps composés : *Il a brait*, etc. — On lit chez Anatole France : *Je crois même que je* BRAYAIS *des blasphèmes contre la géométrie et l'algèbre* (*La Vie en fleur*, p. 82) ; — chez M. Genevoix : *Qu'il* BRAIE, *cet âne !* (*Fatou Cissé*, p. 174.)

11. *Bruire* (lat. pop. *brugĕre, venu par croisement du lat. class. *rugire* avec *bragĕre, crier), selon la conjugaison traditionnelle, a les formes suivantes (ce sont les seules mentionnées par Littré) : INDICAT. PRÉS. : les trois personnes du singulier : *Je bruis, tu bruis, il bruit ;* IMPARF. : *Je bruyais*, et les autres personnes ; — FUTUR : *Je bruirai*, etc. ; — CONDIT. : *Je bruirais*, etc. ; — INFINITIF : *Bruire ;* — TEMPS COMPOSÉS : *J'ai bruit, j'avais bruit*, etc. — L'ancien participe présent *bruyant* ne s'emploie plus que comme adjectif. — De cette conjugaison traditionnelle l'usage d'aujourd'hui n'a guère conservé que l'infinitif, la 3ᵉ personne du singulier du présent de l'indicatif et les 3ᵉˢ personnes de l'imparfait du même mode : *Il bruit* (Ac.). — *Ma tête* BRUYAIT *comme la mer* (P. MAC ORLAN, *L'Ancre de miséricorde*, p. 37). — *Ses compagnons, comme des bêtes,* BRUYAIENT (M. BARRÈS, *Les Déracinés*, p. 83). — *Quelques débits ouverts* BRUYAIENT *vaguement* (A. THÉRIVE, *Sans âme*, p. 11). — *C'était un pays accidenté creusé de gorges profondes, où* BRUYAIENT *des ruisseaux impétueux* (A. de CHÂTEAUBRIANT, *La Réponse du Seigneur*, p. 275).

Un imparfait moderne *je bruissais*, venu en usage par l'influence de *bruissement* (« néologisme barbare du XVIIᵉ siècle », dit Littré, et dont la formation suppose une conjugaison irrégulière, comme si le verbe s'écrivait *bruir* et se conjuguait sur *finir*), s'est introduit dès la fin du XVIIIᵉ siècle : *Les insectes* BRUISSAIENT *sous l'herbe* (BERNARDIN DE SAINT-PIERRE, dans Girault-Duvivier, t. I, p. 557) ; — cet imparfait néologique supplante nettement l'imparfait traditionnel *je bruyais*, que l'Académie ne mentionne plus, depuis 1878 : *Il* BRUISSAIT, *ils* BRUISSAIENT (Ac.). — *Les jeunes filles* BRUISSAIENT *et bavardaient comme des fauvettes échappées* (HUGO, *Misér.*, I, 3, 3).

— *Quand tout (...)* BRUISSAIT *des applaudissements* (SAINTE-BEUVE, *Port-Roy.*, III, xv). — *Les perles qui* BRUISSAIENT *à son col* (Th. GAUTIER, *Le Capit. Fracasse*, X). — *Au milieu de la foule qui parlait, marchait et* BRUISSAIT *doucement* (VIGNY, *Stello*, XXVIII). — *La Thève* BRUISSAIT *à notre gauche* (NERVAL, *Les Filles du Feu*, Sylvie, VIII). — *La campagne brûlante* BRUISSAIT *de cris d'insectes* (R. ROLLAND, *Jean-Chr.*, t. II, p. 106). — *Les automobiles passaient,* BRUISSAIENT, *empestaient* (R. BOYLESVE, *Le Dangereux Jeune Homme*, p. 14).

On peut expliquer de la même manière l'introduction du participe présent ou adjectif verbal *bruissant* et du subjonctif présent *que je bruisse* : *Tous les ateliers* BRUISSANT *du labeur de la défense* (P. et V. MARGUERITTE, *Les Tronçons du glaive*, p. 193). — *L'air tiède agitait avec douceur les feuilles* BRUISSANTES (A. FRANCE, *Balthasar*, p. 112). — *Les arbres* BRUISSANTS *défilent* (M. GENEVOIX, *Rroû*, p. 72).

Par une autre analogie, celle des verbes en -*er*, un usage récent, qui cherche à s'établir, a formé l'infinitif *bruisser* : *Les pas sur l'herbe font* BRUISSER *les feuilles mortes* (P. LOTI, *Les Désench.*, XLI). — *On entendait des voix* BRUISSER (H. BARBUSSE, *Le Feu*, p. 263). — « *Bruit* » *est un peu rapproché de* « BRUISSER » (CRITICUS, *Quatre Études de* « *Style au microscope* », p. 77) [à propos d'un passage du *Raboliot* de M. Genevoix : *Les ténèbres bruissaient de ce lourd et frais frais grondement (...). Et quelquefois, ce bruit l'éveillait tout à fait...*]. — Dès lors s'est offerte, pour ce verbe néologique, la conjugaison complète en -*er*, et déjà plus d'un écrivain la suit hardiment : *Des eaux vives* BRUISSENT *partout alentour* (P. LOTI, *La Galilée*, p. 113). — *Au-dessus d'elle* BRUISSE *la parlote vulgaire de la plèbe* (A. LICHTENBERGER, *Portraits de jeunes filles*, p. 225). — *Les peupliers (...)* BRUISSENT *toujours* (É. HENRIOT, *Rencontres en Ile de France*, p. 151). — *Quelque chose (...)* BRUISSA *sous la table* (SAINT-EXUPÉRY, *Terre des hommes*, p. 85). — *Parmi les robes qui* BRUISSÈRENT (Cl. FARRÈRE, *Les Civilisés*, IX).

12. **Chaloir** (lat. *calēre*, être chaud ; fig. : s'échauffer pour qqn, d'où : avoir de l'intérêt pour) ne s'emploie guère que dans les expressions impersonnelles : *Il ne m'en chaut, il ne m'en chaut guère* (= il ne m'importe) et dans la locution *peu me chaut* : *Que le coche arrive au haut ou roule en bas, point ne m'en* CHAUT (CHATEAUBR., *Mém.*, III, II, 1, 13). — *Une seule chose lui* CHAUT : *cette liasse* (M. BARRÈS, *Les Dérac.*, p. 300). — *Peu lui* CHAUT *la cause de son enthousiasme* (E. JALOUX, *Figures étrangères*, p. 135).

Suivant Littré, on pourrait employer aussi : le FUT. : *Il chaudra* ; le CONDIT. : *Il chaudrait* ; l'INFIN. : *Il ne peut chaloir* ; le SUBJ. PR. : *Qu'il chaille* [cf. : *Pour peu qu'il vous en* CHAILLE (A. FRANCE, *La Révolte des Anges*, p. 12).] — Dans l'ancienne langue, *chaloir* avait tous ses temps : *il chalait, il chalut, il a chalu.* — Ce vieux verbe se retrouve dans *nonchalant, nonchaloir* (cf. aussi *chaland* = client).

13. *a)* **Choir** (lat. vulg. *cadēre*, au lieu du lat. classiq. *cadĕre*, tomber) n'est guère usité qu'à l'infinitif et dans les formes suivantes : INDICAT. PRÉS. : *Je chois, tu chois, il choit, ils choient.* — PASSÉ SIMPLE : *Il chut.* — PARTICIPE PASSÉ : *Chu, -e.* — *Si l'averse* CHOIT *soudain en rideau déroulé* (COLETTE, *La Paix chez les Bêtes*, p. 217). — *L'occasion où* CHOIENT *les maris est souvent une provocation féminine* (M. PRÉVOST, *Lettres à Françoise mariée*, XII). — *Elle se leva brusquement, tant que son ouvrage et ses ciseaux en* CHURENT *à terre* (A. de CHÂTEAUBRIANT, *La Brière*, p. 182). — *L'arbre (...)* CHUT *dans une*

autre direction (E. JALOUX, *La Chute d'Icare*, p. 11). — *Prenez garde de* CHOIR (AC.). — *Et me voilà* CHUE, *assise sur le dallage* (COLETTE, *Journal à rebours*, p. 64). — Les temps composés se forment avec l'auxiliaire *être : Ils* SONT *chus* (LITTRÉ). — *Un monde (...)* EST *chu tout au travers de notre tourbillon* (MOL., *Femmes sav.*, IV, 3).

« On pourrait, dit Littré, employer le futur *je choirai*, et sous une autre forme, *je cherrai.* »

b) **Déchoir** ne s'emploie pas au participe présent [1]. INDIC. PRÉS. : *Je déchois, tu déchois, il déchoit* (*il déchet :* rare et archaïque), *nous déchoyons, vous déchoyez, ils déchoient.* — PASSÉ SIMPLE : *Je déchus.* — FUTUR : *Je déchoirai* (*je décherrai :* rare et archaïque). — CONDIT. : *Je déchoirais* (*je décherrais :* rare et archaïque). — SUBJ. PRÉS. : *Que je déchoie, que nous déchoyions, qu'ils déchoient.* — SUBJ. IMPARF. : *Que je déchusse.* — PARTIC. PASSÉ : *Déchu, -e.*

Aux temps composés, il prend *avoir* ou *être* selon la nuance de la pensée (§ 658) : *Il* EST *bien déchu de son crédit* (AC.). — *Depuis ce moment, il* A *bien déchu* (ID.).

c) **Échoir** n'est guère usité qu'à l'infinitif et dans les formes suivantes : INDIC. PRÉS. : *Il échoit* (*il échet :* rare et archaïque). — PASSÉ SIMPLE : *Il échut.* — FUTUR : *Il échoira* (*il écherra :* archaïque). — CONDIT. : *Il échoirait ils échoiraient* (*il écherrait, ils écherraient :* archaïques). — PARTIC. PRÉS. : *Échéant.* — PARTIC. PASSÉ : *Échu, -e.* — *Le premier terme* ÉCHOIT *à la Saint-Jean* (AC.). — *Si le cas y* ÉCHOIT, ou : *y* ÉCHET [se dit en termes de procédure]. — *La preuve, s'il y* ÉCHET, *sera ordonnée par le tribunal...* (*Code de procédure civ.*, art. 290). — *C'est à ce fils qu'*ÉCHOIRONT *les 5 ou 6 millions qu'il possède* (STENDHAL, *Chartr.*, t. I, p. 245). — *À qui* ÉCHERRA *cet héritage ?* (P. LOTI, *Le Roman d'un Enf.*, LIV.) — *C'est à l'automobilisme qu'il* [le tunnel] ÉCHER-RA (G. DUHAMEL, *Manuel du protestataire*, p. 130).

Les temps composés se forment avec l'auxiliaire *être.*

Littré dit qu'*échoir* n'a que les temps et les personnes qui suivent : *Il échoit* ou *échet, ils échoient, ils échéent ; il échoyait ; il échut, ils échurent ; il écherra* ou *échoira ; il écherrait* ou *échoirait ; qu'il échoie ; qu'il échût ; échéant ; échu, échue.*

On rencontre parfois un imparfait néologique *'échéait : Un appoint lui* ÉCHÉAIT *d'un locataire qu'elle hébergeait depuis trois ans* (A. de CHÂTEAUBRIANT, *La Brière*, p. 56). — *Les mêmes besognes qui* ÉCHÉAIENT *autrefois aux traînards des baraques disciplinaires* (Fr. AMBRIÈRE, *Les Grandes Vacances*, p. 181).

14. *a)* **Clore** (lat. *claudĕre*, fermer) ne s'emploie qu'à l'infinitif et dans les formes suivantes : INDIC. PRÉS. : *Je clos, tu clos, il clôt* (rare : *ils closent*). — FUTUR (rare) : *Je clorai, tu cloras, il clora*, etc. — CONDIT. (rare) : *Je clorais,*

---

1. Ni Littré ni l'Académie ne mentionnent l'imparfait de l'indicatif ni l'impératif de *déchoir.*

etc. — Impérat. : *Clos*. — Subj. prés. (rare) : *Que je close*, etc. — Partic. prés. (rare) : *Closant*. — Partic. passé : *Clos, -e*.

Littré demande pourquoi on ne dirait pas : au présent de l'indicatif : *Nous closons, vous closez ;* — à l'imparfait : *Je closais ;* — au prétérit défini : *Je closis ;* — à l'imparfait du subjonctif : *Que je closisse*. « Ces formes, dit-il, n'ont rien de rude ni d'étrange, et il serait bon que l'usage ne les abandonnât pas ». — Notons : *Le baron se pencha davantage sur le visage*, closit *lui-même les paupières* (H. Béraud, *Le Bois du Templier pendu*, p. 86). — *Il a fallu (...) qu'on la* closît *de trois fils barbelés* (M. Bedel, *Géographie de mille hectares*, p. 27).

b) Déclore, selon Littré, n'a que les temps et les personnes qui suivent : *Je déclos, tu déclos, il déclôt*, sans pluriel ; *je déclorai ; je déclorais ; que je déclose, que tu décloses, qu'il déclose, que nous déclosions, que vous déclosiez, qu'ils déclosent ; déclore ; déclos, -e*. — Selon l'Académie, ce verbe ne s'emploie qu'à l'infinitif.

c) Éclore n'est usité qu'à l'infinitif et dans les formes suivantes : Indic. prés. : *Il éclot*[1], *ils éclosent* (rarement : *j'éclos, tu éclos, nous éclosons, vous éclosez*). — Futur : *Il éclora, ils éclorons*. — Condit. : *Il éclorait, ils écloraient*. — Subj. prés. : *Qu'il éclose, qu'ils éclosent*. — Partic. prés. (rare) : *Éclosant*. — Partic. passé : *Éclos, -e*. — Les temps composés prennent *être*.

Littré indique les formes suivantes : *J'éclos, tu éclos, il éclôt, nous éclosons, vous éclosez, ils éclosent ; j'éclosais ; j'éclôrai ; j'éclôrais ; que j'éclose ; éclos, éclose*.

d) Enclore, renclore se conjuguent comme *clore*, sauf qu'ils ont toutes les personnes du présent de l'indicatif : *J'enclos, tu enclos, il enclot*[1], *nous enclosons, vous enclosez, ils enclosent*. — *Je renclos*, etc.

Littré indique les formes suivantes : *J'enclos, tu enclos, il enclôt, nous enclosons, vous enclosez, ils enclosent ; j'enclorai ; j'enclorais ; enclos, enclose*. — Il estime qu'on peut faire revivre l'imparfait : *j'enclosais ;* l'impératif : *enclos ;* le subjonctif présent : *que j'enclose ;* le participe présent : *enclosant*.

e) Forclore ne se dit guère qu'à l'infinitif et au participe passé : *Forclos, -e*.
Ce verbe s'emploie dans la langue de la procédure, au sens de « exclure de faire quelque production en justice, après certains délais passés » : *Il s'est laissé* forclore (Ac.). — *La partie adverse fut déclarée* forclose (Id.). —

Pour le participe passé, à côté de *forclos*, on avait anciennement *forclus* (encore signalé par le Larousse du XXᵉ s.).

f) Reclore se conjugue comme *clore*. Ce verbe est vieux (Bescherelle le signale, mais ni Littré, ni le Dictionnaire général, ni l'Académie, ni le Larousse du XXᵉ siècle n'en font mention) : *Cellules qui se* reclosent *sur de l'esprit* (A. Gide, *Les Nourritures terr. et les Nouv. Nourr.*, p. 137). — *Que se* reclosent *sur leurs secrets les bouches entr'ouvertes des morts* (Id., *Saül*, III, 7).

---

1. On ne voit pas pourquoi l'Académie ne met pas l'accent circonflexe sur l'*o* dans *il éclot, il enclot*, alors qu'elle écrit *il clôt*.

15. **Comparoir** (terme de procédure ; du lat. juridique *comparēre*) n'est usité qu'à l'infinitif : *Être assigné à* COMPAROIR.

Comparant, forme participiale de *comparoir*, ne s'emploie que comme adjectif ou comme nom : *La partie* COMPARANTE. *Le* COMPARANT, *la* COMPARANTE *a déclaré que...* *Les non-*COMPARANTS. — *Ces actes seront signés par l'officier de l'état civil, par les* COMPARANTS *et les témoins* (*Code civ.*, art. 39).

Comparoir est vieilli. On emploie aujourd'hui *comparaître*, formé par contamination de *comparoir* et *paraître*.

16. **Courre** (lat. *currĕre*, courir) est la forme ancienne de *courir*. Il ne s'emploie plus aujourd'hui que comme terme de chasse : COURRE *le cerf, chasse à* COURRE, *laisser* COURRE *les chiens, laisser* COURRE [1].

17. **Écloper** ne s'emploie guère qu'au participe passé *éclopé, -e,* qui est le plus souvent adjectif : *Être tout* ÉCLOPÉ.

18. **S'ensuivre** n'est usité qu'à l'infinitif et aux troisièmes personnes de chaque temps ; il peut s'employer impersonnellement : *Les combinaisons de la nature sont en nombre limité, et la limite de la durée est inconcevable ; il* S'ENSUIT *que l'Univers s'épuise et se répète encore jusqu'à l'infini* (A. HERMANT, *L'Aube ardente,* XII). — *Un grand bien* S'ENSUIVIT *de tant de maux* (AC.). — *Il* S'ENSUIVIT *de grands maux* (ID.). — *Frapper jusqu'à ce que mort* S'ENSUIVE (ID.). — *Voyez les erreurs qui* S'ENSUIVRAIENT *de cette proposition* (ID.). — *Tout ce qui* S'ÉTAIT ENSUIVI (ID.). — *Il avait célébré, la veille, le succès d'un camarade en ses examens, et les libations* S'ÉTAIENT ENSUIVIES *sans mesure* (É. HENRIOT, *Aricie Brun,* III, 1).

S'ensuivre présente la soudure de la particule *en* avec le verbe *suivre*. Si à l'idée verbale (= découler) on veut ajouter celle de « de là », on doit avoir régulièrement *s'ensuivre de là,* ou *s'en ensuivre : Quels inconvénients auraient pu* S'EN *ensuivre* (MOL., *Amphit.,* II, 3). — *Les ruines qui* S'EN *ensuivent* (BOSS., *Œuvres orat.,* t. V, p. 219). — *Que s'ensuit-il* DE LÀ ? (DIDEROT, *Paradoxe sur le comédien.*) — *Il ne s'ensuit pas* DE LÀ *qu'il n'est plus de ce monde* (Th. GAUTIER, *Partie carrée,* VI). — *Il ne s'en ensuit nullement que le P. de Montrond trouve l'art moderne trop audacieux* (A. BILLY, dans le *Figaro litt.,* 15 déc. 1951). — *Une discussion* S'EN *était ensuivie* (ID., *Le Narthex,* p. 87).

« Ainsi, explique Littré, on dira : *Voilà le principe, la conséquence s'*EN *ensuivra,* comme on dit : *Si vous laissez la cage ouverte, l'oiseau s'*EN *enfuira (...).* Il ne faudrait pas croire que l'on pût écrire *s'en suivre* en deux mots pour signifier *découler de là,* car *se suivre* ne se dit pas en ce sens, c'est *suivre,* neutre, qui se dit [2]. »

On comprend que la rencontre désagréable des deux syllabes *en* ait amené certains auteurs à ôter à *s'ensuivre* la particule *en : Il s'en est* SUIVI *quelques propos un peu vifs* (VIGNY, *Cinq-Mars,* XIV). — *Il s'en est* SUIVI *inévitablement que « demi » n'a plus eu d'emploi au féminin que placé après le nom* (LITTRÉ, *Suppl.,* s. v. *demi,* Rem. 5). — *Dieu sait (...) ce qui s'*EN *serait suivi* (É. FAGUET, *En lisant Molière,* p. 277). — *Il ne s'en* SUIVRAIT *nullement que sur ces sphères d'aspect terrestre, régnerait un être*

---

1. Le nom *laisser-courre* se dit du lieu où l'on découple les chiens.

2. « On ne dit plus *il s'en est ensuivi,* mais plutôt, malgré l'incorrection certaine, *il s'en est suivi.* » (MARTINON, *Comment on parle en français,* p. 294, note 1.)

d'apparence humaine (M. MAETERLINCK, *La Grande Féerie*, p. 166). — *Je préfère, pour ce qui s'en* SUIVRA, *vous consulter sans plus attendre* (Cl. FARRÈRE, *Le Chef*, p. 87). — *L'élargissement d'âme qui s'en est* SUIVI *pour nous* (J. LEMAITRE, *Impress. de théâtre*, t. I, p. 136). —*La scène inqualifiable qui s'en était* SUIVIE (R. MARTIN DU GARD, *Les Thibault*, II, p. 119). — *Le suicide de l'Europe devra s'en* SUIVRE (A. SUARÈS, *Vues sur l'Europe*, p. 183).

19. **Ester** (lat. *stare*, se tenir debout, être) est un terme de palais signifiant « comparaître devant un tribunal ». Il est usité seulement dans les expressions *ester en justice, ester en jugement*.

20. *a*) **Faillir** n'est plus guère usité qu'à l'infinitif, au PASSÉ SIMPLE : *Je faillis*, etc. ; au FUTUR : *Je faillirai* [1], etc. ; — au CONDITIONN. : *Je faillirais*, etc. ; — et aux temps composés : *J'ai failli, j'avais failli*, etc.

On disait autrefois : INDIC. PRÉS. : *Je faux, tu faux, il faut, nous faillons, vous faillez, ils faillent*. — IMPARF. : *Je faillais, tu faillais*, etc. — FUTUR : *Je faudrai, tu faudras*, etc. — SUBJ. PRÉS. : *Que je faille*, etc. — SUBJ. IMPARF. : *Que je faillisse*, etc. — PARTIC. PRÉS. : *Faillant*. — Certaines de ces formes s'emploient parfois encore par caprice d'archaïsme ou par badinage : *Et quand parfois le cœur me* FAUT (G. DUHAMEL, *Le Temps de la Recherche*, XI). — *Je* FAILLAIS *à la besogne* (A. de CHÂTEAUBRIANT, *La Brière*, p. 286). — *Le cœur lui* FAILLAIT (J. GREEN, *Mont-Cinère*, XXXVII).

Faillir signifiant « faire faillite » suit entièrement la conjugaison de *finir* : *Quand un négociant faillit. Il faillissait. Qu'il faillisse*, etc.

Hist. — *Faillir* (du lat. vulg. **fallire*, lat. class. *fallĕre*) et *falloir* sont des doublets :

---

1. Littré disait de *faillirai, faillirais* : « C'est un barbarisme, mais qui a chance de s'introduire et de devenir correct ; déjà quelques grammairiens disent que ce verbe, dans le sens de « faire faillite », se conjugue régulièrement sur *finir* : *Quand un négociant* FAILLIT, *les créanciers*, etc. ; *s'il* FAILLISSAIT, *vous seriez ruiné* ; *si la baisse continue, il* FAILLIRA : c'est un usage tout moderne qui cherche à s'introduire. » Ces formes sont tout à fait entrées dans l'usage : *Cela ne te* FAILLIRA *pas* (FLAUBERT, *Corresp.*, t. I, p. 119). — *J'ai reçu de ma tante la charge de m'occuper de vous : que vous le vouliez ou non, je n'y* FAILLIRAI *pas* (É. ESTAUNIÉ, *Le Labyrinthe*, p. 92). — *Ils ont failli, comme nous* FAILLIRIONS (FLAUBERT, *Corr.*, t. II, p. 192). — *Jérémie n'y* FAILLIRAIT *pas* (H. BORDEAUX, *Les Déclassés*, p. 175). — *Il s'était juré de ne pas faillir à sa promesse. Il n'y* FAILLIRAIT *pas* (Fr. MAURIAC, *Galigaï*, XV). — *Un prince qui les approuve* FAILLIRAIT *à sa mission* (J. COCTEAU, *Bacchus*, I, 2). — Pour l'ensemble de la conjugaison de *faillir*, il faut noter que depuis longtemps déjà ce verbe se conjugue comme *finir* : le Dictionnaire national de Bescherelle (1843-1846), après avoir observé que le Dictionnaire de l'Académie [éd. de 1835] « s'obstine » à maintenir l'ancienne conjugaison de *faillir*, donne la conjugaison de ce verbe entièrement modelée sur celle de *finir*, et déclare : « les exemples d'application fourmillent ». — Opinion tout à fait fondée : *Je sens bien en quoi je* FAILLIS (FLAUB., *Corr.*, t. II, p. 189). — *Prenez mon sang, mais que le peuple russe ne* FAILLISSE *pas à son devoir* (H. TROYAT, *Le Sac et la Cendre*, p. 401). — *Si je* FAILLISSAIS *à ma tâche* (P. VIALAR, *Le Petit garçon de l'ascenseur*, p. 70).

de même qu'à *vaut* répondait l'infinitif *valoir*, de même à *faut* (du verbe *faillir*) la langue du moyen âge a fait répondre un infinitif *falloir*. — *Falloir* garde la significa-tion de *faillir* (= manquer) dans *s'en falloir* : *Il s'en faut de tout. Peu s'en faut que... Tant s'en faut que...*

   b) Défaillir : voyez § 672, *a,* 2.

   21. **Férir** (lat. *ferire,* frapper) n'est plus usité qu'à l'infinitif, dans l'ex-pression *sai.s coup férir,* et au participe passé *féru, -e,* qui s'emploie comme adjectif : *Ce cheval a le tendon* FÉRU (Ac.). — *Il est* FÉRU *d'amour* (ID.).

   22. *a)* **Forfaire** [composé de *faire* et de *fors,* proprement « agir en dehors (du devoir) »] et **parfaire** se conjuguent comme *faire* et ont tous les temps et toutes les personnes, mais ils sont peu employés en dehors de l'infinitif et des temps composés : *Il a* FORFAIT *à l'honneur* (Ac.). — *J'ai* PARFAIT *le paiement.*

   b) **Malfaire** (= faire du mal) et **méfaire** (= faire mal) sont deux mots vieillis qu'on ne rencontre guère qu'à l'infinitif.

   23. **Foutre** (qui se prononce généralement *foute*), mot très bas auquel la langue familière ou populaire substitue *ficher* ou *fiche* (§ 650), n'est usité qu'aux temps suivants : INDIC. PRÉS. : *Je fous, tu fous, il fout, nous foutons, vous foutez, ils foutent.* — IMPARF. : *Je foutais,* etc. — FUTUR : *Je foutrai,* etc. — IMPÉ-RAT. : *Fous, foutons, foutez.* — SUBJ. PRÉS. [1] : *Que je foute,* etc. — PARTIC. PRÉS. : *Foutant.* — TEMPS COMP. : *J'ai foutu, j'avais foutu,* etc. — [*Ficher* et *fiche* ont les mêmes temps : *Je fiche, je fichais, je ficherai,* etc. — Le participe passé est *fichu* (§ 652, note)].

   24. **Frire** (lat. *frigère*) n'est guère usité qu'à l'infinitif, au singulier de l'indicatif présent : *Je fris, tu fris, il frit ;* au participe passé *frit, -e,* et aux temps composés : *J'ai frit, j'avais frit,* etc.

   Il se rencontre rarement au FUTUR : *Je frirai ;* au CONDITIONN. : *Je frirais ;* au singulier de l'IMPÉRAT. : *Fris.*

   On peut suppléer les formes manquantes en faisant dépendre du verbe *faire* l'infinitif *frire* pris intransitivement : *Je faisais frire, je fis frire, que je fasse frire,* etc. « On ne voit pas vraiment pourquoi, dit Littré, ce verbe est défectif et ne se con-jugue pas comme *rire : nous frions, vous friez ; je friais ; que je frie ; que je frisse ; friant.* »

   Le participe présent *friand,* qui ne s'emploie plus que comme adjectif, avait éty-mologiquement un *t* final : *friant.* C'est l'analogie avec les mots en *-and* qui a fait changer un *t* en *d.*

   25. **Gésir** (lat. *jacère,* être étendu, être couché) ne s'emploie plus qu'au présent et à l'imparfait de l'indicatif, et au participe présent : *Je gis, tu gis, il gît (ci-gît :* dans les inscriptions funéraires ; souvent remplacé aujourd'hui par *ici repose), nous gisons, vous gisez, ils gisent. Je gisais,* etc. *Gisant.*

---

   1. L'imparfait du subjonctif est exceptionnel : *Elle dit qu'il faudrait qu'ils* FOU-TISSENT *le camp* (Fr. JAMMES, *De l'Angélus de l'aube à l'Angélus du soir,* Un Jour, III).

On l'emploie surtout en parlant de personnes malades ou mortes, ou de parties d'édifices renversées par le temps ou la destruction : *Les blessés* GISAIENT *sur le sol* (Ac.). — *Les cadavres* GISENT *sur la terre, privés de sépultures* (ID.). — *Les colonnes de l'édifice détruit* GISAIENT *éparses* (ID.).

26. ***Importer*** (= être d'importance) n'est d'usage qu'à l'infinitif et aux troisièmes personnes.

27. *a)* ***Inclure*** (lat. *includĕre,* enfermer) n'est guère usité qu'au participe passé *inclus, -e,* qui est le plus souvent précédé de *ci* (§ 785). — Voir § 683, *N. B.,* note.

b) ***Reclure*** ne se dit qu'à l'infinitif et aux temps composés. Le participe passé *reclus, -e,* s'emploie comme adjectif et comme nom : *Il demeure* RECLUS *dans sa maison tout le long de l'hiver* (Ac.). — *Vivre comme un* RECLUS, *comme une* RECLUSE (ID.).

28. ***Intrure*** (lat. *intrudĕre,* de *in,* dans, et *trudĕre,* pousser) est un vieux verbe signifiant « introduire sans droit, sans titre », qui ne s'emploie plus que fort rarement, et seulement aux temps composés de sa forme pronominale : *Ceux qui* SE SONT INTRUS *dans le sanctuaire* (MASSILL., *Confér. Vocat. à l'état ecclés.,* 2). — *La cause dans laquelle vous* VOUS ÊTES INTRUS (VOLT., dans Littré). — *Il* S'EST INTRUS *dans cet évêché, dans cette tutelle* (Ac.). — Le participe passé *intrus, -e,* s'emploie couramment comme nom : *C'est un* INTRUS (DICT. GÉN.). — *Chasser les* INTRUS (ID.).

29. ***Issir*** (= sortir, descendre d'une personne ou d'une race ; du lat. *exire,* composé de *ire,* aller, et *ex,* hors de) n'est plus usité qu'au participe passé *issu, -e : De ce mariage sont* ISSUS *beaucoup d'enfants* (Ac.). — *Issu* se retrouve dans le nom *issue.*

30. ***Mécroire*** (= refuser de croire) ne s'emploie guère que dans la phrase proverbiale : *Il est dangereux de croire et de* MÉCROIRE.

31. ***Occire*** (= tuer, du lat. *occidĕre,* altéré en **auccidĕre,* en lat. vulg. de Gaule) ne s'emploie plus que par plaisanterie, à l'infinitif, au participe passé *occis, -e* et aux temps composés.

32. ***Oindre*** (lat. *ungĕre*) ne s'emploie plus guère qu'à l'infinitif et au participe passé *oint, -e.*

Littré donne encore la conjugaison complète de *oindre :* INDIC. PRÉS. : *J'oins, tu oins, il oint, nous oignons, vous oignez, ils oignent.* — IMPARF. : *J'oignais,* etc. — PASSÉ SIMPLE : *J'oignis,* etc. — FUTUR : *J'oindrai,* etc. — CONDITIONN. : *J'oindrais,* etc. — IMPÉRAT. : *Oins, oignons, oignez.* — SUBJ. PRÉS. : *Que j'oigne,* etc. — SUBJ. IMPARF. : *Que j'oignisse,* etc. — PARTIC. PRÉS. : *Oignant.* — PARTIC. PASSÉ : *Oint, -e.*

33. ***Ouïr*** (lat. *audire,* entendre) n'est plus guère usité qu'à l'infinitif et dans l'expression *ouï-dire.*

En termes de procédure, on dit : *On a fait* OUÏR *tant de témoins* (Ac.). — *Les témoins ont été* OUÏS (ID.). — *Ouï les témoins* (ID.). — *L'*OYANT *compte, les* OYANTS *compte.*

On conjuguait autrefois : INDIC. PRÉS. : *J'ois, tu ois, il oit, nous oyons, vous oyez, ils oient.* [*Tant il y trouverait (…) de basses plaisanteries et de saletés, je dis même des plus grossières, et de celles qu'on n'*OIT *sortir que de la bouche des plus vils artisans* (Boss., *Var.,* I, 33)]. — IMPARF. : *J'oyais,* etc. — PASSÉ SIMPLE : *J'ouïs,* etc. — FUTUR :

J'oirai, etc. [ou : *J'orrai*... cf. : *Son sang criera vengeance et je ne l'*ORRAI *pas* (CORN., *Cid*, III, 3)]. — IMPÉRAT. : *Ois, oyons, oyez*. — SUBJ. PRÉS. : *Que j'oie* ou *que j'oye*, etc. — SUBJ. IMPARF. : *Que j'ouïsse*, etc. — PARTIC. PRÉS. : *Oyant*. — PARTIC. PASSÉ : *Ouï, -e*.

On rencontre parfois certaines formes faussement archaïques faites (généralement par badinage ou par fantaisie) sur le modèle de la conjugaison de *finir : Les dimanches messe* OUÏRAS. — OUÏS *ceci* (FLAUBERT, *Corr.*, t. III, p. 201). — OUÏSSEZ *ceci* (ID., *ibid.*, p. 380). — *On mange, on boit, on* OUÏT, *sans faim, sans soif, sans besoin* (R. ROLLAND, *Jean-Christophe*, t. IV, p. 82). — OUÏS *du chœur des vents les cadences plagales* (G. APOLLINAIRE, *Alcools*, Le Larron). — *Ces clameurs terribles, qu'on entend à jamais quand on les* OUÏT *une fois* (A. SUARÈS, *Sur la vie*, t. II, p. 166).

34. **Paître** (lat. *pascĕre*) ne s'emploie ni au passé simple, ni au subjonctif imparfait, ni aux temps composés. INDIC. PRÉS. : *Je pais, tu pais, il paît, nous paissons*, etc. — IMPARF. : *Je paissais*. — FUTUR : *Je paîtrai*. — CONDITIONN. : *Je paîtrais*. — IMPÉRAT. : *Pais, paissons, paissez*. — SUBJ. PRÉS. : *Que je paisse*. — PARTIC. PRÉS. : *Paissant*.

Repaître n'est pas défectif (§ 677, 2).

35. **Partir** (du lat. vulg. *partire*, lat. class. *partiri*, partager) ne s'emploie plus que dans la locution figée : *Avoir maille à* PARTIR *avec quelqu'un*.

Le participe passé *parti, -e*, s'emploie, précédé de *mi* (avec trait d'union), pour marquer le partage d'une chose en deux portions égales, mais dissemblables ou opposées ; il s'accorde avec le mot auquel il se rapporte comme épithète ou comme attribut : *Les avis ont été* MI-PARTIS (AC.). — *Sa robe était* MI-PARTIE *de blanc et de rouge* (ID.). — *Ces cordes (...)* MI-PARTIES *de chanvre et de soie* (STENDHAL, *La Chartr. de Parme*, t. II, p. 214). — *Des êtres chauves-souris,* MI-PARTIS *brigands et valets* (HUGO, *Les Misér.*, II, 1, 19). — *Beaucoup de ses pièces (...) sont* MI-PARTIES *politique et amour* (É. FAGUET, *En lisant Corneille*, p. 101). — *La rotation d'une sphère* MI-PARTIE *bleue et rouge* (H. POINCARÉ, *La Valeur de la science*, III). — *Comme un tison* MI-PARTI *feu et charbon* (COLETTE, *Paris de ma fenêtre*, p. 140). — *Mainville a passé près de sa tante deux années, deux années* MI-PARTIES *blanches et noires* (G. BERNANOS, *Un Mauvais Rêve*, I, 3). — *Dans l'exemple suivant, parti n'est pas précédé de mi : Le jockey qui montait Théocrate VI portait une émouvante casaque* PARTIE *de blanc et de vert* (M. AYMÉ, *Le Passe-muraille*, p. 35).

Dans l'usage moderne, l'expression est en voie de perdre sa valeur originelle : elle est souvent considérée, en dépit de son sens étymologique, comme formée du nom *partie* et on lui donne la valeur d'une locution adverbiale signifiant « moitié », « à moitié » : *Un justaucorps (...)* MI-PARTIE *vert-pomme et bleu* (A. DAUDET, *Trente ans de Paris*, p. 135). — *Lui s'efforce (...) pour s'intéresser à mes recherches* MI-PARTIE *rustiques et sarrazines* (P. ARÈNE, *La Chèvre d'or*, XVII). — *Avec une croisée* MI-PARTIE *en carreaux rouges,* MI-PARTIE *en carreaux bleus* (J. RENARD, *Journal*, 20 juin 1895). — *En filant à toute vitesse sur le sol* MI-PARTIE *français,* MI-PARTIE *espagnol* (R. BAZIN, *Terre d'Espagne*, p. 2). — *Relevé, le chirurgien disposait de huit heures, tantôt de jour, tantôt de nuit et tantôt* MI-PARTIE (G. DUHAMEL, *Paroles de médecin*, p. 232). — *Jouet étrange* [un polichinelle] *entre le monarque et le magot,* MI-PARTIE *de satin jaune comme les fauteuils, et de satin grenat comme les rideaux* (Germ. BEAUMONT, dans les *Nouv. littér.*, 19 oct. 1950). — *Le soleil était encore fort bas sous les collines ; le ciel était* MI-PARTIE *de nuit* (J. GIONO, *Le Hussard sur le toit*, p. 89).

En termes de blason, le participe *parti* se dit, soit de l'écu divisé perpendiculaire-ment en parties égales, soit d'un aigle à deux têtes : *Il porte* PARTI *d'or et de gueules. Il porte de sable à l'aigle d'or au chef* PARTI.

A signaler aussi les adjectifs *biparti, -ie, triparti, -ie, quadriparti, -ie, quinquéparti, -ie...*, et leurs doublets (lat. *partitus*, partagé) *bipartite, tripartite, quadripartite, quinquépartite...*, qui sont des deux genres.

36. **Poindre** (lat. *pungĕre*, piquer). Dans le sens intransitif de « pointer » ou de « commencer à paraître », il ne se trouve guère qu'à l'infinitif et à la 3e pers. du sing. de l'indicatif présent et du futur : *On voit* POINDRE *les bour-geons.* — *Dès que le désir* POINT, *l'enfant parle à sa mère comme à une esclave* (L. LAVELLE, *La Parole et l'Écriture*, p. 77). — *Le jour* POINT, POINDRA.

Au sens transitif de « piquer », il se trouve dans le proverbe : *Oignez vilain, il vous* POINDRA ; POIGNEZ *vilain, il vous oindra.* — Dans l'usage litté-raire, il est peu courant : *Cette pensée ne cessait de le* POINDRE (G. DUHAMEL, *Le Voy. de Patrice Périot*, p. 199). — *Cette pensée devait le* POINDRE (ID., *ib.*, p. 99).

L'ancien participe présent *poignant* est devenu adjectif : *Émotion* POIGNANTE. Littré donne encore la conjugaison complète de *poindre ;* cette conjugaison est analogue à celle du verbe *oindre* (voyez ci-dessus, 32).

N. B. — Certains auteurs ont tenté de faire revivre des formes anciennes de *poindre* (*poignait, poignit,* qu'il *poigne,* etc.) [1] : *Comme l'aube* POIGNAIT, *l'homme parut, précédé de Miraut* (L. PERGAUD, *De Goupil à Margot*, La Tragiq. aventure de Goupil, II). — *Mais une immense curiosité me* POIGNAIT (Fr. AMBRIÈRE, *Le Solitaire de la Cervara*, p. 59). — *Une indicible douleur qui me* POIGNAIT *le creux de l'âme* (G. DUHA-MEL, *Cri des profondeurs*, p. 216). — *Non que l'envie ne l'en* POIGNE (ID., *Fables de mon jardin*, p. 98). — *Tu jetas vers moi (...) un seul regard qui me* POIGNIT (P.-H. SIMON, *Les Raisins verts*, p. 116). — *Quand Louise et François eurent disparu, la solitude le* POIGNIT *au cœur* (H. QUEFFÉLEC, *Un Feu s'allume sur la mer*, I, 10). — *Une détresse me* POIGNAIT *le cœur quand on soufflait la bougie* (Marie NOËL, *Petit-jour*, p. 88). — *Le jour* POIGNAIT (Ph. HÉRIAT, *Famille Boussardel*, XI).

37. **Pouvoir** n'a pas d'impératif (§ 674, 12).

38. **Promouvoir** ne s'emploie guère qu'à l'infinitif, au participe présent *promouvant,* au participe passé *promu, -e,* et aux temps composés.

---

1. Quelques écrivains ont employé le verbe néologique *poigner,* formé à la faveur de *poignant ;* ce verbe hasardeux, attiré dans l'orbite sémantique de *poigne* et de *em-poigner,* a pu passer facilement du sens de « piquer » au sens de « serrer, étreindre » : *L'effroi avait* POIGNÉ *son cœur* (Fr. SOULIÉ, dans LITTRÉ). — *Un sentiment profond de regret a* POIGNÉ *mon cœur* (CHATEAUBR., *Mém.*, IV, 3, 12). — *L'anxiété de ses enfants commence à la* POIGNER *à son tour* (A. DAUDET, *La Petite Paroisse*, p. 381). — *Les poi-trines ne respiraient plus,* POIGNÉES *d'angoisse* (É. ESTAUNIÉ, *Un Simple*, p. 46). — *Un nouveau malaise le* POIGNA *au ventre* (H. TROYAT, *L'Araigne*, p. 277). — *Il s'en échap-pait* [d'un garage] *une odeur qui lui* POIGNA *le ventre* (G. CESBRON, *Notre Prison est un royaume*, p. 16). — *Le ventre* POIGNÉ *d'angoisse* (ID., *ib.*, p. 165). — [Cf. ces réflexions de J. Renard : « Dans une réédition d'*À Vau-l'eau,* Huysmans maintient une faute que Jules Lemaître lui avait signalée : Un grand découragement le *poigna.* Peu importe de faire des fautes de français quand on ne sait pas la langue ; mais, quand on la sait, pourquoi s'entêter ? Les fautes voulues n'ont pas de valeur. » (*Journal*, 5 avr. 1894.)]

39. **Puer** (autref. *puir*, du lat. vulg. *putīre*, lat. class. *putēre*), selon l'Académie, « n'est usité qu'au présent, à l'imparfait, au futur de l'indicatif, au conditionnel présent, au subjonctif présent, à l'infinitif et au participe présent ». — Mais, comme dit Littré, « on ne voit pas pourquoi on ne se servirait pas du prétérit défini *je puai*, de l'imparfait du subjonctif *que je puasse*, et des temps composés ».

40. **Querir** ou **quérir** (de l'anc. français *querre*, par changement de conjugaison, — du lat. *quaerĕre*, chercher) ne s'emploie plus qu'à l'infinitif et avec les verbes *aller, venir, envoyer* : *On alla* QUÉRIR *le médecin*. — *La pensée d'aller ainsi* QUÉRIR *à la Morgue le cadavre de son enfant...* (G. DUHAMEL, *Le Voyage de Patrice Périot*, p. 195). — *Le prêtre envoya* QUÉRIR *une jeune paysanne dont il répondait* (Ph. HÉRIAT, *Famille Boussardel*, XI).

Selon l'Académie, on dit encore, en termes de palais : *L'argent se quiert.*

41. **Raire** (bas lat. *ragĕre*) [1] se dit du cri du cerf (syn. *réer* [2] ; on dit communément : *bramer*) ; il n'a ni passé simple ni subjonctif imparfait. INDIC. PRÉS. : *Je rais, tu rais, il rait, nous rayons, vous rayez, ils raient.* — IMPARF. : *Je rayais*, etc. — FUTUR : *Je rairai*, etc. — CONDITIONN. : *Je rairais*, etc. — IMPÉRAT. : *Rais, rayons, rayez.* — SUBJ. PRÉS. : *Que je raie*, etc. — PARTIC. PRÉS. : *Rayant.* — PARTIC. PASSÉ : *Rait* (sans féminin).

42. **Raller** n'est signalé ni par le Dictionnaire général ni par l'Académie. Selon Littré, ce verbe « est usité seulement aux temps et aux personnes où *aller* prend les formes de *vais* : *Je revais, tu revas, il reva, ils revont ; reva*, à l'impératif. *Il* REVA *lui parler.* »

Littré est d'avis que rien n'empêcherait de l'employer, comme dans l'ancienne langue, aux temps où l'on aurait le radical *rall-* : *je rallais, je rallai, nous rallâmes*, etc. A cause de l'homonymie des formes correspondantes de *rire* ou de *railler*, les formes du futur *je rirai, tu riras*, etc. — du conditionnel *je rirais, tu rirais*, etc. — et du présent du subjonctif *que je raille, que tu railles, qu'il raille, qu'ils raillent*, évidemment ne se diraient pas.

43. **Ravoir** n'est guère usité qu'à l'infinitif. Le futur et le conditionnel : *je raurai, je raurais*, appartiennent à la langue familière : *Mais je dis « tiens ! » parce qu'une voyante me l'a annoncé, que nous* R'AURIONS *la guerre* (COLETTE, *Julie de Carneilhan*, p. 96).

44. **Redire,** au sens de « blâmer », ne s'emploie qu'à l'infinitif, toujours précédé de *à* : *Il trouve* À REDIRE *à tout ce qu'on fait* (Ac.).

45. **Renaître** est aujourd'hui si peu usité aux temps composés (cf. § 677, 4) que des grammairiens le considèrent comme défectif.

46. **Résulter** ne se dit qu'à l'infinitif et à la 3e personne des autres temps : *Les pertes qui* RÉSULTÈRENT *de sa mauvaise gestion* (Ac.).

---

1. Il a existé un autre verbe *raire* (du lat. *radĕre*, gratter, raser) signifiant « raser », « tondre ». Ce verbe est hors d'usage.

2. *Réer* se conjugue régulièrement comme *aimer* : *Je rée, je réais, je réai, je rérai, je rérais, rée. que je rée, que je réasse, réant, réé* (sans fémin.).

47. **Saillir** (lat. *salire*, sauter) est à peu près sorti de l'usage et la distinction suivante n'a plus guère qu'un intérêt historique :

a) Quand il signifie « jaillir », *saillir* se conjugue comme *finir* et n'est guère usité qu'à l'infinitif et à la 3ᵉ personne du singulier et du pluriel : *Il saillit, il saillissait. il saillira*, etc. — *De grises figures de pierre que j'avais contemplées avec froideur* SAILLIRENT *dans ma mémoire* (J. de LACRETELLE, *Silbermann*, p. 71).

b) Au sens de « être en saillie, déborder », il ne prend pas la syllabe *-iss-*[1] et ne s'emploie qu'aux troisièmes personnes : *Il saille, ils saillent. Il saillait, ils saillaient. Il saillera, ils sailleront*, etc. — *Les racines appelées « genoux »* SAILLAIENT *en avan* (CHAT., *Mém.*, I, 8, 7). — *La pomme du cou* SAILLAIT, *violette, au-dessus du bouton de la chemise* (M. ARLAND, *Terre natale*, p. 105).

Saillant, comme adjectif, est tout à fait courant.

48. **Se mourir** ne se dit guère qu'au présent et à l'imparfait de l'indicatif et à l'infinitif.

49. *a)* **Seoir** (lat. *sedēre*, être assis). 1º Quand il signifie « être assis, siéger, être situé », il ne s'emploie plus qu'au participe présent *séant*, et au participe passé *sis, -e* : *Le tribunal* SÉANT *à Lyon. Une maison* SISE *à Reims.*

N. B. — 1. Pour le gérondif *séant* pris comme nom dans les locutions *en son séant, sur son séant*, voyez § 798, *Hist.*

2. L'impératif *sieds-toi, seyons-nous, seyez-vous* se dit parfois encore dans la langue poétique et dans la conversation familière.

2º Au sens de « convenir », il n'est usité qu'au participe présent *seyant*, et aux troisièmes personnes des temps suivants : INDIC. PRÉS. : *Il sied, ils siéent.* — IMPARF. : *Il seyait, ils seyaient.* — FUTUR : *Il siéra, ils siéront.* — CONDITIONN. : *Il siérait, ils siéraient.* — SUBJ. PRÉS. (rare)[2] : *Qu'il siée, qu'ils siéent.* — Les temps composés sont inusités.

Il s'emploie aussi impersonnellement : *Il vous* SIED *mal de faire l'entendut*

Séant, -e, seyant, -e s'emploient aussi comme adjectifs : *Une conduite peu* SÉANTE *à un tel homme. Une couleur* SEYANTE.

b) **Messeoir,** n'être pas convenable, s'emploie, dit l'Académie, dans les mêmes temps que *seoir* (= convenir).

---

1. Chez Flaubert, *saillir*, dans cette acception, se conjugue comme *finir : Le cadre est en bois noir ciselé, la gravure* SAILLIT *bien* (*Corr.*, t. I, p. 127). — *Les massifs d'arbres, de place en place,* SAILLISSAIENT *comme des rochers noirs* (*Mme Bov.*, p. 172). — *Ses côtes, une à une,* SAILLISSAIENT *sous sa peau tendue* (*Salammbô*, p. 38). — *Les globes de ses yeux* SAILLISSAIENT (*Éduc. sent.*, t. II, p. 68). — Cette particularité s'observe aussi chez d'autres écrivains : *De la masse des têtes communes, étroites et indistinctes,* SAILLIT *la grosse face d'un boucher ; il examine...* (E.-M. de VOGÜÉ, *Le Roman russe*, p. 89). — *Ces joues creuses d'où* SAILLIT *le profil* (M. BARRÈS, *Les Déracinés*, p. 357). — *Deux tendons qui* SAILLISSAIENT *sous la peau duvetée* (V. LARBAUD, *Beauté, mon beau souci...*, éd. Pléiade, p. 555). — *La fourchette où* SAILLISSENT *gracieusement les tendons convergents du cou* (ARAGON, *Le Paysan de Paris*, p. 107). — *Sa veine frontale* SAILLISSAIT (LA VARENDE, *La Sorcière*, p. 241).

2. *Pourvu que cela* [se peindre les yeux] SIÉE *à la figure, qu'est-ce que cela fait ?* (A. DUMAS f., *Le Demi-Monde*, I, 2.)

Selon Littré, il se conjugue ainsi : INDIC. PRÉS. : *Je messieds, tu messieds, il messied, nous messeyons, vous messeyez, ils messeyent.* — IMPARF. : *Je messeyais,* et autres personnes. — FUTUR : *Je messiérai,* etc. — CONDITIONN. : *Je messiérais.* — SUBJ. PRÉS. : *Que je messeye, que nous messeyions, que vous messeyiez, qu'ils messeyent.* — INFIN. : *Messeoir.* — PARTIC. PRÉS. : *Messéant.* — Inusité aux autres temps.

50. **Sourdre** (lat. *surgĕre,* s'élever, jaillir) n'est plus guère usité qu'à l'infinitif et aux troisièmes personnes du présent de l'indicatif : *Il sourd, ils sourdent.* (Le mot est vieilli et ne se dit plus qu'en style élevé.)

On conjuguait autrefois : *Il sourd, ils sourdent. Il sourdait. Il sourdit. Il sourdra. Il sourdrait. Qu'il sourde. Qu'il sourdît. Sourdant.*

51. **Tistre** (*tître* selon le Dictionnaire général) (lat. *texĕre,* tisser) n'est usité qu'au participe passé *tissu, -e,* dans les temps composés, et à peu près exclusivement au figuré : *Deux belles voiles filées par elle,* TISSUES *de son propre chanvre* (LAMARTINE, *Graziella,* I, Épis. XIV). — *Le buffle sauvage (…) n'est pas entouré de plus de filets, de plus de nœuds coulants que je n'en ai* TISSU… (MUSS., *Lorenzaccio,* III, 3). — *Quand il* [dom Déforis] *a* TISSU *de son autorité deux ou trois sermons ensemble* (BRUNETIÈRE, *Bossuet,* p. 14). — *La robe blanche qu'elle avait* TISSUE *de ses mains* (A. FRANCE, *Thaïs,* p. 88). — *La vie* TISSUE *pour d'autres de passions redoutables, n'était pour lui qu'une longue classe de physique* (A. MAUROIS, *Rouen,* p. 17).

52. *a) **Traire*** (lat. vulg. *tragĕre,* lat. class. *trahĕre,* tirer [1]) n'est pas usité au passé simple ni au subjonctif imparfait [2]. INDIC. PRÉS. : *Je trais, tu trais, il trait, nous trayons, vous trayez, ils traient.* — IMPARF. : *Je trayais,* etc. — FUTUR : *Je trairai,* etc. — IMPÉRAT. : *Trais, trayons, trayez.* — SUBJ. PRÉS. : *Que je traie,* etc. — PARTIC. PRÉS. : *Trayant.* — PARTIC. PASSÉ : *Trait, -e.*

*b) **Abstraire, distraire, extraire, portraire** (vieux), **rentraire, retraire, soustraire** se conjuguent comme* traire. — ***Attraire*** se conjugue de même, mais il n'est plus guère usité qu'à l'infinitif.

Pour *abstraire,* l'Académie ne mentionne que le présent et l'imparfait de l'indicatif et les temps composés ; elle ajoute que ce verbe est inusité aux autres temps. Cette opinion ne paraît pas fondée ; on suivra plutôt celle de Littré, selon lequel *abstraire* n'est inusité qu'au passé simple et à l'imparfait du subjonctif.

De l'ancien verbe *fortraire* il subsiste le participe-adjectif *fortrait, -e,* terme de manège : un cheval *fortrait* est un cheval malade par suite d'une fatigue excessive.

53. **Transir** se conjugue régulièrement comme *finir.* Ce verbe est présenté dans certaines grammaires comme défectif, mais rien n'empêche de l'employer dans toutes les formes de sa conjugaison.

---

1. Au sens spécial de « tirer le lait », *traire* a remplacé l'ancien verbe *moudre,* du latin *mulgĕre* (cf. le liégeois *moude* ou *mode*). — On dit aussi, dans le centre et l'ouest de la France, *tirer,* au sens de « traire » : TIRER *les vaches* (LITTRÉ, s. v. *tirer,* 13°). — *Elle* TIRA *la vache (…), une tétine en chaque main, et d'un mouvement alternatif et doux* (J. RENARD, *Ragotte,* I, Jaunette).

2. J. Green écrit hardiment : *Il ne voulait pas que les filles de ferme* TRAYASSENT *les vaches* (*Journ.,* 19 déc. 1948).

Art. 5. — CONJUGAISON PASSIVE

702. La conjugaison passive n'existe pas en français en ce sens qu'elle n'a pas de formes propres correspondant, avec le sens passif, aux formes actives (comme cela existe en latin : *amor* = je suis aimé, correspondant à *amo* = j'aime).

Pour conjuguer un verbe au passif, on fait suivre du participe passé simple de ce verbe tous les temps du verbe *être*.

Dans la conjugaison passive, le participe passé s'accorde toujours en genre et en nombre avec le sujet du verbe : *Il est* AIMÉ, *ils sont* AIMÉS, *elles sont* AIMÉES.

N. B. — La langue parlée a, pour la conjugaison passive, des formes surcomposées (§ 661, Rem. 2) : *J'ai eu été aimé, j'avais eu été aimé, j'aurai eu été aimé, j'aurais eu été aimé, que j'aie eu été aimé, avoir eu été aimé, ayant eu été aimé.*

VERBE MODÈLE ÊTRE AIMÉ

Indicatif

Présent :	Je suis	aimé	*Passé composé :*	J'ai été	aimé
Imparfait :	J'étais	aimé	*Plus-que-parf. :*	J'avais été	aimé
Passé simple :	Je fus	aimé	*Passé antérieur :*	J'eus été	aimé
Futur simple :	Je serai	aimé	*Futur antérieur :*	J'aurai été	aimé
Futur du passé :	Je serais	aimé	*F. ant. du passé :*	J'aurais été	aimé

Conditionnel

Présent :	Je serais	aimé	*Passé* [1] *:*	J'aurais été	aimé

Impératif

Présent :	Sois	aimé

Subjonctif

Présent :	Que je sois	aimé	*Passé :*	Que j'aie été	aimé
Imparfait :	Que je fusse	aimé	*Plus-que-parf. :*	Que j'eusse été	aimé

Infinitif

Présent :	Être	aimé	*Passé :*	Avoir été	aimé
			Futur (rare) :	Devoir être	aimé

Participe

Présent :	Étant	aimé	*Passé :* Aimé, -e.	Ayant été	aimé
			Futur (rare) :	Devant être	aimé

Gérondif

En étant aimé

---

1. Une seconde forme du conditionnel passé *J'eusse été aimé* n'est autre que celle du plus-que-parfait du subjonctif.

Art. 6. — CONJUGAISON PRONOMINALE

703. Aux temps composés, les verbes pronominaux se conjuguent toujours avec l'auxiliaire *être*. Quand un verbe possède à la fois la forme non pronominale et la forme pronominale (§ 601, B, Rem. 1), la première se conjugue, en général, avec l'auxiliaire *avoir*, la seconde, avec l'auxiliaire *être* : *J'ai lavé. Je me suis lavé.* (Pour l'accord du participe passé, voir § 796.)

N. B. — La langue parlée emploie, dans la conjugaison pronominale, des formes surcomposées (§ 661, Rem. 2) : *Je me suis eu repenti, je m'étais eu repenti, je me serai eu repenti, je me serais eu repenti, que je me sois eu repenti, s'être eu repenti, s'étant eu repenti.*

Verbe modèle SE REPENTIR

Temps simples		Temps composés	

Indicatif

Présent :	Je me repens	*Passé composé :*	Je me suis repenti
Imparfait :	Je me repentais	*Plus-que-parf. :*	Je m'étais repenti
Passé simple :	Je me repentis	*Passé antérieur :*	Je me fus repenti
Futur simple :	Je me repentirai	*Futur antérieur :*	Je me serai repenti
Futur du passé :	Je me repentirais	*F. ant. du pas. :*	Je me serais repenti

Conditionnel

Présent :	Je me repentirais	*Passé* [1] :	Je me serais repenti

Impératif

Présent :	Repens-toi

Subjonctif

Présent :	Que je me repente	*Passé :*	Que je me sois repenti
Imparfait :	Que je me repentisse	*Plus-q.-parf. :*	Que je me fusse repenti

Infinitif

Présent :	Se repentir	*Passé :*	S'être repenti
		Futur (rare):	Devoir se repentir

Participe

Présent :	Se repentant	*Passé :* Repenti, -e.	S'étant repenti
		Futur (rare):	Devant se repentir

Gérondif

En se repentant

---

1. Une seconde forme du conditionnel passé *Je me fusse repenti* n'est autre que celle du plus-que-parfait du subjonctif.

Art. 7. — CONJUGAISON IMPERSONNELLE

704. Les verbes impersonnels proprement dits (§ 604) n'ont ni impératif[1], ni participe présent (pour l'usage ancien : voir § 803, *Hist.*), ni gérondif. Mais quand ils sont employés figurément, ils peuvent avoir un sujet personnel et se dire à l'impératif, au participe présent et au gérondif (§ 605). — Le participe passé des verbes impersonnels est toujours invariable. — Pour l'emploi de l'auxiliaire, voyez § 657, 1° et Rem.

N. B. — La langue parlée possède, pour la conjugaison impersonnelle, des formes surcomposées (§ 661, Rem. 2) : *Il a eu neigé, il avait eu neigé, il aura eu neigé, il aurait eu neigé, qu'il ait eu neigé, avoir eu neigé, ayant eu neigé.*

VERBE MODÈLE NEIGER		
TEMPS SIMPLES	**TEMPS COMPOSÉS**	
Indicatif		
Présent : Il neige	*Passé composé :* Il a	neigé
Imparfait : Il neigeait	*Plus-que-parf. :* Il avait	neigé
Passé simple : Il neigea	*Passé antérieur :* Il eut	neigé
Futur simple : Il neigera	*Futur antérieur :* Il aura	neigé
Futur du passé : Il neigerait	*Fut. ant. du passé :* Il aurait	neigé
Conditionnel		
Présent : Il neigerait	*Passé :* Il aurait	neigé
Subjonctif		
Présent : Qu'il neige	*Passé :* Qu'il ait	neigé
Imparfait : Qu'il neigeât	*Plus-que-parfait :* Qu'il eût	neigé
Infinitif		
Présent : Neiger	*Passé :* Avoir	neigé
Participe		
	Passé : Neigé. — Ayant	neigé

1. Une seconde forme du conditionnel passé *Il eût neigé* n'est autre que celle du plus-que-parfait du subjonctif.

---

1. Le sujet neutre *il* des verbes impersonnels n'est qu'un simple élément morphologique, qui s'est introduit anciennement par l'action analogique des verbes ordinaires (§ 603, *Hist.*) et il ne représente ni un nom de personne ni un nom de chose : l'action n'est donc pas personnelle et on ne la conçoit pas comme pouvant être accomplie par l'effet d'un commandement, d'une exhortation, d'une prière.

Art. 8. — CONJUGAISON DES VERBES INTRANSITIFS AVEC L'AUXILIAIRE *ÊTRE*

705. Les verbes dont il s'agit ici sont : 1º quelques verbes intransitifs exprimant pour la plupart un mouvement ou un changement d'état : *aller, arriver, tomber, venir,* etc. (§ 656, 2º) ; — 2º des verbes intransitifs se conjuguant avec l'auxiliaire *être* quand on veut exprimer l'*état* résultant de l'action antérieurement accomplie : *aborder, augmenter, changer, croître, déchoir, diminuer,* etc. (§ 658).

N. B. — La langue parlée possède, pour la conjugaison de ces verbes intransitifs, des formes surcomposées (§ 661, Rem. 2) : *J'ai été tombé, j'avais été tombé, j'aurai été tombé, j'aurais été tombé, que j'aie été tombé, avoir été tombé, ayant été tombé.*

VERBE MODÈLE TOMBER			
TEMPS SIMPLES		TEMPS COMPOSÉS	
Indicatif			
Présent :	Je tombe	*Passé composé :*	Je suis tombé
Imparfait :	Je tombais	*Plus-que-parf. :*	J'étais tombé
Passé simple :	Je tombai	*Passé antérieur :*	Je fus tombé
Futur simple :	Je tomberai	*Futur antérieur :*	Je serai tombé
Futur du passé :	Je tomberais	*F. ant. du passé :*	Je serais tombé
Conditionnel			
Présent :	Je tomberais	*Passé* [1] :	Je serais tombé
Impératif			
Présent :	Tombe	*Passé :*	Sois tombé
Subjonctif			
Présent :	Que je tombe	*Passé :*	Que je sois tombé
Imparfait :	Que je tombasse	*Plus-que-parf. :*	Que je fusse tombé
Infinitif			
Présent :	Tomber	*Passé :*	Être tombé
		Futur (rare) :	Devoir tomber
Participe			
Présent :	Tombant	*Passé :* Tombé, -e. —	Étant tombé
		Futur (rare) :	Devant tomber
Gérondif			
	En tombant		

1. Une seconde forme du conditionnel passé *Je fusse tombé* n'est autre que celle du plus-que-parfait du subjonctif.

Art. 9. — CONJUGAISON INTERROGATIVE

706. On distingue l'interrogation *directe* et l'interrogation *indirecte* (§ 175, Rem. 1). Dans l'exposé suivant, nous n'envisageons que les formes de l'interrogation directe.

707. Seuls le mode *indicatif* et le mode *conditionnel* peuvent prendre la forme interrogative.

708. En dehors du tour *est-ce que* ? quand le sujet de la proposition interrogative est un pronom personnel ou un des pronoms *on, ce,* il se place après le verbe et s'y joint par un trait d'union : *Entendez-*VOUS ? *Que dit-*IL ? *Qu'était-*CE ?

Aux temps composés, ce pronom sujet se place après l'auxiliaire : *Avons-*NOUS *dit ? Qu'aurait-*ON *répondu ?*

Quand le sujet n'est ni un pronom personnel ni un des pronoms *on, ce,* on emploie l'interrogation *complexe,* c'est-à-dire que le sujet préposé se répète après le verbe sous la forme d'un pronom personnel : *Votre père part-*IL *? Où ceci conduit-*IL *?*

Dans ce cas, si la proposition commence par un mot interrogatif, le sujet peut aussi être simplement postposé : *Où allait* CET HOMME *? Quand mourut* RACINE *?* (voir détails, § 186, B, Rem. 4 et 5.)

709. A la 1ʳᵉ personne du singulier de l'indicatif présent, l'inversion du sujet *je,* pronom atone, produit des locutions que l'usage n'admet pas en général, surtout quand il s'agit de monosyllabes. Ainsi on ne dira pas : *Cours-je ? Prends-je ? Sors-je ? Romps-je ? Mens-je ? Pars-je ?* etc.

On élude ces formes en recourant à la périphrase *est-ce que* : EST-CE QUE *je cours ?* EST-CE QUE *je prends ?* etc., ou à quelque autre tour : *Croyez-vous que je prenne ? Me voit-on courir ?* etc.

Toutefois l'usage admet l'inversion de *je* après quelques verbes très usités : *Ai-*JE *? Dis-*JE *? Dois-*JE *? Fais-*JE *? Puis-*JE *?* (voir § 674, 12) *Suis-*JE *? Sais-*JE *? Vais-*JE *? Vois-*JE *? Veux-*JE *?* etc. : *Qu'est-ce que j'aime en Syrie et qu'y veux-je rejoindre ?* (M. BARRÈS, *Un Jardin sur l'Oronte,* p. 7.) — *Viens-*JE *à temps ?* (A. GIDE, *Le Retour de l'Enfant prodigue,* p. 151.) — *Oui, oui, réponds-*JE (R. BENJAMIN, *Aliborons et Démagogues,* p. 50). — *Encore une cave ! ne pus-*JE *m'empêcher de dire* (G. DUHAMEL, *Cri des profondeurs,* p. 192).

Hist. — Autrefois, dans la langue parlée surtout, des formes comme *mens-je ? tends-je ?* etc., ont pu, sous l'influence de *aimé-je, donné-je,* etc., être remplacées par *menté-je ? tendé-je ?* etc. : *Que ne* PERDÉ-*je point !* (Mme de GRIGNAN, dans SÉV., t. X, p. 387.) — Cela se rencontre parfois encore de nos jours : *Aussi* METTÉ-*je toujours quelques chiffons rouges dans ma parure* (BALZAC, *La Peau de chagrin,* p. 86). — *Que* VOULÉ-*je faire d'elle ?* (J. GIRAUDOUX, *Judith,* p. 14.) — *Ai-je cousu, cousé-je, coudrai-je dans du cuir ?* (COLETTE, *Le Fanal bleu,* p. 28.)

710. Dans les tournures interrogatives, optatives, concessives, où le sujet *je* est postposé, lorsque la 1re personne du singulier est terminée par un *e* muet, la langue littéraire remplace cet *e* par *é* (voir § 638, 1°, Rem.) : *Je parle, par-lé-je*[1] *? — J'eusse fait, eussé-je fait ? — Que je puisse, puissé-je ! — Dussé-je.*

711. Quand la 3e personne du singulier se termine par un *e* muet ou par un *a* (de même avec *vainc, convainc),* on intercale entre le verbe et les pronoms sujets postposés *il, elle, on,* un *t* analogique, précédé et suivi d'un trait d'union (pour les détails, voir § 640, Rem.) : *Parle-*T-*il ? Pense-*T-*elle ? Dira-*T-*on ? Vainc-*T-*il ? — Aussi cette péripétie ne nous convainc-*T-*elle pas* (Fr. AM-BRIÈRE, *La Galerie dramatique,* p. 129).

Dans les tournures interrogatives ou exclamatives, la langue populaire se sert surtout de la particule *ti* (diversement orthographiée par les auteurs qui en usent pour donner à certaines phrases la teinte du parler populaire). Cette particule, dont l'emploi remonte au XVe siècle, trouve son origine dans la finale des formes telles que *dit-il, aime-t-il :* la prononciation vulgaire ayant cessé de faire entendre *l* final *(sort-i, dit-i),* la syllabe *ti* a été considérée comme caractéristique de l'interrogation. De la 3e personne du masculin elle s'est étendue à toutes les personnes, au masculin d'abord, puis au féminin : *D'abord, c'est-y sûr que je ne vous l'ai point dit ? (...) Je suis* T'Y *un imbécile ?* (BRIEUX, *Les Remplaçantes,* I, 9.) — *C'est-*IL *à son âge aussi qu'on devrait habiter si loin ?* (R. BOYLESVE, *Souvenirs du jardin détruit,* p. 87.) — *On travaille-*T-Y, *m'sieur Bernard ?* (A. MAUROIS, *Bernard Quesnay,* p. 86.) — *Tu joues ou tu n'joues-*T'I *pas, face de ver ?* (H. BARBUSSE, *Le Feu,* p. 240.) — *Vous êtes-*T-Y *prêts ?* (R. DORGELÈS, *Le Cabaret de la Belle Femme,* p. 85.) — *J' puis-*T-Y *entrer ?* (H. DUVERNOIS, *Crapotte,* p. 30.)

La particule en question s'ajoute aussi à *voilà,* surtout dans la langue familière : *Ne voilà-*T-IL *pas une tragédie qui a bien rempli son objet ?* (J.-J. ROUSS., *Lett. à d'Alemb.*) — *Voilà-*T-IL *pas une instructive histoire ?* (M. BARRÈS, *Les Maîtres,* p. 270.)

712. VERBE AIMER CONJUGUÉ INTERROGATIVEMENT

Indicatif :

PRÉSENT :	Aimé-je ? aimes-tu, etc. ou :	Est-ce que j'aime ? etc.
IMPARFAIT :	Aimais-je ?	Est-ce que j'aimais ?
PASSÉ SIMPLE :	Aimai-je ?	Est-ce que j'aimai ?
FUTUR SIMPLE :	Aimerai-je ?	Est-ce que j'aimerai ?
PASSÉ COMPOSÉ :	Ai-je aimé ?	Est-ce que j'ai aimé ?
PLUS-QUE-PARF. :	Avais-je aimé ?	Est-ce que j'avais aimé ?
PASSÉ ANTÉR. :	Eus-je aimé ?	Est-ce que j'eus aimé ?
FUTUR ANTÉR. :	Aurai-je aimé ?	Est-ce que j'aurai aimé ?

Conditionnel :

PRÉSENT :	Aimerais-je ?	ou : Est-ce que j'aimerais ?
PASSÉ :	Aurais-je aimé ?	Est-ce que j'aurais aimé ?
	(Eussé-je aimé ?)	(... j'eusse aimé ?)

---

1. Avec les verbes du 1er groupe, c'est là un archaïsme littéraire.

§ 4. — SYNTAXE DES MODES ET DES TEMPS

Art. 1. — INDICATIF

713. L'**indicatif** est le mode de l'action considérée objectivement et constatée ; il place un fait sur le plan de la réalité affirmée.

I. — PRÉSENT

714. — Dans le sens strict, le **présent** indique que le fait a lieu au moment même de la parole : c'est le présent momentané : *J'*ÉCRIS *en ce moment. Vous* PARTEZ *? Voici mon frère qui* VIENT.

715. Dans un sens large ou figuré [1], le présent sert à marquer :

1º Un fait d'habitude : *Je me* LÈVE *à six heures. Ce chien* MORD. — *Vous ne* COUREZ *donc pas Où vous* VOULEZ *?* (LA F., *F.*, I, 5.)

2º Un fait qui se trouve être vrai à quelque moment que ce soit de la durée. Ce présent intemporel, qui indique un fait en dehors de toute localisation dans la durée, sert à exprimer des vérités générales, des maximes, des proverbes, des faits d'expérience, des théorèmes, etc. (présent gnomique) : *L'avarice* PERD *tout en voulant tout gagner* (LA F., *F.*, V, 13). — *Cinq et quatre* FONT *neuf, ôtez deux,* RESTE *sept* (BOIL., *Sat.*, 8). — *Les corps* S'ATTIRENT *en raison directe de leur masse. Qui se* RESSEMBLE *s'*ASSEMBLE.

3º Un fait se rapportant à un passé récent ou à un futur proche : *Je* SORS *de chez un fat qui, pour m'empoisonner, Je pense, exprès, chez lui, m'a forcé de dîner* (BOIL., *Sat.*, 3). — *Dans une heure, elle* EXPIRE (RAC., *Iphig.*, IV, 1). — *Je* DESCENDS *au prochain arrêt.*

4º Un fait futur présenté comme conséquence directe et infaillible d'un autre : *S'il m'échappait un mot, c'*EST *fait de votre vie* (RAC., *Bajaz.*, II, 1). — *Eh bien ! prends Narbonne, et je t'en* FAIS *bailli* (HUGO, *Lég.*, t. I, p. 291). — *Deux mots de plus, duègne, vous* ÊTES *morte !* (ID., *Hern.*, I, 1.)

5º Un fait qui a lieu dans un passé éloigné, mais que l'on présente comme s'il était en train de se produire au moment où l'on parle : c'est le « présent historique », fréquemment employé pour donner au récit une vivacité particulière : *On lui lia les pieds, on vous le suspendit ; Puis cet homme et son fils le* PORTENT *comme un lustre* (LA F., *F.*, III, 1).

---

1. Cf. cette observation de P. Valéry, dans l'*Idée fixe :* « L'opinion publique discerne trois états du temps : *Passé, Présent, Futur.* (...) Vous pouvez piquer ce... trident n'importe où dans la chronologie. Le point choisi pour *présent* possède toujours un *passé* et un *futur* relatifs. » (éd. de la Pléiade, t. II, p. 235).

Ce présent historique peut se trouver associé à un temps passé, mais alors le présent doit exprimer les faits essentiels, et le passé, les faits accessoires, les explications : *Je regardais avec inquiétude la lumière des lampes presque consumées qui menaçaient de s'éteindre. Tout à coup une harmonie semblable au chœur lointain des esprits célestes* SORT *du fond de ces demeures sépulcrales : ces divins accents expiraient et renaissaient tour à tour ; ils semblaient s'adoucir encore en s'égarant dans les routes tortueuses du souterrain. Je me* LÈVE *et je m'*AVANCE*...* (CHATEAUBR., *Mart.*, V).

6° Un fait futur, après *si* introduisant une condition sur la réalité de laquelle on ne se prononce pas (§ 1037, 1°) : *Si vous* PARTEZ *demain, je vous accompagnerai.*

Remarques. — 1. Pour indiquer plus explicitement que l'action est présentement en voie de s'accomplir, on se sert de certaines périphrases : *Je suis ici à l'attendre* (Ac.). — *Puisque nous sommes en train de visiter les monuments...* (Th. GAUTIER, *Voy. en Esp.*, p. 335). — *Il est après à bâtir sa maison* (Ac.). [Ce tour vieillit, dit l'Acad.]

2. On trouve le présent figé dans un bon nombre d'expressions, telles que : *est-ce que, qui est-ce qui* (ou *que*), *qu'est-ce qui* (ou *que*), *si ce n'est, c'est que, on ne peut plus, on ne peut mieux, comme il faut, toujours est-il*, etc. : *Son costume lui allait on ne* PEUT *mieux* (Th. GAUTIER, *Mlle de Maupin*, X). — *On ne voyait rien si ce n'*EST *le ciel* (BARBEY D'AUREVILLY, *Le Chevalier des Touches*, p. 133).

Mais le présent sort parfois de son figement : *Clotilde ne cachait pas que la vieille demoiselle (...) ne s'intéressait plus à rien, si ce n'*ÉTAIT *aux menus incidents de l'hospice* (R. MARTIN DU GARD, *Les Thibault*, VII, 3, p. 253). — *C'était quelqu'un de très bien, Égée, mon père ; de tout à fait comme il* FALLAIT (A. GIDE, *Thésée*, p. 13).

3. Pour le présent dit « pittoresque », voir § 1050, Rem. 1.

II. — IMPARFAIT

716. En général, l'**imparfait** indique, sous l'aspect de la continuité (comme une action-ligne), un fait qui était encore inachevé (lat. *imperfectum*) au moment du passé auquel se reporte le sujet parlant ; il montre ce fait en train de se dérouler, mais sans en faire voir la phase initiale ni la phase finale [1] : *Je vous y prends : que* FAISIEZ-*vous là ? — Un paon* MUAIT : *un geai prit son plumage* (LA F., *F.*, IV, 9). — *Comme le soir* TOMBAIT, *l'homme sombre arriva...* (HUGO, *Lég.*, t. I, p. 47).

717. Dans des emplois particuliers, l'imparfait peut marquer :

---

1. H. Sten [*Les Temps du verbe fini (indicatif) en franç. mod.*, pp. 125 et 127], enseigne que si la figure du passé simple est ►━, celle de l'imparfait est (►)━━(◄). « La phase médiane, explique-t-il, qui pour ainsi dire n'existe pas si on regarde l'action sous l'aspect du passé simple, est la seule qui compte pour celui qui se sert d'un imparfait : on voit l'action en train de se dérouler. » H. Sten dit encore : « Il y a des limites (toute action verbale en a, du moins s'il s'agit du passé), mais on ne les voit pas (ou on ne veut pas les voir). »

1° Un fait d'habitude dans le passé ou la répétition indéterminée d'un fait dans le passé : *Un malheureux* APPELAIT *tous les jours La Mort à son secours* (LA F., *F.,* I, 15). — *S'il* VOYAIT *un ivrogne chanceler et choir, il le* RELEVAIT *et le* RÉPRIMANDAIT (A. FRANCE, *Pierre Nozière,* p. 87).

2° Un fait continu dans le passé, sans aucune délimitation de durée (imparfait de durée) : *Un homme* ACCUMULAIT *(…) Celui-ci ne* SONGEAIT *que ducats et pistoles* (LA F., *F.,* XII, 3). — *Les citoyens romains* REGARDAIENT *le commerce et les arts comme des occupations d'esclaves : ils ne les* EXERÇAIENT *point* (MONTESQ., *Consid.,* 10).

3° Un futur proche ou un passé récent par rapport à un moment déterminé du passé : *Mes craintes se calmèrent : dans deux heures, du renfort* ARRIVAIT (= allait ou devait arriver). — *À peine nous* SORTIONS (= nous venions de sortir) *des portes de Trézène, (…) Un effroyable cri, sorti du fond des flots, Des airs en ce moment a troublé le repos* (RAC., *Phèdre,* V, 6).

4° Un fait qui devait être la conséquence immédiate et infaillible d'un autre fait (mais ce dernier n'ayant pas été accompli, le fait exprimé par l'imparfait ne l'a pas été non plus). Dans cet emploi, l'imparfait exprime un « futur du passé » : il se substitue à un conditionnel passé pour indiquer la certitude : *Elle mit la main sur le loquet. Un pas de plus, elle* ÉTAIT *dans la rue* (HUGO, *Misér.,* I, 5, 13). — *Si vous n'étiez pas venu, je vous* FAISAIS *appeler* (A. FRANCE, *L'Orme du Mail,* p. 62). — *Sans moi, vous* LAISSIEZ *éteindre le feu !* (R. MARTIN DU GARD, *Jean Barois,* p. 35.) — *Il n'avait qu'à parler et je lui* CHANGEAIS *son verre* (J. RENARD, *Poil de Carotte,* Honorine).

Remarque. — Avec les verbes *devoir, falloir, pouvoir,* l'imparfait peut exprimer un fait qui devait ou qui pouvait avoir lieu à un moment déterminé du passé, mais qui ne s'est pas accompli. Dans cet emploi encore, il se substitue à un conditionnel passé pour exprimer la certitude : *Je* DEVAIS *le prévoir !* (= j'aurais dû…). *Il* FALLAIT (= il aurait fallu) *me faire part de vos projets : je vous aurais appuyé. L'entreprise a réussi, mais votre incurie* POUVAIT (= aurait pu) *tout gâter.*

Hist. — Cet emploi de l'imparfait avec *devoir, falloir, pouvoir,* suivis d'un infinitif était fréquent au XVIIᵉ siècle : *Je* DEVAIS *par la royauté Avoir commencé mon ouvrage* (LA F., *F.,* III, 2). — *Ah ! vous* DEVIEZ *du moins plus longtemps disputer !* (RAC., *Brit.,* III, 7.) — *« Maint » est un mot qu'on ne* DEVAIT *jamais abandonner* (LA BR., XIV, 73).

718. En outre, l'imparfait peut exprimer :

1° Un seul fait qui a eu lieu à un moment bien déterminé du passé (imparfait historique ou pittoresque) ; une indication précise marque alors la date de l'action :

Donc, tout réussissait à Racine. À vingt-cinq ans il ENTRAIT *dans la renommée* (J. LEMAITRE, *Jean Racine,* p. 118). — *Louis XIV se* REMARIAIT *deux ans après* É. FAGUET, *Hist. de la Poés. fr.,* t. VI, p. 147). — *Tout* CHANGEAIT *à cinq heures par l'arrivée de Desaix* (J. BAINVILLE, *Napoléon,* p. 176). — *Gianni* REVENAIT *au bout d'une heure* (E. de GONCOURT, *Les Frères Zemganno,* XXIII). — *Une demi-heure plus tard, (…) il se* DÉSHABILLAIT *pour se mettre au lit* (J. GREEN, *Moïra,* p. 13).

Selon Nyrop (*Gramm. hist.*, t. VI, p. 289), « il faut probablement regarder cet emploi curieux de l'imparfait comme le résultat du recul du passé défini ». Il semble plutôt que cet emploi de l'imparfait, venu en usage vers le début du XIXe siècle [1] (très fréquent chez les Goncourt), doive s'expliquer, disent G. et R. Le Bidois (*Synt.*, I, § 737), par le besoin de décrire : on étend, en quelque sorte, le moment précis dont il s'agit et l'on présente l'action comme si elle avait eu une certaine continuité. Mais il doit s'expliquer surtout par la recherche d'un effet de style. — Ch. Bruneau (*Gr. hist.*, p. 377) appelle cet imparfait « imparfait de rupture » ; alors que l'imparfait, normalement, marque « une action contemporaine à une autre action passée », il indique ici une sorte de décalage et une dislocation des deux actions.

2° Une action présente que l'on semble se hâter de rejeter dans le passé : on atténue ainsi ce que le présent aurait de trop catégorique ou de brutal ; cet imparfait « de discrétion » s'emploie surtout avec quelques verbes introduisant un infinitif et jouant le rôle de semi-auxiliaires :

Messieurs, en commençant ce cours, je VOULAIS *vous demander deux choses (...) : votre attention d'abord, ensuite et surtout votre bienveillance* (TAINE, *Philos. de l'Art*, t. I, p. 1). — *Bonjour, monsieur. Je* VENAIS *voir si vous aviez réfléchi* (J. ROMAINS, *Musse*, I, 4). — *Écoute, Caroline, avant que tu me quittes, je* VOULAIS *te demander quelque chose* (Fr. MAURIAC, *Le Feu sur la terre*, p. 162). — *Je me* PROPOSAIS *de mettre à contribution votre générosité.*

A cet imparfait de discrétion ou d'atténuation on peut opposer un certain imparfait hypocoristique ou mignard (avec transposition de personne) exprimant un fait présent comme si on donnait à ce fait plus d'étendue en l'étirant dans le passé ou comme si on le situait dans le passé en l'étendant jusqu'au moment présent : *Comme il* ÉTAIT *sage ! comme il* AIMAIT *bien sa maman !* dira une mère à son enfant.

3° Un fait présent ou futur après *si* marquant l'hypothèse : *Si j'*AVAIS *de l'argent, je payerais. Si vous* PARTIEZ *demain, j'en serais triste.*

III. — PASSÉ SIMPLE

719. Le **passé simple** (passé défini) exprime un fait complètement achevé à un moment déterminé du passé, sans considération du contact que ce fait, en lui-même ou par ses conséquences, peut avoir avec le présent. Il n'implique en soi ni l'idée de continuité ni celle de simultanéité [2] par rapport à un fait passé et marque une « action-point » :

---

1. Déjà chez Chateaubriand et chez Stendhal, selon Bengt Hasselrot (cf. *Moderna Sprak*, 1952). Aussi chez Hugo, Th. Gautier, Dumas père, Balzac, Nodier, etc.

2. Ces idées de continuité et de simultanéité ont, dans la définition donnée, une grande importance si l'on veut, en comparant le français au néerlandais et en général aux langues germaniques, distinguer clairement le passé simple d'avec l'imparfait. Ces deux temps du français correspondent, en effet, à un seul et même temps, le *prétérit*, dans les langues germaniques : les formes *je prenais, je pris*, par exemple, se

Compère le renard se MIT *un jour en frais Et* RETINT *à dîner commère la cigogne* (LA F., *F.*, I, 18). — *Je me* TROUVAI *l'autre jour dans une compagnie où je* VIS *un homme bien content de lui. Dans un quart d'heure, il* DÉCIDA *trois questions de morale...* (MONTESQ., *L. pers.*, 72). — *Je sais que l'an dernier, un jour, le douze mai, Pour sortir le matin tu* CHANGEAS *de coiffure* (E. ROSTAND, *Cyrano*, III, 6).

720. Le passé simple peut s'employer comme équivalent du présent pour exprimer une vérité générale, un fait d'expérience, un aphorisme : c'est le passé d'habitude [1]. Dans ce cas, le verbe est accompagné de quelque détermi-nation temporelle (*toujours, jamais, souvent,* etc.) marquant la portée générale de la pensée : *Qui ne sait se borner ne* SUT *jamais écrire* (BOIL., *Art p.*, I). — *Souvenez-vous bien Qu'un dîner réchauffé ne* VALUT *jamais rien* (ID., *Lutr.*, I). — *Un bienfait reproché* TINT *toujours lieu d'offense* (RAC., *Iphig.*, IV, 6).

Remarques. — 1. Le passé simple exprime parfois, sans impliquer cependant l'idée de continuité, un fait dont la durée a été relativement longue, dans des propositions où cette durée est indiquée d'une façon précise et limitée : « Celui qui parle envisage ici, non pas la durée de l'action, mais l'action toute simple, réduite comme à un point de la ligne du temps » [2] : *Il* MARCHA *trente jours, il* MARCHA *trente nuits* (HUGO, *Lég.*, t. I, p. 48). — *Il* FUT, *pendant vingt ans qu'on l'*ENTENDIT *marcher, Le cavalier superbe et le puissant archer* (ID. *ibid.*, t. I, p. 272). — *Il* CONTEMPLA *longtemps les formes magnifiques Que la nature prend dans les champs pacifiques ; Il* RÊVA *jusqu'au soir ; Tout le jour il* ERRA *le long de la ravine* (ID., *Ray. et Omb.*, XXXIV).

2. Le passé simple peut encore marquer un fait qui s'est répété ; dans ce cas, il exprime l'action pure et simple, d'une manière absolue, et vue du présent (l'imparfait présenterait l'action comme relative à une autre, et vue du passé). Dans cet emploi, le passé simple est ordinairement accompagné d'une détermination temporelle comme : *bien des fois, souvent, chaque fois,* etc. : *Cent fois, dans mes rêveries, je vous* VIS *prendre le voile, je vous* ENTENDIS *me dire adieu, et je ne* PLEURAI *point* (L. VEUILLOT, *Historiettes et Fantaisies*, p. 91). — *Lorsqu'un empereur les* REFUSA [les gratifications] *à quelques peuples ou* VOULUT *donner moins, ils* DEVINRENT *de mortels ennemis* (MONTESQ., *Consid.*, 18).

3. Le passé simple, dont les désinences parfois hétéroclites, produisent des formes trop différentes de celles des autres temps, a presque totalement disparu de la langue parlée, qui l'a remplacé par l'imparfait et surtout par le passé composé. Il survit toutefois dans quelques milieux méridionaux [3].

4. Quand il s'agit d'actions multiples, le passé simple les présente comme successives ; c'est pourquoi il convient particulièrement à la *narration : Claire* ÉCRIVIT *la lettre. Mais, le soir, elle se* PLAIGNIT (...) *d'être fatiguée et elle* MONTA *dans sa chambre plus tôt qu'à l'ordinaire* (J. de LACRETELLE, *La Bonifas*, VII). — L'imparfait, au

---

traduisent l'une et l'autre en néerlandais par *Ik nam*, en allemand par *Ich nahm*, en anglais par *I took*.

1. Comparez *l'aoriste gnomique* des Grecs, le *parfait d'habitude* des Latins.

2. NYROP, *Gramm. hist.*, t. VI, p. 293.

3. Le passé simple s'est maintenu assez longtemps aussi dans la langue de la conversation en Normandie ; selon M. Cohen (*Gramm. et Style*, p. 221), « d'après les renseignements de Normands normandisants, son extinction est maintenant acquise ».

contraire, les présente comme simultanées, comme formant un tableau continu ; c'est pourquoi il convient particulièrement à la *description* dans le passé (combiné avec le passé simple, il fait voir comme un fond de décor) : *L'automne* s'avançait. *L'herbe, chaque matin plus trempée ne* séchait *plus au revers de l'orée ; à la fine aube, elle* était *blanche. Les canards, sur l'eau des douves,* battaient *de l'aile ; ils* s'agitaient *sauvagement* (A. Gide, *L'Immor.*, II, 1).

5. Dans l'expression *s'il en fut*[1], on a un passé simple figé : *J'ai connu votre père, un digne homme s'il en* fut (Vigny, *Chatt.*, III, 6). — *La maîtresse, courageuse femme s'il en* fut, *vint à mourir* (Renan, *Souv. d'enf. et de jeun.*, III, 1). — *Campement délicieux s'il en* fut, *où nous terminons le jour* (P. Loti, *La Galilée*, p. 116).

Dans cette expression, le verbe sort parfois de son figement : *Un coquin s'il en* est (Littré, s. v. *être*, 13°). — *Les Chinois, hommes de réalisation, s'il en* est (Cl. Farrère, *La Onzième Heure*, p. 114). — *Ordre impératif, s'il en* avait *jamais* été (Id., *Les Condamnés à mort*, p. 90). — *Elle (...) offrait alors quelque image d'une créature du vent, s'il en* est (H. Bosco, *Le Mas Théotime*, p. 13). — *Les erreurs auxquelles (...) M. Bayle était exposé (...) n'étaient imputables qu'à sa passion professionnelle, passion noble s'il en* est (H. Torrès, *Accusés hors série*, p. 132).

Au lieu de *s'il en fut* on dit parfois : *s'il y en eut : Aventure grotesque et complot d'opéra* si *jamais* il y en eut (A. Sorel, *Essais d'Histoire et de Critique*, p. 187).

IV. — *PASSÉ COMPOSÉ*

721. Le **passé composé** (passé indéfini) indique un fait achevé à une époque déterminée ou indéterminée du passé et que l'on considère comme étant en contact avec le présent, soit que ce fait ait eu lieu dans une période de temps non encore entièrement écoulée ou que ses conséquences soient envisagées dans le présent [2] : *Aujourd'hui*

---

1. Bien se garder d'écrire *s'il en fût*, en mettant l'accent circonflexe, comme dans l'exemple suivant : *Nul n'y réussit pourtant comme Marcel Proust, parisien de Paris s'il en* fût *jamais* (Fr. Mauriac, *La Province*, p. 53).

2. Le passé composé « d'une part situe au présent soit le moment final du déroulement du procès, soit la séquelle durable qui en résulte ; d'autre part, il rapporte au passé les moments successifs, si faible qu'en ait été le nombre, dont la somme a permis l'achèvement du procès. » (H. Yvon, dans le *Franç. mod.*, juill. 1963, p. 164.)

Notons ces considérations de G. Duhamel : « Je murmure alors, dans mon cœur, quelques-uns de ces vers ailés, déliés, musicaux et tendres que Vildrac a composés au temps de notre jeunesse. Je m'aperçois que je viens d'employer le passé indéfini à l'endroit même où mon lecteur pouvait attendre l'imparfait. L'instinct de l'écrivain répond ici à des nécessités profondes. « Composait » donnerait à entendre que Vildrac faisait ordinairement une chose qu'il ne fait plus et ce serait inexact car, par la grâce du ciel, Vildrac nous montre parfois qu'il est encore un poète. Mais ce passé indéfini prend à mon sens un autre pouvoir. Disant qu'il a « composé » ces poèmes, j'entends donc qu'ils « sont » composés et qu'ils vont le demeurer pour longtemps, pour cette période pendant laquelle une œuvre humaine peut nous paraître, à nous chétifs, digne de l'immortalité. » (*Biographie de mes fantômes*, pp. 43-44.)

5 janvier, je SUIS PARTI *de Naples à sept heures du matin* (CHATEAUBR., *Voy. en Italie,* Voy. de Naples, Le Vésuve). — J'AI DÉVORÉ *force moutons* (LA F., *F.,* VII, 1). — *Mon Dieu !* j'AI COMBATTU *soixante ans pour ta gloire !* (VOLT., *Zaïre,* II, 3.)

722. Il s'emploie parfois, comme le passé simple, avec la valeur du présent pour exprimer une vérité générale, un fait d'expérience, un aphorisme (passé d'habitude) ; le verbe est alors accompagné d'une détermination temporelle (*toujours, jamais, souvent,* etc.) : *Quand on* A *tout* PERDU, *que saurait-on plus craindre ?* (CORN., *Hor.,* IV, 4.) — *Le monde n'*A *jamais* MANQUÉ *de charlatans* (LA F., *F.,* VI, 19). — *De tout temps Les petits* ONT PÂTI *des sottises des grands* (ID., *ibid.,* II, 4). — *Quand il* A DÉJEUNÉ, *il fait un tour dans le jardin.*

723. Il sert aussi à marquer, avec la valeur du futur antérieur, un fait non encore accompli, mais présenté comme s'il l'était déjà : il y a alors anticipation du présent, par rapport auquel l'action est considérée comme terminée : *Un peu de patience :* j'AI FINI (= j'aurai fini) *dans un instant.*

724. Il s'emploie au lieu du futur antérieur après *si* dans les propositions hypothétiques : *Si vous* AVEZ FINI *avant deux heures, vous m'en avertirez. Si, dans deux jours, la situation n'*A *pas* CHANGÉ, *il faudra aviser.*

Remarque. — Le passé composé se trouve parfois, avec les verbes *devoir, falloir, pouvoir,* au sens du conditionnel passé, pour exprimer un fait qui aurait dû ou qui aurait pu avoir lieu, mais qui ne s'est pas accompli. Cet emploi, fréquent au XVIIᵉ siècle, est rare aujourd'hui : *On* A DÛ (= aurait dû) *faire du style ce qu'on a fait de l'architecture* (LA BR., I, 15). — *Vous* AVEZ DÛ *premièrement Garder votre gouvernement* (LA F., *F.,* III, 4). — *Vingt libelles vous prouvent que vous n'*AVEZ *pas* DÛ *réussir* (VOLT., *À M. Lefèbvre,* 1732).

V. — *PASSÉ ANTÉRIEUR*

725. Le **passé antérieur** exprime un fait isolé qui a précédé immédiatement ou à un moment précis un autre fait passé : c'est un « passé du passé ». Il se trouve généralement dans des propositions subordonnées, après une conjonction de temps : *quand, lorsque, dès que, aussitôt que, après que,* etc. et est en relation, dans la principale, avec un passé simple, parfois avec un présent historique, ou un imparfait, ou un passé composé, ou un plus-que-parfait :

*Dès que j'*EUS PROTESTÉ, *il se tut.* — *Quand ils* EURENT FINI *de clore et de murer, On mit l'aïeul au centre en une tour de pierre* (HUGO, *Lég.,* t. I, p. 49). — *Après qu'il* EUT BROUTÉ, TROTTÉ, FAIT *tous ses tours, Jeannot lapin retourne aux souterrains séjours* (LA F., *F.,* VII, 16). — *Depuis que la réimpression des « Pensées »* EUT *entièrement* ÉCHAPPÉ *au contrôle de la famille et des amis (...), on compta quelques éditions principales* (SAINTE-BEUVE, *Port-Roy.,* III, xx). — *À Tahiti où il vivait après qu'il nous* EUT QUITTÉS (Fr. MAURIAC, *La Robe prétexte,* VIII). — *Après que les la Trave*

EURENT RAMENÉ *Anne vaincue à Saint-Clair, Thérèse (...) n'avait plus quitté Argelouse* (ID., *Thérèse Desqueyroux*, p. 135). — *Après que Jacques* FUT REPARTI, *je me suis agenouillé près d'Amélie* (A. GIDE, *La Symphonie pastorale*, p. 140).

726. Il s'emploie aussi, dans les propositions principales, avec la valeur d'un passé accompli, pour exprimer une action faite rapidement. Le passé antérieur se trouve alors accompagné d'un complément circonstanciel de temps : *bientôt, vite, à peine, en un instant, enfin*, etc. :

Et le drôle EUT LAPÉ *le tout en un moment* (LA F., *F.*, I, 18). — *Cependant la douceur de la température, la beauté du ciel, nous* EURENT *bientôt* DISTRAITS *de nos pensées* (L. VEUILLOT, *Historiettes et Fant.*, p. 215). — *En quelques semaines, le notaire* EUT ACHEVÉ *de régler la situation de Marie Bonifas* (J. de LACRETELLE, *La Bonifas*, VI). — *Enfin l'écureuil* EUT MANGÉ (M. GENEVOIX, *Rroû*, p. 181). — *En quatre mois, il* EUT DÉPENSÉ *ainsi près d'un dixième de sa fortune* (M. AYMÉ, *Le Passe-muraille*, p. 239).

Remarque. — Un passé surcomposé du type *j'ai eu fini* s'emploie, surtout dans la langue parlée (voir § 661, Rem. 2), au lieu du passé antérieur. Ce temps est appelé à remplacer le passé antérieur, dont le recul est lié à celui que subit le passé simple : *Aussitôt que j'*AI EU ENVOYÉ *mon paquet, j'ai appris, ma bonne, une triste nouvelle* (SÉV., t. III, p. 108). — *Après que j'*AI EU MÉDITÉ *que ceux qui ne se connaissent point en pierreries sont trompés par le moindre éclat...* (BOSS., *Honn. du monde*, 2). — *À peine* AI-*je* EU MANIFESTÉ *l'intérêt que je prenais à l'histoire de ces fondations que l'archiviste passionné se révéla en effet* (R. BAZIN, *Terre d'Espagne*, p. 217). — *Il a fallu que je le voie de mes yeux... Mais quand je l'*AI EU VU... (A. CHAMSON, *Désordres*, III, 9). — *Je n'*AI *pas* EU *plutôt* LÂCHÉ *cette parole que je m'en suis mordu la langue* (AC., s. v. *langue*).

Le rapport existant entre le passé antérieur et le passé simple est le même que celui qui existe entre le passé surcomposé et le passé composé. A la phrase *Quand il* EUT ENVOYÉ *sa lettre, il* APPRIT *une triste nouvelle* répond celle-ci : *Quand il* A EU ENVOYÉ *sa lettre, il* A APPRIS *une triste nouvelle*. — Parfois on fausse ce rapport, comme si l'on passait d'un registre à l'autre : voir ci-dessus la phrase de Bazin.

VI. — *PLUS-QUE-PARFAIT*

727. Le **plus-que-parfait** indique, comme le passé antérieur, un fait qui a eu lieu avant un autre fait passé, mais il s'emploie pour marquer une antériorité indéterminée et peut exprimer non seulement un fait isolé, mais encore un fait répété ou habituel : *Un pincemaille* AVAIT *tant* AMASSÉ *Qu'il ne savait où loger sa finance* (LA F., *F.*, X, 4). — *Quand quelque prince* AVAIT FAIT *une conquête qui souvent l'*AVAIT ÉPUISÉ, *un ambassadeur romain survenait d'abord, qui la lui arrachait des mains* (MONTESQ., *Consid.*, 6).

728. Le plus-que-parfait s'emploie parfois avec la valeur d'un parfait pour exprimer un fait passé par rapport au moment présent ; dans ce cas, le moment présent est en quelque sorte considéré comme déjà tombé dans le passé :

*Me voici pris : on m'*AVAIT *pourtant* AVERTI ! — *Je l'*AVAIS *bien* PRÉVU, *que pour un tel ouvrage Cinna saurait choisir des hommes de courage* (CORN., *Cinna*, I, 3). — *J'*ÉTAIS VENU *(...) pour vous rappeler ma pension* (H. BECQUE, *Michel Pauper*, I, 4).

729. Il s'emploie encore après *si* dans les propositions de supposition, pour exprimer un fait irréel dans le passé : *Si j'*AVAIS VOULU, *j'aurais obtenu cet emploi. Ah ! si j'*AVAIS *mieux* TRAVAILLÉ !

Remarques. — La forme surcomposée du plus-que-parfait s'emploie surtout dans la langue parlée (voir § 661, Rem. 2) ; elle a cela de particulier qu'elle marque l'achèvement complet de l'action : *Si monsieur n'*AVAIT *pas* EU DÎNÉ *par hasard, monsieur m'aurait bien obligée* (O. FEUILLET, *Le Rom. d'un J. Homme pauvre*, p. 26). — *Ah ! ils* AVAIENT EU *vite* TOURNÉ *le câble autour des bittes !* (R. VERCEL, *Remorques*, VI.) — *Si on lui* AVAIT EU *(...)* PRÉSENTÉ *un autre prisonnier, il s'en serait aperçu* (M. GARÇON, *Louis XVII*, p. 540).

VII. — FUTUR SIMPLE

730. Le **futur simple** indique la simple postériorité d'un fait par rapport au moment où l'on parle : *Je vous* PAIERAI *aujourd'hui, demain.* — *Mes arrière-neveux me* DEVRONT *cet ombrage* (LA F., *F.*, XI, 8).

731. Le futur simple prend parfois la valeur d'un présent pour atténuer la pensée et marquer une nuance d'extrême politesse (futur de politesse). En recourant au futur, on semble donner l'illusion que le fait présent n'est pas encore en voie de s'accomplir : *Je vous* DEMANDERAI *une bienveillante attention.* — *Et je vous* SUPPLIERAI *d'avoir pour agréable Que je me fasse un peu grâce sur votre arrêt* (MOL., *Mis.*, I, 1).

732. Dans le discours familier, le futur simple des verbes *avoir* et *être* s'emploie quelquefois au lieu du présent pour indiquer un fait comme simplement conjectural (futur d'éventualité) ; il vient après la mention d'un fait dont il donne une sorte d'explication ou de commentaire ; « on se place, disent Damourette et Pichon (t. V, p. 388), dans l'avenir à l'époque où l'hypothèse aura été vérifiée » :

On nous veut attraper dedans cette écriture : Ce SERA (= c'est probablement) *quelque énigme à tromper un enfant* (LA F., *F.*, X, 13). — *Pour qui donc a-t-on sonné la cloche des morts ? Ah ! mon Dieu, ce* SERA *pour Mme Rousseau* (M. PROUST, *Du côté de chez Swann*, I, p. 84). — *M. Cornabœuf fit observer que certaines maisons offraient des grenades à 0 fr. 80 l'unité à partir de cinq cent mille. Ce* SERA *de la pure camelote ! dit Haverkamp en haussant les épaules* (J. ROMAINS, *Les Hommes de b. vol.*, Verdun, p. 155, cit. Sten).

733. Le futur simple s'emploie aussi, dans les phrases exclamatives, pour exprimer un fait présent contre lequel on s'indigne en le considérant comme prolongé dans le futur : *Quoi ! Ces gens se* MOQUERONT *de moi ! Eux seuls* SERONT *exempts de la commune loi !* (LA F., *F.*, XII, 18.)

733*bis*. Parfois, surtout dans les exposés historiques, la pensée du narrateur se transporte à tel moment du passé et en fait fictivement le moment présent ; par rapport à ce présent fictif, tel ou tel événement du passé réel s'exprime alors par le futur simple (futur historique) :

> *Il y a là-bas une chapelle (…) où les plus illustres, Mgr Dupanloup, Lacordaire, Mgr de Merode, ont célébré la messe. Beaucoup plus tard, en 1862, en ce même oratoire, Montalembert, M. de Falloux, M. Cochin, M. Foisset,* RECEVRONT *un jour la communion des mains de l'évêque d'Orléans* (P. de LA GORCE, *Au Temps du Second Empire*, pp. 206-207). — *Or à ce moment, l'anoblissement était une faveur rare et difficile à obtenir (…). Citois, médecin de Richelieu,* DEMANDERA *longtemps et de façon importune au Cardinal de le faire anoblir et ne l'*OBTIENDRA *pas* (L. BATIFFOL, *Richelieu et Corneille*, p. 63). — *L'ancien maître de chapelle retourna souvent aux assemblées de Mme Récamier. Il y* VERRA *un soir le général Moreau…* (É. HERRIOT, *Mme Récamier et ses amis*, p. 71).

734. Le futur simple peut aussi s'employer avec la valeur d'un impératif futur (sens modal) pour atténuer l'expression d'un ordre, d'un souhait, d'une prière, ou pour marquer une volonté formelle : *Vous* FEREZ *tenir cette lettre à monsieur X. Vous* VOUDREZ *bien m'excuser, je vous prie. Le bien d'autrui tu ne* PRENDRAS. — *Tu* SAURAS (= sache) *seulement que j'ai réussi dans mon entreprise* (MUSS., *Lorenzaccio*, III, 3).

Remarques. — 1. Le futur prochain s'exprime fréquemment au moyen du semi-auxiliaire *aller* suivi de l'infinitif. *S'en aller* sert de même à exprimer un futur très proche, mais il ne s'emploie plus aujourd'hui qu'à la 1ʳᵉ personne du singulier (voyez § 655, 1°, *Hist.*). On recourt aussi aux périphrases formées à l'aide de « être en passe de », « être sur le point de » : *Quelqu'un de grand* VA NAÎTRE ! (…) *Qu'est-ce que le Seigneur* VA DONNER *à cet homme ?* (HUGO, *Crép.*, V, 1.) — *Je* M'EN VAIS FAIRE *une œuvre Agréable à tout l'univers* (LA F., *F.*, X, 1). — *Nous ne sommes pas encore connues, mais nous* SOMMES EN PASSE DE L'ÊTRE (MOL., *Préc.*, 9).

2. Pour exprimer le futur, on se sert parfois d'une périphrase formée à l'aide du semi-auxiliaire *devoir* ou d'un verbe de sens analogue : *Son procès* DOIT PASSER *prochainement.* — *Cela n'est pas* POUR DURER (MOL., *Av.*, III, 8).

VIII. — FUTUR ANTÉRIEUR

735. Le **futur antérieur** exprime un fait qui, à tel moment maintenant à venir, sera accompli ; c'est un « passé du futur » : *Le vaisseau* AURA SOMBRÉ *dans une heure.* — *Mais ce jour viendra, et ce jour-là, nous* AURONS REMPORTÉ *une grande victoire.*

Il peut marquer l'antériorité de ce fait accompli par rapport à un autre fait futur (c'est alors que l'appellation de « futur *antérieur* » lui convient proprement) : *Chacun récoltera ce qu'il* AURA SEMÉ. — *Quand le moment viendra d'aller trouver les morts, J'*AURAI VÉCU *sans soins et mourrai sans remords* (LA F., F., XI, 4).

736. Le futur antérieur peut s'employer dans le discours familier pour présenter un fait passé comme simplement conjectural (sens modal) : *Pauvre enfant ! On t'a maltraitée , c'est ta femme de chambre qui t'*AURA TRAHIE (MUSS., *Il ne faut jurer de rien*, III, 4). — *Je viens de tomber à mon insu dans quelque action qui vous* AURA DÉPLU (STENDHAL, *Le Rouge et le Noir*, t. II, p. 345). — *J'*AURAI LAISSÉ *mes lunettes en haut. Courez vite me les chercher* (R. BOYLESVE, *Mlle Cloque*, II).

A côté de cet emploi, il faut signaler celui qu'on peut faire du futur antérieur pour atténuer, par politesse, l'affirmation d'un fait passé, ou encore pour souligner le caractère exceptionnel d'un fait accompli, vu d'un point du futur où l'on se transporte en imagination pour mieux juger du relief que ce fait peut avoir : *Vous vous* SEREZ TROMPÉ. — *J'*AURAI PU *jusqu'ici brouiller tous les chapitres !* (BOIL., *Lutr.*, I.) — *Ah ! mon cher maître, en quelques jours, j'*AURAI VU *mourir deux mondes !* (E.-M. de VOGÜÉ, *Les Morts qui parlent*, p. 442.)

Remarque. — Un *futur antérieur surcomposé* peut s'employer, surtout dans la langue parlée (voir § 661, Rem. 2), soit pour insister sur l'achèvement rapide de l'action, soit pour souligner simplement l'achèvement de cette action à tel moment du futur ; il est accompagné de quelque détermination temporelle : *En moins d'un instant, il* AURA EU FAIT *cela. Il* AURA *bientôt* EU DÉPENSÉ *vos cent francs ! Ils* AURONT EU RENTRÉ *la récolte avant l'orage.*

IX. — *FUTUR DU PASSÉ ET FUTUR ANTÉRIEUR DU PASSÉ*

737. *a)* Le **futur du passé** est un futur vu d'un point du passé ; il indique la simple postériorité d'un fait par rapport au moment du passé où se place en esprit le sujet parlant : *Je voyais que le vaisseau* SOMBRERAIT. — *Solon établit à Athènes que l'on* NOMMERAIT *par choix à tous les emplois militaires* (MONTESQ., *Espr.*, II, 2).

b) Le **futur antérieur du passé** est un futur antérieur vu d'un point du passé ; il indique qu'un fait, vu du point du passé où se place en esprit le sujet parlant, serait, à tel moment alors à venir, accompli : *Hier à l'aube, je savais qu'à dix heures, le vaisseau* AURAIT SOMBRÉ. — Il peut marquer l'antériorité de ce fait accompli par rapport à un autre fait qui était également à venir : *Je savais que le vaisseau* AURAIT SOMBRÉ *quand le secours arriverait.*

Remarques. — 1. Le futur du passé et le futur antérieur du passé s'emploient essentiellement dans des subordonnées substantives dépendant d'un verbe principal au passé. Dans le style indirect libre (§ 1056, Rem. 1), ce verbe principal n'est pas exprimé : *C'était le roi des ours au compte de ces gens* [qui affirmaient que] : *Le marchand à sa peau devait faire fortune ; Elle* GARANTI-RAIT *des froids les plus cuisants ; On en* POURRAIT *fourrer plutôt deux robes qu'une* (LA F., F., V, 20). — *Elle souhaitait un fils ; il* SERAIT *fort et brun, et* S'APPELLERAIT *Georges* (FLAUB., *Mme Bov.*, II, 3).

De ces emplois du futur du passé et du futur antérieur du passé il faut distinguer celui que la littérature narrative fait parfois de ces deux temps dans des propositions indépendantes et dans des subordonnées relatives ou circonstancielles : le narrateur, se plaçant par la pensée à tel moment du passé où se déroulaient les événements qu'il raconte, considère et exprime un fait alors encore à venir, quoique passé en réalité ; dans cet emploi, le futur du passé et le futur antérieur du passé se substituent à la périphrase « *devait* + infinitif présent ou passé » (qui est le tour ordinaire) :

Rose, interdite, considérait dans le cercle d'une lumière étroite, cette ombre qui parlait. Que de fois REVIENDRAIT-*elle en pensée vers ce soir de septembre...* (Fr. MAURIAC, *Les Chemins de la Mer*, p. 258). — *Le conflit, qui était proche, Niel ne le* VERRAIT *pas. En août 1869, la mort le surprit* (P. de LA GORCE, *Napol. III et sa politique*, p. 136). — *Sur ces entrefaites, l'obstacle se dressa, mais si formidable que rien n'y* RÉSISTERAIT (ID., *ibid.*, p. 166). — *Néel emportait ailleurs qu'à la tête une blessure dont il ne* GUÉRI-RAIT *pas* (BARBEY D'AUREVILLY, *Un Prêtre marié*, t. I, p. 63). — *Les femmes portaient les râteaux, mon frère le bissac du déjeuner et moi le baril qui* NICHERAIT *tout le jour dans un coin de la rivière* (M. ARLAND, *Terre natale*, p. 128).

2. Les *formes* du futur du passé et du futur antérieur du passé se confondent respectivement avec celles du conditionnel présent et du conditionnel passé. Mais si l'on considère le *sens* de ces temps, on reconnaîtra aisément qu'une phrase comme *Il a déclaré qu'il* PARTIRAIT n'a rien du *mode* conditionnel et n'implique nullement l'idée de doute, d'éventualité, de condition : c'est la transposition dans le passé de cette autre phrase : *Il déclare qu'il* PARTIRA.

Hist. — Le futur du passé et le futur antérieur du passé sont, comme le futur simple, de création romane (§§ 111 et 653, *Hist.*). Ils ont pris de bonne heure la valeur d'un mode — le mode conditionnel — et avec cette valeur se sont, en général, substitués au subjonctif dans les phrases hypothétiques.

Art. 2. — CONDITIONNEL

N. B. — D'ordinaire les grammairiens font soigneusement observer que le conditionnel est à la fois un *mode* et un *temps* : comme *temps*, il sert à exprimer le futur ou le futur antérieur dans le passé. — Ce futur du passé et ce futur antérieur du passé appartiennent en réalité au mode indicatif (§ 737). — La 2e forme du conditionnel passé *(j'eusse aimé)* n'est pas proprement un « conditionnel » : c'est une forme du subjonctif (§ 740, *b* et la note).

738. Le **conditionnel** proprement dit exprime un fait éventuel ou irréel dont la réalisation est regardée comme la conséquence d'un fait supposé, d'une *condition*. Ce conditionnel peut donc marquer :

1° Un fait possible dans le futur (sens potentiel) : *Si un jour tu me rendais ce service, je t'en* AURAIS *obligation. Si je gagnais le gros lot, je le* PARTAGERAIS *avec vous.*

2° Un fait irréel dans le présent ou dans le passé : *Oh ! si j'avais encor cette armée immortelle (...), Je la* FERAIS *régner sur les rois ennemis* (HUGO, *Orientales*, XVI). — [Ces maisons] *nous* DIRAIENT *des choses à pleurer et à rire, si les pierres parlaient* (A. FRANCE, *Pierre Nozière*, p. 239). — *Si tu avais mené la moindre enquête à Paris, tu en* AURAIS APPRIS *de belles...* (Fr. MAURIAC, *Ce qui était perdu*, IV).

Remarque. — Le plus souvent la condition est introduite par la conjonction *si*. Parfois elle est indiquée, explicitement ou implicitement, au moyen de tournures diverses : *Oui, je vous tromperais* DE PARLER *autrement* (MOL., *Mis.*, II, 1). — *Andromaque,* SANS VOUS, *N'aurait jamais d'un maître embrassé les genoux* (RAC., *Andr.*, III, 6). — UN SIÈCLE PLUS TÔT, *on l'aurait mis à la Bastille.* REMANIÉ, *ce devoir serait bon.* EN CHERCHANT *bien, vous trouveriez.* GÉNÉRAL, *il aurait gagné des batailles.* — N'ÉTAIENT *les hirondelles qui chantent, on n'entendrait rien...* (P. LOTI, *Vers Ispahan*, p. 58). Etc.

Parfois aussi la condition est sous-entendue : *Ne forçons point notre talent : Nous ne ferions rien avec grâce* (LA F., *F.*, IV, 5). — *Nos cœurs d'enfants étaient trop tendres (...). Ils se seraient brisés* (M. PRÉVOST, *Mlle Jaufre*, II, 5).

Pour plus de détails, voir §§ 1041 et 1042.

739. Le conditionnel — dont le nom n'est pas adéquat aux différentes valeurs que ce mode peut avoir — n'exprime pas toujours la conséquence d'un fait supposé, d'une condition. Il s'emploie encore :

1° Pour marquer un fait douteux, éventuel, en particulier lorsqu'on présente ce fait comme un ouï-dire, comme une assertion dont on ne veut pas se porter garant : *Est-ce que j'écris mal, et leur* RESSEMBLERAIS-*je ?* (MOL., *Mis.*, I, 2.) — *Hélas, de mes enfants* AURIEZ-*vous connaissance ?* (VOLT., *Zaïre*, II, 3.) — *Un accident* AURAIT EU *lieu à X... : il y* AURAIT *dix morts. Bourdaloue* AURAIT PRÊCHÉ *les yeux fermés.*

2° Pour indiquer dans le présent, dans le passé ou dans le futur, sous la forme exclamative ou interrogative, une hypothèse que l'on repousse avec indignation ou un fait qu'on envisage avec étonnement (sens potentiel) : *Quoi ! je* METTRAIS, *dit-il, un tel chanteur en soupe !* (LA F., *F.*, III, 12.) — *Moi, je* POURRAIS *trahir le Dieu que j'aime !* (RAC., *Esth.*, II, 8.) — *Moi, j'*AURAIS MASSACRÉ *! Dieux !* SERAIT-*il possible ?* (VOLT., *Œdipe*, IV, 1.)

3° Pour indiquer une simple imagination transportant en quelque sorte les événements dans le champ de la fiction : *Il semble maintenant que l'on regarde à travers une vitre fumée qui* CHANGERAIT *en un bleuâtre uniforme toutes les nuances de ce pays fauve* (P. LOTI, *La Mort de Philæ*, p. 248). — *Les seuls traités qui* COMPTERAIENT *sont ceux qui* CONCLURAIENT *entre les arrière-pensées* (P. VALÉRY, *Regards sur le monde actuel*, p. 36). — *Voyons, dit Itchoua* [il s'agit de vers à improviser], *toi, Marcos, tu* SERAIS *un marin...* (P.

LOTI, *Ramuntcho*, p. 51). — *Ils organisèrent un jeu plein de suppositions. (…)
On* SERAIT *chez nos parents, disait une des petites filles.* — *Non, on* SERAIT,
disait le garçon, à la campagne… (P. MAC ORLAN, *La Cavalière Elsa*, p. 254).

4° Pour marquer l'atténuation, notamment quand l'idée est présentée
comme un simple souhait ou une volonté affaiblie : *Je* VOUDRAIS *qu'à cet âge
On sortît de la vie ainsi que d'un banquet* (LA F., *F.*, VIII, 1). — *Je* VOUDRAIS
bien que vous me pussiez dire d'où cela vient (MOL., *Méd. m. lui*, II, 4). — AU-
RIEZ-*vous l'obligeance de venir ?*

Remarque. — Surtout au conditionnel, *savoir*, suivi d'un infinitif complément (parfois sous-entendu), peut s'employer dans le sens de *pouvoir*[1] ; il est
alors le plus souvent pris négativement, et la négation est le simple *ne*, sans *pas*
ni *point*[2] ; en cet emploi, *je ne saurais* est l'équivalent atténué de *je ne puis* :

Le joug du chariot était composé de nœuds entrelacés avec tant d'artifice qu'on n'en
EÛT SU *découvrir le commencement ni la fin* (VAUGELAS, *Quinte-Curce*, III, 1). — *Ils ne*
SAURAIENT *servir, mais ils peuvent vous nuire* (MOL., *Mis.*, II, 3). — *Tout ce que je*
SAURAIS *vous dire, c'est que sa famille est fort riche* (ID., *Av.*, II, 2). — *Les délicats
sont malheureux : Rien ne* SAURAIT *les satisfaire* (LA F., *F.*, II, 1). — *Eh ! que me*
SAURAIT-IL *arriver que la mort ?* (ID., *ib.*, X, 9.) — *Une société ne* SAURAIT *subsister
sans un gouvernement* (MONTESQ., *Espr.*, I, 3). — *Je ne* SAURAIS *faire ce que vous me
dites* (AC.). — *Je ne* SAURAIS *en venir à bout* (LITTRÉ, s. v. *savoir*, Rem. 1). — *On ne*
SAURAIT *imaginer un coup d'œil plus étrange* (Th. GAUTIER, *Voy. en Esp.*, p. 273). —
Connaissez-vous des aumônes qui les SAURAIENT *assouvir ?* (L. VEUILLOT, *Histor. e-
Fant.*, p. 326.) — *Je ne veux scandaliser personne. Je ne* SAURAIS (A. FRANCE, *Le
Jardin d'Épicure*, p. 142). — *Il estimait que bon sang ne* SAURAIT *mentir* (ID., *Craint*

---

1. Surtout au conditionnel, mais parfois aussi en dehors du conditionnel : *Il n'*A SU
en venir à bout (AC.).

2. Littré (s. v. *savoir*, Rem. 1) pose en règle qu'« après *savoir*, pris dans le sens de
pouvoir, on doit toujours supprimer *pas* ou *point* ». — En fait, comme il est parfois
difficile de discerner si *savoir*, avec un infinitif, prend vraiment le sens de *pouvoir* ou
s'il garde son sens ordinaire de « être habile ou accoutumé à », « avoir la force, ou le
courage, ou le moyen de », il y a dans l'usage : une certaine indécision. Sans doute,
dans des cas comme ceux-ci, on n'hésitera pas : *Si je n'avais pas pris quelques leçons,
je* NE *saurais pas nager* [*savoir* = être habile à]. — *Ces deux beaux esprits ne sauraient*
PAS *nous persuader que toute grandeur vient du sacrifice* (M. BARRÈS, *L'Union sacrée*,
p. 277). — *Mon excellent camarade* NE *saurait probablement* PAS *distinguer une clef
de fa d'une clef de sol* (Y. GANDON, dans les *Nouv. littér.*, 16 juin 1949) [*savoir* = être
habile à, avoir assez de science pour] ; — dans ces trois phrases, le conditionnel
garde bien sa valeur modale, et il faut *ne… pas*. Mais qui dira avec certitude si, dans
les phrases suivantes, *savoir* a le sens de *pouvoir* ou s'il garde son sens ordinaire, et si
l'emploi de la négation complète *ne … pas* est incorrect : *Il arrive que la violence nous
écrase, et que 'a force des méchants ait le dessus ; mais elles* NE *sauraient* PAS *ébranler
notre âme* (A. SUARÈS, *Sur la vie*, t. I, p. 266). — *Par la route, je* NE *saurais* PAS *vous
dire au juste ; mais par la traverse il y a trois lieues et demie* (ALAIN-FOURNIER, *Le
Grand Meaulnes*, p. 63). — *On* NE *saurait* PAS *mieux conclure* (É. HENRIOT, dans le
Monde, 14 juin 1950).

quebille, p. 147). — *On ne* SAURAIT *mieux répondre* (A. HERMANT, *Xavier*, p. 196). — *Elle* [la vertu de ces lieux] *précéda leur gloire et* SAURAIT *y survivre* (M. BARRÈS, *La Colline inspirée*, p. 2). — *Les hommes ne* SAURAIENT *se passer de religion* (G. DUHAMEL, *Biographie de mes fantômes*, p. 222). — *La mort, la destruction seule y* SAURAIT *changer quelque chose* [au visage de l'homme] (ID., *La Pierre d'Horeb*, p. 65). — *Quel écho ? Il n'*EÛT SU *le dire* (G. BERNANOS, *L'Imposture*, p. 74).

A noter que *savoir*, dans ce cas, admet pour sujet un nom de chose et qu'il peut s'employer impersonnellement : *Tout ce qui est hors de nous ne* SAURAIT *jamais faire un bonheur pour nous* (MASSILLON, dans Bescherelle). — *Ce bois est trop vert : il ne* SAURAIT *brûler. Il ne* SAURAIT *rien arriver de plus fâcheux.*

5° Pour marquer la concession (réelle ou hypothétique), l'opposition : *Quand vous me* HAÏRIEZ, *je ne me plaindrais pas* (RAC., *Phèdre*, II, 5). — *N'*AU- RIONS-*nous pas même la notion certaine du lieu, que nous percevrions cela comme au vol* (P. LOTI, *La Mort de Philæ*, p. 105). — *Il en est resté quelque chose, le* SERAIT-*ce que la délicieuse Alexandrie* (J. LEMAITRE, *Jean Racine*, p. 103). — *Cela dépasse notre pouvoir, ne s'*AGIRAIT-*il que de nous-mêmes* (Fr. MAURIAC, *La Vie de Jean Racine*, p. 8).

740. *a)* Le *passé surcomposé* du conditionnel sert — principalement dans la langue parlée (§ 661, Rem. 2) — à insister sur l'achèvement rapide de l'action ou sur son achèvement à tel moment déterminé du passé : *Nous* AURIONS EU RENTRÉ *la récolte avant la nuit, mais un orage a éclaté.* — *En cas d'alerte, chacun* AURAIT EU *vite* FAIT *de retrouver son bien* (R. BAZIN, *La Closerie de Champdolent*, p. 119).

b) Le plus-que-parfait du subjonctif peut avoir, notamment dans les propositions conditionnelles (§ 1037, 3°, Rem. 1), le sens du conditionnel passé (= seconde forme du conditionnel passé) [1] : *Tantôt on les* EÛT VUS *côte à côte nager* (LA F., *F.*, III, 12). — *Rodrigue, qui l'*EÛT CRU *? — Chimène, qui l'*EÛT DIT *?* (CORN., *Cid*, III, 4.) — *Alors je me sentais transporté et j'*EUSSE DÉSIRÉ *qu'il continuât toujours* (J. de LACRETELLE, *Silbermann*, p. 41).

Pour le tour *j'aimerais mieux partir*, voir § 1037, Hist. — Pour *Est-il un asile où j'aimasse mieux dormir ?* voir § 1013, *a*, 3°.

---

1. Il faut se garder de confondre cette seconde forme du conditionnel passé avec le passé antérieur de l'indicatif. H. Bordeaux ne s'en est pas gardé dans le passage sui- vant : *L'accueil reçu par « Âmes modernes » aurait dû me dicter ma conduite en litté- rature : me consacrer tout entier à une œuvre unique, roman ou essai, d'un seul jet, et non pas composée de fragments, comme l'était mon premier livre. Alors j'*EUS BÉNÉFICIÉ *de la faveur qui m'avait été si libéralement accordée* (*Paris aller et retour*, p. 271).

H. Yvon fait judicieusement remarquer : « Il ne faut attribuer au conditionnel passé qu'une forme *j'aurais fait*. A propos du plus-que-parfait du subjonctif on pourra noter (...) qu'en plus de ses autres emplois il a été employé pour exprimer la supposi- tion relative au passé à l'époque où le conditionnel passé n'était pas encore en usage, mais qu'il a été remplacé par celui-ci depuis deux siècles. » (*Le Franç. mod.*, juill. 1958, p. 181.)

c) De même l'imparfait du subjonctif peut avoir, dans les subordonnées d'opposition (§ 1035, 1º) (toujours en tête de la proposition et avec inversion du sujet), le sens du conditionnel présent : FUSSIEZ-*vous* (= quand même vous seriez) *au fond des abîmes, la main de Jupiter pourrait vous en tirer* (FÉN., *Tél.*, t. I, p. 243). — DÛT *tout cet appareil retomber sur ma tête !* (RAC., *Iphig.*, III, 5.) — *Nous voulons d'autres miracles,* FUSSENT-*ils moins beaux que celui-là* (COLETTE, *Paris de ma fenêtre*, p. 109).

Art. 3. — IMPÉRATIF

741. L'**impératif** est, d'une façon générale, le mode du commandement, de l'exhortation, de la prière : ACHÈVE *et* PRENDS *ma vie après un tel affront* (CORN., *Cid*, I, 4). — *Ne nous* FLATTONS *donc point* (LA F., F., VII, 1).

742. Il peut marquer la supposition : HARANGUEZ *de méchants soldats, Ils promettront de faire rage* (LA F., *F.*, IX, 18). — NOMMEZ-*le fourbe, infâme, et scélérat maudit, Tout le monde en convient et nul n'y contredit* (MOL., *Mis.*, I, 1). Dans un sens assez voisin du précédent, l'impératif marque parfois la concession : QUERELLEZ *ciel et terre, et* MAUDISSEZ *le sort ; Mais après le combat ne pensez plus au mort* (CORN., *Hor.*, II, 4).

743. Un ordre que la personne qui parle se donne à elle-même peut s'exprimer, soit par la seconde personne du singulier de l'impératif, comme si le sujet s'adressait à son « double », soit par la première personne du pluriel, comme si ce sujet multipliait son individualité : *N'écrire jamais rien qui de soi ne sortît, Et modeste d'ailleurs se dire : mon petit,* SOIS *satisfait des fleurs, des fruits, même des feuilles* (E. ROSTAND, *Cyrano*, II, 8). — *Tout fait nombre, dit l'homme en voyant son butin ; (...)* METTONS-*le en notre gibecière* (LA F., *F.*, V, 3). — DISSIMULONS *encor, comme j'ai commencé* (RAC., *Mithrid.*, III, 6).

744. Le *passé* de l'impératif est d'un emploi restreint : il indique qu'un fait devra être accompli à tel moment du futur d'où, par anticipation, on le considère d'une vue rétrospective : AIE TERMINÉ *ce travail demain à midi.* AYEZ LU *ce livre dans trois jours.* — SOYEZ PARTIS *demain* (HUGO, *Ruy Blas*, III, 2).

745. *a)* L'impératif est fréquemment adouci par l'emploi d'une périphrase de politesse ou de déférence : VEUILLEZ *vous asseoir.* VOUS PLAIRAIT-IL *de recommencer ?* AURIEZ-VOUS L'OBLIGEANCE *de fermer la porte ?* AYEZ LA BONTÉ *de m'avertir.* FAITES-MOI LE PLAISIR *de m'accompagner.*

b) Un ordre adressé à la personne de qui l'on parle s'exprime par la 3ᵉ personne du subjonctif : *Qu'*IL ENTRE ! — *Qu'*IL CESSE *de m'aimer ou* SUIVE *son devoir !* (CORN., *Cinna*, III, 5.)

c) Parfois la 3ᵉ personne du singulier du subjonctif peut, par l'emploi

du sujet *on*, exprimer un ordre adressé à la personne à qui l'on parle : *Holà !
gardes, qu'*ON *le* SAISISSE ! (RAC., *Mithr.*, III, 2.)

d) On exprime parfois l'ordre au moyen de l'indicatif en recourant au tour
interrogatif, dans lequel d'ailleurs l'idée d'interrogation est à peu près entièrement effacée : *Veux-tu finir ? Vas-tu rester tranquille ? Tu ne t'arrêteras pas ?*

Art. 4. — SUBJONCTIF

746. Le subjonctif exprime, dans sa valeur fondamentale, un procès
simplement envisagé dans la pensée, un fait que l'on considère comme
non existant ou non encore existant, ce fait n'étant pas placé par le
sujet parlant sur le plan de la réalité. — Dans certains emplois, il s'explique par l'influence de l'analogie ou par des servitudes grammaticales.

Les grammairiens ont beaucoup disputé sur la valeur modale du subjonctif [1].
Pour G. et R. Le Bidois, le subjonctif est le mode du dynamisme psychique ; pour
Damourette et Pichon, il exprime le refus du sujet de la principale de porter un jugement sur le fait énoncé ; pour E. Tanase, il note l'action non existante ou non encore
existante ; pour P. Imbs, il marque que le fait n'est pas entièrement actualisé ou que
sa réalité actuelle n'est pas la visée principale du sujet parlant ; pour J. Hanse, il
énonce un fait qu'on se refuse ou hésite à placer sur le plan de la réalité.

N. B. — La définition étymologique du subjonctif indique que ce mode s'emploie
en dépendance d'un verbe principal. Sans doute le subjonctif s'emploie le plus souvent
dans les propositions subordonnées, mais il trouve aussi dans les propositions indépendantes et dans les principales certains emplois.

I. — LE SUBJONCTIF DANS LA PROPOSITION INDÉPENDANTE ET DANS LA PRINCIPALE

747. Le subjonctif sert à exprimer :

1° Surtout à la 3e personne, un ordre, une exhortation, une défense
(sens impératif) [2] : *Que chacun se* RETIRE *et qu'aucun n'*ENTRE *ici !* (CORN.,

---

1. Pour les diverses théories, voir notamment G. et R. LE BIDOIS, *Synt.*, t. I,
Addit., § 820 ; E. TANASE, *Essai sur la valeur et les emplois du Subj.*, chap. I ; P. IMBS,
Le Subj. en franç. moderne, pp. 53 sv. ; J. HANSE, *La valeur modale du subjonctif*, p. 4.
2. Dans des phrases telles que *Que chacun se retire ! Qu'elle soit heureuse !* il ne
faut nullement sous-entendre un verbe principal · *j'ordonne, je souhaite*, etc. : le
subjonctif est là bel et bien indépendant. — Au jugement de Nyrop, « il est difficile
de prouver que *qu'elle soit heureuse !* soit primitivement une phrase subordonnée.
L'analogie joue peut-être un rôle dans la formation de la phrase et le *que* introducteur
est peut-être dû au *que* exlamatif. » (*Gramm. hist.*, t. VI, § 302.) — Selon F. Brunot
(*La Pensée et la Langue*, p. 571), « les emplois en subordination ont fini par le rendre
[le subjonctif optatif] presque inséparable de *que*. » — Ce *que* introduisant une proposition indépendante est une particule conjonctionnelle, signe du subjonctif.

Cinna, II, 1.) — *Qui veut venir avec moi voir à Ispahan la saison des roses* PRENNE *son parti de cheminer lentement à mes côtés* (P. LOTI, *Vers Ispahan*, Prél.). — *Je voudrais vous presser tous sur mon cœur ; que j'*EMBRASSE *au moins votre drapeau* (NAPOLÉON, *Adieux à la Garde*).

2° Surtout à la 3ᵉ personne, un souhait, un désir, un regret, une imprécation (sens optatif) : *Que cent peuples unis des bouts de l'univers* PASSENT *pour la détruire et les monts et les mers !* (CORN., *Hor.*, IV, 5.) — *Que Dieu vous* ENTENDE ! — *Me* FUSSÉ-*je mis une pierre au cou !* (BEAUMARCHAIS, *Mar. de Figaro*, V, 3.) — *Oh ! que mon génie* FÛT *une perle, et que tu* FUSSES *Cléopâtre !* (MUSS., *Merle blanc*, VIII.) — *Ah ! qu'elle ne* FÛT *jamais née !* (Fr. JAMMES, *Le Roman du Lièvre*, p. 138.) — *Ah ! que m'*EMPORTÂT *une lame assez forte !* (A. GIDE, *Amyntas*, p. 128.)

Remarque. — A la 3ᵉ personne, le subjonctif optatif s'emploie sans *que* dans certaines expressions consacrées, telles que : *Dieu vous* GARDE ! FASSE *le ciel...!* VIVE *le roi !* PÉRISSENT *les colonies plutôt qu'un principe !* etc. *Pouvoir* s'emploie de même, mais il admet les trois personnes et se place généralement en tête de la phrase, avec inversion du sujet (§ 655, 12°) : PUISSÉ-*je réussir !* — PUISSIEZ-*vous jouir d'une meilleure santé que la mienne !* (VOLT., *À Mme de Champbonin*, 17 nov. 1764.) — PUISSENT *vos beaux yeux ne jamais pleurer !* (VIGNY, *Chatt.*, III, 8.) — PUISSES-*tu goûter un jour le doux rafraîchissement du Paradis* (A. FRANCE, *Thaïs*, p. 26).

3° Une concession[1] : *Mais rapportons-nous-en.* — SOIT *fait, dit le reptile* (LA F., *F.*, X, 1). — *Que le luxe* SOIT *un signe certain des richesses ; qu'il* SERVE *même, si l'on veut, à les multiplier : que faudra-t-il conclure de ce paradoxe ?* (J.-J. ROUSS., *Disc. sur les Sc.*) — *Que les chênes fatidiques* SOIENT COUPÉS (...), *ces solitudes ne sont pas déchues de pouvoir* (M. BARRÈS, *La Colline insp.*, p. 2). — SOIT.

4° Une supposition, une opposition, une éventualité[1] : *Qu'à chacun Jupiter* ACCORDE *sa requête, Nous lui romprons encor la tête* (LA F., *F.*, VI, 11). — DUSSÉ-*je après dix ans voir mon palais en cendre, Je ne balance point* (RAC., *Andr.*, I, 4). — *Que de la fièvre on* PRENNE (= même si on prenait) *ici les intérêts, N'ayez aucun égard, moquez-vous des caquets* (MOL., *F. sav.*, III, 2). — *Qu'un poignard, un pistolet* ATTEIGNENT *le but, qui succédera au général Bonaparte ?* (J. BAINVILLE, *Napoléon*, p. 183.)

5° Dans les phrases exclamatives ou interrogatives, une hypothèse qu'on repousse avec indignation, ou un fait qu'on envisage avec étonnement : *Moi, Seigneur, moi, que j'*EUSSE *une âme si traîtresse !* (CORN., *Cinna*, V, 1.) — *Moi, Seigneur, que je* FUIE ! (RAC., *Mithr.*, V, 5.)

6° Une affirmation atténuée, dans les expressions négatives « je ne sache pas (ou : point), je ne sache rien, je ne sache personne », usitées seulement à la 1ʳᵉ personne du singulier[2] : *Je ne* SACHE *pas que vous ayez rien à vous reprocher*

---

1. La proposition au subjonctif se présente ici comme une principale, mais on peut, dans certains cas du moins, la tenir pour une véritable subordonnée (§ 179).

2. On lit, non sans étonnement, chez Hugo : *Nous ne* SACHONS *pas qu'on ait fait des mots nouveaux* (*Litt. et Philos. mêlées*, But de cette publicat.).

(MARIVAUX, *Les Serments indiscrets*, I, 6). — *Je ne* SACHE *personne mieux partagé qu'il le sera* (ID., *Marianne*, p. 233). — *Cause que je ne* SACHE *pas que l'on ait encore remarquée* (MONTESQ., *Espr.*, XVII, 3). — *Je n'en* SACHE *pas* [de nom] *de plus honorable* (É. AUGIER, *Les Effrontés*, I, 2). — *Je ne* SACHE *guère d'orateur que l'on n'ait accusé de déclamation* (BRUNETIÈRE, *Essais sur la Litt. contemp.*, p. 300). — *Je ne* SACHE *point que les catholiques de Tourcoing m'aient acclamé* (A. FRANCE, *L'Orme du Mail*, p. 60). — *Je ne* SACHE *pas que, devant le tribunal de la conscience, on juge de l'honnêteté des coups sur le résultat du duel* (H. BREMOND, *Apologie pour Fénelon*, p. 260). — *Je ne* SACHE *rien de si beau* (AC.).

Les locutions analogues « que je sache (reproduction du latin *quod sciam*), que tu saches, qu'on sache, que nous sachions, que vous sachiez [1] » s'emploient dans des phrases négatives ou interrogatives [2] pour indiquer que, si le fait énoncé n'est pas réel, on l'ignore : *Il n'a point été à la campagne, que je* SACHE (LITTRÉ). — *Il n'est venu personne, que nous* SACHIONS (ID.). — *Les chefs de notre gouvernement ne forment point, qu'on* SACHE, *des desseins immodérés* (A. FRANCE, *Le Mannequin d'osier*, p. 246). — *Est-il venu quelqu'un que vous* SACHIEZ ? *que tu* SACHES ? (LITTRÉ.) — *Vous ne me faites pas grâce de mon loyer, que je* SACHE ? (R. BOYLESVE, *Mlle Cloque*, X.) — *Mallarmé, que je* SACHE, *n'était pas mallarméen* (J. COCTEAU, *Poésie critique*, p. 86). — *Jules Romains, qu'on* SACHE, *n'a jamais tenu un journal* (CRITICUS, *Quatre Études de « Style au microscope »*, p. 38).

7° Avec le verbe *venir*, à la 3e personne du présent, une circonstance de temps ou de condition [3] : VIENNE *encore un procès et je suis achevé* (CORN., *Ment.*, II, 8). — *J'imagine, mon cher ange, (...) que vous ferez jouer « Tan-*

---

1. C'est probablement *que je sache* qui a donné naissance, par une interversion de propositions, au tour *je ne sache pas...* : ainsi *il n'est pas rentré, que je sache* a pu devenir : *je ne sache pas qu'il soit rentré*. — A noter qu'on rencontre sporadiquement *que je me rappelle* employé comme *que je sache* (cf. lat. *quod meminerim* = autant que je me souvienne) : *Louis XIV n'a pas eu*, QUE JE ME RAPPELLE, *un seul acte de sévérité à faire pour maintenir sa souveraineté absolue* (RENAN, *L'Avenir de la Science*, p. 347). — On trouve aussi (mais rarement) *à ce que je sache* : *M. Noël Devaulx*, à CE QUE JE SACHE, *n'en a pas tiré la moindre parcelle de la gloire tapageuse que la foire littéraire dispense à ses vedettes et à ses lauréats* (A. ROUSSEAUX, dans le *Figaro litt.*, 21 août 1948).

2. On les trouve parfois aussi, il est vrai, dans des phrases affirmatives, mais impliquant généralement une idée de restriction, d'exclusion : *Il est le premier*, QUE JE SÇACHE, *qui en ayt usé* (VAUGELAS, *Rem.*, p. 39). — *Pierre le Grand, qui me valait bien*, QUE JE SACHE, *a été souvent dans sa vie, (...) le juge et le bourreau* (BARBEY D'AUREVILLY, *Le Chev. des Touches*, p. 240). — *Il existe une science que seuls les médecins ont*, QUE JE SACHE, *introduite dans le programme normal des études. Elle porte le beau nom de déontologie* (G. DUHAMEL, *Discours aux nuages*, p. 116). — *Son gouvernement* [de Benès] *est*, QUE JE SACHE, *provisoire* (Gén. DE GAULLE, *Mém.*, Le Salut, p. 78).

3. Cette circonstance de temps ou de condition se présente sous la *forme* d'une proposition principale, mais c'est en réalité une subordonnée (§ 179).

crède » VIENNE *la Saint-Martin* (VOLT., *À d'Argental*, 27 oct. 1760). — VIENNENT *tout à fait les cheveux gris, ce seront de bonnes personnes* (P. MILLE, *Le Monarque*, p. 31). — Populairement : *Elle aura quinze ans* VIENNENT *les prunes* [= l'été prochain] (AC.).

N. B. — Pour l'emploi du plus-que-parfait du subjonctif, substitut du conditionnel passé, comme dans J'EUSSE VOULU *avertir mes ancêtres* (J. BAINVILLE, *Jaco et Lori*, p. 66), voir § 740, *b*.

Hist. — Jusqu'au XVIe siècle, on employait couramment, dans les propositions indépendantes, le subjonctif non précédé de la conjonction *que : Sire,* SOUVIENNE-*vous des Athéniens* (MONTAIGNE, I, 9 ; p. 55). — Au XVIIe siècle, cet usage, quoique moins fréquent, n'était pas abandonné : *Je* MEURE, *en vos discours si je puis rien comprendre !* (CORN., *Ment.*, II, 3.) — *Me* PRÉSERVE *le ciel de soupçonner jamais Que d'un prix si cruel vous payez mes bienfaits !* (RAC., *Mithr.*, III, 3.) — *Jupiter* CONFONDE *les chats !* (LA F., *F.*, II, 5.) — Dans l'usage moderne, cela se trouve parfois encore, surtout chez les poètes : *J'obéis, ou je* MEURE ! (HUGO, *Ruy Blas*, II, 5.) — MEURE *ma jeunesse !* (MUSSET, *Conf.*, V, 1.) — *Le lecteur* SOIT *juge des inconvénients du métier d'écrire* (É. HENRIOT, *Au bord du temps*, p. 227). — Cela reste très courant dans des expressions figées, telles que : *À Dieu ne* PLAISE, ADVIENNE *que pourra,* SAUVE *qui peut, ne vous en* DÉPLAISE, SOIT, SOIT *dit entre nous,* COÛTE *que coûte,* VAILLE *que vaille,* FASSE *le ciel,* PLAISE *au ciel, Dieu* SOIT *loué, grand bien vous* FASSE, etc.

II. — LE SUBJONCTIF
DANS LA PROPOSITION SUBORDONNÉE

N. B. — Quoique nous ne traitions pas ici de la phrase complexe, nous croyons utile d'indiquer, d'une manière synthétique, les emplois divers que trouve le subjonctif dans les propositions subordonnées. Les cas que nous allons signaler se retrouveront, mais dissociés, dans la quatrième partie (Propositions subordonnées).

748. A. Propositions substantives. Le subjonctif s'emploie :

1° Après les verbes qui marquent la volonté, l'ordre, la défense, la prière, le désir (§ 1000).

2° Après les verbes de sentiment (§ 1001).

3° Après les verbes d'opinion et de perception quand on veut exprimer un fait envisagé, non dans sa réalité, mais simplement dans l'esprit du sujet (§ 999, *b*).

4° Après les verbes impersonnels et les locutions impersonnelles exprimant une possibilité, une impossibilité, un doute, une négation, une nécessité, un mouvement de l'âme (§ § 997 ; 998, *b*).

5° Après *que* introduisant une proposition substantive mise en vedette par l'inversion (§ 1002).

B. Propositions adjectives (= relatives). Le subjonctif s'emploie :

1° Pour marquer un but à atteindre, une intention, une conséquence (§ 1013, *a*, 1°).

2° Quand la relative restreint un superlatif ou une expression de valeur analogue, formée au moyen d'un des adjectifs *seul, dernier, unique, suprême,* etc. (§ 1013, *a*, 2°).

3° Quand la relative restreint une proposition principale négative (de forme ou de sens), dubitative ou interrogative (§ 1013, *a*, 3°).

C. Propositions adverbiales (= circonstancielles). Le subjonctif s'emploie :

1° Dans les subordonnées finales (§ 1026).

2° Dans les subordonnées causales introduites par les locutions *non que, non pas que, non point que, ce n'est pas que* (§ 1023, *c*).

3° Dans les subordonnées consécutives quand elles marquent un résultat à atteindre, une conséquence simplement possible (§ 1029, *c*).

4° Dans les subordonnées d'opposition (§ 1032, *a*).

5° Dans les subordonnées conditionnelles introduites par une conjonction autre que *si* (§ 1040, *a*).

6° Dans les subordonnées temporelles introduites par *avant que, jusqu'à ce que, en attendant que* (§ 1018, *c*).

7° Dans les subordonnées temporelles introduites par *sans que* (§ 1045, 4°).

Voyez aussi : Subjonctif après *à (la) condition que*, § 1040, *c* ; après *hormis que, hors que* (= à moins que), § 1045, 2° ; après *au lieu que*, § 1033, 2, *c* ; après *tout que*, § 1033, 3 ; après *pour autant que*, § 1044, Rem. 1 ; — et subjonctif employé par « attraction modale », §§ 1003 *bis* et 1013, *a*, 4°.

Art. 5. — INFINITIF

749. L'**infinitif** est la forme nominale du verbe : c'est proprement un « nom d'action » ; il exprime simplement, sans acception de personne ni de nombre, l'idée marquée par le verbe.

Outre qu'il s'emploie dans certains cas avec la valeur purement verbale, l'infinitif remplit, dans bien des emplois, les différentes fonctions du nom.

I. — L'INFINITIF COMME VERBE

750. C'est surtout dans la proposition subordonnée que l'infinitif s'emploie comme forme proprement verbale (voir § 1006). Néanmoins il se trouve aussi avec la valeur d'une forme personnelle dans certaines propositions indépendantes exprimant diverses modalités.

Il s'emploie ainsi :

1° Dans des propositions interrogatives directes exprimant la délibération : *Que* FAIRE ? — *Où* COURIR ? *Où ne pas* COURIR ? (MOL., *Av.*, IV, 7.)

2° Dans des propositions exclamatives ou interrogatives exprimant la surprise, l'étonnement, l'indignation, le regret, le souhait ou quelque élan de l'âme : *Moi,* PLEURER *! moi,* GÉMIR, *tyran !* (CORN., *Héracl.,* III, 3.) — *Hé quoi !* CHARGER *ainsi cette pauvre bourrique !* (LA F., *F.,* III, 1.) — *Chat, et vieux,* PARDONNER *?* (ID., *ibid.,* XII, 5.) — *O tourment ! Doña Sol* SOUFFRIR *et moi le* VOIR *!* (HUGO, *Hern.,* V, 6.) — *Oh !* ÊTRE *un son qui berce !* — ÊTRE *un devoir qui sonne !* (E. ROSTAND, *Chantecler,* IV, 6.)

3° Dans des propositions affirmatives se rapportant au passé et commençant généralement par *et,* pour exprimer une action se déclenchant vivement, et conséquence d'une autre action qui précède : c'est l'infinitif dit « historique » ou « de narration » ; il est toujours au présent, toujours introduit par *de* (§ 922, 3°) et presque toujours accompagné d'un sujet [voir l'*Hist.*] : *Et boquillons de* PERDRE *leur outil, Et de* CRIER *pour se le faire rendre* (LA F., *F.,* V, 1). — *Et pains d'épice de* VOLER *à droite et à gauche, et filles et garçons de* COURIR, *de s'*ENTASSER *et s'*ESTROPIER (J.-J. ROUSS., *Rêveries,* 9e prom.). — *Il* [Chateaubriand] *décrète : « C'est Minuto, le matou du saint Père (...). » Et de* RAMENER *le chat à l'ambassade* (J.-J. BROUSSON, dans les *Nouv. litt.,* 30 juin 1934).

4° Dans des propositions impératives, pour exprimer un ordre général et impersonnel. Cet infinitif se rencontre notamment dans les proverbes, les formules d'écriteau, les avis adressés au public, les recettes, etc. : *Bien* FAIRE *et* LAISSER *dire. Pour renseignements, s'*ADRESSER *à M. X. Ne pas se* PENCHER *en dehors.* PRENDRE *trois cuillerées à soupe par jour.* BATTRE *les blancs d'œufs en neige.*

5° Dans la formule populaire et vieillie *révérence parler* signifiant « pardon d'user de ces termes qui pourraient choquer » : [Vous savez bien] *que j'ai mon haut-de-chausses tout troué par derrière, et qu'on me voit,* RÉVÉRENCE PARLER... (MOL., *Av.,* III, 1). — De même dans le tour familier *savoir* [on dit aussi : *c'est à savoir,* ou : *à savoir*] signifiant « je me demande » ou « qui sait » : *Vous me dites qu'ils contribueront tous également à cette affaire,* C'EST À SAVOIR *s'ils le pourront,* À SAVOIR *s'ils le voudront ;* SAVOIR *si vous en serez approuvé* (AC.).

Hist. — Dans l'ancienne langue, l'infinitif, précédé de la négation *ne,* pouvait servir, comme l'impératif, à exprimer la défense, mais une défense brusque ; il était parfois accompagné d'un sujet : *Sire cumpainz, amis, nel* DIRE *ja !* [Sire compagnon, ami, ne le dis plus] (*Rol.,* 1113.) — *Ne t'*ESMAIER *tu mie !* [Ne t'effraye pas] (*Rom. de Renart,* VI, 45.) — Précédé de *or* et de *de* avec l'article défini, l'infinitif servait à exprimer une exhortation pressante : *Mi fil, or del* HASTER *!* [Mon fils, hâte-toi donc !] (HERMAN DE VALENCIENNES, dans BARTSCH, 23, 58.) — C'est peut-être ce tour qui est à l'origine de notre infinitif de narration (mais on admet plus généralement que l'infinitif de narration appartient à la catégorie des phrases nominales, sans verbe personnel). — L'infinitif de narration s'est développé au XVe siècle ; considéré comme familier au XVIIe siècle, il passe aujourd'hui pour élégant et pour un peu recherché. — A noter qu'il a pu autrefois être introduit, mais exceptionnellement, par *à : El bon prestre* À *soy retirer* (*Cent Nouvelles nouv.,* 76). — *Et M. de Coislin* À *serrer le premier président du derrière de sa chaise* (SAINT-SIMON, *Mém.,* X, p. 278, cit. Sneyders de Vogel).

751. Dans certains emplois, l'infinitif actif a l'air d'avoir la valeur passive : *Maison à* VENDRE, *curieux à* VOIR, etc. « On explique la plupart du temps ces expressions, dit F. Brunot (*La Pens. et la L.*, p. 367), en les considérant comme passives (...). C'est là une fausse analyse. »

Pour prouver qu'on a ici un actif, F. Brunot allègue : 1° Les phrases où l'infinitif est accompagné d'un complément d'objet, qu'un passif ne saurait avoir : *Que de gens à qui il n'en faut pas tant pour* LES *guérir ;* — 2° Les phrases où le verbe est subjectif ou intransitif : *Bête à* PLEURER, *triste à* MOURIR ; — 3° Les tours anciens où l'infinitif a pour sujet un indéfini *on* qu'il faut suppléer : *N'en puez partir senz les membres* TRENCHIER [= Tu ne peux t'en séparer sans qu'on te tranche les membres] (*Couronnem. de Louis*, 1539, dans TOBLER, *Mél.*, p. 116).

Ainsi l'infinitif est bel et bien actif :

1° Lorsque, précédé de *à*, il est complément d'un adjectif ou d'un nom : *Le dîner est prêt à* SERVIR (AC.). — *Vin prêt à* BOIRE. *Texte facile à* EXPLIQUER. — *Son traité d'optique étant prêt à* IMPRIMER (FONTENELLE, *Newton*). — *Du bois taillis prêt à* COUPER (BUFFON, dans LITTRÉ). — *Besogne à* TERMINER. *Vin à* EMPORTER. — De même dans des expressions comme : *Donner à* MANGER, *à* BOIRE. *Cela est à* CRAINDRE. De même encore après *plaire, ennuyer*, etc. : *Cela vous plaît à* DIRE (Th. CORN., *Berger extrav.*, II, 5). — *De beaux vers de Corneille (...) plaisent à* RENCONTRER (LITTRÉ, *Préf.*, p. XVII). — *Certains petits ornements des murs (...) qui me glaçaient à* REGARDER (P. LOTI, *Le Rom. d'un Enf.*, XXIX). — *Les choses trop abstraites ou trop élevées pour moi ne m'ennuient pas à* ENTENDRE (P. VALÉRY, *Mons. Teste*, pp. 83-84). — *Ces mots me font plaisir à* ÉCRIRE (É. HENRIOT, *Au bord du temps*, p. 6).

2° Après certains verbes de perception ou de mouvement : *voir, regarder, entendre, ouïr, sentir, mener, faire, laisser* : *La maison que j'ai vu* BÂTIR. *Ils n'ont pas laissé* ENVAHIR *le territoire.* — *L'aïeule regarda* DÉSHABILLER *l'enfant* (HUGO, *Châtim.*, II, 3).

Pour la proposition infinitive, voir §§ 1006 et suiv.

II. — L'INFINITIF COMME NOM

752. L'infinitif, en tant que forme *nominale* du verbe, a pu être employé comme un véritable nom et prendre l'article (§ 124, 1°).

Les infinitifs substantivés sont d'un usage restreint dans la langue moderne ; la plupart ont si bien revêtu le caractère de noms qu'on ne perçoit plus guère en les employant leur nature originelle de verbes. Un certain nombre même admettent le pluriel.

S'emploient comme infinitifs substantivés :

avoir	dire	lever	pouvoir	souper
baiser	être	manger	repentir	sourire
boire	faire	marcher	rire	souvenir
coucher	goûter	paraître	savoir	vivre
déjeuner	lâcher	parler	savoir-faire	vouloir
devoir	laisser-aller	penser (poét.)	savoir-vivre	etc.
dîner	laisser faire	pis aller	sortir	

A cette liste on peut ajouter quelques infinitifs anciens qui ne s'emploient plus que comme noms : *avenir, loisir, manoir, nonchaloir* (vieilli), *plaisir, laisser-courre.*

Hist. — L'infinitif substantivé, très fréquent au XIIIᵉ et au XIVᵉ siècle, était déjà en recul au XVᵉ siècle. Au XVIᵉ siècle, malgré la faveur qu'il trouva auprès de la Pléiade et en dépit des recommandations de J. du Bellay, il était en voie de disparaître. Montaigne cependant s'en est fréquemment servi : *J'estime le* BAIGNER *salubre* (II, 37 ; p. 870). — Malherbe est sans doute le dernier auteur qui en ait fait un usage courant : *Le* VIVRE *et le* VIEILLIR *sont choses (...) conjointes* (t. IV, p. 206). — Depuis le XVIIᵉ siècle, l'infinitif substantivé ne se rencontre plus guère que comme archaïsme : *La diversité est si ample que tous les tons de voix, tous les* MARCHERS, TOUSSERS, MOUCHERS, ÉTERNUERS... (PASCAL, *Pens.*, 114). — *Souvent averti par le* BAISSER *du soleil de l'heure de la retraite...* (J.-J. ROUSS., *Rêveries*, 5ᵉ prom.). — Cet archaïsme est fréquent encore chez Chateaubriand : *Le* PASSER *sur les flots, le* DORMIR *sur la mousse* (*Mém.*, I, 7, 8). — *Tandis que nous étions occupés du* VIVRE *et du* MOURIR (*ib.*, II, 2, 4). — *Au* TINTER *de l'« Ave Maria »* (*ib.*, IV, 2, 16). — Dans l'usage moderne, il se trouve généralement précédé de *au* et sert à exprimer un complément circonstanciel : *Quand je te vis si pâle au* TOUCHER *de mon aile* (MUSSET, *N. de Mai*). — *La réalité nous est apparue comme un perpétuel* DEVENIR (H. BERGSON, *L'Évolution créatrice*, p. 295). — *Au* CROISER *d'un enterrement* (M. BARRÈS, *L'Appel au soldat*, t. I, p. 11). — *Au* TOMBER *du jour* (A. SUARÈS, *Le Livre de l'Émeraude*, LIV). — *Pour soutenir l'infanterie jusqu'au* VENIR *de l'artillerie* (É. HERRIOT, *Dans la Forêt normande*, p. 177).

753. Dans la proposition, l'infinitif peut, comme le nom, être sujet, attribut, complément du verbe, etc. Dans ces différentes fonctions, on le trouve tantôt précédé d'une préposition (infinitif prépositionnel), tantôt non précédé d'une préposition (infinitif pur).

1. — Infinitif sujet.

754. L'infinitif pur s'emploie comme sujet surtout dans des propositions exprimant un fait général, et notamment dans des phrases sentencieuses : VIVRE, *c'est agir.* VOULOIR, *c'est pouvoir.* — PASSER *comme un troupeau, les yeux fixés à terre, Et* RENIER *le reste, est-ce donc être heureux ?* (MUSS., *Esp. en Dieu.*)

L'infinitif séquence de certains verbes impersonnels est traditionnellement regardé comme « sujet réel » : mais on peut estimer qu'il précise, complète le sujet *il* ou *ce* de ces verbes impersonnels (voir §§ 185 et 765).

Toutefois l'infinitif doit être considéré comme sujet après les expressions impersonnelles *mieux vaut, autant vaut,* dans lesquelles manque le sujet *il : Mieux vaut* ATTENDRE. *Autant vaudrait* MOURIR.

755. L'infinitif précédé de la préposition *de* s'emploie parfois comme sujet en tête de la phrase dans des propositions exprimant un fait particulier (tour courant à l'époque classique) : DE RACONTER *quel sort les avait assemblés, (...) C'est un récit de longue haleine* (LA F., *F.*, X, 15). — D'ÊTRE *tête à tête à leur*

table (...) les dérida (M. PRÉVOST, *La Nuit finira*, t. I, p. 148). — *Et* DE PEN-
SER *à toi me soutiendra* (A. GIDE, *Le Retour de l'Enf. prodigue*, p. 234). — *C'est
une trompette douloureuse.* DE *l'*ENTENDRE *me fait mal* (G. DUHAMEL, *Fables de
mon jardin*, p. 191).

2. — Infinitif attribut.

756. L'infinitif pur s'emploie comme attribut : *Vouloir, c'est* POU-
VOIR. — *Mourir n'est pas* MOURIR, *mes amis, c'est* CHANGER (LAMART.,
La Mort de Socrate). — *Voilà ce qui s'appelle* PARLER.

3. — Infinitif complément du verbe.

757. L'infinitif pur s'emploie comme complément après des verbes
d'opinion, de sentiment, de volonté, de perception, de mouvement
et autres : *Oui, je viens dans son temple* ADORER *l'Éternel* (RAC., *Ath.*,
I, 1). — *On entendait* ALLER *et* VENIR *dans l'enfer* (HUGO, *Lég.*, t. I,
p. 52).

Se construisent avec un infinitif *sans préposition :*

accourir	assurer	courir	détester [1]	espérer (Rem. 3)
affirmer	avoir beau	croire	devoir	estimer
aimer autant	avouer	daigner	dire [2]	être [3]
aimer mieux	compter	déclarer	écouter	faillir [4]
aller	conduire	descendre	entendre	faire
apercevoir	confesser	désirer (Rem. 1)	envoyer (Rem. 2)	falloir

---

1. *Byron détestait boire* (A. MAUROIS, *Byron*, t. I, p. 110). — *Je déteste m'habiller
le soir* (P. MORAND, *Papiers d'identite*, p. 15). — *Quoiqu'il détestât prendre de l'exercice*
(J. CHARDONNE, *L'Épithalame*, I, 5). — *Il (...) détestait s'asseoir* (A. MALRAUX,
La Voie royale, p. 250). — *Il ne détestait pas la voir en colère* (R. MARTIN DU GARD,
Les Thibault, VII, 2, p. 10). — Cependant on dit aussi *détester de faire qq. ch. : Je ne
déteste pas* DE *généraliser la notion de moderne* (P. VALÉRY, *Variété*, p. 18). — *Il
déteste* D'*écrire* (Fr. MAURIAC, *La Fin de la Nuit*, p. 121). — *Je ne déteste pas* D'*accom-
pagner les chasseurs* (G. DUHAMEL, *Biogr. de mes fantômes*, p. 123). — *Je déteste*
D'*être réveillé en sursaut quand je rêve* (É. HENRIOT, *La Rose de Bratislava*, II).

2. Il s'agit ici de *dire*, verbe déclaratif : *Je ne pouvais arriver à les croire quand ils
disaient m'aimer* (A. MAUROIS, *Climats*, p. 161). — Quand *dire* signifie « avertir »,
« ordonner », « conseiller », il demande *de* devant l'infinitif complément (§ 758).

3. Quand il est employé au passé simple, ou au subjonctif imparfait, ou aux temps
composés, dans le sens de *aller* (§ 669, Rem. 3) : *Et nous fûmes coucher* (MOL., *Fâch.*,
II, 7). — *Chacun fut se coucher* (MÉRIMÉE, *Colomba*, I). — *Un matin, M. Lerond
fut le trouver au séminaire* (A. FRANCE, *L'Orme du Mail*, p. 56). — *J'ai été le trouver.*

4. La construction *faillir de* + infinitif, signalée encore par Littré *(J'ai failli* DE
tomber) est hors d'usage. On a dit aussi autrefois : *faillir à* + infinitif (cf. § 760,
Hist.).

se figurer	partir[1]	se rappeler	revenir	voir
s'imaginer	penser	(Rem. 6)	savoir	vouloir
laisser	pouvoir	reconnaître	sentir	etc.
mener	préférer (Rem. 4)	regarder	supposer	
monter	présumer	rentrer	venir	
oser	prétendre (Rem. 5)	retourner	(§ 655, 14°)	

Remarques. — 1. *Désirer* reçoit ordinairement sans préposition l'infinitif complément : *Il désire* RÉUSSIR (Ac.). — *Un prêtre avait désiré me* CONNAÎTRE (CHATEAUBR., *Mém.*, IV, 5, 8).

L'Académie ne signale plus le tour *désirer de,* avec un infinitif : ce tour [fréquent à l'époque classique : *Voilà, Mentor, ce que vous désiriez* DE SA-VOIR (FÉNEL., *Tél.*, t. II, p. 13) ; — *Qui est-ce-qui a lu les ouvrages de Richardson sans désirer* DE CONNAÎTRE *cet homme ?* (DIDEROT, *Éloge de Richardson*)] n'est cependant pas hors d'usage :

Vous ne désireriez pas DE VOUS REPOSER... ? (MUSSET, *La Nuit vénitienne*, II.) — *Si vous désirez* DE MÉDITER... (H. BORDEAUX, *La Chartreuse du reposoir*, p. 100). — *Elle désirait* DE VOIR *Marcel Coutre* (É. HENRIOT, *Aricie Brun*, III, 2). — *Elle désira infiniment* D'ÊTRE *seule* (M. PRÉVOST, *La Nuit finira*, p. 99). — *Il désirait* DE VOIR *Bouteiller furieux ou suppliant* (M. BARRÈS, *Leurs Figures*, p. 323). — *Sa cause ne l'eût pas lâché, même s'il avait désiré* DE ROMPRE *avec elle* (J. ROY, *Le Métier des armes*, p. 243). — *Vous avez désiré* DE me PARLER (MONTHERLANT, *Malatesta*, II, 4). — *Il articulait avec force des mots sur lesquels il désirait* D'ATTIRER *l'attention de l'auditoire* (G. DUHAMEL, *Les Compagnons de l'Apocalypse*, p. 48).

2. *Envoyer* prend ordinairement sans préposition — parfois aussi avec *pour* — l'infinitif de but quand la personne envoyée fait elle-même l'action marquée par l'infinitif : *J'envoyai mon fils au-devant de lui l'*ASSURER... ou : ... POUR *l'*ASSURER... (LITTRÉ, s.v. *envoyer*, Rem. 1). — *Elle envoyait une infirmière la* REMPLACER (P. BOURGET, *Le Sens de la Mort*, p. 228).

« On mettra nécessairement *pour* si la personne envoyée ne fait pas expressément l'action » : *J'envoyai mon fils au-devant de lui* POUR *l'*EMPÊCHER *de venir* (LITTRÉ).

3. *Espérer,* dans l'usage ordinaire, ne demande pas de préposition devant l'infinitif complément : *Il espère* REVIVRE *en sa postérité* (RAC., *Esth.*, II, 9). — *J'espérais bien* PLEURER (MUSS., *Souvenir*). — *L'état de mes parents ne me permettait pas d'espérer* ENTRER *dans la clientèle de M. Grégoire* (A. FRANCE, *Pierre Nozière*, p. 69). — *Peut-on espérer* TRANSMETTRE *au lecteur un plaisir qu'on n'a pas ressenti ?* (M. PROUST, *Le Temps retrouvé*, I, p. 221.)

Espérer avec *de* et un infinitif est une construction archaïque, encore assez d'usage dans la langue littéraire[2] : *L'on espère* DE VIEILLIR (LA BR., XI, 41). — *Elle espéra*

---

1. Il s'agit ici de *partir* suivi d'un infinitif marquant le but : *Savez-vous pourquoi il est parti faire ce voyage aux États-Unis ?* (É. BOURDET, *L'Homme enchaîné*, I, cit. Sandfeld, t. III, p. 152.) — Pour *partir à rire,* voir § 759 (p. 684, note 6).

2. Selon l'Académie, c'est lorsque *espérer* est lui-même à l'infinitif qu'il fait parfois

DE *le* METTRE *sur le trône* (FÉNEL., *Tél.*, t. I, p. 297). — *Comme si (...) j'avais pu
espérer* DE *la* RENCONTRER (B. CONSTANT, *Adolphe*, II). — *Espérant par vous* DE DEVE-
NIR *baron* (STENDHAL, *La Chartr. de Parme*, t. II, p. 99). — *Je ne puis espérer* DE
FAIRE *comprendre cette réponse* (NERVAL, *Aurélia*, I, 4). — *Ils espérèrent bientôt*
D'*en* FAIRE *des fidèles* (SAINTE-BEUVE, *Caus. du Lundi*, t. I, p. 191). — *Cette ceinture
d'officier dans laquelle j'avais espéré* DE MOURIR (BARBEY D'AUREVILLY, *Les Diabo-
liques*, À un dîner d'athées). — *N'espérez pas* DE *les* TROMPER (M. MAETERLINCK,
La Vie des Abeilles, II, 25). — *Au milieu des malades qu'il espérait* DE SOIGNER (G.
DUHAMEL, *Biogr. de mes fantômes*, p. 140). — *Ce secret du génie, je n'espère pas* DE *le*
COMPRENDRE (ALAIN, *Propos de Littérat.*, LXXXIII). — *Les phénomènes qu'on peut
espérer* D'EXPLIQUER (J. BENDA, *Exercice d'un Enterré vif*, p. 20). — *Puis-je même
espérer* DE *les* REVOIR *tous ?* (A. GIDE, *Journ. 1942-1949*, p. 96). — *Comment pouvait-il
espérer* DE *se* FAIRE COMPRENDRE ? (J. GREEN, *Chaque homme dans sa nuit*, p. 209.) —
Puis-je espérer DE *vous* RENDRE *ce qui m'appartenait ?* (G. BERNANOS, *Dialogue
d'ombres*, p. 108.) — *Je n'espérais plus* DE VOIR *un enfant les ramasser* [des choses
mortes] (Fr. MAURIAC, dans le *Figaro litt.*, 12 juin 1960).

4. **Préférer** reçoit habituellement sans préposition l'infinitif objet direct :
Il préfère MOURIR (LITTRÉ). — *Il préfère* SE RETIRER (AC.). — *Il préférait
encore* BALAYER *que d'apprendre à lire* (A. DAUDET, *Jack*, t. I, p. 91). — *Ils pré-
férèrent* SOUFFRIR *dans leur chair plutôt que de perdre l'intégrité de leur pensée*
(H. BORDEAUX, *Sur le Rhin*, p. 38). — *Elle a préféré* MOURIR *que de vivre ainsi*
(Fr. MAURIAC, *Ce qui était perdu*, XVII).

La langue littéraire met parfois *de* devant l'infinitif objet direct de *préférer ;*
ce tour paraît vieilli : *J'ai préféré* DE PAYER *mes dettes* (SÉV., t. VII, p. 399). —
Il préféra DE S'AVANCER *par le Nord* (SAINTE-BEUVE, *Le Général Jomini*,
p. 170). — *M. Lancelot m'excusa : il semblait préférer* DE RESTER *seul* (A.
HERMANT, *Xavier*, p. 210). — *Il préféra donc* DE *les* DISSUADER *en douceur*
(Fr. JAMMES, *L'Antigyde*, p. 85). — *Elle préférait* DE RIRE (G. DUHAMEL,
La Passion de Joseph Pasquier, III).

5. **Prétendre,** suivi d'un infinitif pur, signifie « avoir l'intention, la ferme
volonté de » : *Je prétends vous* TRAITER *comme mon propre fils* (RAC., *Ath.*, II,
7). — *C'est à Rome, mes fils, que je prétends* MARCHER (ID., *Mithr.*, III, 1).

Suivi d'un infinitif introduit par *à*, il signifie « aspirer à » : *Cette révolution,
qui (...) prétendait* À RECOMMENCER *l'histoire du monde* (Mme de STAËL,
Corinne, XII, 1). — *Les artistes prétendent justement* À MODELER *et* À DIRIGER
les sentiments du public (M BARRÈS, *L'Union sacrée*, p. 230). — *Lilette ne
peut prétendre* À ÊTRE *sensationnelle* (A. LICHTENBERGER, *La Petite*, p. 16, cit.
Sandfeld). — *Il avoua qu'il prétendait* À ÉPOUSER *madame Jourd'heuil* (A. HER-
MANT, *Les Grands Bourgeois*, X).

6. **Se rappeler,** suivi d'un infinitif passé exprimant une action accomplie
qu'on fait revivre dans son souvenir, se construit sans préposition : *Je me*

---

précéder de la préposition *de* l'infinitif complément : *Peut-on espérer* DE *vous revoir ?*
(AC.). — En fait, la construction *espérer de* + infinitif est d'un emploi plus large
que l'Académie ne le dit.

rappelle AVOIR VU, *je me rappelle* ÊTRE VENU (LITTRÉ). — *Je me rappelle* AVOIR VU, AVOIR FAIT *telle chose* (AC.). — *Simon se rappela* AVOIR BU *diverses pharmacies* (M. BARRÈS, *Un Homme libre*, p. 44). — *Il se rappelle* AVOIR TRESSAILLI (Fr. MAURIAC, *L'Enfant chargé de chaînes*, p. 78). — *Je me rappelle* AVOIR, *en 1918,* SOIGNÉ *vers la fin de la guerre, un fantassin allemand* (G. DU-HAMEL, *Positions franç.*, p. 194). — *Je ne me rappelais point* AVOIR CONNU *de nuit si douce* (Y. GANDON, *Ginèvre*, p. 121). — *Je me rappelle aussi* AVOIR MARCHÉ *en regardant la terre* (SAINT-EXUPÉRY, *Terre des hommes*, p. 170).

Se rappeler de *avec un infinitif passé est attesté par Littré et par certains auteurs :* Je me rappelle D'avoir vu, D'avoir dit telle chose (LITTRÉ). — *Il s'est rappelé* DE *vous avoir vu plusieurs fois* (J.-J. ROUSS., *Nouv. Hél.*, I, 22). — *Je me rappelle* DE *t'avoir demandé si ta maîtresse te valait* (MARIVAUX, *Le Jeu de l'amour et du hasard*, I, 7). — *Je me rappelle* D'*avoir aimé les femmes* (LA VARENDE, *Cœur pensif...*, p. 225). — Cette construction est assez rare aujourd'hui ; l'Académie ne la signale plus.

N. B. — *Se rappeler,* avec un infinitif complément exprimant une action encore à accomplir, se construit avec *de : Rappelle-toi bien* D'*employer tout ce que tu as d'esprit à être aimable* (STENDHAL, *Corr.*, t. II, p. 174).

758. L'infinitif précédé de la préposition *de* s'emploie comme complément d'un grand nombre de verbes transitifs ou pronominaux : *Achève* DE VIVRE (CORN., *Pol.*, IV, 5). — *Grand Roi, cesse* DE VAINCRE, *ou je cesse* D'ÉCRIRE (BOIL., *Ép.*, 8). — *Dépêchez-vous* DE PARTIR (AC.).

Construisent l'infinitif complément avec *de :*

s'abstenir	achever	ambitionner	attendre	avoir regret [2]
accepter	admettre	s'applaudir	avertir	blâmer
accorder	affecter	appréhender	s'aviser	brûler
accuser	s'affliger	arrêter (Rem. 1)	avoir droit [1]	cesser
s'accuser	ajourner	s'arrêter	n'avoir garde	se charger

---

1. On dit : *avoir droit de faire qq. ch.* ou : *avoir le droit de faire qq. ch.: Avoir droit de voter* ou *le droit de voter* (AC., s. v. *droit*). — *La famille seule avait droit d'y prendre part* [au culte du foyer domestique] (FUSTEL DE COULANGES, *La Cité antique*, III, 6).

2. Pour *avoir regret,* avec un infinitif, on ne trouve dans Littré que la construction *avoir regret de faire qq. ch.: J'ai tous les regrets du monde* D'ÊTRE OBLIGÉ *d'en user ainsi* (MOL., *Mar. forcé,* 16). — *Et j'ai regret, Monsieur,* DE *n'y* POUVOIR *répondre* [à vos feux] (ID., *F. sav.*, V, 1). — *Ma plume aurait regret* D'*en* ÉPARGNER *aucun* (BOIL., *Sat.*, 7). — L'Académie donne ces exemples : *J'ai regret* D'AVOIR *pas* ACHETÉ *ce domaine. J'ai du regret* DE *vous* VOIR *dans l'erreur. J'ai beaucoup de regret* DE *ne vous* AVOIR *pas* TROUVÉ *chez vous.* — Elle donne aussi cet exemple, avec *à : J'ai regret* À *le* DIRE. — *Avoir le regret* veut *de* devant l'infinitif complément : *J'ai le regret* DE *vous* APPRENDRE *que...* (AC.). — On a contesté qu'on pût dire *être au regret de,* avec un infinitif ; ce tour est correct : *Je suis au regret d'avoir dit, d'avoir fait cela ; j'en suis au regret* (AC.). — *Je suis bien au regret d'avoir dû tailler et couper à travers la magnifique dissertation de M. Lionel Landry* (H. BREMOND, *La Poésie pure,* p. 151). — *Je suis au regret pour ma part de n'avoir pas eu l'occasion de dire dans une grande étude l'admiration éprouvée par ce noble artiste* (É. HENRIOT, dans le *Monde,* 27 juin 1951).

choisir	se dispenser	se hâter	pardonner	résoudre (R. 4)
commander	dissuader	imaginer	parier	se retenir
comploter	se donner garde	imposer	parler	rêver (p. 900,
conjurer	douter	imputer	permettre	N. B., 2)
conseiller	empêcher	inaugurer	se permettre	rire
se contenter	enjoindre	s'indigner	persuader	risquer
convenir	enrager	s'ingérer	se persuader	ruminer
convoiter	entreprendre	inspirer	prescrire	rougir
craindre	envisager	interdire	prétexter	signifier
décider (§ 761, 1°)	épargner	s'interrompre	prier	simuler
déconseiller	essayer ³	inventer	projeter	solliciter
dédaigner	s'étonner	jurer	promettre	sommer
défendre	éviter	se jurer	proposer	souhaiter (R. 5)
délibérer	excuser	ne pas laisser	se proposer	soupçonner
se dépêcher ¹	s'excuser	(Rem. 2)	protester	se souvenir
désaccoutumer	feindre ⁴	méditer	réclamer	(Rem. 6)
désapprendre	féliciter	se mêler	recommander	suggérer
désespérer	finir	menacer	redouter	supplier
déshabituer	se flatter	mériter	refuser	supporter
se devoir	frémir	négliger	regretter ⁶	tâcher (Rem. 7)
différer	gager	nier (Rem. 3)	se réjouir	tenter
dire ²	se garder	obtenir	remettre	tenu (être ~) ⁷
discontinuer	gémir	offrir	se repentir	trembler
disconvenir	se glorifier	omettre ⁵	reprocher	valoir
se disculper	haïr	ordonner	se reprocher	se vanter
dispenser	hasarder	oublier	se réserver	etc.

Remarques. — 1. *Arrêter,* a-t-on prétendu, ne peut signifier « cesser » que lorsqu'il est employé absolument dans le sens de « cesser de marcher, de par-

1. On trouve parfois *se dépêcher à : Mes Persans (...) se dépêchaient* à MONTER *nos lits de sangles* (P. LOTI, *Vers Ispahan*, p. 26).
2. Il s'agit ici de *dire* signifiant « avertir », « ordonner », « conseiller » : *Vous venez pour nous dire* DE COMMENCER (MOL., *Impr.*, 11). — *Dites au roi, seigneur, de vous* l'ABANDONNER (RAC., *Esth.*, II, 1). — *Allez lui dire* DE VENIR (LITTRÉ, s. v. *dire*, 9°). — Comme verbe déclaratif, *dire* se construit avec l'infinitif pur (§ 757).
3. *Essayer à,* avec un infinitif (encore signalé par Littré), est vieilli ; il se trouve parfois encore dans la langue littéraire : voir § 760, *Hist.*
4. Se construit parfois avec un infinitif sans préposition : [Le renard] *feignit* VOULOIR *gravir* (LA F., *F.*, XII, 18). — *Elle feignit ne pas* COMPRENDRE (Fr. MAURIAC, *La Fin de la Nuit*, p. 125). — *Feignant* AVOIR VU *l'apprentie...* (G. COURTELINE, *Les Linottes*, II). — S'est construit aussi autrefois avec à : *Nous feignions* à *vous* ABORDER (MOL., *L'Avare*, I, 4).
5. *Omettre à,* avec un infinitif (encore dans Littré) est hors d'usage.
6. *Regretter* + inf. pur est rare : *Je regrette surtout ne pas* l'ENTENDRE *ce soir* (M. HARRY, *Les Adorateurs de Satan*, p. 33, cit. Sandfeld).
7. On dit parfois *être tenu à* + inf. : *Vous n'étiez pas tenu* à *me* RACONTER *votre vie* (P. BOURGET, *Lazarine*, p 161).

ler, d'agir » ; on a déduit de là que le tour *Il n'arrête pas de fumer* n'était pas bon. Cette opinion est démentie pas l'usage : au sens de « cesser », *arrêter*, avec *de* et un infinitif, s'emploie couramment, surtout dans des propositions négatives : *Il n'a pas arrêté* DE VOMIR *toute la nuit* (A. GIDE, *Voy. au Congo*, p. 171). — *Ils n'arrêtaient pas* DE FUMER (Fr. MAURIAC, *Le Fleuve de feu*, p. 132). — *On n'arrête pas* DE *nous le* DIRE (J. PAULHAN, *dans le Figaro littér.*, 30 sept. 1950). — *La terre n'arrête pas* DE TOURNER (J. PRÉVERT, *Paroles*, Chanson dans le sang). — *L'enfant à l'oreille infectée n'arrête* DE PLEURER *que pour reprendre haleine* (J.-J. GAUTIER, *Histoire d'un fait divers*, p. 149). — *Raymond (...) n'arrêtait pas* DE FAIRE *des plaisanteries* (A. CAMUS, *L'Étranger*, p. 73). — *Antoinette n'arrête pas* DE PLEURER (R. MERLE, *Week-end à Zuydcoote*, p. 112). — *N'arrêtant pas* DE RÉFLÉCHIR... (É. HENRIOT, *Tout va recommencer sans nous*, p. 8). — *Arrête* DE CALCULER (J. DUCHÉ, *Elle et Lui*, p. 219).

On dit bien également *s'arrêter de*, avec un infinitif : *Elle s'arrêta* DE PARLER (P. LOTI, *Ramuntcho*, p. 74). — *Elle me reprenait sans s'arrêter* DE TRAVAILLER (Ch. PÉGUY, *Souvenirs*, p. 17). — *Il s'arrêta* DE SIFFLER (J. GREEN, *Moïra*, p. 22). — *Parfois un scarabée s'arrêtait* DE COURIR (G. DUHAMEL, *Le Bestiaire et l'Herbier*, p. 178). — *Elle s'arrêta* DE LIRE (J.-L. VAUDOYER, *La Reine évanouie*, p. 195). — *Il faudrait qu'elle ne s'arrêtât jamais* DE GALOPER (É. HENRIOT, *Le Pénitent de Psalmodi*, p. 196).

Arrêter, au sens de «empêcher», admet la construction avec *de* et un infinitif : *Aucune considération ne l'arrêtera* DE FAIRE *telle chose*.

2. **Ne pas laisser de** suivi d'un infinitif signifie « ne pas cesser, ne pas s'abstenir, ne pas discontinuer de » ou se prend dans des sens analogues : cette construction est surtout littéraire : *Il ne faut pas laisser* D'ALLER *votre chemin* (AC.). — *Il est pauvre, mais il ne laisse pas* D'ÊTRE *désintéressé* (ID.). — *Il ne laissa pas* DE MÊLER *un peu d'ironie bienveillante à son remerciement* (A. HERMANT, *Xav.*, p. 13). — *Il y a là une conception de l'artiste qui ne laisse pas* D'ÉTONNER (J. BENDA, *Précision, 1930-1937*, p. 89). — *La naissance de l'enfant ne laissait pas* DE *me* PRÉOCCUPER (G. DUHAMEL, *Cri des profondeurs*, p. 53).

Ne pas laisser que de se dit aussi, dans les mêmes sens; ce tour vieillit, dit l'Académie ; il a même « cessé de vivre », selon A. Thérive (*Procès de langage*, p. 275). En fait, il reste assez fréquent dans l'usage littéraire : *Il ne laissa pas* QUE D'ALLER *saluer Yolande* (Th. GAUTIER, *Le Capit. Fracasse*, X). — *Ce qui par ce temps de sainte bohème ne laissait pas* QUE D'AVOIR *un petit fumet de paradoxe* (A. DAUDET, *Trente ans de Paris*, p. 210). — *La cure d'amaigrissement que de ce fait notre temps a subie ne laisse pas* QUE D'ÊTRE *préoccupante* (Ch. Du Bos, *Le Dialogue avec André Gide*, p. 168). — *Cela ne laissait pas* QUE DE *lui* ÊTRE *fort désagréable* (E. JALOUX, *L'Éventail de crêpe*, I). — *Il ne laisse pas* QUE DE RESSENTIR *une légitime fierté* (P. de LA GORCE, *Charles X*, p. 107). — *Les insectes symboliques (...) auxquels la vie courante ne laisse pas* QUE DE *nous* FOURNIR *des analogies* (P. CLAUDEL, *Introd. à l'Apocalypse*, p. 34). — *Ce changement d'attitude (...) ne laissait pas* QUE DE *m'*INTRIGUER (L. DAUDET, *Le Partage de l'Enfant*, p. 200). — *Je ne laissais pourtant pas* QUE D'ÊTRE *embarrassé* (A. GIDE,

Les Faux-Monnayeurs, p. 432). — *En fronçant les sourcils d'un air comique, qui d'ailleurs ne laissa pas* QUE DE *m'*ÉPOUVANTER (É. HENRIOT, *Les Temps innocents*, p. 27). — *Cet excès (...) ne laissa pas* QUE DE *m'*ÉBRANLER *un moment* (H. BOSCO, *Un Rameau de la nuit*, p. 31). — *Nous ne laissâmes pas* QUE D'ÊTRE *surpris...* (H. TORRÈS, *Accusés hors série*, p. 203). — *Une panique honteuse qui ne peut pas laisser* QUE DE *l'*HUMILIER *ensuite au plus vif* (MONTHERLANT, dans les *Nouv. litt.*, 17 juill. 1958).

3. *Nier* demande régulièrement *de* devant l'infinitif complément : *Il nie* D'AVOIR *rien* TOUCHÉ (SÉV., t. IV, p. 222). — *Il* [le jansénisme] *nie* D'ÊTRE *séparé* (SAINTE-BEUVE, *Port Roy.*, III, XIV). — *Somme (...) que moi-même je dois être prêt à nier* D'AVOIR TOUCHÉE (A. GIDE, *Les Caves du Vatican*, p. 120). — *Il nia* D'AVOIR SOLLICITÉ *aucune décoration pour ce personnage* (M. BARRÈS, *Leurs Figures*, p. 194).

Le Dictionnaire général donne comme familier le tour *Il nie y être allé*. Ce tour est courant dans la littérature moderne : *M. de Talleyrand a longtemps nié* ÊTRE VENU... (SAINTE-BEUVE, *Monsieur de Talleyrand*, p. 30). — *Ils nièrent* ÊTRE VENUS *dans la nuit* (NERVAL, *Aurélia*, I, 3). — *Elle nia* AVOIR *jamais* DONNÉ *d'œillets rouges à personne qu'à Évariste* (A. FRANCE, *Les Dieux ont soif*, p. 236). — *M. Clemenceau a toujours nié* AVOIR REÇU *ces documents* (M. BARRÈS, *Leurs Figures*, p. 71). — *Il nia* AVOIR *jamais* ÉCRIT *à Mlle de Jussat* (P. BOURGET, *Le Disciple*, p. 43). — *Je demandai des explications au général qui nia* ÊTRE *l'auteur de l'article* (G. CLEMENCEAU, *Grandeurs et Misères d'une victoire*, p. 103). — *Votre associé Ezra nie* AVOIR PRIS *l'argent* (P. MORAND, *New-York*, p. 185). — *Mme Rigotard nie* AVOIR MIS *des escargots gris dans des coquilles d'escargots blancs* (R. BENJAMIN, *Le Palais*, p. 243). — *L'aïeul nia, bien entendu,* CONNAÎTRE *le premier mot du complot* (É. ESTAUNIÉ, *Tels qu'ils furent*, p. 6). — *Il nia depuis* AVOIR FRAPPÉ *la bête aux naseaux* (G. BERNANOS, *Monsieur Ouine*, p. 180). — *Ils (...) nieront* AVOIR *rien* VU (A. GIDE, *Voy. au Congo*, p. 95). — *La Voisin niait la* CONNAÎTRE (M. GARÇON, dans les *Nouv. litt.*, 14 juin 1954).

4. *Résoudre,* sans complément de personne, veut *de* devant l'infinitif complément : *Il a résolu* D'ATTENDRE (AC.).

Le participe-adjectif *résolu* admet *à* et *de* devant l'infinitif complément, mais on dit le plus souvent *résolu à* : *Il est résolu* D'EMPÊCHER *ce mariage* (AC.). — *Je suis résolu* À RESTER (ID.). — *Salavin est bien résolu* À *ne pas* S'AGACER (G. DUHAMEL, *Deux Hommes*, p. 173). — *Résolu* DE *ne point* CÉDER *à des suggestions décevantes* (É. ESTAUNIÉ, *La Vie secrète*, p. 170). — *Résolu* À RESTER *plus fort qu'elle* (ID., *ibid.*, p. 223).

Résoudre qqn, se résoudre construisent l'infinitif complément avec *à* : *On ne saurait le résoudre* À FAIRE *cette démarche* (AC.). — *Je me résolus* À PLAIDER (ID.). — *Je ne puis me résoudre* À PARLER (MARIVAUX, *La Double Inconstance*, II, 10). — *Il était à peu près onze heures quand je me résolus* À TENTER *l'aventure du sommeil* (G. DUHAMEL, *Cri des profondeurs*, p. 187).

Hist. — *Résoudre qqn, se résoudre* admettaient autrefois *à* ou *de* devant l'infinitif complément : *À me désobéir l'auriez-vous résolue ?* (CORN., *Œdipe*, I, 3.) — *Résous-la* DE *t'aimer* (ID., *Héracl.*, I, 3). — *Elle se résolut* D'*imiter la nature* (LA F., *F.*, IV, 22). — *Je trouvai tant de justesse dans ce raisonnement, que je me résolus* DE *le mettre en pratique* (MARIVAUX, *Le Paysan parv.*, p. 401). — Aujourd'hui la construction avec *de* est archaïque : *Il s'était résolu* DE *collaborer à leur œuvre* (M. BARRÈS, *Les Dérac.*, p. 223). — *Je les mets tous les trois* [des mots] *dans le même sac ; je ne puis me résoudre* D'*y mettre « impossible »* (A. HERMANT, *Les Sam. de M. Lancelot*, p. 54).

5. *Souhaiter* construit l'infinitif complément avec *de* ou sans préposition, indifféremment : *J'aurais (...) souhaité* DE DÎNER *avec lui* (A. FRANCE, *La Vie en fleur*, p. 268). — *Elle eût souhaité* DE SOUFFRIR *toute sa vie* (R. ROLLAND, *Jean-Christophe*, t. III, p. 62). — *Elle souhaitait* D'IMITER *leur fierté* (M. PROUST, *Du côté de chez Swann*, II, p. 72). — *Vildrac souhaitait* D'ÉPOUSER *ma sœur Rose* (G. DUHAMEL, *Biographie de mes fantômes*, p. 67). — *Il souhaitait* DE VOIR *écraser cette voiture* (A. THÉRIVE, *La Revanche*, p. 175). — *Elle souhaitait à la fois* MOURIR *et* HABITER *Paris* (FLAUB., *Mme Bov.*, p. 65). — *Tout politicien souhaite* PLAIRE (A. MAUROIS, *Mes Songes que voici*, p. 213). — *Je ne souhaite* CONNAÎTRE *que vous* (A. GIDE, *Le Retour de l'Enfant prodigue*, p. 89). — *Il souhaite passionnément* MOURIR (R. VERCEL, *Capitaine Conan*, p. 155).

Toutefois quand *souhaiter* a un objet indirect indiquant la personne à qui s'adresse le souhait, l'infinitif complément se construit toujours avec *de : Je te souhaite* D'ÊTRE *toujours bonne et sensible* (STENDHAL, *Corr.*, t. I, p. 35). — *Je souhaite à monsieur mon fils (...)* DE MONTRER *le même courage !* (A. DAUDET, *L'Immortel*, I.)

6. *Se souvenir* (aussi bien dans la conjugaison impersonnelle que dans la conjugaison personnelle : § 765, *b*) demande régulièrement *de* devant l'infinitif complément : *Peu de gens se souviennent* D'AVOIR ÉTÉ *jeunes* (LA BR., XI, 112). — *Elle ne pouvait avoir d'attachement réel pour un père qu'elle ne se souvenait pas* D'AVOIR VU (B. CONSTANT, *Adolphe*, VI). — *Le cocher se souvint* DE *m'*AVOIR MENÉ (CHATEAUBR., *Mém.*, I, 9, 6). — *Il ne me souvient pas, au lycée,* D'AVOIR TROUVÉ *le moindre plaisir à étudier Virgile ou Racine* (Fr. MAURIAC, *Le Nœud de vipères*, p. 27). — *Souviens-toi* DE *te* DÉFIER.

Cependant sous l'influence du synonyme *se rappeler* (§ 757, Rem. 6), *se souvenir* se fait couramment suivre d'un infinitif passé sans préposition [1] : *Je me souviens l'*AVOIR PROMENÉ [un habit] *encore dans le salon de Mme la comtesse de Chodsko* (A. DAUDET, *Trente ans de Paris*, p. 99). — *L'abbé, quoiqu'il se souvienne* AVOIR VU *l'inscription presque entière, ne peut pas m'en dire le sens* (P. ARÈNE, *La Chèvre d'or*, XVIII). — *Il ne doit pas se souvenir nous* AVOIR DIT *qu'elle demeurait à deux kilomètres de là* (M. PROUST, *Du côté de chez Swann*, t. I, p. 188). — *Il se souvint* AVOIR MARCHÉ *devant lui très vite et très loin* (P. BOURGET, *Le Disciple*, p. 356). — *Je me souviens* AVOIR ÉTÉ *premier en rhétorique* (Ch. DU BOS, *Journal 1921-1923*, p. 28). — *Il se souvint s'*ÊTRE DEMANDÉ *(...) à quel type d'histoire, d'art ou de légende faisait penser ce rien de hauteur et de mélancolie* (J. MALÈGUE, *Augustin*, t. II, p. 50). — [Un chien] *qu'elle se souvenait* AVOIR VU *mener la chasse le jour où elle avait rencontré Côme pour*

---

1. Le tour n'est pas si récent qu'on croirait : « *Il se souvint même* AVOIR SU *que le prince d'Assyrie n'était point à Babylone* » (Mlle de SCUDÉRY, *Le Grand Cyrus*, t. II, p. 198, dans HAASE, *Synt. fr. du XVIIᵉ s.*, p. 203).

la première fois (P. VIALAR, *La Grande Meute*, I, 7). — *Il me souvient n'*AVOIR DORMI *qu'un très petit nombre d'heures* (G. DUHAMEL, *La Pesée des âmes*, p. 236). — *Je me souviens l'*AVOIR REGARDÉ *de la véranda* (J. GREEN, *Sud*, I, 2). — *Je me souviens* AVOIR PROTESTÉ (A. BILLY, dans le *Figaro litt.*, 12 nov. 1960).

7. **Tâcher** se construisait, à l'époque classique, avec *de* ou, très souvent aussi, avec *à* devant l'infinitif complément : *Tâche* DE *t'en* TIRER (LA F., *F.*, III, 5). — *Tâchez* DE *vous* COMPOSER *par l'étude* (MOL., *Scap.*, I, 3). — *J'ai tâché* DE MORTIFIER *mes appétits sensuels* (BOSS., *P. Bourgoing*). — *Tâchant* DE SE HAUSSER (BOIL., *Art p.*, IV). — *Quand il tâche* À PLAIRE (CORN., *Ment.*, I, 1). — *On tâche* À *me* NOIRCIR (MOL., *Tart.*, III, 7). — *Je m'excite contre elle et tâche* À *la* BRAVER (RAC., *Brit.*, II, 2). — *L'homme (...) tâche (...)* À DEVE-NIR *semblable à Dieu* (BOSS., *Hist.*, II, 11). — Dans l'usage moderne, la construction ordinaire est *tâcher de* : *Je tâcherai* DE *vous* SATISFAIRE (AC.). — *Il tâchait* DE *me* MORDRE (HUGO, *Cont.*, V, 22). — *Tâche* DE VOIR *Caroline seule* (Fr. MAURIAC, *Le Feu sur la terre*, p. 57). — *Tâche* DE *leur* ARRACHER *des indications* (G. DUHAMEL, *Cri des profondeurs*, p. 173).

Mais la construction avec *à* reste bien vivante dans la langue littéraire[1] : *Tandis que (...) Mlle Emma tâchait* À COUDRE *des coussinets* (FLAUBERT, *Mme Bov.*, I, 2). — *Il tâche* À RETIRER *du passé des syllabes oubliées* (H. BORDEAUX, *Les Captifs délivrés* p. 312). — *Tâche* À RÉSOUDRE *l'énigme du bonheur que je te propose* (M. PROUST, *Le Temps retrouvé*, II, p. 8). — *Je tâchais* À *les y* VOIR *encore* [mes cousins dans le jardin] (É. HENRIOT, *Les Temps innocents*, p. 74). — *Je n'ai jamais bien compris que le plus désirable des bas soit le bas dit « invisible » et qu'il faille payer si cher ce qui tâche* À *ne pas* EXISTER (COLETTE, *Paris de ma fenêtre*, p. 106). — *Il tâchait* À RASSEMBLER *les miettes de sa pensée* (Cl. FARRÈRE, *Les Condamnés à mort*, p. 205). — *Quand il s'en moquait* [Racine, de Port-Royal], *qu'il tâchait* À HAÏR *les solitaires, il y était encore* (A. SUARÈS, *Sur la vie*, t. I, p. 196). — *Nous tâchions* À *le* CONVAINCRE (Fr. AMBRIÈRE, *Les Grandes Vacances*, p. 26). — *Je tâchais* À *l'*ACCOMPAGNER *dans ses détours* (LA VARENDE, *L'Amour de M. de Bonneville*, p. 83). — *Je tâche* À *ne* SIGNER *que ce que j'écris* (G. DUHAMEL, *Tribulations de l'espérance*, p. 341). — *Il n'est point exceptionnel qu'on tâche* À SE RACHETER *de ses œuvres par ses jugements* (J. ROSTAND, *Pensées d'un biologiste*, p. 180).

759. L'infinitif précédé de *à* s'emploie comme complément de beau-coup de verbes marquant un effort, une tendance, une aspiration, une direction, etc. : *Tout m'afflige et me nuit et conspire* À *me* NUIRE

---

1. Selon l'Académie, cette construction vieillit. — Des grammairiens ont essayé d'établir une distinction de sens entre *tâcher de* et *tâcher à* ; la première tournure indi-querait qu'il s'agit d'une action n'ayant pas un but marqué hors du sujet : *Je tâche-rai* D'*oublier cette injure* ; et la seconde qu'il s'agit d'une action ayant un but marqué hors du sujet : *Il tâche* À *m'embarrasser*. — On a dit aussi qu'avec *tâcher à* on insistait mieux qu'avec *tâcher de* sur le but de l'effort. — Pour l'Académie, *tâcher à* prend le sens particulier de « viser à ». — Ces distinctions ne sont pas appuyées par l'usage.

(RAC., *Phèdre*, I, 3). — *Et monté sur le faîte, il aspire* À DESCENDRE (CORN., *Cinna*, II, 1).

Construisent l'infinitif complément avec *à* :

s'abaisser	assigner	conspirer	s'entendre	inviter
aboutir	assujettir	se consumer	s'essayer	mettre (Rem. 4)
s'abuser	s'assujettir	contribuer	être bien (ou :	se mettre
s'accorder¹	s'attacher	convier⁴	mal) venu (R. 3)	monter
accoutumer	s'attendre	se décider	être fondé	nécessiter
(Rem. 1)	autoriser	destiner	s'évertuer	s'obstiner
s'acharner	s'avilir	se déterminer	exceller	s'offrir
aguerrir	avoir	se dévouer	exciter	partir⁶
s'aguerrir	avoir bonne	disposer	s'exciter	parvenir
aider	grâce²	donner	exhorter⁵	pencher
aimer (Rem. 2)	balancer³	dresser	s'exposer	persévérer
s'amuser	se borner	employer	se fatiguer	persister
s'animer	chercher	s'employer	habituer	se plaire
s'appliquer	se complaire	encourager	s'habituer	se plier
apprendre	concourir	s'encourager	se hasarder	pousser
s'apprêter	condamner	engager	hésiter	se prendre⁶
arriver	se condamner	s'engager	inciter	préparer
aspirer	consentir	enseigner	s'ingénier	se préparer

---

1. *Les évangélistes s'accordent* À NOMMER *saint Pierre devant tous les apôtres* (LITTRÉ). — *Tous les témoins interrogés s'accordent* À RECONNAÎTRE *même que...* (G. DUHAMEL, *La Turquie nouvelle*, p. 64). — On dit aussi, mais rarement, *s'accorder de faire qq. ch. : Ils s'accordèrent tous* DE PRENDRE *ce parti* (LITTRÉ). — Une autre construction, tout à fait courante, c'est *s'accorder pour faire qq. ch. : Ils s'accordent tous* POUR *me* TROMPER (AC.). — *Tous les témoins s'accordent* POUR RECONNAÎTRE *que la voix de notre Jacques Maritain porta plus loin qu'aucune autre* (Fr. MAURIAC, *Paroles catholiques*, p. 80). — *Être (demeurer, tomber) d'accord* construisent l'infinitif complément avec *pour : C'est dommage que tous les Français ne sont pas d'accord* POUR RÉCLAMER *la justice impartiale...* (G. CLEMENCEAU, *Iniquité*, p. 110, cit. Sandfeld).

2. *Avoir bonne* (ou *mauvaise*) *grâce* admet aussi *de* avec l'infinitif, mais cette construction est vieillie : *Un fils n'a pas bonne grâce* DE *plaider contre son père* (LITTRÉ). — *J'aurais mauvaise grâce* DE *refuser* (STENDHAL, *Corr.*, t. IV, p. 353). — *Nous aurions mauvaise grâce* DE *lui reprocher, au XXᵉ siècle, des choses que couvre certainement la prescription* (A. HERMANT, *Platon*, p. 104).

3. On dit parfois aussi *balancer de*, avec un infinitif : *Vous ne balanceriez pas* DE *la* RISQUER [votre vie] (VOLT., *À Mlle Clairon*, 16 sept. 1765).

4. *Convier de* avec un infinitif est vieux et tout à fait exceptionnel dans l'usage d'aujourd'hui : *Tout le conviait* DE PRÊTER *à sa miraculeuse arrivée près de Sarrazin (...) un sens mystique et symbolique* (L. MARTIN-CHAUFFIER, *L'Épervier*, p. 52).

5. *Exhorter de,* avec un infinitif, est rare et vieilli : *Elle m'exhorta* DE CONSULTER *d'habiles gens* (J.-J. ROUSSEAU, *Conf.*, VI). — *Il l'exhorte* D'ADMIRER, *plutôt que les œuvres d'art ou du moins au delà d'elles, l'activité qui les produit* (J. BENDA, *Songe d'Éleuthère*, p. 59).

6. *Partir à, se prendre à,* avec un infinitif, marquent à peu près comme *commencer à* ou *se mettre à,* l'aspect de l'entrée dans l'action : *Là-dessus, tout le monde* PARTIT À

provoquer	répugner	rester (Rem. 5)	tarder (Rem. 6)	trouver
réduire	se résigner	réussir	tendre	se tuer [1]
se refuser	se résoudre (§ 758,	servir	tenir (désirer)	veiller
renoncer	Rem. 4)	songer	travailler	viser, etc.

Remarques. — 1. *Accoutumer*, dans le sens de « amener à la pratique de quelque chose », veut *à* devant l'infinitif complément [2] : *J'accoutume mon âme à* SOUFFRIR *ce qu'ils font* (MOL., *Mis.*, I, 1).

Avoir accoutumé, c'est-à-dire « avoir coutume », veut *de* devant l'infinitif ; ce tour a un peu vieilli : *Mais ce cerf n'avait pas accoutumé* DE LIRE (LA F., *F.*, VIII, 14). — *Édouard avait accoutumé* DE DIRE... (G. DUHAMEL, *Deux Hommes*, p. 205). — *Ce qu'on a accoutumé* D'APPELER *le théâtre du boulevard* (Fr. MAURIAC, *Discours de réception à l'Acad. fr.*). — *Elle a accoutumé* DE S'EXPRIMER *avec franchise* (P.-J. TOULET, *Béhanzigue*, p. 119). — *Ces terres, ces arbres avaient accoutumé* DE PRODUIRE *beaucoup* (AC.).

2. *Aimer* reçoit l'infinitif complément sans préposition, ou avec *à*, ou avec *de* : *J'aime* LIRE, *j'aime* À LIRE, *j'aime* DE LIRE ; il n'y a pas entre ces trois tours de différence de sens appréciable. — Si l'on s'en rapporte aux dictionnaires et à la tradition grammaticale, le tour normal, c'est *j'aime* À LIRE. Mais il n'est pas douteux que le tour *j'aime* LIRE ne soit, à l'époque actuelle, de loin le plus fréquent des trois, surtout dans la langue parlée [3] ; il n'est mentionné ni par Bescherelle, ni par l'Académie (elle ne le donne pas, du moins, au mot *aimer*), ni par le Dictionnaire général ; Littré l'estime contraire à l'u-

---

rire (G. DUHAMEL, *Suzanne et les J. Hommes*, p. 157). — *Abel Zamian* SE PRIT À *boire* (ID., *Cri des profondeurs*, p. 127). — *Il partit* À *rire* (VERCORS, *Les Yeux et la Lumière*, p. 201). — *Je* ME PRENAIS À *courir* (M. ARLAND, *Terre natale*, p. 217). — Pour *partir* construit sans préposition avec un infinitif marquant le but, voir § 757.

1. *Se tuer*, au sens de « se donner beaucoup de peine », se construit normalement avec *à* devant l'infinitif : *Il se tue* À RIMER (BOIL., *Art p.*, I). — *Faudra-t-il que M. le marquis se tue* À CALCULER *une éclipse... ?* (VOLT., *Jeannot et Colin.*) — *On se tue à* l'AVERTIR *du danger auquel il s'expose* (AC.). — Littré signale *se tuer de*, au sens de « faire incessamment » : *Je me tuais moi-même à tous coups* DE *lui* DIRE... (CORN., *Veuve*, III, 4). — *Il se tue* DE DIRE *qu'elle ne prétend à rien* (SÉV., dans Littré). — Cette dernière construction est hors d'usage.

2. *S'accoutumer* veut d'ordinaire *à* devant l'infinitif : *Il s'était accoutumé* À SE CONTENTER *de peu* (LITTRÉ). — Selon Littré, on dit aussi *s'accoutumer de* : *On s'accoutume* DE DONNER, *comme le monde, à toutes les passions, des noms adoucis* (MASSILL., *Conf.*, Fuite du monde).

3. A *aimer* la langue familière, par besoin d'une expressivité plus grande, substitue fréquemment *adorer* ; elle construit ce verbe le plus souvent avec un infinitif pur : *Il adore jardiner* (E. JALOUX, *La Chute d'Icare*, p. 67). — *Elle adorait s'asseoir dans les guinguettes* (R. BOYLESVE, *Élise*, p. 175). — *Jacqueline adore soigner les vieillards et les enfants* (G. DUHAMEL, *La Passion de Joseph Pasquier*, VI). — *J'adore m'instruire* (A. GIDE, *Le Treizième Arbre*, 3). — Rarement avec un infinitif introduit par *de* : *Minnie (...) adore* D'ÊTRE *lavée* (A. LICHTENBERGER, *Notre Minnie*, p. 116, cit. Sandfeld).

sage, mais l'admet, comme archaïsme, en poésie. — Le troisième tour, *j'aime* DE LIRE, est mentionné par Littré (avec quelques exemples : de Massillon, de Bossuet, de Fléchier, de Mme de Sévigné, de Lamartine) ; le Dictionnaire général le donne comme vieilli ; l'Académie l'ignore. Tout archaïque qu'il peut paraître, ce tour trouve dans l'usage contemporain une certaine faveur :

a) **J'aime lire :** *Il aime* CONVERSER *avec les humbles* (Boss., *Œuvres orat.*, t. II, p. 14). — *Ils aiment beaucoup* JOUER *au billard* (A. DAUDET, *Robert Helmont*, p. 108). — *Celui sur qui j'aimerais me* DÉCHARGER *de ce fardeau* (E.-M. de VOGÜÉ, *Les Morts qui parlent*, p. 233). — *Il me demande si je n'aimerais pas* ÊTRE *officier* (A. FRANCE, *La Vie en fleur*, p. 57). — *Il aime vraiment* RENDRE *service* (R. MARTIN DU GARD, *Les Thibault*, VII, 1, p. 177). — *Si la duchesse n'aimait pas* RECEVOIR *à Réveillon, elle n'aimait pas non plus y* ÊTRE *seule* (M. PROUST, *Jean Santeuil*, t. II, p. 240). — *Il n'aime pas* RESTER *seul* (G. DUHAMEL, *Civilisation*, p. 252). — *J'aimais* FUMER *une pipe, le soir, dans ce hall d'angle* (P. MORAND, *Champions du monde*, p. 13). — *Je n'aimais pas beaucoup* JOUER (Ch. PÉGUY, *Souvenirs*, p. 16). — *Une vierge de marbre que j'aimais* PRIER (Fr. MAURIAC, *La Robe prétexte*, XV). — *J'aime* CHASSER (Cl. FARRÈRE, *L'Homme qui assassina*, p. 68). — *N'aimeriez-vous pas* RESTER *ici ?* (H. BORDEAUX, *La Chartreuse du reposoir*, p. 89.) — *J'aime* AVOIR *peur* (É. HENRIOT, *Les Temps innocents*, p. 185). — *Elle n'aimait pas* AVOIR L'AIR *de se moquer d'autrui* (DANIEL-ROPS, *L'Ombre de la douleur*, p. 9). — *Il aime* CONTRARIER (Ac., s. v. *contrarier*).

b) **J'aime à lire :** *J'aime* À VOIR *comme vous l'instruisez* (RAC., *Ath.*, II, 7). — *On n'aime point* À LOUER (LA ROCHEF., *Max.*, 144). — *J'aime* À METTRE *mes sentiments les plus chers en dépôt entre les mains d'un homme comme lui* (SÉV., *À Mme de Grignan*, 8 mai 1671). — *Il y a des lieux que l'on admire ; il y en a d'autres qui touchent, et où l'on aimerait* À VIVRE (LA BR., IV, 82). — *J'aime* À PRIER *à genoux* (CHATEAUBR., *Mém.*, III, 11, 9, 14). — *Il aime* À ÉCRIRE *des lettres* (P.-J. TOULET, *Béhanzigue*, p. 145). — *Elle est heureuse, j'aime* À CROIRE *?* (J. RICHEPIN, *Le Chemineau*, III, 9.) — *S'il aimait* À AVOIR *du monde à Réveillon, il aimait avant tout* À *ne pas* COMPROMETTRE *la réputation de Réveillon* (M. PROUST, *Jean Santeuil*, t. II, p. 241). — *Il aimait d'ailleurs* À JARDINER (LA VARENDE, *Le Roi d'Écosse*, p. 57).

c) **J'aime de lire :** *On aime* DE S'UNIR *à ces choses* (Boss., *Conn. de Dieu*, I, 6). — *Nous aimons* D'Y SUCCOMBER (MASSILLON, *Carême*, Prière). — *Vincent eût aimé* DE L'AVOIR *pour maître* (R. BAZIN, *Il était quatre petits enfants*, XIV). — *J'aime fort* D'ÉCOUTER *comment les gens parlent* (J. BOULENGER et A. THÉRIVE, *Les Soirées du Grammaire-Club*, p. 6). — *Janot aimait* DE S'y RENDRE [dans un bois] (Fr. JAMMES, *Janot-poète*, p. 24). — *Julius aimait* D'OBLIGER (A. GIDE, *Les Caves du Vatican*, p. 216). — *Il aimait* D'EMBRASSER *brusquement un inconnu, un adversaire* (M. BARRÈS, *Mes Cahiers*, t. XII, p. 307). — *Édouard n'aimait pas* D'ÉPUISER *son jugement dans les petites causes* (G. DUHAMEL, *Deux Hommes*, p. 35). — *Il n'aimait pas* DE PRÊCHER *sur les toits* (A. HERMANT, *Platon*, p. 53). — *J'ai dit que le soldat français aime* DE COMPRENDRE, *il n'aime pas moins* D'ÊTRE *compris* (P. VALÉRY, *Variété IV*, p. 58). — *J'aimerais* DE MOURIR (Mme de NOAILLES, *Les Forces éternelles*, IV, Attends encore un peu...). — *J'aime* D'ÊTRE *méconnu* (MONTHERLANT, *Le Maître de Santiago*, I, 4). — *Je n'aime pas beaucoup non plus* DE TROUVER *un crapaud* (É. HENRIOT, *Les Temps innocents*, p. 186).

3. ***Être bien venu*, *être mal venu*** (trouver facilité, difficulté) construisent le plus souvent l'infinitif complément avec *à*, mais ils admettent aussi la construction avec *de* :

a) Nul n'est si bien venu à DEMANDER *des grâces pour lui-même que pour un autre* (J.-J. ROUSS., *N. Hél.*, IV, 10). — *Il serait mal venu* à ÉLEVER *la voix contre les vices du temps* (R. DOUMIC, *Le Misanthr. de Molière*, p. 180). — *La majorité des citoyens autochtones d'un pays seraient fort mal venus* à REPROCHER *aux Israélites le manque d'un esprit national (...) qu'ils n'ont eux-mêmes à aucun degré* (R. ROLLAND, *Jean-Christophe*, t. IV, p. 77). — *On serait mal venu* à s'en ÉTONNER (M. ARLAND, *Essais critiques*, p. 103). — *Il est mal venu* à lui REPROCHER *cette action* (AC.).

b) On serait mal venu DE *me le* DISPUTER (MOL., *Mis.*, III, 1). — *L'homme à qui il est question de couper une jambe gangrenée serait mal venu* DE DIRE *à son chirurgien...* (STENDHAL, *Le Rouge et le Noir*, t. II, p. 267). — *On est mal venu* DE CHERCHER *des représentations plastiques* (E.-M. de VOGUÉ, *Le Roman russe*, p. 187). — *Nous serions certes mal venus* DE *lui* REPROCHER *des préférences qui, pour la plupart sont aussi les nôtres* (Fr. MAURIAC, *Journal 1932-1939*, éd. Table ronde, p. 393). — *Il serait donc mal venu* DE S'ÉTONNER (J. COCTEAU, *Maalesh*, p. 82). — *On sera mal venu* DE RAPPORTER *les inégalités apparentes aux inégalités originelles* (J. ROSTAND, *Pensées d'un biologiste*, p. 22).

N. B. — La construction avec *pour* n'est pas courante : *On trouvera peut-être (...) que Scudéry était assez mal venu* POUR S'AVISER *de tant reprocher à Corneille une fatuité dont il donnait ici même un si bel exemple !* (L. BATIFFOL, *Richelieu et Corneille*, p. 88.) — *On est assez mal venu* POUR CONSEILLER *l'indulgence à ses amis* (St. PASSEUR, *Défense d'afficher*, II, 2). [Il est possible que, dans ces deux exemples, *pour* ait été amené par *assez.*]

4. **Mettre** qqn à faire une chose, c est le mettre en train de la faire : *Quand on me met* à *causer, je ne fais pas trop mal aussi* (SÉV., t. V, p. 289). — *Mettre* une chose à, avec un infinitif, signifie « la faire consister à » : *Je mets mon orgueil* à *vous imiter* (AC.).

On dit régulièrement sans préposition devant l'infinitif complément : *Mettre* SÉCHER *du linge, mettre* CHAUFFER *de l'eau*, etc. (LITTRÉ). — *La « chemise rouge » qu'on avait mise* SÉCHER (CHATEAUBR., *Mém.*, I, 5, 14). — *Un gros paquet de linge, qu'elle avait dû mettre* SÉCHER (ALAIN-FOURNIER, *Le Grand Meaulnes*, p. 249). — *Ces mêmes délicieuses prunes qu'on mettait* SÉCHER *sur les toits* (P. LOTI, *Le Roman d'un Enfant*, XLV). — *Il (...) tordait son mouchoir en rentrant et le mettait* SÉCHER *sur le fil* (M. AYMÉ, *La Jument verte*, p. 7).

Mais on dit aussi très couramment : *mettre à sécher, à chauffer*, etc. : *On ne met pas du linge de couleur* à SÉCHER *au soleil* (J. RENARD, *Journal*, 17 août 1903). — *Des prisons d'État où l'on mettait le vin* à RAFRAÎCHIR (A. DAUDET, *Lett. de m. moul.*, p. 79). — *Je les mets* à SÉCHER [mes mouchoirs] *au-dessus du radiateur* (G. DUHAMEL, *Scènes de la vie future*, p. 217). — *Elle (...) met la bouilloire* à CHAUFFER (J. SCHLUMBERGER, *Saint-Saturnin*, p. 311). — *Quelques fruits qu'il avait mis* à RAFRAÎCHIR (J. et J. THARAUD, *Le Chemin de Damas*, p. 287). — *Un clos de pommiers où Mme Prunet mettait sa lessive* à SÉCHER (J. de LACRETELLE, *Années d'espérance*, p. 171). — *Mettez* à CUIRE *le jus mousseux* (COLETTE, *Paris de ma fenêtre*, p. 165). — *Le coiffeur (...) avait mis* à SÉCHER *ses postiches au soleil* (J. COCTEAU, *La Difficulté d'être*, p. 155). — *Un gros fruit qu'on aurait mis* à RAFRAÎCHIR (P.-J. TOULET, *Béhanzigue*, p. 52). — *Mettant l'eau* à BOUILLIR *hors de propos* (A. GIDE, *Journal 1942-1949*, p. 37). — *Je mis le plat* à MIJOTER (H. BOSCO, *Malicroix*, p. 187). — *Mettre du linge* à TREMPER *dans de l'eau savonneuse* (AC., s. v. *savonneux*).

Au passif la construction avec *à* est la seule employée : *D'énormes cataplasmes végétaux sont mis* à CUIRE (P. CLAUDEL, *Figures et Paraboles*, p. 124). — *Augustin accepta un gâteau mis* à MOLLIR *dans le thé* (J. MALÈGUE, *Augustin*, t. II, p. 510). — *La récolte achevée est mise* à SÉCHER *au soleil* (É. HENRIOT, *Beautés du Brésil*, p. 53).

5. **Rester à** avec un infinitif se dit dans le sens de « être de reste » : *La chose qui reste* à FAIRE. *Reste* à EXAMINER *tel article* (vieux : *Reste* D'EXAMINER... : voir § 765, Rem. 1). — *Rester*, au sens de « demeurer », c.-à-d. ne pas s'en aller, se construit bien avec *à* et un infinitif de but : *dîner, souper, coucher*, etc. : *Restez ici* à DÎNER (AC., s. v. *porter*). — *M. de La Marche restait* à DÎNER (G. SAND, *Mauprat*, XIII). — *Restez* à DÎNER *avec nous* (BARBEY D'AUREVILLY, *Un Prêtre marié*, t. I, p. 97). — *Vous resteriez* à COUCHER (A. GIDE, *Paludes*. p. 63). — *Il ne voulut pas rester* à DÎNER *avec moi* (H. BORDEAUX, *Le Cœur et le Sang*, p. 55). — *Restez* à SOUPER (J. GIONO, *Angelo*, p. 154). — Mais on dit aussi, sans préposition : *rester dîner, rester coucher*, etc. : *Reste* DÉJEUNER *avec nous* (G. SAND *Les Maîtres Sonneurs*, XXVII). — *Il fit si bien, ce cœur pur, que Nestor resta* DÉJEUNER (J. COCTEAU, *Le Grand Écart*, p. 108). — *Alors l'homme et la femme insistèrent si longtemps pour qu'il restât* COUCHER (...) *que Meaulnes finit par accepter* (ALAIN-FOURNIER, *Le Grand Meaulnes*, p. 65). — *Il lui arrive même (...) de rester* DÎNER *avec elle* (M. ARLAND, *L'Ordre*, t. III, p. 83). — *La cadette (...) resta* SOIGNER *sa mère* (LA VARENDE, *Le Centaure de Dieu*, p. 29). — *Vous restez* DÎNER *avec nous* (É. HENRIOT, *Le Livre de mon père*, p. 55). — *Il lui faut rester* TRAVAILLER *à Paris* (ID., dans le *Monde*, 22 avr. 1959). — *Il faudrait (...) que je reste* COUCHER *à la ferme* (H. TROYAT, *Les Semailles et les Moissons*, p. 48). — *Il fut prié de rester* SOUPER (H. QUEFFÉLEC, *Un Recteur de l'île de Sein*, p. 153).

6. **Tarder** se construit ordinairement avec *à* devant l'infinitif complément : *Si le sens de vos vers tarde* à SE FAIRE ENTENDRE (BOIL., *Art p.*, I). — *Vous avez bien tardé* à VENIR (LITTRÉ). — *On a trop tardé* à ENVOYER *du secours* (AC.). — *Je ne tardai pas* à me SENTIR *rassuré* (G. DUHAMEL, *Cri des profondeurs*, p. 167). — La construction avec *de* est archaïque : *Le peuple de Dieu ne tarda pas* D'IMITER *les mœurs des Cananéens* (MASSILLON, *Fuite du monde*, 3e Réfl.). — *Après ce dernier orage de poésie, Byron ne tarda pas* DE MOURIR (CHATEAUBR., *Mém.*, III, 11, 8, 7). — *M. de Pont-Cassé et son ami ne tardèrent pas* D'ARRIVER (Cl. TILLIER, *Mon Oncle Benjamin*, XIX). — *Je ne tardai pas* D'ALLER *mieux* (A. GIDE, *L'Immoraliste*, I, 3). — *Que le soleil tarde* DE *vous* TIRER *hors de la nuit tendre !* (SAINT-EXUPÉRY, *Citadelle*, p. 144.)

Tarder pris impersonnellement se construit toujours avec *de* devant l'infinitif : *O qu'il me tarde* D'ENTENDRE *ta voix* (FÉNEL., *Tél.*, t. II, p. 218). — *Il me tarde* DE VOIR *notre assemblée ouverte* (MOL., *F. sav.*, III, 2). — *Il me tarde enfin* D'EN FINIR *avec ces premiers bégaiements de santé* (A. GIDE, *L'Immoraliste*, I, 3).

760. Un certain nombre de verbes construisent l'infinitif complément avec *à* ou *de* indifféremment : c'est l'oreille qui décide. Tels sont :

commencer [1], *continuer, contraindre, s'efforcer* [2]*, s'ennuyer, forcer, obliger, solliciter,* etc. [3] :

a) Il commence à GOÛTER *le bonheur* (CHATEAUBR., *Mém.*, III, II, I, II). — *Nous commençâmes* à PARLER (A. GIDE, *L'Immoraliste*, I, I). — *Le jour (...) se levait sur Paris, qui commençait* à BOURDONNER *à mes pieds* (F. GREGH, *L'Âge de fer*, p. 107). — *Qu'importe que César continue* à *vous* CROIRE *?* (RAC., *Brit.*, I, 2.) — *Le paysan français continue* à NOURRIR *le tisserand français* (A. MAUROIS, *Bernard Quesnay*, p. 144). — *Quelque chose (...) le contraignit* à VEILLER (M. PRÉVOST, *La Nuit finira*, t. II, p. 124). — *Il convient de contraindre les hommes (...)* à *ne pas* PARAÎTRE *ce qu'ils sont* (G. DUHAMEL, *Querelles de famille*, p. 200). — *Tandis qu'ils s'efforçaient* à TROU-VER *des phrases banales* (FLAUB., *Mme Bov.*, II, 3). — *Elle était gaie ; lui, s'effor-çait* à *l'*ÊTRE (R. MARTIN DU GARD, *Les Thibault*, VII, III, p. 159). — *Elle s'efforçait en vain* à SOURIRE (A. GIDE, *La Porte étroite*, p. 64). — *S'ennuyer* à ATTENDRE (LIT-TRÉ). — *Je me force* à PRENDRE *ces quelques notes* (J. COCTEAU, *La Belle et la Bête*, p. 29). — *Il m'a forcé* à SIGNER (DANIEL-ROPS, *Mort, où est ta victoire ?* p. 210). — *Il énumère les fautes qui l'ont obligé* à ÉCARTER *les copies des candidats malheureux* (A. HERMANT, *Chroniq. de Lancelot*, t. II, p. 274). — *Lorsque la pluie l'obligeait* à RESTER *à la maison* (J. GREEN, *Mont-Cinère*, XXXVI). — *La crainte l'oblige* à SE TAIRE (AC.). — *Le désir immense qui sans cesse la sollicitait* à FAIRE *du bien* (BOSS., *R. d'Angl.*). — *Solliciter quelqu'un* à FAIRE *quelque chose* (AC.).

b) Quand la nuit commença DE TOMBER (P. LOTI, *Le Roman d'un enfant*, XI). — *Mais l'arbuste cessa vite de croître, et commença* DE PRÉPARER *une fleur* (SAINT-EXUPÉRY, *Le Petit Prince*, VIII). — *Elle lui tendit les feuillets. Il commença* DE *les* DÉCHIRER (J.-L. VAUDOYER, *Laure et Laurence*, p. 90). — *Je continue* DE LIRE *ma lettre* (G. DUHAMEL, *La Pesée des âmes*, p. 230). — *Elle continua* DE BOUDER (R. ROL-LAND, *L'Âme enchantée*, t. I, p. 59). — *On la contraignit* D'ÉPOUSER *un butor* (J. LEMAITRE, *Mariage blanc*, I, 3). — *Les grandes choses survenues depuis lors ne m'ont pas contraint* DE MODIFIER *ces idées élémentaires* (P. VALÉRY, *Regards sur le monde actuel*, p. 30). — *S'efforcer* DE SOULEVER *un fardeau* (AC.). — *Je vais m'efforcer* D'*y* INTRODUIRE *un peu d'ordre* (Fr. MAURIAC, *Le Nœud de vipères*, p. 86). — *S'ennuyer* D'ATTENDRE (AC.). — *Bientôt les affaires chancelantes forcèrent la cour* DE RAPPELER *Condé en Flandre* (VOLT., *L. XIV*, 3). — *Un devoir impérieux me forçait* DE RETOUR-NER *à Paris* (NERVAL, *Aurélia*, I, 2). — *Le vieillard (...) le forçait* DE S'ASSEOIR... (A. FRANCE, *Crainquebille*, p. 236). — *Voilà (...) les géomètres qui obligent un homme malgré lui* D'ÊTRE *persuadé* (MONTESQ., *Lett. pers.*, 135). — *La faim l'obligea* DE SORTIR (M. BARRÈS, *La Colline insp.*, p. 190). — *Les grandes lueurs vertes aveuglantes qui nous obligeaient, malgré nous,* DE CLIGNER *des yeux* (P. LOTI, *Le Roman d'un enfant*, LXVIII). — *La loi de 1902 les obligea* D'ALLER *chercher refuge en Belgique* (A. BILLY, *Madame*, p. 29). — *On m'a dit que vous sollicitiez* DE DEMEURER *sur la*

---

1. Pour *commencer par*, voir § 762, Rem. 1.

2. On dit aussi *s'efforcer pour* : *Lui s'efforce, sans bien comprendre,* POUR S'INTÉRES-SER *à mes recherches mi-partie rustiques et sarrazines* (P. ARÈNE, *La Chèvre d'or*, XVII).

3. On a voulu indiquer des nuances de sens entre *commencer à* et *commencer de, continuer à* et *continuer de, contraindre à* et *contraindre de, s'efforcer à* et *s'efforcer de, forcer à* et *forcer de, obliger à* et *obliger de,* suivis d'un infinitif. Mais l'usage des auteurs, selon Littré, ne permet pas de distinction réelle.

frontière cet hiver (Sév., *À Bussy-Rabutin*, 25 nov. 1655). — *Ils l'avaient sollicité* d'entrer *dans leur parti* (Ac.).

N. B. — 1. Au passif, d'ordinaire, *contraint, forcé, obligé* construisent l'infinitif complément avec *à* quand ils ont réellement la valeur verbale (notamment quand ils ont un complément d'agent) : *Il a été contraint, forcé, obligé par ses chefs* à faire ce *voyage* (Martinon, *Comm. on parle...*, p. 443). — *Nous sommes contraints* à vous inonder (H. Bordeaux, *Le Barrage*, I, 1). — Ils le construisent avec *de* quand ils sont pris adjectivement : *La ville fut contrainte* de se rendre (Ac.). — *Se voyant déjà contraints, pour racheter leur vie,* de verser *des sacs pleins d'or* (Maupass., *Boule de suif*, p. 46). — *Je suis bien forcée* de me dire *que...* (J. Romains, *Lucienne*, p. 212). — *Je serai obligé* de vous punir (Ac.).

2. *Obliger* signifiant « faire plaisir » veut toujours *de* avec l'infinitif : *Vous m'obligerez* d'y *prendre part* [à un souper] (A. France, *La Rôtisserie...*, p. 39). — *Vous m'obligerez beaucoup* d'aller *lui parler pour moi* (Ac.).

Hist. — Un bon nombre de verbes ont pu, à l'époque classique, admettre devant l'infinitif complément telle préposition que la langue actuelle n'admet plus ; on a pu dire, par exemple : *s'attendre de, balancer de, chercher de, compter de, condamner de, consentir de, différer à, engager de, essayer à, exhorter de, faillir à, habituer de, haïr à, hésiter de, inviter de, s'offrir de, omettre à, oublier à, se plaire de, réduire de*, etc. : *On ne s'attendait guère* de voir *Ulysse en cette affaire* (La F., *F.*, X, 3). — *Je me suis engagé* de faire *valoir la pièce* (Mol., *Préc.*, 10). — *Essayez sur ce point* à *la* faire parler (Corn., *Hor.*, I, 1). — *Je consens* d'oublier *le passé* (Rac., *Andr.*, IV, 5). — *Il les exhorta* d'avoir *bon courage* (Vaugelas, *Quinte-Curce*, V, 5). — *Cette proposition faillit* à reculer *les affaires* (Volt., *Ch. XII*, 8). — *Ils n'hésitent pas* de critiquer *des choses qui sont parfaites* (La Br., XI, 145). — *Je vous invite* d'accompagner *le Sauveur jusques au tombeau du Lazare* (Boss., *Serm. Mort*, Ex.). — *J'ai toujours oublié* à vous dire (Pasc., *Prov.*, VIII). — *J'oubliais* à vous donner *de l'argent* (Marivaux, *Marianne*, p. 27).

On trouve parfois, chez des auteurs modernes ou contemporains, des survivances de l'ancien usage : *Ce pauvre hobereau bourguignon (...) à qui un marchand de biens s'apprêtait* d'arracher *tout ce qui restait* (P. Mille, *La Détresse des Harpagon*, p. 21). — *Claire n'essaya pas* à lui cacher *son trouble* (M. Prévost, *La Nuit finira*, t. I, p. 216). — *Ne cherche pas* d'aller *trop vite* (A. Gide, *La Symphonie pastorale*, p. 34). — *Savez-vous pourquoi Xavier a consenti si vite* de retourner *à l'école ?* (A. Hermant, *Xavier*, p. 67.) — *Je ne consentirais point* de vous parler *du crime* (Tr. Derème, *La Libellule violette*, p. 239). — *Supposons que nous essayions, au contraire,* à modifier *volontairement nos perceptions et représentations d'homme éveillé* (P. Valéry, *Variété*, Svedenborg ; éd. Pléiade, t. I, p. 881). — *Elles faillirent* à geler *sur place* (La Varende, *Les Belles Esclaves*, p. 173). — *M. le Baron m'a engagé* de *me* charger *de cette dépense* (Stendhal, *Corr.*, t. VII, p. 178). — *Ma femme n'a jamais hésité* d'approuver... (Chateaubr., *Mém.*, III, II, 10, 3).

761. Certains verbes veulent tantôt *à*, tantôt *de* devant l'infinitif complément, selon le sens :

1° **Décider** *(qqn)* à signifie « déterminer à (faire qq. ch.) » : *Cette raison m'a décidé* à partir (Ac.). — *Je suis décidé* à *tout* entreprendre (Id.).

Décider de signifie « arrêter, déterminer (ce qu'on doit faire) » : *Nous décidâmes* de partir *sur-le-champ* (Ac.).

2⁰ *Défier à* signifie « provoquer, faire un défi » : *Défier qqn* à boire.
Défier de signifie « mettre à pis faire, déclarer impossible » · *Je le défie*
d'y aller (Littré).

3⁰ *Demander* construit avec *à* l'infinitif complément quand les deux verbes
ont même sujet [1] : *Il demande* à parler (Littré). — *Ses yeux baignés de*
pleurs demandent à *vous* voir (Rac., *Bérén.*, V, 7). — *Je demande* à faire
quelques réserves (E.-M. de Vogüé, *Le Roman russe*, p. 82). — *M. de Charlus*
demanda à s'asseoir *sur un fauteuil* (M. Proust, *Le Temps retrouvé*, I,
p. 232). — [Il] *m'a demandé* à voir *ce que j'écrivais* (A. Gide, *L'École des*
femmes, p. 75). — *Cette pièce de poésie demande* à être lue *tout haut* (Ac.).

Demander construit avec *de* l'infinitif complément quand les deux verbes
n'ont pas même sujet ; dans ce cas, normalement *demander* a un objet indirect,
et le sujet de l'infinitif est marqué par cet objet indirect : *Je vous demande* de
m'écouter (Ac.). — *On ne vous demande pas, Zélotes,* de vous récrier :
C'est un chef-d'œuvre de l'esprit (La Br., I, 21). — *Un maître d'hôtel me de-*
manda d'entrer *un instant dans un petit salon-bibliothèque* (M. Proust,
Le Temps retrouvé, II, p. 9). — *Je ne t'ai pas demandé* de venir (J.-P. Sartre,
Huis clos, 5). — *Il me demanda* d'écrire *une petite comédie* (G. Duhamel, *La*
Pesée des âmes, p. 201). — *J'ai demandé à Louveau* de venir (P. Vialar, *La*
Grande Meute, II, 1).

Lorsque *demander* a un objet indirect, la construction avec *de* se présente si fortement à l'esprit que, le plus souvent, on l'emploie même dans les cas où *demander*
et l'infinitif complément ont même sujet : *J'ai écrit à ma mère jeudi dernier, pour lui*
demander de finir *mes études à Paris* (Alain-Fournier, *Le Grand Meaulnes*, p. 194).
— *Et c'est elle qui me demande* de s'en aller (Fr. Jammes, *L'Antigyde*, p. 44). —
Mais restez donc dans mon cabinet, fit le vieux secrétaire à barbiche, quand Augustin
lui eut demandé de voir *deux ou trois copies des dernières licences. (...) Je vais faire*
porter la liasse devant vous (J. Malègue, *Augustin*, t. II, p. 464). — *Vous avez de-*

---

1. Pour Littré, on met *demander à* ou *demander de* + inf., suivant les exigences
de l'oreille. Il faut convenir que les distinctions établies par les grammairiens ont
quelque chose de précaire ; *demander de* + inf. se trouve assez fréquemment dans
des phrases où le sujet de l'infinitif désigne celui qui fait la demande : *Rancé deman-*
da d'être enterré *dans la terre la plus abandonnée et la plus déserte* (Chateaubr.,
Vie de Rancé, IV). — *Il demande* d'être reçu *dans cette compagnie* (Littré). —
Il demande de ne pas vous suivre (Id.). — *Sa « Dernière Gerbe »* [de Hugo] *paraîtra*
en février 1902 : je ne demande que de vivre *jusque-là* (J. Renard, *Journal*, 7 nov.
1901). — *Il (...) demanda* d'être enterré *sans témoins dans la mosquée* (J. et
J. Tharaud, *Le Rayon vert*, p. 15). — *Elle ne demande pas* d'être aimée : *ce serait*
trop de joie (Fr. Mauriac, *L'Enfant chargé de chaînes*, IX). — *Des citoyens paisibles*
(...) qui ne demandent (...) que de pratiquer *une religion...* (G. Bernanos, *Les*
Enfants humiliés, p. 158). — *Tu ne demandes que* de réfléchir (P. Vialar, *M. Du-*
pont est mort, p. 133).

La construction « *Il demande pour parler »*, qui s'emploie fréquemment en Belgique pour *Il demande* à *parler*, est incorrecte. [Cf. liégeois : *d(i)mander* po-z-intrer
(litt. : demander *pour* entrer) (J. Haust, *Dict. liég.*).]

mandé à Tien DE VOIR *le dictateur* (Cl. FARRÈRE, *La Onzième Heure*, p. 239). — *Il me demanda, un jour,* DE SE SERVIR *du téléphone* (G. DUHAMEL, *Les Espoirs et les Épreuves*, p. 95).

4° **S'empresser** signifiant « user de prévenances, de zèle, témoigner de la presse, de l'ardeur » construit avec *à*, et moins souvent avec *de*, l'infinitif complément : *S'empresser* À FAIRE *sa cour* (AC.). — *Une petite servante (…) s'empressait* À *nous* SERVIR (J. et J. THARAUD, *La Bataille à Scutari*, p. 164). — *Directeurs et artistes s'empressèrent* À *lui* PLAIRE (R. ROLLAND, *Jean-Chr.*, t. V, p. 237). — *La mer prévoyante apporte on ne sait d'où des flots de varech noir que toute la population s'empresse* À RECUEILLIR (G. CLEMENCEAU, *Le Grand Pan*, p. 31). — *Vos généreuses mains s'empressent* D'EFFACER *Les larmes que le ciel me condamne à verser* (VOLT., *Mahom.*, I, 2).

On dit aussi dans ce sens *s'empresser pour* : *Narcisse plus hardi s'empresse* POUR *lui* PLAIRE (RAC., *Brit.*, V, 8).

S'empresser signifiant « se hâter » veut *de* devant l'infinitif : *S'empresser* DE PARLER, DE PRENDRE *la parole* (AC.). — *Je m'empresserai* DE L'AVERTIR (ID.).

5° **Se lasser à** faire qq.ch., c'est le faire avec effort jusqu'à la lassitude : *L'autre en vain se lassant* À POLIR *une rime* (BOIL., *Disc. au roi*).

SE LASSER DE faire qq.ch., c'est se dégoûter de le faire, renoncer à le faire : *Auguste s'est lassé* D'ÊTRE *si rigoureux* (CORN., *Cinna*, III, 1). — DE TRAVAILLER *pour lui les membres se lassant* (LA F., *F.*, III, 2).

6° **Manquer à** faire une chose, c'est ne pas la faire, ne pas réussir à la faire : *On mésestime celui qui manque* À REMPLIR *ses devoirs* (LITTRÉ, s.v. *manquer*, Rem. 1). — *Manquer* À EXÉCUTER, À FAIRE *une chose* (AC., s.v. *faillir*). — *Si le vendeur manque* À FAIRE *la délivrance dans le temps convenu entre les parties* (*Code civ.*, art. 1610). — *Aux étrennes ou au jour de sa fête, ses amis ne manquaient jamais à lui* OFFRIR *quelques raretés* (BALZAC, *La Muse du département*, p. 84). — *Il ouvrait l'enveloppe d'un geste si hâté qu'il manquait rarement* À DÉCHIRER *deux ou trois feuillets* (A. HERMANT, *Le Rival inconnu*, XVIII). — *Elle ne manque pas* À *la* TROUVER [*une cachette*] (A. LICHTENBERGER, *Les Contes de Minnie*, p. 71). — *Il le rappela, lui fit signe de se pencher, comme s'il craignait que sa voix manquât* À SE FAIRE ENTENDRE (A. GIDE, *Les Faux-Monnayeurs*, p. 397). — *L'hérédité la plus favorable peut manquer* À SE MANIFESTER *si elle rencontre un milieu par trop contraire* (J. ROSTAND, *Pensées d'un biologiste*, pp. 22-23).

MANQUER DE, suivi d'un infinitif, signifie : « courir le risque de, être sur le point d'éprouver (qque accident) » : *Nous avons manqué* DE VERSER (LITTRÉ). — *Il a manqué* D'ÊTRE TUÉ (AC.). — *Il a manqué* DE SE TUER (DICT. GÉN.).

Littré déclarait fautive la construction « il a manqué tomber ». Cette construction s'est implantée aussi bien dans la langue écrite et littéraire que dans la langue parlée ou familière : *Les doigts défaillants de Marius avaient manqué* LAISSER *tomber le pistolet* (HUGO, *Les Misér.*, III, 8, 20). — *Ledoux manqua* TOMBER *à la renverse* (MÉRIMÉE, *Mosaïque*, p. 52). — *Pendant une éclipse, elle avait manqué* MOURIR (FLAUB.,

Sal., p. 70). — *Il manqua* TOMBER *à la renverse* (A. DAUDET, *Le Nabab*, t. I, p. 222).
— *J'ai manqué* GLISSER (J. GIRAUDOUX, *Électre*, II, 8). — *Des poutres avaient manqué
lui* CHOIR *sur la tête* (H. de RÉGNIER, *Le Bon Plaisir*, p. 207). — *Vous manquez vous*
TROUVER *mal de fatigue* (J. COCTEAU, *L'Aigle à deux têtes*, I, 6). — *Il avait manqué*
PÉRIR *d'une pneumonie* (L. MARTIN-CHAUFFIER, *L'Homme et la Bête*, p. 191). — *Il a
manqué* MOURIR (AC.).

Ne pas manquer de, suivi d'un infinitif, signifie « ne pas omettre, ne pas
oublier de (faire qq. ch.), obtenir (qq. ch.) » : *Je ne manquerai pas* DE FAIRE
ce que vous voulez (AC.). — *Il (...) ne manque pas* D'ÉCRIRE *Que leur exemple
était aux lutteurs glorieux* (LA F., F., I, 14). — *Ils (...) leur apprenaient ensuite
qu'ils (...) ne manqueraient pas, s'ils vivaient,* DE DEVENIR *un jour sergents
et capitaines* (A. FRANCE, *Le Génie latin*, p. 220).

7º **S'occuper à** faire une chose, c'est « y travailler, en faire l'objet de son ac-
tivité » : *Tout le jour il s'occupe* À LIRE (AC.). — *Il vaut mieux s'occuper* À
JOUER *qu'*À MÉDIRE (BOIL., *Sat.*, 10). — *Il y a vingt ans que je m'occupe* À
FAIRE *des traductions* (MONTESQ., *L. pers.*, 128). — *Assusé par elle, le croira-t-
on ? je ne m'occupais qu'*À *tout* ÉLUDER (B. CONSTANT, *Adolphe*, IX). — *Je
m'occupais* À REVOIR *les épreuves d'« Atala »* (CHATEAUBR., *Mém.*, II, 1, 6). —
Les Barbares, pendant toute la nuit, s'occupèrent À MANGER (FLAUBERT,
Salammbô, p. 255). — *En ce moment, on s'occupait* À SEMER *les fourrages*
(M. PRÉVOST, *La Nuit finira*, t. II, p. 131). — *Les actifs matelots s'occupèrent*
À FAIRE *rougir la pointe de fer d'un énorme épieu* (J. GIRAUDOUX, *Les Contes
d'un matin*, p. 26).

S'OCCUPER DE faire une chose, marque une activité plus attentive, préoccupante, qui remplit la pensée, comporte des plans, des calculs : *Il s'occupe* DE
DÉTRUIRE *les abus* (AC.). — *Il ne s'occupe que* DE GÉRER *sa fortune* (ID.). —
Shade (...) s'assit à une table près de la porte et s'occupa D'ENVOYER *différentes
ombres de sa pipe sur le mur de la cathédrale de Tolède* (A. MALRAUX, *L'Espoir*,
p. 134).

Littré précise en disant que *s'occuper de* marque une opération intellectuelle, et
s'occuper à, une action extérieure. Les auteurs n'observent pas toujours cette distinction : *Pendant sa convalescence, elle s'occupa beaucoup* À CHERCHER *un nom pour
sa fille* (FLAUB., *Mme Bov.*, p. 97). — *Elle s'occupait surtout* DE DRESSER *les jeunes
chevaux,* DE PÊCHER *et* DE CHASSER (É. PEISSON, *Les Écumeurs*, p. 61).

8º **Prendre garde à** signifie « avoir soin de, faire attention à » : *Prenez
garde* À *ne pas trop vous* ENGAGER (AC.). — *Prenez bien garde, vous,* À *vous*
DÉHANCHER *comme il faut* (MOL., *Impromptu*, 3). — *Prenez bien garde* À *ne pas*
TOMBER (A. SUARÈS, *Sur la vie*, t. II, p. 80).

PRENDRE GARDE DE, complété par un infinitif négatif, a le même sens que
prendre garde à : *Prends donc garde* DE *ne t'*ENFLER *pas* (BOSS., *Hist.*, II, 20).
— *J'étais anxieuse (...). Je prenais bien garde* DE *ne pas le* MONTRER (A. MAU-
ROIS, *Nouv. Disc. du Doct. O' Grady*, p. 203).

Mais, quand l'infinitif complément est construit sans négation, *prendre
garde de* signifie « s'efforcer d'éviter, craindre de » : *Prends garde* DE *m'*ÉGRA-

TIGNER *comme hier* (BALZAC, *La Peau de chagrin*, p. 195). — *Prenez garde*
DE TOMBER (AC.). — *Prends garde* DE MANQUER *d'intelligence et de bonté*
(J. LEMAITRE, *Révoltée*, II, 7). — *Il prenait garde* DE FAIRE *du bruit dans la
chambre voisine du silencieux Olivier* (R. ROLLAND, *Jean-Chr.*, t. VII, p. 26).

9° **Se refuser à** faire quelque chose, c'est ne pas vouloir le faire : *Il se
refuse* à TRAVAILLER (AC.).

Quand *se refuser* signifie « ne pas se permettre », « se priver », il veut *de* devant l'infinitif complément : *Je n'écrirai pas. Je me refuse* DE PENSER *au film.
C'est une halte, une parenthèse de calme* (J. COCTEAU, *La Belle et la Bête*, p. 131).

762. L'infinitif, précédé d'une des prépositions ou locutions prépositives
à, afin de, après[1], *au point de, avant de, de façon à, en sorte de, en vue de,
jusqu'à, pour, sans*, etc., s'emploie comme complément circonstanciel (ou,
si l'on veut, comme équivalent d'une proposition circonstancielle) : À *vous*
ENTENDRE, *tout est perdu*. — *Conduisez-vous* DE FAÇON À *vous* FAIRE *aimer*
(AC.). — *L'on n'écrit que* POUR ÊTRE ENTENDU (LA BR., I, 57). — POUR AVOIR
MODELÉ *quelques méchantes figures, je ne suis pas un sculpteur* (A. FRANCE,
Le Lys rouge, p. 302).

Remarques. — 1. L'infinitif complément précédé de *par* et désignant l'instrument,
le moyen, ne s'emploie plus qu'après *commencer*[2], *finir*, parfois après *débuter, terminer :
Il commença* PAR *me* MONTRER *le poing* (G. DUHAMEL, *La Pesée des âmes*, p. 208). —
Je finis pourtant PAR *me* LEVER (J. ROMAINS, *Quand le Navire...*, p. 198). — *Tenez,
cet animal qui débute* PAR *me* DIRE *une injure !* (MARIVAUX, *Les Serments indiscrets*,
I, 3.) — *Ni Phèdre, ni Iphigénie, ni Agrippine, ni Roxane, ni Monime ne débutent*
PAR VENIR ÉTALER *leurs sentiments secrets dans un monologue* (VOLT., *Commentaire
sur Cinna* [I, 1]). — [Cauchon] *débuta* PAR TENIR *une sorte de consultation* (MICHELET,
Jeanne d'Arc, p. 264). — *Il débuta ce jour-là* PAR BRÛLER *la patente de comte dressée
en faveur de Rassi* (STENDHAL, *Chartr.*, t. II, p. 335). — *Il débutait toujours* PAR POSER
à Philippe la question délicate (A. HERMANT, *Les Grands Bourgeois*, II). — *Il débuta
par* me DIRE *sa souffrance* (M. BARRÈS, *Mes Cahiers*, t. XIII, p. 107).

2. L'infinitif régime de *avant* s'y joint normalement, dans l'usage actuel, au
moyen de la préposition *de : J'irai le voir avant* DE *partir* (AC.). — *Sa légèreté d'enfant
l'emporta vite (...) vers ces promesses de chasse à l'écureuil que le garde réitérait avant* DE
s'en aller (A. DAUDET, *Jack*, t. I, p. 221). — *Ne comptez pas que je vous quitte avant* DE
vous avoir tout dit (J. LEMAITRE, *Révoltée*, II, 9). — *Avant* D'*aborder l'écriture musicale (...), je dois parler de la mémoire musicale* (G. DUHAMEL, *Problèmes de l'heure*,
p. 165). — *Quelques-uns des plus vigoureux conjurés, avant* DE *se séparer, ont organisé
une sorte de baroud d'honneur* (É. HENRIOT, dans le *Monde*, 12 févr. 1958).

Cependant le tour classique *avant que de*, avec un infinitif, est encore fréquent

---

1. Pour *après* suivi d'un infinitif complément, voir § 1019, 1°.

2. *Commencer par* s'emploie normalement pour marquer une action qui est la
première d'une série : *Commençons* PAR *nous* PRÉPARER, *ensuite nous agirons* (LITTRÉ) ;
— dans la langue populaire, on l'emploie aussi, sans doute par analogie avec *finir
par*, au sens de *commencer à*, pour marquer une action qui se déroule dans le temps,
qui progresse : *Il commence* PAR m'EMBÊTER, *cet individu-là !*

dans la langue littéraire : *Avant* QUE DE *me connaître* (J. RENARD, *Journ.*, 1er janv. 1897). — *J'espérais voir des anges* AVANT *même* QUE DE *mourir* (M. BARRÈS, *Un Jardin sur l'Oronte*, p. 22). — *Avant même* QUE DE *voir la bouteille* (E. JALOUX, *Le Voyageur*, p. 92). — *Avant* QUE DE *voir le jour* (G. CLEMENCEAU, *Démosthène*, p. 96). — *Avant* QUE D'*arriver à ma maison de Valmondois* (G. DUHAMEL, *Biographie de mes fantômes*, p. 20). — *Avant* QUE D'*avoir entrepris* (A. MAUROIS, *Un Art de vivre*, p. 99). — *Avant* QUE D'*atteindre la maison* (É. ESTAUNIÉ, *Le Labyrinthe*, p. 169). — *Avant* QUE D'*aborder une question importante* (A. GIDE, *La Symphonie pastorale*, p. 67). — *Avant même* QUE D'*avoir tourné la première crémone* (M. PRÉVOST, *La Nuit finira*, t. II, p. 56). — *Avant* QUE D'*entreprendre, avec son élève, l'étude de quelques classiques* (Fr. JAMMES, *Janot-poète*, p. 169). — *Avant même* QUE DE *savoir lire* (É. HENRIOT, *Les Temps innocents*, p. 263). — *Un maigre feu de brindilles, dont la fumée légère se dispersait avant* QUE DE *parvenir à la cime des arbres* (Fr. AMBRIÈRE, *Les Grandes Vacances*, p. 78). — *La jeunesse souffre et meurt avant* QUE D'*être tout à fait formée* (G. BERNANOS, *Les Enfants humiliés*, p. 68). — *Avant* QUE DE *venir* (AC.).

Hist. — L'infinitif dépendant de *avant* pouvait anciennement et jusque dans le XVIe siècle, se joindre à cette préposition, soit immédiatement, soit au moyen de *que*, soit encore au moyen de *que de : Ce que j'ay affaire avant* MOURIR (MONTAIGNE, I, 20 ; p. 112). — *L'autre* [se plaint], *qu'il luy faut desloger avant* QU'*avoir marié sa fille* (ID., *ibid.*). — *Tu enquiers et escoutes avant* QUE DE *condamner, et luy condamne avant* QU'*ouir les parties* (AMYOT, *Romul.*, 3). — *Il y a des gens qui parlent un moment avant* QUE D'*avoir pensé* (LA BR., V, 15).

La construction directe devint rare au XVIIe siècle : *Avant partir de Turquie* (SAINT-SIMON, *Mém.*, t. III, p. 199). A cette époque, on n'admettait plus guère que les tours *avant que mourir, avant que de mourir : Mais avant* QUE *partir, je me ferai justice* (RAC., *Mithr.*, III, 1). — *Avant donc* QUE D'*écrire, apprenez à penser* (BOIL., *Art p.*, I). — La construction *avant de* + infinitif, rare au XVIe et au XVIIe siècle, est devenue générale au XVIIIe siècle : *Avant* DE *mourir* (MONTAIGNE, III, 6 ; p. 1010). — *Avant* DE *prendre congé de lui* (LA BR., XI, 7). — *Mais avant* DE *mourir, elle sera vengée* (VOLT., *Tancr.*, III, 2). — Vaugelas (*Rem.*, pp. 319-320) déclarait : « Il faut dire *avant que de mourir*, et *devant que de mourir*, et non pas *avant que mourir*, ny *devant que mourir*, et beaucoup moins encore *avant mourir*, comme disent quelques-uns en langage barbare. »

763. L'infinitif équivalant à une proposition circonstancielle doit régulièrement, pour la clarté, se rapporter au sujet de la proposition principale : *Il m'a parlé avant de partir* (= avant qu'il parte). *Tu as confié ton fils à un maître sévère pour en faire un homme* (= pour que tu en fasses...).

Exceptions. — 1. L'infinitif peut parfois ne pas se rapporter au sujet de la principale, pourvu qu'aucune équivoque ne soit à craindre. C'est le cas notamment dans les phrases où le sujet de l'infinitif serait, si on l'exprimait, un pronom vague tel que *on : L'Allemagne est faite pour y* VOYAGER, *l'Italie pour y* SÉJOURNER, *l'Angleterre pour y* PENSER, *et la France pour y* VIVRE (D'ALEMBERT, *Éloge de Montesq.*). — *On s'écrit des lettres pour* ÊTRE MONTRÉES (SAINTE-BEUVE, *Nouv. Lundis*, t. IV, p. 17). — *Toute la vie se passe à* DÉSIRER (AC.).

2. L'infinitif peut exceptionnellement se rapporter à l'objet (direct ou indirect) de la principale, surtout quand cet infinitif est précédé de *pour : Je vous donne deux jours pour* RÉFLÉCHIR. — *Et moi, que t'ai-je fait pour m'*OUBLIER *ainsi ?* (MUSS., *La Coupe et les Lèvres*, IV.)

Hist. — L'infinitif prépositionnel équivalant à une proposition circonstancielle était autrefois d'un emploi plus étendu et plus libre qu'aujourd'hui (§ 1019, *Hist.*) : *Depuis* AVOIR CONNU *feu Monsieur votre père* (MOL., *Bourg. gent.*, IV, 3). — *Mais ne confondons point par trop* APPROFONDIR... (LA F., *F.*, III, 17).

Du verbe principal à l'infinitif complément, on admettait fréquemment le changement de sujet : *Le tans leger s'enfuit sans m'en* APERCEVOIR (DESPORTES, *Cleonice*, XXI). — *Ai-je mis dans sa main le timon de l'État Pour le* CONDUIRE (= pour qu'il le conduise) *au gré du peuple et du sénat ?* (RAC., *Brit.*, I, 1.) — *Rends-le-moi sans te* FOUILLER (= sans que je te fouille) (MOL., *Av.*, I, 3). — *Je t'en crois sans* JURER (= sans que tu jures) (CORN., *Ment.*, I, 4).

4. — Autres fonctions de l'infinitif.

764. L'infinitif peut s'employer aussi :

1° Comme apposition : *Il n'y a pour l'homme que trois événements :* NAÎTRE, VIVRE *et* MOURIR (LA BR., XI, 48). — *Hélas ! par tout pays, toujours la même vie :* CONVOITER, REGRETTER, PRENDRE *et* TENDRE *la main* (MUSSET, *Nuit d'Août*).

2° Comme complément déterminatif du nom ou du pronom (avec *à, de, pour*) : *Jusqu'à ce que le grand prince (...) joignit au plaisir de* VAINCRE *celui de* PARDONNER (BOSS., *Condé*). — *Le mot pour* RIRE. *Une machine à* COUDRE.

3° Comme complément de l'adjectif (avec *à, de, pour*) : *Il est toujours prêt à* PARTIR (LA F., *F.*, VIII, 1). — *Ton cœur impatient de* REVOIR *ta Troyenne* (RAC., *Andr.*, IV, 5). — *Les choses nécessaires pour* SUBSISTER. — *Ils ont été unanimes à le* FÉLICITER, *pour le* FÉLICITER.

765. L'infinitif peut s'employer comme dépendance d'expressions impersonnelles [1] :

a) Il s'emploie sans préposition après *il faut, il vaut mieux, mieux vaut, il vaut autant, autant vaut, il (me) semble, il fait cher, il fait bon* [2] et dans *il fait*

---

1. Pour la valeur syntaxique de cet infinitif, voir § 754.

2. Le tour *Il fait bon de*, formé par analogie avec *il est bon de*, se répand de plus en plus : *Quel plaisir d'être au monde, et qu'il fait bon* DE *vivre !* (HUGO, *Le Roi s'amuse*, I, 2.) — *Qu'il fait bon* DE *se promener sur le boulevard Montmartre !* (TAINE, *Voy. en Italie*, t. I, p. 19.) — *Il devait faire bon* DE *connaître...* (H. BORDEAUX, *Le Pays sans ombre*, p. 2). — *Il ne fait pas bon (...)* D'*être l'oncle d'un neveu failli* (É. HENRIOT. *Aricie Brun*, II, 7). — *Il ne fait pas bon* D'*avoir affaire à vous* (P. MORAND, *Lewis et Irène*, II, 10). — *Il fait bon* DE *vivre* (M. ARLAND, *L'Ordre*, t. II, p. 166). — *Il n'aurait pas fait bon pour l'épicier* DE *se tromper à son avantage en rendant la monnaie* (M. AYMÉ, *Les Contes du Chat perché*, p. 189). — *Il fera bon* DE *se reposer dans le sable brûlant de la sablière* (Fr. MAURIAC, *Le Feu sur la terre*, p. 136).

À côté de *il fait bon*, mentionnons *il fait mauvais* et des expressions comme *il fait sûr, il fait dangereux*, qui peuvent se faire suivre (mais le tour est rare) d'un infinitif, avec ou sans *de* : *Il fait mauvais, il ne fait pas sûr, il fait dangereux* (DE) PASSER *par là*,

beau voir... : *Il faut* PARTIR. *Mieux vaut* ATTENDRE. — *Il vaut mieux* MOURIR
selon les règles... (MOL., *Amour méd.*, II, 5). — *Il vaut mieux* ATTENDRE *un peu*
(AC.). — *Il me semblait les* VOIR (P. MILLE, *Barnavaux*, p. 170). — *Il fait
cher* VIVRE *dans cette ville* (AC.). — *Il fait bon* VIVRE *chez vous* (VIGNY, *Chatt.*,
III, 6). — *Alors il fera bon* VIVRE (A. FRANCE, *Sur la Pierre blanche*, p. 66). —
Qu'il fait bon AIMER *un maître !* (M. BARRÈS, *Les Déracinés*, p. 40.) — *Il fait
beau* VOIR *que...* (AC.).

Hist. — L'ancienne langue mettait parfois *de* devant l'infinitif dans des cas où
on ne l'admet plus aujourd'hui : *Il m'a semblé* D'*entendre* (MOL., *Dép. am.*, V, 1). —
Il me vaudrait bien mieux D'*être au diable que d'être à lui* (ID., *Dom Juan*, I, 1).

b) Il se construit avec *de* après les autres expressions impersonnelles : *Il
est bon* DE PARLER *et meilleur* DE SE TAIRE (LA F., *F.*, VIII, 10). — *Il vous suffirait* DE *l'entendre* (É. ESTAUNIÉ, *L'Infirme...*, p. 111). — *Il me souvient* [1]
D'AVOIR LU (AC.). — *Il ne me souvient pas* DE M'ÊTRE ENNUYÉ *un jour avec toi*
(A. MAUROIS, *Cours de bonheur conjugal*, p. 242). — *Il convient, il importe, il
me plaît* D'AGIR *ainsi*.

Remarques. — 1. L'infinitif dépendant de l'expression impersonnelle *il
reste* (ou : *reste*, sans *il*) s'introduit par *à* : *Il ne reste qu'*À *les obtenir* [des
remèdes] *par des vœux continuels* (BOSS., *Anne de Gonz.*). — *Il ne reste qu'*À
le mépriser [le péril] (FÉNEL., *Tél.*, t. I, p. 30). — *Il nous reste* À *dire comment
ce régime a disparu* (FUSTEL DE COULANGES, *La Cité antique*, V, 1). — *Il
reste encore* À *prouver que...* (AC.). — *Reste* À *savoir* (ID.). — *Il me reste* À
dire quelques mots de ce que l'on nomme les dispositions naturelles (G. DUHAMEL,
Problèmes de l'heure, p. 172).

Cependant la construction avec *de* s'impose si l'infinitif exprime un fait qui a eu
lieu ou qui a lieu (la construction avec *à* indiquerait une action encore à faire, et le
sens serait autre) : *Si ce que j'ai fait est vain, qu'il me reste au moins* DE *m'être dépassé
en le faisant* (MONTHERLANT, *Pitié pour les femmes*, p. 195, cit. Sandfeld, III, p. 51). —
*Que pouvais-je faire, moi qui n'ai plus de voix pour crier ? Que pouvais-je faire, que de
quitter la salle ? Il me reste* D'*écrire* (Fr. MAURIAC, dans le *Figaro litt.*, 29 déc. 1951).

Mais, en dehors de ce cas, la construction avec *de* est archaïque et rappelle un usage
classique : *Bourreau de votre fille, il ne vous reste enfin Que* D'*en faire à sa mère un horrible festin* (RAC., *Iphig.*, IV, 4). — *Il reste aux vivants* DE *parachever l'œuvre magnifique des morts* (G. CLEMENCEAU, *Grandeurs et Misères d'une victoire*, p. 42). — *Une
fois sortie de sa loge, la Comtesse Casati obtint les applaudissements d'une tragédienne
illustre à son entrée en scène. Restait* DE *jouer la pièce* (J. COCTEAU, *La Difficulté d'être*,
pp. 114-115). — *Il me restait* D'*attendre* (H. BOSCO, *Malicroix*, p. 135). — *Il reste
donc* DE *prendre un précepteur à domicile, ou une institutrice* (Fr. MAURIAC, *Le Sagouin*,
p. 41).

2. Après *plaire* pris impersonnellement avec un objet indirect, on trouve

---

1. L'infinitif dépendant de *il me souvient* s'y joint parfois sans préposition : voir
§ 758, Rem. 6.

parfois l'infinitif dépendant sans *de*, mais cette construction est vieillie : *Vous plairait-il vous* TAIRE, *et* FINIR *vos discours ?* (REGNARD, *Le Distrait*, I, 2.) — *Vous me voyez (...) prêt à servir de nouveau Votre Excellence en tout ce qu'il lui plaira m'*ORDONNER (BEAUMARCHAIS, *Le Barbier de Séville*, I, 2). — *Jusqu'au jour où il te plaira me* MARIER (É. AUGIER, *Les Effrontés*, I, 2). — *Mais... s'il me plaît* RISQUER, *au fond du parc, un pas* (E. ROSTAND, *L'Aiglon*, II, 2). — *S'il lui plaisait* RELIRE *l'épître dédicatoire...* (A. HERMANT, *Les Samedis de Monsieur Lancelot*, p. 93). — *Plaise au ciel vous* TENIR *en sa faveur commune* (G. COURTELINE, *La Conversion d'Alceste*, 4).

3. Quand l'infinitif dépend du présentatif *c'est* + attribut, la préposition *de* introduisant l'infinitif peut être précédée de *que* (§ 522, 2° B, *c*) : *C'est une folie* DE *résister,* QUE DE *résister* (vieilli : QUE *résister*). — *C'est une chose bien sérieuse* QUE DE *mourir* (LA BR., XVI, 8). — *Ce n'était pas assez* QUE DE *périr* (P. VALÉRY, *Regards...*, p. 172).

Hist. — *De* introduisant l'infinitif dans les phrases des types *Il est honteux* DE *mentir ; c'est chose honteuse (que)* DE *mentir*, n'a plus aujourd'hui aucune valeur sémantique : c'est une simple cheville syntaxique. — L'emploi de cette préposition trouve probablement son origine dans le tour ancien *De vostre mort fust grans damages* (dans TOBLER, *Mél.*, p. 6), dans lequel *de* marque l'origine, le point de départ, la cause, — à moins que peut-être il ne signifie « à propos de » (cf. SNEYDERS DE VOGEL, *Synt. hist.*, p. 212). Peut-être aussi faut-il tenir compte de l'influence analogique qu'auraient exercée des tours comme *Il est temps* D'*agir, c'est le moment* D'*agir*.

Art. 6. — PARTICIPE

766. Le **participe** est la forme adjective du verbe : il « participe » de la nature du verbe et de celle de l'adjectif : *Je l'ai trouvé* LISANT. *Une besogne* TERMINÉE. — *Un bienfait* REPROCHÉ *tint toujours lieu d'offense* (RAC., *Iphig.*, IV, 6).

Comme verbe, le participe admet les compléments d'objet et les compléments circonstanciels ; il peut aussi marquer plusieurs nuances temporelles.

Comme adjectif, il peut servir d'épithète ou d'attribut et subir les variations en genre et en nombre.

I. — PARTICIPE PRÉSENT

1. — Sens et accord.

Le participe présent peut être regardé tantôt comme une *forme verbale*, tantôt comme un pur *adjectif*.

A. — Comme forme verbale.

767. Comme forme verbale, le participe présent exprime généralement une action simultanée par rapport à l'action marquée par le verbe
qu'il accompagne. Par suite il indique un temps présent, passé ou
futur, suivant que le verbe auquel il se rattache est au présent, au passé
ou au futur : *Je le vois* LISANT (= qui lit). *Je l'ai vu* LISANT (= qui
lisait). *Je le verrai* LISANT (= qui lira).

Il a toujours le sens actif : *Un homme* PARLANT *quatre langues* (= qui parle
quatre langues).

Hist. — Certaines formes primitives de participes présents qui, dans la conjugaison, ont cédé la place à des formes analogiques, ont persisté comme adjectifs ou
comme noms : *puissant* (doublet de *pouvant*), *savant* (doublet de *sachant*), *séant*
(doublet de *seyant*), *vaillant* (doublet de *valant*). — L'ancien participe présent (ou
gérondif) *vaillant* se retrouve dans *n'avoir pas, n'avoir plus un sou* VAILLANT (§ 800,
N. B., 1).

768. Le participe présent est invariable : *Les coteaux* ENVIRONNANT
la ville. — Il réveilla ses fils DORMANT (HUGO, *Lég.*, t. I, p. 47). — *Ces
nues,* PLOYANT *et* DÉPLOYANT *leurs voiles...* (CHAT., *Génie*, I, 5, 12).

Hist. — L'ancienne langue faisait varier le participe présent en cas et en nombre,
mais non en genre, conformément à la règle des adjectifs ayant une forme unique
pour les deux genres (voir § 350, *Hist.*). Du XIIᵉ au XVᵉ siècle, quoique les adjectifs dont il vient d'être parlé prissent, par analogie, un *e* au féminin, les participes
présents ont maintenu, en général, leur invariabilité. Cependant on faisait parfois
l'accord en genre : *J'aime la bouche* IMITANTE *la rose* (RONSARD, t. I, p. 4). — *Le fruit
des lèvres* CONFESSANTES *son Nom* (CALVIN, *Inst.*, IV, 18, 17).— Au XVIIᵉ siècle,
cet accord en genre, quoique condamné par Vaugelas (*Rem.*, pp. 426 et suiv.), était
encore assez fréquent : *La veuve d'Hector* PLEURANTE *à vos genoux* (RAC., *Andr.*, III,
4). — *Ces âmes* VIVANTES *d'une vie brute et bestiale* (BOSS., *Hist.*, II, 1). — Quant à
l'accord en nombre, il est resté courant jusque dans le XVIIᵉ siècle : *Ils allerent
chercher la mort, se* RUANTS *sur les ennemis* (MONTAIGNE, II, 3 ; p. 392). — *Tous les
mots François* COMMENÇANS *par h* (VAUGELAS, *Rem.*, p. 199). — *Donner la chasse
aux gens* PORTANTS *bâtons et* MENDIANTS (LA F., *F.*, I, 5). — *Des laquais l'un l'autre
s'*AGAÇANTS (BOIL., *Sat.*, 6).

Arnauld et Lancelot, dans leur *Grammaire raisonnée* (1660), professèrent les premiers qu'il fallait distinguer le participe présent, indéclinable, de l'adjectif verbal,
déclinable. L'Académie, dans sa séance du 3 juin 1679, ratifia cette opinion et décida
« qu'on ne déclinerait plus les participes actifs ». Cependant l'ancien usage a persisté
longtemps encore : *Les morts se* RANIMANTS *à la voix d'Élisée* (RAC., *Ath.*, I, 1). —
Les corps TOMBANTS *de fort haut* (LA BR., XVI, 43). — *Je vous trouve (...) si* MÉPRI-
S ANTE *les choses du monde* (SÉV., t. VI, p. 336). — On trouve même encore au XVIIIᵉ
siècle : *La propriété* NAISSANTE *d'ailleurs que de la main-d'œuvre* (J.-J. ROUSS.,
Orig. de l'inég.). — Et au XIXᵉ siècle : *Le bruit de la pierre* SONNANTE *sous le marteau*
(LAMART., *Tailleur de p. de Saint-Point*, IV). — L'Académie écrit encore : *Une pro-
position* TENDANTE *à l'hérésie. Semer des libelles* TENDANTS *à la sédition.*

Remarque. — Le participe est variable, selon l'usage d'autrefois, dans certaines locutions de la langue juridique : *les* AYANTS *cause, les* AYANTS *droit, les* OYANTS *compte* [1], *maison à lui* APPARTENANTE [2], *toute(s) affaire(s)* CESSANTE(S), *tous empêchements* CESSANTS, *toutes choses* CESSANTES, *fille majeure* USANTE *et* JOUISSANTE *de ses droits, deux requêtes* TENDANTES *à même fin, la partie* PLAIGNANTE. — *La Cour d'appel* SÉANTE *à Paris* (AC. [3]).

De ces locutions on peut rapprocher des expressions comme *les allants et venants, les tenants et aboutissants, les assistants, les payants, les aspirants, les manquants, les participants,* etc., dans lesquelles le participe présent est pris comme nom.

B. — Comme adjectif.

769. Comme adjectif, le participe présent a la valeur d'un simple qualificatif (mais il garde cependant quelque chose de la nature du verbe) et s'accorde en genre et en nombre avec le nom auquel il se rapporte, soit comme épithète, soit comme attribut ; il s'appelle alors **adjectif verbal :** *Des bouleaux agités par les brises et dispersés çà et là formaient des îles d'ombres* FLOTTANTES *sur cette mer immobile de lumière* (CHAT., *Génie*, I, 5, 12). — *Les grenadiers surpris d'être* TREMBLANTS, *Marchaient pensifs* (HUGO, *Châtim.*, V, 13, 1).

770. En général, l'adjectif verbal a le sens actif : *Des ombres* FLOTTANTES (= qui flottent).

Dans certains cas, il a un sens dégénéré : l'auteur de l'action dont il implique l'idée est alors, non l'être ou l'objet nommé, mais un sujet non exprimé et presque toujours indéterminé (par ex. : *on*) :

---

1. En matière de reddition de compte, il y a un *rendant* compte et un *oyant* compte : *Si l'*OYANT *est défaillant, le commissaire fera son rapport au jour par lui indiqué : (...) le* RENDANT, *s'il est reliquataire, gardera les fonds, sans intérêts* (*Code de procéd. civ.*, art. 542).

2. La langue juridique, dans l'usage moderne, laisse généralement le participe présent invariable dans *maison à lui* APPARTENANT, *biens à eux* APPARTENANT, etc. : *Les immeubles à elle* APPARTENANT (*Code civ.*, art. 1493). — *Sept à huit lettres de change à lui* APPARTENANT (STENDHAL, *Corr.*, t. VII, p. 278). — *La collation d'un petit bénéfice dans une terre à lui* APPARTENANT (SAINTE-BEUVE, *Port-Roy.*, V, IV). — Dans ces expressions, la langue juridique admet aussi aujourd'hui, devant *appartenant,* la forme atone du pronom personnel complément, sans la préposition *à* (voir § 477, N. B., 2) : *Des droits qu'on considérait comme* LEUR APPARTENANT *virtuellement auparavant* (GIRARD, *Cours élém. de Droit romain*, 4e éd., p. 142). — *Les immeubles* LUI APPARTENANT. — *J'ai dit que je déposerais plainte, pour confiscation arbitraire d'un objet* M'APPARTENANT (M. de SAINT PIERRE, *Les Écrivains*, II).

3. L'Académie considère, dans cet exemple, *séante* comme un adjectif ; en réalité, c'est un participe présent, que la langue juridique fait varier, selon l'usage ancien.

a) Tantôt l'adjectif verbal a le sens passif : *Couleur* VOYANTE (= que l'on voit, qui est vue). *Billet* PAYANT. *Avocat, médecin* CONSULTANT. *Musique.* CHANTANTE.

b) Tantôt il n'est ni actif ni passif : *Rue* PASSANTE (ce n'est ni une rue *qui passe* ni une rue *que l'on passe,* mais une rue *où l'on passe*). *Endroit* COMMER-ÇANT. *Poste* RESTANTE. *Chemin* GLISSANT. *Café* CHANTANT. *Soirée* DANSANTE.

L'adjectif verbal a parfois la signification qui appartient au verbe pronominal correspondant : *Personne bien* PORTANTE. *Partie* PLAIGNANTE. *À nuit* FERMANTE. *Âme* REPENTANTE. *Personne* MÉFIANTE.

771. Un certain nombre de participes présents se distinguent, par l'orthographe, des qualificatifs en *-ent* ou *-ant* correspondants :

PART. PRÉS.	QUALIFICAT.	PARTIC. PRÉS.	QUALIFICAT.
abstergeant	abstergent	équivalant	équivalent
adhérant	adhérent	excellant	excellent
affluant	affluent	expédiant	expédient
coïncidant	coïncident	extravaguant	extravagant
communiquant	communicant	fatiguant	fatigant
compétant	compétent	influant	influent
confluant	confluent	intriguant	intrigant
convainquant	convaincant	naviguant	navigant
convergeant	convergent	négligeant	négligent
déférant	déférent	précédant	précédent
déléguant	délégant	provoquant	provocant
détergeant	détergent	somnolant	somnolent
différant	différent	suffoquant	suffocant
divaguant	divagant	vaquant	vacant
divergeant	divergent	violant	violent
émergeant	émergent	zigzaguant	zigzagant

Hist. — Dans les qualificatifs qui se distinguent, par leur terminaison en *-ent,* des participes présents correspondants, la différence d'orthographe s'explique par le fait que ces qualificatifs ont été calqués, par formation savante, sur les participes (ou adjectifs) latins correspondants, terminés à l'accusatif par -ENtem : *adhaer*ENtem, *afflu*ENtem, *excell*ENtem, etc., tandis que tous les participes présents français ont reçu la désinence uniforme *-ant* (voir § 651, *Hist.*).

Dans les qualificatifs terminés en *-cant* ou *-gant* qui correspondent à des participes présents terminés en *-quant* ou *-guant,* la différence d'orthographe s'explique, en général, par le fait que, dans la conjugaison française, les graphies *qu* et *gu,* représentant les consonnes vélaires *k* et *g* dans l'infinitif, ont été employées aussi, pour l'uniformité, devant *a* (et *o*), et en particulier au participe présent : *va*QU*ant* (cf. *va*QU*er*), *fati*GU*ant* (cf. *fati*GU*er*), etc., tandis que les qualificatifs correspondants *vacant, fatigant,* etc. ont simplement *c* ou *g* parce que les mots latins sur lesquels ils ont été calqués *vacantem, fati*G*antem,* etc. présentent les graphies *c* ou *g.*

Remarques. — 1. Les dérivés des qualificatifs qui viennent d'être cités présentent les mêmes particularités orthographiques que ces qualificatifs eux-mêmes : *Afflu*ENce, *coïncid*ENce, *extrava*G*ance, négli*G*ence,* etc

2. Plusieurs de ces qualificatifs s'emploient comme noms : *Un adhérent, un affluent, un confluent, un équivalent, un expédient, un intrigant, un extravagant*, etc.

Le nom *différend* (= contestation) n'est qu'une variante orthographique de l'adjectif *différent* ; cette variante, que l'on observe déjà chez Froissart, a été adoptée dans la 5ᵉ édition du Dictionnaire de l'Académie (1798). — Pour ce nom, le Dictionnaire général préfère l'orthographe *différent*, mais cette orthographe n'est pas d'usage.

3. Certaines formes participiales, de formation savante, appartiennent exclusivement à la catégorie des noms : *Un excédent* (l'adjectif verbal est *excédant : sommes excédantes*). *Un président. Un résident. Un fabricant*, etc.

Résident, adjectif, s'écrit aussi *résidant : Les membres* RÉSIDENTS OU RÉSIDANTS *d'une académie*.

4. Qu'elle soit employée comme participe présent, ou comme adjectif verbal, ou comme nom, la forme en *-ant* correspondant à un verbe en *-quer* s'écrit par *-quant : Les troupes* ATTAQUANT *l'ennemi. Repousser les* ATTAQUANTS. *Les mouches* PIQUANT *les chevaux. Des mots* PIQUANTS. *Les* PIQUANTS *du chardon*. — Toutefois on écrit par *-cant* les adjectifs verbaux *communicant, confiscant* (terme de jurisprudence féodale), *provocant, suffocant, vacant* et le nom *fabricant*.

Exigeant, participe présent ou adjectif verbal, s'écrit par *-geant*.

Participe présent et Adjectif verbal.

772. PRINCIPE. — La distinction du participe présent d'avec l'adjectif verbal [1] n'est rien d'autre que la distinction d'un verbe d'avec un adjectif. Le *participe présent* exprime une *action* nettement délimitée dans la durée, simplement passagère, et coïncidant avec l'action marquée par le verbe qu'il accompagne. L'*adjectif verbal* exprime un *état*, sans délimitation dans la durée ; il indique, en général, une qualité plus ou moins permanente.

Ainsi, dans les vers : *Et les trônes,* ROULANT *comme des feuilles mortes, Se dispersaient au vent !* (HUGO, *Chât.*, II, 7, 1), *roulant* marque une action passagère, tandis que dans l'expression « une chaise roulante », *roulante* indique une qualité permanente : il est de la nature de la chaise en question de rouler.

A. — En particulier, la forme en *-ant* est ***participe présent*** :

1º Quand elle a un objet direct : *Deux servants,* LÂCHANT *leurs culasses, s'étaient jetés en avant* (Cl. FARRÈRE, *La Bataille*, XXIX).

Remarque. — *Soi-disant* reste invariable, parce que *disant* est, dans cette

---

1. Voir à la fin du volume l'arrêté du 26 février 1901 : *Liste*, IX, 1.

expression, un participe présent ayant pour objet direct *soi* [1] : *De* SOI-DISANT *docteurs* (Ac.). — *La tourbe vulgaire des* SOI-DISANT *grands et des* SOI-DISANT *sages* (J.-J. ROUSS., *Conf.*, VIII).

Cette expression était autrefois variable [2] : *Quand on revient de chez ces sorcières ou* SOI-DISANTES (SÉV., t. VI, p. 226).

Pour l'emploi de *soi-disant*, voir § 491.

2° Quand elle a un objet indirect ou un complément circonstanciel, pourvu qu'elle exprime l'action : *Des discours* PLAISANT *à chacun.* — *Je n'entendis plus que les plumes* COURANT *sur des papiers* (E. FROMENTIN, *Dominique*, IV). — [Ils regardaient] *s'ils apercevaient l'eau* BOUILLON-NANT *et* LUISANT *sous le soleil du matin* (MAUPASSANT, *Mont-Oriol*, p. 69).

Il n'est pas rare que la forme en *-ant* accompagnée d'un objet indirect ou surtout d'un complément circonstanciel exprime un état, un fait habituel, une caractéristique ; elle est alors adjectif verbal : *Rendre ses passions* OBÉISSANTES *à la raison* (LITTRÉ). — *Il avait trouvé la première Vendée* EXPIRANTE *dans son sang* (SAINTE-BEUVE, *Volupté*, III). — *Ils se voyaient,* MOURANTS *par les fièvres, dans des régions farouches* (FLAUBERT, *Éduc. sent.*, t. II, p. 135). — *La vue d'une pauvre famille* ERRANTE *au milieu d'humbles aventures* (E. FROMENTIN, *Un Été dans le Sahara*, p. 78). — *Elle était là (...)* BRÛLANTE *d'une grande fièvre* (P. LOTI, *Ramuntcho*, p. 224). — *J'entends distinctement le grondement des armées* CHEMINANTES *là-haut* (L. DAUDET, *Un Jour d'orage*, p. 99). — *C'était une belle nuit (...)* RUISSELANTE *d'une pluie fine et molle* (M. GENEVOIX, *Raboliot*, p. 174).

3° Quand elle est précédée de la négation *ne* : *Ne* POUVANT *sortir de ces bois, nous y avons campé* (CHAT., *Voy. en Amér.*, Journal sans date). — *Nous allions, ne* SONGEANT *à rien.*

4° Ordinairement quand elle est *suivie* d'un adverbe qui la modifie : *Clarté* FUYANT *toujours, et toujours poursuivie* (MUSS., *La Coupe et les Lèvres*, IV). — *Il marche entre deux lignes de peupliers encore sans feuilles, mais* VERDISSANT *déjà* (J. ROMAINS, *Lucienne*, p. 227).

Cela s'explique par le fait que l'adverbe se place ordinairement après le verbe. Toutefois l'observation n'a rien d'absolu. Ainsi on écrira : *Nous marchions,* HÉSITANTS *parfois, mais non découragés*, si c'est l'*état* qu'on veut exprimer. — Si d'ailleurs la forme en *-ant* a un objet direct, elle est nécessairement participe présent.

5° Quand elle appartient à un verbe pronominal : *La répétition*

double ou multiple de certaines syllabes sourdes ou sonores SE CORRES-
PONDANT... (E. FROMENTIN, *Dominique*, V).

6º Quand elle est employée avec le semi-auxiliaire *aller* (*s'en aller*,
parfois *être*, aux temps composés) (§ 655, 1º, Rem. 2) : *Les ennemis
de Racine allaient* DISANT *qu'il savait peindre l'amour...* (É. FAGUET,
XVIIᵉ S., p. 313). — *Quelle fut cette musique mystérieuse et qui s'en va*
DÉCLINANT ? (M. BARRÈS, *Les Maîtres*, p. 249.) — *Les difficultés ont
été* CROISSANT.

7º Quand elle est employée en construction absolue, avec un sujet
propre (ablatif absolu latin, voy. § 803) : *Il devrait, toute honte* CES-
SANT, *enfourcher un âne* (H. TAINE, *Voy. aux Pyrén.*, p. 213). — *Les
circonstances* AIDANT, *nous réussirons.*

Remarquez toutefois : *Moi* VIVANTE, *l'Œuvre de l'Ouvroir de Saint-Martin ne
sera pas tournée en dérision* (R. BOYLESVE, *Mlle Cloque*, XI). — *Un petit cadre en
thuya jaune moucheté pend à mon mur, et je pense qu'il n'en bougera plus, moi* VIVANTE
(COLETTE, *L'Étoile Vesper*, p. 96). — [Ce tour semblerait pouvoir s'expliquer par une
ellipse : *moi* (étant) *vivante*. Mais il faut y voir une survivance de l'ancien usage concernant la flexion des participes présents (§ 768, *Hist.*) : *Je ne suis pas deliberee d'attendre que la fortune, moy* VIVANTE, *decide l'issue de ceste guerre* (AMYOT, dans SNEY-
DERS DE VOGEL, *Synt.*, § 280)]. — Remarquez aussi : *Tous empêchements* CESSANTS
(Ac.). — *Toutes choses* CESSANTES (ID.). — *Toutes affaires* CESSANTES (ID.). — *Toute
affaire* CESSANTE (ID.).

Remarque. — Précédée de *en*, la forme en -*ant* est un gérondif (§§ 614,
3º et 798) : *La victoire* EN CHANTANT *nous ouvre la barrière* (M.-J. CHÉNIER,
Le Chant du Départ).

Toutefois quand la préposition *en* signifie « à la manière de », la forme en -*ant*
qu'elle introduit est un adjectif verbal pris substantivement : *Ils se sont installés
ici en* CONQUÉRANTS *avides.* — *Elle le remit* [un livre] *respectueusement sur mes genoux
(...) en me regardant en* SUPPLIANTE (LAMARTINE, *Graziella*, II, XV).

B. — La forme en -*ant* est **adjectif verbal** :

1º Quand elle est attribut ou simple épithète : *La terre était* RIANTE
et dans sa fleur première (VIGNY, *Poèmes antiq.*, Le Déluge). — *La Déroute (...) Se lève* GRANDISSANTE *au milieu des armées* (HUGO, *Châtim.*,
V, 13, 2). — *La clarté* TREMBLANTE *des deux cierges allumés sur la
table* (A. FRANCE, *Le Liv. de m. ami*, p. 80).

2º Ordinairement quand elle est *précédée* d'un adverbe (autre que
ne) qui la modifie : *Des gazons toujours* RENAISSANTS *et fleuris* (FÉN.,
Tél., t. II, p. 345). — *Ce sont deux couleurs fort* APPROCHANTES *l'une
de l'autre* (AC.). — *Tous les hommes instruits et bien* PENSANTS (ID.).

Cette observation se fonde sur le fait que l'adverbe se place ordinairement devant
l'adjectif. Néanmoins on écrira : *Ils vont, viennent, jamais* FUYANT, *jamais lassés*

(Hugo, *Lég.*, t. I, p. 282). — *Elle avait toujours été pauvre, toujours* EMPRUNTANT, *toujours* DÉPENSANT (ALAIN-FOURNIER, *Le Grand Meaulnes*, p. 239). — *Laure se rapprocha d'Andrée, toujours* PLEURANT, *les coudes sur la table* (Fr. MAURIAC, *Le Feu sur la terre*, p. 115). C'est que, dans ces phrases, on exprime l'action. — D'ailleurs, quoique précédée d'un adverbe, la forme en *-ant* est participe présent quand elle a un objet direct.

Remarques. — 1. Dans les expressions familières *(tout) battant neuf, (tout) flambant neuf*, la forme en *-ant* reste le plus souvent invariable [1] :

a) Une phrase BATTANT *neuf* (J. RENARD, *Journal*, 20 oct. 1892). — *Un groupe de douze 75, tout* BATTANT *neufs* (Ch. LE GOFFIC, *Dixmude*, p. 194). — *La façade* BAT-TANT *neuf de l'hôtel* (P. BOURGET, *L'Envers du décor*, p. 31). — *Que devaient être, tout* BATTANT *neufs, ces monuments admirables ?* (G. d'HOUVILLE, *Le Temps d'aimer*, p. 301.) — *Des meubles hétéroclites, les uns anciens, les autres* BATTANT *neuf* (É. ESTAU-NIÉ, *Le Labyrinthe*, p. 72). — *Aussitôt la jolie demeure du comte de Chalon, tout* BAT-TANT *neuf, est attaquée* (É. HENRIOT, *Rencontres en Ile de France*, p. 25). — *Deux lames entrecroisées, l'une ébréchée, l'autre* FLAMBANT *neuf* (J. de LACRETELLE, *Années d'espérance*, p. 151). — *La maison rivale, toute* FLAMBANT *neuve* (Fr. de CROISSET, *La Dame de Malacca*, p. 282). — *Dans les salles de sciences,* FLAMBANT *neuf, des appareils de démonstration* (M. CHADOURNE, *Chine*, p. 57). — *Une immense bâtisse de ciment* FLAMBANT *neuf* (A. THÉRIVE, *Fils du jour*, p. 153). — *Dans une villa* FLAM-BANT *neuve* (ID., *ib.*, p. 220). — *Un reporter américain vient de visiter les stations* FLAMBANT *neuves du métro* (D. de ROUGEMONT, dans le *Figaro litt.*, 8 nov. 1947). — *Des titres de propriété* FLAMBANT *neufs* (Bl. CENDRARS, *L'Or*, p. 193). — *Des Saint-Cyriens* FLAMBANT *neufs* (H. TROYAT, *Étrangers sur la terre*, p. 351).

b) Avec accord : *Deux édifices gothiques* BATTANTS *neufs* (L. VEUILLOT, *Historiettes et Fantaisies*, p. 407). — *Avec des habits* FLAMBANTS *neufs* (A. DUMAS p., *Le Comte de Monte-Cristo*, IV, p. 84, cit. Hœybye). — *Des soldats* BATTANTS *neufs* (M. BARRÈS, *Colette Baudoche*, p. 119) [Dans la *Revue hebdom.*, 21 nov. 1908, p. 284, ce texte de *Colette Baudoche* porte : ... *des soldats* BATTANT (sans *s) neuf*].

2. Dans *à l'heure sonnant(e)* [ou : *battant(e)*, ou, familièrement : *tapant(e)* ou *toquant(e)*], tantôt la forme en *-ant* s'accorde, tantôt (et il y a là peut-être une influence de *à six heures juste*) elle est laissée invariable :

a) À neuf heures SONNANTES (STENDHAL, *Corr.*, t. II, p. 228). — *À trois heures* SONNANTES (MAUPASS., *Amour*). — *À une heure* SONNANTE (E. et J. de GONCOURT, *Sœur Philomène*, II). — *À quatre heures* SONNANTES (P. LOTI, *Mon Frère Yves*, III). — *À sept heures* SONNANTES (A. FRANCE, *La Révolte des Anges*, p. 18). — *À huit heures* SONNANTES (É. ESTAUNIÉ, *Mme Clapain*, p. 58). — *À l'heure* TOQUANTE (COLETTE, *Le Fanal bleu*, p. 159). — *À six heures* SONNANTES (R. VERCEL, *Ceux de la « Galatée »*, p. 250). — *Elles arrivèrent à trois heures* TAPANTES (J. GREEN, *Le Vision-naire*, p. 132). — *La retraite d'office à l'heure* TAPANTE (G. DUHAMEL, *Manuel du pro-testataire*, p. 186). — *À dix heures* TAPANTES (H. BOSCO, *Le Sanglier*, p. 26). — *À l'heure* SONNANTE (LITTRÉ). — *Je suis arrivé à sept heures* SONNANTES (AC.).

---

1. On observera, dans les exemples cités, l'indécision de l'usage sur l'accord de *neuf*, traité tantôt comme adjectif, tantôt comme adverbe.

b) *À dix heures* SONNANT (STENDHAL, *Vie de Henri Brulard*, t. II, p. 55). — *À neuf heures* SONNANT, *je serai dans le jardin* (HUGO, *Les Misér.*, IV, 8, 6). — *À six heures* BATTANT (FLAUB., *Mme Bov.*, p. 81). — *Sept heures* TAPANT (H. LAVEDAN, *Le Nouveau Jeu*, II, 1, 7). — *À cinq heures* SONNANT (M. BARRÈS, *La Colline insp.*, p. 245). — *Tu arrives juste à la prière* SONNANT (J. de PESQUIDOUX, *Chez nous*, 2ᵉ sér., p. 223). — *À huit heures* SONNANT (G. COURTELINE, *Les Gaietés de l'escadron*, II, 3). — *À trois heures* SONNANT (R. BENJAMIN, *Valentine*, p. 127). — *À neuf heures* TAPANT (A. HERMANT, *Trains de luxe*, p. 105). — *À quatre heures* SONNANT (A. LICHTENBERGER, *Les Contes de Minnie*, p. 198). — *À six heures* TAPANT (R. MARTIN DU GARD, *Les Thibault*, V, p. 65). — *Lucie arriva à trois heures* TAPANT (R. BOYLESVE, *Le Dangereux Jeune Homme*, p. 131). — *J'arrive chaque après-midi à trois heures* TAPANT (G. BERNANOS, *Un Mauvais Rêve*, I, 1). — *Il faut qu'à dix heures* TAPANT, *j'aille toucher mon chômage* (J.-J. GAUTIER, *Hist. d'un fait divers*, p. 191).

2. — Emploi du Participe présent.

773. Le participe présent peut exprimer, avec la valeur d'une proposition subordonnée circonstancielle :

1º Le temps (simultanéité) : *Je l'ai surpris* LISANT *cette lettre* (= au moment où il lisait...).

2º La cause : *Un riche laboureur,* SENTANT (= parce qu'il sentait) *sa mort prochaine, Fit venir ses enfants* (LA F., *F.*, V, 9).

3º L'opposition, la concession : *Quelqu'un peut donc penser ne se* POUVANT (= bien qu'il ne se puisse) *connaître* (LA F., *F.*, IX, Discours à Mme de La Sablière).

4º La condition, la supposition : *J'observe, comme vous, cent choses tous les jours, Qui pourraient mieux aller* PRENANT (= si elles prenaient) *un autre cours* (MOL., *Mis.*, I, 1).

Pour des détails, voir la Quatrième Partie (Propositions subordonnées).
Pour le participe présent employé en construction absolue, voir § 803.

II. — *PARTICIPE PASSÉ* [1]

1. — Sens.

Le participe passé peut être regardé tantôt comme une forme verbale, tantôt comme un pur adjectif.

774. Comme **forme verbale,** le participe passé se trouve dans tous

---

1. Il s'agit ici de la forme *simple* du participe passé, et non des formes composées *(ayant blessé, ayant été blessé, s'étant blessé).*

les temps composés, combiné, soit avec *avoir*, soit avec *être : J'ai* COM-
PRIS. *Ils sont* PARTIS. *Le coupable sera* GRACIÉ.

Il se trouve aussi sans *avoir* ni *être : Cet ouvrage,* ACHEVÉ *si hâtivement, ne
saurait être bien fait. — Je m'imaginais que ces ruines presque inconnues, à moi*
SIGNALÉES *hier par Hadji-Abbas, dataient des Achéménides* (P. LOTI, *Vers
Ispahan,* p. 113).

775. Comme **adjectif**, le participe passé a la valeur d'un simple
qualificatif épithète ou attribut : *Un éclat* EMPRUNTÉ. *Des manières*
DISTINGUÉES. *Ces enfants sont mal* ÉLEVÉS. *Elles semblent* DÉCIDÉES.

Remarque. — Le participe passé *dit* se soude avec l'article défini et avec
l'adverbe *sus*[1], surtout en termes de procédure ou d'administration, dans
des expressions employées pour rappeler qu'il a déjà été question des personnes ou des choses dont il s'agit :

LEDIT *preneur.* LADITE *maison. Le prix* DUDIT *terrain,* DESDITS *terrains. Le propriétaire* DESDITES *maisons.* AUDIT *lieu. À l'article* SUSDIT. — *Le fondateur* DUDIT
journal (BALZAC, *La Peau de chagrin,* p. 53). — *Pour peu que* LADITE *sottise ait chance
d'endiguer le flux de ces larmes* (Cl. FARRÈRE, *Une Jeune Fille voyagea,* p. 61). — *Le
premier jour de mai de* LADITE *année* (A. FRANCE, *L'Ile des Pingouins,* p. 140). — *Les
prédécesseurs* DUDIT *Antoine* (H. de RÉGNIER, *Les Vacances d'un Jeune Homme sage,*
p. 62). — *Et elles sont admirablement renseignées sur ce que* LESDITS *copains pensent
du mariage* (M. PRÉVOST, *Nouv. Lett. à Françoise,* p. 104). — *Elle (...) prétendit
garder en son giron* LESDITS *pelotons* (A. GIDE, *Thésée,* p. 71).

N. B. — On s'affranchit souvent de cet usage, qui n'est d'ailleurs fondé sur aucune
raison grammaticale, et qui est venu, comme le suppose Littré, par imitation de
monsieur, madame, etc. : *Déballage* DU DIT *berceau* (CHATEAUBR., *Mém.,* III, II, 1,
12). — *Le secrétaire* DES DITS *journaux* (J. et J. THARAUD, *Notre cher Péguy,* t. 1er,
p. 214). — *En sorte que M. Chalgrin se prépare à publier une sévère critique* DU DIT
mémoire (G. DUHAMEL, *Les Maîtres,* p. 188). — *Pour désigner* LE DIT *langage* (A.
THÉRIVE, *Le Retour d'Amazan,* p. 32). — *Fille elle-même et arrière-petite-fille de greffiers* AU DIT *Parlement* (É. ESTAUNIÉ, *Tels qu'ils furent,* p. 2). — *Pour faire la nique
au* DIT *barbier* (Fr. JAMMES, *Janot-poète,* p. 55). — *La radio* DU DIT *lieu* (A. GIDE,
Journal 1942-1949, p. 213). — *Ce soir, lettre de cinq lignes* DU DIT *Deschamps* (L. BLOY,
Le Mendiant ingrat, t. I, p. 26). — *À bord de* LA DITE *frégate* (Cl. FARRÈRE, *La Seconde
Porte,* p. 121). — *Le droit de siéger couvert* AUX DITES *séances* (É. HENRIOT, dans
les *Annales,* juill. 1955, p. 8).

776. Le participe passé a toujours le sens actif quand il est conjugué
avec *avoir : J'ai* SUIVI *vos conseils. J'ai* OBÉI *à mes parents. J'ai* PARLÉ. *Il a*
NEIGÉ.

---

1. Il a pu se souder aussi avec les adjectifs possessifs ou démonstratifs : *mondit,
sondit, nosdits, vosdits, sesdits.* CESDITS *Chateaubriand* (CHATEAUBR., *Mém.,* I, 1, 2).
Ces expressions sont à peu près hors d'usage.

Quoique conjugué avec *être*, le participe passé peut avoir le sens actif :
c'est le cas dans la conjugaison des verbes pronominaux et dans la conjugaison de certains verbes intransitifs (§ 656, 2°) : *Il s'est* TROMPÉ. *Les oiseaux se
sont* ENVOLÉS. *Il est* ALLÉ *à Bruxelles. Il est* ENTRÉ *par ici.*

Le participe passé a le sens passif dans la conjugaison de tous les verbes
passifs : *L'accusé sera* INTERROGÉ *par le juge.*

777. En général, le participe passé employé sans *avoir* ni *être* a le sens passif : *Un chef* RESPECTÉ. *Des esclaves* MALTRAITÉS.

On emploie au sens actif le participe passé de certains verbes transitifs
(employés absolument), intransitifs, pronominaux :

Un homme AVISÉ (qui avise) DISSIMULÉ (qui dissimule) RÉFLÉCHI, CACHÉ, ENTENDU,
OSÉ. *Une personne* DÉCIDÉE, RÉSOLUE, ÉVANOUIE, REPENTIE, PASSIONNÉE. *Un jeune
homme* RANGÉ, RETENU, FIANCÉ, OBSTINÉ. *Un interprète* JURÉ. *Les vents* CONJURÉS.
Des oiseaux ENVOLÉS. *Un commerçant* FAILLI. *Un enfant* AFFECTIONNÉ. — *Vos papiers
sont en sûreté chez lui : il est très* ORDONNÉ (AC.). — *De noirs sapins (...) dont plusieurs*
TOMBÉS *de vieillesse* (J.-J. ROUSS., *Rêver.*, 7e promen.). — *Elle connaissait cette pâleur*
TREMBLÉE *de ses lèvres* (A. DAUDET, *Sapho*, VIII). — *De sa grosse écriture d'enfant,
un peu* TREMBLÉE (R. MARTIN DU GARD, *Les Thibault*, II, p. 279).

778. Le participe passé exprime un fait passé par rapport au fait (présent,
passé ou futur) qu'indique le verbe de la proposition : *Je me rappelle les
promesses* FAITES. *Je me rappelais les promesses* FAITES. *Je me rappellerai les
promesses* FAITES.

Souvent aussi il exprime la simultanéité par rapport au fait (présent, passé ou
futur) qu'indique le verbe de la proposition : *Ils adorent la main qui les tient* ENCHAÎNÉS
(RAC., *Brit.*, IV, 4). — *Ainsi le vent jetait l'écume de tes ondes Sur ses pieds* ADORÉS
(LAMART., *Méd.*, Le Lac). — *L'on verra le fils d'Énobarbus,* APPUYÉ *de Sénèque et du
tribun Burrhus* (RAC., *Brit.*, III, 3).

779. Le participe passé employé comme épithète après un nom forme
parfois avec ce nom une expression concrète et descriptive *(après les Maures
défaits)* équivalant à une expression abstraite que l'on obtiendrait en tirant
du participe passé un nom d'action, auquel on donnerait pour complément déterminatif le nom qui précède ce participe *(après la défaite des
Maures)* :

Là, on célébra ROCROI DÉLIVRÉ (BOSS., *Condé*). — *Une semaine environ après* CES
MESURES PRISES (HUGO, *Les Misér.*, IV, 2, 2). — *La cloche (...) annonçant les* CLASSES
FINIES (É. ESTAUNIÉ, *L'Empreinte*, p. 83). — *Dès* LA TROISIÈME LIGNE LUE, *l'auteur
affirme...* (R. de GOURMONT, *Le Livre des masques*, p. 117). — *Jusqu'à* SON ADOLES-
CENCE FORMÉE, *il a été hanté par des visions* (LA VARENDE, *Le Roi d'Écosse*, p. 194). —
Une petite lumière rouge s'allume sur la chaire cinq minutes AVANT L'HEURE ACHEVÉE
(A. SIEGFRIED, *Savoir parler en public*, p. 187).

Cette tournure était beaucoup plus fréquente au XVIIe siècle qu'aujourd'hui.
Elle s'est développée probablement sous l'influence du latin ; comparez : *Post Ro-
mam conditam* = après Rome fondée, après la fondation de Rome.

2. — Emploi du Participe passé (verbe).

780. Le participe passé peut exprimer, avec la valeur d'une proposition subordonnée circonstancielle :

1° Le temps : *Et* MONTÉ *sur le faîte, il aspire à descendre* (CORN., *Cinna*, II, 1). — *Une fois* PARTI, *je ne reviendrai plus* (AC.).

2° La cause : ÉLOIGNÉS *des honneurs (...), ils sont portés à en acquérir par leur travail* (MONTESQ., *L. pers.*, 85).

3° La condition, la supposition : *L'action*, COMMENCÉE *deux heures plus tôt, eût été finie à quatre heures* (HUGO, *Mis.*, II, 1, 11).

N. B. — Ces valeurs du participe passé seront mentionnées à leur place logique dans la Quatrième Partie (Propositions subordonnées). Nous avons cru utile néanmoins de les signaler ici d'une façon synthétique.

Pour le participe passé employé en construction absolue, voir § 803.

3. — Accord du Participe passé.

A. — *RÈGLES GÉNÉRALES*

781. Le participe passé employé comme **épithète** s'accorde en genre et en nombre avec le mot qu'il qualifie : *Une affaire* MANQUÉE. *Des pages* ARRACHÉES. *Des enfants* ABANDONNÉS.

782. Le participe passé conjugué avec **être** s'accorde en genre et en nombre avec le sujet du verbe : *Vos raisons seront* ADMISES. *L'affaire a été* PORTÉE *devant les tribunaux. Ils sont* ARRIVÉS *hier*.

Remarques. — 1. Le participe passé est conjugué avec *être :* 1° dans la conjugaison passive ; 2° dans celle de certains verbes intransitifs : *aller, venir, arriver*, etc. (§ 656, 2°). Dans ces deux cas, le participe passé est *attribut* du sujet.

Le participe passé est encore conjugué avec *être* dans les verbes pronominaux, mais ce cas doit être examiné à part (§ 796).

2. Le participe passé employé comme attribut avec les verbes copules autres que *être* (§ 595, Rem.) s'accorde avec le mot auquel il se rapporte : *Ces fleurs paraissent, ont l'air, semblent* FLÉTRIES. *Ils resteront* ENFERMÉS.

3. Le participe passé attribut de l'objet direct s'accorde évidemment avec cet objet direct : *Ces fleurs, vous les trouverez* FLÉTRIES. *Une besogne qu'on croit* TERMINÉE.

4. Quand le participe passé conjugué avec *être* se rapporte à *on*, il se met ordinairement au masculin singulier : *L'on est plus* OCCUPÉ *aux pièces de Corneille, l'on est plus* ÉBRANLÉ *et plus* ATTENDRI *à celles de Racine* (LA BR., I, 54). — *On était* RESTÉ *bons camarades* (HUGO, *Les Misér.*, III, 5, 3).

Cependant lorsque les circonstances indiquent nettement que *on* désigne une femme ou bien plusieurs personnes, le participe passé qui s'y rapporte s'accorde généralement, en genre et en nombre, avec le nom déterminé que l'esprit aperçoit sous l'indéterminé *on* (§ 587, *c*, N. B., 1 ; § 796 *in fine*, N. B.) : *Et s'étant* SALUÉS, *on se tourna le dos* (FLAUB., *Mme Bov.*, p. 169). — *Eh bien ! petite, est-on toujours* FÂCHÉE ? (MAUPASS., *Notre Cœur*, III, 1.) — *Si je mets ma signature à gauche, c'est qu'on aura été* BOMBARDÉS (MONTHERLANT, *Fils de personne*, IV, 1).

5. Le participe passé *fini* placé en tête de certaines phrases exclamatives ou interrogatives où il y a ellipse du verbe copule, s'accorde généralement avec le sujet : FINIES *à jamais leurs soirées rien qu'à elles trois* (P. LOTI, *Les Désenchantées*, III). — FINIE, *la division des partis !* (R. MARTIN DU GARD, *Les Thibault*, VII, 1, p. 123.) — FINIES *les grandes galimafrées de carbone* (A. ARNOUX, *Calendrier de Flore*, p. 322). — FINIES, *les revendications sociales !* (G. BERNANOS, *Lettre aux Anglais*, p. 110.) — FINIE, *la comédie* (DANIEL-ROPS, *Deux Hommes en moi*, p. 191). — FINIES, *l'admiration, la compréhension qu'avaient rencontrées à quelque degré tous les artistes* (A. MALRAUX, *Les Voix du silence*, p. 95). — FINIE *la vie glorieuse, mais* FINIS *aussi la rage et les soubresauts* (A. CAMUS, *La Chute*, p. 126).

Quelques-uns rapportent ce participe au pronom neutre *ce* (ou *cela*) sous-jacent, et le laissent invariable : FINI, *les cavalcades, n'est-ce pas ?* (LA VARENDE, *Le Centaure de Dieu*, p. 248.) — FINI *les livres !* (J.-J. BROUSSON, *An. France en pantoufles*, p. 181, cit. Hœybye.) — FINI, *la peau du cou* (Fr. de MIOMANDRE, *L'Aventure de Thér. Beauchamp*, p. 86). — FINI *les ors, voici les rouilles !* (Germ. BEAUMONT, dans les *Nouv. litt.*, 8 nov. 1951.) — Avec le tour *fini de*, le participe reste évidemment invariable : FINI *des sombres salles de concerts... !* (R. ROLLAND, *Jean-Christophe*, t. IV, p. 152.)

6. Pour l'accord du participe se rapportant à *nous, vous*, désignant une seule personne, voir § 495, Rem. 2.

783. Le participe passé conjugué avec **avoir** s'accorde en genre et en nombre avec son objet direct quand cet objet le précède : *Les efforts que nous avons* FAITS. *Ces conséquences, je les avais* PRÉVUES. *Ils étaient coupables* : *on les a* PUNIS.

Il ne varie pas s'il est suivi de son objet direct ou s'il n'a pas d'objet direct : *Nous avons* FAIT *des efforts. J'avais* PRÉVU *ces conséquences. On a* PUNI *les coupables.* — *Elles ont toujours* ESPÉRÉ ; *jamais elles n'ont* DOUTÉ *du succès.*

Dans les temps surcomposés, ordinairement le dernier participe seul varie : *Ce vin les a eu vite* GRISÉS. — *Dès que vous m'avez eu* QUITTÉE (H. LAVEDAN, *Leur Cœur*, p. 16). — *Lorsque la vie nous a eu* SÉPARÉS (M. AYMÉ, *Le Confort intellectuel*, p. 105). — Littré, citant Jullien, écrit : « *J'avais beaucoup d'affaires ; je suis parti quand je les ai* EU *terminées*, ou EUES *terminées*. Les deux manières peuvent certainement se défendre ; et le poète pour éviter un hiatus ne devrait se faire aucun scrupule d'accorder *eu*. Mais il est plus naturel de ne le pas accorder. »

Hist. — *a)* Généralement, en ancien français, l'accord du participe passé pouvait se faire avec l'objet direct, précédant ou non : ESCRITES ou ESCRIT *ay letres ; letres ay* ESCRITES ou ESCRIT. Cependant lorsque l'objet direct était inséré entre l'auxiliaire et le participe, l'accord avait presque toujours lieu : *ay letres* ESCRITES.

b) A partir du XIII⁰ siècle, l'accord devint, semble-t-il, de plus en plus constant. Toutefois, dans les tours *ay* ESCRIT *letres,* ESCRIT *ay letres,* l'invariabilité s'imposait de plus en plus.

c) Au XVI⁰ siècle, Marot, le père de la règle actuelle, enseignait « à ses disciples » : « Enfants, oyez une leçon : Notre langue a ceste façon, Que le terme qui va devant Voluntiers regist le suyvant. Les vieulx exemples ie suyvray Pour le mieulx : car, à dire vray, La chanson fut bien ordonnée Qui dit : *M'amour vous ay* DONNÉE, Et du bateau est étonné Qui dit : *M'amour vous ay* DONNÉ. Voyla la force que possede Le femenin, quand il precede. Or, prouveray par bons tesmoings, Que tous pluriers n'en font pas moins ; Il fault dire en termes parfaictz, *Dieu en ce monde nous a* FAICTZ ; Fault dire en parolles parfaictes, *Dieu en ce monde les a* FAICTES ; Et ne fault poinct dire, en effect : *Dieu en ce monde les a* FAICT, Ne *nous a* FAICT pareillement, Mais *nous a* FAICTZ, tout rondement. L'Italien (dont la faconde, Passe les vulgaires du monde) Son langage a ainsi basty En disant : *Dio noi a* FATTI. » (*Épigr.,* CIX ; t. IV, pp. 146-7).

d) Au XVII⁰ siècle, la règle de Marot fut minutieusement étudiée et longuement discutée. C'est Vaugelas notamment (*Rem.,* pp. 175 et suiv.) qui la fit prévaloir. D'une manière générale, on tendait à laisser le participe passé invariable quand il était suffisamment soutenu par les mots placés après lui, et notamment : 1⁰ quand le sujet était postposé : *La peine que m'a* DONNÉ *cette affaire ; —* 2⁰ quand le participe était suivi d'un attribut : *Les habitants nous ont* RENDU *maîtres de la ville ; le commerce l'a* RENDU *puissante ; —* 3⁰ quand le participe était suivi d'un complément prépositionnel : *Les lettres que j'ai* REÇU *de vous ; —* 4⁰ quand le participe était suivi d'un infinitif prépositionnel : *C'est une fortification que j'ai* APPRIS *à faire.* — Quand il venait après le sujet *cela,* le participe, au sentiment de Ménage, ne devait pas varier : *La peine que cela m'a* DONNÉ. — Pour le participe suivi d'un infinitif pur, Malherbe et Vaugelas le laissaient invariable ; ils disaient, parlant à une femme : *Le mauvais estat où je vous ay* VEU *partir,* ou : *Ce que je vous ay* VEU *faire,* ou : *La Reyne la plus accomplie que nous eussions jamais* VEU *seoir dans le Throsne des fleurs de Lys ; —* cependant il y avait de l'hésitation : *Avez-vous veu la Roine ? Oui, je l'ay* VEUE *parler* ou *je l'ay* VEU *parler* (Maupas). En particulier il était assez fréquent de laisser invariables *allé* et *venu* suivis d'un infinitif, avec lequel, estimait-on, ils faisaient corps : *Elle-même est* ALLÉ *quérir* (MALHERBE, t. II, p. 615). — *Elle était* VENU *prendre l'air* (RAC., t. VII, p. 264). — Quant au participe passé des verbes pronominaux, dans la vieille langue, il s'accordait toujours avec le sujet (cela se fait souvent encore, de nos jours, dans la langue populaire et parfois même dans la langue littéraire : voir § 796, *a,* note). — Lorsque l'objet direct était placé entre l'auxiliaire et le participe *(j'ay les lettres écrites),* généralement l'accord se faisait (construction alors déjà vieillie et surtout poétique). Ces règles — qui d'ailleurs n'étaient pas strictement observées — se trouvent appliquées dans les exemples suivants : *Toutes les misères Que durant notre enfance ont* ENDURÉ *nos pères* (CORN., *Cinna,* I, 3). — *La vénération que j'ai toujours* EU *pour les ouvrages qui nous restent de l'antiquité* (RAC., *Iphig.,* Préf.). — *Combien de fois a-t-elle en ce lieu remercié Dieu humblement de deux grandes grâces ; l'une, de l'avoir* FAIT *chrétienne : l'autre (...) de l'avoir* FAIT *reine malheureuse* (Boss., *Reine d'Anglet.).* — *J'ai lu des vers de vous qu'il n'a point* TROUVÉ *beaux* (MOL., *F. sav.,*

IV, 2). — *On ne les a jamais* VU *assis (...) ; qui même les a* VU *marcher ?* (LA BR.,
VIII, 19.) — *Ils se sont* DONNÉS *l'un et l'autre une promesse de mariage* (MOL., *Av.,*
V, 5). — *Ils se sont* PARLÉS (LA BR., VIII, 86). — *Le seul amour de Rome a sa main*
ANIMÉE [1] (CORN., *Hor.,* V, 3).

Les règles actuelles ne se sont vraiment imposées qu'au XIXe siècle.

Dans quelques locutions toutes faites encore en usage aujourd'hui, il faut expliquer
par d'anciennes manières de voir l'orthographe du participe passé : *Il l'a* MANQUÉ
belle ; il l'a ÉCHAPPÉ *belle. Vous me l'avez* BAILLÉ *belle ; vous me l'avez* BAILLÉ *bonne ;
vous me l'avez* DONNÉ *belle.* [*l'* représente le nom *balle* (§ 478, 2°).] — *Elle s'est* FAIT
fort de... (voir § 350, *a.*)

Observons en terminant que la règle d'accord du participe passé conjugué avec
avoir est artificielle. Comme le fait remarquer Brunot (*La P. et la L.*, p. 326), la vraie
règle eût dû être de laisser le participe invariable ou de l'accorder avec le sujet du
verbe. — On peut constater, dans les phrases suivantes, une pente instinctive vers
l'invariabilité du participe (et ce sont là des faits de syntaxe spontanée, non de
simples fautes typographiques) [2] : *As-tu vu la tête qu'il a* FAIT ? (M. PROUST, *Du côté de
chez Swann,* II, p. 19.) — *Ce n'est qu'un mot (...), mais voyez quelle fortune il a* FAIT
(ID., *À l'ombre des jeunes filles en fleurs,* I, p. 51). — *Quelle idée a* EU *le patron...* (G.
DUHAMEL, *Suzanne et les J. Hommes,* p. 68). — *Quelle pousse ont* FAIT *vos arbres, Amélien !* (LA VARENDE, *Le Centaure de Dieu,* p. 136.) — *Et pourtant c'était cette pensée
même qu'il avait* DÉVELOPPÉ *ce matin dans son devoir* (A. GIDE, *Les Faux-Monnayeurs,*
p. 335). — *C'est celle* [une doctrine] *que nous ont* TRANSMIS *nos ancêtres* (ID., *ibid.,*
p. 440). — *Celui en qui s'est* PRODUIT *cette... maladie infectieuse* (DANIEL-ROPS, *La
Maladie des sentiments,* p. 98).

B. — *RÈGLES PARTICULIÈRES*

N. B. — La solution des cas particuliers qui se présentent dans l'accord
du participe passé est essentiellement affaire de bon sens ; dans la plupart
de ces cas, il suffit d'appliquer avec discernement les règles générales énoncées
plus haut. Néanmoins la tradition qui traite à part les particularités que
nous allons passer en revue est bonne à connaître dans la pratique.

784. *Attendu, compris, non compris,* etc. [3].

a) Les participes *attendu, compris (non compris, y compris), entendu,*

---

1. Dans la langue moderne, cette construction se rencontre parfois encore chez
les poètes : *Des biens, des maux, — des révolutions, — Ont dans les cœurs sa mémoire*
EFFACÉE (NERVAL, *Odelettes,* La Grand'Mère). — *L'orgie a sa rumeur* DOUBLÉE *Du
tintamarre des tournois* (Th. GAUTIER, *Ém. et Cam.,* Le Souper des armures). — Mais
en prose, excepté l'expression figée *avoir toute honte bue,* elle n'est aujourd'hui qu'un
caprice d'archaïsme : *J'ai toute ambition* RÉSIGNÉE (G. DUHAMEL, *La Pierre d'Horeb,*
p. 96).

2. « La preuve est suffisamment faite que beaucoup de Français instruits ne font
pas l'accord, que d'autres le font irrégulièrement. La permission de mettre leurs
écrits d'accord avec leur usage parlé doit leur être accordée. » (M. COHEN, *Nouveaux
Regards sur la langue franç.,* p. 227.)

3. Voir à la fin du volume l'arrêté du 26 février 1901 : *Liste,* VI, 5.

excepté, ôté, ouï, passé, supposé, vu, placés devant le nom ou le pronom, s'emploient comme prépositions et restent invariables :

ATTENDU *ses mœurs solitaires, il était à peine connu d'elles* (MUSSET, *Mimi Pinson,* 2). — *Ces cent soixante-seize lettres,* COMPRIS *quelques réponses de Ménage* (É. HENRIOT, *Livres et Portraits,* 3ᵉ sér., p. 46). — *Tout le monde consentait à s'en mêler,* Y COMPRIS *les personnes les plus âgées* (P. LOTI, *Le Roman d'un Enfant,* XXIII). — *Rien ne remuait,* EXCEPTÉ *les flammes* (HUGO, *Quatrevingt-treize,* I, 4, 7). — *Ils n'ont pas d'armes, répliqua-t-il,* EXCEPTÉ *ceux qui les mènent* (P. MILLE, *Sous leur dictée,* p. 147). — *Ouï les témoins* (LITTRÉ). — *Elle ne le comprenait plus,* PASSÉ *certaines limites* (R. ROLLAND, *Jean-Christophe,* t. IV, p. 75). — *Mais,* PASSÉ *la porte cochère, (...) elle pensa...* (R. BOYLESVE, *Elise,* p. 150). — *Passé la ferme de la Saudraie* (A. GIDE, *La Symphonie pastorale,* p. 12). — *Passé la première stupeur, la première souffrance, il avait fallu commencer la classe* (M. ARLAND, *La Grâce,* p. 111). — *Supposé même sa conversion, il désespère de sa persévérance* (BOURDALOUE, *Carême,* II, Impureté). — *Supposé deux droites* (BRUNOT, *La Pensée et la L.,* p. 644). — *Vu sa charge énorme, la voiture marchait très lentement* (Th. GAUTIER, *Partie carrée,* VII).

On emploie parfois d'une manière analogue certains participes autres que ceux de la série traditionnellement donnée par les grammaires : *Sitôt* QUITTÉ *les états du prince, par façon, nous ne campâmes plus dans les villes* (A. GIDE, *Le Retour de l'Enfant prodigue,* p. 73). — *Il me semble, cher Ulysse, que le torrent de poésie, sitôt* QUITTÉ *mes lèvres, se fige* (ID., *ib.,* p. 140). — *Il n'était séant de trotter qu'une fois* DÉPASSÉ *la limite rituelle* (Cl. FARRÈRE, *La Seconde Porte,* p. 252). — *Venu la fin de l'hiver, la troupe tout entière partit pour l'Angleterre* (G. DUHAMEL, *Le Temps de la recherche,* XVI). — *Quand elles se prenaient par la main pour tourner sous le tilleul, sitôt* MANGÉ *le pain et les noisettes* (H. POURRAT, *Sous le Pommier,* p. 124).

N. B. — P. Hœybye (*Accord en fr. cont.,* p. 149) voit dans ces constructions (*attendu, compris, excepté,* etc.) des compléments absolus : « le rapport qui règne entre les deux termes n'est plus celui d'un verbe et d'un prédicat, mais peut-être plutôt celui d'un verbe et d'un régime direct ». Opinion plausible, mais il conviendrait de mettre à part les participes intransitifs, comme *venu,* et aussi *excepté,* qui, placé devant le nom, prend nettement le caractère d'une préposition.

b) Quand ces participes sont placés après le nom ou le pronom, ou ne le précèdent que par inversion, ils varient :

Les indications Y COMPRISES (AC.). — *De toute la maisonnée, cuisinière* Y COMPRISE, *c'est lui qui s'y reconnaît le mieux dans les tickets d'alimentation* (MONTHERLANT, *Fils de personne,* III, 3). — *La maison où il loge* NON COMPRISE (ID.). — *Les passagers ont tous péri, cinq ou six* EXCEPTÉS (ID.). — *Tout ce qui était sur lo pont, nous* EXCEPTÉS, *avait été balayé par-dessus bord* (BAUDELAIRE, *Histoires extraordinaires,* p. 291). — *Déjà* COMPRISES *au compte précédent, ces sommes n'ont pas dû figurer ici* (LITTRÉ).

Hist. — *Compté, considéré, réservé,* ainsi que *hormis* (qui ne peut plus aujourd'hui s'employer que comme préposition), suivaient autrefois la même règle.

Dans l'ancienne langue, *attendu, excepté, vu*, etc. placés devant le nom, étaient tantôt laissés invariables, tantôt accordés ; c'est à partir de la fin du moyen âge que l'usage s'est établi de les laisser invariables. Il subsistait cependant une tendance à les accorder : *Il n'est pas apparent que il se fust mis en peril pour si peu de chose*, VEÜES *les offres qui luy avoyent esté faictes* (COMMYNES, t. II, p. 105). — PASSÉE *la mer Picrocholine* (RABEL., *Garg.*, 33). — EXCEPTEE *la nacelle où estoient ces deux petits enfans* (AMYOT, *Romul.*, 1).

De nos jours encore, il n'est pas rare que *passé* placé devant le nom soit considéré comme un participe passif et s'accorde : *Mais*, PASSÉES *les épreuves des débuts, la troupe prend figure d'entreprise qui prospère* (R. DOUMIC, *Le Misanthrope de Molière*, p. 28). — PASSÉES *les minutes sacramentelles* (A. CHEVRILLON, *Les Puritains du Désert*, p. 89). — PASSÉE *la cinquantaine* (Cl. FARRÈRE, *La Bataille*, XXIII). — *Je m'abstins de lire le livre*, PASSÉES *les premières pages* (G. DUHAMEL, *Défense des Lettres*, p. 229). — PASSÉE *cette espèce d'extase, un contentement tout autre* (J. ROMAINS, *Quand le Navire...*, p. 104). — PASSÉES *les courses de feria, il me faudra revenir* (MONTHERLANT, *Les Bestiaires*, VIII). — PASSÉE *l'extrême jeunesse* (M. PRÉVOST, *Nouv. Lettres à Françoise*, p. 117). — *Savait-elle que*, PASSÉES *les limites du département...* (Fr. MAURIAC, *Préséances*, I, 2). — *Et* PASSÉE *la passerelle de bois, nous voici hors du Royaume des Arbres* (V. LARBAUD, *Enfantines*, p. 82). — *En Provence il n'est de sécurité que* PASSÉS *les temps d'équinoxe* (COLETTE, *Journal à rebours*, p. 197). — PASSÉS *les premiers sourires d'aise et les mots d'abandon qu'avait fait naître la fuite du danger* (M. ARLAND, *La Vigie*, p. 108). — *Cet effort (...) je le ferai aussitôt* PASSÉE *la crise qui resserre ma chaîne* (E.-M. de VOGÜÉ, *Jean d'Agrève*, p. 155). — PASSÉE *la crête, on est en vue...* (R. MARTIN DU GARD, *Les Thibault*, VII, 3, p. 408).

Remarque. — L'expression ***étant donné*** peut aujourd'hui être assimilée aux participes *attendu, compris*, etc., et rester invariable quand elle précède le nom : ainsi traitée, elle joue le rôle d'une préposition ; mais l'accord de *donné* avec le nom ou les noms qui suivent reste très correct [1] :

a) Étant DONNÉ *sa stupidité, on ne pouvait attendre autre chose de lui* (Ac.). — *Étant* DONNÉ *l'indolence de la race* (A. DAUDET, *Port-Tar.*, I, 3). — *Étant* DONNÉ *le caractère de la comtesse et ses habitudes* (P. BOURGET, *Cosmopolis*, p. 370). — *Étant* DONNÉ *l'amitié qui nous lie* (J. RENARD, *Journal*, 5 déc. 1905). — *Étant* DONNÉ *des nombres* (A. GIDE, *Paludes*, p. 107). — *Étant* DONNÉ *les circonstances* (H. BRE-MOND, *Apologie pour Fénelon*, p. 158). — *Étant* DONNÉ *ses goûts* (M. PROUST, *Le Temps retrouvé*, II, p. 234). — *Étant* DONNÉ *l'heure tardive* (P. BENOIT, *Le Soleil de minuit*, p. 169). — *Étant* DONNÉ *l'urgence* (J. ROMAINS, *Le Dictateur*, III, 5). — *Étant* DONNÉ *la sommaire machinerie des théâtres au XVIIe siècle* (J. SCHLUMBERGER, *Plaisir à Corneille* p. 68). — *Étant* DONNÉ *mes moyens* (H. DUVERNOIS, *La Bête rouge*, p. 269). — *Étant* DONNÉ *les territoires...* (J. BAINVILLE, *Napoléon*, p. 294). — *Étant* DONNÉ *les sujets que traitent ces personnages* (J. BENDA, *Le Rapport d'Uriel*, p. 135). — *Étant* DONNÉ *la persistance de certains symptômes* (H. TROYAT, *Les Semailles et les*

---

1. Pour Abel Hermant, *donné* doit ici toujours s'accorder, parce que « ce participe n'a pas trahi, il est participe jusqu'au bout ». (cf. *Les Samedis de monsieur Lancelot*, p. 123). — Telle était aussi l'opinion d'É. Faguet (cf. *Annales polit. et littér.*, 3 mars 1913, p. 197 ; 24 août 1913, p. 158).

Moissons, p. 135). — *Étant* DONNÉ *les surprises de la pellicule Kodak* (J. COCTEAU, *La Belle et la Bête*, p. 108).— *Étant* DONNÉ *les mœurs françaises du temps* (LA VARENDE, *Les Belles Esclaves*, p. 102). — *Étant* DONNÉ *mes relations actuelles avec Germaine* (J.-L. VAUDOYER, *Laure et Laurence*, p. 55). — *Étant* DONNÉ *les circonstances* (G. DU-HAMEL, *Les Voyageurs de « L'Espérance »*, p. 110).

b) Étant DONNÉS *les deux membres d'un couple* (TAINE, *De l'Intellig.*, t. I, p. 65). — *Étant* DONNÉS *le travers de cette fille et l'entêtement de sa nature* (H. LAVEDAN, *Irène Olette*, p. 408). — *Étant* DONNÉES *les circonstances* (E. JALOUX, *Le Dernier Acte*, p. 118). — *Étant* DONNÉE *la société présente* (J. LEMAITRE, *Les Rois*, p. 177). — *Étant* DONNÉS *son aspect et sa tournure* (P. LOTI, *Mon Frère Yves*, XII). — *Étant* DONNÉE *la faible natalité française* (J. et J. THARAUD, *Quand Israël est roi*, p. 58). — *Étant* DONNÉE *la modestie de mon grade* (G. DUHAMEL, *Civilisation*, p. 199). — *Étant* DONNÉS *les usages locaux* (J. ROMAINS, *Lucienne*, p. 138). — *Étant* DONNÉES *les circonstances présentes* (SAINT-EXUPÉRY, *Pilote de guerre*, p. 15).

785. *Ci-annexé, ci-joint, ci-inclus* [1].

a) Ci-annexé, ci-joint, ci-inclus sont variables quand on leur donne la valeur qualificative ou prédicative (c'est-à-dire quand ils sont épithètes ou attributs) :

Vous devinez pour qui est la lettre CI-INCLUSE (B. CONSTANT, *Journal intime*, p. 437). — *Les pièces que vous trouverez* CI-JOINTES, CI-ANNEXÉES. — *J'ai l'honneur de vous transmettre* CI-JOINTES *la réclamation de M. le Capitaine, ma lettre à M. le Délégué et sa réponse* (STENDHAL, *Corr.*, t. VIII, pp. 324-325). — *Je prends la liberté de vous envoyer* CI-JOINTES *des rillettes* (MUSSET, *Margot*, I). — *Ces lettres (...), il les renvoyait* CI-JOINTES (R. BOYLESVE, *Élise*, p. 105). — *J'ai donc l'honneur de vous adresser* CI-JOINTE *(...) ma demande de mise en disponibilité* (LYAUTEY, cité par A. MAUROIS, *Lyautey*, p. 133). — *Vous trouverez* CI-JOINTES *les factures, mes factures, trois factures. — Vous trouverez* CI-INCLUSE *la copie que vous m'avez demandée* (AC.). — CI-INCLUSES, *ces pièces sont, je crois, en sûreté.*

b) Ils restent invariables quand on leur donne la valeur adverbiale (comparez : *ci-contre, ci-dessus, ci-après*, etc.) [2] :

Les pièces que vous trouverez CI-JOINT. — *Vous trouverez* CI-JOINT, CI-AN-NEXÉ, CI-INCLUS *les factures, mes factures, trois factures. — J'ai l'honneur d'a-dresser* CI-JOINT *à Votre Excellence deux états descriptifs de la dernière foire*

---

1. Voir à la fin du volume l'arrêté du 26 février 1901 : *Liste*, VI, 5.

2. L'Académie (aux mots *inclure* et *joindre*) pose en règle que *ci-inclus* et *ci-joint* restent invariables quand ils précèdent le nom auquel ils se rapportent. Cette règle ne paraît pas sûre ; d'ailleurs l'Académie n'est pas conséquente avec elle-même dans ces exemples qu'elle donne : 1° au mot *ci* : *Vous trouverez* CI-INCLUSE *la copie que vous m'avez demandée* ; — 2° au mot *inclure* : *Vous trouverez* CI-INCLUS *une lettre de votre père.*

de Sinigaglia (STENDHAL, *Corr.*, t. VII, p. 234). — *Trouvez* CI-JOINT *les 2.000 francs que nous vous devons* (H. BAZIN, *La Tête contre les murs*, p. 127). — *Vous trouverez* CI-INCLUS *une lettre de votre père* (AC.). — CI-JOINT *les formules éventuelles* (Ch. PÉGUY, *Lett. à Jules Isaac*, 5 mars 1900, dans le *Figaro litt.*, 28 mars 1959). — CI-JOINT *quittance.* CI-INCLUS *les quittances, deux quittances.* — *Veuillez trouver* CI-JOINT *copie du rapport.*

Dans beaucoup de cas, l'accord dépend de l'intention de celui qui parle ou qui écrit. Cependant l'usage est constant de donner à *ci-annexé, ci-joint, ci-inclus* la valeur adverbiale : 1° quand ils sont en tête de la phrase [sauf évidemment le cas où ils sont en tête de la phrase comme adjectifs détachés[1]] : CI-ANNEXÉ *les documents demandés...* — CI-JOINT *l'expédition du jugement* (AC.). — CI-JOINT *quittance.* — CI-JOINT *les factures, mes factures, trois factures.* — CI-INCLUS *la note sur la botanique* (FLAUB., *Corr.*, t. IV, p. 385) ; — 2° quand, dans le corps de la phrase, ils précèdent un nom sans article ni déterminatif démonstratif ou possessif[2] : *J'ai l'honneur de vous transmettre* CI-JOINT *copie de la réponse de M. Carlo Nepoti* (STENDHAL, *Corr.*, t. VIII, p. 108). — *Vous recevrez* CI-INCLUS *copie de...* (AC.).

786. Participe passé de certains verbes intransitifs.

a) Certains verbes intransitifs : *coûter, valoir, peser, mesurer, marcher, courir, vivre, dormir, régner, durer, reposer*, etc., peuvent être accompagnés d'un complément circonstanciel de prix, de valeur, de poids, de durée, de distance, etc., qu'il faut se garder de prendre pour un objet direct : le participe passé de ces verbes est invariable :

Les trois mille francs que ce meuble m'a COÛTÉ (AC.). — *Ce cheval ne vaut plus la somme qu'il a* VALU *autrefois* (ID.). — *Les dix grammes que cette lettre a* PESÉ. *Les vingt minutes que j'ai* MARCHÉ, COURU. *Les vingt-quatre ans que le roi Albert a* RÉGNÉ. — *Elle songea aux années qu'elle avait* VÉCU *ensuite* (J. de LACRETELLE, *La Bonifas*, XII). — *Pendant les quarante-trois jours qu'a* DURÉ *notre marche* (J. ROMAINS, *Le Dieu des corps*, p. 16). — *Les heures que j'ai* DORMI, *que j'ai* REPOSÉ.

b) Certains verbes intransitifs peuvent devenir transitifs : leur participe passé est alors variable. Tels sont notamment :

coûter, au sens de : être cause de quelque douleur ou de quelque peine ;
valoir, » faire obtenir, procurer, produire ;
peser, » constater le poids ; examiner ;
courir, » poursuivre en courant ; s'exposer à ; parcourir, etc.

---

1. Par exemple : CI-INCLUSES, *ces pièces sont, je crois, en sûreté.*
2. Dans ce cas, selon Littré, l'accord se fait avec *ceci* sous-entendu. Mieux vaut expliquer l'invariabilité en disant que *ci-annexé, ci-joint, ci-inclus* sont pris adverbialement.

Les efforts que ce travail m'a COÛTÉS (AC.) [1]. — *Nous y aurions perdu les 100.000 hommes que nous a* COÛTÉS *la défaite* (F. GREGH, *L'Âge de fer*, p. 138). — *La gloire que cette action lui a* VALUE (ID.). — *Les nombreuses réflexions que m'ont* VALUES *la lecture et la méditation des œuvres de Paul Claudel* (G. DUHAMEL, *Paul Claudel*, p. 13). — *Les paquets que j'ai* PESÉS. *Ces paroles, les avez-vous* PESÉES ? *Les dangers que j'ai* COURUS.

Remarques. — 1. *Vivre*, construit avec un nom de temps ou de durée, a, dans beaucoup de cas, un sens intransitif, et le mot qui semble être un objet direct est un complément circonstanciel : *Les années qu'il a* VÉCU (LITTRÉ) [c.-à.d. pendant lesquelles il a vécu]. — *À quoi bon compter tristement tous les jours qu'on aura* VÉCU ? (J.-J. ROUSS., *Nouv. Hél.*, I, 10.) — *La rente viagère n'est acquise au propriétaire que dans la proportion du nombre de jours qu'il a* VÉCU (*Code civ.*, art. 1980).

Mais il a, dans de nombreux cas aussi, un sens transitif, celui de « passer » ou de « mener » (§ 599, Rem. 23) : son participe passé est alors variable :

Des siècles de pénitence, quand vous les auriez VÉCUS... (MASSILLON, *Confér. Jubilé*). — *Les heures qu'il avait* VÉCUES *loin de Dieu* (A. FRANCE, *Thaïs*, p. 11). — *Un grand nombre des jours et des années que j'ai* VÉCUS *moi-même* (M. BARRÈS, *Souvenirs d'un Officier de la Grande Armée*, Préf., p. II). — *Un souvenir trop précis des atroces minutes qu'elle avait* VÉCUES *dimanche soir* (R. MARTIN DU GARD, *Les Thibault*, VII, 2, p. 76). — *Ceux qui vont mourir (...) revivent une par une, avec une rapidité de météore, toutes les heures qu'ils ont* VÉCUES (Cl. FARRÈRE, *Les Condamnés à mort*, p. 270). — *Tant d'années qu'ils ont* VÉCUES *sous le même toit* (M. GENEVOIX, *Rroû*, p. 56). — *Les années que j'ai* VÉCUES *au front* (Cl. VAUTEL, *Mon Curé chez les riches*, p. 16). — *Il revient sur des affaires qu'il a* VÉCUES (P. VALÉRY, *Regards sur le monde act.* ; éd. Pléiade, t. II, p. 956). — *Ce ne sont pas des heures frivoles que j'aurai* VÉCUES (Fr. MAURIAC, *Journ.*, t. III, p. 111).

Le sens est transitif également, et le participe passé variable, quand *vivre* signifie « traduire en actes dans sa vie » : *Ses convictions, il les a vraiment* VÉCUES. — *Ses rêves, il les a* VÉCUS.

Dans certains cas, il semble que les auteurs aient répugné à considérer la valeur transitive de *vivre* ; ainsi dans les exemples suivants, l'accord du participe eût été naturel : *Quelles étranges minutes elle avait* VÉCU ! (J. GREEN, *Léviathan*, I, 9.) — *En faisant appel aux instants de bonheur qu'elle avait* VÉCU (ID., *ib.*, II, 7). — *Quelles heures il avait* VÉCU ! (Fr. MAURIAC, *Les Chemins de la mer*, p. 254.) — *Pour que les temps qui viennent nous soient moins amers (...) que ceux que nous avons* VÉCU *en 1940* (P. VALÉRY, *Disc. sur Bergson* ; éd. Pléiade, t. I, p. 883).

2. *Dormir* est parfois pris transitivement avec un complément d'objet interne (§ 599, Rem. 5) : *dormir son sommeil* ; son participe passé est alors

---

1. En 1878, l'Académie donnait *coûter* comme toujours intransitif ; elle écrivait : *Les efforts que ce travail m'a* COÛTÉ. — Pour Littré, *coûté* doit toujours rester invariable : *La somme que cette maison m'a* COÛTÉ. *Les pleurs que la mort de cet enfant a* COÛTÉ *à sa mère*.

variable : *Dormez vos lourds sommeils, riches de la terre, mais quand vous les aurez* DORMIS, *quels réveils !* — En dehors de ce cas, l'emploi transitif de *dormir* est exceptionnel ; à *Trois nuits mal dormies* (MUSSET, *Marrons du feu*, 4) correspondrait : *Les trois nuits que j'ai mal* DORMIES.

787. Participe passé des verbes impersonnels.

Le participe passé des verbes impersonnels ou pris impersonnelle-ment est toujours invariable :

Les inondations qu'il y EU. *Les chaleurs qu'il a* FAIT. — *Pour avoir une Phèdre parfaite, il l'aurait* FALLU *écrite par Racine sur le plan de Pradon* (R. de GOURMONT, *Le Chemin de velours*, p. 132). — *Quels soins il a* FALLU *pour maintenir sous un ciel implacable cette végétation luxuriante !* (J. et J. THARAUD, *La Fête arabe*, p. 17.)

Le participe passé des verbes impersonnels a été soustrait à la règle d'accord ; si ce participe est toujours resté invariable, c'est, comme dit Sneyders de Vogel (*Synt. hist.*, § 295), « parce qu'on ne sent pas de rapport entre le complément et le parti-cipe. »

788. *Dit, dû, cru, su, pu,* etc.

Les participes *dit, dû, cru, su, pu, voulu, permis, pensé, prévu* et autres semblables restent invariables lorsqu'ils ont pour objet direct un infinitif ou une proposition à sous-entendre après eux. Le pronom *que* qui précède est alors objet direct du verbe à sous-entendre, et non du participe : *J'ai fait tous les efforts que j'ai* PU (sous-ent. : *faire*). *Il m'a donné tous les renseignements que j'ai* VOULU (sous-ent. : *qu'il me donnât*). — *Elle* [la mer] *n'est pas (...) la solitude qu'il avait* CRU (P. MILLE, *Mém. d'un dada besogneux*, p. 137).

A l'exception de *pouvoir*, ces verbes peuvent aussi avoir un objet direct placé avant eux et commandant l'accord du participe. Il importe donc de consulter le sens : *Il débita des histoires que nous n'avons pas* CRUES. *Il a cité toutes les paroles que j'avais* DITES. *Vous avez obtenu la réparation que vous avez* VOULUE. — *Bien que l'ancien curé d'Abrecave lui eût fait jadis part de ces premières grandes charités que le collier de perles avait* PERMISES... (Fr. JAMMES, *M. le Curé d'Ozeron*, p. 224). — *Ils* [des cataplasmes] *n'avaient pas sur la paresse des organes l'action que la religieuse avait* ESPÉRÉE (R. MARTIN DU GARD, *Les Thibault*, V, p. 13).

Remarques. — 1. Le participe passé précédé du pronom relatif *que* est invariable lorsque ce pronom est objet direct d'un verbe placé après le par-ticipe. Dans ce cas, le participe a pour objet direct la proposition qui vient après lui : *C'est une faveur qu'il a* ESPÉRÉ *qu'on lui accorderait* (Il a espéré qu'on lui accorderait *que*, c.-à-d. la faveur). — *À travers les portes que Lyon-nette avait* COMMANDÉ *qu'on fermât* (É. BOURGES, *Le Crépuscule des dieux*, IX). — *Comment obtenir de Fernand les volets qu'elle n'avait pas* VOULU *qu'il accordât à Mathilde ?* (Fr. MAURIAC, *Genitrix*, VIII.)

Mais on écrira, en faisant l'accord : *Ceux que l'on a* INFORMÉS *que leur demande était accueillie.* En effet, *que* est ici objet direct du participe : on a informé qui ? — *que*, c.-à-d. *ceux.* — On les a informés de quoi ? *Que leur demande était accueillie :* la proposition est objet indirect.

2. Pareillement le participe est invariable dans les phrases où il est précédé de *que* et suivi d'une relative introduite par *qui* : *Nous subissons les malheurs qu'on avait* PRÉVU *qui arriveraient. C'est une nouvelle qu'on a* AFFIRMÉ *qui était controuvée.*

Sur ce tour, voyez § 1014, *N. B.*

789. Participe passé suivi d'un attribut d'objet.

Le participe passé suivi d'un attribut d'objet direct s'accorde souvent avec cet objet si celui-ci précède le participe :

Tout le monde l'a CRUE *morte* (HUGO, *Angelo*, III, 2, 3). — *Une aimantation mystérieuse et que l'on eût* DITE *fatale* (H. LAVEDAN, *Irène Olette*, p. 322). — *Un défilé de menues pensées que j'ai* CRUES *étrangères* (J. ROMAINS, *Lucienne*, p. 36). — *Tous ceux qu'il avait* FAITS *grands* (J. BLOY, *L'Âme de Napol.*, p. 90). — *Une affreuse barbe de chèvre, qu'on eût* DITE *postiche* (R. MARTIN DU GARD, *Les Thibault*, IV, p. 43). — *Une étoffe trop fine et qu'on eût* DITE *froissée* (G. DUHAMEL, *Tel qu'en lui-même...*, p. 13). — *Ma mère (...) nous eût* PRÉFÉRÉS *souffrants* (ID., *Le Désert de Bièvres*, p. 86). — *Laura était vêtue très simplement, tout de noir ; on l'eût* DITE *en deuil* (A. GIDE, *Les Faux-Monnayeurs*, p. 164). — *Des choses qu'on n'aurait pas* CRUES *possibles* (J. GREEN, *Moïra*, p. 36). — *Dieu m'a peut-être* VOULUE *lâche* (G. BERNANOS, *Dialogues des Carmélites*, IV, 6). — *On les eût* CRUS *imberbes* (Fr. MAURIAC, *La Robe prétexte*, XXVII). — *Ses lèvres, qu'on eût* DITES *teintées de pastel rose* (P.-J. TOULET, *Béhanzigue*, p. 80). — *Une date que nous avions* CRUE *fatidique* (A. SIEGFRIED, *L'Âme des peuples*, p. 9). — *Une mort qu'on lui a* PRÉDITE *héroïque* (M. JOUHANDEAU, *Élise architecte*, p. 31). — *Je l'avais* CRUE *toute à son deuil* (M. ARLAND, *La Vigie*, p. 179). — *Je vous fais porter quelques fruits, je les aurais* VOULUS *plus beaux* (COLETTE, *L'Étoile Vesper*, p. 163). — *C'était de bonnes jumelles, qu'il eût* VOULUES *meilleures encore* (M. GENEVOIX, *Fatou Cissé*, p. 166).

N. B. — Cependant il n'est pas rare qu'on laisse ce participe invariable (Malherbe, Vaugelas ainsi que la Grammaire de Port-Royal préconisaient cette invariabilité : *Le commerce l'a* RENDU *puissante*), parce qu'on a vaguement conscience que le participe avec l'attribut semblent former un bloc dans lequel le participe n'a pas assez d'indépendance pour pouvoir se prêter à l'accord : *Ses petites mains blanches et qu'on eût* DIT *moulées par Coustou* (HUGO, *Choses vues*, p. 271). — *Deux grands plis circulaires (...) qu'on eût* DIT *creusés par l'habitude de parler en public* (MAUPASS., *Fort comme la Mort*, I, 1). — *Une maison blanche (...) si fraîche qu'on l'eût* DIT *vernie* (R. DORGELÈS, *Saint Magloire*, p. 11). — *Ces sons du cor que jamais je n'ai* TROUVÉ *tristes* (Fr. MAURIAC, *Préséances*, I, 1). — *Une vie qu'on aurait* VOULU *belle* (A. MAUROIS, *Byron*, XXVIII). — *Bien des choses renaissent que l'on avait* CRU *mortes* (J. BAINVILLE, *Chroniques*, p. 2). — *Elle est trahie par tous ceux qu'on aurait* CRU *le plus dévoués à sa cause* (J. de La Varende, *Man'd'Arc*, p. 23). — *L'armée qu'on avait* CRU *si forte* (J. et J. Tharaud, *Dingley*, p. 190). — *Une réelle admiration lui venait pour cette femme qu'il avait* CRU *d'abord une petite bourgeoise* (É. Estaunié, *Mme Clapain*, p. 248). — *Ceux d'entre eux qu'ils ont* CRU *les plus sages* (P. Gaxotte, *Frédéric II*, p. 393). — *Qui les eût* CRU *si pleins de sang ?* (Montherlant, *Les Bestiaires*, IV.) — *Celles des imaginations de mon enfance que j'avais* TROUVÉ *le plus belles* (M. Proust, *Le Temps retrouvé*, II, p. 163). — *Ces petits fruits (...) qu'on aurait* VOULU *plus sucrés* (A. Gide, *Les Nourr. terr. et les Nouv. Nourr.*, p. 97). — *Est-ce que tu m'as* FAIT *bien belle ce soir ?* (P. Claudel, *Le Père humilié*, p. 18.) — *Les sourcils formaient deux longs traits noirs qu'on eût* CRU *dessinés au charbon* (J. Green, *Moïra*, p. 11). — *Des cheveux qu'on eût* DIT *frisés au fer* (A. Thérive, *Fils du jour*, p. 226). — *Une petite malle si joliment peinte qu'on l'aurait* CRU *ornée de fleurs naturelles* (P. Mac Orlan, *L'Ancre de miséricorde*, p. 154). — *Tels repas, qu'on aurait* CRU *intégrés dans les mœurs occidentales* (A. Siegfried, *Aspects du XXᵉ siècle*, p. 120). — *Ces meubles qu'on eût* DIT *usés à force d'être frottés* (J.-J. Gautier, *Hist. d'un fait divers*, p. 114).

Sans doute, si l'on porte la question sur le terrain de la logique, on pourra observer : 1° que l'accord est demandé quand le pronom qui précède le participe est réellement un complément d'objet direct : *Cette robe, vous l'avez* FAITE *large* [vous avez fait quoi ? — *l'*, c.-à-d. *la robe*] ; — *Les livres que je vous avais* DONNÉS *propres sont souillés* [j'avais donné quoi ? — *que*, c.-à-d. *les livres*] ; — 2° que l'accord ne devrait pas se faire quand le pronom qui précède n'est pas réellement et au sens plein un complément d'objet direct : *Cette robe, vous l'avez* CRU *belle* [vous avez cru quoi ? — *l'* (c.-à-d. *la robe*) *être belle :* l'objet direct est toute la proposition] ; — *Les livres que j'ai* CRU *utiles* [j'ai cru quoi ? — *que* (c.-à-d. *les livres*) *être utiles*]. — Mais l'usage ne tient aucun compte de ces distinguos de logiciens.

Pour le participe passé d'un verbe pronominal suivi d'un attribut d'objet *(Elle s'est* CRUE *belle)*, voir § 796, *a*, Rem. 5.

790. Participe passé ayant pour objet direct le pronom *l'*.

Le participe passé est invariable lorsqu'il a pour objet direct le pronom neutre *l'* équivalant à *cela*, et représentant une idée ou une proposition :

Cette étude est moins difficile que je ne L'*avais* PRÉSUMÉ (= que je n'avais présumé *cela*, c.-à-d. *qu'elle était difficile*). — *Ma joie n'était ni aussi grande ni aussi franche que je me* L'*étais* PROMIS (A. France, *La Vie en fleur*, p. 178). — *Ma soirée (...) fut aussi agréable que je* L'*avais* ESCOMPTÉ (J. Romains, *Lucienne*, p. 62). — *Janot trouva plus dure qu'il ne* L'*aurait* CRU *tout d'abord la vie de caserne* (Fr. Jammes, *Janot-poète*, p. 205). — *Elle* [une femme] *lui parut plus grande qu'il ne* L'*avait* IMAGINÉ (H. de Régnier, *Les Vacances d'un Jeune Homme sage*, p. 132). — *L'étape est beaucoup plus longue que Labarbe ne nous* L'*avait* DIT (A. Gide, *Voy. au Congo*, p. 141). — *La solitude hautaine des Tragédiens est pire que je ne* L'*aurais* CRU *d'abord* (J. Cocteau, *Poésie critique*, p. 205).

Dans tous ces exemples, *le* est facultatif (§ 478, 3°) : *Cette étude est moins difficile que je n'avais présumé.*

Remarque. — On fera attention que l'objet direct *l'* qui précède peut représenter un nom et commander l'accord, et que, dans certaines phrases, il peut y avoir accord ou invariabilité suivant le point de vue où l'on se place : *Nous montâmes à ma chambre, qui était telle que je l'avais* LAISSÉE (Tr. BERNARD, *Secrets d'État*, XXIX). — *Fermina Márquez n'était pas telle qu'il se l'était* IMAGINÉE (V. LARBAUD, *Fermina Márquez*, X). — *La maison était certes grande, et moins pourtant que nous ne l'avions* JUGÉE (G. DUHAMEL, *Le Désert de Bièvres*, p. 98).

Pour *Il l'a* ÉCHAPPÉ *belle*, voy. § 783, *Hist.*, *in fine*.

791. Participe passé précédé d'un collectif ou d'un adverbe de quantité.

a) Lorsqu'un participe passé à accorder est en rapport avec un collectif (ou un nom de fraction) suivi de son complément, l'accord est commandé par le collectif (ou par le nom de fraction) ou par le complément suivant que l'esprit, d'après le sens de la phrase ou l'intention, est plus particulièrement frappé par l'un ou par l'autre :

La foule d'hommes que j'ai VUE (j'ai vu la foule). *Une foule d'hommes que j'ai* VUS (j'ai vu les hommes). *Une troupe de montagnards que l'on a* CHASSÉS *de leurs cabanes. Une multitude d'animaux que la main du Créateur a* PLACÉS *dans ces retraites. Une troupe de canards sauvages,* RANGÉS *à la file, traversent le ciel.* — *Une partie du linge fut* VOLÉ (MARIVAUX, *Marianne*, p. 16). — *Le fait qu'une partie du moins de notre sol ne soit pas* FOULÉE *par le vainqueur* (J. MARITAIN, cité par P. Hœybye, *L'Accord en franç. contemp.*, p. 288). — *Une partie du volume est* CONSACRÉE *à la morphologie.* — *La moitié des côtes* FRACTURÉES (L. BLOY, *Le Désespéré*, p. 433). — *Plus de la moitié du travail était* TERMINÉE (H. TROYAT, *Dostoïevsky*, p. 277). — *La moitié du village est* BRÛLÉ(E). *Une bonne moitié, la grosse moitié, plus de la moitié du village est* BRÛLÉE. *Un tiers de la région sera* REBOISÉ(E). *Le quart de la récolte fut* PERDU(E).

A comparer : accord de l'adjectif : § 376, *N. B.*, 2.

b) Lorsque le participe passé est en rapport avec *peu* précédé de l'article défini ou d'un déterminatif démonstratif ou possessif, et suivi d'un complément, c'est le mot *peu* qui règle l'accord quand il exprime l'idée dominante ; il est alors frappé d'un accent d'insistance :

Le peu de confiance que vous m'avez TÉMOIGNÉ *m'a ôté le courage* (LITTRÉ). — *Ses doigts perdaient le peu d'assurance qu'ils auraient* EU (J. ROMAINS, *Lucienne*, p. 197). — *Il me restait je ne sais quelle saveur horriblement douce dont le peu de volonté que j'avais était* ENIVRÉ (E. FROMENTIN, *Dominique*, IX).

Mais c'est le complément de *peu* qui commande l'accord quand on attire l'attention sur ce complément plutôt que sur le mot *peu* : celui-ci peut alors être supprimé sans que l'édifice de la phrase en soit détruit :

> *Le peu de confiance que vous m'avez* TÉMOIGNÉE *m'a rendu le courage* (LITTRÉ). — *Le peu de livres espagnols qu'elle a* LUS *n'ont rien pu lui enseigner* (M. BAR-RÈS, *Les Maîtres*, p. 62). — *Le peu de noms qu'il avait* RETENUS *dans la fréquentation de St-Loup lui permettaient de donner à son prestige actuel une sorte de recul indéfini* (M. PROUST, *Le Temps retrouvé*, t. II, p. 139).

c) Lorsqu'un participe passé à accorder est en rapport avec un adverbe de quantité accompagné de son complément, c'est le complément qui commande l'accord :

> *Que de craintes nous avons* EUES ! *Combien de fautes avez-vous* FAITES? *Autant de batailles il a* LIVRÉES, *autant de victoires il a* REMPORTÉES. — *Peu de gloire serait* ACQUISE *à celui qui ferait cela.* — *Un peu de neige était encore* TOMBÉE (J. MALÈGUE, *Augustin*, t. II, p. 350). — *Tant de philosophie leur est* VENUE *à considérer leur nombre excessif* (A. THÉRIVE, *Le Retour d'Amazan*, p. 117). — *Tant de vigilance est* PERDUE ! (MONTHERLANT, *Les Olympiques*, p. 284.) — *Jamais tant de vaisselle ne fut* CASSÉE (J. COCTEAU, *La Difficulté d'être*, p. 23). — *Trop d'audace est* OFFERTE *à vos mépris.* — *Beaucoup d'estime lui fut* TÉMOIGNÉE. — *Combien dans cet exil ai-je* SOUFFERT *d'alarmes !* (RAC. *Andr.*, I, 1.) — *Autant il a* EU *de vivacité, autant vous avez* EU *de lenteur.*

Dans des phrases où le participe passé conjugué avec *être* est en rapport avec un adverbe de quantité, il arrive que cet adverbe de quantité ait, dans la pensée, une importance telle que ce soit lui qui commande l'accord du participe (comparez : accord de l'adjectif, § 376, N. B., 2) : *Lorsqu'un peu de confiance se fut* ÉTABLI *entre nous* (B. CONSTANT, *Adolphe*, IX). — *Un peu d'animation était* REVENU *au village* (R. MARTIN DU GARD, *Les Thibault*, VI, p. 241). — *Dès qu'un peu plus d'obscurité serait* VENU *à son aide* (A. de CHÂTEAUBRIANT, *La Brière*, p. 325). — *Un peu de bronchite m'était* VENU (Cl. FARRÈRE, *La Seconde Porte*, p. 22). — *Tant de discrétion et d'honnêteté* MÊLÉ *à tant de hauteur* (A. BILLY, dans le *Figaro*, 23 déc. 1953). — *Vous vous êtes donné toute la peine qu'il fallait ; moins d'application d'ailleurs aurait été* BLÂMÉ. — *Trop de patience serait* REGARDÉ *comme une faiblesse.*

792. Participe passé en rapport avec deux antécédents joints par une conjonction de comparaison.

a) Lorsque le participe passé a pour objet direct le relatif *que* en rapport avec deux antécédents joints par *ainsi que, aussi bien que, autant que, comme, de même que, non moins que, non plus que, pas plus que*, etc., c'est le premier antécédent qui règle l'accord s'il exprime l'idée dominante ; dans ce cas, la conjonction garde toute sa valeur comparative : *C'est sa fille, aussi bien que son fils, qu'il a* DÉSHÉRITÉE (GIRAULT-DUVIVIER, t. I, p. 581). — *Ce n'est pas la gloire, non plus que les honneurs qu'il a* RECHERCHÉE. — *C'est sa pauvreté, non moins que son grand âge, que j'ai* CONSIDÉRÉE. — *C'est sa vertu, autant que son savoir, que nous avons* ADMIRÉE.

Mais l'accord est réglé conjointement par les deux antécédents si, dans l'esprit de celui qui parle ou qui écrit, la conjonction marque l'addition : *C'est ma tante ainsi que mon oncle que j'ai* INVITÉS. — *C'est votre patience non moins que votre courage qu'on a* LOUÉS. — *C'est l'un comme l'autre que j'ai* FÉLICITÉS. — *C'est sa bonté de même que sa simplicité que nous avons* ADMIRÉES.

b) Lorsque les deux antécédents sont joints par *moins que, plus que, non, et non, et non pas, plutôt que,* etc., c'est le premier seulement qui commande l'accord du participe : le second, en effet, se rapporte à un verbe sous-entendu : *C'est la gloire, moins que les richesses toutefois, qu'il a* RECHERCHÉE. — *C'est son mérite, non sa naissance, qu'on a* CONSIDÉRÉ. — *C'est une nouvelle, plutôt qu'un roman, que vous avez* ÉCRITE.

792*bis*. Participe passé en rapport avec deux antécédents joints par *ou* ou par *ni*.

Lorsque le participe passé a pour objet direct le relatif *que* en rapport avec deux antécédents joints par *ou* ou bien par *ni*, il est logique de suivre, pour l'accord, des règles analogues à celles qui concernent l'accord du verbe ayant deux sujets joints par *ou* ou par *ni* (§ 818) : l'accord du participe dépend de l'intention de celui qui parle ou qui écrit, ou bien du sens.

a) L'accord est commandé conjointement par les deux antécédents si c'est l'idée d'addition qui prévaut dans l'esprit : *La peur ou la misère, que les moralistes ont* CONSIDÉRÉS *comme restreignant notre liberté, ont fait commettre bien des fautes.* — *N'est-ce pas le temps ou la mort que les hommes ont généralement* REGARDÉS *comme les meilleurs remèdes ?* — *Mon père ou moi, que vous avez toujours* ESTIMÉS, *ferons ce travail avec zèle.* — *Ni la peur ni le besoin, que Buffon a* CONSIDÉRÉS *comme faisant tous les mouvements de la souris, ne sauraient suffire pour expliquer les mœurs des castors.* — *Ce n'est ni l'or ni la grandeur que cet homme a* RECHERCHÉS. — *Il fallait deux employés ; Pierre et Paul se sont présentés, mais ce n'est ni l'un ni l'autre qu'on a* ENGAGÉS. — *Ce n'est ni ton frère ni ta sœur que j'ai* INVITÉS, *c'est toi.* — *Voyons, Jean : ce n'est ni ta mère ni toi que j'ai* SOUPÇONNÉS.

b) Mais l'accord est réglé par le second antécédent seulement si l'idée de disjonction est imposée par le sens ou prévaut dans la pensée [1] : *C'est sa perte ou son salut qu'il a* RISQUÉ *en cette occasion.* — *C'est son salut ou sa perte qu'il a* RISQUÉE. — *Est-ce la douceur ou la violence que vous avez* EMPLOYÉE ? — *Est-ce une louange ou un blâme qu'il a* MÉRITÉ ? — *Voyons, Jean : est-ce toi ou ta mère que nous avions* CHOISIE *pour*

---

1. Dans l'exemple suivant, l'auteur a arrêté sa pensée sur le premier antécédent, qui dès lors a commandé l'accord : *Est-ce la chair ou l'esprit dans « Tristan » qui est* INTÉRESSÉE ? (P. CLAUDEL, *Figures et Paraboles*, p. 182.) — Mais cela est tout à fait exceptionnel. — Dans cet autre exemple, où le participe passé a été laissé invariable, l'auteur a peut-être estimé que l'antécédent était, en somme, quelque chose de neutre, comme le pronom *ce : Est-ce une ou deux bouteilles de vinaigre que vous m'avez* DEMANDÉ ? [= (ce) que vous m'avez demandé] (H. TROYAT, *Les Semailles et les Moissons*, p. 242).

présider cette réunion de famille ? — *C'est un homme ou une femme que l'on a* ASSASSI-
NÉE (BONIFACE, dans Girault-Duvivier, t. I, p. 580). — *Ce n'est ni Pierre ni Paul
qu'on a* NOMMÉ *colonel de ce régiment.* — *Ce n'est ni mon frère ni ma sœur qu'on a*
CHOISIE *pour porter le drapeau.* — *J'avais envie d'un fruit, mais ce n'est ni un abricot
ni une pêche que j'ai* PRISE ; *j'ai choisi une poire.* — *Ce n'est ni l'un ni l'autre qu'ils ont*
RECONNU *pour leur roi.* — *Voyons, Jean : ce n'est ni toi ni ta mère que nous avons*
PRIÉE *de présider la réunion de famille.*

N. B. — Selon Girault-Duvivier (t. I, p. 580), quand le participe passé est en rapport
avec deux antécédents joints par *ou*, c'est toujours le dernier antécédent qui commande seul l'accord, parce qu'il n'y a pas addition, mais disjonction : *Est-ce une
poire ou deux poires qu'il a* MANGÉES ? *Est-ce une pêche ou un brugnon qu'il a* MANGÉ ?
Est-ce un brugnon ou une pêche qu'il a MANGÉE ? — Girault-Duvivier explique cet
accord en disant que de telles phrases sont elliptiques : *Est-ce une poire* [qu'il a man-
gée] *ou deux poires qu'il a mangées ? Est-ce un brugnon* [qu'il a mangé] *ou une pêche
qu'il a mangée ?*

793. Participe passé en rapport avec *un(e) des*, *un(e) de*.

a) Lorsque le participe passé a pour objet direct le relatif *que* en rapport avec *un(e) des ...*, *un(e) de ...*, le plus souvent l'accord est commandé par le nom pluriel, parce que, dans la plupart des cas, il s'agit
d'une action passant sur tous les êtres ou objets du groupe dont on
parle :

Je vous rapporte un des livres que vous m'avez PRÊTÉS [= un (livre) parmi les
livres que vous m'avez prêtés ; vous m'avez prêté *des* livres]. — *Je vous
présente (...) l'un des hommes que votre départ inattendu a le plus* ÉTONNÉS
(B. CONSTANT, *Adolphe*, II). — *Un des premiers plaisirs que j'aie* GOÛTÉS
était de lutter contre les orages (CHATEAUBR., *Mém.*, I, 1, 7). — *Voici une de
ces joies naïves que l'abbé Carron avait* RACONTÉES *à l'ecclésiastique* (SAINTE-
BEUVE, *Volupté*, XX). — *L'un des plus acharnés constructeurs de chemins de
fer qu'on ait jamais* VUS (J. BLOY, *Belluaires et Porchers*, p. 334). — *Voici un
des plus beaux romans que j'aie* LUS *depuis longtemps* (E. JALOUX, *Figures
étrangères*, p. 247). — *Ce poème magnifique se termine sur un des plus beaux
mouvements lyriques que Hugo ait jamais* EUS (A. BELLESSORT, *Victor Hugo*,
p. 241). — *Berthe emporta un des livres que lui avait* DONNÉS *Albert* (J. CHAR-
DONNE, *L'Épithalame*, VI). — *M. Puyrabaud (...) prit un des biscuits qu'a-
vait* APPORTÉS *Brigitte* (Fr. MAURIAC, *La Pharisienne*, p. 192). — *L'infortuné
Jean Zay, un des meilleurs ministres de l'Éducation Nationale que nous ayons*
EUS (F. GREGH, *L'Âge de fer*, p. 65).

b) Si l'action passe sur un seul des êtres ou des objets dont il s'agit,
l'accord du participe est commandé par *un(e)* et le nom singulier
qu'on a dans la pensée :

Un des habitants que la faveur populaire avait DÉSIGNÉ *fut choisi pour chef de l'entreprise* [= *un* (habitant) que la faveur populaire avait désigné entre les habitants ; la faveur populaire avait désigné *un* habitant]. — *J'ai complété le « Génie du Christianisme » dans mes « Études historiques », un de mes écrits (...) qu'on a le plus* VOLÉ (CHATEAUBR., *Mém.*, II, 1, 13). — *Il arriva qu'un des êtres qu'il avait le plus fortement* AGRÉGÉ *à son monde intérieur (...), Marcel Baudouin mourut pendant son année de service* (J. et J. THARAUD, *Notre cher Péguy*, t. I, p. 108). — *Joanny se souvenait particulièrement d'une de ces images qu'il avait* VUE *dans le livre de messe d'une petite fille* (V. LARBAUD, *Fermina Márquez*, XI). — *La France fut soulevée alors par un des mouvements les plus beaux que l'Europe ait* CONNU (J. GIRAUDOUX, *Sans pouvoirs*, p. 25).

Remarques. — 1. Avec *un de ceux que, une de celles que*, ce sont *ceux, celles* qui commandent l'accord : *Voici un de ceux que vous avez* SAUVÉS.

2. Quand *un(e) de(s)... que* contient un attribut, c'est ordinairement le nom pluriel qui commande l'accord [1] :

C'est une des plus belles actions qu'il ait FAITES (LITTRÉ). — *C'est un des déments les plus singuliers que j'aie* VUS (MAUPASSANT, *Boule de suif*, p. 131). — *L'abbé Carron (...) était une de ces natures merveilleuses que Dieu a* DOUÉES (...) *du don instinctif de l'aumône* (SAINTE-BEUVE, *Volupté*, XX). — *M. Carbon est un des hommes que j'ai le plus* AIMÉS (RENAN, *Souvenirs d'enf. et de jeun.*, V, 1). — *Son roman est un des plus hardis que j'aie* LUS (A. THÉRIVE, dans le *Temps*, 3 mars 1948). — *Vous êtes une des femmes les plus intelligentes que j'aie* RENCONTRÉES (E. JALOUX, *L'Alcyone*, II). — *Kant fut assurément une des plus fortes têtes que l'on ait* CONNUES (ALAIN, *Propos de Littérature*, LIII). — *Il s'abandonnait à une méditation qui est une des plus belles et des plus tristes qu'il ait* ÉCRITES (A. MAUROIS, *Chateaubriand*, p. 421). — *C'est l'une des plus belles leçons qu'il nous ait* LAISSÉES (G. CLEMENCEAU, *Démosthène*, p. 124). — *Un immense platane, qui est bien l'un des plus beaux arbres que j'aie* VUS (A. GIDE, *Journal 1939-1942*, p. 50). — *C'est un des spectacles les plus pénibles que j'aie* VUS (M. ARLAND, *La Vigie*, p. 182).

On notera que *un(e) des..., un(e) de...*, mis en relief par le gallicisme *c'est ... que*, forment une tournure toute différente de celle dont il vient d'être question ; dans ce cas, c'est toujours *un(e)* et le nom singulier qui règlent l'accord : *C'est un de nos généraux qu'on a* CHOISI. [Sans la mise en relief : *On a choisi un de nos généraux.*]

794. Participe passé suivi d'un infinitif [2].

a) Le participe passé conjugué avec *avoir* et suivi d'un infinitif pur

---

1. L'usage n'est pas bien fixé (voy. la note 2, p. 760) : *Les recueils des estampes du roi ont été souvent un des plus magnifiques présents qu'il ait* FAIT *aux ambassadeurs* (VOLT., *L. XIV*, 33). — *L'histoire d'Aristée est un des plus beaux contes que jamais grand poète nous ait* CONTÉ (A. BELLESSORT, *Virgile*, p. 143). — *Je suis très touché que vous m'ayez fait l'honneur de m'envoyer votre livre sur Dostoïevsky qui est un des meilleurs que vous ayez* ÉCRIT (P. CLAUDEL, dans la *Corresp. Claudel-Gide*, p. 238).

2. Voir à la fin du volume l'arrêté du 26 février 1901 : *Liste*, IX, 2.

ou prépositionnel s'accorde lorsque le pronom objet direct qui précède se rapporte à ce participe :

Les violonistes que j'ai ENTENDUS *jouer* (J'ai entendu qui ? — *que*, c.-à-d. les violonistes, qui jouaient). — *Je les ai* VUS *partir comme trois hirondelles* (HUGO, *F. d'aut.*, VI). — *J'aurais eu (...) des chèvres que j'aurais* MENÉES *brouter dans les buissons* (G. SAND, *Valentine*, XIV). — *On les a toutes* LAISSÉES *aller* (Rem. 2) (AC., s.v. *aller*). — *Elle s'est* LAISSÉE *mourir* (G. BERNANOS, *Mons. Ouine*, p. 224). — *Les personnes que j'ai* ENVOYÉES *régler cette affaire. Les comédiens qu'on a* EMPÊCHÉS *de jouer, qu'on a* AUTORISÉS *à jouer*.

Ce sont les participes passés des verbes de perception *apercevoir, écouter, entendre, regarder, sentir, voir,* et de quelques autres comme *envoyer, laisser, mener,* etc., qui, suivis d'un infinitif pur, peuvent admettre cet accord.

On remarquera que le pronom objet direct est en même temps sujet de l'infinitif.

b) Mais le participe reste invariable lorsque le pronom objet direct qui précède se rapporte à l'infinitif :

Les airs que j'ai ENTENDU *jouer* (J'ai entendu quoi ? *jouer que*, c.-à-d. jouer les airs). *La mauvaise humeur qu'il a* LAISSÉ *voir. Les mesures qu'il a* VOULU *prendre, qu'il a* OSÉ *prendre, qu'il a* PRÉFÉRÉ *prendre. Ces personnes n'arrivaient pas ; je les ai* ENVOYÉ *chercher. Les brebis qu'on a* MENÉ *égorger* [1]. *Les comédies qu'on a* EMPÊCHÉ *de jouer, qu'on a* AUTORISÉ *à jouer.* — *La matière (...) que j'ai* CHERCHÉ *à pétrir* (M. BARRÈS, *Mes Cahiers*, t. XIV, p. 170).

N. B. — Pratiquement on peut recourir à un des moyens suivants pour reconnaître si le pronom objet direct se rapporte au participe ou à l'infinitif :

1° Intercaler le pronom (ou le nom qu'il remplace) entre le participe et l'infinitif, puis tourner l'infinitif, soit par le participe présent, soit par une proposition relative à l'imparfait, soit par l'expression *en train de :* si la phrase garde son sens, faire l'accord : *Je les ai* VUS *sortir : j'ai vu eux sortant, j'ai vu eux qui sortaient, je les ai vus en train de sortir.*

2° Si l'infinitif est suivi ou peut être suivi d'un complément d'agent introduit par la préposition *par,* laisser le participe invariable : *Ces arbres, je les ai* VU *abattre* (par le bûcheron).

3° Si le pronom objet direct représente l'être qui fait l'action marquée par l'infinitif, accorder le participe.

---

1. Observation concernant les verbes de mouvement *mener, amener, emmener, conduire, envoyer,* construits avec un infinitif de but : Dans une phrase comme *Voyez les brebis qu'ils ont* MENÉES *paître,* le pronom *que* est bien objet direct de *ont mené* [ils ont mené quoi ? — *que,* c.-à-d. les brebis], et l'on peut dire : *ils ont mené les brebis | paître.* — Mais dans une phrase comme *Voyez les brebis qu'ils ont* MENÉ *égorger,* le pronom *que* est objet direct, non de *ont mené,* non de *égorger,* mais du bloc *ont mené égorger* [ils ont mené égorger quoi ? — *que,* c.-à-d. les brebis] ; ici *mener égorger* forme un tout, une périphrase indivisible : l'infinitif ne saurait être détaché de *mener,* et l'on ne pourrait pas dire : *ils ont mené les brebis | égorger ;* il faut nécessairement joindre l'infinitif à *ont mené* et dire : *ils ont mené égorger | les brebis.*

Remarques. — 1. Le participe *fait* suivi immédiatement d'un infinitif est toujours invariable, parce qu'il fait corps avec l'infinitif et constitue avec lui une périphrase factitive : *Je les ai* FAIT *chercher partout* (Ac.). — *Cette femme s'est* FAIT *peindre* (ID.). — *Je les ai* FAIT *combattre, et voilà qu'ils sont morts !* (HUGO, *Hern.*, III, 4.)

« Dans cette construction, *faire* donne à la phrase un sens causatif ; c'est par cet artifice que la français a remplacé les verbes causatifs qui se trouvent dans certaines langues ; aussi, en cet emploi, *fait* est toujours invariable : *les soupçons qu'il a* FAIT *naître*, et non *qu'il a* FAITS *naître*, parce que *faire naître* est considéré comme un seul mot. » (LITTRÉ.)

2. Certains grammairiens et certains auteurs, estimant que *laissé* et l'infinitif qui suit forment une locution dans laquelle rien n'est à intercaler, ne font pas l'accord. Avec Littré il faut reconnaître que si la règle d'accorder le participe en ce cas prévaut aujourd'hui, elle n'est pas absolue et qu'il y a lieu, quand on veut, de voir dans la locution un gallicisme :

Je les aurais LAISSÉ *faire* (MAUPASSANT, *Le Trou*). — *Ceux qu'elle avait* LAISSÉ *monter après quelques hésitations* (M. PROUST, *Du côté de chez Swann*, I, p. 104). — *Diverses sauces que j'y ai* LAISSÉ *couler* [sur mon collet] (A. FRANCE, *La Rôtisserie...*, p. 113). — *Un peu gênée de s'être* LAISSÉ *aller à cet enfantillage* (R. MARTIN DU GARD, *Les Thibault*, II, p. 277). — *Reprenez la cognée où nous l'avons* LAISSÉ *tomber* (R. ROLLAND, *Les Précurseurs*, p. 30). — *Comme les brebis, fatiguées, s'étaient* LAISSÉ *choir* (J. GIRAUDOUX, *Les Contes d'un matin*, p. 28). — *Sa maman s'est* LAISSÉ *aller dans son grand fauteuil* (A. LICHTENBERGER, *Les Contes de Minnie*, p. 235). — *Les rabatteurs se sont* LAISSÉ *glisser* (J. de PESQUIDOUX, *Chez nous*, t. I, p. 39). — *Mes chers collègues, je vous ai* LAISSÉ *parler* (J. BOULENGER et A. THÉRIVE, *Les Soirées du Grammaire-Club*, p. 106). — *Toutes les heures que (...) j'ai* LAISSÉ *choir dans l'infini* (G. DUHAMEL, *La Pierre d'Horeb*, p. 258). — *Jeannot, Paul, Michel Auclair, sont venus me voir. On les a* LAISSÉ *entrer* (J. COCTEAU, *La Belle et la Bête*, p. 132). — *Virginie regarde sa main blanche qu'elle a* LAISSÉ *glisser sur sa robe* (G. BERNANOS, *Dialogue d'ombres*, p. 153).

N. B. — Dans l'usage, il règne en ceci une grande confusion : non seulement, comme on vient de le voir, *laissé* reste souvent invariable là où la règle des grammairiens demanderait l'accord, mais, par un mouvement contraire, on l'accorde fréquemment là où ladite règle le voudrait invariable : *En supposant même que le souverain des Tartares ou ses ministres se fussent* LAISSÉS *gagner par des promesses* (MÉRIMÉE, *Les Cosaques d'autrefois*, p. 140). — *Ils ne se sont pas* LAISSÉS *pincer* (E. JALOUX, *Le Dernier Acte*, p. 155). — *Je me suis souvent demandé (...) comment il se faisait que la littérature se soit ainsi* LAISSÉE *distancer* (A. GIDE, *Les Faux-Monnayeurs*, p. 422). — *Si l'on peut admettre que les braves gens (...) se soient* LAISSÉS *duper* (R. ROLLAND, *Au-dessus de la mêlée*, pp. 11-12). — *La maison s'était* LAISSÉE *pétrir par cette mort* (J. ROMAINS, *Mort de quelqu'un*, p. 148). — *L'Inconnue qui s'est* LAISSÉE *vaincre* (A. FRANCE, *M. Bergeret à Paris*, p. 249). — *Cette bonne vieille bourgeoisie française où je me suis* LAISSÉE *engluer* (P.-H. SIMON, *Elsinfor*, p. 167). — *Elle ne s'était pas* LAISSÉE *surprendre par la mort de son père* (A. CHAMSON, *La Neige et la Fleur*, p. 271). — *Elle s'est* LAISSÉE *prendre à ce sombre éclat* (Th. MAULNIER, *Le Profanateur*, III, 1). — *Elle s'était* LAISSÉE *ruiner par un fourbe* (H. TROYAT, *Tant que la terre durera...*, p. 610). — *Certains corps s'étaient* LAISSÉS *entièrement surprendre* (F. GREGH, *L'Âge de fer*, p. 139).

3. Certains participes marquant opinion ou déclaration (*affirmé, assuré, cru, dit, espéré, estimé, nié, pensé, prétendu*, etc.) et suivis d'un infinitif, dans des phrases du type *Les personnes qu'on a dit venir de loin*, sont invariables, l'infinitif étant l'élément essentiel de leur objet direct [1] :

Des disputes théologiques, qu'on a toujours REMARQUÉ *devenir frivoles* (MONTESQ., *Consid.*, 22). — *C'est la peur, qu'on a* DIT *avoir inventé tant de choses, qui fit imaginer ces sortes de prestiges* (ID., *Espr.*, XXVIII, 22). — *Ces lettres, que vous m'avez* DIT *être de madame d'Ange* (A. DUMAS f., *Le Demi-Monde*, III, 12). — *Une éducation que j'ai* SU *depuis avoir été brillante* (P. BOURGET, *Drames de famille*, p. 41). — *Des sublimités qu'on a* RECONNU *être des fautes du copiste* (A. FRANCE, *Le Jardin d'Épicure*, p. 223). — *Une petite coupe de porcelaine, vieille et qu'on eût* CRU *venir d'un Orient plus lointain* (A. GIDE, *Incidences*, p. 107). — *Une chambre (...) qu'elle leur avait* DIT *être le petit salon* (A. BILLY, *Nathalie*, p. 326). — *Il se sentait la proie d'une émotion (...) qu'il eût* SOUHAITÉ *être la crainte* (J. de LA VARENDE, *Man' d'Arc*, p. 67). — *Une de ces choses qu'il lui avait* DIT *lui faire si plaisir* (M. PROUST, *Jean Santeuil*, t. III, pp. 127-128).

4. *Eu, donné* et *laissé*, suivis d'un infinitif introduit par *à*, sont logiquement invariables quand le sens indique clairement que le pronom complément doit être rapporté, non au participe, mais à l'infinitif : *Les volcans que j'ai* EU *à nommer* [à la question « j'ai eu quoi ? » il faut répondre non pas : j'ai eu *que* (c.-à-d. les volcans) à nommer, — mais : j'ai eu *à nommer* que (c.-à-d. à nommer les volcans)]. — *La comète qu'on m'a* DONNÉ *à décrire. La grosse somme que vous m'avez* LAISSÉ *à chercher*. — L'usage des bons auteurs se plie à ces exigences du sens ; il sait d'ailleurs faire, à l'occasion, entre l'accord et l'invariabilité de ces participes, une certaine distinction : *Les ennemis que j'ai* EUS *à combattre* (LITTRÉ, s.v. *avoir*, Rem. 2) [j'ai eu quoi ? — *que* (c.-à-d. les ennemis) à combattre ; le sens est : j'ai eu des ennemis et je les ai combattus] ; — *Les ennemis que j'ai* EU *à combattre* (LITTRÉ, *ibid.*) [j'ai eu quoi ? — *à combattre* que (c.-à-d. à combattre les ennemis) ; le sens est : j'ai dû combattre des ennemis]. — Mais, d'une façon générale, à moins que le sens n'impose absolument l'invariabilité, les auteurs considèrent qu'il est indifférent de rapporter au participe ou à l'infinitif le pronom complément et optent, sans raison impérieuse, tantôt pour l'accord, tantôt pour l'invariabilité :

a) Les difficultés qu'il eût EUES *à surmonter* (STENDHAL, *La Chartr. de Parme*, t. II, p. 370). — *De la laine qu'on lui avait* DONNÉE *à filer menu* (G. SAND, *François*

---

1. « Puisqu'on dit : *On l'a* CRUE *morte*, ne faut-il pas dire aussi *cette femme qu'on avait* CRUE *être morte ?* On y inclinerait volontiers. Plusieurs accepteraient : *la solution qu'on m'a* ASSURÉE *être la meilleure* [cf. : *Ayant succinctement accordé les choses qu'il a* JUGÉES *être suffisamment démontrées* (DESCARTES, *Rép. aux 1res obj.*, 2, dans LITTRÉ, s. v. *nœud*, 8o)]. La règle n'a pourtant pas passé, les « maîtres de la langue » ayant eu plus ou moins vaguement conscience que le complément n'est pas seulement *que* comme dans : *la maison que j'avais* ASSURÉE *a brûlé*. » (F. BRUNOT, *La Pens. et la L.*, p. 350.)

le Champi, III). — *La première lettre de ce genre que j'aie* EUE *à écrire* (R. ROLLAND, *Au-dessus de la mêlée*, p. 69). — *Ces troupeaux fabuleux que l'on m'a* DONNÉS *à égorger* (P. CLAUDEL, dans le *Figaro litt.*, 27 sept. 1947). — *J'ai eu faim de toute la terre et vous ne me l'avez pas* DONNÉE *à manger* (L. BLOY, *Le Sang du Pauvre*, p. 32). — *Cette lettre dérobée, on la lui avait* DONNÉE *à lire* (F. FABRE, *Mon Oncle Célestin*, IV, 3). — *Les problèmes qu'il nous a* LAISSÉS *à résoudre* (A. SALACROU, *L'Archipel Lenoir*, II). — *Cependant Emily travaillait aux chemises que Miss Easting lui avait* DONNÉES *à coudre* (J. GREEN, *Mont-Cinère*, XXVIII). — *Tous les blessés que j'avais* EUS *à traiter* (G. DUHAMEL, *La Pesée des âmes*, p. 178). — *Il se rappela les lettres qu'elle lui avait* DONNÉES *à mettre à la poste* (M. PROUST, *Jean Santeuil*, t. III, p. 133). — *La leçon que je lui ai* DONNÉE *à étudier* (AC., s. v. *donner*).

b) Voilà les ennemis que la reine a EU *à combattre* (BOSS. *R. d'Angl.*). — *La rançon qu'il avait* EU *à payer* (E. et J. de GONCOURT, *Renée Mauperin*, XXXV). — *La seule turpitude que les doctrinaires et les républicains lui eussent* LAISSÉ *à désirer* (L. BLOY, *Le Désespéré*, p. 341). — *Les combats qu'il a* EU *à soutenir* (M. PROUST, *Chroniques*, p. 146). — *Les décisions qu'il avait* EU *à prendre* (R. MARTIN DU GARD, *Les Thibault*, VI, p. 134). — *La contrainte qu'elle avait* EU *à subir* (J. GREEN, *Adrienne Mesurat*, p. 166). — *Quelque course que précisément il avait* EU *à faire* (A. GIDE, *Les Faux-Monnayeurs*, p. 100). — *Les luttes qu'elles ont* EU *à soutenir* (J. et J. THARAUD, *Le Rayon vert*, p. 169). — *Tant de persécutions qu'il aurait* EU *à subir* (L. BATIFFOL, *Richelieu et Corneille*, p. 192). — *Ceux* [les problèmes] *qu'avaient* EU *à résoudre Louis XI et même saint Louis* (J. BENDA, *Précision, 1930-1937*, p. 56).

N. B. — Le pronom objet direct qui précède le participe ne peut évidemment se rapporter qu'à ce participe lorsque l'infinitif a un objet direct distinct : *Les peines que nos parents ont* EUES *à nous élever* [nos parents ont eu *que* (c.-à-d. des peines) à nous élever].

5. Quand le participe suivi d'un infinitif est précédé de l'adverbe pronominal *en* (§ 795), on le laisse invariable : *Hélas ! que j'en ai* VU *mourir de jeunes filles !* (HUGO, *Orient.*, XXXIII, 1.) — *Que j'en ai* VU *sortir sous les huées !* (M. BARRÈS, *Mes Cahiers*, t. XIV, p. 140.)

795. Participe passé précédé de *en*.

a) Selon la plupart des grammairiens, on laisse invariable le participe passé précédé de l'adverbe pronominal *en ;* on justifie cette invariabilité en disant que *en* est un neutre partitif signifiant « de cela, une partie de cela » et qu'il est, non pas objet direct du participe, mais complément déterminatif du nom *partie* (ou *quantité*) sous-entendu :

Voyez ces fleurs, en avez-vous CUEILLI ? (LITTRÉ.) — *Des yeux de statue, on en avait* VU *par milliers* (P. LOTI, *La Mort de Philæ*, p. 5). — *Une demoiselle entre deux âges, avec des cheveux acajou comme je n'en avais jamais* VU *à personne* (H. BORDEAUX, *La Maison*, I, IV). — *Ses imprudences à lui, s'il en a* COMMIS, *furent élevées* (H. BREMOND, *Apologie pour Fénelon*, p. 81). — *Des gens pareils, je n'en ai* VU *que dans les tableaux vénitiens* (J. et J. THARAUD, *L'An prochain à Jérusalem !* p. 39). — *Des hommes admirables ! Il y en a. J'en ai* CONNU (G. DUHAMEL, *Les Maîtres*, p. 302). — *Voulant déjà mettre mes résolutions (car j'en avais* PRIS*) à l'épreuve* (A. GIDE, *La Porte étroite*, p. 31).

N. B. — Cette règle est fort précaire. En réalité, l'usage est très indécis et l'accord a souvent lieu, *en* étant senti, non comme un neutre, mais comme un complément d'objet partitif dont le genre et le nombre sont ceux du nom représenté[1] :

Ses ordres, s'il en a DONNÉS*, ne me sont pas parvenus* (STENDHAL, *Corr.*, t. II, p. 380). — *Un homme capable de découvrir en douze ans autant de choses et de si utiles que Suzanne en a* DÉCOUVERTES *en douze mois serait un mortel divin* (A. FRANCE, *Le Livre de mon ami*, p. 211). — *Nous avons eu, dans la bourgeoisie française et même parmi les paysans (j'en ai* CONNUS*), des aïeux et des pères (...) dont l'âme vivait de cette religion-là* (J. LEMAITRE, *Jean-Jacques Rousseau*, p. 284). — *J'ai déchiré de mes brouillons bien plus de feuillets que je n'en ai* GARDÉS (M. BARRÈS, *Le Génie du Rhin*, Préf.). — *Il* [des vers] *eussent donné à André de Guerne plus de chances de passer à la postérité que ne lui en ont* PROCURÉES *les quinze mille alexandrins de ses « Siècles morts »* (H. de RÉGNIER, *Nos Rencontres*, p. 141). — *C'est une chose merveilleuse comme on n'en a jamais* VUE (H. BORDEAUX, *La Nouv. Croisade des Enfants*, p. 187). — *Fais comme les Auvergnats. Tu en as* VUS *par ici* (Ch.-L. PHILIPPE, *Le Père Perdrix*, p. 53). — *Mais les fleurs, il n'en avait jamais* VUES (M. PROUST, *Le Temps retrouvé*, I, p. 31). — *Une passion paternelle telle que je n'en avais pas encore* RENCONTRÉE (É. ESTAUNIÉ, *L'Appel de la route*, p. 25). — *Des villages de la plaine, je n'en avais encore jamais* VUS (J. et J. THARAUD, *La Rose de Sâron*, p. 22). — *Des yeux comme on n'en a jamais* VUS (E. JALOUX, *La Fête nocturne*, V). — *Il quitte, sans plus de formes qu'il n'en a* SUIVIES *pour y entrer, cette armée...* (A. MAUROIS, *Mes Songes que voici*, p. 94). — *Près de fermer l'album, il venait d'y voir une photographie de Mlle Sylva. Il n'en avait jamais* VUE (Cl. FARRÈRE, *Les Civilisés*, XVI). — *La peur a détruit plus de choses en ce monde que la joie n'en a* CRÉÉES (P. MORAND, *Rond-point des Champs-Élysées*, p. 28). — *Ma mère ? mais jusqu'alors je n'en avais point* EUE (M. ARLAND, *Étienne*, p. 63). — *Des connaissances, des conseils, mes trois fils en ont* REÇUS (G. DUHAMEL, *La Musique consolatrice*, p. 87). — *Une joie discrète, mais telle qu'il n'en avait jamais* MONTRÉE *en ma présence* (H. BOSCO, *Malicroix*, p. 152). — *Une immense muraille telle que les hommes n'en ont jamais* CONSTRUITE (J. GREEN, *Journ.*, t. I, p. 245).

Évidemment, dans des phrases comme la suivante, l'accord est commandé non par le mot *en*, mais par un pronom objet direct placé avant le participe ; *en*, d'ailleurs, n'a plus ici aucune valeur partitive : *Il retournait contre sa mère les armes qu'il en avait* REÇUES (R. ROLLAND, *Jean-Christophe*, t. IV, p. 31).

b) Lorsque, dans la proposition même où il se trouve, le participe passé est associé à un adverbe de quantité (*beaucoup, combien, tant,*

---

1. Quand on considère des phrases comme la suivante, où le participe précédé de *en* et laissé invariable se trouve tout à côté d'un autre participe, accordé, lui, avec le nom représenté par *en*, on doit bien reconnaître qu'il y a là une étrange discordance et que l'accord du premier participe serait justifié : *En ai-je* VU *jetés à terre par les politiciens de ces courageux officiers !* (M. BARRÈS, *L'Union sacrée*, p. 69.)

trop, plus, que, etc.) ayant pour complément le pronom partitif *en,* il reste souvent invariable [1] :

> *Pour des savants et des commentateurs, le seizième et le dix-septième siècle en avaient beaucoup* PRODUIT (VOLT., *L. XIV,* 32). — *J'en ai tant* VU, *des rois !* (HUGO, *F. d'aut.,* III.) — *Tu m'as dit que les romans te choquent ; j'en ai beaucoup* LU (MUSSET, *Il ne faut jurer de rien,* III, 4). — *Si l'on donnait une couronne civique à celui qui sauve une vie humaine, combien n'en eût-il pas* REÇU ! (MICHELET, *La Mer,* Notes.) — *Que j'en ai* ENTENDU, *miséricorde ! que j'en ai* SUBI, *l'an dernier de ces magnifiques dissertations sur la trombe de Monville !* (FLAUBERT, *Corr.,* t. I, p. 136.) — *Tolède a possédé dans le Greco un de ces artistes, comme l'Italie de la Renaissance en a tant* CONNU (M. BARRÈS, *Greco,* p. 32). — *Les images de cette sorte, on nous en a tant* MONTRÉ... (G. DUHAMEL, *Tribulations de l'espérance,* p. 101). — *J'en avais tant* EU *depuis, des élèves* (P. MORAND, *Champions du monde,* p. 47).

N. B. — Ici encore la règle est très précaire, et il n'est pas rare de rencontrer ce participe accordé avec le nom représenté par *en :*

> *Des pleurs, ah ! ma faiblesse en a trop* RÉPANDUS ! (VOLT., *Oreste,* II, 2.) — *On saurait (...) combien de gens il a convertis, combien il en a* CONSOLÉS (L. VEUILLOT, *Histor. et Fant.,* p. 136). — *Mais M. Spronck pourra répondre qu'en fait de questions difficiles, il en a déjà trop* TOUCHÉES *dans son livre* (F. BRUNETIÈRE, *Essais sur la Littér. contemp.,* p. 230). — *Ce sont vos lettres qui m'ont grisée ! Ah ! songez Combien depuis un mois vous m'en avez* ÉCRITES (E. ROSTAND, *Cyrano,* IV, 8). — *C'était là une de ces constructions psychologiques comme j'en ai tant* BÂTIES (P. BOURGET, *Le Sens de la Mort,* p. 220). — *Ce n'est qu'un crachat de plus sur la face ruisselante d'une*

---

1. Le cas du participe passé précédé de *en* et d'un adverbe de quantité est controversé. Les uns veulent que ce participe soit toujours invariable ; d'autres admettent l'accord par syllepse quand l'adverbe de quantité précède *en* (*Autant d'ennemis il a attaqués, autant il en a* VAINCUS), mais ne l'admettent pas quand cet adverbe suit le pronom *en* (*De bons livres, j'en ai beaucoup* LU). D'autres encore enseignent qu'il n'est pas incorrect de faire accorder le participe terminé par une voyelle avec le nom représenté par *en* (*Il y avait des lièvres ; combien en avez-vous* TIRÉS ? — Mais : *Il y avait des truites ; combien en avez-vous* PRIS ?). D'autres enfin font toujours l'accord, sauf dans l'interrogation indirecte (*Combien en a-t-on* VUS... ! — Mais : *Vous avez pêché des truites ; je sais combien vous en avez* PRIS).

Le Dictionnaire de l'Académie garde le silence sur ce cas épineux. Pratiquement, le mieux est de laisser ce participe invariable dans tous les cas.

« Il n'y a aucune raison pour ne pas dire (...), malgré les grammairiens, et en fait on dit certainement : *plus vous avez reçu de lettres, moins vous en avez* ÉCRIT ; *autant vous avez reçu de lettres, autant vous en avez* ÉCRIT ; *j'ai reçu de vous beaucoup de lettres, combien m'en avez-vous* ÉCRIT ? De même, *moins je vous ai demandé de faveurs, plus vous m'en avez* PROMIS ; *des tentatives, je ne sais combien j'en ai* FAIT. Il n'y a donc pas lieu de se préoccuper de savoir si *en* est accompagné d'un adverbe de quantité, si cet adverbe est avant ou après *en,* si le substantif qu'il représente a déjà été exprimé ou ne le sera qu'ensuite, toutes distinctions que l'usage ignore parfaitement. » (MARTINON, *Comment on parle en français,* p. 482.)

société soi-disant chrétienne, qui en a déjà tant REÇUS (L. BLOY, *Le Désespéré*, p. 271). — *Des gens comme nous en avons tant* CONNUS (Ch. PÉGUY, *Souvenirs*, p. 101). — *Un de ces documents confirmatifs, comme les derniers temps en ont tant* PRODUITS (J. BAINVILLE, *Bismarck et la France*, p. 136). — *J'attendais un de ces mots de madame de Chanclos, comme j'en avais tant* REÇUS (R. BOYLESVE, *Le Meilleur Ami*, p. 178). — *Je ne peux pas dire qu'elle les redoute* [les accidents] *parce qu'elle en a* EUS *beaucoup* (E. JALOUX, *La Chute d'Icare*, p. 15). — *C'est une de ces explications politiques, telles que Corneille en a tant* ÉCRITES (J. SCHLUMBERGER, *Plaisir à Corneille*, p. 222). — *Combien n'en avait-il pas* CONNUS, *lui, Péguy, qui, grâce au bergsonisme, avaient cheminé vers la joi !* (H. MASSIS, *Notre ami Psichari*, p. 188.) — *Ce n'est donc pas à la détresse morale que je pense, mais à la simple, à l'affreuse détresse physique. Hélas ! que j'en ai* VUES ! (J.-J. BERNARD, *Le Camp de la Mort lente*, p. 64.)

Hist. — Avec le participe passé précédé de *en*, que ce pronom fût ou non complément d'un adverbe de quantité, l'accord était autrefois facultatif : *Et de ce peu de jours si longtemps attendus, Ah ! malheureux, combien j'en ai déjà* PERDUS ! (RAC., *Bér.*, IV, 4.) — *Combien en as-tu* VU, *je dis des plus huppés* (ID., *Plaid.*, I, 4). — *Combien en a-t-on* VUS *Qui du soir au matin sont pauvres devenus !* (LA F., *F.*, V, 13.) — *Je ne veux pas vous faire pitié, puisque vous n'en avez pas déjà* EUE *pour moi* (RAC., t. VI, p. 385, note 3).

796. Participe passé des verbes pronominaux.

Remarques préliminaires. — 1. Dans les verbes pronominaux, on l'a vu (§ 601), tantôt le pronom est réellement objet direct ou indirect (ce sont les verbes pronominaux réfléchis et les verbes pronominaux réciproques), tantôt ce pronom, censément préfixé ou aggluliné, n'est ni objet direct ni objet indirect. On a vu aussi (§ 602) que le verbe pronominal a parfois la valeur passive.

2. Il faut se rappeler que tous les verbes pronominaux se conjuguent avec *être* (§ 656, 1°). — Avec les verbes pronominaux réfléchis ou réciproques, si l'on veut découvrir l'objet direct, on aura soin de substituer *avoir* à *être* : *Ils se sont donnés aux Romains* (Ils ONT donné qui ? — *se*, c.-à-d. eux-mêmes). *Ils se sont donné un maître* (Ils ONT donné qui ? — *un maître*). *Ils se sont imposé des pénitences* (Ils ONT imposé quoi ? — *des pénitences*). *Ils se sont concilié la sympathie de tous* (Ils ONT concilié quoi ? — *la sympathie*). *Ils se sont imaginé qu'on les persécutait* (Ils ONT imaginé quoi ? — *qu'on les persécutait*).

a) Le participe passé des verbes pronominaux **réfléchis** ou **réciproques** s'accorde avec le pronom réfléchi quand celui-ci est objet direct [1] : *Ils se sont* BAIGNÉS (Ils ont baigné *se*, c.-à-d. eux-mêmes).

---

1. On observe, dans l'usage populaire, et parfois même chez d'excellents auteurs, une tendance instinctive à faire accorder, dans tous les cas, le participe des verbes pronominaux avec le sujet : *Elle s'était* IMAGINÉE *qu'elle allait connaître...* (M. PROUST, *Du côté de chez Swann*, t. II, p. 39). — *La France s'est* ASSIMILÉE *les conquêtes artistiques de la Renaissance italienne* (P. GAXOTTE, *Hist. des Français*, t. I, p. 508). — *Eugénie Smirnoff s'était* COMMANDÉE *un chapeau...* (H. TROYAT, *Le Sac et la Cendre*, p. 386). — *Il déçoit Dora qui s'était* FORMÉE, *elle aussi, une image merveilleuse de l'époux absent* (Fr. AMBRIÈRE, dans le *Mercure de Fr.*, janv. 1947, p. 134).

Nous nous sommes DÉGAGÉS *de toute responsabilité. Pierre et Paul se sont* BATTUS, *puis se sont* RÉCONCILIÉS. *Ils se sont* ENTRAIDÉS.

Remarques. — 1. On fera attention qu'à côté du pronom réfléchi objet indirect on peut avoir un pronom objet direct, qui commande l'accord : *Les pénitences qu'il s'est* IMPOSÉES (Il a imposé *que*, c.-à-d. *les pénitences*, à lui-même). *Tous ceux qu'il s'est* CONCILIÉS. *Les choses qu'ils se sont* IMAGINÉES. *Cette permission, il se l'est* ACCORDÉE. *Les droits qu'il s'est* ARROGÉS.

2. Pour l'accord du participe passé d'un verbe pronominal suivi de l'infinitif, on applique la règle exposée au § 794 : *Elle s'était* LAISSÉE *mourir* (A. BELLESSORT, *Virgile*, p. 200). — *Elle s'était* LAISSÉ *murer dans ce tombeau* (P. LOTI, *Ramuntcho*, p. 223). — *Leurs leçons se sont* FAIT *entendre* (E. FROMENTIN, *Un Été dans le Sahara*, p. 70). — *Elle ne s'est pas* SENTIE *mourir* (M. ARLAND, *Terre natale*, p. 108). — *Elle s'est* SENTI *piquer par un moustique.*

3. Le participe des verbes suivants est toujours invariable, parce que ces verbes ne peuvent jamais avoir d'objet direct :

se convenir	se parler (parler à soi)	se complaire	se succéder
se nuire	se plaire (plaire à soi)	se ressembler	se suffire
s'entre-nuire	se déplaire (déplaire à soi)	se sourire	se survivre

Ils se sont NUI. *Ils se sont* SUFFI *à eux-mêmes. Ils se sont* PLU *l'un à l'autre. Les rois qui se sont* SUCCÉDÉ *sur le trône.*

4. Certains verbes transitifs directs offrent une construction double : *assurer, persuader qq. ch. à qqn ; assurer, persuader qqn de qq. ch.* Lorsque ces verbes ont la forme pronominale, il faut examiner si le pronom réfléchi est objet direct ou objet indirect : *Nous nous sommes* ASSURÉ *des vivres pour six mois* (nous avons assuré des vivres à nous). *Nous nous sommes* ASSURÉS *de cette nouvelle* (nous avons assuré nous de cette nouvelle). *Ils se sont difficilement* PERSUADÉ *nos malheurs. Ils se sont* PERSUADÉS *de notre innocence.*

Lorsque *se persuader* est suivi d'une subordonnée objet introduite par *que*, l'accord du participe est facultatif : *Ils se sont* PERSUADÉ(S) *que l'occasion était bonne* (ils ont persuadé eux que… ; ou bien : ils ont persuadé à eux que…). — *Ils s'étaient* PERSUADÉ *qu'on n'oserait les contredire* (AC.). — *Elle s'est* PERSUADÉ *que la gloire de la femme est de s'élever au-dessus des sens* (É. FAGUET, *En lisant Molière*, p. 227). — *Jacques était en retard ; (…) elle s'était* PERSUADÉE *qu'il lui était arrivé quelque chose* (R. MARTIN DU GARD, *Les Thibault*, VII, 3, p. 116). — *Amélie s'était* PERSUADÉE *qu'il n'aurait pas avant longtemps l'occasion de se représenter à elle* (H. TROYAT, *Les Semailles et les Moissons*, p. 251).

5. Quand le participe passé d'un verbe pronominal est suivi d'un attribut du pronom réfléchi, il s'accorde généralement avec ce pronom réfléchi [1] (comparez : § 789) :

---

1. On peut dire, si l'on veut, que, ce pronom réfléchi n'étant ni objet direct ni objet indirect, l'accord se fait avec le sujet (comparez ci-après : *b*).

Junie (...) S'est VUE *en ce palais indignement traînée* (RAC., *Brit.*, I, 3). — *Hélène s'était* CRUE *à jamais abandonnée* (STENDHAL, *L'Abbesse de Castro*, IV). — *Cosette s'était toujours* CRUE *laide* (HUGO, *Les Misér.*, IV, 3, 5). — *Je me suis* CRUE *à l'abri de l'outrage* (G. SAND, *Elle et Lui*, II). — *Irène, qui s'était* CRUE *sauvée* (A. HERMANT, *Le Caravansérail*, XIV). — *Je me suis* CRUE *morte* (G. BERNANOS, *Monsieur Ouine*, p. 79). — *Ils se sont* CRUS *des jurés chargés de condamner ou d'absoudre* (J. GIRAUDOUX, *L'Impromptu de Paris*, III). — *Ils se seraient* CRUS *amoindris* (P. MILLE, *Trois Femmes*, p. 23). — *Elle s'était* RENDUE *intéressante* (J.-J. GAUTIER, *Histoire d'un fait divers*, p. 171). — *Les horreurs dont les hommes se sont* RENDUS *coupables* (A. SIEG-FRIED, *L'Âme des peuples*, p. 22). — *Ils se sont* ESTIMÉS *heureux ; ils se sont* JUGÉS *capables de faire cela ; elles se sont* TROUVÉES *belles ; elles se sont* DITES *princesses ; ils se sont* AVOUÉS *vaincus ; ils se sont* RECONNUS *coupables ; ils se sont* DÉCLARÉS *nos amis.*

Puisqu'il n'est pas rare qu'on laisse le participe invariable dans des phrases du type *Ces personnes, je les ai* CRU *mortes* (§ 789), il semblerait qu'on pût écrire aussi : *Elles se sont* CRU *belles*. Mais cela ne se fait qu'assez rarement dans l'usage des auteurs : *L'inépuisable grondement de ces avions mêlait bien ces sangs qui s'étaient* CRU *adversaires* (A. MALRAUX, *L'Espoir*, p. 250).

b) Le participe passé des verbes pronominaux **avec pronom censément préfixé** ou **agglutiné** (qui n'est ni objet direct ni objet indirect) s'accorde avec le sujet :

Ils se sont ÉCHAPPÉS. *Elles se sont* SOUVENUES *de nos promesses. Nous nous sommes* APERÇUS *de notre erreur. Ils se sont* DOUTÉS *de la chose. Elles se sont* PLAINTES *de leur mémoire. Ils se sont* TROMPÉS. *Elles se sont* PROMENÉES. *Ils se sont* ENFUIS. *Elles se sont* TUES. *Elles se sont* REPENTIES *de leurs fautes.* — [Clavaroche à Jacqueline :] *Comment vous y êtes-vous* PRISE ? (MUSS., *Le Chandelier*, II, 1.) — *Comment s'y serait-elle* PRISE ? (A. DAUDET, *Jack*, t. I, p. 366.) — *Elle s'était* JOUÉE *de lui* (E. JALOUX, *L'Alcyone*, XIII).

Exceptions. — Le participe passé des quatre verbes *se rire, se plaire* (au sens de « trouver de l'attrait, se trouver bien »), *se déplaire* (= ne pas se trouver bien), *se complaire* (= se délecter en soi), est invariable : *Ils se sont* RI, *elles se sont* RI *de tous ces projets* (LITTRÉ). — *Elle s'était tant* PLU *dans la solitude du musée du roi René* (M. BARRÈS, *Le Jardin de Bérénice*, p. 54). — *Elle s'est* PLU *à vous contredire* (AC.). — *Elle s'est* DÉPLU *dans ce lieu.* — *Les travaux où elle s'est* COMPLU (DICT. GÉN.). — *Ils se seraient* COMPLU *dans la dissection de ces membres roidis* (E.-M. de VOGÜÉ, *Le Roman russe*, p. 162).

L'usage ordinaire laisse *plu, déplu, complu* invariables. Certains auteurs, traitant *se plaire, se déplaire, se complaire* comme les autres verbes pronominaux avec pronom censément préfixé, font *plu, déplu, complu* variables : *Chez tous elle s'était* PLUE *à éveiller l'amour* (A. MAUROIS, *Chateaubriand*, p. 294). — *Les romantiques se sont* PLUS *à camper un Français du seizième siècle, élégant, sceptique, raffiné* (P. GAXOTTE, *Hist. des Français*, t. I, p. 464). — *Elle* [une vieille] *venait de l'« Aigue » où elle s'est* DÉPLUE (L. VEUILLOT, *Corresp.*, t. II, p. 462). — *Quand ces jeunes gens, après s'être* COMPLUS *à ces spéculations d'un idéalisme abstrait...* (F. STROWSKI, dans *La Vie catho-*

lique dans la France contempor., p. 408). — *Les choses auxquelles nous nous étions constamment* COMPLUS (J. CASSOU, *Les Harmonies viennoises*, p. 174). — *Le souvenir des divines fantaisies (...) où s'est* COMPLUE *la nature au Liban* (J. et J. THARAUD, *Le Chemin de Damas*, p. 25). — *Cette époque (...) s'était* COMPLUE *à laisser sur elle une abondance de témoignages de détail* (A. THIBAUDET, *Hist. de la litt. fr.*, p. 364). — *Mme de Staël, qui longtemps s'y était* DÉPLUE [à Coppet], *avait animé peu à peu la paix de cette résidence* (É. HERRIOT, *Mme Récamier et ses amis*, p. 106). — *Presque jamais les hommes ne s'étaient* COMPLUS *à un aspect aussi barbare de la destinée et de la force* (ARAGON, *Le Paysan de Paris*, p. 145). — *Les révolutions se sont délicieusement* COMPLUES *à semer du chanvre ou du sel partout où les hommes civilisés s'étaient efforcés de sculpter le marbre ou de ciseler le bronze* (Cl. FARRÈRE, *La Seconde Porte*, p. 214).

c) Le participe passé des verbes pronominaux **passifs** s'accorde toujours avec le sujet : *La bataille s'est* LIVRÉE *ici. Ces livres se sont bien* VENDUS. *La langue latine s'est* PARLÉE *en Gaule.*

N. B. — Pour le participe passé d'un verbe pronominal ayant pour sujet *on*, la règle est analogue à celle qui a été donnée au § 782, Rem. 4 (voir aussi § 587, *c*, *N. B.*, 1) : *On s'est* BATTU, *on s'est* TROMPÉ. — Mais : *Ma chère enfant* (dira-t-on à une fillette), *quand on s'est* TROMPÉE, *on corrige son erreur.* — *Et s'étant* SALUÉS, *on se tourna le dos* (FLAUB., *Mme Bov.*, p. 169). — *Sept longues années qu'on ne s'était* VUS *!* (R. ROLLAND, *Les Léonides*, II, 6.)

797. Il est parfois difficile de discerner la valeur du pronom de forme réfléchie dans les verbes pronominaux. Le participe passé des verbes de la liste suivante s'accorde toujours : tantôt le pronom est censément préfixé, tantôt il est objet direct. — Subsidiairement on peut observer que le participe passé des verbes essentiellement pronominaux (c'est-à-dire qui n'existent que sous la forme pronominale) s'accorde toujours ; *s'arroger* toutefois fait exception.

s'absenter	se connaître à	s'endormir	s'extasier	se méprendre
s'abstenir	se dédire	s'enfuir	se féliciter	se moquer
s'acharner	se démener	s'ennuyer	se formaliser	s'opiniâtrer
s'acheminer	se départir de	s'enorgueillir	se gausser de	s'oublier
s'adonner	se désister	s'enquérir	se gendarmer	se pâmer
s'affaiblir	se disputer (avec)	s'en retourner	se hâter	se parjurer
s'agenouiller	se douter de	s'en revenir	s'immiscer	se plaindre
s'apercevoir de	s'ébahir	s'ensuivre	s'infatuer	se prélasser
s'approcher	s'ébattre	s'entendre à	s'infiltrer	se prendre à
s'arrêter	s'ébouler	s'envoler	s'ingénier	s'en prendre à
s'attacher à	s'échapper	s'éprendre de	s'ingérer	s'y prendre
s'attaquer à	s'écouler	s'escrimer	s'insurger	se presser
s'attendre	s'écrier	s'étonner	s'invétérer	se prévaloir de
s'avancer	s'écrouler	s'évader	se jouer de	se prosterner
s'aviser de	s'efforcer	s'évaltonner	se lamenter	se railler de
se blottir	s'embusquer	s'évanouir	se lever	se ratatiner
se cabrer	s'emparer de	s'évaporer	se louer de	se raviser
se carrer	s'empresser	s'éveiller	se mécompter	se rebeller
se chamailler	s'en aller	s'évertuer	se méfier de	se rebiffer

se recroqueviller	se rengorger	se saisir de	se souvenir de	se tromper
se rédimer	se repentir	se sauver	se suicider	etc.
se réfugier	se résoudre à	se servir de	se taire	
se réjouir	se ressentir de	se soucier de	se targuer	

798. L'observation suivante pourrait servir de règle unique : Il suffit que le pronom de forme réfléchie ne soit pas manifestement objet indirect pour que le participe passé d'un verbe pronominal soit variable. Quatre exceptions : *se rire, se plaire* (trouver de l'attrait, se trouver bien), *se déplaire* (ne pas se trouver bien), *se complaire* (se délecter en soi).

F. Brunot (*La Pensée et la Langue*, p. 335) préconise la règle suivante : « Tout verbe de forme pronominale, que ce verbe soit actif, passif, réfléchi, réciproque, du moment qu'il est construit avec *être*, accorde, comme les verbes simples conjugués avec *être*, son participe avec son sujet. Il n'y a qu'une exception. Si le verbe peut être tourné par le *participe avec avoir*, et que le pronom *se* soit, dans l'ancien sens du mot « complément indirect », c'est-à-dire suivant la nouvelle nomenclature, ne soit pas complément d'objet direct, on applique la règle des verbes conjugués avec *avoir*. »

Art. 7. — GÉRONDIF

1. — Sens.

799. Le **gérondif** [1] est la forme adverbiale du verbe : comme l'adverbe, en effet, il exprime certaines circonstances de l'action marquée par un autre verbe de la phrase. Il se confond, pour ce qui est de la forme, avec le participe présent et est comme lui invariable, mais il a cela de particulier qu'il est, de nos jours, précédé régulièrement de *en*, et que — à la différence du participe présent, qui sert essentiellement à qualifier un nom ou un pronom — il sert à préciser un verbe : *C'est* EN FORGEANT *qu'on devient forgeron. Il est tombé* EN COURANT.

800. Certaines locutions présentent le gérondif non précédé de *en ;* ce sont des restes d'un ancien usage (voir ci-dessous : *Hist.*) : *Chemin* FAISANT, *Argent* COMPTANT. DONNANT DONNANT. *Tambour* BATTANT. *Généralement* (*strictement*, etc.) PARLANT. — *Ce* DISANT, *il appliquait de larges tapes sur les épaules de Salavin* (G. DUHAMEL, *Deux Hommes,* p. 202). — *Ce que* FAISANT, *il délivra les Séquanes d'une grande honte* (C. JULLIAN, *Vercingétorix*, p. 75).

N. B. — 1. Les gérondifs (ou participes présents, il est difficile de décider) *durant, pesant, vaillant* (de *valoir*), dans des expressions archaïques comme *vingt ans durant, dix livres pesant, n'avoir pas un sou vaillant,* sont des espèces d'adverbes équivalant à peu près à « en durée », « en poids », « en valeur » : *Péron raconte de même qu'il*

---

1. Voyez au § 614 (note) comment l'Académie justifie l'emploi de ce terme.

naviga vingt ans DURANT, *à travers une sorte de poudre grise* (MICHELET, *La Mer*, II, I). — *Une morue de cinquante livres en a* [des œufs] *jusqu'à quatorze livres* PESANT ! (ID., *ibid.*, II, I.) — *Vous connaissez l'épisode des quarante livres* PESANT *d'yeux crévés qui furent apportés, sur deux plats d'or, au shah Nasser-Eddin ?* (VILLIERS DE L'ISLE-ADAM, *Contes cruels*, p. 124.) — *On paya à un tribun militaire vingt livres* PESANT *d'argenterie* (L. BERTRAND, *Sanguis martyrum*, p. 111). — *Il a dix mille écus* VAILLANT (DICT. GÉN.). — *Il n'a plus un sou* VAILLANT (AC.).

2. *Comptant*, dans les expressions du type *cent francs comptant*, a pu et peut encore être pris comme une sorte d'adverbe (= « en compte ») et rester invariable : *Dix mil francs* CONTENT (COMMYNES, t. II, p. 206). — *Je donne et lègue à Lisette présente (...) Deux mille écus* COMPTANT *en espèce* (REGNARD, *Le Lég. univ.*, IV, 6). — *V... a bien voulu donner 3.115 livres* COMPTANT (VOLT., *À Chauvelin*, 7 sept. 1759). — *Il les vendrait à beaux deniers* COMPTANT (LITTRÉ, s. v. *vendre*, 1°). — *Je crois savoir (...) que le grand-père Montech s'est laissé soutirer cent cinquante mille francs* COMPTANT (J. ROMAINS, *Les Hommes de b. vol.*, t. VIII, p. 228). — *Il les paie* [des fermes] *40.000 dollars* COMPTANT (Bl. CENDRARS, *L'Or*, p. 94). — Mais, dans des expressions de cette sorte, *comptant* est généralement senti comme adjectif et varie ; toutefois il ne s'emploie qu'au masculin : *Votre procureur (...) vous vendra à beaux deniers* COMPᴸ TANTS (MOL., *Scap.*, II, 8). — *Le pouvoir (...) de faire justice à tout le monde, acheté à deniers* COMPTANTS (LA BR., *Disc. sur Théophr.*). — *Il fallait d'abord l'acheter* [une terre] *à beaux deniers* COMPTANTS (J. et J. THARAUD, *Petite Hist. des Juifs*, p. 249). — *Il (...) s'engagea à verser dans les six mois 5.000 livres tournois en deniers* COMPTANTS (Fr. MAURIAC, *Blaise Pascal*, p. 114). — *S'ils prennent pour dollars* COMPTANTS *ce qui est écrit* (R. KEMP, dans les *Nouv. litt.*, 16 juill. 1955). — *Il le vendra à beaux deniers* COMPTANTS (LITTRÉ, s. v. *denier*, 6°). — *Il a acheté cela à beaux deniers* COMP-TANTS (AC., s. v. *denier*).

Dans *payer comptant, vendre comptant, payer une somme comptant* (AC.), *comptant,* rapporté au verbe, est évidemment adverbe. — De même, vraisemblablement, dans cet exemple : *Casquez dix louis* COMPTANT (J. GIONO, *Le Hussard sur le toit*, p. 84).

Pour la forme en *-ant* (participe présent ou gérondif) employée avec le semi-auxiliaire *aller* (ou *s'en aller*), voir § 655, 1°, Rem. 2.

Hist. — Le gérondif est, étymologiquement, bien distinct du participe présent. Il vient de l'ablatif du gérondif latin. Le gérondif latin présentait, avec trois désinences, les cas de l'infinitif actif, particulièrement quand cet infinitif était précédé d'une préposition *(in, ad, de, ab, ex)* : génitif : *amandi* = d'aimer ; datif : *amando* = à aimer ; accusatif : *ad amandum* = pour aimer ; ablatif : *amando* = en aimant. — De bonne heure, gérondif et participe présent se sont confondus, quant à la forme.

Le gérondif pouvait, dans la vieille langue, se construire non seulement avec *en,* mais aussi avec *à, de, par, sans,* etc. Un reste de cet usage se retrouve dans l'expression *à son corps défendant.*

Il a pu, jusque dans le XVIIᵉ siècle, s'employer sans préposition : *Il* [le mulet] *eût cru s'abaisser* SERVANT *un médecin* (LA F., F., VI, 7). — *Comme le Seigneur s'est réjoui vous* ACCROISSANT, *vous* BÉNISSANT, *vous* FAISANT *du bien, il se réjouira de la même sorte en vous ruinant, en vous ravageant* (Boss., *Serm. sur l'Ardeur de la pénitence*).

Ajoutons que le gérondif pouvait anciennement s'employer comme nom ; il était alors couramment précédé d'un déterminatif : article, démonstratif, possessif : *En mon* SÉANT *lores* [alors] *m'assis* (*Rom. de la Rose*, 1777). — *En mon* DORMANT *vi une vision* (Eust. DESCHAMPS, t. III, p. 26). — *De mon* VIVANT, *sur* (ou : *en*) *son* SÉANT, *à mon* ESCIENT sont des survivances de cet usage.

2. — Emploi.

801. Le gérondif peut exprimer, avec la valeur d'une proposition circonstancielle :

1º Le temps (simultanéité), ou une circonstance concomitante : EN DÉBARQUANT, *je l'avais déjà remarqué* (A. DAUDET, *Lettres de mon moul.*, p. 121). — *Je regarde* EN RÊVANT *les murs de ton jardin* (MUSSET, N. *d'Août*).

2º La cause : *Et rien qu'*EN REGARDANT *cette vallée amie, Je redeviens enfant* (MUSSET, *Souvenir*).

3º La condition, la supposition : *J'attire* EN *me* VENGEANT *sa haine et sa colère, J'attire ses mépris* EN *ne me* VENGEANT *pas* (CORN., *Cid*, I, 7). — EN PROCÉDANT *avec plus de méthode et* EN FAISANT *de nouveaux efforts, vous auriez réussi.*

4º La concession, l'opposition : *Mais enfin ces guerriers, illustres ignorants,* EN ÉTANT *moins polis n'en étaient pas moins grands* (VOLT., *Épître au roi de Prusse*, 20 avr. 1741). — *Tout* EN PROTESTANT *de sa fidélité, il nous a trahis.*

5º Le moyen, la manière : *Et ce n'est qu'*EN FUYANT *qu'on pare de tels coups* (CORN., *Hor.*, II, 7). — *Vous leur fîtes, Seigneur,* EN *les* CROQUANT *beaucoup d'honneur* (LA F., *F.*, VII, 1).

N. B. — C'est pour faire voir d'une vue synthétique les différents emplois du gérondif que nous les avons réunis ici : ces emplois seront mentionnés, chacun à sa place logique, dans la Quatrième Partie (Propositions subordonnées).

Construction du participe et du gérondif.

802. Le participe (présent ou passé) et le gérondif doivent se construire de telle sorte que leur rapport avec le nom ou le pronom ne prête à aucune équivoque ou ne laisse dans l'esprit aucune obscurité ; en particulier, quand on place un participe ou un gérondif au commencement d'une phrase ou d'un membre de phrase, on veille, en général, à ce qu'il se rapporte au sujet du verbe principal (voir ci-après la Remarque et l'*Hist.*) :

Un pâtre, à ses brebis TROUVANT *quelque mécompte, Voulut à toute force attraper le larron* (LA F., *F.*, VI, 1). — TRANSPORTÉ *d'une ardeur qui ne peut être oisive, Je rejoindrai bientôt les Grecs sur cette rive* (RAC., *Iphig.*, I, 2). — *Ainsi,* DÉSIRANT *traiter les suppliants avec bonté, nous avons ordonné ce qui suit* (MONTESQ., *L. pers.*, 124). — EN *se* PLAIGNANT, *on se console* (MUSSET, N. *d'Oct.*). — CONNAISSANT *votre générosité, j'espère que vous ne repousserez pas ma demande.* AYANT *bien* RÉCITÉ *ma leçon, j'ai obtenu la note 18.* FORMÉ *à l'école du malheur, il supporta stoïquement cette épreuve.*

Les grammairiens condamnent les phrases construites comme les suivantes : *Connaissant votre générosité, ma demande ne saurait être mal reçue. Ayant bien récité ma leçon, le professeur m'a attribué la note 18. Formé à l'école du malheur, on peut lui demander de supporter cette épreuve.*

Remarque. — Il arrive encore fréquemment que le participe ou le gérondif soient construits librement, comme à l'époque classique (voir l'*Hist.*), et se rapportent à un autre terme que le sujet du verbe principal ; cette liberté de construction peut se justifier, pourvu que la phrase ne soit ni équivoque ni obscure :

Trop OCCUPÉS *d'une nature de convention, la vraie nature* NOUS *échappe* (CHAT., *Génie*, III, 3, 4). — *À peine* ARRIVÉ, *des mains de fer s'emparèrent de* MOI (HUGO, *Le Dern. Jour d'un cond.*, V). — PLONGÉ *dans une demi-somnolence, toute* MA *jeunesse repassait en mes souvenirs* (NERVAL, *Sylvie*, II). — *À peine* DÉBARQUÉS (...), *le patron m'appela* (A. DAUDET, *Lett. de m. moul.*, p. 106). — *Et dans quel monde splendide j'entrais !* HABITÉ *par des chevaliers, des pages, des dames et des damoiselles, la vie* Y *était plus grande...* (A. FRANCE, *La Vie en fleur*, p. 128). — RETENU *à dîner avenue Henri-Martin, elle* ME *prit à part* (R. BOYLESVE, *Sainte-Marie-des-Fleurs*, p. 44). — COLLÉ *au mur, quatre lignards fusillèrent le* RÉFRACTAIRE *à bout portant* (J. BAINVILLE, *Jaco et Lori*, p. 179). — ARRIVÉ *au premier étage, un maître d'hôtel* ME *demanda d'entrer un instant dans un petit salon-bibliothèque* (M. PROUST, *Le Temps retrouvé*, II, p. 9). — REVENUE *s'asseoir à sa table, l'ambassadeur* LA *complimenta* (É. HENRIOT, *La Rose de Bratislava*, VII). — CRUCIFIÉS, ASSIS *contre de larges croix, la foudre ne* LEUR *laisse libres* [aux colosses de Memnon] *que les jambes* (J. COCTEAU, *Maalesh*, p. 108). — DÉBARQUÉ, *les sky-scrapers ne* VOUS *quitteront plus* (F. GREGH, *L'Âge de fer*, p. 112). — *Les* FEMMES *ont poussé des cris, et le « Pater » a été dit en* FONDANT *en larmes* (STENDHAL, *Corr.*, t. IX, p. 276). — *Ils* [cent francs] *n'auraient qu'à tomber de* MA *poche en* FAUCHANT (J. RICHEPIN, *Le Chemineau*, I, 8). — *Je retrouve encore le frisson de magnificence qui* ME *parcourait en* FEUILLETANT *ces pages* (L. BLOY, *L'Âme de Napol.*, p. 43). — *En* ENTRANT *dans l'église, le regard s'arrête sur un beau jubé de la Renaissance* (A. FRANCE, *Pierre Nozière*, p. 256). — *Le cœur* LUI *bat, en* APPUYANT *le doigt sur la touche* (R. ROLLAND, *Jean-Christophe*, t. I, p. 123). — *Je suis apparemment au bout du monde, puisque,* MARCHANT *tout droit devant moi, la terre vient à* ME *manquer tout à coup* (G. CLEMENCEAU, *Le Grand Pan*, p. 27). — *En les* VOYANT, *une sorte de choc, électrique secoua* SALLY (A. MAUROIS, *Meïpe*, p. 216). — *Les traits d'*OLIVIER *s'animèrent en* ENTENDANT *la voix de son ami* (A. GIDE, *Les Faux-Monnay.*, p. 396). — *En* ROUVRANT *les yeux, la mémoire* M'*est revenue aussitôt* (G. BERNANOS, *Journ. d'un Curé de camp.*, p. 267). — *En* APPROCHANT *d'Alexandrie, l'air s'allège* (J. COCTEAU, *Maalesh*, p. 42). — *En* PRONONÇANT *ces derniers mots, une lueur cruelle anima pour une seconde les yeux clairs de notre* AMI (P. MAC ORLAN, *L'Ancre de miséricorde*, p. 50). — *En* PARCOURANT *des yeux cette vaste plaine noyée, un détail attira* MON *attention* (H. BOSCO, *Malicroix*, p. 53).

Hist. — 1. Le sujet du participe pouvait autrefois être repris devant le verbe principal sous la forme d'un pronom : *Un d'eux voyant la terre (...),* IL *eut la même envie* (LA F., *F.*, IX, 12). — *Monsieur le Prince aidant à se tromper lui-même,* IL *recevait l'empressement du Cardinal comme une marque de son amitié* (LA ROCHEF., t. II,

p. 157). — *Le corps législatif ayant la confiance du peuple, et étant plus éclairé que lui,* IL *pourrait le faire revenir des mauvaises impressions qu'on lui aurait données* (MONTESQ., *Espr.*, XIX, 27). — Cela est aujourd'hui archaïque : *Jésus, prenant l'infirme par la main,* IL *lui dit : Lève-toi et marche !* (P. CLAUDEL, *Seigneur, apprenez-nous à prier*, p. 122.)

2. Le participe et le gérondif se construisaient autrefois beaucoup plus librement qu'aujourd'hui. Ils pouvaient, en dépit d'une certaine ambiguïté, renvoyer dans la principale à un élément autre que le sujet : DEVENU *noble par une charge, il ne* LUI *manquait que d'être homme de bien* (LA BR., VI, 15). — ÉTANT DEVENU *vieux, on* LE *mit au moulin* (LA F., F., VI, 7). — *Vous* M'ÊTES, EN DORMANT, *un peu triste apparu* (ID., *ibid.*, VIII, 11). — EN DISANT *ces paroles, les larmes* LUI *vinrent aux yeux* (FÉN., *Télém.*, t. II, p. 60). — Ils pouvaient aussi se rapporter à un sujet à tirer d'un adjectif possessif contenu dans la principale : *Et quand, de toutes parts,* ASSEMBLÉS *en ces lieux, L'honneur de vous venger brille seul à* NOS *yeux* (RAC., *Iphig.*, I, 3). — *Et* PLEURÉS *du vieillard, il grava sur* LEUR *marbre Ce que je viens de raconter* (LA F., F., XI, 8). — *Je vois qu'*EN M'ÉCOUTANT VOS *yeux au ciel s'adressent* (RAC., *Esth.*, II, 7). — Ils pouvaient même ne renvoyer à aucun mot exprimé, mais se rapporter à un sujet suggéré par le contexte : *Il y a des vices (...) qui,* EN ÔTANT (= si l'on ôte) *le tronc, s'emportent comme des branches* (PASC., *Pens.*, 102). — *Et nous* FOULANT (= comme il nous foulera) *aux pieds (...), il faudra qu'on pâtisse...* (LA F., F., II, 4).

803. Le participe (présent ou passé) peut s'employer en construction absolue avec un sujet propre : il sert alors à former une *proposition participe absolue*, qui équivaut à une proposition circonstancielle et qui reste grammaticalement indépendante de la proposition principale[1] : *Dieu* AIDANT, *nous vaincrons. Le cas* ÉCHÉANT, *que faut-il faire ?* — *Peut-il, Sylla* RÉGNANT, *regarder l'Italie ?* (CORN., *Sertor.*, I, 3.) — *Le père* MORT, *les fils vous retournent le champ* (LA F., F., V, 9). — *La pierre* ÔTÉE, *on vit le dedans de la tombe* (HUGO, *Lég.*, t. I, p. 76).

Remarques. — 1. Le participe passé employé en construction absolue peut être précédé des auxiliaires *étant, ayant été : Les parts* ÉTANT FAITES, *le lion parla ainsi.* Mais le plus souvent, pour la légèreté de l'expression, on omet ces auxiliaires : *Les parts* FAITES, *le lion parla ainsi.*

2. Bien que la proposition participe absolue soit grammaticalement indépendante de la proposition principale, il arrive que le sujet du participe absolu soit représenté dans la principale par un pronom complément, ou qu'un pronom complément du participe absolu représente le sujet de la principale : *Les oies saignées, on* LES *ouvre, on* LES *fend* (J. de PESQUIDOUX, *Chez nous*, t. I, p. 49). — *L'ennemi* LA *menaçant, la ville fut incendiée par les habitants.*

3. Le sujet de la proposition principale ne peut être le même que celui du participe absolu. On ne dirait pas : *La ville prise,* ELLE *fut incendiée par les*

---

1. Comparez l'ablatif absolu des Latins : *Tarquinio regnante* = Tarquin régnant. *Partibus factis* = les parts étant faites.

soldats ; — on dirait, avec une proposition participe ordinaire : *Une fois prise, la ville fut incendiée par les soldats.*

Hist. — On employait autrefois en construction absolue des participes présents impersonnels, qui forcément n'avaient pas de sujet : *Mais, lui* FALLANT *un pic, je sortis hors d'effroi* (MOL., *Fâch.*, II, 2). — *N'était-ce pas un trop inique préjugé, surtout ne* S'AGISSANT *pas d'un crime personnel du pape... ?* (BOSS., *Var.*, 5, dans Littré.) — *Après une grande sécheresse,* VENANT *à pleuvoir, comme il ne peut se plaindre de la pluie, il s'en prend au ciel de ce qu'elle n'a pas commencé plus tôt* (LA BR., *Car. de Théophr.*, XVII). — *Les soldats mêmes étaient jaloux de la liberté de leur patrie, quoiqu'ils la détruisissent sans cesse, n'*Y AYANT *rien de si aveugle qu'une armée* (MONTESQ., *Consid.*, 13).

Cette construction subsiste dans *étant donné, étant entendu, étant établi,* etc. — Elle se retrouve parfois aussi (mais elle a généralement une teinte archaïque) dans *y ayant* (= puisqu'il y a), *étant* (+ adjectif ou participe attribut), *s'agissant de : Il n'avait cessé d'entretenir avec elle des intelligences secrètes,* ÉTANT *toujours bon de maintenir un espion dans la place* (Th. GAUTIER, *Le Cap. Fracasse*, XIII). — *On ne peut en effet entendre par mariage infamant un mariage d'argent, n'*Y AYANT *point d'exemple d'un ménage où la femme, ou bien le mari se soient vendus* (M. PROUST, *À l'ombre des jeunes filles en fleurs*, p. 60). — *Je suis persuadé que Montherlant (...) se croit honnêtement fondé dans ce balancement d'alternance à égalité,* Y AYANT *autant de raisons, entre toutes choses, pour et contre* (É. HENRIOT, dans le *Monde*, 27 mars 1957). — *C'est « lepus » qu'il fallait mettre,* S'AGISSANT *ici du lièvre* (A. HERMANT, *Chroniq. de Lancelot*, t. I, p. 405). — *On le comprend surtout,* S'AGISSANT *de la troupe nouvelle* (M. ARLAND, *Marivaux*, p. 109). — *L'efficacité de la défense dépend de la mise sur pied d'une organisation internationale savante, dont le réseau s'étend sur toute la planète ou du moins,* S'AGISSANT *de la route des Indes et de l'Extrême-Orient, tout le long de son itinéraire* (A. SIEGFRIED, *Suez, Panama*, p. 127). — S'AGISSANT *de la qualité génétique, l'espèce perd sur tous les tableaux* (J. ROSTAND, dans les *Nouv. litt.*, 1er mars 1962).

§ 5. — ACCORD DU VERBE AVEC LE SUJET

RÈGLES GÉNÉRALES

804. Le verbe s'accorde en nombre et en personne avec son sujet exprimé ou sous-entendu : *Les meilleures actions s'*ALTÈRENT *et s'*AFFAIBLISSENT *par la manière dont on les fait* (LA BR., IX, 46). — *Cieux,* ÉCOUTEZ *ma voix ; terre,* PRÊTE *l'oreille* (RAC., *Ath.*, III, 7). — FUYEZ *des mauvais sons le concours odieux* (BOIL., *Art p.*, I).

805. Le verbe qui a plusieurs sujets se met au pluriel. Si les sujets ne sont pas de la même personne, le verbe s'accorde avec la personne qui a la priorité ; la 1re personne l'emporte sur les deux autres, et la 2e sur la 3e [1] : *La mouche et la fourmi* CONTESTAIENT *de leur prix* (LA F., *F.*,

---

1. On rencontre parfois des phrases où la 3e personne l'emporte sur les deux autres ;

IV, 3). — *J'ai gagé que cette dame et vous (...)* ÉTIEZ *du même âge. (...)*
J'ai ouï dire à feu ma sœur que sa fille et moi NAQUÎMES *la même année*
(MONTESQ., *L. pers.*, 52). — *Maman, mon frère et moi* ÉTIONS *assis l'un*
près de l'autre (M. ARLAND, *Terre natale*, p. 168). — *Ton frère et toi*
ÊTES *mes meilleurs amis* (AC.).

Remarques. — 1. Le plus souvent, quand les sujets sont de différentes
personnes, on les résume par le pronom pluriel de la personne qui, selon
l'ordre de priorité, doit régler l'accord du verbe : *Avant l'affaire, Le roi, l'âne*
ou moi, NOUS *mourrons* (LA F., *F.*, VI, 19). — *Mes deux frères et moi,* NOUS
étions tout enfants (HUGO, *Contempl.*, V, 10).

2. Dans les temps composés actifs, c'est à l'auxiliaire que s'applique la
règle d'accord : *Nous* AVONS *réfléchi.* (Voir toutefois § 796, *b.*)

3. Si, parmi les différents sujets, il n'y en a qu'un seul qui précède le verbe,
c'est lui évidemment qui règle l'accord : *La raison me l'*ORDONNE*, et la loi*
des chrétiens (CORN., *Pol.*, V, 2). — *Compiègne* EST *en péril, et Paris, et le*
pays tout entier (H. BORDEAUX, *Tuilette*, p. 96). — *Décembre* VINT*, et les pre-*
miers grands froids (Fr. AMBRIÈRE, *Les Grandes Vacances*, p. 75).

4. Quand les sujets sont placés tous après le verbe, il arrive que l'accord
n'ait lieu qu'avec le premier sujet ; parfois ce premier sujet contient l'idée
dominante, et les autres ne sont ajoutés que pour compléter la pensée :

Demain VIENDRA *l'orage et le soir, et la nuit* (HUGO, *F. d'aut.*, XXXV, 6). — *Quel*
que SOIT *le monde, et l'homme, et l'avenir* (ID., *ib.*, XV). — *Une grande révolution*
commençait ; quel en SERAIT *le progrès, l'issue, les résultats, qui pouvait le dire ?* (MICHE-
LET, dans BRUNOT, *La Pens. et la L.*, p. 268.) — *Qu'*IMPORTE *cette mer, son calme et ses*
tempêtes Et ces mondes... ? (MUSS., *Le Saule*, VI.) — *Ainsi se* PASSA *le reste du jour et*
toute la nuit (MÉRIMÉE, *Mosaïque*, p. 73). — *À quoi* SERT *ici ta bonne volonté et ta*
complaisance ? (MARTINON, *Comment on parle...*, p. 326.)

5. Lorsque plusieurs sujets sont simplement juxtaposés, généralement le

---

cet accord s'explique, dans certains cas, soit par une raison de modestie (comme
si le locuteur effaçait son « moi »), soit par une raison de proximité : *Enfin mon Juif*
intimidé conclut un marché par lequel la maison et moi APPARTIENDRAIENT *à tous deux*
en commun (VOLT., *Candide*, VIII). [A propos de cet exemple, G. Gougenheim (*Syst.*
gramm., p. 231) signale que « si le pronom personnel est coordonné à un nom de chose
et si le sujet parlant entend dire que la personne est traitée comme une chose, on
trouve la 3e personne du pluriel. »] — [Cette mission difficile] *où je ne puis avoir*
quelque succès qu'autant que vous, Monsieur, ainsi que MM. de Pastoret et de Ville-
blanche DAIGNERONT *venir à mon secours* (STENDHAL, *Corr.*, t. IV, p. 86). — *Il n'est*
pas de situation complexe, et la tienne est plus simple que toi-même et le public ne le
CROIENT (Fr. JAMMES à A. Gide, dans la *Correspond. Claudel-Gide*, p. 229). — *Toute*
la question est de savoir si, d'ici cet automne, Régnier, Pourtalès et moi, POURRONT *lui*
faire comprendre l'impossibilité de la chose (Ch. DU BOS, *Journal 1921-1923*, p. 76). —
*Comme l'*ONT *montré Ferdinand Brunot et moi-même* (A. DAUZAT, dans le *Monde*,
17 nov. 1954).

sens est conjonctif et tous les sujets, s'ajoutant l'un à l'autre, veulent le verbe au pluriel : *La pierre où court un scarabée, Une humble goutte d'eau de fleur en fleur tombée, Un nuage, un roseau, m'*OCCUPENT *tout un jour* (HUGO, *Cont.*, III, xxiv).

Il peut se faire que le verbe s'accorde avec le dernier sujet seulement, soit que les sujets juxtaposés désignent un seul être ou objet (§ 814), soit que la pensée s'arrête sur le dernier sujet (§§ 815 et 816), soit encore que l'on disjoigne les sujets et qu'on les considère chacun à part : *J'espère qu'un jour la vue d'un souvenir, le retour d'un anniversaire, la pente de vos pensées* MÈNERA *votre mémoire aux alentours de ma tendresse* (M. PROUST, *Les Plaisirs et les Jours*, p. 42).

Hist. — En ancien français, le verbe se rapportant à plusieurs sujets s'accordait de préférence avec le dernier seulement. Cet usage était encore courant au XVIe siècle ; critiqué déjà par Malherbe, il a été condamné par Vaugelas (*Rem.*, p. 219), qui toutefois le demandait dans le cas de sujets synonymes ou approchants. En fait, l'accord avec le dernier sujet n'a été vraiment abandonné qu'après le XVIIe siècle : *L'heure, le lieu, le bras se* CHOISIT *aujourd'hui* (CORN., *Cinna*, I, 2). — *Âne, cheval et mule aux forêts* HABITAIT (LA F., *F.*, IV, 13). — *Le duc et le marquis se* RECONNUT *aux pages* (BOIL., *Sat.*, 5). — *La terreur et la désertion se* MET *dans leurs troupes* (BOSS., *Condé*). — *Si la division et la jalousie se* METTAIT *entre eux* (FÉNEL., *Tél.*, t. I, p. 117).

L'accord avec le dernier sujet se rencontre encore sporadiquement au XVIIIe et au XIXe siècle et même à notre époque (voir § 814, Rem., note 2) : *La tendresse et la crainte Pour lui dans tous les cœurs* ÉTAIT *alors éteinte* (VOLT., *Henr.*, III). — *Le bon sens et le bonheur des particuliers* CONSISTE *beaucoup dans la médiocrité de leurs talents et de leurs fortunes* (MONTESQUIEU, *Espr.*, V, 3). — *Toute puissance et toute bonté* VIENT *de Dieu* (L. VEUILLOT, *Historiettes et Fantaisies*, p. 298). — *Là, dans la région où* CROÎT *le mélèze, l'arbouse et le noisetier, des ermites vivaient de baies et de laitage* (A. FRANCE, *Les Sept Femmes de la Barbe-bleue*, p. 123).

RÈGLES PARTICULIÈRES

A. — Cas d'un seul sujet.

806. Nom collectif sujet [1].

a) Le verbe qui a pour sujet un collectif suivi de son complément s'accorde avec celui des deux mots sur lequel on arrête sa pensée :

1° L'accord a lieu avec le collectif (accord avec la forme) si l'on a en vue la *totalité* des êtres ou des objets dont il s'agit, considérés *collectivement :*

Une multitude de sauterelles A *infesté ces campagnes* (LITTRÉ, s.v. *multitude*, Rem.). — *Une troupe de pauvres montagnards (...)* ÉCRASA *cette opulente et redoutable maison de Bourgogne* (J.-J. ROUSS., *Disc. sur les Sciences et les*

---

1. Voir à la fin du volume l'arrêté du 26 février 1901 : *Liste*, VIII, 6.

Arts). — *La foule des vivants* RIT *et* SUIT *sa folie* (HUGO, *Rayons et Ombres,* XIV). — *Alors une foule de noirs* INONDE *le tillac* (MÉRIMÉE, *Mosaïque,* p. 68). — *Une foule de malades* ACCOURAIT (MAUPASSANT, *Mont-Oriol,* p. 184). — *Une troupe d'oies sauvages* TRAVERSA *le ciel de la prairie* (R. BAZIN, *Il était quatre petits enfants,* XI). — *Une grande quantité de gens* ÉTAIT *venue du village* (A. GIDE, *Incidences,* p. 117). — *Une rangée de dix ou douze volumes de grand format* ATTIRAIT *l'œil par une somptueuse reliure de cuirs multicolores* (J. GREEN, *Le Malfaiteur,* p. 157). — *Un paquet de gens s'*ACCROCHAIT *à la plateforme* (J. ROMAINS, *Violation de frontières,* p. 15). — *Une nuée d'oiseaux s'*ÉLEVAIT *des arbres* (H. BOSCO, *Un Rameau de la nuit,* p. 196).

Cet accord est ordinaire quand le collectif est précédé d'un article défini, d'un adjectif possessif ou démonstratif : *La foule des ignorants* EST *grande. Ma troupe de comédiens vous* AMUSERA. *Cette bande de moineaux s'*ENVOLA. — Il est obligatoire quand une épithète ou une proposition complément marquent nettement que c'est le collectif qui domine dans la pensée : *Une bande de moineaux, compacte comme la grêle, s'*ABATTIT *sur mon semis de pois. Une troupe d'écoliers, à la tête de laquelle je marchais,* PRIT *fièrement part à la fête.*

2° L'accord a lieu avec le complément (accord avec le sens : syllepse du nombre) si l'on a en vue la *pluralité* des êtres ou des objets dont il s'agit, considérés *individuellement* [1] :

Une multitude de sauterelles ONT *infesté ces campagnes* (LITTRÉ, s.v. *multitude,* Rem.). — *Une foule de gens* DIRONT *qu'il n'en est rien* (AC.). — *On dit qu'une poignée de chrétiens* FONT *suer les Ottomans* (MONTESQ., *L. pers.,* 19). — *Une troupe de canards sauvages, tous rangés à la file,* TRAVERSENT *en silence un ciel mélancolique* (CHAT., *Génie,* I, 5, 7). — *Quand une bande d'étourneaux* APERÇOIVENT *un geai...* (P. CLAUDEL, *Présence et Prophétie,* p. 91). — *Le peuple des réfugiés* SONT *venus de là-bas l'avertir* [le paysan du Midi], *le gêner dans sa torpeur heureuse* (A. GIDE, *Journal 1939-1942,* p. 61). — *Un troupeau d'oies, indignées,* PIAILLAIENT *insolemment* (M. ARLAND, *La Grâce,* p. 203).

Remarques. — 1. Cette règle s'applique, en particulier, avec *un grand nombre, un petit nombre, un bon nombre, un certain nombre, un plus grand nombre, un plus petit nombre, le plus grand nombre, le plus petit nombre, une partie, une grande partie, une bonne partie, la plus grande partie, la majeure partie, la* (ou *une*) *majorité, la* (ou *une*) *minorité* [2], *une multitude, une foule,*

---

1. Parfois, dans la même phrase, avec un collectif suivi de son complément, l'auteur considère les êtres ou les objets dont il s'agit, d'abord collectivement, puis individuellement : *Un long triangle de canards* VOLE *très bas, comme s'ils* VOULAIENT *prendre terre* (A. DAUDET, *Lettres de m. moul.,* p. 267). (C'est le *triangle* qui *vole,* mais ce sont évidemment les *canards* qui *veulent.*) — Cf. : *Une nuée de chulos* VINT *agiter devant ses yeux* LEURS *capas de couleurs éclatantes* (Th. GAUTIER, *Voy. en Esp.,* p. 80).

2. Quand les sujets *la majorité, la minorité* sont pris au sens strict et mathématique, le verbe se met toujours au singulier : *La majorité des députés* REJETA *le projet. La minorité des représentants* A *voté contre ce projet.*

etc., même lorsque le complément est sous-entendu. Il est vain de se demander si le collectif est général ou partitif ; l'accord dépend de la pensée
de celui qui parle ou qui écrit, ou, pour tout dire, il n'y a pas de règle fixe :

a) Tantôt l'accord se fait avec le collectif : *Un grand nombre de soldats* FUT *tué
dans ce combat* (LITTRÉ). — *Le plus grand nombre m'*A *assuré...* (VOLT., *Ch. XII*, 2).
— *Le petit nombre ne* CROYAIT *à rien, le grand nombre* CROYAIT *à tout* (CHAT., *Mém.*,
IV, 2, 11). — *Un petit nombre de ces femmes ne* CONNAÎTRA *jamais la vie* (MUSSET,
On ne badine pas..., II, 5). — *Le plus grand nombre* VOULAIT *partir* (MÉRIMÉE,
Portr. hist. et litt., p. 7). — *Le plus grand nombre des invités s'en* ALLA (J. et J. THA-
RAUD, *Quand Israël n'est plus roi*, p. 122). — *Un très grand nombre de ces œuvres se*
TROUVE *encore en Angleterre* (L. GILLET, *Watteau*, p. 11). — *Je pensais qu'un plus
grand nombre* [de prisonniers allemands] *se* TUERAIT *ou se* FERAIT *tuer* (A. GIDE,
Journal 1942-1949, p. 174). — *Une partie des gentilshommes (...)* RESTE *à la cour*
(HUGO, *Ruy Blas*, Préf.). — *C'est pour la clientèle qu'une part des étudiants* ASPIRE
au titre de professeur (M. VAN DER MEERSCH, *Corps et Âmes*, t. I, p. 248). — *La majorité des hommes ne* VIT *pas autrement* (R. ROLLAND, *Jean-Chr.*, t. V, p. 212). — *La
majorité de ces croix* ÉTAIT *française* (J. GIRAUDOUX, *Siegfried...*, p. 69). — *La généra-
lité des humains* FAIT *tout le contraire* (J. BENDA, *Exercice d'un Enterré vif*, p. 20).

b) Tantôt l'accord se fait avec le complément : *Un grand nombre de soldats* PÉ-
RIRENT *dans ce combat* (Ac.). — *Un assez grand nombre de ces exemples* ONT *vieilli*
(ID., 8ᵉ éd., Préf.). — *Le plus grand nombre des habitants (...) me* TRAITÈRENT *en
ami* (L. VEUILLOT, *Histor. et Fant.*, p. 281). — *Un petit nombre d'étoiles très brillantes*
VIBRAIENT *dans l'air calme et bleu de la nuit* (E. FROMENTIN, *Dominique*, VII). —
Le plus grand nombre des jeunes étudiants HABITENT *des chambres déplaisantes* (M. BAR-
RÈS, *Les Déracinés*, p. 134). — *Le plus grand nombre* CROYAIENT *par hasard* (R. ROL-
LAND, *Jean-Christophe*, t. IX, p. 67). — *Le plus grand nombre de nos opérations
sur la nature* DEMEURENT *reconnaissables* (P. VALÉRY, *Regards...*, p. 118). — *Une
partie des princes* SONT *revenus de l'armée* (RACINE, t. VII, p. 129). — *Une partie
des vaisseaux* SOMBRÈRENT *dans une tempête* (F. FUNCK-BRENTANO, *La Régence*,
p. 115). — *Une partie des domestiques* AVAIENT *quitté l'hôtel* (M. MAINDRON, *Dariolette*, p. 286). — *La majorité des demeures* SONT *construites à l'image d'un modèle ancien* (G. DUHAMEL, *Positions françaises*, p. 37). — *La grande majorité des Français*
RECONNAISSAIENT *et* SALUAIENT *des vérités aussi simples* (ID., *Manuel du protestataire*, p. 27).

2. Le verbe ayant pour sujet *la plupart* ou *une infinité*, accompagnés d'un
complément de la 3ᵉ personne, s'accorde, par syllepse, avec le complément ;
si ce complément est sous-entendu, il est censé être au pluriel : *La plupart des
hommes* EMPLOIENT *la meilleure partie de leur vie à rendre l'autre misérable* (LA
BR., XI, 102). — *La plupart du monde* PRÉTEND... (Ac.). — *La plupart* SONT
PERSUADÉS *que le bonheur est dans la richesse ; ils se trompent* (ID.). — *Une
infinité de familles* MEURENT *de faim et de désespoir* (BOSS., *Serm. Impén.
finale*, 3). — *Une infinité de monde se* JETTE *là-dedans* (LITTRÉ). — *Une
infinité de gens* ONT *cru cette nouvelle* (AC.).

Parfois l'accord a lieu avec *la plupart* ou avec *une infinité: La plupart d'entre
eux ne s'en* DOUTE *même pas* (Tr. DERÈME, *La Libellule violette*, p. 71). — *Chaque
élève se hâtait si bien à se dévêtir, que la plupart n'*ENTENDAIT *point le coup lointain*

de l'horloge sonnant la demie sur la ville (A. Lafon, *L'Élève Gilles*, p. 65). — *La plupart* [des fils de la Terre] vit *et* meurt *sans soupçonner l'histoire Du globe* (J. Laforgue, *Le Sanglot de la Terre*, Médiocrité). — *La plupart des gens s'*arrête *à ce dernier parti* (Alain, *Propos sur le Bonheur*, LIX). — *Elle avait fini par admettre (...) que la plupart des phénomènes surnaturels dont elle avait été gratifiée depuis plusieurs années,* était *d'origine douteuse* (A. Billy, *Madame*, p. 236). — Cet accord est archaïque ; comparez : *La plus part des hommes (...) ne* voit *goutte en un si beau theatre* (Calvin, *Inst.*, I, 5, 8). — *La pluspart* mouroit *de male faim* (Amyot, *Alexandre*, 17). — *La plupart des hommes* suit *l'inclination naturelle* (Bossuet, *Œuvres oratoires*, t. I, p. 553). — *Une infinité se* vantait *de l'avoir rencontré* (Malherbe, dans Littré, s. v. *pour*, 2°).

Pour *une infinité*, la règle donnée ci-dessus est celle de Vaugelas (*Rem.*, pp. 41, *467, 575), reprise par Littré. Cependant rien n'empêche, semble-t-il, que l'accord ne se fasse, non avec le complément, mais avec le collectif *infinité* quand c'est sur celui-ci que la pensée s'arrête : *Une infinité de curieux encombrant la place* fut *coupée en deux par les motos de la police.* — On observera que si *une infinité* est précédé du pronom partitif *en*, le verbe se met nécessairement au pluriel, parce que *en* exprime une pluralité : *Il y en a une infinité qui* pensent *que...* (Littré).

Pour *la plupart de nous, la plupart de vous*, voir la Rem. 5 ci-après.

3. Lorsque le verbe dépend d'une fraction au singulier, comme *la* (ou *une*) *moitié, le* (ou *un*) *tiers, le* (ou *un*) *quart*, etc., ou bien d'un nom numéral, comme *une douzaine, une centaine*, etc., s'il y a un complément au pluriel, ordinairement l'accord se fait avec ce complément quand le terme quantitatif désigne un nombre approximatif :

*La moitié des caves de la section n'*ont *pas encore été fouillées* (A. France, *Les Dieux ont soif*, p. 131). — *Au Thibet et en Mongolie, la moitié des hommes* sont *religieux* (R. de Gourmont, *Le Chemin de velours*, p. 27). — *La moitié de mes amis me* reprochent... (G. Duhamel, *Le Voy. de Patrice Périot*, p. 112). — *Une bonne moitié des chers auditeurs* est *déjà plongée dans les délices du bridge* (Id., *Manuel du protestataire*, p. 155). — *Plus de la moitié des habitants du globe (...)* vivent *dans le dénuement le plus extrême* (dans le *Figaro*, 25 avr. 1958). — *Pendant un an, une douzaine de bonnes se* succédèrent (J. Chardonne, *Claire*, p. 173). — *Une quinzaine de francs* suffiront *pour sa dépense* (Ac.).

Mais l'accord se fait avec le terme quantitatif quand celui-ci est pris dans un sens précis ou, plus généralement, quand la pensée de celui qui parle ou qui écrit s'arrête sur le terme quantitatif plutôt que sur son complément :

La moitié des députés a *voté pour, et l'autre moitié contre le projet de loi* (Littré). — *Une douzaine d'exemplaires de cette grammaire vous* coûtera *quinze francs* (Id.). — *Une quinzaine de francs* suffira *pour sa dépense* (Ac.). — *Un Docteur (...) qui aurait voulu que la moitié des hommes* eût *massacré l'autre* (Volt., *Lettres philos.*, 23). — *La moitié des passagers (...) n'*avait *pas même la force de s'inquiéter du danger. L'autre moitié* jetait *des cris* (Id., *Candide*, V). — *La moitié de nos discussions* deviendrait *inutile si nous commencions par convenir du sens des mots* (F. Brunetière, *L'Évolution de la poés. lyriq.*, t. II, p. 114). — *Tour à tour un tiers de ces malheureux* avait *une heure pour faire sa provision d'air de toute la journée* (Mérimée, *Mosaïque*, p. 59). — *Une moitié des fresques* reste *dans l'ombre* (Taine, *Voy. en Italie*, t. I, p. 170). — *La* *moitié des costumes* ÉTAIT *à refaire* (L. HALÉVY, *Criquette*, p. 22). — *La moitié de ses nuits se* PASSAIT *à lire ou à écrire* (A. BELLESSORT, *Essai sur Voltaire*, p. 137). — *Un bon quart de nos contemporains (...)* VIT *dans la terreur des bacilles* (L. DAUDET, *Le Stupide XIXᵉ S.*, p. 296). — *Un bon tiers de nos abonnés* INSISTE *pour que j'écrive plus souvent dans les cahiers* (Ch. PÉGUY, *Souvenirs*, p. 84). — *La moitié des maux* PROVIENT *de nos remèdes* (G. DUHAMEL, *Lettres au Patagon*, p. 189).

N. B. — Quand la fraction est au pluriel, c'est elle qui commande l'accord du verbe : *Les deux tiers du genre humain* PÉRISSENT *avant l'âge de trente-neuf ans* (BUFFON, *Probabilité de la vie*, dans LITTRÉ, s. v. *tiers*). — *Les trois quarts du mal des gens intelligents* VIENNENT *de leur intelligence* (M. PROUST, *À l'ombre des jeunes filles en fleurs*, I, p. 198). — *Les deux cinquièmes du capital* SONT *improductifs*. — *Les neuf dixièmes de la récolte* SONT *perdus*.

4. Les expressions *le reste de, ce qui reste de, ce qu'il y a de, ce que j'ai de*, et autres analogues, suivies d'un nom au pluriel, se construisent avec le verbe au singulier ou au pluriel, suivant l'idée, mais le singulier prévaut :

a) Le reste des naufragés A *péri* (LITTRÉ). — *Le reste des Macédoniens* SUIVIT *cet exemple* (MONTESQ., *Espr.*, X, 14). — *Le reste des hommes et des femmes ne* COMPTE *pas ?* (R. ROLLAND, *Jean-Christophe*, t. V, p. 212.) — *Le reste des notables se* RECRUTE *parmi les employés de divers bureaux parisiens* (L. BLOY, *La Femme pauvre*, p. 242). — *Tout le reste des bêtes naïves de ce séjour* DÉPÉRISSAIT (VILLIERS DE L'ISLE-ADAM, *Histoires insolites*, p. 5). — *Le reste des humains m'*APPARAISSAIT *comme bien lointain* (M. PROUST, *Du côté de chez Swann*, I, p. 13). — *Le reste des abeilles (...)* EXAMINE *l'édifice* (M. MAETERLINCK, *La Vie des Abeilles*, III, 1). — *Le reste des pensionnaires (...)* OCCUPAIT *deux tables plus grandes* (J. ROMAINS, *Lucienne*, p. 7). — *Le reste des troupes exigées* SUIVRAIT (A. MAUROIS, *Lyautey*, p. 239). — *Le reste de mes réflexions n'*EST *pas mûr* (A. GIDE, *Les Faux-Monnayeurs*, p. 331). — *Comment le reste des hommes n'en* SERAIT-*il point frappé ?* (G. DUHAMEL, *La Musique consolatrice*, p. 132.) — *Il y a de ces années de désertion où tout ce qu'on a d'amis* DISPARAÎT (MUSSET, *Les deux Maîtresses*, II). — *Tout ce qu'il y a de grands hommes çà et là étouffés me* SEMBLE *composer (...) un chœur mystérieux* (SAINTE-BEUVE, *Volupté*, XII). — *Tout ce qu'il y avait de paillons dans ce luxe* VENAIT *se réfugier là* (A. DAUDET, *Contes du Lundi*, p. 221). — *Tout ce que la paroisse pouvait fournir de prêtres et d'enfants de chœur,* PRÉCÉDAIT *le char* (Fr. MAURIAC, *Le Mystère Frontenac*, p. 215). — *Tout ce qu'il y a de gorilles dans le monde* FAIT *des vœux, en secret, pour cette restauration* (A. SUARÈS, *Vues sur l'Europe*, p. 139). — *Ce qui reste d'instants* FOND *au feu de nos derniers soleils* (Mgr BAUNARD, *Le Vieillard*, 4ᵉ éd., p. 5).

b) Le reste des naufragés ONT *péri* (LITTRÉ). — *Le reste des hommes* SONT *des coquins* (PASC., *Pens.*, 97). — *Le reste des individus* SERONT *réduits à la condition d'instruments* (P. VALÉRY, *Regards...*, p. 93). — *Tout ce qui reste encor de fidèles Hébreux Lui* VIENDRONT *aujourd'hui renouveler leurs vœux* (RAC., *Ath.*, I, 2). — *Tout ce qu'il y avait de prêtres et de lévites se* RETIRÈRENT *auprès d'eux* (ID., *ibid.*, Préf.). — *Tout ce qu'il y avait de personnes de qualité le* VINRENT *trouver* (LA ROCHEFOUC., t. II, p. 376). — *Tout ce qu'il y a d'hommes* SONT *presque toujours emportés à croire...* (PASC., *De l'Esprit géométr.*, II). — *Ce que j'ai de gendarmes* OCCUPENT *deux boulangeries* (O. MIRBEAU, *Les Mauvais Bergers*, III, 1). — *Ce qui reste d'hommes libres se* RÉSIGNERAIENT *à capituler* (A. ROUSSEAUX, dans le *Figaro litt.*, 28 juillet 1951). — *Ce qui restait d'élèves* BATTAIENT *la semelle dans la cour agrandie* (M. PAGNOL, *Le Château de ma mère*, p. 163).

5. Lorsque le sujet est une expression de quantité comme *la plupart, un grand nombre, beaucoup, plusieurs, certains, quelques-uns, combien, trop,* etc., ayant pour complément l'un des pronoms *nous, vous,* le verbe se met presque toujours à la 3ᵉ personne (et généralement au pluriel) :

Et la plupart de nous MEURT *sans l'avoir trouvé* [un astre inconnu] (MUSSET, *À quoi rêvent les j. filles,* I, 4). — *Plusieurs d'entre vous* ONT *même obtenu de ces lettres* (FLAUB., *La Tent. de s. Ant.,* p. 118). — *La plupart d'entre nous (...)* RECONNAÎTRONT... (P. BOURGET, *Drames de famille,* p. 5). — *Beaucoup d'entre vous* OFFRENT *plus volontiers leur sang qu'ils ne versent celui des autres* (R. ROLLAND, *Au-dessus de la Mêlée,* p. 31). — *Beaucoup d'entre nous* ONT *l'air de penser que...* (R. MARTIN DU GARD, *Les Thibault,* VII, p. 105). — *Une trentaine d'entre nous* AVAIENT *formé un club* (A. MAUROIS, *Mémoires,* I, p. 72). — *Un grand nombre d'entre vous* SERAIENT *bien surpris* (G. BERNANOS, *Lettre aux Anglais,* p. 202). — *Beaucoup d'entre nous* SE TIENNENT *en équilibre précaire* (COLETTE, *Paris de ma fenêtre,* p. 200). — *Trois d'entre nous* S'EMBARQUENT *pour le Nouveau-Monde* (MONTHERLANT, *Le Maître de Santiago,* I, 2). — *La plupart d'entre nous* ÉTAIENT *trouvés trop légers* (A. CHAMSON, *La Neige et la Fleur,* p. 79).

Il est rare que l'accord se fasse avec le complément *nous* ou *vous :* le locuteur s'inclut alors dans le groupe qui est une partie de « nous » — ou il attribue, dans sa pensée, au groupe partiel toute l'importance qu'avait le groupe global « vous » : *La plupart de nous n'*ÉTIONS *que des enfants* (Cl. FARRÈRE, *La Seconde Porte,* p. 149). — *Deux de nous treize y* GAGNÂMES *pourtant, moi et une autre* (ID., *ibid.,* p. 168). — *Nous avons tenu nos lecteurs au courant des travaux de l'« Office de la langue française », qu'André Thérive a présenté ici et dont plusieurs d'entre nous* FAISONS *partie* (A. DAUZAT, dans le *Franç. mod.,* juill. 1943, p. 164). — *Combien d'entre nous, chrétiens,* AVONS *vraiment conscience d'être à l'image et à la ressemblance de Dieu ?* (G. BERNANOS, *La Liberté, pour quoi faire ?* p. 277.) — *Plusieurs d'entre vous* SEREZ *des chefs.*

N. B. — Si le sujet est un singulier comme *chacun, aucun, l'un, un, pas un, personne, qui,* ayant pour complément *nous* ou *vous,* (et, plus généralement, un complément quelconque désignant la totalité), le verbe s'accorde toujours avec le premier terme, jamais avec le complément : *Qui de nous ne se* SENTIT *frappé à ce coup ?* (Boss., *Duch. d'Orl.*) — *L'un de vous me* TRAHIRA. — *Pas un de nous ne* FIT *un mouvement* (É. PEISSON, *L'Aigle de mer,* p. 287). — *Chacun de nous (...)* SUT *faire ce qu'il y avait à faire* (ID., *ibid.,* p. 340). — *Chacun des assistants* APPLAUDIT (LITTRÉ). — *Chacune d'elles* A *refusé* (AC.). — *Chacun d'eux* SUIVAIT *les rebondissements de sa pensée* (R. MARTIN DU GARD, *Les Thibault,* I, p. 30)

6. Lorsque le sujet est l'expression *toute sorte de* suivie d'un nom complément, c'est ce nom qui commande l'accord du verbe : *Toute sorte de livres ne* SONT *pas également bons* (AC.). — VENAIENT *dans notre boutique (...) toute sorte de vieilles bêtes immortelles* (J.-J. BROUSSON, *An. France en pantoufles,* p. 100, cit. Hœybye).

L'accord avec *sorte* a pu se faire parfois — et il pourrait, à l'occasion, se faire encore : *Toute sorte de biens* COMBLERA *nos familles* (MALHERBE, t. I, p. 73).

b) Après **peu** précédé de l'article défini ou d'un déterminatif démonstratif ou possessif, et suivi d'un complément, le verbe s'accorde avec le mot *peu* quand celui-ci, selon le sens ou l'intention, exprime l'idée dominante ; *peu* est alors frappé d'un accent d'insistance :

> *Le peu de qualités dont il a fait preuve l'*A *fait éconduire* (Ac.). — *Le peu de dents que j'avais* EST *parti* (VOLT., *À Mme Necker,* 21 mai 1770). — *Ce peu de mots* ÉTAIT *l'agonie d'une passion* (BALZAC, *Le Curé de village,* p. 153). —*Ce peu de mots me* SUFFISAIT (BARBEY D'AUREVILLY, *Le Chevalier des Touches,* p. 273). — *Ce peu d'entrailles qui* SUBSISTE *dans les femmes les plus insensibles* (Fr. MAURIAC, *La Pharisienne,* p. 174). — *Notre peu de ressources ne nous* PERMET *pas de faire cette dépense.*

L'accord se fait avec le complément quand on attire l'attention sur ce complément plutôt que sur le mot *peu :* celui-ci peut alors être supprimé sans que l'édifice de la phrase en soit détruit :

> *Le peu de services qu'il a rendus* ONT *paru mériter une récompense* (Ac.). — *Ce peu d'heures, saintement passées (...)* TIENNENT *lieu toutes seules d'un âge accompli* (BOSSUET, *Duch. d'Orl.*). — *Le peu d'observations que je fis se* SONT *effacées de ma mémoire* (J.-J. ROUSS., *Lett. à d'Alemb.*). — *Le peu de cheveux qu'il avait* ÉTAIENT *gris* (HUGO, *Quatrevingt-treize,* II, 1, 2). — *Le peu de matelots qui restaient* ESSAYÈRENT *d'implorer la pitié des révoltés* (MÉRIMÉE, *Mosaïque,* p. 69). — *Notre peu de ressources nous* ONT *empêchés de mourir.*

807. Adverbe de quantité sujet.

a) Le verbe qui a pour sujet un adverbe de quantité : *assez, beaucoup, combien, peu, tant, trop,* etc., s'accorde avec le complément de cet adverbe ; si ce complément n'est pas exprimé, il est censé être au pluriel :

> *Oh ! combien de marins, combien de capitaines (...), Dans ce morne horizon se* SONT *évanouis !* (HUGO, *Ray. et Omb.,* XLII.) — *Tant d'amertumes n'*ONT *pas aigri son courage* (Cl. FARRÈRE, *Les Civilisés,* XII). — *Peu de monde* A *su mon arrivée* (LITTRÉ, s.v. *peu,* Rem. 2) [1]. — *Peu de paroles* SUFFISENT *au sage* (ID., *ib.*). — *Un peu de provisions* AIDERONT *ce malheureux à vivre, un peu de pommes de terre lui* FERONT *plaisir.* — *Beaucoup, par un long âge,* ONT *appris comme vous Que le malheur succède au bonheur le plus doux : Peu* SAVENT *comme vous s'appliquer ce remède* (CORN., *Hor.,* V, 2).

Remarques. — 1. Les collectifs *force, nombre de, quantité de,* employés sans article ni déterminatif sont assimilables à des adverbes de quantité : *Force députés* VINRENT *alors s'incliner devant lui* (Cl. FARRÈRE, *Le Chef,*

---

[1]. Dans l'exemple suivant, c'est par syllepse du nombre que le verbe, après *assez de monde,* a été mis au pluriel ; au mot *monde* correspond, dans la pensée, l'idée d'une pluralité de personnes : *Il y a assez de monde qui* SONT VENUS *me voir.*(HUGO, *L'Homme qui rit,* II, 4, 8).

p. 195). — *Nombre de témoins* ONT *pu le voir* (Ac.). — *Quantité de personnes* SONT *venues* (LITTRÉ).

2. Il arrive que l'adverbe de quantité soit frappé d'une sorte d'accent et exprime l'idée importante ; c'est lui alors qui commande l'accord :

Beaucoup de cierges VALAIT *mieux !* (FLAUB., *L'Éduc. sentim.*, t. II, p. 245.) — *Trop d'essais* USE *le cerveau* (A. BESNARD, *Sous le ciel de Rome*, p. 38). — *Tant de lieues le* TENAIT *séparé de sa ville… !* (Ch. MAURRAS, *Anthinéa*, p. 94.) — *Il y a aussi « l'autre »* [lecteur] *à qui tant de preuves en* IMPOSE (M. SCHÖNE, dans le *Franç. mod.*, janv. 1947, p. 71). — *Tant de bravades* AVAIT *poussé l'homme à bout de résistance* (M. GARÇON, *Plaidoyers chimériques*, p. 107). — *Dans un tel dénuement, un peu de ressources* SERA *insuffisant, peu de ressources ne* PERMETTRA *pas de vivre.*

Pour l'adverbe de quantité suivi du complément *nous* ou *vous*, voir § 806, *a*, Rem. 5.

b) Après **plus d'un,** le verbe se met au singulier ; après **moins de deux,** il se met au pluriel [1] : ce n'est pas, en effet, sur la valeur numérique de ces expressions que la pensée s'arrête, c'est sur le complément de *plus* ou de *moins* :

*Plus d'un guéret s'*ENGRAISSA *Du sang de plus d'une bande* (LA F., F., IV, 6). — *Jadis plus d'un brigand dans ce puits se* PERDIT (HUGO, *Théâtre en liberté*, L'Épée, 1). — *Plus d'un se* RAPPELA *des matinées pareilles* (FLAUB., *Salammbô*, p. 256). — *J'ai entendu dire que plus d'un criminel s'*ÉTONNE *d'avoir commis son crime* (P. VALÉRY, *Regards…*, p. 55). — *Moins de deux mois* ONT *suffi à la vie du monde pour rejeter ici, brisée, anéantie, l'enfant qui en était sortie pleine d'espoir* (M. PRÉVOST, *Chonchette*, III, VIII).

Il n'est pas rare que celui qui parle ou qui écrit ait dans l'esprit, en employant *plus d'un*, l'idée d'une pluralité, et mette le verbe au pluriel [2] : *Plus d'une parmi elles* SONT *sorties du monastère comme j'en sors aujourd'hui* (MUSSET, *On ne badine pas avec l'amour*, II, 5). — *Plus d'une brebis galeuse s'*ÉTAIENT *glissées dans les rangs des apôtres bourgeois* (R. ROLLAND, *Jean-Christophe*, t. IX, p. 27). — *Plus d'un de mes voisins* AVAIENT *envie de faire demi-tour* (J. ROMAINS, *Mort de quelqu'un*, p. 191). — *De plus d'un gamin qui nous* RENCONTRAIENT*, j'entendis des rires* (M. ARLAND, *Étienne*, p. 135). — *Plus d'un se* SENTAIENT *las* (Fr. MAURIAC, *Vie de Jésus*, p. 152). — *Je sais que plus d'un parmi les jeunes élèves de médecine* SONT *affectés par le spectacle opératoire* (P. VALÉRY, *Variété*, éd. Pléiade, p. 913). — *Comme l'*ONT *fait remarquer plus d'un philologue* (A. THÉRIVE, *Libre Hist. de la Langue franç.*, p. 239).

---

1. *Moins de deux* ne s'emploie guère qu'en parlant de choses qui se divisent. — S'il s'agissait de personnes ou de choses qui ne se divisent pas, le verbe se mettrait au singulier, le véritable sujet étant alors l'idée exprimée par *moins* : *Moins de deux gardiens ne* PEUT *suffire.* — Sur *plus d'un*, sujet, voyez à la fin du volume l'arrêté du 26 février 1901 : *Liste*, VIII, 7.

2. Cf. : *Du seul point de vue formel, ces Cahiers contiennent plus d'une page* AUX-QUELLES*, pour ma part, je me refuserais à renoncer* (Ch. DU BOS, *Le Dialogue avec André Gide*, p. 66).

Le verbe se met au pluriel si *plus d'un* est répété ou encore si l'on exprime la réciprocité :

Plus d'une communication bienveillante, plus d'une rencontre heureuse me SONT advenues (LITTRÉ, *Supplém.*, Additions). — *Je suis bien sûr que plus d'une anguille, plus d'un barbeau, plus d'une truite* SUIVAIENT *le courant* (F. FABRE, *Mon Oncle Célestin*, II, 8). — *À Paris on voit plus d'un fripon qui se* DUPENT *l'un l'autre* (MARMONTEL, *Incas*, 45).

808. Pronom neutre *il* sujet.

Le pronom neutre *il* sujet des expressions impersonnelles commande évidemment l'accord du verbe : *Il se* TROUVE *des hommes qui n'écoutent ni la raison ni les bons conseils* (LA BR., IV, 71). — *Il* EST *arrivé de grands changements en Asie* (MONTESQ., *Espr.*, XXI, 6). — *Il* NEIGE *des papillons* (HUGO, *Cont.*, I, 14). — *Il nous* SERAIT VENU *des lassitudes* (FLAUB., *Mme Bov.*, p. 224).

Hist. — Dans l'ancienne langue, le verbe se trouvait parfois au singulier, malgré le voisinage d'un terme au pluriel qui eût dû, semble-t-il, commander l'accord : *Trois generacions* CHËI [= tomba] *En enfer, et en terre ausi* (*Roman du Saint Graal*, dans TOBLER, *Mél.*, p. 296). — *Parmi Paris en* VAT *trois paire* [d'aveugles] (RUTEBEUF, *ibid.*, p. 294). — *De tous côtés lui* VIENT *des donneurs de recettes* (LA F., *F.*, VIII, 3). — On peut expliquer ainsi le fait : le locuteur, au moment d'énoncer le verbe, a dans la pensée un sujet de sens très général, comme *cela* ou *il*, mais informulé, qui virtuellement annonce ou résume le terme au pluriel ; c'est ce sujet neutre singulier sous-jacent qui commande l'accord du verbe.

Dans la langue actuelle, ce phénomène est insolite (faute d'impression ? inadvertance de l'auteur ?) : *Et même dans l'« Éducation sentimentale » (...) se* GLISSAIT *encore çà et là des restes, infimes d'ailleurs, de ce qui n'est pas Flaubert* (M. PROUST, *Chroniques*, p. 196). — *C'était une belle pension militaire, où ne* POUVAIT *entrer que des filles de généraux* (LA VARENDE, *Le Centaure de Dieu*, p. 31). — *Dans une ville* VIVAIT *deux hommes : un riche et un pauvre* (DANIEL-ROPS, *Histoire Sainte*, Le Peuple de la Bible, t. II, p. 34). — *D'où* S'ENSUIVIT *pour elle beaucoup d'épreuves et de chagrins* (É. HENRIOT, dans le *Monde*, 24 janvier 1951).

809. Pronom neutre *ce* sujet [1]**.**

a) Le verbe *être* ayant pour sujet le pronom *ce* se met ordinairement au pluriel quand l'attribut est un nom pluriel ou un pronom de la 3e personne du pluriel :

Ce SONT *de braves enfants* (AC.). — SONT-*ce des vers que vous lui voulez écrire ?* (MOL., *Bourg. gent.*, II, 4.) — *Ceux qui vivent, ce* SONT *ceux qui luttent* (HUGO, *Chât.*, IV, 9). — *Ce* SONT *elles* [les femmes] *qui ont créé la chevalerie* (ID., *Litt. et Philos. mêlées*, Idées au hasard, II). — ÉTAIENT-CE *deux amis ou deux frères ?* (Th. GAUTIER, *Mlle de Maupin*, I.) — *Puis ce* FURENT *des insomnies, des alternatives de colère et d'espoir, d'exaltation et d'abattement* (FLAUB., *Bouv. et Péc.*, I). — *Ce* SONT *eux qui seront plus tard écoutés* (A. GIDE, *Feuillets*

---

1. Voir à la fin du volume l'arrêté du 26 février 1901 : *Liste*, VIII, 9.

d'automne, p. 221). — Ç'ONT ÉTÉ *des soifs étanchées* (ID., *Les Nourrit. terr. et les Nouv. Nourrit.*, p. 128). — *Ce* SONT *eux, enfin* (Fr. MAURIAC, *Asmodée*, II, 6). — *Ce* SONT *eux qui en tirent profit* (M. AYMÉ, *Le Confort intellectuel*, p. 200). — *Ce* SONT *eux qui ont développé l'irrigation* (A. SIEGFRIED, *L'Âme des peuples*, p. 30). — *Ce ne* SONT *pas des heures frivoles que j'aurai vécues* (Fr. MAURIAC, *Journ.*, t. III, p. 111). — *Ce qui manque, ce ne* SONT *pas les choses à faire, c'est la volonté de les faire* (A. MAUROIS, *Portr. de la France et des Franç.*, p. 94).

Toutefois le singulier s'emploie également bien, mais il est beaucoup plus courant dans la langue familière que dans la langue littéraire : *Ce n'*ÉTAIT *pas des confidences qu'elle murmurait* (M. BARRÈS, *Un Jardin sur l'Oronte*, p. 28). — *Ce n'*EST *pas des visages, c'*EST *des masques* (A. FRANCE, *La Rôtisserie…*, p. 314). — *C'*ÉTAIT *les façons de penser, de dire, du vieux professeur de piano* (M. PROUST, *Du côté de chez Swann*, I, p. 236). — *C'*ÉTAIT *des épingles* (P. MILLE, *Sous leur dictée*, p. 58). — *Mais ce n'*EST *pas les fermiers, c'*EST *les goujats les plus distants de nous qu'il fréquente* (A. GIDE, *Le Retour de l'Enf. prod.*, p. 222). — *Ce n'*ÉTAIT *pas les mêmes souvenirs* (R. MARTIN DU GARD, *Les Thibault*, VII, 3, p. 239). — *Ce n'*EST *pas les théories qui font les œuvres* (A. THÉRIVE, *Le Retour d'Amazan*, p. 209). — *C'est nous qui sommes capables d'avoir faim, ce n'*EST *pas vos Anges !* (P. CLAUDEL, *La Messe là-bas*, p. 30). — *C'*EST *les pédants qui ont raison* (A. HERMANT, *Xavier*, p. 132).

En particulier *c'est eux* est très courant, (il semble prévaloir sur *ce sont eux* dans les propositions négatives ou interrogatives)[1] : *C'*EST *eux qui le poussaient aux ordonnances* (CHATEAUBR., *Mém.*, III, 11, 12, 7). — *C'*EST *eux qui le veulent* (A. DUMAS f., *La Dame aux Camélias*, II, 6). — *On se demande (…) si ce n'*EST *pas eux qui ont raison* (ID., *La Femme de Claude*, Préf.). — *C'*EST *eux qui l'auront voulu* (J. LEMAITRE, *Les Rois*, p. 160). — *C'*EST *eux qui pillent* (Ch. PÉGUY, *Notre Jeunesse*, p. 61). — *Peut-être bien que c'*EST *eux qui sont les plus attrapés* (A. LICHTENBERGER, *Line*, p. 152). — *C'*EST *eux qui avaient raison* (J. BENDA, *Précision, 1930-1937*, p. 78). — *C'*EST *eux qui ne valent rien* (G. BERNANOS, *Lettre aux Anglais*, p. 116). — *Pourquoi les hommes détruiraient-ils Saint-Sulpice ? C'*EST *eux qui l'ont construit* (J. GIRAUDOUX, *La Folle de Chaillot*, p. 113). — *Je crois que c'*EST *elles qui m'ont porté secours* (CO-LETTE, *L'Étoile Vesper*, pp. 165-166). — *Ce n'*EST *pas eux qui touchent les commissions* (P. VIALAR, *Mons. Dupont est mort*, p. 350). — *Est-ce eux qui viendront ?* — *C'*EST *bien eux. Ce n'*EST *pas eux.* EST-*ce bien elles ? C'*EST *bien elles.*

Remarques. — 1. On dit toujours : *c'*EST *nous, c'*EST *vous.*

2. Avec *ce doit être, ce peut être, ce ne saurait être*, on applique la règle énoncée plus haut [sous *a)*] :

Ce ne PEUT *être encore les gens que nous attendons* (LITTRÉ, s. v. *ce*, 2°). — *Ce* DOIT *être mes tantes et mon oncle* (ID.). — *Ce ne* SAURAIT *être qu'eux.* — *Ce* POURRAIT *être deux amis* (SAINTE-BEUVE, *Caus. du Lundi*, t. IX, p. 156). — *Ce* PEUVENT *être les jeux méchants d'un enchanteur* (J. BÉDIER, *Le Rom. de Tristan et Iseut*, p. 205, cit.

---

1. Selon Martinon, *ce* SONT *eux* « semble destiné à disparaître et on dit uniquement *c'*EST *bien eux* ou *ce n'*EST *pas eux, ce n'est pas lui, c'*EST *eux* ou *c'*EST *eux et moi,* EST-*ce eux,* EST-*ce bien eux,* quoiqu'on admette encore *sont-ce vos enfants,* plus correctement que *est-ce vos enfants ?* » (*Comm. on parle en fr.*, p. 120).

Hœybye). — *Ce ne* POUVAIT *être qu'eux !* (R. BENJAMIN, *Aliborons et Démagogues*, p. 177.) — *Ce* DOIVENT *être deux orientaux* (M. PROUST, *Sod. et Gom.*, II, 1, p. 94). — *Ce* DEVAIENT *être des gens qui avaient la plaisanterie lourde* (V. LARBAUD, *Enfantines*, p. 201). — *Ce* DEVAIENT *être des vers* (É. HENRIOT, *La Rose de Bratislava*, V). — *Ce* DOIVENT *être les journaux turcs (...) qui les renseignent* (J. COCTEAU, *Maalesh*, p. 159). — *Ce ne* SAURAIENT *être que des oiseaux* (LA F., *Psyché*, 2).

3. Si le mot pluriel qui suit le verbe *être* est introduit par une préposition (il n'est donc pas attribut), le verbe se met toujours au singulier [1] :

C'EST *d'eux seuls qu'on reçoit la véritable gloire* (CORN., *IIor.*, V, 3). — *Ce n'*EST *donc pas des hommes qu'il est ennemi* (J.-J. ROUSS., *Lett. à d'Alemb.*). — C'EST *des malades qu'ils prient que l'on ait pitié* (G. DUHAMEL, *Tribulations de l'espérance*, p. 384). — C'EST *pour eux que je travaille* (LITTRÉ, s. v. *ce*, 2°). — C'EST *de ces hommes que j'attends du secours* (ID., *ib.*). — C'EST *des yeux d'Hilaire que serait tombé le mépris* (R. de GOURMONT, *Merlette*, XVII). — *Ce* FUT *en ces lieux qu'il vécut.* C'EST *contre des ombres qu'il combat.*

4. Quand le verbe *être* a pour sujet *ceci* ou *cela, ce* ou *tout ce* (avec une proposition relative), il s'accorde de la même manière que si le sujet était *ce : Tout cela* SONT *des fautes contre la fureté du langage* (VAUGELAS, *Rem.*, p. 573). — *Mais ceci* SONT *plutôt des souhaits vagues* (J.-J. ROUSSEAU, dans LITTRÉ, *Suppl.*). — *Tout cela ne* SONT *pas des preuves* (ID., *ibid.*). — *Tout cela* SONT *des « peut-être »* (STENDHAL, *Corr.*, t. II, p. 263). — On peut, dit Littré, mettre le singulier : *Ceci* EST *des souhaits. Tout cela n'*EST *pas des preuves.* — On dirait de même : *Tout ce que vous voyez* SONT *des plantes sauvages* (J.-J. ROUSS., *Nouv. Hél.*, IV, 11, cit. Hœybye) ou : *Tout ce que vous voyez* EST *des plantes sauvages.* — *Ce que vous dites là* SONT *tout autant de fables* (LITTRÉ, s.v. *tout*, 35°) — ou : *Ce que vous dites là* EST *tout autant de fables.*

Mais, dans ces divers cas, à cause de l'idée de pluralité qu'on a dans la pensée, le pluriel paraît préférable. (Voir § 811, Rem.)

Dans l'usage actuel, le plus souvent, on reprend le sujet *ceci* ou *cela* par le simple *ce* devant le verbe *être* (§ 522, 2° A, *a*) : *Tout ceci*, CE SONT *des découvertes...* (STENDHAL, *Vie de Henri Brulard*, t. II, p. 202). — *Tout cela*, CE SONT *des mots* (R. ROLLAND, *Jean-Chr.*, t. II, p. 163). — *Tout cela*, CE SONT *des folies* (L. BERTRAND, *Mlle de Jessincourt*, II, 5). — *Tout cela*, CE SONT *des atouts dans votre jeu* (A. MAUROIS, *Terre promise*, p. 134). — *Tout cela*, CE SONT *(...) des pensées insaisissables qui traversent l'esprit de la petite madame* (G. DUHAMEL, *L'Archange de l'aventure*, pp. 128-129).

Hist. — Au moyen âge, et jusque dans le XVIe siècle, on disait, en faisant l'accord avec le sujet postposé : *Ce* SUIS JE, *ce* ES TU, *ce* EST IL, *ce* SOMMES NOUS, *ce* ESTES VOUS, *ce* SONT ILS : *ce* était alors attribut : *Ce* SUIS JE (CHRÉTIEN DE TROYES, *Erec et Enide*, 668). — C'ESTES VOUS *en propre personne* (*Pathelin*, 1514). — *Ce* SUIS IE *moy qui fay toutes ces choses* (CALVIN, *Inst.*, I, 17, 8). — Mais, à côté de *ce est il*, on a eu, en mettant la forme accentuée *lui : ce est* LUI, puis *ce* étant devenu atone, on a dit, en

---

1. Faux accord : *Je vois que tu ne te désintéresses pas des affaires sérieuses. Ce* SONT *d'elles, justement, que nous allons avoir à parler* (P. BENOIT, *La Toison d'or*, p. 167).

faisant l'élision : c'est *lui*. Dès lors, l'analogie a fait se développer les tours : c'est *moi*, c'est *toi*, c'est *nous*, c'est *vous*, c'est *eux*, dans lesquels l'accord du verbe avait lieu avec *ce* devenu sujet. Dès le début du XVIIe siècle, ce dernier usage l'a emporté, mais à la 3e personne du pluriel, les grammairiens ont maintenu *ce* sont *les hommes, ce* sont *eux*, à côté de c'est *les hommes,* c'est *eux*, qu'imposait l'évolution naturelle de la langue.

Cette dernière construction était fréquente au siècle classique : *C'est des péchés légers* (Boss., *Mar.-Thér.*). — *C'est eux qui ont bâti ces douze palais* (Id., *Hist.*, III, 3). — *Ce n'est pas les Troyens, c'est Hector qu'on poursuit* (Rac., *Andr.*, I, 2). — *Ce n'est que les actions qui les découvrent* [les hommes] *différents* (Mol., *Av.*, I, 1). — *C'était leurs délices suprêmes* (La F., *F.*, XII, 1). — *L'occasion prochaine de la pauvreté, c'est de grandes richesses* (La Br., VI, 49).

b) Lors même que l'attribut est un nom pluriel ou un pronom de la 3e personne du pluriel, on met au singulier le verbe *être* ayant pour sujet le pronom *ce :*

1o Dans les expressions figées *si ce n'est* (= excepté) et *fût-ce*[1] : *Si ce n'*est *eux, quels hommes eussent osé l'entreprendre ?* (Littré.) — *Jésus leur défend de rien emporter si ce n'*est *des sandales et un bâton* (Flaub., *La Tent. de saint Ant.*, p. 72). — *Les mauvais riches,* fût-ce *les pires, prennent une assurance sur l'avenir, en prodiguant les dons* (A. Suarès, *Sur la vie,* t. I, p. 172).

Si ce n'est sort parfois de son figement : le verbe suit, dans ce cas, la règle ordinaire (§ 809, *a*) : *Il ne se rappelait plus rien si ce n'*étai(en)t *les noms de ses parents.* — *Il n'avait entendu aucun bruit, si ce n'*était *celui que faisaient les gens des étages* (P. Vialar, *Mons. Dupont est mort,* p. 240).

2o Dans certaines tournures interrogatives et autres, où l'emploi du pluriel produirait des consonances désagréables. Ainsi au lieu de *furent-ce, eussent-ce été, c'eussent été,* on dira : *fut-ce, eût-ce été, c'eût été :* Fut-ce *mes sœurs qui le firent ?* (Littré, s.v. *être,* Rem. 2.) — *Comme si c'*eût été *des*

---

1. Dans *fût-ce, ne fût-ce que,* on a le subjonctif imparfait *fût,* suivi du pronom *ce :* on se gardera donc d'orthographier *fusse,* comme dans cette phrase : *Pour peu que celui que vous avez touché le manifeste,* fusse *même par un clin d'œil ou un grognement, il se découvre ainsi par ce qu'il a approuvé ou désapprouvé* (J. Giono, *Voy. en Italie,* p. 237). — Dans la phrase suivante : *Quand on avait deux femmes dans sa vie et qu'elles l'apprenaient, on les gardait,* fussent *deux sœurs* (P. Bourget, *Deux Sœurs,* p. 200, dans Hœybye, *L'Accord en fr. cont.,* p. 94), on attendrait : *fût-ce* ou *fussent-elles ;* le tour ancien Fussent *gens d'armes ou tonnerre, Au son de luy* [du gros beffroi], *tout mal cessoit* (Villon, *Test.,* 1910-1911) ne serait une justification que s'il existait, dans la langue actuelle, des phrases du type *sont deux sœurs, étaient deux sœurs* (pour *ce sont deux sœurs, elles sont deux sœurs, c'étaient deux sœurs, elles étaient deux sœurs*).

On se gardera également d'écrire *fusse* pour *fut-ce* (passé simple) ; cf. : Fussent *les lecteurs, trop rares, de « Minerva » qui firent le succès de mon roman, toujours est-il qu'il surpassa bien vite les deux autres* (H. Bordeaux, *La Garde de la maison,* p. 152).

morsures (HUGO, *Notre-Dame de Paris*, IX, 6) ; — et à *seront-ce, c'en sont*
on pourra préférer[1] *sera-ce, c'en est :* SERA-*ce des artistes ?* (J. BENDA, *La
France byzantine*, p. 269.) — *De telles paroles sont des injures ; oui, c'en* EST.

Les formes *ont-ce été, avaient-ce été, auront-ce été, auraient-ce été* sont peu agréables
à l'oreille[2]. Mais *sont-ce, étaient-ce, seraient-ce* ne sont pas cacophoniques : SONT-
CE *ses grands canons qui vous le font aimer ?* (MOL., *Mis.*, II, 1.) — *Ne* SONT-CE *pas
vos noms de baptême ?* (ID., *Préc.*, 5.) — SONT-CE *les premiers droits... ?* (RAC., *Théb.*,
II, 3.) — ÉTAIENT-CE *vos amis ?* (LITTRÉ, s. v. *ce*, 3°.) — *Des jardins même très
anciens laissent des traces, ne* SERAIENT-CE *que des buis alignés* (J. GIONO, *Voy. en
Italie*, p. 224). — A noter que, contrairement à ce qu'affirme Martinon, *ç'ont été*
n'est pas « absolument inusité » : voyez plus haut (§ 809, *a*) un exemple d'A. Gide ;
et comparez : *Si admirables que ces inventions aient pu être, (...)* CE *n'ont jamais* ÉTÉ
que des moyens matériels de simplifier la vie (É. HENRIOT, dans le *Monde*, 23 mars 1955).

3° Dans l'indication de l'heure, d'une somme d'argent, etc., quand l'attribut de forme plurielle est pensé comme exprimant un singulier, un tout,
une quantité globale : C'EST *onze heures qui sonnent* (LITTRÉ, s.v. *ce*, 2°)
[on indique *l'*heure, non *les* heures]. — C'EST *cent mille francs environ qui
me sont nécessaires* (H. BECQUE, *Michel Pauper*, II, 10) [idée d'*une* somme,
d'*un* nombre]. — *La rançon de saint Louis avait coûté huit cent mille besants ;
c'*ÉTAIT *environ neuf millions de la monnaie qui court actuellement* (VOLT.,
Mœurs, 58) [*une* somme considérée globalement]. — C'EÛT été *là assurément quatorze ans de perdus* (VIGNY, *Serv. et Gr. m.*, I, 1) [*un* laps de temps]. —
C'EST *quarante francs jetés à l'eau* (P. MILLE, *Sous leur dictée*, p. 3).

Mais, selon l'usage ordinaire, quand l'attribut est pensé comme une pluralité,
on met le verbe au pluriel : *Ce* FURENT *quatre jours bien longs qu'il eut à passer*
(MAUPASS., *Notre Cœur*, II, 1). — C'ÉTAIENT *quatre-vingts ou cent personnes établies
à demeure* (G. BOISSIER, *Mme de Sév.*, p. 137). — *Ce* FURENT *pour moi quatre jours
de stupeur* (R. BENJAMIN, *Aliborons et Démagogues*, p. 33). — *Ce* SONT *cinquante
mille dollars, avant le premier coup de poing* (P. MORAND, *Champions du monde*, p. 114).
— *On me doit 10.000 francs, mais ce* SONT *10.000 francs fictifs* (J. GREEN, *Journ.*,
30 janv. 1950).

c) Lorsque l'attribut est formé de plusieurs noms dont le premier
au moins est au singulier, le verbe *être* ayant pour sujet *ce* peut se
mettre au singulier ou au pluriel :

---

1. Cf. cependant : *On verra que* C'EN SONT *les figures* (PASC., dans Littré, s. v. *ce*,
2°). — *Elles* [trois jeunes filles] *sont sur l'échelle d'or de la poésie, bien plus haut que
les petites filles modèles de Mme de Ségur.* C'EN SONT *les insectes parfaits à côté de
larves* (R. KEMP, dans les *Nouv. litt.*, 31 mars 1955). — *Mais « Les Écrivains » (...)
de Michel de Saint Pierre sont plutôt un portrait en pied ou, plutôt,* C'EN SONT *deux*
(A. BILLY, dans le *Figaro*, 5 juin 1957).

2. De même : *a-ce été, avait-ce été, aura-ce été, aurait-ce été.* On peut se servir de
est-ce que ç'a été ?... ç'avait été ? etc.

C'est *la gloire et les plaisirs qu'il a en vue* (Littré, s.v. *ce*, 2°). — *Ce n'est pas la misère, la maladie, la guerre, le travail excessif, qui m'affligent* (J. Chardonne, *Claire*, p. 231). — *Ce* sont *le goût et l'oreille qui décident* (Littré, s.v. *qui*, 7°). — *Ce ne* sont *pas l'enfer et le ciel qui les sauveront* (Chateaubriand, *Mém.*, II, 7, 2). — *Ce* sont *la société, la civilisation et les lois qui ont créé ces désordres* (J. Lemaitre, *J.-J. Rousseau*, p. 111). — *Ceux qui sont là, dehors, ce* sont *le père et la mère d'Albert T...* (Cl. Farrère, *La Seconde Porte*, p. 71). — *Ce* sont *d'abord la maladresse et la pauvreté qui donnent aux catacombes leur accent chrétien* (A. Malraux, *Les Voix du silence*, p. 175).

Mais on met obligatoirement le pluriel quand l'attribut multiple développe un pluriel ou un collectif qui précède :

Il y a cinq parties du monde, ce sont : *l'Europe, l'Asie*, etc. — *Un seul groupe s'avança, causant.* C'étaient *le Ministre, le Père Jousselin ; le Procureur, le Père Darbois, et le Préfet des études, le Père Sixte* (É. Estaunié, *L'Empreinte*, p. 13).

810. Pronom relatif *qui* sujet.

a) Le verbe ayant pour sujet le pronom relatif *qui* se met au même nombre et à la même personne que l'antécédent de ce pronom :

C'est moi qui suis, *qui* serai. — *C'est toi qui l'*as *nommé* (Rac., *Phèdre*, I, 3). — *On s'en prend à nous, qui* sommes *innocents.* — *Je suis naturellement naïf, et plus encore avec vous, qui* êtes *un étranger* (Montesq., *L. pers.*, 134). — *Il est dommage, en somme, que ce ne soit pas moi qui* aie *fait les deux rencontres* (J. Romains, *Violation de frontières*, p. 47).

N. B. — Puisque c'est l'antécédent qui commande l'accord, toutes les règles et remarques relatives à l'accord du verbe doivent naturellement s'appliquer comme si l'antécédent était le véritable sujet : *La veuve et l'orphelin qui* souffrent. *Toi et moi qui* savons. *Une meute de loups qui* suivait *les voyageurs.* — *Il vint une nuée de barbares qui* désolèrent *tout le pays* (Ac., s. v. *nuée*). — *Le peu de meubles qui se* trouvent *dans les habitations espagnoles sont d'un goût affreux* (Th. Gautier, *Voy. en Esp.*, p. 105). Etc.

Remarques. — 1. Quand l'antécédent est un mot mis en apostrophe, il va de soi que le verbe se met à la 2e personne : *Ah ! maudit animal qui n'*es *bon qu'à noyer* (La F., *F.*, XI, 3). — *Qui donc es-tu, mon frère, Qui n'*apparais *qu'au jour des pleurs ?* (Musset, *N. de Déc.*) — *Dors, pauvre enfant malade, Qui* rêves *sérénade...* (Nerval, *Lyrisme et Vers d'opéra*, La Sérénade). — *O Père qui* êtes *dans les cieux, que votre douceur est reconnaissable à ce trait !* (L. Veuillot, *Le Parfum de Rome*, VII, 4.) — *Toi qui* sèches *les pleurs des moindres graminées* (E. Rostand, *Chantecler*, I, 2). — *Adieu, vilain chat qui* aurais *tant voulu avoir des ailes pour nous courir après dans l'azur et piller nos nids* (É. Henriot, *Le Livre de mon père*, p. 172). — Si ce mot mis en apostrophe désigne une personne que l'on ne tutoie pas, le verbe se met évidemment à la 2ᵉ personne du pluriel : *Oh là ! oh ! descendez, que l'on ne vous le dise, Jeune homme qui* MENEZ *laquais à barbe grise !* (LA F., F., III, I.)

De l'antécédent mis en apostrophe on distinguera l'antécédent qui est une exclamation (il n'est donc pas « allocutif ») ; le verbe se met alors à la 3ᵉ personne : *Heureux enfant, qui* DEMANDE *où est le bonheur... !* (G. SAND, *Lélia*, V.) — *Mais comment espérer qu'elles (...) ne lui diraient pas en riant :* « *Vilain jaloux qui* VEUT *priver les autres d'un plaisir* » (M. PROUST, *Du côté de chez Swann*, II, p. 214, cit. Hœybye).

2. Après *un homme comme moi qui, un homme comme toi qui, un homme comme vous qui, des gens comme nous qui,* etc., le verbe peut être accordé de deux manières, *qui* étant rapporté soit au nom (*homme, gens,* etc.), soit au pronom personnel (*moi, toi,* etc.) : *J'en crois un homme comme vous qui* A *vu par ses yeux,* ou : *qui* AVEZ *vu par vos yeux* (LITTRÉ, S.V. *qui*, 5°).

Hist. — Après les constructions *c'est moi qui, c'est toi qui, c'est nous qui, c'est vous qui, il n'y a que moi qui,* etc., on a pu, jusqu'à la fin du XVIIᵉ siècle, mettre le verbe à la 3ᵉ personne : *Il n'y aura que vous qui* SOIT *noble* (MALHERBE, t. II, p. 420). — *Il n'y avait que moi qui la* PÛT *informer* (LA ROCHEFOUC., t. II, p. 29). — *C'est moi qui* SE NOMME *Sganarelle* (MOL., *Méd. m. lui,* I, 6). — *Ce ne serait pas moi qui* SE FERAIT *prier* (ID., *Sgan.,* 2). — Cet accord — qui reste courant dans la langue populaire — s'explique par le fait que la relative a été, à l'origine, employée absolument ; le tour primitif *qui* EST *le chef, c'est moi* est devenu *c'est moi* [celui] *qui* EST *le chef.*

Dans l'exemple *Je ne vois plus que vous qui la* PUISSE *défendre* (RAC., *Iphig.,* III, 5), l'accord s'explique par le sens de la phrase, qui est : *Je ne vois personne qui la puisse défendre sauf vous,* ou encore : *Je ne vois* [autre] *que vous qui la puisse défendre.* Il faut expliquer de même : *Et ne verrons que nous qui* SACHE *bien écrire* (MOL., *F. sav.,* III, 2). — *Il n'y a plus que toi qui m'*AIME *dans la famille* (STENDHAL, *Corr.,* t. IV, p. 151). — *Il n'y a que moi (...) qui* SOIT *capable d'une chose aussi extraordinaire* (J. ROMAINS, *Lucienne,* p. 199).

b) Lorsque le relatif *qui* est précédé d'un attribut se rapportant à un pronom personnel de la 1ʳᵉ ou de la 2ᵉ personne, c'est cet attribut qui commande l'accord du verbe de la relative : 1° généralement quand il est précédé de l'article défini ; 2° quand il inclut l'idée démonstrative (voir pourtant l'*Hist.* ci-après) ; 3° quand la principale est négative ou interrogative :

Vous êtes l'élève — cet élève — celui — qui A *le mieux répondu. Vous êtes ce Dupont qui m'*A *écrit.* — *Je suis celui qui* TIENT *le globe* (HUGO, *Lég.,* t. II, p. 276). — *Nous sommes ceux qui* VONT *tous les vendredis soir chez Angèle* (A. GIDE, *Paludes,* p. 113). — *Tu seras celui qui* GARDERA *la barque* (P. LOTI, *Ramuntcho,* p. 99). — *Nous sommes tous ceux qui* ONT *sauvé ou créé une plante* (J. GIRAUDOUX, *La Folle de Chaillot,* p. 182). — *Je suis celui qui* VOIT (H. BOSCO, *Malicroix,* p. 204). — *Vous n'êtes pas un homme qui* AIME *la flatterie. Êtes-vous un homme qui* SAIT *réfléchir ? Êtes-vous Dupont qui m'*A *écrit hier ?* —

Êtes-vous celui qui A *commis le crime ?* (Hugo, *Lucrèce Borgia*, II, 1, 3.) —
Es-tu celui qui peut *quelque chose pour son bonheur ?* (M. Barrès, *Les Déracinés*, p. 394.)

Dans toutes ces phrases, on établit un lien étroit entre l'attribut et la relative.

Hist. — Autrefois dans des phrases du type *je suis celui qui…*, lorsque l'attribut
celui (ou *celle, ceux, celles*) se rapportait à un pronom personnel de la 1ʳᵉ ou de la 2ᵉ
personne, le verbe de la relative se mettait parfois, par attraction, à la 1ʳᵉ ou à la 2ᵉ
personne : *Je suis celluy qui* ay *fait et creé tous les sainctz* (*Internelle Consolacion*, II,
58). — *Je suis celluy qui* ay *faict maint escript* (Marot, *Épître* 10, dans Gougenheim,
Gramm. du XVIᵉ S., p. 223). — *Je suis celle qui vous* ai *formés* (Pasc., *Pens.*, 430). —
Je suis, dit-il, Celui qui suis (Boss., *Hist.*, II, 3). — *Je pense être celui de tous qui
l'*ai *le plus rigoureusement éprouvé* (Mlle de Scudéry, *Gr. Cyrus*, t. III, p. 114, dans
Haase). — Cet accord se retrouve exceptionnellement dans la littérature moderne :
Vous êtes ceux qui savez *dire « oui » et qui* savez *dire « non »* (M. Barrès, *Mes Cahiers*,
t. XII, p. 91). — *Nous sommes ceux qui* avons *trouvé le moyen de maintenir la tête
hors de l'eau !* (P. Claudel, *La Rose et le Rosaire*, p. 16.) — *Je suis celui qui* conçois
ce que vous voulez (P. Valéry, *Eupalinos*, p. 124). — *Nous étions ceux qui* allions
vaincre Hitler (Fr. Ambrière, *Les Grandes Vacances*, p. 16). — *Feuilles mortes, (…)
vous n'êtes pas seulement celles qui* démasquez *les nids* (Germaine Beaumont, dans
les *Nouv. litt.*, 12 oct. 1950).

Remarque. — Pour les phrases affirmatives, l'usage est hésitant, parce que,
suivant l'intention de celui qui parle ou qui écrit, la relative est, pour l'accord,
rapportée tantôt à l'attribut (3ᵉ personne), tantôt au pronom sujet (1ʳᵉ ou
2ᵉ personne). C'est le cas : 1º lorsque l'attribut est précédé de l'article indéfini ;
2º lorsque l'attribut est ou contient *le seul, le premier, le dernier, l'unique*,
etc. ; 3º lorsque l'attribut est un numéral cardinal (non précédé d'un démonstratif) ou une expression numérale (*beaucoup, plusieurs, quelques-uns,
une dizaine, une bande*, etc.) [dans ce 3ᵉ cas, si le numéral est employé sans
article, c'est presque toujours le pronom sujet qui commande l'accord] ;
4º lorsque l'attribut est un nom propre sans déterminatif :

a) Je suis un rat de campagne qui ne peut *subsister à Paris* (Volt., *À d'Argental*, 30 déc. 1774). — *Je suis un homme qui ne* sait *que planter des choux* (A. France,
Le Liv. de m. ami, p. 280). — *Nous sommes (…) de tristes papillons qui se* brûlent
au feu des idées (J. et J. Tharaud, *Quand Israël est roi*, p. 274). — *Nous sommes de
pauvres époux qui* ont *failli* (J. Giraudoux, *Sodome et Gomorrhe*, p. 143). — *Je suis
une fille du Carmel qui* va *souffrir pour vous* (G. Bernanos, *Dialogues des Carmélites*,
III, 8). — *Je suis un collégien qui* connaît *son bonheur* (Saint-Exupéry, *Pilote
de guerre*, p. 10). — *Nous devînmes des gens qui se* contredisent (J. Cocteau,
Poésie critique, p. 81). — *Nous sommes des chemins qui* mènent *plus haut que nous*
(G. Marcel, *Rome n'est plus dans Rome*, p. 75). — *Vous êtes le seul qui* connaisse
ce sujet (Littré). — *Je suis le premier qui* ait *fait cela* (Id.). — *Vous êtes le seul
homme qui ne* puisse *pas répondre* (Martinon, *Comm. on parle…*, p. 214). — *Nous
sommes quelques-uns qui* donneront *à leurs cadets leur concours absolu* (R. Rolland,
Les Précurseurs, p. 211). — *Nous sommes (…) quelques-uns qui* sacrifieraient
sans marchander leur peau ! (R. Martin du Gard, *Les Thibault*, VII, 2, p. 127.) —
Nous étions trois amis, trois galopins qui usaient *encore leurs culottes sur les bancs*

de l'école (ZOLA, *Documents littéraires*, p. 87, dans Sandfeld). — *Je suis Pierre, qui vous* A *tant soigné* (MARTINON, *Comm. on parle...*, p. 213). — *Nous sommes ainsi quelques fossiles qui* SUBSISTENT... (FLAUB., *Corr.*, t. IV, p. 111).

b) *Vous êtes une nymphe antique qui vous* IGNOREZ (NERVAL, *Sylvie*, VIII). — *Vous êtes des chiens qui* COUREZ *chacun après son os* (TAINE, *Thomas Graindorge*, p. 57). — *Vous êtes un enfant qui* PRÉTENDEZ *agir comme un homme* (E. FROMENTIN, *Dominique*, VI). — *Je suis un paresseux qui ne me* PLAIS *qu'à dormir au soleil* (M. AYMÉ, *Les Contes du Chat perché*, p. 93). — *Nous sommes des pies qui nous* JETONS *à l'étourdie sur tout ce qui brille* (J. et J. THARAUD, *Quand Israël est roi*, p. 274). — *Vous êtes le seul qui* CONNAISSIEZ *ce sujet* (LITTRÉ). — *Je suis le premier qui* AIE *fait cela* (ID.). — *Vous êtes la seule de la maison qui ne* RÊVIEZ *pas* (Fr. MAURIAC, *Asmodée*, II, 7). — *Je fus le premier qui* FIS *connaître aux Français...* (VOLT., *Ess. sur la poés. épiq.*, 9). — *Nous sommes (...) les deux personnes de la paroisse qui* AVONS *le plus à faire* (FLAUB., *Mme Bovary*, p. 123). — *Vous êtes bien pour Marthe les deux personnes qui* COMPTEZ *le plus au monde* (J. ROMAINS, *Lucienne*, p. 165). — *Nous sommes (...) cinquante, cent morts qui* DORMONS (R. DORGELÈS, *Les Croix de bois*, XII). — *Vous êtes deux qui* VENEZ *vous rendre* (VIGNY, *Cinq-Mars*, XXIV). — *Nous sommes deux qui ne* CROYONS *pas à la pièce* (J. RENARD, *Journal*, 4 oct. 1909). — *Nous sommes deux bossus qui* SOURIONS *(...) de la bosse de l'autre* (Fr. MAURIAC, *Le Bâillon dénoué*, p. 278). — *Nous sommes une centaine qui* REGARDONS (M. BARRÈS, *Greco*, p. 84). — *Nous sommes beaucoup qui vous* DÉFENDONS (Fr. de CUREL, *La Nouv. Idole*, II, 5). — *Nous sommes toute une bande qui* RENTRONS *de la promenade* (P. LOTI, *Mon Frère Yves*, LXX). — *Nous sommes quelques écrivains qui ne vous* LÂCHERONS *plus* (R. BENJAMIN, *Aliborons et Démagogues*, p. 59). — *Nous avons été ainsi nombre de jeunes hommes qui* RESPIRIONS *l'atmosphère nietzschéenne* (R. ROLLAND, dans le *Mercure de Fr.*, juin 1947, p. 205). — *Je suis Pierre, qui vous* AI *tant soigné* (MARTINON, *Comm. on parle...*, p. 213).

c) Après **un(e) des, un(e) de,** le relatif *qui* se rapporte le plus souvent au nom pluriel, parce que, dans la plupart des cas, il s'agit d'une action ou d'un état qui concerne tous les êtres ou objets du groupe dont on parle :

Il gravit l'un des sentiers qui MÈNENT *aux parties les plus désertes du haut lieu* (M. BARRÈS, *La Colline inspirée*, pp. 221-222) [= un sentier parmi les sentiers qui mènent ; ce sont *les sentiers* qui mènent]. — *Un des traits qui* FRAPPENT *le plus un Français en Amérique, c'est l'absence de gouvernement central* (A. MAUROIS, *Mes Songes que voici*, p. 261). — *Je vous enverrai un de mes ouvriers qui* FONT *ce genre de travail.*

Si l'action ou l'état concerne un seul des êtres ou objets dont il s'agit [1], l'accord du verbe est commandé par *un(e)* et le nom singulier qu'on a dans la pensée :

---

1. On peut reconnaître que l'action (ou l'état) concerne un seul être ou objet et que, par suite, le verbe de la relative se met au singulier, à ce signe que *un(e)* équivaut à peu près à *celui, celle.*

*Il répondit à un des consuls qui l'*INTERROGEAIT... [*un* consul l'interrogeait]. — *Un des premiers qui* ÉTALA *dans la chaire une raison toujours éloquente fut le Père Bourdaloue* (VOLT., *L. XIV*, 32). — *Une des choses qui m'*A *peut-être fait le plus de plaisir dans ma vie, c'est ce petit livre...* (A. CHAMSON, dans les *Nouv. littér.*, 26 mai 1949). — *Je vous enverrai un de mes ouvriers qui* FERA *la réparation*.

Remarque. — Après *un de ceux qui, une de celles qui, un(e) de ces ... qui,* le verbe se met au pluriel si, dans l'idée, la relative se joint intimement au pronom ou au nom pluriel[1] : *Un de ceux qui* LIAIENT *Jésus-Christ au poteau* (HUGO, *Cont.*, I, 29). — *Un de ceux qui* ONT *tiré* (ID., *Choses vues*, p. 8). — *Un de ceux qui* ÉTAIENT MORTS *en si grand nombre « avec les gants blancs »* (J. ROMAINS, *Les Hommes de b. vol.*, t. XVI, p. 274). — *Puis il posait sur cet arc une de ces flèches qui* TRAVERSÈRENT *le monde* (MUSSET, *Confess.*, I, 2). — *Vincent possédait une de ces montres qui se* REMONTENT *toutes seules* (G. DUHAMEL, *Les Voyageurs de « L'Espérance »*, p. 110).

Mais si l'attention se porte sur l'unité désignée par *un(e)*, le verbe se met au singulier : *J'ai besoin d'un ouvrier : un de ceux-ci qui* SACHE *bien son métier fera mon affaire. — J'allais justement chez une de ces femmes, qui* HABITE *rue Pauquet* (J. ROMAINS, *Les Hommes de b. vol.*, t. XIV, p. 82).

En particulier quand *un(e) des... qui, un de ceux qui, une de celles qui, un(e) de ces... qui* contiennent un attribut, souvent c'est le nom pluriel qui commande l'accord : *La poésie française au XVIe siècle est un des champs qui* ONT *été le plus fouillés...* (SAINTE-BEUVE, *Nouv. Lundis*, t. IV, p. 289). — *Les annotations qu'il y a mises (...) sont une des sources d'informations les plus utiles qui nous* RESTENT *sur le peintre* (L. GILLET, *Watteau*, p. 3). — *Les Gouvernements et les Parlements doivent trouver que l'Astronomie est une des sciences qui* COÛTENT *le plus cher* (H. POINCARÉ, *La Valeur de la science*, VI). — *Vous êtes un de ceux qui* FONT *leur devoir. — C'était un de ces tailleurs qui* VONT *dans les fermes raccommoder les habits* (FLAUBERT, *Bouvard et Pécuchet*, p. 390). — *Cyrène est une de ces jeunes mères immortellement jeunes qui* ONT *de très grands fils* (A. BELLESSORT, *Virgile*, p. 143). — *C'était un de ces hommes qui se* SONT *toujours* PRIVÉS (Ch.-L. PHILIPPE, *Le Père Perdrix*, p. 47). — *Vous êtes un de ces hommes un peu secrets et reclos qui m'*INSPIRENT *beaucoup d'intérêt* (G. DUHAMEL, *Cri des profondeurs*, p. 108). — Si le sens l'exige ou si l'on arrête, par un mouvement restrictif, son attention sur *un(e)*, comme pour en souligner l'excellence ou la singularité (on a souvent, en effet, dans la relative, une expression superlative : *le plus, le moins, le mieux...*), on met le verbe au singulier[2] : *Je suis assurément un de ceux qui*

---

1. Voir à la fin du volume l'arrêté du 26 février 1901 : *Liste*, VIII, 8.

2. L'Académie écrit : *L'astronomie est une des sciences qui* FAIT *le plus* ou *qui* FONT *le plus d'honneur à l'esprit humain*, et elle ajoute : « le dernier est plus usité ». — Littré donne les phrases : *Votre ami est un des hommes qui* MANQUÈRENT *périr. Votre ami est un des hommes qui* DOIT *le moins compter sur moi* — et explique ainsi l'accord du verbe : « Dans la première phrase, on veut dire que votre ami est parmi ceux qui manquèrent périr ; dans la seconde, on veut le mettre à part. En d'autres termes, quand on peut tourner par : est parmi les hommes un qui..., on met le verbe au singulier ; quand on

SAIS *le mieux reconnaître ces qualités-là* (PASCAL, *Lett. à Fermat*, 10 août 1660). —
C'est un de mes écoliers qui A *pour ces sortes de choses un talent admirable* (MOL., *Bourg.*,
I, 2). — *M. de Séricourt fut un des premiers solitaires qui s'y* APPLIQUA (SAINTE-
BEUVE, *Port-Royal*, t. I, p. 405). — *C'est le dernier mot que j'ai entendu de cette caserne
et l'un de ceux qui, de ma vie, m'*AURA *donné le plus de plaisir* (M. BARRÈS, *Au Serv. de
l'Allemagne*, p. 222). — *De toutes les choses de ce monde, la souffrance est certainement
une de celles qui* RESSEMBLE *le moins à une illusion* (E. JALOUX, *La Chute d'Icare*, p. 33).
— *Le rêve était encore un de ces faits de ma vie qui m'*AVAIT *toujours le plus frappé*
(M. PROUST, *Le Temps retrouvé*, t. II, p. 74). — *May Sinclair était une de celles qui (...)*
SOLLICITE *et* RETIENT *l'attention* (Ch. DU BOS, *Journal 1921-1923*, p. 100). — *C'est
une des choses qui* FAIT *le plus croire à leur fondamentale barbarie* (J. BENDA, *Le Rapport
d'Uriel*, p. 58). — *Alain est un de ces artisans qui* A *ses tours de main et ses recettes*
(A. MAUROIS, *Alain*, p. 125). — *Peut-être suis-je un des seuls hommes de ce pays qui
FASSE ses livres « à la main »* (J. GREEN, *Journ.*, 6 juill. 1942).

Hist. — Dans l'ancienne langue, l'accord du verbe après *qui* en rapport avec
un(e) des était libre. Les grammairiens du XVIIe siècle ne sont pas parvenus à établir une règle générale. De nos jours même, l'usage n'est pas vraiment fixé.

811. Phrases avec *être* et un attribut [1].

On peut se demander s'il faut dire : *Sa nourriture* EST *des fruits* ou : *...* SONT
des fruits. L'usage normal est d'accorder, dans ces sortes de phrases, le
verbe avec le terme qui le précède :

Le plus grand des maux EST *les guerres civiles* (PASC., *Pens.*, 313). — *Leurs ménages*
ÉTAIENT *tout leur docte entretien* (MOL., *F. sav.*, II, 7). — *Le signal* ÉTAIT *deux fusées*
(VOLT., *Ch. XII*, 2). — *Son lit* EST *deux matelas par terre* (BALZAC, *Lettres à l'Étran-
gère*, t. I, p. 553). — *Le lit ordinaire de M. de Pontchâteau* ÉTAIT *des fagots* (SAINTE-
BEUVE, *Port-Roy.*, V, VIII). — *Le principal ornement en* ÉTAIT [d'un salon] *les gravures
qui ornaient le papier vert de la muraille* (H. de RÉGNIER, *Les Vacances d'un Jeune
Homme sage*, p. 108). — *La spécialité de Clarvin* ÉTAIT *les pralines* (ID., *ibid.*, p. 169).
— *Le trait dominant de sa vibratile physionomie* ÉTAIT *les yeux* (L. BLOY, *Le Désespéré*,
p. 196). — *Tout le reste* ÉTAIT *des bêtises* (MONTHERLANT, *Le Démon du bien*, p. 127).
— *Son vrai désespoir* ÉTAIT *ses mains aux doigts trop courts et trop larges* (J. ROY,
La Femme infidèle, p. 130). — *La vraie cause de son départ* FUT *ses dettes* (A. BILLY,
dans le *Figaro litt.*, 17 sept. 1955). — *« Les Temps dérisoires »* ÉTAIENT *leur titre
général* [de contes] (H. BORDEAUX, *Paris aller et retour*, p. 130).

Remarque. — L'accord avec le terme placé après le verbe, c'est-à-dire avec
l'attribut, était fréquent au XVIIe et au XVIIIe siècle :

La plus grande des preuves de Jésus-Christ SONT *les prophéties* (PASC., *Pens.*, 706). —
Mon mal SONT *des vapeurs* (SÉV., t. III, p. 414). — *Le partage de l'homme* SONT *les
douleurs et les maux* (RAC., t. VI, p. 309). — *L'effet du commerce* SONT *les richesses*

---

ne le peut pas, on met le verbe au pluriel. » — Selon Tobler (*Mél.*, p. 299), l'analyse de
la pensée ne permet point de douter que ce soit le pluriel qui est à déterminer ; il y
aurait ici attraction ou assimilation anticipante : « la phrase aboutit à un but tout
différent de celui vers lequel elle s'était engagée d'abord, la proposition relative déterminative ne prend pas fin, à proprement parler. »

1. Voir à la fin du volume l'arrêté du 26 février 1901 : *Liste*, VIII, 3.

(Montesq., *Espr.*, XXI, 6). — *Sa nourriture ordinaire* sont *des fruits* (Buffon, *Écureuil*). — [Voir aussi, au § 809, *a*, Rem. 4, des phrases où le verbe *être* est précédé de *ceci, cela, ce, tout ce*].

De nos jours, cet accord avec l'attribut est plutôt rare : *Sa seule distraction* étaient *les visites fréquentes de M. de Serpigny* (H. de Régnier, *Le Mariage de minuit*, VI). — *Le reste* sont *des horreurs* (M. Proust, *À l'ombre des jeunes filles en fleurs*, III, p. 186).

N. B. — La question s'est posée de savoir si, dans des phrases du type *Mon mal* sont *des vapeurs*, ce n'est pas le terme placé après le verbe qui est le vrai sujet, étant donné que l'interversion des termes *(Des vapeurs sont mon mal)* ne paraît pas modifier le sens. La raison est spécieuse ; en réalité, c'est bien le premier terme qui est le point de départ, la donnée première de l'énoncé ; c'est donc lui qui est le vrai sujet. Au moment où on l'énonce, dans des phrases où il est suivi d'un attribut pluriel, celui-ci prend, dans la pensée, une importance dominante et usurpe le droit de faire la loi au verbe : il y a donc un véritable accord avec l'attribut [1].

812. Sujet pluriel exprimant une indication numérale.

a) Quand le sujet au pluriel est une indication numérale, le verbe se met au pluriel si l'ensemble des personnes ou des choses dont il s'agit est pensé comme une pluralité d'unités :

Huit mille livres de rente sont *quelque chose* (Mol., *Malade imag.*, I, 5). — *Quarante francs, chaque exemplaire,* sont *un objet si mince pour les premiers de la nation...* (Volt., *Au Président Hénault*, 25 juin 1761). — *Trente mille hommes (...)* étaient *postés à une lieue de cette ville* (Id., *Ch. XII*, 2). — *Quarante ans* sont *passés* (Hugo, *Châtim.*, V, 13, 2). — *Cinquante francs ne* suffisaient *pas pour acquitter sa dette* (Id., *Misér.*, I, 5, 8). — *Quatre heures* sonnaient (A. Theuriet, *Le Fils Maugars*, II, 1). — *Quatre heures* approchaient (M. Arland, *Les Vivants*, p. 35).

Si l'indication numérale est précédée de l'article ou d'un déterminatif, le verbe se met nécessairement au pluriel : *Les vingt francs de pourboire lui* ont *fait plaisir.* — *Ces cent cinquante lignes (...)* suffirent (J. et J. Tharaud, cit. Hœybye, *Accord en franç. contemp.*, § 95).

b) Mais le verbe se met au singulier, par syllepse du nombre, si le sujet, en dépit de sa forme plurielle, est pensé comme un total, un ensemble, une seule unité globale, un singulier :

Cinquante domestiques est *une étrange chose* (Sév., t. VI, p. 401). — *Quatre ou cinq mille écus* est *un denier considérable* (Mol., *Pourceaugnac*, III, 7). — *Et seize ans* est *un âge où certe on aurait droit De repousser du pied le seuil du tombeau froid* (Hugo, *Lég.*, t. II, p. 187). — *Sept heures s'*exhalait *comme un soupir qui soulage* (Ch.-L. Philippe, *Le Père Perdrix*, p. 118). — *Cinq heures de l'après-midi* est *un moment instable* (Colette, *La Naissance du jour*, p. 67).

---

1. Cf. F. Brunot, *La Pensée et la Langue*, p. 625 ; — L. Warnant, dans le *Français moderne*, janv. 1963, pp. 1-12.

Remarques. — 1. Quand le sujet est une expression fractionnaire comme *une heure et demie, six heures et demie, une livre et demie, un mètre et quart* (ou : *un mètre et un quart,* ou : *un mètre un quart*), etc., c'est le premier élément qui commande l'accord du verbe, les mots *demie, quart,* etc. n'étant que l'accessoire de ce premier élément [1] :

Une heure et demie VA *sonner.* — *Au moment où onze heures et demie* SONNAIENT (FLAUBERT, *Mme Bovary,* p. 254). — *Trois heures et demie* VENAIENT *de sonner* (R. MARTIN DU GARD, *Les Thibault,* V, p. 14). — *Sept heures et demie* SONNAIENT (A. HERMANT, *Le Caravansérail,* V). — *Dix heures et quart* SONNÈRENT (J. GREEN, *Léviathan,* II, 10). — *Une pomme et demie me* SUFFIT (LITTRÉ, *Suppl.,* s. v. *demi,* Rem. 7). — *Un mètre et quart* SUFFIRA.

N. B. — *Midi* et *minuit* veulent le verbe au singulier [2] : *Midi* EST *sonné* (LITTRÉ, s. v. *midi,* Rem. 1). — *Minuit* EST *sonné* (AC.). — *Au moment où minuit* SONNAIT (HUGO, *Choses vues,* p. 15). — *Lorsque minuit* SONNE (STENDHAL, *L'Abbesse de Castro,* II). — *Minuit* SONNA (FLAUBERT, *Mme Bovary,* p. 221). — *Minuit* VA *sonner* (MAETERLINCK, *L'Oiseau bleu,* IV, 7). — *Midi* SONNAIT (R. MARTIN DU GARD, *Les Thibault,* III, 1, p. 231). — *Quand minuit* EUT *achevé de sonner* (A. GIDE, *Paludes,* p. 150). — *Mais midi* SONNE (É. ESTAUNIÉ, *Mme Clapain,* p. 50).

2. Quand le sujet est une indication de tant pour cent (ou pour mille), l'usage est, pour l'accord du verbe, assez indécis :

a) Dans certains cas, la pensée de celui qui parle ou qui écrit s'arrête sur le nom auquel a rapport l'expression de pourcentage : ce nom commande alors l'accord du verbe (et du participe variable ou de l'attribut, s'il y en a un) :

Vingt pour cent de la population S'EST *abstenue* (A. DAUZAT, *Gramm. rais.,* p. 448). — *Soixante-dix pour cent du peuple français* A *manifesté sa volonté lors du dernier suffrage* (dans le *Franç. moderne,* avr. 1940, p. 164). — *On calcule que 10 pour cent de la population totale* PASSE *effectivement sur les bancs des écoles grundtvigiennes* (dans la *Rev. des Deux Mondes,* 1ᵉʳ août 1909, cit. Hœybye). — *Le curé nous dit que dix pour cent de la population* ASSISTE *à la messe* (J. GREEN, *Le Bel Aujourd'hui,* p. 234). — *Plus de 10 % du soufre* EST *béarnais !* (P. de LATIL, dans le *Figaro,* 2 nov. 1960.) — *Vingt pour cent de la production* EST *défectueuse. Quarante pour cent de la récolte* EST *mûre.*

b) Dans d'autres cas, la pensée de celui qui parle ou qui écrit s'arrête sur le numéral et donne à la locution « pour cent » la valeur du nom « centième » ;

---

1. Flaubert a écrit : *Une heure et demie* VENAIENT *de sonner à l'horloge du collège* (*Mme Bov.,* I, 1, dans le manuscr. ; éd. Garnier, p. 449) : il a eu sans doute vaguement dans la pensée l'idée que *une heure* et *une demie* formaient une pluralité.

2. Quelques-uns, considérant que *midi* et *minuit* impliquent l'idée de douze coups qui sonnent, mettent, par syllepse du nombre, le verbe au pluriel (mais cela reste exceptionnel) : *Minuit* SONNÈRENT *lentement dans la vaste pièce* (ZOLA, *Nana,* p. 94, cit. Nyrop). — *Puis minuit* SONNÈRENT (J. GIRAUDOUX, *Simon le Pathétique,* p. 128, cit. Hœybye). — *Midi* SONNÈRENT (É. ESTAUNIÉ, *La Vie secrète,* p. 340). — *Midi* VONT *sonner* (ID., *Mme Clapain,* p. 61).

c'est alors le numéral qui commande l'accord du verbe (le participe variable et l'attribut se mettent au masculin pluriel) :

6 % d'augmentation sur les salaires actuels SONT *accordés* (dans l'*Intransigeant*, 18 sept. 1936, cit. Hœybye). — *90 % de notre production* PARTENT *pour l'étranger* (A. MAUROIS, dans les *Nouv. litt.*, 6 févr. 1947). — *61 pour 100 de la population française* SONT *accaparés par l'industrie, le commerce...* (J. BAINVILLE, dans le *Larousse mensuel*, nov. 1937, p. 841, *a*, cit. Hœybye). — *10 p. 100 de la superficie cultivée* ÉTAIENT *inondés* (LAROUSSE DU XX⁰ s., *Suppl.*, s. v. *Pays-Bas*). — *Cinquante pour cent de l'effort des architectes* FURENT *annulés* (Un journal, dans FREI, *Gramm. des fautes*, p. 60). — *30 % de votre « budget-chauffage »* s'ENVOLENT *en courants d'air* (dans le *Figaro*, 2 oct. 1957). — *40 % des dépenses de fin d'année* ONT *été consacrés aux jouets* (dans le *Figaro*, 6 nov. 1957). — *Quatre-vingts pour cent de la masse totale des engins* SONT OCCUPÉS *par le combustible* (Ch.-Noël MARTIN, dans le *Figaro litt.*, 19 sept. 1959).

Remarques. — 1. Parfois l'expression de pourcentage est prise neutralement comme une sorte d'unité globale (et le participe variable ou l'attribut est mis au masculin singulier)[1] : *Pas moins de 20 % des recettes brutes* EST *perçu...(Bullet. de l'Union des Artistes*, juin 1938, p. 57, cit. Hœybye). — *Près de 20 % de la flotte marchande* EST *capturé ou coulé* (dans le *Temps*, 10 janv. 1915, *ib.*).

2. Quand l'expression de pourcentage est précédée de l'article *les* ou d'un déterminatif pluriel *(ces, mes...)*, elle veut le verbe au pluriel (et le participe variable ou l'attribut au masculin pluriel) : *Les 27 % de notre sol* ÉTAIENT *jadis boisés* (BILLY et PIOT, *Le Monde des journaux*, p. 153, cit. Hœybye). — *Ces 20 % du bénéfice* SERONT *répartis de la façon suivante.*

3. Quand on emploie « sur cent », on met cette expression après le nom : *Soixante élèves sur cent ont été reçus à l'examen. Une famille sur cent satisfait aux conditions imposées.*

813. Titre pluriel sujet.

a) Quand le sujet est un titre — nom, groupe de noms, proposition — commençant par un article pluriel ou par un déterminatif pluriel, ou bien précédé d'un article pluriel ou d'un déterminatif pluriel :

1° Souvent le verbe se met au pluriel :

Les « Variations » SONT *le maître livre de Bossuet* (É. FAGUET, *XVII⁰ S.*, p. 419). — *Le 11 mars 1672, les « Femmes savantes »* PARURENT *sur le Théâtre du Palais-Royal* (A. FRANCE, *Le Génie latin*, p. 158). — *« Les Rayons et les Ombres » (1840) nous* OFFRENT *un pareil mélange* (G. LANSON, *Hist. de la Litt. franç.*, p. 960). — *« Leurs Figures »* FURENT *d'abord le titre d'articles de journaux sur le Panama* (A. THIBAUDET, *Hist. de la Litt. fr.*, p. 475). — *« Trois morts » (...)* ANNONCENT *déjà la sombre analyse de « la Mort d'Ivan Iliitch »* (R. ROLLAND, *Vie de Tolstoï*, p. 50). — *Les « Feuilles d'automne »* PARURENT *au lendemain de la Révolution de 1830* (A. BELLESSORT, *Victor*

---

1. Il arrive qu'elle prenne alors l'article singulier ou un déterminatif masculin singulier : *Les enfants de pères et de mères argentins forment* LE *11 p. 100 du total* (dans le *Journal des Économistes*, 1899.I.133, cit. Hœybye).

Hugo, p. 21). — Les « Affaires sont les Affaires » (...) ONT *mérité de rester à la Comédie-Française une des grandes pièces du répertoire* (A. THIBAUDET, *op. cit.*, p. 504). — *« Les Employés » sont d'une langue excellente* (A. GIDE, *Journal 1939-1942*, p. 43). — *« Les Martyrs » n'*ÉTAIENT *pas un livre ennuyeux* (A. MAUROIS, *Chateaubriand*, p. 234). — *« Les Roquevillard »* AVAIENT *paru à la « Revue des Deux-Mondes »* (H. BORDEAUX, *La Garde de la maison*, p. 245). — *« Les lions sont lâchés »* SONT *un roman par lettres* (É. HENRIOT, dans le *Monde*, 5 oct. 1955).

2° Mais assez souvent aussi le titre est considéré comme s'il était, dans la pensée, apposé à un nom ou pronom singulier : *le livre, l'ouvrage, cela...*, et le verbe se met au singulier [1] :

Dire que « les Mondes » EST *un livre charmant et unique (...), voilà, je crois, de la critique* (VOLT., *Lett. à Cideville sur le Temple du Goût*). — *« Les Fossiles » sont ou* EST *un chef-d'œuvre* (FLAUB., *Corr.*, t. III, p. 198). — *Sans remonter à Fontenelle et à ses « Entretiens sur la pluralité des Mondes », qui* EST *un divertissement littéraire...* (MAETERLINCK, *La Grande Féerie*, p. 151). — *« Les Dieux ont soif »* EST *un livre d'une maîtrise absolue* (A. THIBAUDET, *op. cit.*, p. 433). — *Les « Rougon-Macquart » (...)* EST *le tableau d'une famille...* (ID., *ib.*, p. 372). — *On ne sera pas surpris (...) que « les Employés »* SOIT *un roman à peu près illisible* (BRUNETIÈRE, *Hon. de Balzac*, p. 288). — *« Quatre Femmes »* A *été fort bien joué* (G. MARCEL, dans *Hommes et Mondes*, mars 1947, p. 581). — *« Le Diable et le Bon Dieu » n'*EST *pas une pièce revigorante ni optimiste* (R. KEMP, dans le *Monde*, 13 juin 1951). — *« Le Rouge et le Noir »* VAUT *pour tous les temps* (J. de LACRETELLE, *Les Maîtres et les Amis*, p. 19).

---

1. Pour l'accord en *genre* de l'adjectif, du participe ou du pronom se rapportant au titre, l'usage est indécis : tantôt l'accord se fait selon les règles ordinaires : *« Athalie »* est BELLE *comme l'« Œdipe-roi »* (SAINTE-BEUVE, *Port-Royal*, t. VI, p. 150). — *« Jeunesse »* resta INACHEVÉE (R. ROLLAND, *Vie de Tolstoï*, p. 34). — *La « Légende des Siècles » ne doit être* PRISE *que pour un volet d'un triptyque* (A. THIBAUDET, *Hist. de la Litt. fr.*, p. 174). — *« La Chute d'un Ange », bien que* RÉALISÉE *en second lieu, devait ouvrir l'épopée* (LANSON et TUFFRAU, *Hist. de la Litt. fr.*, p. 555). — *Dans* CETTE EXTRAVAGANTE *« Femme de Trente Ans », (...) il y a quelques tableaux d'une réalité intense* (LANSON, *Hist. de la Litt. fr.*, p. 1004). — *Mais « Spiritualité hindoue* (...) *est* ENIVRANTE (R. KEMP, dans les *Nouv. littér.*, 12 août 1948) ; — tantôt le titre est considéré comme si, dans la pensée, il était apposé à *le livre, l'ouvrage*, ou à *cela*, et l'on met au masculin l'adjectif, le participe ou le pronom : *La « Tentation » ou « Salammbô » ne sont pas* CONSTRUITS *autrement que « Madame Bovary »* (LANSON, *op. cit.*, p. 1076). — *« Phèdre et Hippolyte » fut* JOUÉ *le 1er janvier 1677* (J. LEMAITRE, *Jean Racine*, p. 247). — *« Volupté » est* ÉCRIT *dans l'ombre de Lamennais* (A. THIBAUDET, *op. cit.*, p. 259). — *Du Romanée 1561 ! C'est ce qu'on boit dans « la Dame de Montsoreau », que j'ai* VU *hier soir* (J. GREEN, *Journ.*, 3 juill. 1933). — *« Une vengeance de femme » est* INTÉRESSANT *par le drame* (F. STROWSKI, *La Renaissance litt. dans la France contemp.*, p. 129). — L'indécision de l'usage est bien marquée dans cet exemple : *Il [Vandérem] ne s'arrête qu'à janvier 1919 avec « l'Atlantide » dont il parle pour* LA *(ou* LE) *louer comme il faut* (F. STROWSKI, *op. cit.*, p. 206). — A remarquer cet accord assez curieux, et que l'auteur lui-même explique : *Il ne jure point que « Le Coche et la Mouche » soit* NÉE *(le féminin parce que je pense « fable ») sur la route G. C. 22 ter* (R. KEMP, dans les *Nouv. littér.*, 16 juill. 1953).

b) Si le titre ne commence pas par un article ou par un déterminatif ou s'il n'est pas précédé d'un article ou d'un déterminatif, presque toujours on le considère comme si, dans la pensée, il était apposé à *le livre, l'ouvrage*, ou à *cela*, et on met le verbe au singulier [1] :

« *Dernières Chansons* » A *failli me faire avoir un procès* (FLAUB., *Corr.*, t. IV, p. 100). — « *Terres vierges* » EST *une réponse indirecte aux « Possédés » de Dostoïevsky* (E.-M. de VOGÜÉ, *Le Roman russe*, p. 187). — « *Guerre et Paix* » EST *la plus vaste épopée de notre temps* (R. ROLLAND, *Vie de Tolstoï*, p. 61). — « *Coulisses et Secrets du Cirque* » EST *d'une lecture très amusante* (E. JALOUX, dans les *Nouv. littér.*, 2 mars 1935). — « *Paul et Virginie* » EST *resté jusqu'au bout un des livres préférés de Sainte-Beuve* (H. BRE-MOND, *Pour le Romantisme*, p. 179). — « *Impressions d'Afrique* » LAISSE *une impression d'Afrique* (J. COCTEAU, *Poésie critique*, p. 151). — « *Éveils* » PEUT *se diviser en deux parties* (R. KEMP, dans les *Nouv. littér.*, 18 mai 1950). — « *Chers Corbeaux* » POURRAIT *n'être qu'un livre amusant* (É. HENRIOT, dans le *Monde*, 9 mai 1951). — *En décembre 1926,* « *Merlin et Viviane* » FUT *joué à l'Opéra-Comique* (A. MAUROIS, *Terre promise*, p. 261). — « *Serres chaudes* » FUT, *comme il était, comme il reste de règle, salué avec admiration par les amis de l'auteur* (A. BILLY, dans le *Figaro littér.*, 12 sept. 1959).

En particulier, avec un titre ayant la forme d'un complément, le verbe se met toujours au singulier : « *Pour les Pauvres* » EST *un beau poème*. — « *Par les Champs et par les Grèves* » PARUT *en 1885*.

B. — Cas de plusieurs sujets.

814. Sujets désignant un seul et même être ou objet.

a) Lorsque plusieurs sujets singuliers, soit juxtaposés, soit coordonnés par *et*, désignent un seul et même être ou objet, le verbe se met au singulier : *Quand le Prince des pasteurs et le Pontife éternel* APPARAÎ-TRA... (Boss., *Sur l'Unité de l'Église*). — *Un homme, un pèlerin, un mendiant, n'importe,* EST *là qui vous demande asile* (HUGO, *Hern.*, III, 1).

b) Par un accord analogue, le verbe qui a plusieurs sujets à peu près synonymes s'accorde avec le plus rapproché seulement [2] : *Si pourtant ce respect, si cette obéissance* PARAÎT *digne à vos yeux d'une autre récompense...* (RAC., *Iphig.*, IV, 4). — *Et un dégoût, une tristesse immense l'*ENVAHIT (FLAUBERT, *Trois Contes*, p. 117).

---

1. Exemples non conformes à cette règle : « *Bouvard et Pécuchet* » ÉTAIENT *trop difficiles* (FLAUBERT, *Corresp.*, t. IV, p. 216). — « *Paul et Virginie* » FIGURENT *déjà une œuvre de décadence* (A. THÉRIVE, *Le Retour d'Amazan*, p. 63). — « *Émaux et Camées* » FURENT *réimprimés trois fois encore* (É. HENRIOT, *Romanesques et Romantiques*, p. 287).

2. Voir à la fin du volume l'arrêté du 26 février 1901 : *Liste*, VIII, 4.

Remarque. — Il arrive que, dans la pensée de celui qui parle ou écrit, des sujets singuliers coordonnés par *et* soient, quoique désignant des êtres ou objets distincts, réunis en un seul concept ; le verbe se met alors au singulier [1] :

Puisque la fatalité de nos caractères et la malchance de la vie A *voulu que ma petite Albertine ne pût pas être ma femme* (M. PROUST, *Albertine disparue*, I, p. 87). — *La haine et le dégoût qu'il est impossible de ne pas ressentir à son endroit ne* VA *jamais sans une complicité* (Fr. MAURIAC, *Trois Grands Hommes devant Dieu*, p. 30).

Le cas se présente, en particulier, quand les sujets coordonnés sont des infinitifs :

Bien écouter et bien répondre EST *une des plus grandes perfections qu'on puisse avoir dans la conversation* (LA ROCHEF., *Max.*, 139). — *Aimer le meurtrier de son père et poursuivre la vengeance de ce meurtre* ÉTAIT *une chose admirable* (VOLT., *L. XIV*, 32). — *Bien rosser et garder rancune* EST *par trop féminin !* (BEAUMARCHAIS, *Mar. de Fig.*, V, 8.) — *Vaincre les êtres et les conduire au désespoir* EST *facile* (A. MAUROIS, *Climats*, p. 148). — *Admirer la pensée de Proust et blâmer son style* SERAIT *absurde* (J. COCTEAU, *Poésie critique*, p. 191). — *Tourner et retourner ce peu de regain sous les pommiers n'*ÉTAIT *pas un travail* (H. POURRAT, *La Tour du Levant*, p. 263).

Évidemment le verbe se met au pluriel si les infinitifs, au lieu d'être réunis en un seul concept, restent, dans la pensée, nettement distincts l'un de l'autre : *Lire vos lettres et vous écrire* FONT *la première affaire de ma vie* (SÉV., t. II, p. 115). — *Bien mentir et bien plaisanter* SONT *deux choses fort différentes* (MOL., *Les Amants magnifiques*, I, 2). — *Promettre et tenir* SONT *deux* (AC.).

815. Sujets formant gradation.

Lorsque plusieurs sujets (même coordonnés) forment une gradation, le verbe s'accorde avec le dernier seulement, qui frappe le plus l'esprit :

Ainsi la grâce, la miséricorde, la rémission des péchés, le royaume même EST *entre leurs mains* (BOSS., *Émin. dignité des Pauvres*). — *Tremblez qu'en ces remparts Une parole, un geste, un seul de vos regards, Ne* TRAHISSE *un secret que mon Dieu vous confie* (VOLT., *Sémir.*, I, 3). — *Pas une feuille, pas une mousse ne* SOUPIRE (CHATEAUBRIAND, *Génie*, I, 5, 5). — *Une larme, un chant triste, un seul mot dans un livre (...) Me* FAIT *sentir au cœur la dent des vieux chagrins* (SULLY PRUDHOMME, *Les Épreuves*, Les Blessures). — *Une confidence, un souvenir, une simple allusion,* OUVRAIT *des perspectives insoupçonnées*

---

1. Il est parfois difficile de discerner si celui qui parle ou écrit a réuni ces sujets en un seul concept ou si, par caprice d'archaïsme, il a fait l'accord avec le sujet le plus rapproché (§ 803, *Hist.*) : *Leur sommeil et leur réveil en* FUT *tout parfumé* [de roses] (A. FRANCE, *Les Dieux ont soif*, p. 161). — *Leur condition et l'état du monde les* FORÇA *d'être toujours en armes* (ID., *Sur la Pierre blanche*, p. 14). — *Jusque-là, l'angoisse et le doute* DEMEURERA *au cœur de la foi juive* (J. MARITAIN, *Questions de conscience,* p. 64).

où son regard se perdait de nouveau (R. MARTIN DU GARD, *Les Thibault*, III, 2, p. 138). — *Tout le monde, et vos supérieurs eux-mêmes,* CONVIENDRAIENT *qu'un prêtre aussi jeune que vous ne saurait prétendre diriger la conscience d'une jeune fille de cet âge* (G. BERNANOS, *Journal d'un Curé de campagne*, p. 238). — *Brusquement une plaisanterie, un mot, un geste me* GLACE (M. ARLAND, *Les Vivants*, p. 34).

Si les sujets formant gradation sont postposés, l'accord du verbe se fait avec le sujet le plus rapproché : *Et toujours, au fond d'elle-même,* PALPITAIT *cette peur, cette horreur d'elle ne savait quoi* (H. TROYAT, *Le Sac et la Cendre*, p. 246).

Remarque. — Parfois le verbe est accordé avec l'ensemble des sujets ; c'est que la pensée, au lieu de s'arrêter sur le dernier sujet, les considère dans leur pluralité : *Chaque jour, un mot, un éclair rapide, un regard, me* FAISAIENT *frémir* (MUSSET, *Conf.*, V, 4). — *Un mot, un regard, un geste, un silence, une combinaison atmosphérique l'*AVAIENT *tenu* [le spectateur] *sous le charme* (A. DUMAS f., *Un Père prodigue*, Préf.). — *Un geste, un souffle, une pensée* PEUVENT *soudain changer le sens de tout le passé* (J.-P. SARTRE, *Baudelaire*, p. 186). — *Tous sentaient celui-là parvenu au point d'explosion, où un mot, un regard,* PROVOQUENT *l'éclatement* (R. VERCEL, *Ceux de la « Galatée »*, p. 28). — *Nous ne sommes pas assurés qu'un mot, une virgule, un silence même ne* SERONT *pas interprétés dans un sens contraire à notre intime pensée* (M. BEDEL, *Le Mariage des couleurs*, p. 73). — *L'envie, l'animosité et même la haine* PASSAIENT *et* REPASSAIENT *sans qu'il les vît jamais devant ses yeux candides* (H. BOSCO, *Les Balesta*, p. 148). — *Un malaise, une angoisse se* RÉPANDENT *à travers la ville* (A. FRANÇOIS-PONCET, dans le *Figaro litt.*, 22 oct. 1960).

816. Sujets résumés par un mot.

Lorsqu'une énumération de sujets est résumée ou annoncée par un mot tel que *aucun, chacun, nul, tout, rien, personne*, etc., c'est ce mot qui commande l'accord du verbe :

*Remords, crainte, périls, rien ne m'*A *retenue* (RAC., *Brit.*, IV, 2). — *Bois, prés, champs, animaux, tout* EST *pour son usage* (BOIL., *Sat.*, 8). — *Mais rien, ni les rasoirs douteux, le blaireau jaune, l'odeur, les propos du barbier, ne* PUT *me faire reculer* (A. GIDE, *L'Immoraliste*, I, 7). — *Tout, trottoirs mouillés, chaussées fangeuses, plaques d'égout luisantes, rails resplendissants,* RÉFLÉTAIT *la couleur chaude du ciel* (E. JALOUX, *Le Reste est silence*, II).

817. Sujets joints par *ainsi que, comme, avec,* etc. [1]

a) Lorsque deux sujets sont joints par *ainsi que, aussi bien que, autant que, comme, de même que, non moins que, non plus que, pas plus que, tant ... que,* etc. [2], c'est le premier sujet qui règle l'accord s'il

---

1. Voir à la fin du volume l'arrêté du 26 février 1901 : *Liste*, VIII, 5.
2. Il ne s'agit pas ici, bien entendu, des phrases dont la partie comparative vient

exprime l'idée dominante ; dans ce cas, la conjonction garde toute sa valeur comparative :

Le français, ainsi que l'italien, DÉRIVE *du latin* (LITTRÉ). — *Le second acte, ainsi que le premier et tous les autres,* COMMENÇA *par un festin* (TAINE, *Philos. de l'Art,* t. II, p. 9). — *Son visage, aussi bien que son cœur,* AVAIT *rajeuni de dix ans* (MUSSET, *Emmeline,* V). — *Mon visage, aussi bien que mon âme,* EST *trop sévère* (V. LARBAUD, *Fermina Márquez,* XVII). — *Ma conscience aussi bien que ma raison me* DICTE *ce langage* (L. BLOY, *Le Désespéré,* p. 33). — *Cette région (...) où son cœur autant que son esprit le* PORTE *sans cesse* (E. FRO-MENTIN, *Les Maîtres d'autrefois,* p. 42). — *L'orgueil autant que la pauvreté les* RETIENT *sur leurs domaines* (J. et J. THARAUD, *L'Oiseau d'or,* p. 20). — *Le manque d'air ici, autant que l'ennui,* FAIT *bâiller* (A. GIDE, *Incidences,* p. 41). — *La religion, comme la politique,* A *ses Brutus* (A. HERMANT, *Platon,* p. 118). — *L'un comme l'autre* EST *pris au jeu* (A. GIDE, *Journal 1939-1942,* p. 78). — *La Finlande, comme la Belgique,* COMPORTE *deux éléments ethniques différents* (G. DUHAMEL, *Positions françaises,* p. 137). — *Sa modestie non moins que son grade en* SERA *la cause* (R. BAZIN, *Contes de Bonne Perrette,* p. 129). — *M. de Lamartine, pas plus que M. de La Mennais, ne* DÉSESPÈRE *de l'avenir* (SAINTE-BEUVE, *Portraits contempor.,* t. I, p. 214). — *Le père, pas plus que le fils, ne* SAURAIT *jamais...* (R. MARTIN DU GARD, *Les Thibault,* III, 2, p. 175). — *Renée, pas plus que Gilbert, n'*ÉTAIT *retournée chez les Guillaume* (M. ARLAND, *L'Ordre,* t. II, p. 193). — *Romains, pas plus que moi, n'*A *persévéré dans cette voie* (G. DUHAMEL, *Le Temps de la Recherche,* XV). — *Mme Bovary, non plus que Rodolphe, ne lui* RÉPONDAIT *guère* (FLAUBERT, *Mme Bovary,* II, 8). — *Le conseil le plus retors, non plus que la volonté la plus sûre, n'y* POURRAIT *rien* (A. GIDE, *La Porte étroite,* p. 157). — *Tous les moyens matériels dont tant ma situation que la civilisation de mon époque me* FAISAIT *profiter* (M. PROUST, *Albertine disparue,* I, p. 142, cit. Hœybye).

Mais le verbe s'accorde avec les deux sujets si, dans l'esprit de celui qui parle ou qui écrit, la conjonction, au lieu de marquer la comparaison, prend la valeur copulative :

---

après le verbe : *Son désir d'enlever Michèle était indéniable, non moins que la tristesse de son départ* (E. JALOUX, *La Branche morte,* p. 118). — Il ne s'agit pas non plus des phrases d'un des types suivants : *non moins que A, B* EST... ; *aussi bien que A, B* EST... ; *de même que A, B* EST... ; *plus que A, B* EST..., etc. : dans ces sortes de phrases, le verbe s'accorde toujours avec le seul sujet qui le précède immédiatement : *Non moins que la syntaxe, la prononciation* ÉPROUVE *des variations* (LITTRÉ, *Complém. de la Préf. du Dict.,* p. L). — *Plus que la voix (...), le visage* AURAIT *dû frapper Ida* (É. ESTAUNIÉ, *Mme Clapain,* p. 229). — *Non plus que Gœthe, Johnson n'*ENTREVOIT *l'instruction qui se puisse tirer de l'étude des populations primitives* (A. GIDE, *Journal 1942-1949,* p. 114).

Le français ainsi que l'italien DÉRIVENT *du latin* (LITTRÉ). — *Votre père en mourant, ainsi que votre mère, Vous* LAISSÈRENT *de bien une somme légère* (REGNARD, *Le Distrait,* I, 6). — *Car aussi bien l'oncle Mathieu que tante Philomène n'*ÉTAIENT *pour moi que sons* (H. BOSCO, *Malicroix,* p. 185). — *Votre caractère autant que vos habitudes me* PARAISSENT *un danger pour la paroisse* (G. BERNANOS, *Journal d'un Curé de campagne,* p. 238). — *Dans une famille (...) où le rang social autant que l'âge des fils* MARQUAIENT *mieux encore leur soumission* (A. MAUROIS, *Lyautey,* p. 1). — *Rostand comme France* APPORTENT *de l'intelligibilité dans les lettres françaises* (A. THIBAUDET, *Hist. de la Litt. fr.,* p. 499). — *L'une comme l'autre* GARDENT *peu de loisir disponible pour l'aventure* (M. PRÉVOST, *Nouv. Lettres à Françoise,* p. 155). — *La montagne, comme l'armée,* LIVRAIENT *à ceux qui savaient les conquérir leur souffle pur et viril* (J. ROY, *Le Métier des armes,* p. 127). — *Sa patience à lui écrire, non moins que les allusions sèches et maladroites qui emplissaient ses lettres lui en* ÉTAIENT *des preuves certaines* [de la constance de Michèle] (E. JALOUX, *La Branche morte,* p. 106). — *Philippe, non plus que Rex, ne* FAISAIENT *jamais de folies* (A. HERMANT, *L'Aube ardente,* XII). — *M. Thibault, non plus que Mlle de Waize ni Gisèle, ne* MANQUAIENT *jamais la grand' messe* (R. MARTIN DU GARD, *Les Thibault,* III, 1, p. 183). — *Le Don Quichotte, non plus que les pièces de Calderon, ne* SONT *classiques — ni romantiques* (A. GIDE, *Incidences,* p. 41). — *La voix non plus que la silhouette ne lui* ÉTAIENT *connues* (A. de CHÂTEAUBRIANT, *La Brière,* p. 184). — *Tant le sol boueux que l'eau m'*ÉTAIENT *présents* (H. BOSCO, *Malicroix,* p. 107).

b) Semblablement, lorsqu'un sujet est suivi de *avec* et d'un complément, il règle seul l'accord du verbe si *avec* introduit un simple accessoire du sujet :

Cette pyramide [de fruit], *avec vingt porcelaines,* FUT *si parfaitement renversée...* (SÉV., t. II, p. 307). — *Le farouche Phalantus, avec ses Lacédémoniens,* FUT *surpris de trouver ses entrailles de fer attendries* (FÉNEL., *Tél.,* t. I, p. 43). — *Vertumne avec Zéphyr* MENAIT *des danses éternelles* (CHATEAUBR., *Génie,* II, 5, 1). — *Cependant Rodolphe, avec madame Bovary,* ÉTAIT *monté au premier étage de la mairie* (FLAUBERT, *Mme Bov.,* p. 155). — *Le travail avec ses servitudes lui* INSPIRA *de bonne heure un grand dégoût* (M. GARÇON, *Plaidoyers chimériques,* p. 119).

Si *avec* prend le sens de *et,* le verbe s'accorde avec les deux sujets, qui ont alors l'un et l'autre même importance : *Le singe avec le léopard* GAGNAIENT *de l'argent à la foire* (LA F., *F.,* IX, 3). — *Le murmure des sources avec le hennissement des licornes se* MÊLENT *à leurs voix* (FLAUB., *La Tent. de s. Ant.,* p. 74). — *La chaloupe avec un canot seulement se* TROUVÈRENT *en état de servir* (MÉRIMÉE, *Mosaïque,* p. 75).

A comparer : *C'est Peu-Parle, aidé du bon gendarme, qui* ONT *charge de traquer les délinquants* (P. ARÈNE, *La Chèvre d'or,* XLIX). — *Le curé en chape, accompagné du maire,* VIENNENT, *avec tout le peuple, chercher le seigneur au palais* (R. BAZIN, *Terre d'Espagne,* p. 134). — *Une vieille dame appuyée au bras d'un collégien* PASSÈRENT *lentement devant eux* (J. GREEN, *Le Malfaiteur,* p. 173).

c) Lorsque deux sujets sont joints par *moins que, plus que, non, et non, et non pas, plutôt que,* etc., c'est le premier seulement qui commande l'accord du verbe : c'est lui, en effet, qui frappe le plus l'esprit ; le second se rapporte d'ailleurs à un verbe sous-entendu [1] :

La gloire, moins que les richesses toutefois, SÉDUIRA *toujours les hommes.* — *Votre honneur, plus que votre intérêt, vous* DÉFEND *d'agir ainsi.* — *La vertu, non les richesses,* GRANDIT *l'homme.* — *La bonté et non l'habileté* DOIT *être le principe de toute politique* (A. MAUROIS, *Ariel,* I, 13). — *Blaise devait songer avec amertume que l'utilité et non la tendresse* RETENAIT *Jacqueline auprès de lui* (Fr. MAURIAC, *Blaise Pascal,* p. 83). — *Notre sang plutôt que notre littérature* ÉTABLISSAIT *cette sympathie* (M. BARRÈS, *L'Appel au Soldat,* t. I, p. V) [2].

Remarques. — 1. Lorsque des sujets sont mis en rapport au moyen de *non seulement... mais encore* (ou : *mais, mais aussi, mais surtout*), le verbe s'accorde ordinairement avec l'élément le plus rapproché, à cause de *mais* qui interrompt la phrase : *Non seulement tous ses honneurs et toutes ses richesses, mais encore toute sa vertu* S'ÉVANOUIT (VAUGELAS, *Rem.,* p. 379 et LITTRÉ, s. v. *non,* Rem. 1). — *Non seulement le génie, mais toute grandeur* EST *contre nature* (É. FAGUET, *XIX*[e] *S.,* p. 134, cit. Hœybye). — *Non seulement notre dignité à l'intérieur, mais notre prestige à l'étranger en* DÉPEND (J. GIRAUDOUX, *Sans pouvoirs,* p. 101). — Rien n'empêche cependant qu'on ne fasse l'accord avec l'ensemble : *Non seulement sa chambre ou sa cellule, mais sa table même* ÉTAIENT *toujours bien rangées* (Comte d'HAUSSONVILLE, *Lacordaire,* p. 175, dans Brunot, *La Pens. et la L.,* p. 266). — *Non seulement moi, mais ma femme et mon fils* CONSULTONS *cet ouvrage.*

2. Le verbe précédé ou suivi de deux sujets dont ·chacun est introduit par *tantôt* s'accorde avec l'ensemble des sujets ou, plus souvent, semble-t-il, avec le sujet le

---

1. Dans la phrase suivante, Marivaux a fait l'accord avec les deux sujets : *Pour être obéi, je fis approcher les ménétriers du village ; et l'amusement qu'en espérèrent les paysannes, plus que mes paroles,* DÉTOURNÈRENT *les paysans de leur ardeur à tirer* (*Le Paysan parvenu,* p. 408) ; c'est que, dans sa pensée, deux choses (d'importance inégale, il est vrai) — l'*amusement* espéré et les *paroles* dites — ont conjointement produit l'action de *détourner.* — Même accord : *La curiosité, bien plus que la foi, m'*ONT *amené dans votre église* (A. ARNOUX, *Les Crimes innocents,* p. 39).

2. « ... On dirait fort correctement *ce n'est pas le ministre mais ses bureaux,* ou *c'est bien moins le ministre que ses bureaux qui* SONT *responsables ;* inversement, on peut dire *ce ne sont pas les bureaux, mais le ministre,* ou *ce sont bien moins les bureaux que le ministre, qui* EST *responsable,* mais ce sont là phrases de grammairiens et on dit mieux *ce ne sont pas les bureaux, c'est le ministre qui est responsable,* ou *ce sont bien moins les bureaux qui sont responsables que le ministre lui-même.* » (MARTINON, *Comment on parle en français,* pp. 327-328.)

plus rapproché : *Tantôt la peur, tantôt le besoin* FONT *les mouvements de la souris.* — *Catacombes administratives qu'*EMPLIT *tantôt un froid de glace, tantôt une chaleur d'étuve* (G. COURTELINE, *Messieurs les Ronds-de-cuir*, p. 10, cit. Hœybye). — *Tantôt l'un, tantôt l'autre,* PRENAIT *la parole* (H. BOSCO, *Sites et Mirages*, p. 24).

818. Sujets joints par *ou* ou par *ni*[1].

a) Lorsque plusieurs sujets singuliers de la 3ᵉ personne sont joints par *ou* ou par *ni*, le verbe s'accorde avec l'ensemble des sujets si c'est l'idée de conjonction qui domine dans l'esprit :

Le bonheur ou le conseil d'autrui PEUVENT *préserver de certaines fautes un homme très médiocre* (FÉN., *Tél.*, t. II, p. 81). — *Ce vieillard (...) dont la vie ou la mort lui* ÉTAIENT *tout à fait indifférentes...* (J. et J. THARAUD, *Les Bien-aimées*, p. 99). — *La peur ou la misère* ONT *fait commettre bien des fautes* (Ac.). — *La plainte ni la peur ne* CHANGENT *le destin* (LA F., *F.*, VIII, 12). — *La tendresse ou la pitié qui les* CAUSAIENT [des souffrances] *y* MÊLAIENT *quelque chose de leur céleste douceur* (A. FRANCE, *Balthasar*, p. 241). — *Ni l'un ni l'autre n'*ONT *su ce qu'ils faisaient* (VIGNY, *Cinq-Mars*, XXVI). — *Ni Corneille ni Racine n'*ONT *encore été surpassés* (SAINTE-BEUVE, *Caus. du Lundi*, t. IX, p. 318). — *Ni le chagrin ni la colère ne* VOIENT (R. BAZIN, *De toute son âme*, VIII). — *Ni l'un ni l'autre n'*OSAIENT *traiter avec l'abbé de cette question brûlante* (M. PRÉVOST, *La Nuit finira*, t. II, p. 42). — *Ni l'un ni l'autre ne* DISAIENT *mot* (M. ARLAND, *Terre natale*, p. 76).

Mais le verbe s'accorde avec le sujet le plus rapproché si c'est l'idée de disjonction ou d'opposition des sujets qui prévaut :

L'affection ou la haine CHANGE *la justice de face* (PASC., *Pens.*, 82). — *Sa perte ou son salut* DÉPEND *de sa réponse* (RAC., *Baj.*, I, 3). — *Le hasard ou la pitié vous* A *certes conduit dans quelque galetas hideux de la misère* (SAINTE-BEUVE, *Volupté*, VIII). — *La douceur ou la violence en* VIENDRA *à bout* (Ac.). — *Votre bouche ou votre main m'en* VOUDRAIT *si j'osais choisir* [entre votre écriture et vos paroles] (NERVAL, *Les Filles du feu*, Corilla). — *À quoi* TENAIT *cette certitude, ou cette illusion ?* (H. LAVEDAN, *Irène Olette*, p. 285.) — *Ni*

---

1. Voir à la fin du volume l'arrêté du 26 février 1901 : *Liste*, VIII, 5. — Les grammairiens ont voulu établir, pour ce cas, une règle assez arbitraire : le verbe, disent-ils, se met au singulier s'il n'y a qu'un seul des sujets qui puisse faire l'action ; il se met au pluriel si les sujets peuvent, tantôt l'un, tantôt l'autre, faire l'action. Cela paraît logique, mais l'usage garde à l'égard de cette règle une très large indépendance. En général, quand deux sujets sont liés ensemble par *ou* ou par *ni* « c'est, dit Littré, l'idée de conjonction qui domine ; de sorte que le pluriel est la construction la plus naturelle. Mais l'idée de disjonction peut aussi prévaloir dans l'esprit de celui qui parle ou écrit ; et alors on peut mettre le singulier ; c'est donc le sentiment de l'écrivain et l'euphonie qui en décident. »

crainte ni respect ne m'en PEUT *détacher* (RAC., *Iphig.*, IV, 4). — *Honte ni peur n'y* REMÉDIE (LA F., *F.*, III, 7). — *Ni l'un ni l'autre n'y* EST *pour rien* (R. ROLLAND, *Jean-Chr.*, t. VIII, p. 220). — *Ni l'un ni l'autre ne s'en* ALARMAIT (M. PRÉVOST, *La Nuit finira*, t. II, p. 67). — *Ni l'un ni l'autre ne* BAISSA *les yeux* (A. THÉRIVE, *La Revanche*, p. 182). — *Ni la douleur ni la mort ne lui* ARRACHE *un cri* (J. de PESQUIDOUX, *Chez nous*, t. I, p. 221).

Parfois, le sens impose la disjonction des sujets : *Pierre ou Paul* SERA *colonel de ce régiment. Ni Pierre ni Paul ne* SERA *colonel de ce régiment.*

Si l'un des sujets est au pluriel, le verbe se met au pluriel : *Les menaces ou la douceur en* VIENDRONT *à bout. Ni les menaces ni la douceur n'en* VIEN-DRONT *à bout.*

N. B. — 1. En particulier, les sujets sont toujours disjoints lorsque le second est amené par une locution rectificative telle que *ou plutôt, ou même, ou pour mieux dire*, etc. : *La princesse de Guermantes, ou plutôt sa mère,* A *connu le vrai* (M. PROUST, *Le Côté de Guermantes*, II, p. 225, cit. Hœybye). — *Le père, ou la mère plutôt, du petit Publius* VOULUT *que ce garçon étudiât* (É. HENRIOT, *Les Fils de la Louve*, p. 92).

2. Avec le sujet *ni l'un ni l'autre*, au sens conjonctif, il arrive que le verbe soit à la 1re ou à la 2e personne du pluriel : *Et ni l'un ni l'autre ne* VOULIONS *aborder ce sujet* (É. PEISSON, *L'Aigle de mer*, p. 118). — *Plus ma maison se vidait de moi, plus je me vidais d'elle (…). Ni l'un ni l'autre n'*ÉTIONS *plus capables de piège* (J. COCTEAU, *La Difficulté d'être*, p. 109). — *Que nous en fussions menacés* [d'un danger] *chaque jour davantage, ni l'un ni l'autre n'en* DOUTIONS (H. BOSCO, *Le Mas Théotime*, p. 165). — *Ni l'un ni l'autre ne* VOUDREZ *aborder ce sujet.* — Cet accord s'explique par le fait que celui qui parle ou écrit donne à *ni l'un ni l'autre* la valeur de « ni moi ni l'autre » ou de « ni toi ni l'autre ». — Ordinairement, dans de tels cas, on répète le sujet par *nous* ou par *vous.*

Comme *ni l'un ni l'autre* pris adjectivement se fait suivre d'un nom singulier (§ 458, B, Rem. 2), il est assez naturel que le verbe soit au singulier : *Ni l'un ni l'autre escadron n'*ARRIVA (MICHELET, *Jeanne d'Arc*, p. 46). — *Ni l'une ni l'autre prose n'*OFFRE *de cette main-d'œuvre proprement dite, qui prête à l'imitation et à la contrefaçon* (SAINTE-BEUVE, *Port-Roy.*, III, XXI). — Mais rien n'empêche qu'on ne mette le verbe au pluriel si c'est l'idée de conjonction qui prévaut dans l'esprit (comparez : § 819, Rem.) : *Ni l'un ni l'autre escadron n'*ARRIVÈRENT.

3. Avec le sujet *tel ou tel*, pronom au singulier, on met le verbe au singulier ou, rarement, au pluriel : *Si tel ou tel* VA *répétant que la stratégie est une science…* (M. PROUST, *Le Temps retrouvé*, II, p. 171). — *Je sais bien que tel ou tel* EST *avare* (H. de RÉGNIER, *Le Bon Plaisir*, p. 213). — *Tel ou tel de nos ascendants nous* AURAIT *gouverné* (J. de LACRETELLE, dans les *Nouvelles litt.*, 29 janvier 1948). — *Chacune des régions que tel ou tel de ses contemporains nous* A *ouverte* (Ch. DU BOS, *Journal 1921-1923*, p. 101). — *Je (…) ne sais comment* ONT *réagi tel ou tel de mes exigeants confrères* (G. MARCEL, dans les *Nouvelles litt.*, 20 nov. 1947). — Avec *tel ou tel* (singulier) et un nom sujet, comme ce nom doit être au singulier (§ 460, A, 2°, Rem.), le verbe se met également au singulier[1] : *Les femmes sentent-elles vraiment que telle ou telle parole* PASSE *sur les lèvres sans sortir du cœur ?* (NERVAL, *Les Filles du feu*, Sylvie,

---

1. Puisque avec *l'un ou l'autre* le verbe se met parfois au pluriel (voir ci-après : *c*), il semble qu'on puisse logiquement admettre aussi le verbe au pluriel avec *tel ou tel* et un nom : *Lorsque telle ou telle difficulté* SURGIRONT…

XI.) — *Telle ou telle innovation* n'ÉTAIT *pas repoussée* (MÉRIMÉE, *Portraits histor. et littér.*, p. 26). — *Est-ce vraiment que telle ou telle façon de tuer* SOIT *plus ou moins cruelle ?* (R. MARTIN DU GARD, *Les Thibault*, VIII, p. 160.) — *Nous avons montré comment telle ou telle image simple (...)* PEUT *s'insinuer dans d'autres images plus complexes* (H. BERGSON, *Le Rire*, p. 133). — *Il ne lui a pas paru indifférent que telle ou telle partie du service* FÛT *peinte de telle couleur délicate* (G. DUHAMEL, *Paroles de médecin*, p. 177).

4. Le verbe ayant deux sujets amenés par *soit ... soit* ou par *soit ... ou*, s'accorde avec le plus rapproché, si l'on marque l'alternative : *Soit mon père, soit mon frère vous* ACCOMPAGNERA. — *Voici deux livres : soit l'un soit l'autre vous* INTÉRESSERA. — *Soit le pape soit Venise* METTRAIT *sans grande peine la main sur Rimini* (MONTHERLANT, *Malatesta*, I, 4). — *Soit la honte ou la peur le* CONTRAINDRA *à faire des aveux.* — L'accord se fait avec l'ensemble des sujets si c'est l'idée de conjonction qui prévaut dans l'esprit : *On pourrait encore user de l'ancienne liberté de l'accord et imiter ces auteurs, en des occasions où soit l'oreille, soit le caractère de l'expression y* PORTERAIENT (LITTRÉ, s. v. *ce*, 2°). — *Mais soit la poésie, soit l'ironie, soit quelque illuminisme à la Swedenborg* ONT *alors tout sauvé* (H. CLOUARD, dans les *Nouv. litt.*, 25 juin 1953). — [Si les sujets sont de différentes personnes : voir ci-après : *b*).]

b) Si les sujets joints par *ou* ou par *ni* ne sont pas de la même personne, on met le verbe au pluriel et à la personne qui a la priorité :

Lui ou moi FERONS *cela* (LITTRÉ, s.v. *ou*, Rem. 1). — *J'espère que ni moi ni mes enfants ne* VERRONS *ces temps-là* (VIGNY, *Cinq-Mars*, I). — *Toutes les fois que le curé, ou moi, ou quelque autre chrétien,* ALLONS *visiter cette pauvre famille...* (L. VEUILLOT, *Historiettes et Fant.*, p. 221). — *Maître Gépier, ou toi, en* AURIEZ *entendu parler* (J. ROMAINS, *Violation de frontières*, p. 21). — *Ni toi ni lui ne* POUVEZ *le contester* (J. LEMAITRE, *Révoltée*, IV, 3). — *Ni mes cousines ni moi* n'AVIONS *avec elle une grande intimité* (A. GIDE, *La Porte étroite*, p. 45). — *Ni lui, ni moi* n'AVIONS *renoué l'entretien* (Cl. FARRÈRE, *La Seconde Porte*, p. 195). — *Ni vous ni moi ne* COLLABORERONS *à un crime* (J. COCTEAU, *Bacchus*, I, 2).

Dans ce cas, on résume le plus souvent les sujets par le pronom pluriel de la personne qui a la priorité : *Vous ou moi,* NOUS FERONS *telle chose* (Ac.). — *Le roi, l'âne ou moi,* NOUS MOURRONS (LA F., *F.*, VI, 19).

N. B. — 1. On rencontre parfois l'accord commandé par le sujet le plus rapproché : *Est-ce le diable ou toi qui* AS *inventé cette manière d'argumenter ?* (VOLT., *Dict. philos.*, cit. Girault-Duvivier, t. I, p. 580.) — *C'est toi ou moi qui* AI, *c'est lui ou toi qui* AS *fait cela* (dans GIRAULT-DUVIVIER, *ibid.*). — *J'avais vu les personnes varier d'aspect selon l'idée que moi ou d'autres s'en* FAISAIENT (M. PROUST, *Le Temps retrouvé*, II, p. 72). — Mais cela est exceptionnel. — Parfois aussi c'est le premier sujet qui commande l'accord : *Est-ce moi, ou elle, qui lui* AI *procuré l'argent nécessaire à son entreprise fatale ?* (A. ARNOUX, *Les Crimes innocents*, p. 256). — Cela encore est exceptionnel.

2. Si les sujets joints par *ou* ou bien par *ni* sont de différentes personnes et que la disjonction s'impose absolument, la construction du verbe au pluriel ne saurait être admise ; on change alors la tournure. Au lieu de : *Pierre ou moi* SERONS *colonel de ce régiment* ou de *Ni Pierre ni moi ne* SERONS *colonel de ce régiment*, on dira, par

exemple : *C'est Pierre ou moi qu'on nommera colonel — Pierre ou moi, l'un de nous deux sera colonel — Ce n'est ni Pierre ni moi qu'on nommera colonel — Ni Pierre ni moi, aucun de nous deux ne sera colonel...*

3. Lorsque le second des sujets joints par *ni* est ou contient un terme comme *aucun, personne, rien,* englobant dans son extension le premier sujet, c'est lui évidemment qui commande l'accord du verbe : *Votre chien ni aucun chien au monde ne vous la* POURRAIT *rapporter* (J. AICARD, *L'Illustre Maurin,* p. 86, cit. Hœybye). — *Ni moi, ni personne en Italie n'*A *pu se plaire à toutes ces tristes extravagances* (VOLT., *Candide,* XXV). — *Ni vous ni personne n'*AURA *finalement à se réjouir* (J. et J. THARAUD, *Quand Israël n'est plus roi,* p. 139). — *Ni l'avancement ni rien ne la* TOUCHAIT *plus* (P. LOTI, *Le Roman d'un Spahi,* p. 78, dans Hœybye). [Dans la phrase suivante, l'accord paraît faux : *Ni moi ni personne ne* POUVONS *ici les juger* (A. CAMUS, *Le Mythe de Sisyphe,* p. 125.]

4. Il va de soi que si un seul des sujets joints par *ou* ou bien par *ni* précède le verbe, c'est ce sujet seul qui commande l'accord : *La peur le* FERA *céder, ou le besoin.* — *Ni l'inspiration ne* SUFFIT, *ni la lime* (H. BREMOND, *La Poésie pure,* p. 87).

5. On met toujours le pluriel lorsque *ni l'un ni l'autre* vient après le verbe pour développer le sujet qui précède : *Ils ne* SONT *venus ni l'un ni l'autre* (LITTRÉ, s. v. *un,* 17°).

c) L'un(e) ou l'autre, pris pronominalement ou adjectivement, marque presque toujours la disjonction et veut le verbe au singulier :

*La nature et l'art sont deux choses, sans quoi l'une ou l'autre n'*EXISTERAIT *pas* (HUGO, *Préf. de Cromw.*). — *L'une ou l'autre* AVAIT-*elle un sentiment pour moi ?* (M. PROUST, *La Prisonnière,* t. I, p. 85.) — *L'un ou l'autre* GARDAIT *aux lèvres des traces de vin rouge* (H. BORDEAUX, *Le Pays sans ombre,* p. 199). — *L'ancienneté ne saurait composer avec l'usage : il faut que l'une ou l'autre* AIT *le dernier mot* (A. HERMANT, *Xavier,* p. 25). — *L'entr'acte se termina sans que l'un ou l'autre* SONGEÂT *à rompre le silence* (R. MARTIN DU GARD, *Les Thibault,* III, 2, p. 141). — *De temps en temps l'un ou l'autre* ATTRAPE *la mort, comme ça, au chevet des miséreux* (M. VAN DER MEERSCH, *Corps et Âmes,* t. I, p. 71). — *L'un ou l'autre cas* EST *digne des siècles les plus barbares* (VOLT., *À Mme de Florian,* 20 mai 1762). — *L'un ou l'autre projet* SUPPOSE *de la fatuité* (M. PRÉVOST, *Mon cher Tommy,* p. 187).

Il arrive qu'on prenne *l'un(e) ou l'autre* au sens conjonctif et qu'on mette le verbe au pluriel : *Il faut vous dire, m'*EXPLIQUENT *l'un ou l'autre de mes nouvellistes que...* (H. BORDEAUX, *Sur le Rhin,* p. 274). — *Les commentaires que ne* MANQUERAIENT *pas de provoquer l'une ou l'autre attitude* (M. PROUST, *Le Côté de Guermantes,* I, p. 71, cit. Hœybye). — *L'une ou l'autre fin (...)* ÉTAIENT *dignes de lui* (H. BAZIN, *La Tête contre les murs,* p. 393). — *Or l'un ou l'autre* [P. Géraldy ou J. Prévert] MANQUENT *forcément dans toutes les anthologies que nous connaissons* (A. THÉRIVE, *La Foire littéraire,* p. 50).

819. *L'un(e) et l'autre.*

Après l'expression pronominale *l'un(e) et l'autre,* le verbe se met au singulier ou — beaucoup plus fréquemment — au pluriel ; en particulier le pluriel s'impose quand la phrase implique l'idée de jonction, de ressemblance, de comparaison, etc. : *L'un et l'autre se* DIT *ou se* DISENT *correctement* (A. HERMANT, *Xavier*, p. 139).

a) L'un et l'autre me GÊNE (CORN., *Cinna*, III, 2). — *L'un et l'autre* EST *barbare* (VAUGELAS, *Rem.*, p. 22). — *L'un et l'autre s'*EST *vérifié dans la princesse Palatine* (BOSS., *Anne de Gonz.*). — *L'un et l'autre* APPROCHA (LA F., *F.*, VII, 16). — *Du prince et de l'État l'un et l'autre* EST *l'arbitre* (VOLT., *Henr.*, VII). — *L'un et l'autre y* A *manqué* (AC.). — *L'un et l'autre* [ménage] PREND *un peu de jour à de tremblotantes chandelles* (H. BOSCO, *Les Balesta*, p. 160).

*b) L'un et l'autre avant lui s'*ÉTAIENT PLAINTS *de la rime* (BOIL., *Sat.*, 9). — *L'une et l'autre (...) se* DÉVOUENT *à la religion de leur pays* (CHAT., *Génie*, II, 2, 8). — *Comprenons l'enthousiasme et honorons la résistance. L'un et l'autre* ONT *été légitimes* (HUGO, *Disc. de récept. à l'Ac.fr.*). — *L'un et l'autre me* SEMBLAIENT *identiques* (J. ROMAINS, *Lucienne*, p. 70). — *Il comprit que l'un et l'autre* PRIAIENT (L. DAUDET, *Un Jour d'orage*, p. 183). — *L'un et l'autre* SONT *venus* (AC.). — *L'un et l'autre* INSPIRENT *du dégoût* (R. BENJAMIN, *Aliborons et Démagogues*, p. 262). — *L'un et l'autre* ÉTAIENT *dévorés de la même fureur de travail* (A. BELLESSORT, *Essai sur Voltaire*, p. 137). — *L'un et l'autre s'*ÉTONNÈRENT *gravement* (Cl. FARRÈRE, *La Seconde Porte*, p. 131). — *L'un et l'autre* TRÉBUCHÈRENT *dans un sentier dont ils ignoraient les pièges* (M. GARÇON, *Plaidoyers chimériques*, p. 83).

Remarque. — *L'un et l'autre*, adjectif, se fait suivre régulièrement d'un nom singulier (§ 458, B, Rem. 2), ce qui peut amener le verbe au singulier :

L'un et l'autre excès CHOQUE (MOL., *Éc. des m.*, I, 1). — *L'une et l'autre saison* EST *favorable* (AC.). — *Car l'un et l'autre droit que son esprit balance* PÈSE *d'un poids égal qui le tient en souci* (HEREDIA, *Le Triomphe du Cid*). — *L'un et l'autre crime* EST, *d'ailleurs, moins sévèrement puni* (J. LEMAITRE, *Opinions à répandre*, p. 226).

Mais le pluriel est plus fréquent :

L'un et l'autre consul vous AVAIENT *prévenue* (RAC., *Brit.*, I, 2). — *L'une et l'autre civilité lui* FURENT *rendues dans les mêmes proportions* (MARIVAUX, *Le Paysan parvenu*, p. 297). — *Que l'une et l'autre Excellence* CONSERVENT *leurs bontés au vieux laboureur de Ferney* (VOLT., *À Chauvelin*, 21 sept. 1764). — *L'une et l'autre hypothèse* SONT *également plausibles* (LANCELOT = A. HERMANT, dans le *Temps*, 11 nov. 1937). — *En dehors de la Gaule, l'un et l'autre parti* CHERCHÈRENT *des appuis* (C. JULLIAN, *Vercingétorix*, p. 66). — *L'une et l'autre tactique* EURENT *même résultat* (R. ROLLAND, *Jean-Chr.*, t. IV, p. 84). — *L'une et l'autre circonstance ne se* RESSEMBLAIENT *pas* (J. ROMAINS, *Lucienne*, p. 208). — *L'un et l'autre drame ne* CONCLUENT *qu'arbitrairement* (Fr. AMBRIÈRE, *La Galerie dram.*, p. 237). — *L'une et l'autre affaire se* TIENNENT (É. HENRIOT, *Les Fils de la Louve*, p. 35). — *L'un et l'autre seuil lui* ÉTAIENT *fermés* (H. BOSCO, *Les Balesta*, p. 315).

Il va sans dire que si le nom est au pluriel (§ 458, B, Rem. 2), le verbe est mis au même nombre : *L'une et l'autre doctrines* RÉPUGNENT *à voir...* (H. BERGSON, *L'Évolution créatrice*, p. 48). — *Il semble que l'un et l'autre documents* AIENT *été débattus*

(P. de La Gorce, *Charles X*, p. 220). — *L'une et l'autre dames* avaient *en partage la même dose de saine raison* (Cl. Farrère, *La Seconde Porte*, p. 60). — Le pluriel est de règle si *l'un et l'autre* vient après le verbe : *Ils* viendront *l'un et l'autre*.

820. Observations diverses.

1° Lorsque, dans une suite de sujets, il y a répétition de *chaque*, de *tout*[1], de *nul*, de *pas un*, de *aucun*, le verbe s'accorde indifféremment avec le sujet le plus rapproché ou avec l'ensemble des sujets (toutefois si l'on marque une gradation, l'accord avec le sujet le plus rapproché est indiqué) :

a) Chaque canonnier, chaque soldat, chaque officier s'attelait... (Vigny, *Servitude et Gr. mil.*, II, 12). — *Chaque province, chaque village, chaque groupement d'hommes* est, *dans une certaine mesure, ce que sont ses aristocrates* (R. Rolland, *Jean-Christophe*, t. V, p. 294). — *Chaque entrevue, chaque entretien, chaque traité, chaque négociation (...)* a *été l'occasion d'une sanglante duperie* (A. Suarès, *Vues sur l'Europe*, p. 168). — *Chaque meuble, chaque bibelot* avait *repris pour lui sa valeur et son style* (J. Giraudoux, *L'École des Indifférents*, p. 192). — *Chaque parcelle de terre, chaque brindille* était *dégagée par ce soleil de tout mystère* (Saint-Exupéry, *Courrier Sud*, p. 178). — *Chaque arbre, chaque arbuste, se* convulse (J. Cocteau, *La Difficulté d'être*, p. 186). — *Tout prêtre, tout cardinal ou évêque autrichien ou espagnol, ne* peut *avoir pour agent et pour correspondant à Rome que l'ambassadeur même de sa cour* (Chateaubr., *Mém.*, III, 11, 9, 5). — *Le jardin donnait sur la forêt (...). Nulle clôture, nulle barrière ne l'en* séparait (O. Mirbeau, *Dingo*, XII). — *Nul écrivain, nul artiste, nul homme qui sache d'expérience propre ce que c'est qu'un travail magistral ne me* démentira (M. Barrès, *Les Maîtres*, p. 21). — *Pas un mot amer, pas un reproche, pas une plainte ne* put *sortir de la bouche du vieillard trois fois exilé* (Chateaubr., *Mém.*, IV, 4, 3). — *Pas un journal, pas une revue n'*acceptait, *ne* tolérait *sa signature* (Ch. Péguy, *Notre Jeunesse*, p. 83). — *Aucune eau baptismale, aucun reniement de soi-même, ne* saurait *effacer la race* (J. et J. Tharaud, *Quand Israël n'est plus roi*, p. 17).

b) Chaque heure, chaque minute la rapprochaient *de l'irréparable humiliation, du désastre final* (P. Loti, *Les Désenchantées*, III). — *Chaque note, chaque accord* ressuscitent *un souvenir* (E. Jaloux, *Le Reste est silence*, IV). — *Chaque pas, chaque sensation l'*exaltaient *avec chaque souvenir* (M. Genevoix, *Raboliot*, p. 67). — *Chaque visite, chaque contact* s'encadrent *de vide* (J. Cocteau, *Maalesh*, p. 186). — *Chaque personne, chaque milieu* ont *leur manière de voir* (M. Arland, *L'Ordre*, t. II, p. 42). — *Toute confiance, tout courage m'*avaient *abandonnée* (Id., *La Grâce*, p. 17). — *Nulle prière, nulle pénitence, nul martyre n'*ont *une suffisante efficacité d'impétration* (L. Bloy, *La Femme pauvre*, p. 112). — *Nulle curiosité, nulle hâte, nulle émotion n'*avaient *plus de pouvoir sur cette vieille encolure* (A. de Châteaubriant, *La Brière*, p. 88). — *Nul chemin de fer, nulle usine, ne* sont *venus dissiper la lourde mélancolie de ce canton* (Fr. Jammes, *M. le Curé d'Ozeron*, p. 59). — *Pas un bourgeois résistant, pas un écrivain de tradition dreyfusarde qui ne* soient *émus* (M. Aymé, *Le Confort intellectuel*, p. 158). — *Pas un papier, pas une relique, pas une confirmation d'autres amis de Balzac ne m'*ont *jamais été fournis* (R. Kemp, dans les *Nouv. litt.*, 22 juin

---

1. De même quand il y a répétition de *un*, article indéfini signifiant « tout » (§ 323) : *Il est incontestable qu'un artiste, qu'un philosophe, qu'un poète* peut *tout d'un coup (...) voir sa pensée dédoublée* (M. Proust, *Jean Santeuil*, t. III, p. 122).

1950). — *Aucun moulage, aucune gravure ne m'*AVAIENT *permis de prévoir la subite impression* (Ch. MAURRAS, *Anthinéa*, p. 36). — *Aucun doute, aucun soupçon n'*ONT *effleuré mon amour* (E. JALOUX, *Le Reste est silence*, IX). — *Aucun mystère (...), aucune voi. téminine ne* JETTENT *une note exceptionnelle* (P. MAC ORLAN, *Aux Lumières de Paris*, p. 156). — *Aucune plainte du poète, aucune intervention en sa faveur ne* PURENT *ramener l'empereur inflexible* (É. HENRIOT, *Les Fils de la Louve*, p. 203).

N. B. — 1. Ce qui vient d'être signalé est applicable même quand les sujets sont coordonnés : *Chaque être et chaque chose s'*ARRANGENT *furtivement pour jouir d'un reste de vie et d'animation* (G. SAND, *Franç. le Champi*, Av.-prop.). — *Dans cette fête, chaque homme et chaque femme* AVAIT *ou* AVAIENT *un bouquet* (LITTRÉ, s. v. *chaque*, Rem. 3). — *Chaque garçon et chaque fille* AURONT *un livre ou* AURA *un livre* (MARTINON, *Comm. on parle...*, p. 326).. — *Chaque état et chaque âge* A *ses devoirs* (ID., *ibid.*). — *Tout ouvrier et tout employé* JOUIRA *ou* JOUIRONT *de cet avantage.* — *Tout antisémite et tout pangermaniste de doctrine (...)* EST *un ennemi perfide ou cynique de l'humain* (A. SUARÈS, *Vues sur l'Europe*, p. 251). — *C'est pourquoi tout dessin et toute peinture* A *encore pour nous ce sens mystique* (ALAIN, *Entretiens au bord de la mer*, p. 71).

2. Quand un sujet multiple (dont les éléments sont coordonnés ou non) présente la répétition de *rien de..., ce qui..., ce que..., tout ce qui..., tout ce que...*, le verbe peut se mettre au pluriel, mais on le met de préférence au singulier ; il en est de même après *ceci et cela : Rien de grand, rien de noble ne l'*ÉMEUT (plutôt que : *ne l'*ÉMEUVENT). — *Tout ce qui rend gai et tout ce qui rend triste le* TOUCHE (plutôt que : *le* TOUCHENT). — *Ce qui reste du modèle, ce qu'apporte le copiste* COMPOSENT *un troisième personnage* (J. COCTEAU, *Poésie critique*, p. 207). — *Ce qui se fonde et ce qui meurt de plus grand qu'eux (...)* PASSE *à travers les hommes* (SAINT-EXUPÉRY, *Citadelle*, p. 150). — *Ceci et cela me* PLAÎT (plutôt que : *me* PLAISENT) (LITTRÉ, s. v. *ceci*, Rem. 1).

2° *Vive*, dans les exclamations, peut, si l'on veut, être considéré comme une sorte d'interjection signifiant à peu près : *bravo* ou : *gloire à..., honneur à...*, et reste invariable [1] : VIVE *les gens d'esprit !* (LITTRÉ, s.v. *esprit*, 15°.) — *Les groupes criaient :* VIVE *les Jacobins* (THIERS, cit. Hœybye, *Accord en franç. contemp.*, p. 97). — VIVE ou VIVENT *les Français !* (MARTINON, *Comm. on parle...*, p. 273.) — Mais l'usage général est de le considérer comme verbe et de l'accorder avec le sujet ou les sujets placés après lui :

VIVENT *les rats !* (LA F., F., II, 5.) — VIVENT *les braves !* (VOLT., *Mort de César*, III, 7.) — VIVENT *les gens d'esprit à cœur léger et à tête frivole !* (CHATEAUBR., *Mém.*, III, 11, 12, 5.) — VIVENT *les gens d'esprit !* (HUGO, *Chât.*, VI, 9.) — VIVENT *les patriotes !* (RENAN, *Caliban*, III, 2.) — VIVENT *les esclaves !* (J. BENDA, *Exercice d'un Enterré vif*, p. 138.) — VIVENT *les vacances !* (R. KEMP, dans les *Nouv. litt.*, 16 avr. 1953.) — VIVENT *les Américains qui, à chaque nom, ajoutent un prénom et l'initiale d'un second prénom !* (G. DUHAMEL, *Manuel du protestataire*, p. 175.) — VIVENT *donc les enterrements !* (A. CAMUS, *La Chute*, p. 45.) — VIVENT *la Champagne et la Bourgogne pour les bons vins !* (AC.)

Quand le mot qui suit n'est pas de la 3e personne, *vive* reste invariable : VIVE *nous autres !*

1. « Il se peut (...) que dans *Vive la France*, *la France* ait été le sujet de *vive*, mais il n'apparaît plus comme tel au sujet parlant » (F. BRUNOT, *La Pens. et la L.*, p. XIII).

3° Dans les locutions de valeur conditionnelle *n'était*, *n'eût été*, le plus souvent on fait l'accord en nombre :

N'ÉTAIENT *les précieux tapis de soie par terre (...), on se croirait en Europe* (P. LOTI, *Vers Ispahan*, p. 204). — *Et n'*ÉTAIENT *l'aspect délabré, les lignes défaites du fossé (...) et aussi la sourdine imposée aux voix, on se croirait dans les lignes d'arrière* (H. BARBUSSE, *Le Feu*, p. 230). — *N'*ÉTAIENT *cette chaleur, ces mouches qui l'énervent, ce bruit d'amertume qui lui martèle le crâne, il se sentirait calme* (R. MARTIN DU GARD, *Les Thibault*, VII, 3, p. 314). — *Les cases rondes seraient toutes semblables, n'*ÉTAIENT *les peintures qui les décorent extérieurement* (A. GIDE, *Voy. au Congo*, p. 70). — *N'*ÉTAIENT *ces malheureuses jambes insensibles et inertes, je me croirais à peine en danger* (G. BERNANOS, *Dialogues des Carmélites*, II, 7). — *Et, n'*EUSSENT *été les pins jaillissants, le transfert au premier âge de la planète eût paru complet* (L. DAUDET, *Un Jour d'orage*, p. 183). — *N'*EUSSENT *été les fumées des toits, le village eût semblé désert* (J. et J. THARAUD, *L'Oiseau d'or*, p. 20). — *N'*EUSSENT *été les affectueuses intimations de son protecteur, il eût, depuis longtemps, rendu son baudrier* (H. BÉRAUD, *Le Bois du Templier pendu*, p. 248).

Parfois ces expressions restent invariables, soit que le pronom *ce* sous-jacent (*si ce n'était, si ce n'eût été :* voir § 876, 7°) impose son nombre au verbe, soit que l'on assimile les locutions en cause à la préposition *sauf :* N'ÉTAIT *son regard et sa voix mouillée, tout, en son corps, sent précocement le cadavre* (G. DUHAMEL, *Vie des Martyrs*, p. 30). — *Tu n entendrais même rien du tout, n'*ÉTAIT *les briques des faîtes* (G. BERNANOS, *Nouv. Hist. de Mouchette*, p. 31).

4° Dans *qu'importe* (considéré en dehors de l'emploi impersonnel : *qu'importe de ces choses ?*), et dans *peu importe*, le verbe s'accorde selon les règles générales :

*Qu'*IMPORTENT *ces folies ?* (MUSSET, *Il ne faut jurer de rien*, 4.) — *Qu'*IMPORTAIENT *les paroles ?* (A. MAUROIS, *Chateaubriand*, p. 435.) — *Que t'*IMPORTENT *leurs cris ?* (BRIEUX, *La Foi*, I, 6.) — *Peu* IMPORTENT *les mobiles* (M. BARRÈS, *Les Déracinés*, p. 228). — *Peu lui* IMPORTAIENT *les chicanes philosophiques* (L. BLOY, *Le Désespéré*, p. 163). — *Peu* IMPORTENT *(...) les sentiments auxquels il a obéi* (J. BAINVILLE, *Hist. de trois générations*, p. 182). — *Peu* IMPORTENT *les raisons qui vous font tenir à ce départ* (J. COCTEAU, *L'Aigle à deux têtes*, III, 2). — *Que nous* IMPORTENT, *à nous, ces mignardises ?* (G. BERNANOS, *Dialogues des Carmélites*, III, 3.)

Toutefois *qu'importe, peu importe*, quoique suivis d'un sujet pluriel ou de plusieurs sujets, sont parfois laissés invariables :

*Que m'*IMPORTE *Tous vos autres serments ?* (HUGO, *Hernani*, V, 6.) — *Mais qu'*IMPORTE *les miens* [mes vers]! (ID., *Voix int.*, XXII.) — *Qu'*IMPORTE *un monument funéraire, des cierges, Le psaume et la chapelle ardente et l'ex-voto ?* (HEREDIA, *Le Tombeau du Conquérant.*) — *Dites-vous que peu* IMPORTAIT *la mise en accusation de l'héritier du trône, les noyades des prêtres et le reste ?* (CHATEAUBRIAND, *Congrès de Vérone*, XXXVIII.) — *Qu'*IMPORTE *ces pierres de taille ?* (Ch. PÉGUY, *Notre Jeunesse*, p. 109.) — *Peu* IMPORTE *les soldats* (R. MARTIN DU GARD, *Les Thibault*, VII, 3, p. 371). — *Peu leur* IMPORTE *les circonstances* (H. MASSIS, *Réflexions sur l'Art du roman*, p. XV). — *Peu t'*IMPORTE *les fluctuations d'un bétail* (SAINT-EXUPÉRY, *Citadelle*, LXXXV). — *Peu* IMPORTE *les noms* (VERCORS, *Le Sable du temps*, p. 119).

5° *Reste*, placé en tête de la proposition et signifiant « est de reste », est pris, le plus souvent, comme verbe personnel, et accordé avec son sujet placé après lui :

RESTENT *les pures sensations d'odeur* (TAINE, *De L'Intelligence*, t. I, p. 240). — RESTENT *les apparences* (J. RENARD, *Journal*, 4 nov. 1889). — RESTENT *deux solutions* (H. BREMOND, *Apologie pour Fénelon*, p. 158). — RESTAIENT *les frères du sultan* (A. MAUROIS, *Lyautey*, p. 202). — RESTENT *les films composés par des spécialistes modernes* (G. DUHAMEL, *Défense des Lettres*, p. 43). — RESTAIENT *à étudier les relations de sympathie* (M. PRÉVOST, *Lettres à Françoise mariée*, XX). — RESTAIENT *les Juifs de l'oasis* (J. et J. THARAUD, *La Fête arabe*, p. 188). — RESTAIENT *à traverser un matin et une après-midi* (J. GREEN, *Léviathan*, p. 242). — RESTENT *les autres* (G. BERNANOS, *Monsieur Ouine*, p. 97). — RESTENT *les insultes que vous m'avez écrites* (MONTHERLANT, *Les Lépreuses*, p. 272). — RESTENT *les bijoux* (A. CHAMSON, *La Neige et la Fleur*, p. 190).

Quelques-uns font de *reste* ainsi employé une forme impersonnelle, avec ellipse de *il*, et le laissent au singulier : RESTERA *le vin et les chevaux* (CHATEAUBR., *Mém.*, II, 10, 3). — RESTAIT *les contes de fées* (FLAUB., *Bouvard et Péc.*, p. 378). — *D'autrefois*, RESTAIT *le vieux lit, (...) la table, une chaise et les débris de l'armoire* (A. de CHATEAUBRIANT, *La Brière*, p. 76). — RESTAIT *ces gens de Poitiers* (J. de LACRETELLE, *Années d'espérance*, p. 231). — RESTAIT *apparemment quelques points à éclaircir* (G. DUHAMEL, *Le Voyage de Patrice Périot*, p. 183). — RESTE *les acquisitions de l'homme* (É. HENRIOT, *Tout va recommencer sans nous*, p. 50).

6° Quand le sujet est la locution pronominale *tel et tel* ou un nom singulier précédé de *tel et tel*, le verbe se met au pluriel ou au singulier selon qu'on rapporte l'action ou l'état à une pluralité (cas de beaucoup le plus fréquent) ou à une individualité :

a) Nous savons en même temps que telle et telle (...) ONT *néanmoins leurs défauts* (BOURDALOUE, dans Littré, s. v. *tel*, 6°). — *Si tel et tel* CROIENT *sur la foi d'exégètes de métier* (J. MALÈGUE, *Augustin*, t. I, p. 248). — *Je saurai très bien que dans cette confusion tel et tel se* SERONT *révélés* (É. HENRIOT, dans le *Monde*, 7 nov. 1951). — *Tel et tel de ses membres ne le* CACHAIENT *pas* (Gén. DE GAULLE, *Mém.*, t. II, p. 118). — *Les chiffres des recettes qu'*AVAIENT *faites telle et telle pièce* (R. ROLLAND, *Jean-Chr.*, t. V, p. 54).

b) Tel et tel IRONISE *parfois, quand je remonte du puits mes souvenirs de jeunesse* (R. KEMP, dans les *Nouv. litt.*, 25 juin 1959). — *Je dois avouer que tel et tel procédé de raisonnement ne me* PERSUADE *pas très bien* (ID., *ibid.*, 13 févr. 1947).

7° *Soit*, au sens de « supposons », est le plus souvent considéré comme un verbe personnel et s'accorde avec le sujet ou les sujets placés après lui :

SOIENT *deux grandeurs égales ajoutées à deux grandeurs égales* (TAINE, *De l'Intelligence*, t. II, p. 351). — SOIENT *par exemple (...) trois ensembles dénombrables* (É. BOREL, *Les Paradoxes de l'Infini*, p. 101). — SOIENT *deux équations algébriques à deux inconnues* (H. VOGT, *Éléments de Mathématiques supérieures*, t. I, p. 378). — SOIENT C, D, *deux points conjugués* (G. PAPELIER, *Exercices de Géométrie moderne*, t. III, p. 13). — SOIENT x *et* y *les poids à prendre dans le premier et le second lingot* (J. BERTRAND et H. GARCET, *Traité d'Algèbre*, p. 138). — SOIENT M *et* M' *deux points d'abscisses curvilignes* x *et* x' (G. FOULON, *Trigonométrie*, 6e éd., p. 13). — SOIENT *deux droites quelconques* AB *et* XY (E. ROUCHÉ et Ch. de COMBEROUSSE, *Traité de Géométrie*, p. 385).

Parfois *soit* est considéré comme une formule impersonnelle invariable (ou comme une sorte de présentatif-suppositif ; cf. *voici, voilà*) :

SOIT n *l'ordre le plus élevé des dérivées de* y, *et* p *celui des dérivées de* z (H. VOGT, *Éléments de Mathém. supér.*, t. I, p. 728). — SOIT x *et* y *les mesures des deux arcs considérés* (G. FOULON, *Trigonométrie*, p. 20). — SOIT *maintenant deux vecteurs équipollents* (ID., *ibid.*, p. 35). — SOIT *par exemple trois parlers voisins* (GILLIÉRON et ROQUES, *Géographie linguistique*, p. 5, cit. Hœybye). — SOIT *les propositions...* (F. BRUNOT, *La Pensée et la Langue*, p. 362). — SOIT *quatre catégories* (H. BREMOND, *La Poésie pure*, p. 82).

N. B. — *Soit* est invariable comme conjonction (§ 954, Rem. 5) quand il signifie « c'est-à-dire » ou quand il marque l'alternative : *Un capital de cent livres sterling,* SOIT *quatre-vingt-dix-huit mille francs français environ.* — *On expliquera,* SOIT *deux tragédies,* SOIT *deux comédies.* [Voir § 985, *Hist.*]

8o S'il arrive qu'on ait à écrire en toutes lettres le verbe *égaler* (ou qu'on emploie *faire* ou *donner*) dans l'expression d'une égalité dont le premier membre est une pluralité, on peut laisser ces verbes au singulier ; l'accord est alors sylleptique et se fait avec *nombre* ou *cela*, qu'on a dans la pensée :

Deux multiplié par cinq ÉGALE *dix* (LITTRÉ, s. v. *égaler*, 2o). — *Quatre pris quatre fois* DONNE *seize* (ID., s. v. *fois*, 3o). — *Quatre plus quatre* ÉGALE *huit* (DICT. GÉN., s. v. *plus*). — *Six moins quatre* ÉGALE *deux* (ID., s. v. *moins*). — *Quatre multiplié par vingt* FAIT *quatre-vingts* (AC., s. v. *quatre-vingts*). — Mais on peut aussi mettre ces verbes au pluriel (surtout *faire*) : *Trois plus trois* ÉGALENT *six* (DICT. GÉN., s. v. *égaler*). — *Trois fois trois* FONT *neuf* (AC., s. v. *fois*). — Puis *il compta : Dix-sept multiplié par deux* FONT *trente-quatre* (H. BORDEAUX, *Paris aller et retour*, p. 95).

Si l'on a *et* dans le premier membre ou encore s'il s'agit de nombres concrets, le pluriel paraît préférable : *Deux et deux* FONT *quatre* (AC., s. v. *faire*). — *Trois francs et cinq francs* ÉGALENT *huit francs.* — *Cinq et quatre* FONT *neuf* (BOIL., *Sat.*, 8). — *Trois et deux* FONT *cinq, et cinq* FONT *dix, et dix* FONT *vingt* (MOL., *Mal. im.*, I, 1).

CHAPITRE VI

L'ADVERBE

§ 1. — DÉFINITION

821. L'**adverbe** est un mot invariable que l'on joint à un verbe, a un adjectif ou à un autre adverbe, pour en modifier le sens : *Il parle* BIEN. *Un homme* TRÈS *pauvre. Il écrit* FORT *vite.*

L'adverbe équivaut, dans bien des cas, à un complément de circonstance, qui précise la signification du mot auquel il est joint, en indiquant la manière, le temps, le lieu, etc. — Il joue, à l'égard du verbe, le même rôle que l'adjectif à l'égard du nom ; c'est, en quelque sorte, l'adjectif du verbe, comme l'indique d'ailleurs l'étymologie ; comparez : *Il peint* DÉLICATEMENT, *c'est un peintre* DÉLICAT ; — *il chante* BIEN, *c'est un* BON *chanteur.*

L'adverbe peut modifier certaines prépositions (ou locutions prépositives), ce qui s'explique si l'on considère les origines communes de la préposition et de l'adverbe (§ 901, note) : LONGTEMPS *avant la nuit* (LITTRÉ). — *Il est* TOUT *en haut de la maison* (AC.). — *Il travaille* TOUT *le long de la semaine* (ID.). — AUSSITÔT *après votre départ* (ID.). — *Presque toutes ses actions (...) ont été* BIEN *au-delà du vraisemblable* (VOLT., *Ch. XII*, 8). — TOUT *contre ce mur blanc* (G. DUHAMEL, *Les Plaisirs et les Jeux*, p. 133). — TOUT *à côté de son mari* (R. BAZIN, *Baltus le Lorrain*, p. 13). — *La reine est* TRÈS *au-delà du médiocre et du petit* (MONTHERLANT, *Le Cardinal d'Espagne*, III, 2). — *Placer un objet* EXACTEMENT *au-dessus d'un autre*, UN PEU *au-dessus d'un autre.*

L'adverbe peut modifier aussi certaines conjonctions (ou locutions conjonctives) de subordination : EXACTEMENT *quand on sonnera, appelez-moi.* — *Il s'endort à un spectacle et il ne se réveille que* LONGTEMPS *après qu'il est fini* (LA BR., *Car. de Théophr.*, XIV). — LONGTEMPS *après qu'on les eut bordées dans leurs lits, elles riaient encore de la naïveté de leurs parents* (M. AYMÉ, *Les Contes du Chat perché*, p. 21). — *L'auteur (...) présente son livre comme étant écrit* BIEN *après que notre génération aura disparu* (J. GREEN, *Journ.*, 22 mars 1943).

Pour l'adverbe joint à un nom pris adjectivement (*Il est très enfant, il fut plus héros*, etc.) ou à un nom abstrait dans des locutions verbales (*Il a très peur, j'ai trop froid*, etc.), voir § 369.

822. Une **locution adverbiale** est une réunion de mots équivalant à un adverbe : *Au-delà, çà et là, en vain, tout de suite*, etc.

ÉTYM. — ^a *Adverbe*, empr. du lat. *adverbium*, de *ad*, auprès, et *verbum*, verbe.

§ 2. — ORIGINE ET FORME DES ADVERBES

823. Considérés au double point de vue de leur origine et de leur forme, les adverbes et les locutions adverbiales du français peuvent se ranger en deux groupes principaux : celui des adverbes venus du latin et celui des adverbes créés par le français.

I. — ADVERBES VENUS DU LATIN

824. Le français possède un certain nombre d'adverbes provenant du latin (classique ou vulgaire) : AILLEURS (peut-être de *aliore, issu de locut. comme *in aliore loco*), APRÈS *(ad pressum)*, ASSEZ *(ad satis)*, AVANT *(ab ante)*, AVEC *(apud hoc)*, BIEN *(bene)*, DEMAIN *(de mane)*, EN *(inde)*, ENSEMBLE *(insimul)*, HIER *(heri)*, LÀ *(illac)*, LOIN *(longe)*, MAL *(male)*, MIEUX *(melius)*, MOINS *(minus)*, OÙ *(ubi)*, PIS *(pejus)*, PLUS *(plus)*, QUAND *(quando)*, QUASI *(quasi)*, TANT *(tantum)*, TARD *(tarde)*, TRÈS *(trans)*, VOLONTIERS *(voluntarie)*, Y *(ibi)*.

Quelques adverbes proviennent de mots latins auxquels le français a attribué la valeur adverbiale : PEU (adject. latin pop. *paucum*), PROU (anc. nom *prou, preu* = profit, du lat. pop. *prode*), SOUDAIN (adject. lat. popul. *subitanum*), TÔT (partic. passé *tostum* = rôti), VOIRE (adj. pluriel neutre *vera*).

Il faut y ajouter un certain nombre de locutions latines :

Ab hoc et ab hac : d'une manière confuse et désordonnée.

Ab intestat : sans qu'il ait été fait de testament.

Ab irato : par un mouvement de colère.

Ab ovo : dès l'origine.

Ad hoc : pour la chose dont il s'agit.

Ad honores : pour l'honneur (sans profit).

Ad libitum : à volonté.

Ad patres : aller *ad patres :* mourir.

Ad rem : à la chose ; précisément.

Ad valorem : proportionnellement à la valeur.

A fortiori : en concluant du plus au moins.

A posteriori : d'après les faits observés.

A priori : d'après les données antérieures à l'expérience.

De plano : aisément, tout de suite.

De visu : pour l'avoir vu.

Ex abrupto : brusquement, sans préambule.

Ex cathedra : du haut de la chaire.

Gratis (pro Deo) : gratuitement.

Grosso-modo : en gros.

Ibidem : au même passage (d'un texte déjà cité).

In extenso : dans toute son étendue.

In extremis : à l'extrémité.

In fine : à la fin.

Inter nos : entre nous.

Intra muros : dans l'enceinte d'une ville.

Ipso facto : par le fait même.

In globo : en masse, en bloc.

In partibus : sans juridiction, sans fonction.

Manu militari : par la force armée.

Motu proprio : de son propre mouvement.

Passim : çà et là.

Per fas et nefas : par le juste et l'injuste.

Pro forma : pour la forme.

Sic : c'est ainsi, c'est bien ainsi.

Sine die : sans fixer de jour.

Urbi et orbi : partout, en tous lieux.

Vice versa : réciproquement.

Etc.

Sont à mentionner aussi les adverbes latins indiquant l'ordre : *primo, secundo, tertio, quarto, quinto, sexto,* etc.

II. — ADVERBES ET LOCUTIONS ADVERBIALES CRÉÉS PAR LE FRANÇAIS

825. Le français a créé par *composition* et par *dérivation* un très grand nombre d'adverbes et de locutions adverbiales :

a) **Composition.** Tantôt les éléments composants sont restés séparés, tantôt ils se sont agglutinés en un seul mot. On a combiné :

1º Un adverbe et un adverbe : *jamais* (ja + mais) ; *ci-dessus ; là-dessus ; aussitôt* (aussi + tôt) ; *bientôt* (bien + tôt), etc.

2º Une préposition et un adverbe : *dedans* (de + dans) ; *dessus* (de + sus, autrefois *dessur*) ; *depuis* (de + puis) ; *dorénavant* (d'ores en avant) ; *en avant ; par là ; avant-hier,* etc.

3º Une préposition et un adverbe substantivé : *au-dedans ; au-dehors,* etc.

4º Une préposition et un nom : *à côté ; à part ; à la fois ; debout* (de + bout) ; *autour* (au + tour) ; *de suite ; davantage* (d' + avantage) ; *en effet ; sur-le-champ,* etc.

5º Une préposition et un adjectif : *à couvert ; tout à fait ; à présent ; en général ; à l'ordinaire ; partout* (par + tout), etc.

6º Un adjectif et un nom : *autrefois* (autre + fois) ; *autre part ; nulle part ; longtemps* (long + temps) ; *beaucoup* (beau + coup) ; *toujours* (tous + jours), etc.

7º Des éléments variés : *côte à côte ; mot à mot ; au fur et à mesure ; à tue-tête ; d'arrache-pied ; vaille que vaille ; à vau-l'eau ; peu s'en faut,* etc.

Pour *cependant* (= ce + pendant), voir § 854, *N. B.*

b) **Dérivation.** Le français a créé de nouveaux adverbes :

1º Par dérivation impropre. Des adjectifs neutres s'emploient comme adverbes modifiant le verbe : *Voir* CLAIR, *chanter* JUSTE, etc. (§ 396).

2º Par dérivation propre, au moyen des suffixes *-ons (-on)* et *-ment :*
Le suffixe *-ons (-on)* ne se trouve que dans les expressions *à recul*ONS*, à tât*ONS*, à califourch*ON.

On disait anciennement : *à bouch*ON (bouche contre terre), *à bouchet*ON (les mains contre les genoux), *à chat*ONS (à quatre pattes), *à chevauch*ONS (à cheval), *à cropet*ON(s) ou *à croupet*ON(s) (dans une position accroupie), *à genouill*ONS (à genoux, genoux pliés), *à ventrill*ONS (à plat ventre).

N. B. — Pour le rapport de certaines prépositions à des adverbes (par ex. : *Il a pris mon manteau, et s'en est allé* AVEC), voir § 901.

Formation des adverbes en -ment.

RÈGLE GÉNÉRALE

826. L'adverbe s'obtient en ajoutant le suffixe *-ment* au féminin de l'adjectif : *Grand, grande*MENT *; beau, belle*MENT *; vif, vive*MENT *; doux, douce*MENT *; sot, sotte*MENT.

Hist. — Les adverbes en -*ment*, en dépit de leur apparence de mots dérivés, sont, à l'origine, des mots composés résultant, dans le latin vulgaire, de la combinaison d'un adjectif féminin et de l'ablatif latin *mente* (du nom féminin *mens*, esprit) : *devota mente* = dans un esprit dévot. Peu à peu *mente* s'est affranchi et a perdu, dans le français très ancien, sa signification d'*esprit* pour prendre celle de *manière*, si bien qu'il ne fut plus qu'un simple suffixe, apte à s'attacher à toutes sortes d'adjectifs. Comme -*ment* était, dans le principe, l'ablatif d'un nom *féminin*, on comprend pourquoi c'est à la forme *féminine* de l'adjectif qu'il s'est joint.

Remarque. — Beaucoup d'adjectifs n'ont pas donné naissance à des adverbes en -*ment* : *Content, fâché, vexé, concis, mobile, tremblant, familial,* etc. Au lieu de l'adverbe en -*ment*, on peut employer alors une périphrase formée à l'aide de *d'un air, d'un ton, d'une manière* (ou : *de manière*), *d'une façon* (ou : *de façon*), etc. : *Il répondit d'une manière concise, d'un air content,* etc.

RÈGLES PARTICULIÈRES

827. 1. L'*e* féminin, ayant cessé de se prononcer (probablement au XVᵉ siècle), a disparu de l'orthographe (XVIIᵉ s.) dans les adverbes où il était précédé d'une voyelle, c'est-à-dire dans les adverbes correspondant à des adjectifs terminés au masculin singulier par -*ai, -é, -i, -u : Vrai, vrai*MENT (autref. *vrai*Ement). *Aisé, aisé*MENT (autref. *aisé*Ement). *Poli, poli*MENT (autref. *poli*Ement). *Éperdu, éperdu*MENT (autref. *éperdu*Ement). — On écrit : *gai*Ement ou *gaîment* [1].

L'accent circonflexe marque la chute de l'*e* féminin dans les adverbes suivants : *assidûment, congrûment, continûment, crûment, dûment, goulûment, incongrûment, indûment, nûment* [2].

Il y a, dans cet accent circonflexe, maintenu par la 8ᵉ édition du Dictionnaire de l'Académie, une de ces anomalies qui compliquent inutilement l'orthographe française. On se demande pourquoi l'Académie impose le circonflexe aux adverbes en -*ument* cités plus haut, alors qu'elle écrit *résolu*ment, *ingénu*ment, *éperdu*ment, etc.

2. La suppression de l'*e* féminin dans les adverbes *assurément, aveuglément, conformément, insensément,* etc., qui correspondent à des adjectifs ou à des participes en -*é*, a amené, par analogie, la formation de certains adverbes qui présentent -*ément* au lieu de -*ement*. Ce sont :

commodément	énormément	importunément	précisément
communément	expressément	incommodément	profondément
confusément	exquisément	obscurément	profusément
diffusément	immensément	opportunément	uniformément

---

1. Littré, le Dictionnaire général, le Larousse du XXᵉ s., Robert donnent les deux orthographes *gaiement* et *gaîment*. L'Académie ne donne que la forme *gai*Ement.
2. Littré, le Larousse du XXᵉ s., Robert écrivent : *nuement* et *nûment*. Dans le Dictionnaire général, on a : *nument* (pour *nûment ;* il y a eu erreur typographique) et, vieilli : *nuement*.

L'Académie écrit : *exquisément*, mais *opiniâtrement ;* — dans Littré et dans le Dictionnaire général, on a : *exquisement*, mais *opiniâtrément*. Dans l'usage ordinaire d'aujourd'hui, on emploie plutôt, pour ces deux adverbes, la forme en *-ement*.

Intensément est un néologisme [1], aujourd'hui de plein usage : *Je sentais* INTENSÉMENT *que cette détresse était beaucoup trop forte pour cette petite âme palpitante* (A. GIDE, *La Porte étroite*, p. 26). — *Il avait si* INTENSÉMENT *vécu pour son idée qu'elle se confondait avec sa vie* (J. et J. THARAUD, *Petite Hist. des Juifs*, pp. 242-243). — *Il* [un chaton] *fixe* INTENSÉMENT *le trou dans la muraille* (M. GENEVOIX, *Rroû*, p. 14). — *Costals (...) la regarde encore,* INTENSÉMENT (MONTHERLANT, *Le Démon du bien*, p. 166). — *Elle l'observait avidement,* INTENSÉMENT (H. TROYAT, *Le Signe du taureau*, p. 159). — *Nul (...) n'existe plus* INTENSÉMENT *qu'au moment de sauter le pas* (A. ARNOUX, *Calendrier de Flore*, p. 276). — *Pierre réfléchit* INTENSÉMENT (J.-P. SARTRE, *Les Jeux sont faits*, p. 183). — *Rien n'eût troublé ma veille si* INTENSÉMENT *attentive aux bruits du dehors* (H. BOSCO, *Malicroix*, p. 245). — *Elle tenait, sur lui, ses yeux fixés* INTENSÉMENT (LA VARENDE, *Le Roi d'Écosse*, pp. 214-215). — *Ils se regardaient* INTENSÉMENT (G. DUHAMEL, *L'Archange de l'aventure*, p. 207).

Littré a formé *posthumement : Des lettres et des papiers publiés* POSTHUMEMENT *(Supplém.).* — On trouve aussi *posthumément : Les Qiptchaq devaient laisser* POSTHUMÉMENT *leur nom à la Russie mongole* (R. GROUSSET, *L'Empire des Steppes*, p. 339).

Hist. — A l'époque classique, un nombre considérable d'adverbes ont possédé à la fois une forme en *-ément* et une autre en *-ement*. Ce sont les caprices de l'usage qui ont fait prévaloir, soit l'une, soit l'autre de ces formes.

3. *Gentil* donne *gentiment* (pour *gentilment*) ; *impuni* donne *impun*ÉMENT (pour *impuniment*). Ces formes sont dues probablement à l'analogie.

A *traître* répond *traîtreusement*, formé sur *traîtreuse*, féminin de l'ancien adjectif *traîtreux*.

Remarque. — Certains adverbes proviennent d'adjectifs tombés en désuétude ; tels sont : *brièvement, grièvement, journellement, prodigalement*, dérivés des anciens adjectifs *brief, -ève ; grief, -ève ; journel, -elle ; prodigal, -e*.

4. Aux adjectifs en *-ant* et *-ent* correspondent des adverbes terminés respectivement en *-amment* et en *-emment : Puissant, puiss*AMMENT. *Prudent, prud*EMMENT.

EXCEPTIONS : *Lent, lentement ; présent, présentement ; véhément, véhémentement*.

Remarque. — Il faut citer à part *not*AMMENT, *précipit*AMMENT, qui viennent des participes présents *notant, précipitant*, pris adjectivement ; *nuit*AMMENT, altération de l'ancien adverbe *nuitantre* (bas lat. *noctanter*) devenu *nuitante*, puis *nuitamment*, d'après les adverbes en *-amment ; sci*EMMENT, autrefois *escientre* (forme savante *scientre*, du lat. *scienter*).

5. Quelques adverbes en *-ment* sont tirés de noms pris adjectivement,

---

1. Fin du XIXᵉ siècle. — Le mot est dans Robert et dans le Grand Larousse encyclopédique. — André Thérive (*Querelles de lang.*, t. I, pp. 30-32) aurait voulu faire prévaloir *intensement ;* mais c'est *intensément* que l'usage a imposé.

d'adjectifs indéfinis ou d'adverbes : *Bêtement* (familier), *diablement* (id), *diantrement* (id.), *sacrilègement* (rare), *chattement* (id.), *vachement* (très famil. ou popul.), *fichtrement* (id.), *mêmement* (vieilli), *quellement* (dans l'expression familière *tellement quellement* = d'une manière telle quelle), *tellement, comment, quasiment* (famil. et vieilli), etc.

Hist. — Au point de vue de leur formation, les adverbes en *-ment* présentaient, dans l'ancien français, deux grands groupes et se rangeaient dans l'un ou dans l'autre selon que l'adjectif correspondant avait, pour les deux genres, deux formes distinctes ou bien une forme unique (voir § 350, *Hist.*). A *pur, pure* répondait *purement*, dans lequel se retrouvait naturellement l'*e* du féminin *(pura mente)*. A *fort, mortel* (même forme aux deux genres) répondaient *for(t)ment, mortelment*, sans *e* féminin devant le suffixe. — Lorsque les adjectifs à forme unique eurent pris au féminin un *e* analogique, les adverbes correspondants suivirent (dès le XIIIe siècle) une évolution parallèle : à côté de *for(t)ment, mortelment* apparurent *fortE-ment, mortellEment*. Les anciennes formes n'ont disparu que peu avant l'époque classique.

Les adjectifs en *-ant* et *-ent*, qui avaient pour la plupart une forme unique, ont donné d'abord des adverbes sans *e* féminin, par ex. *vaillant, vaillantment ; prudent, prudentment*. Le *t* précédant *-ment* cessa de se prononcer et, par assimilation de *n* à *m*, on aboutit à *vaillamment, prudemment*, etc. — Au XVe et au XVIe siècle, ces adverbes subirent, eux aussi, l'influence du féminin analogique et l'on eut *vaillanTEment, prudenTEment*, etc. Ces formes, proscrites par les grammairiens, ne s'employaient plus au XVIIe siècle.

Pour les adjectifs *dolent* (lat. pop. *dolentus*), *opulent* (lat. *opulentus*), *violent (violentus), turbulent (turbulentus), succulent (succulentus)*, quoiqu'ils eussent en ancien français une forme particulière pour chaque genre, ils ont donné, par analogie avec les adjectifs à forme unique : *dol*EMMENT, *opul*EMMENT, *viol*EMMENT, *turbul*EMMENT, *succul*EMMENT. Cette analogie n'a pas eu d'influence sur *lentement* (adjectif latin *lentus, -a*).

Quant à *présent*EMENT, *véhément*EMENT, quoique correspondant à des adjectifs à forme unique (lat. *praesens, vehemens*), ils se sont formés, dès l'ancien français, comme les adverbes tirés d'adjectifs à deux formes.

827*bis*. L's adverbial. — Plusieurs adverbes ont un *s* final qui s'explique par l'étymologie : *plus* (lat. *plus), moins* (lat. *minus), pis* (lat. *pejus), certes* (lat. pop. *certas*, pour *certo*), etc. La langue du moyen âge — probablement par analogie — a ajouté cet *s*, dit *s adverbial*, à un nombre considérable de particules (adverbes, conjonctions, prépositions) qui, étymologiquement, n'y avaient pas droit : *avecques, doncques, encores, guères, jusques, mêmes*, etc. L's adverbial se rencontrait encore, mais rarement, chez les auteurs du siècle classique : *J'en eus* PRESQUES *envie* (CORN., *Méd.*, II, 4). — *Que si* MÊMES *un jour le lecteur gracieux* (BOIL., *Ép.*, 10). — *Quand je lus les Guêpes d'Aristophane, je ne songeais* GUÈRES *que j'en dusse faire les Plaideurs* (RAC., *Plaid.*, Au lecteur). — La langue moderne a gardé les formes *jadis (jamdiu +* s)[1]*, tandis (tamdiu + s), sans (sine + s), volontiers (voluntarie + s)*.

Naguère, guère et *jusque* peuvent s'écrire avec l's adverbial en poésie pour les

---

1. Ou peut-être contraction de *ja a dis (jam habet dies)* : il y a déjà des jours.

besoins de la rime ou de la mesure : *Tout le pays d'ici* JUSQUES *à Montpellier* (HUGO, *Lég.*, t. I, p. 289). — *Lorsque l'envie (...) Fait, pour les vils besoins de ses luttes vulgaires, D'une bouche d'ami qui souriait* NAGUÈRES *Une bouche qui mord !* (ID., *Voix int.*, XXIX.)

Même en prose, pour le rythme ou pour l'euphonie, on écrit parfois *jusques*, avec *s* final, devant un mot commençant par une voyelle, et l'on fait la liaison : JUSQUES *à quand dureront les cierges perpétuels devant la Vierge de Lourdes ?* (M. BARRÈS, *Les Amitiés françaises*, p. 208.) — JUSQUES *et surtout dans la vie réelle* (H. BREMOND, *Pour le Romantisme*, p. 9). — *Tout le monde m'abandonne...* JUSQUES *à mes enfants !* (O. MIRBEAU, *Vieux Ménages*, 2.) — *Durant tout le Moyen Âge et* JUSQUES *au milieu du XVIIIe siècle* (A. SUARÈS, *Vues sur l'Europe*, p. 131). — *Cette nouvelle n'était pas encore venue* JUSQUES *à nous* (AC.). — *Depuis tel article du Code* JUSQUES *et y compris tel autre* (ID., s. v. *comprendre*).

§ 3. — DEGRÉS DE SIGNIFICATION

828. *a)* Certains adverbes admettent, comme les adjectifs, les degrés de signification. Ce sont : 1° *loin, longtemps, près, souvent, tôt, tard ;* 2° les adjectifs neutres employés adverbialement et modifiant un verbe (*bas, bon, cher,* etc. : voir § 378) ; 3° certaines locutions adverbiales ; 4° la plupart des adverbes en *-ment ;* 5° *beaucoup, bien, mal, peu.*

Ainsi on a :

[1° = positif ; 2° = comparatif ; 3° = superlatif].

1° *Loin ; — 2° aussi loin, plus loin, moins loin ; — 3° très loin (fort loin, bien loin,* etc.) *— le plus loin, le moins loin.*

1° *Doucement ; — 2° aussi doucement, plus doucement, moins doucement ; — 3° très doucement (fort doucement, bien doucement,* etc.) *— le plus doucement, le moins doucement.*

1° voir *clair ; — 2° voir aussi clair, plus clair, moins clair ; — 3° voir très clair (fort clair, bien clair,* etc.) *— le plus clair, le moins clair.*

b) Les adverbes *beaucoup, bien, mal, peu* présentent, dans leurs degrés de signification, les formes suivantes :

1° *Beaucoup ; — 2° plus (davantage :* § 846) ; *— 3° le plus.*

1° *Bien ; — 2° aussi bien, mieux, moins bien ; — 3° très bien (fort bien, tout à fait bien,* etc.) *— le mieux.*

1° *Mal ; — 2° aussi mal, pis ou plus mal, moins mal ; — 3° très mal (fort mal, bien mal,* etc.) *— le pis, le plus mal.*

1° *Peu ; — 2° aussi peu, moins ; — 3° très peu (fort peu, bien peu,* etc.) *— le moins.*

N. B. — 1. Pour l'emploi de *pis* ou de *plus mal,* de *le pis* ou de *le plus mal,* voir les observations faites à propos de *pire* et de *plus mauvais* (§ 364, *c*).

2. *a)* Avec les adverbes qui admettent les degrés de signification (sauf *beaucoup, bien, peu)*, on peut marquer le haut degré au moyen de *des plus : Il a vécu* DES PLUS *longtemps. Il ne voit pas* DES PLUS *clair. Il m'a traité* DES PLUS *rudement.* — *Si je pensais à ce que vous dictez, j'écrirais* DES PLUS *mal* (P. VALÉRY, « *Mon Faust* », p. 27). — Avec *bien*, le haut degré ne peut s'exprimer au moyen de *des plus ;* on dit : *des mieux* [expression que Vaugelas (*Rem.*, p. 123) déclarait « très basse »] ou : *au mieux : Il cause* DES MIEUX (SÉV., t. II, p. 116). — *Voilà qui va* DES MIEUX (MOL., *F. sav.*, II, 2). — *Quand je saurois encore jaser* DES MIEUX (RAC., t. VI, p. 440). — *Voilà qui est* DES MIEUX (M. MAETERLINCK, *L'Oiseau bleu*, I). — *Voilà qui va* DES MIEUX (R. KEMP, dans les *Nouv. litt.*, 2 juill. 1953). — *Faire quelque chose* AU MIEUX (AC.). — *La séparation s'était passée* AU MIEUX (M. BEDEL, *Le Mariage des couleurs*, p. 191). — *Toutes ces canailles s'en tirent* AU MIEUX (É. HENRIOT, dans le *Monde*, 24 juill. 1957).

b) Avec les mêmes adverbes (sauf *beaucoup, peu)*, on peut marquer le bas degré au moyen de *des moins : Il reviendra* DES MOINS *souvent ici. Il chante* DES MOINS *juste. Il parle* DES MOINS *bien*, DES MOINS *correctement. Il n'écrit pas* DES MOINS *mal.*

c) A remarquer : *au plus juste, au plus loin de, au plus loin que, du plus loin que* (§ 1018, *a*, Rem. 1), *au plus mal, au moins mal que, au plus près, au plus tôt, au plus vite : Je n'exagère rien et pèse mes mots* AU PLUS JUSTE (G. DUHAMEL, *Cécile parmi nous*, p. 61). — *On a déjà mesuré, évalué ses joies* AU PLUS JUSTE (G. BERNANOS, *Dialogue d'ombres*, p. 172). — *Naviguez* AU PLUS LOIN DE *ce dangereux compagnon* (MICHELET, *La Mer*, III, III). — AU PLUS LOIN QU'*elle retrouvât Étienne* (A. THÉRIVE, *La Revanche*, II). — *Il s'entendait* AU PLUS MAL *avec son chef de brigade* (A. MAUROIS, dans les *Annales*, déc. 1952, p. 8). — *Être* AU PLUS MAL (LITTRÉ, s. v. *mal*, 19°). — *Pour modérer leur folie* AU MOINS MAL *qu'il se pourrait* (PASC., *Pens.*, 331). — *Tenant sa bouche* AU PLUS PRÈS DE *l'oreille de l'abbé Chevance* (G. BERNANOS, *L'Imposture*, p. 311). — *Pour rester* AU PLUS PRÈS DE *la petite Dolorès* (É. HENRIOT, dans le *Monde*, 17 juin 1959). — *Partez* AU PLUS TÔT (AC., s. v. *plus*). — *Je me croyais comme obligé de marcher* AU PLUS VITE *vers le but que je m'étais proposé* (B. CONSTANT, *Adolphe*, II).

d) Autrement peut servir, dans les mêmes cas que *plus*, à former, en le colorant d'une nuance affective, le comparatif de supériorité de l'adverbe (cf. § 363, Rem. 2): *Pierre ira* AUTREMENT LOIN *que son frère ; il voit* AUTREMENT CLAIR *que lui.*

Selon un usage assez récent, *autrement* sert parfois, au sens de *beaucoup* ou de *bien*, à renforcer le comparatif de supériorité de l'adverbe (cf. § 365) : *Pierre ira* AUTREMENT PLUS LOIN *que son frère ; il voit* AUTREMENT PLUS CLAIR *que lui.* — Emploi analogue : *Je vois que vous aimez beaucoup cette bête et que vous saurez la soigner*, AUTREMENT MIEUX *que ma mère* (Fr. de MIOMANDRE, *Mon Caméléon*, p. 21).

3. *Moindrement* ne s'emploie plus qu'au superlatif *le moindrement*, dans des phrases négatives, au sens de « le moins du monde » : *Il n'est pas* LE MOINDREMENT *étonné* (AC.). — *L'on s'y trouvait incorporé* [dans la Waffen SS] *sans l'avoir* LE MOINDREMENT *cherché* (S. GROUSSARD, dans le *Figaro litt.*, 7 nov. 1953). — *Je sentis qu'en insistant* LE MOINDREMENT, *j'allais passer pour maréchaliste* (M. AYMÉ, *Le Confort intellectuel*, p. 87).

4. *Plus* se met parfois avec *bien* quand il y a un mot intermédiaire : *Plus il y a de malheurs particuliers, et* PLUS *tout est* BIEN (VOLT., *Cand.*, IV) [dans cet exemple, *plus* ne tombe pas sur le seul terme *bien*, mais sur la proposition tout entière : cf. § 364, *a : plus* avec *bon*].

§ 4. — PLACE DE L'ADVERBE

N. B. — La place de l'adverbe est assez variable : souvent ce sont des raisons de style — équilibre, rythme, harmonie, mise en relief — qui assignent à ce mot sa place dans la phrase.

A. — Avec un verbe.

829. *a)* Si le verbe est à un temps simple, l'adverbe qui le modifie se place généralement après lui : *Tout établissement vient* TARD *et dure* PEU (LA F., *F.*, XI, 8). — *L'oiseau qui a perdu ses petits chante* ENCORE (CHATEAUBR., *Génie*, I, 5, 5). — *Un navire y passait* MAJESTUEUSEMENT (VIGNY, *La Bout. à la mer*). — *Un poussah dont on rit* PRESQUE (Th. GAUTIER, *Émaux et Cam.*, Vieux de la vieille). — *Réfléchis* LONGTEMPS *avant de te faire applaudir par tes ennemis* (HUGO, *Pierres*, p. 191).

Presque se met, soit avant, soit après l'infinitif : *Avouer qu'on n'aime pas son mari, c'est* PRESQUE *avouer qu'on en aime un autre* (MARMONTEL, dans Littré). — *J'entends Granier pleurer* PRESQUE (J. RENARD, *Journal*, 15 mars 1897). — *Je ne comprenais pas moi-même comment j'avais pu la maltraiter* [mon âme], *la faire souffrir, la tuer* PRESQUE (M. PROUST, *Les Plaisirs et les Jours*, pp. 154-155).

Mieux se met devant *aimer* dans *si mieux n'aimez* (= à moins que vous ne jugiez préférable), locution qui appartient surtout à la langue juridique : *Si* MIEUX *n'aime la mère en créer une rente* (LA F., *F.*, II, 20). — *Le propriétaire en sera cru sur son serment, si* MIEUX *n'aime le locataire demander l'estimation par experts* (*Code civ.*, art. 1716). — *Écrivez-moi, si* MIEUX *n'aimez venir* (LITTRÉ, s. v. *mieux*, 6°).

b) Si le verbe est à un temps composé, l'adverbe se place souvent entre l'auxiliaire et le participe : *Que j'ai* TOUJOURS *haï les pensers du vulgaire !* (LA F., *F.*, VIII, 26.) — *Vous aurez* LONGTEMPS *suivi la Loire paisible avec enchantement* (VIGNY, *Cinq-Mars*, I). — *Il avait* D'ABORD *pensé qu'il valait mieux ne pas tout dire à Aricie* (É. HENRIOT, *Aricie Brun*, II, 7). — *J'ai* PRESQUE *atteint le but.*

Mais l'adverbe se place aussi après le participe : *De l'honneur ottoman ses successeurs jaloux Ont daigné* RAREMENT *prendre le nom d'époux* (RAC., *Bajaz.*, II, 1). — *J'ai trouvé* FACILEMENT *l'époque historique de l'alliance des deux religions* (CHAT., *Mart.*, Préf.). — *Ils ont perché* AINSI *leurs vieilles maisonnettes à coupoles* (P. LOTI, *La Galilée*, p. 37). — *Je me suis plu* ASSEZ *durant la première partie* (Fr. MAURIAC, dans le *Figaro litt.*, 8 juin 1963). — *On en aurait ri* PRESQUE.

C'est même la place habituelle de l'adverbe de lieu : *Aimez-vous la muscade ? On en a mis* PARTOUT (BOIL., *Sat.*, 3).

Remarques. — 1. L'adverbe *ne* précède toujours le verbe ; il en est de même des adverbes pronominaux *en* et *y*, sauf à l'impératif affirmatif : *Ca-lypso* NE *pouvait se consoler du départ d'Ulysse* (FÉN., *Tél.*, t. I, p. 3). — *De ce lieu-ci je sortirai. Après quoi je t'*EN *tirerai* (LA F., *F.*, III, 5). — *Quittez les bois, (...) Vos pareils* Y *sont misérables* (ID., *ib.*, I, 5). — (Mais : *Tire-m'*EN ; *vas-*Y.)

2. Souvent, pour la mise en relief, l'adverbe et surtout l'adverbe de lieu ou de temps se place en tête de la phrase : EN VAIN, *dans nos champs cultivés, l'imagination cherche à s'étendre* (CHAT., *Génie*, I, 5, 12). — JAMAIS *je ne m'ennuie* (MOL., *Éc. des f.*, II, 5). — SOUVENT *ils venaient se chercher à leur comptoir* (FLAUB., *Bouv. et Péc.*, p. 11). — PARTOUT *on sentait l'ordre rétabli* (ID., *Sal.*, p. 462).

3. En général, les adverbes interrogatifs ou exclamatifs se placent en tête de la proposition : COMMENT *en un plomb vil l'or pur s'est-il changé ?* (RAC., *Ath.*, III, 7.) — COMME *il fait noir dans la vallée !* (MUSS., *N. de Mai*.)

4. L'adverbe modifiant un infinitif se place tantôt avant lui, tantôt après lui ; en général, c'est l'euphonie et le rythme qui décident : *C'est là que je voudrais* LENTEMENT *me promener et penser à toi vers la fin du jour* (M. BARRÈS, *L'Ennemi des lois*, p. 77). — *Je crois entendre marcher* PRÉCIPITAMMENT *derrière moi* (CHAT., *Mart.*, V).

5. Chez les militaires et les gens d'administration, il est assez d'usage de distinguer *bien vouloir* de *vouloir bien* construits avec un infinitif : selon eux, cette dernière formule, plus impérative, convient dans les relations de supérieur à inférieur, et *bien vouloir* est de mise dans les relations d'inférieur à supérieur[1]. Pour R. Catherine (*Le Style administratif*, p. 28), « l'adverbe *bien* placé après le verbe ne peut que renforcer l'action formulée par ce dernier en appuyant, phonétiquement, sur la volonté exprimée ». Dauzat (*Le Guide du bon usage*, p. 197) reconnaît que *vouloir bien* est plus impératif et qu'on peut voir entre les deux expressions une légère nuance, « parce que *bien vouloir* se rapproche de *bienveillance* », et que « dans *bien vouloir* l'accent tonique est sur le verbe ; l'adverbe est atone, effacé, tandis que dans *vouloir bien* il porte l'accent de phrase, qui le met en relief... ». Cependant Dauzat estime que l'opposition entre les deux formules est factice ; il fait observer qu'elle n'est d'ailleurs pas admise unanimement dans l'armée française « où les *Notes sur la correspondance militaire de l'École de l'infanterie et des chars de combat* (éd. 1933) s'opposent aux instructions de l'École spéciale militaire (éd. 1936) ». — Dans la pratique, on peut négliger la distinction entre *vouloir bien* et *bien vouloir* (cette dernière expression est, semble-t-il, plus récente que l'autre) :

a) Vouloir bien : *La bonté que vous avez eue de* VOULOIR BIEN *permettre qu'on me*

---

1. Cf. : « Une distinction très forte s'établit entre *bien vouloir*, qui fait appel à la bienveillance d'un supérieur, et *vouloir bien*, qui est l'expression vers le subordonné d'un désir que celui-ci devra considérer comme un ordre qu'on lui sera « très reconnaissant » d'exécuter » (Général PAMART, dans *Vie et Langage*, juin 1960, p. 308).

montrât la lettre que vous avez écrite à M. Perrault (BOIL., *À Ant. Arnaud,* juin 1694). —
Je vous supplie instamment de VOULOIR BIEN *m'instruire si j'ai parlé de la religion
comme je dois* (VOLT., *Au P. Porée,* 1728). — *Tu le prieras de* VOULOIR BIEN *nous
chercher une cuisinière* (MARIVAUX, *Le Paysan parvenu,* p. 82). — *Je vous prie de*
VOULOIR BIEN *faire mes compliments aux maîtres de la maison* (MONTESQ., *À Mme du
Deffand,* 12 sept. 1751). — *Je vous prie, Monsieur l'Intendant général, de* VOULOIR
BIEN *me donner vos ordres à ce sujet* (STENDHAL, *Corr.,* t. II, p. 338). — *Je vous prie de*
VOULOIR BIEN *vous considérer comme parfaitement libre dans cette maison* (MUSSET,
Barberine, III, 5). — *Le duc de Réveillon (...) lui avait demandé de* VOULOIR BIEN
faire pour lui deux ou trois commissions (M. PROUST, *Jean Santeuil,* t. II, p. 149). —
Elle la priait de VOULOIR BIEN *veiller sur son frère* (R. ROLLAND, *Jean-Chr.,* t. VI,
p. 210). — *Je ne vous demande donc que de* VOULOIR BIEN *me lire* (A. THÉRIVE, *La
Revanche,* II).

b) Bien vouloir : *Je vous prie de* BIEN VOULOIR *sortir* (Fr. MAURIAC, *Asmodée,* V, 2).
— *Je prie mes nombreux correspondants de* BIEN VOULOIR *prendre patience* (Ch. BRU-
NEAU, dans le *Figaro litt.,* 22 sept. 1951). — *Elle me demandait de* BIEN VOULOIR
m'arrêter (Germ. BEAUMONT, *L'Enfant du lendemain,* p. 254). — *J'ai fait la guerre de
1914 — je vous prie de* BIEN VOULOIR *m'en excuser* (G. BERNANOS, *La Liberté, pour
quoi faire ?* p. 55). — *Je vais vous demander de* BIEN VOULOIR *considérer ma visite
comme terminée* (G. DUHAMEL, *Les Compagnons de l'Apocalypse,* p. 29). — *Je vous
prie de* BIEN VOULOIR *cesser les leçons que vous donniez à mon fils* (P. GUTH, *Le Naïf
aux 40 enfants,* p. 179).

B. — Avec un adjectif, un adverbe ou un participe.

830. *a)* L'adverbe se place, en général, avant l'adjectif ou l'adverbe
qu'il modifie : *Pour nous l'exemple est* DANGEREUSEMENT *irrésistible*
(P. LOTI, *La Galilée,* p. 17). — *Des enceintes de grandes pierres antiques
sont restées debout,* ENCORE *imposantes et* PRESQUE *indestructibles* (ID.,
ib., p. 23). — *Et chacun croit* FORT *aisément Ce qu'il craint et ce qu'il
désire* (LA F., *F.,* XI, 6).

b) L'adverbe modifiant un participe se place tantôt avant lui,
tantôt après lui : en général, c'est l'harmonie et le rythme de la phrase
qui lui assignent sa place : *Le cœur d'une grande reine,* AUTREFOIS *élevé
par une aussi longue suite de prospérité, et puis plongé* TOUT À COUP
dans un abîme d'amertume, parlera assez haut (BOSS., *R. d'Angl.*). —
Sion, jusques au ciel élevée AUTREFOIS, *Jusqu'aux enfers* MAINTENANT
abaissée (RAC., *Esth.,* I, 2). — [*Alexandre*] *tourmenté* MAINTENANT *dans
les enfers* (BOSS., *La Vallière*).

Il y a des écrivains contemporains qui aiment à insérer certains adverbes entre
l'article ou un déterminatif d'une part, et d'autre part, l'adjectif suivi d'un nom :
La lumière d'un TOUJOURS *chaud soleil* (P. LOTI, *La Mort de Philæ,* p. 36). — *Le*
PRESQUE *éternel vent* (ID., *ibid.,* p. 126). — *Les* TOUJOURS *mêmes poses* (ID., *ib.,* p. 201).
— *Une* PARTICULIÈREMENT *belle injure* (P. MILLE, *Barnavaux,* p., 132).

831. *a) Presque*, modifiant un complément introduit par une préposition se met, en principe, devant cette préposition : *Il est* PRESQUE *sans ressources. Arriver* PRESQUE *en même temps. Se tenir* PRESQUE *contre la muraille.*

Si le régime de la préposition contient un des termes de quantité *tout, tous, chaque, chacun, aucun, pas un, nul*, le plus souvent *presque* se place entre la préposition et le terme de quantité [1] :

Dans PRESQUE *toutes les contrées* (DIDEROT, *Sur les Femmes*). — *Moroni a des correspondants dans* PRESQUE *toutes les villes* (STENDHAL, *Corr.*, t. IX, p. 155). — *L'opposé du commandant Perrin sous* PRESQUE *tous les rapports* (MÉRIMÉE, *La Double Méprise*, III). — *Dans* PRESQUE *tous les chapitres ou couplets dont se compose le récit* (SAINTE-BEUVE, *Caus. du Lundi*, t. I, p. 76). — *C'est une faute qui se trouve dans* PRESQUE *toutes les éditions de Cicéron* (LITTRÉ, s. v. *presque*, Rem. 2). — *Il ne se serait engagé dans* PRESQUE *aucune de ses entreprises* (Fr. de MIOMANDRE, dans les *Nouv. littér.*, 12 janv. 1950). — *Le ressort de* PRESQUE *tous les drames* (É. HENRIOT, dans les *Annales*, déc. 1950, p. 45).— *À* PRESQUE *chacune de ses pages* (ID., dans le *Monde*, 2 juill. 1951). — *Observation qui vaut pour* PRESQUE *tous les écrivains actuels* (CRITICUS, *Quatre Études de « Style au microscope »*, p. 35.) — *Comme dans* PRESQUE *toutes ses comédies* (Fr. MAURIAC, *Trois Grands Hommes devant Dieu*, p. 14). — *Dans* PRESQUE *tous les domaines* (A. ROUSSEAUX, dans le *Figaro litt.*, 7 avr. 1951). — *Sans* PRESQUE *aucun moment de fatigue ou d'ennui* (A. GIDE, *Journal 1942-1949*, p. 113). — *À* PRESQUE *toutes* [des autos], *il manquait une roue* (R. MERLE, *Week-end à Zuydcoote*, p. 26). — *Dans* PRESQUE *chaque maison de la ville* (J. GIONO, *Le Moulin de Pologne*, p. 125). — *Un nom commun* [robot] *accepté désormais par* PRESQUE *toutes les langues du monde* (G. DUHAMEL, *Manuel du protestataire*, p. 122).

Exemples de *presque* placé avant la préposition : PRESQUE *pour toutes les femmes* (DIDEROT, *Sur les Femmes*). — *Cette cérémonie, qui se renouvelait* PRESQUE *à chaque soirée* (R. ROLLAND, *Jean-Christophe*, t. VI, p. 38). — *Devant cet homme (...) qui souriait d'un air entendu* PRESQUE *à chaque phrase* (J. GREEN, *Moïra*, p. 87). — PRESQUE *en tous les sens* (Ch. PÉGUY, *Notre Jeunesse*, p. 135).

b) La locution adverbiale *non seulement* et les mots corrélatifs *mais, mais encore, mais aussi, mais même* se placent de façon symétrique relativement aux termes que ces expressions servent à mettre en opposition [2] : NON SEULEMENT *on l'estime*, MAIS ENCORE *on l'aime*. — *La mémoire de ces grands hommes était récente*, NON SEULEMENT *dans tout le pays*, MAIS ENCORE *dans tout l'Orient* (BOSS., *Hist.*, II, 3).

§ 5. — CLASSIFICATION DES ADVERBES

832. On peut distinguer, selon le sens, sept espèces d'adverbes : 1° les

---

1. Vaugelas (*Rem.*, p. 324) condamnait l'*avis de presque tous les casuistes :* il ne voulait pas qu'il y eût rien d'étranger entre *de* et le nom.

2. Des auteurs s'écartent parfois de cette règle : *Il lui avait donné* NON SEULEMENT *toutes ses économies*, MAIS *il s'était endetté gravement* (MAUPASSANT, *Bel-Ami*, p. 124). — *L'attente est* NON SEULEMENT *bénévole*, MAIS *elle est déjà récompensée* (COLETTE, dans le *Petit Parisien*, 29 mai 1941).

adverbes de *manière ;* 2° les adverbes de *quantité* ou d'*intensité ;* 3° les adverbes de *temps ;* 4° les adverbes de *lieu ;* 5° les adverbes d'*affirmation ;* 6° les adverbes de *négation ;* 7° les adverbes de *doute.*

Remarques. — 1. Les adverbes d'affirmation, de négation, de doute, sont parfois rangés sous une rubrique commune, celle des adverbes d'*opinion.* D'autre part, certains grammairiens placent dans une catégorie spéciale les adverbes qui marquent la *comparaison.*

Aussi, de plus, également, y compris peuvent être rangés dans une catégorie particulière, marquant l'*addition,* l'*inclusion.*

N. B. — C'est depuis le XIXᵉ siècle que *également* a pris, par extension, le sens de « aussi » : *Vous avez vu ce film, je l'ai vu* ÉGALEMENT (ROBERT). — *C'est des Latins* ÉGALEMENT *que nous tenons notre conception du droit* (A. SIEGFRIED, *L'Âme des peuples,* p. 65). — *Cette formule était du gros reporter ; la profession de foi* ÉGALEMENT (R. DORGELÈS, *Tout est à vendre,* p. 353). — *Le but est petit ; les moyens* ÉGALEMENT (P. GAXOTTE, dans le *Figaro litt.,* 3 oct. 1959).

Phénomène analogue : *y compris,* combiné avec un complément prépositionnel, ou une subordonnée circonstancielle, ou un adverbe, ou un adjectif, a pu prendre récemment le sens adverbial de « aussi », « même » : *L'enseignement sera gratuit à tous les degrés,* Y COMPRIS *dans les facultés* (B. POIROT-DELPECH, cité par M. Cohen, dans *L'Étude de la langue franç.,* mai 1959). — *... dont il défend tous les intérêts,* Y COMPRIS *lorsqu'il approuve...* (G. BESSE, *ib.*). — *D'où une apologie de toutes les manifestations du libre arbitre,* Y COMPRIS *dans le divorce* (R. LAS VERGNAS, dans les *Nouv. litt.,* 20 févr. 1960).

2. On considère quelquefois comme formant un groupe particulier les adverbes qui servent à marquer l'interrogation : *combien ? comment ? où ? pourquoi ? quand ? que ? que ne...? —* Ces mots ne sont que des adverbes de quantité, de manière, de lieu, etc. employés dans des phrases interrogatives ; *pourquoi ? que ?* et *que ne...?* expriment la cause. — Seule la formule *est-ce que ?* s'emploie uniquement comme adverbe interrogatif.

Cette formule *est-ce que* (qui peut servir à renforcer tous les mots interrogatifs, sauf *quel,* attribut) se joint fréquemment, surtout dans le langage parlé, aux adverbes interrogatifs : *Comment* EST-CE QU'*il s'appelle ? Où* EST-CE QUE *nous allons ? — Pourquoi (...)* EST-CE QUE *je passe tout mon temps chez toi ?* (FLAUB., *Corr.,* t. II, p. 397.) —*Dis-moi aussi quand* EST-CE QU'*il faut que ces articles soient faits* (ID., *ib.,* t. II, p. 392).

3. Il n'y a pas, entre les catégories indiquées plus haut, de limites bien fixes. Plus d'un adverbe, en effet, peut, selon l'acception, appartenir tantôt à telle catégorie, tantôt à telle autre. Certains adverbes peuvent même, dans une phrase donnée, appartenir à deux catégories à la fois : *Faites* AUTREMENT (manière). — *J'en juge* AUTREMENT *que vous* (manière et comparaison). — *Venez* ICI (lieu). — *D'*ICI *à demain* (temps). — *Être* BIEN *traité* (manière). — *Ils étaient* BIEN *deux cents* (opinion). — *Il est* BIEN *malheureux* (intensité).

§ 6. — OBSERVATIONS
SUR LES DIVERSES ESPÈCES D'ADVERBES

Art. 1. — ADVERBES DE MANIÈRE

833. Appartiennent à la catégorie des adverbes de manière :

ainsi[1]	comment	exprès	impromptu	mieux	quasi
bien (Rem. 3)	debout (Rem. 4)	franco	incognito	pis	recta
comme	ensemble	gratis	mal	plutôt	vite
					volontiers

Il faut y ajouter un très grand nombre d'adverbes en *-ment*, quantité de locutions adverbiales : *à l'envi, à dessein, à tort, à loisir, à propos, cahin-caha, dare-dare, de même*, etc., les adverbes italiens employés comme termes de musique : *adagio, allegro, andante. dolce, forte, piano, smorzando*, etc., et un certain nombre d'adjectifs neutres employés adverbialement avec des verbes : *bon, bas, cher*, etc. (§ 378).

Remarques. — 1. Pour la valeur syntaxique du second élément dans *parler français, parler chrétien, parler chicane, parler raison, parler phébus, parler Vaugelas* — et dans des expressions comme *acheter français, voter français*, etc., voir § 378.

2. On a contesté si l'on pouvait dire *causer français, causer le français* (de même qu'on dit *parler français, parler le français*). Ce tour est de la langue populaire, mais il tend à pénétrer dans l'usage littéraire : *Ainsi l'on peut demeurer dans ce magnifique hôtel*, CAUSER ANGLAIS *avec Madame votre épouse* (L. VEUILLOT, *Histor. et Fant.*, p. 177). — *Un gentleman « rider » (…)* CAUSAIT ANGLAIS *avec elles* (E. de GONCOURT, *Les Frères Zemganno*, XLI). — *Je* CAUSE FRANÇAIS *à la Vierge* (P. CLAUDEL, *La Rose et le Rosaire*, p. 7).

3. *Bien*, pris adjectivement, peut être soit attribut, soit complément d'un pronom

---

1. *Par ainsi* est une ancienne locution, qui n'était déjà presque plus en usage du temps de Vaugelas (cf. *Rem.*, p. 82) : *Car* PAR AINSI *sera-il tousjours avecques toy* (*Internelle Consolacion*, I, 12). — PAR AINSI, *mon opinion est de regarder que l'aage auquel nous sommes arrivez, c'est un aage auquel peu de gens arrivent* (MONTAIGNE, I, 57 ; p. 364). — Quelques écrivains de notre temps ont cru pouvoir s'en servir encore : PAR AINSI *la victoire est le signe de la supériorité morale d'un peuple* (É. FAGUET, *Initiation philosophique*, p. 146). — *Les physionomies familiales des portraits subitement éclairés*, PAR AINSI, *en pleines figures, semblaient encore se renfrogner à ce spectacle* (VILLIERS DE L'ISLE-ADAM, *Histoires insolites*, p. 38). — *Vous vous êtes égalés* PAR AINSI *aux hommes les plus grands* (J. ROMAINS, *Les Copains*, p. 230). — *Aoustin, rejetant la bâche, attrapait un falot tout prêt allumé dessous, le manœuvrait à hauteur d'homme et éclairait* PAR AINSI *les deux bêtes* (A. de CHÂTEAUBRIANT, *La Brière*, p. 115). — *Ils entendaient*, PAR AINSI, *sauvegarder leur liberté* (G. DUHAMEL, *Biogr. de mes fantômes*, p. 219). — *Je mettais des semelles d'amiante dans mes souliers, qui* PAR AINSI *devenaient trop étroits* (COLETTE, *L'Étoile Vesper*, p. 230).

neutre, dans des phrases où il est dit de l'état de santé, de l'aspect physique ou moral, de l'état de fortune, des relations entre les personnes, d'un certain état de choses : *Le malade est* BIEN, *est fort* BIEN *maintenant* (Ac.). — *Il a deux filles qui sont fort* BIEN (ID.). — *Il est* BIEN *de garder une certaine dignité* (ID.). — *Je ne vois ici rien de* BIEN. — *Montrez-moi quelque chose de* BIEN. — *Il est* BIEN *dans ses affaires*, ou simplement : *il est* BIEN [= il a de la fortune] (LITTRÉ). — *Il est* BIEN *auprès de ses chefs* (Ac.). — *Être* BIEN *avec soi-même*. — *Nous voilà* BIEN.

4. *Debout* peut s'employer comme adjectif invariable (épithète ou attribut) : *Se mettre dans la position* DEBOUT. *Trente places assises et dix places* DEBOUT. — *Le bois* DEBOUT *porte de très lourds fardeaux* (Ac.). — *Ces temples sont encore* DEBOUT, *après tant de siècles* (ID.). — *Ne laissez pas ces gens* DEBOUT.

5. *Pareil*, au sens adverbial de « de même », « pareillement », appartient à la langue populaire ou très familière : *Nous nous entendions bien, nous pensions* PAREIL (P. VIALAR, *M. Dupont est mort*, p. 115). — *Emma, pour ses amis remuait Ciel et Terre, contre ses ennemis* PAREIL (M. JOUHANDEAU, *Essai sur moi-même*, p. 33). — *D'ailleurs les autres femmes c'était* PAREIL (G. MARCEL, *Un Homme de Dieu*, II, 4). — *Tu fais* PAREIL (J. GIONO, *Le Bout de la route*, I, 1). — *Elles sont là (...) à travailler* PAREIL (Marie NOËL, *Notes intimes*, p. 184).

6. *Pile* se prend adverbialement au sens de « brusquement, net, court » dans des expressions populaires ou familières comme *s'arrêter pile, tomber pile* [c'est, selon A. Thérive (dans *Carrefour*, 29 mai 1957, et dans *Procès de langage*, p. 263), le même mot *pile* que dans l'ancien « jouer à croix ou *pile* » et dans le moderne « jouer à *pile* ou face », la pièce jetée en l'air portant à l'avers une croix ou la tête d'un souverain, et au revers une *pile*, c'est-à-dire un triangle sur sa pointe] : *C'était un vieux journaliste (...) qui (...) s'arrêtait* PILE *dans le feu de la discussion* (É. HENRIOT, *Tout va recommencer sans nous*, p. 118). — *Comme un poulain devant une barrière, il s'arrêtait* PILE (J.-J. GAUTIER, *Hist. d'un fait divers*, p. 21). — *En se laissant glisser on allait tomber* PILE *dans le jeu de boule* (J. PERRET, *Bande à part*, pp. 193-194). — *Nous devons nous arrêter* PILE (A. MAUROIS, *Les Roses de septembre*, p. 22). — *Bastien s'arrêta* PILE (LA VARENDE, *Cœur pensif...*, p. 300). — *Je me suis arrêté* PILE (M. AYMÉ, *Les Tiroirs de l'inconnu*, p. 9). — *Le même pile* s'emploie aussi populairement dans des indications d'heure, au sens de « juste, exactement » : *À trois heures* PILE (ROBERT).

834. Les adverbes de manière modifient principalement des verbes ou des participes : *Regarder* FIXEMENT [1]. *Restez* DEBOUT. *Des pleurs* VITE *apaisés*. Ils

---

1. « *Fixer* qqn ou qq. ch. », au sens de « le regarder fixement », a été combattu par Voltaire *(Dictionn. philos.*, art. *Français)* ; Littré déclare que c'est « certainement une grosse faute » ; ni le Dictionnaire général, ni le Larousse du XXᵉ siècle, ni l'Académie n'ont accueilli cette locution. Elle est admise par Bescherelle, par P. Robert et par le Grand Larousse encyclopédique, et c'est à juste titre : elle a la caution des meilleurs auteurs : *Les bœufs seuls vous* FIXENT *d'un gros œil immobile* (A. DAUDET, *Contes du lundi*, La Moisson au bord de la mer). — *Oh ! cette porte, je la* FIXAIS *maintenant de mes pleins yeux* (P. LOTI, *Le Rom. d'un enf.*, II). — *Sans bouger, je* FIXE *le pleutre, en silence* (L. BLOY, *Le Mendiant ingrat*, t. I, p. 39). — *Ses yeux dilatés* FIXÈRENT *au plafond l'auréole vacillante* (Fr. MAURIAC, *Genitrix*, I). — *Elle* FIXAIT *la lumière des flambeaux* (R. ROLLAND, *Jean-Chr.*, t. IX, p. 180). — *Il* FIXA *longue-*

s'emploient parfois aussi — notamment ceux qui ont la valeur d'adverbes de quantité — avec des adjectifs : *Vous êtes* BIEN *bon*. — *Et nous aurions le ciel à nos vœux* MAL *propice* (CORN., *Hor.*, V, 3). — *Un homme* EXCESSIVEMENT *indulgent,* TRISTEMENT *célèbre.*

Emploi de certains adverbes de manière.

835. *Comme,* adverbe, peut être :

a) Adverbe conjonctif de manière ou de quantité dans l'interrogation indirecte (voir ci-après : *Hist.*, 2) :

Vous savez COMME *il s'est conduit envers moi* (AC.). — *Voici* COMME *l'affaire se passa* (ID.). — [Ils] *Nous ont assez appris* COMME *on peut la dompter* (VOLT., *Tancr.*, I, 1). — *Il ignorait* COMME *était fait le haut de sa cellule* (CHAT., *Vie de Rancé*, III). — *Vous savez* COMME *il sait tout* (HUGO, *Les Misér.*, I, 1, 9). — *Voilà* COMME *parlent les gens de cœur* (A. DUMAS f., *Le Fils naturel*, IV, 4). — *Vous voyez* COMME *il faut qu'on gouverne* (A. GIDE, *Saül*, I, 7). — *Je ne sais plus* COMME *il me soigna* (G. DUHAMEL, *La Pesée des âmes*, p. 187).

Remarquez l'emploi de *comme* non appuyé sur une proposition subséquente : *Je t'attraperai bien, dit-il, et voici* COMME (LA F., *F.*, VIII, 10). — *Une ancienne chapelle, enclavée on ne sait* COMME *dans cet immeuble singulier* (A. THÉRIVE, *Sans âme*, p. 62). — *Vers deux heures, sans savoir* COMME, *Poulby se retrouva devant sa porte* (É. HENRIOT, *Tout va finir*, p. 128). — *J'attendais la catastrophe. Elle vint et l'on sait* COMME (G. DUHAMEL, *Cri des profondeurs*, p. 87). — Ce n'est guère que dans *voici comme* et avec *savoir* (notamment dans l'expression figée *Dieu sait comme*) que l'on trouve *comme* ainsi employé.

Remarquez aussi l'emploi de *comme* dans le sens de « en qualité de, en tant que » : *On le cite* COMME *le plus savant helléniste* (LITTRÉ). — *Je vous dis cela* COMME *votre parent et votre ami* (AC.). — COMME *ouvrage de circonstance, cette pièce a du mérite* (ID.).

b) Adverbe exclamatif de quantité : COMME *il fait noir dans la vallée !* (MUSSET, *N. de Mai.*) — COMME *elle dort, qu'il faut l'appeler si longtemps !* (HUGO, *Lég.*, t. IV, p.155.)

c) Adverbe de quantité marquant l'approximation : *Je sens* COMME *une condamnation invisible qui pèse sur ma tête* (VIGNY, *Mar. d'Ancre*, V, 11). —

---

ment un jeune homme placé en face de nous (P. VALÉRY, *Mons. Teste*, p. 38). — *Elle l'avait* FIXÉ *droit dans les yeux* (DANIEL-ROPS, *L'Ombre de la douleur*, p. 47). — *David* FIXAIT *des yeux un point au-dessus des arbres* (J. GREEN, *Moïra*, p. 68). — Même emploi chez : G. BERNANOS, *Mons. Ouine*, p. 86 ; É. HENRIOT, *Aricie Brun*, II, 7 ; Ch.-L. PHILIPPE, *Le Père Perdrix*, p. 198 ; M. PROUST, *Du côté de chez Swann*, t. I, p. 228 ; P. MORAND, *Champions du monde*, p. 252 ; J. de LACRETELLE, *L'Âme cachée*, p. 225 ; J. GIRAUDOUX, *Les Contes d'un matin*, p. 50 ; M. GENEVOIX, *Jeanne Robelin*, p. 34 ; R. MARTIN DU GARD, *Les Thibault*, VII, 3, p. 365 ; M. AYMÉ, *Le Chemin des écoliers*, p. 241 ; R. KEMP, dans les *Nouv. litt.*, 19 juill. 1956 ; A. CHAMSON, *Adeline Vénician*, p. 116 ; Marie NOËL, *Petit-jour*, p. 25 ; etc.

J'étais COMME *appelée par un mystère tout proche* (J. ROMAINS, *Quand le Navire..., p. 127*).

Hist. — 1. Dans l'interrogation directe, *comme* s'est employé jusque vers le milieu du XVIIᵉ siècle : *Albin,* COMME *est-il mort ?* (CORN., *Pol.*, III, 5.) — COMME *est-ce que chez moi s'est introduit cet homme ?* (MOL., *Éc. des f.*, II, 2.) — Vaugelas (*Rem.*, p. 334) a condamné cet emploi et préconisé le tour : COMMENT *êtes-vous venu ?*
2. Dans l'interrogation indirecte, *comme* s'est maintenu plus longtemps et se trouve même encore dans la langue actuelle : *Mais Rome ignore encor* COMME *on perd des batailles* (CORN., *Hor.*, I, 1). — *Vous ne croiriez jamais* COMME *chacun l'admire* (ID., *Cid*, IV, 1). — *Je ne sais* COMME *il est demeuré sur ma table* (MOL., *D. Garcie*, II, 6). — *Je ne sais point encor* COMME *on manque de foi* (VOLT., *Œdipe*, III, 2). — *Vous verrez* COMME *il faut qu'on gouverne* (A. GIDE, *Saül*, I, 7). — *Le Seigneur va leur apprendre* COMME *il faut leur parler* (Fr. MAURIAC, *Vie de Jésus*, nouv. éd., p. 176). — *Saint Paul tient les deux bouts et ne nous dit pas* COMME *ils s'accordent* (J. GUITTON, *L'Église et l'Évangile*, p. 221). — Mais, depuis le XVIIIᵉ siècle, *comme,* dans cet emploi, cède de plus en plus à *comment* (manière) et à *combien* (quantité).

836. Comment s'emploie :

1º Dans l'interrogation directe ou indirecte, au sens de « de quelle manière » ou parfois de « pourquoi » : COMMENT *vous portez-vous ? — Je sais* COMMENT *on pousse un homme dans la tombe* (HUGO, *Hern.*, IV, 3). — COMMENT *vous êtes-vous avisé de venir ici ?* (AC.)

2º Dans les exclamations, comme interjection : COMMENT ! *lier les mains aux gens de votre sorte !* (RAC., *Plaid.*, I, 7.)

836*bis*. Exprès signifie « avec intention formelle » : *Laissez tomber* EXPRÈS *des épis, disait-il* (HUGO, *Lég.*, t. I, p. 66). — *Il était venu chez nous* EXPRÈS *pour m'apprendre cette nouvelle* (A. DAUDET, *Jack*, t. II, p. 159).
Pour exprimer avec une force particulière l'idée d'intention formelle ou pour souligner le dessein spécial que l'on s'est proposé, on emploie *tout exprès* ou *expressément :*

Il est venu TOUT EXPRÈS *pour me voir* (AC.). — *Était-elle donc venue* TOUT EXPRÈS ? (L. BLOY, *La Femme pauvre*, p. 277.) — *Composée* EXPRESSÉMENT *pour nous (...) une crème au chocolat (...) nous était offerte* (M. PROUST, *Du côté de chez Swann*, I, p. 106). — *On y vient* [à Paris] EXPRESSÉMENT *pour s'y délivrer, pour s'y divertir* (P. VALÉRY, *Regards...*, p. 142). — *Les tas de sable des squares sont faits* EXPRESSÉMENT *pour que les enfants y montent* (MONTHERLANT, *L'Équinoxe de Septembre*, p. 259). — *Il semblait qu'on eût fait cette jeune personne* EXPRESSÉMENT *pour les rêves de Breuce* (LA VARENDE, *Le Roi d'Écosse*, p. 189).

N. B. — *Par exprès,* au sens de « avec intention formelle », est, comme Littré le fait remarquer, « une locution populaire, que le bon usage rejette et qu'on évitera, (...) c'est non une faute en soi, mais un archaïsme » : *Le disciple direct de Flaubert, Maupassant, a décrit* PAR EXPRÈS *un monde grossier et bas* (A. THÉRIVE, *Le Retour d'Amazan*, p. 334). — *Le grand écrivain arbore ici,* PAR EXPRÈS, *comme il y a tendance, une trivialité propre à scandaliser les académiques* (ID., *Querelles de lang.*, t. III, p. 143). — *L'a-t-il omis* PAR EXPRÈS ? (A. BILLY, dans le *Figaro litt.*, 8 août 1959.)

En exprès est un wallonisme [cf. liégeois : *I n' l'a nin fêt* ÈN-ÈSPRÈS (= il ne l'a pas fait *en exprès*) (J. HAUST, *Dict. liég.*)].

Pour *une lettre par exprès*, voyez la note 1 au bas de la page 284.

837. *Pis* (de l'adj. neutre lat. *pejus*, plus mauvais), comparatif archaïque de *mal*, a été supplanté par *plus mal*, et ne s'emploie plus guère que dans des locutions toutes faites, avec *être, il y a, faire, aller.*

a) Il est *adverbe* dans les locutions adverbiales [aller] *de mal en pis*, [aller] *de pis en pis, au pis aller*, et dans la locution substantive *pis aller*.

b) Il est *adjectif* quand il est dit de l'état de santé, de l'aspect physique ou moral, de l'état de fortune, des relations entre les personnes, d'un certain état de choses ; il est alors attribut ou encore complément d'un pronom neutre : *Ce jeune homme-ci est bien, mais celui-là est* PIS *que personne. — Il n'y a rien de* PIS *que cela* (AC.).

c) Il est *nominal* lorsque, employé sans article, il signifie « chose plus mauvaise, plus fâcheuse » : *La prose est* PIS *encore que les vers* (MOL., *Impr.*, 1). *— Il y a* PIS. *Dire* PIS *que pendre de qqn. Il a fait* PIS *que cela. Mettre à faire* PIS. *(Par) crainte de* PIS. *— Prisonnière, et qui* PIS *est, servante de ses propres serviteurs* (Cl. FARRÈRE, *La Bataille*, III). *— Mais j'ai fait* PIS *que l'aimer* (G. BERNANOS, *Dialogue d'ombres*, p. 120).

d) Il est *nom* quand il est précédé de l'article défini : *En mettant tout au* PIS, *il lui restera encore de quoi vivre* (AC.). *— Le* PIS *était que (...) nul n'eût pu répondre de la victoire* (L. MADELIN, *Danton*, p. 146). *— Le* PIS, *c'est qu'elle n'était pas la seule qui le traitât comme un galeux* (A. FRANCE, *Crainquebille*, p. 53).

Tant pis est une locution adverbiale qui s'oppose à *tant mieux* ; elle marque le mécontentement, le regret : *Si mon siècle se trompe, il ne m'importe guère ; Tant mieux s'il a raison, et* TANT PIS *s'il a tort* (MUSS., *La Coupe et les Lèvres*, Dédicace).

Tant pire pour *tant pis* appartient à la langue populaire (§ 364, Rem.).

838. *Mieux* est le comparatif de *bien ;* précédé de l'article défini, il forme le superlatif du même mot. Il peut être :

a) Adverbe, joint à un verbe ou à un participe : *Je connais* MIEUX *mon sang, il sait* MIEUX *son devoir* (CORN., *Hor.*, III, 6). *— Le vers* LE MIEUX *rempli* (BOIL., *Art p.*, I). *— Ceux qui étaient* LES MIEUX *versés dans sa sainte loi* (Boss., *Ambit.*, Fragm.).

Mieux se joint parfois à un adjectif ou à un nom pris adjectivement : *L'emploi des mots les* MIEUX *expressifs* (A. GIDE, *Feuillets d'automne*, p. 236). *— Il faut être (...) un homme* MIEUX *homme que les autres* (M. GENEVOIX, dans les *Nouv. litt.*, 16 oct. 1958). *—* [Voir quelques détails et d'autres exemples, § 363, Rem. 1.]

b) Adjectif attribut ou complément d'un pronom neutre, quand il est dit de l'état de santé, de l'aspect physique ou moral, de l'état de fortune, des relations entre les personnes, d'un certain état de choses : *La fièvre l'a quitté, il est* MIEUX (LITTRÉ). *— Ce jeune homme est* MIEUX *que son frère* (ID.). *— Il* *n'y a rien de* MIEUX, *rien n'est* MIEUX *que ce que vous dites* (Ac.). — *Empereur, il voulut, (...) Quelque chose de* MIEUX (HUGO, *Crép.*, II, 1).

c) *Nominal* lorsque, non précédé de l'article ni d'un déterminatif, il signifie « chose meilleure » : *Il s'attendait à* MIEUX (LA F., *F.*, VII, 4). — *Il y a* MIEUX, *on a fait* MIEUX *que cela.* — *Il était intelligent, lettré, sensible, qui* MIEUX *est* (G. DUHAMEL, *La Pesée des âmes*, p. 174).

d) *Nom* quand il est précédé de l'article ou d'un déterminatif : *Le* MIEUX *se maintient* (Ac.). — *Il y a du* MIEUX. — *Ce* MIEUX *mensonger disparaissait* (B. CONSTANT, *Adolphe*, X).

Pour les locutions adverbiales *des mieux, au mieux*, voir § 828, N. B., 2, a.

839. *Plutôt,* en un mot, est à distinguer de *plus tôt,* en deux mots :

1° *Plutôt* signifie « plus encore, de préférence » : *Le travail, aux hommes nécessaire, Fait leur félicité* PLUTÔT *que leur misère* (BOIL., *Ép.*, 11). — PLUTÔT *souffrir que mourir* (LA F., *F.*, I, 16).

2° *Plus tôt* exprime une idée de temps et signifie « de meilleure heure » ; il s'oppose à *plus tard* : *Un jour* PLUS TÔT, *un jour plus tard, Ce n'est pas grande différence* (LA F., *F.*, X, 3). — *Mais pourquoi ne me l'avoir pas dit* PLUS TÔT ? (L. BERTRAND, *Mlle de Jessincourt*, II, 1.)

Remarques. — 1. *Plutôt* peut signifier « assez, passablement » : *Il donnait (...) un ton* PLUTÔT *vulgaire à des sentiments* PLUTÔT *nobles* (M. BARRÈS, *L'Appel au Soldat,* t. II, p. 270). — *C'était un enfant d'aspect* PLUTÔT *frêle* (A. GIDE, *Si le Grain ne meurt,* I, 6). — Il se prend aussi, dans la langue moderne, comme intensif, avec le sens de « très »[1] : *Ce discours est* PLUTÔT *banal* (F. BRUNOT, *La Pens. et la L.*, p. 689).

2. Littré reprochait au Dictionnaire de l'Académie (6ᵉ éd.) d'écrire : *Il n'eut pas* PLUTÔT *dit, il n'eut pas* PLUTÔT *fait telle chose qu'il s'en repentit,* et faisait observer que du moment qu'on établit entre *plutôt* et *plus tôt* une distinction, il fallait écrire, dans les exemples ci-dessus : *Il n'eut pas* PLUS TÔT *dit, il n'eut pas* PLUS TÔT *fait...* — L'Académie a adopté l'orthographe rationnelle *ne ... pas plus tôt que*[2] : *Il n'eut pas* PLUS TÔT *dit, il n'eut pas* PLUS TÔT *fait telle chose qu'il s'en repentit* (7ᵉ éd.). — *Il n'eut pas* PLUS TÔT *aperçu son père qu'il courut à lui* (8ᵉ éd.). — L'usage reste hésitant : *... pas* PLUS TÔT *commencé de réfléchir qu'il s'aperçoit que...* (F. BRUNETIÈRE, *L'Évol. des genres,* t. I, p. 95). — *Je n'eus pas* PLUS TÔT *franchi le seuil que des éclats de voix m'arrivèrent* (P. BOURGET, *Le Sens de la Mort*, p. 85). — *Le pâtre n'avait pas* PLUS TÔT *porté cet avis à la comtesse que les cloches se mirent en branle* (A. FRANCE, *Pierre Nozière*, p. 192). — *Je ne fus pas* PLUS TÔT *seul devant lui, qu'il commença de m'interroger* (A. GIDE,

---

1. Cet emploi de *plutôt* est généralement proscrit par les puristes. L'Académie ne l'a pas accueilli dans la 8ᵉ édition de son Dictionnaire. — Brunot (*La P. et la L.*, p. 689) voit dans cet emploi un anglicisme *(rather)*. En réalité, comme Frei le fait observer (*Gramm. des fautes*, pp. 258-9), on a là un emploi expressif de *plutôt*, qui passe de la valeur d'un comparatif à celle d'un superlatif absolu. Comparez : *Je n'y fais pas* AUTREMENT *attention.* Le phénomène s'observe dans toutes les langues [cf. allem. : *aus* BESSERER *Familie :* de famille distinguée (FREI, *loc. cit.*)].

2. Toutefois, au mot *langue*, elle écrit encore (8ᵉ éd.) : *Je n'ai pas eu* PLUTÔT *lâché cette parole que je m'en suis mordu la langue.*

Thésée, p. 25). — *Édouard n'eut pas* PLUTÔT *prononcé ces paroles qu'il en sentit l'inconvenance* (ID., *Les Faux-Monnayeurs*, p. 235). — *Il n'eut pas* PLUTÔT *cédé à son inspiration qu'il comprit...* (R. MARTIN DU GARD, *Les Thibault*, I, p. 119). — *L'un n'avait pas* PLUTÔT *exprimé une idée que l'autre la faisait sienne* (A. FRANCE, *Les Sept Femmes de la Barbe-bleue*, p. 173). — *Il n'avait pas* PLUTÔT *parlé que...* (P. MILLE, *Barnavaux*, p. 180). — *Je ne lui eus pas* PLUTÔT *pris son mal qu'il m'abandonnait* (M. AYMÉ, *Les Contes du Chat perché*, p. 89).

A comparer le tour sans *plutôt* : *Il ne fut pas parti, que ma femme devint inconsolable* (MARIVAUX, *Le Paysan parvenu*, p. 382).

Hist. — *Plutôt* et *plus tôt* ne sont en réalité qu'une seule et même expression à laquelle un usage récent a attribué, selon le sens, deux orthographes différentes.

840. *Vite,* depuis la fin du XVIIe siècle, s'emploie à peu près exclusivement comme adverbe : *Parler* VITE. *N'allez pas trop* VITE.

Vite était autrefois adjectif : *Tu te vantais d'être si* VITE (LA F., *F.*, V, 17). — *Plus* VITES *que les aigles...* (Boss., *Condé*). — *Des chevaux* VITES *comme des éclairs* (SÉV., t. II, p. 17). — De nos jours encore, *vite* s'emploie comme adjectif dans le langage des sports et parfois dans la langue littéraire : *Un boxeur* VITE. — *Une jument blanche très* VITE (H. HOUSSAYE, *1815*, Waterloo, p. 263). — *Ces chevaux étaient très* VITES (A. FRANCE, *Balthasar*, p. 282). — *On eut besoin de sujets ardents* [des chevaux], VITES, *résistants* (J. de PESQUIDOUX, *Sur la Glèbe*, p. 43). — *Les chiens* VITES *courent bien à force toutes sortes d'animaux* (P. VIALAR, *La Grande Meute*, I, 7). — *L'Amérique est le pays le plus* VITE *du monde* (P. MORAND, *Papiers d'identité*, p. 291). — *Il ne faudrait pas cependant décréter que tous les Yankees sont essentiellement, congénitalement* VITES (A. ARNOUX, *Poés. du hasard*, p. 129). — *Il a le pouls fort* VITE (AC.).

Art. 2. — ADVERBES DE QUANTITÉ

841. Appartiennent à la catégorie des adverbes de quantité (ou d'intensité) :

assez	comme *il est fort !*	mais *(n'en pouvoir ~)*	peu	tant
aussi	comment	moins	plus	tellement
autant	(= à quel point)	moitié *mort*	presque	tout *fier*
autrement	davantage	par *trop*	quasi [2] (vieilli)	très
beaucoup	environ *un an*	(ne) pas autrement	que *de craintes !*	trop
bien *aise*	fort	(= guère) [1]	quelque *dix ans*	
combien	guère	pas mal	si	

1. *Le soir me prit en pleine forêt, ce qui* NE *m'eût* PAS AUTREMENT *déplu, si j'avais trouvé quelque repère* (M. ARLAND, *Les Vivants*, p. 153). — *Après ces quelques traits préliminaires, dont vous* NE *semblez* PAS AUTREMENT *affecté...* (M. PAGNOL, *Rép. au disc. de récept. de M. Achard à l'Ac. fr.*).

2. *Remarquez que c'est* QUASI *toujours au point de vue de la moralité que Scudéri se place pour juger du « Cid »* (É. FAGUET, *En lisant Corneille*, p. 56). — *Vincent de Paul (...) avait parlé à ces paysans si profondément, si éloquemment, que* QUASI *tous s'en étaient venus à la confession générale* (DANIEL-ROPS, *L'Église des temps classiques*, t. I, p. 17).

Il faut y joindre certains adverbes en -*ment* exprimant la quantité ou l'intensité : QUASIMENT (famil. et vieilli). — *Ils* [des gants] *sentent* TERRIBLEMENT *bon* (MOL., *Préc.*, 9). — *Cela est* DIABLEMENT *chaud* (Ac.). — On y ajoutera aussi certaines locutions adverbiales : *à moitié, à demi, à peine, à peu près, au moins, tant soit peu, tout à fait, à gogo, à tire-larigot*, etc.

La langue des affaires ou de la politique emploie volontiers comme adverbes de quantité des expressions de pourcentage, surtout *(à) cent pour cent* (= tout à fait, entièrement) ; cet emploi se fait parfois aussi dans la langue courante : *Beaucoup d'entre eux sont 100 % derrière ce plan* (A. MAUROIS, *Chantiers américains*, p. 120). — *Shakespeare est Anglais* CENT POUR CENT (H. POURRAT, *L'École buissonnière*, p. 90). — *Nous avons devant nous un raffiné* CENT POUR CENT (CRITICUS, *Le Style au microscope*, t. IV, p. 65). — *Et ainsi « taximètre » redevint hellénique* À CENT POUR CENT (A. THÉRIVE, *Clinique du langage*, p. 100). — *Il est sûr du succès* À CENT POUR CENT (A. FRANÇOIS-PONCET, dans le *Figaro litt.*, 15 oct. 1960).

Emploi de certains adverbes de quantité.

842. *a) Assez* [1] peut s'employer comme *adverbe*, avec des adjectifs, des verbes ou des adverbes : *Il fut* ASSEZ *hardi pour y aller* (Ac.). — *J'ai* ASSEZ *souffert ! — Je connais une femme qui marche* ASSEZ *bien, mais qui boite dès qu'on la regarde* (MONTESQ., *L. pers.*, Préface). — *Vous savez que je possède* ASSEZ *bien l'hébreu* (A. FRANCE, *Balthasar*, p. 79).

Remarques. — 1. Régulièrement *assez* précède l'adjectif ou l'adverbe qu'il modifie : *La ville ne lui parut pas* ASSEZ *grande* (LITTRÉ). — *Il est* ASSEZ *fort pour vous tenir tête* (Ac.). — *Ils ont été choisis avec une sagesse habile,* ASSEZ *âgés pour exercer l'influence* (P. de LA GORCE, *Au temps du Second Empire*, p. 211). — *Élise (...) ne lui manifestait pas sa douleur d'une façon* ASSEZ *bruyante pour que la dure écorce de cet homme fût percée* (R. BOYLESVE, *Élise*, p. 322). — *Taisez-vous : vous avez parlé* ASSEZ *longtemps*.

Cependant *assez* est parfois placé après l'adjectif ou l'adverbe : [tour ancien ; cf. : *La route ert* [était] *longue et granz* ASSEZ (HUON LE ROI, *Vair Palefroi*, 896)] : *Trou, ni fente, ni crevasse, Ne fut large* ASSEZ *pour eux* (LA F., *F.*, IV, 6). — *Quand on est riche* ASSEZ *pour se croiser les bras* (M. ZAMACOÏS, *M. Césarin*, II, 1). — *Le chien porte un grelot d'un son léger. Doux* ASSEZ *pour ne point donner trop tôt l'éveil à l'oiseau* (J. de PESQUIDOUX, *Chez nous*, t. I, p. 206). — *Mais par cela seul l'édifice sonore, s'il est joint, indivisible et ample* ASSEZ, *fera ressortir une pensée assurée, vigoureuse, affirmative* (ALAIN, *Propos*, éd. de la Pléiade, p. 655). [Il semble que ce tour soit aujourd'hui un provincialisme. A remarquer que dans les trois premiers exemples *assez* est suivi de *pour*.]

---

1. *Assez*, du lat. pop. **ad satis*, renforcement de *satis*, assez ; en ancien français, il signifiait surtout : « beaucoup » ; ce sens est resté usuel jusqu'au XVIe siècle (cf. ital. *assai*, beaucoup).

2. *Assez* peut servir à atténuer la signification du mot qu'il modifie : *Cela est* ASSEZ *bien* (AC.). — *Cela paraît* ASSEZ *vraisemblable* (ID.). — *C'est* ASSEZ *l'usage* (ID.). — Il peut aussi, au contraire, servir à renforcer l'idée : *Ce coup sera sans doute* ASSEZ *rude pour elle* (CORN., *Hor.*, IV, 3). — *Nous affectons souvent de louer avec exagération des hommes* ASSEZ *médiocres* (LA BR., XII, 60). — *Il est* ASSEZ *étrange que vous refusiez* (AC.). — *Voilà qui est* ASSEZ *plaisant. Suis-je* ASSEZ *malheureux ?*

b) Assez, suivi d'un nom introduit par *de*, a la valeur d'un *déterminatif indéfini* numéral ou quantitatif [1] : ASSEZ *de malheureux ici-bas vous implorent* (LAMART., *Méd.*, Le Lac). — ASSEZ *d'eau.*

c) Assez peut s'employer absolument comme *nominal* désignant des choses : *Je ne crois pas avoir* ASSEZ *obtenu. C'est* ASSEZ *dire.*

Remarques. — 1. Selon Nyrop (*Gr. hist.*, t. VI, p. 10), l'usage admet : *Il a de l'argent* ASSEZ. Ni Littré, ni le Dictionnaire général, ni l'Académie, ni Robert, ni le Grand Larousse encyclopédique ne mentionnent cette construction ; ils disent : *Il est tombé* ASSEZ *de pluie* (et non : *de la pluie* ASSEZ). *Il a* ASSEZ *de courage* (et non : *du courage* ASSEZ).

La construction *Il a de l'argent assez* est ancienne : *Et trova des pelerins* ASSEZ [= beaucoup de pèlerins] (VILLEHARDOUIN, § 70). — *Vous avez du cœur* ASSEZ (MALHERBE, t. II, p. 305). — *J'ai du bien* ASSEZ *pour ma fille* (MOL., *Bourg. gentilh.*, III, 11). — *Laissez-les passer : Ils ont eu du mal* ASSEZ (*Les Dragons de Noailles*, chanson du XVIIIe s.).

2. *Assez bien, assez bien de*, employés pour marquer la quantité, le nombre, sont des belgicismes [2]. Au lieu de : *Vous avez fait* ASSEZ BIEN DE *fautes ; il a* ASSEZ BIEN *neigé ; il y avait* ASSEZ BIEN DE *monde*, il faut dire : *Vous avez fait* ASSEZ DE *fautes ; il a* ASSEZ *neigé , il y avait* ASSEZ DE *monde*. — *Pourtant, un braconnier d'un rare mérite (…) y tue* ASSEZ DE *faisans* (A. FRANCE, *L'Orme du mail*, p. 305). — *C'est un homme d'affaires, dont les affaires sont*

---

1. Certains grammairiens estiment que *assez* reste alors un adverbe (cf. § 445, *N. B.* et la note).

2. Ou des « provincialismes français », selon Englebert et Thérive (*Ne dites pas… Dites…*, p. 14). On trouve chez Rabelais : « *Si avez (…) bon vin (…) j'en recepvray le present ». Ce que ilz firent volontiers, et luy envoyerent du meilleur de la ville, et beut* ASSEZ BIEN, *mais le pauvre Panurge en beut vaillamment* (*Pantagr.*, 14) : dans ce passage, *assez bien* marque, semble-t-il, non pas proprement la quantité, mais la manière, comme le donne à penser l'adverbe *vaillamment*, mis en opposition avec lui. — M. Bedel note, non sans quelque intention, la réflexion à lui faite par un Belge établi à Costermansville (Congo) : *Me montrant au loin des sommets boisés, M. de C*** me dit : Il y a assez bien de gorilles dans ces forêts-là* (*Tropiques noirs*, p. 134) — et il y revient à la page suivante, en usant de guillemets malicieux : *À l'ouest la masse forestière des monts Mitumba « où il y a assez bien de gorilles »*.

incertaines, mais qui, dans l'ensemble, gagne ASSEZ D'*argent* (E. JALOUX, *La Chute d'Icare*, p. 64).

On peut aussi se servir des expressions familières *pas mal, pas mal de* (§ 848).

843. *Aussi, si ; autant, tant.*

a) Si, aussi se joignent à des qualificatifs, à des participes-adjectifs ou à des adverbes : *Un homme* SI *sage,* SI *estimé, qui parle* SI *bien.* — *Est-il* SI *à plaindre ?* (MONTHERLANT, *Malatesta*, III, 4.) — *C'est un homme* AUSSI *sage,* AUSSI *estimé que personne, qui parle* AUSSI *bien que personne.*

Tant, autant s'emploient avec des verbes ; ils peuvent aussi comme équivalents de *déterminatifs indéfinis* numéraux ou quantitatifs, se construire avec des noms introduits par *de : Il travaille* TANT *! Il travaille* AUTANT *que personne. Il ne travaille pas* TANT *que vous.* — TANT *d'honneurs ne laissent pas d'être à charge* (MONTESQ., *L. pers.*, 30). — *Il a* AUTANT *de mérite que vous.*

Tant, autant s'emploient avec des participes passifs quand ceux-ci ont vraiment la valeur verbale : *Cette personne autrefois* TANT *célébrée par vous* (VOLT., *Dict. phil.*, Tant). — *Cette femme* TANT *aimée* (AC.). — *D'abord le « Torse »* TANT *loué par Michel-Ange* (TAINE, *Voy. en Italie*, t. I, p. 153). — *La gloire des armes,* TANT *vantée par les poètes et les rhéteurs* (A. FRANCE, *Sur la Pierre blanche*, p. 65). — *Il est* AUTANT *loué que blâmé.* — Si le participe a la valeur adjective, on emploie *si, aussi : Le malade est* SI *accablé qu'il peut à peine parler. La fête n'es pas* SI *animée,* AUSSI *animée qu'on l'avait espéré.* — *Un homme* SI *éclairé,* SI *rangé* (LITTRÉ). — *Je ne suis pas* SI *prévenu en sa faveur que je ne voie bien ses défauts* (AC.).

On constate cependant une tendance assez forte à employer *si* devant des participes passifs ayant la valeur verbale : *Après la mort de ce monarque* SI *craint,* SI *envié,* SI *respecté de tous et* SI *haï de quelques-uns...* (VOLT., *L. XIV*, 32). — *Mademoiselle de La Mole est* SI *enviée !* (STENDHAL, *Le Rouge et le Noir*, t. II, p. 184.) — *Le chef de cet état-major,* SI *laissé à lui-même et si peu conduit* (SAINTE-BEUVE, *Le Général Jomini*, p. 61). — *L'alchimie,* SI *niée et* SI *raillée depuis deux siècles* (HUGO, *Pierres*, p. 76). — *Un personnage* SI *fait pour l'exaspérer* (L. BLOY, *La Femme pauvre*, p. 143). — *Il le sait(...) d'une science* SI *entrée dans le profond de son cœur* (Ch. PÉGUY, *Souvenirs*, pp. 103-104). — *Cette femme* SI *aimée* (M. PROUST, *Les Plaisirs et les Jours*, p. 131). — *« Iphigénie en Tauride »* SI *admirée par Maurice Barrès* (P. CLAUDEL, *Figures et Paraboles*, p. 196). — *Une blessure (...) que la pluie a* SI *lavée qu'elle est maintenant à vif* (G. BERNANOS, *Nouv. Histoire de Mouchette*, p. 43). — *Plusieurs d'entre eux avaient des fils, amis d'Eugène, dont le départ était* SI *approuvé* (É. HENRIOT, *Aricie Brun*, II, 1). — *Quant aux œufs de pingouin,* SI *vantés par tout le monde...* (G. DUHAMEL, *Suzanne et les Jeunes Hommes*, p. 112). — *La gravité ardente, d'ailleurs* SI *admirée par elle, de Shelley* (A. MAUROIS, *Ariel*, I, 10). — *Parmi eux, le poète fut Louis,* SI *aimé de Jean de la Ville de Mirmont* (Fr. MAURIAC, dans le *Figaro litt.*, 14 sept. 1957). — *Des censeurs hargneux prirent à parti* [sic] *le préfet,* SI *aimé des Parisiens* (H. TORRÈS, *Accusés hors série*, p. 85).

Remarque. — *Autant* se joint parfois à un qualificatif et se place immédiatement après lui ; s'il arrive qu'il le précède, ce n'est pas, selon l'usage ordinaire d'aujourd'hui, immédiatement (voir : *Hist.*, I, à la fin du § 843) ; dans l'un et dans l'autre cas, d'ailleurs, *autant* appartient à la locution conjonctive *autant que : Il est modeste* AUTANT *qu'habile* (AC.) [cf. *Il est* AUSSI *modeste qu'habile*]. — *Un manant Charitable* AUTANT *que peu sage* (LA F., *F.*, VI, 13). — *La vie n'est jamais romanesque* AUTANT *qu'on l'imagine* (J. de LACRETELLE, *L'Âme cachée*, p. 57). — *Il est* AUTANT *que vous digne de cette faveur.*

b) Si, tant marquent l'intensité : *Je trouve cela,* SI *beau que je me sens vraiment très émue* (MAUPASS., *Notre Cœur*, II, 1). — *Je me perdais dans* TANT *d'oubli* (MUSS., *N. de Déc.*). — *Il mangea* TANT *qu'il s'en rendit malade* (AC.).

Aussi, autant marquent l'égalité et appellent comme mot corrélatif la conjonction *que : Il est admiré et devient un magnifique spectacle à d'autres hommes* AUSSI *vains et* AUTANT *trompés que lui* (BOSSUET, *Honneur*). — *Rien d'*AUSSI *grand que toi ne viendrait après toi* (HUGO, *Chât.*, Nox, VIII). — *Elle n'était pas* AUSSI *libre qu'elle le disait* (É. HENRIOT, *Les Occasions perdues*, p. 128). — *Ce diamant vaut* AUTANT *que ce rubis* (AC.). — *Il boit* AUTANT *d'eau que de vin* (ID.). — *Travaillez* AUTANT *que vous pourrez* (ID.). — *Elle était pieuse* AUTANT *que personne* (L. BERTRAND, *Mlle de Jessincourt*, II, 3).

Remarques. — 1. *Si, tant* peuvent s'employer pour *aussi, autant*, dans les phrases négatives ou interrogatives: *Mais Rodrigue ira-t-il* SI *loin que vous allez ?* (CORN., *Cid*, II, 5.) — *Rien n'est* SI *dangereux qu'un ignorant ami* (LA F., *F.*, VIII, 11). — *Je ne connais rien de* SI *fou qu'un peuple de sages* (J.-J. ROUSS., *Inég.*). — *Nulle part, Monsieur, je n'ai trouvé* SI *bon accueil qu'à Paris* (TAINE, *Thomas Graindorge*, p. 20). — *Des trésors (...) me pourraient-ils donner* TANT *de joie que votre amitié ?* (SÉV., t. II, p. 313.) — *Ils ne versèrent plus le sang avec* TANT *de férocité* (MONTESQ., *Cons.*, 17).

Si, tant ont le sens de *aussi, autant*, dans quelques expressions affirmatives : SI *peu que rien,* SI *peu que vous voudrez, tous* TANT *que nous sommes,* TANT *qu'il peut,* TANT *qu'il veut.* — *Je vous donnerai* TANT *d'argent que vous voudrez* (VOLT., *Candide*, XXVII). — *Quelle idée vous faites-vous de nos devoirs à tous,* TANT *que nous sommes ?* (VIGNY, *Chatterton*, III, 6.)

2. Après *si, aussi, tant, autant*, il arrive que le second terme de la comparaison ne soit pas exprimé : *Je n'aurais jamais cru qu'un château* AUSSI *délabré (...) fût* AUSSI *habitable* (A. FRANCE, *La Rôtisserie...*, p. 71). — *On ne saurait, sans péril, mépriser l'enseignement d'une histoire* AUSSI *féconde,* AUSSI *riche,* AUSSI *glorieuse* (G. DUHAMEL, *Défense des Lettres*, p. 43). — *Depuis que le malheur l'a frappé, il n'est plus* SI *orgueilleux.* — *S'il a fait cela, j'en puis faire* AUTANT (AC.). — *Il ne travaille plus avec* AUTANT *d'ardeur.*

3. *Si, tant* peuvent s'employer absolument, sans qu'aucun rapport soit éta-

bli avec une autre idée : *Le* SI *pénible hiver* (P. LOTI, *Le Rom. d'un Enfant,*
LXXII). — *On ne dort point, dit-il, quand on a* TANT *d'esprit* (LA F., *F.*, IX, 4).
— *Il* [le corps] *deviendra un je ne sais quoi, qui n'a point de nom dans aucune
langue ;* TANT *il est vrai que tout meurt en nos corps* (BOSS., *P. Bourgoing*) [1].

Pour *une faute*, AUSSI *grave qu'elle soit...,* et AUTANT *que nous ayons de défauts...,*
voir § 1031, Rem. 3, *N. B., a.* — Pour *il a si peur, si froid*, etc., voir § 369.

c) Aussi signifiant « pareillement » se dit dans les phrases affirmatives ; avec la négation, on dit ordinairement *non plus* [2] ; avec *ne...
que,* on met indifféremment *non plus* ou *aussi* : *Vous le voulez, et moi*
AUSSI (AC.). — *Vous ne le voulez pas, ni moi* NON PLUS (LITTRÉ, S.V.
aussi, Rem. 1). — *On ne peut pas vivre sans pain ; On ne peut pas* NON
PLUS *vivre sans la patrie* (HUGO, *Chât.,* VII, 14). — *Il lit incessamment,
je ne fais* NON PLUS *que lire ;* ou : *je ne fais* AUSSI *que lire* (LITTRÉ). —
Nous AUSSI, *nous n'avions d'abord qu'une bourgeoisie libérale* (TAINE,
Voy. en Italie, t. I, p. 82).

Dans une phrase telle que *Vous ne le voulez pas, ni moi non plus*, si l'on emploie
non plus, c'est que, dans la comparaison qui s'établit, la pensée s'arrête sur le fait
négatif « je ne le veux pas ». Mais la pensée peut aussi s'arrêter sur l'identité de situation, c'est-à-dire sur un fait positif ; dès lors, l'emploi de *aussi*, en dépit de la forme
négative de la proposition, peut se justifier [3] : *Moi* AUSSI, *je ne suis pas de son opinion !*
(FLAUBERT, *Corr.*, t. IV, p. 238.) — *Mais l'Administration n'avait pas le sou (...).
Moi* AUSSI, *je n'avais pas le sou* (E. PÉROCHON, *Le Chemin de plaine*, p. 7). — *Et
vous* AUSSI, *mon cher Augustin, (...) vous n'êtes pas heureux ?* (E. FROMENTIN, *Dominique*, X.) — *Moi* AUSSI, *je ne connais pas le bonheur* (É. ESTAUNIÉ, *Le Labyrinthe*,
p. 90). — *Elle* AUSSI *n'avait plus faim* (E. JALOUX, *Le Reste est silence*, VII). —
Moi AUSSI, *Aline, je n'ai plus rien* (Fr. MAURIAC, *Les Anges noirs*, p. 66).

---

1. Cet exemple de Bossuet montre l'emploi que l'on peut faire, dans le style élevé
de *tant* introduisant un *épiphonème,* c'est-à-dire une exclamation sentencieuse par
laquelle on termine un récit ou un raisonnement.

2. *Non plus*, dans la proposition où il se trouve, s'accompagne d'un terme négatif :
ne ... pas, ne ... jamais, ne ... rien, ne ... guère (§ 850, Rem. 2), *ni*, etc., rarement de *ne*
tout seul : *Il* NE *vient* PAS NON PLUS, *il* NE *rit* JAMAIS NON PLUS, *il* NE *fait* RIEN NON
PLUS. *Pierre* NON PLUS NE *vient* PAS. *Ici* NON PLUS *on* NE *fait* RIEN. — Voir les exemples
cités ci-dessus et aussi : § 890, Rem. 3 ; en outre : *Toute bourdaine* NON PLUS NE *fait*
PAS *la balle du vannier* (A. de CHÂTEAUBRIANT, *La Brière*, p. 115, cit. Damourette-
Pichon). — *Mais cette beauté* NON PLUS NE *le touchait* (É. HENRIOT, *Tout va finir*, IX,
ib.). — Il arrive, mais rarement, que *non plus* se passe de terme négatif et que la négation soit simplement dans l'idée : « *Je ne puis* [disait le Lord Chancelier], *dans ces conditions, me trouver autorisé à lui confier des enfants.* » *Cependant le Lord Chancelier se
garda bien de les confier* NON PLUS *aux détestables Westbrook* (A. MAUROIS, *Ariel*, II, 7).

3. Littré (s. v. *aussi*, Rem. 1) déclare que cette tournure a vieilli, mais il ajoute
qu'il est encore bon d'en étudier les exemples, et il donne une longue série de ces
exemples, pris dans les auteurs du XVIIe siècle.

Hist. — *Aussi* signifiant « pareillement » s'employait couramment autrefois dans les phrases négatives : *Je ne suis pas un être nécessaire. Je ne suis pas* AUSSI *éternel, ni infini* (PASC., *Pens.*, 469). — *La faveur des princes n'exclut pas le mérite, et ne le suppose pas* AUSSI (LA BR., XII, 6).

d) **Observations.** — 1. *Tant, autant* peuvent être pris absolument comme *nominaux* désignant des choses[1]. *Je te dois* TANT... ! (A. DAUDET, *Sapho,* VI.) — *Cet oncle, nous lui devons* AUTANT *qu'à nos parents. Il n'a pas* TANT *obtenu,* AUTANT *obtenu qu'il espérait.* — *Ah ! qu'aurais-je besoin de* TANT *une fois seul ?* (A. GIDE, *L'Immor.,* 3ᵉ part.)

2. *Tant* s'emploie comme nominal numéral pour exprimer une quantité qu'on ne veut ou ne peut préciser : *Monsieur le mort, j'aurai de vous* TANT *en argent et* TANT *en cire, Et* TANT *en autres menus coûts* (LA F., *F.*, VII, 11). — *Dans ce journal, on paie* TANT *la ligne* (AC.).

C'est une faute fréquente en Belgique que l'emploi de *autant* pour *tant* dans le sens qui vient d'être indiqué[1]. Ne dites pas : *Il gagne* AUTANT *par jour. Ceci vaut* AUTANT, *cela* AUTANT. Dites : *Il gagne* TANT *par jour. Ceci vaut* TANT, *cela* TANT.

3. *Autant ... autant, aussi ... aussi* mettent en corrélation, mais plus fortement que ne feraient *autant ... que* (ou *autant que*) ou *aussi ... que,* deux faits, en marquant égalité de degré, de nombre ou de quantité : AUTANT *la Normandie progresse,* AUTANT *la Bretagne est en décadence* (MICHELET, *La Mer,* I, 111). — AUTANT *il a de vivacité,* AUTANT *vous avez de nonchalance* (AC.). — AUTANT *de têtes,* AUTANT *d'avis* (ID.). — AUTANT *Malaga est gaie, riante, animée,* AUTANT *Carthagène est morne* (Th. GAUTIER, *Voy. en Esp.*, p. 367). — AUSSI *vite s'est-il attendri,* AUSSI *vite il se rebiffe et me griffe* (M. JOUHANDEAU, *Carnets de l'écrivain,* p. 342).

On dit de même : TANT *vaut l'homme,* TANT *vaut la terre.*

4. *Autant vaut* s'emploie absolument ou se fait suivre, soit d'un infinitif, soit d'une proposition introduite par *que : C'est un homme mort ou* AUTANT VAUT. AUTANT VAUT *se taire que de dire ces banalités.* AUTANT VAUT *que vous vous taisiez.*

Vaut peut être omis : AUTANT *faire cela sur-le-champ que de différer* (LITTRÉ).

5. *Tant que* peut signifier « aussi longtemps que », ou encore « aussi loin que » : *On ne trouve guère d'ingrats* TANT QU'*on est en état de faire du bien* (LA ROCHEF., *Max.*, 306). — *Et nul ne se connaît* TANT QU'*il n'a pas souffert* (MUSSET, *N. d'Oct.*). — TANT QUE *la vue peut s'étendre* (AC.).

---

1. Cf. liégeois : *Lès frès montèt à* OTETANT (ou : OT'TANT) [= les frais montent à « autant »] (dans HAUST, *Dict. liég.*). — *Cisse pèce di drap a* OTETANT (ou : OT'TANT) *d'ônes* [= cette pièce de drap a « autant » d'aunes] *(ibid.).* — *Tant* employé absolument comme nominal désignant des personnes est exceptionnel : *Don magique refusé à* TANT, *accordé à quelques-uns* (Germ. BEAUMONT, dans les *Nouv. litt.*, 18 déc. 1958).

Tant … que peut marquer un certain rapport, une certaine proportion entre les êtres dont on parle : *Les auteurs* TANT *anciens* QUE *modernes*. — *Je le sers* TANT *pour lui* QUE *pour me faire plaisir* (AC.).

6. Au lieu de *tant de* (ou de *beaucoup de*) la langue familière emploie fréquemment *tellement de,* dans les phrases négatives ou interrogatives : *Il n'y a pas* TELLEMENT DE *gens qui accompliraient cet exploit.* — *Cela n'a pas* TELLEMENT D'*importance.* — *Y avait-il* TELLEMENT DE *monde au spectacle ?*

Hist. — 1. Au XVIIᵉ siècle, *autant* pouvait précéder l'adjectif : *Le nom d'Assué- rus,* AUTANT *inconnu aux Grecs que connu aux Orientaux* (Boss., *Hist.*, I, 7). — *Il est* AUTANT *difficile à subjuguer qu'il est incapable de vouloir subjuguer les autres* (FÉN., *Tél.*, t. I, p. 339). — Cela se rencontre parfois encore de nos jours : *Je ne suis pas aussi sûr que M. Adam, par exemple, que l'aventure Letinois (…) ait été* AUTANT *pater- nelle,* AUTANT *idéale, qu'il semble le croire* (É. HENRIOT, dans le *Monde,* 8 juill. 1953). — *Autant* pouvait signifier « extrêmement » : *Une des qualités de l'Église qui est* AUTANT *célébrée dans les Écritures* (Boss., *Serm. sur la Pénitence,* 2ᵉ point).

Au lieu de *autant que,* on pouvait dire *autant comme* (§ 971, *b,* Hist.) : *Autant* COMME *toimesme Ardentement aime ton cher proëme* [prochain] (RONSARD, t. VI, p. 42).

2. *Tant* s'employait autrefois devant des adverbes et des adjectifs : *Il n'y a point d'autre animal,* TANT *parfait et* TANT *heureusement né qu'il puisse être, qui fasse le semblable* (DESCARTES, *Méth.*, V). — *Tu ne fais pas* TANT *mal* (CORN., *La Veuve,* IV, 8). — *Elle n'est pas* TANT *sotte* (MOL., *F. de Scap.*, I, 3). — On lit encore chez A. FRANCE : *Je trouvai la philosophie qu'on m'avait enseignée* TANT *sotte,* TANT *inepte,* TANT *absurde,* TANT *niaise, que je ne crus rien des vérités qu'elle établit* (*La Vie en fleur,* p. 177). — Et chez A. SUARÈS : *Pauvre Molière ! Lui,* TANT *silencieux au fort de cette cage à perruches, un théâtre !* (*Sur la vie,* t. II, p. 38.) — Et chez J. GIONO : *Et voilà que mes mains étaient* TANT *fortes que toutes les joies sont venues* (*Le Bout de la route,* I, 6).

3. Comme on dit aujourd'hui *autant … autant* (cf. *supra,* Observ. 3), on a dit autre- fois, et jusque vers la fin du XVIIIᵉ siècle, *autant que …autant* : AUTANT QUE *sa fureur s'est immolé de têtes,* AUTANT *dessus la sienne il croit voir de tempêtes* (CORN., *Hércl.*, I, 1). — *Mais* AUTANT QUE *son âme est bienfaisante et pure,* AUTANT *leur cruauté fait frémir la nature* (VOLT., *Alzire,* II, 11).

On a dit aussi, dans l'ancienne langue, *de tant que …, de tant …* (ou : *de tant …, de tant que …*) : DE TANT QUE *tu le feras plus tost,* DE TANT *te trouveras-tu mieulx* (*In- ternelle Consolacion,* II, 37). — DE TANT *est l'homme plus hault et grant envers Dieu,* DE TANT QU'*il est plus petit envers soy* (*ibid.,* II, 42).

4. *Tant que,* dans l'ancienne langue et jusque dans le XVIIᵉ siècle, a pu être em- ployé au sens de « jusqu'à ce que » ; il se construisait avec le subjonctif : *Adieu, je vais traîner une mourante vie* TANT QUE *par ta poursuite elle me soit ravie* (CORN., *Cid,* III, 4). — *Versez, versez toujours,* TANT QU'*on vous dise assez* (MOL., *Bourg.*, IV, 1).

844. *a) **Beaucoup*** et *bien* s'emploient comme *adverbes* de quantité avec des verbes ou des comparatifs d'adjectifs ou d'adverbes : *Il s'inté- resse* BEAUCOUP *à votre affaire* (AC.). — *Je suis* BEAUCOUP *plus content de vous que de lui* (ID.). — *Ce vin est* BEAUCOUP *meilleur* (ID.). — *Il s'est* BEAUCOUP *mieux conduit que vous* (ID.). — *Il boit* BIEN (ID.). — *Il est* BIEN *plus fort que son frère. Ce vin est* BIEN *meilleur.* BIEN *moins vite.*

Avec les adjectifs et les adverbes au positif, c'est *bien*, et non *beaucoup*, qu'il faut employer : *Il est* BIEN *savant. Il est* BIEN *loin.*

Avec le pronom *le* représentant un adjectif, on met *beaucoup*, et non *bien : Aimable, il l'est* BEAUCOUP.

Hist. — Autrefois, et jusqu'à la fin du XVIIe siècle, *beaucoup* pouvait renforcer un adjectif au positif : *Leur savoir à la France est* BEAUCOUP *nécessaire* (MOL., *F. sav.*, IV, 3). — *Je veux croire que vous avez écrit fort vite les deux lettres que j'ai reçues de vous, car le caractère en paraît* BEAUCOUP *négligé* (RAC., t. VII, p. 85).

Remarques. — 1. *Beaucoup*, placé après un comparatif d'adjectif ou après un verbe d'excellence, ou employé avec un superlatif, *doit* être précédé de la préposition *de : Vous êtes plus savant* DE BEAUCOUP (Ac.). — *La description de Putois l'emporte* DE BEAUCOUP (A. FRANCE, *Crainquebille*, p. 70). — *C'est le plus certain* DE BEAUCOUP (LA F., *F.*, III, 3). — *Il est* DE BEAUCOUP *le plus riche des séminaristes* (Fr. MAURIAC, *Le Feu sur la terre*, p. 26).

Placé avant un comparatif d'adjectif, il *peut* être précédé de la préposition *de : Il est* DE BEAUCOUP *plus savant* (Ac.), ou : BEAUCOUP *plus savant. — Son dernier état deviendra* DE BEAUCOUP *pire que le premier* (MASSILL., *Inconst.*).

2. Au lieu de *grand merci*, formule de politesse de l'usage classique, on dit, dans la langue familière : *merci beaucoup*, ou : *merci bien* (ni Littré, ni le Dictionnaire général, ni l'Académie, ne mentionnent ces deux locutions) : *Tu ne veux pas les voir ? — Ah ! non,* MERCI BEAUCOUP (É. BOURDET, *Les Temps difficiles*, dans la *Petite Illustration*, 10 nov. 1934, p. 27). — *Merci,* MERCI BEAUCOUP... (R. ESCHOLIER, *Dansons la trompeuse*, p. 18). — MERCI BIEN *de votre obligeance* (H. de RÉGNIER, *Les Vacances d'un Jeune Homme sage*, p. 51). — *Asseyez-vous donc...* — MERCI BIEN (St. PASSEUR, *L'Acheteuse*, I, 11). — MERCI BIEN. *J'aime mieux dormir* (COLETTE, *La Chatte*, éd. Grasset, p. 131).

b) Beaucoup et *bien*, suivis d'un nom, ont la valeur de *déterminatifs indéfinis* numéraux ou quantitatifs [1]. Avec *bien*, ce nom est précédé de l'article partitif complet *du, de la, de l', des ;* avec *beaucoup*, il est introduit par le simple *de* (§ 329) : BIEN DES *gens y sont pris* (LA F., *F.*, VII, 4). — BIEN DE L'*esprit.* BIEN DE LA *peine.* BIEN DU *monde.* — BEAUCOUP D'*esprit,* DE *peine,* DE *monde.*

Beaucoup marque simplement la grande quantité, le grand nombre, sans aucune idée accessoire : *Il a* BEAUCOUP *d'argent. — Bien* ajoute à l'idée de quantité ou de nombre l'idée de surprise, d'intérêt, de satisfaction : il est plus subjectif : *Il a* BIEN *de l'argent.*

Pour *hien d'autres*, voir § 329. — Pour *bien*, adjectif, voir § 833, Rem. 3.

Pour *un peu bien*, voir § 849, Rem. 1.

---

1. Certains grammairiens estiment que *beaucoup* et *bien* restent alors des adverbes (cf. § 445, *N. B.* et la note).

N. B. — Tout plein de, plein de, avec un nom, se disent familièrement pour *beau-coup de : Il y a eu autrefois* TOUT PLEIN DE *possédés* (VOLT., *Dict. phil.*, Possédés). — *Il y avait* PLEIN D'*étoiles au ciel sombre et pourtant bleu* (M. PROUST, *Pastiches et Mélanges*, p. 238). — *Il y a* PLEIN DE *gens,* TOUT PLEIN DE *gens, prêts à critiquer autrui* (LAR. DU XXᵉ s.). — *Il y a* TOUT PLEIN DE *monde dans les rues* (AC.). — *Il aurait donné* TOUT PLEIN D'*argent à maman* (A. LICHTENBERGER, *Line*, p. 150). [La langue familière emploie aussi *tout plein* (= beaucoup, très) avec un adjectif, parfois avec un verbe : *Elle est* TOUT PLEIN *bonne.* — *Il* [un chien] *est mignon* TOUT PLEIN (J. ROMAINS, *Les Hommes de b. vol.*, t. III, p. 168). — *Je l'aime déjà* TOUT PLEIN (Th. GAUTIER, *Le Capit. Fracasse*, VIII).] — Ajoutons que *plein* se prend adverbialement dans la langue populaire ou très familière au sens de « partout, en chaque endroit d'une surface » : *Elle avait de la poussière de foin* PLEIN *sur elle* (J. GIONO, *Le Grand Troupeau*, p. 46).

c) Beaucoup peut s'employer absolument comme *nominal* désignant des personnes ou des choses : *Ah ! c'est* BEAUCOUP *me dire en peu de mots !* (CORN., *Horace*, II, 2.) — *Quiconque a* BEAUCOUP *vu Peut avoir* BEAUCOUP *retenu* (LA F., *F.*, I, 8). — BEAUCOUP *en ont parlé* (VOLT., *Henr.*, II). — *Vous croyez sans doute avoir fait* BEAUCOUP *pour moi* (B. CONSTANT, *Adolphe*, III). — *J'ignorais* BEAUCOUP *de son existence* (J. ROMAINS, *Violation de frontières*, p. 8). — *C'est un homme qui sait* BEAU-COUP (AC.). — *Je n'entrerai pas dans le détail, dont* BEAUCOUP, *je l'avoue, m'échappe* (É. HENRIOT, dans le *Monde*, 24 mars 1954).

Remarques. — 1. *Beaucoup*, nominal numéral désignant des personnes, peut s'employer non seulement comme sujet, mais aussi comme complément prépositionnel [1], comme attribut et comme objet direct ; comme sujet réel d'un verbe impersonnel et comme objet direct, il doit être accompagné d'un complément partitif (qui est souvent le pronom *en :* § 500, Rem.) :

Le malheur de BEAUCOUP *est de ne pas savoir passer les soirs dans sa chambre* (SAINTE-BEUVE, *Volupté*, XV). — *Pour* BEAUCOUP *(...) l'agriculture semblait un avilissement* (FLAUB., *L'Éduc. sent.*, t. II, p. 135). — *Pourquoi le poète ne se plaisait-il pas à être écouté de* BEAUCOUP *?* (A. FRANCE, *La Vie litt.*, t. II, p. 212.) — *L'instabilité de la personne (...) est devenue, chez* BEAUCOUP, *une cause d'angoisse* (L. DAUDET, *Un Jour d'orage*, p. 76). — *Il est demandé à* BEAUCOUP *de boire le calice goutte à goutte* (Fr. MAU-RIAC, *Pèlerins de Lourdes*, p. 55). — *Nous étions* BEAUCOUP *à cette fête.* — *Des méde-cins, il en fallait* BEAUCOUP. — *Le Seigneur en a appelé* BEAUCOUP ; *peu seront élus.* — *J'en sais* BEAUCOUP *de par le monde À qui ceci conviendrait bien* (LA F., *F.*, IV, 10). — *J'en connais* BEAUCOUP *qui prétendent...* (LITTRÉ).

2. *Il s'en faut beaucoup* indique une différence de qualité : *Le cadet n'est pas si sage que l'aîné, il s'en faut* BEAUCOUP (AC.). — *Il s'en fallait* BEAUCOUP *que la ville de Paris fût ce qu'elle est aujourd'hui* (VOLT., *L. XIV*, 29).

---

1. Ni Littré, ni le Dictionnaire général, ni l'Académie, ni le Grand Larousse encyclo-pédique ne signalent cet emploi de *beaucoup*, nominal numéral, comme complément prépositionnel.

Il s'en faut de beaucoup indique une différence de quantité : *Il s'en faut*
DE BEAUCOUP *que leur nombre soit complet* (Ac.).

La distinction entre *il s'en faut beaucoup* et *il s'en faut de beaucoup* est pour ainsi
dire effacée aujourd'hui : même quand il s'agit d'une différence de qualité, on dit
le plus souvent *il s'en faut de beaucoup* : *Il s'en faut* DE BEAUCOUP *qu'il soit laid*
(G. SAND, *Mauprat*, IX). — *Il s'en fallait* DE BEAUCOUP *que l'éducation fût libre
chez les Grecs* (FUSTEL DE COULANGES, *La Cité antique*, III, 18). — Toutefois *il
s'en faut beaucoup* reste très correct dans ce cas. [On dit aussi : *il s'en faut bien*, ou
encore, selon Littré (s. v. *bien*, adv., Rem. 5) : *bien s'en faut*.]

N. B. — Ne dites pas : *loin s'en faut.*

845. *Combien* et *que* peuvent être tous deux exclamatifs. *Combien*
peut être interrogatif et conjonctif ; *que* ne peut être ni l'un ni l'autre
(voir toutefois la Rem. 1 ci-après).

a) Combien et *que* peuvent s'employer comme *adverbes d'intensité*
avec des adjectifs, des verbes ou des adverbes ; dans cet emploi, *combien* peut être interrogatif, mais en interrogation indirecte seulement :

COMBIEN *est étroit le chemin qui mène à la vie !* (BOSS., *R. d'Angl.*) —
COMBIEN *savantes, ces homélies !* (É. ESTAUNIÉ, *L'Empreinte*, p. 147.) —
COMBIEN *je souffre !* — *De* COMBIEN *près la menace a-t-elle été suivie du coup !*
(BOSS., *M.-Thér.*) — *Dieu !* QUE *le son du cor est triste au fond des bois !*
(VIGNY, *Le Cor.*) — QUE *ces voiles me pèsent !* (RAC., *Phèdre*, I, 3.) — QUE
nous nous pardonnons aisément nos fautes ! (BOSS., *R. d'Angl.*) — *Vous ne
savez pas* COMBIEN *je suis las de moi-même* (VIGNY, *Cinq-Mars*, XI).

b) Combien et *que*, avec un nom précédé de la préposition *de*, ont
la valeur de *déterminatifs indéfinis* numéraux ou quantitatifs ; dans cet
emploi, *combien* peut se trouver tant en interrogation directe qu'en interrogation indirecte [1] :

QU'*elle eut d'assurance dans cet effroyable péril !* (BOSS., *R. d'Anglet.*) —
COMBIEN *de nobles dont le père et les aînés sont roturiers !* (LA BR., XIV, 1.) —
COMBIEN *de temps n'a-t-il pas fallu !* (Ac.) — QUE *d'eau !* — *Pour un seul*
QUE *de biens !* (HUGO, *F. d'aut.*, XXXII.) — COMBIEN *de fois est-il venu ?*
(Ac.) — *Demandez-lui* COMBIEN *nous avons de lieues à faire* (ID.).

Le nom (précédé de la préposition *de*) suit immédiatement *combien*. Toutefois
quand ce nom est objet direct ou quand il dépend d'un verbe impersonnel, il peut se
placer après le verbe : *Combien avez-vous d'argent ?* (Ac.) — *Combien y a-t-il de
personnes ?* (ID.) — *Il est incroyable combien cet auteur a écrit d'ouvrages* (ID.). —
Combien faut-il de temps ?

_____

1. Certains grammairiens estiment que *combien* et *que* restent alors des adverbes
(cf. § 445, *N. B.* et la note).

c) **Combien** peut s'employer absolument comme *nominal numéral* désignant des personnes ou des choses : COMBIEN *voudraient être à votre place !* (AC.) — COMBIEN *vaut ce bijou ?* COMBIEN *gagne-t-il ?* — *Je ne sais* COMBIEN *cela lui a coûté* (AC.).

d) **Que,** adverbe interrogatif ou exclamatif, peut s'employer au sens de « pourquoi » : QUE *tardez-vous, Seigneur, à la répudier ?* (RAC., *Brit.,* II, 2.) — QUE *n'ai-je vu le monde à son premier soleil !* (LAMART., *Méd.,* Dieu.) — *Si tu souffrais,* QUE *n'ouvrais-tu ton âme ?* (MUSSET, *Conf.,* V, 6.)

En prose, régulièrement *que* ne s'emploie ainsi que si le sujet est un pronom personnel, ou *ce,* ou *on* (voir § 186, B, 5°, Rem. 2).

Remarques. — 1. *Que* signifiant *combien* s'emploie parfois dans l'interrogation directe : *Eh bien,* QUE *gagnez-vous, dites-moi, par journée ?* (LA F., *F.,* VIII, 2.) — QUE *vaut,* QUE *coûte ce bijou ?*

2. La langue vulgaire ou familière emploie *ce que* au sens de *combien* pour marquer le haut degré, la grande quantité : *Et ce qu'on met dedans* [dans la vie], CE QUE *c'est peu !* (A. FRANCE, *Le Lys rouge,* p. 79.) — *On n'imagine pas* CE QUE *c'est difficile de Le voir* (A. GIDE, *Caves du Vat.,* p. 207). CE QUE *tu peux être mauvaise !* (Fr. MAURIAC, *Le Feu sur la terre,* p. 150.)

Elle se sert aussi de *qu'est-ce que :* QU'EST-CE QUE *tu m'embêtes, toi !* (H. BARBUSSE, *Le Feu,* p. 10, cité par L. Gautier, *Cahiers de F. de Saussure,* 9 [1950], p. 30.) — *Pauvre dame, (…)* QU'EST-CE QU'*elle a dû pleurer… !* (M. PROUST, *Le Temps retrouvé,* t. I, p. 211.)

« *Combien peu,* affirme A. Thérive (*Clinique du langage,* p. 190), est inusité, barbare, et très inférieur au brave *ce que !* » — Opinion sujette à caution : *Avec* COMBIEN PEU *d'orgueil un chrétien se croit-il uni à Dieu !* (PASC., *Pens.,* 538.) — *Cette grande charte (…) fait bien voir elle-même* COMBIEN PEU *la liberté était connue* (VOLT., *Lett. philos.,* 9). — *Combien trouve-t-on de déserteurs de la sévère vertu, et* COMBIEN *en trouve-t-on* PEU DE *l'amour ?* (PRÉVOST, *Manon Lescaut,* I.) — COMBIEN PEU *ont assez de vie pour voir toute leur gloire et toute leur influence !* (LA HARPE, *Éloge de Voltaire.*) — *À* COMBIEN PEU *il tient que les esprits humains ne soient sages, et pourquoi ne le sont-ils pas ?* (SAINTE-BEUVE, *Port-Roy.,* V, 11.) — *Vois donc* COMBIEN *c'est* PEU *que la gloire ici-bas* (MUSSET, *Poés. nouv.,* Sonnet). — *À mesure qu'on avance dans sa connaissance* [de Baudelaire], *on voit* COMBIEN *l'on sait* PEU *de choses sur lui* (E. JALOUX, *Visages français,* p. 184). — *Jamais les hommes ne sauront assez (…) à* COMBIEN PEU *ils doivent de n'être pas ce qu'ils méprisent* (J. ROSTAND, *Pensées d'un biologiste,* p. 22).

3. *Le combien es-tu ?* est de la langue familière. La langue littéraire ou soignée dit : *Quelle est ta place ? Quelle place as-tu dans ta classe ?* (LITTRÉ.) (*Le quantième es-tu ?* est vieux : *quantième* ne s'emploie plus, dit l'Académie, que pour désigner le jour du mois.)

En parlant du jour du mois, dans la langue de tous les jours, on emploie couramment les tours suivants (rejetés par Littré) : *Le combien est-ce ? Le combien sommes-nous ? On est le combien ?* — Dans la langue soignée, on dit : *Quel jour du mois avons-nous ?* (LITTRÉ.) — *Quel jour du mois est-ce aujourd'hui ?* (ID.) — *Quel jour est-ce aujourd'hui ?* (AC.) — *Quel jour du mois sommes-nous ?* (MARTINON, *Comm. on parle en fr.*, p. 503.) — *Quel jour sommes-nous ?* (G. DUHAMEL, *Les Voyageurs de « L'Espérance »*, p. 58.) — *À quel jour du mois sommes-nous ?* (HUGO, *Notre-Dame de Paris*, II, 3.) — *À quel jour du mois en sommes-nous ?* (A. THÉRIVE, *Querelles de lang.*, t. III, p. 20.) — *Quelle date avons-nous aujourd'hui ?* (St. PASSEUR, *L'Acheteuse*, I, 9.)

Tours peu usités ou vieillis : *Il lui demande (…) quel est le quantième du mois* (LA BR., *Car. de Théophr.*, III). — *Quel est le quantième ?* (LITTRÉ.) — *Quel quantième du mois avons-nous ?* (DICT. GÉN.) — *Quel jour est-il aujourd'hui ?* (AC.) — *Il a reçu des nouvelles très fraîches, mais je ne sais pas de quel quantième elles sont* (ID.). — *Le quantième est-ce ?* (dans MARTINON, *ouvr. cité*, p. 503.)

Combientième est de la langue populaire ou familière. Thérive (*Quer. de lang.*, t. III, pp. 19-20) estime que ce néologisme « semble faire une cote mal taillée entre l'usage savant et l'usage populaire ». Il ajoute que, quant à sa forme, *combientième* n'est pas plus barbare que *deuxième* par rapport à *second*.

Pour le tour *Le tram passe tous les combien ?* voir la note 3 au bas de la p. 382.

846. ***Davantage*** marque la supériorité par comparaison et signifie « plus » ou encore « plus longtemps » : *La beauté est précieuse, mais la vertu l'est bien* DAVANTAGE (AC.). — *J'aurais voulu faire* DAVANTAGE *pour vous* (ID.). — *Vous promettez beaucoup et donnez* DAVANTAGE (CORN., *Pol.*, IV, 2). — *Gardes, obéissez sans tarder* DAVANTAGE (RAC., *Brit.*, III, 8).

Davantage ne peut modifier un adjectif ni un adverbe. On ne dirait pas : *Il est davantage heureux. Marchons davantage lentement.* Il faut dire : *Il est plus heureux. Marchons plus lentement.*

Quoique *davantage* ne puisse modifier un adjectif, il peut modifier le pronom neutre *le*, attribut, représentant un adjectif : *Le cadet est riche, mais l'aîné l'est* DAVANTAGE (AC.).

Remarques. — 1. La langue classique pouvait construire *davantage* avec *de* et un nom : *S'il veut* DAVANTAGE DE *palmes* (MALHERBE, t. I, p. 52). — *Rien n'obligeait à en faire* DAVANTAGE DE *bruit* (BOSS., *Conférence avec M. Claude*, Avertissement). — De nos jours, cette construction, quoique vieillie, se rencontre encore dans la langue littéraire [1] :

Je n'aime plus au monde que quelques églises, deux ou trois livres, à peine DAVANTAGE DE *tableaux* (M. PROUST, *Du côté de chez Swann*, I, p. 186). — *Il est vrai que je n'ai point* DAVANTAGE DE *raisons pour croire…* (A. HERMANT, *Xavier*, p. 7). — *Le monde de langue espagnole auquel je voudrais voir l'Université consacrer* DAVANTAGE DE *son attention* (M. BARRÈS, *Mes Cahiers*, t. XIV, p. 81). — *Ils n'en récoltèrent pas* DAVANTAGE DE *gratitude* (J. COCTEAU, *Les Enfants terribles*, p. 108). — *Il y avait* DAVANTAGE

---

1. « Ce tour est réputé incorrect, à tort. » (F. BRUNOT, *La Pens. et la L.*, p. 727).

DE *truites dans le gave et* DE *cailles dans le blé* (Fr. JAMMES, *M. le Curé d'Ozeron*, p. 204).
— *La bête se contracta sous la douleur, le poing crispé frappa le flanc, tout l'être souffrit de ne pouvoir faire* DAVANTAGE DE *mal* (H. de MONTHERLANT, *Les Bestiaires*, II). —
On se donnait DAVANTAGE DE *relâche* (H. POURRAT, *Gaspard des Montagnes*, p. 129).
— *On compte un certain nombre de vraies religieuses, mais bien* DAVANTAGE DE *médiocres* (G. BERNANOS, *Dialogues des Carmélites*, II, 1).

Si *davantage de,* avec un nom, est assez rare aujourd'hui, *davantage* est très couramment en rapport avec le pronom *en* placé avant lui : *Vous avez de l'argent, mais il en a* DAVANTAGE (LITTRÉ). — *Je n'en sais pas* DAVANTAGE (AC.).

2. *Davantage* était couramment suivi de *que* à l'époque classique : *Il n'y a rien que je déteste* DAVANTAGE QUE *de blesser tant soit peu la vérité* (PASC., *Prov.*, 11). — *Rien ne le flattait* DAVANTAGE QUE *la gloire de bien écrire* (BOSS., *Var.*, IX, 80). — *Il n'y a rien assurément qui chatouille* DAVANTAGE QUE *les applaudissements que vous dites* (MOL., *Bourg.*, I, 1). — *Que peut-on souhaiter* DAVANTAGE QUE *ces deux points ?* (LA F., *F.*, Épître dédicat. à Mgr le Dauphin.) — *Il n'y a rien qui mette plus subitement un homme à la mode et qui le soulève* DAVANTAGE QUE *le grand jeu* (LA BR., XIII, 7). — *Ceux qui admirent* DAVANTAGE *le protecteur* QUE *le persécuteur du roi Jacques* (VOLT., dans Bescherelle). — *Rien n'a plu* DAVANTAGE, *dans les « Lettres persanes »,* QUE *d'y trouver (...) une espèce de roman* (MONTESQ., *L. pers.*, Préf.). — Cette construction est proscrite par les grammairiens depuis la fin du XVIIIe siècle [1], mais en fait, elle a retrouvé une grande faveur dans la littérature :

La fille d'Agamemnon (...) intéresse bien DAVANTAGE QU'*Iphigénie pleurant son trépas* (CHATEAUBR., *Génie*, II, 2, 8). — *Nul* [pays] *ne m'attire* DAVANTAGE QUE *cette région des étangs lorrains* (M. BARRÈS, *Au Serv. de l'Allem.*, p. 1). — *Elle causait peut-être* DAVANTAGE QUE *les deux autres* (P. LOTI, *Les Désenchantées*, XIV). — *Rien ne brise* DAVANTAGE QUE *l'amour sans objet précis* (R. ROLLAND, *Jean-Christophe*, t. II, p. 161). — *Rien ne prouve que les choses que Platon lui aurait fait dire ne lui eussent point agréé* DAVANTAGE QUE *les choses qu'il avait dites* (A. HERMANT, *Platon*, p. 98). — *Elle ne parlait point* DAVANTAGE QUE *dans la barque* (Fr. JAMMES, *Janot-poète*, p. 32). — *La plupart d'entre nous ont bien* DAVANTAGE *besoin de paix intérieure* QUE *de vérité* (R. MARTIN DU GARD, *Jean Barois*, p. 484). — *Rien ne flatte les gens* DAVANTAGE QUE *l'intérêt que l'on prend, ou semble prendre, à leurs propos* (A. GIDE, *Journal 1942-1949*, p. 94). — *Rien n'aurait déplu* DAVANTAGE *à la grand-mère du Narrateur (...)* QUE *des couplets filés comme celui de l'Opéra ou celui des Demoiselles du Téléphone* (A. MAUROIS, *Alain*, p. 128). — *Rien ne dérange* DAVANTAGE *une vie* QUE *l'amour* (Fr. MAURIAC, *Trois Grands Hommes devant Dieu*, p. 104). — *Rien n'attire* DAVANTAGE QUE *le mystère* (P. CLAUDEL, *L'Œil écoute*, p. 162). — *Les planches m'intéressent* DAVANTAGE QUE *le supplice* (J. COCTEAU, *La Difficulté d'être*, p. 108). — *Comme on a parlé* DAVAN-

---

1. Le Dictionnaire de l'Académie ne fait pas mention de *davantage que*. Dans le Dictionnaire général, cette construction est donnée comme vieillie. Bescherelle en appelle de la sentence des grammairiens à l'autorité des bons écrivains ; Littré de même. Ils citent, le premier cinq exemples, le second douze exemples de l'emploi de *davantage que*.

TAGE *du siège de Paris, de la Commune, de l'« année terrible »,* QU'*on ne parle de l'occupation !* (R. KEMP[1], dans les *Nouv. litt.,* 29 mars 1956.)

Même construction chez : H. de RÉGNIER, *Le Bon Plaisir,* p. 27 ; M. PRÉVOST, *Lett. à Françoise mariée,* XXIV , O. MIRBEAU, *Dingo,* XII ; MONTHERLANT, *La Petite Infante de Castille,* p. 59 ; J. BENDA, *La France byzantine,* p. 123 ; COLETTE, *Journal à rebours,* p. 55 ; É. HENRIOT, *Aricie Brun,* II, 4 ; M. PROUST, *Le Temps retrouvé,* II, p. 38 ; M. ARLAND, *Essais critiques,* p. 150 ; Cl. FARRÈRE, *La Onzième Heure,* p. 71 ; P. ARÈNE, *Le Tor d'Entrays,* IV ; P. MILLE, *La Détresse des Harpagon,* p. 103 ; E. JALOUX, *Figures étrangères,* p. 48 ; M. AYMÉ, *Le Confort intellectuel,* p. 70 ; J.-L. VAUDOYER, *La Reine évanouie,* p. 107 ; Fr. AMBRIÈRE, *Les Grandes Vacances,* p. 50 ; A. SIEGFRIED, *L'Âme des peuples,* p. 129 ; J. GIRAUDOUX, *Les Contes d'un matin,* p. 126 ; DANIEL-ROPS, *Vouloir,* p. 123 ; H. TROYAT, *Dostoïevsky,* p. 371 ; L. MARTIN-CHAUFFIER, *L'Homme et la Bête,* p. 149 ; P.-H. SIMON, *Les Raisins verts,* p. 34 ; H. BORDEAUX, *Paris aller et retour,* p. 275 ; H. BOSCO, *Les Balesta,* p. 232 ; J. ROSTAND, *Pensées d'un biologiste,* p. 17 ; J. GUITTON, *L'Église et l'Évangile,* p. 172 ; Gén. DE GAULLE, *Mém.,* L'Appel, p. 6 ; etc.

3. Les écrivains classiques — qui prenaient volontiers le comparatif dans le sens du superlatif (*moins* pour *le moins, plus* pour *le plus,* etc.) — ont pu employer *davantage* au sens de *le plus :* cet emploi se retrouve assez fréquemment dans la langue moderne :

Les deux vers de mes ouvrages qu'il estimait DAVANTAGE *étaient ceux...* (BOIL., *Lett. à M. de Maucroix,* 29 avr. 1695). — *De toutes les tragédies françaises, Mithridate était celle qui lui plaisait* DAVANTAGE (VOLT., *Ch. XII,* 5). — *Celui qui de tous plaisantait et piaffait* DAVANTAGE *était M. de Cantilly* (BARBEY D'AUREVILLY, *Le Chevalier des Touches,* p. 179). — *Celles de ses grandeurs qui nous plaisent* DAVANTAGE (H. BREMOND, *Pour le Romantisme,* p. 171). — *Je ne sais qui de nous deux cette conversation oppressait* DAVANTAGE (A. GIDE, *La Symphonie pastorale,* p. 125). — *C'était cette indifférence (...) qui me pesait* DAVANTAGE (L. DAUDET, *Le Partage de l'Enfant,* p. 181). — *Ils s'empressaient à qui lui plairait* DAVANTAGE (AC., s. v. *à*).

4. *Davantage* peut s'employer absolument comme nominal désignant des choses : *Nous avons, dans cet ordre d'idées, bien* DAVANTAGE *à nous reprocher* (Fr. de MIOMANDRE, *Mon Caméléon* p. 78).

Hist. — *Davantage,* primitivement écrit *d'avantage,* signifiait, au moyen âge, « à un plus haut degré » ; de là est venu le sens de « plus sûrement, inévitablement ». C'est à l'époque de la Renaissance que *davantage* a pris le sens de « plus ».

Davantage, à l'époque classique, pouvait signifier « de plus » : *Que demandons-nous*

---

1. R. Kemp, parlant de *Éveils,* de J. Schlumberger, déclare : « Je n'ai trouvé dans ce volume exemplaire qu'un *davantage ... que* dont je m'effarouche. Mais *davantage ... que* a des défenseurs. Je crois qu'ils s'égarent... » (dans les *Nouv. litt.,* 18 mai 1959). — Il déclare encore (dans les *Nouv. litt.,* 31 mai 1956) : « Sur ces questions, il faut tenir compte de l'*équation personnelle...* L'un aime et l'autre déteste. Ainsi jamais, sauf à la hâte, et plusieurs idées en tête, je n'écrirais « davantage ... que... » » — et un peu plus loin (à propos du fait que *davantage ... que* était courant à l'époque classique) : « J'en conviens. Mais tant pis. Je ne l'aime pas ! ».

DAVANTAGE ? (Boss., *Serm. Ambit.*, 1.) — Il s'employait aussi au sens de « bien plus » :
DAVANTAGE, *je ne les vois pas dans les grandes places* (Boss., *Serm. Loi de Dieu*, 2). —
Ces emplois ne se retrouvent que rarement dans l'usage moderne.

847. *Excessivement* signifie, selon Littré, selon le Dictionnaire gé-
néral, selon l'Académie, « avec excès, d'une manière excessive » : *Il est*
EXCESSIVEMENT *gros* (AC.). — *Boire* EXCESSIVEMENT (ID.). — *Un homme*
EXCESSIVEMENT *indulgent* (DICT. GÉN.).

Remarque. — Depuis la seconde moitié du XVIIIe siècle, *excessivement* se
rencontre si souvent chez les bons écrivains avec le sens de « très »[1] ou de
« fort », d'« extrêmement », qu'on ne saurait, semble-t-il, taxer d'incorrection
des phrases comme les suivantes :

Bonhomme néanmoins, quoique EXCESSIVEMENT *heureux* (CHATEAUBR., *Mém.*, II, 5,
3). — *Le cardinal Fesch (…), toujours* EXCESSIVEMENT *pieux* (STENDHAL, *Mém. d'un
Touriste*, t. I, p. 221). — *L'archidiacre était* EXCESSIVEMENT *pâle* (HUGO, *Notre-Dame
de Paris*, VII, 5). — *MM. de Polignac et de Rivière, de qui la conduite fut, comme
chefs*, EXCESSIVEMENT *remarquable* (BALZAC, *Une Ténébreuse Affaire*, p. 61). — *On
la voit* [une statue] *d'*EXCESSIVEMENT *loin* (Th. GAUTIER, *Voy. en Esp.*, p. 333). —
Tout ce voyage de la Haute-Égypte est EXCESSIVEMENT *facile* (FLAUBERT, *Corr.*, t. I,
p. 240). — *Il* [Rembrandt] *exécute* EXCESSIVEMENT *bien* (E. FROMENTIN, *Les Maîtres
d'autrefois*, p. 267). — *Elle* [une observation] *est naturelle, ce qui est* EXCESSIVEMENT
rare (É. FAGUET, *Politiq. et Moralistes du XIXe s.*, t. III, p. 8). — *D'autres se parlaient à l'oreille, se confiant des nouvelles* EXCESSIVEMENT *mystérieuses* (A. DAUDET,
Le Nabab, t. II, p. 49). — *Quoiqu'il ne soit pas toujours* EXCESSIVEMENT *aimable
avec moi* (J. LEMAITRE, *Mariage blanc*, II, 1). — *Le baron Haussmann, qui aimait*
EXCESSIVEMENT *la régularité des lignes* (A. FRANCE, *Pierre Nozière*, p. 84). — *Nous
sommes tous comme cela dans la famille :* EXCESSIVEMENT *sérieux* (J. ROMAINS, *Lucienne*, p. 222). — *Parmi des montagnes* EXCESSIVEMENT *pittoresques* (M. BEDEL,
Jérôme 60º lat. Nord, p. 30). — *Il connaissait une maison, tenue par des religieuses,*
EXCESSIVEMENT *propre* (R. BOYLESVE, *La Becquée*, p. 174). — *Il n'y avait pourtant
que des femmes* EXCESSIVEMENT *chic* (M. PROUST, *Le Temps retrouvé*, II, p. 140). —
Il veut, à toute force, que son conte soit EXCESSIVEMENT *bien* (L. BLOY, *Le Mendiant
ingrat*, t. I, p. 128). — *Mais c'est* EXCESSIVEMENT *touchant, ce que vous me racontez là*
(A. GIDE, *Paludes*, p. 42). — *La veuve (…) est* EXCESSIVEMENT *riche* (R. MARTIN DU
GARD, *Les Thibault*, III, 1, p. 236). — *Un peuple dont l'esprit passe pour* EXCESSIVE-
MENT *libre et logique* (P. VALÉRY, *Regards…*, p. 183). — *Le cœur est un organe* EXCES-
SIVEMENT *sensible aux mouvements de l'âme et même de l'esprit* (G. DUHAMEL, *Cri des
profondeurs*, p. 226). — *Le talent chez les pornographes est* EXCESSIVEMENT *rare* (R.
KEMP, dans les *Nouv. litt.*, 21 mai 1959).

Même emploi chez : A. CAPUS, *Qui perd gagne*, VIII ; P. BOURGET, *Un Saint*, p. 42 ;
P. LÉAUTAUD, *Journ. litt.*, I, 4 janv. 1904 ; L. FRAPIÉ, *L'Écolière*, p. 190 ; O. MIRBEAU,
Le Foyer, III, 2 ; J. CHARDONNE, dans la *Revue de Paris*, 1er déc. 1935, p. 559 ;
É. HENRIOT, *Aricie Brun*, II, 1 ; L. LARGUIER, dans les *Nouv. litt.*, 8 nov. 1945 ; LA

---

1. « *Excessivement* est à chaque page dans Balzac, avec le sens de *très* (…). De
même chez Flaubert, de même partout. » (F. BRUNOT, *La Pensée et la Langue*, p. 690).

VARENDE, *Le Centaure de Dieu*, p. 294 ; H. TROYAT, *Le Jugement de Dieu*, p. 35 ; VERCORS, *Les Animaux dénaturés*, p. 222 ; etc.

Pour indiquer l'excès, on peut se servir de *à l'excès* : *Boire* À L'EXCÈS. *Indulgent* À L'EXCÈS. — *Sa perpétuelle moquerie de mes idées romanesques me plaisait* À L'EXCÈS (MUSSET, *Fantasio*, II, 1).

848. *Pas mal* se dit familièrement dans le sens de « assez » pour indiquer un bon nombre, une quantité considérable, une certaine intensité :

Il n'y avait PAS MAL *de curieux à ce spectacle* (LITTRÉ, s.v. *mal*, 22⁰). — *Il n'est* PAS MAL *effronté* (DICT. GÉN.). — *Je ne mets* PAS MAL *d'eau dans mon vin* (HUGO, *Misér.*, III, 8, 20). — *Dans ces premières Lettres (...), Pascal (...) n'offre* PAS MAL *de négligences, d'incorrections* (SAINTE-BEUVE, *Port-Roy.*, III, 7). — *Il n'acceptait* PAS MAL *d'archaïsmes* (A. THÉRIVE, *Libre Hist. de la Langue fr.*, p. 183).

Remarque. — Dans les exemples qui viennent d'être donnés, *pas mal* est associé à la négation *ne* : tour d'abord seul régulier, où *pas* a sa valeur ordinaire de particule auxiliaire de la négation (voyez § 875, *Hist.*) ; mais *pas mal* s'est affranchi et il s'emploie couramment sans *ne* : en particulier, quand il est précédé d'une préposition, il ne saurait s'accommoder de *ne* :

Courte réponse qui contenait PAS MAL *de dédain* (E. FROMENTIN, *Dominique*, VI). — *Avec* PAS MAL *de Français de race ils entretenaient des relations cordiales* (P. MILLE, *Trois Femmes*, p. 24). — *Quand on est déjà* PAS MAL *avancé dans la vie* (P. LOTI, *Le Rom. d'un Enfant*, L). — *Nous avons avalé* PAS MAL *de poussière* (A. FRANCE, *Crainquebille*, p. 168). — *J'ai aujourd'hui* PAS MAL *de confidences à te faire* (J. GIRAUDOUX, *Siegfried et le Limousin*, p. 31). — *Robert de Bonnières comptait* PAS MAL *d'ennemis* (H. de RÉGNIER, *Nos Rencontres*, p. 147). — *Ma toilette avait dispersé* PAS MAL *d'objets autour de moi* (J. ROMAINS, *Lucienne*, p. 158). — *Et puis on s'en moquait* PAS MAL (A. HERMANT, *Les Grands Bourgeois*, VII). — *Après* PAS MAL *de bourdonnements et d'incohérence de propos, la conversation finit par se fixer* (L. BLOY, *Le Désespéré*, p. 346). — *Il reste encore* PAS MAL *de chemin à faire* (J. COCTEAU, *Poésie critique*, p. 206). — *J'ai* PAS MAL *couru le monde* (A. ARNOUX, *Calendrier de Flore*, p. 344). — *Ce n'est peut-être pas tout à fait un miracle, mais ça y ressemble déjà* PAS MAL (G. BERNANOS, *La Liberté, pour quoi faire ?* p. 263). — *Cette personne a* PAS MAL *de petits côtés* (AC., s. v. *côté*).

849. Peu. *a) Peu, un peu* (familièrement : *un petit peu, un tout petit peu*) s'emploient comme *adverbes* avec un verbe, un adjectif ou un adverbe : *On le craint* PEU. *Il tremble* UN PEU, UN (TOUT) PETIT PEU. — *Nous avions* UN PETIT PEU *peur de mon père* (J.-L. VAUDOYER, *Laure et Laurence*, p. 50). — *L'affaire est* PEU *sûre. Il est* UN PEU *timide, un* (TOUT) PETIT PEU *timide. Il travaille* PEU *adroitement,* UN PEU *vite,* UN (TOUT) PETIT PEU *trop vite.*

b) Peu, un peu (famil. : *un petit peu, un tout petit peu*), construits avec *de* et un nom, ont la valeur de *déterminatifs indéfinis* numéraux ou quantitatifs [1] : *Avoir* PEU *de bien. Il partira dans* PEU *de jours. Donnez-lui* PEU *de vin,* UN PEU *de vin,* UN (TOUT) PETIT PEU *de vin.* — *Tout cela serait bien sévère sans* UN PETIT PEU *de terre et de verdure* (G. DUHAMEL, *Le Combat contre les ombres,* p. 23). — *Avec* UN TOUT PETIT PEU *de gloriole il nous expliqua...* (R. DORGELÈS, *Partir...,* p. 37).

Peu, sans complément exprimé, se prend adverbialement dans certaines locutions où il désigne un laps de temps : *sous peu, dans peu, il y a peu, depuis peu, peu après, peu auparavant, avant peu, avant qu'il soit peu,* etc. : *Dans* PEU *tu te maries* (BOIL., *Sat.,* 10). — *Il arrivera sous* PEU, *dans* PEU (AC.). — *Avant* PEU *vous aurez de mes nouvelles* (ID.). — *Et voilà Humbert Humbert enflammé, jusqu'à épouser la mère, à* PEU *de là* (É. HENRIOT, dans le *Monde,* 17 juin 1959). — Dans ce sens, *un peu* est dialectal : *Au bout d'*UN PEU, *il retombait immobile dans la boue* (J. GIONO, *Le Grand Troupeau,* p. 117).

c) Peu, sans article ni déterminatif, s'emploie absolument, comme *nominal* désignant des personnes ou des choses : *Au banquet du bonheur bien* PEU *sont conviés* (HUGO, *F. d'aut.,* XXXII). — *Quel deuil ! La bête est* PEU, *L'homme n'est rien* (ID., *Cont.,* VI, 26). — *On sait* PEU *de la vie de Tacite* (É. HENRIOT, *Les Fils de la Louve,* p. 127). — PEU *lui suffit ; il se contente de* PEU. — *Ils avaient, en effet, très* PEU *à faire* (A. MAUROIS, *Mes Songes que voici,* p. 216).

Il est exceptionnel qu'il soit accompagné d'un adjectif (qui s'y rattache alors par *de ;* cf. : *rien de grand*) : *Qu'apprend ce volume ? Très* PEU D'IMPORTANT (É. HENRIOT, dans le *Monde,* 22 janv. 1958).

d) Peu, avec l'article défini ou un déterminatif possessif ou démonstratif, s'emploie comme *nom : Le* PEU *que nous croyons tient au* PEU *que nous sommes* (HUGO, *Voix int.,* XXVIII). — *Le* PEU *de temps, ce* PEU *de temps qu'il vous reste.* — *Excusez mon* PEU *de mémoire* (AC.).

Remarques. — 1. De *peu,* qui a une valeur censément négative, il faut distinguer *un peu,* qui a une valeur positive. Comparez : *Il prend* PEU *de repos ; il prend* UN PEU *de repos. Il est* PEU *timide ; il est* UN PEU *timide.* — Dans la langue familière, *un peu* est souvent explétif : *Dites-moi* UN PEU (AC.). — *Voyons* UN PEU *comment vous vous y prendrez* (ID.).

Un peu se dit parfois par ironie au sens de « beaucoup trop » : *C'est* UN PEU *court, jeune homme !* (E. ROSTAND, *Cyrano,* I, 4.)

Un peu bien s'employait couramment autrefois, par ironie, au sens de *très, trop* (cf. dans la langue familière : *joliment*) : *Un joug* UN PEU BIEN *rude* (CORN., *Othon,* III, 3). — *Vous montrez cependant* UN PEU BIEN *du mépris* (ID., *Pomp.,* II, 3). — Cette expression a vieilli, mais elle se rencontre encore dans la langue littéraire :

---

1. Certains grammairiens estiment que *peu* reste alors un adverbe (cf. § 445, *N. B.* et la note).

Venir me parler de sa reconnaissance, de son affection, c'était UN PEU BIEN *hardi* (O. MIR-
BEAU, *Dingo*, VIII). — *Je vous accorde que tout cela est* UN PEU BIEN *confus* (P.-J. TOU-
LET, *Béhanzigue*, p. 128). — *Il me semble que ta réponse est* UN PEU BIEN *finaliste*
(G. DUHAMEL, *Fables de mon jardin*, p. 210). — *Des farces* UN PEU BIEN *grosses*
(H. POURRAT, *Gaspard des Montagnes*, p. 183). — *Je le trouve* UN PEU BIEN *souriant*,
l'Oiseau fatal (COLETTE, *L'Étoile Vesper*, p. 200).

Un peu beaucoup se dit de même, par ironie, pour *vraiment beaucoup : Je tarde* UN
PEU BEAUCOUP *pour votre impatience* (CORN., *Illus. com.*, I, 2). — *Céard précisait
même la quantité de nourriture qu'il lui fallait* [à un cheval], *en paille et en foin, en
avoine : six litres d'avoine, ce qui me paraît* UN PEU BEAUCOUP (É. HENRIOT, dans le
Monde, 14 oct. 1959).

2. *Peu ou prou, ni peu ni prou* [1] se disent, dans la langue familière, au sens
de : « peu ou beaucoup », « ni peu ni beaucoup » : *Donnez-m'en* PEU OU PROU
(AC.). — *Je n'en ai* NI PEU NI PROU (ID.). — *Tous les ports du monde se ressemblent* PEU OU PROU (F. GREGH, *L'Âge de fer*, p. 111). — *C'était oublier la
vie quotidienne, échapper* PEU OU PROU *à l'autorité de mon père* (A. PERRIN, *Le
Père*, p. 145). — *J'essaie donc d'oublier que je suis* PEU OU PROU *engagé dans
cette bagarre* (Fr. MAURIAC, *Mémoires intérieurs*, p. 208).

3. On a pu dire autrefois *il s'en faut* PEU pour indiquer la qualité ; aujour-
d'hui on dit presque toujours *il s'en faut* DE PEU, aussi bien pour indiquer la
qualité que pour indiquer la quantité : *Il s'en faut* DE PEU *que je ne vous blâme*
(AC.). — *Il s'en faut* DE PEU *que ce vase ne soit plein* (ID.).

On dit toujours *peu s'en faut*, sans *de* : PEU *s'en est fallu qu'il ne soit tué*
(AC.). — *Il a fini son travail ou* PEU *s'en faut* (ID.).

850. *Guère* signifiait primitivement « beaucoup » [2]. Avec la négation *ne*, à laquelle il s'associe étroitement (et dont il ne s'affranchit
que dans des phrases elliptiques : voir la Rem. 1 ci-après), il signifie
« pas beaucoup » :

a) Il s'emploie comme *adverbe : Il n'est* GUÈRE *sage* (AC.). — *Si mon siècle*

---

1. *Prou* n'est autre chose que l'ancien nom *prou, preu*, profit, avantage (du lat.
pop. *prode*), employé adverbialement, au sens de *assez, beaucoup : De manière que*
PROU *de gens ont pensé qu'on ne se pouvoit prendre à nous, que de ce que nous faisons
contre notre conscience* (MONTAIGNE, I, 16 ; p. 93). — *J'ai* PROU *de ma frayeur en cette
conjoncture* (MOL., *L'Étourdi*, II, 5).

2. *Guère*, en ancien français *guaires*, du francique **waigaro*, beaucoup : *Et que,
si je demeurois au pays* GUERES *de temps, le roi (...) me feroit mourir* (FROISSART,
dans Littré). — *Guère*, affirmatif, s'est employé au sens de « beaucoup », ou de « très »,
jusque dans le XVIIᵉ siècle : *En un âge où il est malaisé que ma vie soit plus* GUÈRE
longue (MALH., t. I, p. 351). — Il pouvait s'associer à *pas : Ceus là qui naissent rois ne
sont* PAS *communement* GUERES *meilleurs* (LA BOÉTIE, *Servit. volont.*). — *Ces tables ne
sont* PAS GUERES *certaines* (AMYOT, *Thém.*, 48). — *Bien que notre troupe ne fût* PAS
GUÈRE *bonne* (SCARRON, *Rom. comiq.*, III, 8). — On écrit parfois *guères*, avec s adverbial (§ 827*bis*) en poésie, pour les besoins de la rime ou de la mesure.

se trompe il ne m'importe GUÈRE (MUSS., *La Coupe et les L.*, Dédic.). — *Elle n'a* GUÈRE *moins de trente ans* (AC.).

On le rencontre parfois comme adverbe de temps dans l'expression *il n'y a guère* (mais on dit normalement : *naguère*) : *On sait qu'*IL N'Y A GUÈRE, *en Suisse, un glacier où s'étaient engloutis, il y a cinq cents ans, deux honnêtes Grisons, les a rendus à notre ère atomique, frais, dispos* (R. ESCHOLIER, *La Neige qui brûle*, p. 393). — *N'ai-je point parlé,* IL N'Y A GUÈRE, *de lambeaux rosâtres et froids, délavés par la fange des Éparges et que nos doigts pouvaient toucher ?* (M. GENEVOIX, *Routes de l'aventure*, p. 197.)

b) Construit avec *de* et un nom objet direct ou sujet « logique », il a la valeur d'un *déterminatif indéfini* numéral ou quantitatif [1] : *Il n'a* GUÈRE *d'argent* (AC.). — *On ne trouve* GUÈRE *d'ingrats tant qu'on est en état de faire du bien* (LA ROCH., *Max.*, 306). — *Il ne faut* GUÈRE *d'argent. Il n'y a* GUÈRE *de gens désintéressés.*

c) *Guère* s'emploie absolument comme *nominal* désignant des choses : *Quiconque ne voit* GUÈRE *N'a* GUÈRE *à dire aussi* (LA F., *F.*, IX, 2). — *Le nom d'Alain ne me disait* GUÈRE (É. HENRIOT, dans le *Monde*, 4 juin 1958). — *Si Balzac (...) avait décrit la société de son temps, il ne subsisterait plus* GUÈRE *de sa peinture* (Fr. MAURIAC, dans le *Figaro litt.*, 27 juin 1959).

Remarques. — 1. *Guère* peut s'employer sans *ne* dans les tours elliptiques, en particulier dans les réponses : *Il gagnera 50 ou 60 francs, mais* GUÈRE *plus.* — *La ville avait une demi-lieue de tour ou* GUÈRE *moins* (LITTRÉ). — *Je vais vous verser du vin.* — GUÈRE, *je vous prie* (ID.). — *Il* [Pouchkine] *revient,* GUÈRE *plus sage, mais avec un talent en pleine maturité* (E.-M. de VOGÜÉ, *Le Roman russe*, p. 39). — *J'ai rôdé autour de ces petits cottages aux poutres noires,* GUÈRE *plus hauts que les haies qui les entourent* (V. LARBAUD, dans le *Figaro litt.*, 7 juill. 1951).

2. *Guère* peut se trouver associé à *ne ... plus, ne ... jamais, ne ... que* (= seulement), *non plus, sans* : *Tant de grandeur ne nous touche plus* GUÈRE (RAC., *Andr.*, I, 4). — *Il n'a plus* GUÈRE *à vivre* (AC.). — *Mais cela n'a plus* GUÈRE *à voir avec la littérature* (É. HENRIOT, dans le *Monde*, 22 janv. 1958). — [Bien que] *Philinte ne dise* GUÈRE *jamais* « *non* » *tout court* (SAINTE-BEUVE, *Port-Roy.*, III, xv). — *Il n'y a* GUÈRE *que vous qui ayez lu ce livre* (LITTRÉ). — *Un homme d'épée ne me conviendrait non plus* GUÈRE (Th. GAUTIER, *Mlle de Maupin*, X). — *Ce tableau-ci ne me semble pas beau ; celui-là non plus ne me plaît* GUÈRE, *celui-là ne me plaît* GUÈRE *non plus.* — *Quel dommage qu'un charmant garçon comme lui soit obligé de croupir dans un trou de province, sans ressources, sans* GUÈRE *de chance d'en sortir* (H. de RÉGNIER, *Les Vacances d'un Jeune Homme sage*, p. 231).

---

1. Certains **grammairiens** estiment que *guère* reste alors un adverbe (cf. § 445, *N. B.* et la note).

Guère, dit Littré, se construit avec *rien*, qui a alors son sens propre de « quelque chose » : *On ne sait* GUÈRE RIEN *de l'ensemble en toutes choses qu'à l'aide des détails* (Mme de STAËL, *De l'Allem.*, III, 10). — *On n'en sait* GUÈRE RIEN (MARTINON, *Comm. on parle en fr.*, p. 515, note 1). — Cette construction est assez rare.

3. On a pu dire autrefois : *il ne s'en faut* DE *guère*[1]. Aujourd'hui on dit à peu près exclusivement *il ne s'en faut guère*, sans *de* : *Il ne s'en est* GUÈRE *fallu* (Ac.). — *Il ne s'en faut* GUÈRE *qu'elle* [la comédie de l'*Amour médecin* *recueille (...) l'unanimité des suffrages* (R. DOUMIC, *Le Misanthr. de Molière*, p. 75).

4. Les adverbes de comparaison se mettent toujours après *guère : Il n'aime* GUÈRE PLUS *le thé que le café. Nous ne serons* GUÈRE MIEUX *ici que là. On ne lit* GUÈRE MOINS *cet auteur-ci que celui-là.*

Pour *n'avoir guère faim, guère envie*, etc., voir § 369.

851. *a) Plus* et **moins** sont les comparatifs, le premier de *beaucoup*, le second de *peu*. Ils servent à former le comparatif et le superlatif relatif des adjectifs qualificatifs et des adverbes. Dans les comparaisons, ils appellent comme terme corrélatif la conjonction *que*.

Remarques. — 1. Dans les expressions de comparaison avec *plus* ou *moins* devant un nom de nombre, on emploie généralement *plus de, moins de*[2] : *Plus* DE *vingt pas au-dessous d'elle* [de Votre Majesté] (LA F., *F.*, I, 10). — *Ainsi Charles XII, à dix-huit ans, commença et finit cette guerre en moins* DE *dix semaines* (VOLT., *Ch. XII*, 2). — *Cela coûtera moins* DE *cent francs* (Ac.). — *Plus* D'*un tomba.*

Devant un nom de nombre, on emploie *plus que, moins que* quand on veut donner au second terme de la comparaison un relief plus accusé ou lui faire prendre une signification mathématique : *Ce cep portait plus de vingt grappes, c'est-à-dire plus* QUE *vingt grappes* (LITTRÉ, s. v. *de*, 24°). — *Dix, c'est plus* QUE *neuf.* — *Napoléon, était renié beaucoup plus* QUE *trois fois* (L. MADELIN, cité par A. Thérive, *Clinique du langage*, p. 118). — *Cette lampe éclaire trois fois plus... et même plus* QUE *trois autres* (A. THÉRIVE, *ib.*). — *Il ne m'avait pas fallu moins* QUE *ces sept années (...) pour mettre au point cet énorme livre* (F. GREGH, *L'Âge de fer*, p. 108).

2. Avec *à demi, à moitié, aux trois quarts*, etc., on dit le plus souvent *plus de, moins de ;* mais *plus que, moins que* sont corrects aussi : *Cela est plus* D'*à demi fait* (Ac.). — *Cela est plus* QU'*à demi fait* (ID.). — *Des arbres plus* QU'*à moitié effeuillés* (Th. GAUTIER, *Partie carrée*, XIV). — *Élodie (...) plus* QU'*à demi résolue* (A. FRANCE, *Les Dieux ont soif*, p. 353). — *C'était un petit loqueteux (...) plus* QU'*aux trois quarts idiot* (M. MAINDRON, *Dariolette*, p. 97). — *Toute question ajournée est souvent plus* QU'*à moitié résolue* (A. MAUROIS,

---

1. Cette expression est encore donnée par le Dictionnaire général.
2. C'est le reste d'un ancien usage : voir § 366, *Hist.*

Mes Songes que voici, p. 216). — *En face, un château énorme. Plus* QU'*à demi ruiné* (A. MALRAUX, *L'Espoir*, p. 288).

3. *Plus ... plus, plus ... moins, moins ... plus, moins ... moins* s'emploient pour marquer corrélativement l'augmentation ou la diminution, soit directement, soit inversement proportionnelles. Le second terme peut être précédé de *et :* PLUS *on est de fous,* PLUS *on rit.* — PLUS *le tour est bizarre,* ET PLUS *elle est contente* (LA F., *F.*, IX, 15). — PLUS *il monte,* ET PLUS *je descends* (J. LEMAITRE, *Le Député Leveau*, I, 3). — MOINS *il avait d'argent,* PLUS *il buvait d'eau-de-vie* (A. FRANCE, *Crainquebille*, p. 55). — PLUS *je la regardais,* ET MOINS *j'osais offrir une aumône* (P. LOTI, *Reflets sur la sombre route*, p. 31).

N.B. — Il est incorrect de mettre *au* devant *plus, moins,* dans ces expressions corrélatives [1]. Ne dites pas (comme certains Bruxellois et certains Flamands) : *Au plus je réfléchis, au plus je suis indécis.*

Hist. — On a pu employer autrefois les expressions corrélatives *comme plus ... (tant) plus,* — *quant plus ... plus,* — *que plus ... plus,* — *d'autant plus ... d'autant (plus),* — *d'autant plus que ... tant plus,* — *tant plus ... tant plus,* — *tant plus ... tant moins,* etc. : CUM PLUS *main* [matin] *leve le maluré* [malheureux], PLUS *a long jour* (*Proverbes franç.*, éd. Morawski, 411). — D'AUTANT PLUS *longuement et soigneusement j'examine toutes ces choses,* D'AUTANT PLUS *clairement et distinctement je connais qu'elles sont vraies* (DESCARTES, *Médit.*, III). — D'AUTANT PLUS QUE *les choses sont de conséquence,* D'AUTANT PLUS *nous avons besoin...* (Boss., *Serm.*, Quinq., 2). — *Et je le connais* MOINS TANT PLUS *je le contemple* (CORN., *Suite du Ment.*, I, 4). — TANT PLUS *il t'enrichit,* TANT PLUS *tu hasardes* (ID., *Imit.*, VIII, dans Haase, p. 239). — De nos jours, de telles expressions ne subsistent guère, sauf dans un certain usage populaire : TANT PLUS *on appuie,* TANT PLUS *ça glisse* (J. GIONO, *Lanceurs de graines*, I, 5). — TANT PLUS *ils sont tristes,* TANT PLUS *ils sont vieux* (G. BERNANOS, *Monsieur Ouine*, p. 191). — TANT PLUS *il s'écarte de la réalité,* TANT PLUS *il répond à son propre programme* (Ch. PÉGUY, *L'Esprit de système*, p. 16). — PLUS *la sociologie chancelait,* D'AUTANT PLUS *il se raidissait* (ID., *ib.*, p. 77).

4. *Au plus* est employé couramment à Bruxelles et en Flandre dans des phrases telles que : *J'ai trois petits chats qui sont tous au plus jolis. Vos roses sont toutes au plus belles* [2]. — Il faut dire : *J'ai trois petits chats qui sont tous*

---

1. On lit chez A. Daudet (qui, traduisant un proverbe provençal, garde, pour la couleur locale, le tour occitanien *al mai* = au plus) : *Et tous les soirs le même centon avec lequel il* [un vieux berger] *levait la séance :* AU PLUS *la vieille allait,* AU PLUS *elle apprenait, et pour ce, mourir ne voulait* (*Trente ans de Paris*, p. 168). Dans *Port-Tarascon* (III, 6), Daudet met le même proverbe dans la bouche de Tartarin.

2. Cf. en liégeois : *Cinq' coreûs, turtos* AL PUS *lèdjîrs* [= cinq coureurs, tous au plus légers] (dans J. HAUST, *Dict. liég.*) ; — et en nivellois : *Is ont sté* AU PUS *djintis* [= ils ont été au plus gentils] (dans J. COPPENS, *Gramm. aclote*). — Cet *au plus* a existé en français ; Damourette et Pichon (§ 723, 1°) citent ces exemples du XVIIIe siècle (et font un rapprochement avec le haut-allemand *am meisten*) : *Ce ton impertinent Est* AU PLUS *étonnant* (Le chansonnier VADÉ) ; — *Il faut avouer (...) que votre princesse est* AU PLUS *belle* (VOISENON).

plus jolis l'un que l'autre. Vos roses sont toutes plus belles les unes que les autres (ou : *plus belles l'une que l'autre*). — *Vous êtes tous plus entêtés les uns que les autres* (Ac., s.v. *plus*). — *Ils sont tous trois plus sots l'un que l'autre* (Id.). — *Dix garçons et filles, par moitié, à Valmondois, chez les Andain, tous plus beaux les uns que les autres* (É. Henriot, *Tout va recommencer sans nous*, p. 23).

5. *De moins*, parfois *en moins*, se disent pour exprimer l'idée de manque ou de diminution : *Ménalque s'en retourne chez soi avec une pantoufle* DE MOINS (La Br., XI, 7). — *Trois dents qu'il avait* DE MOINS *s'ajoutaient à son sourire* (Hugo, *L'Homme qui rit*, II, 1, 12). — *Il y a dans ce sac dix francs* DE MOINS [= il y manque dix francs] (Littré). — *J'attendais mille francs, et je trouve cent francs* DE MOINS. — *Il avait un billet de* MOINS *dans son portefeuille* (Ac.). — *J'ai trouvé dans votre compte vingt-cinq francs* DE MOINS (Lar. du XXᵉ s.). — *Marchandez, vous aurez cela pour quelque chose* DE MOINS (Littré). — *J'ai reçu* EN MOINS *trois francs* (Id.). — *Beau profit, une jambe* EN MOINS ! (É. Henriot, *Tout va finir*, p. 144.)

On dit incorrectement, en Belgique : *Il y a dix francs* TROP PEU (ou : DE TROP PEU). *Vous me rendez cinq francs* TROP PEU[1] [ou encore, à Bruxelles et en Flandre : *Il y a dix francs* TROP COURT ; *j'ai vingt francs* TROP COURT].

Bescherelle, Littré, le Dictionnaire général, le Larousse du XXᵉ siècle, Robert donnent l'expression *de manque : J'ai trouvé cent francs* DE MANQUE *dans ce sac d'écus* (Bescherelle). — *Trouver quelque chose* DE MANQUE (Littré). — *Ce n'est pas assez qu'une chose soit belle, il faut (...) qu'il n'y ait rien de trop ni rien* DE MANQUE (Pasc., *Pens.*, 15, appendice). — *Rien ne se trouva* DE MANQUE *sur l'inventaire* (J.-J. Rouss., *Conf.*, II). — *Rien de trop, rien* DE MANQUE (Dict. gén.). — *Trouver vingt francs* DE MANQUE *dans un sac de mille francs* (Lar. du XXᵉ s.). — Cette expression est vieillie, mais elle peut se rencontrer encore dans la langue écrite : *Que tout le destin, physique et moral, d'un individu soit commandé par un grain chromosomique de trop ou* DE MANQUE, *c'est là, assurément, quelque chose de troublant pour le moraliste* (J. Rostand, dans le *Figaro litt.*, 5 sept. 1959). — Elle est, semble-t-il, inusitée aujourd'hui dans la langue parlée.

b) Plus et *moins* s'emploient comme *adverbes* avec des adjectifs, des verbes ou des adverbes : *L'envie est* PLUS *irréconciliable que la haine* (La Roch., *Max.*, 328). — *Un homme* PLUS *heureux*, MOINS *heureux. L'homme le* PLUS *heureux, le* MOINS *heureux. Il travaille* PLUS *que vous*, MOINS *que vous. Venez* MOINS *tard. Va* PLUS *loin, le* PLUS *loin possible.*

Remarques. — 1. *Plus, moins* se mettent parfois devant un nom employé adjectivement comme épithète ou attribut : *Le* PLUS *âne des trois* (La F., *F.*, III, 1). — *Le* PLUS *homme de bien, les* PLUS *gens de bien* (Littré). — *Un auteur* MOINS *poète qu'on ne le dit.*

---

1. Cf. liégeois : *I-n-a vint francs* D'PÔ (ou : TROP PÔ) = il y a vingt francs *« de peu »* (ou : « *trop peu* ») (dans J. Haust, *Dict. franç.-liég.*).

2. Ils peuvent aussi, surtout dans la langue parlée ou familière, s'employer devant un nom abstrait sans article, intimement uni à un verbe et formant avec lui une locution verbale (§ 369) : *Vous avez* PLUS *faim* (MOL., *Ét.*, IV, 3). — *Celui qui a* LE PLUS *peur de l'hôpital* (A. DUMAS f., *Un Père prodigue*, IV, 4). — *Henriette avait eu trop raison,* PLUS *raison qu'elle ne le savait elle-même* (P. BOURGET, *La Terre promise*, p. 113).

3. *Plus* s'emploie avec des verbes comme complétif de la négation *ne*, pour marquer cessation d'une action ou d'un état : *Je ne résiste* PLUS *à tout ce qui m'arrive* (HUGO, *Cont.*, IV, 15).

c) Plus et *moins*, construits avec *de* et un nom, ont la valeur de *déterminatifs indéfinis* numéraux ou quantitatifs [1] : *Je veux* MOINS *de valeur et* PLUS *d'obéissance* (RAC., *Iphig.*, IV, 6). — MOINS *d'honneurs que d'honneur.*

d) Ils peuvent s'employer absolument comme *nominaux* désignant des choses : *Je fis* PLUS (RAC., *Brit.*, IV, 2). — *On rirait, on se fâcherait à* MOINS (LITTRÉ). — *Il y a* PLUS. — *Il est paresseux et, qui* PLUS *est, ivrogne* (DICT. GÉN.). — *Elle avait peut-être* PLUS *à dire à son petit livre que son petit livre n'avait à lui dire* (A. FRANCE, *Pierre Nozière*, p. 144).

e) Ils s'emploient aussi comme *noms* avec l'article défini : *Qui peut le* PLUS *peut le* MOINS. — *Cela dépend du* PLUS *ou du* MOINS *de travail* (Ac.).

852. Tout et *très* servent l'un et l'autre à renforcer des adjectifs ou des participes pris adjectivement. *Tout* s'emploie plus particulièrement quand l'adjectif indique un état passager ; *très*, quand l'adjectif marque une disposition constante, considérée en elle-même, sans rapport avec un fait antérieur ; cette distinction toutefois n'a rien d'absolu : *Il est* TOUT *triste* (en ce moment, à cause de quelque nouvelle pénible, par exemple). *Il est* TRÈS *triste.* TRÈS *à l'aise.* — *Il fut* TOUT *heureux et* TOUT *aise De rencontrer un limaçon* (LA F., *F.*, VII, 4). — *Ils vivaient* TRÈS *heureux, en dépit de leur pauvreté. Il est* TRÈS *estimé.*

Très peut modifier un adverbe : TRÈS *souvent.* TRÈS *loin.* TRÈS *vaillamment.*

Remarques. — 1. *Très* se met parfois devant un nom d'être animé employé adjectivement comme épithète ou attribut [2] : *Il ne laisse pas de se fier*

---

1. Certains grammairiens estiment que *plus* et *moins* restent alors des adverbes (cf. § 445, *N. B.* et la note).

1. « On a contesté, dit Littré, s'il pouvait se mettre devant un substantif. Cela est peu usité ; mais l'usage de bons auteurs y autorise. »

à celui-ci comme à un TRÈS *homme de bien* (GUEZ DE BALZAC, dans LITTRÉ).
— *Il était très gai,* TRÈS *enfant* (O. MIRBEAU, *Dingo,* VII). — *Robert Cozal demeuré* TRÈS *bébé malgré ses vingt-cinq ans* (G. COURTELINE, *Les Linottes,* I).
— *Il est* TRÈS *ami de l'ambassadeur d'Angleterre* (F. GREGH, *L'Âge de fer,* p. 167).

L'expression prend parfois alors un ton badin : *Oui, vous êtes sergent, monsieur, et* TRÈS SERGENT (RAC., *Plaid.,* II, 4). — Adine : *Êtes-vous une personne ?* — Églé : *Oui, assurément, et* TRÈS PERSONNE (MARIVAUX, *La Dispute,* 9).

2. L'usage actuel permet, surtout dans la langue parlée ou familière, d'employer *très* devant un nom abstrait sans article, intimement uni au verbe et formant avec lui une locution verbale [1] (§ 369) :

Il se fait TRÈS *mal* (R. ROLLAND, *Jean-Christophe,* t. I, p. 34). — *Elle eut* TRÈS *mal à la tête* (L. DUBECH, *La Grève des Forgerons,* p. 124). — *Comme j'avais* TRÈS *froid* (A. FRANCE, *Crainquebille,* p. 273). — *Cécile a donc* TRÈS *peur* (R. MARTIN DU GARD, *Jean Barois,* p. 385). — *J'ai* TRÈS *envie d'allumer une cigarette* (ID., *Les Thibault,* V, p. 158). — *J'ai* TRÈS *faim* (M. PROUST, *Les Plaisirs et les Jours,* p. 241). — *Hélène avait* TRÈS *peur* (G. DUHAMEL, *Les Maîtres,* p. 245). — *Il faut faire* TRÈS *attention* (Ch. DU BOS, *Journal 1921-1923,* p. 188). — *Il faut prendre* TRÈS *garde ici aux paroles qu'on prononce* (J. COCTEAU, *Maalesh,* p. 54). — *Musset nous faisait* TRÈS *plaisir* (É. HENRIOT, *De Lamartine à Valéry,* p. 223). — *C'est* TRÈS *dommage* (J. GIRAUDOUX, *La Folle de Chaillot,* p. 107). — *Angélo avait* TRÈS *soif de quelque chose de chaud* (J. GIONO, *Le Hussard sur le toit,* p. 11).

3. La langue familière, surtout dans les réponses, fait parfois ellipse de l'adjectif modifié par *très :* Henriette : *Denis est très intelligent !* — Gabrielle : TRÈS ! (H. BERNSTEIN, *Le Secret,* I, 5.) — *Elle est heureuse, j'aime à croire ?* — *Pas* TRÈS *pour le quart d'heure* (J. RICHEPIN, *Le Chemineau,* III, 9). — Carradine : *Je n'étais pas très agréable moi-même.* — Véronique : PAS TRÈS (M. ACHARD, *Patate,* I).

4. On rencontre chez Mme de Sévigné *très* modifiant un verbe à un temps composé : *Ils m'ont* TRÈS *assuré que la vendange de cette année m'aurait empirée* (t. V, p. 81). — Cet emploi de *très* — tout à fait exceptionnel à l'époque classique — se retrouve chez certains écrivains modernes : *Mon maître Victor Delbos, que j'ai* TRÈS *aimé* (J. MALÈGUE, *Augustin,* t. II, p. 189). — *Un homme que ce drame a certainement* TRÈS *excité dans sa jeunesse* (É. HENRIOT, *Les Fils de la Louve,* p. 45). — Ces exemples ne sont pas bons à imiter [2].

---

1. La Grammaire de l'Académie et les puristes protestent contre cet usage et veulent que l'on dise : *J'ai* GRAND-*faim. J'ai* GRAND *besoin de... Il a* FORT *mal à la tête. J'ai* GRANDE *envie de... ;* etc. — A observer que le Dictionnaire de l'Académie, au mot *faim,* explique ainsi *mourir de faim :* « signifie figurément, *Avoir extrêmement faim* ».

2. « Je lis dans les « Phoinissiennes », traduites par Leconte de Lisle (p. 195) : « Ils ont *très irrité* le malheureux homme » qui me paraît inadmissible. Ou fais-je preuve ici d'un purisme exagéré ? « Ont irrité » n'est ici qu'un temps de verbe, parti-

5. La langue familière emploie volontiers *tellement* au lieu de *très* (ou de *beaucoup*) dans les phrases négatives ou interrogatives · *Cela n'est pas* TELLEMENT *important.* — *Y a-t-il* TELLEMENT *loin ?* — *Resterez-vous* TELLEMENT *longtemps ?* — *Il faut avouer, roi Saül, que, sans barbe, tu n'es plus* TELLEMENT *respectable* (A. GIDE, *Saül*, IV, 2). — *Avec moins de réalité dans la vie de tous les jours, mais pas* TELLEMENT *moins* (J. ROMAINS, *Violation de frontières*, p. 140).

L'expression pléonastique *si tellement* est de la langue vulgaire : Turelure : *Eh bien, les gens de la Race Sacrée, ils s'entendaient* SI TELLEMENT *bien entre eux autrefois...* (P. CLAUDEL, *Le Pain dur*, I, 3).

853. *a) Trop* [a] s'emploie comme *adverbe* avec un adjectif, un verbe ou un adverbe : *Un juge* TROP *sévère. Il tarde* TROP. *Il parle* TROP *vite.*

b) Trop, construit avec *de* et un nom, a la valeur d'un *déterminatif indéfini* numéral ou quantitatif [1] : TROP *de bruit nous assourdit,* TROP *de lumière éblouit* (PASC., *Pens.,* 72). — *Nous avons* TROP *d'orgueil, nous faisons* TROP *de rêves.*

c) Trop peut s'employer absolument comme *nominal* désignant des choses : *Qui* TROP *embrasse mal étreint. C'est* TROP *dire,* TROP *demander. À chacun le sien n'est pas* TROP.

d) Précédé de l'article ou d'un adjectif démonstratif ou possessif, *trop* s'emploie comme *nom : Le* TROP *de confiance attire le danger* (CORN., *Cid,* II, 7). — *Ce* TROP *de confiance causera votre perte.* — *J'abuse, cher ami, de ton* TROP *d'amitié* (RAC., *Andr.,* III, 1).

Remarques. — 1. *Trop* employé pour exprimer simplement l'idée d'excès, sans indication de la mesure de l'excès, n'admet pas devant lui les prépositions *de* ou *en : Vous parlez* TROP. — *De l'argent, dit l'avare, on n'en a jamais* TROP. — *Des soucis, j'ai ai* TROP. — *Je bois du lait, j'en bois* TROP (J. RENARD, *Journal,* 15 mars 1897). — *Vous avez* TROP *pour vivre* (R. ROLLAND, *Jean-Christ.,* t. IX, p. 63).

Mais *trop* employé avec un nom, ou un pronom, ou une expression numérale, indiquant la mesure de l'excès, se fait précéder de la préposition *de* (parfois *de en*) :

Rien DE TROP. — *Tout ce qu'on dit* DE TROP (BOIL., *Art p.,* I). — *Ce que vous avez* DE

---

cipe conjugué avec son auxiliaire, et ne suppose pas plus le comparatif ou le superlatif que le pluriel. Les fautes de logique me paraissent toujours les plus graves.» (A. GIDE, *Journal 1889-1939*, éd. de la Pléiade, p. 985.)

1. Certains grammairiens estiment que *trop* reste alors un adverbe (cf. § 445, N. B. et la note).

ÉTYM. — [a] *Trop* vient du francique **throp*, « entassement », qui prend en latin médiéval le sens de « troupeau » *(troppus),* anc. angl. *throp,* « village », all. *Dorf* (BLOCH-WARTBURG, *Dict. étym.,* 2ᵉ éd.).

TROP (J.-J. ROUSS., *Inég.*). — *Si vous avez du sang* DE TROP *dans les veines* (Cl. TILLIER, *Mon Oncle Benjamin*, XVIII). — *Ce n'est jamais bon de boire un coup* DE TROP (A. CAMUS, *Les Justes*, p. 122). — *Vous m'avez donné cent francs* DE TROP (AC.). — *Il n'y a pas dans son discours un mot* DE TROP (ID.). — *J'en ai deux* ou *plusieurs* DE TROP (MARTINON, *Comm. on parle...*, p. 511). — *Vous dites quelques mots* DE TROP, EN TROP. *Il y en a quelques-uns* DE TROP, EN TROP.

Toutefois on dit *beaucoup trop, un peu trop, bien trop*, sans *de* ni *en : Il en a beaucoup* TROP, *un peu* TROP (AC.). — *Il en a bien* TROP.

2. Quand *trop* est employé comme attribut avec *être :*

a) en trop, de trop peuvent exprimer l'idée d'une présence inopportune, ou gênante, ou inutile : *Je crois que nous sommes* DE TROP *dans cette petite fête de famille* (FLAUBERT, *L'Éduc. sent.*, II, 4). — *Venez, marquise, vous n'êtes pas* DE TROP (A. HERMANT, *Trains de luxe*, p. 68). — *J'étais* DE TROP, *comme toujours* (A. ARNOUX, *Les Crimes innocents*, p. 248). — *La présence de Line ne sera pas* DE TROP (A. LICHTENBERGER, *Line*, p. 153). — *Ôtez ces livres de ce rayon : ils sont* EN TROP. — *Il faut retrancher ce mot qui est* EN TROP (AC.). — *Cette épithète est* DE TROP (Ch. PÉGUY, *L'Esprit de système*, p. 284). — *Il me semble que ces rubans sont* DE TROP (J. GREEN, *Journal*, t. I, p. 292).

b) trop, de trop peuvent exprimer l'idée d'un nombre excessif, d'une quantité exagérée : *Deux mois de vacances, dit l'écolier, ce n'est pas* TROP. — *C'est* TROP, *me disait-il* (MOL., *Tart.*, I, 5). — *Ils étaient* TROP, *il ne pouvait rien contre eux* (R. ROLLAND, *Jean-Christophe*, t. IV, p. 169). — *Puisque vos bourreaux sont les coupables, Fabrice, il n'y a qu'à les supprimer. — Ils sont* TROP, *Madame* (J. GIRAUDOUX, *La Folle de Chaillot*, p. 86). — *Il faut se faire à cette vue grave (...). Cinq minutes ne sont pas* DE TROP (R. BAZIN, *Terre d'Espagne*, p. 42). — *Il en est du bien et du mal comme de la civilisation : trente siècles ne sont pas* DE TROP *pour l'édifier* (A. SUARÈS, *Vues sur l'Europe*, p. 123). — *Deux jours entiers ne furent pas* DE TROP *pour nous remonter jusqu'à cette Crescent City* (Cl. FARRÈRE, *La Seconde Porte*, p. 133). — *À nous deux nous n'étions pas* DE TROP *pour porter le groupe désarmé sur nos épaules* (J. ROY, *Le Métier des armes*, p. 163). — *Trente-quatre pages ne sont pas* DE TROP *pour l'inventaire de son commerce* (R. KEMP, dans les *Nouv. litt.*, 25 déc. 1952).

A noter la phrase proverbiale : *À chacun le sien n'est pas* TROP.

3. On peut dire, surtout dans la langue parlée ou familière : *j'ai trop faim, trop peur, trop mal*, etc. (§ 369) : *Antoine n'avait que* TROP *raison* (R. MARTIN DU GARD, *Les Thibault*, VII, 3, p. 238). — *J'avais vraiment* TROP *faim* (Ch. DU BOS, *Journal 1921-1923*, p. 120).

4. *Trop* modifiant un adjectif a, dans certaines phrases de politesse, le sens de « beaucoup » ou de « fort » : *Je suis* TROP *heureux de vous voir* (AC.). — *Vous êtes* TROP *aimable* (ID.). — *Trop* prend également un sens augmentatif quand il est associé à *ne ... que : Tout ce que j'ai prédit n'est que* TROP *assuré* (RAC., *Brit.*, I, 1). — *Cela n'est que* TROP *vrai* (AC.). — *On n'a que* TROP *tardé à prendre ces mesures*.

5. Ne dites pas : *Il est trop de bonne heure pour dîner*, ni : *Il est venu trop de bonne heure ;* — dites : *Il est de trop bonne heure pour dîner* (AC., s.v. *heure*). — *Il est venu de trop bonne heure. — Il est de trop bonne heure* (MUSSET, *Mardoche*, LI). — *Il lui reprocha (...) d'avoir commencé d'un peu trop bonne*

heure l'éducation politique de cet enfant (M. Pagnol, *Le Temps des secrets*, p. 28). — *Il est de trop bonne heure pour piéger* (J. Giono, *Regain*, p. 100).

6. *Par trop* signifie « beaucoup trop » (voir § 362, *Hist.*) : *Il est* PAR TROP *pressé* (Littré). — *Cet homme est aussi* PAR TROP *ennuyeux,* PAR TROP *complimenteur,* PAR TROP *insolent* (Ac.).

Hist. — 1. Dans l'ancienne langue, *trop* pouvait se placer devant *plus* ou *mieux*, avec la valeur de « bien » ou de « beaucoup » : *Or' voila donc combien la Paix est* TROP PLUS *belle Et meilleure aux humains que n'est pas la querelle* (Ronsard, t. IX, p. 113). — *Aymer* TROP MIEULX *son ennemi que soy* (Id., t. IV, p. 26).

2. On pouvait autrefois placer après *trop* l'expression quantitative indiquant la mesure de l'excès . *trop d'un, trop de deux, trop de la moitié*, etc. : *C'est* TROP DE LA MOITIÉ (Mol., *Tart.*, I, 5). — *Nous sommes trois chez vous ! C'est* TROP DE DEUX, *madame !* (Hugo, *Hern.*, I, 3.) — *C'est* TROP DE DOUZE (É. Augier, *Le Gendre de M. Poirier*, I, 5). — Cette tournure est à peu près complètement sortie de l'usage ; on dit, de nos jours : *un de trop* ou *un en trop, deux de trop* ou *deux en trop*, etc.

Art. 3. — ADVERBES DE TEMPS

854. Appartiennent à la catégorie des adverbes de temps :

alors	auparavant	avant-hier	depuis	encore
après	aussitôt	bientôt	derechef	enfin
après-demain	autrefois	déjà [1]	désormais	ensuite
aujourd'hui	avant	demain	dorénavant	entre-temps [2]

---

1. A noter un emploi un peu familier de *déjà* dans des questions impliquant l'idée que celui qui questionne a su *déjà*, mais ne se rappelle plus bien, ce qui doit constituer la réponse : *Il ne sait pas versifier, cet homme-là ! Comment donc s'appelle-t-il* déjà ? (Hugo, *Le Dernier jour d'un condamné*, Comédie.) — *Qui est-ce,* déjà, *qui a eu l'idée de tout ça ?* (J. Romains, *Les Hommes de bonne vol.*, t. VII, p. 253.)

2. L'Académie écrit *entre-temps*, avec le trait d'union. Le Dictionnaire général donne les deux orthographes *entre-temps* et *entretemps*. — Ce mot est une altération, par attraction de *temps*, de l'ancien français *entretant*, composé de *tant*. Quelques auteurs ont tenté de faire revivre *entretant*, disparu depuis le XVIe siècle (il subsiste pourtant dans les dialectes du Midi) : *Elle y retrouve* [au foyer conjugal] *sa Claudie, qui* ENTRE TANT *s'est fiancée avec un garçon du plus bel avenir* (A. Thérive, dans le *Temps*, 4 mai 1939). — ENTRE TANT *Béhanzigue se vit invité aux noces* (P.-J. Toulet, *Béhanzigue*, p. 51). — *Après avoir,* ENTRE TANT, *publié les mémoires d'un touriste* (É. Henriot, *Romanesques et Romantiques*, p. 112). — ENTRE TANT, *Mme de La Rochefoucauld (...) propose son explication : notre moi ne nous appartient jamais complètement* (Id., dans le *Monde*, 15 janv. 1958). — ENTRE TANT, *quelques-uns des plus vigoureux conjurés, avant de se séparer, ont organisé une sorte de baroud d'honneur* (Id., *ib.*, 12 févr. 1958). — ENTRETANT, *nous continuions à nous occuper de notre plaquette* (Fr. de Miomandre, *Mon Caméléon*, p. 98). — On a allégué que *entre tant* (lat. *tantum*, si grand) voulait dire : « dans ces grandes conjonctures, dans ces circonstances si graves, etc. », et qu'il n'était pas synonyme de *entre temps*, qui marque une

hier	longtemps	parfois[1]	sitôt	tantôt
incontinent	lors	puis	soudain	tard
jadis	maintenant	quand ?	souvent[2]	tôt
jamais	naguère	quelquefois	subito	toujours

On y joint un certain nombre de locutions adverbiales, telles que : *tout de suite, de suite, dans la suite, tout à coup, à l'instant, à jamais, à présent, de temps en temps, jusque-là, tout à l'heure*, etc.

N. B. — *Cependant* (ce + pendant) était, à l'origine, une locution verbale absolue, formée du participe présent de *pendre* précédé du sujet *ce* ; le sens était donc : « cela étant pendant ». Au sens adverbial, *cependant* était courant à l'époque classique : *Allez, et* CEPENDANT [= pendant ce temps] *au pied de nos autels J'irai rendre pour vous grâces aux immortels* (CORN., *Hor.*, I, 4). — *Raton (...) Tire un marron, puis deux et puis trois en escroque, Et* CEPENDANT *Bertrand les croque* (LA F., *F.*, IX, 16). — En cet emploi, *cependant* (ou *ce pendant*), dans l'usage actuel, est tout à fait vieilli (voir § 527, *Hist.*). Dans le français d'aujourd'hui, *cependant* est à peu près toujours conjonction (= toutefois, néanmoins, nonobstant cela).

Emploi de certains adverbes de temps.

854*bis.* **Aujourd'hui**, qui était, à l'origine, *au jour d'hui* [*hui*, du lat. *hodie*, le jour présent], renferme la préposition *à* ; cela n'empêche pas que l'usage n'ait adopté la construction *à aujourd'hui* : *Sans adieu, à* AUJOURD'HUI *même, après midi* (LITTRÉ). — *On a remis l'affaire à* AUJOURD'HUI (AC.).

Pour *jusqu'aujourd'hui, jusqu'à aujourd'hui*, voir § 939, Rem. 2. — Pour *d'aujourd'hui en huit*, voir § 920, Rem. 1.

---

simple coïncidence temporelle. La raison est spécieuse : l'usage actuel ignore à peu près *entre tant* ; cette forme reste un caprice individuel (notamment chez É. Henriot, qui en use constamment), et la forme vivante est bien *entretemps* (ou *entre-temps*, ou *entre temps*) : ENTRE TEMPS *j'écrirai des vers* (A. GIDE, *Les Faux-Monn.*, p. 260). — *Vienne*, ENTRE TEMPS *une herbe rafraîchissante* (COLETTE, *Le Fanal bleu*, pp. 59-60). — ENTRE-TEMPS, *il arriva* (AC.).

1. La langue familière ou populaire emploie *des fois* pour *parfois* ou pour *quelquefois* : DES FOIS *cependant il semble que c'est tout arrangé* (J. GIONO, *La Femme du boulanger*, I, 3). — Notons à ce propos que, selon Littré (s. v. *fois*, Rem.), *fois* ne s'emploie pas avec l'article sans qu'il y ait un adjectif entre les deux mots (l'adjectif *tout* est le seul qui ne se mette pas à cette place ; il précède l'article). Littré fait observer que c'est là cependant affaire d'usage, non de grammaire, et qu'on pourrait dire correctement : *Songez* AUX FOIS *qu'il vous a battu. J'ai marqué* LES FOIS *qu'il est venu.* — Cf. : *Il en fut de même* LES FOIS *suivantes* (FLAUB., *L'Éduc. sent.*, II, 2). — *Beaucoup mieux (...) que* LA FOIS *dernière* (R. KEMP, dans le *Monde*, 22 oct. 1958).

2. *Souventefois* (composé de *souvent* pris adjectivement, et de *fois*) [ou *souventes fois*] est aujourd'hui un pur archaïsme : *Cette disposition d'esprit, qui m'a frappé* SOUVENTES FOIS *chez les gens de mon pays* (G. DUHAMEL, *La Pesée des âmes*, p. 188).

Dans *au jour d'aujourd'hui*, l'idée de « jour présent » est exprimée trois fois ; ce pléonasme populaire se trouve parfois dans la langue littéraire et peut y faire, à l'occasion, fort bon effet : *Et nous n'avons à nous que le* JOUR D'AUJOURD'HUI ! (LA-MART., *Méd.*, II.)

855. Auparavant, dans la langue actuelle, est toujours adverbe : *Un mois* AUPARAVANT (AC.). — *Vous pourrez partir, mais* AUPARAVANT, *parlez.*

Hist. — *Auparavant* s'est employé, jusque dans le XVIIᵉ siècle, comme préposition : *Or cest accident estoit advenu bien long temps* AUPARAVANT *la bataille de Leuctres* (AMYOT, *Pelopidas* 10). — AUPARAVANT *l'arrêt* (ROTROU, *Bélisaire*, V, 5).
On disait aussi *auparavant que :* AUPARAVANT QUE *de venir* (MOL., *Escarb.*, 13).

855bis. Aussitôt. On écrit *aussitôt* en un seul mot quand il s'agit de l'adverbe *aussitôt* (dans le moment même) ou de la locution conjonctive *aussitôt que* (dès le moment que) : *On envoya chercher le médecin, il arriva* AUSSITÔT (AC.). — AUSSITÔT QU'*il m'aperçut, il vint à moi* (ID.).
On a deux mots, au contraire, dans l'expression comparative *aussi tôt,* qui s'oppose à *aussi tard : Vous n'arrivez pas* AUSSI TÔT (ou SITÔT) *aujourd'hui qu'hier.* — *Cette question s'adressait à Élisabeth qu'une timidité subite empêcha de répondre* AUSSI TÔT *qu'elle l'aurait voulu* (J. GREEN, *Minuit*, p. 221).
Une distinction analogue est à faire entre les adverbes *autrefois, quelquefois, longtemps*, écrits en un seul mot, et les expressions *autre(s) fois, quelques fois, long temps*, écrites en deux mots : ces expressions contiennent un adjectif et un nom employés chacun isolément : *Les mœurs d'*AUTREFOIS. — *Ajoutez* QUELQUEFOIS, *et souvent effacez* (BOIL., *Art p.*, I). — *Vous attendrez* LONGTEMPS. — *Nous reviendrons une* AUTRE FOIS. — *Voyez Acis. Il vous parle un* LONG TEMPS (É. FAGUET, *XVIIᵉ S.*, p. 500). — *Je ne l'ai vu que* QUELQUES FOIS (= un petit nombre de fois).
On distinguera aussi *bientôt* de *bien tôt: Ils furent* BIENTÔT *pris. Vous arrivez* BIEN TÔT *aujourd'hui.*
Pour préciser *bientôt* et marquer un futur tout proche, la langue familière, depuis quelques décennies, le fait souvent précéder de *très : Nous reviendrons* TRÈS BIENTÔT. *À* TRÈS BIENTÔT ! — *Je serai,* TRÈS BIENTÔT, *l'objet d'un scandale retentissant* (VER-CORS, *Les Animaux dénaturés*, p. 130). — *Mais elle allait le revoir bientôt,* TRÈS BIENTÔT (H. TROYAT, *Les Semailles et les Moissons*, p. 423).
Pour l'emploi de *aussitôt* comme préposition, voyez § 125, 3°.

856. De suite. Tout de suite.

a) De suite signifie « sans interruption, l'un après l'autre » :

La Russie a été gouvernée par cinq femmes DE SUITE (VOLT., *Louis XV,* 33). — *Ce premier manuscrit était écrit* DE SUITE, *sans section* (CHATEAUBR., *Mém.*, II, 7, 5). — *Faites-les marcher* DE SUITE (AC.). — *Le chauffeur de taxi qui conduit sa voiture dix heures* DE SUITE (G. DUHAMEL, *Défense des Lettres*, p. 24). — *Je peux boire trois cocktails* DE SUITE *sans que la tête me tourne* (A. HERMANT, *Xavier*, p. 146).

b) Tout de suite signifie « sans délai, sur-le-champ » [1] :

Envoyez-moi de l'argent TOUT DE SUITE (LITTRÉ). — *Nous fûmes* TOUT DE SUITE *bons amis* (VIGNY, *Servit. et Gr. m.*, I, 5). — *La mer ne dit jamais* TOUT DE SUITE *ce qu'elle veut* (HUGO, *Quatrevingt-treize*, I, 2, 7). — *Mme Garcia va venir* TOUT DE SUITE (A. MAUROIS, *Les Roses de septembre*, p. 228).

Remarque. — Nous venons d'indiquer la distinction traditionnelle, maintenue encore par l'Académie. Cette distinction, dans l'usage actuel, est fort précaire [2] : non seulement dans la langue parlée, mais encore dans la langue écrite, *de suite* au sens de « sur-le-champ » s'impatronise de plus en plus [3] :

Réponds DE SUITE ; *allons, la plume à la main !* (STENDHAL, *Corr.*, t. II, p. 249.) — *Je me mis* DE SUITE *à travailler à mon discours* (CHATEAUBR., *Mém.*, II, 7, 4). — *Je n'ai jamais causé avec un Italien sans que la conversation ne tournât* DE SUITE *à la politique* (TAINE, *Voyage en Italie*, t. I, p. 355). — *Nous fîmes* DE SUITE *une charte* (L. VEUILLOT, *Çà et là*, t. II, p. 82). — *Un instinct de rage lui fit juger* DE SUITE *que c'était lui* (G. SAND, *La Mare au diable*, XIV). — *Tu vas m'aller chercher* DE SUITE *le garde champêtre* (Cl. TILLIER, *Mon Oncle Benjamin*, III). — *Tu feras bien de m'envoyer la réponse* DE SUITE (FLAUB., *Corr.*, t. II, p. 260). — *L'aspect aimable de Bouvard charma* DE SUITE *Pécuchet* (ID., *Bouv. et Péc.*, p. 2). — *Il fallait* DE SUITE *s'en aller en Beauce, en Chine, au Pérou* (J. VALLÈS, *Les Réfractaires*, p. 134). — *On ne comprend pas* DE SUITE *un mot semblable* (P. LOTI, *Aziyadé*, p. 310). — *Il était arrivé à ce résultat presque* DE SUITE (E. de GONCOURT, *Les Frères Zemganno*, LVII). — *Elle se mit* DE SUITE *à l'œuvre* (R. BAZIN, *Stéphanette*, XVIII). — *Je songeai* DE SUITE *qu'une pareille bouche n'était pas faite pour prononcer ce nom de Lavinie* (A. FRANCE, *L'Étui de nacre*, p. 183). — *Courez* DE SUITE *au cercle, huissier* (G. COURTELINE, *Le Gendarme est sans pitié*, 1). — *Attendant la fin du morceau pour aller en parler* DE SUITE *au marquis de Trailles et au vicomte de Boisieux* (M. PROUST, *Jean Santeuil*, t. III, pp. 83-84). — *Préférez-vous dîner* DE SUITE ? (H. de RÉGNIER, *Le Mariage de minuit*, XIII.) — *Il voulait revenir* DE SUITE (R. BOYLESVE, *Le Meilleur Ami*, p. 90). — *Porte-leur ce café* DE SUITE (M. ZAMACOÏS, *M. Césarin*, I, 6). — *Les Grecs adhérèrent* DE SUITE *à une combinaison qui était leur dernière chance de salut* (P. de LA GORCE, *Charles X*, p. 171). — *Armand C... et moi-même (...) fûmes d'abord un peu déconcertés, mais* DE SUITE *séduits* (Cl. FARRÈRE, *La Seconde Porte*, p. 170). — *Allez* DE SUITE *vous restaurer* (A. GIDE, *Thésée*, p. 26). — *On doit entrer* DE SUITE *dans le vif du sujet* (A. SIEGFRIED, *Savoir parler en public*, p. 114). — *Je t'ai promis d'aller chercher la*

---

1. A l'époque classique, *tout de suite* pouvait signifier aussi « sans interruption » : *Il répète deux cents mots qu'on lui dira* TOUT DE SUITE (Ac. 1694). — *Un abbé Trublet a imprimé qu'il ne pouvait lire un poème* TOUT DE SUITE ; *eh ! monsieur l'abbé, que peut-on lire, que peut-on entendre, que peut-on faire longtemps et* TOUT DE SUITE ? (VOLT., *Dict. philos.*, Vers et poés.)

2. Pour A. Thérive, « la condamnation de ce *de suite* [« Appartement à louer *de suite* »] n'est justifiable que par un préjugé » (*Querelles de lang.*, t. I, p. 97), — et la distinction qu'on a voulu établir entre *de suite* et *tout de suite* est récente et conventionnelle (cf. *Carrefour*, 28 sept. 1955).

3. « Aujourd'hui il est dans toutes les bouches. » (F. BRUNOT, *La P. et la L.*, p. 470).

petite, c'est entendu (...) mais j'aurais préféré que ce ne fût pas DE SUITE (Germ. BEAU-
MONT, *Silsauve*, p. 78).

Si on veut exprimer l'idée de « sans interruption, l'un après l'autre », on peut dire :
à la suite, tout d'une suite, d'une suite, d'affilée : Il a joué dix mesures À LA SUITE, *dit-
elle* (H. TROYAT, *Tendre et violente Élisabeth*, p. 261).

857. *Jamais*, employé sans négation, a un sens positif et signifie « en un
temps quelconque » : *Et quel temps fut* JAMAIS *si fertile en miracles ?* (RAC.,
Ath., I, I.) — *Si vous venez* JAMAIS *me voir, je vous montrerai mes bibelots* (AC.).

Jamais est le plus souvent associé à un terme négatif : *ne* (combiné ou
non avec *plus, guère, personne, nul, aucun, encore*), *sans ;* il a alors un sens
négatif et signifie « en aucun temps » : JAMAIS *on ne vaincra les Romains
que dans Rome* (RAC., *Mithrid.*, III, I). — *Je découvris ce jour-là mon profil, que
je n'avais encore* JAMAIS *vu* (M. PAGNOL, *Le Temps des secrets*, p. 295). —
Sans JAMAIS *rien avoir de lent* (BOSS., *Condé*).

Il y a parfois ellipse de la négation et du verbe : *Vous avez toujours été orateur*, JAMAIS *philosophe* (FÉN., *Dial.*, 33). — *Son style est élégant*, JAMAIS *recherché* (AC.). — *Dans ces arbres* JAMAIS *coupés* (P. MORAND, *Flèche d'Orient*,
p. 130).

Jamais sert à former les locutions *à jamais, pour jamais, à tout jamais*, qui signifient « pour toujours ». Il forme aussi l'expression familière *au grand jamais*.

858. *Naguère. Jadis.* L'adverbe *naguère*, conformément à son étymologie
(*n'a guère* = il n'y a guère [1] ; v. § 850, *a*), signifie « il y a peu de temps » ; il indique donc un passé peu éloigné :

Dieu ! que tes bras sont froids ! rouvre les yeux... NAGUÈRE *Tu nous parlais d'un
monde où nous mènent nos pas* (HUGO, *Odes et B.*, Ball. III). — *Je ne suis plus obsédé
comme je le fus* NAGUÈRE *par la petite place du Christianisme dans le monde* (Fr. MAU-
RIAC, *Dieu et Mammon*, p. 107). — *Mais il est beaucoup de fautes analogues, que l'on
faisait couramment jadis et même* NAGUÈRE, *et que l'on ne fait plus aujourd'hui* (A. HER-
MANT, dans le *Temps*, 27 juill. 1939). — *C'est aux choses de jadis bien plus qu'à celles
de* NAGUÈRE *qu'elle* [ma mémoire] *aime d'appliquer sa volonté de résurrection* (G. DUHA-
MEL, *La Pierre d'Horeb*, p. 81). — *Jadis et même* NAGUÈRE, *la conclusion explicite
ou implicite tenait dans la formule dérisoire : « Ils se marièrent et eurent beaucoup d'enfants. »* (A. THÉRIVE, *La Foire littéraire*, p. 193).

On ne peut pas employer *naguère* dans le sens de *jadis* ou *d'autrefois* [2], qui marquent
un passé éloigné.

859. *Sitôt* s'écrit en un mot, soit qu'il marque l'intensité (si promptement,
si vite), soit qu'il exprime la comparaison (aussi vite) : *Comment puis-je
SITÔT servir votre courroux ?* (RAC., *Andr.*, IV, 3.) — *Quoi donc, elle devait*

---

1. À *naguère* la vieille langue opposait *pièça = pièce* [de temps il y] *a* = il y a
déjà une pièce de temps, depuis longtemps : *Quant de la chair, que trop avons nourrie,
Elle est* PIÈÇA *devorée et pourrie* (VILLON, *Poés. div.*, Épitaphe).

2. L'exemple suivant montre que *naguère* est en danger de perdre son sens étymologique et d'être pris comme synonyme de *jadis : Là fut* NAGUÈRE, *il y a trois
siècles, un des plus beaux palais du monde (...). Là ont* JADIS *étincelé des onyx de toutes
nuances...* (J. et J. THARAUD, *Marrakech*, p. 88).

périr SITÔT ! (Boss., *Duch. d'Orl.*) — *Je n'arriverai pas* SITÔT *que vous* (Ac.).
— *Toutes fragiles fleurs* SITÔT *mortes que nées !* (HUGO, *Orientales*, XXXIII, 2.)
    Sitôt sert à former la locution conjonctive *sitôt que*, signifiant « dès que » : SITÔT
QUE *du nectar la troupe est abreuvée, On dessert* (BOIL., *Lutr.*, I).
    De sitôt ne s'emploie qu'avec la négation et signifie « prochainement » : *Il ne partira
pas* DE SITÔT (Ac.). — Pour *sitôt* employé comme préposition, voir § 125, 3°.

    N. B. — Littré fait observer que, selon l'opinion de certains grammairiens, il
faudrait écrire *si tôt* en deux mots, quand cette expression peut être rapprochée
de *plus tôt* : *Je n'arriverai pas* SI TÔT *que vous. Votre affaire ne sera pas* SI TÔT *finie
que la mienne.* — Ailleurs on continuerait de n'en faire qu'un seul mot : SITÔT *qu'il
reçut la nouvelle, il partit.*

    Cela est tout à fait fondé : *si tôt*, en deux mots, est l'orthographe logique dans tous
les cas où l'expression en cause s'oppose à *si tard* et aussi dans « pas de si tôt » : *L'empereur jugeant sans doute qu'il n'était plus nécessaire de faire occuper* SI TÔT *la position de bataille...* (H. HOUSSAYE, *1815*, Waterloo, p. 279). — *Hé, vous voilà ? je ne vous
attendais pas* SI TÔT ! (Ac., s. v. *hé.*) — *Le matin*, SI TÔT *que nous partions, ils sont
levés avant nous* (H. BORDEAUX, *Sur le Rhin*, p. 169). — *On ne m'attendait pas* SI TÔT
(COLETTE, *La Vagabonde*, p. 311). — *Il n'y réussira pas de* SI TÔT (A. FRANCE, *Sur
la Pierre blanche*, p. 219). — *Clara ne se décidant pas à quitter* SI TÔT *sa nouvelle amie*
(R. BOYLESVE, *Élise*, p. 263). — *Jenny ne l'attendait pas* SI TÔT (R. MARTIN DU GARD,
Les Thibault, VII, 3, p. 158). — *Nous ne vous attendions pas* SI TÔT (M. ARLAND,
Étienne, p. 13). — *Vous partez* SI TÔT ? (J. GREEN, *Mont-Cinère*, XXIII.) — *Il ne
se couchera pas de* SI TÔT (J. COCTEAU, *L'Aigle à deux têtes*, I, 2). — *L'élève (...) ne
sera pas de* SI TÔT *agrégé* (M. VAN DER MEERSCH, *Corps et Âmes*, t. I, p. 66). — *Une
occasion (...) qui ne se représentera vraisemblablement pas de* SI TÔT (A. GIDE, *Journal
1942-1949*, p. 141).

    860. *a) Tantôt*, avec un verbe au présent, se prend dans le sens de
« bientôt » ; en cet emploi, il est vieilli (voir l'*Hist.*) : *Ce bâtiment est* TANTÔT
achevé (LITTRÉ).   *Il est* TANTÔT *nuit* (ID.). — *Il est* TANTÔT *midi* (Ac.). —
C'était pourtant vrai que, depuis TANTÔT *deux ans, il ne lui avait pas écrit*
(P. LOTI, *Mon Frère Yves*, III).

    b) Dans l'usage classique et traditionnel, *tantôt*, employé en parlant de
la journée où l'on est, peut indiquer soit un futur proche (= dans peu de
temps), soit un passé récent (= peu auparavant), sans qu'il marque nécessairement un moment de l'après-midi : *Je l'ai vu ce matin* [à sept heures]
et je le reverrai TANTÔT [à onze heures]. — *J'ai vu* TANTÔT [à dix heures du
matin] *l'homme dont vous me parlez* [à quatorze heures]. — *Je vous blâmais*
TANTÔT, *je vous plains à présent* (CORN., *Cid*, I, 2). — *Toutes ces circonstances
sont déduites au long dans le manuscrit dont je vous ai parlé* TANTÔT (LA F.,
Psyché, 1). — *Je voudrais, mamie, que vous eussiez été ici* TANTÔT (MOL.,
Mal. im., II, 6). — *On criait de loin :* « *Bonjour ! — Ça va bien ? — Oui ! —
Non ! — À* TANTÔT ! » (FLAUB., *L'Éduc. sent.*, t. I, p. 365). — *Les propos de
Mlle Anaïs illustrent parfaitement ce que nous disions* TANTÔT (M. AYMÉ,
Le Confort intellectuel, p. 184). — *Ce livre dont j'ai parlé* TANTÔT (G. DUHAMEL,
La Pesée des âmes, p. 327). — *Je remets à* TANTÔT *d'examiner les conditions
déterminantes d'un tel malheur* (ID., *La Musique consolatrice*, p. 132).

c) Tantôt, employé avec le futur ou avec le passé, a pris, du moins dans la région parisienne, la signification restreinte de « cet après-midi » [1] : *Je l'ai vu ce matin, et je le reverrai encore* TANTÔT (AC.). — *J'ai vu* TANTÔT *l'homme dont vous me parlez* (ID.). — *On m'a dit que vous étiez venu* TANTÔT *me chercher* (ID.). — *À* TANTÔT [= à cet après-midi] (ID.).

N. B. — 1. *Tantôt* peut être régime non seulement de *à,* mais aussi de *pour, jusqu'à, de : Venez çà tous, que je vous distribue mes ordres* POUR TANTÔT (MOL., *Av.,* III, 1). — *Une affaire pareille à celle* DE TANTÔT (ID., *Tart.,* IV, 5). — *Nous attendrons* JUSQU'À TANTÔT.

2. Dans certaines provinces (Touraine, Poitou, Berry, Angoumois, etc.), parfois aussi à Paris, *tantôt* s'emploie familièrement comme nom, au sens de « après-midi » ; on dit : *le tantôt, sur le tantôt, tous les tantôts, ce tantôt, au tantôt, l'autre tantôt, l'autre tantôt, en plein tantôt,* etc. : *Je viendrai* SUR LE TANTÔT (DICT. GÉN.). — *Le quignon de miche qu'on lui avait passé* LE TANTÔT *avait trempé dans la boue* (A. de CHÂTEAUBRIANT, *La Brière,* p. 209). — *J'ai justement reçu,* CE TANTÔT (...), *une épître de ton oncle* (P. MAC ORLAN, *L'Ancre de miséricorde,* p. 233). — LE TANTÔT, *elle ne bouge pas d'habitude* (P.-H. MICHEL, *La Terre tourne,* p. 162). — *Ils sont restés encore comme* CE TANTÔT, *la bouche pleine, à écouter* (J. GIONO, *Regain,* pp. 83-84). — *Thé ce matin, chez le cadi de Ghardalaia ; thé,* CE TANTÔT, *chez le cadi de bou Noura* (É. HENRIOT, *En Algérie,* p. 162). — *Nous irons en cueillir* [des mûres] *toutes les deux,* CE TANTÔT (J. GREEN, *Minuit,* p. 184).

d) Tantôt répété sert à exprimer l'alternative, la succession : TANTÔT *on les eût vus côte à côte nager,* TANTÔT *courir sur l'onde, et* TANTÔT *se plonger* (LA F., *F.,* III, 12).

Au lieu de *tantôt... tantôt,* on rencontre, mais rarement : *tantôt... ou* (cf. § 985, *b : soit... ou*), *tantôt... parfois : Il se condamne à une réclusion perpétuelle qu'il n'interrompt guère que pour m'apparaître,* TANTÔT *dans une robe de chambre écarlate* OU *en habit* (M. JOUHANDEAU, *Carnets de l'écrivain,* p. 259).

Hist. — *Tantôt* est composé de *tant* et de *tôt* [ce dernier mot : du lat. populaire *tostum* (de *torrēre*), grillé, brûlé, pris adverbialement au sens de « chaudement », d'où : « promptement »] ; il a signifié, au moyen âge : « aussitôt » (encore au XVIe s.), d'où : « bientôt » : *De mon lit* TANTOST *me levai* (*Rom. de la Rose,* 89). — *Car tout homme est comme foing ou herbe seiche, et la gloire de ce monde comme la fleur du pray qui* TANTOST *est passée* (*Internelle Consolacion,* I, 7). — *Comme les joueurs de comedie, vous les voyez sur l'eschaffaut faire une mine de Duc et d'Empereur ; mais* TANTOST *apres, les voylà devenuz valets et crocheteurs miserables* (MONTAIGNE, I, 42 ; p. 298). — *Vous n'avez* TANTÔT *plus que la peau sur les os* (RAC., *Plaid.,* I, 4). — *Voici* TANTÔT *mille ans que l'on ne vous a vue* (LA F., *F.,* III, 15).

861. *Tout à l'heure* indique qu'une chose aura lieu dans un moment ou qu'elle a eu lieu il n'y a qu'un moment. Il semble que le sens du futur

---

1. L'Académie ne donne à *tantôt,* employé avec un futur ou avec un passé, que cette signification restreinte. [Restriction de sens attestée par Dauzat, *Gramm. rais.,* p. 322.]

soit le plus fréquent [1] : *Je suis à vous* TOUT À L'HEURE, *j'ai quelques papiers à brûler* (VIGNY, *Chatt.*, III, 6). — *Ce que je vous disais* TOUT À L'HEURE *est si vrai !* (MAUPASS., *Notre Cœur*, I, 1.)

Tout à l'heure a signifié autrefois « sur-le-champ, sur l'heure » : *Je dis que je veux avoir de l'argent* TOUT À L'HEURE (MOL., *Préc.*, 7). — *Si vous ne vous éveillez* TOUT À L'HEURE, *je vous coiffe du pot à l'eau* (MUSSET, *Le Chandelier*, I, 1).

862. ***Tout à coup*** signifie « soudainement » : *O nuit effroyable où retentit* TOUT À COUP, *comme un coup de tonnerre, cette étonnante nouvelle : Madame se meurt ! Madame est morte !* (BOSS., *Duch. d'Orl.*) — *Ce mal l'a pris* TOUT À COUP (AC.).

Tout d'un coup signifie « tout en une fois » : *Il fit sa fortune* TOUT D'UN COUP (AC.). — *Il devint pauvre* TOUT D'UN COUP (LA F., *F.*, VII, 14). — *Le crédit tomba* TOUT D'UN COUP (VOLT., *L. XV*, 1).

N. B. — 1. Les deux expressions étant fort voisines l'une de l'autre par le sens, il était fatal qu'elles se confondissent ; dans l'usage actuel, on ne se soucie plus guère d'observer la distinction que les grammairiens ont établie entre elles. L'Académie d'ailleurs signale que « *tout d'un coup* s'emploie aussi quelquefois dans le sens de *tout à coup* ». — TOUT D'UN COUP *il éprouva une constriction à la poitrine* (P. BOURGET, *Lazarine*, p. 84). — TOUT D'UN COUP *une porte de cuir s'ouvrit* (A. MAUROIS, *Le Cercle de famille*, p. 53). — *Le bras étendu devant elle, les yeux écarquillés, elle avança de quelques pas.* TOUT D'UN COUP, *elle poussa un cri* (J. GREEN, *Mont-Cinère*, XXIV).

2. De *tout à coup* on peut rapprocher la locution néologique *du coup*, qui sert à annoncer un effet brusque et spontané, se produisant pour ainsi dire au même moment que l'action qui l'a causé ; le sens est voisin de celui de *du même coup : Ah ! mon Dieu !... Elle aussi ! cria M. Seguin stupéfait, et* DU COUP *il laissa tomber son écuelle* (A. DAUDET, *Lett. de m. moul.*, p. 50). — *Sur le point d'exécuter l'un de ses deux desseins qui depuis un quart d'heure se disputaient son attention, l'autre,* DU COUP, *lui semblait presque réalisé* (R. MARTIN DU GARD, *Les Thibault*, t. I, cit. Ch. Muller, dans *La Classe de franç.*, juill.-août, p. 230). — *Partout il* [l'orgue] *paraît au début du XVIIᵉ siècle (...).* DU COUP, *la décadence du chant grégorien (...) se précipite* (DANIEL-ROPS, *L'Église des temps classiques*, t. I, pp. 142-143). — *Le spectacle ne laissait pas de doute, et Stendhal, dégrisé* DU COUP, *dit qu'il en éclata de rire* (É. HENRIOT, dans le *Monde*, 8 avr. 1959). — DU COUP, *la correspondance tarit entre le maître et le disciple* (A. THÉRIVE, *La Foire littéraire*, p. 43).

Art. 4. — ADVERBES DE LIEU

863. Appartiennent à la catégorie des adverbes de lieu :

ailleurs	arrière	autour	çà	ci	dedans[2]
alentour	attenant	avant	céans (vieux)	contre	dehors

---

1. Le *Dictionnaire général* ne donne même à *tout à l'heure* que le sens de « dans un moment ».

2. *Dedans* a été préposition : voir § 932, *Hist.*

derrière	dessus [1]	ici	loin	outre	près
dessous	devant	là	où	partout [2]	proche

A cette liste il faut ajouter un certain nombre de locutions adverbiales, comme : *au-dedans, au-dehors, ci-après, ci-contre, en arrière, en avant, quelque part, là-bas, là-dedans*, etc.

Emploi de certains adverbes de lieu.

864. *Alentour* signifie « aux environs » : *Les bois d'*ALENTOUR (Ac.). — *La tristesse et l'âpreté de la terre bretonne s'étendaient* ALENTOUR (A. FRANCE, *Le Génie latin*, p. 293).

Quand il n'est pas précédé de la préposition *de*, il s'écrit parfois *à l'entour* (Ac.) [3] : *Rôder* À L'ENTOUR (ID.). — *Ils promenaient* À L'ENTOUR *leurs gros yeux ivres* (FLAUBERT, *Salammbô*, p. 14). — *Ces ombrages* À L'ENTOUR *sont pleins d'ombres* (É. HENRIOT, *Rencontres en Ile de France*, p. 49).

N. B. — 1. *À l'entour de* [4] est une locution prépositive qui a vieilli ; elle est généralement remplacée par *autour de* (Ac.) : *Le malheureux lion (...) Fait résonner sa queue* À L'ENTOUR DE *ses flancs* (LA F., *F.*, II, 9). — *Oh ! mets tes bras* À L'ENTOUR DE *mon cou !* (HUGO, *Le Roi s'amuse*, II, 3.) — *De petits effluves glacials circulaient* À L'ENTOUR DE *l'astre ébréché* (L. BLOY, *Le Désespéré*, p. 187). — *Une douleur minuscule (...) s'était installée (...)* À L'ENTOUR DE *ses yeux* (MONTHERLANT, *Les Célibat.*, p. 227).

2. *Alentour* s'emploie substantivement au pluriel : *Les* ALENTOURS *du château.*

3. Les locutions dont il vient d'être parlé ont été formées au moyen du nom *entour*, qui ne s'emploie plus guère qu'au pluriel : *On veut (...) qu'avec les traits de l'original il* [un portrait] *en rappelle les occupations, les habitudes, les* ENTOURS (F. BRUNETIÈRE, *L'Évolut. des genres*, t. I, p. 4). — *On dirait vraiment qu'elles* [les mosquées] *nous fuient ou qu'il y a des ensorcellements dans leurs* ENTOURS (P. LOTI, *Vers Ispahan*, p. 89). — *Il s'agite à notre* ENTOUR *une espèce de monde phosphorescent* (P. CLAUDEL, *L'Œil écoute*, p. 121).

865. **Çà** (lat. *ecce hac*), adverbe de lieu, ne s'emploie plus aujourd'hui que dans la locution *çà et là*.

---

1. *Sus* (du lat. pop. *susum*, lat. class. *sursum*, en haut, dessus) n'est plus usité que dans *courir sus à qqn* et dans les expressions *sus, sus donc, or sus*, qui se disent familièrement pour exciter, pour exhorter. Il entre dans les locutions *en sus, en sus de*.

2. *Tout partout* s'est dit dans la vieille langue : TOUT PAR TOUT *le prenoit ou le pooit avoir* (*Berte*, 1572). — Cette locution est restée vivante dans le langage populaire.

3. Le Dictionnaire général ne donne pas *alentour* en un mot. Il mentionne *à l'entour*, locut. adv., et *alentours*, nom masculin pluriel.

4. On écrit parfois *alentour de* : ALENTOUR DE *l'arbre géant* (M. PRÉVOST, *La Nuit finira*, t. I p. 123). — *Le parc* ALENTOUR D'*elle étend ses frondaisons* (A. SAMAIN, *Au Jardin de l'Infante*, Mon âme est une infante).

Il s'employait autrefois après un verbe de mouvement pour signifier *ici* : *Venez* ÇÀ ! *chien maudit* (MOL., *Étourdi*, III, 4).

On s'en servait dans les locutions telles que : *depuis deux ans en* ÇÀ : *Depuis quinze ou vingt ans en* ÇÀ (RAC., *Plaid.*, I, 7). — Dans *il y a de çà cinq ans*, le mot *çà*, primitivement adverbe (*de çà* = à compter de maintenant, qui passe au sens de : « à compter de tel événement du passé ») s'est identifié avec le pronom *ça, cela* : *il y a de cela cinq ans, il y a cinq ans de cela.*

Çà se retrouve en composition dans l'adverbe *deçà*, qui s'emploie toujours en opposition avec *delà*, ou bien précédé de *en, de, par* : *Le père mort, les fils vous retournent le champ*, DEÇÀ, *delà*, *partout* (LA F., *F.*, V, 9). — *Être assis jambe* DEÇÀ, *jambe delà* (LITTRÉ). — *Il demeure* EN DEÇÀ *du pont* (ID.). — *Il est situé* EN DEÇÀ (AC.). — DE DEÇÀ, PAR DEÇÀ *la montagne* (LITTRÉ). — *Ne vous fiez point trop à vos amis* DE DEÇÀ (P.-L. COURIER, *Lett.*, X, dans Littré). — *Venez* PAR DEÇÀ (LITTRÉ).

Au deçà s'est dit abusivement autrefois au sens de *au-delà*: *Qu'on passe deux fois* AU DEÇÀ *du rivage blême* (MALHERBE, dans Littré). — *S'il ne la dépeint belle et sage* AU DEÇÀ *de la vérité* (ID., *ib.*).

Pour *çà* ! interjection, voir § 993, 5.

866. *Ici, ci, là*.

a) *Ici, ci* marquent ordinairement l'endroit où l'on se trouve et s'opposent souvent à *là*, qui désigne un endroit autre que celui où l'on est.

Ici est souvent corrélatif de *là* quand on marque la différence des lieux, sans idée précise de proximité ou d'éloignement, ou encore quand on indique une simple opposition entre deux faits qui se rapportent à des moments différents : ICI *s'offre un perron ;* LÀ *règne un corridor* (BOIL., *Art p.*, I). — ICI *il pardonne*, LÀ *il punit* (AC.).

Ici peut désigner un endroit d'un discours, d'une narration, d'un livre, etc.: ICI *il commence à parler de telle guerre* (AC.).

Ici peut former avec l'adverbe *près*, qui le précise, la locution *ici près*, qui signifie « dans le voisinage », « près d'ici » : *Il se promène* ICI PRÈS (AC.). — *Portez-le*, ICI PRÈS, *je vous prie, chez les demoiselles de Renac* (NERVAL, *Le Marquis de Fayolle*, I, 10).

b) *Ici* et *là* marquent parfois le temps et sont souvent mis en opposition ; *ici* indique alors le moment présent, *là* désigne une période de temps autre que celle où l'on est : *Cela ne s'était pas vu jusqu'*ICI (AC.). — *À quelques jours de* LÀ (ID.).

Ici-bas signifie « dans ce monde, sur la terre » ; il s'oppose à *là-haut*, dans le ciel : *Les choses d'*ICI-BAS *ne me regardent plus* (LA F., *F.*, VII, 3). — *Là-bas* remplace *là* quand il s'agit d'un lieu plus ou moins éloigné : *Je l'aperçois* LÀ-BAS.

c) *Ci* et *là* se joignent, soit à une des formes du démonstratif *celui*, soit à un nom précédé d'un démonstratif ; ils s'y rattachent par un trait d'union : *Celui-*CI, *celle-*CI, *ceux-*CI, *ceux-*LÀ. *Ce livre-*CI, *cet arbre-*LÀ. — *Ce monsieur Fleurant-*LÀ (MOL., *Mal. im.*, I, 2).

d) *Ci* et *là* servent à former les locutions CI-*dessous* ; CI-*dessus* ; CI-*devant* ; CI-*après* ; CI-*contre* ; LÀ-*dedans* ; LÀ-*dessus* ; LÀ-*dessous* ; LÀ-*haut* ; LÀ-*bas*[1] ; *jusque*-LÀ ; *de*-CI, *de*-LÀ ; *dès* LÀ ; *par* LÀ ; *par*-CI, *par*-LÀ.

Ci s'emploie aussi devant les participes-adjectifs *annexé, joint, inclus* (§ 785), et devant les formes verbales *gît, gisent.* Les expressions ainsi formées ont le trait d'union : *Les documents* CI-*joints.* CI-*gît Piron*... — CI-*gît Vert-vert*, CI-*gisent tous les cœurs* (GRESSET, *Vert-vert*, IV).

Il se trouve parfois (fréquemment chez Malherbe et chez Mme de Sévigné) après la préposition *entre*, pour désigner le moment présent ; de nos jours, cet emploi est vieilli : *Entre* CI *et ce temps-là* (MALHERBE, t. IV, p. 213). — *Nous voirons entre* CI *et Pâques* (SÉV., 16 mars 1672). — *Tout ce que vous saurez entre* CI *et là* (EAD., 11 déc. 1672).

Remarque. — L'Académie ne donne pas *là contre.* Cette locution — qui n'est nullement un flandricisme — est attestée par Littré ainsi que par le Dictionnaire général, et elle est sanctionnée par l'usage :

On ne peut pas aller LÀ CONTRE (MOL., *Dom Juan*, I, 2). — *Et l'on aurait tort de se révolter* LÀ CONTRE (FLAUB., *Mme Bov.*, p. 133). — *L'usage a prononcé* LÀ CONTRE (LITTRÉ, s. v. *aigle*, Rem.). — *Aucun raisonnement ne tient* LÀ CONTRE (P. BOURGET, *Le Tribun*, p. 186). — *Il n'y a pas à aller* LÀ CONTRE (J. LEMAITRE, *Jean Racine*, p. 142). — *Et rien à bâtir* LÀ CONTRE (A. de CHÂTEAUBRIANT, *La Brière*, p. 297). — *Qui peut aller* LÀ CONTRE ? (M. PROUST, *Les Plaisirs et les Jours*, p. 109.) — *L'esprit peut seul aller* LÀ CONTRE (A. SUARÈS, *Vues sur l'Europe*, p. 110). — *Aucune illusion ne tient* LÀ CONTRE (G. BERNANOS, *Sous le Soleil de Satan*, p. 234). — *Que peut faire la raison* LÀ CONTRE ? (G. DUHAMEL, *Les Plaisirs et les Jeux*, p. 14.) — *Je me raidissais* LÀ CONTRE (M. CONSTANTIN-WEYER, *Un Homme se penche sur son passé*, VIII). — *Je ne proteste pas* LÀ CONTRE (A. BILLY, *Pudeur*, p. 79).

Certains auteurs écrivent *là-contre : Tout son être se soulevait* LÀ-CONTRE (M. GENEVOIX, *Raboliot*, p. 220). — LÀ-CONTRE, *il n'y a rien à faire* (R. MARTIN DU GARD, *Jean Barois*, p. 402). — *Certains s'insurgent* LÀ-CONTRE (J. BENDA, *Le Rapport d'Uriel*, p. 12). — *Votre raison se révolte* LÀ-CONTRE (MONTHERLANT, *L'Équinoxe de Septembre*, p. 226). — *Je n'ai pas grand'chose à dire* LÀ-CONTRE (G. BERNANOS, *Monsieur Ouine*, p. 202). — *Je n'ose pas aller* LÀ-CONTRE (M. ARLAND, *La Grâce*, p. 43).

Art. 5. — ADVERBES D'AFFIRMATION

867. Appartiennent à la catégorie des adverbes d'affirmation : *assurément, aussi, certainement, bien, certes, oui, précisément, si, volontiers, vraiment, soit,* etc.

---

1. Littré donne la série : *là-haut, là-bas, là-dessous, là-dessus, là dedans, là dehors, là auprès, là contre* (parmi lesquels *là dehors* et *là auprès* sont fort peu usités). A cette série on pourrait ajouter *là-devant, là-derrière* (fort peu usités également). — On lit chez Marie Noël : *Tous les arbres du jardin se tenaient* LÀ AUTOUR (*Petit-jour*, p. 112).

On joint à cette liste certaines locutions adverbiales comme : *en vérité, sans doute, si fait, si vraiment, que si, d'accord, pour sûr*, etc.

De ces adverbes les plus fréquemment employés sont *oui* et *si*. — Ajoutons que *d'accord* (pour *oui*) a rencontré à notre époque, dans la langue de tous les jours, une très grande faveur.

Emploi de certains adverbes d'affirmation.

868. *Oui* équivaut à une proposition par laquelle on répond affirmativement à une interrogation non accompagnée de la négation (voir pourtant § 869, Rem. 1) : *Viendrez-vous ?* — Oui. — *Vous l'avez vu ?* — Oui.

Il peut arriver que *oui* serve à confirmer une proposition négative ; on lui fait signifier alors « il en est bien ainsi : telle chose n'est pas » : *Il n'a pas le sou.* — Oui. *Mais c'est l'homme de Paris le plus fort aux armes* (H. Lavedan, *Viveurs*, p. 36, cité par P. Hœybye dans le *Français mod.*, janv. 1939, p. 48).

Il exprime aussi la réponse à une interrogation sous-entendue : *Je ne dis ni* oui *ni non.* — *On ne peut vous lier que vous ne disiez* oui (Mol., *Tart.*, II, 4).

Oui, au commencement d'un membre de phrase, s'emploie sans opposition à *non*, pour marquer davantage l'affirmation. Dans le langage familier, il se place parfois à la fin d'une proposition. Il peut être redoublé : Oui, *c'est Agamemnon, c'est ton roi qui t'éveille* (Rac., *Iph.*, I, 1). — *Notre sœur est folle,* oui (Mol., *F. sav.*, II, 4). — Oui, oui, *vous me suivrez* (Rac., *Andr.*, II, 3).

Oui est parfois précédé ou suivi d'un adverbe qui augmente la force de l'affirmation : Oui *vraiment, vraiment* Oui, oui-*da* (familier), Oui *certes, mais* oui, oui *bien*.

Les locutions *comment donc, je vous en prie* servent parfois à exprimer, comme les adverbes *oui, assurément, sans doute, certes, certainement*, etc., une réponse affirmative.

Hist. — *Oui* remonte à *oïl*, qui est devenu *ouil*, puis *oui*. La forme *oïl* résulte de la combinaison de *o* (lat. *hoc* = cela) et *il*. Au moyen âge, on se servait, dans les réponses, des particules *o* ou *non* auxquelles on ajoutait un pronom personnel : *o je, o tu, o il, o nos*, etc. O il (oïl) a supplanté les autres combinaisons.

869. *Si* s'emploie pour affirmer le contraire de ce qu'exprime une proposition négative qui précède : *Vous n'irez pas là.* — Si. — *Je vous dis que non.* — *Je vous dis que* si. — *Ne l'avez-vous pas vu ?* — Si. — *Vous ne partez pas ?* — Si.

Il est parfois renforcé : Si *vraiment, mais* si. — *Il ne faut faire aucun appel à la raison ?* Si bien ! (É. Faguet, *Initiation phil.*, p. 68.) — *N'êtes-vous pas de mon avis ?* — Oh ! si (M. Arland, *La Vigie*, p. 211).

Remarques. — 1. *Oui* s'emploie parfois au lieu de *si* après une question de forme négative lorsque la pensée de celui qui répond s'arrête, non sur la forme de la question, mais sur l'idée positive qu'elle implique :

Ne sonne-t-on pas le tocsin ? demanda le marquis. — Oui (Hugo, *Quatrevingt-treize*, I, 4, 4). — *Et ne vous a-t-on pas donné un papier ?* — Oui, *madame* (Musset, *La Mouche*, VII). — *Vous n'êtes donc pas seul ici ?* — *Mais* oui, *monsieur Grabu !* (Maupassant, *Clochette.*) — *Mon fils, n'avez-vous pas une déclaration à faire ?* — Oui, *monsieur, dit l'abbé Coignard* (A. France, *La Rôtisserie...*, p. 358). — *Ne seriez-vous pas Catherine Bastard ?* — Oui, *monsieur* (H. Bordeaux, *Le Barrage*, III, 1). — *Tu n'es pas contente d'être revenue ici ? (...)* — *Mais* oui, *mon petit* (E. Jaloux, *Le Reste est silence*, XI). — *N'est-ce pas anormal ?* — Oui (La Varende, *Man' d'Arc*, p. 188).

2. *Si fait* [1], *que si*, employés pour renforcer le simple *si*, appartiennent à la langue familière :

Je crois qu'il n'a pas été là. — Si fait, *il y a été.* Si fait *vraiment* (Littré). — *Mais, monsieur, m'écriai-je, le modèle ne pouvait être aussi beau que cela.* — Si fait, *il était aussi beau* (A. France, *La Vie en fleur*, p. 218). — *Tu ne penses pas rester en ce trou ?* — Si fait (P. Claudel, *Le Pain dur*, III, 3). — *N'y aura-t-il pas de moyen terme ?* Si fait (G. Duhamel, *Les Plaisirs et les Jeux*, p. 25). — *Vous ne ferez donc pas cela ?* — *Oh !* que si (Littré).

Comme *si* détruit une opinion exprimée par l'interlocuteur, il y a des cas où la politesse interdit de l'employer. On peut alors le remplacer par *Je vous demande bien pardon*, ou par quelque autre formule déférente. — Notons que certaines formules, déférentes en soi, peuvent, à cause du ton, devenir sèches et cassantes.

870. *Bien, fort bien* s'emploient pour marquer adhésion, assentiment, approbation ; ou pour exprimer qu'on a bien compris un avis, une explication ; ou encore pour indiquer qu'on ne veut pas continuer l'entretien sur l'objet dont il s'agit : Bien, fort bien, *je n'y vois aucun inconvénient* (Ac.). — Fort bien, *je vois maintenant ce que j'ai à faire* (Id.). — Bien, bien, *nous reparlerons de cela* (Id.).

Bien peut s'employer dans la locution adversative *mais bien*, après une expression négative : *La « Puerta del Sol » n'est pas une porte, comme on pourrait se l'imaginer,* mais bien *une façade d'église* (Th. Gautier, *Voy. en Esp.*, p. 100). — *Pas des rochers,* mais bien *des masses architecturales...* (P. Loti, *La Mort de Philæ*, p. 211).

N. B. — *Bien* ne peut se placer après le second élément du contraste : cela ferait un flandricisme (cf. néerl. *ik wel !*). On ne dira pas : *Il ne veut pas accepter cette offre, moi* bien ! *Ce tableau ne me plaît pas, mais cette aquarelle,* bien. *Demain je ne sortirai pas, après-demain* bien. — Dans de telles phrases, au lieu de *bien*, il faut mettre *si* ou *oui* (parfois renforcé : *oui bien*) :

L'Archiduchesse : *Je n'aime pas vos yeux, ce soir.* — Le Duc : *Moi* si *les vôtres* (E. Rostand, *L'Aiglon*, IV, 5). — *Tu n'y penses jamais ? Moi,* si (Daniel-Rops, *Mort, où est ta victoire ?* p. 306). — *« Nous ne nous déroberions pas ». Jacques ouvrait la bouche pour crier : « Moi,* si ! *»* (R. Martin du Gard, *Les Thibault*, VII, 3, p. 94). —

---

1. « *Si fait* se dit encore ; *non fait* ne se dit plus. » (Littré.)

Je ne crois pas, Françoise, que notre grand'mère ait été très malheureuse. Notre mère, OUI, *parce qu'elle était Parisienne* (A. MAUROIS, *Bernard Quesnay*, p. 103). — *Elle* [la soupe] *n'était pas bonne ; mais le lait,* OUI (LA VARENDE, *Le Roi d'Écosse*, p. 109). — *Un peintre, un sculpteur, un compositeur de musique n'est pas tenu de « dire son mot », à tout bout de champ, sur tout et sur rien (...). Mais un écrivain,* OUI BIEN (MONTHERLANT, *Le Solstice de juin*, pp. 160-161). — *La politique ne l'intéresse pas plus que la métaphysique. Les questions d'argent,* OUI BIEN (R. KEMP, dans les *Nouv. litt.*, 8 sept. 1955).

871. Soit (le *t* se prononce), subjonctif du verbe *être*, sert de particule affirmative pour exprimer un *oui* affaibli, l'assentiment d'une volonté mal persuadée : *Vous le voulez :* SOIT ; *j'irai avec vous* (LITTRÉ).

872. Voire [a], au sens premier de « vraiment », n'est plus guère en usage : *Ils ont dit que (...) je n'aurais pas dû l'abandonner, ou tout au moins pas sur une île.* VOIRE ; *mais je tenais à mettre la mer entre nous* (A. GIDE, *Thésée*, p. 88) ; — il s'emploie parfois comme réponse ironique et dubitative : *C'est le plus grand écrivain de cette époque.* — VOIRE (AC.). — *« Le cœur, dit Pascal, a ses raisons, que la raison ne connaît pas... »* VOIRE ! (G. DUHAMEL, *Semailles au vent*, p. 151.)

Selon certains grammairiens (A. Thérive entre autres : cf. *Querelles de lang.*, t. I, p. 12), c'est ce même adverbe au sens de « vraiment » (mais écrit : *voir*) que l'on trouve dans la langue populaire ou familière, notamment comme terme renforçant après un impératif : *Il dit à l'écho : Répète* VOIR *un peu !* (J. RENARD, *Journal*, 26 nov. 1895.) — *Et regardez* VOIR *M. Beaucamp* (A. THÉRIVE, *Fils du jour*, p. 71). — *Dire à un académicien qu'il est beau, jamais je n'oserai... — Essayez* VOIR (J. GIRAUDOUX, *L'Apollon de Bellac*, 2.) — *Il ouvrit les bras et dit familièrement : Voyons* VOIR ? (R. BOYLESVE, *La Becquée*, p. 100.) — *Un boucher (...) leur répondit : Voyez* VOIR *sur la chaussée de Cagny* (A. FRANCE, *Crainquebille*, p. 164). — Mais, selon Sandfeld (t. III, § 109), ce *voir* est un infinitif de but, car « les dialectes qui distinguent les deux mots montrent toujours l'infinitif *voir* dans ces tours. »

Voire a le plus souvent le sens de « et même » : *Chapitres de moines,* VOIRE *chapitres de chanoines* (LA F., *F.*, II, 2). — *L'Académie peut se permettre des hardiesses,* VOIRE *des fantaisies* (H. BREMOND, *Pour le Romantisme*, p. XIV). — *On a coutume de dire qu'au dix-septième,* VOIRE *au dix-huitième siècle, tout le monde écrivait bien* (A. HERMANT, *Xavier*, p. 42).

Remarque. — *Voire même* est condamné comme pléonastique par certains puristes ; cet assemblage, si l'on considère le sens étymologique de *voire* (= vraiment), pourrait se traduire par « vraiment même » ou par « et même, à vrai dire » : ce n'est

ÉTYM. — [a] *Voire*, du latin *vera*, pluriel neutre pris adverbialement de l'adjectif *verus*, vrai ; *voire* a donc signifié d'abord « vraiment ». — Il avait souvent la valeur d'un *oui* atténué permettant de répondre en Normand : Le Marchant : *Vous estez ce croy je, le joyeulx du Roy.* — Panurge : VOIRE (RAB., IV, 6). — [Cf. : *Et, comme les Normands, sans lui répondre* VOIRE (RÉGNIER, *Sat.*, III).] — On disait, dans le même sens : *voirement : Je le dis* VOIREMENT (MALH., t. II, p. 186). [Cf. liégeois : *vor(e)mint.*]

donc un pléonasme que si l'on prend *voire* dans son sens moderne de « même ». — Vaugelas (*Rem.*, p. 42) ne trouvait pas *voire même* d'un excellent usage, mais ne le condamnait pas cependant. Cette expression était déjà considérée comme archaïque au XVII⁰ siècle ; elle s'est pourtant maintenue dans la langue littéraire : *Dans la plus grande vigueur de la résistance,* VOIRE MÊME *dans l'honneur de la victoire* (Boss., *Œuvres orat.*, t. V, p. 446). — *Si quelques-uns,* VOIRE MÊME *beaucoup, ont voulu prendre leur part de sa gloire...* (MÉRIMÉE, *Portr. hist. et litt.*, p. 17). — *Les couteaux et les pipes,* VOIRE MÊME *les chaises, avaient fait leur tapage, comme de raison, à la fin de chaque couplet* (MUSSET, *Mimi Pinson*, 4). — *Ayant beaucoup d'autres choses plus importantes à lui demander,* VOIRE MÊME *des sécurités essentielles pour l'avenir...* (G. LE-COMTE, *Le Mort saisit le vif*, p. 90). — *La duchesse d'Orléans, dans sa correspondance, parlera de propos de lui* [de Boisrobert] *assez indépendants,* VOIRE MÊME *impies* (L. BATIFFOL, *Richelieu et Corneille*, p. 22). — *On se montrait (...) d'anciens députés fructidorisés tels que Portalis et Dumas,* VOIRE MÊME *des gens de l'ex-faubourg Saint-Germain* (A. VANDAL, *L'Avènem. de Bonaparte*, t. II, p. 310). — *Ils veulent exploiter les forêts, capter les sources et sans perdre un moment, fonder des usines.* VOIRE MÊME *ils trichent* (P. HAZARD, *Les Livres, les Enfants et les Hommes*, p. 16). — *Ce remède est inutile,* VOIRE MÊME *pernicieux* (AC.).

C'est par suite de l'ellipse du mot *même* dans l'expression *voire même*, que *voire* a pu prendre le sens de *même*.

Art. 6. — ADVERBES DE NÉGATION

873. Les adverbes de négation sont, à proprement dire : *non*, forme accentuée, et *ne*, forme atone.

Aucun, aucunement, guère, jamais, rien, personne, etc. sont devenus aptes à exprimer l'idée négative (voir § 875, Rem. 1).

Hist. — La forme accentuée *non* et la forme atone *nen*, affaiblie en *ne*, dérivent l'une et l'autre de la particule négative du latin *non*. *Nen* s'employait devant une voyelle : *Ço est une gent ki Deu* NEN *amat unkes* [C'est une race qui jamais n'aima Dieu] (*Rol.*, 3261). — *Amors* NEN *a sens ne mesure* (*Eneas*, 1882) ; — il s'est conservé dans la forme, aujourd'hui paysanne, *nenni*, composée de *nen* et de *il* (comparez *oui*, qui remonte à *oïl* : § 868, *Hist.*) : *Estes vos Deus ?* — NENIL, *par foi* (Chr. de TROYES, *Perceval*, 174).

A. — Emploi de *non*.

874. *a)* **Non** a, dans les réponses et ailleurs, la valeur d'une proposition reprenant de façon négative une idée, une proposition ; souvent un élément (mot, groupe de mots, proposition) nié par *non (pas)*, et *non (pas)* s'oppose à un autre élément, de même fonction que le premier : *Viendrez-vous ?* — NON. — *Il a trahi : prétendrez-vous que* NON ? — *Si vous répondez que* NON (PASC., *Prov.*, 12). — *Venez-vous ou* NON ? — *À la Chine, les voleurs cruels sont coupés en morceaux ; les autres,*

NON (Montesq., *Espr.*, VI, 16). — *Mon avis,* NON *le vôtre, doit préva-loir.* — *Il est sévère,* NON *injuste.* — *Choisissez* NON *le succès, mais l'honneur* — *Mais Rome veut un maître, et* NON *une maîtresse* (Rac., *Brit.*, IV, 2). — *Aimez qu'on vous conseille,* ET NON PAS *qu'on vous loue* (Boil., *Art p.*, I).

Ou non peut marquer l'alternative : *Romanesque* OU NON, *elle était le soir consternée* (A. Daudet, *Sapho*, VIII). — On dit aussi, surtout dans la langue familière, *ou pas : Et d'ici là, amiral* OU PAS, *ambassadeur ou autre chose, il ne s'agit essentiellement que de devenir, Vannoral et Fargue, deux hommes célèbres* (Cl. Farrère, *La Seconde Porte*, p. 44). — *La tapisserie, c'est du souvenir fixé, le travail permanent que telle image, tel spectacle, concerté* OU PAS, *accomplit à l'intérieur de la mémoire* (P. Claudel, *L'Œil écoute*, p. 93). — *Que de mains, jeunes* OU PAS, *ont dû trembler d'attente ou de douleur...* (Fr. Jammes, *Solitude peuplée*, p. 79). — *Civile* OU PAS, *mon œuvre prétend ne concur-rencer rien* (A. Gide, *Les Faux-Monnayeurs*, p. 237). — *Tandis que le capitaine Sturtmeyer devait se moquer que sa cause fût juste* OU PAS (J. Roy, *Le Métier des armes*, p. 243).

Remarques. — 1. Au lieu de *non*, on met souvent *pas* pour nier un verbe antérieur, avec un nouveau sujet, qui s'oppose au premier :

Gaillard me dit que les gens qui ont écouté hier sont enthousiasmés. Moi, toujours PAS (J. Renard, *Journal*, 4 oct. 1909). — *Ils se sont relevés. Lui,* PAS (M. Barrès, *Un Jardin sur l'Oronte*, p. 142). — *Il y a des gens qui voudraient nous faire croire qu'ils dressent des plans à longue échéance. Moi* PAS (J. Romains, *Le Dictateur*, I, 6). — *Il a besoin de moi, pensa-t-elle. Moi* PAS (A. Maurois, *Le Cercle de famille*, p. 89). — *La famille respectait sa solitude ; le démon* PAS (A. Gide, *Les Faux-Monn.*, p. 9). — *Cette généalogie le met en extase. Nous autres* PAS (H. Bremond, *La Poésie pure*, p. 37).

Dans ces sortes de phrases, *pas* est le plus souvent placé après le nouveau sujet ; mais il peut aussi, pourvu que le sens reste clair, être placé avant ce nouveau sujet : — *Vous m'en voyez navré.* — PAS *moi, repartis-je* (Colette, *Chambre d'hôtel*, pp. 56-57). — *Car des gens trouvent l'expression absurde et abominable.* PAS *moi* (A. Thérive, *Querelles de lang.*, t. I, p. 39). — *J'y suis fermement décidé !* — *Eh bien,* PAS *moi* (St. Passeur, *L'Acheteuse*, I, 11).

2. A côté de l'expression classique « pourquoi *non ?* » s'est implanté, dans l'usage moderne, « pourquoi *pas ?* » : *Prétendez-vous garder ce trésor ?* — *Pour-quoi* NON ? (La F., *F.*, X, 9.) — *Eh bien oui, l'orgueil. Pourquoi* NON ? (R. Martin du Gard, *Les Thibault*, II, p. 171.) — *Mon esprit se plie facilement à ce genre de travail : pourquoi* PAS ? (Chateaubr., *Mém.*, III, 11, 2, 5.) — *Parlez-vous sérieusement ?* — *Pourquoi* PAS ? (G. Sand, *Valentine*, XVII.) — *Huit kilomètres, en pleine nuit, dans la boue ?* — *Pourquoi* PAS ? (R. Mar-tin du Gard, *Les Thibault*, III, 2, p. 216.) — *Chère Angèle, pourquoi* PAS ? (A. Gide, *Paludes*, p. 150.)

3. Dans quelques cas, après une question négative, on peut répondre par *oui* ou par *non* sans que le sens soit changé : *Tu ne pars que jeudi ?* — Oui [le sens est : je ne pars que jeudi]. — Autre réponse : Non [le sens est le même : je ne pars que jeudi].

b) Non sert de préfixe négatif devant certains noms auxquels il se joint par le trait d'union : NON-*réalité*, NON-*intervention*, NON-*agression*, NON-*lieu*, NON-*sens*, NON-*valeur*, etc.

Il se met d'une manière analogue, mais sans trait d'union, devant des qualificatifs, des participes [1], des adverbes, et devant certaines prépositions : *Débiteur* NON *solvable. Leçon* NON *sue.* — NON *loin de ces tombeaux antiques* (RAC., *Phèdre*, V, 6). — NON *sans frémir.*

Non se trouve joint à un pronom ou à un infinitif, l'un et l'autre pris substantivement, dans *le* NON-*moi, le* NON-*être*, qui appartiennent à la langue philosophique.

Non est encore joint à un infinitif dans *fin de* NON-*recevoir*. Dans *si*NON, il est soudé avec une conjonction. — Pour *non plus*, voir § 843, *c*.

c) Non, placé soit avant, soit après une proposition négative, sert à en mieux marquer le caractère : NON, *je ne reçois point vos funestes adieux* (RAC., *Iphig.*, V, 2). — *Ce n'était pas un sot*, NON, NON (LA F., *F.*, VIII, 21). — NON, *l'avenir n'est à personne !* (HUGO, *Crép.*, V, 2.)

Depuis la fin du XIXᵉ siècle, et surtout depuis le second quart du XXᵉ, la langue populaire ou familière se plaît à employer un *non* interrogatif équivalant à « n'est-ce pas ? », « n'est-il pas vrai ? » et renforçant ce qui précède. Cet emploi expressif de *non ?* a trouvé chez certains auteurs une faveur singulière : *Il a beau être bénédictin, il reste ton copain !* NON ? (A. BILLY, *Madame*, p. 117.) — *Tu ne comprends pas le français*, NON ? (P. DANINOS, *Vacances à tous prix*, p. 190.) — *C'est drôle*, NON ? (J. PEYRÉ, *Une Fille de Saragosse*, p. 43.) — *J'ai été gentil...* NON ? (Fr. MAURIAC, *Asmodée*, V, 1.)

d) Surtout dans les réponses directes, *non* est souvent renforcé, soit par un mot devenu négatif, soit par un adverbe affirmatif, soit par *et* ou *mais*, soit par une interjection : *Me fera-t-on porter double bât, double charge ?* — NON PAS, *dit le vieillard* (LA F., *F.*, VI, 8). — *Est-ce vraiment une querelle ? Eh bien ! non.* VRAIMENT NON (G. DUHAMEL, *Manuel du protestataire*, p. 142). — *Le ferez-vous ?* NON CERTES, NON JAMAIS, OH ! NON, NON ASSURÉMENT, NON VRAIMENT. MAIS NON, *il ne l'a pas fait.*

De même, *non* est renforcé dans les expressions familières *que non, que non pas : Il va venir ?* — QUE NON ! — *Je ne prétextai pas de voyage, ah !* QUE NON (R. BOYLESVE, *Le Meilleur Ami*, p. 63).

N. B. — *Non* « se joint souvent avec *pas*, mais non avec *point* (du moins ce n'est pas l'usage ; car il n'y aurait pas de faute) » (LITTRÉ, s. v. *non*, 5º).

Pour *non fait*, voir § 869, Rem. 2, note.

Hist. — 1. Dans l'ancienne langue, *non* pouvait se placer devant un verbe, surtout

---

1. L'Académie écrit : *troupe non-combattante.*

devant *faire, être, savoir* : Nu *ferez certes* [Vous ne le ferez certes pas] (*Rol.*, 255). —
Non *ferai, sire* (*Le Charroi de Nîmes*, 60). — *On pensera peut-être que je craigne les
antagonistes.* Non *fais* (Malherbe, t. IV, p. 93). — Non *ferai, de par tous les diables*
(Mol., *Avare*, V, 3).

Cette construction se retrouve avec *faire*, comme archaïsme, jusque dans le XVIIIᵉ
siècle : Non *ferai-je parbleu !* (Regnard, *Le Légataire univ.*, V, 7.)

Des restes de l'ancien usage subsistent dans non*chalant*, non*obstant*.

2. *Ne ... non plus que* s'employait autrefois dans des phrases où l'on met aujour-
d'hui *ne ... pas plus que* : *Un être éternel (...) qui n'avait* non plus *de commencement*
que *de fin* (Boss., *Hist.*, II, 19). — *De ces gens (...) qui ne font* non plus *de conscience
de tuer un homme* que *d'avaler un verre de vin* (Mol., *Scap.*, II, 5). — *Je n'ai* non plus
de mémoire qu'*un lièvre* (Marivaux, *La Surprise de l'amour*, II, 5). — *Des phrases
comme celles-ci ont une teinte archaïque* : *Il ne bougeait* non plus qu'*une statue*
(Hugo, *Notre-Dame de Paris*, VII, 1). — *On n'en parle* non plus que *s'il n'eût
jamais existé* (Ac.).

B. — Emploi de *ne*.

875. *a)* La négation ordinaire *ne* se trouve généralement accompagnée d'un des mots *pas, point, aucun, aucunement, guère, jamais, nul,
nullement, personne, plus, que, rien,* ou d'une des expressions *âme qui
vive, qui que ce soit, quoi que ce soit, de ma vie, de (tel temps), de longtemps, nulle part,* etc.

b) La locution ***ne ... que***[1] signifie « seulement » et exprime la restriction, tant en phrase négative qu'en phrase affirmative (voir § 889 :
ne ... pas que) :

On n'*entend* que *des cris, on* ne *voit* que *des larmes* (Corn., *Cid*, III, 6). —
On ne *loue d'ordinaire* que *pour être loué* (La Rochef., *Max.*, 146). — *Il* ne
voit que *par vos yeux.* — *Un sot* n'*est loué* que *par un plus sot.* — *Qui* n'*entend*
qu'*une cloche* n'*entend* qu'*un son.* — *Il* n'*y a pas* qu'*une seule forme de l'intelligence* (J. et J. Tharaud, *Quand Israël n'est plus roi*, p. 171). — *Je* ne *suis* que
triste (J.-J. Bernard, *Le Camp de la mort lente*, p. 14).

Comme on le voit par les exemples ci-dessus, la restriction marquée par *ne ... que*
peut porter sur un complément d'objet, sur un attribut, sur un complément circonstanciel, sur un complément d'agent. Mais elle ne peut porter sur un sujet (à moins

---

1. « On doit considérer *ne ... que* comme ancien et comme remontant au latin tardif
non ... quam, représentant *non aliud quam* influencé par *non ... nisi* » (G. Moignet,
Les Signes de l'exception dans l'histoire du franç., p. 50). — Pour G. Moignet — qui
cite, entre autres exemples : *Duze demies heures* Ço ne sunt que *sis hures* [= ne sont
autre chose que six heures, font six heures exactement] (Phil. de Thaon, *Comput*,
2075) — , « le tour *ne ... que* n'est pas spécifiquement exceptif à l'origine (...). Il
exprime seulement un rapport de non-hétérogénéité, c'est-à-dire d'identité » (*ouvr.
cité*, p. 51).

qu'il ne s'agisse du « sujet réel » d'un verbe impersonnel : *Il ne faut qu'une longue patience*). Elle ne peut porter non plus sur un verbe à un mode personnel, du moins aux temps simples [par exemple, il est impossible de restreindre par *ne* ... *que* la seconde proposition de la phrase : *Il ne tuera pas le sanglier, il le blessera ;* on recourt alors à *seulement* ou à l'expression auxiliaire *ne faire que* (§ 655, 8°, Rem.) : *il le blessera* SEULEMENT ; *il* NE FERA QUE *le blesser*]. Si le verbe est à un temps composé, il admet la restriction *ne* ... *que* (le participe se place immédiatement après *que*) : *Mais pour mon frère l'ours, on* NE *l'a* QU'*ébauché* (LA F., *F.*, I, 7). — *Un repas délectable Auquel l'ange* N'*aura lui-même* QU'*assisté* (VERLAINE, *Sagesse*, II, IV, 7). — *Un oiseau tomba (...), que ma flèche* N'*avait* QUE *blessé* (A. GIDE, *Le Retour de l'Enfant prodigue*, p. 140). — *Ils* N'*auront* QUE *perdu leur temps* (J. COCTEAU, *La Difficulté d'être*, p. 137). — *Robert Brasillach qui* N'*avait* QUE *bravé l'opinion en étant convaincu et désintéressé* (H. BORDEAUX, *La Garde de la maison*, p. 107). — Toutefois on recourt le plus souvent, dans ce cas, à l'expression auxiliaire *ne faire que* suivie de l'infinitif : *Je* N'*AI FAIT QUE le voir* (LITTRÉ). — *J'ai cru mourir, mais je* N'*AI FAIT QUE vieillir* (VOLT., *À Mme de Fontaine*, 18 mars 1752).

On a contesté si *seulement* pouvait s'adjoindre à *ne* ... *que* ; le pléonasme est patent ; il se rencontre pourtant chez d'excellents auteurs : *Ils* NE *feirent* SEULEMENT QUE *changer maistre* (RABEL., *Pant.*, 17). — *Lisander* NE *gaigna* SEULEMENT QUE *deux batailles navales* (MONTAIGNE, II, 32 ; p. 813). — *C'est merveille Qu'il* N'*ait eu* SEULEMENT QUE *la peur pour tout mal* (LA F., *F.*, V, 20). — *Je* NE *fais* SEULEMENT QUE *demander son crime* (MOL., *F. sav.*, II, 6). — *Je* N'*ai eu votre volume* QUE *hier au soir*, SEULEMENT (FLAUB., *Corr.*, t. III, p. 284). — *Elle eut beau dire qu'elle* NE *s'en aperçut* SEULEMENT QU'*à l'Évangile* (LA VARENDE, *Les Belles Esclaves*, p. 218). — *L'enseignement scolaire du latin n'est pas fait pour rendre attachante l'étude de ces hommes illustres qu'il* NE *nous invitât à admirer* QU'*en buste* SEULEMENT (É. HENRIOT, *Les Fils de la Louve*, p. 10). — Dans certains cas d'ailleurs, *seulement* est nécessaire pour la clarté de l'expression : *Cette fois je* N'*ai plus fait* SEULEMENT QUE *le voir, je lui ai parlé*. — *Il n'y avait pas une heure qu'elle « savait »,* — *et déjà, elle ne faisait plus* SEULEMENT QUE *de se résigner* (R. MARTIN DU GARD, *Les Thibault*, III, 2, pp. 31-32). — [A comparer : *Cette route (...)* NE *sert* EXCLUSIVEMENT QU'*à l'auto qui mène une fois par mois, au marché de Bambio, M. M., représentant de la Forestière* (A. GIDE, *Voyage au Congo*, p. 89).]

Remarques. — 1. Un certain nombre de mots et expressions auxiliaires de la négation, quoique ayant en soi un sens positif, ont pu, par contagion, se charger d'un sens négatif, et devenir aptes à exprimer eux-mêmes l'idée négative, surtout dans les réponses et propositions elliptiques : *Reviendrez-vous ?* — JAMAIS. — *Qu'a-t-il répondu ?* — RIEN. — *Je blâme votre ami et* AUCUNEMENT *vous-même*. — *Son élégance froissée par* AUCUN *contact et son ignorance prodigieuse de toute intrigue faisaient d'elle le plus précieux des repos* (M. BARRÈS, *Le Jardin de Bérénice*, p. 94).

2. *Mie*, complément de la négation *ne*, est aujourd'hui inusité dans la langue parlée[1] ; dans la langue écrite, il est archaïque : *D'autres* [maîtres]

---

1. *Mie* s'est maintenu comme auxiliaire ordinaire de la négation dans certains patois : cf. gaumais : *i n'court* MI = il ne court pas.

que je ne nommerai MIE, *accomplissent leur devoir en faisant d'assez bonnes leçons* (G. DUHAMEL, *Biographie de mes fantômes*, p. 82). — *Troïlus, Troïlus, tu n'es* MIE *raisonnable* (A. SUARÈS, *Cressida*, p. 101). — *Goutte* ne s'emploie plus que familièrement, surtout après *voir*, parfois après *entendre, comprendre* : *Je n'y vois* GOUTTE. — *Mot* s'emploie après *dire, répondre, sonner, souffler* : *Qui ne dit* MOT *consent. Il ne souffle* MOT. — *Mais* (du lat. *magis,* plus) ne subsiste que dans la locution archaïque *il n'en peut* MAIS (voir § 504, 2, *c*).

3. Il faut se garder d'omettre, dans l'écriture, *n'* après *on*, dans des phrases telles que : *On* N'*est pas plus aimable. On a fait cent promesses, mais on* N'*en a tenu aucune. On* N'*a rien sans peine.* — Pour se rendre compte de la nécessité de mettre *n'*, il suffit de substituer à *on* un autre sujet, non terminé par *n*, par exemple : *l'homme* (ou : *je, il,* etc.) : *L'homme n'est pas plus aimable ; l'homme a fait cent promesses, mais l'homme n'en a tenu aucune,* etc.

4. *Ne ... pas, ne ... point* s'emploient souvent comme négations « oratoires » dans des phrases interrogatives (§ 175, Rem. 4) ou dans des phrases exclamatives avec *combien, que de, quel,* le fait exprimé dans ces phrases étant positif : *En cet état, Messieurs, la vie* N'*est-elle* PAS *un péril ?* (Boss., *Duch. d'Orl.*) — N'*était-ce* PAS *une juste vengeance ?* (MUSSET, *Lorenz.*, III, 2.) — *Quel accablant corollaire* N'*en pourrait-on* PAS *tirer contre eux !* (MONTESQ., *L. pers.*, 135.)

Hist. — La forme atone *ne*, négation ordinaire dans la langue du moyen âge, a été de très bonne heure renforcée par des noms désignant une petite quantité, une petite étendue, une chose de valeur insignifiante : *pas, point, mie* (= miette), *goutte, mot, noix, bouton, denier, pomme, grain, cive* (= ciboulette), *fétu, ail,* etc. On disait : *Il ne marche* PAS (c.-à-d. *il n'avance pas d'un pas*), *il ne boit* GOUTTE, *il n'estime* NOIX, *il ne mange* MIE [1], etc. — *Entre vus tuz ne veez* GUTE (WACE, *Brut*, 516). — *Tieus* [tel] *hom menace qui ne vaut* UN DENIER (*Le Charroi de Nîmes*, 714). — *Ne prise* DEUX BOUTONS *son sens* (*Rom. de Renart*, IV, 183). — *Je ne le pris* [prise] UNE NOIS (ADAM LE BOSSU, *Le Jeu de la Feuillée*, 1008). — *Ne vous prisons* UNE VESSIE (J. BODEL, *Le Jeu de saint Nicolas*, 1534). — *Qui emprunte ne choisit* MYE (*Pathelin*, 79). — *Ce cierge ne savait* GRAIN *de philosophie* (LA F., *F.*, IX, 12). — Les plus fréquents de ces compléments : *pas, point, mie, goutte,* n'ont pas tardé à perdre la valeur propre qu'ils avaient primitivement, pour devenir (l'évolution s'accomplit du XIIIe au XVe siècle) de simples particules auxiliaires de la négation : *ne pas, ne point, ne mie, ne goutte* n'éveillaient plus aucunement alors l'image concrète d'un *pas*, d'un *point*, d'une *mie*, d'une *goutte*. Des anciens termes de renforcement de la négation la langue moderne n'a guère conservé que *pas* et *point*.

C'est parce qu'ils ont été primitivement des noms que *pas* et *point*, compléments de la négation, ont pu être construits avec *de*. Comme on disait *un tas* DE *blé*, on a

---

1. Comparez en latin : *Non assis, flocci, pili, nauci facere* = ne pas faire plus de cas que d'un as, d'un flocon, d'un poil, d'un zeste de noix. Comparez aussi, dans le français moderne, des expressions familières dans lesquelles la négation complète *ne pas* se trouve renforcée par un terme qui présente à l'esprit une image concrète : *Cela ne vaut pas* TRIPETTE, *pas un* CLOU, *ne pas gagner un* CENTIME, *n'avoir pas fait une* PANSE D'A, etc.

pu dire *il n'a pas* DE *blé, point* DE *blé,* puis par analogie : *jamais* DE *ressources, sans prendre* DE *précautions* etc. (voir § 917, 3°).

1. — *Ne* employé seul.

876. Le simple *ne* (sans *pas* ni *point*) s'emploie :

1° Dans certaines phrases proverbiales ou sentencieuses : *Il* N'*est pire eau que l'eau qui dort Il* N'*est si bon cheval qui* NE *bronche.* — *Il* N'*est pire douleur Qu'un souvenir heureux dans les jours de malheur* (MUSSET, *Le Saule,* I). — *Il* N'*est si modeste besogne qui ne demande beaucoup de tendresse* [1] (G. DUHAMEL, *Positions françaises,* p. 112).

2° Dans quelques expressions toutes faites et dans certaines locutions verbales : *il* N'*importe, à Dieu* NE *plaise, si ce* N'*est,* NE *vous déplaise, qu'à cela* NE *tienne,* N'*empêche, il* NE *m'en chaut,* N'*avoir garde,* N'*avoir cure,* N'*avoir que faire,* N'*ayez crainte,* etc.

3° Avec *ni* joignant deux négations et avec *ni* répété : *Je* NE *l'estime ni* NE *l'aime* (LITTRÉ, s.v. *ne,* 8°). — *Il* NE *boit ni* NE *mange* (AC., s.v. *ni*). — *Ni l'or ni la grandeur* NE *nous rendent heureux* (LA F., *Philémon et Baucis*). — *La prison* NE *lui parut ni douloureuse ni humiliante* (A. FRANCE, *Crainquebille,* p. 20). — *Il est avantageux de* N'*être ni trop pauvre ni trop riche* (LITTRÉ, s.v. *ne,* 8°). — *Heureux qui* N'*a ni dettes ni procès !* (ID., *ib.*)

Lorsque, dans une proposition négative, on coordonne des sujets, des attributs ou des compléments au moyen de *ni* non répété, le verbe prend la négation complète si les sujets, attributs ou compléments ajoutés sont placés comme après coup (avec des objets directs précédés de *de* partitif et coordonnés par *ni,* cette construction est la seule possible) : *La douane* NE *date* PAS *d'hier, ni le fisc* (J. ROMAINS, *Musse,* I, 4). — *Sa gerbe* N'*était* POINT *avare ni haineuse* (HUGO, *Lég.,* t. I, p. 65). — *Non, ce* N'*est* PAS *le vin ni le rhum qui me donnent ces malaises* (Ch. SILVESTRE, *La Prairie et la Flamme,* p. 254). — *On* NE *savait* PAS *son nom ni son histoire* (Cl. FARRÈRE, *Les Civilisés,* XXVII). — *Il* N'*a* PAS *de parents ni d'amis.*

Remarques. — 1. Au lieu d'exprimer *ni* devant chacun des termes qu'il s'agit de nier, on se contente parfois, surtout dans la langue poétique, de l'exprimer devant le dernier terme ; néanmoins d'ordinaire le verbe prend alors le simple *ne : Je* NE *connais Priam, Hélène, ni Pâris* (RAC., *Iphigénie,* IV, 6). — *Le soleil ni la mort* NE *se peuvent regarder fixement* (LA ROCHEF., *Max.,* 26). — *Puisqu'elle* N'*avait mère, père, frère, ni sœur* (J. GIRAUDOUX, *Siegfried et le Limousin,* p. 53).

---

1. Remarquez que, dans tous ces exemples, non seulement *pas* ou *point,* mais encore *de* partitif est omis. L'exemple suivant, où ce *de* partitif est exprimé, paraît étrange : *Il* N'*est* DE *si bonne plaisanterie qui n'ait sa fin* (MONTHERLANT, *Malatesta,* IV, 4).

Remarquez en outre que, hors les proverbes figés, *ne ... pas* est possible dans des phrases sentencieuses : *Il* N'*est* PAS *si humble plante qui ne soit capable de fleurir* (A. GIDE, *Journal 1942-1949,* p. 165).

2. Lorsque plusieurs propositions négatives sont coordonnées par *ni*, ordinairement le verbe de chacune d'elles prend le simple *ne : Il* NE *boit ni* NE *mange* (AC.). —
Je NE *veux, ni* NE *dois, ni* NE *puis obéir* (LITTRÉ).

La première proposition (ou la seconde) prend parfois la négation complète *ne pas,
ne point* (voir § 962, *b*) : *Le prince* N'a POINT *d'autre but ni n'en veut connaître* (MON-
TESQ., *L. pers.*, 127). — *Elle* N'*était* PAS *revenue chez Isabelle, ni ne lui avait téléphoné*
(Y. GANDON, *Terres chaudes*, p. 238). — *Il n'hésita ni* NE *délibéra* POINT *un instant de
plus* (A. HERMANT, *Le Rival inconnu*, XIX).

4° Après *que* signifiant « pourquoi » et parfois aussi après le pronom ou
l'adjectif interrogatifs : *Si le choix est si beau, quo* NE *lo prenez-vous ?* (MOL.,
F. sav., III, 5.) — *Que* N'*es-tu mouton !* (LA F., *F.*, V, 8.) — *Qui* NE *court après
la Fortune ?* (ID., *ib.*, VII, 12.) — *Quel esprit* NE *bat la campagne ?* (ID., *ib.*,
VII, 10.)

5° Dans les propositions relatives au subjonctif dépendant d'une principale
interrogative ou négative : *Il n'y a chêne si noueux et si dur dont il* NE *sorte
une dryade* (MUSSET, *Conf.*, I, 4). — *Y a-t-il quelqu'un dont il* NE *médise ?* (AC.)
— *Il n'est pas d'homme qui* NE *désire être heureux* (ID.).

6° Ordinairement avec *cesser, oser, pouvoir* suivis d'un infinitif complément, exprimé ou sous-entendu : *Il* NE *cesse de parler* (AC.). — *Elle* N'*osa
tourner la tête* (A. FRANCE, *Histoire comique*, XVI). — *Calypso* NE *pouvait se
consoler du départ d'Ulysse* (FÉN., *Tél.*, t. I, p. 3). — *Je* NE *puis* (MUSSET, *Esp.
en Dieu*). — *Je* NE *peux sortir une minute !* (FLAUB., *Mme Bov.*, p. 134.) —
Il N'*osait bouger. Elle* NE *cessait de le contempler au visage* (VERCORS, *Les Yeux
et la Lumière*, p. 178).

On met *ne pas, ne point*, quand on veut appuyer sur la négation : *Il* NE *cesse* PAS
de gronder (LITTRÉ). — *Maria* NE *cessa* PAS *de tousser* (A. MAUROIS, *Meïpe*, p. 184). —
Je N'*osais* PAS *lui parler* (R. BENJAMIN, *Le Printemps tragique*, p. 242). — *La puissance législative* NE *peut* PAS *juger* (MONTESQ., *Espr.*, XI, 6). — *Je* NE *pus* PAS *voir
son visage* (BAUDELAIRE, *Hist. extraord.*, p. 297). — *Vincent (...)* NE *put* PAS *jouer
gros jeu* (A. GIDE, *Les Faux-Monnayeurs*, p. 52).

N. B. — Dans la langue parlée et dans le style familier, *bouger* peut se construire
avec le simple *ne :* NE *bougez de là* (AC.). — *C'est une bête égarée, dit-il, ou morte, car
elle* NE *bouge* (G. SAND, *La Mare au diable*, VI). — *Dès que l'engin tombe, elle* [la carpe]
se tasse et NE *bouge* (A. de CHÂTEAUBRIANT, *La Brière*, p. 83).

Remarques. — 1. Avec *savoir* précédé de la négation et signifiant « être incertain »,
le mieux est de supprimer *pas* ou *point : Il* NE *sait que faire* (AC.). — *Il* NE *sait ce qu'il
veut* (LITTRÉ).

Quand *savoir* signifie « connaître, posséder la science, l'art, la pratique de qq. ch. »,
il demande la négation complète s'il est pris négativement : *Il* NE *sait* PAS *lire.* — *Je*
NE *savais* POINT *ce que vous racontez* (LITTRÉ). — *Je* NE *sais* PAS *deviner les énigmes*
(MAUPASSANT, *Fort comme la Mort*, II, 3).

2. Au conditionnel, quand *savoir*, avec un infinitif complément, est pris négativement, il veut le simple *ne*, sans *pas* ni *point* (voir détails : § 739, 4°, Rem.) : *Je* NE
saurais fournir Au plus qu'une demi-bouchée (LA F., *F.*, V, 3).

7° Assez souvent après *si* conditionnel : *Si je* NE *me trompe. — Le renard sera bien habile S'il* NE *m'en laisse assez pour avoir un cochon* (LA F., F., VII, 10). — *Il ne pouvait pas s'endormir si je* NE *l'avais embrassé* (R. BAZIN, De toute son âme, p. 84).

Mais on met souvent aussi la négation complète : *Si nous* NE *nous flattions* POINT *nous-mêmes, la flatterie des autres ne nous pourrait nuire* (LA ROCH., Max., 152). — *Si vous* NE *lui barrez* PAS *le chemin, M. Guitrel entre dans l'épiscopat* (A. FRANCE, L'Orme du Mail, p. 60).

Au lieu de *si ce n'étai(en)t, si ce n'eût été, si ce n'eussent été*, on peut dire *n'étai(en)t, n'eût été, n'eussent été :* N'ÉTAIENT *les hirondelles qui chantent, on n'entendrait rien...* (P. LOTI, Vers Ispahan, p. 58). — N'EÛT ÉTÉ *sa toilette verte, on l'eût pris pour un magistrat* (A. FRANCE, Pierre Nozière, p. 69). — N'EUSSENT ÉTÉ *les affectueuses intimations de son protecteur, il eût, depuis longtemps, rendu son baudrier* (H. BÉRAUD, Le Bois du Templier pendu, p. 248).

On trouve aussi, mais rarement : *n'était-ce, n'eût-ce été : On l'eût pris volontiers pour une sorte de contremaître,* N'ÉTAIT-CE *l'extraordinaire noblesse d'un visage aux lignes si simples* (G. BERNANOS, Monsieur Ouine, p. 17). — N'EÛT-CE ÉTÉ *mes propres mots qu'il avait répétés, j'aurais pensé, à voir cette émotion, qu'il s'était mépris* (J. de LACRETELLE, L'Âme cachée, p. 130). — (Pour *ne serait*, voir § 1042, 1°, note.)

8° Souvent devant *autre* suivi de la conjonction *que.* Cependant on met tout aussi bien, dans ce cas, la négation complète : *Je* N'*ai d'autre désir que celui de vous être utile*, ou bien : *Je* N'*ai* PAS *d'autre désir que...* (LITTRÉ).

Parfois on fait ellipse de *autre : Je* N'*ai de volonté que la tienne* (LITTRÉ).

9° Après *depuis que, il y a tel temps que, voici* ou *voilà tel temps que*, quand le verbe dépendant est à un temps composé : *Depuis que je* NE *l'ai vu* (AC.). — *Il y avait bien trois semaines que je* NE *l'avais vu* (P. BENOIT, Le Soleil de minuit, p. 158). — *Voici tantôt mille ans que l'on* NE *vous a vue* (LA F., F., III, 15). — *Voilà longtemps qu'il* N'*a tué quelqu'un* (HUGO, Lég., t. II, p. 187).

On trouve souvent la négation complète : *Il est merveilleux, dit-il, combien vous êtes blanchi depuis deux jours que je* NE *vous ai* PAS *vu* (LA BR., Car. de Théophr., II). — *Voilà trois jours qu'il* N'*est* PAS *revenu* (HUGO, Ruy Blas, II, 2). — *Comme il y a longtemps que je* NE *vous ai* PAS *écrit* (FLAUB., Corr., t. IV, p. 96). — *Il y a longtemps que nous* N'*en avons* PAS *parlé* (J. ROMAINS, Le Dictateur, I, 6). — *Il y avait bien six ans que je* NE *l'avais* PAS *vu* (O. MIRBEAU, Dingo, XII). — *Il y a longtemps que mon père* N'*a* PAS *donné de ses nouvelles* (G. DUHAMEL, Les Maîtres, p. 277). — *Voici bien longtemps que nous* NE *nous sommes* PAS *promenés ensemble ?* (E. JALOUX, L'Alcyone, X.) — *Voilà bien longtemps que je* NE *me suis* PAS *pesé* (M. AYMÉ, Les Contes du Chat perché, p. 170). — *Voilà deux ans qu'il* NE *m'a* PAS *vue* (Fr. MAURIAC, Le Feu sur la terre, p. 15). — *Votre mère va bien ? Voilà longtemps que je* NE *l'ai* PAS *vue* (M. ARLAND, Terre natale, p. 155). — *Il y a combien de temps que tu* N'*as* PAS *bu ?* (J.-P. SARTRE, Le Diable et le Bon Dieu, X, 2.) — *Il y a si longtemps que nous* NE *nous sommes* PAS *vues !* (H. TROYAT, Les Semailles et les Moissons, p. 417.) — *Il y a des années que je* N'*avais* PAS *vu Audiberti* (P. GUTH, dans le Figaro litt., 14 janv. 1956).

On met toujours la négation complète quand le verbe dépendant est au

présent ou à l'imparfait : *Depuis que nous* NE *nous voyons* PAS (LITTRÉ). —
Il y avait un an que je NE *lui parlais* POINT (ID.).

10° Dans les propositions négatives après *ce n'est pas que, ce n'est point que,
non que, non pas que* : *Ce n'est pas que dans ses commencements (...), il* N'*ait
connu des abîmes de mélancolie* (P. VALÉRY, *Disc. sur É. Verhaeren*). — *Ce
n'est pas qu'il* NE *faille quelquefois pardonner* (LITTRÉ, S.V. *être*, 14°). — *Non
qu'il* NE *soit fâcheux de le mécontenter* (AC.). — *Je n'ai rien vu au théâtre depuis
« La Folle de Chaillot »*. *Non que je* N'*en aie eu l'envie* (COLETTE, *Le Fanal bleu*,
p. 68).

Hist. — 1. Autrefois, et jusque dans le siècle classique, on mettait souvent la négation complète dans des cas où la langue moderne se sert du simple *ne : Ceus là qui
naissent rois* NE *sont* PAS *communement gueres meilleurs* [*gueres* = beaucoup : cf.
§ 850] (LA BOÉTIE, *Servit. volont.*). — *Mon amour* N'*emploiera* POINT *pour moi Ni la
loi du combat ni le vouloir du Roi* (CORN., *Cid*, V, 7). — *Ni les éclairs ni le tonnerre
N'obéissent* POINT *à vos dieux* (RAC., *Esth.*, I, 5). — *Une noble pudeur à tout ce que vous
faites Donne un prix que* N'*ont* POINT *ni la pourpre ni l'or* (ID., *ib.*, III, 4). — *Vous
NE me jugez* PAS *digne d'aucune réponse* (LA BR., XVI, 22). — *On* NE *veut* PAS *rien
faire ici qui vous déplaise* (RAC., *Plaid.*, II, 6).
    Par contre, le simple *ne* s'employait assez souvent dans des phrases où l'on met-
trait aujourd'hui la négation complète : *Le bien d'autrui tu* NE *prendras*. — *Le jeu
N'est sûr* (BOIL., *Épigr.*, 3). — *Combien y en a-t-il dont le nom* NE *mérite de se trouver
ailleurs que dans les tables chronologiques ?* (VOLT., *Ch. XII*, Discours.)·

2. Dans l'ancienne langue, on employait le tour *ne pouvoir (pas) que* [= ne pouvoir
s'empêcher de..., être dans l'impossibilité de ne pas...], suivi d'une subordonnée au
subjonctif avec la négation simple *ne*. Ce tour, qui était un latinisme *(non possum
quin..., facere non possum quin...)* était encore d'usage à l'époque classique : *Je ne
puis (...) qu'avec toi je* NE *rie...* (CORN., *La Suiv.*, IV, 6). — *Vous ne pouvez pas que
vous* N'*ayez raison* (MOL., *Av.*, I, 7). — *Je ne puis, ma bonne, que je* NE *sois en peine
de vous* (SÉV., 12 févr. 1672). — Il ne se trouve plus qu'assez rarement chez les auteurs
modernes (non toutefois chez P. Valéry) : *L'orgueil parfois ne peut qu'il* NE *s'abaisse et
NE se plie* (P. VALÉRY, *Tel quel*, I ; éd. Pléiade, t. II, p. 685). — *Chaque nouveau mort,
en descendant dans notre souvenir, ne peut qu'il* NE *dérange ceux qui l'y ont précédé*
(J. ROSTAND, *Pensées d'un biologiste*, pp. 198-199). — *Je ne puis faire que je* N'*aie
une prévention* (ID., *Ce que je crois*, p. 71). — *Mais rien ne pouvait faire que (...) je
NE fusse livré à un sentiment profond de sécurité* (Fr. MAURIAC, dans le *Figaro litt.*,
19 mars 1960).

2. — Ellipse de *ne*.

877. *a)* On a noté déjà (§ 875, Rem. 1) que les mots qui renforcent habituellement la négation : *aucun, jamais, pas, point, guère*, etc., peuvent s'employer seuls pour exprimer l'idée négative, surtout dans les réponses et propositions elliptiques : *Y tenez-vous ?* — GUÈRE. — *Avez-vous rencontré des
amis ?* — AUCUN. — *Qui vient ? qui m'appelle ?* PERSONNE (MUSSET, *N. de
Mai*).

b) L'ellipse de *ne* se fait quelquefois dans les propositions interrogatives, surtout en poésie et dans la langue familière ¹ :

La flamme, en s'épurant, peut-elle PAS *de l'âme Nous donner quelque idée ?* (LA F., F., IX, Disc. à Mme de La Sablière.) — *Me connaissez-vous* PAS *?* (MOL., *Ét.*, II, 4.) — *Suis-je* PAS *votre frère ?* (RAC., *Esth.*, II, 7.) — *Viens-tu* PAS *demander asile ?* (HUGO, *Hernani*, III, 2.) — *Dirait-on* PAS *qu'il a lu Saint-Simon ?* (L. VEUILLOT, *Historiettes et Fantaisies*, p. 422.)

3. — Ne explétif dans les subordonnées ².

877*bis.* Certaines propositions subordonnées que la logique présente comme positives peuvent prendre néanmoins la négation *ne*. L'emploi de ce *ne* explétif, contre lequel s'élèvent les grammairiens logiciens, n'a jamais été bien fixé et tend même à disparaître. Dans l'usage littéraire, comme on pourra le voir par les exemples cités, il est le plus souvent facultatif ; la langue parlée, en tout cas, se débarrasse de plus en plus de cette particule parasite.

L'emploi de *ne* explétif se fonde sur le fait que la subordonnée contient une idée négative : dans une phrase comme *Je crains qu'on* NE *me trompe*, la pensée de celui qui parle s'arrête principalement sur l'idée de n'*être* PAS *trompé*, en sorte que la phrase pourrait se résoudre en *Pourvu qu'on* NE *me trompe* PAS ! *mais je crains…* Il apparaît ainsi que la construction *Je crains qu'on* NE *me trompe* résulte de la contamination de deux tournures : 1º Je crains… (un fait positif : que l'on me trompe) ; 2º Je désire… (un fait négatif : que l'on *ne* me trompe *pas*).

878. Verbes de crainte. — *a)* Après les verbes de crainte employés affirmativement, et après les locutions *(de) crainte que, dans la crainte que, de peur que,* on met ordinairement *ne* quand le verbe de la subordonnée exprime un effet que l'on craint de voir se produire ³ :

Je crains qu'un songe NE *m'abuse* (RAC., *Phèdre*, II, 2). — *Je tremblais que le moindre mouvement* NE *prévînt notre rencontre* (B. CONSTANT, *Adolphe*, II). — *Je crains qu'il* NE *vienne* (AC.). — *Je craignis que mes soins* NE *fussent mauvais* (A. FRANCE, *L'Étui de nacre*, p. 174). — *De peur qu'il* N'y *mette obstacle* (AC.). — *Crainte que (…) vous* NE *reprissiez vos esprits* (MONTHERLANT, *Les Célibataires*, p. 169).

Il arrive fréquemment qu'on omette *ne* :

1. Vaugelas (*Rem.*, p. 210) estimait qu'il était « plus élégant » de ne pas mettre la négative. — Dans la langue populaire, l'ellipse de *ne* est tout à fait courante : *J'sais* PAS. *C'est* PAS *vrai.* — *Heureusement, dit-elle, que les places vous ont* RIEN *coûté* (L. DUBECH, *La Grève des forgerons*, p. 161). — *J'étais* PAS *comme ça dans le civil, vous savez !* (G. DUHAMEL, *Civilisation*, p. 15.)
2. Voir à la fin du volume l'arrêté du 26 février 1901 : *Liste*, X.
3. Comparez, dans la syntaxe latine : *Timeo* NE *hostis veniat.*

Je crains pour vous qu'un Romain vous écoute (CORN., *Nicom.*, I, 2). — *De peur que sa gaîté trop bruyante te gêne* (J. RICHEPIN, *Le Chemineau*, II, 1). — *Craignant que la jalousie le rendît injuste et méchant* (A. FRANCE, *Balthasar*, p. 241). — *J'ai peur que vous riiez de nous tous et de moi* (R. BOYLESVE, *Sainte-Marie-des-Fleurs*, p. 23). — *Il appréhendait (...) que sa supercherie fût découverte* (ALAIN-FOURNIER, *Le Grand Meaulnes*, p. 117). — *Le vieillard comptait les revues, comme s'il craignait que son neveu en eût volé une* (MONTHERLANT, *Les Célibataires*, p. 22). — *Puis je craignais que mon absence fût dénoncée* (H. BORDEAUX, *Le Pays sans ombre*, p. 189). — *Sans doute pourrais-je craindre que tu déchires cette lettre* (Fr. MAURIAC, *Le Nœud de vipères*, p. 18). — *De crainte qu'une dame de ses amies (...) vînt la surprendre* (ID., *ib.*, p. 5). — *De peur que le cri les éveille* (A. GIDE, *Le Voyage d'Urien*, p. 32).

Parfois, dans ces sortes de phrases, quand il y a plusieurs propositions subordonnées, *ne* est exprimé dans la première seulement : Littré (s. v. *peur*, Rem. 2) cite les exemples suivants : *J'ai peur qu'elle* NE *soit mal payée de son amour, que son voyage en cette ville produise peu de fruit, et que vous eussiez autant gagné à ne bouger de là* (MOL., *D. Juan*, I, 1). — *De peur que d'un coup d'œil cet auguste visage* NE *fît trembler son bras et glaçât son courage* (VOLT., *Henr.*, II).

b) Après les verbes de crainte employés négativement, on ne met pas *ne* : *Je ne crains pas qu'il fasse cette faute* (LITTRÉ). — *On ne craint point qu'il venge un jour son père* (RAC., *Andr.*, I, 4).

c) Après les verbes de crainte pris interrogativement ou employés à la fois négativement et interrogativement dans la même expression, l'emploi de *ne* est facultatif ; toutefois on omet le plus souvent *ne* : *Craignez-vous qu'il vienne ?* (DICT. GÉN.) — *Ne craignez-vous pas qu'il* NE *vienne ?... qu'il vienne ?* (LITTRÉ.) — *Tu ne crains pas qu'il* N'*envoie des échos aux journaux ?* (M. PAGNOL, *Topaze*, III, 3.)

d) Dans tous ces cas, on met, après les verbes de crainte, la négation complète si le verbe subordonné exprime un effet que l'on craint de voir ne pas se produire [1] : *Je crains qu'il* NE *vienne* PAS (AC.). — *Je crains que vous* NE *soyez* PAS *juste envers ces messieurs* (Fr. MAURIAC, *Asmodée*, I, 4). — *Nul ne craint que ce projet* N'*aboutisse* PAS. *Avez-vous peur, n'avez-vous pas peur que la fortune* NE *vous favorise* PAS ?

879. Verbes d'empêchement, de précaution, de défense.

a) Après *empêcher que, éviter que*, on met ordinairement *ne* dans la subordonnée :

Tout ce que je dis là n'empêche par qu'il N'*y ait de jolies choses dans votre livre* (MARIVAUX, *Le Paysan parvenu*, p. 213). — *J'empêche qu'il* NE *vienne* (LITTRÉ). — *Évitez qu'il* NE *vous parle* (AC.). — *Je n'empêche pas qu'il* NE *fasse ce qu'il voudra* (ID.). — *Empêchez-vous qu'on* NE *vienne ?* (LITTRÉ.)

Cependant on se dispense souvent de mettre *ne* :

---

1. Comparez, dans la syntaxe latine : *Timeo* NE *socius* NON *veniat.*

Vous savez (...) empêcher qu'il [le feu de l'âme] *vous dévore* (VOLT., *Au roi de Prusse*, 4 sept. 1773). — *Helvius (...) empêchera qu'on leur fasse aucun mal* (A. FRANCE, *Balthasar*, p. 111). — *Rien n'empêche qu'ils soient aussi nombreux qu'on le voudra* (P. CLAUDEL, *Présence et Prophétie*, p. 279). — *Mais la main empêchait qu'on vît la bague* (COLETTE, *Le Fanal bleu*, p. 186). — *Tous les efforts de la couturière n'empêchèrent pas que le grand pied de bois allât se prendre dans les barreaux* (J. GREEN, *Le Malfaiteur*, p. 21). — *Tout cela n'empêcha pas que l'erreur ait eu la vie dure* (P. GAXOTTE, *Hist. des Français*, t. I, p. 170). — *Rien n'empêche que vous tombiez d'accord* (J. ROMAINS, *Violation de frontières*, p. 204). — *Empêchez-vous qu'on vienne ?* (LITTRÉ.) — *Je n'empêche pas qu'il fasse ce qu'il voudra* (AC.). — *Il s'agissait (...) d'éviter qu'un nouveau venu pût soupçonner une intrigue* (R. BOYLESVE, *Le Dangereux Jeune Homme*, p. 28). — *J'évitais qu'il m'en parlât* (LITTRÉ). — *Vous n'éviterez pas qu'il vous en parle* (DICT. GÉN.).

b) Après *garder que, se donner de garde que, se donner garde que* (les trois expressions sont vieillies), on met ordinairement *ne* dans la subordonnée : *Gardez qu'avant le coup votre dessein* N'*éclate* (RAC., *Andr.*, III, 1). — *Donnez-vous garde qu'on* NE *vous attaque* (AC.).

Après *prendre garde que*, le verbe de la subordonnée prend ordinairement *ne* s'il indique un effet qu'il s'agit d'éviter ; il ne prend aucune négation s'il indique un résultat à obtenir : *Prenez garde qu'on* NE *vous trompe* (AC.). — *Prenez garde (...) que vous entendiez tout ce que vous faites* (BOSS., *Œuv. orat.*, t. IV, p. 239).

Remarques. — 1. *Garder que*, fréquent à l'époque classique, était souvent employé sans *ne* : *Garde bien qu'on te voie* (CORN., *Cid*, III, 4).

2. *Prendre garde que*, dans le sens de « remarquer », demande l'indicatif (ou le conditionnel, s'il s'agit d'un fait hypothétique), et la subordonnée, quand elle a un sens positif, ne prend pas *ne* explétif : *Mais prenons garde que cet esprit émeut toutes nos puissances...* (M. BARRÈS, *La Colline inspirée*, p. 288). — *Prenez garde que vous* MANQUERIEZ *à un devoir très grave si vous négligiez de faire cela*.

Quand la subordonnée est négative, elle prend la négation complète : *Prenez garde que l'auteur* NE *dit* PAS *ce que vous pensez* (LITTRÉ.)

Après *prendre garde de*, construit avec un infinitif, on peut mettre la négation complète : *Prends donc garde de* NE *t'enfler* PAS (BOSS., *Hist.*, II, 20). — *Prenez bien garde de* NE PAS *tacher vos tabliers* (M. AYMÉ, *Les Contes du Chat perché*, p 57) — On peut aussi n'employer aucune négation : *Il faut prendre garde de confondre éminent et imminent* (LITTRÉ, s.v. *imminent*, Rem.). — *Prenez garde de tomber* (AC.). — Dans le premier cas, *prendre garde* signifie « avec soin » ; dans le second, « s'efforcer d'éviter ».

Après *prendre garde à*, construit avec un infinitif, l'infinitif prend la négation complète s'il indique un effet qu'il faut éviter : *Prenez bien garde au moins à* NE *lui* POINT *parler du diamant* (MOL., *Bourg. gent.*, III, 16). — Il ne prend aucune négation s'il indique un résultat auquel on s'efforce de parvenir : *Vous, prenez garde à bien représenter avec moi votre rôle de marquis* (MOL., *Impromptu*, 1).

c) Après *défendre que, défendre de, défense de,* ni le verbe de la subordonnée ni l'infinitif complément n'admettent *ne : J'ai défendu que vous fissiez telle chose* (Ac.). — *La raison nous défend de faire une injustice* (Id.). — *Jésus leur défend de rien emporter* (Flaub., *La Tent. de saint Antoine,* p. 72). — *On lui a fait défense de récidiver* (Ac.).

880. Verbes de doute, de négation.

a) Après les verbes *douter, mettre en doute, nier, disconvenir, désespérer, contester, méconnaître, dissimuler* et autres analogues, employés affirmativement et suivis, soit d'un infinitif complément, soit d'une subordonnée introduite par *que,* le verbe dépendant ne prend pas *ne :*

Je doute fort que cela soit (Ac.). — *Il nie qu'il se soit trouvé dans cette maison* (Littré). — *Votre associé Ezra nie avoir pris l'argent* (P. Morand, *New-York,* p. 185). — *Il dissimula qu'il eût eu part à cette affaire* (Littré).

b) Après ces mêmes verbes employés négativement ou interrogativement, la subordonnée prend ordinairement *ne :*

Je ne doute point que la vraie dévotion ne *soit la source du repos* (La Br., XIII, 30). — *Je ne doutai plus alors qu'elle* n'*eût confié son chagrin à sa maîtresse* (A. France, *La Vie en fleur,* p. 35). — *Xavier ne doutait pas qu'il* ne *fît semblant de lire* (Fr. Mauriac, *L'Agneau,* p. 13). — *Doutez-vous que cela* ne *soit vrai ?* (Littré.) — *Je ne doute pas qu'il* ne *vienne bientôt* (Ac.). — *Nierez-vous que Canova et Rossini* ne *soient de grands artistes ?* (Stendhal, *Corr.,* t. VI, p. 125.) — *Je ne nie pas que ces interprétations* ne *soient ingénieuses* (A. France, *Le Liv. de mon ami,* p. 289). — *Nierez-vous que ce* ne *soit du gazon ?* (A. Arnoux, *Calendrier de Flore,* p. 283.) — *On ne saurait contester que la diversité des mesures* ne *brouille les commençants pendant un temps infini* (J.-J. Rouss., dans Bescherelle). — *On ne peut disconvenir qu'une telle opération* ne *soit possible* (Diderot, *Lett. sur les Aveugles*). — *Je ne dissimule pas qu'il* n'*en soit ainsi* (Littré). [Voir d'autres exemples : § 999, Rem. 1.]

Même observation pour *nul doute que, point de doute que, il n'y a pas de doute, il n'y a nul* (ou : *aucun*) *doute que, il n'est pas douteux que : Nul doute, point de doute que cela* ne *soit* (Ac.). — *Il n'est pas douteux que la règle* ne *doive s'y étendre* (Littré, *Dict.,* Préf. p. XV). [Voir d'autres exemples : § 997 et Rem. 1.]

Cependant *ne* est fréquemment omis, surtout lorsqu'on exprime un fait incontestable :

Aucun doute qu'il la rencontrât un jour ou l'autre (H. de Régnier, *Les Vacances d'un Jeune Homme sage,* p. 187). — *Je ne doutai pas que le nouvel appartement fût un gîte pour rire* (Colette, *Trois... six... neuf...,* p. 99). — *Nul doute que cette souffrance ait été à la mesure de ses forces* (G. Bernanos, *Un Mauvais Rêve,* I, 1). — *Je ne doute pas que vos intentions soient bonnes* (Id., *Journ. d'un Curé de camp.,* p. 184). —

Serge ne doutait pas qu'il succomberait (Fr. MAURIAC, *Pèlerins de Lourdes*, p. 130). — *On ne pouvait douter que David fût sauvé* (J. GREEN, *Moïra*, p. 149). — *Il ne douta pas que l'« événement » en fût la cause* (H. BOSCO, *Les Balesta*, p. 178). — *Il n'est pas douteux que les grands États modernes aient fait (...) des efforts ordonnés* (G. DUHAMEL, *Paroles de médecin*, p. 21). — *Il n'y a pas de doute que la France, alors, ait été heureuse* (É. HENRIOT, *Le Livre de mon père*, p. 40). — *Doutez-vous que je sois malade ?* (AC.) — *On ne peut nier qu'un soir de novembre 1654, il [Pascal] soit tombé dans une sorte de ravissement* (M. BARRÈS, *Les Maîtres*, p. 157). — *Il ne niait pas que son désir fût démesuré* (Fr. MAURIAC, *Dieu et Mammon*, p. 192). — *Nierez-vous qu'il y ait dans votre classe un élève nommé Gigond ?* (M. PAGNOL, *Topaze*, I, 13.) — *Niez-vous qu'il en soit ainsi ?* (LITTRÉ.) — *Je ne nie pas qu'il ait fait cela* (AC.). — *On ne saurait contester que Dieu existe* (BESCHERELLE). — *Je ne dissimule pas que j'ai changé d'avis* (LITTRÉ).

881. Propositions comparatives. — *a)* Après *plus, moins, mieux, autre, autrement, meilleur, moindre, pire, plutôt,* marquant une comparaison d'inégalité, le verbe de la seconde proposition prend souvent *ne* quand la principale est affirmative :

Il est autre que je NE croyais (AC.). — *Il agit autrement qu'il NE parle* (ID.). — *Le temps est meilleur qu'il N'était hier* (ID.). — *On voit de loin les objets bien autrement qu'ils NE sont* (VOLT., *À Mme Denis*, 24 déc. 1751). — *Vouloir faire les choses autrement que Dieu NE les a faites* (RENAN, *L'Eau de Jouvence*, IV, 1). — *Paris était alors plus aimable qu'il N'est aujourd'hui* (A. FRANCE, *La Vie en fleur*, p. 45).

Cependant on peut omettre *ne* [1] :

Il est autre que je croyais (AC.). — *Il agit autrement qu'il parle* (ID.). — *Le jour est moins avancé que je croyais* (BEAUMARCHAIS, *Barb.*, I, 1). — *La ville tirait trop, elle nous croyait plus nombreux que nous l'étions* (CHATEAUBR., *Mém.*, I, 9, 12). — *Huysmans, naturellement, tout autre que je pensais* (J. RENARD, *Journal*, 18 oct. 1891). — *Il agissait tout autrement qu'il eût voulu* (A. GIDE, *Les Faux-Monnayeurs*, p. 236). — *Je consumerai vos trésors avec un peu plus de suite et de génie que vous le faites* (P. VALÉRY, *Eupalinos*, p. 125). — *Elle jeta plutôt qu'elle quitta sa robe* (H. BORDEAUX, *Le Remorqueur*, XX). — *Se représenter le réel autrement qu'il est* (DANIEL-ROPS, *Vouloir*, p. 39). — *Monsieur le Prince fut moins complaisant que le Roi l'avait espéré* (J. et J. THARAUD, *La Tragédie de Ravaillac*, p. 54). — *De manière à les faire voir* [les objets] *autrement qu'ils sont* (AC., s. v. *jour*).

b) Quand la principale est négative ou interrogative, ordinairement on ne met pas *ne* dans la subordonnée :

1. « Vous êtes plus grand que vous croyez », ou « que vous ne croyez », ou « que vous ne le croyez ». — « Ces trois formes, disait l'Office de la Langue française (dans le *Littéraire*, 29 mars 1947), présentent des nuances délicates. Le *ne* de la deuxième insiste sur le fait (« vous croyez n'être pas grand »). Le *le* de la troisième apporte plus d'insistance. L'idée générale reste la même dans les trois phrases, mais de la première à la troisième, il y a progression ascendante. »

Il n'agit pas autrement qu'il parle (Ac.). — *Il n'est pas plus riche qu'il était* (LITTRÉ, s.v. *ne*, 15°). — *Jamais père ne fut plus heureux que vous l'êtes* (RAC., *Iphig.*, I, 4). — *Quel mortel fut jamais plus heureux que vous l'êtes ?* (VOLT., *Zaïre*, I, 2.) — *Pourquoi en userait-il autrement que font les Muses ?* (J. COC-TEAU, *La Difficulté d'être*, p. 77.) — *Ils n'agiraient pas autrement que je les vois agir* (G. DUHAMEL, *Le Voyage de Patrice Périot*, p. 77). — *On ne peut pas être plus heureuse que je le suis* (A. CHAMSON, *Désordres*, III, 10).

Mais on peut aussi mettre *ne :*

Raphaël (...) n'aurait pas été plus électrisé par son chef d'œuvre que je NE *l'étais...* (CHATEAUBR., *Mém.*, II, 5, 3). — *Il n'est pas plus grand que vous* N'*êtes* (HUGO, *Lég.*, t. II, p. 287). — *Il n'est pas plus assassin que je* NE *le fus à Reims, moi* (VIGNY, *Serv. et Gr. mil.*, IX). — *Ils ne dépeignent point les ingrats autrement qu'ils* NE *se montrèrent à moi* (L. VEUILLOT, *Hist. et Fant.*, p. 320). — *Je n'agirais pas autrement que je* NE *l'ai fait* (MONTHERLANT, *Le Démon du bien*, p. 150). — *Se désoler que les choses ne soient pas autrement qu'elles* NE *sont* (A. GIDE, *Journal 1939-1942*, p. 30). — *On ne saurait être moins que vous* NE *l'êtes, incorporée à la famille* (Fr. MAURIAC, *Le Sagouin*, p. 44).

Hist. — Autrefois la proposition comparative se trouvait parfois introduite par *que non pas (que)*, *que ne pas : Tout ce que vous m'avez dit, je l'aime bien mieux une feinte,* QUE NON PAS *une vérité* (MOL., *Princ. d'Élide*, V, 2). — *Mes jours Devaient plus tôt finir* QUE NON PAS *son discours* (RÉGNIER, *Sat.*, 8). — *Il faut avoir l'esprit plus libre que je* NE *l'ai* PAS (RAC., t. VI, p. 485). — *Ah ! vous avez plus faim* QUE VOUS NE *pensez* PAS (MOL., *Ét.*, IV, 4).

882. Locutions conjonctives. — *a)* Après *avant que*, les auteurs classiques ne mettaient pas *ne ;* dans l'usage moderne, l'emploi de *ne* est facultatif : c'est l'oreille qui décide ; il semble toutefois que, le plus souvent, les auteurs préfèrent mettre *ne* [1] :

Sans *ne : Avant que je réponde* (LA F., *F.*, III, 1). — *Avant que tous les Grecs vous parlent par ma voix* (RAC., *Andr.*, I, 2). — *Avant que vous parliez* (MOL., *D. Garcie*, V, 5). — *Le roi voulut voir ce chef-d'œuvre avant même qu'il fût achevé* (VOLT., *L. XIV*, 25). — *Donc l'épopée échoue avant qu'elle commence* (HUGO, *Chât.*, VII, 2, 4). — *Avant que Grimm commençât sa correspondance* (SAINTE-BEUVE, *Caus. du Lundi*, t. VII, p. 317). — *Avant qu'elle se mariât* (FLAUB., *Mme Bov.*, I, 5). — *Avant qu'il eût tiré son dictionnaire* (A. DAUDET, *Tart. sur les Alpes*, p. 219). — *Avant que les officiers préposés à ces divers services daignassent se déranger* (G. DUHAMEL, *Scènes de la vie future*, I). — *Avant que la sonnerie ait alerté personne* (Fr. MAURIAC, *L'Agneau*, p. 225). — *J'irai le voir avant qu'il parte* (Ac.).

---

1. Avec J. Boulenger et A. Thérive (*Les Soirées du Grammaire-Club*, pp. 256-257), on pourrait fort bien admettre qu'*avant que* sans *ne* marque « une simple postériorité, la succession des faits tout bruts, sans aucune relation logique : *La pluie se met à tomber avant que j'aie pris le train* », — et qu'*avant que ... ne* marque « une intention ou un retard, conçus ou jugés par l'esprit humain : *Je veux arriver avant que le train* NE *s'ébranle* ». [Voir aussi : A. THÉRIVE, *Querelles de lang.*, t. II, pp. 76 sv.]

Avec *ne* : *Avant qu'ils* [des vers] NE *soient écrits* (VIGNY, *Cinq-Mars*, 20). — *Avant qu'on* NE *bâtît des temples* (MICHELET, *Bible de l'Humanité*, p. 138). — *Avant que nous* N'*ayons sonné* (É. ESTAUNIÉ, *Tels qu'ils furent*, p. 178). — *Avant que son frère* NE *vînt* (R. ROLLAND, *Jean-Chr.*, t. III, p. 149). — *Avant que la perche* NE *touche le fond* (A. GIDE, *Voy. au Congo*, p. 220). — *Avant que* NE *chante le coq* (G. DUHAMEL, *Le Temps de la Recherche*, I). — *Avant qu'on* NE *s'aperçoive du fait* (MONTHERLANT, *Malatesta*, I, 8). — *Avant qu'ils* N'*eussent atteint la galerie* (J. GREEN, *Moïra*, p. 179). — *Avant qu'ils* NE *soient remis debout* (LA VARENDE, *Le Roi d'Écosse*, p. 33). — *Avant que je* N'*atteigne les pins* (P. CLAUDEL, *Connaissance de l'Est*, Novembre). — *Il existait un monde où l'artiste trouve avant qu'il* NE *cherche* (J. COCTEAU, *La Difficulté d'être*, p. 49). — *Dieu l'a visité et occupé avant qu'il* NE *fût détaché* (Fr. MAURIAC, *L'Agneau*, p. 122). — *Avant qu'il* N'*eût ouvert la bouche* (J. ROMAINS, *Violation de frontières*, p. 41). — *Avant qu'elle* [la route] NE *soit toute défoncée par les ornières* (A. CHAMSON, *Adeline Vénician*, p. 138). — *Avant que* NE *fût engagée une poursuite* (H. TORRÈS, *Accusés hors série*, p. 82). — *Avant que les gens du roi* NE *s'en occupent* (MONTHERLANT, *Le Cardinal d'Espagne*, III, 1). — *Avant qu'il* NE *fasse froid* (Ac.).

b) Après *sans que* (qui implique déjà une négation), en principe, on ne met pas *ne* :

Je reçus et je vois le jour que je respire Sans que père ni mère ait daigné me sourire (RAC., *Iphig.*, II, 1). — *Thibaut l'agnelet passera Sans qu'à la broche je le mette* (LA F., *F.*, X, 5). — *Je demeurais quelquefois une heure dans une compagnie sans qu'on m'eût regardé* (MONTESQ., *L. pers.*, 30). — *Des mois entiers s'écoulèrent sans qu'aucune créature humaine frappât à la porte de notre forteresse* (CHATEAUBR., *Mém.*, I, 3, 3). — *La tête tourna sans que le corps remuât* (HUGO, *L'Homme qui rit*, I, 2, 4). — *Les dents lui poussèrent sans qu'il pleurât une seule fois* (FLAUB., *Trois Contes*, p. 98). — *Jamais je ne passe le seuil de cette ville désaffectée sans qu'elle me ramène au sentiment de nos destinées interrompues* (M. BARRÈS, *Colette Baudoche*, p. 15). — *Les convives quittèrent la table sans que j'eusse avalé une bouchée* (A. FRANCE, *Crainquebille*, p. 276). — *Je ne puis parler sans qu'il m'interrompe* (AC.).

Remarque. — Il arrive qu'un élément négatif dans la phrase amène, par contagion, un *ne* explétif après *sans que* [1] ; cela peut se produire :

1° Lorsque la principale a un sens négatif : *Je ne peux plus le voir* [un théâtre] *sans que mes oreilles* NE *soient encore frappées du bruit des sifflets* (DIDEROT, *Traité*

---

1. Pour J. Marouzeau (*Notre langue*, p. 182), il ne faut voir là qu'un effet de l'analogie : « ... qui voudrait justifier ce *ne* en invoquant une raison de sens ferait évidemment fausse route ; il n'y a là qu'une contamination issue de constructions telles que : « à moins qu'il ne..., de peur qu'il ne... » (cf. Ida Stauff, *Recherches sur* NE *redondant*, thèse de Paris, 1928) ». — Pour Sandfeld (*Synt.*, t. II, p. 418), le *ne* est dû à l'influence de la construction avec *que ... ne* [cf. *Il ne se passe pas de jours* QUE *tu* NE *me déplaises*]. — Pour C. de Boer (*Synt. du fr. mod.*, p. 25), il serait amené par l'élément négatif contenu dans *sans que* lui-même. — Sur cette question, voir H. GLÄTTLI, dans *Vox Romanica*, 19/2, 1961, pp. 300-318.

du beau, Pléiade, p. 1139). — *Je ne pouvais faire un mouvement sans qu'ils* N'*en fussent avertis* (CHATEAUBR., *Atala*, Les Chasseurs). — *Il ne peut rien faire sans que M. Paoli* NE *le sache* (STENDHAL, *Corresp.*, t. VIII, p. 146). — *Je ne saurais te dire un mot de près (...) sans qu'un grand sabre crochu* NE *s'embarrasse dans mes jambes* (MUSSET, *Le Chandelier*, I, 1). — *Je n'ai jamais causé avec un Italien sans que la conversation* NE *tournât de suite à la politique* (TAINE, *Voy. en Italie*, t. I, p. 355). — *Il ne se tue pas un cochon dans la paroisse sans que je* N'*en aie ma part* (Fr. MAURIAC, *L'Agneau*, p. 195).

2° Lorsque la subordonnée, par le fait qu'elle contient un terme négatif *(aucun, nul, pas un, personne, rien, jamais, ni)*, est chargée d'un potentiel négatif : *Voilà en somme une fille que tu compromets de gaîté de cœur sans que nul* NE *comprenne rien à tes hésitations* (E. JALOUX, *Le Dernier Acte*, p. 89). — *Elle entrait au salon sans qu'aucun craquement* N'*eût annoncé sa venue* (Fr. MAURIAC, *La Pharisienne*, p. 100). — *Il se donnait tout entier, sans que personne* N'*en sût rien* (J.-L. VAUDOYER, *Laure et Laurence*, pp. 50-51). — *Des semaines peuvent s'écouler, sans que personne* N'*y passe* (J. SCHLUMBERGER, *Saint-Saturnin*, p. 325). — *Sans que rien entre nous* N'*eût été dit, je me redressai* (DANIEL-ROPS, *Mort, où est ta victoire ?* p. 262). — *La journée s'écoulait sans que personne* NE *vînt* (H. TROYAT, *Faux jour*, pp. 157-158).

N. B. — On trouve quelquefois *sans que* suivi de *ne* dans des phrases qui n'appartiennent à aucune des deux catégories mentionnées dans la remarque ci-dessus : *Le lieutenant répondit militairement au salut sans qu'un muscle de sa figure* NE *bougeât* (M. PROUST, *Jean Santeuil*, t. III, p. 61). — *Les portes restent béantes sans que* NE *se lise sur ses traits cette crispation...* (P. MORAND, *Papiers d'identité*, p. 160). — *Il eût souhaité (...) d'être respecté, honoré, et s'il eût été possible, sans que cela* NE *lui coûtât trop cher, aimé* (G. BERNANOS, *Lettre aux Anglais*, p. 89). — *L'on entre dans le roman véritable sans qu'il* NE *soit plus question de ce début assez gratuit* (A. ROUSSEAUX, dans le *Figaro litt.*, 7 févr. 1959). — *Je crus entendre, très haut, grincer une espagnolette, sans qu'un visage* N'*apparût* (J. PERRET, *Objets perdus*, p. 31). — De tels exemples ne sont pas bons à imiter.

c) Après *à moins que*, on met ordinairement *ne* : *Il n'en fera rien, à moins que vous* NE *lui parliez* (AC.). — *Car que faire en un gîte, à moins que l'on* NE *songe ?* (LA F., *F.*, II, 14.)

Cependant on peut omettre *ne* : *À moins qu'à vos projets un plein effet réponde* (CORN., *Ment.*, II, 1). — *À moins que la suivante en fasse autant pour moi* (MOL., *Dép. am.*, I, 1). — *À moins qu'il les ramène* (A. DAUDET, *Le Nabab*, t. I, p. 170). — *À moins que l'instituteur ait maintenu son refus* (Fr. MAURIAC, *Le Sagouin*, p. 87).

Le sens varie selon que l'on met après *à moins que* le simple *ne* ou la négation complète : *À moins que l'on* NE *dise* = en exceptant le cas où l'on dirait. *À moins que l'on* NE *dise* PAS = en exceptant le cas où l'on ne dirait pas.

d) Après *que* mis pour *avant que, sans que, à moins que, de peur que*, on doit **toujours employer** *ne* :

Tu ne bougeras pas d'ici que tu N'*aies demandé pardon* (G. SAND, *La Mare au diable*, XIV). — *Il n'avouera jamais qu'il est médecin que vous* NE *preniez chacun un bâton* (MOL., *Méd. m. lui*, I, 5). — *Fuyez, qu'à ses soupçons il* NE *vous sacrifie* (CORN., *Méd.*, I, 5). — *Il n'aura point de cesse que vous* NE *lui ayez donné ce qu'il demande* (AC.).

883. Après *il s'en faut que, peu s'en faut que*, on met facultativement *ne :*

Il s'en faut de dix francs que la somme entière N'*y soit* (AC.). — *Il ne s'en est guère fallu que je* NE *fusse trompé par son air de candeur* (LITTRÉ). — *Il s'en faut de beaucoup que leur nombre soit complet* (AC.). — *Il s'en fallait que leur goût fût excellent* (R. ROLLAND, *Jean-Christophe*, t. VI, p. 37). — *S'en faut-il beaucoup que la somme soit complète ?* (LITTRÉ). — *Il ne s'en est pas beaucoup fallu qu'il fût tué* (ID.). — *Peu s'en faut que la tempête* NE *les engloutisse* (FUSTEL DE COULANGES, *La Cité antique*, III, 5). — *Peu s'en fallut qu'il abandonnât tout* (R. ROLLAND, *Vie de Michel-Ange*, p. 48).

884. Après *il tient à ... que, il dépend de ... que*, pris affirmativement, on ne met aucune négation ou on met la négation complète, selon le sens : *Il tient à moi que cela se fasse, que cela* NE *se fasse* PAS (LITTRÉ).

Quand ces expressions sont employées négativement ou interrogativement, *ne* est ordinairement employé, mais on peut aussi l'omettre : *Il ne tiendra qu'au roi qu'aux effets je* NE *passe* (CORN., *Nicom.*, I, 3). — *Il ne tint pas aux empereurs que Jésus-Christ même (...)* N'*eût des autels parmi les Romains* (BOSS., *Hist.*, II, 26). — *À quoi tient-il que vous* NE *répondiez ?* (MUSS., *Le Chandelier*, I, 1.) — *Il ne tiendra qu'à lui que le différend se juge par une bataille* (LITTRÉ). — *Il n'a pas dépendu de moi que cela se fît* (DICT. GÉN.).

C. — Pas et Point.

885. Dans la plupart des cas, **pas** et **point** peuvent s'employer sans différence de sens : c'est l'oreille qui décide. On dit : *Il n'a* PAS *de pitié* ou : *Il n'a* POINT *de pitié*.

Pas est plus fréquemment employé que *point*. Cette dernière particule est surtout littéraire et semble même avoir disparu du français parlé, sauf dans la langue paysanne.

« *Point* nie plus fortement que *pas*. On dira également : *Il n'a* PAS *d'esprit ; Il n'a* POINT *d'esprit ;* et on pourra dire : *Il n'a* PAS *d'esprit ce qu'il en faudrait pour sortir d'un tel embarras ;* mais, quand on dit : *il n'a* POINT *d'esprit*, on ne peut rien ajouter. Ainsi, *point*, suivi de la particule *de*, forme une négation absolue ; au lieu que *pas* laisse la liberté de restreindre, de réserver. Par cette raison, *pas* vaut mieux que *point* devant *plus, moins, si, autant*, et autres termes comparatifs : *Cicéron n'est* PAS *moins véhément que Démosthène ; Démosthène n'est* PAS *si abondant que Cicéron.* Par la même raison, *pas* est préférable devant les noms de nombre : *Il n'en reste* PAS *un seul petit morceau ; il n'y a* PAS *dix ans ; vous n'en trouverez* PAS *deux de votre avis.* » (LITTRÉ.)

**Dans les propositions interrogatives, on se sert plutôt de *point* si la ques-

tion implique un certain doute, tandis qu'on met de préférence *pas* si la
question implique la certitude : *N'est-il* POINT *là ? N'est-il* POINT *ici ?* (MOL.,
Av., IV, 7.) — *N'est-ce* PAS *la santé qui est le plus grand des trésors ?*

886. *Pas* et *point* peuvent s'employer sans *ne* dans des propositions elliptiques. Dans cet emploi, *point* se met, soit seul, soit avec l'expression renfor-
çante *du tout ;* tandis que *pas* ne va jamais seul : il entre dans des locutions
telles que : *pas un, pas trop, pas beaucoup, pas tant*, etc. :

Pancrace : *Vous voulez peut-être savoir si la substance et l'accident sont termes synonymes ou équivoques à l'égard de l'être ?* — Sganarelle : POINT DU TOUT. *Je...* — Pancr. :
S'il y a dix catégories ou s'il n'y en a qu'une ? — Sgan. : POINT. *Je...* (MOL., *Mariage
forcé*, 4). — *Ces hommes-là semblent distraits ;* POINT ; *ils sont attentifs* (HUGO, *Quatrevingt-treize*, II, 1, 2). — *Il semble que, telle quelle, cette proposition aurait pu suffire.*
POINT (H. BREMOND, *Pour le Romantisme*, p. 43). — *Avez-vous de l'argent ?* — PAS
TROP, PAS BEAUCOUP, PAS DU TOUT, PAS ASSEZ (AC.).

887. *Pas* et *point* s'emploient, surtout dans le style familier, hors de toute
réponse, au lieu de *non, non pas*, pour nier un mot ou un groupe de mots[1] ;
il se met ainsi devant un adjectif ou un participe-adjectif, devant un nom,
un pronom, un complément prépositionnel, un adverbe, une proposition :

Un honnête pigeon, POINT *fourbe et* POINT *guerrier* (VOLT., *Au roi de Pr.*, 29 juin
1741). — *Tout en se répétant qu'il était ennuyeux et* PAS *beau* (M. PROUST, *Les Plaisirs et
les Jours*, p. 118). — *À cause des leçons* PAS *sues* (Fr. MAURIAC, *Commencement d'une
vie*, p. 25). — *Une odeur de poisson* PAS *frais* (E. JALOUX, *Le Voyageur*, p. 238). —
Des enfants PAS *sages* (É. HENRIOT, *Le Livre de mon père*, p. 22). — *Des gens simples*,
PAS *ennemis du merveilleux* (J. ROMAINS, *Quand le Navire...*, p. 162). — *Vous devez
exprimer la frayeur et le dégoût, mais* PAS *la curiosité* (G. DUHAMEL, *Suzanne et les
Jeunes Hommes*, p. 8). — *Dans le sauvetage, c'est le sang-froid qui compte,* PAS *la nage*
(J. GIRAUDOUX, *Cantique des Cantiques*, I). — *C'est lui et* PAS *un autre, qui assomma
la guivre de Milan* (FLAUB., *Trois Contes*, p. 124). — *J'y suis fermement décidé !* —
Eh bien, PAS *moi* (St. PASSEUR, *L'Acheteuse*, I, 11). — *C'est pour lui qu'il travaille,*
PAS *pour les autres* (AC., s. v. lui). — *Elle se releva furtivement, et* PAS *selon les règles*
(A. THÉRIVE, *Sans âme*, p. 132). — *L'herbe poussait où elle doit pousser et* PAS *ail-
leurs* (G. DUHAMEL, *Les Plaisirs et les Jeux*, p. 161). — *En France, on peut s'offrir
d'être communiste, anarchiste, et tout et tout ; mais* PAS *quand il s'agit de cuisine* (ID.,
L'Archange de l'aventure, p. 21). — *Je veux bien mourir, mais* PAS *qu'ils me touchent*
(J. ANOUILH, *Antigone*, p. 57).

Pour *pas* employé au lieu de *non* dans des phrases comme *Il a besoin de moi, pensa-
t-elle. Moi* PAS (A. MAUROIS, *Le Cercle de famille*, p. 89), voir § 874, *a*, Rem. 1.

Pour *pas* et *point* incompatibles avec *aucun*, voir § 447, Rem. 2, et § 580, Rem. 3.

888. Avec *pas* et *point* employés hors de toute réponse, et notamment
devant des noms et des noms de nombre, on fait parfois ellipse de *ne* et du

---

1. Cet emploi de *pas* ou *point*, Littré le tient pour suspect d'incorrection, tout
en reconnaissant qu'il s'autorise d'un assez grand usage.

verbe pour donner plus de rapidité à l'expression : PAS *d'argent*, PAS *de Suisse*.
— POINT *de soldats au port*, POINT *aux murs de la ville* (CORN., *Cid*, IV, 3). —
Pauvre esprit, PAS *deux mots* (MOL., *Ét.*, IV, 2).

Pas s'emploie très couramment dans la langue familière ou populaire comme forme
réduite et rapide de l'expression interrogative « n'est-ce pas ? » : *Tout ce qui t'intéresse, c'est la rente*, PAS ? (ARAGON, *Aurélien*, p. 227.) — *Moi, j'ai fini ma journée*,
PAS ? (M. de SAINT PIERRE, *Les Nouveaux Prêtres*, Liv. de poche, p. 152).

889. On peut nier par *pas* ou *point* la restriction marquée par *ne... que*
(= *seulement* : § 875, *b*), et il est incontestable que *ne ... pas que, ne ... point
que* ont reçu la pleine sanction de l'usage :

Il N'*y avait* PAS QUE *les forêts, il y avait les bois* (HUGO, *Quatrevingt-treize*, III, 1, 3).
— *Il* N'*y avait* PAS QUE *des hommes dans cette cohue* (Th. GAUTIER, *Le Capit. Fracasse*,
XII). — *Il* N'*y a* PAS QUE *les manches plates* (MUSSET, *Un Caprice*, 6). — *Je* NE
regrette PAS QUE *Mme Vernet* (J. RENARD, *L'Écornifleur*, XXVI). — *Je ne regarde* PAS
QU'*en moi-même* (A. HERMANT, *Confess. d'un Enfant d'hier*, p. 5). — NE *pensez* PAS
QU'*à vous* (A. FRANCE, *La Rôtisserie...*, p. 172). — *Il* NE *s'agit* PAS *là* QUE *de fantaisies
d'artistes* (P. LOTI, *La Mort de Philæ*, p. 29). — *La Divine Comédie* N'*est* PAS QU'*une
éjaculation mystique* (M. BARRÈS, *Les Maîtres*, p. 38). — *Le plaisir* N'*est* PAS *donné*
QU'*aux yeux* (H. BORDEAUX, *La Maison morte*, p. 241). — *Ce qu'on appelle son art,
elle* NE *l'applique* PAS QU'*à la musique* (R. BOYLESVE, *Souv. du jardin détruit*, p. 54). —
Mais il N'*y a* PAS QUE *Rouen* (M. PROUST, *Chroniques*, p. 145). — *Il* N'*est* POINT QUE
fougue gymnastique dans la passion de l'escalade (G. DUHAMEL, *Deux Hommes*, p. 169).
— *Ce travers inoffensif (...)* N'*a* PAS *servi* QUE *les brocanteurs* (H. BREMOND, *Pour le
Romantisme*, p. 76). — *Il* N'*y a* POINT QUE *le vice à peindre* (Fr. MAURIAC, *Dieu et
Mammon*, p. 159). — *Il* N'*y a* PAS QUE *le premier pardon qui coûte* (COLETTE, *La
Vagabonde*, p. 35). — *Mais l'homme* NE *vit* PAS QUE *de miracles et de surprises* (P. VA-
LÉRY, *Variété*, éd. de la Pléiade, t. I, p. 1424). — *Il* N'*y a* PAS QUE *les hommes ici-bas*
(J. GIRAUDOUX, *La Folle de Chaillot*, p. 185). — *J'ai naturellement écouté mon goût.*
Je N'*ai* PAS *écouté* QUE *lui* (A. GIDE, *Anthol. de la Poés. fr.*, Préf.). — *L'homme* NE
vit PAS QUE *dans les forêts* (A. MAUROIS, *Alain*, p. 112). — *Mais la France* N'*a* PAS
QU'*une tradition* (P. GAXOTTE, *Hist. des Français*, t. I, p. 495).

Même emploi de *ne ... pas que, ne ... point que*, chez : BARBEY D'AUREVILLY, *Le
Chevalier des Touches*, p. 108 ; A. DUMAS f., *La Femme de Claude*, Préf. ; A. DAUDET,
La Petite Paroisse, p. 162 ; A. de CHÂTEAUBRIANT, *La Brière*, p. 44 ; J. LEMAITRE,
Le Député Leveau, II, 7 ; HENRI-ROBERT, *L'Avocat*, p. 8 ; L. DAUDET, *Le Stupide
XIXᵉ Siècle*, p. 274 ; Fr. JAMMES, *M. le Curé d'Ozeron*, p. 68 ; É. ESTAUNIÉ, *L'Appel
de la route*, p. 31 ; ALAIN, *Propos sur le Bonheur*, X ; A. SUARÈS, *Sur la vie*, t. I, p. 122 ;
R. MARTIN DU GARD, *Jean Barois*, p. 31 ; R. ROLLAND, *Le Voyage intérieur*, p. 91 ;
R. DORGELÈS, *Les Croix de bois*, III ; MONTHERLANT, *Les Célibataires*, p. 158 ;
M. PRÉVOST, *Le Scorpion*, p. 229 ; Ch. DU BOS, *Journal 1921-23*, p. 169 ; G. BERNANOS,
Monsieur Ouine, p. 240 ; J. et J. THARAUD, *Le Passant d'Éthiopie*, p. 250 ; J.-L. VAU-
DOYER, *Laure et Laurence*, p. 238 ; V. LARBAUD, *Enfantines*, p. 234 ; J. ROMAINS,
Mort de quelqu'un, p. 150 ; L. MARTIN-CHAUFFIER, *L'Homme et la Bête*, p. 15 ; É. HEN-
RIOT, *Les Temps innocents*, p. 209 ; LA VARENDE, *La Normandie en fleurs*, p. 32 ;
M. VAN DER MEERSCH, *Corps et Âmes*, t. I, p. 202 ; A. MALRAUX, *La Voie royale*,
p. 185 ; J. COCTEAU, *L'Aigle à deux têtes*, II, 5 ; M. AYMÉ, *Le Confort intellectuel*,
p. 117 ; M. ARLAND, *L'Ordre*, t. II, p. 127 ; J.-P. SARTRE, *Les Jeux sont faits*, p. 158 ;

G. MARCEL, *Rome n'est plus dans Rome*, p. 14 ; H. POURRAT, *L'École buissonnière*, p. 195 ; J. GIONO, *Le Hussard sur le toit*, p. 40 ; A. CAMUS, *L'Homme révolté*, p. 121 ; VERCORS, *Les Armes de la nuit*, p. 24 ; H. TORRÈS, *Accusés hors série*, p. 105 ; etc.

Cet emploi de *ne ... pas que*, *ne ... point que*, signalé comme incorrect par É. Deschanel, par Littré, par Faguet, et proscrit après eux par Ab. Hermant, par A. Billy, par la Grammaire de l'Académie et par les puristes en général, est, sans conteste, consacré aujourd'hui par le bon usage.

Ceux qui le condamnent se plaisent à reprendre l'argumentation de Deschanel (dans Littré, s. v. *que*, conj., Rem. 1) et prétendent que *ne ... pas que* signifie précisément le contraire de ce qu'on veut lui faire dire quand on l'emploie dans le sens actuel ; ils en donnent pour preuve ce vers de Corneille (*Hor.*, III, 6) : *Et ne l'auront point vue obéir qu'à son prince* (c.-à-d. : si ce n'est à son prince ; alors qu'en prenant *ne ... point que* au sens moderne, le vers voudrait dire : « ils ne l'auront point vue obéir seulement à son prince », sous-entendu : « mais encore à d'autres »). Mais les adversaires du moderne *ne ... pas que* ne prennent pas garde que, dans l'ancien tour, on a la donnée *ne ... pas* ou *ne ... point*, sur laquelle agit, après une certaine coupure grammaticale, *que* concessif signifiant « si ce n'est » (§ 971, *b*), tandis que, dans le tour actuel, la donnée est le groupe restrictif *ne ... que*, sur lequel agit la négation *pas* ou *point*. Or cet emploi de *pas* ou *point* est incontestablement autorisé : « Qu'on rebute ou non ce tour, dit Brunot, qu'on le déclare contraire à l'usage académique, soit ! C'est un sentiment, mais il est impossible de ne pas y reconnaître une façon parfaitement logique d'employer *pas* : *Il* NE *fait* QU'*imiter ; il* NE *fait* PAS QU'*imiter : il crée*. Dans notre société actuelle, il N'*y a* QUE *l'argent qui compte ; dans ... il* N'*y a* PAS QUE *l'argent qui compte*. On la lui disputera vainement. » (*Observ. sur la Gramm. de l'Ac.*, p. 92.) [1]

Hist. — A l'époque classique, le tour *ne ... pour un, ne ... pas pour un*, s'employait au sens de « pas seulement un ». « pas un uniquement » (il a pour équivalent dans la langue moderne *ne ... pas qu'un*) : *Ce* N'*est* PAS POUR UNE *fois seulement que la grandeur et la piété se sont jointes* (BOSS., *Œuv. orat.*, t. II, p. 157). — *Les autres* [les religieuses] N'*ont* POUR UN *seul adversaire : Tentation...* (LA F., *Contes*, II, 16). — *On est faite d'un air, je pense, à pouvoir dire Qu'on* N'*a* PAS POUR UN *cœur soumis à son empire* (MOL., *F. sav.*, II, 3). — *On* N'*avait* PAS *alors* POUR UN *seul prophète* (VOLT., *Dict. phil.*, Prophéties, 2).

D. — Place de *ne pas, ne point, ne plus*, etc.

890. *a)* Quand le verbe est à un temps simple, la négation composée encadre la forme verbale et les pronoms atones (à l'exception du pronom sujet précédant le verbe) : *Je* NE *chante* PAS. NE *parle* PAS. *Tu* NE *me le dis* PAS. NE *me le dis* PLUS. NE *chantes-tu* PAS ? NE *me le dis-tu* JAMAIS ? *Est-ce que tu* NE *le crois* PLUS ?

---

1. Cf. : « *Eurydice deux fois perdue* » [ouvrage de Paul Drouot] *n'a pas fait une seule victime : il y en a deux* (É. HENRIOT, dans le *Monde*, 4 févr. 1953). Cette phrase n'est pas franche : au premier abord *n'a pas fait une seule victime* semble vouloir dire : « n'a fait aucune victime » ; *n'a pas fait* QU'*une victime* eût été plus net.

b) Quand le verbe est à un temps composé, la négation encadre l'auxiliaire et les pronoms atones : *Je* N'*ai* PAS *chanté. Tu* NE *me l'as* POINT *dit.* N'*as-tu* PAS *chanté ?* NE *me l'as-tu* JAMAIS *dit ?*

c) Quand le verbe est à l'infinitif simple, le plus souvent les éléments de la négation se placent tous deux avant l'infinitif et les pronoms atones, s'il y en a : *Je voudrais* NE PAS *partir.* — *Permettez-moi de* NE PAS *être de votre avis* (A. DUMAS f., *L'Ami des Femmes*, I, 8). — *Mieux vaut* NE PAS *te le dire.* — *Je dis cela pour* NE POINT *vous inquiéter* (AC.).

N. B. — 1. Assez fréquemment, dans la langue littéraire, les deux éléments de la négation encadrent l'infinitif (et les pronoms atones), mais cela donne à la phrase une certaine teinte archaïque (voir l'*Hist.*) : *Tout (…) marquait son affectation de* N'*exister* PAS (É. ESTAUNIÉ, *L'Empreinte*, p. 82). — *J'aurais mauvaise grâce à* N'*engraisser* POINT (J. de PESQUIDOUX, *Chez nous*, t. I, p. 77). — *Pour* NE *s'abuser* POINT (G. DUHA-MEL, *Défense des Lettres*, p. 184). — *Sa plus grande singularité était de* N'*aimer* POINT *Paris* (A. HERMANT, *Savoir parler*, p. 75). — *L'entente d'Élise et du professeur était trop manifeste pour* N'*éclater* PAS (P. MILLE, *La Détresse des Harpagon*, p. 133). — *On peut être très intelligent et* N'*aimer* PAS *les vers* (A. GIDE, *La Porte étroite*, p. 56). — *Elle semblait* NE *bouger* PLUS (MONTHERLANT, *La Petite Infante de Castille*, p. 68). — *Tous feignaient de* N'*y penser point* (H. BOSCO, *Malicroix*, p. 307). — Parfois les deux éléments de la négation, devant l'infinitif, encadrent le pronom atone : *Pascal paraît vouloir dire qu'il y a également inconvénient à louer l'enfance, et à* NE *la* PAS *louer* (SAINTE-BEUVE, *Port-Roy.*, IV, 1). — *Ceux qui l'entourent font silence pour* NE *le* POINT *troubler* (G. DUHAMEL, *Manuel du protestataire*, p. 40).

2. Quand la négation composée est employée avec un infinitif ayant pour complément un autre infinitif, le second élément de la négation peut se placer entre les deux infinitifs : plus souvent il se place avant ces infinitifs : *C'est bien pis que* N'*oser* PAS *dire, c'est* NE PAS *pouvoir exprimer* (R. BOYLESVE, *Sainte-Marie-des-Fleurs*, p. 50). — *Il croit* NE PAS *pouvoir venir* (AC.).

3. Avec une forme composée de l'infinitif, le second élément de la négation se place avant ou après l'auxiliaire : *Je crains de* NE PAS *avoir compris* (AC.). — *Je crains de* NE PAS *être compris, de* N'*être* PAS *compris.* — *J'avoue* NE PAS *m'être occupé de cela,* NE *m'être* PAS *occupé de cela.* — *Je vous demande pardon de* NE *vous avoir* PAS *vu en entrant* (A. DUMAS f., *Un Père prod.*, IV, 5). — *Il faut que vous ne soyez guère musiciens, pour* NE *vous en être* PAS *avisés* (R. ROLLAND, *Jean-Chr.*, t. VII, p. 159). — *Cette lettre que vous me reprochez de* NE *vous avoir* PAS *montrée* (M. ARLAND, *La Vigie*, p. 185).

Hist. — A l'époque classique, avec un infinitif accompagné ou non d'un pronom atone complément, *pas, point*, etc. se plaçaient souvent après l'infinitif ou après le pronom complément : *Et tantôt je le perds pour* NE *me perdre* PAS (CORN., *Pol.*, III, 5). — *Prenez garde de* N'*écouter* PAS *avec mépris l'ordre des avertissements divins* (Boss., *Œuv. orat.*, t. VI, p. 307). — *Vous le serez davantage* [rare] *par cette conduite que par* NE *vous* PAS *laisser voir* (LA BR., VI, 12). — *Peut-on, en le voyant,* NE *le connaître* PAS ? (RAC., *Esth.*, III, 3.) — *L'art de* NE *rimer* PLUS (BOIL., *Sat.*, 2). — *Ce devrait être une loi de* NE *les imprimer* PAS [des discours] (VOLT., *Lett. philos.*, 24).

Remarques. — 1. Il arrive que, par un déplacement curieux, des verbes tels que : *falloir, vouloir, devoir, aller*, etc., prennent la négation qui logiquement porte sur la proposition ou l'infinitif qui les accompagne : *Il* NE *faut*

PAS *qu'il périsse* (= il faut qu'il ne périsse pas). — *Vous* NE *faisiez* PAS *hier semblant de nous voir* (LA BR., IX, 50). — *Il* NE *veut* PAS *que les petits enfants aient froid* (A. FRANCE, *Le Crime de S. Bonnard*, p. 21). — *Je* NE *veux* PLUS *que tu restes là* (A. DAUDET, *Sapho*, VII).

N. B. — Dans *je n'ai garde de trahir* (= je me garde de…, j'ai soin de ne pas…, je suis bien éloigné de…), la négation qui, logiquement, porte sur l'infinitif, se trouve déplacée [1] : *Ce sont des suites fâcheuses, où je n'ai garde de me commettre* (MOL., *Av.*, IV, 3). — *Il n'avait eu garde de dessiner lui-même les épures du château* (Ph. HÉRIAT, *Famille Boussardel*, XI). — *Je n'ai garde d'omettre le grand prix de l'Académie française* … (P.-H. SIMON, dans le *Monde*, 20 déc. 1961). — *Nous n'aurons garde de rappeler les acceptions plus vulgaires du terme* (A. THÉRIVE, *Procès de lang.*, p. 99).

Au lieu du tour classique et vraiment vivant *je n'ai garde de trahir* on trouve parfois *j'ai garde de trahir* (mais ce dernier tour n'est pas recommandable : il engendre de la confusion) : *Nous avions garde de l'aborder brusquement, de peur de le faire tomber du haut de son rêve* (Th. GAUTIER, 21 avr. 1872, dans Littré, *Suppl.*). — *J'aurai garde d'oublier ici (…) l'entretien qu'il voulut avoir…* (M. RAT, dans le *Figaro litt.*, 14 oct. 1961).

2. Régulièrement, dans les propositions finales négatives introduites par *pour que*, les deux éléments de la négation composée doivent encadrer le verbe (l'auxiliaire si le verbe est à un temps composé) et les pronoms personnels objets qui le précèdent, s'il y en a : *Elle couchait avec* [ses quatre robes] *pour qu'on* NE *les saisît* PAS (MUSSET, *Mimi Pinson*, 6). — *Je pris une pilule d'opium pour qu'une insomnie toujours déprimante* NE *vînt* PAS *me désespérer à nouveau* (M. BARRÈS, *Un Homme libre*, p. 228). — *Je vais enterrer ma cassette, se dit Harpagon, pour qu'on* NE *me la dérobe* POINT.

La construction *pour ne pas que*, formée par analogie avec *pour ne pas* + infinitif, tend à passer de la langue populaire dans la langue littéraire, mais quoique appuyée déjà par des auteurs considérables, elle reste suspecte d'incorrection : *Elle sema, devant, le contenu des corbeilles qu'elle avait vidées dans son tablier* POUR NE PAS QUE *la rue, à cette place seule, fût sans corolles sous les pas de la procession* (G. RODENBACH, *Bruges-la-Morte*, p. 202). — *Il avait pleuré toute la nuit d'avant, sous sa capote,* POUR NE PAS QUE *les autres l'entendent* (J.-L. BORY, dans les *Nouvelles litt.*, 13 déc. 1945). — *Je l'ai pris* [un carnet] POUR NE PAS QU'*Armand le voie* (A. GIDE, *Les Faux-Monnayeurs*, p. 143). — *Je tournais la tête* POUR NE PAS QU'*il me vît me tordre de rire* (P. BENOIT, *Kœnigsmark*, p. 179, cité par Sandfeld). — POUR NE POINT QU'*il fût étouffé* [un chien] (Fr. CARCO, dans les *Nouv. litt.*, 21 nov. 1946). — POUR NE PAS QU'*on le plaigne* (G. CESBRON, *La Souveraine*, p. 227).

Pour pas que appartient à la langue populaire [2] : *Il leur avait coupé leurs bretelles* POUR PAS QU'*ils se cavalent* (R. VERCEL, *Capitaine Conan*, p. 209).

1. Pour Damourette et Pichon, « cette bizarrerie (…) s'explique aisément : *se garder*, c'est prendre des précautions pour éviter le danger ; *n'avoir garde*, au sens originel, c'est ne même pas prendre de précautions, tant on considère le péril comme négligeable ». (*Ess. de Gramm. de la langue fr.*, t. VI, § 2236.)

2. « Une locution négative de finalité est en train de se forger : *pour pas que* », dit Brunot, qui ajoute : « Cette locution traduit excellemment l'intention négative, elle serait logique et commode. » (*La Pens. et la L.*, p. 849.)

3. *Non plus,* avec un verbe à un temps composé, se place ordinairement, selon l'harmonie de la phrase, tantôt après, tantôt avant le participe : *Je n'ai pas menti* NON PLUS. *Je n'ai pas* NON PLUS *menti. Je ne l'ai pas vu* NON PLUS. — *Il se souvint qu'il n'avait pas* NON PLUS *dîné la veille* (HUGO, *Les Misér.,* IV, 4, 2). — *Elle n'avait pas* NON PLUS *écrit à son mari* (M. ARLAND, *L'Ordre,* t. II, p. 103). — Il arrive qu'on le place entre l'auxiliaire et le second élément de la négation composée : *Je n'ai* NON PLUS *jamais menti ?* (É. ESTAUNIÉ, *L'Appel de la route,* p. 269.)

Art. 7. — ADVERBES DE DOUTE

891. Les principaux adverbes et locutions adverbiales de doute sont : *apparemment, peut-être, probablement, sans doute, vraisemblablement.*

N. B. — Des grammairiens ont prétendu que c'était une négligence de style de mettre le verbe *pouvoir* avec *peut-être,* cette dernière expression n'étant qu'un temps du verbe *pouvoir* à l'impersonnel avec *être.* La raison n'est pas valable : depuis longtemps, quand on emploie *peut-être,* on n'arrête aucunement sa pensée sur le fait que l'expression implique le verbe *pouvoir* ; dans *je pourrai peut-être,* les termes *pourrai* et *peut-être* ont des sens bien distincts (cf. lat. : *potero* et *fortasse* ; néerl. : *ik zal kunnen* et *misschien* ; allem. : *ich werde können* et *vielleicht*). — Sans doute on ne dira guère : *je peux peut-être, tu peux peut-être, il peut peut-être* parce que l'oreille en serait choquée [1] ; mais des phrases telles que les suivantes n'ont rien de fautif : *Mais* PEUT-ÊTRE, *au défaut de la fortune, les qualités de l'esprit, les grands desseins, les vastes pensées* POURRONT *nous distinguer du reste des hommes ?* (Boss., *Duch. d'Orl.*) [Littré, après Lemaire, approuve cette phrase, et il ajoute : « Des cas de ce genre abondent dans les auteurs »]. — *Vous* POURRIEZ *m'affliger, vous ?* — PEUT-ÊTRE (DIDEROT, *Jacques le Fataliste,* éd. Pléiade, p. 593). — PEUT-ÊTRE *alors* POURRONS-*nous essayer* (A. DAUDET, *Jack,* t. I, p. 19). — *Elle ne méritait pas les malheurs qu'elle a eus. Elle aurait* PU *y résister plus brillamment ?* PEUT-ÊTRE... (J. ROMAINS, *Les Hommes de bonne vol.,* t. XVIII, p. 56). — *Vous* POURRIEZ PEUT-ÊTRE *aussi le convoquer luimême...* (DANIEL-ROPS, *La Maladie des sentiments,* p. 51).

892. Les adverbes de doute peuvent s'employer comme propositions principales incomplètes et être suivis de *que* introduisant une proposition substantive (§ 180) : APPAREMMENT QU'*il viendra* (AC.). — PEUT-ÊTRE QUE *nos pauvres personnes n'ont aucune importance* (J. CHARDONNE, *L'Épithalame,* III, 1).

893. Sans doute est adverbe d'affirmation quand il signifie « assurément, certainement » : M. Jourdain : *Et vous l'avez connu pour gentilhomme ?* — Covielle : SANS DOUTE (MOL., *Bourg. g.,* IV, 3). — SANS DOUTE *il eut raison* (LA F., *F.,* IX, 4).

---

1. Cf. cependant : *D'ailleurs, une femme* PEUT, PEUT-ÊTRE, *être surveillée ainsi par une autre femme* (M. PROUST, *Le Temps retrouvé,* t. I, p. 22).

Le plus souvent il est adverbe de doute et prend le sens atténué de « probablement » : Sans doute *à nos malheurs ton cœur n'a pu survivre* (Rac., *Alex.*, IV, 1). — *Ici, maintenant, au milieu de ces réalités pauvres, je me trouvais, comme lui* SANS DOUTE, *dépaysé et mal à l'aise* (P. Loti, *Mon Frère Yves*, LX). — *Il s'est trouvé mal,* SANS DOUTE, *est venu jusqu'à ma porte où il a succombé* (La Varende, *Nez-de-cuir*, III, 4).

Hist. — *Possible* s'employait autrefois dans le sens de « peut-être » : *Notre mort (...) ne tardera* POSSIBLE *guères* (La F., *F.*, III, 6). — *C'est à vous* POSSIBLE *Qu'est réservé l'honneur de la rendre sensible* (Mol., *Princ. d'Élide*, I, 4). — *Possible*, en ce sens, est sorti de l'usage vers la fin du XVIIᵉ siècle : « Les uns, disait Vaugelas, l'accusent d'estre bas, les autres d'estre vieux. Tant y a que pour une raison, ou pour l'autre, ceux qui veulent escrire poliment, ne feront pas mal de s'en abstenir. » (*Rem.*, p. 149.)

CHAPITRE VII

LA PRÉPOSITION

§ 1. — DÉFINITION

894. La **préposition** [a] est un mot invariable qui sert ordinairement à introduire un élément qu'il relie et subordonne, par tel ou tel rapport, à un autre élément de la phrase : *Habiter* DANS *une chaumière* (rapport de lieu). *Il régnait* DEPUIS *deux ans* (rapport de temps). *Le jardin* DE *mon voisin* (rapport d'appartenance). *Pêcher* À *la ligne* (rapport de moyen). *Ingénieux* PAR *besoin* (rapport de cause).

Pour l'affinité étroite et certains rapports de filiation existant entre la *préposition* et l'*adverbe*, voir § 901.

Remarques. — 1. Certains grammairiens appellent prépositions *vides* (en les opposant aux prépositions *pleines*) les prépositions qui ont abandonné leur valeur précise et qui se sont « vidées » de leur sens pour devenir de simples outils syntaxiques ; ainsi *de* dans : *Il est traité* D'*imposteur ; je crains* DE *me tromper ; que sert* DE *dissimuler ? rien* DE *grand, on dirait* D'*un fou*, etc. ; ainsi encore *à* dans : *il aime* À *rire.* — Sont également vides *quant à, pour, pour ce qui est de*, servant à isoler et à mettre en relief un élément de la pensée :

Étym. — [a] *Préposition*, du lat. *praepositio*, de *prae*, en avant, et *positio*, position.

QUANT À *moi, je reste.* — POUR *savante, c'est une autre affaire* (MUSSET, *Il ne faut jurer de rien,* III, 4). — POUR CE QUI EST DE *l'argent, il le méprise.*

2. Certaines prépositions peuvent être modifiées par un adverbe : voir § 821.

895. Une **locution prépositive** est une réunion de mots équivalant à une préposition : *À cause de, auprès de, d'après, jusqu'à, par-delà, en dehors de,* etc.

§ 2. — ORIGINE ET FORME DES PRÉPOSITIONS

896. Le français a hérité de la plupart des prépositions latines.

A ces prépositions héréditaires le français a ajouté un nombre considérable de prépositions nouvelles.

I. — PRÉPOSITIONS VENUES DU LATIN

897. Les prépositions suivantes proviennent du latin (classique ou vulgaire) : À (lat. *ad*), AVANT (lat. vulg. *abante*), AVEC (lat. vulg. *apud hoc*), CONTRE *(contra),* DE *(de),* DERRIÈRE (lat. vulg. *de retro*), EN *(in),* ENTRE *(inter),* ENVERS (lat. vulg. *inversum*), JUSQUE (lat. vulg. **de usque*), OUTRE *(ultra),* PAR *(per),* POUR *(pro),* SANS *(sine),* SUR *(super* ou *supra),* VIA (abl. lat. *via*).

Sous et *vers* remontent respectivement aux adverbes latins *subtus* et *versus.*

II. — PRÉPOSITIONS ET LOCUTIONS PRÉPOSITIVES DE FORMATION NOUVELLE

Le latin populaire déjà faisait un emploi fréquent des prépositions. Au fur et à mesure que se consommait la ruine de la déclinaison nominale (§ 111), la langue développa l'emploi des prépositions, auxquelles fut dévolu le rôle d'indiquer les rapports syntaxiques que marquaient jusque-là les désinences casuelles.

898. Les prépositions nouvelles sont formées notamment :

1° D'une préposition combinée soit avec une autre préposition, soit avec un adverbe : *d'après, d'avec, de chez, depuis* (de + puis), *hors de, près de, loin de,* etc.

La locution archaïque *de par* (= par l'ordre de) est une altération (XIII⁰ s.) de l'expression *de part* signifiant « de la part de » : *Sein Gabriel, ki* DE PART *Deu le guarde* [Saint Gabriel, qui de par Dieu le garde] (*Rol.,* 2847). — DE PAR *le roi Pepin a point le salua* (*Berte,* 2987). — *Je te conjur* DE LA PART *Dé* [de Dieu] (*Amadas et Ydoine,* 5713). — DE PAR *le roi des animaux* (LA F., *F.,* VI, 14).

De par se trouve aussi dans l'expression *de par le monde* signifiant « quelque part dans le monde » ou « dans toute l'étendue de la terre » : *Il a* DE PAR *le monde un cousin qui a fait une grande fortune* (AC.). — *Puissions-nous être dignes de ce noble et généreux amour que tant de gens,* DE PAR *le monde, portent à notre patrie !* (G. DUHAMEL, *Tribulations de l'espérance,* p. 169.) — *Dans l'usage actuel,* de par *tend à prendre le* sens de « à cause de », « par l'effet de » ou de « étant donné » : *Il était,* DE PAR *sa complexion, franc du service militaire* (G. DUHAMEL, *Le Temps de la Recherche,* XVII). — *Tant d'amiraux français ne laissent aucun nom dont on se souvienne,* DE PAR *notre ingratitude* (Cl. FARRÈRE, *La Seconde Porte,* p. 122). — *J'ai connu des êtres qui,* DE PAR *une existence exceptionnelle, avaient perdu l'habitude de la peur* (COLETTE, *Paris de ma fenêtre,* p. 234). — DE PAR *une vocation foncière,* DE PAR *son essence même, Israël répugne (...) à devenir une nation* (J. MARITAIN, *Questions de conscience,* p. 56). — *L'abbesse de Fontevrault était,* DE PAR *ses immenses revenus, la seconde femme de France* (LA VARENDE, *Les Belles Esclaves,* p. 216). — *Tout individu,* DE PAR *sa constitution héréditaire, possède une originalité de principe* (J. ROSTAND, *Pensées d'un biologiste,* p. 11). — *Son suicide* [de Drieu La Rochelle] *n'a pas été l'effet d'une fuite ou d'un accident ; il était* DE PAR *sa nature prévu et commandé de loin* (É. HENRIOT, dans le *Monde,* 21 janv. 1953). — *Il n'arrivait pas,* DE PAR *les liens qui unissaient cette tête à la sienne, à comprendre que ce malheur fût possible* (A. de CHÂTEAUBRIANT, *La Brière,* p. 306).

2° D'un nom tantôt précédé, tantôt suivi, tantôt à la fois précédé et suivi d'une préposition : *parmi* (par + mi, de *medium,* milieu) ; *grâce à, faute de ; à cause de, de peur de, par rapport à, en dépit de,* etc. — Le nom est parfois précédé de l'article : *à l'exception de, à la merci de, à la faveur de, à la mode de, au lieu de,* etc.

3° D'un nom : *chez* (*casa* = maison), *lez* (*latus* = côté).

La préposition *lez* signifiait anciennement « à côté de » ; aujourd'hui elle ne se trouve plus que dans des noms de lieux : *Plessis-*LEZ*-Tours, Sart-*LEZ*-Spa, Péronnes-*LEZ*-Binche, Gouy-*LEZ*-Piéton,* etc. — Elle s'écrit parfois abusivement *lès* ou *les : Villeneuve-*LÈS*-Avignon est sur la rive droite du Rhône* (G. DUHAMEL, *Le Temps de la Recherche,* XVII).

4° D'un adjectif, d'un participe présent, d'un participe passé, d'un adverbe : PLEIN *ses poches.* SAUF *quelques meubles.* PROCHE *de l'église.* — PROCHE *le calvaire* (H. BORDEAUX, *La Maison morte,* p. 269). — *Concernant, durant, moyennant, pendant, suivant,* etc. — *Attendu, excepté, ouï, passé, vu,* etc. (voir § 784).

5° D'un thème verbal et d'un adverbe, dans *voici* et *voilà,* qui présentent le thème verbal *voi* (§ 639, *Hist.*), avec lequel se sont soudés les adverbes *ci* et *là.*

Voici, voilà sont traditionnellement rangés au nombre des prépositions. Mais on pourrait avec raison les considérer comme des adverbes de lieu servant à présenter, comme des *présentatifs.*

Hist. — Au moyen âge, l'élément verbal de *voici, voilà* variait au pluriel : on disait : *veez ci, veez là : Renart (...) Est morz,* VEZ *le ci en present* (*Rom. de Renart,* XVII, 977). — VEZ *les la, je les voi* (ADENET LE ROI, *Buevon de Conmarchis,* 227). — VEEZ *cy nostre homme* (*Cent Nouvelles nouv.,* I). — Ces formes plurielles ont disparu de la langue littéraire au XVIIᵉ siècle seulement. — Dans l'ancienne langue, comme on le voit par les formes plurielles mentionnées ci-dessus, les deux éléments de *voici, voilà* restèrent séparés jusqu'au moment où l'on n'eut plus conscience de la valeur verbale de *vois :* VOYEZ CY *argent content* (RABEL., IV, 6). — VOY *me* LA *prest à boyre* (ID., *Garg.,* 41).

899.   LISTE DES PRINCIPALES PRÉPOSITIONS

Il faut observer que la présente liste comprend des mots qui n'appartiennent pas exclusivement à la catégorie des prépositions.

À	De	Excepté	Parmi	Selon
Après	Depuis	Hormis	Passé	Sous
Attendu	Derrière	Hors	Pendant	Suivant
Avant	Dès	Jusque(s)	Plein	Supposé
Avec	Devant	Malgré	Pour	Sur
Chez	Durant	Moyennant [1]	Près	Touchant
Concernant	En	Nonobstant [2]	Proche	Vers
Contre	Entre	Outre	Sans	Voici (voilà)
Dans	Envers	Par	Sauf	Vu

A cette liste on peut ajouter un certain nombre de prépositions qui sont d'un usage restreint ou qui ne se rencontrent plus que dans des cas spéciaux :

Deçà : DEÇÀ *le Danube* (DICT. GÉN.). — Dedans (cf. § 932, Hist.) : *Il ne retirait pas volontiers ses mains de* DEDANS *ses poches* (FLAUB., *Mme Bov.*, p. 25). — Delà : DELÀ *les monts* (AC.). — Dessous : *Cherchez* DESSOUS *la table* (AC.). — Dessus (vieilli) : *Il n'est ni* DESSUS *ni dessous la table* (AC.). — Devers (vieilli) : *Il demeure en Languedoc,* DEVERS *Montpellier* (AC.). — Endéans (vieux) [3]. — Entendu (terme de droit) : EN-TENDU *toutes les parties* (LITTRÉ). — Environ (vieilli : § 937) : ENVIRON *le temps* (LA F., F., IV, 22). — Ès (dans certaines locutions composées) : *Docteur, licencié, bachelier* ès *lettres,* ès *sciences* (AC.) [§ 311, Rem. 1]. — Ex (empr. du lat. et employé comme préfixe) : Ex-*député.* — Fors (vieilli) : *Tout est perdu,* FORS *l'honneur.* — In (dans certaines expressions tirées ou non du latin) : IN *petto,* IN-*folio.* — Joignant (vieilli) : *Tout*

---

1. *Moyennant* est vieilli. Il reste bien vivant cependant dans l'expression familière *moyennant finance* (= avec de l'argent).

2. *Nonobstant* (lat. *non* et part. prés. de *obstare,* s'opposer) était, à l'origine, une locution verbale absolue accompagnée d'un sujet, par exemple : *nonobstant la fortune, ce nonobstant.* — *Nonobstant,* pris adverbialement, est archaïque : *Il avoit mis en avant (...) un advis contre lequel il y eut plusieurs oppositions et contradictions faites, mais* NONOBSTANT *il l'emportoit* (AMYOT, *Arist.,* 2). — *Juger que Dieu ne prend plaisir à l'action à laquelle on s'occupe, qu'il la défend, et* NONOBSTANT *la faire franchir le saut et passer outre* (PASCAL, *Prov.,* 4). — *Comment alors se fait-il que notre langue,* NONOBSTANT, *se corrompe ?* (A. GIDE, dans le *Littéraire,* 28 déc. 1946.) — *Ce nonobstant* et *nonobstant ce* sont également archaïques (termes de procédure).

3. *Endéans :* forme écrasée de *en dedans.* Ce vieil adverbe n'est ni dans Bescherelle, ni dans le Dictionnaire général, ni dans le Dictionnaire de l'Académie. Littré signale le mot dans son Supplément, avec la mention : « ancienne locution, qui paraît surtout usitée en Belgique ». — *Endéans* reste, en effet, courant en Belgique, notamment dans la langue des affaires : *La marchandise sera livrée* ENDÉANS *les deux mois.* — Dans l'usage français, on dit : DANS L'INTERVALLE DE *trois ans* (*Code civ.,* art. 771). — *Il a promis (...) de lui porter ledit fromage* SOUS *quinze jours* (STENDHAL, *Corr.,* t. II, p. 187). — *Le Lieutenant-civil Daubray (...) signifia l'intention de Sa Majesté qu'on renvoyât* SOUS *trois jours toutes les pensionnaires* (SAINTE-BEUVE, *Port-Roy.,* III, XVIII). — DANS LE DÉLAI DE (ou : DANS UN DÉLAI DE) *trois jours,* DANS LES *trois jours.*

JOIGNANT *cette pierre* (LA F., *F.*, IV, 20). — Jouxte (terme de procédure) : JOUXTE *le palais*, JOUXTE *la copie originale* (AC.). — Lez (dans des noms de lieux) : *Sart-*LEZ-*Spa*. — Quand et (vieux)[1] = avec : *Mon père me menait* QUAND ET *lui à la chasse* (CHATEAUBR., *Mém.*, I, 3, 6). — Rez (vieilli) : REZ *terre. Branches coupées* REZ *tronc.*

900.   LISTE DES PRINCIPALES LOCUTIONS PRÉPOSITIVES

À bas de	À travers	Avant de	En comparaison	Loin de
À cause de	Au bas de	Dans le but de	de [3]	Manque de
À côté de	Au-dedans de	(§ 934, 10)	En deçà de	Par-dedans
À défaut de	Au défaut de	D'après	En dedans de	Par-dehors
Afin de	Au-dehors de	D'avec	En dehors de	Par-delà
À fleur de	Au-delà de	De chez	En dépit de	Par-dessous
À force de	Au-dessous de	De crainte de	En face de [4]	Par-dessus
À l'abri de	Au-dessus de	De delà	En faveur de	Par-devant
À la faveur de	Au-devant de [2]	De derrière	En raison de	Par-devers
À la merci de	Au haut de	De dessous	Ensuite de (vieux)	Par manque de
À la mode de	Au lieu de	De dessus	En sus de	Par rapport à
À l'égard de	Au milieu de	De devant	En travers de	Près de
À l'encontre de	Au péril de	De façon à	Étant donné	Proche de
À l'envi de	Auprès de	De manière à	Face à	Quant à
À l'exception de	Au prix de	D'entre	Faute de	Quitte à (*N.B.*,
À l'exclusion de	Autour de	De par (§ 898, 1°)	Grâce à	p. 872)
À l'insu de	Au travers de	De peur de	Hors de	Sauf à
À moins de	Aux dépens de	Du côté de	Jusqu'à, jusque	Vis-à-vis de,
À raison de	Aux environs de	En bas de	dans, etc.	etc.

1. Dans la langue d'aujourd'hui, il fait l'effet d'une coquetterie de style : *Nous arrivâmes à Giromagny* QUAND ET *les premières bourrasques de l'arrière-saison* (G. DU-HAMEL, *Biographie de mes fantômes*, p. 243). — [Notons que *quand et* est resté courant au Canada.] — De *quand et* on rapprochera la vieille locution adverbiale ou prépositive *quand et quand*, qui signifiait « en même temps », « avec » : *On ne peut être prudent que l'on ne soit* QUAND ET QUAND *homme de bien* (GUEZ DE BALZAC, *Le Prince*, XXVI). — *Le printemps est ici arrivé* QUAND ET QUAND *nous* (VOITURE, dans Haase, p. 367). — *Je continuai à tourner et à retourner dans ma tête les vers de mes stances, improvisant* QUAND ET QUAND *un air qui me semblait charmant* (CHATEAUBR., *Mém.*, IV, 2, 4).

2. Au lieu de *au-devant de moi, de lui*..., quelques-uns ont cru pouvoir dire *à mon (à son) devant* : *Il était venu* À MON DEVANT (D. ABADIE, *La Rencontre*, dans le *Mercure de France*, nov. 1961, p. 458). — *Je faisais quelques pas sur la route, À* SON DEVANT (Y. GROSRICHARD, *Le Haut du pavé*, p. 131). — Hardiesse du français d'avant-garde.

3. On disait aussi autrefois *à comparaison de* : *L'empire des Césars n'était-il pas une vaine pompe* À COMPARAISON DE *celui-ci ?* (Boss., *Hist.*, II, 10.) — Cela ne s'emploie plus que par caprice d'archaïsme : *On conviendra que mince est leur objectif* À COMPARAISON DE *celui que s'assigne, fort ambitieusement, le jeune « Institut de la vie »* (J. ROSTAND, dans les *Nouv. litt.*, 1er mars 1962).

4. *Face à face de* se rencontre chez Chateaubriand : *Je me trouvai* FACE À FACE DE *M. le duc d'Orléans* (*Mém.*, III, II, 1, 11). — Cela est insolite. On dit, dans l'usage

N. B. — Dans *quitte à*[1] (= au risque de, à charge de, en acceptant de subir le seul inconvénient de, en se réservant de), on peut garder à *quitte* sa valeur originelle d'adjectif et le faire variable ; une phrase telle que *Ils agissent d'abord,* QUITTES *à réfléchir ensuite* se résoudrait en : « ils agissent d'abord, considérant qu'ils seront *quittes*, absous, libérés en réfléchissant ensuite » : *C'étaient comme des morts qui s'en allaient,* QUITTES *à renaître le lendemain* (HUGO, *L'Homme qui rit,* II, 2, 12). — [Des colères] *sous lesquelles les deux hommes courbaient le dos comme sous un orage des tropiques,* QUITTES *à maudire ensemble leur despote en jupon vert* (A. DAUDET, *Numa Roumestan,* p. 295). — *On nous dit que bientôt (...) nous la regarderons faire* [la machine] *et que nous ne ferons rien d'autre,* QUITTES *à inventer d'inutiles activités des doigts pour les garder de l'ankylose* (M. BEDEL, dans les *Nouv. litt.,* 15 nov. 1945). — *Nous devons nous contenter de ce que la vie réelle nous offre,* QUITTES *à la magnifier* (V. LARBAUD, *Enfantines,* p. 237). — *Nous pouvons donc admettre qu'en règle générale ce sont les défauts d'autrui qui nous font rire* — QUITTES *à ajouter (...) que ces défauts nous font rire en raison de leur « insociabilité » plutôt que de leur « immoralité »* (H. BERGSON, *Le Rire,* p. 106). — *N'eussent-ils pas fait bonne figure aux environs de Londres,* QUITTES *à ne pas s'entendre avec Cromwell ?* (A. SUARÈS, *Sur la vie,* t. I, p. 196.) — *Techniquement rien n'empêchait une cinquantaine de gros bombardiers de franchir l'océan,* QUITTES *à ne pas rejoindre leurs bases* (J. ROMAINS, *Violation de frontières,* p. 198). — Mais l'usage le plus fréquent prend *quitte à* (invariable) comme une locution prépositive (cf. *sauf à*[2]) : *Nous resterons peut-être plus longtemps en Égypte que nous ne l'avions décidé,* QUITTE À *sacrifier ou à bâcler le reste de notre voyage* (FLAUB., *Corr.,* t. I, p. 219). — *Séparons donc les deux lois (...)* QUITTE À *les étudier ensuite l'une après l'autre* (A. DUMAS f., *La Femme de Claude,* Préf.). — *Quand l'un d'eux est obligé d'abattre une bête mangeable, tous lui en achètent,* QUITTE À *jeter le morceau* (J. RENARD, *Journal,* 16 juill. 1903). — *À la façon des Anglais qui commencent à se tailler une large part,* QUITTE À *comprendre qu'on leur résiste* (P. de LA GORCE, *Charles X,* p. 236). — *Les plus honnêtes, à une heure donnée, écoutent complaisamment la voix de la folie,* QUITTE À *s'enfuir ensuite* (É. ESTAUNIÉ, *L'Appel de la route,* p. 157). — *Ma sympathie va aux Anglo-Saxons, qui la pratiquent* [l'organisation] *modérément,* QUITTE À *n'en point recueillir tous les fruits* (J. BENDA, *Exercice d'un Enterré vif,* p. 179). — *D'autres brûlent d'un térébrant désir de marquer leur indépendance (...)* QUITTE À *se trouver, par la suite, des raisons déterminantes* (G. DUHAMEL, *Le Voyage de Patrice Périot,* p. 73). — *Ils contrôlaient tout de même ses actes,* QUITTE À *n'y rien comprendre* (R. DORGELÈS, *Le Réveil des morts,* p. 147). — *Si, d'instinct (...) ils ne s'étaient jetés sur la roche,* QUITTE À *s'écorcher les genoux et les paumes, ils allaient à la mer* (H. QUEFFÉLEC, *Un Feu s'allume sur la mer,* I, 5). — *C'est toujours les mêmes gens qui tirent leur temps de mortels, en saluant la Croix, le Drapeau rouge ou le chapeau de Gessler,* QUITTE À *n'y jamais penser réellement* (A. THÉRIVE, *Le Retour d'Amazan,* p. 121).

Quitte, simple épithète ou attribut, est variable : *Des biens francs et* QUITTES *de*

---

régulier : *face à face avec : Se trouver face à face* AVEC *quelqu'un* (Ac.). — *Avant (...) de le laisser face à face* AVEC *la hideuse Peur* (G. BERNANOS, *La Joie,* p. 251). [Pour *face à face,* locut. adv., voir § 934, 3.]

1. Littré mentionne les deux expressions *quitte pour* et *quitte à :* QUITTE POUR *être grondé,* QUITTE À *être grondé.* Aujourd'hui *quitte pour,* en ce sens, est hors d'usage.
2. *Il* [Roosevelt] *sait (...) que les Britanniques,* SAUF À *perdre leurs dominions, doivent se plier à sa politique* (Gén. DE GAULLE, *Mém.,* t. II, p. 291).

toutes dettes et hypothèques. — *Nous sommes* QUITTES (AC.). — *Je les tiens* QUITTES *envers nous.*

Dans *être quitte à quitte, faire quitte à quitte* (elliptiquement : *quitte à quitte*), le singulier est naturel : il s'agit de deux personnes, de deux parties dont *chacune* est quitte envers l'autre : *Nous sommes* QUITTE À QUITTE (AC.).

Pour *quitte(s) à ce que,* voir § 975, 3, *a.*

901. Prépositions employées comme adverbes. — *a)* Il existe, entre la préposition et l'adverbe, des rapports fort étroits : plus d'un **adverbe** [par exemple : *avec* (lat. vulg. *apud hoc*), *après* (lat. vulg. *ad pressum*), *avant* (lat. vulg. *abante*)] a pu, dès les origines, jouer le rôle de préposition [1]. Dans le français moderne, la distinction s'est nettement établie, mais non sans que le passage reste parfois possible de l'une à l'autre des deux catégories : dans la langue familière, les prépositions *après, avant, avec, contre, depuis, derrière, devant, entre, hors, outre, parmi, proche, sans, selon* s'emploient couramment comme adverbes (surtout *avec*).

A *dans, sur, sous* correspondent, dans l'emploi adverbial : *dedans, dessus, dessous* (qui s'employaient d'ailleurs aussi comme prépositions dans l'ancienne langue : § 899) : *Il n'y a personne* DANS *cette maison. Voyez cette maison : il n'y a personne* DEDANS. — *Mettez ce livre* SUR *mon bureau. Mon bureau est là : mettez ce livre* DESSUS. — *J'ai trouvé cette feuille* SOUS *le bureau ; je la cherchais sur le bureau, elle était* DESSOUS.

b) Ce n'est pas seulement en parlant de choses (catégorie de l'« inanimé »), mais parfois aussi en parlant de personnes ou d'animaux (catégorie de l'« animé ») que la langue familière emploie adverbialement la préposition :

Les uns attendent les emplois, les autres courent APRÈS (AC.). — *Le train qui glisse a l'air d'une chaîne de sources, Et je m'accroche* APRÈS (J. ROMAINS, *La Vie unanime,* p. 191). — *Elles* [des ablettes] *grouillaient (...), se jetant voracement sur le pain qu'on jetait ; elles descendaient* AUTOUR, *à mesure qu'il s'enfonçait* (R. ROLLAND, *Jean-Chr.,* t. II, p. 19). — AVANT, *nous étions souillés par l'envahisseur. Maintenant, nous sommes souillés par nous-mêmes* (MONTHERLANT, *Le Maître de Santiago,* I, 4). — *Ils avaient moins de patience qu'*AVANT (P. GUTH, *Le Naïf aux 40 enfants,* p. 218). — *Quel lourd aviron qu'une plume et combien l'idée, quand il la faut creuser* AVEC, *est un dur courant !* (FLAUB., *Corr.,* t. II, p. 160.) — *Les deux boucles de fil de fer (...), il les a reprises, parce qu'elles se rouillaient et qu'il était las de ne rien attraper* AVEC (J. RENARD, *Ragotte,* Merlin, II). — *Vite elle arrachait une rose (...) et elle se sauvait* AVEC (R. ROLLAND, *Jean-Chr.,* t. VI, p. 27). — *La gloire est soumise à des lois de perspective. Im-*

---

1. « Les historiens de la langue nous rappellent (...) que les prépositions étaient originellement des adverbes, suivis d'un cas ; quand le cas a eu perdu sa signification, l'adverbe s'est transformé en préposition » (G. et R. LE BIDOIS, *Synt.,* t. II, p. 592 — qui renvoient à Hermann PAUL, *Principles of the History of Language,* § 650). — « La muraille de Chine qui dans la langue d'aujourd'hui sépare un grand nombre de prépositions et d'adverbes a été dressée par le purisme néfaste du XVIIe siècle et au delà. La célèbre règle du P. Bouhours — la distinction de *autour* et *à l'entour* — est le modèle du genre » (H. FREI, *Gramm. des fautes,* p. 216).

possible de tricher AVEC (J. COCTEAU, *Poésie critique*, pp. 170-171). — *Vous savez bien, explique Nestor, qu'on lui dressait* [au Roi] *son couvert un peu au hasard.* — *Comment voulez-vous que je sache ça ? Je n'ai jamais dîné* AVEC (P.-J. TOULET, *Béhanzigue*, p. 115). — *Quand on fit cette proposition, tout le monde s'éleva* CONTRE (AC.). — *Le chameau était lancé (...). Quatre mille Arabes couraient* DERRIÈRE (A. DAUDET, *Tartarin de Tar.*, III, 4). — *Et pour l'échauffer* [l'enfant Jésus] *dans sa crèche, L'âne et le bœuf soufflent* DESSUS (Th. GAUTIER, *Ém. et Cam.*, Noël). — *Une commode se dressait dans un coin ; des coquillages, une statue de plâtre étaient posés* DESSUS (Ch. SILVESTRE, *La Prairie et la Flamme*, p. 14). — *Un cierge brûlait, et une femme se tenait agenouil.ée* DEVANT (P. LOTI, *Pêcheur d'Islande*, p. 34). — *C'est la ville qui te lasse, dit Isaïe. Tu n'es pas fait* POUR (H. TROYAT, *La Neige en deuil*, p. 86). — *Voilà mon excuse : l'intérêt, le plus bas intérêt personnel. J'ai été payé* POUR (Th. MAULNIER, dans la *Table ronde*, mars 1953, p. 73). — *Elle avait enlevé son chapeau, moins bien* SANS (É. HENRIOT, *Les Occasions perdues*, p. 7). — *C'est l'analogue de l'amour, une aspiration* VERS (M. BARRÈS, *Mes Cahiers*, t. XIV, p. 92).

N. B. — La langue littéraire, même quand il s'agit d'une chose, emploie, plutôt que la préposition prise adverbialement, la préposition avec un pronom régime : *J'ai vu votre père ; j'ai parlé* AVEC LUI. — *La Société protectrice des animaux vient de m'adresser un chien loulou. Déjà les enfants jouent* AVEC LUI (J. RENARD, *Journal*, 22 janv. 1900). — *Elle a un coq et joue* AVEC LUI (ID., *ib.*, 20 août 1902). — *Le vert sombre d'un bois quand un nuage passe* SUR LUI (ID., *ib.*, 16 juill. 1903). — *J'ai vos lettres ; je voyage* AVEC ELLES (J.-L. VAUDOYER, *Laure et Laurence*, p. 220). — *Il commença donc par poser légèrement sa main sur sa fourchette, puis la souleva doucement, comme s'il lui prenait fantaisie de jouer* AVEC ELLE (Tr. BERNARD, *Mémoires d'un Jeune Homme rangé*, X). — *Il disait que ma tête est plus dure que son enclume. Souvent je rêve qu'il tape* SUR ELLE (J. GIRAUDOUX, *La Folle de Chaillot*, p. 93). — *Les clairons (...) faisaient sauter leur instrument en l'air et jonglaient* AVEC LUI (G. DUHAMEL, *La Pesée des âmes*, p. 121). — *Je vis un grand mur (...).* CONTRE LUI *s'appuyait une immense volière* (H. BOSCO, *Un Rameau de la nuit*, p. 140).

§ 3. — LA PRÉPOSITION ET SON RÉGIME

902. Le *régime* de la préposition, c'est-à-dire le mot ou le groupe de mots qu'elle introduit, est, dans la plupart des cas, un complément circonstanciel. Souvent aussi c'est un objet indirect, un complément du verbe passif, un complément déterminatif, un complément d'adjectif ou d'adverbe.

Si l'on considère, non plus la fonction, mais la nature du régime, la préposition peut introduire un nom, un adjectif numéral, un pronom, un gérondif, un infinitif, un adverbe, un groupe de mots déjà précédé d'une préposition ou même une proposition entière :

L'amour de la PATRIE. *Renversé par l'*ORAGE. *Louer une maison à* DEUX. *Aucun d'*EUX. *Antérieurement à l'*EXPÉRIENCE. *Dès* EN ARRIVANT. *Bon à* MANGER. *Partir pour* TOUJOURS. *Sortir de* CHEZ UN AMI. — *Boule de suif, se baissant vivement, retira de* SOUS LA BANQUETTE *un large panier* (MAUPASSANT, *Boule de suif*, p. 24). — *C'est* *pour* DANS HUIT JOURS (P. BOURGET, *Nouveaux Pastels*, p. 150). — *Levant les yeux de* SUR LES CARTES (É. HENRIOT, *Aricie Brun*, II, 5). — *Elle (...) tira de* DESSOUS LE LIT *un saladier de cristal* (J. COCTEAU, *Les Enfants terribles*, p. 72). — *Est-ce que vous voulez apprendre à danser pour* QUAND VOUS N'AUREZ PLUS DE JAMBES ? (MOL., *Bourg. g.*, III, 3.) — *Ce sera pour* QUAND TU SERAS GUÉRI (A. LICHTENBERGER, *Les Contes de Minnie*, p. 246).

N. B. — La préposition, comme on le voit, peut lier son régime à un nom, à un pronom, à un adjectif, à un verbe, à un participe ou à un adverbe.

PLACE DE LA PRÉPOSITION

903. L'usage ordinaire demande que la préposition soit suivie immédiatement de son régime, qui forme souvent avec elle une unité sémantique. L'union intime existant entre les deux éléments explique que, dans un grand nombre de cas, le nom régime s'emploie sans article :

Prendre À TÉMOIN. *Moulin* À FARINE. *Travailler* À FAÇON. *Taillé* À FACETTES. *Recevoir* AVEC JOIE. *Mourir* D'ENNUI. *Docteur* EN MÉDECINE. *Voyager* PAR MER. *Diviser* PAR TRANCHES. *Livres* POUR ENFANTS. *Aller* CONTRE VENTS ET MARÉES. *À cent pieds* SOUS TERRE. *Tenir* SOUS CLEF. *Un homme* SANS ESPRIT. *Prêter* SUR GAGES.

On intercale quelquefois entre certaines prépositions et leur régime, un adverbe ou même tout un groupe de mots. Le cas se présente surtout avec *à, après, avec, dans, depuis, en, malgré, parmi, pour, sans* :

POUR *ensuite* NOUS ENGAGER *entre des murs de vingt pieds de haut* (P. LOTI, *Vers Ispahan*, p. 188). — *Nous voici au premier, où se trouve la chambre* AVEC, *en face,* LA BIBLIOTHÈQUE (J.-J. BROUSSON, *An. France en pantoufles*, p. 14). — SANS *très bien* CONCEVOIR *que je suis venu* (J. CHARDONNE, *Claire*, p. 72). — *Tu m'aimes assez* POUR, *dans cet apparent désordre,* TROUVER *le fil conducteur, saisir le fil de ma vie* (G DUHAMEL, *Les Maîtres*, p. 201). — *C'est peut-être au célibat qu'il dut* DE, *petit à petit,* DEVENIR *un maniaque* (ID., *Cri des profondeurs*, p. 33)

Pour les tours *dans presque tous les cas, presque dans tous les cas,* voir § 831, *a.*

904. *a)* Avec les locutions *l'un(e) l'autre, les un(e)s les autres*, dont les éléments sont conjoints pour exprimer la réciprocité ou quelque rapport analogue, lorsque le second élément est régime d'une préposition, celle-ci s'interpose entre les deux éléments de ces locutions [1] : *Puis tous deux Marchent droit l'un* VERS *l'autre* (HUGO, *Lég.*, t. I, p. 280). — *Immobiles l'un* DEVANT *l'autre* (FLAUB., *Mme Bov.*, p. 294). — *Une couche épaisse de lettres entassées les unes* SUR *les autres* (MAUPASSANT, *Fort comme la Mort*, II, 6).

Dans des phrases telles que *Ils se donnent l'un* À *l'autre des garanties*, ils s'attribuent

---

1. Phrase insolite : *Des hommes mis un à un* DERRIÈRE *les uns les autres se nomment une file* (LITTRÉ, s. v. *file*).

les uns AUX *autres des mérites, prêtez-vous l'un à l'autre vos livres, nous nous plaisons l'un à l'autre*, où le pronom réfléchi se trouve précisé par *l'un à l'autre, les uns aux autres*, la préposition normalement demandée par le sens du verbe et placée entre *l'un* et *l'autre* (ou *les uns* et *les autres*) est parfois omise [on a dans la pensée l'adverbe *mutuellement*, et *l'un l'autre, les uns les autres* sont traités comme s'ils formaient des locutions figées] : *Auparavant l'on mettait la force et la sûreté de l'empire uniquement dans les troupes, qu'on disposait de manière qu'elles se prêtaient la main* LES UNES LES AUTRES (Boss., *Hist.*, III, 6). — *Le soir d'une défaite qu'ils s'attribuent* L'UN L'AUTRE (M. BARRÈS, *L'Union sacrée*, p. 211). — *Ils se prêtent leur livret* L'UN L'AUTRE (R. DOR-GELÈS, *Le Réveil des morts*, p. 28). — *Ce ne serait pas la peine (...) de se confronter* L'UN L'AUTRE (ALAIN, dans les *Nouv. litt.*, 21 mai 1959). — *Ils se lancèrent* L'UN L'AUTRE *à la tête de multiples écrits* (DANIEL-ROPS, *L'Église des temps classiques*, t. I, p. 448). — Voir aussi p. 520 un exemple de Vercors.

b) Lorsque le second élément de ces locutions est régime d'une locution prépositive terminée par *de*, ce *de*, d'une manière générale, s'interpose de même : *On voyait deux soleils Venir au-devant l'un* DE *l'autre* (HUGO, *Orient.*, I, 4). — *Rien qu'en restant près l'un* DE *l'autre* (P. LOTI, *Ramuntcho*, p. 119). — *À côté l'un* DE *l'autre* (A. FRANCE, *Crainquebille*, p. 114). — *Assis en face l'un* DE *l'autre* (A. DAUDET, *Sapho*, VII).

Certaines locutions prépositives, et notamment *à côté de, en face de, vis-à-vis de, près de, auprès de, autour de, au-dessus de, au-dessous de,* peuvent se mettre tout entières en interposition : *Ils déjeunaient l'un* EN FACE DE *l'autre* (FLAUB., *Trois Contes*, p. 37). — *Elles s'étaient assises l'une à* CÔTÉ DE *l'autre* (L. BER-TRAND, *Mlle de Jessincourt*, II, 2). — *Le peintre (...) les contemplait l'une* AUPRÈS DE *l'autre* (MAUPASSANT, *Fort comme la Mort*, I, 3). — *Nous avons passé vingt fois l'un* PRÈS DE *l'autre* (G. DUHAMEL, *Les Maîtres*, p. 284).

c) La préposition ayant pour régime une des expressions indéfinies *n'importe qui, n'importe quoi, n'importe quel, je ne sais qui, je ne sais quoi, je ne sais quel*, etc. se place généralement devant l'expression prise en bloc, *importer* ou *savoir* ayant abandonné leur nature verbale :

Adressez-vous à n'importe qui (Ac.). — *N'hésite pas à t'en servir,* CONTRE *n'importe qui* (P. BENOIT, *Kœnigsmark*, p. 241). — *Je subis les intervieweurs à n'importe quelle heure de la journée* (H. LAVEDAN, *Les Jeunes*, p. 100, cit. Sandfeld, I, p. 391). — DANS *n'importe quel poème, inspiration, fabrication, cela ne fait qu'un* (H. BREMOND, *La Poésie pure*, p. 77). — *Des brises chaudes montaient* AVEC *je ne sais quelles odeurs confuses* (E. FROMENTIN, *Un Été dans le Sahara*, I). — *Il a entendu quelque chose de lui, récité* PAR *il ne sait plus qui de la Comédie Française* (J. RENARD, *Journal*, 29 mai 1898). — *Son caraco et sa jupe s'imprégnèrent d'un ton jaune et* D'*on ne sait quoi qui flottait* (Ch.-L. PHILIPPE, *Le Père Perdrix*, p. 65). — *Une goutte d'eau venue* DE *je ne sais où s'obstine à tomber* SUR *je ne sais quoi* (H. DUVERNOIS, *Crapotte*, p. 92). — À *Dieu sait quel âge !* (H. BERNSTEIN, *Le Cœur*, I, 8.) — *Dans le mystère* D'*on ne sait quelles limbes* (A. LICHTENBERGER, *Les Contes de Minnie*, p. 7). — *Le passé (...) s'accumule hors de la vie,* DANS *on ne sait quelle consigne poudreuse* (G. MARCEL, *Les Hommes contre l'humain*, p. 34).

Parfois on garde à *importer* et à *savoir*, dans ces expressions, leur nature verbale :

la préposition se met alors en interposition, ce qui est la tournure primitive : *Un jour dit un auteur, n'importe* EN *quel chapitre...* (BOIL., *Ép.*, 2). — *Il ne sera jamais qu'un courtisan, n'importe* DE *qui, pourvu que ce soit un puissant du jour* (CHATEAUBR., cité par Montherlant, dans les *Nouv. litt.*, 26 janv. 1950). — *Venir me trouver n'importe* À *quelle heure* (J. LEMAITRE, *La Vieillesse d'Hélène*, p. 97, cit. Sandfeld, I, p. 391). — *Il deviendra sage je ne sais* À *quel âge !* — *Quand je dis que cet aphorisme nous vient on ne sait* D'OÙ... (A. HERMANT, *Chroniq. de Lancelot*, t. II, p. 190). — *Une voix de ventriloque sortie je ne sais* D'OÙ (P. LOTI, *Madame Chrysanthème*, XXIII).

905. Deux prépositions peuvent, dans le même membre de phrase, avoir un régime commun, pourvu qu'elles admettent chacune séparément la même construction. Souvent ces prépositions sont antithétiques : *Avant et après* LES REPAS. — *C'est pour ou contre* UN SAINT *que tout combat se livre* (HUGO, *Lég.*, L'Aigle du casque). — Elles peuvent aussi ne pas être antithétiques : *Envers et contre* TOUS *je te protégerai* (LA F., *F.*, VIII, 22). — *Une masse fluide d'hommes et de matériel clapotait sur et le long de* LA ROUTE (MONTHERLANT, *Le Solstice de juin*, p. 138). — *J'expérimente que ces paroles parvenues jusqu'à moi dans et par* L'ÉGLISE *sont esprit et vie* (Fr. MAURIAC, *Ce que je crois*, p. 22).

On ne pourrait pas dire : *Aux environs ou dans la* VILLE. *À cause et par rapport à* LUI. *En dehors et devant la* MAISON. — Mais on répétera le régime après chacune des prépositions : *Aux environs* DE LA VILLE *et* DANS LA VILLE ; *à cause* DE LUI *et par rapport* À LUI, etc.

RAPPORTS EXPRIMÉS

906. Les rapports exprimés par la préposition sont nombreux, et il serait difficile d'en dresser le tableau complet. La préposition peut marquer notamment :

Le lieu, la tendance : *en, dans, à, chez, de, vers, jusqu'à, sous, avant, devant*, etc.
Le temps : *à, de, vers, pour, avant, après, depuis, pendant, jusqu'à, durant*, etc.
L'attribution : *à, pour*.
La cause, l'origine : *attendu, vu, de, par, pour, à cause de, grâce à, à raison de*, etc.
Le but, le motif : *pour, à, envers, touchant*, etc.
La manière, le moyen : *à, de, par, en, avec, sans, selon*, etc.
L'ordre, le rang : *après, devant, derrière, au-dessus de*, etc.
L'union, la conformité : *avec, selon, d'après, suivant*, etc.
L'appartenance : *de, à*, etc.
L'agent : *de, par*.
L'opposition : *contre, malgré, nonobstant*, etc.
La séparation, l'exception, l'exclusion : *sans, sauf, excepté, hors*, etc.

N. B. — 1. Il est fréquent que la même préposition serve à marquer différents rapports ; *à* et *de* sont caractéristiques à cet égard (voir §§ 913 et 917).

2. *Dans* peut marquer le lieu, le temps, la disposition physique ou morale : *Habiter* DANS *un palais. Revenez* DANS *huit jours. La lune est* DANS *son plein. Être* FANS *l'embarras*.

3. *Par* peut indiquer le lieu, les circonstances météorologiques, l'agent, le moyen, la cause, la manière, la distribution : *Entrer* PAR *la fenêtre. Sortir* PAR *tous les temps*.

La défaite d'Annibal PAR *Scipion. Prendre* PAR *les cheveux. Agir* PAR *peur. Reproduction* PAR *la photographie.* — *Deux fois* PAR *semaine*[1], *cours de chasse* (A. DAUDET, *Port-Tar.*, I, 4). — Il peut aussi, avec le mot *fois* précédé d'un nom de nombre, marquer qu'un fait se répète selon un certain enchaînement : *Le père respira* PAR *trois fois, profondément* (R. KEMP, *La Vie du théâtre*, p. 32).

4. *Sans* niant l'idée exprimée par son régime, il faut prendre garde que, dans des phrases négatives comme les suivantes, l'infinitif régime marque une action positive : *Vous* N'*êtes* PAS SANS *savoir* = vous savez ; *vous* N'*êtes* PAS SANS *ignorer* = vous ignorez. — *Vous* N'*êtes* PAS SANS *avoir entendu parler de la Tarasque* (A. DAUDET, *Port-Tarascon*, I, 4). — *Vous* N'*êtes* POINT SANS *savoir, aussi bien que moi, que qui ne demande rien n'a rien* (R. BOYLESVE, *La Becquée*, p. 130). — *Vous* N'*êtes* PAS SANS *savoir le malheur qui m'a frappé il y a deux ans* (P. GUTH, *Le Naïf aux 40 enfants*, p. 234).

§ 4. — RÉPÉTITION DES PRÉPOSITIONS

907. Les prépositions *à. de, en* se répètent ordinairement devant chaque membre du régime :

Il écrit À *Pierre et* À *Jean* (LITTRÉ). — *Je n'entends jamais parler* DE *leurs libéralités,* DES *grâces et* DES *pensions qu'ils accordent* (MONTESQ., *L. pers.*, 124). — *Elle fut surprise* EN *lisant,* EN *relisant.* EN *recommençant encore ces quatre pages de prose* (MAUPASSANT, *Notre Cœur*, I, 2).

908. *À, de, en* ne se répètent pas :

1° Quand les membres du régime constituent une locution toute faite : *École* DES *arts et métiers. Condamner* AUX *frais et dépens.* — *Il aime* À *aller et venir* (LITTRÉ). — *Être* AU *lieu et place de quelqu'un.* — *Toute obligation de faire ou de ne pas faire se résout* EN *dommages et intérêts, en cas d'inexécution de la part du débiteur* (Code civ., art. 1142). — *Il se mit* À *aller et venir* (R. MARTIN DU GARD, *Les Thibault*, V, p. 186). — *Didier passa plusieurs jours* EN *allées et venues* (G. DUHAMEL, *Cri des profondeurs*, p. 162). — EN *mon âme et conscience.*

2° Quand ces membres représentent le même ou les mêmes êtres ou objets : *Il débrouille de même l'horrible chaos* DES *deux empires, le Babylonien et l'Assyrien* (LA BR., V, 74). — *J'en parlerai* À *M. Dupont, votre associé. La milice* DES *strélitz ou janissaires moscovites.* À *mon collègue et ami.*

Toutefois si le second membre est séparé du premier par une forte pause le mettant en relief, on peut répéter la préposition : *Ma poitrine, mes sens sont largement ouverts* À *celui que j'aime :* À *l'Enthousiasme* (M. BARRÈS, *Un Homme libre*, p. 41).

---

1. On dit aussi, sans *par*, et avec l'article : « deux fois *la* semaine » : *Une fois par an, une fois* L'*an* (Ac.). — *Deux fois par semaine. Deux fois* LA *semaine* (ID.). — *Il faudra que tu donnes un dîner une fois* LA *semaine* (FLAUB., *L'Éduc. sent.*, II, 3).

3° Quand ces membres doivent être considérés globalement comme désignant un groupe ou une idée unique : Aux *officiers, sous-officiers et soldats. Les adresses* DES *amis et connaissances.* — *Il importe* DE *bien mâcher et broyer les aliments* (LITTRÉ). — *Mais ces hommes n'étaient pas destinés* À *vivre et mourir dans la retraite* (P. GAXOTTE, *Hist. des Français*, t. I, p. 158).

Remarque. — Avec *distinguer en, diviser en, subdiviser en*, la répétition de *en* devant chacun des termes de la division est facultative : *Les lettres sont divisées* EN *voyelles (...) et* EN *consonnes* (MOL., *Bourg.*, II, 4). — *Le poème dramatique se divise* EN *tragédie et* EN *comédie* (LITTRÉ, s. v. *diviser*, Rem.). — *On divise d'ordinaire les phonèmes* EN *consonnes et* EN *voyelles* (J. VENDRYES, *Le Langage*, p. 25). — *Il* [Atala] *est divisé* EN *prologue, récit et épilogue* (CHATEAUBR., *Atala*, Préf.). — *On distingue la ligne directe* EN *ligne directe descendante et ligne directe ascendante* (*Code civil*, art. 736). — *Les participes se distinguent* EN *participes présents et participes passés* (LITTRÉ, s. v. *participe*, Rem. 1). — *Les consonnes se divisent* EN *sourdes et sonores* (*Gramm. de l'Acad. fr.*, p. 5).

4° Quand ces membres présentent deux noms de nombre joints par *ou* et marquant approximation : *Un délai* DE *trois ou quatre mois. À cinq ou six mètres d'un précipice.* — *L'habitude de diviser toujours* EN *deux ou trois points* (VOLT., *L. XIV*, 32).

909. D'une manière générale, les prépositions autres que *à, de, en* ne se répètent pas, surtout lorsque les différents membres du régime sont intimement unis par le sens ou lorsqu'ils sont à peu près synonymes :

J'avance À TRAVERS *les herbes, les orties, les mousses, les lianes et l'épais humus...* (CHAT., *Voy. en Amér.*, Journal sans date). — *Ce ministre qui avait un trè grand génie* POUR *les finances, le commerce, la navigation, la police générale, n'avait pas dans l'esprit, ce goût et cette élévation du roi* (VOLT., *L. XIV*, 25). — *Qu'il est beau,* APRÈS *les combats et le tumulte des armes, de savoir encore goûter ces vertus paisibles...* (BOSS., *Condé*).

910. Généralement les prépositions se répètent quand on veut donner à chaque partie d'un régime multiple un relief particulier, ou quand les divers éléments du régime présentent une opposition ou une alternative : *Nos gaillards pèlerins,* PAR *monts,* PAR *vaux et* PAR *chemins, Au gué d'une rivière à la fin arrivèrent* (LA F., *F.*, II, 10). — *Un enfant* SANS *couleur,* SANS *regard et* SANS *voix* (HUGO, *F. d'aut.*, I). — *Réponds-moi seulement* PAR *oui ou* PAR *non* (P. BOURGET, *Lazarine*, p. 121). — *Qui* DE *l'âne ou* DU *maître est fait pour se lasser ?* (LA F., *F.*, III, 1.)

Remarques. — 1. On ne répète pas la préposition quand le régime est un titre : *Nous lisons* DANS *le « Coche et la Mouche »...* — *Parmi tous les romans de l'antiquité, je donne la préférence* À *« Théagène et Chariclée »* (LITTRÉ). — *Sa tragédie* DE *« Phèdre et Hippolyte »* [de Pradon] *est à l'avenant* (J. LEMAITRE, *Jean Racine*, p. 262).

En se dispensant de répéter *à* ou *de* contractés avec l'article dans des titres comprenant plusieurs noms, on produit des constructions qui ont quelque chose de bizarre : voir détails, § 311, Rem. 2.

2. *a)* Avec *ni l'un ni l'autre,* si *l'un* est précédé d'une préposition, elle doit se répéter devant *l'autre : Je n'en veux ni* À *l'un ni* À *l'autre. Je n'irai ni* CHEZ *l'un ni* CHEZ *l'autre.*

b) Avec *l'un ou l'autre,* la préposition se répète à peu près indispensablement : *Il est* CHEZ *l'un ou* CHEZ *l'autre* (Ac.). — *Il devait combattre* AVEC *l'un ou* AVEC *l'autre* (FUSTEL DE COULANGES, *La Cité antique,* III, 18). — *Sur le sol sacré* DE *l'un ou* DE *l'autre* (M. PROUST, *Du côté de chez Swann,* I, p. 195). — *Les chefs des tribus prirent parti* POUR *l'un ou* POUR *l'autre* (J. et J. THARAUD, *Le Rayon vert,* p. 175).

c) Avec *l'un et l'autre,* on répète la préposition lorsque les deux termes sont pensés comme nettement distincts : *C'est que je crains beaucoup (...) les conséquences de ce retard* POUR *l'un et* POUR *l'autre* (B. CONSTANT, *Adolphe,* IV).— CHEZ *l'un et* CHEZ *l'autre* (A. FRANCE, *L'Étui de nacre,* p. 162). — *Il en veut* À *l'un et* À *l'autre* (Ac.). — *Des clameurs s'élevèrent* DANS *l'une et* DANS *l'autre armée* (ID.). — *Une singularité que j'ai observée* CHEZ *l'un et* CHEZ *l'autre* (P. VALÉRY, *Disc. sur É. Verhaeren*). — *Ce sujet est touché* PAR *l'un et* PAR *l'autre* (ALAIN, *Propos de Littérature,* LXXXII).

Mais quand l'esprit considère ces termes globalement ou ne s'arrête pas à les distinguer l'un de l'autre, la préposition ne se répète pas : POUR *l'une et l'autre de vous* (A. FRANCE, *L'Étui de nacre,* p. 48). — SOUS *l'un et l'autre de ces deux aspects* (H. BREMOND, *Pour le Romantisme,* p. 171). — DANS *l'un et l'autre camp* (H. BERNSTEIN, *Le Secret,* II, 7). — CHEZ *l'un et l'autre le dévouement était égal pour le service du roi* (P. de LA GORCE, *Charles X,* p. 121). — À *l'un et l'autre titre* (J. ROMAINS, *Le Dictateur,* III, 5).

Entre ne se répète jamais : *Il y a une grande différence* ENTRE *l'un et l'autre* (Ac.). — ENTRE *l'un et l'autre la conversation s'engage* (P. de LA GORCE, *Charles X,* pp. 238-239).

3. Lorsque *autre, autre chose,* régimes d'une préposition, sont suivis de *que,* on peut ne pas répéter la préposition, mais le plus souvent, on la répète [1] :

a) Elle vivra POUR *un autre que lui* (RAC., *Iphig.,* IV, 8). — *Ne parlez pas de cela* À *d'autres que vos amis* (LITTRÉ). — *Cet amour* POUR *une autre que la duchesse...* (STENDHAL, *La Chartr. de Parme,* t. I, p. 339). — *Tu ne seras touché* PAR *un autre que moi* (HUGO, *Hern.,* II, 3). — *Rien de ce qui se dit à ce saint tribunal ne vient* D'*un autre que lui* (É. ESTAUNIÉ, *L'Empreinte,* p. 51). — *Il n'est pas sûr que le beau doive être*

---

1. Littré tient pour incorrecte la répétition de *à* après *à autre* suivi d'un *que.* Selon Martinon (*Comment on parle en fr.,* p. 169), si *autre,* complément prépositionnel, est suivi de *que,* on répète ordinairement la préposition par ellipse du verbe : *J'aime mieux avoir affaire* À *d'autres qu'*À *vous* (que d'avoir affaire à vous) ; mais si l'ellipse du verbe n'est pas possible, on ne peut plus correctement répéter la préposition : *Adressez-vous* À *d'autres que moi.* — L'usage ne tient pas compte de ces règles.

compris PAR *d'autres que l'artiste qui le crée* (J. RENARD, *Journal*, 20 févr. 1908). — *Il ne chercherait plus* AUPRÈS D'*autres que nous l'aide et la protection dont il avait besoin* (V. LARBAUD, *Enfantines*, p. 198). — *Je pense* À *un autre que lui* (J.-L. VAUDOYER, *La Reine évanouie*, p. 188). — *Hochedé ne rejette pas la défaite* SUR *d'autres que lui* (SAINT-EXUPÉRY, *Pilote de guerre*, p. 210). — *Vous ne me pardonnez pas d'avoir tourné les yeux* SUR *un autre que vous* (Th. MAULNIER, *Le Profanateur*, III, 2).

b) Ce sang (...) répandu POUR *d'autres que* POUR *vous* (CORN., *Cid*, II, 8). — *Je ne sais même encor (...)* SUR *d'autres que* SUR *moi si je dois m'en remettre* (RAC., *Androm.*, IV, 4). — *Et je le donnerais* À *bien d'autres qu'*À *moi* (MOL., *Sgan.*, 16). — *Je ne puis me montrer* À *d'autres qu'*À *vous* (VOLT., *À d'Argental*, 30 déc. 1774). — *Pourquoi faut-il que j'apprenne des nouvelles* PAR *d'autres que* PAR *toi ?* (MONTESQ., *L. pers.*, 51.) — *Il nous semble que l'on nous parle* D'*un autre homme que* DE *nous* (CHATEAUBR., *Mém.*, IV, 11, 1). — *Ces hommes qui osent me parler* D'*autre chose que* DE *vous* (B. CONSTANT, *Adolphe*, III). — *Servira-t-elle* [la vérité] À *d'autres qu'*À *moi ?* (J. RENARD, *Journal*, 1ᵉʳ janv. 1897.) — [Elle] *venait* POUR *un autre que* POUR *moi* (A. FRANCE, *La Rôtisserie...*, p. 252). — *Dans la situation (...) dont les prémisses ont été posées* PAR *d'autres que* PAR *lui* (J. BAINVILLE, *Napol.*, p. 193). — *Fardeau écrasant* POUR *tout autre que* POUR *vous* (G. HANOTAUX, *Rép. au Disc. de réc. de l'amir. Lacaze à l'Ac. fr.*). — *Elle avait seulement un petit carnet de notes presque incompréhensibles* POUR *tout autre que* POUR *elle* (R. ROLLAND, *Jean-Christophe*, t. VI, p. 218). — *Voilà ce qui était habitable* PAR *d'autres précisément que* PAR *toi* (P. CLAUDEL, *La Messe là-bas*, p. 73). — *Ce qui (...) se dérobe indéfiniment* À *tout autre qu'*À *vous* (P. VALÉRY, « *Mon Faust* », p. 79). — *Il aurait eu parfois envie de parler de lui* À *d'autres qu'*À *soi-même* (J.-L. VAUDOYER, *Laure et Laurence*, p. 62). — *Ses yeux (...) regardaient des images invisibles* À *tout autre qu'*À *lui* (M. GENEVOIX, *Rroû*, p. 159). — *Avec une insolence qui serait intolérable* DE *tout autre que* D'*un enfant* (A. GIDE, *Journal 1942-1949*, p. 60). — *Croyez-vous que j'en aie parlé* À *d'autres qu'*À *vous ?* (Fr. MAURIAC, *L'Agneau*, pp. 57-58.) — *Le miel était mangé, mais* PAR *d'autres que* PAR *elle* (A. CHAMSON, *Adeline Vénician*, p. 206).

4. Avec les tours *ce dont je me plains, c'est..., ce à quoi je m'intéresse, c'est...*, la règle traditionnelle est de ne pas répéter la préposition devant l'attribut, mais il y a, dans l'usage moderne, une forte tendance à la répéter [observez que *dont* inclut *de*] :

a) Ce DONT *je suis redevable à cette confession (...), c'est l'apaisement de notre conscience* (Fr. MAURIAC, *Le Nœud de vipères*, p. 299). — *Ce* À *quoi il faut toujours revenir, c'est l'organisation minutieuse du lendemain et la prévision* (Ch. DU BOS, *Journal 1921-1923*, p. 70). — *Ce* À *quoi je tiens le plus, c'est ma mercerie* (J. GIRAUDOUX, *La Folle de Chaillot*, p. 166).

b) Ce DONT *Vigny a particulièrement souffert, c'est* DE *la situation nouvelle que la société moderne a faite au poète* (M. PALÉOLOGUE, *Alfr. de Vigny*, p. 82). — *Ce* DONT *elle avait besoin, c'était* DE *ce mouvement autour d'elle* (A. MAUROIS, *Climats*, p. 124). — *Savez-vous ce* DONT *j'avais le plus horreur, là-bas ? C'est* DU *luxe* (A. GIDE, *Les Faux-Monnayeurs*, p. 256). — *Ce* À *quoi je parviens le plus difficilement à croire, c'est* À *ma propre réalité* (ID., *ib.*, p. 94). — *Ce* DONT *Jerphanion s'avisait, (...) c'était* DE *la merveilleuse fécondité de sa rêverie* (J. ROMAINS, *Les Hommes de b. vol.*, t. XV, p. 101). — *Ce* DONT *Gühler (...) est profondément atteint, ce n'est pas seulement* DU *désastre et* DE *la ruine de sa patrie* (A. ROUSSEAUX, dans le *Figaro litt.*, 31 mars 1951). — *Ce* DONT *j'étais surtout dépourvu, c'était* DES *moyens de manifester mes sentiments* (G. DU-

HAMEL, *Cri des profondeurs*, p. 220). — *Ce* DONT *la plupart ont soif, c'est* D'*une parole qui ne soit pas dirigée* (Fr. MAURIAC, *Journ.*, t. IV, p. 193). — *Ce* DONT *elle rêvait, c'était* D'*élégance* (A. BILLY, *Le Narthex*, p. 263). — *Ce* DONT *tu aurais besoin, ce serait* D'*un verre de bon vin* (J. PEYRÉ, *Une Fille de Saragosse*, p. 77).

5. Après *excepté, hors, hormis, sauf* et *y compris* (pour cette dernière expression, voir § 832, Rem. 1), si le terme duquel on excepte, ou écarte, ou inclut, est régi par une préposition, on peut ne pas répéter cette préposition, mais presque toujours on la répète :

a) Il le [Dieu] *faut regarder comme l'auteur de tous les biens et de tous les maux, excepté le péché* (PASC., dans Littré). — *On accorda l'amnistie aux rebelles, hormis les chefs, sauf les chefs.* — *Un chef bon pour tous ses subordonnés, hormis les paresseux, sauf les paresseux.* — *Il se moque de tout, y compris la vertu.*

b) Un méchant homme (...) qui méritait d'être tué PAR *tout le monde,* EXCEPTÉ PAR *le bourreau* (D'ALEMBERT, *Lett. à Volt.*, 23 juin 1766, dans Littré).' — *Un enfant (...) Abandonné* DE *tous,* EXCEPTÉ DE *sa mère* (HUGO, *F. d'aut.*, Ce siècle avait deux ans). — *J'étais réduite à souhaiter que vous eussiez écrit à tout le monde,* HORMIS À *moi* (SÉV., dans Littré). — *Bêtes mieux pourvues* DE *tout que l'homme,* HORMIS DE *la raison* (RAC., t. VI, p. 308). — *Des hommes libres, libres* DE *tout,* SAUF DE *leurs femmes* (COLETTE, *L'Étoile Vesper*, p. 176). — *Il se moque* DE *tout, y compris* DE *la vertu.*

Hist. — A l'époque classique, il arrivait fréquemment que la répétition des prépositions *à* et *de* n'eût point lieu. Avec les autres prépositions aussi, l'usage était hésitant : *Je ne dois rien (...) qu'au talent* DE *risquer à propos et bien placer l'argent* (LA F., *F.*, VII, 14). — *Réduit à te déplaire ou souffrir un affront* (CORN., *Cid*, III, 4). Pour le tour *C'est à sa table à qui l'on rend visite* (MOL., *Mis.*, II, 5), voyez § 525, Rem. 2 et *Hist.*

§ 5. — ELLIPSE DES PRÉPOSITIONS

911. On fait parfois ellipse de la préposition ; dans ce cas, le rapport existant entre les deux termes est suffisamment suggéré par la simple juxtaposition des mots (voir § 920, Rem. 2, *N. B.*, *a*):

Le boulevard Voltaire. Le côté cour, le côté jardin. Les ateliers Dupont. Le match France-Belgique. Le procédé Solvay. — *Nous parlâmes littérature, musique et presque politique* (MUSSET, *Conf.*, III, 5). — *Les pentes nord et est de la croupe de Vaux-Chapitre* (H. BORDEAUX, *Les Captifs délivrés*, p. 148). — *C'était la fin février* (G. DUHAMEL, *Le Désert de Bièvres*, p. 97). — *Nous étions fin décembre* (H. BOSCO, *Un Rameau de la nuit*, p. 105).

912. *a)* Après *en face* [1], *près, proche*, suivis d'un nom de lieu, on fait parfois ellipse de la préposition *de*, surtout dans la langue familière :

---

1. « On dit aussi aujourd'hui *en face le ministère* ; *en face* est devenu une véritable préposition simple ». (F. BRUNOT, *La Pensée et la Langue*, p. 429, note.) — *En face*, suivi d'un nom de lieu, sans *de*, « appartient plutôt au style commercial », selon A. Thérive (*Querelles de lang.*, t. III, p. 193).

EN FACE *la chambre à coucher* (J.-J. BROUSSON, *An. France en pantoufles*, p. 20). — EN FACE *le pont de la Tournelle* (FLAUB., *Bouv. et Péc.*, p. 8). — *L'église sise* EN FACE *le magasin de nouveautés* (M. PROUST, *Jean Santeuil*, t. I, p. 226). — *Se mire-t-on* PRÈS *un rivage ?* (LA F., *F.*, VIII, 13.) — PRÈS *la forteresse* (STENDHAL, *Pages chois.*, p. 140). — PRÈS *le jet d'eau* (FLAUB., *L'Éduc. sent.*, II, 1). — PRÈS *l'escalier du potager* (A. GIDE, *La Porte étroite*, p. 35). — *Dans son village d'Andes*, PRÈS *Mantoue* (É. HENRIOT, *Les Fils de la Louve*, p. 92). — PROCHE *la paroisse de Saint-Nicolas* (SAINTE-BEUVE, *Port-Royal*, t. I, p. 415). — *À l'orée d'un petit bois*, PROCHE *la poterne* (A. FRANCE, *Balthasar*, p. 281). — *L'entrée du vieux bourg* PROCHE *le calvaire* (H. BORDEAUX, *La Maison morte*, p. 269).

b) Après *vis-à-vis*, on peut faire ellipse de la préposition *de* [1] :

VIS-À-VIS *l'église* (AC.). — *La nuit du 9 au 10 juillet, il se trouva* VIS-À-VIS *le Borysthène* (VOLT., *Ch. XII*, 4). — VIS-À-VIS *le champ des fusillades des Brotteaux* (CHAT., *Mém.*, II, 5, 4). — VIS-À-VIS *le numéro 50-52 se dresse (...) un grand orme* (HUGO, *Les Misérables*, II, 4, 1). — VIS-À-VIS *les fenêtres de M. le Roy* (STENDHAL, *Vie de Henri Brulard*, t. II, p. 45). — *Francine d'Aubigné (...) demeurait* VIS-À-VIS *la maison de Scarron* (A. FRANCE, *Le Génie latin*, p. 65).

c) Dans certaines expressions consacrées appartenant à la langue de la diplomatie, on remplace parfois *auprès de* par *près* (sans *de*) : *Ministre, ambassadeur du roi* PRÈS *la cour de...* (LITTRÉ).

d) *Retour de*, pour « *de retour de* » [2] cherche à s'introduire : déjà, en dépit des puristes, il passe de la langue parlée dans la langue écrite :

Rencontré, hier, sur le trottoir, Mme Bonnetain RETOUR *du Soudan* (J. RENARD, *Journal*, 26 mai 1894). — *C'était un certain Beust,* RETOUR *de la Nouvelle-Calédonie* (P.-J. TOULET, *Les Demoiselles La Mortagne*, p. 129). — *Des Briérons passaient, sans bruit, poussant leur pirogue,* RETOUR *des lieux de tourbages* (A. de CHÂTEAUBRIANT, *La Brière*, p. 73). — *Il y eut au moins un blessé, que je connus* RETOUR *de l'hôpital et de qui je tiens cette histoire* (Fr. AMBRIÈRE, *Les Grandes Vacances*, p. 256). — *Je me trouvais au Havre, à la gare maritime,* RETOUR *d'un voyage au Mexique* (M. AYMÉ, *Le Passe-muraille*, p. 99). — *Des officiers anglais,* RETOUR *de Pantellaria, apportent quelques renseignements sur la reddition de la petite île* (A. GIDE, *Journal 1942-1949*, p. 187). — *Elle aussi s'était peut-être fait, ou refait, des illusions sur son héros* RETOUR *du front* (J. ROMAINS, *Les Hommes de b. vol.*, t. XVIII, p. 115). — *Je les vois* [vos mères] *qui vous attendent le soir* RETOUR *des matches* (MONTHERLANT, *Les Olympiques*, p. 285). — *Éloi Roussel était resté en France, et, ma foi,* RETOUR *d'Allemagne, je ne l'y ai plus guère retrouvé* (M. ARLAND, *L'Eau et le Feu*, p. 76). — *C'est l'état d'esprit de Duhamel,* RETOUR *d'Amérique* (M. BEDEL, *Tropiques noirs*, p. 102). — *Dîné avec les Dampierre* RETOUR *d'Oslo* (F. GREGH, *L'Âge de fer*, p. 161). — *Il ne vit*

---

1. Lorsque *vis-à-vis de* est pris au sens de « à l'égard de, envers » (§ 947, Rem. 2), l'ellipse de la préposition *de* est rare : *C'est l'habitude du vainqueur barbare* VIS-À-VIS *le vaincu* (HUGO, *L'Homme qui rit*, I, 1, 2).

2. Cf. : *L'abbé de Bonnevie est ici,* DE RETOUR *de Rome* (CHATEAUBR., *Mém.*, II, 5, 4). — *Ma mère,* DE RETOUR *du puits, marchait d'un pas de somnambule* (M. PAGNOL, *Le Temps des secrets*, p. 26).

que ces dames, RETOUR *du marché, furtives et pressant le pas* (H. Bosco, *Les Balesta,* p. 175). — *J'avais reçu pour mission d'aller au-devant de mon frère Albert* RETOUR *du Mexique* (H. BORDEAUX, *La Garde de la maison,* p. 284).

e) Rapport à, au sens de « à cause de », « au sujet de », « à propos de », est de la langue populaire :

Il avait pris par les rives de l'ouest, RAPPORT AU *coup d'œil qu'il avait à donner par là* (A. de CHÂTEAUBRIANT, *La Brière,* p. 80). — *Je demande cela,* RAPPORT À *la nourriture* (É. ESTAUNIÉ, *Mme Clapain,* p. 145). — *Si madame voulait me donner un congé de huit jours,* RAPPORT À *ma femme qui a le mal du pays* (H. DUVERNOIS, *Crapotte,* p. 99). — *D'abord essuie-toi les pieds,* RAPPORT AU *tapis* (G. BERNANOS, *Journ. d'un Curé de campagne,* p. 17).

§ 6. — EMPLOI DE CERTAINES PRÉPOSITIONS

A.

913. La préposition *à* s'emploie surtout pour marquer le lieu, le but, le temps, le moyen, la manière, la caractéristique : *Aller* À *Bruxelles, dire quelque chose* À *l'oreille, vivre* À *la campagne, mort* AU *champ d'honneur. Tirer* À *sa fin, terre* À *blé. Rentrer* À *huit heures. Jouer* À *la balle, se sauver* À *la nage. Dormir* À *poings fermés. Casque* À *pointe.*

914. *À* peut marquer l'appartenance après *appartenir, être,* ou encore quand il a pour régime un pronom, notamment s'il s'agit de renforcer ou de préciser un possessif qui précède : *Ce livre appartient* À *mon père. — Sire, l'avenir est* À *Dieu !* (HUGO, *Crép.,* V, 2.) — *Il a un style, une manière* À *lui* (AC.). — *C'est mon opinion,* À *moi* (ID.).

En dehors des cas qui viennent d'être indiqués, *à* marquant la possession se trouve dans quelques locutions figées : *La bête* À *bon Dieu, le denier* À *Dieu, la vache* À *Colas* (= le protestantisme), *la barque* À *Caron, la vigne* À *mon oncle* (= une mauvaise excuse, une mauvaise défaite). — Cet emploi de *à,* qui est un archaïsme (voir § 214, *Hist.*), est fréquent dans la langue populaire ; il se rencontre aussi dans l'usage familier : *Un fils* À *papa. Le champ* À *Jean-Pierre. — Seriez-vous point le fils* À *Jean ?* (A. FRANCE, *Le Livre de m. ami,* p. 186.) — *C'est le fils* À *Lemarié !* (R. BAZIN, *De toute son âme,* p. 7.) — *Ce n'est donc pas de nous refuser la liberté d'enseignement que nous lui faisons grief : c'est d'avoir enfourché la bourrique* À *Combes pour ses exercices de haute école* (Fr. MAURIAC, *Journ.,* t. V, p. 99).

915. *À* s'emploie devant un nom ou un pronom, dans certaines phrases elliptiques exprimant un appel, un avertissement bref, un souhait, etc. : À *l'assassion !* AU *secours !* — À *moi, comte, deux mots* (CORN., *Cid,* II, 2). — AU *revoir !*

Il se met dans certaines propositions elliptiques exprimant consécration, dédicace, envoi : AU *Dieu inconnu.* AUX *grands hommes la patrie reconnaissante.* À *Monsieur le Ministre de…*

À s'emploie absolument devant un infinitif exprimant une circonstance
à la façon d'un adverbe ou d'une locution adverbiale : À *vrai dire.* À *tout
prendre.* — À *raconter ses maux souvent on les soulage* (CORN., *Pol.*, I, 3).

Il se met aussi devant un infinitif exprimant une action qui doit ou peut
être faite : *Ouvrage* à *refaire.* — *C'est une affaire* à *vous perdre* (AC.). — *Le
mâtin était de taille* À *se défendre hardiment* (LA F., *F.*, I, 5).

Devant un infinitif, *à* équivaut parfois à *de quoi* : *Donner* à *manger. Trouver*
à *redire.*

REMARQUES PARTICULIÈRES

916. 1. *A bas de* s'emploie après un verbe de mouvement : *Se jeter, sauter*
À BAS DU *lit* (AC.). — *Il le mit* À BAS DE *son cheval* (ID.). — *Fabrice avait
sauté* à BAS DE *son cheval* (STENDHAL, *Chartr.*, t. I, p. 352).

En bas de signifie « au bas de » : *Il était* EN BAS DE *la colline* (AC.).

En bas de s'emploie parfois aussi dans le même sens que « à bas de » : *Tom-
ber* EN BAS D'*une échelle* (DICT. GÉN.). — *Napoléon jeté* EN BAS DE *son trône*
(L. BLOY, *L'Âme de Napol.*, p. 12). — *Riquet avait sauté* EN BAS DU *fauteuil*
(A. FRANCE, *L'Anneau d'améthyste*, p. 188). — *Jean se jeta* EN BAS DE *son lit*
(M. PRÉVOST, *Chonchette*, III, 7). — *Il sauta* EN BAS DU *lit* (R. DORGELÈS,
Partir..., p. 161).

N. B. — Ne dites pas : *Sauter* BAS *du lit. Tomber* BAS *de l'échelle*[1].

2. *A* (ou *en*) bicyclette. On dit (par analogie avec *à cheval*) : *à bicyclette,
à vélo, à moto(cyclette)* :

Monter à *bicyclette, aller* à *bicyclette* (AC.). — *Elle arrive* à *bicyclette* (G. DUHAMEL,
Lieu d'asile, p. 130). — *Il courait sur les routes pavées,* à *bicyclette* (A. THÉRIVE, *Fils
du jour*, p. 61). — *Feras-tu des promenades* à *bicyclette ?* (R. MARTIN DU GARD, *Les
Thibault*, III, 1, p. 199.) — *Parfois un ouvrier* à *bicyclette la dépassait* (Fr. MAURIAC,
Thér. Desqueyroux, p. 13). — *Je passais par là* à *bicyclette* (M. ARLAND, *Antarès*,
p. 154). — *Gravissant les côtes* à *bicyclette* (J. COCTEAU, *La Difficulté d'être*, p. 114). —
En montant à cheval, en auto ou à *bicyclette* (M. AYMÉ, *Le Confort intellectuel*, p. 137).
— *Je joue un peu de l'harmonium et du piano, comme je vais* à *bicyclette ou à dos
d'âne* (M. JOUHANDEAU, *Carnets de l'écrivain*, p. 64). — *Ils n'avaient plus besoin d'apprendre à monter* à *vélo* (A. ARNOUX, *Bilan provisoire*, p. 58). — *Quand ils vont* à *moto*
(J. PERRET, *Bande à part*, p. 46). — *Elle passait avec son mari et son petit garçon* à
motocyclette (F. GREGH, *L'Âge de fer*, p. 221).

Mais une autre construction : *aller en bicyclette, en vélo, en moto(cyclette),*
est pleinement passée dans l'usage, en dépit des puristes alléguant qu'on
n'est pas *en* bicyclette comme on est *en* voiture (c.-à-d. *dans* une voiture) :

---

1. C'est par *bas* que le français du pays de Liège rend le liégeois *djus* (anc. franç.
jus ; lat. *deorsum*, en bas) : *toumer* DJUS *d'si d'jvâ* [= tomber *bas* de son cheval] (dans
HAUST, *Dict. liég.*).

À pied, en voiture, en omnibus, EN *vélocipède (...), une centaine de mille hommes accouraient* (M. BARRÈS, *L'Appel au Soldat,* t. II, p. 138). — *Il (...) s'était fatigué à cheval,* EN *bicyclette, aux armes* (M. PROUST, *Les Plaisirs et les Jours,* p. 252). — *Leur père est passé* EN *bicyclette* (A. GIDE, *Journ.,* 14 juin 1914). — EN *bicyclette, ce serait agréable, pensa-t-il* (J. ROMAINS, *Mort de quelqu'un,* p. 204). — *Même* EN *bicyclette, je n'aurais pu revenir à temps* (G. BERNANOS, *Journal d'un Curé de campagne,* p. 111). — *Tu peux aller te promener* EN *bicyclette* (Éd. BOURDET, *L'Heure du berger,* II). — *C'était un jeune homme distingué (...) roulant* EN *vélocipède* (É. HENRIOT, *Les Temps innocents,* p. 147). — *Quand je me promenais* EN *motocyclette* (A. MAUROIS, *Les Silences du Colonel Bramble,* p. 59). — *Deux sous-offs,* EN *vélo, me croisèrent* (MONTHERLANT, *L'Équinoxe de septembre,* p. 187). — *Un agent suivait* EN *vélo* (H. TROYAT, *Tant que la terre durera...,* p. 498). — *Il était* EN *vélo* (Fr. MAURIAC, *L'Agneau,* XV).

N. B. — 1. Lorsque, dans ces sortes de phrases, *bicyclette, vélo, moto(cyclette)* sont précédés d'un article ou de ce qui en tient lieu, ils s'introduisent par la préposition *sur : Il se promène* SUR *la bicyclette de son frère.* — *Si (...) vous avez appris à monter* SUR *une bicyclette* (A. HERMANT, *Savoir parler,* p. 52). — *Il partit* SUR *sa bicyclette* (COLETTE, *Le Blé en herbe,* IX). — *Je la dépassais (...)* SUR *ma bicyclette* (É. HENRIOT, *Le Livre de mon père,* p. 179). — *Parce qu'ils ont voyagé ensemble à douze* SUR *six bicyclettes* (G. DUHAMEL, *Lieu d'asile,* p. 107). — *Vous ne pourriez venir tout habillé* SUR *votre bicyclette* (J. MALÈGUE, *Augustin,* t. II, p. 144).

2. On dit : EN *scooter ;* la construction s'explique non seulement par l'analogie de « *en* bicyclette, *en* moto, etc. », mais aussi par le fait qu'on est plutôt assis dans le scooter que dessus : on ne l'enfourche pas. — Si *scooter* est précédé d'un article ou de ce qui en tient lieu, on l'introduit par la préposition *sur : Les paysans se rendent au marché* SUR *des scooters* (J. PRASTEAU, dans le *Figaro,* 14 mai 1958).

3. Dauzat (dans le *Franç. mod.,* oct. 1946, p. 246 ; dans le *Monde,* 15 nov. 1950 et 21 janv. 1953 ; *Guide du bon usage,* pp. 167-169) est d'avis qu'il faut dire « *en* skis », parce que le ski est une chaussure, non une monture : on va, affirme-t-il, « *en* skis » comme « *en* sabots », ou « *en* pantoufles », ou « *en* patins » ; — « les sportifs, déclare-t-il encore, disent « aller *en* skis ». — Cette opinion de Dauzat est sujette à caution : le ski n'enferme pas le pied et n'est pas vraiment une chaussure : on pose le pied sur le ski et il y est attaché entre les fixations et les étriers du ski. — Plus d'un sportif et plus d'un auteur disent « *à* ski(s) » : *Garda avait (...) de magnifiques dispositions pour le saut* À ski (M. BEDEL, *Jérôme 60° lat. Nord,* X). — *On circulait* À skis (B. BECK, *Léon Morin, prêtre,* X). — *Armand Salacrou descend* À ski *la vallée Blanche* (dans le *Figaro litt.,* 12 avr. 1958). — *Tous mes malheurs* À ski (P. DANINOS, *Vacances à tous prix,* p. 222). — *Les promenades* À ski (H. TROYAT, *Tendre et violente Élisabeth,* p. 141). — *J'ai continué* À ski *jusqu'au téléférique du mont d'Arbois* (ID., *ib.,* p. 336).

3. **A bon marché.**

On dit : *acheter, vendre, donner, avoir,* etc. À BON MARCHÉ, À MEILLEUR MARCHÉ ; régulièrement la préposition *à* est demandée : *Un marchand qui vend* À *trop bon marché* (LITTRÉ, s.v. *marché,* 11°). — *Vendre, acheter* À *bon marché* (DICT. GÉN.). — *Avoir une chose à bon marché* (AC.). — *J'ai eu cet immeuble à meilleur marché que je ne l'espérais* (ID.). — *Donner sa marchandise à bon marché* (ID.). — *Il vendait à très bon marché de très mauvais vin* (MAUPASSANT, *Boule de suif,* p. 16). — *Maman m'avait acheté* À *bon marché un petit syllabaire* (Ch. PÉGUY, *Souvenirs,* p. 17). — Mais on peut dire aussi, sans *à* : *acheter, vendre, donner, avoir,* etc. BON MARCHÉ, MEILLEUR

MARCHÉ [1] : *Il acheta le cheval bon marché* (VOLT., *Candide*, X). — *Vendre bon marché* (LITTRÉ, s.v. *vendre*, 3°). — *Il y a une édition de ce livre laquelle se vend fort bon marché* (AC., s.v. *lequel*). — *Le secret est d'acheter bon marché* (P. MILLE, *La Détresse des Harpagon*, p. 100). — *Produire* MEILLEUR MARCHÉ *suppose, dans l'industrie, la concentration des entreprises* (A. SIEGFRIED, dans le *Figaro*, 25 juillet 1956).

Bon marché (comparatif : *meilleur marché*) s'emploie couramment comme adjectif invariable, non seulement avec *à*, mais aussi sans *à :*

a) *La vie est ici* à *fort* BON MARCHÉ (SÉV., t. VI, p. 401). — *Ces petites éditions* à BON MARCHÉ (G. SAND, *Mauprat*, XV). — *Avec leurs articles* à BON MARCHÉ (A. CHAMSON, *Héritages*, p. 42). — *Un pays où la vie est* à BON MARCHÉ (DICT. GÉN.).

b) *Un jeune Grenoblois (…) cherchait un logement* BON MARCHÉ (STENDHAL, *Mém. d'un Touriste*, t. I, p. 211). — *Qu'est-ce qui est* BON MARCHÉ *à présent ?* (HUGO, *Pierres*, p. 137.) — *Des japonaiseries* BON MARCHÉ (A. CAPUS, *Qui perd gagne*, V). — *Un objet* BON MARCHÉ (M. PROUST, *Du côté de chez Swann*, I, p. 33). — *La main-d'œuvre étant très* BON MARCHÉ (P. MILLE, *L'Ange du bizarre*, p. 221). — *Des livres* BON MARCHÉ *sur l'étagère* (Fr. MAURIAC, *La Fin de la nuit*, p. 169). — *J'ai acheté du terrain qui est très* BON MARCHÉ (A. MAUROIS, *Les Silences du Colonel Bramble*, p. 57). — *Alors pourquoi les tissus anglais sont-ils* MEILLEUR MARCHÉ *que les nôtres ?* (ID., dans *Réalités*, août 1954, p. 43.) — *Tu t'offres le luxe* BON MARCHÉ *de l'indignation* (G. MARCEL, *Rome n'est plus dans Rome*, p. 74). — *De la main-d'œuvre* BON MARCHÉ (A. ARNOUX, *Bilan provisoire*, p. 95). — *Le silence n'est pas* BON MARCHÉ *dans cette famille* (A. CHAMSON, *La Neige et la Fleur*, p. 219).

N. B. — *À bon marché* (comparatif : *à meilleur marché*) s'emploie figurément au sens de « à peu de frais, sans beaucoup de peine » : *Ne donner que son superflu, c'est être généreux* à BON MARCHÉ (AC.). — *Je m'aperçus que je n'en étais pas quitte* à *si* BON MARCHÉ *: j'avais le bras gauche cassé* (CHATEAUBR., *Mém.*, I, 7, 8).

4. **D'ici…** Après *d'ici*, quand il s'agit de marquer soit un laps de temps, soit une distance, on peut mettre *à* pour introduire l'indication de la limite considérée, mais il y a, dans l'usage, une tendance générale à ne pas le mettre :

a) *D'ici* à *8 ou 10 jours, j'espère pouvoir faire partir la seconde moitié de ce travail* (STENDHAL, *Corr.*, t. X, p. 350). — *D'ici* à *peu il y aurait peut-être un grand changement dans sa vie* (FLAUB., *Éduc. sent.*, t. II, p. 303). — *Il est vraisemblable que, d'ici* à *peu, ceux que l'on appelait jadis et que l'on n'appelle plus les honnêtes gens les auront bannis* [des mots] *à perpétuité de leur conversation* (A. HERMANT, *Chroniq. de Lancelot*, t. II, p. 158). — *D'ici* à *cinq minutes* (Cl. FARRÈRE, *Le Chef*, p. 99). — *D'ici* à *demain je tâcherai d'imaginer quelque chose qui sauve au moins mon amour-propre* (J. ROMAINS, *Le Dictateur*, I, 3). — *Si tu savais ce que j'ai à faire d'ici* à *ce soir !* (A. MAUROIS, *Terre promise*, p. 170.) — *D'ici* à *huit jours, d'ici* à *demain* (DICT. GÉN.). — *Nous*

_____

1. Littré (s. v. *marché*, Rem. 2) exprime l'opinion suivante : « On dit souvent dans le parler vulgaire : *j'ai acheté ce livre bon marché ;* sans la préposition *à*. Cette suppression n'est pas autorisée ; il faut dire *à bon marché*, comme on dit *à bon compte, à vil prix*, etc. » — Opinion démentie par l'usage (et par l'usage de Littré lui-même).

verrons bien des choses d'ici à ce temps-là (Ac.). — *D'ici à Angkor* (P. BENOIT, *Le Roi lépreux*, p. 62).

b) *D'ici la prochaine vacance de fauteuil* (A. DAUDET, *L'Immortel*, VII). — *D'ici quelques mois* (M. PRÉVOST, *La Nuit finira*, t. I, p. 245). — *Le monde d'ici peu connaîtra une nouvelle tuerie* (L. DAUDET, *Un Jour d'orage*, p. 98). — *D'ici les élections sénatoriales* (Fr. MAURIAC, *Thér. Desqueyroux*, I). — *D'ici huit mois* (MONTHERLANT, *Les Célibataires*, p. 26). — *D'ici 48 heures* (É. ESTAUNIÉ, *L'Infirme...*, p. 58). — *Je vais y réfléchir d'ici demain* (A. THÉRIVE, *Fils du jour*, p. 76). — *D'ici quelques minutes* (J. GIRAUDOUX, *Amphitryon 38*, II, 3). — *D'ici une heure* (J. GREEN, *Moïra*, p. 245). — *D'ici peu de temps* (G. MARCEL, *Rome n'est plus dans Rome*, p. 22). — *D'ici le soir fatal* (A. GIDE, *La Porte étroite*, p. 150). — *D'ici la fin de l'année* (G. DUHAMEL, *Manuel du protestataire*, p. 235). — *D'ici la Saint-Jean* (A. CHAMSON, *Adeline Vénician*, p. 100). — *Nous avons cinq heures de chemin de fer d'ici Erquelines* (VILLIERS DE L'ISLE-ADAM, *Contes cruels*, p. 275). — *Y a-t-il loin d'ici Athènes ?* (A. DHÔTEL, *Ce jour-là*, p. 50.)

N. B. — 1. On dit toujours [1] *d'ici là*, sans *à* : *D'ici là, j'aurai arrangé votre affaire* (Ac.). — *D'ici là nous comptons deux lieues* (ID.).

2. Le laps de temps compris entre le moment où l'on est et tel moment à venir peut être marqué au moyen de *d'ici à ce que, d'ici que* (qui gouvernent le subjonctif : voir § 1018, c) : D'ICI À CE QUE *nous l'ayons rattrapée, elle ne manquera de rien* (Cl. TILLIER, *Mon Oncle Benjamin*, p. 308, cit. Le Bidois, *Synt.*, II, p. 427). — *Je le dois* [d'apprendre l'anglais] *aussi un peu à l'ennui que j'ai éprouvé chez Schwob de ne savoir parler anglais avec la société, mais* D'ICI QUE *je puisse parler !* (P. LÉAUTAUD, *Journal litt.*, I, 23 août 1903.)

5. **Nous sommes au lundi.** Régulièrement on dit : *être* AU LUNDI, *être* à LUNDI, *être* AU 6 *du mois* : *Nous ne sommes encore qu'à* LUNDI (LITTRÉ). — *On était* AU SAMEDI (FLAUB., *L'Éduc. sent.*, II, 3). — *C'est une heure qui sonne. Nous sommes à* DEMAIN (A. DUMAS f., *Le Bijou de la Reine*, 6). — *On était* AU 26 AOÛT (L. DUBECH, *La Grève des forgerons*, p. 76). — *J'ai une diable d'envie d'être* à DEMAIN (BARBEY D'AUREVILLY, *Le Chevalier des Touches*, p. 264). — *Il lui tardait presque d'être* à DIMANCHE (Fr. MAURIAC, *Thér. Desqueyroux*, p. 174).

Cependant le bon usage autorise aussi *être lundi, être le 6 du mois* : *Nous sommes aujourd'hui* LE TRENTE *du mois* (LITTRÉ, s.v. trente, 7°). — *Nous étions* LE 6 MAI (A. FRANCE, *La Vie en fleur*, p. 302). — *Nous sommes* LE 22 (A. DAUDET, *Le Nabab*, t. I, p. 254). — *Nous sommes aujourd'hui* LE 14 MARS 1931 (G. DUHAMEL, *Le Notaire du Havre*, p. 14). — *Mais, nous ne sommes pas* LE DIMANCHE ! (G. CHÉRAU, *La Maison de Patrice Perrier*, p. 263.) — *On était* LE JEUDI 6 *novembre* (É. ESTAUNIÉ, *Le Labyrinthe*, p. 245). — *Nous sommes* MARDI ! (J. GIRAUDOUX, *L'Apollon de Bellac*, 1.) — *Une odeur de poisson lui rappela qu'on était* VENDREDI SAINT (M. AYMÉ, *Le Chemin des écoliers*, p. 221).

---

1. Ou presque toujours ; *d'ici à là* ne se trouve que très rarement : *À jeudi, Pinchet ! D'ici à là nous chercherons* (R. de FLERS et A. de CAILLAVET, *L'Habit vert*, cité par M. Achard, dans les *Annales*, mars 1951, p. 54). — *La vie ne coulait pas d'ici à là, comme l'eau sur une pente* (J. ROMAINS, *Mort de quelqu'un*, p. 44).

6. On dit : *aller* **à la Bourse** (Ac.), *être admis* À *la Bourse,* DANS *une Bourse* (et non : *en Bourse*). — *Faire de petites opérations* À *la Bourse.* — *Là, on parlait primo, différence (...) ; enfin comme* À *la bourse* (NERVAL, *Les Nuits d'octobre,* XII). — *Je ne suis jamais allé* À *la Bourse* (A. HERMANT, *Savoir parler,* p. 134). — Cependant on a le choix entre : *valeur cotée* À *la Bourse* et *valeur cotée* EN *Bourse.* — Cf. : EN *Bourse, une panique subite avait fait tomber le 3 % français à 80, et même, un moment, à 78 francs* (R. MARTIN DU GARD, *Les Thibault,* VII, 2, p. 97). — *Ça les console d'une baisse* EN *Bourse* (J. ROMAINS, *Les Hommes de b. vol.,* t. VII, p. 52).

7. Le tour *aller* **au médecin,** *au dentiste, au boulanger,* etc. est surtout de la langue familière ou populaire [1] : *Il vaut mieux aller* AU *boulanger qu'*AU *médecin* (LAROUSSE DU XXe s.). — *J'ai dû m'interrompre pour mener Gustave* AU *docteur* (A. GIDE, *L'École des Femmes,* p. 58). — *Pourquoi chercher le médecin ? Car s'il est écrit que je mourrai faute de médecin, je n'irai pas ; et s'il est écrit que je vivrai par le médecin, j'irai* AU *médecin* [2] (ALAIN, *Entretiens au bord de la mer,* p. 203). — *Maman allait le moins possible «* AU *boucher »* (Fr. MAURIAC, *Le Nœud de Vipères,* p. 27). — La langue littéraire dit ordinairement : *aller chercher le médecin, aller chez le médecin, aller consulter le médecin, aller chez le boulanger,* etc. : *Il vaut mieux aller* CHEZ *le boulanger que* CHEZ *le médecin* (LITTRÉ). — *Veux-tu que j'aille chercher le médecin ?* (Ch.-L. PHILIPPE, *Le Père Perdrix,* p. 230.) — *Nous irons* CHEZ *le médecin, Jeanpi. Tu es trop maigre* (G. DUHAMEL, *La Passion de Jos. Pasquier,* VII). — *Un matin qu'elle devait se rendre* CHEZ *le coiffeur, elle me pria, d'un signe, de veiller sur son convalescent* (COLETTE, *Chambre d'hôtel,* p. 56).

Mais on dit bien : *Aller* AU *ministre,* à *l'évêque,* etc., pour : « s'adresser au ministre, à l'évêque », etc. : *Pour cela, il vous faut aller* AU *ministre* (Ac.).

8. On dit correctement : *aller* **au bois,** à *l'eau,* AUX *vivres,* etc., dans le sens de « aller faire provision de bois, d'eau, de vivres, etc. » Ces tours sont attestés par Littré et par l'Académie.

9. Dites : *avoir la pipe, la cigarette* **à la bouche,** plutôt que : ... *en bouche* [3] : *Le peintre ressortit pour marcher à pas lents, un cigare* À *la bouche* (MAUPASSANT, *Fort comme la mort,* II, 2). — *Quelques soldats (...) contemplent, la pipe* À *la bouche...* (P. LOTI, *La Mort de Philæ,* p. 23). — *Je sortis du restaurant (...)*

---

1. Tour très ancien, où *à* introduit, en gardant son sens étymologique, un complément de direction : *Le chevalier ala a la messe, laquelle estre oye s'en ala* AU *barbier* (*Rom. des Sept Sages,* p. 111). — *Dieux ! Adraste est blessé, courez* AU *médecin* (CORN., *L'Illus. com.,* III, 11).

2. Il semble bien que, dans cet exemple, *au médecin* soit un complément de direction (voir la note 1).

3. *Il fit le geste de la jeter* [une cigarette], *la regarda et la remit* EN *bouche* (A. THÉRIVE, *Sans âme,* p. 36). — *Je remets la pipe* EN *bouche* (J. PERRET, *Le Caporal épinglé,* p. 369). — *Tandis qu'il s'asseyait par terre devant l'âtre, pipe* EN *bouche* (VERCORS, *Les Animaux dénaturés,* p. 28). — Cf. : *Il ferme les yeux, met une cigarette* DANS *sa bouche (...). Il l'allume* (P. GUTH, dans le *Figaro littér.,* 4 mars 1950).

un cigare très curieux À *la bouche* (M. BARRÈS, *Un Homme libre*, p. 224). —
Caserio passe devant lui, la cigarette À *la bouche* (J. et J. THARAUD, *La Tragé-
die de Ravaillac*, p. 261). — *Avec sa pipe* À *la bouche* (M. BEDEL, *M. le Prof.
Jubier*, p. 113). — *Son garçon d'épées, cigarette* À *la bouche, lui tendait la gaine*
(MONTHERLANT, *Les Bestiaires*, VII).

10. On dit, surtout dans le style soutenu : **hier au matin, hier au soir ;**
— dans l'usage ordinaire, on dit : **hier matin, hier soir** (même observation
pour : *avant-hier, aujourd'hui, demain, après-demain, le lendemain, le surlen-
demain* et les noms des jours de la semaine, précédés ou non d'un article
ou d'un déterminatif) :

a) Le dimanche AU MATIN (...) *j'aperçus Jean de la Sorgue* (P. MAC ORLAN, *L'Ancre
de miséricorde*, p. 51). — *Hier* AU MATIN (AC.). — *Torlonia est parti hier* AU SOIR
(CHATEAUBR., *Mém.*, III, 11, 9, 4). — À *la fête d'hier* AU SOIR (RENAN, *Caliban*, III,
3). — *Des vases antiques achetés aux marchands d'hier* AU SOIR (P. LOTI, *La Galilée*,
p. 58). — *Il s'est battu hier* AU SOIR (ALAIN-FOURNIER, *Le Grand Meaulnes*, p. 162).
— *Pas plus tard qu'hier* AU SOIR (M. PROUST, *Le Temps retrouvé*, I, p. 89).

b) Si j'allais porter votre lettre demain MATIN ? (HUGO, *Les Misér.*, IV, 14, 7.) —
On résolut de partir un mardi MATIN (MAUPASSANT, *Boule de suif*, p. 13). — *La grand'-
rue au village un dimanche* MATIN (A. SAMAIN, *Le Chariot d'or*, J'aime l'aube...). —
Le lendemain MATIN, *il voulut lui montrer les limites du domaine* (H. BORDEAUX, *Le
Remorqueur*, XIX). — *Hier* MATIN (AC.). — *Je les ai admirées* [des statues] *avant-hier*
SOIR *et hier* MATIN (STENDHAL, *Corr.*, t. X, p. 188). — *Elle est partie et revenue dimanche* SOIR (FLAUB., *Éduc. sent.*. t. I, p. 379). — *Je suis allé, à dix heures, hier* SOIR,
là-bas (G. DUHAMEL, *La Passion de Jos. Pasquier*, XIII). — *Hier* SOIR (...) *la cara-
pace de mon front s'est mise à couler* (J. COCTEAU, *La Difficulté d'être*, p. 129). — *Nous
devons nous revoir demain* SOIR (A. GIDE, *Les Faux-Monnayeurs*, p. 499). — *Le
dimanche* SOIR, *tout le monde joue aux lotos* (ID., *Paludes*, p. 61). — *Elle aurait voulu
être au lendemain* SOIR (J.-L. VAUDOYER, *La Reine évanouie*, p. 210).

N. B. — 1. Après *la veille, l'avant-veille, le 15* (ou un quantième quelconque),
ce jour-là, le jour de..., *tous les jours, chaque jour*, on introduit par *au*, obligatoirement,
les compléments *soir* et *matin : La veille* AU SOIR (FLAUBERT, *L'Éduc. sent.*, t. II, p. 76).
— *Même le 22* AU SOIR, *il était trop tard* (R. MARTIN DU GARD, *Les Thibault*, VII, 2,
p. 291). — *Un journal de la veille* AU SOIR (M. BARRÈS, *Les Déracinés*, p. 358). — *Le
26 juillet* AU MATIN (P. DE LA GORCE, *Charles X*, p. 281). — *Le quatrième jour* AU
MATIN (SAINT-EXUPÉRY, *Le Petit Prince*, VI). — *Le 2 novembre* AU MATIN (J.-L. VAU-
DOYER, *Laure et Laurence*, p. 126). — *Le 23 février* AU MATIN (H. TORRÈS, *Accusés
hors série*, p. 262).

2. Comme dans *lundi matin* il y a ellipse de *au*, il est logique qu'au pluriel, dans
des expressions telles que : *tous les lundis matin, tous les lundis soir*, les mots *matin*
et *soir* restent invariables : *Tous les dimanches* MATIN (HENRI-ROBERT, *Le Palais
et la Ville*, p. 12). — *Tous les lundis* MATIN (Fr. DE MIOMANDRE, *L'Aventure de Thér.
Beauchamp*, p. 8). — *Tous les jeudis* MATIN (J. ROMAINS, *Les Hommes de b. vol.*, t. III,
p. 311). — *Les bicyclettes des samedis* SOIR (Fr. MAURIAC, *Les Chemins de la Mer*,
p. 145). — *Tous les dimanches* MATIN (Cl. VAUTEL, *Mon Curé chez les riches*, p. 90). —
Les heures de supplément non payées les dimanches MATIN (R. ROLLAND, *Les Précurseurs*, p. 137). — *Jacques venait tous les jeudis* SOIR (A. THÉRIVE, *Fils du jour*, p. 105).
— *Tous les dimanches* MATIN (J.-P. SARTRE, *Morts sans sépulture*, III, 1). — *Tous*

les mardis soir (A. Gide, *Paludes*, p. 16). — Toutefois l'usage est assez indécis, parce qu'il est logique aussi de mettre *matin* et *soir* au pluriel, si l'on considère que, dans la pensée, l'idée de « tous les matins » (ou : « tous les soirs ») se superpose à celle de « tous les lundis »[1] : *Tous les samedis* soirs (Stendhal, *Chartr.*, t. I, p. 17). — *Tous les samedis* soirs (A. Daudet, *Fromont jeune et Risler aîné*, I, 2). — *Tous les mercredis* soirs (P. Loti, *Le Rom. d'un Enfant*, XXXIV). — *Tous les dimanches* soirs (H. Becque, *Les Corbeaux*, I, 11). — *Les jeudis* matins (Alain-Fournier, *Le Grand Meaulnes*, p. 126). — *Tous les mardis* soirs (A. Maurois, *Climats*, p. 27). — *Les dimanches* matins (V. Larbaud, *Enfantines*, p. 28). — *Tous les lundis* matins (Ch. Péguy, *Souvenirs*, p. 25). — *Tous les mardis* soirs (A. Gide, *Feuillets d'automne*, p. 186). — *Les dimanches* matins (J. Malègue, *Augustin*, t. I, p. 252). — *Tous les samedis* soirs (M. Jouhandeau, *Confidences*, p. 52).

3. On dit : *hier à midi, aujourd'hui à midi, demain à midi, le lundi à midi*, etc. ; — ou bien, sans *à* : *hier midi, aujourd'hui midi*, etc. : *La barricade (...) ne sera pas prise avant demain midi* (Hugo, *Les Misér.*, IV, 14, 7). — *Au moins jusqu'au lundi midi* (G. Duhamel, *La Passion de Jos. Pasquier*, X). — *M. Cocteau s'y rend* [chez le coiffeur], *un lundi midi* (Chroniq. « Aux quatre vents », dans le *Figaro litt.*, 5 nov. 1955). — *On leur laissa un rendez-vous pour le lendemain midi* (A. Camus, *La Peste*, p. 181). — On dit toujours sans *à* : *hier après-midi, aujourd'hui après-midi, demain après-midi*, etc. — Mais *à* est demandé dans : *hier à minuit, aujourd'hui à minuit*, etc.

4. Quand il s'agit de la mention générale d'un moment marqué au moyen des mots *matin* ou *soir*, non précédés de l'indication du jour, on dit : *au matin, au soir*, ou : *le matin, le soir* : *La diane* au matin *fredonnant sa fanfare* (Hugo, *Crép.*, V, 4). — *Il ne me laissa la quitter qu'*au matin (A. Gide, *Faux-Monn.*, p. 409). — Au soir, *cette fleur ferme ses pétales.* — Le matin, *elle fleurissait (...) ;* le soir, *nous la vîmes séchée* (Boss., *Duch. d'Orl.*, 1). — Le soir, *quand son regard se perdait dans l'alcôve* (Hugo, *Crép.*, V, 4). — Le matin, *quand il s'en va* (A. Gide, *Faux-Monn.*, p. 456).

11. On dit : *Avoir mal **à la tête**, avoir froid* aux *pieds*, etc. N'omettez pas la préposition *à* : *Bonsoir, j'ai mal à la tête* (A. France, *Histoire com.*, IV).

12. **Être à court de** est condamné par Littré et par les puristes. Sans doute on peut continuer de dire, selon l'usage classique, *être court de* :

Être court *de mémoire* (Ac.). — *Être* court *d'argent* (Dict. gén.). — *Comme il était un peu* court *de sujets de conversation...* (A. Hermant, *Le Caravansérail*, X). — *Il sait que vous êtes* court *d'argent* (H. Duvernois, *La Bête rouge*, p. 243). — *Chez mon père, nous étions* courts *d'ameublement* (A. Gide, *Thésée*, p. 37).

Mais on dit le plus souvent, selon l'usage moderne, *à court de*[2], et, absolument *à court* :

---

1. Au lieu de *tous les lundis soir(s)*, on peut dire aussi (ce qui permet d'éluder la question de l'accord) *chaque lundi soir* : *Chaque dimanche soir, le personnel du château était reçu dans la grande salle à manger* (A. Maurois, *Adrienne*, p. 491).

2. Selon l'Office de la Langue française (cf. *Figaro*, 18 juin 1938), *être à court de* paraît être plus vivant que *être court de*. — Cf. ces réflexions de Gide : « Reconnaissez, lui dirais-je, que la locution signalée par Littré comme fautive : « être à court » (d'ar-

Être à court *d'argent* (DICT. GÉN.). — Fam., *Être* à court *d'argent* (Ac.). — *Ils étaient* à court *de vivres* (MÉRIMÉE, *Les Cosaques d'autrefois*, p. 321). — *Se trouvant* à court *d'argent* (VILLIERS DE L'ISLE-ADAM, *Contes cruels*, p. 206). — *À* court *d'argent* (L. BLOY, *L'Âme de Napol.*, p. 205). — *Il n'est jamais* à court *ni d'idées, ni de compliments* (P. de NOLHAC, *Louis XV et Mme de Pompadour*, p. 91). — *Aussi se trouvait-il perpétuellement* à court *d'argent* (A. FRANCE, *Les Sept Femmes de la Barbebleue*, p. 95). — *Brénugat (...) est vite* à court *d'arguments* (G. DUHAMEL, *Le Désert de Bièvres*, p. 270). — *Tu n'es jamais* à court *d'arguments* (A. MAUROIS, *Cours de Bonheur conjugal*, p. 226). — *Là s'arrêta le bon gentilhomme,* à court *d'éloquence* (G. BERNANOS, *Dialogue d'ombres*, p. 154). — *Tu n'es donc jamais* à court *de sujets de romans ?* (COLETTE, *L'Étoile Vesper*, p. 126.) — *Pour nous permettre de ne pas être* à court *de métaphores* (M. JOUHANDEAU, *Carnets de l'écrivain*, p. 37). — *Je ne vous ai jamais vu* à court (J. SARMENT, *La Couronne de carton*, II). — *Le page ne semblait jamais* à court (J. de LA VARENDE, *Man' d'Arc*, p. 36). — *Il faut que le colonel soit fameusement* à court (G. CHÉRAU, *Valentine Pacquault*, t. I, p. 159). — *Bédier n'était jamais* à court (J. THARAUD, *Disc. de récept. à l'Ac. fr.*). — *Quand tu n'as plus rien à leur dire et que la science se trouve* à court (A. GIDE, *Œdipe*, II). — *Je pense que tu dois être* à court (J.-J. BERNARD, *Le Camp de la mort lente*, p. 155).

Pour *demeurer court, rester court, se trouver court*, voy. § 396, Rem. 3.

13. *Au point de vue ; du point de vue ; sous le point de vue.* On dit : *être, se mettre, se placer* à *un point de vue ; voir, considérer, envisager une personne ou une chose* à *un point de vue*, ou, moins souvent : D'*un point de vue*, ou : SOUS *un point de vue* (ces deux dernières constructions sont anciennes ; l'autre est assez récente) :

a) L'émeute (...) était envisagée à *un autre point de vue encore* (HUGO, *Les Misér.*, IV, 10, 1). — *Vos découragements vaudront mieux* AU *point de vue moral* (E. FROMENTIN, *Dominique*, VI). — *Et* à *ce point de vue, l'avantage appartient incontestablement à l'Espagne* (A. FRANCE, *L'Anneau d'améthyste*, p. 228). — AU *point de vue esthétique, je vote pour le liseron* (G. DUHAMEL, *Le Désert de Bièvres*, p. 165). — *Péguy, lui, se plaçait* à *un point de vue mystique* (J. et J. THARAUD, *Notre cher Péguy*, t. I, p. 137). — AU *point de vue de la structure* (P. VALÉRY, *Regards...*, p. 133). — *Elle voyait tous les événements (...)* à *un point de vue élevé et chrétien* (H. BORDEAUX, *La Garde de la maison*, p. 286). — *Se mettre* à *un point de vue* (AC.). — *Chacun envisage la question* à *son point de vue personnel* (ID.).

b) Voyez-vous DE *ce point de vue toute la grandeur du bienfait ?* (MASSILLON, 1er *Serm. Prof. rel.*) — *Elle* [une démarche] *peut se défendre* DU *point de vue social* (M. BARRÈS, *Au Serv. de l'Allem.*, p. 61). — *Tout regarder* DU *point de vue moral* (H. BREMOND, *Âmes religieuses*, p. 149). — DU *point de vue de l'idée* (A. CAMUS, *Les Justes*, p. 136). — *Il faut considérer la chose* DE *ce point de vue* (AC., s. v. *vue*).

---

gent, de combustible, de munitions, d'arguments) a pris le pas sur la légitime : « être court » (de ceci ou de cela) au point que cette dernière risque aujourd'hui de paraître archaïque, affectée ; et de plus, elle tend à se cantonner, me semble-t-il, dans un sens un peu différent de celui qu'elle avait à son origine. « Être court de tabac » se dirait, je crois, lorsqu'on n'en a plus que très peu ; « à court de... » lorsqu'on n'en a plus du tout ». (*Attendu que...*, pp. 44-45.)

c) Sous *ce point de vue, j'oserai dire que souvent l'histoire est un mauvais roman* (DIDEROT, *Éloge de Richardson*). — Sous *le point de vue politique, on pourrait regarder cette entreprise comme le crime irrémissible et la faute capitale de Napoléon* (CHATEAUBR., *Mém.*, III, 1, 6, 1). — *Buffon peint la nature* SOUS *tous les points de vue qui peuvent élever l'âme* (SAINTE-BEUVE, *Caus. du Lundi*, t. IV, p. 363). — *Considérons sainement les choses* SOUS *un point de vue philosophique* (MUSSET, *Mimi Pinson*, 8). — *Revoir,* SOUS *le point de vue du style, un ouvrage* (FLAUB., *Éduc. sent.*, t. I, p. 212). — [L'Église] *est,* SOUS *tout point de vue, un corps savant* (LACORDAIRE, 3ᵉ *Conf. de N.-D., 1835*). — *Ayant pris la question* SOUS *ce point de vue* (BAUDELAIRE, *Hist. extraord.*, p. 237). — *Jugeant les choses* SOUS *le point de vue de l'éternité* (M. BARRÈS, *Au Serv. de l'Allem.*, p. 11). — *Si l'on considère le projet* SOUS *d'autres points de vue* (A. VANDAL, *L'Avèn. de Bonaparte*, t. I, p. 500). — *Cela dépend beaucoup du point de vue* SOUS *lequel on l'apprécie* (HENRI-ROBERT, *L'Avocat*, p. 47).

N. B. — 1. Littré (s. v. *vue*, 25°) signale un premier emploi de *sous* avec « point de vue » : *L'on réunit,* SOUS *un même point de vue, les préceptes et les exemples que l'Écriture nous fournit* (Boss., *Polit.*, X, 2) — puis il distingue un emploi différent : *Ces connaissances* (...) *peuvent être envisagées* SOUS *un double point de vue* (ROLLIN, *Hist. anc.*, XXVI, II, 2, 2). — *Il nous place* SOUS *un point de vue d'où il nous met sous les yeux les royaumes du monde et toute leur gloire* (MASSILL., *Confér. Ambition des clercs*). — SOUS *ce double point de vue nous trouvons entre eux tant de rapports* (J.-J. ROUSS., *Ém.*, V). — « Ce dernier emploi, dit Littré, qui ne date guère que de Rollin et de Massillon, est aujourd'hui très usité ; cependant il ne paraît pas très exact. (...) Il y a lieu de distinguer, ajoute-t-il : si l'on considère l'objet, il peut être placé *sous* le point de vue, et il sera bien vu ; de cette façon la phrase de Bossuet avec *sous* est exacte. Si au contraire on considère l'observateur, il ne faut pas le placer *sous* le point de vue, car alors il serait hors des limites de la vision distincte, il faut le placer *au* point de vue, *dans* le point de vue ». — Cette distinction est fondée en raison, mais l'usage n'en tient pas compte.

2. Outre les constructions qu'on vient d'indiquer, les écrivains de l'époque classique avaient encore le tour *dans un point de vue* : *Nous ne nous envisageons jamais que* DANS *le point de vue que notre état présent nous offre* (MASSILL., *Avent*, Jugem. univ.). — *Les chrétiens ne le regardent pas* [le mariage] DANS *ce point de vue* (MONTESQ., *L. pers.*, 116).

Pour l'emploi de la préposition *de* après *au point de vue...*, *du point de vue...*, etc., voir § 920, Rem. 2.

14. *À terre ; par terre.* Selon Littré, *à terre* se dit de ce qui est ou de ce qui tombe sur le sol à nos pieds, avec cette idée que ce qui tombe ne touchait pas le sol auparavant ; *par terre* se dit dans le même sens, mais avec cette idée que ce qui tombe touchait le sol auparavant. Ni cette distinction ni certaines autres qu'on a cherché à établir ne sont ratifiées par l'usage ; hors le cas de certaines expressions consacrées comme *aller ventre à terre, mettre pied à terre*, il semble que les auteurs emploient librement *à terre* ou *par terre* :

a) *Se jeter* À *terre* (Ac.). — *Se coucher* À *terre* (ID.). — *L'enfant d'Emma dormait* À *terre* (FLAUB., *Mme Bov.*, p. 101). — [Il] *avait jeté* À *terre sa belle chemise blanche* (P. LOTI, *Mon Frère Yves*, XLVIII). — *Dépité de n'avoir pu jeter* À *terre son ennemi* (ALAIN-FOURNIER, *Le Grand Meaulnes*, p. 148). — *Jetez-vous* À *terre* (BRIEUX, *La Foi*, II, 8). — *Il se couchait* À *terre* (R. ROLLAND, *Jean-Christ.*, t. III, p. 161). — *Il manqua choir* À *terre d'étonnement* (P. BENOIT, *La Dame de l'Ouest*, p. 225). — *Ah !*

sa couronne a roulé à *terre…* (A. GIDE, *Saül*, IV, 5). — *Le mouchoir tomba* à *terre* (ID., *Les Caves du Vatican*, p. 240). — *Je sautai* à *terre* (H. BOSCO, *L'Âne Culotte*, p. 62).

b) Se jeter PAR *terre* (AC.). — *Il se coucha* PAR *terre en sanglotant* (G. SAND, *François le Champi*, III). — *Il se coucha* PAR *terre* (FLAUB., *Mme Bov.*, p. 105). — *Il laissait tomber son Code* PAR *terre* (ID., *ibid.*, p. 255). — *Il posa son fardeau* PAR *terre* (P. LOTI, *Mon Frère Yves*, XLIX). — *Il avait envie de se coucher* PAR *terre* (R. ROLLAND, *Jean-Christophe*, t. V, p. 157). — *Des chameliers (…) gisaient* PAR *terre* (A. CHEVRILLON, *Les Puritains du désert*, p. 262). — *Il la jeta* [sa calotte] PAR *terre* (G. DUHAMEL, *Le Désert de Bièvres*, p. 261).

15. *Jouer au soldat.* On entend dire en Belgique : *jouer soldat, jouer billard*, etc. (cf. néerl. : *soldaatje spelen, biljart spelen*). Ce tour est incorrect ; il faut dire : *jouer au soldat, jouer au billard*, etc. : *On avait vu de tout temps jouer* AU *soldat*, AU *gendarme* (L. FRAPIÉ, *L'Écolière*, p. 194). — *Ils aiment beaucoup jouer* AU *billard* (A. DAUDET, *Rob. Helmont*, p. 108).

16. *A pied.* On dit : *venir (aller, rentrer*, etc.) *à pied* [1] : *Il alla chez elle* à *pied* (STENDHAL, *Chartr.*, t. II, p. 94). — *J'aimerais autant aller à pied* (G. SAND, *La Mare au d.*, IV). — *Elle se mit à raconter (…) qu'elle venait* à *pied pour la voir* (ALAIN-FOURNIER, *Le Grand Meaulnes*, p. 63). — *Il regagnait* à *pied le ministère* (É. ESTAUNIÉ, *L'Ascension de M. Baslèvre*, II, 7). — *Il partirait pour la Coustelle, dût-il s'y rendre* à *pied* (G. CHÉRAU, *Valentine Pacquault*, t. I, p. 123).

N. B. — *Marcher à pied* est blâmé comme pléonastique par quelques grammairiens. Toute pléonastique qu'elle semble, cette expression a la caution de plus d'un écrivain classique et reste, aujourd'hui même, parfaitement admissible : *marcher*, sans le complément *à pied*, pourrait, à cause des sens particuliers que ce verbe a pris dans la langue populaire ou familière (consentir, croire naïvement à…), produire, dans certains cas du moins, un effet étrange ; d'autre part, *à pied* ajoute une certaine précision, qui a son pittoresque : *Il fallut qu'Aman marchât* à PIED *devant Mardochée* (BOSS., *Polit.*, X, 2, 5). — *Ne pouvant plus marcher* à PIED, *il se faisait porter en litière par la ville* (LA BR., *Disc. sur Théophr.*). — *Il marchait* à PIED, *sans appareil à sa blessure, sans aucun secours, à travers ses ennemis* (VOLT., *L. XV*, 25). — *Au milieu d'une horde de tout âge et de tout sexe, marchaient* à PIED *les gardes-du-corps* (CHATEAUBR., *Mém.*, I, 5, 10). — *J'étais harassé, je marchais* à PIED (STENDHAL, *Corr.*, t. IV, p. 77).

---

1. On disait en moyen français : « aller *de* pied, tout *de* pied ». En français moderne, on a dit aussi : « aller *du* pied » (Oudin, 1640), « être venu *de son* pied » (Trévoux 1704), « venir *de son* pied » (Furetière 1690 ; Bescherelle 1843-1846 ; Ac. jusqu'en 1878) : *Il y avait même plusieurs magistrats qui allaient à pied à la chambre ou aux enquêtes, d'aussi bonne grâce qu'Auguste autrefois allait* DE SON *pied au Capitole* (LA BR., VII, 22). — *De pied* se dit dans le parler populaire de beaucoup de régions (Anjou, Eure, Charente, Saintonge, Nord, Neuchâtel, Wallonie [cf. liégeois : *aler d'pî* (ou : *à pî*) (HAUST, *Dict. franç.-liég.*)] ; — il est courant également au Canada. — A noter : *Après ce voyage qu'il fit* DE SON *pied, M. Hamon tomba malade* (SAINTE-BEUVE, *Port-Roy.*, V, v). — *Il aimait mieux attendre jusqu'au dimanche et aller* DE *pied à Versailles pour conclure l'affaire* (É. SOUVESTRE, dans D'HARVÉ, *Parlons bien !* éd. 1923, p. 440). — *Ils s'en allèrent* DE *pied à Turin* (LA VARENDE, *Don Bosco*, VIII).

— [Isabelle et Sigognac] *se délassaient en marchant un peu à* PIED (Th. GAUTIER, *Le Capit. Fracasse*, VI). — *Accompagnez-moi, mon cher Timothée. Je marche à* PIED (E. PSICHARI, *L'Appel des armes*, II, VIII). — *Non, je prendrai un fiacre, dit-elle. Ou plutôt je marcherai à* PIED (H. TROYAT, *Tant que la terre durera...*, p. 824). — *Il marchait à* PIED (G. DUHAMEL, *Cri des profondeurs*, p. 128). — *On marcherait à* PIED *et l'on coucherait sous la tente* (A. CHAMSON, *La Neige et la Fleur*, p. 214).

17. **Avoir affaire à ; ... avec ; ... de**[1]. *a) Avoir affaire à qqn*, c'est avoir à lui parler, à débattre avec lui : *Il n'a pas affaire à un sot* (MOL., *Méd. m. l.*, III, 7). — *Bambucci savait bien qu'il n'avait pas affaire à des enfants* (G. SAND, *Lélia*, XXXIII). — *Il a eu affaire à moi pour une question de passeport* (J. RO-MAINS, *Les Hommes de b. vol.*, t. XXIII, p. 255). — *Il décida de n'avoir affaire à aucun collège* (Fr. JAMMES, *Janot-poète*, p. 23). — *Je vous serais reconnais-sant d'user de votre influence pour que les services* AUXQUELS *vous aurez affaire se montrent discrets* (G. DUHAMEL, *Le Voyage de Patrice Périot*, p. 185).

b) Avoir affaire avec qqn, c'est avoir à traiter d'affaires avec lui ; l'expres-sion suppose concours ou opposition de deux activités dans le cercle des rela-tions habituelles, commerciales, politiques, administratives, etc. : *S'il n'avait eu affaire qu'*AVEC *les moines, son histoire ne serait pas si lamentable* (L. VEUIL-LOT, *Hist. et Fant.*, p. 166). — *Quoique Olivier eût souvent affaire* AVEC *lui, ils se voyaient très peu* (R. ROLLAND, *Jean-Chr.*, t. VII, p. 93). — *Les négociants le con-naissaient mal, n'ayant point affaire* AVEC *eux* (M. BEDEL, *M. le Prof. Jubier*, p. 42). — *J'ai affaire* AVEC *ces pauvres hommes de la terre* (G. DUHAMEL, *Souven. de la vie du Paradis*, p. 32). — *Il en parlait, du Cap, avec respect, comme tous ceux qui ont eu affaire* AVEC *lui* (H. BOSCO, *Un Rameau de la nuit*, p. 42).

On le voit, il est bien difficile de distinguer nettement ces deux expressions l'une d'avec l'autre. Ainsi on a, dans Littré : *J'ai affaire ce matin* AVEC *le ministre* (= j'ai à traiter d'affaires avec lui) — et dans le Dictionnaire de l'Académie : *J'ai affaire*

---

1. Dans ces trois expressions, l'usage est d'écrire *affaire*, en un mot, mais cette orthographe se fonde sur des habitudes prises plutôt que sur des raisons de sens. L'Office de la Langue française (cf. *Figaro*, 5 févr. 1938) acceptait *avoir à faire à* aussi bien que *avoir affaire à*. — Pour Littré, écrire *avoir à faire de* « ne peut être considéré comme une faute ; car *à faire* ici convient mieux que *affaire* ». — En fait, pour les trois expressions, il n'est pas rare de rencontrer l'orthographe *à faire* : *Qu'ai-je à* FAIRE *de ces quatre ou cinq fainéantes qui m'espionnent toujours ?* (MARI-VAUX, *La Double Inconstance*, I, I.) — *Il faut qu'il ait à* FAIRE *à quelque vainqueur* (SAINTE-BEUVE, *Port-Roy.*, III, XIV). — *C'est ce que vit peut-être M. de Rebours, à qui il eut d'abord à* FAIRE (Fr. MAURIAC, *Blaise Pascal*, p. 76). — *Je voudrais n'avoir à* FAIRE *qu'à des éléments non adultérés* (Ch. DU BOS, *Journal 1921-1923*, p. 80). — *On a à* FAIRE *à des fonctionnaires* (DANIEL-ROPS, *Carte d'Europe*, p. 95). — *J'ai à* FAIRE *cette année à un élève le plus dissipé qui soit* (M. JOUHANDEAU, *Essai sur moi-même*, p. 163). — *Qu'ai-je à* FAIRE *avec le génie ? Il ne cherche en moi qu'un complice* (J. COCTEAU, *La Difficulté d'être*, p. 64). — *Qu'avons-nous à* FAIRE *de l'art, si nous n'avons tout le reste, avec ?* (R. ROLLAND, *Jean-Christophe*, t. VIII, p. 233.) — *Qu'ai-je à* FAIRE *d'un ami qui me juge ?* (SAINT-EXUPÉRY, *Lettre à un Otage*, p. 69.)

AU *ministre* (= j'ai une question à traiter avec lui). Comme Littré le fait observer, la seule distinction réelle entre *avoir affaire à* et *avoir affaire avec*, c'est que *à* est plus général : on a affaire *à* qqn pour toutes sortes de choses ; on a affaire *avec* qqn pour traiter avec lui, et en raison d'une certaine réciprocité, qui n'est pas impliquée par *à*.

c) *Avoir affaire* (parfois : *à faire*) *de* est une locution plutôt vieillie, signifiant « avoir besoin de » : *Quelqu'un aurait-il jamais cru Qu'un lion* D'un *rat eût affaire ?* (LA F.. F., II, 11.) — *Qu'ai-je affaire* D'*aller me tuer à travailler pour des gens dont je ne me soucie point ?* (MONTESQ., *L. pers.*, 11.) — *Qu'ai-je affaire* DE *l'estime de gens que je ne puis estimer ?* (A. GIDE, *Feuillets d'automne*, p. 237.) — *Qu'avons-nous affaire* DE *la chimie des parfumeurs quand la ville et les champs comblent nos désirs de bonnes senteurs ?* (M. BEDEL, *Traité du plaisir*, p. 142.)

18. **Ils sont (à) quatre.** La préposition *à* suivie d'un nom de nombre sert à marquer qu'il y a, entre les personnes dont il s'agit, un lien de société, une communauté d'efforts ou de situation, etc. :

Ils soulevèrent ce fardeau À *quatre* (LITTRÉ). — À *trois que nous étions, nous ne pouvions soulever ce fardeau* (ID.). — À *eux trois, ils pillèrent la branche et mangèrent toutes les mûres* (HUGO, *Quatrevingt-treize*, III, 3, 1). — *Ils fonderaient* À *eux deux une maison de banque* (BALZAC, *César Birotteau*, p. 75). — *Nous nous sommes mis* À *plusieurs pour pondre ce chef-d'œuvre* (A. GIDE, *Les Faux-Monnayeurs*, p. 470). — *On les avait rassemblés dans la cour* À *une dizaine* (J.-J. BERNARD, *Le Camp de la Mort lente*, p. 77). — *Nos bagages étaient lourds. Nous nous mîmes* À *quatre* (ID., *ib.*, p. 185). — *Imagine de très pauvres gens qui vivent* À *six dans un logement de deux pièces* (G. DUHAMEL, *Les Maîtres*, p. 304).

En disant, sans *à :* *Nous sommes quatre, nous partîmes cinq cents*, etc., on n'exprime plus l'idée de communauté d'efforts ou de situation, mais simplement l'aspect numérique du groupe dont il s'agit : *Nous partîmes cinq cents* (CORN., *Cid*, IV, 3). — *On s'endormait dix mille, on se réveillait cent* (HUGO, *Chât.*, V, 13, 1). — *Ils étaient là, neuf cents hommes, entassés dans l'ordure* (FLAUB., *Éduc. sent.*, t. II, p. 166). — *Vous serez au moins quarante à table* (A. DAUDET, *Lett. de m. m.*, p. 190). — *Vous voyez, nous sommes venues trois...* (P. LOTI, *Les Désenchantées*, VI). — *Ils étaient cinq cents derrière lui* (J. et J. THARAUD, *La Vie et la Mort de Déroulède*, p. 105). — *Ils se mettent soixante millions d'esclaves à ce grand œuvre* (A. SUARÈS, *Vues sur l'Europe*, p. 159). — *Nous dormions une vingtaine, dans une pièce aérée par une seule fenêtre* (Fr. MAURIAC, *La Pharisienne*, p. 16). — *Quand ils seraient mille, ils ne me persuaderaient point* (ALAIN, *Propos de Littérat.*, XXII). — *Aujourd'hui ces messieurs viennent cinq ; le mois prochain, ils seront trois* (MONTHERLANT, *Le Maître de Santiago*, I, 1). — *La nuit peut nous réunir, nécessairement, dix ou douze gaillards, autour d'une lampe unique* (G. DUHAMEL, *La Pesée des âmes*, p. 161).

19. **Croire à ; croire en ; croire.** *a)* *Croire à qqn* ou *à qq. ch.*, c'est avoir foi à sa véracité, ou à sa réalité, ou à son efficacité (en matière religieuse, *croire à*, c'est être persuadé de l'existence de, ou : avoir confiance en) : cette expression marque essentiellement une adhésion de l'esprit :

Croire AUX *astrologues* (AC.). — *On ne croit plus* À *ses promesses* (ID.). — *Croyez* À *mes sentiments bien sympathiques* (ID., s. v. *sympathique*). — *Croire* AUX *sorciers*

[= croire qu'il y en a] (LITTRÉ). — *Il faut croire à la possibilité de réussir* (A. MAUROIS, *Un Art de vivre*, p. 97). — *Mon père, qui ne croyait pas* AUX *médecins, croyait* AUX *charlatans* (CHATEAUBR., *Mém.*, I, 2, 6). — *Je ne crois pas à la médecine. Je ne crois pas à l'astrologie* (HUGO, *Notre-Dame de Paris*, V, 1). — *Je ne crois pas* AUX *médicaments* (G. DUHAMEL, *Cri des profondeurs*, p. 243). — *Benjamin Constant ne croit pas à Dieu* (A. SUARÈS, *Sur la vie*, t. II, p. 339). — *Tu crois à Dieu ?* (A. GIDE, *Le Roi Candaule*, II, 1.) — *Il croyait, je n'ose dire à la providence, mais bien du moins à son étoile* (ID., *Les Faux-Monn.*, p. 233). — *Croire à la Sainte Vierge,* AU *Saint-Esprit* (AC.).

b) Croire en qqn, c'est avoir confiance en son caractère, en ses talents, en son pouvoir, en sa parole ; *croire en* se dit aussi en parlant de choses dans lesquelles on met sa confiance, sur lesquelles on fonde des espoirs (en matière religieuse, *croire en* s'emploie dans le même sens que *croire à*, mais exprime plus particulièrement l'idée de confiance) ; cette expression marque essentiellement une disposition du cœur :

Je crois pleinement EN *vous* (DICT. GÉN.). — *Il faut arriver à croire* EN *l'homme !* (R. MARTIN DU GARD, *Les Thibault*, VII, 2, p. 224.) — *Je crois* EN *moi* (VIGNY, *Stello*, VII). — *Croyez-vous* EN *Dieu ?* (G. BERNANOS, *Monsieur Ouine*, p. 90.) — *Il croit* EN *l'avenir* (R. ROLLAND, *Vie de Tolstoï*, p. 177). — *Elle croyait* EN *Dieu et* EN *la vie éternelle* (A. MAUROIS, *Lélia ou la Vie de George Sand*, p. 43). — *Je crois fermement* EN *une vocation ineffable qui m'est donnée* (VIGNY, *Stello*, VII).

c) Croire qqn ou qq. ch., c'est le tenir pour véridique ou pour véritable : *Croyez-vous cet homme-là ?* (AC.) — *Il ne croit point les médecins* (ID.). — *Il croit cette histoire, ce conte* (ID.).

N. B. — Il y a, entre les trois tours, des rapports si étroits que parfois les distinctions qu'on a cherché à établir entre eux s'effacent : *La première* [loi] *est de ne maltraiter personne au sujet de la religion et de regarder comme frères tous ceux qui croient un Dieu* (VOLT., *Lett. phil.*, IV). — *Je crois* EN *l'humanité et j'ai foi en mon siècle* (HUGO, *Disc. de récept. à l'Ac. fr.*). — *Ayez une foi religieuse, une foi patriotique, une foi littéraire. Croyez à l'humanité,* AU *génie, à l'avenir, à vous-mêmes* (ID., *Rép. au Disc. de récept. de Sainte-Beuve à l'Ac. fr.*). — *Je crois en vous, comme je n'ai jamais cru à personne au monde. Je vous crois* (G. BERNANOS, *Dialogue d'ombres*, p. 105). — *Je crois* EN *Dieu le Père (...). Je crois* AU *Saint-Esprit, la sainte Église catholique... (Symbole des apôtres).* — *Il* [Réaumur] *n'était pas seul, parmi les spécialistes de l'histoire naturelle, à croire* EN *l'existence des « jumarts »* (J. ROSTAND, *Aux Sources de la biologie*, p. 157).

20. **Chaque fois ; à chaque fois.** On dit : *chaque fois, cette fois, la première fois, toutes les fois : Chaque fois qu'on lui en parle* (AC.). — *Chaque fois (...) il s'ingéniait à improviser des raisonnements trompeurs* (R. MARTIN DU GARD, *Les Thibault*, IV, p. 32). — *Chaque fois que nous faisons le bien, Dieu opère en nous et avec nous* (Fr. MAURIAC, *Blaise Pascal*, p. 56). — *Chaque fois que je me casse une dent* (G. DUHAMEL, *Le Voyage de Patrice Périot*, p. 61). — *Mais le mari meurt à propos, cette fois pour de bon* (H. BOSCO, *Sites et Mirages*, p. 102). — *La première fois qu'ils se rencontrèrent.* — *Toutes les fois que ses*

hôtes tournaient la tête, il avalait furtivement une lampée d'eau-de-vie (G. SAND, *Le Meunier d'Angibault*, XXXII).

La langue littéraire dit également : *à chaque fois, à la première fois*, etc. : *Et l'on oubliait* À *chaque fois la bouteille auprès de la guérite* (STENDHAL, *Chartr.*, t. II, p. 223). — À *chaque fois que l'heure sonne* (HUGO, *Crép.*, V, 2). — À *la septième fois, les murailles tombèrent* (ID., *Chât.*, VII, I). — À *chaque fois que l'orateur lançait le bras* (M. BARRÈS, *La Colline insp.*, p. 78). — À *chaque fois qu'on y revient* (A. GIDE, *Incidences*, p. 152). — À *la deuxième fois, j'ai laissé mon chien courir sur lui* (M. ARLAND, *Étienne*, p. 89).

À cette fois vieillit : *Race infidèle, me connaissez-vous* à *cette fois ?* (BOSS., *Anne de Gonz.*) — *Sourds* à *cette fois, Ils ne connaissent plus ni le frein ni la voix* (RAC., *Phèdre*, V, 6). — À *cette fois, Landry sentit comme un grand repentir dans son âme* (G. SAND, *La Petite Fadette*, VI). — *Et Jacqueline,* à *cette fois, fut prise de fou rire* (P.-J. TOULET, *Les Demoiselles La Mortagne*, p. 175).

À toutes les fois que est hors d'usage : *On sentira qu'* À *toutes les fois que le cœur s'accourcira, il pressera le doigt* (DESCARTES, dans Littré, s. v. *fois*, 11º).

21. **Se méprendre à ; ... sur.** On dit indifféremment : *se méprendre* à ou *se méprendre sur : Je ne me suis jamais mépris* AU *jugement que j'ai porté de cet homme* (AC.). — *Je ne me méprends pas* à *vos semblants d'amour* (HUGO, *Lucrèce Borgia*, II, 1, 6). — *Qu'on ne se méprenne pas* AU *sens et* à *l'intention des mots dont je me sers* (A. DUMAS f., *L'Ami des Femmes*, Préf.). — *On ne saurait se méprendre* SUR *la gravité de cet événement* (AC.). — *Il portait à la main une bague ornée de la croix gammée,* SUR *le sens de laquelle je m'étais mépris* (J. GREEN, *Journal*, 5 oct. 1950). — *L'intelligent et pitoyable Étienne, étudiant les crimes de son père, ne saurait se méprendre un instant* SUR *leur nature crapuleuse* (É. HENRIOT, dans le *Monde*, 9 mai 1951).

22. **En raison de ; à raison de.** 1º *En raison de* peut signifier soit « à proportion de, sur le pied de », soit « à cause de, en considération de, vu » :

a) L'ambition s'accroît EN *raison des succès que l'on obtient* (LITTRÉ). — *Il doit être payé* EN *raison du temps qu'il y a mis* (ID.).

b) On s'irrite moins EN *raison de l'offense reçue qu'*EN *raison de l'idée qu'on s'est formée de soi* (CHATEAUBR., *Mém.*, II, 7, 1). — *Ces défauts nous font rire* EN *raison de leur « insociabilité » plutôt que de leur « immoralité »* (H. BERGSON, *Le Rire*, p. 106). — *Il (...) ne peut avancer davantage,* EN *raison de la résistance du Petit Dépôt* (H. BORDEAUX, *Les Captifs délivrés*, p. 254). — *Une entrevue diplomatique a elle confiée par ses parents « EN raison, lui avait dit M. de La Hotte, de ta qualité d'aînée »* (R. BOYLESVE, *Élise*, p. 146). — *J'avais refusé, et* EN *raison des arguments mêmes qu'elle me donnait* (J. de LACRETELLE, *Amour nuptial*, p. 88). — EN *raison de son extrême jeunesse* (AC.).

2º *À raison de* peut aussi avoir ces deux sens ; dans le premier sens (« à proportion de »), il s'emploie surtout en termes de commerce ou d'affaires, notamment quand on donne une indication précise de prix, de mesure, de répartition, etc. :

a) On paya cet ouvrier à *raison de l'ouvrage qu'il avait fait* (AC.). — *Vous m'en tiendrez compte à raison du profit que vous en tirerez* (Id.). — *Je vous paierai cette étoffe à raison de dix francs le mètre* (Id.). — *Sur ce vaisseau, la disette de l'eau obligea de ne la distribuer qu'à raison d'un demi-litre par tête* (Littré). — *Louer une maison à raison de tant par mois* (Dict. gén.).

b) Il put circuler librement à raison de son passeport (Littré). — *Cet employé, à raison de ses bons services, vient de recevoir une gratification* (Id.). — *À raison même de ses vertus et de ses passions, cette armée n'était pas aisément maniable* (A. Vandal, *L'Avèn. de Bonaparte*, t. I, p. 474). — *À raison des services exceptionnels qu'il a rendus, le Père lui a donné tout un canton* (G. Duhamel, *Souvenirs de la vie du Paradis*, p. 215).

En raison directe, en raison inverse, en raison composée sont des expressions usitées surtout dans la langue scientifique : *La hauteur des sentiments est* en raison directe *de la profondeur de l'intelligence* (Hugo, *Rép. au disc. de récept. de Saint-Marc de Girardin à l'Ac. fr.*).

23. **Rêver à ; … de ; … sur.** 1º Comme transitif indirect, *rêver*, au sens de « voir en rêve en dormant », construit avec *de* le nom ou le pronom complément d'objet :

Je n'ai fait que rêver de *vous toute la nuit* (Hugo, *Cont.*, II, 14). — *J'ai rêvé* de *mon diable d'oncle* (G. Sand, *Mauprat*, XVII). — *Les cataractes effroyables* dont *il rêve la nuit* (A. Dumas f., *Le Fils naturel*, Préf.). — *Elle a rêvé, durant ces quinze derniers jours, quatre fois* de *nous, surtout* de *moi* (J. Renard, *Journal*, 9 avr. 1890). — *Je dormais et je rêvais* d'*Yves* (P. Loti, *Mon Frère Yves*, XXIX). — *Rêver* de *combats,* de *naufrages* (Ac.).

2º Au sens de « penser vaguement » ou de « imaginer » ou de « désirer », *rêver*, transitif indirect, construit le nom ou le pronom complément d'objet avec *à* ou avec *de* :

a) Toi, sans te déranger, tu rêves à *ton Dieu !* (Hugo, *Voix int.*, XV.) — *On y était naturellement conduit* [dans une chapelle] *à rêver* à *des choses auxquelles on n'aurait jamais songé dans une chapelle de chez nous* (J. et J. Tharaud, *Vieille Perse et Jeune Iran*, p. 101). — *À quoi rêvez-vous ?* (Ac.) — *Il avait rêvé* à *la gloire* (J. de Lacretelle, *Silbermann*, p. 171). — *Nous savons que des millions et des millions de malheureux ont rêvé* au *pain comme* au *salut, comme* à *la vie* (G. Duhamel, *Tribulations de l'espérance*, p. 355). — *Je rêve* à *la sagesse comme on rêve* à *la terre promise* (Id., *La Pesée des âmes*, p. 29).

b) J'ai passé une bonne partie de la journée à rêver de *toi* (Flaubert, *Corr.*, t. II, p. 204). — *Je me prenais à rêver* d'*une vie enfin délivrée d'artifices* (M. Arland, *La Vigie*, p. 42). — *Un chapitre où l'on dirait tout ce qui vous passe par la tête, tout ce dont on se souvient, ou* dont *on rêve* (J. et J. Tharaud, *Vieille Perse et Jeune Iran*, p. 131). — *Sais-tu que j'ai rêvé* de *toi sans fin dans le désert ?* (É. Henriot, *Tout va recommencer sans nous*, p. 179.) — *L'amour* dont *elle rêvait eût été profond et constant* (A. Maurois, *Lélia ou la Vie de George Sand*, p. 187).

3º Au sens de « méditer profondément », *rêver*, transitif indirect, construit le nom ou le pronom complément d'objet avec *à*, parfois avec *sur* :

Je (…) rêvais en marchant à *un poème que je voulais faire contre les mauvais critiques de notre siècle* (Boil., *Discours sur la Sat. XII*). — *J'ai rêvé longtemps* sur *cette affaire,* à *cette affaire* (Ac.). — *Il en est qui rêvent* sur *des images qui se forment dans leur esprit (...). D'autres rêvent* SUR *des objets* (H. BOSCO, *Un Rameau de la nuit*, p. 102) — *Dans le train, il rêva* SUR *cette rencontre* (É. HENRIOT, *Tout va recommencer sans nous*, p. 124).

N. B. — 1. *Rêver* s'emploie aussi comme transitif direct dans les divers sens indiqués ci-dessus : 1° *Rêver mariage, mort, querelle* (DICT. GÉN.). — *J'ai rêvé une chute, un incendie* (AC.). — *Ce diable de livre m'a fait rêver Alfred toute la nuit (...). Il y a huit mois j'ai rêvé des lions* (FLAUB., *Corr.*, t. II, p. 165). — *La nuit dernière, j'ai rêvé cette visite et votre entrée* (A. MAUROIS, *Nouv. Discours du Doct. O'Grady*, p. 99). — 2° *Nous traînâmes et perdîmes des années précieuses, rêvant le champ de bataille dans le Champ-de-Mars* (VIGNY, *Serv. et Gr. mil.*, I, 1). — *Ce bonheur-là, je ne le connais pas, moi ; ce n'est pourtant pas faute de l'avoir rêvé et de l'avoir voulu* (A. DUMAS f., *Diane de Lys*, III, 2). — *Vaugelas, poursuivit M. Lancelot, n'a malheureusement pas écrit le traité de grammaire que je rêve* (A. HERMANT, *Xavier*, pp. 27-28). — *Cela sent son cinéaste et fait rêver cocktails et nuits de Californie* (M. AYMÉ, *Le Passe-muraille*, p. 19). — *J'ai rêvé d'abord la gloire militaire et les rudes combats* (É. HENRIOT, *Les Temps innocents*, p. 8). — *Il rêvait la tiare, un chapeau de cardinal* (AC.). — 3° *Allons sur le chevet rêver quelque moyen* (CORN., *Ment.*, III, 6). — *Il faudrait rêver quelque incident pour cela* (MOL., *Crit.*, 6).

2. *Rêver*, au sens de « désirer » ou de « imaginer », construit avec *de* l'infinitif objet (§ 758) : *Me faire comprendre l'ambition, à moi qui ne rêvais que* DE *vivre oublié !* (CHATEAUBR., *Mém.*, II, 4, 5.) — *Je pensais tristement qu'il me fallait renoncer aux belles missions que j'avais rêvé* D'*accomplir* (J. de LACRETELLE, *Silbermann*, p. 118). — Parfois aussi il reçoit sans préposition l'infinitif complément : *Il n'y a pas de grimaud sortant du collège qui n'ait rêvé être le plus malheureux des hommes* (CHATEAUBR., *Mém.*, II, 1, 11).

24. **La clef est à la porte**, etc. On dit : *la clef est à la porte, à la serrure*, etc., mais on peut dire aussi : *sur la porte, sur la serrure*, parfois : *dans la serrure :*

La clef est à la porte, votre belle-mère y est ! (BALZAC, *La Muse du département*, p. 214.) — *La clé était à la serrure* (É. ESTAUNIÉ, *Le Labyrinthe*, p. 133). — *Les clefs étaient* AUX *meubles* (R. MARTIN DU GARD, *Les Thibault*, I, p. 55). — *La clef était* SUR *la serrure* (P. BOURGET, *Drames de famille*, p. 40). — *La clef était* SUR *la porte* (G. DUHAMEL, *La Passion de Jos. Pasquier*, XIV). — *Elle voyait les panneaux de la porte et la clef* DANS *la serrure* (J. GREEN, *Mont-Cinère*, XXIV).

Littré (s. v. *après*, Rem. 3) fait observer ceci : « On admet : *Il est* APRÈS *sa toilette ;* et l'on condamne : *La clef est* APRÈS *la porte.* Ces deux locutions pourtant sont, à part le sens figuré, identiques grammaticalement et toutes deux fondées sur ce que *après*, étymologiquement, est *à près, touchant à, tenant à.* » — Il signale (s. v. *sur*, 1°) : « Populairement : *La clef est sur la porte,* elle est dans la serrure. »

25. **Mettre à jour ; ... au jour.** 1° *Mettre à jour,* c'est mettre au courant jusqu'au jour où l'on est ; on met *à jour* sa correspondance, ses comptes, son journal, etc. — 2° *Mettre au jour,* c'est donner naissance, divulguer, publier, mettre à découvert : *Ah ! Madame ! Sous quel astre cruel avez-vous mis* AU *jour Le malheureux objet d'une si tendre amour ?* (RAC., *Iphig.*, V, 3.) — *Pradon a mis* AU *jour un livre contre vous* (BOIL., *Ép.*, VI). — *La terre fouillée pour*

mettre AU *jour les ruines de Ninive* (LITTRÉ, s.v. *fouillé*). — *Mettre* AU *jour la perfidie de quelqu'un* (AC.).

Certains auteurs (qu'il vaut mieux ne pas imiter en cela) emploient « mettre *à* jour » pour « mettre *au* jour »: *On vient de mettre* À *jour (à droite) les premiers Sphinx mâles, à figure humaine* (J. COCTEAU, *Maalesh*, p. 105). — *Action de mettre* À *jour des tuyaux de conduite pour chercher une fuite* (DICT. GÉN., s. v. *fouille*). — *Après avoir si longuement tergiversé pour mettre* À *jour ce fameux « Journal »* [des Goncourt], *les éditeurs avaient eu grand tort de n'en donner que ce volume pour commencer* (É. HENRIOT, dans le *Monde*, 29 janv. 1958).

26. *Ne servir à rien ; ne servir de rien* peuvent l'un et l'autre signifier « n'être d'aucune utilité » :

a) *S'il y a des choses que l'on doive ignorer, ce sont celles qui ne servent* À *rien* (MALE-BRANCHE, *Rech. vér.*, IV, 2). — *Une maison ne pourrait servir* À *rien, si elle manquait par les fondements* (P.-L. COURIER, dans Bescherelle). — *Il ne sert* À *rien de s'emporter* (AC.). — *Cela ne sert* À *rien* (DICT. GÉN.).

b) *Il ne sert* DE *rien à l'homme de gagner le monde entier, s'il vient à perdre son âme* (MASSILLON, *Av.*, Bonh. des justes). — *Les titres ne servent* DE *rien pour la postérité* (VOLT., *L. XIV*, 13). — *Cela ne sert* DE *rien* (DICT. GÉN.). — *Cela ne vous sert* DE *rien* (AC.).

N. B. — 1. L'harmonie demande que l'on dise : « ne servir *à* rien *de...* », et « ne servir *de* rien *à...* » (plutôt que : « ne servir *à* rien *à...* » et « ne servir *de* rien *de...* »).

2. On peut dire : À *quoi sert... ?* ou : DE *quoi sert... ? Mais sans un Mécénas* À *quoi sert un Auguste ?* (BOIL., *Sat.* I.) — À *quoi lui ont servi son sens si parfait, ses connaissances en tout genre ?* (X. MARMIER, dans Bescherelle.) — DE *quoi me sert ce dessein salutaire ?* (CORN., *Héracl.*, I, 1.) — DE *quoi vous sert votre vitesse ?* (LA F., *F.*, VI, 10.)

3. On a pu dire autrefois : « ne servir *de* guère », « servir *de* peu » : *L'un fait beaucoup de bruit qui ne lui sert* DE *guère* (MOL., *Éc. des f.*, I, 1). — *Il servirait* DE *peu aux dominicains de s'écrier qu'ils donnent un autre sens au mot de suffisant* (PASC., *Prov.*, II). — De nos jours on dit : « ne pas servir à grand-chose » et « servir à peu de chose ».

27. *Cent kilomètres à l'heure ; ... par heure.* Lorsqu'une grandeur est le quotient de deux autres, on forme, dans la langue technique, le nom de l'unité en intercalant *par* entre les noms des unités composantes : *Une vitesse de cent kilomètres* PAR *heure, de cinq mètres* PAR *seconde, de mille tours* PAR *minute ; une pression de tant de newtons* PAR *mètre carré.* — La langue courante ou littéraire en use parfois de même :

À *tant* PAR *mois, dit-il, je donnerai leçon* (LA F., *F.*, X, 16). — *Que gagnez-vous* PAR *an ?* (ID., *ib.*, VIII, 2.) — *Les fiacres prennent tant* PAR *heure* (LITTRÉ, s. v. *prendre*). — *Le son parcourt trois cent trente-sept mètres* PAR *seconde* (AC., s. v. *son*). — *Un bon ouvrier peut gagner tant* PAR *jour* (ID., s. v. *gagner*). — *La lumière se propage (...) à la vitesse de 300.000 kilomètres* PAR *seconde* (LAR. DU XXe s., s. v. *lumière*).

Mais le plus souvent la langue courante ou littéraire met, devant le second nom, *à* et l'article défini (spécialement quand il s'agit de vitesses) ou simplement l'article défini, sans *à* :

a) *En 1894, l'étape Paris-Rouen est parcourue à la vitesse moyenne de 21 kilomètres* à *l'heure* (LAR. DU XXᵉ s., s. v. *automobile*). — *Des vitesses de rotation de 2.000 à 4.500 tours* à LA *minute* (ID., *ib.*). — *Une consommation de 10 litres d'essence* AUX *100 kilomètres* (ID., *ib.*). — *Ce navire file dix nœuds* à L'*heure* (AC., s. v. *nœud*). — *Vous vous représentez une véritable voiture (...) qui fait du cent vingt* à L'*heure* (A. HERMANT, *Xavier*, p. 113). — *Le satellite fera sur lui-même 200 tours* à LA *minute* (dans *l'Aurore*, 27 nov. 1957). — *L'expression [« l'ouvrier est payé vingt francs l'heure »] s'efface, en langage parlé, devant « vingt francs* à *l'heure »* (A. DAUZAT, *Gramm. rais.*, p. 393).

b) *Ils font travailler des auteurs à tant la feuille* (VOLT., À *Cather. II*, 1ᵉʳ janv. 1772). — *Copier de la musique à tant la page* (J.-J. ROUSS., *Conf.*, VIII). — *Ses trois demoiselles (...) prenaient des leçons moyennant cinquante sous la séance* (FLAUB., *Mme Bov.*, III, 4). — *Il lui donna trois heures de leçons par semaine, à deux francs l'heure* (R. ROLLAND, *Jean-Chr.*, t. V, pp. 260-261). — À *vendre, terres à 5 francs l'hectare* (A. DAUDET, *Port-Tarascon*, I, 2). — *Je payais les enfants un franc l'heure* (V. LARBAUD, *Barnabooth*, Journ. intime, 2ᵉ cahier, 4 juin). — *Des journées régulières qu'on lui payait vingt centimes l'heure* (M. GENEVOIX, *Marcheloup*, III, 5). — *Cette étoffe coûte vingt francs le mètre* (AC.).

N. B. — 1. La langue populaire, dans ces cas, emploie *de* et l'article défini : *Elle* [une femme de ménage] *voulait 4 francs* DE L'*heure !* (É. BOURDET, *Les Temps difficiles*, dans la *Petite Illustration*, 10 nov. 1934, p. 16.) — *Ces hommes (...) touchent six sous* DE L'*heure* (M. AUCLAIR, *La Vie de Jaurès*, p. 292). — *Les ouvriers ne touchaient que quatre francs* DU *mètre* (R. DORGELÈS, *Le Réveil des morts*, p. 122). — *Elle demandait dix sous* DE L'*heure* (G. DUHAMEL, *La Pierre d'Horeb*, p. 28). — *Si je voulais me faire trois francs cinquante* DE L'*heure* (M. VAN DER MEERSCH, *La Compagne*, p. 133). — *Il dit un jour, par exemple, qu'il gagnait maintenant vingt-cinq sous* DE L'*heure* (A. PERRIN, *Le Père*, p. 125). — *Acheter des pommes de terre à trois francs* DU *kilo*[1].

2. Pour noter de manière abrégée des indications de vitesse comme *cent kilomètres par heure, cinq mètres par seconde*, les techniciens, les journalistes, etc., usent souvent de symboles séparés par une barre oblique représentant la préposition *par :* Une vitesse de *100 km/h, de 5 cm/s, de 2 000 tr/min* [ce qui s'énonce : ... 100 kilomètres *par* minute, ... 5 centimètres *par* seconde, ... 2 000 tours *par* minute]. Mais beaucoup de gens, considérant cette barre oblique (qui est une barre de fraction) comme un simple trait d'union, n'énoncent pas la préposition *par*, ou même remplacent la barre oblique par le trait d'union : À *huit cents* KILOMÈTRES-HEURE *et à trois mille cinq cent trente* TOURS-MINUTE, *je perds mon altitude* (SAINT-EXUPÉRY, *Pilote de guerre*, p. 107). — *La vitesse est de l'ordre de 5.000* KILOMÈTRES-HEURE (dans le *Parisien libéré*, 26 nov. 1957). — *Les voitures passent à près de cent* KILOMÈTRES-HEURE (G. DUHAMEL, *Problèmes de civilisation*, p. 173). — *Il aborda le sol à une vitesse de 14* MÈTRES-SECONDES [sic] (J. KESSEL, *Mermoz*, p. 229).

28. *Comparer à ; ... avec.* On peut faire entre ces deux constructions la distinction suivante (qui laisse de la latitude) : *comparer à* suppose une comparaison générale et s'emploie plutôt quand on veut établir un rapport d'éga-

---

1. Cf. liégeois : À *treûs francs* DÈ *kilo* [= à trois francs *du* kilo] (J. HAUST, *Dict. franç.-liég.*, s. v. *le*).

lité ; — *comparer avec* implique l'idée d'une comparaison spéciale et se dit plutôt quand on fait une confrontation précise, méthodique, en vue de rechercher les ressemblances et les différences :

a) Rien ne peut se comparer AU *bonheur d'une conscience tranquille* (LITTRÉ). — *On compare les conquérants* À *des torrents impétueux* (AC.). — *Vous êtes de plaisantes gens, de vouloir comparer vos sciences* À *la mienne !* (MOL., *Bourg. gent.*, II, 2.) — *Tous les espaces du monde entier ne sont qu'un point, qu'un léger atome, comparés* À *son immensité* (LA BR., XVI, 47). — *Comparez-vous, si vous l'osez,* AU *grand Richelieu* (ID., *Disc. à l'Ac.*). — *Comparer l'obéissance militaire* À *celle qu'exige l'Église* (A. GIDE, *Journ. 1942-1949*, p. 186).

b) Nous comparerons la traduction AVEC *l'original* (AC.). — *On est forcé d'être modeste quand on se compare* AVEC *lui* (ID.). — *Les vieillards qui avaient vu le premier* [temple], *fondent en larmes en comparant la pauvreté de ce dernier édifice* AVEC *la magnificence de l'autre* (BOSS., *Hist.*, II, 4). — *Il ne faut pas comparer les chagrins de la vie* AVEC *ceux de la mort* (MUSSET, *Conf.*, III, 2). — *La Bruyère, dans un parallèle célèbre, a comparé Corneille* AVEC *Racine.* — *Comparer une copie* AVEC *un tableau, c'est les étudier comparativement et prononcer sur leur mérite relatif* (LAROUSSE DU XXe s.).

29. **Confronter à ; ... avec.** Les deux constructions sont bonnes, mais *confronter avec* prévaut :

a) On confronta plusieurs témoins AU *prince* (VOLT., *Hist. de l'empire de Russie*, 10). — *Confronter les témoins* À *l'accusé* (AC.). — *Confronter la copie* À *l'original* (ID.). — *Je ne me confronte plus* À *ces masques tragiques* (Fr. MAURIAC, dans le *Figaro litt.*, 12 nov. 1960).

b) Il faudrait (...) vous confronter AVEC *vos pareils* (LA BR., IX, 20). — *Confronter deux étoffes l'une* AVEC *l'autre* (LITTRÉ). — *Confronter les témoins* AVEC *l'accusé* (AC.). — *Confronter de temps en temps les lois humaines* AVEC *la loi chrétienne* (HUGO, *Disc. de récept. à l'Acad. fr.*). — *L'homme qui se cherche et qui se trouve confronté* AVEC *les passions...* (P. GAXOTTE, dans le *Figaro litt.*, 14 oct. 1961). — *Lorsque le matérialisme est confronté* AVEC *ce qu'on peut supposer être le spirituel* (J. GREEN, *Le Bel Aujourd'hui*, p. 237).

30. **Vingt à trente personnes ; vingt ou trente personnes ; cinq ou six personnes.** Entre deux nombres, pour exprimer une évaluation approximative :

1° Si les deux nombres laissent supposer une quantité intermédiaire (nombres non consécutifs ; nombres consécutifs se rapportant à des choses qu'on peut diviser par fractions), on met *à* ou bien *ou :*

a) On a pris ou tué aux Allemands sept À *huit cents hommes* (RAC., *Lett. à Boil.*, dans Littré). — *Un filet d'eau de sept* À *huit pouces de profondeur* (CHATEAUBR., *Mém.*, IV, 1, 7). — *Je resterai quatre* À *cinq jours chez le duc de H**** (MÉRIMÉE, *La Double Méprise*, VI). — *Cinq* À *six cents Hindous furent tués* (R. ROLLAND, *Mahatma Gandhi*, p. 61). — *L'enfant avait douze* À *treize ans* (ID., *Jean-Chr.*, t. II, p. 39). — *Des groupes de quatre* À *dix hommes* (A. MAUROIS, *Le Cercle de famille*, p. 243). — *Vingt* À *trente personnes* (AC.). — *Quinze* À *vingt francs* (ID.).

b) Nous sommes là quinze OU *vingt* (STENDHAL, *Corr.*, t. V, p. 136). — *J'étais alors une fillette de sept* OU *huit ans* (Th. GAUTIER, *Le Capit. Fracasse*, VI). — *Cinquante* OU *soixante très grands écrivains* (R. de GOURMONT, *Promenades littér.*, t. III, p. 293). — *Les murailles délabrées ont cinq* OU *six pieds d'épaisseur* (P. LOTI, *Vers Ispahan*, p. 58). — *Six* OU *sept ans de culture littéraire* (A. FRANCE, *Le Liv. de m. ami*, p. 156). — *Les six* OU *sept cents voix de nos canons* (H. BORDEAUX, *Les Captifs délivrés*, p. 86). — *Nous recevions chaque jour huit* OU *dix blessés* (G. DUHAMEL, *Paroles de médecin*, p. 73).

2° Si les deux nombres ne laissent supposer aucune quantité intermédiaire (nombres consécutifs se rapportant soit à des personnes, soit à des choses qu'on ne peut diviser par fractions), on met *ou* :

> *Nous sommes si vains que l'estime de cinq* OU *six personnes qui nous environnent nous amuse et nous contente* (PASC., *Pens.*, 148). — *Là deux jeunes bergères assises voyaient paître à dix pas d'elles sept* OU *huit chèvres* (LA F., *Psyché*, 2). — *Elle* [une médecine] *m'a fait tomber quatre* OU *cinq fois en faiblesse* (BOIL., *Lett. à Rac.*, 21 juill. 1687). — *Cinq* OU *six coups de bâton* (MOL., *Méd. m. lui*, I, 3). — *Je suis étonné de voir jusques à sept* OU *huit personnes se rassembler sous un même toit* (LA BR., XI, 16). — *La tigresse produit, comme la lionne, quatre* OU *cinq petits* (BUFFON, dans Bescherelle). — *Il vit cinq* OU *six arbres le long d'un petit fossé* (STENDHAL, *Chartr.*, t. I, p. 84). — *Elle a élevé sept* OU *huit petits frères* (A. FRANCE, *Le Liv. de m. ami*, p. 200).

N. B. — 1. Telle est la règle de Girault-Duvivier, de l'Académie (jusqu'en 1878), de Bescherelle, de Littré. Elle est fondée sur un usage assez général, mais elle ne doit pas être interprétée d'une manière étroite. A propos de la phrase *Il y avait dans cette assemblée sept à huit femmes*, Bescherelle fait judicieusement observer : « A la vérité, il n'y a point de fraction entre sept ou huit femmes, mais il ne s'agit pas ici d'un nombre entre sept et huit, mais d'une estimation de sept à huit femmes. Celui qui dit *il y avait dans cette assemblée sept à huit femmes*, n'est pas certain qu'il y avait sept femmes, mais il assure que le nombre qui s'y trouvait montait peut-être à sept ou tout au plus à huit (...). — *Il y avait dans cette assemblée sept* OU *huit femmes* n'exprime pas précisément l'estimation faite du nombre et le terme le plus élevé porté à huit. Cette façon de parler n'affirme rien. C'est comme si l'on disait : peut-être y en avait-il sept, peut-être y en avait-il huit, voilà mon estimation, je n'assure pas plus l'un que l'autre ». Bescherelle conclut qu'on peut employer *à* ou bien *ou*, suivant les vues de l'esprit. — Voici des exemples du tour « sept *à* huit femmes » : *Un père de famille (...) qui a neuf à dix personnes à nourrir* (VOLT., *Mœurs*, LXXXI). — *Ils vous tueront sept à huit hommes* (STENDHAL, *L'Abbesse de Castro*, V). — *Il entendit partir sept à huit coups de fusil tout près de lui* (ID., *Chartr.*, t. I, p. 80). — *Il le répète de sept à huit manières différentes* (ID., *Corr.*, t. II, p. 76). — *Des groupes de cinq à six personnes causaient* (FLAUB., *Éduc. sent.*, t. II, p. 80). — *Sept à huit blouses* (ID., *Corr.*, t. III, p. 7). — *Cinq à six arbres l'entouraient* [une maison] (M. BARRÈS, *Le Jardin de Bérénice*, p. 48). — *Nous sommes des botanistes qui observons sept à huit plantes transplantées* (ID., *Les Déracinés*, p. 396). — *Tantôt solitaires, tantôt en groupes de cinq à six, ils rôdent çà et là* (BARBEY D'AUREVILLY, *L'Ensorcelée*, p. 32). — *Il s'y trouvait* [dans un corridor] *six à sept personnes* (P. BOURGET, *Le Disciple*, p. 32). — *Il n'y avait là que cinq à six personnes* (A. BILLY, *Le Narthex*, p. 90). — *J'ai fait entrer, dans mes domaines personnels, sept à huit de ces grosses fermes* (J. GIONO, *Voy. en Italie*, p. 208).

2. Quand les deux nombres sont joints par *à*, on peut, dans certains cas, mettre *de* devant le premier (voir § 920, Rem. 3).

Hist. — Le domaine de la préposition *à* était autrefois beaucoup plus étendu qu'il n'est aujourd'hui. Cette préposition pouvait s'employer dans bien des phrases où nous mettons *avec, dans, de, en, par, pour, selon, sur,* etc. : *Plusieurs choses mortes ont encore des relations occultes* à *la vie* (MONTAIGNE, I, 3 ; p. 42). — À *quelle utilité ?* (LA F., *F.,* II, 1.) — *Cette pratique est juste : elle est autorisée* AUX *Pères de l'Église* (PASC., *Prov.,* 11). — *L'échange en était fait* AUX *formes ordinaires* (LA F., *F.,* III, 13). — *Il n'attend qu'un prétexte* à *l'éloigner de lui* (RAC., *Andr.,* II, 3). — *Il n'est responsable de ses inconstances qu'*à *ce cercle d'amis* (LA BR., I, 24). — *La licence* à *rimer alors n'eut plus de frein* (BOIL., *Art p.,* I).

De.

917. La préposition *de* marque des rapports variés ; elle peut exprimer notamment :

1º Un rapport de départ (éloignement, sortie, origine, extraction) : *Partir* D'*un lieu. S'éloigner* DE *quelqu'un. S'échapper* DU *piège. Tenir* DE *son père.*

2º Un rapport d'appartenance, de dépendance : *Le livre* DE *Paul. Le sens* D'*un mot.*

3º Des rapports divers présentant une certaine analogie avec le rapport d'appartenance : espèce ou genre, partie, qualité, matière, temps[1], etc. : *Un sac* DE *noix. Peu* DE *bien. Le meilleur* DES *hommes. Un homme* DE *génie. Une barre* DE *fer. Brun* DE *peau. Un travail* DE *dix ans. Un mort* DE *quatre jours.*

De avec un nom régime (§ 331) trouve dans les phrases négatives (négation parfois implicite) un emploi fréquent : *Il n'a pas* DE *pain, point* DE *courage, plus* D'*argent, jamais* DE *ressources. — Une intrigue dont le dénouement heureux ne coûte ni* DE *sang aux personnages ni* DE *larmes aux spectateurs* (VOLT., *Comment. sur Corn.,* Nicom.). — *Fut-il jamais* DE *temps mieux employé ?* (STENDHAL, *Corr.,* t. I, p. 213.) — *Sans jamais* DE *curiosité menue et puérile* (SAINTE-BEUVE, *Port-Roy.,* III, xv). — *Il n'est* DE *pire cauchemar pour l'Humaniste et pour le Chrétien d'Europe que ce déferlement de l'Asie outillée par la science* (Fr. MAURIAC, *Paroles catholiques,* p. 86). — *Il s'avance sans prendre* DE *précautions.* — *Sans presque* D'*efforts* (P. BOURGET, *Drames de famille,* p. 23). — *Sans guère* DE *chance* (H. de RÉGNIER, *Les Vacances d'un Jeune Homme sage,* p. 231). — *Sans presque* DE *comparaison possible* (LA VARENDE, *Le Centaure de Dieu,* p. 188). — *Sans même* D'*inclination* (É. HERRIOT, *Mme Récamier et ses amis,* p. 218). — *Sans presque* D'*accent* (Fr. MAURIAC, *La Pharisienne,* p. 232). — *Sans plus* DE *baigneurs ni* DE *touristes, la petite ville reprenait son aspect authentique* (A. GIDE, *Feuillets d'automne,* p. 50). [Remarquez qu'il y a toujours un mot intercalé entre *sans* et le régime introduit par *de.*] — *Mahmady « faisait » à peine* DE *fièvre* (P. MILLE, *Sous leur dictée,* p. 38). — *Est-il* DE *plus haute mission (...) ?* (M. BEDEL, *La Touraine,* p. 11.) — *Nulle part* DE *terrain solide où il soit possible de fonder* (A. SIEGFRIED, *Suez, Panama,* p. 156). — *Impossible de lui donner* D'*âge* (M. JOUHANDEAU, *Élise architecte,* p. 96). — *Il y avait à peine* DE *lumière* (P. LÉAUTAUD, *Journ. littér.,* I, p. 49). — *Nous avions à peine* DE *pain* (A. PERRIN, *Le Père,* p. 140). [Voir l'*Hist.*]

Hist. — Le *de* dont il vient d'être parlé était autrefois d'un emploi plus large et plus libre qu'il n'est aujourd'hui : *Et ne permettez pas que cette illusion Aux mutins*

---

1. A remarquer : *de* construit avec la conjonction *quand :* DE *quand sont vos jambons ?* (LA F., *F.,* IV, 4.) — DE *quand est cette lettre ?* (LITTRÉ, s. v. *de,* 26º.)

contre nous prête D'*occasion* (CORN., *Perth.*, IV, 2). — *Où aurai-je* DE *retraite assurée ?* (VAUGELAS, *Quinte-Curce*, VI, 9.) — *Comment y aurait-il* D'*éternité pour la fragilité des peintures ?* (BALZAC, *Lettr.*, XI, 1.) — *Avant qu'il forme* DE *résolution* (ID., *Prince*, XXIV). — *La terre aura-t-elle* D'*abîmes assez profonds (...) ?* (MASSILL., *Av.*, Jugem. univ., 2.) — *Je ne pense pas qu'il y ait* D'*ouvrage de cette nature en notre langue* (BOIL., *Lutr.*, Au Lect.). — A ces exemples (cités par HAASE, *Synt. fr. du XVIIᵉ S.*, pp. 208-209) ajoutons : *Connaissez-vous* DE *cœur plus compatissant, plus généreux que le sien ?* (MARIVAUX, *La Double Inconstance*, II, 3.)

4° Différents rapports existant entre le verbe et le nom complément circonstanciel : cause, moyen, manière, mesure, etc. : *Mourir* DE *faim. Frotter* D'*huile. Citer* DE *mémoire. Poser une brique* DE *chant* [1]. *Dormir* D'*un profond sommeil. Accabler* DE *reproches. Priver quelqu'un* DE *ses biens. Souffrir* DE *la poitrine. Avancer* DE *trois pas*, etc.

En particulier, *de* s'emploie pour introduire, dans certains cas, le complément d'agent du verbe passif (pour les détails, voir § 205) : *Il voulait n'être vu* DE *personne* (AC.).

Les expressions telles que *yeux de prière, regards de pitié*, etc., où le complément est un nom abstrait exprimant un état d'âme, une qualité morale, ont leur origine dans l'hébraïsme du type *Dieu de majesté* (c.-à-d. *Dieu majestueux*), venu par les traductions de la Bible : *Il eût fallu à Mme Fénigan un cœur* DE *pitié ou* DE *pardon* (A. DAUDET, *La Petite Paroisse*, p. 198). — *Ses yeux* DE *misère criaient la haine et l'épouvante* (R. ROLLAND, *Les Léonides*, II, 9). — *Ce sont encore les innocents et les très pâles qui me regardent avec des yeux* DE *pitié* (L. BLOY, *Le Désespéré*, p. 88). — *Jean-Paul évoqua, dans un visage creux, des yeux* D'*ardeur et* DE *passion* (Fr. MAURIAC, *L'Enfant chargé de chaînes*, IV).

918. *De* s'emploie comme particule nobiliaire entre les titres et les noms propres de famille ; dans un grand nombre de cas, on fait ellipse du mot désignant le titre de noblesse : *Le prince* DE *Ligne. Madame* DE *Maintenon. Madame (la comtesse)* DE *Grignan. Henri (marquis)* DE *Sévigné.*

Remarque. — La particule nobiliaire *de*, comme on le voit par les exemples qui viennent d'être donnés, ne se met devant les noms de nobles que pour joindre le nom au prénom, au titre de noblesse ou aux titres de *monsieur, madame, monseigneur*, etc. On dira donc : *C'est Alfred* DE *Musset qui le dit ; le comte* DE *Vigny fut élu ; monsieur* DE *Pourceaugnac se fâche ; le cardinal* DE *Retz a dépeint malignement le duc* DE *La Rochefoucauld ;* — mais : *C'est*

---

1. On écrivait autrefois : *poser une brique de* CHAMP (= sur le côté étroit, le sens de la largeur étant vertical, et celui de la longueur horizontal) ; c'est *chant* qu'il faut écrire [selon Dauzat : du lat. *canthus*, bande de la jante ; mot présumé gaulois (espagnol ou africain, d'après Quintilien) ; a pu se croiser avec le grec κανθός, proprement : « coin de l'œil »]. L'Académie a adopté (1935) l'orthographe *chant* ; elle écrit : *Mettre de* CHANT *des pierres, des solives* — et fait observer : « On écrit abusivement *champ* ».

Musset qui le dit ; Vigny fut élu ; Pourceaugnac se fâche ; Retz a dépeint malignement La Rochefoucauld [1]. — *Retz est un grand écrivain* (G. LANSON, *Hist. de la Litt. fr.,* p. 482).

Cependant, selon Littré [2], « on laisse le *de,* même sans prénom, qualification ou titre : 1° devant les noms d'une syllabe ou de deux avec un *e* muet : DE *Thou a bien écrit, j'ai vu* DE *Sèze ;* 2° devant les noms qui commencent par une voyelle ou un *h* muet : *l'« Armorial » de* D'*Hozier ; à moi* D'*Auvergne ; le fils de* D'*Orléans* ».

Cet usage est souvent suivi : *On vote avec* DE *Maistre* (HUGO, *Chât.,* VI, 5). — *Cela s'est dit (...) de* D'*Ablancourt* (SAINTE-BEUVE, *Port-Roy.,* I, 2). — *C'était (...) une* DE *Guise* (BARBEY D'AUREVILLY, *Les Diaboliques,* Le Rideau cramoisi). — *Analogie du mot de* DE *Maistre sur la conscience d'un honnête homme !* (P. VALÉRY, *Monsieur Teste,* p. 116.) — *Les* D'*Haussonville* (A. MAUROIS, *Lyautey,* p. 37). — *Un portrait de* DE *Gaulle* [3] (A. ARNOUX, *Les Crimes innocents,* p. 211). — *Une lettre de* DE *Ligne* (É. HENRIOT, *En Provence,* p. 103). — *L'accueil de* DE *Gaulle* (A. GIDE, *Journ. 1942-1949,* p. 185). — Cependant les exceptions signalées par Littré ne sont pas toujours admises par les écrivains. Deharveng (*Corrig.-nous !* t. II, pp. 59 sq.) cite : J. de MAISTRE, qui voulait qu'on écrivît : *Enfin* MAISTRE *a paru ;* — MAURRAS : *Ses deux fils* AUMALE *et* JOINVILLE ; — J. LEMAITRE : *Son grand-oncle* AUMALE ; — *le vicomte d'*HAUSSONVILLE, *qui signe* HAUSSONVILLE ; — SOREL : *Un* ORLÉANS. — Ajoutons : *Un* MAISTRE *et un* BONALD *sont d'heureux accidents* (J. BENDA, dans les *Nouv. litt.,* 14 juillet 1934). — *Il fallait quelque temps encore avant que* BONALD *et* MAISTRE *donnassent à cette aristocratie quelques idées plus conformes à ses intérêts* (A. MAUROIS, *Chateaubriand,* p. 86). — *L'influence de* MAISTRE *sur* BAUDELAIRE *est surtout de façade* (J.-P. SARTRE, *Baudelaire,* p. 118). — MAISTRE *justifie sans doute l'ordre établi* (A. CAMUS, *L'Homme révolté,* p. 238). — *À dîner chez* MUN (M. BARRÈS, *Mes Cahiers,* t. VI, p. 288).

D'autre part, certains auteurs laissent le *de,* quels que soient le nombre de syllabes ou l'initiale du nom : *Ne craignez pas de me gêner, mon cher* DE *Roncourt* (A. DUMAS f., *La Question d'argent,* III, 2). — *Cela amusa beaucoup* DE *Saint-Aulaire* (É. FAGUET, *Hist. de la Poésie franç.,* t. VI, p. 139). — DE *Heredia, ce sonnettiste inférieur à* Soulary (J. RENARD, *Journal,* 24 oct. 1899). — *Les* DE *Champcenais méritaient-ils mieux que les* DE *Saint-Papoul le reproche d'avarice ?* (J. ROMAINS, *Les Hommes de b. vol.,* t. III, p. 178.) — *Voilà* DE *Vigny à l'Académie* (SAINTE-BEUVE, cité par M. PALÉOLOGUE,

---

1. Si le nom de famille noble comporte l'article *la,* non soudé avec lui, cet article ne peut pas être omis. (Pour la majuscule de l'article *la,* cf. § 170, 3°, 3.)

2. Qui cite VIAN, *La Particule nobiliaire,* 1868, p. 52.

3. Le général de Gaulle étant né à Lille, on s'est demandé si le *de* ne représentait pas ici l'article flamand, comme dans *Dewit* (le blanc). Dauzat note à ce propos : « De recherches faites dans l'onomastique flamande il ressort que *de Gaulle* est la francisation du flamand *Van de Walle,* équivalent exact du français *du rempart* (latin *vallum*) : *van* étant la préposition, *de* l'article, on pourrait soutenir que ces deux outils grammaticaux ont fusionné dans l'adaptation, mais en réalité l'article a été sacrifié et le *de* français doit bien être compris comme une préposition. Certaines familles offrent une forme semi-francisée : *de Waulle.* » (*Le Guide du bon usage,* pp. 166-167).

A. de Vigny, p. 61). — *Il a manqué à Dumas, comme à* DE *Fleury, un fonds de culture philosophique pour traiter de pareils sujets* (L. DAUDET, *Le Rêve éveillé,* p. 94). — *La verve de* DE *Milliaud était intarissable* (G. CHÉRAU, *Valentine Pacquault,* t. I, p. 51). — *Comme l'indique* DE *Laprade* (É. HERRIOT, *Mme Récamier et ses amis,* p. 163). — *J'ai lu* DE *Bonald* (L. BLOY, *Le Désespéré,* p. 181). — *Dans le livre intéressant que M. François Fosca vient de consacrer aux frères* DE *Goncourt* (P. CLAUDEL, *L'Œil écoute,* p. 152). — *Bitos est donc un objet d'exécration pour* DE *Jaucourt* (G. MARCEL, dans les *Nouvelles litt.,* 18 oct. 1956). — *L'entreprise était belle et grande, et on peut au moins louer les frères* DE *Goncourt de l'avoir tentée* (É. HENRIOT, dans le *Monde,* 18 mars 1959).

Quand la particule nobiliaire est *du* ou *des,* elle ne s'omet jamais : *Je me récitais les jolis vers de* DU *Bellay* (A. DAUDET, *L'Immortel,* p. 57). — *Les grands traités théoriques de* DU *Vair* (F. STROWSKI, *La Sagesse française,* p. 50). — *La terre de* DES *Lourdines* (A. de CHÂTEAUBRIANT, *Les Pas ont chanté,* p. 124). — *Les troupes de* DES *Pallières* (P. et V. MARGUERITTE, *Les Tronçons du glaive,* p. 109). — *Clara voulait qu'elle vînt chez les* DES *Bruyères* (R. BOYLESVE, *Élise,* p. 270).

919. *De* joint parfois à une proposition un infinitif équivalant à une proposition circonstancielle ; dans cet emploi, il signifie « de ce que, vu que, puisque, quand, si, comme si » : *Je mérite la mort* DE *mériter sa haine* (CORN., *Cid,* III, 1). — *Je me croirais haï* D'*être aimé faiblement* (VOLT., *Zaïre,* I, 2). — *Êtes-vous ivre,* DE *venir déranger ainsi La paix de vivre* (Mme de NOAILLES, *Éblouissements,* Le Faune).

920. *De* est parfois en relation avec *à* ou *en* pour marquer la distance, la durée, la correspondance, la périodicité : DE *Paris à Bruxelles.* DE *jeudi à dimanche.* DE *vous à moi.* DE *temps en temps.* DE *ville en ville.* D'*heure en heure.* DE *dix en dix.*

Remarques. — 1. L'usage classique est de mettre *de* dans *de demain en huit, d'aujourd'hui en quinze,* etc. :

Je retournerai D'*aujourd'hui en huit à Paris* (Boss., dans Littré). — DE *mardi en huit* (AC.). — *Il est probable que* D'*aujourd'hui en quinze j'arriverai à Paris* (FLAUB., *Corr.,* t. III, p. 35). — *Elle viendra ici* DE *demain en huit* (H. POURRAT, *La Tour du Levant,* p. 99).

Mais, dans ces expressions, la langue familière omet *de* : *Elle peut être ici dimanche en huit* (Fr. de CROISSET, *La Dame de Malacca,* p. 279). — *Mais c'est mardi en quinze !* (Tr. BERNARD, *Mémoires d'un Jeune Homme rangé,* XXIX.) — *Nous prendrons date. Merci. À mercredi en huit* (G. MARCEL, *Le Monde cassé,* I, 8). — *Jeudi en huit* (MARTINON, *Comm. on parle...,* p. 50).

2. Quand *point de vue* a pour complément un nom indiquant l'ordre d'idées, le domaine d'où l'esprit considère la personne ou la chose dont il s'agit, ce nom complément s'introduit par *du, de la, de l', des* : *Au point de vue* DE LA

comparaison (MAUPASS., *Mont-Oriol*, p. 65). — *Sous le point de vue* DU *style* (FLAUB., *L'Éduc. sent.*, t. I, p. 212). — *Au point de vue* DES *ambitions positives* (BARBEY D'AUREVILLY, *Le Chevalier des Touches*, p. 28). — *Au point de vue* DE LA *géographie* (A. FRANCE, *Pierre Nozière*, p. 18).

On dit semblablement : *sous le rapport* DES *distractions, la question* DU *mariage, du côté* DE LA *santé*, etc.

N. B. — *a)* Bien qu'il reconnût la tendance très marquée de la langue parlée à placer en apposition à un autre nom un nom avec valeur d'adjectif, l'Office de la Langue française (cf. *Figaro*, 19 mars 1938) condamnait le tour *au point de vue droit* (qui s'est cependant, et depuis longtemps, vigoureusement implanté, du moins dans l'usage populaire ou familier : cf. § 214, *Hist.*) ; l'Office eût donc blâmé des phrases comme celles-ci : *Au point de vue commerce et navigation* (A. DAUDET, *Port-Tarascon*, I, 2). — *Je m'inclinerai toujours, du point de vue théâtre, devant un artiste comme vous* (J. RENARD, *Journal*, 2 mai 1903). — *Au point de vue idées* (O. MIRBEAU, *Les Mauvais Bergers*, II, 5). — *Trop dur au point de vue argent* (G. de LA FOUCHARDIÈRE, *Le Crime du Bouif*, p. 215). — *Pas au point de vue galette en tout cas* (É. BOURDET, *Les Temps difficiles*, dans la *Petite Illustration*, 10 nov. 1934, p. 17). — *La dernière semaine de janvier a été satisfaisante au point de vue travail* (Ch. DU BOS, *Journal 1921-1923*, p. 47). — *Du point de vue métier* (H. BREMOND, *Apologie pour Fénelon*, p. 342). — *Que pèse-t-il du point de vue talent pur ?* (CRITICUS, *Quatre Études de « Style au microscope »*, p. 68.) — De même : *Marie Stuart, moins occupée de la question église et plus occupée de la question femme, était peu respectueuse pour sa sœur Élisabeth* (HUGO, *L'Homme qui rit*, II, 1, 3, 2). — *Notre côté ténèbres est insondable* (ID., *ib.*, II, 1, 9). — *La question mariage a été laissée de côté* (M. PRÉVOST, *La Nuit finira*, t. I, p. 118). — *L'élément distraction me manque* (FLAUB., *Corr.*, t. IV, p. 212). — *Puis aussi le côté affaires* (A. DAUDET, *L'Évangéliste*, p. 65). — *La question logis fut résolue en une heure* (Cl. FARRÈRE, *La Seconde Porte*, p. 246). — *Nous ne voyons pas seulement la technique sous l'aspect « conquête »* (G. THIBON, *Retour au réel*, p. XVII). — *Du côté acteurs* (J. ROMAINS, dans les *Nouv. litt.*, 23 août 1951). — *La question chaussures parut impossible à résoudre* (VERCORS, *Les Animaux dénaturés*, p. 157). — *Il n'aurait pas tenu compte du facteur temps* (A. ARNOUX, *Bilan provisoire*, p. 202).

b) On peut fort bien faire suivre *point de vue* d'un qualificatif indiquant le domaine auquel a rapport le point de vue : *Au point de vue* MORAL (E. FROMENTIN, *Dominique*, VI). — *Au point de vue* CHRÉTIEN (SAINTE-BEUVE, *Port-Royal*, t. I, p 413). — *Au point de vue* PITTORESQUE (L. GILLET, *Watteau*, p. 189). — *Du point de vue* MORAL (H. BREMOND, *Âmes religieuses*, p. 149). — *Au point de vue* MATÉRIEL (R. MARTIN DU GARD, *Jean Barois*, p. 207).

3. Dans les expressions où l'évaluation approximative est indiquée au moyen de deux nombres joints par *à* (§ 915), le premier nombre peut être introduit par *de* marquant le point de départ de l'estimation, sauf s'il est déjà précédé d'un autre *de* amenant un complément déterminatif, ou encore d'un article ou d'un déterminatif, mais généralement on ne le met pas : *Ils étaient* DE *vingt à vingt-cinq* (AC.). — *Quinze à vingt francs* (ID.). — *Il (...) fumait soixante à quatre-vingts cigarettes par vingt-quatre heures* (F. GREGH, *L'Âge de fer*, p. 35). — *Des volumes assez communs coûtaient 7 à 8 francs* (A. BILLY, dans le *Figaro litt.*, 7 nov. 1959). — [Voir d'autres exemples : § 915.]

4. *De* est généralement omis dans les noms de rues, de places, etc., lorsque ces noms sont suivis immédiatement d'un nom propre de personne (§ 214, *Hist.*) : *Rue Carnot, boulevard Voltaire, avenue Victor Hugo, place Gambetta.*

Mais si le nom propre de personne est précédé d'un titre, le complément du nom générique (*rue, boulevard*, etc.) doit être introduit par *de : Rue* DE L'*Abbé de l'Épée, avenue* DU *Maréchal Lyautey, avenue* DU *Cardinal Mercier, place* DU *Maréchal Foch, avenue* DE LA *Reine Astrid,* etc.

Quand le complément du nom générique *rue, boulevard*, etc. est un nom de lieu, il s'y joint, selon l'usage le plus suivi, par *de : Avenue* DE *Versailles, rue* DE *Rivoli, boulevard* DE *Sébastopol.*

921. *De* se met entre un nom et le même nom répété (presque toujours au pluriel), pour exprimer l'excellence d'une chose sur toutes les autres choses de même nature, dans quelques locutions bibliques et dans quelques autres formées sur ce modèle : *Le saint* DES *saints. Le Cantiques* DES *cantiques. Vanité* DES *vanités. L'as* DES *as. Le fin* DU *fin.*

922. *De* s'emploie comme une sorte de cheville syntaxique :

1° Avec certains noms apposés (§ 212, 5°) : *La ville* DE *Paris. Le royaume* DE *Belgique. — Quel chien* DE *métier !* (Ac.) — *Le mot* DE *gueux*[1] *est familier* (ID.). — *Un fripon* D'*enfant* (LA F., *F.*, IX, 2). — *Ces échauffés* DE *romantiques* (J. LEMAITRE, *Jean Racine*, p. 198). — *Pauvre* DE *moi !*

2° Devant les adjectifs, les participes passés et les adverbes se rapportant aux pronoms *ceci, cela, qui, que, quoi, personne, pas un, rien, quelqu'un, quelques-uns, quelque chose, autre chose, grand-chose : Quelque chose* DE *vrai. Rien* DE *plus simple. Quelqu'un* DE *grand. Quoi* D'*étonnant ? Rien* DE *plus. Personne* DE *refusé. — Sur qui* D'*autre jetteriez-vous les yeux ?* (G. CESBRON, *Il est minuit, Dr Schweitzer*, II, 1.)

Pour *rien autre, rien d'autre, rien tel, rien de tel*, voir § 592, Rem. 1 et *Hist.*
Pour *personne autre, personne d'autre*, etc., voir § 588, Rem. 3.

3° Devant l'infinitif historique (§ 750, 3°) : *Et grenouilles* DE *se plaindre, Et Jupin* DE *leur dire...* (LA F., *F.*, III, 4).

4° Devant l'infinitif complétif du sujet de certaines expressions impersonnelles et devant l'infinitif reprenant un des sujets neutres *ce, cela, ça :*

Il est beau DE *mourir maître de l'univers* (CORN., *Cinna*, II, 1). — *C'est une folie* DE *résister* (ou : QUE DE *résister* ; vieilli : QUE *résister :* § 522, 2°, B, *c*, et *Hist.*). — *C'est le propre du génie* DE *découvrir la grandeur des choses* (A. FRANCE, *L'Étui de nacre*, p. 164). — *Voilà ce que c'est* DE *s'engager trop vite !* (R. ROLLAND, *Jean-Christophe*,

---

1. Dans les expressions du type *le mot de gueux*, le *de* est facultatif ; on peut dire aussi : *le mot gueux*. Cf. : *Je ne sais pourquoi je me sers de ce terme maladie* (NERVAL, *Aurélia*, I, 1).

t. X, p. 137.) — *Cela est mal* D'*être paresseux* (SÉV., t. II, p. 488). — *Ça gâte ma journée* DE *voir une dispute.*

Pour *il vaut mieux, il fait bon*, avec un infinitif dépendant, voir § 765, *a*.

5° Devant l'infinitif placé en tête de la phrase, soit comme sujet (§ 755), soit comme objet, — ou, d'une façon plus générale, comme annonce de ce qui va suivre, — avec ou sans reprise de l'infinitif par un pronom neutre *(ce, cela, ça, en, y...)* :

DE *savoir quelles sont leurs limites (...), ce n'est pas une chose facile* (LA BR., VII, 5). — DE *servir un amant, je n'en ai pas l'adresse* (BOIL., *Sat.*, 1). — DE *trop s'arrêter aux petites choses, cela gâte tout* (ID., *Traité du subl.*, VIII). — *Je sais quel est leur prix* [de ces biens] : *mais* DE *les accepter, Je ne puis* (LA F., *Filles de Minée*). — DE *la voir ne servirait qu'à augmenter l'aversion* (MASSILLON, *Car.*, Pardon). — DE *le constater lui donnait ce choc* (P. BOURGET, *Lazarine*, p. 89). — DE *voir sa fille heureuse le rajeunit* (A. GIDE, *La Porte étroite*, p. 133).

Après *être, paraître*, etc., l'infinitif attribut « apparent » (voir § 209, Rem. 1) d'un sujet qui n'est pas un infinitif s'introduit par *de : L'essentiel, le principal, le plus sûr est* D'*agir ainsi* (Ac.).

6° Devant l'infinitif complément d'un grand nombre de verbes transitifs (§ 758) : *Il craint* D'*échouer. Il mérite* DE *réussir.*

7° Dans un certain nombre de gallicismes : *Ce que c'est que* DE *nous !* — *Dire* D'*un, puis* D'*un autre.* — *Et* D'*un !* et DE *deux !* (familier) — DE *vrai* (familier). — *Il ne fait que* D'*arriver.* — Etc.

N. B. — 1. *Être que de*, dans des propositions subordonnées de supposition (rarement dans des subordonnées d'opposition avec *quand, quand même*, etc.) a pu se dire au sens de « être à la place de » : *Voilà un bras que je me ferais couper tout à l'heure, si j'étais* QUE DE *vous* (MOL., *Mal. im.*, III, 14). — *Je ne souffrirais point, si j'étais* QUE DE *vous, Que jamais d'Henriette il pût être l'époux* (ID., *F. sav.*, IV, 2). — *Si j'étais* QUE DE *vous, je m'y prendrais de cette manière* [Ac. 1].

On disait aussi : *être de* ; et cette façon de parler est encore courante aujourd'hui (l'autre est hors d'usage) : *Mais enfin si j'étais* DE *mon fils, son époux, Je vous prierais bien fort de n'entrer point chez nous* (MOL., *Tart.*, I, 1). — *Quand je serais* DE *vous, je ne le ferais pas davantage* (LITTRÉ, s. v. *être*, 12°). — *Si j'étais* DE *vous, j'enlèverais plutôt la reine de Portugal que de faire de l'anatomie* (MUSSET, *Conf.*, I, 8). — *Si j'étais* DE *vous, Madame, j'irais chez M. Guillaumin* (FLAUB., *Mme Bov.*, III, 7). — *Ah ! si j'étais* DE *vous, j'irais demain au petit jour sur le chemin du Marais* (R. BAZIN, *La Terre qui meurt*, I). — *Si j'étais* DE *Philippe, je montrerais moins de patience* (Fr. AMBRIÈRE, *La Galerie dramatique*, p. 199). — *Si j'étais* DE *toi,* DE *lui,* D'*elle, je n'agirais pas ainsi. Si nous étions* DE *vous,* D'*eux,* D'*elles, nous ferions ceci.*

On dit également, sans *de : si j'étais vous*, mais cette expression signifie proprement : « si j'étais la personne que vous êtes » (tandis que *si j'étais de vous* veut dire : « si j'étais à votre place » = ... dans le cas, dans la situation où vous êtes) : *J'accepterais si j'étais Alexandre.* — *Et moi aussi, si j'étais Parménion.* — *Si j'étais vous, dit-il*

---

1. L'Académie, après avoir donné cet exemple, fait observer : « On dit plus ordinairement : *Si j'étais de vous* ».

enfin d'une voix lente, je ne sourirais pas (J. GREEN, *Chaque homme dans sa nuit*, p. 103).

2. Après *on dirait, on jurerait, on croirait*, etc. (ou : *tu dirais, vous diriez...* etc. ; ou : *on aurait dit..., on eût dit...*, etc.), on met facultativement *de* pour introduire l'attribut [1] :

> *On dirait* D'un *fou* (AC.). — *On dirait un fou* (ID.). — *On dirait* D'un *soupir de Jean Racine* (J. ROMAINS, *Les Copains*, p. 29). — *On dirait* D'une *série de Gobelins* (H. BRE-MOND, *Pour le Romantisme*, p. 15). — *On eût dit* D'une *statue allégorique représentant le calme* (G. SAND, *Lélia*, LXIII). — *Le vent remue si doucement les feuilles qu'on jurerait* D'un *bruit de pas* (Fr. MAURIAC, *Genitrix*, VIII, cit. Le Bidois).

8° Facultativement devant un adjectif ou un participe passé pris adjectivement, dans des expressions du type *trois jours (de) libres,* en rapport généralement avec des verbes marquant l'état, la possession, une perception : *avoir, être, il y a, posséder, rester, voir* (aussi : *voici, voilà*), *rencontrer, connaître, remarquer, trouver, se trouver*, etc. ; très souvent, de telles expressions viennent après une indication de nombre ou de quantité ; le tour avec *de* détache l'adjectif, le met en relief et le présente avec une valeur d'attribut [2] :

> *a) Il y eut cent hommes tués* (LITTRÉ, s. v. *avoir*, Rem. 1). — *Il n'y a eu que trois élèves admis sur dix* (AC., s. v. *admettre*). — *Les heures qu'il avait libres* (BOSS., *Le Tellier*). — *Les Suisses eurent trois ou quatre soldats tués ou blessés* (CHATEAUBR., *Mém.*, III, II, 11, 5). — *Les mobiles avaient eu huit hommes tués et vingt blessés* (A. FRANCE, *Pierre Nozière*, p. 200). — *J'ai donc une main libre* (G. DUHAMEL, *Tel qu'en lui-même...*, p. 28). — *Aussitôt qu'il avait un jour libre* (A. GIDE, *Feuillets d'automne*, p. 27).

> *b) Il y eut cent hommes* DE *tués* (LITTRÉ, s. v. *de*, 7°). — *Il y a déjà deux mailles* DE *rompues* (MOL., *Bourg.*, II, 5). — *Il lui reste encore un bras* DE *libre* (LA BR., XI, 95). — *Si la mer bouillait, il y aurait (...) bien des poissons* DE *cuits* (DIDEROT, *Jacques le Fataliste*, Pléiade, p. 511). — *Il y avait eu six mille Barbares* DE *tués* (FLAUB., *Salammbô*, p. 246). — *En une seconde trois fabriques* DE *renversées et deux cents hommes* DE *tués !* (ID., *Corr.*, t. I, p. 137.) — *Dès que j'aurai un moment* DE *libre* (A. DUMAS f., *La Question d'argent*, III, 2). — *Voilà une classe* DE *passée* (E. FROMENTIN, *Dominique*, IV). — *Il a un cheval qui n'a que les pattes de devant* DE *mauvaises* (J. RENARD, *Journal*, 6 sept. 1899). — *Il y a un pari* D'*engagé* (J. ROMAINS, *Les Copains*, p. 9). — *Avec sa seule main* DE *bonne* (A. de CHÂTEAUBRIANT, *La Brière*, p. 330). — *Encore une journée* DE *perdue pour le travail !* (Fr. MAURIAC, *Le Feu sur la terre*, p. 130.) — *Encore une scène* D'*esquivée* (CRITICUS, *Le Style au microscope*, t. II, p. 145).

---

1. Selon A. THÉRIVE (dans *Carrefour*, 16 janv. 1957), la construction avec *de* est devenue artificielle.

2. Selon A. BLINKENBERG (*Le Probl. de l'accord en fr. mod.*, p. 116), le *de* dans *cent hommes de tués* a eu, à l'origine, une valeur partitive (donc : *un homme de* TUÉS, suivant le sens primitif) ; puis le dernier terme, étant regardé comme le prédicat de *homme(s)*, s'est accordé avec lui : *cent hommes de* TUÉS, *un homme de* TUÉ — et le *de* est devenu un simple indice de la valeur prédicative du terme qu'il introduit. — Damourette et Pichon notent (§ 3030) que « *de* a pour effet sémantique de donner alors à l'adjectif une valeur épithétique ».

N. B. — 1. Quand l'expression comporte le pronom *en*, le plus souvent l'adjectif ou le participe passé est introduit par *de : Sur cent habitants, il y en a deux* DE *riches* (LITTRÉ, s. v. *de*, Rem. 5). — *Sur dix, il n'y en avait pas un* DE *bon* (AC., s. v. *sur*). — *Des livres, j'en ai beaucoup* DE *brochés ; je n'en ai que quelques-uns* DE *reliés.* — *Il a fait construire plusieurs maisons : il n'en a que deux* DE *louées.* — Sans *de : Sur quatre femmes, il y en a toujours trois frisées* (TAINE, *Voy. en Italie*, t. II, p. 188). — *Sur neuf prises, il m'en reste deux bonnes* (J. COCTEAU, *La Belle et la Bête*, p. 90).

2. L'adjectif est obligatoirement introduit par *de* dans : *La médecine n'a* DE *certain que les espoirs trompeurs qu'elle nous donne* (J. RENARD, *Journal*, 15 février 1901). — *Il n'y a* DE *divin que la pitié* (L. BLOY, *Le Désespéré*, p. 28). [Voir § 377*bis.*]

9° Facultativement devant chacun des termes d'une alternative marquée par *ou* et développant un pronom interrogatif : *Lequel des deux, Démosthène ou Cicéron, fut le plus éloquent ? Qui des deux fut le plus éloquent,* DE *Démosthène ou* DE *Cicéron ? Lequel aimez-vous mieux* DE *partir ou* DE *rester ? — Qui avait raison* DE *lui ou* D'*elle ?* (É. HENRIOT, *Romanesques et Romantiques*, p. 210.)

De est indispensable si l'alternative suit immédiatement l'interrogatif *qui : Qui* DE *l'âne ou* DU *maître est fait pour se lasser ?* (LA F., *F.*, III, 1.)

10° Facultativement devant l'infinitif employé comme second terme de comparaison après les locutions *autant vaut... que, il vaut mieux... que, mieux vaut... que, aimer mieux... que, préférer... (plutôt) que* [§ 975, 5], *plutôt que, autre que*, et autres semblables :

a) Avec *de : J'aime mieux les souffrir* [mes maux] *que* DE *les mériter* (CORN., *Hor.*, I, 3). — *Il vaut bien mieux prévenir le mal que* D'*être réduit à le punir* (FÉN., *Tél.*, t. II, p. 187). — *Il aimait mieux être vaincu avec des soldats que* DE *vaincre avec des peuples* (CHATEAUBR., *Mém.*, III, 1, 6, 14). — *J'ai bien d'autres choses à faire que* DE *regarder des tableaux* (A. DUMAS f., *L'Étrangère*, III, 6). — *Plutôt mourir que* D'*y renoncer* (M. AYMÉ, *Les Contes du Chat perché*, p. 42). — *Il aime mieux faire cela que de faire autre chose* (LITTRÉ). — *Autant faire cela sur-le-champ que* DE *différer* (AC.).

b) Sans *de :* Plutôt souffrir que mourir (LA F., *F.*, I, 16). — *Et chérir les vrais biens, sans en savoir l'auteur, Vaut mieux que, sans l'aimer, connaître un créateur* (BOIL., *Ép.*, XII). — *Mais ne vaut-il pas mieux périr que vaincre par de tels moyens ?* (FÉN., *Tél.*, t. II, p. 383, note 1.) — *J'aime mieux élever un Pichon que servir un roi* (VOLT., *À Tronchin*, 29 juill. 1757). — *Elle eût mieux aimé ne pas manger que sortir pour chercher son déjeuner* (R. ROLLAND, *Jean-Chr.*, t. VIII, p. 214). — *Plutôt que répéter sans cesse à l'enfant que le feu brûle...* (A. GIDE, *Les Faux-Monn.*, p. 434). — *Que faire d'autre que créer ?* (MONTHERLANT, dans les *Nouv. litt.*, 26 janv. 1950.) — *Plutôt mourir qu'abandonner l'innocent* (G. DUHAMEL, *Les Plaisirs et les Jeux*, p. 154).

N. B. — 1. Avec *aimer mieux*, l'infinitif second terme de comparaison peut être amené non seulement par *que* ou par *que de*, mais aussi par *plutôt que* ou par *plutôt que de : J'aime mieux souffrir* PLUTÔT QUE *mourir, ...* PLUTÔT QUE DE *mourir. — Si ce mariage doit se faire, j'aimerais mieux en courir la chance* PLUTÔT QUE DE *poser des conditions* (H. BECQUE, *Les Corbeaux*, IV, 6). — *Pour les esprits rapides qui (...) aiment mieux rester dans la confusion* PLUTÔT QUE DE *tâcher d'en sortir, Yves Bonnefoy peut paraître un hermétiste comme les autres* (É. HENRIOT, dans le *Monde*, 3 févr. 1960). — Comparer : *J'aimerais mieux,* PLUTÔT QU'*être à ce point infâme, (...) Qu'un chien rongeât mon crâne au pied du pilori !* (HUGO, *Ruy Blas*, I, 2.) — Avec Bescherelle on peut observer une différence de sens entre *aimer mieux (...) que (...)* et *aimer mieux (...) que de (...) :* la première construction « se dit quand il s'agit d'une préférence de goût : *J'aime mieux danser* QUE *chanter ;* la seconde quand il s'agit d'une préférence de volonté : *J'aime mieux lui pardonner* QUE DE *le réduire au désespoir* ». — Cela s'appliquerait aussi aux constructions avec *plutôt que* et *plutôt que de.*

2. Après *à moins que,* l'infinitif prend presque toujours *de* (voir § 976 et *Hist.*) : *Je ne pouvais pas lui parler plus nettement, à moins que* DE *le quereller* (Ac.). — *Toute puissance est faible, à moins que* D'*être unie* (LA F., *F.,* IV, 18).

D'ailleurs le tour ordinaire, avec un infinitif, est *à moins de : À moins d'être fou, il n'est pas possible de raisonner ainsi* (Ac.).

11° Devant l'attribut de l'objet direct de *traiter* (= assigner tel ou tel rôle, qualifier) : *Et jusqu'à la conquête ils nous traitent* DE *reines* (CORN., *Pol.,* I, 3). — *Et vous me le traitez, à moi,* D'*indifférent* (MOL., *Mis.,* I, 1). — *Et j'ai traité cela* DE *pure bagatelle* (ID., *Tart.,* II, 2). — *Le Syrien me traite et* DE *reine et* DE *sœur* (RAC., *Ath.,* II, 5). — *Traiter quelqu'un* DE *fat,* DE *fou,* D'*impertinent* (Ac.).

N. B. — *Qualifier* construit facultativement avec *de* le mot exprimant la qualité attribuée à une personne ou à une chose ; la tendance générale est, semble-t-il, de mettre *de :*

a) Avec *de : Qualifier quelqu'un* DE *fourbe* (LITTRÉ). — *Une proposition qualifiée* D'*erronée* (ID.). — *L'ouvrage fut qualifié* D'*hérétique* (Ac.). — *Dans le Code, l'homicide commis volontairement est qualifié* DE *meurtre* (ID.). — *On le qualifie* DE *duc,* DE *baron* (LITTRÉ). — *Il se qualifie* DE *marquis* (ID.). — *Une idée me vint, que je n'hésite pas (...) à qualifier* DE *géniale* (Fr. de MIOMANDRE, *Mon Caméléon,* p. 139). — *Cette innocence que j'ai qualifiée (...)* DE *fonctionnelle* (P. VALÉRY, *Variété,* Pléiade, t. I, p. 917). — *On qualifie volontiers* D'*égoïstes ceux qui n'utilisent pas autrui à se faire valoir* (J. ROSTAND, *Pensées d'un biologiste,* p. 251).

b) Sans *de : Toute profession (...) Traite les autres d'ignorantes, Les qualifie impertinentes* (LA F., *F.,* XI, 5). — *Les lettres du roi, l'arrêt le qualifient chevalier, prince, duc, etc.* (Ac.). — *Il se qualifie docteur* (ID.). — *Un fait qualifié crime* (ID.). — *La soustraction frauduleuse est qualifiée vol* (ID.). — *Des froidures qu'il n'est pas exagéré de qualifier sibériennes* (G. DUHAMEL, *La Pesée des âmes,* p. 204). — *Le XIX*e *siècle qu'on a bien à tort qualifié stupide* (ID., *Problèmes de l'heure,* p. 153). — *Il semblerait sacrilège de qualifier baroque « Les Pèlerins d'Emmaüs »,* du Louvre (P. GAXOTTE, dans le *Figaro litt.,* 7 sept. 1957).

12° Dans la langue familière, devant un nom précisant l'indication donnée d'abord vaguement par un pronom possessif ou par le pronom *en : Je réserve mon opinion sur monsieur de Mons... — La nôtre est faite,* D'*opinion... un voleur...* (A. DAUDET, *Port-Tarascon,* I, 7). — *Que j'en trouve encore une,* DE *montre !* (G. COURTELINE, *Le Commissaire est bon enfant,* 4.)

REMARQUES PARTICULIÈRES

923. 1. *C'est ma faute ; c'est de ma faute.* Seul le premier de ces tours est donné par Littré, par l'Académie et par le Dictionnaire général. Le tour avec *de* s'est vigoureusement implanté dans la langue littéraire :

Il importe beaucoup que ce soit DE *sa faute et non* DE *la vôtre* (DIDEROT, *Est-il bon ? Est-il méchant ?* I, 4). — *Ah ! tout est* DE *ma faute !* (HUGO, *Le Roi s'amuse*, V, 4.) — *Ce n'est pas* DE *leur faute s'ils n'ont pu venir* (MAUPASSANT, *Le Marquis de Fumerole*). — *Est-ce* DE *sa faute, s'il pleut toujours ?* (A. DAUDET, *Port-Tarascon*, II, 1.) — *C'est bien* DE *ma faute si ce qui arrive arrive* (J. RENARD, *L'Écornifleur*, XXVI). — *Ce n'est pas* DE *ma faute* (A. FRANCE, *Histoire comique*, XVI). — *Tout est* DE *ma faute* (R. MARTIN DU GARD, *Les Thibault*, I, p. 54). — *Ce n'est pas* DE *sa faute* (Cl. FARRÈRE, *Les Civilisés*, I). — *Ne croyes pas que ce soit* DE *votre faute* (E. JALOUX, *Le Voyageur*, p. 233). — *Ce n'est pas* DE *ma faute non plus* (J. ROMAINS, *Lucienne*, p. 104). — *Ce n'est pas* DE *sa faute s'il est mort* (J. GIRAUDOUX, *Électre*, I, 2). — *C'est* DE *votre faute* (M. ARLAND, *L'Ordre*, t. II, p. 221). — *Ce n'était pas* DE *sa faute si la vérité demeure inexprimable* (Fr. MAURIAC, *La Fin de la nuit*, p. 171). — *Cela n'a pas été* DE *ma faute* (MONTHERLANT, *Les Bestiaires*, IV). — *Tout cela était* DE *sa faute à lui* (É. HENRIOT, *Tout va recommencer sans nous*, p. 193). — *Ce n'est pas* DE *ta faute* (A. CAMUS, *Les Justes*, p. 98). — *Est-ce* DE *ma faute s'il est riche ?* (A. BILLY, *Madame*, p. 201.) — *Ce n'était pas* DE *notre faute* (COLETTE, *L'Étoile Vesper*, p. 126).

Même emploi chez : L. VEUILLOT, *Corresp.*, t. IV, p. 132 ; FLAUBERT, *Lett. à sa nièce Caroline*, p. 473 ; A. FRANCE, *Le Crime de S. Bonn.*, p. 209 ; A. LICHTENBERGER, *Line*, p. 146 ; M. GENEVOIX, *La Joie*, p. 130 ; Fr. de CROISSET, *La Dame de Malacca*, p. 73 ; A. de CHÂTEAUBRIANT, *M. des Lourdines*, p. 55 ; V. LARBAUD, *Fermina Márquez*, XVIII ; G. LECOMTE, *Le Mort saisit le vif*, p. 33 ; M. ZAMACOÏS, *M. Césarin*, II, 12 ; A. BILLY, *Princesse folle*, p. 111 ; L. DESCAVES, *Le Cœur ébloui*, IV, 8 ; O. MIRBEAU, *Les Mauvais Bergers*, III, 8 ; L. HALÉVY, *Les Petites Cardinal*, p. 172 ; H. LAVEDAN, *Varennes*, V, 5 ; É. ESTAUNIÉ, *Le Labyrinthe*, p. 290 ; J. SCHLUMBERGER, *Saint-Saturnin*, p. 92 ; Fr. de MIOMANDRE, *Olympe et ses amis*, p. 35 ; P. MILLE, *Trois Femmes*, p. 100 ; St. PASSEUR, *Défense d'afficher*, III, 1 ; P. MAC ORLAN, *L'Ancre de miséricorde*, p. 71 ; etc.

N. B. — Dans ces expressions, le nom complément déterminatif de *faute* s'introduit régulièrement par *de : C'est la faute* DE *Bilboquet* (NERVAL, *Les Nuits d'octobre*, XIX). — *Tout cela n'était pas de la faute* DE *Dingo* (O. MIRBEAU, *Dingo*, XI). — *Rien n'était de la faute* DE *Lucien* (J.-J. GAUTIER, *Hist. d'un fait divers*, p. 68). — La langue populaire l'introduit volontiers par *à : C'est la faute* À *Voltaire* [vers d'un refrain que HUGO (*Misér.*, V, 1, 15) a mis dans la bouche de Gavroche]. — *Personne aujourd'hui ne songe à dire que si la Gaule fut vaincue, c'est la faute* À *César. Mais non ! ce fut d'abord la faute* AUX *Gaulois* (A. THÉRIVE, *Le Retour d'Amazan*, p. 135). — *À ce qu'on dit, ce serait la faute* À *l'Opéra* [c'est un jardinier qui parle] (Ph. HÉRIAT, *Famille Boussardel*, XVIII). — *C'est peut-être la faute* À *la guerre* (A. CHAMSON, *La Neige et la Fleur*, p. 190).

2. **Comme de juste** est banni par les puristes, qui veulent qu'on dise : *comme il est juste* [1]. Le Dictionnaire général signale comme familière la locu-

---

1. Littré a déclaré d'abord que *comme de juste* était « une locution populaire qui n'est pas reçue dans le bon usage » et qu'il fallait dire : *comme il est juste ;* mais dans son Supplément, il rapproche *comme de juste* de *comme de raison* et de *de vrai*, et il le dégage de tout reproche.

tion incriminée. — Cette locution, d'ailleurs attestée par l'Académie (au mot *de*), est aujourd'hui consacrée par le meilleur usage [1] :

Après deux heures de faction, il serait relevé, COMME DE JUSTE (STENDHAL, *Chartr.*, t. I, p. 101). — *Ce soir, tu te reposes,* COMME DE JUSTE (J. RENARD, *Ragotte,* Petit gars de l'école). — *Quand le commissaire s'aventure sur la scène, il reçoit aussitôt,* COMME DE JUSTE, *un coup de bâton qui l'assomme* (H. BERGSON, *Le Rire,* p. 53). — COMME DE JUSTE, *la porte était fermée* (J. ROMAINS, *Les Copains,* p. 45). — *Ce Japonais était habillé,* COMME DE JUSTE, *à l'européenne* (A. HERMANT, *Les Grands Bourgeois,* XII). — *Christophe se réservait,* COMME DE JUSTE, *la plus belle* [des marches triomphales] (R. ROLLAND, *Jean-Christophe,* t. I, p. 172). — *La chose,* COMME DE JUSTE, *arriva aux oreilles de Théotiste* (A. de CHÂTEAUBRIANT, *La Brière,* p. 116). — COMME DE JUSTE, *on a gâché la vue en construisant un Casino en planches* (R. BOYLESVE, *Élise,* p. 2). — COMME DE JUSTE, *le comte Michel avait amené son ami* (P. BENOIT, *Axelle,* p. 91). — *Et* COMME DE JUSTE, *son couvert est mis...* (A. LICHTENBERGER, *Biche,* p. 173). — *Le marquis,* COMME DE JUSTE, *aurait été fêté...* (MONTHERLANT, *Les Bestiaires,* I). — *Une grande part y est faite,* COMME DE JUSTE, *aux défiances humaines* (Ch. MAURRAS, *Mes Idées politiques,* p. LXVIII). — *L'artilleur les fit danser toutes les trois, celle-ci plus souvent,* COMME DE JUSTE (M. PRÉVOST, *Mlle Jaufre,* II, 2). — *Railleries, quolibets, avertissements et conseils se mirent,* COMME DE JUSTE, *à pleuvoir de tous côtés* (F. FUNCK-BRENTANO, *La Régence,* p. 198). — *Ce furent les femmes,* COMME DE JUSTE, *qui s'agitèrent* (R. BENJAMIN, *Valentine,* p. 62). — *La conversation (...),* COMME DE JUSTE, *tomba sur Reyer* (É. HENRIOT, *Le Livre de mon père,* p. 60). — COMME DE JUSTE *on me flattait* (J. COCTEAU, *La Difficulté d'être,* p. 46). — *Le maire s'informe, car il n'a pas assisté à la messe,* COMME DE JUSTE (H. BOSCO, *L'Âne Culotte,* p. 67). — COMME DE JUSTE, *je ne pris pas au sérieux cette information officielle* (H. TORRÈS, *Accusés hors série,* p. 135).

N. B. — 1. *Comme de raison* s'emploie dans le même sens que « comme il est juste », « comme de juste » : *Votre peine sera payée* COMME DE RAISON (LITTRÉ, s. v. *raison,* 6°).

2. *Comme de bien entendu* est de la langue populaire ou très familière : *Je me suis immédiatement rendu à sa chambre, qu'il venait de quitter,* COMME DE BIEN ENTENDU, *pour se rendre Dieu sait où* (G. COURTELINE, *Les Gaietés de l'escadron,* VII, 1). — *Il n'y avait personne,* COMME DE BIEN ENTENDU (J. GIONO, *Le Hussard sur le toit,* p. 288). — COMME DE BIEN ENTENDU, *il en sait plus long que vous et moi* [c'est une concierge qui parle] (G. BERNANOS, *L'Imposture,* p. 253). — COMME DE BIEN ENTENDU, *ses vacances, il les passe chez Yvette* [c'est un tenancier de bar qui parle] (M. AYMÉ, *Le Chemin des écoliers,* p. 197). — Les dictionnaires ignorent cette expression. Pour A. HERMANT (*Chroniques de Lancelot,* t. II, p. 267), elle « appartient plus que jamais au langage concierge ». — Selon A. Thérive (*Querelles de lang.,* t. I, p. 8), on peut l'admettre dans le style familier, « puisque le peuple l'emploie ».

---

1. Cl. Farrère emploie *comme juste* : *Et,* COMME JUSTE, *vous n'entendrez pas un mot de ce que je vais dire* (*La Onzième Heure,* p. 61). — *Tout le lycée de Toulon en bourdonnait,* COMME JUSTE [de la nouvelle de l'assassinat de Carnot] (*La Seconde Porte,* p. 91). — Ce tour, signalé comme familier par Littré (avec un exemple de J.-J. Rousseau), n'est guère courant.

3. *C'est à moi à ; c'est à moi de.* L'Académie établit la distinction suivante : *C'est à vous* à *parler* = votre tour de parler est venu. *C'est à vous* DE *parler* = c'est à vous qu'il convient de parler. — Avec Littré il faut reconnaître que « ces deux tournures s'emploient l'une et l'autre et sont équivalentes ; il est impossible de fixer entre elles une nuance réelle et fondée sur l'usage » :

Il a quatre laquais, et je n'en ai qu'un, (...) c'est à moi à *céder* (PASCAL, *Pens.*, 319). — *C'est aux rois* à *agir* (BOSS., *Œuv. orat.*, t. IV, p. 215). — *C'était à vous* DE *suivre, au vieillard* DE *monter* (LA F., *F.*, III, 1). — *C'est au temps* à *aguerrir les troupes* (VOLT., *Ch. XII*, 2). — *À vous* DE *jouer, capitaine* (A. DAUDET, *Contes du Lundi*, p. 15). — *La généralisation, c'est au lecteur, au critique* DE *la faire* (A. GIDE, *Paludes*, p. 101).

4. *De nouveau ; à nouveau.* L'Académie fait la distinction suivante : *de nouveau* signifie « une fois de plus » : *On l'a emprisonné* DE NOUVEAU (AC.) — et *à nouveau* signifie « de façon complètement différente » : *Ce travail est manqué, il faut le refaire* À *nouveau* (AC.). — Mais les auteurs modernes emploient fréquemment *à nouveau* dans le sens de *de nouveau* :

Je montai À NOUVEAU *sur la tour Constance* (M. BARRÈS, *Le Jardin de Bérénice*, p. 83). — *Il suffit de me rappeler certaines émotions vives pour que je les éprouve* À NOUVEAU (COLETTE, *Les Vrilles de la Vigne*, p. 83). — *Au moment de se perdre* À NOUVEAU *dans la foule des invités* (ALAIN-FOURNIER, *Le Grand Meaulnes*, p. 106). — *J'entends* À NOUVEAU *les semelles entrer dans la vase* (H. BARBUSSE, *Le Feu*, p. 166). — *Sans traverser* À NOUVEAU *les appartements, elle sortit par le vestibule* (M. PRÉVOST, *La Nuit finira*, t. I, p. 41). — *Jean seul* À NOUVEAU (L. DAUDET, *Un Jour d'orage*, p. 60). — *Comme il tournait* À NOUVEAU *le corridor* (A. GIDE, *Les Caves du Vatican*, p. 58). — *Germaine ne dîne pas ? demanda* À NOUVEAU *M. Mesurat* (J. GREEN, *Adrienne Mesurat*, p. 15). — *S'efforçant* À NOUVEAU *de sourire* (G. DUHAMEL, *La Nuit de la Saint-Jean*, p. 108). — *Il lui était pénible de se voir* À NOUVEAU *condamné à trouver sa place dans une société rigide* (A. MAUROIS, *Lyautey*, p. 90). — *Cette expérience nous évitera de commettre* À NOUVEAU *telles erreurs* (DANIEL-ROPS, *Vouloir*, p. 75).

À neuf, fréquent chez A. Gide, est un simple caprice : *Grâce à son étonnement j'éprouve* À NEUF *de la surprise* (*Feuillets d'automne*, p. 48).

5. *D'avance; par avance; à l'avance.* À *l'avance* n'est admis ni par Littré[1], ni par le Dictionnaire général, ni par l'Académie (du moins au mot *avance*) ; selon l'usage classique, on dit : *d'avance* ou *par avance* : *On croit tenir tous les biens, et on les goûte* PAR AVANCE (BOSS., *Anne de Gonz.*). — *Payer* D'AVANCE *une année de son loyer* (AC.). — *Je m'en réjouis* D'AVANCE (ID.). — *Payer* PAR AVANCE (ID.). — *Je m'en réjouis* PAR AVANCE *avec vous* (ID.). — *Il*

---

1. « On dit fréquemment : *je vous payerai* à L'AVANCE. Cela n'est pas conforme au bon usage, qui ne reconnaît que *par avance* ou *d'avance* » (LITTRÉ). « Mme de Sévigné se sert de la locution *à l'avance*, au lieu de *d'avance ;* mais elle la signale comme un provincialisme : *Je vous écris un peu à l'avance, comme on dit en Provence* (SÉV., 7 oct. 1676) » (ID., *Suppl.*).

goûtait PAR AVANCE *le pathétique de cette conversation* (A. MAUROIS, *Meïpe*, p. 32). — PAR AVANCE, *j'acceptais tout* (G. DUHAMEL, *La Pesée des âmes*, p. 219). Cependant *à l'avance* est tout à fait courant dans l'usage moderne :

M. Mérimée s'y est pris À L'AVANCE (SAINTE-BEUVE, *Portr. contemp.*, t. II, p. 363). — *Voilà ce que c'est que de prévoir les choses dix ans* À L'AVANCE (A. DUMAS f., *La Question d'argent*, IV, 4). — *Préviens-moi de ton arrivée, deux jours* À L'AVANCE (FLAUB., *Corr.*, t. III, p. 276). — *Il doit payer* À L'AVANCE *l'équipe des compositeurs* (M. BARRÈS, *Les Déracinés*, p. 358). — *Remerciez-le* À L'AVANCE *de ses aimables dispositions* (BARBEY D'AUREVILLY, *Lettres à Trébutien*, t. I, p. 105). — *Les questions qu'il avait préparées* À L'AVANCE (É. ZOLA, *Le Rêve*, II). — *Convenons* À L'AVANCE *que je n'aurai rien dit* (H. BECQUE, *Michel Pauper*, II, 10). — *Tous les joueurs de violon sont retenus trois semaines* À L'AVANCE (A. FRANCE, *Les Dieux ont soif*, p. 355). — *Elle y arriva* [au parloir] *un quart d'heure* À L'AVANCE (R. ROLLAND, *Jean-Christophe*, t. VI, p. 191). — *Il m'a paru préférable (...) de lui épargner de l'agacement* À L'AVANCE (P. HERVIEU, *Les Tenailles*, III, 1). — *Mes dépenses sont à jour. (...) Elles le seraient plutôt* À L'AVANCE (A. THÉRIVE, *La Revanche*, p. 168). — *Léonard de Vinci annonçant, quatre siècles* À L'AVANCE, *l'aéroplane...* (J. BAINVILLE, *Chroniques*, p. 170). — [Ce] *qu'on possédait* À L'AVANCE (Ch. MAURRAS, *Anthinéa*, 1923, p. IX). — *Maximin (...) avait vu, longtemps* À L'AVANCE, *le péril prussien* (L. BLOY, *Celle qui pleure*, p. 97). — *Ils souffrent* À L'AVANCE *de tout ce qui pourrait les faire souffrir* (E. JALOUX, *Visages français*, p. 77). — *J'écris huit jours* À L'AVANCE (A. GIDE, *Paludes*, p. 27). — *Je m'en réjouissais* À L'AVANCE (H. BOSCO, *Malicroix*, p. 187). — *Il* [un projet] *devait se réaliser un jour fixé* À L'AVANCE (A. CHAMSON, *Adeline Vénician*, p. 99). — *Coup monté : coup préparé* À L'AVANCE (AC., S. V. *coup*).

6. Dans l'indication du quantième du mois, on fait presque toujours ellipse de la préposition *de* devant le nom du mois : *Le huit mai, le dix août.* — Cependant il ne serait pas incorrect d'exprimer *de*, selon l'usage d'autrefois : *Le 9* DE *janvier* (CORN., *Pol.*, Examen). — *On était déjà au 15* DE *novembre* (VOLT., *Ch. XII*, 2). — *Le 29* D'*août* (CHATEAUBR., *Mém.*, IV, 2, 20). — *Le dix* DE *mai*, et elliptiquement : *le dix mai* (DICT. GÉN.).

7. *Femme à journée, femme d'ouvrage* (néerl. *werkvrouw*) sont des belgicismes. On dit, en France : **femme de ménage** [« femme du dehors qui vient faire le ménage et qu'on paie le plus souvent à l'heure » (Ac.) ; femme faisant les besognes d'une bonne, mais non logée ; femme balayant des bureaux, etc.] ou, moins couramment : **femme de journée** [« femme qu'on emploie à la maison pour un travail quelconque et qu'on paie à la journée » (AC.) ; femme travaillant comme une bonne, mais non logée] ; — à noter aussi : *homme de journée, gens de journée* :

a) *Il souffrait (...) à la voir si mal vêtue, avec ses brodequins sans lacet et l'emmanchure de ses blouses déchirée jusqu'aux hanches, car la femme de ménage n'en prenait guère de souci* (FLAUB., *Mme Bov.*, III, XI). — *Cet abandonné que sa femme de ménage n'a même pas attendu* (Fr. MAURIAC, *Journ. 1932-1939*, p. 285). — *Je priai Bilboquet et la femme de ménage de ne me déranger sous aucun prétexte* (G. DUHAMEL, *Cri des profondeurs*, p. 130). — *Un fils de banquier n'épousait pas la fille d'une femme de ménage* (A. BILLY, *Le Narthex*, p. 13). — *Voilà qu'un soir, le dernier client parti, la femme de ménage m'annonce que deux jeunes gens, deux étudiants voulaient me voir* (M. ARLAND,

L'Eau et le Feu, p. 75). — *Si vous voulez des renseignements, je connais la femme de ménage de qui de droit* (A. CHAMSON, *La Neige et la Fleur*, p. 348). — *Elle ferait préparer la maison et me procurerait probablement une femme de ménage* (H. BOSCO, *Un Rameau de la nuit*, p. 123). — *Ce geste (...) a failli me coûter la vie, un peu plus tard, notre femme de ménage m'en ayant fait un crime* (M. JOUHANDEAU, *Carnets de l'écrivain*, p. 63).

b) *Aidé de ses deux mères qu'il faisait travailler comme des femmes de journée* (MAU-PASS., *Une Vie*, XI). — *À ces zélatrices s'associent de confiance une clientèle de voituriers, d'aubergistes, de gens de journée...* (M. BARRÈS, *La Colline insp.*, p. 91). — *Il (...) se faisait servir par une femme de journée* (É. ESTAUNIÉ, *La Vie secrète*, p. 5). — *J'espère bien qu'ils ne m'ont pas pris encore un homme de journée* (R. BOYLESVE, *La Becquée*, p. 242). — *Nous n'avons plus que des femmes de journée pour les gros ouvrages* (Fr. MAURIAC, *Le Feu sur la terre*, p. 25). — *On trouverait néanmoins préférable que je fisse la dépense d'une femme de journée* (G. BERNANOS, *Journ. d'un Curé de camp.*, p. 31). — *Milien, l'homme de journée, achevait sa besogne* (COLETTE, *La Maison de Claudine*, XXVII). — *Elle ne sait pas qu'elle est mistress Jones, femme de journées à Hammersmith* (A. MAUROIS, *Les Silences du Colonel Bramble*, XIX). — *Elle aidait Mme Coubien, la femme de journée* (Germ. BEAUMONT, *L'Enfant du lendemain*, p. 172). — *Nous n'avons plus qu'une femme de journée. Impossible de trouver une bonne dans la région* (H. BAZIN, *La Mort du petit cheval*, p. 194).

N. B. — 1. On dit bien : *aller en journée, faire des journées, travailler en journée(s), ouvrier en journée(s), ouvrier à la journée : Lui dont la mère allait en journée* (Fr. MAU-RIAC, *Plongées*, p. 119). — *Il travaille en journées* (A. FRANCE, *Crainquebille*, p. 77). — *Il y avait la chaufferette de la cuisinière, celle de la couturière en journées* (COLETTE, *Journal à rebours*, p. 141). — *L'ouvrière en journée qui ne vient que l'après-midi* (ID., *Paris de ma fenêtre*, p. 40). — *Chaque fois qu'elle voulait (...) convoquer la blanchisseuse ou la couturière à la journée* (Fr. de MIOMANDRE, *Olympe et ses amis*, p. 87). — *Le portrait d'une couturière à la journée* (J. GREEN, dans le *Figaro litt.*, 15 sept. 1956). — A noter aussi : *faire des journées bourgeoises :* travailler à la journée, chez des particuliers, à des besognes de couture, de raccommodage, de repassage, etc.

2. Une *femme de charge* est une « femme attachée au service d'une maison et ayant une certaine autorité sur la tenue et l'économie intérieure de cette maison » (AC., s. v. *femme*).

8. **Remercier (remerciement, merci) de ; ... pour.** Selon l'usage classique et traditionnel, *remercier, remerciement, merci* se construisent avec *de*, quand on veut indiquer ce dont on rend grâce ; ils peuvent aussi, selon un usage qui s'est assez récemment fort répandu, se construire avec *pour*[1] :

---

1. *Remercier pour, remerciement pour, merci pour* ne sont signalés ni par Littré, ni par le Dictionnaire général ni par le Larousse du XXᵉ s. « On peut en conclure, disait l'Office de la Langue française (cf. *Figaro*, 18 juin 1938), que le tour est d'origine populaire et qu'il est très récent. Il se répand incontestablement. » — L'Office ajoutait qu'on pourrait voir une preuve d'une expressivité plus forte marquée par *remercier pour*... dans le fait que ce tour ne saurait, comme *remercier de*..., s'accompagner d'un refus : « Je l'ai remercié de son offre généreuse, mais inutile. » [opinion mal fondée, semble-t-il : rien n'empêche de mettre, dans cette phrase : ... *pour* son offre...] — A noter que ce tour avec *pour* n'est pas si récent que le pensait l'Office de la Langue fran-

a) De quoi *remercier qui ne me donne rien ?* (CORN., *Pol.*, III, 3.) — *Nous allons le remercier* DES *extrêmes bontés qu'il nous fait paraître* (MOL., *Impr.*, 10). — *Je vous remercie tendrement* DE *ce bel exemple que vous donnez aux gens de lettres* (VOLT., *À Marmontel*, 15 févr. 1748). — *Je vous remercie* DE *la manière dont vous avez reçu mon protégé* (MONTESQ., *À l'abbé de Guasco*, 8 août 1752). — *Je vous remercie* DE *vos bonnes intentions* (STENDHAL, *Corr.*, t. V, p. 143). — *Je vous remercie* DE *votre charité* (L. VEUILLOT, *Corr.*, t. I, p. 317). — *Mille remerciements* DE *toutes vos bontés* (ID., *ib.*, t. IV, p. 292). — *Merci* DES *bluets des champs et* DE *la giroflée des murailles* (A. KARR, *Voy. autour de mon jardin*, XXIII). — *Merci* DE *votre obligeance* (AC.).

b) *Mille remerciements à Maisonnette* POUR *l'article* (STENDHAL, *Corr.*, t. V, p. 194). — *Merci* POUR *cette bonne promesse* (A. DUMAS f., *Le Fils nat.*, Prologue, 6). — *Merci* POUR *la lumière du jour naissant* (MICHELET, *Bible de l'Humanité*, p. 26). — *Le pilote (...) remercia* POUR *l'excellent accueil qui lui avait été fait* (É. PEISSON, *Parti de Liverpool...*, p. 9). — *Dingley remercia le jeune homme* POUR *son hospitalité* (J. et J. THARAUD, *Dingley*, p. 141). — *Recevez tous mes remerciements* POUR *cet excellent travail* (L. VEUILLOT, *Corresp.*, t. IV, p. 47). — *Merci* POUR *ta visite* (R. MARTIN DU GARD, *Les Thibault*, VI, p. 155). — *Merci* POUR *vos bonnes intentions* (É. ESTAUNIÉ, *L'Appel de la route*, p. 32). — *Merci* POUR *les fleurs* (M. ARLAND, *L'Ordre*, t. III, p. 216). — *Merci* POUR *la rose* (J. GIRAUDOUX, *Sodome et Gomorrhe*, p. 161). — *Mme de Staël la remerciait* POUR *cette attention* (É. HERRIOT, *Mme Récamier et ses amis*, p. 129). — *Merci, cher ami,* POUR *vos deux livres* (P. CLAUDEL, dans la *Corresp. Suarès-Claudel*, p. 183). — *Soyez remercié* POUR *cette nouvelle* (G. BERNANOS, *Dialogues des Carmélites*, IV, 11). — *Je vous fais mes remerciements* POUR *ce que vous nous avez accordé* (AC.).

N. B. — 1. Si le complément est un infinitif, la construction avec *de* est la seule possible : *Je vous remercie* DE *me rappeler les grandes vérités de la foi* (L. VEUILLOT, *Corr.*, t. I, p. 317). — *Merci* D'*être venue* (J. LEMAITRE, *Le Député Leveau*, IV, 3). — *Je vous remercie* DE *m'avoir fait lire votre bel ouvrage* (M. BARRÈS, *Mes Cahiers*, t. XIV, p. 240). — *Merci* DE *porter cette lettre* (G. DUHAMEL, *Nouvelles du sombre empire*, p. 170).

2. Tout ce qui vient d'être expliqué concernant la construction de *remercier, remerciement, merci* s'applique aussi à *reconnaissant, reconnaissance, gratitude, rendre grâce(s)* : *Quelle reconnaissance, ingrate, tu me rends* DES *bienfaits répandus sur toi, sur tes parents !* (CORN., *Hércl.*, IV, 5.) — *La reconnaissance que j'ai* DES *bontés que vous avez pour moi* (BOIL., *À Rac.*, 23 août 1687). — *Vous ne m'empêcherez pas de vous dire combien je suis pénétré de reconnaissance* DE *ce que vous daignez faire...* (VOLT., *À Turgot*, 3 déc. 1775). — *Il est bien reconnaissant* DES *services que vous lui avez rendus* (AC.). — *Surtout parlez quelquefois dans le palais Torrigiani de ma reconnaissance* POUR *le bon accueil qu'on m'y a fait* (STENDHAL, *Corr.*, t. VIII, p. 30). — *Je suis pénétré de reconnaissance* POUR *toutes vos bontés* (AC.). — *Je vous serais reconnaissant* D'*user de votre influence* (G. DUHAMEL, *Le Voyage de Patrice Périot*, p. 185). — *Exprimer sa gratitude, rendre grâce(s)* D'*un service rendu,* POUR *un service rendu. Marquer sa gratitude à qqn* D'*être venu, lui rendre grâce(s)* D'*avoir parlé.* — *Savoir gré* n'admet que la construction avec *de : Je vous sais gré* DE *vos bontés,* DE *vouloir bien m'aider.*

3. Pour *merci bien, merci beaucoup,* voir § 844, *a*, Rem. 2.

9. Être en deuil de. On dit : *être en deuil de qqn, porter le deuil de qqn : Être en deuil* DE *quelqu'un* (AC.). — *Elle est en deuil* DE *son beau-frère* (SÉV.,

---

çaise ; en voici un exemple du XVIIe siècle : *Ne vous avisez point de me remercier* POUR *toutes mes bonnes intentions,* POUR *tous les riens que je vous donne* (SÉV., 11 mars 1672).

t. VII, p. 90). — *Je suis en deuil* DE *ma mère* (CHATEAUBR., *Mém.*, I, 10, 11). — *Il était en deuil* DE *sa mère* (A. MAUROIS, *Byron*, XV). — *Les pauvres vieilles mères en deuil* DE *leurs fils* (O. MIRBEAU, *Le Calvaire*, II).

Hugo a employé *être en deuil pour qqn* (qui ne paraît pas être reçu par l'usage) : *Elles étaient toutes deux en deuil, sans doute* POUR *George IV* (*Pierres*, p. 127).

10. **S'ennuyer de qqn** se dit bien au sens de « éprouver de la contrariété à cause de son absence » : *N'allez pas vous ennuyer* DE *moi au moins* (MARI-VAUX, *La Dispute*, 7). — *Je m'ennuie* DE *vous* (FLAUB., *À G. Sand*, 23 avr. 1873). — *Elle écrivait encore : « Je m'ennuie* DE *toi.* » (Fr. MAURIAC, *Le Baiser au lépreux*, p. 86). — *Je suis sûre qu'ils ne s'ennuient pas* DE *vous* (A. CHAMSON, *La Neige et la Fleur*, p. 346). — *Il se portait bien, (...) s'ennuyait* DE *sa femme* (H. TROYAT, *Amélie*, p. 217). — *Revenez au plus vite : je m'ennuie* DE *vous* (AC.). — *Pierre s'aperçut qu'il s'ennuyait* D'*Étienne, et il décida d'aller le cher-cher à la sortie de l'école* (G. CESBRON, *Les Saints vont en enfer*, p. 99).

S'ennuyer après qqn est de la langue populaire : *Je m'ennuie beaucoup* APRÈS *toi* [c'est le chasseur d'un cercle de jeu qui écrit] (M. PROUST, *La Prisonnière*, t. I, p. 60). — *Puis elle m'a dit comme ça de faire ses valises, au galop, parce qu'elle ne veut pas laisser tout seul M. Verrier qui trouve le temps long et qui s'ennuie* APRÈS *Madame* [c'est une femme de chambre qui parle] (A. MAUROIS, *Terre promise*, p. 142).

11. **Féliciter de ; ... pour ; ... sur.** On dit : *féliciter de qq.ch.*, parfois aussi : *pour qq.ch.* :

Je vous félicite DU *nouvel emploi qu'on vous a donné* (AC.). — *Féliciter qqn* DE *ses succès* (DICT. GÉN.). — *Permettez-moi, monsieur le duc, de vous féliciter* DE *l'heureuse issue de cette grande affaire* (CHATEAUBR., *Mém.*, III, II, 1, 13). — *Je l'ai félicité* DE *son discours* (HUGO, *Pierres*, p. 92). — *Il convient de féliciter les Comédiens de Paris* POUR *la vaillance avec laquelle ils ont mis sur pied le spectacle* (G. MARCEL, dans les *Nouv. litt.*, 15 nov. 1951). — *J'ai raconté l'histoire et l'on m'a félicité* POUR *cette malice* (J. GIONO, *Voy. en Italie*, p. 143).

Le tour *féliciter sur qq.ch.* est plutôt vieilli : *Pour me féliciter* SUR *ce comble de gloire* (CORN., *Tite et Bérén.*, II, 1). — *Je viens (...) la féliciter* SUR *mes propres malheurs* (VOLT., *Mariamne*, II, 1). — *Une députation de la Chambre des représentants étant venue le féliciter* SUR *sa nouvelle abdication...* (CHATEAUBR., *Mém.*, III, 1, 6, 18). — *Je l'ai félicité* SUR *son mariage* (DICT. GÉN.). — *Après avoir félicité ses hôtes* SUR *l'excellence de leur café* (A. BILLY, *Madame*, p. 81).

Si le complément est un infinitif, il s'introduit toujours par *de : Je me félicite* D'*avoir fait un si bon choix* (AC.). — *Je vous félicite* D'*avoir obéi si promptement*.

Hist. — *De* était autrefois d'un emploi plus étendu qu'aujourd'hui : *Je forme des soupçons* D'*un* (= sur un) *trop léger sujet* (CORN., *Hor.*, I, 1). — *Cette foi* DU (= au) *Messie* (BOSS., *Hist.*, II, 15). — *Et traitait* DE (= avec) *mépris les dieux* (CORN., *Pol.*, III, 2). — *Excité* D'*un* (= par un) *désir curieux* (RAC., *Brit.*, II, 2). — *Je me hasarde* DE (= à) *dire* (LA BR., II, 3). — *Je connais Mopse* D'*une* (= par une) *visite qu'il m'a rendue* (ID., II, 38). — DE (= quant à) *moi, déjà deux fois d'une pareille foudre, Je me suis vu perclus* (MALHERBE, t. I, p. 42). — DE (= par) *bonheur pour elle, ces gens partirent presque aussitôt* (LA F., *Psyché*, 2).

924. A travers ; au travers. *À travers* ne demande jamais *de* [1] ; *au travers* veut toujours *de*. Ces expressions sont grammaticalement synonymes : il n'y a, dans l'usage, aucune distinction à faire entre elles :

a) Et le grison se rue AU TRAVERS DE *l'herbe menue* (LA F., *F.*, VI, 8). — AU TRAVERS DES *périls un grand cœur se fait jour* (RAC., *Andr.*, III, 1). — AU TRAVERS DES *ombres de la nuit* (BOIL., *Lutr.*, III). — *Quelques-uns (...) se mirent en marche pour gagner le Volga* AU TRAVERS DE *la steppe* (MÉRIMÉE, *Les Cosaques d'autrefois*, p. 314). — AU TRAVERS DE *cette foule (...), Bouteiller s'éloigna à pied* (M. BARRÈS, *L'Appel au Soldat*, t. I, p. 67). — *Nous devons nous frayer un passage corps à corps* AU TRAVERS DES *pions hostiles* (P. CLAUDEL, *Présence et Prophétie*, p. 116). — *Il avait longtemps marché* AU TRAVERS DE *la ville* (A. GIDE, *Les Caves du Vatican*, p. 286). — *Le visage de Nicole (...) tentait de regarder* AU TRAVERS DE *la vitre poussiéreuse* (VERCORS, *Les Armes de la nuit*, p. 44).

b) À TRAVERS *les rochers la peur les précipite* (RAC., *Phèdre*, V, 6). — *Sa joie éclatait même* À TRAVERS *ses douleurs* (VOLT., *Mér.*, IV, 1). — *Il marchait (...)* à TRAVERS *ses ennemis* (ID., *L. XV*, 25). — *Il sourit* à TRAVERS *ses larmes* (A. HERMANT, *Le Caravansérail*, XII). — *Georges eut d'abord envie de passer sa pelle* à TRAVERS *le corps de l'écuyer* (A. FRANCE, *Balthasar*, p. 158). — *Il lui donna d'un bâton* à TRAVERS *les jambes* (LITTRÉ). — *On ne voyait le soleil qu'*à TRAVERS *les nuages* (AC.).

N. B. — 1. Selon certains grammairiens, *à travers* suppose un passage libre, vide, tandis que *au travers de* suppose un passage qu'on se procure entre des obstacles ou en traversant un obstacle. Cette distinction est arbitraire et n'est nullement appuyée par l'usage des auteurs.

2. *À travers de* qq. ch., *au travers* qq. ch. seraient aujourd'hui incorrects. Ces constructions, déjà condamnées au XVIIe siècle par Th. Corneille, par l'Académie, par Bouhours, ont été employées par certains écrivains classiques et par quelques autres : À TRAVERS DE *ces affaires et de ces épines, que de péchés !* (BOSS., *Impén. fin.*, 2.) — *Un bois épais,* à TRAVERS DUQUEL *le général saxon sauva son infanterie fatiguée* (VOLT., *Ch. XII*, 3). — *Cette Bête (...) dégageait de tout son corps une vapeur enivrante* à TRAVERS DE *laquelle elle apparaissait* (A. DUMAS f., *La Femme de Claude*, Préf.). — *Il se donna de l'espée* AU TRAVERS *le corps* (MONTAIGNE, II, 3 ; p. 392). — *Le lynx ne voit pas* AU TRAVERS *la muraille* (BUFFON, *Lynx*).

3. *En travers de* signifie « d'un côté à l'autre, dans le sens de la largeur » : *On avait mis* EN TRAVERS DU *chemin une corde, une poutre* (DICT. GÉN.). — *Il a comme une barre* EN TRAVERS DU *front* (M. BARRÈS, *Les Déracinés*, p. 56). — *Un dispositif militaire déployé* EN TRAVERS DE *l'Europe* (Gén. BÉTHOUART, dans le *Figaro*, 12 oct. 1961). — Au fig. : *se mettre* EN TRAVERS DE *quelque chose* (AC.).

925. Auprès de et **près de** expriment tous deux la proximité : *La rivière passe* AUPRÈS DE *cette ville* (AC.). — *Il ne put être admis* AUPRÈS DU *ministre* (ID.). — *Il demeure* PRÈS DE *l'église* (DICT. GÉN.). — *Échouer* PRÈS DU *port* (ID.).

---

1. Si *à travers* ne peut être suivi de la préposition *de*, il peut fort bien être suivi des partitifs ou indéfinis *du, de la, de l', des*, ce qui fait une construction tout autre : *Je ne vois plus Henriette* à TRAVERS DU *rêve, je la vois, avec mes yeux, dans la vieille lumière de la vie !* (H. BERNSTEIN, *Le Secret*, II, 12.)

Auprès de exprime aussi l'assiduité à l'égard d'une personne : *Ce précepteur n'est plus* AUPRÈS DE *mes enfants* (AC.). — *Reprends* AUPRÈS DE *moi ta place accoutumée* (CORN., *Cinna*, V, 3).

Auprès de signifie encore figurément « dans l'esprit, dans l'opinion de » : *Il est fort bien* AUPRÈS DE *ses chefs* (AC.).

Près de peut marquer non seulement l'espace, mais encore le temps, le nombre, le degré : PRÈS DU *fleuve. Il y a* PRÈS D'*une heure que j'attends. Ils étaient* PRÈS DE *cinquante. — Rien n'est si* PRÈS DE *la sottise que la vanité* (DICT. GÉN.).

Pour la construction *près le rivage*, voir § 912, *a.*

Remarques. — 1. Les expressions *auprès de, près de, au prix de* peuvent toutes trois signifier « en comparaison de » : *Votre mal n'est rien* AUPRÈS DU *sien* (AC.). — *Et* PRÈS DE *vous ce sont des sots que tous les hommes* (MOL., *Tart.*, I, 6). — *La mort aux rats, les souricières, N'étaient que jeux* AU PRIX DE *lui* (LA F., *F.*, III, 18).

« *Auprès de*, dit Littré, est plus général que *au prix de*, qui ne se dit que des choses ou des personnes qui peuvent se priser. Ainsi on dira : *Mes malheurs ne sont rien* AUPRÈS DE *ceux qui m'attendent* ; mais on ne dirait pas *au prix de.* » — Cette observation est fondée en raison, mais l'usage n'en tient pas toujours compte ; d'ailleurs *au prix de* est aujourd'hui archaïque et ne se dit guère que dans la langue écrite : *Il* [Hugo] *trouve au monstrueux Océan une harmonie qui lui semble comme une lyre* AU PRIX DE *la voix des générations vivantes* (SAINTE-BEUVE, *Portr. litt.*, t. II, p. 68). — *Qu'est-ce que la vérité, pensais-je,* AU PRIX DE *l'amitié ?* (J. ROMAINS, *Lucienne,* p. 65.) — *Mais* AU PRIX DES *terreurs qu'elle avait ressenties, son inquiétude présente n'était rien* (J. GREEN, *Adrienne Mesurat*, p. 169). — *Ces outrages n'étaient rien* AU PRIX DE *ceux que subissaient ses disciples* (J. et J. THARAUD, *Le Passant d'Éthiopie*, p. 8). — *L'inégalité sociale, si frappante dans le monde visible, qu'est-elle donc* AU PRIX DE *l'inégalité dans le monde spirituel ?* (Fr. MAURIAC, *Journal*, t. III, p. 45.) — *Les bienfaits personnels qu'ils tirent de cette invention* [l'aviation], *merveilleuse en soi, sont bien peu de chose* AU PRIX DE *l'épouvante qu'elle leur inspire* (G. DUHAMEL, *Paroles de médecin*, p. 45). — *Les exactions des fermiers généraux, l'activité oppressive des Turcaret, des traitants, tout cela est peu de chose* AU PRIX DE *la réquisition scandaleuse à laquelle sont soumis les Français dans un régime qui prétend être un régime de liberté* (ID., *Manuel du protestataire,* p. 227).

2. *Auprès*, adverbe, ne peut signifier « outre cela ». C'est s'exprimer mal que de dire : *Cette maison coûte six cent mille francs. — Oui, et quelques mille* AUPRÈS (cf. néerl. : *daarbij*). — Dites : ... *et quelques mille* AVEC. — *Plus de cent morts, dit-on ? Et cent autres* AVEC, *sans compter les blessés* (Fr. COPPÉE, *Pour la Couronne*, IV, 1).

Avant. Devant. Après.

926. *Avant* et *devant* servent l'un et l'autre à exprimer l'antériorité, mais *avant* marque surtout la priorité du temps, *devant* se dit surtout du lieu : AVANT *la naissance du monde* (RAC., *Plaid.*, III, 3). — *Être assis* DEVANT *le feu*.

927. *Avant* sert à marquer priorité de situation, de temps, de rang : *Il faudrait mettre ce chapitre* AVANT *l'autre* (Ac.). — AVANT *le coucher du soleil. Mettre la vertu* AVANT *la richesse.*

Devant un infinitif, on emploie *avant de* ou *avant que de ;* cette dernière locution vieillit (§ 762, *Hist.*) : AVANT DE *me dire ta peine* (MUSSET, *N. d'Oct.*). — AVANT QUE DE *venir* (Ac.). — AVANT QUE D'*expirer qu'il nomme ses complices* (VOLT., *Mér.*, III, 4). — AVANT QUE DE *l'ouvrir* [une ruche] (M. MAETERLINCK, *La Vie des Abeilles*, I, 5).

Avant peut s'employer comme adverbe (§ 901) ; il est alors généralement précédé d'un des mots *si, bien, trop, plus, assez, fort : N'allez pas si* AVANT (Ac.). — *Jamais philosophe ne pénétra plus* AVANT *dans la connaissance des choses* (ID.). — *L'âme a péri dans l'homme et renaît dans le groupe Plus robuste qu'*AVANT (J. ROMAINS, *La Vie unanime*, p. 123).

« Des grammairiens, dit Littré (s. v. *avant*, Rem. 2), ont taxé d'incorrection cette phrase : *sa méchanceté est aussi grande qu'*AVANT. L'usage est contre eux ; *avant* s'emploie absolument, au lieu d'*auparavant ;* mais *auparavant* ne peut s'employer pour *avant*, quand *avant* est préposition et suivi d'un complément. » (Voir § 855.)

928. *Devant* signifie « vis-à-vis de, en face de, en avant de, en présence de » : *Avoir toujours une chose* DEVANT *les yeux* (Ac.). — *Être* DEVANT *le feu.* — *Porter quelque chose* DEVANT *soi* (Ac.). — *Nous comparaîtrons tous* DEVANT *Dieu* (ID.).

Devant sert aussi à désigner le rang et s'oppose à *après : C'est mon ancien, il marche* DEVANT *moi* (Ac.).

Hist. — *Devant* a pu, jusque vers la fin du XVIIe siècle, se rapporter au temps et signifier « avant » : *On le faisait lever* DEVANT *l'aurore* (LA F., *F.*, VI, 11). — *Les autres arts que nous voyons* DEVANT *le déluge* (BOSS., *Hist.*, III, 3). — *Devant* pris en ce sens comme adverbe subsiste dans l'expression proverbiale *être Gros-Jean comme* DEVANT, et parfois ailleurs : *Les ailes de son moulin allaient toujours leur train comme* DEVANT (A. DAUDET, *Lett. de m. moul.*, p. 41). — *Et c'était drôle, le lendemain, de le voir redevenu matelot, aussi bon gabier que* DEVANT (P. LOTI, *Mon Frère Yves*, LXVIII). — *Puis tout reprit comme* DEVANT (M. ARLAND, *Terre natale*, p. 164).

On employait autrefois *devant, devant que, devant que de* avec un verbe (voir § 762, *Hist., in fine,* l'opinion de Vaugelas) : DEVANT *boyre ny manger* (RAB., *Garg.*, 26). — DEVANT QU'*il fût nuit* (LA F., *F.*, IX, 19). — *Ah !* DEVANT QU'*il expire...* (RAC., *Andr.*, V, 1). — DEVANT QUE *mourir* (ID., *Bérén.*, IV, 5). — DEVANT QUE DE *l'acheter* (LA F., *Vie d'Ésope*). — A notre époque *devant que de* est un simple caprice d'archaïsme : *Les Allemands, traqués,* DEVANT QUE D'*évacuer la ville, font sauter leurs dépôts* (A. GIDE, *Journal 1942-1949*, p. 148). — *Elle entre, et* DEVANT QUE DE *dénouer sous son menton l'écharpe qui économise un chapeau et ménage une permanente, elle parle* (COLETTE, *Le Fanal bleu*, p. 112).

929. *a) Après* marque un rapport de postériorité dans le temps ou dans l'espace ; il indique aussi la succession ou le rang : *Après la mort du comte* (CORN., *Cid*, V, 1). — APRÈS *ce vestibule est un magnifique salon* (Ac.). — *Tibère fut empereur* APRÈS *Auguste* (ID.). — *De votre empire,* APRÈS *vous, le premier* (RAC., *Esth.*, II, 5).

Après peut être suivi de l'infinitif passé lorsque les deux verbes de la phrase ont le même sujet : APRÈS *avoir chanté, il nous récita une fable* (Ac.).

On dit exceptionnellement avec l'infinitif présent *après boire*, au lieu de *après avoir bu* (Ac.). L'Académie signale aussi *après déjeuner, après dîner, après souper*, mais ces expressions sont mises pour *après le déjeuner, après le dîner, après le souper :* APRÈS DÉJEUNER, *Berthe rentra dans son cabinet de toilette* (Tr. BERNARD, *Mém. d'un Jeune Homme rangé*, XXIX). — APRÈS DÎNER, *elle me proposa d'admirer les illuminations et le feu d'artifice* (Fr. MAURIAC, *La Robe prétexte*, XVI). — APRÈS SOUPER *je voulais travailler encore* (Ch. PÉGUY, *Souvenirs*, p. 23).

b) Après indique aussi, au propre et au figuré, la tendance vers ou contre quelqu'un ou quelque chose : *Les chiens courent* APRÈS *le lièvre* (Ac.). — *Il court* APRÈS *les honneurs* (ID.). — *Il soupire* APRÈS *cette succession* (ID.). — *Un chien qui aboie* APRÈS *tous les passants* (ID.). — *Deux petits enfants égarés qu'il avait trouvés pleurant* APRÈS *leur mère* (BANVILLE, *Gringoire*, 3).

Remarques. — 1. **Chercher après** *qqn, après qq.ch.* appartient au langage populaire ou familier. La langue soignée ou littéraire dit : *chercher qqn, chercher qq.ch. : Je vous cherchais* (Ac.). — *Je cherche ma plume* (ID.).

2. **Crier après** *quelqu'un* se dit pour : crier contre quelqu'un, le gronder, le quereller : *Il fut si bouleversé qu'il oublia de dîner. Salomé* [une vieille bonne] *eut beau crier* APRÈS *lui : impossible d'avaler un morceau* (R. ROLLAND, *Jean-Christophe*, t. IV, p. 236). — La langue populaire ou familière dit semblablement : *s'emporter après qqn, être furieux après qqn, jurer après qqn,* etc. (pour : s'emporter contre qqn, être furieux contre qqn, jurer contre qqn, etc.) : *S'emporter* APRÈS *quelqu'un* (LITTRÉ, s. v. *après*, 4°). — *Il était furieux* APRÈS *la terre entière* (A. THÉRIVE, *Fils du jour*, p. 239). — *Holmès jurait toujours* APRÈS *lui parce qu'il était paresseux* (É. PEISSON, *Parti de Liverpool*, p. 40). — La langue populaire dit aussi *il m'a crié après* (pour : *il a crié après moi*). — D'autre part, la langue populaire emploie *crier après qqn* au sens de « l'appeler en criant » : *Quand je songe que mon pauvre petit Jeanet me cherche et crie* APRÈS *moi, à cette heure, je me sens si faible...* (G. SAND, *La Petite Fadette*, XXIX).

3. **Attendre après** *quelqu'un ; ... après quelque chose.* Ces expressions marquent le besoin qu'on a de la personne ou de la chose qu'on attend, ou l'impatience avec laquelle on attend : *Faire attendre* APRÈS *soi* (LITTRÉ, s. v. *après*, 4°). — *J'attends* APRÈS *le médecin,* APRÈS *des nouvelles* (ID., *ib.*). — *Il y a longtemps qu'on attend* APRÈS *vous* (Ac.). — *Je n'attends pas* APRÈS *cette somme* (ID.). — *Et que je n'attende pas* APRÈS *vous, quand nous serons prêts* (A. SALACROU, *Les Frénétiques*, II). — *On attend* APRÈS *les décorateurs* (ID., *ib.*). — *On n'attend plus qu'*APRÈS *cela* (Ac.). Mais, quand *attendre* signifie « rester en un lieu où l'on compte qu'une personne viendra, qu'une chose sera apportée, amenée », *attendre après* est incorrect. Ne dites pas : *J'attendrai après vous jusqu'à telle heure. J'attends après le bateau.* Dites : *Je vous attendrai... J'attends le bateau.*

4. **Demander après** *quelqu'un* dans le sens de « s'informer où il est, désirer qu'il vienne » n'est pas signalé par l'Académie. Cette locution est attestée par le Dictionnaire général. Littré (s. v. *après*, Rem. 2) fait observer qu'« elle est certainement usitée » et que « d'ailleurs elle est ancienne et se trouve dans Froissard » ; dans son Supplément (s. v. *demander*, 15°), il mentionne : « Populairement : *Demander après quelqu'un,* chercher quelqu'un pour le voir, pour lui parler ». De fait, dans l'usage actuel, cette expression a un certain cachet populaire ou du moins familier : *Il n'a*

pas demandé APRÈS *moi ?* (A. DUMAS f., *La Femme de Claude*, III, 4.) — *D'ici là, certainement personne ne demanderait* APRÈS *lui* (Tr. BERNARD, *L'Affaire Larcier*, p. 15). — *Il entre de nouveau et demande* APRÈS *Gallimard* (P. LÉAUTAUD, *Journal littér.* 1926, 19 mai, dans la *Table ronde*, févr. 1953, p. 116).

5. **Courir après.** Dans cette locution, *après* s'emploie très correctement comme adverbe (§ 901) : *Les uns attendent les emplois, les autres courent* APRÈS (Ac.). — Il s'emploie aussi comme préposition : *Courir* APRÈS *les honneurs* (Ac.). — *Courir* APRÈS *l'esprit* (ID.). — *On courut inutilement* APRÈS *le voleur* (ID.). — *Le second laquais (...) se mit à courir* APRÈS *lui* (A. FRANCE, *La Rôtisserie...*, p. 219). — *J'ai vu l'illustre Poincaré courir soudain* APRÈS *un tramway qu'il ne voulait point prendre* (ALAIN, *Propos de Littérat.*, V).

N. B. — Au lieu de *il court après moi, il saute après moi, il tire sur moi, il tombe sur moi*, etc., on peut dire, dans la langue familière (en mettant le pronom personnel complément au datif) : *il me court après, il me saute après, il me tire dessus, il me tombe dessus*, etc. : *Il (...) m'a couru* APRÈS (STENDHAL, *Chartr.*, t. II, p. 270). — *Les gamins nous couraient* APRÈS (R. MARTIN DU GARD, *Les Thibault*, II, p. 81). — *Je vous cours* APRÈS *depuis au moins dix minutes* (J. ROMAINS, *Les Hommes de b. vol.*, t. VI, p. 134). — *Mon père lui courut* APRÈS (É. HENRIOT, *Le Livre de mon père*, p. 39). — *Elle me saute* APRÈS (LA VARENDE, *Le Roi d'Écosse*, p. 189). — *Nous nous courrons* APRÈS *comme des chevaux de bois* (J.-P. SARTRE, *Huis clos*, 5). — *Les gosses leur galopent* APRÈS (J. COCTEAU, *Maalesh*, p. 167). — *Il n'osait le dire, à cause de la petite vieille (...) prête à lui sauter* DESSUS *s'il avait parlé* (A. DAUDET, *L'Évangéliste*, Collect. Guillaume, p. 180). — *Il va nous tomber* DESSUS (A. HERMANT, *Trains de luxe*, p. 93). On dit aussi : *courir sus à qqn : Comme on leur courait* SUS, *ils prirent la fuite au triple galop* (G. SAND, *Nanon*, XXIII).

Hist. — Les locutions adverbiales *par après* et *en après* ont été en usage jusque dans le XVIIᵉ siècle [Vaugelas (*Rem.*, p. 223) faisait observer qu'elles avaient vieilli et qu'on disait *après* tout seul] : *Aussi bien n'eust il* PAR APRÈS *rien presté*(RABEL.,III,3). — *Toutes autres cognoissances qu'il a et qu'il peut acquerir* PAR APRES (MONTAIGNE, II, 12). — *Afin d'y en remettre* [des opinions, dans ma « créance »] PAR APRÈS *ou d'autres meilleures, ou bien les mêmes lorsque je les aurais ajustées au niveau de la raison* (DESCARTES, *Méth.*, II). — *J'ai peur, si le logis du Roi fait ma demeure, De m'y trouver si bien dès le premier quart d'heure, Que j'aye peine aussi d'en sortir* PAR APRÈS (MOL., *Ét.*, III, 4). — *En* APRÈS, *lisant les belles chronicques de ses ancestres...* (RABEL., *Pant.*, 5). — *L'ange* EN APRÈS *lui fait un long sermon* (LA F., *Contes*, IV, 6). — *Par après* est encore dans Littré (s. v. *par*, 18°), avec la mention : « a vieilli » ; l'expression est restée courante en Belgique.

930. **Avec** est quelquefois précédé de la préposition *de* pour marquer la différence de deux choses ou de deux personnes d'une manière plus positive : *Distinguer l'ami* D'AVEC *le flatteur* (Ac.). — *Séparer l'or* D'AVEC *l'argent* (ID.). — *Discerner le bien* D'AVEC *le mal* (ID.).

Remarques. — 1. On dit : **divorcer avec** ou **divorcer d'avec ;** *le divorce* AVEC ou *le divorce* D'AVEC, *faire divorce* AVEC ou *faire divorce* D'AVEC :

a) Le landgrave, sans faire divorce AVEC *sa femme...* (BOSS., *Avert.*, 4). — *Pour elle* AVEC *Martie il avait fait divorce* (RAC., *Tite et Bérén.*, I, 1). — *Les anges célèbrent les noces de ces femmes qui ont divorcé* AVEC *la terre pour s'unir au ciel* (CHATEAUBR., *Natch.*, IV, dans Littré). — *J'ai l'habitude du divorce* AVEC *la fortune* (ID., *Mém.*, IV, I, 3). — *Mélek (...) ayant enfin divorcé* AVEC *un mari atroce* (P. LOTI, *Les Désenchantées*, VIII). — *J'avais enfin divorcé* AVEC *ma guenille* (M. BARRÈS, *Un Homme libre*, p. 178). — *Le divorce* AVEC *les traditions du passé* (E.-M. de VOGÜÉ, *Le Roman russe*, p. XXI). — *L'Intelligence russe a, elle aussi, divorcé* AVEC *la civilisation occidentale* (R. GROUSSET, *Le Réveil de l'Asie*, p. 147). — *Le divorce de la littérature* AVEC *la société* (A. THÉRIVE, *Libre Hist. de la Langue fr.*, p. 235). — *L'aile fit divorce* AVEC *la dent* (J. ROSTAND, *Pensées d'un biologiste*, p. 75). — *Divorcer* AVEC *le monde* (DICT. GÉN.).

b) Tous ses sens D'AVEC *lui font un soudain divorce* (CORN., *Attila*, V, 6). — *Divorcée* D'AVEC *l'époux céleste* (A. FRANCE, *l'Étui de nacre*, p. 84). — *Le divorce* D'AVEC *Thérèse* (P. BOURGET, *Lazarine*, p. 71). — *L'héroïne avait divorcé* D'AVEC *un mari indigne* (R. ROLLAND, *Jean-Chr.*, t. V, p. 122). — *Mais divorcer* D'AVEC *quelqu'un à qui on n'a rien à reprocher ?* (MONTHERLANT, *Le Démon du bien*, p. 67.) — *Il voudrait divorcer* D'AVEC *la grosse bête de princesse régnante* (R. KEMP, dans les *Nouv. litt.*, 14 août 1947). — *Ce divorce* D'AVEC *une ombre est assez pénible* (É. HENRIOT, dans le *Monde*, 4 févr. 1953). — *Formalités pour le divorce* D'AVEC *la liberté* (H. BAZIN, *La Tête contre les murs*, p. 150). — *Elle a divorcé* D'AVEC *lui* (AC.).

N. B. — On trouve aussi *divorcer de* et parfois *se divorcer* (sens réciproque) : *Sa mère, qui avait divorcé* DE *mon oncle, se remaria* (J. de LACRETELLE, *Silbermann*, p. 149). — *Des écrivains (...) ont exprimé publiquement leur désir de voir l'Amérique ibérique divorcer* DE *l'Europe et* DES *élites européennes* (G. DUHAMEL, *Défense des Lettres*, p. 209). — *Une science divorcée* DE *la morale* (A. MAUROIS, *Journal*, États-Unis 1946, p. 29). — *Elle divorce* DU *boulanger* (R. KEMP, dans les *Nouv. litt.*, 12 avr. 1956). — *Encore qu'elle (...) soit divorcée d'un lieutenant de vaisseau* (H. BAZIN, *La Mort du petit cheval*, p. 126). — *Ces époux* SE *sont divorcés* (BESCHERELLE). — *Le quatrième avait été sous-loué par un peintre scandinave aux occupants légitimes (...), qui s'étaient divorcés* (A. THÉRIVE, *Fils du jour*, p. 8).

2. **Fiancer à, avec; marier à, avec.** Les deux constructions sont correctes :

Se fiancer À *ma petite Lise* (VOLT., *L'Enf. prod.*, I, I). — *Fiancé* AVEC *une jeune fille charmante* (E. JALOUX, *La Chute d'Icare*, p. 90). — *Cette dernière était fiancée* AU *baron de Plane* (P. BOURGET, *Le Disciple*, p. 39). — *Il passait en effet pour être fiancé* AVEC *une jeune fille de la ville* (A. MAUROIS, *Meïpe*, p. 14). — *Il est marié* AVEC *la femme qui lui est le plus étrangère* (A. SUARÈS, *Sur la vie*, t. II, p. 339). — *Elle aimait un jeune homme (...) à qui on ne voulut pas la marier* (J. LEMAITRE, *Mariage blanc*, I, 3). — *Son père l'a marié* À *la fille,* AVEC *la fille d'un de ses amis* (AC.). — *Il s'était remarié* À *une personne intelligente et courageuse* (E.-M. de VOGÜÉ, *Le Roman russe*, p. 264). — *Je me demandais si me marier* AVEC *Albertine ne gâcherait pas ma vie* (M. PROUST, *La Prisonnière*, t. I, p. 34). — *Marier la vigne* AVEC *l'ormeau, à l'ormeau* (AC.).

On dit : *le mariage avec tel ou telle, les fiançailles avec tel ou telle* : *La pensée de ce mariage de neuf ans* AVEC *un fermier* (SÉV., t. VII, p. 227). — *Mariage du doge* AVEC *l'Adriatique* (LITTRÉ, S. v. *mariage*, 10°). — *Après son mariage* AVEC *un de mes camarades de collège* (R. BOYLESVE, *Le Dangereux Jeune Homme*, p. 17).

3. **Causer avec ; causer à.** On dit : *causer* AVEC *qqn :*

Je cause volontiers AVEC *lui* (AC.). — *Je causais* AVEC *elle sur mille sujets* (B. CON-

STANT, *Adolphe*, II). — *J'étais en train de causer* AVEC *votre femme* (G. SAND, *La Mare au diable*, V). — *Je causais longuement* AVEC *les paysans et les ouvriers* (NERVAL, *Aurélia*, II, 5). — *Il faut que je cause* AVEC *mon oncle* (A. DUMAS f., *Le Fils nat.*, III, 8). — *J'ai causé* AVEC *des Allemands de bien des sortes* (J. BAINVILLE, *Chroniques*, p. 202). — *J'ai causé si souvent* AVEC *lui de nos espérances* (H. BORDEAUX, *Sur le Rhin*, p. 215). — *Cause* AVEC *lui* (A. GIDE, *Le Retour de l'Enfant prodigue*, p. 142).

N. B. — *Causer à qqn*, dû à l'analogie avec *parler à qqn*, est très vivant dans la langue populaire ou familière ; cette construction tend à se répandre dans la langue littéraire et semble avoir toute la vigueur qu'il faut pour s'imposer un jour ; mais, dans l'usage actuel, elle reste suspecte d'incorrection [1] : *Lysis m'aborde, et tu* ME *veux causer !* (CORN., *Place Roy.*, II, 5.) — *Elle* ME *causa longtemps* (J.-J. ROUSSEAU, dans LITTRÉ). — *Vous êtes bien aimable de causer quelquefois de moi à Mme Hugo* (SAINTE-BEUVE, cité par A. Maurois, *Olympio ou la Vie de V. Hugo*, IX). — *On trouve toujours dans cette ville-là des gens à qui causer* (FLAUB., *Corr.*, t. III, p. 193). — *Il ne faut pas qu'on* ME *cause de choses positives* (TAINE, *Voy. aux Pyrén.*, p. 298). — *Il* M'*a causé très familièrement* (R. ROLLAND, *Journal*, dans les *Nouv. litt.*, 6 déc. 1945). — *Votre sœur (...) dont vous* ME *causez* (P. HERVIEU, *Flirt*, VII, cit. BRUNOT). — *Le monsieur veut te demander un renseignement ; cause-*LUI (H. BATAILLE, *Le Masque*, I, 4). — *Il promet qu'il en causera à son ex-gardien* (M. CHADOURNE, *Chine*, p. 113). — *Le vin dont nous entendons tout à coup la Vierge se mettre à causer à son fils* (P. CLAUDEL, *La Rose et le Rosaire*, p. 134).

4. **Faire connaissance avec ; faire connaissance de ; faire la connaissance de.** Les trois tours sont également corrects :

a) Il a fait connaissance AVEC *un tel* (AC.). — *L'occasion qui m'est offerte de faire connaissance* AVEC *vous* (A. DUMAS f., *L'Étrangère*, I, 2). — *Il avait fait connaissance* AVEC *quelques bons garçons* (R. ROLLAND, *Jean-Christophe*, t. III, p. 242). — *Il fit peu à peu connaissance* AVEC *certaines fleurs* (M. PROUST, *Jean Santeuil*, t. I, p. 205). — *Ne serions-nous venus que pour faire connaissance* AVEC *l'ami de Monseigneur ?* (É. ESTAUNIÉ, *Tels qu'ils furent*, p. 119.) — *Je viens de faire connaissance* AVEC *Mrs Peterson* (É. HENRIOT, *Le Diable à l'hôtel*, XV). — *Je fis connaissance* AVEC *ce bruit que fait le bétail, pendant les heures de nuit* (G. DUHAMEL, *La Pesée des âmes*, p. 147).

b) Elle avait fait connaissance DE *Gustave-Alphonse* (P.-J. TOULET, *Béhanzigue*, p. 22). — *Je fis connaissance* DE *M. Viennet* (A. HERMANT, *Confess. d'un Homme d'auj.*, Lett. III). — *Fait connaissance* DE *Marcel Proust* (Fr. MAURIAC, *Journal d'un homme de trente ans*, p. 77), — *Il fit connaissance* DE *son frère aîné* (É. ESTAUNIÉ, *Tels qu'ils furent*, p. 2). — *Il fit connaissance* DU *fils du libraire Ballanche* (A. MAUROIS, *Chateaubriand*, p. 159). — *Il avait fait connaissance* D'*un jeune prêtre* (G. DUHAMEL, *Les Compagnons de l'Apocalypse*, p. 63). — *Quelques heures plus tard, je faisais connaissance* D'*autres camarades* (M. JOUHANDEAU, *Carnets de l'écrivain*, p. 72).

---

1. « J'avoue que *l'on vous cause*, lequel remonte à Corneille *(Place Royale)*, n'est point ce qui heurte le plus dans la déchéance du langage, si l'on admet *parler avec* sur le même plan que *parler à*. » (A. THÉRIVE, *Le Français, langue morte ?...* p. 90). — Littré convient que la tournure *il m'a longtemps causé de ses affaires* est très en usage, et il ne prononce contre elle qu'une condamnation mitigée. — « Se rappeler de », « causer à quelqu'un », *volente nolente* l'on sera forcé d'y venir (A. GIDE, *Journal 1889-1939*, éd. de la Pléiade, p. 985).

c) *Il fit la connaissance d'un magicien* (TAINE, *Philos. de l'Art*, t. I, p. 189). — *Que je suis donc heureuse de faire votre connaissance !* (J. LEMAITRE, *Révoltée*, I, 4.) — *Je tâcherai donc de faire leur connaissance* (R. BOYLESVE, *Élise*, p. 276). — *Shelley fit la connaissance de l'institutrice* (A. MAUROIS, *Ariel*, I, 7). — *Je fis la connaissance d'Albert Doyen* (G. DUHAMEL, *La Musique consolatrice*, p. 47). — *Elle fit la connaissance d'un homme à la tête bouillante* (M. AYMÉ, *Le Confort intellectuel*, p. 121). — *J'ai fait la connaissance de monsieur ici présent* (J. ROMAINS, *Violation de frontières*, p. 169).

5. **Déjeuner, dîner, souper de ; ... avec.** « *Déjeuner de, dîner de, souper de* se disent du mets qu'on a mangé : j'ai déjeuné *d'*une côtelette. *Déjeuner avec, dîner avec, souper avec* se disent des personnes avec qui on a mangé : j'ai déjeuné *avec* quelques amis » (LITTRÉ, s.v. *déjeuner*, Rem.). — Telle est la distinction traditionnelle. Sans doute cette distinction est fondée en raison et plus d'un auteur l'observe, estimant avec Littré (cf. s.v. *dîner*, 3°) qu'il est « plus élégant et plus correct » de dire : *Nous dînâmes* DE *soupe et* DE *bouilli* » que de dire : *Nous dînâmes* AVEC *de la soupe et du bouilli*. — Il n'empêche que cette dernière construction est depuis longtemps dans l'usage [1] et qu'elle a la caution d'un grand nombre de bons auteurs ; c'est la construction vraiment vivante aujourd'hui (l'autre s'écrit encore, mais dans la conversation, elle serait tout à fait guindée) :

a) *L'oiseau n'est plus, vous* EN *avez dîné* (LA F., *Contes*, III, 5). — *Il avait dîné* D'*un os où il restait un peu de viande et* D'*un morceau de pain* (HUGO, *Les Misér.*, IV, 2, 3). — *Je déjeune* DE *deux œufs* (A. DUMAS f., *Un Père prodigue*, I, 12). — *Il dînait* D'*une tasse de chocolat ou de café* (J. VALLÈS, *Les Réfractaires*, p. 150). — *Nous déjeunâmes* D'*un peu de pain et de lait* (A. FRANCE, *Balthasar*, p. 85). — *Il dîna* D'*un croissant* (R. MARTIN DU GARD, *Les Thibault*, III, 1, p. 39). — *Je déjeunai* DE *figues et* DE *noix* (H. BOSCO, *L'Âne Culotte*, p. 97). — *Je dînais (...)* D'*une tranche de jambon ou* D'*un œuf dur* (A. BILLY, *Le Narthex*, p. 135). — *Nous déjeunâmes (...)* DE *coquillages et* DE *crevettes* (F. GREGH, *L'Âge de fer*, p. 273). — *Il soupa* D'*un plat de pommes de terre* (LITTRÉ). — *Dîner* D'*un potage et* D'*un légume* (AC.).

b) *Et déjeunions en hâte* AVEC *quelques œufs frais* (MOL., *Fâch.*, II, 6). — *Nous déjeunions ordinairement* AVEC *du café au lait* (J.-J. ROUSS., *Conf.*, VI). — *Je déjeune* AVEC *du thé et du beurre* (STENDHAL, *Corr.*, t. IX, p. 112). — *Il dînait* AVEC *du pain et des pommes de terre* (HUGO, *Les Misér.*, IV, 9, 3). — *L'étudiant Garnier (...) déjeune* AVEC *des raves* (MUSSET, *Lett. de Dupuis et Cotonet*, 4e lett.). — *Sa mère lui envoyait chaque semaine (...) un morceau de veau cuit au four,* AVEC *quoi il déjeunait le matin* (FLAUB., *Mme Bov.*, I, 1). — *Déjeunant seul* AVEC *du thé* (BAUDELAIRE, *Les Paradis artificiels*, Un Mangeur d'opium, II). — *Les gens du peuple (...) dînent* AVEC *du pain et un oignon* (TAINE, *Voy. en Italie*, t. I, p. 98). — *Je déjeune* AVEC *une tasse de lait* (E. LABICHE, *Les Vivacités du Capit. Tic*, I, 5). — *Alban déjeuna* AVEC *un bouillon, un doigt de pain, un verre de cognac* (MONTHERLANT, *Les Bestiaires*, VII). — *Pour achever de souper* AVEC *une pomme* (R. BAZIN, *La Terre qui meurt*, I). — *Souper* AVEC *du riz* (P. LOTI, *Japoneries d'automne*, p. 102). — *Déjeuner* AVEC *du chocolat* (DICT. GÉN.).

---

1. Littré le reconnaît d'ailleurs et convient qu'« on dit couramment : *déjeuner* AVEC *une tasse de café au lait* ».

6. *Se fâcher avec qqn* n'est pas synonyme de *se fâcher* **contre qqn**. Cette dernière expression signifie « se mettre en colère contre qqn » : *Je me suis fâché tout rouge* CONTRE *lui* (FLAUB., *Corr.*, t. IV, pp. 240-1).

Se fâcher avec qqn, c'est se brouiller avec lui : *Si on devait se contenter d'être fâché deux jours* AVEC *lui* (M. PROUST, *Du côté de chez Swann*, I, p. 56). — *Il était fâché* AVEC *son père* (A. BILLY, *Nathalie*, p. 19). — *Ma femme s'est fâchée* AVEC *moi et un jour elle est partie* (Ch. VILDRAC, *L'Ile rose*, p. 92). — *Vous êtes peut-être fâché* AVEC *votre femme ?* (M. ARLAND, *La Grâce*, p. 134.)

N. B. — Ne dites pas : *être fâché* SUR *quelqu'un* [cf. néerlandais : *kwaad* (ou *boos*) OP *iemand zijn* ; liégeois : *i s'a mâvlé* SOR *mi* = il s'est fâché *sur moi* (J. HAUST, *Dict. liég.*, s. v. *so*)].

7. *Avec*, employé absolument, comme adverbe, appartient à la langue familière (§ 901) : *Il a pris mon manteau et s'en est allé* AVEC (AC.). — *Il a été bien traité et il a encore eu de l'argent* AVEC (ID.). — *Nous possédons de grands titres, mais bien peu* AVEC (MUSSET, *Barberine*, I, 3). — *Que le diable t'emporte et moi* AVEC ! (ID., *Il ne faut jurer de rien*, I, 1.)

Avec adverbial, sans régime, ne s'emploie guère qu'en parlant de choses ; quand il s'agit de personnes ou d'animaux, la langue soignée met un régime : *J'ai rencontré votre père, j'ai parlé* AVEC LUI. — *Ta mère va à la campagne, tu iras* AVEC ELLE. — *Je pars pour Lyon, venez-vous* AVEC MOI ? (LITTRÉ, s. v. *venir*, 5°.) — *Venez* AVEC NOUS *aux Tuileries* (ID., *ibid.*). — *Je vais aux barricades.* — *Voulez-vous que j'aille* AVEC VOUS ? (HUGO, *Les Misér.*, IV, 11, 6.) — *Il y a le petit chien : ils* [les enfants] *jouent gravement* AVEC LUI (J. RENARD, *Journal*, 22 janv. 1900).

L'emploi adverbial de *avec* relatif à des personnes ou à des animaux est plutôt vulgaire[1] : *J'ai rencontré votre père et j'ai parlé* AVEC. — *Mes enfants ont un chien, ils jouent* AVEC. — *Vous savez bien, explique Nestor, qu'on lui dressait* [au Roi] *son couvert un peu au hasard.* — *Comment voulez-vous que je sache ça ? Je n'ai jamais dîné* AVEC (P.-J. TOULET, *Béhanzigue*, p. 115).

8. On dit : *tel mot s'écrit avec deux* n ou : *par deux* n :

*a) Ce mot ne devrait s'écrire qu'*AVEC *une n* (LITTRÉ, s. v. *honneur*). — *« Cela » ne s'écrit qu'*AVEC *une l, lui dit le marquis* (STENDHAL, *Le Rouge et le Noir*, t. II, p. 27). — *Il nous faisait écrire notre vieux nom en deux mots,* AVEC *un H majuscule* (G. DUHAMEL, *Biogr. de mes fantômes*, p. 54). — *Un véritable savant (...) n'écrit point Science* AVEC

---

1. Cet emploi adverbial de *avec* dans des phrases telles que : *Nous allons à la ville : est-ce que vous venez* AVEC ? — *Bonjour, cher ami, viens* AVEC ! — *Vous partez pour Paris ? Attendez-moi, je pars* AVEC ! — a été souvent regardé comme un germanisme : on dit, en néerlandais : *Kom mee*, et en allemand : *Kommen Sie mit ;* — mais, comme dit Frei (*Gramm. des fautes*, p. 218), il y a là bien plutôt une simple coïncidence, « car le besoin d'unifier la préposition et l'adverbe est commun à toutes les langues ». [Cf. liégeois : *Vous-s' vini* AVOU ? = veux-tu venir avec ? (J. HAUST, *Dict. liég.*).]—A remarquer que, dans la phrase suivante, si l'on avait fait suivre *avec* du régime *eux*, l'effet eût été étrange : *Si j'avais une paire de chevaux, nous irions* AVEC *à la messe* (MUSSET, *Barberine*, I, 3).

un grand S (Ch. Péguy, *Pensées*, p. 29). — *Si vous écrivez Pennsylvanie,* AVEC *une seule n* (A. Hermant, *Savoir parler*, p. 104).

b) Pourquoi l'Académie écrit-elle ralentir PAR *une seule l ?* (Littré.) — *Elle écrit catégorie* PAR *un th* (Flaubert, *L'Éduc. sent.*, II, 2). — PAR *un K, monsieur le supérieur,* PAR *un K ! Le nom s'écrit et se prononce à l'anglaise... comme ceci, Djack...* (A. Daudet, *Jack*, t. I, p. 11). — *Chez mon oncle Mouillard.* — *Oui,* PAR *un t, n'est-ce pas ?* — *Non,* PAR *un d* (R. Bazin, *Une Tache d'encre*, p. 18). — *Soixante-dix-sept s'écrit* PAR *deux sept* (Ac.).

9. *Identifier à; ... avec.* Les deux constructions sont bonnes :

a) Mon cœur (...) s'identifie à *ceux qui le flattent* (J.-J. Rouss., *Conf.*, I, iv). — *Je n'ai jamais pu comprendre pourquoi il* LEUR *identifiait les Allemands* (M. Proust, *Le Temps retrouvé*, t. I, p. 114). — *En s'identifiant* AU *héros du roman* (J.-P. Sartre, *Situation*, I, p. 133).

b) La définition doit s'identifier AVEC *le défini* (Littré). — *Un auteur dramatique doit s'identifier* AVEC *les personnages qu'il fait agir et parler* (Ac.). — *Identifier un passant* AVEC *un ancien camarade de collège* (Robert).

N. B. — On dit aussi : *identifier telle chose et telle autre chose, deux choses entre elles.* Dans le même ordre d'idées : *une chose identique à une autre* [*identique avec,* mentionné par Bescherelle et par Littré et à peu près inusité], *deux choses identiques entre elles, identité d'une chose avec une autre, identité de telle chose et de telle autre, identité de deux choses entre elles.*

Hist. — La forme *avecque* s'est employée fréquemment en vers jusqu'à la fin du XVIIᵉ siècle : *Le possesseur du champ vient* AVECQUE *son fils* (La F., *F.*, IV, 22). — *Il en use, ma foi, Le plus honnêtement du monde* AVECQUE *moi* (Mol., *Mis.*, I, 2). — *Tous les jours je me couche* AVECQUE *le soleil* (Boil., *Sat.*, 6).

930*bis*. *De crainte de, dans la crainte de, par crainte de* se font suivre d'un infinitif (ayant même sujet que le verbe principal) ou d'un nom :

De crainte d'être surpris (Ac.). — *Dans la crainte de tomber* (Littré). — *Par crainte de troubler la tranquillité commode de ses jugements* (R. Rolland, *Jean-Christophe*, t. III, p. 29). — *De crainte des courants d'air* (Id., *ibid.*, t. I, p. 181). — *Il s'était boutonné jusqu'au cou, par crainte des voleurs* (Id., *ibid.*, t. V, p. 9). — *La populace entière ne se soulèverait point, par crainte des canons pointés sur le faubourg* (J. Kessel, *Le Coup de grâce*, p. 8).

La locution elliptique *crainte de* ne se dit que des choses craintes (très rarement des personnes) ; elle se construit parfois avec un infinitif : *Cacambo leur fit manger l'avoine* [aux chevaux] *auprès de la feuillée, ayant toujours l'œil sur eux,* CRAINTE DE *surprise* (Volt., *Candide*, XIII). — *Je ne prendrai des eaux que quinze jours,* CRAINTE DE *me trop échauffer* (Sév., t. IV, p. 464). — *Retirons-nous,* CRAINTE DE *nous rendre suspects* (Beaumarch., *Barb.*, I, 6). — *Les persécutés redoutaient la visite de leurs amis,* CRAINTE DE *les compromettre* (Chateaubr., *Mém.*, III, ii, 7, 11). — *Veillez,* CRAINTE DU *Suborneur !* (Verlaine, *Sag.*, I, 2.) — *Je ne les déchire pas* [des pages] *par superstition :* CRAINTE DE *porter la guigne au carnet* (A. Gide, *Journ. 1939-1942*, p. 191). — *Elle (...) se ravisa aussitôt,* CRAINTE D'*une réponse qui fît tomber sa joie* (J. Green, *Minuit*, p. 178). — CRAINTE DE *malheur,* D'*accident,* CRAINTE DE *pis* (Ac.).

On trouve parfois aussi, dans le même emploi, *peur de : Il nageait entre deux eaux, sans trop découvrir*, PEUR DES *coups, son manège* (R. KEMP, dans les *Nouv. litt.*, 27 nov. 1958).

931. ***Chez*** (venu de locutions telles que *en chies, a chiez*, de l'anc. franç. ; lat. pop. *in casa*, dans la maison [1]) signifie « dans la demeure de » et, par extension, « dans le pays de » [2] : *J'ai été* CHEZ *mon père*. *Porter la guerre* CHEZ *l'ennemi*. — Au figuré, il signifie « dans la personne de, dans l'œuvre ou la pensée de, dans la société de » : *C'est* CHEZ *lui une habitude*. — *J'ai lu* CHEZ *un conteur de fables...* (LA F., *F.*, III, 18). — *Cela se trouve* CHEZ *Corneille*. — CHEZ *nos ancêtres*.

Selon Littré, *chez* ne prend pour complément que des noms de personnes ou d'êtres personnifiés. Il serait plus exact de dire : que des noms d'êtres animés : CHEZ *les animaux à vision latérale...* (LAROUSSE DU XXᵉ s., s. v. *chiasma*). — *L'instinct* CHEZ *les animaux* (GRAND LAROUSSE ENCYCLOP.). — On ne dirait pas : CHEZ *les minéraux...*

Dans. En.

932. D'une manière générale, *dans* s'emploie surtout devant un nom déterminé pour marquer la situation d'une personne ou d'une chose par rapport au lieu qu'elle occupe, au temps qu'elle remplit, au milieu dont elle fait partie, à la disposition où elle se trouve : *Entrer* DANS *la ville*. DANS *son enfance*. *Être* DANS *la cavalerie*. *Vivre* DANS *l'oisiveté*.

Dans, suivi d'une indication de temps, signifie « après, au bout de » : DANS *un moment*. *Revenez* DANS *trois jours*. DANS *peu*.

Hist. — L'ancien français avait *enz* (lat. *intus*, dedans), adverbe et préposition. Il avait aussi *dans* [du latin vulgaire *deintus (de + intus > denz)*], peu usité d'ailleurs : on préférait le composé *dedans*. — *Dans*, d'abord adverbe, s'est développé comme préposition au détriment de *en* ; très rare avant la seconde moitié du XVIᵉ siècle, il a été vraiment introduit dans l'usage littéraire par Ronsard. — Quant à *dedans*, adverbe et préposition en ancien français, il a été réduit au rôle d'adverbe à partir du XVIᵉ siècle et fixé dans ce rôle au XVIIᵉ siècle : Vaugelas (*Rem.*, pp. 124-125 et 556) permettait aux poètes de dire : *dedans la maison*, mais « en prose, déclarait-il, tous ceux qui ont quelque soin de la pureté du langage, ne diront jamais (...) *dedans la maison*, ou *dehors la maison* » ; il faisait exception pour les prépositions composées, comme *par dedans*. — Quelques exemples du XVIIᵉ siècle : *Va* DEDANS *les enfers plaindre ton Curiace !* (CORN., *Hor.*, IV, 5.) — [Ceux] *qui ont la foi vive* DEDANS *le*

---

1. Cf. liégeois : *amon* ou *mon* (contraction de *a-mohon* = lat. *ad mansionem*, à la maison) : *Chèrvi* AMON *lès djins* = être en service chez les « gens », chez des particuliers ; — AMON *nos-ôtes* = chez nous ; — *in-ovrî d'*MON *l'mayeûr* = un ouvrier de chez le maïeur.

2. C'est une faute assez fréquente en Belgique que l'emploi de *chez* au sens de « près de », dans des phrases telles que celles-ci : [Une maman, tendant les bras à son enfant :] *Viens, chéri, viens* CHEZ *ta maman !* — [Dans un salon, une maman à son enfant :] *Puisque madame t'appelle, va* CHEZ *elle !*

cœur (PASC., *Pens.*, 242). — *L'oracle était logé* DEDANS *un galetas* (LA F., *F.*, VII, 15). — *Je lis* DEDANS *son âme* (MOL., *Dép. am.*, III, 5).

933. *a) En* se prend dans une acception moins déterminée que *dans* ; on le trouve surtout dans des locutions toutes faites, et son régime ne s'emploie qu'exceptionnellement avec l'article défini. Il se dit en parlant d'un lieu, d'un temps, d'un état physique ou moral : *Voyager* EN *Espagne. Avoir un projet* EN *tête.* EN *mars.* EN *deux mois. Un arbre* EN *fleur. Être* EN *colère.*

En sert à former le gérondif : EN *parlant.*

N. B. — 1. On dit : EN *été,* EN *automne,* EN *hiver* ; mais : AU *printemps*[1]. — À *l'automne* est assez fréquent : *Pas même un saule vert qui s'effeuille* à *l'automne* (HUGO, *Ray. et Ombres*, XLII). — *Chaque année, au printemps et* à *l'automne...* (E.-M. de VOGÜÉ, *Jean d'Agrève*, p. 134). — *Je traverse,* à *l'automne, un canton forestier* (G. DU-HAMEL, *La Pierre d'Horeb*, p. 8). — *Mais le jujubier, couvert de feuilles* à *l'automne...* (A. GIDE, *Amyntas*, p. 30). — *Si vous vous promenez en forêt* à *l'automne* (M. AYMÉ, *Le Confort intellect.*, p. 15). — *Au printemps et* à *l'automne* (J. GREEN, *Moïra*, p. 238). — À *l'été,* à *l'hiver* se rencontrent, mais ne sont pas courants : *Nous étions* à *l'hiver* (MUSSET, *Conf.*, IV, 6). — *Dans une plaine que recouvrent* à *l'été des moissons* (É. HER-RIOT, *Dans la Forêt normande*, p. 170). — À *l'hiver, le parti Mermet faiblissait* (M. GE-NEVOIX, *Forêt voisine*, p. 243). — Mais on dit : *en plein été, en plein hiver*, etc. : *Nous devons être* EN *plein printemps* (M. PRÉVOST, *Mlle Jaufre*, IV, 2). — *Il boit chaud* EN *plein été* (AC.). — *Il se baigne dans la rivière* EN *plein hiver* (ID.).

On dit aussi (tour généralement employé quand le nom de la saison, à cause d'un déterminant, est précédé de l'article) : *dans l'été, dans l'automne, dans l'hiver, dans le printemps* ; on rend alors l'indication temporelle plus concrète, comme si l'on marquait qu'on est « à l'intérieur » de la saison : *Lorsque,* DANS *l'hiver,* à *l'heure du salut, la cathédrale se remplissait de la foule* (CHAT., *Mém.*, I, 1, 7). — *Nous sommes* DANS *l'hiver* (LITTRÉ, s. v. *dans*, 5°). — DANS *l'été qui suivit* (A. GIDE, *La Porte étroite*, p. 35).

L'hiver, l'été, compléments circonstanciels de temps, peuvent se passer de préposition : *Il veut avoir Saint-Cloud plein de roses l'été* (HUGO, *Chât.*, II, 3). — *Ces champs qui, l'hiver même, ont d'austères appas, Ne t'appartiennent point* (ID., *Voix int.*, XIX). — *Ces peuples-là dorment l'hiver, veillent l'été* (H. BOSCO, *Un Rameau de la nuit*, p. 196). — Avec *printemps* et *automne*, ce tour sans préposition n'est possible que si ces noms sont accompagnés d'une épithète, ou d'un déterminatif, ou d'un complément : *Il pensait parfois au château où il avait été reçu le dernier printemps* (J. ROY, *La Vallée heureuse*, p. 266). — *J'ai, l'automne dernier, prêté l'oreille au beau discours que le professeur Grégoire a prononcé...* (G. DUHAMEL, *Paroles de médecin*, p. 183). — On dit : à *chaque printemps,* à *chaque automne*, ou sans à : *chaque printemps, chaque*

1. Devant un nom singulier à initiale consonantique, *en lo* s'était contracté en *ou* ou *on* (§ 311, *Hist.*) : OU *temps de ma jeunesse folle* (VILLON, *Test.*, 202) ; on disait donc : OU *printemps* (c.-à-d. : *en le* printemps) : *En la saison et* OU *printemps d'esté* (E. DESCHAMPS, dans Littré). — *Je n'*EN *vouldroys pas mettre le doigt* ON *feu* (RABEL., IV, 38). — Vers le milieu du XVIe siècle, les formes contractées *ou* et *on* se sont confondues avec *au*, et on a dit : AU *printemps,* AU *feu*, etc. — A remarquer que *en printemps, en hiver* se disent familièrement pour « en habits de printemps », « en habits d'hiver » (cf. LITTRÉ, s. v. *être*, 11°).

automne : Faire badigeonner cette muraille à chaque printemps (G. Duhamel, *La Passion de Jos. Pasquier*, X). — *Cette blouse de laine verdâtre, elle la reprenait à chaque automne* (Fr. Mauriac, *Le Sagouin*, p. 4). — *Côme pensait aux six caisses d'orangers que l'on sortait chaque printemps* (P. Vialar, *La Grande Meute*, I, 5). — *Depuis trente ans qu'ils venaient chaque automne à Venise* (E. Jaloux, *L'Alcyone*, IX).

2. On dit : *au ciel, en enfer, en purgatoire* (rarement : *au purgatoire*), *en paradis* (rarement : *au paradis*) : *Fils de saint Louis, montez* au *ciel !* — *S'ils ne sont ni* en *paradis ni* en *purgatoire* (A. Daudet, *Lett. de m. m.*, p. 129). — *Vous ne l'emporterez pas* en *paradis* (Ac.). — *La petite, (...) crut être* au *paradis* (A. Maurois, *Lélia ou la Vie de George Sand*, p. 34). — *Ils n'iront pas* au *Paradis* (G. Duhamel, *Manuel du protestataire*, p. 237). — *Où crois-tu être ?* — En *purgatoire* (Nerval, *Aurélia*, II, 8). — *Les autres lui promirent qu'elle irait* en *enfer* (Colette, *Chambre d'hôtel*, p. 11). — *Le spectacle des empereurs romains consumés* en *enfer* (A. Camus, *L'Homme révolté*, p. 31). — Les compléments *dans le ciel, dans l'enfer, dans le purgatoire, dans le paradis* ont une valeur topographique plus concrète : *Croire être en paradis*, dans *le paradis* (Ac.). — *On entendait aller et venir* dans *l'enfer* (Hugo, *Lég.*, t. I, p. 52). — Avec le pluriel *les enfers*, c'est toujours *dans* qui est demandé : [Alexandre] *tourmenté maintenant* dans *les enfers* (Boss., *La Vallière*). — S'il s'agit du paradis terrestre, on dit toujours *dans le paradis* (non : *en paradis*) : *Son innocence tout ensemble et sa félicité* dans *le paradis* (Boss., *Hist.*, I, 1).

3. En disant *à Paris*, on marque simplement le lieu, par opposition à un autre lieu ; quand on dit *dans Paris*, on considère la ville comme un territoire bien circonscrit dans les limites duquel se situe le fait dont il s'agit : *À Paris, les oranges ont l'air triste de fruits tombés ramassés sous l'arbre* (A. Daudet, *Lett. de m. moul.*, p. 203). — *Il vit* dans *Paris* (Littré, s. v. *dans*, 1°). — *Rome n'est plus* dans *Rome, elle est toute où je suis* (Corn., *Sertor.*, III, 1). — *Trouver* dans *Sparte une âme et voir un cœur* dans *Rome* (Hugo, *L'Année terr.*, L'Enterrement). — *Est-ce que vous ne savez pas que les armées allemandes sont* dans *Paris ?* (Colette, *L'Étoile Vesper*, p. 27.)

4. Dans quelques expressions toutes faites, *en* suivi d'un nom sans article a conservé le sens ancien de « sur » : *Portrait* en *pied, mort* en *croix, casque* en *tête*. — *Jésus pauvre et mis* en *croix* (Volt., *Lett. phil.*, XXV). — *Les convives ont tous une couronne* en *tête* (Hugo, *Crép.*, IV). — *Le magistrat l'avait reçu debout (...), toque* en *tête* (Flaubert, *Mme Bov.*, p. 95). — *Voici Thomas qui traverse la Manche, mitre* en *tête* (É. Herriot, *Dans la Forêt normande*, p. 128). — *Il mit un genou* en *terre* (G. Duhamel, *Cécile parmi nous*, p. 250).

5. On dit : *en moi, en toi, en lui*, etc... (*dans* n'a que rarement pour régime un pronom personnel[1]) : *Je trouve deux hommes* en *moi* (Rac., *Cant. spir.*, III). — *Ah ! bon Dieu ! dis-je* en *moi-même, quel homme est-ce là ?* (Montesq., *L. pers.*, 72.) — *Il sentit* en *soi une gêne et un froid bizarre* (Cl. Farrère, *Les Condamnés à mort*, p. 134).

b) En ne s'emploie que rarement avec l'article défini : *en l', en la* se trouvent, soit devant des noms masculins à initiale vocalique, soit devant des noms féminins, à peu près uniquement dans quelques locutions faites : en *l'honneur de*, en *l'absence de*, en *l'air*, en *l'espace de*, en *l'espèce*, en *l'état*, en *l'église de*, en *l'an...*, en *l'occurrence*, en la *matière, il y a péril* en la *demeure,*

---

1. Cf. *Quand un discours naturel peint une passion ou un effet, on trouve* dans *soi-même la vérité de ce qu'on entend* (Pasc., *Pens.*, 14).

EN LA *présence de Dieu,* EN LA *personne de,* EN LA (ou *en*) *Chambre du Conseil,* etc. — *Le rôle de l'intuition est le même* EN L'*esprit du chef qu'en celui de l'artiste* (A. MAUROIS, *Mémoires,* I, p. 210).

L'usage a remplacé *en le, en les,* par *au(x), dans le, dans les : En mon nom et* AU *vôtre. J'en mettrais ma main* AU *feu. Je me jetterais* DANS LE *feu pour lui. Mettre* AUX *fers. Jeter* DANS LES *fers.* DANS LES *jours de malheur.*

Même en dehors des locutions toutes faites indiquées ci-dessus, on trouve assez souvent *en la : Il n'avait pas de fange* EN L'*eau de son moulin* (HUGO, *Lég.,* t. I, p. 65). — *Il (...) mit la pièce* EN LA *sébile* (Th. GAUTIER, *Le Capit. Fracasse,* XV). — *Ramener les religieuses* EN LA *maison des Champs* (SAINTE-BEUVE, *Port-Roy.,* IV, 1). — *Dîner* EN LA *compagnie des nouveaux venus* (FLAUB., *Mme Bov.,* p. 87). — *Une confiance passionnée* EN LA *lettre imprimée* (H. TAINE, *Voy. aux Pyrén.,* p. 283). — *La croyance en Dieu et* EN LA *bonté de Dieu* (É. FAGUET, *Initiation philosophique,* p. 90). — *C'est une école de dessin que j'admire surtout* EN LA *France* (A. GIDE, *Feuillets d'automne,* p. 200). — EN LA *capitale conquise* (Cl. FARRÈRE, *Les Civilisés,* XVIII). — *J'oubliais presque que j'étais venu au foyer de ce prêtre changer l'aridité de mes remords* EN LA *rosée féconde du repentir* (A. FRANCE, *Balthasar,* p. 78). — *J'étais dans cette campagne,* EN LA *société de ses bergers* (P. LOTI, *Le Roman d'un enf.,* LXVI). — *Sa croyance* EN LA *bonté de la foi devait se trouver renforcée* (M. PROUST, *Pastiches et Mélanges,* p. 171). — *La foi* EN LA *France est de l'ordre du cœur* (Fr. MAURIAC, *Le Bâillon dénoué,* p. 71). — *L'union des hommes* EN LA *justice et la charité* (H. BORDEAUX, *Paris aller et retour,* p. 191). — EN LA *saison des pluies* (DICT. GÉN., s. v. *en*).

En le, en les ont trouvé dans la langue littéraire de notre époque une faveur non médiocre[1] : *Il me signala,* EN LE *creux d'une combe, un hameau fort pittoresque* (F. FABRE, *Mon Oncle Célestin,* III, 1). — EN LES *petites localités des provinces arriérées* (E. de GONCOURT, *Les Frères Zemganno,* XVII). — EN LES *lueurs de cette vesprée* (VILLIERS DE L'ISLE-ADAM, *Hist. insolites,* p. 43). — *J'avais annoncé une nouvelle œuvre d'Henry de Groux* EN LES *lignes que voici* (L. BLOY, *Le Mendiant ingrat,* t. I, p. 14). — *Bloqué comme* EN LES *murs d'une étroite prison* (G. COURTELINE, *La Conversion d'Alceste,* 1). — *Un peu confiante* EN LE *retour de son ami* (P. LOTI, *Les Désenchantées,* V). — *Elle excelle* EN LES *questions abstraites* (R. de GOURMONT, *Le Chemin de velours,* p. (37). — *La confiance* EN LE *retour séveux* (J. de PESQUIDOUX, *Chez nous,* t. I, p. 109). — *Confiant (...)* EN LE *monde entier* (G. DUHAMEL, *Civilisation,* p. 99). — EN LES *jours de deuil* (ID., *Refuges de la lecture,* p. 126). — *La valeur de l'« antiquité »* consiste pour Bossuet (...)* EN LE *maintien d'une présence intacte* (A. THIBAUDET, *Hist. de la Litt. fr.,* p. 28). — *Sa tante (...)* EN LES *générosités testamentaires de laquelle il mettait tout son espoir* (G. LECOMTE, *Le Mort saisit le vif,* p. 41). — *Il trouva* EN LES

---

1. *En les,* pour Vaugelas (*Rem.,* p. 577), est « le plus grand et le plus grossier [solécisme] de tous ». — « Affreux barbarisme, dit Brunot, contraire à la fois à l'usage et à la tradition. » (*La Pensée et la Langue,* p. 425). — « Sottise », selon Stapfer : « jamais, même au moyen âge, cela n'a été français » (*Récréat. gramm. et littér.,* p. 214). — « Monstruosité », selon G. Gougenheim (*Syst. gramm.,* p. 293). — Effet du « snobisme archaïsant d'écrivains qui ignorent tout de l'ancienne langue », selon A. Dauzat (dans les *Mélanges Ch. Bruneau,* p. 3). — [Pour A. Dauzat, les exemples de *en le, en les* ici rapportés ne représentent pas l'« usage » ; ce ne sont que « des fantaisies individuelles et des excentricités littéraires ».]

femmes de l'Inde (...) des aides intelligentes (R. ROLLAND, *Mahatma Gandhi*, p. 107).— *Comment laisser perdre une telle citation,* EN LE *présent sujet ?* (MONTHERLANT, *Fils de personne*, p. 154.) — *Si tu crois* EN LE *paysage* (SAINT-EXUPÉRY, *Citadelle*, CLXII). — *Elle (...) ne voyait,* EN LE *miroir de leur esprit...* (A. GIDE, Préf. de l'*Anthol. de la Poés. fr.*, p. XLIII). — *Il est peu de romans contemporains où les pêcheurs aient plus d'attraits qu'*EN LES *siens* (M. ARLAND, *Ess. crit.*, p. 165). — EN LES *années présentes* (J. MARITAIN, *Quest. de consc.*, p. 218). — EN LES *libertés* (R. BOYLESVE, *Élise*, p. 296).

Hist. — Jusque dans le XVIe siècle, et parfois même encore au XVIIe, on a pu employer *ès*, contraction de *en les* : *Ès membres plus inférieurs* (RAB., IV, 7). — *Ès choses de difficile preuve* (MONTAIGNE, III, 11 ; p. 1158). — *Il tombe* ès *mains d'un autre ennemi* (MALHERBE, t. II, p. 11). — *Le bien qui se trouve* ès *choses temporelles* (PASC., *Prov.*, 9). — *Votre trône, ô grand Dieu, est établi* ès *siècles des siècles* (BOSS., *Serm. pour la Circoncision*, 1653). — *Ès* se retrouve dans quelques locutions figées : *docteur* ès *lettres*, etc. (§ 311, Rem. 1). Cette forme a été remplacée par *aux, dans les, entre les*.

c) *En* se rencontre avec l'article indéfini dans quelques rares cas où le nom régime est accompagné d'un adjectif. Il s'emploie aussi avec un déterminatif quelconque qui supplée l'article : EN *des temps tels que...* (LITTRÉ). — EN *un lieu agréable* (ID.). — EN *telle année,* EN *cette situation,* EN *quel temps,* EN *quelque sorte.* EN *mon pouvoir.*

Hist. — Devant un nom de ville, on employait généralement au moyen âge, et jusque dans le XVIIe siècle, la préposition *en*, dans les expressions répondant à la question *où ? Li reis Marsilie esteit* EN *Sarraguce* (*Rol.*, 10). — *Et li roys et la royne entrèrent* EN *Callais* (FROISSART, t. V, p. 216). — *On t'emmène esclave* EN *Alger* (MOL., *Scap.*, II, 7). — *Irène se transporte (...)* EN *Épidaure* (LA BR., XI, 35). — *J'écrivis* EN *Argos* (RAC., *Iphig.*, I, 1). — Mais *en*, dans cet emploi, s'est trouvé de bonne heure en concurrence avec *à : Carles serat* AD *Ais* (*Rol.*, 52). — Meigret et, après lui, Ramus, ont établi la règle qui demande *à* devant un nom de ville, et *en* devant un nom de pays (règle précisée ensuite par Maupas et par Dupleix).

On a pu dire, et l'on dirait encore : *en Avignon*, en parlant de l'*État* papal d'Avignon (réuni à la France en 1791 par l'Assemblée nationale). — Mais s'il s'agit de la *ville* d'Avignon, l'usage normal est de dire : *à Avignon : De retour à Avignon, je cherchai, le palais des papes* (CHATEAUBR., *Mém.*, II, 2, 2). — *J'étais passé dix jours avant à Avignon* (M. BARRÈS, *Mes Cahiers*, t. I, p. 148). — *Nous ne sommes pas à Avignon, mais à Rivray* (H. de RÉGNIER, *Les Vacances d'un Jeune Homme sage*, p. 269). — *Si nous arrivions moins tard à Avignon* (J.-L. VAUDOYER, *Laure et Laurence*, p. 255). — *Je vois qu'on célèbre à Avignon le jubilé de Henri Fabre* (P. CLAUDEL, dans la *Corresp. Claudel-Gide*, p. 126). — [La peste noire] *régnait à Avignon* (A. MAUROIS, *Hist. d'Anglet.*, III, 5, 3). — *De quoi aller à Avignon* (J. GIONO, *Le Hussard sur le toit*, p. 85). — *À Avignon, celle* [la majesté] *du palais des Papes vous gifle* (M. JOUHANDEAU, *Nouv. Images de Paris*, p. 112). — *Le dossier Beyrac était transmis de Nice à Avignon* (H. TORRÈS, *Accusés hors série*, p. 264). — On dit de même : *à Aix, à Arles, à Alger,* etc. : *M. Beugnot (...) est avec sa femme à Alger* (STENDHAL, *Corr.*, t. IX, p. 28). — *Elle fut mandée à Aix* (M. BARRÈS, *Le Jardin de Bérénice*, p. 159). — *Elle-même ne vint plus à Arles* (ID., *ib.*, p. 167). — *À Aix (...) on mit à ma disposition la salle de café* (COLETTE *L'Étoile Vesper*, p. 188). — *Van Dyck est allé exprès à Aix* (É. HENRIOT, dans le *Monde*, 12 déc. 1951).

Pour F. Brunot (*La Pens. et la L.*, p. 425), « EN *Avignon* est un provençalisme dont s'amuse A. Daudet ». Ch. Camproux, dans le *Français moderne* (juillet 1955, pp. 173-174) affirme, à l'inverse, que EN *Avignon* ne se dit jamais, en provençal, quand il. s'agit de la ville ; mais cette opinion n'est pas fondée : en provençal (Édouard Théodore-Aubanel en est un bon garant), on dit EN *Avignon* pour À *Avignon*. — « Dès le XVIIe siècle, cet emploi a quelque chose d'archaïque ou de provincial, en tout cas d'exotique (oriental) » (BRUNOT et BRUNEAU, *Gramm. hist.*, 3e éd. p. 433). — Les auteurs usent parfois de ce tour pour donner à la phrase une sorte de couleur méridionale : *Les poètes provençaux publient* EN *Avignon un joyeux petit livre* (A. DAUDET, *Lett. de m. m.*, p. 125). — *Ah ! on était vite un homme* EN *Avignon !* (H. de RÉGNIER, *Les Vacances d'un Jeune Homme sage*, p. 269.) — EN *Avignon, les platanes déjà feuillus murmuraient* (COLETTE, *Journal à rebours*, p. 181). — EN *Avignon, le pont ne l'avait point frappé* (R. KEMP, dans les *Nouv. litt.*, 13 sept. 1951). — *C'est peut-être* EN *Avignon, chez Aubanel, qu'eut lieu la première lecture du récitatif du « Faune »* (H. MONDOR, *Hist. d'un Faune*, p. 99). — Une certaine mode (horreur de l'hiatus ?) a tenté de faire reprendre faveur au tour ancien *en Alger* (encore en usage au XVIIe siècle) ; elle a également essayé d'introduire l'emploi de *en* devant le nom de diverses villes dont le nom commence par *A* : *Quand les rats prétendront s'installer à Paris (...)*, EN *Alger...* (A. SUARÈS, *Vues sur l'Europe*, p. 23). — *Il ne parvint pas,* EN *Alger, à servir autant qu'il le souhaitait* (R. KEMP, dans les *Nouv. litt.*, 13 mai 1948). — *Bien que j'aie mené* EN *Alger des aventures sans nombre* (M. JOUHANDEAU, *Élise architecte*, p. 152). — *Il eut cette chance,* EN *Alger, de voir naître le printemps* (H. BOSCO, *Sites et Mirages*, p. 125). — EN *Arles* (R. LALOU, *M. Barrès*, p. 66). — *Il s'en faut de tout qu'on soit aussi « miéterran » à Rome, à Gênes, à Valence et Madrid, à Bucarest ou à Fiume qu'*EN *Arles, en Aix ou au Martigue* (A. SUARÈS, *Vues sur l'Europe*, p. 88). — *Rose (...) s'était (...) installée* EN *Amiens* (G. DUHAMEL, *La Pesée des âmes*, p. 173). — *Les gens qui s'arrêtaient ou séjournaient à la réserve du personnel,* EN *Aubervilliers...* (ID., *ib.*, p. 213).

É. Henriot, en biaisant un peu, emploie *dans* (cf. *N. B.*, 3, p. 934) : *Ce dernier recueil, imprimé* DANS *Arles* (*Maîtres d'hier et contemp.*, nouv. sér., p. 269). — De même Colette : DANS *Avignon, j'expédiai ma séance de signatures après ma « causerie »* (*L'Étoile Vesper*, p. 189).

REMARQUES PARTICULIÈRES

934. 1. EN RUE, au sens locatif est un archaïsme [1], courant en Belgique et en Suisse. Dites : *dans la rue* : *Pour dormir* DANS *la rue, on n'offense personne* (RAC., *Plaid.*, I, 1). — *Si j'avais rencontré M. de Saint-Genis* DANS *la rue* (H. BECQUE, *Les Corbeaux*, II, 5). — *Aujourd'hui encore, si,* DANS *la rue quelqu'un élève trop la voix, mon cœur se met à battre* (E. JALOUX, *L'Alcyone*, VIII). — *Il avait toujours aimé qu'on lui fît bonne mine* DANS *la rue* (R. BOYLESVE, *L'Enfant à la balustrade*, p. 141). — *Je ne veux pas qu'on nous voie porter des valises* DANS *la rue* (MONTHERLANT, *Fils de personne*, IV, 1).

---

1. Cf. : *On n'en sara ja rien* EN *rue* (E. DESCHAMPS, t. IX, p. 95). — *Sortant* EN *ruë avec une arbaleste et une harquebouze* (MONTAIGNE, II,3 ; p. 392). — *Chez M. Barcellon, (...)* EN *Rue Basse* (J.-J. ROUSS., *À Mme de Warens*, 23 oct. 1737).

Mais on dit : « *en* pleine rue » : *Elle* [une chatte] *buvait comme un chien* EN *pleine rue* (COLETTE, *Chambre d'hôtel*, p. 16). — *Ils (...) sifflaient des vilains airs* EN *pleine rue* (A. THÉRIVE, *Fils du jour*, p. 106).

A remarquer les expressions figurées *jeter, mettre qqn à* (parfois : *dans*) *la rue* = le chasser ou le réduire à la misère, *être à* (parfois : *dans*) *la rue* = être sans logis : *Jeter quelqu'un à la rue* (AC.). — *Quand ils t'auront jeté dans la rue, il ne te restera plus un kopek* (M. ACHARD, *Patate*, III). — *Le père Baptiste, le vieux tourneur, que l'on jette à la rue après l'avoir mis en prison* (A. BILLY, dans le *Figaro*, 8 juill. 1959). — *Il allait donc la chasser, la mettre à la rue* (ZOLA, cité par Ph. Baiwir, *Le Soir*, 17 déc. 1958).

2. **Demeurer dans la grand-rue.** On dit : *demeurer* DANS *une rue*, et non à *une rue*. « On demeure *dans* ou *sur* une avenue, *sur* un boulevard ou *sur* une place. » (MARTINON, *Comment on parle...*, p. 578.)

Dans l'indication du domicile ou de l'adresse, on supprime généralement *dans, sur : Il habite* RUE *Vaneau*, BOULEVARD *Voltaire*.

3. **En tête-à-tête**[1] est condamné par Faguet et par les puristes, qui veulent qu'on dise *tête à tête* :

M. de Climal, TÊTE À TÊTE *avec moi* (MARIVAUX, *Marianne*, p. 35). — *Je passai deux heures* TÊTE À TÊTE *avec Madame* (CHATEAUBR., *Mém.*, IV, 5, 1). — *Nous passions* TÊTE À TÊTE *de monotones soirées* (B. CONSTANT, *Adolphe*, VIII). — *Quand je prenais un repas* TÊTE À TÊTE *avec mon père* (J.-L. VAUDOYER, *Laure et Laurence*, p. 111). — *Elles prirent leurs repas* TÊTE À TÊTE (J. GREEN, *Minuit*, p. 189).

Cependant *en tête à tête* est reçu par le meilleur usage :

Les voilà parties au grand regret du marquis, et le marquis EN TÊTE À TÊTE *avec Mme de La Pommeraye* (DIDEROT, *Jacques le Fataliste*, éd. de la Pléiade, p. 622). — *Je la trouve* EN TÊTE À TÊTE *avec M. Gorse* (STENDHAL, *Vie de Henri Brulard*, t. II, p. 116). — *À la vue de sa fille assise auprès d'un homme* EN TÊTE À TÊTE (G. SAND, *Valentine*, X). — *L'envoyé, qui se croit* EN TÊTE À TÊTE *avec le Roi...* (SAINTE-BEUVE, *Caus. du Lundi*, t. I, p. 251). — *Il les avait laissés* EN TÊTE-À-TÊTE (FLAUB., *Éduc. sent.*, t. II, p. 54). — EN TÊTE À TÊTE *avec sa femme* (MAUPASS., *Pierre et Jean*, I). — *Les deux archivistes (...) restèrent* EN TÊTE À TÊTE (A. FRANCE, *Le Crime de S. Bonnard*, p. 145). — EN TÊTE-À-TÊTE *avec Hélène de Thianges* (A. MAUROIS, *Le Cercle de fam.*, p. 238). — *Seule Mme Hoc avait l'air inquiète, quand elle était* EN TÊTE À TÊTE *avec*

---

1. L'Académie ne signale pas cette locution. Elle mentionne *tête à tête* (sans traits d'union), locut. adverbiale, et *tête-à-tête* (avec traits d'union), nom masculin. Cependant, au mot *œil*, elle explique *entre quatre yeux* en disant : *en tête à tête*.

L'Office de la Langue française constatait que l'usage actuel emploie généralement *en tête à tête* comme locution adverbiale. « Le fait a été probablement favorisé par des sens nouveaux qu'a pris *tête-à-tête* comme substantif (service à déjeuner, service à thé, etc.). Il semble même que l'usage introduise une différence entre « Nous nous sommes trouvés *en tête-à-tête* » et « Nous nous sommes trouvés *tête-à-tête* », la deuxième expression prenant le caractère d'un fait plus concret, parfois inattendu (cf. un possible synonyme : *nez à nez*). De telles précisions, loin d'être négligeables, sont à recommander. » (*Figaro*, 9 juillet 1938, Courrier de la Langue fr.).

la jeune fille (M. Prévost, *Mlle Jaufre*, II, 5). — *Il m'arrive si rarement d'être* en tête à tête *avec elle* (A. Gide, *La Symphonie pastorale*, p. 81). — *Ce n'est pas toujours fort gai de vivre* en tête à tête (A. Thérive, *La Revanche*, p. 94). — En tête à tête *avec la mort* (R. Martin du Gard, *Jean Barois*, p. 454). — *Ils dînèrent* en tête à tête (P. Vialar, *La Grande Meute*, II, 8). — En tête à tête *avec mes livres* (G. Duhamel, *La Pesée des âmes*, p. 134).

On a, dans l'usage régulier, l'expression adverbiale *face à face : Nous nous sommes rencontrés* face à face (Ac.). — *Les deux savants étaient maintenant assis* face à face (G. Duhamel, *Le Voyage de Patrice Périot*, p. 134). — *En face à face cherche* à s'introduire, mais il n'a pas reçu la sanction de l'usage : *Mais d'Annunzio n'a pas daigné dire ce qu'il pensait d'Hérelle balancé sur la mer*, en face à face *avec l'Hippodamie et l'Hermès d'Olympie* (R. Kemp, dans les *Nouv. litt.*, 20 mai 1948).

4. *En semaine* « se dit, par opposition à dimanche, d'un jour ouvrable » (Littré) :

Le curé (...) venait souvent en semaine *causer avec sa pénitente* (Maupass., *Une Vie*, X). — En semaine, *il travaille comme quatre* (O. Mirbeau, *Dingo*, VI). — *Nous sommes* en semaine (A. Daudet, *La Petite Paroisse*, p. 195). — En semaine *elle* [la ville] *a trop d'ouvrage* (J. Romains, *La Vie unanime*, p. 109). — En semaine *cette partie de la ville était assez peu fréquentée* (J. Green, *Léviathan*, I, 6).

5. *En chambre*. On dit : *un ouvrier* en *chambre*, c'est-à-dire « un ouvrier qui travaille chez lui, et non dans une boutique, un atelier » : *Le travail de l'artiste est à la fois semblable à celui des artisans* en chambre *et différent de lui* (A. Maurois, *Un Art de vivre*, p. 129). — *De même : travailler* en *chambre*. — Mais au lieu de *être, rester en chambre* [1], on dit plutôt, selon le cas : *être dans sa chambre, garder la chambre*.

6. *En deux heures.* On dit : *Il a fait ce travail en deux heures, en deux jours*, etc. (et non : *sur deux heures, sur deux jours* [2]) : *Ah ! mon cher maître,* en *quelques jours, j'aurai vu mourir deux mondes...* (E.-M. de Vogüé, *Les Morts qui parlent*, p. 422). — *Il couvrit la distance* en *deux heures* (Fr. Carco, *Le Roman de Fr. Villon*, p. 220). — *J'ai fait le trajet* en *trois heures et demie* (A. Siegfried, *L'Âme des peuples*, p. 15).

7. *En place ; à sa place.* Mettre, remettre *en place*, c'est ranger, disposer en ordre, mettre une chose dans l'état où elle se trouvait :

Berthe ouvrit le petit portail de bois, qui se décrocha et qu'elle remit en place (J. Chardonne, *L'Épithalame*, II, 4). — *Un petit homme à barbiche (...) me prit le livre des mains sans explication, le remit* en place (J. de Lacretelle, *Amour nuptial*, p. 50). — *Daniel soulevait ses toiles (...), puis il les remettait* en place (R. Martin du Gard,

---

1. *Après être resté* en chambre *jusqu'à midi moins un quart* (Sainte-Beuve, *Volupté*, XXIII).

2. Cf. liégeois : *Twè qui distrût l'Tampe èt l'ribatih' so treûs djous* [Toi qui détruis le Temple et le rebâtis *sur* trois jours] (J. Mignolet, *Li Bone Novèle*, Marc, XV, 29). — *Dj'a fêt l'vôye so treûs-eûres* [J'ai fait le chemin *sur* trois heures] (J. Haust, *Dict. liég.*, s. v. so).

Les Thibault, VII, 2, p. 91). — *Elle remit tout* EN *place* (J.-L. VAUDOYER, *La Reine évanouie*, p. 195).

On dit aussi : *Ranger chaque chose à sa place, en sa place* (LITTRÉ). — Ne dites pas : *mettre qq. ch. à place.*

Au figuré, *remettre quelqu'un à sa place,* signifie « lui faire sentir qu'il s'écarte des convenances, des bienséances » : *Elle l'avait remis* À *sa place de son ton le plus sec* (R. DORGELÈS, *Partir...,* p. 274). — *Ah ! comme nous aurions vite fait de le remettre* À *sa place !* (G. DUHAMEL, *Scènes de la vie future,* p. 156.)

Être en place, c'est être dans un emploi, une charge qui donne de l'autorité, de la considération. La même locution se dit aussi en parlant d'un domestique en service : *Elle prit ses guenilles d'habits, en fit un petit baluchon et partit* EN *place* (Ch. PÉGUY, *Souvenirs,* p. 15).

8. Table en marbre. Le complément déterminatif indiquant la matière dont une chose est faite s'introduit bien par *de : Table* DE *marbre* (Ac.). — *Une tabatière* D'*or* (ID.).

Selon certains puristes, le tour *table en marbre* est incorrect ou du moins familier. Il n'est pas douteux que ce tour (qui date du XVIᵉ s.) ne soit pleinement passé dans l'usage :

Vêtement EN *linge ou* EN *laine* (Ac., au mot *chemise*). — *Un magnifique buste* EN *marbre* (STENDHAL, *Le Rouge et le N.,* t. II, p. 183). — *Et l'on prit un drap blanc dans l'armoire* EN *noyer* (HUGO, *Chât.,* II, 3). — *Une comète* EN *fer forgé* (A. FRANCE, *Le Liv. de m. ami,* p. 163). — *Une cervelle* EN *or* (A. DAUDET, *Lett. de m. moul.,* p. 171). — *Des objets* EN *vermeil* (P. BOURGET, *Lazarine,* p. 199). — *Une montre* EN *or* (A. MAUROIS, *Le Cercle de famille,* p. 21). — *Cheminée* EN *marbre de Coutances* (BARBEY D'AUREVILLY, *Le Chevalier des Touches,* p. 15).

Quand le nom complément indiquant la matière est pris au figuré, il s'introduit par *de : Mon âme* DE *cristal* (HUGO, *F. d'aut.,* I). — *Elle eût attendri un cœur* DE *granit* (ID., *Les Misér.,* I, 5, 13). — *Il faut une santé* DE *fer sous ce climat* (É. FABRE, *Les Ventres dorés,* I).

9. On dit : *à la perfection,* ou : *dans la perfection,* ou : *en perfection* (les deux dernières locutions se trouvent surtout dans la langue littéraire) :

a) Il assassinerait À LA *perfection* (J. RENARD, *Journ.,* 6 sept. 1904). — *Il mène son jeu* À LA *perfection* (M. ARLAND, *Étienne,* p. 138). — *Elle (...) tenait* À LA *perfection l'appartement* (G. DUHAMEL, *La Passion de Jos. Pasquier,* XII). — *Chouanet imite Saint-Elme* À LA *perfection* (É. HENRIOT, *La Rose de Bratislava,* X). — *Vous la parlez* [notre langue] À LA *perfection* (Fr. MAURIAC, *Asmodée,* I, 6). — *La pièce est jouée* À LA *perfection* (G. MARCEL, dans les *Nouv. litt.,* 26 févr. 1953). — *Elle danse* À LA *perfection* (Ac.).

b) Vous me parlez de ma santé, elle est DANS LA *perfection* (SÉV., t. IX, p. 63). — *De même pour Rouen aujourd'hui ! D'ailleurs on l'imite* DANS LA *perfection à Elbeuf* (FLAUB., *Bouv. et Péc.,* IV). — *Ils le réussissent* [le thé] DANS LA *perfection* (H. LAVEDAN, *Nocturnes,* VII). — *Mon frère imite papa* DANS LA *perfection* (H. BECQUE, *Les Corbeaux,* I, 6). — *Elle nageait* DANS LA *perfection* (R. BAZIN, *Les Oberlé,* p. 54). *Elle me parla* DANS LA *perfection de la France qu'elle ne connaissait pas* (P. MORAND, *Champions du monde,* p. 89).

c) M. de Grignan écrit EN *perfection* (SÉV., t. VI, p. 313). — *La comédie fut jouée* EN *perfection* (CHATEAUBR., *Mém.,* III, 1, 4, 11). — *Tu joues du violon* EN *perfection*

(Maupassant, *Notre Cœur*, I, 1). — *Sa politesse et son éducation lui sont un capital qu'il exploite* en *perfection* (O. Mirbeau, *Le Calvaire*, VI). — *Elle s'acquitte de son rôle* en *perfection* (R. de Gourmont, *Le Chemin de velours*, p. 189). — *Cet ouvrier travaille* en *perfection* (Ac.).

10. ***Dans le but de*** est condamné par Littré, par l'Académie [1] et par les puristes ; selon eux, il faudrait dire : *dans le dessein de, à dessein de, dans l'intention de, à l'effet de, en vue de, dans la vue de, afin de, pour.* — Il est hors de doute que *dans le but de* a reçu la pleine sanction du bon usage [2] :

Dans *le but de chasser le comte Mosca* (Stendhal, *Chartr.*, t. II, p. 170). — Dans *le but de rompre une majorité* (Chateaubr., *Mém.*, III, 11, 6, 16). — Dans *le but de prévenir les dangers de la petite vérole* (Bescherelle, s. v. *inoculation*). — Dans *quel but ?* (Hugo, *Misér.*, V, 2, 1.) — *M. d'Andilly (...) s'était adressé* dans *le même but à Mme de Guemené* (Sainte-Beuve, *Port-Roy.*, III, 11). — Dans *le but de changer de point de mire* (Th. Gautier, *Le Capit. Fracasse*, XVII). — *Tu as pris,* dans *un but sublime, une route hideuse* (Musset, *Lorenzaccio*, III, 3). — Dans *le but de faire une opposition* (Balzac, *La Peau de chagrin*, p. 52). — Dans *le but de faire une chasse à la loutre* (Nerval, *Les Nuits d'octobre*, XXIV). — Dans *le but de composer l'ouvrage plus vite* (Baudelaire, *Les Paradis artif.*, Un Mangeur d'opium, IV). — Dans *le seul but de lui complaire* (Flaub., *Mme Bov.*, p. 307). — Dans *le but de tirer (...) la chose au clair* (Villiers de l'Isle-Adam, *Contes cruels*, p. 148). — *On voulait peut-être les garder comme otages — mais,* dans *quel but ?* (Maupassant, *Boule de suif*, p. 46.) — Dans *le but d'exaspérer son frère* (Montherlant, *Les Célibat.*, p. 76). — Dans *le but de fortifier le cœur d'une mère* (Fr. Jammes, *M. le Curé d'Ozeron*, p. 130). — *Je me suis rendu au bureau de l'état civil* dans *le but d'y faire une scène affreuse* (P. Loti, *Madame Chrysanthème*, XXX). — Dans *quel but tout cela ?* (A. Gide, *Journ. 1942-1949*, p. 134.) — *Il a dépensé* dans *ce but des sommes énormes* (G. Bernanos, *Lettre aux Anglais*, p. 115). — Dans *un but de diagnostic* (Ac., s. v. *inoculation*).

Même emploi chez : A. Dumas f., *Diane de Lys*, IV, 5 ; F. Fabre, *Mon Oncle Célestin*, I, 3 ; P. de Nolhac, *L. XV et Marie Leczinska*, p. 307 ; M. Proust, *La Prisonnière*, t. I, p. 42 ; L. Daudet, *Le Partage de l'enfant*, p. 274 ; J. Renard, *Poil de carotte*, Agathe ; G. Duhamel, *Paul Claudel*, p. 103 ; La Varende, *La Normandie en fleurs*, p. 150 ; A. de Châteaubriant, *La Brière*, p. 36 ; A. Arnoux, dans le *Figaro litt.*, 12 mai 1956 ; P. Vialar, *Les Robes noires*, p. 134 ; J. Giono, *Le Moulin de Pologne*, p. 214 ; H. Bazin, *La Mort du petit cheval*, p. 108 ; M. Garçon, *Plaidoyers chimériques*, p. 91 ; etc.

N. B. — 1. Les puristes condamnent également *poursuivre un but :* un but, disent-ils, est généralement fixe. La raison n'est guère valable : *but* désignant métaphoriquement une fin qu'on se propose, *poursuivre un but* n'est pas plus étrange que *poursuivre une fin* [*En tant qu'il aurait poursuivi une fin criminelle* (Sainte-Beuve, *Port-Royal*, III, x). — *La vanité des fins que les hommes poursuivent avec tant de frénésie*

---

1. L'Académie, dans sa séance du 21 février 1957, a estimé que *dans le but de* demeurait incorrect : (cf. article de M. Chapelan, dans le *Figaro litt.*, 23 févr. 1957).

2. « *Fin* dans la langue parlée ayant cédé la place à *but*, le lien entre *fin* et *à fin de* s'est effacé : le passage de *fin* à *but* entraîne celui de *afin de* à *dans le but de* » (Frei, *Gramm. des fautes*, p. 178).

(J. ROMAINS, *Les Copains*, p. 231)]. *Poursuivre un but* a pleinement reçu la sanction de l'usage : *Ce double but, il le poursuivait en effrayant les députés polonais* (MÉRIMÉE, *Les Cosaques d'autrefois*, p. 98). — *C'est le même but poursuivi par les mêmes moyens* (SAINTE-BEUVE, *Port-Roy.*, IV, 11). — *N'ayant plus de grand but à poursuivre* (TAINE, *Philos. de l'Art*, t. I, p. 77). — *On passe sa vie à poursuivre un but* (RENAN, *Caliban*, II, 1). — *N'attachant jamais la moindre importance aux buts qu'il poursuivait* (M. BARRÈS, *Un Homme libre*, Dédic.). — *Encore faut-il une règle en ce sens qu'il faut sans doute un but que l'on poursuit* (É. FAGUET, *En lisant Molière*, p. 175). — *Voilà un but que les grandes âmes poursuivent sans cesse* (G. DUHAMEL, *Paul Claudel*, p. 77). — *Poursuivre un but* (Ac., s. v. *poursuivre*). — L'expression est attestée encore par : J. LEMAITRE, *Les Contempor.*, t. VII, p. 221 ; P. de LA GORCE, *Louis-Philippe*, p. 69 ; H. BERGSON, *L'Évolut. créatrice*, p. 233 ; J. ROMAINS, *Les Hommes de b. vol.*, t. VII, p. 55 ; A. MAUROIS, *Études anglaises*, p. 71 ; A. SIEGFRIED, *L'Âme des peuples*, p. 212 ; M. JOUHANDEAU, *Essai sur moi-même*, p. 11 ; H. TROYAT, *Tant que la terre durera...*, p. 815 ; DANIEL-ROPS, *Vouloir*, p. 143 ; Fr. MAURIAC, *Journal 1932-1939*, éd. Table ronde, p. 367 ; É. HENRIOT, dans le *Monde*, 13 nov. 1957 ; le Gén. DE GAULLE, *Mém.*, t. I, p. 25 ; etc.

2. A signaler encore *remplir un but :* un but, disent les puristes, est un simple point, et on ne saurait le remplir. Tout absurde qu'elle peut paraître quand on essaye de l'expliquer logiquement et toute proscrite qu'elle est par Bescherelle, par Littré et par les puristes, l'expression trouve des répondants considérables : *Il avait très industrieusement et très frauduleusement rempli le but* (SAINT-SIMON, dans Littré). — *Je ne remplirais pas le but de ce livre* (J.-J. ROUSSEAU, *Conf.*, II, *ib.*). — *J'ai toujours rempli mon but, qui était de ne pas « parler comme auteur »* (STENDHAL, *Corr.*, t. V, p. 81). — *Il a pensé que nulle troupe mieux que la vôtre ne remplirait ce but* (Th. GAUTIER, *Le Capit. Fracasse*, XV). — *On conviendra qu'il a rempli assez mal son but* (MÉRIMÉE, *Portraits histor. et littér.*, p. 38).

3. On trouve aussi *pour un but* (mais la construction n'est pas courante) : *Poursuivre la guerre ? Oui, certes ! Mais* POUR *quel but et dans quelles limites ?* (Gén. DE GAULLE, *Mém.*, t. I, p. 88.)

11. On dit : **dans la cour** (et non : *sur la cour*) : *Les grands élèves et les gamins éparpillés* DANS *la cour neigeuse...* (ALAIN-FOURNIER, *Le Grand Meaulnes*, p. 40). — *Après le déjeuner, les élèves se rendaient* DANS *la cour pour la récréation* (A. de CHÂTEAUBRIANT, *Les Pas ont chanté*, p. 44).

12. **Dans un fauteuil ; sur un fauteuil.** L'un et l'autre se disent, mais le siège, le dossier et les bras d'un fauteuil formant comme un creux que l'on remplit en s'asseyant, il est naturel que le tour *dans un fauteuil* soit le plus fréquent :

Je m'assis DANS *un fauteuil* (MUSSET, *Confess.*, III, 7). — *Il dormait* DANS *un fauteuil* (P. GAXOTTE, *Fréd. II*, p. 528). — *Il l'assit* DANS *un fauteuil* (MAUPASS., *Une Vie*, IV). — *Elle s'écroula dans un fauteuil* (DANIEL-ROPS, *Mort, où est ta victoire ?* p. 98).

Quand on dit *sur un fauteuil*, on a surtout en vue le siège et on fait abstraction des bras du fauteuil :

Il trouva l'abbé SUR *son fauteuil de bois* (STENDHAL, *Chartr.*, t. I, p. 240). — SUR *un fauteuil de cuir vert (...) mon second malade de la journée était assis* (VIGNY, *Stello*,

XXX). — *Assis (...)* SUR *un fauteuil en velours d'Utrecht jaune* (BALZAC, *L'Illustre Gaudissart*, p. 37). — *Quand l'obésité l'eut clouée* SUR *un fauteuil* (MAUPASS., *Une Vie*, II). — *On l'assit (...)* SUR *un fauteuil* (E. et J. de GONCOURT, *Germinie Lacerteux*, LXIV). — *Ils retombaient (...)* SUR *leurs fauteuils* (R. DORGELÈS, *Partir...*, p. 271). — *M. Henriot s'asseyait* SUR *un fauteuil de paille* (M. ARLAND, *L'Ordre*, t. I, p. 60). — *M. Vandémanque trônant (...)* SUR *un fauteuil surélevé* (P. MORAND, *Lewis et Irène*, I, 1).

Même règle pour *bergère* : *Sa femme était assise* DANS *une bergère* (J. de LACRETELLE, *L'Âme cachée*, p. 39). — *L'abbé s'était installé* DANS *la bergère* (R. ESCHOLIER, *Dansons la trompeuse*, p. 27). — *Bonaparte,* SUR *sa bergère, (...) écoutait* (O. AUBRY, *Brumaire*, p. 127). — *L'on s'assied* SUR *une bergère Louis XV* (É. HENRIOT, *Le Diable à l'hôtel*, II).

On dit : *sur un canapé, sur un divan, sur un sofa : Le prince dormait* SUR *un canapé* (L. HALÉVY, *Criquette*, p. 73). — *Charlotte, assise* SUR *le divan...* (A. DAUDET, *Jack*, t. II, p. 345). — *Je la fis asseoir* SUR *le divan* (G. DUHAMEL, *Cri des profondeurs*, p. 170). — *Il la fit asseoir près de lui* SUR *le sopha de la favorite* (A. FRANCE, *L'Ile des Pingouins*, p. 352). — *Elles prirent place, la mère* SUR *un sofa, la fille sur le bras de ce meuble énorme* (J. GREEN, *Le Malfaiteur*, p. 38).

13. *Se confier en ; ... à ; ... dans ; ... sur.* Au sens de « se reposer sur, s'en remettre à », *se confier* se construit avec *en*, parfois avec *à* : *Et leur langue indiscrète,* EN *qui l'on se confie* (MOL., *Tart.*, III, 3). — *Je me confie* EN *vous* (LITTRÉ). — *Il s'est confié* EN *ses amis* (AC.). — *Se confier* EN *ses forces,* EN *la bonté de quelqu'un* (ID.). — *Ces pauvres dames se confiant* à *la générosité du roi* (RAC., dans Littré). — *Homme, personne de confiance, à qui l'on se confie entièrement* (LITTRÉ, s.v. *confiance*). — *Se confier* AU *hasard* (AC.).

Les tours *se confier dans, se confier sur* sont rares : *Se confier* DANS *la justice de sa cause* (DICT. QUILLET). — SUR *l'équité des dieux osons nous confier* (RAC., *Phèdre*, V, 1). — *Se confier* SUR *de faux calculs* (LAROUSSE DU XXᵉ s.).

N. B. — 1. On dit *se fier à qqn* ou *à qq.ch.*, *se fier sur qqn* ou *sur qq.ch.* : *Se fier aveuglément* à *quelqu'un* (AC.). — *Vous fiez-vous encore* à *de si faibles armes ?* (RAC., *Iphig.*, V, 2.) — SUR *l'avenir insensé qui se fie* (ID., *Ath.*, II, 9). — *Se fier* SUR *quelqu'un* (LAROUSSE DU XXᵉ s.). — *Se fier trop* SUR *ses propres forces* (AC.). — Le tour *se fier en qqn* ou *en qq.ch.* vieillit (l'Acad. le signale encore, mais ne donne aucun exemple) : *Fiez-vous* EN *moi* (SÉV., t. III, p. 509). — *Le plus sûr est, ma foi, de se fier* EN *nous* (MOL., *Éc. des m.*, I, 2). — *Sentiment qui fait qu'on se fie* EN *soi-même* (LITTRÉ, s. v. *confiance*, 3°).

2. On dit : *avoir confiance en*, parfois : *dans* (plus rarement : *à*) ; *mettre sa confiance en* ou *dans* ; *prendre confiance en : Avoir confiance, prendre confiance (...)* EN *quelqu'un* (AC.). — *J'ai grande confiance* EN *vous,* EN *votre secours* (ID.). — *Comme nous avions l'un* DANS *l'autre une confiance sans nombre* (B. CONSTANT, *Adolphe*, VIII, cit. Gougenheim). — *M. de la Boulerie n'avait pas confiance* AUX *gendarmes* (H. de RÉGNIER, *Les Vacances d'un Jeune Homme sage*, p. 174). — *Mettre sa confiance* EN *Dieu* (AC.). — *Heureux le peuple innocent Qui* DANS *le Dieu du ciel a mis sa confiance* (RAC., *Esth.*, II, 9). — *Le roi prenait confiance* EN *ses conseils* (BOSS., *Le Tellier*).

3. *Faire confiance à :* ce néologisme, venu de la langue parlementaire au début du XXᵉ siècle, a été vraisemblablement calqué sur *faire crédit à.* Les dictionnaires l'ignorent et les puristes le rejettent (cf. A. HERMANT, *Chron. de Lancelot*, t. II, p. 270) ; A. Thérive (*Procès de langage*, pp. 56-57) estime qu'il « relève du français vulgaire »

et qu'il faut l'éviter dans le bon style. Opinion contredite par l'usage de quantité de bons auteurs : *Il nous font confiance* (Ch. Péguy, *Notre Jeunesse*, p. 67). — *Faisons confiance au choix des siècles* (A. Maurois, *Un Art de vivre*, p. 126). — *Je lui fais confiance* (J. de Lacretelle, *L'Âme cachée*, p. 161). — *J'admire le Gouverneur Lamblin pour avoir fait confiance aux indigènes* (A. Gide, *Voy. au Congo*, p. 74). — *Tous vous font confiance* (R. Rolland, *Les Précurseurs*, p. 218). — *On pouvait lui faire confiance* (R. Martin du Gard, *Les Thibault*, VII, 1, p. 185). — *Il ne serait ni raisonnable, ni juste, ni généreux de ne pas faire confiance à la vie* (J. et J. Tharaud, *Petite Histoire des Juifs*, p. 282). — *C'est une grande erreur, que faire une confiance illimitée à la méchanceté des hommes* (Montherlant, *Les Célibataires*, p. 307). — *L'essentiel n'est-il pas que je fasse toujours confiance à ta droiture ?* (É. Estaunié, *Le Labyrinthe*, p. 250.) — *Faites confiance au sommeil* (Alain, *Propos sur le Bonheur*, XX). — *Vous méprisez trop la nature humaine, Agathe, il faut savoir lui faire confiance* (Fr. Mauriac, *Galigaï*, XIX). — *Il fallait (...) faire confiance à la liberté et à la spontanéité ouvrières* (A. Camus, *L'Homme révolté*, p. 269). — *Faites-moi confiance* (G. Duhamel, *Cri des profondeurs*, p. 120).

Même tour chez : G. Clemenceau, *Grandeurs et Misères d'une vict.*, p. 4 ; L. Madelin, *Foch*, p. 39 ; M. Genevoix, *Fatou Cissé*, p. 224 ; La Varende, *Le Centaure de Dieu*, p. 70 ; J. Cocteau, *La Belle et la Bête*, p. 231 ; Th. Maulnier, *Jeanne et les juges*, 3 ; É. Henriot, dans le *Monde*, 15 juin 1955 ; J.-P. Sartre, *Le Diable et le Bon Dieu*, III, 6 ; A. Chamson, *La Neige et la Fleur*, p. 75 ; J. Green, *Sud*, I, 5 ; R. Kemp, dans les *Nouv. litt.*, 20 déc. 1956 ; G. Marcel, *Un Homme de Dieu*, I, 4) ; M. Arland, *L'Eau et le Feu*, p. 224 ; J. Giono, *Angelo*, p. 79 ; le gén. de Gaulle, *Mém.*, t. III, p. 43 ; etc.

934*bis*. Depuis marque très couramment un rapport de lieu : *La France s'étend* depuis *les Alpes jusqu'à l'Océan* (Littré). C'est sur ce fait que se fondait l'Office de la Langue française pour déclarer (*Figaro*, 25 juin 1938) qu'on ne saurait considérer comme « incorrecte » la formule dont use parfois la T.S.F. : *Radiodiffusion de tel discours* depuis *tel poste*. — A comparer :

Depuis *sa fenêtre, Sturel plongeait sur un jeu de croquet installé dans une pelouse* (M. Barrès, *Leurs Figures*, p. 242). — *On l'entendit qui appelait : Berthe ! Berthe !* depuis *la salle à manger* (Tr. Bernard, *Mémoires d'un Jeune Homme rangé*, XXIII). — *Il s'avance jusqu'à l'église et aperçoit* depuis *le seuil (...) tout un petit peuple* (J. et J. Tharaud, *L'Ombre de la Croix*, p. 155). — *La nuit,* depuis *sa fenêtre, il regardait leur manège* (M. Arland, *L'Ordre*, t. I, p. 166). — Depuis *le perron, je les voyais aller et venir* (Fr. Mauriac, *La Pharisienne*, p. 85). — *Elle s'était avancée vers la cour assez pour qu'on l'aperçût* depuis *mon escalier* (É. Estaunié, *Tels qu'ils furent*, p. 62). — Depuis *la porte, en s'en allant, elle vérifie qu'on ne peut rien voir* (M. Genevoix, *Rroû*, p. 260). — *Une petite poule blanche qui la regardait* depuis *le seuil du poulailler* (M. Aymé, *Les Contes du Chat perché*, p. 143). — *La collinette forestière qu'elle voyait* depuis *son lit* (Daniel-Rops, *L'Ombre de la douleur*, p. 152). — Depuis *les camions, tout en roulant, les repéreurs pêchaient à la ligne dans une rivière qui longeait la route* (P. Guth, dans le *Figaro litt.*, 10 avr. 1954). — *Quand,* depuis *la bibliothèque (...), le cortège (...) se mit en marche...* (F. Gregh, *L'Âge de fer*, p. 280). — *Il ne saurait être question (...) de leur fixer* [aux forces clandestines] depuis *Alger ou Londres des missions précises* (Gén. de Gaulle, *Mém.*, t. II, p. 310).

Après *depuis* et un complément de lieu, on trouve ordinairement une indication corrélative introduite par *jusqu'à* et bornant l'espace dont il s'agit ; or, dans les exemples que l'on vient de signaler, cette indication corrélative fait défaut : de là leur physionomie insolite. [A Dauzat (dans le *Monde*, 15 juin 1955) condamne : « jeter du pain aux oiseaux *depuis* les fenêtres » et « un ballon s'envolera *depuis* la place de... »; il estime que *depuis*, préposition locative, marque un *rapport* de lieu, l'intervalle d'un point à un autre.]

N. B. — Pour exprimer le même rapport de lieu, on peut employer *de : Elle était déjà sur la route lorsqu'elle entendit Frank qui lui criait* DU *porche :* ... (J. GREEN, *Mont-Cinère*, XI). — DU *seuil de la maison, son mari l'appela* (M. ARLAND, *Les Plus beaux de nos jours*, p. 47). — *Il était peut-être dix heures quand Thierry demanda,* DU *couloir, s'il pouvait pénétrer dans le cabinet de son père* (G. DUHAMEL, *Le Voyage de Patrice Périot*, p. 250). — On dit aussi *dès* (rapport de temps + rapport de lieu) : *Emma,* DÈS *le vestibule, sentit tomber sur ses épaules comme un linge humide, le froid du plâtre* (FLAUB., *Mme Bov.*, II, 2). — *Il cria* DÈS *la porte : Bonjour !* (A. de CHÂTEAU-BRIANT, *La Brière*, p. 77.) — DÈS *le seuil, on entendait battre l'horloge* (M. ARLAND, *Les Plus beaux de nos jours*, p. 58). — DÈS *le seuil, une odeur de fruits sucrés la prit à la gorge* (H. TROYAT, *Tant que la terre durera...*, p. 174).

935. *Durant ; pendant.* On peut observer, sans toutefois donner à la distinction un caractère absolu, que *durant*, conformément à l'étymologie, implique l'idée de durée, tandis que *pendant* n'implique pas cette idée et indique un moment, une portion limitée d'un laps de temps : DURANT *la campagne, les ennemis se sont tenus enfermés dans leurs places* (LITTRÉ). — *Annibal, victorieux* DURANT *seize ans...* (BOSS., *Hist.*, I, 8). — *C'est* PENDANT *cette campagne que s'est livrée la bataille dont vous parlez* (LITTRÉ). — *C'était* PENDANT *l'horreur d'une profonde nuit* (RAC., *Ath.*, II, 5).

Durant se place quelquefois après le nom, surtout dans certaines locutions toutes faites : le mot est alors participe ou gérondif, de valeur adverbiale (§ 800, N. B., 1), et non préposition : *Sa vie* DURANT (AC.). — *Six ans* DURANT (ID.).

936. *Entre* signifie « au milieu de ou à peu près au milieu de l'espace qui sépare des personnes ou des choses » : ENTRE *les deux rives* (AC.). — *Ce bataillon se trouvait* ENTRE *deux feux* (ID.).

Il se dit parfois pour *en, dans : Je le remettrai* ENTRE *vos mains* (AC.). Il s'applique aussi au temps : ENTRE *onze heures et midi*.

Entre s'emploie encore en parlant de deux ou de plusieurs personnes, de deux ou de plusieurs choses qui sont ou que l'on suppose dans une certaine relation : *Dieu sera juge* ENTRE *vous et moi* (AC.). — *Ils s'aident* ENTRE *eux* (ID.).

Il peut avoir le sens de « parmi » : *Il fut trouvé* ENTRE *les morts* (AC.).

Il est parfois précédé de la préposition *de : On l'a retiré* D'ENTRE *ses mains* (AC.).

Remarque. — Quand on veut indiquer qu'on interrompt le discours ou la conversation pour dire quelque chose qui n'y a pas un rapport direct, on peut, selon l'usage classique, employer *par parenthèse :* PAR PARENTHÈSE, *j'ajouterai telle chose* (Ac.). — *Et,* PAR PARENTHÈSE, *le père Abbé n'est pas content* (L. VEUILLOT, *Corresp.*, t. II, p. 182). — Mais on peut aussi, sans incorrection, se servir de **entre parenthèses** (on écrit parfois : *entre paren- thèse*) :

> *Je crois, soit dit* ENTRE PARENTHÈSES, *que les vaniteux sont tout de même moins redoutables que les naïfs* (Cl. FARRÈRE, *Le Chef*, p. 133). — *Je vous révélerai,* ENTRE PARENTHÈSES, *(...) que ces cérémonies ne sont pas drôles, drôles* (A. LICHTENBERGER, *Biche*, p. 133). — *Qu'est-ce que peuvent bien lui faire, à ta tante, les vers de Corneille !* — *qui,* ENTRE PARENTHÈSES, *sont de Racine* (A. GIDE, *La Porte étroite*, p. 114). — ENTRE ARENTHÈSES, *je tiens à signaler que...* (Ac.). — *Pas comme Justin Weill (...) dont même je ne pense aucun mal, note-le,* ENTRE PARENTHÈSES (G. DUHAMEL, *La Nuit de la Saint-Jean*, p. 38). — *Il était,* ENTRE PARENTHÈSES, *divertissant d'entendre la belle, froide et distinguée Florence Bell parler avec respect de cette virago mal embouchée* (A. HERMANT, *L'Aube ardente*, VIII). — *Ananias,* ENTRE PARENTHÈSES, *est le nom de ce prud'homme de Damas qui délivra Paul de son aveuglement* (P. CLAUDEL, *Présence et Prophétie*, p. 19). — ENTRE PARENTHÈSE, *nous pourrions aller faire un tour à la cuisine* (A. CHAMSON, *Désordres*, III, 7). — *C'est un garçon fort intelligent, et qui,* ENTRE PA- RENTHÈSES, *a eu une très belle conduite pendant la guerre* (G. MARCEL, *Rome n'est plus dans Rome*, p. 34).

Pour *entre chaque...*, voir § 454, Rem. 3 ; pour *entre chacun...*, voir § 586, Rem. 1.

937. *Environ,* préposition, était d'un emploi courant à l'époque classique. Cet emploi est vieilli, et l'Académie, dans la 8ᵉ édition de son Dictionnaire (1935), n'en fait plus mention. Mais, comme Littré le faisait observer, *environ* « a été employé en ce sens par de trop bons auteurs pour qu'on le rejette » :

> ENVIRON *le temps Que tout aime* (LA F., F., IV, 22). — *Ce fut* ENVIRON *ce temps (...) que...* (Boss., *Hist.*, I, 10). — ENVIRON *l'an 1492* (VOLT., *Ch. XII*, 1). — ENVIRON *le début du XIXᵉ siècle* (A. HERMANT, *Les Samedis de monsieur Lancelot*, p. 256). — ENVIRON *ce temps* (A. FRANCE, *Le Génie latin*, p. 351). — *C'est* ENVIRON *le même temps qu'elle avait quitté son père* (P.-J. TOULET, *Béhanzigue*, p. 22). — *Cette excellente femme était née* ENVIRON *1800* (É. HENRIOT, *Les Temps innocents*, p. 85). — ENVIRON *ma quinzième année* (J. de LACRETELLE, *L'Âme cachée*, p. 20). — *Nous aurons à voir quels hommes pouvaient,* ENVIRON *1919, se proposer pour des maîtres* (DANIEL-ROPS, *Les Années tournantes*, p. 194). — ENVIRON *le XVᵉ siècle* (COLETTE, *Journal à rebours*, p. 41). — *L'action se déroule* ENVIRON *1900* (Fr. AMBRIÈRE, *La Galerie dramatique*, p. 372). — ENVIRON *le début du siècle* (G. DUHAMEL, *Manuel du protestataire*, p. 26). — *« Apache » fut lancé* ENVIRON *1900* (A. THÉRIVE, *Clinique du langage*, p. 22).

N. B. — Comme *environ* marque une approximation, des expressions telles que les suivantes sont pléonastiques : *Cela coûte environ 20 ou 30 francs. — Vers la page 310 ou 320 environ* (Th. GAUTIER, *Fortunio*, XII).

Aux environs de. L'emploi au sens temporel de *aux environs de* est condamné par Littré. Quoique l'Académie n'atteste pas cet emploi, on doit le tenir pour correct, tant il est fréquent chez les bons écrivains de notre temps :

> AUX ENVIRONS DE *1750* (R. de GOURMONT, *Promenades litt.*, 3ᵉ série, p. 255). — AUX ENVIRONS DE *1850* (J. LEMAITRE, *Impress. de théâtre*, t. XI, p. 118). — AUX

ENVIRONS DU *15 novembre* (P. BENOIT, *Axelle*, p. 302). — AUX ENVIRONS DE *1900* (A. MAUROIS, *Le Cercle de famille*, p. 15). — AUX ENVIRONS DE *vingt ans* (R. BOY-LESVE, *Sainte-Marie-des-Fleurs*, Préface). — *Un religieux* AUX ENVIRONS DE *1700 se fût tiré avec une grâce charmante des difficultés intellectuelles de 1956* (J. GREEN, *Le Bel Aujourd'hui*, p. 274). — AUX ENVIRONS DE *1660, l'art de la chaire en France est dans sa plénitude* (DANIEL-ROPS, *L'Église des temps classiques*, t. I, p. 296).

938. *Hors* ne s'emploie plus guère sans *de* que dans quelques locutions figées : *Hors barrière, hors cadre(s), hors catégorie, hors classe, hors commerce, hors concours, hors jeu, hors la loi, hors ligne, hors rang, hors série, hors texte, hors la ville.*

Le plus souvent *hors* est suivi de la préposition *de : Hors de la ville, hors d'ici, hors de chez soi, hors d'atteinte, hors de danger*, etc.

Hors signifiant « excepté » s'emploie seul devant un nom, un adjectif numéral, un pronom : HORS *les fils d'Horace, il n'est point de Romains* (CORN., *Hor.*, II, 1). — *Ils y sont tous allés,* HORS *deux ou trois* (AC.). — *Nul n'aura de l'esprit,* HORS *nous et nos amis* (MOL., *F. sav.*, III, 2).

Dans le même sens, *hors* s'emploie, presque toujours avec la préposition *de,* devant un infinitif : HORS DE *le battre, il ne pouvait le traiter plus mal* (AC.). — Sans *de* : [Gens] *qui ne savaient rien,* HORS *cultiver les champs* (J. BOULENGER, *Merlin l'enchanteur*, XXXIV).

N. B. — 1. Les Belges se mettront en garde contre l'expression *hors cause ;* il faut dire : *hors de cause : Être* HORS DE *cause* (LITTRÉ). — *Cela est* HORS DE *cause* (ID.). — *Mettre* HORS DE *cause* (AC.). — *Je devais mettre* HORS DE *cause les charmantes lectures de l'enfance* (M. PROUST, *Pastiches et Mélanges*, p. 241).

2. On dit : *hors de pair* (vieilli : *hors du pair*) ou *hors pair : Il s'est mis, il s'est tiré* HORS DE PAIR (AC.). — *Ce premier livre est* HORS DE PAIR (É. HENRIOT, dans le *Monde,* 20 mai 1959). — *Cuénot fut un professeur* HORS PAIR (J. ROSTAND, *Aux Sources de la biologie*, p. 232).

939. *Jusque* marque arrivée à un terme que l'on ne dépasse pas. Il se construit avec une préposition : *à* (c'est le cas le plus fréquent), *vers, sur, chez, dans, contre, en, par-dessus, passé*, etc. :

JUSQU'À *la mort.* JUSQU'AU *bout.* JUSQU'EN *Afrique.* JUSQUE VERS *midi.* JUSQUE SUR *le toit.* JUSQUE DANS *sa colère.* — JUSQU'ENTRE *les bras de la mort* (BOSS., *Duch. d'Orléans*). — JUSQUE PASSÉ *minuit* (COLETTE, *Le Fanal bleu*, p. 25). — *Il avança* JUSQU'EN FACE DE *la porte* (A. MALRAUX, *La Voie royale*, p. 113). — *Nous allâmes ainsi* JUSQUE SOUS *les combles* (H. BOSCO, *Le Mas Théotime*, p. 72).

Jusque se construit sans préposition avec les adverbes *ici, là, où, alors,* et avec certains adverbes d'intensité *(assez, aussi, si, bien, fort, très, un peu, tout)* modifiant un adverbe de temps ou de lieu :

Vertueux JUSQU'ICI, *vous pouvez toujours l'être* (RAC., *Brit.*, IV, 3). — *Et les dieux* JUSQUE-LÀ *m'auraient humilié ?* (ID., *Phèdre*, I, 1.) — JUSQU'OÙ *vas-tu ? — Ces vieilles bandes (...) qu'on n'avait pu rompre* JUSQU'ALORS (BOSS., *Condé*). — *La façade s'en déployait, dominant sur le parc tout entier, du sommet du plateau qu'elle occupe, qui la montrait* JUSQUE FORT LOIN (É. BOURGES, *Le Crépusc. des dieux*, I). — *Je m'étais arrangée pour faire durer* JUSQU'ASSEZ TARD *ma soirée* (J. ROMAINS, *Lucienne*, p. 150). — *De l'aube* JUSQUE TRÈS AVANT *dans la nuit* (R. ESCHOLIER, *Cantegril*, I). — *Depuis l'aube* JUSQUE BIEN AVANT *dans la nuit* (A. DAUDET, *Fromont jeune et Risler aîné*, I, 2). — *La mer (...) déferlait en lançant* JUSQUE TRÈS HAUT *de fines gouttelettes d'embrun* (R. BOYLESVE, *Élise*, p. 14). — *Le commandement (...) commençait de multiplier à bord les exercices de toutes sortes,* JUSQU'UN PEU PAR DELÀ *la satiété* (Cl. FARRÈRE, *La Seconde Porte*, pp. 151-152). — *Il* [un régime] *était resté,* JUSQUE TOUT RÉCEMMENT, *aristocratique* (A. SIEGFRIED, *L'Âme des peuples*, p. 105).

On trouve parfois *jusque même : Le manque d'amour, la lassitude avouée, et* JUSQUE MÊME *le fameux abandon du domicile conjugal qui ébranlait la loi, n'entamaient point encore une femme telle que la sienne* (R. BOYLESVE, *Élise*, p. 124). — *L'été fut lourd. Tout Paris s'enfuit,* JUSQUE MÊME M. *Angelus* (*ibid.*, p. 302). — *Il* [Claude Barrès] *était fort, il était beau ; il plaisait ; sachant s'arracher,* JUSQUE MÊME *avoir l'air de fuir* (É. HENRIOT, dans le *Monde*, 16 déc. 1959).

Remarques. — 1. *Jusque* demande après lui la préposition à dans :

Jusqu'à Paris, jusqu'à deux heures, jusqu'à demain, jusqu'à hier, jusqu'à maintenant, jusqu'à après-demain, jusqu'à avant-hier, jusqu'à toujours, jusqu'à midi, jusqu'à près de dix heures, jusqu'à quand, etc. : *De Paris jusqu'à Rome* (Ac.). — *Jusqu'à demain, jusqu'à hier* (LITTRÉ, s. v. *jusque*, 4°). — *Cette fraternité postiche qui nous unit et nous sépare jusqu'à maintenant* (L. BLOY, *Le Désespéré*, p. 170). — *Jusqu'à maintenant* (R. MARTIN DU GARD, *Les Thibault*, VIII, p. 49). — *Depuis le milieu de la nuit jusqu'à maintenant* (J. GREEN, *Moïra*, p. 232). — *Jusqu'à près de midi* (A. GIDE, *Voy. au Congo*, p. 209). — *Jusqu'à quand souffrirez-vous que...* (Ac.).

Selon Martinon (*Comm. on parle...*, p. 488, note), on dit : *jusqu'hier, jusque demain, jusque maintenant*. L'omission de *à* dans ces expressions et dans certaines autres est une licence qui se prend surtout, semble-t-il, dans la langue familière ; dans la langue littéraire, elle ne paraît pas être courante : *Dans les temps modernes et jusqu'hier même* (A. SIEGFRIED, *Savoir parler en public*, p. 176). — *Jusque Halle, où elles* [des voitures] *rencontreront la première garnison prussienne, elles rouleront jour et nuit* (P. GAXOTTE, *Frédéric II*, p. 84).

2. On dit correctement *jusqu'aujourd'hui ;* la préposition *à* est, en effet, comprise dans *au* du mot *aujourd'hui* (au + jour + d'hui) : *Depuis les origines de la vie* JUSQU'AUJOURD'HUI, *la terre est vouée au meurtre* (A. FRANCE, *La Vie en fleur*, p. 263). — *Jusqu'à aujourd'hui* reste correct aussi, mais est beaucoup moins fréquent de nos jours qu'au XVIIe siècle : *J'ai différé* JUSQU'AUJOURD'HUI, ou JUSQU'À AUJOURD'HUI *à vous donner de mes nouvelles* (Ac.). — *L'action bienfaisante de nos administrateurs (...) s'est prolongée* JUSQU'À AUJOURD'HUI (M. BARRÈS, *Le Génie du Rhin*, p. 195). — *Je n'en savais rien* JUSQU'À AUJOURD'HUI (E. JALOUX, *L'Alcyone*, XV). — *Pourquoi diable avoir attendu* JUSQU'À AUJOURD'HUI... ? (M. AYMÉ, *Le Passe-muraille*, p. 73.) — *Il en était ainsi* JUSQU'À AUJOURD'HUI (Fr. MAURIAC, *Asmodée*, I, 7).

3. On écrit quelquefois *jusques*, avec l's adverbial (§ 827bis), quand une voyelle suit, et l'on fait la liaison. Le cas se présente surtout en poésie, quand la mesure du vers le demande :

Et ne l'ai pu savoir JUSQUES *au point du jour* (CORN., *Cid*, IV, 3). — *Où tu vas, j'y serai toujours*, JUSQUES *au dernier de tes jours* (MUSSET, *N. de Déc.*). — *J'irai* JUSQUES *au bout de ma funeste route* (LECONTE DE LISLE, *Poèmes ant.*, Hélène, VI). — Mais il se trouve aussi en prose : *Depuis l'un des parents* JUSQUES *et non compris l'auteur commun* (*Code civ.*, art. 738). — JUSQUES *aujourd'hui, les souvenirs de cette grande catastrophe se sont conservés* (MÉRIMÉE, *Les Cosaques d'autrefois*, p. 56). — *Elle y demeura* [dans une maison] JUSQUES *après Pâques* (FLAUBERT, *Mme Bov.*, p. 238). — JUSQUES *au ciel* (AC.). — JUSQUES *à un excès comique* (A. HERMANT, *L'Aube ardente*, I). — JUSQUES *au fond du cœur* (ALAIN-FOURNIER, *Le Grand Meaulnes*, p. 315). — *Puisque vous critiquez depuis mes pieds* JUSQUES *aux cornes de la langouste* (Fr. JAMMES, *Le Rosaire au soleil*, p. 70). — JUSQUES *à quand ?* (J.-J. GAUTIER, *Hist. d'un fait divers*, p. 77.) — *Cette nouvelle n'était pas encore venue* JUSQUES *à nous* (AC.).

4. *Jusque* s'emploie parfois comme terme de soulignement, au sens de « même » ; devant un sujet ou un complément d'objet, il appelle après lui la préposition *à :*

JUSQU'AUX *marguilliers ont disparu* (LA BR., XV, 5). — JUSQU'AU *son de leur voix m'étonnait* (A. SALACROU, *Les Frénétiques*, I). — *J'aimais* JUSQU'À *ses pleurs* (RAC., *Brit.*, II, 2). — *Il séduit* JUSQUES AUX *chevaux* (É. HENRIOT, *Les Temps innocents*, p. 139). — [Les peuples] *seront dépouillés (...)* JUSQUE *de l'auréole funèbre de leur sacrifice* (R. ROLLAND, *Les Précurseurs*, p. 20). — JUSQUE *dans sa colère, il sait être juste.* — *Il répandait* JUSQUE *sur les pauvres animaux la pitié qui remplissait son cœur* (A. FRANCE, *Pierre Nozière*, p. 211). — *Les traits m'échappent et* JUSQU'À *la couleur des yeux* (A. GIDE, *La Porte étroite*, p. 21). — *Je surveillais* JUSQU'À *ses regards* (Fr. MAURIAC, *Le Nœud de vipères*, p. 100). — *On est venu* JUSQUE *de Milan pour prendre parti* (J. GIONO, *Voy. en Italie*, p. 74).

On emploie parfois *jusque* avec un objet indirect introduit par *à*, mais il y faut du discernement. Ainsi la phrase *Il prête jusqu'à ses valets* n'est pas bonne si l'on veut lui faire signifier « il prête même à ses valets », car le premier sens qui se présentera à la pensée du lecteur ou de l'auditeur sera « il prête même ses valets ». Avec des verbes qui n'admettent jamais d'objet direct, cette sorte d'équivoque ne serait pas à craindre ; et cependant on ne dirait pas bien, parce que l'expression ne serait pas parfaitement nette : « Il nuit jusqu'à ses amis ; il obéit jusqu'à ses valets ». Mais *jusqu'à* avec un objet indirect est plausible si cet objet indirect révèle clairement et dès le premier abord sa fonction : *Il a donné à tout le monde, il a donné* JUSQU'AUX *valets* (VAUGELAS, *Rem.*, p. 22). — *Il fait sa cour à tout le monde,* JUSQU'AU *chien du logis* (AC.). — *Celle-là* [une nourriture] *me parut médiocre, encore que l'odeur de la truffe y fût mêlée à tout,* JUSQUES À *la salade* (É. HENRIOT, *Le Diable à l'hôtel*, III). — *Ils ont donné la clef des champs* JUSQU'AUX *derniers de leurs esclaves* (J. GREEN, *Sud*, I, 2).

Pour le tour ancien *Il attendit jusque l'empereur fut assis*, voir § 1017, *Hist.*, 2.

940. Outre. En outre de. En plus de.

a) Outre n'a guère conservé le sens local de « au-delà de » que dans certaines locutions figées ou archaïques : *Aller* OUTRE-*mer. Louis d'*OUTRE-*mer.* OUTRE *monts* (= en Italie, en Espagne). *Les pays d'*OUTRE-*Meuse, d'*OUTRE-*Rhin. Mémoires d'*OUTRE-*tombe. Boire* OUTRE *mesure. Lésion d'*OUTRE *moitié* (locut. juridique).

En dehors de ces expressions figées, *outre*, au sens de « au-delà de », surprend un peu le lecteur : OUTRE *ses frontières visibles, la grande nation a des frontières invisibles* (HUGO, *Disc. de récept. à l'Ac. fr.*). — *Là-bas*, OUTRE *l'Océan* (M. PRÉVOST, *La Nuit finira*, t. I, p. 8). — *Le plus souvent le courage passe* OUTRE *la réflexion* (A. GIDE, *Feuillets d'automne*, p. 236). — *Il passe* OUTRE *la jonglerie* (J. COCTEAU, *La Difficulté d'être*, p. 78).

Outre signifie le plus souvent « en plus de » : OUTRE *ce domaine, il possède plusieurs maisons* (DICT. GÉN.). — OUTRE *ses névralgies, elle souffrait de maux de cœur fréquents* (R. BOYLESVE, *La Becquée*, p. 117).

Outre s'emploie aussi comme adverbe, mais seulement avec des verbes de mouvement tels que *aller, passer*, etc. : *Il n'alla pas plus* OUTRE (Ac.). — *Malgré les défenses et les oppositions, ils n'ont pas laissé de passer* OUTRE (ID.). — *La conversation n'alla pas* OUTRE (G. DUHAMEL, *Le Désert de Bièvres*, p. 85). — *Je n'avais pas encore poussé mon observation plus* OUTRE (ID., *La Pesée des âmes*, p. 94). — *Avant que d'aller* OUTRE, *force m'est de revenir (...) sur l'évolution de mon sentiment personnel* (ID., *Manuel du protestataire*, p. 146).

N. B. — *Passer outre à qq. ch.*, c'est, au sens classique, « l'entreprendre sans se laisser arrêter » : *Mais avant que de passer* OUTRE À *ses autres actions...* (Boss., *Panég. de s. François d'Assise*). — *C'est ce qui me permettra de passer* OUTRE AUX *préliminaires* (F. BRUNETIÈRE, *L'Évolut. des genres*, t. I, p. 246). — Mais, au sens moderne, *passer outre à qq.ch.*, c'est « n'en pas tenir compte », « en faire fi », « dédaigner l'opposition de » : *Il passa* OUTRE À *ces observations pourtant si justes, à ces scrupules pusillanimes* (Ac.). — *Passer* OUTRE AUX *traditions* (G. COURTELINE, *Les Linottes*, VII). — *Il peut passer* OUTRE AU *jugement des docteurs* (A. SUARÈS, *Sur la vie*, t. I, p. 80). — *La dialectique de l'amour passe* OUTRE AUX *résistances*, AUX *réticences même de l'esprit d'examen* (Ch. MAURRAS, *La Musique intérieure*, p. 80). — *Tota a passé* OUTRE À *la volonté de sa mère* (Fr. MAURIAC, *Ce qui était perdu*, II). — *Une protestation polie à laquelle je n'ose passer* OUTRE (G. BERNANOS, *Journal d'un Curé de campagne*, p. 48). — *Je me gardai bien, au début, de passer* OUTRE À *cette réserve du partenaire* (G. DUHAMEL, *La Pesée des âmes*, p. 218).

b) **En outre de,** qualifié de barbare par Littré, est rebuté par les puristes. Le bon usage a reçu cette locution ; il a reçu également **en plus de :**

1° EN OUTRE DE *mes vieilles dettes* (CHATEAUBR., *Mém.*, IV, 2, 9). — EN OUTRE DU *bon vouloir* (MUSSET, *Le Chandelier*, I, 6). — EN OUTRE DES *serviteurs et* DES *fermiers* (P. HERVIEU, *L'Armature*, V). — EN OUTRE DE *tant de convenances* (E. FROMENTIN, *Dominique*, VII). — EN OUTRE DU *musicien* (M. BARRÈS, *L'Ennemi des lois*, p. 178). — EN OUTRE DE *cette œuvre* (R. ROLLAND, *Jean-Christophe*, t. IV, p. 176). — EN OUTRE DE *la gloire qu'on remporte à vaincre l'ennemi* (A. FRANCE, *Sur la Pierre blanche*, p. 228). — EN OUTRE DES *calcinés volontaires* (L. BLOY, *Le Mendiant ingrat*, t. I, p. 150). — EN OUTRE DE *tous les impôts* (Ch. PÉGUY, *L'Esprit de système*, p. 123).

2° *À vingt pour cent* EN PLUS DES *tarifs adoptés* (G. COURTELINE, *La Conversion d'Alceste*, 4). — EN PLUS DE *sa mauvaise tête* (J. ROMAINS, *Les Hommes de b. vol.*, t. VI, p. 126). — EN PLUS DE *Venise et des Deux-Siciles* (J. BAINVILLE, *Bismarck et la France*, p. 134). — EN PLUS DE *Paul* (A. GIDE, *Si le Grain ne meurt*, I, 2). — EN PLUS DES *huit heures de travail* (A. MAUROIS, *Bern. Quesnay*, p. 81). — EN PLUS DE *deux messieurs dépareillés* (G. DUHAMEL, *La Nuit de la Saint-Jean*, p. 191). — EN

PLUS DES *juifs* (P. LOTI, *La Galilée*, p. 73). — EN PLUS DE *mon nom et de mon adresse* (O. MIRBEAU, *Dingo*, I). — EN PLUS DE *son travail au ministère* (DANIEL-ROPS, *La Maladie des sentiments*, p. 9). — EN PLUS DU *café* (H. TROYAT, *Les Semailles et les Moissons*, p. 390).

On rencontre aussi *en surplus de* : *J'ai* EN SURPLUS DE *mes occupations ordinaires, dû corriger deux épreuves de mon prochain livre* (L. BLOY, *Lett. à Léon Bellé*, 20 mars 1906, dans le *Mercure de Fr.*, 1ᵉʳ juin 1951, p. 209).

941. *Parmi* signifie « au milieu de ». On emploie, en parlant d'une masse, d'un groupe considérable, devant un nom ou un pronom au pluriel, ou devant un singulier collectif :

Il se mêla PARMI *eux* (AC.). — *Les a-t-on vus marcher* PARMI *vos ennemis ?* (RAC., *Esth.*, III, 4.) — *Il court* PARMI *le monde un livre abominable* (MOL., *Mis.*, V, 1). — PARMI *la foule* (AC.). — *L'ivraie est mêlée* PARMI *le bon grain* (ID.). — PARMI *tout cela*. — PARMI *le cortège* (CHATEAUBR., *Mém.*, IV, 11, 3). — PARMI *la clématite* (Fr. JAMMES, dans les *Nouv. litt.*, 17 déc. 1932). — *Des frémissements* PARMI *l'herbe* (A. GIDE, *Le Retour de l'Enf. prod.*, p. 34). — *Le point de beauté* PARMI *un duvet noir* (Fr. MAURIAC, *Le Sagouin*, p. 9).

Parmi ne se construit pas avec un nom de nombre bien défini dont les unités se présentent individuellement à l'esprit ; on ne dirait pas : *parmi trois personnes, parmi les cinq candidats*. Mais on peut dire : *Parmi cent personnes, vous n'en trouverez pas une qui...* (LAVEAUX, dans Littré) : ici les personnes se présentent à l'esprit non individuellement, mais globalement.

Hist. — *Parmi* avait souvent au moyen âge son sens étymologique de « par le milieu de, en traversant ». Cette valeur de *parmi* se retrouve parfois encore chez les auteurs de l'époque classique : PARMI *des demeures pareilles* (LA F., *F.*, III, 15). — *Un trésor supposé Dont*, PARMI *les chemins, on m'a désabusé* (MOL., *Ét.*, II, 5). — D'autre part, *parmi* pouvait, dans l'ancienne langue et jusque dans le XVIIᵉ siècle, s'employer avec un régime au singulier, alors même que ce régime n'était pas un collectif : PARMI *la plaine* (LA F., *F.*, XI, 1). — PARMI *l'éclat du sang* (MOL., *Psyché*, I, 2). — PARMI *ce plaisir* (RAC., *Brit.*, II, 6). — PARMI *ce partage* (BOSS., *P. Bourgoing*). — A l'époque moderne, certains poètes et certains prosateurs suivent parfois encore cet ancien usage : PARMI *sa pâleur* (Th. GAUTIER, *Ém. et Cam.*, Carmen). — PARMI *ce grand bonheur* (M. PRÉVOST, *La Nuit finira*, t. II, p. 208). — PARMI *le grand silence à peine troublé* (A. LAFON, *L'Élève Gilles*, p. 233).

942. *Pour* trouve de nombreux emplois. Au sens général de « à la place de », il peut signifier « au lieu de, en échange de, en guise de, en qualité de, au nom de » : POUR *qui me prend-on ?* (LA F., *F.*, VII, 4.) — *Rendre le bien* POUR *le mal. N'avoir* POUR *tout outil qu'un canif. Prendre quelqu'un* POUR *juge. J'en réponds* POUR *lui.*

Il peut encore, en exprimant l'idée générale de destination, signifier « dans la direction de, en vue de, en faveur de, à l'égard de, à cause de » : *Les voyageurs* POUR *Bruxelles. Le train* POUR *Bordeaux* [1]. *Mourir* POUR *la patrie. Se*

---

1. Régulièrement on fait la distinction suivante : *le train* POUR *Bordeaux* est le

déclarer POUR *quelqu'un.* — *Toute chose* POUR *toi semble être évanouie* (LA F., F., VIII, 1.) — *On abattit un pin* POUR *son antiquité* (ID., *ibid.*, XI, 9).

En particulier, *pour* peut marquer le temps : *Il est ici* POUR *dix jours. Ce sera* POUR *demain.* — Il peut aussi, quand il est précédé et suivi du même mot, indiquer la comparaison, la réciprocité, la correspondance exacte : *Scélérat* POUR *scélérat, Il vaut mieux être un loup qu'un homme* (LA F., *F.*, XII, 1). — *Rendre meurtre* POUR *meurtre. Traduire mot* POUR *mot.*

Pour signifiant « eu égard à, quant à » sert parfois à isoler et à mettre en lumière un nom, un pronom ou un adjectif : POUR *moi, je l'ose dire* (CORN., *Hor.*, II, 3). — POUR *de l'esprit, j'en ai* (MOL., *Mis.*, III, 1). — POUR *savante, c'est une autre affaire* (MUSSET, *Il ne faut jurer de rien*, 4).

Pour précédant un adjectif et suivi de *que* forme un archaïsme parfois encore employé dans la langue littéraire et signifiant « quelque... que, quoique, parce que ». Il forme un archaïsme analogue devant un infinitif, dans des phrases négatives ou restrictives : POUR *grands* QUE *soient les rois, ils sont ce que nous sommes* (CORN., *Cid*, I, 3). — POUR *dormir dans la rue, on n'offense personne* (RAC., *Plaid.*, I, 5).

Remarques. — 1. ***Partir pour.*** *Partir* suivi d'un nom marquant le but ou le terme du mouvement se construit avec *pour*, parfois aussi avec *vers :*

Nous partons POUR *la promenade* (AC.). — *Il partira dans trois jours* POUR *la campagne* (ID.). — *Je pars demain* POUR *la Bourgogne* (SÉV., 10 oct. 1673). — *Il est parti* POUR *l'Aquitaine* (HUGO, *Odes et B.*, Ball. VI). — *Elle partit* POUR *la ferme* (G. SAND, *Valentine*, XVIII). — *Napoléon était parti* POUR *l'Espagne* (J. BAINVILLE, *Napoléon*, p. 364). — *Shelley partit* POUR *Londres* (A. MAUROIS, *Ariel*, II, 6). — *Son frère partit* POUR *l'Amérique* (COLETTE, *Le Fanal bleu*, p. 204). — *Ils partent* POUR *Jérusalem* (J. BENDA, *Songe d'Éleuthère*, p. 164). — *Elle pensa qu'il avait dû partir aussi* POUR *le front* (A. CHAMSON, *Adeline Vénician*, p. 134). — *Il partit (...)* VERS *le front* (A. THÉRIVE, dans le *Temps*, 21 oct. 1937). — *Le croiseur étant parti* VERS *les abris d'Islande* (P. LOTI, *Pêch. d'Isl.*, II, 1). — *Il (...) repartira* VERS *Paris* (R. KEMP, dans les *Nouv. litt.*, 21 nov. 1957). — *Je partis tout seul* VERS *les collines enchantées* (M. PAGNOL, *Le Temps des secrets*, p. 10).

N. B. — 1. La plupart des lexicographes et des grammairiens s'élèvent contre *partir à, partir en, partir chez, partir dans.* C'est en vain : ces tours pénètrent de plus en plus dans la langue littéraire et finiront par s'imposer tout à fait. Ils présentent un phénomène — très banal — d'analogie syntaxique contre lequel il est inutile de s'indigner : dans PARTIR POUR *Rome*, l'idée d'ALLER À *Rome* est sous-jacente ; dès lors, il est naturel que l'on en soit venu à construire *partir* comme *aller : Madame Hugo repartit* EN *Italie* (SAINTE-BEUVE, *Critiq. et Portr. litt.*, t. II, p. 37). — *Hippolyte partit* À *Neufchâtel* (FLAUB., *Mme Bov.*, p. 351). — *Il était (...) reparti* À *la campagne* (ID., *Trois Contes*, p. 51). — *Il feignait de partir* AU *bureau* (A. DAUDET, *Le Nabab*,

---

train qui va à Bordeaux, et *le train* DE *Bordeaux* est le train qui vient de Bordeaux. Mais, dans l'usage actuel, cette distinction n'est plus observée : pour F. Brunot (*La Pens. et la L.*, p. 434), « *le train d'Italie*, c'est aussi bien le train qui se dirige *vers l'Italie* que celui qui provient *de ce pays* » — et pour G. et R. Le Bidois (*Synt.*, t. II, § 1866), « le train *pour* Bordeaux » tend à se faire remplacer de plus en plus par « le train *de* Bordeaux », malgré l'amphibologie patente de ce dernier tour. »

t. I, p. 93). — *Sa mère (...) partait* CHEZ *une amie attendre l'heure du bal* (M. PROUST, *Les Plaisirs et les Jours*, p. 266). — *Cinq sœurs de Saint-Charles partiront* À *Coblence* (M. BARRÈS, *Le Génie du Rhin*, p. 123). — *Vous allez partir* EN *Touraine* (H. BECQUE, *Michel Pauper*, III, 2). — *Quand je suis parti* AU *Brésil* (H. BERNSTEIN, *Le Cœur*, I, 2). — *Partir* AU *front* (R. DORGELÈS, *Les Croix de bois*, XVI). — *Les oiseaux (...) partent* À *la chasse* (J. de PESQUIDOUX, *Chez nous*, t. I, p. 107). — *J'étais déjà parti* EN *Angleterre* (R. MARTIN DU GARD, *Jean Barois*, p. 365). — *Nous partions* DANS *le Midi* (L. DAUDET, *Le Partage de l'Enfant*, p. 18). — *Le voyant partir* AU *pansement* (G. DUHAMEL, *Civilisation*, p. 14). — *Nous partions* À *la fontaine* (ID., *Les Hommes abandonnés*, p. 275). — *Vous allez repartir* AU *front* (É. ESTAUNIÉ, *L'Appel de la route*, p. 349). — *Il partait* CHEZ *les ombres* (J. COCTEAU, *Les Enfants terribles*, p. 71). — *Il partit, lui aussi,* VERS *la ville* (A. MAUROIS, *Bernard Quesnay*, p. 172). — *Je partais* AUX *Éparges* (A. ARNOUX, *Géographie sentimentale*, p. 136). — *Pour cent Vénitiens qui partaient* EN *Asie...* (J. GIONO, *Voy. en Italie*, p. 147). — *Ce cri du vieux Chateaubriand à Ampère partant* EN *Grèce...* (A. CAMUS, *L'Été*, p. 85). — *Quand il dut partir* À *la guerre* (LA VARENDE, *Les Belles Esclaves*, p. 116).

La langue moderne construit de même *partir* avec un adverbe de lieu (*ailleurs, là, là-bas, quelque part*, etc.) : *Mais quel plaisir si avec ses chevaux elle avait eu la bonne idée de partir* JE NE SAIS OÙ (M. PROUST, *La Prisonnière*, t. I, p. 165). — *Plusieurs jeunes filles de Brière (...) étaient parties* LÀ-BAS (A. de CHÂTEAUBRIANT, *La Brière*, p. 219). — *Nous partions* LÀ-BAS, *en troupe, avec enthousiasme et gaieté* (J. et J. THA-RAUD, *Notre cher Péguy*, t. I, p. 57). — *Et songeant (...) à ce parc, ils résolurent d'*Y *partir* (A. GIDE, *Le Retour de l'Enf. prod.*, p. 50). — *Il lui proposait de partir* N'IM-PORTE OÙ (ID., *Les Faux-Monn.*, p. 67).

2. Quand le complément de *partir* marque non pas le lieu où l'on va, mais le lieu où l'on est arrivé, il indique une situation résultant d'une action accomplie ; il est donc logique qu'il s'introduise au moyen de *à, dans, chez, en,* ou qu'il s'exprime au moyen d'un des adverbes *ailleurs, y, là, là-bas,* etc. : *Les étudiants étaient partis* DANS *leurs familles* (FLAUB., *L'Éduc. sent.*, t. I, p. 114). — *Elle passa toute la soirée assise devant l'hôtel (...), Gontran étant parti* AU *Casino* (MAUPASS., *Mont-Oriol*, p. 157). — *Et bientôt tous deux furent partis* DANS *les rêves* (A. DAUDET, *Port-Tarascon*, III, 2). — *Élie Elsberger était parti avec sa famille* EN *Espagne* (R. ROLLAND, *Jean-Christophe*, t. VIII, p. 212). — *Les métayers sont partis* AU *bourg* (ALAIN-FOURNIER, *Le Grand Meaulnes*, p. 281). — *Tout mon espoir était qu'Albertine fût partie* EN *Touraine* (M. PROUST, *Albertine disparue*, t. I, p. 27). — *Antonine était, depuis deux mois déjà, repartie* DANS *sa province* (G. DUHAMEL, *Suzanne et les J. Hommes*, p. 295).

3. Littré condamne *partir en voyage*. Cette expression, dans laquelle le complément marque non le lieu, mais la manière, l'état, est aujourd'hui reçue dans le bon usage : *Partir* EN *voyage* (DICT. GÉN.). — [*Les mariés*] *partaient le soir,* EN *voyage* (R. ROLLAND, *Jean-Christ.*, t. X, p. 264). — *Je pars* EN *voyage* (A. GIDE, *Paludes*, p. 72). — *Je pars* EN *voyage dans quelques jours* (A. DAUZAT, dans le *Monde*, 8 juin 1949). — *J'allais partir* EN *voyage* (G. DUHAMEL, *Manuel du protestataire*, p. 242). — On dit semblablement : *partir en promenade, en vacances, en guerre, en mission, en exploration,* etc. : *Ils partaient* EN *promenade* (A. GIDE, *Le Retour de l'Enf. prod.*, p. 41). — *Presque chaque soir, nous partions* EN *promenade dans Paris* (P. LÉAUTAUD, *Journal litt.*, 29 nov. 1898, note). — *L'hôte du 3 partait* EN *promenade* (H. BOSCO, *Les Balesta*, p. 153). — *Avant de partir* EN *vacances* (FLAUB., *L'Éduc. sent.*, I, v). — *Il fallait bien partir* EN *vacances* (M. ARLAND, *L'Eau et le Feu*, p. 66). — *Parti* EN *mission* (J. KESSEL, *Mermoz*, p. 51).

2. *Parier pour telle somme* est un barbarisme [1]. La construction correcte est : *parier* TELLE SOMME : *Je parie* CENT *contre un que vous vous trompez* (AC.).

On dit bien : *parier* POUR *quelqu'un, parier* POUR *tel cheval,* SUR *tel cheval : J'avais parié* SUR *le mauvais cheval* (A. HERMANT, dans le *Temps,* 13 avril 1939). — *J'ai eu raison de ne pas parier un sou* SUR *leurs chances* (G. BERNANOS, *Lettre aux Anglais,* p. 130). — *Il paria* POUR *le réveil et* POUR *l'explosion* (J. BAINVILLE, *Hist. de trois générations,* p. 17). — *Paul (...) s'acharnait à parier* POUR *ses chevaux* (L. HALÉVY, *Les Petites Cardinal,* p. 196). — *Ce qui eût pu faire parier* POUR *la sainte, c'étaient les victoires* (Th. MAULNIER, *Jeanne et les juges,* p. 29). — *C'est parier* SUR *le langage* (ALAIN, *Hist. de mes pensées,* p. 220). — *Je parierais gros* SUR *ses chances de sortir vainqueur* (Fr. AMBRIÈRE, *La Galerie dramatique,* p. 128). — *Parier* SUR *un cheval,* POUR *un cheval* (AC.).

N. B. — Après *parier,* le complément désignant la personne à qui on propose le pari, ou qui l'accepte, s'introduit par *contre* ou par *avec : Tenir le pari, L'accepter, parier* CONTRE *la personne qui le propose* (AC.). — *Mon oncle avait parié dix mille francs contre un sou* AVEC *sœur Marie-Henriette que l'innocence de cet officier serait reconnue* (Fr. MAURIAC, *La Robe prétexte,* XII). — Si ce complément est un pronom personnel, il peut, dans la langue familière, s'exprimer selon le tour *je te parie : Je* VOUS *parie vingt-cinq louis que...* (A. DUMAS f., *Un Père prodigue,* III, 8). — *Je* VOUS *parie qu'il existe, toute prête à sortir, une nouvelle maladie* (A. SALACROU, *Dieu le savait !* pp. 52-53). — *Je* TE *parie qu'elle va traverser en ligne droite* (A. DHÔTEL, *L'Homme de la scierie,* p. 159).

3. *Qu'est-ce là pour un homme ?* est un germanisme [néerl. *Wat is dat voor... ?* — allem. *Was ist das für... ?* — courant dans toute la Wallonie : cf. liégeois : *Qu'èst-ce qui c'èst* PO *'ne fleûr ?* = Qu'est-ce que c'est *pour* une fleur ? (J. HAUST, *Dict. liég.,* s.v. *po*) ; — répandu aussi en Lorraine, dans la Suisse romande, et même en Savoie]. — Dites : *Quel homme est-ce là ? Qui est cet homme-là ?* — *Quelle diable de conversation est-ce là ?* (MOL., *Pourc.,* I, 8.) — *Ah ! bon Dieu ! dis-je en moi-même, quel homme est-ce là ?* (MONTESQ., *L. pers.,* 72.) — *Quel genre d'homme est-ce ?* (A. BILLY, *Princesse folle,* p. 44.) — *Quelle espèce d'homme est-ce ?* (Th. GAUTIER, *Mlle de Maupin,* I.) — *Vous approchez Briand ? Quel homme est-ce ?* (Fr. JAMMES, *L'Antigyde,* p. 55.)

4. *Soigner pour* est aussi un germanisme (néerl. *zorgen voor ;* — allem. *sorgen für*). Au lieu de *Je soignerai pour...,* il faut dire : *J'aurai soin de.... je veillerai à..., je m'occuperai de...*

N. B. — Après *soigner qqn, traiter qqn,* au sens de « l'assister comme médecin », le complément désignant le mal ou la maladie s'introduit par *pour,* parfois par *de : On l'a soigné longtemps* POUR *une névralgie opiniâtre* (LITTRÉ). — *Géraudin se rappelait comment ce marmot l'embrassait, la nuit, quand il l'avait soigné lui-même* POUR *le croup* (M. VAN DER MEERSCH, *Corps et Âmes,* t. I, p. 102). — *Je soignais,* POUR *la même sorte de blessure, un jeune paysan* (G. DUHAMEL, *La Pesée des âmes,* p. 129). — *Ils (...) purent atteindre Avignon, où Angélique se fit traiter* POUR *sa blessure* (NERVAL,

---

1. Cf. liégeois : *Dji wadje* PO *cint francs* (= je gage *pour* cent francs) (dans HAUST, *Dict. liég.*).

Les Filles du feu, Angélique, 7ᵉ lett.). — *Il soigna sa femme* D'*une horrible petite vérole* (H. de RÉGNIER, *Les Vacances d'un Jeune Homme sage*, p. 57). — *Je l'ai soigné, et guéri, ça m'arrive,* D'*une angine pas trop méchante* (A. ARNOUX, *Les Crimes innocents*, p. 273). — *Pour se faire traiter* D'*un cancer* (Boss., dans Littré). — [Elles] *se font, des mois entiers, sur un lit effronté, Traiter* D'*une visible et parfaite santé* (BOIL., *Sat.*, 10).

5. **Tenir (pour)** + **attribut.** *Tenir* signifiant « réputer, croire » peut être suivi d'un attribut d'objet direct, introduit le plus souvent par *pour ;* parfois on omet *pour,* comme on le faisait fréquemment à l'époque classique :

a) *Je tiens leur culte impie* (CORN., *Pol.*, II, 6). — *Je vous tiens de ce jour sujet rebelle et traître* (HUGO, *Hern.*, II, 3). — *On pouvait le tenir un grand homme* (R. BOY-LESVE, *Souvenirs du jardin détruit*, p. 41). — *Salavin pourrait tenir négligeables les fantaisies de l'adversité* (G. DUHAMEL, *Deux Hommes*, p. 201). — *Si je tenais le docteur Freud un grand prophète* (A. HERMANT, *Les Samedis de mons. Lancelot*, p. 93). — *Il est injuste de tenir Botticelli responsable de Burne-Jones* (J. GREEN, *Journ.*, 10 juill. 1935). — *Ils tenaient peut-être Chevrier responsable de la mort de Geoffroy* (J. ROY, *La Vallée heureuse*, p. 79). — *Je tiens ces deux opinions également soutenables* (Ac.). — *Je me tiens heureux d'avoir pu vous servir en quelque chose* (ID.).

b) *Je la tiens* POUR *catholique* (L. VEUILLOT, *Historiettes et Fantaisies*, p. 157). — *Je tiens* POUR *un malheur public qu'il y ait des grammaires françaises* (A. FRANCE, *Pierre Nozière*, p. 146). — *On le tenait* POUR *le plus grand poète anglais de l'époque* (H. BREMOND, *Pour le Romantisme*, p. 68). — *Je le tiens* POUR *honnête homme* (Ac.).

N. B. — 1. A l'époque classique, on avait aussi, pour l'attribut de l'objet direct de *tenir,* le tour *tenir à* avec un nom sans article [1] : *Les plus grands y tiendront votre amour À bonheur* (CORN., *Pol.*, II, 1). — *Ils tenaient À infamie d'abandonner ceux qui...* (VAUGELAS, *Quinte-Curce*, VIII, 14). — Cette construction n'est pas entièrement abandonnée : *Si vous venez me voir, je tiendrai cela À honneur* (Ac.). — *Il tient ce propos À injure* (ID.).

---

1. Cas particulier d'une construction qui introduisait par *à* un nom attribut, sans article ; on disait : *estimer à faveur, réputer à honneur, compter à malheur, interpréter à mal, devenir à rien, avoir à mépris, prendre à bon présage,* etc. : *Il faut (...) recevoir À faveur le mépris qui est attaché à la profession de la vertu* (GUEZ DE BALZAC, *Lett.*, VI, 66). — *Prenez ce discours À bon présage* (PASC., *Prov.*, 2). — *C'est souvent À mal que le bien s'interprète* (MOL., *Tart.*, V, 3). — Cette construction a survécu dans quelques locutions : *prendre à cœur, prendre à tâche, prendre à témoin* (§ 303, Rem. 1), *prendre à partie* (invariable), etc. — A propos de cette dernière locution, notons que *prendre à parti,* ainsi que le fait remarquer Littré (s. v. *parti* 3, Rem. 1), s'est dit comme nous disons aujourd'hui *prendre à partie.* Littré cite : *Et prenant s'elle eût pu, le destin à* PARTI (RÉGNIER, *Sat.*, XI). — *Elle eut beau prendre à* PARTI *les lois et la religion* (HAMILTON, *Gramm.*, 9). — De nos jours, *prendre à parti* se rencontre parfois encore : *Je me trouve prise violemment à* PARTI *par un grand jeune homme à l'insolence appliquée* (Sim. de BEAUVOIR, *L'Amérique au jour le jour*, p. 44, cit. Ph. Baiwir, dans le *Soir,* 30 juill. 1958). — *Il n'ose pas prendre à* PARTI *saint Jean de la Croix* (R. KEMP, dans les *Nouv. litt.,* 18 juin 1953). — *Dans « la Table ronde » (...) parut le 1ᵉʳ novembre 1948 un texte de François Mauriac, où il me prenait à* PARTI (M. JOUHANDEAU, *Carnets de l'écrivain*, p. 268). — *Des censeurs hargneux prirent à* PARTI *le préfet* (H. TORRÈS, *Accusés hors série*, p. 85).

2. On dit aussi, mais rarement : « tenir *comme* » : *Venez voir ceci que je tiens* COMME *une cinglante satire de tous ceux que Balzac appelait les justiciards* (G. DUHAMEL, *L'Archange de l'aventure*, pp. 77-78).

6. **Pour de bon.** Les classiques disaient *tout de bon,* et cette expression reste correcte, sans doute :

Parlez-vous TOUT DE BON ? (MOL., *Éc. des f.*, II, 5.) — *Mais c'est demain qu'il faut* TOUT DE BON *écouter* (LA F., *F.*, IV, 22). — *Un jour vint où Madeleine fut questionnée et tancée* TOUT DE BON *pour ses charités* (G. SAND, *François le Champi*, I). — *Christophe se fâcha,* TOUT DE BON (R. ROLLAND, *Jean-Chr.*, t. VIII, p. 3). — *Elle se récrierait, se fâcherait* TOUT DE BON (M. PROUST, *Les Plaisirs et les Jours*, p. 75). — *Je serais mort* TOUT DE BON (A. HERMANT, *Xavier*, p. 13). — *Il va périr* TOUT DE BON (MONTHERLANT, *Malatesta*, I, 2).

Cependant il est hors de doute que le bon usage moderne autorise à dire *pour tout de bon, pour de bon,* tout aussi bien que *tout de bon :*

Y aller POUR TOUT DE BON (LITTRÉ, s. v. *franc*, adj., 12°). — *Relevez-vous cette fois* POUR TOUT DE BON (G. BERNANOS, *Dialogues des Carmélites*, II, 8). — *Elle allait s'enfuir* POUR TOUT DE BON (J.-J. GAUTIER, *Histoire d'un fait divers*, p. 215). — *Il faillit la boucler* POUR DE BON, *sa malle* (A. DAUDET, *L'Immortel*, p. 21). — *Quand il pique une graine* POUR DE BON (J. RENARD, *Hist. natur.*, p. 263). — *Souffrir* POUR DE BON (J. LEMAITRE, *Mariage blanc*, I, 3). — *Asseyez-vous* POUR DE BON (A. FRANCE, *Le Crime de S. Bonnard*, p. 232). — *Il est parti, celui-là,* POUR DE BON (L. BLOY, *Belluaires et Porchers*, p. 302). — *Entamer* POUR DE BON *la conversation* (A. HERMANT, *Les Grands Bourgeois*, I). — *Turc* POUR DE BON (P. LOTI, *Aziyadé*, p. 244). — *Si elle arrivait à le croire* POUR DE BON (J. ROMAINS, *Lucienne*, p. 166). — *Alida se tut* POUR DE BON (M. PRÉVOST, *La Nuit finira*, t. I, p. 28). — *Rompre* POUR DE BON *le silence* (R. MARTIN DU GARD, *Les Thibault*, VII, 3, p. 160). — *Comment cette escouade vit le feu* POUR DE BON (A. THÉRIVE, *Noir et or*, p. 162). — *Partir* POUR DE BON (G. DUHAMEL, *Deux Hommes*, p. 95). — *Ce n'était pas* POUR DE BON (A. MAUROIS, *Le Cercle de famille*, p. 59). — *Il se maria, cette fois* POUR DE BON (J. et J. THARAUD, *Petite Hist. des Juifs*, p. 115). — *Demain ce sera le soleil* POUR DE BON (P. CLAUDEL, *L'Œil écoute*, p. 158).

Pour de vrai est de la langue populaire ou familière, mais il tend à pénétrer dans l'usage littéraire : *Alors, vous n'êtes pas morts* POUR DE VRAI ? (MAETERLINCK, *L'Oiseau bleu*, II, 3.) — *Mériter le respect d'un homme qui m'aimera* POUR DE VRAI (R. MARTIN DU GARD, *Les Thibault*, II, p. 272). — *N'allai-je pas m'imaginer qu'il n'était pas mort* POUR DE VRAI ! (A. GIDE, cité par Ch. DU BOS, *Le Dialogue avec André Gide*, p. 249.) — *Ils ne se sont pas demandé si Baudelaire souffrait* POUR DE VRAI (J.-P. SARTRE, *Baudelaire*, p. 102).

Pour de rire appartient à la langue populaire.

7. On dit : **cinq pour cent,** *six pour cent,* etc., en parlant d'un intérêt, d'un gain, d'un escompte, qui est de cinq francs, de six francs, etc., pour cent francs placés, ou prêtés, ou avancés : *Prêter à cinq* POUR *cent d'intérêt,* ou simplement : *à cinq* POUR *cent,* ou plus simplement encore : *à cinq* (LITTRÉ, s.v. *cent*, 3°). — *Il gagna plus de cent* POUR *cent dans ces deux affaires* (VOLT., *L'Homme aux quarante écus*).

La langue populaire dit : *cinq du cent, six du cent,* etc. : *Tous les fournisseurs vous donnent cinq* DU *cent* [c'est un valet de chambre qui parle] (A. DAUDET, *Les Rois en exil,* VI). — *Elle avait trois mille francs d'économies, et bien placés, en bons billets, à cinq* DU *cent* [c'est une servante qui parle] (R. BOYLESVE, *La Becquée,* p. 131). — *Vous ne pouvez me faire cinq* DU *cent en sus de la remise ordinaire ?* [c'est un marchand de porcelaines qui parle] (A. FRANCE, *Crainquebille,* p. 150). — *Comme ces corbeaux se faisaient donner un* DU *cent pour dresser le dossier* (R. DORGELÈS, *Le Réveil des morts,* p. 86).

8. *Avoir des raisons* (ou *des motifs*) *pour partir, ... de partir.* Dans les expressions de cette sorte, l'infinitif de valeur finale s'introduit par *pour* ou par *de :*

Je n'aurais point eu de motif POUR *refuser* (B. CONSTANT, *Adolphe,* IV). — *Il n'y a aucune raison* POUR *ne pas admettre le singulier* (LITTRÉ, s. v. *impense*). — *J'avais d'autres raisons* POUR *lui résister* (Fr. MAURIAC, dans le *Figaro litt.,* 2 déc. 1961). — *Vous n'avez pas de raison* DE *vouloir la mort de cet homme ?* (HUGO, *Lucrèce Borgia,* II, 1, 4). — *Quand on a des raisons* DE *se méfier* (M. AYMÉ, *Les Tiroirs de l'inconnu,* p. 138). — *Quelle raison avez-vous* D'*en user comme vous faites ?* (AC.)

943. *Près de ; prêt à.* La locution prépositive *près de* suivie d'un infinitif exprime la proximité dans le temps et signifie « sur le point de » : *Au moment où la violence de ma passion était* PRÈS D'*éclater* (G. SAND, *Mauprat,* XXI). — *Et la lune, hélas, n'est plus* PRÈS DE *se lever* (P. LOTI, *Vers Ispahan,* p. 20). — *Des glaïeuls* PRÈS DE *fleurir* (P. MILLE, *Mém. d'un dada besogneux,* p. 139).

Prêt à est formé de l'adjectif *prêt* (variable) suivi de *à,* et signifie « disposé à, préparé à » : *Me voilà* PRÊTE À *vous ouïr* (MOL., *Av.,* I, 2). — *La mort ne surprend point le sage. Il est toujours* PRÊT À *partir* (LA F., *F.,* VIII, 1).

Hist. — A l'époque classique, *prêt à* pouvait signifier non seulement « disposé à », mais encore « sur le point de » : *Rome,* PRÊTE À *succomber* (Boss., *Hist.,* III, 7). — *Son armée* PRÊTE À *périr* (MONTESQ., *Consid.,* 6). — *Aujourd'hui qu'au tombeau je suis* PRÊT À *descendre* (A. CHÉNIER, *Élég.,* 7). — Cela se trouve encore au XIXᵉ siècle et parfois même à l'époque actuelle : *L'astre du jour,* PRÊT À *se plonger dans la mer* (CHAT., *Mart.,* 15). — *Cosette,* PRÊTE À *défaillir, ne poussa pas un cri* (HUGO, *Misér.,* IV, 5, 6). — *Ta blessure Est encor* PRÊTE À *se rouvrir* (MUSS., *N. d'Oct.*). — *Il ne vit pas qu'elle était* PRÊTE À *pleurer* (R. MARTIN DU GARD, *Les Thibault,* III, 2, p. 206). — *La peau qui se forme sur le lait* PRÊT À *bouillir* (G. BERNANOS, *Journ. d'un Curé de camp.,* p. 96). — *La masse entière de l'Europe et de l'Asie (...) est toujours* PRÊTE À *s'effondrer* (E. JALOUX, *Visages français,* p. 24). — *L'étranger vêtu de noir (...) qui sauvegardait sa raison* [de Musset] PRÊTE À *sombrer dans la volupté et dans l'alcool* (H. BORDEAUX, *Paris aller et retour,* p. 280).

D'autre part, *prêt de* pouvait autrefois s'employer comme *prêt à,* dans les deux sens indiqués plus haut : *Je suis* PRÊT DE *l'entendre* (= disposé à...) (RAC., *Phèdre,* V, 5). — *Il n'y avait point de services que les peuples et les rois ne fussent* PRÊTS DE *rendre* (= disposés à...) (MONTESQ., *Consid.,* 6). — *On était* PRÊT D'*aller* (= sur le point de...) *se divertir à Fontainebleau* (SÉV., t. III, p. 536). — *Les voisins étaient* PRÊTS D'*envahir* (= sur le point de...) *la frontière* (VOLT., *Mœurs,* 37). — A l'époque moderne, *prêt de* est archaïque : *Quand il* [Euripide] *fait paraître sur la scène Eurysthée* PRÊT DE *mourir* (FUSTEL DE COULANGES, *La Cité antique*, III, 6). — *Il semblait déjà* PRÊT DE *demander raison à ce monsieur* (A. HERMANT, *Le Rival inconnu*, V). — [Je] *ne suis pas* PRÊT DE *commencer* (MONTHERLANT, *La Petite Infante de Castille*, p. 47). — *On sent, à chaque instant, qu'il est* PRÊT D'*inventer le mot « gaffe »* (Fr. MAURIAC, *Trois Grands Hommes devant Dieu*, p. 56). — *Elle était* PRÊTE DE *pleurer* (P. LÉAUTAUD, *Journ. litt.*, I, p. 105). — *Mais de Mermoz, Thomas se montrait toujours* PRÊT DE *parler avec abondance* (J. KESSEL, *Mermoz*, p. 140).

944. Quant (lat. *quantum*, combien, autant que), dans la locution prépositive *quant à*, doit être distingué de *quand*, adverbe ou conjonction : QUANT *à moi*. — QUANT *à vous, suivez Mars...* (LA F., *F.*, III, 1).

Remarque. — *Tant qu'à*, pour *quant à*, construit avec un nom, ou un pronom, ou un infinitif, au sens de « pour ce qui est de », est un tour populaire [1] ; on le rencontre parfois dans la langue littéraire, où généralement il sert à produire certains effets de style. A. Thérive (*Querelles de lang.*, t. III, p. 143) déclare que ce tour ne le choque point, même dans sa conscience de latiniste. Il cite : *Et* TANT QU'AU *chameau qu'avons-nous besoin de cet alambic à quatre pattes ?* (P. CLAUDEL, *Positions et Propositions*, p. 153.) — *Ta sûreté est certaine.* TANT QU'À *la mienne, y pourvoira un dieu* (P. MASQUERAY, trad. d'*Œdipe à Colone*, éd. Budé, p. 202). — Ajoutons : TANT QU'À *toi il sera beau de t'être fait un parti de toi-même* (CHATEAUBR., *Mém.*, I, 1, 5). — TANT QU'À *moi, ce sont les premiers bessons que je vois* (G. SAND, *La Petite Fadette*, I).

Tant qu'à, construit avec un infinitif, a pris, dans la langue populaire, le sens limitatif et extensif de « supposé qu'on pousse les choses jusqu'à » [le tour régulier est : *à tant faire que (de)*... [2]] ; ce tour, qui s'est introduit par l'influence de *tant que*, se répand dans l'usage familier (surtout : *tant qu'à faire* [3]) ; il cherche à pénétrer dans la langue littéraire : *Un Lunois*, TANT QU'À *faire, il me semble que (...) ce serait plus indiqué* (P. LOTI, *Les Désenchantées*, IV). — TANT QU'À *faire, puisqu'il le tenait* [un coq], *il pouvait le faire cuire* (Fr. JAMMES, *M. le Curé d'Ozeron*, p. 62). — TANT QU'À *marcher, autant se diriger du côté de la délivrance* (A. GIDE, *Journal*, 31 mars 1931). — TANT QU'À *faire, mieux vaut que vous me laissiez vous présenter à ma nièce* (J. SCHLUMBERGER, *Le Camarade infidèle*, p. 29). — TANT QU'À *faire (...), nous aurions pu aller chez moi* (P. BENOIT, *Bethsabée*, p. 165). — TANT QU'À *faire d'être ta victime, j'aime autant ne pas t'en avoir obligation* (G. COURTELINE, *La Paix chez soi*, 2). — *C'est égal, j'aime mieux que tu sois là*, TANT QU'À *faire !* (P. BENOIT, *Les Agriates*, p. 205.) — TANT QU'À *faire de mourir pour des mots, autant mourir pour leurs initiales* (J. PERRET, *Bande à part*, p. 33). — TANT QU'À *faire que de vouloir, elle avait décidé de viser haut* (P. VIALAR, *Les Robes noires*, p. 39). — TANT QU'À *faire que de me dépayser, il vaut mieux y aller bon cœur bon argent* (J. GIONO, *Voy. en Italie*, p. 27).

---

1. Cf. liégeois : TANT QU'À *mi, dji so contint* [= tant qu'à moi, je suis content] (J. HAUST, *Dict. liég.*).

2. À TANT FAIRE *que d'employer un mot latin, il n'y a point de raison pour le changer de genre* (A. THÉRIVE, *Querelles de lang.*, t. I, p. 92). — À TANT FAIRE *que s'offrir au Seigneur, ne faut-il pas se donner tout entier, sans possibilité de reprise ?* (DANIEL-ROPS, dans les *Annales*, févr. 1953, p. 5.)

3. On rencontre parfois aussi : *à tant que faire* : À TANT QUE FAIRE, *je ne vois pas pourquoi je ne saisirais point cette occasion* (Fr. de MIOMANDRE, dans les *Nouv. litt.*, 15 avr. 1954).

945. *Sous le rapport de*. Selon Littré, cette locution ne paraît pas bonne à employer : « une chose, dit-il, est en rapport avec une autre, est dans un certain rapport, a rapport avec ; mais elle n'est pas *sous* un rapport ; si elle était sous un rapport ou sur un rapport, elle serait en dehors du rapport. » Cela est fondé en raison, mais *sous le rapport de*, déjà employé au XVIIᵉ siècle, s'est répandu, surtout depuis le XIXᵉ siècle, en dépit des grammairiens :

Selon les divers rapports sous *lesquels nous les considérons* (Bourdaloue, dans Littré). — *Son style, admirable* sous *le rapport de la clarté* (J. de Maistre, *Soirées*, 2ᵉ Entr.). — *Les ordres religieux n'ont été,* sous *beaucoup de rapports, que des sectes philosophiques* (Chateaubr., *Génie*, IV, 3, 4). — *Accusez-moi de faiblesse* sous *d'autres rapports, j'y consens* (G. Sand, *Lélia*, LV). — *Valence,* sous *le rapport pittoresque, répond assez peu à l'idée qu'on s'en fait* (Th. Gautier, *Voy. en Esp.*, p. 370). — Sous *ce rapport, Popinot n'avait pas mal choisi* (Balzac, *César Birotteau*, p. 171). — *Les rues et les carrefours laissaient peut-être à désirer* sous *le rapport du pavé et des réverbères* (J. Sandeau, *La Roche aux mouettes*, X). — *Les grandes manœuvres sont une image de la guerre, mais c'est une image infidèle* sous *ce rapport que tout y est prévu* (A. France, *Crainquebille*, p. 161). — *Les habitants de ce globe les plus favorisés* sous *le rapport de l'intelligence* (M. Maeterlinck, *La Vie des Ab.*, I, 8). — *Cette voiture est excellente* sous *le rapport de la commodité, de la vitesse* (Ac.). — Sous *le rapport de la technique* (G. Duhamel, *Semailles au vent*, p. 185). — Sous *le rapport de l'odorat* (G. Bernanos, *Monsieur Ouine*, p. 64). — *Il envisageait toutes les affaires* sous *le seul rapport de la pratique et des procédés* (P. Valéry, *Eupalinos*, p. 104). — *Pas seulement* sous *le rapport corporel* (A. Arnoux, *Les Crimes innocents*, p. 188).

On fera attention que *de* et l'article sont demandés dans le tour *sous le rapport de la clarté* (voir § 920, Rem. 2).

946. *Sur,* d'une manière générale, indique la position d'une chose par rapport à ce qui est plus bas, en contact ou non avec elle : *S'asseoir* sur *une chaise.* — *Un nuage orageux plane* sur *la ville.*

Sur trouve un grand nombre d'emplois particuliers et marque notamment la proximité, le lieu où l'on est, la direction, la manière d'être, l'accumulation, la relation, le temps, la conséquence, etc. : *Les places fortes* sur *les frontières. Se promener* sur *l'eau. Tirer un coup de fusil* sur *quelqu'un. Être* sur *la défensive. Il dit sottise* sur *sottise.* — Sur *trente personnes invitées, deux seulement s'étaient excusées* (É. Henriot, *Aricie Brun*, II, 1). — *Être* sur *son départ.* — Sur *cette réponse, il fut égorgé.* — *Se coucher* sur *les dix heures.* — Sur *six jours et six nuits, il me souvient de n'avoir dormi qu'un petit nombre d'heures* (G. Duhamel, *La Pesée des âmes*, p. 236).

Remarques. — 1. *Vivre sur*. On dit bien : *vivre* de *ses revenus,* de *ses rentes,* de *sa réputation*, mais on peut dire aussi : *vivre* sur *son revenu* (Dict. gén.), *vivre* sur *ses rentes,* sur *son capital*, etc. : *Il vécut deux ou trois ans* sur *la fortune de sa femme* (Flaub., *Mme Bov.*, p. 5). — *Il nous faudra vivre* sur *notre capital* (Fr. Mauriac, *Le Nœud de vipères*, p. 305).

Au figuré, on emploie couramment *vivre sur* : *Vivre* sur *sa réputation* (Littré). — *Il vécut jusqu'à la fin* sur *un vieux fonds de culture assez sommaire* (H. Bremond, *Âmes religieuses*, p. 178). — *Il pourra vivre* sur *ses souvenirs*

(J.-J. BROUSSON, *An. France en pantoufles*, p. 327). — *On y vivait* SUR *cette idée (...) qu'il existait un contrat sourd entre l'homme et le sort* (J. et J. THARAUD, *Notre cher Péguy*, t. I, p. 243).

2. *Sur* ou *dans le journal ; sur* ou *dans un registre*. *a)* Selon Littré (s. v. *sur*, Rem. 1), comme on dit bien : *lire une inscription sur un mur, lire sur une affiche*, on pourra dire : *lire sur un journal, sur une page*, si l'on a ce journal, cette page étendue devant soi. Autrement on dira *dans* :

Il avait lu ce renseignement DANS *une gazette* (FLAUB., *Trois Contes*, p. 44). — *Il se rappelle avoir lu* DANS *un journal...* (A. FRANCE, *Histoire comique*, VII). — *Mon grand-père lut* DANS *un journal que...* (M. PROUST, *Du côté de chez Swann*, t. I, p. 36). — *Lewis avait lu* DANS *son journal quelques pensées de cet auteur trop peu connu* (P. MORAND, *Lewis et Irène*, II, 1). — *On parlait de lui* DANS *le journal* (Fr. MAURIAC, *Le Mystère Frontenac*, p. 223).

Il est rare que le tour *sur un journal* dont parle Littré soit vraiment justifié. Quoiqu'il tende à pénétrer dans la langue littéraire, ce tour reste vulgaire[1] : *Il avait senti sa rancune et sa colère du premier jour le ressaisir, quand il avait lu,* SUR *ce journal (...) son nom* (H. BORDEAUX, *La Neige sur les pas*, p. 70). — *C'était* SUR *le journal* (H. LAVEDAN, *Les Beaux Dimanches*, p. 30). — *Il croit dur comme fer ce qui est* SUR *le journal* (A. HERMANT, *Ainsi parla M. Lancelot*, p. 210). — *Tristan Derème, en 1935, lisait* SUR *un journal de province la même funèbre nouvelle* (L. TREICH, dans le *Soir*, Notes parisiennes, 12 févr. 1947).

b) On dit : *mettre, coucher, inscrire, lire*, etc. *sur un registre*, ou, moins souvent, *dans un registre* :

La signature du grand maréchal SUR *le modeste registre de la commune* (A. DAUDET, *La Petite Paroisse*, p. 16). — *J'ai lu ce nom* SUR *le registre de mes prédécesseurs* (É. BAUMANN, *Le Baptême de Pauline Ardel*, p. 126). — *Nous inscrivons volontiers notre signature sur les registres des hôtels où nous passons* (É. HENRIOT, *Le Diable à l'hôtel*, I). — *Une note retrouvée (...)* SUR *un ancien registre* (Éd. HERRIOT, *Mme Récamier et ses amis*, p. 336). — *Ces colonnes de chiffres qu'il additionne* SUR *des registres* (Fr. MAURIAC, *Paroles catholiques*, p. 54). — *C'était un homme couché bien avant* DANS *ces registres* (Fr. GARASSE, dans LITTRÉ, s. v. *mise*, 3°). — *Votre nom, que j'ai lu* DANS *les registres de ma paroisse...* (J. GREEN, *Mont-Cinère*, XIX).

On trouve aussi : *inscrire, mettre au registre : On l'inscrivit* AU *registre de l'église Notre-Dame* (É. ESTAUNIÉ, *Tels qu'ils furent*, I, 1).

Notons : *Écrivez cela* SUR *votre agenda* (LITTRÉ, s. v. *sur*, 8°). — *Je lis,* SUR *le prospectus d'un cinéma oranais, l'annonce d'un film de troisième qualité* (A. CAMUS, *L'Été*, p. 21). — *Il chercha le numéro* SUR *l'annuaire* (G. BERNANOS, *L'Imposture*, p. 39).

---

1. Cf. ce bout de dialogue : Gillou : *C'est marqué sur le journal.* — Georges [son père] : *« Dans » le journal, et non « sur » le journal. Combien de fois faut-il te le répéter ?* — Gillou : *Mais tout le monde dit « sur ». Notre prof dit « sur ». Et le prof sait ce qu'il dit, il me semble !* — Georges : *Tout le monde se trompe. Dire « sur le journal » est aussi incorrect et aussi vulgaire que dire « le cintième » ou « le collidor »* (MONTHERLANT, *Fils de personne*, III, 1). — Cf. liégeois : *Cisse novèle la èst so l'gazète* [Cette nouvelle-là est *sur* la gazette] (J. HAUST, *Dict. liég.*, s. v. *so*).

3. **Sur la rue** signifie « avec vue sur la rue » : *Sa maison donne* SUR *la rue. Avoir pignon* SUR *rue.* — *Loger* SUR *la rue* (LITTRÉ). — *Ma chambre d'enfant était au premier* SUR *la rue* (P. LOTI, *Le Roman d'un Enfant*, XXVIII).

Il faut proscrire *sur la rue* (cf. néerl. : *op de straat* ; liégeois : *djouwer* SO *l'rowe* = jouer *sur* la rue) employé pour *dans la rue* (voir § 934, 1).

4. On dit bien : *Aller, marcher* **sur ses trente ans** : *Cet enfant va* SUR *quatre ans*, SUR *ses quatre ans* (AC.). — *Elle marchait* SUR *ses vingt ans* (É. HENRIOT, *Aricie Brun*, III, 2). — *Vous marchiez alors* SUR *soixante-cinq ans* (H. LAVE-DAN, *Le Vieux Marcheur*, p. 7).

5. **Blaser sur** ou **de.** Après *blaser*, le complément limitatif d'extension (indiquant la chose dont l'effet ne se marque plus sur le goût, sur la sensibilité) s'introduit par *sur* ou par *de* :

a) Blasé SUR *la bonne chère*, SUR *les éloges* (DICT. GÉN.). — *La mauvaise vie qu'il a menée l'a blasé* SUR *tout* (AC.). — *Les jurés n'étaient pas encore blasés* SUR *ces sortes d'allocutions* (BALZAC, *Une Ténébreuse Affaire*, p. 251). — *Par un caprice très convenable chez une jeune fille blasée* SUR *tous les conforts* (Th. GAUTIER, *Jettatura*, II). — *N'est-ce pas un plaisir sur lequel je suis blasée ?* (G. SAND, *Lélia*, LIV.) — *Blasé* SUR *tous les deuils* (Ch. MAURRAS, *La Musique intérieure*, p. 71). — *Vous vous blasez tout de suite* SUR *les meilleures choses* (G. COURTELINE, *La Paix chez soi*, 2). — *Tous ces hommes, pour qui ces spectacles étaient familiers, n'étaient pas blasés* SUR *eux* (MONTHER-LANT, *Les Bestiaires*, II). — *Il était un peu blasé* SUR *le plaisir de passer à travers les murs* (M. AYMÉ, *Le Passe-muraille*, p. 18). — *Il n'était pas encore blasé* SUR *les éloges* (F. GREGH, *L'Âge de fer*, p. 232).

b) Un bonheur DONT *il ne se blase jamais* (A. DAUDET, *Contes du Lundi*, p. 248). — *Blasé* DES *danses viles* (P. VERLAINE, *Sagesse*, II, 5). — *Ne croyez pas que je me blasai* D'*elle* (BARBEY D'AUREVILLY, *Les Diaboliques*, A un dîner d'athées). — *Quand elles sont blasées* DES *premiers succès mondains* (M. BARRÈS, *Les Déracinés*, p. 73). — *Blasé* DE *la peine* (Ch. PÉGUY, *Souvenirs*, p. 104). — DE *rien facilement je ne me blase* (H. BOSCO, *Un Rameau de la nuit*, p. 31).

La construction avec *contre* est rare : *Aussitôt le même bien-être élémentaire l'enve-loppait, durable et délicieux*, CONTRE *lequel elle ne se blasait pas* (M. GENEVOIX, *Éva Charlebois*, p. 102).

Si le complément est un infinitif, il s'introduit toujours par *de* : *J'étais déjà blasé* DE *piétiner la neige durcie* (A. HERMANT, *Confess. d'un Homme d'aujourd'hui*, Lett. I).

6. **D'accord sur** ou **de.** On dit : *être (demeurer, se trouver, tomber…) d'accord de qq. ch.* :

Le roi même est d'accord DE *cette vérité* (CORN., *Cid*, IV, 2). — *Mais je tombe d'accord* DE *mon crime envers vous* (MOL., *Mis.*, V, 4). — *On croira, Madame, que vous êtes d'accord* DE *tout ce qui se passe* (CHATEAUBR., *Mém.*, IV, 10, 6). — *Tout le monde* EN *est d'accord* (A. SUARÈS, *Sur la vie*, t. I, p. 119).

Mais on dit aussi (usage le plus fréquent aujourd'hui) : *d'accord sur qq. ch.* :

Les auteurs profanes ne sont pas d'accord SUR *ce point* (BOSS., dans Bescherelle). — SUR *l'argent, c'est tout dire, on est déjà d'accord* (BOIL., *Sat.*, 10). — *Après un échange d'idées* SUR *lesquelles ils étaient tombés d'accord* (R. MARTIN DU GARD, *Les Thibault*, IV, p. 42). — *On tomba d'accord* SUR *les bases suivantes* (M. PRÉVOST, *Mlle Jaufre*, III, 1). — *Et nous étions d'accord, entre amis (…). D'accord* SUR *quoi ?* (SAINT-

EXUPÉRY, *Lettre à un Otage*, p. 39.) — *Nous sommes tombés d'accord* SUR *un* « *Bourget critique* » (Ch. DU BOS, *Journal 1921-1923*, p. 35). — *Nous sommes d'accord* SUR *un point avec l'antisémite* (J.-P. SARTRE, *Réflexions sur la Question juive*, p. 75). — *Tous sont d'accord* SUR *l'espèce d'alliance que le médecin et le prêtre doivent observer en des cas tels* (G. DUHAMEL, *La Pesée des âmes*, p. 97). — *Permettez-moi de n'être pas d'accord avec vous* SUR *ce point* (Fr. MAURIAC, *Le Feu sur la terre*, p. 27). — *Il était d'accord* SUR *tout* (H. TROYAT, *Tant que la terre durera...*, p. 577). — *Mais* SUR *cent autres points, nous sommes bien d'accord* (R. KEMP, dans les *Nouv. litt.*, 28 nov. 1957). — *Tomber d'accord* SUR (AC., s. v. *convenir*).

On dit aussi *d'accord en :* *Ils sont d'accord sur ce point ou* EN *ce point* (AC., s. v. *point*) ; — ou encore : *d'accord pour :* *Elle est d'accord avec moi* POUR *tout* (J. GIONO, *Lanceurs de graines*, I, 7). — *Nous n'étions pas tout à fait d'accord* POUR *des choses,* POUR *rien d'ailleurs* (ID., *La Femme du boulanger*, III, 14).

7. **Propre sur soi.** Cette locution (signalée comme un « provincialisme français » par Englebert et Thérive) est parfaitement correcte : *Propre sur soi* (LITTRÉ, s.v. *propre*, 13°). — *La santé demande qu'on soit propre sur soi* (ID., s.v. *soi*, 10°). — *Être propre sur soi* (AC.).

947. Vis-à-vis signifie étymologiquement « visage à visage ». Il sert à former la locution prépositive *vis-à-vis de*, qui équivaut à « juste en face de » : *Il venait d'un air doux, Tout* VIS-À-VIS DE *moi se mettre à deux genoux* (MOL., *Tart.*, I, 5). — *Placer ces règles saintes* VIS-À-VIS DE *nos démarches* (MASSILL., *Car.*, Confess.).

Remarques. — 1. On peut dire, sans *de :* VIS-À-VIS *le château* (voir § 912, *b*).

2. *Vis-à-vis de*, au sens de « à l'égard de », envers », est banni par Littré[1] et par les puristes. Mais tant que bons écrivains modernes le prennent ainsi qu'on ne peut tenir cet usage pour incorrect ; ils s'en servent généralement en parlant de personnes ; quelques-uns, plus hardiment (car *vis-à-vis*, c'est littéralement *visage à visage*), l'emploient en parlant de choses :

L'Angleterre a été trop modeste VIS-À-VIS DE *Wellington* (HUGO, *Les Misér.*, II, 1, 16). — *Pour ne pas vous mettre dans une position difficile* VIS-À-VIS DE *moi* (A. DUMAS f., *Les Idées de Mme Aubray*, II, 6). — *Mais cette manipulation extra-légale le compromettait* VIS-À-VIS DE *son régisseur* (FLAUB., *L'Éduc. sent.*, t. I, p. 426). — *Il était alors devenu très réservé* VIS-À-VIS DE *cet énigmatique ami* (MAUPASS., *Mont-Oriol*, p. 292). — *Il avait,* VIS-À-VIS DE *son maître, autant de privautés que de tendresse* (E. FROMENTIN, *Dominique*, II). — *Je suis* VIS-À-VIS DE *vous dans une situation bien gênante* (M. BARRÈS, *Leurs Figures*, p. 51). — *Il se sentait* VIS-À-VIS D'*elle dans un état d'hostilité latente* (R. ROLLAND, *Jean-Chr.*, t. III, p. 35). — *Je puis paraître avoir eu des torts irréparables* VIS-À-VIS DE *votre mère et de vous* (R. MARTIN DU GARD, *Jean Barois*, p. 392). — VIS-À-VIS DE *soi-même en garder le mérite* (E. ROSTAND, *Cyrano*, II, 8). — *Ce que j'ai fait* VIS-À-VIS DE *vous* (R. BOYLESVE, *Sainte-Marie-des-Fleurs*, p. 61). — *Les Espagnols gardèrent* VIS-À-VIS DE *lui* [de Philippe II] *leur indépendance morale* (E. JA-

---

1. Littré écrit : « C'est une faute ; d'après Humbert, elle est commune à Genève, et c'est J.-J. Rousseau qui l'a introduite dans le français. Voltaire protesta... ».

LOUX, *Figures étrangères*, p. 40). — *Rien n'égale l'impertinence de cet enfant* VIS-À-VIS DE *ses parents* (AC., au mot *impertinence*). — *Silbermann n'avait pas* VIS-À-VIS DE *ses parents la situation d'un fils* (J. de LACRETELLE, *Silbermann*, p. 40). — VIS-À-VIS DE *l'Empereur ce personnage inaugura une manière toute nouvelle* (P. de LA GORCE, *Nap. III et sa polit.*, p. 165). — VIS-À-VIS D'*elle-même, une pareille action n'eût-elle pas ressemblé à une défaite ?* (J.-L. VAUDOYER, *La Reine évanouie*, p. 148.) — *M. le docteur Gallet a usé* VIS-À-VIS DE *nous de la plus haute courtoisie* (G. BERNANOS, *Sous le Soleil de Satan*, p. 246). — *Si tu t'imagines que* VIS-À-VIS DE *toi je me sentirai désormais moins libre* (Fr. MAURIAC, *Le Feu sur la terre*, p. 153). — *N'avoir* VIS-À-VIS DE *l'argent qu'une âpreté simplement aryenne* (MONTHERLANT, *Les Célibataires*, p. 212).

948. *Voici. Voilà.*

a) *Voici* sert à désigner à l'attention une personne ou une chose proche de la personne qui parle, ou une chose qu'on va exposer, un état actuel : *Me* VOICI. — VOICI *votre Mathan* (RAC., *Ath.*, II, 4). — VOICI *le fait. Depuis quinze ou vingt ans...* (ID., *Plaid.*, I, 7). — *Nous* VOICI *arrivés.* — *Mais* VOICI *bien une autre fête* (LA F., *F.*, III, 18).

Il se met parfois devant un infinitif, surtout devant *venir*, pour indiquer l'arrivée, l'approche ou quelque action immédiate : VOICI *venir la foudre* (CORN., *Pomp.*, II, 2). — *Le* VOICI *venir* (MOL., *Ét.*, V, 9). — VOICI *venir une voix* (CHAT., *Génie*, I, 2, 4). — VOICI, *de la maison, sortir un Salavin épineux et glacé* (G. DUHAMEL, *Deux Hommes*, p. 209).

On dit semblablement : VOICI *revenus les beaux jours.*

b) *Voilà* sert à désigner à l'attention une personne ou une chose un peu éloignée de la personne à qui l'on parle, une chose se rapportant à ce qui vient d'être dit, un état prochain ou actuel : *Il entra et dit : me* VOILÀ. — *Parlons à ce rival, le* VOILÀ *qui s'avance* (CORN., *Sertor.*, II, 3). — *Mon sillon ? Le* VOILÀ. *Ma gerbe ? La voici* (HUGO, *Cont.*, IV, 13). — *Aimer, prier, chanter,* VOILÀ *toute ma vie* (LAMARTINE, *Nouv. Méd.*, Le Poète mourant). — *Les* VOILÀ *comme deux bêtes cruelles qui cherchent à se déchirer* (FÉNEL., *Tél.*, t. II, p. 247).

Voilà peut être suivi d'un infinitif ou d'un participe passé : VOILÀ *bien instruire une affaire* (RAC., *Plaid.*, III, 3). — VOILÀ *passées une dizaine d'années* (P.-L. COURIER, dans LITTRÉ).

Remarques. — 1. Dans les tournures interrogatives ou exclamatives, la langue familière joint parfois à *voilà* la particule *t-il* (§ 711) : *Voilà*-T-IL *pas monsieur qui ricane déjà ?* (MOL., *Tart.*, I, 1.) — *À mon grand étonnement, ne voilà*-T-IL *pas qu'il se fâche !* (AC.)

La langue familière a aussi le tour *ne voilà pas* : *Est-ce que ne voilà pas de la pourpre ?* (HUGO, *L'Homme qui rit*, II, 2, 11.)

2. *Revoici, revoilà* signifient « voici, voilà de nouveau ». Ils sont souvent précédés d'un des pronoms *me, te, le, la, les, nous, vous, en* : *Les* REVOILÀ *encore qui viennent me dire adieu* (SÉV., t. VII, pp. 284-5). — *Me* REVOICI.

3. D'une manière générale, *voilà* se rapporte à quelque chose d'antécédent,

voici, à quelque chose de subséquent : VOILÀ *tous mes forfaits ; en* VOICI *le salaire* (RAC., *Brit.*, IV, 2). — *Un jour tout sera bien,* VOILÀ *notre espérance ; Tout est bien aujourd'hui,* VOILÀ *l'illusion* (VOLT., *Poème sur le désastre de Lisb.*).

La remarque laisse de la latitude : *voilà*, dans l'usage courant et surtout dans la langue parlée, supplante *voici : Non, tenez, je suis bonne,* VOILÀ *l'histoire. Vous savez qui je suis ? rien, une fille du peuple,* etc. (HUGO, *Angelo*, I, 1). — VOILÀ *ce qu'ont chanté les filles d'Israël (...) : Jephté de Galaad a ravagé trois villes,* etc. (VIGNY, *Poèmes*, La Fille de Jephté). — VOILÀ *comment les choses se passent : le pays limitrophe s'avance jusque sur les bords de la frontière,* etc. (M. AYMÉ, *Silhouette du scandale*, p. 149). — VOILÀ *comment les choses se sont passées : lorsque j'ai été démobilisé, je me trouvais en zone libre,* etc. (Fr. MAURIAC, *Le Feu sur la terre*, p. 80). — VOILÀ *mon excuse : l'intérêt, le plus bas intérêt personnel* (Th. MAULNIER, dans la *Table ronde*, mars 1953, p. 73).

4. On dit : *Le voici, le voilà qui vient : Le voilà qui vient* (MOL., *Bourg.*, I, 1). — *La voici qui s'éteint* (H. de RÉGNIER, *Les Médailles d'argile*, Le Feu). — *Le voilà qui vient par ici* (J. GIRAUDOUX, *L'Impromptu de Paris*, I). — *La voici qui revient* (Fr. MAURIAC, *Les Anges noirs*, p. 187) ; — ou bien : *Voici, voilà qu'il vient.* — La contamination de ces deux tournures produit des phrases incorrectes. Ne dites pas : *Le voici qu'il vient* [1].

5. On dit : *voici* ou *voilà* pour présenter ou offrir une chose : *Auriez-vous l'obligeance de me donner la clef ?* — VOICI, *Monsieur.* — *Ayez la bonté de m'apporter ce livre.* — VOILÀ, *Monsieur.* — Au lieu de *voici* ou *voilà* on peut dire également : *je vous en prie.*

On dit parfois aussi *s'il vous plaît* [2], spécialement quand on veut attirer l'attention de la personne à qui on présente quelque chose : *Il crut deviner que le jeune homme aux lunettes cherchait de l'œil, un objet, sur la table. Édouard saisit aussitôt la salière et la tendit à bout de bras, en inclinant le buste.* — S'IL VOUS PLAÎT, *Monsieur* (G. DUHAMEL, *Deux Hommes*, V, cit. Ph. Baiwir, dans le *Soir*, 14 déc. 1955).

---

1. Cette construction (condamnée par Vaugelas, *Rem.*, p. 353) se trouve quelquefois chez les auteurs classiques : *La fin est venue (...) ; la voilà qu'elle est à la porte* (Boss., *Impén. finale*, 2ᵉ point). — Dans la phrase suivante, elle n'est qu'un simple caprice : *Et le corps qui est ce qui est, le voici qu'il ne peut plus se contenir dans l'étendue !* (P. VALÉRY, *Eupalinos*, p. 172.)

2. *S'il vous plaît*, terme de civilité, se dit pour demander quelque chose à quelqu'un ou pour le prier de faire quelque chose : *Prenez un siège,* S'IL VOUS PLAÎT (MOL., *Mal. im.*, I, 9). — *Dites,* S'IL VOUS PLAÎT, *au Père bibliothécaire que je n'ai pas perdu sa liste* (L. VEUILLOT, *Corresp.*, t. I, p. 367) ; — *s'il vous plaît* se dit aussi pour recommander avec énergie ou pour souligner ce qu'on dit : *Il faut bien,* S'IL VOUS PLAÎT, *que vous vous en passiez* (MOL., *Mis.*, I, 2). — *Il nous faisait écrire notre vieux nom en deux mots, avec un H majuscule,* S'IL VOUS PLAÎT (G. DUHAMEL, *Biogr. de mes fantômes*, p. 54). Pour prier un interlocuteur de répéter ce que vous n'avez pas entendu clairement, ne dites pas : *s'il vous plaît ?* Dites : *plaît-il ?* ou *comment ?* ou *comment dites-vous ?* ou *pardon ?* (*hein ?* est du langage très familier ; — *quoi ?* est vulgaire ou impoli) : *Est-ce*

CHAPITRE VIII

LA CONJONCTION

§ 1. — DÉFINITION

949. La **conjonction** [a] est un mot invariable qui sert à joindre et à mettre en rapport, soit deux propositions, soit deux mots ou groupes de mots de même fonction dans une proposition : QUAND *on voit le style naturel, on est tout étonné* ET *ravi,* CAR *on s'attendait de voir un auteur,* ET *on trouve un homme* (PASC., *Pens.,* 29).

Les conjonctions *quand, car, et* (on trouve) joignent entre elles les quatre propositions dont se compose cette phrase, et indiquent respectivement un rapport de temps, de cause, d'opposition. — La conjonction *et* (ravi) lie les deux attributs *étonné, ravi,* et marque un rapport d'union.

N. B. — La conjonction et la préposition indiquent l'une et l'autre les rapports établis entre les éléments qu'elles unissent, mais la préposition lie des mots, tandis que la conjonction unit surtout des propositions. Comparez : *Rentrez* AVANT *la nuit ; rentrez* AVANT QUE *la nuit tombe. Il s'est assagi* DEPUIS *la mort de sa mère ;...* DEPUIS QUE *sa mère est morte. Écrivez-moi* DÈS *votre arrivée ;...* DÈS QUE *vous serez arrivé.*

Dans certaines phrases même, une conjonction ou une préposition peuvent être également aptes à indiquer le rapport établi entre deux termes : *Le singe* AVEC *le léopard Gagnaient de l'argent à la foire* (LA F., *F.,* IX, 3). *Le singe* ET *le léopard...* — *Tout,* JUSQU'À *sa servante, est prêt à déserter* (BOIL., *Sat.,* 8). *Tout,* ET *même sa servante...*

950. Une **locution conjonctive** est une réunion de mots équivalant à une conjonction : *Afin que, à moins que, pour que, c'est-à-dire, c'est pourquoi,* etc.

---

que vous songez à une date ? — PLAÎT-IL ? (M. ARLAND, *L'Ordre,* t. I, p. 182.) — *Il a été décidé que les objets, quels qu'ils soient, resteraient in situ.* — PARDON ? — « *In situ* » : *en place* (A. MALRAUX, *La Voie royale,* p. 64). — *C'est toi le monstre.* — PARDON ? — *Oui, c'est toi* (COLETTE, *La Chatte,* p. 193). — *Où étiez-vous ?* — PARDON ? — *Je dis : à quelle section...* (H. LAVEDAN, *Les Beaux Dimanches,* p. 13).

ÉTYM. — [a] *Conjonction,* empr. du lat. *conjunctio,* action de joindre ensemble, de *conjungere,* joindre ensemble (*cum,* avec, et *jungere,* joindre).

Certaines locutions conjonctives deviennent locutions prépositives quand on y remplace *que* par une des prépositions *à* ou *de* : *Afin que, afin de ; au lieu que, au lieu de ; loin que, loin de ; avant que, avant de ; de manière que, de manière à*, etc.

§ 2. — ORIGINE ET FORME DES CONJONCTIONS

951. Le français n'a hérité du latin qu'un très petit nombre de conjonctions, mais il a formé un très grand nombre de conjonctions nouvelles.

I. — CONJONCTIONS HÉRITÉES DU LATIN

952. Le français a hérité du latin les conjonctions suivantes : ET (lat. *et*), OU (lat. *aut*, vieux fr. *od, o*), NI (lat. *nec*, vieux fr. *ne, ned ;* XVIe s. *ni*), QUAND *(quando)*, QUE (représentant *quod, quam, quid* et *quia*), SI (lat. *si*, vieux fr. *se*).

Le français a attribué à certains adverbes latins la valeur conjonctive : *mais* (lat. *magis*), *car* (lat. *quare*), *comme* (lat. *quomodo*), *donc* (lat. pop. *dunc*, issu peut-être de *dumque*, élargissement de *dum*, qui se joignait à des impératifs comme dans *agedum* ; peut-être aussi formé d'après *tum, tunc*).

Or (autrefois *ore, ores*) remonte probablement au latin populaire *ad hora(m)* = jusqu'à l'heure présente.

Hist. — Dans l'ancienne langue, *car* se plaçait fréquemment devant l'impératif ou devant le subjonctif, avec la valeur de « donc » ou de « eh bien ! » : QUER *oüsse un sergant* [Puissé-je donc avoir un serviteur !] (*Alexis*, 226). — *Ceste bataille,* CAR *la laisses ester !* [Cette bataille, laisse-la donc de côté !] (*Rol.*, 3902). — *Sains Nicolais,* CAR *me regarde !* [Saint Nicolas, regarde-moi donc !] (J. BODEL, *Le Jeu de saint Nicolas*, 1266). — Au XVIIe siècle, *car* a été l'objet d'une querelle fameuse (cf. LA BR., XIV, 73) : des puristes voulaient le proscrire. Voiture prit sa défense dans une lettre célèbre à Mlle de Rambouillet.

II. — CONJONCTIONS DE FORMATION NOUVELLE

953. Les conjonctions d'origine française sont de formation relativement récente. Elles comprennent :

1º Des expressions telles que : *au contraire, c'est pourquoi, savoir, à savoir, soit, c'est-à-dire, d'ailleurs, sinon*, etc.

2º Un très grand nombre de locutions terminées par *que* (conjonction ou pronom relatif) et formées :

a) d'un adverbe et de *que : ainsi que, alors que, aussitôt que, bien que, encore que, loin que, lorsque, non que, outre que, sitôt que, tandis que, tant que,* etc. ;

b) d'une préposition, d'un adverbe et de *que : à moins que, de même que, pour peu que*, etc. ;

c) d'une préposition (ou locution prépositive) et de *que : avant que, d'après que, depuis que, dès que, malgré que, outre que, pendant que, pour que, puisque,* etc. ;

Que est précédé du démonstratif *ce* dans les locutions *à ce que, de ce que, en ce que, jusqu'à ce que, parce que, sur ce que.*

d) d'une préposition, d'un nom et de *que* : *à cause que, à condition que, de crainte que, en cas que, sous prétexte que,* etc. ;

e) d'une forme verbale (participe présent, gérondif, participe passé, infinitif précédé d'une préposition, phrase) et de *que* : *suivant que, en attendant que, attendu que, pourvu que, à supposer que, si ce n'est que,* etc.

Hist. — Un grand nombre de locutions conjonctives formées à l'aide de *que* ont disparu ou ont vieilli : *d'abord que, auparavant que, soudain que, désormais que, durant que, premier que, devant que, pour ce que, combien que, jaçoit que* (= quoique), *joint que, mais que, sinon que,* etc. : D'ABORD QUE *la toile fut levée* (MOL., *Fâch.*, Avertiss.). — SOUDAIN QU'*elle m'a vu* (CORN., *Veuve*, IV, 1). — DURANT QUE *le peuple errait dans le désert* (BOSS., *Hist.*, II, 3). — JAÇOIT QU'*il y eût consenti* (ID., 5ᵉ *Avert.*, 10). — AUPARAVANT QUE *de venir* (MOL., *Escarb.*, 13). — *Il y a de la cacophonie,* SINON QUE *vous prononciez en gascon* (MALHERBE, t. IV, p. 416). — COMBIEN QUE *ce jour ici ne soit plus du compte...* (ID., t. II, p. 295). — *Il pria le cheval de l'aider quelque peu : Autrement il mourrait* DEVANT QU'*être à la ville* (LA F., *F.*, VI, 16). — Certains auteurs modernes, par caprice d'archaïsme, emploient à l'occasion telle ou telle de ces locutions : *Sa modeste besogne de scribe, il l'a élue entre toutes,* POUR CE QU'*elle retient, assise, à une table, sa seule et fallacieuse apparence d'homme* (COLETTE, *Sido*, p. 147). — DEVANT QUE *de céder à l'influence, il regimbait* (A. GIDE, *Les Faux-Monnayeurs*, p. 234). — JOINT QUE *pour vous dire seulement bonjour, ses petits yeux perçants se mettaient à cligner* (É. HENRIOT, *Les Temps innocents*, p. 206).

954.   LISTE DES PRINCIPALES CONJONCTIONS

On observera que la présente liste comprend des mots qui peuvent appartenir aussi à d'autres parties du discours, notamment à la classe des adverbes.

Ainsi *vous consentez*	Encore *s'il travaillait*	Partant [1]
Aussi *j'y tiens*	Enfin *c'est un fripon*	Pourquoi (interr. ind.)
Avec *(le père* avec *le fils)*	Ensuite	Pourtant
Bien *(je le fais* bien, *moi)*	Et	Puis
Car	Lorsque	Puisque
Cependant	Mais	Quand
Combien (interr. ind.)	Néanmoins	Que (Rem. 3)
Comme	Ni	Quoique
Comment (interr. ind.)	Or	Savoir *ceci et cela*
Donc (Rem. 1)	Ou (Rem. 2)	Si (Rem. 4)

---

1. *Partant* (composé de *par* et de *tant*) signifie « par conséquent, par suite » : *Plus d'amour,* PARTANT *plus de joie* (LA F., *F.*, VII, 1). — Déjà du temps de Vaugelas (*Rem.*, p. 225), il commençait à vieillir ; quoique vieux, il garde certaines positions dans l'usage littéraire : *Plus d'argent,* PARTANT *plus d'amis* (AC.). — *Ils sont plus vite inattentifs et las ;* PARTANT, *au bout de la journée, ils ont moins produit* (TAINE, *Philos. de l'art*, t. I, p. 236).

Sinon   Soit *dix francs*   Toujours *ai-je essayé*
Soit... soit   Tantôt... tantôt   Toutefois

Remarques. — 1. *Donc* prend une valeur adverbiale quand il sert à rendre plus pressants un ordre, une demande : *Dites-nous* DONC *comment la chose s'est passée* (Ac.). — *Donnez-moi* DONC *cela* (ID.). — De même quand il sert à marquer une sorte d'étonnement, de surprise : *J'étais* DONC *destiné à lui survivre !* (Ac.) — *Que ta maison est* DONC *jolie !* (LA VARENDE, *Le Roi d'Écosse*, p. 166.)

Et donc, tenu pour gascon par Vaugelas, était néanmoins, selon lui, établi par l'usage (cf. *Rem.*, p. 488). Littré déclare qu'il n'est plus usité ; cependant il se rencontre parfois encore chez des auteurs contemporains : *Je sais que les demoiselles sont bien plus à craindre que les dames, étant nécessairement plus spontanées,* ET DONC *plus moqueuses* (P. VALÉRY, *Variété*, Pléiade, p. 1419). — *J'avais cru bon d'informer les rimbaldistes qu'il était question de déplacer le cimetière de Charleville* ET DONC *la tombe d'Arthur Rimbaud* (A. BILLY, dans le *Figaro litt.*, 8 sept. 1962).

2. Distinguez *ou*, conjonction (= ou bien), qui ne prend pas d'accent, de *où*, pronom ou adverbe de lieu ou de temps, qui prend l'accent grave : *La paix* OU *la guerre. La ville* OÙ *il habite.* OÙ *allez-vous ?* — *Cette mer* OÙ *tu cours* (BOIL., *Ép.*, 1). — *Dans le siècle* OÙ *nous sommes* (MOL., *Mis.*, I, 1).

3. Distinguez aussi *que*, conjonction, de *que*, pronom, et de *que*, adverbe : Conjonction : *Je vois* QUE *vous comprenez.* — Pronom : *La maison* QUE *vous habitez.* QUE *faire ?* — Adverbe : QUE *tardez-vous ?* — QUE *vous êtes joli !* (LA F., *F.*, I, 2.)

4. Distinguez encore *si*, conjonction, dans les phrases conditionnelles et dans l'interrogation indirecte, de *si*, adverbe de quantité, et de *si*, adverbe d'affirmation : Conjonction : *Je le ferai* SI *vous l'ordonnez. Dites-moi* SI *vous viendrez.* — Adverbe de quantité : *Il est* SI *faible que...* — Adverbe d'affirmation : *Vous ne ferez pas cela ?* — SI.

5. La forme verbale *soit*, répétée ou mise en corrélation avec *ou* pour exprimer une alternative, est regardée comme conjonction : *Prenez,* SOIT *une lime,* SOIT *un burin.* — *Et* SOIT *frayeur encore ou pour me caresser* (RAC., *Ath.*, I, 2).

Soit sert encore de conjonction quand il signifie « c'est-à-dire » : *Un capital d'environ cent mille livres sterling,* SOIT *tant de francs.*

6. *C'est à savoir* (vieilli) ou, elliptiquement : *à savoir*[1], *savoir*, locutions

---

1. On a dit anciennement : *à savoir, c'est à savoir, faire assavoir, faire à savoir : Sire, je vos fais* A SAVOIR *Je n'ai de quoi do pain avoir* (RUTEBEUF, *La Povreté Rutebeuf*, 37-38). — *Je ferais publier à son de trompe : On fait* À SAVOIR *que...* (PASC., *Prov.*, 1). — La vieille forme se rencontre parfois encore, comme expression populaire ou archaïsme : *Si j'ai eu du contentement à être auprès d'elle et à la faire danser, elle ne m'a jamais donné le courage de le lui faire* ASSAVOIR *par mes paroles* (G. SAND, *La Petite Fadette*, XX).

servant à spécifier ce dont il s'agit, ont aussi la valeur conjonctive : *Son revenu a plusieurs sources, À* SAVOIR *sa place, le produit de sa terre,* etc. (LITTRÉ). — *L'armée était composée de quinze mille hommes,* SAVOIR : *dix mille hommes de pied et cinq mille chevaux* (ID.).

955.   LISTE DES PRINCIPALES LOCUTIONS CONJONCTIVES

À cause que (vieilli)	De manière que	Par contre	Au cas où
À condition que	De même que	Pendant que	Au contraire
Afin que	De peur que	Plutôt que	Au demeurant
Ainsi que	Depuis que	Posé que	Au moins
Alors que	De sorte que	Pour que	Au reste
À mesure que	Dès que	Pourvu que	Aussi bien
À moins que	En attendant que	Sans que	Au surplus
Après que	En cas que	Sauf que	Bien plus
À proportion que	Encore que	Selon que	C'est-à-dire
Attendu que	En sorte que	Si ce n'est que	C'est pourquoi
Au cas que	Étant donné que	Si peu que	Comme si
Au fur et à mesure que	Excepté que	Si tant est que	D'ailleurs
Au lieu que	Jusqu'à ce que	Soit que	De plus
Aussi bien que	Loin que	Sitôt que	Du moins
Aussitôt que	Lors même que	Suivant que	Du reste
Autant que	Maintenant que [1]	Supposé que	En effet
Avant que	Malgré que	Tandis que	En revanche
Bien que	Moins que	Tant (il) y a que	Et puis
Cependant que	Moyennant que	Tant que	Or donc
D'autant (plus) que	Non moins que	Vu que	Ou bien
De ce que	Non plus que	À la vérité	Par conséquent
De crainte que	Outre que	Après tout	Quand même
De façon que	Parce que	À savoir	Sans quoi

N. B. — 1. Plusieurs locutions conjonctives, parmi celles qui ne sont pas formées à l'aide de *que*, peuvent aussi être considérées comme locutions adverbiales.

2. La locution conjonctive *parce que* doit être distinguée de l'expression circonstancielle *par ce que* : *Polyeucte est chrétien* PARCE QU'*il l'a voulu* (CORN., *Pol.*, III, 3). — *Si l'on en juge* PAR CE QUE *vous dites, le succès est certain.*

§ 3. — CLASSIFICATION DES CONJONCTIONS

956. On distingue deux catégories de conjonctions : les conjonctions de *coordination* et les conjonctions de *subordination*. Ces dernières seraient fort bien nommées *subjonctions* [2] (les conjonctions de coordination s'appelleraient alors *conjonctions* tout court).

---

1. *Présentement que* (signalé encore par l'Académie) est vieux.

2. Appellation proposée par Marcel Cohen (cf. *Le Subjonctif en français contemporain,* pp. 34, 41, 47, 120 et *passim* ; *Nouv. Regards sur la langue fr.,* p. 131).

A. Les conjonctions **de coordination** servent à joindre, soit deux propositions de même nature, soit deux parties semblables d'une même proposition. Ces conjonctions peuvent donc unir des mots, des groupes de mots, des propositions ou des phrases.

PRINCIPAUX RAPPORTS indiqués par les conjonctions (et locutions conjonctives) de coordination :

1° Union, liaison : *et, ni, puis, ensuite, alors, aussi, bien plus, jusqu'à, comme, ainsi que, aussi bien que, de même que, non moins que, avec ;*

2° Cause : *car, en effet, effectivement, bien (Pardonne : je l'ai* BIEN *fait !) ;*

3° Conséquence : *donc, aussi (Il est bon ;* AUSSI *tout le monde l'aime), partant, alors, ainsi, enfin (Il a menti, volé,...* ENFIN, *c'est un fripon), par conséquent, en conséquence de quoi, en conséquence, conséquemment, par suite, c'est pourquoi, dans ces conditions ;*

4° Transition : *or, or donc ;*

5° Opposition, restriction : *mais, et, au contraire* [1], *mais au contraire, au demeurant* [2], *cependant, toutefois, néanmoins, pourtant, quoique, d'ailleurs, aussi bien, au moins, du moins, au reste, du reste, en revanche, par contre, sinon, encore (*ENCORE, *s'il travaillait !), seulement (Parlez librement,* SEULEMENT *respectez les convenances), tant (il) y a que* [3].

6° Alternative : *ou, soit... soit, soit... ou, tantôt... tantôt, ou bien, ou au contraire ;*

7° Explication : *savoir, à savoir, c'est-à-dire, soit (Deux livres sterling,* SOIT *tant de francs).*

B. Les conjonctions **de subordination** ou **subjonctions** servent à

---

1. *Que du contraire,* est incorrect ; ne dites pas : *Il n'est pas insensible ; que du contraire ;* — dites : *... au contraire,* ou : *bien au contraire,* ou : *tout au contraire.*

2. Vaugelas tenait *au demeurant* pour vieilli (cf. *Rem.,* pp. 329 et 388). La locution a retrouvé, dans l'usage littéraire contemporain, une belle vigueur : AU DEMEURANT *un niais* (R. ROLLAND, *Lett. à Sofia Guerrieri Gonzaga,* 27 janv. 1902). — *C'est possible, mais insuffisamment démontré,* AU DEMEURANT *sans importance* (M. MAETERLINCK, *La Vie des Termites,* p. 119). — *Il y aura fallu l'intercession de ce rôdeur silencieux, de cet analphabète* AU DEMEURANT *privilégié* (M. GENEVOIX, *Routes de l'aventure,* p. 216). — *Cela n'empêche pas* AU DEMEURANT *« Lord Jim » d'être un des chefs-d'œuvre de Conrad* (DANIEL-ROPS, *Carte d'Europe,* p. 78). — AU DEMEURANT, *forte tête et grande âme* (A. MAUROIS, *Adrienne,* p. 325).

3. Cette locution familière signifie « quoi qu'il en soit, avec tout cela, enfin » : *Jolie enfant ou non,* TANT Y A QUE *c'est une excellente femme* (DIDEROT, *Jacques le Fataliste,* Pléiade, p. 634). — *Vous me vantez cet homme ;* TANT Y A QUE *je ne peux pas le voir* (LITTRÉ, s. v. *avoir,* 16°). — *Je ne sais pas bien ce qui donna lieu à leur querelle,* TANT IL Y A QU'*ils se battirent* (Ac.). — *Dieu sait s'il faisait bon passer par leurs langues ! (...)* TANT Y A QUE *la Dorothée ne laissait pas la sienne sous le traversin en se levant* (H. POURRAT, *Gaspard des Montagnes,* p. 163).

relier une proposition subordonnée à la proposition dont elle dépend. Ces subjonctions ne peuvent donc unir que des propositions.

PRINCIPAUX RAPPORTS indiqués par les conjonctions (et locutions conjonctives) de subordination :

1° Cause : *comme, parce que, puisque, attendu que, vu que, étant donné que, c'est que, d'autant que, à cause que* (vieilli) ;

2° But : *afin que, à seule fin que, pour que, de peur que*, etc. ;

3° Conséquence : *que, de sorte que, en sorte que, de façon que, de manière que, si bien que, tellement que*, etc.

4° Concession, opposition : *bien que, quoique, encore que, alors que, alors même que, lors même que, quand même, malgré que, sans que, tandis que* [1], *loin que, au lieu que,* etc.

5° Condition, supposition : *si, au cas où, au cas que, en cas que, soit que, si ce n'est que, supposé que, à condition que, moyennant que, pourvu que, à moins que, si tant est que.*

6° Temps : *quand, lorsque, comme, avant que, alors que, dès lors que, tandis que, depuis que, dès que, après que, aussitôt que, sitôt que, jusqu'à ce que, le plus tôt que, pendant que, en attendant que, à mesure que*, etc.

7° Comparaison : *comme, de même que, ainsi que, autant que, plus que, moins que, non moins que, selon que, suivant que, comme si*, etc.

N. B. — Certaines conjonctions de subordination peuvent être modifiées par un adverbe (voir § 821).

§ 4. — PLACE DE LA CONJONCTION

957. En général, les conjonctions se placent avant les mots, les groupes de mots, les propositions qu'elles relient à d'autres mots ou à d'autres propositions : *Ils ne mouraient pas tous,* MAIS *tous étaient frappés* (LA F., *F.*, VII, 1). — *On n'osa trop approfondir Du tigre,* NI *de l'ours,* NI *des autres puissances, Les moins pardonnables offenses* (ID., *ib.*). — *Vous serez roi* DÈS QUE *vous voudrez l'être* (VOLT., *Brut.*, III, 7).

Certaines conjonctions de coordination : *donc, en effet, pourtant, cependant,* etc., se placent parfois dans le corps de la proposition ou même à la fin : *Je me dévouerai* DONC *s'il le faut* (LA F., *F.*, VII, 1). — *Ils croiront* EN EFFET

---

1. *Tandis* a pu autrefois, et jusque dans le XVIIe siècle, s'employer seul, sans *que*, au sens de « pendant ce temps » : TANDIS *la nuit s'en va, les lumières s'éteignent* (MALH., t. I, p. 17). — *C'est où le roi le mène, et* TANDIS *il m'envoie Faire office vers vous de douleur et de joie* (CORN., *Hor.*, IV, 2). — TANDIS *la vieille a soin du demeurant* (LA F., *Contes*, III, 5). — Vaugelas (*Rem.*, p. 64) et Ménage (*Observ.*, t. I, p. 551) ont condamné cet emploi.

mériter qu'on les craigne (RAC., *Brit.*, IV, 4). — *Je vois le bien, je l'aime, le mal* POURTANT *me séduit. Ce sacrifice paraît pénible, il est nécessaire* CEPENDANT.

958. *Aussi* se place toujours en tête de la phrase quand il indique une conséquence, une conclusion : *Il semblait présenter sa gorge au coup mortel ;* AUSSI *le reçoit-il, peu s'en faut, sans défense* (CORN., *Hor.*, IV, 2).

Il se met après le mot ou les mots qu'il unit à d'autres quand il signifie « pareillement » : *Il s'est trompé ; vous* AUSSI. — *Celui qui met un frein à la fureur des flots Sait* AUSSI *des méchants arrêter les complots* (RAC., *Ath.*, I, 1).

959. En principe, les locutions conjonctives n'admettent pas l'intercalation d'un ou de plusieurs mots dans l'assemblage qui les constitue. Cependant cette intercalation se rencontre parfois dans quelques locutions conjonctives [1] :

Les hommes parlent DE MANIÈRE, *sur ce qui les regarde,* QU'*ils n'avouent d'eux-mêmes que de petits défauts* (LA BR., XI, 67). — BIEN, *dit-on,* QU'*il nous ait nui* (BÉRANGER, *Les Souven. du peuple*). — AVANT *donc* QUE *d'écrire* (BOIL., *Art p.*, I). — LORS *donc* QU'*elle le vit rentrer* (G. SAND, *Le Meunier d'Angibault*, XXIX). — LORS, *en revanche,* QUE *l'on découvre une vérité subitement...* (A. HERMANT, *Le Rival inconnu,* XIX). — PENDANT *donc* QUE *toute la troupe s'installait...* (J. MARTET, *Azraël*, p. 55).

L'intercalation de *même* entre les éléments de *lorsque* donne *lors même que.*

Hist. — Les deux éléments de *puisque* étaient autrefois séparables : PUIS *donc* QU'*on nous permet de prendre Haleine* (RAC., *Plaid.*, III, 3). — PUIS *donc* QU'*une pensée n'est belle qu'en ce qu'elle est vraie...* (BOIL., *Préf.*, édit. de 1701).

§ 5. — RÉPÉTITION DE LA CONJONCTION

960. *Ou, ou bien, soit, soit que* s'expriment, pour la mise en relief, devant chacun des termes d'une alternative ou d'une énumération impliquant disjonction : OU *se soumettre* OU *se démettre*. — *Non,* OU *vous me croirez* OU BIEN *de ce malheur Ma mort m'épargnera la vue et la douleur* (RAC., *Brit.*, IV, 3). — SOIT QU'*il élève les trônes,* SOIT QU'*il les abaisse,* SOIT QU'*il communique sa puissance aux princes,* SOIT QU'*il la retire à lui-même...* (Boss., *R. d'Angl.*).

961. Lorsqu'une comparaison est marquée par *de même (que)* placé en tête de la phrase, on commence le second membre de phrase par *de même* ou par *ainsi* : DE MÊME QUE *le feu éprouve l'or,* DE MÊME *l'adversité éprouve l'homme courageux* (AC.). — *De même qu'un poison subtil se répand dans les veines,* DE MÊME (ou AINSI) *les passions s'insinuent dans l'âme* (DICT. GÉN.). — DE MÊME *une grande lassitude m'incline à rallier mes forces,* DE MÊME *un désespoir profond fait refleurir dans ma mémoire...* (G. DUHAMEL, *Lettres au Patagon*, p. 174).

---

1. Ce phénomène porte le nom *de tmèse* (lat. *tmesis*, du grec τμῆσις, coupure).

962. *a) Ni* s'exprime régulièrement devant chacun des termes qu'il s'agit de nier : sujets, attributs ou compléments quelconques, le verbe étant accompagné de la négation simple *ne* : NI *l'or* NI *la grandeur ne nous rendent heureux* (LA F., *Philém. et Baucis.*) — *L'homme n'est* NI *ange* NI *bête* (PASC., *Pens.,* 358). — *Il n'a* NI *père* NI *mère. Il n'obéit* NI *à son père* NI *à sa mère. Il ne viendra* NI *aujourd'hui* NI *demain.*

Remarque. — On se contente parfois, surtout dans la langue poétique, de mettre *ni* devant le dernier terme :

Gouffre, blanc, NI *rocher n'exigea de péage* (LA F., *F.,* VII, 14). — *Je ne connais Priam, Hélène,* NI *Pâris* (RAC., *Iphig.,* IV, 6). — *Le soleil* NI *la mort ne se peuvent regarder fixement* (LA ROCHEF., *Max.,* 26). — *Les maux* NI *les honneurs ne triomphent aisément de son humeur placide* (H. BORDEAUX, *Les Captifs délivrés,* p. 238). — *Puisqu'elle n'avait père, mère, frère,* NI *sœur* (J. GIRAUDOUX, *Siegfried et le Limousin,* p. 53). — *Ne reculant devant fourrés* NI *marécages* (A. GIDE, *Si le Grain ne meurt,* I, 6). — *Le temps* NI *les victimes ne se ressemblent pas* (J. et J. THARAUD, *La Tragédie de Ravaillac,* pp. 245-6). — *L'instituteur* NI *le curé n'ont besoin d'avoir un nom qui les désigne* (Fr. MAURIAC, *Le Sagouin,* p. 32). — *Les marchandises* NI *les hommes ne circulent plus librement* (A. SIEGFRIED, *L'Âme des peuples,* p. 21). — *Depuis bien longtemps, Paris n'avait ri* NI *pleuré publiquement, librement...* (COLETTE, *L'Étoile Vesper,* p. 35).

Hist. — Jusque vers la fin du XVIIe siècle, on a pu dire *l'un ni l'autre,* et cette expression serait encore admise en poésie : *Mais* L'UN NI L'AUTRE *enfin n'était point nécessaire* (RAC., *Baj.,* III, 4).

b) Quand on met d'abord avec le verbe *ne pas, ne point* (§ 876, 3°, Rem. 2) le premier des termes qu'il s'agit de nier ne prend pas *ni,* mais cette particule s'emploie devant chacun des termes suivants :

Il n'oublie pas l'artillerie NI *le bagage* (LA BR., X, 11). — *Je ne crois pas qu'il vienne* NI *même qu'il pense à venir* (AC.). — *L'atmosphère qu'il laisse derrière lui à Sion n'est pas saine* NI *féconde* (M. BARRÈS, *La Colline insp.,* p. 141). — *Sa gerbe n'était point avare* NI *haineuse* (HUGO, *Lég.,* t. I, p. 65).

Hist. — Dans ce cas, le premier terme, aussi bien que les suivants, pouvait autrefois prendre *ni* : *Je n'ai point exigé* NI *serments* NI *promesses* (BOIL., *Lutr.,* II). — *Cela n'est pas capable,* NI *de convaincre mon esprit,* NI *d'ébranler mon âme* (MOL., *Dom Juan,* V, 2).

c) Avec *plus, jamais, personne, rien,* etc., le verbe étant accompagné du simple *ne,* l'emploi de *ni* devant le premier des termes placés après ces mots est facultatif : *Je ne vois plus, je ne vois jamais* (NI) *son père* NI *sa mère. Il ne parle à personne* (NI) *de ses affaires* NI *de ses projets. Personne ne fut* (NI) *si éloquent* NI *si profond. Il n'y a là rien* (NI) *d'étonnant* NI *de rare.*

Quand le premier terme est un nom introduit par *de* partitif, il n'est jamais précédé de *ni* : *Il n'a pas, il n'a plus, il n'a jamais eu d'amis* NI *de camarades.* — *Ses pauvres pierres n'ont plus de forme* NI *d'histoire* (M. BARRÈS, *Au Serv. de l'Allem.,* p. 13). — *Il n'y avait plus de lazzis* NI *de fausses alertes* (É. ESTAUNIÉ, *Un Simple,* p. 46).

Le plus souvent on dirait : *Il n'a (il n'a plus, il n'a jamais eu)* NI *amis* NI *camarades.*

d) Lorsque plusieurs propositions sont coordonnées par *ni*, la première n'est pas précédée de *ni : Il ne boit* NI *ne mange* (Ac.). — *Je ne veux*, NI *ne dois*, NI *ne puis obéir* (LITTRÉ). — *La marquise Yorisaka ne se fâcha point*, NI *ne recula* (Cl. FARRÈRE, *La Bataille*, XVII).

Remarques. — 1. Toutefois il n'est pas incorrect de mettre *ni* dans la première proposition : *Son grand cœur* NI *ne s'aigrit*, NI *ne s'emporta contre elle* (Boss., *Duch. d'Orl.*). — *Un homme sage* NI *ne se laisse gouverner*, NI *ne cherche à gouverner les autres* (LA BR., IV, 71). — *Cela* NI *ne nous surprend* NI *ne nous gêne* (H. BREMOND, *Pour le Romantisme*, p. 52). — *Or, le primaire* NI *ne médite*, NI *n'expérimente* (R. BENJAMIN, *Aliborons et Démagogues*, p. 30).

2. *Ni* coordonnant des propositions peut, surtout dans le style élevé, se mettre en tête de la première proposition ; cela se présente principalement quand les propositions coordonnées ont des sujets différents : NI *la hauteur des entreprises ne surpassait sa capacité*, NI *les soins infinis de l'exécution n'étaient au-dessus de sa vigilance* (Boss., *Le Tellier*).

963. Dans une énumération, *et* se met parfois, pour l'énergie ou le relief de l'expression, devant chacun des termes qui suivent le premier, et même aussi devant le premier : ET *la terre*, ET *le fleuve*, ET *leur flotte*, ET *le port*, *Sont des champs de carnage où triomphe la mort* (CORN., *Cid*, IV, 3). — *Voyez le ciel*, ET *les champs ;* ET *les arbres*, ET *les paysans surtout dans ce qu'ils ont de bon et de vrai* (G. SAND, *La Mare au diable*, Notice).

Semblablement *mais* peut se répéter devant chacun des termes à opposer à un ou plusieurs autres : MAIS *le pli amer de ses joues*, MAIS *le froncement de ses sourcils noirs sous le bourrelet rouge de sa longue cicatrice*, MAIS *son irritabilité démentaient ce silence* (P. BOURGET, *Lazarine*, p. 156). — *L'hyperbole n'est pas dans les termes, il va sans dire*, MAIS *dans l'esprit*, MAIS *dans le cœur*, MAIS *dans le bouillonnement du sang et de la sève* (G. DUHAMEL, *Biogr. de mes fantômes*, p. 118).

§ 6. — EMPLOI DES CONJONCTIONS

964. Les conjonctions de coordination sont parfois omises quand on veut produire un effet de vivacité, notamment dans les récits, les gradations, les énumérations [1] : *Sous les sabres prussiens, ces vétérans, ô deuil ! Tremblaient, hurlaient, pleuraient, couraient* (HUGO, *Châtim.*, V, 13, 2).

Dans le style coupé, on se passe souvent de conjonctions lorsqu'on juge que la simple juxtaposition des propositions établit assez clairement les rapports qu'elles ont entre elles : *Il n'a jamais vu Versailles*, [et] *il ne le verra*

---

1. Cette suppression des conjonctions simplement copulatives porte le nom d'*asyndète* (du grec ἀσύνδετος, de ἀ privatif, et συνδεῖν, lier ensemble).

point : [mais] *il a presque vu la tour de Babel,* [en effet] *il en compte les degrés, il sait combien d'architectes ont présidé à cet ouvrage,* [et même] *il sait le nom des architectes* (LA BR., V, 74). — *Il faut aux enfants les verges et la férule ;* [tandis qu'] *il faut aux hommes faits une couronne, un sceptre, un mortier...* (ID., XI, 154).

La langue parlée fait des conjonctions un emploi moins large que la langue écrite : les inflexions de la voix et les gestes peuvent souvent indiquer la liaison et les rapports entre les idées, sans qu'il soit indispensable de recourir aux termes conjonctifs.

Emploi de certaines conjonctions.

964*bis.* **Aussi bien** sert à rendre raison d'une proposition qui précède ; cette locution est, pour le sens, assez voisine de *d'ailleurs* ou de *en effet,* mais elle implique essentiellement l'idée d'une égalité, et son vrai sens est plutôt « somme toute » ou « tout compte fait » ou « quel que soit le cas » :

Qu'il périsse, AUSSI BIEN *il ne vit plus pour nous* (RAC., *Andr.,* V, 1). — *Vous avez le droit de vous retirer puisque* AUSSI BIEN *vous n'avez pas encore parlé* (G. SAND, *La Mare au d.,* XIII). — *Allons, sois de la fête, puisque* AUSSI BIEN *te voilà tout pâlot, tout défaillant* (F. FABRE, *Mon Oncle Célestin,* I, 2). — *Ne croyez pas que je vous en veuille.* AUSSI BIEN *je veux être joyeux aujourd'hui* (A. GIDE, *Paludes,* p. 160). — AUSSI BIEN, *telle est la richesse de ce livre, que chacun peut y satisfaire son humeur* (M. ARLAND, *Lettres de France,* p. 124). — *Puisque,* AUSSI BIEN *on le tient, (...) rien n'empêche de le mettre à même de justifier ce qu'il dit* (G. DUHAMEL, *Cri des profondeurs,* p. 197).

Et.

965. La conjonction *et* lie entre elles :

1° Deux propositions affirmatives ou deux parties semblables d'une proposition affirmative : *La tempête s'éloigne,* ET *les vents sont calmés* (MUSS., *Saule,* II). — *C'est un homme qui n'est bon à rien,* ET *qui nous est très à charge* (MONTESQ., *L. pers.,* 133). — *La mouche* ET *la fourmi contestaient de leur prix* (LA F., *F.,* IV, 3). — *Il y a des âmes sales, pétries de boue* ET *d'ordure, éprises du gain* ET *de l'intérêt* (LA BR., VI, 58).

2° Deux propositions, négatives toutes deux, ou dont l'une seulement est négative : *Le peuple n'a guère d'esprit,* ET *les grands n'ont point d'âme* (LA BR., IX, 25). — *M. Guitrel ne parlait pas* ET *ne mangeait pas* (A. FRANCE, *Le Mannequin d'osier,* p. 155). — *Je suis celui qu'on aime* ET *qu'on ne connaît pas* (VIGNY, *Éloa,* II). — *Je ne fais pas le bien que j'aime,* ET *je fais le mal que je hais* (RAC., *Cantiq. spir.,* III).

N. B. — 1. Dans une série de plus de deux termes, *et* ne se met d'habitude qu'entre les deux derniers : *Je mets aussi sur la scène Des trompeurs, des scélérats, Des tyrans* ET *des ingrats* (LA F., *F.,* IX, 1). — *La Mollesse (...) Soupire, étend les bras, ferme l'œil,* ET *s'endort* (BOIL., *Lutr.,* II).

2. *Et* unit parfois deux noms dont le premier pourrait être complément déterminatif du second (ou dont le second pourrait être remplacé par un adjectif)[1] : *J'aime mieux Bergerac* ET *sa burlesque audace* (= l'audace de Bergerac ou : l'audacieux Bergerac) (BOIL., *Art p.*, IV). — *Je vous raconterai Térée* ET *son envie* (LA F., *F.*, IX, 17).

3. Dans les nombres complexes, on ne lie pas par *et* (on ne sépare pas non plus par la virgule) deux éléments consécutifs : *Cette règle a deux pieds six pouces quatre lignes de long* (LITTRÉ, s. v. *ligne*, 6°). — *6 heures 10 minutes 12 secondes* (LAR. DU XXᵉ s.). — *Un homme de cinq pieds six pouces* (AC.).

Toutefois, quand il s'agit d'un nombre d'années auquel s'ajoute un nombre de mois et de jours, il est d'usage de lier par *et* le dernier élément à celui qui précède : *Pascal rendit l'âme le 19 août 1662, âgé de trente-neuf ans* ET *deux mois* (SAINTE-BEUVE, *Port-Roy.*, III, XVIII). — *Il y a aujourd'hui trois cent quarante-huit ans six mois* ET *dix-neuf jours* (HUGO, *Notre-Dame de Paris*, I, 1). — *Il cessa de se survivre, âgé de soixante-dix-huit ans trois mois* ET *vingt-quatre jours* (É. FAGUET, *En lisant Corneille*, p. 40). — *Aussi n'avait-elle parlé que mille et une nuits, c'est-à-dire moins de deux ans* ET *neuf mois* (R. KEMP, dans les *Nouv. litt.*, 28 mai 1959).

966. *Et* peut marquer l'opposition comme feraient *mais, cependant, néanmoins* : *Je plie* ET *ne romps pas* (LA F., *F.*, I, 22). — *J'évite d'être long*, ET *je deviens obscur* (BOIL., *Art p.*, I). — *L'ennemi est aux portes*, ET *vous délibérez !*

Et s'emploie parfois au commencement d'une phrase, non pour indiquer une liaison immédiate, mais pour accentuer l'expression ou la marquer d'une certaine emphase. Cet emploi de *et* se rencontre notamment dans le style biblique ou poétique [2] : ET *vous prononcerez un arrêt si cruel ?* (RAC., *Andr.*, I, 4.) — ET *Thomas, appelé Didyme, était présent.* ET *le Seigneur, dont Jean et Pierre suivaient l'ombre, Dit aux juifs...* (HUGO, *Lég.* t. I, p. 75). — ET *voilà que tout d'un coup...* (AC.). — ET *toi aussi, mon fils !* (ID.)

967. Lorsque deux propositions sont mises en corrélation par les adverbes comparatifs *plus, moins, mieux*, la seconde est facultativement reliée à la première par *et* : *Plus l'offenseur est cher* ET *plus grande est l'offense* (CORN., *Cid*, I, 6). — *Plus je le vois* ET *plus je l'apprécie* (AC.). — *Plus elle est soûle* ET *plus elle est rusée* (J.-J. BROUSSON, *An. France en pantoufles*, p. 71). — *Plus tu veux, moins tu peux* (R. ROLLAND, *Jean-Chr.*, t. I, p. 190).

Quand les propositions corrélatives commencent par *autant*, on ne met jamais *et* devant la seconde : *Autant il a de vivacité, autant vous avez de nonchalance* (AC.).

968. Après les noms d'heure ou de mesure, quand il s'ajoute une fraction

---

1. C'est la figure appelée en termes de grammaire latine *hendiadys* (du grec εν διὰ δυοῖν, une seule chose au moyen de deux termes).

2. « Pas de phrases commençant par *Et*, à moins de certains cas, par exemple, la reproduction de conversations ». (P. LÉAUTAUD, dans le *Mercure de Fr.*, nov. 1955, p. 386). — *Et*, en tête des propositions d'opposition du type *et fût-il* (= quand même il serait), est archaïque : *Vous le devez haïr,* ET *fût-il votre père* (CORN., *Héracl.*, V, 2). — *Il faut les combattre,* ET *fussent-ils trois contre un* (LITTRÉ, s. v. *et*, 5°).

on met obligatoirement *et* si la fraction est *demi* : *Midi* ET *demi ; trois heures* ET *demie ; cinq mètres* ET *demi*. — Avec toute autre fraction, on peut mettre *et*, mais le plus souvent, on ne le met pas :

a) Jusqu'à huit heures ET *un quart* (FLAUB., *L'Éduc. sent.*, t. I, p. 135). — *Onze heures* ET *un quart* (H. BOSCO, *Malicroix*, p. 284). — *Midi* ET *un quart* (LITTRÉ) [1]. — *Une aune* ET *un tiers* (ID.). — *Il est une heure* ET *un quart* (DICT. GÉN.). — *Il est l'heure* ET *un quart* (AC.).

b) Il était midi un quart (M. BARRÈS, *Un Homme libre*, p. 216). — *Onze heures un quart* (A. HERMANT, *Trains de luxe*, p. 155). — *À onze heures un quart* (P. BOURGET, *Lazarine*, p. 218). — *Vers huit heures un quart* (P. MILLE, *L'Ange du bizarre*, p. 164). — *Il est quatre heures trois quarts* (M. PAGNOL, *Topaze*, IV, 2). — *À six heures un quart* (J. COCTEAU, *La Belle et la Bête*, p. 186). — *Ma mère s'est levée à sept heures un quart* (P. MORAND, *Papiers d'identité*, p. 53). — *Il (...) consulta sa montre : quatre heures un quart* (H. TROYAT, *Tant que la terre durera...*, p. 127). — *L'infanterie a tenu le fusil au port d'armes pendant une heure un quart* (F. GREGH, *L'Âge de fer*, p. 80). — *Midi trois quarts* (LITTRÉ). — *Une aune un tiers* (ID.). — *Deux heures un quart* (AC.). — *Deux heures trois quarts* (ID.). — *Un mètre un quart* (ID.). — *Un mètre trois quarts* (ID.).

Quand il s'ajoute un seul quart au nom d'heure ou de mesure, on dit le plus couramment *et quart*, en supprimant *un* [2] :

À midi et quart (H. BORDEAUX, *Les Captifs délivrés*, p. 250). — *Il est tout près d'onze heures et quart* (P. BOURGET, *Cosmopolis*, p. 56). — *Vers onze heures et quart* (É. ESTAUNIÉ, *L'Appel de la route*, p. 258). — *Il est neuf heures et quart* (H. BERNSTEIN, *Le Cœur*, II, 3). — *À trois heures et quart* (P. MORAND, *Papiers d'identité*, p. 52). — *Le voyageur qui revient en avion de Londres à Paris passe à peu près une heure et quart dans l'appareil* (G. DUHAMEL, *Tribulations de l'espérance*, p. 116). — *Un mètre et quart* (AC.).

Dans l'indication de l'heure, on dit souvent, par soustraction : *moins un quart* ou, plus ordinairement, *moins le quart :*

J'arrivai au château à six heures moins UN *quart* (CHATEAUBR., *Mém.*, IV, 4, 5). — *Une heure moins* UN *quart* (DICT. GÉN.). — *Trois heures moins* UN *quart* (AC.). — *À trois heures moins* UN *quart* (H. BERNSTEIN, *Le Secret*, I, 5). — *Six heures moins* UN *quart* (É. ESTAUNIÉ, *Tels qu'ils furent*, p. 98). — *À onze heures moins* UN *quart* (H. BOSCO, *L'Âne Culotte*, p. 64). — *Trois heures moins* LE *quart* (AC.). — *Après le coup*

---

1. Selon Littré (s. v. *quart*, Rem. 3), « on dit *une heure trois quarts, deux heures trois quarts*, sans *et* ». Pourtant, au mot *et*, Littré donne cet exemple : *Minuit* ET *trois quarts* ».

2. Pour Littré (s. v. *quart*, Rem. 2), « c'est une irrégularité du langage très familier, de dire *une heure et quart* » [pour : *une heure* ET UN *quart* ou *une heure* UN *quart*]. — Selon Martinon (*Comment on parle en français*, p. 205), « on ne dit plus *il est deux heures* ET UN *quart* ; on dit encore *deux heures* UN *quart (...)*, mais on dit sans doute plus couramment *deux heures* ET *quart*. » — Tel était aussi l'avis de l'Office de la Langue française : « *Une heure un quart* semble avoir plus de tenue ; il tend, croyons-nous, à vieillir. On entend de plus en plus *une heure et quart*. » (*Figaro*, 22 avril 1939.)

de cloche de midi moins LE *quart* (M. ARLAND, *L'Ordre*, t. II, p. 220). — *À onze heures moins* LE *quart* (R. VERCEL, *Ceux de la « Galatée »*, p. 21). — *La voiture a été prendre Marais à sept heures moins* LE *quart* (J. COCTEAU, *La Belle et la Bête*, p. 105).

N. B. — 1. Ne dites pas : *Il est midi quart, le quart pour deux heures.*

2. On dit bien — notamment en parlant d'une sonnerie d'horloge — *le quart de...* (parfois : *le quart après...*), *la demie de...* (parfois : *la demie après...*), *les trois quarts de...* (parfois : *les trois quarts après...*, ou : *le quart avant...*) : *L'horloge de Carfax sonna le quart de midi* [= midi et quart] (A. HERMANT, *L'Aube ardente*, III). — *Les aiguilles (...) marquaient le quart après huit heures* (M. GENEVOIX, *Jeanne Robelin*, p. 19). — *La demie de minuit* [= minuit et demi] *sonna* (MAUPASS., *Boule de suif*, p. 227). — *La demie de cinq heures* [= cinq h. et demie] *venait de sonner* (R. MARTIN DU GARD, *Les Thibault*, III, 1, p. 9). — *Les aiguilles marquaient la demie de onze heures* (A. ARNOUX, *Calendrier de Flore*, p. 302). — *La demie après onze heures n'était pas sonnée* (Cl. FARRÈRE, *Les Condamnés à mort*, p. 105). — *Les trois quarts de cinq heures sonnèrent* (J. de LACRETELLE, *La Bonifas*, XII). — *Comme les trois quarts après onze heures sonnaient* (STENDHAL, *Chartr.*, t. II, p. 123). — *Le quart avant huit heures sonnait à l'église de Lascos* (M. PRÉVOST, *La Nuit finira*, t. I, p. 241). — *Le quart avant midi sonna* (M. GENEVOIX, *Rroû*, p. 228).

969. *Ni* équivaut à *et* avec une négation [1]. Il ne s'emploie presque jamais sans la particule *ne* placée avant ou après lui. Tout en liant les termes, il marque la disjonction entre les idées.

a) *Ni* sert à joindre des propositions négatives ou différents termes d'une proposition négative :

Je ne veux, NI *ne dois*, NI *ne puis obéir* (LITTRÉ). — *Vous ne le voulez pas* NI *moi non plus* (ID., s. v. *aussi*, Rem. 1). — *La roue ne cessait pas de tourner* NI *les coups de pleuvoir* (HUGO, *Notre-Dame de Paris*, VI, 4). — *L'honnête homme ne saurait admettre qu'on mente* NI *qu'on médise. Il ne sait* NI *A* NI *B*. — *Un homme dévot n'est* NI *avare*, NI *violent*, NI *injuste*, NI *même intéressé* (LA BR., XIII, 24).

Il arrive parfois que des propositions négatives ou des parties semblables d'une proposition négative soient liées par *et* : *Les rochers de Thrace et de Thessalie ne sont pas plus sourds* ET *plus insensibles aux plaintes des amants désespérés, que Télémaque*

---

1. *Et ni (même)* se trouve parfois (le tour est très fréquent chez Duhamel), mais il y a là superfétation : ET NI *la jeune femme allaitant son enfant* (MALLARMÉ, *Poés.*, Brise marine). — *Ni le poète* ET NI *l'auditoire ne pouvaient alors deviner...* (G. DUHAMEL, *Le Temps de la Recherche*, XIII). — *Je ne connaissais pas les écoles modernes* ET NI *même leurs écoliers* (ID., *Biogr. de mes fantômes*, p. 41). — *Je ne parle pas pour toi*, ET NI *même pour moi* (ID., *Le Voyage de Patrice Périot*, p. 205). — *Ne pouvant prévoir ni l'évolution de ma maladie* ET NI *cette convalescence* (ID., *La Pesée des âmes*, p. 287). — *Pas votre squelette — ni votre joie (...)* ET NI *votre air bête* ET NI *ces yeux tard venus* (P. VALÉRY, *Monsieur Teste*, p. 118). — *Je ne te dirai pas non plus aujourd'hui la Ronde des différentes formes de l'esprit ni la Ronde des meilleurs amis* ET NI *la Ballade de toutes les rencontres* (A. GIDE, *Les Nourrit. terr. et les Nouv. Nourr.*, pp. 143-4). — *Ce n'était pas à la porte du quartier (...)* ET NI *au Palais de notre Justice* (Ch. PÉGUY, *L'Esprit de système*, p. 300).

l'était à ces offres (Fén., *Tél.*, t. II, p. 438). — *Je n'ai point de paille* et *point d'avoine* (Hugo, *Lég.*, t. I, p. 298). — *Le lait ne manquait pas,* et *non plus le fromage* (G. Duhamel, *Les Voyageurs de « l'Espérance »,* p. 172).

b) *Ni* s'emploie parfois, selon l'usage classique, seul ou répété, dans des phrases où il n'est pas accompagné de *ne,* mais où la négation est implicite :

Désespérant de réduire Babylone ni *par force* ni *par famine* [= n'espérant pas réduire...] (Boss., *Hist.,* III, 4). — *C'est une folie de s'imaginer que les richesses guérissent l'avarice,* ni *que cette eau puisse étancher cette soif* (Id., *Serm. Impén. fin.,* 1). — *Patience et longueur de temps Font plus que force* ni *que rage* (La F., *F.,* II, 11). *J'ai bien de la peine à croire qu'il veuille vous voir* ni *vous écrire* (Martinon, *Comm. on parle...,* p. 565). — *Peut-on voir quelque chose de plus beau* ni *de plus rare ?* (Id., *ib.*)

c) La préposition *sans* admet également après elle, *ni* ou *et* entre deux régimes, mais dans le dernier cas, on doit répéter *sans :* Sans *force* ni *vertu* (Littré). — Sans *force* et sans *vertu* (Id.). — *Hippolyte étendu,* sans *forme* et sans *couleur* (Rac., *Phèdre,* V, 6). — *Et je restais* sans *geste* et sans *parole* (A. Gide, *Le Retour de l'Enf. prodigue,* p. 92).

Avec *ni* répété on peut avoir *ni sans... ni sans* ; avec *ne... pas sans, ne... plus sans,* etc., dans un premier membre, on peut avoir *ni sans* dans le second membre : *Le spectacle ne serait* ni sans *intérêt* ni sans *charme* (Hugo, *Notre-Dame de Paris,* I, 1). — *Il arrive (...) qu'elles* [des œuvres] *n'aillent* ni sans *rhétorique* ni sans *confusion* (M. Arland, dans *Hommes et Mondes,* janv. 1946, p. 176). — *Ce stoïcisme gratuit n'est* ni sans *beauté,* ni sans *grandeur* (A. Maurois, *Ce que je crois,* p. 129). — [Ces vers] *ne sont pas sans tendresse* ni sans *grâce* (J. Lemaitre, *Jean Racine,* p. 65). — *Ils ne furent point sans inquiétude* ni sans *émoi* (J. de Pesquidoux, *Chez nous,* t. II, p. 46).

Pour la répétition de *ni,* voir § 962. — Pour l'emploi de la négation avec *ni* répété, voir § 876, 3°.

Hist. — 1. Autrefois on pouvait avoir la combinaison *sans... ni sans* dans des phrases où l'on mettrait aujourd'hui *sans... et sans : Mon équipage est venu jusqu'ici sans aucun malheur,* ni sans *aucune incommodité* (Sév., t. III, p. 156). — *Sans attendre qu'on l'interroge,* ni sans *sentir qu'il interrompt, il parle* (La Br., II, 38).— Les phrases suivantes, prises dans la littérature de notre temps, ont un cachet archaïque : *Il l'avait fait à son insu, sans y penser* ni sans *le faire exprès* (A. Hermant, *L'Aube ardente,* XIII). — *Le machinisme (...) ne serait donc pas possible sans la science* ni sans *le raisonnement à la grecque* (A. Siegfried, *L'Âme des peuples,* p. 197). — *Bien des juges militaires (...) frappèrent de peines légères des bourreaux sans mesure* ni sans *excuse* (L. Martin-Chauffier, dans le *Figaro,* 3 oct. 1956). — *Je ne parle plus de cette Correspondance* [de Suarès], *mais de l'ensemble de son œuvre, qui en est la suite sans disparates* ni sans *ruptures* (R. Kemp, dans les *Nouv. litt.,* 22 avr. 1954).

2. Dans l'usage classique, *ni,* au sens de *et,* pouvait joindre deux éléments négatifs construits avec *ne... pas, ne... point, ne... jamais,* etc. : *Il n'y a point d'inconvénient,* ny *l'oreille n'est point offensée* (Vaugelas, *Rem.,* p. 110). — *Ni l'un ni l'autre ne se dit jamais à la Cour,* ni *ne se trouve point dans les bons Autheurs* (Id., *ib.,* p. 251). — *Donc l'établissement de la vérité ne dépend point de leur assistance,* ni *l'empire de la vérité ne relève point de leur sceptre* (Boss., *Serm. Divin. de la relig.,* 1). — Cela est de nos jours, pur caprice d'archaïsme : *Ne sois pas trop craintif,* ni *point trop effrayé* (G. Duhamel, *Refuges de la lecture,* p. 51).

970. *Ou* marque l'alternative. Dans le sens de « en d'autres termes », il sert aussi à introduire une expression qui en explique une autre : *Vaincre* ou *mourir*. — *L'éthique* ou *la morale* (Ac.).

Ou est souvent renforcé par l'adverbe *bien*, surtout dans la langue parlée : *Il paiera*, ou bien *il sera poursuivi* (Ac.).

Ou ne s'emploie correctement que dans le sens affirmatif. Pour joindre des termes pris négativement, on doit se servir de *ni*. On ne dira pas : *Je ne puis le louer* ou *le blâmer* ; on dira : *Je ne puis* (ni) *le louer* ni *le blâmer*. — Au lieu de : *La douceur* ou *la force n'y peuvent rien*, on dira : (Ni) *la douceur* ni *la force n'y peuvent rien*.

Que.

971. *a) Que* est la conjonction de subordination par excellence : *Je doute* qu'*il vienne. J'affirme* que *cela est véritable*. — *Je suis fort content* que *vous ayez réussi* (Ac.).

Que se met quelquefois en tête d'un chapitre ou d'une section d'un livre pour introduire une phrase indiquant la matière dont il va être traité. Il faut, dans ce cas, sous-entendre une principale comme « on va montrer » : que *l'homme sans la foi ne peut connaître le vrai bien, la justice* (Pasc., *Pens.*, 425).

b) Que s'emploie comme corrélatif de *tel, quel, même, autre ;* il est aussi corrélatif des comparatifs et des adverbes de comparaison : *Un homme tel* que *vous. Quelle* que *soit votre fortune*. — *Tout autre* que *mon père* (Corn., *Cid*, I, 5). — *Plus bête* que *méchant. C'est moins* que *rien*.

N. B. — 1. Après *autre, autre chose, rien*, employés dans une proposition négative ou interrogative, au lieu de *que* corrélatif, on met parfois *sinon : Il n'a pas d'autre ressource*, sinon *une petite place* (Littré, s. v. *autre*, Rem. 6). — *Après quoi il ne me reste plus autre chose à faire*, sinon *de m'écrier avec le prophète...* (Boss., *Serm. Septuag.*, 3). — *Enfin le père se relâcha à ne lui demander autre chose*, sinon *qu'il allât voir le roi et le duc d'York le chapeau sous le bras et qu'il ne le tutoyât point* (Volt., *Lett. phil.*, IV). — *Elle* [la connaissance poétique des choses] *ne sert à rien*, sinon *à vivre* (G. Duhamel, *Paul Claudel*, p. 152). — *Il ne possède rien autre chose*, sinon *quelques outils.* — *Pouvait-il faire autre chose*, sinon *fuir ?*
2. La langue populaire, par analogie, emploie *que* comme corrélatif de *pareil* (qui appelle régulièrement *à*) : *Tenez, les marguerites, eh bien, c'est pareil* que *les boutons d'or* (M. Aymé, *Les Contes du Chat perché*, p. 56).

Que, après une négation, ou un indéfini négatif, ou dans une interrogation, signifie parfois « si ce n'est » ; il sert alors de corrélatif à *autre, rien d'autre, autrement*, etc., que l'on peut sous-entendre avant lui :

On n'entend que (= rien d'autre que) *des cris* (Corn., *Cid*, III, 6). — *Nulle parure* que *la simplicité* (Boss., *A. de Gonz.*). — *Puis-je former* que *des souhaits ?* (Mol., *Av.*, IV, 1.) — *Que peut-il faire* que *de prier le ciel qu'il vous aide en ceci ?* (La F., *F.*, VII, 3.) — *Ai-je fait un seul pas* que *pour te rendre heureuse ?* (Volt., *Alzire*, I, 4.) — *Nul* que *moi ne les connaît* (M. Barrès, *Mes Cahiers*, t. II, p. 216).

Hist. — Jusque dans le XVIIᵉ siècle, *autant, aussi, tant, si,* au lieu d'être suivis du corrélatif *que,* pouvaient être suivis de *comme : E aussi vert* COME *une cive* [ciboule] (*Rom. de la Rose,* 200). — *Je ne quit* [crois] *mie que vous m'amés tant* CON [comme] *vos dites* (*Aucassin et Nic.,* XIV, 15). — *Autant* COMME *toimesme Ardentement aime ton cher proëme* [prochain] (RONSARD, t. VI, p. 42). — *Plutarque dit en quelque lieu qu'il ne trouve point si grande distance de beste à beste,* COMME *il trouve d'homme à homme* (MONTAIGNE, I, 42 ; p. 295). — *Ma foi, vous en tenez aussi bien* COMME *nous* (CORN., *Ment.,* V, 1). — *Ce beau feu vous aveugle autant* COMME *il vous brûle* (ID., *Rodog.,* III, 4). — *Ce n'est pas tant le mouvement* COMME *l'action qu'il faut prendre* (DESCARTES, dans LITTRÉ). — *Vaugelas* (*Rem.,* p. 63) ne permettait cette tournure qu'aux poètes.

c) Que s'emploie souvent pour éviter la répétition, soit d'une locution conjonctive composée avec *que,* soit d'une des conjonctions *comme, quand, lorsque, puisque, si, comme si :*

Afin qu'il vienne et QU'*il le voie. Depuis qu'on souffre et* QU'*on espère.* — *Lorsque la bise souffle sur les champs,* QUE *les bois perdent leurs dernières feuilles...* (CHATEAUBR., *Génie,* I, 5, 7). — *Quand on sait ce qu'on veut et* QU'*on le veut fermement...* — *Si c'est une vérité et* QUE *je l'aie méconnue...* (P. BOURGET, *Le Tribun,* p. 234). — *Comme si l'ennemi était sous les murailles et* QU'*il fallût s'élancer aux remparts* (J. et J. THARAUD, *Rabat,* p. 29).

d) Que a parfois le sens d'une conjonction ou d'une locution conjonctive non exprimée précédemment. Il peut signifier : *avant que, afin que, puisque, lorsque, quand, de telle façon que, sans que, pour que, autant que, pendant que,* etc. :

Descends QUE *je t'embrasse* (LA F., *F.,* II, 15). — *Je suis dans une colère* QUE *je ne me sens pas* (MOL., *Mar. forcé,* 4). — *Tu ne bougeras pas d'ici* QUE *tu n'aies demandé pardon* (G. SAND, *La Mare au diable,* XIV). — *Qu'avez-vous donc, dit-il,* QUE *vous ne mangez point ?* (BOIL., *Sat.,* 3.) — *La vie s'achève* QUE *l'on a à peine ébauché son ouvrage* (LA BR., II, 9).

e) Que répété est parfois employé avec la valeur de *soit que :*

Mais QUE *dorénavant on me blâme, on me loue, Qu'on dise quelque chose ou* QU'*on ne dise rien, J'en veux faire à ma tête...* (LA F., *F.,* III, 1).

972. Dans la langue littéraire, *que* précède parfois la conjonction *si* au commencement d'une phrase ; on lie ainsi plus étroitement que par le simple *si* ce qu'on va exprimer à ce qui précède (tournure due probablement à l'imitation du lat. *quod si*) :

QUE SI *ce loup t'atteint, casse-lui la mâchoire* (LA F., *F.,* VIII, 17). — QUE SI *par distraction, Édouard change d'allure ou de côté, Salavin fronce les sourcils* (G. DUHAMFL, *Deux Hommes,* p. 299). — QUE SI *l'on creuse davantage, un autre trait du régime se découvre qui précipite la catastrophe* (P. de LA GORCE, *Napoléon III et sa politique,* p. 169).

973. *Que* s'emploie après le verbe *être* pour introduire la proposition attribut [1] ou après une forme impersonnelle pour introduire la proposition complétive du sujet (traditionnellement : proposition sujet logique) : *Le mal est* QUE *dans l'an s'entremêlent des jours Qu'il faut chômer* (LA F., F., VIII, 2). — *Il n'importe à la république* QUE *tu fasses ton testament* (ID., *ibid.*, VIII, 1). — *Se peut-il* QU'*on trahisse sa patrie ?*

974. *Que*, particule conjonctionnelle, marque du subjonctif, peut introduire une proposition principale exclamative ou interrogative (§ 747, 5°) : *Moi, héron,* QUE *je fasse Une si pauvre chère ?* (LA F., F., VII, 4.) — *Moi, Seigneur,* QUE *je fuie !* (RAC., *Mithr.*, V, 5.)

Cette même particule conjonctionnelle sert aussi à introduire une proposition principale [2] dans des phrases où le subjonctif marque un ordre, une exhortation, un souhait, un désir, une imprécation (§ 747, 1° et 2°) : *Qu'on l'adore, ce Dieu,* QU'*on l'invoque à jamais !* (RAC., *Ath.*, I, 4.) — *Gardes,* QU'*on obéisse aux ordres de ma mère !* (ID., *Brit.*, IV, 2.) — QUE *Dieu vous entende !* — *Oh !* QUE *mon génie fût une perle !* (MUSSET, *Hist. d'un Merle blanc*, VIII.) — *Oh !* QUE *le Seigneur lui pardonne !* (VIGNY, *Chatterton*, II, 5.)

REMARQUES PARTICULIÈRES

975. 1. Certaines constructions produisent parfois selon la syntaxe *logique*, la rencontre de deux *que*, amenés l'un par le verbe principal, l'autre par un adverbe ou un terme comparatif (cf. lat. *quam ut*) : *J'aime mieux qu'il lise* QUE QU'*il joue*. Généralement on change alors le tour de phrase. Cependant, dans quelques cas, il y a haplologie et on emploie le simple *que :*

Il ne manquait plus QU'*elle vous vît arriver !* (A. DUMAS f., *Diane de Lys*, II, 6.) — *Il ne demandait pas mieux* QU'*un de ses fils fût baptisé* (A. BELLESSORT, *Les Voyages de François de Xavier*, p. 136). — *Il ne manquerait d'ailleurs plus* QU'*elle les oubliât* [100 francs] (G. LECOMTE, *Le Mort saisit le vif*, p. 34). — *Je souffre trop d'avoir suivi vos mauvais conseils pour désirer autre chose* QUE *le Ciel juge bon de vous punir* (J. GREEN, *Mont-Cinère*, XXXVII). — *Je puis avoir des illusions. Je ne demanderais pas mieux* QU'*on m'en dépouille* (G. BERNANOS, *Dialogues des Carmélites*, II, 1).

Parfois aussi on remplace le second *que* par *si : J'aime mieux qu'il lise que s'il joue.* — *J'aime mieux que vous alliez à Paris que* SI *vous perdiez votre temps chez vous* (LITTRÉ, s. v. *aimer*, Rem. 4). — *Il vaut mieux tuer le diable, que* SI *le diable nous tue* [3] (STENDHAL, *Chartr.*, t. I, p. 195). — Dans certaines phrases, on peut recourir à *que de +*

---

1. Pour certains grammairiens, cette proposition est sujet (cf. § 209, note, § 811 et § 996, 1°, *c*).

2. Certains grammairiens tiennent cette proposition introduite par *que* pour subordonnée à un verbe principal sous-entendu. Voyez à ce sujet : § 747, 1°, note.

3. Autre forme de cette phrase proverbiale : *Il vaut mieux tuer le diable* QUE NON PAS QUE *le diable vous tue* (dans LITTRÉ, s. v. *diable*, 23°). On dit parfois aussi : *Il vaut mieux tuer le diable* QUE *le diable nous tue* (dans BESCHERELLE). [Voir l'*Hist.*]

infinitif ou à *plutôt que de* + infinitif, ou à *plutôt que* + subjonctif : *J'aimerais mieux qu'il me fît mourir* QUE DE *lui ôter la vie* (FÉNEL., *Tél.*, t. I, p. 105). — *Il vaut mieux que vous soyez heureux* QUE DE *briller à la cour* (LITTRÉ, s. v. *aimer*, Rem. 4). — *J'aurais mieux aimé que mon frère se fît tuer* QUE DE *se conduire sans bravoure* (M. BAR-RÈS, *Au Serv. de l'Allem.*, p. 51). — *J'aurais mieux aimé qu'il se fît tuer* PLUTÔT QUE DE *se conduire sans bravoure*. — *J'aime mieux tous les malheurs*, PLUTÔT QUE *vous souffriez par ma faute, pour moi* (R. ROLLAND, *Jean-Chr.*, t. X, p. 55).

Parfois après *que de* ou *plutôt que de*, on met *voir* avec une proposition infinitive : *J'aurais mieux aimé qu'il se fît tuer que de le voir* (ou : *plutôt que de le voir*) *se conduire sans bravoure*.

Hist. — Autrefois on employait ordinairement, dans ce cas, le simple *que* : *Périsse mon amour, périsse mon espoir, Plutôt* QUE *de ma main parte un crime si noir !* (CORN., *Cinna*, III, 3.) — *J'aimerais mieux mourir,* QU'*un autre que moi vous eût mandé...* (SÉV., t. VII, p. 499). — On se servait parfois aussi de *que que, que ce que, que non pas que : Il amoit miex mourir bons crestiens* QUE CE QUE *il vesquist ou courrous Dieu et sa Mere* (JOINVILLE, § 363). — *Ils estimoient estre plus expedient (...) que leurs officiers et magistrats eussent en reverence les ceremonies du service des dieux,* QUE QU'*ils vainquissent en bataille leurs ennemis* (AMYOT, *Marcell.*, 2). — *Ils jugent plus sûr que Dieu approuve ceux qu'il remplit de son Esprit,* QUE NON PAS QU'*il faille observer la loi* (PASC., *Pens.*, 672).

2. Ordinairement *que* se répète devant chacune des propositions subordonnées à un même verbe. Cette répétition est de rigueur s'il y a plus de deux subordonnées ou si les subordonnées ont des sujets différents : *Il voit* QUE *son épée est mise du côté droit,* QUE *ses bas sont rabattus sur ses talons, et* QUE *sa chemise est par-dessus ses chausses* (LA BR., XI, 7).

3. *a)* Il y a, dans la langue moderne, une forte tendance à construire avec *à ce que* la subordonnée substantive dépendant de certains verbes (qui construisent avec *à* le nom ou l'infinitif complément) [1] :

aboutir	arriver	conclure	s'employer	s'opposer
s'accoutumer	attacher	condescendre	s'exposer	parvenir
aider	s'attendre [2]	consentir	faire attention	prendre garde
aimer	attribuer	contribuer	gagner	réfléchir [3]
s'appliquer	avoir intérêt	se décider	intéresser	se refuser
s'arrêter	chercher	demander	s'occuper	renoncer

---

1. Pour *conclure, consentir, demander, faire attention, prendre garde, s'attendre*, l'Académie donne les constructions *conclure que* (*conclure à ce que*, en termes de procédure), *consentir que, demander que, faire attention que, prendre garde que, s'attendre que* [toutefois, au mot *ce*, on trouve l'exemple : *Il s'attend* À CE QUE *je revienne*]. Pour les autres verbes de la série (*aboutir, s'accoutumer*, etc.), elle ne donne aucune indication touchant la construction de la subordonnée substantive.

2. Voir au § 999, Rem. 7, des exemples de *s'attendre à ce que* et de *s'attendre que*.

3. *Réfléchir* construit bien avec *que* la subordonnée substantive : *Ledoux réfléchit* QUE *les enfants ne payent et n'occupent que demi-place* (MÉRIMÉE, *Mosaïque*, p. 54). — *Madame Cornouiller (...) réfléchit* QUE, *puisque ma mère l'employait* [Putois], *elle qui*

se résigner	réussir	tarder	tenir	venir
se résoudre	tâcher (Rem. 7)	tendre	travailler	voir

Exemples : *Aide-nous* À CE QUE *rien autour d'eux ne les tire l'un hors de l'autre* (J. GIRAUDOUX, *Sodome et Gomorrhe*, p. 19). — *Tous deux auraient aimé* À CE QU'*il prît un jour la direction de leurs affaires* (J. SANDEAU, *La Roche aux mouettes*, XXIV). — *Je n'aime pas* À CE QUE *nos sentiments soient connus du public* (FLAUB., *Corr.*, t. II, p. 385). — *Il aime* À CE QU'*on le considère comme un bon ouvrier* (J.-J. GAUTIER, *Hist. d'un fait divers*, p. 97). — *J'aurai l'œil, se dit-elle,* À CE QUE *Putois ne flâne point et ne me vole point* (A. FRANCE, *Crainquebille*, p. 83). — *Je (…) m'attendais (…)* À CE QUE *mes fautes fussent découvertes* (ID., *La Vie en fleur*, p. 24). — *Je ne suis pas assez fou pour m'attendre* À CE QU'*une foule d'élèves sachent, par prodige, ce qui ne s'enseigne point* (J. COCTEAU, *La Difficulté d'être*, p. 216). — *Je consens volontiers* À CE QU'*il vienne avec nous* (MÉRIMÉE, *Colomba*, II). — *Je demande* À CE QU'*on m'oublie* (FLAUB., *Lett. à sa nièce Caroline*, p. 457). — *Valentine ne demandait qu'*À CE QU'*on n'en parlât pas* (G. CHÉRAU, *Valentine Pacquault*, t. I, p. 125). — *Je demande* À CE QUE *l'on n'accroche pas la cinquième symphonie à tous les lampadaires* (G. DUHAMEL, *La Musique consolatrice*, p. 100). — *Elle ne faisait pas toujours attention* À CE QU'IL *n'y eût personne dans la chambre voisine* (M. PROUST, *Du côté de chez Swann*, I, p. 51). — *Il faut intéresser l'opinion publique du monde entier* À CE QUE *la paix future soit juste* (R. ROLLAND, *Au-dessus de la mêlée*, p. 111). — *Rien ne s'oppose* À CE QU'*on voie reparaître (…) les forces centrifuges qui ont détruit la civilisation antique* (A. THÉRIVE, *Libre Hist. de la Langue fr.*, p. 282). — *M. de Maupassant prend garde* À CE QUE *son peintre ne soit jamais un héros* (A. FRANCE, *La Vie litt.*, t. III, p. 375). — *Tâchant* À CE QUE *le contenu en demeurât invisible à la foule, elle ouvrit l'écrin* (O. MIRBEAU, *Le Journal d'une femme de chambre*, p. 146, cit. Sandfeld). — *On ne me fera jamais croire que le mouvement industriel (…) tende* À CE QUE *les machines industrielles n'aillent pas jusqu'au bout de leur usure industrielle normale* (Ch. PÉGUY, *L'Esprit de système*, p. 154). — *Il ne tenait pas* À CE QUE *des visiteurs éventuels rencontrassent chez lui les « magots »* (MONTHERLANT, *Les Célibataires*, p. 75). — *Il croit (…) qu'il faut travailler* À CE QUE *Dieu (…) gouverne le monde de plus en plus* (RENAN, *Caliban*, I, 1).

À ce que s'emploie aussi après des expressions comme : *rien d'impossible, rien d'extraordinaire, quoi d'étonnant, il n'y a pas de mal, quitte…*, etc. ou après des participes ou adjectifs comme : *accoutumé, résolu, décidé, habitué*, etc. : *Il n'y a rien d'extraordinaire* À CE QUE *le Pérugin ait été avare et probe* (A. FRANCE, *Le Lys rouge*, p. 153). — *Quoi d'étonnant* À CE QU'*il* [l'absurde] *ne nous fournisse pas les valeurs qui décideraient pour nous de la légitimité du meurtre ?* (A. CAMUS, *L'Homme révolté*, p. 20.) — *C'est l'homme qui médite entre ses quatre murs, qui ne passe pas ses journées à guerroyer sur le forum, à vivre dangereusement, quitte* À CE QU'*il sache fort bien se montrer aux heures graves* (J. BENDA, *Précision*, p. 97). — *Nous sommes si accoutumés* À CE QUE *les spectres nous accablent de malédictions…* (Ch. PÉGUY, *L'Esprit de système*,

---

n'était pas riche, c'était qu'il se contentait de peu (A. FRANCE, *Crainquebille*, p. 83). — *Il réfléchit soudain* QUE *bien des choses allaient lui faire défaut* (R. MARTIN DU GARD, *Les Thibault*, VII, 3, p. 242). — *Les Parisiens ne réfléchissent pas* QUE *la Champagne commence à Château-Thierry* (J. ROMAINS, *Les Hommes de b. vol.*, t. VI, p. 258). — *Il avait réfléchi* QUE *cette attitude repentante devait flatter la jeune femme* (H. TROYAT, *Tant que la terre durera…*, p. 418).

p. 99). — *Il n'est pas habitué à* CE QUE *ses chefs lui témoignent tant de respect* (Fr. MAU-RIAC, *Journ.*, t. IV, p. 84). — *Il y avait des fissures dans cette façade, et j'étais décidé à* CE QU'*on ne les aperçût pas* (H. BORDEAUX, *La Garde de la maison*, p. 1).

b) Semblablement, parmi les verbes qui construisent avec *de* le nom ou l'infinitif complément, un bon nombre, surtout dans l'usage familier ou populaire, construisent la subordonnée avec *de ce que* [1]. Tels sont :

abuser	s'effrayer	frémir	louer	se révolter
accuser	s'émerveiller	se froisser	murmurer	ricaner
s'affliger	s'enorgueillir	gémir	s'offenser	rire
s'applaudir	s'épouvanter	se glorifier	s'offusquer	rougir
s'attrister	s'étonner	s'impatienter	se plaindre	savoir gré
se choquer	s'exaspérer	s'indigner	pleurer	souffrir
se contenter	s'excuser	s'inquiéter	profiter	se vanter
se dégoûter	se féliciter	s'irriter	provenir	se venger
se désoler	se formaliser	jouir	se réjouir	venir
s'effaroucher	se frapper	se lamenter	remercier	en vouloir

Exemples : *Il leur sera donné acte, par le juge,* DE CE QU'*ils demandent le divorce* (*Code civ.*, art. 283). — *La vieille bonne (…) s'excusa* DE CE QUE *le dîner n'était pas prêt* (FLAUB., *Mme Bov.*, I, 4). — *Je me félicitai d'abord* DE CE QU'*on me laissait en paix* (J. GREEN, *Le Visionnaire*, p. 187). — *Elle s'inquiétait* DE CE QU'*il allait nous manquer* (M. AYMÉ, *Le Chemin des écoliers*, p. 12). — *Jammes s'irrite* DE CE QUE *les critiques ne lui rendent pas justice* (Fr. MAURIAC, *Journ. 1932-1939*, p. 253). — [Mon père] *se plaignait à d'autres* DE CE QUE *je ne l'aimais pas* (B. CONSTANT, *Adolphe*, I). — *Cela provient* DE CE QU'*il n'y a pas de surveillance* (Ac.). — *Mes Français (…) remerciaient Dieu* DE CE QUE *je leur avais été envoyée* (Th. MAULNIER, *Jeanne et les juges*, II). — *Nous devons lui savoir gré* DE CE QU' *(…) il regrette cette carence* (J. BENDA, dans la *Table ronde*, nov. 1954, p. 56). — *Il me semblait la voir, souriant à mon approche* DE CE QU'*une courte absence avait calmé l'effervescence d'une jeune tête* (B. CONSTANT, *Adolphe*, II). [Voir d'autres exemples : § 1001, Rem. 1 et 2.]

De ce que s'emploie de même après des expressions marquant le sentiment : *être dégoûté, enchanté, étonné, fâché, fier, furieux, heureux, honteux, inquiet, joyeux, outré, ravi, reconnaissant, surpris, triste, vexé,* etc. : *Dégoûté* DE CE QUE *les rôdeurs volaient la nuit ses poules et ses lapins* (A. FRANCE, *Hist. comique*, VI). — *Je suis fâché* DE CE QUE *vous ne m'ayez* (ou *avez*) *pas prévenu* (F. BRUNOT, *La Pens. et la L.*, p. 341). — *Il est furieux* DE CE QU'*on l'a berné avec des promesses* (ID., *ib.*, p. 826). — *J'étais reconnaissant* DE CE QU'*elle n'exerçait pas sa puissance* (B. CONSTANT, *Adolphe*, V). — *Stupéfait* DE CE QU'*un grand garçon pouvait pleurer encore* (Fr. MAURIAC, *L'Agneau*, p. 104).

Hist. — *Ce que,* qui ne se construit guère aujourd'hui qu'avec *à, de, en, sur, par,* se construisait aussi, dans l'ancienne langue, avec *à cause de, avec, dès, sans* : À CAUSE DE CE QUE *la force règle tout* (PASC., *Pens.*, 306). — AVEC CE QU'*il était frère,*

---

1. Beaucoup de ces verbes admettent aussi la construction avec *que* : *s'affliger, se contenter, se désoler, s'effrayer, s'émerveiller, s'épouvanter, s'étonner, s'exaspérer, s'excuser, se féliciter, se frapper, frémir, se glorifier, s'indigner, s'irriter, s'offenser, s'offusquer, se plaindre, se réjouir…* — Admettent aussi la construction avec *que* les locutions de sentiment comme : *être étonné, fier, heureux, fâché, content, surpris,* etc.

il était encore ami (SÉV., t. VII, p. 469). — [Mot] *que je ne remarquerois pas (...)* SANS CE QUE *je l'ai trouvé...* (VAUGELAS, dans Haase, p. 378).

4. *Informer de ce que* n'est pas, semble-t-il, reçu par le bon usage. Dites : **informer que** [1] :

Ils prennent soin que toute la ville soit informée QU'*ils font ces emplettes* (LA BR., Car. de Théophr., V). — *J'ai l'honneur d'informer Votre Excellence* QUE *(...) j'ai eu le bonheur de les mettre* [des familles d'horlogers] *en état d'exercer leurs talents* (VOLT., *Lettre-circulaire aux ambassadeurs*, 5 juin 1770). — *Il veut que la postérité soit informée* QU'*il a vécu* (MONTESQ., L. pers., 64). — *J'ai à vous informer* QUE *(...) l'Administration dans laquelle il était question de vous faire entrer, a reçu une forme différente* (STENDHAL, Corr., t. III, p. 144). — *Sous prétexte de l'informer* QUE *les ordres de la Cour viennent d'être exécutés dans les quatre jours promis* (SAINTE-BEUVE, Port-Roy., III, 11). — *La présente est pour t'informer* QUE *je n'ai absolument rien à te dire* (L. VEUILLOT, Corresp., t. I, p. 125). — *Il m'informe* QUE, *pour que dorénavant les jeunes ne se moquent plus des vieilles, il les a séparés* (MONTHERLANT, Les Olympiques, p. 117). — *On l'informait (...)* QUE *certains fonctionnaires (...) resteraient attachés à leur poste* (J. et J. THARAUD, Les Bien-Aimées, III, 3). — *Paulin Zeller informa Augustin* QUE *(...) l'aumônier désirait voir...* (J. MALÈGUE, Augustin, t. I, p. 171). — *Quelques mots jetés en hâte sur une carte postale avaient informé les Vasseur (...)* QU'*il faisait à Nice une température admirable* (J. GREEN, Le Malfaiteur, p. 134). — *Informez-le* QUE *sa demande est rejetée* (F. BRUNOT, La Pens. et la L., p. 358). — *La Radio informe les habitants* QUE *les fenêtres éclairées font d'excellentes cibles* (F. GREGH, L'Âge de fer, p. 215). — *Il fut informé* QUE *sa demande était accueillie* (AC.).

N. B. — On dira semblablement : *avertir que* [2], *instruire que* : *Je vous avertis* QU'*un tel est arrivé* (AC.). — *Mme Simone nous avertit* QUE *son intention n'a pas été de reconstituer l'atmosphère de la vie bourgeoise...* (A. BILLY, dans le *Figaro*, 7 juill. 1954). — *Bientôt de Jézabel la fille meurtrière Instruite* QUE *Joas voit encor la lumière...* (RAC., Ath., IV, 3). — *C'était pour nous instruire* QUE *souvent la raison suffit à nous conduire* (VOLT., Henr., IX). — *La protestation d'un avocat à la cour, qui veut bien m'instruire* QUE *les réponses autorisées par la loi pourront toujours atteindre cinquante lignes* (A. HERMANT, Chron. de Lancelot, t. II, p. 177). — Notons aussi : *J'ai l'honneur de vous faire part (...)* QUE *(...) j'ai été désigné...* (STENDHAL, Corr., t. II, p. 309).

5. **Préférer** avec deux infinitifs. On dit, selon l'usage classique : *Je préfère souffrir* PLUTÔT QUE (DE)[3] *mourir*. — *Je préférerais en effet de prononcer*

---

1. « Puisqu'on dit : *Je vous avertis que...*, écrit Littré (s. v. *informer*, Rem. 1), *il semble qu'on peut dire : Je vous informe que...* Littré donne un exemple de Buffon : *Nous sommes informés par les mémoires de gens très dignes de foi* QU'*il n'existait aucune espèce d'animaux quadrupèdes ni d'oiseaux dans l'île de Bourbon et dans celle de France, lorsque les Portugais en firent la découverte* (*Ois.*, t. IX, p. 407) ; — Littré renvoie aussi à Amyot : *Estant Titus informé* QUE*... (Flamin.*, 4) ; dans son Supplément, il donne encore deux exemples, de La Bruyère, et conclut : « Ces exemples sont confirmatifs de la locution et rien n'empêche qu'on ne s'en serve ».

2. *Aviser que* est hors d'usage : *Va le faire aviser* QUE *je suis ici* (MOL., Princ. d'Él., III, 3).

3. Pour cet emploi de la préposition *de*, voir § 922, 10°. Pour la construction *Je préfère* DE *souffrir*, voir § 757, Rem. 4.

le discours funèbre (...) PLUTÔT QUE DE *me borner à un simple éloge...* (LA BR., *Disc.
à l'Acad.*). — *Il préférait s'aveugler* PLUTÔT QUE DE *renoncer...* (E. JALOUX, *Revue
belge*, Ier janv. 1933, p. 2). — *Il préférait deviner les êtres* PLUTÔT QUE DE *les interroger*
(J. de LACRETELLE, *Disc. de récept. à l'Ac. fr.*). — *Ils préfèrent souffrir dans leur chair*
PLUTÔT QUE DE *perdre l'intégrité de leur pensée* (H. BORDEAUX, *Sur le Rhin*, p. 38). —
Vous préférez garder votre argent PLUTÔT QUE DE *me voir en bonne santé* (J. GREEN,
Mont-Cinère, XXV).

La construction *préférer souffrir* QUE *(de) mourir* venue par l'action analogique de *aimer mieux souffrir* QUE *(de) mourir* (§ 922, 1o et *N. B.*, 1) est
condamnée par Littré et par la plupart des grammairiens. Elle n'en trouve
pas moins un accueil favorable chez nombre d'excellents écrivains[1] :

Je préférais mourir QUE D'*y renoncer* (A. DAUDET, *Le Nabab*, t. I, p. 177). — *Fakir
de la gloire, qui a préféré être ignoré* QUE D'*être incompris* (R. de GOURMONT, *Le 2e
Livre des Masques*, p. 174). — *Elle eût préféré mourir* QUE DE *se trahir* (H. LAVEDAN,
Mme Lesoir, t. I, p. 261). — *Il préfère tout louer* QUE DE *faire son choix* (E. JALOUX,
Figures étrangères, p. 154). — *Ils (...) préfèrent ne pas agir* QUE DE *subir des contacts
qu'ils estiment indignes d'eux* (P. de LA GORCE, *Au temps du Second Empire*, p. 122).
— *On peut (...) préférer risquer de n'intéresser point, le premier jour, avec des choses
intéressantes* — QUE *passionner sans lendemain* (A. GIDE, *L'Immoraliste*, Préf.). —
Je me suis confessée plus d'une fois d'avoir pensé que je préférais croire en Dieu QUE DE
le voir (P. VALÉRY, *Monsieur Teste*, pp. 88-89). — *Elle a préféré mourir* QUE DE
vivre ainsi (Fr. MAURIAC, *Ce qui était perdu*, XVII). — *Il eût encore préféré travailler
de ses mains* QUE DE *se fatiguer la cervelle* (P. MILLE, *L'Ange du bizarre*, p. 104). —
Il est probable (...) qu'il a préféré courir ce risque QUE DE *mourir de faim* (Tr. BERNARD,
L'Affaire Larcier, XV). — *Le producteur préférait ne rien vendre* QUE DE *vendre contre
ce papier* (L. MADELIN, *Danton*, p. 147). — *Il y a des soirs, vois-tu, où je préférerais
coucher à l'auberge* QUE *rentrer dans un appartement aussi mal tenu* (Fr. de MIOMANDRE,
Écrit sur de l'eau, p. 57). — *Renaud qui eût préféré se passer de second* QUE DE *partir
sans elle* [sa femme] (R. VERCEL, *Remorques*, II). — *Ces petites gens (...) ont préféré
quitter les terres du roi de France* QUE D'*abjurer la foi protestante* (P. MORAND, *New-
York*, p. 10). — *Je préfère devenir sourde* QUE D'*entendre une voix de mauvais ange me
parler du Ciel* (H. BOSCO, *Les Balesta*, p. 305). — *Je préfère rester sur ma faim* QUE
D'*avoir recours aux « faux aliments » de la conjecture métaphysique* (J. ROSTAND, *Ce
que je crois*, p. 125).

Même construction, mais le second infinitif n'étant pas exprimé : *Cette conversation
toute simple, je préférais de beaucoup l'avoir avec Victorine* QU'*avec ses frères* (STENDHAL,
Vie de Henri Brulard, t. I, p. 295). — *Elle a préféré aller chez les vieux messieurs* QUE
chez la vieille dame (M. DONNAY, *L'Affranchie*, III, 2). — *Certains préfèrent être premiers dans leur ville* QUE *seconds dans la capitale* (HENRI-ROBERT, *Le Palais et la
Ville*, p. 72). — *Jean Delord (...) préférait voir son fils avec des œillères* QU'*incapable
d'aller au but qu'il s'était fixé* (A. CHAMSON, *La Neige et la Fleur*, p. 75). — *Il préfère
y étaler* [dans un livre] *son intelligence* QUE *ses dons* (M. ACHARD, *Disc. de récept. à
l'Ac. fr.*).

---

1. « Je déclare solennellement que *préférer... que...* n'est point barbare. On ne
l'évitera que dans le style châtié » (A. THÉRIVE, *Querelles de lang.*, t. I, p. 89).

On trouve aussi *préférer... à* avec deux infinitifs (tour constant chez Montherlant) : *Poète extatique* [Mallarmé] *préférant se taire à n'être point parfait* (C. MAUCLAIR, *Servitude et Grandeur littéraires*, p. 28). — *J'ai préféré ne pas vous voir à vous voir comme cela* (MONTHERLANT, *Les Bestiaires*, V). — *Il préférait la voir monter au rang des Anges (...) à la voir rester sur terre* (BARBEY D'AUREVILLY, *Un Prêtre marié*, t. II, p. 94). — *Mais un vieux professeur d'histoire (...) préfère (...) se taire à se tromper* (J. ROMAINS, *Les Hommes de b. vol.*, t. III, p. 170). — *Préférer ne penser point du tout à ne pas penser par moi-même* (A. GIDE, *Journal 1939-1942*, p. 25). — *Elle* [une doctrine] *préfère les exterminer* [les races] *à les asservir* (A. SUARÈS, *Vues sur l'Europe*, p. 131). — *Tu sauras que ton petit Alain préfère te perdre à te désobéir* (L. MARTIN-CHAUFFIER, *L'Épervier*, p. 139).

N. B. — 1. Avec *il est préférable*, on dit, selon la construction classique : *Il est préférable de mourir* PLUTÔT QUE DE *trahir*. Mais on peut dire, en suivant l'usage moderne : *Il est préférable de mourir* QUE DE *trahir*. La construction *il est préférable de mourir à trahir* est rare : *Il est préférable de se taire, à lâcher des mots qu'on a privés de leur aiguillon* (MONTHERLANT, *Le Solstice de juin*, p. 172).

2. Avec deux noms ou deux pronoms, on dit toujours *préférer... à : Maintenant qu'elle a préféré la croix* AU *trône...* (Boss., *Reine d'Angl.*). — *Il faut préférer l'honnête à l'utile* (Ac.). — *Préférer ceci à cela.* — C'est aller contre l'usage que d'écrire, par exemple : *Le même mouvement fait dire à maître Eckart (...) qu'il préfère l'enfer avec Jésus* QUE *le ciel sans lui* (A. CAMUS, *L'Homme révolté*, p. 32).

6. *Se rendre compte que* est proscrit par certains puristes[1]. Cette construction est attestée par de nombreux écrivains modernes :

Il est facile de se rendre compte (...) QUE *vous avez acquis (...) un grand maniement des âmes* (Fr. de CUREL, *Le Repas du Lion*, II, 1). — *On se rend compte* QUE *(...) ce n'était pas qu'il retirât lui le caractère d'une souffrance* (Ch. MAURRAS, *Les Amants de Venise*, éd. 1919, p. 32). — *Dom Garcie se rend compte* QUE *son mal est incurable* (R. DOUMIC, *Le Misanthr. de Molière*, p. 79). — *Je me rendis compte alors* QUE *j'étais hors de la bonne route* (Cl. FARRÈRE, *La Maison des Hommes vivants*, V). — *Mais se rendant compte* QUE, *suivant l'expression de Mallet du Pan, il marchait « sur la lame d'un rasoir »...* (L. MADELIN, *Danton*, p. 271). — *Elle se rendait compte* QU'*elle était ridicule* (R. ROLLAND, *Jean-Chr.*, t. III, p. 208). — *Il se rendit compte* QU'*il avait laissé beaucoup de lui...* (J. SARMENT, *Jean Jacques de Nantes*, p. 265) — *Je me suis rendu compte* QUE *l'intérêt de cet immense herbier des pensées hébraïques n'était point dans ces arguties sans fin* (J. et J. THARAUD, *La Rose de Sâron*, p. 47). — *Je me rendis compte (...)* QU'*elle avait vieilli* (Tr. BERNARD, *Secrets d'État*, XVI). — *Je me rends bien compte* QU'*extérieurement ce que je dis là ne signifie rien* (J. ROMAINS, *Quand le Navire...*, p. 129). — *J'ai mis assez longtemps à me rendre compte* QUE, *dans ses lectures, il cherche surtout à se renseigner* (A. GIDE, *Journal 1942-1949*, p. 150). — *Réville (...) se rendait compte* QUE *sa situation morale était extrêmement particulière* (LA VARENDE, *Le Roi d'Écosse*, p. 41). — *J'ai fini par me rendre compte* QUE *j'ai toujours moins joui de cette lumière que je ne l'ai affrontée* (G. BERNANOS, *Les Enfants humiliés*, p. 206). — *Soudain il se rendit compte* QUE *des gouttes de sueur lui roulaient sur le front* (J. GREEN,

---

1. « *Rendre compte que* et *se rendre compte que*, déclare A. Hermant, sont des façons de parler détestables, des fautes caractérisées » ; le même auteur dit encore : « *rendre compte que, se rendre compte que* sont des façons de parler barbares. Pourquoi ? Parce que » (*Les Samedis de mons. Lancelot*, pp. 189 et 191).

Moïra, p. 85). — *Vous vous rendiez compte* QUE *vous lui faisiez plaisir* (J. GIONO, *Le Moulin de Pologne*, p. 194). — *Le pauvre garçon se rend compte* QUE *ce n'est pas « lui » qu'elle aime* (R. KEMP, dans les *Nouv. litt.*, 12 sept. 1957).

7. Tâcher que. Littré, dans son Dictionnaire, avait condamné cette construction ; mais dans son Supplément, il a rétracté son opinion. La locution, notée comme familière par le Dictionnaire général, s'est implantée, et depuis longtemps, dans l'usage littéraire :

Il faut tâcher QUE *les compagnons d'un homme que nous mettons en place, n'aient point à rougir de se trouver avec lui* (MARIVAUX, *Le Paysan parvenu*, p. 424). — *Fleurs viendra-t-il voir Rome ? Tâche* QUE *je le sache avant* (STENDHAL, *Corr.*, t. VIII, p. 57). — *Tâchons* QUE *nos âmes ne soient pas englouties devant Dieu* (HUGO, *L'Homme qui rit*, I, 2, 18). — *Je tâcherai* QUE *le respect n'étouffe point en moi la verve* (Th. GAUTIER, *Cap. Frac.*, VIII). — *Je tâche* QU'*elles* [mes mains] *se reposent le moins possible* (MUSSET, *Barberine*, III, 5). — *Tâchons* QU'*il y ait aussi de quoi rendre sage un fou* (NERVAL, *Aurélia*, II, 6). — *Je tâcherai* QUE *vous soyez informée le plus tôt possible* (A. DUMAS f., *L'Ami des femmes*, III, 10). — *Il faut tâcher* QUE *cela n'arrive plus* (RENAN, *L'Eau de Jouvence*, IV, 1). — *Tâchez* QU'*on ne vous voie pas* (A. FRANCE, *Le Crime de S. Bonnard*, II, IV, 28 déc.). — *Tâche au moins* QU'*il n'attrape pas chaud !* (R. BOYLESVE, *La Becquée*, p. 53.) — *Nous devons au moins tâcher* QUE *de ce fléau sorte le moins de mal et le plus de bien possible* (R. ROLLAND, *Au-dessus de la mêlée*, p. 111). — *Tâche* QUE *ça dure longtemps* (J. RENARD, *Ragotte*, II, La Mort du petit Joseph). — *Ma mère (...) tâchait* QUE *moi-même je ne tirasse pas tout de suite mon portefeuille* (M. PROUST, *Albertine disparue*, t. II, p. 152). — *Il faut tâcher* QUE *je leur présente mes idées de manière qu'ils les accueillent* (M. BARRÈS, *Mes Cahiers*, t. XII, p. 77). — *Tâchez* QU'*il nous aide le plus possible* (J. ROMAINS, *Les Hommes de b. vol.*, t. XVI, p. 272).

Pour *tâcher à ce que*, voir *supra*, Rem. 3, *a*.

8. Veiller, dans l'usage régulier, construit avec *à ce que* la subordonnée substantive :

Le magistrat doit veiller À CE QUE *l'esclave ait sa nourriture et son vêtement* (MONTESQUIEU, *Espr.*, XV, 17). — *Je compte sur vous (...) pour veiller* À CE QU'*elle reçoive ce que sa vieille mère pourrait lui laisser* (VIGNY, *Serv. et Gr. mil.*, I, 5). — *J'eus à veiller* À CE QUE *nos amis du village fussent assez prudents...* (G. SAND, *Nanon*, XXIII). — *La tête insoucieuse de veiller* À CE QU'*on ne puisse pas allumer l'incendie* (A. SUARÈS, *Sur la vie*, t. I, p. 115). — *Il (...) veilla* À CE QUE *le verre fût rempli jusqu'au bord* (P. MAC ORLAN, *Le Quai des brumes*, p. 76). — *Elle (...) veillait* À CE QU'*aucun chien ne se jetât hors de la meute* (P. VIALAR, *La Grande Meute*, I, 6). — *Veillez* À CE QUE *toutes les persiennes soient bien closes* (Fr. MAURIAC, *Asmodée*, I, 4). — *Voudriez-vous veiller* À CE QUE *cette lacune soit réparée ?* (P. CLAUDEL, dans la *Corresp. Claudel-Gide*, p. 71.) — *Sa mère veillait* À CE QUE, *dans son armoire, un coffret restât toujours plein de friandises* (A. GIDE, *Journal 1942-1949*, p. 80).

Veiller que n'est guère en usage : *Vous veillerez* QU'*elle se couche sans dessert ce soir* (A. LICHTENBERGER, *Rédemption*, p. 235, cit. Sandfeld). — *Veille* QU'*il* [un secret] *demeure en toi dans sa fraîcheur première* (M. BEDEL, *Traité du plaisir*, p. 121). — *Mais le roi avait veillé* QUE, *dans le palais, il ne se présentât aucune surface brillante...* Béatrix BECK, *Contes à l'Enf. né coiffé*, p. 167).

976. A moins que s'emploie avec un subjonctif (pour *ne* explétif, voir § 882, *c*). Devant un infinitif, on se sert de la locution prépositive *à moins de* ou de *à moins que de*. Devant un nom, on dit *à moins de :*

> *Que faire en un gîte,* À MOINS QUE *l'on ne songe ?* (LA F., *F.*, II, 14.) — À MOINS QU'*il ne fasse très beau* (A. LICHTENBERGER, *Line*, p. 148). — À MOINS D'*être fou, il n'est pas possible de raisonner ainsi* (AC.). — *Je ne pouvais lui parler plus nettement,* À MOINS QUE DE *le quereller* (ID.). — *Je ne lui pardonnerai pas* À MOINS D'*une rétractation publique* (ID.).

Hist. — Devant un infinitif, on pouvait dire autrefois *à moins que*, sans *de :* À MOINS QU'*avoir l'appui de ta divine main* (CORN., *Imit.*, III, 10). — À MOINS QU'*être insensé* (MOL., *Amph.*, II, 10).

976bis. Crainte que, contrairement à ce que déclare Littré, se dit elliptiquement pour *de crainte que*, et est attesté non seulement par des auteurs modernes, mais par les meilleurs écrivains de l'époque classique :

> *La vierge vraiment chrétienne,* CRAINTE QUE *sa pureté perde son éclat, s'attache...* (BOSS., *Œuvres orat.*, t. IV, p. 561). — *Tout le monde croit (...) que Mme de Montespan est embarrassée entre les conséquences qui suivraient le retour des faveurs et le danger de n'en plus faire,* CRAINTE QU'*on n'en cherche ailleurs* (SÉV., t. V, p. 82). — CRAINTE QU'*à la faveur de ce silence vous ne reprissiez votre esprit* (MONTHERLANT, *Les Célibataires*, p. 169). — *Ils ne l'employaient pas* [une fille] *dans la salle,* CRAINTE QU'*elle ne reçût la pièce de temps en temps* (A. THÉRIVE, *Fils du jour*, p. 124). — CRAINTE QUE *l'incendie ne causât du dommage aux habitations voisines, on en déménagea seulement le mobilier* (Y. GANDON, *Terres chaudes*, p. 107).

977. De façon à ce que, de manière à ce que sont traditionnellement condamnés (ou ignorés) par les lexicographes [1] et par la plupart des grammairiens. Sans doute on peut préférer les locutions classiques *de façon que, de manière que*, plus légères, mais *de façon à ce que, de manière à ce que* [formés par la contamination du tour avec *à* (*de façon à, de manière à* + infinitif) et du tour avec *que* (*de façon que, de manière que*)] se sont introduits vers le début du XIX⁰ siècle et se sont implantés, en dépit des puristes, non seulement dans la langue de tous les jours, mais aussi dans la langue littéraire :

> *a) Elle plaçait son éventail de façon* À CE QU'*il pût le prendre* (STENDHAL, *Chartr.*,

---

1. Bescherelle condamne *de manière à ce que :* « Cette façon de parler, déclare-t-il, ne se trouve pas dans nos bons écrivains et les mots *à ce* sont tout à fait superflus » ; n'empêche qu'au mot *grâce*, il écrit : « Action de Dieu sur l'âme par laquelle il éclaire l'intelligence et détermine la volonté *de manière à ce que* l'homme accomplisse le bien ou évite le mal ». — Pour Littré, *de manière à ce que* « est une locution vicieuse dont il faut se garder ; c'est la confusion et la réunion des deux formes *de manière à* et *de manière que* ». — A observer qu'on trouve dans le *Dictionnaire général* (au mot *emporte-pièce*) : « *de façon à ce que* la greffe remplisse exactement l'entaille faite dans le bois ». — « Le tour barbare, *de façon à ce que*, notre Vendryes, se dit et s'écrit même de plus en plus », mais Vendryes ajoute que cette incorrection est « dans la tendance naturelle de la langue » (*Le Langage*, p. 188).

t. II, p. 365). — *Il s'arrangea de façon à* CE QUE *Josiane allât à la baraque Green-Box* (HUGO, *L'Homme qui rit*, II, 5, 2). — *Soutenant Camille de façon à* CE QUE *les cahots ne pussent l'éveiller* (MUSSET, *Pierre et Camille*, V). — *Il ouvrit sa porte de façon à* CE QU'*une masse de clarté se projetât sur la muraille opposée du corridor* (Th. GAUTIER, *Le Capit. Fracasse*, XI). — *Ils s'arrangent de façon à* CE QU'*il n'en soit pas ainsi à la maison* (J. VALLÈS, *Les Réfractaires*, p. 171). — *Il l'ouvrait brusquement* [une porte], *violemment, de façon à* CE QU'*elle allât battre en dehors contre la muraille* (A. DAUDET, *Tartarin de Tar.*, I, 5). — *L'auteur s'arrangeait de façon à* CE QUE *le premier mari reprît la femme* (R. ROLLAND, *Jean-Chr.*, t. V, p. 122). — *Il croisa seulement son fusil, de façon à* CE QUE *la crosse lui protégeât le ventre* (R. DORGELÈS, *Les Croix de bois*, III). — *Remettez-vous vite, de façon à* CE QUE *nous ne nous irritions pas l'un l'autre* (A. MAUROIS, *Les Mondes imaginaires*, p. 239). — *Il les fit payer de façon à* CE QU'*elles gagnassent deux fois plus qu'elles n'avaient gagné* (SAINT-EXUPÉRY, *Citadelle*, LXVIII). — *Sur mon lit je pliai ma capote de façon à* CE QUE *la doublure fût en dehors* (P. GUTH, dans le *Figaro litt.*, 10 avr. 1954).

b) Je m'arrangerai de manière à CE QUE *tes lettres viennent me retrouver* (HUGO, *France et Belgique*, p. 45). — *Un individu couché par terre, sur le ventre, de manière à* CE QU'*on ne l'aperçût point d'en bas* (Th. GAUTIER, *Partie carrée*, I). — *Vous ferez un bon feu, mais de manière à* CE QUE *cette nuit la flamme ne flambe pas* (MUSSET, *Lorenz.*, IV, 5). — *Réponds-moi tout de suite, de manière à* CE QUE *j'aie une lettre dimanche matin* (FLAUB., *Lett. à sa nièce Caroline*, p. 63). — *Il se coucha* (...) *sans prendre même le soin d'arranger ses fers de manière à* CE QU'*ils lui fussent moins incommodes* (MÉRIMÉE, *Mosaïque*, p. 60). — *De manière à* CE QUE *l'étoffe des parois ne touche pas même ses épaules* (VILLIERS DE L'ISLE-ADAM, *L'Ève future*, II, 8). — *Le banc des Néhou* (...) *était* (...) *posé de manière à* CE QU'*on vît également sans se retourner et le prêtre qui officiait à l'autel et les fidèles priant dans la nef* (BARBEY D'AUREVILLY, *Un Prêtre marié*, t. I, p. 76). — *Un double portique, disposé de manière à* CE QU'*on trouvât de l'ombre à toute heure du jour* (A. FRANCE, *Sur la Pierre blanche*, p. 104). — *Je dis* (...) *qu'il est économiquement injuste que l'on s'arrange de manière à* CE QUE *nos fourneaux soient industriellement annulés* (Ch. PÉGUY, *L'Esprit de système*, p. 153). — *Elle sait s'arranger de manière à* CE QU'*on lui manque* (A. GIDE, *Les Caves du Vatican*, p. 35). — *Vous allez m'arranger ça, de manière à* CE QU'*à mon retour, demain, je n'aie qu'à me déclarer* (A. MAUROIS, *Terre promise*, p. 143).

978. Malgré que, au sens de « bien que, quoique », est proscrit par Littré, par Faguet, par Ab. Hermant et par les puristes. — Cette locution, très fréquente dans la langue familière, pénètre de plus en plus dans l'usage littéraire [1] :

---

1. « J'ai écrit, avec Proust et Barrès, et ne rougirai pas d'écrire encore : *malgré que*, estimant que, si l'expression était fautive hier, elle a cessé de l'être. Elle ne se confond pas avec *bien que*, qui n'indique qu'une résistance passive ; elle indique une opposition. » (A. GIDE, *Incidences*, pp. 73-74). — A. THÉRIVE (*Clinique du langage*, pp. 72-73) estime que *malgré que* est « primaire supérieur » ; il le trouve « affreux quand il remplace *bien que, quoique* » ; il avoue néanmoins que *malgré que* est commode et qu'il « offre sur ses concurrents l'avantage de marquer clairement la nuance concessive qui est bien effacée ou arbitraire dans *bien que, quoique, encore que...* ».
Malgré que présente, à l'origine, la forme *mal gré que*, dans laquelle *que* est le

MALGRÉ QUE *Louise ne soit guère aimante pour moi* (G. SAND, *Nanon*, IX). — MAL-
GRÉ QU'*on fût au déclin de la saison* (A. DAUDET, *Tartarin sur les Alpes*, p. 356). —
MALGRÉ QU'*une partie de moi-même (...) résistât* (M. BARRÈS, *Un Homme libre*, p. 223).
— MALGRÉ QUE *le menton fût un peu court* (H. de RÉGNIER, *Romaine Mirmault*, I, 1).
— MALGRÉ QU'*il eût beaucoup plus d'esprit* (R. de GOURMONT, *Le Chemin de velours*,
p. 13). — MALGRÉ QUE *je vous aie su un gré immense d'être venu* (R. BOYLESVE,
Sainte-Marie-des-Fleurs, p. 56). — MALGRÉ QUE *Gertrude lui ait déclaré...* (A. GIDE,
La Symphonie pastorale, p. 109). — MALGRÉ QU'*il partage sa peine* (H. BORDEAUX,
La Revenante, p. 95). — MALGRÉ QU'*elle professe avec Roland un désintéressement
ombrageux* (M. PRÉVOST, *La Nuit finira*, t. II, p. 176). — MALGRÉ QUE *nous le lui
assurions* (M. PROUST, *Le Temps retrouvé*, II, p. 150). — MALGRÉ QUE *j'aie quitté
la scène depuis un an* (COLETTE, *L'Entrave*, p. 10). — MALGRÉ QU'*il ait obtenu tous
les prix de sa classe* (Fr. MAURIAC, *La Robe prétexte*, XV). — MALGRÉ QU'*elle eût rêvé
sa faute* (J.-L. VAUDOYER, *La Reine évanouie*, p. 234). — MALGRÉ QUE *la nuit fût
venue* (J. et J. THARAUD, *L'Oiseau d'or*, p. 86). — MALGRÉ QUE *le soir tombe* (J. RO-
MAINS, *La Vie unanime*, p. 241).

Même emploi chez : P. BOURGET, *Cosmopolis*, p. 6 ; H. LAVEDAN, *Mme Lesoir*, t. I,
p. 64 ; P. de NOLHAC, *L. XV et Mme de Pompadour*, p. 24 ; H. BARBUSSE, *Le Feu*, p. 34 ;
R. BENJAMIN, *Valentine*, p. 14 ; É. ESTAUNIÉ, *La Vie secrète*, p. 46 ; SAINT-EXUPÉRY,
Pilote de guerre, p. 93 ; P. HAMP, *Mektoub*, p. 44 ; É. HERRIOT, *Créer*, p. 53 ; P. MILLE,
Caillou et Tili, p. 210 ; Cl. FARRÈRE, *Les Condamnés à mort*, p. 30 ; M. GENEVOIX,
Jeanne Robelin, p. 34 ; Fr. de MIOMANDRE, *Olympe et ses amis*, p. 85 ; A. LICHTEN-
BERGER, *Les Contes de Minnie*, p. 14 ; etc.

N. B. — 1. Avec *en avoir* pris absolument, dans les locutions **malgré que
j'en aie,** *malgré qu'il en ait*, etc., signifiant « en dépit de moi, en dépit de
lui, etc. », *malgré que*, fort usité au XVIIe siècle, est très français :

Ah ! MALGRÉ QUE *j'en aie, il* [un nom] *me vient à la bouche* (MOL., *Éc. des f.*, I, 1). —
MALGRÉ QU'*il en ait, nous savons son secret* (AC.). — *Xavier était de son temps* MALGRÉ
QU'*il en eût* (A. HERMANT, *Xavier*, p. 78). — MALGRÉ QU'*il en eût, ses craintes lui
gâtaient l'humeur* (G. DUHAMEL, *Le Désert de Bièvres*, p. 203).

2. On dit dans le même sens : **en dépit que j'en aie, quoi que j'en aie**[1] :

───────────

pronom relatif ; *gré* est un nom qualifié par *mal* ; le sens est « mauvais gré que »
[cf. l'expression *malgré qu'il en ait : C'est que* BON GRÉ, MAL GRÉ *qu'on en ait, on se
prête au ton donné* (DIDEROT, *Ceci n'est pas un conte*, éd. Pléiade, p. 783]. *Mal gré*
s'est employé comme préposition devant un nom ou un pronom *(malgré tout)*, puis
devant une proposition substantive : de là, la conjonction *malgré que* (= bien que).

1. *Quoi que j'en aie* est assez récent et résulte de la contamination de « quoi que
j'en dise » (ou de : *quoi qu'il en soit*) et de « malgré que j'en aie ». Dans Brunot et
Bruneau (*Précis de Gramm. hist.*, 4e éd., p. 463), il est signalé comme barbarisme. —
Selon A. Thérive (dans les *Nouv. litt.*, 1er sept. 1934), *quoi que j'en aie* ne veut pas
dire grand-chose, et pourrait être remplacé par *quoi que j'en pense, quoi que je veuille.*
— Deharveng a relevé *quoi qu'il en ait* chez SAINTE-BEUVE, *Caus. du Lundi*, t. V,
p. 53 ; chez L. VEUILLOT, *Mélanges*, 3e sér., t. VI, p. 51 ; chez J. LEMAITRE, *Impress.
de théâtre*, t. IV, p. 31 ; chez É. FAGUET, *Politiques et Moralistes du XIXe s.*, t. II,
p. 133 ; chez A. DAUDET, *L'Immortel*, p. 78.

a) *Tu me forces à rire,* EN DÉPIT QUE J'EN AIE (CORN., *Place roy.*, I, 2). — EN DÉPIT QU'ON EN AIT, *elle se fait aimer* (MOL., *Mis.*, I, 1). — EN DÉPIT QU'IL EN EÛT, *il lui savait gré d'être l'ornement, la grâce du séminaire* (A. FRANCE, *L'Orme du Mail,* p. 17). — *Mais l'idée de progrès (...) nous empêche,* EN DÉPIT QUE NOUS EN AYONS, *de désespérer* (A. HERMANT, *Platon,* p. 256). — *Christophe, profondément Allemand,* EN DÉPIT QU'IL EN EÛT, *était touché par ces manifestations pas très raffinées d'une affection véritable* (R. ROLLAND, *Jean-Chr.*, t. IV, p. 197). — *Sa verve distrayait,* EN DÉPIT QU'ON EN EÛT (Fr. AMBRIÈRE, *Les Grandes Vacances,* p. 360).

b) *Il faut bien les respecter et les appuyer* [les bureaux], QUOI QU'ON EN AIT (M. BARRÈS, *Les Déracinés,* p. 230). — *Il a,* QUOI QU'ELLE EN EÛT, *échappé à la musique* (COLETTE, *Sido,* p. 146). — *Une réserve qui,* QUOI QU'IL EN EÛT, *ne laissait pas de lui en imposer* (É. HENRIOT, *Aricie Brun,* I, 3). — *Revenant toujours,* QUOI QU'IL EN EÛT, *à la rue des Serpents* (MONTHERLANT, *Les Bestiaires,* III). — *M. Jubier (...),* QUOI QU'IL EN EÛT, *se trouva tiré de son angoisse* (M. BEDEL, *M. le Prof. Jubier,* p. 31). — *La délicate Michèle en face de lui prenait toujours,* QUOI QU'ELLE EN EÛT, *une attitude de Sabine* (E. JALOUX, *La Branche morte,* p. 11). — *Fanny,* QUOI QU'ELLE EN EÛT, *restait de son pays* (LA VARENDE, *Le Troisième Jour,* p. 238). — QUOI QU'IL EN EÛT, *sa songerie entraînait Bourgeonnier vers des rivages très lointains* (M. GENEVOIX, *Fatou Cissé,* p. 35). — *À mesure que les années passaient, (...) Monsieur Vincent prenait dans le royaume de France,* QUOI QU'EN EÛT *sa modestie, une place plus considérable* (DANIEL-ROPS, *L'Église des temps classiques,* t. I, p. 48).

Parfois, par la confusion de *quoique* avec *quoi que* (inadvertance de l'auteur ou faute d'impression ?), on écrit *quoique j'en aie : Tout ceci,* QUOIQU'IL EN AIT, *le laisse insatisfait* (A. GIDE, *Les Faux-Monnay.,* p. 184). — *Étonnés,* QUOIQU'ILS EN EUSSENT (Cl. FARRÈRE, *Les Condamnés à mort,* p. 265). — *Génie analogue chez l'homme,* QUOIQU'IL EN AIT, *et chez la plante* (J. COCTEAU, *La Difficulté d'être,* p. 159).

Bien que j'en aie (venu probablement de *quoique j'en aie*) n'est pas reçu par l'usage : *Bien qu'il en eût* (P. BOURGET, *Cruelle Énigme,* p. 34, cit. Sandfeld).

979. *Par ailleurs* peut signifier « par une autre voie » (c'est le seul sens signalé par Littré) : *Il faut faire venir vos lettres* PAR AILLEURS (LITTRÉ). — La langue moderne, quoi qu'en disent les puristes, lui fait aussi signifier « d'un autre côté, d'autre part, pour un autre motif, par un autre moyen, pour le reste » :

Je l'ai trouvé très irrité et, PAR AILLEURS, *décidé à se retirer* (AC.). — *Pour accueillir ceux dont le métier* PAR AILLEURS *est devenu impossible* (M. BARRÈS, *L'Union sacrée,* p. 58). — *C'était* PAR AILLEURS *une femme de tête* (R. DOUMIC, *Le Misanthrope de Molière,* p. 22). — *Fussent-ils* PAR AILLEURS *de fins lettrés, ils sont pour lui des étrangers et des adversaires* (H. BREMOND, *Pour le Romantisme,* p. 109). — *Ils ne s'en troublaient ni ne s'en inquiétaient, étant* PAR AILLEURS *bons chrétiens* (L. DAUDET, *Un Jour d'orage,* p. 24). — *Il songeait* PAR AILLEURS *à fortifier encore l'éducation du commandement* (L. MADELIN, *Foch,* p. 37). — *Romuald l'avait reconnue et saluée sans donner,* PAR AILLEURS, *aucun signe d'émotion* (R. BOYLESVE, *Élise,* p. 283). — PAR AILLEURS, *il paraît assez intelligent* (R. MARTIN DU GARD, *Les Thibault,* IV, p. 60). — *La méthode grammaticale dont M. Brunot,* PAR AILLEURS *si critiquable, se fait l'innovateur est au contraire logique et vivante* (A. THÉRIVE, *Le Français, langue morte ?...* p. VI). — PAR AILLEURS, *les malheureux lui étaient indifférents* (MONTHERLANT, *Les*

Célibataires, p. 208). — *Des scènes de sang qui lui rendaient pénible à lire le récit*, PAR AILLEURS *si beau, de la Révolution Française* (A. MAUROIS, *Ariel*, II, 7). — *Le boxeur à l'entraînement est*, PAR AILLEURS, *soigné comme un objet de cristal* (G. DUHAMEL, *Paroles de médecin*, p. 216). — PAR AILLEURS, *sa technique et ses installations* [de notre peuple] *étaient les plus négligées du monde* (J. GIRAUDOUX, *Sans pouvoirs*, p. 78). — *Une assemblée de messieurs âgés*, PAR AILLEURS *fort courtois* (Fr. MAURIAC, *Journ.*, t. IV, p. 6). — PAR AILLEURS, *les deux toitures étaient peu inclinées* (J. ROMAINS, *Violation de frontières*, p. 114).

Même emploi chez : P. BOURGET, *L'Étape*, p. 139 ; P. HERVIEU, *L'Armature*, VIII ; L. GILLET, *Watteau*, p. 15 ; Cl. FARRÈRE, *Les Civilisés*, I ; R. GROUSSET, *L'Empire des Steppes*, p. 21 ; P. MILLE, *Mém. d'un dada besogneux*, p. 85 ; L. BATIFFOL, *Richelieu et Corneille*, p. 24 ; A. THIBAUDET, *Hist. de la Litt. fr.*, p. 307 ; H. BOSCO, *Un Rameau de la nuit*, p. 43 ; M. COHEN, *Regards sur la Langue franç.*, p. 70 ; J. GREEN, *Journ. 1940-1943*, p. 262 ; M. BEDEL, *Tropiques noirs*, p. 218 ; Fr. AMBRIÈRE, *Les Grandes Vacances*, p. 119 ; CRITICUS, *Le Style au microscope*, t. II, p. 63 ; DANIEL-ROPS, *Carte d'Europe*, p. 233 ; A. MALRAUX, *Le Temps du mépris*, p. 130 ; J. GUITTON, *L'Église et l'Évangile*, p. 105 ; etc.

980. *Par contre,* dans le sens de « en compensation, en revanche », paraît provenir, dit Littré, du langage commercial, et « il convient (...) de ne transporter cette locution hors du langage commercial dans aucun style. »

L'Académie ne donne pas *par contre*. Le Dictionnaire général l'accueille : *S'il est laid,* PAR CONTRE, *il est intelligent.* — L'expression en cause est aujourd'hui, en dépit des puristes [1], reçue par le meilleur usage [2] :

Je lirai les deux « Moniteurs » où bavardent les provinciaux ; je vous indique, PAR CONTRE, *le « Moniteur » du 31 octobre sur la « liberté » et l'« arbitraire »* (STENDHAL, *Corr.*, t. V, p. 83). — PAR CONTRE, *je ne suis plus trop rassuré en face de moi-même* (A. FRANCE, *Le Liv. de m. ami*, p. 178). — PAR CONTRE, *nous pouvons avoir plusieurs actions...* (É. FAGUET, *Hist. de la Poés. franç.*, t. VI, pp. 253-254). — *Il ne faisait en anglais aucun progrès sensible (...).* PAR CONTRE, *il se mettait à penser en anglais* (A. HERMANT, *Les Grands Bourgeois*, VIII). — *Le pays de Meuse est pluvieux. Le printemps,* PAR CONTRE, *y est charmant* (H. de RÉGNIER, *Le Bon Plaisir*, p. 43). — PAR CONTRE *il n'ignorait jamais le moindre événement désagréable qui arrivait à Christophe* (R. ROLLAND, *Jean-Chr.*, t. III, p. 219). — PAR CONTRE, *quand quelqu'un te livrera*

---

1. Pour Abel Hermant, « *par contre* n'est pas un barbarisme, mais c'est un terme technique de comptabilité, et une façon de parler boutiquière ». (*Les Samedis de Monsieur Lancelot*, p. 236.) — Même condamnation par le même auteur dans *Xavier*, p. 134.

2. Il ne faudrait pas croire que *en compensation* ou *en revanche* pussent, dans tous les cas, suffire pour exprimer l'idée qu'on rendrait au moyen de *par contre : en compensation* et *en revanche* ajoutent à l'idée d'opposition une idée particulière d'équilibre *heureusement* rétabli ; *par contre* exprime, d'une façon toute générale, la simple opposition et a le sens nu de « mais d'autre part », « mais d'un autre côté ». — Gide le fait très justement remarquer : « Trouveriez-vous décent qu'une femme vous dise : « Oui, mon frère et mon mari sont revenus saufs de la guerre ; *en revanche* j'y ai perdu mes deux fils » ? ou : « La moisson n'a pas été mauvaise, mais *en compensation* toutes les pommes de terre ont pourri » ? (*Attendu que...*, p. 89.)

une de ces impressions obscures, ne la rejette pas (G. DUHAMEL, *La Possession du monde*, p. 235). — *Et le Panthéon,* PAR CONTRE, *qu'il admirait n'était-il pas coiffé d'un dôme trop étroit ?* (J. GIRAUDOUX, *L'École des Indifférents*, p. 185.) — *Roland,* PAR CONTRE, *est vraiment trop léger* (M. PRÉVOST, *La Nuit finira*, t. I, p. 268). — *Les extrémistes,* PAR CONTRE, *ne reconnaissaient décidément pas leur homme* (L. MADELIN, *Danton*, p. 45). — PAR CONTRE, *il y avait là Mme Bézu* (R. BOYLESVE, *Mlle Cloque*, VII). — PAR CONTRE, *le glissement qui s'est produit pour « tout de même »* *ne me paraît pas déplorable* (A. GIDE, *Incidences*, p. 74). — *Peu de femmes dans les rues ;* PAR CONTRE, *un grand nombre de jeunes gens* (J.-L. VAUDOYER, *Laure et Laurence*, p. 43). — PAR CONTRE, *si on n'a pas le courage physique...* (MONTHERLANT, *Service inutile*, p. 264). — PAR CONTRE, *le lavabo manquait de cuvette* (É. HENRIOT, *Le Diable à l'hôtel*, II). — *Le platane,* PAR CONTRE, *(...) peinturlure sa feuille de vigne en tôle imputrescible* (LA VARENDE, *La Normandie en fleurs*, p. 219). — PAR CONTRE, *les difficultés syndicales sont encore pires que chez nous* (J. COCTEAU, *La Belle et la Bête*, p. 23). — *Hautard,* PAR CONTRE, *se montrait toujours* (H. BOSCO, *Un Rameau de la nuit*, p. 106).

Même emploi chez : M. PROUST, *Pastiches et Mélanges*, p. 152 ; G. BERNANOS, *Les Enfants humiliés*, p. 174 ; M. AYMÉ, *Les Contes du Chat perché*, p. 132 ; J. BAINVILLE, *Journal*, 10 déc. 1919 ; P. MORAND, *Champions du monde*, p. 154 ; R. VERCEL, *Ceux de la « Galatée »*, p. 192 ; DANIEL-ROPS, *Vouloir*, p. 9 ; SAINT-EXUPÉRY, *Terre des Hommes*, p. 158 ; P. GAXOTTE, *Hist. des Franç.*, t. I, p. 14 ; J. GIONO, *Voy. en Ital.*, p. 202 ; J. SCHLUMBERGER, *Le Camarade infidèle*, p. 61 ; A. SIEGFRIED, *Aspects du XX*e *siècle*, p. 109 ; etc.

981. *Pendant que. Tandis que. Cependant que.*

a) Pendant que indique la simultanéité de deux actions quelconques : PENDANT QU'*il travaillait, ses frères, dans la plaine, Chassaient les fils d'Énos et les enfants de Seth* (HUGO, *Lég.*, t. I, p. 49).

b) Tandis que peut lui aussi, marquer, au sens de « pendant le temps que », la simultanéité de deux faits : TANDIS QUE *coups de poing trottaient (...), Arrive un troisième larron* (LA F., *F.*, I, 13). — *Vous faites fort bien,* TANDIS QUE *vous êtes encore jeune, d'enrichir votre mémoire par la connaissance des langues* (VOLT., 22 juin 1737, dans Littré). — TANDIS QU'*il me parlait, il me passait devant les yeux des tableaux délicieux* (MUSSET, *Fantasio*, II, 1).

En outre, il s'emploie fréquemment, dans le sens de « au lieu que », pour marquer l'opposition : *Il fait que tout prospère aux âmes innocentes* TANDIS QU'*en ses projets l'orgueilleux est trompé* (RAC. *Esth.*, I, 1). — *Les pintades sauvages s'envolaient devant eux,* TANDIS QUE *les perdreaux, écrasés par la chaleur, se contentaient de s'écarter un peu* (J. et J. THARAUD, *La Randonnée de Samba Diouf*, p. 103). — *Tout le monde le croit heureux,* TANDIS QU'*il est rongé de soucis et de remords* (AC.).

Tandis que s'est employé aussi au sens de « aussi longtemps que, tant que » : TANDIS QUE *les prophètes ont été pour maintenir la loi, le peuple a été négligent* (PASC., *Pens.*, 703). — TANDIS QUE *vous vivrez, le sort, qui toujours change, Ne vous a point promis un bonheur sans mélange* (RAC., *Iphig.*, I, 1). — Cet emploi, mentionné encore par Littré, est aujourd'hui abandonné : l'Académie ne le signale plus.

c) Cependant que a la même valeur que *pendant que*, mais il est uniquement littéraire et a une teinte archaïque :

CEPENDANT QUE *Félix donne ordre au sacrifice* (CORN., *Pol.*, II, 1). — *C'est l'image de ceux qui bâillent aux chimères* CEPENDANT QU'*ils sont en danger* (LA F., *F.*, II, 13). — *Mais* CEPENDANT QU'*il rompait la cire du cachet...* (A. HERMANT, *Le Rival inconnu*, II). — CEPENDANT QUE *ces délicatesses un peu puériles troublaient les deux Lorrains...* (M. BARRÈS, *L'Appel au soldat*, t. II, p. 79). — CEPENDANT QU'*il dévalait vers la Seine* (G. DUHAMEL, *Deux Hommes*, p. 21). — CEPENDANT QUE *Camille et ma tante cueillaient des fleurs* (Fr. MAURIAC, *La Robe prétexte*, XIX). — CEPENDANT QUE *son goût du voyage et de l'évasion trouvait, en ce départ, l'occasion de se satisfaire* (A. MAUROIS, *Chateaubriand*, p. 316). — CEPENDANT QUE *se déroulent les épisodes de la lutte sublime* (DANIEL-ROPS, *L'Église des temps classiques*, t. I, p. 152).

Pour *tant que*, voir § 843, *b* et Observ., 5.

982. *a)* **Pour autant que**, au sens restrictif[1], est assez récent ; il n'est signalé ni par Bescherelle, ni par Littré, ni par le Dictionnaire général, ni par le Larousse du XXe siècle, ni par l'Académie[2]. Sans doute, au lieu de : *L'homme n'est responsable que* POUR AUTANT QU'*il est* (ou *soit*) *libre ; ce livre est bon*, POUR AUTANT QUE *j'en puis* (ou *puisse*) *juger*, on pourra dire : ... *qu'*AUTANT QU'*il est libre, ... qu'*À PROPORTION QU'*il est libre, ... que* DANS LA MESURE OÙ *il est libre ; ce livre est bon*, AUTANT QUE *j'en puis juger* (DICT. GÉN.). — Cela n'empêche pas que *pour autant que* a la caution de plus d'un bon auteur :

POUR AUTANT QUE *je le sache, ils étaient d'une très honnête et probablement très loyale piété* (G. DUHAMEL, *Le Notaire du Havre*, p. 155). — *À peine de-ci, de-là une petite concession à la faiblesse humaine*, POUR AUTANT QUE *le péché confessé soit un péché noble* (Germaine BEAUMONT, dans les *Nouv. litt.*, 10 nov. 1934). — *L'idée ici n'a de prix que* POUR AUTANT QU'*elle est liée à une cogitation personnelle* (J. BENDA, *La France byzantine*, p. 77).

b) **Pour autant**, au sens causal et adversatif de « pour cela cependant, même pour cela, en admettant ce fait, toutefois », n'est pas dans les dictionnaires du français moderne, sauf dans Robert et dans le Grand Larousse encyclopédique. Cette expression (qui est ancienne[3]) est très vivante dans

---

1. *Pour autant que* a eu autrefois un sens causal : *Le Rat ne sçavoit Sortir d'un lieu* POUR AULTANT QU'*il avoit Mangé le lard et la chair toute crue* (MAROT, t. III, p. 76). — On a dit aussi, dans le sens causal, *par autant que :* PAR AUTANT QUE [= *parce que*] *vous, mes bons disciples, (...) jugez trop facilement ne estre au dedans* [de ce prélude] *traicté que mocqueries* (RABELAIS, *Garg.*, Prol.).

2. Mais il est dans le *Grand Larousse encyclopédique* et dans le *Robert*.

3. Cf. : *Et* POUR AULTANT *on pourroit dire (...) que ce livre, parlant en vain de l'estat d'amours, peult estre cause de tourner les entendements à mal* (MAROT, t. II, pp. 147-8). — Voir aussi Godefroy, s. v. *por*, VI, 280c. — De *pour autant* on peut rapprocher : *pourtant* (pour + tant ; d'abord sens causal, puis a marqué exclusivement l'opposition), *partant* (par + tant ; d'abord sens causal ; puis sens consécutif), et l'ancien *par autant que* (*supra, a*, note). — Dans ces divers cas, le passage du

l'usage actuel [1] ; elle s'emploie à peu près uniquement dans des phrases négatives, interrogatives ou dubitatives, et exprime, en même temps qu'une idée
de cause, une idée d'opposition [2] :

[Ma raison] *ira même jusqu'à remarquer (...) que cette ruine est quelque chose de
déplorable. Pleurera-t-elle* POUR AUTANT ? (H. BREMOND, *La Poésie pure*, p. 46.) —
Je passai de la colère au désespoir, sans restreindre POUR AUTANT *la durée de ma triste
promenade* (H. BORDEAUX, *Le Pays sans ombre*, p. 293). — *N'allez pas conclure (...)
qu'elles* [ces réflexions] *aient* POUR AUTANT *toute ma complaisance* (Y. GANDON, *Mascarades littéraires*, p. 162). — *Le problème de la vie n'est pas résolu* POUR AUTANT (É. HEN-
RIOT, dans le *Monde*, 28 juillet 1948). — *Il en est (...) qui déploient un vrai zèle
apostolique et qui ne sont pas,* POUR AUTANT, *des couteaux prestigieux ou des cliniciens
hors pairs* (G. DUHAMEL, *Biogr. de mes fantômes*, p. 82). — *Je ne me détourne pas de la
jeunesse* POUR AUTANT (MONTHERLANT, *Le Solstice de juin*, p. 279). — *Le plus âgé ne
cessa pas* POUR AUTANT *de commenter le prêche* (A. CAMUS, *La Peste*, p. 251). — *Pen-
sera-t-on qu'ils s'ignorent* POUR AUTANT ? (M. GENEVOIX, *Afrique blanche, Afr. noire*,
p. 34.) — *Sa Révérence ne veut pas dire* POUR AUTANT *qu'il nous est interdit de le souhaiter* (G. BERNANOS, *Dialogues des Carmélites*, IV, 8). — *Désormais le regard au fond
de l'orbite était clair et serein. Non point rassurant* POUR AUTANT (VERCORS, *Les Armes
de la nuit*, p. 83).

    *c) **D'autant plus, d'autant moins, d'autant mieux*** servent, au sens
littéral, à marquer la mesure, la proportion. Parfois ces expressions adverbiales s'emploient sans membre conséquent : *Il fut* D'AUTANT PLUS *facile
de le repousser* (LITTRÉ). — *Montrez-vous désintéressé dans cette affaire, vous en
serez* D'AUTANT PLUS *estimé* (AC.). — *Il en est* D'AUTANT MOINS *à craindre*
(ID.). — *Je l'en aime* D'AUTANT MIEUX (ID.). — Quand il y a un membre
conséquent, il s'introduit par *que ;* parfois ce membre comporte un comparatif, parfois non et il arrive qu'on fasse ellipse du sujet et du verbe : *Le regret
est* D'AUTANT PLUS *vif* QUE *la faute est plus grave* (LITTRÉ). — *Le carnage fut*
D'AUTANT PLUS *grand* QU'*ils étaient plus nombreux* (ID.). — *La France fut*
D'AUTANT PLUS *aimée qu'elle était plus malheureuse* (R. VALLERY-RADOT, *La
Vie de Pasteur*, p. 250). — [*Les lois*] *paraîtront* D'AUTANT PLUS *respectables
qu'elles seront plus injustes* (A. FRANCE, *Crainquebille*, p. 284). — *Tout est dit
(...) avec une délicatesse exquise même quelquefois pour exprimer l'indicible,*
D'AUTANT PLUS *pervers que sournois* (É. HENRIOT, dans le *Monde*, 17 juin
1959).

---

sens causal au sens adversatif s'est fait par l'intermédiaire de phrases négatives,
où les deux sens se sont superposés et mêlés : *Il est pauvre ;* POURTANT (= à cause
de cela + néanmoins) *il n'est pas malheureux.*

    1. Ce *pour autant*, pour André Thérive « est clair et très conforme à l'intérêt de
la langue » (*Procès de langage*, p. 258).

    2. Il est rare que *pour autant* soit pris au sens instrumental : *Pourquoi les noirs se
masquent-ils, et de cette sorte ? Pour (...) apparaître revêtus de pouvoirs surnaturels,
et en imposer* POUR AUTANT [= par ce moyen], *par l'idée de la force incluse dans ces
simulacres* (É. HENRIOT, dans le *Monde*, 9 juin 1948).

Quand le membre conséquent ne comporte pas de comparatif, l'idée de mesure ou de proportion s'effaçant, *d'autant plus que, d'autant moins que, d'autant mieux que* marquent plus spécialement la cause ; ils signifient alors à peu près « surtout parce que » et servent, comme dit l'Académie, à relever l'importance d'un motif de penser ou d'agir : *Le philosophe est* D'AUTANT PLUS *méprisable* QU'*il pèche sciemment* (LITTRÉ). — *Il agissait avec* D'AUTANT PLUS *de chaleur qu'il était animé par la reconnaissance* (Ac.). — *Mais je le poursuivrai* D'AUTANT PLUS QU'*il m'évite* (RAC., *Brit.*, I, 5). — *Il mérite* D'AUTANT MOINS *vos bontés* QU'*il paraît en faire peu de cas* (Ac.). — *Nous ne demandions qu'à nous y enfermer comme lui* [dans un ravin], D'AUTANT MIEUX QUE *l'événement sembla d'abord lui donner raison* (G. SAND, *Nanon*, X). — *Il ne les comprenait pas,* D'AUTANT MOINS QUE *les trompes se remettaient à jouer* (R. DORGELÈS, *Tout est à vendre*, p. 368).

N. B. — 1. Au lieu de *d'autant plus que* on dit aussi *d'autant que : J'avais un faible pour la psychologie,* D'AUTANT QUE *j'y croyais avoir quelques aptitudes* (A. HERMANT, *Xavier*, p. 18). — *Je n'osais pas l'interroger,* D'AUTANT QUE, *revenue soucieuse et taciturne, elle répondait distraitement à mes questions* (H. BOSCO, *L'Âne Culotte*, p. 116). — *L'espérance chez beaucoup l'emportait sur la crainte.* D'AUTANT QUE *l'adversaire hésitait* (Fr. MAURIAC, *Vie de Jésus*, p. 211).

2. *D'autant plus que*, au sens causal, peut s'employer après ne principale négative ; c'est alors une locution toute faite équivalant à « surtou parce que » : [Le duc] *ne prit pas garde à elle,* D'AUTANT PLUS QU'*elle se dissimula bien ite dans un angle obscur de cette vaste salle* (Th. GAUTIER, *Le Capit. Fracasse*, XVII). — *Je n'aurais pas pris sa maison,* D'AUTANT PLUS QU'*elle est mauvaise* (G. SAND, *François le Champi*, I). — *La notice ne sera pas commode à écrire,* D'AUTANT PLUS QU'*elle sera le plus possible une étude* (P. LÉAUTAUD, *Journ. littér.*, 21 avr. 1904). — *Oh ! non, ce n'est pas pour lui* D'AUTANT PLUS QU'*il n'est pas Homère* (É. HENRIOT, dans le *Monde*, 14 mai 1952). — *Non, je n'arrive pas à comprendre qu'elle puisse se méfier d'un être si noble, si brave, si pur...* D'AUTANT PLUS QU'*elle a beaucoup d'affection pour lui* (Fr. MAURIAC, *Asmodée*, V, 3).

983. Quoique. Quoi que. Encore que.

a) Quoique (en un mot) est synonyme de « bien que » : *Car toi, loup, tu te plains,* QUOIQU'*on ne t'ait rien pris* (LA F., *F.*, II, 3).

Il faut le distinguer de la locution pronominale indéfinie *quoi que* (en deux mots), qui signifie « quelque chose que » : QUOI QU'*on fasse (...), Rien ne change un tempérament* (LA F., *F.*, VIII, 16). — QUOI QUE *j'aie pu dire ailleurs, peut-être que les affligés ont tort* (LA BR., XI, 23).

N. B. — 1. *Quoique* et *quoi que* présentent étymologiquement les mêmes éléments. *Quoi que*, employé d'abord avec des verbes transitifs, comme dans *quoi qu'il dise*, a été ensuite employé avec des verbes intransitifs : *quoi qu'il vienne ;* c'est de oet emploi qu'est sortie la conjonction *quoique*.

2. *Quoique ça*, au sens de « malgré cela », est de la langue populaire : QUOIQUE ÇA, *tu es bien gentil* [dit la vivandière à Fabrice] (STENDHAL, *Chartr.*, t. I, p. 88). — *Mais* QUOIQUE ÇA, *c'est tout de même un collège* (A. DAUDET, *Jack*, t. I, p. 38).

3. *Bien que* est parfois confondu avec le relatif indéfini *quoi que :* Car, BIEN QU'*en aient dit certains hommes qui n'avaient pas songé à ce qu'ils disaient, (...) la langue française n'est pas « fixée » et ne se fixera point* (HUGO, *Préf. de Cromwell*). — *L'âme*

humaine n'est point partout la même, BIEN QU'*en dise M. Levallois* (FLAUBERT, *Corr.*, t. III, p. 249). — *Aucune femme,* BIEN QU'*elles prétendent, n'étant indifférente à la beauté physique et à la gloire* (MAUPASSANT, *Fort comme la Mort*, I, 1). — BIEN QU'*il en crût, il n'avait pas encore le ton parisien* (M. BARRÈS, *Les Déracinés*, p. 60).

b) Encore que signifie « bien que, quoique ». Fréquemment employé au XVIIᵉ siècle, il est aujourd'hui assez rare et se trouve surtout dans la langue littéraire : ENCORE QU'*il soit jeune, il ne laisse pas d'être sérieux* (AC.). — ENCORE QUE *je ne me fusse pas demandé ce que je ferais d'elle par la suite* (A. GIDE, *La Symphonie pastorale*, p. 17).

Voyez au § 1032, *a* les Rem. 1 et 2, relatives à la construction de *quoique, bien que, encore que.*

984. *a) Si* exprime une condition, une supposition ou une hypothèse : SI *vous persévérez, vous réussirez.* — SI *j'avance, suivez-moi ;* SI *je recule, tuez-moi ;* SI *je meurs, vengez-moi* (LA ROCHEJAQUELEIN). — SI *une ville était prise, ses dieux eux-mêmes étaient captifs* (FUSTEL DE COULANGES, *La Cité antique*, III, 6).

Il s'emploie pour introduire une proposition interrogative indirecte : *Dites-moi* SI *vous acceptez. J'ignore* SI *ce projet vous plaira.* — *J'hésitais* SI *j'accepterais l'invitation* (A. BILLY, *Le Narthex*, p. 112).

Dans des phrases exprimant l'alternative dans l'interrogation, quoique le premier membre présente une interrogation directe, le second membre prend parfois la forme d'une interrogation indirecte introduite par *ou si* (cf. lat. *an* après *utrum*) : il y a alors ellipse d'un verbe principal. Cette construction était fréquente au siècle classique ; de nos jours, elle ne se rencontre qu'assez rarement : *Est-ce pour rire* OU SI *tous deux vous extravaguez de vouloir que je sois médecin ?* (MOL., *Méd. m. l.*, I, 6.) — *Tout genre d'écrire reçoit-il le sublime,* OU S'*il n'y a que les grands sujets qui en soient capables ?* (LA BR., I, 55.) — *Est-ce que vous viendrez,* OU SI *c'est lui ?* (AC.) — *Propage-t-elle l'émotion prodigieuse* OU SI *elle la subit ?* (M. MAETERLINCK, *La Vie des Ab.*, II, 17.) — *Voudriez-vous qu'on vous serve à part ?* OU SI *vous mangerez dans la même salle que ces Messieurs ?* (A. GIDE, *Si le Grain ne meurt*, I, 9.) — *Est-ce que je veille,* OU SI *je dors ?* (É. HENRIOT, *La Rose de Bratislava*, II.) — *A-t-il la fièvre, cet homme si calme ?* OU SI *cette lettre qui vient le torturer encore ?* (MONTHERLANT, *L'Équinoxe de septembre*, p. 170.) — *Il entre, fait deux pas, puis se retient au comptoir (n'est-ce que la jambe,* OU S'*il a bu ?)* (M. ARLAND, *L'Eau et le Feu*, p. 161). — *Est-ce pour dépoétiser l'amour ? Ou si c'est pour poétiser la chimie ?* (J. ROSTAND, *Pensées d'un biologiste*, p. 62.)

b) Si peut servir à marquer un souhait (avec l'irréel), une s. gestion, une forte affirmation, un mouvement d'indignation ou de crainte ; en particulier, il s'emploie avec la valeur de « le fait que », « de ce fait que », pour introduire une subordonnée dépendant de certains verbes de sentiment (le plus souvent pris négativement) : SI *je pouvais remplir mes coffres de ducats !* (LA F., *F.*, VIII, 25.) — SI *nous allions visiter la Forêt-Vierge ?* (M. PRÉVOST, *Mlle Jaufre*, II, 6.) — *Encor* SI *ce banni n'eût rien aimé sur terre !* (HUGO, *Crép.*, V, 4.) —

Comment, coquine ! SI *je suis malade ?* (MOL., *Malade im.*, I, 5.) — *S'ils l'ont vu ! ... Je crois bien* (A. DAUDET, *Lett. de m. m.*, p. 227). — *Dieu ! s'il allait me parler à l'oreille !* (HUGO, *Hern.*, IV, 2.) — *Ne vous étonnez pas* SI *je m'a-dresse à vous* (RAC., *Ath.*, III, 4). — *Cela ne me surprend pas* S'*il est arrivé trop tard.* — *Ce fut miracle* S'*il ne se rompit pas le cou.*

c) Si peut indiquer un fait réel et marquer la cause, l'opposition, la con-cession : *Comment l'aurais-je fait* SI (= *puisque*) *je n'étais pas né ?* (LA F., *F.*, I, 10.) — SI (= *parce que*) *j'ai parlé, devez-vous m'en blâmer ?* — SI *la pauvreté est la mère des crimes, le défaut d'esprit en est le père* (LA BR., XI, 13). — SI *ce n'est pas grand, c'est très compliqué* (J. LEMAITRE, *Mariage blanc*, I, 4).

d) Il peut aussi introduire une proposition exprimant un fait dont la cause est indiquée par ce qui suit : S'*ils sont perclus, c'est qu'à la guerre Les drapeaux étaient leurs seuls draps* (Th. GAUTIER, *Émaux et Camées*, Vieux de la Vieille). — SI *je n'ai pas bougé, c'est parce que vous ne m'y avez pas invité* (Cl. VAUTEL, *Mon Curé chez les riches*, p. 203).

e) Il peut encore marquer un rapport de temps et signifier « toutes les fois que » : SI *je dis oui, elle dit non. S'il pleuvait, nous ne sortions pas.*

Remarques. — 1. *Si* est parfois amené par *(c'est) à peine, (c'est) au plus, (c'est) tout au plus, (c'est) tout juste :* C'EST À PEINE SI *elle peut marcher* (L. HALÉVY, *Criquette*, p. 192). — À PEINE SI, *de loin en loin, elle ajoutait un mot* (G. DUHAMEL, *La Nuit d'orage*, p. 115). — TOUT AU PLUS SI, *dans les premiers temps, il pouvait répondre à l'appel de son nom* (R. ROLLAND, *Jean-Chr.*, t. VI, p. 150). — C'EST TOUT JUSTE s'*il ne haussa pas les épaules* (R. DORGELÈS, *Partir...*, p. 33). — TOUT JUSTE s'*il accepte de la laisser* [une voiture] *entrer chez lui* (P. DANINOS, *Sonia, les autres et moi*, p. 31).

2. *Si ce n'est, si ce n'étai(en)t, si ce n'eût été, si ce n'eussent été* s'emploient comme locutions prépositives avec des noms ou des pronoms : SI CE N'EST *eux, quels hommes eussent osé l'entreprendre ?* (AC.) — SI CE N'ÉTAIENT *les monticules de terre qu'elle* [la taupe] *élève (...), on ne soupçonnerait pas sa présence* (J. de PESQUIDOUX, *Chez nous*, t. I, p. 221).

Si ce n'est que, si ce n'était que, si ce n'eût été que sont des locutions conjonctives : *Il vous ressemble,* SI CE N'EST QU'*il est plus petit* (AC.). — *Le latin m'ennuie, et* SI CE N'ÉTAIT QU'*il faut être reçu bachelier, je n'en ferais de ma vie* (E. FROMENTIN, *Domi-nique*, IV).

En supprimant *si*, on dit aussi *n'étai(en)t, n'eût été, n'eussent été* (voir § 876, 7°).

985. *Soit. Soit que. Soit ... ou. Soit que ... ou que.*

a) Soit ... soit, soit que ... soit que servent à marquer l'alternative : SOIT *raison,* SOIT *caprice* (RAC., *Bérén.*, II, 2). — SOIT QU'*il soit fidèle,* SOIT QU'*il ne le soit point* (PASC., *Prov.*, 14).

b) Au lieu de répéter *soit, soit que* dans le second membre, on peut mettre *ou, ou que* :

Et SOIT *frayeur encore* OU *pour me caresser* (RAC., *Ath.*, I, 2). — SOIT *rapide disparition du mal* OU *sursaut de volonté* (H. BORDEAUX, *La Revenante*, p. 151). — *Vous savez peut-être que toute tâche, en latin, s'appelait « pensum »,* SOIT *la quenouille d'une fileuse* OU *le devoir d'un écolier* (A. HERMANT, *Xavier*, p. 158). — SOIT QU'*il parle* OU QU'*il écrive* (LA BR., V, 75). — SOIT QUE *juin ait verdi mon seuil* OU QUE *novembre Fasse…* (HUGO, *F. d'aut.*, XIX). — SOIT QU'*elle ne comprît pas* OU QU'*elle ne voulût pas comprendre* (Th. GAUTIER, *Un Trio de romans*, p. 35).

Hist. — Dans l'ancienne langue, *soit* pouvait, chez les poètes, être précédé de *ou*, dans le second membre : *Soit en paix* OU SOIT *en guerre* (RONSARD, t. VII, p. 46). — *Soit que je vive* OU *bien* SOIT QUE *je meure* (DU BELLAY, t. I, p. 106).

D'autre part, *soit* s'accordait avec un sujet pluriel, et l'on mettait l'imparfait du subjonctif *fût* si le sens le demandait : *Plus douces luy sont que civetes, Mais toutes foys fol s'y fia :* SOIENT *blanches,* SOIENT *brunetes, Bien est eureux qui riens n'y a !* (VILLON, *Test.*, 669-672.) — SOIENT *ceux* [les *animaux*] *des bois, ou* SOIENT *ceux des montagnes* (RONSARD, t. V, p. 225, variante). — *Il* [saint Paul] *se cognoissoit detteur de Dieu à glorifier son nom,* FUST *par vie* FUST *par mort* (CALVIN, *Inst.*, III, 9, 4).

986. *Surtout que* se dit tout à fait couramment dans le langage familier pour « surtout parce que » ou « d'autant que ». Cette expression est généralement condamnée par les grammairiens et par les puristes ; elle s'implante néanmoins, et de plus en plus vigoureusement, dans l'usage littéraire :

Ce que vous m'en dites m'agrée en tous points, SURTOUT QUE *la villa n'est point humide* (Fr. JAMMES, *Le Roman du Lièvre*, p. 96). — *Nous ne récupérons pas la moitié des sommes à verser,* SURTOUT QUE *nous payons les intérêts pour dix mille* [francs] (G. DUHAMEL, *Le Notaire du Havre*, XVII). — *Cela nous amusait,* SURTOUT QUE *c'était aux dépens des autres* (R. DORGELÈS, *Partir…*, p. 176). — SURTOUT QUE *vous ne voudriez pas quitter Paris, j'imagine ?* (A. THÉRIVE, *Fils du jour*, p. 160.) — *Ce que j'en dis est pour tranquilliser Marinette.* SURTOUT QU'*elle est un peu inquiète* (M. AYMÉ, *Les Contes du Chat perché*, p. 115). — SURTOUT QUE, *aujourd'hui, le prétendu progrès tend à supprimer les coutumes particulières* (Fr. de MIOMANDRE, dans les *Nouv. litt.*, 14 août 1947). — SURTOUT QUE *je ne lis pas lesdits livres* (P. LÉAUTAUD, *Propos d'un jour*, p. 88). — SURTOUT QU'*il ne s'agit plus de l'inspiration* (J. COCTEAU, *Poésie critique*, p. 63). — SURTOUT QUE *si vraiment i? Vous suffit (…) de ce pain, Peut-être je Vous le donnerai* (P. CLAUDEL, *Écoute, ma fille*, p. 31). — *Je suis venue avec l'auto de maman. Mais quelle mauvaise route !* SURTOUT QUE *j'étais derrière* (J.-J. BERNARD, *Madeleine Landier*, p. 182). — *Quand il aura revu Paul, il pourra bien le quitter,* SURTOUT QUE *ce ne sera pas pour longtemps* (A. CHAMSON, *Désordres*, III, 2). — *Je suis un peu surpris que vous n'ayez encore connu que ces rencontres de hasard…* SURTOUT QUE *vous êtes marin* (Cl. FARRÈRE, *La Seconde Porte*, p. 188). — *Je me sentais autorisé à me livrer sans contrainte au plaisir de l'exploration (…),* SURTOUT QUE *je me croyais tenu (…) à quelques accès de tristesse* (A. ARNOUX, *Calendrier de Flore*, p. 332). — SURTOUT QUE *l'amitié ne nous resserrait guère* (ID., *Les Crimes innocents*, p. 192). — *Oui, oui, saint Vladimir, dit mère Alexandrine (…).* SURTOUT QUE *c'est un saint très remarquable* (H. TROYAT, *Tant que la terre durera…*, p. 727). — *La coiffure de l'Infante consterna,* SURTOUT QU'*on sut bientôt qu'elle portait perruque d'apparat* (LA VARENDE, *Les Belles Esclaves*, p. 66). — *Ils passèrent à l'action directe.* SURTOUT QUE *don Bosco les attaquait avec leurs armes* (ID., *Don Bosco*, X). — *Ce qui m'inquiète, reprit-elle, c'est qu'il ne supportera pas longtemps que vous demeuriez ici à cause d'un autre…* SURTOUT QU'*il s'agit du petit !* (Fr. MAURIAC, *L'Agneau*, p. 176.)

On ne confondra pas *surtout que* au sens causal avec *surtout que* dans lequel *surtout* signifiant « principalement » n'est pas intimement joint à *que* par le sens : SURTOUT *qu'en vos écrits la langue révérée Dans vos plus grands excès vous soit toujours sacrée* (BOIL., *Art p.*, I). — SURTOUT *qu'il ne sache pas que je suis instruite* (MARIVAUX, *Les Fausses Confidences*, I, 14).

CHAPITRE IX

L'INTERJECTION

§ 1. — DÉFINITION

987. L'**interjection** ᵃ est une sorte de cri qu'on jette dans le discours pour exprimer un mouvement de l'âme, un état de pensée, un ordre, un avertissement, un appel : AH ! *que de bruit !* ALLONS, *vous dis-je*. — ÇÀ, *votre main* (MOL., *Bourg.*, V, 5). — GARE ! HOLÀ ! PST !

Les interjections sont généralement brèves et se réduisent souvent à une seule syllabe. Ordinairement elles sont, dans l'écriture, suivies du point d'exclamation.

988. Une **locution interjective** est une réunion de mots équivalant à une interjection : *Hé quoi ! Eh bien ! Fi donc ! Fouette cocher !*

§ 2. — FORMES

989. Au point de vue de la forme, les interjections sont fort variées ; ce sont :

1º De simples cris ou des onomatopées (§ 151). Ces interjections sont formées, soit d'une ou de plusieurs voyelles combinées ou non avec une aspiration, soit de voyelles combinées avec une consonne, soit encore de simples consonnes : *Ah ! Eh ! Hom ! Euh ! Heu ! Hue ! Ohé ! Ouais ! Ouf ! Bah ! Fi ! Pouah ! Chut ! Holà ! St ! Pst !*

A cette catégorie d'interjections peuvent se rattacher les imitations des cris d'animaux et les notations plus ou moins exactes de certains bruits déterminés : *Cocorico ! Meuh ! Crac ! Paf ! Boum ! Patatras ! Rataplan ! — Ils passaient au travers de Nanterre,* TRA, TRA, TRA (SÉV., t. III, p. 401). — *Le temps d'entr'ouvrir une lucarne,* FRRT ! *voilà le bivouac en déroute !* (A. DAUDET, *Lett. de m. m.*, p. 23.) —

ÉTYM. — ᵃ *Interjection*, empr. du lat. *interjectio*, de *interjicere* (*inter*, entre, et *jacere*, jeter).

Nicolas Rainette [un tisserand] *consentait (...) à s'asseoir en face de Mélie, et* CLAC, CLAC, CLAC, CLAC, *la chanson laborieuse commençait* (R. BAZIN, *Les Noellet*, p. 27).

2º Des noms, employés seuls, ou accompagnés d'une épithète ou d'un déterminatif, ou dépendant d'une préposition : *Attention ! Courage ! Ciel ! Juste ciel ! Bonté divine ! Ma parole ! Ma foi ! Par exemple !*

3º Des adjectifs employés seuls ou accompagnés d'un adverbe : *Bon ! Ferme ! Bravo ! Tout doux ! Tout beau !*

4º Des adverbes ou des locutions adverbiales : *Bien ! Comment ! Eh bien ! Or çà ! En avant !*

5º Des formes verbales, et notamment des impératifs : *Allons ! Gare ! Halte ! Tiens ! Suffit ! Vois-tu ! Dis donc !*

6º Des phrases entières : *Fouette cocher ! Va comme je te pousse ! Vogue la galère !*

990.　　LISTE DES PRINCIPALES INTERJECTIONS

Adieu !	Dia !	Hélas !	Là !	Patatras !
Ah !	Eh !	Hem !	Las ! (vieux)	Pif !
Ahi !	Euh !	Hep !	Motus !	Pouah !
Aïe !	Fi !	Ho !	Ô !	Pst !
Allo !	Fichtre !	Holà !	Oh !	Quoi !
Bah !	Foin ! (vieilli)	Hom !	Ohé !	Sapristi !
Baste !	Gare !	Hon !	Ouais ! (vieux)	St !
Bernique ! (fam.)	Ha !	Hosanna !	Ouf !	Sus !
Bravo !	Haïe !	Hourra !	Ouiche ! (famil.)	Tarare ! (vieux)
Çà !	Hardi !	Hue !	Ouste ! (id.)	Vivat !
Chut !	Hé !	Huhau !	Paf !	Zest !
Crac !	Hein !	Hum !	Pan !	Zut ! (très famil.)

On pourrait ajouter à cette liste un certain nombre de noms, d'adjectifs, de formes verbales, d'adverbes, employés comme interjections : *Dame ! Horreur ! Bon ! Va ! Doucement !* etc.

991.　　LISTE DES PRINCIPALES LOCUTIONS INTERJECTIVES

Ah ! çà	Fi donc !	Jour de Dieu !	Mon Dieu !	Quoi donc !
À la bonne heure !	Grand Dieu !	Juste ciel !	Or çà !	Ta ta ta !
Bonté divine !	Hé bien !	Là ! là !	Or sus !	Tout beau !
Eh bien !	Hé quoi !	Ma foi !	Oui-da !	Tout doux !
Eh quoi !	Ho ! ho !	Mille bombes !	Par exemple !	

§ 3. — VALEUR SÉMANTIQUE ET EMPLOI DES INTERJECTIONS

992. Il y a, parmi les expressions interjectives, des mots et des locutions qui ont été détournés de leur sens original ou dont on ne perçoit plus, dans l'usage, la valeur primitive : *Aïe !* est venu de l'ancien nom *aïue* signifiant *aide*. — *Hélas !* est composé de *hé !* et de *las* (= malheureux) ; autrefois *las* pouvait s'employer seul et varier en genre [1] : LAS ! *que sais-je ?* (MOL., *Tart.*, V, 1.) — *Peste* est l'abréviation d'une imprécation comme « que la peste t'étouffe ! » Etc.

Certaines interjections sont des invocations religieuses : *Dame !* (abréviation de *Notre-Dame*), *Dieu ! Jour de Dieu ! Bonté divine ! Miséricorde !*

D'autres sont des jurons auxquels une altération plus ou moins profonde a ôté leur malignité, en substituant à *Dieu* ou à *diable* (qui se trouvent ainsi « taboués ») quelque paronyme innocent : *Parbleu !* (par Dieu), *morbleu, mordienne, morgué, morguenne, morguienne* (mort Dieu, c.-à-d. mort de Dieu), *corbleu* (corps Dieu), *maugrébleu* (malgré Dieu), *palsambleu* (par le sang Dieu), *jarnidieu, jarnibleu, jarnigué, jarniguienne, jarni* (je renie Dieu), *ventrebleu* (ventre Dieu), *vertubleu, vertuchou, tudieu* (vertu Dieu), *diantre* (diable).

La langue populaire est féconde en interjections plus ou moins pittoresques et plus ou moins triviales, qui se renouvellent d'époque en époque, selon les caprices d'une certaine mode : *À la gare ! Bath ! Mince ! Mon œil ! Tu parles ! Flûte ! Sans blague !*

Hist. — Presque toutes nos interjections sont d'origine française. Il faut excepter cependant *baste* (de l'italien *basta*, 3e pers. du sing. de l'indic. présent de *bastare*, suffire), *bravo* (italien *bravo*, brave, adjectif adressé à la personne applaudie) et *halte !* (de l'allemand *halten*, s'arrêter) [2].

993. D'une manière générale, la valeur sémantique des interjections dépend moins des phonèmes qui les constituent que du ton et de l'accent qu'on leur donne, des jeux de physionomie, des gestes, des attitudes, etc., qui les accompagnent.

1. *Ah !* peut marquer, suivant le cas, la joie, la douleur, l'admiration, l'amour, la colère, la crainte, la surprise, etc. : AH ! *que je suis aise de vous voir !* (AC.) — AH ! *que cela est beau !* (ID.)

Parfois il sert simplement à donner à l'expression plus de vivacité ; il peut se redoubler pour exprimer plus fortement la surprise ou l'ironie : AH ! *madame, gardez-vous de le croire !* (AC.) — AH ! AH ! *vous arrivez enfin* (ID.).

2. *Aïe !* et *Ahi !* marquent tous deux la douleur. *Aïe !* exprime plus spécialement une douleur physique légère et soudaine. *Ahi !* est surtout en usage dans la comédie : AÏE ! *vous me blessez !* (AC.) — AHI ! AHI ! *voilà mes faiblesses qui me reprennent* (MOL., *Scap.*, III, 13).

---

1. Cf. : LASSE *por coi ne sui ge morte ?* (*Eneas*, 1822.) — « *Hé* LASSE ! » *fait elle* (E. DESCHAMPS, t. IX, p. 131).

2. L'appel téléphonique *allo !* (ou *allô !*) serait, selon A. Dauzat (qui allègue le témoignage de Ch. Bivort, un des premiers usagers du téléphone), la déformation volontaire de *allons !* Cette opinion n'a pas été reçue ; on considérera, avec W. von Wartburg et G. Tilander, qu'*allons* a été essayé comme une adaptation de l'interjection anglaise *halloo*.

3. **Bah** *!* marque l'étonnement, le doute, la négation, l'insouciance : BAH ! *cela n'est pas possible* (AC.).

4. **Baste** *!* indique qu'on attache peu d'importance à une chose : *Il dit cela :* BASTE ! *il n'en fera rien* (AC.).

5. **Çà** *!* interjection, doit être distingué de *çà*, adverbe de lieu (dans *çà et là*) et de *ça*, pronom démonstratif. L'interjection *çà !* (ou *or çà !* combinaison souvent prononcée ou écrite *o çà !* ou *ho çà !* au XVIIᵉ siècle) s'emploie pour interpeller, pour exciter, pour convier à faire quelque chose : ÇÀ, *messieurs les chevaux, payez-moi de ma peine* (LA F., *F.*, VII, 9). — OR ÇÀ, *verbalisons* (RAC., *Plaid.*, II, 4). — O ÇÀ, *ma fille, je vais vous dire une nouvelle, où peut-être ne vous attendez-vous pas* (MOL., *Mal. im.*, I, 5). — ÇÀ ! *te défendras-tu ?* (HUGO, *Hern.*, II, 3.) — OR ÇÀ, *docteur, dites-moi la vérité* (MÉRIMÉE, *Chron. du règne de Ch. IX*, XXVII). — ÇÀ, *travaillons* (AC.).

Oh ! çà et ah ! çà expriment l'étonnement ou quelque émotion subite : OH ! *çà, par exemple !* — AH ! *çà, pour qui me prenez-vous ?* (AC.)

6. **Eh** *!* **Eh bien** *!* indiquent l'admiration, la surprise : EH ! *qui aurait pu croire cela ?* (AC.) — EH BIEN, *que faites-vous donc ?* (ID.)

Eh bien peut donner plus de force à ce qu'on dit : EH BIEN, *soit* (AC.).

Au XVIIᵉ siècle, là où nous mettons *eh bien !* on mettait souvent *et bien !*

7. **Ha** *!* exprime la surprise ou le soulagement : HA ! *vous voilà !* HA ! HA ! (AC.) — HA ! *ce n'est pas vous qui fûtes jamais fidèle* (A. SUARÈS, *Cressida*, p. 45). — HA ! *me voilà débarrassé !*

8. **Hé** *!* s'emploie familièrement pour appeler : HÉ ! *l'ami !* HÉ ! *viens ici* (AC.).

Il se dit encore pour avertir, attirer l'attention, témoigner de la pitié, exprimer le regret, la douleur, l'étonnement : HÉ ! *qu'allez-vous faire ?* (AC.) — HÉ ! *repoussez, madame, une injuste terreur* (RAC., *Phèdre*, IV, 6). — HÉ ! *que je suis méprisable !* (AC.) — HÉ ! *bonjour, monsieur du Corbeau : Que vous êtes joli !* (LA F., *F.*, I, 2.)

Il se répète parfois pour marquer approbation, adhésion : HÉ, HÉ, *pourquoi pas ?* (AC.)

9. **Hein** ne se dit que dans le discours familier. Tantôt il accompagne une interrogation ou une phrase qui exprime l'étonnement, tantôt il s'emploie seul pour inviter l'interlocuteur à répéter une chose qu'on n'a pas entendue clairement : *Voulez-vous,* HEIN ? (AC.) — HEIN, *que dites-vous donc là ?* (ID.)

Littré écrit : *heim* ou *hein*, mais l'orthographe *heim* n'est plus d'usage.

10. **Hem** sert à appeler ou à interroger : HEM, HEM, *venez ici* (AC.). — HEM ! *vous ne dites mot ?* (REGNARD, *Le Bal*, 8.)

Hem et *hom* peuvent marquer le doute, la défiance : HOM ! *il est encore bien jeune* (AC.).

11. **Hep** *!* s'emploie, dans la langue familière, pour appeler : HEP, *le mitrailleur, pas de nouvelles des chasseurs ?* (SAINT-EXUPÉRY, *Pilote de guerre*, p. 74.)

12. **Ho !** s'emploie soit pour appeler, soit pour témoigner de l'étonnement ou de l'indignation : Ho ! *venez un peu ici* (Ac.). — Ho ! *quel coup !* (ID.)

Quand *ho !* marque l'étonnement ou l'indignation, il se confond quelquefois avec *oh ! :* Ho ! HO ! (ou OH ! OH !) *vous le prenez bien haut !*

13. **Hon** marque le mécontentement : HON ! HON ! *il a remis là à payer ses créanciers ?* (MOL., *Pourc.*, II, 3.)

14. **Motus !** se dit familièrement pour « ne dites mot » : MOTUS ! *Il ne faut pas dire que vous m'ayez vu sortir de là* (MOL., *G. Dand.*, I, 2). — *Sur ce sujet,* MOTUS ! (Ac.)

15. **Ô** exprime l'admiration, la joie, la douleur, la crainte, etc. : *Ô rage, ô désespoir, ô vieillesse ennemie !* (CORN., *Cid*, I, 4.) — *Ô trois fois chère solitude !* (MUSSET, *N. d'Oct.*)

Ô servant à invoquer, à interpeller, n'est pas, à proprement dire, une interjection ; c'est le signe du vocatif, de l'apostrophe : *Ô mon souverain roi !* (RAC., *Esth.*, I, 4.)

16. **Oh !** marque la surprise : OH ! OH ! *je n'y prenais pas garde* (MOL., *Préc.*, 9).

Il exprime aussi une interpellation soudaine ou un élan de l'âme vivement émue : OH *là !* OH ! *descendez* (LA F., *F.*, III, 1). — OH ! *s'il m'eût attaqué dans ma force !* (FÉNEL., *Tél.*, t. II, p. 227.)

17. **Ouais !** se dit familièrement pour exprimer la surprise : OUAIS ! *voici qui est plaisant !* (MOL.,*Scap.*, I, 4.)

18. **Ouf !** marque la fatigue ou, plus souvent, la satisfaction d'être délivré d'un fardeau, d'un ennui, etc. : OUF ! *enfin libre !*

19. **Ouiche !** marque très familièrement l'incrédulité, l'ironie : *Il a dit qu'il viendrait ? Ah !* OUICHE ! (Ac.)

Remarques. — 1. Certaines interjections peuvent être accompagnées d'un complément : ADIEU *pour tout jamais !* (CORN., *Sert.*, III, 2.) — FOIN *du loup et de sa race !* (LA F., *F.*, IV, 15.) — ZUT *pour le chapeau,* ZUT *pour la voilette !* (P. LOTI, *Les Désenchantées*, II.)

2. Le nom complément de *gare* est facultativement précédé de *à : Gare la cage ou le chaudron !* (LA F., *F.*, I, 8.) — *Gare la prison !* (STENDHAL, *Chartr.*, t. I, p. 50.) — *Mais gare l'oiseleur ! Gare les boutiquières !* (HUGO, *Théâtre en lib.*, La Forêt mouillée, 2.) — *Si vous faites cela, gare les conséquences, gare* AUX *conséquences !* (Ac.) — *Gare* À *la ruáde… !* (Cl. FARRÈRE, *Les Civilisés*, XXXIII.)

Avec un pronom ou un infinitif, on met toujours *à : Gare* À *toi,* À *nous ! Gare* À *celui qui bougera ! — Gare* À *qui la scandalisera !* (A. MAUROIS, *Les Silences du Colonel Bramble*, p. 88.) — *Gare* À *ne pas se salir !* (P. CLAUDEL, *Présence et Prophétie*, p. 260.)

Gare est parfois construit avec une subordonnée introduite par *que : Elle se refuse au plaisir, mais elle l'aime ;* GARE QU'*elle n'y cède !* (MARIVAUX, *Le Paysan parvenu*, p. 149.) — *Si l'inégalité vous plaît,* GARE QUE *demain elle ne se retourne contre vous !* (R. ROLLAND, *Jean-Chr.*, t. IX, p. 63.)

QUATRIÈME PARTIE

LES PROPOSITIONS SUBORDONNÉES

994. CLASSIFICATION. — On peut distinguer trois catégories de subordonnées, en se fondant à la fois sur la nature du mot auquel elles sont assimilables et sur la fonction qu'elles remplissent dans la phrase par rapport à la principale :

1º Les subordonnées **substantives**, assimilables à des noms et correspondant aux compléments d'objet ou aux compléments de l'adjectif. Elles peuvent aussi être sujets, attributs ou appositions ;

2º Les subordonnées **adjectives** ou **relatives**, assimilables à des adjectifs ou à des participes-adjectifs et correspondant aux compléments du nom ou du pronom ;

3º Les subordonnées **adverbiales** ou **circonstancielles**, assimilables à des adverbes et correspondant aux compléments circonstanciels.

Autres classifications. — 1. Certains grammairiens fondent la classification des subordonnées uniquement sur la fonction qu'elles remplissent dans la phrase (classement syntaxique). De même, en effet, que, dans la phrase simple, les fonctions de sujet, d'attribut, de complément d'objet, etc., peuvent être remplies par un mot ou par un groupe de mots, de même, dans la phrase composée, ces différentes fonctions peuvent l'être par une proposition. D'après cela, on a des *propositions sujets*, des *propositions attributs*, des *propositions compléments d'objet*, etc.

Comparez :

SUJET : *La cessation du bombardement* avait fait naître de l'espoir. — *Que le bombardement eût cessé* avait fait naître de l'espoir (J. de LACRETELLE, *La Bonifas*, XII).

ATTRIBUT (voir § 996, 1º, *c*) : Le pis du destin fut *la rencontre d'un vautour*. — Le pis du destin Fut *qu'un certain vautour (...)* vit notre malheureux (LA F., *F.*, IX, 2).

OBJET DIRECT : J'attends *son départ*. — J'attends *qu'il parte*.

OBJET INDIRECT : Je consens *à son départ*. — Je consens *qu'il parte*.

COMPLÉMENT CIRCONSTANCIEL : J'aviserai *dès mon retour*. — J'aviserai *dès que je serai de retour*.

COMPLÉMENT DU NOM : L'héritage *de nos parents*. — L'héritage *Que nous ont laissé nos parents* (LA F., *F.*, V, 9).

APPOSITION : Je désire une seule chose : *votre bonheur*. — Je désire une seule chose : *que vous soyez heureux*.

COMPLÉMENT DE L'ADJECTIF : Ce pied-plat digne *de confusion*. — Ce pied-plat digne *qu'on le confonde* (MOL., *Mis.*, I, 1). — COMPLÉMENT DU COMPARATIF : Cet homme est plus heureux *que nous*. Cet homme est plus heureux *que nous ne croyons*. COMPLÉMENT D'AGENT : Cet homme est aimé *de tous*. Cet homme est aimé *de quiconque le connaît*.

COMPLÉMENT DE L'ADVERBE : Vous serez choisi préférablement *à tout autre*. — Vous serez choisi préférablement *à quiconque se présentera*.

2. D'autres grammairiens divisent les subordonnées en *complétives, relatives* et *circonstancielles*. Ils appellent *complétives* les subordonnées qui correspondent aux compléments d'objet et qui peuvent en outre s'employer comme sujets : ce sont les subordonnées auxquelles nous avons donné le nom de substantives.

3. Sandfeld (*Synt. du Franç. cont.*, t. II) range les subordonnées en quatre groupes principaux : 1° Propositions COMPLÉTIVES : Je veux *qu'il parte ; —* 2° Propositions INTERROGATIVES INDIRECTES : Je ne sais pas *s'il viendra ; —* 3° Propositions RELATIVES : *a)* indépendantes (= sans antécédent) : *Qui ne dit mot* consent ; *b)* dépendantes attributs : Il est là *qui attend ; c)* dépendantes adjointes : Pierre *qui roule* n'amasse pas mousse ; — 4° Propositions ADVERBIALES : Nous partirons *quand vous voudrez*.

CHAPITRE I

PROPOSITIONS SUBSTANTIVES

I. — MOTS SUBORDONNANTS

995. Les propositions substantives se rattachent à la proposition principale :

1° Le plus souvent par la conjonction *que : Je crains* QU'*on ne me trompe. Il faut* QU'*on soit sincère. — Je suis bien aise* QUE *la force vous revienne un peu* (MOL., *Malade imaginaire*, II, 9). — *Il se plaint* QU'*on l'ait calomnié. Ils ne craignent qu'une chose :* QUE *le ciel ne tombe sur leur tête. Le malheur est* QU'*il est trop tard.*

2° Par une des locutions conjonctives *de ce que, à ce que* (voir § 975, 3), *en ce que, sur ce que : L'âne d'un jardinier se plaignait au Destin,* DE CE QU'*on le faisait lever devant l'aurore* (LA F., *F.*, VI, 11). — *Il s'attend* À CE QUE *je revienne* (AC.). — *M. de Malesherbes tenait* À CE QUE *Jean-Baptiste partît avec François* (A. MAUROIS, *Chateaubriand*, p. 76). — *Il s'excusa* SUR CE QU'*il avait été un peu souffrant* (A. FRANCE, *Les Sept Femmes de la Barbe-bleue*, p. 146). —

Il insiste beaucoup SUR CE QUE *ces deux imprudentes n'ont pas emmené de chauffeur* (Fr. MAURIAC, *Pèlerins de Lourdes*, p. 133).

3° Par un mot interrogatif (pronom, adjectif, adverbe), dans l'interrogation indirecte. Ainsi la proposition substantive est introduite :

a) Par *qui, quel, lequel, quand, où, combien* précédés ou non d'une préposition, selon les phrases : *Dites-moi* QUI *vous êtes,* QUEL *est votre nom,* OÙ *vous allez,* D'OÙ *vous venez,* QUAND *vous partez. Je ne sais* SUR QUI *tombera le sort.* — *Il m'est fort indifférent* QUEL *jugement vous en portiez.* (AC.). — *Tu sais* COMBIEN *je hais leurs fêtes criminelles* (RAC., *Esth.*, I, 4). — *Dieu détermine* JUSQU'À QUAND *doit durer l'assoupissement* (BOSS., *R. d'Angl.*).

b) Par *quoi,* toujours précédé d'une préposition : *Je ne sais* DE QUOI *on l'accuse,* SUR QUOI *on discute,* CONTRE QUOI *on s'élève.*

c) Par *pourquoi, comment, comme quoi, si* non précédés d'une préposition : *Je me demande* POURQUOI *vous tentez cette aventure et* COMMENT *vous vous en tirerez.* — *Vous savez* COMME QUOI *je vous suis tout acquise* (CORN., *Rodog.*, I, 7). — *Quand Germain raconta* COMME QUOI *il avait été forcé de ramener la petite Marie...* (G. SAND, *La Mare au diable*, XV). — *Je ne m'étonne pas* S'*il n'a pas pu venir* (LITTRÉ). — *J'ignore* SI *le projet te plaira.* — *J'hésitais* SI *j'accepterais l'invitation* (A. BILLY, *Le Narthex*, p. 112).

Remarques. — 1. Transformée en interrogation indirecte, une interrogation directe commençant par un mot interrogatif (souligné souvent par *est-ce qui* ou *est-ce que*) ne subit pas de changement en ce qui concerne le mot introducteur. — Toutefois à *est-ce que*, devant un sujet, correspond la conjonction *si ;* — à *qu'est-ce qui* peut correspondre *ce qui ;* — au pronom interrogatif neutre *que* (attribut, objet direct ou complément circonstanciel : § 573), devant un verbe à un mode personnel, correspond *ce que :*

INTERROGATION DIRECTE	INTERROGATION INDIRECTE
QUEL *est ton nom ?*	[Dis-moi] QUEL *est ton nom.*
QUI *vient ?* QUI EST-CE QUI *vient ?*	» QUI *vient.*
QUI *vois-tu ?* QUI EST-CE QUE *tu vois ?*	» QUI *tu vois.*
OÙ *vas-tu ?* OÙ EST-CE QUE *tu vas ?*	» OÙ *tu vas.*
QU'EST-CE QUI *te gêne ?*	» CE QUI *te gêne.*
EST-CE QUE *tu viens ?*	» SI *tu viens.*
QU'ES-TU ? QU'EST-CE QUE *tu es ?*	» CE QUE *tu es.*
QUE *veux-tu ?* QU'EST-CE QUE *tu veux ?*	» CE QUE *tu veux.*
QUE *gagnes-tu ?* QU'EST-CE QUE *tu gagnes ?*	» CE QUE *tu gagnes.*

Hist. — On a pu employer, dans l'interrogation indirecte, les tours syntaxiques *qui est-ce qui, qu'est-ce qui, qui est-ce que, qu'est-ce que, où est-ce que,* etc., de l'interrogation directe : *Elle lui demanda* QUI EST-CE QUI *l'avait fait malade* (GUEZ DE BALZAC, VII, 27, dans Haase). — *Je ne sais (...)* COMMENT EST-CE QUE *je suis ensuite comme rapporté et rendu à moi-même* (FÉNELON, *Exist. de Dieu*, I, 2, 48, ibid.). — *Il vous demandera* QUI EST-CE QUI *vous l'a appris* (DIDEROT, *Le Neveu de Rameau*, éd. Pléiade, p. 456). — Cela est resté courant dans la langue populaire ou familière : *Allez donc voir* QUI EST-CE QUI *peut être dehors par un temps pareil* (M. PROUST, *Du côté de chez Swann*, I, p. 149). — *Je voudrais bien savoir* QUI EST-CE QUI *a eu cette idée ridicule*

(P. Benoit, *Bethsabée*, p. 137, cit. R. Le Bidois, *L'Invers. du suj. dans la prose contemp.*, p. 285).

2. Après les verbes d'opinion et de sentiment, on a parfois une proposition substantive introduite par la conjonction *si* équivalant à peu près à *que* ou à *combien : Vous pensez* SI *ça leur est facile* (J. Romains, *Les Hommes de b. vol.*, t. XVI, p. 149). — *Dieu sait* SI *j'ai souffert !*

4º Par les relatifs *qui, quoi, où* employés absolument (l'antécédent étant implicite) ou par *quiconque : Qui ne dit mot consent. — Écrive qui voudra* (Boil., *Sat.*, 9). — *Les grands actes de guerre (...) veulent de la noblesse dans qui les accomplit* (Hugo, *Quatrevingt-treize*, I, 2, 3). — *Voici en quoi il se trompe. — Il se ramène en soi, n'ayant plus où se prendre* (Corn., *Cinna*, II, 1). — *Et l'on crevait les yeux à quiconque passait* (Hugo, *Lég.*, t. I, p. 49).

On peut aussi, avec certains grammairiens, regarder comme *relatives* les propositions introduites, soit par les relatifs *qui, quoi, où*, employés absolument, soit par *quiconque* — et dont l'antécédent est implicite. Selon Sandfeld (voir plus haut, § 994, *in fine*), ces propositions sont des *relatives indépendantes*.

Remarque. — Certaines propositions introduites par une conjonction temporelle *quand, lorsque*, etc. deviennent parfois de véritables propositions substantives : *Vous souvenez-vous* quand *je vous emmenais dans la campagne ?* (Flaub., *L'Éduc. sent.*, II, 5.) — *Le moment solennel, ce fut* quand *les Pères Oblats soulevèrent la statue miraculeuse* (M. Barrès, *La Colline inspirée*, p. 247). — *Un des moments les plus doux de ma vie, ce fut (...)* lorsque *mon père me vit arriver du collège* (Diderot, cité par Sainte-Beuve, *Critiq. et Portr. litt.*, t. II, p. 82). — *Le plus mauvais moment pour elle était* quand *ses maîtres s'en allaient à la campagne* (R. Rolland, *Jean-Chr.*, t. V, p. 290). — *J'aime mieux* quand *vous parlez* (J. Giraudoux, *Sodome et Gomorrhe*, p. 32).

II. — *FONCTIONS DES PROPOSITIONS SUBSTANTIVES*

996. Une proposition substantive peut être : 1º sujet ; 2º complément d'objet ; 3º attribut ; 4º apposition ou terme complétif d'un nom ou d'un pronom ; 5º complément d'un adjectif ou d'un adverbe.

1º **Sujet.** *a)* Une proposition substantive introduite par *que* peut être sujet dans des phrases telles que les suivantes :

D'où vient que vous sortez si vite *?* (Mol., *Tart.*, I, 1.) — Qu'une officine d'affaires se soit réfugiée là *paraît presque sacrilège* (É. Estaunié, *Mme Clapain*, p. 133). — Que le bombardement eût cessé *avait fait naître de l'espoir* (J. de Lacretelle, *La Bonifas*, XII). — *À cela s'ajouta* que M. Octave avait reçu la visite de Beauprêtre (Montherlant, *Les Célibataires*, p. 139).

La proposition sujet introduite par *que* et placée en tête de la phrase est le plus souvent reprise par un pronom neutre ou par un nom de sens général comme *la chose, le fait*, etc. (voir § 1002) : *Que Segrais ait reproduit assez fidèlement le récit du comte de Cézy,* cela *paraît probable* (J. Lemaitre, *J. Racine*, p. 210).

b) Peut aussi s'employer comme sujet une proposition substantive introduite par *qui* absolu ou par *quiconque* :

QUI NE DIT MOT *consent.* — *Explique cela* QUI POURRA (É. ESTAUNIÉ, *L'Infirme*..., p. 23). — QUICONQUE A BEAUCOUP VU *Peut avoir beaucoup retenu* (LA F., *F.*, I, 8).

2° **Attribut.** Une proposition substantive introduite par *que* ou par une conjonction temporelle (§ 995 *in fine*, Rem.) s'emploie comme attribut [1] dans des phrases telles que les suivantes :

La vérité est QUE JE M'EN FÉLICITAIS TROP LONGUEMENT (R. BOYLESVE, *Le Meilleur Ami*, p. 191). — *Le vrai est* QU'IL Y A DES ABUS (Fr. MAURIAC, *Pèlerins de Lourdes*, p. 82). — *L'ennui est* QUE NOËL EST TOUT PROCHE (A. LICHTENBERGER, *Les Contes de Minnie*, p. 246). — *Ma crainte était* QUE (...) CATHERINE SE FÛT LASSÉE... (A. FRANCE, *La Rôtisserie*..., p. 150). — *Ma plus belle journée a été* LORSQUE J'AI PRONONCÉ LE DISCOURS D'INAUGURATION (Fr. de CUREL, *Le Repas du Lion*, II, 1). — *Sa plus grande joie est* QUAND SA MÈRE DOIT PASSER LA JOURNÉE EN SERVICE (R. ROLLAND, *Jean-Chr.*, t. I, p. 122).

3° **Complément d'objet.** Une proposition substantive s'emploie comme complément d'objet :

a) Après les verbes qui marquent quelque opération de l'intelligence (connaissance, opinion, déclaration, etc.) ou quelque perception des sens :

Je sais, je crois, je suis d'avis, j'affirme, je déclare, je jure, je conçois QU'IL A RAISON. — *Je vois* QUE RIEN N'ÉCHAPPE À VOTRE PRÉVOYANCE (RAC., *Bajaz.*, II, 1). — *Le cheval s'aperçut* QU'IL AVAIT FAIT FOLIE (LA F., *F.*, IV, 13).

b) Après les verbes qui marquent la volonté, l'ordre, la prière, le désir :

Je veux QU'ON SOIT SINCÈRE (MOL., *Mis.*, I, 5). — *Nous souhaitons, nous demandons, nous désirons* QU'IL VIENNE. — *Je consens* QUE VOUS LE FASSIEZ (AC.).

c) Après les verbes qui expriment quelque sentiment, quelque mouvement de l'âme :

Je m'étonne, je me plains, je regrette, je me réjouis, je suis heureux, je suis fâché QUE CELA ARRIVE. *Je crains, je tremble* QU'ON NE VOUS TENDE UN PIÈGE. — *Je m'attendais* À CE QU'ELLE ME PARLÂT DE GÉRARD (R. BOYLESVE, *Le Meilleur Ami*, p. 209). — *Il s'est indigné* QU'ON LUI AIT FAIT CE PASSE-DROIT (LITTRÉ).

d) Dans certaines phrases où la proposition substantive est introduite par les relatifs *qui, quoi, où* employés absolument, ou par *quiconque* :

Ne lapidez pas QUI VOUS OMBRAGE (HUGO, *Préf. de Cromwell*). — *Il le dit à* QUI VEUT L'ENTENDRE. *Il possède* DE QUOI PAYER. *Il n'a pas* OÙ REPOSER SA TÊTE. — *Et l'on crevait les yeux à* QUICONQUE PASSAIT (HUGO, *Lég.*, t. I, p. 49).

Remarque. — Il est très fréquent qu'une proposition substantive introduite

_____

1. Certains grammairiens tiennent, dans ce cas, la proposition substantive pour le sujet de la phrase (voir § 209, Rem. et § 811, Rem.).

par la conjonction *que* serve d'objet [1] à des noms tels que *annonce, assurance, bruit, certitude, conviction, crainte, croyance, désir, espoir, fait, idée, impression, joie, nouvelle, opinion, ordre, pensée, peur, preuve, regret, sentiment, signe, témoignage, volonté,* etc., sous la figure desquels il est aisé de découvrir l'idée d'un des verbes *dire, croire, craindre, sentir,* etc. : ces noms sont toujours précédés de l'article défini ou d'un démonstratif :

Le bruit se répandit même QU'IL AVAIT ÉTÉ ARRÊTÉ (H. HOUSSAYE, *1815*, Waterloo, p. 53). — *Et Gandhi exprime l'espoir* QUE LE VICE-ROI RÉPARERA L'INIQUITÉ (R. ROLLAND, *Mahatma Gandhi*, p. 73). — *Ce sera le signe* QUE VOUS EXISTEZ (Fr. MAURIAC, *Pèlerins de Lourdes*, p. 65). — *Je lui fis (...) le serment* QUE CETTE BAGUE NE ME QUITTERAIT JAMAIS (P. LOTI, *Aziyadé*, p. 241). — *Ils jugent le problème automatiquement d'après ce principe,* QUE LA VÉRITÉ EST LA NOUVEAUTÉ (MONTHERLANT, *Les Célibataires*, p. 147). — *À la pensée* QUE CLAIRE LES VOYAIT AINSI AUJOURD'HUI, *elle soupira* (J. de LACRETELLE, *La Bonifas*, VIII). — *L'idée* QUE POIL DE CAROTTE EST QUELQUEFOIS DISTINGUÉ *amuse la famille* (J. RENARD, *Poil de Carotte*, Les Poux).

4° **Apposition. Terme complétif.** Une proposition substantive apposée ou ajoutée comme terme complétif, et introduite par la conjonction *que*, peut préciser ou déterminer un nom ou un pronom :

Il y a une chose qui est fâcheuse dans votre cœur, QUE TOUT LE MONDE Y PRENNE LIBERTÉ DE PARLER (MOL., *Am. magn.*, I, 2). — *Elle ne demandait qu'une grâce, (...)* QU'IL REVÎNT DE TEMPS À AUTRE (A. DAUDET, *Sapho*, XIII). — *Cette chose est tout à fait inadmissible* QUE BICHE DOIVE MOURIR (A. LICHTENBERGER, *Biche*, p. 218). — *La mort a ceci de bon* QU'ELLE RÉCONCILIE LES PIRES ENNEMIS (Fr. COPPÉE, *La Bonne Souffr.*, p. 169). — *Il le savait bien avant tous* QUE LA PIÈCE ÉTAIT REÇUE (A. DAUDET, *Le Nab.*, t. II, p. 64). — *Cela l'eût choqué* QU'UN OFFICIER À QUATRE GALONS PARLÂT DE DÉPOSER LES ARMES (R. DORGELÈS, *Le Cabaret de la Belle Femme*, p. 115). — *Le moment est venu* QUE JE VOUS METTE AU COURANT DE LA SITUATION (MONTHERLANT, *Les Célib.*, p. 23).

Remarque. — En particulier, une proposition substantive introduite par *que* (traditionnellement : sujet logique) s'emploie comme terme complétif pour préciser le sujet des expressions impersonnelles : *Il n'importe à la république* QUE TU FASSES TON TESTAMENT (LA F., *F.*, VIII, 1). — *Il lui plaisait fort* QUE TINTAGEL FÛT SI MALHEUREUX POUR SI PEU DE CHOSE (A. HERMANT, *L'Aube ardente*, VIII). — *C'est évident* QU'IL SE TROMPE.

5° **Complément d'adjectif ou d'adverbe.** Une proposition substantive est parfois complément d'un adjectif, d'un participe-adjectif ou d'un adverbe :

Ce pied-plat digne QU'ON LE CONFONDE (MOL., *Mis.*, I, 1). — *Heureux* QUE SA BONTÉ DAIGNÂT TOUT OUBLIER (RAC., *Brit.*, IV, 4). — *Certains* QUE LE SECOURS SERAIT PRÊT DANS QUATRE OU CINQ JOURS (LA F., *F.*, VII, 3). — *Irrité* DE CE QUE JE SOIS TOURMENTÉ (M. PRÉVOST, *Mon cher Tommy*, p. 216). — *Vous serez choisi préférablement à* QUICONQUE SE PRÉSENTERA.

---

1. Cette proposition substantive peut aussi être considérée comme complément déterminatif (ou comme apposition) précisant le nom (cf. ci-après, 4°).

III. — EMPLOI DU MODE
DANS LA PROPOSITION SUBSTANTIVE

A. — Propositions introduites par que (de ce que, à ce que).

1. — Verbes impersonnels.

997. Après les verbes impersonnels et les locutions impersonnelles qui marquent la possibilité, l'impossibilité, le doute, la négation, la nécessité, un mouvement de l'âme, une appréciation (approbation ou improbation), on met le **subjonctif** dans la proposition substantive. C'est le cas après les expressions :

Il est possible, impossible ; il se peut, il convient, il est douteux, il n'est pas douteux, il n'y a pas de doute, il ne fait pas de doute, nul doute que, point de doute que, il n'est pas contestable, il faut, il est nécessaire, il est de règle, il importe, peu importe, qu'importe, il est important, il s'en faut, il tient à..., il me tarde, il est bon, juste, utile, naturel, heureux, fâcheux, convenable, faux, rare, urgent, honteux, surprenant, triste, etc. ; c'est dommage, c'est bien le moins, c'est assez, c'est beaucoup, c'est peu, il est temps, il vaut mieux, il s'agit, etc.

Ex.: *Il faut qu'on* OBÉISSE. *Il est possible, douteux, faux, heureux que cela* SOIT. — *C'est heureux que je* N'AIE *pas besoin de beaucoup de sommeil* (J. LEMAITRE, *Mariage blanc*, III, 2). — *Il n'est pas douteux que la règle ne* DOIVE *s'y étendre* (LITTRÉ, *Dict.*, Préf., p. xv). — *Il n'est pas douteux que les premiers soldats qui s'établirent dans les îles du Dniépr ne* FUSSENT *animés d'un sentiment patriotique et religieux* (MÉRIMÉE, *Les Cosaques d'autrefois*, pp. 299-300). — *Nul doute que M. Ferry ne* SOIT *enchanté...* (M. BARRÈS, *Le Jardin de Bérénice*, p. 9). — *Nul doute que ce ne* SOIT *un mage* (A. FRANCE, *Thaïs*, p. 121). — *Nul doute qu'Augustin* SENTÎT *monter l'orage* (Fr. MAURIAC, *Préséances*, I, 5). — *Il n'y a pas de doute que la famille* AIT *joué sa partie dans les combats pour la France* (R. BAZIN, *Il était quatre petits enfants*, XVI). — *Il n'y a point de doute que vous ne* SOYEZ *le flambeau même de ce temps* (P. VALÉRY, « *Mon Faust* », *Lust*, II, 1). — *Dommage qu'il ne me* RESTÂT *plus de café* (É. PEISSON, *Les Démons de la Haute mer*, p. 93). — *Il n'est pas contestable que « Candide »* AIT *paru d'abord à Genève* (A. BILLY, dans le *Figaro litt.*, 27 déc. 1952). — *Il ne s'agit pas de savoir si Pompée a résisté au ciel (...), il s'agit que Rome* A *besoin d'un maître* (VOLT., *Comment. sur Corn.*, Cinna, II, 1). — *Il s'agit que nous* FAVORISIONS *de toute notre ardente amitié l'épanouissement de ce qui toujours désire d'exister : le Génie du Rhin* (M. BARRÈS, *Mes Cahiers*, t. XIV, p. 165).

Remarques. — 1. Après **il n'est pas douteux (contestable, discutable**, etc.**), il n'y a pas de doute, il ne fait pas de doute, nul doute, point de doute, c'est dommage, est-il possible**, on met, dans la subordonnée introduite par *que*, l'indicatif si l'on veut marquer la réalité du fait, et le conditionnel si le fait est hypothétique, éventuel :

Il n'est pas douteux que son unique pensée [d'Antisthène] FUT *celle-ci : imiter Socrate en l'exagérant* (É. FAGUET, *Initiation philosophiq.*, p. 25). — *Il n'est pas douteux (...) que les calculs de l'empereur* FURENT *modifiés par cet événement* (J. BAINVILLE, *Napol.*, p. 269). — *Il ne paraît pas douteux qu'elle s'*ÉTAIT *ménagé des intelligences au Temple* (M. GARÇON, *Louis XVII*, p. 53). — *Il n'y a pas le moindre doute que nous ne* POUVONS *plus vivre ensemble* (MUSSET, *Conf.*, V, 6). — *Il n'y a donc aucun doute qu'après la mort nous* VERRONS *Dieu* (P. CLAUDEL, *Présence et Prophétie*, p. 13). — *On ne faisait pas de doute que le nom de Crook (James)* FIGURERAIT *un jour au tableau* (J. et J. THARAUD, *Dingley*, p. 19). — *Il ne faisait pas de doute qu'il m'*AVAIT *percé à jour* (J. GIONO, *Le Moulin de Pologne*, p. 175). — *Mais, le mauvais coup une fois accompli, nul doute qu'elle se* RÉVEILLA *lucide* (Fr. MAURIAC, *Préséances*, II, 10). — *Nul doute qu'il le* PRENDRAIT [un livre] *et* ESSAYERAIT *de le lire* (DANIEL-ROPS, *Mort, où est ta victoire ?* p. 427). — *S'il existait un héritier ou une héritière de lord Talbot (...), il n'est pas douteux que la reine Marie vous* REPRENDRAIT *les biens* (HUGO, *Marie Tudor*, I, 6). — *Si Madame de Châtelet avait consulté le marc de café (...), nul doute qu'elle y* AURAIT *vu des fuites précipitées* (A. BELLESSORT, *Essai sur Voltaire*, p. 128). — *Il n'est pas contestable que vous* AVEZ *raison et qu'on* DEVRAIT *vous suivre*. — *C'est dommage, Garo, que tu n'*ES *point entré Au conseil de celui que prêche ton curé* (LA F., F., IX, 4). — *Est-il possible que toujours j'*AURAI *du dessous avec elle ; que les apparences toujours* TOURNERONT *contre moi, et que je ne* PARVIENDRAI *point à convaincre mon effrontée ?* (MOL., *G. Dandin*, II, 8.) — *Est-il possible que j'*AI *blessé ce cœur ?* (A. SOREL, *La Grande Falaise*, p. 122.)

N. B. — *Après il est sans doute que* (vieux), *sans doute que, il est hors de doute que*, on met toujours l'indicatif (le conditionnel, si le fait est hypothétique) : *Il est sans doute que je* SUIS *un grand hérétique* (PASC., *Prov.*, 15). — *Sans doute qu'à la foire ils* VONT *vendre sa peau* (LA F., F., III, 1). — *Il est hors de doute qu'il* RÉUSSIRA (LITTRÉ). — *Il est hors de doute que nous nous* FAISONS *une idée très défectueuse du mégathérium* (VILLIERS DE L'ISLE-ADAM, *L'Ève future*, I, 10). — *Il était hors de doute qu'elle* SEMBLAIT *heureuse* (R. BOYLESVE, *Élise*, p. 121). — *Il est hors de doute que M. Maloyau et son compagnon m'*ATTENDAIENT (ALAIN-FOURNIER, *Le Grand Meaulnes*, p. 82). — *Sans doute — il est sans doute — il est hors de doute — qu'en changeant de méthode, il* RÉUSSIRAIT.

2. Après **il suffit que** on met le plus souvent le subjonctif : *Il suffit que vous le* DISIEZ *pour que je le croie* (LITTRÉ). — *Ne vous suffit-il pas que je l'*ABSOLVE ? (DICT. GÉN.)

On met parfois l'indicatif pour marquer la réalité du fait, mais c'est là une construction vieillie : *Il suffit que ta cause* EST *la cause de Dieu* (MALHERBE, t. I, p. 279). — *Ne vous suffit-il pas que je l'*AI *condamné ?* (RAC., *Andr.*, IV, 3.) — *Il me suffit que vous l'*AIMEZ (MOL., *Avare*, I, 2).

3. Après les verbes impersonnels **il advient, il se fait, il se peut, il se trouve, il survient,** on met, dans la subordonnée introduite par *que*, l'indicatif si le fait est considéré dans sa réalité, et le conditionnel, si le fait est hypothétique ou éventuel ; de même après **il arrive,** mais, mis à part le passé simple *il arriva*, qui appelle normalement l'indicatif (fait réalisé), l'indicatif après ce verbe est en recul :

S'il arrivait parfois que les passants des rues, Surpris de voir mener ces femmes en troupeau, S'APPROCHAIENT *et* METTAIENT *la main à leur chapeau, L'argousin leur jetait des sourires obliques* (HUGO, *Chât.*, V, 11). — *Il arriva que je le* RENCONTRAI (LITTRÉ). — *Il arrivait que ces festins* FINISSAIENT *par des saouleries* (H. BORDEAUX, *Les Déclassés*, p. 88). — *Il arrivait maintenant que Zeyneb et Mélek* RELEVAIENT *leur voile* (P. LOTI, *Les Désenchantées*, XXV). — *Il arriva que je me* SENTIS *malade* (ALAIN, *Hist. de mes pensées*, p. 52). — *Il advenait aussi que souvent le ravage intérieur ne se* RÉVÉLAIT *par aucune balafre au dehors* (HUGO, *Les Misér.*, V, 3, 5). — *Il advint que cette cour* FUT *dépavée* (A. FRANCE, *Le Liv. de m. ami*, p. 40). — *Il se fait justement que je n'*AI *plus d'argent.* — *Se peut-il que je t'*AI *livrée, sans le vouloir, à l'ineffable déchirement ?* (A. SUARÈS, *Rêves de l'Ombre*, p. 81.) — *Il se trouva que Liliose* VINT *chercher son oncle* (E. JALOUX, *La Chute d'Icare*, p. 252). — *Il se trouva que ces cailloux* ÉTAIENT *des phosphates* (É. HENRIOT, *Le Livre de mon père*, p. 25). — *Il se trouve que, moi, je me* TAIS *depuis dix ans* (J. COCTEAU, *L'Aigle à deux têtes*, I, 6). — *Celui qui pense ainsi est nécessairement seul dans la partie du monde où je me trouve, mais il se peut qu'en Chine on l'*ENTENDRAIT *mieux* (J. GREEN, *Journ.*, 8 janv. 1941). — *Il arrive qu'on* SOUHAITERAIT *changer de vie.*

On met le subjonctif si le fait est simplement envisagé dans la pensée (c'est presque toujours le cas quand ces expressions sont employées dans des propositions négatives, interrogatives ou conditionnelles) :

S'il arrive qu'Auguste avec lui la PUNISSE (CORN., *Cinna*, III, 1). — *Il arrivait qu'on ne* RENTRÂT *qu'à l'aube* (R. ROLLAND, *Jean-Chr.*, t. II, p. 18). — *Il arrive souvent qu'une brebis* PERDE *son agneau* (J. de PESQUIDOUX, *Chez nous*, t. I, p. 237). — *Il arrive que le feu* VIENNE *à bout de sa besogne* (J. et J. THARAUD, *Marrakech*, p. 12). — *Il n'arrive guère qu'on* DOIVE *le punir.* — *Arrive-t-il qu'on le* PUNISSE ? — *Il advint même (...) que le nouveau camp s'*AVÉRÂT *préférable à l'ancien* (Fr. AMBRIÈRE, *Les Grandes Vacances*, p. 269). — *Il advient ainsi que nos désirs s'en* AILLENT *vers l'Afrique* (H. BOSCO, *Sites et Mirages*, p. 22). — *S'il advient qu'il* AIT *à les dire* [des secrets] (ID., *ibid.*, p. 161). — *Comment se fait-il que vous ne* SOYEZ *pas venu ?* (LITTRÉ.) — *Il se peut que votre projet* RÉUSSISSE (AC.). — *Et voilà comment il se trouvait que Tartarin de Tarascon n'*EÛT *jamais quitté Tarascon* (A. DAUDET, *Tartarin de Tar.*, I, 6.) — *Il survenait qu'en pleine opération, ses confrères de la « Chirurgie générale »* TOMBASSENT *sur un néoplasme* (M. VAN DER MEERSCH, *Corps et Âmes*, t. I, p. 246).

998. Après les formes impersonnelles exprimant l'idée de certitude, de vraisemblance ou de résultat, telles que :

Il est certain, sûr, évident, clair, manifeste, incontestable, indéniable, indiscutable, indubitable, constant, vrai, vraisemblable, probable, etc. ; il paraît, il y a apparence, il s'ensuit, il suit, il résulte,

on met, dans la subordonnée introduite par *que :*

a) L'**indicatif** lorsque ces formes impersonnelles sont employées affirmativement ou, plus généralement, quand on considère le fait dans sa réalité :

Il est clair, sûr, vrai, probable, évident qu'il VIENDRA. — *Il était vraisemblable que la France* ALLAIT *perdre deux provinces* (VOLT., *L. XIV*, 21). — *Il est probable que cette idée* CHOQUERA *profondément M. le duc de Modène* (STENDHAL, *Corr.*, t. VIII, p. 142). — *Il me paraît que vous vous* ÊTES *trompé* (AC.). — *Il y a apparence, pourtant, que les trois premiers actes* SONT *d'une extrême beauté* (J. LEMAITRE, *Impress. de théâtre,*

t. I, p. 136). — *Il y a apparence que cela* ARRIVERA (AC.). — *Il s'ensuit de là que vous* AVEZ *tort* (LITTRÉ).

N. B. — Après certaines de ces formes impersonnelles *(il est probable, il est vraisemblable, il y a apparence...)* prises affirmativement, on trouve parfois le subjonctif : le fait est alors présenté avec moins d'assurance : *Il est vraisemblable que (...) cette nécessité-là* SOIT *devenue inutile* (E. JALOUX, *La Chute d'Icare*, p. 186). — *Martial avait pu espérer trouver un accueil favorable auprès de l'illustre Sénèque, son compatriote ; et il est probable qu'il en* AIT *été le bienvenu* (É. HENRIOT, *Les Fils de la Louve*, p. 241). — *Il y a toute apparence que le destin de l'homme ne* SUIVE *pas la même voie* (M. BEDEL, dans les *Nouv. litt.*, 5 déc. 1946).

b) Le **subjonctif** si le fait est simplement envisagé dans la pensée (c'est souvent le cas quand ces formes sont employées dans des propositions négatives, interrogatives ou conditionnelles) :

Il me parut soudain que j'étais fait pour ce régime, que ma nature y EÛT *trouvé son équilibre* (J. de LACRETELLE, *Amour nuptial*, p. 181). — *Qu'est-ce que le sublime ? Il ne paraît pas qu'on l'*AIT *défini* (LA BR., I, 55). — *Il paraît bien qu'à la fin de sa vie, il* AIT *joué un double jeu* (Fr. MAURIAC, *Mém. intérieurs*, p. 234). — *Voilà les gains, et au train dont je vais, il est peu probable que j'en* FASSE *d'autres* (FLAUB., *Corresp.*, t. III, p. 151). — *Il n'est pas sûr, certain, vraisemblable, probable qu'il* VIENNE. — *Il était bien peu probable que la mère se* MÎT *en travers du projet* (M. AYMÉ, *Le Chemin des écoliers*, p. 13). — *Est-il vrai, sûr, probable qu'il* PARTE ? — *Il ne s'ensuit pas de là, s'ensuit-il de là que vous* AYEZ *tort* ? (LITTRÉ.) — *Tous ont l'accent de Paris, s'il est vrai que Paris* AIT *un accent en dehors du faubourg* (Fr. JAMMES, *L'Antigyde*, p. 13).

N. B. — Même quand ces formes sont employées dans des propositions négatives, interrogatives ou conditionnelles, l'indicatif est possible dans la subordonnée : *Il n'est pas certain que je* PARTIRAI. — *Est-il certain qu'il* VIENDRA ? — *S'il est certain que son intention* ÉTAIT *droite, on ne peut le condamner.* — *Voilà votre roi, s'il est vrai que vous* DÉSIREZ *de faire régner chez vous les lois du sage Minos* (FÉNEL., *Tél.*, dans Littré). — *Est-il vrai (...) que vous* AVEZ *volé cet homme* ? (VOLT., *Ch. XII*, 3.)

Après *il ne m'échappe pas que*, c'est l'indicatif qui est demandé (le conditionnel si le fait est hypothétique) : *Il ne lui échappe pas qu'une telle détresse* VIENT *pour une bonne part de son corps* (J. ROMAINS, *Les Hommes de b. vol.*, t. VI, p. 286).

Pour *il n'est pas contestable* (ou : *discutable...*) *que*, voir § 997.

c) Le **conditionnel** quand la proposition substantive exprime un fait éventuel, hypothétique :

Il est évident que l'effet théâtral RESTERAIT *le même* (CHATEAUBR., *Génie*, II, 2, 8). — *Il est clair, certain, probable qu'un autre méthode* PERMETTRAIT *de réussir.*

Remarques. — 1. *a)* Après *il semble que,* accompagné d'un régime indirect, on met d'ordinaire l'indicatif, si l'expression est prise affirmativement, mais le subjonctif est fréquent aussi :

1° Avec l'indicatif : *Plus il semble à Garo Que l'on* A *fait un quiproquo* (LA F., *F.*, IX, 4). — *Il me sembla que je* VOYAIS *Achille* (FÉN., *Tél.*, t. II, p. 217). — *Il me semblait (...) que j'*ALLAIS *descendre aux enfers* (CHATEAUBR., Préf. d'*Atala*). — *Il me semblait bien que ce temps* ÉTAIT *venu* (G. SAND, *Mauprat*, XIII). — *Il lui semblait que les promeneurs le* REGARDAIENT *avec malveillance* (A. FRANCE, *Le Génie latin,*

p. 277). — *Il lui semblait qu'un doigt se* POSAIT *sur son front* (A. de CHÂTEAUBRIANT, *La Brière*, p. 308). — *Il me semblait que des fils de sympathie et d'intelligence se* ROMPAIENT *entre nous* (E. JALOUX, *Le Reste est silence*, VIII). — *Il lui semblait que tout son bonheur* CROULAIT (M. PRÉVOST, *Mlle Jaufre*, III, 2). — *Il me semble que mes souvenirs* SONT *les lambeaux d'un rêve* (J. de LACRETELLE, *Silbermann*, p. 96). — *Il me semble que le physicien* EST *assez bien gardé contre cette erreur-là* (ALAIN, *Entretiens au bord de la mer*, p. 52).

2° Avec le subjonctif : *Il nous sembla que nous* FUSSIONS *seuls au monde* (MONTESQ., *L. pers.*, 3). — *Il me semblait que ce* FÛT *mon devoir* (P. LOTI, *Le Roman d'un Enfant*, XXIX). — *Il leur semblait qu'une malédiction* ACCABLÂT *ces bois* (H. BÉRAUD, *Le Bois du Templier pendu*, p. 19). — *Il m'a semblé pourtant qu'il m'*APPELÂT ? (P. VALÉRY, « *Mon Faust* », Lust, II, 4.) — *Il me sembla dès lors que je lui* DUSSE *des soins nouveaux* (A. GIDE, *L'Immoraliste*, II, 1). — *Il me semble que je vous* VOIE (Fr. de MIOMANDRE, dans les *Nouv. litt.*, 20 mars 1947).

N. B. — On trouve aussi l'infinitif, dont le sujet, non exprimé, se rapporte à l'objet indirect de *semble* : *Il lui sembla dans l'ombre* ENTENDRE *un faible bruit* (HUGO, *Lég.*, t. IV, p. 63). — *Il me sembla* RESPIRER *une odeur inattendue* (P. MILLE, *Barnavaux*, p. 118).

Si l'on veut exprimer un fait éventuel, on met le conditionnel : *Il me semble que (...) vous ne* DEVRIEZ *jamais interrompre des chants de joie* (BRIEUX, *La Foi*, II, 3).

b) Après *il semble que* employé affirmativement et sans régime indirect, on met l'indicatif ou le subjonctif, selon la nuance de la pensée [1] : « *il semble* est plus certain avec l'indicatif, plus douteux avec le subjonctif.* » (LITTRÉ) :

1° Avec l'indicatif : *Il semble que la logique* EST *l'art de convaincre de quelque vérité* (LA BR., I, 55). — *Il semble qu'il* EST *en vie* (MOL., *D. Juan*, III, 6). — *Il semble qu'on* ENTEND *le silence de la campagne* (TAINE, *Voy. en Italie*, t. II, p. 13). — *Il semblait bien que c'*ÉTAIT *surtout la haine qui faisait parler Françoise* (M. PROUST, *La Prisonnière*, t. I, p. 133). — *Il semble que son esprit ne* PEUT *plus se poser que sur un objet tout matériel* (J. CHARDONNE, *Claire*, p. 72). — *Il semblerait que l'artiste* EST *par excellence celui qui choisit* (J. BENDA, *Précision, 1930-1937*, p. 89). — *Il semblait qu'on me* SCIAIT *le cou* (J. COCTEAU, *La Belle et la Bête*, p. 127).

2° Avec le subjonctif : *Il semble que ce* SOIT *Un sergent de bataille* (LA F., F., VII, 9). — *Il semble qu'on* SOIT *transporté en Afrique* (Th. GAUTIER, *Voy. en Esp.*, p. 270). — *Il semble qu'on le* VOIE *couler* [le temps] (A. FRANCE, *Le Liv. de m. ami*, p. 199). — *Il semblait (...) que cet homme* FÛT *amphibie* (A. HERMANT, *L'Aube ardente*, VIII). — *Il sembla que tout d'un coup son corps entier se* DÉTENDÎT (J. GREEN, *Adrienne Mesurat*, p. 159).

N. B. — S'il s'agit d'exprimer un fait éventuel, on met évidemment le conditionnel : *Il semble que rien n'*ÉVEILLERAIT *ces orphelins dormant* (HUGO, *Lég.*, t. IV, p. 156). — *Il semblerait pourtant que (...) le sentiment d'une communauté de buts et de périls* DEVRAIT *inspirer d'un côté les précautions, et de l'autre les conversions nécessaires* (P.-H. SIMON, dans le *Monde*, 16 nov. 1960).

c) Après *il semble que*, accompagné ou non d'un régime indirect, on met le

---

1. D'ordinaire le subjonctif, selon Damourette et Pichon (*Essai de Gramm. de la Lang. fr.*, t. V, § 1904).

subjonctif si l'expression est employée négativement ou interrogativement (le conditionnel s'il s'agit d'un fait éventuel) :

Il ne me semble pas qu'on PUISSE *penser différemment* (LITTRÉ). — *Eh quoi ! te semble-t-il que la triste Ériphile* DOIVE *être de leur joie un témoin si tranquille ?* (RAC., *Iphig.*, II, I.) — *Il ne semble pas que vous* FERIEZ *plus mal en changeant de méthode.*

2. Après **m'est avis que** (= je pense que, il me semble que), on met l'indicatif (ou le conditionnel s'il s'agit d'un fait éventuel) :

M'est avis aussi que l'eau VIENT *plus vite* (R. BAZIN, *De toute son âme*, p. 74). — *M'est avis qu'il* VA *faire de l'orage* (M. ARLAND, *L'Ordre*, t. I, p. 91). — *M'est avis, donc, que le bonheur intime et propre n'*EST *point contraire à la vertu* (ALAIN, *Propos sur le Bonheur*, LXXXIX). — *M'est avis que nous ne les* ATTENDRONS *pas longtemps* G. BERNANOS, *Monsieur Ouine*, p. 48). — *M'est avis que je* VOULAIS *plaisanter un peu* (Ch. SILVESTRE, *La Prairie et la Flamme*, p. 89). — *M'est avis que ce* SERAIT *une sage précaution de les avertir* (J. GREEN, *Moïra*, p. 16).

2. — Verbes d'opinion ou de perception.

999. On rangera parmi les verbes d'opinion ou de perception :

admettre	compter	écrire	juger	remarquer
affirmer	concevoir	entendre	jurer	se rendre compte
annoncer	conjecturer	espérer	nier	savoir
apercevoir	convaincre	estimer	parier	sentir
s'apercevoir	convenir	être d'accord	penser	songer
apprendre	crier	demeurer »	présumer	soupçonner
assurer	croire	tomber »	prétendre	soutenir
s'attendre [1]	déclarer	être d'avis	prévenir	se souvenir
avertir	dire	feindre	proclamer	supposer
avouer	disconvenir	se flatter	promettre	télégraphier
certifier	douter	imaginer	reconnaître	téléphoner
comprendre	se douter	s'imaginer	réfléchir	voir, etc.

Après les verbes d'opinion ou de perception, on met :

a) L'**indicatif** toutes les fois que l'on considère la réalité du fait exprimé dans la subordonnée :

Je crois, j'affirme, je déclare, je sais, je vois que l'entreprise RÉUSSIRA. *Il ne croit pas qu'on* A *pu réussir cette opération.* — *Croyez-vous que j'*AI *peur ?* (HUGO, *F. d'aut.*, XV.) — *Si vous croyez (...) que le travail ne lui* FERA *pas de mal, il est temps de partir* (A. FRANCE, *Crainquebille*, p. 183). — *Est-ce que tu t'imagines qu'elle* VOUDRA *rentrer ?* (P. LOTI, *Ramuntcho*, p. 307.) — *Je me doute qu'il* VIENDRA *me voir* (LITTRÉ). — *Je juge que vous* DEVEZ *partir* (ID.). — *Il convient que cela* EST (ID.). — *Gœthe lui-même était d'avis que les Allemands ne* CESSERAIENT *pas d'être barbares avant bien des siècles* (A. SUARÈS, *Vues sur l'Europe*, p. 149). — *Il est d'avis (...) que ces mascarades* ONT

---

1. Ce verbe exprimant l'attente peut aussi se rattacher aux verbes de volonté.

leur bon côté (G. MARCEL, dans les *Nouv. litt.*, 3 janv. 1952). — *Vous soupçonnez que je* VEUX *vous tromper* (LITTRÉ).

b) Le **subjonctif** lorsque le verbe subordonné exprime un fait simplement envisagé dans l'esprit, et non situé sur le plan de la réalité. Le cas se rencontre notamment après une principale négative, interrogative ou conditionnelle, ou encore quand le verbe principal se colore d'une nuance affective ou quand il implique la négation, le doute, l'incertitude, par exemple après *nier, douter, contester, démentir, disconvenir, dissimuler, désespérer,* etc. :

On comprend que, dans ces heures mauvaises, ils AIENT *trouvé un bien autre réconfort dans une foi aveugle* (J. et J. THARAUD, *Petite Hist. des Juifs*, p. 54). — *Votre jeune neveu s'était déjà commis précédemment dans une aventure (...) où je veux croire (...) que sa bonne foi, son innocence* AIENT *été surprises* (A. GIDE, *Les Faux-Monnayeurs*, p. 429). — *Il importe (...) dès avant de battre les cartes — de s'assurer que celles-ci ne* SOIENT *pas biseautées* (ID., *Journal 1942-1949*, p. 242). — *On pouvait croire que le marquis* FÛT *bon chrétien* (LA VARENDE, *Le Centaure de Dieu*, p. 17). — *Je suis d'avis que nous* FILIONS *directement sur Vauquois* (J. ROMAINS, *Les Hommes de bonne vol.*, t. XXV, p. 116). — *Je ne crois point que la Nature Se* SOIT *lié les mains* (LA F., *F.*, VIII, 16). — *Crois-tu donc que je* SOIS *comme le vent d'automne ?* (MUSSET, *N. de Mai.*) — *On se tromperait étrangement en croyant que Genestas* FÛT *parfait* (BALZAC, *Le Médecin de campagne*, p. 9). — *Crois-tu que je* SACHE *pas la vérité sur Dicky ?* (J. GIRAUDOUX, *La Folle de Chaillot*, p. 111.) — *Il ne se doutait pas qu'on* EÛT *des preuves contre lui* (AC.). — *Oh ! je ne savais pas qu'on* SOUFFRÎT *à ce point !* (HUGO, *Hernani*, V, 6.) — *Je ne juge pas que vous* DEVIEZ *partir* (LITTRÉ.) — *Si vous jugez que je* PUISSE *vous aller trouver...* (FÉN., *Tél.*, t. I, p. 304). — *Je doute, je nie, je conteste qu'il* AIT *raison.* — *Convient-il que cela* SOIT ? (LITTRÉ.) — *Il n'est pas convenu que cela* FÛT (ID.). — *Pouvait-il soupçonner qu'on le* VOULÛT *tromper ?* (ID.)

N. B. — Un verbe d'opinion ou de perception dans une principale négative, interrogative ou conditionnelle, n'appelle pas nécessairement le subjonctif dans la subordonnée ; l'indicatif est demandé si c'est la réalité du fait qu'on veut exprimer (pour exprimer l'éventualité, on met le conditionnel : voir ci-après, *c*) : *Nous ne savions pas que la ville* ÉTAIT *si distante* (A. GIDE, *Incidences*, p. 118). — *Je ne crois pas que je* POUVAIS *faire autrement* (J.-L. VAUDOYER, *La Reine évanouie*, pp. 117-118). — *Croyez-vous qu'il arrive à temps et qu'on* POURRA *l'opérer ?* (J. et J. THARAUD, *Marrakech*, p. 264.) — *Je ne soutiens pas qu'ils* [des vers] ÉTAIENT *admirables* (Tr. DERÈME, *La Libellule violette*, p. 71). — *Croit-on que nous* SOMMES *sur un lit de roses... ?* (COLETTE, *Le Fanal bleu*, p. 226.) — *Si vous niez que vous* ÊTES *mon père, monsieur, je me retire* (A. DUMAS f., *Le Fils nat.*, II, 4). — *Vous ne croyez pas que c'*EST *une imprudence ?* (M. ARLAND, *La Vigie*, p. 118.) — *Trouvez-vous qu'il n'y* A *pas déjà assez de morts ?* (VERCORS, *Les Armes de la nuit*, p. 92.)

c) Le **conditionnel** quand la proposition substantive exprime un fait éventuel, hypothétique :

Je pense qu'il ACCEPTERAIT *volontiers. J'affirme, je crois, je soutiens que vous* AURIEZ *pu réussir.* — *Croyez-vous que je* POURRAIS *vous faire cet aveu si je n'y étais poussée par une grande force ?* (H. BERNSTEIN, *Le Cœur*, I, 8.) — *Elle ne doute pas qu'elle* FERAIT *mieux encore* (J. RENARD, *Histoires naturelles*, p. 40). — *Il ne douta plus que*

*Jean Galéas, en taquinant son oncle, l'*AURAIT *mis (...) en colère* (M. PROUST, *Les Plaisirs et les Jours*, p. 25). — *Je ne doute pas qu'il n'y* AURAIT *beaucoup à apprendre...* (A. GIDE, *Voy. au Congo*, p. 24). — *Je doute qu'ils vous* LAISSERAIENT *jouer contre votre propre monnaie* (G. BERNANOS, *Les Grands Cimetières sous la lune*, p. 118). — *Il ne nie pas qu'à première vue elle* [la guerre] SERAIT *pour les munitionnaires l'âge d'or* (J. ROMAINS, *Les Hommes de b. vol.*, t. XIV, p. 241). — *Mais il ne se dissimule pas que le jeu ne* SAURAIT *durer indéfiniment* (ID., *ibid.*). — *Je ne crois même pas que l'on* POURRAIT *lui reprocher une distraction* (G. DUHAMEL, *Les Maîtres*, p. 124). — *Je ne crois pas que j'*AURAIS ÉTÉ *Cathare si j'avais vécu dans ce temps-là* (É. HENRIOT, dans le *Monde*, 16 avr. 1952). — *Si je pensais que Guillaume* SERAIT *plus heureux en menant une vie modeste et cachée, je fuirais avec lui loin de Paris* (A. MAUROIS, *Les Roses de septembre*, p. 45).

Remarques. — 1. Lorsque les verbes de négation ou de doute **nier, douter, contester, démentir, disconvenir, dissimuler,** etc., sont employés négativement ou interrogativement, ils sont d'ordinaire suivis du subjonctif [à moins qu'on n'ait le conditionnel pour exprimer un fait hypothétique : voir ci-dessus : c)]. Ils admettent aussi l'indicatif : on insiste alors sur la réalité du fait :

a) Avec le subjonctif : *Je ne doute pas qu'il ne* VIENNE *bientôt* (AC.). — *Nous ne doutons pas que notre pays* REPRENNE *un jour sa place traditionnelle à la tête de la civilisation* (G. BERNANOS, *La France contre les robots*, pp. 13-14). — *Elle ne douta pas qu'elle* EÛT *reçu la visite d'une personne vivante* (J. GREEN, *Minuit*, p. 195). — *Doutez-vous que cela ne* SOIT *vrai ?* (LITTRÉ, s. v. douter, Rem. 3.) — *Je ne nie pas que la liberté ne* SOIT *pour une nation le premier des biens* (A. FRANCE, *Thaïs*, p. 153). — *Tu ne nieras pas qu'il* AIT *voulu corrompre Eustales* (FLAUB., *La Tentation de s. Antoine*, p. 63). — *Tu ne nieras pas que nous* AYONS *de grands devoirs envers elle* (G. MARCEL, *La Chapelle ardente*, III, 7). — *Nies-tu encore que ce* SOIT *toi le meurtrier ?* (A. de CHÂTEAUBRIANT, *La Brière*, p. 205.) — *Nierez-vous que notre religion* SOIT *belle ?* (R. MARTIN DU GARD, *Les Thibault*, VI, p. 264.) — *Il ne se dissimule pas qu'il n'*AIT *plus de chances de succès* (DICT. GÉN.). — *Je ne disconviens pas que cela ne* SOIT *vrai* (ID.). — *Nul ne contestera que tout problème n'*AIT *des analogues dans le passé* (J. BENDA, *Précision, 1930-1937*, p. 56).

b) Avec l'indicatif : *Je ne doute pas qu'il* FERA *tout ce qu'il pourra* (LITTRÉ). — *Il ne doutait pas qu'il y* SERAIT *accepté* [à l'hôpital] (MONTHERLANT, *Les Célibataires*, p. 293). — *Ne doutez pas que son cerveau désorienté (...)* MANQUERA *sa naturelle destinée* (M. BARRÈS, *L'Appel au soldat*, t. II, p. 99). — *M. d'Amorotz (...) ne douta point qu'il se* TROUVAIT *en face d'un coup de dés prodigieux de la Fortune* (Fr. JAMMES, *Janot-poète*, p. 229). — *Douterais-tu que cette main que tu peux toucher* A *tué Cragnasse ?* (Ch. SILVESTRE, *Manoir*, p. 249.) — *Je ne douterais pas que c'*EST *toi* (J. ROMAINS, *Violation de frontières*, p. 29). — *On ne doute plus qu'il y* A *des choses au-dessus de l'esprit* (G. BERNANOS, *Dialogue d'ombres*, p. 162). — *On ne peut nier que la méthode historique* EST *tout à fait impropre à lui procurer les certitudes dont il a besoin* (A. FRANCE, *Crainquebille*, p. 32). — *Tu ne nieras pas que tu m'*AS *forcé la main* (G. MARCEL, *Rome n'est plus dans Rome*, p. 137). — *Nul ne contestera que Gacougnol* EST *un artiste impossible* (L. BLOY, *La Femme pauvre*, p. 126). — *Je ne me dissimulais pas que je ne* POUVAIS *le trouver* [un gendre] *que dans de certaines conditions* (A. DUMAS f., *L'Étrangère*, I, 1). — *Je ne me dissimule pas qu'il y* AURA *du tirage !* (H. BERNSTEIN, *La*

Rafale, I, 1.) — *Nous ne pouvons pas disconvenir que ma première petite jeunesse* A *été folle* (G. SAND, *La Petite Fadette*, XXIX).

Pour *nul doute que, il n'est pas douteux que*, etc., voir § 997 et Rem. 1.

2. Après **ignorer que** pris affirmativement, négativement ou interrogativement, on met souvent le subjonctif ; mais si l'on veut présenter le fait comme réel, on met l'indicatif :

a) On ignore communément qu'il en SOIT *ainsi* (LITTRÉ). — *J'ignorais que la pneumonie* FÛT *contagieuse* (J. CHARDONNE, *L'Épithalame*, III, 1). — *J'ignorais qu'il* FÛT *arrivé* (AC.). — *Mais elle ignore, par bonheur ! que ce* SOIT *la Chèvre d'or qui, en réalité, nous divise* (P. ARÈNE, *La Chèvre d'or*, XXXVIII). — *Il ignorera (...) que Télémaque en* SOIT *l'auteur* [d'une convocation] (V. BÉRARD, *L'Odyssée d'Homère*, p. 231). — *Il n'avait pas ignoré que Félicie* EÛT *un amant* (A. FRANCE, *Histoire comique*, II). — *Il n'ignorait pas qu'Estelle et Célestin* DUSSENT *partir* (A. de CHÂTEAUBRIANT, *M. des Lourdines*, p. 132). — *Ignoriez-vous qu'il* FÛT *de retour ?*

*b) Il ignorait que j'*AVAIS *donné ma démission* (CHATEAUBR., *Mém.*, III, 1, 6, 4). — *Le marquis ignorait (...) que vous lui* FERIEZ *visite aujourd'hui* (A. DUMAS f., *Le Fils nat.*, III, 5). — *Ils ignoraient que Jean de Blaye* RESSEMBLAIT *au petit Lord* (Fr. MAURIAC, *Plongées*, p. 142). — *J'ignorais que les petits garçons* ONT *le loisir d'attendre une nouvelle guerre* (J. ROY, *Le Métier des armes*, p. 31). — *J'ignorais que la ville* AVAIT *été ravagée par un tel désastre* (A. SALACROU, *Dieu le savait !* p. 40). — *Vous n'ignorez pas qu'elle* EST *riche* (G. SAND, *Valentine*, XVI). — *Il n'ignorait pas que les Anglais* RESTAIENT *en guerre avec lui* (J. BAINVILLE, *Napol.*, p. 477). — *Ignore-t-il donc que je* SUIS *Jean Pesnel, fils de failli ?* (É. ESTAUNIÉ, *Le Labyrinthe*, p. 39.) — *Ignorais-tu, par hasard, que j'*AVAIS *un mari ?* (J. KESSEL, *L'Équipage*, p. 123.) — *Ignorez-vous qu'il* EST *malade ?* (G. BERNANOS, *Monsieur Ouine*, p. 88.)

N. B. — *Oublier que*, quoique exprimant une idée analogue, n'admet pas tout à fait les mêmes constructions : *a)* Après *oublier que* pris affirmativement, on met d'ordinaire l'indicatif (ou le conditionnel, si le fait est éventuel, hypothétique) : *J'ai oublié qu'il* DEVAIT *venir me chercher* (AC.). — *J'oubliais que vous* PRENDRIEZ *bien un rafraîchissement* ; — parfois on met le subjonctif : le fait est alors envisagé non dans sa réalité, mais simplement dans la pensée [ce subjonctif était assez fréquent à l'époque classique : *J'oubliais qu'il* EÛT *un intendant* (LA F., *Contes*, V, 7)] : *Il avait oublié qu'elle* EÛT *le teint aussi fortement bistré* (R. MARTIN DU GARD, *Les Thibault*, VIII, p. 30). — *Depuis près de cinq ans, il avait oublié qu'elle* EÛT *un corps* (A. THÉRIVE, *Fils du jour*, p. 175). — *Mrs Fletcher, après avoir jeté un coup d'œil indifférent sur la petite Laura, semblait avoir oublié qu'elle* EXISTÂT (J. GREEN, *Mont-Cinère*, XXXVIII). — *Il devint dur aux incroyants, comme s'il avait oublié qu'il l'*EÛT *été lui-même* (R. KEMP, dans les *Nouv. litt.*, 18 sept. 1947). — *b)* Après *oublier que* pris négativement ou interrogativement, on met l'indicatif (ou le conditionnel si le fait est éventuel ou hypothétique) : *N'oubliez pas que je vous* ATTENDS (AC.). — *Oubliez-vous Que Thésée* EST *mon père ?* (RAC., *Phèdre*, II, 5.) — *Mais oubliez-vous qu'elle* DÉPEND *d'une mère vaine et inflexible ?* (G. SAND, *Valentine*, XVI.) — *Je n'oublie pas que vous* DÉSIRERIEZ *cette place.*

3. **Je ne sache pas (ou point) que** veut toujours le subjonctif : *Je ne sache point que les catholiques de Tourcoing m'*AIENT *acclamé* (A. FRANCE, *L'Orme du Mail*, p. 60). — *Je ne sache pas que mettre tout en doute, préala-*

blement, VAILLE *mieux que tout croire* (H. BOSCO, *Sites et Mirages*, p. 115).
— Mais on dit : *Il n'*A *point été à la campagne, que je sache* (LITTRÉ). (Voir
§ 747, 6°.)

4. **Admettre que, mettre que** (= admettre que), **comprendre que,
concevoir que, supposer que,** etc., dans l'emploi affirmatif, sont suivis du
subjonctif si l'on situe le fait sur le plan du potentiel ou de l'irréel, — ou de
l'indicatif si on le situe sur le plan des choses réelles, affirmées, mises en fait
résultant d'un raisonnement (ou présentées comme telles), — ou du conditionnel si on le situe sur le plan des choses hypothétiques, éventuelles :

a) J'admets qu'il y AIT *six mille graines semées qui germent* (LITTRÉ). — *L'Église
admet que la Bible* SOIT *susceptible de trois interprétations différentes* (M. JOUHANDEAU,
Essai sur moi-même, p. 119). — *L'avis de ma mère ? À quarante-cinq ans, tu admettras,
j'espère, que je* SOIS *d'âge à pouvoir m'en passer* (P. BENOIT, *Les Agriates*, p. 49). —
D'où je comprends, dis-je, que trop peu d'hommes SACHENT *que le monde existe* (ALAIN,
Entretiens au bord de la mer, p. 180). — *Elle ne s'inquiétera pas (...), elle comprendra
que nous* SOYONS *restés ici* (M. GENEVOIX, *Fatou Cissé*, p. 153). — *Je conçois qu'il
n'*AIT *pas été satisfait de votre conduite* (Ac.). — *Je suppose que les hommes* SOIENT
éternels sur la terre (LA BR., XI, 32). — *Supposons que cela* SOIT *vrai* (Ac.).

b) J'admets qu'il en EST *ainsi* (LITTRÉ). — *Vous comprenez que cela* DOIT *m'inquié-
ter* (Ac.). — *Et tu peux concevoir Que je lui* VENDRAI *cher le plaisir de la voir* (RAC.,
Brit., II, 2). — *Je suppose qu'un moine* EST *toujours charitable* (LA F., *F.*, VII, 3). —
Supposons que vous AVEZ *dans votre cabinet d'étude un tableau de Raphaël* (MUSSET,
Conf., I, 5).

c) Tu admettras que nous SERIONS *dans une situation fâcheuse si notre chef nous
abandonnait.* — *Je comprends que, sans votre aide, je ne* RÉUSSIRAIS *jamais.* — *Je
suppose que vous* FERIEZ *bien ce travail.*

N. B. — Après *supposé que, à supposer que*, (= dans la supposition que), on met
toujours le subjonctif : *Et supposé qu'on la* PUISSE *passer* [l'onde rapide], *Pourquoi de
l'éléphant s'aller embarrasser ?* (LA F., *F.*, X, 13.) — *Aucun n'a la petite vérole une
seconde fois, supposé que l'inoculation* AIT *été parfaite* (VOLT., *Lett. philos.*, XI).

5. **Espérer que, se flatter que,** dans l'emploi affirmatif, sont suivis
de l'indicatif (du conditionnel, si la subordonnée exprime un fait hypothétique ou éventuel) ; dans l'emploi négatif, ils veulent après eux le subjonctif ;
dans l'emploi interrogatif, ils se font suivre du subjonctif ou de l'indicatif,
selon la nuance de la pensée :

a) J'espère qu'il TRAVAILLE, *j'avais espéré qu'il* TRAVAILLAIT (LITTRÉ). — *J'espère
qu'il* VIENDRA *bientôt* (Ac.). — *J'espère que le cheval du baron* AURA GAGNÉ *cet après-
midi* (H. BERNSTEIN, *La Rafale*, I, 1). — *J'espère que vous ne m'en* AVEZ *pas voulu*
(E. JALOUX, *Sous les Oliviers de Bohême*, p. 67). — *Il se flatte qu'on* AURA *besoin de lui*
(Ac.). — *Je me flatte que votre santé* EST *entièrement raffermie* (VOLT., *Au roi de Pr.*,
4 mai 1770). — *On se flatte que chacun* METTRA *de côté ses vues personnelles et ses
vanités* (CHATEAUBR., *Mém.*, III, 11, 12, 7). — *Il se flattait qu'à la faveur de la nuit il
POURRAIT franchir les cours d'eau et les frontières* (MÉRIMÉE, *Les Cosaques d'autrefois*,
p. 188). — *J'espère qu'il* POURRAIT *payer un peu mes dettes* (STENDHAL, *Corr.*, t. II,
p. 49). — *Il se flatte qu'il* TROUVERAIT *des approbateurs.*

b) Je n'espère pas que vous le FASSIEZ (LITTRÉ). — *Je n'espère pas que vous vous*

RAPPELIEZ *combien il y a de sortes de pronoms* (A. HERMANT, *Xavier*, p. 130). — *N'espère pas qu'il se* METTE *jamais en frais* (Fr. MAURIAC, *Le Feu sur la terre*, p. 66). — *Je n'espérais plus qu'elle* VÎNT (H. BOSCO, *Malicroix*, p. 267). — *Je ne me flatte pas que ces pages* PUISSENT *avoir beaucoup de lecteurs* (É. HENRIOT, *Le Livre de mon père*, p. 49).

c) *Espérez-vous que je le* FASSE, ou *que je le* FERAI ? (LITTRÉ.) — *Vous flattez-vous qu'il* VIENNE ou *qu'il* VIENDRA ?

N. B. — 1. *Désespérer que, se désespérer que* veulent toujours le subjonctif dans la proposition complémentaire : *Je désespère que cette affaire* RÉUSSISSE (Ac.). — *Je ne désespère pas qu'il* RÉUSSISSE (DICT. GÉN.). — *Le rêve de ma race est mal employé et je désespère qu'à moi seul je* PUISSE *l'amener à la vie* (M. BARRÈS, *Un Homme libre*, p. 142). — *Je me désespérais qu'une façon d'être ému, que j'avais entrevue, me* FÛT *irrémédiablement fermée* (ID., *ibid.*, p. 213). — *Il ne désespérait pas qu'elle* [la richesse] VÎNT *un jour* (R. BENJAMIN, *La Prodigieuse vie d'H. de Balzac*, p. 101).

2. On trouve, mais assez rarement, le subjonctif après *espérer que* ou *se flatter que* pris affirmativement : *Ce brutal espère, Mieux qu'il ne trouve un fils, que je* DÉCOUVRE *un frère* (CORN., *Héracl.*, V, 2). — *Puisque Thésée a vu les sombres bords En vain vous espérez qu'un Dieu vous le* RENVOIE (RAC., *Phèdre*, II, 5). — *Et l'âme de l'Amante, Anxieuse, espérant qu'il* VIENNE, *vole encor* (HEREDIA, *Troph.*, Regilla). — *Il espérait bien (...) que Dingo* FÛT *la cause de ces désastres* (O. MIRBEAU, *Dingo*, VIII). — *On pourrait espérer que sa malchance le* QUITTÂT (LA VARENDE, *Man' d'Arc*, p. 21). — *Murs d'argile (...), espérant qu'enfin vous* CÉDIEZ, *je vous longe* (A. GIDE, *Amyntas*, p. 20). — *J'avais pu espérer que ce* FÛT *d'elle que Luc fût amoureux* (E. JALOUX, *La Chute d'Icare*, p. 109). — *Le docteur répondit (...) qu'il fallait espérer seulement que sa femme* GUÉRÎT (A. CAMUS, *La Peste*, p. 96). — *Espérons que ce ne* SOIT *pas comme l'agneau dans la gueule du loup* (G. BERNANOS, *La Liberté, pour quoi faire ?* p. 9). — *Il dénie tout réalisme à ceux qui espèrent que son redressement* [du caractère français] PUISSE *être obtenu par l'enthousiasme d'un quatre Août* (J. GIRAUDOUX, *Sans pouvoirs*, p. 10). — *Il (...) se flatte qu'il n'y* AIT *rien que sa constance ne pourra vaincre* (A. GIDE, *La Porte étroite*, p. 111). — *Je me flattais donc qu'elle* SENTÎT *la disproportion de l'honneur que je lui avais fait* (A. HERMANT, *Savoir parler*, p. 145). — De même après *l'espoir que : Avait-elle (...) l'espoir qu'on* IGNORÂT *qu'elle était la fille de Swann ?* (M. PROUST, *Albertine disparue*, I, p. 53.) — *Si j'écris ces lignes, c'est avec quelque espoir qu'elles* PUISSENT *un jour tomber sous ses yeux* (A. GIDE, *Journ. 1942-1949*, p. 195).

Après *espérer que* pris négativement, on a parfois l'indicatif : *France, un homme qui écrit trop en grec, en prévu, veux-je dire. On est trop tranquille, avec lui : on n'espère pas qu'il* MANQUERA *l'œuf* (J. RENARD, *Journal*, 9 déc. 1901). — *Oh ! je n'espérais pas qu'il me* REGARDERAIT ! (E. ROSTAND, *La Samaritaine*, III, 2.) — *Il n'espère pas qu'il* ENTENDRA *de nouveau l'ordre mystérieux* (G. BERNANOS, *Sous le Soleil de Satan*, p. 299).

6. ***Promettre que*** se fait suivre de l'indicatif (un des temps du futur) : *Je vous promets bien que je* FERAI *tout mon possible* (Ac.). — *Je vous promets que les ouvriers* AURONT TERMINÉ *ce travail avant huit jours*. — *Je ne promets pas que vous* AUREZ *cette place. Promettez-vous qu'on s'en* OCCUPERA ?

Pour l'emploi possible du présent ou du passé après *promettre que*, au sens de « assurer que », voir § 1050, Rem. 4.

7. a) ***S'attendre que***, pris affirmativement, se construit, selon l'usage

classique, avec l'indicatif (souvent un temps du futur) ; mais, dans l'usage moderne, il se construit fréquemment aussi avec le subjonctif :

1° Avec l'indicatif : *Je m'attends que vous* VIENDREZ *demain* (Ac.). — *Je m'attends bien que (...) vous* DÉCHIREREZ *cette lettre sans la lire* (RAC., t. VI, p. 374). — *Vous devez bien vous attendre qu'on* ÉPLUCHERA *votre conduite* (VOLT., *Au marq. de Villette*, 1er sept. 1765). — *Je m'attends que vous* AVEZ *eu la discrétion de ne le lui point dire, peut-être ?* (MARIVAUX, *L'Heureux Stratagème*, II, 5.) — *Je m'attendais toujours qu'elle m'*ALLAIT *répondre* (DIDEROT, *La Religieuse*, dans les Œuv. chois., Garnier, t. I, p. 233). — *Je m'attendais que, parmi les textes similaires (...), il y en* AURAIT *quelques-uns sur la nuit* (J. de MAISTRE, *Soirées*, 7e entr.). — *Vous devez vous attendre, lui dit-elle, que je* VAIS *vous* DONNER *quelques milliers de francs* (STENDHAL, *Chartr.* t. II, p. 235). — *On s'attendait que le lendemain on* AURAIT *sur les bras toute l'armée du khan* (MÉRIMÉE, *Les Cosaques d'autrefois*, p. 78). — *Je m'attendais qu'il* ALLAIT *m'*ÉVITER (MUSS., *Conf.*, IV, 1). — *Je m'attendais qu'avant de mourir il* AVAIT SOUHAITÉ *de me voir* (ID., *ib.*, III, 1). — *Le petit troupeau s'attendait qu'on* NOMMERAIT *Fénelon à Paris* (BRUNETIÈRE, *Bossuet*, p. 114).

2° Avec le subjonctif : *On aurait pu s'attendre que Mérimée* FÎT *monter plus haut le thermomètre de l'opinion publique* (J. BOULENGER, cité par DEHARVENG, *Corrig.-nous !* t. III, p. 35). — *L'on s'attendait qu'elle* DÉGONFLÂT *sur la scène* (L. VEUILLOT, *ibid.*, p. 38). — *Il faut s'attendre que de telles transformations* DEVIENNENT *la règle* (P. VALÉRY, *Regards sur le monde actuel*, p. 46). — *Je m'attendais que M. Lancelot* JETÂT *les hauts cris* (A. HERMANT, *Xavier*, p. 79). — *Je m'étais attendu qu'elle* COMMUNIÂT (A. BILLY, *Le Narthex*, p. 199). — *Je m'attendais que M. Hornebec* FRONÇÂT *les sourcils* (Germ. BEAUMONT, *La Roue d'infortune*, dans les *Nouv. litt.*, 29 mai 1947). — *Je m'attendais qu'un matin nous* FUSSIONS *conduits « manu militari » sur un chantier* (Fr. AMBRIÈRE, *Les Grandes Vacances*, p. 341). — *On s'attend que Laval* REDEVIENNE *ministre de l'Intérieur* (F. GREGH, *L'Âge de fer*, p. 178).

S'attendre que, pris négativement ou interrogativement, demande le subjonctif dans la subordonnée :

Je ne m'attendais pas que pour le commencer [un triomphe] *Mon sang* FÛT *le premier que vous dussiez verser* (RAC., *Iphig.*, IV, 4). — *Je ne m'attendais pas que les choses* DUSSENT *tourner si mal* (Ac.). — *Ne vous attendez pas que je le* FASSE (LITTRÉ). — *Le lecteur ne s'attend pas que nous* REMONTIONS *jusqu'à l'Odyssée* (BRUNETIÈRE, *H. de Balzac*, p. 2). — *Elle ne s'attendait pas tout de même que pour des rêves de femmes un magistrat* AILLE *risquer sa position* (P. CLAUDEL, *Figures et Paraboles*, p. 49). — *Vous attendez-vous que je* PARTE ?

N. B. — Cependant, après *s'attendre que* pris négativement ou interrogativement, on trouve parfois aussi l'indicatif (un des temps du futur) : *L'Europe* [en 1707] *ne s'attendait pas que (...) Louis XIV* AURAIT *assez de grandeur...* (VOLT., cité par DEHARVENG, *Corrig.-nous !* t. III, p. 38). — *On ne s'attend point que les Athéniens (...)* METTRONT *en fuite la nombreuse flotte du grand roi* (ID., *ibid.*, p. 37). — *Vous attendez-vous que je* PARTIRAI ?

b) S'attendre à ce que régit le subjonctif :

Il s'attend à ce que je REVIENNE (Ac., au mot *ce*). — *Je (...) m'attendais (...) à ce que mes fautes* FUSSENT *découvertes* (A. FRANCE, *La Vie en fleur*, p. 24). — *Ne vous attendez pas à ce que je vous* RÉPONDE (ID., *Les Dieux ont soif*, p. 89). — *Il devait bien pourtant s'attendre à ce que M. de Gouvres* VÎNT *prendre de ses nouvelles* (M. PROUST, *Les Plaisirs et les Jours*, p. 263). — *Je m'attendais (...) à ce que cet homme roux et robuste* COMMENÇÂT *par tout casser* (L. DAUDET, *Le Partage de l'Enfant*, p. 10). — *Elle s'attendait à ce qu'il* VÎNT *à Paris* (A. MAUROIS, *Bern. Quesnay*, p. 107). — *Il ne s'attendait pas à ce qu'Antoine, un jour pareil,* PÛT *sourire* (R. MARTIN DU GARD, *Les Thibault*, VI, p. 127). — *Lewis s'attendait à ce que les trois fils (...)* FUSSENT *présents* (P. MORAND, *Lewis et Irène*, II, 11). — *Je m'attendis à ce qu'Alice* PENCHÂT *encore son front vers lui* (É. ESTAUNIÉ, *Le Labyrinthe*, p. 277). — *Ne t'attends pas à ce que je* PUISSE *te parler* (A. GIDE, *La Porte étroite*, p. 135). — *Elle s'attendait à ce qu'il lui* OUVRÎT *(...) le cabinet de travail intime* (COLETTE, *Julie de Carneilhan*, p. 37). — *Je m'attendais si peu à ce que vous me* PARLIEZ *avec cette confiance !* (FR. MAURIAC, *Asmodée*, III, 6.)

N. B. — On trouve parfois l'indicatif : *Je m'attends à ce que Paris* VA *avoir le sort de Varsovie* (FLAUB., *Corr.*, t. IV, p. 31). — *Je m'attendais à ce que Georges (...)* VIENDRAIT *me demander refuge* (SAINTE-BEUVE, *Volupté*, XV). — *Il faut vous attendre à ce que le souvenir de vos erreurs ne* LAISSERA *pas de vous crucifier longtemps, longtemps encore* (E. et J. de GONCOURT, *Mme Gervaisais*, LXVII). — *J'étais à mille lieues de m'attendre à ce que (...) je vous* CHOISIRAIS *pour confident* (VILLIERS DE L'ISLE-ADAM, *L'Ève future*, I, 11).

8. Après **on dirait que, vous diriez que** (= il semble que), on met d'ordinaire l'indicatif :

On dirait que le ciel EST *soumis à sa loi* (BOIL., *Sat.*, 5). — *Vous diriez qu'il* SUIT *l'ordre des temps* (BRUNETIÈRE, *Bossuet*, p. 77). — *On eût dit que mon intelligence* SOMMEILLAIT (O. MIRBEAU, *Le Calvaire*, I). — *On aurait dit que ma présence* ÉTAIT *attendue* (É. ESTAUNIÉ, *Le Labyrinthe*, p. 236). — *On eût dit qu'il* S'AGISSAIT *de son propre corps* (P. VALÉRY, *Eupalinos*, p. 91). — *On eût dit qu'ils* AVAIENT *attendu dehors* (J. GREEN, *Léviathan*, p. 227). — *On dirait que son cou* GROSSIT (R. BOYLESVE, *Le Dangereux Jeune Homme*, p. 131). — *On eût dit qu'ils* AVAIENT *engagé dans ce désert un duel avec les éléments* (J. et J. THARAUD, *La Fête arabe*, p. 124).

N. B. — Cependant la langue littéraire les fait suivre assez souvent du subjonctif [usage fréquent à l'époque classique : *On dirait que le ciel (...)* VEUILLE *inonder ces lieux* (BOIL., *Sat.*, 6). — *Vous diriez qu'il* SOIT *devenu un autre David* (Boss., *Le Tellier*). — *Vous diriez qu'il* AIT *l'oreille du Prince* (LA BR., X, 11)] : *On eût dit que ce* FÛT *un flot de pourpre* (Th. GAUTIER, *Le Capit. Fracasse*, VI). — *On eût dit que chez ces Français du* XXe *siècle* SURVÉCUSSENT *des âmes antiques* (R. ROLLAND, *Jean-Chr.*, t. VII, p. 48). — *On eût dit qu'un vent de folie* SOUFFLÂT *sur les dominateurs anglais* (ID., *Mahatma Gandhi*, p. 61). — *On dirait qu'en cette fin de règne, le peuple de Paris et des grandes villes* VEUILLE, *à force d'attaques contre le souverain, s'amnistier d'avoir cru en lui* (P. de LA GORCE, *Nap. III et sa polit.*, p. 143). — *On dirait qu'arrivé au centre de son œuvre Wagner se* SOIT *ennuyé* (P. CLAUDEL, *Figures et Paraboles*, p. 197). — *On dirait que leur mélange* [du corps, de l'âme, du reste du monde] *n'est pas durable, et que cette division* DOIVE *nécessairement se réveiller, de temps à autre* (P. VALÉRY, *Eupalinos* ; éd. Pléiade, t. II, p. 129). — *On eût dit (...) que, de retour en enfance, il* JOUÂT *à « Savez-vous planter les choux ? »* (A. GIDE, *Les Caves du Vatican*, p. 259). — *On eût dit qu'elle se* REPROCHÂT *de l'avoir entraîné sur une voie coupable* (M. ARLAND, *L'Ordre*, t. II, p. 193). — *On dirait qu'il n'*AIT *plus qu'un souci* (ID., *Essais critiques*, p. 174). — *On eût dit que, pour mieux comprendre, elle se* FÛT *placée le plus près possible* *de moi* (J. de Lacretelle, *Amour nuptial*, p. 38). — *On eût dit que le seul contact de l'enclume le* coudât [le fer rougi] (La Varende, *La Normandie en fleurs*, p. 172). — *On eût dit que les sons échappés de ce souffle* fussent *émis comme un signal...* (H. Bosco, *Un Rameau de la nuit*, p. 141).

Hist. — Dans l'ancienne langue, les verbes d'opinion étaient souvent suivis du subjonctif dans des phrases où la langue moderne emploie normalement l'indicatif : *Le peuple juge que ce* soit *tyrannie* (Montaigne, I, 42 ; p. 263). — *Tous présument qu'il* ait *un grand sujet d'ennui* (Corn., *Cinna*, IV, 4). — *On croyait que son esprit* allât *revenir* (Sév., t. II, p. 490). — *Je pensais, madame, qu'il* fallût *pleurer* (Mol., *Mal. im.*, III, 18). — Cet usage se retrouve parfois encore à l'époque actuelle dans la langue littéraire : *Il pensait que ce* fût *un crime* (A. Hermant, *L'Aube ardente*, XII). — *J'aurais cru volontiers que ce* fussent *les filles du directeur* (A. France, *Crainquebille*, p. 313). — *Vous pensiez que l'éloignement nous sépare de nos maux, et qu'il vous* rendît *les années qui ne sont plus* (A. Suarès, *Sur la vie*, t. I, p. 84). — *Je pensai que le jour du jugement dernier* fût *arrivé* (É. Henriot, *Les Temps innocents*, p. 150). — *On eût pu croire (...) que notre siècle* ignorât *le prodige des parapluies* (Tr. Derème, *La Libellule violette*, p. 13). — *Il croyait qu'il* fût *onze heures* (A. Thérive, *Fils du jour*, p. 180). — *Pensant qu'il* dût *être fâché...* (M. Aymé, *Les Contes du Chat perché*, p. 53). — *Nous pensions tous que ce* fût *le pas décisif vers la libération* (Fr. Ambrière, *Les Grandes Vacances*, p. 373).

3. — Verbes de volonté.

1000. On range parmi les verbes de volonté :

accorder	demander	ordonner	souhaiter
aimer mieux	désapprouver	permettre	supplier
approuver	désirer	préférer	tâcher
commander	dire (ordonner)	prétendre (vouloir)	tolérer
concéder	empêcher	prier	trouver bon
consentir	entendre (vouloir)	rêver	trouver mauvais
crier (demander, or-	éviter	signifier (ordonner)	veiller
donner en criant)	exiger	s'opposer	vouloir
défendre	implorer	souffrir	etc.

A ces verbes on peut rattacher les verbes qui expriment l'attente : *attendre, s'attendre, compter (que)*, etc.

Après les verbes marquant la volonté, l'ordre, la prière, le désir, la défense, l'empêchement, on emploie le **subjonctif** : *Je veux, j'ordonne, je souhaite, je désire qu'on* obéisse. — *Je consens volontiers à ce qu'il* vienne *avec nous* (Mérimée, *Colomba*, II). — *J'ai défendu que vous* fissiez *telle chose* (Ac.). — *La pluie empêche qu'on n'*aille *se promener* (Id.).

Remarques. — I. Certains verbes, comme *consentir, dire, écrire, entendre, être d'avis, faire savoir, prendre garde, prétendre, signifier*, etc. sont, selon le sens, des verbes d'opinion ou des verbes de volonté : *Je dis qu'il* vient. *Je lui dis qu'il* vienne. — *Je consens* [= j'admets comme vrai] *que le haut clergé* n'EST *pas coupable* (A. GIDE, *Les Caves du Vatican*, p. 206). — *Je consens que vous le* FASSIEZ (AC.). — *Prenez garde* [= remarquez], *monsieur, que vous vous* ADRESSEZ *à un officier ministériel* (M. DONNAY, *Éducation de Prince*, IV, 3). — *Prenez garde qu'on ne vous* VOIE (AC.).

Entendre, construit avec *que*, se fait suivre de l'indicatif s'il est pris au sens de « percevoir par l'ouïe » : *J'entends que vous me* DITES *des nouvelles* (LITTRÉ). — *J'entends qu'on* VIENT *pour la prière !* (BRIEUX, *La Foi*, I, 5.) — *Quand il signifie* « avoir comme intention », il se fait suivre du subjonctif, parfois de l'indicatif (un des temps du futur : cf. la Rem. 2) : *J'entends qu'on m'*OBÉISSE (LITTRÉ). — *Je n'entends pas que vous* FASSIEZ *de dépense* (MOL., *Pourc.*, I, 7). — *J'entends que vous ne me* SUIVIEZ *pas* (E. FROMENTIN, *Dominique*, XIII). — *J'ai toujours entendu que l'acte* SERAIT *enregistré* (LITTRÉ). — *J'entends bien que mes trois fils* SERONT *agiles, adroits, robustes, si la vie me prête assistance* (G. DUHAMEL, *Scènes de la vie future*, p. 184).

2. Certains verbes de décision ou de résolution, comme **arrêter, commander, convenir, décider, décréter, établir, exiger, ordonner, prescrire, régler, résoudre,** construits avec *que*, peuvent prendre la valeur de verbes déclaratifs affirmant le résultat d'une délibération : on situe alors sur le plan de la réalité l'objet de l'ordre, de la résolution, etc., dont il s'agit, et le verbe subordonné se met à l'indicatif (souvent un des temps du futur) :

Aujourd'hui j'arrête que l'exécution AURA *lieu demain.* (HUGO, *Marie Tudor*, III, 1, 4). — *La Commune arrêta que les églises et les temples des différents cultes existant à Paris* SERAIENT *fermés sur-le-champ* (P. GAXOTTE, *La Révol. fr.*, p. 369). — *Ils convinrent que cela* SERAIT *fait* (LITTRÉ). — *Le tribunal a décidé que la donation* ÉTAIT *nulle* (AC.). — *L'assemblée décidait que l'échafaud* SERAIT *dressé de nouveau sur la place de la Révolution* (A. FRANCE, *Les Dieux ont soif*, p. 343). — *Elle avait décrété (...) qu'on le* SERVIRAIT *dans l'appartement* (A. HERMANT, *Le Caravansérail*, V). — *On a purement et simplement décrété que les fautes qu'il fait encore malgré cela ne* SONT *pas des fautes* (ID., *Xavier*, p. 99). — *Le lieutenant von Plattner décréta que les hommes* SERAIENT *mis au tiers de ration* (P. MILLE, *Sous leur dictée*, p. 291). — *Les plébéiens établirent que ce* SERAIT *devant eux que les appellations seraient portées* (MONTESQ., *Espr.*, XI, 18). — *Elle a, pour premier point, Exigé qu'un époux ne la* CONTRAINDRAIT *point À traîner après elle un pompeux équipage* (BOIL., *Sat.*, X). — *Elle ordonna que le lendemain toute ma famille* SERAIT *traitée au château* (MARIVAUX, *Le Paysan parvenu*, p. 407). — *Le Suffète ordonna que trente-deux des éléphants se* PLACERAIENT *dans le fleuve cent pas plus loin* (FLAUB., *Sal.*, p. 227). — *Le conseil ordonne que la façade de la maison Commune* SERA *sur-le-champ illuminée* (A. FRANCE, *Les Dieux ont soif*, p. 338). — *Le colonel, furieux, ordonna que les vingt coupables* DEMEURERAIENT *au garde-à-vous...* (Fr. AMBRIÈRE, *Les Grandes Vacances*, p. 280). — *On a réglé que les choses se* PASSERAIENT *ainsi* (LITTRÉ). — *On a résolu que nous* PARTIRIONS (BESCHERELLE).

N. B. — Quand on ne leur fait pas signifier autre chose que l'idée générale de « vouloir », ces divers verbes, construits avec *que*, se font suivre du subjonctif : *On a sagement établi que ceux qui ont un commandement un peu étendu ne* SOIENT *attachés à aucun corps de milice* (MONTESQ., *Espr.*, V, 16). — *Ils convinrent que cela* FÛT *fait* (LITTRÉ). — *Le concile de Latran ordonna qu'ils* PORTASSENT *une petite roue sur la poitrine* (VOLT., *Mœurs*, 103). — *Le jugement avait ordonné que la guillotine* FÛT *dressée sur le lieu même où M. de Vivant avait été brûlé* (J. et J. THARAUD, *L'Oiseau d'or*, p. 92). — *La Cour a ordonné que ce témoin* FÛT *entendu, serait entendu* (AC.). — *Un jeune décorateur avait décidé que la table à manger* FÛT *soutenue par des cariatides démesurées* (COLETTE, *Trois... six... neuf...*, p. 66).

3. Certaines expressions comme *le Ciel permit que, le malheur veut que, le hasard voulut que*, etc., ou *je veux bien que* (= j'admets que) servent parfois à introduire la simple constatation d'un fait réel ; elles se construisent alors avec l'indicatif (avec le conditionnel si le fait est éventuel ou hypothétique) [1] :

Le ciel permit qu'un saule se TROUVA (LA F., *F.*, I, 19). — *Le hasard voulut qu'Ésope* EUT *affaire dans le logis* (ID., *Vie d'Ésope*). — *Le malheur a voulu que tout dernièrement (...) on* A *brûlé une foule de papiers parmi lesquels le discours a péri* (CHATEAUBR., *Mém.*, II, 7, 4). — *Le malheur voulut qu'il y* EUT *ballottage* (L. FRAPIÉ, *L'Écolière*, p. 27). — *Le dénouement (...) auquel on veut assez que Molière n'*A *attaché aucune importance* (É. FAGUET, *En lisant Molière*, p. 21). — *La légende veut qu'à Bagdad il* RENCONTRA *l'illustre El Ghazali, et qu'en le voyant, celui-ci (...)* AURAIT *dit : Voici un garçon destiné à devenir un jour souverain du Maghreb el Akça* (J. et J. THARAUD, *Le Rayon vert*, p. 3). — *Le malheur d'Alexandre avait voulu qu'après une longue suite de déveine et de coûteux apprentissage, il* COMMENÇAIT *à peine à rectifier son tir, quand un commissaire de police indiscret vint saisir les enjeux* (É. HENRIOT, *Le Livre de mon père*, p. 261). — *Le hasard voulut qu'en quittant le Luxembourg nous nous* INSTALLÂMES *à la terrasse d'une brasserie voisine* (DANIEL-ROPS, *Deux Hommes en moi*, p. 96). — *Le malheur voulut que M. de La Môle lui* DEMANDA *ce qu'elle pensait de Julien* (M. GARÇON, *Plaidoyers chimériques*, p. 90). — *Le hasard voulut qu'un an plus tard, invité au mariage de la fille d'un ami de ma famille, je* RECONNUS *dans le mari de celle-ci le précédent locataire de mon appartement* (H. BORDEAUX, *Paris aller et retour*, p. 235). — *Le malheur veut que les spécialistes ne* SAVENT *pas toujours écrire* (J. GREEN, *Le Bel Aujourd'hui*, p. 9). — *Je veux donc bien que toute règle de justice* EST *vaine si l'on n'aime point* (ALAIN, *Propos*, éd. Pléiade, p. 77).

N. B. — Bien observer que ces expressions, prises comme marquant la volonté, gouvernent le subjonctif : *Le hasard voulut qu'en allant et venant elle* REMARQUÂT *l'attitude de Riquet* (A. FRANCE, *Crainquebille*, p. 109). — *Le hasard voulut qu'à ce moment le fracas lointain du train d'Angoulême* DÉCHIRÂT *le silence doré de la vallée* (P.-H. SIMON, *Elsinfor*, p. 186). — *Le hasard avait voulu que ce* FÛT *un poète qui préparât ce papier* (F. GREGH, *L'Âge de fer*, p. 199). — *Le sort voulut que ces paroles* FUSSENT *prophétiques* (H. BORDEAUX, *La Garde de la maison*, p. 30). — *Le malheur voulut qu'un matin je l'*AIE *rencontrée* (M. JOUHANDEAU, *Nouv. Images de Paris*, p. 68).

Dans l'exemple suivant, *vouloir* gouverne successivement le subjonctif et l'indicatif : *Une tradition d'une certaine authenticité (...) veut qu'il* AIT *plaidé une fois, que, parlant avec difficulté, il* PLAIDA *très mal* (É. FAGUET, *En lisant Corneille*, p. 5).

4. **Il n'empêche que, n'empêche que** sont de véritables formules ayant la valeur de la locution conjonctive « et cependant » ; ces expressions se font suivre de l'indicatif (ou du conditionnel s'il s'agit d'un fait éventuel ou hypothétique) :

---

1. Selon F. BRUNOT, la subordination ici n'est qu'apparente : « *Le malheur veut, le Ciel permit* sont de vraies formules, après lesquelles la proposition qui vient a le sens d'une phrase indépendante. » (*La Pens. et la L.*, p. 559).

N'empêche qu'ils SONT *des petits garçons de leur village* (M. BARRÈS, *Les Déracinés,* p. 42). — *Il n'empêche qu'à cause de vous, mes petits* AURONT *plus de peine à se faire une place dans la maison* (Fr. MAURIAC, *Le Mystère Frontenac*, p. 22). — *Il n'empêche que (...) si je te prenais au mot, tu ne me* PARDONNERAIS *jamais cette folie* (ID., *Les Mal Aimés*, II, 9). — *N'empêche que cette aventure me* LAISSA *un certain sentiment de malaise* (G. DUHAMEL, *Positions franç.*, p. 200). — *N'empêche que cette très antique mesure* POURRAIT *et* DEVRAIT *être habillée de neuf* (P. MORAND, *Réflexes et Réflexions*, p. 190). *N. B.* — Ce qui vient d'être dit peut, à l'occasion, s'appliquer à *cela* (ou *ceci*, ou *ça*, ou *ce qui*) *n'empêche pas que : Cela n'empêche pas qu'il* EST *insupportable d'être commandé par un Coquereau, un Jean-Jean, un Moulins, un Focart, un Bouju, un Chouppes !* (HUGO, *Quatrevingt-treize*, I, 2, 3.) — *Ça n'empêche pas qu'il* y VA (dans BRUNOT, *La Pensée et la Langue*, p. 559). — *Ce qui n'empêche pas que j'*AURAIS *aimé être belle* (E. et J. de GONCOURT, *Renée Mauperin*, XI). — *Tout cela n'empêchait pas que, le samedi suivant, Arthur* MANGEAIT *sa paye* (A. DAUDET, *Contes du Lundi*, p. 226). — *Tout cela n'empêche pas que les gens du tripot (...)* VONT *le prendre d'abord pour un émule d'Arsène Lupin et de Fantômas* (G. MARCEL, dans les *Nouv. litt.*, 17 avr. 1952).

Cela s'observe aussi (mais rarement) dans des phrases où *ne pas empêcher que* a pour sujet, non plus un pronom neutre et de sens général *(cela, ça, ceci, ce qui)*, mais un nom désignant une chose particulière : *Ce naufrage n'empêche pas, du reste, que, le problème posé, la conséquence* DEVAIT *suivre* (A. CAMUS, *L'Homme révolté*, p. 81).

Si *empêcher que* reprend la valeur verbale, il gouverne le subjonctif : *Elle avait trois enfants, ce qui n'empêchait pas Qu'elle ne se* SENTÎT *mère de ceux qui souffrent* (HUGO, *Chât.*, V, 11). — *Cela n'empêche pas qu'il* AIT *écrit une histoire fort édifiante* (É. HENRIOT, *Le Diable à l'hôtel*, XXIII). — *Cela n'empêche pas que de grands thèmes moraux ne* PUISSENT *imprégner l'œuvre* (A. MAUROIS, *Aspects de la Biographie*, p. 128). — Le fait est assez rare après *(il) n'empêche que : Il n'empêche que la physionomie de l'église romane ne* SOIT *personnelle* (C. JULLIAN, *De la Gaule à la France*, p. 238). — *Il n'empêche (...) que nous* APPROCHIONS *de l'objectif* (Gén. de GAULLE, dans le *Monde*, 7 févr. 1962).

4. — Verbes de sentiment.

1001. Après les verbes qui expriment un sentiment, un mouvement de l'âme : joie, douleur, surprise, crainte, regret, etc., on met généralement le **subjonctif** dans la subordonnée substantive. Le subjonctif s'emploie de même après des noms ou des adjectifs tels que : *crainte, indignation, peur, regret, — aise, heureux, triste, affligé, désolé, étonné, fâché, irrité, honteux, ravi, surpris,* etc :

Je regrette, je m'étonne, je me réjouis, je suis heureux qu'il AIT *fait cela.* — *J'aurais même regret qu'il ne* QUITTÂT *l'empire* (RAC., *Théb.*, IV, 1). — *Mon cœur combattu S'indignait qu'un chrétien m'*ÉGALÂT *en vertu* (VOLT., *Zaïre*, IV, 5). — *Je me résignais à ce que Claude* ÉPOUSÂT *Bernerette* (R. BOYLESVE, *Le Meilleur Ami*, p. 157). — *Elle vivait dans une peur constante qu'il ne* TOMBÂT, *qu'il n'*EÛT *froid* (MAUPASSANT, *Une Vie*, XI). — *Je suis bien aise que la force vous* REVIENNE *un peu* (MOL., *Malade im.*, II, 9). — *Je suis las qu'on me* PLAIGNE (RAC., *Androm.*, III, 1).

Remarques. — 1. Quand la subordonnée dépendant de certains verbes de sentiment est introduite par *de ce que*, elle se met souvent à l'indicatif, mais le subjonctif est fréquent aussi :

a) Avec l'indicatif : *On se réjouit de ce qu'on* POURRA *faire bonne chère en toute licence* (Boss., 1ᵉʳ *Serm. Jour de Pâques*). — *Dégoûté de ce que les rôdeurs* VOLAIENT *la nuit ses poules et ses lapins* (A. FRANCE, *Histoire comique*, VI). — *M. Singlin souffrait de ce que le monde* AVAIT *contribué au succès des « Provinciales »* (Fr. MAURIAC, *Blaise Pascal*, p. 203).

b) Avec le subjonctif : *Il s'étonne de ce qu'il ne* SOIT *pas venu* (AC., s. v. *ce*). — *Darwin (…) s'émerveillait de ce que les petits enfants* PUSSENT *rire et pleurer* (A. FRANCE, *Le Livre de mon ami*, p. 204). — *Et son cœur éprouva de la peine de ce qu'un de ses anciens compagnons ne* FÛT *pas heureux* (Fr. JAMMES, *Le Rom. du Lièvre*, p. 54). — *Irrité de ce que je* SOIS *tourmenté* (M. PRÉVOST, *Mon cher Tommy*, p. 216). — *Il s'enorgueillissait de ce que la souffrance acceptée avec foi lui* EÛT *ouvert la vue profonde de lui-même et du monde entier* (Ch. MAURRAS, *Les Amants de Venise*, 1919, p. 220). — *Il s'inquiétait (…) de ce qu'au mois de novembre l'air* FÛT *si doux* (M. BEDEL, *Jérôme 60° latit. Nord*, p. 21). — *Madame de la Hotte se réjouissait de ce que sa fille* ÉPOUSÂT *un beau garçon* (R. BOYLESVE, *Élise*, p. 45). — *Si ton voisin se courrouce de ce que tout n'*AILLE *pas d'un train plus honnête* (H. POURRAT, *Sous le Pommier*, p. 113). — *Jacqueline s'indigna de ce qu'on* EÛT *le front d'exiger que Port-Royal la prît sans dot* (Fr. MAURIAC, *Blaise Pascal*, p. 107). — *Les philosophes s'irritaient de ce qu'on* PÛT *avec une telle impudence donner au sentiment le pas sur la raison* (ID., *Trois Grands Hommes devant Dieu*, p. 45). — *Ils étaient las de la course, et de ce qu'elle* EÛT *été vaine* (A. GIDE, *Le Retour de l'Enf. prod.*, p. 52). — *Il était surtout indigné de ce que le vieil oncle Goislard se* PORTÂT *très bien* (R. BOYLESVE, *La Becquée*, p. 148). — *Je souffrais de ce que mes frères y* FUSSENT *seuls* [à la guerre] *à cueillir des lauriers* (J. ROY, *Le Métier des armes*, p. 30).

2. *Se plaindre que,* … *de ce que* : les deux tournures sont courantes, mais la seconde tend à prévaloir :

1° **Se plaindre que** se construit d'ordinaire avec le subjonctif : *Quelques-uns ont pris l'intérêt de Narcisse, et se sont plaints que j'en* EUSSE *fait un très méchant homme* (RAC., 1ʳᵉ *Préf. de Brit.*). — *Daniel se plaint que cet enfant* SOIT *difficile* (R. MARTIN DU GARD, *Les Thibault*, VIII, p. 139). — *Il se plaint qu'on l'*AIT *calomnié* (AC.) ; — mais assez fréquemment aussi, dans l'usage littéraire, *se plaindre que* est construit avec l'indicatif (voir l'HIST.) : *Mes maîtres se plaignaient que j'*OUBLIAIS *tout mon latin* (STENDHAL, *Vie de Henri Brulard*, t. I, p. 105). — *Mais le président Quatrefeuilles se plaignait que sa tête* ALLAIT *éclater* (A. FRANCE, *Les Sept Femmes de la Barbe-bleue*, p. 289). — *Vous ne vous plaindrez pas que nous* AVONS *fait peu de besogne* (A. HERMANT, *Xavier*, p. 151). — *La charmante virtuose (…) se plaint qu'il n'y* A *pas beaucoup de fleurs à cueillir dans cette promenade littéraire* (A. THÉRIVE, *Le Retour d'Amazan*, p. 39). — *Il se plaint qu'il n'y* A *pas un artiste* (J. COCTEAU, *La Difficulté d'être*, p. 53). — *Se plaindre que la mariée* EST *trop belle* (AC.).

2° **Se plaindre de ce que** se construit d'ordinaire avec l'indicatif : *L'âne d'un jardinier se plaignait au Destin De ce qu'on le* FAISAIT *lever devant l'aurore* (LA F., F., VI, 11). — *Elle (…) se plaignit de ce qu'on la* SERVAIT *horriblement* (FLAUB., *L'Éduc. sent.*, t. II, p. 219) ; — mais fréquemment aussi avec le subjonctif : *De quoi vous plaignez-vous ? s'exclamèrent Tancrède et Gaspard. — Mais précisément de ce que* *personne ne se* PLAIGNE (A. GIDE, *Paludes*, p. 115). — *Les parents se plaignirent de ce que le cochon ne* FÛT *pas encore rentré* (M. AYMÉ, *Contes du Chat perché*, p. 192). — *La maréchale se plaignait de ce que sa robe* FÛT *chiffonnée* (A. MAUROIS, *Adrienne*, p. 300).

Hist. — Dans l'ancienne langue, les verbes de sentiment construits avec *que* étaient souvent suivis de l'indicatif : *L'ambassadeur d'Espagne (...) regrettait que tout cela se* FAISAIT *en la présence du prince d'Espagne* (MALHERBE, t. III, p. 489). — *Phèdre se plaint que je* SUIS *outragé* (RAC., *Phèdre*, III, 5). — *La mouche (...) Se plaint qu'elle* AGIT *seule* (LA F., *F.*, VII, 9). — *Il est ravi que je* SUIS *hors d'affaire* (SÉV., t. III, p. 531). — *Vous serez ébahi que vos juges* AURONT *été sollicités contre vous* (MOL., *Scap.*, II, 5). — *Nous serions tout étonnés que c'*EST *nous qui nous trompons* (BOIL., *Réfl. crit.*, V). — *On craignait toujours qu'il* FINIRAIT *trop tôt* (FÉNEL., *Tél.*, t. I, p. 316).

5. — Observations.

1002. Quand la proposition substantive introduite par *que* est placée en tête de la phrase, le plus souvent son verbe se met au **subjonctif**, et on la reprend dans la principale par un pronom neutre ou par un nom de sens général, comme *la chose, le fait*, etc. :

Que Segrais AIT *reproduit assez fidèlement le récit du comte de Cézy, cela paraît probable* (J. LEMAITRE, *Jean Racine*, p. 210). — *Que je* VAILLE *mieux (...) qu'en 1914, je n'en sais franchement rien* (M. PRÉVOST, *Mon cher Tommy*, p. 19). — *Qu'une troupe* EÛT *passé par là (...), un garde du Bois de Boulogne s'en fût aperçu* (P. MILLE, *Barnavaux*, p. 169). — *Qu'on* PUISSE *agir sur lui par cette crainte, Napoléon en est certain* (J. BAINVILLE, *Napol.*, p. 444). — *Que j'*EUSSE *un cœur (...), quand t'en es-tu inquiété ?* (É. FABRE, *Les Vainqueurs*, III, 4.) — *Et que ce pays honnête m'*ENNUYÂT, *c'est ce que je savais d'avance* (A. GIDE, *L'Immor.*, III).

Si la proposition substantive est sujet, la reprise n'a pas toujours lieu : *Que ses amis le méconnussent, le remplissait d'amertume* (R. ROLLAND, *Jean-Chr.*, t. III, p. 200). — *Que Jacques fût vivant ne le surprenait guère* (R. MARTIN DU GARD, *Les Thibault*, V, p. 63). — *Qu'il y eût de par le monde des roses ou des tulipes, lui était indifférent* (É. ESTAUNIÉ, *L'Ascension de M. Baslèvre*, I, 2). — *Que le bombardement eût cessé avait fait naître de l'espoir* (J. de LACRETELLE, *La Bonifas*, XII). — *Que des vérités si simples soient dites et répétées, n'est certainement pas inutile* (G. DUHAMEL, *Tribulations de l'espérance*, p. 189). — *Qu'il ait aussi refusé les rubans va de soi* (A. MAUROIS, *Alain*, p. 18).

D'autre part, on met parfois l'*indicatif* dans la proposition substantive ainsi placée : par là, on souligne la réalité du fait : *Que vous vous* BATTEZ *en duel demain, je le sais* (P. BOURGET, *Cosmopolis*, p. 325). — *Que le vieil Horace* EST *le personnage principal de cette tragédie, c'est la vérité* (É. FAGUET, *En lisant Corneille*, p. 121). — *Qu'elle l'*AIMAIT, *il le savait depuis longtemps* (A. BILLY, *Princesse folle*, p. 116). — *Que le terme du voyage* BRISERA *les projets (...), tout le monde le sait* (Fr. de CROISSET, *La Dame de Malacca*, p. 49). — *Que l'homme* EST *né pour le bonheur, certes toute la nature l'enseigne* (A. GIDE, *Les Nourrit. terr. et les Nouv. Nourr.*, p. 93). — *Que du Theil* SUIVIT *ce conseil, nous le savons...* (A. MAUROIS, *Chateaubriand*, p. 115). — *Que*

tu AS *une horloge dans le cerveau est un fait* (ID., *Cours de Bonheur conjugal*, p. 89). —
Que l'insomnie REND *maladroit plus que le sommeil, c'est l'avis d'Élise* (M. JOUHAN-
DEAU, *Élise architecte*, pp. 116-117). — *Que l'humanité* N'EST *pas belle, on le sait*
(É. HENRIOT, dans le *Monde*, 11 déc. 1957). — *Qu'un jour* VIENDRAIT *où les travail-
leurs des entreprises étatisées, les travailleurs du secteur public feraient grève pour être
aussi bien traités que les travailleurs du secteur privé, voilà ce que les partisans des
nationalisations n'avaient certainement pas prévu !* (A. FRANÇOIS-PONCET, dans le
Figaro, 3 avr. 1963.)

1002*bis*. La proposition substantive sujet expliquant, dans certaines
phrases (autres qu'impersonnelles), un sujet vague ou général, se met :

a) A **l'indicatif** si le fait est situé sur le plan de la réalité :

D'où vient que vous SORTEZ *si vite ?* (MOL., *Tart*, I, 1.) — *À cela s'ajouta que M. Octave* AVAIT *reçu la visite de Beauprêtre* (MONTHERLANT, *Les Célib.*, p. 139). — *L'idée
que Poil de Carotte* EST *quelquefois distingué amuse la famille* (J. RENARD, *Poil de
Carotte*, Les Poux). — *L'essentiel est qu'on* VIENT *à votre secours* (R. ROLLAND, *Les
Tragédies de la Foi*, Le Triomphe de la Raison, p. 43). — *Le fait que Napoléon* EST
mort en exil explique que... (ROBERT).

b) Au **subjonctif** si le fait est simplement envisagé dans la pensée ou
s'il est chargé d'affectivité :

Une chose qui me fait inquiéter beaucoup, c'est que personne ne VIENNE *me voir dans
ma prison* (A. DAUDET, *Port-Tar.*, III, 3). — *C'était un sujet de curiosité qu'il* LOGEÂT
dans un si petit corps tant d'ardeur militaire (A. FRANCE, *Crainquebille*, p. 178). —
D'où vient qu'une parole, un geste PUISSENT *faire des ronds à n'en plus finir, dans une
destinée ?* (SAINT-EXUPÉRY, *Pilote de guerre*, p. 99.) — *Cela m'ennuie beaucoup que
vous* AYEZ *attendu* (M. ARLAND, *L'Ordre*, t. I, p. 115). — *Cette chose est tout à fait
inadmissible que Biche* DOIVE *mourir* (A. LICHTENBERGER, *Biche*, p. 218). — *L'idée
qu'il* PUISSE *risquer sa vie pour moi m'est intolérable* (A. GIDE, *Les Faux-Monn.*,
p. 398). — *Le pire était qu'à rêver sans cesse, il* OUBLIÂT *(...) de boire et de manger*
(M. AYMÉ, *Les Contes du Chat perché*, pp. 37-38). — *Le malheur était que (...) les
photographes allemands ne* FUSSENT *jamais bien loin* (Fr. AMBRIÈRE, *Les Grandes
Vacances*, p. 161). — *L'essentiel, dis-je, est que vous les* SACHIEZ *[les conjugaisons]*
(A. HERMANT, *Xavier*, p. 184). — *Le fait que nous* AYONS *nos plus gros chagrins
avec les femmes qui ne sont pas de notre genre ne tient pas seulement à cette dérision du
destin ...* (M. PROUST, *Le Temps retr.*, t. II, p. 225).

c) Au **conditionnel** si le fait est éventuel ou hypothétique :

D'où vient que chaque homme CHANGERAIT *volontiers de condition ?* — *À tous ces
faits s'ajoute que vous* AURIEZ *pu m'avertir.*

1003. *a)* On emploie l'**indicatif** ou le **conditionnel** selon le sens, après
les expressions suivantes :

apparemment que	heureusement que	sans doute que
assurément que	même que (famil. ou popul.)	sûrement que
avec ça que (famil.)	oui que	voici que
bien entendu que	peut-être que	voilà que
bien sûr que (famil.)	pour sûr que (famil.)	vraisemblablement que
certainement que	probablement que	

Ex. : *Apparemment qu'il* VIENDRA (AC.). — *Peut-être qu'il le* DIT (CORN., *Ment.*, IV, 9). — *Sans doute qu'à la foire ils* VONT *vendre sa peau* (LA F., F., III, 1). — *Certainement, que nous* RESTERIONS *amis* (MAUPASS., *Mont-Oriol*, p. 259). — *Voilà qu'il* GALOPAIT *maintenant !* (FLAUB., *Trois Contes*, p. 19.) — *Bien entendu que je* PAIERAI *ce petit voyage* (ID., *Corr.*, t. I, p. 213). — *Avec ça que tu ne le* COMPRENDS *pas !* (G. MARCEL, *Rome n'est plus dans Rome*, p. 137.)

b) Après *non que, non pas que, non point que, ce n'est pas* (ou *point*) *que,* on met le **subjonctif** (voir détails : § 1023, *c*) : *Non qu'il ne* SOIT *fâcheux de le mécontenter* (AC.). — *Ce n'est pas que je* VEUILLE *médire* (LITTRÉ, S.V. *ce*, 6°). — *Ce n'est pas que vous n'*AYEZ *vos défauts* (MARIVAUX, *Les Sincères*, 16).

Les propositions introduites par *non que, non pas que, non point que, ce n'est pas* (ou *point*) *que,* servant à écarter une fausse cause, peuvent être regardées comme des propositions causales (§ 1023, Rem. 1).

1003*bis.* Il arrive qu'une proposition substantive dépendant d'une proposition au subjonctif ait elle-même son verbe au subjonctif, soit qu'il y ait attraction modale (opinion de Brunot, *La Pens. et la L.*, p. 520), soit que le second subjonctif se trouve amené par la même raison que le premier : *Il est essentiel que les domestiques ici ne sachent pas que je vous* CONNAISSE (MARIVAUX, *Les Fausses Confidences*, I, 2). — *Quoiqu'il prétende qu'ils* SACHENT *un peu l'anglais, ils n'en comprennent pas un mot* (FLAUB., *Corr.*, dans Brunot, *loc. cit.*). — Le cas se présente notamment quand le premier subjonctif concerne le gallicisme *c'est... que* : *Tout est-il donc si peu que ce soit là qu'on* VIENNE ? (HUGO, *Hern.*, IV, 2.)

Hist. — Dans l'usage classique, il était fréquent qu'un conditionnel dans la proposition principale amenât, par attraction, un conditionnel dans la subordonnée : *Un roi qui rêverait (...) qu'il* SERAIT *artisan...* (PASC., *Pens.*, 386). — *Il se pourrait bien faire que les Gascons l'y* AURAIENT *apporté* (VAUGELAS, *Rem.*, p. 488). — *Il semblerait que cette etymologie* SERAIT *bien tirée par les cheveux* (ID., *ib.*, p. 517). — *Je pourrais dire que son succès* AURAIT *passé mes espérances* (RAC., *Théb.*, Épître).

B. — Propositions non introduites par *que* (de ce que, à ce que).

1004. *a)* Après les formes impersonnelles, le verbe de la proposition substantive introduite par un mot interrogatif se met à l'**indicatif** quand le fait est envisagé dans sa réalité, au **conditionnel** quand le fait est éventuel : *Peu importe sur qui* TOMBERA *le sort* (AC.). — *Il n'est pas croyable combien on* A *perdu d'hommes dans cette bataille* (ID.). — *Peu importe comment on* ACCUEILLERA *ce projet et quand on le* RÉALISERA. *Peu importe comment vous* IRIEZ.

b) Il se met au **subjonctif** quand le fait est envisagé comme une simple conception de l'esprit et non comme une réalité : *Qu'importe à qui je* SOIS ? (CORN., *Nicom.*, I, 2.) — *Il m'est fort indifférent quel jugement vous en* PORTIEZ (AC.).

1005. Dans les propositions compléments d'objet introduites par un mot interrogatif (interrogation indirecte) et dans les propositions substantives introduites par les relatifs *qui, quoi, où,* employés absolument, ou par *quiconque,* le verbe se met à l'**indicatif** ou au **conditionnel,** selon les phrases :

Dis-moi qui tu HANTES, *je te dirai qui tu* ES. *Vous demandez où je* VAIS, *quand je* REVIENDRAI, *si je* REVIENDRAI. — *J'ignore contre Dieu quel projet on* MÉDITE (RAC., *Ath.,* IV, 5). — *L'avenir dira si nous* AURIONS *dû le couronner malgré sa technique prohibitive* (A. BILLY, dans le *Figaro,* 23 nov. 1960). — *Parmi ces étoffes, voyez laquelle vous* PLAIRAIT *le plus* (AC.). — *À qui* PERD *tout Dieu reste encore* (MUSSET, *N. d'Août*). — *Qui* VEUT *la fin veut les moyens. Voilà en quoi il se* TROMPE, *en quoi il se* TROMPERAIT. — *Quiconque* EST *loup agisse en loup* (LA F., *F.,* III, 3). — *Qui* TRAHIRAIT *son pays serait indigne de vivre. Quiconque* S'ASTREINDRAIT *à ce travail pourrait se promettre le succès.*

Proposition infinitive complément d'objet.

1005*bis.* Les grammairiens ne sont pas d'accord sur les caractères propres de la proposition infinitive. Avec Al. Lorian[1] nous considérerons que « seul l'infinitif de *proposition subordonnée* peut former une proposition infinitive, pourvu qu'il jouisse d'une certaine autonomie par rapport au verbe régent — ce qui arrive (…) : *a)* lorsque l'infinitif est introduit par un outil de subordination, relatif ou interrogatif ; ou *b)* lorsque son sujet, exprimé ou non, est différent de celui du verbe principal ». Mais, nous écartant en cela de l'opinion de ce linguiste, nous tiendrons qu'on a également une « proposition infinitive » dans le tour *Je savais* REVOIR *là ma famille* [= …que je reverrais…] (§ 1006, *b*).

Notons que l'infinitif ne forme pas une proposition infinitive lorsque, employé comme nominal, il est complément du nom (*le désir de* PLAIRE) ou attribut du complément (*j'appelle cela* PARLER), ou lorsque, sans changement de sujet, il complète un verbe dans des tours comme *je veux, je dois, j'espère, je peux, je crois* PARTIR *demain ; il commence à* PARLER ; *je regrette, je crains de* DIRE ; *je cours* CHERCHER *de l'aide,* etc.

1. — PROPOSITION INFINITIVE SANS SUJET EXPRIMÉ

1006. *a)* Une proposition infinitive dont le sujet, non exprimé, est celui du verbe principal peut s'employer comme complément d'objet dans l'interrogation indirecte (au sens le plus large) :

Je ne sais À QUI M'ADRESSER, OÙ ALLER. *Vous trouverez* À QUI *parler. Il a* DE QUI TENIR. *Il possède* DE QUOI PAYER. — *Il ne savait* QUE DIRE *à cette enfant désolée* (MAUPASS., *Mont-Oriol,* p. 295). — *Elle ne sait plus* QUOI INVENTER (A. GIDE, *Les Faux-Monnayeurs,* p. 156). — *La plupart se demandaient* POURQUOI *ne pas l'*IMITER (É. ZOLA, *Travail,* p. 495, cit. Sandfeld). — *Je cherchais* QUE *lui* RÉPONDRE (G. DUHAMEL, *Les Maîtres,* p. 118). — *Oui, après, eh bien, il savait* QUE FAIRE (ID., *La Passion de Jos. Pasquier,* XI). — *Je n'ai* QUE FAIRE *de vos discours* (AC.).

---

1. Al. LORIAN, *La proposition infinitive en français moderne,* dans *Vox Romanica,* 20 (1962), pp. 285-294

b) Une proposition infinitive dont le sujet, non exprimé, est celui du verbe principal s'emploie comme complément d'objet après des verbes déclaratifs ou des verbes d'opinion, comme *dire, déclarer, ignorer, savoir,* etc. :

J'entrai, un soir, dans un salon où je savais la TROUVER (E. FROMENTIN, *Dominique,* XIII). — *Les personnes qui m'ont dit ne* SE *rien* RAPPELER *des premières années de leur enfance m'ont beaucoup surpris* (A. FRANCE, *Le Livre de mon ami,* p. 7). — *Une sorte d'idée virtuelle de l'Europe que j'ignorais jusqu'alors* PORTER EN MOI (P. VALÉRY, *Regards...,* p. 13). — *Son oncle Pilfold l'appelait à Cruckfield ; il savait y* REVOIR *la belle institutrice* (A. MAUROIS, *Ariel,* I, 8). — *J'allais à Vauréal, chez moi, dans ma maison, où je savais* RETROUVER *ma femme et mon fils* (G. DUHAMEL, *Cri des profondeurs,* p. 139).

c) Une proposition infinitive dont le sujet, non exprimé, différent de celui du verbe principal, est ordinairement indiqué par le complément d'objet du verbe principal, s'emploie comme subordonnée à un verbe de volonté, de conseil, de prière, de défense, d'empêchement, etc. (*commander, conseiller, défendre, demander, enjoindre, exhorter, inciter, inviter, prier,* etc.) :

Je lui commande, je le prie D'OBÉIR. *Il nous ordonne, il nous conseille* DE VENIR. *On les invite, on les exhorte* À PARTIR. *Dieu défend* DE MENTIR.

2. — PROPOSITION INFINITIVE AVEC SUJET EXPRIMÉ

1007. *a)* Une proposition infinitive, ayant pour sujet un nom ou un pronom qui est en même temps objet direct du verbe principal [1], s'emploie comme complément d'objet après des verbes de sensation : *apercevoir, écouter, entendre, ouïr, regarder, sentir, voir,* etc., et après certains verbes comme *empêcher, envoyer, faire, laisser, mener,* etc. ; de même après *voici,* qui contient le verbe *voir :*

Il entend UN ENFANT CRIER (LA F., *F.,* IV, 16). — *J'ai fait* TAIRE LES LOIS *et* GÉMIR L'INNOCENCE (RAC., *Esth.,* III, 1). — *Je vois* RÊVER PLATON *et* PENSER ARISTOTE (MUSSET, *Esp. en Dieu*). — *On apercevait de loin* LES ANGLES VIFS RUTILER AU SOLEIL (J. de PESQUIDOUX, *Sur la Glèbe,* p. 8). — *Il distingue* S'AVANCER SUR LE PERRON SA MÈRE (A. GIDE, *Le Retour de l'Enf. prod.,* p. 199). — *Nous écoutons ceux-ci* [des vers] *sans lassitude comme nous contemplons sur un rivage* VENIR SE REPOSER LES VAGUES D'UNE MER APAISÉE (ID., *Attendu que...,* p. 118). — *Et voici* COMMENCER LE RÊVE DE SHAKESPEARE (J. LEMAITRE, *Impressions de théâtre,* t. I, p. 116). — *Voici,* DE LA MAISON, SORTIR UN SALAVIN ÉPINEUX ET GLACÉ (G. DUHAMEL, *Deux Hommes,* p. 209).

b) Une proposition infinitive s'emploie aussi comme complément d'objet après les verbes signifiant *dire, croire, savoir,* etc., mais à peu près uniquement avec le relatif *que* sujet :

---

1. Il y a, en réalité, un objet double, qui est en même temps une *action* (l'infinitif) et un *être* (le sujet de l'infinitif). — Toutefois, dans la proposition infinitive dépendant de *faire,* on n'a qu'un seul objet : *l'action* — et le sujet de l'infinitif n'est pas en même temps objet direct du verbe principal.

Je ramenai la conversation sur des sujets QUE *je savais l'*INTÉRESSER (B. CONSTANT, *Adolphe*, II). — *Je servais les idées* QUE *je savais* ÊTRE VITALES (Ch. MAURRAS, *La Musique intérieure*, p. 48). — *Tieou, lui, (...) ne pensait qu'au serpent de mer,* QU'*on dit* HANTER LES GORGES D'OLLIOULES (L. DAUDET, *Un Jour d'orage*, p. 173). — *Parmi ces Français* QUE *vous dites* AVOIR ÉTÉ DÉNONCÉS PAR CHÈVREMONT (G. MARCEL, *Rome n'est plus dans Rome*, p. 105). — *Des hommes* QUE *je savais* ÊTRE DE GRANDS PÉCHEURS *ne me donnaient à aucun moment l'idée qu'ils pouvaient être possédés* (Fr. MAURIAC, *Ce que je crois*, pp. 136-137).

Exemples où le sujet est un nom ou un pronom personnel : *Charles ne céda pas, tant il jugeait* CETTE RÉCRÉATION *lui* DEVOIR ÊTRE PROFITABLE (FLAUB., *Mme Bov.*, p. 243). — *Elle* [une certaine « maison du Greco »] *a été construite, il y a longtemps, par un admirateur du maître, sur l'emplacement de la vraie maison où on* LE *sait* AVOIR VÉCU (É. HENRIOT, dans le *Monde*, 20 janv. 1960).

3. — CONSTRUCTION DE LA PROPOSITION INFINITIVE

N. B. — Dans l'exposé qui va suivre, on emploiera, pour plus de commodité, les mots de *datif* et d'*accusatif :* le sujet de la proposition infinitive est au *datif* quand il prend la forme d'un complément d'objet indirect : *Je fais bâtir ma maison* À CET ARCHITECTE, *je* LUI *fais bâtir ma maison ;* — il est à l'*accusatif* quand il prend la forme d'un complément d'objet direct : *Je vois venir* MON PÈRE, *je* LE *vois venir.*

1008. *a)* Après les verbes *apercevoir, écouter, entendre, faire, laisser, ouïr, regarder, sentir, voir,* lorsque l'infinitif se présente **sans objet direct**, son sujet se met à l'accusatif :

Il fait trembler LES MÉCHANTS, *il* LES *fait trembler.* — *Je ferai renoncer* CET HOMME *à ses prétentions* (LITTRÉ). — *Cette aventure (...) contribua beaucoup à* LE *faire croire aux visions miraculeuses de Swedenborg* (BALZAC, *Louis Lambert*, p. 61). — *Personne au monde ne* LE *fera changer d'avis* (J. COCTEAU, *Bacchus*, III, 7). — *Je vois* CET ENFANT *obéir à ses parents, je* LE *VOIS obéir. Je vois venir* VOTRE PÈRE, *je* L'*entends parler. Laissons faire* NOS PARENTS. *Je sens battre* MON CŒUR.

Parfois cependant, notamment après *faire* et *laisser,* l'infinitif sans objet direct a son sujet au datif (cf. *Hist.*, 2) : *J'aurais fait changer d'avis* À LUCILE (MARIVAUX, *Les Serments indiscrets*, III, 5). — *Si vous croyez que c'est commode de* LUI *faire changer d'idée* (P. BENOIT, *Axelle*, p. 171). — *Cela, peu à peu,* LUI *laissait espérer dans la clémence du sort* (Fr. CARCO, *L'Homme traqué*, p. 184, cit. Sandfeld). — *Laissons faire* AUX POÈTES (A. GIDE, *Attendu que...*, p. 167). [Dans ces divers cas, l'infinitif intransitif est, pour la syntaxe, fort proche d'un infinitif transitif : *changer d'avis, changer d'idée, espérer dans la clémence* sont très voisins de : *changer son avis, changer son idée, espérer la clémence.*]

b) Lorsque l'infinitif **a un objet direct** :

1° Après *faire,* en général le sujet de l'infinitif se met au datif (voir cependant Rem. 1 et 2 ci-après), ou bien il se construit avec *par :*

Vous faites dire À CICÉRON *une chose qu'il n'a jamais dite* (LITTRÉ). — *Je ferai bâtir ma maison* À OU PAR CET ARCHITECTE (ID.). — *L'architecte* À QUI, PAR QUI *j'ai fait bâtir ma maison. Je ferai examiner l'affaire* à CELUI-CI, PAR CELUI-CI, À CHACUN D'EUX, PAR CHACUN D'EUX. — *Et l'on fit traverser tout Paris* à CES FEMMES (HUGO, *Chât.*, V, 11). — *Je ferais réciter ses rôles* à MON MARI (Ch. VILDRAC, *Le Pèlerin*, I). — *La romance que je* LUI *ai fait chanter.* — *Il* LUI *fit boire un liquide...* (BRIEUX, *La Foi*, II, 3).

Après *faire* quand le sujet de l'infinitif est un pronom personnel, il se met parfois à l'accusatif [1] : *Et c'étaient des joies, des douceurs qui* LA *faisaient bénir Dieu de son sort* (SAINTE-BEUVE, *Vol.*, XIII). — *Les femmes les plus naïves ont un sens merveilleux qui (...)* LES *fait ressaisir bientôt tout l'empire qu'elles ont laissé perdre* (R. MARTIN DU GARD, *Jean Barois*, p. 114). — *L'inquiétude naturelle aux malades qui* LES *fait essayer sans cesse de nouveaux régimes* (P. BOURGET, *Les Détours du cœur*, p. 329). — *Des nouvelles un peu moins bonnes* LES *firent précipiter leur départ* (A. GIDE, *La Porte étroite*, p. 129). — *Je* L'*avais fait jurer qu'il viendrait* (A. BILLY, *Madame*, p. 166). — *Il m'est impossible de* LE *faire aborder ce sujet* (G. DUHAMEL, *Problèmes de civilisation*, p. 13).

2° Après *apercevoir, écouter, entendre, laisser, ouïr, regarder, sentir, voir*, le sujet de l'infinitif se met indifféremment à l'accusatif ou au datif, ou bien il se construit avec *par* :

a) On LE *vit briser ses meubles* (G. SAND, *Lélia*, VIII). — *S'ils ont laissé toute la mèche que je* LES *ai vus acheter* (MAUPASS., *Mont-Oriol*, p. 38). — *En* LA *voyant faire l'aumône* (É. AUGIER, *Les Effrontés*, II, 6). — *Il avisa Émilia de* LE *laisser conduire l'intrigue* (É. BOURGES, *Le Crépusc. des dieux*, III). — *Si encore on* LE *laissait emmener sa femme* (M. PRÉVOST, *La Nuit finira*, t. I, p. 158). — *Comme une souris* QUE *le chat laisse faire quelques pas en liberté* (A. de CHÂTEAUBRIANT, *M. des Lourdines*, p. 132). — *Je l'entends remuer la casserole* (J. ROMAINS, *Lucienne*, p. 65). — *Comme certains mendiants* QUE *j'ai vu* [sic] *humer l'odeur des plats* (É. ESTAUNIÉ, *L'Infirme...*, p. 95). — *Je* LA *sentis serrer mon bras* (M. ARLAND, *La Vigie*, p. 119). — *J'ai vu, j'ai laissé* CES JARDINIERS *planter des choux.*

b) Je LUI *laissai sans fruit consumer sa tendresse* (RAC., *Brit.*, IV, 2). — *Nous* LUI *vîmes enfiler des aiguilles fort menues* (DIDEROT, *Lett. sur les aveugles*). — *Je* LUI *ai même entendu dire qu'il avait appris la flûte* (J. ROMAINS, *Lucienne*, p. 64). — *Il n'était plus possible de* LUI *laisser tout ignorer* (ID., *ib.*, p. 145). — *Il resta toujours fidèle aux exercices de piété qu'il* LUI *avait vu pratiquer* (H. BREMOND, *Âmes religieuses*, p. 10).

c) Un garde (...) a laissé admirer PAR MA FEMME *son poignard* (M. GENEVOIX, *Afrique blanche, Afrique noire*, p. 62). — *J'ai vu, j'ai laissé planter des choux* à CES

---

1. Dans ces sortes de phrases, il arrive, mais assez rarement, que le sujet de l'infinitif soit un nom : *Il faut sentir (...) les profondes raisons qui ont fait* RACINE *rejeter tout ce qui fut tant recherché après lui* (P. VALÉRY, *Remerc. à l'Ac. fr.* ; éd. Pléiade, t. I, p. 739). — *Est-ce Virgile, ou moi, qui gonfle de signification profonde ces quelques mots qu'il fait* NISUS *adresser à son Euryale...* (A. GIDE, *Journal 1942-1949*, p. 306). — *Quelqu'une de ces réactions outrancières et passagères, comme celle qui fait* THIERRY MAULNIER *oublier Chénier, Moréas et Verlaine* (ID., *Attendu que...*, p. 54). — *Celle* [la règle] *du choix, qui avait fait* AGNÈS *préférer Arsène-François autrefois* (P. VIALAR, *Les Robes noires*, p. 278).

JARDINIERS, PAR CES JARDINIERS. *Les jardiniers à* QUI, PAR QUI *j'ai laissé planter des choux.*

Remarques. — 1. Quand le sujet et l'objet direct de l'infinitif sont tous deux des pronoms personnels, si les deux pronoms sont joints devant le verbe principal (§ 483, 4°, N. B.), le pronom sujet de l'infinitif se met au datif : *Vers un vieux bâtiment je le* LUI *vis porter* (LA F., *F.*, IX, 1). — *On le* LUI *fit bien voir* (ID., *ib.*, VII, 1). — *Ce devoir, je le* LUI *ferai recommencer, ne le* LUI *faites pas recommencer. Ce livre, ne le* LEUR *laissez pas lire.*

Mais si les deux pronoms ne sont pas joints devant le verbe principal, le pronom sujet de l'infinitif se met à l'accusatif : *Ce mot d'« estime » (...)* LA *faisait me remercier* (SAINTE-BEUVE, *Vol.*, XIX). — *Je* L'*ai vu la battre* (M. PRÉVOST, *La Nuit finira*, t. II, p. 50). — *Elle ne veut pas, peut-être, qu'on* LA *voie me regarder* (J. SARMENT, *Jean-Jacques de Nantes*, p. 247). — *Il* LES *regarde le regarder* (ID., *ib.*, p. 234).

En particulier, lorsque le verbe principal est à l'impératif et qu'il n'est pas précédé des deux pronoms conjoints, le pronom sujet de l'infinitif peut être : 1° au datif, dans des phrases comme les suivantes : *Ce livre, laissez-le-*LUI *lire. Ce devoir, faites-le-*LEUR *recommencer* ; — 2° à l'accusatif, dans des phrases comme les suivantes : *Ce livre, laissons-*LES *le lire en paix. Laisse-*LE *te guider. Ne* LES *laisse pas nous injurier. Ne* LE *laisse pas te perdre. Voyez-*LES *nous accuser.* [Cf. § 482, 3°.]

2. Quand l'infinitif est un verbe pronominal, son sujet se met à l'accusatif : *Qui* LE *fait se charger des soins de ma famille ?* (CORN., *Hor.*, V, 3.) — *Je* LA *vis se rapprocher de sa sœur* (E. FROMENTIN, *Dominique*, XIII). — *Elle* LES *entendait se disputer* (M. PRÉVOST, *La Nuit finira*, t. I, p. 162). — *Une mollesse parfois* LA *faisait s'étendre sur l'herbe drue d'une pente* (MAUPASSANT, *Une Vie*, II).

Il est exceptionnel que le sujet soit au datif : *Une résolution qui* LUI *fait se diriger vers la place de la Concorde* (P. BOURGET, *L'Émigré*, p. 323, cit. Sandfeld).

3. Lorsque les verbes *apercevoir, écouter, entendre,* etc. (surtout *faire* et *laisser*) sont à la forme pronominale, le sujet de l'infinitif s'introduit par une des prépositions *par* ou *de : Il se laisse entraîner* PAR LE COURANT. *Il se fait estimer* DE TOUS. *Il se sentait envahir* PAR UNE TRISTESSE MORTELLE.

Hist. — 1. La proposition infinitive avec sujet exprimé était d'un emploi très fréquent au XVIe siècle ; elle se trouvait avec beaucoup de verbes qui ne l'admettent plus aujourd'hui ; c'est au XVIIe siècle que cet usage s'est restreint aux cas que nous avons indiqués : *Comme vous sçavez* ESTRE DU MOUTON LE NATUREL, TOUSJOURS SUYVRE LE PREMIER (RABEL., IV, 8). — *Quoiqu'il soit à présumer* TELLES RÉSOLUTIONS NE PASSER PAS LE BOUT DES LÈVRES (PASC., *Prov.*, 10). — *Puis donc que vous reconnaissez* CE DÉFAUT ÊTRE UNE SOURCE DE DISCORDE (BOSS., 3e *Exhort. aux Ursulines de Meaux*).

2. Dans l'ancienne langue, même quand l'infinitif se présentait sans objet direct, son sujet pouvait se mettre au datif : on pouvait dire non seulement *Je* L'*entends parler*, mais *Je* LUI *entends parler : Laissons faire un peu à* NATURE (MONTAIGNE, III, 13 ; p. 1223). — *Faites votre devoir et laissez faire* AUX DIEUX (CORN., *Hor.*, II, 8).

3. Chez les auteurs classiques, après *faire* et surtout après *laisser* employés à la forme pronominale, le sujet de l'infinitif complément se trouve construit avec *à* plutôt qu'avec *par* ou *de : Je me laissais conduire à* MON CHEVAL (RAC., t. VII, p. 34). — *Tous se laissent entraîner* AU TORRENT *qui les emporte* (LA BR., VIII, 32). — *Et ne vous laissez point séduire à* VOS BONTÉS (MOL., *F. sav.*, V, 2). — *Elle se laissa emporter à* SA VIVACITÉ (DIDEROT, *Jacques le Fataliste*, éd. de la Pléiade, p. 605). — *Cette*

construction se retrouve parfois dans la littérature moderne : *Je me laissais emporter* À LA FOUGUE *des désirs* (G. SAND, *Lélia*, XXIII). — *Jean ne se laissait plus tromper* À CE SOPHISME (P. BOURGET, *L'Étape*, pp. 147-148). — *Si j'osais me laisser séduire* AUX RÊVERIES *qu'on décore du beau nom de philosophie historique* (P. VALÉRY, *Regards...*, p. 123). — *Car Énée s'est laissé séduire* AUX DOUCEURS *de l'amour* (É. HENRIOT, *Les Fils de la Louve*, p. 116).

4. Après *faire*, lorsque l'infinitif avait un objet direct, le sujet de cet infinitif, dans les phrases où il était exprimé par un pronom personnel, pouvait, à l'époque classique bien plus souvent qu'aujourd'hui, se mettre à l'accusatif : *Les vrais Juifs et les vrais Chrétiens ont toujours attendu un Messie qui* LES *ferait aimer Dieu* (PASC., *Pens.*, 607).

5. Le tour passif *il fut fait mourir, il fut fait venir*, qui a essayé, au XVIIᵉ siècle, de s'introduire, a été condamné par Vaugelas (*Rem.*, pp. 251-252) et par l'Académie (cf. Littré, s. v. *faire*, Rem. 11).

CHAPITRE II

PROPOSITIONS ADJECTIVES (RELATIVES)

I. — MOTS SUBORDONNANTS

1009. Les propositions relatives sont introduites par un pronom relatif ou par un adverbe relatif : *qui, que, quoi, lequel, dont, où : Voilà les sentiments* QUI *naîtraient d'un cœur* QUI *serait plein d'équité et de justice* (PASC., *Pens.*, 100). — *L'enfant* QUE *le Seigneur aime* (RAC., *Ath.*, II, 9). — *Il n'est rien* À QUOI *je ne sois prêt. C'est une chose* DONT *je suis sûr.* — *Cette mer* OÙ *tu cours est célèbre en naufrages !* (BOIL., *Ép.*, 1.) — *Les dix heures* QU'*il a marché. Les dix ans* QUE *ce souverain a régné.*

Remarques. — 1. Une proposition relative est parfois introduite par l'adverbe conjonctif *que* (§ 549) : *Du temps* QUE *les bêtes parlaient* (LA F., *F.*, IV, 1). — *Et, rose, elle a vécu ce* QUE *vivent les roses* (MALH., t. I, p. 40). — *Les jours* QU'*il faisait beau* (FLAUB., *Mme Bov.*, p. 69). — *Comme c'était l'heure* QUE *Christine rentrât chez sa mère...* (P.-J. TOULET, *Béhanzigue*, p. 81).

Même cas lorsque l'antécédent de *que* est une indication de temps amenée par *voici, voilà, il y a, cela* (ou *ça*) *fait, depuis, au bout de, pendant, durant* ; on marque alors depuis combien de temps un fait ou un état de choses dure ou a duré[1] : *Voilà long-temps* QU'*il n'a tué quelqu'un* (HUGO, *Lég.*, L'Aigle du casque). — *Il fut, pendant vingt ans* QU'*on l'entendit marcher, Le cavalier superbe et le puissant archer* (ID., *ibid.*, Le Parricide). — *Elle avait toujours eu depuis vingt ans* QU'*elle était veuve, une demoi-selle de compagnie* (MUSSET, *Margot*, I). — Voir d'autres exemples § 876, 9°.

2. Une proposition relative est quelquefois coordonnée par *et* (moins sou-vent par *ou, mais, puis*) à un adjectif ou à une locution équivalant à un adjectif ; par ce moyen, la relative (qui, sans la conjonction, ne serait qu'une simple déterminative) joue le rôle d'une épithète et peut prendre un relief particulier : *Un quidam se présente, bien mis, décoré même,* ET *qu'on prendrait pour un diplomate* (FLAUB., *Mme Bov.*, p. 133). — *Exemple de dangereuse conséquence* ET *dont vous ne pouvez vous désintéresser.*

Parfois aussi, pour la mise en relief, la relative est reliée par *et* au nom qu'elle complète : *Tout est dit, et l'on vient trop tard depuis plus de sept mille ans qu'il y a des hommes,* ET *qui pensent* (LA BR., I, 1). — *C'était un ivrogne,* ET *qui jurait* (H. BOR-DEAUX, *Le Pays sans ombre*, p. 31).

3. Le pronom relatif représente le plus souvent un nom ou un pronom. Parfois cependant il représente une proposition entière ; celle-ci est alors reprise ou annoncée par le pronom neutre *ce* ou par un nom de sens général, comme *chose, fait*, etc., que l'on place devant le relatif :

Il fallait pour cela commencer par vider la mare, CE *qu'on n'avait pas fait depuis quinze ans* (A. GIDE, *L'Immor.*, II, 1). — *Mon père se versa un grand verre d'eau et le vida d'un trait avant d'avoir rien mangé,* ACTE *qu'il prohibait toujours sévèrement* (E. JALOUX, *Le Reste est silence*, VII). — *Il transporta sa cantine chez son amie Madame Favre, et* CHOSE *qui, je crois, ne lui était arrivée de sa vie, il prit un fiacre à la journée* (J. et J. THARAUD, *Notre cher Péguy*, t. II, p. 237).

Dans les expressions archaïques *qui plus est, qui mieux est, qui pis est*, le relatif se rapporte à une proposition sans que ce relatif soit précédé de *ce : Il est négligent, et,* QUI *pis est, incapable.* (Voir § 539 *in fine* et Hist.)

II. — *SENS DES PROPOSITIONS RELATIVES*

1010. Outre qu'elles ont leur valeur propre d'adjectifs, les propositions relatives peuvent encore, ainsi qu'on l'a vu, s'employer, dans certains cas comme propositions *substantives* (sujet : voir § 996, 1° *b* ; complément d'objet : voir § 996, 2°, *d*) ; elles peuvent souvent aussi avoir la valeur de propositions *circonstancielles*, et marquer des rapports fort variés, notam-ment :

La cause : *O fortuné jeune homme,* QUI AS TROUVÉ HOMÈRE POUR CÉLÉ-

---

1. On pourrait (ainsi font G. et R. Le Bidois) rattacher aux subordonnées tempo-relles les propositions amenées par ces expressions.

BRER TA VAILLANCE ! — *Je doute seulement que le ris excessif convienne aux hommes*, QUI SONT MORTELS (LA BR., XI, 37).

Le but : *Il* [Mentor] *voulait une grande variété de jeux et de spectacles* QUI ANIMASSENT TOUT LE PEUPLE (FÉN., *Tél.*, t. II, p. 188).

L'opposition, la concession : *La mort*, QUI AVAIT ÉTEINT SES YEUX, *n'avait pu effacer toute sa beauté* (FÉN., *Tél.*, t. II, p. 293).

L'hypothèse : *Un élève* QUI S'ASTREINDRAIT À CE TRAVAIL *serait reçu*.

Pour *qui* indéfini signifiant « si quelqu'un », voyez § 541, *Hist.*

La coïncidence : *Vos amis sont là* QUI VOUS ATTENDENT.

Le propos (§ 559, Rem. 1) : *Il peut (...) prêter au parler français des victoires diplomatiques* DONT LES HISTORIENS NOUS DISENT *qu'elles sont imaginaires* (G. DUHAMEL, *Refuges de la lecture*, p. 177).

1011. Les propositions relatives, dont le rôle essentiel est de compléter l'antécédent, peuvent ajouter à cet antécédent un élément plus ou moins important quant au sens de la phrase.

1º Les relatives **déterminatives** précisent ou restreignent l'antécédent en y ajoutant un élément indispensable au sens : on ne saurait les supprimer sans détruire l'économie de la phrase : *La foi* QUI N'AGIT POINT, *est-ce une foi sincère ?* (RAC., *Ath.*, I, 1.) — *On se persuade mieux, pour l'ordinaire, par les raisons* QU'ON A SOI-MÊME TROUVÉES, *que par celles* QUI SONT VENUES DANS L'ESPRIT DES AUTRES (PASC., *Pens.*, 10).

Les relatives déterminatives ne se séparent pas de l'antécédent par une virgule.

2º Les relatives **explicatives** ne servent jamais à restreindre l'antécédent ; elles ajoutent à celui-ci quelque détail, quelque explication non indispensable : on pourrait les supprimer sans nuire essentiellement au sens de la phrase : *O Mentor, votre sagesse*, QUI N'A BESOIN DE RIEN, *ne me laisse rien à désirer pour vous* (FÉN., *Tél.*, t. I, p. 237). — *Et le Seigneur*, DONT JEAN ET PIERRE SUIVAIENT L'OMBRE, *Dit aux juifs...* (HUGO, *Lég.*, t. I, p. 75). — — *Son cocher*, QUI ÉTAIT IVRE, *s'assoupit tout à coup* (FLAUB., *Mme Bov.*, p. 168).

Les relatives explicatives se placent ordinairement entre deux virgules.

Ces propositions sont le plus souvent introduites par *qui* ; elles peuvent l'être aussi par *lequel*, qui n'amène jamais une proposition déterminative.

Remarque. — Certaines relatives explicatives sont introduites par le relatif neutre *que*, attribut, après un nom, un adjectif, un participe [1] :

Insensé QUE JE SUIS (MUSS., *Namouna*, II, 39). — *En jurant comme un vrai Pro-*

---

1. Frei (*Gramm. des fautes*, pp. 273-274) les appelle « relatives expressives ».

vençal QU'IL ÉTAIT (A. DAUDET, *Tart. de Tar.*, p. 112). — *Il se passait de manteau, fier*
QU'IL ÉTAIT *de sa poitrine large* (H. DUVERNOIS, *Morte la Bête*, I). — *Toutes les fleurs*
d'en bas : mais plus vives de teint, nourries QU'ELLES SONT *d'air vierge* (J. de PESQUI-
DOUX, *Chez nous*, t. I, p. 236). — *Elles ne pouvaient se redresser, infléchies* QU'ELLES
ÉTAIENT (M. PROUST, *Le Temps retrouvé*, t. II, p. 109). — *Les sermons de John Donne*
m'inspirent un grand éloignement pour sa doctrine, toute pétrie QU'ELLE EST *de mort et*
de damnation (J. GREEN, *Journ.*, 19 août 1943).

Ces relatives appartiennent surtout à la langue parlée, mais, en dépit des puristes[1],
elles trouvent dans l'usage littéraire une faveur non médiocre (voir § 547).

3° Certaines propositions relatives, qui ne sont ni déterminatives ni explicatives, peuvent être appelées **attributives** : elles se rapportent tantôt au
sujet, tantôt à l'objet direct de la principale. Ces propositions se rencontrent,
soit après les verbes *être, rester, se trouver, se tenir*, etc., accompagnés d'un
complément de lieu ou de situation, — soit après des verbes de perception comme *apercevoir, entendre, voir (voici, voilà), regarder, sentir*, etc.,
— soit encore après certains verbes tels que *découvrir, rencontrer, surprendre,*
trouver, avoir, etc. : *Il est là-bas* QUI ARROSE (R. BOYLESVE, *Mlle Cloque,*
IX). — *Régine le voit* QUI SE CACHE LE VISAGE DANS LES MAINS (H. BORDEAUX,
La Revenante, p. 101). — *Me voici* QUI ATTENDS LE JOUR (R. DORGELÈS,
La Caravane sans chameaux, p. 216). — *Je l'ai rencontré* QUI SE PROME-
NAIT.

1012. Dans certaines phrases, et surtout dans des phrases exclamatives,
se rencontrent des propositions relatives sans aucun sens nettement carac-
térisé : on peut, en faisant abstraction du pronom relatif, les considérer
comme indépendantes[2] :

Onze heures déjà ! et ma tante lady Éleanor Braybrooke QUI N'ARRIVE PAS ! (Th. GAU-
TIER, *Partie carrée*, IV.) — *Oh ! ce monsieur* QUI MANGE TOUTE LA « BARQUETTE » !
(A. DAUDET, *Lettres de m. m.*, p. 143.) — *Un monsieur* QUI VIENT DÉJEUNER ! (CO-
LETTE, *Le Blé en herbe*, II.) — *Jusqu'aux libraires* QUI SONT OBLITÉRÉES (V. LARBAUD,
Fermina Márquez, XVI). — *Dans l'air, une balle* QUI SIFFLE ! (P. LOTI, *Pêch. d'Isl.*,
III, I.) — *Maman, Edmée* QUI NE CONNAÎT PAS LES PAQUETS RUMATHON ! (J.-L. VAU-
DOYER, *La Reine évanouie*, p. 185.)

---

1. « Il sera toujours inélégant et prétentieux d'écrire : *Le grand observateur qu'était*
Balzac… ; Le grand philosophe que fut Kant… ; Il ne nous a pas regardé, distrait qu'il
était ; Il faut aimer ces idées, imprégnées qu'elles sont par ce pur idéalisme… » (ALBA-
LAT, *Comment il ne faut pas écrire*, p. 44).

2. On a pu expliquer cette tournure par l'ellipse de *c'est* ou de *il y a*. — Mais il
paraît préférable de considérer avec A. Grégoire (dans le *Franç. moderne*, janv.
1949, pp. 7-9) que ce type de phrase, qui abonde dans le langage enfantin, a une
origine toute simple et toute naturelle : le point de départ serait une exclamation
jaillissant par quelque élan affectif plus ou moins vif : *le rôti !* — à cela s'ajouterait,
par une proposition relative, un petit commentaire : *qui brûle !*

III. — EMPLOI DU MODE

1013. Le verbe de la relative peut être au *subjonctif*, à l'*indicatif*, au *conditionnel* ou à l'*infinitif*.

a) **Subjonctif.** Le verbe de la relative se met au subjonctif :

1° Quand on marque un but à atteindre, une intention, une conséquence :

On envoya un courrier qui ANNONÇÂT *la victoire. — O Jupiter, montre-moi quelque asile, S'écria-t-il, qui me* PUISSE *sauver !* (LA F., F., VI, 2.) *— Faites choix d'un censeur (...) Que la raison* CONDUISE (BOIL., *Art p.*, IV). *— M. d'Astarac nous pria de choisir l'endroit qui nous* PARÛT *le plus commode pour travailler* (A. FRANCE, *La Rôtisserie...*, p. 85).

2° Quand l'antécédent contient un superlatif ou une expression de valeur analogue, formée au moyen d'un des adjectifs *seul, premier, dernier, unique, suprême*. Le subjonctif sert alors à apporter quelque tempérament à la valeur trop absolue de la principale, soit qu'il reste un certain doute dans l'esprit, soit qu'on veuille éviter de prendre un ton tranchant :

C'est l'unique poste que vous PUISSIEZ *remplir. — L'unique allégement qu'elle* EÛT *pu recevoir* (CORN., *Cid*, III, 4). *— Le meilleur auxiliaire que* PUISSE *trouver la discipline, c'est le danger* (VIGNY, *Serv. et Gr. mil.*, II, 12). *— O la plus chère tombe et la plus ignorée Où* DORME *un souvenir !* (MUSSET, *Souvenir.*)

Remarque. — Un emploi analogue du subjonctif se trouve dans les propositions relatives déterminant un nom précédé d'un adjectif au positif et dépendant de la préposition partitive *de*. Le subjonctif se trouve de même après un antécédent déterminé par *tout* :

C'est une des grandes erreurs qui SOIENT *parmi les hommes* (MOL., *Dom Juan*, III, 1). *— Et je garde aux ardeurs, aux soins qu'il me fait voir, Tout le ressentiment qu'une âme* PUISSE *avoir* (ID., *Dom Garcie*, III, 3). *— Le « Journal d'Arcachon » (...) est une des choses instructives que j'*AIE *lues* (L. VEUILLOT, *Histor. et Fant.*, p. 352). *— Aimes-tu ce livre ? C'est un des beaux qu'on* AIT *faits* (FLAUB., *Corr.*, t. I, p. 170).

3° Quand la relative restreint une proposition principale négative (de forme ou de sens), dubitative, interrogative ou conditionnelle :

Rien qui VAILLE. *Il y a peu d'hommes qui* SOIENT *contents de leur sort. — Pas un [nom] qu'avec des pleurs tu n'*AIES *balbutié !* (MUSSET, *Namouna*, II, 41.) *— Il n'y avait pas jusqu'aux domestiques qui ne* MONTRASSENT *un zèle inusité à me servir* (R. BOYLESVE, *Le Meilleur Ami*, p. 119). *— Est-il un trésor qui* VAILLE *le sommeil ?* (A. FRANCE, *Le Livre de m. ami*, p. 225.) *— Si tu as des enfants qui* CRIENT *et qui* SOIENT *méchants, ma mine les fera taire* (LA F., *Vie d'Ésope*). *— S'il rencontre alors un sujet qui l'*ÉMEUVE... (J. LEMAITRE, *Jean Racine*, p. 96).

On trouve parfois le subjonctif imparfait ou plus-que-parfait exprimant l'éventualité : *Est-il un asile où j'*AIMASSE *mieux dormir pour toujours ?* (CHATEAUBR., *Mém.*, I, 8, 3.)

Pour les phrases du type *Si c'était le loup qui* VENAIT (ou : *qui* VÎNT), voir § 1037, 3°, Rem. 4.

4° Quelquefois quand la relative dépend d'une proposition au subjonctif ; il y a alors attraction modale [1] ou bien — si l'on préfère cette explication — le second subjonctif se trouve amené par la même raison que le premier [2].

Pensez-vous que vous ayez affaire à un homme qui VENDE *son suffrage ? — Je ne crois pas qu'il y ait des cas que l'on* PUISSE *régler de cette façon. — Quels que soient les services qu'elles* AIENT *pu rendre* (MONTHERLANT, *Le Solstice de juin*, p. 148). — *Quelle que soit la réponse que nous* FASSIONS (Ch. PÉGUY, *L'Esprit de système*, p. 229). — *Quelle que soit la pièce où il* AIT *été reclus* (M. GARÇON, *Louis XVII*, p. 505).

Le cas se présente, en particulier, après les gallicismes *c'est... qui, c'est... que : Il ne faudrait pas croire que ce fût moi qui* FUSSE *à sa remorque* (A. HERMANT, *M. de Courpière*, p. 113, cit. Sandfeld, t. II, p. 125). — *Je ne crois pas que ce soit cet homme que je* PRENNE *jamais pour conseiller. — Rieux n'était pas même sûr que ce fût lui qu'elle* ATTENDÎT (A. CAMUS, *La Peste*, p. 141).

b) **Indicatif.** On emploie l'indicatif dans la relative toutes les fois qu'on exprime un fait dont on considère la certitude, la réalité :

J'ai mon Dieu que je SERS (RAC., *Ath.*, II, 7). — *L'esprit qu'on* VEUT *avoir gâte celui qu'on* A (GRESSET, *Le Méchant*, IV, 7). — *Du temps que les bêtes* PARLAIENT (LA F., *F.*, IV, 1).

Remarque. — Parallèlement à la plupart des phrases où le subjonctif est demandé dans la relative, on peut en avoir d'autres où l'indicatif est employé, parce que c'est la certitude, la réalité du fait que l'on envisage :

On envoya un courrier qui ANNONÇA *la victoire. J'ai fait choix d'un censeur que la raison* CONDUIT. *C'est l'unique poste que vous* POUVEZ *remplir. — Les mauvais succès sont les seuls maîtres qui* PEUVENT *nous reprendre utilement* (Boss., *R. d'Angl.*). — *La mort est le seul dieu que j'*OSAIS *implorer* (RAC., *Phèdre*, IV, 6). — *Les visites de Swann avaient été les dernières qu'elle* AVAIT *reçues* (M. PROUST, *Du côté de chez Swann*, I, p. 207). — *Il y a peu d'hommes qui* SONT *contents de leur sort. Est-ce un trésor qui* VAUT *la vertu ? Si je rencontre le sujet qui vous* ÉMEUT...

c) **Conditionnel.** Le verbe de la relative se met au conditionnel si l'on exprime un fait hypothétique, éventuel ou imaginaire (§ 739, 3°) :

Nous cherchons quelqu'un qui POURRAIT *diriger le camp des réfugiés* (J. de LACRETELLE, *La Bonifas*, XI). — *Les seuls traités qui* COMPTERAIENT *sont ceux qui con*CLURAIENT *entre les arrière-pensées* (P. VALÉRY, *Regards...*, p. 36). — *Je souhaiterais*

---

1. Opinion de Brunot (*La Pens. et la Langue*, p. 520).
2. L'attraction, bien entendu, n'est pas obligatoire ; la relative a son verbe à l'indicatif si l'on veut marquer la réalité, au conditionnel si l'on veut marquer l'éventualité : *Quelque abrupt que soit le roc que nous* GRAVISSONS, *c'est un poète qui nous conduit* (G. DUHAMEL, *Paul Claudel*, p. 26). — *Je ne pense pas qu'il y ait ici un seul ouvrage que vous* LIRIEZ *avec intérêt.*

un jardin sauvage où les fleurs se RÉPANDRAIENT *librement* (J. CHARDONNE, *Claire*, p. 185). — *Est-ce un trésor qui vous* RENDRAIT *heureux ? S'il s'agit du service que je* RENDRAIS *au pays, je suis prêt.* — *On distingue alentour, les grandes barques inertes, comme des cadavres de bêtes qui* FLOTTERAIENT (P. LOTI, *Ramuntcho*, p. 98). — *Il n'est personne ici qui ne* VOUDRAIT *mourir pour lui* (J. KESSEL, *L'Équipage*, p. 44).

d) **Infinitif.** Le verbe de la relative se met parfois à l'infinitif, sans sujet exprimé, quand il implique l'idée de *pouvoir*, de *devoir* ou de *falloir ;* la proposition relative est, dans ce cas, introduite, soit par l'adverbe relatif *où*, soit par un pronom relatif précédé d'une préposition :

Il indique l'endroit où PRATIQUER LA PLAIE (J. de PESQUIDOUX, *Chez nous*, t. I, p. 119). — *Il cherchait une main* À QUOI S'ACCROCHER (Cl. FARRÈRE, *Les Civilisés*, XXX). — *Aucun visage* SUR QUI REPOSER SES YEUX *dans cette foule* (Fr. MAURIAC, *Thér. Desqueyroux*, p. 57).

IV. — *OBSERVATIONS*

1014. Relative associée à une substantive objet. — *a)* On emploie moins fréquemment qu'autrefois la construction qui subordonne une proposition substantive objet à une relative, de telle manière que le pronom introduisant cette relative dépend du verbe ou d'un autre mot de la proposition substantive :

Cet enfant sans parents | qu'elle dit | qu'elle a vu (RAC., *Ath.*, III, 4). — *Avez-vous jamais vu, Madame, un diamant plus vif que celui | que vous voyez | que mon père a au doigt ?* (MOL., *Av.*, III, 7.) — *Ce fut la vengeance | Qu'on crut | qu'un tel discours méritait* (LA F., *F.*, XI, 7). — *Je demande une grâce | que je crains | qu'on ne m'accorde pas* (MONTESQ., *Espr.*, Préf.). — *Ce mari qu'on trouvait | qu'elle avait trop pleuré* (G. BOISSIER, *Mme de Sév.*, p. 18). — *André épousera la femme | que je voudrai | qu'il épouse* (BRIEUX, *La Petite Amie*, II, 6). — *Mot | dont je suis bien surpris | que si peu de gens perçoivent la résonance lugubre* (G. DUHAMEL, *Le Notaire du Havre*, p. 121). — *Un livre (...) | qu'il n'est pas encore dit | que je n'écrirai pas* (A. GIDE, *Si le Grain ne meurt*, I, 6). — *Je me passionnais étrangement dans ma recherche ténébreuse, | pour laquelle je sais | que le chercheur devait abjurer et repousser de lui culture...* (ID., *L'Immor.*, 3ᵉ part.). — *Sauf les amis | que ma folie espère | qu'il me donnera, je hais l'avenir* (É. HENRIOT, *Le Livre de mon père*, p. 212). — *À cause de cette pièce d'argent | qu'elle sait | qu'elle a perdue* (P. CLAUDEL, *La Messe là-bas*, p. 65). — *Sa mère | que j'avoue | que je redoute fort* (MONTHERLANT, *Un Incompris*, 1). — *Pour vous le dire d'un mot | que je suppose | que vous allez comprendre* (A. CAMUS, *Lettres à un ami allem.*, p. 21). — *L'homme | que les autres imaginent | que nous sommes* (A. MAUROIS, *Mém.*, I, p. 6).

Un tour semblable est celui où, au lieu d'un pronom relatif, on a un pronom interrogatif : *Que crains-tu donc | qu'il m'apprenne ?* (VIGNY, *Stello*, 34.) — *Qui dit-on | que je suis ?* (Fr. MAURIAC, *Vie de Jésus*, p. 135.)

Parfois le pronom conjonctif introduisant la relative est attribut du sujet de la proposition substantive : *Cette Maria-Pia (...) est exactement ce | que je t'avais dit | qu'elle était* (Cl. FARRÈRE, *Le Chef*, p. 110).

b) De même, on emploie moins souvent qu'autrefois la construction dans laquelle une proposition relative introduite par *que* objet direct est suivie d'une autre relative introduite par *qui* représentant le même être ou objet que le conjonctif *que* (construction blâmée par Vaugelas, *Rem.*, p. 101)[1] :

J'en puis bien faire autant, moi | qu'on sait | qui le sers (LA F., *F.*, XII, 11). — *Toutes choses | qu'on voit bien | qui sont* (Boss., *Conn.*, IV, 2). — *Mais pour guérir le mal | qu'il dit | qui le possède* (MOL., *Éc. des f.*, II, 6). — *Une feuille | qu'on dit | qui paraît toutes les semaines* (VOLT., *À Marmontel*, 16 juin 1749). — *Malgré le mal | que personne ne peut contester | qui existe* (É. FAGUET, *Initiation philosophique*, p. 114). — *Cette rencontre assez étrange, | que vous dites | qui eut lieu ce matin* (A. FRANCE, *La Rôtisserie...* p. 247). — *Ce démon | que tu dis | qui t'assiste* (A. HERMANT, *Platon*, p. 121). — *Pourtant c'est l'esprit et le génie de la France | qu'on sent | qui respire en ses toiles* [de Poussin] (A. GIDE, *Feuillets d'automne*, p. 161).

Ici encore on peut, au lieu du conjonctif *que*, avoir un pronom interrogatif : *Qui croyez-vous, mon cher, | qui parle de la sorte ?* (MUSSET, *Sur la Paresse*.) — *Qui crois tu | qui a fait cela ?* (A. BILLY, *Nathalie*, p. 56.)

N. B. — 1. Dans les phrases du type *Cet enfant* QUE *je dis* QUE *j'ai vu*, le premier *que* est un pronom relatif objet direct, et le second *que*, une conjonction : *Je dis que j'ai vu que* (= cet enfant). L'interprétation est facile ; elle est facile également dans des phrases telles que : *L'endroit* où *il sait* QU'ON *le mène* (*que :* conjonction ; *où :* complém. circonstanciel de *mène*). *L'homme à* QUI *je sais* QUE *vous nuisez* (*que :* conjonction ; *qui :* objet indirect de *nuisez*).

Mais les phrases du type *Une feuille* QU'*on dit* QUI *paraît*, où l'on dirait que les mots *que* et *qui* ont changé de place, sont d'une interprétation épineuse et fort controversée. Pour Tobler (*Mél.*, pp. 156 sq.), *que* est, dans ces phrases, un pronom relatif neutre sans antécédent, semblable à celui des phrases : *On aura*, QUE *je pense, Grande joie à me voir* (MOL., *Éc. des f.*, I, 2) ; *Il n'est pas venu*, QUE *je sache*. Ainsi *Une feuille* QU'*on dit qui paraît* signifierait à peu près *Une feuille qui — à ce qu'on dit — paraît*. — Selon Sneyders de Vogel (*Synt. histor. du Fr.*, 2e éd., § 277), *l'homme* QUE *je vois qui vient* est la transposition en phrase relative du tour *Je* LE *vois qui vient* ; cette construction, naturelle après les verbes de perception, se serait étendue, par analogie, aux verbes déclaratifs : *L'homme que je crois qui vient*. — Pour G. et R. Le Bidois (*Synt. du Fr. mod.*, t. I, § 578), a ici un fait de langue tout psychologique : « L'esprit, par besoin naturel de concentrer et de cimenter la phrase, recourt instinctivement à la combinaison de deux éléments conjonctifs ; il ne s'inquiète pas de savoir si le second est tout à fait dans son rôle propre et sous sa forme exacte. » [*qui* au lieu de *que*.] — Pour G. Gougenheim (*Gramm. du XVIe S.*, pp. 100-101), *un des gentilshommes que l'on dit* QUI *sont deux* procède de *un des gentilshommes que l'on dit* QU'ILS *sont deux*, où *qu'ils* étant prononcé *ki* a été interprété *qui* ; ce *qui* s'est ensuite employé même avec des noms féminins [pour *qu'elle(s)*].

2. Dans l'usage moderne, aux constructions *Cet enfant que je dis que j'ai vu* et *Le mal que je dis qui me possède*, on préfère la construction infinitive avec *que* sujet

---

1. Littré donne des exemples de La Fontaine, de Molière, de Saint-Simon, de Fontenelle, de Massillon, de Voltaire, et ajoute : « Cette construction a été employée, comme on voit, par les meilleurs écrivains ; elle est vive et très commode ; il serait fort utile de la remettre en honneur. »

(§ 1007, *b*) : *Cet enfant que je dis avoir vu ; le mal que je dis me posséder.* — *Celles des pièces qu'elle avait jouées au couvent et que je lui avais dit* AIMER (M. PROUST, *La Prisonnière*, t. I, p. 22), — ou encore la construction avec *dont*, complément de propos signifiant « au sujet duquel » (§ 559, Rem. 1) : *Cet enfant dont je dis que je l'ai vu : le mal dont je dis qu'il me possède.*

1015. Relatives elliptiques. Si l'on admet, avec Nyrop (*Gramm. hist.*, t. V, § 23) que *C'est une belle fleur que la rose* peut se résoudre en *C'est une belle fleur* [ce] *que* [est] *la rose*, dans des phrases de l'espèce, *que* est un pronom relatif neutre attribut, et la proposition relative qu'il introduit complète le pronom *ce* sujet du verbe *être* sous-entendu. — Mais cette analyse est fort sujette à discussion : voir § 547.

CHAPITRE III

PROPOSITIONS ADVERBIALES (OU CIRCONSTANCIELLES)

1016. Les propositions *circonstancielles* marquent les circonstances de temps, de lieu, de cause, de but, de conséquence, d'opposition (ou de concession), de condition, de comparaison. De là, huit groupes principaux de circonstancielles : propositions *temporelles*, *locatives* (voir § 1020, Rem.), *causales*, *finales*, *consécutives*, *d'opposition (concessives)*, *conditionnelles*, *comparatives*.

1. — PROPOSITIONS TEMPORELLES

I. — MOTS SUBORDONNANTS

1017. Les propositions temporelles sont introduites par une conjonction (ou locution conjonctive) de temps indiquant que le fait exprimé par la *principale* est, relativement au fait subordonné :

soit ANTÉRIEUR [1] : *avant que, d'ici à ce que, d'ici que, en attendant que, jusqu'à ce que, jusqu'à tant que* (Rem. 3) ;

---

1. On fera attention que l'antériorité dont il s'agit est celle du fait *principal* (non

soit SIMULTANÉ : *quand, lorsque, au moment où, au moment que* (vieilli),
dans le moment où, dans le moment que, alors que (vieilli, dans ce sens), *comme,
pendant que, cependant que* (vieilli), *durant que* (vieilli), *tandis que, en même
temps que, dans le temps que* (vieilli), *au temps que* (id.), *au même temps que* (id.),
tant que (§ 843, *d*, 5 et *Hist.*, 4), *aussi longtemps que, le temps que* (rare et
familier [1]), *dès lors que* (rare [2]), *aujourd'hui que, à présent que, maintenant que,
à mesure que, chaque fois que, toutes les fois que ;*

soit POSTÉRIEUR : *après que, dès que, du moment que* [3], *aussitôt que, sitôt que,
du plus loin que, d'aussi loin que, depuis que, une fois que, quand, lorsque.*

N. B. — Avant que, après que peuvent être précédés d'une indication de temps
marquant la mesure de l'antériorité ou de la postériorité : *Longtemps, deux heures,
quelques instants avant qu'il vienne ; une semaine, peu de temps, deux minutes après
qu'il fut parti.*

Remarques. — 1. Le simple *que* peut s'employer pour éviter la répétition
de la plupart des conjonctions et locutions conjonctives mentionnées plus haut
(§ 971, *c*) : *Quand il viendra et* QU'*il verra cela. — Avant qu'il vienne et* QU'*il
voie cela.*

2. La conjonction *que* peut introduire une proposition temporelle liée par
un rapport de simultanéité ou de postériorité à une principale [4] qui précède :

La mort nous prend QUE *nous sommes encore tout pleins de nos misères* (SÉV., 27 juin
1679). — *Tout s'était envolé* QUE *les Français tiraient toujours* (M. BARRÈS, *L'Union
sacrée*, p. 216). — *La pluie avait cessé* QUE *nous allions encore à toute vitesse* (G. DUHA-
MEL, *Les Hommes abandonnés*, p. 71). — *À peine le soleil était-il levé, à peine le soleil
était levé qu'on aperçut l'ennemi* (AC.).

Après *à peine*, la seconde proposition, généralement introduite par *que*, peut l'être

_____

celle du fait subordonné] : *J'irai le voir* [à 10 heures] *avant qu'il parte* [à 11 heures].
— Semblablement la postériorité dont il va être question est celle du fait *principal : Après qu'il eut parlé* [à 10 heures], *il partit* [à 10 heures et quart].

1. *Certaines de ces cases, maléfiques, si on y tombe, obligent (...) à demeurer en
attente, et l'une même, la prison, vous y retiendra* LE TEMPS QUE *vous soyez délivré par
un plus malheureux qui prendra votre place* (É. HENRIOT, dans le *Monde*, 22 juin 1960).

2. *Des quadrillions de cellules qui nous composent, chacune nous contient partiellement
tout entier* DÈS LORS QUE, *pourvue de nos quarante-huit chromosomes, elle recèle au
complet notre patrimoine héréditaire* (J. ROSTAND, *Pensées d'un biologiste*, p. 55).

3. *Du moment que* au sens temporel (= dès que, depuis le moment où) est aujour-
d'hui moins courant qu'il n'a été : *Il perdit la voix* DU MOMENT QU'*il gagna ce qui cause
nos peines* (LA F., F., VIII, 2). — DU MOMENT QUE *je me fus assuré de ce point
que j'étais soumis aux épreuves de l'initiation sacrée, une force invincible entra dans
mon esprit* (NERVAL, *Aurélia*, II, 6). — Ordinairement *du moment que* s'emploie au
sens causal (§ 1022). — On rencontre aussi, mais rarement *du moment où* : DU MOMENT
où *l'archidiacre eut aperçu cet inconnu, son attention sembla se partager entre la danseuse et lui* (HUGO, *Notre-Dame de Paris*, VII, 2).

4. Principale seulement en apparence, car à considérer le sens, c'est la proposition
introduite *par que* qui exprime l'idée principale.

aussi par *quand* ou par *lorsque* : *Le soleil était à peine levé* QUAND *on aperçut l'ennemi* (ou : LORSQU'*on aperçut l'ennemi*). — Parfois la seconde proposition est juxtaposée : *À peine l'empereur a vu venir son frère, Il se lève* (RAC., *Brit.*, V, 5). — *À peine était-il sorti, Mme Hortense apparut à la porte de la cuisine* (G. DUHAMEL, *Le Voyage de Patrice Périot*, p. 163). — Parfois aussi les deux propositions sont coordonnées par *et* : *À peine avait-on commencé, et c'était fini* (ZOLA, *La Débâcle*, p. 43, cit. Sandfeld).

Parfois la première proposition est négative et exprime un fait non encore commencé ou non encore achevé au moment où a lieu le fait marqué par la seconde proposition : *Je n'avais pas ouvert la porte* QU'*il m'apostropha rudement.* — *Je n'avais pas fini de parler* QU'*il me jeta à la tête de sottes raisons.* — *Tu ne bougeras pas d'ici* QUE *tu n'aies demandé pardon* (G. SAND, *La Mare au diable*, XIV).

3. *Jusqu'à tant que* (venu par croisement de *jusqu'à* et de *tant que*[1]) était employé à l'époque classique pour exprimer l'aspect de la durée dans l'antériorité : *Il faut (...) la prendre* [cette viande, c.-à-d. l'Eucharistie] *avec réserve* JUSQU'À TANT QUE *nous soyons rendus propres à recevoir tout son effet* (BOSS., *Méd. sur l'Év.*, La Cène, 1re part., 48e jour). — *Il ne cesse de les travailler* JUSQU'À TANT QU'*il y ait imprimé Jésus-Christ* (ID., *Œuv. orat.*, t. I, p. 55). — Cette locution, rare aujourd'hui (non toutefois chez É. Henriot[2]), a un cachet archaïque, ou populaire, ou dialectal : *J'engage donc ma correspondante (...) à continuer de parler comme les siens parlaient* — JUSQU'À TANT QU'*on lui apporte la preuve qu'ils parlaient mal* (A. HERMANT, *Chron. de Lancelot*, t. I, p. 211). — *Plusieurs années s'écoulèrent ainsi (...)* JUSQU'À TANT QUE *la mère mourût* (É. HENRIOT, *Aricie Brun*, III, 1). — *La curieuse (...) se tenait à carreau ;* JUSQU'À TANT QU'*elle leur fît comprendre...* (ID., *Le Livre de mon père*, p. 58). — *Nous avons roulé* JUSQU'À TANT QUE *je me reprenne* (ID., *Tout va recommencer sans nous*, p. 189). — *Et il commença à pratiquer son célèbre système de torsion de l'index* JUSQU'À TANT QUE *je ne croie plus au Père Noël* (P. DANINOS, *Sonia, les autres et moi*, p. 151).

4. *Quand je (vous) le disais* s'emploie couramment dans la langue familière, comme une sorte de formule (souvent exclamative) signifiant à peu près : « je le disais bien que... » ou : « sans aucun doute » : *Hé bien, mes enfants,* QUAND JE VOUS LE DISAIS *qu'il reviendrait !* (A. DAUDET, *Port-Tar.*, II, 5.) — QUAND JE VOUS LE DISAIS *que le temps presse* (É. FABRE, *Les Vainqueurs*, I, 9).

Hist. — 1. Autrefois le participe passé mis en tête de la phrase et suivi du relatif neutre *que* (§ 547) pouvait servir à marquer la postériorité : *Achevé que fut le mariage*

---

1. Pour *tant que*, au sens de « jusqu'à ce que », voir § 843 *in fine*, *Hist.*, 4. — Pour *jusque-là que*, voir § 1028.

2. É. Henriot, laissant agir à rebours le caprice qui lui fait préférer *entretant* à *entretemps* (cf. § 854, note 2, p. 828), écrit parfois (comme on a pu faire anciennement) : « jusqu'à *temps* que » : *Jusqu'à* TEMPS *qu' dut émigrer* (*Les Livres du second rayon*, p. 350). — Même particularité chez Montherlant : *Laissez-moi vous regarder sans parole, jusqu'à* TEMPS *que mon front s'abaisse* (*Les Olympiques*, p. 251).

dessusdit, leurs affaires ne amendèrent guaires (Commynes, t. II, p. 257). — *Descendu que feut, le Moyne se deffist de tout son arnoys* (Rabelais, *Garg.*, 42). — *Osté qu'il sera* [un masque], *nous ne trouverons au dessoubs que cette mesme mort* (Montaigne, I, 20 ; p. 122). — *Retourné qu'il fut au logis, il commanda...* (La F., *Vie d'Ésope*). — Déjà Vaugelas (*Rem.*, p. 139) déclarait que cette façon de parler ne valait rien. — Littré (s. v. *que*, pr. rel., 5°) donne encore les exemples : *Arrivé qu'il fut, il se mit à la besogne. Établi qu'il eut son monde en un bon endroit, il songea à lui* — et estime (Suppl., s. v. *que*, 1, Rem. 3) que « cette tournure est bonne et mérite d'être conservée ». Mais cette construction est aujourd'hui tout à fait hors d'usage.

2. *Jusque* a pu, dans l'ancienne langue, introduire la subordonnée temporelle dans des phrases où la langue moderne emploie *jusqu'à ce que, jusqu'au moment où : Josqu'il seit mort* [litt. : jusqu'il soit mort] (*Rol.*, 2663). — *Chevauches hactivement jusques tu trouves le roy Alexandre* (*Rom. des Sept Sages*, p. 178). — *Il attendit jusques l'empereur fut assis a table pour repaistre* (*ibid.*, p. 185). — Claudel, par caprice, a repris ce tour : *Notre rôle est surtout de réduire les obstacles, et celui de la Grâce d'exhaler invisiblement au fond de nous conseil et force, d'entretenir, occulte bienfaitrice, nos fonds, jusque le moment soit venu pour elle d'agir directement sur nous* (*Présence et Prophétie*, p. 17). — *Il faut descendre au fond de nous-mêmes jusque nous trouvions le bleu pur* (*ibid.*, p. 37). — *Jusque soit réalisée cette figure particulière de Sa perfection que le Créateur a désiré obtenir de nous* (*ibid.*, p. 37).

3. *Premier que* s'est employé dans l'ancienne langue au sens de *auparavant que, avant que* : Premier que *vous faittes a vostre fils nul mal* (Froissart, dans Sneyders de Vogel, *Synt. hist.*, § 350). — *L'idée fut* premier que *la matière* (Malherbe, t. I, p. 473). — *Et là,* premier que *lui si nous faisons la prise* (Mol., *L'Ét.*, III, 5). — Il est devenu rare au XVIe et au XVIIe siècle ; « ceux qui ont quelque soin de la pureté du langage, déclarait Vaugelas (*Rem.*, p. 111), n'en usent jamais ».

II. — EMPLOI DU MODE

1018. Le verbe de la proposition temporelle se met, selon les cas, à l'*indicatif*, au *conditionnel* ou au *subjonctif* :

a) **Indicatif.** Les propositions temporelles qui indiquent la simultanéité ou la postériorité du fait exprimé par la principale marquent un fait présent ou passé par rapport au verbe principal, c'est-à-dire un fait réel ou regardé comme tel ; par suite elles se mettent à l'indicatif :

Quand nous aurons *fini, nous partirons.* — *Après qu'il* eut *brouté (...), Jeannot Lapin retourne aux souterrains séjours* (La F., *F.*, VII, 16). — *Tant que les hommes* pourront *mourir (...), le médecin sera raillé, et bien payé* (La Br., XIV, 65). — *Comme il me* donnait *cet avis, la cloche sonna le déjeuner* (A. France, *La Rôtisserie...*, p. 263).

Remarques. — 1. *Aussi loin que, d'aussi loin que, de si loin que, au plus loin que, du plus loin que,* marquant le temps, se construisent avec le subjonctif, parfois avec l'indicatif :

Les Berbères, aussi loin que nous puissions *remonter dans le passé, sont de purs Africains* (R. Kemp, dans les *Nouvelles litt.*, 2 oct. 1947). — *Du plus loin qu'il me* souvienne, *la chose était ainsi* (Ac.). — *D'aussi loin que je m'en* souvienne, *je l'ai toujours haï* (A. GIDE, *Les Faux-Monn.*, p. 76). — *Mes pères, aussi loin que nous* POUVONS *remonter, étaient voués aux navigations lointaines* (RENAN, *Souv. d'enf. et de jeun.*, II, 1).

Ces locutions peuvent marquer le lieu ; elles se construisent alors avec l'indicatif ou, moins fréquemment, avec le subjonctif (dans ce cas, l'expression implique une idée de concession) : *Néron, d'aussi loin qu'il me* VIT, *Laissa sur son visage éclater son dépit* (RAC., *Brit.*, I, 1). — *Aussi loin que l'œil* POUVAIT *s'étendre, la campagne disparaissait sous un linceul argenté* (Th. GAUTIER, *Le Cap. Fracasse*, VI). — *Aussi loin que la vue* ALLAIT, *tout était nu* (MAUPASS., *Au Soleil*, p. 109). — *Tous nos sentiments sont commandés, aussi loin que nous* PUISSIONS *poursuivre leurs racines, par les dispositions de notre organisme* (E.-M. de VOGÜÉ, *Le Roman russe*, p. 317). — *Égée, mon père, de si loin qu'il* AVAIT *aperçu les voiles noires (...), s'était précipité dans la mer* (A. GIDE, *Thésée*, p. 86). — *Du plus loin qu'il les* VIT, *il sautilla vers eux* (R. MARTIN DU GARD, *Les Thibault*, II, p. 95). — *Au plus loin que ma vue* PUISSE *s'étendre, je n'aperçois rien* (AC.). — *Aussi loin que* PORTÂT *sa vue, elle n'apercevait que la forêt...* (J. GREEN, *Minuit*, p. 171). — *Mon gibet, où votre pureté ne permettrait qu'à vous de m'accompagner sans risque, aussi loin que je me* SOIS *avancé dans le Mal* (M. JOUHANDEAU, *Élise architecte*, p. 171).

Hist. — La conjonction temporelle *comme*, qui ne s'emploie guère aujourd'hui qu'avec l'imparfait, admettait autrefois après elle les divers temps de l'indicatif : *Cum jo* SERAI *a Eis (...) Vendrunt li hume* [Comme je serai à Aix, les hommes viendront] (*Rol.*, 2917-8). — *Comme ilz* EURENT ESTÉ *plusieurs jours ensemble, l'empereur s'en alla* (COMMYNES, t. I, p. 139). — *Comme il* FUT *en sa presence, il luy dict ainsi* (MONTAIGNE, I, 24 ; p. 154). — *Neptune (...) Comme tu* PARAÎTRAS *au passage des flots, Voudra que ses Tritons mettent la main aux rames* (MALHERBE, t. I, p. 281). — Cet usage se retrouve parfois jusque dans la langue actuelle : *Tu t'en iras comme il* ENTRERA (P. BOURGET, *Le Disciple*, p. 35).

D'autre part, du XIVᵉ siècle jusqu'au début du XVIIᵉ, sous l'influence de la syntaxe latine de *cum*, notre *comme* temporel s'est construit, illogiquement *(comme* vient de *quomodo)*, avec le subjonctif : *Et comme ja le Roy de Perse* FUST *en chemin (...) et les Atheniens* COMMENÇASSENT *à deliberer* (AMYOT, *Themist.*, 4). — *Comme quelques-uns (...) le* PRIASSENT *de se retirer (...), il leur répondit...* (MALHERBE, t. IV, p. 208).

2. Après que régit l'indicatif (ou le conditionnel s'il s'agit d'un fait éventuel) :

Après que vous AUREZ PARLÉ, *il parlera* (AC.). — *Après que vous* AVEZ EU PARLÉ, *il s'est retiré* (ID.). — *Il est venu nous apporter cette bonne nouvelle une demi-heure après que Jacques* ÉTAIT *parti* (A. DUMAS f., *Le Fils nat.*, IV, 1). — *J'écoutais le fracas croissant des roues et après qu'il* AVAIT *atteint son maximum, je m'obligeais à l'entendre encore dans le lointain* (Fr. MAURIAC, *La Robe prétexte*, XI). — *Comme si j'étais fille à supporter la vie, Après qu'on m'*AURAIT *fait une telle infamie* (MOL., *Éc. des m.*, II, 7). — *Serait-on pédant, quelques siècles après qu'on ne la* PARLERAIT *plus* [notre langue], *pour lire Molière ou La Fontaine ?* (LA BR., XII, 19.) — *Je dis qu'il faudrait abattre un gros arbre, et, après que nous* AURIONS CREUSÉ *le tronc avec nos couteaux, monter tous dedans* (J. SANDEAU, *La Roche aux mouettes*, VI). — *Ne reviendrait-il pas par un soir semblable après qu'il* AURAIT *été vraiment tué ?* (A. MALRAUX, *Le Temps du mépris*, p. 152.)

On constate, dans l'usage des journalistes et aussi dans la littérature, une tendance à construire *après que* avec le subjonctif[1]. Cette construction heurte les principes : la subordonnée introduite par *après que* exprime un fait passé, enregistré dans la *réalité :* l'indicatif est donc normal. — Mais comme *avant que* (qui amène un fait non encore accompli, donc encore simplement envisagé dans la pensée) gouverne le subjonctif, l'analogie n'a pas manqué d'exercer son influence : *avant qu'il* AIT *parlé* a entraîné *après qu'il* AIT *parlé*. — Ce qui a dû favoriser la confusion, c'est la ressemblance du passé antérieur avec le plus-que-parfait du subjonctif : *après qu'il* EUT *parlé*, en raison de l'homophonie, a pu passer à *après qu'il* EÛT *parlé* — et cette dernière forme a pu tout naturellement, par changement de registre temporel, devenir *après qu'il* AIT *parlé*. — On a plaidé[2] que cette construction est admissible quand elle sert à marquer l'éventualité, le caractère conditionnant, dubitatif, notamment quand il s'agit du passé dans le futur, par exemple dans la phrase : *Peut-on concevoir que nous reversions notre gros lot au Ministre des Finances après que notre numéro* SOIT *sorti ?* — ou encore dans celle-ci : *Le Président du Conseil et les ministres ne peuvent être nommés qu'après que le Président du Conseil* AIT *été investi de la confiance de l'Assemblée* (*Constitution fr.* 1946, titre VI, art. 45, § 3). — Mais, même dans de tels cas, il conviendrait, en attendant que l'usage se soit nettement déclaré, de tenir pour suspecte la construction de *après que* avec le subjonctif. Quelques exemples : *Autrefois — longtemps même après qu'elle m'*AIT *quitté — j'ai pensé...* (J.-P. SARTRE, *La Nausée*, p. 21). — *Elle était restée, après que Vincent* EÛT *refermé sa porte sur elle, effondrée sur les marches* (A. GIDE, *Les Faux-Monnayeurs*, p. 53). — *Trois semaines après que cette phrase* AIT *été écrite, un fabricant de masques me dit...* (MONTHERLANT, *L'Équinoxe de septembre*, p. 199). — *S'il leur fallait se séparer maintenant, après qu'ils* AIENT *versé leur sang sous le même déluge de feu (...), ils auraient le sentiment de perdre les derniers débris de leur malheureuse patrie* (G. DUHAMEL, *Lieu d'asile*, p. 107). — *Un siècle et demi après que cette parole* AIT *été prononcée, nous savons que le bonheur en Europe est une illusion perdue* (Fr. MAURIAC, *Le Cahier noir*, pp. 27-28). — *Il est distrait au volant de son auto et laisse souvent ses flèches de direction levées, même après qu'il* AIT *effectué son tournant* (A. CAMUS, *La Peste*, p. 41). — *Après que nous* EUSSIONS *refusé toute la nuit de mitrailler des rochers* (J. ROY, *Le Métier des armes*, p. 81). — *Après qu'il* EÛT *parlé de Gourmont, Apollinaire et moi, on l'a un peu poussé* (P. LÉAUTAUD, *Journ. litt.*, dans la *Table ronde*, mars 1952, p. 39). — *Pourquoi diable (...) ne me reproche-t-il ce silence qu'après que, précisément, j'*AIE *parlé ?* (Th. MAULNIER, dans la *Table ronde*, mars 1953, p. 74.) — *Longtemps après qu'elles* FUSSENT *parties, leur parfum flottait dans l'air stagnant* (Germ. BEAUMONT, *Silsauve*, p. 40). — *Après que Duford* EÛT *quitté le pays* (A. DHÔTEL, *L'Homme de la scierie*, p. 141). — *Quand il rentre de l'usine après que des tonnes de camelote lui* AIENT *passé par les bras* (G. CESBRON, *Les Saints vont en*

---

1. « *Après que*, disait déjà Richelet (1680), se met quelquefois avec le subjonctif, et souvent avec l'indicatif ».

2. Sur cette question et sur les discussions dont elle a été l'objet, voir : A. Thérive, dans le *Franç. moderne*, juill. 1947, pp. 177-178 ; *Querelles de langage*, III, p. 34 ; *Clinique du langage*, pp. 36-40 ; — Ch. Bruneau, dans le *Figaro litt.*, 25 août 1951 ; — A. Dauzat, dans le *Monde*, 26 sept. 1951 et dans le *Franç. mod.*, oct. 1953, p. 317 et juill. 1954, p. 180 ; — M. Cressot, dans les *Annales Universitatis Saraviensis* [= de Sarrebruck], 1952, pp. 114-115 ; — J. Stéfanini, dans les *Annales de la Faculté d'Aix*, 1953, pp. 65-87 ; — R. Le Bidois, dans *Vie et Langage*, 1953, pp. 395 et suiv. ; *ibid.*, 1955, pp. 205 et suiv.

enfer, p. 79). — *Après que son fils lui* EÛT *fermé les yeux, j'étais sorti à l'aube* (F. GREGH, *L'Âge de fer*, p. 107). — *Après que mon plus jeune frère* EÛT *achevé ses études* (H. BORDEAUX, *Paris aller et retour*, p. 5). — *Elle* [une solution de « modus vivendi »] *vole en éclats neuf ans après qu'*AIT *été scellée la fameuse Lettre* (DANIEL-ROPS, *L'Église des temps classiques*, t. I, p. 157).

b) **Conditionnel.** Les propositions temporelles indiquant la simultanéité ou la postériorité du fait exprimé par la principale se mettent au conditionnel quand elles marquent un fait éventuel :

Que feriez-vous pendant que l'ennemi RAVAGERAIT *le pays ? Après que nous* AURIONS *fait ce voyage, notre expérience serait grande. Le recevriez-vous chaque fois qu'il* VIENDRAIT *?*

c) **Subjonctif.** Les propositions temporelles qui indiquent l'antériorité du fait exprimé par la principale marquent un fait futur par rapport au verbe principal, c'est-à-dire un fait envisagé, non comme réel, mais comme simplement conçu par l'esprit, comme incertain : c'est pourquoi ces propositions se mettent au subjonctif :

J'irai le voir avant qu'il PARTE (AC.). — *Je verrai cet instant jusqu'à ce que je* MEURE (HUGO, *Cont.*, IV, 15). — *Tu l'entendras répéter au moins une fois par semaine jusqu'à ce que tu* SOIS *vieille* (MAUPASS., *Fort comme la Mort*, I, 2). — *Tu ne bougeras pas d'ici que tu n'*AIES *demandé pardon* (G. SAND, *La Mare au diable*, XIV). — *En attendant que vous en* JUGIEZ *par vous-même...* (E. FROMENTIN, *Dominique*, VI). — *D'ici à ce que ton neveu* AIT *l'âge de Péclet, la condition des travailleurs peut s'être améliorée* (J. ROMAINS, *Les Hommes de b. vol.*, t. I, p. 281, cit. Sandfeld). — *D'ici que l'eau* VIENNE, *vous seriez bien gentil d'aller jusqu'à la route me faire un peu d'herbe pour mes lapins* (A. DAUDET, *Jack*, t. I, p. 242). — *D'ici que je* PUISSE *parler !* (P. LÉAUTAUD, *Journ. litt.*, I, 23 août 1903.)

Remarque. — *Jusqu'à ce que* se construisait couramment, au XVIe siècle, — moins couramment au XVIIe et au XVIIIe siècle —, avec l'indicatif pour exprimer un fait réel et marquer une limite de temps :

Nous apprenons par tesmoing tres-digne de foy, que le Roy S. Loys porta la here jusques à ce que, sur sa vieillesse, son confesseur l'en DISPENSA (MONTAIGNE, I, 14 ; p. 82). — *Jusqu'à ce qu'enfin il en* VIENDRA *un* [un moment] *auquel nous ne pourrons arriver* (BOSS., *Serm. sur la Mort*, 1er p.). — *Il resta dans l'île jusqu'à ce qu'un officier de confiance l'*ALLA *prendre à l'île Sainte-Marguerite* (VOLT., *L. XIV*, 25). — *C'est parce qu'ils étaient malheureux chez eux qu'ils devinrent les maîtres du monde, jusqu'à ce qu'enfin leurs divisions les* RENDIRENT *esclaves* (ID., *Lett. philos.*, VIII). — *Le voyage de Versailles fut différé de jour en jour, jusqu'à ce qu'il ne* CONVENAIT *presque plus de le faire* (DIDEROT, *Ceci n'est pas un conte* ; éd. Pléiade, p. 801).

Cet emploi de l'indicatif après *jusqu'à ce que* est, dans l'usage moderne, moins rare qu'on ne croirait ; il faut souhaiter qu'il s'étende, parce qu'il permet de marquer une précision très utile :

*Je m'étais fait un grand magasin de ruines, jusqu'à ce qu'enfin (...) je m'*ÉTAIS *trouvé une ruine moi-même* (MUSSET, *Conf.*, I, 4). — *Cette situation était aussi dange-*

reuse pour les Francs qu'elle l'avait été pour les Romains, jusqu'à ce qu'enfin Charlemagne (...) CONQUIT *la Germanie* (LITTRÉ, *De l'Établissement de la 3ᵉ Républ.*, p. 66, cit. H. GLÄTTLI, *Rev. de ling. rom.*, janv.-juin 1960, p. 84). — *Il marcha jusqu'à ce qu'il* FUT *arrivé à la ville* (DICT. GÉN.). — *L'abbé et Calixte regardèrent Néel et Sombreval monter sur leurs chevaux et les suivirent des yeux jusqu'à ce qu'ils ne les* VIRENT *plus* (BARBEY D'AUREVILLY, *Un Prêtre marié*, t. II, p. 70). — *L'étoile qu'ils avaient vue en Orient les précédait jusqu'à ce que, venant au-dessus du lieu où était l'enfant, elle s'y* ARRÊTA (A. FRANCE, *Balthasar*, p. 33). — *Ce fut une clameur ininterrompue jusqu'à ce que les cinq* APERÇURENT *la bonne tête bouclée de Rœmerspacher* (M. BARRÈS, *Les Déracinés*, p. 83). — *Et je restais devant lui sans geste et sans parole, jusqu'à ce que tombant à ses pieds... je* SAISIS *de mes bras ses genoux frêles* (A. GIDE, *Le Retour de l'Enf. prod.*, p. 92). — *Elle resta ainsi jusqu'à ce que la voix de Mme Gravier lui* DIT *à l'oreille...* (M. PRÉVOST, *Les Demi-vierges*, p. 234, H. Glättli). — *Les chevaux piaffèrent jusqu'à ce qu'elle* [une porte cochère] FUT *ouverte toute grande* (M. PROUST, *Sod. et Gom.*, II, 1, p. 133). — *Jusqu'à ce qu'un bruit trop connu les* ÉCARTA *brusquement l'un de l'autre* (P. BOURGET, *Drames de famille*, pp. 73-74). — *Un fou couve tranquillement son délire jusqu'à ce qu'un cri (...) le* CONVAINC *de sa folie* (G. BERNANOS, *L'Imposture*, pp. 26-27).

De nos jours, au lieu de *jusqu'à ce que*, pour marquer un fait réel, on emploie ordinairement *jusqu'au moment où : Gardez ce dépôt* JUSQU'AU MOMENT OÙ *je vous le redemanderai.* — *J'ai compté des siècles sur la mer et sur la route d'Hyères,* JUSQU'AU MOMENT OÙ *la grille de la villa s'est ouverte devant moi* (E.-M. de VOGÜÉ, *Jean d'Agrève*, p. 152).

Semblablement, à *avant que, en attendant que,* qui régissent le *subjonctif,* correspondent *avant le moment où, en attendant le moment où,* qui s'emploient avec l'*indicatif : Il en était ainsi bien* AVANT LE MOMENT OÙ *j'ai fait la connaissance d'Ernest Himer* (G. DUHAMEL, *Le Complexe de Théophile*, p. 36) ; — ces constructions permettent d'exprimer la réalité de l'action.

III. — *PROPOSITIONS TEMPORELLES NON INTRODUITES PAR UNE CONJONCTION*

1019. La proposition temporelle n'est pas toujours introduite par une conjonction. Elle est parfois exprimée :

1º Par un infinitif construit avec *après* ou *avant de*. Cet infinitif doit avoir le même sujet que le verbe principal : *J'irai le voir* AVANT DE *partir* (AC.). — APRÈS *avoir chanté, il récita une fable.*

Remarques. — 1. *Après* n'admet, dans ce cas, que l'infinitif passé. Toutefois on dit exceptionnellement, avec l'infinitif présent : *après boire,* au lieu de *après avoir bu.* Quant aux expressions *après déjeuner, après dîner, après souper,* elles sont mises pour *après le déjeuner, après le dîner, après le souper.*

2. La circonstance temporelle est parfois exprimée (mais beaucoup moins fréquemment qu'autrefois : cf. § 779) au moyen d'une expression concrète du type « préposition de temps + sujet + participe passé » : APRÈS MON PÈRE MORT [= après la mort de mon père], *je n'ai point à choisir* (CORN.,

Cid, IV, 2). — *Toute la philosophie du pauvre diable s'y perdait et s'y agitait, longtemps* APRÈS SA LAMPE ÉTEINTE (A. DAUDET, *La Petite Paroisse*, p. 157).

Pour les constructions *avant d'écrire, avant que d'écrire*, et pour l'ancienne tournure *avant écrire*, voyez § 762, *Hist.*

Hist. — Dans l'ancienne langue, et jusqu'au XVIIe siècle, le fait subordonné antérieur au fait principal a pu être exprimé parfois par le simple infinitif sans préposition : *Le chevalier ala a la messe, laquelle* ESTRE *oye s'en ala au barbier* (*Rom. des Sept Sages*, p. 111). — *Et ainsi ceste armée* ESTRE *preste (...) se mist le conte de Charroloys en chemin* (COMMYNES, t. I, p. 14). — *Les quelz* [mots gelés] ESTRE *quelque peu eschauffez entre nos mains fondoient, comme neiges* (RABELAIS, IV, 56). — *Pantagruel,* AVOIR *entierement conquesté le pays de Dipsodie, en icelluy transporta une colonie de Utopiens* (ID., III, 1). — Plus souvent on faisait précéder l'infinitif non seulement de *après* (ce qui se fait encore couramment aujourd'hui), mais aussi de *depuis* (§ 763, *Hist.*) ou de *dès : J'ay vescu en trois sortes de condition,* DEPUIS ESTRE SORTY *de l'enfance* (MONTAIGNE, I, 14 ; p. 85). — DEPUIS AVOIR CONNU *feu Monsieur votre père* (MOL., *Bourg.*, IV, 3). — DEPUIS *vous* AVOIR ADRESSÉ *la lettre* (RAC., t. VI, p. 494). — *Ces cimens resistent à l'eau* DÈS *incontinent* ESTRE POSÉS (O. de SERRES, dans LITTRÉ).

2° Par un gérondif, qui doit régulièrement se rapporter au sujet du verbe principal (§ 802) : *Que j'obtienne de vous cette grâce* EN MOURANT (LA F., F., IV, 18). — CHEMIN FAISANT, *il vit le col du chien pelé* (ID., *ibid.*, I, 5).

3° Par un participe présent : *Je l'ai vu* LISANT CETTE LETTRE.

4° Par un participe (présent ou passé) employé en construction absolue (§ 803) : *Perrin, fort gravement, ouvre l'huître et la gruge,* NOS DEUX MESSIEURS LE REGARDANT (LA F., F., IX, 9). — LA TANCHE REBUTÉE, *il trouva du goujon* (ID., *ibid.*, VII, 4). — ÉTEINTE LA CHALEUR DU COMBAT, *le cœur de Sélim avait répondu à l'invocation* (J. KESSEL, *Le Coup de grâce*, p. 25). — OTÉE LA CASSEROLE, *la chevelure du patient apparut curieusement crénelée* (M. PAGNOL, *Le Temps des secrets*, p. 23). — [Pour *s'agissant*, voir § 803, *Hist.*]

5° Par un attribut placé en tête de la phrase, avec ellipse du verbe *être* et de son sujet (qui est le même que celui du verbe principal) : JEUNE, *on conserve pour la vieillesse ;* VIEUX, *on épargne pour la mort* (LA BR., VI, 64). — GÉNÉRAL, *pour hochets il prit les Pyramides ;* EMPEREUR, *il voulut (...) Quelque chose de mieux* (HUGO, *Crép.*, II, 1).

La postériorité de l'action principale est marquée parfois au moyen de *aussitôt, sitôt, une fois*, suivis d'un attribut ou d'un complément, avec ellipse du verbe *être* (mais non pas toujours de son sujet, qui peut d'ailleurs être différent de celui du verbe principal, ce qui ramène, dans certains cas, au participe absolu : voir *supra*, 4°) : AUSSITÔT *la lettre reçue, vous partirez* (LITTRÉ). — *Je vous réponds comme j'en ai l'habitude* SITÔT *votre lettre reçue* (P. CLAUDEL, dans la *Corr. Claudel-Gide*, p. 87). — AUSSITÔT *achevé le défilé au cimetière, Antoine s'était fait conduire en auto à Compiègne* (R. MARTIN DU GARD, *Les Thibault*, t. VI, p. 260). — AUSSITÔT *dans sa chambre, il se coucha.* — UNE FOIS *parti, vous le regretterez* (DICT. GÉN.). — UNE FOIS *parti, je ne reviendrai plus.* — UNE FOIS *dans la place, il s'y cramponnera.* — UNE FOIS *général, il agira.* — UNE FOIS *fortune faite, je reviendrai.* — UNE FOIS *en mouvement, il ne s'arrête plus* (AC.).

La postériorité peut être marquée aussi au moyen de *à peine* (voir § 1017, Rem. 2). — *À peine* peut amener la construction elliptique mentionnée ci-dessus : À PEINE *arrivé, il écrivit une lettre.* À PEINE *dans la place, il s'y cramponna.* — A noter aussi *le temps de* + infin., *le temps que* + subj. : LE TEMPS DE *prendre mon chapeau, je vous rejoins.* — LE TEMPS QUE *l'on construise l'hôtel et nous disposerons d'appareils beaucoup plus puissants* (G. DUHAMEL, *Manuel du protestataire*, p. 108).

6° Au moyen du subjonctif *vienne* (souvent au sens du futur) suivi de son sujet :

J'ai pourtant, voyez-vous, quatre-vingt-dix-huit ans, VIENNE LA SAINT-MARTIN (REGNARD, *Folies amour.*, III, 4). — VIENNENT TOUT À FAIT LES CHEVEUX GRIS, *ce seront de bonnes personnes* (P. MILLE, *Le Monarque*, p. 31). — VIENNE L'ÉTÉ, *le rossignol s'arrête* (G. DUHAMEL, *La Musique consolatrice*, p. 21).

2. — PROPOSITIONS LOCATIVES

I. — *MOTS SUBORDONNANTS*

1020. Les propositions marquant le lieu s'introduisent par l'adverbe de lieu *où* (*d'où, par où, jusqu'où :* v. § 563) employé comme conjonction.

Voir aussi au § 1018, *a*, Rem. 1 : *aussi loin que, d'aussi loin que, de si loin que, au plus loin que, du plus loin que.*

Remarque. — Certains grammairiens ne mentionnent pas, dans les subordonnées circonstancielles, les propositions de lieu ; ils rangent ces propositions de lieu parmi les propositions *relatives*, et considèrent le mot *où* subordonnant comme un pronom relatif sans antécédent.

II. — *EMPLOI DU MODE*

1021. Le verbe de la proposition locative se met à l'**indicatif** ou au **conditionnel,** selon qu'on exprime un fait réel ou un fait éventuel :

Où la guêpe A *passé, le moucheron demeure* (LA F., *F.*, II, 16). — *Je n'ai qu'à m'en retourner d'où je* VIENS (MOL., *Dom Juan*, I, 3). — *Tu sais me frapper par où je* SUIS *sensible* (CORN., *Cinna*, I, 2). — *Je ne saurais vous remercier jusqu'où je* DOIS (Cl. FARRÈRE, *La Bataille*, p. 214, cit. Sandfeld). — *Où* IRAIT *mon ami, j'irais* (É. ESTAUNIÉ, *Le Silence dans la campagne*, p. 185, *ib.*).

3. — PROPOSITIONS CAUSALES

I. — *MOTS SUBORDONNANTS*

1022. Les propositions qui expriment la cause sont introduites par une des conjonctions (ou locutions conjonctives) : *comme, parce que,* *par cela que, par cela même que, puisque, attendu que, vu que, à cause que* (vieilli), *d'autant que, dès lors que, du moment que, à preuve que, sous (le) prétexte que, étant donné que, faute que* [1].

Pour *surtout que*, voir § 986.

Remarques. — 1. La proposition causale est souvent introduite par le simple *que* lorsqu'on veut éviter la répétition d'une conjonction de cause : *Faites cela parce que le devoir le commande et* QUE *l'honneur l'exige.*

Le simple *que* peut indiquer la cause après *c'est* ; il peut l'indiquer aussi dans les locutions négatives *non que, non pas que, non point que, ce n'est pas que*, qui servent à écarter une fausse cause : *Si je vous châtie, c'est* QUE *je veux votre bien.* — CE N'EST PAS QUE *je veuille l'humilier, mais la vérité a ses droits.* — *Il s'arrêta ;* NON PAS QU'*il fût à bout d'arguments...* (E. FROMENTIN, *Dominique*, XIV).

2. Dans des phrases interrogatives ou exclamatives, *que* peut indiquer la cause, non du fait exprimé par la principale, mais de la demande ou de l'exclamation que ce fait a suscitée de la part du sujet parlant : *Êtes-vous encore endormi,* QUE *vous ne voyez pas l'éclat des bougies ?* (G. SAND, *Lélia*, XLVI.) — *Comme elle dort,* QU'*il faut l'appeler si longtemps !* (HUGO, *Lég.*, t. IV, p. 155.) — *Mais tu n'as pas faim,* QUE *tu ne finis pas tes huîtres ?* (P. BOURGET, *Lazarine*, p. 138.) — *Elle n'est donc pas belle, Raulin, votre luzerne,* QUE *vous voulez qu'on vous l'abîme ?* (A. FRANCE, *Crainquebille*, p. 162.)

3. La proposition causale est parfois introduite par *si*, parfois aussi par *pour que* : *Comment l'aurais-je fait* SI (= puisque) *je n'étais pas né ?* (LA F., F., I, 10.) — POUR QU'*on l'ait puni avec tant de rigueur, il doit avoir commis une bien grande faute.*

4. La subordonnée causale introduite par *comme* précède généralement la principale. Cependant, quand il y a ellipse du verbe, elle se met après la principale : COMME *ses raisons paraissaient bonnes, on s'y rendit* (AC.). — *On préféra ce moyen* COMME *plus doux* (ID.).

5. *Parce que* tout court s'emploie parfois comme réponse à un *pourquoi ?* pour marquer qu'on refuse, par entêtement, par hauteur, par dédain, par discrétion, etc., de donner ses raisons : *Père, pourquoi mangez-vous du vilain pain comme cela ? —* PARCE QUE, *ma fille* (HUGO, *Mis.*, IV, 3, 4). — *Nous devrions nous tutoyer, comme autrefois : voulez-vous ? — Non. — Pourquoi ? —* PARCE QUE (FLAUBERT, *Éduc. sent.*, II, 5). — *« Faire signe que »* est donc correct, *mais « rendre compte que », « se rendre compte que » sont des façons de parler barbares. Pourquoi ?* PARCE QUE (A. HERMANT, *Les Samedis de mons. Lancelot*, p. 191).

6. Des propositions temporelles introduites par *quand, lorsque, alors que,*

---

1. Cette locution est rare ; ni Bescherelle, ni Littré, ni le Dictionnaire général, ni le Larousse du XXe siècle, ni le Grand Larousse encyclopédique, ni Robert ne la mentionnent (voir un exemple au § 1023, *c*).

servent parfois à marquer la cause (tout en marquant aussi, généralement, l'opposition) : *Comment n'aurais-je pas été ému,* QUAND *toute l'assemblée fondait en larmes ?* — *Pourquoi as-tu fait cette dépense,* LORSQUE (ou : ALORS QUE) *nous avons si peu de ressources ?*

7. Dans des phrases comme *Il se passait de manteau, fier qu'il était de sa poitrine large,* certains grammairiens, au lieu de considérer *qu'il était* comme une proposition relative explicative (§ 1011, 2°, Rem.), tiennent *fier qu'il était de sa poitrine large* pour une subordonnée causale (et font de *que* une conjonction assimilable à *comme*).

8. Pour le tour *Malade comme il est, il ne viendra pas,* voir § 1043, Rem. 3.

II. — EMPLOI DU MODE

1023. Le verbe de la proposition causale se met, selon les cas, à l'*indicatif,* au *conditionnel* ou au *subjonctif :*

a) **Indicatif.** La proposition causale est presque toujours à l'indicatif parce qu'elle exprime généralement un fait réel :

Puisqu'on PLAIDE *et qu'on* MEURT, *et qu'on* DEVIENT *malade, Il faut des médecins, il faut des avocats* (LA F., F., XII, 27). — *Polyeucte est chrétien parce qu'il l'*A *voulu* (CORN., *Pol.,* III, 3). — *Du moment que je ne* PUIS *vous rendre heureuse, tout en mourant d'amour, je vous défends de m'aimer* (MUSSET, *La Mouche,* I).

b) **Conditionnel.** La proposition causale se met au conditionnel quand la cause est présentée comme éventuelle :

Ne faites pas cela, parce que vous en ÉPROUVERIEZ *les conséquences les plus fâcheuses.*

c) **Subjonctif.** Le verbe de la proposition causale se met au subjonctif après les locutions causales négatives *non que, non pas que, non point que, ce n'est pas que,* au moyen desquelles on écarte une fausse cause ; de même après *faute que* (cause négative, avec nuance de regret) :

Non que je VEUILLE *à Rome imputer quelque crime* (CORN., *Nicomède,* V, 9). — *Non qu'il* FÛT *paresseux, mais il aimait le loisir* (A. HERMANT, *Savoir parler,* p. 87). — *Je n'ai rien vu au théâtre depuis « La Folle de Chaillot ». Non que je n'en* AIE *eu l'envie* (COLETTE, *Le Fanal bleu,* p. 68). — *Non pas que j'*ADMETTE *la compétence d'un écrivain à juger de son œuvre* (P. BOURGET, *Le Tribun,* p. XXXIX). — *Ce n'est pas que j'en* VEUILLE *le moins du monde à ces révolutions politiques* (CHATEAUBR., *Mém.,* IV, 2, 14). — *Ce n'est pas que je* CRAIGNE *les hommes* (G. SAND, *Lélia,* XLVIII). — *Ce n'est pas que je* LUSSE *beaucoup* (COLETTE, *La Maison de Claudine,* VII). — *Ce n'est pas que dans ses commencements (...) il n'*AIT *connu des abîmes de mélancolie* (P. VALÉ-RY, *Disc. sur É. Verhaeren*). — *Ce n'est pas qu'il n'y* AIT *eu d'autres poètes d'un souffle plus large* (M. AYMÉ, *Le Confort intellectuel,* p. 63). — *Ce n'est pas qu'il* FAILLE *renoncer au monde* (LITTRÉ, s. v. *être,* 14°). — *Faute que personne* PROPOSÂT *rien qui répondît à la situation, je me sentis tenu d'en appeler à l'opinion* (Gén. DE GAULLE, *Mém.,* L'Appel, p. 11).

N. B. — *Ce n'est pas que* a pu s'employer, à l'époque classique, comme une locution toute faite au sens de « après tout » ou de « en vérité », et se construire avec l'indicatif : *Si le titre ne vous plaît, changez-le : ce n'est pas qu'il m'*A *paru le plus convenable* [= qu'il *ne* m'*ait* paru le plus convenable] (RAC., t. VI, p. 455). — *Ce n'est pas qu'il* FAUT *quelquefois pardonner* [= qu'il *ne faille*...] (LA BR., II, 27). — A l'époque moderne, *ce n'est pas que*, au sens de « on ne doit pas dire, à cause de cela, que », se rencontre, mais rarement, avec l'indicatif (ou le conditionnel, si le fait est hypothétique ou éventuel) : *Ce n'est pas qu'il* EST *mauvais, reprit Michel* (A. FRANCE, *Hist. comiq.*, IV). — *Enfin le digne bouffon vint à Paris. Ce n'est pas qu'il* VOULUT *comparer son talent au génie de la pauvre ville* (A. SUARÈS, *Sur la vie*, t. I, p. 101). — *Ce n'est pas que les autres choses ne* VALAIENT *rien puisqu'elles ont servi à acheter celle-là !* (P. CLAUDEL, dans la *Corresp. Claudel-Gide*, p. 246.) — *Ce n'est point qu'il* RECHERCHAIT *une intrigue* (J. GIRAUDOUX, *Les Contes d'un matin*, p. 137). — *Ce n'était pas que je* CRAIGNAIS *de me trouver seul avec lui* (P. VIALAR, *Mons. Dupont est mort*, p. 45). — *Ce n'est pas que ce ne* SERAIT *pas pour moi une tentation* (M. PROUST, *Albertine disparue*, t. I, p. 64). — *Ce n'est pas qu'il n'y* AURAIT *pas de réserves à faire* (A. BILLY, dans le *Figaro*, 11 juill. 1956). — De même, mais beaucoup plus rarement encore, pour *non (pas) que* ou *pas que* : *Alors je me suis dit que j'irais me coucher ; non pas que j'*AVAIS *sommeil : il n'était que huit heures* (Louise de VILMORIN, *Migraine*, p. 10). — *Et moi ça m'agaçait. Pas que je l'*AIMAIS, *pas que j'*ENVIAIS *Migraine et, pourtant, quand il me parlait d'elle, j'en éprouvais du dépit* (EAD., *ib.*, p. 133).

Remarques. — 1. La subordonnée introduite par *non que, non pas que, non point que, ce n'est pas que*, quoique exprimant la cause, est construite comme une proposition substantive. (Voir § 1003, *b*.)

2. La subordonnée introduite par *que* ou par *de ce que*, et dépendant d'un verbe de sentiment, peut être regardée comme une proposition causale : *Je m'étonne qu'il* PARTE. *Je me réjouis de ce que vous* ÊTES *venu.* (Pour l'emploi du mode, voir § 1001, Rem.)

3. La proposition causale introduite par *pour que* (voir § 1022, Rem. 3) se met au subjonctif : *Il faut qu'elle* [une communication] *soit importante et urgente pour que vous n'*AYEZ *pas craint de vous aventurer jusqu'ici* (Cl. VAUTEL, *Mon Curé chez les riches*, p. 256).

4. Après *parce que* et *puisque*, on fait assez souvent ellipse du sujet et du verbe *être* (voir § 231, Rem. 2).

III. — *PROPOSITIONS CAUSALES NON INTRODUITES PAR UNE CONJONCTION*

1024. Le rapport de causalité n'est pas toujours marqué au moyen d'une conjonction ; il s'exprime parfois :

1° Par un infinitif précédé de *à, de, pour, à force de, sous (le) prétexte de, faute de* :

Il m'excède À ME DEMANDER DIX FOIS LA MÊME CHOSE ! — *Je te plains* DE TOMBER DANS SES MAINS REDOUTABLES (RAC., *Ath.*, II, 5). — D'AVOIR ATTENDU ET DÉSES-

PÉRÉ, *la foule écouta mieux* (G. RODENBACH, *Le Carillonneur*, p. 8). — DE ME LA RAPPELER SEULEMENT, CETTE PLAINTE, *je retrouve l'infinie tristesse et la mélancolie inconsolable de l'enfance* (É. HENRIOT, *Le Livre de mon père*, p. 270). — *Elle avait perdu le cadet de ses deux enfants, Antoine, qui était mort (...)* POUR S'ÊTRE BAIGNÉ *avec son frère dans un étang malsain* (ALAIN-FOURNIER, *Le Grand Meaulnes*, p. 8). — POUR AVOIR OUBLIÉ *ces choses, l'apprenti sorcier a perdu la tête* (A. MAUROIS, *Ce que je crois*, p. 121). — À FORCE DE BAVARDER, *Gorju se fit un nom* (FLAUBERT, *Bouvard et Pécuchet*, VI). — *On devient très regardant sur les questions d'argent* À FORCE DE VIVRE *au milieu de gens qui y songent beaucoup* (RENAN, dans Bescherelle). — SOUS PRÉTEXTE D'AIDER *son frère, Alissa avait appris avec moi le latin* (A. GIDE, *La Porte étroite*, II). — SOUS PRÉTEXTE DE MENER *une enquête, il s'est offert un agréable voyage* (AC.).

Hist. — 1. Dans l'usage ordinaire d'aujourd'hui, c'est avec le passé de l'infinitif que *pour*, au sens causal, se construit ; autrefois il pouvait, dans ce sens, se construire aussi avec le présent de l'infinitif : POUR ÊTRE *plus qu'un roi, tu te crois quelque chose* (CORN., *Cinna*, III, 4). — POUR DORMIR *dans la rue, on n'offense personne* (RAC., *Plaid.*, I, 1). — De nos jours, cette dernière construction est plutôt rare : *Je recevais maintenant des remontrances* POUR ÊTRE *mal peigné,* POUR AVOIR *les mains sales* (P. LOTI, *Le Roman d'un enfant*, L). — POUR ÊTRE *plus lyrique, on finit quelquefois par ne plus être précis du tout* (A. GIDE, *Les Nourr. terr. et les Nouv. Nourr.*, p. 212). 2. Parallèlement à *faute de*, on a pu dire anciennement *à faute de, par faute de*, avec un infinitif : À FAUTE D'*être aimée on peut se faire craindre* (CORN., *Tois. d'or*, III, 4). — *Comme ceux qui ont pris un faux escu pour un bon,* PAR FAUTE DE *le peser et bien regarder* (LA NOUE, dans Littré).

2° Par un gérondif ayant même sujet que le verbe principal : *Et rien qu'*EN REGARDANT CETTE VALLÉE AMIE, *Je redeviens enfant* (MUSSET, *Souvenir*).

3° Par un participe (présent ou passé) : NOURRI DANS LE SÉRAIL, *j'en connais les détours* (RAC., *Baj.*, IV, 7). — *Un riche laboureur,* SENTANT SA MORT PROCHAINE, *Fit venir ses enfants* (LA F., *F.*, V, 9). — *Il parlait peu,* SACHANT PEU DE MOTS (A. FRANCE, *Pierre Nozière*, p. 118).

4° Par un participe (présent ou passé) employé en construction absolue : LE MAÎTRE ÉTANT ABSENT, *ce lui fut chose aisée* (LA F., *F.*, VII, 16). — UN ORAGE AYANT ÉCLATÉ, *nous fûmes forcés de retarder notre départ.* — *Gardez-vous,* VOTRE TÊTE ENTRAÎNÉE PAR CE POIDS, *de tomber en avant sur le sol* (E. ROSTAND, *Cyrano*, I, 4).

Dans l'emploi impersonnel, le participe absolu exprimant la cause ne se trouve guère, à l'époque contemporaine, qu'avec des expressions comme *étant donné, étant entendu, étant établi*, etc.

Pour les tours archaïques *y ayant, s'agissant, étant bon de*, etc., voir § 803, *Hist.*

5° Par un simple adjectif ou un simple nom employés comme attributs ; il y a alors ellipse du sujet et du verbe : HONTEUX DE SON ÉCHEC, *il n'osait se montrer.* — *Et,* ROSE, *elle a vécu ce que vivent les roses* (MALH., t. I, p. 40).

6° Par l'adverbe *tant* (ou, familièrement : *tellement*) : *Je ne veux plus,* TANT TU M'ES ODIEUX, *Partager avec toi la lumière des cieux* (RAC., *Théb.*, IV, 3). — *Il m'exaspère,* TELLEMENT IL EST BAVARD.

Cette sorte de proposition causale est parfois introduite par *si* suivi immédiatement d'un attribut : *Il* [le peuple] *n'imagine pourtant pas,* SI GRANDE EST SA FERVEUR POUR LA SCIENCE TOUTE-PUISSANTE, *qu'il pourrait, à l'heure de la souffrance et de la mort, manquer de ces remèdes mystérieux* (G. DUHAMEL, *Paroles de médecin,* p. 132). — Cette construction est insolite et paraît être une altération du tour régulier : *Si grande est sa ferveur* QU'*il n'imagine pas*... (ou : *Sa ferveur est si grande* QU'*il n'imagine pas*...).

7° Sous la forme d'une proposition, indépendante en apparence, jointe à une principale par simple juxtaposition : *Hâtons-nous,* LE TEMPS FUIT (BOIL., *Ép.,* 3). — *Les délicats sont malheureux :* RIEN NE SAURAIT LES SATISFAIRE (LA F., *F.,* II, 1).

8° Sous la forme d'une proposition apposée dans laquelle un attribut, mis en tête du membre de phrase, est relié au verbe copule par le relatif neutre *que* (§ 547) ou par *comme :*

M. de Lansac (...) lui demanda la permission de se retirer, ACCABLÉ QU'IL ÉTAIT DE FATIGUE (G. SAND, *Valentine,* XXXI). — *Il se passait de manteau,* FIER QU'IL ÉTAIT DE SA POITRINE LARGE (H. DUVERNOIS, *Morte la Bête,* I). — *Les assistants,* ÉBLOUIS QU'ILS SONT, *se regardent furtivement entre eux* (G. DUHAMEL, *Manuel du protestataire,* p. 172). — *Vous ne le croiriez pas peut-être, ajouta-t-il,* ENTÊTÉ COMME VOUS L'ÊTES DES PRÉJUGÉS DE L'ORIENT (MONTESQ., *L. pers.,* 48).

4. — PROPOSITIONS FINALES

I. — MOTS SUBORDONNANTS

1025. Les propositions indiquant le but sont introduites par les locutions conjonctives *afin que, à cette fin que, à seule fin que* (§ 435, Hist.), *pour que, de crainte que, crainte que* (§ 976 bis), *dans la crainte que, de peur que.*

Remarque. — La proposition finale est souvent introduite par *que* employé pour éviter la répétition d'une conjonction de but : *Afin qu'il vienne et* QU'*il voie.* — Le simple *que* peut introduire une proposition finale, après un impératif ou un équivalent de l'impératif ou encore après une question qu'il s'agit de motiver : *Ote-toi de là,* QUE *je m'y mette.* — *Descends,* QUE *je t'embrasse* (LA F., *F.,* II, 15). — *Donne-moi ta main,* QUE *je la serre* (HUGO, *Ruy Blas,* I, 3).

II. — EMPLOI DU MODE

1026. La proposition finale exprime un fait envisagé, non comme une réalité, mais comme une conception de l'esprit ; c'est pourquoi elle se met toujours au **subjonctif** : *Afin qu'il* FÛT *plus frais et de meilleur* *débit, On lui lia les pieds* (La F., *F.*, III, 1). — *Donnez ! (...) Pour que votre foyer* SOIT *calme et fraternel* (Hugo, *F. d'aut.*, XXXII).

III. — *PROPOSITIONS FINALES NON INTRODUITES PAR UNE CONJONCTION*

1027. La proposition finale n'est pas toujours amenée par une conjonction ; elle peut être exprimée par un infinitif précédé de *pour, afin de, en vue de, dans la vue de, à dessein de, dans le dessein de, dans l'intention de, à l'effet de, dans le but de, dans la crainte de, de crainte de, crainte de* (§ 930 *bis*), *de peur de* (dans tous ces cas, le verbe principal et l'infinitif ont même sujet), ou par un infinitif pur après les verbes de mouvement [1] :

Donnez ! POUR ÊTRE AIMÉS DU DIEU *qui se fit homme* (Hugo, *F. d'aut.*, XXXII). — *Je ne suis pas venu ici* DANS LA VUE DE DEMANDER VOTRE FILLE EN MARIAGE (G. Sand, *Mare au d.*, XIII). — *Il ne l'avait fait que* DANS LE BUT D'EXASPÉRER SON FRÈRE (Montherlant, *Les Célibataires*, p. 76). — *Le chevalier (...) partit* CHERCHER FORTUNE À PARIS (A. France, *Le Génie lat.*, p. 309). — *J'irai* VOIR MES PARENTS. *J'envoie mon ami* S'INFORMER. — *Les taureaux de Camargue, qu'on menait* COURIR, *mugissaient* (A. Daudet, *Lettres de m. m.*, p. 182).

Remarques. — 1. L'adjonction d'un accusatif sujet à l'infinitif précédé de *pour* est aujourd'hui de la langue vulgaire (tour fréquent en Wallonie et, plus généralement, dans les dialectes de l'Est et du Nord : voir l'*Hist.*). Ne dites pas : *J'ai emporté un livre pour* MOI *lire. Il a pris du tabac pour* LUI *fumer.*

2. *Histoire de* + infinitif (originairement apposition de proposition) sert couramment, dans la langue populaire ou familière, à marquer le but : *On nous mènera à Bonifacio,* HISTOIRE DE *manger des merles chez le patron Lionetti* (A. Daudet, *Lett. de mon m.*, p. 113). — *A part cela, je ne dis pas que je ne ferai pas encore une tentative.* HISTOIRE DE *rire* (G. Duhamel, *L'Archange de l'aventure*, p. 80).

Hist. — Au moyen âge, l'infinitif de but précédé de *pour* (et plus généralement l'infinitif prépositionnel) pouvait être accompagné d'un accusatif sujet : *Et fist en plusours lieus de son royaume maisons de beguines, et lour donna rentes* POUR ELLES *vivre* (Joinville, § 725). — Cette construction subsiste dans le style du palais : *De tout quoi nous avons dressé le présent constat* POUR LA REQUÉRANTE *en faire tel usage que de droit* (Courteline, *L'Article 330*). — Dans l'usage populaire, elle reste vivante encore en Wallonie — et en France notamment dans une région qui va du sud de Beauvais au département du Nord (cf. M. Cohen, *Regards sur la langue fr.*, p. 25) et aussi en Savoie (cf. A. Thérive, *Procès de lang.*, p. 159).

---

1. Il faut observer toutefois qu'après un verbe de mouvement, l'infinitif pur, s'il implique une idée de finalité, marque le terme du mouvement bien plutôt qu'un véritable but.

5. — PROPOSITIONS CONSÉCUTIVES

I. — MOTS SUBORDONNANTS

1028. Les propositions consécutives s'introduisent au moyen des locutions conjonctives *de manière que, de telle manière que, de façon que,
de telle façon que, de sorte que, de telle sorte que, en sorte que, tant que,
si bien que, tant et si bien que, si ... que, ainsi ... que*[1], *au point que, à
ce point que, à tel point que, à un tel point que, à un point que, jusque-là
que* (vieux), *tellement que, tel que*[2].

Pour *de manière à ce que, de façon à ce que*, voir § 977.

Remarques. — 1. La proposition consécutive est souvent amenée par *que*,
employé pour éviter la répétition d'une locution conjonctive de conséquence :
De façon qu'il s'instruise et QU'*il devienne un homme.*

Elle peut aussi être amenée par les locutions *assez* (ou *trop*, ou *trop peu*, ou
suffisamment) pour que : Il m'a fait TROP *de bien* POUR QUE *j'en dise du mal.*

2. Elle peut, quand elle marque le degré, être introduite par le simple *que*
non annoncé dans la principale par un terme corrélatif : *Je suis dans une
colère* QUE *je ne me sens pas* (MOL., *Mar. forcé*, 4). — *Les commandes pleuvaient à l'abbaye* QUE *c'était une bénédiction* (A. DAUDET, *Lett. de m. m.*, p. 257).

II. — EMPLOI DU MODE

1029. Le verbe de la proposition consécutive se met :

a) A l'**indicatif** quand la conséquence est présentée comme un résultat pur
et simple, comme un fait réel :

Il agit de telle manière que chacun EST *content.* — *Tout alla de façon* QU'*il ne* VIT
plus aucun poisson (LA F., F., VII, 4). — *La chose est-elle incroyable ?* — *À tel point
Que vous-même, Monsieur, je ne vous en* CROIS *point* (MOL., *Tart.*, II, 2). — *Il se prit
en commisération au point que les larmes lui* VINRENT *aux yeux* (A. HERMANT, *L'Aube
ardente*, II). — *Tout était préordonné de façon que le journalisme* DEVAIT *être leur voie
tracée* (M. BARRÈS, *Les Dérac.*, p. 243). — *Marie montra si peu de repentir qu'elle* FUT

---

1. *Son esprit était* AINSI *fait* QU'*après avoir accepté un soupçon elle ne pouvait plus
s'en déprendre* (H. TROYAT, *Les Semailles et les Moissons*, p. 226).

2. Dans l'exemple suivant, on a une subordonnée consécutive introduite par *à ce
que : Et voilà pourquoi vous vivez dans une chambre dont un des murs a perdu tout
son revêtement, sans qu'on le fasse remplacer. Et des trous* À CE QU'*on y mette le poing*
(MONTHERLANT, *Le Maître de Santiago*, I, I). — *Cela est exceptionnel (tour normal :
des trous à y mettre le poing).*

punie (J. de LACRETELLE, *La Bonifas*, III). — *Elle avait les bras chargés de divers paquets au point qu'elle ne* PUT *relever sa robe dans cet escalier affreux* (Fr. MAURIAC, *La Pharisienne*, p. 183).

b) Au **conditionnel** quand la conséquence est présentée comme éventuelle :

Tout s'est passé de telle manière que les plus difficiles SERAIENT *contents.*

c) Au **subjonctif** quand la conséquence est considérée comme une intention, comme un but à atteindre ; la proposition consécutive implique alors une idée de finalité :

Faites les choses de manière que chacun SOIT *content.* — *Il fallut modérer sa gloire de façon qu'elle ne* RÉVEILLÂT *que l'attention* (MONTESQ., *Consid.*, 13). — *Je l'ai installé dans la chambre à côté de la mienne, de sorte que je* PUISSE *recevoir des visites sans le déranger* (A. GIDE, *Les Faux-Monnayeurs*, p. 396). — *Et là-haut, tout à la pointe extrême en sorte qu'il n'y* AIT *plus au-dessus que la croix, qu'est-ce que je vois ?* (P. CLAUDEL, *L'Œil écoute*, p. 158.)

On trouve parfois le subjonctif dans une subordonnée de conséquence là où cependant il n'y avait aucune idée de finalité à exprimer : *Ce travail l'absorbait complètement, semblait-il, au point que ses lèvres en* PERDISSENT *toute expression et ses yeux toute lueur* (A. GIDE, *La Porte étroite*, p. 161). — Cela est insolite.

Remarques. — 1. Les seules expressions qui appellent toujours le subjonctif dans la proposition consécutive sont : *assez pour que, de façon à ce que, de manière à ce que* (§ 977)[1], *suffisamment pour que, trop pour que, trop peu pour que : L'affaire est trop importante pour qu'on la* REMETTE *à plus tard.*

2. *Au point que (à ce point que, à tel point que, à un tel point que), si… que, tant que, tellement que, tel que* demandent le subjonctif dans la proposition consécutive quand la principale est négative ou interrogative : *Il n'est pas habile au point qu'il* SOIT *sans rival. Est-il si habile qu'il* SOIT *sans rival ? Il n'est pas tellement* (ou *si*) *sévère qu'on ne* PUISSE *toucher son cœur. A-t-il tant de besogne qu'il n'*AIT *aucun loisir ?*

III. — *PROPOSITIONS CONSÉCUTIVES NON INTRODUITES PAR UNE CONJONCTION*

1030. La proposition consécutive n'est pas nécessairement amenée par une locution conjonctive. Elle peut aussi être exprimée :

1° Par un infinitif précédé d'une des expressions *de manière à, de façon à, au point de, jusqu'à, à, en sorte de, assez pour, (in)suffisant pour, (in)suffisamment pour, trop pour, trop peu pour.* Cet infinitif doit avoir le même sujet que le verbe principal : *Il fut assez hardi pour y* ALLER (AC.). — *Je suis malade à* GARDER *le lit* (ID.). — *Il agit de manière à se* PERDRE.

---

1. Voir au § 977 une phrase de Th. Gautier où *de façon à ce que* est construit avec l'indicatif. Cela est contre l'usage.

Remarques — 1. *Si ... que de, si ... de,* suivis d'un infinitif, étaient fréquemment employés, à l'époque classique, pour exprimer la conséquence : *Pourquoi sommes-nous* SI *aveugles* QUE DE *mettre ailleurs notre béatitude ?* (Boss., *Œuv. orat.*, t. I, p. 340.) — *S'il était* SI *hardi* QUE DE *me déclarer son amour* (MOL., *Amants magn.*, II, 2). — *Es-tu toi-même* SI *crédule* QUE DE *me soupçonner d'un courroux ridicule ?* (RAC., *Baj.*, IV, 7.) — *Qui te rend* SI *hardi* DE *troubler mon breuvage ?* (LA F., *F.*, I, 10.) — Ces constructions sont restées assez courantes (surtout *si ... que de*) dans l'usage moderne :

Je ne suis pas SI *cuistre* QUE DE *préférer des phrases à des êtres* (FLAUB., *Corr.*, t. IV, pp. 98-99). — *Si le parti intellectuel avait été* SI *malin,* (SI *fort*), QUE DE *faire une aussi grande affaire que l'affaire Dreyfus...* (Ch. PÉGUY, *Notre Jeunesse*, p. 169). — *Es-tu* SI *méchante* DE *tourner en dérision mes voiles de veuve ?* (A. SUARÈS, *Cressida*, p. 27.) — *Les rieurs ne seront pas de mon côté si je me montre* SI *naïf* DE *prendre au sérieux cette légende* (A. HERMANT, *Ainsi parla Mons. Lancelot*, p. 143). — *Il n'était pas* SI *neuf* QUE D'*ignorer quel trafic se faisait du camp à la ville* (Fr. AMBRIÈRE, *Les Grandes Vacances*, p. 329). — *Je ne suis pas* SI *naïf* QUE DE *confondre...* (G. DUHAMEL, *Le Temps de la Recherche*, VII). — *Nous ne sommes pas* SI *pharisiens* QUE DE *le prétendre !* (Fr. MAURIAC, *Le Cahier noir*, p. 12.) — *Il n'était pas* SI *sot* QUE DE *ne pas prévoir la lutte* (VERCORS, *La Marche à l'étoile*, p. 25).

2. Après *assez, suffisant, insuffisant, suffisamment, insuffisamment, trop, trop peu,* bien des Belges mettent *que* devant *pour* amenant l'expression de la conséquence ou du résultat ; par exemple : *Il fut assez hardi que pour y aller. Cette grange est suffisante que pour pouvoir contenir tant de milliers de gerbes. Il a trop de bon sens que pour agir ainsi. Il y a trop d'aléa dans cette affaire que pour qu'on l'entreprenne.* Cela est incorrect[1] ; il faut dire, sans *que : Il fut assez hardi pour y aller* (Ac.). — *Cette grange est suffisante pour contenir tant de milliers de gerbes* (ID.). — *Dieu sait que je vous estime assez pour ne pas mentir* (STENDHAL, *Le Rouge et le N.*, t. II, p. 344). — *Il* [Napoléon] *se sentait trop poétique pour ne pas s'inquiéter des poètes* (HUGO, *Disc. de récept. à l'Ac. fr.*). — *Ma vie est trop occupée pour que je puisse entreprendre de vous guérir d'une grave passion* (G. SAND, *Valentine*, XXXIV). — *Il a trop de bon sens pour agir ainsi* (Ac.). — *C'est un enjeu trop cher pour le jouer aux dés* (MUSSET, *Lorenz.*, III, 3). — *Je ne suis pas suffisamment intime dans la maison pour recommander quelqu'un* (FLAUB., *L'Éduc. sent.*, t. I, p. 380). — *Je t'aime trop pour être habile* (A. GIDE, *La Porte étroite*, p. 145). — *Philippe avait trop d'esprit pour ne pas goûter cette façon littéraire de déguiser un lieu commun* (A. HERMANT, *L'Aube ardente*, IX).

Hist. — Autrefois la conséquence pouvait s'exprimer aussi par *assez... (que) de* + l'infinitif : *Il s'en trouvera qui seront* ASSEZ *malheureux* DE *le contredire ouvertement* (Boss., *Œuv. orat.*, t. II, p. 296). — *Le premier qui serait* ASSEZ *hardi* DE *proposer la guerre* (FÉN., *Abrégé des Vies des Anc. Philos.*, Solon). — *Si l'on est* ASSEZ *malheureux* QUE DE *retomber* (MASSILL., *Inconst.*).

Elle s'exprimait souvent aussi par *si que* (au sens de *si bien que, de sorte que, tellement que*) : *Dont, montant dessus* [un cheval], *le feist courir encontre le soleil,* SI QUE

---

1. Cf. liégeois : *Il èst ritche assez* QU'*po s'payî çoula* [= il est assez riche *que* pour se payer cela]. — *Il èst trop bon* QUI *po v'jé dèl ponne* [= il est trop bon *que* pour vous faire de la peine] (J. HAUST *Dict. liég.*, s. v. *ki* et *trop*).

l'umbre tumboit par derrière (RABEL., *Garg.*, 14). — *Il* [Pyrrhus] *donna si grand coup d'espée à un sien ennemy armé de toutes pieces, qu'il le fendit du haut de la teste jusques en bas,* SI QUE *le corps se partit en deux parts* (MONTAIGNE, II, 32 ; p. 809). — Au XVIIᵉ siècle, *si que* était à peu près hors d'usage ; Malherbe le rejetait comme vieilli ; Vaugelas le déclarait « tout à fait barbare ». Il ne se trouvait plus guère que chez les burlesques et dans les *Contes* de La Fontaine : *Dont le mari puis après se vanta ;* SI QUE *chacun glosait sur ce mystère* (I, 5).

2º Au moyen d'une proposition, indépendante en apparence, jointe à une principale par simple juxtaposition : *J'ai ri,* ME VOILÀ DÉSARMÉ (PIRON, *Métrom.*, III, 9).

6. — PROPOSITIONS D'OPPOSITION (Concessives).

I. — MOTS SUBORDONNANTS

1031. Les propositions d'opposition peuvent être introduites :

1º Par les conjonctions ou locutions conjonctives :

alors que	bien que	malgré que	quand	si
alors même que	encore que	même si	quand même	tandis que
lors même que	loin que	si même	quand bien même	
au lieu que	bien loin que	nonobstant que	quoique	

2º Par les locutions à la fois adverbiales et conjonctives *si... que, quelque... que, tout... que* [1], *pour... que, où que.*

3º Par les locutions pronominales *qui que, quoi que, quoi qui, quel que, quelque... que, quelque... qui* (vieux), *quelque... dont* (vieux), *quelque... où* (vieux), *quelque chose que, qui* (ou *quoi*) *que ce soit qui, qui* (ou *quoi*) *que ce soit que,* prises comme relatifs indéfinis.

4º Parfois par la simple conjonction *que,* au moyen de laquelle on énonce (en tête de la phrase, obligatoirement) une concession : QUE *les chênes fatidiques soient coupés (...), ces solitudes ne sont pas déchues de pouvoir* (M. BARRÈS, *La Colline inspirée*, p. 2).

Remarques. — 1. La proposition d'opposition est souvent introduite par *que* employé pour éviter la répétition d'une des conjonctions ou locutions conjonctives mentionnées ci-dessus au 1º : *Bien qu'il soit venu et* QU'il *ait vu.*

2. Les propositions introduites par les expressions *quand, quand (bien)*

---

1. A noter, dans la phrase suivante, le simple *que* (au lieu de *tout ... que*) : *Il me semble même qu'il y a là de quoi séduire les chefs d'État : rois, empereurs ou papes* QU'ils *soient, on ne peut pas les imaginer résistant à tant de commodités* (J. GIONO, dans le *Figaro litt.*, 21 oct. 1961). La tournure est insolite.

même, alors même que, lors même que, même si, si même, marquant à la fois l'opposition et la supposition, pourraient se rattacher aux conditionnelles.

3. Dans l'expression *si... que* (= quelque... que), on fait parfois ellipse de *que,* et on rejette le sujet après le verbe : au lieu de : SI *mince* QU'*il soit, un cheveu fait de l'ombre,* on peut dire : SI *mince soit*-IL, *un cheveu fait de l'ombre.*

— *La défense d'une cause,* SI *bonne soit*-ELLE, *comporte des sacrifices personnels* (Cl. VAUTEL, *Mon Curé chez les riches,* p. 100).— SI *fort soit*-ON *aux armes, on ne tue pas à volonté* (H. BERNSTEIN, *Israël,* I, 5, cit. Sandfeld). —*Leur viande,* SI *grasse soit*-ELLE, *je lui préfère mon poisson sec !* (J. et J. THARAUD, *La Randonnée de Samba Diouf,* p. 65, *ib.*)

Dans ces sortes de phrases, le sujet de la proposition d'opposition est presque toujours un pronom, représentant un élément de la proposition principale. Il arrive que ce sujet soit un nom : *Si importante y soit* LA SÉDUISANTE FIGURE *de l'héroïne, « la Rencontre » n'est pas le roman d'une seule créature, pas plus que ne l'étaient les précédents romans de M. Troyat* (É. HENRIOT, dans le *Monde,* 12 mars 1958).

N. B. — *a)* Les tours *aussi mince soit-il, aussi mince qu'il soit,* où *aussi* prend la place de *si,* se répandent de plus en plus dans l'usage littéraire ; appuyés qu'ils sont par nombre d'excellents écrivains, ils semblent avoir reçu la sanction du bon usage[1] : AUSSI *pur,* AUSSI *grand que soit ce que l'on fit, Il y aura des gens pour y chercher profit !* (E. ROSTAND, *Princesse loint.,* III, 4.) — *On voit pourquoi,* AUSSI *antisen-*

---

1. Ils sont très fréquents chez Fr. Mauriac : cf. *La Fin de la Nuit,* p. 202 ; *Pèlerins de Lourdes,* p. 109 ; *Plongées,* p. 50 ; *Le Nœud de Vipères,* p. 18 ; *Le Mystère Frontenac,* p. 51 ; *Thér. Desqueyroux,* p. 188 ; *Paroles catholiques,* p. 17 ; etc.

Un autre tour, qui a de l'analogie avec le tour *aussi mince qu'il soit,* c'est *autant que* servant à exprimer, dans la proposition d'opposition, l'idée de quantité ou d'intensité (ce tour aussi est fréquent chez Fr. Mauriac) : *C'est généralement par un côté sensuel,* AUTANT QU'*il soit dépouillé, qu'un Paul Claudel ou moi-même catéchisons* (Fr. JAMMES, *Le Patriarche et son troupeau,* dans le *Mercure de Fr.,* mars 1947, p. 397). — AUTANT QU'*il ait plu, le sable d'Argelouse ne retient aucune flaque* (Fr. MAURIAC, *Thér. Desqueyroux,* p. 219). — AUTANT QU'*il ait bu, il sait à peu près se tenir* (ID., *Les Mal Aimés,* I, 1). — AUTANT QU'*elle détestât sa belle-fille, elle ne transigeait pas sur les principes* (ID., *Le Sagouin,* p. 9). — AUTANT QU'*il se force à la cacher, sa jalousie transperce* (P.-H. SIMON, *Les Raisins verts,* p. 205). — Ce tour néologique n'a pas reçu encore la pleine sanction de l'usage, mais il est recommandable : il est plus concis et plus direct que le tour équivalent « *si* + adverbe en -*ment* » : *Si abondamment qu'il ait plu... ; si copieusement qu'il ait bu...* — *Si énergiquement qu'on veuille la limiter, il n'est pas possible de nier l'intention prophétique de l'Apocalypse* (P. CLAUDEL, *Introd. à l'Apocalypse,* p. 13). — Certains préféreraient peut-être *tant que... : Nous sentons qu'il est doux de végéter encore,* TANT *affaibli* QU'*on soit* (SULLY PRUDHOMME, *Stances et Poèmes,* Les Fleurs). [Cf. ci-après : *Hist.,* 2.]

A observer que, dans le tour qu'on vient de signaler, *autant* (ou : *tant*) se trouve parfois combiné avec un nom : *Car le reste du temps, il le voulait libre, ce qui était rendu nécessaire par sa carrière que M. de Charlus désirait,* TANT D'ARGENT QU'*il dût lui donner, que Morel continuât...* (M. PROUST, *Sodome et Gomorrhe,* éd. Pléiade, p. 1060). — AUTANT QUE *nous ayons de* JOURNAUX, *il n'en existe qu'un seul, celui de la Résistance* (Fr. MAURIAC, *Le Bâillon dénoué,* p. 90).

timental qu'il pût être (...), AUSSI *hostile qu'il fût à toute mysticité, il était précieux de ne pas l'écarter de ce débat* (H. BREMOND, *La Poésie pure*, pp. 64-65). — *Quel est l'homme,* AUSSI *médiocre qu'on le juge, qui ne se rendra maître de la géométrie, s'il va par ordre et s'il ne se rebute point ?* (ALAIN, *Propos*, éd. Pléiade, p. 203.) — *Une part de sa vie,* AUSSI *petite qu'on le suppose, n'importe ! — venait de lui échapper pour toujours* (G. BERNANOS, *Monsieur Ouine*, p. 121). — AUSSI *riche que l'on soit* (A. CA-HUET, *La Nuit espagnole*, XI). — AUSSI *doucement qu'elle monte, les marches craquent sous son poids* (Fr. MAURIAC, *Genitrix*, IV). — AUSSI *chaud qu'ait été le soleil, un peu de brume annonce de loin le crépuscule* (ID., *Thér. Desqueyroux*, VI). — *Son unique ambition est de retrouver une place,* AUSSI *exposée soit-elle, où il serait assuré de ne tuer personne* (ID., *Journ.*, t. III, p. 42). — AUSSI *sensible que soit un homme de lettres* (ID., *Dieu et Mammon*, p. 76). — AUSSI *étouffant qu'il fasse dans le parc, nous y serons mieux* (ID., *Le Feu sur la terre*, p. 49). — *Son propos est sérieux et mérite considération,* AUSSI *divertissant qu'il puisse être* (É. HENRIOT, dans le *Monde*, 8 juin 1949). — *Ne pas se laisser dépasser par les sentiments,* AUSSI *admirables,* AUSSI *légitimes soient-ils* (DA-NIEL-ROPS, *Élém. de notre destin*, p. 30). — *Ils restaient juste le temps de ramasser un pécule,* AUSSI *léger fût-il* (J. et J. THARAUD, *Quand Israël est roi*, p. 37). — AUSSI *maître qu'il fût de lui-même* (J. KESSEL, *L'Équipage*, p. 107). — *Le goût de l'esprit,* AUSSI *affaibli qu'il soit, relie à l'univers* (A. MALRAUX, *La Voie roy.*, p. 142). — *La possibilité permanente d'ajouter une unité à un nombre,* AUSSI *grand qu'il soit* (J.-P. SARTRE, *Baudelaire*, p. 42). — AUSSI *invraisemblable que cela me paraisse* (MONTHERLANT, *Les Jeunes Filles*, p. 281). — AUSSI *absurde que cela me semblât (...), je sortis de ma poche une feuille de papier et un stylographe* (SAINT-EXUPÉRY, *Le Petit Prince*, II). — AUSSI *méticuleux que soit le règlement, il ne parvient pas à tout prévoir* (A. CAMUS, *L'Homme révolté*, p. 63). — *Jamais, dit le poète, deux Immortels ne peuvent s'ignorer,* AUSSI *loin que l'un d'eux puisse habiter de l'autre* (G. DUHAMEL, *Refuges de la lecture,* p. 50). — *Aucune mise en scène,* AUSSI *ingénieuse soit-elle, ne vaudra jamais la magie évocatoire d'une phrase* (P.-H. SIMON, *Mauriac par lui-même*, p. 50).

b) Les tours *pour mince soit-il* (au lieu de *pour mince qu'il soit*), *tout mince soit-il* (au lieu de *tout mince qu'il est* ou *qu'il soit*) et *quelque mince soit-il* (au lieu de *quelque mince qu'il soit*) se rencontrent, mais restent exceptionnels (à comparer : le tour *tant soit-il mince : Hist.*, 3 ci-après) : *Si la foi,* POUR ABSURDE SOIT-ELLE, *sert un grand homme (...), n'est-ce pas un pédant bien insupportable le sage docteur qui exige d'elle qu'elle se justifie ?* (A. SUARÈS, *Sur la vie*, t. I, p. 79.) — *Ce qu'il en met* [de dons] TOUT DILUÉS SOIENT-ILS *et employés entièrement à des fins frivoles, ne laisse pas de nous rester sensible* (Fr. AMBRIÈRE, *La Galerie dramatique*, p. 160). — *De telles indiscrétions,* TOUT INVOLONTAIRES SOIENT-ELLES, *ne se pardonnent pas* (L. MARTIN-CHAUFFIER, *L'Épervier*, p. 169). — *Guermantes a senti que son titre,* TOUT PIQUANT SOIT-IL, *est cependant l'indice de certain vide du cerveau* (CRITICUS, *Le Style au microscope*, t. IV, p. 103). — *Le héros se prodigue,* EN QUELQUE ÉTAT DE MISÈRE SOIT-IL JETÉ (A. SUA-RÈS, *Sur la vie*, t. II, p. 340).

4. **Sinon** s'emploie par ellipse pour exprimer l'opposition et la négation dans des phrases telles que les suivantes :

La maison de Geordie était une des plus belles, SINON *la plus belle de Folkstone* (Th. GAUTIER, *Partie carrée*, I). — *Certes, il valait autant qu'eux,* SINON *mieux* (MAU-PASS., *Pierre et Jean*, III). — *Nous rencontrons bien quelques passages qui nous paraissent écrits* SINON *du matin, du moins de la veille* (A. BELLESSORT, *Virgile*, p. 266). — *J'accomplissais ma besogne avec ponctualité,* SINON *avec enthousiasme* (L. DAUDET,

Le Partage de l'Enfant, p. 297). — *Autant de piétons dans les rues*, SINON *davantage* (R. MARTIN DU GARD, *Les Thibault*, VII, 3, p. 180).

Dans ces sortes de phrases, au lieu de *sinon* on emploie parfois *si ce n'est* : *M. Jean-Paul Sartre a beaucoup d'amis, qui lui font autant de tort que ses ennemis,* SI CE N'EST *davantage* (Fr. AMBRIÈRE, dans le *Mercure de France*, janv. 1947, p. 136).

N. B. — C'est un barbarisme invétéré en Belgique que *si pas* mis pour *sinon* dans l'emploi qui vient d'être indiqué[1].

Hist. — 1. Autrefois l'opposition pouvait être marquée par *combien que, comment que*[2], *comme que, comme ainsi soit que, lequel que, encore bien que, jà soit que* (ou *jaçoit que*), *nonobstant que, tant que* : *Et* COMBIEN QU'*il ne sente Rien que le ciel présent et la terre présente, Pense qu'en se voyant tout le monde l'a vu* (MALHERBE, t. I, p. 18). — *En tous affaires, quand ils sont passés,* COMMENT QUE *ce soit, j'ay peu de regret* (MONTAIGNE, III, 2 ; p. 911). — *Un ministre (...) avait écrit à la reine mère qu'il n'avait jamais consenti au port des armes,* JAÇOIT QU'*il y eût consenti et contribué* (BOSS., 5e avert., 10). — TANT *parfaicts hommes* QU'*ils soyent, ce sont tousjours bien lourdement des hommes* (MONTAIGNE, III, 4 ; p. 933).

2. Le simple *que* pouvait s'employer dans le sens de *quelque... que, si... que, tout... que* : *Et doux* QUE *soit le mal, je crains d'être trompée* (MOL., Sgan., 22). — D'autre part, *tout*, sans *que*, pouvait avoir la valeur de « quoique » : *Oui, je te chérirai,* TOUT *ingrat et perfide* (CORN., Hor., II, 5) ; — *tant*, sans *que*, avec inversion du sujet, pouvait s'employer dans le « quelque... que » : *Et même ses courroux,* TANT *soient-ils légitimes, Sont des marques de son amour* (MALHERBE, t. I, p. 246). — Ce dernier tour est rare dans l'usage moderne : *Ceux qui pouvaient encore trouver quelque aliment,* TANT *fût-il immonde, ils se gardaient bien de le montrer* (MICHELET, *Jeanne d'Arc*, pp. 82-83).

3. Dans la tournure *pour grand qu'il soit*, on a pu autrefois ajouter *si* (= tant) après *pour* : *Aussi ne pensai-je pas qu'aucune chose,* POUR SI *utile et si excellente qu'elle fût, me pût jamais plaire, ou si je ne la savois que pour moi-même* (MALHERBE, t. II, p. 279). — Ce tour a repris une certaine faveur dans l'usage littéraire moderne : POUR SI *haute que soit ma comparaison, je sais qu'elle n'est pas l'éloge de l'administration municipale* (NERVAL, *Lorely*, Du Rhin au Mein, I). — POUR SI *farceur qu'on soit, on n'escamote pas une ville, un port, des bassins de carénage* (A. DAUDET, *Port-Tar.*, I,

---

1. Cf. : *L'école populaire, ouverte à tous en fait* — SI PAS *obligatoirement* (M. WILMOTTE, *La Belgique morale et politique*, p. 174). — *Si pas* se trouve parfois chez des auteurs français, mais n'implique pas alors l'idée d'opposition : *À Barrès et à Bourges nous faisons depuis le début le service de la revue — à qui le ferions-nous* SI PAS *à ceux-ci !* (A. GIDE, dans la *Corresp. Claudel-Gide*, p. 159.) — *Qui la peindra* [une toile], SI PAS *Faral ?* (A. CHAMSON, *La Neige et la Fleur*, p. 131.) — *Ils ont pris l'avion pour Nice. Ne rentreront que mercredi,* SI PAS *jeudi* (M. AYMÉ, *Les Tiroirs de l'inconnu*, p. 145).

2. *Comment que* et *tant que* se retrouvent parfois à l'époque moderne : *Toutes ces gardes,* COMMENT QU'*elles soient établies, ne sont point difficiles à passer* (P.-L. COURIER, dans Littré). — *Ce procès étymologique est pendant ; mais* COMMENT QU'*on le résolve, il reste que synchroniquement, à notre époque, « mon » est compris comme un possessif par tous les locuteurs* (DAMOURETTE et PICHON, *Ess. de Gramm. de la L. fr.*, t. VI, p. 557). — *Respect de l'opinion d'autrui,* TANT *éloignée* QU'*elle soit de la nôtre* (J. ROSTAND, *Disc. de récept. à l'Ac. fr.*).

6). — *Parfois cependant, de la tourbe des politiciens un homme d'État s'élevait qui,* POUR SI *sectaire qu'on le tînt, envisageait d'un œil clair et non sans effroi le marécage où l'on s'enlisait* (L. MADELIN, *Foch*, p. 32). — POUR SI *minces qu'ils soient* [des privilèges], *je m'en reconnaîtrais indigne si j'hésitais à les mettre au service de ceux qui n'en jouissent pas avec moi* (G. BERNANOS, *Lettre aux Anglais*, p. 34). — *Il guettait le bruit,* POUR SI *léger qu'il soit, que ne manque pas de faire un homme qui veille* (J. GIONO, *Le Hussard sur le toit*, p. 86).

II. — EMPLOI DU MODE

1032. Le verbe de la proposition d'opposition se met :

a) Au **subjonctif** dans la plupart des cas, même, d'une manière générale, quand il s'agit d'un fait réel :

Il était généreux, quoiqu'il FÛT *économe* (HUGO, *Lég.*, t. I, p. 66). — *Non, si puissant qu'on* SOIT, *non, qu'on* RIE *ou qu'on* PLEURE, *Nul ne te fait parler* (ID., *Crép.*, V, 2). — *Pour grand qu'il vous* PARÛT, *vous le sentiez ami* (MUSS., *Lett. à Lamart.*). — *Malgré que Gertrude lui* AIT *déclaré...* (A. GIDE, *La Symphonie pastorale*, p. 109). — *Bien loin qu'il se* REPENTE *(...), il s'obstine dans sa rébellion* (Ac.). — *Ce tourment, pour impérieux qu'il* FÛT, *ne me privait pas de sommeil* (G. DUHAMEL, *La Pesée des âmes*, p. 32).

Remarques. — 1. On fait parfois ellipse du sujet et du verbe *être* après *bien que, quoique, encore que* :

Vous en êtes la cause, encor qu'innocemment (CORN., *Pol.*, IV, 5). — *Quoique souffrant, je suis sorti* (LITTRÉ). — *Il était, quoique riche, à la justice enclin* (HUGO, *Lég.*, t. I, p. 65). — *Elle* [ma grand-mère] *paraissait moins vieille qu'à l'ordinaire, bien que décolorée* (A. FRANCE, *Le Liv. de m. ami*, p. 80).

N. B. — Après les mêmes locutions, on peut avoir un participe présent ou un participe passé avec *ayant* ou *étant* [1] :

a) QUOIQUE SOUFFRANT, *je suis sorti* (LITTRÉ). — *Il frappa aux échoppes,* QUOIQUE SACHANT *très bien qu'elles étaient inhabitées* (HUGO, *L'Homme qui rit*, II, 9, 2). — *Pierre,* QUOIQUE SACHANT *une riposte à toute botte, ne parvenait pas aussi régulièrement qu'autrefois à écarter le fer du Baron* (Th. GAUTIER, *Le Capit. Fracasse*, IX). — BIEN QU'ÉCRIVANT *un latin très élégant et* SACHANT *orner son discours d'agréables citations de ses auteurs, il* [Nicole] *n'a pas le goût vif des Lettres anciennes* (SAINTE-BEUVE, *Port-Roy.*, V, VII).

b) Et ce trésor à part créé (...) Ne finirait jamais QUOIQUE AYANT COMMENCÉ (LA F., *F.*, IX, Disc. à Mme de La Sabl.). — BIEN QU'AYANT VÉCU *chez eux, tu connais mal ces ennemis du genre humain* (A. FRANCE, *L'Étui de nacre*, p. 12). — BIEN QU'AYANT SERVI *la monarchie de Juillet, il tient à ne pas se confondre tout à fait avec les orléanistes* (P. de LA GORCE, *Au Temps du second Empire*, p. 53). — QUOIQUE AYANT BLÂMÉ *la guerre avant d'en voter la déclaration, il s'était depuis ardemment efforcé à la servir* (P. et V. MARGUERITTE, *Les Tronçons du glaive*, p. 16). — QUOIQU'AYANT

---

1. Littré (s. v. *quoique*, Rem. 2) affirme qu'on ne dit pas : *Quoique n'ayant pu le voir, je...* — Cette opinion n'est pas fondée.

RENCONTRÉ *le maître des maîtres...* (ALAIN, *Propos de Littér.*, I). — *Ils ont tout oublié,* QUOIQUE *n'*AYANT *rien* APPRIS (Cl. FARRÈRE, *Les Civilisés*, X). — BIEN QU'ÉTANT REPARTI *dès l'aube* (P. BENOIT, *La Dame de l'Ouest*, p. 158). — BIEN *qu'il eût démissionné depuis longtemps et* QU'AYANT PRIS *sa retraite...* (A. BILLY, *Princesse folle*, p. 29). — BIEN QU'AYANT ESSAIMÉ *jusqu'en Écosse...* (P. MORAND, *Bucarest*, p. 141). — *Élisabeth,* BIEN QU'AYANT *déjà* VU *la pièce avant-hier, m'accompagne* (A. GIDE, *Journ. 1942-1949*, p. 261).

2. Après *bien que, quoique, encore que, malgré que, pour... que, si... que*, on emploie parfois, en dépit de la syntaxe rigide, l'indicatif pour marquer la réalité, ou le conditionnel pour marquer l'éventualité[1] (voir ci-après l'*Hist.*, 2) :

a) Quoiqu'il FAUT *qu'un Turc voie, pense et parle en Turc* (MONTESQ., *Lett. à l'abbé de Guasco*, 4 oct. 1752). — *Malgré qu'ils se* RESSEMBLAIENT *toujours comme deux frères, on ne voyait plus du même coup qu'ils étaient bessons* (G. SAND, *La Petite Fadette*, X). — *Quoiqu'il lui* FAUDRA *pourtant suivre les autres* [c'est Homais qui parle] (FLAUBERT, *Mme Bovary*, II, 6). — *Ici, il a fait (...) des clairs de lune admirables, bien qu'ils ne* VALENT *pas ceux qui brillent sur la rivière au vieux Croisset* (ID., *Lett. à sa nièce Caroline*, p. 411). — *La pièce de Plaute, bien qu'on ne me* FERA *jamais dire qu'Euclion soit « un avare de circonstance »* (...), *n'est guère qu'une jolie comédie anecdotique* (É. FAGUET, *En lisant Molière*, p. 60). — *Pour petite qu'elle* EST, *elle est précieuse* (A. FRANCE, *Pierre Nozière*, p. 65). — *Bien que nous* FÛMES (...) *très attentifs* (ID., *La Rôtisserie...*, p. 75). — [Ils ont arrêté] *Mélanie et Gertrude, bien qu'elles* CRIAIENT *qu'elles n'avaient rien fait* (R. ROLLAND, *Jean-Chr.*, t. IV, p. 317). — *Encore que précisément ici je ne* VOIS *pas trop l'empêchement d'une traduction quasi littérale* (A. GIDE, *Journ. 1942-1949*, p. 260). — *Bien sûr, ma chérie... Quoique, pour un musicien, c'*EST *merveilleux d'avoir une femme capable de déchiffrer...* (Fr. MAURIAC, *La Fin de la nuit*, p. 91). — *Si cruels qu'ils* POURRONT *être* [les conflits à venir], *leur bêtise fera pâlir leur cruauté* (P. VALÉRY, *Variété ;* éd. Pléiade, t. I, p. 1145). — *Les réserves et les critiques, pour judicieuses qu'elles* SONT, *tiennent fort peu de place* (L. MARTIN-CHAUFFIER, dans le *Mercure de Fr.*, juin 1947, p. 321). — *Ce refus d'aimer leur temps (...) est souvent le propre des vieux, encore que nous le* CONNÛMES *chez des hommes jeunes* (J. BENDA, *La France byzantine*, p. 9). — *Je finirais par faire mon profit, pour légèrement contradictoires qu'ils* SONT, *d'enseignements aussi désintéressés* (COLETTE, *Le Fanal bleu*, p. 137).

b) À l'heure actuelle, Mirabeau ne remuerait personne, bien que sa corruption ne lui NUIRAIT *point* (CHATEAUBR., *Mém.*, IV, 11, 2). — *Bien que ses péchés* AURAIENT *pu* (...) *se répandre à tous les coins du diocèse...* (FLAUB., *Trois Contes*, p. 67). — *Quoiqu'ils* AIMERAIENT *encore mieux que ces billets fussent de banque* (R. ROLLAND, *Jean-Chr.*, t. IV, p. 110). — *J'ajoutai : « Quoique je* SERAIS *furieux que vous me réveilliez »* (M. PROUST, *La Prisonnière*, t. I, p. 164). — *Bien que (...) vous* SERIEZ *assez disposés à la trouver excusable* (P. MILLE, *L'Ange du bizarre*, p. 25). — *Encore qu'un tel souci* TROUVERAIT *à se justifier* (G. DUHAMEL, *Le Notaire du Havre*, p. 121). — *Encore que je* SOUHAITERAIS *de voir les Américains ne point tant s'humilier* (J. BENDA, *Exercice*

---

1. C'est, à notre époque, un tour surtout populaire ou très familier, mais il se trouve également dans la littérature. — On peut voir là, selon A. THÉRIVE (*Le Franç. langue morte ?...*, p. 93), l'effet du déclin incontestable du subjonctif. — F. BRUNOT (*La Pens. et la L.*, pp. 27 et 867) fait remarquer qu'il n'y a ici subordination qu'en apparence : la conjonction équivaut à *et pourtant, cependant*.

d'un Enterré vif, p. 161). — *Quoique cela* SERAIT *peut-être plus digne* (J. GIRAUDOUX, *Sodome et Gomorrhe*, p. 147). — *Tu ne vois pas dans la nature le citronnier produire des pommes, quoique, peut-être, cette année-là, elles lui* COÛTERAIENT *moins cher à former que des citrons* (P. VALÉRY, *Eupalinos*, p. 87). — *Encore que j'*AURAIS *droit à des félicitations* (P. LÉAUTAUD, *Propos d'un jour*, p. 88). — *Si discutables qu'*AURAIENT ÉTÉ *certains de ses moyens* [de la Compagnie du Saint-Sacrement], (...) *on ne peut pas condamner l'œuvre de ces hommes d'élite* (DANIEL-ROPS, *L'Église des temps classiques*, t. I, p. 122).

b) Au **conditionnel** après *quand* (= en admettant même que), *quand (bien) même, alors même que, lors même que,* si la subordonnée exprime un fait éventuel ou irréel :

Quand tu SERAIS *sac, je n'approcherais pas* (LA F., *F.*, III, 18). — *Quand même (...) Le tombeau* JETTERAIT *dehors les trépassés, Je ne fléchirai pas !* (HUGO, *Châtim.*, VII, 16.) — *Lors même que nous n'en* AURIONS *pas l'idée distincte, nous sentirions vaguement que notre passé nous reste présent* (H. BERGSON, *L'Évolution créatrice*, p. 5).

Mais *quand, lorsque, quand (bien) même, alors (même) que, lors même que* se construisent avec l'indicatif si la subordonnée exprime un fait considéré dans sa réalité ; ces conjonctions marquent généralement alors le temps plutôt que l'opposition : *Quand même il n'y* A *plus aucune espérance, la longue habitude d'attendre toujours (...) fait que l'on vit toujours en attente* (BOSS., *Serm. Impén. fin.*, 2). — *C'est qu'on se croit parjure Lorsqu'on n'*EST *qu'abusé* (MUSSET, *Namouna*, I, XVI). — *On vous fait croire que Mosaïde est âgé de cent trente ans, quand il n'en* A *pas beaucoup plus de soixante* (A. FRANCE, *La Rôtisserie...*, p. 310). — *Je sais que les hommes ne sont que des hommes quand bien même ils* SONT *très grands* (G. DUHAMEL, *Les Maîtres*, p. 147). — *Lors même qu'elle* MARCHANDAIT, *on restait poli avec elle* (E. et J. de GONCOURT, *Germinie Lacerteux*, XVII). — *Elle montrait tant d'affection aux parents inconnus, quand bien même ils* ÉTAIENT *morts depuis longtemps, dont Aricie rappelait si minutieusement les mœurs...* (É. HENRIOT, *Aricie Brun*, III, 3).

c) A l'**indicatif** après *même si, si même, si :*

Si même (même si) on nous MENAÇAIT *des pires supplices, nous ne commettrions pas cette infamie.* — *Si la vie et la mort de Socrate* SONT *d'un sage, la vie et la mort de Jésus sont d'un Dieu* (J.-J. ROUSS., *Ém.*, IV).

Pour les différentes valeurs de la proposition introduite par *si* non conditionnel, voyez § 1039.

Hist. — 1. Autrefois *quelque... que* pouvait se construire avec l'indicatif, quand il s'agissait de marquer la réalité d'un fait : *Quelque part qu'il* IRA, *les œillets et les roses, Et just-ce au jour d'hyver luy naissent sous les pas* (RONSARD, dans Littré, s. v. *quelque... que, Hist.*). — *En quelque part que vous* SEREZ (MALHERBE, t. IV, p. 5). — *La flexibilité du cou fait que tous ces organes se tournent en un instant de quelque côté qu'il* VEUT (FÉNELON, *Exist.*, I, 2, 38, cit. Haase). — *Elles acceptèrent l'adresse de Mme de La Pommeraye ; mais, quelles que* FURENT *les instances du marquis, il ne put obtenir la leur* (DIDEROT, *Jacques le Fataliste*, éd. de la Pléiade, p. 613). — Cela est aujourd'hui tout à fait insolite : *En quelque endroit qu'ils* ABORDAIENT, *ces gens qui avaient perdu leur patrie, s'en reconstituaient une aussitôt* (J. et J. THARAUD, *Petite Histoire des Juifs*, p. 17). — *Quelque harcelé qu'il* SERA *par son bourru de frère, il eut l'âme et l'esprit bien trop occupés* (LA VARENDE, *Don Bosco*, II).

2. Jusque dans le XVIIe siècle, *bien que, encore que, quoique* (qui étaient générale-ment construits avec le subjonctif) admettaient, à l'occasion, l'indicatif et le condi-tionnel : *Bien qu'il se* TROUVERA *tant de dissimilitude aux plaisirs qu'ils auront reçus* (MALHERBE, t. II, p. 60, cit. Haase). — *Encore que cela* EST *vrai en un sens pour quelques âmes* (PASCAL, *Pens.*, 244). — *Quoique (...) elle n'*AVAIT *pas mérité d'être flattée* (Boss., *Déf. des Var.*, 1er disc., 63). — *Quoique je* DÉSIRERAIS *beaucoup davan-tage de les voir* [des dissensions] *ensevelies éternellement dans l'oubli et dans le silence* (ID., *Nic. Cornet*). — *Quoy que quelques-uns* SEROIENT *d'avis...* (VAUGELAS, *Rem.*, p. 146). — *Bien que pour moy, je* VOUDROIS *tousjours dire...* (ID., *ibid.*, p. 366). — *Quoique (...) Ce même amour peut-être et ces mêmes bienfaits* AURAIENT *dû suppléer à mes faibles attraits* (RAC., *Bajaz.*, V, 4).

1033. Observations.

1. Après **tandis que, alors que** adversatifs, on emploie l'*indicatif* ou le *conditionnel*, selon le sens :

Il fait que tout prospère aux âmes innocentes, Tandis qu'en ses projets l'orgueilleux EST *trompé* (RAC., *Esth.*, I, 1). — *Sa santé décline alors qu'on le* CROYAIT *guéri* (AC.). — *Vous reculez, tandis qu'il* FAUDRAIT *avancer, alors qu'il* FAUDRAIT *avancer.*

2. Après **au lieu que,** on emploie :

a) L'*indicatif* si l'on exprime un fait considéré dans sa réalité : *Mon esprit diminue, au lieu qu'à chaque instant On* APERÇOIT *le vôtre aller en augmentant* (LA F., *F.*, XII, 1). — *Voilà encore un exemple de cet élan des pensées qui semble dépasser le but, au lieu qu'il l'*ATTEINT *à peine* (ALAIN, *Histoire de mes pensées*, p. 104). — *Une paix injuste peut, momentanément du moins, produire des fruits utiles, au lieu qu'une paix hon-teuse* RESTERA *toujours par définition une paix stérile* (G. BERNANOS, *La France contre les robots*, pp. 16-17).

b) Le *conditionnel* si l'on veut marquer l'éventualité : *Pourvu maintenant que les Français l'emportent, leurs pauvres blessés seront recueillis, au lieu que ces Prussiens et ces Cosaques* SONGERAIENT *d'abord aux leurs...* (ERCKMANN-CHATRIAN, dans SAND-FELD, t. II, p. 304).

c) Le *subjonctif* si l'on exprime un fait considéré simplement dans la pensée : *Il sentait (...) que la véritable extase, au lieu qu'elle* SOIT *une rupture de la raison, en est, au contraire, l'extrême pointe* (L. DAUDET, *Un Jour d'orage*, p. 58). — *En voyant Gilberte, au lieu qu'elle* VÎNT *aux Champs-Élysées, aller à une matinée* (M. PROUST, *Du côté de chez Swann*, II, p. 278). — *Les Turcs vont de l'abstrait au concret, contraire-ment à nos races qui vont du concret à l'abstrait et chez qui l'objet évoque, au lieu que l'objet* NAISSE *d'une longue évocation* (J. COCTEAU, *Maalesh*, pp. 155-6).

3. **Tout... que** marque ordinairement la réalité d'un fait et, selon l'usage classique, régit l'*indicatif* (ou le *conditionnel*, s'il s'agit d'un fait hypothétique ou éventuel) :

*Tout lassé que j'*ÉTAIS... (RAC., *Mithr.*, V, 4). — *Ce plaisir, tout sévère qu'il* EST, *doit le ravir* (MONTESQ., *L. pers.*, 83). — *Tout enfant que j'*ÉTAIS, *le propos de mon père me révoltait* (CHATEAUBR., *Mém.*, I, 1, 4). — *Tout contrebandier et pauvre qu'il* ALLAIT *être* (P. LOTI, *Ramuntcho*, p. 19). — *Toute mariée que je* SERAIS, *(...) je ne me fierais pas à moi* (MARIVAUX, *Arlequin poli par l'amour*, 1).

Cependant, chez les auteurs modernes, *tout ... que*, par analogie avec *si ... que*, se construit le plus souvent avec le *subjonctif* [1] :

Tout intelligent que vous le FASSIEZ, *cet enfant prodige, fixé à trois lustres, restera un imbécile* (CHATEAUBRIAND, *Mém.*, III, 1, 1, 5). — *Les chances du boston, toutes variées qu'elles* SOIENT... (Th. GAUTIER, *Mlle de Maupin*, VI). — *Ce goût, tout extraordinaire qu'il nous* PARAISSE... (MÉRIMÉE, *Portraits histor. et littér.*, p. 20). — *Tout dissipé que je* FUSSE (E. FROMENTIN, *Dominique*, III). — *Tout âpres qu'elles* SOIENT [des montagnes], *elles sourient* (TAINE, *Voyage en Italie*, t. II, p. 397). — *Tout gentilshommes qu'ils* SOIENT (H. de RÉGNIER, *Le Bon Plaisir*, p. 65). — *Zéphyrin, tout savetier qu'il* FÛT, *visait au luxe* (Fr. JAMMES, *M. le Curé d'Ozeron*, p. 123). — *Tout sourd qu'il* FÛT (A. SUARÈS, *Sur la vie*, t. I, p. 163). — *Tout détestables qu'ils* SOIENT, *ils ne sont encore que par nous* (Ch. PÉGUY, *Notre Jeunesse*, p. 62). — *Tout bavard qu'il* FÛT (É. HENRIOT, *Aricie Brun*, I, 3). — *Toute déçue et endolorie qu'elle* SOIT (R. BOYLESVE, *Souven. du jardin détruit*, p. 83). — *Tout Épicures que nous* FUSSIONS (J. et J. THARAUD, *La Rose de Sâron*, p. 170). — *Tout humble qu'il* FÛT (MONTHERLANT, *Les Célibataires*, p. 258). — *Toute mince qu'elle* PARÛT (H. BORDEAUX, *La Chartreuse du reposoir*, p. 111). — *Tout saint qu'il* FÛT (A. MAUROIS, *Chateaubriand*, p. 304). — *Cet appel, tout médiocre qu'il* FÛT, *c'était le premier appel* (Fr. MAURIAC, *La Robe prétexte*, XII).

Même emploi du subjonctif chez : LAMARTINE, *Graziella*, I, Épis. 8 ; L. VEUILLOT, *Çà et là*, t. II, p. 307 ; J. LEMAITRE, *Jean Racine*, p. 128 ; É. BOURGES, *Le Crépuscule des dieux*, II ; VILLIERS DE L'ISLE-ADAM, *Contes cruels*, p. 47 ; R. DOUMIC, *Le Misanthr. de Molière*, p. 46 ; L. BLOY, *Celle qui pleure*, p. 124 ; P. de NOLHAC, *L. XV et Marie Leczinska*, p. 265 ; H. DUVERNOIS, *La Bête rouge*, p. 56 ; M. BEDEL, *M. le Prof. Jubier*, p. 62 ; LA VARENDE, *Le Centaure de Dieu*, p. 20 ; A. SIEGFRIED, *Savoir parler en public*, p. 78 ; G. HANOTAUX, *Jeanne d'Arc*, II, 1 ; Fr. AMBRIÈRE, *Les Grandes Vacances*, p. 61 ; G. BERNANOS, *Les Enfants humiliés*, p. 169 ; H. BOSCO, *Malicroix*, p. 246 ; etc.

Pour les propositions d'opposition introduites par *si*, voyez § 1039, 7°.

III. — PROPOSITIONS D'OPPOSITION NON INTRODUITES PAR UNE CONJONCTION

1034. La proposition d'opposition n'est pas toujours introduite par une conjonction. Elle peut être exprimée :

---

1. « Il n'est pas un écrivain sur vingt, même habillé de vert, qui construise encore *tout... que* avec l'indicatif » (A. THÉRIVE, *Clinique du langage*, p. 66). — La construction de *tout... que* avec le subjonctif se rencontre déjà au XVIe siècle : *Voylà une creance tressalutaire, toute vaine qu'elle* PUISSE *estre* (MONTAIGNE, II, 16 ; p. 711). — On la trouve à l'époque classique [« On mettait quelquefois le verbe au subjonctif, dit Littré (s. v. *tout*, 43°), mais ce n'est plus l'usage »] : *Tout grand jurisconsulte que je* SOIS (VOITURE, *Lett.* 76). — *Tout gendre que vous* SOYEZ (MOL., *G. Dandin*, I, 4). — *Cette épreuve, toute sensible qu'elle* DOIVE *être, n'altère point mon propos* (MARIVAUX, *Le Paysan parvenu*, p. 455). — A observer, que dans certaines phrases, l'indicatif avec *tout... que* est hypercorrect et fausse le sens : *J'avais compris (...) qu'il n'est point d'âme, toute vertueuse et toute tendue à la sainteté qu'elle* EST, *qui puisse s'élever hors de l'imperfection humaine* (J. de LACRETELLE, *Silbermann*, p. 118).

1° Par un infinitif précédé de *au lieu de, (bien) loin de ;* l'infinitif et le verbe principal doivent avoir le même sujet : AU LIEU D'ÉTUDIER, *il ne fait que se divertir* (AC.). — LOIN DE ME REMERCIER, *il m'a dit des injures* (ID.).

2° Par un infinitif précédé de *pour*, et toujours joint à une principale négative ou restrictive [1] ; le sujet de cet infinitif doit être le même que celui du verbe principal : *Mais* POUR ÊTRE VAILLANT, *tu n'es pas fils de roi* (CORN., *Cid*, V, 2). — POUR ÊTRE PRINCE, *madame, on n'en est pas moins homme* (STENDHAL, *Chartr.*, t. II, p. 337). — *Seigneur*, POUR ÊTRE SAGE, *on n'est pas un félon* (HUGO, *Lég.*, t. II, p. 61).

3° Par un gérondif ayant même sujet que le verbe principal : *Ces guerriers (...)*, EN ÉTANT MOINS POLIS *n'en étaient pas moins grands* (VOLT., *Ép. au roi de Pr* , 20 avril 1741).

4° Par un participe (présent ou passé) ayant même sujet que le verbe principal : *Vous l'avez fait*, SACHANT *bien que la chose était défendue*. — *Quelqu'un peut donc penser*, NE SE POUVANT CONNAÎTRE (LA F., *F.*, IX, Disc. à Mme de La Sablière). — MOQUÉ À L'ENVI PAR SES MAÎTRES ET SES CAMARADES (...), *Chazal gardait sa tranquillité* (A. FRANCE, *La Vie en fleur*, p. 140).

5° Rarement aujourd'hui (mais plus souvent au XVIIe siècle) par un simple adjectif employé comme attribut ; il y a alors ellipse du sujet et du verbe : ABSENT (= quoiqu'il soit absent), *je le consulte* (RAC., *Esth.*, I, 1). — *Je t'aimais* INCONSTANT (= quoique tu fusses inconstant), *qu'aurais-je fait fidèle ?* (ID., *Andr.*, IV, 5.)

1035. La proposition d'opposition affecte parfois la forme d'une proposition principale unie à la véritable principale par simple juxtaposition. Cela se trouve :

1° Dans des phrases où la proposition d'opposition est au conditionnel ou au subjonctif imparfait ou plus-que-parfait [2] :

LE DANGER SERAIT (LE DANGER FÛT-IL) DIX FOIS PLUS GRAND, *je l'affronterais encore.* VOUDRAIT-IL (IL VOUDRAIT, VOULÛT-IL) LE FAIRE, *il ne le pourrait pas.* SERAIT-CE (CE SERAIT, FÛT-CE) AU PRIX DE MA VIE, *je tenterais cette entreprise.* — *J'ai décidé que*, NE FÛT-CE QU'UN INSTANT, *le silence doit cesser* (É. ESTAUNIÉ, *Le Labyrinthe*, p. 259). — NE SERAIT-CE QUE DANS DIX ANS, DANS VINGT ANS, *je sais que tu croiras un jour* (P. LOTI, *Aziyadé*, p. 88). — DUSSÉ-JE ÊTRE BLÂMÉ, *je vous soutiendrai*

---

1. Cette construction a une certaine teinte archaïque.

2. Dans cette construction, quand le sujet de la proposition d'opposition est un pronom personnel ou l'un des pronoms *ce* ou *on*, on le met ordinairement en inversion. Avec l'imparfait ou le plus-que-parfait du subjonctif, cette inversion est même obligatoire : *voulût-il..., fût-ce..., fût-on... ;* et tout sujet autre qu'un pronom personnel, ou *ce* ou *on*, quand il n'est pas mis en inversion, doit être repris après le verbe par un pronom personnel : *le danger fût-il...: tout dût-il périr...*

(Littré). — Dût tout cet appareil retomber sur ma tête, *Il faut parler* (Rac., *Iphig.*, III, 5). — Devriez-vous perdre pour moi toute estime, *je vous dois la vérité* (H. Bordeaux, *La Revenante*, p. 184). — L'aurait-il essayé, *il n'aurait pu choisir* (M. Genevoix, *La Joie*, p. 109). — Pierre Louis m'eût-il encouragé dans ce sens, *j'étais perdu* (A. Gide, *Si le Grain ne meurt*, I, 8). — *Nous voulons d'autres miracles*, fussent-ils moins beaux que celui-là, continssent-ils moins d'enseignement (Colette, *Paris de ma fenêtre*, p. 109). — *Ce que le public demande aujourd'hui, c'est la complication, l'obstacle, la surprise*, encore même cette surprise serait-elle désagréable (G. Duhamel, *Cri des profondeurs*, p. 42). — Encore en aurait-il le moindre désir (...), *Capoulié ne peut rien faire* (Id., *ib.*, p. 237).

N. B. — Parfois, dans des phrases de l'espèce, la principale est précédée de *que :* Le danger serait (le danger fût-il) dix fois plus grand, que *je l'affronterais encore.* — Ces vérités seraient démontrées, que *les grands comédiens n'en conviendraient pas* (Diderot, *Paradoxe sur le coméd.*). — *Un Basile !* il médirait qu'on ne le croirait pas (Beaumarch., *Barb.*, II, 9). — Le diable entrerait dans la maison qu'*on le laisserait faire* (Hugo, *Les Misér.*, I, 1, 9). — N'aurions-nous même pas la notion certaine du lieu, que *nous percevrions cela comme au vol* (P. Loti, *La Mort de Philæ*, p. 105). — Elle l'aurait reconnu qu'*elle ne l'aurait pas avoué* (P. Bourget, *Le Tribun*, p. 83).

2° Dans des phrases où la proposition d'opposition est à l'impératif ; cette proposition précède toujours la principale : Défendez-vous par la grandeur, Alléguez la beauté, la vertu, la jeunesse : *La Mort ravit tout sans pudeur* (La F., *F.*, VIII, 1).

3° Avec l'expression *avoir beau* [1] suivie d'un infinitif : J'eus beau faire et beau dire, *il persista dans sa résolution* (Ac.).

7. — PROPOSITIONS CONDITIONNELLES

I. — *MOTS SUBORDONNANTS*

1036. Les propositions de condition et de supposition sont introduites par les conjonctions ou locutions conjonctives :

---

1. Pour Littré, *avoir beau*, c'est avoir beau champ, beau temps, belle occasion, et *avoir beau faire*, c'est proprement avoir tout favorable pour faire ; par un effet d'ironie, *avoir beau* aurait pris le sens d'avoir le champ libre, de pouvoir faire ce qu'on voudra, et, par suite, de se perdre en vains efforts. — J. Orr (*Rev. de Ling. rom.*, t. XXI, nᵒˢ 83-84, pp. 197-208) n'admet pas cette explication ; selon lui, dans *avoir beau faire*, on a, dans le principe, un infinitif substantivé, accompagné d'une épithète ; de proposition indépendante ou principale, la locution est devenue une subordonnée d'opposition et s'est imprégnée d'une nuance d'inefficacité : « quelle que soit votre belle activité ».

au cas où [1]	en admettant que	pourvu que
dans le cas où	dans (ou : pour) l'hypothèse où	selon que... ou (que)
pour le cas où	moyennant que (vieux)	suivant que... ou (que)
au cas que	posé que	si
en cas que	supposé que	si tant est que
dans le cas que [2]	à supposer que	que si
à (la) condition que	dans la supposition que [3]	soit que... soit que
sous (la) condition que	en supposant que	soit que... ou que
à moins que	pour peu que	

Remarques. — 1. La proposition conditionnelle est souvent introduite par le simple *que* employé pour éviter la répétition de la plupart des conjonctions ou locutions conjonctives qui viennent d'être mentionnées : *À condition qu'il fera réparer et* QU'*il paiera.*

2. La supposition peut être marquée par le simple *que* suivi du subjonctif : QU'*on lui ferme la porte au nez, Il reviendra par les fenêtres* (LA F., *F.*, II, 18). — QUE *Brigitte meure demain, tu pleureras sur son cercueil* (MUSSET, *Conf.*, V, 6). — QUE *tu sois là, et je ne demande plus rien* (J. ROMAINS, *Quand le Navire...*, p. 130). — QU'*il* [Ovide] *eût un peu moins larmoyé sur lui-même, nous le plaindrions davantage* (É. HENRIOT, *Les Fils de la Louve*, p. 205).

3. On emploie *si seulement, si encore, encore si*, pour exprimer une supposition nuancée de regret ou de désir : SI SEULEMENT *je pouvais vous aider !* SI ENCORE *il faisait un effort !* — ENCOR SI *ce banni n'eût rien aimé sur terre !* (HUGO, *Crép.*, V, 4.)

Le simple *si* peut s'employer de même : SI *je pouvais remplir mes coffres de ducats !* (LA F., *F*, VIII, 25.)

4. La conjonction *sinon* équivaut souvent à une proposition condition-

---

1. Dans la langue populaire, *quelquefois que, des fois que, un coup que* s'emploient pour *au cas où, si par hasard* ; « le premier seul, dit Brunot (*La Pens. et la L.*, p. 876), commence à pénétrer : *Il faut attendre encore un peu,* QUELQUEFOIS QU'*il irait.* » — *Va-t'en voir jeter un coup d'œil,* DES FOIS QUE *l'adjudant rappliquerait* (COURTELINE, *Les Gaietés de l'escadron*, II, 2). — *Mettez la boîte devant la bougie, dit la femme,* DES FOIS QU'*on verrait la lumière par les joints des volets...* (J. GIONO, *Le Grand Troupeau*, p. 158).

2. *Dans le cas que* est rare (ni Littré ni l'Académie ne signalent cette locution) : DANS LE CAS QUE *les rois eussent quelque mission à remplir auprès de leur cousin* (CHATEAUBR., *Mém.*, III, II, 1, 13).

3. La langue populaire ou très familière dit : *une supposition que* (parfois : *supposition que*), avec le conditionnel, ou avec le subjonctif : *Une supposition qu'une femme* VOUDRAIT *se débarrasser de son mari, vous voyez comme ça serait simple et agréable* (G. de LA FOUCHARDIÈRE, *La Résurrection du Bouif*, p. 122). — *Supposition que tu* SOIS *en retard, un dimanche, tu n'as qu'à passer par l'étang* (M. GENEVOIX, *Marcheloup*, II, 1). — *Une supposition que tu* SOIS *sale, tu te laves, il n'y paraît plus* (G. BERNANOS, *Monsieur Ouine*, p. 108). — *Tenez, une supposition que ce garçon* AIT *eu l'idée d'écrire tous les jours une petite lettre à son père* (M. PAGNOL, *Fanny*, I, 1ᵉʳ tabl., 9).

nelle elliptique reprenant de manière négative une proposition précédemment énoncée ; il en est de même des locutions *sans quoi, sans cela, faute de quoi, autrement : Que la fortune soit sans reproche, j'accepte ses faveurs ;* SINON (= si elle n'est pas sans reproche), *je les refuse* (LITTRÉ). — *Cela doit être grave,* AUTREMENT *on ne nous télégraphierait pas* (L. DAUDET, *Le Partage de l'Enfant,* p. 30).

On peut mettre *ou* devant *sinon : Obéis à l'instant,* OU SINON *tu seras châtié* (LITTRÉ, s. v. *sinon,* Rem.). Comme Littré le fait remarquer, cet *ou* est pléonastique, mais n'a rien de choquant.

5. Au lieu d'être introduites par *soit que... soit que, soit que... ou que,* les propositions conditionnelles marquant une alternative peuvent, si elles ont même sujet, être introduites par *que,* repris ou non avec le second verbe : *Nos parents nous ont défendu d'ouvrir la porte,* QU'*on nous prie ou* QU'*on nous menace* (M. AYMÉ, *Les Contes du Chat perché,* p. 11). — *Qu'elle le glorifie ou le salisse, les faits qu'elle cite m'apparaissent insignifiants* (Fr. MAURIAC, *Le Nœud de vipères,* p. 291).

Lorsque l'alternative n'est marquée que par les attributs ou les compléments, ordinairement on se contente d'un seul verbe : *Que mon cœur fût triste ou joyeux, Je l'admirais* (HUGO, *Cont.,* IV, 9). — *Qu'il peigne des êtres humains ou divins, il ne s'attache désormais qu'à la représentation des âmes* (M. BARRÈS, *Greco,* p. 150).

Si le second terme de l'alternative est la négation du premier, il s'exprime par le simple *non* (ou par *pas,* surtout dans la langue familière : § 874, *b*) : *Que tu le veuilles ou* NON, *tu es (...) fils de roi* (A. GIDE, *Thésée,* p. 10). — *Qu'elles soient en deuil ou* NON, *il est facile de les reconnaître* (BAUDELAIRE, *Petits Poèmes en prose,* 13).

N. B. — Les propositions conditionnelles peuvent exprimer non seulement l'idée de condition proprement dite, mais encore les idées d'hypothèse, d'éventualité, d'opposition, de restriction. — Ainsi les propositions introduites par *quand, quand (bien) même, alors (même) que, lors même que,* que nous avons signalées comme propositions d'opposition, pourraient aussi trouver leur place ici ; — inversement, les propositions introduites par *soit que... soit que..., soit que... ou que...,* considérées ici comme propositions conditionnelles, pourraient être rangées parmi les propositions d'opposition.

II. — EMPLOI DU MODE

A. — Propositions introduites par *si.*

1037. D'une manière générale, *si* conditionnel régit l'**indicatif.**

Pour l'ensemble de la phrase conditionnelle, il y a lieu de considérer les trois cas suivants :

1º *Hypothèse pure et simple.* La proposition conditionnelle exprime un fait présent, passé ou futur, sur la réalité duquel on ne se prononce pas : on indique simplement que, de la réalisation de la condition résulte, a résulté ou résultera le fait marqué par la principale. Dans ce cas, la principale comme la subordonnée ont leur verbe à l'**indicatif** : *Si tu* ADMETS *cette opinion, tu* AS *tort. Si tu* AS ADMIS *cette opinion, tu* AS EU *tort. S'il* PLEUT *demain, je ne* SORTI-RAI *pas.*

Remarques. — 1. Lorsque le verbe principal exprime un ordre, une prière, il se met à l'impératif ou au subjonctif : *Si tu viens en ami,* ENTRE. *S'il vient en ami, qu'il* ENTRE.

2. Lorsque la condition est relative à l'avenir, elle s'exprime par le *présent* de l'indicatif (marquant un « futur simple ») ou par le *passé composé* (marquant un « futur antérieur ») : *S'il* PLEUT *demain, je ne sortirai pas.* — *Si demain le mal* A EMPIRÉ, *vous me rappellerez.*

On se sert parfois de périphrases pour indiquer plus explicitement que la condition est relative à l'avenir : *Si cela* DOIT *se reproduire, si cela* VIENT À *se reproduire, je sévirai. S'il* PARVIENT À *tenir une heure, il sera sauvé.*

3. Dans *s'il en fut,* on a un passé simple figé (§ 720, Rem. 5) : *Honnête homme s'il en* FUT (AC.).

Hist. — Dès l'ancienne langue, la condition relative à l'avenir s'est exprimée par le présent (ou s'est indiquée par périphrases au moyen de *devoir, pouvoir, vouloir, aller, venir*). — Elle s'exprimait aussi, mais rarement, par le futur (comme en latin) : cet usage se trouve parfois encore au XVIᵉ siècle : *Si ce mien labeur* SERA *si heureux que de vous contenter, à Dieu en soit la louange* (AMYOT, *Vies,* Epistre aux Lecteurs).

2° *Potentiel.* La proposition conditionnelle exprime un fait futur que l'on considère comme éventuel ou comme imaginaire. La principale se met au **conditionnel présent,** la subordonnée, à l'**imparfait de l'indicatif :** *Si* [un jour] *tu* ADMETTAIS *cette opinion* [tu l'admettras peut-être, cela se pour-rait], *tu* AURAIS *tort.* — Satni : *Je te retiendrai par la force (...).* — Yaouma : *Si tu* FAISAIS *cela, je te* HAÏRAIS (BRIEUX, *La Foi,* I, 7).

Par l'effet d'une syntaxe affective, le fait principal est parfois considéré comme présent, et se trouve exprimé par le présent de l'indicatif : *S'il m'échappait un mot, c'*EST *fait de votre vie* (RAC., *Bajaz.,* II, 1). — Dans la phrase suivante, le fait principal est au futur, ce qui est exceptionnel : *Si tu supprimais à présent les prophètes, les choses mêmes prendraient une voix ; et si tu te refusais à l'entendre, toi-même* PROPHÉ-TISERAS (A. GIDE, *Saül,* III, 7). — Dans celle-ci, la subordonnée conditionnelle a son verbe à l'imparfait du subjonctif, et cela aussi est exceptionnel : *Ne savons-nous pas qu'un homme est un homme et que si tout* FÛT *exactement mis à nu, personne n'oserait regarder personne ?* (P. VALÉRY, *Remerc. à l'Ac. fr. ;* éd. Pléiade, t. I, p. 724.)

3° *Irréel.* La proposition conditionnelle exprime un fait présent ou passé que l'on regarde comme contraire à la réalité :

a) Quand la condition se rapporte au présent, la principale se met au **conditionnel présent,** la subordonnée, à l'**imparfait de l'indicatif :** *Si* en ce moment] *tu* ADMETTAIS *cette opinion* [mais tu ne l'admets pas], *tu,* [AURAIS *tort.* — *Si je n'*ÉTAIS *moi, je* VOUDRAIS *être vous* (HUGO, *Marie Tudor*

I, 6). — [Ces maisons] *nous* DIRAIENT *des choses à pleurer et à rire, si les pierres* PARLAIENT (A. FRANCE, *Pierre Nozière*, p. 239). — *Madame, je suis peintre* (...). *Si j'*ÉTAIS *sculpteur, je me* PLAINDRAIS (MAUPASS., *Fort comme la Mort*, I, 2).

b) Quand la condition se rapporte au passé, la principale se met au **conditionnel passé**, la subordonnée, au **plus-que-parfait de l'indicatif** : *Si* [l'an dernier] *tu* AVAIS ADMIS *cette opinion* [mais tu ne l'as pas admise], *tu* AURAIS EU *tort.* — *S'il* [Annibal] *a perdu Zama, ce n'est pas sa faute. Il l'*AU-RAIT GAGNÉ, *s'il* AVAIT EU *le soleil à dos* (E. FROMENTIN, *Dominique*, III).

Remarques. — 1. Après *si* marquant un fait irréel dans le passé, la langue littéraire peut mettre, dans la subordonnée et dans la principale, ou dans l'une des propositions seulement, le *plus-que-parfait du subjonctif*, équivalant, dans la subordonnée, au plus-que-parfait de l'indicatif, et dans la principale, au conditionnel passé (§ 740, *b*). On peut donc avoir les tours : *Si j'*AVAIS CHERCHÉ, *j'*AURAIS TROUVÉ. *Si j'*EUSSE CHERCHÉ, *j'*EUSSE TROUVÉ. *Si j'*AVAIS CHERCHÉ, *j'*EUSSE TROUVÉ. *Si j'*EUSSE CHERCHÉ, *j'*AURAIS TROUVÉ.

2. Parfois le sens de la phrase est tel que l'on a dans l'une des deux propositions l'irréel du présent, et dans l'autre l'irréel du passé : *Si* [l'an dernier] *j'*AVAIS SUIVI *vos conseils, je ne* SERAIS *pas dans l'état où vous me voyez. Si* [en ce moment] *j'*ABANDONNAIS *mes études, mes parents* AURAIENT DÉ-PENSÉ *en pure perte bien de l'argent.*

3. Avec la condition irréelle, on a parfois, dans la principale, l'*imparfait de l'indicatif* se substituant au conditionnel passé pour indiquer la certitude d'un fait qui devait être la conséquence infaillible d'un autre fait (§ 717, 4º) : *S'il n'avait pas plu dans la nuit du 17 au 18 juin 1815, l'avenir de l'Europe* ÉTAIT *changé* (HUGO, *Les Misér.*, II, 1, 3). — *Si vous n'étiez pas venu, je vous* FAISAIS *appeler* (A. FRANCE, *L'Orme du Mail*, p. 62). — *Si la Garonne avait voulu, Lanturlu ! Elle se* JETAIT *dans la Manche* (G. NADAUD, *La Garonne*).

4. Lorsque, dans une donnée d'hypothèse marquant le potentiel ou l'irréel, un des éléments de la proposition est mis en relief au moyen de *c'était... qui* (ou : *... que*), *ç'avait été... qui* (ou : *... que*), *c'eût été... qui* (ou : *... que*) [§ 227, 5º], la langue parlée met le verbe à l'*indicatif* (imparfait ou plus-que-parfait, selon les phrases), la langue littéraire le met à l'*indicatif* ou au *subjonctif* (imparfait ou plus-que-parfait, selon les phrases) :

a) Indicatif : *Si c'était moi qui* AVAIS *fait cela* (Ac., s. v. *moi*). — *Si c'était la mienne* [ma fille] *qui* AVAIT *été frappée !* (R. ROLLAND, *Jean-Chr.*, t. X, p. 261.) — *Ah ! si c'était toi qui me* DEMANDAIS *!* (R. BAZIN, *De toute son âme*, p. 83.) — *Comme si c'était lui qui y* AVAIT *pensé* (Ch. PÉGUY, *Souvenirs*, p. 108). — *Si c'était lui qu'on* INTER-PELLAIT (M. PRÉVOST, *Le Scorpion*, p. 107). — *Si c'était la marquise qui* REVENAIT (R. DORGELÈS, *Saint Magloire*, p. 217). — *Comme si ç'avait été la roue de la fortune qui* GLISSAIT *sur ces rails* (J. et J. THARAUD, *Quand Israël est roi*, p. 285). — *Si c'était moi qui* AVAIS *fait l'Univers* (P. CLAUDEL, *Visages radieux*, p. 48). — *Si c'était moi qui te la* DONNAIS, *la couronne* (A. GIDE, *Saül*, III, 8). — *Si c'était Françoise ou Simone qui* AVAIT *peint ce portrait* (A. MAUROIS, *Bern. Quesnay*, p. 171). — *Et si c'était*

Caroline qui ne TROUVAIT *plus Maurice à son goût ?* (Fr. MAURIAC, *Le Feu sur la terre*, p. 16.) — *Comme si c'était son propre fils qui lui* DÉCRIVAIT *ce qu'avait été sa vie* (MONTHERLANT, *Les Célibataires*, p. 233). — *Si c'était vous qui me la* DONNIEZ [la mort] (St. PASSEUR, *L'Acheteuse*, II, 7). — *Comme si c'était elle qui le* REPOUSSAIT (É. HENRIOT, *Tout va finir*, p. 205). — *Si c'était moi qui* COMMANDAIS (J.-P. SARTRE, *Le Diable et le Bon Dieu*, II, 1).

b) Subjonctif : *Si c'était Tircis qui t'en* PRIÂT (MOL., *Princ. d'Él.*, 3e int., 1). — *Que diraient-ils si c'étaient eux-mêmes qui* FUSSENT *coupables d'irréligion ?* (VOLT., *Lett. phil.*, 13.) — *Encore si c'était vous qui* FUSSIEZ *le prince !* (MARIVAUX, *La Double Inconstance*, II, 12.) — *Si c'était à sa citadelle qu'on m'*ENVOYÂT (STENDHAL, *Chartr.*, t. II, p. 67). — *Si c'était lui (...) qui* VÎNT *m'ouvrir la porte* (L. VEUILLOT, *Corbin et d'Aubecourt*, XIII). — *Si c'était maintenant de Boileau lui-même qu'il* FÛT *question* (BRUNETIÈRE, *L'Évol. des genres*, t. I, p. 136). — *Si c'était quelqu'un des miens qui* FÎT *quelque chose comme ça* (E. et J. de GONCOURT, *Renée Mauperin*, XXVIII). — *Comme si c'était eux qu'on* EÛT *assaillis* (P. et V. MARGUERITTE, *Les Tronçons du glaive*, p. 296). — *Ah ! si c'était lui qui* FÛT *là...* (H. LAVEDAN, *Varennes*, VII, 2). — *Ah ! si c'était lui qui* FÎT *de la peinture !* (H. BORDEAUX, *La Nouv. Croisade des Enf.*, p. 38.) — *Comme si c'était lui qui m'*EÛT *bercé* (P. MILLE, *Caillou et Tili*, p. 135). — *Si c'était moi qui vous* DISSE *tout ceci* (A. HERMANT, *Les Samedis de mons. Lancelot*, p. 44). — *Si c'était au prix de la guerre qu'il* FALLÛT *acheter le mot volupté* (J. GIRAUDOUX, *La Guerre de Troie n'aura pas lieu*, I, 6). — *Et si c'était pour Mère Marie de Saint-Augustin que nous l'*AYONS *fait* [un bouquet] ? (G. BERNANOS, *Dialogues des Carmélites*, III, 1.) — *Si c'était ainsi qu'il me* FALLÛT *gagner des sympathies à Thomas Muritz* (VERCORS, *La Marche à l'étoile*, p. 60). — *Comme si ce n'était pas à lui qu'on s'*ADRESSÂT (J.-J. GAUTIER, *Hist. d'un fait divers*, p. 164). — *Ah ! si c'était le cœur qui* FÎT *l'homme...* (M. JOUHANDEAU, *Nouvelles Images de Paris*, p. 20).

5. La langue populaire emploie le conditionnel après *si* marquant le potentiel ou l'irréel : *Si tu* VOUDRAIS, *on travaillerait ensemble* (Fr. CARCO, *L'Équipe*, p. 48, cit. Sandfeld, t. II, p. 343). Pour peu qu'on ait souci de bien parler ou de bien écrire, on se gardera de cet emploi.

Hist. — Jusque dans le XVIe siècle, en souvenir du latin, on employait surtout l'imparfait du subjonctif dans des phrases du type *si j'eusse, je donnasse : Se je* TROUVASSE *Ung sergent, je te* FISSE *prendre !* (*Pathelin*, 1593-4.) — *Se je le* SCEUSSE, *je ne le* DEMANDASSE *pas* (*Cent Nouvelles nouvelles*, XLI). — *J'*AYMASSE *mieulx de bouche le vous dire* (CHARLES D'ORLÉANS, *Poés. compl.*, Ballade XIX). — *L'argent vous* DEMOURAST [= serait demeuré] *en bourse* (RAB., IV, 8). — *Si j'avois des enfans masles, je leur* DESIRASSE *volontiers ma femme* (MONTAIGNE, III, 13 ; p. 1237).

Ce n'est que peu à peu que, dans ces sortes de phrases, le conditionnel, mode de formation romane, a remplacé le subjonctif dans la principale et que s'est introduit le tour : *Si j'*AVAIS, *je* DONNERAIS.

1038. Après *que* représentant *si, comme si,* dans une proposition conditionnelle coordonnée par *et, ou, mais,* ou simplement juxtaposée, on emploie le **subjonctif** ; *que,* équivaut alors, dans la pensée, à *en supposant que, au cas que :*

Si vous reculez quatre pas et que vous CREUSIEZ, *vous trouverez un trésor* (LA F., *Vie d'Ésope*). — *Ces mêmes modes (...), ils affectent de les négliger dans leurs portraits, comme s'ils sentaient ou qu'ils* PRÉVISSENT *l'indécence et le ridicule où elles peuvent tomber* (LA BR., XIII, 15). — *S'il a une guerre difficile à soutenir et qu'il n'*AIT *point d'argent...* (MONTESQ., *L. pers.*, 24). — *Si je vais en Égypte et que j'y* SOIS *tué, tu te reprocheras ce cruel silence* (STENDHAL, *Corr.*, t. II, p. 264). — *S'il reste sans ressources et qu'il* SOIT *purement malheureux, pourquoi te tourmenter ?* (BALZAC, *Cés. Birotteau,* p. 63.) — *Si on la laisse sur la droite* [une rue] *et que l'on* SUIVE *le bas de la côte Saint-Jean, bientôt on arrive au cimetière* (FLAUBERT, *Mme Bov.*, p. 79). — *S'il nous cachait ses chagrins et qu'il les* CONTÂT *à un étranger* (H. BECQUE, *Michel Pauper*, II, 2). — *Comme si la Mère de Dieu résistait et qu'il* FALLÛT *la vaincre à force de prières et d'objurgations* (M. BARRÈS, *La Coll. insp.*, p. 95). — *Si tu étais une grande artiste, que tu* FUSSES *capable de donner à l'humanité un chef-d'œuvre... de souffrance et de pitié... ce serait bien...* (O. MIRBEAU, *Les Mauvais Bergers*, II, 4). — *Si l'Europe ne montrait plus sa force, qu'elle* RETIRÂT *des ports ses navires...* (A. SUARÈS, *Sur la vie*, t. I, p. 119). — *Si je me jetais à ses pieds et que je lui* DISE... (M. PRÉVOST, *La Nuit finira*, t. I, p. 211). — *Comme s'il était arrivé jusqu'au bord même d'un abîme et qu'il le* TROUVÂT *à ses pieds* (E. JALOUX, *Le Reste est silence*, IX). — *Si mon nez ne vous plaît pas, ou que la coupe de mon corsage ne vous* PARAISSE *pas conforme à la mode...* (J. GREEN, *Minuit*, p. 158).

N. B. — 1. Cependant on trouve aussi l'indicatif (voir l'*Hist.*) : *S'il faisait froid et que la bonne* MONTAIT *lui allumer du feu, il attendait que le feu ait pris* (M. PROUST, *Jean Santeuil*, t. I, p. 172). — *C'était comme si, tout d'un coup, mille souvenirs s'effaçaient de sa mémoire et qu'elle* DEVENAIT *une autre personne* (J. GREEN, *Adrienne Mesurat*, p. 40). — *Il voyait son ombre aller devant lui, petite et noire, puis plus longue, plus longue de seconde en seconde, comme si elle avait hâte d'arriver et qu'elle le* TIRAIT *par le pied* (ID., *Léviathan*, I, 13). — *Comme si les plantes dociles obéissaient à ses incantations et que les tiges avec les fleurs* ÉTAIENT *montées à la hauteur de sa bouche* (J. et J. THARAUD, *Marrakech*, p. 283). — *Le patron (...) adressa un bonjour cordial à son café, comme si c'était l'aube et qu'il* SOUHAITAIT *la bienvenue au jour* (R. BRASILLACH, *Le Voleur d'étincelles*, p. 36). — *Il ne s'approche d'une langue ou d'une idée que s'il la croit bien morte et qu'il la* VOIT *momifiée dans une vitrine et que ça ne* PEUT *plus mordre* (L.-P. FARGUE, cité par BREMOND, *La Poésie pure*, p. 83). — *Si on nous quitte et que nous* SOUFFRONS, *ce n'est que pour la privation de ces agréments* (P. LÉAUTAUD, *Propos d'un jour*, p. 46). — *Comme si la vie leur était une prison, et que, tout à coup, quelqu'un leur* DÉSIGNAIT *une issue* (Fr. MAURIAC, *Journal*, t. III, p. 43). — *Si c'est vrai et que Vous* ÊTES *venu pour servir...* (P. CLAUDEL, *Seigneur, apprenez-nous à prier*, p. 103). — *Si vous arrivez par le fond du vallon, et que vous* DÉBOUCHEZ *brusquement dans la cour* (J. SCHLUMBERGER, *Le Camarade infidèle*, p. 50).

2. Il arrive (mais fort rarement) qu'après *si... et si...*, on ait, dans la seconde subordonnée conditionnelle, le subjonctif : *Certaines de nos craintes ne sont que l'envers (...) des sévices et mauvais traitements que nous ferions subir, à quelqu'un si nous étions un autre et s'il* FÛT *nous* (P. VALÉRY, *Mélanges ; éd.* Pléiade, t. I, p. 324).

Hist. — Dans l'ancienne langue, après *que* représentant *si* dans la proposition conditionnelle coordonnée, on pouvait avoir l'indicatif : *Si nos sens ne s'opposaient pas à la pénitence et que notre corruption ne* S'OPPOSAIT *pas à la pureté de Dieu, il n'y aurait en cela rien de pénible pour nous* (PASC., *Pens.*, 498). — *Si je n'ai pas eu de sentiments humbles et que j'*AI *élevé mon âme, Seigneur, ne me regardez pas* (BOSS., *Polit.*, X, 6, 13). — D'autre part, *si* n'était pas toujours représenté par *que* dans la proposition conditionnelle coordonnée : *Se vos peres fait demain cerquier ceste forest et on me trouve (...), on m'ocira* (*Aucass.*, XXV, 16-7). — *Si quelqu'un pour se revancher en votre endroit a fait ce qui lui est possible, mais votre bonne fortune l'en a*

gardé, vous n'avez point eu de sujet d'éprouver un ami (MALHERBE, t. II, p. 230). —
Et s'il [l'homme] *ne s'abaisse à cela et veuille toujours être tendu, il n'en sera que plus
sot* (PASC., *Pens.*, 140). — Dans la proposition conditionnelle coordonnée, au lieu de
l'imparfait de l'indicatif marquant le potentiel [*Et si vos i parlés et vos peres le* SAVOIT...
(*Aucass.*, VI, 41-2)], on pouvait avoir l'imparfait du subjonctif : *Mes, se il vous voloit
promettre Trois cenz livrees de sa terre, Et mon pere* VENIST *requerre Icest afere...* (*Vair
Palefroi*, 420-423). — Ce *que* représentant *si* paraît bien être, à l'origine, le même que
celui qui sert à marquer la supposition dans le tour QU'*il paraisse, tout le monde se tait*
(§ 1036, Rem. 2).

1039. La proposition introduite par *si* peut n'avoir aucune valeur conditionnelle ; son verbe se met alors à l'indicatif quand on exprime un fait réel,
ou au conditionnel quand on exprime un fait éventuel :

1º Elle peut marquer un fait dont la raison est indiquée par la proposition qui suit : SI ELLE DÉPENSAIT PEU, *c'était qu'elle avait peu de besoins*
(J. de LACRETELLE, *La Bonifas*, XI). — SI JE N'AI PAS BOUGÉ, *c'est parce
que vous ne m'y avez pas invité* (Cl. VAUTEL, *Mon Curé chez les riches*, p. 203).

2º Elle peut avoir la valeur causale et exprimer le motif d'un fait indiqué avant ou après elle : *Comment l'aurais-je fait* SI JE N'ÉTAIS PAS NÉ ?
(LA F., *F.*, I, 10.) — *Il fut héroïque : et* S'IL LE FUT, *admirez-le.*

3º Après un verbe marquant un état d'âme, elle peut avoir la valeur d'une
proposition substantive introduite par *que (de ce que)* et servant, soit d'objet,
soit de terme complétif des pronoms neutres *ce, cela : Ne vous étonnez pas*
S'IL PERDIT CETTE BATAILLE. *Il ne faut pas vous plaindre* SI JE VOUS AI REPRIS.
Ce fut merveille S'IL NE SE ROMPIT PAS LES MEMBRES.

4º Elle est proposition substantive objet dans l'interrogation indirecte :
Dites-moi SI VOUS VIENDREZ. *Je ne sais pas* S'IL EST PARTI, S'IL PART, S'IL
PARTIRA. — *Elle attendit encore un peu pour s'assurer* SI VRAIMENT CES
INTENTIONS SERAIENT SOLIDES (E. FROMENTIN, *Dominique*, XIII).

5º Précédée de *(c'est) à peine, c'est (tout) au plus, (c'est) tout juste*, elle a
la valeur d'une proposition indépendante : *C'est à peine* SI LES LÈVRES GAR-
DAIENT UN REFLET VERMEIL PRESQUE EFFACÉ (Th. GAUTIER, *Partie carrée*,
VI). — À *peine* SI MÂTHO LE REMERCIA DE SES BÉNÉDICTIONS (FLAUB., *Sal.*, p.
35). — *C'est au plus* S'IL CONNAISSAIT BEAUCAIRE (A. DAUDET, *Tart. de Tar.*,
I, 6). — *C'est tout au plus* SI JE SAIS SON NOM. *C'est tout juste* (ou : *Tout juste*)
SI NOUS AVONS PU NOUS ASSEOIR.

6º Elle peut prendre la valeur temporelle et marquer la répétition ou
la fréquence indéterminée (*si* = toutes les fois que) : SI JE DIS OUI, *elle dit
non.* S'IL PLEUVAIT, *nous ne sortions pas.*

7º Elle peut servir à marquer l'opposition, la concession : SI LA PAUVRE-
TÉ EST LA MÈRE DES CRIMES, *le défaut d'esprit en est le père* (LA BR., XI, 13).
— SI CE N'EST PAS GRAND, *c'est très compliqué* (J. LEMAITRE, *Mariage blanc*,
I, 4).

N. B. — I. Il faut noter, à propos des cas qui viennent d'être signalés, qu'on a
parfois après *si* un futur ou un conditionnel, mais qui ne sont pas dans sa dépendance

directe : la supposition porte sur un verbe sous-jacent (*s'il est vrai que, si on admet que, si on estime que, si on considère que, si on met en fait que,* etc.) :

a) Cela vous fera-t-il, cela ne vous fera-t-il pas plaisir ? Si cela vous FERA *plaisir, remettons la paysanne en croupe derrière son conducteur* (DIDEROT, *Jacques le Fataliste,* éd. Pléiade, p. 508). — *Qui donc attendons-nous s'ils ne* REVIENDRONT *pas ?* (HUGO, *Cont.,* VI, 8.) — *Si elle* [la science] LAISSERA *toujours sans doute un domaine de plus en plus rétréci au mystère, et si une hypothèse* POURRA *toujours essayer d'en donner l'explication, il n'en est pas moins vrai qu'elle ruine, qu'elle ruinera à chaque heure davantage les anciennes hypothèses* (ZOLA, *Rome,* p. 737, cit. Sandfeld). — *Pardon (...) si je ne puis t'aimer, si je ne t'*AIMERAI *jamais !* (R. ROLLAND, *Jean-Chr.,* t. III, p. 158.) *S'il* FAUDRA *le chevalier de Méré pour affiner Pascal, leurs paroles* [des magistrats de l'ancienne France], *à l'occasion, s'élèvent tout aisément à la grandeur* (M. BARRÈS, *Les Maîtres,* p. 75). — *S'il* [Maupassant] *ne la* DÉPASSERA *pas* [la nouvelle « Boule de suif »], *c'est qu'on ne dépasse pas la perfection* (A. THIBAUDET, *Hist. de la Litt. fr.,* p. 376). — *Fais ce que tu veux si tu* POURRAS *le supporter indéfiniment* (P. VALÉRY, *Tel quel,* I, Cahier B 1910 ; éd. Pléiade, t. II, p. 575).

b) Si vous AURIEZ *de la répugnance à me voir votre belle-mère, je n'en aurais pas moins sans doute à vous voir mon beau-fils* (MOL., *Av.,* III, 7). — *Si ta haine m'envoie un supplice assez doux, Ou si d'un sang trop vil ta main* SERAIT *trempée, Au défaut de ton bras prête-moi ton épée* (RAC., *Phèdre,* II, 5). — *Je veux être foudroyé si elle* N'IRAIT *pas remettre une lettre d'amour à la reine si je l'en priais* (MÉRIMÉE, *Chron. du règne de Ch. IX,* 12). — *Si je ne* VOUDRAIS *pas le nier, je crois du moins qu'il en faut rabattre* (F. BRUNETIÈRE, *L'Évol. des genres,* t. I, p. 141). — *Il semble que si, quelque part, elle* DEVRAIT *se sentir chez elle et évoluer à son aise, c'est parmi les choses de l'esprit* (H. BERGSON, *L'Évol. créatrice,* p. 232). — *Si l'on ne* SAURAIT *rien affirmer de Fernand (...), on sait bien que, malgré ses prétentions, Laurette n'a jamais aperçu de mort* (J. SCHLUMBERGER, *Saint-Saturnin,* p. 56). — *Si jamais batailles* AURAIENT *dû être gagnées, ce sont celles-là* (A. MAUROIS, *Dialogues sur le commandement,* Cah. verts, p. 135). — *Si une Simone Weil s'*ATTACHERAIT *davantage à désenchanter les sources grecques de la Rédemption, Henriot propose à la colère des Ménades contre Orphée une explication bien à lui* (R. KEMP, dans les *Nouv. litt.,* 7 juill. 1955).

2. Dans des phrases comme les suivantes, la proposition introduite par *si* n'a pas un sens conditionnel nettement marqué, et l'ensemble équivaut à une proposition indépendante, exprimant la pensée avec une force particulière ; ici encore on peut avoir le futur ou le conditionnel : *Eh bien, si j'avais ce pouvoir, si j'étais noble, diable emporte si je voudrais gager d'être toujours brave homme* (MARIVAUX, *La Double Inconstance,* III, 4). — *Ce que tu es, du diable si je le saurai jamais* (A. FRANCE, *Le Lys rouge,* p. 302). — *Au diable si l'on m'y rattrape* (AC.). — *Du diable si je comprends le jeu de Bernereau* (R. BOYLESVE, *Le Dangereux Jeune Homme,* p. 36). — *Du diable si elle a laissé paraître qu'elle comprenait* (A. GIDE, *La Porte étroite,* p. 80). — *Du diable si je vous aurais reconnu* (M. ARLAND, *Les Plus beaux de nos jours,* p. 194).

B. — Propositions conditionnelles introduites par une conjonction autre que *si*.

1040. Dans les propositions conditionnelles introduites par une conjonction autre que *si,* le verbe se met :

a) D'une manière générale, au **subjonctif :**

Pourvu qu'en somme Je VIVE, *c'est assez* (LA F., *F.,* I, 15). — *En cas qu'il* VIENNE (AC.). — *Il le fera pour peu que vous lui en* PARLIEZ (ID.). — *Au cas qu'ils* EUSSENT *lieu de s'appeler* (A. HERMANT, *Le Caravansérail,* X). — *Que je* VIVE, *et je ferai d'autres ouvrages sur mon travail et mes combats* (G. DUHAMEL, *Défense des Lettres,* p. 10).

N. B. — En particulier, *si tant est que* se construit avec le subjonctif ; cette locution sert à exprimer une supposition qu'on fait avec l'arrière-pensée qu'elle n'est guère acceptable : *L'usage a rétabli ce que l'usage avait détruit, si tant est que Vaugelas et Ménage* FUSSENT *ici les véritables interprètes de l'usage* (LITTRÉ, s. v. *quant,* 2, Rem.). — *Il conquerra par d'autres moyens — si tant est qu'il les* AIT *jamais conquis — ces Rhénans si différents des Prussiens* (H. BORDEAUX, *Sur le Rhin,* p. 225). — *Les manuscrits si tant est qu'il y en* EÛT, *restaient enfermés dans la malle* (A. GIDE, *Les Faux-Monnayeurs,* p. 233).

b) Ordinairement au **conditionnel** après *au cas où, dans le cas où, pour le cas où, dans* (ou *pour*) *l'hypothèse où,* qui, le plus souvent, expriment l'éventualité :

Au cas où une complication se PRODUIRAIT, *faites-moi venir* (AC.). — *Au cas où tu* DONNERAIS *dans ce sport, je te livre gratis une autre observation d'expérience* (E.-M. de VOGÜÉ, *Jean d'Agrève,* p. 33). — *Elle nous donnait sa propre adresse, au cas où nous* EUSSIONS *souhaité des informations régulières* (J. de LACRETELLE, *Silbermann,* p. 152). — *Cependant Calmelet et son compagnon (...) s'étaient liés aux branches avec des courroies, pour éviter une chute au cas où l'assoupissement les* EÛT *pris* (Fr. AMBRIÈRE, *Les Grandes Vacances,* p. 245). — *Dans le cas où quelqu'un se* PRÉSENTERAIT, *téléphonez-moi.* — *Dans l'hypothèse où vous* CHANGERIEZ *d'avis, informez-moi sans retard.*

N. B. — Après ces expressions, il arrive qu'on ait le subjonctif, mais cela paraît insolite : *Tu as la châtaigne, à griller sur un feu de brindilles au cas où tu* PRENNES *nourriture en forêt* (M. BEDEL, *Traité du plaisir,* p. 136). — *Au cas où il en* SOIT *encore temps* (A. THÉRIVE, *Clinique du langage,* p. 227).

Ces mêmes expressions se construisent parfois avec l'indicatif : *Dans l'hypothèse, en effet, où la condamnation* EST *injuste, c'est un malheur épouvantable pour le pays* (L. HAVET, cit. Sandfeld, t. II, p. 353).

c) A l'**indicatif futur** (futur simple ou futur du passé) ou au **subjonctif** après *à (la) condition que, sous (la) condition que, moyennant que* (vieilli) ; l'indicatif est employé surtout quand la condition est présentée d'une façon tranchante :

C'est à condition que je ne SERAI *pas connu* (MONTESQ., *L. pers.,* Préface). — *Je vous donne cet argent à condition que vous* PARTIREZ *demain* ou *que vous* PARTIEZ *demain* (LITTRÉ). — *J'y consens bien volontiers, à la condition que vous* DÎNEREZ *chez moi ce soir* (MAUPASS., *Notre Cœur,* II, 1). — *Si les morts pardonnent, c'est sans doute à condition que l'on s'*ABSTIENDRA *à jamais du mal* (NERVAL, *Aurélia,* II, 4). — *Les Grecs renoncèrent à les poursuivre, à condition qu'ils se* RETIRERAIENT *de la Troade* (A. BELLESSORT, *Virgile,* p. 193). — *À la condition que je ne me* METTRAI *à-bas dans aucune espèce de mauvais cas* (P. LOTI, *Aziyadé,* p. 228). — *J'acceptais même une catastrophe à la condition qu'elle* FÛT *une issue* (E. FROMENTIN, *Domin.,* VI). — *À condition que ce départ* SOIT *accepté* (M. PRÉVOST, *La Nuit finira,* t. I, p. 257). — *À la con-*

dition qu'elle sût les diriger (L. Madelin, Danton, p. 149). — Sous la condition qu'un plan fût adopté (Id., ib., p. 17). — Sous la condition qu'ils iraient camper à Sicca (Flaub., Salammbô, p. 29). — [Il] a légué sa fortune à la gare d'Ersekujvar sous condition qu'un orchestre de tziganes y jouerait (P. Morand, Bucarest, p. 240). — On aura ses services moyennant qu'on le payera (Littré). — Moyennant qu'il recouvrerait aussitôt sa liberté (Sainte-Beuve, Causeries du Lundi, t. I, p. 250). — Depuis quelques mois, il lui demandait des interviews que le professeur consentait moyennant qu'on tût son nom (M. Barrès, Les Déracinés, p. 346). — Moyennant que l'été me fournît un pavot rouge (Colette, Paris de ma fenêtre, p. 213).

d) A l'**indicatif** après *selon que...* ou *(que), suivant que...* ou *(que) :*

Selon que vous serez puissant ou misérable (La F., F., VII, 1). — Suivant qu'on l'aime ou qu'on le hait, il aime ou il hait à son tour.

III. — PROPOSITIONS CONDITIONNELLES NON INTRODUITES PAR UNE CONJONCTION

1041. La proposition conditionnelle n'est pas toujours introduite par une conjonction. Elle peut être exprimée :

1º Par un infinitif précédé de *à*, ou *de*, ou d'une des locutions prépositives *à moins de*, *à moins que de*, *à condition de :*

À les entendre, *ils ne sont pas coupables* (Ac.). — À les détailler, *les traits de madame Gance n'avaient rien d'extraordinaire* (A. France, Le Liv. de m. ami, p. 173). — Oui, je vous tromperais de parler autrement (Mol., Mis., II, 1). — À moins d'être fou, *il n'est pas possible de raisonner ainsi* (Ac.). — Je ne pouvais lui parler plus nettement, à moins que de le quereller (Id.). — Il a reçu cette somme à condition de partir demain (Id.).

2º Par un gérondif ayant même sujet que le verbe principal : *J'attire en me vengeant sa haine et sa colère, J'attire ses mépris en ne me vengeant pas* (Corn., Cid, I, 7).

3º Par un participe présent ayant même sujet que le verbe principal : *J'observe, comme vous, cent choses tous les jours, Qui pourraient mieux aller, prenant un autre cours* (Mol., Mis., I, 1).

4º Par un simple adjectif, un simple participe-adjectif ou un simple nom, marquant elliptiquement la condition :

Je t'aimais inconstant, qu'aurais-je fait fidèle (= si tu avais été fidèle) ? (Rac., Androm., IV, 5.) — Oui, bien dirigé, *il irait très loin* (J. Lemaitre, Le Député Leveau, I, 3). — Ennemis, *nous nous nuirons ;* amis, *la réussite est sûre* (P. Arène, La Chèvre d'or, XXXIII). — Un geste un peu douteux *et ils recevraient une balle dans la tête* (P. Mille, Sous leur dictée, p. 167). — Plus adroit, plus soumis aux faits, *Chateaubriand aurait pu diriger ses collègues et ses princes ; il préféra les maudire* (A. Maurois, Chateaubriand, p. 361).

5° Par un participe employé en construction absolue ; Dieu aidant, *nous vaincrons*. Tes projets renversés, *que ferais-tu ?*

Voir aussi § 1036, Rem. 4.

1042. La proposition conditionnelle affecte parfois la forme d'une proposition principale unie à la principale par simple juxtaposition ou par coordination. Ainsi la condition peut s'exprimer :

1° Par *n'étai(en)t, n'eût été, n'eussent été* (= si ce n'était, etc.) [1], suivis d'un sujet (§ 1050, Rem. 3) :

N'étaient *les hirondelles qui chantent, on n'entendrait rien...* (P. Loti, *Vers Ispahan*, p. 58). — N'eût été *sa toilette verte, on l'eût pris pour un magistrat* (A. France, *Pierre Nozière*, p. 69). — *Et*, n'eussent été *les pins jaillissants, le transfert au premier âge de la planète eût paru complet* (L. Daudet, *Un Jour d'orage*, p. 183.) — N'était *qu'il souffrait par moments de rhumatismes, il jouissait d'une santé robuste* (É. Henriot, *Aricie Brun*, I, 2).

2° Par une proposition interrogative (interrogation réelle ou fictive) :

Voulez-vous réussir ? *Soyez méthodique et énergique.* — Est-on sot, étourdi, prend-on mal ses mesures, *On pense en être quitte en accusant son sort* (La F., *F.*, V, 11). — Restait-on dehors, *on fondait au soleil* (A. Daudet, *Port-Tar.*, I, 7). — S'élançait-il contre la porte tournante d'un café, *il le faisait, le plus souvent, avec un élan sans réserve* (G. Duhamel, *Deux Hommes*, p. 45). — Trouve-t-il ce chemin barré ? *Il accepte un détour* (A. Maurois, *Un Art de vivre*, p. 179). — Touchait-on son panier, *il* [un chien] *reculait* (M. Barrès, *L'Ennemi des lois*, p. 134).

Le plus souvent, dans ce cas, la proposition interrogative est à la fois temporelle et conditionnelle.

Parfois, dans ces sortes de phrases, la principale est précédée de *que : Partait-il seul pour Paris* qu'elle s'empressait de prévenir Mme Marliani (A. Maurois, *Lélia ou la Vie de G. Sand*, p. 321). [A comparer : *Le danger serait dix fois plus grand* que *je l'affronterais encore :* § 1035, 1°.]

3° Par une proposition à l'impératif, toujours placée avant la principale : Fais un pas, *je t'assomme !* (Hugo, *Lég.*, t. II, p. 361.) — Haranguez de méchants soldats, *Ils promettront de faire rage* (La F., *F.*, IX, 18).

4° Par une proposition au subjonctif (presque toujours au présent), sans *que*, surtout avec *venir :* Vienne encore un procès *et je suis achevé* (Corn., *Ment.*, II, 8). — *Des flatteurs l'entourent ;* vienne une disgrâce, *il sera seul* (Ac.). — Vienne une invasion, *le peuple est écrasé* (Balzac, *Louis Lambert*, p. 79). — *Ursule et Ida ne se comprenaient plus ;* survînt *la moindre*

---

1. Dans les phrases suivantes, le conditionnel *ne serait* se substitue à *n'était :* Ne serait *l'irrésistible attirance exercée par le poste de radio, on ignorerait tout ici de la politique et de ses fureurs* (J. Chastenet, dans les *Nouv. litt.*, 28 sept. 1961). — *La tranquillité du lieu est divine —* ne serait *le bruit des marteaux, des rabots, des scies...* (P. Daninos, *Daninoscope*, p. 177). — Le tour est insolite.

crise peut-être même deviendraient-elles ennemies (É. Estaunié, *Madame Clapain*, p. 36).

Voir aussi les cas signalés au § 1035, 1° : les propositions dont il s'agit là sont à la fois des propositions d'opposition et des propositions conditionnelles. Cf. : On l'aurait laissé faire *qu'il attaquait le soir même* (R. Dorgelès, *Le Cabaret de la Belle Femme*, p. 188). — Il arrive cependant, mais assez rarement, que la proposition au subjonctif soit purement conditionnelle : Eussé-je été seul, *je crois bien que j'aurais renoncé* (A. Gide, *Journal 1939-1942*, p. 189). — L'eussé-je connu plus tôt, *j'aurais enrichi de ses traits le Strouvilhou de mes « Faux-Monnayeurs »* (Id., *Journal 1942-1949*, p. 75). — *La lenteur même de ses gestes et presque leur hiératisme faisaient plus exaltante sa frénésie intérieure.* Eût-elle parlé, *elle eût crié* (M. Genevoix, *Fatou Cissé*, p. 140). — Eussent-elles été, *d'avance,* réunies, *ces unités mécaniques, en dépit de leurs déficiences, auraient pu porter à l'envahisseur des coups redoutables* (Gén. de Gaulle, *Mém.*, L'Appel, p. 41).

8. — PROPOSITIONS COMPARATIVES

I. — MOTS SUBORDONNANTS

1043. Les propositions de comparaison sont introduites :

1° Par *comme*.

2° Par *que*, mis en corrélation, soit avec un adverbe ou une locution adverbiale de quantité, soit avec une préposition ou une locution prépositive, soit avec un comparatif (d'adjectif, de participe ou d'adverbe), soit enfin avec un mot impliquant l'idée de comparaison *(autre, même, tel)*. *Que* est ainsi employé dans les expressions :

ainsi que	pour autant que	selon que	moindre que
de même que	d'autant plus que	suivant que	autre que
aussi (ou : si)... que	d'autant moins que	moins... que	autre chose que
tant que	davantage que [2]	plus... que	autrement que
en tant que [1]	à mesure que	meilleur que	même que
autant que	à proportion que	pire que	tel que

1. *En tant que* signifie : « dans la mesure où, selon que, comme » : *Elle semble n'avoir point d'amour, qu'*en tant qu'*il peut servir à sa grandeur* (Corn., *Pomp.*, Exam.). — *La méditation n'a de valeur qu'*en tant qu'*elle est fructueuse* (G. Duhamel, *Paul Claudel*, p. 15). — *Il ne tenait aux hommes qu'*en tant qu'*ils pouvaient le servir* (Ac.). — En tant qu'*homme il les plaint, mais* en tant que *juge il les condamne* (Id.). — *On peut dire que toute idée est distincte* en tant que *claire* (*Logiq. de Port-Roy.*, dans Littré). — *En tant que tel* se dit surtout dans la langue philosophique, au sens de « dans son identité foncière », « en prenant la personne ou la chose comme elle vient d'être définie » (§ 460, A, 1°, *a*, Rem. 5) : *L'espèce de pari perpétuel faute de quoi l'action,* en tant que telle, *se trouve radicalement inhibée* (G. Marcel, *Les Hommes contre l'humain*, p. 17). — *Notre appartement surtout était le signe de notre réussite et* en tant que tel *comme en lui-même, il nous plaisait beaucoup* (A. Perrin, *Le Père*, p. 16).

2. Sur *davantage que*, voyez § 846, Rem. 2.

Remarques. — 1. Dans un système comparatif, il arrive que chacune des deux propositions soit introduite par le même mot comparatif, sans *que* : *autant... autant, tant... tant, tel... tel, autre... autre, autre chose... autre chose.* On dit de même : *comme... ainsi...* ou encore : *comme... (tout) de même... :*

AUTRE CHOSE *est une simple affirmation,* AUTRE CHOSE *est une affirmation avec serment* (Ac.). — AUTANT *il a de vivacité,* AUTANT *vous avez de nonchalance* (ID.). — TELLE *je vous imaginais,* TELLE *vous m'apparaissez* (L. DESCAVES, *L'Hirondelle sous le toit,* XIV). — COMME *l'ouvrier ne regarde point sa main, mais la pointe de l'outil,* TOUT DE MÊME *les ouvriers d'entendement ne font point réflexion sur les relations qui font paraître la chose en sa vérité* (ALAIN, *Entretiens au bord de la mer,* p. 34).

De même l'augmentation ou la diminution directement ou inversement proportionnelles s'expriment par *plus... (et) plus, moins... (et) moins, plus... (et) moins, moins... (et) plus.*

2. Lorsque la proposition comparative introduite par une des expressions *ainsi que, de même que, tel que,* est placée en tête de la phrase, la principale peut, surtout dans le style élevé, être introduite par la même expression, ou par une expression analogue, sans *que* :

DE MÊME QU'*un poison subtil se répand dans les veines,* DE MÊME (ou AINSI) *les passions s'insinuent dans l'âme* (DICT. GÉNÉR.). — DE MÊME QUE *le culte du foyer domestique était secret et que la famille seule avait droit d'y prendre part,* DE MÊME *le culte du foyer public était caché aux étrangers* (FUSTEL DE COULANGES, *La Cité antique,* III, 6).

Parfois, avec *de même que,* on supprime *que* dans les deux propositions (comparez Rem. 1) : DE MÊME *une grande lassitude m'incline à rallier mes forces,* DE MÊME *un désespoir profond fait refleurir dans ma mémoire les strophes de l'hymne à la joie* (G. DUHAMEL, *Lettres au Patagon,* p. 174).

3. A un adjectif, ou à une locution adjective, ou à un participe, détachés du mot auquel ils se rapportent comme attributs, l'usage moderne ajoute souvent, en la joignant par *comme,* une proposition comparative (marquant un rapport de cause ou parfois d'opposition) :

Comment fera-t-il, ponctuel comme il est, pour souffrir le retardement de cette réponse ? (SÉV., 20 nov. 1675.) — *Malade comme était la corvette, elle était peu résistante aux secousses* (HUGO, *Quatrevingt-treize,* I, 2, 7). — *Faible comme elle est, j'ai peur de la voir tomber malade à chaque Carême* (P. BOURGET, *Drames de famille,* p. 19). — *Vaillante comme elle était, cependant, elle ne tarda pas à se remettre complètement* (L. BLOY, *La Femme pauvre,* p. 174). — *Fine comme vous l'êtes, ce n'est pas possible que vous n'ayez pas vu d'abord ce qui naissait entre Gilles et moi* (Fr. MAURIAC, *Galigaï,* IV). — *Déréglé comme il l'était, il succomberait sans retour à un vice dégradant* (G. DUHAMEL, *Cri des profondeurs,* p. 228).

Dans ce tour, on peut faire la reprise de l'attribut par le pronom neutre *le* (§ 485, Rem. 3) : *Faible comme il est,* ou *comme il* L'*est...*

4. Quand la comparaison est marquée par *le même* dans des phrases telles que *J'emploie le même moyen que celui que vous avez employé ; je me servirai des mêmes poids que ceux dont il s'est servi ; je prendrai le même chemin que*

celui qui vous a conduit ici, que celui par où vous êtes venu, — on use souvent
d'une construction haplologique, et l'on fait ellipse de la conjonction *que*
et du pronom démonstratif second terme de la comparaison :

On vous fera le même traitement qu'on lui a fait (LITTRÉ, s. v. *même*, 6°). — *Ils lui
gardèrent la même fidélité qu'ils avaient toujours gardée aux rois de Perse* (BOSS., *Hist.*, I,
8). — *Des larmes qui couleront de la même source d'où avaient coulé tous mes crimes*
(MASSILL., *Impén.*). — *Les conditions d'aujourd'hui sont les mêmes qui furent toujours
proposées, que le Pape a toujours refusées* (L. VEUILLOT, *Le Parfum de Rome*, V, 6). —
Les choses se conservent par les mêmes conditions qui ont présidé à leur naissance
(J. BAINVILLE, *Hist. de deux peuples continuée jusqu'à Hitler*, p. 231). — *Elle portait le
même costume d'azur qu'elle avait le jour de notre seconde rencontre* (E. JALOUX, *La
Branche morte*, p. 162).

Hist. — 1. Jusque dans le XVIIᵉ siècle, *comme* s'est employé après *autant, aussi,
tant si* (voyez § 971, *b*, *Hist.*).

2. *Que bien, que mal* s'est dit au sens de « en partie bien, en partie mal », « tant bien
que mal » : QUE BIEN, QUE MAL, *elle arriva* (LA F., *F.*, IX, 2). — Cette expression se
rencontre encore, mais rarement, dans l'usage moderne : QUE BIEN, QUE MAL, *Athènes
voulait suivre Démosthène* (G. CLEMENCEAU, *Démosthène*, p. 32).

Pour l'ancienne construction des propositions comparatives introduites par *que
non pas (que), que ne pas*, voyez § 881, *Hist.*

Pour *autant que... autant...*, voir § 843 *in fine, Hist.*, 3.

II. — EMPLOI DU MODE

1044. Le verbe de la proposition comparative se met :

a) Généralement à l'**indicatif** :

Comme il SONNA *la charge, il sonne la victoire* (LA F., *F.*, II, 9). — *La valeur ne
peut être une vertu qu'autant qu'elle* EST *réglée par la prudence* (FÉN., *Tél.*, t. II, p. 72).
— *Les batailles sont beaucoup moins sanglantes qu'elles* N'ÉTAIENT (MONTESQUIEU,
L. pers., 106). — *À proportion que la science* ÉLARGIT *son pouvoir, elle se tient moins
assurée de son savoir* (J. ROSTAND, *Pensées d'un biologiste*, p. 139).

b) Au **conditionnel** quand la proposition comparative exprime un fait
éventuel, hypothétique :

Il vous traite comme il TRAITERAIT *son propre fils. Il vous a traité comme il* AURAIT
TRAITÉ *son fils. Il a ici plus d'avantages qu'il n'en* AURAIT *ailleurs.*

Dans la proposition comparative exprimant l'éventuel du passé, la langue littéraire peut employer, au lieu des formes ordinaires du conditionnel passé, celles du
plus-que-parfait du subjonctif (conditionnel passé 2ᵉ forme : voir § 740, *b*) : *Ma mère
me déshabilla (...) comme elle* EÛT FAIT *d'un très petit enfant* (G. DUHAMEL, *Biographie de mes fantômes*, p. 101).

Hist. — Autrefois le verbe de la proposition comparative énonçant un fait simplement possible pouvait se mettre au subjonctif : *Je l'aime, je l'avoue, autant qu'on
PUISSE aimer* (MOL., *Mélicerte*, II, 4). — *Les trois unités sont aussi parfaitement obser-*

vées qu'elles PUISSENT *l'être* (VOLT., *Théâtre de Corn.*, Cinna, Avertiss.). — A notre époque, cet usage peut être encore fort bon à suivre avec *pouvoir*, quand il s'agit de rendre la nuance de potentiel : *On m'apporte tant d'eau claire que j'en* PUISSE *désirer pour mes ablutions* (P. LOTI, *Japoneries d'automne*, p. 10). — *Marchenoir, aussi blessé et aussi saignant que* PUISSE *l'être un malheureux homme...* (L. BLOY, *Le Désespéré*, p. 102). — *M. Teste quelquefois me demande (...) de lui expliquer aussi exactement que je le* PUISSE, *comment je m'y mets* (P. VALÉRY, *Monsieur Teste*, p. 107).

Remarques. — 1. *Pour autant que* (§ 982, *a*) se construit avec l'indicatif, ou avec le conditionnel, ou avec le subjonctif, selon le sens :

Ces jeunes gens ne sont blâmables que pour autant que le SONT *leur roman et leur métaphysique* (M. ARLAND, *Essais critiques*, p. 35). — *L'idée n'a de prix que pour autant qu'elle* EST *liée à une cogitation personnelle* (J. BENDA, *La France byzantine*, p. 77). — *Pour autant que la technique* S'ACQUIERT, *elle peut être assimilée à un savoir* (G. MARCEL, *Les Hommes contre l'humain*, p. 64). — *La tradition culturelle à base chrétienne de l'Occident (...) se trouve (...) en face de formes fondamentalement différentes qui, pour autant qu'elles* RÉUSSIRAIENT *à s'implanter (...), représenteraient comme le surgissement de substances de civilisation nouvelles* (J. MARITAIN, *Questions de conscience*, pp. 249-250). — *Pour autant que je le* SACHE... (G. DUHAMEL, *Le Notaire du Havre*, p. 155). — *Pour autant que je le* CONNAISSE, *il ne te demandera rien* (ID., *La Nuit de la Saint-Jean*, p. 79). — *Pour autant qu'on* PUISSE *se faire juge en une telle cause, ici même, sans doute, se consomma son destin* (G. BERNANOS, *L'Imposture*, p. 102). — *Pour autant qu'il m'en* SOUVIENNE (A. GIDE, *Journal 1942-1949*, p. 219).

Il en est de même de ***autant que,*** au sens restrictif :

Autant que ma faiblesse PEUT *en juger, n'est-ce pas le plus grand sacrifice que je puisse faire à Dieu ?* (STENDHAL, *Le Rouge et le N.*, t. II, p. 197.) — *Avec une naïveté que je m'efforcerai d'imiter, autant du moins que la différence des temps me le* PERMETTRA (A. FRANCE, *Pierre Nozière*, p. 183). — *Tel est l'âge magique, autant qu'on* PEUT *le décrire* (ALAIN, *Propos de Littérat.*, LXXIII). — *Il m'avait écrit, autant qu'il me* SOUVIENT, *à propos d'un des livres que j'ai fait paraître en ces temps lointains* (R. MARTIN DU GARD, *Les Thibault*, V, p. 74). — *Ce jour de notre arrivée, autant qu'il m'en* SOUVIENT, *Lucie Bucolin portait une robe de mousseline* (A. GIDE, *La Porte étroite*, p. 12). — *Je n'écris qu'autant que la chose* SOIT *facile* (VOLT., *À M. de Chauvelin*, 28 auguste 1764). — *Un visage, autant qu'il m'en* SOUVIENNE, *très régulier* (O. MIRBEAU, *Dingo*, I). — *Frank s'habituait à Mont-Cinère, et, autant qu'on* PÛT *en juger (...), il s'y plaisait* (J. GREEN, *Mont-Cinère*, XXXVI). — *Jamais, autant que je* PUISSE *dire, elle n'avait vu de piano* (G. DUHAMEL, *La Nuit de la Saint-Jean*, p. 79). — *Autant que j'en* PUISSE *juger, il est tout de même capable de plaire à Mademoiselle* (Fr. MAURIAC, *Asmodée*, II, 7). — *Autant que je* PUISSE *les joindre dans leur lointain, je vois nos jeunes filles vives, ambitieuses, inquiètes* (COLETTE, *Le Fanal bleu*, pp. 110-111). — *Ainsi, autant qu'on* PUISSE *l'être, je vivais heureux* (H. BOSCO, *Le Mas Théotime*, p. 35).

2. Une proposition comparative conditionnelle s'introduit par ***comme si,*** qui se construit avec l'*indicatif* (imparfait ou plus-que-parfait, selon

les cas [1]) ou avec le *subjonctif plus-que-parfait* (= conditionn. passé 2e forme) :

> *Il revint à lui, regarda les verres vides, hésita comme s'il* VOULAIT *ordonner à son camarade de les faire remplir* (M. PRÉVOST, *La Retraite ardente*, V). — *Comme si quelque souffle* AVAIT PASSÉ *sur eux (…), ces vétérans (…) Tremblaient…* (HUGO, *Châtim.*, V, 13, 2). — *Tu raisonnes là-dessus, dit Vallombreuse, comme si tu* EUSSES ÉTUDIÉ *les cours d'amour et les sonnets de Pétrarque* (Th. GAUTIER, *Le Cap. Fracasse*, VIII). — *Elle resta stupéfaite et en larmes comme si elle* EÛT *déjà* VU *sa destinée tout entière* (MICHELET, *Jeanne d'Arc*, p. 199). — *Elle se sent prise d'une fatigue affreuse (…) comme si (…) elle* EÛT FAIT *sur des pierres dures une étape écrasante* (P. MILLE, *Trois Femmes*, p. 169). — *Je l'écris comme si ce* FÛT *là le commencement d'un ouvrage* (P. VALÉRY, *Histoires brisées*, Avertissem. ; éd. Pléiade, t. II, p. 407). — *Ils discutaient maintenant comme si la vieille femme* N'EÛT *pas* ÉTÉ *présente* (Fr. MAURIAC, *Le Nœud de vipères*, p. 182).

N. B. — *Comme si* sert fréquemment à introduire une proposition exprimant le dédain, le refus, l'ironie, etc. ; dans ce cas, il peut être suivi du conditionnel : *Comme si la raison* POUVAIT *mépriser aucun fait d'expérience !* (M. BARRÈS, *La Colline insp.*, p. 3.) — *Comme si à vingt ans on* N'ÉTAIT *pas un homme !* (Fr. MAURIAC, *Asmodée*, I, 7.) — *Comme si tout désormais* AURAIT DÛ *lui paraître fade* (ID., *Le Mystère Frontenac*, p. 67). — *Comme si le Gouvernement* N'AURAIT *pas* DÛ *éviter cette humiliation à l'immortel chantre d'Elvire !* (É. HENRIOT, *Aricie Brun*, II, 1.) — *Comme si je* N'AURAIS *pas* ÉTÉ *capable de me défendre !* (J. SCHLUMBERGER, *Saint-Saturnin*, p. 366.) — *Comme s'il se* RÉCONCILIERAIT *jamais avant d'avoir vaincu !* (H. TROYAT, *L'Araigne*, p. 73.)

On rencontre *comme si* suivi de l'imparfait du subjonctif, mais cette construction n'est pas courante : *C'était comme si ce regard que le docteur avait jeté sur elle la* SUIVÎT *partout* (J. GREEN, *Adrienne Mesurat*, p. 79). — *Mais cette figure-ci demeura sombre et maussade comme si ma vue lui* FÛT *pénible* (E. JALOUX, *Le Reste est silence*, p. 95). — *Tout se passait à Tokio comme si Berlin* FÛT *à l'infini* (P. VALÉRY, *Regards…*, p. 26). — *La cendre pour les pommes de terre reposait, comme si ce* FÛT *celle d'un héros, dans une urne* (COLETTE, *Journal à rebours*, p. 135).

3. Dans un système comparatif, les propositions sont parfois elliptiques : *Autant de têtes, autant d'avis. Tel père, tel fils. Autres temps, autres mœurs. Autres temps, autres soins.*

A noter en particulier *tel que* suivi immédiatement d'un simple participe passé, avec ellipse du verbe *être*: *Puis la compagnie (…) décide d'appliquer le système du tonnage brut (…)* TEL QUE PRATIQUÉ *en Angleterre* (A. SIEGFRIED, *Suez, Panama*, p. 85).

---

1. É. HENRIOT, dans la phrase suivante, emploie le futur après *comme si* : *Maintenant, ce qui me démange, c'est la main : croquer dans mon carnet de poche d'infâmes petits dessins où enregistrer la chose vue, comme si un croquis informe* AURA *chance de fixer pour moi, dans l'écoulement de tout, mes images* (*Au bord du temps*, p. 41). — Et J. PEYRÉ, le présent : *Je suis plus à ma place à l'étage des domestiques. · — Ne dis pas de bêtises. Comme si tu* N'ES *pas à ta place partout !* (*Une Fille de Saragosse*, p. 191.) — De même J. GUITTON : *Newman avait préféré considérer l'histoire. Tout se passe comme si elle* EST *le champ de travail de ce qu'il nomme l'« Idée »* (*L'Église et l'Évangile*, p. 66). — Ces emplois sont insolites.

4. Après *comme* ou après un mot comparatif suivi de *que*, il arrive souvent que l'on n'emploie pas une proposition complète pour exprimer le second terme de la comparaison : *Il est plus habile (moins habile, aussi habile, etc.) qu'intelligent. Vous l'avez vu comme moi. — Ainsi que la vertu, le crime a ses degrés* (RAC., *Phèdre*, IV, 2). — *Notre homme, au fond, n'est pas si sceptique que prudent* (A. ROUSSEAUX, dans le *Figaro litt.*, 17 sept. 1955).

5. Dans la proposition comparative, pour éviter la répétition d'un verbe d'action qui précède, on emploie souvent le verbe *faire*, qui prend alors le sens du verbe dont il tient la place. Cet emploi n'est guère admis aujourd'hui que quand *faire* n'a pas d'objet direct (voir ci-après : *Hist.*) ; il a lieu surtout lorsque, de la première proposition à la seconde, il y a changement, soit de temps du verbe, soit de personne : *Il répondit comme les autres avaient* FAIT (Ac.). — *Nous nous entretînmes de cette nouvelle comme nous aurions* FAIT *de toute autre chose* (ID.). — *Il leur distribua de gros sourires, comme il eût* FAIT *à des enfants* (R. DORGELÈS, *Le Cabaret de la Belle Femme*, p. 217).

« On ne doit pas confondre cet emploi avec un tour usité dans certains cas où *faire*, conservant la signification qui lui est propre, celle d'exécuter, d'opérer, d'effectuer, etc., a pour complément le pronom *le*, qui représente un verbe précédent. » (Ac.) : *Il voudrait partir, mais il ne peut le faire sans autorisation* (Ac.).

Hist. — L'emploi de *faire* comme substitut d'un verbe précédent était autrefois plus étendu qu'aujourd'hui. Cet emploi était courant même lorsque *faire* avait un objet direct : *O douleur ! il fallait cacher la pénitence avec le même soin qu'on* EÛT FAIT *les crimes* (BOSS., *R. d'Angl.*). — *On regarde une femme savante comme on* FAIT *une belle arme* (LA BR., III, 49). — *Il s'en allait la tuer* [une cigale] *comme il avait* FAIT *les sauterelles* (LA F., *Vie d'Ésope*). — *Vous devriez l'apprendre* [la musique] *comme vous* FAITES *la danse* (MOL., *Bourg. g.*, I, 2). — *Charles voulait braver les saisons comme il* FAISAIT *ses ennemis* (VOLT., *Ch. XII*, 4).

Ce dernier tour, quoique passant aujourd'hui pour « vieilli et très recherché » (cf. SANDFELD, *Synt.*, t. II, p. 448), se rencontre encore assez souvent dans la littérature « soignée » : *Ce passé que je bois à genoux, penché vers lui, comme l'on* FAIT *une source* (E. JALOUX, *Le Reste est silence*, X). — *Il avala d'un trait son verre de Vouvray, comme il avait* FAIT *ses verres d'eau-de-vie de grain* (M. BEDEL, *La Touraine*, p. 134). — *Visitant légèrement les vastes trésors de l'histoire et de l'archéologie, comme il* FAISAIT *ceux de la littérature* (P. VALÉRY, *Remerc. à l'Ac. fr.* ; éd. Pléiade, t. I, p. 730). — *L'orpheline (...) traitait cette inconnue charitable comme elle eût* FAIT *une vieille servante grondeuse* (G. DUHAMEL, *Les Espoirs et les Épreuves*, p. 265). — *Chez les riches, on élève à présent les jeunes filles commes on* FAISAIT *jadis leurs frères* (A. SUARÈS, *Sur la vie*, t. II, p. 268). — *Amélie reconnut la main, mieux qu'elle n'avait* FAIT *le visage* (H. TROYAT, *Amélie*, p. 344). — *Oserions-nous renier ces indésirables parents et les immoler, comme nous* FAISONS *les autres bêtes... ?* (J. ROSTAND, *Pensées d'un biologiste*, p. 87.)

Dans l'usage actuel, généralement on répète le verbe : *Il vous tuerait (...) de meilleur cœur qu'il n'*A TUÉ *le Portugais* (A. FRANCE, *La Rôtisserie...*, p. 173) ; — *Mme de Sévigné aimait Mme de La Fayette presque autant qu'elle* AIMAIT *Mme de Grignan* (A. MAUROIS, *Cinq Visages de l'amour*, p. 24) ; — ou bien, on le supprime dans la proposition comparative, lorsque celle-ci n'a pas le même sujet que la principale : *Sur son vassal, d'épouvante saisi, Il met sa main comme un aigle sa serre* (BANVILLE, *Gringoire*, VIII). — *Le paysage la pénétrait comme le soleil cette eau*

(Fr. JAMMES, *M. le Curé d'Ozeron*, p. 179). — Parfois aussi, on emploie le substitut *faire*, mais en le faisant suivre d'un complément introduit par *de* ou *pour* : *Le Seigneur me préserve de ces gens de loi qui (...) me plumeraient comme je* FAIS D'*une poule* (R. ESCHOLIER, *Cantegril*, II). — *Ma mère me déshabilla (...) comme elle eût* FAIT D'*un très petit enfant* (G. DUHAMEL, *Biographie de mes fantômes*, p. 101). — *Ils veulent le toucher* [le pape] *comme ils* FONT POUR *la statue de saint Pierre* (TAINE, *Voyage en Italie*, t. I, p. 352). — *Il l'invita comme il* FAISAIT POUR *ses élèves préférés* (Jér. THARAUD, *Disc. de récept. à l'Acad. fr.*).

9. — AUTRES PROPOSITIONS CIRCONSTANCIELLES

1045. Outre les propositions circonstancielles étudiées dans les articles précédents on peut mentionner :

1º Des propositions qui marquent l'**addition**. Elles s'introduisent par *outre que*, qui se construit avec l'*indicatif* ou le *conditionnel*, suivant le sens :

OUTRE QUE *ce parti* S'ACCORDAIT *à merveille avec les nécessités sociales auxquelles il était soumis, il plaisait aussi à M. Vincent le père* (E. PSICHARI, *L'Appel des armes*, p. 45). — OUTRE QUE *j'*AURAIS *mauvais goût, il faudrait encore que j'eusse bien peu d'amitié pour vous* (SÉV., dans LITTRÉ). — OUTRE QU'*il* ÉTAIT *très riche, il descendait en ligne directe de Jean sans Terre* (M. AYMÉ, *Le Passe-muraille*, p. 38).

2º Des propositions qui marquent la **restriction**. On les introduit par *excepté que, sauf que, hormis que, hors que* (= excepté que), *si ce n'est que, sinon que* (vieilli), qui sont suivis de l'*indicatif* ou du *conditionnel*, selon le sens :

Ils se ressemblent parfaitement, EXCEPTÉ QUE *l'un* EST *un peu plus grand que l'autre* (AC.). — SAUF QUE *la ville n'*EST *pas pavoisée, il semble au premier abord que nous sommes dans une cité française* (H. BORDEAUX, *Sur le Rhin*, p. 240). — *Elle est très heureuse* SAUF QUE *sa maman ne la* MÈNE *jamais à la promenade* (J. RENARD, *Journal*, 13 nov. 1900). — *Ce fut donc un repas de loups,* SAUF QU'*on ne le* SERVIT *point saignan* (J. de PESQUIDOUX, *Chez nous*, t. II, p. 98). — SAUF QU'*il* AVAIT *tellement grossi, il avait gardé bien des choses d'autrefois* (M. PROUST, *Le Temps retrouvé*, II, p. 118). — *Enfant très bien doué,* HORMIS QU'*il* EST *étourdi* (DICT. GÉN.). — *Il lui a fait toutes sortes de mauvais traitements,* HORS QU'*il ne l'*A *pas battu* (AC.). — *Il vous ressemble,* SI CE N'EST QU'*il* EST *plus petit* (ID.). — *Cette robe (...) était la même pour tous,* SINON QUE *les ducs* AVAIENT *cinq bandes d'hermine avec bordure d'or, les marquis quatre, les comtes et les vicomtes trois, et les barons deux* (HUGO, *L'Homme qui rit*, II, 8, 5).

Si ce n'est que, au XVIIᵉ siècle, régissait ordinairement le subjonctif : *Si ce n'est qu'on* VEUILLE *dire...* (Boss., *Hist.*, III, 5). — De nos jours encore *si ce n'est que*, comme aussi *excepté que, sinon que, sauf que, hors que, hormis que*, quand ils ont le sens de « excepté ceci, à savoir que », régissent le subjonctif si le verbe principal appelle ce mode : *Je ne veux rien, si ce n'est que* (ou : *excepté que, sinon que, sauf que, hors que, hormis que*) *tu* OBÉISSES. — Quand *hors que, hormis que* signifient « à moins que », ils régissent le subjonctif : *Hors que de mon château (...) On ne* FASSE *une tombe, on n'aura rien* (HUGO, *Hern.*, III, 6). — Littré fait observer qu'on trouve parfois dans les écrits du jour *sauf que* avec le subjonctif, pour *à moins que* ; cela, dit-il, est mauvais.

3° Des propositions qui marquent, soit la **manière,** soit le **degré,** parmi lesquelles on peut ranger :

a) Les propositions de conséquence (§ 1028) : *Tout alla* DE FAÇON QU'IL NE VIT PLUS AUCUN POISSON (LA F., *F.,* VII, 4). — *Agissez* DE MANIÈRE QUE CHACUN SOIT CONTENT.

b) La plupart des propositions de comparaison (§ 1043) : COMME ON FAIT SON LIT *on se couche.* — *Il répondit* COMME LES AUTRES AVAIENT FAIT (AC.).

c) Des gérondifs : *Il parle* EN CHERCHANT SES MOTS.

4° Des propositions introduites par **sans que,** qui se construit toujours avec le *subjonctif,* ou bien par *sans,* suivi d'un *infinitif* ayant même sujet que le verbe principal. Le mot *sans* sert alors à écarter l'idée de quelque fait accessoire. Après une principale négative, *sans que* peut être remplacé par *que : Les dents lui poussèrent* SANS QU'IL PLEURÂT UNE SEULE FOIS (FLAUB., *Trois Contes,* p. 98). — *On le relâcha bientôt* NON SANS QU'IL AIT PROTESTÉ (J. BAINVILLE, *Napol.,* p. 62). — *Ne saurait-il rien voir* QU'IL N'EMPRUNTE VOS YEUX ? (RAC., *Brit.,* I, 2.) — *Marchons* SANS DISCOURIR (CORN., *Cid,* II, 2).

Hist. — *Sans que* se construisait fréquemment au XVIIᵉ siècle avec l'indicatif ou le conditionnel : *Sans que mon bon génie au-devant m'*A *poussé, Déjà tout mon bonheur eût été renversé* (MOL., *Ét.,* I, 9). — *Ils vous auraient écrit tous deux, sans qu'ils* SONT *accablés* (SÉV., t. IX, p. 59). — Comme on le voit, *sans que,* ainsi construit, signifiait *n'était que, n'eût été que, sans le fait que.*

5° Des propositions de **moyen,** exprimées à l'aide d'un gérondif ou encore d'un infinitif précédé de *à : C'est* EN FORGEANT *qu'on devient forgeron.* — À RACONTER SES MAUX *souvent on les soulage* (CORN., *Pol.,* I, 3). — *L'allégresse du cœur s'augmente* À LA RÉPANDRE (MOL., *Éc. des f.,* IV, 6).

CHAPITRE IV

CORRESPONDANCE DES TEMPS

1046. Dans le présent chapitre, nous examinerons les rapports qui s'établissent entre le temps de la subordonnée et le temps de la principale.

1047. Il faut se garder d'appliquer sans discernement des règles mécaniques qui indiqueraient une correspondance toujours obligatoire entre le temps de la principale et celui de la subordonnée. Sans doute, dans bien des cas, une **concordance** s'établit, qui règle le temps de la subordonnée par rapport au temps du verbe principal, mais bien souvent aussi il faut tenir compte de certaines modalités de la pensée, et marquer, selon une syntaxe appropriée, le temps de la subordonnée par rapport au moment où l'on parle : ainsi, par **discordance** des temps, peuvent être rendues bien des nuances délicates [1].

1048. Il y a lieu de considérer les deux cas suivants :

1° La subordonnée est à l'*indicatif* ou au *conditionnel ;*
2° La subordonnée est au *subjonctif.*

I. — SUBORDONNÉE A L'INDICATIF OU AU CONDITIONNEL

1049. D'une manière générale :

1° Après un **présent** ou un *futur* (simple ou antérieur) dans la principale, on emploie, dans la subordonnée, tel temps — **présent, passé** ou **futur** — que réclame le sens : indicatif présent, imparfait, passé simple, passé composé, plus-que-parfait, futur, futur antérieur, — conditionnel présent ou passé, — subjonctif plus-que-parfait au sens du conditionnel passé : *Je dis, je dirai, j'aurai dit que cela* EST, ÉTAIT, FUT, A ÉTÉ, AVAIT ÉTÉ, SERA, AURA ÉTÉ, SERAIT, AURAIT ÉTÉ, EÛT ÉTÉ.

2° Après un **passé** dans la principale, on met le verbe de la subordonnée :

a) A l'**imparfait** pour marquer la simultanéité du fait de la subordonnée par rapport au fait de la principale, ou pour indiquer un fait qui durait encore : *Je voyais, je vis, j'ai vu,* etc., *que le vaisseau* SOMBRAIT. *Je m'aperçus qu'il s'*AFFAIBLISSAIT *de jour en jour.* — *Ne m'avez-vous pas dit que vous le* HAÏSSIEZ ? (RAC., *Androm.,* II, 1.) — *M. Guillemot m'a dit que vous* ÉTIEZ *un avocat remarquable* (J. CHARDONNE, *L'Épithalame,* II, 3). — *J'ai dit que le peuple anglais n'*ÉTAIT *pas un peuple logicien* (Fr. MAURIAC, *Asmodée,* I, 2).

b) Au **plus-que-parfait** pour marquer l'antériorité du fait de la subordonnée par rapport au fait de la principale : *Je voyais, je vis,* etc. *que le vaisseau* AVAIT SOMBRÉ *depuis deux jours.*

c) Au **futur du passé** pour marquer la postériorité du fait de la subordonnée par rapport au fait de la principale : *Je voyais, je vis,* etc., *que le vaisseau* SOMBRERAIT *bientôt.*

d) Au **futur antérieur du passé** pour marquer la postériorité du fait de la subordonnée par rapport au fait de la principale, et en même temps l'anté-

---

1. « Ce n'est pas le temps principal qui amène le temps de la subordonnée, c'est le sens. Le chapitre de la concordance des temps se résume en une ligne : Il n'y en a pas. » (F. BRUNOT, *La Pens. et la L.,* p. 782.)

riorité de ce fait de la subordonnée par rapport à tel moment de l'avenir : *Je voyais, je vis*, etc., *que le vaisseau* AURAIT SOMBRÉ *avant une heure.*

1050. Après un *passé* dans la principale, on peut avoir aussi :

a) Le **présent** quand la subordonnée exprime un fait vrai dans tous les temps (en réalité, sans aucune localisation dans le temps) ou un fait qui dure encore au moment de la parole :

> *Je compris que le travail* EST (ou ÉTAIT[1]) *un trésor.* — *Il (...) savait que la méfiance* EST *mère de la sûreté* (LA F., F., III, 18). — *Nous disions que vous* ÊTES *l'orateur le plus éminent du diocèse* (A. FRANCE, *L'Orme du Mail*, p. 6). — *La Fontaine a dit que l'absence* EST *le plus grand des maux* (A. HERMANT, *Le Rival inconnu*, XVIII). — *On m'a rapporté, monsieur, que vous vous* INTÉRESSEZ *aux lettres ?* (ID., *Savoir parler*, p. 101.) — *Schelling a parlé beau quand il a dit que la nature* EST *comme l'Odyssée de l'esprit* (ALAIN, *Propos sur le Christianisme*, p. 68). — *La terre n'avait pas besoin de Galilée pour tourner ; mais on ne savait pas qu'elle* TOURNE (A. GIDE, *Attendu que...*, p. 98).

b) Le **passé simple** quand la subordonnée exprime un fait complètement achevé à un moment déterminé du passé, sans considération du contact que ce fait, en lui-même ou par ses conséquences, peut avoir avec le présent : *Il arriva que je le* RENCONTRAI (LITTRÉ). — *Je vous ai dit qu'un beau jour il* DISPARUT.

c) Le **passé composé** quand la subordonnée exprime un fait achevé à une époque déterminée ou indéterminée du passé et que l'on considère comme étant en contact avec le présent, soit qu'il ait eu lieu dans une période de temps non encore entièrement écoulée ou que ses conséquences soient envisagées dans le présent : *Vous ai-je dit qu'il* A REMPORTÉ (ou *qu'il* AVAIT REMPORTÉ) *le prix d'honneur ? On m'a dit qu'il n'*A *pas* INVENTÉ (ou *qu'il n'*AVAIT *pas* INVENTÉ) *la poudre.*

d) Le **futur simple** quand la subordonnée exprime un fait présenté comme certain et qui s'accomplira après le moment où l'on parle : *Vous a-t-on annoncé qu'il* PARTIRA (ou *qu'il* PARTIRAIT) *demain ?* — *Jésus-Christ a promis que les portes de l'enfer ne* PRÉVAUDRONT *point contre son Église* (AC.).

e) Le **futur antérieur** quand la subordonnée exprime un fait présenté comme certain et qui sera accompli à tel moment de l'avenir : *L'entrepreneur a*

---

1. En réalité, le fait subordonné dure encore au moment de la parole : de là le présent *est*. Mais l'esprit peut considérer la simultanéité du fait subordonné par rapport au fait principal : par là est justifié l'imparfait *était* (§ 1049, 2°, *a*). Cf. : *Ma femme m'avait bien dit, Monsieur, que vous* ÉTIEZ *fort habile et fort honnête homme* (MOL., *Mal. im.*, I, 9). — *Je voyais bien que vous n'*ÉTIEZ *pas un profane* (Th. de BANVILLE, *Gringoire*, 4). — *Roussin (...) répondit qu'il pensait que le cheval* ÉTAIT *le roi de la création* (A. FRANCE, *Crainquebille*, p. 249). — *Disons donc qu'il était louable que Tarrou et d'autres eussent choisi de démontrer que deux et deux* FAISAIENT *quatre plutôt que le contraire* (A. CAMUS, *La Peste*, p. 151).

assuré que les maçons AURONT TERMINÉ (ou AURAIENT TERMINÉ) *le gros œuvre avant la fin du mois.*

Remarques. — 1. On rencontre parfois chez les poètes le présent dans des propositions relatives dépendant d'une principale au passé [1] :

Je voulais retenir l'âme qui S'ÉVAPORE (LAMART., *Méd.*, L'Homme). — *C'est alors qu'apparut (...) Superbe, maîtrisant son cheval qui* S'EFFARE, *Sur le ciel enflammé l'Imperator sanglant* (HEREDIA, *Soir de bataille*). — *La Déroute apparut au soldat qui* S'ÉMEUT (HUGO, *Châtim.*, V, 13, 2).

2. *C'est*, dans les phrases où il est suivi d'une proposition introduite par *qui* ou *que*, peut rester au présent, quel que soit le temps dont il soit suivi : C'EST *pour vous que j'écris, que j'écrivais, que j'écrivis, que j'écrirai, que j'écrirais, que j'ai écrit, que j'avais écrit*, etc. C'EST *mon père qui écrit, qui écrivait, qui écrivit, qui écrira, qui écrivait, qui a écrit, qui avait écrit*, etc.

Mais souvent, par une sorte d'attraction, le temps du verbe *être* précédé de *ce* s'identifie avec le temps du verbe suivant, surtout aux temps simples :

C'ÉTAIT *pour vous que j'écrivais, ce* SERA *pour vous que j'écrirai, ce* SERAIT *pour vous que j'écrirais, ce* FUT *pour vous que j'écrivis*, etc. — C'ÉTAIT *mon père qui écrivait, ce* SERA *mon père qui écrira, ce* SERAIT *mon père qui écrirait, ce* FUT *mon père qui écrivit*, etc. — *Ce ne* SERA *point votre passion qui jugera l'affaire* (MOL., *Av.*, V, 4). — *Ce* SERA *chez elle que nous nous verrons* (MARIVAUX, *Le Paysan parvenu*, p. 186). — *Ce* SERA *nous qui jouirons de ses bienfaits ; ce* FUT *Cicéron qui sauva la république* (LITTRÉ, s. v. *ce*, Rem. 1). — *Ce ne* FUT *que dans la rue qu'Olivier prit connaissance de cette épigraphe manuscrite* (A. GIDE, *Les Faux-Monnayeurs*, p. 181). — *Rieux n'était même pas sûr que ce* FÛT *lui qu'elle attendît* (A. CAMUS, *La Peste*, p. 141). — *Si l'on voulait se convertir, ce ne* SERAIT *pas dans les églises qu'il faudrait aller, mais dans les lieux dits lieux de plaisir* (J. GREEN, *Journ.*, 29 juill. 1937).

3. La locution conditionnelle *n'était* (ou *n'étaient*) exprime une condition en rapport avec un fait principal situé dans le présent ou dans le futur ; *n'eût été* (ou *n'eussent été*), une condition en rapport avec un fait principal situé dans le passé (§ 1042, 1°) :

a) N'ÉTAIT *le mouvement léger de sa jambe levée, on croirait qu'il somnole* (É. ESTAUNIÉ, *Tels qu'ils furent*, p. 29). — *Les cases rondes seraient toutes semblables,* N'ÉTAIENT *les peintures qui les décorent* (A. GIDE, *Voy. au Congo*, p. 70). — N'ÉTAIENT *ces malheureuses jambes insensibles et inertes, je me croirais à peine en danger* (G. BERNANOS, *Dialogues des Carmélites*, II, 7). — *b)* N'EÛT ÉTÉ *sa toilette verte, on l'eût pris pour un magistrat* (A. FRANCE, *Pierre Nozière*, p. 69). — N'EUSSENT ÉTÉ *les fumées des toits, le village eût semblé désert* (J. et J. THARAUD, *L'Oiseau d'or*, p. 20).

---

1. Ce présent, appelé parfois « présent pittoresque », Nyrop (t. VI, p. 283) en explique l'emploi par l'influence de la rime. C'est à tort, semble-t-il ; on a là un emploi particulier du « présent historique » (§ 715, 5°). Il a pris faveur chez les romantiques, mais il est maintenant à peu près hors d'usage. D'ailleurs, « il était, dit Brunot, la plupart du temps injustifié ». (*La Pens. et la L.*, p. 789.)

Parfois l'imparfait *n'était* (ou *n'étaient*) est considéré comme figé, et on l'emploie (au lieu de *n'eût été* ou *n'eussent été*) là où le fait principal est situé dans le passé (cf. : invariabilité en nombre : § 820, 3°) : *Il avoua plus tard (...) que plusieurs fois,* N'ÉTAIENT *ses sentiments religieux, il se serait jeté dans la Seine* (BALZAC, *Cés. Birotteau*, p. 39). — N'ÉTAIT *qu'il souffrait par moments de rhumatismes, il jouissait d'une santé robuste* (É. HENRIOT, *Aricie Brun*, I, 2). — N'ÉTAIENT, *en face du lit, l'angle à peine arrondi de la chambre à trois parois, et l'insolite obscurité verte, et la tige de clarté vive (...), Alain se fût rendormi* (COLETTE, *La Chatte*, p. 49). — N'ÉTAIT *ce bruit de vitre, la détonation ne les eût pas autrement émus* (Fr. AMBRIÈRE, *Les Grandes Vacances*, p. 252). — *On se fût imaginé loin de la guerre,* N'ÉTAIENT *les vols d'avions qui traversaient le ciel* (ID., *ib.*, p. 363). — *Cette Crèvecœur eût été sans doute persécutée par ses congénères, (...)* N'ÉTAIENT *sa grosseur et sa force, qui imposaient* (MONTHERLANT, dans les *Nouv. litt.*, 23 juill. 1959).

4. Des grammairiens (Girault-Duvivier, Vincent, Stapfer...) ont prétendu qu'*espérer*, puisqu'il suppose un bien que l'on croit qui arrivera, ne pouvait se construire qu'avec un temps marquant la postériorité ; ils ont donc condamné *espérer* avec le présent ou le passé ou, plus exactement avec un temps marquant la simultanéité ou l'antériorité. Cette condamnation est nulle, comme le montre l'usage des auteurs et comme le donnerait déjà à penser la simple constatation qu'*espérer*, ainsi construit change un peu de sens et se prend dans l'acception de « aimer à croire », ou de « se flatter », ou de « penser », ou de « être certain » :

J'espère qu'il TRAVAILLE (LITTRÉ). — *J'avais espéré qu'il* TRAVAILLAIT (ID.). — *J'espère qu'il se* REPENT (HUGO, *Théâtre en lib.*, L'Épée, 1). — *J'espère qu'ici on ne se* SERT *jamais de ces incroyables expressions* (VIGNY, *Stello*, XXX). — *J'espérai que c'*ÉTAIT *la voiture d'une cantinière* (ID., *Servit. et Gr. mil.*, I, 4). — *J'espère que vous* ÊTES *bien couverte* (G. DUHAMEL, *Suzanne et les Jeunes Hommes*, p. 98). — *Justin espérait que l'on ne* CONNAISSAIT *pas les causes de cette hostilité* (M. ARLAND, *L'Ordre*, t. III, p. 143). — *Je viens te dire bonne nuit. J'espère que tu ne* DORMAIS *pas* (J. GREEN, *Léviathan*, p. 184). — *J'espère que tu n'*AS *rien* DÉCIDÉ *sans mon avis ?* (Fr. MAURIAC, *Les Chemins de la Mer*, p. 257.) — *J'espère qu'on lui* A TÉLÉGRAPHIÉ *de ne pas venir* (J. SCHLUMBERGER, *Saint-Saturnin*, p. 37). — *Il espéra seulement qu'on l'*AVAIT ÉVACUÉ *sur un hôpital d'Allemagne* (P. MILLE, *Sous leur dictée*, p. 268). — *Alors il osa lever les yeux (...) espérant que peut-être il* AVAIT RÉUSSI *à changer l'aspect de cette pièce* (A. HERMANT, *L'Aube ardente*, XIV). — *Bien que je n'aie dû garder, de leurs curieuses chroniques locales, que les grandes lignes, j'espère n'en* AVOIR *pas trop* DÉNATURÉ *l'esprit* (R. ROLLAND, *Les Léonides*, Préf.). — *J'espère y* AVOIR MIS *en pratique [dans ces pages] (...) la sincérité* (E.-M. de VOGÜÉ, *Le Roman russe*, p. 347). — *J'espère bien n'*AVOIR *pas* DISTINGUÉ *du tout* (H. BREMOND, *La Poésie pure*, p. 72). — *Il espérait absurdement que son dossier* ÉTAIT *égaré* (L. MARTIN-CHAUFFIER, *L'Homme et la Bête*, p. 18).

Ces observations s'appliquent également à *promettre*, pris, dans l'usage populaire ou familier, au sens de « assurer » :

Vous me promettez que vous ne vous BATTEZ *pas aujourd'hui ?* (A. DUMAS f., *Le Demi-Monde*, V, 2.) — *Ce qui se passe ? Ah ! ben, je vous promets que c'*EST *rigolo* (J. LEMAITRE, *Flipote*, II, 9). — *Je ne vous promets pas que la balance* SOIT *exacte* (A. HER-

MANT, *Xavier*, p. 42). — *Je vous promets qu'ils* [les pronoms] *ne* SAURAIENT *troubler ma digestion* (ID., *ib.*, p. 133). — *Je te promets que cette partie de mon roman n'*EN-GENDRE *pas la mélancolie* (G. DUHAMEL, *Cécile parmi nous*, p. 101). — *Je vous promets qu'on l'*A ROSSÉ (dans FREI, *Gramm. des fautes*, p. 249).

II. — *SUBORDONNÉE AU SUBJONCTIF*

1051. Nous examinerons les correspondances qui s'établissent :

1⁰ Entre les temps de la subordonnée au subjonctif et les temps de la même subordonnée mise à un autre mode personnel ;

2⁰ Entre les temps de la subordonnée au subjonctif et les temps de la principale dont elle dépend.

I. — Correspondance entre les temps de la subordonnée au subjonctif et ceux de la même subordonnée mise à un autre mode personnel.

1052. Dans la subordonnée :

1⁰ Le **présent** du subjonctif correspond au *présent* et au *futur* de l'indicatif [1] :

Je doute qu'il PARTE *en ce moment.*	*Je crois qu'il* PART *en ce moment.*
» *qu'il* PARTE *demain.*	» *qu'il* PARTIRA *demain.*

Remarque. — Comme le subjonctif n'a pas de forme spéciale pour marquer le futur, le présent du subjonctif tient lieu de cette forme absente. Quand on veut indiquer avec plus de netteté que l'action de la subordonnée au subjonctif est relative à l'avenir, on recourt parfois aux auxiliaires *devoir* ou *pouvoir* ; ainsi à la phrase *Je crois qu'il* PARTIRA peut correspondre *Je doute qu'il* DOIVE PARTIR.

2⁰ L'**imparfait** du subjonctif correspond à l'*imparfait* de l'indicatif, au *passé simple*, au *futur du passé*, au *conditionnel présent* :

Je doutais qu'il PARTÎT.	*Je croyais qu'il* PARTAIT.
Je doute qu'il PARTÎT *alors.*	*Je crois qu'il* PARTIT *alors.*
Je doutais qu'il PARTÎT *bientôt.*	*Je croyais qu'il* PARTIRAIT *bientôt.*
Je doute qu'il PARTÎT, *si...*	*Je crois qu'il* PARTIRAIT, *si...*

3⁰ Le **passé** du subjonctif correspond au *passé composé*, au *futur antérieur* [2] :

Je doute qu'il SOIT PARTI.	*Je crois qu'il* EST PARTI.
» »	» *qu'il* SERA PARTI.

---

1. On a la même correspondance des temps dans les propositions impératives : *Qu'il parte* [en ce moment, demain] ! *Pars* [en ce moment, demain] !

2. Même correspondance des temps dans les propositions impératives : *Que tu sois parti ! — Sois parti !*

4º Le **plus-que-parfait** du subjonctif correspond au *passé antérieur*, au *plus-que-parfait* de l'indicatif, au *futur antérieur du passé*, au *conditionnel passé* :

Je doute qu'il EÛT FINI *en un instant.*   *On dit qu'il* EUT FINI *en un instant.*

Je doutais qu'il FÛT PARTI.   *Je croyais qu'il* ÉTAIT PARTI.

»   »   » *qu'il* SERAIT PARTI.

Je doute qu'il FÛT PARTI, *si...*   *Je crois qu'il* SERAIT PARTI, *si...*

Temps de la subordonnée au subjonctif	Temps de la même subordonnée mise à un autre mode personnel	
Présent du subjonctif	Indicatif	présent
	id.	futur
	Impératif	présent (futur)
Imparfait du subjonctif	Indicatif	imparfait
	id.	passé simple
	id.	futur du passé
	Conditionnel	présent
Passé du subjonctif	Indicatif	passé composé
	id.	futur antérieur
	Impératif	passé
Plus-que-parfait du subjonctif	Indicatif	passé antérieur
	id.	plus-que-parfait
	id.	futur ant. du passé
	Conditionnel	passé

2. — Correspondance entre les temps de la subordonnée au subjonctif et ceux de la principale dont elle dépend.

1053. D'une manière générale :

1º Après un *présent* ou un *futur* dans la principale, on met le verbe de la subordonnée :

a) **Au présent** du subjonctif pour exprimer un fait présent ou futur par rapport au fait de la principale : *J'ordonne, ordonnez — qu'il* PARTE *en ce moment, qu'il* PARTE *demain. J'ordonnerai, j'aurai ordonné — qu'il* PARTE, *qu'il* REVIENNE *sans tarder.*

b) **Au passé** du subjonctif pour exprimer un fait passé par rapport au fait de la principale ou par rapport à tel moment à venir : *Je ne crois pas, je ne croirai jamais, ne croyez pas — qu'il* AIT COMMIS *cette faute. D'ici là j'aurai re-*

gretté cent fois qu'il AIT COMMIS *cette faute.* — *Il faut qu'avant un quart d'heure, tu* AIES PRIS *une décision* (H. BERNSTEIN, *Le Secret,* I, 7).

2° Après un *passé* dans la principale, la langue écrite met le verbe de la subordonnée :

a) A l'**imparfait** du subjonctif pour exprimer un fait présent ou futur par rapport au fait de la principale : *J'ordonnais, j'ordonnai, j'ai ordonné, j'avais ordonné, quand j'eus ordonné — qu'il* PARTÎT *sur le moment, qu'il* PARTÎT *sans trop tarder.*

b) Au **plus-que-parfait** du subjonctif pour exprimer un fait passé par rapport au fait de la principale : *Je regrettais, je regrettai,* etc. — *qu'il* FÛT PARTI *depuis une heure.*

Les correspondances de temps indiquées ci-dessus semblent ne pas convenir à des phrases telles que les suivantes, si on note la localisation relative des faits sur la ligne du temps : *Avant que l'heure* (...) AIT POSÉ *sur l'émail brillant* (...) *Son pied sonore et vigilant,* (...) *Le sommeil du tombeau pressera ma paupière* (A. CHÉNIER, *Iambes,* 4). — *Avant que de sa lèvre il* EÛT TOUCHÉ *la coupe, Un cosaque survint* (HUGO, *Crép.,* V, 3).

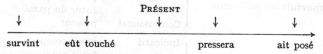

Tout s'explique selon les correspondances indiquées si l'on considère que le sens est : *Le sommeil du tombeau pressera... au moment où l'heure* n'AURA *pas encore* POSÉ... ; *Un cosaque survint au moment où il* n'AVAIT *pas même* TOUCHÉ...

3° Après un *conditionnel présent* dans la principale, on met le verbe de la subordonnée à l'**imparfait** ou au **présent** du subjonctif [1] : *Je voudrais qu'il* VÎNT, *qu'il* VIENNE. — *Peut-être voudrait-on que le style y* FÛT *moins soutenu* (A. FRANCE, *Le Génie latin,* p. 208). — *Il faudrait que chacun* DONNÂT *son superflu aux pauvres* (ID., *La Vie en fleur,* p. 3). — *Ces mots* (...), *il voudrait que les pierres elles-mêmes les* CRIENT (Fr. MAURIAC, *Pèlerins de Lourdes,* p. 29). — *Il me serait agréable que cela se* FASSE *ou se* FÎT (LITTRÉ, s.v. *que,* Rem. 2).

Si l'on est soucieux des nuances (elles sont d'ailleurs bien subtiles ici), on mettra l'imparfait lorsqu'il s'agit d'un fait irréel : *Je voudrais qu'il* VÎNT (mais il ne vient pas) ; et le présent s'il s'agit d'un fait simplement possible : *Je voudrais qu'il* VIENNE (il viendra peut-être, cela est possible).

Remarque. — On se gardera de dire, en mettant le conditionnel au lieu du subjonc-

---

1. Voir à la fin du volume l'arrêté du 26 février 1901 : *Liste,* VIII, 10.

Dans ce cas, selon Littré (s. v. *que,* Rem. 2), « il est non seulement permis de mettre le présent du subjonctif, mais la plupart du temps, cela vaut mieux que l'imparfait et est moins apprêté et moins puriste ». (Voir la note au bas de la page 1105, où se trouvent rapportées les opinions de J. Renard, d'A. Gide, de G. Duhamel, de Fr. de Miomandre, d'A. Thérive et d'A. Billy sur cette question.)

tif dans la subordonnée dépendant d'un conditionnel : « Je voudrais qu'il *viendrait ;*
il aurait fallu qu'on *aurait chanté* », etc. — Ce solécisme est fréquent en Bourgogne,
en Touraine, en Anjou, en Poitou, et ailleurs ; il s'entend couramment dans le peuple
à Paris. En Belgique, il est largement répandu dans l'usage populaire.

1054. En dépit des règles qui viennent d'être indiquées :

1° Après un *présent* dans la principale, on met le verbe de la subordonnée
à l'**imparfait** du subjonctif si le fait qu'il exprime est présenté comme habituel ou continu dans le passé :

> *Il ne faut pas croire que sa raison* FÛT *en désordre* (HUGO, *Misér.*, IV, 2, 1). — *Il
> faut qu'il* FÛT *riche alors, car il acheta une superbe maison* (STENDHAL, *Vie de Henri
> Brulard*, t. I, p. 37). — *Mais, quand ils le disaient, je crains qu'ils n'en* FUSSENT *eux-
> mêmes qu'à moitié convaincus* (F. BRUNETIÈRE, *L'Évolution des genres*, t. I, p. 137). —
> *Je ne crois pas qu'elle* MÉRITÂT *tout à fait ces compliments* (G. BOISSIER, *Mme de Sév.*,
> p. 37). — *Comment veut-on qu'il* FÎT ? (P. VALÉRY, *Remerc. à l'Ac. fr.* ; éd. Pléiade,
> t. I, p. 731.) — *J'aime qu'Herbert Spencer* TRAVAILLÂT *avec le portrait de la reine
> Victoria au-dessus de sa table* (J. BENDA, *Exercice d'un Enterré vif*, p. 149).

2° Après un *futur* dans la principale, on met le verbe de la subordonnée
au **présent** du subjonctif, si le fait qu'il exprime, quoique passé par rapport au fait de la principale, est présent par rapport au moment où l'on
parle : *Cet employé me rendra trop de services pour que je le* RENVOIE [en ce
moment].

3° Après un *passé* dans la principale, on met le verbe de la subordonnée
au **présent** du subjonctif, si le fait qu'il exprime est, par rapport au moment où l'on parle, présent ou futur, ou encore s'il s'agit d'un fait qui se
vérifie dans tous les temps :

> *Il a voulu la paix, quoiqu'il* FASSE *la guerre* [en ce moment]. *Il m'a fait trop de bien
> pour que j'en* DISE *du mal. — Si les dieux ont résolu que vous* RÉGNIEZ [plus tard],
> *Alexandre ne peut vous ôter la vie* (MONTESQ., *Lysimaque*). — *Le général a donné l'ordre
> que l'on* PARTE *demain. Dieu a voulu que l'homme se* REPOSE *le septième jour de la
> semaine.*

L'observation qui précède donne la raison de l'emploi du *présent* du subjonctif
après un *passé*, dans les exemples suivants, qui seraient encore parfaitement corrects
aujourd'hui : *Un ordre (...) qui n'est que l'effet d'une sage conduite Dont César a
voulu que vous* SOYEZ *instruite* (RAC., *Brit.*, I, 2). — *N'avez-vous pas Ordonné dès
tantôt qu'on* OBSERVE *ses pas ?* (ID., *Bérén.*, IV, 6.)

N. B. — Dans des expressions comme *rien qui vaille, âme qui vive, coûte que coûte*
(parfois aussi *quoi que ce soit*), *vaille que vaille*, on a un présent figé : *Nous marchions
depuis un bon bout de temps sans rencontrer âme qui* VIVE, *quand Huriel nous dit...*
(G. SAND, *Les Maîtres Sonneurs*, XII). — *Du moment que j'écrirais en pensant à ces
drôles, je ne ferais plus rien qui* VAILLE (FLAUB., *Corr.*, t. III, p. 109). — *L'ordre était
de s'emparer du Mort-Homme* COÛTE *que coûte* (J. ROMAINS, *Les Hommes de b. vol.*,
t. XVI, p. 272). — *Ils voulaient se débarrasser de moi* COÛTE *que coûte* (Fr. MAURIAC,
Asmodée, I, 4).

4° **Subjonctif éventuel ou du conditionnel.** — Bien qu'on ait un *pré-*

sent ou un *futur* dans la principale, lorsque le verbe subordonné, tout en dépendant d'un verbe qui régit le subjonctif, exprime l'éventualité, il se met à l'*imparfait* ou au *plus-que-parfait du subjonctif*, ayant la valeur d'un *conditionnel*. Toutefois, de nos jours, surtout dans la langue parlée, on met le plus souvent, dans ce cas, le *présent* ou le *passé du subjonctif*, selon le sens. Dans ce *subjonctif du conditionnel*[1], l'imparfait correspond généralement au conditionnel présent[2], le plus-que-parfait, au conditionnel passé :

Il n'y a aucun de ses sujets (...) qui ne HASARDÂT *sa propre vie pour conserver celle d'un si bon roi* (FÉNELON, *Tél.*, t. I, p. 311) (= *Tous ses sujets hasarderaient...*). — *Pensez-vous que je me* FISSE *faute de pleurer, si je pouvais déjeuner de mes larmes ?* (J.-J. ROUSSEAU, *Émile*, III.) — *Où est le poète qui* OSÂT *proposer à des hommes bien nés de répéter publiquement des discours plats ou grossiers ?* (DIDEROT, *Paradoxe sur le coméd.*) — *On craint que la guerre, si elle éclatait, n'*ENTRAÎNÂT *des maux incalculables* (LITTRÉ). — *Il est douteux que, sans cette précaution, nous* EUSSIONS PU *faire le trajet de Tolède à Madrid en une journée* (Th. GAUTIER, *Voy. en Esp.*, p. 176). — *Il n'y a rien que je ne* FISSE *pour vous obliger* (MUSSET, *Le Secret de Javotte*, IV). — *Personne ne doute que, mis en vente, il* [un tableau] *n'*ATTEIGNÎT *aux enchères de l'Europe un prix fabuleux* (E. FROMENTIN, *Les Maîtres d'autrefois*, p. 162). — *Nous agissons en financiers, suivant les plus étroites règles de la morale financière. Pas un seul financier qui n'*APPROUVÂT *notre conduite* (É. FABRE, *Les Ventres dorés*, II). — *En est-il un seul parmi vous qui* CONSENTÎT *?* (AC.) — *Il n'y a pas de saint qui ne* DEVÎNT *enragé si on le traitait comme un petit enfant* (A. LICHTENBERGER, *Les Contes de Minnie*, p. 191). — *Il n'est pas un homme sensé qui ne se* TROUVÂT *lui-même ridicule de reprocher aux Abyssins de n'avoir donné au monde ni Dante ni Michel-Ange* (A. SUARÈS, *Vues sur l'Europe*, p. 218). — *Je crains que, dans un cas semblable, la « renaissance » amoureuse ne s'*EFFECTUÂT *pas facilement* (R. KEMP, dans les *Nouv. litt.*, 12 sept. 1957). — *Il m'arrive de me demander si deux erreurs qui se combattent ne sont pas plus fécondes qu'une vérité qui* RÉGNÂT *sans conteste* (J. ROSTAND, *Pensées d'un biologiste*, p. 153).

Hist. — 1. Le subjonctif éventuel était fréquent à l'époque classique : *Séparons-nous, de peur qu'il* ENTRÂT (CORN., *Veuve*, I, 2). — *On craint qu'il n'*ESSUYÂT *les larmes de sa mère* (RAC., *Andr.*, I, 4). — *Je vous l'ai tant dit, Prince, que ce discours vous* DÛT *être interdit* (CORN., *Nicom.*, I, 2). — *Il n'y a personne au monde qui ne* DÛT *avoir une forte teinture de philosophie* (LA BR., XI, 132). — *Je n'y veux point aller De peur qu'elle ne* VÎNT *encor me quereller* (MOL., *Tart.*, I, 2).

---

1. La condition n'est pas nécessairement exprimée au moyen d'une proposition introduite par *si* ; elle est parfois amenée par *sans* ; parfois même elle n'est pas exprimée.

2. Il y a lieu de tenir compte du contexte et du sens général de la phrase pour discerner exactement la valeur de l'imparfait du subjonctif « éventuel » : parfois cet imparfait implique une supposition réalisable ; il correspond alors au présent du conditionnel : *On craint que la guerre, si elle éclatait, n'*ENTRAÎNÂT [cf. : *elle entraînerait*] *des maux incalculables*. — Mais il peut se faire que cet imparfait implique une supposition irréalisable ; il correspond alors au passé du conditionnel : *On craint qu'il n'*ESSUYÂT *les larmes de sa mère* (RAC., *Andr.*, I, 4) [cf. : *il aurait essuyé...* ; le vers suivant est : *Il m'*AURAIT TENU *lieu d'un père et d'un époux*].

2. A l'époque classique, le temps de la subordonnée était souvent « attiré » par le temps de la principale : *Les dieux n'ont pas voulu qu'il vous* AIT RENCONTRÉE (RAC., *Iphig.*, IV, 4). — *Vous avez voulu que nous* SOYONS ENTRÉS (MOL., *Préc.*, 7). — *Une impression qu'il eût été à souhaiter qu'ils* EUSSENT CONSERVÉE (MONTESQ., *Cons.*, 10). — *On eût dit que ce monarque (…)* EÛT CRAINT... (VOLT., *L. XIV*, 25). — Dans l'usage actuel, cela est plutôt rare : *Je n'aurais jamais cru que vous m'*AURIEZ QUITTÉE (Fr. MAURIAC, *Asmodée*, IV, 13).

1055. L'imparfait du subjonctif ne s'emploie plus dans la langue parlée, sauf peut-être les deux formes *eût* et *fût*. La langue écrite en conserve *ordinairement* l'emploi dans les verbes *avoir* et *être* et à la 3ᵉ personne du singulier des autres verbes ; mais, d'une manière générale, elle le remplace fréquemment par le *présent* du subjonctif[1]. Parallèlement, le *plus-que-parfait* du subjonctif est souvent remplacé par le *passé* du subjonctif :

---

1. Voici quelques opinions d'écrivains sur l'emploi de l'imparfait du subjonctif : 1° Celle de Jules RENARD : « Les imparfaits du subjonctif. C'est affaire de mesure. Il n'est pas plus ridicule de se servir de l'imparfait du subjonctif que de dire : « Je fus... Je fis... Nous partîmes... » Mais il ne faut pas abuser ; le passé défini nous lasse vite. De beaux parleurs ne cessent pas de s'en servir. » (*Journal*, 4 mai 1909.) — 2° Celle d'André GIDE : « On risque de tout perdre en voulant trop exiger. Il importe que la langue écrite ne s'éloigne pas trop de la langue parlée ; c'est le plus sûr moyen d'obtenir que la langue parlée ne se sépare pas trop de la langue écrite. J'estime qu'il est vain, qu'il est dangereux, de se cramponner à des tournures et à des significations tombées en désuétude, et que céder un peu permet de résister beaucoup. Considérez l'aventure du subjonctif : quand la règle est trop incommode, on passe outre. L'enfant dit : tu voulais *que je vienne*, ou : *que j'aille*, et il a raison. Il sait bien qu'en disant : *tu voulais que je vinsse*, ou : *que j'allasse*, ainsi que son maître, hier encore, le lui enseignait, il va se faire rire au nez par ses camarades, ce qui lui paraît beaucoup plus grave que de commettre un solécisme. Que ne réserve-t-on l'imparfait du subjonctif au service du plus-que-parfait et du conditionnel passé ? *(il avait voulu*, ou *il aurait voulu que je vinsse, que j'allasse)* moins fréquent, et, partant, à la suite duquel il paraîtra plus naturel. C'est le moyen de le sauver. — Pour quelque temps du moins. Car le subjonctif, si élégant qu'il soit, qu'il puisse être, est appelé, je le crains, à disparaître de notre langue, comme il a déjà disparu de la langue anglaise — plus expéditive et prête à prendre les devants, mais dont le français tend à se rapprocher de plus en plus. Certains le déplorent ; et moi aussi, sans doute ; mais cela vaut *tout de même* mieux que de voir notre langue se scléroser, — et Thérive, avec son « français, langue morte ? », nous a donné la chair de poule. » (*Incidences*, p. 76 ; Lettre ouverte à P. Souday, dans le *Temps*, 25 oct. 1923.) — 3° Celle de Georges DUHAMEL : « L'imparfait du subjonctif est en danger. Heureusement il tient encore. Nombre de gens l'honorent sans affectation comme sans ridicule. » (*Discours aux nuages*, pp. 45-46.) — 4° Celle de Francis de MIOMANDRE : « J'aimerais *qu'il m'aimât*, que diable ! ça ne veut pas tout à fait dire : « J'aimerais qu'il m'aime », comme ne manquent jamais de le dire en effet les milliers de gens qui ne se doutent pas de l'existence du subjonctif ou qui, s'ils le connaissent, le trouvent comique, sans se rendre compte qu'il n'est rocailleux qu'à deux personnes (au pluriel). Mais les délicats savent bien qu'en écrivant : « J'aimerais que vous m'aimiez », ils clignent de l'œil au lecteur comme

Peu s'en est fallu qu'il ne SOIT *tué* (AC.). — *Que voulais-tu que je lui* DISE *?* (MUSSET, *Frédéric et Bernerette,* X.) — *Ah ! il était temps que vous* ARRIVIEZ *!* (A. DUMAS f., *L'Étrangère,* II, 4.) — *Elle attendait, anxieusement, que je l'*APPROUVE *ou la* CONDAMNE (ALAIN-FOURNIER, *Le Grand Meaulnes,* p. 314). — *Elle a exigé que je me* DÉBARRASSE (H. BORDEAUX, *Tuilette,* p. 217). — *Que de fois (…) tu m'as déplu sans que je* CESSE *de t'admirer !* (M. BARRÈS, *Un Jardin sur l'Oronte,* p. 229.) — *Il fallait que toute coupe se* LÈVE (J. et J. THARAUD, *les Bien-aimées,* p. 24). — *Il a fallu que je* POSE… (M. PRÉ- VOST, *Mon cher Tommy,* p. 213). — *C'est comme si quelqu'un me regardait fixement et que je n'*AIE *pas le courage de dire non* (J. ROMAINS, *Le Dictateur,* II, 1). — *Voici les armes. Pour te les remettre, j'attendais que tu les* MÉRITES (A. GIDE, *Thésée,* p. 12). — *Il a fallu que je m'*INTERROMPE (Fr. MAURIAC, *Le Nœud de vipères,* p. 19). — *Je vou- drais que ce* SOIT *toi qui lui en parles* (A. CHAMSON, *Adeline Vénician,* p. 94).

CHAPITRE V

LE DISCOURS INDIRECT

1056. Pour rapporter soit ses propres paroles [1], soit les paroles d'autrui, on emploie le discours *direct* ou le discours *indirect.*

---

pour lui faire comprendre que s'ils évitent « aimassiez », c'est de leur part gentillesse pure et concession à l'euphonie. — Mais que vais-je chercher là, grands dieux ! Dans quelques années, si cela continue, on se contentera d'écrire : « J'aimerais que vous m'*aimez.* » C'est triste. » (dans les *Nouvelles littér.,* 27 sept. 1951). — 5° Celle d'André Thérive : « L'imparfait du subjonctif n'a pas cessé de décliner, au point qu'on ne le trouve plus régulièrement que chez des écrivains prétentieux. La plupart l'emploient au hasard, même les académiciens, en le confondant d'ailleurs avec le passé simple. » (*Libre Histoire de la Langue franç.,* p. 222). — 6° Celle d'André Billy : « Mon attachement à l'imparfait du subjonctif me porterait presque à diviser les écrivains contemporains en deux catégories : ceux qui l'emploient encore et ceux qui l'ignorent » (dans le *Figaro litt.,* 15 oct. 1960).

A noter qu'une des raisons pour lesquelles l'imparfait du subjonctif décline, c'est l'embarras que bien des gens — et même des écrivains chevronnés — éprouvent à en trouver les justes formes : *Il fallait que mademoiselle la* RASSEYÂT *de force* (E. et J. de GONCOURT, *Germinie Lacerteux,* LX). — *Mais comment* EUS-*je pu pénétrer par cette porte étroite ?* (M. DEKOBRA, *La Madone des sleepings,* p. 21, cité par M. Cohen, *Gramm. et Style,* p. 130). — *Bien qu'il* SOURIÂT *encore vaguement* (G. BERNANOS, *L'Imposture,* p. 134).

1. Ce sont parfois des paroles qu'on dit en soi-même, donc des *pensées.*

1º Le **discours** (ou **style**) **direct** reproduit textuellement les paroles dites : c'est le discours *cité* par le narrateur, qui présente comme sortant *directement* de la bouche de celui qui parle les paroles prononcées : [Le chêne un jour dit au roseau :] *Vous avez bien sujet d'accuser la nature* (LA F., F., I, 22).

L'identité de celui qui parle est indiquée, soit dans une proposition qui précède ou qui suit, soit dans une incise : *Le renard dit au bouc : Que ferons-nous, compère ?* (LA F., F., III, 5.) — *N'ai-je pas bien servi dans cette occasion ? Dit l'âne* (ID., *ib.*, II, 19). — *Sire, dit le renard, vous êtes trop bon roi* (ID., *ib.*, VII, 1).

6º Le **discours** (ou **style**) **indirect** rapporte les paroles prononcées, non plus en les faisant sortir de la bouche même de celui qui les a dites, mais *indirectement*, par le truchement du narrateur, qui en donne au lecteur ou à l'auditeur, non le texte, mais la substance ; c'est le discours *raconté :* [La dame au nez pointu répondit] QUE *la terre Était au premier occupant. « C'était un beau sujet de guerre Qu'un logis où lui-même il n'entrait qu'en rampant. »* (LA F., F., VII, 16).

Remarques. — 1. Tantôt les propositions du discours indirect sont subordonnées, par le moyen de la conjonction *que*, à un verbe déclaratif : [Ils criaient] QU'*on les menât au combat ;* QU'*ils voulaient venger la mort (...) de leur général (...) ;* QU'*avec lui ils ne craignaient rien, mais* QU'*ils vengeraient bien sa mort ;* QU'*on les laissât faire,* QU'*ils étaient furieux* (SÉV., t. IV, p. 3) ; — tantôt, pour plus de rapidité et de légèreté, les propositions du discours indirect se présentent comme indépendantes, sans *que* de subordination, le verbe *dire* étant implicitement contenu dans ce qui précède : c'est le **style indirect libre,** qui présente les *formes* du style indirect, mais garde le *ton* du style direct [1] : [Mme Benoît s'y prit adroitement en s'informant de son oncle.] *Comment allait ce bon parent ? Il ne donnait plus de ses nouvelles. N'avait-il pas un arrière-cousin en Amérique ?* (FLAUB., *L'Éduc. sent.*, t. I, p. 18.) — *Brigitte ouvrit la porte du petit salon et nous appela : Ne voulions-nous pas un peu de thé ? Cela nous réchaufferait après cette course* (Fr. MAURIAC, *La Pharisienne*, p. 213).

2. Il arrive que, par souci de variété, on passe du discours indirect avec *que* de subordination, au discours indirect libre, ou encore du discours direct à l'indirect et inversement : [Le rieur alors d'un ton sage, Dit] QU'*il craignait qu'un sien ami, Pour les grandes Indes parti, N'eût depuis un an fait naufrage ; Il s'en informait donc à ce menu fretin ; Mais tous lui répondaient qu'ils n'étaient pas d'un âge À savoir au vrai son destin ; Les gros en sauraient davantage. « N'en puis-je donc, messieurs, un gros interroger ? »* (LA F., F., VIII, 8.)

1057. Diverses correspondances entre le discours direct et l'indirect sont à examiner :

---

1. Le style indirect libre est très fréquent chez Flaubert ; de même chez Zola. C'est surtout depuis la seconde moitié du XIXᵉ siècle qu'il s'est répandu dans la langue écrite.

1º **Pronoms personnels, mots possessifs ou démonstratifs, ad-verbes.** Lorsque celui qui parle rapporte ses propres paroles à celui à qui elles ont été adressées, aucun changement de pronoms personnels ne se produit dans la transposition du discours direct en discours indirect et inversement. Mais, comme, d'ordinaire, ce n'est pas la même personne qui parle dans l'un et dans l'autre discours, et que, d'ordinaire aussi, la personne à qui le narrateur parle n'est pas la même que celle à qui l'auteur des paroles rapportées s'est adressé, des substitutions de pronoms personnels ont lieu. En particulier, quand le narrateur rapporte les paroles adressées par autrui à un tiers, tous les pronoms sont de la 3e personne. En outre, des substitutions de mots possessifs ou démonstratifs, d'adverbes, se produisent. Par exemple :

DISCOURS DIRECT	DISCOURS INDIRECT
Je te plains.	Je lui ai dit que je *le* plaignais.
	Tu m'as dit que *tu me* plaignais.
	Il lui a dit qu'*il le* plaignait.
	Il t'a dit qu'*il* te plaignait.
Mon honneur est sauf.	Il a dit que *son* honneur était sauf.
	Tu as dit que *ton* honneur était sauf.
J'ai perdu *les miens*.	Tu as dit que tu avais perdu *les tiens*.
	Il a dit qu'il avait perdu *les siens*.
Qu'on porte *ceci*, cette lettre-*ci*.	Il disait qu'on portât *cela*, cette lettre-*là*.
Je n'ai jusqu'*ici* rien obtenu.	Il a dit qu'il n'avait jusque-*là* rien obtenu.
Je suis arrivé *hier*.	On disait qu'il était arrivé *la veille*.
Je partirai *aujourd'hui, demain*.	Il disait qu'il partirait *ce jour-là, le lendemain*.

2º **Temps.** *a) Principale introductive au présent ou au futur.* Aucun changement n'a lieu, quant à l'emploi des temps, dans la transposition du discours direct en discours indirect ou inversement : *L'honneur commande, commandait, commandera, a commandé. Il dit, il dira que l'honneur commande, commandait, commandera, a commandé.*

b) Principale introductive au passé. Dans le discours direct, le moment *présent* est celui où *l'auteur des paroles* rapportées s'est exprimé ; dans le discours indirect, le moment *présent* est celui où le *narrateur* s'exprime : ainsi, lorsque le discours indirect rapporte des paroles qui *ont été* dites, le moment où l'auteur de ces paroles s'est exprimé se situe dans le passé :

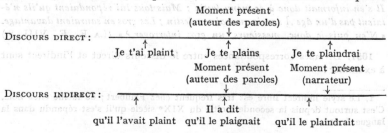

On le voit, les faits qui, dans le discours direct, sont présents, passés ou futurs, sont, dans le discours indirect, respectivement simultanés, antérieurs ou postérieurs relativement au moment du passé où le narrateur situe l'auteur des paroles rapportées. Conséquemment quand la principale introductive est au passé, le discours indirect exprime les faits simultanés par l'*imparfait*, les faits antérieurs par le *plus-que-parfait*, les faits postérieurs par le *futur du passé* ou par le *futur antérieur du passé*.

3º **Modes.** Il y a identité d'emploi du mode dans le discours direct et dans le discours indirect, sauf que l'*impératif* du discours direct se traduit dans le discours indirect par le *subjonctif*, ou plus souvent par l'*infinitif* :

DISCOURS DIRECT	DISCOURS INDIRECT
a) Enfermez-le, *mettez*-lui les fers aux pieds, de crainte qu'il n'*aille* publier cette aventure : cet homme nous *perdrait*. Nous n'*avons* que trop *tardé* à nous défier de sa perfidie. Si nous *hésitions* à agir, nous *serions* indignes de la confiance des bons citoyens.	[Il commanda] de l'*enfermer* (ou : qu'on l'*enfermât*), de lui *mettre* (ou : qu'on lui *mît*) les fers aux pieds, de crainte qu'il n'*allât* publier cette aventure : cet homme les *perdrait*. Ils n'*avaient* que trop *tardé* à se défier de sa perfidie. S'ils *hésitaient* à agir, ils *seraient* indignes de la confiance des bons citoyens.
b) [Christophe à Mme Vogel :] Ma conduite ne *regarde* que moi ; je me *soucie* fort peu qu'elle vous *plaise* ou ne vous *plaise* pas. Si vous *voulez* vous en plaindre, *plaignez*-vous-en à moi ; vous *pouvez* bien me dire tout ce que vous *voudrez : ce sera* comme s'il *pleuvait* ; mais je vous *défends*, — (vous *entendez* bien ?) — je vous *défends* d'en rien dire à ma mère ; et c'*est* une lâcheté de s'attaquer à une pauvre vieille femme malade.	[Il cria avec emportement] que sa conduite ne *regardait* que lui, qu'il se *souciait* fort peu qu'elle *plût* ou ne *plût* pas à madame Vogel, que si celle-ci *voulait* s'en plaindre, elle s'en *plaignît* à lui, qu'il *pouvait* bien lui dire tout ce qu'elle *voudrait : ce serait* comme s'il *pleuvait* ; mais qu'il lui *défendait*, — (elle *entendait* bien ?) — il lui *défendait* d'en rien dire à sa mère, et que c'*était* une lâcheté de s'attaquer à une pauvre vieille femme malade (R. ROL- LAND, *Jean-Chr.*, t. III, pp. 202-203).

N. B. — Les propositions interrogatives indépendantes dans le discours direct deviennent évidemment subordonnées dans le discours indirect avec subordination ; elles s'introduisent par *si* ou par un mot interrogatif ; *que* interrogatif (attribut, objet direct ou complément circonstanciel) devient *ce que* (§ 995, Rem. 1) : *Pourquoi me poursuit-on ? N'ai-je pas fait mon devoir ? Que me reproche-t-on ? Veut-on me perdre ?* — [Il demanda] *pourquoi on le poursuivait, s'il n'avait pas fait son devoir, ce qu'on lui reprochait, si on voulait le perdre.*

Dans la traduction en discours indirect libre, ces propositions interrogatives ne changent pas de *forme :* [Il se mit en colère :] *Pourquoi le poursuivait-on ? N'avait-il pas fait son devoir ? Que lui reprochait-on ? Voulait-on le perdre ?*

EMPLOI DES SIGNES DE PONCTUATION
ET DES SIGNES TYPOGRAPHIQUES

1058. La **ponctuation** *ᵃ* est l'art d'indiquer dans le discours écrit, par le moyen de signes conventionnels, soit les pauses à faire dans la lecture, soit certaines modifications mélodiques du débit, soit certains changements de registre dans la voix.

La ponctuation est, selon le mot de F. Gregh, la respiration de la phrase. Bien des gens la négligent ; c'est à tort, car la ponctuation est un élément de clarté : elle permet de saisir l'ordre, la liaison, les rapports des idées.

Remarque. — L'usage laisse une certaine latitude dans l'emploi des signes de ponctuation. Tel écrivain multiplie les virgules, les points-virgules, les deux point, les tirets ; tel autre n'en use qu'avec modération, laissant au lecteur le soin de faire, aux endroits voulus, certaines pauses demandées par le sens et les nuances de la pensée.

A noter que certains poètes modernes (Apollinaire et d'autres après lui) ne mettent, par principe, aucune ponctuation dans leurs vers[1].

1059. Les signes de ponctuation et les signes typographiques sont :

1. Voici, sur cette absence de ponctuation, les idées d'Aragon : « Tout le monde a essayé de me la faire remettre [la ponctuation] ! Mais j'ai lassé mon monde, et maintenant c'est une affaire réglée. Et d'ailleurs la ponctuation n'est entrée dans le vers, en français qu'après le Moyen Age : son absence n'est donc pas une invention des poètes modernes ! Elle avait été extrêmement simplifiée par Mallarmé, supprimée complètement par Apollinaire et, après lui, par un certain nombre de poètes. Pour moi, c'est une question de diction. Je déteste la diction habituelle du vers : on n'entend plus le vers comme unité. Je veux qu'on s'arrête là où il y a une rime ; le poème est d'un seul tenant et il n'y a pas d'autre ponctuation que celle de la rime. La suppression de ces « choses » (les signes de ponctuation) qui ne se prononcent que par des arrêts de la voix, c'est la suppression de ces arrêts arbitraires de la voix. — Et cette absence de ponctuation traditionnelle a une grande influence sur la poésie, car si vous ne ponctuez pas, vous ne pouvez pas écrire vos vers de la même manière : vous les écrivez alors de façon à éviter entièrement toute équivoque, ou au contraire parfois pour permettre certains jeux de l'esprit, et faire accepter deux sens conjoints du vers, dont l'un prédomine quand même, mais qui coexistent dans l'esprit du poète. » (déclarations rapportées par Edith Mora, dans les *Nouv. littér.*, 7 mai 1959).

André Thérive écrit malicieusement : « Les historiens remarquent déjà avec ironie que la ponctuation dans les vers devient une tare à partir de 1920 de l'esprit rétrograde » (*La Foire littéraire*, p. 48).

Étym. — *ᵃ Ponctuation*, dérivé de *ponctuer*, qui est emprunté du bas latin *punctuare*, dérivé de *punctum*, point.

le point (.), le point d'interrogation (?), le point d'exclamation (!), la virgule (,), le point-virgule (;), les deux points (:), les points de suspension(...), les parenthèses( ), les crochets [ ], les guillemets(« »), le tiret (—), l'astérisque (*) et l'alinéa [1].

Hist. — Chez les Grecs, la ponctuation n'était pas usitée à l'époque classique ; souvent même les mots n'étaient pas séparés les uns des autres. C'est Aristophane de Byzance (IIᵉ siècle av. J.-C.) qui imagina la première ponctuation nette et précise ; ce grammairien employait trois signes : le point parfait, en haut (ˈ), le point moyen, au milieu, et le sous-point, en bas (.). Ces trois signes correspondaient respectivement à notre point, à notre point-virgule et à nos deux points. — Les signes de ponctuation enseignés dans les écoles de l'antiquité n'étaient d'ailleurs pas employés dans la pratique, si ce n'est que le point se plaçait souvent après chaque mot pour le séparer du suivant, comme cela peut se voir dans les inscriptions latines.

C'est au IXᵉ siècle que l'on commença de faire usage de la ponctuation ; encore cette ponctuation fut-elle mise fort irrégulièrement jusqu'au XVIᵉ siècle. C'est au XVIᵉ siècle, en effet, après l'invention de l'imprimerie, que notre système moderne de ponctuation, dans son ensemble, s'est fixé et développé. Il comprenait alors la virgule, le point, les deux points et le point d'interrogation. On ne tarda pas à ajouter à ces signes les guillemets et le trait d'union. Au XVIIᵉ siècle, on introduisit l'alinéa, le point-virgule, et le point d'exclamation. L'usage des points de suspension date de la fin du XVIIIᵉ siècle, et celui du tiret et des crochets, du XIXᵉ siècle.

Ajoutons qu'un *point d'ironie*, imaginé et employé par Alcanter de Brahm (1868-1942), n'a pas rencontré de succès.

P. Claudel a préconisé (et employé dans certains de ses ouvrages) une disposition typographique qu'il appelle « pause » et qui consiste à laisser dans certaines phrases de petits intervalles en blanc. « Les points et les virgules, déclarait-il, ne donnent en effet qu'une articulation de la phrase grossière et purement logique. Sans nécessité grammaticale, il y a dans le discours des pauses et des arrêts qui sont absolument indispensables au sens. » (Dans la *Corresp. Claudel-Gide*, p. 71.)

1. — Le Point.

1060. Le **point** indique la fin d'une phrase. Il se place aussi après tout mot écrit en abrégé [2] :

---

1. Voici quelques variantes de certaines de ces appellations : *point interrogatif* ou *point interrogant ; point exclamatif, admiratif* ou *d'admiration ; point et virgule ; points suspensifs.*
En termes d'imprimerie, on dit souvent *le deux-points.*

2. Les métrologistes recommandent de ne pas faire suivre d'un point les symboles d'unités, et d'écrire, par exemple : *25 m* [mètres] — *30,5 cm* [centimètres] — *28 mm* [millimètres] — *150 km* [kilomètres] — *160 km/h* [kilomètres par heure] — *38 h* [heures] — *12 min* [minutes] — *50 s* [secondes] — *30 kg* [kilogrammes] — *40 ch* [chevaux-vapeur] — *200 F* [francs] — etc. Ils recommandent également de séparer par un point les nombres indiquant le jour, le mois, l'année, quand on emploie, dans l'indication des dates, les chiffres arabes. Ex. : *Le 28.5.1963.* — Ils recommandent

En Jeanne d'Arc se reflète un village lorrain. Il est possible qu'elle soit celtique.
Elle est sûrement catholique. Inutile après tout de songer à la femme celtique, il y
a la vierge Marie (M. BARRÈS, *Mes Cahiers*, t. XII, p. 161). — *P.T.T.* (Postes,
Télégraphes, Téléphones). — *T. S. F.* — *Chap.* II, p. 95. — *Etc.* (et cetera [1]).

Remarque. — Les écrivains contemporains emploient parfois le point (au
lieu de la virgule) pour détacher d'une proposition principale une proposition subordonnée ou un membre de phrase auxquels ils veulent donner un
relief plus accusé :

Mais tout de même, il n'y avait plus de joie, nulle part, et plus d'illusions. Ni de fleurs
(H. LAVEDAN, *Madame Lesoir*, t. I, p. 13). — *On avait donné dans le Nord un grand*
coup de pied dans la fourmilière, et les fourmis s'en allaient. Laborieusement. Sans
panique. Sans espoir. Sans désespoir. Comme par devoir (SAINT-EXUPÉRY, *Pilote de*
guerre, p. 111). — *Elle reste muette devant ce monde de l'inutile qu'il lui découvre. Dont*
la beauté l'humilie. La trouble (J. BENDA, *Songe d'Éleuthère*, p. 65).

2. — Le Point d'interrogation.

1061. Le **point d'interrogation** s'emploie après toute phrase exprimant une interrogation directe : *Et toi, vis-tu ? Est-il possible que*
tu vives loin de moi ? Ne souffres-tu pas sans cesse d'une intolérable an-
goisse ? (E. JALOUX, *La Branche morte*, p. 89.)

Quand une citation ou une exclamation dépendent d'une phrase interrogative,
elles s'introduisent par les deux points et se terminent par le point qu'elles auraient,
si elles étaient indépendantes : *Vous rappelez-vous les mots désespérés de don Diègue :*
« *Ô rage ! ô désespoir ! ô vieillesse ennemie !* »

Remarques. — 1. L'interrogation indirecte n'est jamais suivie du point
d'interrogation : *Nous ne savons pas de quoi demain sera fait.* — *Pilate deman-*
dait ce qu'était la vérité.

---

aussi de séparer, dans l'écriture des nombres, non par un point, mais par un petit
espace blanc, les tranches de trois chiffres, tant dans la partie décimale que dans la
partie entière : *396 147 habitants ; 3 125 428 francs ; 2 743, 127 4 ; 0, 031 487 5.* —
Toutefois, dans la date des années, on ne sépare pas l'indication en tranches de trois
chiffres : *en 1914 ; en l'an 2000.*

1. Littré écrit : *et cætera ;* de même le Dictionnaire général et le Larousse du XX*e*
siècle ; — Robert et le Grand Larousse encyclopédique signalent les deux orthographes *et cætera* et *et cetera*. L'Académie écrit *et cætera*, mais cela n'est pas conforme
à l'orthographe latine. Dans cette locution, *cetera* est le pluriel du neutre *ceterum*,
et le sens littéral est « et les autres choses ». Cela n'empêche pas qu'on peut employer
etc. après des noms de personnes : *MM. du Maz-Lamotte, de Botherel, de Piré, d'Épinay,*
de la Salle, de la Bourdonnaye, de Cintré, la Houssaye, etc. (NERVAL, *Le Marquis de*
Fayolle, I, 5). — *Ce n'est point dans Mézeray, mais dans Montluc, Brantôme, d'Aubigné,*
*Tavannes, La Noue, etc., que l'on se fait une idée du « Français » au XVI*e* siècle*
(MÉRIMÉE, *Chron. du règne de Ch. IX*, Préf.).

2. Quand une phrase interrogative est suivie d'une incise (*dit-il, répondit-il*, etc.), on met le point d'interrogation immédiatement après la phrase interrogative : *À quoi bon si vite ? balbutiai-je* (A. HERMANT, *Xavier*, p. 162). — *Vous iriez voir mon fils ? me demanda-t-il d'une voix presque indistincte* (Fr. AMBRIÈRE, *Le Solitaire de la Cervara*, p. 31).

3. — Le Point d'exclamation.

1062. Le **point d'exclamation** se met après une exclamation, qui peut être une simple interjection, une locution interjective, une proposition :

Hélas ! — J'ai souffert, hélas ! tous ces maux. — Ô dieux hospitaliers ! — Holà ! Holà ! mon cher notaire, vous vous pressez trop (R. ROLLAND, *Les Léonides*, II, 3). — *Je l'entendais dire tout bas en sanglotant : « Oh ! la canaille ! la canaille ! »* (A. DAUDET, *Contes du Lundi*, p. 222.) — *Vous oseriez renier votre parole !*

Remarques. — 1. L'interjection *ô* ne s'emploie jamais seule ; le point d'exclamation se met non après *ô*, mais après l'exclamation complète : *Ô douleur ! ô regret !* (AC.) — *Ô le malheureux d'avoir fait une si méchante action !* (ID.)

2. Quand *ô* marque le vocatif, on peut faire suivre d'une point d'exclamation l'expression mise en apostrophe : *Ô mer ! Éparpillée en mille mouches sur Les touffes d'une chair fraîche comme une cruche* (P. VALÉRY, *Poésies*, p. 45). — *Ne crois pas, ô poète ! que ta chanson soit vaine.* — Mais souvent aussi, dans ce cas, on remplace le point d'exclamation par une simple virgule : *Ne crois pas, ô poète, que ta chanson soit vaine. — Nous ne te lâcherons pas, ô bienheureux, tant que tu ne nous auras pas répondu* (A. HERMANT, *Xavier*, p. 137). — *Mais avec mes périls, je suis d'intelligence, Plus versatile, ô Thyrse, et plus perfide qu'eux* (P. VALÉRY, *Poésies*, p. 77).

3. Dans les locutions interjectives *eh bien ! eh quoi ! hé bien ! hé quoi !* le point exclamatif se met après la locution complète, non après le premier élément : *Hé quoi ! votre haine chancelle ?* (RAC., *Androm.*, IV, 3.) — *Comment j'ai fait ? Eh bien !... j'ai glissé...* (É. HENRIOT, *Aricie Brun*, III, 1).

4. — La Virgule.

1063. La **virgule** ᵃ marque une pause de peu de durée.

A. — Dans une proposition, la virgule s'emploie :

1° En général, pour séparer les éléments semblables (sujets, compléments,

---

ÉTYM. — ᵃ *Virgule*, empr. du latin *virgula*, petite verge, d'après la forme primitive de ce signe.

épithètes, attributs) non unis par une conjonction de coordination : *Les honneurs, les richesses, les plaisirs nous rendent-ils pleinement heureux ?* — *La charité est douce, patiente, bienfaisante.* — *On aime la compagnie d'un homme bon, juste, affable.* — *Il avait appris seul à nager, à plonger, à lancer le trident* (É. PEISSON, *Les Écumeurs*, p. 103).

Remarques. — 1. Quand un verbe a plusieurs sujets, si le dernier est joint au précédent par *et*, on ne le sépare pas du verbe par la virgule : *L'injustice, le mensonge et l'ingratitude m'inspirent de l'horreur.* — *À midi, lapins, lièvres, perdreaux et faisans formaient un assez joli tas* (Fr. AMBRIÈRE, *Le Solitaire de la Cervara*, p. 142).

Si le dernier sujet est simplement juxtaposé au précédent, on ne le sépare pas du verbe par la virgule :

La paresse, l'indolence, l'oisiveté consument beaucoup de belles énergies. — *Un mot, un regard, un geste, un silence, une combinaison atmosphérique l'avaient tenue sous le charme* (A. DUMAS f., *Un Père prodigue*, Préf.). — *Les sacs, les boîtes, les bocaux occupaient les deux murs latéraux* (J. ROMAINS, *Les Hommes de b. vol.*, t. V, p. 16). — *Les montagnes, le ciel, la mer sont comme des visages* (A. CAMUS, *Noces*, p. 25). — *Ces paroles, cette menace me déchiraient* (M. ARLAND, *Terre natale*, p. 21). — *Le nez, la bouche étaient puissants* (VERCORS, *Les Yeux et la Lumière*, p. 231).

Mais cet usage n'est pas impérieux, et l'on met parfois la virgule : *L'Inde, la Perse, l'Asie Mineure, l'Afrique, sont représentées par des meubles, des stores, des tentures…* (R. BAZIN, *Terre d'Espagne*, p. 213). — *Une confidence, un souvenir, une simple allusion, ouvrait des perspectives insoupçonnées* (R. MARTIN DU GARD, *Les Thibault*, III, 2, p. 138). — *Tuyaux épais, tiges, chaînes, fils, poutres, poutrelles, manches à vent, leviers, commandes, composaient, tout autour de ces créatures étranges, comme des racines de fer qui les garrottaient* (H. BOSCO, *Un Rameau de la nuit*, pp. 63-64).

2. Si les sujets forment une gradation ou sont résumés par un mot, cet ensemble ne doit pas être séparé du verbe par la virgule : *Un souffle, une ombre, un rien lui donnait la fièvre.* — *Un souffle, une ombre, un rien, tout met le lièvre en alarme.* — *Et tout de suite, sac, couverture, chassepot, tout disparut dans le grand chapeau cabriolet* (A. DAUDET, *Contes du Lundi*, p. 41).

3. On ne sépare pas par la virgule les différentes parties d'une somme : *Une dépense de vingt francs cinquante centimes. L'espace parcouru en deux heures dix minutes trente secondes.*

Dans les nombres écrits en chiffres, la virgule s'emploie uniquement pour séparer de la partie entière la partie décimale : *2 693,25 ; 0,275 42.*

4. En principe, on ne sépare pas par la virgule les éléments coordonnés par *et*, *ou*, *ni* [1] : *La richesse et les honneurs séduisent bien des hommes.* — *Ils*

---

1. Règle non absolue : *Ni Alibert, ni moi, n'avions jugé utile de la mettre au fait de cette parenté* (H. BOSCO, *Le Mas Théotime*, p. 73).

veulent vaincre ou mourir. — *Ni Corneille ni Racine n'ont encore été surpassés* (SAINTE-BEUVE, *Caus. du Lundi,* t. IX, p. 318).

Mais quand *et, ou, ni* servent à coordonner plus de deux éléments, on sépare ces éléments l'un de l'autre par la virgule : *Et les champs, et les bois, et les monts, et les plaines, s'éclairaient brusquement.* — *Il arrivait que, soudain, l'un de ces chiffonniers contraints aperçût une commode, ou une potiche, ou un secrétaire de bois de rose* (G. DUHAMEL, *Cri des profondeurs,* p. 182). — *Un bon financier, dit La Bruyère, ne pleure ni ses amis, ni sa femme, ni ses enfants.*

2° Pour séparer tout élément ayant une valeur purement explicative : *Saint-Malo, riche cité de pierre, ramassée sur son île entre ses nobles remparts était vers 1740 une ville prospère, vigoureuse et hardie* (A. MAUROIS, *Chateaubriand,* p. 14).

N. B. — Le complément d'objet, direct ou indirect, ne se sépare jamais du verbe par la virgule : *La lecture procure un plaisir délicat.* — *La fortune sourit aux audacieux.*

3° Après le complément circonstanciel placé en tête de la phrase, s'il a une certaine étendue : *Sur tous les coteaux d'alentour, le père de ces petits Peyral possédait des bois, des vignes, où nous devînmes les maîtres absolus* (P. LOTI, *Le Roman d'un Enfant,* XLIV). — *Dans les champs, c'était une terrible fusillade. À chaque coup, je fermais les yeux* (A. DAUDET, *Contes du Lundi,* p. 290).

Remarques. — 1. En principe, on ne met pas la virgule si le complément circonstanciel en inversion est très court : *Ici nous trouverons le calme et le silence.* — Quand le complément circonstanciel en inversion est suivi immédiatement du verbe, on le sépare facultativement par la virgule (mais s'il est très court, en principe, on ne met pas la virgule) : *Devant l'entrée, gisaient des amas de débris monstrueux* (P. LOTI, *La Galilée,* p. 191). — *Lentement, le long des maisons de la rive, glissaient ses trois mâts* [d'un voilier] (H. BOSCO, *Un Rameau de la nuit,* p. 39). — *Par la fenêtre, entrait un rayon de soleil* (H. TROYAT, *Étrangers sur la terre,* p. 511). — *Vers le milieu de la pièce, plus près des fenêtres, régnait une très grande table* (J. ROMAINS, *Les Hommes de b. vol.,* t. VII, p. 285). — *Sur une des chaises traînait une robe de chambre usagée* (ID., *ibid.*). — *Partout régnait un profond silence.*

2. En principe, on ne met pas la virgule après le complément d'objet indirect ou après le complément déterminatif en inversion : *À un tel homme comment désobéir ?* — *D'un pareil adversaire les attaques sont redoutables.*

3. Il ne faut pas omettre la virgule après le nom du lieu dans l'indication de la date : *Paris, le 5 janvier...*

4° Pour isoler les mots qui forment pléonasme ou répétition : *Rompez, rompez tout pacte avec les méchants.* — *Je vous assure, moi, que cela est.*

5° Pour isoler les mots mis en apostrophe : *Observe, Phèdre, que le Démiurge, quand il s'est mis à faire le monde, s'est attaqué à la confusion du Chaos* (P. VALÉRY, *Eupalinos,* p. 120).

B. — Dans un groupe de propositions, on emploie la virgule :

1º En général, pour séparer plusieurs propositions de même nature non unies par une conjonction de coordination : *On monte, on descend, on débarque les marchandises* (É. PEISSON, *Les Écumeurs,* p. 103). — *Il y a des gens qui cachent leurs passions, qui entendent leurs intérêts, qui y sacrifient beaucoup de choses, qui s'appliquent à grossir leur fortune.*

2º Avant les propositions introduites par les conjonctions de coordination autres que *et, ou, ni : Même je me suis arrêté de souhaiter franchement cette vie, car j'ai soupçonné qu'elle deviendrait vite une habitude et remplie de mesquineries* (M. BARRÈS, *Un Homme libre,* p. 12). — *Il ne faut pas faire telle chose, car Dieu le défend* (AC.). — *Il est fort honnête homme, mais il est un peu brutal* (ID.). — *je pense, donc je suis.*

Remarque. — Les conjonctions *et, ou, ni* ne sont pas, en général, précédées de la virgule : *Il croit et il espère. Je ne le plains ni ne le blâme.* — *Il ne faut ni s'en étonner ni s'en indigner* (J. LEMAITRE, *Jean Racine,* p. 186). — *J'ignore s'il restera ou s'il partira. La philosophie stoïcienne enseigne que toutes les fautes sont égales et que tous les mérites se valent.*

Cependant les conjonctions *et, ou, ni* sont précédées de la virgule quand elles servent à coordonner plus de deux propositions ou encore quand elles joignent deux propositions qui n'ont pas le même sujet, ou qui s'opposent l'une à l'autre, ou que l'on disjoint pour quelque raison de style : *Je ne veux, ni ne dois, ni ne puis obéir.* — *La tempête s'éloigne, et les vents sont calmés* (MUSSET, *Le Saule,* II). — *L'ennemi est aux portes, et vous délibérez ! Nous vaincrons, ou nous mourrons !*

3º Avant les propositions circonstancielles ayant une valeur simplement explicative : *Je le veux bien, puisque vous le voulez* (AC.).

Mais, dans des phrases telles que les suivantes, on ne met pas la virgule, parce que la proposition circonstancielle est intimement liée par le sens à la principale et qu'aucune pause n'est demandée : *Il est tombé parce que le chemin est glissant* (AC.). — *J'irai le voir avant qu'il parte* (ID.). — *J'irai vous voir quand je pourrai* (ID.). — *Je ne puis parler sans qu'il m'interrompe* (ID.).

4º Après les propositions circonstancielles placées en tête de la phrase : *Quand la démission de l'ambassadeur fut publique, la presse ministérielle attaqua Chateaubriand* (A. MAUROIS, *Chateaubr.,* p. 397). — *S'il pensait me mortifier par cette pratique, il y a pleinement réussi* (G. DUHAMEL, *Cri des profondeurs,* p. 31).

5º Pour isoler une proposition relative explicative : *Bérénice, qui attendait son amie de Nîmes, ne tarda pas à nous quitter* (M. BARRÈS, *Le Jardin de Bérénice,* p. 77).

Remarque. — La proposition relative déterminative ne se sépare pas de l'antécédent par une virgule, mais si elle est assez longue, on la fait suivre de la virgule : *La vertu dont nous parlons le plus volontiers est quelquefois celle qui nous manque le* *plus.* — *L'homme qui ne pense qu'à soi et à ses intérêts dans la prospérité, restera seul dans le malheur.*

6° Pour séparer la proposition participe absolue ou la proposition incise : *La pêche finie, on aborda parmi les hautes roches grises* (A. DAUDET, *Contes du Lundi*, p. 275). — *Il devrait, toute honte cessant, enfourcher un âne* (TAINE, *Voy. aux Pyrén.*, p. 213).

7° Pour marquer l'ellipse d'un verbe ou d'un autre mot énoncé dans une proposition précédente : *Les grands yeux étaient éteints et mornes, les paupières, striées de rides, les commissures des narines, marquées de plis profonds* (E. JALOUX, *La Branche morte*, p. 112).

Cependant on ne met pas la virgule si aucune équivoque n'est à craindre et si aucune pause n'est demandée : *Parmi les contemporains, les uns le trouvaient [Pyrrhus] trop violent et trop sauvage, et les autres trop doucereux* (J. LEMAITRE, *Jean Racine*, p. 150).

5. — Le Point-virgule.

1064. Le **point-virgule** marque une pause de moyenne durée. Il s'emploie pour séparer dans une phrase les parties dont une au moins est déjà subdivisée par la virgule, ou encore pour séparer des propositions de même nature qui ont une certaine étendue : *Le devoir du chef est de commander ; celui du subordonné, d'obéir.* — *Ce que nous savons, c'est une goutte d'eau ; ce que nous ignorons, c'est l'océan.*

6. — Les Deux points.

1065. Les **deux points** s'emploient :

1° Pour annoncer une citation, une sentence, une maxime, un discours direct, ou parfois un discours indirect : *Montaigne dit quelque part dans ses « Essais » : « N'est rien où la force d'un cheval se connaisse mieux qu'à faire un arrêt rond et net ».* (A. SIEGFRIED, *Savoir parler en public*, p. 183).

2° Pour annoncer l'analyse, l'explication, la cause, la conséquence, la synthèse de ce qui précède : *Je finis cependant par découvrir trois documents : deux imprimés, un manuscrit* (H. BOSCO, *Un Rameau de la nuit*, p. 112). — *Ne riez pas : Molière lui-même trouverait que cette chanson-là vaut bien celle du roi Henry* (A. HERMANT, *Savoir parler*, p. 63). — *Ce ne sont pas des idées que je leur demande : leurs idées sont le plus souvent fumeuses* (G. DUHAMEL, *Cri des profondeurs*, p. 71).

7. — Les Points de suspension.

1066. Les **points de suspension** indiquent que l'expression de la pensée reste incomplète pour quelque raison d'ordre affectif ou autre (réticence, convenance, émotion, brusque repartie de l'interlocuteur, etc.) ; parfois ils marquent une pause destinée à mettre en valeur le caractère de ce qu'on ajoute :

Maubrun : *Si le marquis...* La Marquise : *Le marquis est le plus honnête et le meilleur homme du monde* (J. LEMAITRE, *Le Député Leveau*, I, 3). — *J'ai reçu ce matin une lettre de Bertrand... Je voulais vous la montrer ; il est follement heureux chez vous... Il me parle de votre mère... Cela ne m'étonne pas qu'elle soit bonne et charmante... Tenez, il faut que vous lisiez... Il a déjà monté votre poney... Il est émerveillé !* (Fr. MAURIAC, *Asmodée*, III, 10.) — *Ma parole ! dit la mère avec une admiration tendre, on te donnerait vingt ans. Quand je pense que tu viens d'en avoir dix-sept...* (Fr. AMBRIÈRE, *Le Solitaire de la Cervara*, p. 120). — *L'abbé Martin était curé... de Cucugnan* (A. DAUDET, *Lettres de mon moulin*, p. 125). — *Cette publication mensuelle paraissait... quelquefois* (E.-M. de VOGÜÉ, *Le Roman russe*, p. 264). — *Les livres recommandés par... les autres, sont rarement à notre goût* (A. GIDE, *Journal 1942-1949*, p. 149).

Parfois les points de suspension indiquent simplement une sorte de prolongement inexprimé de la pensée : *Et bientôt, elle a même disparu tout à fait, cette ville rose, noyée dans les verts printaniers ; on doute si réellement on l'a aperçue ; plus rien, que les profondes ramures qui la gardent...* (P. LOTI, *La Galilée*, p. 129). — *C'est à partir de Khartoum que je voudrais remonter le Nil...* (A. GIDE, *Journal 1942-1949*, p. 248).

8. — Les Parenthèses. Les Crochets.

1067. Les **parenthèses** [a] s'emploient pour intercaler dans la phrase quelque indication, quelque réflexion non indispensable au sens, et dont on ne juge pas opportun de faire une phrase distincte : *Il y a de Balzac (brochure de H. Favre, p. 124) une lettre sur la jeunesse qui ne respecte rien, ne coupe pas les têtes, mais les ravale* (M. BARRÈS, *Mes Cahiers*, t. XII, p. 63). — *L'épouvante (elle vit naturellement dans un pareil monde), l'épouvante elle-même surgit d'une fiction* (H. BOSCO, *Un Rameau de la nuit*, p. 62).

L'ensemble des mots placés entre parenthèses porte le nom de *parenthèse*.

Ouvrir la parenthèse, c'est placer le premier des deux signes ; *fermer* la parenthèse, c'est placer le second.

Remarque. — Si, à l'endroit où se place la parenthèse, la phrase demande un signe de ponctuation, ce signe se met après que l'on a fermé la parenthèse (voir ci-dessus l'exemple de H. BOSCO).

ÉTYM. — [a] *Parenthèse*, empr. du lat. *parenthesis*, grec παρένθεσις, de παρά, à côté, et ἔνθεσις, action de mettre.

1068. Les **crochets** servent au même usage que les parenthèses, mais ils sont moins usités. On les emploie surtout pour isoler une indication qui contient déjà des parenthèses : *Chateaubriand s'est fait l'apologiste du christianisme* [cf. *Génie du Christianisme* (1802)].

On emploie aussi les crochets pour enfermer les mots qui, dans un texte, ont été rétablis par conjecture : *Il a adopté nos péchés, et nous a* [admis à son] *alliance ; car les vertus lui sont* [propres et les] *péchés étrangers* (PASCAL, *Pens.*, 668).

9. — Les Guillemets.

1069. Les **guillemets** [a] s'emploient au commencement et à la fin d'une citation, d'un discours direct, d'une locution étrangère au vocabulaire ordinaire ou sur laquelle on veut attirer l'attention [1]. Dans le passage guillemeté, on se contente ordinairement de placer les guillemets au commencement de chaque alinéa et à la fin du dernier ; parfois on met les guillemets au commencement de chaque ligne ou de chaque vers :

On pense involontairement à la chanson de la tante Boisteilleul : « *Un épervier aimait une fauvette...* » (A. MAUROIS, *Chateaubriand*, p. 137). — *Maintenant, ils trouvaient dans tout ce qu'il avait écrit des traces de* « *bochisme* » (R. ROLLAND, *Clerambault*, p. 147). — *La mode est en train de gagner la France de ces publications que l'on nomme des* « *digests* » *dans le monde anglo-saxon* (G. DUHAMEL, *Tribulations de l'espérance*, p. 594). — *Les bonheurs profonds qu'il avait découverts pouvaient-ils passer pour un simple* « *amusement* » *?* (Fr. AMBRIÈRE, *Le Solitaire de la Cervara*, p. 121.) — *L'accusé déclara qu'il* « *travaillait* » *dans le cambriolage et dans le vol à main armée.*

Remarques. — 1. Lorsque, dans le texte guillemeté, vient s'insérer un passage de l'auteur qui cite, les guillemets se ferment avant ce passage et se rouvrent après, à moins qu'il ne soit de peu d'étendue : *dit-il, répondit-il,* etc.

2. Si le passage guillemeté, considéré isolément, demande après lui un signe de ponctuation, celui-ci se place avant les derniers guillemets : *Mais quand le bois ne contenait pas de nœuds, il opinait :* « *On les aura !* » (G. DUHAMEL, *Civilisation*, p. 33.) — *Il demanda :* « *Que faites-vous ici ?* » *Je répondis :* « *J'attends le départ.* »

---

1. Dans les anciens manuscrits, on employait, pour indiquer les citations, l'*antilambda*, signe qui était un *lambda* renversé et présentant sa pointe à gauche, puis à droite (< ... ▷).

ÉTYM. — [a] *Guillemet :* peut-être tiré du nom de celui qui aurait inventé ce signe : *Guillemet* ou *Guimet* (selon Ménage) ou *Guillaume* (selon le Dictionn. des Arts et Métiers).

Autrement, la ponctuation se place après les derniers guillemets : *M. Fellaire se donna beaucoup de mal pour échauffer « son cher insulaire, son très honorable gendre »*. (A. FRANCE, *Jocaste*, p. 53.) — *Musset ne s'est-il pas moqué de la « boutique romantique » ? — Quel homme que ce « Père la Victoire » !*

Dans l'imprimerie, on met généralement en caractères *italiques* — parfois aussi en caractères e s p a c é s — les mots sur lesquels on veut attirer l'attention.

10. — Le Tiret.

1070. Le **tiret** s'emploie dans un dialogue pour indiquer le changement d'interlocuteur ; il se met aussi, de la même manière que les parenthèses, avant et après une proposition, un membre de phrase, une expression ou un mot, qu'on veut séparer du contexte pour les mettre en valeur :

Il rattrapa Louvois :
— Dites. Quel âge a-t-il à peu près ?
— Dans les trente à trente-cinq.
— Pas plus ? Vous êtes sûr ?
— Non (J. ROMAINS, *Les Hommes de b. vol.*, t. VII, p. 244). *Ainsi — et ce point réservé que nul poète ne fut plus grand par l'imagination et par l'expression — sous quelque aspect que nous considérions Victor Hugo, nous lui voyons des égaux et des supérieurs* (J. LEMAITRE, *Les Contemp.*, t. IV, p. 149). — *Les mœurs se sont adoucies, et il ne pouvait être question de mettre à mort les élèves — irresponsables — de ce mauvais plaisant de M. Paul* (A. HERMANT, *Savoir parler*, p. 83). — *Après tout, ce jeune homme ne mérite aucun reproche — à moins que ce ne soit un crime d'avoir vingt ans et de marquer plus que son âge...* (Fr. MAURIAC, *Asmodée*, II, 2). — *Il me fallut plusieurs jours de travail — et de travail soigné, utile — pour me faire une raison* (H. BOSCO, *Un Rameau de la nuit*, p. 106).

Remarque. — Parfois le tiret, soit simple, soit double, se place après une virgule, comme si l'on estimait que cette virgule indique trop faiblement la séparation qu'on veut marquer[1] :

---

1. Réflexion de Fr. Mauriac : « Je le note ici en passant, certains se sont étonnés souvent, chez mes éditeurs, de cette manie que j'ai de couper mes phrases par un tiret suivi d'une virgule. En vérité, je le dois à Fromentin, au Fromentin de ce passage-là [dans le chapitre III de *Dominique* : « *...pendant ces longues nuits, où je dormais peu, où la lune éclairait, où la pluie quelquefois tombait, paisible, chaude et sans bruit, comme des pleurs de joie —, pour mes délices et pour mon tourment, toute la nuit les rossignols chantaient.* »] : le tiret qui vient ici après « joie » marque un temps qui est entré à jamais dans ma propre musique... » (dans le *Figaro litt.*, 30 janv. 1960).

Je voudrais essayer de dire maintenant l'impression que la mer m'a causée, lors de notre première entrevue, — qui fut un bref et lugubre tête-à-tête (P. Loti, *Le Roman d'un Enfant*, IV). — *Figurez-vous que cette dinde avait porté tout cet argent, — cet argent en somme qui n'était plus à elle et qu'elle m'avait promis, — au bazar, en se faisant indignement voler naturellement, pour acheter de la parfumerie !* (P. Claudel, *Figures et Paraboles*, pp. 30-31.) — *Nous savons aussi qu'une grande nation est, d'abord, — oh ! ne nous lassons pas de le répéter, — une nation capable de produire de grands hommes* (G. Duhamel, *Tribulations de l'espérance*, p. 52). — *Le piéton, — qu'il soit tel par plaisir ou par nécessité — devra tant bien que mal s'aventurer dans ce concert des puissances furieuses* (Id., *Manuel du protestataire*, p. 131).

11. — L'Astérisque.

1071. L'astérisque *[a]* est un petit signe en forme d'étoile qui indique un renvoi ou qui, simple ou triple, tient lieu d'un nom propre qu'on ne veut pas faire connaître, sinon parfois par la simple initiale : *Il allait chez madame de B**** (Musset, *Confess.*, III, 5). — *À la sœur Louise au couvent de **** (Id., *On ne badine pas avec l'amour*, III, 2). — *Les trains ne vont pas plus loin que S** (J. de Lacretelle, *La Bonifas*, XI).

Dans les ouvrages philologiques, l'astérisque placé devant un mot indique qu'il s'agit d'une forme supposée : *Accueillir*. Lat. pop. **accoligere* (Bloch-Wartburg, *Dict. étym.*, s. v.). — *Ce n'est pas par une simple évolution phonétique que* upupa *est devenu* huppe *en français ; il n'aurait pu aboutir qu'à* *ouppe (M. Grammont, *Traité de Phonét.*, p. 401).

12. — L'Alinéa.

1072. L'alinéa *[b]* marque un repos plus long que le point. C'est une séparation qu'on établit entre une phrase et les phrases précédentes, en la faisant commencer un peu en retrait à la ligne suivante [1], après un petit intervalle laissé en blanc.

L'alinéa s'emploie quand on passe d'un groupe d'idées à un autre groupe d'idées.

On donne aussi le nom d'*alinéa* à chaque passage après lequel on va à la ligne.

---

1. Selon une mode typographique récente, des imprimeurs ne mettent plus en retrait le début du texte en alinéa. La clarté n'a rien à gagner à cet usage nouveau.

Étym. — *[a]* *Astérisque*, empr. du lat. *asteriscus*, grec ἀστερίσκος, proprement « petite étoile ».

[b] *Alinéa*, empr. du lat. *a linea*, en s'écartant de la ligne.

APPENDICE

1. — ARRÊTÉ RELATIF A LA SIMPLIFICATION DE L'ENSEIGNEMENT DE LA SYNTAXE FRANÇAISE

Le Ministre de l'Instruction publique et des Beaux-Arts,
Vu l'article 5 de la loi du 27 février 1880 ;
Vu l'arrêté du 31 juillet 1900 ;
Le Conseil supérieur de l'Instruction publique entendu,

Arrête :

ARTICLE Ier. — Dans les examens ou concours dépendant du Ministère de l'Instruction publique, qui comportent des épreuves spéciales d'orthographe, il ne sera pas compté de fautes aux candidats pour avoir usé des tolérances indiquées dans la liste annexée au présent arrêté.

La même disposition est applicable au jugement des diverses compositions rédigées en langue française, dans les examens ou concours dépendant du Ministère de l'Instruction publique qui ne comportent pas une épreuve spéciale d'orthographe.

Art. 2. — L'arrêté du 31 juillet 1900 est rapporté.

Fait à Paris, le 26 février 1901.   GEORGES LEYGUES.

Liste [1] annexée à l'arrêté du 26 février 1901.

I. — SUBSTANTIFS

Pluriel ou singulier. — Dans toutes les constructions où le sens permet de comprendre le substantif complément aussi bien au singulier qu'au pluriel, on tolérera l'emploi de l'un ou l'autre nombre. Ex. : *des habits de femme* ou *de femmes* ; — *des confitures de groseille* ou *de groseilles* ; — *des prêtres en bonnet carré* ou *en bonnets carrés* ; — *ils ont ôté leur chapeau* ou *leurs chapeaux.*

II. — SUBSTANTIFS DES DEUX GENRES

1. Aigle. — L'usage actuel donne à ce substantif le genre masculin, sauf dans le cas où il désigne des enseignes. Ex. : *les aigles romaines.*

---

[1]. Dans le texte officiel de la liste, les divers paragraphes ne sont pas numérotés ; c'est pour plus de commodité dans l'indication des renvois à cette liste qu'on a numéroté ici les paragraphes.

2. Amour, orgue. — L'usage actuel donne à ces deux mots le genre masculin au singulier. Au pluriel, on tolérera indifféremment le genre masculin ou le genre féminin. Ex. : *les grandes orgues ; — un des plus beaux orgues ; — de folles amours, des amours tardifs.*

3. Délice et **délices** sont, en réalité, deux mots différents. Le premier est d'un usage rare et un peu recherché. Il est inutile de s'en occuper dans l'enseignement élémentaire et dans les exercices.

4. Automne, enfant. — Ces deux mots étant des deux genres, il est inutile de s'en occuper particulièrement. Il en est de même de tous les substantifs qui sont indifféremment des deux genres.

5. Gens, orge. — On tolérera, dans toutes les constructions, l'accord de l'adjectif au féminin avec le mot *gens*. Ex. : *instruits* ou *instruites par l'expérience, les vieilles gens sont soupçonneux* ou *soupçonneuses.*

On tolérera l'emploi du mot *orge* au féminin sans exception : *orge carrée, orge mondée, orge perlée.*

6. Hymne. — Il n'y a pas de raison suffisante pour donner à ce mot deux sens différents, suivant qu'il est employé au masculin ou au féminin. On tolérera les deux genres, aussi bien pour les chants nationaux que pour les chants religieux. Ex. : *un bel hymne* ou *une belle hymne.*

7. Pâques. — On tolérera l'emploi de ce mot au féminin aussi bien pour désigner une date que la fête religieuse. Ex. : *à Pâques prochain* ou *à Pâques prochaines.*

III. — PLURIEL DES SUBSTANTIFS

1. Pluriel des noms propres. — La plus grande obscurité régnant dans les règles et les exceptions enseignées dans les grammaires, on tolérera dans tous les cas que les noms propres, précédés de l'article pluriel, prennent la marque du pluriel. Ex. : *les Corneilles* comme *les Gracques ; — des Virgiles* (exemplaires) comme *des Virgiles* (éditions).

Il en sera de même pour les noms propres de personnes désignant les œuvres de ces personnes. Ex. : *des Meissoniers.*

2. Pluriel des noms empruntés à d'autres langues. — Lorsque ces mots sont tout à fait entrés dans la langue française, on tolérera que le pluriel soit formé selon la règle générale. Ex. : *des exéats* comme *des déficits.*

IV. — NOMS COMPOSÉS

Noms composés. — Les mêmes noms composés se rencontrent aujourd'hui tantôt avec le trait d'union, tantôt sans trait d'union. Il est inutile de fatiguer les enfants à apprendre des contradictions que rien ne justifie. L'absence de trait d'union dans l'expression *pomme de terre* n'empêche pas cette expression de former un véritable mot composé aussi bien que *chef-d'œuvre*, par exemple. Ces mots pourront toujours s'écrire sans trait d'union.

V. — ARTICLE

1. Article devant les noms propres de personnes. — L'usage existe d'employer l'article devant certains noms de famille italiens : *le Tasse, le Corrège*, et quelquefois à tort devant les prénoms : *(le) Dante, (le) Guide.* — On ne comptera pas comme faute l'ignorance de cet usage.

Il règne aussi une grande incertitude dans la manière d'écrire l'article qui fait partie de certains noms propres français : *la Fontaine* ou *La Fontaine, la Fayette* ou *Lafayette*. Il convient d'indiquer, dans les textes dictés, si, dans les noms propres qui contiennent un article, l'article doit être séparé du nom.

2. Article supprimé. — Lorsque deux adjectifs unis par *et* se rapportent au même substantif de manière à désigner en réalité deux choses différentes, on tolérera la suppression de l'article devant le second adjectif. Ex. : *l'histoire ancienne et moderne*, comme *l'histoire ancienne et la moderne.*

3. Article partitif. — On tolérera *du, de la, des*, au lieu de *de* partitif, devant un substantif précédé d'un adjectif. Ex. : *de* ou *du bon pain, de bonne viande* ou *de la bonne viande, de* ou *des bons fruits.*

4. Article devant *plus, moins*, etc. — La règle qui veut qu'on emploie *le plus, le moins, le mieux*, comme un neutre invariable devant un adjectif indiquant le degré le plus élevé de la qualité possédée par le substantif qualifié sans comparaison avec d'autres objets, est très subtile et de peu d'utilité. Il est superflu de s'en occuper dans l'enseignement élémentaire et dans les exercices. On tolérera *le plus, la plus, les plus, les moins, les mieux*, etc., dans des constructions telles que : *on a abattu les arbres le plus* ou *les plus exposés à la tempête.*

VI. — ADJECTIFS

1. Accord de l'adjectif. — Dans la locution *se faire fort de*, on tolérera l'accord de l'adjectif. Ex. : *se faire fort, forte, forts, fortes de...*

2. Adjectif construit avec plusieurs substantifs. — Lorsqu'un adjectif qualificatif suit plusieurs substantifs de genres différents, on tolérera toujours que l'adjectif soit construit au masculin pluriel, quel que soit le genre du substantif le plus voisin. Ex. : *appartements et chambres meublés.* — On tolérera aussi l'accord avec le substantif le plus rapproché. Ex. : *un courage et une foi nouvelle.*

3. Nu, demi, feu. — On tolérera l'accord de ces adjectifs avec le substantif qu'ils précèdent. Ex. : *nu* ou *nus pieds, une demi* ou *demie heure* (sans trait d'union entre les mots), *feu* ou *feue reine.*

4. Adjectifs composés. — On tolérera la réunion des deux mots constitutifs en un seul mot, qui formera son féminin et son pluriel d'après la règle générale. Ex. : *nouveauné, nouveaunée, nouveaunés, nouveaunées ; courtvêtu, courtvêtue, courtvêtus, courtvêtues.*

Mais les adjectifs composés qui désignent des nuances étant devenus, par suite d'une ellipse, de véritables substantifs invariables, on les traitera comme des mots invariables. Ex. : *des robes bleu clair, vert d'eau*, etc., de même qu'on dit *des habits marron.*

5. Participes passés invariables. — Actuellement les participes *approuvé, attendu, ci-inclus, ci-joint, excepté, non compris, y compris, ôté, passé, supposé, vu*, placés avant le substantif auquel ils sont joints, restent invariables ; *Excepté* est même déjà classé parmi les prépositions. On tolérera l'accord facultatif pour ces participes, sans exiger l'application de règles différentes suivant que ces mots sont placés au commencement ou dans le corps de la proposition, suivant que le substantif est ou n'est pas déterminé. Ex. : *ci joint* ou *ci jointes les pièces demandées* (sans trait d'union entre *ci* et le participe) ; — *je vous envoie ci joint* ou *ci jointe copie de la pièce.* On tolérera la même liberté pour l'adjectif *franc.* Ex. : *envoyer franc de port* ou *franche de port une lettre.*

6. Avoir l'air. — On permettra d'écrire indifféremment : *elle a l'air doux* ou *douce*, *spirituel* ou *spirituelle*. On n'exigera pas la connaissance d'une différence de sens subtile suivant l'accord de l'adjectif avec le mot *air* ou avec le mot désignant la personne dont on indique l'air.

7. Adjectifs numéraux. — *Vingt, cent.* La prononciation justifie dans certains cas la règle actuelle, qui donne un pluriel à ces deux mots quand ils sont multipliés par un autre nombre. On tolérera le pluriel de *vingt* et de *cent*, même lorsque ces mots sont suivis d'un autre adjectif numéral. Ex. : *quatre vingt* ou *quatre vingts dix hommes ;* — *quatre cent* ou *quatre cents trente hommes.*

Le trait d'union ne sera pas exigé entre le mot désignant les unités et le mot désignant les dizaines. Ex. : *dix sept.*

Dans la désignation du millésime, on tolérera *mille* au lieu de *mil*, comme dans l'expression d'un nombre. Ex. : *l'an mil huit cent quatre vingt dix* ou *l'an mille huit cents quatre vingts dix.*

VII. — ADJECTIFS DÉMONSTRATIFS, INDÉFINIS ET PRONOMS

1. Ce. — On tolérera la réunion des particules *ci* et *là* avec le pronom qui les précède, sans exiger qu'on distingue *qu'est ceci, qu'est cela* de *qu'est ce ci, qu'est ce là.* — On tolérera la suppression du trait d'union dans ces constructions.

2. Même. — Après un substantif ou un pronom au pluriel, on tolérera l'accord de *même* au pluriel et on n'exigera pas de trait d'union entre *même* et le pronom. Ex. : *nous mêmes, les dieux mêmes.*

3. Tout. — Devant un nom de ville, on tolérera l'accord du mot *tout* avec le nom propre, sans chercher à établir une différence un peu subtile entre des constructions comme *tout Rome* et *toute Rome.*

On ne comptera pas de faute non plus à ceux qui écriront indifféremment, en faisant parler une femme, *je suis tout à vous* ou *je suis toute à vous.*

Lorsque *tout* est employé avec le sens indéfini de *chaque*, on tolérera indifféremment la construction au singulier ou au pluriel du mot *tout* et du substantif qu'il accompagne. Ex. : *des marchandises de toute sorte* ou *de toutes sortes ;* — *la sottise est de tout (tous) temps et de tout (tous) pays.*

4. Aucun. — Avec une négation, on tolérera l'emploi de ce mot aussi bien au pluriel qu'au singulier. Ex. : *ne faire aucun projet* ou *aucuns projets.*

5. Chacun. — Lorsque ce pronom est construit après le verbe et se rapporte à un mot pluriel sujet ou complément, on tolérera indifféremment, après *chacun*, le possessif *son, sa, ses* ou le possessif *leur, leurs.* Ex. : *ils sont sortis chacun de son côté* ou *de leur côté ;* — *remettre des livres chacun à sa place* ou *à leur place.*

VIII. — VERBE

1. Verbes composés. — On tolérera la suppression de l'apostrophe et du trait d'union dans les verbes composés. Ex. : *entrouvrir, entrecroiser.*

2. Trait d'union. — On tolérera l'absence de trait d'union entre le verbe et le pronom sujet placé après le verbe. Ex. : *est il ?*

3. Différence du sujet apparent et du sujet réel. — Ex. : *sa maladie sont des vapeurs.* Il n'y a pas lieu d'enseigner de règles pour des constructions semblables, dont l'emploi ne peut être étudié utilement que dans la lecture et l'explication des textes. C'est une question de style et non de grammaire, qui ne saurait figurer ni dans les exercices élémentaires ni dans les examens.

4. Accord du verbe précédé de plusieurs sujets non unis par la conjonction *et*. — Si les sujets ne sont pas résumés par un mot indéfini tel que *tout, rien, chacun,* on tolérera toujours la construction du verbe au pluriel. Ex. : *sa bonté, sa douceur le font admirer.*

5. Accord du verbe précédé de plusieurs sujets au singulier unis par *ni, comme, avec, ainsi que* et autres locutions équivalentes. — On tolérera toujours le verbe au pluriel. Ex. : *ni la douceur ni la force n'y peuvent rien* ou *n'y peut rien* ; — *la santé comme la fortune demandent à être ménagées* ou *demande à être ménagée* ; — *le général avec quelques officiers sont sortis* ou *est sorti du camp* ; — *le chat ainsi que le tigre sont des carnivores* ou *est un carnivore.*

6. Accord du verbe quand le sujet est un mot collectif. — Toutes les fois que le collectif est accompagné d'un complément au pluriel, on tolérera l'accord du verbe avec le complément. Ex. : *un peu de connaissances suffit* ou *suffisent.*

7. Accord du verbe quand le sujet est *plus d'un*. — L'usage actuel étant de construire le verbe au singulier avec le sujet *plus d'un*, on tolérera la construction du verbe au singulier, même lorsque *plus d'un* est suivi d'un complément au pluriel. Ex. : *plus d'un de ces hommes étaient* ou *était à plaindre.*

8. Accord du verbe précédé de *un de ceux (une de celles) qui*. — Dans quels cas le verbe de la proposition relative doit-il être construit au pluriel, et dans quels cas au singulier ? C'est une délicatesse de langage qu'on n'essayera pas d'introduire dans les exercices élémentaires ni dans les examens.

9. C'est, ce sont. — Comme il règne une grande diversité d'usage relativement à l'emploi régulier de *c'est* et de *ce sont*, et que les meilleurs auteurs ont employé *c'est* pour annoncer un substantif au pluriel ou un pronom de la troisième personne au pluriel, on tolérera dans tous les cas l'emploi de *c'est* au lieu de *ce sont*. Ex. : *c'est* ou *ce sont des montagnes et des précipices.*

10. Concordance ou correspondance des temps. — On tolérera le présent du subjonctif au lieu de l'imparfait dans les propositions subordonnées dépendant de propositions dont le verbe est au conditionnel. Ex. : *il faudrait qu'il vienne* ou *qu'il vînt.*

IX. — PARTICIPE

1. Participe présent et adjectif verbal. — Il convient de s'en tenir à la règle générale d'après laquelle on distingue le participe de l'adjectif en ce que le premier indique l'action, et le second l'état. Il suffit que les élèves et les candidats fassent preuve de bon sens dans les cas douteux. On devra éviter avec soin les subtilités dans les exercices. Ex. : *des sauvages vivent errant* ou *errants dans les bois.*

2. Participe passé. — Il n'y a rien à changer à la règle d'après laquelle le participe passé construit comme épithète doit s'accorder avec le mot qualifié, et construit comme attribut avec le verbe *être* ou un verbe intransitif doit s'accorder avec le sujet. Ex. : *des fruits gâtés* ; — *ils sont tombés* ; — *elles sont tombées.*

Pour le participe passé construit avec l'auxiliaire *avoir*, lorsque le participe passé est suivi, soit d'un infinitif, soit d'un participe présent ou passé, on tolérera qu'il reste invariable, quels que soient le genre et le nombre des compléments qui précèdent. Ex. : *les fruits que je me suis laissé* ou *laissés prendre* ; — *les sauvages que l'on a trouvé* ou *trouvés errant dans les bois.* Dans le cas où le participe passé est précédé d'une expression collective, on pourra à volonté le faire accorder avec le collectif ou avec son complément. Ex. : *la foule d'hommes que j'ai vue* ou *vus.*

X. — ADVERBE

Ne **dans les propositions subordonnées.** — L'emploi de cette négation dans un très grand nombre de propositions subordonnées donne lieu à des règles compliquées, difficiles, abusives, souvent en contradiction avec l'usage des écrivains les plus classiques.

Sans faire de règles différentes suivant que les propositions dont elles dépendent sont affirmatives ou négatives ou interrogatives, on tolérera la suppression de la négation *ne* dans les propositions subordonnées dépendant de verbes ou de locutions signifiant :

Empêcher, défendre, éviter que, etc. Ex. : *défendre qu'on vienne* ou *qu'on ne vienne ;*
Craindre, désespérer, avoir peur, de peur que, etc. Ex. : *de peur qu'il aille* ou *qu'il n'aille ;*
Douter, contester, nier que, etc. Ex. : *je ne doute pas que la chose soit vraie* ou *ne soit vraie ;*
Il tient à peu, il ne tient pas à, il s'en faut que, etc. Ex. : *il ne tient pas à moi que cela se fasse* ou *ne se fasse.*

On tolérera de même la suppression de cette négation après les comparatifs et les mots indiquant une comparaison : *autre, autrement que*, etc. Ex. : *l'année a été meilleure qu'on l'espérait* ou *qu'on ne l'espérait ; — les résultats sont autres qu'on le croyait* ou *qu'on ne le croyait.*

De même, après les locutions *à moins que, avant que.* Ex. : *à moins qu'on accorde le pardon* ou *qu'on n'accorde le pardon.*

OBSERVATION

Il conviendra, dans les examens, de ne pas compter comme fautes graves celles qui ne prouvent rien contre l'intelligence et le véritable savoir des candidats, mais qui prouvent seulement l'ignorance de quelque finesse ou de quelque subtilité grammaticale.

Vu pour être annexé à l'arrêté du 26 février 1901.

Le ministre de l'Instruction publique et des Beaux-Arts,

GEORGES LEYGUES.

INDICATIONS RELATIVES A CERTAINS AUTEURS CITÉS

Le plus grand nombre des ouvrages cités dans ce livre ont des indications qui s'entendent d'elles-mêmes : on s'est dispensé de faire figurer ici ces ouvrages. On s'est dispensé également de porter dans la présente liste les ouvrages cités d'après les éditions ordinaires.

ACADÉMIE, *Dictionnaire de l'Académie française*, 8ᵉ éd., 1935.

Adam (mystère du XIIᵉ s.), éd. L. Palustre. Paris, 1887.

ADAM LE BOSSU (XIIIᵉ s.), *Le Jeu de la Feuillée*, éd. Classiques français du moyen âge, 2ᵉ éd., 1923.

ALAIN, *Propos d'un Normand*, 1906-1914, t. I, Paris, Gallimard, 1952.

ALAIN-FOURNIER, *Le Grand Meaulnes*, nouvelle éd. Paris, Émile-Paul, 1926.

Alexis (Vie de saint ~) (poème du XIᵉ s.), éd. J.-M. Meunier, Paris, Droz, 1933.

Aliscans (chanson de geste du XIIᵉ s.), éd. Wienbeck, Hartnacke et Rasch. Halle, 1903.

Amadas et Ydoine (roman du XIIIᵉ s.), éd. Classiques français du moyen âge, 1926.

AMYOT (Jacques) (1513-1593), *Les Vies des Hommes illustres grecs et romains*, in-fol. Paris, Gilles Beys, 1584.

ARLAND (Marcel), *L'Ordre*, 24ᵉ éd., 3 vol. Paris, N. R. F.

Aucassin et Nicolette (chantefable du XIIIᵉ s.), éd. Classiques français du moyen âge, 1925.

AUBIGNÉ (Agrippa d') (1552-1630), *Œuvres complètes*, éd. Réaume et de Caussade, 6 vol. Paris, Lemerre, 1873-92.

AYMÉ (Marcel), *Les Contes du Chat perché*, 62ᵉ éd. Paris, Gallimard.

BAINVILLE (Jacques), *Le Dix-huit Brumaire*, Collection « Récits d'autrefois ». Paris, Hachette.

BALZAC (Honoré de), *César Birotteau*. Paris, Société d'Éditions littér. et artistiq., Libr. Paul Ollendorff. — Même édit. : *Le Curé de village* ; — *Les Employés* ; — *Le Médecin de campagne* ; — *Les Paysans* ; — *La Peau de chagrin* ; — *Une Ténébreuse Affaire* ; — *Ursule Mirouet*.

— *L'Illustre Gaudissart*, éd. Nelson.

— *La Muse du département*, éd. Nelson.

BARRÈS (Maurice). *La Colline inspirée*, éd. définitive. Paris, Plon.

— *Colette Baudoche*, nouvelle édit. Paris, Émile-Paul, 1918.

— *Les Déracinés*, éd. Nelson.

— *Leurs Figures*, éd. Nelson.

BARTSCH (Karl), *Chrestomathie de l'ancien français*, 12ᵉ éd. Leipzig, Vogel, 1920.

BAZIN (René), *Contes de Bonne Perrette*. Collection « Pour tous ». Mame.

— *De toute son âme*, éd. Nelson.

BELLAY (Joachim du) (1525-1560), *Œuvres poétiques*, éd. Chamard, Société des Textes français modernes, 1908-31.

BÉROUL, *Le Roman de Tristan* (poème du XIIᵉ s.), éd. Classiques français du moyen âge, 2ᵉ éd., 1922.

BERNARD (Jean-Jacques), *Le Camp de la mort lente*. Bruxelles, Les Éditions libres.

Berte aus grans piés (XIIIᵉ s.) par Adenet le Roi, éd. U. T. Holmes, Jr (University of North Carolina), Chapel Hill, 1946.

BODEL (Jean) (XIIIᵉ s.), *Le Jeu de saint Nicolas*, éd. Classiques français du moyen âge, 1925.

BORDEAUX (Henry), *L'Affaire de la rue Lepic*, Le Livre de demain. Paris, Fayard.
— *La Neige sur les pas*, Bibliothèque reliée Plon.
— *Les Roquevillard*, Le Livre de demain. Paris, Fayard.
Bosco (Henri), *L'Âne Culotte*, Collection Pourpre. Paris, Gallimard.
BOSSUET (1627-1704), *Discours sur l'Histoire universelle*, éd. Gasté, 2 vol. Paris, Flammarion.
— *Œuvres oratoires*, éd. critique de l'abbé Lebarq, revue et augmentée par Ch. Urbain et E. Levesque, 7 vol. Paris, Desclée, De Brouwer, 1914-26.
BOURDET (Édouard), *La Prisonnière*, Les *Œuvres libres*, n° 60. Paris, Fayard.
BOURGET (Paul), *L'Envers du décor*. Paris, Flammarion.
BOYLESVE (René), *Souvenirs du Jardin détruit*, Le Livre moderne illustré. Paris, Ferenczi.
— *La Becquée*, éd. Nelson.
CALVIN (Jean), *Institution de la Religion chrestienne* (texte de 1560), éd. Baum, Cunitz et Reuss (dans le *Corpus Reformatorum*, vol. 31 et 32). Brunsvic, Schwetscke, 1865-66.
CAMUS (Albert), *Noces*, éd. nouvelle, Charlot, 1939.
Cent Nouvelles nouvelles (Les ~) (XVᵉ s.), éd. Champion, 2 vol. Paris, Droz, 1928.
CHAMSON (André), *Héritages*, Le Livre moderne illustré. Paris, Ferenczi.
Chanson de Roland (chanson de geste du XIIᵉ s.), éd. J. Bédier. Paris, Piazza, 1937.
CHARLES D'ORLÉANS (1391-1465), *Poésies*, éd. Classiques français du moyen âge, 2 vol., 1923-27.
Charroi de Nîmes (Le ~) (chanson de geste du XIIᵉ s.), éd. Classiques français du moyen âge, 1931.
CHARTIER (Alain), *Le Quadrilogue invectif* (1422), éd. Classiques français du moyen âge, 1913.
Chastelaine de Vergi (La ~) (poème du

XIIIᵉ s.), éd. Classiques français du moyen âge, 3ᵉ éd., 1921.
CHATEAUBRIAND (1768-1848), *Mémoires d'Outre-Tombe*, éd. du Centenaire, établie par M. Levaillant, 4 tomes. Paris, Flammarion, 2ᵉ éd. 1949-1950.
CHÂTEAUBRIANT (Alphonse de), *Monsieur des Lourdines*, Le Livre moderne illustré. Paris, Ferenczi.
— *Les Pas ont chanté*, Le Livre moderne illustré. Paris, Ferenczi.
CHÉRAU (Gaston), *La Maison de Patrice Perrier*, éd. Nelson.
CHRÉTIEN DE TROYES (XIIᵉ s.), *Erec et Enide*, Romanische Bibliothek. Halle, Niemeyer.
— *Lancelot*, Romanische Bibliothek. Halle, Niemeyer.
COCTEAU (Jean), *Les Enfants terribles*. Bruxelles, Édit. du Frêne.
COLETTE, *Chambre d'hôtel*, Le Livre moderne illustré. Paris, Ferenczi.
— *La Chatte*, Bruxelles, Éd. du Houblon.
— *Julie de Carneilhan*, Le Livre de demain. Paris, Fayard.
— *La Naissance du Jour*, Le Livre moderne illustré. Paris, Ferenczi.
— *Les Vrilles de la Vigne*, Le Livre moderne illustré. Paris, Ferenczi.
COMMYNES (Philippe de) (1445 ?-1511), *Mémoires*, éd. Classiques de l'Histoire de France au moyen âge, 3 vol. Paris, Champion, 1924-25.
CORNEILLE (Pierre) (1606-1684), *Œuvres*, éd. Marty-Laveaux (Grands Écrivains de la France), 12 vol. Paris, Hachette, 1862 suiv.
COURIER (Paul-Louis) (1772-1825), *Œuvres* éd. Carrel. Paris, Firmin-Didot frères, 1854.
Couronnement de Louis (Le ~) (chanson de geste du XIIᵉ s.), éd. Classiques français du moyen âge, 1920.
DANIEL-ROPS, *Histoire Sainte*, Le Peuple de la Bible, 2 vol. Paris, Arthème Fayard.
DAUDET (Alphonse), *Jack*, éd. Nelson. 2 vol.
— *Lettres de mon moulin*, éd. Nelson.
— *Numa Roumestan*, éd. Nelson.

— *Trente ans de Paris*, Collect. artistique Guillaume et Cⁱᵉ. Paris, 1888.

DESCHAMPS (Eustache) (1345 ?-1405 ?), *Œuvres complètes*, 11 vol., éd. Société des Anciens Textes français. Paris, Firmin-Didot, 1878-1903.

DESPORTES (Philippe) (1546-1606), *Œuvres* éd. A. Michiels, Paris, Delahays, 1858.

Dictionnaire général de la Langue française, par A. Hatzfeld, A. Darmesteter et A. Thomas, 2 vol. Paris, Delagrave, 1890-1900.

DIDEROT (Denis) (1713-1784), *Œuvres choisies*, Paris, Classiques Garnier.

DUVERNOIS (Henri), *Crapotte*, Le Livre de demain. Paris, Fayard.

Eneas (roman du XIIᵉ s.), éd. Classiques français du moyen âge, 2 vol., 1925-1929.

ESCHOLIER (Raymond), *Dansons la trompeuse*, Le Livre moderne illustré. Paris, Ferenczi.

ESTAUNIÉ (Édouard), *L'Infirme aux mains de lumière*, Le Livre moderne illustré. Paris, Ferenczi.

— *La Vie secrète*, Le Livre moderne illustré. Paris, Ferenczi.

Eustache (La Vie de saint ~) (version en prose française du XIIIᵉ s.), éd. Classiques français du moyen âge, 1929.

FAGUET (Émile), (1847-1916), *Histoire de la Poésie française, de la Renaissance au romantisme*, 11 vol. Paris, Boivin, 1927-1936.

FÉNELON (1651-1715), *Les Aventures de Télémaque*, éd. Cahen (Grands Écrivains de la France), 2 vol. Paris, Hachette, 1920-1927.

— *De l'Éducation des filles. Dialogues des Morts et Opuscules divers. Abrégé des Vies des Anciens Philosophes*. Paris, Firmin-Didot, 1848.

FEUILLET (Octave), *Le Roman d'un Jeune Homme pauvre*, Nouvelle Collection illustrée. Paris, Calmann-Lévy.

FLAUBERT (Gustave) (1821-1880), *Bouvard et Pécuchet*. Paris, Charpentier, 1886.

— *Correspondance*, 4 vol. Paris, Charpentier, 1887-93.

— *L'Éducation sentimentale*, 2 vol. Paris Michel Lévy frères, 1870.

— *Lettres à sa nièce Caroline*. Paris, Charpentier, 1906.

— *Madame Bovary*. Paris, Charpentier, 1884.

— *Salammbô*. Paris, Michel Lévy, 1863.

— *La Tentation de saint Antoine*. Paris, Charpentier, 1874.

— *Trois Contes*, 6ᵉ éd. Paris, Charpentier, 1877.

Floire et Blancheflor (roman en vers du XIIIᵉ s.), éd. Margaret Pelan, Public. de la Faculté des Lettres de l'Université de Strasbourg. Paris, Les Belles Lettres, 1937.

FONTENELLE (1657-1757), *Histoire des Oracles*, éd. Maigron, Soc. des Textes français modernes. Paris, Cornély, 1908.

FRAPIÉ (Léon), *L'Écolière et autres Contes*, éd. Nelson.

FROISSART (1337-1410 ?), *Œuvres*, éd. Kervyn de Lettenhove, 25 vol. Bruxelles, Devaux, 1867-77.

GAUTIER (Théophile), *Le Roman de la Momie*, éd. Nelson.

— *Un Trio de romans*, éd. Nelson.

GENEVOIX (Maurice), *La Joie*, Le Livre moderne illustré. Paris, Ferenczi.

GIRAULT-DUVIVIER (Charles-Pierre), *Grammaire des Grammaires*, 2 vol., 22ᵉ éd. Paris, Cotelle, 1886.

GREEN (Julien), *Le Visionnaire*, éd. du Rocher, Monaco.

HERMANT (Abel), *Xavier ou les Entretiens sur la Grammaire française*, 60ᵉ éd. Paris, Grasset, 1928.

— *Trains de luxe*, Les Inédits de Modern-Bibliothèque. Paris, Fayard.

HUGO (Victor) (1802-1885), *Choses vues*. Paris, Charpentier, 1888.

— *Légende des Siècles*, 4 vol. (tomes VII à X, Poésie, dans les *Œuvres complètes*, éd. ne varietur, in-8°). Paris, Hetzel et Quantin, 1883.

— *Pierres*. Textes rassemblés et présentés par H. Guillemin. Éd. du Milieu du monde. Genève, Paris, Montréal, 1951.

HUON LE ROI, *Le Vair Palefroi* (fabliau du XIII° s.), éd. Classiques français du moyen âge, 1921.

HUON LE ROI DE CAMBRAI (XIII° s.), *Œuvres*, éd. Classiques français du moyen âge, 1913.

JALOUX (Edmond), *Sous les Oliviers de Bohême*, Le Livre moderne illustré. Paris, Ferenczi.

— *Le Reste est silence*. Bibliothèque reliée Plon.

JOINVILLE (1224-1317), *Histoire de saint Louis*, éd. Natalis de Wailly. Paris, Hachette, 1881.

LA BRUYÈRE (1645-1696), *Œuvres*, éd. Servois (Grands Écrivains de la France), 3 vol. Paris, Hachette, 1865-78.

LACRETELLE (Jacques de), *Amour nuptial*, Collection « Succès ». Paris, Gallimard.

— *Silbermann*, suivi de *Le Retour de Silbermann*, 3° éd. Paris, Gallimard.

LA FONTAINE (1621-1695), *Œuvres*, éd. Régnier (Grands Écrivains de la France), 11 vol. et un album. Paris, Hachette, 1883-93.

LANSON (Gustave), *Histoire de la Littérature française*, 11° éd. Paris, Hachette, 1909.

LA ROCHEFOUCAULD (1613-1680), *Œuvres*, éd. Gilbert et Gourdault (Grands Écrivains de la France), 3 tomes (4 vol.). Paris, Hachette, 1863-1883.

LAVEDAN (Henri), *Les Beaux Dimanches*, Nouvelle Collection illustrée. Paris, Calmann-Lévy.

— *Leur Cœur*, Nouvelle Collection illustrée. Paris, Calmann-Lévy.

— *Sire*, Modern-Bibliothèque, éd. illustrée. Paris, Fayard.

— *Le Vieux Marcheur*, Nouvelle Collection illustrée. Paris. Calmann-Lévy.

LEMAITRE (Jules), *Les Rois*, éd. Nelson.

LITTRÉ (Émile), *Dictionnaire de la Langue française*, 4 vol. Paris, Hachette, 1863-1872. (Supplément : 1877.)

MADELIN (Louis), *Danton*, Collection « Figures du passé ». Paris, Hachette.

MALHERBE (François de) (1555-1628), *Œuvres*, éd. Lalanne (Grands Écrivains

de la France), 5 vol. Paris, Hachette, 1862-69.

MALRAUX (André), *Les Conquérants*, Le Livre moderne illustré. Paris, Ferenczi.

MARIVAUX (1688-1763), *Le Paysan parvenu*. Paris, Classiques Garnier.

— *La Vie de Marianne*. Paris, Classiques Garnier.

MAROT (Clément) (1497-1544), *Œuvres*, éd. Guiffrey, 5 vol., mise au jour par R. Yve-Plessis et J. Plattard. Paris, 1875-1931.

MAUPASSANT (Guy de) (1850-1893), *Boule de suif*, dans les Œuvres illustrées. Paris, Albin Michel.

— *Sur l'Eau*, dans les Œuvres illustrées. Paris, Albin Michel.

MAURIAC (François), *L'Enfant chargé de chaînes*, Le Livre moderne illustré. Paris, Ferenczi.

— *Plongées*, Le Livre moderne illustré. Paris, Ferenczi.

— *Thérèse Desqueyroux*. Paris, Grasset, 1927.

— *Vie de Jésus*, éd. nouvelle, Collection « L'Histoire ». Paris, Flammarion.

MAUROIS (André), *Bernard Quesnay*, éd. augmentée (95° éd.). Paris, Gallimard.

— *Les Discours du Docteur O'Grady*. Paris, Grasset, 1927.

MAURRAS (Charles), *Anthinéa*, éd. 1923.

— *Les Amants de Venise*, éd. 1919.

MICHELET (Jules) (1798-1874), *Bible de l'Humanité*, dans les Œuvres complètes. Paris, Calmann-Lévy.

— *Jeanne d'Arc*, éd. Nelson.

— *Le Peuple*. Soc. des Textes franç. modernes, éd. Refort. Paris, Didier, 1946.

MIOMANDRE (Francis de), *Olympe et ses amis*, Le Livre moderne illustré. Paris, Ferenczi.

— *L'Aventure de Thérèse Beauchamp*, Le Livre de demain. Paris, Fayard.

— *Écrit sur de l'eau*, Le Livre moderne illustré. Paris, Ferenczi.

MONTAIGNE (1533-1592), *Essais*, Bibl. de la Pléiade (1958). Texte établi et annoté par Albert Thibaudet. Paris. N. R. F.

MONTHERLANT (Henry de), *Le Démon du bien*, éd. Le Carrefour.

— *Les Olympiques.* Paris, Grasset, éd. 1938.

— *Les Jeunes Filles,* éd. Le Carrefour.

Mort le roi Artu (La ∼) (roman du XIIIe s.), éd. Frappier. Paris, Droz, 1936.

PALÉOLOGUE (Maurice), *Alfred de Vigny.* Collection « Les Grands Écrivains français ». Paris, Hachette.

PASCAL (Blaise) (1623-1662), *Œuvres complètes,* éd. L. Brunschvicg, P. Boutroux et F. Gazier (Grands Écrivains de la France), 14 vol. Paris, Hachette, 1886-1921.

Pathelin (Maistre Pierre ∼) (farce du XVe s.) éd. Classiques français du moyen âge, 1924.

PHILIPPE (Charles-Louis), *Le Père Perdrix,* Bibliothèque Charpentier. Paris, Fasquelle, 1948.

Piramus et Tisbé (poème du XIIe s.), éd. Classiques français du moyen âge, 1921.

POURRAT (Henri), *Gaspard des montagnes.* Le Château des sept portes. Nouvelle édit. Paris, Albin Michel.

PRÉVOST (Marcel), *Nouvelles Lettres à Françoise,* Le Livre moderne illustré. Paris, Ferenczi.

— *La Princesse d'Erminge,* Nouvelle Bibliothèque Flammarion. Paris.

Queste del Saint Graal (La ∼) (roman du XIIIe s.), éd. Classiques français du moyen âge, 1923.

RABELAIS (François) (1490?-1553?), *Œuvres,* éd. Lefranc, 5 vol. Paris, Champion, 1913-31.

RACINE (Jean) (1639-1699), *Œuvres,* éd. Mesnard (Grands Écrivains de la France), 8 vol. et deux albums. Paris, Hachette, 1865-73.

Roland : voir *Chanson de Roland.*

ROMAINS (Jules), *La Vie unanime,* 6e éd. Paris, Gallimard.

Roman de Renart (Le ∼) (XIIe-XIIIe s.), éd. E. Martin, 3 vol. et un Suppl. Strasbourg, Trübner, et Paris, Leroux, 1882-87.

Roman de Renart le Contrefait (Le ∼), (XIVe s.), éd. Raynaud et Lemaître, 2 vol. Paris, Champion, 1914.

Roman de la Rose (Le ∼) (XIIIe s.), par

Guillaume de Lorris et Jean de Meun, éd. Langlois, 5 vol., Soc. des Anciens Textes franç. Paris, Firmin-Didot (t. I et II), Champion (t. III à V), 1914-24.

Roman des Sept Sages (Deux rédactions du ∼) (fin du XVe s.), éd. G. Paris, Société des Anc. Textes franç. Paris, Firmin-Didot, 1876.

Roman de Thèbes (Le ∼) (XIIIe s.), éd. Société des anciens Textes français, 2 vol. Paris, Firmin-Didot, 1890.

Roman de Troie en prose (Le ∼) (XIIIe s.), éd. Classiques français du moyen âge, t. I, 1922.

RONSARD (Pierre de) (1524-1585), *Œuvres complètes,* éd. P. Laumonier, Société des Textes français modernes, 1914 suiv.

RUTEBEUF (XIIIe s.), *Œuvres complètes,* éd. Jubinal, nouv. éd., 3 vol. Paris, 1874-75.

— *Le Miracle de Théophile,* éd. Classiques français du moyen âge, 1925.

SAINT-EXUPÉRY, *Courrier Sud,* 60e éd. Paris, Gallimard.

— *Vol de nuit,* 303e éd. Paris, Gallimard.

— *Citadelle,* 114e éd. Paris, Gallimard.

— *Terre des hommes,* 240e éd. Paris, Gallimard.

SAINT-SIMON (1675-1755), *Mémoires,* éd. de Boislisle (Grands Écrivains de la France), 41 vol. (+ 4 vol. Tables). Paris, Hachette, 1879-1927.

Satyre Ménippée (1594), éd. Marcilly. Paris, Garnier, 1882.

SÉVIGNÉ (Mme de) (1626-1696), *Lettres,* éd. Monmerqué (Grands Écrivains de la France), 14 vol. + 1 album. Paris, Hachette, 1862-68.

SOREL (Albert), *La Grande Falaise,* Bibliothèque Plon.

STENDHAL (1783-1842), *L'Abbesse de Castro.* Vienne, Manz.

— *La Chartreuse de Parme,* Collection « Les Maîtres du livre », 2 vol. Paris, Crès, 1922.

— *Le Rouge et le Noir,* éd. Marsan, 2 vol. Paris, Champion, 1923.

— *Vie de Henri Brulard,* éd. Debraÿe, 2 vol. Paris, Champion, 1913.

— *Mémoires d'un Touriste,* éd. Royer, 3 vol. Paris, Champion, 1932-33.

— *Correspondance*, éd. H. Martineau, 10 vol. Paris, Le Divan, 1933-1934.

SUARÈS (André), *Sur la Vie*, éd. de 1925.

TAINE (Hippolyte). *De l'Intelligence*, 2 vol., 2ᵉ éd. Paris, Hachette, 1870.

THARAUD (Jérôme et Jean), *Dingley*, Bibliothèque reliée Plon.

— *La Randonnée de Samba Diouf*, Le Livre de demain. Paris, Fayard.

VALÉRY (Paul), *Regards sur le monde actuel et autres Essais*, 35ᵉ éd. Paris, Gallimard, 1945.

— *Eupalinos. L'Âme et la Danse. Dialogue de l'Arbre*, 16ᵉ éd. Paris, Gallimard.

VAUGELAS (1585-1650), *Remarques sur la Langue françoise*, (fac-similé de l'édition originale, 1647), éd. J. Streicher. Paris, Droz, 1934.

VEUILLOT (Louis), *Historiettes et Fantaisies*, 12ᵉ éd. Paris, Lethielleux.

VILLEHARDOUIN (1150 ?-1213), *La Conquête de Constantinople*, éd. Classiques de l'Histoire de France au moyen âge, 2 vol. Paris, Les Belles Lettres, 1938-39.

VILLON (1431-1480 ?), *Œuvres*, éd. Classiques français du moyen âge, 1911.

VOGÜÉ (Eugène-Melchior de), *Jean d'Agrève*, éd. Nelson.

— *Les Morts qui parlent*, éd. Nelson.

VOLTAIRE (1694-1778), *Lettres philosophiques*, éd. Lanson, Société des Textes français modernes, 2 vol. Paris, Hachette, 1924.

WACE (XIIᵉ s.), *Le Roman de Brut*, éd. Société des Anciens Textes français, 2 vol. Paris, 1938-40.

ADDITION

P. 85 (suffixe -*oyer*). Aux exemples de verbes en -*oyer* ajouter : *tut*OYER, *vouss*OYER, avec la note : Littré note qu'« on a dit *vouvoyer* », mais que « le mot est mal formé ; *vous* ne peut amener la syllabe *voy*, tandis que *tutoyer* est fait de *tu* et *toi* ». — Dans l'usage contemporain, outre *voussoyer*, on emploie *vousoyer*, *vouvoyer* — et *voussoiement*, *vousoiement*, *vouvoiement* (l'Académie ignore ces divers mots) : *Il tutoie sa femme et* VOUSSOIE *ses enfants* (LITTRÉ). — *Elle en oublia de le* VOUSSOYER (E. JALOUX, *Le Reste est silence*, VII). — *Puis se tournant vers ma mère qu'il* VOUSSOYAIT *dans les grandes occasions ...* (A. GIDE, *L'École des femmes*, p. 200). — *Elle s'était mise à les* VOUSSOYER (Ph. HÉRIAT, *Famille Boussardel*, X). — *J'ai constaté qu'il* VOUSOIE *Gertrude à présent* (A. GIDE, *La Symphonie pastorale*, p. 110). — *L'auteur Romains (...) doit naturellement* « VOUVOYER » *son public* (L. SPITZER, dans le *Franç. mod.*, oct. 1940, p. 330). — *Son insolence* [d'une chienne] *était telle, qu'Élisabeth le lui reprocha devant tout le monde, en la* VOUVOYANT (H. TROYAT, *Tendre et violente Élisabeth*, p. 165). — *Elle s'était mise à* VOUVOYER *son père* (Ph. HÉRIAT, *Famille Boussardel*, XI). — *Le* VOUSSOIEMENT *d'Édouard* (A. GIDE, *Les Faux-Monnayeurs*, p. 379). — *Ce* VOUVOIEMENT *entre époux confondait Amélie* (H. TROYAT, *Les Semailles et les Moissons*, p. 421). — *En même temps qu'il revenait au* VOUVOIEMENT (M. de SAINT PIERRE, *Les Écrivains*, V).

Au lieu de *tutoyer*, *voussoyer* (*vousoyer*, *vouvoyer*) on peut employer les périphrases *dire tu* (ou *toi*), *dire vous* : *Je vous interdis de me* DIRE TU (Fr. MAURIAC, *Asmodée*, I, 3). — *Si vous me* DITES *encore* VOUS, *je me fâcherai* (HUGO, *Angelo*, I, 2). — *Nous ne nous* DISIONS *pas* « VOUS » (NERVAL, *Sylvie*, X). — *Ces jeunes gens qui* DISENT VOUS *à leurs parents bien que leurs parents les tutoient* (G. DUHAMEL, *Cri des profondeurs*, p. 31).

INDEX

Les chiffres renvoient aux paragraphes.

Les chiffres renvoient aux paragraphes.

Les chiffres renvoient aux paragraphes.

Les chiffres renvoient aux paragraphes.

Les chiffres renvoient aux paragraphes.

Les chiffres renvoient aux paragraphes.

Les chiffres renvoient aux paragraphes.

Les chiffres renvoient aux paragraphes.

Les chiffres renvoient aux paragraphes.

Les chiffres renvoient aux paragraphes.

Les chiffres renvoient aux paragraphes.

Les chiffres renvoient aux paragraphes.

Les chiffres renvoient aux paragraphes.

Les chiffres renvoient aux paragraphes.

Les chiffres renvoient aux paragraphes.

Les chiffres renvoient aux paragraphes.

Les chiffres renvoient aux paragraphes.

Les chiffres renvoient aux paragraphes.

Les chiffres renvoient aux paragraphes.

Les chiffres renvoient aux paragraphes.

Les chiffres renvoient aux paragraphes.

Les chiffres renvoient aux paragraphes.

Les chiffres renvoient aux paragraphes.

pour mieux dire, joignant des sujets, 818, *a*, N. B., 1.
— *ou non, ou pas*, marq. l'alternative, 874, *a* ; 1036, Rem. 5.
— *ou* répété, 960.
— *ou si*, dans l'interrog. *(est-ce que je veille ou si je dors ?)*, 984, *a*.
— *ou sinon*, 1036, Rem. 4.
— *soit... ou, soit que... ou que...*, 985, *b*.
Où, pron. ou adv. relatif, 563.
— avec *y* faisant pléonasme, 504, 9.
— *Où que*, 563, Rem. 2 ; 1031, 2°.
— pris absolument, 563, Rem. 3 ; 995, 4°.
— *Ici où, là où, partout où*, 563, Rem. 4.
— *Pour où, vers où*, 563 et Hist.
Ouais ! 993, 17.
Ouate (élision devant ~), 103, Rem. 2.
— *Ma ouate* ou *mon ouate*, 423, Rem.
Oublier que (mode), 999, Rem. 2, N. B.
-*ouer* (verbes en ~),629 *bis*.
Ouf ! 993, 18.
Oui, 868.
— Élision devant *oui*, 103, Rem. 2.
— *Moi oui*, 870, N. B.
— *Oui bien*, 868 ; 870, N. B.
— *Oui* pour *si*, 869, Rem. 1.
— *Oui que*, 180 ; 1003, *a*.
— *Oui* répondant à une quest. négat. *(Tu ne pars que jeudi ? — Oui)*, 874, *a*, Rem. 3.
Ouiche ! 993, 19.
Ouïr, 701, 33.
— *Ouï* (accord du partic.), 784.

— *Ouïr* + propos. inf., 1007, *a* ; 1008.
Ouistiti (élision devant ~), 103, Rem. 2.
Ous, forme réd. de *vous* dans l'anc. langue, 469, Hist.
Outre, en outre de, 940.
— *Outre que*, 1045, 1°.
— *Passer outre à*, 940, *a*, N. B.
Ouvrage (genre), 272.
Ouvrir, 672, *b*.
— *Grand ouvert, large ouvert*, 385.
Oyant, 768, Rem.

P

Paidologie, pédologie, 148, note (p. 100).
Paître, 701, 34.
Palabre (genre), 273, 10°.
Pallier, 599, Rem. 16.
Pamplemousse (genre), 273, 11°.
Pâque(s), 263.
Par + inf. compl. circonst. *(Ne confondons point par trop approfondir)*, 763, Hist.
— *Ce mot s'écrit par* (ou *avec) deux* n, 930, Rem. 8.
— devant le complém. d'agent, 205.
— — avec un vb. pronomin. passif *(Par Baucis le festin se prépare)*, 602. Hist.
— donnant une valeur superlative *(par trop fort)*, 362, Hist. ; 853, Rem. 6.
— et les rapports qu'il exprime, 906.
— *Commencer par, finir par*, etc., + inf., 762, Rem. 1.
— *De par*, 898, 1°.
— *Deux fois par an, deux fois l'an*, 906, N. B., 3, note (p. 878).

— *Par ailleurs*, 979.
— *Par ainsi*, 833, note.
— *Par après*, 929, Hist.
— *Par avance*, 923, 5.
— *Par contre*, 980.
— *Par crainte de*, 930*bis*.
— *Par exprès*, 345, A, 4°, note 1 (p. 284).
— *Par exprès* (= avec intention), 836*bis*, N. B.
— *Par faute de*, 1024, 1°, Hist., 2.
— *Par heure (100 km par heure ; gagner tant par heure*, etc.), 916, 27.
— *Par moment(s), par place(s)*, etc., 201, Rem. 2.
— *Par parenthèse*, 936, Rem.
— *Par terre, à terre*, 916, 14.
— *Par trois fois*, 906, N. B., 3.
— *Par trop*, 362, Hist. ; 853, Rem. 6.
Paradis (en ~, au ~, dans le ~), 933, *a*, N. B., 2.
Paraître et composés, 677, 2.
— *Paraître*, semi-auxil., 655, 10°.
Parasynthétiques, 150.
Parataxe, 177, 2°, note 1.
Parce que, réponse elliptique, 1022, Rem. 5.
Parce que avec ellipse du suj. et du verbe *(il est craint, parce que puissant)*, 231, Rem. 2.
— *Parce que, par ce que*, 955, N. B., 2.
Pardon ? 948, Rem. 5, note.
Pardonner qqn, 599, Rem. 17.
— *Pardonné*, passif, 611, 2.
Pareil, sens adverbial, 833, Rem. 5.
— *Pareil que*, 971, *b*, N. B., 2.
Parenthèses, 1067.
Parenthèses (entre ~), par parenthèse, 936, Rem.

Les chiffres renvoient aux paragraphes.

Les chiffres renvoient aux paragraphes.

Les chiffres renvoient aux paragraphes.

Les chiffres renvoient aux paragraphes.

Les chiffres renvoient aux paragraphes.

Les chiffres renvoient aux paragraphes.

Les chiffres renvoient aux paragraphes.

Les chiffres renvoient aux paragraphes.

Les chiffres renvoient aux paragraphes.

Les chiffres renvoient aux paragraphes.

Les chiffres renvoient aux paragraphes.

Les chiffres renvoient aux paragraphes.

Les chiffres renvoient aux paragraphes.

Les chiffres renvoient aux paragraphes.

Les chiffres renvoient aux paragraphes.

Les chiffres renvoient aux paragraphes.

Les chiffres renvoient aux paragraphes.

Les chiffres renvoient aux paragraphes.

Les chiffres renvoient aux paragraphes.

Les chiffres renvoient aux paragraphes.

TABLE DES MATIÈRES